MEYERS NEUES LEXIKON

In zehn Bänden

MEYERS NEUES LEXIKON

In zehn Bänden

Herausgegeben und bearbeitet von
Meyers Lexikonredaktion

Sechster Band

Las - Mz

MEYERS LEXIKONVERLAG
Mannheim·Leipzig·Wien·Zürich

Redaktionelle Leitung: Dr. Gerd Grill M. A.

Redaktionelle Bearbeitung: Ariane Braunbehrens M. A.,
Ines Groh, Hildegard Hogen M. A., Jürgen Hotz M. A.,
Dipl.-Ing. Helmut Kahnt, Klaus M. Lange,
Dipl.-Inf. Veronika Licher, Heike Pfersdorff M. A.,
Dr. Erika Retzlaff, Dr. Uschi Schling-Brodersen,
Maria Schuster-Kraemer M. A., Irmgard Theobald,
Dr. Joachim Weiss, Johannes-Ulrich Wening

Redaktionsschluß des sechsten Bandes: 28. Mai 1993

Einbandgestaltung: Markus Lüpertz

Die Deutsche Bibliothek – CIP-Einheitsaufnahme
Meyers neues Lexikon: in 10 Bänden/hrsg. und bearb. von Meyers Lexikonred.
[Red. Leitung: Gerd Grill. Red. Bearb.: Ariane Braunbehrens...]. –
Mannheim; Leipzig; Wien; Zürich: Meyers Lexikonverl.
ISBN 3-411-07501-5
NE: Grill, Gerd [Red.]
Bd. 6. Las–Mz. – 1993
ISBN 3-411-07561-9

Als Warenzeichen geschützte Namen sind durch das Zeichen ⓦ
kenntlich gemacht. Etwaiges Fehlen dieses Zeichens bietet keine Gewähr dafür,
daß es sich um einen nicht geschützten Namen handelt, der von jedermann
benutzt werden darf

Das Wort MEYER ist für Bücher aller Art für den Verlag
Bibliographisches Institut & F.A. Brockhaus AG als Warenzeichen geschützt
Alle Rechte vorbehalten
Nachdruck, auch auszugsweise, verboten
© Bibliographisches Institut & F.A. Brockhaus AG, Mannheim 1993
Satz: Bibliographisches Institut & F.A. Brockhaus AG (DIACOS Siemens)
und Mannheimer Morgen Großdruckerei und Verlag GmbH
Druck und Bindearbeit: Neue Stalling GmbH, Oldenburg
Papier: 115 g Offsetpapier holzfrei mattgestrichen, chlorfrei,
der Papierfabrik Håfreström, Schweden
Printed in Germany
Gesamtwerk: ISBN 3-411-07501-5
Band 6: ISBN 3-411-07561-9

Las

Lasa, svw. ↑Lhasa.

Lasagne [la'zanjə; italien.], breite Bandnudeln, die verschieden zubereitet werden, z. B. mit Tomatensoße und geriebenem Käse.

La Salle [frz. la'sal], Jean Baptiste de (Johannes Baptista de la S.), hl., * Reims 30. April 1651, † Rouen 7. April 1719, frz. Ordensstifter und Pädagoge. – Gründete 1684 mit zwölf Lehrern die Kongregation der „Christl. Schulbrüder"; bemühte sich um die Entwicklung des Armenschulwesens. – Fest: 7. April.

La S., René Robert Cavelier de, * Rouen 21. Nov. 1643, † in Texas 19. März 1687 (ermordet), frz. Entdecker. – Erforschte das Gebiet der Großen Seen und des Ohio. 1682 befuhr er als erster Europäer den Mississippi bis zum Golf von Mexiko.

Las Casas, Bartolomé de, * Sevilla 1474, † Madrid 31. Juli 1566, span. Dominikaner (seit 1522) und Indianermissionar. – Arbeitete ab 1515 als Missionar in Mittelamerika, scheiterte jedoch an der indianerfeindl. Haltung span. Beamter und Kaufleute. 1542 setzte er die „Neuen Gesetze" bei Karl V. durch (u. a. Verbot der Sklaverei, steuerl. Gleichstellung von Indianern und Spaniern); ab 1543 als Bischof von Chiapas (Mexiko) mit der Durchführung der Gesetze befaßt; scheiterte an seinen Feinden. Setzte sich für die Entlastung der Indianer durch den Einsatz von schwarzen Sklaven ein. Wirkte ab 1551 als Berater am Hof weiter für die Rechte der Indianer. Seine Hauptwerke „Historia general de las Indias" (hg. 1951), „De unico vocationis modo" (hg. 1942) sind für die Entdeckungsgeschichte Mittelamerikas, die Missionstheologie und die Einschätzung fremder Kulturen grundlegend.

Lascaux. Urrind und Wildpferde, Felsmalerei, Magdalénien

Lascaux [frz. las'ko], 1940 entdeckte, 140 m tiefe, verzweigte Höhle im südfrz. Dep. Dordogne, im Gebiet der an der Vézère gelegenen Gemeinde Montignac; hier wurden bed. jungpaläolith. Felsmalereien (Gravettin und Magdalénien) gefunden. Dargestellt sind Wildpferde (z. T. trächtig), Urrinder, Hirsche und Steinböcke, auch Wisente, Wildkatzen und Maskentänzer. Seit 1963 für den Publikumsverkehr geschlossen; originalgetreue Nachbildung des Hauptteils in unmittelbarer Nähe der Höhle.

Lascy ['lasi, 'la:si] ↑Lacy.

Lasègue-Zeichen [frz. la'sɛg; nach dem frz. Arzt E. C. Lasègue, * 1816, † 1883], bei Dehnung des Hüftnervs (Anheben des gestreckten Beins im Liegen) auftretender Schmerz im Gesäß und Oberschenkel der erkrankten Seite; z. B. bei Ischias und Bandscheibenvorfall.

Lasen, kaukas. Volksstamm an der SO-Küste des Schwarzen Meeres und im angrenzenden Pont. Gebirge, v. a. in der Türkei, zum geringeren Teil in Georgien; etwa 30 000 Angehörige.

Laser [engl. 'leɪzə, Abk. für: **l**ight **a**mplification by **s**timulated **e**mission of **r**adiation „Lichtverstärkung durch angeregte (induzierte, stimulierte) Strahlungsemission"], Generator und Verstärker für elektromagnet. Strahlung im Wellenlängenbereich des sichtbaren Lichts und der angrenzenden Bereiche Infrarot und Ultraviolett, aber auch darüber hinaus. Die L.strahlung unterscheidet sich von der einer herkömml. (therm.) Lichtquelle v. a. durch ihre hohe Intensität, Monochromasie, zeitl. und räuml. Kohärenz sowie sehr geringe Strahldivergenz. Diese Eigenschaften werden durch die Synchronisation der Abstrahlung der atomaren Dipole erreicht. Im Ggs. dazu strahlen die Dipole einer therm. Lichtquelle spontan und unabhängig voneinander kurze Wellenzüge ab.

Wirkungsweise: Die Synchronisation der Abstrahlung der atomaren Dipole erfolgt durch die stimulierte (induzierte) Emission. Geht eine Lichtwelle durch das L.medium hindurch, wird sie durch stimulierte Emission verstärkt, wenn die Besetzungszahldichte des oberen Energieniveaus größer als die des unteren ist (1. L.bedingung). Diese ↑Besetzungsinversion tritt im therm. Gleichgewicht nicht auf. Sie wird durch Anregung (Pumpen) des L.mediums erzeugt (z. B. ↑optisches Pumpen, Stoßanregung, Stromdurchgang in einem p-n-Übergang, chem. Pumpen). Dazu sind mindestens drei atomare Energiezustände erforderlich; günstiger ist ein 4-Niveau-System. Wird die verstärkte Lichtwelle in einem opt. Resonator rückgekoppelt, so treten selbsterregte Schwingungen auf, wenn die Verstärkung größer als die Summe der Resonatorverluste ist (2. L.bedingung). Der opt. Resonator besteht aus zwei sich gegenüberstehenden sphär. oder ebenen Spiegeln, zw. denen sich das L.medium befindet; die elektromagnet. Strahlung bildet sich als stehende Welle zw. den Spiegeln aus. Zur Auskopplung der L.strahlung ist einer der Spiegel schwach durchlässig. Für einige L.systeme sind auch Resonatoren aus 3 und mehr Spiegeln möglich **(Ringlaser).**

Das L.medium kann als Gas, Flüssigkeit oder als Festkörper vorliegen. Die Anregung erfolgt entweder kontinuierlich **(Dauerstrichlaser)** oder diskontinuierlich **(Impulslaser).** Der **Helium-Neon-Laser** ist ein kontinuierl. **Gaslaser** für den sichtbaren und infraroten Bereich (Leistung bis 50 mW). In einem Gemisch aus den Edelgasen Helium und Neon brennt eine Gasentladung und erzeugt angeregte Heliumatome. Deren Anregungsenergie wird durch Stöße an die Neonatome abgegeben und somit Inversion in den angeregten Zuständen des Neons erzeugt. Als Hochleistungs-L. im sichtbaren Bereich ist der **Argon-Ionenlaser** wichtig. Die Inversion erfolgt ebenso wie beim **Krypton-Ionenlaser** in einer Gasentladung durch Elektronenstoß (Leistungen ab 20 W). Beim **CO_2-Laser** erfolgen die L.übergänge zw. Rotationsschwingungszuständen des Moleküls im Infraroten. Dieser zur Materialbearbeitung (z. B. Bohren) geeignete L. kann über 100 kW Ausgangsleistung erreichen. Auch organ. Moleküle (Farbstoffe wie Rhodamin oder Kumarin) sind als L.medien geeignet. Diese Moleküle werden in einer Flüssigkeit gelöst oder in ein Wirtsgitter eingebaut. Weil Farbstoffe in einem weiten Wellenlängenbereich Licht aussenden, lassen sich die meist optisch gepumpten **Farbstofflaser** über einen weiten Wellenlängen-

Jean Baptiste de La Salle

Bartolomé de Las Casas

Laser

bereich durchstimmen. Der bekannteste **Festkörperlaser** ist der **Rubinlaser** (Rubin = Cr^{3+}-Ionen im Al_2O_3-Kristall); L.linie bei 694,3 nm. Die Inversion erfolgt durch opt. Pumpen mit einer Blitzlampe. Der Rubin-L. arbeitet deshalb wie die meisten Festkörper-L. im gepulsten Betrieb. Der **Neodym-YAG-Laser** ähnelt dem Rubin-L. (YAG = Yttrium-Aluminium-Granat mit Nd^{3+}-Ionen); Emission bei 1060 nm. Mit Festkörper-L. ist es möglich, sehr hohe Impulsenergien bzw. -leistungen zu erreichen (**Riesenimpulslaser**). Die wichtigsten **Halbleiterlaser** sind die **Laserdioden** mit einer p-n-Diode als Grundelement. Ein in Durchlaßrichtung angelegtes elektr. Feld treibt Elektronen vom n-leitenden Gebiet in die p-n-Übergangszone (**Injektionslaser**), wo Rekombination in das tiefergelegene Energieband unter Lichtausstrahlung erfolgt. Ist die Reflexion des Lichts an den planparallelen Oberflächen des Kristalls gewährleistet, wird eine L.schwingung angeregt, wenn der Injektionsstrom einen Schwellenwert überschreitet.

Anwendungen des Lasers: Infolge der *Kohärenz* und *Monochromasie* des L.lichts ist der L. den herkömml. Lichtquellen bei einer Vielzahl von Anwendungen weit überlegen und findet heute in fast allen Bereichen der Naturwiss., Technik, Medizin u. a. Verwendung. In Physik und Chemie wird die Monochromasie des L.lichts ausgenutzt, um selektive Anregungen von Atom- oder Molekülzuständen zu erreichen. Durch L.licht lassen sich definierte chem. Reaktionen auslösen. Für den Umweltschutz erlangt der L. bei der Fernbestimmung von Luftverunreinigungen zunehmende Bedeutung. Eine medizin. Anwendung des L. liegt bei Augenoperationen (Verschweißen von Netzhautrissen, L.koagulation). Die Kohärenz der L.strahlung hat der ↑Holographie weite Anwendungsbereiche eröffnet. Wegen der großen Leistungsdichte eignet sich L.licht zur Materialbearbeitung (Schweißen, Schneiden und Bohren von Metallen u. a.). L. sind heute unentbehrlich im Vermessungswesen; der Abstand Erde–Mond wurde mit cm-Genauigkeit bestimmt. Für die Nachrichtenübertragung erlangen L. zunehmende Bedeutung, weil mit Licht als Trägerwelle erheblich mehr Information wegen der hohen Frequenz übertragen werden kann. Mit Hilfe von L. wird versucht, die zur Kernfusion erforderl. hohen Temperaturen zu erreichen.

Geschichte: Die Anwendung des Maser-Prinzips auf Licht unter Heranziehung der induzierten Emission wurde 1958 von A. L. Schawlow und C. H. Townes vorgeschlagen, die theoret. Grundlagen auch von N. G. Bassow und A. M. Prochorow geschaffen. G. Gould hatte bereits 1957/58 Prinzipien des L. in Laborbüchern festgehalten, sie jedoch nicht publiziert. T. H. Maiman konstruierte 1960 den ersten Rubin-L. Der erste Gas-L. wurde 1961 durch A. Javan, W. R. Bennett und D. R. Herriott in Betrieb gesetzt. 1962 wurden gleichzeitig an verschiedenen Stellen Halbleiter-L. entwickelt.

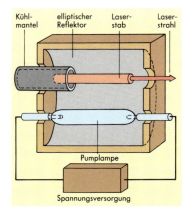

Laser. Schematische Darstellung eines Festkörperlasers

Laser [engl. ˈlɛɪzə], Internat. Segelbootklasse; Einmannjolle, 4,24 m lang, 1,37 m breit, 0,8 m Tiefgang mit Schwert, Segelfläche 7,1 m², Segelzeichen Sonne mit Strahlen.

Laserchemie [engl. ˈlɛɪzə], Teilgebiet der Photochemie, das sich mit der Anwendung von Laserenergie zur Einleitung und Untersuchung chem. Reaktionen befaßt.

Laserdiode [engl. ˈlɛɪzə] (Diodenlaser, Injektions-L.), im Infrarotbereich emittierende Halbleiterdiode, die in Durchlaßrichtung betrieben und auf Grund spezieller Dotierung angeregt wird.

Laserdrucker [engl. ˈlɛɪzə] ↑Drucker.

Laserfusion [engl. ˈlɛɪzə] (Laserkernfusion) ↑Kernfusion.

Laserglas [engl. ˈlɛɪzə], in Stab- oder Scheibenform als aktives opt. Medium in Lasern verwendetes Glas; i. d. R. mit Neodym-Ionen dotierte Phosphatgläser.

Lasermedizin [engl. ˈlɛɪzə], die Anwendungsmöglichkeiten von Lasern in der Medizin beruhen darauf, daß Laserstrahlen wegen ihrer scharfen Bündelung nur eng begrenzte Gewebsveränderungen hervorrufen. Diese beruhen je nach Intensität und Wellenlänge des Lasers auf einer koagulierenden und anheftenden oder einer schneidenden Einwirkung. Der Kohlendioxidlaser entfaltet die beste Schnittwirkung, der Neodym-YAG-Laser die beste Koagulationswirkung. Auf Grund der scharfen Bündelung ist auch ein Einsatz mittels Glasfaserlichtleiter bei endoskop. Eingriffen möglich. Zu den mit Hilfe der **Laserchirurgie** durchgeführten Eingriffen gehören v. a. die Behandlung der Netzhautablösung des Auges, die Entfernung von Tumoren (bes. im Gesichts- und Kehlkopfbereich), die blutstillende Wundverschorfung (bes. im Magen-Darm-Bereich), die Entfernung von Warzen und Kondylomen, daneben der Einsatz in der Zahnmedizin.

Laserspektroskopie [engl. ˈlɛɪzə], Anwendung der Strahlung von in ihrer Frequenz kontinuierlich abstimmbaren Lasern für spektroskop. Untersuchungen. Die L. zeichnet sich aus durch: höchste spektrale Auflösung, extreme Nachweisempfindlichkeit, hohe räuml. Auflösung, direkte Information über im Pikosekundenbereich ablaufende Prozesse und Fernnachweis von Substanzen (bis zu 100 km).

Laserwaffen [engl. ˈlɛɪzə], in Planung befindl. Waffensysteme, deren zerstör. Wirkung durch Hochenergielaserstrahlen hervorgerufen wird. – ↑SDI.

Lashkargah, Ort in S-Afghanistan, an der Mündung des Arghandab in den Helmand, 21 600 E. Verwaltungssitz der Prov. Helmand. – Auf dem Steilufer über dem Fluß Ruinen einer Residenz der Ghasnawiden (11. Jh.).

Lash-System [engl. ˈlæʃ] ↑Behälterschiff.

Läsion [lat.], Verletzung des Gewebezusammenhangs und dadurch bedingte Funktionsstörung, z. B. bei Knochenbruch.

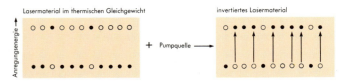

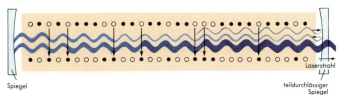

Laser. Schematische Darstellung der wesentlichen Vorgänge in einem Laser. Oben: Erzeugung einer Besetzungsinversion mit Hilfe einer Pumpquelle. Unten: kohärente Verstärkung der Strahlung durch induzierte Emission und Rückkopplung der Strahlung mit Hilfe der Spiegel eines Resonators

Lasisch ↑ kaukasische Sprachen.

Lask, Berta, * Wadowice bei Krakau 17. Jan. 1878, † Berlin 28. März 1967, dt. Schriftstellerin. – 1923 Mgl. der KPD; 1928 Mitbegr. des Bundes proletarisch-revolutionärer Schriftsteller; emigrierte 1933 in die UdSSR; seit 1953 in Berlin (Ost). Jugendbuchautorin; die autobiograph. Zeitromantrilogie „Stille und Sturm" (1955) schildert den Lebensweg einer jüd. Fabrikantenfamilie in der Weimarer Republik.

L., Emil, * Wadowice bei Krakau 25. Sept. 1875, ⚔ in Galizien 26. Mai 1915, dt. Philosoph. – Schüler Rickerts; 1910 Prof. in Heidelberg. Exponent der bad. Schule des Neukantianismus. Versuchte in seiner „Logik der Philosophie und Kategorienlehre" (1911) die Kritik Kants und die Grundlegung einer transzendentalen Logik zu vertiefen. In der „Lehre vom Urteil" (1912) entwickelte er aus der Idee eines „reinen Gegenstandes" eine eigene Theorie der Wahrheit.

Laskaris, byzantin. Geschlecht, das nach der Eroberung Konstantinopels durch die Kreuzfahrer 1204–61 die Kaiser des Exilreichs von Nizäa (begr. von Theodor I. L.) stellte.

Lasker, Eduard, * Jarotschin 14. Okt. 1829, † New York 5. Jan. 1884, dt. Politiker. – 1862–79 Mgl. des preuß. Abg.-hauses; 1867–84 MdR; 1866 Mitbegr. der Nat.liberalen Partei. 1880 überwarf er sich mit seiner Partei wegen einer geplanten Wirtschafts- und Steuerreform sowie der Haltung bezüglich des Sozialistengesetzes.

L., Emanuel, * Berlinchen bei Landsberg (Warthe) 24. Dez. 1868, † New York 13. Jan. 1941, dt.-amerikan. Mathematiker und Schriftsteller. – Einer der bedeutendsten Schachspieler (Schachweltmeister 1894–1921); emigrierte 1933; hervorragender Schachtheoretiker.

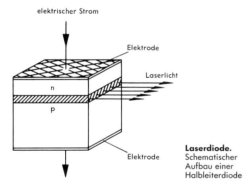

Laserdiode. Schematischer Aufbau einer Halbleiterdiode

Lasker-Schüler, Else (eigtl. Elisabeth), * Elberfeld (= Wuppertal) 11. Febr. 1869, † Jerusalem 22. Jan. 1945, dt. Schriftstellerin. – 1894–99 ⚭ mit dem Arzt B. Lasker, 1901–11 mit dem Schriftsteller H. Walden. Gehörte zu den Berliner Expressionisten. Führte als freischaffende Schriftstellerin ein unstetes Leben. Emigrierte 1933 auf Grund ihrer jüd. Abstammung in die Schweiz, hielt sich in Palästina und Ägypten auf und lebte ab 1937 völlig verarmt in Jerusalem. Gilt mit ihrem stark emotionalen Werk als Vorläuferin, Repräsentantin und Überwinderin des literar. Expressionismus. Begann mit eleg., dunkel-visionären Gedichten („Styx", 1902), in denen sie ihre Entfremdung von der als krisenhaft und chaotisch empfundenen Umwelt ausdrückte; in den schwärmerisch-ekstat. „Hebr. Balladen" (1913) wurde das Motiv des Weltendes mit traumhaften, phantast. Erlösungshoffnungen verbunden. Der schwermütige letzte Gedichtband „Mein blaues Klavier" (1943) vermittelt ein ergreifendes Bild ihrer Emigration. – *Weitere Werke:* Das Peter-Hille-Buch (1906), Die Nächte Tino von Bagdads (Novellen, 1907), Die Wupper (Dr., 1909), Meine Wunder (Ged., 1911), Mein Herz (R., 1912), Der Prinz von Theben (En., 1914), Der Malik (E., 1919), Arthur Aronymus. Die Geschichte meines Vaters (E., 1932), Ichundich (Dr., hg. 1980).

Laski, Harold Joseph [engl. ˈlæskɪ], * Manchester 30. Juni 1893, † London 24. März 1950, brit. Politiker und Politikwissenschaftler. – Ab 1926 Prof. an der London School of Economics; trug maßgeblich zur Entstehung und method. Profilierung der Politikwiss. bei; strebte eine Synthese der Traditionen der brit. Arbeiterbewegung mit der Theorie des demokrat. Sozialismus an; führendes Mgl. der Fabian Society, 1945/46 Vors. der Labour Party.

Łaski, Jan [poln. ˈuaski] (latin. Johannes a Lasco), * Łask bei Łódź 1499, † Pińczów bei Kielce 8. Jan. 1560, poln. Reformator. – Bis 1538 Domdekan und Propst von Gnesen; Beteiligung an den Einigungsbemühungen im 2. Abendmahlsstreit; 1556 Rückkehr nach Polen; neben Calvin der wichtigste Gestalter der ref. Gemeindeordnung.

Lasky, Jesse Louis [engl. ˈlæskɪ], * San Francisco 13. Sept. 1880, † Beverly Hills 13. Jan. 1958, amerikan. Filmproduzent. – 1913 Mitbegr. der „J. L. Feature Play Company"; 1916 Fusion mit „Famous Players"; Produktionschef (bis 1932) der 1927 durch Fusion entstandenen „Paramount Pictures Corporation".

Lassa-Fieber [nach dem Ort Lassa in Nigeria], gefährl., hochfieberhafte Infektionskrankheit (Schleimhautgeschwüre, Hautblutungen, Lungenentzündung); eine spezif. Therapie ist bisher nicht möglich.

Lassalle, Ferdinand [frz. laˈsal], bis 1846 F. Lassal, * Breslau 11. April 1825, † Genf 31. Aug. 1864 (an den Folgen eines Duells), dt. Politiker und Publizist. – Sohn eines wohlhabenden jüd. Tuchhändlers; studierte 1843–46 Philosophie, Philologie und Geschichte in Breslau und Berlin; seine Prozeßvertretung der Gräfin S. von ↑Hatzfeld-Trachenberg (ab 1846) machte ihn v. a. im Rheinland bekannt. In der Revolution 1848/49 zu dem Kreis um die „Neue Rhein. Zeitung" (Marx, Engels) gestoßen, trat er seitdem entschieden für die Trennung von radikaler Demokratie und bürgerl. Liberalismus ein. In der Staats- und Geschichtsphilosophie zeitlebens ein Anhänger Hegels, begriff L. anders als Marx den Staat als „Einheit der Individuen in einem sittl. Ganzen" und definierte seinen Zweck als Erziehung und Entwicklung des Menschengeschlechts zur Freiheit. Sein theoret. Hauptwerk „Das System der erworbenen Rechte" (2 Bde., 1861), eine Auseinandersetzung mit der Rechtsphilosophie, sah L. als „wiss. Rechtssystem für Revolution und Sozialismus". L. kämpfte für das allg. und gleiche Wahlrecht und hoffte, den Staat mit friedl. Mitteln langfristig verändern zu können. Endziel war für L. ebenso wie für Marx, der in dieser Phase einer seiner schärfsten Kritiker wurde, die sozialist. Gesellschaft ohne Privateigentum an den Produktionsmitteln. Dazu befürwortete L. u. a. die Gründung von staatlich unterstützten Produktivassoziationen. Gewerkschaft. und genossenschaftl. Selbsthilfe lehnte er als gegen das ↑eherne Lohngesetz machtlos ab. Ohne daß der von L. 1863 mitgegr. Allg. dt. Arbeiterverein (ADAV), dessen 1. Präs. er war, schon eine Massenbasis hätte aufweisen können, gab L. ihm doch durch das „Arbeitsprogramm" (1863) und das „Offene Antwortschreiben" (1863) eine theoret. Grundlage, die die prakt. Politik der Sozialdemokratie seitdem maßgeblich bestimmte.

Lassen Peak [engl. ˈlæsn ˈpiːk], Vulkan im S-Teil der Cascade Range in N-Kalifornien, USA, 3 187 m hoch (Nationalpark).

Lasser von Zollheim, Josef Freiherr (seit 1867), * Strobl bei Salzburg 30. Sept. 1814, † Wien 19. Nov. 1879, östr. Jurist und Politiker. – 1848 einflußreiches Mgl. des östr. Reichstags (gemäßigte Linke); 1860–65 Justizmin.; 1868–70 Statthalter von Tirol; 1871–78 als Innenmin. führend im Kabinett A. Fürst Auersperg.

läßliche Sünde ↑ Sünde.

Lassnig, Maria, * Kappel am Krappfeld (Kärnten) 8. Sept. 1919, östr. Malerin. – L. beschäftigt sich in ihren Arbeiten mit Körperbewußtsein und Körpergefühl, wobei sie sich verschiedener Ausdrucksformen (u. a. informeller und expressiv-figurativer Art) bedient. – Abb. S. 8.

Lasso, Orlando di (Roland de Lassus), * Mons um 1532, † München 14. Juni 1594, niederl. Komponist. – Wurde

Eduard Lasker
(Ausschnitt aus einem Stahlstich, um 1880)

Else Lasker-Schüler

Ferdinand Lassalle

Orlando di Lasso
(zeitgenössischer Kupferstich)

Lasso

Maria Lassnig. Einen Fisch essen, 1975 (Privatbesitz)

1553 Kapellmeister am Lateran in Rom. 1556 berief ihn Herzog Albrecht V. von Bayern als Tenorist nach München; seit 1564 war er hier Leiter der Hofkapelle. Als einer der genialsten Komponisten der abendländ. Musikgeschichte beherrschte er in Vollendung alle Stile seiner Zeit. Unter mehr als 2000 bekannten Werken stehen etwa 1200 Motetten im Vordergrund (daneben Messen, Passionen, Hymnen, Litaneien, Lamentationen). Im Dienst der Textdarstellung verbindet sich ein raffinierter Klangsinn (neue harmon. Wirkungen) gleichgewichtig mit einer stark ausdrucksgeprägten polyphonen Satzkunst.

Lasso [span., zu lat. laqueus „Schlinge"], Wurfschlinge, die durch Rotation beschleunigt und dem zu fangenden Tier um Hals oder Hörner geworfen wird, während das andere Ende festgehalten wird oder am Sattel befestigt ist. Bei den Reiter- und Hirtenvölkern der Alten Welt seit der Antike verbreitet, später in Amerika von Cowboys, Gauchos und Indianern übernommen.
▷ Figur beim Paarlaufen (Eis- und Rollkunstlauf), bei der die Partnerin über dem Kopf des Partners gehoben wird und sich mit ihm um dessen Körperachse dreht.

Pieter Pietersz. Lastman. Abschied Hagars, 1612 (Hamburg, Kunsthalle)

Lasswell, Harold Dwight [engl. ˈlæswəl], *Donnellson (Ill.) 13. Febr. 1902, † New York 18. Dez. 1978, amerikan. Politikwissenschaftler. – Prof. in Chicago (1924–32), Washington (1932–38), New York (1939–46) und an der Yale University (ab 1946); arbeitete v. a. über Probleme der Massenkommunikation, der Macht und über das Verhalten von Eliten.

Last, James, eigtl. Hans L., *Bremen 17. April 1929, dt. Orchesterleiter. – Urspr. [Jazz]bassist; gründete 1965 die „James-Last-Big-Band"; wurde populär durch gefällige Swing-Bearbeitungen internat. Schlager, dt. Volkslieder u. a. – Abb. S. 10.

L., Jef, eigtl. Josephus Carel Franciscus L., *Den Haag 2. Mai 1898, † Laren 15. Febr. 1972, niederl. Schriftsteller. – Lyriker und Erzähler, u. a. „Zuidersee" (R., 1934), „Das erste Schiff auf der Newa" (R., 1946), dessen frühe Werke eine stark sozialist. Tendenz aufweisen, während die späteren unter dem Einfluß seines Freundes A. Gide und der chin. Philosophie von religiösen Themen bestimmt sind.

Last, svw. ↑Belastung.

Lastenausgleich, im Sinne des Lastenausgleichsgesetzes (LAG) i. d. F. vom 1. 10. 1969 (mit späteren Änderungen) die Abgeltung von Schäden und Verlusten, die sich infolge der Vertreibungen und Zerstörungen der Kriegs- und Nachkriegszeit ergeben haben, sowie die Milderung von Härten, die infolge der Währungsreform eingetreten sind. Zur Durchführung des L. werden ↑Ausgleichsabgaben erhoben. Sie fließen in den vom Präsidenten des Bundesausgleichsamtes verwalteten Ausgleichsfonds, aus dem die Ausgleichsleistungen bewirkt werden. Ausgleichsleistungen sind u. a. a) *Hauptentschädigung* (Abgeltung von Vermögensschäden); b) *Eingliederungsdarlehen;* c) *Kriegsschadenrente;* d) *Hausratentschädigung;* e) *Wohnraumhilfe;* f) Leistungen aus dem *Härtefonds;* g) Leistungen auf Grund *sonstiger Förderungsmaßnahmen;* h) Entschädigung im Währungsausgleich für *Sparguthaben Vertriebener;* i) Entschädigung nach dem ↑*Altsparergesetz.* Alle Ausgleichsleistungen werden nur auf Antrag bewilligt.

Lastensegler, im 2. Weltkrieg verwendetes, von Motorflugzeugen geschlepptes, jedoch selbständig landendes Gleitflugzeug zum Transport von Truppen und Lasten. Heute übernehmen Transporthubschrauber diese Aufgabe.

Lasterkatalog, systemat. Aufzählung von sittl. Verfehlungen im N. T., insbes. in den Paulus- und Petrusbriefen (z. B. Gal. 5, 19 ff., 1. Petr. 4, 3).

Lastex ⓦ [Kw.], düsengespritzte [reyonüberzogene] Gummifäden mit rundem Querschnitt für *L.gewebe;* stark dehnbar.

Lastigkeit ↑Trimm.

Lastkraftwagen ↑Kraftwagen.

Lastman, Pieter Pietersz., *Amsterdam 1583 oder 1584, □ ebd. 4. April 1633, niederl. Maler. – Verbindet niederl. Schulung mit italien. Einflüssen (in Rom 1603–07). Im Spätwerk beeinflußt durch die Haarlemer Manieristen. 1624/25 Lehrer Rembrandts.

last not least [engl. ˈlɑːst nɒt ˈliːst „die jüngste, nicht geringste"], nach Shakespeares „König Lear" (1, 1) gebräuchl. Redewendung mit der Bed.: in der Reihenfolge zuletzt, aber nicht dem Wert nach; nicht zu vergessen.

Lastschrift, 1. in der doppelten Buchführung jede Buchung auf der Sollseite eines Kontos (Ggs. Gutschrift); 2. Mitteilung an den Belasteten über eine entsprechende Buchung.

Lasur [pers.-arab.-mittellat.], durchsichtige [Lack]schicht, v. a. bei Ölgemälden; das **Lasieren** erhöht die Leuchtkraft der Farben und schützt die Bildoberfläche.

Lasurit ↑Lapislazuli.

Lasurstein, svw. ↑Lapislazuli.

Las Vegas [engl. lɑːs ˈvɛɪgəs], Stadt in S-Nevada, USA, in einem wüstenhaften Gebiet, 620 m ü. d. M., 191 500 E. Univ. (gegr. 1957); Touristen- und Vergnügungszentrum mit Spielsalons; ✈. – Das moderne L. V. entstand 1903 beim Bau der Eisenbahn; seit 1911 City.

lasziv [lat.], mit einer an Anstößigkeit grenzenden Sinnlichkeit, wollüstig; **Laszivität,** laszives Wesen.

Lat, Al (Allat), Name einer weibl. altarab. Gottheit, deren Kult als „Tochter Allahs" von Mohammed bekämpft wurde.

Latacunga, Hauptstadt der zentralecuadorian. Prov. Cotopaxi, am Río Patate, 2 800 m ü. d. M., 56 000 E. Kath. Bischofssitz. – Mehrfach durch Vulkanausbrüche und Erdbeben zerstört.

La Taille, Jean de [frz. la 'taj], *Bondaroy (Loiret) zw. 1533 und 1540, †zw. 1607 und 1617, frz. Dichter. – Nahm als Hugenotte an den Hugenottenkriegen teil; Vertreter des frz. Renaissancedramas; formulierte erstmals die Regel von den 3 Einheiten (Ort, Zeit, Handlung); schrieb auch Komödien, Gedichte, Satiren und Traktate.

Lätare [lat. „freue dich!"] (Mittfasten), der vierte Sonntag der österl. Bußzeit, ben. nach dem Introitusbeginn der Tagesmesse. An ihm weihte zu L. der Papst eine ↑Goldene Rose (bis 1967; daher in kath. Gegenden auch Bez. Rosensonntag). In vielen Ländern waren mit L. zahlr. Frühlingsbräuche verbunden. Heute noch üblich ist die Feier des **Sommertags,** Rheinhessens, der Pfalz und des Odenwalds (ebenso wie früher in Schlesien und N-Böhmen) Brauchspiele und **Sommertagsumzüge** stattfinden, die den Frühlingsbeginn markieren.

Lateinamerika [so ben. wegen der lat. Basis der mittel- und südamerikan. Verkehrssprachen] (Iberoamerika), die Gesamtheit der Spanisch und Portugiesisch (Brasilianisch) sprechenden Länder Mittel- und Südamerikas einschl. Mexikos.

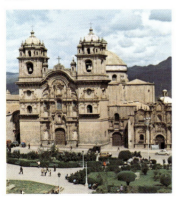

Lateinamerikanische Kunst. Jesuitenkirche in Cuzco, 1651–68

Lateinamerikanische Freihandelszone (engl. Latin American Free Trade Association [Abk. LAFTA], span. Asociación Latinoamericana de Libre Comercio [ALALC]), zwischenstaatl. Vereinigung lateinamerikan. Staaten zur Errichtung einer Freihandelszone; gegr. 1960; Sitz Montevideo. Mitglieder: Argentinien, Bolivien, Brasilien, Chile, Ecuador, Kolumbien, Mexiko, Paraguay, Peru, Uruguay, Venezuela. Die L. F. wurde 1981 durch die ↑Lateinamerikan. Integrationsvereinigung abgelöst.

Lateinamerikanische Integrationsvereinigung (span. Asociación Latinoamericana de Integración [Abk. ALADI]), Nachfolgeorganisation der ↑Lateinamerikan. Freihandelszone mit gleichen Mgl.staaten; seit März 1981 tätig; Sitz Montevideo. Zielsetzung: Förderung des Handels und der wirtsch. Zusammenarbeit der Mgl.länder, langfristige Vorbereitung eines gemeinsamen Marktes durch ein System regionaler Abkommen und Zollpräferenzen.

lateinamerikanische Kunst, die Kunst in den Spanisch und Portugiesisch sprechenden Ländern Mittel- und Südamerikas seit der Kolonisierung durch Spanien und Portugal. – In allen Kolonien entstehen Jesuitenkirchen (nach direktem Vorbild von Il Gesù in Rom), u.a. in Quito in Ecuador (1605 ff.), in Arequipa in Peru (1698), in Buenos Aires in Argentinien (San Ignacio, 1712 ff.) sowie in Cuzco in Peru (1651–68), aber hier in einem Mischstil von italien. und span. Einflüssen.

lateinamerikanische Kunst

Lateinamerikanische Kunst. Rosenkranzkapelle von Santo Domingo in Puebla, 1690

Spanische Kolonialkunst: Frühe Baudenkmäler sind u. a. die befestigten Kirchen der Bettelorden, z. B. die Dominikanerkirche in Tepotzotlán (Mexiko, 1588). Die Kirchen der Barockzeit zeigen ein übersteigertes Streben nach Monumentalität. Der Haupttyp des span.-amerikan. Gotteshauses, das an einem großen freien Platz steht, ist ein einschiffiger Bau mit einem kurzen Querschiff und seitl. Anbauten (u. a. Taufkapelle), meist einer zweitürmigen Fassade, über der Vierung eine Kuppel. Der üppige Dekor verdeckt die strukturellen Elemente außen wie bes. im Innern: hohe Retabeln, Fresken (auch Gemälde auf Leinwand), Azulejos, kräftig bemalte Stuckornamentik. Beispiele: in Peru: San Augustín in Lima (Fassade 1720), Kathedrale in Puno (1757, mit typisch indian. Dekor); in Mexiko: Santo Domingo in Puebla (Rosenkranzkapelle 1690), Kathedrale von Zacatecas (Fassade 1734–52); San Martin in Tepotzotlán (1670–82, Fassade 1760–62), Santa Prisca in Taxco de Alarcón (1751–59), Wallfahrtskirche Santuario de la Virgen Ocotlán bei Tlaxcala de Xicoténcatl (Fassade um 1745–60), Santa María von Tonantzintla (Mitte des 18. Jh.), Capillo del Pocito in Mexiko (1791); in Bolivien: San Francisco in La Paz (1743–84), Kathedrale von Potosí (1809–36); in Argentinien: die Kathedralen von Buenos Aires (1755–1823) und von Córdoba (1690–1758); in Guatemala: die Merced (um 1760) u. a. in Antigua.

Portugiesischer Bereich: Vom Baustil in Lissabon beeinflußt, zeigt die brasilian.-portugies. Kathedrale eine Tendenz zur Einfachheit und Geschlossenheit. Das rechteckige Schiff wird unterteilt, auch das Querschiff ist in das Bauwerk integriert und von außen nicht sichtbar, der [Rokoko]dekor beschränkt sich auf den Innenraum. Bed. Bauten sind die Kathedrale von São Salvador (1657–72), die Klosterkirche São Bento in Rio de Janeiro (1633–1720),

Lateinamerikanische Kunst. Jesus Raphael Soto, Carré virtuel violet, 1970 (Humblebæk, Louisiana-Museum)

lateinamerikanische Literaturen

Nossa Senhora do Rosario (1753–85) sowie v. a. São Francisco de Asis (1766–94) und Nossa Senhora do Carmo (1770–95) in Ouro Prêto, Schöpfungen von A. F. Lisboa.
20. Jahrhundert: Nachdem die Unabhängigkeitskriege und polit. Wirren eine künstler. Tätigkeit verhinderten, erreichte die l. K. im 20. Jh. eine eigenständige Entwicklung, bes. durch die Rückbesinnung auf altamerikan. Kulturerbe. Herausragendes Beispiel dafür ist die mex. Wandmalerbewegung (Muralismo, ↑ mexikanische Kunst). Bed. Wandmalereien schuf auch der Kolumbianer P. Nel Gómez. In Brasilien prägten die Maler C. Portinari und E. di Cavalcanti eine nat. Kunstauffassung. In der Plastik traten die Bildhauer Lygia Clark und S. de Camargo hervor. Internat. Strömungen der Gegenwart werden oft von Künstlern vertreten, die in Europa, bes. Paris, und in den USA studierten, so von den Venezolanern J. R. Soto und G. Cruz-Díez. Für Kolumbien sind E. Negret, E. Ramírez-Vilamizar und F. Botero repräsentativ, für Chile R. Matta Echaurren. In Argentinien setzten sich moderne Tendenzen bes. mit E. Pettoruti durch, später beherrschten dort J. le Parc und E. Mac Entyre die Kunstszene. Der Uruguayer J. Torres García übte mit seiner konstruktivist. Auffassung großen Einfluß aus. – Die moderne Architektur Lateinamerikas erhielt z. T. Anregungen von europ. Emigranten, wie dem in Mexiko tätigen Spanier F. Candela. In Brasilien wirkten O. Niemeyer, L. Costa, R. Levi und A. E. Reidy. C. R. Villanueva trug zur Erneuerung der Architektur in Venezuela bei.

lateinamerikanische Literaturen, der geograph. Raum der l. L. umfaßt die von den Spaniern eroberten Gebiete Mittel- und Südamerikas, heute also die Literatur Argentiniens, Boliviens, Chiles, Ecuadors, Kolumbiens, Kubas, Mexikos, Panamas, Paraguays, Perus, Uruguays und Venezuelas sowie das von den Portugiesen kolonisierte Brasilien (die einst oder noch von Frankreich und den Niederlanden abhängigen oder dem Commonwealth angehörenden Gebiete dieses Raums weisen eine unterschiedl. und wesentlich später einsetzende eigenständige Kulturentwicklung auf, um sie den l. L. zuzurechnen). Grundlage der l. L., deren bedeutendste Werke von allen Völkern Lateinamerikas als Gemeinbesitz angesehen werden, sind gemeinsame histor. und kulturelle Traditionen, die weitgehend gemeinsame Sprache sowie große Gemeinsamkeiten in der Überwindung der Kolonialzeit und der Zurückdrängung des amerikan. Einflusses. – ↑ mittelamerikanische Literaturen, ↑ Literaturen der einzelnen Länder.

lateinamerikanische Musik, umfaßt hauptsächlich die Musik der Spanisch und Portugiesisch sprechenden Länder Mittel- und Südamerikas. Es ist anzunehmen, daß die span. Eroberer im Bereich der Hochkulturen Mexikos und Perus eine hochentwickelte Kunstmusik vorfanden, über deren urspr. Gestalt jedoch kaum Sicheres bekannt ist. Mit der Kolonialisierung begann im Lauf des 16. Jh. eine völlig neue, europäisch bestimmte Musikentwicklung, zunächst auf dem Gebiet der Kirchenmusik. Diese zeigt eine nach europ. Vorbildern geschaffene Organisation mit Chorgesang und Schola; auch der Gebrauch der Orgel breitete sich schnell aus. Im 16. und 17. Jh. wurden bes. in Brasilien musikalisch reich ausgestattete Mysterienspiele gepflegt. Seit der Mitte des 18. Jh. dominiere zunehmend ein von der italien. Oper und der span. Zarzuela geprägtes Repertoire. Frühe Zentren des städt. Musiklebens entstanden in Buenos Aires (Theater seit 1778) und Havanna (Theater seit 1776), das mit seiner reichen kreol. Oberschicht im 19. Jh. eine führende Stellung innerhalb der Musikkultur Lateinamerikas einnahm. Bei fortdauernder Bindung an die europ. Entwicklung brachte erst das 19. Jh. eine schrittweise Einbeziehung von Elementen aus der Tradition der indian. Urbevölkerung und der v. a. aus Westafrika stammenden schwarzen Bev. sowie das Hervortreten nat. Schulen. Seit den 20er Jahren des 20. Jh. bildete sich auf der Grundlage des lateinamerikan. Kolorits eine zur internat. Moderne zählende Musik aus. Herausragende Komponisten der l. M. sind: die Brasilianer H. Villa-Lobos, M. C. Guarnieri, die Argentinier J. C. Páz, A. Ginastera, M. Kagel, die Mexikaner C. Chávez und S. Revueltas.

James Last

Lateinamerikanisches Wirtschaftssystem ↑ SELA.
lateinamerikanische Tänze, allg. Bez. für die im „Welttanzprogramm" 1963 festgelegten Tänze Rumba, Samba, Paso doble, Cha-Cha-Cha und Jive.
Lateinersegel (Lateinsegel), seit dem 8. Jh. im Mittelmeerraum und im Ind. Ozean verbreitetes, dreieckiges Segel, das an einer schräg nach oben weisenden Stenge unsymmetrisch am Mast befestigt ist.

Lateinersegel. Rekonstruktion eines antiken Schiffes mit Lateinersegel

lateinische Kirche, Bez. für die kath. Kirche, soweit sie die Liturgie in lat. Sprache feierte.
Lateinischer Münzbund (Lat. Münzunion; frz. Union monétaire latine [Union latine]), erster, auf Betreiben Napoleons III. unternommener Versuch zur Errichtung eines Weltwährungssystems, gegr. auf das frz. Geldsystem, d. h. auf Frankenwährung mit Dezimalteilung. Dem Pariser Vertrag vom 23. 12. 1865 zw. Frankreich, Belgien, Italien und der Schweiz trat 1868 Griechenland bei, zahlr. andere Staaten übernahmen die Grundsätze ohne förml. Anschluß. Erlosch 1927, da die Inflation nach dem 1. Weltkrieg zu starker Differenzierung der beteiligten Währungen geführt hatte.
lateinische Schrift, das Alphabet der Römer, urspr. nur das von Latium, das sich mit der lat. Sprache verbreitete und durch die Vermittlung des Christentums heute eine weltbeherrschende Stellung einnimmt. Etwa im 7. Jh. v. Chr. erfolgte die Übernahme aus der griech. Schrift, zurückgehend wahrscheinlich auf das griech. Alphabet von Cumae in Unteritalien, dabei spielte die etrusk. Schrift die Mittlerrolle. An die Stelle der semitisch-griech. Buchstabennamen Alpha, Beta usw. (außer Jota, Ypsilon, Zeta) traten die bloßen Lautwertbezeichnungen wie be, de, ef. Auf den ältesten Inschriften in l. S., die noch linksläufig oder wechselnd rechts- und linksläufig geschrieben sind, ähneln die Buchstaben stark ihren griech. Vorbildern. Es existierte zunächst nur eine Majuskelschrift (v. a. auf Steininschriften); daraus ist beim Schreiben mit anderem Schreibgerät (Pinsel, Griffel) auf anderem Schriftträger (Papyrus, Pergament, Wachstafel) schon gegen Ende des 1. Jh. v. Chr. die kursive Minuskelschrift mit „Kleinbuchstaben" hervorgegangen.
Lateinisches Kaiserreich, nach der Besetzung Konstantinopels durch die Kreuzfahrer und die Venezianer (13. April 1204) gegr. Reich, das einen Teil Konstantinopels, Thrakien, NW-Kleinasien und einige Ägäische Inseln umfaßte; bestand bis zur Rückeroberung Konstantinopels durch Kaiser Michael VIII. von Nizäa am 25. Juli 1261.
lateinisches Kreuz ↑ Kreuzformen.
lateinische Sprache (Lingua latina), die zum italischen Zweig der indogerman. Sprachen gehörende Sprache des antiken Rom, die sich mit der Ausdehnung der polit. Macht Roms schon früh über Latium, dann über ganz Italien und weite Teile W-Europas und des Mittelmeergebietes im Röm. Weltreich ausbreitete; sie war bis etwa ins 19. Jh. die geläufige abendländ. Gelehrtensprache und wird als liturg. Sprache (Kirchenlatein) noch heute benutzt. Die l. S. ist eine Sprache ohne lokale Dialekte, also in ihrer geschriebenen Form eine Standardsprache.

Geschichte: Die älteste Epoche (bis zur Mitte des 3. Jh. v. Chr.) ist nur durch Namen, einzelne Wörter und spätere Zitate sowie wenige, nicht genau datierbare Inschriften bekannt; sie zeigen einen archaischen Sprachzustand (z. B. noch keine Vokalschwächungen in unbetonten Silben). Die tiefgreifenden (v. a. lautl.) Veränderungen zw. dem 5. und 2. Jh. v. Chr. (z. B. Monophthongierung von *ei* zu *ī* von *oi* und *eu/ou* zu *ū*, Rhotazismus von intervokal. *s*) sind in zahlr. literar. Zeugnissen (Q. Ennius, T. M. Plautus, Terenz) der **altlateinischen Periode** (bis etwa 100 v. Chr.) belegt. In dieser Zeit wurde der lat. Wortschatz stark erweitert durch Lehnwörter und -übersetzungen aus den Sprachen der unterworfenen Nachbarvölker und der griech. Städte Unteritaliens. Ebenso fällt in diese Zeit die Ausbildung einer Schrift- und Dichtersprache nach griech. Vorbild.
Im 1. Jh. v. Chr. erreichte die Schriftsprache ihre verbindl. Normierung durch die Prosaschriftsteller der sog. **goldenen Latinität**, Cicero und Cäsar. – Kodifizierung der grammat. Regeln, klar-eleganter Periodenbau mit strengen syntakt. Regeln und Purismus im Wortschatz sind die Hauptmerkmale der l. S. der **klassischen Zeit.** Der Wortakzent hob die vorletzte Silbe, wenn sie lang war, sonst die drittletzte hervor; der Quantität des Vokals kam also wesentl. Bed. zu (v. a. in der Metrik). In der Nominalflexion wurden sechs Kasus unterschieden; von Grund auf umgestaltet (Verschmelzung von Aorist und Perfekt, Konjunktiv und Optativ usw.) war das aus indogerman. Zeit ererbte Verbalsystem, das nicht mehr den Aspekt bezeichnete, sondern die Zeitverhältnisse, z. T. durch neugeschaffene Tempora wie Plusquamperfekt und Futurum exaktum. – In der Periode der **silbernen Latinität** (etwa 14–117 n. Chr.) drangen Provinzialismen und Vulgarismen, aber auch Gräzismen und Archaismen vor. Manche dieser Tendenzen verstärkten sich in der folgenden **archaisierenden Periode** (2. Jh. n. Chr.). Im 3. Jh. setzte trotz der Nachahmung der klass. Vorbilder der Verfall der klass. Standardsprache ein **(Spätzeit)**, und der Einfluß der gesprochenen Volkssprache, vornehmlich bei christl. Autoren, wurde immer stärker (z. B. bei Bibelübersetzungen und Augustinus). Neben der normierten Schriftsprache gab es von Anfang an das im alltägl. Gebrauch gesprochene Latein **(Vulgärlatein)**, das sich ständig wandelte und zur Grundlage der roman. Sprachen wurde. Charakteristisch für den „*sermo plebeius*" (den Soziolekt der Plebejer) sind v. a. ellipt. Konstruktionen und zahlr. Verkleinerungsformen. Das gesprochene Latein entfernte sich in **nachklassischer Zeit** immer stärker von der normierten Schriftsprache: in Aussprache und Lautstand (z. B. ['tsitsero:] für ['kikero:] „Cicero"; Vokalschwund in unbetonten Silben), im Wortschatz, in der Syntax (z. B. Reduktion der Flexionskasus und Ersatz von Genitiv, Dativ und Ablativ durch Präpositionalkasus). Während des Altertums war die l. S. zugleich auch die über das ganze Röm. Reich verbreitete Amts- und Verwaltungssprache.
Das **Mittellatein** (ungefähr zw. 500 und 1500) war als Sprache der Geistlichkeit und der durch sie Ausgebildeten gerade in der Zeit der sich entfaltenden german. und roman. Volkssprachen eine verbindende Gemeinsprache. Sie war als Literatursprache am Vorbild der klass. Latinität orientiert, andererseits für Formen und Begriffe der german. und roman. Volkssprachen stets empfänglich. Im Bereich der Morphologie setzten sich Tendenzen fort, die bereits im vulgären und späten Latein angelegt waren, während der Wortschatz von innersprachl. Neubildungen und volkssprachl. Entlehnungen gekennzeichnet war.
Zu Beginn des 16. Jh. wurde die ma. l. S. vom sog. **Neulatein** verdrängt, für das allein die Sprache Ciceros vorbildhaft sein sollte. Neben der übertriebenen Anlehnung an klass. Muster sind die Bildung von Diminutivableitungen und Neologismen sowie die Beimischung volkssprachl. Ausdrücken charakteristisch. Der humanist. Streit zw. Ciceroniani und Anticiceroniani wurde erst gegen Ende des 17. Jh. beendet.

Lateinschulen, i. e. S. Bez. der städt. Schulen v. a. seit dem 16. Jh. (Ratsschulen, später z. T. Gymnasien), außerdem waren alle ma. (Kloster- und Domschulen, Stiftsschulen) und die nachma. höheren Schulen bis ins 19. Jh. hinein L., sowohl die Landesschulen (↑Fürstenschulen) als auch die Jesuitenkollegien.

Lateinsegel, svw. ↑Lateinersegel.

La-Tène-Kultur [la'tɛ:n], nach dem Fundplatz La Tène am Neuenburger See (Schweiz) ben. Kultur der jüngeren vorröm. Eisenzeit (5.–1. Jh.); während ihrer größten Ausdehnung im 3. und 2. Jh. von Britannien bis zur unteren Donau und von der Mittelgebirgszone bis N-Italien verbreitet. Ihre Träger waren kelt. Stämme. Kennzeichnend sind v. a. gemeinsame Züge in der Ornamentik und in den Schmuckformen **(La-Tène-Stil),** z. T. auch in der Keramik, ferner eiserne Waffen (bes. Schwerter und Lanzenspitzen). Die stilist. Eigentümlichkeiten der La-T.-K. wurden wahrscheinlich an Fürstenhöfen im westl. Teil des Gebietes der Hallstattkultur geprägt. Die Sozial- und Wirtschaftsordnungen waren innerhalb des Bereichs der La-T.-K. nie ganz einheitlich. Größere stadtartige Siedlungen (als Handels- und Produktionszentren) bestimmten das Kulturbild in der Spätphase. Durch Übernahme mediterraner Techniken (z. B. in Glasverarbeitung, Metallurgie, Keramik) verdichteten sich bes. im 1. Jh. v. Chr. die Kulturverbindungen zur späthellenist. Kultur. Vielgestaltige religiöse Vorstellungen und Rituale werden durch unterschiedl. Bestattungssitten und Kultstätten belegt. Die La-T.-K. wirkte als Vermittlerin hellenist. Kulturzüge auch auf ihre Nachbarkulturen, bes. im N. Auf den Brit. Inseln lebten Spätformen der La-T.-K. noch im 1. Jt. n. Chr. weiter. Die Einteilung der **La-Tène-Zeit** in die Hauptphasen der älteren (A und B, 5.–3. Jh.), mittleren (C, 3./2. Jh.) und späten (D, 1. Jh.) La-Tène-Zeit erfolgte auf Grund der Fibel-, Schwert- und Gefäßformen.

La-Tène-Kultur. Gürtelhaken aus Hölzelsau bei Kufstein, Bronze (München, Prähistorische Staatssammlung)

La-Tène-Kultur. Links: Tongefäße aus Worms. Rechts: Halsringe aus dem Goldschatz von Erstfeld, Kanton Uri (Zürich, Schweizerisches Landesmuseum)

latent [lat.], verborgen, nicht sogleich erkennbar, ohne typ. Merkmale.

latentes Bild ↑Photographie.

Latenz [zu lat. latere „verborgen sein"], in der *Biologie* das scheinbare Fehlen von Lebensäußerungen als Folge einer starken Herabsetzung des intermediären Stoffwechsels (z. B. Kältestarre).
▷ in der *Sinnesphysiologie* die Zeit zw. Reizbeginn und beobachteter Reaktion.
▷ die sexuelle *L.periode* liegt nach Freud zw. dem 6. Lebensjahr und dem Beginn der Pubertät und ist durch ein vorübergehendes Zurücktreten sexueller Handlungen und Wünsche gekennzeichnet.

Latenzeier, svw. ↑Dauereier.

Latenzstadium, svw. ↑Inkubationszeit.

lateral [zu lat. *latus* „Seite"], seitlich, die Seite betreffend, von einer Seite ausgehend.

Laterallaut

Laterallaut, svw. ↑ Seitenlaut.

Lateran [ben. nach den früheren Besitzern, der röm. Fam. der Laterani], päpstl. Palast und Basilika in Rom, seit dem L.vertrag von 1929 exterritorial (Teil der Vatikanstadt). Das 326 von Konstantin d. Gr. der Kirche geschenkte Gelände (mit Bauten) war bis 1308 päpstl. Residenz. Sixtus V. ließ 1586 ff. von D. Fontana den jetzigen **Lateranpalast** als päpstl. Sommerresidenz erbauen (1841–1967 war er Museum; die Bestände sind heute in den Vatikan. Museen). Die **Lateranbasilika** San Giovanni in Laterano ist die Kathedrale des Bischofs von Rom. Grundriß und Maße der fünfschiffigen Basilika gehen auf die konstantin. Gründung zurück; 1646–49 wurde das Innere von F. Borromini barock umgestaltet, 1733–35 die Fassade von A. Galilei vorgeblendet.

Laterankonzilien, die im Lateran abgehaltenen allg. Konzilien. – **1. Laterankonzil** (9. allg. Konzil; 1123, Kalixt II.): Bestätigung früherer Dekrete über den Gottesfrieden und des Wormser Konkordats. – **2. Laterankonzil** (10. allg. Konzil; 1139, Innozenz II.): Reformdekrete im Geist der gregorian. Reform. – **3. Laterankonzil** (11. allg. Konzil; 1179, Alexander III.): Vorschriften zur Papstwahl und Laienpredigt; Ausweitung des Kreuzzugsablasses. – **4. Laterankonzil** (12. allg. Konzil; 1215, Innozenz III.): Behandlung der Lehre der Albigenser und anderer Glaubensfragen (z. B. Transsubstantiation); Bestimmung, daß Juden bes. Kleidung tragen mußten. – **5. Laterankonzil** (18. allg. Konzil; 1512–17, Julius II., Leo X.): Wiederholung der Lehre von der Individualität und Unsterblichkeit der Seele; Verurteilung des Konziliarismus und der Pragmat. Sanktion von Bourges.

Latimeria. Latimeria chalumnae

Lateranverträge, Sammelbez. für die 1929 zw. Italien (Mussolini) und dem Hl. Stuhl (Papst Pius XI., vertreten durch Kardinalstaatssekretär Gasparri) zur Regelung des Verhältnisses zw. dem italien. Staat und der kath. Kirche abgeschlossenen Verträge. Der eigtl. *Lateranvertrag* garantierte die Souveränität des Hl. Stuhls in internat. Beziehungen mit Vatikanstadt als neuem Staat und dem Papst als Staatsoberhaupt. Das *Konkordat* bestätigte die kath. Religion als Staatsreligion. Das *Finanzabkommen* sicherte dem Hl. Stuhl eine einmalige Zahlung von 1,75 Mrd. Lire als Entschädigung für die Einziehung des Kirchenstaates zu. – Die L. wurden durch die italien. Verfassung 1947 bekräftigt. Durch das neue Konkordat von 1984 ist die kath. Religion nicht mehr Staatsreligion.

Laterit [zu lat. later „Ziegel" (wegen der Farbe)] ↑ Bodenkunde.

Laterna magica [lat. „Zauberlaterne"], Vorläuferin des Projektors.

▷ urspr. für den tschechoslowak. Pavillon der Brüsseler Weltausstellung (1958) von A. Radock und J. Svoboda entwickeltes Montageverfahren zur Kombination von Film und Diapositiv mit der realen Bühnendarstellung, wobei die Sequenzen mit der Vorstellung von Räumlichkeit und Illusion spielen. Seit 1959 hat die L. m. ein eigenes Theater in Prag.

Laterne des Aristoteles, der zuerst von Aristoteles mit einer Laterne verglichene komplizierte Kauapparat der Seeigel; setzt sich aus rd. 20 kalkhaltigen Elementen zus., von denen fünf die mit je einem Zahn endenden, durch Muskeln bewegl. Kieferspangen darstellen.

Laternenfische (Anomalopidae), Fam. etwa 10–30 cm langer, an der Wasseroberfläche lebender Schleimkopffische mit nur wenigen, seitlich abgeflachten, hochrückigen Arten in der Südsee. Das vermutlich zur Anlockung der Beutetiere dienende Licht aus den paarigen, unter den Augen liegenden Leuchtorganen wird von Leuchtbakterien erzeugt.

Laternenträger (Leuchtzikaden, Leuchtzirpen, Fulgoridae), v. a. in den Tropen und Subtropen verbreitete, rd. 6 500 etwa 8–90 mm lange, oft bunt gefärbte Arten umfassende Fam. der Zikaden; Kopf z. T. mit einem laternenförmigen (jedoch nicht leuchtenden) Kopffortsatz.

Latex [griech.-lat. „Flüssigkeit"], die durch Pflanzenproteine stabilisierte wäßrige Emulsion oder Dispersion (Milchsaft) der Kautschukbäume. Aus L. wird nach der Gerinnung (Koagulation) ↑ Naturkautschuk gewonnen. Als *synthet. L.* bezeichnet man ein feindisperses System aus Wasser und Vinylpolymerisaten. Verwendung u. a. als Bindemittel in den umgangssprachlich als **Latexfarben** bezeichneten Dispersionsfarben.

Latifundien (Einz.: Latifundium) [lat., zu latus „breit" und fundus „Grund(stück)"], im antiken Italien seit der 1. Hälfte des 2. Jh. v. Chr. Grundbesitz von röm. Senatoren, die ihr Vermögen in italischem Land anlegen mußten. Die L. wurden mit Sklaven bewirtschaftet. Seit Ausgang des MA wird der Begriff L. für Großgrundbesitz in Ländern mit betonter Weidewirtschaft und extensivem Getreidebau in Osteuropa, im Orient und v. a. in Lateinamerika angewendet. Hier ist L.wirtschaft auch in den unabhängig gewordenen Republiken ein Element der Agrar- und Sozialstruktur und stellt heute eines der wichtigsten Probleme der Bodenreform dar.

Latimer, Hugh [engl. ˈlætɪmə], * Thurcaston (Leicestershire) um 1480/85, † Oxford 16. Okt. 1555, engl. Reformator. – Ab 1524 Anhänger der Reformation in England; trat kompromißlos für Arme und Unterdrückte ein; 1535–39 Bischof von Worcester, 1540–47 Predigtverbot und Inhaftierung; seit 1547 erneute Tätigkeit als Prediger (Ehrenname: „Apostle to the English"); wurde unter der kath. Maria I. 1553, zus. mit T. Cranmer und N. Ridley, erneut gefangengenommen und verbrannt.

Latimeria [nach M. E. D. Courtenay-Latimer, * 1907, der Leiterin des naturhistor. Museums in East London, Rep. Südafrika], Gatt. der ausgestorbenen Quastenflosser mit der einzigen rezenten, 1938 entdeckten Art **Latimeria chalumnae**; lebt im Ind. Ozean (v. a. im Gebiet der Komoren) als Bodenbewohner in Tiefen von 150–400 m. Die rd. 1,5 m langen, bis 80 kg schweren Tiere sind lebendgebärend.

Latina, italien. Stadt in Latium, 100 600 E. Hauptstadt der Prov. L.; Reifen-, Nahrungsmittel- und Genußmittelind. – L. entstand ab 1932 (auf polygonalem Grundriß) im Zuge der Urbarmachung der Pontin. Sümpfe und wurde 1934 Hauptstadt der neugeschaffenen Prov. Latina.

Latiner (lat. Latini), im Altertum die Bewohner von Latium, das sich von Rom bis Tarracina (= Terracina) sowie vom Apennin bis Mons Lepinus (= Monti Lepini) erstreckte. Als Hauptort galt Alba Longa, bed. Städte waren Tibur (= Tivoli), Praeneste (= Palestrina), Antium (= Anzio) und Lavinium. Im 6. Jh. v. Chr. erhielt Rom das Übergewicht über die L., die sich zu Beginn des 5. Jh. v. Chr. von Rom lossagten und den Latin. Städtebund gründeten. Unter dem Druck der Bedrohung durch Volsker und Äquer schlossen L. und Römer im Jahr ein Bündnis (493 v. Chr. ?). Im Bundesgenossenkrieg erhielten 89 v. Chr. alle L. das röm. Bürgerrecht.

Latini, Brunetto, * Florenz zw. 1210 und 1220, † ebd. 1294 oder 1295, italien. Gelehrter und Dichter. – Mgl. der Partei der Guelfen; bis 1266 im frz. Exil, 1273 Kanzler in Florenz; schrieb in frz. Sprache die Laienenzyklopädie „Li livres dou tresor", in italien. Versen u. a. die allegor.-didakt. Dichtung „Il tesoretto".

latinisieren [lat.], in die lat. Sprachform bringen; v. a. bei Namen, z. B. Georg Bauer, latinisiert Georgius Agricola.

Latinismus [lat.], Übernahme syntakt. oder stilist. Eigenheiten der lat. Sprache in eine andere, im Dt. v. a. bestimmten Partizipialkonstruktionen.

Maurice Quentin de La Tour (Selbstporträt; Saint-Quentin, Musée Antoine Lécuyer)

Georges de La Tour. Der Drehleierspieler, vor 1630 (Nantes, Musée des Beaux-Arts)

Latin Rock [engl. 'lætɪn'rɔk], Verbindung von Rhythmen, Instrumenten und melod.-harmon. Wendungen der lateinamerikan. Musik mit Rockmusik; v. a. um 1969 durch die Gruppe „Santana" bekanntgeworden.

Latinum [lat.], der Nachweis bestimmter Kenntnisse in der lat. Sprache (Großes und Kleines L.); Voraussetzung für das Studium einiger weniger Fächer.

Latium, mittelitalien. Region und Großlandschaft am Tyrrhen. Meer, 17 203 km², 5,16 Mill. E (1988), mit den Prov. Viterbo, Rieti, Rom, Latina und Frosinone; Hauptstadt Rom. L. geht von der unterschiedlich breiten, ehem. versumpften Küstenebene in niedrige Berglände über. Den extensiv weidewirtsch. genutzten siedlungsarmen Kalkgebirgen stehen die Gartenlandschaften der breiten Talungen und des vulkan. Hügellands mit Obstbaumkulturen, Wein-, Getreide- und Futterbau und bed. Viehzucht gegenüber. Die Ind. konzentriert sich auf Rom und sein Einzugsgebiet. – Bezeichnete urspr. nur das Wohngebiet der ↑Latiner, später auch die Gebiete der Volsker und Aurunker.

Latona ↑Leto.

Latosol [lat./russ.; zu lat. later „Ziegel"], aus Silicatgesteinen unter Einfluß trop. Klimas entstandener rötl. Boden **(Roterde)** mit Anreicherung von Eisen- und Aluminiumoxiden. – ↑Gelberde.

La Tour [frz. la'tu:r], Georges de, *Vic-sur-Seille (Moselle) 1593, †Lunéville 30. Jan. 1652, frz. Maler. – Beeinflußt von der italien.-fläm. Helldunkelmalerei, stellte er v. a. Szenen mit künstl. Beleuchtung ohne jedes Beiwerk mystisch entrückt dar. U. a. „Beweinung des hl. Sebastian" (1634–43, Berlin-Dahlem), „Frau mit Floh" (Nancy, Musée des Beaux-Arts), „Maria Magdalena mit dem Totenschädel" (Paris, Louvre).

La T., Maurice Quentin de, *Saint-Quentin 5. Sept. 1704, †ebd. 17. Febr. 1788, frz. Maler. – Überwiegend Pastellmaler; bed. Porträtist.

La Tour du Pin, Patrice de [frz. laturdy'pɛ̃], *Paris 16. März 1911, †ebd. 28. Okt. 1975, frz. Lyriker. – Seine Gedichte in klass. Sprache zeigen eine religiös-myst. Grundhaltung, u. a. „Une somme de poésie" (1946), „Psaumes de fous mes temps" (1974).

Latrine [lat.] ↑Abort.

Latsche (Legföhre, Pinus mugo var. pumilio), Varietät der ↑Bergkiefer in den mittelund osteurop. Gebirgen; Wuchs mehrstämmig-strauchig.

Latten, Schnitthölzer meist quadrat. oder rechteckigen Querschnitts, z. B. Dachlatten.

Lattich [lat.] (Lactuca), Gatt. der Korbblütler mit rd. 100 Arten, vorwiegend auf der Nordhalbkugel; milchsaftführende Kräuter mit ausschließlich zungenförmigen Blüten. In Deutschland kommen sieben Arten vor, u. a.: **Giftlattich** (Lactuca virosa), bis 1,5 m hoch, mit gelben Blüten in Rispen und breiten, ovalen stengelumfassenden, gezähnten Blättern; Milchsaft giftig; auf steinigen Hängen und in Gebüschen. **Kompaßlattich** (Stachel-L., Lactuca serriola), bis 1,2 m hoch, mit fiederspaltigen, stachelig gezähnten Blättern und gelben Blüten; Stengelblätter mit um 90° gedrehten und meist in dieselbe Richtung orientierten Spreiten; an Wegrändern und auf trockenen Plätzen. Die wirtsch. wichtigste Art ist der **Gartensalat** (Garten-L., Lactuca sativa); einjährig, mit in Rosetten stehenden, oft „Köpfe" bildenden Grundblättern. Wichtige Sorten sind: **Kopfsalat** (Kopfbildung durch Entfaltungshemmung der Rosettenblätter), **Schnittsalat** (die Blätter werden von den Austrieb der Blütenstengel geschnitten oder gepflückt) und **Römischer Salat** (Sommerendivie, Bindesalat; mit steil aufwärts gerichteten, grundständigen, bis 30 cm langen, oft locker kopfförmig zusammenstehenden Blättern).

Lattmann, Dieter, *Potsdam 15. Febr. 1926, dt. Schriftsteller. – 1968 Präs. der Bundesvereinigung Dt. Schriftstellerverbände, 1969–74 Vors. des neugegr. Verbandes Dt. Schriftsteller; setzte sich erfolgreich für die gewerkschaftl. Organisation der Schriftsteller ein; 1972–80 MdB (SPD); Verf. von Romanen, Essays, Hörspielen. – Werke: Ein Mann mit Familie (R., 1962), Zwischenrufe und andere Texte (Essays, 1967), Schachpartie (R., 1968), Die Literatur der BR Deutschland (1973), Die Brüder (R., 1985), Die Erben der Zeitzeugen (Essays, 1988).

Lattre de Tassigny, Jean de [frz. latrədətasi'ɲi], *Mouilleron-en-Pareds (Vendée) 2. Febr. 1889, †Paris 11. Jan. 1952, frz. Marschall (postum 1952). – 1943 Oberbefehlshaber der 1. frz. Armee in Algerien, mit der er 1944 in S-Frankreich landete; unterzeichnete am 8. Mai 1945 für Frankreich die dt. Kapitulation; 1948 Generalinspekteur der frz. Armee und Oberbefehlshaber der Landstreitkräfte der WEU; 1950–52 Hochkommissar und Oberbefehlshaber der frz. Truppen in Indochina.

Lattuada, Alberto, *Mailand 13. Nov. 1914, italien. Regisseur. – L., der häufig literar. Werke als Vorlagen für seine Filme verwendet („Das Verbrechen des Giovanni Episcopo", 1947), gilt als einer der frühen Vertreter des neorealist. Films. – Weitere Filme: Anna (1951), Die Wölfin (1952), Die Nacht vor dem Gelübde (1960), Mandragola (1965), Bleib wie du bist (1978).

Latwerge (Electuarium), brei- oder teigförmig zubereitetes Arzneimittel; mundartlich für Pflaumenmus.

Laub, die Gesamtheit der Blätter der ↑Laubhölzer.

Laubach, hess. Stadt im westl. Vorderen Vogelsberg, 207 m ü. d. M., 9 200 E. Luftkurort: elektron., Holz-, metallverarbeitende Ind. – Im 8. Jh. erstmals und 1405 als Stadt erwähnt. – Pfarrkirche (13. und 18. Jh.), Schloß (13. bis 15. Jh., später ausgebaut; heute Schulen; mit Europas größter Privatbibliothek [über 140 000 Bde.]); zahlr. Fachwerkhäuser (15.–18. Jh.).

Laubblatt, Blatt der Samenpflanzen und Farne. Im typ. Fall besteht ein L. aus der Blattspreite, die flächig entwickelt ist und in der bei fast allen Pflanzen die Photosynthese abläuft, dem stengelartigen Blattstiel und dessen Übergang in die Achse, dem Blattgrund. Die **Blattspreite** (Lamina) weist eine der Stützung und dem Wasser- und Nährstofftransport dienende Blattnervatur (Blattrippen, -adern, -nerven) auf. Nach der Form der Blattspreite unterscheidet man zw. einfachen und zusammengesetzten Laubblättern. Einkeimblättrige Pflanzen haben meist einfache Laubblätter,

Lattich.
Oben: Kompaßlattich.
Unten: Kopfsalat

Alberto Lattuada

Laube

zweikeimblättrige Pflanzen häufig zusammengesetzte *(geteilte)* Laubblätter. Die verschiedenen Formen der einfachen Laubblätter werden nach der Beschaffenheit des Randes bezeichnet: **ganzrandig,** wenn der Rand völlig glatt ist; **gesägt,** wenn die Spitzen im rechten Winkel zusammenstoßen; **doppelt gesägt,** wenn große mit kleinen Spitzen abwechseln; **gezähnt,** wenn die Vorsprünge spitz und die Einschnitte abgerundet sind; **gekerbt,** wenn die abgerundeten Vorsprünge im spitzen Winkel zusammenstoßen; **gebuchtet,** wenn die Vorsprünge und Einschnitte abgerundet sind; sind die Einschnitte tiefer, so wird die Blattspreite in Abschnitte aufgeteilt, die dem Verlauf der Blattnerven entsprechen: **fiederspaltig** oder leierförmig gefiedert, wenn die nicht sehr tiefen Einschnitte paarweise aufeinander zulaufen; **fiederteilig,** wenn die paarweise angeordneten Einschnitte bis zur Mittelrippe reichen; **handförmig geteilt,** wenn die Einschnitte alle nach dem Grund der Blattspreite zu gerichtet sind; **gelappt,** wenn die L.fläche durch spitze Einschnitte in breitere und abgerundete Abschnitte geteilt ist. Nach der Form der Blattspreite unterscheidet man nadelförmig, linealförmig, spatelförmig, eiförmig, pfeilförmig u. a. Das zusammengesetzte L. besteht dagegen aus mehreren, voneinander getrennten Blättchen oder **Fiedern.** Die Fiedern sitzen meist paarweise an der verlängerten Mittelrippe. Hier unterscheidet man: **unpaarig gefiedert,** wenn mehrere Fiederpaare und eine Endfieder vorhanden sind; **paarig gefiedert,** wenn die Endfieder reduziert ist; **doppelt gefiedert,** wenn die Fiedern selbst wieder gefiedert sind; **mehrfach gefiedert,** wenn doppelt gefiederte Laubblätter nochmals gefiedert sind. Strahlen alle Fiedern von einem Punkt aus (bei Hemmung der Längsentwicklung der Mittelrippe), spricht man von einem **fingerförmig gefiederten** L. Entwickelt sich die Mittelrippe nicht längs, sondern quer zum Blattstiel, so entsteht das **fußförmig gefiederte** L. Die Fiederung der Palmenblätter beruht nicht auf Wachstumsvorgängen, sondern auf nachträgl. Zerreißung entlang abgestorbener Gewebeteile. Der **Blattstiel** führt der Spreite Wasser und Mineralsalze zu und transportiert die Assimilationsprodukte ab. Durch Wachstumsbewegungen bringt er die Blattfläche in die günstigste Lage zum Lichteinfall.

Aufbau: Auf der Ober- und Unterseite der Spreite ist meist eine einschichtige **Epidermis** ausgebildet. Unter der oberen Epidermis liegt das **Palisadenparenchym,** dessen langgestreckte Zellen den größten Teil aller Chloroplasten des L. enthalten und daher das *Assimilationsgewebe* darstellen. Unter dem Palisadengewebe liegt das **Schwammparenchym,** zw. dessen Zellen sich große Interzellularräume befinden, die der Wasserdampfabgabe und der Durchlüftung dienen. Palisaden- und Schwammparenchym zus. werden auch als *Mesophyll* bezeichnet.

Stellung: Grundsätzlich gibt es zwei Arten: 1. Entspringen an einem Knoten zwei oder mehr Blätter, nennt man ihre Stellung **gegenständig** oder wirtelig. 2. Entspringt an einem Knoten nur ein Blatt, stehen die Blätter **wechselständig** oder schraubig. Sind es im ersteren Fall nur zwei Blätter pro Knoten, stehen sie **kreuzständig** (dekussiert), d. h. von Knoten zu Knoten um jeweils 90° versetzt.

Metamorphosen: Übernehmen Laubblätter spezielle Aufgaben, so verändern sie ihr Aussehen: verdickte *Speicherblätter* für Nährstoffe (verschiedene Zwiebelpflanzen) oder Wasser (Blattsukkulenten; Mauerpfeffer); *Blattranken* als Kletter- oder Haftorgane (Erbse, Wicke); *Blattdornen* (Berberitze); *Kannen-* und *Schlauchblätter* bei fleischfressenden Pflanzen. Die **Lebensdauer** der Laubblätter beträgt eine Vegetationsperiode (sommergrüne) oder wenige Jahre (immergrüne).

Der **Blattfall** (Laubfall) steht unter dem Einfluß von Wuchsstoffen und ist der Klimarhythmik (Kälte-, Trockenperioden) angepaßt. Zur Ablösung wird ein Trenngewebe an der Basis des Blattstiels ausgebildet.

Laube, Heinrich, *Sprottau 18. Sept. 1806, †Wien 1. Aug. 1884, dt. Schriftsteller und Publizist. – Zunächst Journalist und Redakteur; zeitweilig Wortführer des Jungen Deutschland („Das neue Jh.", 1833); 1834 wegen seiner Sympathie für die frz. Julirevolution aus Sachsen ausgewiesen und in Berlin festgehalten, 1837–39 Festungshaft; seine Schriften wurden durch die Bundesversammlung des Dt. Bundes verboten. Reisen nach Frankreich und Algerien, 1848 Mgl. der Frankfurter Nationalversammlung („Das erste dt. Parlament", 1849); 1850–67 Direktor des Wiener Burgtheaters. 1871 begründete er das Wiener Stadttheater und leitete es bis 1879. Verfaßte histor.-polit. Skizzen, geschichtl. Romane und Dramen wie „Die Karlsschüler" (1846), „Struensee" (1847) und „Graf Essex" (1856); übersetzte und bearbeitete frz. Dramen.

Laube [zu althochdt. louba „(aus Laub gefertigtes) Schutzdach, Hütte"], überdeckter Sitzplatz im Garten; kleines, leichtes Gartenhaus; offene Halle (meist vor dem Haus).

Laubengang, offener Bogengang an Häusern, der mitunter ganze Straßen und Plätze umzieht; auch auf der Hofseite eines Hauses.

Laubentanz, eine in vielen europ. Volkstänzen anzutreffende Figur des Gruppentanzes, bei der die Paare unter den verschränkten Armen, getragenen Reifen oder gebogenen (Lauben-)Zweigen hindurchschlüpfen.

Laubenvögel. Links: Schwarzohrkatzenvogel. Rechts: Haubengoldvogel

Laubenvögel (Ptilonorhynchidae), Singvogelfam. mit 18 Arten auf Neuguinea und in Australien, u. a. Haubengoldvogel (Sericulus aureus), Schwarzohrkatzenvogel (Ailuroedus crassirostris melanocephalus). Die ♂♂ bauen zur Anlockung von ♀♀ für ihre Balztänze sog. Lauben, die sie mit Federn, Schneckengehäusen u. a. schmücken.

Lauber, Diebolt, elsäss. Schreiber und Verleger des 15. Jh. – Erster bekannter Leiter einer größeren Handschriftenmanufaktur (1425–67 in Hagenau), aus der über 75 Handschriften (in dt. Sprache) nachgewiesen sind.

Lauberhornrennen, gewöhnlich jährlich durchgeführte internat. alpine Skiwettbewerbe am Lauberhorn bei Wengen (Schweiz).

Laubflechten ↑ Flechten.

Laubfrösche (Baumfrösche, Hylidae), mit Ausnahme Afrikas südlich der Sahara, Madagaskars und von Teilen S-Asiens weltweit verbreitete Fam. der Froschlurche mit über 600, etwa 17–140 mm großen, häufig lebhaft gefärbten Arten; Finger und Zehen fast stets mit Haftscheiben; überwiegend Baum- und Strauchbewohner; Eiablage im Wasser, manchmal auch auf Blättern über dem Wasser, Larvenentwicklung im Wasser. – Die artenreichste Gatt. der L. ist *Hyla* mit dem **Europäischen Laubfrosch** (Hyla arborea) in Europa (ausgenommen im N), etwa 5 cm groß, Oberseite glatt und glänzend, meist leuchtend laubgrün, von der weißl. Bauchseite durch ein schwarzes, oben weiß gesäumtes Band abgesetzt; ♂♂ mit großer, unpaarer Schallblase; steht unter Naturschutz, da die Populationen durch Biotopzerstörung vom Aussterben bedroht sind.

Laubheuschrecken (Laubschrecken, Tettigonioidea), weltweit verbreitete Überfam. der Langfühlerschrecken mit rd. 5 000 Arten; Fleisch- oder Pflanzenfresser. In Deutschland vorkommende Gatt. und Arten sind u. a.: **Heupferd**

ganzrandig (Flieder)

gesägt (Brennessel)

doppelt gesägt (Hainbuche)

gezähnt (Hortensie)

gekerbt (Veilchen)

gebuchtet (Eiche)

handförmig geteilt (Spitzahorn)

unpaarig gefiedert (Robinie) / paarig gefiedert (Erbse)

mehrfach gefiedert (Hundspetersilie)

fingerförmig gefiedert (Roßkastanie)

Laubblatt. Auswahl verschiedener Blattformen

(Tettigonia) mit dem bis 8 cm langen **Großen Grünen Heupferd** (Tettigonia viridissima); mit sehr langen, fadenartigen Fühlern. **Warzenbeißer** (Decticus verrucivorus), etwa 2–4 cm lang, grün, meist dunkel gefleckt. Die Gatt. **Strauchschrecken** (Buschschrecken, Pholidoptera) hat sechs Arten, einheimisch ist die 13–18 mm lange **Gewöhnliche Strauchschrecke** (Pholidoptera griseoaptera); Flügeldecken schuppenförmig.

Laubhölzer (Laubgehölze), bedecktsamige Pflanzen mit mehrjährigen, meist langlebigen, verholzten Sproßachsen (Bäume, Sträucher, Halbsträucher), die im Ggs. zu den nacktsamigen Nadelhölzern breitflächige Laubblätter ausbilden. Je nach Dauer der Beblätterung sind die L. immergrün (z. B. Stechpalme, Buchsbaum, Rhododendron) oder laubwerfend (z. B. sommergrüne Arten der gemäßigten Zonen). L. sind in weiten Gebieten der Erde die beherrschende Wuchsform der natürl. Vegetation.

Laubhüttenfest (Sukkot), jüd. Erntedankfest. Es beginnt am 15. Tischri und dauert in Israel 7, außerhalb Israels 8 Tage. Der Name geht auf die Hütten zurück, in denen man nach dem Auszug aus Ägypten während der Wüstenwanderung lebte. Die Hütten werden auch heute noch errichtet, in ihnen nimmt man während der Festtage die Mahlzeiten ein. Am 8. Tag schließt sich das Festtag Schemini Azeret (Schlußfest) an, dem wiederum der Tag Simchat Tora (Tag der Gesetzesfreude) folgt. An diesem Tag wird die Lesung des jährl. Zyklus der Thora abgeschlossen.

Laubkäfer (Maikäferartige, Melolonthinae), weltweit verbreitete Unterfam. der Skarabäiden mit rd. 7 000 bis 5 cm langen Käferarten mit drei- bis siebengliedriger, geblätterter Fühlerkette. In Deutschland vorkommende Arten sind u. a. Maikäfer, Junikäfer und Gartenlaubkäfer.

Laubmoose (Musci), rund 16 000 Arten umfassende, weltweit verbreitete Klasse der Moose. Thallus (Gametophyt) immer in Stämmchen und Blättchen gegliedert. Die Sporenkapsel ist der Sporophyt; somit ist ein ausgeprägter Generationswechsel vorhanden. L. sind von großer Bed. als Wasserspeicher in den Wäldern, als Indikatoren für bestimmte Bodenqualitäten und für den Aufbau der Torfmoore. Bekannte L. sind Goldenes Frauenhaarmoos, Drehmoos, Torfmoos.

Laubsäge ↑ Säge.

Laubsänger (Phylloscopus), artenreiche Gatt. zierl. Grasmücken in den Laubwäldern Eurasiens; Insekten- und Beerenfresser. Einheim. Arten sind: **Fitis** (Phylloscopus trochilus), etwa 10 cm lang, oberseits graugrünlich, unterseits gelblichweiß, mit hellem Überaugenstreif und hellbraunen Beinen. **Waldlaubsänger** (Phylloscopus sibilatrix), 13 cm lang, oberseits gelblichgrün, unterseits (mit Ausnahme der gelben Kehle) weiß; mit breitem, gelbem Überaugenstreif. **Zilpzalp** (Weiden-L., Phylloscopus collybita), etwa 10 cm lang, unterscheidet sich von dem sonst sehr ähnl. Fitis durch dunkle Beine und den artspezif. Gesang.

Laubschrecken ↑ Laubheuschrecken.

Laubwald, Pflanzengemeinschaft, in der Laubhölzer vorherrschen, wobei sich klimabedingte, die Erde umziehende Gürtel ausbilden.

Laubhüttenfest. Laubhütten in Jerusalem

Laubwerk, Blattwerk als Zierat, u. a. an Kapitellen, bes. in der Gotik.

Lauch (Allium), Gatt. der Liliengewächse mit rd. 700 Arten auf der Nordhalbkugel; Stauden mit Zwiebeln oder Zwiebelstamm; Blätter grundständig, verschiedenartig, oft gefaltet oder röhrenförmig. In Deutschland kommen mehr als 15 Arten vor, u. a. der häufige Bärlauch. Zahlr. Arten sind wichtige Nutzpflanzen, z. B. Knoblauch, Zwiebel, Porree, Schalotte und Schnittlauch.

Lauchhammer, Ind.stadt in Brandenburg, im Niederlausitzer Braunkohlengebiet, an der Schwarzen Elster, 23 000 E. Schwermaschinenbau, Ferrolegierungswerk. – 1725 in Verbindung mit dem Bau eines Hüttenwerkes entstanden, seit 1953 Stadt.

Lauchheim, Stadt an der oberen Jagst, Bad.-Württ., 492 m ü.d.M., 3 700 E. – Ehem. Deutschordensschloß (15.–18. Jh.).

Lauchstädt, Bad ↑ Bad Lauchstädt.

Laud, William [engl. lɔ:d], *Reading 7. Okt. 1573, †London 10. Jan. 1645 (hingerichtet), Erzbischof von Canterbury (seit 1633). – Berater Karls I.; trat für die Bewahrung der Episkopalverfassung ein; bekämpfte die Puritaner und löste im presbyterian. Schottland 1639/40 Aufstände aus; vom Langen Parlament zum Tode verurteilt.

Lauda, Nikolaus (gen. „Niki"), *Wien 22. Febr. 1949, östr. Automobilrennfahrer. – Weltmeister 1975, 1977 und 1984; auf dem Nürburgring 1976 schwer verunglückt.

Lauda [lat.-italien.], ein vom 13. bis 17. Jh. in Italien gepflegter geistl. Lobgesang (tradiert bis ins 20. Jh.), dem als frühestes Beispiel der „Sonnengesang" des Franz von Assisi zuzurechnen ist. Berühmtester Dichter von L. war Jacopone da Todi.

Lauda-Königshofen, Stadt an der Tauber, Bad.-Württ., 192 m ü.d.M., 14 500 E. Heimatmuseum; metallverarbeitende und Textilind., Weinbau. – L.-K. entstand 1975 durch den Zusammenschluß von Lauda und Königshofen. Lauda, 1150 erstmals erwähnt, wurde 1344 Stadt (Neuverleihung 1950). Königshofen wurde 823 erstmals erwähnt. – Barocke Pfarrkirche (nach 1694 ff.).

Laudanum [mittellat.], in der Medizin des MA Bez. für jedes Beruhigungsmittel; später nur noch Bez. für Opiumtinktur.

Laudatio [lauˈdaːtsio; lat.], Lob, Lobrede [auf Preisträger, Verstorbene usw.]; **Laudator,** jemand, der eine L. hält.

Laudes [lat. „Lobgesänge"], Morgengebet des röm.-kath. ↑ Stundengebets.

Laudon (Loudon), Gideon Ernst Freiherr von (seit 1759), *Tootzen (= Tootsi, Estland) 13. Febr. 1717(?), †Neutitschein (= Nový Jičín) 14. Juli 1790, östr. Feldmarschall (seit 1779). – Trat 1732 in russ., 1742 in östr. Dienste; im Siebenjährigen Krieg maßgeblich an den östr. Siegen bei Kunersdorf (1759) und Landeshut i. Schles. (1760) beteiligt. Im Türkenkrieg (1787–92) Oberbefehlshaber der östr. Truppen.

Laue, Max von, *Pfaffendorf (= Koblenz) 9. Okt. 1879, †Berlin 24. April 1960, dt. Physiker. – Prof. in Zürich, Frankfurt am Main, Berlin und Göttingen, Direktor des Fritz-Haber-Instituts der Max-Planck-Gesellschaft in Berlin; lieferte 1912 durch die Entdeckung der Röntgenstrahlinterferenzen an Kristallen den Nachweis für die Wellennatur dieser Strahlen sowie für die Gitterstruktur der Kristalle. Weitere Hauptarbeitsgebiete: die Relativitätstheorie und die Theorie der Supraleitung; Nobelpreis für Physik 1914. – Abb. S. 16.

Laue-Diagramm ↑ Laue-Verfahren.

Lauenburg, ehem. dt. Hzgt. an der Niederelbe; im Früh-MA von wend. Polaben besiedelt; im 12. Jh. von den Welfen unterworfen; bestand zum größten Teil aus der Gft. Ratzeburg, die nach dem Sturz Heinrichs des Löwen an die Askanier kam. Das bei den askan. Teilung Ende des 13. Jh. gegr. Hzgt. **Sachsen-Lauenburg** fiel 1689 an Lüneburg-Celle, 1705 an Hannover, 1815 an Preußen, das L. gegen Schwed.-Vorpommern an Dänemark abtrat; gelangte 1864 mit Holstein unter preuß.-östr. Herrschaft, wurde 1865 in Personalunion mit Preußen verbunden und bildete

Laubheuschrecken. Großes Grünes Heupferd

Laubfrösche. Europäischer Laubfrosch

Laubkäfer. Junikäfer

Laubsänger. Oben: Zilpzalp. Unten: Waldlaubsänger

Lauenburg/Elbe

1876 in der preuß. Prov. Schleswig-Holstein den Kreis Hzgt. Lauenburg.

Lauenburg/Elbe, Stadt an der Elbe und dem Elbe-Lübeck-Kanal, 35 km sö. von Hamburg, Schl.-H., 45 m ü. d. M., 10 800 E. Mühlenmuseum, Elbschiffahrtsmuseum; Schiffbau, Schiffahrtsunternehmen, Maschinen-, Zündholzfabrik; Elbhafen. – Lauenburg entstand in Anlehnung an die Burg, die die Askanier 1182 errichteten, und erhielt vor 1260 Stadtrecht. Zur weiteren Geschichte ↑Lauenburg (Herzogtum). – Maria-Magdalenen-Kirche (um 1300 und nach 1700), mit der Gruft der Hzg. von Sachsen-Lauenburg; Bürgerhäuser (16.–18. Jh.).

Max von Laue

Lauenburg i. Pom. (poln. Lębork), Stadt in Ostpommern, Polen, 20 m ü. d. M., 33 000 E. Heimatmuseum; u. a. Holz-, Textilind. – Die Stadt wurde um 1341 vom Dt. Orden gegr. und kam 1637 als Lehen an Polen, 1657 an Brandenburg. – Got. Jakobikirche (15. Jh.), Reste der Deutschordensburg (14. Jh.).

Laue-Verfahren (Laue-Methode), auf M. von Laue (1912) zurückgehendes Verfahren zur Aufklärung von Kristallgitterstrukturen. Ein feines Bündel breitbandiger Röntgenstrahlen trifft senkrecht auf den zu untersuchenden, als dünnes Plättchen vorliegenden Kristall und wird an den Gitterpunkten bestimmter Netzebenen des Kristalls gebeugt; die abgebeugten Strahlen breiten sich je nach Kristallstruktur in ganz bestimmten Richtungen aus; sie belichten eine Photoplatte an entsprechenden Stellen, so daß eine Reihe von Interferenzflecken entsteht, die das sog. **Laue-Diagramm** bilden.

Lauf, wm. Bez. für das Bein der jagdbaren Säugetiere (ausgenommen Bär, Dachs und Marder) und der Hunde.
▷ der aus einem Stahlrohr bestehende Teil von Faust- und Handfeuerwaffen, der dem Geschoß die Richtung, bei einem *gezogenen* L. auch Drall verleiht.
▷ in der *Musik* schnelle, stufenweise auf- oder absteigende Folge von Tönen.

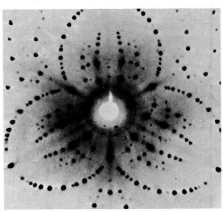

Charles Laughton

Laufachse, mitlaufende, nicht angetriebene Achse eines [Trieb]fahrzeugs.

Lauf a. d. Pegnitz, Krst. an der unteren Pegnitz, Bay., 333 m ü. d. M., 23 000 E. Verwaltungssitz des Landkr. Nürnberger Land; u. a. Keramikind., Fahrzeugbau. – Stadtrechte seit 1355. – Ev. Stadtpfarrkirche mit spätgot. Chor und barockem Langhaus (um 1700), spätgot. Schloß (14. und 16. Jh.).

Laufbahn, Abfolge von Stellen eines Mitarbeiters innerhalb einer Organisation, meist auch stufenweiser Aufstieg innerhalb einer Hierarchie.
▷ im Beamtenrecht die Gesamtheit aller Ämter derselben L.gruppe, die eine gleiche Vor- und Ausbildung erfordern. L.gruppen: 1. *einfacher Dienst*; Vorbildungsanforderung: Hauptschule: Beispiele: Amtsgehilfen, Amtsmeister; 2. *mittlerer Dienst*; Realschule: Assistenten, Sekretäre, Amtsinspektoren; 3. *gehobener Dienst*; Berechtigung zum Hochschulstudium: Inspektoren, Amtmänner, Amtsräte; 4. *höherer Dienst*; Hochschulabschluß: Regierungsrat, Ministerialrat. Nach dem L.prinzip sind i. d. R. nur die unteren Ämter durch Einstellung zu besetzen; höhere durch Beförderung.
▷ Fachrichtung, in der der Soldat eingesetzt ist; in der Bundeswehr: Truppen-, Sanitäts-, Militärmusikdienst; militärgeograph. und militärfachl. Dienst (nur bei Offizieren).

Laufen, Stadt an der Salzach, Bay., etwa 400 m ü. d. M., 5 700 E. Akad. für Naturschutz und Landschaftspflege; Textilind., Meßgeräteherstellung. – L., um 1050 als „urbs" erwähnt, gehörte zum Erzstift Salzburg. – Got. Kirche Mariä Himmelfahrt (1332 ff.), Schloß (15. und 17. Jh.), Rathaus (v. a. 1564/65).
L., Hauptort des Bez. L. im schweizer. Kt. Bern, an der Birs, 358 m ü. d. M., 4 600 E. U. a. Metallverarbeitung, Textilind. – 1195 Ersterwähnung, seit 1296 Stadtrecht. – Katharinenkirche (1698), Stadttore.

Laufen ↑Fortbewegung.
▷ im *Sport* als Ggs. zum Gehen diejenige Fortbewegungsart, bei der nie beide Füße zugleich den Boden berühren. L. war zur Zeit der antiken Olymp. Spiele wesentl. Bestandteil der Wettkämpfe. Man kannte den Lauf über 1 Stadion (192,27 m), den Doppellauf über 2 Stadien und den Langlauf (bis 24 Stadien). L. gehört als wichtiges natürl. Hilfsmittel der allg. Organschulung (Steigerung der phys. Belastungsfähigkeit von Bewegungsapparat, Herz, Kreislauf und Atmungssystem) zur wirksamen Übung sowohl im *Training* als auch im *Ausgleichssport* („Trimm-dich", Volkslauf), um Ausdauer, Schnelligkeit, Kraft und Gewandtheit zu entwickeln. L. als Wettkampf ist der Mittelpunkt der Leichtathletik; wichtigste Wettbewerbe sind: Kurz-, Mittel-, Langstreckenlauf, Hürden-, Hindernis- und Staffelläufe sowie Marathonlauf.

Laufenburg, Hauptort des Bez. L. im schweizer. Kt. Aargau, am Hochrhein, 318 m ü. d. M., 1 900 E. Holzverbeitung, Herstellung von Keramikwaren. – Spätgot. Pfarrkirche (1489); Türme der Stadtbefestigung und Reste des habsburg. Schlosses. – ↑Laufenburg (Baden).

Laue-Verfahren. Laue-Diagramm

Laufenburg (Baden), Stadt in Bad.-Württ., am Hochrhein, gegenüber von ↑Laufenburg, 313 m ü. d. M., 7 300 E. Chem. Ind.; Wasserkraftwerk. – Die heutige Stadt L. entstand 1801 durch die Teilung der rechts- und linksrheinisch gelegenen östr. Stadt Laufenburg in das schweizer. Groß-Laufenburg und die 1805 als L. (Klein-L.) an Baden gefallene Ortschaft.

laufender Hund ↑Mäander.
Laufende Scheibe, ehem. Wettbewerb im ↑Schießsport (früher **Laufender Keiler**).
Läufer, Figur im ↑Schach.
▷ (Läuferstein) mit der Langseite parallel zur Mauerflucht verlegter Ziegel.
▷ (Rotor) bei Kraft- und Arbeitsmaschinen mit rotierender Bewegung der im feststehenden Gehäuse umlaufende, mit der Welle verbundene Teil, der die für die Energieumwandlung entscheidenden Bauteile trägt (z. B. bei Strömungsmaschinen die Laufschaufeln, bei elektr. Maschinen einen Teil der Wicklungen).
▷ Führungsöse an Ringspinnmaschinen.
▷ langer, schmaler Teppich für Gänge und Treppen.
Läuferstein, svw. ↑Läufer.
Läuferverband ↑Mauersteinverband.
Lauffen am Neckar, Stadt am Neckar, Bad.-Württ., 172 m ü. d. M., 9 300 E. Portlandzementwerk, Textil- u. a. Ind., Wein- und Obstbau. – L. am N., erstmals 823 erwähnt, war vom 11. bis Anfang des 13. Jh. Sitz der Grafen von Lauffen; 1234 als Stadt bezeugt. – Stadtpfarrkirche (13. und 16. Jh.) mit Wandmalereien (16. Jh.), Regiswindiskapelle (um 1240); Neckarbrücke von 1530.

Lauffeuer (Bodenfeuer), sich rasch ausbreitendes Feuer, das trockene Bodenflora erfaßt; sprichwörtl. *wie ein L.*: sehr schnell.

Laufgraben (frz. tranchée), im Belagerungs- oder Stellungskrieg zur gedeckten Annäherung ausgehobener Graben.

Laufhühnchen (Kampfwachteln, Turnicidae), Fam. der Kranichvögel mit 14 etwa 12–20 cm großen, auf dem Boden lebenden Arten in Gräsländern, Steppen, offenem Busch- und Baumland warmer Gebiete der Alten Welt. In Europa lebt nur das Spitzschwanzlaufhühnchen.

Laufhunde, in der Schweiz gezüchtete Rassegruppe kleiner bis mittelgroßer, schnell und ausdauernd laufender Jagdhunde mit Hängeohren und kurzhaarigem Fell; folgen dem Wild mit der Nase und geben dann Laut.

läufig (heiß), sich in der Brunst befindend, paarungsbereit (von Hündinnen gesagt).

Laufkäfer (Carabidae), weltweit verbreitete, rd. 26 000 Arten umfassende Käferfamilie der ↑ Adephaga mit überwiegend dunkler, metallisch glänzender Körperfärbung. In Deutschland kommen rd. 600 Arten vor, darunter z. B. ↑ Goldschmied, **Großer Puppenräuber** und **Gartenlaufkäfer** (Carabus hortensis), 22–28 mm groß, schwarz, seidigglänzend; mit kupferig-goldenen Grübchen in Längsreihen auf den Flügeldecken.

Laufkran ↑ Krane.

Laufmilben (Trombidiidae), weltweit verbreitete, artenreiche Fam. an und im Boden lebender Milben mit häufig bunten (v. a. rötlich) und samtartig dicht behaarten, bis 1 cm großen Arten; bekannteste Arten sind ↑ Erntemilbe und die bis 4 mm große, scharlachrote **Samtmilbe** (Trombidium holosericeum).

Laufrad, Schaufelrad von Turbinen, hydrodynam. Kupplungen u. a.
▷ nicht angetriebenes Rad von [Trieb]fahrzeugen, Laufwerken, -winden usw.
▷ svw. ↑ Draisine.

Laufschrift, über eine rasterförmig mit Glühlampen besetzte Rechteckfläche an Gebäudefassaden u. a. durch gesteuertes Ein- und Ausschalten hinlaufende Schrift (für Kurzinformationen und Werbezwecke).

Laufwasserkraftwerk ↑ Kraftwerk.

Laufwerk, Geräteteil zum Antreiben und Abtasten eines Speichermediums, z. B. von Platten, Disketten oder Magnetbändern.

Laufzeit, in der *EDV* Zeitdauer eines Programmlaufs vom Start bis zum Ende.
▷ in der *Wirtschaft* Zeitraum zw. Hergabe und Rückzahlung eines Kreditbetrags.

Laufzeiteffekte, alle Erscheinungen, die bei Teilchenstrahlen (speziell bei Elektronen und Ionen) auftreten, wenn die Laufzeit der Teilchen in einem hochfrequenten elektromagnet. Wechselfeld in der Größenordnung der Schwingungsdauer liegt.

Laufzeitröhren, Sammelbez. für Lauffeldröhre und Klystron. **Lauffeldröhren** sind Elektronenröhren für Mikrowellen, deren Elektronenstrahl mit einer elektromagnet. Welle in Wechselwirkung tritt, wobei eine Verstärkung der Welle durch Laufzeiteffekte der Elektronen erzielt wird. Als *Wanderfeldröhre (Travelling-wave-Röhre)* weist sie gerade Elektronenbahnen und ein Magnetfeld zur Strahlbündelung auf; sie dient als Senderverstärker in Richtfunkverbindungen. Beim *Magnetron* sind die Elektronenbahnen unter dem Einfluß gekreuzter elektr. und magnet. Felder gekrümmt; es dient zur Schwingungserzeugung für hohe Impulsleistungen (Senderöhre beim Impuls-Radar) oder hohe Dauerstrichleistungen (Energiequelle für industrielle und medizin. Erwärmung). – Bei **Klystronen (Triftröhren)** wird die Wechselwirkung zur Verstärkung der Höchstfrequenzschwingungen genutzt. Das früher als Oszillatorklystron genutzte *Reflexklystron* ist weitgehend durch Halbleitergeneratoren ersetzt. Mit dem *Mehrkammerklystron* lassen sich hohe Dauerstrich- und Impulsleistungen erzielen. Es wird als Senderverstärker und in Linearbeschleunigern eingesetzt.

Laugen, in der *Chemie* Bez. für wäßrige Lösungen von deutlich alkalisch reagierenden Basen. Häufig wird die Bez. nur für die wäßrigen Lösungen von Natriumhydroxid (Natronlauge) und Kaliumhydroxid (Kalilauge) verwendet.
▷ in der *Technik* wäßrige [Salz]lösungen bzw. Lösungsgemische, die – unabhängig von ihrem Gehalt an Hydroxidionen – Nutz- oder Ballastbestandteile enthalten können, z. B. Bleich-, Lauter- oder Waschlaugen. Die nach der Auskristallisation eines Stoffes zurückbleibende Flüssigkeit wird als **Mutterlauge** bezeichnet.

Laugenbrezel, vor dem Backen in 1- bis 3 %ige kochende Natronlauge getauchte und nachher mit Salz bestreute Brezel; **Laugenbrötchen** werden genauso behandelt.

Laughton, Charles [engl. lɔ:tn], *Scarborough (Yorkshire) 1. Juli 1899, †Hollywood 15. Dez. 1962, amerikan. Schauspieler brit. Herkunft. – Bed. Charakterdarsteller, bes. in Dramen von Tschechow, Shakespeare und Brecht. Auch in zahlr. Filmen bewies L. seine vom Komödiantischen bis zu distanzierter Intellektualität reichende Vielseitigkeit, u. a. „Meuterei auf der Bounty" (1935), „Der Glöckner von Notre Dame" (1939), „Zeugin der Anklage" (1957), „Sturm über Washington" (1961).

laugieren, Gewebe mit schwacher Natronlauge behandeln; ergibt Krepp- oder Schrumpfeffekte und erhöht die Farbstoffaufnahmefähigkeit.

Laugung (Leaching), Verfahren zur Abtrennung eines Metalls aus Erz oder einem anderen Ausgangsmaterial durch Extrahieren mit Wasser, verdünnten Säuren oder Laugen. Die L. ist ein Verfahren der ↑ Naßmetallurgie. **Bioleaching** ist die Bez. für ein Verfahren zur Anreicherung von Metallen mit Hilfe von Mikroorganismen; wird daher auch als *bakterielle Laugung* bezeichnet. Bes. bekannt wurde bisher die Anreicherung von Kupfer als sulfid. Erzen, in denen Kupfer neben zahlr. anderen Metallen in nur geringer Menge (bis etwa 0,4 %) enthalten ist. Die Anreicherung gelingt hier mit den Bakterien Thiobacillus ferrooxidans (oxidiert Sulfide zu Sulfaten) und Thiobacillus thiooxidans (das den durch Reaktion von Sulfaten mit Sulfiden entstehenden Schwefel zu Schwefelsäure oxidiert). Bei diesen Umsetzungen geht das Kupfer als Sulfat in Lösung und kann anschließend durch Zementation gewonnen werden.

Launceston [engl. 'lɔ:nsəstən], austral. Hafenstadt im N der Insel Tasmanien, am River Tamar, 88 500 E. Queen-Victoria-Museum; Maschinenbau, Textil-, Elektro-, Nahrungsmittel- u. a. Ind., Hafen, ✈. – L. wurde 1806 gegr., seit 1888 Stadt (City).

Launcher [engl. 'lɔ:ntʃə; zu to launch „schleudern" (von lat. lanceare „die Lanze schwingen")], Startgestell für Raketen, ausgeführt als Einzel- oder Mehrfachgestell.

Laupen, Hauptort des Bez. L. im schweizer. Kt. Bern, an der Sense, 410 m ü. d. M., 2 500 E. Kartonagenherstellung, Biskuitfabrik. Buchdruckerei. – Burg (10. Jh.; umgebaut 1648).

Laupheim, Stadt 20 km sw. von Ulm, Bad.-Württ., 515 m ü. d. M., 15 600 E. Museen; pharmazeut. Ind., Perücken-, Kleider-, Werkzeugfabriken. – 778 erstmals erwähnt; kam 1331 unter habsburg. Lehnshoheit (Vorderösterreich) und wurde 1806 württembergisch. – Barocke Stadtpfarrkirche (17. Jh.), spätgot. Friedhofskapelle (15. Jh.), Schloß Klein-L. (1769; jetzt Amtsgericht), Schloßkomplex Groß-L. (Altes Schloß, 16. Jh.; Neues Schloß, 18. Jh.).

Laura (Lawra) [mittelgriech. „(enge) Gasse, Hohlweg"], urspr. Einsiedlerkolonie im ostkirchl. Mönchtum; später auch Name von größeren Klöstern. Bes. bed. das Kloster „Moni Lawra" auf dem Berg Athos.

Laurana, Francesco, *Vrana (Dalmatien) um 1430, †Avignon (?) vor dem 12. März 1502, italien. Bildhauer und Medailleur. – Wahrscheinlich Bruder von L. Laurana; bed. Meister der italien. Frührenaissance; Reliefs, Madonnenstatuen und weibl. Marmorbüsten von zartem Stimmungsgehalt. 1461–66 entstanden von seiner Hand in Frankreich datierte Medaillen.

L., Luciano, *Vrana (Dalmatien) um 1425, †Pesaro 1479, italien. Baumeister. – Wahrscheinlich Bruder von Francesco L.; tätig in Neapel und Mantua; um 1465 von Federigo da Montefeltro nach Urbino berufen, wo er den Palazzo Ducale aus- und weiterbaute. Wegbereiter der Baukunst der Hochrenaissance.

Laurasia [zu Laurentia, dem latinisierten Namen des Sankt-Lorenz-Stroms, und Asia „Asien"], Urkontinent auf

Laufhühnchen. Spitzschwanzlaufhühnchen

Laufmilben. Samtmilbe

Henri Laurens. Frau mit Gitarre, Bronze, 1921 (Paris, Musée National d'Art Moderne im Centre Georges-Pompidou)

Lausanne
Stadtwappen

der Nordhalbkugel (N-Amerika, Europa, N-Asien), der seit dem Jura z. T. auseinanderdriftete. – ↑Kontinentalverschiebung.

Laurate [lat.], Salze und Ester der ↑Laurinsäure.

Laureat [lat., zu laurus „Lorbeerbaum, Lorbeerkranz"], Preisträger, bes. Ausgezeichneter.

Laurel, Stan [engl. ˈlɔrəl], eigtl. Arthur Stanley Jefferson, * Ulverston (Lancashire) 16. Juni 1890, † Santa Monica (Calif.) 23. Febr. 1965, amerikan. Schauspieler engl. Herkunft. – ↑Dick und Doof.

Laurens, Henri [frz. lɔˈrɑ̃ːs], * Paris 18. Febr. 1885, † ebd. 5. Mai 1954, frz. Bildhauer. – L. schuf v. a. bed. polychrome kubist. Steinplastik; nach 1927 stark deformierte, kurvig geschwungene figürl. Plastiken (v. a. Frauenakte); auch Buchillustrationen, Holzschnitte und Gouachen sowie Bühnenbildentwürfe.

Laurent, Jacques [frz. lɔˈrɑ̃], * Paris 5. Jan. 1919, frz. Schriftsteller. – Verfasser eines ebenso umfang- wie facettenreichen Werkes, das u. a. Biographien, histor. Untersuchungen, Streitschriften, soziolog. Studien, triviale Werke und romaneske Gesellschaftsanalysen umfaßt. – *Werke:* De Gaulle. Die Zerstörung einer Legende (1964), Caroline chérie (R., 1947, dt. Am Anfang war nur Liebe), Les bêtises (R., 1971), Le dormeur debout (R., 1986).

Laurentia [nach dem latinisierten Namen des Sankt-Lorenz-Stroms], der seit dem Präkambrium bestehende Festlandskern Nordamerikas, umfaßt v. a. den Kanad. Schild.

Laurentischer Schild [nach Laurentia, dem latinisierten Namen des Sankt-Lorenz-Stroms] ↑Kanadischer Schild.

Laurentius, hl., † Rom 258, Diakon in Rom. – L. begleitet seinen Lehrer Sixtus zur Hinrichtung; dieser gibt L. den Auftrag, seine Habe an die Armen zu verteilen. L. führt den Auftrag gegen den Willen Kaiser Valerians aus. Der Kaiser befiehlt, ihn auf dem Rost zu Tode zu foltern. – Konstantin ließ 330 die Kirche San Lorenzo fuori le Mura über dem Grab errichten, eine der sieben Hauptkirchen Roms. Die Darstellungen zeigen L. meist mit Rost, Buch und Kreuzstab. – Fest: 10. August.

Laurentius von Brindisi (Giulio Cesare Russo), hl., * Brindisi 22. Juli 1559, † Lissabon 22. Juli 1619, □ in Villa Franca de Biezo (Bistum Astorga), italien. kath. Theologe. – Seit 1575 Kapuziner, bereits 1580 Ordensprovinzial, 1602–05 Generaloberer; trug zur Bildung der kath. ↑Liga von 1609 entscheidend bei; seit 1959 als Kirchenlehrer verehrt. – Fest: 21. Juli.

Laurentius Andreae [schwed. anˈdreːə], eigtl. Lars Andersson, * Strängnäs um 1470, † ebd. 14. April 1552, schwed. Reformator und Kirchenpolitiker. – 1524 Archidiakon des Erzbistums Uppsala; als Sekretär und Berater König Gustavs I. (seit 1523) gewann er diesen für die Reformation, die deshalb 1527 in Schweden eingeführt werden konnte; schuf zus. mit Olaus Petri die erste schwed. Bibelübersetzung.

Laurentiuschronik, ältestes Denkmal der russ. Chronistik; Pergamenthandschrift aus dem Jahre 1377, kopiert in Nischni Nowgorod unter Leitung des Mönches Lawrenti nach einer Fassung von 1305.

Laurentiusschwarm [nach dem hl. Laurentius], svw. ↑Perseiden.

Laurents, Arthur [engl. ˈlɒrənts], * New York 14. Juli 1918, amerikan. Schriftsteller. – Wurde v. a. bekannt durch „Home of the brave" (1945), ein Stück über die Situation eines jüd. Soldaten im Krieg, und die Vorlage für das Musical „West Side Story" (1957; Musik von L. Bernstein).

Lauretanische Litanei [nach dem latinisierten Namen des italien. Wallfahrtsortes Loreto], in der kath. Volksfrömmigkeit seit dem 16. Jh. allg. gebräuchl. Wechselgebet zu Ehren Marias.

Laurier, Sir (seit 1897) Wilfrid [frz. lɔˈrje; engl. ˈlɒrɪə], * Saint Lin (Prov. Quebec) 20. Nov. 1841, † Ottawa 17. Febr. 1919, kanad. Politiker. – Ab 1874 Mgl. des Parlaments, 1896–1911 als erster Frankokanadier Premierminister. L. betonte gegenüber Großbritannien die Autonomie Kanadas und leitete die Besiedlung Westkanadas ein.

Laurin [...riːn] (auch „König L." oder „Der kleine Rosengarten"), mittelhochdt. paargereimtes Heldenepos, entstanden wohl Mitte des 13. Jh. in Tirol. Gehört zu den kleineren Epen des Sagenkreises um Dietrich von Bern und läßt eine Fülle myth. Gestalten aus der Wald- und Alpenwelt auftreten, gegen die sich dieser und seine Mannen beim Eindringen in den Rosengarten L. bewähren müssen.

Laurinsäure [lat./dt.] (n-Dodekansäure), höhere gesättigte geradkettige Fettsäure; die als **Laurate** bezeichneten Salze und Ester der L. werden als Stabilisatoren, Weichmacher und Emulgatoren verwendet; chem. Formel: $CH_3-(CH_2)_{10}-COOH$.

Lausanne [frz. loˈzan], Hauptstadt des schweizer. Kt. Waadt, am N-Ufer des Genfer Sees, 374 bis etwa 930 m ü. d. M., 128 100 E. Univ. (gegr. 1537, bis 1890 Akad.), Eidgenöss. TH, Theolog. Hochschule der Freien Ev. Kirche, Konservatorium, Hotelfachschule; Kantonale Kunsthochschule; Blindeninst.; Schweizer. Institute für Experimentelle Krebsforschung und für Rechtsvergleichung; Museen; Sitz des Internat. Olymp. Komitees; Handelsstadt mit jährl. Messen und Ausstellungen; Ind.standort mit Metall-, Nahrungsmittel- und Tabakind. sowie graph. Betrieben; Metro; Fremdenverkehr.

Geschichte: Bereits in vorröm. Zeit entstand eine Siedlung, die in röm. Zeit ausgebaut wurde. Um 590 ließen sich die Bischöfe von Avenches in L. nieder. 1434 unter Vorbehalt des bischöfl. Rechte zur freien Reichsstadt erklärt; 1536–1798 unter der Herrschaft Berns; 1803 Hauptstadt des neuen Kt. Waadt. – Der am 18. Dez. 1912 geschlossene **Friede von Lausanne** beendete den Italien.-Türk. Krieg (1911/12). Der **Friede von Lausanne** vom 24. Juli 1923 beendete den Griech.-Türk. Krieg (1919–22) zugunsten der Türkei.

Bauten: Frühgot. Kathedrale Notre-Dame (1173–1275), an der Stelle einer karoling. Basilika; Neues bischöfl. Schloß (1397–1406), Alte Akademie (1579–87), Rathaus (15. Jh.; umgebaut); Palais de Rumine (1898–1906, heute u. a. Kantonalmuseum und Münzkabinett).

Lausanne-Genf-Freiburg [frz. loˈzan], Bistum, das die vier kath. Kt. der Schweiz (Freiburg, Waadt, Neuenburg, Genf) zusammenfaßt (seit 1924). Sitz Freiburg. – ↑katholische Kirche (Übersicht).

Lausanner Konferenz [frz. loˈzan], vom 16. Juni bis 9. Juli 1932 in Lausanne tagende Reparationskonferenz, die das formelle Ende der Reparationen des Dt. Reiches brachte; die von der Konferenz festgelegte Restschuld von 3 Mrd. RM wurde nicht mehr bezahlt.

Lausanner Schule [loˈzan] ↑Grenznutzenschule.

Lauscha, Stadt im Thüringer Schiefergebirge, Thür., südlich des Rennsteigs, 3 900 E. Glaskunstmuseum; Glaskunst- und -schmuckind. (Christbaumschmuck); Kur-, Er-

Lausanne. Im Vordergrund das 1898–1906 erbaute Palais de Rumine, dahinter die 1579–87 erbaute Alte Akademie und die Kathedrale Notre-Dame, 1173–1275

Lausitzer Kultur. Gefäß der Buckelkeramik aus Schönwalde bei Luckau, Ton, um 1100 v. Chr. (Berlin-Charlottenburg, Museum für Vor- und Frühgeschichte)

holungs- und Wintersportort. – 1597 an einer Glashütte entstanden, seit 1958 Stadt.

Lauschangriff (Lauschaktion, Lauschoperation), Bez. für das geheime Abhören („Belauschen") mittels versteckt angebrachter Mikrophone („Wanzen") in bewohnten Räumen. L. ist (1992) grundsätzlich verboten. – ↑ Fernmeldegeheimnis, ↑ Abhörgesetz.

Lausche, höchster Berg des Lausitzer Gebirges, an der Grenze bz. der BR Deutschland und der ČR, 793 m hoch.

Lauscher, wm. Bez. für die Ohren des Schalenwildes (außer Wildschwein).

Läuse (Echte L., Anoplura, Siphunculata), mit knapp 400 Arten weltweit verbreitete Ordnung 1–6 mm langer, stark abgeflachter, flügelloser, an Säugetieren (einschl. Mensch) blutsaugender Insekten; in M-Europa etwa 20 Arten. Die Eier *(Nissen)* werden an Wirtshaaren festgeklebt. L. sind z. T. Krankheitsüberträger. – ↑ Menschenläuse, ↑ Tierläuse.
▷ ↑ Pflanzenläuse.
▷ ↑ Rindenläuse.

Läusebefall, svw. ↑ Pedikulose.

Läusekraut (Pedicularis), Gatt. der Rachenblütler mit rd. 500 Arten auf der Nordhalbkugel, v. a. in den Gebirgen Z-Asiens; Halbparasiten, meist auf Gräsern; Blüten zweilippig, in Ähren oder Trauben. Einheim. Arten sind u. a.: **Waldläusekraut** (Pedicularis silvatica), mit schmal-lanzenförmigen Blättern und roten bis hell purpurfarbenen Blüten; auf feuchten Wiesen und Flachmooren NW-Deutschlands. **Sumpfläusekraut** (Pedicularis palustris), bis 50 cm hoch, mit sitzenden oder kurz gestielten Blättern und roten bis purpurfarbenen Blüten; auf Sumpfwiesen und in Flachmooren. **Karlszepter** (Pedicularis sceptrum-carolinum), mit bis 3 cm großen gelben Blüten in bis 90 cm hohem Blütenstand; auf feuchten Wiesen, in Flachmooren und an Seeufern.

Läusetyphus, svw. ↑ Fleckfieber.

Lausfliegen (Hippoboscidae), weltweit verbreitete Fliegenfam. mit rd. 120 etwa 4–8 mm großen, auf der Haut von Vögeln und Säugetieren parasitisch lebenden, blutsaugenden Arten. Bis 5 mm lang und gelblich ist die bes. an Rothirschen und Rehen saugende **Hirschlausfliege** (Lipoptena cervi). Die **Schaflausfliege** (Melophagus ovinus) ist 5–6 mm lang, rostgelb bis bräunlich und flügellos.

Lausitz, zusammenfassende Bez. für die histor. Landschaften ↑ Niederlausitz und ↑ Oberlausitz.

Lausitzer Bergland, Teil der dt. Mittelgebirgsschwelle in der südl. Oberlausitz, Sa., im Valtenberg 587 m hoch.

Lausitzer Gebirge (Zittauer Gebirge), Sandsteingebirge im SO der Oberlausitz, Sa., und in der ČR. Die höchsten Gipfel (Lausche 793 m, Hochwald 750 m ü. d. M.) bestehen aus vulkan. Gesteinen.

Lausitzer Kultur, vorgeschichtl. Kulturgruppe im östl. Mitteleuropa (mittlere und jüngere Bronzezeit, ältere Eisenzeit), ben. nach Funden in der Niederlausitz. Kennzeichnend sind Brandbestattungen in Urnenfeldern, mit Buckeln und Riefen verzierte Keramik, Metallbesitz (z. T. Gold), befestigte und offene Siedlungen. Die Gesellschaftsordnung erscheint außerordentlich differenziert.

Lausitzer Neiße (Görlitzer Neiße), linker Nebenfluß der mittleren Oder, entspringt am SW-Hang des Isergebirges (ČR), mündet sö. von Frankfurt/Oder; 256 km lang; nach dem Dt.-Poln. Grenzvertrag (1990) von Zittau bis zur Mündung Grenze zw. Deutschland und Polen.

Laut (Sprachlaut), in der *Phonetik* einzelnes Element der gesprochenen Sprache nach ihrer Zerlegung in möglichst kleine, von einem normalen menschl. Ohr wahrnehmbare Teile. Die übl. Einteilung der Laute erfolgt v. a. nach artikulator. Gesichtspunkten. Einteilung nach der **Artikulationsart:** 1. *Konsonanten:* Verschlußlaute [p b t d c k g], Nasale [m n ɲ ŋ], Seitenlaute [l ʎ], gerollte (und geschlagene) Laute [r], Reibelaute [β f v θ ð s z ʃ ʒ ɕ ʑ ç j x ɣ h], Halbvokale (Halbkonsonanten) [w ɥ j]; 2. *Vokale:* [i e ɛ æ a i ə e ʌ a y y ø œ ʉ u ʊ o ɔ]. Einteilung nach der **Artikulationsstelle** (bes. für *Konsonanten):* bilabial [p b m β w ɥ], labiodental [f v], dental [t d n l r θ ð s z], palatoalveolar [ʃ ʒ], alveolopalatal [ɕ ʑ], palatal [c ɲ ʎ ç j], velar [k g ŋ x ɣ], glottal [h]. Die Einteilung der *Vokale* erfolgt 1. nach der **Zungenvertikallage** (Geschlossenheit bzw. Offenheit; Zungenhöhe): hohe [i y ɨ ʉ u], fasthohe [ɪ ʏ ʊ], mittelhohe [e ø o], mittlere [ə], mittetiefe [ɛ œ ʌ ɔ], tieftiefe [æ ɐ] und tiefe [a ɑ] Vokale; 2. nach der **Zungenhorizontallage:** vordere (palatale) [i y e ø ɛ œ æ a], zentrale [ɨ ʉ ə ɐ] und hintere (velare) [u o ʌ ɔ ɑ] Vokale; 3. nach der **Lippenstellung** (Grad der Lippenrundung): ungerundete (illabiale) [i e ɛ æ a ə ɐ ʌ ɑ] und gerundete (labiale) [y ʏ ø œ ʉ ʊ u ʊ o ɔ] Vokale.

Laute [zu arab. al ud, eigtl. „(Instrument) aus Holz"], i. w. S. jedes (aus Hals und Resonanzkörper) zusammengesetzte Saiteninstrument, bei dem die Saitenebene parallel zur Decke des Resonators liegt. Man unterscheidet Joch-L. (↑ Leier) und Stiel-L. (darunter Hals-L.); zu letzteren gehören z. B. außereurop. Langhals-L., ferner die Gitarre und unsere Streichinstrumente. – L. i. e. S. bezeichnet ein Musikinstrument mit gezupften [Darm]saiten, kurzem Hals, einem aus dünnen Spänen (i. d. R. Holz) zusammengesetzten Resonanzkörper in Form einer längs gehälfteten Birne

Läusekraut. Karlszepter

Lausfliegen. Schaflausfliege

Laute von Joachim Tielke, 1696 (Nürnberg, Germanisches Nationalmuseum)

Lautenklavizimbel

und einem meist vom Hals abgeknickten Wirbelkasten. Das Griffbrett ist mit Bünden versehen. – Die L. (i. e. S.) entwickelte sich im 13./14. Jh. in Spanien aus dem ↑ Ud. Sie hatte zunächst vier Saiten in Quartstimmung und wurde bis um 1500 mit Plektron gespielt. Die Normalstimmung der L. war im 16. Jh. A-d-g-h-e^1-a^1. Sie hatte mit Ausnahme der höchsten Saite doppelten Bezug („Doppelchöre"). Die Stimmung A-d-f-a-d^1-f^1 verbreitete sich um 1640. Die Blütezeit der L. lag im 16./17. Jh. Wegen ihrer Eignung zur Polyphonie und zu akkord. Spiel entsprach ihre damalige Bedeutung etwa der der Klavierinstrumente im 18. und 19. Jh. Im Zusammenhang mit der Pflege älterer Musik gewinnt die L. im 20. Jh. wieder an Bed. (↑ Bream, J.)

Lautenklavizimbel (Lautenklavier), in der 1. Hälfte des 18. Jh. ein Cembalo mit doppelten Darmsaiten und lautenähnl. Klang.

Lautensach, Hermann, *Gotha 20. Sept. 1886, † Wildbad im Schwarzwald 20. Mai 1971, dt. Geograph. – Prof. in Greifswald und Stuttgart; veröffentlichte wichtige Arbeiten zur Länderkunde und zur Methodik der Geographie, u. a. „Allg. Geographie zur Einführung in die Länderkunde" (1926), „Portugal" (2 Bde., 1932–37), „Korea" (1945), „Der geograph. Formenwandel" (1952), „Die Iber. Halbinsel" (1964).

Lautensack, Heinrich, *Vilshofen 15. Juli 1881, † Eberswalde 10. Jan. 1919, dt. Dichter. – Schrieb Lieder für das Kabarett (v. a. für „Die Elf Scharfrichter" in München), balladenhafte Gedichte sowie bühnenwirksame Dramen. – *Werke:* Die Pfarrhauskomödie (Kom., 1911), Altbayr. Bilderbogen (Prosadichtungen, hg. 1920).

Lautenschläger, Karl, *Bessungen (= Darmstadt) 11. April 1843, † München 30. Juni 1906, dt. Bühnentechniker. – Richtete 1895 am Münchner Residenztheater die erste Drehbühne Deutschlands und an den Münchner Hoftheatern 1883 und 1886 die ersten elektr. Beleuchtungsanlagen ein.

Karl Lautenschläger

Lautentabulatur, eine Griffschrift für die Laute (↑ Tabulatur).

Lautenzug, Vorrichtung am ↑ Cembalo zur Dämpfung der Saitenschwingung (mittels eines Filzstreifens), wodurch der Klang dem einer Laute ähnelt.

Lauterbach (Hessen), Krst. auf der NO-Abdachung des Vogelsberges, 300 m ü. d. M., 13 800 E. Verwaltungssitz des Vogelsbergkreises, wirtsch. Zentrum zw. Vogelsberg und Knüll; elektrotechn., Holz-, Papier-, Bekleidungs-, Nahrungsmittel- und Genußmittelind. – Das 812 erstmals erwähnte L. wurde 1265 Stadt. 1806 fiel die Stadt an Hessen. – Die ma. Burg wurde 1679–84 umgebaut. Stadtpalais Hohhaus (1769–73; heute Museum), Stadtkirche (1763–5).

Lauterberg im Harz, Bad ↑ Bad Lauterberg im Harz.

Lauterbrunnen, Gemeinde und Talschaft im Berner Oberland, Kt. Bern, 2 900 E. Zur Gem. gehören auch die Wintersportzentren **Wengen** (1 275 m ü. d. M.) und **Mürren** (1 640 m ü. d. M.). Das Dorf L. (796 m ü. d. M.) ist Ferienort.

Lauterecken, Stadt im Nordpfälzer Bergland, Rhld.-Pf., 156 m ü. d. M., 2 400 E. – Verarbeitung von Kunststofffolien. – Das 1343 erstmals gen. L. wurde noch vor 1350 Stadt.

Läuterung, geistige Wandlung, Weiserwerden.
▷ in der *Forstwirtschaft* das Auslichten schlechtgeformter Stämme und unerwünschter Baumarten in einem jungen Waldbestand.
▷ in der *Erzaufbereitung* ↑ Aufbereitung.

Lautgeschichte ↑ Lautlehre.

Lautgesetz, Bez. für die Regeln, nach denen sich Lautwandel unter gleichen Bedingungen vollzieht. Diese am entschiedensten von den Junggrammatikern vertretene Annahme ausnahmsloser L. stieß auf Kritik.

Lautharmonie, Angleichung (Assimilation) [un]mittelbar benachbarter Laute.

Lautiermethode, verbreitete Methode im ↑ Leseunterricht, bei der die einzelnen Buchstaben von vornherein als Schriftbild eines Lautes eingeführt werden.

Lautlehre, Teilgebiet der Sprachwiss., das sich mit den Sprachlauten befaßt; sie wird eingeteilt in 1. ↑ Phonetik (L. i. e. S.), 2. ↑ Phonologie, 3. Lautgeschichte („histor. L."), die die Veränderungen der Laute im Lauf der Sprachentwicklung erforscht.

Lautmalerei (Onomatopöie; Lautnachahmung, Schallnachahmung, Klangmalerei), 1. die Wiedergabe nichtsprachl. akust. Ereignisse mit Hilfe von Sprachlauten, z. B. *miau* (Katze); 2. der Versuch, bestimmte Vorstellungen, Gefühle usw. durch Sprachlaute wiederzugeben (**Lautsymbolik, Klangsymbolik**), z. B. kann der Laut [i] (häufig als Endung von Kosenamen) Kleinheit bedeuten.

Lautréamont, Comte de [frz. lotrea'mõ], eigtl. Isidore Lucien Ducasse, *Montevideo 4. April 1846, † Paris 24. Nov. 1870, frz. Dichter. – Kam 20jährig nach Paris; lebte einsam und in ärml. Verhältnissen; starb an Tuberkulose. Aus seinen Prosagedichten in 6 Gesängen „Die Gesänge des Maldoror" (1868/69) spricht Verzweiflung und Auflehnung gegen Gott; von großem Einfluß auf die Dichtungstheorie des Surrealismus und die Lyrik der Moderne.

Lautschrift (phonet. Schrift, phonet. Umschrift, phonet. Transkription), genaue schriftl. Wiedergabe der gesprochenen Sprache mit dem Ziel, jeden Laut eindeutig zu bezeichnen. Sie verwendet meist die Buchstaben der Rechtschreibung und zusätzl. Zeichen, z. B. [ʃ] für *sch,* ferner diakrit. Zeichen. Die bekannteste L. ist die Internat. L. der ↑ Association Phonétique Internationale.

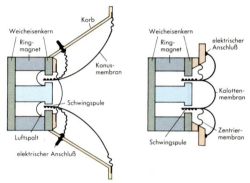

Lautsprecher. Links: elektrodynamischer Tieftonlautsprecher (unter 600 Hz). Rechts: elektrodynamischer Kalotten-Hochtonlautsprecher (über 3 kHz)

Lautsprecher, elektroakust. Gerät zum Umwandeln niederfrequenter elektr. Tonfrequenzströme in Schall. Ein elektroakust. Wandler setzt meist eine aus steifem, dünnem Pappenguß oder Folie bestehende Membran in Schwingungen, die den Schall abstrahlt. Bei dem **elektrodynamischen Lautsprecher**, der heute fast ausschließlich als L. für Normalzwecke *(Breitband-L.)* verwendet wird, hängt im ringförmigen Luftspalt eines Dauermagneten frei beweglich die mit der Membran (z. B. Konus- oder Kalottenmembran) fest verbundene Schwingspule, die im Rhythmus des ihr zugeführten Tonfrequenzstromes schwingt. Bei dem **elektrostatischen Lautsprecher**, der bes. als Hochton-L. für Frequenzen ab 5 000 Hz verwendet wird, ruft die an eine großflächigen Kondensator gelegte Gleichspannung zw. den beiden Elektroden eine Kraft hervor, die sich durch Anlegen der Tonfrequenzspannung proportional mit dieser ändert. Dadurch wird die als dünne, elektrisch leitende Folie ausgebildete Kondensatorelektrode in Schwingungen versetzt und strahlt Schall ab. Bei dem ebenfalls als Hochton-L. eingesetzten **piezoelektrischen Lautsprecher** entsteht beim Anlegen einer Tonfrequenzspannung an aus Piezokristallen gebildeten Platten eine Verformung, deren Schwingungen auf eine Membran übertragen werden. Der sog. akust. Kurzschluß (Druckausgleich zw. Membranvorderseite und -rückseite) verschlechtert bei tiefen Frequenzen bei allen L.systemen mit Membranen die

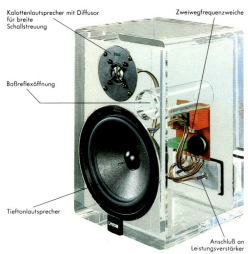

Lautsprecher. Modell einer Zweiwege-Lautsprecherbox

Schallabstrahlung. Dieser Effekt kann durch Einbau des L. in eine Schallwand oder in ein L.gehäuse (L.box) verhindert werden. Gebräuchlich sind z. B. L.boxen mit zwei L. (Zweiwege-L.box), bei denen der gesamte Frequenzbereich von einem Tiefstton-L. und einem Kalotten-L. für Mittel- und Hochtonbereich wiedergegeben wird. – Eine spezielle Art ist ein **Ionophon**, bei dem der Schall durch rhythm. Volumenänderung einer ionisierten Luftstrecke erzeugt wird.

Lautstärkemessung ↑ Schallmessung.

Lautstärkepegel, subjektive Bewertungsgröße für das Lautempfinden, d. h. für die **Lautstärke.** Der L. wird durch subjektiven Vergleich mit einem als gleich laut empfundenen Normalschall von 1 000 Hz Frequenz ermittelt, dessen Schalldruck p im Verhältnis zum Schalldruck p_0 des gleichen Tones an der Hörschwelle bestimmt wird. Man definiert den L. zu $L_N = 20 \lg (p/p_0)$ phon. Seine Einheit Phon (Zeichen phon) ist dimensionslos. Bei 1 000 Hz ist der L. in phon gleich dem Schalldruckpegel in dB. – ↑ Lärm.

Lautsymbolik (Klangsymbolik) ↑ Lautmalerei.

Lautverschiebung, Bez. für den systemat. Wandel artikulatorisch verwandter Konsonanten innerhalb einer Sprache. Die **germanische (erste) Lautverschiebung** (zw. 5. Jh. v. Chr. und 3. Jh. n. Chr.) ist die deutlichste Veränderung der german. Sprachen gegenüber der indogerman. Grundsprache; sie erfaßt: 1. die stimmhaften Verschlußlaute, die stimmlos wurden, z. B. lat. *decem* („zehn"): engl. *ten*; 2. die stimmlosen Verschlußlaute, die zu stimmlosen oder stimmhaften Reibelauten wurden, z. B. lat. *pater* („Vater"): german. (erschlossen) *faðar*, got. *fadar*; 3. die stimmhaften aspirierten Verschlußlaute, die zu stimmhaften Reibelauten und weiter zu stimmhaften Verschlußlauten in der indogerman. (erschlossen) *ghostis* (zu lat. *hostis*): neuhochdt. *Gast.*
Die **hochdeutsche (zweite) Lautverschiebung** (6./7. Jh.) grenzt das Hochdt. von den anderen ↑ deutschen Mundarten und den übrigen german. Sprachen ab; es entstand das althochdt., im wesentlichen bis heute erhaltene Konsonantensystem; es entwickelten sich: 1. die german. stimmlosen Verschlußlaute *p, t, k* je nach ihrer Stellung zu Affrikaten *pf tz/z, ch,* z. B. engl. *ten:* neuhochdt. *zehn,* oder zu doppelten stimmlosen Reibelauten *ff, ss, hh/ch,* z. B. engl. *water:* neuhochdt. *Wasser;* 2. die german. stimmhaften Verschlußlaute *b, d, g* zu neuhochdt. stimmlosen *p, t, k,* z. B. engl. *door:* neuhochdt. *Tor.* Die zweite L. hat das hochdt. Sprachgebiet in unterschiedl. Ausmaß durchdrungen und zu dem reich differenzierten dt. Mundartsystem geführt.

Lava [italien., zu lat. *labi* „stürzen"], Gesteinsschmelze (Magma), die an der Erdoberfläche austritt. Ihre Erstarrungsformen sind abhängig von Temperatur, Viskosität, Gasgehalt der Schmelze und der Gestalt der Erdoberfläche. Aus einer dünnflüssigen Schmelze entstehen **Fladenlava** mit glatter Oberfläche, seilartig gedrehte **Stricklava** oder auch aufgetürmte **Schollenlava.** Bei mittlerer Viskosität entsteht die wie Schlacke aussehende **Brockenlava.** Bei zähflüssiger Schmelze bilden sich Halden von **Blocklava.** Bei untermeer. Ergüssen wird die heiße L. vom Meerwasser abgeschreckt, es bilden sich rundl. Formen mit einer Kruste aus vulkan. Glas **(Kissenlava).**

Lavabel [frz. lavable „waschbar"] (Crêpe lavable), leinwandbindige Gewebe aus Seide oder Cuprofäden mit in der Kette meist gedrehtem, im Schuß ungedrehtem Garn.

Lavabo [lat. „ich werde waschen"], nach dem lat. Anfangswort des Begleittextes (Ps. 26, 6–12) ben. rituelle Händewaschung in der kath. Liturgie als symbol. Reinigungsakt vor der Vornahme einer hl. Handlung (v. a. am Beginn der Opfermesse); auch Bez. für die dabei verwendeten liturg. Geräte.

Laval, Carl Gustaf de [schwed. dəˈlaˑval], *Orsa (Län Kopparberg) 9. Mai 1845, †Stockholm 2. Febr. 1913, schwed. Ingenieur frz. Abstammung. – Entwickelte ab 1883 die nach ihm ben. einstufige Gleichdruckdampfturbine mit axialer Einströmung und konstruierte 1889 eine ebenfalls nach ihm ben. Düse.

L., Pierre [frz. laˈval], *Châteldon (Puy-de-Dôme) 28. Juni 1883, †Paris 15. Okt. 1945 (hingerichtet), frz. Politiker. – Rechtsanwalt; ab 1914 Abg. (bis 1919 Sozialist, dann parteilos), 1927–40 Senator, seit 1925 wiederholt Min. (u. a. für Äußeres 1934–36); 1931/32 und 1935/36 Min.präs; wurde nach der Besetzung Frankreichs durch dt. Truppen 1940 in der sog. Vichy-Reg. stellv. Min.präs.; brachte die Kammer dazu, die Macht auf Marschall Pétain zu übertragen und trat für eine enge Zusammenarbeit mit Deutschland ein; 1942 auf dt. Pressionen hin zum Min.präs. ernannt (bis 1944); floh 1945 aus seinem Zwangsexil in Sigmaringen nach Spanien, wurde aber nach Österreich abgeschoben und von den USA an Frankreich ausgeliefert; wegen Kollaboration zum Tode verurteilt.

Laval [frz. laˈval], frz. Stadt an der Mayenne, 50 400 E. Verwaltungssitz des Dep. Mayenne; kath. Bischofssitz; Museen, metallverarbeitende, opt., chem., elektron. und Textilind. – L., im MA in bed. Marktort, wurde 1429 Hauptstadt einer eigenen Gft., 1790 des Dep. Mayenne. – Bed. Kirchen, u. a. roman. Kathedrale (1150–60, 14. bis 19. Jh.); Notre-Dame-d'Avénières (1140–70); Notre-Dame-des-Cordeliers (14., 15., 17. Jh.); Altes Schloß (v. a. 14./ 15. Jh.) mit roman. Kapelle (11. Jh.), Neues Schloß im Renaissancestil (1540; heute Justizpalast).

L., 1965 gebildete kanad. Stadt, Prov. Quebec, umfaßt alle Ortschaften auf der Île-Jésus im Sankt-Lorenz-Strom, 284 000 E.

Laval-Düse [nach G. de Laval] ↑ Düse.

La Valetta ↑ Valetta.

Lavalleja [span. laβaˈjexa], Dep. in SO-Uruguay, 10 016 km², 61 700 E (1985), Hauptstadt Minas. Das Dep. ist trotz Bleierz-, Granit- und Marmorvorkommen nahe Minas landw. orientiert.

Pierre Laval

Johann Kaspar Lavater. (Kupferstich von Johann Heinrich Lips nach einem Gemälde von Johann Heinrich Wilhelm Tischbein, 1781)

Lava. Links: Fladenlava. Rechts: Brockenlava

Lavandinöl

Georg Ludwig Friedrich Laves. Das Hoftheater in Hannover, 1845–52

Alphonse Laveran

Antoine Laurent de Lavoisier

Lavandinöl [lat./dt.], äther. Öl aus den Blütenständen der Lavandinpflanze (Große Lavande, Kreuzungsbastard aus Echtem Lavendel und Speik); in der Kosmetikind. häufig anstelle von Lavendelöl verwendet.

Lavant, Christine, eigtl. C. Habernig, geb. Thonhauser, *Wolfsberg (Kärnten) 4. Juli 1915, † ebd. 7. Juni 1973, östr. Schriftstellerin. – Ihr von Not und Krankheit geprägtes Leben spiegelt sich in formstrenger Lyrik sowie Erzählungen. – *Werke:* Das Kind (E., 1948), Die unvollendete Liebe (Ged., 1949), Die Bettlerschale (Ged., 1956), Der Pfauenschrei (Ged., 1962), Hälfte des Herzens (Ged., 1967), Kunst wie meine ist nur verstümmeltes Leben (hg. 1978).
L., Rudolf, eigtl. Richard Cramer, *Leipzig 30. Nov. 1844, † ebd. 6. Dez. 1915, dt. Schriftsteller und Publizist. – Kritisierte bes. in seinen Gedichten Antisemitismus und Rassenhetze, gab 1884 in Zürich die bed. Anthologie revolutionärer Gedichte „Vorwärts" heraus.

Lavant, bis 1962 Name des heutigen slowen. Bistums ↑ Maribor.

Lavanttal, Talschaft im östl. Kärnten, zw. Saualpe und Koralpe, Österreich; von der **Lavant,** einem linken Nebenfluß der Drau, durchflossen, 64 km lang.

La Varende, Jean Mallard, Vicomte de [frz. lava'rã:d], *Schloß Bonneville-Chamblac (Eure) 24. Mai 1887, † Paris 8. Juni 1959, frz. Schriftsteller. – Gestaltete in seinen Romanen Stoffe aus seiner normann. Heimat, z. B. „Unter der Maske" (1936), „Der Himmelsreiter" (1938); schrieb auch kulturhistor. Essays.

Lavater, Johann Kaspar, *Zürich 15. Nov. 1741, † ebd. 2. Jan. 1801, schweizer. ev. Theologe, Philosoph und Schriftsteller. – 1775 Pfarrer in Zürich; Bekanntschaft mit Herder, Goethe und Hamann. Als Theologe versuchte L. eine rationale Apologie des christl. Glaubens und der bibl. Offenbarung. Sein Einfluß während des Sturm und Drang beruhte auf einer undogmat. Vermittlung zw. pietist. und ästhet. Positionen. In der seinerzeit überschätzten Physiognomik (u. a. in „Von der Physiognomik", 1772) vertrat er die Ansicht, aus Körperformen auf den Charakter eines Menschen schließen zu können. Schrieb auch religiöse Gedichte, Epen, bibl. Dramen. – Abb. S 21.

Lavater-Sloman, Mary, *Hamburg 14. Dez. 1891, † Zürich 5. Dez. 1980, dt. Schriftstellerin. – Lebte 1909–12 und 1914–19 in Rußland, 1920–23 in Athen. Sie schrieb zahlr. histor. Romane und Biographien.

Lavendel (Lavandula) [mittellat.-italien., zu lat. lavare „waschen" (wegen der Verwendung als Badeessenz)], Gatt. der Lippenblütler mit 26 Arten im Mittelmeergebiet, auf den Kanar. Inseln und in Vorderindien. Die bekanntesten Arten aus dem westl. Mittelmeergebiet sind der **Echte Lavendel** (Kleiner Speik, Lavandula angustifolia), bis 60 cm hoher, Lavendelöl enthaltender Halbstrauch mit linealförmigen Blättern und blauvioletten Blüten, und der **Große Speik** (Narde, Lavandula latifolia), 30–40 cm hoher Halbstrauch mit breit-linealförmigen, bis 6 cm langen Blättern und filzig behaarten blauvioletten Blüten; beide Arten werden zur Gewinnung von ↑ Lavendelöl und Speiköl feldmäßig angebaut.

Lavendel ↑ Film (Aufnahmeformate und Filmarten).

Lavendelöl, farbloses äther. Öl aus den Blüten des Echten Lavendels; in der Kosmetikind. verwendet.

La-Venta-Kultur ↑ Venta, La.

Laveran, Alphonse [frz. la'vrã], *Paris 18. Juni 1845, † ebd. 28. Mai 1922, frz. Parasitologe. – Militärarzt in Algier und Prof. am Institut Pasteur in Paris; arbeitete hauptsächlich über Malaria und Trypanosomenkrankheiten. Für die Entdeckung des Malariaerregers (1880) erhielt er 1907 den Nobelpreis für Physiologie oder Medizin.

Laves, Georg Ludwig Friedrich ['la:vəs], *Uslar 17. Dez. 1788, † Hannover 30. April 1864, dt. Baumeister. – Prägte mit seinen klassizist. Bauten das Stadtbild Hannovers: Umbau des Residenzschlosses (1816 ff. und 1831 ff.; heute Landtagssitz). Hoftheater (1845–52), Mausoleum in Herrenhausen (1842–46). Von seinen städtebaul. Plänen wurden v. a. der Bahnhofs- und der Waterlooplatz mit Waterloosäule (1832) ausgeführt.

lavieren [niederl., eigtl. „die Windseite (Luv) gewinnen"], seemännisch (veraltet) svw. ↑ kreuzen; auch: durch enges, schwieriges Fahrwasser hindurchmanövrieren; *übertragen:* sich aus Schwierigkeiten herauswinden.

lavieren [frz., zu lat. lavare „waschen"], eine [Feder]zeichnung mit einer Wasserfarbe meist in mehreren Tonstufen kolorieren *(lavierte [Feder]zeichnung).*

Lavieren. Pablo Picasso, Der Minotaurus, 1933 (Chicago, Art Institute)

Lavigerie, Charles Martial Allemand [frz. lavi'ʒri], *Huire bei Bayonne 31. Okt. 1825, † Algier 25. Nov. 1892, frz. kath. Theologe und Kardinal (seit 1882). – 1867 Erzbischof von Algier, ab 1884 auch von Karthago und Primas von Afrika; gründete 1868 die Missionsgesellschaft der ↑ Weißen Väter, 1869 die der Weißen Schwestern für die Mission in islam. Ländern; Vorkämpfer der Antisklavereibewegung.

Lavin, Mary [engl. 'lævɪn], *East Walpole (Mass.) 11. Juni 1912, ir. Schriftstellerin amerikan. Herkunft. – Kam als Kind nach Irland; schildert in lebendig geschriebenen Kurzgeschichten („Der Rebell", 1956), Erzählungen („Unter ir. Himmeln", 1969) und Romanen humorvoll das ir. Alltagsleben.

lävogyr [lat.; griech.], Zeichen l, L oder λ, die Ebene polarisierten Lichts nach links drehend.

Lavoisier, Antoine Laurent de [frz. lavwa'zje], *Paris 26. Aug. 1743, † ebd. 8. Mai 1794 (hingerichtet), frz. Chemiker. – Mgl. der Académie des sciences. Durch seine quantitativen Methoden (Elementaranalysen) war L. ein

Lawine. Staublawine

Begründer der modernen Chemie. L. widerlegte die damals vorherrschende Phlogistontheorie, indem er die Verbrennung als Sauerstoffaufnahme erkannte. Darüber hinaus befaßte sich L. mit physiol., mineralog., techn., geolog. und meteorolog. Problemen. 1789 erschien sein Hauptwerk „Traité élémentaire de chimie" (2 Bde.), in dem er u. a. eine pragmat. Elementdefinition gab und eine neue chem. Nomenklatur propagierte. – L. wurde während der frz. Revolutionswirren als ehem. Steuerpächter der Erpressung angeklagt und guillotiniert.

Lavongai [lævəŋˈgaɪ] (fr. Neuhannover), Insel des Bismarckarchipels, Papua-Neuguinea, 1 191 km^2, bergig (bis 875 m ü. d. M.), z. T. dicht bewaldet; wichtigste Orte sind Umbukul und Taskul.

Lävulose [lat.], Bez. für die optisch aktive, linksdrehende D-Fructose.

Law [engl. lɔː], Andrew Bonar, * New Brunswick (Kanada) 16. Sept. 1858, † London 30. Okt. 1923, brit. Politiker (Konservative und Unionist. Partei). – Parteiführer; 1915/16 Kolonialmin.; 1916–19 Schatzkanzler; 1922/23 Premierminister.

L., John, ≈ Edinburgh 21. April 1671, † Venedig 21. März 1729, schott. Finanzreformer und Nationalökonom. – Die von ihm entwickelte Theorie des Papiergeldes und der produktiven Wirkungen des Kredits ging davon aus, daß durch Boden gedecktes Papiergeld besser zur Produktionsförderung geeignet sei als Metallgeld. Sein Plan zur Neuordnung der Bank von Schottland wurde vom schott. Parlament abgelehnt. 1716 gründete er in Paris die private Notenbank „Banque Générale" (seit 1718 als „Banque Royale" Staatsnotenbank unter L. Direktion). 1719 vereinigte L. die frz. Überseehandelskompanien zur „Compagnie des Indes", 1720 wurde er Generalkontrolleur der Finanzen. – Die z. T. von ihm inspirierte Aktienspekulation erreichte schwindelerregende Ausmaße, bis schließlich 1720 eine Panik zum bodenlosen Sturz der Aktien und Banknotenkurse sowie zum Zusammenbruch der Notenbank (erste Papiergeldinflation) und all seiner Unternehmen führte. L. mußte das Land verlassen und starb völlig verarmt.

Law and order [engl. ˈlɔː ənd ˈɔːdə „Gesetz und Ordnung"], polit. Schlagwort, mit dem einerseits die Bekämpfung von Kriminalität und Gewalt durch z. T. drast. bzw. harte Gesetzes- und andere staatl. Maßnahmen gefordert wird und andererseits der Vorwurf gemacht wird, die bürgerl. Freiheiten zugunsten der staatl. Ordnungsfunktion abbauen zu wollen.

Lawine [rätoroman., zu lat. labi „gleiten"], an Gebirgshängen plötzlich niedergehende große Schnee- und Eismassen (auch Gesteinsmassen: Stein-L.), deren Abgehen durch eine Lösung des Zusammenhalts der Schneedecke infolge zu großen Gewichts der Schneemassen oder Wasserdurchtränkung des Schnees (v. a. zur Zeit der Schneeschmelze), durch menschl. Einflüsse (Skifahren), Schallwellen u. a. verursacht wird.

Man unterscheidet: **Staublawinen** (Trockenschnee-L.) aus trockenem Pulverschnee, die bei Frost und Neuschnee in Form von Pulverschneewolken niedergehen und von starken Luftwirbeln begleitet sind (Zerstörungen erfolgen hierbei durch Luftdruckwirkung); sie werden durch die Temperaturunterschiede zw. Alt- und Neuschnee ausgelöst. **Grundlawinen** (Feuchtschnee-L.) aus nassem Schnee, die v. a. im Spätwinter und Frühjahr (bei Föhn und Tauwetter) meist an rinnenförmigen L.bahnen abgleiten und bis zum Untergrund alles mitreißen; Ursache der z. T. gewaltigen Grund-L. ist eine bei stärkerer Sonneneinstrahlung einsetzende Unterspülung des Schneehanges. **Schneebrettlawinen** aus gespanntem [wind]gepreßtem Schnee, die in Form großer, kompakter Schneestollen (Schneebretter) mit lautem Knall abreißen und auf älteren Schneeschichten abgleiten, oft schon bei kleinsten Störungen (am häufigsten ausgelöst durch Anschneiden mit Skiern). **Eislawinen** (Gletscher-L.) aus Firneis oberhalb eines Gletschers oder aus Eis vom Gletscherrand. – Die starke Abholzung des Waldes, der den besten Schutz vor L. darstellt, z. B. in den Skigebieten der Alpen, begünstigt die L.bildung. Zum L.schutz werden Hänge mit sog. Bannwald aufgeforstet, Schutzwälle, -mauern und -zäune, Stütz- und Ablenkverbauungen sowie Überdachungsbauwerke (L.galerien) bei Verkehrswegen errichtet. Weitere Schutzmaßnahmen sind künstl. Auslösen von L., z. B. durch Beschießen der Schneemassen.

Lawler, Ray [engl. ˈlɔːlə], * Footscray bei Melbourne, 23. Mai 1921, austral. Dramatiker und Regisseur. – Sein Drama „Der Sommer der siebzehnten Puppe" (1957, erweitert 1978 mit „Kid stakes" und „Othertimes" zur „Doll trilogy") bedeutete für das austral. Theater einen histor. Durchbruch. Der naturalist.-realist. Handlungsablauf demaskierte verbreitete austral. Wertvorstellungen als fragwürdige und überholte Ideale.

Lawrence [engl. ˈlɔrəns], D[avid] H[erbert], * Eastwood (Nottinghamshire) 11. Sept. 1885, † Vence bei Nizza 2. März 1930, engl. Schriftsteller. – Längere Aufenthalte in New Mexico, Italien und S-Frankreich. Grundthema seines Werkes ist der Kampf gegen erstarrte bürgerl. Konventionen, denen er die Forderung nach freier individueller Entfaltung, nach Harmonie von Instinkt und Intellekt sowie die Betonung des Naturverbundenen und Erotisch-Sexuellen gegenüberstellt. Stark autobiographisch ist der Roman „Söhne und Liebhaber" (1913); die Wandlung der konfliktreichen Beziehung zw. Mann und Frau schildern die Romane „Der Regenbogen" (1915) und „Liebende Frauen" (1920); „Lady Chatterley und ihr Liebhaber" (dt. 1930, 1960 u. d. T. „Lady Chatterley") durfte erst 1960 ungekürzt in Großbritannien gedruckt werden. – *Weitere Werke:* Der weiße Pfau (R., 1911), Todgeweihtes Herz (R., 1912), Der Hengst St. Mawr (R., 1925), Die Frau, die davonritt (Novellen, 1928), Pornographie und Obszönität (Essay, 1929).

L., Ernest Orlando, * Canton (S. Dak.) 8. Aug. 1901, † Palo Alto (Calif.) 27. Aug. 1958, amerikan. Physiker. – Seit 1928 Prof. in Berkeley (Calif.); entwickelte 1929/30 das Zyklotron, mit dessen Hilfe ihm die Herstellung einer Vielzahl künstl. Radionuklide gelang; erhielt dafür 1939 den Nobelpreis für Physik.

L., T[homas] E[dward], gen. Lawrence of Arabia (L. von Arabien), * Tremadoc (Wales) 15. Aug. 1888, † Moreton (Dorset) 19. Mai 1935, brit. Archäol. und Schriftsteller. – Nahm 1911–14 an Ausgrabungen (u. a. in Syrien) teil. Im 1. Weltkrieg brit. Agent des Arab Bureau in Kairo, organisierte und als Berater des späteren Königs von Irak, Faisal I., den Aufstand der Araber gegen die Türken (1918 Einnahme von Damaskus). Vertrat 1919 auf der Friedenskonferenz von Versailles die Forderung der Araber nach Unabhängigkeit, hatte dabei aber so wenig Erfolg wie als Beamter im brit. Kolonialamt (1921/22); trat 1922 als einfacher Soldat in die Royal Air Force ein und war längere Zeit, zu-

Lavendel. Echter Lavendel

D. H. Lawrence

Ernest Orlando Lawrence

nächst unter dem Namen Ross, später Shaw, in Indien; verstarb wenige Wochen nach seinem militär. Abschied an den Folgen eines Motorradunfalls; verfaßte u. a. eine Darstellung des Araberaufstands („Die sieben Säulen der Weisheit", 1926).

L., Sir (seit 1815) Thomas, *Bristol 13. April 1769, †London 7. Jan. 1830, engl. Maler. – Folgte dem Stil J. Reynolds' und B. Wests und wurde ein bed. Porträtist des engl. Hofes und des Hochadels.

Lawrence [engl. 'lɔrəns], Stadt am Kansas River, Kans., USA, 256 m ü. d. M., 56 500 E. Univ. (gegr. 1864), Haskell-College für Indianer (gegr. 1884); Zentrum eines Agrargebiets. – Gegr. 1854, 1857 Town, 1950 City.

Lawrence of Arabia [engl. 'lɔrəns əv ə'rɛibjə] ↑ Lawrence, T[homas] E[dward].

Lawrencium [lo'rɛntsiʊm; nach E. O. Lawrence], chem. Symbol Lr; radioaktives, metall. Element aus der Actinoidenreihe des Periodensystems; Ordnungszahl 103.

Lawrenjow, Boris Andrejewitsch [russ. levrɪ'njɔf], *Cherson 17. Juli 1891, †Moskau 7. Jan. 1959, russ. Schriftsteller. – Gestaltete in seiner frühen Erzählungen, z. B. „Der Einundvierzigste" (1928, 1960 u. d. T. „Der letzte Schuß"), Erlebnisse aus dem Bürgerkrieg; schrieb auch Schauspiele („Die Bresche", 1928).

Lawrion, griech. Hafenstadt an der O-Küste der S-Spitze Attikas, 9 000 E. Verhüttung und Verschiffung der nahebei abgebauten Erze. – Seit dem 6. Jh. v. Chr. Silberabbau; seit 1865 Blei-, Zink- und Eisenmanganerzabbau; seit 1892 Zink- und Bleiverhüttung.

Lawrow, Pjotr Lawrowitsch, *Melechowo (Gebiet Pleskau) 14. Juni 1823, †Paris 6. Febr. 1902, russ. Sozialphilosoph und Soziologe. – Lehrte ab 1844 Mathematik und Wissenschaftsgeschichte an der Petersburger Militärakademie; 1867 verbannt; 1870 Flucht nach Paris, 1871 Beteiligung an der Kommune. Stand unter Einfluß von Kant, Hegel, Comte, Proudhon und Marx. In seiner Kritik des Materialismus vertrat er eine russ. Variante des Positivismus. Ziel der Geschichte, die durch die Dialektik von Solidarität und Individualität bestimmt sei, sei die Synthese des menschl. Fortschritts, die in der freiheitl. Entwicklung des Individuums erscheine.

Laws, Hubert [engl. lɔːs], *Houston (Tex.) 10. Nov. 1939, amerikan. Jazzmusiker (Flöte, Saxophon, Gitarre, Klavier, Komposition). – Bed., klassisch inspirierter Vertreter des modernen Jazz.

Lawson, Henry [engl. lɔːsn], eigtl. H. Hertzberg Larsen, *Grefell (Neusüdwales) 17. Juni 1867, †Sydney 2. Sept. 1922, austral. Schriftsteller und Journalist. – Spiegelt in wahrheitsgetreuen Schilderungen das Leben in Goldfeldern, Busch und Farmen; gilt als einflußreichster Begr. der austral. Kurzgeschichte.

lax [zu lat. laxare „schlaff machen, lockern"], energielos, nachlässig, unbekümmert.

Laxanzien [lat.], svw. ↑ Abführmittel.

Laxenburger Allianz, antifrz. Verteidigungsbündnis zw. Kaiser Leopold I. und der Frankfurter Allianz; am 10. Juni 1682 in Laxenburg (bei Mödling) beschlossen.

Laxismus [lat. (zu ↑ lax)], Bez. einer Richtung der kath. Moraltheologie v. a. im 17. Jh., die Handlungen auch dann für erlaubt hält, wenn nur wenig Wahrscheinlichkeit besteht, daß sie erlaubt seien; mehrfach verurteilt.

Laxness, Halldór Kiljan, eigtl. Halldór Guðjónsson, *Reykjavík 23. April 1902, isländ. Schriftsteller. – Sohn eines Straßenarbeiters; Einfluß auf sein Schaffen hatten die Sagas, daneben der dt. Expressionismus, der Surrealismus, zu dem er 1923 übertrat, der Katholizismus, mit dessen Vertretern er während seines Frankreichaufenthalts 1924–26 in Berührung kam, und sozialist. Ideen, die er nach seiner Rückkehr von einem Kanada- und Kalifornienaufenthalt (1926–29) vertrat. Neben Lyrik, Essays, Erzählungen und Dramen sind v. a. die sozialkrit. Romane über das heutige Island von Bedeutung, in denen L. den ep. Sagastil aufnahm und meisterhaft umgestaltete; 1955 Nobelpreis. – *Werke:* Salka Valka (R., 1931/32), Der Freisasse (R., 1934, 1969 u. d. T. Sein eigener Herr), Weltlicht (R., 4 Tle., 1937–40), Islandglocke (R.-Trilogie, 1943–46), Atomstation (R., 1948), Das Fischkonzert (R., 1957), Das wiedergefundene Paradies (R., 1960), Zeit zu schreiben (Autobiogr., 1963), Seelsorge am Gletscher (R., 1968), Die Litanei von Gottesgaben (R., 1972), Auf der Hauswiese (R., 1975), Siebenmeistergeschichte (R., 1978).

Lay, August, *Bötzingen (Landkr. Breisgau-Hochschwarzwald) 30. Juli 1862, †Karlsruhe 9. Mai 1926, dt. Pädagoge. – Mitarbeiter von E. ↑ Meumann; hatte maßgebl. Einfluß auf den Volksschulunterricht. – *Werke:* Experimentelle Didaktik (1903), Experimentelle Pädagogik (1908), Die Tatschule (1911), Lehrbuch der Pädagogik (1913/14), Die Lebensgemeinschaftsschule (hg. 1927).

Layard, Sir (seit 1878) Austen Henry [engl. lɛəd], *Paris 5. März 1817, †London 5. Juli 1894, engl. Archäologe. – Ausgedehnte Orientreisen ab 1839 führten zu Ausgrabungen in Assyrien (1845–51), bes. in ↑ Kalach und ↑ Ninive, die entscheidend für die Entstehung der Altorientalistik wurden.

Laye, Camara, *Kouroussa 1. Jan. 1928, †Dakar 4. Febr. 1980, guineischer Schriftsteller. – Seit 1964 im Exil in Senegal. Schrieb in frz. Sprache; seine z. T. autobiograph. Romane („Einer aus Kurussa", 1953) schildern in stark antikolonialist. Tendenz und oft dunkler Symbolik die Konfrontation zw. afrikan. und westl. Welt. – *Weitere Werke:* Der Blick des Königs (R., 1954), Dramouss (R., 1966).

Layout ['leːaʊt, –ˈ–; engl. 'leɪaʊt, '–ˈ–, –ˈ–; eigtl. „das Auslegen, Ausbreiten"], in der *Elektronik* Anordnung von Schaltelementen zu einer Schaltung. Meist wird mit L. die Oberflächenstruktur eines in Halbleiterblocktechnik hergestellten integrierten Schaltkreises bezeichnet.
▷ In der *graph. Technik* ein skizzierter oder teilweise geklebter Umbruch- und Aufteilungsentwurf in endgültiger Größe, Farbe, Stellung u. a.; Grundlage für den Umbruch.

Lazarett [italien., nach der venezian. Kirche Santa Maria di Nazaret (in deren Nähe sich ein Aussätzigenspital befand) unter dem Einfluß von italien. lazzaro „aussätzig", eigtl. „Lazarus"], Militärkrankenhaus; als **Feldlazarett** (auch als L.schiff, L.flugzeug) zur direkten Versorgung der kämpfenden Truppe bis zur Herstellung der Transport- oder Dienstfähigkeit. L.personal und in ein L. Eingelieferte haben nach den Genfer Konventionen Nichtkombattantenstatus.

Lazaristen (eigtl. Congregatio Missionis, Abk. CM), kath. Ordensgemeinschaft, nach der ersten Niederlassung

Thomas Lawrence. Lady Orbe mit ihrer Tochter Anna Maria, um 1810/12 (München, Neue Pinakothek)

Lazulith. Blaue Kristalle

Halldór Kiljan Laxness

Saint-Lazare in Paris ben., 1625 von Vinzenz von Paul (daher auch **Vinzentiner**) für Seelsorge und Priesterausbildung gegründet. In Deutschland seit dem 18. Jh. verbreitet. – 1992 rd. 3 700 Mgl. in 539 Niederlassungen.

Lazarsfeld, Paul Felix [ˈlaːtsarsfɛlt, engl. ˈlɛɪzəzfɛld], *Wien 13. Febr. 1901, †New York 30. Aug. 1976, amerikan. Soziologe östr. Herkunft. – Lehrte u. a. 1940–57 an der Columbia University; trug mit seinen Arbeiten zur Methodenlehre der empir. Sozialforschung und wesentlich zur Entwicklung einer quantitativen Analyse gesellschaftl. und polit. Verhaltensprozesse bei.

Lazarus, neutestamentl. Personenname: 1. **Lazarus von Bethanien,** der nach Joh. 11, 1–44 von Jesus wieder zum Leben erweckte Bruder der Martha und Maria von Bethanien. Nach einer Legende soll er Bischof von Marseille geworden sein. – Die Auferweckungsszene ist beliebtes Motiv der frühchristl. Grabkunst. 2. **Der arme Lazarus** in dem Gleichnis Luk. 16, 19–31, der als Aussätziger starb und in den Himmel kam; obwohl keine histor. Person, als Patron v. a. der Aussätzigen verehrt.

Lazeration [lat.], in der *Medizin* Einriß, Riß von Körpergewebe.

Lazulith [zu mittellat.-roman. lazulum „Blaustein, Blaufarbe" und griech. líthos „Stein"] (Blauspat), himmelblaues bis bläulichweißes monoklines Mineral, Formel: $(Mg, Fe)Al_2[OHPO_4]_2$; Mohshärte 5 bis 6, Dichte 3,08–3,38 g/cm³.

Lazzaroni [latsaˈroːni; italien. „Lumpenkerle", nach dem armen Lazarus], Gelegenheitsarbeiter und Bettler in Neapel, 1647 Träger des Aufstandes gegen die Spanier; 1798, 1821 und 1848 auf seiten der Bourbonen im Kampf gegen bürgerl. und adlige Revolutionäre.

lb, Einheitenzeichen für ↑Pound.

l.c., Abk. für: ↑loco citato.

LCD, Abk. für engl.: **l**iquid **c**rystal **d**isplay (= Flüssigkristallanzeige), ↑Flüssigkristalle.

Ld, Abk. für: ↑**L**or**d**.

Ld., Abk. für: ↑**l**imite**d**.

LDAC-Verfahren ↑Stahlerzeugung.

LDPD, Abk. für: ↑**L**iberal-**D**emokratische **P**artei **D**eutschlands.

LD-Verfahren ↑Stahlerzeugung.

Lea, weibl. Gestalt des A. T.; nach 1. Mos. 29 f. älteste Tochter Labans, Schwester Rahels, an deren Stelle durch Betrug Labans die erste Frau Jakobs.

Leaching [engl. ˈliːtʃɪŋ], svw. ↑Laugung.

Lead [engl. liːd „anführen"], im *Journalismus* die zusammenfassende Einleitung.

▷ in der *Musik* die Führungsstimme in einer [Jazz]band.

Leakey, Louis [engl. ˈliːkɪ] *Kabete (bei Nairobi) 7. Aug. 1903, †London 1. Okt. 1972, kenian. Paläontologe und Prähistoriker brit. Herkunft. – Mit seiner Frau Mary und seinem Sohn Richard machte er bed. prähistor. Funde in O-Afrika; entdeckte u. a. 1932 primitive Steinwerkzeuge und menschl. Schädelreste, 1949 einen fossilen Menschenaffen vom Typ Proconsul und führte Ausgrabungen in der Olduwaischlucht durch.

Lean, Sir (seit 1984) David [engl. liːn], *Croydon (= London) 25. März 1908, †London 16. April 1991, brit. Filmregisseur. – Erfolgreich durch Romanverfilmungen und Monumentalfilme, z. B. „Oliver Twist" (1948), „Die Brücke am Kwai" (1957), „Lawrence von Arabien" (1962), „Doktor Schiwago" (1965), „Reise nach Indien" (1984).

Leander, griech. Sagengestalt, ↑Hero und Leander.

Leander, Zarah [Stina], geb. Hedberg, *Karlstad 15. März 1907, †Stockholm 23. Juni 1981, schwed. Filmschauspielerin und Sängerin. – 1937–45 einer der erfolgreichsten Stars der Ufa mit charakteristisch tiefer Stimme. *Filme:* „La Habanera" (1937), „Es war eine rauschende Ballnacht" (1939), „Die große Liebe" (1942), „Bei dir war es immer so schön" (1954). 1973 erschienen ihre Erinnerungen „Es war so wunderbar: Mein Leben".

Lear (Leir) [liːr; engl. lɪə], sagenhafter britann. König. Den beiden älteren seiner drei Töchter vererbt er vorzeitig sein Reich. Als er darauf von diesen verstoßen wird, nimmt sich die enterbte jüngste Tochter seiner an. – Die Sage ist kelt. Ursprungs. In der obigen Form ist der Stoff zuerst in der „Historia regum Britanniae" (vor 1139) des Geoffrey of Monmouth überliefert. Bekannteste Bearbeitung von Shakespeare („König L.", zw. 1603–06).

Lear, Edward [engl. lɪə], *London 12. Mai 1812, †San Remo 30. Jan. 1888, engl. Dichter. – War Zeichner, Maler, Illustrator; bereicherte die Nonsense-Dichtung um die Gattung des ↑Limericks; eine dt. Übers. erschien 1964 („E. L. Nonsense Verse").

Leasing [ˈliːzɪŋ; engl. ˈliːsɪŋ], die mietweise Überlassung von Investitions- und höherwertigen Konsumgütern durch die Produzenten (direktes L.) oder durch L.gesellschaften (indirektes L.). Vorteile des L. für den mietenden Unternehmer: 1. die Liquidität wird erheblich weniger angespannt als beim Kauf der Anlage, da nur die laufenden Mietzahlungen zu leisten sind; 2. die Mietzahlungen sind steuerlich in voller Höhe absetzbar; 3. es können stets die modernsten Produkte gemietet werden. Nachteile sind die relativ hohen Kosten.

Least developed countries [engl. ˈliːst dɪˈvɛləpt ˈkʌntrɪz] ↑Entwicklungsländer.

Léautaud, Paul [frz. leoˈto], Pseud. Maurice Boissard, *Paris 18. Jan. 1872, †Robinson (= Le Plessis-Robinson) 22. Febr. 1956, frz. Schriftsteller. – Schrieb originelle und geistvolle Kritiken; daneben Erzählungen, Theaterstücke und ein bed. „Journal littéraire" (19 Bde., hg. 1954–66, dt. Ausw. 1966 u. d. T. „Literar. Tagebuch 1893–1956").

Lebasee, Strandsee an der pommerschen Ostseeküste, Polen, 71 km², bis 6,3 m tief.

Lebedew, Pjotr Nikolajewitsch [russ. ˈljebɪdɪf], *Moskau 8. März 1866, †ebd. 14. März 1912, russ. Physiker. – Wies 1895 die Doppelbrechung der elektromagnet. Wellen und 1907 den Strahlungsdruck nach.

Le Bel, Achille [frz. ləˈbɛl], *Pechelbronn (Elsaß) 21. Jan. 1847, †Paris 6. Aug. 1930, frz. Chemiker. – Arbeiten u. a. über Stereochemie und Höhenstrahlung. Durch einen 1874 veröffentlichten Aufsatz über den Zusammenhang zw. Strukturformeln und opt. Aktivität wurde er zusammen mit J. H. van't Hoff zum Begründer der Stereochemie.

Leben, stationärer „Zustand" eines materiellen Systems komplizierter chem. Zusammensetzung, der aus einem Zusammenwirken aller Einzelbestandteile auf Grund physikal. und chem. Wechselwirkungen resultiert.

Zarah Leander

Pjotr Nikolajewitsch Lebedew

Achille Le Bel

Definition und Entwicklung

Allen Lebewesen sind folgende **Merkmale des Lebens** eigen: 1. Stoffwechsel; 2. Fortpflanzung; 3. Vererbung; 4. Veränderung der genet. Information (Mutation); 5. Aufbau aus einer oder mehreren Zellen; 6. Besitz bestimmter

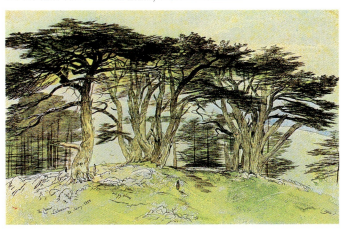

Edward Lear. Libanonzedern, 1858 (London, Victoria and Albert Museum)

Strukturen (Organellen) innerhalb der Zellen; 7. Reaktionen auf äußere und innere Reize (Reizbarkeit). Diese Gemeinsamkeiten lassen auf einen einheitl. Ursprung schließen, was bes. durch die Allgemeingültigkeit des genet. Codes sowie der Aufbauprinzipien der makromolekularen Strukturen belegt wird.

Der **Anfang des Lebens** auf der Erde ist nicht genau zu datieren. Anzunehmen ist, daß L. vor etwa 3–4 Milliarden Jahren in der Uratmosphäre (enthielt v. a. Wasserstoff sowie einfache Kohlenstoff-, Stickstoff-, Sauerstoff- und Schwefelverbindungen wie Methan, Ammoniak, Wasserdampf, Kohlenmonoxid, Schwefelwasserstoff u. a.) unter der Einwirkung verschiedener Energieformen (insbes. durch die UV-Strahlung der Sonne und elektr. Entladungen) entstanden ist.

Die Forschungsergebnisse der Molekularbiologie haben zu einem grundlegenden Verständnis der L.erscheinungen geführt. Die Urstadien chem. Evolution können heute im Labor nachvollzogen werden. Dabei zeigte sich, daß die verschiedenen organ. Verbindungen durch eine ↑abiogene Synthese entstehen konnten. Sie wurden dann mit dem Regen in die entstehenden Ozeane geschwemmt, konnten darin untereinander weiter reagieren und neue Verbindungen bilden. Dadurch ergab sich eine Konzentration von einfachen organ. Verbindungen im Wasser, die sog. Ursuppe. – Zu Beginn des L. entstanden zuerst kleine, später größere Moleküle. Diese lagerten sich zu einfachen, dann zu komplizierteren Verbindungen und Molekülketten zus. Danach entstanden Makromoleküle wie Proteine und Nukleinsäuren. Da die chem. Verbindungen in den primitivsten L.formen zusammenarbeiten mußten, war es notwendig, geschlossene Gebilde entstehen zu lassen und sie mit einer Membran nach außen abzugrenzen. Die Zelle – der einzige Bestandteil der heutigen einzelligen L.formen und der Baustein für die komplexeren Strukturen mehrzelliger Organismen – scheint sich aus Proteinen entwickelt zu haben, die von einer aus Proteinen und Fetten bestehenden Membran eingeschlossen waren. – Die ident. Vermehrung (Fortpflanzung) wird jedoch nur durch die ↑Nukleinsäuren ermöglicht. Die wichtigste Eigenschaft des DNS-Moleküls ist die Bildung einer Doppelhelix. Wenn beide Ketten getrennt werden, zieht jede andere Stickstoffbasen an und bildet eine Kette, die sie sich wieder ergänzt. Am Ende dieses Vorgangs gibt es zwei ident. Doppelketten und nach der folgenden Zellteilung zwei Zellen. Eine solche Selbstvermehrung können die Proteine nicht durchführen. Die ↑Nukleotide dagegen können nicht als Enzyme fungieren. Mit der Bildung der beiden notwendigsten Stoffe für die einfachsten L.formen war die chem. Evolution beendet. – Die Nukleinsäuren wurden Träger der Erbinformation. Die biolog. Evolution, die bei diesen einfachen L.formen neben die chem. Evolution trat, beruht auf der Veränderung der Erbinformation, d. h. auf einer ständigen Neukombination der Gene durch geschlechtl. Fortpflanzung. Entscheidend war auch die natürl. Auslese, die Beschränkung der L.dauer eines Individuums und die Ausbildung von Sinneszellen mit dem zugehörigen Nervensystem. – Mit dem großen Fortschritt in der Evolution der Arten setzte auch ein genetisch vorprogrammiertes, durch planmäßiges Altern erfolgendes Ableben, der Tod, ein.

Die **Grenze zwischen Belebtem und Unbelebtem** ist nicht scharf zu ziehen. Eine Zwischenstellung nehmen die Viren ein. Sie bestehen aus Nukleinsäure und einer Eiweißhülle. Durch die Nukleinsäure können sie sich identisch vermehren und mutieren. Jedoch haben sie keinen eigenen Stoffwechsel, so daß sie für ihre Vermehrung den Stoffwechsel fremder Zellen brauchen.

Im Labor können Gene durch synthet. Aufbau der diesen zugrundeliegenden Nukleinsäuresequenzen künstlich erzeugt werden, jedoch ist man weit davon entfernt, das umfangreiche Genom eines Lebewesens auf diese Weise zu erstellen. Genreparaturen und -neukombinationen können mit Hilfe der ↑Restriktionsenzyme vorgenommen werden. Schließlich können auch vollständige Individuen dadurch erzeugt werden, daß man die Zellkerne somat. Zellen (Körperzellen) in entkernte Eizellen transplantiert. Dadurch lassen sich, da keine Rekombinationsstadien durchlaufen werden, erblich ident. Kopien von Lebewesen (sog. Klone) in beliebiger Anzahl herstellen.

L. auf anderen Planeten (**extraterrestrisches Leben**) ist nach bisherigen Erkenntnissen möglich.

Begriffsmöglichkeiten

Die *Religionen* glauben an einen göttl. Ursprung des L., das den Gegenständen und dem Menschen von den Göttern verliehen wird. Meist wird das L. mit den L.trägern identifiziert: z. B. mit dem *Atem* in der mesopotam. und syr. sowie der ägypt. Religion (z. T. auch im A. T.), mit dem *Blut* bei den zentralasiat. Nomaden, oder mit dem Wasser in Polynesien, Ägypten und Mesopotamien (↑Lebenswasser). Vielfach sublimiert sich diese Vorstellung zur Annahme einer unsterbl. „Seele". Dieser Glaube führt zur Ausbildung der verschiedensten Mythen über ein L. nach dem ↑Tod, z. B. die Paradies- bzw. Höllenvorstellung in der zoroastr. Religion, in Judentum, Christentum und Islam, die Wiederauferstehung in Judentum, Christentum und den Mysterienkulten, die Seelenwanderung im Hinduismus, das Schattenreich der griech. Religion, und zu dem weitverbreiteten Totenkult.

Der *philosoph.* Begriff des L. ist ebenso wenig eindeutig wie der religionswiss.-theolog., greift aber auch wie dieser über das naturwiss.-biolog. Verständnis hinaus. – Für Aristoteles ist L., das er auch „Seele" nennt, eine Entelechie, d. h. etwas, das sein Ziel in sich selbst hat und deshalb Selbstsein, Selbstbewegung ist und insofern weder anfangen noch aufhören kann. Das L., die Seele, ist also unsterblich und steht damit im Ggs. zum Tod. Augustinus identifiziert die individuelle Seele (das L.) mit dem denkenden Individuum und bildet somit erste Ansätze einer philosoph. Psychologie. Das individuelle L. steht in Ggs. zu allem anderen und ist doch gleichzeitig der Ort der Verbindung von denkendem Individuum und göttl. Prinzip des L. – Nach Descartes ist L. nichts anderes als ein Modus einer denkenden Substanz und kommt in der tradierten Bed. des Wortes nur noch dem autonomen und lebensunabhängig konzipierten Geist, dem Denken („cogitatio") zu. Leibniz dagegen sieht das L. Prinzip der Selbstbewegung (die Kraft, lat. „vis") als ontolog. Prinzip alles Seienden (↑Vitalismus). Während bei Kant L. die unmittelbare Voraussetzung eines transzendentalen Selbstbewußtseins als eines Urteilsvermögens ist, wird es bei Hegel zu einer Kategorie in der Erfahrung und Selbsterfahrung des Geistes. – Da menschl. L. sich v. a. in Handlungen äußert, die an Werten orientiert sind, die sich der Mensch entweder autonom setzt oder aus gegebenen frei wählt, umfaßt die philosoph.- und theolog.-eth. Frage nach dem *Wert des L.* den gesamten Bereich der Sittlichkeit und Weltanschauung. Wohl allen eth. Systemen gemeinsam ist heute die Vorstellung, daß das L. das höchste Gut des Menschen und somit prinzipiell unantastbar ist. – ↑Existenzphilosophie, ↑Lebensphilosophie, ↑Seele.

lebende Bilder (frz. tableaux vivants), stumme, unbewegte Darstellungen von Szenen aus der antiken Mythologie, christl. Überlieferung u. a. Geschichte durch lebende Personen auf der Bühne, v. a. als prunkvolle Einlagen bei festl. Anlässen.

lebende Fossilien ↑Fossilien.

Lebende Steine, (Lithops) Gatt. der Eiskrautgewächse mit mehr als 70 Arten in S- und SW-Afrika; sukkulente, niedrige, meist polsterartig wachsende Wüstenpflanzen mit zu geschlossenen Körperchen verwachsenen Blattpaaren (ähneln Kieselsteinen); Blätter oft mit kleinen Fenstern, Blüten groß, weiß oder gelb.

▷ Bez. für Pflanzen verschiedener Gatt. der Eiskrautgewächse mit kieselsteinartigem Aussehen, u. a. ↑Fenestraria.

lebendgebärend (vivipar), lebende Junge zur Welt bringend; im Unterschied zu eierlegenden Tieren. – ↑Viviparie.

Lebendgebärende Zahnkarpfen (Poeciliidae), Fam. der Zahnkarpfen mit zahlr. sehr verschiedengestaltigen Arten im trop. und subtrop. Amerika; einige Arten (zur Malariamückenbekämpfung) auch in anderen Gebieten, u. a. in S-Europa, eingeführt (z. B. der Koboldkärpfling, Gambusia affinis); meist Süßwasserbewohner; mit einer Ausnahme lebendgebärend; z. T. sehr beliebte, anspruchslose Aquarienfische, z. B. der Black Molly (Poecilia sphenops).

Lebendimpfstoff ↑Impfstoffe.

Leben-Jesu-Forschung, in der Theologie Bez. für die seit der Aufklärung betriebene wiss. Erforschung des Lebens des histor. Jesus. Nach ersten Ansätzen der Kritik an der bisherigen, von der Dogmatik bestimmten Auffassung vom histor. Jesus bei den engl. Deisten des 18. Jh. und bei H. S. Reimarus gilt der Versuch von D. F. Strauß, den Stoff der Evangelien als weitgehend „mythisch", also ungeschichtlich zu erweisen, als Beginn der eigtl. L.-J.-F. Doch erst die nach Strauß gewonnenen quellenkrit. Einsichten gaben ihr eine method. Grundlage. Eine auf dieser Grundlage beruhende Darstellung des Lebens Jesu als Entwicklung vom „galiläischen Frühling" bis zum Todesweg nach Jerusalem in der L.-J.-F. der 2. Hälfte des 19. Jh. und die Interpretation der Verkündigung Jesu als Ansage eines geistl. Gottesreichs wurde – ausgehend von A. Schweitzer – zu Beginn des 20. Jh. entscheidend in Frage gestellt, da man erkannt hatte, daß auch das Markusevangelium, in dem man bisher eine historisch einigermaßen gesicherte Quelle gesehen hatte, eine dogmat. Konzeption ist. Die daraus gezogene Folgerung, eine Darstellung des geschichtl. Jesus sei überhaupt unmöglich, wurde durch die Erkenntnisse der „formgeschichtl." und „redaktionsgeschichtl." Evangelienforschung weiter bestärkt. Die neueste Forschung sieht jedoch zu solcher Skepsis keinen Anlaß, denn sowohl die method. krit. Maßstäbe zur Feststellung der alten Jesusüberlieferung als auch die Berücksichtigung des Zusammenhangs und des Ggs. der Jesusüberlieferung gegenüber dem zeitgenöss. Judentum erlauben die Gewinnung eines für die Darstellung eines wiss. Jesusbildes ausreichend gesicherten Quellenbestandes.

Lebensalter, Abk. LA, im Unterschied zum Intelligenzalter diejenige Altersphase, in der sich der Mensch auf Grund der Entwicklung und Wandlung seiner Organe und körperl. Funktionen befindet *(biolog. Alter).* Da das Alterungstempo individuell verschieden ist, ist hiervon das rein *kalendar. Alter* zu unterscheiden. Die wichtigsten Stufen des L. sind Kindheit, Jugend, Erwachsenenalter und schließlich Greisenalter (etwa ab dem 75. Lebensjahr). – ↑Altersstufen (Rechte und Pflichten).

Lebensbaum, (Thuja) Gatt. der Zypressengewächse mit sechs Arten in N-Amerika und O-Asien; immergrüne Bäume, seltener Sträucher, mit mehr oder weniger abgeflachten Zweigen; Blätter schuppenförmig, dicht, dachziegelartig angeordnet. Einige Arten sind giftig.

▷ in der *Mythologie* Symbol menschl. Lebens bzw. der Unvergänglichkeit; steht gelegentlich in Verbindung mit dem Weltenbaum, im Christentum zum „Baum des Kreuzes". In der *Volkskunde* auch Bez. für ein volkstüml. Ornament, das seit dem 17. Jh. zur Ausschmückung von bestimmtem Gerät, Hochzeitsgut, von Hausfassaden verwendet wurde.

Lebensbaumzypresse (Scheinzypresse, Chamaecyparis), Gatt. der Zypressengewächse mit 7 Arten in N-Amerika und O-Asien; immergrüne, meist kegelförmige, schlanke, hohe Bäume; Blätter schuppenförmig; häufig als Zierpflanzen.

Lebensbeschreibung ↑Biographie.

Lebensborn e. V., auf Veranlassung Himmlers 1935 gegr. Einrichtung, die im Sinne der rassist. Vorstellungen des Nationalsozialismus der Menschenzüchtung dienen sollte. – In den Entbindungsheimen des L. wurden rd. 11 000 (meist nichtehel.) Kinder geboren, in den Kinderheimen seit 1941 auch die „Eindeutschung" von Kindern aus den besetzten Gebieten betrieben.

Lebensbuch (himmlisches Buch), religionsgeschichtlich mehrfach auftretende Vorstellung von einer schriftl. Aufzeichnung, die das vorausbestimmte Geschick jedes Menschen enthalten kann. Von diesem prädestinator. Sinn des L. ist ein eth. zu unterscheiden; danach sind die Taten der Menschen in Büchern festgehalten, die beim jüngsten Gericht aufgeschlagen werden (Apk. 20, 12).

Lebensdauer, Zeitspanne zw. Geburt bzw. dem Entwicklungsbeginn und dem Tod eines Lebewesens, auch die Zeit des Amlebenbleibens von Teilen eines Organismus oder von bestimmten Stadien (z. B. Dauerstadien, Sporen, Samen).

▷ in der *Physik* Bez. für eine charakterist. Zeitspanne in statistisch sich ändernden physikal. Systemen, die angibt,

Lebendgebärende Zahnkarpfen.
Oben: Koboldkärpfling.
Unten: Black Molly

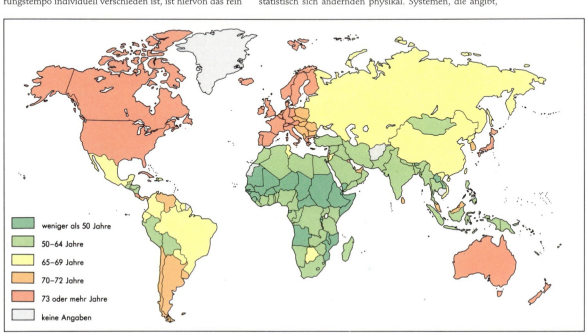

- weniger als 50 Jahre
- 50–64 Jahre
- 65–69 Jahre
- 70–72 Jahre
- 73 oder mehr Jahre
- keine Angaben

Lebenserwartung in Jahren zum Zeitpunkt der Geburt, Stand 1988

Lebenselixier

wie lange ein solches System im statist. Mittel unverändert existiert. Der Begriff L. wird v. a. bei angeregten Zuständen von Atomen, Molekülen und Atomkernen und bei Elementarteilchenzerfällen verwendet. Die L. angeregter Atome beträgt in der Regel etwa 10^{-8} s, die niedriger Kernniveaus 10^{-10} bis 10^{-13} s.

Lebenselixier, Zubereitung aus vielen pflanzl. Drogen, die mit Wein oder Alkohol ausgezogen wurden; Arzneimittel des 16. bis 18. Jh. *(Elixier Vitae).*

Lebenserwartung, Anzahl der Jahre, die ein Mensch bei bestimmtem Alter und Geschlecht in einer bestimmten Bev. durchschnittlich erleben wird; eine Ausnahme von der sich daraus ergebenden log. Konsequenz sinkender L. bei zunehmendem Alter stellt wegen der Säuglingssterblichkeit das 1. Lebensjahr dar, nach dem die L. höher ist als bei der Geburt. Von der L. zu unterscheiden ist die Erlebenswahrscheinlichkeit, die sich aus der Sterbetafel ergibt. Die **Sterbetafel** gibt an, wieviel Personen des gleichen Alters das nächsthöhere Alter erleben; die **Erlebenswahrscheinlichkeit** errechnet sich als Verhältnis zur Gesamtzahl dieses Personenkreises. Umgekehrt ergibt das Verhältnis der Anzahl der Toten zur Ausgangszahl die **Sterbewahrscheinlichkeit.** – Karte S. 27.

Lebensfaden (Schicksalsfaden), antike Vorstellung, nach der das Leben jedes Menschen an einem Faden hängt, den drei Göttinnen spinnen, die griech. Moiren, denen die röm. Parzen entsprechen. Wahrscheinlich war das Wirken der Nornen, der german. Schicksalsschwestern, urspr. ebenfalls mit der Vorstellung vom L. verbunden.

Lebensformen, in der Biologie: Gruppen nicht näher miteinander verwandter Lebewesen, die auf Grund ähnl. Lebensweise gleichartige Anpassungserscheinungen an die Umwelt aufweisen.

Lebensgemeinschaft, (Biozönose) Bez. für eine Vergesellschaftung von Pflanzen und Tieren, die durch gegenseitige Beeinflussung und Abhängigkeit in Wechselbeziehung stehen. Die L. stellt den organ. Anteil eines Ökosystems dar, während der Lebensraum dessen anorgan. Komponente ausmacht. Eine L. ist z. B. die Gesamtheit der Organismen in einem See, einem Moor oder einem Buchenwald. In einer Kulturlandschaft können sich nur selten L. halten. Die Gesamtheit der Tiere in einer L. wird als **Zoozönose,** die der Pflanzen als **Phytozönose** bezeichnet.
▷ das Zusammenleben von Erwachsenen (und ihrer Kinder), das im voraus unbefristet ist (Ehe) bzw. längere Zeit ohne Eheschließung besteht (eheähnl. L., früher Konkubinat). Die gesetzlich geschützte Form ist die ↑eheliche Lebensgemeinschaft; die eheähnl. L. hat in Deutschland nicht dieselben rechtl. Wirkungen wie die Ehe. Es entstehen für die Partner keine Unterhalts- bzw. Versorgungsausgleichsansprüche, aus ihr entstammende Kinder sind ↑nichteheliche Kinder. Beim Auseinanderfallen der eheähnl. L. sind nach herrschender Meinung Ehe- und Ehescheidungsrecht nicht anwendbar. Grundsätzlich gilt für die eheähnl. L., daß die Gegenstände (Hausrat) demjenigen gehören, der sie eingebracht oder erworben hat. In der Gerichtspraxis wird bei Streitigkeiten häufig das Recht der Gesellschaft (§§ 705 ff. BGB) angewandt, nach dem das gemeinsame Vermögen (z. B. ein gemeinsam finanziertes Haus) aufzuteilen ist. Um rechtl. Sicherheit zu schaffen, schließen die Partner z. T. „Partnerschaftsverträge" ab, die Regelungen für den Fall des Auseinandergehens enthalten können. Beim Tod eines Partners wird der andere bei der gesetzl. Erbfolge nicht berücksichtigt.

Lebenshaltungskosten, in der amtl. Statistik die bei der Berechnung des Preisindexes der Lebenshaltung ermittelten Ausgaben; zugrunde gelegt wird ein (je nach Haushaltstyp unterschiedl.) sog. **Warenkorb,** der aus einer nach Menge und Struktur über einen längeren Zeitraum gleichbleibenden Kombination von Gütern und Dienstleistungen gebildet wird.

Lebenshilfe, im weitesten Sinn alle Hilfestellungen, die gegeben werden, um einen Mitmenschen zu befähigen, sein Leben zu bewältigen (z. B. soziale Unterstützung, Bildungsangebote, psycholog. Beratung wie Ehe- und Erziehungsberatung oder die umfassende Betreuung älterer Menschen); v. a. die Unterstützung Behinderter, deren sich insbes. die „Bundesvereinigung L. für geistig Behinderte e. V." annimmt.

Lebenskraft (Vis vitalis), Bez. für eine (hypothet). Kraft, die nur der organ. (lebenden) Materie zugeordnet wurde, nicht der anorgan. (unbelebten). Auf Grund der ihnen innewohnenden L. schien nur Lebewesen die Synthese organ. Verbindungen, wie etwa Harnstoff, Zucker usw., möglich. Die Lehre von der L. wurde bes. von Chemikern des 17.–19. Jh. vertreten.

Lebenslauf, individueller Lebens- und Entwicklungsverlauf von der Geburt bis zum Tode; in der *L.forschung* erfährt der L. eine Auswertung nach verschiedenen Gesichtspunkten (entwicklungs-, sozial-, kulturpsycholog.) und mit verschiedenen Methoden (biograph., klin., statist.); bed. für die psycholog. Diagnostik.
▷ (Curriculum vitae) kurze schriftl. Darstellung des eigenen Lebens- und Entwicklungsverlaufs (bes. bei Bewerbungen).

Lebenslinie, Furche der Innenhand, die nach der Handlesekunst eine individuelle Lebensdauer anzeigen soll; wird in der Anthropologie als **Daumenfurche** bezeichnet.

Lebensmittel, nach den Definitionen des L.- und BedarfsgegenständeG (↑Lebensmittelrecht) Bez. für alle Stoffe, die dazu bestimmt sind, in rohem, zubereitetem oder verarbeitetem Zustand gegessen oder getrunken zu werden. L. sind in erster Linie Nahrungsmittel, die aus verdaul. (Proteine, Fette, Kohlenhydrate, Vitamine, Mineralstoffe, Spurenelemente) und unverdaul. (Ballaststoffe) Bestandteilen bestehen. Daneben zählt man auch die ↑Genußmittel und die ↑Zusatzstoffe zu den Lebensmitteln.

Lebensmittelchemie, Teilgebiet der Chemie, das sich mit Zusammensetzung und ernährungsphysiolog. Eigenschaften, den Veränderungen bei Zubereitung, Lagerung, Konservierung und der Ermittlung von Verfälschungen und Verderbnisvorgängen der Lebensmittel beschäftigt. Auch die Prüfung der mit den Lebensmitteln in Berührung kommenden Gebrauchsgegenstände ist Gegenstand der Lebensmittelchemie.

Lebensmittelfarbstoffe, zur Beeinflussung der Farbe bestimmter festgelegter Lebensmittel zugelassene Zusatzstoffe unbedenkl. Lebensmitteln sollen in appetitanregendes Aussehen verleihen sollen. Ihre Verwendung muß durch die Angabe „mit Farbstoff" kenntlich gemacht werden. L. müssen toxikologisch unbedenklich sein. Bevorzugt werden L., die auch als natürl. Farbstoffe in Lebensmitteln vorkommen (z. B. Karotin). Unter den synthet. L. haben Azofarbstoffe die größte Bedeutung.

Lebensmittel-Kennzeichnungsverordnung, VO über die Kennzeichnung von Lebensmitteln i. d. F. vom 6. 9. 1984 (mehrfach geändert). Sie verpflichtet den Hersteller oder Importeur von Lebensmitteln in Fertigpackungen anzugeben: 1. Name oder Firma sowie Ort des Herstellers, 2. Inhalt nach Gewicht bzw. Volumen, 3. Verzeichnis der Zutaten, 4. Mindesthaltbarkeitsdauer, 5. vorhandener Alkoholgehalt.

Lebensmittelrecht, Gesamtheit der Vorschriften zum Schutz der Verbraucher vor Gesundheitsgefährdung durch nicht einwandfreie Lebensmittel und vor Täuschung durch nachgemachte oder verfälschte Lebensmittel. Das L. ist zum größten Teil Bundesrecht (Art. 74 Nr. 20 GG), sein Vollzug liegt bei den Ländern. Es wird durch das Lebensmittel- und BedarfsgegenständeG vom 15. 8. 1974 und zahlr. Nebengesetze geregelt. An seiner Zielsetzung sind auch das Marktordnungsrecht sowie das Arzneimittel- und das Futtermittelrecht ausgerichtet. Die Vorschriften berücksichtigen die Richtlinien und Qualitätsnormen der EG. Den ↑Lebensmitteln stehen gleich: *Zusatzstoffe* (Farben, Fremdstoffe, Konservierungsmittel), *Tabakerzeugnisse, kosmet. Mittel* und *Bedarfsgegenstände* (z. B. Lebensmittelverpackungen, Spielwaren, Bekleidungsgegenstände, Reinigungsmittel). Keine Unterscheidung wird mehr zw. Nahrungs- und Genußmitteln gemacht. Das Lebensmittel- und BedarfsgegenständeG verbietet, Lebensmittel für andere derart herzustellen oder in den Verkehr zu bringen, a) daß ihr Genuß die menschl. Gesundheit zu schädigen geeignet ist, und b) daß Erzeugnisse, die keine Lebensmittel sind, mit diesen verwechselt werden können. Ferner ist verboten, zum Zwecke der Täuschung Lebensmittel nachzumachen und diese ohne ausreichende Kenntlichmachung in den Verkehr zu bringen. Nur ausdrücklich zugelassene Zusatzstoffe dürfen Lebensmitteln zugesetzt werden. Lebensmittel und Bedarfsgegenstände, die nicht dem dt. L. entsprechen, dürfen nicht eingeführt werden. Verstöße gegen lebensmittelrechtl. Vorschriften sind mit Strafe oder Bußgeld bedroht. In *Österreich* und in der *Schweiz* gelten ähnl. Bestimmungen.

Lebensmitteltechnik, Teilgebiet der Verfahrenstechnik, das sich mit Methoden und Verfahren zur rationellen Erzeugung und Verarbeitung von Lebensmitteln befaßt. Zu den mechan. Methoden zählen Reinigen, Sortieren, Zerkleinern, Sieben, Mischen, Filtrieren, Pressen, Emulgieren, Zentrifugieren und Extrahieren. Therm. Methoden haben v. a. bei der Konservierung Bedeutung. Daneben werden auch zahlr. biochem. Verfahren angewandt, die meist zu einer tiefgreifenden Veränderung der Ausgangsmaterialien führen (z. B. bei den Gärprozessen).

Lebensmittelvergiftung (Nahrungsmittelvergiftung), Sammelbez. für Allgemein- sowie Magen-Darm-Erkrankungen, die nach dem Genuß giftiger Tiere (Giftfische) und Pflanzen (Giftpilze), bakteriell infizierter, chemisch verunreinigter oder zersetzter Speisen bzw. Getränke auftreten. 2 bis 36 Std. nach der Aufnahme verdorbener Nahrung kommt es meist zu Übelkeit, heftigem Erbrechen, Koliken und Durchfällen. In jedem Fall ist eine Blut- bzw. Stuhluntersuchung erforderlich, um eine (meldepflichtige) Salmonellenerkrankung auszuschließen. Durch Lebensmittelüberwachung und Fleischbeschau wird die Möglichkeit einer L. stark eingeschränkt. – ↑ Botulismus.

Lebensphilosophie, auf F. Schlegel zurückgehende Sammelbez. für Philosophien des 19./20. Jh., die gegen den Rationalismus und die Aufklärung das ↑ Leben als „Erleben" unter Betonung des Emotionalen und des Intuitiven zum Ausgangs- und Orientierungspunkt ihres Denkens erheben, wie v. a. Vertreter der Romantik, des Pragmatismus, der Phänomenologie (M. Scheler) und der Existenzphilosophie (S. Kierkegaard, F. Nietzsche). Die bedeutendsten Vertreter der L. waren in Frankreich H. ↑ Bergson, in Deutschland W. Dilthey, für den die Erkenntnismöglichkeit für das „vom Menschen gelebte Leben" im „Erleben" und „Nachverstehen" liegt. Neben Dilthey haben M. Scheler und G. Simmel die L. methodologisch und erkenntnistheoretisch vertreten. O. F. Bollnow, E. Rothacker u. a. haben die Begriffe der L. – v. a. „Zeit" und „Dasein" – neu gefaßt.

Lebensqualität, in den 1960er Jahren in den USA („quality of life") aus der wohlfahrtstheoret. Kritik am einseitigen Wachstumsdenken entstandener komplexer Begriff, für den es keine allg. anerkannte Definition gibt. Ziele der polit. und sozialen Institutionen, die eine Steigerung der L. anstreben, sind insbes. Humanisierung der Arbeitswelt, Entgiftung der Umwelt und der Nahrungsmittel, Schaffung gleicher Bildungs- und Aufstiegschancen und Abbau sonstiger Ungleichheiten, bessere Versorgung mit Gütern und Dienstleistungen sowie Elementen der Infrastruktur und eine gerechtere Einkommens- und Vermögensverteilung.

Lebensraum, (Lebensstätte, Biotop) der von einer Lebensgemeinschaft (oder einer bestimmten Organismenart) besiedelte Raum (innerhalb eines Ökosystems), durch physikal. und chem. Faktoren gekennzeichnet und dadurch zur Besiedlung für bestimmte Lebewesen geeignet. – In der Botanik wird für L. häufig die Bez. *Standort* verwendet.

▷ seit etwa 1870 in Umlauf gekommener polit. Begriff, der überwiegend im Sinne des Sozialdarwinismus zur Begründung von Gebietsforderungen und territorialer Expansion diente; wurde zu einem Zentralbegriff der Geopolitik und spielte eine bed. ideolog. und propagandist. Rolle in den imperialist. und faschist. Bewegungen zw. den Weltkriegen.

Lebensstandard, Niveau der Existenz-, Arbeits- und Lebensbedingungen der Bev.; i. e. S. Grad der Befriedigung materieller, geistig-kultureller Lebensbedürfnisse, bes. Versorgungsstand privater Haushalte mit Ver- und Gebrauchsgütern sowie Dienstleistungen.

Lebenstrieb, nach der dualist. Triebtheorie S. Freuds der dem Todestrieb entgegengesetzte Grundantrieb des Menschen. Der L., als dessen wichtigste Komponente die Libido (Sexualtrieb) gilt, erstreckt sich nach Freud auf alle Bereiche der Erhaltung und Entfaltung des Lebens.

lebensunwertes Leben ↑ Euthanasie.

Lebensversicherung, nach den Prämieneinnahmen mit Abstand der bedeutendste Zweig der Individualversicherung und durch den Sparprozeß wichtiges Kapitalsammelbecken. Die L. deckt das in der Ungewißheit über die Lebensdauer begründete Risiko, insbes. im Zusammenhang mit der Absicherung von Sparvorgängen. Die Versicherungsleistung wird in Deutschland überwiegend als einmalige (steuerfreie) Kapitalzahlung, als Rente oder als Rente und Kapitalzahlung gewährt. Man unterscheidet *Klein-* (bis 5 000 DM) und *Groß-Lebensversicherung*. Der größte Teil der Überschüsse in der L. geht an die Versicherten, deren Gewinnbeteiligung Bestandteil des Geschäftsplanes ist und von der Versicherungsaufsichtsbehörde genehmigt werden muß. Die Gewinne können zur Erhöhung der Versicherungssumme (Bonussystem), zur Verkürzung der Laufzeit und zur verzinsl. Ansammlung verwendet oder an die Versicherungsnehmer ausgeschüttet werden. Versicherungsarten: **kurzfristige Risikoversicherung:** Die Versicherungsleistung wird nur fällig, wenn der Versicherte während der begrenzten Vertragsdauer stirbt (Zweck: z. B. Absicherung eines Kreditgebers, von Hypotheken, Bauspardarlehen); **lebenslange Todesfallversicherung** mit abgekürzter oder lebenslanger Prämienzahlung; die Versicherungsleistung wird mit dem Tode des Versicherten fällig (z. B. *Erbschaftsteuerversicherung*); **Erlebensfallversicherung:** Die Versicherungsleistung wird fällig, wenn der Versicherte den Ablauf des Versicherungsvertrages erlebt (Leibrente- und Pensionsversicherung); **abgekürzte (gemischte) Lebensversicherung** auf den Todes- oder Erlebensfall: Die Versicherungsleistung (Kapital oder Rente) wird auf jeden Fall entweder mit dem Tode des Versicherten oder nach Ablauf des Versicherungsvertrages fällig; **Versicherung mit festem Auszahlungstermin:** Die Versicherungsleistung wird an einem festgesetzten Zeitpunkt fällig. Prämienfreiheit vom Tode des Versicherten an (v. a. als **Aussteuer-** und **Ausbildungsversicherung**); **Pflegerentenversicherung** zur Absicherung des Pflegefallrisikos; **Zusatzversicherungen:** Bei der Berufsunfähigkeitszusatzversicherung wird Prämienfreiheit ab Berufsunfähigkeit und eventuell eine Rente geboten. Bei der Unfallzusatzversicherung wird bei Unfalltod i. d. R. eine doppelte Todesfalleistung erbracht.

Lebensversicherungsgesellschaften, svw. ↑ Versicherungsunternehmen.

Lebenswasser, nach weit verbreiteter, abergläub. Vorstellung das – v. a. aus einem Jungbrunnen geschöpfte – Wasser, das Unsterblichkeit verleiht.

Leben und körperliche Unversehrtheit (Recht auf L. und k. U.), elementare, in Reaktion auf die nat.-soz. Gewaltverbrechen durch ausdrückliche Verfassungsvorschrift (Art. 2 Abs. 2 GG) geschützte Grundrechte, die auch zivilrechtl. (§§ 823 ff. BGB) und strafrechtl. Schutz (§§ 211 ff. StGB) genießen, von den Ausnahmesituationen der Notwehr und des Notstandes abgesehen. In die Grundrechte kann durch Gesetz oder auf Grund eines Gesetzes eingegriffen werden, z. B. durch Zwangsuntersuchungen und -behandlungen und durch polizeil. Zwangsanwendung. Verboten dagegen sind, weil gegen die Menschenwürde verstoßend, Prügelstrafe und Folter.

Leber, Georg, *Obertiefenbach (= Beselich bei Limburg) 7. Okt. 1920, dt. Gewerkschaftsführer und Politiker (SPD). – Maurer; 1957–66 Vors. der IG Bau, Steine, Erden; 1957–83 MdB; 1966–72 Bundesverkehrs-, 1972–78 Bundesverteidigungsmin.; 1979–83 Bundestagsvizepräsident.

Georg Leber

Leber

Julius Leber

L., Julius, *Biesheim (Elsaß) 16. Nov. 1891, †Berlin 5. Jan. 1945 (hingerichtet), dt. Politiker. – Volkswirtschaftler; 1913 Eintritt in die SPD; 1921–33 Chefredakteur des „Lübecker Volksboten"; 1924–33 MdR. 1933–37 KZ- und Gefängnishaft; danach in engem Kontakt zum Kreisauer Kreis an der Vorbereitungen zum 20. Juli 1944 beteiligt und als Innenmin. im Kabinett Goerdeler vorgesehen; am 4. Juli 1944 verhaftet, am 20. Okt. 1944 zum Tode verurteilt.

Leber (Hepar), größte Drüse des menschl. Organismus (beim erwachsenen Menschen rd. 1,5 kg schwer). Sie liegt in der Bauchhöhle unter dem Zwerchfell und füllt die ganze rechte Zwerchfellkuppel aus. Sie ist durch eine Furche in einen größeren rechten und kleineren linken L.lappen geteilt. Am unteren rechten L.lappen liegt die Gallenblase. Die Blutversorgung erfolgt durch die *L.arterie,* die sauerstoffreiches Blut führt, und die im Darm mit Nährstoffen angereicherte, venöses Blut führende *Pfortader.* Der Blutabfluß erfolgt durch die *L.venen.* Die L.zellen sind innerhalb der *L.läppchen* in Strängen (L.zellbalken) angeordnet. Im Zentrum der L.läppchen liegt die Zentralvene, in welche die zw. den L.zellbalken verlaufenden L.kapillaren einmünden. Zw. den L.zellen befinden sich die Gallenkapillaren, die sich zu den Gallengängen vereinigen. Sie leiten die Gallenflüssigkeit zur Gallenblase bzw. zum Zwölffingerdarm.

Funktionen: Die L. nimmt eine zentrale Stellung im Stoffwechsel ein und ist u. a. auch am Abbau überalterter roter Blutkörperchen sowie an der Blutspeicherung beteiligt. Weitere wichtige Aufgaben der L. sind Speicherung von Glykogen, Vitaminen (B_{12}, A), Bildung von Bluteiweißstoffen (z. B. Albumine) und Gerinnungsfaktoren (z. B. Prothrombin), Absonderung von Gallensaft und Entgiftung der über die Pfortader vom Darm aufgenommenen körpereigenen (z. B. Ammoniak) und körperfremden (z. B. Arzneimittel) Stoffe.

Leberatrophie (Leberdystrophie), Schwund des Lebergewebes infolge eines Hungerzustands, auszehrender Krankheiten und im Alter *(braune L.)* oder infolge tox. Leberzellschädigung mit ausgedehnten Lebernekrosen, Gelbsucht, starken Schmerzen im Oberbauch, Erbrechen, Verwirrtheit und Koma *(akute gelbe L.).*

Leberbalsam (Ageratum), Korbblütlergatt. mit über 40 Arten in N- und S-Amerika; ästige Kräuter oder Sträucher, Köpfchen aus Röhrenblüten, in dichten Doldentrauben oder in Rispen; z. T. beliebte Beetpflanzen.

Leberbiopsie ↑Leberpunktion.

Leberblümchen (Hepatica), Gatt. der Hahnenfußgewächse mit 10 Arten in Eurasien und im atlant. N-Amerika; in Deutschland in Laubwäldern das geschützte **Echte Leberblümchen** (Hepatica nobilis); Blüten blau, seltener weiß; früher als Mittel gegen Leberleiden verwendet.

Leberdiät, fettarme, aber kohlenhydrat- und eiweißreiche, vitaminreiche Kost für Leberkranke; Alkohol und Nikotin sind verboten.

Leberdystrophie, svw. ↑Leberatrophie.

Leberegel, Gruppe von Saugwürmern, die erwachsen v. a. in Gallengängen der Leber von Wild- und Haustieren (bes. Wiederkäuern, Schweinen, Pferden), z. T. auch des Menschen, leben. Am bekanntesten sind: **Großer Leberegel** (Fasciola hepatica), 3–4 cm lang, lanzettl.-blattförmig; Eier (etwa bis ein Jahr in Dung lebensfähig) werden mit dem Kot ausgeschieden; bei Regen und Überschwemmungen gelangt die daraus schlüpfende Larve (Miracidium) in Gewässer, wo sie sich in Wasserschnecken einbohrt und dort zu einer Sporozyste heranwächst; diese erzeugt die zweite Larvengeneration (Redien), die ihrerseits die dritte Larvengeneration (Zerkarien) bildet; letztere durchbrechen die Schneckenhaut, enzystieren sich an Pflanzen, von wo sie vom Endwirt aufgenommen werden (bei Haustieren können sie ↑Leberegelkrankheit hervorrufen); **Kleiner Leberegel** (Lanzettegel, Dicrocoelium dendriticum), etwa 1 cm lang, lanzettförmig; als erster Zwischenwirt fungieren Schnecken, als zweiter Zwischenwirt Ameisen, als Endwirt v. a. Schafe.

Leberbalsam. Ageratum houstonianum

Leberblümchen. Echtes Leberblümchen (Höhe bis 15 cm)

Leberegelkrankheit (Leberegelseuche, Fasziolose), Weideparasitose mit großen wirtsch. Schäden; Erreger ist der ↑Große Leberegel. Die L. führt zu Anämie sowie Gewichts- und Leistungsabnahme der Tiere. Die L. ist bekämpfungspflichtig.

Leber. Rückansicht der Leber von unten

Leberentzündung (Hepatitis), entzündl. Erkrankung der Leber mit Schädigung und Funktionseinschränkung der Leberzellen. L. können durch Viren, Bakterien, Protozoen, Parasiten, Lebergifte, auch Alkohol und Arzneimittel verursacht werden. Zu den durch Viren hervorgerufenen L. gehören: 1. **infektiöse Leberentzündung** (akute Virushepatitis), hervorgerufen durch verschiedene Viren, v. a. Hepatitisvirus A und B, meldepflichtig. Die Übertragung erfolgt bes. durch Schmier- oder Schmutzinfektion oder durch unreinigte Nahrungsmittel (auch Trinkwasser). Die Erkrankung tritt (nach einem Vorläuferstadium ohne Gelbsucht) gewöhnlich 15–60 Tage nach der Ansteckung auf; 2. **hämatogene Leberentzündung** (homologer Serumikterus, Serumhepatitis, Inokulationshepatitis, Transfusionshepatitis), vorwiegend hervorgerufen durch das Hepatitis-B-Virus. 40–160 Tage nach der Ansteckung, nur durch direkten Kontakt mit infektiösem Blut (z. B. durch Bluttransfusion, verunreinigte Spritzen) erfolgen kann, kommt es zum Ausbruch der L. *Anzeichen* einer L. sind Abgeschlagenheit, Übelkeit, Brechreiz, Appetitlosigkeit, Verdauungsstörungen (Blähungen, Völlegefühl), Abneigung gegen Alkohol, Fett und Nikotin, Gelenkbeschwerden und dumpfe Schmerzen in der rechten Rippenbogen. Hauptsymptom ist die ↑Gelbsucht, die 2–6 Wochen anhalten kann.
Die *Behandlung* einer akuten L. besteht in strikter Bettruhe bis zum Abklingen der Entzündungszeichen und in ↑Leberdiät.

Leberfleck (Lentigo), angeborenes oder anlagebedingtes, bräunlich bis schwarzbraunes Hautmal infolge fleckenförmiger Anhäufung des Hautfarbstoffs.

Leberfunktionsprüfungen, labordiagnost. Untersuchungen zur Beurteilung der Stoffwechselleistung der Leber und zur Feststellung des Schweregrades bestimmter Lebererkrankungen. Geprüft werden: Ausscheidungsleistung und Eiweißsynthese der Leber, Serumenzyme sowie Antikörper gegen Leberzellbestandteile.

Leberkoma (Coma hepaticum), Bewußtseinstrübung unterschiedl. Grades infolge Überschwemmung des Gehirns mit giftigen, stickstoffhaltigen Stoffwechselprodukten (v. a. Ammoniak) bei Versagen der Leberfunktion *(Leberausfallskoma)* oder ausgedehntem Lebergewebszerfall

Leberegel. Großer Leberegel

(Leberzerfallskoma); Folge von Entzündungen, Vergiftungen, Leberzirrhose und akuter gelber Leberatrophie.

Lebermoose (Hepaticae), mit rd. 10 000 Arten weltweit verbreitete Klasse der Moose. Nach dem Bau des Thallus lassen sich zwei große Gruppen unterscheiden: 1. L. mit flächigem, oft gabelig verzweigtem Thallus *(thallose L.).* 2. L., die in Stämmchen und Blättchen (ohne Mittelrippe) gegliedert sind *(foliose L.).* Bekannt ist das weltweit verbreitete, an nährstoffreichen, feuchten Orten vorkommende **Brunnenlebermoos** (Marchantia polymorpha).

Leberpilz (Blutschwamm, Fistulina hepatica), zur Fam. der Reischlinge zählender Ständerpilz mit zungen- bis handförmigem, abstehendem, braunrotem Fruchtkörper; an den Stümpfen alter Eichen; jung eßbar.

Leberpunktion, Punktion der Leber zur Gewinnung einer für die Diagnose oder Verlaufskontrolle von Leberkrankheiten verwendeten Gewebsprobe **(Leberbiopsie).**

Leberschau, Orakel zur Erforschung der Zukunft und des göttl. Willens. Es beruht auf der Vorstellung, daß Macht und Kraft des Opfertieres, häufig eines Schafes, in der Leber konzentriert seien. Die L. spielte eine hervorragende Rolle bei der Zeichendeutung der Etrusker, die ihr mant. Wissen später den Römern (↑ Haruspex) übermittelten.

Leberschrumpfung, svw. ↑ Leberzirrhose.

Leberstärke, svw. ↑ Glykogen.

Leberstauung ↑ Stauungsleber.

Leberstein (Hepatolith), Konkrement („Gallenstein") in den Gallengängen oder Leber.

Lebertran (Oleum Jecoris), aus der Leber von Heilbutten oder Dorschen gewonnenes fettes Öl von gelbl. Farbe, mit hohem Anteil an ungesättigten Fettsäuren und Vitamin A und D; medizin. Anwendung u. a. bei Rachitis sowie als Stärkungsmittel, äußerlich in Salben zur Wundbehandlung.

Leberverfettung, svw. ↑ Fettleber.

Leberwurstbaum (Wurstbaum, Elefantenbaum, Kigelia) Gatt. der Bignoniengewächse mit 10 Arten in der trop. Afrika und auf Madagaskar; Bäume mit gefiederten Blättern; Früchte stark verlängert, an langen Stielen herabhängend.

Leberzirrhose (Leberschrumpfung), chronisch fortschreitende Erkrankung der Leber, die durch Zerstörung der Leberzellen und Umbau der Organstruktur gekennzeichnet ist und die Leberfunktion beeinträchtigt. Als Ursachen einer L. kommen in erster Linie chron. Alkoholmißbrauch und/oder Fehl- und Mangelernährung, jedoch auch Leberentzündung, erbl. Stoffwechselstörungen, Gallengangsverschlüsse und Herzgefäßerkrankungen bei Blutrückstau infolge Rechtsinsuffizienz des Herzens in Betracht. Bisher ist noch keine spezif. Therapie bekannt.

Lebesgue, Henri Léon [frz. lə'bɛg], * Beauvais 28. Juni 1875, † Paris 26. Juli 1941, frz. Mathematiker. – Mitbegr. der modernen Theorie der reellen Funktion und der modernen Maß- und Integrationstheorie.

Lebewesen, Bez. für Mikroorganismen, Pflanzen, Tiere und Menschen, die alle die Merkmale des ↑ Lebens tragen.

Lebkuchen (Pfefferkuchen), Dauerbackware aus Mehl, [Kunst]honig und einer Lebkuchengewürzmischung aus Nelken, Muskat sowie nach Rezept Koriander, Kardamom, Anis, Zimt, Ingwer.

Leblanc [frz. lə'blã], Maurice, * Rouen 11. Dez. 1864, † Perpignan 6. Nov. 1941, frz. Schriftsteller. – Begann mit Erzählungen und psycholog. Romanen; schuf mit seinen zahlr. populären Kriminal- und Abenteuerromanen die bekannte Figur des Arsène Lupin (u. a. „Die Abenteuer des Arsène Lupin", 12 Bde., 1907–35).

L. (Le Blanc), Nicolas, * Ivoy-le-Pré (Cher) 6. Dez. 1742, † Saint-Denis 16. Jan. 1806 (Selbstmord), frz. Chemiker. – Leibarzt des Herzog von Orléans; entwickelte das nach ihm benannte Verfahren zur Sodaherstellung (Leblanc-Sodaprozeß).

Le Bon, Gustave [frz. lə'bõ], * Nogent-le-Rotrou (Eure-et-Loir) 7. Mai 1841, † Paris 15. Dez. 1931, frz. Philosoph und Sozialwissenschaftler. – Urspr. Arzt; wurde mit seinem Buch „Psychologie der Massen" (1895) zum Begründer der Massenpsychologie.

Lębork [poln. 'lɛmbɔrk], poln. für ↑ Lauenburg i. Pom.

Lebowa, Bantuheimatland der Nord-Sotho (↑ Sotho) im N von Transvaal, Republik Südafrika, 21 300 km² in 7 Teilgebieten, 1,83 Mill. E (1985), Hauptstadt Lebowa-Kgomo. Dominierend ist die Landw. Von den vorhandenen Bodenschätzen werden Asbest, Chromerz, Platin, Kaolin u. a. abgebaut. Ein Teil der Bev. arbeitet als Gastarbeiter in anderen Gebieten der Republik Südafrika. – Das 1962 gebildete Bantuheimatland erhielt 1972 innere Autonomie.

Lebrun [frz. lə'brœ], Albert, * Mercy-le-Haut (Meurthe-et-Moselle) 29. Aug. 1871, † Paris 6. März 1950, frz. Politiker. – Bergwerksingenieur; 1911–14 Kolonialmin.; Mgl. des Senats ab 1920 (dessen Präs. 1931/32); letzter Präs. der 3. Republik (1932–40).

L., Charles François, * Saint-Sauveur-Lendelin (Manche) 19. März 1739, † Saint-Mesmes (Seine-et-Marne) 16. Juni 1824, frz. Politiker. – Präs. des Rates der Fünfhundert (1796–99); wurde von Napoléon Bonaparte zum 3. Konsul berufen. Als Großschatzmeister (1804) reorganisierte er das Finanzwesen; 1808 zum Hzg. von Piacenza ernannt, 1810–13 Statthalter von Holland.

L., Élisabeth ↑ Vigée-Lebrun, Élisabeth.

Le Brun (Lebrun), Charles [frz. lə'brœ], * Paris 24. Febr. 1619, † ebd. 12. Febr. 1690, frz. Maler. – Mitbegr. (1648) und 1668 Direktor der Académie Royale de Peinture et de Sculpture in Paris. Schöpfer und Organisator des schweren Repräsentativstils ↑ Louis-quatorze. Höhepunkt sind seine allegor. Gestaltungen im Louvre und in Versailles; zahlr. Gobelinentwürfe, Tafelbilder.

Lec, Stanisław Jerzy (poln. lɛts), * Lemberg (= Lwow) 6. März 1909, † Warschau 7. Mai 1966, poln. Lyriker. – Bes. bekannt wurde er durch seine Aphorismen „Unfrisierte Gedanken" (1959); auch Epigramme.

Lecanuet, Jean Adrien François [frz. ləka'nyɛ], * Rouen 4. März 1920, † Neuilly-sur-Seine 22. Febr. 1993, frz. Politiker. – Während der dt. Besetzung in der Résistance aktiv; 1951–55 Abg. (MRP); 1959–73 und seit 1977 Mgl. des Senats; 1963–65 Vors. des MRP; 1965 erfolglose Kandidatur bei den Präsidentschaftswahlen; 1966 Gründer und Vors. (bis 1976) des Centre Démocrate, 1976 des Centre des Démocrates Sociaux; 1974–77 Min.ämter; 1978–88 Präs. der Union pour la Démocratie Française.

le Carré, John [frz. ləka're], eigtl. David John Moore Cornwell, * Poole (Dorset) 19. Okt. 1931, engl. Schriftsteller. – Zeigt in seinen erfolgreichen Spionageromanen realistisch und illusionslos die Fragwürdigkeit der Geheim-

Lebermoose. Brunnenlebermoos

Leberpilz (Breite des Fruchtkörpers 15–60 cm)

Charles Le Brun. Der Kanzler Séguier beim Einzug der Königin in Paris am 26. August 1660, um 1660 (Paris, Louvre)

John le Carré

Jean-Marie Gustave Le Clézio

Charles Marie Leconte de Lisle

Joshua Lederberg

dienstarbeit. – *Werke:* Der Spion, der aus der Kälte kam (R., 1963), Dame, König, As, Spion (R., 1974), Das Rußlandhaus (R., 1988), Der heiml. Gefährte (R., 1990).

Lecce [italien. 'lettʃe], italien. Stadt im südl. Apulien, 51 m ü. d. M., 102 000 E. Hauptstadt der Prov. L.; kath. Bischofssitz; Univ. (gegr. 1965); Museen, Bibliotheken, Textilind., Baumaschinenwerk, Tabakmanufaktur, Weinkellereien, Öl- und Getreidemühlen, Kunsthandwerk. – Das heutige L. liegt in der Nähe des antiken **Lupiae**; 542 und 549 von Totila zerstört; Mitte des 16. Jh. von den Aragonesen befestigt. – Der Dom wurde 1659–70 erneuert. Bed. sind die Kirchen Santi Nicola e Cataldo (1180 ff.) mit Barockfassade, Santa Croce (1549–1695) und Santa Maria del Rosario (1691–1728). Röm. Amphitheater; Schloß (1539–48), Triumphbogen für Karl V. (1548).

Lecco [italien. 'lekko], italien. Stadt am Comer See, 214 m ü. d. M., 48 300 E. Stahlwerk, Zement-, Papier- und Seidenind.; Hafen. – Als **Leuko** 845 erstmals erwähnt, im 9. Jh. Mittelpunkt einer Gft., fiel im 10. Jh. an die Erzbischöfe von Mailand.

Lech, rechter Nebenfluß der Donau, in Deutschland und in Österreich, 263 km lang, entsteht als Abfluß des Formarinsees in Vorarlberg, tritt bei Füssen in das Alpenvorland ein, mündet bei Donauwörth; mehrfach gestaut (u. a. Forggensee).

Le Chatelier, Henry [frz. ləʃatə'lje], * Paris 8. Okt. 1850, † Miribel-les-Échelles (Isère) 17. Sept. 1936, frz. Chemiker. – Prof. in Paris; stellte das Prinzip des kleinsten Zwanges auf († Le-Chatelier-Braunsches Prinzip) und erfand das thermoelektr. Pyrometer.

Le-Chatelier-Braunsches Prinzip [frz. ləʃatə'lje; nach H. Le Chatelier und K. F. Braun] (Prinzip des kleinsten Zwanges), thermodynam. Prinzip, wonach ein im Gleichgewicht befindl. System bei Anwendung eines äußeren Zwanges (z. B. von Druck) diesen durch Anpassung seiner anderen Zustandsgrößen (z. B. durch Volumenverminderung) zu kompensieren versucht. So verflüssigt sich z. B. ein unter hohem Druck stehendes Gas unter Volumenverminderung.

Lechenich ↑ Erftstadt.

Lecher-Leitung (Lecher-System) [nach dem östr. Physiker E. Lecher, * 1856, † 1926], eine elektr. Leitung aus zwei parallelen Drähten mit Kunststoffstegen, z. B. Bandleitung. L.-L. werden u. a. zur exakten Frequenzmessung einer sehr hochfrequenten Spannung benutzt (Meßleitung).

Lechfeld, Schotterebene zw. dem Lech und der Wertach, südlich von Augsburg, Bay. – In der **Schlacht auf dem Lechfeld** (die eigentlich westl. von Augsburg und am O-Ufer des Lech stattfand) besiegte Otto I. am 10. und am 11./12. Aug. 955 die Ungarn und verhinderte so weitere Ungarneinfälle. Der Sieg war für Otto bed. für die Gewinnung der Kaiserwürde.

Lechi [-x-], Abk. für hebr. Lochame cherut Jisrael („Kämpfer für die Freiheit Israels"), jüd. Untergrundorganisation in Palästina; gegr. 1940 von A. Stern (daher „Stern"-Gruppe), verübte bis 1948 zahlr. Terrorakte gegen Araber und die brit. Mandatsmacht.

Lechner, Leonhard, * im Etschtal um 1553, † Stuttgart 9. Sept. 1606, dt. Komponist. – Schüler von O. di Lasso; bed. Schöpfer v. a. dt. Lieder und Liedmotetten: „Newe teutsche Lieder" (gedruckt 1576–89), „Johannespassion" (vor 1593), „Dt. Sprüche von Leben und Tod" (1606).

L., Ödön, * Pest (= Budapest) 27. Aug. 1845, † Budapest 10. Juni 1914, ungar. Architekt. – Führender Vertreter der Jugendstilarchitektur in Ungarn, u. a. Kunstgewerbemuseum (1893–96) in Budapest.

Lechoń, Jan [poln. 'lɛxɔɲ], eigtl. Leszek Serafinowicz, * Warschau 13. März 1899, † New York 8. Juni 1956 (Selbstmord), poln. Lyriker. – Mitglied der „Skamander"-Gruppe; emigrierte 1939, lebte nach Kriegsende in den USA. Gestaltete v. a. die Themen Liebe und Tod in pessimist. Grundhaltung.

Lechtaler Alpen, Teil der Nördl. Kalkalpen in Österreich (Tirol und Vorarlberg), in der Parseierspitze 3 038 m hoch.

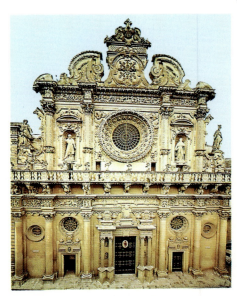

Lecce. Fassade an der Kirche Santa Croce von dem italienischen Kirchenbaumeister Giuseppe Zimbalo, 1646

Lechter, Melchior, * Münster 2. Okt. 1865, † Raron 8. Okt. 1937, dt. Buchkünstler und [Glas]maler. – Schuf 1897–1907 die Jugendstilausstattung sämtl. Werke S. Georges. Außerdem Exlibris, Glasgemälde, Bilder. Typisch sind schmückende Rahmenleisten, in die die Schrift eingeordnet ist.

Lecithine ↑ Lezithine.

Leck [niederdt.], undichte Stelle in der Außenhaut eines Schiffes oder in einer Behälterwand.

Leckage [lɛ'ka:ʒə], Gewichtsverlust flüssiger Waren durch Verdunsten, Aussickern u. a.

Lecksuchgerät (Lecksuchmassenspektrometer), auf dem Prinzip des Massenspektrometers beruhendes Gerät zum Auffinden von Undichtigkeiten in Hochvakuumanlagen. Mit einem feinen Gasstrahl wird die Anlage außen „abgetastet". Tritt Spürgas durch ein Leck in die Anlage ein, löst es in dem angeschlossenen L. eine Anzeige aus.

Lecksucht, Stoffwechselmangelkrankheit v. a. stallgefütterter Wiederkäuer, die futterfremde Gegenstände (Krippen, Wände u. a.) gierig benagen und belecken. Ursache ist ein Mangel an Vitaminen, Mineralien oder lebenswichtigen Aminosäuren.

Leclair, Jean-Marie [frz. lə'klɛːr], gen. L. l'Aîné, * Lyon 10. Mai 1697, † Paris 22. oder 23. Okt. 1764 (ermordet), frz. Violinist und Komponist. – Einer der hervorragendsten Geiger seiner Zeit. Hinterließ eine bed. Violinliteratur (v. a. Konzerte, Sonaten, Trios).

Leclanché-Element [frz. ləklã'ʃe; nach dem frz. Chemiker G. Leclanché, * 1839, † 1882] ↑ elektrochemische Elemente.

Leclercq (d'Orlancourt), Henri [frz. lə'klɛːr], * Tournai 4. Dez. 1869, † London 23. März 1945, frz. kath. Theologe und Benediktiner (seit 1895). – Verfasser zahlr. Werke zur Liturgie, christl. Archäologie und Kirchengeschichte. Mithg. des „Dictionnaire d'archéologie chrétienne et de liturgie" (15 Bde., 1903–53).

Le Clézio, Jean-Marie Gustave [frz. ləkle'zjo], * Nizza 13. April 1940, frz. Schriftsteller. – Schildert in seinen handlungsarmen Romanen in ausdrucksstarker Prosa v. a. das Ausgeliefertsein des Einzelmenschen an die ihn bedrängende Umwelt. – *Werke:* Das Protokoll (R., 1963), Terra amata (R., 1967), Der Goldsucher (R., 1985), Voyage à Rodrigues (1986), Le rêve mexicain ou la pensée interrompue (Essay, 1988), Onitsha (R., 1991).

Lederherstellung

Leconte de Lisle, Charles Marie [frz. ləkɔ̃tdə'lil], eigtl. C. M. Lecomte, *Saint-Paul auf Réunion 22. Okt. 1818, †Voisins-le-Bretonneux bei Paris 18. Juli 1894, frz. Dichter. – Gilt als der bedeutendste Vertreter der literar. Gruppe der Parnassiens, war pessimist. Weltbild steht dem Schopenhauers nahe, sein Pantheismus ist durch den Buddhismus geprägt.

Le Corbusier [frz. ləkɔrby'zje], eigtl. Charles-Édouard Jeanneret-Gris, *La Chaux-de-Fonds 6. Okt. 1887, †Roquebrune-Cap-Martin (Alpes-Maritimes) 27. Aug. 1965, frz.-schweizer. Architekt, Städteplaner und Maler. – Seit 1917 in Paris, trat er seit 1920 v. a. als Maler (↑Purismus), Bildhauer und Publizist hervor (Zeitschrift „L'Esprit Nouveau", 1920–28). Er entwarf ideale Städtebauprojekte mit einer klaren Trennung der Funktionszonen. Mit seinen ersten Bauten schuf er die Grundlagen eines neuen Wohnhaustyps (u. a. zwei Häuser für die Weißenhofsiedlung in Stuttgart, 1927), ließ die kub. Baukörper auf Betonstützen (Piloti) ruhen und lockerte die herkömml. Stockwerkabfolge durch ineinander übergehende Räume auf. Seine Ideen fanden durch die 1928 von ihm mitbegr. ↑CIAM Verbreitung. Ab 1929 war er als Städteplaner in der ganzen Welt tätig (Paris, Madrid, Chandigarh, Berlin, Moskau) und errichtete bed. Großbauten (u. a. Erziehungsministerium in Rio de Janeiro, 1936; Gebäude der UN in New York, 1947). Mit seinen Unités d'habitation in Marseille (1947–52) setzte sich ein von skulpturalen Formen und Materialverwendung im Sinne des Brutalismus geprägter monumentaler Stil durch. Den Abmessungen liegt ein von ihm entwickeltes Proportionssystem *(Modulator)* zugrunde, das von einer Körpergröße von 1,75 m (bzw. 2,16 m mit erhobener Hand) ausgeht und auf dem Goldenen Schnitt beruht. Höhepunkt seines skulpturalen Bauens ist die Wallfahrtskirche von Ronchamp (1952–55); großartige Raumlösungen zeigen auch das Museum für Moderne Kunst in Tokio (1959), das Dominikanerkloster La Tourette in Éveux bei Lyon (1957–60) und das Carpenter Art Center in Harvard (1963).

Le Corbusier. Wallfahrtskirche Notre-Dame in Ronchamp, 1952–55

Lectori salutem [lat. = dem Leser Heil], Abk. L. S., Begrüßungsformel für den Leser in alten Handschriften.

LED [Abk. für engl.: **l**ight **e**mitting **d**iode „lichtemittierende Diode"], svw. Leuchtdiode (↑Lumineszenzdiode).

Leda, Gestalt der griech. Mythologie. Gemahlin des spartan. Königs Tyndareos, Mutter von Helena, Klytämnestra und der ↑Dioskuren; Helena und Polydeukes stammen von Zeus, der sich L. in Schwanengestalt genähert hat. – In der bildenden Kunst ist L., v. a. mit dem Schwan, seit der Antike (z. B. griech. Vasenbilder) und dann wieder seit der Renaissance dargestellt worden.

Leder, aus tier. Haut durch Gerben hergestelltes Produkt. Für die Umwandlung der Haut in den lederartigen Zustand sind v. a. die beim Gerbprozeß ablaufenden Vorgänge verantwortlich, bei denen die von Haaren, Oberhaut (Epidermis) und Unterhaut (Subcutis) befreite L.haut (Corium) der Einwirkung von Gerbstoffen ausgesetzt wird. Im Verlaufe dieser Vorgänge lagern sich die Gerbstoffe in die aus kollagenen Fasern bestehende Hautsubstanz ein und führen zu einer Vernetzung der Hautfasermoleküle; dadurch wird die Hautsubstanz verfestigt; gleichzeitig nimmt ihr Quellvermögen stark ab. Während bei der Rohhaut beim Trocknen die Hautfasern zu einer steifen Masse verkleben, bleiben beim gegerbten L. Weichheit und Schmiegsamkeit erhalten. Weitere Eigenschaften des L. sind seine Dehnbarkeit und „Zügigkeit" die auf der netzartigen Verflechtung der kollagenen Fasern beruhen, ferner seine Porosität, auf die Wärmeisoliervermögen sowie Durchlässigkeit für Luft und Luftfeuchtigkeit zurückzuführen sind. Nach den verarbeiteten Häuten unterscheidet man Rind-, Schweins-, Kalb-, Ziegen-L. usw., die jeweils charakterist. Narbenbilder zeigen; nach der Art der Gerbung (z. B. Chromgerbung mittels Chromsalzen) oder Zurichtung unterscheidet man ferner pflanzlich gegerbtes L., Chrom-L., Sämisch- bzw. Lack-L., Preßnarben-L. usw., nach dem Verwendungszweck z. B. Schuh-L., Täschner-, Handschuh-, Bekleidungs- und Buchbinderleder.

Lederarbeiten, kunsthandwerkl. Arbeiten aus Leder wie Bucheinbände, Kästchen, Futterale usw.; die kunstgewerbl. Verwendung von Leder ist schon aus den Kulturen des Alten Orient bezeugt, die einflußreichsten kopt. L. (4.–8. Jh.) zeigen Ritz- und Schälarbeit, Goldauflagen, Flechtarbeit, Färbung, Punzierung. Die frühesten europ. L. stammen aus dem 13. Jh., neben der oriental. Blindpressung mit Stempeln wurden u. a. Lederschnitt und Treibarbeit weiter entwickelt (Reliefwirkung). Bes. in Frankreich entstanden im 14. Jh. Minnekästchen, im 15. Jh. kam hier eine neue Technik des Goldlederschnittes auf, Norditalien bildete um 1500 einen sehr bedeut. figürl. Kreis aus. Stil aus, in Spanien blühte bes. im 15. Jh. die von den Mauren übernommene Preßtechnik (↑Ledertapeten). Seit dem Ende des 15. Jh. gewann die aus dem Orient übernommene Handvergoldung v. a. für die ledernen Bucheinbände Bedeutung, insbes. in Neapel und Ungarn, in der Spätrenaissance für den frz. Hof. Im 18. Jh. wurde der Ledermosaikeinband bevorzugt. Neuartige Gestaltungen in den tradierten Techniken brachte v. a. der Jugendstil hervor.

Lederbeeren, durch Befall mit Falschem Rebenmehltau graue, geschrumpfte (trockenfaule) Weinbeeren.

Lederberg, Joshua [engl. 'lɛɪdəbə:g], *Montclair (N. J.) 23. Mai 1925, amerikan. Mikrobiologe. – Prof. an der University of Wisconsin in Madison und an der Stanford University. Durch Kreuzung von Bakterienstämmen wies L. in Zusammenarbeit mit E. L. Tatum die geschlechtl. Fortpflanzung von Bakterien nach. Für diese Forschungsarbeiten erhielt L. (mit G. W. Beadle und Tatum) 1958 den Nobelpreis für Physiologie oder Medizin.

Ledereinband, Bucheinbandart, bei der der Buchblock von einer vollständig *(Ganz-L.)* oder teilweise *(Halb-L.)* mit Leder überzogenen Buchdecke umschlossen ist.

Lederer, Jörg, *Füssen um 1475, †ebd. Dez. 1550, dt. Bildschnitzer. – Vielleicht Schüler von M. Pacher; schuf u. a. den Sankt-Blasius-Altar in Kaufbeuren (1518; Sankt-Blasius-Kapelle), den Hindelanger Altar (Bad Oberdorf; 1519) und den Choraltar der Spitalkirche in Latsch (um 1516–18).

Lederhaut ↑Haut.

Lederherstellung, die Verarbeitung von tier. Häuten bis zum fertigen Leder; sie umfaßt zahlr. mechan. und chem. Einzelschritte (Gerbung sowie Lederzurichtung). Die **Konservierung** (für Transport und Lagerung) der frischen Tierhäute erfolgt unter Entzug der Gewebsflüssigkeit meist durch Einsalzen, in trop. Ländern auch durch Trocknen an der Luft. In der **Wasserwerkstatt** werden die konservierten Häute in die sog. gerbfähigen Blößen überführt. Zunächst werden die Häute durch Wässern **(Weichen)** in den Zustand der „grünen" Haut zurückversetzt (Weichdauer je nach Hautart 1–4 Tage); dabei werden Verunreinigungen und Konservierungsmittel entfernt; Netzmittel beschleunigen den Weichvorgang, Chemikalien verhindern eine bakterielle Zersetzung der Häute. Danach erfolgt die **Haarlockerung** und **-entfernung.** Bei der enzymat. Enthaarung werden ausgewählte Bakterien- oder Schimmelpilzpro-

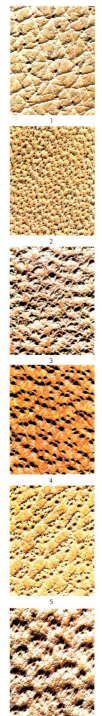

Leder. Lederarten: 1 Schweinsleder (Vergrößerung 2,5 : 1); 2 Kalbsleder; 3 Rindsleder; 4 Roßleder; 5 Ziegenleder; 6 Schafsleder (2–6 Vergrößerung 5 : 1)

Lederholz

Claude Nicolas Ledoux. Salinenstadt Chaux in Arc-et-Senans, Haus des Direktors mit Werkstattgebäuden, 1774–79

Leon Max Lederman

Lê Đuc Tho

Tsung Dao Lee

teinasen verwendet. Die häufigste Methode ist das **Kälken,** eine Haarlockerung mit einer natriumsulfidhaltigen Kalksuspension, dem sog. **Äscher.** Eine weitere Methode der Haarentfernung bes. bei dünnen Häuten ist das **Schwöden,** bei dem man einen mit Natriumsulfid vermischten Kalkbrei auf die Fleischseite der Häute aufträgt. Äscher wirken nicht nur auf die Haare und Haarwurzeln, sondern auch auf die lederbildende Hautsubstanz ein; diese wird in ihrer Struktur aufgelockert. Es folgt das Enthaaren und Entfleischen. Enthaarungsmaschinen haben im allg. stumpfe Spiralmesser, Entfleischungsmaschinen scharfe Messer. Dicke Häute werden mit der Spaltmaschine in bis zu drei „Spalte" zerlegt: Narbenspalt (mit Narbenschicht; sog. *Volleder*), Fleischspalt und Mittelspalt (ohne Narbenschicht; sog. *Spaltleder*). Beim **Entkälken** werden Kalkreste, die zu einer Verzögerung des Gerbprozesses führen, durch eine Säurebehandlung (u.a. Sulfophtal-, Ameisen-, Essig-, Milchsäure) entfernt. Unter dem **Beizen** versteht man eine Behandlung mit proteolyt. Enzymen, durch die eine weitere Auflockerung des Kollagens erzielt wird. Beim anschließenden **Streichen** (Glätten, Reinmachen) werden Haarreste u. a. entfernt.

Die **Gerberei** umfaßt neben der eigentl. Gerbung (d. h. Umwandlung der Blößen in Leder mit Hilfe von Gerbstoffen) auch die Färbung und Fettung sowie die Trocknung der Leder. Zu den wichtigsten Gerbverfahren zählen die mineral. Gerbung (u. a. für Ober-, Bekleidungs-, Handschuhleder) und die Fettgerbung (für Wildleder, Bekleidungsleder); daneben zahlr. kombinierte Verfahren. Bei den **mineral. Gerbverfahren** sind v. a. die Chromgerbung sowie die Gerbung mit Alaun (Kaliumaluminiumsulfat) zu nennen. Die älteste Mineralgerbung und die heute seltene **Alaun-** oder **Weißgerbung.** Bei der **Chromgerbung** verwendet man bas. Chrom(III)-Salze, oder man geht von Dichromaten aus, die durch Schwefeldioxid, Sulfite, Glucose usw. zu Chrom(III)-Verbindungen reduziert werden. Die Chromgerbung erfolgt heute meist im **Einbadverfahren,** wobei man mit einer sog. Pickelbehandlung (Säure- und Salzlösung; ein bis zwei Stunden) beginnt, um den Rest der Äscherchemikalien zu entfernen; danach werden die Blößen mit Chromsalzlösung gewalkt; im Laufe der Gerbung (Dauer 4–12 Stunden) werden die Brühen mit Soda abgestumpft, die Gerbwirkung wird so erhöht. Zur **Fettgerbung** (v. a. bei Fellen von Ziegen, Schafen und Rotwild zur Herstellung von Sämischleder) werden als Gerbmittel ungesättigte Fette (Trane von Dorsch, Hai und Wal) verwendet; die Gerbung erfolgt durch Autoxidation der Fette. Das älteste Gerbverfahren, die pflanzliche Gerbung, ist heute bedeutungslos.

Eine **Fettung** ist allg. bei allen Ledern notwendig, um sie weich, geschmeidig und wasserabweichend zu machen. Fettungsmittel werden direkt aufgetragen oder mit Hilfe von wäßrigen Emulsionen (Fettlickern) im sog. Lickerfaß eingewalkt. Für die **Färbung** der Leder wurden zahlr. synthet. Farbstoffe entwickelt, die sich u. a. durch Farbechtheit, Verträglichkeit mit Gerbstoffen und Fettungsmitteln auszeichnen. Vor der **Trocknung** wird das Leder auf einer Walzenmaschine ausgereckt und vorentwässert. Danach wird es unter genauer Regelung von Temperatur und Luftfeuchtigkeit getrocknet. Durch **Bügeln** oder **Pressen** erhält man eine gleichmäßige, mattglänzende Oberfläche. Sohlleder wird durch **Walzen** oder **Hämmern** gehärtet. Unter **Stollen** versteht man eine Auflockerung der Lederstruktur durch mechan. Dehnung. Durch leichtes Schleifen lassen sich Narbenfehler beseitigen, durch stärkeres Schleifen mit rotierenden Schmirgelwalzen erhält man eine samtartige Schauseite (Velourleder, Rauhleder, Samtleder). – Bes. Bedeutung hat v. a. die **Deckfarbenzurichtung** (d. h. das Aufbringen von Appreturen und Pigmentemulsionen) erlangt, um damit aus dem Fleisch- und Mittelspalt der Haut Leder mit einheitlicher Oberfläche herzustellen. Solche Spaltleder werden mit einem Narbenersatz versehen, um sie dem Aussehen des normalen Leders anzugleichen. Die Deckfarben bestehen prinzipiell aus geeigneten Pigmenten sowie Bindemitteln. Zuletzt werden die Leder mit schweren Bügelpressen unter Erwärmen gepreßt und, sofern notwendig, mit künstl. Narben versehen (Preßnarben). Für **Lackleder** verwendet man heute v. a. synthet. Reaktionslacke (z. B. auf der Basis von Polyestern und Isocyanaten).

Lederholz (Bleiholz, Dirca), Gattung der Seidelbastgewächse mit zwei Arten in Nordamerika; sommergrüne Sträucher mit kleinen, glockigen bis trichterförmigen Blüten in Büscheln. Die zähe Rinde diente den Indianern zur Herstellung von Stricken.

Lederkorallen (Alcyoniidae), Familie der Blumentiere in allen Meeren; rd. 800 Arten, fast stets Kolonien bildend, selten einzellebende, etwa 3–10 mm lange Polypen. In der Nordsee und in anderen gemäßigten Meeren kommt die bis etwa 20 cm hohe, lappig verzweigte, manchmal handförmige Kolonien bildende **Totemannshand** (Seemannshand, Alcyonium digitatum) vor.

Lederlaufkäfer (Carabus coriaceus), 34–42 mm langer, schwarzer Laufkäfer auf feuchten Standorten in M- und O-Europa mit stark lederartig gerunzelten Flügeldecken.

Lederman, Leon Max [engl. ˈlɛdəmən], *New York 15. Juli 1922, amerikan. Physiker. – Seit 1979 Direktor des Fermi National Accelerator Laboratory in Batavia (Ill.). Bed. Arbeiten zur Elementarteilchenphysik; beobachtete als erster die Paritätsverletzung beim Zerfall des Myons und entdeckte u. a. das Myon-Neutrino mit. Erhielt 1988 zus. mit M. Schwartz und J. Steinberger den Nobelpreis für Physik.

Lederporlinge (Coriolus), Gatt. der Porlinge mit 8 einheim. Arten an totem Laub- und Nadelholz; unregelmäßig konsolartige, stiellose Fruchtkörper mit lederartiger, gezonter, z. T. zottiger Oberfläche.

Lederschildkröte (Dermochelys coriacea), einzige Art der Fam. L. (Dermochelydidae) in fast allen warmen und gemäßigten Meeren; seltene, größte rezente Schildkröte; Gewicht bis rd. 600 kg; Panzer bis 2 m lang; dunkelbraun mit rundl., gelbl. Flecken; Weichteile braungrau, hell gefleckt. Extremitäten flossenartig, sehr großflächig, ohne freie Krallen.

Ledertapeten, v. a. im 16. und 17. Jh. verbreitete, mit Reliefmustern, Farben, Silber und Gold verzierte Wandkleidung; die Pressung der Muster erfolgte von der Rückseite über Holzmodeln. Die L. sind eine maur. Erfindung.

Ledertäubling, Bez. für mehrere Arten aus der Gatt. der Täublinge; mit flach trichterförmigem, braunem bis purpurrot-violettem Hut mit stumpfen Randlamellen. Der **Braune Ledertäubling** (*Braunroter L.,* Russula integra) kommt in Nadelwäldern, der **Weinrote Ledertäubling** (Russula alutacea) und die **Rotstielige Ledertäubling** (Russula olivacea) in Laubwäldern vor; gute Speisepilze.

Lederwanzen, svw. ↑ Randwanzen.

Lederzecken (Saumzecken, Argasidae), weltweit verbreitete Fam. der Zecken mit lederartiger Haut ohne große Platten; zeitweilig Blutsauger v. a. an Vögeln und Säugetieren; bekannteste Art ist die ↑ Taubenzecke.

Ledig, Gert, *Leipzig 4. Nov. 1921, dt. Schriftsteller. – Zeit- und gesellschaftskrit. Werke, u. a. durch „Die Stalinorgel" (R., 1955) bekannt; auch Dramen und Hörspiele.

Ledóchowska, Maria Theresia Gräfin [poln. lɛdu-'xɔfska], * Loosdorf (Niederösterreich) 29. April 1863, † Rom 6. Juli 1922, poln. Ordensstifterin. – Gründete ab 1888 Antisklavereivereine, aus denen 1894 die *Petrus-Claver-Sodalität für die afrikan. Missionen* hervorging: eine weibl. Ordensgemeinschaft (seit 1947 *Missionsschwestern des hl. Petrus Claver*) und ein freier Mgl.verein für Afrikamission.

Ledoux, Claude Nicolas [frz. lə'du], * Dormans (Marne) 27. März 1736, † Paris 19. Nov. 1806, frz. Baumeister. – Baute zahlr. klassizist. Adelspalais (Hôtel d'Uzès, Paris, 1767; Schloß Bénouville bei Caen, 1770–77). Das Theater in Besançon (1775–84), die Salinenstadt („Chaux") in Arc-et-Senans (1774 ff., unvollendet, fragmentarisch erhalten) und der Ring der Pariser Zollhäuser (1785–89, unvollendet, 4 erhalten) gehören zur sog. Revolutionsarchitektur. Bed. sein theoret. Werk „L'architecture considérée sous le rapport de l'art, des mœurs et de la législation" (1804).

Lê Duân [vietnames. le zuən] (Le Dung), * Truong Bo (Prov. Binh-Tri-Thiên) 7. April 1907, † Hanoi 10. Juli 1986, vietnames. Politiker. – 1930 Gründungsmitglied der Kommunist. Partei Indochinas; schloß sich 1941 dem Vietminh an; Mgl. des ZK der vietnames. KP nach 1945; leitete nach der Teilung Vietnams 1954 die Untergrundaktivitäten in Süd-Vietnam; 1960–76 Erster Sekretär des ZK der Vietnames. Arbeiterpartei, seit 1976 Generalsekretär der KP Vietnams; veranlaßte 1978 den Einmarsch vietnames. Truppen in Kambodscha.

Lê Ðuc Tho [vietnames. le duk θɔ; frz. lədyk'to], * Dich Le (Tongking) 14. Okt. 1911, † Hanoi 13. Okt. 1990, vietnames. Politiker. – 1930 Mitbegr. der Kommunist. Partei Indochinas; 1963–65 Außenmin. Nord-Vietnams; 1968 bis 1973 nordvietnames. Hauptunterhändler bei den Pariser Vietnamverhandlungen. Erhielt zus. mit H. A. Kissinger den Friedensnobelpreis 1973, den er aus polit. Gründen ablehnte.

Lee [engl. li:], Harper, * Monroeville (Ala.) 28. April 1926, amerikan. Schriftstellerin. – Hatte großen Erfolg (Pulitzerpreis) mit ihrem ersten Roman „Wer die Nachtigall stört" (1961), der den Rassenkonflikt darstellt.

L., Nathaniel, * Hatfield um 1653, □ London 6. Mai 1692, engl. Dramatiker. – Verfaßte histor. Dramen von großer Bühnenwirksamkeit, u. a. „The rival queens" (1677).

L., Robert Edward, * Stratford (Va.) 19. Jan. 1807, † Lexington (Va.) 12. Okt. 1870, amerikan. General. – Im ↑Sezessionskrieg führte er (seit 1865 als Oberbefehlshaber) die Truppen der Konföderierten zu bed. Erfolgen, unterlag jedoch bei Gettysburg (Juli 1863); kapitulierte 1865 bei Appomattox. Sein Landgut in Arlington am Potomac wurde Ehrenfriedhof der Nation.

L., Tsung Dao, * Schanghai 24. Nov. 1926, amerikan. Physiker chin. Herkunft. – Prof. an der Columbia University in New York und am Institute for Advanced Study in Princeton; sagte 1956 gemeinsam mit C. N. Yang die Nichterhaltung der Parität bei schwachen Wechselwirkungen voraus; erhielt 1957 den Nobelpreis für Physik (mit C. N. Yang).

L., Yuan Tseh, * Hsinchu (Taiwan) 29. Nov. 1936, amerikan. Chemiker chin. Herkunft. – Seit 1974 Prof. an der Univ. von Kalifornien in Berkeley; erarbeitete mit D. R. Herschbach die Methodik der gekreuzten Molekülstrahlen zur Erforschung der chem. Reaktionskinetik. Erhielt dafür 1986 mit D. R. Herschbach und C. Polanyi den Nobelpreis für Chemie.

Yuan Tseh Lee

Lederherstellung

Links oben: Weich- und Äschergruben. Mitte oben: geöffnetes Gerbfaß. Rechts oben: Prüfung der Eindringtiefe des Farbstoffs an einem geöffneten Färbefaß. Links unten: das Zerlegen einer Haut mit der Spaltmaschine. Mitte unten: das Trocknen des auf eine Glasplatte aufgeklebten Leders. Rechts unten: Bügelpresse

Lee

Lee [niederdt., eigtl. „warme Stelle"], die dem Wind abgewandte Seite (eines Schiffes, einer Erhebung oder eines Gebäudes), die im Windschatten liegt (Ggs. ↑Luv).

Leeb, Wilhelm Ritter von, * Landsberg a. Lech 5. Sept. 1876, † Hohenschwangau 29. April 1956, dt. Generalfeldmarschall (seit 1940). – Befehligte im 2. Weltkrieg die Heeresgruppe C im Westfeldzug (1939/40), die Heeresgruppe Nord im Ostfeldzug (1941/42); als Gegner Hitlers 1942 entlassen.

Leeds, Thomas Osborne, Earl of Danby (seit 1674), Herzog von (seit 1694) [engl. liːdz], * Kiveton (= Kiveton Park) 20. Febr. 1632, † Easton Neston (Northamptonshire) 26. Juli 1712, engl. Staatsmann. – Wurde 1674 leitender Min. Karls II.; 1679 wegen angebl. Beteiligung an papist. Umtrieben gestürzt; unter Wilhelm III. Lordpräs. des Geheimen Rates (1689–99).

Leeds
Stadtwappen

Leeds [engl. liːdz], engl. Stadt in den Pennines, 448 500 E. Kath. Bischofssitz; Univ. (gegr. 1905), techn. College; Museum, Kunstgalerie. Textilind., Maschinen- und Flugzeugmotorenbau, elektrotechn., Leder-, Möbel-, Nahrungsmittel-, Druckind.; ✈. – Seit dem 14. Jh. ist Wollhandel in L. bezeugt, das 1626 Stadtrecht erhielt; im 18. Jh. Beginn der Industrialisierung; seit 1893 City. – Got. Kirche Saint John (1632–34), kath. Kathedrale (geweiht 1904); klassizist. Rathaus (19. Jh.).

Leer, Landkr. in Niedersachsen.

leere Menge, eine Menge, die kein Element enthält (↑Mengenlehre).

Leerfrüchtigkeit (Kenokarpie), Samenlosigkeit bei Früchten.

Leergut, Verpackungsmittel wie Flaschen, Kisten, Kanister u. a. zur mehrmaligen Verwendung.

Leerlauf, unbelasteter Zustand einer im Betrieb befindl. Maschine, u. a. auch eines Getriebes.

Leeuwarden
Stadtwappen

Leerlaufhandlung, in der Verhaltensforschung der ziel- und sinnlos erscheinende Ablauf einer Instinkthandlung ohne einen adäquaten Reiz (Auslöser); tritt zuweilen bei Triebstau spontan auf.

Leerlaufverluste, lastunabhängige Verluste elektr. Maschinen, wie z. B. Korona- und Eisenverluste.

Leer (Ostfriesland), Krst. an der Mündung der Leda in die Ems, Nds., 7 m ü. d. M., 33 500 E. Verwaltungssitz des Landkr. Leer; Fachhochschule für Seefahrt; Hafen; Eisengießerei, Landmaschinenfabrik, Kunststoff-, Milchverarbeitung. – Ende des 8. Jh. wurde von Liudger hier die wahrscheinlich älteste Kirche Ostfrieslands errichtet. Der Ort konnte sich zu einem bed. Markt entwickeln (1508 Gallimarkt); 1823 Stadtrecht. – Häuser des 17./18. Jh., die Waage (1714) und das Rathaus (19. Jh.) prägen das Bild der niederl. beeinflußten Hafenstadt.

Leerverkäufe (Windhandel, Découvert), im Termingeschäft Verkauf von Werten, die der Verkäufer noch nicht besitzt oder die erst später ausgeliefert werden, die er erst kaufen muß (und zu einem möglichst niedrigen Kurs zu beschaffen hofft); an den Börsen Deutschlands nicht zulässig.

Leerwechsel ↑Wechsel.

Leeuw [niederl. leːu̯], Aart van der, * Delft 23. Juni 1876, † Voorburg 17. April 1931, niederl. Dichter. – Neuromantiker mit schwermütig-stimmungsvollen Gedichten und Prosadichtungen, u. a. „Ich und mein Spielmann" (R., 1927), „Der kleine Rudolf" (R., 1930).

L., Gerardus van der, * Den Haag 18. März 1890, † Utrecht 18. Nov. 1950, niederl. Religionswissenschaftler, ev. Theologe und Ägyptologe. – Ab 1918 Prof. für Religionsgeschichte, ev. Theologie und Ägyptologie in Groningen, 1945/46 Kultusmin. der Niederlande; einer der bedeutendsten Vertreter einer auf das Verstehen fremdreligiöser Erscheinungen ausgerichteten Religionsphänomenologie.

Leeuwarden [niederl. ˈleːu̯ardə], Stadt im Marschengebiet der nördl. Niederlande, 1 m ü. d. M., 85 300 E. Verwaltungssitz der Prov. Friesland, wirtschaftstechn. Inst.; fries. Museum, Museum javan. und chin. Kunst, Archive, Bibliotheken, Kunstsammlung. Handelszentrum mit Verarbeitung landw. Produkte sowie Gießereien, Papier-, Möbel-, Kunststoff-, Textil-, Schuhind.; der Hafen (Inlandcontainerterminal) ist durch Kanäle mit Harlingen und Groningen verbunden. – L. entwickelte sich aus 3 Wurtdörfern, **Oldehove, Nijehove** und **Hoek.** 1435 wurden die von Nijehove im 13. Jh. erworbenen Stadtrechte auf Oldehove und Hoek ausgedehnt. Seit dem 13. Jh. war L. ein wichtiges Handelszentrum. – Grote Kerk (urspr. Kirche des Dominikanerklosters; 12. Jh., nach 1492 erneuert); Kanzlei, Statthalterhof und Alte Waage (alle 16. Jh., wiederholt erneuert), Stadthaus (1715); Bürgerhäuser des 17. und 18. Jahrhunderts.

Leeuwenhoek, Antonie van [niederl. ˈleːu̯ənhuːk], * Delft 24. Okt. 1632, □ ebd. 26. Aug. 1723, niederl. Naturforscher. – Urspr. Kaufmann; entdeckte mit Hilfe selbstkonstruierter Mikroskope u. a. die Infusorien (1674), Bakterien (1676) und Spermien (1677) sowie die roten Blutkörperchen (1673/74) und wichtige histolog. Strukturen (u. a. 1682 die quergestreiften Muskelfasern).

Leeward Islands [engl. ˈliːwəd ˈaɪləndz] ↑Antillen.

Leewellen, sich an der dem Wind abgewandten Seite eines Berges oder Gebirges in der Luft ausbildende stehende Wellen.

Leewirbel, Bez. für die hinter einem in einer Strömung befindl. Hindernis auftretenden Wirbel.

LEF [russ. lj̈ɛf], Abk. für: **L**ewi **f**ront iskustwa („linke Front der Kunst"), 1923 in Moskau von W. Majakowski begründete literar. Gruppe um die gleichnamige Zeitschrift (1923–25; 1927/28 als „Nowy LEF" [„Neue LEF"]). Das (wahrscheinlich) von Majakowski verfaßte Manifest steht in der Tradition des Futurismus, von dem sich die LEF dadurch abhob, daß ihre Vertreter „keine Hohenpriester der Kunst, sondern Arbeiter, die einen sozialen Auftrag ausführen", sein wollten.

Lefebvre [frz. ləˈfɛːvr], François Joseph, Herzog von Danzig (seit 1807), * Rufach (Haut-Rhin) 20. Okt. 1755, † Paris 14. Sept. 1820, frz. Marschall (seit 1804). – Ab 1793 General der frz. Revolutionsarmee, unterstützte als Gouverneur von Paris 1799 Napoléon Bonapartes Staatsstreich, kämpfte 1806/07 gegen Preußen (1807 Einnahme Danzigs) und unterdrückte 1809 den Tiroler Freiheitskampf.

L., Marcel, * Tourcoing (Nord) 29. Nov. 1905, † Martigny 25. März 1991, frz. Erzbischof. – 1929 Priester, 1948 Titularerzbischof, 1955 Missionsbischof von Dakar. Der rechtsradikalen, autoritär-antiparlamentar. Action française nahestehend; Initiator und Leiter der traditionalist. kath. Bewegung von Ecône, seit 1979 in Rickenbach, Kt. Solothurn (↑Internationale Priesterbruderschaft des Hl. Pius X.); 1976 von Papst Paul VI. als Bischof suspendiert. 1988 weihte L. ohne päpstl. Zustimmung vier Priester seiner Bruderschaft zu Bischöfen und exkommunizierte damit nach kath. Kirchenrecht sich selbst und die Geweihten.

Leer (Ostfriesland). Das im 19. Jh. erbaute Rathaus mit Glockenturm, links davor die ehemalige Waage, 1714

Lefêbvre, Henri [frz. lə'fɛ:vr], *Hagetmau (Landes) 16. Juni 1905, †Pau 29. Juni 1991, frz. Philosoph und Soziologe. – 1961 Prof. in Straßburg, ab 1965 in Nanterre. Versuchte, die für die Probleme der Gegenwartsgesellschaft nicht mehr relevanten Interpretationen eines orth.-marxist. dialekt. Materialismus zu überwinden, um zu einer zeitgemäßen (marxist.) polit. Handlungslehre beizutragen.

Lefèvre [frz. lə'fɛ:vr], Pierre, frz. Theologe, ↑Favre, Pierre.

L., Théodore-Joseph, *Gent 17. Jan. 1914, †Brüssel 18. Sept. 1973, belg. Politiker. – Jurist; 1940–44 in der Résistance; 1945 Mitbegr. der Christelijke Volkspartij; ab 1946 Abg.; 1958–61 Innenmin., 1961–65 Min.präs.; 1968–71 Wissenschaftsminister.

Lefèvre d'Estaples, Jacques [frz. ləfɛvrəde'tapl], frz. Humanist und Theologe, ↑Faber, Jacobus.

Leffler, Anne Charlotte, *Stockholm 1. Okt. 1849, †Neapel 21. Okt. 1892, schwed. Schriftstellerin. – War mit Romanen („Weiblichkeit und Erotik", 1890), Novellen und Dramen, in denen sie v. a. Frauenschicksale darstellte, eine der führenden Gestalten des gesellschaftskrit. Naturalismus in Schweden.

Lefkas (Leukas, L. Ajia Marina), griech. Stadt an der N-Spitze der Insel L., 6700 E. Hauptort des Verw.-Geb. L.; Museum; Straßenbrücke zum Festland; ⚓. – Im 7. Jh. v. Chr. als korinth. Kolonie gegr.; wurde 230 v. Chr. Hauptstadt des Akarnan. Bundes. Im 15. Jh. wurde das heutige L. als **Hamaxichi** neu gegr.; als **Santa Maura** 1684–1797 venezianisch. – Reste der Stadtmauer und des Theaters (wohl 230–167); Festung gegenüber L. (13. und 17./18. Jh.).

L., (Leukas) eine der Ion. Inseln 303 km², bis 1158 m ü. d. M., 19 900 E, von der Küste Akarnaniens durch einen schmalen Sund getrennt; Wein- und Getreidebau. – 197 v. Chr. von den Römern erobert und zur Flottenbasis ausgebaut; gehörte 1204–94 zu Epirus, 1331–62 den Venezianern, 1362–1479 als Hzgt. Leukadien den Tocchi; bis 1684 osman., teilte dann das Schicksal der Ion. Inseln.

Lefkoşa [türk. lɛf'kɔʃa], türk. für ↑Nikosia.

Lefkosia, griech. für ↑Nikosia.

Le Fort, Gertrud Freiin von [lə'fo:r], *Minden 11. Okt. 1876, †Oberstdorf 1. Nov. 1971, dt. Schriftstellerin. – Entstammte einer Hugenottenfamilie; trat 1926 in Rom zum Katholizismus über. Mit großer Sprachkraft gestaltete sie religiöse und histor. Themen, z. B. in „Das Schweißtuch der Veronika" (R., 1. Teil 1928, 1946 u. d. T. „Der röm. Brunnen", 2. Teil 1946: „Der Kranz der Engel"); das Opfer des einzelnen ist nur aus Glaube und Liebe geschöpfter Kraft möglich („Die Letzte am Schafott", Nov., 1931). – *Weitere Werke:* Hymnen an die Kirche (Ged., 1924), Der Papst aus dem Ghetto (R., 1930), Hymnen an Deutschland (Ged., 1932), Die magdeburg. Hochzeit (R., 1938), Das Gericht des Meeres (E., 1943), Die Consolata (E., 1947), Das fremde Kind (E., 1961), Aphorismen (1962), Hälfte des Lebens (Erinnerungen, 1965), Das Schweigen (Legende, 1967).

Lefzen, Bez. für die Lippen des Raubwildes und des Hundes.

leg., Abk. für: ↑legato.

legal [lat., zu lex „Gesetz"], gesetzlich [erlaubt], dem Gesetz gemäß.

Legal, Ernst, *Schlieben (Landkr. Herzberg) 2. Mai 1881, †Berlin (Ost) 29. Juni 1955, dt. Schauspieler und Regisseur. – 1928–36 Leiter verschiedener Berliner Bühnen, u. a. der Krolloper und des Staatl. Schauspielhauses; danach Regisseur und Schauspieler am Schiller-Theater; 1945–52 Generalintendant der Dt. Staatsoper Berlin (Ost).

Legalisation [lat. (↑legal)], amtl. Bestätigung (i. d. R. durch ein Konsulat) der Echtheit einer Unterschrift, eines Siegels oder Stempels einer öff. ausländ. Urkunde bzw. einer Urkunde, die im Ausland vorgelegt werden soll.

Legalität [lat. (↑legal)], Gesetzmäßigkeit der Handlung eines einzelnen oder des Staates in Übereinstimmung mit dem geltenden Recht (Verfassung, Gesetze, sonstige Rechtsvorschriften). Die Bindung aller staatl. Gewalt an das Recht ist wesentl. Bestandteil des Rechtsstaates. Die L. gerät in Spannung zur Legitimität, wenn das gesetzte Recht im Widerspruch zu grundlegenden Gerechtigkeitsvorstellungen steht.

Legalitätsprinzip, die Verpflichtung der Strafverfolgungsbehörden, wegen aller mit Strafe bedrohten und verfolgbaren Handlungen bei zureichenden Anhaltspunkten von Amts wegen (ohne Strafanzeige) einzuschreiten, sofern nicht im Rahmen des ↑Opportunitätsprinzips Ausnahmen bestehen.

Legasthenie [zu lat. legere „lesen" und ↑Asthenie] (Lese-Rechtschreib-Schwäche), Schwäche im Erlernen des Lesens und orthograph. Schreibens bei vergleichsweise durchschnittl. oder sogar guter Allgemeinbegabung des Kindes; äußert sich v. a. in der Umstellung und Verwechslung einzelner Buchstaben oder ganzer Wortteile. Die *Medizin* sieht in der L. eine reduzierte Leistungsfähigkeit des Gehirns in einem bestimmten Bereich. Für *Psychologen* und *Pädagogen* stellt sich die L. dagegen als eine schul. Lernstörung dar, die eine ganze Reihe von Gründen haben kann. So lassen sich bei den **Legasthenikern** oft eine geringe sprachl. Begabung ganz allg. und eine mangelhafte Leistung des Gedächtnisses sowie Konzentrationsschwäche (Flüchtigkeitsfehler) feststellen. Bei frühzeitiger Hilfe (z. B. Aufmerksamkeitstraining, systemat. Verbesserung des Sprachvermögens, intensives Üben und fortwährende Wiederholung des im Rechtschreibunterricht Gelernten, ständige Ermutigung) kann die Lernstörung nach und nach abgebaut werden.

Legat [lat.], 1. röm. Bez. für einen Gesandten in diplomat. Mission; 2. im militär. Bereich Gehilfe des Oberbefehlshabers.

▷ in der *kath. Kirche* päpstl. Gesandter. Ständige L. sind: 1. Apostol. Delegaten (L. mit nur religiös-kirchl. Aufgaben ohne diplomat. Charakter); 2. L., die zusätzlich mit der diplomat. Vertretung des Papstes bei Staatsregierungen betraut sind; 3. Leiter und Mgl. päpstl. Missionen bei internat. Organisationen.

Legationsrat [lat./dt.], Rangstufe des diplomat. Dienstes; dem Regierungsrat der inneren Verwaltung entsprechend.

legato (ligato) [italien.], Abk. leg., musikal. Vortragsbez.: gebunden; in der Notation durch einen Bogen angezeigt (Ggs. **staccato**); **legatissimo:** so gebunden wie möglich.

lege artis [lat.], Abk. l. a., vorschriftsmäßig, nach den Regeln der (ärztl.) Kunst.

Legenda aurea [lat. „goldene Legende"], urspr. „Legenda sanctorum"; ma. Sammlung von Heiligenlegenden, vor 1264 von Jacobus a Voragine in lat. Sprache verfaßt, wurde wegen ihrer Volkstümlichkeit zur populärsten Legendensammlung der Folgezeit.

Legendar [lat.] (Passionar, Heiligenlektionar), ma. liturg. Buchtyp, der für das Stundengebet die Lesungen aus Märtyrergeschichten und Heiligenviten enthielt.

Legende [zu mittellat. legenda, eigtl. „die zu lesenden Stücke"], Darstellung der Lebensgeschichte eines Heiligen oder Märtyrers oder exemplar. Geschehnisse daraus. Der Begriff L. rührt von dem ma. kirchl. Brauch her, am Jahrestag eines Heiligen solche Erzählungen in Kirchen und Klöstern vorzulesen. Dabei stand nicht die Aufzeichnung histor. Zeugnisse im Vordergrund (↑Hagiographie), sondern die Demonstration eines gottgefälligen Erdenwandels, in dem sich Wunderbares manifestieren. Die ältesten L. finden sich bereits in apokryphen Evangelien und Apostelgeschichten. Die älteste erhaltene lat. Prosasammlung stammt von Papst Gregor I., d. Gr. („Dialogi de miraculis patrum Italicorum", 6. Jh.); die bedeutendste ma. Sammlung war die ↑„Legenda aurea"; die umfassendste hagiograph. Sammlung wurde im 17. Jh. von den Bollandisten begonnen (↑„Acta Sanctorum").

Einen ersten breiteren Aufschwung nahm die L. mit der Verbreitung der Heiligenverehrung im 6. Jh.; aus dieser Zeit stammen auch die ältesten poet. Gestaltungen (z. B. Gregor von Tours, „Siebenschläfer-L." u. a.). Eine zweite Blütezeit bildete sich in der Karolingerzeit heraus (z. B. Alkuins L.

Antonie van Leeuwenhoek

Gertrud von Le Fort

Marcel Lefebvre

Legendre

über den hl. Willibrord, Walahfrid Strabos Gallus-Vita). Die ältesten volkssprachl. Heiligendichtungen stammen aus dem 9. Jh.; erst im 11. Jh. begegnet man L.erzählungen, z. B. dem mhd. ↑„Annolied"; die Ausbreitung der Marienverehrung im 12. Jh. förderte die Entstehung von Mariendichtungen. Auch die höf. Epiker griffen L.stoffe auf, so Heinrich von Veldeke, Hartmann von Aue, Rudolf von Ems, Konrad von Würzburg. Später entstanden bed. Sammlungen, u. a. das „Passional", das „Väterbuch", um 1340 auch die ersten deutschsprachigen Prosasammlungen, z. B. das „Heiligenleben" von Hermann von Fritzlar. Mit der Reformation trat das Interesse an der L. v. a. durch Luthers Kritik am Heiligenkult zurück. Erst im Zuge der Gegenreformation und im Barock erfolgte eine Wiederbelebung; das 18. Jh. entdeckte dann auch den poet. Reiz der L. (Herder, Goethe). Eine bes. Vorliebe für die L. entwickelte sich im Gefolge der Romantik (L. Tieck, H. Heine, L. Uhland, E. Mörike). Mit G. Kellers L.zyklus („Die sieben L.") begann die Phase der L.dichtung, in der an die Stelle naiver Gläubigkeit oder ästhet. Faszination mehr und mehr die psycholog. Fundierung oder die iron. Distanz traten, u. a. bei C. F. Meyer, G. Hauptmann, H. Hesse und T. Mann. — L. finden sich auch im islam. und buddhist. Kulturbereich.

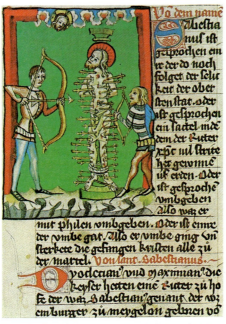

Legende. Das Martyrium des heiligen Sebastian, Seite aus einer in Straßburg entstandenen Übersetzung der Legendensammlung „Legenda aurea" des Jacobus a Voragine in elsässischer Mundart, 1362 (München, Bayerische Staatsbibliothek)

▷ in der *Numismatik* die Schriftbestandteile im Gepräge: Umschrift (am Rand umlaufend), Auf- oder Inschrift (im Feld) und Randschrift.
▷ in der *Kartographie* Zeichenerklärung auf [Land]karten.
▷ in der *graph. Technik* Bildunterschriften bzw. Tabellenüberschriften neben den zugehörigen Kolonnen.

Legendre (Le Gendre), Adrien Marie [frz. lə'ʒɑ̃:dr], * Paris 18. Sept. 1752, † ebd. 10. Jan. 1833, frz. Mathematiker. — Ab 1775 an der École militaire in Paris, 1794 an der neugegr. École normale. Arbeiten über Zahlentheorie, Theorie der ellipt. Integrale, Himmelsmechanik und Geometrie.

leger [le'ʒɛ:r], frz., zu lat. levis „leicht", lässig, ungezwungen; oberflächlich, bequem.

Léger, [frz. le'ʒe], Fernand, * Argentan (Orne) 4. Febr. 1881, † Gif-sur-Yvette bei Paris 17. Aug. 1955, frz. Maler und Graphiker. — Begann 1908 nach kubist. Prinzipien zu malen und gelangte zu strengen, auf geometr. Grundformen der Maschine aufgebauten Kompositionen (z. B. „Frau mit Blumen", 1922, Düsseldorf, Kunstsammlung Nordrhein-Westfalen). 1920 arbeitete L. mit Le Corbusier zusammen. In den 30er Jahren stehen organischere Formen im Zentrum, die z. T. vom Surrealismus angeregt wurden; auch im Spätwerk große, schematisierte Figurengruppen.
L., Marie-René-Alexis [Saint-Léger], frz. Lyriker, ↑ Saint-John Perse.

Legeröhre, Eiablagevorrichtung am Hinterleib vieler weibl. Insekten (auch *Legebohrer, Legestachel* gen.); ermöglicht eine Eiablage auch an schwer zugängl. Stellen.

Legge, James [engl. lɛg], * Huntly (Grampian Region) 20. Dez. 1815, † Oxford 29. Nov. 1897, brit. anglikan. Missionar und Sinologe. — Er wurde durch seine Übersetzungen der kanon. konfuzian. Schriften bekannt.

leggiero [le'dʒɛːro; italien.] (leggieramente, leggiadro), musikal. Vortragsbez.: leicht, spielerisch, perlend.

Leggins ['lɛgɪns; engl. 'lɛgɪnz; zu leg „Bein"], lederne Beinlinge bzw. hosenartige Bekleidung bei nordamerikan. Indianern. — In der Mode heute eine Art Strumpfhosen ohne Füßlinge.

Leghorn (Weiße L.), nach der italien. Stadt Livorno benannte, in den USA aus weißen italien. Landhühnern gezüchtete, seit 1910 auch in Europa verbreitete reinweiße Hühnerrasse mit hoher Legeleistung.

Legien, Carl, * Marienburg (Westpr.) 1. Dez. 1861, † Berlin 26. Dez. 1920, dt. Gewerkschaftsführer. — Drechsler; 1890 Mitbegr. und bis 1919 Vors. der Generalkommission der Gewerkschaften Deutschlands, 1919 Mitbegr. und Vors. des ADGB; führte 1920 den erfolgreichen Generalstreik gegen den Kapp-Putsch.

legieren [zu italien. legare (von lat. ligare) „(ver)binden"], eine ↑Legierung herstellen.
▷ Suppen oder Soßen mit Eigelb und Sahne (ersatzweise mit Mehl oder Stärke) binden.

Legierungen [zu italien. legare (von lat. ligare) „(ver)binden"], metall. Werkstoffe aus zwei oder mehreren Metallen und oft noch zusätzl. Nichtmetallen (z. B. Kohlenstoff, Bor, Silicium) in unterschiedl. Zusammensetzung. Man unterscheidet nach der Zahl der Legierungskomponenten *binäre, ternäre, quaternäre* und *höhere* L. (oder *Zweistoff-, Dreistoff-, Vierstoff-* und *Mehrstoff-L.*), wobei eine überwiegende Komponente als *Grund-* oder *Basismetall* bezeichnet wird. Nach der Zahl der Phasen bzw. Gefügebestandteile werden *einphasige (homogene)* und *mehrphasige (heterogene)* L. unterschieden. — Die Herstellung von L. erfolgt u. a. durch Zusammenschmelzen und -gießen, durch Pressen oder Sintern, durch Eindiffundieren von Legierungszusätzen z. B. in das Grundmetall, seltener durch Zersetzung von Metallverbindungen. Häufig werden durch das Zulegieren von geeigneten Elementen bestimmte günstige Eigenschaften des Grundmetalls verbessert. Großen Einfluß auf Gefüge und Eigenschaften von L. hat die Art und Weise, wie sich aus dem Schmelzfluß gleichzeitig oder nacheinander die einzelnen Gefügearten bzw. Phasen ausscheiden und ob nach dem Erstarren Umkristallisationen und Umwandlungen erfolgen.

L. werden im allg. nach dem Basismetall bezeichnet (z. B. Aluminium-L., Blei-L., Kupfer-L); häufig werden hier aber histor. Bez. wie z. B. Bronze, Messing verwendet) oder nach einer Legierungskomponente, die bes. charakterist. Eigenschaften verleiht (z. B. Beryllium-L.), sowie nach ihrem Erfinder (z. B. Heuslersche L.). Nach der Art ihrer Weiterverarbeitung unterscheidet man *Guß-L.* (die sich nur durch Gießen verarbeiten lassen, z. B. Lettern-L.) und *Knet-L.*, die eine verformende Bearbeitung zulassen. — ↑ Eutektikum.

Legion [lat.], röm. Truppenverband; anfangs das gesamte Bürgerheer, dann ein Teilverband, in Manipel und Zenturien gegliedert, seit der Heeresreform des Gajus Marius Einteilung in 10 Kohorten zu je 3 Manipeln, von wechselnder Stärke (bis zu 6000 Mann).

▷ in neuerer Zeit Bez. für ein selbständiges Truppenkontingent aus fremdländ. Freiwilligen, meist Überläufern, Emigranten bzw. Abenteurern (z. B. die Dt. Legion, die in brit. Diensten gegen Napoleon I. stand, zahlr. akadem. L. während der Revolution von 1848, die 1867 errichtete Welfenlegion, in Frankreich und Spanien die Fremdenlegionen).

Legionärskrankheit (Veteranenkrankheit), schwere (atyp.) Form der Lungenentzündung, die durch das Bakterium Legionella pneumophila hervorgerufen wird. Infektionsquellen sind z. B. Klimaanlagen (aerogene Tröpfchen- und Staubinfektion). Die L. tritt v. a. nach dem 50. Lebensjahr auf und wird durch Vorschädigungen der Lunge und durch Schwächung des Immunsystems gefördert. Sie beginnt mit uncharakterist. grippalen Symptomen und führt dann zu Husten, Schmerzen und plötzl. hohem Fieber, teils auch mit Magen-Darm-Beschwerden und zerebralen Erscheinungen (Verwirrtheit) und endet in 15–20 % der Fälle tödlich. Die Behandlung erfolgt mit Antibiotika. Die L. wurde erstmals 1976 in den USA beobachtet.

Legion Condor, die im Span. Bürgerkrieg (1936–39) auf seiten Franco Bahamondes eingesetzten dt. Streitkräfte; Stärke bis zu 5 500 Mann. Die L. C. spielte in den Kämpfen um Madrid und Bilbao eine entscheidende Rolle; ihr Luftwaffenverband zerstörte 1937 ↑ Guernica.

Légion d'honneur [frz. leʒjɔdɔˈnœːr], Ehrenlegion, höchster frz. ↑ Orden.

Legion Mariens (lat. Legio Mariae), 1921 in Dublin gegr. internat. kath. Laienorganisation (bes. Krankenbesuche, seelsorgl. Gespräche) mit rd. 10 Mill. Mitgliedern.

Legislative [lat.], svw. gesetzgebende Gewalt (↑ Gesetzgebung).

Legislatur (Legislation) [lat.], Gesetzgebung, (veraltet) gesetzgebende Körperschaft; **Legislaturperiode:** Zeitraum, für den eine gesetzgebende Körperschaft gewählt wird (Wahlperiode).

Legisten [zu lat. lex „Gesetz"], im MA Rechtsgelehrte, die das weltl. (röm.) Recht interpretierten, im Ggs. zu den Kirchenrechtlern (Kanonisten).

legitim [lat., zu lex „Gesetz"], rechtmäßig, gesetzlich anerkannt; begründet; **legitimieren,** etwas oder jemanden für legitim erklären, mit einer Vollmacht ausstatten; **Legitimation,** Beglaubigung, Berechtigungs[ausweis].

Legitimation nichtehelicher Kinder [lat./dt.], nichtehel. Kinder können die Rechtsstellung ehel. Kinder erlangen (legitimiert werden): 1. durch nachfolgende Ehe von Vater und Mutter (§ 1719 BGB), sofern die Vaterschaft in öff. Urkunde anerkannt oder durch Gerichtsentscheidung festgestellt ist (§ 1600 a BGB); 2. durch Ehelicherklärung a) auf Antrag des Vaters, dessen Vaterschaft in öff. Urkunde anerkannt oder durch Gerichtsentscheidung festgestellt ist (§§ 1723 ff., 1600 a BGB). Erforderlich sind u. a.: die Einwilligung des Kindes, beim geschäftsunfähigen oder noch nicht 14 Jahre alten Kind die Einwilligung seines gesetzl. Vertreters, beim minderjährigen Kind die Einwilligung der Mutter, falls der Vater verheiratet ist, die Einwilligung seiner Ehefrau. Antrag auf L. n. K. und Einwilligungserklärungen bedürfen der notariellen Beurkundung. Die L. n. K. erfolgt durch das Vormundschaftsgericht. Mit der L. n. K. wird die Mutter von der Ausübung der elterl. Sorge ausgeschlossen (§ 1738, Abs. 1 BGB; diese Regelung verstößt insoweit gegen Art. 6 Abs. 5 GG). als die Mutter das Recht und die Pflicht, die elterl. Sorge auszuüben, auch verliert, wenn Vater und Mutter mit dem Kind zusammenleben und beide die Ehelicherklärung mit der Maßgabe anstreben, daß das Sorgerecht ihnen gemeinsam zustehen soll, und dies dem Kindeswohl entspricht); die Mutter hat nur nachrangig nach dem Vater für den Unterhalt des Kindes aufzukommen; b) auf Antrag des Kindes, dessen Eltern in einem Verlöbnis standen, das durch den Tod eines Elternteils aufgelöst worden ist (§ 1740 a BGB).

Legitimationspapiere [lat./dt.], Urkunden, auf deren Vorlage der Schuldner an den Inhaber der Urkunde mit befreiender Wirkung leisten kann, aber nicht muß. **Einfache Legitimationspapiere** (*Legitimationszeichen*) sind z. B. die

Fernand Léger. Frau mit Blumen, 1922 (Düsseldorf, Kunstsammlung Nordrhein-Westfalen)

Garderobenmarke und der Gepäckschein. Der Berechtigte kann seine Berechtigung auch ohne das Legitimationspapier nachweisen, wobei er allerdings die Beweislast trägt. Nach überwiegender Meinung gehören die **qualifizierten Legitimationspapiere** (auch *hinkende Inhaberpapiere* genannt; z. B. Sparbuch) zu den Wertpapieren, da der Schuldner nur gegen Aushändigung der Urkunde zur Leistung verpflichtet ist.

Legitimisten [lat.], die Vertreter des monarchist. Legitimitätsprinzips, v. a. Gruppen, die nach dem Sturz einer Dyn. ihre Restauration fordern. In Frankreich im 19. Jh. die Anhänger der Bourbonen; in Österreich heute die Anhänger der Habsburger, die für deren Wiedereinsetzung eintreten.

Legitimität [lat.], die Rechtfertigung eines Staates und seines Herrschaftssystems durch Grundsätze und Wertvorstellungen, im Unterschied zur formellen Gesetzmäßigkeit (↑ Legalität) und zur rein fakt. Machtausübung. Vom MA bis ins 18. Jh. war monarch. Herrschaft durch das Gottesgnadentum legitimiert. Im 19. Jh. entwickelte sich das Prinzip der erbmonarch. L. als Rechtsgrundlage des monarch. Prinzips, in der dt. Staatslehre schließlich zur L. gesetzespositivist. Legalität. Die heute entscheidende L.basis der repräsentativen Demokratie beruht auf den Prinzipien der Volkssouveränität und des modernen Rechtsstaats.

Legnano [italien. leɲˈɲaːno], italien. Stadt 30 km nw. von Mailand, 199 m ü. d. M., 48 700 E. Maschinenbau, Baumwoll-, Kunstfaser-, chem., Elektroind. – Kirche San Magno (1518), erzbischöfl. Palais (13. Jh.), Kastell (16. und 17. Jh.). – In der **Schlacht von Legnano** (29. Mai 1176) wurde Kaiser Friedrich I. Barbarossa von Streitkräften des Lombardenbundes besiegt.

Legnica [poln. ˈ...nitsa], poln. Name für Liegnitz.

Leguane. Grüner Leguan (Länge bis 1,6 m)

Leguane (Iguanidae) [karib.-span.-niederl.], Fam. der Echsen mit über 700 etwa 10 cm bis über 2 m langen Arten in Amerika (einschl. der vorgelagerten Inseln), auf Madagaskar sowie auf den Fidschi- und Tongainseln; oft lebhaft bunt gefärbt und mit auffallenden Körperanhängen (Hautsäume, Stacheln); Schwanz meist wesentlich länger als der Körper. – Bekannte Vertreter sind u. a. Grüner Leguan (Iguana iguana), Anolis, Basilisken, Dornschwanzleguane.

Leguía, Augusto Bernardino [span. leˈɣia], * Lambayeque 19. Febr. 1862, † Lima 6. Febr. 1932, peruan.

Politiker. – 1094–08 Min.präs.; Staatspräs. 1908–12 und 1919–30 (gestürzt), starb im Gefängnis.

Le Guin, Ursula K[roeber] [engl. ləˈgwin], *Berkeley (Calif.) 21. Okt. 1929, amerikan. Schriftstellerin. – Zentrales Thema ihres Werkes ist der Kontakt mit fremden menschl. Kulturen. Nach dem Science-fiction-Roman „Rocannons Welt" (1966) wurde sie mit der Fantasy-Trilogie „Erdsee-Zyklus" („Der Magier der Erdsee", 1968; „Die Gräber von Atuan", 1971; „Das ferne Ufer", 1972) sowie mit dem eine androgyne Gesellschaft schildernden Roman „Winterplanet" (1969) zu einer anerkannten Science-fiction-Autorin.

Leguminosen [lat.], svw. ↑ Hülsenfrüchtler.

Legwespen (Legimmen, Schlupfwespen, Terebrantes), weltweit verbreitete, über 60 000 Arten umfassende Gruppe der Taillenwespen mit mehreren Überfam. und Fam. (Gallwespen, Schlupfwespen, Brackwespen, Erzwespen, Zehrwespen, Hungerwespen); Legebohrer der Weibchen dient im Ggs. zu den Stechimmen als Eilegeapparat.

Leh, ind. Stadt im Industal, Bundesstaat Jammu and Kashmir, 3 520 m ü. d. M., 8 700 E. Hauptort von Ladakh; Handels- und Verkehrszentrum zw. Indien und Tibet.

Lehár, Franz [ˈleːhar, leˈhaːr, ungar. ˈlɛhaːr], *Komorn 30. April 1870, †Bad Ischl 24. Okt. 1948, östr.-ungar. Operettenkomponist. – Knüpfte an die Wiener Operettentradition an; u. a. „Die lustige Witwe" (1905), „Der Graf von Luxemburg" (1909), „Der Zarewitsch" (1927), „Das Land des Lächelns" (1929).

Franz Lehár

Lehen ↑ Lehnswesen.

Lehm, durch Eisenverbindungen gelb bis bräunlich gefärbter kalkarmer Ton.

Lehmann, Else, *Berlin 27. Juni 1866, †Prag 6. März 1940, dt. Schauspielerin. – V. a. unter O. Brahm führende Darstellerin des Naturalismus.

L., Hermann, *Halle/Saale 8. Juli 1910, †Cambridge 13. Juli 1985, brit. Molekularbiologe dt. Herkunft. – Prof. in Cambridge; entdeckte und erforschte zahlr. abnorme Hämoglobine und arbeitete bes. über Wirkungsweise und genet. Aspekte der Serumcholinesterase.

L., Karl, *Sigmaringen 16. Mai 1936, dt. kath. Theologe. – 1968–71 Prof. für Dogmatik in Mainz, 1971–83 in Freiburg im Breisgau, seit 1974 Mgl. der Internat. Theologenkommission; seit 1983 Bischof von Mainz; seit 1987 Vors. der Dt. Bischofskonferenz.

L., Lilli, verh. Kalisch, *Würzburg 24. Nov. 1848, †Berlin 16. Mai 1929, dt. Sängerin (Koloratursopran, später dramat. Sopran). – Erfolgreiche Wagner-, später Mozartsängerin.

L., Lotte, *Perleberg 27. Febr. 1888, †Santa Barbara (Calif.) 26. Aug. 1976, dt.-amerikan. Sängerin (Sopran). – Gefeierte Primadonna der Wiener Hof- bzw. Staatsoper (1914–38) und der Metropolitan Opera in New York (1934–45), danach Konzertsängerin; Wagner- und Strauss-Interpretin.

L., Wilhelm, *Puerto Cabello (Venezuela) 4. Mai 1882, †Eckernförde 17. Nov. 1968, dt. Schriftsteller. – L. wurde zuerst durch seine Prosa („Weingott", R., 1921) bekannt. Bed. und von Einfluß auf die neuere dt. Lyrik sind v. a. seine formstrengen Gedichte, in denen er in symbol- und bilderreicher Sprache die Beziehung des Menschen zur Natur darstellt. – *Werke:* Antwort des Schweigens (Ged., 1935), Der grüne Gott (Ged., 1942), Entzückter Staub (Ged., 1946), Ruhm des Daseins (R., 1953), Sichtbare Zeit (Ged., 1967).

Lehmwespen. Pillenwespe

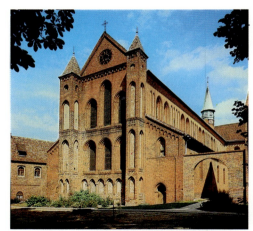

Lehnin. Die Klosterkirche, 1180 begonnen, nach ihrem teilweisen Verfall im 19. Jh. wiederhergestellt

Lehmbau, Bauweise mit ungebranntem Lehm. Beim **Lehmstampfbau** wird Lehm in zerlegbare Formkästen bzw. in durch Stege zusammengehaltene Bretter gestampft. Der **Lehmziegelbau** erfolgt mit Formsteinen, die aus Lehm geformt und an der Luft getrocknet werden *(Luftziegel, Lehmsteine, Adobe).* Beim **Lehmwellerbau** wird u. a. mit Stroh vermischter Lehm *(Wellerspeise)* ohne Schalung aufgeschichtet und nachträglich durch Abstechen in die gewünschte Form gebracht. Der **Lehmfachwerkbau** zeichnet sich dadurch aus, daß die Gefache entweder mit Lehmziegeln ausgemauert oder mit einer *Lehmstakung* (Latten oder Holzknüppel und Lehm) ausgefüllt sind. Die Lehmbauweise ist noch heute, bes. in den Trockengebieten, weitverbreitet.

Lehmbruck, Wilhelm, *Meiderich (= Duisburg) 4. Jan. 1881, †Berlin 25. März 1919 (Selbstmord), dt. Bildhauer und Graphiker. – Arbeitete 1910–14 in Paris. Bed. Vertreter expressionist. Plastik; seine Figuren in überlängter, feingliedriger Formstruktur tragen stark allegorisch-sinnbildhafte Züge, u. a. „Emporsteigender Jüngling" (Bronze, 1913/14; New York, Museum of Modern Art), „Der Gestürzte" (Steinguß; Länge 2,4 m; 1916; Duisburg, Wilhelm-Lehmbruck-Museum).

Lehmwespen (Eumeninae), weltweit verbreitete Unterfam. der ↑ Faltenwespen mit rd. 3 500 etwa 1–3 cm langen, einzeln lebenden Arten. Von den 35 in Deutschland lebenden Arten sind am bekanntesten die Pillenwespen und Mauerwespen.

Lehn, Jean-Marie Pierre, *Rosheim 30. Sept. 1939, frz. Chemiker. – 1970–79 Prof. in Straßburg, seither am Collège de France; stellte zahlr. dreidimensionale makrocycl. Polyäther her, die in ihren Hohlräumen Metallionen aufnehmen können. 1987 erhielt er mit D. J. Cram und C. J. Pedersen für die Entwicklung und Verwendung von Molekülen mit strukturspezif. Wechselwirkung hoher Selektivität den Nobelpreis für Chemie.

Lehnbedeutung (Bedeutungsentlehnung), Übernahme der Bed. eines laut- oder bedeutungsähnl. fremden Wortes. So hat z. B. *vital* neben der Bed. „voller Lebenskraft" die Bed. „lebenswichtig" aus engl. *vital* übernommen: *vital interests → vitale Interessen.*

Lehnbildung (Lehnprägung), Neubildung eines Wortes nach fremdem Vorbild. Man unterscheidet: **Lehnschöpfung,** die formal unabhängige Neubildung nach fremdem inhaltl. Vorbild (z. B. *Fallbeil* nach *Guillotine*); **Lehnübersetzung,** die Glied für Glied wiedergebende Übers. (z. B.

Wilhelm Lehmbruck. Der Gestürzte, Steinguß, 1916 (Duisburg, Wilhelm-Lehmbruck-Museum)

Lehrdichtung

Halbwelt von frz. *demi-monde*); **Lehnübertragung,** die freiere Übertragung aus einer Fremdsprache (z. B. *Halbinsel* von lat. *paeninsula,* eigtl. „Fastinsel"); **Lehnwendung,** die Übers. oder Übertragung ganzer Redewendungen.

Lehne ↑ Schichtstufe.

Lehnin, Gem. in Brandenburg, sw. von Potsdam, etwa 3 000 E. – Von dem ehem. Zisterzienserkloster (1180 gestiftet) sind erhalten: die Kirche, ein frühgot. Backsteinbau mit spätroman. Ostteilen (geweiht 1270, nach ihrem teilweisen Verfall im 19. Jh. wiederhergestellt), Kapitelsaal und Kreuzgang; das Abtshaus („Königshaus", 15. Jh.), „Falkonierhaus" (15. Jh.) und Kornhaus (14. Jh.).

Lehnswesen, Grundlage des ma. abendländ. Feudalismus, dessen Staats- und Gesellschaftsordnung auf dem Verhältnis von **Lehnsleuten** und **Lehnsherrn (Lehnsverband)** beruhte. Grundkomponenten des im 8. Jh. im Fränk. Reich entstandenen L. waren ein dingl. (**Lehngut,** auch **Feudum** oder **Benefizium**) und ein persönl. Element (Vasalität). Das Benefizium wurde im Lehen zur Belehnung mit einer Sache (Land, Amt) oder einem Recht auf Lebenszeit umgestaltet (10. Jh.). Rechtlich beruhte das Lehnsverhältnis auf der Vorstellung des geteilten Eigentums, wobei das Obereigentum dem Lehnsherrn (Senior) und das Unter- oder Nutzungseigentum dem Lehnsmann (Vasall) zustand, der das Gut geliehen bekam. In der Vasalität verschmolzen die keltoroman. Kommendation (Einlegen der Hände in die des Herrn als Zeichen der Ergebung) und der altgerman. Treuebegriff. Die Karolinger zogen die großen Grundbesitzer zum Heeresdienst heran; die im Schutz der Könige stehende Kirche mußte als Gegenleistung Kirchengut für die Ausstattung der Vasallen abgeben, die als Berufskrieger allmählich den allg. Heerbann verdrängten. Von der Heeresorganisation griff das L. auf den Herrschaftsverband über (Personenverbandsstaat). In der **Lehnspyramide**

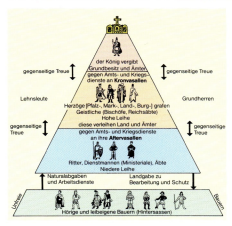

Lehnswesen. Schematische Darstellung der Lehnspyramide

trennten die Kronvasallen (**Lehnsfürsten**) als Lehnsmänner des Königs/Kaisers diesen von den **Aftervasallen** und den Untertanen. Die durch die zunehmende Verlehnung von Regalien, die Erblichkeit der Lehen und die Doppelvasallität verstärkten partikularen Kräfte konnten während des Hoch-MA in W-Europa (England, Frankreich) durch direkte königl. Herrschaft über die Untervasallen überwunden werden. Im Hl. Röm. Reich führte das Überwiegen des dingl. Elements (Heerschildordnung, Fürstenlehen, Leihezwang) zur Ausbildung von Landesherrschaften mit Verfügungsgewalt über alle Lehen im eigenen Machtbereich (**Lehnshoheit**). Entsprechend der Verlehnungszeremonie hießen die Lehen der weltl. Fürsten **Fahnlehen,** die der geistl. **Zepterlehen.**

Der im „Sachsenspiegel" formulierte, aber reichsrechtlich nie sanktionierte **Leihezwang** besagte, daß der König ein erledigtes Fahnlehen binnen Jahr und Tag wieder ausgeben

müsse. Die Kodifikation des **Lehnsrechts** erfolgte im Hl. Röm. Reich im 13. Jh. („Sachsenspiegel", „Schwabenspiegel"). Der **Belehnung** ging ein **Lehnsvertrag** voraus, in dem sich der Lehnsherr verpflichtete, ein bestimmtes Gut zu Lehen zu geben. Das Lehnsverhältnis wurde durch die Verpflichtung des Lehnsmannes zu Gehorsam und Diensten (**Homagium**), den **Lehnseid** und die Investitur begründet; nur bei den **Handlehen** mußte kein Lehnseid geleistet werden. Seit dem 13. Jh. bezeugte ein **Lehnsbrief** den Belehnungsakt, den er schließlich ersetzte. Die Lehen wurden schon früh erblich. Der Tod eines der Partner (**Herrenfall** bzw. **Mannfall**) machte aber stets die Nachsuchung um Lehnserneuerung erforderlich (**Mutung**). Der Lehnsmann mußte beim Herrenfall den neuen Lehnsherrn anerkennen (**Lehnsfolge**). Voraussetzungen der **Lehnsfähigkeit** waren Ritterbürtigkeit, Vollbesitz der Ehre und Waffenfähigkeit; später wurden auch städt. Gemeinden, Bürger und Frauen lehnsfähig. Lehnsnehmer, die den Lehnsdienst nicht selbst erfüllen konnten, benötigten einen **Lehnsträger**. Mehrere Lehnsleute konnten gemeinsam mit einem Gut belehnt werden (Gesamtbelehnung). Über Lehnsstreitigkeiten zw. Lehnsherrn und Lehnsleuten sowie der Vasallen untereinander entschied das **Lehnsgericht,** ein Sondergericht des Lehnsherrn.

Mit der Verdrängung der Ritter- durch die Söldnerheere und dem Eindringen Bürgerlicher in die Verwaltung verlor das L. seit dem Ausgang des MA an Bed.; das Hl. Röm. Reich blieb aber verfassungsrechtlich bis 1806 ein Lehnsstaat.

Lehnwort, aus einer fremden Sprache übernommenes *(entlehntes)* Wort, das sich in Aussprache und/oder Schreibweise und/oder Flexion der übernehmenden Sprache angepaßt hat, z. B. Streik aus engl. *strike.*

Lehr, Ursula, * Frankfurt am Main 5. Juni 1930, dt. Politikerin (CDU). – Psychologin; 1986–88 und seit 1991 Inhaberin des Lehrstuhls für Gerontologie an der Univ. Heidelberg; 1988–91 Bundesmin. für Jugend, Familie, Frauen und Gesundheit.

Lehramt, im staatl. Schuldienst die Stelle des beamteten Lehrers an Grund-, Haupt-, Real- und Sonderschulen oder des Studienrats an Gymnasien, Gesamtschulen oder berufl. Schulen (**höheres Lehramt**). – ↑ Lehrer.

▷ (kirchl. L.) nach *kath.* Verständnis die auf dem 1. Vatikan. Konzil definierte (letztverbindl.) Lehr- und Jurisdiktionsgewalt, die von Jesus Christus seiner Kirche in den Aposteln und ihren Nachfolgern (apostol. Sukzession) übertragen wurde. Träger des kirchl. L. sind das Bischofskollegium in Übereinstimmung mit dem Papst und der Papst allein (↑ Unfehlbarkeit), in geringerem Maß auch die mit der ↑ Missio canonica ausgestatteten Priester, Professoren der Theologie, Religionslehrer, Prediger und Katecheten. – Das Selbstverständnis der *ev.* Kirchen schließt ein kirchl. L. nach kath. Verständnis aus; Richtschnur für Verkündigung und Erklärung der Lehre sind das Evangelium und die Bekenntnisschriften; praktisch wird die Lehrverkündigung jedoch in bestimmtem Maße von der Autorität der kirchenleitenden Organe beeinflußt.

Lehrauftrag, Verpflichtung, an einer Hochschule Vorlesungen oder Übungen in einem bestimmten Fach abzuhalten; der **Lehrbeauftragte** erhält i. d. R. eine Vergütung; er ist nicht Beamter.

Lehrautomaten ↑ Lerngeräte.

Lehrberuf, zus. mit dem Begriff Anlernberuf durch den Begriff ↑ Ausbildungsberuf ersetzt.

Lehrbrief, svw. Studienbrief (↑ Fernunterricht).

Lehrbuch, sachgerecht, systematisch und didaktisch aufgebaute Darstellung eines Wissensgebietes, z. T. unter Berücksichtigung lernpsycholog. Erkenntnisse auf die jeweilige Stufe der Ausbildung ausgerichtet.

Lehrdichtung (lehrhafte Dichtung, didakt. Dichtung, didakt. Poesie), Wissensvermittlung und Belehrung in poet. Form. Manche poet. Gattungen gehören wesensmäßig oder stoffbedingt zum Grenzbereich der L.: u. a. Fabel, Parabel, Legende, Spruchdichtung, Gnome. In L. wurden alle Wissensgebiete behandelt.

Ursula Lehr

Lehre

Die *ältesten* erhaltenen L. sind Hesiods „Theogonie" und die „Werke und Tage". Im 5. Jh. v. Chr. folgten die philosoph. L. der Vorsokratiker Xenophanes, Parmenides und Empedokles. Von weitreichender Wirkung waren in der *röm. Literatur* im 1. Jh. v. Chr. Lukrez' „De rerum natura", Vergils „Georgica" und Horaz' „Ars poetica". Die *christl. apologet.* L. begann im 4. Jh. mit Commodianus („Instructiones", „Carmen apologeticum"). Auch in den *mittelalterl. volkssprachl.* Literaturen war die L. die populärste Form der Wissensvermittlung, z. B. die mittelhochdt. Morallehren (Freidanks „Bescheidenheit" [13. Jh.], „Der Renner" [1300] von Hugo von Trimberg). Neben diesen umfangreichen Werken fanden sich bis ins Spät-MA eine Fülle von gereimten Stände-, Minne- und Morallehren, vor moral. Spruchsammlungen, Sittenspiegeln, Tischzuchten, Kalendern, Koch-, Schach-, Wahrsage- und Traumbüchern, ferner von naturkundl. Darstellungen. Auch im Zeitalter des *Humanismus* hielt die Vorliebe für systemat., rhetorisch ausgeschmückte L. an. Die letzte fruchtbare Zeit für die L. war die *Aufklärung.* Weite Wirkung hatten die anthropolog., philosoph. und religiösen L. von A. Pope u. a., in der dt. Literatur insbes. B. H. Brockes, A. von Haller; Schillers philosoph. Gedicht „Der Spaziergang" (1795) und Goethes „Metamorphose der Pflanzen" (1799) sind Höhepunkte der L., die im 19. Jh. mehr und mehr zurücktrat.

Lehrdichtung. Anfang von Vergils „Georgica" aus dem 1. Jh. v. Chr. in einer Handschrift von 1473/74 (Rom, Vatikanische Sammlungen)

Lehre, Bez. für in ein System gebrachte wiss. oder religiöse Inhalte, die von einem oder mehreren Wissenschaftlern oder anderen Personen vertreten werden.
▷ Berufsausbildung, ↑ Berufsbildungsgesetz.
▷ Gerät zum Prüfen der Maße und Formen eines Werkstücks auf Einhaltung der Grenzmaße. **Maßlehren** verkörpern nur ein Außen- oder Innenmaß. Hierzu gehören z. B. die ↑ Fühlerlehre, *Lehrdorne* zum Prüfen von Bohrungen und Innengewinden, *Rachen-L.* für zylindr. Teile u. a. **Formlehren** dienen der Überprüfung der Konturen des Prüfstücks. Dazu zählen z. B. *Radius-L.* zur Kontrolle von Außen- und Innenradien oder die *Gewinde-L.* zur Überprüfung des Gewindeprofils sowie *Winkel-L.* **Paarungslehren** stellen eine Kombination von Maß- und Form-L. dar. Mit ihnen wird geprüft, ob die Paarung zweier zusammengehöriger Teile gewährleistet ist. **Grenzlehren** (z. B. *Grenzrachen-L., Grenzlehrdorn*) dienen der Prüfung auf Einhaltung der beiden Grenzmaße, wobei ihre Gutseite eine Paarungs-L. zur Prüfung des Paarungsmaßes, ihre Ausschußseite eine Maß-L. zur Prüfung des Istmaßes darstellt.

Lehrer, Bez. für alle, die berufsmäßig Kindern, Jugendlichen oder Erwachsenen Unterricht erteilen; i. e. S. Träger eines öff. ↑ Lehramtes, wobei z. Z. diese Stellen teilweise mit L. im Angestelltenverhältnis besetzt werden. Der L.stand genießt heute ein vergleichsweise hohes Ansehen in der Gesellschaft, wozu sein Beamtenstatus, seine Funktion, gesellschaftl. Normen und Werte zu vermitteln, sein Bildungsstand sowie seine Monopolstellung bei der Erteilung von Zutrittsberechtigungen für Ausbildung und Studium beitragen.

Die Volksschul-L. entstammten bis ins 19. Jh. dem Handwerk, dem Soldatenstand oder niederen kirchl. Diensten (Küster). Grundfertigkeiten im Lesen, Schreiben, Rechnen und Katechetisieren genügten; Einstellung war Sache der Gemeinden. Eine reguläre staatl. Ausbildung zum Volksschul-L. gab es erst mit dem preuß. Generallandschulreglement von 1763. Eine eigenständige Gymnasiallehrerbildung erfolgte in Deutschland erstmals am 1787 gegr. gymnasialen L.seminar in Berlin und wurde mit Beginn des 19. Jh. zur Aufgabe der Univ. Die nachuniversitäre 2jährige Referendarzeit und die Ausbildung an Studienseminaren mit abschließendem (zweitem) Staatsexamen entwickelte sich zw. 1924 und 1931. – Die Forderung nach akadem. Bildung von Volksschul-L. wurde um 1900 von der Reformpädagogik aufgenommen und im Art. 143 der Weimarer Reichsverfassung durchgesetzt. Die Art der Realisierung war in den einzelnen Ländern unterschiedlich. Nach 1945 wurde die akadem. Ausbildung verbindlich. Das Studium erfolgt seitdem an pädagog. Hochschulen bzw. an Univ. oder Gesamthochschulen, seit 1964 differenziert in Grundschul- und Hauptschullehrer-Studiengänge. Das 1970 von der Kultusministerkonferenz vorgeschlagene Modell der Ausbildung nach dem Stufenlehrerprinzip (d. h. für Primarstufe, Sekundarstufe I und Sekundarstufe II) wird v. a. in NRW und Bremen verfolgt. Nachdem die Ausbildung von Realschul-L. lange Zeit über die prakt. Weiterbildung von Volksschul-L. erfolgte, gibt es heute dafür eigene Studiengänge an pädagog. Hochschulen bzw. Univ. Sonderschul-L. (für Lern- oder Körperbehinderte, Blinde, Gehörlose, geistig Behinderte) werden an Inst. für Sonder- bzw. Heilpädagogik ausgebildet, die Univ. oder pädagog. Hochschulen angegliedert sind. Akadem. L. an berufl. Schulen (früher Gewerbe-L., heute Studienrat an berufl. Schulen) studieren je nach Studienfach an Univ., techn. Hochschulen oder techn. Univ. mit anschließendem Referendariat. L. für Fachpraxis werden bei mittlerem Schulabschluß und abgeschlossener Berufsausbildung über einen mindestens 3semestrigen Fachschulbesuch und eine weitere, mindestens 2jährige Berufstätigkeit qualifiziert.

In *Österreich* wird das Studium an den pädagog. Akad. mit der L.prüfung für die Volks- und Hauptschule abgeschlossen, an den berufspädagog. Lehranstalten mit der L.prüfung für berufsbildende mittlere und höhere Schulen, die L.prüfung für allgemeinbildende höhere Schulen wird nach Hochschulstudium und Referendarzeit abgelegt.

In der *Schweiz* erfolgt die Ausbildung der Volksschul-L. (Grund-, Hauptschul-L.) im allg. in L.seminaren. Die zukünftigen L. der Sekundarstufe I werden (Ausnahme: Kanton Sankt Gallen) wie die Gymnasial-, Handelsschul- und Spezialschul-L. an den Universitäten.

Lehrerkonferenz, i. e. S. die amtliche Zusammenkunft aller Lehrer einer Schule; sie hat bei direktorialer Schulleitung Mitspracherecht, bei kollegialer Schulleitung (Grund- und Hauptschule) handelt der Schulleiter als Organ der L. (wird aber von der Schulbehörde ernannt). Daneben gibt es Teilkonferenzen (Klassen-, Fachkonferenz) und übergreifende L. (z. B. Bezirks-, Kreiskonferenzen).

Lehrerverbände, Berufsverbände von Lehrern.
Fachverbände: Dt. Altphilologenverband, Dt. Germanistenverband, Verband der Geschichtslehrer Deutschlands,

Fachverband Moderne Fremdsprachen, Dt. Verein zur Förderung des mathemat. und naturwiss. Unterrichts e.V., Verband Dt. Schulgeographen, Bund Dt. Kunsterzieher, Bund Ev. Lehrer, Dt. Sportlehrerverband, der auch Sportlehrer ohne staatl. Lehrbefähigung organisiert und auch als Interessenvertretung handelt.

Interessenverbände: Konfessionell bestimmt sind die Katholische Erziehergemeinschaft Deutschlands (KEGD) und der Verein Kath. dt. Lehrerinnen. Der Dt. Philologenverband e.V. (Gymnasiallehrer), der Bundesverband der Lehrer an berufl. Schulen e.V. und der Verband Dt. Realschullehrer stellen ihre bes. Ansprüche unter dem Hinweis auf Art und Dauer der Ausbildung und Vorbereitungszeit. – Da in Deutschland nur Spitzenorganisationen Anhörungs- und Mitwirkungsrechte bei der Vorbereitung beamtenrechtl. Regelungen eingeräumt sind, haben sich diese Verbände (z.T. die Landesverbände) im Dt. Beamtenbund zusammengefunden. Die meisten sind auch Mgl. des ↑Deutschen Lehrerverbands. Nichtgewerkschaftl. Verband für Grund- und Hauptschullehrer ist der Verband Bildung und Erziehung (VBE).

Die größte Lehrerorganisation ist die Gewerkschaft Erziehung und Wissenschaft (GEW) im Dt. Gewerkschaftsbund. In *Österreich* besteht seit 1953 der Östr. Lehrerverband in der Gewerkschaft der öff. Bediensteten. – In der *Schweiz* besteht auf Landesebene der Schweizer. Lehrerverein und der Schweizer. Gymnasiallehrerverein. Die Konferenz Schweizer. Lehrerorganisationen (gegr. 1970) umfaßt 25 Lehrerverbände.

Lehrfilme, für Unterricht oder Studium bestimmtes Filmmaterial; gehört zu den audiovisuellen Hilfsmitteln. L. werden ausgeliehen und hergestellt vom ↑Institut für Film und Bild in Wissenschaft und Unterricht. Für Hochschulen besteht das ↑Institut für den wissenschaftlichen Film.

Lehrfreiheit, das durch Art. 5 Abs. 3 GG geschützte Grundrecht, die als wiss. Forschung gewonnenen Erkenntnisse und Überzeugungen frei von staatl. Einflußnahme in Wort und Schrift zu verbreiten. Die L. entbindet nicht von der Treue zur Verfassung.
▷ nach *kath.-dogmat.* Verständnis die dem in Forschung und Lehre tätigen Theologen offenstehende Freiheit zur Entfaltung des Glaubensinhaltes. Ihre Grenzen findet die L. in den Wahrheiten der Offenbarung und in den Äußerungen des kirchl. Lehramtes. – Im Verständnis der *ev. Kirchen* ist die L. an die mit dem Ordinationsversprechen verbundene Verpflichtung (Lehrverpflichtung) auf das Bekenntnis der jeweiligen Kirche gebunden.

Lehrling ↑Auszubildender.

Lehrmaschinen, svw. ↑Lerngeräte.

Lehrpfade, [Rund]wanderwege, die sich mit einem (oder mehreren) naturwiss., forstkundl., landw. oder kulturhistor. Thema befassen, das auf Schautafeln erläutert wird.

Lehrplan, Auswahl und Abfolge der Lehrinhalte in den einzelnen Schularten; mit der Einführung von Wahlmöglichkeiten steckt der L. nur noch den Rahmen (Anzahl der Leistungskurse und Wahlpflichtfächer) für das Lehrangebot der Schularten ab. Für die L. der einzelnen Fächer sind Rahmenrichtlinien erlassen. Die L. beruhen auf Vereinbarungen der Ständigen Konferenz der Kultusminister.

Lehrprogramm, im ↑programmierten Unterricht der technisch fixierte Lehrgang.

Lehrstück, Bez. B. Brechts für eine Gruppe kleinerer Dramen aus den Jahren 1929/30, die, einer marxist.-leninist. Gesellschaftslehre verpflichtet, an Modellsituationen Mißstände aufzeigen (u.a. „Die Maßnahme").

Lehrstuhl, planmäßige Stelle an einer Univ., die von einem Ordinarius (↑Professor) besetzt wird.

Lehrte, Stadt im O des Großraums Hannover, Nds., 63 m ü.d.M., 41 000 E. Metallverarbeitung, Zuckerind., Kalibergbau. – L., erstmals 1147 erwähnt, wurde 1898 Stadt.

Lehrverhältnis, Berufsausbildungsverhältnis, ↑Berufsbildungsgesetz.

Lehrverpflichtung, in der ev. Kirche die Verpflichtung der Pfarrer und Religionslehrer, den christl. Glauben entsprechend dem Bekenntnis ihrer Kirche zu verkünden; in der kath. Kirche die rechtl. Bindung (Lehrzucht) der mit der kirchl. Verkündigung Beauftragten an lehramtl. Aussagen (↑Lehramt).
▷ mit jeder Professur verbundene Pflicht, eine bestimmte Anzahl Lehrveranstaltungen abzuhalten (d.h. sich nicht ausschließlich der Forschung zu widmen).

Lehrwerkstätten, für Ausbildungszwecke eingerichtete Werkstätten in Großbetrieben; *überbetriebl. L.* (Gemeinschaftswerkstätten verschiedener Betriebe) werden mit öff. Mitteln gefördert (seit 1975).

Lei (Ley), mundartl. Bez. für Schiefer, Stein, Fels (z.B. Loreley, Erpeler Ley).

Leib Christi, in der neutestamentl. Abendmahlsüberlieferung wird das Brot mit dem L.C. gleichgesetzt. Von daher wird in den christl. Kirchen der sakramentale Charakter des Abendmahls begründet. – In der *kath. Theologie* Bez. für Kirche (Corpus Christi mysticum); die Gläubigen verstehen sich als „Glieder" des Leibes Christi.

Leibeigenschaft, im 14.Jh. entstandene Bez. für eine spezif., von der Sklaverei grundsätzlich unterschiedene unfreiheitl., v.a. bäuerl. Abhängigkeit seit dem MA.

1. Im klass. Sinn entsprang die L. als bes. ma. Form der bäuerl. Unfreiheit german. Rechtsanschauung. Die später als **Leibeigene** (Eigenleute) Bezeichneten waren Personen, die persönlich vom Herrn (Leibherrn) abhängig waren, jedoch die Rechtsfähigkeit bzw. relative Eigentumsfähigkeit besaßen (↑Halbfreie); im Ggs. dazu waren die **Liten** an ihren Boden gebunden und zu Dienstleistungen und Kopfzinszahlung verpflichtet.

Bereits in der 1. Entwicklungsphase der L. (9. bis Ende 12. Jh.) flossen Leib- und Grundherrschaft zusammen, wobei die von den **Hörigen** (Grundholden) – die an den Boden gebunden waren bzw. sich als Freie in den Schutz des Grundherrn begeben hatten (Schutzhörigkeit) – unterschiedenen Leibeigenen zunächst die Mehrheit der unfreien Bauern bildeten und den Hörigen in ihrer sozialen Stellung teils sehr nahe kamen: als „servi casati" (behauste Eigenleute) mit einem Bauerngut zu Leihe im Fronhofsverband gegen Zahlung eines Kopfzinses und gegen Dienstleistungen; daneben die eigtl. Eigenleute im Herrenhaus, als „servi in domo" bzw. „in perpetuo servitio" (in ungemessener Dienstleistung und immer persönl. Abhängigkeit vom Leibherrn oder als Tagelöhner und Handwerker, als „servi quotidiani" (mit kleinem Haus- und Landbesitz ohne Kopfsteuerzahlung). Sozialer Aufstieg von Leibeigenen war möglich durch Freilassung, im Bereich durch den persönl. Sonderdienst (Aufstieg zu Ministerialen und zum Niederadel), jedoch konnte L. noch im 10./11.Jh. neu entstehen.

Die 2. Entwicklungsphase der L. (13.–15. Jh.) war strukturell und in der gesellschaftl. Dynamik entscheidend verändert. In weiten Teilen Frankreichs verschmolzen im 13.Jh. die schollengebundenen, zu Diensten und Abgaben verpflichteten „serfs" mit den ländl. Hauptmasse der „vilains", die überwiegend frei und meist nur mit an ihrem Leihegut haftenden Abgaben belastet waren. Im norman. England entsprach der Status bäuerl. Unfreiheit („serfdom") des „villein" weitgehend dem frz. „serf". Hier bildete im 14.Jh. der „copyholder", der weitgehend freier Besitzer seine Bauernstelle war. – Im dt. Bereich setzte seit dem 12.Jh. eine Lockerung der L. ein, bedingt durch die Eingliederung der Leibeigenen in die ordentl. Gerichtsbarkeit, durch die Auflösung der Fronhofsverfassung, die Umsetzung der Fronen in beschränkte Zinsabgaben. Als zusätzl. fördernde Kraft wirkte das bessere Recht der dt. Ostsiedlung und der Sog der Abwanderung in die Stadt. Im dt. SW hingegen vollzog sich eine Neubildung von L., die zur histor. Bez. L. im 14.Jh. führte. Kauf oder Veräußerung eines Leibeigenen bezog sich auf das Recht, von der Person des Leibeigenen fixierte Abgaben zu beziehen. Dies führte zur Angleichung von leib- und nichtleibeigenen Bauern. Die neugebildete L. wurde zwar ein v.a. moral. Element des Aufbegehrens im Bauernkrieg, doch bestand sie in den einzelnen Typen dt. Grundherrschaft im Spät-MA und in der

Leibeserziehung

frühen Neuzeit keineswegs durchgehend. Differenziert in personale, lokale und vererbte L., gab es L. nur noch im dt. SW als reine Reallast. In SO-Deutschland (einschl. der östr. Länder) war L. selten, im westelb. M-Deutschland und in Franken fehlte sie völlig, und nur im W bzw. teils im dt. NW führte eine weitere Neubildung im 14./15. Jh. nochmals zu verschärfter Ausprägung der persönl. Leibeigenschaft.

2. Demgegenüber entstand seit dem 15. Jh. durch Beseitigung der Sonderrechte aus der *dt. Ostsiedlung* im ostelb. Brandenburg, Mecklenburg und Pommern, in Teilen Schleswig-Holsteins, Schlesiens und Böhmens, in Polen und Ungarn auf der Basis der Gutsherrschaft die nicht aus persönl. Abhängigkeit, sondern aus bäuerl. Schollengebundenheit entwickelte **Erbuntertänigkeit**. Sie wurde bereits in der polit. Aufklärung als eigtl. **Realleibeigenschaft** interpretiert und von der Geschichtswiss. des 19. Jh. zu einem Allgemeinbegriff von L. als bäuerl. Unfreiheit erweitert. Diese Begriffswandlung wurde durch die marxist.-leninist. Interpretation fortgeführt, wobei Lenin die russ. Extremform der L. („krepostnitschestwo"; gekennzeichnet durch die totale Rechtlosigkeit des Bauern, der verschenkt, verkauft, verpfändet werden konnte und der Gerichtsbarkeit seines Herrn unterstand) auch auf die westl. Form der persönl. Herrschaftsabhängigkeit übertrug bzw. diese nur als gemäßigte Form nichtsdestoweniger gleicher L. bezeichnete (↑ Bauernbefreiung).

3. In *Rußland* hieß L. erbl. Verfügungsrecht eines (meist adligen) Herrn bzw. des Staates oder der Kirche, uneingeschränkt gegenüber dem Gut, eingeschränkt (d. h. ohne Tötungsrecht) gegenüber der Person des bäuerl. Leibeigenen. Die russ. L. entstand seit der 2. Hälfte des 16. Jh. und führte über die zunächst (1592/93) befristete, schließlich (1649) dauernde Aufhebung des bäuerl. Abzugsrechts (er durfte sein Land nicht mehr verlassen) bis zur Einführung der Kopf- bzw. Seelensteuer (1719). Im Normalfall war der Leibeigene ein Bauer mit selbständig geführter Wirtschaft, der zur Fron auf dem Herrenhof und/oder zu Naturalbzw. Geldabgaben an den Herrn verpflichtet wurde. Daneben gab es Leibeigene auch in Handel und Gewerbe. Erst das „Statut über die aus der L. befreiten Bauern" (1861) gewährte diesen die persönl.-rechtl., nicht aber die wirtsch.-soziale Freiheit.

Leibeserziehung, Bereich der Erziehung und Pädagogik, der mit Sport und Spiel Anregung zur Leistung und zu sinnvollem Freizeitverhalten geben will; stellt einen Teil der Gesamtbildung und -erziehung dar. Der Begriff L. wird heute durch die Bez. Sportpädagogik abgelöst.

Leibesfrucht (Frucht), das Kind im Mutterleib in den Entwicklungsstadien des ↑ Embryos und des ↑ Fetus. Die L. ist nicht rechtsfähig (§ 1 BGB), wird aber unter der Voraussetzung späterer Lebendgeburt in einzelnen Beziehungen als rechtsfähig behandelt. Die L. kann erben, wenn sie im Zeitpunkt des Erbfalls bereits gezeugt ist (§ 1923 Abs. 2 BGB), sie ist schadenersatzberechtigt, z. B. wegen Schädigungen im Mutterleib. Bereits vor der Geburt des nichtehel. Kindes kann sein Unterhaltsanspruch gegen den Erzeuger im Wege der einstweiligen Verfügung gesichert werden (§ 1615 o BGB).

Leibeshöhle, Bez. für die Hohlräume zw. den einzelnen Organen des tier. und menschl. Körpers. Die *primäre L.* ist die Furchungshöhle (Blastozöl) des Blasenkeims. – Die *sekundäre L.* (Zölom) ist von einem Epithel ausgekleidet. Sie wird von den Ausführgängen der Ausscheidungs- und Geschlechtsorgane sowie des Verdauungssystems durchbrochen. – Die sekundäre L. der Weichtiere enthält das Herz, Ausscheidungs- und Geschlechtsorgane. Bei den Gliedertieren besteht sie aus segmental angeordneten Abschnitten (Zölomkammern) mit paarigen Zölomsäckchen ober- und unterhalb des Darms. Bei Blutegeln und Gliederfüßern werden die zunächst angelegten Zölomsäckchen wieder aufgelöst, und es entsteht ein einheitl. Hohlraum aus sekundärer und primärer L. (Mixozöl, *tertiäre L.*). – Die L. der Säugetiere und des Menschen wird durch das Zwerchfell in Brust- und Bauchhöhle geteilt.

Gerhard Leibholz

Leibesübungen, alle Bewegungen und Kraftanwendungen, die zur Vervollkommnung des Körpers dienen, als planmäßig betriebene körperl. Übungen zur Erhaltung oder Steigerung der phys. und psych. Leistungsfähigkeit. Die Bez. L. wird heute meist durch den Begriff Sport ersetzt. Die früher oft vertretene strenge Trennung in Turnen, Sport und Spiel wurde fallengelassen, da der Leistungsgedanke der L. mit dem spieler. Element zusammenläuft.

Leibesvisitation, allg. Bez. für die Durchsuchung einer Person [nach der StPO]. – ↑ Durchsuchungsrecht.

Leibgarde, Truppe urspr. zum persönl. Schutz eines Fürsten, später zu bes. Diensten bei Hofe (Wach-, Ordonnanz-, Hof-, Palastdienst). **Leibtruppen** hießen im 16./17. Jh. die Kompanien, deren Chef der Regimentsinhaber (Bezug der Einkünfte, im Dienst vertreten) oder, später, der Landesfürst oder ein Angehöriger seines Hauses war.

Leibholz, Gerhard, *Berlin 15. Nov. 1901, †Göttingen 19. Febr. 1982, dt. Jurist. – Prof. für Staats- und Verfassungstheorie, öff. Recht und polit. Wissenschaften in Greifswald (1929) und Göttingen (1931–35); emigrierte 1938 nach Großbritannien; 1947 Prof. in Göttingen; 1951–71 Richter am Bundesverfassungsgericht. Zahlr. Veröffentlichungen (Rechtsgeschichte, Verfassungsrecht).

Wilhelm Leibl. Drei Frauen in der Kirche, 1878–82 (Hamburg, Kunsthalle)

Leibl, Wilhelm, *Köln 23. Okt. 1844, †Würzburg 4. Dez. 1900, dt. Maler. – Bed. Vertreter des Realismus in Deutschland; sammelte 1870 in München den L.-Kreis um sich (u. a. W. Trübner, C. Schuch, R. Hirth du Frênes, T. Alt, K. Haider und vorübergehend auch H. Thoma). In Oberbayern entdeckte L. sein eigtl. Thema, den bäuerl. Menschen; L. verbindet Detailtreue mit freier, großzügiger Gesamtgestaltung; im letzten Jahrzehnt Auflockerung der Malweise. – *Werke:* Bildnis der Frau Gedon (1868/69; München, Neue Pinakothek), Drei Frauen in der Kirche (1878–82; Hamburg, Kunsthalle).

Leibnitz, östr. Bez.hauptstadt 30 km südlich von Graz, 274 m ü. d. M., 6 700 E. Museum; Handelszentrum mit Getreide-, Obst- und Weinbau; Herstellung von Metall- und Kunststoffwaren, Textilind. – Um 970 Errichtung einer

Burg mit Kirchsiedlung in **Lipnizza**. Der neue Markt L. wurde 1170 gegr.; seit 1913 Stadt. – Urspr. roman., spätgotisch umgebaute Stadtpfarrkirche; nahebei Schloß Seggau (v. a. nach 1500) und die spätbarocke Wallfahrtskirche Frauenberg (1766).

Leibniz, Gottfried Wilhelm, *Leipzig 1. Juli 1646, †Hannover 14. Nov. 1716, dt. Philosoph und Universalgelehrter. – Seit 1667 im Dienst des Mainzer Kurfürsten; 1672–76 in diplomat. Mission in Paris; 1673 Aufenthalt in London und Ernennung zum Mgl. der Royal Society; 1676–1716 Hofrat und Bibliothekar des Welfenhauses, dessen Geschichte er verfaßte. Sein Einsatz für die Gründung wiss. Akad. in Berlin, Dresden, Petersburg und Wien führte 1700 zur Errichtung der Societät der Wiss. in Berlin. L. nahm maßgeblich an den Einigungsverhandlungen der Kirchen teil. – Im Mittelpunkt seiner nichtmechanist. Begründung des traditionellen naturphilosoph. Mechanismus steht seine **Monadentheorie.** Die Monade ist nach L. eine einfache, nicht ausgedehnte, unteilbare, äußeren mechan. Einwirkungen unzugängl., jedoch mit anderen Monaden in Wechselwirkung stehende Substanz. In spontanen *Perzeptionen* (Wahrnehmungen) repräsentiert („spiegelt") jede Monade das Universum, das eine Hierarchie von Monaden darstellt. Die Monaden unterscheiden sich nur durch die Deutlichkeit ihrer Perzeptionen: Die „nackten Monaden", die „wahren Atome", haben nur unbewußte Perzeptionen; die Seelenmonaden bewußtere, deutlichere Perzeptionen und Gedächtnis; nur Gott, die Urmonade, allein hat deutl. Perzeptionen des gesamten Universums und seiner Entwicklung. In diesem Zusammenhang stehen die Lehre von der ↑ prästabilierten Harmonie und die These von der Welt als der besten aller mögl. Welten, auch der theoret. Versuch der Lösung des Problems der ↑ Theodizee. L. entwarf das Programm einer Idealsprache, der sog. „Characteristica universalis" (**Leibnizsche Charakteristik**), deren Zeichen (Charaktere) nach bestimmten Kombinationsregeln gebildet sind und den von ihnen bezeichneten Begriff nicht nur eindeutig, sondern auch mit allen seinen Beziehungen zu anderen Begriffen „charakterisieren". Mit seiner formaldeduktiven Logik leitete L. die Geschichte der mathemat. Logik ein. Wichtige Elemente seiner Theorie der Begründung sind der Satz vom ↑ Grund, der Satz vom ↑ Widerspruch und der ↑ Ununterscheidbarkeitssatz. – Neben Newton begründete L. 1673/75 die ↑ Differentialrechnung. Ferner führte er den Funktionsbegriff ein und entwickelte das Dualsystem mit den Ziffern 0 und 1. – Außer auf den Gebieten der Theologie, Philosophie, Jurisprudenz und Mathematik trat L. auch als Naturforscher und Techniker (z. B. 1673 Konstruktion einer Rechenmaschine und Einsatz der Windkraft zur Grubenentwässerung) hervor.

Leibowitz, René [frz. lɛboˈvits], *Warschau 17. Febr. 1913, †Paris 28. Aug. 1972, frz. Komponist poln. Herkunft. – Schüler von A. Webern u. a., lebte seit 1926 in Paris. L. setzte sich als Dirigent, Komponist, Lehrer (v. a. P. Boulez) und Schriftsteller für die Zwölftonmusik ein. Komponierte Opern, Sinfonien, Kammer- und Klaviermusik sowie Lieder.

Leibrente, auf Vertrag, Vermächtnis oder Gesetz beruhende, an das Leben einer Person gebundene Rente (§§ 759–761 BGB); meist in Geld zu erbringen.

Leibschmerzen (Bauchschmerzen), von inneren Organen, viszerale (das Eingeweide betreffende) Beschwerden; unterschiedlich im Hinblick auf Intensität und Dauer je nach Ursache und Lokalisation des schmerzauslösenden Ereignisses: z. B. krampfartige (nahrungsabhängige) L. im rechten Oberbauch häufig bei Magenschleimhautentzündung und Magengeschwür; dumpfer Druck im rechten Oberbauch bei Lebererkrankungen; heftigste, gürtelförmige Schmerzen im Mittelbauch, bis in den Rücken ausstrahlend, bes. bei akuten Entzündungen der Bauchspeicheldrüse; diffuse L. bei beginnender Blinddarmentzündung; heftige Koliken, bis in die rechte Schulter ausstrahlend, bei Gallenblasenentzündung oder Gallensteinen.

Leib-Seele-Problem (psychophys. Problem), neuzeitl. Folgeproblem des dualist. Aufbaus der Wirklichkeit bei

Leibnitz. Säulenarkaden an der Hofseite von Schloß Seggau, 17. Jahrhundert

Descartes und im Kartesianismus. Ausgehend von der phänomenalen Einheit von Leib und Seele im Menschen wird das Problem einer materiellen Verbindung und kausalen Wechselwirkung zw. einer körperl. und einer seel.-geistigen Substanz im ↑ Okkasionalismus durch „gelegentl." göttl. Eingriffe oder eine durch Gott bewirkte andauernde Korrespondenz beider Substanzen zu erklären versucht. Der metaphys. Dualismus des L.-S.-P. wurde zur Grundlage der idealist. Unterscheidung von Subjekt und Objekt.

Leib- und Lebensstrafen, die schwersten Strafen des älteren Strafrechts, die vom **Halsgericht** verhängt wurden. Die blutigen Strafen wurden als Strafen zu **Hals und Hand** bezeichnet nach der charakterist. Vollstreckungsform (Handabschlagen, Enthauptung). Eine Mittelstellung zw. den Leibes- und Ehrenstrafen nahmen die unblutigen Körperstrafen ein (Auspeitschen, Stockschläge); Leibesstrafen wurden in Deutschland im 19. Jh. abgeschafft.

Leibung ↑ Laibung.

Leicester [engl. ˈlɛstə], Robert Dudley, Earl of (seit 1564), *24. Juni 1532 oder 1533, †Cornbury (Oxfordshire) 4. Sept. 1588, engl. Offizier. – Seit 1559 Günstling Königin Elisabeths I., konnte die angestrebte Ehe mit ihr nicht erreichen; 1585–87 Oberbefehlshaber der Hilfstruppen, mit denen England die Niederlande gegen Spanien unterstützte.
L., Simon de Montfort, Earl of ↑ Montfort, Simon de, Earl of Leicester.

Leicester [engl. ˈlɛstə], engl. Stadt 38 km nö. von Coventry, 279 800 E. Verwaltungssitz der Gft. L. (amtl. Leicestershire); anglikan. Bischofssitz; Univ. (gegr. 1918), techn., Kunst- und Designcollege; archäolog. Museum, Theater; Wirk- und Strickwaren-, elektrotechn., Schuhind. und Maschinenbau. – L., eine urspr. röm. Siedlung (**Ratae Coritanorum**), war vor 877 bis ins 10. Jh. eine der dän. „Fünfburgen"; ab 1100 Sitz der Grafen von L., fiel 1589 an die engl. Krone; ab 1919 City. – Kathedrale (12./13. und 19. Jh.), Guildhall (14. Jh.); Burgruine (11. Jh. ff.).

Leicestershire [engl. ˈlɛstəʃiə], engl. Grafschaft in den östl. Midlands.

Leich, Werner, *Mühlhausen 31. Jan. 1927, dt. ev. Theologe. – 1967–78 Präses der Synode und 1978–92 Landesbischof der Ev.-Luth. Kirche in Thüringen; 1986–89 Vors. der Konferenz der Ev. Kirchenleitungen in der DDR.

Leich [zu althochdt. leih „Spiel, Gesang"], Großform der mittelhochdt. Sangverslyrik; vokales Musikstück, aufgebaut aus formal ungleichen Abschnitten (Versikelgruppen), die sich aus mehreren stroph. Elementen (Versikel) zusammensetzen. Die L. der Blütezeit (13. Jh.) zeichnen sich durch themat. und formale Vielfalt aus (Minne-, religiöse und polit. Thematik; häufig waren Tanzleichs).

Gottfried Wilhelm Leibniz

Leicester Stadtwappen

Leiche

Leiche [zu althochdt. līh „(toter) Körper, Leib, Fleisch"] (Leichnam), der menschl. Körper nach dem Eintritt des Todes. – Zum *Recht* ↑ Bestattung.
▷ bei Tieren ↑ Kadaver.

Leichenflecke, svw. ↑ Totenflecke.

Leichengifte (Ptomaine), Bez. für die bei der Eiweißfäulnis (u. a. bei Leichenfäulnis) durch bakterielle Zersetzung von Lysin und Ornithin entstehenden biogenen Amine Cadaverin und Putrescin.

Leichenöffnung, Eröffnung der Körperhöhlen eines Verstorbenen zur Untersuchung der Körperorgane. Eine L. kann mit Einverständnis der Anverwandten aus medizin. Gründen **(Sektion)** oder bei Verdacht auf das Vorliegen einer Straftat von jurist. Seite angeordnet werden **(Autopsie, Obduktion).**

Leichenschändung, Vornahme von sexuellen Handlungen an Leichen. Die L. als solche ist nicht strafbar, u. U. kommt aber ↑ Störung der Totenruhe in Betracht.

Leichenschau, Untersuchung einer Leiche zur Feststellung des Todes, des Todeszeitpunkts, der Todesursache und der Todesart durch einen Arzt. Die Leichenöffnung *(innere L.)* ist von der äußeren Besichtigung einer Leiche *(äußere L.)* zu unterscheiden. Bei der richterl. L. eines Unbekannten oder eines durch Gewalteinwirkung Verstorbenen ist ein Arzt hinzuzuziehen. Die L. ist für jeden Todesfall auf Landesebene in den Bestattungsgesetzen geregelt.

Leichenstarre, svw. ↑ Totenstarre.

Leichentuch Christi ↑ Grabtuch Jesu.

Leichenverbrennung ↑ Bestattung.

Leichenwachs (Fettwachs, Adipocire), bes. im Bereich des Unterhautfettgewebes von Leichen bei längerem Liegen in Wasser oder feuchtem Erdreich entstehende, gelblichweiße, bröckelige, evtl. auch teigige Masse von verseiftem Fett. Der Zerfall des Körpers wird dadurch lange aufgehalten.

Leichenwesen ↑ Bestattung.

Leichnam, svw. ↑ Leiche.

Leichtathletik, Sammelbez. für die Sportarten (Disziplinen), die sich aus den natürl. Bewegungsformen des Menschen entwickelt haben: Gehen, Laufen, Springen, Werfen und Stoßen. Die L. steht im Mittelpunkt der Olymp. Spiele; für Männer gibt es hierbei 24 Wettbewerbe (100 m, 200 m, 400 m, 800 m, 1500 m, 5000 m, 10 000 m, Marathonlauf, 4 × 100-m-Staffel, 4 × 400-m-Staffel, 110 m Hürden, 400 m Hürden, 3 000 m Hindernislauf, 20 km Gehen, 50 km Gehen, Weitsprung, Hochsprung, Dreisprung, Stabhochsprung, Kugelstoßen, Speerwerfen, Diskuswerfen, Hammerwerfen und Zehnkampf), für Frauen 19 Wettbewerbe (100 m, 200 m, 400 m, 800 m, 1 500 m, 3 000 m, 10 000 m, Marathonlauf, 4 × 100-m-Staffel, 4 × 400-m-Staffel, 100 m Hürden, 400 m Hürden, 10 km Gehen, Weitsprung, Hochsprung, Kugelstoßen, Speerwerfen, Diskuswerfen und Siebenkampf).

Leichtbau (Leichtbauweise), Bauweise im Fahrzeug- und Maschinen- sowie im Brücken- und Hochbau. Wesentl. Voraussetzungen für L.konstruktionen sind Werkstoffe mit geringer Masse und/oder hoher massebezogener Festigkeit (Leichtmetalle, glasfaserverstärkte Kunststoffe z. B. im Fahrzeugbau, Leichtbeton, Leichtbauplatten, Kunst- und Schaumstoffe sowie Holz z. B. im Bauwesen), geeignete Querschnittsformen und weitgehende Vermeidung nichttragender Bauteile.

Leichtbaustoffe, Bez. für Bau- und Werkstoffe geringer Dichte. L. bestehen aus leichten, porösen anorgan. (Bims, Blähton, Hochofenschlacke, Kieselgur u. a.) und organ. Materialien (Kork, Torf u. a.) oder sie sind aus diesen Materialien und Bindemitteln geformte Platten und Steine. Weiter werden auch geschäumte Stoffe (Gasbeton, Schaumstoffe u. a.), Gips oder Holzwolle, Glas- und Mineralwolle, mit mineral. Bindemittel gebundene Holzspäne u. a. zu Leichtbaustoffelementen, insbes. zu Dämmplatten und Verbundplatten, verarbeitet. Solche **Leichtbauplatten** haben ein gutes Wärmedämmungs- und Schallschluckvermögen.

Leichtbeton ↑ Beton.

Leichtentritt, Hugo, * Pleschen (= Pleszew, Woiwodschaft Posen) 1. Jan. 1874, † Cambridge (Mass.) 13. Nov. 1951, dt. Musikforscher. – Kompositionslehrer und Musikkritiker in Berlin, seit 1934 Prof. an der Harvard University; schrieb u. a.: „Geschichte der Motette" (1908), „Musikal. Formenlehre" (1911), „Analyse der Chopin'schen Klavierwerke" (2 Bde., 1921/22).

leicht entzündlich, Eigenschaft von gefährl. Arbeitsstoffen, die sich bei gewöhnl. Temperatur an der Luft erhitzen und schließlich entzünden können, in festem Zustand leicht entzündet werden können und weiterbrennen, in flüssigem Zustand einen Flammpunkt unter 21 °C haben. – ↑ gefährliche Güter, ↑ Gefahrstoffe.

Leichter, flachgehender kleiner Frachtkahn, meist ohne eigenen Antrieb, in den Teilladungen von Schiffen, deren Tiefgang verringert werden soll, umgeschlagen, **geleichtert** werden.

Leichter Kreuzer ↑ Kreuzer.

Leichtgewicht ↑ Sport (Gewichtsklassen, Übersicht).

Leichtlohngruppen ↑ Lohngleichheit.

Leichtmetalle, Metalle und Legierungen mit einer Dichte unter 4,5 g/cm^3. Die wichtigsten L. sind Aluminium, Magnesium, Titan und Beryllium sowie deren Legierungen. Verwendung v. a. in Fahrzeug-, Flugzeugbau und in der Raumfahrttechnik.

Leichtöl, die bei der Destillation von Stein- und Braunkohlenteer bis 180 °C siedende Teerölfraktion; das raffinierte L. dient v. a. zur Treibstoffgewinnung.

Leichtschwergewicht ↑ Sport (Gewichtsklassen, Übersicht).

Leid, Schmerz, Krankheit, Entbehrung, Hoffnungslosigkeit, v. a. seel. Betrübnis. Die Frage nach Ursprung, Zweck und Überwindung des L. ist in der Religionsgeschichte sehr unterschiedlich beantwortet worden. Die sog. primitiven Religionen erkennen im L. häufig eine Einwirkung dämon. Kräfte oder mag. Mittel. Der Konfuzianismus setzt Glück und L. in einen Kausalzusammenhang zum moral. Verhalter. des Menschen, ähnlich auch die ind. Lehre vom Karma. Der frühe Buddhismus sah im L. die beherrschende Qualität des individuellen Seins, das mit dem Eingang ins Nirwana überwunden wird. Für den Islam ist L. eine Prüfung, die zu Allah führen und das Vertrauen auf ihn festigen soll. Nach alttestamentl. Anschauung ist dem Menschen der urspr. leidloser paradies. Zustand durch den Sündenfall verwehrt. Die neutestamentl. Passionsgeschichte berichtet, wie Jesus Christus die Leiden der Menschen auf sich nahm.

Leideform ↑ Passiv.

Leiden, Lucas van ↑ Lucas van Leyden.

L., Niclaus von ↑ Gerhaert von Leiden, Nicolaus.

Leiden ['laidən; niederl. 'lɛidə], niederl. Stadt am Alten Rhein, 109 300 E. Univ. (gegr. 1575), Laboratorium für Weltraumforschung, nat. Forschungsinst. für Pflanzen (Rijksherbarium); Sternwarte; mehrere Museen, botan.

Vivien Leigh

Leiden
Stadtwappen

Leiden. Hooglandse Kerk oder Sint-Pancraskerk, 14. Jahrhundert

Garten (gegr. 1587); Konzert- und Theaterhaus; metallverarbeitende, Seifen-, Parfüm- und Nahrungsmittelind.; graph. Gewerbe. – L. entstand im 11. Jh. bei einer Burg der Grafen von Holland; 1266 Stadtrecht. 1609–20 Exil der ↑ Pilgerväter. – Kirchen des 14. Jh.: Sint-Pieterskerk und Sint-Pancraskerk; ehem. Tuchhalle (1639/40; jetzt Museum); ehem. Pesthaus (1658–61); Waage (17. Jh.); Burg (im Kern 11. Jh.).

Leidener Flasche [nach der Stadt Leiden] (Kleistsche Flasche), älteste Form eines Zylinderkondensators; Glaszylinder, der innen und außen mit einer metall. Schicht überzogen ist. Die L. F. wurde 1745 (unabhängig voneinander) von dem Physiker E. J. von Kleist (* 1700, † 1748) in Cammin i. Pom. und dem Leidener Physiker P. van Musschenbroek (* 1692, † 1761) erfunden.

Leidenfrost-Phänomen [nach dem dt. Mediziner J. G. Leidenfrost, * 1715, † 1794], Erscheinung, die auftritt, wenn eine Flüssigkeit einen Gegenstand berührt, dessen Temperatur höher ist als die Siedetemperatur der Flüssigkeit. Es bildet sich zw. Flüssigkeit und Unterlage eine Dampfschicht, die die Benetzung verhindert. Ein Beispiel für das L.-P. ist das Schweben von Wassertropfen auf einer heißen Herdplatte.

Leidenswerkzeuge (Passionswerkzeuge, Arma Christi), aus dem Zusammenhang des ↑ Jüngsten Gerichts im späten MA verselbständigte Darstellung der Sinnbilder des Leidens Christi. Zusammen mit den klass. Werkzeugen der Passion wie Dornenkrone, Rutenbündel, Nägel, Hammer, Stricke, Essigschwamm, Rohr und Lanze sind bis zu 30 L. überliefert, die mittelbar mit dem Leiden Christi in Verbindung stehen, z. B. die Silberlinge des Judas, der Hahn aus der Verleugnung Petri, die Würfel, mit denen die Soldaten um den Rock Christi gewürfelt haben.

Leier ↑ Sternbilder (Übersicht).

Leier [zu griech. lýra mit gleicher Bed.], Oberbegriff für Musikinstrumente mit Schallkörper und zwei Jocharmen, die das als Saitenhalter dienende Joch tragen. Zu den L. gehören u. a. ↑ Crwth, ↑ Kithara, ↑ Lyra.

Leierantilopen (Halbmondantilopen, Damaliscus), Gatt. der Kuhantilopen in den Steppen und Savannen Afrikas; mit meist leierförmig geschwungenem Gehörn. Man unterscheidet zwei Arten: *Damaliscus dorcas* mit den Unterarten **Bläßbock** (Damaliscus dorcas philippsi; 1,4–1,6 m lang, 85–110 cm schulterhoch; dunkelbraun mit weißl. Band und leuchtend weißer Zeichnung auf Stirn und Nase) und **Buntbock** (Damaliscus dorcas dorcas; etwa 1 m schulterhoch; unterscheidet sich vom Bläßbock v. a. durch eine stärkere Weißfärbung der Kruppe, der Läufe und des vorderen Gesichts). Die 2. Art ist *Damaliscus lunatus* (Leierantilope i. e. S.) mit Unterarten wie **Korrigum** (Damaliscus lunatus korrigum; O- und W-Afrika, bis 1,4 m schulterhoch, oberseits rotbraun mit schwärzl. Fleck auf Gesicht und Oberschenkeln), **Topi** (Damaliscus lunatus topi; O-Afrika; kleiner).

Leierfisch ↑ Spinnenfische.

Leierkasten, umgangssprachlich für ↑ Drehorgel.

Leierschwänze (Menuridae), Fam. der Sperlingsvögel mit zwei fasanengroßen, fluguntüchtigen Arten in den feuchten Wäldern SO-Australiens; mit sehr langem, bei der Balz nach vorn gebogenem Schwanz; die äußersten Schwanzfedern leierförmig; z. B. der bis 1 m große **Prachtleierschwanz** (Menura novaehollandiae).

Leif Eriksson (Erikson) [norweg. 'lɛif], * um 975, † um 1020, norweg. Seefahrer. – Sohn Erichs des Roten; kam um das Jahr 1000 durch einen Sturm auf der Fahrt von Norwegen nach Grönland vom Kurs ab und wurde an die O-Küste Nordamerikas (Labrador) verschlagen. Gilt als erster europ. Entdecker Amerikas.

Leifs, Jón [isländ. lɛifs], * Sólheimar (S-Island) 1. Mai 1899, † Reykjavík 30. Juli 1968, isländ. Komponist. – Suchte in seinen Kompositionen (zwei Edda-Oratorien, Requiem, Orchester-, Kammermusik, Lieder) einen modernen nat. Stil zu verwirklichen.

Leigh, Vivien [engl. li:], eigtl. Vivian Mary Hartley, * Darjeeling (Indien) 5. Nov. 1913, † London 8. Juli 1967,

engl. Schauspielerin. – ∞ mit Sir L. Olivier (1940–61); spielte an Londoner Bühnen, u. a. am Old Vic; internat. bekannt wurde sie u. a. durch die Filme „Vom Winde verweht" (1939), „Lord Nelsons letzte Liebe" (1941), „Endstation Sehnsucht" (1951) und „Das Narrenschiff" (1964).

Leiharbeitsverhältnis, entgeltl. Überlassung eines Arbeitnehmers für maximal drei aufeinanderfolgende Monate durch seinen Arbeitgeber (Verleiher) zur Arbeitsleistung im Betrieb eines anderen Arbeitgebers (Entleiher), ohne daß das Arbeitsverhältnis mit dem Verleiher gelöst wird. Die Überlassung ist nur mit Zustimmung des Arbeitnehmers möglich und bedarf der Erlaubnis (↑ Arbeitnehmerüberlassungsgesetz). Den Entleiher trifft die Fürsorgepflicht, während der Lohn vom Verleiher gezahlt wird.

Leihbücherei, privater gewerbl. Betrieb, der Bücher gegen Entgelt für eine befristete Zeit ausleiht.

Leihe, vertragl., unentgeltl. Gestattung des Gebrauchs einer Sache mit der Verpflichtung ihrer Rückgabe, geregelt in §§ 598 ff. BGB. Gefälligkeitshandlungen sind keine Leihverträge. Der Verleiher haftet nur für Vorsatz und grobe Fahrlässigkeit. Der Entleiher darf von der Sache nur den vertragsgemäßen Gebrauch machen und ist zur Rückgabe verpflichtet.

Leihezwang ↑ Lehnswesen.

Leihhaus ↑ Pfandleiher.

Leihmutter (Ersatzmutter, Surrogatmutter), Bez. für eine Frau, die stellvertretend für eine andere Frau ein Kind nicht empfangen oder austragen kann oder will) deren Kind austrägt und ihr das Kind nach der Geburt überläßt. Strenggenommen besteht eine Leihmutterschaft im medizin. Sinne nur, wenn die L. mit dem Kind genetisch nicht verwandt ist. Es gilt das ÄnderungsG zum AdoptionsvermittlungsG vom 27. 11. 1989, nach dem die Vermittlung von Leihmüttern unter Strafe gestellt wird.

Leimbildner, svw. ↑ Kollagene.

Leime, kolloide, wasserlösl. Klebstoffe, deren Klebwirkung auf organ. Stoffen wie Eiweiß, Gelatine (Glutin), Weizenkleber, Stärke oder Zellulosederivate beruht. **Leimlösungen** sind in warmem Wasser gelöste Leime. **Kaltleim** bindet bei normaler Temperatur, **Warmleim** bei 50–80 °C und **Heißleim** bei 100–160 °C ab. Die als **Glutinleim** bezeichneten Leimarten werden aus Kollagenen gewonnen (Haut-, Knochen-, Lederleim); sie kommen in Form von Tafeln (**Tafelleim**), Plättchen, Perlen (**Perlleim**), Körnern oder Pulvern in den Handel und werden bes. für Holzverleimungen verwendet. **Kaseinleim** besteht u. a. aus Kasein (aus Magermilch) und gelöschtem Kalk. Der **Albuminleim** enthält Blutalbumin (aus dem Blut von geschlachteten Tieren). – Aus pflanzl. Produkten hergestellte L.: **Stärke-** oder **Pflanzenleim** werden bei höherer Temperatur aus verkleisterter Stärke unter Zusatz bestimmter Chemikalien hergestellt. Die aus Dextrinen hergestellten **Dextrinleime** werden zum Verkleben von Papier (Büroleim, Klebpaste) und zur Herstellung gummierter Papiere verwendet. L. aus Pflanzensäften sind z. B. *Gummiarabikum* und *Tragant[gummi]*. Wäßrige L. auf Stärke-, Mehl- oder Zelluloseleimbasis werden meist als **Kleister** bezeichnet. **Kunstharzleime** sind synthet., aus Phenol-, Harnstoff-, Melaminharzen und anderen Kunstharzen hergestellte L., die sehr feste und wasserbeständige, z. T. auch kochfeste Verbindungen liefern (Sperrholz, Spanplatten, Bootsbau). Der zur Holzverleimung häufig verwendete **Weißleim** besteht aus einer Polyvinylacetat-Dispersion mit Zusätzen. – ↑ Klebstoffe.

Leimfarben, pigmenthaltige Anstrichmittel mit wasserlösl. Klebstoffen als Bindemittel; nur für Innenanstriche geeignet.

Leimkraut (Silene), Gatt. der Nelkengewächse mit über 400 weltweit verbreiteten Arten; Kräuter und Halbsträucher; in Deutschland kommen rd. 10 Arten vor, z. B. der **Taubenkropf** (Gemeines L., Silene vulgaris; bis 1 m hoch, weiße Blüten mit netzadrigem, kugeligem Kelch) und das **Stengellose Leimkraut** (Silene acaulis; in den Hochgebirgen der Nordhalbkugel; 1–4 cm hoch, polsterbildend; einzelne Blüten mit roten Kronblättern).

Leierschwänze. Prachtleierschwanz

Leimkraut. Oben: Taubenkropf. Unten: Stengelloses Leimkraut

Leimring

Lein.
Purgierlein
(Höhe bis 30 cm)

Leinblatt.
Wiesenleinblatt

Leinkraut.
Gemeines Leinkraut
(Höhe 20–60 cm)

Leimring (Klebegürtel), mit einer klebenden Masse beschichteter Papierstreifen, der, vor dem ersten Frost um den Stamm von Obstbäumen gelegt, Schädlinge abfangen soll, die am Stamm hochklettern.

Leimruten, zum Vogelfang verwendete, mit Leim bestrichene Ruten; in Deutschland verboten.

Leimsaat (Schleimsame, Collomia), Gatt. der Sperrkrautgewächse mit 15 Arten im westl. N- und S-Amerika; Kräuter mit roten, orangefarbenen oder weißen Blüten in Trugdolden; Zierpflanzen.

Lein (Linum), Gatt. der Leingewächse mit rd. 200 Arten in den subtrop. und gemäßigten Gebieten der Erde; Kräuter oder Halbsträucher; Blüten blau, weiß, gelb oder rot. In Deutschland kommen acht Arten vor, u. a. der Purgier-L. (Linum catharticum) und der ↑Alpenlein; wirtsch. wichtig ist der ↑Flachs.

Leinberger, Hans, *Landshut (?) zw. 1480 und 1485, † ebd. nach 1530, dt. Bildhauer. – Zw. 1513–30 in Landshut nachweisbar; erfüllt seine Figuren mit leidenschaftl. Pathos und kraftvollem Ausdruck; stark bewegter Faltenstil. – *Werke:* Hochaltar der ehem. Stiftskirche Sankt Kastulus in Moosburg a. d. Isar (1513/14), Maria mit dem Kind (Landshut, Sankt Martin, um 1520), Hl. Georg (Münchener Frauenkirche, um 1525).

Leinblatt (Vermainkraut, Thesium), Gatt. der zweikeimblättrigen Leinblattgewächse (Santalaceae), v. a. in Afrika und im Mittelmeergebiet; grüne Halbschmarotzer mit kleinen, trichterförmigen Blüten in Trauben oder Rispen; z. B. das Wiesen-L. (Thesium pyrenaicum).

Leindotter (Camelina), Gatt. der Kreuzblütler mit 10 Arten in M-Europa, im Mittelmeergebiet und in Z-Asien; Kräuter mit einfachen, pfeilförmigen Blättern und gelben Blüten. In Deutschland kommt nur der **Öldotter** (Camelina sativa) vor; 30–100 cm hoch. Eine Unterart wurde früher zur Gewinnung von Öl kultiviert.

Leine, linker Nebenfluß der Aller, entspringt im Eichsfeld bei Worbis, fließt zunächst nach W, dann im Leinegraben nach N, mündet nördlich von Schwarmstedt, 241 km lang, 112 km schiffbar.

Leine, svw. dünnes Seil.

Leinebergland, Teil des Niedersächs. Berglandes beiderseits der mittleren Leine. Dazu zählen links der Leine Selter (393 m), Duinger Berg (330 m) und Thüster Berg (441 m), denen im NO der Külf vorgelagert ist, rechts der Leine die Sieben Berge (395 m), anschließend der Sackwald, der bis im SO bis zum Heber erstreckt.

Leinefelde, Stadt im Oberen Eichsfeld, Thür., an der oberen Leine, nördlich des Dün, 16 000 E. Baumwollspinnerei und Zwirnerei. – 1227 erstmals urkundlich erwähnt, 1815 von der erzbischöfl. Herrschaft Mainz zu Preußen, seit 1969 Stadt.

Leinegraben, 40 km langer, 8 km breiter Teil der ↑Mittelmeer-Mjösen-Zone in Nds.; bes. deutlich ist der 200 m hohe Bruchrand beiderseits der Leine zw. Friedland und Northeim ausgebildet.

Leinen (Leinengewebe), dauerhaftes, glattes Gewebe in allen Bindungsarten, das in Kette und Schuß aus reinen Flachsfasergarnen (Leinwandgarnen) besteht (↑Halbleinen); bes. dichte, feinfädige L.gewebe werden als **Feinleinen** bezeichnet, grobe, kräftige als **Bauernleinen.** Verwendung finden sie u. a. als Bett- und Tischwäsche, Geschirrtücher, Möbel- und Kleiderstoffe, Maler- L., Segeltuch. *Geschichte:* Gewebe aus Flachsfasern lernten die Griechen von den Phönikern kennen. Berühmt waren die feinen ägypt. L.gewebe (z. B. Mumienbinden). Griechen und Römer waren vorwiegend auf Flachsimporte angewiesen. Im MA war L. neben Wolle der wichtigste Kleidungsstoff. Mit der Ausbreitung der Baumwolle sank diese Bedeutung.

Leineneinband, Einbandart, bei der der Buchblock von einer vollständig *(Ganz-)* oder teilweise *(Halb-L.)* mit Gewebe aus reinen Flachs- oder Leinengarnen überzogenen Buchdecke umschlossen ist.

Leinenfasern, svw. ↑Flachs.

Leinfelden-Echterdingen, Krst. in Bad.-Württ., südl. an Stuttgart anschließend, 432 m ü. d. M., 35 000 E. Spielkartenmuseum, Mühlenmuseum; metallverarbeitende und Elektroind., Spielkartenfabrik, Orgelbau, internat. ⚘ von Stuttgart. – 1975 durch Zusammenlegung der Stadt Leinfelden (1269 erstmals erwähnt, 1965 Stadtrecht) mit der Gemeinde Echterdingen entstanden.

Leingewächse (Linaceae), Pflanzenfam. der Zweikeimblättrigen mit etwa 25 Gatt. und rd. 300 Arten von den Tropen bis in die gemäßigten Zonen; Blüten meist in ährenförmigen Wickeln oder rispigen Trugdolden. Zu den L. zählen viele Zier- und Nutzpflanzen, v. a. Arten der Gatt. ↑Lein.

Hans Leinberger. Madonna, links daneben Sankt Kastulus, rechts Kaiser Heinrich II., Schreinfiguren im Hochaltar der ehemaligen Stiftskirche Sankt Kastulus in Moosburg a. d. Isar, 1513/14

Leiningen, ehem. Gft. und gräfl. Fam. im Wormsgau (spätere Erwerbungen im Speyergau, im Elsaß und in Lothringen). 1317 entstanden durch Teilung die ältere Linie (1467 im Mannesstamm erloschen, in weibl. Linie unter dem Namen Grafen zu *L.-Westerburg* fortgeführt) und die jüngere Linie, die 1467 aus dem Erbe der älteren Linie die Gft. Dagsburg erhielt und seither den Namen *L.-Dagsburg* führte. Diese teilte sich 1560 in die Linien *L.-Dagsburg-Falkenburg* und *L.-Dagsburg-Hardenburg,* die 1779 in den Reichsfürstenstand erhoben wurde und 1803 ein neuerrichtetes (1806 Baden unterstelltes) rechtsrhein. Ft. um Amorbach erhielt.

Leinkraut (Frauenflachs, Linaria), Gatt. der Rachenblütler mit rd. 150 Arten auf der Nordhalbkugel, v. a. im Mittelmeergebiet und in Vorderasien; überwiegend Kräuter; Blüten gespornt, zweilippig. In Deutschland kommen 6 Arten vor, u. a. das an Dämmen, auf Dünen und Äckern häufige **Gemeine Leinkraut** (Linaria vulgaris) mit gelben Blüten.

Leino, Eino [finn. 'leino], eigtl. Armas E. Leopold Lönnbohm, *Paltamo (Prov. Oulu) 6. Juli 1878, †Tuusula (Prov. Uusimaa) 10. Jan. 1926, finn. Schriftsteller. – Gilt heute als bedeutendste Gestalt der neuromant. finn. Literatur; war in allen literar. Gattungen tätig, auch als Übersetzer (u. a. Goethe, Schiller, Dante).

Leinöl, ein aus Leinsamen gewonnenes Öl v. a. zur Herstellung von Firnissen, Ölfarben und Linoleum, auch als Speiseöl.

Leinpfad (Treidelweg), Weg unmittelbar an Flüssen und Kanälen, von dem aus früher Menschen oder Tiere Kähne gegen die Strömung ziehen **(treideln)** konnten.

Leinsamen, stark ölhaltiger Samen des Flachses.

Leinsdorf, Erich, *Wien 4. Febr. 1912, amerikan. Dirigent östr. Herkunft. – 1937–43 und 1957–62 Dirigent an der Metropolitan Opera in New York, 1962–69 Chefdirigent des Boston Symphony Orchestra sowie 1978–81 des Radio-Sinfonie-Orchesters Berlin.

Leinster [engl. 'lɛnstə], histor. Prov. in SO-Irland, umfaßt die Gft. Carlow, Dublin, Kildare, Kilkenny, Laoighis, Longford, Louth, Meath, Offaly, Westmeath, Wexford und Wicklow; 19 633 km², einschl. der Städte Dublin und Dun Laoghaire 1,85 Mill. E.

Leinwandbindung, Grundbindungsart, bei der die Kettfäden abwechselnd über und unter den Schußfäden liegen.

Leip, Hans, *Hamburg 22. Sept. 1893, † Fruthwilen (Thurgau) 6. Juni 1983, dt. Schriftsteller. – Seine Prosa ist von Abenteuerlust und Liebe zur See bestimmt. Seine Lyrik umfaßt sowohl volksliedhafte, an Shanties erinnernde Balladen (z. T. vertont; weltberühmt wurde „Lili Marleen") als auch kunstvolle „Kadenzen" (1942) und „Pentamen" (1963); auch Dramen und Hörspiele. – *Weitere Werke:* Godekes Knecht (R., 1925), Die kleine Hafenorgel (Ged., 1937), Das Muschelhorn (R., 1940), Bordbuch des Satans. Eine Chronik der Freibeuterei (1959), Das Tanzrad oder ... (Lebenserinnerungen, 1979).

Leiprecht, Carl Joseph, *Hauerz (= Bad Wurzach) 11. Sept. 1903, † Ravensburg 29. Okt. 1981, dt. kath. Theologe. – 1949–74 Bischof von Rottenburg; gründete 1950 in Stuttgart-Hohenheim eine kath. Akademie.

Leipzig, kreisfreie Stadt in Sa., in der Leipziger Tieflandsbucht, an der Weißen Elster und Pleiße, 120 m ü. d. M., 511 000 E. Verw.-Sitz des Landkreises L.; Univ. (gegr. 1409), TH, PH, Herder-Inst. (für Auslandsstudenten), Hochschulen für Musik, Graphik und Buchkunst, Theater sowie für Technik, Wirtschaft und Kultur, Sächs. Akad. der Wiss., Verw.- und Wirtsch.-Akad.; Umweltforschungszentrum Leipzig-Halle; Nat. Forschungs- und Gedenkstätten Johann Sebastian Bach; zahlr. Museen, u. a. Dt. Buch- und Schriftmuseum, Museum für Völkerkunde; Dt. Bücherei, Univ.-Bibliothek; Oper, mehrere Theater, Gewandhausorchester, Thomanerchor; Zoo, botan. Garten. Maschinenbau, elektrotechn. und elektron., polygraph., Textil-, Bekleidungs- und chem. Ind.; Druckereien und Verlage, Buchmesse, Leipziger Messe und internat. Pelzauktion; internat. Eisenbahnknoten (größter Kopfbahnhof Europas), internat. ✈ L.-Halle. Um L. umweltbelastende Braunkohlenindustrie.

Geschichte: In verkehrsgeograph. günstiger Lage entstand an der Stelle einer älteren slaw. Siedlung im 10. Jh. eine 1015 als **urbs Libzi** gen. dt. Burg. In Burgnähe betr. im 12. Jh. dt. Kaufleute eine Marktsiedlung, die gegen 1165 Stadtrecht erhielt. 1409 Gründung der Univ. durch aus Prag ausgezogene dt. Magister und Studenten. Die (seit 1458 jährlich 3) einwöchigen Jahrmärkte erhielten 1497 kaiserl. Privilegien, auf Grund derer sich die Stadt zu einem europ. Handelszentrum entwickelte. Bis Mitte des 18. Jh. erreichte auch das Kunst- und Kulturleben europ. Bedeutung. Im Wirtschaftsleben der Stadt nahmen seit dem späten 17. Jh. Rauchwarenhandel, Musikalienhandel, Notendruck und v. a. Buchhandel und Buchdruck einen bes. Platz ein. Schwere Schäden erlitt L. in den Napoleon. Kriegen. Die Teilung Sachsens 1815 brachte L. in eine wirtsch. Randlage, deren Nachteile erst durch den Beitritt Sachsens zum Dt. Zollverein 1833 gemildert wurden. Der Bau eines sächs.-dt. Eisenbahnnetzes leitete um die Mitte gegen Ende des Jh.mitte eine rege Industrialisierung ein. Mit der Zunahme der Arbeiterschaft wurde die Stadt ein Zentrum der dt. Arbeiterbewegung (1863 Gründung des ADAV); hier wirkten F. Lassalle, A. Bebel und W. Liebknecht. Der 2. Weltkrieg brachte der Stadt schwere Zerstörungen, bes. betroffen wurde der Stadtkern; 1952–90 Hauptstadt des gleichnamigen DDR-Bezirks. – Die **Völkerschlacht bei Leipzig** vom 16.–19. Okt. 1813 bildete den Herbstfeldzug der Befreiungskriege. Die verbündeten Armeen zwangen Napoleon I. zum Rückzug von Dresden nach L., wo es am 16. Okt. zur „Völkerschlacht" (205 000 Mann der Alliierten gegen 190 000 der frz. Armee) kam, am 19. Okt. zur Einnahme von L. und Gefangennahme König Friedrich Augusts I. von Sachsen; Napoleon entkam. – Die von Sept. 1989 bis März 1990 in L. durchgeführten **Montagsdemonstrationen** lösten ähnl. Massenproteste in der gesamten DDR aus und trugen wesentlich zum Sturz des SED-Regimes sowie zur Herstellung der dt. Einheit 1990 bei.

Bauten: Nach schweren Kriegszerstörungen begann seit 1950 der Wiederaufbau und die städtebaul. Neugestaltung der Stadt. Ein Teil repräsentativer histor. Bauten wurde wiederhergestellt, dennoch erlitt die Stadt durch Zerfall ihrer Altbausubstanz einen baul. Niedergang. Am Augustusplatz wurde an der Stelle des zerstörten Neuen Theaters (1864–67, von C. F. Langhans) das Opernhaus (1956–60) errichtet sowie das Hotel „Deutschland" (1963–65), die heutige Gebäudegruppe der Univ. (1968–75, deswegen Sprengung der Univ.-Kirche) und das Neue Gewandhaus (1977–81). In der durch Messehäuser mit zahlr. Passagen (u. a. „Specks Hof", Mädlerpassage [mit Auerbachs Keller], Petershof) geprägten Altstadt wurden am in histor. Proportionen erhaltenen Markt die zerstörten Gebäude des Alten Rathauses (1556 ff. im Renaissancestil; Stadtgeschichtl. Museum Leipzig) und der Alten Waage (1555) wiederaufgebaut. Am Naschmarkt liegt die frühbarocke Alte Börse (1678–87), sw. des Marktes die Thomaskirche (got. Hallenkirche, 14./15. Jh.), östlich des Nikolaikirche (12./16. Jh., Inneres klassizistisch umgestaltet. Das Neue Rathaus wurde 1899–1907 an Stelle der Pleißenburg (Neubau 1550–67) unter Einbeziehung eines Turms der Burg errichtet. In der Nähe des Reichsgerichtsgebäude (1887–95, beherbergt heute das Museum des Reichsgerichts und das Museum der Bildenden Künste). Zu den bed. Bauwerken zählen auch der Hauptbahnhof (1907–15) und der Bayerische Bahnhof (1841–44). In den 1980er Jahren wurden mehrere Stadtzentrumsbereiche erneuert und umgestaltet: die Moritzbastei, die Grimmaische Straße, die Kolonnadenstraße und der Thomaskirchhof (1983–85) mit dem rekonstruierten Bosehaus (jetzt Johann-Sebastian-Bach-Museum). – Im Stadtteil Gohlis das Schillerhaus (Museum) und das Gohliser Schlößchen (um 1755/56). Im SO der Stadt die Deutsche Bücherei (1914–16, mehrmals erweitert; 1978–82 durch ein Büchermagazin ergänzt) und das Völkerschlachtdenkmal (1898–1913).

L., Landkr. in Sachsen.

Leipziger Allerlei, Gemüsegericht aus jungen Erbsen, Karotten, Blumenkohl, Spargel [und Morcheln].

Leipziger Buchmesse, internat. Buchausstellung, die auf die wohl seit dem 15. Jh. in Leipzig veranstalteten Buchmessen (erster Meßkatalog 1594) zurückgeht; seit dem 2. Weltkrieg bis 1990 Teil der Leipziger Messe.

Leipziger Disputation, theolog. Streitgespräch vom 27. Juni bis 16. Juli 1519 zw. A. v. Karlstadt, J. Eck und M. Luther, dessen Hauptthema die Bed. des Papstamtes war. Durch seine – von Eck provozierte – Kritik am päpstl.

Erich Leinsdorf

Leipzig
Stadtwappen

Leipzig
Stadt in Sachsen
·
511 000 E
·
Handelszentrum
(Leipziger Messe)
·
größter Kopfbahnhof
Europas
·
erstmals erwähnt 1015
·
Völkerschlachtdenkmal
·
Gewandhausorchester
·
Thomanerchor
·
Montags-
demonstrationen

Leipzig. Altes Rathaus am Markt, mit dessen Bau 1556 begonnen wurde

Leipziger Messe

Primat und seine Behauptung, daß unter den auf dem Konstanzer Konzil 1415 verurteilten Sätzen von Johannes Hus dem Evangelium gemäße gewesen seien, konnte Luther der Häresie bezichtigt werden.

Leipziger Messe, älteste und lange Zeit bedeutendste internat. Messe; entstanden um 1165, privilegiert 1497 von Kaiser Maximilian I. Im 19. Jh. vollzog sich die Wandlung von der Waren- zur Mustermesse. Nach dem 2. Weltkrieg gewann sie erst allmählich wieder Bedeutung, insbes. für den Ost-West-Handel.

Leipziger Mission (eigtl. Ev.-luth. Mission zu Leipzig), dt. luth. Missionsgesellschaft; 1836 gegr.; aus ihrer Tätigkeit in S-Indien und O-Afrika entstanden starke einheim. Kirchen.

Leipziger Schule ↑ Junggrammatiker.

Leipziger Tieflandsbucht, buchtenförmig in die dt. Mittelgebirgsschwelle eingreifender Teil des Norddt. Tieflandes in Sa. und Sa.-Anhalt.

Leipziger Volkszeitung, dt. Zeitung, ↑ Zeitungen (Übersicht).

Leir [engl. lıə] ↑ Lear.

Leiris, Michel [frz. lɛˈris], *Paris 20. April 1901, frz. Schriftsteller. – Bed. Vertreter der autobiograph. Literatur, u. a. „Mannesalter" (1939), „Lichte Nächte und mancher dunkle Tag" (1945), „Das Band am Hals der Olympia" (1981); auch Lyrik („Ondes", 1988).

Leis [gekürzt aus: Kyrieleis (↑ Kyrie eleison)], Bez. für geistl. Refrainlieder des dt. MA. Strophisch einprägsamer Melodie gesungen und mit „Kyrieleis" beendet wurden.

Leisegang, Hans, *Bad Blankenburg 13. März 1890, † Berlin (West) 5. April 1951, dt. Philosoph. – 1920 Prof. in Leipzig, 1930 in Jena (aus polit. Gründen 1934 entlassen), 1948 an der Freien Universität Berlin; Arbeiten v. a. zur [Religions]philosophie des Altertums, insbes. des Hellenismus und der Gnosis.

Leiser, Erwin, *Berlin 16. Mai 1923, dt. Publizist und Filmregisseur. – Emigrierte 1938 nach Schweden; lebt seit 1962 in Zürich. Internat. Beachtung fanden seine Dokumentationen der Verbrechen des Nationalsozialismus. – *Filme:* Mein Kampf (1959), Eichmann und das Dritte Reich (1961), Die Mitläufer (1985), Ich habe immer Schutzengel gehabt (1989).

Leisewitz, Johann Anton, *Hannover 9. Mai 1752, † Braunschweig 10. Sept. 1806, dt. Dramatiker. – Sein Trauerspiel „Julius von Tarent" (1776) über einen Bruderzwist übte großen Einfluß auf Schiller aus.

Leishmania (Leishmanien) [laɪʃ...]; nach dem brit. Tropenarzt Sir W. B. Leishman, *1865, †1926], Gattung intrazellulär (v. a. in Milz, Leber und Knochenmark) bei Wirbeltieren und beim Menschen parasitierender Flagellaten; werden durch Insekten (v. a. Schmetterlingsmücken) übertragen; Erreger der ↑ Leishmaniasen.

Leishmaniasen (Leishmaniosen) [laɪʃ...; ↑ Leishmania], durch Leishmaniaarten verursachte langwierige und in Abständen wiederkehrende Erkrankungen der Haut (↑ Orientbeule), der Schleimhäute und der Eingeweide (*viszerale L.,* ↑ Kala-Azar).

Leisnig, Stadt im Mittelsächs. Hügelland, Sa., an der Freiberger Mulde, 9 500 E. Maschinen-, Motoren-, Möbelbau, Textil-, Metallwarenind. – 1046 erstmals gen., seit dem 13. Jh. Stadt. – Stadtkirche (15., 17., 19. Jh.), hoch über der Stadt Schloß Mildenstein (v. a. 14. und 15. Jh.; Kreismuseum).

Leiste, schmaler Stab aus Holz, Kunststoff oder Metall zum Verdecken von Fugen (z. B. als *Fuß-L.*) oder zum Schutz von Kanten.
▷ (Leistenbeuge, Regio inguinalis) bei Säugetieren und beim Menschen der seitl. Teil der Bauchwand am Übergang zum Oberschenkel. In der L. zw. Bauchhöhle und Schamgegend verläuft der **Leistenkanal,** der beim Mann den Samenstrang, bei der Frau das Mutterband enthält.

Leisten [zu althochdt. leist, eigtl. „(Fuß)abdruck"], bei der Schuhherstellung als Maß, bei der Reparatur als Gegenhalter benutzte Fußform aus Holz, Kunststoff oder Metall.

Leistenbeuge, svw. ↑ Leiste.

Leistenbruch ↑ Bruch.

Leistenkanal ↑ Leiste.

Leistenkrokodil ↑ Krokodile.

Leistenpilze (Leistlinge, Cantharellaceae), Fam. der Ständerpilze; Pilze mit fast stets offenen Fruchtkörpern; Fruchtschicht auf oft gabelig verzweigten Leisten an der Unterseite des kreisel- bis trichterförmigen Hutes; u. a. Pfifferling und Totentrompete.

Leistikow, Walter [...ko], *Bromberg 25. Okt. 1865, † Schlachtensee (= Berlin) 24. Juli 1908 (Selbstmord), dt. Maler und Graphiker. – 1898 Mitbegr. der Berliner Sezession; stimmungsvolle Motive der märk. Seenlandschaft, z. T. in reinem Jugendstil.

Leistung, Grad der körperl., sittl. und/oder geistigen Selbstbeanspruchung (innerhalb eines Erwartungshorizontes) bzw. ihr Ergebnis; im Vergleich mit einer anderen Gruppe wird sowohl die Einsatzbereitschaft als auch das Ergebnis am (fiktiven) Durchschnitt der Gruppen-L. gemessen, wobei für den L.stand nicht nur die L.motivation entscheidend ist, sondern auch Gegebenheiten wie Befähigung (Begabung, Intelligenz und bestimmte Fähigkeiten [z. B. Schnelligkeit]) und Ausbildungsstand. – ↑ Leistungsgesellschaft.

▷ in der *Physik* (Formelzeichen P) der Quotient aus der verrichteten Arbeit ΔW und der dazu benötigten Zeitdauer Δt, also $P = \Delta W/\Delta t$. Ist die Arbeit nicht konstant, dann ergibt sich die L. als Ableitung der Arbeit nach der Zeit, d. h. $P = dW/dt$. Für die **mechanische Leistung** gilt:

$$P = \frac{F \cdot \Delta s}{\Delta t} \cos \alpha$$

(F Kraft, Δs Weg, α Winkel zw. Kraft- und Wegrichtung). Die **elektrische Leistung** eines Gleichstromes ist $P = U \cdot I$ (U Spannung, I Stromstärke). Für die mittlere elektr. L. eines sinusförmigen Wechselstromes während einer Periode T, die sog. **Wirkleistung** gilt: $P = I_{\text{eff}} \cdot U_{\text{eff}} \cdot \cos \varphi$, wobei I_{eff} die effektive Stromstärke, U_{eff} die effektive Spannung und φ die Phasenverschiebung zw. Spannung und Stromstärke ist. Die Größe $\cos \varphi$ bezeichnet man auch den **Leistungsfaktor.** SI-Einheit der L. ist das Watt (W).

▷ in den *Sozial-* und *Kulturwiss.* ↑ Funktion.

▷ in der *Betriebswirtschaftslehre* das Ergebnis der betriebl. Tätigkeit, der entstandene betriebliche Wertzugang (L. als Ggs. zu den Kosten). Die *Gesamt-L.* des Betriebes setzt sich zusammen aus der Markt-L. (Produktion von Sachgütern und Diensten) und den innerbetriebl. L. (z. B. selbsterstellte Maschinen, Werkzeuge, Reparaturen in eigener Werkstatt).

▷ im *Zivilrecht:* 1. der Gegenstand eines Schuldverhältnisses. Man unterscheidet Haupt-L. (vertragl., wesentl. Pflichten) und die Pflicht des Käufers zur Kaufpreiszahlung) und Neben-L. (dienen der Vorbereitung, Sicherung und Durchführung der Haupt-L., z. B. Auskunftspflichten). Ein Schuldverhältnis erlischt, wenn die geschuldete L. ordnungsgemäß erbracht wird. 2. bei der ↑ ungerechtfertigten Bereicherung die zweckgerichtete bewußte Vermehrung fremden Vermögens.

Leistung an einen Nichtberechtigten, im bürgerl. Recht Leistung des Schuldners an einen Dritten (statt an den Gläubiger), der nicht berechtigt ist, die Leistung anzunehmen; befreit im allg. nicht von der Pflicht, an den Gläubiger (d. h. nochmals) zu leisten.

Leistung an Erfüllungs Statt, vom Gläubiger [mit schuldbefreiender Wirkung] angenommene Leistung einer anderen als der geschuldeten Sache.

Leistung erfüllungshalber, Leistung, die der Schuldner anstelle der von ihm eigtl. geschuldeten erbringt, aus der sich der Gläubiger ersatzweise befriedigen soll, die vom Gläubiger aber nicht als Leistung an Erfüllungs Statt angenommen wird. Die Schuld erlischt erst, wenn dem Gläubiger aus der Ersatzleistung (z. B. Abtretung einer Forderung zur Einziehung) Mittel zufließen.

Leistungsabzeichen, für bes. sportl. Leistungen von verschiedenen Sportverbänden verliehene Auszeichnung, u. a. Deutsches Sportabzeichen, Deutsches Radsport-Abzeichen, Deutsches Reiterabzeichen.

Hans Leisegang

Erwin Leiser

Leistungsbilanz, 1. Bez. für die Erfolgsrechnung im Rahmen der dynam. Bilanztheorie (↑Bilanz); 2. kontenmäßige Gegenüberstellung der zusammengefaßten Werte der Sachgüter- und Dienstleistungstransaktionen zw. der in- und allen ausländ. Volkswirtschaften im Laufe einer Periode. Die L. entsteht aus der Zusammenfassung von Handelsbilanz und Dienstleistungsbilanz und ist eine Teilbilanz der ↑Zahlungsbilanz.

Walter Leistikow. Kraniche, Farblithographie, 1899

Leistungselektrik ↑Elektrotechnik.
Leistungselektronik ↑Elektronik.
Leistungsfaktor ↑Leistung.
Leistungsfutter ↑Futter.
Leistungsgesellschaft, Bez. für eine moderne Ind.gesellschaft, in der die materiellen und sozialen Chancen, die Produktionsergebnisse und die gegenseitigen sozialen Anerkennungen und Bewertungen sowie die sozialen Positionen nach „Leistung" vergeben werden (nicht, wie in ständ. Gesellschaften, nach Herkunft oder Stand). Funktionsvoraussetzung dieses Verteilungs- und Bewertungsprinzips **(Leistungsprinzip)** ist, daß individuelles wie soziales Handeln durch Leistungsmotivation stimuliert werden und ein gewisser Konsens über die Leistungsstandards (inhaltl. Leistungsnormen und -bemessungsgrundlagen) besteht. Die L. soll die Gewähr für optimale gesamtgesellschaftl. Produktivität wie für soziale Chancengleichheit und Gerechtigkeit bieten. An der L. kritisiert wird die Tendenz zu individualistisch-konkurrenzbetonter Lebenseinstellung, die Einsichten in das gesellschaftl. Bedingungsgefüge von persönl. Leistungsvermögen behindere und überdies im Leistungswettbewerb den Einzelnen psych. Streßsituationen und sozialer Entfremdung aussetze.
Leistungsgewicht (Masse-Leistungs-Verhältnis), der Quotient aus dem Gewicht (der Masse) eines Motors bzw. Kraftfahrzeugs und der Nennleistung des Motors. Das L. ist u. a. ein Maß für die erreichbare Beschleunigung.
Leistungsgrad, allg. das Verhältnis zw. einer effektiven Ist-Leistung und einer als Bezugsgröße dienenden Soll-Leistung als Vergleichsmaßstab; kann z. B. für die Ermittlung eines leistungsbezogenen Lohns oder die Planung von Produktionsprozessen herangezogen werden.
Leistungsherz, svw. ↑Sportherz.
Leistungsklage, eine Klageart, bei welcher der Kläger die Verurteilung des Beklagten zu einer Leistung (Tun, Unterlassen, Dulden) anstrebt. Sie dient der Durchsetzung eines fälligen Anspruchs, kann in bes. Fällen (z. B. bei wiederkehrenden Leistungen) aber auch auf künftige Leistung gerichtet sein.
Leistungskurs ↑Grundkurs.
Leistungslohn ↑Lohn.
Leistungsmeßgerät (Wattmeter), Meßgerät zur Ermittlung der Wirkleistung in Gleich- und bes. in Wechselstromnetzen, es wird fast ausschließlich ein elektrodynam. Instrument (Dynamometer) verwendet. L. können auch zur Messung der Blindleistung eingerichtet werden.
Leistungsmotivation, Summe der [sekundären] Bestimmungsgründe eines Individuums, von ihm als wichtig bewertete Aufgaben mit Energie und Ausdauer bis zum erfolgreichen Abschluß durchzuführen.
Leistungsort, Ort, an dem die Leistung aus einem Schuldverhältnis zu erbringen ist (ungenau **Erfüllungsort** gen.). Der L. kann vertraglich bestimmt werden; davon wird meist in allg. Geschäftsbedingungen Gebrauch gemacht. Er kann sich ferner aus den Umständen, insbes. aus der Natur des Schuldverhältnisses ergeben. Ansonsten ist L. der Wohnsitz des Schuldners zur Zeit der Entstehung des Schuldverhältnisses; daher sind Schulden grundsätzlich **Holschulden;** *Bringschulden* (Leistung am Wohnsitz des Gläubigers) müssen bes. vereinbart sein.
Leistungsprinzip ↑Leistungsgesellschaft.
Leistungsprüfung, Prüfung zur Erfassung der Leistungen und bes. Qualitäten von Nutztieren bzw. der Zuchtleistung bei Nutztieren oder Pflanzen.
Leistungsrassen, auf Leistung (z. B. Milch-, Woll-, Fleisch-, Legeleistung) gezüchtete Rassen der landw. Nutztiere.
Leistungsschalter ↑Schalter.
Leistungsschutz, der rechtl. Schutz, den bestimmte wiss., techn., organisator. oder künstler. Leistungen auf Grund des Urheberrechtsgesetzes (§§ 70–87) genießen. Im Unterschied zur Werkleistung des Urhebers stellen diese Leistungen keine schöpfer. geistige Arbeit, sondern i. d. R. eine Nachschöpfung dar (Wiedergabe oder Auswertung eines fremden Werks). – ↑Urheberrecht.
Leistungssport ↑Sport.
Leistungsverfügung ↑einstweilige Verfügung.
Leistungsverstärker ↑Verstärker.
Leistungsverwaltung, 1. im materiellen Sinne die staatl. und kommunale Betätigung auf dem Gebiete der Daseinsvorsorge; 2. im organisator. Sinne die Gesamtheit der staatl. und kommunalen Einrichtungen, die Aufgaben der L. im materiellen Sinne erfüllen. Zur L. zählen u. a. Bau und Unterhaltung von Straßen und Schiffahrtswegen, das Post- und Telegrafenwesen, die Energieversorgung, Müll- und Abwasserbeseitigung, Unterricht und Bildung, das Gesundheitswesen, Sozialversicherung und Sozialhilfe, die Wohnungsbauförderung und die Subventionsgewährung auf zahlreichen Gebieten. Die L. bedient sich sowohl öff.-rechtl. als auch privatrechtl. Organisationsformen und Gestaltungsmittel.
Leistungsverweigerung, Verhalten bes. von Jugendlichen, die aus Protest gegen Leistungsprinzip, Leistungsdruck und allg. gegen die ↑Leistungsgesellschaft die von der Allgemeinheit oder von bestimmten Autoritätspersonen (z. B. Eltern, Lehrer) gestellten Leistungsanforderungen bewußt nicht erfüllen.
▷ im *Recht* die Verweigerung einer vertraglich geschuldeten Leistung. Sofern nicht ein Recht auf L. besteht (↑Einrede, ↑Zurückbehaltungsrecht), greifen die gesetzl. bzw. vertragl. Regelungen über die Vertragsverletzung (z. B. ↑Vertragsstrafe).
Leistungszeit, Zeitpunkt, zu dem ein Schuldverhältnis zu erfüllen ist. Die Bestimmung der L. unterliegt der freien Vereinbarung der Vertragsparteien. Ist eine Zeit für die Leistung weder bestimmt noch aus den Umständen zu entnehmen, so kann der Gläubiger die Leistung sofort verlangen, der Schuldner sie sofort bewirken. Der Zeitpunkt, an dem der Schuldner leisten muß, ist die **Fälligkeit.** Die **Erfüllbarkeit** bestimmt, wann der Schuldner leisten darf.
Leistungszulage, Teil des Arbeitsentgelts, das für überdurchschnittl. Leistungen gezahlt wird.
Leitartikel, publizist., kommentierender Beitrag in einer Zeitung oder Zeitschrift an bestimmter, oft hervorgehobener Stelle, in dem aktuelle Zeitfragen erörtert werden.
Leitbild, im Unterschied zum konkreten Vorbild Bez. für Vorstellungen über Verhaltensideale von Menschen oder Menschengruppen (insbes. bei ideolog. „Bewegungen").
Leitbündel (Gefäßbündel), strangförmig zusammengefaßte Verbände des Leitgewebes bei höheren Pflanzen. Sie stellen ein verzweigtes Röhrensystem dar und durchziehen den ganzen Pflanzenkörper. Ihre Aufgabe ist der Transport

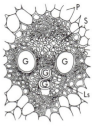

Leitbündel.
Schematischer Querschnitt durch ein kollaterales Leitbündel des Maissprosses:
G Gefäß des Xylems,
S Siebteil,
P Parenchym,
Ls Leitbündelscheide

Ferdinand Leitner

von Wasser und den darin gelösten Nährsalzen. Zusätzlich haben sie Festigungsfunktion. Die L. sind von einer L.scheide aus Parenchym oder Festigungsgewebe umgeben. Die beiden in den L. vorkommenden Gewebearten sind Sieb- und Gefäßteil, einschl. Grundgewebe (Bast- und Holzparenchym) und Festigungselemente (Bast- und Holzfasern). Der **Siebteil** *(Bastteil, Phloem)* besteht aus lebenden, langgestreckten, unverholzten Siebröhren mit siebartig durchbrochenen Querwänden (Siebplatte) und plasmareichen Zellen mit großen Zellkernen, den *Geleitzellen*. Im Siebteil verläuft der Transport der in den Blättern gebildeten organ. Stoffe zu den Zentren des Verbrauchs. Der **Gefäßteil** *(Holzteil, Xylem)* besteht aus toten, langgestreckten, verholzten Zellen in Form der Tracheen (mit großem Innendurchmesser) und Tracheiden (mit kleinem Innendurchmesser). Im Gefäßteil wird das von den Wurzeln aufgenommene Wasser mit den darin gelösten Nährstoffen sproßaufwärts geleitet.

Je nach räuml. Anordnung der beiden Gewebeteile unterscheidet man: 1. *kollaterale* L., hier liegen Sieb- und Gefäßteil nebeneinander; kommen in den meisten Sprossen und Blättern vor. Grenzen Sieb- und Gefäßteil direkt aneinander, werden sie als *geschlossen kollaterale* L. bezeichnet; werden Sieb- und Gefäßteil durch ein teilungsfähiges Bildungsgewebe (L.kambium) getrennt, nennt man sie *offen kollaterale* L.; 2. *konzentrische* L., ein Gewebeteil wird mantelförmig von einem anderen umschlossen; 3. *radiale* L., enthalten mehrere getrennte Sieb- und Gefäßteile. Im Querschnitt betrachtet, liegen die Siebteile in den Buchten zw. den sternförmig (radial) angeordneten Gefäßteilen.

leitende Angestellte, Arbeitnehmer, die nach Arbeitsvertrag und Stellung im Unternehmen z. B. zur selbständigen Einstellung oder Entlassung von Arbeitnehmern berechtigt sind, Generalvollmacht oder Prokura haben, im wesentlichen weisungsfrei unternehmenswichtige Aufgaben wahrnehmen. Das BetriebsverfassungsG findet, soweit nicht ausdrücklich etwas anderes geregelt ist, auf l. A. keine Anwendung (§ 5 Abs. 3). L. A. haben deshalb kein aktives und passives Wahlrecht zum Betriebsrat. In Betrieben mit i. d. R. mindestens zehn l. A. werden Sprecherausschüsse als eigenständiges betriebl. Interessenvertretungsorgan der l. A. gebildet (SprecherausschußG vom 20. 12. 1988). Nach dem MitbestimmungsG vom 4. 5. 1976 bilden die l. A. bei der Wahl zum Aufsichtsrat eine eigene Gruppe. Für l. A. bestehen gesetzl. Sonderbestimmungen, z. B. bei Kündigungsschutz und Arbeitszeit.

Leiter, (Elektrizitäts-L.) ein Stoff, der den elektr. Strom gut leitet. Elektrisch leitfähig sind auch Elektrolyte (Ionenleitung) und Gase (Ionen- und Elektronenleitung), aber als L. i. e. S. bezeichnet man Festkörper mit einem teilweise besetzten Valenzband (↑Bändermodell), dazu gehören v. a. Metalle; der Stromtransport erfolgt durch Bewegung der fast freien Elektronen im angelegten elektr. Feld; die Elektronendichte und die Stöße mit den Ionen des Kristallgitters bestimmen die elektr. Leitfähigkeit. Diese beträgt bei reinen Metallen 10^7 bis 10^8 S/m. – ↑Halbleiter, ↑Supraleitung.

▷ ↑Freileitungen.

Leiter, Steigvorrichtung, in der einfachsten Form aus durch Sprossen verbundenen hölzernen *L.bäumen* (Holmen) bestehend *(Sprossen-L.)*; Ausführungen in [Leicht]metall meist in Form von *Stufen-L.* mit flachen, waagerechten Trittstufen. Man unterscheidet u. a. nach oben sich verjüngende *Baum-L.,* frei aufstellbare *Steh-L.* mit Stützvorrichtung, *Gerüst-L.* (im Bauwesen), *Strick-L.* (v. a. auf Schiffen) und *Feuer-L.,* das stabile, im Feuerlöschwesen verwendete L. in Form von *Anstell-, Anhänge-, Klapp-, Schieb-* oder *Dreh-L.* mit mehrteiligen Leitersätzen.

Leiterplatte, Montageplatte für elektron. Bauelemente, die aus einem isolierenden, mit Bohrungen versehenen Trägermaterial und kupfernen Leiterbahnen besteht. Die Anschlüsse der Bauelemente werden in die Bohrungen eingefügt und an die Leiterbahnen angelötet.

Leiterspannung ↑Drehstrom.

Leitfähigkeit ↑Wärmeleitfähigkeit.

▷ (elektr. L.), Formelzeichen γ, σ oder $\varkappa$. Kehrwert des spezif. elektr. Widerstandes. SI-Einheit: Siemens durch Meter (S/m). Die L. ist eine temperaturabhängige Materialkonstante. Mit ihr steigt der bei einer gegebenen Spannung fließende Strom. – ↑Leiter.

Leitform svw. ↑Charakterart.

Leitfossilien ↑Fossilien.

Leitgeb, Josef, *Bischofshofen 17. Aug. 1897, †Innsbruck 9. April 1952, östr. Schriftsteller. – Lyriker in der Nachfolge von G. Trakl und R. M. Rilke; Erzähler („Kinderlegende", R., 1934).

Leitgewebe, Nähr- und Aufbaustoffe transportierendes pflanzl. Dauergewebe. – ↑Leitbündel.

Leith [engl. li:θ] ↑Edinburgh.

Leitha, rechter Nebenfluß der Donau, entsteht südlich von Wiener Neustadt (Österreich) aus zwei Quellflüssen, mündet bei Mosonmagyaróvár, Ungarn, 180 km lang.

Leithagebirge, Ausläufer der Zentralalpen im östl. Österreich, im Sonnenberg 483 m hoch.

Leitich, Ann Tizia, verh. Korninger, *Wien 25. Jan. 1897, †ebd. 3. Sept. 1976, östr. Schriftstellerin. – Behandelt in ihren Romanen v. a. Wiener Stoffe; schrieb auch kulturhistor. und biograph. Werke. – *Werke:* Vienna gloriosa (1947), Der Kaiser mit dem Granatapfel (R.-Biogr., 1955), Damals in Wien (1958), Eine rätselhafte Frau (R.-Biographie, 1967).

Leitisotop ↑Indikatormethode.

Leitmeritz ↑Litoměřice.

Leitmotiv, in Programm- und in wortgebundener *Musik* ein rhythmisch, melodisch oder harmonisch prägnantes Tongebilde, das durch sein wiederholtes Auftreten bei bestimmten Worten, Personen, realen oder vorgestellten dramat. Situationen eine symbol. Bed. erhält und der Verdeutlichung und Kommentierung des Geschehens dient. Die Technik des L. geht auf die Verwendung von Erinnerungs- oder personencharakterisierenden Motiven in Opern der Wiener Klassik (Mozart), der frz. Schule (Grétry, Méhul), der dt. Romantik (Spohr, E. T. A. Hoffmann, C. M. von Weber, Marschner) und auf die „idée fixe" der Sinfonik Berlioz' zurück. Bei R. Wagner bildet sie das vorrangige musikdramat. Gestaltungsprinzip: Das ganze Werk ist als ein Gewebe von wiederkehrenden und kontrastierenden Grundthemen komponiert. In der Oper nach Wagner (z. B. R. Strauss, Debussy, A. Berg) spielt das L. ebenfalls eine große Rolle. Auch in der Filmmusik wird es vielfach benutzt.

Leitner, Ferdinand, *Berlin 4. März 1912, dt. Dirigent. – War nach Stationen in Berlin, Hamburg und München 1947–69 Operndirektor (1950 Generalmusikdirektor) in Stuttgart, 1969–84 Opernchef in Zürich sowie 1976–80 Leiter des Residentie-Orkest in Den Haag.

Leitomischl ↑Litomyšl.

Leitpflanzen, Pflanzenarten, die ein Gebiet oder eine Pflanzengesellschaft kennzeichnen; z. B. der Glatthafer auf Talwiesen. Eine Gruppe der L. sind die ↑Bodenanzeiger.

Leitplanke (Führungsplanke), Schutzvorrichtung entlang des Straßenrandes, bes. in Kurven, bei Autobahnen auch auf dem Mittelstreifen; meist aus Profilstahl.

Leitrad, in einer Strömungsmaschine ringförmig gruppierte feststehende Anordnung von Schaufeln *(Leitschaufeln),* in der die Druckenergie des durchströmenden Mediums in Geschwindigkeitsenergie umgewandelt oder umgekehrt umgewandelt oder nur die Strömungsrichtung geändert wird. – ↑Laufrad.

Leitrim [engl. 'li:trim], Gft. in NW-Irland, 1 525 km², 25 000 E (1991), Verwaltungssitz Carrick-on-Shannon.

Leitschou ↑Leizhou.

Leitstrahl, ein als Funknavigationshilfe oder der Fernlenkung dienender gerichteter Sendestrahl (z. B. beim ↑Instrumentenlandesystem).

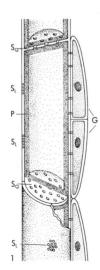

Leitbündel. 1 Siebröhre mit Geleitzellen (G Geleitzellen, P plasmatischer Wandbelag, S_Q Siebplatten in den Querwänden, S_L Siebplatten in den Längswänden); 2 Gefäß mit netzförmiger Verdickung; schematische Darstellungen, Objekte jeweils im oberen Teil der Länge nach aufgeschnitten

Leitstudie (Explorationsstudie), sozialwiss. Beobachtungsverfahren zur Vorbereitung einer größeren Untersuchung. Es wird mit der L. versucht, die wichtigsten veränderl. Größen eines Bereichs möglichst vollständig zu erfassen, damit sie auch in der eigtl. Untersuchung angemessen repräsentiert sind.

Leittier, in der *Biologie* Bez. für das ranghöchste, führende Alttier in Herden mit Rangordnung.

Leitton, ein Ton, der auf Grund seiner harmon. oder melod. Bindung nach Auflösung in einen um einen Halbtonschritt entfernten Ton (steigend oder fallend) strebt, im Dur-Moll-System bes. der Halbton unter der Tonika. Der L. kann natürlich (leitereigen) oder künstlich (durch chromat. Erhöhung oder Erniedrigung gebildet) sein.

Leitung, aus dem arbeitsteiligen Arbeitsprozeß resultierende Funktion menschl. Handelns, die Zielsetzung, Entscheidung, Organisation und Kontrolle in bezug auf Tätigkeiten anderer Personen bei der Aufgabenerfüllung zum Inhalt hat.

▷ (elektr. L.) draht- oder röhrenförmiger metall. Leiter zur Übertragung elektr. Energie vom Erzeuger zum Verbraucher bzw. zur Übertragung von elektr. Signalen (z. B. Nachrichtenübertragung). In der prakt. Ausführung unterscheidet man zw. *Außen-L.* (Frei-L., [Erd]kabel) und *Innen-L.* (d. h. in Räumen verlegte elektr. L.). Zu den Innen-L. zählen Kupfer-L. mit Gummi- oder Kunststoffisolierung und zusätzl. Ummantelung bei mehradrigen L. Die bes. flachen *Steg-L.* bestehen aus einzelnen isolierten Adern, deren Umhüllung einen zusammenhängenden Steg bildet. In der Hoch- und Höchstfrequenztechnik spielen die L. für hochfrequente Ströme und elektromagnet. Wellen (sog. *Wellen-L.*) eine bes. Rolle. Durch eine metall. Abschirmung oder eine Ausführung als Koaxialkabel können L.verluste verringert und auch bei höheren Frequenzen (insbes. wenn die L.länge $^1/_{10}$ der Wellenlänge der zu übertragenden elektr. Schwingung überschreitet) die Wellen im Innern des Kabels geführt werden. Im Frequenzbereich oberhalb von 1 GHz werden Hohlleiter oder Hohlkabel verwendet.

▷ svw. ↑Rohrleitungen.

Leitungsanästhesie ↑Anästhesie.

Leitungsband ↑Bändermodell.

Leitungselektronen, Bez. für die Elektronen, die als Ladungsträger für den Stromtransport verantwortlich sind.

Leitwährung, Währung, die im internat. Geld- und Kapitalmarkt weit verbreitet ist, zu der andere Länder ihre Währung in einem festen Wechselverhältnis halten und die internat. Transaktions- und Reservewährung ist.

Leitwerk ↑Flugzeug.

▷ in der *Datenverarbeitung* svw. ↑Steuerwerk.

Leitwert (elektrischer L.), Formelzeichen *G,* der Kehrwert des elektr. Widerstandes; SI-Einheit des L. ist das Siemens (S).

Leitzahl (Blitzleitzahl), in der Photographie von der Filmempfindlichkeit abhängige, die Lichtleistung eines Blitzlichtgerätes kennzeichnende Hilfszahl. Die zu wählende Blendenzahl ist der Quotient aus L. und Entfernung (in Metern) zum Aufnahmegegenstand.

Peter Lely. Zwei Damen der Familie Lake, um 1660 (London, Tate Gallery)

Leitzins, von der Notenbank festgesetzter Zinssatz für Refinanzierungskredite an die Geschäftsbanken, i. d. R. der Diskontsatz; dient als Instrument der Geldpolitik.

Leitzmann, Albert, *Magdeburg 3. Aug. 1867, †Jena 16. April 1950, dt. Germanist. – Ab 1898 Prof. in Jena; zahlr. Untersuchungen zur Literatur des MA und des 18./19. Jh. Hg. von mittelhochdt. Texten.

Leizhou [chin. lɛidʒoʊ] (Leitschou), südchin. Halbinsel in der Prov. Guangdong, rd. 130 km lang, 7 500 km²; wellige Rumpffläche (10–50 m ü. d. M.), Hauptort Zhanjiang; bed. Seesalzgewinnung.

Lejeune-Dirichlet, Peter [ləˈʒœn diriˈklɛ:] ↑Dirichlet, Peter.

Lek, schiffbarer Flußarm im Rhein-Maas-Delta, Niederlande; 61 km lang.

Lek [benannt nach dem urspr. Münzbild (Alexander der Große)], Währungseinheit in Albanien; 1 Lek = 100 Qindarka.

Lektion [zu lat. lectio „das Lesen"], in den christl. Gottesdiensten Bez. für die Schriftlesung, auch übertragen auf die gelesenen [Bibel]abschnitte; in der kath. Liturgie in Messe und Offizium musikalisch gestaltet im *L.ton.* – Allg. Bez. für Lehrstunde, Lehrvortrag bzw. den Abschnitt eines Schul-, Lehr- oder Übungsbuches; in übertragener Bed.: Zurechtweisung.

Lektionar [lat.], Lesepult.

▷ in den *Ostkirchen* und in der *kath. Kirche* das Buch mit den Schriftlesungen für Eucharistiefeier und Stundengebet. – In den *ev. Kirchen* das Buch mit den liturg. Lesestücken in der Ordnung des Kirchenjahres.

Lektor [lat. „Leser, Vorleser"], im christl. Gottesdienst der Laie, der die bibl. Lesungen vorträgt.

▷ Mitarbeiter bei Verlagen, oft im **Lektorat,** z. T. auch bei Rundfunk- und Fernsehanstalten. Der Verlags-L. begutachtet eingehende Manuskripte, veranlaßt gegebenenfalls Umarbeitungen, macht Vorschläge für Buchprojekte, sucht dafür Autoren oder Übersetzer.

▷ Lehrkraft an wiss. Hochschulen für überwiegend prakt. Übungstätigkeit, v. a. für Fremdsprachen.

Lektüre [frz., zu lat. legere „lesen"], 1. das Lesen [einer Schrift]; 2. der Gegenstand des Lesens, der Lesestoff.

Lekythos [griech.], griech. Henkelkrug; kleines Salbgefäß mit schmalem Hals, häufig Grabbeigabe, bes. die weißgrundigen, farbig bemalten Lekythen des 5. Jh. v. Chr.; auch auf Gräbern (hohe Marmorvasen).

Leland, Charles Godfrey [engl. ˈliːlənd], *Philadelphia 15. Aug. 1824, †Florenz 20. März 1903, amerikan. Schriftsteller. – Betrieb folkloret. Studien, u. a. bei Zigeunern. Bekannt v. a. durch die „Hans Breitmann's ballads" (1871), die das Leben der Deutschamerikaner darstellen.

Lelewel, Ignacy (Joachim) *Warschau 22. März 1786, †Paris 29. Mai 1861, poln. Historiker preuß. Abkunft. – Prof. in Wilna (1815–18 und 1822–24) und Warschau (1818–22); 1824 aus polit. Gründen entlassen. Während des Aufstandes 1830/31 Mgl. der Nat.reg.; lebte danach in Paris und Brüssel; bed. Arbeiten zur ma. und neueren poln. Geschichte.

Leloir, Luis [frz. ləˈlwaːr], *Paris 6. Sept. 1906, †Buenos Aires 3. Dez. 1987, argentin. Biochemiker frz. Herkunft. – 1941 Prof. in Buenos Aires. Erkannte, daß die Biosynthese der Polysaccharide stets nach dem gleichen Prinzip verläuft, und entdeckte, daß hierbei Nukleotide als Enzyme fungieren. 1970 Nobelpreis für Chemie.

Lelouch, Claude [frz. ləˈluʃ], *Paris 30. Okt. 1937, frz. Filmregisseur, -produzent und Kameramann. – Arbeitet mit betont ästhet. Kameraeinstellungen, u. a.: „Ein Mann und eine Frau" (1966), „Das Leben, die Liebe, der Tod" (1968), „Voyou" (1970), „Ein Leben lang" (1974), „Ein Hauch von Zärtlichkeit" (1976), „Ein Mann und eine Frau ... 20 Jahre danach" (1986), „Der Löwe" (1989).

Lely, Sir (seit 1680) Peter [engl. ˈliːlɪ], eigtl. Pieter van der Faes, *Soest (Westfalen) 14. Sept. 1618, †London 7. Dez. 1680, niederl.-engl. Maler. – Ab etwa 1641 in England. Steht v. a. mit seinem Frühwerk in der Nachfolge van Dycks, nach dessen Tod führender Bildnismaler Englands;

Lekythos. Attisches Ölgefäß des sogenannten Saburowmalers, Ton, um 450–440 v. Chr. (Berlin-Charlottenburg, Antikenmuseum)

Luis Leloir

Lelystad

Stanisław Lem

Jack Lemmon

Ute Lemper

Lemberg
Stadtwappen

u. a. Serie der Windsor Beauties (heute Hampton Court Palace).

Lelystad, niederl. Ort an der W-Küste des Polders Ostflevoland, 58 100 E. Zentrum und Verwaltungssitz der Prov. Flevoland. – Metallverarbeitende, Lack- und Gummiwarenind., Bau von Jachten. – 1958 gegründet.

Lem, Stanisław, *Lemberg 12. Sept. 1921, poln. Schriftsteller, – Arzt; Begr. der Poln. Astronaut. Gesellschaft; schreibt neben philosoph., literar. und kybernet. Essays, Hör- und Fernsehspielen v. a. utop., jedoch Struktur und Methode gegenwärtigen wiss. Denkens spiegelnde Romane und Erzählungen, mit denen er zu den bedeutendsten Science-fiction-Autoren zählt; u. a „Das Hospital der Verklärung" (R., 1948), „Der Planet des Todes" (R., 1951), „Eden" (R., 1959), „Solaris" (R., 1961), „Die Jagd" (En., 1968), „Die Astronauten" (R., 1970), „Die Untersuchung" (R., 1971), „Transfer" (R., 1973), „Der Schnupfen" (R., 1974), „Fiasko" (R., 1986).

Lemaire de Belges, Jean [frz. ləmɛrdəˈbɛlʒ], *Bavay (bei Valenciennes) 1473, †vor 1525 (?), frz. Dichter. – Führte italien. Formen- und Gedankengut in die frz. Dichtkunst ein; den Rhétoriqueurs nahestehend; Vorläufer der Pléiade.

Lemaitre, Jules [frz. ləˈmɛtr], *Vennecy (Loiret) 27. April 1853, †Tavers (Loiret) 5. Aug. 1914, frz. Schriftsteller. – Gilt mit Studien über zeitgenöss. Schriftsteller, in seinen Chroniken und Theaterkritiken als Wegbereiter der impressionist. Kritik; verfaßte auch Lyrik, Erzählungen und Dramen.

Lemaître [frz. ləˈmɛtr], Frédérick, *Le Havre 28. Juli 1800, †Paris 26. Jan. 1876, frz. Schauspieler. – Führender Darsteller der frz. Romantik.

L., Georges, *Charleroi 17. Juli 1894, †Löwen 20. Juni 1966, belg. Theologe und Astrophysiker. – Von ihm stammt die Theorie vom expandierenden Weltall und vom Urknall.

Léman (Republik L.) [frz. leˈmã], Name der Waadt 1798 nach der Trennung von Bern (Jan.) und dem Einmarsch frz. Revolutionstruppen bis zur Eingliederung (April) als Kt. Léman in die Helvet. Republik.

Léman, Lac [frz. lakleˈmã], frz. für ↑Genfer See.

Lemass, Seán [engl. ləˈmɑːs], *Dublin 15. Juli 1899, †ebd. 11. Mai 1971, ir. Politiker (Fianna Fáil). – Kämpfte 1919–23 gegen die neue ir. Reg. und den brit.-ir. Ausgleich; ab 1924 Abg., zw. 1932 und 1959 mehrmals Min., u. a. für Handel und Ind.; 1959–66 Min.präsident.

Lembeck, ehem. Gemeinde im Landkreis Recklinghausen, NRW, heute zu Dorsten; münsterländ. Wasserschloß (Ende des 17. Jh. neu erbaut); Michaelskapelle (1726) und Ausstattung des Großen Saals (nach 1729) im Herrenhaus von J. C. Schlaun.

Lemberg (russ. Lwow), Gebietshauptstadt im W der Ukraine, 790 000 E. Orth. Bischofssitz; Univ. (gegr. 1661), neun Hochschulen, Museen und Theater, Philharmonie. Maschinen-, Autobusbau, elektrotechn., chem., polygraph., Nahrungsmittel- u. a. Ind.; ➷.

Geschichte: Um 1250 als Festung gegen die Mongolen gegr.; die Stadt entwickelte sich im 13./14. Jh. zu einem bed. Handels- und Handwerkszentrum. 1349 für Polen erobert; erhielt Magdeburger Stadtrecht; fiel 1772 an Österreich; bis 1918 Hauptstadt des östr. Reichsteils Galizien und Lodomerien; wurde 1918/19 poln., 1939 von der UdSSR annektiert; gehörte während der dt. Besetzung (1941–44) zum Generalgouvernement; die jüd. Bev. wurde deportiert und vernichtet; 1944 von der Roten Armee zurückerobert; Vertreibung der poln. Bevölkerung.

Bauten: Bed. Kirchen sind u. a. die Uspenski-Kathedrale (17. Jh.) mit dem Glockenturm „Kornjakt" (1578; 66 m hoch), die röm.-kath. Kathedrale (14./15. Jh.), die Armen. Kirche (14.–20. Jh.).

Lemberg, mit 1 015 m höchster Berg der Schwäb. Alb.

Lemberger ↑Limberger.

Lemercier, Jacques [frz. ləmɛrˈsje], *Pontoise bei Paris um 1585, †Paris 4. Juni 1654, frz. Baumeister. – Gehört neben F. Mansart und L. Le Vau zu den Initiatoren der klass. frz. Architektur des Barock. Schuf u. a. die berühmte Kuppel für die Pariser Kirche Val-de-Grâce (1646 ff.), den Plan für die Stadt Richelieu (ausgeführt ab 1631) und die Kirche der Sorbonne (1635–56).

Lemgo, Stadt im Lipper Bergland, NRW, 98 m ü. d. M., 42 000 E. Fachhochschule Lippe (Abteilung L.), Holzverarbeitung, Maschinenbau, Herstellung von Dentalinstrumenten und Laborgeräten. – Gegen Ende des 12. Jh. als befestigte Stadt gegr.; schon im 13. Jh. Mgl. der Hanse. – Got. Hallenkirchen, u. a. Sankt Nikolai in der Altstadt und Sankt Marien in der Neustadt sowie zahlr. Fachwerk- und Steinhäuser des 16. Jh.; Rathaus (15.–17. Jh.).

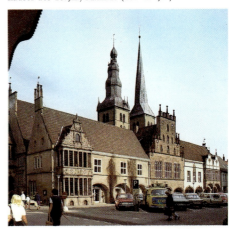

Lemgo. Das aus acht Baukörpern bestehende Rathaus, 15.–17. Jahrhundert

Lemma [griech.], Stichwort in einem Nachschlagewerk. ▷ in *Logik* und *Mathematik* ein Hilfssatz zur Ableitung anderer Sätze.

Lemmer, Ernst, *Remscheid 28. April 1898, †Berlin (West) 18. Aug. 1970, dt. Politiker. – Seit 1918 Mgl. der DDP; 1922–33 Generalsekretär der Hirsch-Dunckerschen Gewerkschaften; 1924–33 MdR; 1945 Mitbegr. der CDU in der SBZ, 1947 deren 2. Vors., 1948 von der SMAD abgesetzt; 1950–56 Fraktionsvors., 1956–61 Landesvors. der CDU von Berlin (West); 1952–70 MdB; 1956/57 Bundespostmin.; 1957–62 Bundesmin. für gesamtdt. Fragen; 1964/65 Bundesvertriebenenmin.; 1965–69 Sonderbeauftragter des Bundeskanzlers für Berlin.

Lemminge (Lemmini) [dän.], Gattungsgruppe der Wühlmäuse mit elf Arten in N-Europa, N-Asien und N-Amerika; Körper gedrungen, etwa 7,5–15 cm lang; Vorderfüße mit langen Krallen. – L. verbringen die Wintermonate weitgehend unter der Schneedecke (halten jedoch keinen Winterschlaf). Sie neigen in der warmen Jahreszeit zur Massenvermehrung, was zu Wanderungen (Lemmingzüge) bes. beim Skand. Lemming (Berglemming, Lemmus lemmus) führen kann. Die L. machen bei diesen Wanderungen oft auch an der Meeresküste nicht halt und ertrinken (trotz guten Schwimmvermögens) in großen Mengen bei dem Versuch, Meeresarme zu überqueren.

Lemmon, Jack [amerikan. ˈlɛmən], *Boston 8. Febr. 1925, amerikan. Schauspieler und Regisseur. – Internat. Erfolg mit seiner subtilen, nuancenreichen Spielweise; v. a. kom. Rollen; u. a. „Manche mögen's heiß" (1959), „Das Appartement" (1960), „Das Mädchen Irma la Douce" (1963), „Ein seltsames Paar" (1967), „Vermißt" (1982), „Macaroni" (1985), „Dad" (1989).

Lemniskate [lat., zu griech. lēmnískos „(wollenes) Band"], ebene algebraische Kurve in Form einer liegenden Acht; eine ↑Cassinische Kurve.

Lemnos, griech. Insel, ↑Limnos.

Lemongras [engl. ˈlɛmən „Zitrone"], svw. ↑Zitronellgras.

Lemongrasöl [engl. 'lɛmən], rötlichgelbes äther. Öl von intensivem Zitronengeruch und -geschmack; Destillat frischer Triebe verschiedener Bartgrasarten; enthält 70–85% Zitral; Verwendung in der Parfüm-, Seifen- und Genußmittelindustrie.

Lemonnier, Camille [frz. ləmɔ'nje], * Ixelles bei Brüssel 24. März 1844, † Brüssel 13. Juni 1913, belg. Schriftsteller. – Schildert in seinen Romanen, u. a. „Der Wilderer" (1881), „Der eiserne Moloch" (1886), „Es geht ein Wind durch die Mühlen" (1901), naturalistisch-sozialkritisch das Leben der Landleute und Fabrikarbeiter.

Le Moyne (Le Moine), François [frz. lə'mwan], * Paris 1688, † ebd. 4. Juni 1737 (Selbstmord), frz. Maler. – In der Spätzeit bereits Rokokoelemente, bes. Deckengemälde im Schloß von Versailles (Apotheose des Herkules, 1732–36).

Lemper, Ute, * Münster 4. Juli 1963, dt. Sängerin, Tänzerin und Schauspielerin. – Internat. bekannt seit ihrem Auftritt in dem Musical „Cabaret" (1986); 1992 Hauptdarstellerin in dem Musical „Der blaue Engel".

Lempira [nach dem Indianerhäuptling Lempira, * 1497, † 1537], Währungseinheit von Honduras; 1 L. = 100 Centavos.

Lemuren [lat.] (Larven), bei den Römern im Ggs. zu den segensreichen Laren und Penaten böse Geister, die der Familienvater am Fest **Lemuria** zu bannen suchte.

Lemuren [lat.] (Makis, Lemuridae), formenreiche Fam. der Halbaffen auf Madagaskar; 16 Arten von rd. 10–50 cm Körperlänge mit etwa 12–70 cm langem Schwanz; Fell dicht und weich, oft mit lebhafter Färbung oder Zeichnung; Hinterbeine wesentlich länger als Vorderbeine, meist gute Springer. Zu den L. gehört die Unterfam. **Makis** (Lemurinae). Sie umfaßt folgende Gatt.: **Halbmakis** (Hapalemur) mit zwei Arten; 30–45 cm lang, Schwanz etwa körperlang, buschig behaart; Fell oberseits meist braungrau bis grünlich, unterseits weißlich. Ebenfalls zwei Arten hat die Gatt. **Wieselmakis** (Lepilemur): **Großer Wieselmaki** (Wiesellemur, Lepilemur mustelinus) und **Kleiner Wieselmaki** (Lepilemur ruficaudatus); 30–35 cm lang. Die Gatt. **Echte Makis** (Fuchsaffen, Lemur) hat sechs Arten, u. a. der bis etwa 50 cm lange **Katta** (Lemur catta); Fell oberseits grau bis zimtfarben, unterseits weißlich, mit weißem Gesicht, schwarzen Augenringen und schwarzer Schnauzenspitze; Schwanz etwa körperlang, schwarz und weiß geringelt. Der **Vari** (Lemur variegatus) ist etwa 50 cm lang und hat einen über körperlangen Schwanz; Fell dicht, wollig, häufig auf schwärzl. oder rotbraunem Grund weiß gescheckt; nachtaktiv. Etwa 50 cm lang ist auch der **Mohrenmaki** (Akumba, Lemur macaco): ♂ tiefschwarz, teilweise mit rotbraunem Überflug, ♀ fuchsrot bis gelbbraun mit weißl. Unterseite und weißl. Backenbart. Zu den L. gehören auch die ↑ Katzenmakis.

Lena [russ. 'ljɛnɛ], Strom in O-Sibirien, entspringt im Baikalgebirge, mündet mit einem Delta in die Laptewsee, 4 400 km lang, Einzugsgebiet 2,49 Mill. km². Schiffbar ab Ust-Kut; im Unterlauf Juni–Okt. eisfrei.

Lemuren. Katta

Le Nain. Die Bauernfamilie, 1642 (Paris, Louvre)

Lenai [griech.], svw. ↑ Mänaden.

Le Nain [frz. lə'nɛ̃], Antoine, * Laon um 1600, † Paris 25. Mai 1648, und seine Brüder Louis, * Laon um 1593, † Paris 23. Mai 1648, und Mathieu, * Laon 1607, † Paris 20. April 1677; frz. Maler. – Die Brüder arbeiteten in enger Gemeinschaft (in Paris). Jeder Versuch, ihre Werke nach Einzelanteilen zu trennen, scheiterte bislang. Berühmt für ihre Bauerndarstellungen, die Anregungen niederl. und italien. Malerei verarbeiten, schufen sie auch religiöse Tafelbilder und Porträts. – *Werke:* Venus in der Schmiede des Vulkan (1641, Reims, Musée des Beaux Arts), Rückkehr von der Heuernte (1641), Die Bauernfamilie (1642), Familienversammlung (1642), Tric-Trac-Spieler, Die Schmiede, Anbetung der Hirten (alle Paris, Louvre).

Lenape [engl. lə'na:pɪ], Eigenbez. der ↑ Delaware.

Lenard, Philipp, * Preßburg 7. Juni 1862, † Messelhausen (= Lauda-Königshofen) 20. Mai 1947, dt. Physiker. – Prof. in Breslau, Aachen, Kiel und Heidelberg. L. war maßgeblich an der Aufklärung des Mechanismus der Phosphoreszenz und der Natur der Kathodenstrahlen beteiligt. Sein Dynamidenmodell stellte einen Vorläufer des Rutherfordschen Atommodells dar, seine Experimente zum Photoeffekt waren die Grundlage der Einsteinschen Lichtquantentheorie. L. war später einer der Hauptgegner der Relativitätstheorie und Initiator einer antisemit. „dt. Physik". Nobelpreis für Physik 1905.

Lenard-Effekt [nach P. Lenard], elektr. Aufladung zerspritzender Wassertropfen (Wasserfall-Elektrizität).

▷ durch Ultraviolettstrahlung hervorgerufene Ionisation eines Gases.

Lenardfenster [nach P. Lenard], dünne luftundurchlässige Aluminiumfolie oder dünnes Glimmerblättchen in der Wand einer Gasentladungsröhre, durch die schnelle Elektronen austreten können.

Lenau, Nikolaus, eigtl. Nikolaus Franz Niembsch, Edler von Strehlenau, * Csatád (Ungarn; = Lenauheim, Rumänien) 13. Aug. 1802, † Oberdöbling (= Wien) 22. Aug. 1850, östr. Dichter. – Lebte 1807–18 in Ungarn; studierte u. a. in Wien, stand in Stuttgart mit dem Schwäb. Dichterkreis in Verbindung. 1832/33 besuchte er Amerika. 1844 geistiger und körperl. Zusammenbruch; lebte bis zu seinem Tod in Heilanstalten. – L. ist ein Lyriker der Melancholie, dem die Natur zum beseelten Träger seiner Stimmungen und Erlebnisse wird („Gedichte", 1832, erweitert 1834; „Neuere Gedichte", 1838). Viele seiner Gedichte wurden vertont. Z. T. fragmentarisch blieben seine ep.-dramat. Dichtungen um Stoffe der Weltliteratur, die gedanklich den freiheitl. Anschauungen des Jungen Deutschland nahekommen („Faust", Fragment, 1836; „Savonarola", 1837; „Don Juan", Fragment, 1842–44; „Die Albigenser", 1842).

Philipp Lenard

Nikolaus Lenau (Ausschnitt aus einem Gemälde)

Lenbach

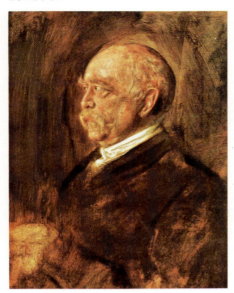

Franz von Lenbach. Otto Fürst von Bismarck, um 1889 (München, Städtische Galerie)

Lenbach, Franz von (seit 1882), *Schrobenhausen 13. Dez. 1836, †München 6. Mai 1904, dt. Maler. – 1857 Schüler von Piloty in München; etwa 1860 begann seine glanzvolle Karriere als Porträtmaler. In seinen realist. Porträts wird das Gesicht in markanten und charakterisierenden Zügen aus dem dunkeldekorativen Hintergrund hervorgehoben.

Lencker, Hans (Johannes), *1523, †Nürnberg 28. Nov. 1585, dt. Goldschmied. – 1551 Bürger in Nürnberg; neben W. Jamnitzer führender Renaissancegoldschmied.

Lenclos, Ninon de [frz. lã'klo], eigtl. Anne de L., *Paris 10. Nov. 1620, †ebd. 17. Okt. 1705, frz. Kurtisane. – Berühmt wegen ihrer Schönheit und Bildung; zahlr. Verbindungen mit bed. Persönlichkeiten (Scarron, Molière, La Rochefoucauld u. a.); nicht gesichert ist, ob sie die Verf. aller der ihr zugeschriebenen Briefe sowie der Memoiren ist.

Lende, bei Säugetieren (einschl. des Menschen) der unterste Teil des Rückens beiderseits der Lendenwirbelsäule zw. dem Unterrand der Rippen und dem Darmbein.

Lendenschurz, die Schamteile und das Gesäß bedeckender Schurz aus Rinde, Stoff u. ä., von vielen Naturvölkern getragen.

Lengefeld, Charlotte von, *Rudolstadt 22. Nov. 1766, †Bonn 9. Juli 1826. – Schwester von Karoline L.; ab 22. Febr. 1790 ∞ mit Schiller.

L., Karoline von, dt. Schriftstellerin, †Wolzogen, Karoline Freifrau von.

Lenggries, aus 50 Einzelortschaften bestehende Gem. an der Isar, Bay., 679 m ü. d. M., 8 300 E. Luftkurort und Wintersportplatz.

Lengyelkultur [ungar. 'lɛndjɛl, nach Lengyel, Gem. im Bez. Tolna, Ungarn], neolith. Kulturgruppe in Ungar. Tiefland (1. Hälfte des 3. Jt. v. Chr.), deren Einflüsse ins übrige M-Europa und bis nach O-Europa reichen; typisch sind bemalte Keramik, weibl. Idolplastiken aus Ton, z. T. befestigte Siedlungen.

Leni, Paul, *Stuttgart 8. Juli 1885, †Los Angeles-Hollywood 2. Sept. 1929, dt. Bühnenbildner, Regisseur. – Die in Deutschland gedrehten Filme wie „Prinz Kuckuck" (1919), „Die Hintertreppe" (1921), „Das Wachsfigurenkabinett" (1924) schwanken zw. realist. und expressionist. Darstellung. Drehte in Hollywood Kriminalfilme.

Lenica, Jan [poln. lɛn'itsa], *Posen 4. Jan. 1928, poln. Maler, Graphiker und Animationsfilmer. – Lebt in Paris. Internat. bekannt durch seine Plakate, Kinderbücher und surrealist. Zeichentrickfilme wie „Das Labyrinth" (1962), „Die Nashörner" (1963), „Adam Zwo" (1978), „Ubu ..." (1979).

Lenin, Wladimir Iljitsch ['leːniːn, russ. 'ljenin], eigtl. W. I. Uljanow, *Simbirsk 22. April 1870, †Gorki bei Moskau 21. Jan. 1924, sowjetruss. Politiker. – Bereits während seines jurist. Studiums (1887–91) in Kasan und Samara und seiner Zulassung als Rechtsanwalt (1893) in Petersburg Hinwendung zur revolutionären Bewegung; nach Rückkehr von einer Reise in die Schweiz (1895) wegen polit. Agitation verhaftet und von 1897 bis 1900 nach Sibirien verbannt; lernte dort seine spätere Frau und enge Mitarbeiterin N. K. Krupskaja kennen und schrieb (1899) sein Werk „Die Entwicklung des Kapitalismus in Rußland". Ab 1900 in der Emigration (London, München, Genf), gründete L. mit Plechanow und L. Martow die sozialdemokrat. Zeitung „Iskra" („Der Funke"), deren 1. Nummer am 24. Dez. 1900 in Leipzig erschien; darin und v. a. in seiner bedeutendsten theoret. Schrift „Was tun? Brennende Fragen unserer Bewegung" (1902) entwickelte und begründete L. sein Konzept einer Kaderpartei, die die Führung des Proletariats im Kampf um den Sozialismus zu übernehmen habe. Dieser Anspruch förderte 1903 die Spaltung der russ. Sozialdemokratie in die von ihm geführten Bolschewiki und in die Menschewiki. L. kehrte 1905 nach Rußland zurück; seine erneute Emigrationszeit (1907–17; Genf, Paris, Krakau, Bern, Zürich) war ausgefüllt mit wiss. Betätigung, z. B. der Weiterentwicklung der marxist. Philosophie in seinem Werk „Materialismus und Empiriokritizismus" (1909) und prakt. parteipolit. Wirken, v. a. organisator. Trennung von den Menschewiki (1912), Herausgabe der Parteizeitung „Prawda" („Wahrheit"; 1912) sowie (ab 1914) unablässigem Agitieren gegen den „imperialist." 1. Weltkrieg, den er als Beginn der allg. Krise des Kapitalismus deutete, bes. in seinem Werk „Der Imperialismus als höchstes Stadium des Kapitalismus" (1916). Die Februarrevolution 1917 in Rußland eröffnete L. die Möglichkeit, „den Krieg in einen Bürgerkrieg zu verwandeln" und so die proletar. Revolution herbeizuführen. Über Deutschland, Schweden und Finnland am 16. April 1917 nach Petersburg zurückgekehrt, verkündete er in den „Aprilthesen" sein radikales Aktionsprogramm mit den massenwirksamen Parolen „Frieden um jeden Preis!", „Alles Land den Bauern!", „Alle Macht den Sowjets!".

Nach einer mißglückten Arbeiter-und-Soldatenrevolte (Juli 1917) floh L. nach Finnland, wo er mit der Schrift „Staat und Revolution" (1917) eine marxist. Staatstheorie entwickelte; der Sieg der †Oktoberrevolution in Rußland brachte L. als Vorsitzenden des Rates der Volkskommissare an die Macht. Gegenüber dem Ausland verfolgte L., beginnend mit der von ihm durchgesetzten Annahme des Friedens von Brest-Litowsk (März 1918), eine langfristige Politik der „Weltrevolution", die er mit Hilfe der 1919 gegr. Komintern voranzutreiben hoffte, eine kurzfristige Kooperation mit den kapitalist. Mächten. Bed. innenpolit. bzw. innerparteil. Maßnahmen waren die Ersetzung des †Kriegskommunismus durch die †Neue Ökonomische Politik, die Schaffung des Politbüros und des Sekretariats der ZK (1919) sowie das Verbot der Fraktionsbildung (1921), wodurch das Schwergewicht der Macht innerhalb der Kommunistischen Partei der Sowjetunion auf eine kleine elitäre Führungsgruppe konzentriert wurde. Die Abberufung J. Stalins vom Amt des Generalsekretärs der Partei, die L. in seinem sog. „Testament" vom Dez. 1922/Jan. 1923 gefordert hatte, konnte jedoch von ihm wegen seines schlechten Gesundheitszustandes nicht mehr durchgesetzt werden.

Wladimir Iljitsch Lenin

Lenin, Pik, mit 7 134 m höchster Berg des Transalaigebirges, auf der Grenze zw. Kirgisien und Tadschikistan; vergletschert.

Leninabad [russ. lınina'bat] †Chudschand.

Leninakan [russ. lınina'kan] †Kumairi.

Leninbibliothek, russ. Nationalbibliothek in Moskau, †Bibliotheken (Übersicht).

Leningrad [russ. lɪnɪn'grat] ↑ Sankt Petersburg.
Leninismus ↑ Marxismus-Leninismus.
Leninogorsk [russ. lɪnɪna'gɔrsk], Stadt in Tatarien, 69 000 E. Erdöl- und Erdgasförderung.
Leninorden, 1930 gestifteter sowjet. Orden.
Lenk (L. im Simmental), schweizer. Gem. im oberen Simmental, Kt. Bern, 1 068 m ü. d. M., 2 300 E. Kurort (seit 1860; Schwefelwasserstoffquelle); Skilifte.
Lenkerberechtigung ↑ Fahrerlaubnis.
Lenkflugkörper, meist militär. Zwecken dienende Flugkörper, deren Bewegungsbahn durch Fern- oder Eigenlenkung beeinflußt werden kann; z. B. Fernlenkwaffen (↑ Cruise-Missile), Köderflugkörper sowie Aufklärungs- und Zieldarstellungskörper.
Lenkung, Vorrichtung an nicht schienengebundenen Fahrzeugen zum Ändern der Fahrtrichtung; ein einwandfreies Abrollen aller Räder während der Kurvenfahrt ist nur dann gewährleistet, wenn die Verlängerungen aller Radachsen sich im Kurvenmittelpunkt schneiden. Einspurfahrzeuge haben eine bes. einfache Lenkeinrichtung, bei der die mit dem Vorderrad verbundene Gabel drehbar gelagert ist; die mit der Gabel verbundene *Lenkstange* ermöglicht das Einschwenken des Vorderrades. Zweispurfahrzeuge weisen in der Regel lenkbare Vorderräder auf. Die *Achsschenkel-L.* ist bei Kfz die allg. übl. L.: Die Räder einer Achse schwenken jeweils um einen Achsschenkelbolzen (↑ Fahrwerk), wobei das kurveninnere Rad stärker eingeschwenkt werden muß als das kurvenäußere. Beim Drehen des *Lenkrades* wird die Drehbewegung über eine *Lenkstange* oder *Steuersäule* auf das *Lenkgetriebe* (Untersetzung 8:1 bis 12:1) und weiter über *Lenkstock-* und *Lenkhebel* auf die Räder übertragen. Die Räder sind durch eine [meist geteilte] *Spurstange* verbunden. Um zu vermeiden, daß bei Unfällen die starre Lenkstange in den Innenraum getrieben wird, ist bei der **Sicherheitslenkung** die Steuersäule zweimal abgeknickt und mit Gelenken versehen.
Bauarten: Bei der **Zahnstangenlenkung** ist das Ende der Lenksäule mit einem Ritzel verbunden, das in eine Zahnstange eingreift und diese beim Drehen der L. seitlich verschiebt. Zur Gruppe der Schneckengetriebe zählt die **Schneckenlenkung,** die aus einem mit der Lenkstange verbundenen Schneckengewinde besteht: Ein Schneckenradsegment greift in das Schneckengewinde ein, das die

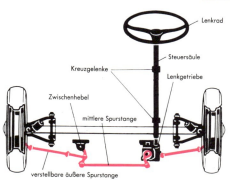

Lenkung. Schematische Darstellung des Lenkgestänges eines Personenkraftwagens

Lenkwelle und den darauf befestigten *Lenkstockhebel* verdreht. Bei der **Spindellenkung** ist die Lenksäule mit der Lenkspindel verbunden, die bei Drehung eine auf der Lenkspindel laufende Lenkmutter verschiebt, wodurch die mit einem Hebel versehene Lenkwelle mit dem zugehörigen Lenkstockhebel verdreht wird. Bei der *hydraul. L.* **(Servolenkung)** wird die vom Fahrer aufgebrachte Lenkkraft durch Öldruck verstärkt. Ein am Lenkgetriebe angebrachtes und von der Lenksäule betätigtes Steuerventil steuert den Öldruck. Zur Vermeidung von Lenkschwingungen werden *L.dämpfer* (Schwingungsdämpfer) eingebaut, die schnelle Schwingungen dämpfen. Zwei- und dreiachsige Anhänger haben überwiegend eine **Drehschemellenkung.** Die starre Achse ist mit den Federn in einem Gestell angeordnet, das über eine Zapfen- oder Drehkranzführung drehbar mit dem Anhängergestell verbunden ist.

Lenné, Peter Josef, *Bonn 29. Sept. 1789, †Potsdam 23. Jan. 1866, dt. Gartenbaumeister. — Seit 1854 Generaldirektor der königl. Gärten in Preußen. Anlagen im klass. Stil des engl. Landschaftsgartens in Sanssouci und Schloß Babelsberg (Potsdam), Magdeburg, Dresden; Umgestaltung des Tiergartens in Berlin.

Lennep, Jacob van, *Amsterdam 24. März 1802, †Oosterbeek bei Arnheim 25. Aug. 1868, niederl. Dichter. — Populär v. a. durch seine von W. Scott beeinflußten histor. Romane, z. B. „Der Pflegesohn" (1833), „Die Rose von Dekama" (1836), „Die Abenteuer Ferdinand Huyck's" (1841) und Erzählungen; Vondel-Ausgabe mit Biographie (1855—69).

Lennestadt, Stadt im Sauerland, NRW, 410 m ü. d. M., 27 100 E. Abbau von Baryt und Pyrit, eisen- und kunststoffverarbeitende Ind. — Entstand 1969 durch Zusammenschluß mehrerer Gemeinden. — Roman. Hallenkirche (13. Jh.) und Karl-May-Freilichtbühne im Ortsteil Elspe.

Lenngren, Anna Maria [schwed. 'lɛŋgreːn], geb. Malmstedt, *Uppsala 18. Juni 1754, †Stockholm 8. März 1817, schwed. Dichterin. — Verfaßte meist anonym in der Presse klassisch gewordene Satiren und Epigramme, vorwiegend gegen die Lebensführung des Adels, allg. auch gegen Egoismus und Eitelkeit.

Lennon, John [engl. 'lɛnən], *Liverpool 9. Okt. 1940, †New York 8. Dez. 1980 (ermordet), engl. Rockmusiker (Gitarrist, Sänger, Keyboarder). — Gründer und Mgl. der ↑Beatles. Nach Auflösung der Gruppe 1970 lebte er in den USA. L. trat als Komponist, Texter und Sänger zahlr. engagierter Lieder („Give Peace a Chance") hervor, darüber hinaus als Buchautor, Stückeschreiber und Maler. L. war seit 1969 verheiratet mit der Happening-Künstlerin und Sängerin Yoko Ono (*1933).

Lenoir, Étienne [frz. lə'nwaːr], *Mussy-la-Ville (bei Arel) 12. Jan. 1822, †La Varenne-Saint-Hilaire (= Saint-Maur-des-Fossés) 7. Aug. 1900, frz. Mechaniker belg. Herkunft. — Vielseitiger Erfinder (Autodidakt); konstruierte u. a. 1860 den ersten brauchbaren Gasmotor sowie 1863 das erste damit angetriebene Straßenfahrzeug.

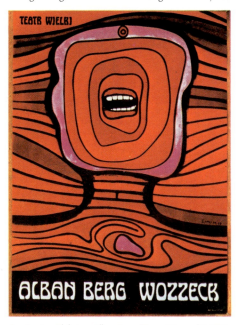

Jan Lenica. Plakat zu Alban Bergs Oper „Wozzeck", 1964

Le Nôtre, André [frz. lə'no:tr], *Paris 12. März 1613, †ebd. 15. Sept. 1700, frz. Gartenbaumeister. – Schöpfer des „Frz. Gartens": 1653–60 Vaux-le-Vicomte, 1664 ff. Jardin des Tuileries, 1674 ff. Clagny, 1677 ff. Marly und v. a. Versailles (1663–88), Vorbild für viele europ. Gartenanlagen des Barock.

lentạndo (lentato) [italien.], musikal. Vortragsbez.: nach und nach langsamer werdend, zögernd.

Lentigo [lat.], svw. ↑ Leberfleck.

Lentikulargläser [lat./dt.] ↑ Brille.

Lentikulariswolken [zu lat. lenticularis „linsenförmig"] ↑ Wolken.

Lentini, Giacomo da ↑ Giacomo da Lentini.

Lentivịren [lat.], Gruppe der ↑ Retroviren.

Lentizẹllen [lat.] (Korkporen, Korkwarzen, Rindenporen), luftdurchlässige, nach außen warzenförmige Erhebungen bildende Kanäle im Korkmantel der Sproßachsen von Holzgewächsen. Sie dienen dem Gasaustausch der Pflanze mit der Außenluft.

lẹnto [italien.], musikal. Vortragsbez.: langsam, schleppend (zw. largo und adagio).

Lẹntulus, Beiname (wohl etrusk. Herkunft) des patriz. Geschlechtes der Cornelier in Rom. Bed. Namensträger: **L.,** Publius Cornelius L. Spinther, †47/46 v. Chr., Konsul (57). – Setzte sich als Konsul für die Rückberufung Ciceros aus dem Exil ein; kämpfte im Bürgerkrieg auf der Seite des Pompejus.
L., Publius Cornelius L. Sura, †Rom 5. Dez. 63 v. Chr., Konsul (71). – Wurde 70 wegen seines Lebenswandels aus der Senatsliste gestrichen, wegen seiner Teilnahme an der Catilinar. Verschwörung hingerichtet.

Lotte Lenya

Lenya, Lotte ['lɛnja], *Wien 18. Okt. 1898, †New York 27. Nov. 1981, östr.-amerikan. Schauspielerin und Sängerin. – In erster Ehe ∞ mit K. Weill; zunächst in Berlin (Seeräuber-Jenny in der „Dreigroschenoper" von B. Brecht); emigrierte 1933 in die USA; bekannt als Interpretin der Lieder von K. Weill nach Texten von B. Brecht. Wirkte auch in Filmen mit, u. a. „Der röm. Frühling der Mrs. Stone" (1961, nach T. Williams).

Lẹnz, Heinrich, *Dorpat 24. März 1804, †Rom 10. Febr. 1865, russ. Physiker dt. Herkunft. – Prof. in Petersburg. Arbeiten über die elektromagnet. Induktion; entdeckte die Temperaturabhängigkeit des elektr. Widerstandes. – ↑ Lenzsche Regel.

Hermann Lenz

L., Hermann, *Stuttgart 26. Febr. 1913, dt. Schriftsteller. – 1951–71 Sekretär des Süddt. Schriftstellerverbandes. L. wurde bekannt mit dem Roman „Nachmittag einer Dame" (1961) und autobiograph. Romanen wie „Neue Zeit" (1975), „Tagebuch vom Überleben und Leben" (1978); auch Lyrik. 1978 Georg-Büchner-Preis. – *Weitere Werke:* Der Kutscher und der Wappenmaler (R., 1972), Andere Tage (R., 1979), Das stille Haus (E., 1982), Ein Fremdling (R., 1983), Der Letzte (E., 1984), Leben und Schreiben. Frankfurter Vorlesungen (1986), Der Wanderer (R., 1986), Seltsamer Abschied (R., 1988), Jung und alt (En., 1989), Rosen und Spatzen (Ged., 1991), Herbstlicht (R., 1992).

L., Jakob Michael Reinhold, *Seßwegen (Livland) 12. Jan. 1751, †Moskau 24. Mai 1792, dt. Dichter. – Studierte in Königsberg (Pr) Theologie, begegnete 1771 in Straßburg Goethe; ging 1776 nach Weimar, das er 1777 nach Differenzen mit Goethe verließ; reiste – geistig bereits erkrankt – wiederholt in die Schweiz, nach Riga, lebte zuletzt in Moskau in ärml. Verhältnissen. L. ist ein wichtiger Vertreter des Sturm und Drang. Bed. sind neben zahlr. Gedichten die Dramen „Der Hofmeister" (1774) und „Die Soldaten" (1776), die sozialkrit. Themen aufnehmen und moderne Formkonzeptionen vorausnehmen (Szenenfolge, Situationstechnik).

Jakob Michael Reinhold Lenz (anonymer Holzstich)

L., Siegfried, *Lyck (Ostpreußen) 17. März 1926, dt. Schriftsteller. – Zunächst Redakteur. Erfahrung der Unfreiheit, Verstrickung in Schuld und Verfolgung, Erlebnis von Einsamkeit und Versagen sind Grundthemen seines Schaffens. Internat. bekannt wurde L. durch den Roman „Deutschstunde" (1968), in dem parabelhaft dt. Verhalten im NS gedeutet wird. Friedenspreis des Börsenvereins des Dt. Buchhandels 1988. – *Weitere Werke:* Es waren Habichte in der Luft (R., 1951), So zärtlich war Suleyken (En., 1955), Der Mann im Strom (R., 1957), Zeit der Schuldlosen (Dr., 1962), Stadtgespräch (R., 1963), Haussuchung (Hspe., 1967), Das Vorbild (R., 1973), Heimatmuseum (R., 1978), Der Verlust (R., 1981), Elfenbeinturm und Barrikade (Essays, 1983), Ein Kriegsende (E., 1984), Exerzierplatz (R., 1985), Motivsuche (En., 1988), Die Klangprobe (R., 1990).

Lẹnz [zu althochdt. lenzo „lang" (nach den länger werdenden Tagen)], dichterisch für Frühling; übertragen in der Mrz. auch für: Lebensjahre.

Lenzburg. Das im 11. Jh. angelegte und erst im 15. Jh. fertiggestellte Schloß, eine der größten Höhenburgen der Schweiz, im 17. Jh. erweitert

Lẹnzburg, Bez.hauptort im schweizer. Kt. Aargau, 404 m ü. d. M., 7 500 E. Zwei Museen; Nahrungsmittelind., Papierverarbeitung, Herstellung von Sportwaffen; Weinbau. – Bei der Burg der Grafen von L. entstand eine Siedlung, die 1254 Marktrecht, 1306 Stadtrecht erhielt; behielt auch nach der Eroberung durch Bern (1415) eigene Gerichtsbarkeit und Militärhoheit. 1803 kam die Stadt zum Kt. Aargau. – Schloß (11.–15. und 17. Jh.), Rathaus und Stadtkirche (beide 17. Jh.), röm. Theater (1964 entdeckt, 1972 konserviert).

lẹnzen [niederdt.], 1. einen Schiffsraum von Leck- oder Schwitzwasser, auch Ballasttanks vom Ballastwasser leerpumpen; 2. ohne oder mit kleinster Besegelung vor dem Sturm herlaufen.

Lẹnzerheide (amtl. L./Lai), schweizer. Wintersportplatz und Sommerfrische im gleichnamigen Hochtal zw. Chur und Tiefencastel, Kt. Graubünden, 1 550 m ü. d. M.

Lẹnzmonat (Lenzing), alter Name (aus der Liste Karls d. Gr.) für den März.

Lẹnzsche Regel, ein von Heinrich Lenz 1834 gefundenes Gesetz zur elektromagnet. Induktion: Die induzierte Spannung ist stets so gerichtet, daß das Magnetfeld des durch sie verursachten Stromes der Induktionsursache entgegenwirkt.

Leo, Name von Päpsten:
L. I., der Große, hl., *in Tuszien, †Rom 10. Nov. 461, Papst (seit 29. Sept. 440). – Erreichte die Unabhängigkeit des Primatsanspruchs des röm. Bischofs von staatl. Zustimmung; griff in den christolog. Streit ein und ging entschieden gegen abweichende Lehren seiner Zeit vor. In seiner Person erreichte das altkirchl. Primatsbewußtsein seinen ersten Höhepunkt. – Erhalten sind Briefe und zahlr. Predigten. – Fest: 10. November.
L. III., hl., †12. Juni 816, Papst (seit 27. Dez. 795). – Krönte am Weihnachtsfest 800 Karl d. Gr. in der Peterskirche zum Röm. Kaiser und erneuerte damit das Röm. Kaisertum (von entscheidender Bedeutung für das ma. Verhältnis von Papst und Kaiser). – Fest: 12. Juni.
L. IX., hl., *Egisheim (Elsaß) 21. Juni 1002, †Rom 19. April 1054, vorher Bruno Graf von Egisheim und Dagsburg, Papst (seit 12. Febr. 1049). – 1026 Bischof von Toul; der bedeutendste der dt. Päpste des MA. Mit L. kam die klunia-

zens. Reform zum Sieg und wurde die gregorian. Reform eingeleitet; er ging v. a. gegen Simonie und Priesterehe vor und leitete die Bildung des Kardinalskollegiums und der Röm. Kurie neuen Stils ein. – Fest: 19. April.

L. X., *Florenz 11. Dez. 1475, †Rom 1. Dez. 1521, vorher Giovanni de' Medici, Papst (seit 11. März 1513). – Renaissancepapst, Mäzen der Künste, ohne geistl. Verantwortungsbewußtsein. Der Ablaßhandel zur Finanzierung des Neubaus der Peterskirche gab Anlaß zum Hervortreten M. Luthers 1517. L. suchte die Kaiserwahl Karls V. zu verhindern, ließ deshalb den Lutherprozeß drei Jahre ruhen, was die Reformation entscheidend förderte, und verhängte am 3. Jan. 1521 über Luther den Kirchenbann; verband sich Ende Mai 1521 mit Karl V. gegen Franz I. von Frankreich.

L. XII., *Schloß Genga bei Spoleto 22. Aug. 1760, †Rom 10. Febr. 1829, vorher Annibale Sermattei della Genga, Papst (seit 28. Sept. 1823). – Ab 1794 als Nuntius mit zahlr. diplomat. Missionen betraut, v. a. in Deutschland; machte sich durch hartes Polizeiregiment im Kirchenstaat verhaßt, setzte aber nach außen die Politik des liberalen Kardinalstaatssekretärs E. Consalvi fort; kirchl. Neuorganisation im Kgr. Hannover 1824 und in der Oberrhein. Kirchenprovinz; Neuordnung der Kirche in Lateinamerika.

L. XIII., *Carpineto (bei Anagni) 2. März 1810, †Rom 20. Juli 1903, vorher Vincenzo Gioacchino Pecci, Papst (seit 20. Febr. 1878). – Ihm gelang die Beendigung des Kulturkampfes im Dt. Reich und die Verbesserung der Beziehungen zu anderen Staaten (jedoch Scheitern der Versöhnung mit Italien und der auf das Ralliement gestützten Frankreichpolitik). In zahlr. Rundschreiben behandelte er kirchl., wiss., polit. und soziale Fragen (z. B. „Rerum novarum", 1891, erste päpstl. Sozialenzyklika). L. förderte die missionar. Ausbreitung, Einsetzung der neuthomist. Scholastik und öffnete 1881 das Vatikan. Archiv der wiss. Forschung; zeigte aber auch reaktionäre Tendenzen (u. a. Verstärkung des röm. Zentralismus, Einsetzung einer Bibelkommission zur Überwachung der Exegeten).

Leo, Leonardo, *San Vito degli Schiavi (= San Vito dei Normanni, Prov. Brindisi) 5. Aug. 1694, †Neapel 31. Okt. 1744, italien. Komponist. – Bed. Vertreter der neapolitan. Schule; komponierte etwa 80 Bühnenwerke, Oratorien, Kirchenmusik, Instrumentalwerke.

Leo [lat. „Löwe"] ↑Sternbilder (Übersicht).

Leo Africanus, eigtl. Al Hasan Ibn Muhammad Al Wassan, *Granada um 1490, †Tunis nach 1550, arab.-maur. Reisender und Geograph. – Bereiste ab 1508 N-Afrika und vielleicht Vorderasien; 1520 Übertritt zum Christentum. Sein Hauptwerk ist eine arabisch konzipierte, 1526 von ihm ins Italienische übersetzte Beschreibung N-Afrikas (italien. 1550, dt. 1805).

Leoba, hl. ↑Lioba, hl.

Leo Baeck Institute [engl. 'li:oʊ 'bɛk 'ɪnstɪtjuːt], nach Leo ↑Baeck ben., 1954 vom „Council of Jews from Germany" gegr. wiss. Einrichtung zur Sammlung von Materialien zur Geschichte der dt. Juden. In der „Schriftenreihe wiss. Abhandlung des L. B. I." sind seit 1959 zahlr. Monographien erschienen.

Leoben, östr. Bez.hauptstadt an der oberen Mur, 532 m ü. d. M., 33 000 E. Montan-Univ., Inst. für Festkörperphysik; Museum, Stadttheater (1790/91). Eisenhüttenwerk und Stahlwerk im Stadtteil Donawitz, im Stadtteil Göss Großbrauerei. – 904 war **Liupina** Zentrum einer Gft., seit 1160 Markt. Zw. 1261 und 1280 wurde hier eine neue, befestigte Stadt angelegt, die seit dem 15. Jh. ein Zentrum der Eisenverarbeitung und des Eisenhandels ist, 1939 mit den Orten **Donawitz** (seit dem 19. Jh. steir. Schwerind.zentrum), Göss, Judendorf und Leitendorf vereinigt. – Spätgot. Kirche Maria am Waasen (Chor 14. Jh.) mit bed. Glasgemälden; ehem. Jesuitenkirche (1660–65); im Stadtteil **Göss** Stiftskirche (14. und 16. Jh.) mit frühroman. Krypta (11. Jh.) und Bischofskapelle (13. Jh.) des ehem. Benediktinerinnenstifts.

Leobgytha, hl. ↑Lioba, hl.

Leochares, griech. Bildhauer des 4. Jh. v. Chr. aus Athen (?). – Tätig ab 370; beteiligt am Skulpturenschmuck des Mausoleums von Halikarnassos (um 350); die Zuweisung der Vorbilder von Apoll vom Belvedere (Vatikan) und der Artemis von Versailles (Louvre) an L. bleibt umstritten.

Leo Hebräus (Jehuda Leone, Leone Ebreo), eigtl. J[eh]uda León Abravanel (Abarbanel), *Lissabon um 1460, †Neapel nach 1523, portugies.-jüd. Arzt, Philosoph und Dichter. – Berührung mit der platon. Akademie in Florenz; Vertreter des Neuplatonismus unter dem Einfluß von Maimonides und Ibn Gabirol; in „Dialoghi d'amore" (postum 1535) sieht er das letzte Ziel der Liebe in der Vereinigung der Schöpfung mit dem Guten und der Schönheit in Gott.

Leo Minor [lat.] (Kleiner Löwe) ↑Sternbilder (Übersicht).

León, Name von byzantin. Herrschern:

L. I., der Große, *in Thrakien um 400, †Konstantinopel 3. Febr. 474, Kaiser (seit 457). – Als erster byzantin. Kaiser vom Patriarchen von Konstantinopel gekrönt; kämpfte seit 468 erfolglos gegen die Vandalen in Afrika.

L. III., der Syrer, *Germanikeia (Syrien) um 675, †Konstantinopel 18. Juni 741, Kaiser (seit 717). – Zwang Theodosius III. zum Rücktritt und begründete die Syr. Dyn.; befreite 717/718 Konstantinopel von den Arabern und Bulgaren; unter ihm Beginn des Bilderstreites.

L. V., der Armenier, †Konstantinopel 25. Dez. 820 (ermordet), Kaiser (seit 813). – Bekämpfte erfolgreich Bulgaren und Araber; erneutes Aufflammen des Bilderstreites.

L. VI., der Weise, *Konstantinopel (?) um 865, †ebd. 11. Mai 912, Kaiser (seit 886). – Ab 870 Mitkaiser; unter seiner Reg. schwere militär. Rückschläge gegen Bulgaren und Araber. L. veranlaßte die Sammlung der Gesetze des Oström. Reiches.

León, Fray Luis de, *Belmonte (Cuenca) 1527 oder 1528, †Madrigal de las Altas Torres (Ávila) 23. Aug. 1591, span. Schriftsteller. – 1572–76 durch die Inquisition eingekerkert; bed. Lyriker und Prosaist der span. Renaissance.

León, nordspan. Stadt am N-Rand der Meseta, 822 m ü. d. M., 135 000 E. Verwaltungssitz der Prov. L.; kath. Bischofssitz; Museen; Metallverarbeitung, chem.-pharmazeut. und Nahrungsmittelind.; ✈. – Wurde 68 n. Chr. Sitz eines röm. Prokurators und Standort der VII. Legion; 910–1230 Hauptstadt des Kgr. León; 988 durch die Mauren z. T. zerstört, nach raschem Wiederaufbau Blüte als Handelsplatz und Raststation an der Pilgerstraße nach Santiago de Compostela. – Roman. Stiftskirche (11. und 12. Jh.) mit dem sog. Pantheon der Könige, got. Kathedrale (13.–15. Jh.) mit bed. Glasfenstern und spätgot. Kreuzgang; Renaissancekloster San Marcos (1513 begonnen); Palast Casa de los Guzmanes (16. Jh.).

L., span. Prov. in der Region Kastilien-L., 15 468 km², 532 100 E (1988). L. liegt im W der Nordmeseta, reicht im N bis ins Kantabr. Gebirge, im S bis ins Kastil. Scheidegebirge hinein. Das Landesinnere hat kontinentales Klima. Vorherrschend ist die Landw.; angebaut werden Getreide, Hülsenfrüchte, Reben. Im N überwiegt Rinder-, im S Schafzucht. Bodenschätze sind Kohle und verschiedene Erze; Nahrungsmittelindustrie.

Geschichte: Nach Abdankung König Alfons' III. von Asturien († 912) wurde das Reich unter seine drei Söhne aufgeteilt: Asturien, Galicien; 914 vereinigten sich L. und Galicien; zehn Jahre später schloß sich Asturien an; 1037 wurde Kastilien mit L. vereinigt; zeitweilig gewann L. seine Unabhängigkeit zurück (1065–72 und 1157–1230), bis Ferdinand III. von Kastilien endgültig die Einigung herbeiführte.

L., Hauptstadt des Dep. L. in W-Nicaragua, am Pazifik, 100 m ü. d. M., 101 000 E. Kath. Bischofssitz; Univ. (gegr. 1812); Handelszentrum. – 1610 erbaut; bis 1852 Hauptstadt von Nicaragua. – Kolonialzeitl. Stadtbild; Kathedrale (18. Jh.).

Leonard [engl. 'lɛnəd], Harry Ward, *Cincinnati 8. Febr. 1861, †New York 18. Febr. 1915, amerikan. Elektrotechniker. – Mitarbeiter von T. A. Edison; gründete 1894 die W. L. Electric Company, die zahlr. seiner Erfindungen (automat. Zugbeleuchtungssystem, ↑Leonard-Schaltung, Aufzugkontrollsystem u. a.) in Produktion nahm.

Siegfried Lenz

Papst Leo XIII.

Leonardo

Leonardo da Vinci [italien. davˈintʃi], *Vinci bei Florenz 15. April 1452, †Château de Cloux (= Clos-Lucé) bei Amboise 2. Mai 1519, italien. Maler, Bildhauer, Baumeister, Zeichner, Kunsttheoretiker, Naturforscher und Ingenieur. – Als unehel. Sohn des Notars Ser Pietro und des Bauernmädchens Catarina geboren; bei Verrocchio in Florenz ausgebildet. Nach langjähriger Tätigkeit (1482–99) am Mailänder Hof des Herzogs Ludovico il Moro (Ludwig von Mailand) kehrte L. über Mantua und Venedig nach Florenz (1500–06) zurück, ging dann jedoch auf Einladung des frz. Statthalters wieder nach Mailand, 1513 nach Rom und 1516 an den Hof König Franz' I. nach Frankreich.

Der Bestand an gesicherten Gemälden ist zahlenmäßig gering. Neben vereinzelten Werken der Wandmalerei („Abendmahl", 1495–97, Mailand, Santa Maria delle Grazie) schuf L. Bildnisse („Dame mit Hermelin", um 1485, Krakau, Museum Narodowe; „Mona Lisa", um 1503, Paris, Louvre) und Andachtstafeln („Verkündigung", 1479–81, Florenz, Uffizien; „Madonna mit Nelke", um 1475, München, Alte Pinakothek; „Madonna Benois", um 1480, St. Petersburg, Eremitage; „Felsgrottenmadonna", nach 1483, Louvre, zweite Fassung unter Mitwirkung von Schülern 1506–08, London, National Gallery; „Anna selbdritt", 1508–10, Louvre). Einige Werke blieben unvollendet („Anbetung der Könige", um 1481, Uffizien; „Hl. Hieronymus", nach 1483, Vatikan. Sammlungen; „Anghiari-Schlacht", 1504–06, für den Florentiner Rathaussaal, zerstört, in Kopien überliefert). Seine durch ungewöhnl. Beobachtungsschärfe, waches Naturgefühl und psycholog. Einfühlung gekennzeichneten Werke streben kompositionell nach einer formalen Ausgewogenheit von klass. Klarheit und erscheinen malerisch in ein weiches Halblicht („Sfumato") getaucht. Als Bildhauer beschäftigte sich L. in Mailand mit zwei monumentalen Reiterstandbildern; Skizzen und Bronzemodelle zeugen von der weit über die Epoche hinausweisenden Großartigkeit der nie ausgeführten Projekte. Eine Vielzahl von Entwürfen für ideale Garten- und Schloßanlagen, Kirchenbauten, Festungswerke, Kanäle und mehrgeschossige Straßen belegen seine Tätigkeit auf architekton. Gebiet. Einige der skizzierten Bauideen aus den letzten Jahren wurden bei der Errichtung des Schlosses Chambord verwendet.

Von seiner Vielseitigkeit legen v. a. seine Zeichnungen (in Silberstift, Feder, Kreide, Kohle, Rötel oder Tusche) Zeugnis ab. Sie beziehen sich nicht nur auf vollendete oder geplante Werke in Malerei, Plastik und Architektur, sondern weisen L. als Wegbereiter einer anschaul. Naturforschung auf dem Gebiet der Anatomie, Botanik, Zoologie, Geologie, Hydrologie, Aerologie, Optik und Mechanik aus. Als Naturforscher und Techniker war L. ein typ. Empiriker. Er strebte weniger nach wiss. Gesamtschau als nach Einsichten in Einzelerscheinungen der Natur. In prakt. Anwendung aufgefundener Gesetzmäßigkeiten konstruierte er zahlr. Geräte, u. a. Stechheber, Pumpen, Brennspiegel, Fallschirme, Kräne, Schleudern sowie Maschinen zur Tuchherstellung („Musterbuch der Maschinenlehre", Madrider Nationalbibliothek, 1967 aufgefunden). Seine Landkarten der Toskana sind Marksteine der modernen Kartographie. Ziel seiner schriftl. Aufzeichnungen war eine umfassende Lehre von den mechan. funktionellen Urgesetzen der Natur, eine Art großangelegter Kosmologie. – Universalgenie wie kein anderer seiner Zeitgenossen, hat sich L. in einer neuartigen Synthese von Kunst und Wissenschaften in den Dienst eines neuzeitl. Erkenntnisdranges gestellt.

Leonardo da Vinci (Selbstbildnis, Rötelzeichnung, 1512–15; Mailand, Pinacoteca Ambrosiana)

Leonardo da Vinci. Ginevra de' Benci, um 1478 (Washington, D.C., National Gallery of Art)

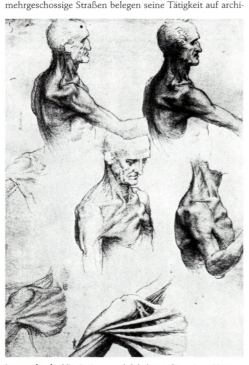

Leonardo da Vinci. Arm- und Schulterstudien eines Mannes, 1510 (Windsor Castle, Royal Library)

Leonardo von Pisa ↑ Fibonacci, Leonardo.

Leonard-Schaltung [engl. ˈlɛnəd; nach dem amerikan. Elektrotechniker H. W. Leonard], Maschinensatz aus Antriebsmotor, Erregermaschine und Gleichstrommaschine zur verluststarmen Drehzahlstellung von Gleichstrommotoren für beide Drehrichtungen; zur Anwendung beim Antrieb von Walzstraßen und Fördergeräten; wird zunehmend von Stromrichterschaltungen abgelöst.

Leonberg, Stadt im westl. Großraum von Stuttgart, Bad.-Württ., 386 m ü. d. M., 40 200 E. Metall-, Gummi-, opt. u. a. Ind. – L., seit 1248 Stadt, kam 1318 an Württemberg; 1457 Tagungsort des ersten württemberg. Landtags. – Got. Pfarrkirche (13./14. Jh.); Fachwerkbauten, u. a. Rathaus (1482); Schloß (16. Jh.).

Leonberger [nach der Stadt Leonberg], zu den Doggen zählende dt. Hunderasse; Schulterhöhe 65–80 cm, mit Hängeohren und langer Rute; Haar mittellang, leicht abstehend, meist gelb- bis rotbraun; Wach- und Begleithunde.

Leoncavallo, Ruggiero, *Neapel 23. April 1857, †Bagni di Montecatini (= Montecatini Terme, Prov. Pistoia) 9. Aug. 1919, italien. Opernkomponist. – Bed. v. a. seine Oper „Der Bajazzo" (1892).

Leone, Giovanni, *Neapel 3. Nov. 1908, italien. Politiker. – Jurist; ab 1936 Prof. in Messina, Bari, Neapel und Rom; maßgeblich an der Ausarbeitung der republikan. Verfassung beteiligt; ab 1948 Abg. (DC); 1955–63 Präs. der Kammer; 1963 und 1968 Min.präs.; 1971–78 Staatspräsident.

L., Sergio, *Rom 3. Jan. 1929, †ebd. 30. April 1989, italien. Filmregisseur. – Drehte zunächst Historienfilme, dann Italowestern, v. a. „Für eine Handvoll Dollar" (1964), „Spiel mir das Lied vom Tod" (1968) und „Mein Name ist Nobody" (1974); auch „Es war einmal in Amerika" (1984).

Leone, Abk. Le, Währungseinheit von Sierra Leone; 1 Le = 100 Cents.

Leonfelden, Bad ↑ Bad Leonfelden.

León Felipe [span. le'ɔnfe'lipe], eigtl. L. F. Camino, *Tábara (Prov. Zamora) 11. April 1884, †Mexiko 18. Sept. 1968, span. Dichter. – Während des Span. Bürgerkriegs auf republikan. Seite; lebte in Mexiko. Vom Modernismo, von Whitman, später auch vom Surrealismus beeinflußt, sehr persönl. Lyrik.

Leonhard, Rudolf, *Lissa (= Leszno) 27. Okt. 1889, †Berlin 19. Dez. 1953, dt. Dichter. – Vater von Wolfgang L.; beteiligte sich aktiv an der Novemberrevolution; lebte ab 1927 in Frankreich, 1939 Verhaftung und Internierung im Lager Le Vernet, Flucht; ab 1950 in Berlin (Ost). Lyriker, Dramatiker, Erzähler und Essayist, im Frühwerk vom Expressionismus geprägt; in Le Vernet entstand 1941 das erste dt. Theaterstück über den frz. Widerstand, „Geiseln" (1945, dt. 1946). – *Weitere Werke:* Über den Schlachten (Ged., 1914), Spartakussonette (1922).

L., Wolfgang, *Wien 16. April 1921, dt. polit. Schriftsteller. – Sohn von Rudolf L.; emigrierte 1933 nach Schweden, 1935 in die UdSSR; ab 1945 Mitarbeiter W. Ulbrichts in der SBZ, 1949 Flucht nach Jugoslawien, dann in die BR Deutschland; führte seitdem eine krit. Auseinandersetzung mit Problemen des real existierenden Sozialismus, insbes. in der Sowjetunion, veröffentlichte u. a. „Die Revolution entläßt ihre Kinder" (1955), „Kreml ohne Stalin" (1959), „Die Dreispaltung des Marxismus" (1970), „Euro-Kommunismus" (1978), „Dämmerung im Kreml" (1984), „Der Schock des Hitler-Stalin-Paktes" (1986), „Das kurze Leben der DDR" (1990).

Leonidas, ✕ an den Thermopylen 480 v. Chr., spartan. König (seit 488) aus dem Geschlecht der Agiaden. – Hielt während des pers. Griechenlandzuges 480 den Thermopylenpaß mehrere Tage und fiel nach Verrat seiner Stellung durch Ephialtes an Xerxes I. zus. mit 300 Spartanern sowie 700 Thespiern.

Leoniden [griech.], ein period., Mitte November auftretender Meteorstrom, dessen Radiant im Sternbild Leo (Löwe) liegt.

leoninischer Hexameter (lat. versus leoninus) ↑ Hexameter.

Leoninus, frz. Magister und Komponist der 2. Hälfte des 12. Jh. – Bed. Komponist der Notre-Dame-Schule, der den (zweistimmigen) „Magnus liber organi de gradali et antiphonario" schuf (wohl zw. 1163 und 1182 für Notre-Dame in Paris geschrieben).

leonisch [nach der span. Stadt León], mit Metallfäden umwickelt oder umsponnen (z. B. l. Garn, l. Fäden).

Leonow [russ. li'ɔnɛf], Alexei Archipowitsch, *Listwjanka (Gebiet Kemerowo) 30. Mai 1934, sowjet. Kosmonaut. – Verließ 1965 als erster Mensch im Weltraum einen Raumflugkörper (Woschod II).

L., Leonid Maximowitsch, *Moskau 31. Mai 1899, russ. Schriftsteller. – Sohn eines Dichters bäuerl. Herkunft; L. schildert in seinen erzählenden und dramat. Werken meist (individuelle) Probleme, die beim Aufbau der sowjet. Gesellschaft und ihrer Lebensformen entstanden. – *Werke:* Aufzeichnungen eines Kleinstädters (Nov., 1923), Die Bauern von Wory (R., 1924; 1963 auch u. d. T. Die Dachse), Der Dieb (R., 1927), Aufbau (R., 1930, 1949 u. d. T. Das Werk im Urwald), Der Weg zum Ozean (R., 1935), Der russ. Wald (R., 1953).

Leontes, Fluß in Libanon, ↑ Litani, Al.

Leontiasis [zu griech. léōn „Löwe"], Knochenriesenwuchs, z. B. als krankhafte Verformung des Schädels durch Knochenverdickung.

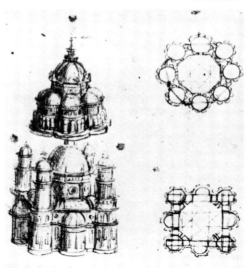

Leonardo da Vinci. Entwürfe für einen Kuppelbau, um 1488 (Paris, Bibliothèque de l'Institut de France)

Leontief, Wassily [engl. lɪ'ɔntɪəf], *Petersburg 5. Aug. 1906, amerikan. Wirtschaftswissenschaftler russ. Herkunft. – Seit 1931 in den USA, seit 1946 Prof. an der Harvard University. Sein Lebenswerk ist die Ausarbeitung und Anwendung der Input-Output-Analyse. 1973 erhielt er den sog. Nobelpreis für Wirtschaftswissenschaften. – Abb. S. 62.

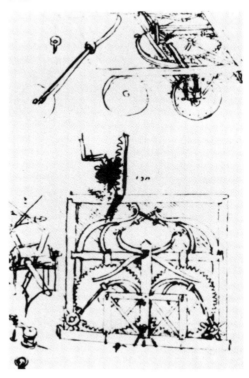

Leonardo da Vinci. Skizze eines durch ein Federwerk bewegten und mit einem Differentialgetriebe versehenen Wagens (Mailand, Biblioteca Ambrosiana)

Leontjew

Leontjew, Konstantin Nikolajewitsch [russ. lɪˈɔntjɪf], *Kudinowo bei Kaluga 25. Jan. 1831, †Kloster des hl. Sergius bei Moskau 24. Nov. 1891, russ. Philosoph. – Vertreter einer pessimist. Kulturphilosophie, nach der die Kultur sich von einfacheren zu komplexeren Formen und dann zu ihrem Untergang entwickelt; übte scharfe Kritik an der europ. Technisierung.

Leopard

Leopard [lat., zu leo (von griech. léōn) „Löwe" und pardus (von griech. párdos) „Pardel, Panther"] (Panther, Panthera pardus), etwa 1–1,5 m lange (mit Schwanz bis 2,5 m messende), überwiegend dämmerungs- und nachtaktive Großkatze bes. in Steppen, Savannen, Regenwäldern, auch Hochgebirgen Afrikas, in Teilen der Arab. Halbinsel, SW- und S-Asiens; Fell oberseits fahl- bis rötlichgelb, unterseits weißlich, mit schwarzen Flecken, die (im Unterschied zum sonst sehr ähnl. Jaguar) keine dunklen Innentupfen aufweisen; auch völlig schwarze Exemplare **(Schwarzer Panther).** Der L. jagt meist allein, wobei er sich bis auf wenige Meter an die Beute (bes. Antilopen) heranpirscht, die er nach raschem Sprung durch Nacken- oder Kehlbiß tötet. Während der Paarungszeit jagen ♂ und ♀ meist gemeinsam. – Die L. werden bes. wegen ihres schönen Fells stark verfolgt; einige Unterarten sind bereits ausgerottet. – **Geschichte:** Alte Darstellungen von L. sind aus Mesopotamien (Tempelbilder, keram. Gefäße), Persien und Ägypten erhalten. Bei den Griechen tritt der L. als Attribut der Jagdgöttin Artemis in Erscheinung. Im röm. Kulturraum wurden L. hauptsächlich mit Dionysos oder im „Zweikampf" mit Männern dargestellt.

Wassily Leontief

Leopardendrückerfisch ↑Drückerfische.
Leopardi, Giacomo Graf, *Recanati 29. Juni 1798, †Neapel 14. Juni 1837, italien. Dichter. – Aus aristokrat. Familie; gilt mit seiner von klass. Formwillen geprägten Lyrik, die Ausdruck seiner seel. Zerrissenheit und Schwermut ist, als der größte italien. Lyriker nach Petrarca. Bes. bed. sind die „Pensieri di varia filosofia e di bella letteratura" (gewöhnlich bezeichnet als „Zibaldone di pensieri", entstanden 1817–32, hg. 1898–1907; dt. Ausw. 1943 u. d. T. „Gedanken aus dem Zibaldone").

Leopold, Name von Herrschern:
Hl. Röm. Reich:
L. I., *Wien 9. Juni 1640, †ebd. 5. Mai 1705, König von Ungarn (seit 1655) und Böhmen (seit 1656), Kaiser (seit 1658). – Zweiter Sohn Kaiser Ferdinands III.; Hauptproblem seiner Reg.zeit war die Verbindung von frz. und osman. Expansionsstreben, die fast unablässig Kriege erforderten. Der Reunionspolitik Ludwigs XIV. trat L. durch Beteiligung am Niederl.-Frz. Krieg, am Pfälz. Erbfolgekrieg und an gegen die frz. Bestrebungen gerichteten Allianzen entgegen. L. begr. nach zwei Türkenkriegen (1663/64 und 1683–99) den Aufstieg Österreichs zur europ. Großmacht. Durch Zurückdrängung der Osmanen und Niederschlagung ungar. Aufstände konnte L. die Anerkennung seiner Oberhoheit durch Ungarn (1687) und Siebenbürgen durchsetzen (1691).

Leopold I.,
Kaiser des
Hl. Römischen Reiches
(zeitgenössischer
Kupferstich)

L. II., *Wien 5. Mai 1747, †ebd. 1. März 1792, als L. I. Großhzg. von Toskana (seit 1765), Kaiser (seit 1790). König von Ungarn (seit 1790) und Böhmen (seit 1791). – Reformierte als Großhzg. Wirtschaft und Verwaltung; hob als Nachfolger seines Bruders Joseph II. dessen Reformen z. T. wieder auf; gelangte in der Konvention von Reichenbach (1790) zum Ausgleich mit Preußen; schloß 1792 ein Bündnis mit Preußen zum Schutz der frz. Monarchie.
Anhalt-Dessau:
L. I., gen. **der Alte Dessauer,** *Dessau 3. Juli 1676, †ebd. 9. April 1747, Fürst (seit 1693), preuß. Feldmarschall (seit 1712). – Volkstüml. Heeresreformer, führte den Gleichschritt ein; kämpfte erfolgreich im Span. Erbfolgekrieg und im Nord. sowie im 2. Schles. Krieg.
Belgien:
L. I., *Coburg 16. Dez. 1790, †Laeken (= Brüssel) 10. Dez. 1865, König (seit 1831). – Wurde 1831 zum König der Belgier gewählt und heiratete eine Tochter Louis Philippes von Frankreich. L. regierte streng konstitutionell.
L. II., *Brüssel 9. April 1835, †Laeken (= Brüssel) 17. Dez. 1909, König (seit 1865). – Hatte großen persönl. Anteil am wirtsch. Aufschwung des Landes; in seinem Auftrag gründete H. M. Stanley 1881 den Kongostaat (1908 dem belg. Staat übertragen).
L. III., *Brüssel 3. Nov. 1901, †ebd. 25. Sept. 1983, König (1934–44 und 1950/51). – Ab 1926 ∞ mit Prinzessin Astrid von Schweden, seit 1941 mit Lilian Baels (Prinzessin de Réthy); kapitulierte 1940 vor der dt. Armee und lebte bis Juni 1944 auf Schloß Laeken, danach in dt. Kriegsgefangenschaft, seit 1945 im Exil; übertrug seine Rechte auf seinen Sohn Baudouin und dankte 1951 ab.
Hohenzollern-Sigmaringen:
L., *Krauchenwies (Landkr. Sigmaringen) 22. Sept. 1835, †Berlin 8. Juni 1905, Fürst. – Bruder König Karls I. von Rumänien; gab 1870 durch Annahme der span. Thronkandidatur Anlaß zum Dt.-Frz. Krieg. – ↑Emser Depesche.
Österreich (Babenberger):
L. III., der Heilige, *Melk um 1075, †15. Nov. 1136, Markgraf (seit 1095). – Gründete 1133 das Chorherrenstift Klosterneuburg und das Kloster Heiligenkreuz; 1485 heiliggesprochen (Fest: 15. Nov.), 1663 zum östr. Landespatron erklärt.
L. VI., der Glorreiche, *1176 (?), †San Germano 28. Juli 1230, Hzg. von Steiermark (seit 1194) und Österreich (seit 1198). – Vermittelte u. a. 1225 und 1230 in San Germino zw. Kaiser Friedrich II. und Papst Gregor IX.
Österreich (Habsburger):
L. V., *Graz 9. Okt. 1586, †Schwaz 13. Sept. 1632, Erzhzg., Graf von Tirol (seit 1625). – Bischof von Passau (1605–25) und Straßburg (1607–25); griff 1610/11 zugunsten Kaiser Rudolfs II. in Prag ein, woraufhin sich die böhm. Stände endgültig dem späteren Kaiser Matthias zuwandten.
Leopold, Jan Hendrik, *Herzogenbusch 11. Mai 1865, †Rotterdam 21. Juni 1925, niederl. Dichter. – Gilt mit seiner sensiblen, metaphernreichen Lyrik als der bedeutendste Vertr. des niederl. Symbolismus.
Leopoldina, Kurzbez. für ↑Deutsche Akademie der Naturforscher Leopoldina.
Leopoldinische Linie ↑Habsburger.
Leopoldsorden, belg. Orden.
▷ (L.-II.-Orden) belg. Orden (↑Orden, Übersicht).
Léopoldville [leǝpɔltˈvil] ↑Kinshasa.
Leopold Wilhelm, *Graz 6. Jan. 1614, †Wien 20. Nov. 1662, östr. Erzhzg. und Feldherr. – Bischof von Passau und Straßburg (seit 1625), Halberstadt (1627–48), Olmütz (seit 1636) und Breslau (seit 1655); schlug 1640 die Schweden aus Böhmen zurück.
Leotychidas II., †Tegea 469 v. Chr., spartan. König (seit 491) aus dem Geschlecht der Eurypontiden. – Errang zus. mit dem Athener Xanthippos 479 den griech. Flottensieg über die Perser bei Mykale.
LEP, Abk. für engl.: **L**arge **E**lectron **P**ositron Storage Ring [lɑːdʒ ɪˈlektrɒn ˈpɒzɪtrɒn ˈstɔːrɪdʒ rɪŋ], im Aug. 1989 am ↑CERN in Betrieb gegangener weltweit größter und leistungsfähigster Elektron-Positron-Speicherring. In dem 26,7 km langen Ringtunnel werden die gegenläufig kreisenden Elektronen- und Positronenbündel gegenwärtig bei

Energien von etwa 100 GeV an vier Stellen zur Kollision gebracht. Aus der dabei freiwerdenden Energie entstehen massereiche Z^0-Teilchen (Z-Bosonen, ↑intermediäre Bosonen), deren Untersuchung für die Theorie der Elementarteilchen von großer Bed. ist.

Lepanto, alter italien. Name für das heutige Nafpaktos (nördlich des Eingangs des Golfs von Korinth). In der **Seeschlacht bei Lepanto** (7. Okt. 1571) besiegte die Flotte der am 20. Mai 1571 von Papst Pius V., Spanien und Venedig gebildeten Hl. Liga die Flotte der Osmanen und leitete damit den Niedergang der osman. Vorherrschaft im Mittelmeer ein.

Le Parc, Julio [span. le'park], * Mendoza 23. Sept. 1928, argentin. Licht- und Objektkünstler. – Lebt seit 1958 in Paris; Vertreter der ↑kinetischen Kunst bzw. Lichtkunst.

lepido..., Lepido... [zu griech. lepís „Schuppe"], Bestimmungswort in Zusammensetzungen mit der Bed. „Schuppen...".

Lepidodendron [griech.], ↑Schuppenbäume.

Lepidokrokit [griech.], svw. ↑Rubinglimmer.

Lepidolith [griech.], in schuppigen und blättrigen Aggregaten vorkommendes, zartrotes, weißes oder graues monoklines Glimmermineral, $KLi_{1,5}Al_{1,5}[(F,OH)_2|AlSi_3O_{10}]$; Vorkommen in Graniten und granit. Gängen. Mohshärte 2–3, Dichte 2,8 bis 2,9 g/cm³; wichtiger Lithiumrohstoff.

Lepidophyten [griech.], zusammenfassende Bez. für Schuppenbäume, Siegelbäume und andere fossile Bärlappe.

Lepidoptera [griech.], svw. ↑Schmetterlinge.

Lepidopteris [griech.] (Schuppenfarn), zu den Samenfarnen zählendes Leitfossil des Räts; die Mittelrippe der doppelt gefiederten Blattwedel zeigt schuppenartige Papillen.

Lepidotus [griech.], ausgestorbene Gatt. bis 1 m langer Knochenschmelzschupper.

Lepidotus. Lepidotus elvensis, Versteinerung aus dem Posidonienschiefer von Holzmaden (Heidelberg, Geologisch-Paläontologisches Institut)

Lepidus, Beiname einer altröm., zum patriz. Geschlecht der Aemilier gehörenden Fam. Bed. Vertreter:

L., Marcus Aemilius, Konsul (187 und 175 v. Chr.). – Baute die Via Aemilia; Mitbegr. der röm. Kolonien Mutina (= Modena) und Parma.

L., Marcus Aemilius, * um 90 v. Chr., † 13 oder 12 v. Chr., Triumvir. – 46 Konsul, 46–44 Magister equitum Cäsars, nach Cäsars Tod Pontifex maximus; schloß 43 mit Antonius und Oktavian das 2. Triumvirat; 40 erhielt er Afrika als Prov.; 36 durch Oktavian entmachtet.

Le Play, Frédéric [frz. lə'plɛ], * La Rivière-Saint-Sauveur (Calvados) 11. April 1806, † Paris 13. April 1882, frz. Bergbauingenieur und Sozialreformer. – Prof. in Paris; in der frz. Bergbauverwaltung tätig; Staatsrat 1855, Senator 1867–70; organisierte die Weltausstellungen 1855, 1862 und 1867; einer der bedeutendsten frz. kath.-konservativen Sozialreformer; leistete als einer der Pioniere der empir. Sozialforschung bed. Beiträge zur Familiensoziologie.

Lepontisch, die indogerman., dem Festlandkeltischen nahestehende Sprache von fast 100 kurzen (Grab- und Vasen-)Inschriften (v. a. Personennamen); sie sind in einem nordetrusk. Alphabet geschrieben (4. Jh. v. Chr. bis 1. Jh. n. Chr.) und stammen aus dem Süden des Tessins sowie aus der Gegend um die oberitalien. Seen.

Leporello [nach der langen Liste des Dieners Leporello in Mozarts Oper „Don Giovanni"], harmonikaartig gefalteter, breiter Streifen aus Papier o. ä. für Landkarten, Prospekte, Bilderbücher u. a.

Leppich, Johannes, * Ratibor 16. April 1915, † Münster 7. Dez. 1992, dt. kath. Theologe und Jesuit. – Seit 1946 seelsorglich in Flüchtlingslagern, Gefängnissen und im Großstadtapostolat tätig; bekannt durch Volks- und Straßenpredigten.

Lepra [griech., zu leprós „schuppig, rauh"] (Aussatz), chron. bakterielle Infektionskrankheit des Menschen mit vorwiegendem Befall der Haut und/oder des peripheren Nervensystems, die zu Verunstaltungen des Körpers, bes. der Weichteile und der ↑Akren führt. Die Übertragung des Erregers Mycobacterium leprae erfolgt nur bei langdauerndem, unmittelbarem Kontakt mit L.kranken, vermutlich durch Tröpfchen- oder Schmierinfektion; die Inkubationszeit beträgt meist 2 bis 5 Jahre (auch 9 Monate bis 40 Jahre); sie tritt bes. in Afrika, Asien und Lateinamerika auf. Die medikamentöse Behandlung (Chemotherapeutika wie Diaminodiphenylsulfon, Thiambutosin, auch Kortikoide) ist langwierig (2 Jahre bis lebenslang). Inzwischen ist auch eine Impfung mit abgeschwächten L.bakterien möglich.

Geschichte: Rund 4000 Jahre alt sind Informationen über die L. aus Ägypten und Mesopotamien; auch die alttestamentl. Berichte über Hautkrankheiten beziehen sich z. T. auf L. In Europa erreichte sie zw. dem 6. und 13. Jh. größere Verbreitung. Die Leprosen- bzw. Aussätzigenschau (schon im Altertum, v. a. aber im MA üblich) ist eine der frühesten Maßnahmen der öff. Gesundheitspflege. Sie wurde vielfach von vereidigten **Leprösen** (an L. Erkrankten, also medizin. Laien) vorgenommen, erst seit dem Spät-MA auch von Ärzten. Die Kranken wurden aus der menschl. Gesellschaft ausgestoßen und in L.dörfer oder Spezialspitäler (**Leprosorien**) verbannt. Zum Betteln zogen sie oft in die Städte, mußten sich aber durch eine spezielle L.kleidung und eine L.klapper (Lazarusklapper) oder ein L.horn kenntlich machen. Erst 1870 gelang dem norweg. Arzt G. H. A. Hansen der Nachweis des L.erregers.

leprös (leprös) [griech.], an ↑Lepra leidend, aussätzig; die Lepra betreffend.

Lepsius, Karl Richard, * Naumburg/Saale 23. Dez. 1810, † Berlin 10. Juli 1884, dt. Ägyptologe, Sprachwissenschaftler und Afrikanist. – 1842–45 Leiter der preuß. Expedition nach Ägypten und dem Sudan. Prof. in Berlin, seit 1865 Direktor des Berliner Ägypt. Museums. Begründer der dt. Ägyptologie; zahlr. Veröffentlichungen.

Leptis Magna, Ruinenstätte östl. von Al Chums, Libyen. Um 700 v. Chr. von Phönikern gegr., im 6. Jh. karthag., seit 46 v. Chr. zum Röm. Reich gehörig. Ausgrabungen seit 1921. Nächst dem Hafenbecken liegt das alte Zentrum mit Markt, Kurie und Tempeln aus dem 1. Jh. n. Chr. Westl. liegen ein zweiter Markt mit augusteischem Theater (1./2. Jh.), weiter südl. die großen Hadriansthermen (123–127). Unter Septimius Severus und Caracalla entstanden v. a. das neue Forum (Arkadenhof 100 × 60 m mit Podiumtempel), Basilika (216 vollendet), Prachtstraße zum Hafen und Ehrenbogen des Septimius Severus. Im O Circus (450 m lang) und Amphitheater; im W Thermen. – Von der UNESCO zum Weltkulturerbe erklärt. – Abb. S. 64.

lepto..., Lepto... [zu griech. leptós „dünn, schwach"], Bestimmungswort in Zusammensetzungen mit der Bed. „schmal, klein".

Leptolepis [griech.], ausgestorbene, vom Jura bis zur Kreide bekannte Gatt. primitiver, heringsgroßer Echter Knochenfische.

Lepton [griech. „klein, dünn"] (Mrz. Lepta), kleinste Münze des modernen Griechenland (seit 1828), seit 1831 vom Wert 1/100 Drachme.

Leptonen [griech.], Familie leichter Elementarteilchen, die nicht der starken Wechselwirkung unterliegen, halbzahligen Spin haben und somit der Fermi-Dirac-Statistik genü-

Lepidolith

Lepton. Münze von 1831 (Vorder- und Rückseite)

Leptonenzahl

gen. Zu den L. zählen die negativ geladenen Teilchen Elektron (e⁻), Myon (μ⁻) und Tauon (τ⁻), deren elektrisch neutrale Neutrinos (ν_e, ν_μ, ν_τ) sowie die zugehörigen Antiteilchen. Treten beim Zerfall von Elementarteilchen L. auf, spricht man von einem *lepton. Zerfall* (↑Betazerfall).

Leptonenzahl ↑ Quantenzahl.

leptosomer Typ [griech.] ↑Konstitutionstypen.

Leptospiren (Leptospira) [griech.], Bakteriengatt. der Ordnung Spirochaetales; lockere, sehr dünne, spiralig gewundene, obligat aerobe Stäbchenbakterien mit eingekrümmten Enden („Kleiderbügelform"); z.T. freilebend, z.T. parasitisch in Säugetieren und im Menschen; verursachen meldepflichtige Infektionskrankheiten mit hohem Fieber sowie Leber-, Nieren- und Hirnhautentzündung **(Leptospirosen).**

Leptotän [griech.] ↑Meiose.

Lepus [lat.] (Hase) ↑Sternbilder (Übersicht).

Lepus [lat.] ↑Hasen.

Lercaro, Giacomo, * Quinto al Mare (= Genua) 28. Okt. 1891, † Bologna 18. Okt. 1976, italien. kath. Theologe, Kardinal (seit 1953). – 1952–68 Erzbischof von Bologna; mit seiner sozial-karitativen Tätigkeit und seiner unkonventionellen Seelsorge von großem Einfluß auf die nachkonziliare Kirche.

Lerchen (Alaudidae), weltweit verbreitete Fam. finkenbis drosselgroßer, unauffällig gefärbter Singvögel mit rd. 70 Arten; Bodenvögel in vornehmlich baumarmen Landschaften. Viele L. sind ausgezeichnete Sänger, die ihren Gesang i. d. R. im Flug vortragen. In M-Europa kommen u. a. vor: **Feldlerche** (Alauda arvensis), etwa 18 cm groß, oberseits erdbraun, dunkel längsgefleckt, (mit Ausnahme der Bruststreifung) unterseits rahmweiß; auf Feldern, Wiesen und Mooren großer Teile Eurasiens und NW-Afrikas; mit kurzer, aufrichtbarer Haube. **Haubenlerche** (Galerida cristata), etwa 17 cm groß; unterscheidet sich von der ähnl., aber schlankeren Feld-L. v. a. durch die hohe, spitze Haube; bewohnt in M-Europa trockene Ödländereien, Fabrikgelände u. a.; singt häufig vom Boden aus. Etwa 15 cm groß ist die **Heidelerche** (Lullula arborea); unterscheidet sich von der ähnl., aber größeren Feld-L. durch einen kürzeren Schwanz und auffallende, im Nacken zusammenstoßende, weiße Augenstreifen; kommt in baumarmen, trockenen Landschaften und Heidegebieten Europas, NW-Afrikas und Kleinasiens vor. Mit Schwanz etwa 19 cm groß ist die **Ka-**

Lerchen.
Oben: Feldlerche.
Mitte: Haubenlerche.
Unten: Heidelerche

landerlerche (Melanocorypha calandra); mit großem, schwarzem Halsseitenfleck; auf Feldern und Steppen S-Eurasiens und NW-Afrikas.

Lerchensporn (Corydalis), Gatt. der Mohngewächse mit rd. 300 Arten, v. a. in Eurasien und in N-Amerika; meist ausdauernde Kräuter. In Deutschland kommen bis zu acht Arten vor, u. a. der **Hohle Lerchensporn** (Erdapfel, Hohlwurz, Corydalis bulbosa); 10–35 cm hoch; Blätter doppelt bis dreizählig gefiedert; Blüten purpurfarben oder weiß, gespornt, zu 10 bis 20 in aufrechter Traube; in Laubmisch- und Buchenwäldern.

Lérida, span. Stadt am Segre, 222 m ü. d. M., 107 800 E. Verwaltungssitz der Prov. L.; kath. Bischofssitz; Nahrungsmittel-, Textil-, Holz- und Korkind; ⚒. – In der Antike **Ilerda;** 713–1149 in maur. Besitz; wurde nach der Reconquista Sitz der katalan. Cortes und hatte 1300–1717 eine bed. Univ. – Bei dem damaligen Ilerda schlug Cäsar 49 v. Chr. das Heer des Pompejus. – Alte Kathedrale (La Seu Vella) im roman.-got. Übergangsstil (1203–78), klassizist. Neue Kathedrale (18. Jh.), Rathaus (13. Jh.), Mauern der Zitadelle (13.–15. Jh.).

Lermontow, Michail Jurjewitsch [ˈlɛrmɔntɔf, russ. ˈljɛrmɐntəf], *Moskau 15. Okt. 1814, † Pjatigorsk 27. Juli 1841, russ. Dichter. – Kornett in einem Garderegiment; wurde im Duell getötet. Hauptvertreter der Weltschmerzpoesie in der russ. Literatur; begann mit pathet. Lyrik, kam unter dem Einfluß Byrons zur Verserzählung und fand zur künstlerisch vollendeten Prosa; sein Hauptwerk, der Roman „Ein Held unserer Zeit" (1840), läßt bereits Züge des psycholog. Romans erkennen; auch Dramen. – *Weitere Werke:* Der Novize (Poem, 1840), Der Dämon (Poem, 1. Fassung 1841, 1. vollständige Ausg. hg. 1856).

Lernäische Hydra ↑Herakles.

Lernbehindertenpädagogik, Teil der ↑Sonderpädagogik, der die Förderungsmöglichkeiten für Lernbehinderte zum Gegenstand hat.

Lernen, Sammelbez. für durch Erfahrung entstandene, relativ überdauernde Verhaltensänderungen bzw. -möglichkeiten. L. kann also als Prozeß verstanden werden, der bestimmte Organismen, jedoch auch techn. Anlagen (z. B. Automaten) befähigt, auf Grund früherer Erfahrungen und durch organ. Eingliederung weiterer Erfahrungen situationsangemessen zu reagieren. Generell ist zu unterscheiden zw. *einsichtigem L.,* das Bewußtsein voraussetzt, *L. durch Dressur* und *L. durch Versuch und Irrtum.* Menschl. L. ist eine überwiegend einsichtige, aktive, sozial vermittelte Aneignung von Kenntnissen und Fertigkeiten, Überzeugungen und Verhaltensweisen. Die dabei auftretenden **Lernvorgänge** lassen sich u. a. in 4 Lernphasen einteilen: die *Vorbereitungsphase* mit Aufmerksamkeit, Wahrnehmung und Reizunterscheidung, die *Aneignungsphase* mit der Assoziation als Verknüpfungsprozeß (d. h. L. durch Versuch und Irrtum mit nachfolgenden inneren Verarbeitungsprozessen), die *Speicherungsphase* mit der Codierung (Verschlüsselung) der Erfahrung und deren Speicherung im ↑Gedächtnis und die *Erinnerungsphase,* in der das gespeicherte Material abgerufen, decodiert (entschlüsselt) und in eine Reaktion umgesetzt wird. In allen diesen Phasen können Lern-, Gedächtnis- oder Erinnerungsstörungen auftreten. Zu den häufigsten **Lernstörungen** (Lernbehinderungen) zählen *totale Begabungsstörungen* (unzureichendes Intelligenzniveau, das nicht für die gewählte Schulart ausreicht), *partielle Begabungsstörungen* (Legasthenie, Ausfälle in einzelnen Lernbereichen), *Entwicklungsstörungen* (Schulunreife, Pubertätskrisen), sonstige *Persönlichkeitsstörungen* (Antriebsschwäche, Angst, Konzentrationsschwäche) und sog. *Umweltstörungen,* z. B. Milieuschädigung, elterl. Fehlerziehung, Vorurteile des Lehrers, Kontaktarmut, Reizüberflutung.

Je nach Reiz- und Reaktionsmodalitäten werden folgende **Lernarten** unterschieden: Im *Wahrnehmungs-L.* wird bes. die visuelle, auditive und taktile Wahrnehmung verändert (z. B. bei der Gehörschulung); beim *motor. L.* erfolgt das Erlernen, Automatisieren und Selbstregeln von Bewegungsabläufen (z. B. beim Sport oder Autofahren); durch *verbales L* wird Spracherwerb möglich (z. B. das L. von Vokabeln

Leptis Magna. In der Bildmitte das augusteische Theater, davor der Roma- und Augustustempel, 1./2. Jahrhundert

Lérida. Portal von La Seu Vella (Alte Kathedrale), 1203–78

oder Texten); durch *kognitives L.* werden Begriffe gebildet, Ordnungen, Regeln und Systeme erlernt, erfolgen Problemlösungen; *soziales L.* umfaßt L. im sozialen Kontext wie auch L. von sozialen Verhaltensweisen. Nach Art der Darbietung und Übung teilt man die Lernarten ein in: *intentionales L.,* das absichtlich erfolgt (z. B. das *schul. L.*), beiläufiges, *inzidentelles L.,* bei dem neben den einzuprägenden Inhalten auch noch andere aufgefaßt und behalten werden, die nicht zu lernen waren, sowie *programmiertes L.,* bei dem der Lehrstoff, in Lernschritten aufgeteilt, vom Lernenden in einem ihm gemäßen Lerntempo angeeignet werden kann (↑ programmierter Unterricht). Nach der Struktur des **Lernprozesses** ergeben sich u. a. folgende Lernarten: *Signal-L., Verstärkungs-L.* (Äußerung bestimmter Verhaltensweisen infolge eines angenehmen Reizes), *Imitations-L.* (Übernahme neuen Verhaltens auf Grund der Beobachtung erfolgreichen fremden Verhaltens), *Begriffs- und Konzept-L.* (Verallgemeinerung von konkreten Inhalten auf Konzepte oder in Kategorien bei gleichzeitiger Unterscheidung), *Strukturierung* (Zerlegung von Sinneinheiten und Ordnen von Inhalten), *Problemlösen* (L. durch ↑ Einsicht).

Das Vermögen, Erfahrungen für künftiges Verhalten zu verwerten, wird als an das Gedächtnis gebundene **Lernfähigkeit** bezeichnet, die allen Organismen eigen ist, die ein Nervensystem bzw. ein Gehirn besitzen. Die Lernfähigkeit bei höheren Tieren wird vom Menschen zur Abrichtung und Dressur genutzt. Lernfähigkeit wird auch bestimmten techn. Systemen mit Informationsverarbeitung zugeschrieben (↑ lernender Automat).

Wesentl. Merkmal für *Lernreife* und von bes. Bed. für den *Lernerfolg* ist die **Lernbereitschaft,** d. h. die positive Einstellung des Menschen im Hinblick auf eine bevorstehende Leistung. Bes. in Schule und Hochschule wird das angestrebte Endverhalten des Lernenden durch **Lernziele** zum Ausdruck gebracht, durch die erst ein sinnvolles ↑ Curriculum ermöglicht wird.

L. ist der am intensivsten erforschte Gegenstand der **Lernpsychologie,** einer Teildisziplin der Psychologie, die sich mit den phys., psych. und kybernet. Bedingungen des L. befaßt und entsprechende Theorien entwickelt bzw. Gesetze formuliert. Bislang kann auf keine einheitl. Lerntheorie verwiesen werden, die ausschließlich auf die Erklärung und systemat. Darstellung des Lernprozesses abzielt, indem sie die verschiedenen Lernphänomene auf möglichst wenige und einfache Grundprozesse zurückführt. Mit dem Beginn der experimentellen **Lernforschung** wurden 1885 durch H. Ebbinghaus (Vergessenskurve), 1889 durch I. P. Pawlow (klass. Konditionierung) und 1898 durch E. L. Thorndike (instrumentelle Konditionierung) die ersten Versuche unternommen, aus sog. Lerntheorien, bei denen es sich mehr oder weniger um allg. Verhaltenstheorien handelt, Gesetze abzuleiten, die Erklärung und Prognose von Lernverhalten ermöglichen sollten. Die Frage, welche Bedingungen und Mechanismen zur Erklärung des Lernprozesses herangezogen werden sollen, wurde und wird von verschiedenen **Lerntheorien** unterschiedlich beantwortet, wobei v. a. die Assoziationspsychologie (↑ Assoziation), die ↑ Gestaltpsychologie, der ↑ Behaviorismus und die ↑ Psychoanalyse eigene Auffassungen über das L. entwickelt haben. Unter den „klass." Lerntheorien unterscheidet man im wesentlichen: 1. *Reiz-Reaktions-Theorien* (Stimulus-Response oder S-R-Theorien), bei denen Lernprozesse über die Verknüpfung von Reizkonstellationen und Reaktionsweisen dargestellt werden. Je nach Art der unterstellten Zusatzmechanismen spricht man von *S-R-Verstärkungstheorien* bzw. von *S-R-Kontiguitätstheorien* (zu den ersteren gehören E. L. Thorndikes *Verknüpfungstheorie* (L. durch Versuch und Irrtum [↑ Trial-and-error-Methode]) und C. L. Hulls *systemat. Verhaltenstheorie;* zu den S-R-Kontiguitätstheorien wird die von E. R. Guthrie konzipierte *Theorie des instrumentellen L.* gerechnet, bei der es lediglich auf die zeitl. Berührung zw. Reiz und einer ausgeführten Bewegung ankommt, wobei die Verstärkung einer S-R-Verbindung nur eine sekundäre Rolle spielt); 2. die *Theorie der klass. Konditionierung* von I. P. Pawlow; 3. die *Theorie der operanten* (operativen oder instrumentellen) *Konditionierung* von B. F. Skinner (programmierter Unterricht); 4. die *kognitiven Lerntheorien* von E. C. Tolman, W. Köhler, K. Koffka, K. Lewin u. a., nach denen Problemsituationen durch einsichtiges L. bewältigt werden können. Die Betonung von Wahrnehmungs- und Repräsentationsprozessen sowie die Kritik an allen S-R-Modellen sind diesen neobehaviorist. (Tolman) bzw. gestaltpsycholog. (Köhler, Koffka, Lewin) Konzepten gemeinsam. Die urspr. Erwartungen des Behaviorismus, alle Lernvorgänge in einer umfassenden Verhaltenstheorie zu repräsentieren, wurden gegenwärtig in der Lernforschung weitgehend aufgegeben zugunsten von speziellen Theorien (sog. Miniaturmodellen), deren Gültigkeit nur für einen einzelnen Mechanismus bzw. für begrenzte Bereiche der Lernforschung (z. B. motor. oder verbales L.) postuliert wird. Die neuere Entwicklung der Lernforschung geht mit einer verstärkten Formalisierung der Ansätze (Entwicklung probabilist. Lernmodelle sowie Simulationsversuche von Lernprozessen) und konzentriert sich auf die Erforschung der neurophysiolog. Grundlagen der Lernprozesse.

lernender Automat, Maschine mit der Fähigkeit, durch Lernen Wissen zu erwerben und zu verändern mit dem Ziel, einen Arbeitsprozeß zu optimieren. Auf der Grundlage eines Lernbegriffes ohne die Merkmale der Aktivität und Selbstreferenz kann bereits ein speicherprogrammierbarer Automat (z. B. eine Steuerung) als l. A. bezeichnet werden. Neben Komponenten der ↑ Automatentheorie wie Eingabe, Zustand, Zustandsänderung, Codierung und Ausgabe kommen beim l. A. weitere hinzu. Dazu gehören ein *Erfahrungsspeicher* und ein programmiertes *Modell der Umwelt,* das es erlaubt, Umweltwartungen aufzubauen. Die Empfangsmöglichkeit für *Belehrung* zur ständigen Neuanpassung der Modellparameter wird auf der *Lernmatrix* erfaßt. In der sog. Lernphase werden dann zu einem Begriff mehrmals abgewandelte Codegruppen angeboten, wobei die am häufigsten offerierte Gruppe am stärksten eingeprägt bleibt und dem zu lernenden Begriff zugeordnet wird; die Lernmatrix vergleicht dann in der sog. Kannphase die angebotenen Codegruppen mit den eingeprägten Gruppen und liefert den Begriff mit der besten Codeübereinstimmung, d. h. die Lösung.

Lernet-Holenia, Alexander, *Wien 21. Okt. 1897, †ebd. 3. Juli 1976, östr. Schriftsteller. – Behandelt in spannenden Romanen und Erzählungen sowie bühnenwirksamen Dramen verschiedenartige Stoffe (v. a. aus Altösterreich). – *Werke:* Ich war Jack Mortimer (R., 1933), Der Baron Bagge (E., 1936), Ein Traum in Rot (R., 1939), Beide Sizilien (R., 1942), Das Halsband der Königin (R., 1962), Die weiße Dame (R., 1965), Pilatus (R., 1967), Die Hexen (R., 1969), Die Geheimnisse des Hauses Österreich (R., 1971).

Lernforschung ↑ Lernen.

Lerngeräte (Lehrgeräte, Lernmaschinen, Lehrmaschinen), Geräte, die einen programmierten Lehr- und Lernvorgang steuern. Moderne elektron. L. **(Lehrautomaten)** informieren, verlangen vom Lernenden eigene Aktivität

Lerchensporn. Hohler Lerchensporn

Alexander Lernet-Holenia

Lernmittelfreiheit

(Beantwortung von Kontrollfragen) und bieten bei falschen Antworten häufig zusätzl. Lösungshilfen an. – ↑programmierter Unterricht, ↑audiovisuelle Medien, ↑Lernen.

Lernmittelfreiheit, Grundsatz in den meisten Ländern Deutschlands, daß an öff. Schulen Lernmittel (v. a. Schulbücher) dem Schüler kostenlos für die Zeit seines Schulbesuchs zur Verfügung gestellt werden.

Lernmotivation, svw. Lernbereitschaft (↑Lernen).

Lernprozeß ↑Lernen.

Le roi est mort, vive le roi [frz. lərwɛˈmɔːr, vivləˈrwa „Der König ist tot, es lebe der König"], Ausdruck des in einer Erbmonarchie geltenden Rechtssatzes, wonach die Krone beim Tode des Monarchen unmittelbar an den Thronfolger übergeht.

Leroux [frz. ləˈru], Gaston, *Paris 6. Mai 1868, †Nizza 15. April 1927, frz. Schriftsteller. – Journalist; schrieb v. a. Kriminalromane, bes. um die Figur des Amateurdetektivs Rouletabille. Sein Roman „Das Geheimnis des Opernhauses" (1910, dt. auch u. d. T. „Das Phantom der Oper") diente als Grundlage für ein Musical von A. ↑Lloyd Webber. – *Weitere Werke:* Das geheimnisvolle Zimmer (R., 1908), Das Parfum der Dame in Schwarz (R., 1909).

L., Pierre, *Bercy (= Paris) 17. April 1797, †Paris 11. April 1871, frz. Philosoph. – Bed. Theoretiker des Saint-Simonismus. Von ihm stammen die frz. Termini „socialiste", „socialisme", die um 1840 ins Dt. übernommen wurden.

Le Roy [frz. ləˈrwa], Édouard, *Paris 18. Juni 1870, †ebd. 11. Nov. 1954, frz. Philosoph und Mathematiker. – 1921 Nachfolger Bergsons am Collège de France, später Prof. an der Sorbonne in Paris. Wie Bergson betrachtete Le R. die Intuition als ein dem Intellekt überlegenes Erkenntnismittel; bed. Einfluß auf Teilhard de Chardin.

Heinrich Lersch

Lersch, Heinrich, *Mönchengladbach 12. Sept. 1889, †Remagen 18. Juni 1936, dt. Schriftsteller. – Kesselschmied; Autodidakt; seit 1925 freier Schriftsteller; Vertreter der dt. Arbeiterliteratur; vom Expressionismus beeinflußt; u. a. „Herz! Aufglühe dein Blut" (Ged., 1916), „Deutschland" (Ged., 1918); „Mensch im Eisen" (Ged., 1925). – *Weitere Werke:* Hammerschläge (R., 1930), Im Pulsschlag der Maschinen (Novellen, 1935).

L., Philipp, *München 4. April 1898, †ebd. 15. März 1972, dt. Psychologe. – Prof. in Dresden (1936), Breslau (bis 1939), Leipzig und München (seit 1942); Arbeiten speziell zur Ausdruckspsychologie („Gesicht und Seele", 1932) und Charakterkunde („Aufbau des Charakters", 1937) sowie allg. zur Anthropologie, wobei es L. bes. auf die Wiederherstellung der einst engen Verbindung von Psychologie und Philosophie ankam.

Lerwick [engl. ˈlɛːwɪk], schott. Stadt auf den Shetlandinseln, 7 900 E. Verwaltungssitz der Shetland Islands Area; Fischereihafen.

Alain René Lesage

Lesage (Le Sage), Alain René [frz. ləˈsaːʒ], *Sarzeau (Morbihan) 8. Mai 1668, †Boulogne-sur-Mer 17. Nov. 1747, frz. Schriftsteller. – Verfaßte Theaterstücke (u. a. etwa 100 Komödien für die Jahrmarktsbühne) und Romane; am bekanntesten sind die kom. Romane „Der hinkende Teufel" (1707) und „Gil Blas von Santillana" (4 Bde., 1715–35), nach dem Vorbild des span. Schelmenromans, die eine glänzende, realist.-satir. Schilderung des zeitgenöss. Frankreich bieten.

Lesart, unterschiedl. Fassung einer Textstelle in Handschriften, auch in verschiedenen lit. oder histor.-krit. Ausgaben; die von der L. des Haupttextes abweichenden L. (Varianten) werden im krit. Apparat (sämtl. Anmerkungen über Varianten) zusammengestellt.

Lesbe, salopp für **Lesbierin,** weibl. Homosexuelle.

lesbische Liebe [nach der Insel Lesbos mit Bezug auf Sappho, die hier lebte] ↑Homosexualität.

Lesbos, griech. Insel vor der O-Küste Kleinasiens, 1 630 km², 88 600 E, Hauptort Mitilini. Im S und W greifen 2 Buchten weit in das Innere der bis 968 m hohen Insel. Haupterwerbszweig der Bev. ist die Landw. – Seit dem 11./10. Jh. das bekannteste äol. Siedlungsgebiet; fiel als lyd. Besitz 546 an Persien, wurde nach kurzer Selbständigkeit im 4. Jh. makedonisch, ab 79 v. Chr. Teil der röm. Prov.

Nikolai Semjonowitsch Leskow

Asia; später byzantinisch, kam nach venezian. Besetzung im 12. Jh. zum Lat. Kaiserreich (1204), zum Kaiserreich Nizäa (1225), in den Besitz der genues. Fam. Gattilusio (1354–1462), später an die Osmanen, 1912 an Griechenland.

Lese, das Sammeln (z. B. Ährenlese) oder Ernten (z. B. Weinlese) von Früchten usw.

Lesebrille, svw. ↑Nahbrille.

Lesebuch, Auswahlband literar. u. a. Texte v. a. für den schul. Gebrauch. In seinen frühesten Formen (Fibel) war das L. religiös ausgerichtet, das L. des aufklärer. 18. Jh. sittlich-moralisch (z. B. das erste L. für Gymnasien, hg. von J. G. Sulzer, 1768), das L. im 19. Jh. verbreitete die philosoph. Ethik des dt. Idealismus und seit etwa 1870 nationalist. Ideologien, das L. der pädagog. Reformbewegung Anfang des 20. Jh. legte Wert auf das Gemüthafte des Heimatgefühls im Sinne der „Deutschkunde", das nat.-soz. L. auf die „völk." Erziehung. Nach 1945 wurden bewährte Standardwerke wieder aufgelegt (z. B. das „Dt. L.", 1922/23). Das rein literar.-ästhet. L. wurde seit etwa 1963 abgelöst von einem Sach- und Arbeitsbuch, das auch aktuelle sachbezogene, soziale und kulturkrit. Texte berücksichtigt sowie Beispiele aus dem Gebiet der Jugend- und Trivialliteratur aufnimmt.

Lesedrama (Buchdrama), literar. Werk, das zwar die äußere Form eines Dramas hat, das aber keine Rücksichten auf eine Aufführbarkeit nimmt.

Lesegerät, Projektionsgerät zur vergrößerten Abbildung von Mikrofilmen bzw. Microfiches auf einem Bildschirm (Mattscheibe).

Lesemaschine (Leser), lichtelektrisch oder magnetisch arbeitendes Gerät zur Zeichenerkennung auf Datenträgern. – ↑OCR.

Lesen, Fähigkeit, Gedrucktes und Geschriebenes zu entziffern; lange ein Privileg einer Bildungsschicht (geistl. und weltl. Gelehrte, Hofbeamte, auch Kaufleute), die sich seit Erfindung des Buchdrucks allmählich erweiterte und sich seit der Aufklärung auf breite bürgerl. Schichten erstreckte (Bildungsbürgertum). Im 19. Jh. erlosch in Europa und nach, v. a. seit Einführung der Schulpflicht, das Analphabetentum; damit war eine Voraussetzung der modernen Ind.gesellschaft gegeben.

Lesepartitur ↑Hörpartitur.

Leseranalyse, auf Grund repräsentativer Umfragen durchgeführte Werbeträgerforschung, die detaillierte Daten (v. a. demograph. Daten, Konsum- und Kaufgewohnheiten) über die Leserschaft einer einzelnen Zeitung oder Zeitschrift bzw. entsprechende vergleichbare Daten über die Leserschaft möglichst vieler Presseorgane ermittelt.

Lese-Rechtschreib-Schwäche, Abk. LRS, ↑Legasthenie.

Lesering, svw. ↑Buchgemeinschaft.

Lesestift, bleistiftförmiger Zeichenleser, der v. a. im Handel (z. B. an Registrierkassen) verwendet wird, um opt. (z. B. im Strichcode) oder magnetisch codierte Daten von Etiketts u. ä. zu erfassen.

Leseunterricht, aus der Erkenntnis, daß beim vollendeten Leseprozeß gleich das Wortganze oder -komplexe er-

Lesestift. Erfassung strichcodierter Daten mit Hilfe eines Lesestifts

Lesotho
Fläche: 30 355 km²
Bevölkerung: 1,8 Mill. E (1990), 58,0 E/km²
Hauptstadt: Maseru
Amtssprache: Sesotho und Englisch
Nationalfeiertag: 4. Okt. (Unabhängigkeitstag)
Währung: 1 Loti (M) = 100 Lisente (s)
Zeitzone: MEZ +1 Stunde

faßt und darüber hinaus vermutete Sinngehalte als Lesehilfe herangezogen werden, wurden für den **Erstleseunterricht** in den 1930er Jahren die ↑Ganzheitsmethoden entwickelt, die mit dem Schriftbild des ganzen Wortes oder kurzen Satzes einsetzen. Erst im Laufe des Unterrichts werden dann die immer wiederkehrenden Zeichen entdeckt und diese als Lautbilder erkannt. Die älteren Methoden lassen die Zusammensetzung der Sprache aus Lauten nicht von den Kindern selbst entdecken, sondern bringen es ihnen bei; in der alten **Buchstabiermethode** hatte jeder Buchstabe einen Namen (b = „be"), in der **Lautiermethode** (seit dem 19. Jh.) wird das Schriftbild der Buchstaben gleich mit dem wiedergegebenen Laut in Verbindung gebracht (b = „b"). Gleichzeitig mit dem Lesen wird heute in allen Schulen auch das Schreiben gelehrt. Der Streit, ob die Lautiermethode oder die Ganzheitsmethoden besser sind, ist heute noch aktuell. Bei der Frage, wann ein Kind lesen lernen soll, tendiert man heute zu der Auffassung, daß frühes Lesenlernen (2./3. Lebensjahr) eine ganz einseitige Förderung des Kindes darstellt.

Lesezirkel, Vertriebsart von Zeitschriften; die von den Verlagen an ein L.unternehmen verkauften Zeitschriften werden in Mappen zusammengestellt und gegen Gebühren für je eine Woche verliehen.

lesgische Sprache, zur östl. Gruppe der kaukas. Sprachen im SO Dagestans und den angrenzenden Gebieten Aserbaidschans gehörend; es gibt ca. 383 000 Lesgier; seit 1938 kyrill. Schrift; 3 Dialekte (Kürinisch, Samurisch, Kubinisch).

Lesina ↑ Hvar.

Leskien, August [lɛs'ki:n], *Kiel 8. Juli 1840, †Leipzig 20. Sept. 1916, dt. Slawist und Indogermanist. – 1869 Prof. in Jena, ab 1870 in Leipzig; einer der Begründer der junggrammat. Schule.

Leskow, Nikolai Semjonowitsch, Pseud. N. Stebnizki, *Gorochowo (Gebiet Orel) 16. Febr. 1831, †Petersburg 5. März 1895, russ. Schriftsteller. – Schildert in seinen Romanen die Welt des alten Rußland, der Kleinbürger, der Kaufleute und der Popen; unter dem Einfluß L. Tolstois wandte er sich der Volkslegende zu, die er durch Bearbeitungen und eigene Schöpfungen erneuerte. – *Werke:* Lady Macbeth des Mzensker Umkreises (Nov., 1865), Die Klerisei (R., 1872), Der verzauberte Pilger (Nov., 1873), Der ungetaufte Pope (E., 1877), Der stählerne Floh (E., 1881), Der Gaukler Pamphalon (E., 1887).

Leslie, Sir (seit 1832) John [engl. 'lezli], *Largo (Schottland) 16. April 1766, †Coates (Schottland) 3. Nov. 1832, brit. Physiker. – Ab 1805 Prof. in Edinburgh; erfand verschiedene Meßinstrumente, u. a. das **Lesliesche Differentialthermometer,** ein einfaches Gerät zum Nachweis und zur Messung von Wärmestrahlen.

Leśniewski, Stanisław [poln. lɛɕ'njɛfski], *Serpuchow (Gebiet Moskau) 28. März 1886, †Warschau 13. Mai 1939, poln. Philosoph und Logiker. – Seit 1919 Prof. für Philosophie der Mathematik in Warschau. Führte das Entstehen der Russellschen Antinomie auf die Vermischung zweier verschiedener Arten von Klassenbildungen zurück. Durch Präzisierung und Untersuchung des „kollektiven" Klassenbegriffs gewann L. die Basis, auf der er eine umfassende formale und in allen Teilen interpretierte Grundlagentheorie für alle Wiss. zu entwickeln versuchte, ähnlich der von Whitehead/Russell für die Mathematik.

Lesotho (amtl.: Muso oa Lesotho; engl. Kingdom of Lesotho; dt. Königreich Lesotho), Staat in Südafrika, zw. 28° 35′ und 30° 40′ s. Br. sowie 27° und 29° 30′ ö. L. **Staatsgebiet:** L. ist vollständig von der Republik Südafrika umgeben. **Verwaltungsgliederung:** 10 Distrikte. **Internat. Mitgliedschaften:** UN, OAU, GATT, Commonwealth; der EWG assoziiert.

Landesnatur: L. ist überwiegend ein in über 2 000 m Höhe liegendes Hochland („Dach Südafrikas"). In den Drakensbergen an der O-Grenze liegt die höchste Erhebung, der Thabana Ntlenyana (3 482 m). Das Hochland wird vom Oranje und seinen Nebenflüssen in bis zu 800 m tiefen Tälern zerschnitten. Nach W dacht sich die Oberfläche zum 1 200–2 000 m ü. d. M. gelegenen hügeligen Vorland, dem Hauptsiedlungs- und Wirtschaftsgebiet, ab.

Klima: Es herrscht durch die Höhenlage gemäßigtes subtrop. Klima mit jährl. Niederschlagsmengen von 1 000 mm (im O) bis 750 mm (im W). Frost ist häufig. Dank der überwiegend im Sommer fallenden reichl. Niederschläge ist L. wasserreich und Quellgebiet vieler Flüsse.

Vegetation: Auf den Hochplateaus finden sich ausgedehnte Torfmoore. Weit verbreitet sind Gasländer, durch Überweidung z. T. von Hartlaubgewächsen verdrängt.

Bevölkerung: Sie gehört zu nahezu 100 % dem Bantuvolk der Süd-Sotho (↑Sotho) an. 93 % sind Christen (davon nahezu die Hälfte röm.-kath.). Einzige städt. Agglomeration ist Maseru. Der Anteil der als Wanderarbeiter in Südafrika lebenden Lesother beträgt etwa 140 000. Die 7–13jährigen besuchen Schulen. 1975 wurde die 1964 für L., Botswana und Swasiland gegr. Univ. zur Nat. Univ. von L. umgebildet.

Wirtschaft: L. ist ein noch wenig entwickeltes Agrarland. Über 85 % der Bev. sind in der Landw. tätig, wobei die Ernten aber nicht zur Selbstversorgung ausreichen. Angebaut werden (je nach Höhenlage) Mais, Weizen, Hirse, Gemüse, Hülsenfrüchte u. a. Große Bedeutung hat die Haltung von Schafen und Angoraziegen (Mohairwollerzeugung). Der Diamantenabbau wurde eingestellt; die Ind. (bes. Textil- und Baubetriebe) beginnt sich erst zu entwickeln.

Außenhandel: L. steht in Zollunion mit Südafrika, Botswana und Swasiland. Exportiert werden Schaf- und Mohairwolle sowie Ind.güter, importiert Nahrungsmittel, Tabakwaren, Maschinen und Fahrzeuge, Mineralöl. Den größten Beitrag zum Bruttosozialprodukt erbringen die Geldüberweisungen der Wanderarbeiter. Über 90 % des Außenhandels werden mit der Republik Südafrika abgewickelt.

Verkehr: Über eine kurze Stichbahn ist die Hauptstadt an das südafrikan. Eisenbahnnetz angeschlossen. Von 4 700 Straßenkilometern sind 572 km asphaltiert. Internat. ✈ in

Lesotho
Staatswappen

LS
Internationales
Kfz-Kennzeichen

1970 1990 1970 1990
Bevölkerung Bruttosozial-
(in Mill.) produkt je E
(in US-$)

Bevölkerungsverteilung
1990

Bruttoinlandsprodukt
1990

Lespinasse

Carl Friedrich Lessing. Klosterhof im Schnee, um 1829 (Köln, Wallraf-Richartz-Museum)

Maseru. Nat. Fluggesellschaft ist die L. Airways. Bed. Einkünfte erzielt L. von Touristen aus der Republik Südafrika. **Geschichte:** Ureinwohner des Landes waren vermutlich Buschmänner. Infolge der von den Tschaka ausgelösten Völkerwanderung flüchteten zw. 1824/27 die Sotho aus dem späteren Oranjefreistaat in die Drakensberge. Sie konnten sich in Kämpfen gegen andere Stämme und gegen die Buren behaupten. Seit 1868 als **Basutoland** brit. Protektorat. 1964 erhielt das Land die innere Autonomie und wurde 1966 als Kgr. L. innerhalb des Commonwealth unabhängig. L. betrieb eine gemäßigt nationalist. Politik. Zu Spannungen mit der Südafrikan. Republik kam es 1976, als die Transkei für unabhängig erklärt wurde. Blutige Auseinandersetzungen gab es 1979 zw. der Polizei und Anhängern der oppositionellen Basotho Congress Party. Im Jan. 1986 stürzte Generalmajor J. Lekhanya den seit 1970 diktatorisch regierenden Premiermin. L. Jonathan und setzte sich an die Spitze eines Militärrates, der bis 1993 die Reg.politik weitgehend bestimmte. Der im Febr. 1990 völlig entmachtete König Moshoeshoe II. (Beschränkung auf repräsentative Funktion) ging im März 1990 ins Exil nach London und wurde im Nov. 1990 vom Militärrat offiziell abgesetzt. Im gleichen Monat wurde sein Sohn Mohato Seeiso (als König Letsie III.) zu seinem Nachfolger proklamiert. Ende April 1991 stürzte Oberst E. Ramaema in einem unblutigen Putsch Lekhanya. Im Juli 1992 kehrte Moshoeshoe II. zurück. Nach der Entmachtung des Militärrates gewann im März 1993 die Basotho Congress Party (BCP) die ersten demokrat. Parlamentswahlen seit 1970; Premiermin. wurde N. Mokhehle.
Politisches System: L. ist eine Erbmonarchie im Commonwealth. *Staatsoberhaupt* ist der König. Die *Legislative* liegt beim Parlament (65 Abg.), die *Exekutive* bei der Reg. unter Vors. des Premierministers. Eine Nat. Konstituierende Versammlung (107 Mgl.) erarbeitete 1992 eine Verfassung. *Parteien,* seit 1986 verboten, sind seit Mai 1991 wieder zugelassen. Die *Verwaltung* der 10 Distrikte erfolgt durch ernannte Beamte. Das *Gerichtssystem* besteht aus einem Hochgericht, einem Appellationsgerichtshof und Distriktgerichten. Daneben kommt den Stammesgerichten Bed. zu.

Lespinasse, Julie de [frz. lɛspiˈnas], *Lyon 9. Nov. 1732, †Paris 23. Mai 1776, frz. Schriftstellerin. – J. de L. war Mittelpunkt des Salons der Marquise du Deffand, später eines eigenen Salons; ihre leidenschaftl. Briefe an den Grafen Guibert gehören zu den bedeutendsten persönl. Briefen des 18. Jahrhunderts.

Less developed countries [engl. les dɪˈveləpd ˈkʌntrɪz] ↑ Entwicklungsländer.

Lesseps, Ferdinand Marie Vicomte de, *Versailles 19. Nov. 1805, †La Chênaie (Indre) 7. Dez. 1894, frz. Diplomat und Ingenieur. – Initiator und Leiter (1859–69) des Baues des Sueskanals; 1879 begann er auch mit dem Bau des Panamakanals, scheiterte jedoch.

Lessing, Carl Friedrich, *Breslau 15. Febr. 1808, †Karlsruhe 5. Juni 1880, dt. Maler. – Großneffe von Gotthold Ephraim L.; Vertreter der ↑Düsseldorfer Malerschule; in seinen Historienbildern (bes. Serie über J. Hus) zeigt sich seine aktive liberale Gesinnung; auch realist. Landschaftsbilder.
L., Doris, *Kermanschah (Iran) 22. Okt. 1919, engl. Schriftstellerin. – Aufgewachsen in Rhodesien, kam 1949 nach England. Sie schreibt u. a. Romane und Kurzgeschichten über die polit. Verhältnisse in Rhodesien sowie über die Probleme der Frau in der vom Mann beherrschten Welt. – *Werke:* Afrikan. Tragödie (R., 1950), The children of violence (R.-Zyklus, 5 Bde., 1952–1969), Das goldene Notizbuch (R., 1962), Die Memoiren einer Überlebenden (R., 1974), Die Liebesgesch. der Jane Somers (1985), The Fifth Child (R., 1988).
L., Gotthold Ephraim, *Kamenz (Sa.) 22. Jan. 1729, †Braunschweig 15. Febr. 1781, dt. Schriftsteller, Kritiker und Philosoph. – Schulbesuch ab 1741 auf der Fürstenschule St. Afra in Meißen, Studium der Theologie und Medizin in Leipzig (1746–48); Bekanntschaft mit der Neuberin und ihrer Theatergruppe, erste dramat. Versuche („Der junge Gelehrte", gedruckt 1754). 1748–55 Journalist und freier Schriftsteller in Berlin, verfaßte theolog., philolog., ästhet., krit., dramaturg. Schriften; anakreont. Lyrik, Sinngedichte, Fabeln und Erzählungen, Übersetzungen und Dramen; Mitarbeit an verschiedenen Zeitschriften. 1755 entstand „Miß Sara Sampson", das erste bürgerl. dt. Trauerspiel. 1755 Rückkehr nach Leipzig, von 1758–60 wieder in Berlin. 1759 veröffentlichte er drei Bücher „Fabeln"; zw. 1759–65 erschienen seine berühmten „Briefe, die neueste Literatur betreffend", die ihn als Literaturkritiker bekannt machten. 1760 ging L. nach Breslau (hier entstand „Minna von Barnhelm", 1767), seit 1765 lebte er wieder in Berlin. 1766 erschien „Laokoon: oder Über die Grenzen der Mahlerey und Poesie". In seiner „Hamburg. Dramaturgie" (2 Bde., 1767–69) entwarf L. eine für die weitere Entwicklung grundlegende bürgerl. Poetik des Dramas. 1768/69 publizierte er die polem. „Briefe antiquar. Inhalts" und 1769 die Schrift „Wie die Alten den Tod gebildet". Ende 1769 nahm er die Berufung als Bibliothekar in Wolfenbüttel an; 1776 Eheschließung mit Eva König. 1772 erschien das Trauerspiel „Emilia Galotti", 1779 das dramat. Gedicht „Nathan der Weise", und im Jahr 1780 folgten die geschichtsphilosoph. Schrift „Die Erziehung des Menschengeschlechts" und die staats- und gesellschaftskrit. Freimaurerdialoge „Ernst und Falk" (2 Tle., 1778–80). – L. gilt als herausragender Vertreter der Ideale der Aufklärung in ihrem Eintreten für Vernunft, Toleranz, Freiheit, Menschlichkeit, gegen Vorurteil, kirchl. Bevormundung und Fürstenwillkür. Er gilt zugleich als Begründer der modernen dt. Literatur, Literaturtheorie und einer literar. Öffentlichkeit. L. hat dem dt. Drama und Theater die engl., italien. und span. Traditionen erschlossen und seine Poetik des Dramas in Auseinandersetzung mit der frz. Klassik und der Aristotel. Poetik entworfen. Zu seinen Prinzipien gehörte es, stets als ein Anwalt der Wahrheit aufzutreten und Leser, Zuhörer und Zuschauer an einer analyt., vorurteilsfreien Untersuchung teilnehmen zu lassen, einen jeden möglichst auf seinem eigenen Weg zur Erkenntnis zu führen und den Fortschritt in produktiver Auseinandersetzung mit der Tradition zu suchen. L. verstand Aufklärung als unendl. Erziehungs-, Erkenntnis- und Vervollkommnungsprozeß des einzelnen Menschen und der gesamten Menschheit.
L., Theodor, *Hannover 8. Febr. 1872, †Marienbad 30. Aug. 1933 (ermordet), dt. Publizist, Schriftsteller und Kulturphilosoph. – 1922–25 Prof. für Pädagogik und Philosophie an der TH Hannover, hatte Anteil an der antirationalist. Kultur- und Gesellschaftskritik des 19./20. Jh.

(Nietzsche, O. Spengler); vertrat publizistisch einen pragmat. Sozialismus (u. a. Gleichberechtigung der Frau, Völkerverständigung); unterzog in „Europa und Asien" (1916) die techn. Zivilisation mit ihren kolonialist. Tendenzen und der Zerstörung der Umwelt radikaler Kritik. – *Weitere Werke:* Geschichte als Sinngebung des Sinnlosen (1916), Die verfluchte Kultur (1921), Prinzipien der Charakterologie (1926).

Lessivierung [lat.-frz.], in der *Bodenkunde* Bez. für die Verlagerung von Ton unter wechselfeuchten Klimabedingungen.

Lester, Richard, * Philadelphia (Pa.) 19. Jan. 1932, amerikan. Filmregisseur. – Drehte v. a. komödiant. Filme, u. a. mit den Beatles „A hard day's night" (1964) und „Help!" (1965); eine Verbindung gegensätzl. Stilmittel gelang ihm u. a. in „Wie ich den Krieg gewann" (1967), in dem sich surrealist. Effekte und soziale Aussage gegenüberstehen; drehte auch „Die drei Musketiere" (1974), „Robin und Marian" (1976), „Superman II" (1980), „Superman III" (1983), „The return of the Musketeers" (1988).

Le Sueur [frz. lə'sųœːr], Eustache, ≈ Paris 19. Nov. 1616, † ebd. 30. April 1655, frz. Maler. – Schüler S. Vouets; Klassizist mit ausgeprägter Klarheit und Distanziertheit. – *Werke:* Leben des hl. Bruno, Zyklus für das Pariser Kartäuserkloster (1645–48; heute im Louvre mit Ausnahme des „Hl. Bruno im Gebet", 1646, Berlin, Museumsinsel), „Klio, Euterpe und Thalia" (1649; Louvre).

Eustache Le Sueur. Klio, Euterpe und Thalia, 1649 (Paris, Louvre)

Le S., (Lesueur) Jean François, * Drucat-Plessiel bei Abbeville 15. Febr. 1760, † Paris 6. Okt. 1837, frz. Komponist. – Wurde 1804 Hofkapellmeister Napoleons I., 1814 königl. Hofkomponist und Opernkapellmeister, 1817 Prof. am Conservatoire (Lehrer von Berlioz und Gounod). L. war einer der Schöpfer der romant. Oper und suchte in seiner Kirchenmusik (Oratorien, Messen u. a.) einen dramat.-programmat. Stil zu verwirklichen.

Lesung ↑ Epistel.

▷ Beratung von Gesetzesentwürfen und Haushaltsvorlagen in den Parlamenten. Gesetzesentwürfe sowie der Entwurf des Haushaltsgesetzes und des Haushaltsplans werden im Dt. Bundestag in drei L., völkerrechtl. Verträge sowie Haushalts- und Finanzvorlagen dagegen in nur zwei L. beraten. In der 1. L. kann eine allg. Aussprache *(Generaldebatte)* stattfinden, an die sich die Überweisung an einen Ausschuß anschließt. Das Kernstück der 2. L. ist die Einzelberatung und Beschlußfassung über jede selbständige Bestimmung der Vorlage; Änderungsanträge sind zulässig. An die 2. L. schließt sich in der Regel unmittelbar die 3. L. an, die mit der Schlußabstimmung über die Vorlage endet.

Für *Österreich* und die *Schweiz* ↑ Gesetzgebungsverfahren.

Lesur, Daniel [frz. lə'sy:r] (Daniel-Lesur), * Paris 19. Nov. 1908, frz. Komponist. – Mitbegründer der Gruppe ↑ Jeune France. Seine zur Neoromantik tendierende Musik ist durch verhaltene Expressivität und traditionelle Schreibweise charakterisiert; zahlr. Instrumental- und Vokalwerke, u. a. die Opern „Andrea del Sarto" (1968; nach A. de Musset) und „Ondine" (1982; nach J. Giraudoux).

Leszczyński, Stanisław [poln. lɛʃ'tʃiiski] ↑ Stanislaus I. Leszczyński, König von Polen.

Leszno ['lɛʃnɔ] (dt. Lissa), poln. Stadt südl. von Posen, 56 000 E. Hauptstadt der Woiwodschaft L.; Lebensmittel-, Textilind., Kugellagerfabrik. – 1547 Stadtrecht. – Rathaus (16. Jh.), barocke Stadtkirche (17. bis 18. Jh.).

letal [lat., zu letum „Tod"], tödlich, zum Tode führend (v. a. in der Medizin und Biologie).

Letalfaktor, durch eine Gen-, Genom- oder Chromosomenmutation (Letalmutation) entstandene, krankhafte Erbanlage, die den Tod des betroffenen Lebewesens vor Erreichen des fortpflanzungsfähigen Stadiums bewirkt.

L'État c'est moi [frz. le'ta sɛ'mwa „Der Staat bin ich"], angebl. Ausspruch Ludwigs XIV., kennzeichnet sein Selbstverständnis und die absolutist. Reg.praxis durch die Identifizierung von Staat und Herrscher.

Lethargie [zu griech. lēthargía „Schlafsucht"], Zustand hochgradiger Interesselosigkeit, verbunden mit körperl. Trägheit; tritt auf bei Hysterie, außerdem als starkes Schlafbedürfnis (mit Bewußtseinsstörungen) u. a. bei Vergiftungen, Gehirnentzündungen und Gehirntumor.

Lethbridge [engl. 'lɛθbrɪdʒ], kanad. Stadt am O-Fuß der Rocky Mountains, 58 800 E. Univ. (gegr. 1967); Zentrum eines Landw.gebiets. – Entstand 1872 als **Coal Banks,** 1885 in L. umbenannt.

Lethe, in der griech. Mythologie ein Strom der Unterwelt, von dem die Seelen der Verstorbenen Vergessen (des ird. Lebens) trinken.

Leticia [span. le'tisja], Hauptstadt des Verw.-Geb. Amazonas im sö. Kolumbien, 96 m ü. d. M., 15 000 E. Hafen am Amazonas, ⚓.

Letmathe ↑ Iserlohn.

Leto (bei den Römern **Latona**), griech. Göttin, Geliebte des Zeus, von ihm Mutter des Zwillingspaars Apollon und Artemis.

Lettau, Reinhard, * Erfurt 10. Sept. 1929, dt. Schriftsteller; lebte zeitweise in den USA. Erzählungen: „Schwierigkeiten beim Häuserbauen" (1962), „Feinde" (1968), „Tägl. Faschismus" (1971), „Herr Strich schreitet zum Äußersten" (1983), „Zur Frage der Himmelsrichtungen" (1988); Essays und Lyrik.

Letten, zum ostbalt. Zweig der indoeurop. Sprachfamilie gehörendes Volk. Von den insgesamt etwa 1,6 Mill. L. leben rd. 1,36 Mill. in Lettland selbst.

Letten, Bez. für rote und grünl. kalkarme, sandhaltige Tone.

Lettenbauer, Wilhelm, * Fürth 30. Juli 1907, † Ehrenstetten (Landkr. Breisgau-Hochschwarzwald) 5. Jan. 1984, dt. Slawist. – Prof. in München, Erlangen und seit 1962 in Freiburg im Breisgau; Verf. zahlr. Aufsätze über die Sprachen der Slawen (bes. über das Russische), ihre Literatur und Kultur, u. a. „Russ. Literaturgeschichte" (1955).

Letter [frz., zu lat. littera „Buchstabe"], Druckbuchstabe; auch svw. ↑ Drucktype.

Letternholz (Schlangenholz), sehr hartes, rotbraunes, schwärzlich gesprenkeltes Holz des Letternholzbaums (Piratinera guianensis; ein Maulbeergewächs auf Trinidad, in Guayana und in N-Brasilien); wird v. a. als Drechslerholz und für Intarsien verwendet.

Letternmetall (Schriftmetall), aus Anteilen von Blei (an sich zu weich), Antimon (um die Härte zu steigern) und Zinn (erhöht Zähigkeit) bestehende Legierung unterschiedl. prozentualer Zusammensetzung; zum Gießen von Drucktypen.

Lette-Verein, 1866 in Berlin von W. A. Lette (* 1799, † 1868) gegr. „Verein zur Förderung der Erwerbsfähigkeit des weibl. Geschlechts" (seit 1872 L.-V.); Träger u. a. von Berufsfachschulen.

Doris Lessing

Gotthold Ephraim Lessing

Theodor Lessing

Reinhard Lettau

Lettgallen 70

Lettgallen (lett. Latgale), ehem. Prov. im SO Lettlands; Hügelland (bis 289 m ü. d. M.); Hauptstadt Dünaburg. – Das 1224 vom Dt. Orden eroberte Gebiet fiel mit dem Verlust des staatl. Zusammenhangs der balt. Lande 1561 als Teil des „überdün. Livland" an Polen, bei dem es auch nach dem Frieden von Oliva (1660) verblieb, als das übrige Livland schwedisch wurde. „Polnisch Livland", die Woiwodschaft Inflanty, geriet bei der 1. Poln. Teilung (1772) in den Besitz Rußlands und kam 1920 zu ↑Lettland.

Lettisch, svw. ↑lettische Sprache.

lettische Kunst, früheste Zeugnisse aus dem 9.–4. Jt. v. Chr. (Tonfiguren, Knochen- und Bernsteinschmuck, Keramik, geschnitzte Holzgefäße) stammen von Vorfahren der balt. Stämme. Die ma. lett. Kunst spiegelt die Mittlerrolle des Landes zw. O und W wider. In der Steinbaukunst, die um 1200 den traditionellen Holzbau ersetzte, wurden roman. (Kirchen in Üxküll, Salaspils, Riga) und ab Ende des 13. Jh. got. Formen aus W-Europa übernommen, ehe sich Ende des 14. Jh. eine eigenständige Variante der Gotik entwickelte (Dom und Sankt Peter in Riga). In der bildenden Kunst des MA bestimmten die Arbeiten norddt. Werkstätten Malerei und Plastik (Fresken im Dom und Sankt Jakob in Riga). Im 16. Jh. drangen Renaissance- und Manierismusformen ein (Schwarzhäupterhaus in Riga, 14. Jh., Fassade 1620, rekonstruiert); in der 2. Hälfte des 17. Jh. setzte sich der Barock durch (Katharinenkirche in Kuldīga, Dannensternhaus in Riga). Nach der Angliederung an Rußland näherte sich die Kunst der russ. an (Barockschlösser von B. F. Rastrelli in Rundāle und Jelgava). Zahlr. lett. Künstler erhielten ihre Ausbildung in Sankt Petersburg und arbeiteten dort (J. Fedders, A. Daugulis, K. Hūns, J. S. Roze). Um 1900 bildete sich eine nat. Kunstschule heraus (Gruppe „Rūķis", mit den Malern A. Alksnis, A. Baumanis, J. Rozentāls, J. Valters, V. Purvītis); Bed. erlangte auch die Bildhauerkunst (G. Šķilters, T. Zaļkalns, G. Dzenis, K. Zāle). Während der Sowjetherrschaft wurde der sozialist. Realismus bestimmend (J. R. Tilbergs, O. Skulme, K. Miesnieks, G. Eliass, T. Zaļkalns, E. J. Melderis, L. R. Dzeguze). In jüngster Zeit findet in der lett. Kunst ein schon Anfang der 80er Jahre beginnender Prozeß der stärkeren Besinnung auf nat. Traditionen, aber auch der Orientierung an internat. Stilrichtungen statt.

lettische Literatur, eine eigenständige Literatur in lett. Sprache konnte sich erst in der 2. Hälfte des 19. Jh. entwickeln, als aus dem wirtsch. erstarkenden Bauerntum eine lett. Intelligenzschicht hervorging. Dabei knüpfte man an die reiche Volksdichtung an, die systematisch gesammelt, aufgezeichnet und erforscht wurde. 1806 erschien das erste Buch eines lett. Autors, eine Dichtung des Blinden Indriķis. Bedeutendes wurde in der Ära des Realismus geschaffen, dessen wichtigste Vertreter A. Niedra (* 1871, † 1943) und R. Blaumanis (* 1863, † 1908) waren. Die Dichtung der 1890er Jahre war vom russ. und westeurop. Sozialismus beeinflußt. Die Zeit der Eigenstaatlichkeit (1918–40) war durch eine reiche und vielseitige Entwicklung gekennzeichnet. Bes. erfolgreich war V. Lācis mit seinem Roman „Der Fischersohn" (1933). Mit der Besetzung durch die sowjet. Armee 1944 setzte eine Massenflucht in den Westen ein. Die ungebrochene Vitalität der Schriftsteller ließ im Exil seit den 1960er Jahren eine Literatur von Rang entstehen

Lettland. Die baltischen Staaten Estland, Lettland und Litauen

Lettland

Lettland
Fläche: 64 500 km²
Bevölkerung: 2,68 Mill. E (1989), 41,6 E/km²
Hauptstadt: Riga
Amtssprache: Lettisch
Nationalfeiertag: 18. Nov.
Währung: Lat (seit 5. März 1993)
Zeitzone: MEZ +1 Stunde

Lettland

Staatswappen

Internationales
Kfz-Kennzeichen

(u. a. Z. Lazda, M. Ziverts, Z. Maurina). Gleichzeitig wurde auch in der Lett. SSR eine größere Freiheit in Form und Inhalt möglich; Belebung war bes. in der Lyrik spürbar, u. a. V. Belševica, O. Vācietis, I. Zidonis und J. Peters, in der Prosa z. B. bei A. Bels, A. Jakubāns, R. Ezera, in der Dramatik bei G. Priede.

lęttische Musik, Brauchtumsgesänge bilden die älteste Liedform der Letten. Die überwiegend einstimmigen Volkslieder weisen meist einen lyr. Grundzug auf. Zu den Volksmusikinstrumenten gehören Kokle (zitherähnl. Instrument), Hirtenflöte, Hirtentrompete und Dudelsack. Mitte des 19. Jh., entwickelte sich die lett. Kunstmusik, insbes. das Chorlied. Höhepunkte im Musikleben des Landes wurden die 1873 begründeten Sängerfeste, an denen bis zu 30 000 Sänger und Tänzer mitwirkten. Zum Begründer der nat. lett. Musik wurde um 1900 J. Vītols, zum Schöpfer der nat. Oper („Baņuta", 1920) A. Kalniņš. Seit den 1940er Jahren gab es eine deutliche Weiterentwicklung des Musiklebens; es entstanden zahlr. Musikwerke in den verschiedensten Genres. Zu den bedeutenden Komponisten gehören Ā. Skulte, M. Zariņš, A. Žilinskis, J. Iwanow, I. Ķenītis, R. Pauls, G. Ramans und R. Kalsons. Die jüngere Komponistengeneration wird v. a. von J. Karlsons, I. Kalniņš und P. Plakidis repräsentiert. Von den zahlr. Chorkomponisten Lettlands trat bes. P. Dambis hervor, der die alte lett. Volksmusiktradition in seine Vokalzyklen einbezieht.

lęttische Religion, die vorchristl. Religion der Letten, die einen ausgesprochen bäuerl. Charakter besitzt. Der Himmelsgott Dievs gilt als Schöpfer der Welt und der Menschen; er fördert die Fruchtbarkeit der Felder und sorgt für das Vieh. Perkōns ist Herr über Donner und Blitz. Saule, die Herrin der Sonne, wird als schöne Jungfrau verehrt, meist aber als Mutter vieler Töchter. Die mit Geburt, Heirat und Tod verbundene Schicksalsgöttin ist Laima oder Laima māte, die „Glücksmutter". Zu den Wesenszügen der l. R. gehörte die Annahme einer numinosen Belebtheit der gesamten Natur.

lęttische Sprache (Lettisch), gehört zur Gruppe der balt. Sprachen, rd. 1,5 Mill. Sprecher in Lettland, 3 Dialektgruppen. Wird in lat. Schrift (mit Zusatzzeichen) geschrieben.

Lęttland (amtl. Latvija), Republik im O Europas, zw. 55° 40' und 58° 05' n. Br. sowie 20° 58' und 28° 14' ö. L. **Staatsgebiet:** L. grenzt im W an die Ostsee, im N an den Rigaischen Meerbusen und an Estland, im O an Rußland, im SO an Weißrußland, im S an Litauen. **Verwaltungsgliederung:** 26 Rayons. **Internat. Mitgliedschaften:** UN.
Landesnatur: L. liegt im NW der glazial geformten Osteurop. Ebene. Neben Grundmoränen bestimmen Endmoränenzüge mit kuppigen Höhen und zahlr. eingelagerten Seen (Lubānas-, Rēznassee) die Oberfläche. Im W zergliedern auf der Halbinsel Kurland breite Schmelzwassertäler die Kurländ. Höhen (bis 184 m ü. d. M.). Östlich der zentrallett. und Semgaller Ebene, die an der unteren Düna, Kurländ. Aa und an dem tief in das Land eingreifenden, flachen Rigaischen Meerbusen liegen, erreichen die Livländ. Höhen 311 m, im SO die Lettgall. Höhen 289 m ü. d. M. Entlang der wenig gegliederten Ostseeküste erstreckt sich eine 10–40 km breite Küstenebene.
Klima: Es ist ozeanisch geprägt und hat relativ milde Winter und kühle Sommer.
Vegetation: Etwa 40 % der Fläche sind bewaldet. Die größten zusammenhängenden Wälder (Kiefern und Fichten) liegen auf der Halbinsel Kurland. In den Niederungen sind Laubwälder (bes. Birken und Erlen) verbreitet. Die einst versumpften Wiesen (auf ca. 17 % der Fläche) wurden durch Melioration größtenteils in weidewirtsch. genutztes Grünland verwandelt. Rund 5 % der Fläche sind Sumpfgebiet.
Tierwelt: Verbreitet sind Arten der Mischwald- und Taigazone, bes. Braunbär, Fuchs, Wolf, Luchs, Biber, Elch, aber auch einige Vertreter der arkt. Fauna, z. B. Ren. Es kommen außerdem etwa 300 Vogel- und 75 Fischarten (in Meeres- und Binnengewässern) vor. In L. gibt es vier Naturschutzgebiete und einen Nationalpark.
Bevölkerung: 1989 waren von den Bewohnern u. a. 52,0 % Letten, 34,0 % Russen, 4,5 % Weißrussen, 3,5 % Ukrainer, 2,3 % Polen und 1,3 % Litauer. Die Gläubigen gehören größtenteils der ev.-luth. Kirche an. L. verfügt über die Lett. Akad. der Wiss., eine Univ. (in Riga) und 9 Hochschulen.
Wirtschaft: Wichtigster Wirtschaftszweig ist die Ind., die Landw. spielt eine untergeordnetere Rolle. Im Vordergrund der Landw. steht die Rinder- und Schweinehaltung; Anbauprodukte sind Futterpflanzen, Getreide, Kartoffeln, Flachs, Gemüse und Zuckerrüben; Bed. hat die Hochseefischerei. Außer Torf (früher wichtigster Energieträger), Kalkstein, Ton und Sanden besitzt L. keine Bodenschätze. Wichtigste Ind.zweige sind der Landmaschinen-, Diesel- und Elektromotoren-, Elektrogeräte- und Fahrzeugbau (Kleinbusse, Motorfahrräder, Waggons), ferner die chem.-pharmazeut., Möbel-, Papier-, Nahrungsmittel- und die traditionsreiche Textilind. (Baumwoll- und Leinenverarbeitung). Die wichtigsten Ind.zentren sind Riga, Dünaburg und Libau.
Außenhandel: Ausgeführt werden Elektroerzeugnisse, Armaturen, Kleinbusse, Nahrungsmittel, Parfüme, Moostorf und Möbel, eingeführt Roh- und Brennstoffe, Maschinen und Fahrzeuge. Die wichtigsten Handelspartner sind Rußland, die Ukraine, Estland und Litauen sowie mehrere nordeurop. und EG-Staaten.
Verkehr: Das Verkehrsnetz ist relativ gut ausgebaut. Das asphaltierte Autostraßennetz umfaßt 31 800 km, das Eisenbahnnetz 2 380 km, das schiffbare Flußnetz 347 km (bes. die Unterläufe von Düna und Kurländ. Aa). Wichtigste Hochseehäfen sind Riga, Ventpils (Ausfuhr von durch die Pipeline von Polozk herangeführtem Erdöl) und Libau. Neben der internat. ✈ in Riga gibt es für den Binnenflugverkehr ✈ in Libau und Rēzekne. An der Ostseeküste liegen Seebäder und Kurorte (bes. Jūrmala).
Geschichte: Bis zum Ende des 1. Weltkrieges hatten die Letten kein eigenes nat. Staatswesen; ihre Siedlungsgebiete waren im MA Teil Livlands. 1180 begann die Missionie-

Lettmann

Lettner. Westlettner des Naumburger Doms, um 1250–60

rung der lett. Stämme. Die Liven, Selen, Kuren und Semgaller wurden im 13. Jh. vom Schwertbrüderorden bzw. (ab 1237) vom Dt. Orden unterworfen. Im Erzbistum Riga, im Bistum Kurland und im Gebiet des Dt. Ordens herrschte eine dt. Ober- und Bürgerschicht über eine einheim. Bauernbevölkerung. 1561 geriet L. unter poln. Herrschaft. Seit Ende des 18. Jh. gehörte es zum russ. Zarenreich; 1801 wurden ↑Kurland, ↑Livland und ↑Lettgallen zu einem russ. Generalgouvernement vereinigt. Eine aus Emigranten gebildete lett. Sowjetreg. proklamierte im Dez. 1918 ein unabhängiges L. und ließ große Teile des Landes durch bolschewist. Truppen (lett. Schützendivisionen) besetzen. Der von den Deutschen unterstützten Nationalreg., die bereits am 18. Nov. 1918 eine „Republik Lettland" ausgerufen hatte (Min.präs. K. Ulmanis), gelang es erst 1919 mit Hilfe ausländ. Freiwilligenverbände, die Kontrolle über den größeren Teil L. zu gewinnen. Die erneute Unabhängigkeitserklärung vom Mai 1920 wurde von der Sowjetregierung im Rigaer Abkommen vom Aug. 1920 akzeptiert. Die Grenzen wurden nach der Sprachgrenze festgesetzt; L. umfaßte Kurland, das südl. Livland und Lettgallen. Der dt.-balt. Großgrundbesitz (1300 Rittergüter) wurde 1920 enteignet. Das über eine tolerante Minderheitengesetzgebung verfügende kleine Staatswein erlebte eine intensive kulturelle und wirtsch. Blüte, die auch durch den Staatsstreich im Mai 1934 und das anschließende autoritäre Regime unter Ulmanis nicht unterbrochen wurde. Im Dt.-Sowjet. Nichtangriffspakt vom 23. Aug. 1939 wurde L. dem Einflußbereich der Sowjetunion überlassen, die im Okt. 1939 von L. den Abschluß eines Beistandspaktes erzwang und dieses am 5. Aug. 1940 als Lett. SSR ihrem Territorium einverleibte. 1941–44 war L. von dt. Truppen besetzt. Nach 1945 setzte eine Bevölkerungsverschiebung großen Ausmaßes ein; etwa 100 000 Letten wurden nach Mittelasien und Sibirien deportiert, dieselbe Zahl von Nichtletten in L. angesiedelt. Im Zuge der allg. Reformpolitik seit 1985 bildete sich 1988 eine Volksfront für die Unabhängigkeit L. von der UdSSR. Nach deren Wahlsieg im April 1990 proklamierte das lett. Parlament am 4. Mai 1990 die Souveränität und setzte Teile der lett. Verfassung von 1922 wieder in Kraft. Der Vors. der Volksfront, A. Gorbunows, wurde zum Parlamentspräs. gewählt. Gemeinsam mit Litauen und Estland belebte L. im Mai 1990 den ↑Baltischen Rat wieder. Die auf dem Verhandlungsweg angestrebte Loslösung von der UdSSR führte zum Konflikt mit der Unionsreg., die repressive Maßnahmen gegen L. einleitete (u. a. blutiger Militäreinsatz in Riga im Jan. 1991). Am 3. März 1991 erbrachte eine Volksbefragung eine eindeutige Mehrheit für eine „demokrat. und unabhängige" Republik L. Nachdem im Zusammenhang mit dem Staatsstreich gegen Unionspräs. M. Gorbatschow am 19. Aug. 1991 sowjet. Truppen in die Hauptstadt Riga einmarschierten (u. a. Besetzung von Reg.gebäuden), setzte L. am 21. Aug. seine bereits im Mai 1990 verkündete Unabhängigkeitserklärung in Kraft. Nach dem Scheitern des Putsches wurde die Tätigkeit der Kommunist. Partei verboten und ihr Eigentum konfisziert. Am 24. Aug. erkannte der russ. Präs. B. Jelzin die lett. Souveränitätserklärung an. Seit Ende Aug. wurde L. durch zahlr. andere Staaten anerkannt (als erstes westl. Land nahm Island am 26. Aug. die diplomat. Beziehungen wieder auf, Deutschland am 28. Aug. 1991).

Politisches System: Am 4. Mai 1990 proklamierte das Parlament die Wiederherstellung der souveränen Republik L. (1920–40). Es gelten zunächst 4 Teile der Verfassung von 1922. Zugleich bleiben die Teile der sowjet. Verfassung in Kraft, die den 4 aus der lett. Verfassung übernommenen Abschnitten nicht widersprechen. Die *Legislative,* das Parlament der Republik L., umfaßt 201 Sitze. Es wird direkt vom Volk gewählt. *Staatsoberhaupt* ist de facto der vom Parlament gewählte Parlamentspräs. Die *Exekutive* bildet der Ministerrat. – Karte ↑Litauen.

Lẹttmann, Reinhard, *Datteln 9. März 1933, dt. kath. Theologe. – Kirchenrechtler; 1967–1973 Generalvikar des Bistums Münster; 1973 Weihbischof, seit 1980 Bischof von Münster.

Lettner [zu mittellat. lectionarium „Lesepult"], Lese- oder Sängerbühne (aus Stein) in ma. Kirchen (etwa seit dem 12./13. Jh.). Überwiegend in Kloster- und Stiftskirchen sowie Bischofskirchen, sondert er das Laienschiff vom Klerikerchor. Vor dem L. meist ein Altar, in Frankreich 2 seitl. Altäre. Der L. bot er der Schaueseite Platz für plast. Schmuck, der sich zu ausgedehnten Bildprogrammen ausweiten konnte (Bamberg, Naumburg). Im späteren MA öffnete sich der L., urspr. als Wand konzipiert, vielfach in mehreren Arkaden zum Laienbereich; im 17. Jh. meistens beseitigt.

Lettow-Vọrbeck, Paul von [ˈlɛto], *Saarlouis 20. März 1870, †Hamburg 9. März 1964, dt. General. – 1914–18 Kommandeur der Schutztruppe von Dt.-Ostafrika; konnte während des 1. Weltkriegs eine Kapitulation vermeiden; 1919 Befehlshaber einer Reichswehrbrigade; 1920 wegen Teilnahme am Kapp-Putsch verabschiedet; 1928–30 MdR (DNVP).

Lettrịsmus (frz. Lettrisme) [zu lat.-frz. lettre „Buchstabe"], 1945 in Paris von I. Isou (*1925) begründete literar. Bewegung, die die von den Futuristen und Dadaisten begonnenen Reduktion der Sprache auf sinnfreie Buchstaben- und Lautfolgen konsequent fortsetzte und systematisierte. Der L. weist Parallelen zur konkreten Poesie auf.

Lẹtzlinger Heide, bewaldetes Endmoränengebiet im S der Altmark, Sa.-Anhalt.

letzte Ölung ↑Krankensalbung.

letztwillige Verfügung ↑Testament.

Leu, Hans, d. J., *Zürich um 1490, ⚔ am Gubel bei Zug 24. Okt. 1531, schweizer. Maler und Zeichner. – Beeinflußt von A. Dürer und H. Baldung, stehen seine Landschaftszeichnungen der ↑Donauschule nahe. Bes. seine kleinformatigen Gemälde zeigen feinfühlige Farbgebung; Risse für Glasfenster.

Leu [letztlich zu griech. léōn (mit gleicher Bed.)], dichterisch für Löwe.

Leu, Abk. für die Aminosäure ↑Leucin.

Leu [lat.-rumän., eigtl. „Löwe"] (Mrz. Lei), Abk. l, Währungseinheit in Rumänien; 1 l = 100 Bani.

Leubinger Kultur ↑Aunjetitzer Kultur.

Lẹubus (poln. Lubiąż), niederschlesischer Ort östl. von Liegnitz, Polen. Pfarrkirche (1734–45) in der Ortschaft, 3 km entfernt das ehem. Zisterzienserkloster L. (1175–1810). Das reiche Kloster war im MA und erneut im 17./18. Jh. kultureller Mittelpunkt Schlesiens. Got. Stiftskirche (1307–40, wiederaufgebaut 1508, barockisiert), Jakobskirche (1696–1729), Klosterkomplex aus dem 17./18. Jh.

Leucate-Barcarès [frz. løˈkat barkaˈrɛs], moderne frz. Ferienstadt 20 km nö. von Perpignan, Dep. Aude. Wassersportzentrum am Mittelmeer und am Étang de Leucate, einem 6 000 ha großen Strandsee; 8 km langer Badestrand.

Leuchsenring, Franz Michael, *Kandel 13. April 1746, †Paris Ende Jan./Anfang Febr. 1827, dt. Erzieher und Sprachlehrer. – Stand zunächst im Dienst verschiedener Fürstenhäuser, unternahm zahlr. Reisen; 1792 als Anhänger der Frz. Revolution aus Preußen ausgewiesen, seitdem in Paris; Kontakte zu Persönlichkeiten des Literatur- und Geisteslebens; „Journal de Lecture" (12 Bde., 1775–79).

Leuchtbakterien, Gruppe meist im Meer (seltener im Brackwasser) lebender, fakultativ anaerober, gramnegativer, begeißelter Bakterien, die eine bläulichgrüne Biolumineszenz (↑Chemilumineszenz) verursachen. Manche L. gehen Leuchtsymbiosen mit Fischen, Tintenfischen und Feuerwalzen ein, andere rufen Meeresleuchten und das Leuchten von toten Meeresfischen hervor.

Leuchtdichte, Formelzeichen L, photometr. Maß für die vom Auge empfundene Helligkeit einer leuchtenden Fläche. Sie ist der von einem Flächenelement eines Strahles in eine bestimmte Richtung abgestrahlte Lichtstrom, bezogen auf den durchstrahlten Raumwinkel und auf die zu der betreffenden Richtung senkrechte Projektion der Fläche; SI-Einheit der L. ist Candela pro Quadratmeter (cd/m^2). Der L.bereich umfaßt Werte von 10^9 (Sonne) bis 10^{-5} cd/m^2 (Helligkeitsschwelle).

Leuchtdichtesignal, svw. Luminanzsignal (↑Fernsehen).

Leuchtdiode, svw. ↑Lumineszenzdiode.

Leuchte, Vorrichtung zur Aufnahme von künstl. Lichtquellen (z.B. Lampen) und zur Lenkung, Filterung sowie zur Verteilung des von den Lichtquellen abgestrahlten Lichts; sie dient außerdem zum Schutz der Lichtquellen gegen Beschädigung, Feuchtigkeit und Staub. **Direktleuchten** strahlen zu etwa 90 % nach unten ab, **Indirektleuchten** entsprechend nach oben. **Sichtleuchten** haben insbes. Signalfunktion (Verkehrsampel, Leuchtfeuer), **Formleuchten** stellen Zeichen oder Buchstaben dar (Leuchtschrift).

Leuchtelektron, in allg. das am leichtesten anzuregende Elektron der äußeren (nicht abgeschlossenen) Schale eines Atoms. Bei Anregung wird meistens dieses L. in einen energetisch höheren Quantenzustand gehoben und strahlt beim Rückgang in einen tieferen Zustand bzw. in den Grundzustand die Energiedifferenz beider Zustände als Photon wieder aus.

Leuchtenberg, Eugène de Beauharnais, Herzog von (seit 1817), *Paris 3. Sept. 1781, †München 21. Febr. 1824, Fürst von Eichstätt. – Sohn von A. de Beauharnais und der späteren Kaiserin Joséphine; 1805 von Napoleon I. zum Vizekönig von Italien erhoben, 1807 adoptiert und zum Erben des Kgr. Italien erklärt; 1813 Befehlshaber der frz.

Hans Leu d. J. Der heilige Hieronymus in gebirgiger Landschaft, Federzeichnung (Frankfurt am Main, Städelsches Kunstinstitut)

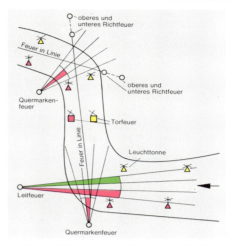

Leuchtfeuer. Befeuerung eines Fahrwassers bei Dunkelheit

Armee in Deutschland; erhielt 1817 die Landgft. Leuchtenberg mit dem Ft. Eichstätt als Standesherrschaft.

leuchtende Nachtwolken, zarte, meist wellen- oder bandenförmige Wolken in rund 65 bis 95 km Höhe, die noch lange nach Sonnenuntergang leuchten. Sie bestehen vermutlich aus Eiskügelchen mit Radien $\leq 1\,\mu m$, die sich bei Temperaturen um $-100\,°C$ spontan durch Sublimation des in dieser Höhe noch geringfügig vorhandenen Wasserdampfs bilden. Als Sublimationskerne wirken meist terrestr. Staubteilchen.

Leuchtender Pfad ↑Peru (Geschichte).

Leuchter, urspr. svw. Beleuchtungskörper, heute svw. Kerzenhalter. In den christl. Kirchen ist der L. auf oder an dem Altar üblich, im jüd. Kult unterscheidet man den siebenarmigen (↑Menora) und den achtarmigen (↑Chanukka) Leuchter.

Leuchterblume (Ceropegia), Gatt. der Schwalbenwurzgewächse mit rd. 150 Arten, v.a. in Asien und Afrika; Kräuter oder Halbsträucher mit meist knolligem Erdstamm; Blüten mit verlängerter, am Grund bauchig aufgetriebener Röhre.

Leuchtfarben, mit ↑Leuchtstoffen vermischte Anstrichstoffe.

Leuchtfeuer, v.a. in der Schiff-, aber auch in der Luftfahrt verwendete Orientierungshilfen, die die Bestimmung des Standortes, das Navigieren in Küstennähe bzw. den Landeanflug auch bei Nacht ermöglichen. Die L. unterscheiden sich durch die Farbe (*weiß:* Leitweg, Fahrwasser, Ortsangabe, Gefahrenpunkt; *grün:* Steuerbord, rechts, frei; *rot:* Backbord, links, Gefahr, geschlossen; *gelb:* Sonderfeuer), durch Kennung (*Funkel-L.:* mehr als 60 Blitze/min.; *Blitz-L.:* Lichtschein aus relativ langer Dunkelheit heraus kürzer als 1 s; *Blink-L.:* Lichtschein mindestens 2 s aus relativ langer Dunkelheit; *Fest-L.:* steter Lichtschein ohne Unterbrechung), durch Funktion (*Richtfeuer:* 2 L. hintereinander markieren die Fahrwassermitte; *Leitfeuer:* mit Leit- und Warnsektoren; *Quermarkenfeuer* u.a.) und durch ihre Träger: Leuchtturm (an der Küste oder auch in See), Feuerschiff, Leuchtbake, Leuchttonne (Leuchtboje). L. werden mit Hilfe des Leuchtfeuerverzeichnisses, das von den Hydrograph. Instituten des betreffenden Landes herausgegeben wird, erkannt und für die Navigation verwendet.

Leuchtgas, ältere Bez. für ↑Stadtgas.

Leuchtgasvergiftung, svw. ↑Kohlenmonoxidvergiftung.

Leuchtkäfer (Lampyridae), mit rd. 2 000 Arten weltweit verbreitete Fam. etwa 8–25 mm großer Käfer, v.a. in wärmeren Ländern; Larven und Vollinsekten haben auf der Bauchseite einiger Hinterleibssegmente ↑Leuchtorgane. In M-Europa kommen drei Arten vor. Am häufigsten sind der

Leuchter des Ordens vom Heiligen Geist, Paris, 15. Jh. (Paris, Louvre)

Leuchtkondensator

Leuchtkäfer.
Kleiner Leuchtkäfer:
a Weibchen;
b Männchen

Große Leuchtkäfer (Lampyris noctiluca; 11–18 mm lang) und der **Kleine Leuchtkäfer** (Phausis splendidula; 8–10 mm lang). Da die Imagines etwa um Johannis (24. Juni) erscheinen, werden die ♂♂ als *Johanniskäfer,* die weißlichgelben, flugunfähigen ♀♀ (wie die leuchtfähigen Larven) als *Johanniswürmchen (Glühwürmchen)* bezeichnet. Sie klettern (zur Anlockung der ebenfalls leuchtenden ♂♂) auf Grashalme und senden ein grünlichgelbes Licht aus.

Leuchtkondensator, svw. ↑Leuchtplatte.

Leuchtkraft, die je Sekunde von einem Stern ausgestrahlte Energie, gemessen in W/s. In der Praxis wird die L. oft durch die absolute bolometr. ↑Helligkeit angegeben.

Leuchtkraftklassen, Klassen, die sich bei Einteilung der Sterne nach der Größe ihrer ↑Leuchtkraft ergeben.

Leuchtkrebse (Euphausiacea), mit rd. 90 Arten in allen Meeren verbreitete Ordnung bis 8 cm langer, garnelenförmiger Krebse; mit langen Fühlern, Chitinpanzer, langen, beborsteten Brustbeinen und ↑Leuchtorganen. Die L. leben pelagisch, kommen oft in großen Schwärmen vor und haben als Hauptbestandteil des ↑Krills wirtsch. Bedeutung.

Leuchtmittel, zur Geländebeleuchtung, Übermittlung von Signalen oder als Erkennungszeichen verwendete Mittel. Als L. dienen v. a. die pyrotechn. Leuchtsätze enthaltenden **Leucht-** oder **Signalpatronen,** die mit einer **Leuchtpistole** verschossen werden, wobei sie als weiße (bei Leuchtpatronen) oder farbige (bei Signalpatronen) **Leuchtkugeln** sichtbar sind.

Leuchtmoos (Schistostega pennata), sehr kleines (3–7 mm) Laubmoos schattiger, luftfeuchter, kalkfreier Standorte in den Alpen und Mittelgebirgen; flach zweizeilig beblättert. Der überdauernde Vorkeim ist aus kugeligen Zellen aufgebaut, die wie ein Hohlspiegel schwaches einfallendes Licht gebündelt reflektieren.

Leuchtorgane (Photophoren), durch Chemilumineszenz selbst lichterzeugende oder über das Vorhandensein von ↑Leuchtbakterien zur Lichtquelle werdende Organe vieler Tiefseefische und einiger Insekten; sollen Beutetiere oder Geschlechtspartner anlocken oder Feinde abschrecken.

Leuchtpistole (Signalpistole) ↑Leuchtmittel.

Leuchtplatte (Elektrolumineszenzlampe, Leuchtkondensator), plattenförmige Lichtquelle, in der ein Leuchtstoff durch ein elektr. Wechselfeld zum Leuchten angeregt wird. Die L. stellt in ihrem Aufbau einen Kondensator dar: Zw. einer metall. Grundplatte und einer elektrisch leitenden, lichtdurchlässigen Schichtelektrode befindet sich eine Glas- oder Kunststoffschicht, in die der Leuchtstoff eingebettet ist. Verwendung z. B. zur Skalenbeleuchtung.

Leuchtqualle (Pelagia noctiluca), hochseebewohnende Quallenart in wärmeren Teilen des Atlantiks und im Mittelmeer; Schirm halbkugelig (etwa 6–8 cm Durchmesser), blaß purpurn bis braunrot; kommt oft in großen Schwärmen vor; hat starkes Leuchtvermögen, das durch Wasserbewegungen ausgelöst wird.

Leuchtrahmensucher ↑photographische Apparate.

Leuchtrakete, Rakete mit einem während des Fluges abbrennenden Leuchtsatz.

Leuchtröhre, röhrenförmige Niederdruck-Gasentladungslampe mit unbeheizten Elektroden (im Ggs. zu ↑Leuchtstofflampe). Die Betriebsspannung beträgt etwa 1 000 V je Meter Rohrlänge. Die Lichtfarbe der L. richtet sich nach der Gasfüllung (Neon ergibt rotes Licht, Neon mit Quecksilber blaues Licht) und der Färbung des Glases. Verwendung im Leuchtreklame („Neonröhre").

Leuchtschirm (Lumineszenzschirm), mit Leuchtstoffen beschichteter Auffangschirm, der beim Auftreffen unsichtbarer energiereicher Strahlung (Röntgen-, Elektronen- oder ultraviolette Strahlung) durch ↑Lumineszenz sichtbar aufleuchtet, z. B. in Bildröhren. Farbe und Nachleuchtdauer des Bildes werden dabei vom verwendeten Leuchtstoff bestimmt.

Leuchtspurgeschoß ↑Munition.

Leuchtstoffe, Stoffe, die die auf sie auffallende Strahlung (sichtbares Licht, Ultraviolett-, Röntgen-, α-, β-, γ-Strahlung) absorbieren und als sichtbares Licht abstrahlen (Lumineszenz). *Nichtnachleuchtende L.* (fluoreszierende L.) werden z. B. in Leuchtstofflampen und Fernsehbildschirmen, *nachleuchtende L.* (phosphoreszierende L.) für Dunkelheit-Signalfarben verwendet. *Selbstleuchtende L.* werden durch zugefügte radioaktive Stoffe zum Leuchten angeregt (früher für Leuchtzifferblätter verwendet). – ↑optische Aufheller.

Leuchtstofflampen, röhrenförmige ↑Gasentladungslampen mit Leuchtstoffbeschichtung, die die bei der Quecksilber-Niederdruckentladung erzeugte UV-Strahlung in sichtbares Licht umwandeln. Da die L. mit 230 V Netzspannung betrieben werden, aber erst bei 300–450 V zünden, ist eine bes. Schaltung erforderlich: Parallel zur L. liegt ein Glimmzünder **(Starter),** in dem durch Glimmentladung ein Bimetallkontakt erwärmt wird, sich aufbiegt und den Gegenkontakt berührt; damit fließt ein Strom, der die Glühwendel der L. kurz aufheizt, dabei erzeugt die Drosselspule einen Spannungsstoß, der die L. zündet. Die Drosselspule begrenzt die Spannung der L. auf die Brennspannung, die kleiner als die Zündspannung des Glimmzünders ist. Die Lichtausbeute der L. beträgt bis zum 8fachen, die Lebensdauer etwa das 7,5fache einer Glühlampe. **Dreibandenlampen** strahlen durch spezielle Beschichtung bes. intensiv in den Spektralbereichen Rot, Grün und Blau; im Auge entsteht daraus der Eindruck „Weiß". Die Energieersparnis gegenüber gewöhnl. L. ist beachtlich und wird weiter gesteigert. Im Wohnbereich werden zunehmend sog. **Kompakt-L.** verwendet, die bei wesentlich geringerer Leistungsaufnahme *(Energiesparlampen)* ein der übl. Glühlampen entsprechendes Licht erzeugen.

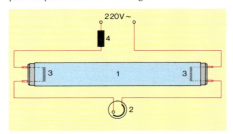

Leuchtstofflampen. Schaltungsschema: 1 Leuchtstofflampe; 2 Starter; 3 Glühwendel; 4 Drosselspule

Leuchtturm, Seezeichen in Form eines hohen und daher weithin sichtbaren Turmes mit einem starken Leuchtfeuer an der Spitze, der an Land oder auch im Wasser an für die Navigation wichtigen Punkten steht und durch Form, Farbgebung und Lichtkennung identifizierbar ist. Sein Licht (Glühlampe oder Lichtbogen) wird durch Fresnellinsen und/oder Spiegelsysteme stark gebündelt, so daß es scharf abgegrenzt ist und weit trägt.

Geschichte: 283 v. Chr. wurde bei Alexandria ein Turm erbaut, der seit dem 1. Jh. n. Chr. ein Feuer trug und bis zum 12. Jh. existierte. Er zählte zu den Sieben Weltwundern. Mit dem 13. Jh. begann man an der Nord- und Ostseeküste mit dem Bau von L., meist in Form von steinernen oder hölzernen Baken, die ein offenes Holz- oder Steinkohlenfeuer trugen, sog. *Blüsen.* Bekannte L. sind der steinerne L. auf den Eddystone Rocks vor Plymouth, der „Rote Sand" in der Wesermündung sowie sein Nachfolger „Alte Weser" (unbemannt, vollautomatisch arbeitend).

Leuchtzikaden ↑Laternenträger.

Leuchtzirpen ↑Laternenträger.

Leucin [zu griech. leukós „leuchtend, weiß"] (Leuzin, 2-Amino-4-methylpentansäure), Abk. Leu, für den Menschen und viele Tiere lebensnotwendige wasserlösl. Aminosäure; Bestandteil der Eiweiße in allen Organismen. Chem. Strukturformel:

$$\begin{array}{c} H_3C \\ H_3C \end{array}\!\!CH-CH_2-\underset{NH_2}{\overset{H}{\underset{|}{\overset{|}{C}}}}-\overset{O}{\underset{}{\overset{\|}{C}}}-OH$$

Leucit ↑Leuzit.

Leucochloridium [griech.], Gatt. erwachsen parasitisch in Vögeln lebender Saugwürmer.

Leuenberger Konkordie [nach dem Tagungsort Leuenberg bei Basel], die Übereinkunft reformator. Kirchen in Europa, die in ihrer letzten Fassung vom 16. März 1973 die Kanzel- und Abendmahlsgemeinschaft zw. fast allen luth., ref. und unierten Kirchen Europas, den Waldensern und den Böhm. Brüdern wieder herstellte.

Leuk, Hauptort des schweizer. Bez. L., Kt. Wallis, 747 m ü. d. M., 3 200 E. Holz- und Metallverarbeitung, Weinbau und -handel. – Rathaus (ehem. Wohnturm, 1541–43 umgebaut); spätgot. Pfarrkirche (1497 begonnen) mit roman. Glockenturm (12. Jh.).

Leukämie [zu griech. leukós „weiß" und haîma „Blut"] (Leukose, volkstüml. Blutkrebs), von R. Virchow 1845 erstmals als „Weißblütigkeit" beschriebene, bei Mensch und Haustieren auftretende bösartige Wucherung der weißen Blutzellen (Leukozyten) im blutzellbildenden Gewebe, vorwiegend im Knochenmark, in der Milz und in den Lymphknoten, verbunden mit z. T. exzessiver Vermehrung der Leukozyten im zirkulierenden Blut. Die Ursachen der L. sind weitgehend unbekannt. Zu einer Erhöhung des Krankheitsrisikos führen möglicherweise chem. Karzinogene (z. B. Benzol) und ionisierende Strahlung (v. a. Unfälle in Kernkraftwerken, Zytostatika); der Einfluß einer genet. Disposition (Chromosomenaberrationen), und die ursächl. Beteiligung von Tumorviren, die bei vielen Tiererkrankungen erwiesen ist, wird vermutet.

Die *Einteilung* der L. richtet sich nach den betroffenen blutbildenden Organen und dem Verlauf (akut, chronisch). Grundsätzlich wird die **myeloische Leukämie** (Myelose), eine krebsige Entartung der Granulozyten des Knochenmarks, von der **lymphatischen Leukämie**, der Fehlbildung der Lymphozyten des lymphat. Systems (Milz, Lymphknoten), unterschieden. Unter den akuten Formen tritt die **akut-myeloische Leukämie** bevorzugt im Erwachsenenalter, die **akut-lymphatische Leukämie** bes. im Kindesalter auf.

Der *Verlauf* der akuten L., die unbehandelt in wenigen Wochen bis Monaten tödlich endet, ist durch eine fortschreitende schwere Knochenmarkinsuffizienz auf Grund einer Verdrängung der übrigen blutbildenden Zellen bestimmt. Es kommt zu einem Mangel an roten Blutkörperchen, Blutplättchen und funktionsfähigen (reifen) Granulozyten; die Gesamtzahl der Leukozyten ist dabei um mehr als das Zehnfache erhöht, kann aber auch geringfügig erniedrigt sein. Symptome sind zunächst heftige grippeähnl. Beschwerden und Fieber sowie Geschwüre im Mundbereich, später anäm. Zustände (Schwäche, Blässe), erhöhte Blutungsneigung mit Haut-, Nasen- und Zahnfleischbluten und einer Abwehrschwäche. Häufigste Todesursache bilden Infektionen und akute Blutungen.

Die chron. L., bei denen Organveränderungen im Vordergrund stehen, sind nahezu ausschließlich Erkrankungen im Erwachsenenalter. Die **chronisch-myeloische Leukämie**, die durch maligne Entartung einer einzigen Stammzelle ausgelöst wird, ist durch das Vorhandensein von Zellen aller Reifungsstadien im Blut gekennzeichnet. In 80–90 % der Fälle liegt eine Anomalie des Chromosoms 22 („Philadelphia-Chromosom") in den Knochenmarkzellen vor. Symptome sind Fieberschübe, Infektanfälligkeit und starke Milz- und Lebervergrößerung. Der Tod tritt nach mehrjährigem Verlauf durch plötzl. Übergang in eine akute L. ein. Die **chronisch-lymphatische Leukämie** ist als Krankheit des höheren Lebensalters durch starke Vermehrung lymphat. Zellen mit Lymphknotenschwellungen und Hauterscheinungen (Juckreiz, Ekzeme) gekennzeichnet.

Die *Behandlung* der L. wird mit Kombinationen zytostat. Mittel, Interferon, Kortikosteroiden, Röntgenbestrahlung, Antibiotika zur Infektionsprophylaxe und -therapie und Bluttransfusionen durchgeführt, bei den chron. Formen auch durch Entfernung der vermehrten Leukozyten und extrakorporale Bestrahlung des Blutes. Die Erfolge der Chemotherapie sind am günstigsten bei der kindl. akut-lymphat. L., ansonsten kann nur ein unterschiedlich langer Entwicklungsstillstand der Krankheit erreicht werden. Bei den akuten Formen und v. a. der chronisch-myeloischen L. bietet die Knochenmarktransplantation Aussicht auf Heilung. Die der menschl. L. entsprechenden Erkrankungen der *Tiere* werden **Leukose** genannt. Sie kommen bei allen Haussäugetieren, vielen Wild- und Laboratoriumstieren und Vögeln, bes. Hühnern, vor. In Rinder- und Hühnerbeständen kann die Leukose seuchenhaft auftreten und schwere Schäden verursachen. In Deutschland ist die früher häufige Rinderleukose durch staatl. Bekämpfungsmaßnahmen weitgehend getilgt.

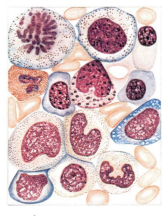

Leukämie. Knochenmark bei chronisch-myeloischer Leukämie, zu viele Granulozyten und deren Vorstufen

Leukas ↑Lefkas (Insel).

Leukerbad, schweizer. Gem. 10 km nördl. von Leuk, Kt. Wallis, 1 411 m ü. d. M., 1 500 E. Schwefelhaltige Thermen (51 °C); Kabinenseilbahnen auf Torrent und Gemmi; Wintersport.

Leukindigo ↑Indigo.

Leukipp von Milet, griech. Philosoph der 2. Hälfte des 5. Jh. v. Chr. – Schüler Zenons, Lehrer Demokrits, Gründer einer Philosophenschule in Abdera (Thrakien); gilt als erster Vertreter des ↑Atomismus.

Leukippiden, in der griech. Mythologie die beiden Töchter Hilaeira und Phöbe des peloponnes. Königs **Leukippos,** Priesterinnen der Artemis bzw. der Athena, die den Söhnen des Aphareus versprochen sind und von den Dioskuren entführt werden.

leuko..., Leuko..., leuk..., Leuk... [zu griech. leukós „weiß, glänzend"], Bestimmungswort von Zusammensetzungen mit der Bed. „weiß, glänzend".

Leukoderma [griech.], fleckförmiger Verlust der Hautfarbstoffe, der v. a. an Stellen abgeheilter entzündl. Hauterkrankungen (z. B. Schuppenflechte) auftritt.

Leukofarbstoffe (Leukoverbindungen), wasserlösl., reduzierte Form der Küpenfarbstoffe, die nur in dieser Form in die zu färbende Faser einziehen; durch Oxidation an der Luft werden die L. wieder in die farbgebenden urspr. Farbstoffe zurückverwandelt.

Leukom [griech.], dichte weiße Hornhautnarbe des Auges; kann z. B. nach einer Hornhautentzündung auftreten.

Leukonychie [griech.], angeborene oder (durch Trauma, Vergiftung u. a.) erworbene völlige oder fleckartige, auch streifenförmige Weißfärbung der Nägel.

Leukopenie (Leukozytopenie) [griech.], krankhafte Verminderung der weißen Blutkörperchen (unter 4 000/mm^3) im strömenden Blut.

Leukoplakie [griech.] (Weißschwielenkrankheit), fleck- oder streifenförmige weiße Epithelverdickung an den Schleimhäuten des Mund- und Rachenbereichs oder den Übergängen zw. Haut und Schleimhaut (Lippen-, Anal- und Genitalbereich) auf Grund chron. Reizung (z. B. starkes Rauchen, Virusinfekte); kann eine Präkanzerose darstellen und muß operativ beseitigt und feingeweblich untersucht werden.

Sabine Leutheusser-Schnarrenberger

Leverkusen Stadtwappen

Leuzit. Heller Kristall auf Basalt

Leukoplasten

Leukoplasten [griech.], farblose, photosynthetisch inaktive ↑Plastiden; befinden sich meist in Speicherorganen der Pflanzen (bes. als Stärkespeicher).

Leukopoese [griech.], die über verschiedene Reifungsstadien erfolgende Bildung der weißen Blutkörperchen (Leukozyten).

Leukose [griech.] ↑Leukämie.

Leukotriene, den Prostaglandinen nahestehende Gewebshormone; z. T. allergie- oder entzündungsauslösend; 1979 entdeckt.

Leukozyten [griech.] ↑Blut.

Leukozytopenie svw. ↑Leukopenie.

Leukozytose, Vermehrung der weißen Blutkörperchen (über 9 000/mm³) im strömenden Blut, z. B. bei akuten Entzündungen, Streß.

Leukozyturie [griech.], Ausscheidung von weißen Blutkörperchen im Harn, z. B. bei Harnweginfektionen.

Leuktra, antiker Name einer Ebene (Ortschaft ⚔) in S-Böotien; berühmt durch den Sieg (371 v. Chr.) der von Epaminondas geführten Thebaner über die Spartaner.

Leumundszeugnis ↑Führungszeugnis.

Leuna, Ind.stadt an der Saale, Sa.-Anh., 9 000 E. Sitz der Leuna-Werke AG. – Die 1930 geschaffene Großgemeinde L. wurde 1945 Stadt. – Funde reich ausgestatteter sog. Fürstengräber belegen, daß hier der Sitz einer adligen german. Familie war.

Leuna-Werke AG, eines der größten dt. Chemieunternehmen, Sitz Leuna, gegr. 1916 als **Ammoniakwerk Merseburg GmbH** von der BASF AG, ab 1925 zu 75 % im Besitz der I. G. Farbenindustrie AG; kriegswichtig war insbes. die Produktion von Stickstoff und dem synthet. Leuna-Benzin (aus Kohlehydrierung); nach 1945 enteignet und als SAG (Sowjet. AG) weitergeführt, seit 1954 im VEB Leuna-Werke „Walter Ulbricht" im Besitz der DDR; 1990 Umwandlung in eine AG. Hauptprodukte: Diesel- u. a. Kraftstoffe, Ammoniumsulfat, Ammoniak, Hochdruckpolyäthylen. Die L.-W. AG befindet sich in einem komplizierten Umstrukturierungsprozeß (Stillegung veralteter und umweltschädigender Anlagen, erhebl. Reduzierung der ehemals 30 000 Beschäftigten, Sanierung des Altbestands, Ausgliederung von Produktionsbereichen). 1992 wurde die *Leuna-Raffinerie* an ein dt.-frz. Konsortium (Thyssen-Handelsunion AG, Elf Aquitaine, Dt. SB Kauf) verkauft.

Leupold, Jakob, *Planitz (= Zwickau) 25. Juli 1674, †Leipzig 12. Jan. 1727, dt. Mechaniker. – Beschrieb fast alle zu seiner Zeit bekannten Maschinenarten.

Leuschner, Bruno, *Berlin 12. Aug. 1910, †ebd. 10. Febr. 1965, dt. Politiker (SED). – Ind.kaufmann; seit 1931 Mgl. der KPD; 1936–45 inhaftiert; 1952–61 Vors. der Staatl. Plankommission in der DDR; 1955–65 stellv. Min.präs., seit 1958 im Politbüro.

L., Wilhelm, *Bayreuth 15. Juni 1890, †Berlin 29. Sept. 1944 (hingerichtet), dt. Gewerkschafter und Politiker (SPD). – Holzbildhauer; 1924–33 MdL in Hessen, 1928–32 hess. Innenmin.; 1933/34 im KZ; stand als Leiter gewerkschaftl. Widerstandsgruppen in Kontakt zum Kreisauer Kreis; nach dem 20. Juli 1944 zum Tode verurteilt.

Leutensdorf ↑Litvínov.

Leuthen (poln. Lutynia), niederschles. Gem. westlich von Breslau, Polen; bekannt durch den Sieg Friedrichs d. Gr. über die Österreicher am 5. Dez. 1757.

Leutheusser-Schnarrenberger, Sabine, *Minden (Westfalen) 26. Juli 1951, dt. Politikerin (FDP). – Juristin; seit 1990 MdB; seit Mai 1992 Bundesmin. der Justiz.

Leuthold, Heinrich, *Wetzikon (ZH) 5. Aug. 1827, †Zürich 1. Juli 1879, schweizer. Dichter. – Gehörte dem Münchner Dichterkreis an; starb 1877 geisteskrank, in einer Heilanstalt; bekannt durch die mit E. Geibel übersetzten „Fünf Bücher frz. Lyrik" (1862).

Leutkirch im Allgäu, Stadt im Alpenvorland, Bad.-Württ., 650 m ü. d. M., 20 200 E. Holz-, Metall-, Kunststoffverarbeitung, Käseherstellung und -handel. – 848 erstmals erwähnt; kam um 1240 in den Besitz der Staufer und wurde 1397 reichsunmittelbar (1293 Stadtrecht). – Spätgot. kath. Stadtpfarrkirche (16. Jh.); Barockrathaus (18. Jh.); Schloß Zeil (1598 ff., 1888 vollendet).

Leutnant [zu frz. lieutenant, eigtl. „Stellvertreter" (von mittellat. locum tenens mit gleicher Bed.)] ↑Dienstgradbezeichnungen (Übersicht).

Leutnant zur See ↑Dienstgradbezeichnungen (Übersicht).

Leutschau, Stadt in der SR, ↑Levoča.

Leutze, Emanuel, *Schwäbisch Gmünd 24. Mai 1816, †Washington 18. Juli 1868, amerikan. Maler dt. Herkunft. – In Düsseldorf Schüler von C. F. Lessing; Historienmalerei („Übergang Washingtons über den Delaware", 1850, Bremen, Kunsthalle), Bildnisse.

Leuven [niederl. 'lø:və] ↑Löwen.

Leuwerik, Ruth, *Essen 23. April 1926, dt. Schauspielerin. – Star des dt. Films der 50er Jahre; u. a. „Ein Herz spielt falsch" (1953), „Königl. Hoheit" (1953).

Leuzin ↑Leucin.

Leuzit [zu griech. leukós „weiß"], Mineral von weißl. bis grauer Farbe, glasglänzend, Feldspatvertreter, K[AlSi₂O₆]; kristallisiert in zwei temperaturabhängigen Modifikationen (tetragonal < 605 °C, kubisch > 605 °C). Mohshärte 5–6; Dichte 2,45 bis 2,5 g/cm³.

Leuzitoeder [griech.] ↑Ikositetraeder.

Levade [lat.-frz.], Figur der ↑Hohen Schule.

Levalloisien [ləvaloaziˈɛ̃:; frz.], nach einer Fundstelle in Levallois-Perret, Frankreich, benn., zunächst als bes. „Kulturgruppe" interpretierte Technik der Steinwerkzeugherstellung; v. a. im Mittelpaläolithikum Eurasiens und im Middle Stone Age Afrikas angewandt.

Levante [lat.-italien., eigtl. „(Sonnen)aufgang"], Bez. für die Länder des östl. Mittelmeers, v. a. für deren Küste.

Levantetaler, silberne Handelsmünzen, speziell für den Levantehandel geprägt, v. a. von Österreich (↑Mariatheresientaler).

Levantiner, Bez. für die europ.-oriental. Mischbev. der ↑Levante.

Levator [lat.] (Hebemuskel, Musculus levator), in der Anatomie Kurzbez. für Muskeln, die gewisse Organe oder Körperbereiche anheben, nach oben ziehen.

Le Vau, Louis [frz. lə'vo], *Paris 1612, †ebd. 11. Okt. 1670, frz. Baumeister. – Der Schöpfer des frz. Repräsentationsstils während der Epoche Ludwigs XIV.; 1655 erhielt er die Bauleitung am Louvre, 1661 die Bauleitung von Versailles. Erbaute u. a. Schloß Vaux-le-Vicomte (1656–61), das Pariser Collège des Quatres Nations (1662 ff.; heute Institut de France).

Levée en masse [frz. ləveã'mas „Massenerhebung"], 1793 von Nationalkonvent und Wohlfahrtsausschuß veranlaßtes militär. Massenaufgebot für alle 18- bis 25jährigen Ledigen; später von Napoleon I. (Jan. 1814) und Gambetta (Herbst 1870) durchgeführt.

Level [engl., zu lat. libella „Waage"], Niveau, Leistungsstand.

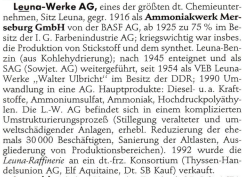
Louis Le Vau. Schnittzeichnung für einen Flügel des Schlosses von Versailles (Paris, Bibliothèque de l'Institut de France)

Levellers [engl. 'lɛvləz „Gleichmacher"], eine seit 1645 in England aufgetretene königs- und gentryfeindl., dem städt. Mittelstand verbundene Agitationsgruppe, die vollkommene bürgerl. und religiöse Freiheit forderte. Eine radikale Untergruppe **(Diggers)** bestand auf Abschaffung von Privateigentum und Ehe; 1649 mit Gewalt unterdrückt.

Lever [lə'veː; lat.-frz. „das Aufstehen"], Morgenaufwartung bei einem absolutist. Fürsten, bes. am frz. Hof im 17./18. Jahrhundert.

Leverkusen ['leːvər...], Stadt in der nördl. Kölner Bucht, NRW, 40 m ü. d. M., 160 000 E. Theater; Chemie-Fachbibliothek; jap. Garten, Standort der chem. Großind. (Farben, Medikamente, Kunstfasern, Kunststoffe, Filme u. a.) sowie Metallverarbeitung, Apparatebau, Textilind. – 1862 gründete K. *Leverkus* in **Wiesdorf** die Ultramarinfabrik Leverkusen, deren Namen die Stadt Wiesdorf (Stadtrecht 1921) bei der Eingemeindung der umliegenden Ortschaften 1930 erhielt. 1975 wurden die Städte Opladen und Bergisch Neukirchen mit L. zusammengeschlossen. – Mittelpunkt der modernen City ist das Forum (1966–69); das Verwaltungsgebäude der Bayer AG ist 122 m hoch (1960–63); in L.-Schlebusch Schloß Morsbroich (18./19. Jh.) mit Museum für moderne Kunst.

Rudolf Levy. Landschaft bei Sanary-sur-Mer (Saarbrücken, Saarland-Museum)

Le Verrier, Urbain Jean Joseph (Leverrier) [frz. lǝvɛ'rje], * Saint-Lô (Manche) 11. März 1811, † Paris 23. Sept. 1877, frz. Astronom. – Folgerte aus den Bahnstörungen des Uranus Ort und Bahn des Planeten Neptun, der 1846 von J. G. Galle entdeckt wurde.

Levetzow, Ulrike Freiin von ['leːvətso], * Leipzig 4. Febr. 1804, † Gut Triblitz (Böhmen) 13. Nov. 1899, Freundin Goethes. – Goethe traf sie in den Sommern 1821–23 in Marienbad. Seinen Schmerz über die Abweisung seines Heiratsantrags drückte er in seiner „Marienbader Elegie" (1823) aus.

Levi, Carlo, * Turin 29. Nov. 1902, † Rom 4. Jan. 1975, italien. Schriftsteller. – Arzt, Maler; wurde 1935/36 wegen seiner antifaschist. Einstellung nach Lukanien verbannt. Seine Erfahrungen legte er dem dokumentar. Roman „Christus kam nur bis Eboli" (1945) zugrunde. – *Weitere Werke:* L'orlogio (R., 1950), Aller Honig geht zu Ende (Tagebuch, 1964).

L., Primo, * Turin 31. Juli 1919, † ebd. 11. April 1987 (Selbstmord), italien. Schriftsteller. – Sein literar. Werk ist wesentlich durch das Schlüsselerlebnis seiner Deportation nach Auschwitz 1944 bestimmt („Ist das ein Mensch?", R., 1947; „Atempause", R., 1963), die ihn der psych. und phys. Zerstörung aussetzte. Schrieb auch iron.-melanchol. Science-fiction und phantast. Literatur.

Leviathan [hebr. „gewundenes Tier" (?)], im A. T. als Personifikation der gottfeindl. Mächte Bez. für: 1. den Chaosdrachen der Urzeit, aus Babylon bzw. Kanaan übernommen; 2. das Krokodil nach Hiob 40, 25 ff.; 3. Ägypten.

Levi Ben Gerson (Gersonides), gen. Ralbag (Abk. für: **R**abbi **L**evi **B**en **G**erson), * Bagnols (Provence) 1288, † Perpignan 1344, jüd. Philosoph, Bibelkommentator, Mathematiker und Astronom. – In der Nachfolge von Maimonides und Averroes Anhänger des ↑Aristotelismus.

Levi-Montalcini, Rita [italien. ...'tʃiːni], * Turin 22. April 1909, italien.-amerikan. Neurobiologin. – Erhielt 1986 für die Entdeckung von Wachstumsfaktoren (mit S. Cohen) den Nobelpreis für Physiologie oder Medizin.

Levin, Rahel ['leːviːn, le'viːn] ↑Varnhagen von Ense, Rahel.

Levine, James [engl. lə'vaɪn], * Cincinnati 23. Juni 1943, amerikan. Dirigent und Pianist. – Wurde 1976 musikal. Leiter, 1983 künstler. Direktor der Metropolitan Opera in New York; trat bes. als Dirigent der Opern von W. A. Mozart, G. Verdi und R. Wagner sowie der Sinfonien von G. Mahler hervor.

Leviratsehe (Levirat) [zu lat. levir „Bruder des Ehegatten"], bei altoriental. und Naturvölkern sowie im A. T. vorgeschriebener Brauch der Ehe eines Mannes mit der Frau seines kinderlos verstorbenen Bruders zum Zweck der Kinderzeugung; ein Sohn aus einer L. galt als gesetzl. Sohn und Erbe des Verstorbenen.

Lévi-Strauss, Claude [frz. levi'stroːs], * Brüssel 28. Nov. 1908, frz. Ethnologe. – Feldforschungen in Brasilien; 1941 Emigration in die USA, 1959–82 Prof. am Collège de France in Paris, seit 1973 Mgl. der Académie française. Entwickelte die ethnolog. Methode des Strukturalismus weiter, insbes. zur Analyse der Verwandtschaftssysteme und Denkformen der schriftlosen Gesellschaften. Schrieb u. a. „Traurige Tropen" (1955), „Strukturale Anthropologie" (1958), „Mythologica" (4 Teile, 1964–71).

Levita, Elia, auch Germanus oder Tischbi, eigtl. Elia Levi Ben Ascher, * Neustadt a. d. Aisch 13. Febr. 1469, † Venedig 28. Jan. 1549, jüd. Dichter und Grammatiker. – Verfaßte zahlr. Konkordanzen, grammat. Abhandlungen und das erste jidd.-hebr. Wörterbuch; schrieb auch jidd. Bearbeitungen von Ritterromanen.

Levitation [zu lat. levitas „Leichtigkeit"], vermeintl. Aufhebung der Schwerkraft, freies Schweben eines Körpers im Raum; als Traumerlebnis oder als parapsycholog. Erscheinung.

Leviten, 1. im A. T. die Tempeldiener aus dem Stamm Levi; 2. in der kath. Liturgie Subdiakon und Diakon als Assistenten des Priesters beim feierl. Hochamt **(Levitenamt)**; 1972 mit der Abschaffung des Subdiakonats aufgehoben. – Die Redewendung „jemandem die Leviten lesen", d. h. jemanden zur Rede stellen, bezieht sich auf das Vorlesen der Vorschriften für Priester und Subdiakone.

Levitikus (Leviticus) [hebr.], das 3. Buch Mose (3. Mos.), das vorwiegend kult. („levit.") Bestimmungen über Opfer, Reinigungen u. a. enthält. Das wichtigste Gesetzeswerk im L. ist das sog. Heiligkeitsgesetz (17–26), das auf Grund von Gesetzen unterschiedl. Alters nach dem Exil zusammengestellt wurde.

Levittowns [engl. 'lɛvɪtaʊnz], in den Außenzonen amerikan. Großstädte errichtete Wohnsiedlungen aus einheitl. Fertighäusern, nach dem Fabrikanten A. S. Levitt benannt.

Levkoje [zu griech. leukóion „weißes Veilchen"] (Matthiola), Gatt. der Kreuzblütler mit rd. 50 Arten, v. a. im östl. Mittelmeergebiet; Kräuter oder Halbsträucher mit längl. Blättern, Blüten in Trauben, einfach oder gefüllt, verschieden gefärbt, oft duftend; bekannte Zierpflanzen, v. a. die je nach Kultur als *Sommer-L., Herbst-L.* oder *Winter-L.* bezeichneten Sortengruppen der Art Matthiola incana.

Levoča [slowak. 'lɛvɔtʃa] (dt. Leutschau), Stadt im Ostslowak. Bez., SR, 573 m ü. d. M., 12 700 E. Zipser Museum; Textilind. – 1245 von dt. Kolonisten gegr.; gehörte zu den Zipser Städten (↑Zips). – Mehrere got. Kirchen, Renaissancerathaus, Patrizierhäuser im got. und Renaissancestil; fast vollständig erhaltene ma. Stadtmauer.

Levy, Rudolf ['leːvi], * Stettin 15. Juli 1875, † Auschwitz oder Dachau 1944, dt. Maler. – 1903–14 in Paris, u. a. beeinflußt von Matisse; als verfemter Künstler verließ er Deutschland 1933 und ließ sich 1940 in Florenz nieder,

Primo Levi

Rita Levi-Montalcini

James Levine

Claude Lévi-Strauss

Sinclair Lewis

W. Arthur Lewis

1943 von der SS verschleppt. Pastose, von leuchtenden Farben bestimmte Landschaften, Stilleben und Figurenbilder.

Lévy-Bruhl, Lucien [frz. levi'bryl], *Paris 10. April 1857, †ebd. 13. März 1939, frz. Philosoph und Ethnologe. – Seit 1889 Prof. für Philosophiegeschichte an der Sorbonne. Bed. und umstritten ist v. a. seine Theorie der grundsätzl. Verschiedenheit zw. dem Denken der primitiven („prälog." Denken) und dem der modernen industrialisierten Völker.

Lew [lɛf; bulgar., eigtl. „Löwe"] (Mrz. Lewa), Abk. Lw, Währungseinheit in Bulgarien; 1 Lw = 100 Stotinki (St).

Lewadia, griech. Stadt an den N-Hängen des Helikon, 18 000 E. Hauptort des Verwaltungsgeb. Böotien; griech.-orth. Bischofssitz; Textil- und Nahrungsmittelind. – Das antike **Lebadeia** war durch sein Orakel bekannt. Im griech. Freiheitskrieg (1821–29) zerstört, nach 1830 in Schachbrettform neu aufgebaut.

Lewes [engl. 'luːɪs], südostengl. Stadt am Ouse, 13 800 E. Verwaltungssitz der Gft. East Sussex; archäolog. Museum; Zement- u. a. Ind.; Schafmarkt. – Seit dem 11. Jh. Marktzentrum; seit 1881 Stadtrecht. In der **Schlacht von Lewes** 1264 wurde König Heinrich III. von den engl. Baronen besiegt.

Lewin, Kurt ['leːviːn, le'viːn], *Mogilno bei Gnesen 9. Sept. 1890, †Newtonville (Mass.) 12. Febr. 1947, amerikan. Psychologe dt. Herkunft. – Emigrierte 1933 in die USA, leitete das „Research Center for Group Dynamics" am Massachusetts Institute of Technology. In L. versuchte, eine topolog. Psychologie (↑Feldtheorie) zu entwickeln unter bes. Berücksichtigung der Motivations- und Gruppenpsychologie. – *Werke:* Grundzüge der topolog. Psychologie (1936), Die Lösung sozialer Konflikte (hg. 1953).

Lewis [engl. 'luːɪs], Carlton, *Birmingham (Ala.) 1. Juni 1961, amerikan. Leichtathlet. – Olympiasieger 1984 über 100 und 200 m, im Weitsprung und mit der 4 × 100-m-Staffel, 1988 über 100 m und im Weitsprung, 1992 im Weitsprung und mit der 4 × 100-m-Staffel.

L., Cecil Day ↑Day-Lewis, Cecil.

L., Clive Staples, Pseud. C. Hamilton, *Belfast 29. Nov. 1898, †Oxford 22. Nov. 1963, engl. Schriftsteller und Literarhistoriker. – 1954 Prof. in Cambridge; neben wiss. Arbeiten zur engl. Literatur des MA und religiösen Schriften (u. a. „Dämonen im Angriff", 1942; 1953 u. d. T. „Dienstanweisung für einen Unterteufel") verfaßte er utop. Romane („Jenseits des schweigenden Sterns", 1938; 1948 u. d. T. „Der verstummte Planet") und Kinderbücher.

L., George, *New Orleans 13. Juli 1900, †ebd. 31. Dez. 1968, amerikan. Jazzmusiker (Klarinettist). – Spielte häufig mit Bunk Johnson und zählt zu den bekanntesten Vertretern des New-Orleans-Jazz.

L., Gilbert Newton, *Weymouth (Mass.) 23. Okt. 1875, †Berkeley (Calif.) 23. März 1946, amerikan. Physikochemiker. – Bed. Arbeiten zur Theorie der chem. Bindung und der ↑Säure-Base-Theorie; isolierte 1933 erstmals schweres Wasser.

L., Jerry, eigtl. Joseph Levitch, *Newark (N. J.) 16. März 1926, amerikan. Filmkomiker. – 1946–56 Zusammenarbeit mit D. Martin, u. a. in Klamaukfilmen. – *Filme:* „Geld spielt keine Rolle" (1963), „Wo, bitte, geht's zur Front" (1970), „King of Comedy" (1981), „Slapstick" (1982).

L., Jerry Lee, *Ferriday (La.) 29. Sept. 1935, amerikan. Rocksänger und Pianist. – Hatte 1957/58 mit Stücken wie „Crazy arms", „Great balls at fire" zahlr. Hits; Ende der 60er Jahre gelang ihm mit Countrymusic ein Comeback.

L., John [Aaron], *La Grange (Ill.) 3. Mai 1920, amerikan. Jazzmusiker (Pianist und Komponist). – Gründete 1951 das „Modern Jazz Quartet" (zu dem seit 1953 auch Milt Jackson gehörte), das zu einem der beständigsten und erfolgreichsten Ensembles der Jazzgeschichte wurde (1974 aufgelöst).

L., John Llewellyn, *Lucas (Iowa) 12. Febr. 1880, †Alexandria (Va.) 12. Juni 1969, amerikan. Gewerkschaftsführer. – 1920–60 Präs. des Bergarbeiterverbandes; 1935–40 Präs. des von ihm mitbegr. Congress of Industrial Organizations (CIO).

Jerry Lewis

L., Sinclair, *Sauk Center (Minn.) 7. Febr. 1885, †Rom 10. Jan. 1951, amerikan. Romancier. – In seinen realist. Erzählungen und Romanen übt er Kritik an der amerikan. Gesellschaft, verspottet in satir. Weise ihre Scheinideale und wandte sich gegen die Kommerzialisierung religiösen Lebens; Nobelpreis 1930. – *Werke:* Die Hauptstraße (R., 1921), Babbitt (R., 1922), Dr. med. Arrowsmith (R., 1925), Elmer Gantry (R., 1927), Sam Dodsworth (R., 1929), Wie ist die Welt so weit (R., hg. 1951).

L., Sir (seit 1963) W[illiam] Arthur, *Castries (St. Lucia) 23. Jan. 1915, †Barbados 15. Juni 1991, brit. Nationalökonom. – Prof. in Manchester (1948–58) und Princeton (seit 1963). Verfasser bedeutender Werke über Entwicklungsökonomie (v. a. „The theory of economic growth", 1955; „Development planning", 1966); erhielt für seine Leistungen auf diesem Gebiet 1979 zus. mit T. W. Schultz den sog. Nobelpreis für Wirtschaftswissenschaften.

L., Wyndham, *auf See (bei Neuschottland) 17. März 1884, †London 7. März 1957, engl. Schriftsteller und Maler. – Entwickelte 1914 seine gegen den Spätimpressionismus gerichtete Theorie des ↑Vortizismus. Seine zunächst abstrakten Gemälde und Zeichnungen bedienen sich einer an der Technik orientierten Formensprache. Vorherrschendes Stilmittel seines Literar. Werkes ist die Satire. Hauptwerk ist die Romantetralogie „The human age", von der nur drei Bände erschienen: „The childermass" (1928), „Monstre gai" (1955) und „Malign fiesta" (1955).

Lewisie (Lewisia) [nach dem amerikan. Forschungsreisenden M. Lewis, *1774, †1809], Gatt. der Portulakgewächse mit rd. 20 Arten im westl. N-Amerika; stengellose Stauden mit dickem Wurzelstock und fleischigen Blättern; Blütenhüllblätter meist rosa oder weiß.

Lewis-Säuren [engl. 'luːɪs; nach G. N. Lewis] ↑Säure-Base-Theorie.

Lewis with Harris [engl. 'luːɪs wɪð 'hærɪs], nördlichste und größte Insel der Äußeren Hebriden, 2 137 km^2, 23 400 E. Hauptort ist Stornoway.

Issaak Iljitsch Lewitan. Nach dem Regen, 1889 (Moskau, Tretjakow-Galerie)

Lewitan, Issaak Iljitsch, *Kibartai (Litauen) 30. Aug. 1860, †Moskau 4. Aug. 1900, russ. Maler. – Malte atmosphär. Landschaften, die zu den bedeutendsten der russ. Malerei im 19. Jh. zählen (Auseinandersetzung mit der Schule von Barbizon und dem Impressionismus), u. a. „Nach dem Regen" (1889, Moskau, Tretjakow-Galerie).

LeWitt, Sol [engl. lə'wɪt], *Hartford (Conn.) 9. Sept. 1928, amerikan. bildender Künstler. – Lebt in New York; einer der Hauptvertreter der Minimal art und der Concept art in den USA.

Lewizki, Dmitri Grigorjewitsch, *Kiew (?) um 1735, †Petersburg 16. April 1822, ukrain. Maler. – Führender Porträtist seiner Zeit (1771–88 Leiter der Porträtabteilung der Akademie in Petersburg).

Lex (Mrz. Leges) [lat.], i. w. S. jede Rechtsvorschrift; im antiken Rom z. Z. der Republik ein von den Magistraten, v. a. den Konsuln, der Volksversammlung zur Abstimmung vorgelegtes Gesetz, das nach dem antragstellenden Magistrat ben. wurde; seit dem Früh-MA das geschriebene Recht im Ggs. zum mündlich überlieferten Gewohnheitsrecht; heute im nichtamtl. Sprachgebrauch ein aus einem bestimmten Anlaß ergangenes Gesetz, wobei z. T. der Name des Antragstellers oder des Betroffenen hinzugefügt wird.

Lexem [griech.], kleinste Einheit des Wortschatzes (des Lexikons) einer Sprache; derjenige Bestandteil eines Wortes, der dessen lexikal. (begriffl.) Bedeutung trägt (HAUS in *Haus, Hauses, Häuser* usw.), im Ggs. zu den (grammat.) ↑Morphemen, die zus. mit den L. verschiedene Wortformen bilden.

Lexer, Matthias von (seit 1885), *Liesing (= Lesachtal, Kärnten) 18. Okt. 1830, †Nürnberg 16. April 1892, dt. Germanist. – Prof. in Freiburg i. Br., Würzburg, seit 1891 in München. Mitarbeit am „Deutschen Wörterbuch"; Hg. des Standardwerkes „Mittelhochdt. Handwörterbuch" (1869 bis 1878).

Lex generalis [lat.], allg. Rechtssatz, allg. Gesetz. – Ggs. ↑Lex specialis.

Lexik [griech.], der Wortschatz einer Sprache, auch einer bestimmten Fachsprache.

lexikalisch [griech.], die Lexik, den Wortschatz betreffend; bezieht sich auf das isolierte Wort, ohne Berücksichtigung des Satz-, Text- oder Verwendungszusammenhangs.

Lexikographie [griech.], Aufzeichnung und Erklärung des Wortschatzes (des Lexikons) einer Sprache, mehrerer Sprachen oder eines bestimmten Teiles der Sprache (z. B. Mundarten, Fach- und Sondersprachen) in Form von Wörterbüchern. Unterschiede ergeben sich hinsichtlich des Materials, dessen Anordnung, der Erklärungsweise und der gegebenen Informationen. Neben den Angaben zur Bed. nehmen die meisten Wörterbücher weitere Informationen auf: z. B. Angaben zur Flexion, über die Kombinierbarkeit z. B. von Verben mit Objekten, histor. (etymolog.) und stilist. Informationen. Es können auch typ. Kontexte und Fundstellenangaben beigegeben werden. – ↑Wörterbuch.

Lexikologie [griech.], ein Bereich der Sprachwiss., der sich mit dem Wortschatz einer Sprache beschäftigt, und zwar mit der Herkunft, der morpholog. Zusammengehörigkeit (Wortbildung) und den inhaltl. Zusammenhängen der Wörter untereinander. Die historisch-vergleichende L. untersucht die Herkunft und die Geschichte der Wörter (↑Etymologie). In der synchron. L. wird der Wortschatz einer gegebenen Sprache im Hinblick auf seine systemhafte Ordnung untersucht und beschrieben. Mit paradigmat. Verfahren werden Ersetzbarkeit bzw. Nichtersetzbarkeit von Wörtern in einem bestimmten Kontext getestet und Synonyme *(Samstag–Sonnabend),* Antonyme *(heiß–kalt),* Hyponyme *(Pferd–Schimmel)* usw. festgestellt. Syntagmat. Verfahren untersuchen die Kombinierbarkeit von Wörtern. Methoden und Ergebnisse der L. sind wichtig für die Lexikographie und finden Anwendung in der automat. Textverarbeitung und -übersetzung durch Computer.

Lexikon [zu griech. *lexikón (biblíon)* „das Wort betreffendes (Buch), Wörterbuch"], nach Stichwörtern geordnetes Nachschlagewerk, das entweder ein oder mehrere Sach- und Wissensgebiete (↑Enzyklopädie) oder den Wortschatz einer oder mehrerer Sprachen, von Fach-, Sonder-, Gruppensprachen usw. auflistet (↑Wörterbuch).
▷ in der *Sprachwiss.* die Gesamtheit aller Lexeme einer Sprache.

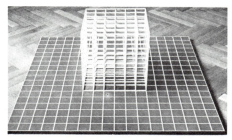

Sol LeWitt. Cubic Cube, 1967 (Privatbesitz)

Lexington-Fayette, Stadt im nördl. Kentucky, USA, 292 m ü. d. M., 212 900 E. 2 Univ. (gegr. 1865 bzw. 1970); Pferdezuchtzentrum; Tabakmarkt; Nahrungsmittel-, Elektronikind. – Entstand 1775, City seit 1832.

Judith Leyster. Frauenbildnis, 1635 (Haarlem, Frans-Hals-Museum)

Lex specialis [lat.], bes. Rechtssatz, das der Lex generalis vorangehende spezielle Gesetz.

Ley, Robert, *Niederbreidenbach (= Nümbrecht bei Waldbröl) 15. Febr. 1890, †Nürnberg 26. Okt. 1945 (Selbstmord), dt. Politiker. – Trat 1924 der NSDAP bei, wurde 1925 Gauleiter im Rheinland; ab 1928 MdL in Preußen, ab 1930 MdR; nach Ausscheiden G. Strassers Stabsleiter der „Polit. Organisation" der NSDAP, 1934 Reichsorganisator; vollzog am 2. Mai 1933 die Gleichschaltung der Gewerkschaften, leitete danach die Dt. Arbeitsfront; 1945 in Nürnberg angeklagt.

Leyden, Ernst von (seit 1895), *Danzig 20. April 1832, †Berlin 5. Okt. 1910, dt. Internist. – Prof. in Königsberg, Straßburg und in Berlin. Seine Arbeiten betrafen die Pathologie des Herzens, der Lunge, der Niere und v. a. des Nervensystems.

L., Gerhaert van [niederl. 'lɛidə] ↑Gerhaert von Leiden, Nicolaus.

L., Lucas van ↑Lucas van Leyden.

Leyen, Friedrich von der, *Bremen 19. Aug. 1873, †Kirchseeon (Landkr. Ebersberg) 6. Juni 1966, dt. Germanist. – Prof. in München und Köln (1937–46 im Ruhestand); bed. Märchen- und Sagenforscher.

Leyster, Judith [niederl. 'lɛistər], ≈ Haarlem 28. Juli 1609, □ Heemstede 18. Febr. 1660, niederl. Malerin. – ∞ mit J. M. Molenaer. Schuf, in unmittelbarer Nachfolge von F. Hals, Halbfigurenbilder; seit Mitte der 1630er Jahre entstanden kleinfigurige Gesellschafts- und Genrestücke.

Lezithine [zu griech. *lékithos* „Eigelb"] (Lecithine, Phosphatidylcholine), zu den Glycerinphosphatiden zählende fettähnliche Stoffe, bei denen zwei Hydroxylgruppen des Glycerins mit langkettigen Fettsäuren (z. B. Ölsäure, Palmitinsäure), die dritte Hydroxylgruppe über Phosphorsäure mit Cholin, einer starken organ. Base, verestert sind. Die L. sind wichtige Bestandteile menschl., tier. und pflanzl. Zellen, bes. der biolog. Membranen. Sie sind v. a. im Nervengewebe, Eidotter und in Samen von Hülsenfrüchten enthalten.

lfd., Abk. für: **lauf**en**d**.

lg, Funktionszeichen für den dekad. ↑Logarithmus.

Ernst von Leyden

LG

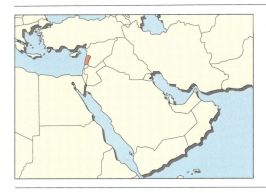

Libanon
Fläche: 10 452 km²
Bevölkerung: 3,34 Mill. E (1990), 319,6 E/km²
Hauptstadt: Beirut
Amtssprache: Arabisch
Nationalfeiertag: 22. Nov.
Währung: 1 Libanes. Pfund (L£) = 100 Piastres (P.L.)
Zeitzone: MEZ +1 Stunde

Libanon
Staatswappen

Internationales
Kfz-Kennzeichen

LG, Abk. für: **L**andgericht.

Lhasa (Lasa), Hauptstadt der Autonomen Region Tibet, China, in einem Becken des Transhimalaja, 3 700 m ü. d. M., 343 000 E. Mittelpunkt einer Oase mit Zementwerk, Nahrungsmittel-, Textil-, holz- und lederverarbeitender, pharmazeut. u. a. Ind.; Verkehrsmittelpunkt Tibets, ✈. – Im 7. Jh. gegr.; altes polit., wirtsch. und religiös-kulturelles Zentrum Tibets, v. a. durch den 5. Dalai Lama (1617–82) prachtvoll ausgebaut; 1717 von mongol. Ölöten (Dsungaren) erobert und besetzt, konnte 1729 mit Hilfe chin. Truppen entsetzt werden, die nun ihrerseits L. militärisch besetzten und 1751 Tibet als Protektorat dem chin. Kaiserreich einverleibten. – L. wird im NW vom Potala, der ehem. Palastburg des Dalai Lama, überragt (urspr. 7. Jh., heutige Gestalt 17. Jh.).

L'Herbier, Marcel [frz. lɛr'bje], * Paris 23. April 1890, † ebd. 26. Nov. 1979, frz. Filmregisseur. – Bed. Vertreter des frz. avantgardist. Films der 20er Jahre; gilt als Impressionist, z. B. „Eldorado" (1921), „Don Juan et Faust" (1922). – *Weitere Filme:* Das Halsband der Königin (1946), Die letzten Tage von Pompeji (1948).

L'hombre ['lɔ̃br] ↑ Lomber.

L'Hôpital (L'Hospital), Michel de [frz. lopi'tal], * Aigueperse zw. 1505 und 1507, † Schloß Belesbat bei Paris 13. März 1573, frz. Staatsmann. – 1554 erster Präs. der Rechnungskammer; im April 1560 von Katharina von Medici zum Kanzler berufen; suchte den Konflikt zw. Guise und Hugenotten politisch zu lösen; konnte sein Toleranzedikt vom Jan. 1562, das den Hugenotten beschränkte Religionsfreiheit gewährte, nicht durchsetzen.

L'Hospital, Guillaume François Antoine de, Marquis de Sainte-Mesme [frz. lopi'tal], * Paris 1661, † ebd. 2. Febr. 1704, frz. Mathematiker. – Verfaßte 1696 unter Verwendung einer Vorlesung von Johann Bernoulli das erste Lehrbuch der Infinitesimalrechnung, in dem auch die nach ihm benannte **L'Hospitalsche Regel** für die Bestimmung von Grenzwerten des Quotienten zweier Funktionen angegeben ist.

Lhote, André [frz. lɔt], * Bordeaux 5. Juli 1885, † Paris 24. Jan. 1962, frz. Maler und Graphiker. – Freie Verarbeitung kubist. Elemente, v. a. große dekorative Figurenkompositionen und Wandbilder.

Lhotse, vierthöchster Berg der Erde, im Himalaja, an der Grenze zw. Nepal und China (Tibet), 8 516 m hoch; Erstbesteigung 1956 durch F. Luchsinger und E. Reiß.

Li, palämongolide Volksstämme im Bergland der chin. Insel Hainan; 816 000 Angehörige.

Li, chem. Symbol für ↑ Lithium.

Li [chin.], zentraler Begriff („ordnende Kraft") der alten chin. Reichsreligion. Konfuzius ethisierte den Begriff, der nunmehr die Bed. von „Sitte" als gestaltender Kraft der Ordnungen in Staat und Familie gewann.

Liaison [liɛˈzõː, frz. ljɛˈzɔ̃; zu lat. ligare „(ver)binden"], allg. Vereinigung, Verbindung; Liebesverhältnis.
▷ in der *Phonetik:* in der Aussprache des Französischen die Bindung zweier Wörter, wobei ein sonst stummer Konsonant am Wortende vor einem vokalisch anlautenden Wort ausgesprochen wird, z. B. les hommes [le'zɔm].

Lianen [frz.] (Kletterpflanzen), bes. für trop. Regenwälder charakterist. Pflanzengruppe; klimmen z. B. an anderen Gewächsen, an Felsen oder Mauern empor, um ihre Blätter, ohne selbst Stämme auszubilden, aus dem Schatten ans Licht zu bringen. Nach der Art des Kletterns unterscheidet man: **Spreizklimmer** (Brombeere, Kletterrose) halten sich mit seitlich abstehenden Stacheln, Dornen, Seitensprossen fest. **Wurzelkletterer** (Efeu) haben sproßbürtige Haftwurzeln. **Rankenpflanzen** (Wein, Erbse) umfassen mit ↑ Ranken auf einen Berührungsreiz hin die Stütze. **Schlingpflanzen** (Hopfen, Bohne) winden den langen dünnen Stengel um die Stütze.

Liaodong [chin. liaudɔŋ] (Liaotung), gebirgige Halbinsel in NO-China, Prov. Liaoning, zw. dem Golf von L. und der Koreabucht.

Liao He [chin. liauxʌ] (Liaoho), Fluß in NO-China, entspringt im südwestl. Bergland, mündet bei Yingkou in das Gelbe Meer, 1345 km lang.

Liaoning [chin. liauniŋ], Prov. in NO-China, 145 700 km², 39,4 Mill. E (1990), Hauptstadt Shenyang. Die Nordostchin. Ebene als Kerngebiet wird im O vom Changbai Shan und vom Qian Shan, im W vom Bergland von Liaoxi eingeschlossen; im S liegt die Halbinsel Liaodong. Angebaut werden v. a. Kauliang, Hirse, Mais; L. ist der wichtigste Baumwoll- und Tabakerzeuger NO-Chinas; Seidenraupenzucht und Obstbau auf der Halbinsel Liaodong. Die Prov. ist reich an Bodenschätzen (Kohle, Ölschiefer, verschiedene Erze), daher herrscht heute Schwerind. vor, daneben traditionelle Textilind. und Verarbeitung landw. Produkte.

Liaotung ↑ Liaodong.

Liaoyuan [chin. liau-y̌ɛn], Stadt in NO-China, Prov. Jilin, am Liao He, 772 000 E. Steinkohlenbergbau, Textilkombinat.

Liaquat Ali Khan, * Karnal 1. Okt. 1895, † Rawalpindi 16. Okt. 1951 (ermordet), pakistan. Politiker. – Rechtsanwalt; arbeitete als führendes Mgl. der Muslimliga eng mit M. A. Dschinnah zusammen für die Gründung des Staates Pakistan; dessen erster Premiermin. 1947–51.

Liard [frz. ljaːr], frz. Kleinmünze, seit dem 15. Jh. in schlechtem Silber, seit 1649 in Kupfer geprägt, zuletzt 1793.

Lias [frz.-engl., zu frz. liais „feinkörniger Sandstein"], unterste Abt. des Jura (↑ geologische Systeme, Übersicht).

Libanon (amtl.: Al Dschumhurijja Al Lubnanijja), Republik in Vorderasien, zw. 33° und 35° n. Br. sowie 35° und 36° 40′ ö. L. **Staatsgebiet:** L. grenzt im W an das Mittelmeer, im N und O an Syrien und im S an Israel. **Verwaltungsgliederung:** 5 Prov. (Mohafazat). **Internat. Mitgliedschaften:** UN und Arab. Liga; Kooperationsabkommen mit den EG.

Landesnatur: L. ist überwiegend Gebirgsland. Die Küstenebene am Mittelmeer ist schmal, sie erreicht nur im N eine Breite von etwa 10 km. Parallel der Küste verläuft das L.ge-

Libanon

birge. Es erreicht im N 3 088 m ü.d. M. und fällt im O steil ab zum 10–15 km breiten Grabenbruch der Bika, der nördl. Fortsetzung des Jordangrabens. Östlich dieser Senke reicht das Staatsgebiet bis auf die Höhe des Antilibanon und Hermon.

Klima: Es ist mediterran mit warmen, trockenen Sommern und niederschlagsreichen Wintern. Die Niederschläge fallen im L.gebirge in N-Lagen in über 2 800 m Höhe ganzjährig als Schnee. Die nördl. Bika hat bereits Wüstenrandklima (Jahresniederschlag um 300 mm).

Vegetation: Durch Raubbau wurde die urspr. dichte Bewaldung (Kiefer, Eiche, Zeder) fast völlig vernichtet. Macchien und Gariguen haben sich ausgebreitet.

Bevölkerung: Die Libanesen unterscheiden sich stark von den Bewohnern der benachbarten arab. Länder. In über 3 000 Jahren bildete sich eine ethn. Mischung phönik., ägypt., griech., röm., arab. und turkmen. Elemente heraus. Typisch für L. ist die große Zahl der Glaubensgemeinschaften, die das polit. System und die soziale Struktur stark beeinflussen. Die bei der letzten Volkszählung von 1932 noch die Mehrheit bildenden Christen sind durch verstärkte Einwanderung von Muslimen aus arab. Nachbarländern und deren höhere Geburtenziffern in ihrem Anteil an der Gesamtbev. stark zurückgedrängt worden. Nach Schätzungen bilden die Maroniten die größte der christl. Gruppen, der etwa 21 % der Bev. angehören. Sie leben überwiegend im zentralen Nord-L.; zum griech.-orth. Glauben bekennen sich rd. 7 %, daneben gibt es zahlr. kleinere christl. Glaubensgemeinschaften. Größte der muslim. Gruppen sind mit etwa 32 % der Bev. die Sunniten, die v. a. in der Küstenebene und in den fruchtbaren Teilen der Bika siedeln. Etwa 24 % sind Schiiten; sie leben in dem nördl. unfruchtbaren Bika sowie im S des Landes. Außerdem gibt es noch etwa 190 000 Drusen und rd. 220 000 Palästinaflüchtlinge in L. Die Analphabetenquote beträgt rd. 23 %. L. verfügt über 5 Universitäten.

Wirtschaft: Die Wirtschafts- und Infrastruktur ist seit Ausbruch des Bürgerkrieges weitgehend zerstört, die Inflationsrate stark gestiegen; L. verlor seine Rolle als wichtigstes Finanz-, Handels- und Dienstleistungszentrum des Nahen Ostens. Die Arbeitslosenquote wird mittlerweile mit 30 % angegeben. Der Tourismus, bis 1975 einer der Hauptwirtschaftszweige, ist fast völlig zum Erliegen gekommen. L. verfügt nur über geringe Bodenschätze. Vor dem Bürgerkrieg waren die Textil-, Nahrungsmittel- und Holzind. die wichtigsten Ind.zweige. Etwa die Hälfte der landw. Nutzfläche liegt in der Bika. Bedeutend ist der Obstbau (Küstenebene, Berghänge), dessen Produkte z. T. exportiert werden. Die agrar. Produktion kann aber nur ein Drittel des einheim. Bedarfs decken.

Außenhandel: Vor dem Bürgerkrieg waren die EG-Länder, die arab. Nachbarn und die USA die wichtigsten Partner.

Verkehr: Das Eisenbahnnetz mit einer Länge von 417 km ist z. T. außer Betrieb. Das Straßennetz ist 7 370 km lang. Vor 1975 war der Beiruter Hafen der bedeutendste an der Levanteküste. Internat. ✈ von Beirut ist Al Chalda.

Geschichte: Im Altertum entstanden hier die Handelsstädte der Phöniker. Während der osman. Herrschaft (1516–1918) bewahrten Drusen- und später Maronitenemire dem Land weitgehende Autonomie. 1840 wurde Frankreich Schutzmacht der unierten Christen (Maroniten). Zw. ihnen und den von Großbritannien unterstützten Drusen kam es zum Bürgerkrieg, der in den Christenmassakern von 1860 gipfelte. Daraufhin wurde das Gebiet um Beirut 1864 autonomer Sandschak unter einem christl. Gouverneur. Im 1. Weltkrieg besetzten 1918 erst brit., dann frz. Truppen das Land, das mit Syrien frz. Völkerbundmandat wurde. 1920 schuf Frankreich das Gebiet L. in seinen heutigen Grenzen. Die 1926 erlassene Verfassung löste L. aus der staatl. Bindung an Syrien. Nach der Besetzung durch brit. Truppen (1941) versprach das Freie Frankreich L. die Unabhängigkeit, doch wurde erst 1944 die Aufhebung des Mandats erreicht. 1946 räumten die brit. und frz. Truppen das Land. Am 1. Israel.-Arab. Krieg 1948/49 nahm L. nur nominell teil. Der zunehmende arab. Nationalismus verstärkte die Spannungen zw. den prowestl. Christen und der arab.-nationalist. Muslimen. Auf Ersuchen des Staatspräs. Schamun intervenierten 1958 Truppen der USA in L. (erster Bürgerkrieg). Die zunehmende Aktivität palästinens. Guerillaorganisationen von libanes. Gebiet aus bewirkte israel. Vergeltungsschläge. Die Palästinenser erhielten einen exterritorialen Status. Im Mai 1973 kam es zu blutigen Auseinandersetzungen zw. den Fedajin (palästinens. Kämpfer) und der libanes. Armee. Im April 1975 brach schließlich der zweite Bürgerkrieg zw. Christen (meist Anhänger der Phalange-Partei) und Muslimen (vorwiegend palästinens. Freischärler) aus, mit blutigen Straßenkämpfen, in die ab April 1976 syr. Truppen eingriffen; Feuereinstellung im Okt. 1976. Im Mai 1976 wurde E. Sarkis als Nachfolger von S. Farandschija (seit 1970) neuer Staatspräs. Trotz einer arab. (syr.) Abschreckungsstreitmacht (seit Okt. 1976), der zeitweiligen Besetzung Süd-L. durch israel. Streitkräfte (März–Juli 1978) und dem Einsatz einer UN-Friedenstruppe (seit März 1978) kam es immer wieder zu Kämpfen zw. Palästinensern, muslim. und christl. Milizen, die eine erneute israel. Besetzung Süd-L. und eine Belagerung der PLO-Kämpfer im muslim. W-Beirut (Juni–Sept. 1982) zur Folge hatten. Der zum Staatspräs. gewählte Führer der christl. Milizen, B. Gemayel, fiel am 14. Sept. 1982 einem Bombenattentat zum Opfer; daraufhin besetzten israel. Truppen das von der PLO geräumte W-Beirut, und Phalangisten verübten Massaker in den Palästinenserlagern Sabra und Shatila. Am 23. Sept. wurde A. Gemayel (Bruder von B. Gemayel) Staatspräsident. Anfang 1984 drängten insbes. drus. und schiit. Milizen Gemayel in die Defensive, als die mit Hilfe der USA neu aufgebaute libanes. Armee wieder zerfiel und die multinat. Truppen sich aus L. zurückzogen. Versöhnungskonferenzen der verfeindeten Parteien tagten 1983 und 1984 in der Schweiz ohne Erfolg. In das durch den Rückzug der Israelis bis auf eine „Sicherheitszone" im S (Febr. und Juli 1985) entstandene Machtvakuum drängte v. a. die schiit. *Amal* [dt.: Hoffnung]-*Miliz* (prosyr. polit.-militär. Bewegung; vertritt die Interessen der libanes. Schiiten). Zw. ihr und den Palästinensern kam es zu heftigen Kämpfen. Im Febr. 1987 rückten syr. Truppen in W-Beirut ein. Ende Sept. 1988 ernannte Präs. Gemayel eine Übergangsreg. unter dem Oberbefehlshaber der Armee, General M. Aoun. Da dieser den von Teilen des Parlaments 1989 gewählten neuen Präs. E. Hrawi sowie den Friedensplan von Taif (Okt. 1989; Waffenstillstand und Auflösung der Milizen, Neuregelung der traditionellen Machtverteilung zw. Christen und Muslimen) nicht anerkannte, kam es ab Jan. 1990 zu den schwersten Kämpfen seit 1975 zw. christl. Milizen, zus.geschlossen in den „Libanes. Streitkräften" (FL) unter S. Geagea, und christl. Armeeverbänden unter Aoun; unter Druck Syriens kapitulierte Aoun schließlich im Okt. 1990 und emigrierte. Mit der Verfassungsreform vom Aug. 1990 (nach dem Plan von Taif), dem Friedensschluß der rivalisierenden schiit. Milizen *Hisbullah* [dt.: Partei Gottes; 1982 von iran. Schiiten gegr.; verfolgt eine an Chomaini orientierte Politik der Revolution) und Amal im Abkommen von Damaskus sowie dem Abzug aller Milizen aus Beirut (Konsolidierung der Autorität im Gebiet von Groß-Beirut) und dem Süd-L. im Nov./Dez. 1990 wurden weitere Schritte zur Beendigung des Bürgerkrieges eingeleitet. Durch Neuernennung von 40 Abg. im Mai 1991 sicherte sich die Reg. im Parlament eine prosyr. Mehrheit, die einen syr.-libanes. Kooperationsvertrag verabschiedete, der L. praktisch zu einem Protektorat Syriens macht (Sept. 1991 verstärkt durch ein libanes.-syr. Sicherheitsabkommen). Bis Juli 1991 übernahmen die Truppen der Reg. alle ehemals drus. und christl. Stellungen sowie den bisher von der PLO kontrollierten S; Israel besteht jedoch auf der weiteren Stationierung von Soldaten in der 1985 eingerichteten sog. Sicherheitszone, an der es Ende 1992 zu Grenzgefechten kam. Die ersten Parlamentswahlen nach 20 Jahren spiegelten im Sept./Okt. 1992 die nach Religionszugehörigkeit zersplitterten Kräfteverhältnisse wider; Min.präs. wurde der Sunnit R. Hariri.

Liard. Kleinmünze von 1790 (Vorder- und Rückseite)

Libanongebirge

Politisches System: L. ist eine parlamentar. Republik, deren Reg.system auf einer proporzgerechten Verteilung der Funktionen im Staat unter den Religionsgemeinschaften basiert. Staatspräs. sollte stets ein Maronit (Christ), Min.-präs. ein Sunnit und Parlamentspräs. ein Schiit sein. *Staatsoberhaupt* und Inhaber der *Exekutive* ist der vom Parlament auf 6 Jahre gewählte Präs. Er benennt den Min.rat unter Vorsitz des Min.präs., der der Abg.kammer verantwortlich ist. Die *Legislative* liegt beim für 4 Jahre gewählten Parlament, der Nationalversammlung. Mit der Verfassungsreform vom Aug. 1990 wurde das seit 1943 bestehende Proporzsystem aufgehoben und die Zahl der Parlamentssitze auf 108 erhöht (je 54 für Christen und Muslime). Die *Parteien* sind weitgehend konfessionell gebunden und um führende Persönlichkeiten gruppiert; zahlr. verbanden sich zu „Blöcken", so Phalange und Nat.-Liberale Partei zur „Libanes. Front" sowie Fortschrittl. Sozialist. Partei, Amal, Kommunist. Partei und Baath-Partei zur „Einigungs- und Befreiungsfront". Die mitgliedsschwachen *Gewerkschaft*sverbände sind in der Confédération Générale des Travailleurs du Liban (CGTL) zusammengeschlossen. Recht und Justizverwaltung sind am frz. Vorbild orientiert.

Libanongebirge, Gebirgszug in Vorderasien, erstreckt sich küstenparallel durch den gesamten Staat L., im Kurnat As Sauda 3088 m hoch. Niederschlagsreich, oberhalb 2800 m Höhe z. T. ganzjährig Schnee; Waldreste.

Libanonzeder ↑ Zeder.

Libatio (Libation) [lat.], religionswiss. Bez. für Trankopfer.

Libau (lett. Liepāja), Stadt an der Ostsee und am NW-Ufer des 15 km langen Libauer Sees, Lettland, 114 000 E. PH, Seefahrtschule; 2 Theater. Eisenhüttenwerk, Landmaschinenfabrik, Metallwarenherstellung, Nahrungsmittelind.; eisfreier Hafen, Seebad. – Erstmals 1253 erwähnt; Ende des 19. Jh. zum russ. Kriegshafen ausgebaut.

Libavius, Andreas, eigtl. Andreas Libau, *Halle/Saale um 1550, † Coburg 25. Juli 1616, dt. Arzt und Chemiker. – 1588–91 Prof. für Sprachwiss. in Jena; trat für die von Paracelsus empfohlenen chem. Arzneimittel ein. Seine „Alchimia" (1597) ist das erste systemat. Lehrbuch der Chemie.

Libby, Willard Frank [engl. 'lɪbɪ], *Grand Valley (Colo.) 17. Dez. 1908, † Los Angeles 9. Sept. 1980, amerikan. Physiker und Chemiker. – Prof. in Berkeley, Chicago und Los Angeles; entdeckte und entwickelte die Radiocarbonmethode (C-14-Methode) zur ↑Altersbestimmung und erhielt hierfür 1960 den Nobelpreis für Chemie.

Libelle [zu lat. libella „Wasserwaage, kleine Waage"], Hilfseinrichtung bei Wasserwaage, Theodolit oder Nivellier zur Horizontierung oder Vertikalstellung; dosen- oder röhrenförmiger Glasbehälter, der bis auf die zur Einstellung dienende L.blase (Gasblase) mit Flüssigkeit gefüllt ist.

Libellen [zu lat. libella „(kleine) Waage, Wasserwaage" (nach den beim Flug waagrecht ausgespannten Flügeln)] (Wasserjungfern, Odonata), weltweit verbreitete Insektenordnung mit rd. 4 700 farbenprächtigen, 1,8–15 cm langen, am Wasser lebenden Arten (in Mitteleuropa etwa 80 Arten); Körper schlank, mit großem Kopf, kurzen, borstenförmigen Fühlern, großen Facettenaugen, vier häutigen, netzadrigen, nicht faltbaren Flügeln, die in Ruhe seitlich vom Körper weggestreckt (↑Großlibellen) oder über dem Rücken zusammengeklappt werden. Zu den letzteren gehören die 1,8 – 5 cm langen, weltweit verbreiteten Arten der Unterordnung **Kleinlibellen** (Zygoptera); in M-Europa kommen 20 Arten vor; wichtigste Fam. sind Seejungfern, Schlank-L. und Teichjungfern. – L. erreichen hohe Fluggeschwindigkeiten (bis 54 km/h); ihre Nahrung (andere Insekten) erbeuten sie meist im Flug mit Hilfe ihrer Beine. Bei der Paarung bilden die L. ein „Rad". Die Eier werden ins Wasser oder an Wasserpflanzen abgelegt; nach 2–5 Wochen schlüpfen Larven, die 1–3 Jahre im Wasser leben. – Fossil sind die L. seit dem Oberkarbon bekannt.

Liber (Liber Pater), italischer Fruchtbarkeits- und Vegetationsgott mit phall. Kult; wurde später mit Dionysos gleichgesetzt. Zus. mit der weibl. Gottheit *Libera* und Ceres auf dem Aventin verehrt.

Willard Frank Libby

Liber (Mrz. Libri) [lat.], Buch.

liberal [lat., zu liberalis „die Freiheit betreffend"], allg.: hochherzig, freigebig, großzügig; freiheitlich gesinnt; i. e. S. eine weltanschaul. Haltung, die überkommenen Normen, Wertvorstellungen und gesellschaftl. Verhaltensweisen vorurteilslos kritisch, neueren Denkweisen, Experimenten usw. aber aufgeschlossen gegenübersteht, die dogmat. Denken ablehnt und den Einsatz für das Recht und die größtmögl. persönl. Freiheit des Individuums zum Grundsatz sozialen Handelns macht. – ↑Liberalismus.

Liberal Arts College [engl. 'lɪbərəl 'ɑːts 'kɔlɪdʒ] ↑College.

Liberal-Demokratische Partei (jap. Jiyū minshutō), Abk. LDP, polit. Partei in Japan; entstanden 1955 durch Zusammenschluß zweier konservativer Parteien; führt seitdem ununterbrochen die Regierung. Vors. (seit 1991) ist Kiichi Miyazawa.

Liberal-Demokratische Partei Deutschlands, Abk. LDPD, polit. Partei in der DDR; gegr. 1945 als Liberal-Demokrat. Partei, Abk. LDP; 1952 in LDPD umbenannt, 1949/50–89 in das Blocksystem integriert; 1967–Febr. 1990 Parteivors. M. Gerlach, danach R. Ortleb; Febr. 1990 Rückbenennung in LDP; seit März 1990 im ↑Bund Freier Demokraten, im Aug. 1990 mit der FDP vereinigt.

Liberale Internationale (Liberale Weltunion), 1947 in Oxford gegr. loser Zusammenschluß liberaler Parteien.

Liberale Partei der Schweiz, 1977 aus der Liberaldemokrat. Union der Schweiz vor 1961 Liberal-demokrat. Partei) entstandene liberale schweizer. Partei mit antizentralist. Orientierung.

liberale Parteien, polit. Parteien, die sich in ihrer Programmatik auf die Grundsätze des ↑Liberalismus berufen. Ein loser Zusammenschluß ist die Liberale Internationale. **Deutschland:** In der 1. Hälfte des 19. Jh. lag der Schwerpunkt der liberalen Bewegung in den mittel- und süddt. Staaten. Die Wirkungsmöglichkeiten der liberalen Abg. waren durch die Festschreibung des monarch. Prinzips in der Wiener Schlußakte (1820) äußerst begrenzt. So beschränkten sich die Liberalen im wesentlichen darauf, die Freiheitsrechte des einzelnen Staatsbürgers gegen Übergriffe der staatl. Verwaltung zu schützen. Ihre polit. Praxis war auf die Durchsetzung des Rechtsstaats ausgerichtet. Der Verzicht auf Beteiligung an polit. Macht war folgenreich für die weitere Entwicklung des dt. Liberalismus im 19. Jh. Im Vormärz trennten sich die radikalen Liberalen (Demokraten), die konsequent den Gedanken der Volkssouveränität vertraten, von den gemäßigten Liberalen (Liberal-Konservative). Die gemäßigten Liberalen appellierten v. a. an das besitzende und gebildete Bürgertum, während sich die Demokraten als Sprecher der kleinbürgerl. Massen, des „Volkes", fühlten. In der Revolution von 1848/49 forderten die Demokraten eine allein durch die Volksvertretung zu beschließende Verfassung; die Liberalen strebten eine Vereinbarung der Reichsverfassung zw. Parlament und Fürsten an. Die Entscheidung für ein (dann an der Ablehnung Friedrich Wilhelms IV. gescheitertes) kleindt. Erbkaisertum der Hohenzollern war faktisch ein Sieg der Vereinbarungstheorie. Feste Parteibindungen gab es 1848/49 noch nicht, wohl aber parlamentar. Fraktionen, die nach ihren Treffpunkten ben. wurden: die Linke mit einem gemäßigten („Dt. Hof") und einem radikalen Flügel („Donnersberg") und eine liberal-konservative Gruppe, die in der Nat.versammlung die Rechte bildete („Café Milani"); die Mitte mit dem rechten („Casino") und dem linken Zentrum („Augsburger Hof") und kleineren Gruppierungen. Die Erbkaiserl. Partei wurde im wesentlichen vom rechten und linken Zentrum gebildet. Aus dem „Casino" gingen 1849 die Gothaer hervor, die gemäßigt-liberalen Kleindeutschen, die sich 1859 mit den Demokraten im Dt. Nat.verein vereinigten. Eine Allianz zw. Demokraten und gemäßigten Liberalen war auch die 1861 gegr. Dt. Fortschrittspartei in Preußen, die erste wirkl. polit. Partei in Deutschland, die aber an Gegensätzen in der nat. Frage zerbrach. Der rechte Flügel, aus dem 1867 die Nat.liberale Partei entstand, sah in der Schaffung der dt. Einheit eine notwendige Vorbedingung der innenpolit. Liberalisierung. Die Demokraten dagegen beharrten auf dem Vorrang der innerstaatl. Freiheit vor der nat. Einheit. Die Fortschrittspartei vereinigte sich 1884 mit den Sezessionisten (Liberale Vereinigung), die sich 1880 von der Nat.liberalen Partei getrennt hatten, zur Freisinnigen Partei, die sich 1893 in die Freisinnige Vereinigung und in die Freisinnige Volkspartei spaltete. 1910 schlossen sich beide freisinnigen Gruppen mit der demokratisch orientierten Dt. Volkspartei (DtVP) zur Fortschrittl. Volkspartei zusammen. In der Weimarer Republik setzte die Dt. Demokrat. Partei (DDP; seit 1930, nach der Vereinigung mit dem Jungdt. Orden, Dt. Staatspartei) das Erbe der Fortschrittl. Volkspartei fort, während die Dt. Volkspartei (DVP) an die Nat.liberale Partei anknüpfte. Beide Parteien sanken nach 1930 zu Splitterparteien herab. Die in den westl. Besatzungszonen 1948 gegr. Freie Demokrat. Partei (FDP) ist der erfolgreiche Versuch, die Spaltung in eine rechts- und eine linksliberale Partei zu überwinden. 1956 trennte sich ein rechtsliberaler „Ministerflügel" von der FDP; die Freie Volkspartei gewann jedoch keinen breiteren Anhang und vereinigte sich 1957 mit der konservativen Dt. Partei. – Die Liberal-Demokrat. Partei Deutschlands (LDPD) der DDR verfügte gegenüber der SED bis 1989 über keinerlei polit. Handlungsspielraum und vereinigte sich als LDP im Bund Freier Demokraten zusammen mit der Dt. Forumpartei (gegr. Jan. 1990) und der FDP (der DDR, gegr. Febr. 1990) im Aug. 1990 mit der FDP.

Österreich: Die Tradition der 1861 gegr., die dt.sprachige bürgerl. Oberschicht repräsentierenden Verfassungspartei, die sich ebenso energisch gegen die Bildung eines kleindt. Reiches unter preuß. Führung wie gegen eine ethn. Dezentralisierung der Habsburgermonarchie wehrte, führte die Dt.liberale Partei fort, die 1867–79 die Mehrheit im Reichsrat der öst. Reichshälfte hatte. 1897 verloren die Liberalen endgültig die parlamentar. Mehrheit. 1910 schloß sich die aus den Umgruppierungen des liberalen Lagers hervorgegangene Dt. Fortschrittspartei mit der dt.nat. Bewegung zum Dt. Nat.verband zusammen. In ihm triumphierte eindeutig das großdt.-nationalist. über das liberale Element. Das Erbe des Dt. Nat.verbandes setzte in der Republik die 1920 gegr. Großdt. Volkspartei fort. Deren Tradition nahm nach dem 2. Weltkrieg der 1949 gegr. Verband der Unabhängigen wieder auf, der sich 1955 mit der Freiheitspartei zur Freiheitl. Partei Österreichs (FPÖ) zusammenschloß; deren Abkehr von grundlegenden liberalen Grundsätzen unter J. Haider führte 1992 zur Abspaltung der Freien Demokrat. Partei (FDP) und des Liberalen Forums.

Schweiz: Die bedeutendste liberale Partei ist die 1894 konstituierte Freisinnig-demokrat. Partei der Schweiz. In den 1870er Jahren bildete sich durch den Zusammenschluß von Konservativen und Altliberalen eine zweite liberale Gruppierung. Aus dieser ging 1913 die Liberal-demokrat. Partei hervor, an deren Stelle 1961 die Liberal-demokrat. Union der Schweiz trat, aus der 1977 die ↑Liberale Partei der Schweiz gebildet wurde.

Frankreich: Auf dem linken Flügel des frz. Liberalismus steht der Parti Radical Socialiste. 1869 formulierte L. Gambetta das Programm der Radikalen. 1892 formierten sich die äußersten Linken als Groupe Républicain Radical-Socialiste. Durch die Wiedervereinigung dieser Gruppe mit den übrigen Radikalen entstand 1901 der Parti Républicain Radical et Radical-Socialiste (kurz Radikale oder Radikalsozialisten gen.), heute unter dem Namen Parti Radical Socialiste. Den rechten Flügel des frz. Liberalismus bilden die Unabhängigen Republikaner (Républicains Indépendants), die sich von den Radikalsozialisten v. a. durch das Fehlen einer antiklerikalen Programmatik unterscheiden. Sie spalteten sich 1910 als rechter Flügel von den Républicains Modérés ab. Der heutige Parti Républicain (Unabhängige Republikaner) trennte sich 1966 als Fédération Nationale des Républicains Indépendants vom Centre National des Indépendants et Paysans.

Italien: Der italien. Liberalismus, eigtl. Träger des Risorgimento, ist traditionell in 2 Richtungen gespalten, ohne daß es vor dem 1. Weltkrieg zu einer festen Parteibildung gekommen wäre. Energ. liberalen Widerstand gegen den aufsteigenden Faschismus hat es vor der Machtergreifung Mussolinis 1922 nicht gegeben. Der nach dem Zusammenbruch des Faschismus neu gegr. rechtsliberale Partito Liberale Italiano (PLI) lehnt Koalitionen mit den sozialist. Parteien strikt ab. Als linksliberale Partei kann der auf G. Mazzini zurückzuführende Partito Repubblicano Italiano (PRI) bezeichnet werden.

Großbritannien: ↑ Liberal Party.

Liberaler Studentenbund Deutschlands, Abk. LSD, gegr. 1950 als unabhängige linksliberale Vereinigung, die der FDP nahestand; erlebte 1967–69 seinen Höhepunkt, zerfiel dann.

liberale Theologie, neben der restaurativen und der Vermittlungstheologie die dritte theol. Hauptrichtung des 19. Jh., deren Wurzeln in Aufklärung und Idealismus liegen. Eines ihrer entscheidenden Verdienste ist die Herausbildung und Anwendung der histor.-krit. Methode, mit der v. a. die bibl. Quellen kritisch untersucht wurden. Auch andere religionsgeschichtl. Quellen wurden für die Theologie erstmals zugänglich gemacht. Die erste Zeit der l. T. steht unter dem Einfluß von F. C. Baur und D. F. Strauß. Die Arbeit Baurs führte die von ihm begr. ↑Tübinger Schule fort. Aus dem Kreis der Schüler A. Ritschls ging die letzte bed. Gruppe der l. T. hervor, die „Religionsgeschichtl. Schule", deren bedeutendste Vertreter H. Gunkel und E. Troeltsch waren.

Liberale Vereinigung, dt. polit. Gruppierung 1880 bis 1884, die von Nationalliberalen aus Protest gegen Bismarcks Schutzzollpolitik gegründet wurde; verschmolz 1884 mit der Dt. Fortschrittspartei zur Freisinnigen Partei.

Liberale Weltunion ↑ Liberale Internationale.

Liberalisierung [lat. (↑ liberal), 1. allg. die Befreiung von einschränkenden Vorschriften. 2. Aufhebung bzw. Reduzierung dirigist. Eingriffe in einen freien Austausch von Gütern und Produktionsfaktoren; bezogen auf den Außenwirtschaftsverkehr: systemat. Abbau von Handelshemmnissen (Zölle, Kontingente) und Kapitalverkehrsbehinderungen (Devisenbewirtschaftung).

Liberalismus [lat.-frz. (↑ liberal)], weltanschaul. Richtung, die das Individuum und sein Recht auf Freiheit in den Vordergrund stellt. Als breite **politische Bewegung** ist der L. eine nachrevolutionäre Erscheinung. Er setzt die Erfahrung einer revolutionären Kraftprobe zw. dem aufstebenden Bürgertum und den Kräften des Ancien régime bereits voraus. Der entwickelte L. ist durch eine doppelte Frontstellung gekennzeichnet: durch seine Gegnerschaft zu allen Formen des absolutist. Staates wie zu radikaldemokrat. Bewegungen, die sich auf das Prinzip unmittelbarer Volksherrschaft berufen. Die Abwehr von polit. Omnipotenz ist daher zum Hauptmerkmal aller Richtungen des L. geworden.

Seine historisch früheste Ausprägung erfuhr der L. im England des 17. Jh. (J. Locke). Von Anfang an ist der Kampf für die Freiheit des Glaubens, der Meinungsäußerung und der Vereinigung und für einen umfassenden Rechtsschutz des Individuums unlösbar verknüpft mit dem Eintreten für seinen Anspruch auf eine angemessene Rolle im polit. Entscheidungsprozeß und für die freie Entfaltung der Einzelpersönlichkeit (Individualismus) auch im wirtsch. Bereich. Die engl. Bill of Rights von 1689, die Verfassung der USA von 1787 und die der frz. Nat.versammlung 1789 verabschiedete „Déclaration des droits de l'homme et du citoyen" sind die klass. Formulierungen der individuellen Grundrechte. Die elementaren Freiheiten des einzelnen werden zu Schranken der öff. Gewalt: Die staatl. Eingriffsverwaltung ist strikt an allg. Gesetze gebunden und bleibt gerichtlich nachprüfbar. Die Sicherung von Grundrechten durch eine unabhängige richterl. Gewalt und einen umfassenden Rechtsweganspruch des Bürgers macht das Wesen des liberalen Rechtsstaates aus. Die Unabhängigkeit der Rechtsprechung bildet ihrerseits einen integralen Bestandteil des liberalen, auf Locke und Montesquieu zurückgehenden Prinzips der Gewaltentrennung zw. vollziehender Gewalt, Gesetzgebung und Rechtsprechung, durch das eine

Liberal Party

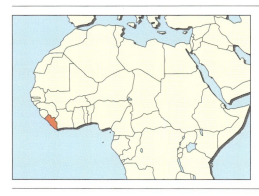

Liberia
Fläche: 111 369 km²
Bevölkerung: 2,6 Mill. E (1990), 23 E/km²
Hauptstadt: Monrovia
Amtssprache: Englisch
Nationalfeiertag: 26. Juli (Unabhängigkeitstag)
Währung: 1 Liberian. Dollar (Lib$) = 100 Cents (c)
Zeitzone: MEZ −1 Stunde

Liberia

Staatswappen

Bevölkerung (in Mill.) 1970: 1,5 1990: 2,6
Bruttosozialprodukt je E (in US-$) 1970: 407 1987: 450

Bevölkerungsverteilung 1990
Stadt 46% Land 54%

Bruttoinlandsprodukt 1987
Industrie 28% Landwirtschaft 35% Dienstleistung 37%

unkontrollierbare Konzentration der Staatsmacht nach Art des Absolutismus für immer ausgeschlossen werden soll. Der **wirtschaftliche Liberalismus** geht theoretisch auf die ↑ Physiokraten zurück und erhielt seine klass. Begründung durch A. Smith, D. Ricardo, J. Mill und fand seinen Ausdruck im 19. Jh. in der Forderung nach Gewerbefreiheit, freiem Wettbewerb, ↑ Freihandel und in seiner extremsten Form im ↑ Manchestertum. Staatseingriffe, wie sie für den Merkantilismus typisch sind, lehnt der klass. Wirtschafts-L. ab. Künstl. Produktionsbeschränkungen, die z. B. das Zunftsystem kennzeichnen, gelten ebenso als Fesseln des Fortschritts wie Zollbarrieren zw. den Staaten. Das Gebot der Nichteinmischung des Staates gilt prinzipiell auch für die Beziehung zw. Arbeitgebern und Arbeitnehmern. Die soziale Frage kann nach Auffassung des klass. L. nur durch Selbsthilfe der Betroffenen und durch eine Verbesserung des Bildungswesens gelöst werden. Unter Berücksichtigung prakt. Erfahrungen zeigt sich der wirtsch. L. des 20. Jh. als ↑ Neoliberalismus, dessen wissenschaftstheoret. Grundlagen weitgehend der Freiburger Schule entstammen.

Je mehr der L. im 19. Jh. als Träger der „bürgerl. Revolution", der gesellschaftl. Reformen und der nat. Einigungsbewegungen (Italien, Deutschland) an der Ausübung der Staatsgewalt teilzunehmen vermochte und in führende Schichten der Gesellschaft und Institutionen des Staates (Offizierskorps, Beamtentum, Parlament) Eingang fand, desto stärker betrachtete er den Staat als Hüter der Freiheit und als Instanz, die die liberalen Ideen durch Gesetzgebung, Verwaltung und Rechtsprechung verwirklichen sollte. Historisch wurde für die Verbindung des L. mit dem Staat der Nationalstaatsgedanke bedeutsam. Seitdem die Frz. Revolution im Zeichen der Volkssouveränität Nation und Staat gleichgesetzt hatte, wurde der L. immer mehr vor die Möglichkeit gestellt, das freiheitliche Prinzip das grundsätzlich mit ihm unvereinbare Machtprinzip in der Form zu verschmelzen, daß er die Freiheit als innenpolit., die Macht als außenpolit. Prinzip vertreten konnte. Dabei nahm die Entwicklung des L. in den einzelnen Ländern einen unterschiedl. Verlauf. Anders als in Frankreich, wo das Bürgertum in der Julirevolution 1830 zur herrschenden Klasse wurde, und in Großbritannien, wo Mitte des 19. Jh. die klass. Zeit des Wirtschafts-L. mit einer Verwirklichung der polit. liberalen Forderungen einsetzte, fand in Deutschland (wie in Italien) das Bürgertum keinen Nat.staat vor, in dem es sich seine polit. Führungsrolle erkämpfen konnte. In der gescheiterten Revolution von 1848/49 trat erstmals das Bürgertum selbst als Träger liberaler Forderungen auf. Die materiellen und ideellen Gewinne, die sich das Bürgertum von einer nat.staatl. Einigung versprach, ließen 1866 die Mehrheit der preuß. Liberalen in Bismarcks „Revolution von oben" einwilligen und eine nat. Einigung ohne die gleichzeitige Einführung eines parlamentar. Reg.systems akzeptieren. In Österreich konnten die liberalen Gruppen zwar ähnlich wie in Preußen/Deutschland in den 1860er Jahren eine parlamentar. Vormachtstellung erringen, auf die Außenpolitik hatten sie jedoch kaum größeren Einfluß als die dt. Nat.liberalen. In Italien, auf der Iber. und der Balkanhalbinsel sowie in O-Europa war die strukturelle Unterentwicklung des Bürgertums der Hauptgrund für die Schwäche der liberalen Bewegung. − Die große Depression (1873−95/96) erschütterte in ganz Europa den optimist. Glauben an die selbsttätige Wirtschaftsregulierung durch die „unsichtbare Hand" (A. Smith), die Grundannahme des ökonom. L. Die nat. Parole, die in Deutschland bis in die 1860er Jahre ein Ausdruck des bürgerl. Emanzipationsstrebens war, wurde seit den 1870er Jahren immer mehr zum Vehikel einer konservativen Sammlungsbewegung (↑ Imperialismus) gegen die internat. Tendenzen im Links-L. und in der Sozialdemokratie.

Die anhaltenden Stimmenverluste, die die liberalen Parteien bald nach der Gründung der Weimarer Republik hinnehmen mußten, wurden symptomatisch für eine allg. Krise des L. Die urspr. Wählerbasis der liberalen Parteien, die selbständigen Mittelschichten, erwies sich seit dem ausgehenden 19. Jh. in zunehmendem Maß anfällig für sozialprotektionist. Versprechungen, was vielfach konservativen oder radikalen Bewegungen zugute kam. Soweit die liberalen Parteien ihre Stellung in gewissem Umfang wieder stabilisieren konnten, bildeten v. a. Beamte, Angestellte und Angehörige freier Berufe, die keine wirtsch. dominierende Stellung innehatten, das entscheidende Wählerreservoir. − V. a. unter amerikan. Einfluß vollzog sich ein Bed.wandel des Begriffs liberal: In den USA, wo es eine liberale Partei im europ. Sinn ebensowenig gegeben hat wie eine konservative, versteht man unter *liberal* seit dem „Progressive Movement" des frühen 20. Jh. das Engagement für die Achtung und Ausweitung von Bürgerrechten, die öff. Kontrolle wirtsch. Macht und die Verbesserung sozialer Fürsorgeleistungen. Der moderne amerikan. L. bejaht die wirtsch. und soziale Staatsintervention. Damit geht diese Erscheinungsform des L. noch erheblich über den dt. Neoliberalismus der Freiburger Schule hinaus, der dem Staat die Aufgabe zuerkennt, die Rahmenbedingungen eines funktionsfähigen Wettbewerbs zu schaffen und durch eine aktive Antimonopolpolitik die Aufrechterhaltung der Marktwirtschaft zu gewährleisten.

Liberal Party [engl. 'lɪbərəl 'pɑːti „liberale Partei"], brit. polit. Partei; entwickelte sich Mitte des 19. Jh. aus der Partei der Whigs und vertrat v. a. industrielle, mittelständ. und nichtanglikan. Interessen; war bis ins beginnende 20. Jh. neben den Konservativen die zweite tragende Kraft des brit. Parlamentarismus und prägte durch eine Kontinuität von Reformen das polit. Gesicht des spätviktorian. Großbritanniens; nach der Spaltung u. a. über die ir. Frage Existenzkrise; nach dem 1. Weltkrieg durch die Labour Party in den Hintergrund gedrängt. 1988 Fusion mit der Social Democratic Party zu den Social and Liberal Democrats.

Liberec [tschech. 'lɪbɛrɛts] ↑ Reichenberg.

Liberia (amtl.: Republic of Liberia), Republik in Westafrika, zw. 4° 20′ und 8° 30′ n. Br. sowie 7° 30′ und 11° 30′ w. L. **Staatsgebiet:** L. grenzt im SW an den Atlantik, im NW

an Sierra Leone, im N an Guinea, im O an die Elfenbeinküste. Verwaltungsgliederung: 11 Counties, 6 Territorien.
Internat. Mitgliedschaften: UN, OAU, ECOWAS; der EWG assoziiert.
Landesnatur: An die 550 km lange lagunen- und nehrungsreiche Küste schließt sich eine unterschiedlich breite Küstenebene an. Hinter ihr steigt das Relief stufenförmig zu einem Plateau- und Hügelland an, das durchschnittlich 200–400 m ü. d. M. liegt. Es wird im N und im Zentrum von Mittelgebirgen überragt. Die höchste Erhebung (1 384 m ü. d. M.) liegt in den Nimbabergen nahe der Grenze zu Guinea. Das Land wird von zahlr. Küstenflüssen durchschnitten.
Klima: Subäquatorial mit einer Regenzeit (Juni–Okt.). Im äußersten S treten zwei Regenzeiten auf (Mai–Juni und Sept.–Okt.).
Vegetation: Der einst vorherrschende trop. Regenwald bedeckt nur noch $1/3$ der Landesfläche, überwiegend breiten sich Savannen und Sekundärwald aus. An der Küste wachsen Mangroven.
Tierwelt: Neben Elefanten, Leoparden und Kaffernbüffeln sind zahlr. Affenarten, Krokodile, Schlangen vertreten.
Bevölkerung: Sie setzt sich aus 16 ethn. Gruppen der Sudaniden zusammen sowie aus den etwa 20 000 Nachkommen der ehem. schwarzen Sklaven, die im 19. Jh. aus der Neuen Welt einwanderten. Die meisten Liberianer sind Anhänger traditioneller Religionen, daneben 35 % prot. Christen, 15 % Muslime. Es besteht Schulpflicht von 7–16 Jahren. Von den drei Hochschulen erhielt das College in Monrovia 1951 Universitätsrang.
Wirtschaft: Größte Bed. haben der Bergbau (bes. Eisenerz, aber auch Diamanten) und die Kautschuk- und Holzgewinnung. Kautschukbäume werden in ausländ., z. T. in staatl. Plantagen kultiviert. Sonst sind in der Landw., in der etwa $3/4$ der Erwerbstätigen arbeiten, kleinbäuerl. Betriebe mit dem Anbau von Kulturen für die Eigenernährung (Maniok, Reis, Bananen u. a.) und für den Export vorherrschend. Süßwasser- und Küstenfischerei sind für die Eigenversorgung der Bev. von Wichtigkeit. Bis 1989 gehörte L. zu den zweitgrößten Eisenerzproduzenten Afrikas. Die verarbeitende Ind. (Hauptstandort Monrovia) ist noch wenig entwickelt. Durch den Bürgerkrieg Ende 1989 bis Anfang 1991 wurden die wirtsch. Einrichtungen und die Infrastruktur zerstört.
Außenhandel: Ausgeführt werden Eisenerz, Kautschuk, Holz, Ind.diamanten, Kaffee, Kakao u. a., eingeführt Erdöl und Erdölprodukte, Maschinen und Kfz, Lebensmittel und Lebendvieh. Wichtigste Partner sind die USA und Deutschland.
Verkehr: An Eisenbahnlinien bestehen drei Erzbahnen (Streckenlänge 490 km). Von 8 064 km Straßen sind 725 km asphaltiert. Wichtigste Häfen sind Monrovia (Freihafen) und Buchanan. L. gehört zu den sog. Billigflaggenländern (12 % der Welthandelsflotte). Die nat. Fluggesellschaft Air L. bedient den Inlandverkehr, außerdem gehört L. der Air Afrique an. Der internat. ✈ des Landes liegt nahe Monrovia.
Geschichte: Der 1816 in Washington gegr. Kolonisationsverein zur Ansiedelung freigelassener schwarzer Sklaven erwarb östlich von Kap Mesurado einen Küstenstreifen mit der Insel Providence von den dort lebenden Stämmen. Hier wurden 1822 die ersten „Repatriierten" angesiedelt (Gründung einer amerikan. Kolonie); später entstanden weitere Siedlungen. Mitte der 1840er Jahre schlossen sie sich zusammen; am 26. Juli 1847 wurde die unabhängige Republik L. ausgerufen. Die polit. Macht besaßen bis ins 20. Jh. die Amerikoliberianer; L. wurde der erste Einparteienstaat Afrikas (seit 1883 Herrschaft der True Whig Party). Versuche von Präs. W. V. S. Tubman (1944–71), die Rivalität zw. den Eingeborenen (Afroliberianer) und den Amerikoliberianern zu beseitigen und die zahlr. ethn. Gruppen im Staat zu integrieren, blieben, auch unter seinem ebenso autoritär regierenden Nachfolger W. R. Tolbert (1971–80), weitgehend ohne Erfolg. Eine geplante Preiserhöhung für Reis führte 1979 zu blutigen Aufständen („Reisunruhen"). Bei einem Militärputsch am 12. April 1980, der sich gegen das Regime der Amerikoliberianer richtete, wurde Präs. Tolbert getötet. Der Führer des Putsches, S. K. Doe, der als erster Afroliberianer Staatsoberhaupt wurde, bildete einen Volkserlösungsrat und eine neue Reg. Auf der Grundlage der Verfassung von 1983/84 fanden im Okt. 1985 umstrittene Wahlen statt. Aus ihnen gingen erwartungsgemäß Staatspräs. Doe und seine 1984 gegr. National Democratic Party of L. als Sieger hervor. Putschversuche 1985 und 1988 scheiterten. Im Dez. 1989 begann ein blutiger Bürgerkrieg zw. Truppen Does und Rebellen der National Patriotic Front unter C. Taylor. Gegen beide kämpften wiederum Rebellentruppen unter dem Kommando von P. Johnson. Taylor erklärte sich im Juli 1990 zum Machthaber und setzte eine neue Reg. ein. Zur Zurückdrängung der Bürgerkriegsgruppen landete im Aug. 1990 eine westafrikanische Friedenstruppe (ECOMOG). Doe wurde im Sept. 1990 von Truppen Johnsons gefangengenommen und getötet. Johnson ernannte sich zum Präs., gleichzeitig proklamierten Does Anhänger D. Nimley zum Präs. (Sept. 1990; Nov. 1990 Emigration nach Nigeria). Die westafrikan. Wirtschaftsgemeinschaft (ECOWAS) setzte im Dez. A. Sawyer als Interimspräs. ein, der aber nur über Monrovia herrschte; den größten Teil des Landes beherrschte Taylor. Im Juli/ Aug. 1990 begonnene Friedensverhandlungen führten im Febr. 1991 zum Waffenstillstand, der jedoch mehrfach gebrochen wurde, u. a. im März 1991 durch schwere Kämpfe zw. Sierra Leone und den Truppen Taylors im Grenzgebiet. Zur Beendigung des Bürgerkrieges setzten die ECOWAS-Staaten Ende 1992 erneut Truppen ein und verhängten ein Handelsembargo gegen Taylor.
Politisches System: Nach der am 6. Jan. 1986 in Kraft getretenen Verfassung ist L. eine präsidiale Republik. Die *Exekutive* liegt beim Präs. (für 6 Jahre gewählt), der zugleich *Staatsoberhaupt*, Min.präs. und Oberbefehlshaber der Streitkräfte ist. Die gewählte *Legislative*, bestehend aus Senat (26 Mgl.) und Repräsentantenhaus (64 Abg.), ist seit 1990 faktisch aufgelöst. Die wichtigsten *Parteien* sind: National Democratic Party of L. (NDPL), L. Action Party (LAP), L. Unification Party (LUP) und United Party (UP). Dachverband der mitgliederschwachen *Gewerkschaften* ist die Liberation Federation of Labour Unions (LFU). Das *Rechts*wesen ist nach amerikan. Vorbild organisiert.

Liberman, Jewsei Grigorjewitsch, *Slawuta (Gebiet Chmelnizki) 20. Okt. 1897, †Charkow (?) im Frühjahr 1982, ukrain. Wirtschaftswissenschaftler. – Prof. in Moskau und in Charkow; entfachte Anfang der 60er Jahre eine krit. Diskussion über Unzulänglichkeiten des bestehenden sowjet. Planungs- und Leitungssystems („L.-Diskussion"), forderte vergeblich eine Wirtschaftsreform mit marktwirtsch. Orientierung.

Libero [lat.-italien. „freier (Mann)"], im Fußball Bez. für denjenigen Abwehrspieler, der ohne direkten Gegenspieler zur Sicherung der eigenen Abwehr beiträgt, sich aber auch in den Angriff einschalten kann.

Liber Pontificalis [lat. „päpstl. Buch"], Sammlung von Papstbiographien, die über Namen, Herkunft, Taten und Regierungsdauer der Päpste (bis 1431) Auskunft gibt; der älteste Teil, „Catalogus Felicianus" (bis 530), ist wahrscheinlich unter Benutzung älterer Quellen schon unter Bonifatius II. († 532) zusammengestellt worden.

Libertad, La [span. la liβer'tað], Dep. in NW-Peru, am Pazifik, 23 241 km², 1,18 Mill. E (1988), Hauptstadt Trujillo. Erstreckt sich von der schmalen Küstenebene bis zum Kamm der Zentralkordillere.

Libertas [lat. „Freiheit"], im antiken Rom die als Göttin verehrte polit. Freiheit; seit 238 v. Chr. Tempel auf dem Aventin.

Libertät [lat.], v. a. seit der Reformationszeit Schlagwort für die sich auf die Freiheitsrechte gründenden Unabhängigkeitsbestrebungen der Reichsstände.

Liberté [frz. liber'te „Freiheit" (zu lat. libertas)], im Selbstverständnis der Träger der Frz. Revolution und wirkungsgeschichtlich die bedeutendste der drei revolutionären Devisen L., Égalité, Fraternité, die, verstanden als na-

Liberté, Egalité, Fraternité

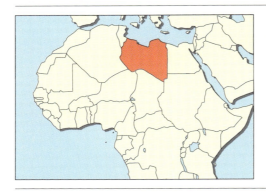

Libyen
Fläche: 1 759 540 km²
Bevölkerung: 4,3 Mill. E (1990), 2,4 E/km²
Hauptstadt: Tripolis
Amtssprache: Arabisch
Staatsreligion: Islam
Nationalfeiertag: 1. Sept. (Revolutionstag)
Währung: 1 Libyscher Dinar (LD.) = 1 000 Dirhams
Zeitzone: MEZ +1 Stunde

Libyen

Staatswappen

Internationales
Kfz-Kennzeichen

türl. Recht, als Freiheit, alles zu tun, was keinem anderen schadet, das Hauptthema der „Déclaration des droits de l'homme et du citoyen" wurde.
Liberté, Egalité, Fraternité [frz. libɛrˈte, egaliˈte, fratɛrniˈte] ↑ Freiheit, Gleichheit, Brüderlichkeit.
Libertiner [zu lat. libertinus „Freigelassener"], in der Reformationszeit verketzernde Bez. für die Anhänger einer polit. Partei in Genf 1546–55, die sich in Opposition zu Calvin (v. a. in Fragen der Kirchenzucht) befand.
Libertinismus [lat. (↑ Libertiner)], allg. Zügellosigkeit, Leichtfertigkeit.
▷ im N. T. Sammelbez. für Richtungen innerhalb des Urchristentums, die entweder den paulin. Freiheitsgedanken als Zügellosigkeit mißverstanden oder einen gnostisierenden Dualismus vertraten.
Liberum arbitrium [lat. „freie Entscheidung"] ↑ Willensfreiheit.
Liberum veto [lat. „freies Veto"], freies, nicht weiter zu begründendes Einspruchsrecht, die äußerste Auslegung des Einstimmigkeitsprinzips; galt 1652–1791 in Polen. Danach konnte der Sejm durch das L. v. als eines einzigen Reichstagsmgl. beschlußunfähig gemacht werden.
Libidibi [indian.-span.], svw. ↑ Dividivi.
libidinös [lat.], auf die Libido bezogen; die sexuelle Lust betreffend; **Libidinist,** triebhafter Mensch.
Libido [lat.], svw. Begierde; Trieb, bes. Geschlechtstrieb.
▷ Zentralbegriff der psychoanalyt. Triebtheorie für den von S. Freud postulierten sexuellen Charakter der seel. Impulse. Die libidinöse Entwicklung verläuft nach Freud in verschiedenen Stufen (orale Phase, anale Phase, phall. Phase, genitale Phase).
Li Bo (Li Po [chin. libɔ], Li Taibo, Li T'ai-po, Li Tai-peh), * in Sichuan 701, † bei Nanking 762, chin. Lyriker. – 742/43 am Kaiserhof in Zhangan; gilt neben Du Fu als der bedeutendste chin. Lyriker; dem Daoismus nahestehend; neben Naturschilderungen Gedichte gegen soziale Ungerechtigkeit; beteiligte sich 754 an einem Aufstand gegen die Tangdynastie.
Libra [lat.] (Waage) ↑ Sternbilder (Übersicht).
Libra [lat.], alte Gewichtseinheit, im antiken Rom etwa 327,5 g; die span. L. entsprach 459,52 g, die portugies. L. 459 g.
Library of Congress [engl. ˈlaɪbrərɪ əv ˈkɔŋgrɛs] (Kongreßbibliothek), seit 1897 die Nationalbibliothek der USA in Washington (D. C.). 1800 als Parlamentsbibliothek gegr., Zentralbibliothek und nat. Informationszentrum; internat. Zentrum zur Vergabe des Copyrights.
Libration [lat.] ↑ Mond.
Libretto [lat.-italien. „kleines Buch"], Textbuch von Opern, Operetten, Singspielen, Oratorien, Kantaten; auch Bez. für das Szenarium eines Balletts.
Libreville [frz. librəˈvil], Hauptstadt der Republik Gabun, am N-Ufer des Gabunästuars, 350 000 E. Sitz der Ev. Kirche Gabuns und eines kath. Erzbischofs; Univ. (1971 gegr.), Nationalmuseum. Holz-, Textil-, Lebensmittelind., Schiffbau, Küstenfischerei; Importhafen (*Owendo* bei L.); internat. ✈. – L. wurde 1849 für 46 aus einem Sklavenschiff befreite Afrikaner gegr. 1888–1904 war L. Hauptstadt der damaligen „Congo Français", seit 1910 Hauptstadt der Kolonie, seit 1960 der Republik Gabun.
Libuda, Walter, * Zechau-Lesen 24. Jan. 1950, dt. Maler und Graphiker. – 1978/79 Meisterschüler B. Heisigs in Leipzig. In einer ausdrucksstarken, koloristisch reichen Malerei, bei der die menschl. Figur wichtigster Ausdrucksträger ist, verdichtet er die Wirklichkeit zu Zeichen, Szenen und Gleichnissen.
Liburne [lat.], leichtes, auch zum Segeln verwendetes Ruderschiff der röm. Flotte des 1. Jh. v. Chr. mit etwa 120 Mann Besatzung; urspr. von den illyr. Liburnern verwendet.
Libussa (tschech. Libuše), sagenhafte Gründerin Prags, Ahnherrin der Přemysliden. Heldin vieler literar. Werke; Oper von Smetana.
Libyen (amtl.: Al Dschamahirijja Al Arabijja Al Libija Asch Schabijja Al Ischtirakijja; dt.: Große Sozialist. Libysch-Arab. Volksrepublik), Staat in Nordafrika, zw. 20° und 33° n. Br. sowie 9° und 25° östl. L. **Staatsgebiet:** L. grenzt im N an das Mittelmeer, im O an Ägypten, im äußersten SO an die Republik Sudan, im S an Tschad und Niger, im W an Algerien und Tunesien. **Verwaltungsgliederung:** 24 Bez. (Balidyate) und 3 Prov. **Internat. Mitgliedschaften:** UN, OAU, Arab. Liga, GATT, OPEC, OAPEC.
Landesnatur. L. erstreckt sich vom Mittelmeer bis in die zentrale Sahara. Auf den Küstenstreifen folgt im NW der Steilanstieg zu einem bis 968 m hohen Bergland. Südlich davon liegt ein Schichtstufen- und Plateauland, das in eine Hammada überleitet, südlich davon der durch eine Steilstufe von ihr abgetrennte Fessan und die im SW liegenden, über 1 000 m hohen Ausläufer des Tassili der Adjer. Auf den Golf der Großen Syrte folgt unmittelbar eine stark gegliederte unfruchtbare, aber erdölreiche Schichtstufen- und Plateaulandschaft. Der Cyrenaika, folgt auf dem Küstenstreifen der bis 876 m hohe immergrüne Gebirgszug des Dschabal Al Achdar. Er geht nach S über eine 15 m u. d. M. liegende Senke in die nö. Sahara, die Libysche Wüste gen. wird, über. Ausläufer des Tibesti greifen im S mit der höchsten Erhebung des Landes (2 285 m ü.d. M.) auf L. über. Die Senken und Becken werden z. T. von Inselbergen überragt.
Klima. Im Küstengebiet herrscht mediterranes, sonst semiarides und arides Klima.
Vegetation: Im Küstenbereich subtrop. Halbwüstenvegetation, in den Gebirgen stellenweise Reste mediterranen Baumbestands (Macchie), sonst, abgesehen von den Grundwasseroasen, vegetationslos.
Tierwelt: Sie ist entsprechend den klimat. Bedingungen artenarm. Neben zahlr. Vögeln kommen Hyänen, Schakale und Schlangen vor.
Bevölkerung: Araber und arabisierte Berber bilden mit 89 % den Hauptanteil der Bewohner. Daneben leben im Fessan Tuareg und Tubu (Kernland Tibesti) und noch eine schwarzafrikanisch beeinflußte Mischbev.; ¼ der Bewoh-

ner sind Halb- oder Vollnomaden. Fast die gesamte Bev. bekennt sich zum Islam. Rd. 90 % der Libyer leben im Küstenbereich. Es besteht Schulpflicht vom 7.–16. Lebensjahr. L. verfügt über fünf Universitäten.

Wirtschaft: Wichtigster Wirtschaftsfaktor ist die größtenteils verstaatlichte Erdöl- und Erdgasgewinnung. Die Erdölfördergebiete (als Nebenprodukt Erdgasgewinnung) liegen sö. der Großen Syrte und sind durch Fernleitungen mit der Küste verbunden. Nur knapp $^1/_{10}$ des Landes kann landw. genutzt werden. Angebaut werden Tomaten, Weizen, Melonen, Oliven und Zitrusfrüchte. Charakteristisch für die Oasen sind Dattelpalmenhaine und intensiver Gartenbau. Bes. hier wird die Erweiterung des Kulturlandes mittels Intensivbewässerung angestrebt. Die Nomaden halten große Schaf-, Ziegen- und Kamelherden. Die Ind. verarbeitet landw. Produkte, Erdöl und -gas (Erdgasverflüssigungsanlage in Marsa Al Buraika.

Außenhandel: Die Güter des Erdölsektors (bes. Rohöl, aber auch Erdölprodukte und Flüssiggas) bringen 96 % des Gesamtexportwertes von L.; eingeführt werden Maschinen, Geräte, Kfz, sonstige industrielle Konsumgüter und Lebensmittel. Haupthandelspartner sind Italien, Deutschland, Spanien und Frankreich.

Verkehr: Der Eisenbahnverkehr wurde 1965 eingestellt. Neben rd. 25 600 km Straßen (darunter die 1 822 km lange Küstenstraße von der ägypt. zur tunes. Grenze) gibt es etwa 4 000 km Erdöl- und 1 300 km Erdgasleitungen. Wichtigste Handelsstädte sind Tripolis und Bengasi, bedeutendste Erdölexporthäfen (an der Großen Syrte) As Sider, As Suwaitina, Ras Lanuf und Marsa Al Buraika. Nat. Fluggesellschaft ist die Libyan Arab Airlines. Internat. ⚓ bei Tripolis und Bengasi.

Geschichte: Die „3 Städte" in Tripolis (Sabratha, Oea, Leptis Magna) sind phönik. Gründungen (8./7. Jh. v. Chr.). Die Griechen gründeten gleichzeitig in der Cyrenaika Kolonien. Nach dem 2. Pun. Krieg wurde Tripolis numid., 46 v. Chr. röm.; die Cyrenaika kam zunächst zum Ptolemäerreich, 96 v. Chr. zu Rom (74 v. Chr. röm. Prov.). Die Reichsteilung 395 n. Chr. ordnete Tripolis dem Weström., die Cyrenaika dem Ostrom. Reich zu. 450 wurde Tripolis von den Vandalen erobert, ab 533 von Ostrom zurückgewonnen und bis zum Einfall der Araber 643 beherrscht. Nach dem Einfall der Banu Hilal im 11. Jh. übernahm Oea den Landschaftsnamen Tripolis (arab. Tarabulus). Ab 1551 unter osman. Herrschaft.

Im 18. Jh. gelang es der Dyn. der Karamanli, sich von der osman. Herrschaft frei zu machen. 1835 wurde die Karamanli-Dyn. gestürzt; seitdem gehörte das Gebiet als Prov. zum Osman. Reich. Nach dem Italien.-Türk. Krieg (1911/12) erhielt Italien L.; die Senussi-Bruderschaft leistete heftigen Widerstand und vertrieb im 1. Weltkrieg die Italiener mit dt. und türk. Unterstützung; erst das faschist. Italien konnte die Senussi besiegen (1923–31). 1934 faßten die Italiener Tripolis, die Cyrenaika und den Fessan als Kolonie Libia zusammen, die 1939 Italien als Prov. eingegliedert wurde. 1940–43 war L. Kriegsschauplatz, danach fielen die Cyrenaika und Tripolis unter brit., der Fessan unter frz. Besatzung. 1951 wurde L. als konstitutionelle Monarchie unter König Idris I. unabhängig. Seit dem Militärputsch vom 1. Sept. 1969 unter Führung von Oberst Al Kadhdhafi betreibt L. eine Politik des panarab. Nationalismus. 1970 wurden fast alle Italiener ausgewiesen; die ausländ. Erdölgesellschaften, Banken und Versicherungsgesellschaften wurden verstaatlicht. Der Plan einer Fusion mit Ägypten löste 1973 heftige Spannungen zw. beiden Ländern aus, die erst 1989 beigelegt wurden. Die mit Tunesien vereinbarte Vereinigung wurde von H. Burgiba im Jan. 1974 verhindert.

Oberst Al Kadhdhafi, der nach dem Militärputsch von 1969 Oberbefehlshaber der Streitkräfte und als Vors. des Revolutionären Kommandorates Staatschef (1970–72 zugleich Reg.chef), seit 1977 gewähltes Staatsoberhaupt war, trat im März 1979 zurück, behielt aber als „Revolutionärer Führer" weiterhin die Macht in seiner Hand. 1980 suchte L. mit Syrien eine Union zu bilden; beide Länder unterstützten Iran im 1. ↑Golfkrieg gegen Irak. 1980 griffen libysche Truppen in den Bürgerkrieg im Tschad ein; nachdem L. seine Herrschaft über den Nordteil des Landes gesichert hatte, zog es sich im Sept. 1987 zurück; 1989 schlossen L. und der Tschad einen Friedensvertrag, der u. a. die Austragung des Gebietskonflikts auf jurist. Weg vor dem Internat. Gerichtshof in Den Haag vereinbarte. – Das Verhältnis zu den westl. Staaten ist durch die libysche Unterstützung terrorist. Organisationen und den Bau einer Giftgasfabrik (Rabta) gespannt. Im April 1986 vergalten die USA Terroranschläge mit einem Luftangriff auf Bengasi und Tripolis. Im 2. ↑Golfkrieg (Jan./Febr. 1991) unterstützte L. offen den Irak.

Politisches System: Nach der Verfassung von 1976 ist L. eine Sozialist. Arab. Volksrepublik. *Staatsoberhaupt* ist de facto der vom Allg. Volkskongreß gewählte Führer der Revolution. Die von der Verfassung proklamierte Volksdemokratie mit dem Islam als Staatsreligion basiert auf Volkskongressen, Volkskomitees, Gewerkschaften und Berufsverbänden. Oberstes Organ der *Legislative* ist der Allg. Volkskongreß (über 1 000 Mgl.), der von einem Generalsekretariat geleitet wird. Der Sekretär des Allg. Volkskongresses ist de jure zugleich Staatsoberhaupt. Als *Exekutive* fungiert das Allg. Volkskomitee unter Leitung des Generalsekretärs. *Parteien* sind nicht zugelassen. Seit 1971 wurde das *Rechtssystem* dem Koran angepaßt, alle Gesetze müssen den Prinzipien des Islam entsprechen. Dem Obersten Gerichtshof als höchste Instanz der Rechtsprechung sind Appellationsgericht, Gerichte erster Instanz und Volksgerichte nachgeordnet.

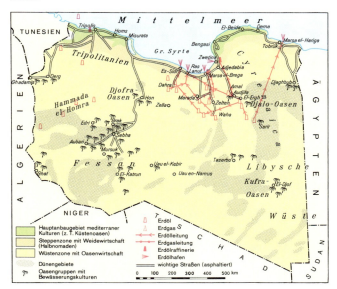

Libyen. Wirtschaft

libysche Schrift, Bez. für eine Gruppe von den semit. Schriften verwandten Konsonantenschriften; die *berber. Schrift* (**Tifinagh**) wird bis heute von den Tuareg benutzt. Die *numid. (altlibysche) Schrift* ist in vielen Inschriften aus N-Afrika bezeugt; die Zeilen laufen meist senkrecht von unten nach oben; anlautende Vokale bleiben unbezeichnet. Die ausgestorbene Sprache dieser Inschriften (**Libysch**) gehört zur libyco-berber. Gruppe der hamitosemit. Sprachen; bislang wenig erforscht.

Libysche Wüste, nö. Teil der Sahara (Libyen, Ägypten, Republik Sudan) mit weit auseinanderliegenden Schichtstufen, bis 1 892 m hoch; etwa 2 Mill. km²; im NW-Teil die ↑Kattarasenke.

Lic., Abk. für: **lic**entiatus (↑Lizentiat).

licet [lat.], es ist erlaubt.

Lich

Lich, hess. Stadt am N-Rand der Wetterau, 11 400 E. Brauerei, pharmazeut. Ind., Orgelbau. – 788 erstmals erwähnt, 1300 Stadtrecht. – Spätgot. Stiftskirche (1510–25), Schloß (ma. Wasserburg; im 17. und 18. Jh. umgebaut).

Li Chao Tao, chin. Maler, ↑ Li Zhao Dao.

Lichen [griech.] (Knötchenflechte), Sammelbez. für akute oder chron. Hauterkrankungen unbekannter Ursache, die durch knötchenförmige Ausschläge charakterisiert sind.

Lichenes [griech.], svw. ↑ Flechten.

Lichenifikation [griech./lat.], Vergröberung und Verdickung der Hautfelderung, bes. bei chron. Ekzem.

Lichenin [griech.], Reservezellulose (Glucosepolysaccharid) in den Zellwänden vieler Flechten.

Li chi ↑ Liji.

Lichinga [liˈʃiŋa] (früher Vila Cabral), Prov.hauptstadt in Moçambique, östlich des Njassasees, 37 000 E.

Lichnowsky [lɪçˈnɔfski], schles. Adelsgeschlecht, seit 1491 bezeugt; 1773 in den preuß., 1846 in den östr. Fürstenstand erhoben; bed. Vertreter:

L., **Felix Fürst,** * Grätz 5. April 1814, † Frankfurt am Main 18. Sept. 1848, Parlamentarier. – Ultrakonservatives Mgl. des preuß. Vereinigten Landtags, 1848 der Frankfurter Nationalversammlung. L. wurde mit H. von Auerswald nach der Abstimmung über den Waffenstillstand von Malmö von einer aufgebrachten Menge ermordet.

L., **Karl Max Fürst,** * Kreuzenort bei Ratibor 8. März 1860, † Berlin 27. Febr. 1928, Diplomat. – 1912–14 dt. Botschafter in London, setzte sich entschieden für eine dt.-brit. Verständigung ein.

Licht [zu althochdt. lioht, eigtl. „das Leuchten, der Glanz"], elektromagnet. Strahlung mit Wellenlängen zw. 100 nm und 1 mm (Ultraviolett, sichtbare Strahlung, Infrarot); i. e. S. der für das menschl. Auge sichtbare Bereich des elektromagnet. Spektrums zw. 380 nm (Blau) und 780 nm (Rot). Während *monochromat.* (einfarbiges) L. nur eng benachbarte Frequenzen enthält, entsteht **weißes Licht** als Überlagerung aller Wellenlängen der sichtbaren Strahlung. Durch ein Glasprisma kann dieses räumlich abgelenkt (↑Brechung) und in seine Spektralfarben zerlegt werden (↑Dispersion). Wie bei jeder elektromagnet. Strahlung existieren auch beim L. Wellen- und Korpuskeleigenschaften nebeneinander; dies wird als ↑Welle-Teilchen-Dualismus bezeichnet. L. breitet sich im Vakuum geradlinig mit ↑Lichtgeschwindigkeit aus. Die Gesetzmäßigkeiten der L.ausbreitung in geradlinigen Strahlenbündeln behandelt die geometr. Optik, die z. B. Reflexion und Brechung erklären lassen. Die Erscheinungen der Interferenz, Beugung und Polarisation weisen das L. als *Wellenvorgang* aus, der durch die Maxwellschen Gleichungen beschrieben wird. Mit der *Quantennatur* des L. ist der ↑Photoeffekt erklärbar. Dabei sind die L.quanten (↑Photonen) Elementarteilchen der Ruhmasse Null, die die Energie $W = h \cdot \nu$ (*h* Plancksches Wirkungsquantum, ν L.frequenz) tragen. – Beim Übergang eines atomaren Systems von einem infolge Energieaufnahme angeregten Zustand auf einen niedrigeren Energiezustand wird die Energiedifferenz als L. definierter Wellenlänge abgestrahlt. Dieser Übergang kann zufällig erfolgen bzw. – wie beim Laser – durch Strahlung angeregt werden (spontane bzw. induzierte ↑Emission).

Geschichte: Im Gegensatz zu dem von I. Newton 1704 entwickelten *Korpuskelbild (Emanations-* oder *Emissionstheorie),* wonach L. aus kleinen materiellen Teilchen bestehen sollte, waren die frühen Vorstellungen vom L. gekennzeichnet durch die *Wellen-* oder *Undulationstheorie* (C. Huygens 1678). Danach wurde die L.ausbreitung als Überlagerung von Kugelwellen (↑Huygensches Prinzip) in einem sehr feinen Medium, dem Läther (↑Äther), erklärt. Durch T. Young 1817 und A. J. Fresnel 1825, der die Interferenz- und Beugungserscheinungen des L. erklärte, wurde diese L.wellentheorie weiterentwickelt. J. C. Maxwell erkannte 1862 den *elektromagnet. Charakter* der L.wellen, der von Hertz (1888) experimentell bestätigt wurde. Durch die von M. Planck (1900) eingeführten Energiequanten und die aus der Erklärung des Photoeffekts entstandene *Photonentheorie* von A. Einstein (1905) wurden dem L. wieder korpuskulare Eigenschaften zugesprochen, die N. Bohr im Rahmen der Quantentheorie als *Welle-Teilchen-Dualismus des L.* interpretierte.

Lichtablenkung, Beeinflussung der geradlinigen Ausbreitung des Lichtes durch ↑Reflexion, ↑Brechung und ↑Beugung; i. e. S. Ablenkung des Lichtes in einem Gravitationsfeld *(Gravitationsaberration).*

Lichtäther ↑Äther.

Lichtausbeute, Verhältnis des von einer Lichtquelle abgegebenen Lichtstromes zur aufgenommenen Leistung; kennzeichnet die Wirtschaftlichkeit der Lichtquelle. Einheit der L. ist das Lumen/Watt (lm/W). Die L. beträgt z. B. bei Kerzen 0,1 lm/W, bei Glühlampen 10 bis 15 lm/W, bei Leuchtstofflampen 80 bis 90 lm/W und bei Natriumdampflampen 85 bis 120 lm/W.

Lichtbehandlung (Phototherapie), die Anwendung von Sonnenlicht *(Heliotherapie)* oder von künstl. Lichtquellen (z. B. Rotlicht-, UV-Lichtlampen) zu therapeut. Zwekken; Anwendung u. a. bei chron. Entzündungen, Haut-, Blut- und Knochenkrankheiten.

Lichtbild, seit etwa 1841 übl. Bez. für Photographie.

Lichtbogen ↑Bogenentladung.

Lichtbogenofen ↑Schmelzöfen.

Lichtbogenschweißen ↑Schweißverfahren.

Lichtbogenspritzen, das Aufbringen einer dünnen Metallschicht (insbes. als Korrosionsschutz) durch Aufspritzen eines im Lichtbogen erschmolzenen, mittels Preßluft zerstäubten Metalls aus einer Düse.

Lichtbrechung ↑Brechung.

Lichtenstein. Blick auf Schloß Lichtenstein, 1840/41

Lichtdermatosen, Sammelbez. für Schädigungen bzw. Erkrankungen der Haut durch Lichtstrahlen. Die häufigste Form ist der ↑Sonnenbrand. – Bestimmte photodyn. Substanzen (z. B. Teerfarbstoffe, Sulfonamide) können die Lichtempfindlichkeit der Haut so stark erhöhen, daß es zu Hautrötung, Schwellung und Blasenbildung kommt.

Lichtdruck, in der *Physik* svw. ↑Strahlungsdruck.
▷ in der *Drucktechnik* ↑Drucken.

Lichtechtheit, Widerstandsfähigkeit von Färbungen, Drucken und Farbstoffen gegen Lichteinwirkung (insbes. Tageslicht).

lichtelektrischer Effekt, svw. ↑Photoeffekt.

lichtelektrische Zelle, ↑Photozelle.

lichtempfindliche Gläser ↑Brille.

Lichtenau, Wilhelmine Gräfin von (seit 1794), eigtl. Wilhelmine Enke, * Dessau 19. Dez. 1753, † Berlin 9. Juni 1820, Geliebte König Friedrich Wilhelms II. von Preußen. – Aus der Verbindung mit dem Monarchen gingen fünf Kinder hervor.

Lichtenberg, Georg Christoph, * Ober-Ramstadt 1. Juli 1742, † Göttingen 24. Febr. 1799, dt. Physiker und Schriftsteller. – Infolge einer rachit. Erkrankung von Kindheit an bucklig; seit 1770 Prof. für Mathematik in Göttingen; war einer der führenden Experimentalphysiker seiner Zeit, entdeckte die ↑Lichtenbergschen Figuren. L. Ruf als Schriftsteller beruht auf seinen ab 1764 geführten Tagebüchern,

Georg Christoph Lichtenberg

„Sudelbücher" genannt (erste Gesamtausgabe 1902–08 u. d. T. „Aphorismen"), Briefen und Aufsätzen, in denen er sich als satirisch-scharfsinniger, geistreicher Repräsentant der Aufklärung von universaler Bildung erweist.

Lichtenberger [frz. liʃtɛbɛrˈʒe], André, *Straßburg 29. Nov. 1870, † Paris 23. März 1940, frz. Schriftsteller und Soziologe. – Veröffentlichte neben histor. und soziolog. Arbeiten auch Romane und Erzählungen mit mytholog. Stoffen sowie Kinderbücher, u. a. „Mein kleiner Trott" (1898).

Lichtenbergsche Figuren [nach G. C. Lichtenberg], auf einer bestäubten Isolierstoffplatte sichtbar gemachte büschelförmige Figuren einer ↑Büschelentladung.

Lichtenfels, Krst. am oberen Main, Bay., 20 500 E. Staatl. Fachschule für Korbflechterei, Zentrum der traditionellen oberfränk. Korbflechterei; Polstermöbel-, Leder-, Bekleidungsind., Brauereien. – Am Fuß der im 10. Jh. erbauten gleichnamigen Burg entstand im 12. Jh. die Burgsiedlung L., für die 1206 das Marktrecht und 1248 die Hochgerichtsbarkeit bezeugt sind. – Altes Stadtbild mit zwei Tortürmen (15./16. Jh.), spätgot. Pfarrkirche, Schloß (1555) und barockem Rathaus (1743).

L., Landkr. in Bayern.

Lichtenstein, Alfred ['---], *Berlin 23. Aug. 1889, ✕ Vermandovillers bei Reims 25. Sept. 1914, dt. Dichter. – Mitarbeiter der Zeitschrift „Die Aktion"; expressionist. Lyriker und Erzähler. – *Werke:* Die Dämmerung (Ged., 1913), Gedichte und Geschichten (hg. 1919).

L., Roy [engl. ˈlɪktənstaɪn], *New York 27. Okt. 1923, amerikan. Maler und Graphiker. – Einer der Hauptvertreter der Pop-art in den USA; greift auf Bildvorlagen wie Comic strips und Inserate zurück. Flächenhaftigkeit, Beschränkung auf wenige Farben, ondulierende Linien tragen zum plakativen Eindruck bei.

Lichtenstein, am Trauf der Schwäb. Alb, südlich von Reutlingen gelegene Burg, 1840/41 erbaut an der Stelle einer 1802 abgetragenen ma. Burg.

Lichter, Bez. für die hellsten Partien im photograph. Positiv; *durchgezeichnete (offene) L.* weisen eine detailreiche Tonwertabstufung auf, *Spitzlichter* sind rein weiß ohne Zeichnung.

▷ Lampen bzw. Laternen, die Wasserfahrzeuge und Flugzeuge gemäß internat. Regeln zu führen haben. Von Schiffen geführte Positions-L. sind das Topplicht (meist am Mast), auch Dampferlaterne gen., die Seiten-L. (Backbord: rot, Steuerbord: grün) und das weiße Hecklicht. Für Spezialschiffe (Schlepper, Lotse, Zoll, Bagger und Kriegsschiffe), ankernde und manövrierunfähige Fahrzeuge ist eine bes. L.führung vorgeschrieben. Flugzeuge führen außer den Positions-L. an den Tragflächenenden (links rot, rechts grün) und am Heck (weiß) ein rotes Rundumblinklicht.

▷ wm. Bez. für die Augen beim Schalenwild.

Lichterfest ↑Chanukka.

lichtes Maß, svw. ↑Lichtmaß.

Lichtfreunde (urspr. Protestantische Freunde), eine unter Einfluß des Rationalismus 1841 durch L. Uhlich (*1799, †1872) in Gnadau gegr. freireligiöse Gemeinschaft, die die Bibel als einzig gültige Norm des Christentums ablehnte und den im Menschen vorhandenen Geist zur christl. Norm erhob; vom preuß. und sächs. Staat verboten; seit 1848/49 Annäherung an die freireligiösen Deutschkatholiken (1859 Zusammenschluß zum „Bund freier religiöser Gemeinden").

Lichtgaden (Obergaden), Fensterzone des Mittelschiffs einer Basilika (oberhalb der Erdgeschoßarkaden der Seitenschiffe).

Lichtgeschwindigkeit, Ausbreitungsgeschwindigkeit elektromagnet. Wellen, bes. von Licht. Nach der ↑Relativitätstheorie stellt die **Vakuum-Lichtgeschwindigkeit** die Grenzgeschwindigkeit für die Energie- bzw. Signalübertragung dar. Sie beträgt $c_0 = 299\,792{,}458$ km/s und ist eine physikal. Konstante. In einem Medium mit der Brechzahl $n > 1$ verringert sich die L. auf $c = c_0/n$ (↑Brechung). Es ist zu unterscheiden zw. *Gruppengeschwindigkeit,* mit der sich die Lichtenergie fortpflanzt, und *Phasengeschwindigkeit,* d. h. der Ausbreitungsgeschwindigkeit der Phase einer Lichtwelle. Beide sind im Vakuum identisch.

Geschichte: O. Rømer errechnete erstmals 1675/76 die L. aus Beobachtungen der Verfinsterungen eines Jupitermondes, nachdem er entdeckt hatte, daß die Intervalle zw. den Verfinsterungen anwuchsen, wenn sich die Erde auf ihrer Bahn vom Jupiter entfernte, und abnahmen, wenn sie sich ihm näherte. Eine genauere Bestimmung der L. erfolgte 1849 durch H. Fizeau, der in seiner **Zahnradmethode** das Licht mit einem rasch rotierenden Zahnrad in einzelne Lichtimpulse zerlegte, die an einem entfernt aufgestellten Spiegel reflektiert wurden. Die Laufzeit vom Zahnrad zum Spiegel und zurück konnte aus der inzwischen erfolgten Drehung des Zahnrades ermittelt werden. L. Foucault (1850) verwendete anstelle des Zahnrads einen rotierenden Spiegel; seine **Drehspiegelmethode** wurde durch A. A. Michelson (1878–82 und 1927) zu höchster Präzision entwickelt. Moderne Verfahren benutzen Kerr-Zellen zur Lichtunterbrechung oder arbeiten mit Mikrowelleninterferometern.

Roy Lichtenstein. Figures in Landscape, 1977 (Humlebæk, Louisiana-Museum)

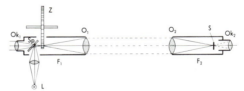

Lichtgeschwindigkeit. Versuchsanordnung von Hippolyte Fizeau zur Messung der Lichtgeschwindigkeit: Z Zahnrad; F_1, F_2 zwei mit ihren Objektiven O_1 und O_2 einander gegenüberstehende Fernrohre; Ok_1, Ok_2 Okulare der Fernrohre; L Lichtquelle; Sp halbdurchlässiger Spiegel; S reflektierender Spiegel

Lichtgriffel (Lichtstift), mit einem Terminal in Verbindung stehender Stift, in dessen Spitze eine lichtempfindl. Zelle (Photozelle) eingebaut ist, so daß bei Berührung der Bildschirmfläche mit der Griffelspitze Punkte und Linien gezeichnet oder Bildelemente markiert werden können. Der L. ist ein Eingabegerät.

Lichthof, durch Lichtstreuung innerhalb einer photograph. Schicht **(Diffusionslichthof)** oder durch Reflexion des Lichts am Schichtträger **(Reflexionslichthof)** bedingte Überstrahlung heller Bildpunkte; als *Lichthofschutz* werden absorbierende Farbstoffe in der Schicht und spezielle L.schutzschichten verwendet, bei Kleinbildfilmen wird der Schichtträger grau eingefärbt *(Graubasis).*

▷ Hof, von dem das Licht in die angrenzenden Räume fällt; auch zentrale Halle mit Oberlichtverglasung (z. B. in Kaufhäusern).

Lichtjahr

Lichtjahr, Einheitenzeichen Lj, in der Astronomie verwendete Längeneinheit; die Entfernung, die das Licht in einem trop. ↑Jahr zurücklegt: 1 Lj = 9,4605 · 10^{12} km = 0,3066 pc (Parsec). Der erdnächste Fixstern, Proxima centauri, ist 4,3 Lj von der Erde entfernt.

Lichtkoagulation [dt./lat.], augenärztl. Behandlungsverfahren, bei dem gebündelte, starke Lichtstrahlen (Xenonlampe) oder Laserstrahlen auf der Netzhaut des Auges in einem Brennpunkt vereinigt werden und eine Koagulation des erkrankten Gewebes bewirken; angewandt z. B. bei Tumoren der Netz- und Aderhaut oder bei drohender Netzhautablösung.

Lichtleiter ↑Glasfaseroptik.

Lichtmarkeninstrument, svw. ↑Lichtzeigerinstrument.

Lichtmaschine, elektr. Generator, der in einem Kraftfahrzeug die zur Versorgung der elektr. Anlagen und zur Aufladung der Batterie[n] erforderl. Energie liefert. Die L. von Kfz wird meist über Keilriemen von der Kurbelwelle angetrieben. Die **Gleichstromlichtmaschine** ist ein Gleichstromgenerator mit Eigenerregung, bei dem die Gleichrichtung des induzierten Wechselstromes im Kollektor erfolgt; zur Glättung des in seiner Stärke pulsierenden Gleichstroms sind auf dem Anker viele gegeneinander versetzte Drahtwicklungen aufgebracht. Da die Drehzahl der L. mit der Motordrehzahl schwankt, sie aber eine gleichbleibende Spannung erzeugen soll, muß mit Hilfe eines sog. *Reglers* die Spannung der L. unterschiedl. Drehzahlen durch Veränderung des durch die Erregerspule fließenden Stromes auf nahezu konstanter Höhe gehalten werden. Bei der **Drehstromlichtmaschine** (*Wechselstrom-L.*) wird der Wechselstrom in den im Ständer eingelassenen Ständerwicklungen erzeugt; die Gleichrichtung erfolgt in in Brückenschaltung angeordneten Halbleiterdioden. Als Drehstrom-L. wird in Kfz häufig die *Klauenpolmaschine* eingesetzt, die sich durch großen Durchmesser bei kleiner axialer Baulänge auszeichnet. Die Regelung erfolgt prinzipiell wie die der Gleichstromlichtmaschine.

Lichtmaß (lichtes Maß), kürzeste Entfernung zw. zwei gegenüberliegenden Begrenzungen, z. B. lichte Weite eines Rohres (Innendurchmesser), lichte Höhe einer Unterführung (nutzbare Durchfahrthöhe).

Lichtmenge, Produkt aus dem von einer Lichtquelle ausgehenden Lichtstrom und der Zeit. SI-Einheit lm · s (Lumensekunde).

Lichtmeß (Mariä L., Mariä Reinigung), volkstüml. Bez. für das Fest der Darstellung des Herrn (2. Febr.), abgeleitet von der Kerzenweihe und Lichtprozession der Tagesliturgie. Das Fest von der Darstellung des Herrn geht zurück auf den bibl. Text Luk. 2, 22–39. Im bäuerl. Leben war L. früher der Beginn (bzw. das Ende) des Arbeitsjahres, Zahltag sowie der Termin für den Beginn der Feldarbeit. L. war ein wichtiger Lostag.

Lichtmessung ↑Photometrie.

Lichtmetaphysik, Lehre, nach der das Licht die Ursubstanz der Welt darstellt. Ausgehend vom ↑Neuplatonismus wurde sie durch Augustinus christlich umgebildet und im 13. Jh. zentraler Bestandteil einer spekulativen Naturphilosophie, v. a. der Grosseteste.

Lichtmodulator, Vorrichtung zur ↑Modulation von als Träger dienenden Lichtstrahlen, bes. Laserstrahlen, mit hochfrequenten elektr. Signalen, z. B. für opt. Übertragungssysteme; i. w. S. auch Lichtschalter oder Lichtablenker. Bei manchen Lichtquellen (z. B. Lumineszenzdioden, Injektionslaser) ist eine *innere Modulation* direkt über die Anregung der Lichtquelle möglich, bei der *äußeren Modulation* wird das Licht erst nach seiner Erzeugung moduliert.

Lichtmotten, svw. ↑Zünsler.

Lichtnelke (Lychnis), Gatt. der Nelkengewächse mit 35 Arten in der nördl. gemäßigten und arkt. Zone; meist dicht behaarte Kräuter mit roten, weißen oder rotgestreiften Blüten. Bekannte Arten sind u. a.: ↑Brennende Liebe; **Kuckuckslichtnelke** (Lychnis flos-cuculi), 20–90 cm hoch, auf feuchten Wiesen und in Mooren in Europa und Sibirien, mit rosenroten Blüten. **Jupiterblume** (Lychnis flos-jovis), bis 50 cm hoch, mit weißfilzigen Blättern und rosenroten bis hellpurpurfarbenen Blüten; Gartenpflanze.

Lichtorgel, elektron. Effektgerät v. a. in Diskotheken und bei Light-Shows; wird zw. die Musikanlage und eine Scheinwerferanlage mit verschiedenfarbigen Scheinwerfern geschaltet und bewirkt über Tonhöhen- bzw. Lautstärkefilter entsprechend dem Rhythmus und der Dynamik der Musik einen ständigen Farb- bzw. Intensitätswechsel der Scheinwerferbeleuchtung.

Lichtpausverfahren ↑Kopierverfahren.

Lichtquanten ↑Photonen.

Lichtquelle, Körper, der sichtbare Strahlung infolge hoher Temperatur (z. B. Sonne, Gaslicht, Glühlampe), durch elektr. Anregung von Gasmolekülen (Bogenlampen, Gasentladungslampen), durch Lumineszenz (Leuchtstoffe) oder durch erzwungene Emission (Laser) aussendet. In der Technik werden als L. Geräte zur Erzeugung von künstl. Licht bezeichnet.

Lichtraumprofil, die Umgrenzungslinie des Raumes über den Gleisen, der zur gefahrlose Benutzung durch Eisenbahnfahrzeuge freizuhalten ist. Im *Straßenverkehrswesen* der Umriß des lichten Raumes (Verkehrsraum + Sicherheitsraum; Höhe insges. 4,50 m, Breite ab 10,50 m). Einschränkungen des L. werden durch Zusatztafeln angezeigt.

Lichtreaktion, (Photoreaktion, photochem. Reaktion) lichtabhängige Reaktion der ↑Photosynthese

▷ ↑Pupillenreaktion.

Lichtsatz ↑Setzerei.

Lichtscheu (Photophobie), Überempfindlichkeit der Augen bei Lichteinfall; tritt v. a. als Symptom bei Lidrand-, Bindehaut-, Hornhaut- und Regenbogenhautentzündung auf, auch als Begleiterscheinung von Vergiftungen und Migräne.

Lichtschranke, photoelektron. Einrichtung zum Auslösen von Warn-, Zähl-, Kontroll- oder Steuergeräten: Ein auf eine Photozelle fallender Lichtstrahl ruft bei Unterbrechung eine Änderung des Photozellenstroms hervor, wodurch z. B. eine Alarmvorrichtung oder ein Bewegungsvorgang ausgelöst bzw. verhindert wird.

Lichtschutzfaktor ↑Sonnenschutzmittel.

Lichtsignalanlage, svw. ↑Verkehrssignalanlage.

Lichtsinn, die Fähigkeit der Tiere und des Menschen, Lichtreize mit Hilfe von **Lichtsinneszellen** oder **Lichtsinnesorganen** wahrzunehmen. Diese wandeln durch einen bei Licht erfolgenden chem. Prozeß im Sehpigment (z. B. im Sehpurpur) Licht in elektr. Impulsmuster um. Der L. dient den Lebewesen zur Orientierung in ihrer Umwelt (↑Gesichtssinn) und zur Erkennung von Partnern, Feinden und Beute. L.zellen können über die ganze Körperoberfläche verteilt oder in den L.organen (Augen) konzentriert sein.

Lichtspurverfahren, Bez. für das photograph. Festhalten von Körperbewegungen als psychodiagnost. und insbes. arbeitswiss. Mittel (↑Bewegungsstudien). Eine kleine Lichtquelle z. B. an der Hand verursacht bei langer Belichtungszeit auf dem Negativ eine Lichtspur.

Lichtstärke, Formelzeichen I, Quotient aus dem Lichtstrom Φ und dem zugehörigen Raumwinkel Ω, $I = \Phi/\Omega$. SI-Einheit der L. ist die ↑Candela (Cd).

▷ ↑photographische Objektive.

Lichtstift, svw. ↑Lichtgriffel.

Lichtstrom, Formelzeichen Φ, Bez. für die nach der spektralen Empfindlichkeit des menschl. Auges bewertete Strahlungsleistung einer Lichtquelle. SI-Einheit des L. ist das ↑Lumen (lm).

Lichtsymbolik, religionsgeschichtliche Bez. für die Verwendung des Lichtes als Sinnbild der Gottheit, bes. Heiligkeit, des menschl. Lebens und des eth. Guten. Im Polytheismus sind spezielle Lichtgötter oft entweder mit dem Feuer (wie der altind. Agni) oder mit der Sonne verbunden, z. B. der ägypt. Re, der babylon. Schamasch, der griech. Helios, der Sol invictus der Spätantike. – Dualist. Systeme wie Gnosis, Manichäismus, die Religion der Mandäer u. a. fassen den Ggs. von Licht (= der Geist, das Gute) und Finsternis (= die Materie, das Böse) kosmologisch, anthropolo-

Alfred Lichtwark

Lichtnelke
Kuckuckslichtnelke

gisch und soteriologisch; die Vermischung beider Prinzipien muß zur erlösenden Trennung gebracht werden. Im A. T. ist die Erschaffung des Lichtes das erste Schöpfungswerk Gottes. Die christl. Mystik sieht die menschl. Seele als Trägerin göttl. Lichtes („scintilla animale" = Seelenfunke) und beschreibt die myst. Gotteserfahrung als Lichtschau.

Lichttechnik, Teilgebiet der Technik, das sich mit der Lichtmessung *(Photometrie)* und -bewertung *(Lichtbewertungstechnik),* den Methoden der Lichterzeugung *(Leuchttechnik)* und der Beleuchtung *(Beleuchtungstechnik)* befaßt. Dabei sind auch physiolog. und psycholog. Wirkungen des Lichts auf den Menschen zu berücksichtigen. Lichttechn. Probleme sind u. a. bei der Beleuchtung von Arbeitsplätzen (blendfrei, geringe Helligkeitskontraste, ausreichende Allgemeinbeleuchtung), von [Farb]fernsehstudios, Sportstadien (Gesamtausleuchtung u. a.), Straßen und Fußgängerüberwegen (Herabsetzung der Unfallgefahren bei Dunkelheit), Straßenunterführungen und Tunnels (Helligkeitsunterschiede unter Berücksichtigung der zulässigen Fahrgeschwindigkeit und des Adaptionsvermögens des Auges).

Lichttonverfahren ↑ Film (Prinzip des Tonfilms).

Lichtwark, Alfred, *Reitbrook (= Hamburg) 14. Nov. 1852, †Hamburg 13. Jan. 1914, dt. Kunsthistoriker. – Ab 1886 Direktor der Hamburger Kunsthalle. Führender Vertreter der Kunsterziehungsbewegung. Schrieb u. a. „Übungen in der Betrachtung von Kunstwerken" (1897).

Lichtwellenleiter ↑ Glasfaseroptik.

Lichtwer, Magnus Gottfried, *Wurzen 30. Jan. 1719, †Halberstadt 7. Juli 1783, dt. Dichter. – Bed. sind seine Fabeldichtungen „Vier Bücher Äsopischer Fabeln" (1748).

Lichtwert (Belichtungswert, Exposure Value), Abk. LW (EV), in der Photographie Zahlengröße, die gleichwertige Blenden-Belichtungszeit-Kombinationen kennzeichnet; ein bestimmter Blendenleitwert entspricht Blende 11–$^1/_{60}$ s; Bl. 8–$^1/_{125}$ s, 5,6–$^1/_{250}$ s; Bl. 4–$^1/_{500}$ s usw. Die **Lichtkopplung** von Verschluß und Blende sorgt für das richtige Verhältnis bzw. für die richtige Veränderung von Zeit oder Blende entsprechend dem gemessenen Lichtwert.

Lichtzeigerinstrument (Lichtmarkeninstrument), empfindl. elektr. Meßgerät, bei dem statt eines Zeigers ein Lichtstrahl den Meßwert anzeigt.

Lichtzeit (Aberrationszeit), die Zeit, die das Licht benötigt, um von einem Himmelskörper zur Erde zu gelangen. Für die Sonne beträgt sie 8 min 19 s, für den Mond 1,28 s.

Licinius, bedeutendstes plebej. Geschlecht im alten Rom; bed. Vertreter:

L., Gajus L. Macer, †66 v. Chr., Politiker und Historiker. – Kämpfte als Volkstribun 73 um die Tribunenrechte; schrieb eine mindestens 16 Bücher umfassende, fragmentarisch erhaltene röm. Geschichte.

L., Gajus L. Stolo, Volkstribun (376–367) und Konsul (364 oder 361). – Nach der unsicheren Überlieferung gehen auf L. und Lucius Sextius Lateranus die **Licinisch-Sextischen Gesetze** zurück, die den Plebejern den Zugang zum Konsulat eröffneten.

L., Lucius L. Murena, Prätor (65 v. Chr.) und Konsul (62). – 64 Statthalter von Gallien; nach der Wahl zum Konsul wegen Wählerbestechung angeklagt, durch die Verteidigung Catos d. J. und Ciceros freigesprochen.

Licinius, Valerius Licinianus, *Dakien um 250, †Thessalonike (Saloniki) 325 (hingerichtet), röm. Kaiser (seit 308). – 308 durch Galerius von Augustus erhoben, 311 Herrscher über die illyr. Präfektur; verband sich mit Konstantin I., d. Gr.; sein Machtstreben führte zum Krieg (wohl bereits ab 314), zu den Niederlagen von Cibalae (= Vinkovci) und Adrianopel und zum Verlust Illyricums bis auf die thrak. Diözese. Nach der Schlacht von Chrysopolis 324 gefangengenommen und 325 umgebracht.

Licker [engl.], Fettemulsion, mit der Leder nach der Gerbung gefettet wird.

Lid [zu althochdt. (h)lit „Deckel, Verschluß" (eigtl. „das Angelehnte")] (Augenlid, Palpebra), bei Wirbeltieren (einschl. des Menschen) dem Schutz des Auges dienende, meist von oben und unten her bewegl. Hautfalte.

Lidar ['li:dar, engl. 'laɪdɑ:; Abk. für: **l**ight **d**etection **a**nd **r**anging], Verfahren zur Ortung und Entfernungsmessung von Objekten mittels Laserstrahlen. Hierbei wird das von einem Zielobjekt zurückgestreute Licht von einem Teleskop aufgefangen, durch einen Monochromator in einzelne Wellenlängen zerlegt und durch einen Detektor gemessen. Die im Vergleich zum Radar kleine Wellenlänge des L. erlaubt die Ortung kleinster Partikel der Atmosphäre (Aerosole), so daß z. B. Staub- und Wolkenschichten, Luftverunreinigungen und entfernungsabhängige Konzentrationsverteilungen mit hoher Nachweisempfindlichkeit untersucht werden können.

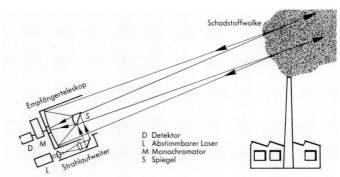

Lidar. Analyse der Luft auf Schadstoffe mit Lidar

Liddell Hart, Sir Basil Henry [engl. 'lɪdl 'hɑ:t], *Paris 31. Okt. 1895, †Marlow 29. Jan. 1970, brit. Offizier und Militärschriftsteller. – Militärkorrespondent 1925–39; Theoretiker der mechanisierten Kriegführung; Anhänger der Rüstungskontrolle.

Lidholm, Ingvar, *Jönköping 24. Febr. 1921, schwed. Komponist. – Nach neoklassizist. Anfängen wandte er sich seriellen Techniken zu, u. a. „Ritornell" (1955) und „Poesis" (1963) für Orchester, Fernsehoper „Holländarn" (1967); Kammermusiken, Bühnen- und Vokalwerke.

Li Di (Li Ti), *Heyang (Henan) um 1100, †Hangzhou um 1197, chin. Maler. – Berühmter Blumen- und Tiermaler, auch Stimmungslandschaften.

Lidice [tschech. 'lidjitsɛ] (dt. Liditz), Ort östlich von Kladno (westl. von Prag), nach der Ermordung R. Heydrichs am 10. Juni 1942 als Vergeltungsmaßnahme von Gestapo, SS und SD dem Erdboden gleichgemacht, die Bewohner wurden erschossen (etwa 190 männl. Einwohner über 16 Jahre) oder in KZ bzw. SS-Lager deportiert.

Lidman, Sara, *Jörn (Västerbotten) 30. Dez. 1923, schwed. Schriftstellerin. – Ihr Werk (vorwiegend psychologisch motivierte Romane) zeichnet sich durch starkes soziales und polit. Engagement aus. – *Werke:* Der Mensch ist geschaffen (R., 1953), Im Land der gelben Brombeeren (R., 1955), Mit fünf Diamanten (R., 1964), Järnkronan (R., 1985).

Lidmücken (Netzflügelmücken, Netzmücken, Blepharoceridae), mit rd. 150 Arten weltweit verbreitete Fam. bis 1,5 cm großer Mücken an Fließgewässern.

Lido [italien., zu lat. litus „Strand"] ↑ Küste.

Lidzbark Warmiński [poln. 'lidzbark var'mijski] ↑ Heilsberg.

Lie, Jonas, *Modum oder Eiker bei Drammen 6. Nov. 1833, †Stavern (?) 5. Juli 1908, norweg. Schriftsteller. – Neben Seeromanen und Schilderungen aus dem Arbeitermilieu schrieb er realist. Ehe- und Familienromane; u. a. „Der Geisterseher" (R., 1870), „Eine Ehe" (R., 1887), „Wenn der Vorhang fällt" (R., 1902). Stand dem Durchbruch der „Moderne", d. h. des Naturalismus, in Skandinavien ablehnend gegenüber.

L., Sophus, *Nordfjordeid (Sogn og Fjordane) 17. Dez. 1842, †Kristiania (= Oslo) 18. Febr. 1899, norweg. Mathematiker. – Prof. in Leipzig und Kristiania; entwickelte die

Sara Lidman

Liebe

Theorie der kontinuierl. Transformationsgruppen *(Lie-Gruppen)*; wichtige Beiträge zu Differentialgeometrie und Algebra.

L., Trygve Halvdan, * Grorud bei Oslo 16. Juli 1896, † Geilo 30. Dez. 1968, norweg. Politiker. – Rechtsanwalt; 1935–39 Justiz-, 1939/40 Versorgungsmin., 1941–46 Außenmin. der Exilreg.; 1946–52 erster Generalsekretär der UN; 1963/64 Ind.-, 1964/65 Handelsminister.

Liebe, starke Zuneigung zu bestimmten Personen, im übertragenen Sinne auch zu Sachen; insbes. die seel. Bindung des Menschen an den Geschlechtspartner (L. im eigtl. Sinn) oder an die Eltern bzw. Kinder. In der *Religionsgeschichte* ist allumfassende L. eine Qualität der Gottheit wie auch ein Gebot für den Menschen. Polytheist. Religionen kennen oft spezielle L.gottheiten. In prophet. Religionen ist L. ein Charakteristikum des Gottesbildes. Ihm entspricht das Gebot der **Gottesliebe,** das im A. T. dem Menschen auferlegt wird und das das N. T. wiederholt und vertieft, indem es die L. zu Gott als Antwort auf die L. Gottes zu den Menschen fordert. Prüfstein dieser christl. L., der ↑ Agape, ist die Nächsten-L., die die Feindes-L. einschließt. – In der myst. Religiosität hat das Streben der menschl. Vereinigung mit der Gottheit auch eine stark erot. Komponente. Altruist., auf den Mitmenschen gerichtetes Handeln wird im allg. von der Mystik weniger stark betont als von prophet. Religionen.

Liebeneiner, Wolfgang, * Liebau i. Schles. 6. Okt. 1905, † Wien 29. Nov. 1987, dt. Schauspieler und Regisseur. – Bühnenengagements u. a. in München, Berlin, Wien; ab 1937 Filmregisseur; 1942–45 Produktionsleiter der Ufa; bekannt durch „Der Mustergatte" (1937), den (umstrittenen) Film „Ich klage an" (1941), der für die Tötung kranker und geistesschwacher Menschen eintrat, „Großstadtmelodie" (1943); danach v. a. Unterhaltungsfilme, u. a. mit Hilde Krahl (∞ ab 1944), wie „Liebe 47" (1948), „Götz von Berlichingen" (1978, zus. mit H. Reinl), „Der Garten" (1983); auch Fernsehinszenierungen.

Liebenstein, Bad ↑ Bad Liebenstein.

Liebenwerda, Bad ↑ Bad Liebenwerda.

Liebenzell, Bad ↑ Bad Liebenzell.

Lieberkühn-Drüsen [nach dem dt. Anatomen J. N. Lieberkühn, * 1711, † 1756] (Lieberkühn-Krypten, Glandulae intestinales), schlauchförmige Epitheleinsenkungen in der Dünn-, Dick- und Mastdarmschleimhaut; dienen der Oberflächenvergrößerung und Sekretion.

Liebermann, Max, * Berlin 20. Juli 1847, † ebd. 8. Febr. 1935, dt. Maler und Graphiker. – Anfängen ein Hauptvertreter des dt. Impressionismus. Sein Frühwerk, in dem der arbeitende Mensch das zentrale Thema ist („Die Gänserupferinnen", 1871/72, Berlin, Museumsinsel), steht unter dem Einfluß von Courbet und Millet (1873–78 Aufenthalt in Paris). 1878–84 in München, Anregungen durch Leibl („Die Bleiche", 1882/83, Köln, Wallraf-Richartz-Museum). Ab 1884 in Berlin, zahlr. Aufenthalte in Holland. Die Darstellung der Bewegung, die von einem temperamentvollen, pastosen Farbauftrag getragen wird, charakterisiert seine impressionist. Landschaften, Gartenbilder und Porträts („F. Sauerbruch", 1932, Hamburg, Kunsthalle).

L., Rolf, * Zürich 14. Sept. 1910, schweizer. Komponist. – Studierte u. a. bei H. Scherchen, war 1959–73 und 1985–88 Intendant der Staatsoper Hamburg sowie 1973–80 Generalintendant der Pariser Opernhäuser. Seine Kompositionen zeichnen sich bei freier Zwölftontechnik durch sinnl. Klangschönheit aus: Opern „Leonore 40/45" (1952), „Die Schule der Frauen" (1955), „La forêt" (1987), Orchester- und Kammermusik, Vokalwerke.

Liebesentzug, Entzug von Zuwendung (v. a. bei Kindern), der zu starken psych. Schädigungen führen kann; meist als (abzulehnende) Erziehungsmaßnahme.

Liebesfuß, bei Blasinstrumenten mit Rohrblatt ein birnenförmiges Schallstück mit kleiner Öffnung, das den Klang dämpft und färbt; Instrumente mit L. sind Englischhorn, Oboe d'amore, Oboe da caccia, Clarinetto bzw. Fagotto d'amore.

Liebesgarten, Bildthema v. a. des 14.–16. Jh., dessen Ursprung in der höf. Kultur des 13. Jh. zu suchen ist und das zuerst in der burgund.-frz. Buchmalerei auftrat. Der Garten, in dem ein Liebespaar dargestellt ist, ist ein verweltlichter Paradiesgarten (Hortus conclusus). Er findet sich in erweiterter Form bei Giorgione, Tizian, Rubens, Watteau, Manet.

Liebesgras (Eragrostis), Gatt. der Süßgräser mit rd. 300 Arten in allen wärmeren Ländern, bes. in Afrika; Ährchen meist in Rispen. Viele Arten sind Kultur- und Futterpflanzen, z. B. **Tef** (Eragrostis tef), eine Getreideart in Äthiopien.

Liebesmahl, 1. ↑ Agape; 2. seit 1963 wiederbelebte, ökumenisch ausgerichtete christl. Mahlfeier (oft in Verbindung mit einer [Haus]eucharistiefeier), z. B. in den niederl. Schalom-Gruppen.

Liebespfeil, bei einigen Lungenschnecken (z. B. der Weinbergschnecke) in einem Drüsensack des Geschlechtsapparats ausgebildeter, bis 1 cm langer, stilettartiger Körper aus Calciumcarbonat, der bei der wechselseitigen Begattung der zwittrigen Tiere als Reizobjekt dem Partner in die Muskulatur des Fußes getrieben wird.

Liebestraube (Agapetes), Gatt. der Heidekrautgewächse mit rd. 30 Arten, v. a. in den feuchten Bergwäldern von Nepal bis N-Australien; oft epiphyt. Sträucher; Blüten meist rot, in traubenartigen Blütenstauden.

Liebeszauber, mag. Handlungen, durch die die Liebe oder das sexuelle Verlangen eines anderen angeregt werden sollen (↑ Aphrodisiaka); bes. in der oriental. und griech.-röm. Antike üblich; im MA L. v. a. in Form von Liebestränken.

Liebhaberbühne (Liebhabertheater), im 18. und 19. Jh. vorwiegend von Hofgesellschaften (z. B. in Weimar) gepflegtes Bühnenspiel mit literar. Anspruch. Im Lauf des 19. Jh. entstanden organisierte Amateurtheater. – ↑ Laienspiel.

Liebig, Justus Freiherr von (seit 1845), * Darmstadt 12. Mai 1803, † München 18. April 1873, dt. Chemiker. – Prof. in Gießen, wo er den Laboratoriumsunterricht begründete, und München. Neben Arbeiten zur techn. und analyt. Chemie sind seine Forschungen auf dem Gebiet der organ. Chemie wichtig, das er u. a. durch die Entdeckung neuer Stoffe (Chloral, Chloroform, Hippursäure u. a.) erheblich erweiterte. Große Verdienste erwarb L. auch durch die agrikulturchem. Begründung der Mineraldüngung.

Liebknecht, Karl, * Leipzig 13. Aug. 1871, † Berlin 15. Jan. 1919, dt. Politiker. – Sohn von Wilhelm L.; Rechtsanwalt; trat 1900 der SPD bei, Mgl. des preuß. Abg.hauses 1908, MdR 1912–17; verfocht den Massenstreik zur Kriegsbekämpfung und lehnte am 2. Dez. 1914 als einziger Abg. die Kriegskredite ab; trat im Jan. 1916 aus der Fraktion aus; im Mai 1916 verhaftet und wegen Hochverrats zu Zuchthaus verurteilt (begnadigt im Okt. 1918); einer der

Justus von Liebig

Karl Liebknecht

Max Liebermann. Die Bleiche, 1882/83 (Köln, Wallraf-Richartz-Museum)

Lied

Liechtenstein
Fläche: 160 km²
Bevölkerung: 28 700 Mill. E (1990), 179,4 E/km²
Hauptstadt: Vaduz
Amtssprache: Deutsch
Nationalfeiertag: 15. Aug.
Währung: 1 Schweizer Franken (sfr) = 100 Rappen (Rp)
Zeitzone: MEZ

Gründer und Führer des Spartakusbundes; proklamierte am 9. Nov. 1918 in Berlin die „Freie sozialist. Republik" und beteiligte sich an der Gründung der KPD; mit Rosa Luxemburg von Freikorpsoffizieren ermordet.

L., Wilhelm, *Gießen 29. März 1826, †Berlin 7. Aug. 1900, dt. Journalist und Politiker. – Nahm an der Märzrevolution 1848 teil, lebte danach im schweizer. und brit. Exil; stand ab 1850 in enger Verbindung zu Marx und Engels; ab 1890 Chefredakteur des „Vorwärts" in Berlin. Mit Bebel war L. der erste sozialdemokrat. Abg. im (Norddt.) Reichstag (1867–70); ab 1874 MdR.

Liebmann, Otto, *Löwenberg i. Schles. 25. Febr. 1840, †Jena 14. Jan. 1912, dt. Philosoph. – 1872 Prof. in Straßburg, 1882 in Jena. Gab mit seiner Schrift „Kant und die Epigonen" (1865) den entscheidenden Anstoß zum ↑Neukantianismus.

Liebstöckel (Levisticum), Gatt. der Doldenblütler mit drei Arten in Kleinasien; bekannt ist das **Maggikraut** (L. im engeren Sinn, Levisticum officinale), das in einigen Gebieten Europas und N-Amerikas als Gewürzpflanze kultiviert wird: 1–2 m hohe, sellerieartig riechende Staude. – Abb. S. 94.

Liechtenstein (amtl.: Fürstentum Liechtenstein), konstitutionelle Erbmonarchie in Mitteleuropa, zw. 47° 03' und 47° 14' n. Br. sowie 9° 29' und 9° 38' ö. L. **Staatsgebiet:** L. grenzt im O an Österreich, im S und W an die Schweiz. **Verwaltungsgliederung:** 11 Gemeinden. **Internat. Mitgliedschaften:** UN, EFTA, Europarat.
Landesnatur: L. liegt auf der W-Abdachung der Ostalpen zum Rhein; es umfaßt den äußersten W des Rätikons (Nördl. Kalkalpen) mit dem nach N sich öffnenden (mittleren und oberen) Saminatal, mit dem Valorsch- und Malbuntal im gesamten SO sowie dem zum Rhein orientierten Tal von Lawena im S; höchste Erhebung ist die Grauspitze (2 599 m ü. d. M.) auf der Grenze zu Graubünden.
Klima und Vegetation: Das Klima ist mild; Föhn ist häufig. Klimatisch bevorzugt sind die Sonnenhänge der am Gebirgsrand von Wildbächen aufgeschütteten Schwemmkegel. Das Alpenrheintal ist bis etwa 550 m waldfrei, es folgen Laub-, darüber Nadelwald, darüber alpine Matten.
Bevölkerung: Etwa 1/3 der Bev. sind Ausländer, davon 44 % Schweizer, 21,5 % Österreicher und 10 % Deutsche. Rd. 87 % der Bev. sind kath., rd. 10 % ev. Es besteht 9jährige Schulpflicht.
Wirtschaft: Wirtsch. wichtiger als der Ackerbau (in der Rheinebene Weizen, Mais, Kartoffeln, Tabak, in unteren Hanglagen Obst und Weinreben) sind Viehhaltung und Milchwirtschaft. Die sich nach dem 2. Weltkrieg rasch entwickelnde Ind. (v. a. Metallverarbeitung, Apparatebau, elektrotechn., optische, chem., pharmazeut., keram. und Textilind.) ist aufgrund der Zollunion und durch die Währungseinheit mit der Schweiz eng mit der schweizer. Wirtschaft verbunden. Nach Schätzungen haben etwa 40 000 Holding- und Domizilgesellschaften ihren Sitz in L.; ihre Steuern, der Verkauf von Briefmarken sowie der Fremdenverkehr sind wichtige Einnahmequellen.

Verkehr: Die L. durchquerende Eisenbahnlinie von Buchs nach Feldkirch wird von den Östr. Bundesbahnen betrieben. Das Straßennetz hat eine Länge von 250 km.
Geschichte: Das 1719 entstandene Reichs-Ft. L. war 1806–14 Mgl. des Rheinbundes und gehörte 1815–66 zum Dt. Bund. Der Zusammenbruch der Habsburgermonarchie 1918 setzte der engen Anlehnung an Österreich ein Ende und führte zu einem Anschluß an die Schweiz. 1921 trat eine neue Verfassung in Kraft. 1938 bestieg Fürst Franz Joseph II. den Thron, nach dessen Tod 1989 Hans Adam II. 1978 wurde L. Mgl. des Europarates, 1990 der UN, 1991 der EFTA, nach einer Volksabstimmung 1992 des EWR.
Politisches System: Nach der Verfassung vom 5. Okt. 1921 ist L. eine konstitutionelle Erbmonarchie. *Staatsoberhaupt* ist Fürst Hans Adam II. (seit 1989). Er hat das Recht, Gesetze zu sanktionieren, Beamte zu ernennen und den Landtag aufzulösen. Die *Exekutive* liegt bei der vom Landesfürsten auf Vorschlag des Landtags ernannten und beiden Institutionen verantwortl. Regierung. Die *Legislative* wird vom Landtag ausgeübt (25 nach dem Proporzwahlsystem für 4 Jahre gewählte Mgl.); diesem gehören (seit 1993) 3 *Parteien* an: die liberal-konservative Fortschrittl. Bürgerpartei, die linksliberale Vaterländ. Union und die grün-alternative Freie Liste. Die *Verwaltung* wird durch die Gemeinderäte wahrgenommen. Das *Recht* ist teils nach schweizer., teils nach östr. Vorbild kodifiziert.

Lied, ein gesungenes, zum Singen bestimmtes oder singbares Gedicht, meist aus mehreren gleichgebauten und gereimten Strophen. Als eine der Grundformen sprachl. und musikal. Gestaltung erscheint das L. in einer Vielfalt historisch, nat., kulturell, sozial, funktional, inhaltlich und formal verschiedener Typen. Zum Charakter des „Liedhaften" gehören eine gewisse Abgeschlossenheit und eine nicht allzugroße Ausdehnung des Materials; ein Tonumfang, der auch von ungeschulten Stimmen bewältigt werden kann; eine Vortragsweise, die vorwiegend syllabisch ist (d. h. ein Ton pro Textsilbe); eine im wesentlichen diatonisch geführte Melodie; metrisch, harmonisch und formal einfache Anlage. Urspr. mündlich überliefert, findet sich das L. bei allen Völkern und reicht zeitlich bis in die Anfänge menschl. Kulturentwicklung zurück. Schon früh bildete sich eine Differenzierung der L. etwa in Arbeits-, Tanz-, Kult-, Liebes- oder Kinder-L., in chor. oder solist., rein vokales oder instrumentalbegleitetes L. heraus. Das eigtl. *Volks-L.* entwickelte sich nach der vollzogenen Unterteilung der Gesellschaft in Klassen, Stände und Schichten, demgegenüber stand das *Kunst-L.* als L. der herrschenden und/oder gebildeten Schichten (etwa einer Priesterkaste). Für den *dt. Sprachraum* gilt ein weitgreifender L.begriff, der sich zunächst auf episch-balladeske, im Sprechgesang vorgetragene Dichtungen wie die frühgerman. Helden-L. (z. B. das „Hildebrandslied") bezieht sowie auf deren zu Versepen zusammengestellte Erweiterungen und Zusammenfassungen (z. B. „Nibelungenlied", „Gudrunlied"). Als singbare Lyrikform trat das dt. L. erstmals im 9./10. Jh. auf. Aus den neulateinischen christl. Marienhymnen entwickelte sich

Liechtenstein

Staatswappen

Internationales
Kfz-Kennzeichen

Lied

das **geistliche Lied** als strophisch religiöse Form, meist für den gemeinschaftl. (einstimmigen) Volksgesang (z.B. das *„Melker Marienlied"*, 1140). Das einstimmige L. im Hoch- und Spät-MA trat weiter auf in der vom Vorbild der nordfrz. Trouvères geprägten Kunst des ↑Minnesangs mit den Hauptformen Spruch, L. und Leich (seit etwa 1150) sowie in der Vagantendichtung, deren L. durch volkstüml. Ton ohne Stilisierung, durch persönl. Haltung, Ursprünglichkeit, Wirklichkeits- und Naturnähe, Lebenslust sowie sinnenhafte Lebens- und Genußfreude gekennzeichnet waren. Hauptthemen sind Spiel, Wein und Liebe; wichtigste dt. Sammlung sind die *„Carmina burana"* ([11.]/12./13. Jh.); in Frankreich gipfelte die Vagantendichtung in den balladesken L. des F. Villon. Aus diesen **Vagantenliedern** entstanden die später im *Kommersbuch* zusammengefaßten **Studentenlieder,** die neben Natur- und Wander-L. sowie Dichtungen polit.-patriot. Dichtungen bes. Kneip- und Liebes-L., Schmaus- und Würfel-L. umfaßten. V.a. im 15. und 16. Jh. wurde die Tradition des Minnesangs im bürgerl. ↑Meistersang fortgeführt. Eine frühe Form des geistl. volkstüml. L. sind die **Geißlerlieder,** die als Wallfahrts- und Pilger-L. von herumziehenden Flagellanten gesungen wurden. Formal an diese Wallfahrtsgesänge angelehnt ist das aus dem kirchl. Volksgebrauch stammende **Heiligenlied** zur Anrufung eines oder mehrerer Heiliger, mit derem Lobhymnus und Ersuchen um Fürbitte. Das für den gottesdienstl. Gebrauch als Gemeindegesang bestimmte, stroph. **Kirchenlied** wurde jedoch erst mit der Reformation in die Liturgie eingeführt und in *Gesangbüchern* gesammelt. Neben geistl. und Kirchen-L. traten in der ma. Formenwelt Tanz- und Refrain-L. hervor. Im mehrstimmigen L. folgte schlichter Dreistimmigkeit das kunstvollere **Tenorlied** (H. Isaac, P. Hofhaimer, L. Senfl). Allmählich setzte sich ein von Oberstimmenmelodie (Kantilenensatz) und Dur-Moll-tonaler Harmonik geprägter Tonsatz durch. Innerhalb mehrstimmiger Vokalmusik unterscheidet bes. die Oberstimmenmelodik das L. von polyphonen Gattungen mit annähernder Gleichberechtigung der Stimmen und gehört bis heute zur Vorstellung von „L." und „Melodie" überhaupt. Im 16. Jh. mündete diese Tendenz in die Entstehung des instrumentalbegleiteten **Sololieds** (z.B. Lauten-L.) ein. Viele Formen und Gattungen von Chor- und Solo-L. vom 16.–19. Jh. werden unter dem Begriff **Gesellschaftslied** zusammengefaßt, das weder dem Kunst-L. noch dem Volks-L. zuzuordnen ist. Nach Herkunft und Tradition war diese L.gattung für den Gebrauch durch singende Gemeinschaften der Mittelschicht bestimmt, deren Vorstellungen und Gefühle sie repräsentierte; hiermit und mit der Beschränkung auf bestimmte inhaltl. Aussagen und Themen (Liebe, Wein, Musik, Geselligkeit, Freundschaft) hängt die meist schriftl. Überlieferungsform in Liederbüchern wie *„Venusgärtlein"* (1657) oder *„Singende Muse an der Pleiße"* (1736–45) zusammen.

Das **Volkslied** bildete sich während der ma. Stadtkultur zw. 14. und 16. Jh. heraus; früheste Spuren zeigen sich z.T. in den Spielmanns-L. und im Minnesang. Vom Gesellschafts- und Kunst-L. unterscheidet es sich durch Alter und Langlebigkeit, eine zunächst mündlich-gedächtnismäßige Überlieferung und die daraus resultierende Veränderlichkeit des Textes und der Melodie (Um-, Zurecht- und Zersingen) sowie durch Verwendung typ. Sprach- und Melodieformeln.

Zu den sprachl. Elementen des Volks-L. gehören: Mischung der Stilelemente (Pathos und Trivialität, Bericht und Ausdruck von Stimmung, Gefühl, Wechsel von Heiterkeit und Traurigkeit), bruchstückhafte Ereigniswiedergabe, Vernachlässigung von Logik und Informationsgenauigkeit, Anspielungscharakter. Die vielfältigen Strophenformen sind meist gereimt, teilweise assoziierend, reich an metr. und rhythm. Elementen und Wiederholungsfiguren. Da nur für wenige seltene Arten des Volks-L. spezif. musikal. Merkmale feststellbar sind, erfolgt die Unterteilung v.a. nach textlich-inhaltl. Gesichtspunkten: Aus der anonymen typenhaften **Volksballade** des späten MA entwickelte sich über das **Zeitungslied** (15./16. Jh.; gedruckter Neuigkeitsbericht in Versform, meist in siebenzeiligen Strophen vorgetragen und anschließend verkauft) im 17./18. Jh. der **Bänkelsang** mit der Moritat. Das balladeske, oft lyrisch durchsetzte **historische Lied** um histor. Ereignisse und Personen stellte diese teils wahrheitsgetreu aus eigener Anschauung (Berichts-L.), teils tendenziös zur Beeinflussung (Partei-L.) dar. Das Landsknechts-L. (15.–17. Jh.) gehört in die Gruppe der sog. **Ständelieder,** die, an einen bestimmten Stand, eine bestimmte Zunft oder Berufsgruppe gebunden, deren Lebens- und Berufsethos ausdrücken, z.B. Bergmanns-, Bauern-, Handwerker-, Soldaten- oder Studentenlieder. **Arbeitslieder** sind meist Volks-L., die, lautmalend oder rhythmisch einer bestimmten Arbeit angepaßt, zu dieser gesungen werden, z.B. der **Shanty** der Seeleute z.Z. der Segelschiffe. Neben **Brauchtumsliedern** (u.a. Ernte-, Braut-, Gassel-, Heische-L.) gibt es Heimat-, Scherz- und Spott-L. (z.B. das Schnadahüpfl).

Volksliedhaften Charakter haben die **Kinderlieder,** deren Texte gekennzeichnet sind durch einfachste Form (kurze Strophen und Verse, häufig verwendete Reimpaare), Formelhaftigkeit, Anschaulichkeit, Verzicht auf alles Abstrakte sowie Stilmerkmale mündl. Überlieferung wie Sprunghaftigkeit, Sinnveränderung, Wandermotive.

Im Ggs. zum Volks-L. entwickelte sich Ende des 16. Jh. unter Wiederaufnahme der literar. Traditionen der (latein.) humanist. Kunstlyrik des 15./16. Jh. eine L.dichtung, deren Verf. bekannt waren und die sich allmählich als eigenständiger Text von der Musik trennte und unter der Bez. **Kunstlied** eine neue Gattung bildete. Typisch für das barocke Kunst-L. war die rational-ästhet. Verarbeitung humanist. Bildungsgutes (u.a. M. Opitz, P. Flemming, C. Hofmann von Hofmannswaldau). Seine musikal. Ausformung erhielt es im 17. Jh. als **Generalbaßlied,** das sich im Rahmen der Monodie stark an der Opernarie orientierte und sich von liedhafter Gestaltung zunehmend entfernte (H. Albert, A. Krieger). Eine gefühlshafte Ausweitung erfuhr dieser L.typus zuerst in geistl. L. (F. von Spee, J. Scheffler, P. Gerhardt). Nicht zuletzt die Folgen des Dreißigjährigen Krieges hatten dazu geführt, daß ein breiter (für Klassik und Romantik entscheidender) Neuansatz der L.produktion erst nach 1750 mit der der Aufklärung verpflichteten *Berliner Liederschule* begann; J.A. Schulz, J.F. Reichardt, C.F. Zelter zielten auf Sangbarkeit und Volkstümlichkeit in engem Bezug zum Text. Damit einher gingen zum einen die Wertschätzung und Rezeption des Volks-L. (1778/79 von Herder als Begriff eingeführt; literarisch gefaßt v.a. von M. Claudius, G.A. Bürger), zum anderen die vielfältigen Produktionen von Kunst-L., die nun v.a. als L. mit auskomponierter Klavierbegleitung erschienen. Die L. F. Schuberts zählen zu einem ersten Höhepunkt dieses Schaffens: Neben dem **Strophenlied,** bei dem alle Textstrophen auf die gleiche Strophenmelodie gesungen werden, finden sich **variiertes Strophenlied** und **durchkomponiertes Lied,** bei dem die Musik den Inhalt jeder einzelnen Strophe getrennt versinnbildlicht. Die weitere (textlich-inhaltl.) Entwicklung des L. im 19. Jh. modifizierte lediglich den Typus des Goetheschen klassisch-humanen **Seelenlieds,** z.T. durch Übersteigerung des Gefühlshaften oder der Klangreize (C. von Brentano, A. von Arnim, L. Uhland, J. Kerner), durch neue Themen (z.B. politisch-nat. L. anläßlich der Befreiungskriege 1813–15) oder durch Überbetonung des Formalen (F. Rückert). Kennzeichnend für die Volkstümlichkeit des L. im 19. Jh. ist v.a. die große Zahl von L., die für den Dilettanten und seine Hausmusik (mit Klavier oder Gitarre) oder als Chor-L. für sog. *Liedertafeln* und *Gesangvereine* (u.a. von C.M. von Weber, L. Spohr, C. Kreutzer, F. Silcher) geschrieben wurden. Im Ggs. zu dieser häuslich-privaten Kunstdarbietung hatten die L. der Burschenschaften, der Turnbewegung sowie die anläßlich der Revolution 1848/49 entstandenen L. (z.B. das *„Heckerlied"*, 1848) öff.-polit. Charakter.

Bed. L.komponisten nach Schubert waren zunächst C. Loewe, R. Schumann und J. Brahms, gegen Ende des 19. Jh. H. Wolf und H. Pfitzner; R. Strauss und G. Mahler schrieben auch **Orchesterlieder.** Trotz der Tendenz zu wach-

Liebstöckel.
Maggikraut

sender Kompilierung und Auflösung des „Liedhaften" und der Beziehung zum volkstüml. L. entstanden auch im 20. Jh. bed. L.schöpfungen (u. a. mit Texten von C. F. Meyer, R. M. Rilke, S. George, D. von Liliencron, O. J. Bierbaum) oft als Zyklen, deren bedeutendste Komponisten u. a. A. Schönberg, A. Webern, A. Berg, H. Eisler sind.
Mit der Entwicklung der dt. Arbeiterbewegung in den 1860er Jahren eng verknüpft ist das **Arbeiterlied;** als polit. Massen-L. ist es zu unterteilen in überwiegend mündlich überliefertes Arbeitervolks-L., z. B. das *„Lied der schles. Weber"* (1844) oder als literarisch existierendes, nicht folklorist. Arbeiter-L., z. B. *„Die Internationale"* (1888). In den 1920er und 1930er Jahren entstand im Zuge der Verschärfung der gesellschaftl. Auseinandersetzungen das **Kampflied** als politisch-agitator. Gesang; als herausragende Vertreter gelten B. Brecht und H. Eisler. Diese Tendenz hatten auch die L. der Arbeiterjugendbewegung, während die L. der (bürgerl.) Jugendbewegung (gesammelt im *„Zupfgeigenhansel",* 1909) oftmals nat.-romant. Gefühle stimulierten; kosmopolitisch bestimmt war die Pflege internat. L.guts bei der bünd. Jugend. Formen und Melodien bes. von Arbeiter-L. wurden vom NS übernommen und als Aufmarsch- und Hetz-L. mißbraucht. – Nach dem 2. Weltkrieg entwikkelte sich aus der Bürgerrechtsbewegung für die gesellschaftl. Gleichstellung der Schwarzen in den USA als Mittel der Agitation und Solidarisierung der **Protestsong** unter Anknüpfung an die L.traditionen der Schwarzen (wie Blues, Gospelsong) sowie an Arbeiter-L., ein weltweites Ausdrucksmittel des gewaltlosen Widerstands während der Demonstrationswelle in den 1960er Jahren wurde, in der BR Deutschland vertreten von den „Ostermarschierern" (Atomwaffengegner). In dieser Tradition des polit. L. stehen die **Liedermacher** der 1970er Jahre, die L. mit aktuellem Text (u. a. gegen Umweltverschmutzung, Einschränkung demokrat. Rechte) verfassen, komponieren, singen und begleiten. Hierzu zählen u. a. W. Biermann, F.-J. Degenhardt, H. Wader, K. Wecker. Spezif. **Gruppenlieder** entstehen v. a. durch Umdichtung vorhandenen L.materials oder Verwendung traditioneller L.formen, z. B. Gewerkschafts-L., L. der Studenten- und Frauenbewegung. Einen Rückzug ins Private deuten neuerdings die solist. **Dialektlieder** sowie die chansonähnl. sog. **Lyriklieder** an, die nach Textinhalt und Hörergruppe durchaus Züge des früheren Gesellschaftslieds tragen, z. B. R. Mey, A. Heller, K. Wecker. Gegenüber der in der Geschichte vorherrschenden Betonung des nat. Charakters im populären L. erscheinen in der Gegenwart Tendenzen zu einer gewissen Internationalisierung bemerkenswert, wie sie sich in der Pop- und Rockmusik, im Schlager, im Chanson sowie in der Verbreitung von Folkmusic im weitesten Sinne zeigen.

Liedertafel, Name des ersten, von C. F. Zelter 1809 in Berlin gegründeten Männergesangvereins; nach ihm wurden viele Gesangsvereine benannt. Ähnl. Vereinigungen, die in S-Deutschland seit dem beginnenden 19. Jh. entstanden, wurden meist *Liederkranz* genannt.

Liedform, von A. B. Marx (1839) eingeführte Bez. für einfache, vom Lied abgeleitete zwei- und dreiteilige formale Abläufe in der Musik, bes. auf die Instrumentalmusik angewendet. In der zweiteiligen L. wird jeder der beiden meist melodisch verschiedenen Teile für sich wiederholt ||:A:||:B:||; in der dreiteiligen L., der L. i. e. S., kehrt der erste Teil als Schlußteil wieder und wird dem Mittelteil zusammen wiederholt ||:A:||:BA:||. Von zusammengesetzter L. spricht man z. B. bei Menuett oder Scherzo mit Trio.

Liedtke, Harry, * Königsberg (Pr) 12. Okt. 1888, † Bad Saarow-Pieskow (Landkr. Fürstenwalde) 28. April 1945, dt. Schauspieler. – Kam nach Bühnenengagements v. a. in Berlin 1911 zum Film. Als Partner von H. Porten und P. Negri Star des dt. Vorkriegsfilms. – *Filme:* u. a. „Die Kameliendame" (1917), „Der Bettelstudent" (1927), „Quax, der Bruchpilot" (1941).

Lieferantenkredit, vom Lieferanten dem Käufer eingeräumter Kredit, der durch Einräumung eines Zahlungsziels entsteht.

Lieferbeton, svw. ↑Transportbeton.

Lieferschein, schriftl. Anweisung an einen Lagerhalter, eine Ware an die im L. genannte Person oder Firma auszuliefern.

Lieferung, die Übergabe der gekauften Sache an den Käufer durch Aushändigung bzw. Versendung oder durch Anweisung zur Übergabe am bzw. Versendung ab Lager.

Lieferungsbedingungen (Lieferbedingungen), Vereinbarungen, die bei Kauf- oder Werkverträgen zw. Käufer und Verkäufer getroffen werden und Einzelheiten der Vertragsabwicklung festlegen. L. sind häufig branchenspezifisch normiert.

Lieferwagen, drei- oder vierrädriges Kraftfahrzeug (Lastkraftwagen) mit Pritschen- oder Kastenaufbau zur Beförderung von leichten Gütern.

Liège [frz. ljɛːʒ], belg. Stadt, ↑Lüttich.

Liegegeld, ein auf dem Frachtvertrag beruhendes gesetzl. Entgelt, auf das der Verfrachter Anspruch hat, wenn das Be- und Entladen z. B. eines Schiffes über die vereinbarte Liegezeit hinaus erfolgt.

Liegendes ↑Geochronologie.

Liegenschaft, unbewegl. Sache (Grundstück). – Ggs. Fahrnis (= bewegl. Sache).

Liegestütz, turner. Kraftübung, bei der der Körper von den sich im Wechsel beugenden und streckenden Armen gestützt wird und auf den Fußspitzen ruht.

Liegewagen ↑Eisenbahn.

Liegezeit, in der *Schiffahrt* die Zeit, die für das Laden und Löschen eines Schiffes benötigt wird.
▷ nach der *REFA-Lehre* diejenige Zeit, in der der Werkstoff, also der Gegenstand, der gewonnen, erzeugt, hergestellt oder bearbeitet wird, ohne jede Veränderung im Betrieb ruht.

Liegnitz (poln. Legnica), Stadt an der Katzbach, Polen, 120 m ü. d. M., 101 000 E. Hauptstadt der Woiwodschaft L. Theater. Neben der traditionellen Textilind. auch Kupferhütte, Metallverarbeitung, Elektrotechn./Elektronik, Nahrungsmittelind. und Klavierbau. – Im 12. Jh. als Handelssiedlung bei einer Burg entstanden; 1163 Sitz einer Linie der piast. Herzöge von Schlesien; 1241 auf dem **Wahlstatt bei Liegnitz** Niederlage eines dt.-poln. Ritterheeres unter Hzg. Heinrich II. von Niederschlesien (✕) gegen die Mongolen; 1252 Stadtrechte; wurde 1675 östr., fiel nach dem 1. Schles. Krieg 1742 an Preußen; im 2. Weltkrieg stark zerstört. – Piastenschloß (13., 15. und 16. Jh.; wiederhergestellt), Pfarrkirche Peter und Paul (1333 ff.), ehem. Franziskanerkirche (1294 ff., wiederhergestellt 1714–27) mit der 1677/78 erbauten Piastengruft, Glogauer Tor (15. Jh.), Rathaus (1737–41).

Liek [niederdt.], Verstärkung eines Segel- oder Flaggensaumes durch ein eingenähtes Tau; auch Bez. für die dem Mast zugewandte Seite einer Flagge oder Fahne.

Lien [lat.], svw. ↑Milz.

Liénart, Achille [frz. lje'na:r], * Lille 7. Febr. 1884, † ebd. 15. Febr. 1973, frz. kath. Theologe, Kardinal (seit 1930). – 1928–68 Bischof von Lille; förderte die kath.-soziale Bewegung in Frankreich.

Lienert, Meinrad, * Einsiedeln 21. Mai 1865, † Küsnacht (ZH) 26. Dez. 1933, schweizer. Schriftsteller. – Schrieb naturverbundene Dialektgedichte sowie Erzählungen und Romane, in denen er Sagen und Bräuche verarbeitete. – *Werke:* 's Schwäbelpfyffli (Ged., 1913–20), Bergdorfgeschichten (1914), Der doppelte Matthias und seine Töchter (R., 1929).

Lienhard, Friedrich, * Rothbach (Elsaß) 4. Okt. 1865, † Eisenach 30. April 1929, dt. Schriftsteller. – 1920–28 Hg. der Zeitschrift „Der Türmer"; Vorkämpfer der Heimatkunst. – *Werke:* Neue Ideale (Essays, 1901), Wartburg (Dramentrilogie: Heinrich von Ofterdingen, 1903; Die hl. Elisabeth, 1904; Luther auf der Wartburg, 1906), Oberlin (R., 1910).

Lienz ['liːɛnts], Bez.hauptstadt von Osttirol, Österreich, an Isel und Drau, 673 m ü. d. M., 13 000 E. Holz-, Baustoff- und Kühlgeräteindustrie; Fremdenverkehr. – 4 km östlich von L. die Reste der röm. Siedlung **Aguntum.** – L., 1021 bezeugt, wurde Anfang des 13. Jh. als Stadtsiedlung neu an-

Harry Liedtke

Meinrad Lienert

Lienzer Dolomiten

Lieschgras.
Wiesenlieschgras
(Höhe bis 1 m)

Lieste.
Braunliest
(Größe 27 cm)

gelegt und 1271 Sitz der „vorderen" Gft. Görz. Kam nach 1550 zu Tirol. – Bed. spätgot. Kirchen, u. a. die Pfarr- und Franziskanerkirche; Reste der Stadtbefestigung, u. a. der Iselturm; außerhalb auf hohem Fels Schloß Bruck (13.–16. Jh.) mit spätgotisch umgestalteter Burgkapelle und Museum.

Lienzer Dolomiten [ˈliːɛntsər] ↑ Gailtaler Alpen.
Liepāja [...paːja] ↑ Liebau.
Lier (frz. Lierre), belg. Stadt 12 km sö. von Antwerpen, 31 500 E. Museen; Karosseriebau, Großdruckereien, Leder-, chem., elektrotechn., Möbel-, Bekleidungsind., Industriediamantenherstellung. – Neben einer seit 760 bezeugten Klause erwuchs im 12. Jh. die Ortschaft L., die 1212 Stadtrecht erhielt. – Spätgot. Kirche Sint-Gummarus, alte Zunfthäuser, got. Belfried (1369) am Rokokorathaus (1741), Zimmer-Turm mit astronom. Uhr (1930).
Lieschgras [zu althochdt. lisca „Farn"] (Phleum), Gatt. der Süßgräser mit 12 Arten in den gemäßigten Zonen der Nord- und Südhalbkugel; Futter- und Wiesengräser; z. B. Wiesenlieschgras (Phleum pratense).
Liesen, svw. ↑ Flomen.
Liestal, Hauptort des schweizer. Halbkantons Basel-Landschaft und des Bez. L., 12 500 E. Schulzentrum; Museum; Maschinenbau, Textil- und chem. Ind. – 1190 erstmals erwähnt; 1241 Stadt. 1832 wurde L. Hauptort des Halbkantons. – Got. Pfarrkirche (13. und 16. Jh.), Rathaus (16. Jh.) mit spätgot. Fassade.
Lieste (Halcyon), Gatt. sehr bunter, vorwiegend insektenfressender Eisvögel mit über 30 Arten in Afrika, S- und O-Asien und in der indoaustral. Region; Schnabel kräftig, lang und spitz; z. B. Braunliest (Halcyon smyrnensis).
Lietz, Hermann, *Dumgenevitz (= Kasnevitz, Landkreis Rügen) 28. April 1868, †Haubinda (= Westhausen, Landkr. Hildburghausen) 12. Juni 1919, dt. Pädagoge. – Führender Vertreter der dt. Reformpädagogik; 1896/97 Gastlehrer an einer engl. fortschrittl. Privatschule (New School Abbotsholme), die ihn zu dem Entwurf einer idealen Schule („Emlohstobba. Roman oder Wirklichkeit?", 1897) und zur Gründung der ersten Landerziehungsheime anregte.
Lietzau, Hans, *Berlin 2. Sept. 1913, †ebd. 29. Nov. 1991, dt. Regisseur und Theaterleiter. – 1964–69 Schauspieldirektor am Staatsschauspiel München, 1972–80 Intendant an den Staatl. Schauspielbühnen Berlin, dann freier Regisseur.
Lietzmann, Hans, *Düsseldorf 2. März 1875, †Locarno 25. Juni 1942, dt. ev. Theologe. – 1905 Prof. in Jena, ab 1924 in Berlin; v. a. bekannt durch seine Arbeiten zum N.T. sowie über die alte Kirche.
Lieue [frz. ljø; zu gall.-lat. leuca „gall. Meile"], alte frz. Längeneinheit (Wegemaß); 1 L. commune (L. de terre) entsprach 4,452 km, 1 L. marine 5,565 km, 1 L. de poste 3,898 km.
Lievens, Jan [niederl. ˈliːvəns], *Leiden 24. Okt. 1607, †Amsterdam 4. Juni 1674, niederl. Maler und Graphiker. – Schüler u. a. von P. Lastman; 1625–32 schuf er in Leiden in enger Arbeitsgemeinschaft mit Rembrandt Porträts und großfigurige bibl. Szenen; später v. a. repräsentative Bildnisse, Landschafts- und Historienbilder.
Lifar, Serge, *Kiew 2. April 1905, †Lausanne 15. Dez. 1986, frz. Tänzer und Choreograph russ. Herkunft. – Von Diaghilew 1923 an die „Ballets Russes" engagiert, entwickelte sich L. zu einem der brillantesten französischen Tänzer Frankreichs. Seine internat. Karriere begann mit seiner Berufung zum Ballettmeister der Pariser Oper (1929–45; 1947–58). L. gab sowohl dem klass. als auch dem modernen Tanz wesentl. Impulse.
Life [engl. laif „Leben"], amerikan. Illustrierte, erschien 1936–72; begr. von Henry R. Luce; erste Bilderzeitschrift im modernen Sinn; 1978 neu begründet.
Life-island [engl. ˈlaifˌailənd „Lebensinsel"], Bez. für ein steriles Isolierzelt oder einen sterilen Raum zum Schutz infektionsgefährdeter Patienten, z. B. bei zytostat. Behandlung oder Immunsuppression.
LIFO [Abk. von engl.: last in, first out] ↑ Keller.

Lift [engl., zu to lift „in die Höhe heben"], svw. ↑ Aufzug. – ↑ Fördermittel.
Liften [engl.], svw. ↑ Facelifting.
Liga [span. zu lat. ligare „(fest)binden"] (frz. ligue, engl. league), 1. Bez. für fürstl. Bündnisse, v. a. vom 15. bis 17. Jh.; seit der Reformationszeit meist für Bündnisse kath. Staaten oder Stände (L. von Cambrai, Heilige L.), v. a. für die im Sommer 1609 gegen die prot. Union gebildete **katholische Liga,** der fast alle kath. Stände angehörten. Sie war die eigtl. Machtstütze des Kaisers zu Beginn des Dreißigjährigen Krieges; wurde im Frieden von Prag 1635 aufgelöst. – 2. In neuerer Zeit Bez. für nat. und internat. Zusammenschlüsse moral. oder weltanschaul. Zielsetzung, u. a. Arab. L., L. für Menschenrechte, L. der Nationen (Völkerbund), Ligue des patriotes, Freimaurerliga.
▷ im *Sport* Spielklasse in der etwa gleichstarke Vereinsmannschaften zusammengefaßt sind. Höchste Spielklasse in vielen Sportarten in Deutschland ist die Bundesliga.
Ligabue, Antonio, eigtl. Laccabue, *Zürich 18. Dez. 1899, †Gualtieri (Prov. Reggio nell'Emilia) 27. Mai 1965, schweizer.-italien. Maler. – Seine [Selbst]porträts und Tierbilder sind bed. Werke naiver Kunst.
Liga für Menschenrechte (frz. Ligue pour la défense des droits de l'homme et du citoyen), 1898 in Paris im Verlauf der Dreyfusaffäre gegr. Verband, seit 1922 internat. Föderation mit pazifist. und allg. humanitären Zielen; heutiger Sitz in London.
Ligament (Ligamentum) [lat.], svw. ↑ Band (Anatomie).
Ligand [zu lat. ligare „verbinden"], Atom, Molekül oder Ion, das an ein Zentralatom oder -ion bei ↑ Koordinationsverbindungen angelagert ist.
Ligasen [lat.] (Synthetasen), Enzyme, die die Verknüpfung zweier Moleküle unter Spaltung von ATP oder einer anderen energiereichen Verbindung katalysieren.
ligato [lat.], svw. ↑ legato.
Ligatur [zu lat. ligatura „Band"], in der *Schriftkunde* Zusammenziehung von Buchstaben, die ein flüssigeres Schreiben ermöglicht; in der *Drucktechnik* die Vereinigung meist zweier Buchstaben zu einem Zeichen auf einer Drucktype oder einer Setzmaschinenmatrize.
▷ in der *Musik* die Bindung mehrerer Noten zu einer Notengruppe in der Mensuralnotation; in der heutigen Notenschrift das Binden zweier Noten gleicher Tonhöhe durch einen Haltebogen (↑ Bogen).
▷ in der *Medizin:* chirurg. Unterbindung von Blut- und Lymphgefäßen oder Hohlorganen zur Blutstillung.
Ligeti, György, *Dicsőszentmárton (heute Tîrnăveni, Rumänien) 28. Mai 1923, östr. Komponist ungar. Herkunft. – Emigrierte 1956; wirkte in Köln, lebte 1959–69 meist in Wien; wurde 1973 Prof. für Komposition in Hamburg. L. ist durch die postseriale Klangfarbenkomposition „Atmosphères" (1961) berühmt geworden: Komposition. Kleinstarbeit erzeugt homogene Klangwirkung von flächiger Dynamik. Obgleich L. diesen kompositor. Ansatz beibehielt, gelang ihm doch eine Vereinfachung der musikal. Schreibweise, v. a. in der Kammermusik (2. Streichquartett, 1968; „Ramifications", 1969). Diesem kompositionstechn. Aspekt stellt L. das Bestreben nach möglichst großer Sprachähnlichkeit und Bildhaftigkeit der musikal. Wirkung zur Seite („Aventures", 1962; „Requiem", 1963–65). Hauptwerk der 70er Jahre ist die Oper „Le grand macabre" (1974–77). Im Klavierkonzert (1986–88) verwirklicht L. seine neue Konzeption der Harmonik und Rhythmik (südostasiat. Tonskalen, Übereinanderschichtung verschiedener metr.-rhythm. Elemente.
Ligne [frz. liɲ], Adelsfamilie mit Stammsitz im Hennegau; 1545 Reichsgrafen, 1601 Reichsfürsten; bed. Vertreter:
L., Charles Joseph Fürst von, *Brüssel 23. Mai 1735, †Wien 13. Dez. 1814, östr. Feldmarschall (seit 1808) und Diplomat. – Feldherr im Siebenjährigen Krieg und im Bayr. Erbfolgekrieg. Auf diplomat. Missionen nach Rußland gewann er das Vertrauen Katharinas II. Aus seiner Schriftstellertätigkeit hinterließ er den Briefwechsel mit Friedrich d. Gr., Katharina II., Voltaire, Rousseau, Goethe und Wieland.

Serge Lifar

György Ligeti

Lignin [zu lat. lignum „Holz"], makromolekularer Naturstoff (Benzolderivat); neben der Zellulose wichtigster Holzbestandteil, der bei Einlagerung in die pflanzl. Zellwände deren Verholzung **(Lignifizierung)** bewirkt.

Ligorio, Pirro, *Neapel um 1510, †Ferrara 30. Okt. 1583, italien. Baumeister. – Ab 1555 Baumeister im Dienste der Päpste; vollendete nach 1567 sein Hauptwerk, die manierist. Gärten für die Villa d'Este bei Tivoli; ab 1572 für den Hof von Ferrara tätig. Veröffentlichte um 1553–58 Material über Denkmäler und Pläne des antiken Rom.

Ligue des patriotes [frz. ligdepatriˈɔt „Patriotenliga"], 1882 von P. Déroulède gegr. frz. nationalist. Organisation mit dem Ziel der Vorbereitung einer Revanche für die Niederlage im Dt.-Frz. Krieg; 1889 aufgelöst, 1895 neugegr.; erneute Auflösung vor 1939.

Ligurer (lat. Ligures), ein in mehrere Stämme unterteiltes Volk, das urspr. von den Pyrenäen bis in die Poebene und auf Korsika siedelte; seit dem 6. Jh. v. Chr. durch die Etrusker, im 4. Jh. durch die Kelten auf das Gebiet der Meeralpen und den Ligur. Apennin zurückgedrängt. Unterwerfung durch die Römer nach 200 v. Chr. – Von der Sprache **(Ligurisch)** sind nur Orts- und Personennamen, aber keine Inschriften bekannt. Das Ligurische war vermutlich eine nichtindogerman. Sprache.

Ligurien, norditalien. Region am Ligur. Meer, 5 416 km², 1,727 Mill. E (1990), Hauptstadt Genua. Von tiefen Schluchten zerschnittenes Gebirgsland mit buchtenreicher Küste, mildem Klima und mediterraner Vegetation. Die Hafenstädte Genua, Savona und La Spezia sind bed. Ind.zentren. In den wenigen landw. orientierten Gem. spielt die Blumenzucht eine große Rolle; Fremdenverkehr.
Geschichte: Im Altertum das Land der Ligurer. Bei der Neugliederung Italiens durch Augustus wurde **Liguria** die 9. Region des Landes. Nach ostgot., byzantin., langobard. und fränk. Herrschaft folgte die (lose) Zugehörigkeit zu Reichsitalien. Anfang 11. Jh. wurde Genua zur führenden Macht in L.; 1797 richtete Napoléon Bonaparte die Ligurische Republik ein; 1815 als Hzgt. Genua zum Kgr. Sardinien.

Ligurische Alpen, italien. Gebirgslandschaft im westl. Ligurien zw. Colle di Tenda im W und Col di Cadibona im O, im Monte Marguareis 2 651 m hoch.

Ligurischer Apennin, italien. Gebirgslandschaft im nördl. Ligurien und südl. Piemont, im Monte Maggiorasca 1 803 m hoch.

Ligurische Republik (frz. République Ligurienne, italien. Repubblica Ligure), Name der von Napoléon Bonaparte 1797 in eine demokrat. Republik umgewandelten Adelsrepublik Genua. 1805 in drei Dep. aufgeteilt und Napoleons Kaiserreich einverleibt.

Ligurisches Meer, der nördl. Teil des Mittelmeeres mit dem Golf von Genua, zw. Italien. und Frz. Riviera und der Insel Korsika, bis 2 615 m tief.

Liguster [lat.] (Rainweide, Ligustrum), Gatt. der Ölbaumgewächse mit rd. 50 Arten, v. a. im östl. Asien; immer- oder sommergrüne Sträucher mit ganzrandigen, gegenständigen Blättern und weißen, meist kleinen Blüten in endständigen Rispen. Zahlr. Arten werden für Zierhecken kultiviert; einheimisch ist der **Gemeine Liguster** (Ligustrum vulgare), ein bis 5 m hoher, sommergrüner Strauch mit stark duftenden Blüten und schwarzen, giftigen Beeren.

Ligusterschwärmer (Sphinx ligustri), hauptsächlich in Eurasien verbreiteter, etwa 9–10 cm spannender, dämmerungs- und nachtaktiver Schmetterling (Fam. Schwärmer).

Li Hsien-nien ↑Li Xiannian.

liieren [frz., zu lat. ligare „(fest)binden"], sich eng mit jemandem verbinden; mit jemandem eng zusammenarbeiten.

Liji (Li chi) [chin. lidzi „Aufzeichnungen über die gesellschaftl. Normen"], einer der „Fünf Klassiker" des Konfuzianismus, in der späteren Hanzeit (25–220) aus älteren Quellen (bis etwa 400 v. Chr.) kompiliert; das Werk enthält neben Opfervorschriften v. a. moral. Traktate.

Likasi, Stadt im südl. Shaba, Zaire, 1 270 m ü. d. M., 283 000 E. Größtes Bergbau- und Ind.zentrum Shabas mit Kupfer-, Kobalt- und Uranerzbergbau, Kupfer- und Kobaltraffinerie, chem. Industrie.

Likör (Liqueur) [frz., eigtl. „Flüssigkeit" (zu lat. liquor)], süßer Trinkbranntwein mit mindestens 30 Vol.-% Alkohol (Ausnahme: Eierlikör) und 220 g/l Extraktgehalt (Fruchtextrakte oder äther. Öle).

Likörweine, gespritete Dessertweine, die bis zu 25 Vol.-% Alkohol und 6 % Zucker enthalten. Zu ihnen gehört u. a. der Sherry.

Liktoren (lat. lictores), im antiken Rom Amtsdiener; schritten den höheren Magistraten mit den Faszes voran; versahen außerdem untergeordnete Dienstgeschäfte.

Likud, 1973 gebildeter israel. Parteienblock, bestehend u. a. aus der rechtsgerichteten Cherut-Partei (gegr. 1948) und der Liberalen Partei (gegr. 1961); 1977–92 Reg.partei in verschiedenen Koalitionen (1983–90 mit der Israel. Arbeiterpartei; Vors. ist (seit 1993) B. Netanyahu.

Lila [frz., letztlich zu Sanskrit nīla „schwarz, bläulich"], ein mit Weiß (bzw. hellem Grau) aufgehelltes Violett; L. ist eine ausgesprochen ungesättigte, gebrochene Farbe, z. B. die Farbe des Flieders.

Lilangeni, Abk. E (Mrz. Emalangeni); Währungseinheit in Swasiland; 1 E = 100 Cents (c).

Lilie (Lilium) [lat.], Gatt. der L.gewächse mit rd. 100 Arten in der gemäßigten Zone der Nordhalbkugel; Zwiebelpflanzen mit meist einfachen Stengeln, schmalen Blättern und trichterförmigen bis fast glockigen Blüten. Bekannte Arten: **Feuerlilie** (Lilium bulbiferum), mit feuerroten, schwarz gefleckten Blüten; auf Gebirgswiesen der Alpen und höherer Mittelgebirge; geschützt. **Madonnenlilie** (Weiße L., Lilium candidum), bis 1,5 m hoch, mit 10–15 cm langen, reinweißen, abends wohlriechenden Blüten in Trauben; im östl. Mittelmeergebiet bis SW-Asien verbreitet. **Türkenbund** (Türkenbund-L., Lilium martagon), bis 1 m hoch, mit duftenden, nickenden Blüten; Blütenhüllblätter hell purpurfarben, dunkel gefleckt; geschützt; auf Gebirgswiesen Eurasiens. **Königslilie** (Lilium regale), bis 1,5 m hoch, Blüten dicht gedrängt am Stengelende, außen rosa, innen weiß, am Grund kanariengelb; stark duftend; in W-China. **Prachtlilie** (Lilium speciosum), 50–150 cm hoch, mit drei bis zwölf weißen, etwas rot verwaschenen, großen Blüten; in Japan und Korea. **Tigerlilie** (Lilium tigrinum), bis 1,5 m hoch, Blüten leuchtend-orangerot, dunkelpurpurfarben gefleckt, in Trauben; in China und Japan. – In der **Heraldik** wird die L. – eines der wichtigsten Wappenbilder – meist nur als stark stilisierte L.blüte verwendet; als symbol. Ornament schon in alten Orient geläufig, kam die L. in ma. vorherald. Zeit auf Zeptern, Kronen und als Schildornament vor. Die Könige von Frankreich (Bourbonen) führten seit dem späten 12. Jh. den mit goldenen L. besäten blauen Schild, seit spätestens 14. Jh. drei L. Das L.banner (weiß, mit L. besät) war von der Mitte des 17. Jh. bis 1790 und 1814–30 die Flagge Frankreichs. – Die **christliche Kunst** kennt die L. als Symbol des Lichts der Welt (Christus), der Gnade Gottes, v. a. aber als bevorzugte Marienpflanze.

Lilie.
Oben: Tigerlilie.
Unten: Königslilie

Liliencron [...kroːn], Detlev von, eigtl. Friedrich Adolf Axel Freiherr von L., *Kiel 3. Juni 1844, †Alt-Rahlstedt (= Hamburg) 22. Juli 1909, dt. Dichter. – Bis 1875 preuß. Offizier; ab 1887 freier Schriftsteller in München und Berlin. L. gehörte zu den Vorkämpfern des Naturalismus und beeinflußte stark die Lyrik der Jh.wende. Er schrieb meisterhafte impressionist. Natur- und Liebeslyrik, Balladen, die z. T. an die Tradition des Bänkelsangs und Vagantenlieds anknüpfen, Novellen und realist. Kriegserzählungen; weniger erfolgreich waren seine Romane und Dramen.
Werke: Adjutantenritte (Ged., 1883), Unter flatternden Fahnen (En., 1888), Kriegsnovellen (1895), Poggfred (Epos, 1896).

L., Rochus Freiherr von, *Plön 8. Dez. 1820, †Koblenz 5. März 1912, dt. Germanist. – Seit 1852 Prof. in Jena; Mithg. und Leiter der „Allgemeinen Dt. Biographie" und Vors. der Preuß. Musikgeschichtlichen Kommission (1901–11); organisierte die Herausgabe der „Denkmäler deutscher Tonkunst" (65 Bde., 1892–1931).

Liguster.
Beerenfrüchte und
Blütenstand des
Gemeinen Ligusters

Lilienfeld

Lilienfeld. Kirche des 1263 vollendeten Zisterzienserstifts mit barocker Ausstattung

Lilienfeld, niederöstr. Bez.hauptstadt 20 km südlich von Sankt Pölten, 3 000 E. Museum; Luftkur- und Wintersportort. – Entstand im 13. Jh. um eine Zisterzienserabtei (gegr. 1202; 1789/90 vorübergehend aufgehoben). – Die spätroman.-frühgot. Stiftskirche (Pfeilerbasilika mit Hallenchor, 13. Jh.; im 18. Jh. barockisiert) ist eine der größten Kirchen Österreichs.

Liliengewächse (Liliaceae), Pflanzenfam. der Einkeimblättrigen mit rd. 300 Gatt.; meist ausdauernde Kräuter mit Wurzelstöcken, Knollen oder Zwiebeln; Blüten meist radiär. Zu den L. zählen viele Zierpflanzen, u. a. Graslilie, Grünlilie, Lilie, Tulpe, und Nutzpflanzen, z. B. Knoblauch, Zwiebel, Schnittlauch, Spargel.

Lilienhähnchen (Lilioceris), Gatt. der Blattkäfer, in M-Europa mit drei rot gefärbten Arten (6–8 mm lang), die auf Liliengewächsen leben.

Lilienhähnchen. Lilioceris lilii

Lilienschweif, svw. ↑Steppenkerze.

Lilienthal, Otto, *Anklam 23. Mai 1848, †Berlin 10. Aug. 1896 (Folgen eines Absturzes), dt. Ingenieur und Flugpionier. – L. führte aerodynam. Untersuchungen zur Erforschung des Vogelflugs („Der Vogelflug als Grundlage der Fliegekunst", 1889) durch und unternahm in Gleitflugzeugen, die er zusammen mit seinem Bruder *Gustav L.* (*1849, †1933) konstruierte, ab 1891 Gleitflüge bis zu 300 m Länge. – L. entwickelte Kleinmotoren und verbesserte die Dampfmaschine.

L., Peter, *Berlin 27. Nov. 1929, dt. Filmregisseur. – 1939–56 in der Emigration in Uruguay. Dreht meist polit. Filme (auch Fernsehfilme), die häufig in Südamerika spielen. – *Filme:* Malatesta (1969), La Victoria (1973), Es herrscht Ruhe im Land (1976), Das Autogramm (1984), Das Schweigen des Dichters (1986), Der Radfahrer von San Cristóbal (1987).

Liliput, fiktives Land der Zwerge in J. Swifts Roman „Gullivers sämtl. Reisen"; danach die Bez. **Liliputaner** für bes. klein gewachsene Menschen.

Lilith, weibl. altisrael. Dämon, einem babylon. Sturmdämon („lilitu") entsprechend; volksetymologisch in Israel wegen des Anklangs an *lajil* (hebr. „Nacht") als Nachtgespenst aufgefaßt (Jes. 34, 14). – Nach rabbin. Tradition die erste Frau Adams, die ihn verließ und zum Dämon wurde.

Lilje, Hanns, *Hannover 20. Aug. 1899, †ebd. 6. Jan. 1977, dt. luth. Theologe. – 1935–45 Generalsekretär des Luth. Weltkonvents; 1944 als Mitarbeiter der Bekennenden Kirche inhaftiert; 1947 in Lund Mitbegr. des Luth. Weltbundes, dessen Präsident er 1952–57 war; Mgl. des Rates der EKD, 1947–71 Bischof der Ev.-luth. Landeskirche Hannovers, ab 1950 Abt von Loccum, 1955–69 leitender Bischof der VELKD.

Lille Stadtwappen

Lille [frz. lil], frz. Ind.stadt in Flandern, an der kanalisierten Deûle, 174 000 E. Verwaltungssitz des Dep. Nord und der Region Nord; kath. Bischofssitz; staatl. und kath. Univ. u. a. Hochschulen; Kunstmuseum, Theater, Oper. Handelszentrum und Mittelpunkt des Ballungsraums L.-Roubaix-Tourcoing, ein Zentrum der fläm. Textilind.; ferner Maschinenbau- und Autoind., chem., Baustoff-, Gerberei- und Nahrungsmittelind., Flußhafen und ✈. – Früher **L'Isle,** seit dem 11. Jh. als **Insula** belegt; entstand um eine Burg aus dem 9. Jh., erhielt im 11. Jh. Marktrecht, 1127 Stadtrecht; im 12. Jh. eine der bedeutendsten Städte Flanderns; fiel 1384 an das Hzgt. Burgund, 1477 an Habsburg; 1667 von Truppen Ludwigs XIV. erobert und im Friedensvertrag von Utrecht (1713) endgültig Frankreich zugesprochen; blieb bis zum 1. Weltkrieg eine der wichtigsten frz. Festungen (von Vauban ausgebaut); seit 1804 Dep.hauptstadt. – Spätgotisch sind die Kirchen Saint-Maurice und Sainte-Cathérine; Zitadelle (17. Jh.), Alte Börse im Renaissancestil, Pariser Tor (1682–95), modernes Univ.klinikum (1936–53).

Lillehammer, Hauptstadt des norweg. Verw.-Geb. Oppland, am N-Ende des Mjøsensees, 22 300 E. Zentraler Ort für große Teile des Gudbrandsdals; Maschinenbau, Textil- und Nahrungsmittelind. – Im frühen 19. Jh. gegr., erhielt 1827 Stadtrecht. – Im SO der Stadt befindet sich eines der größten skand. Freilichtmuseen (gegr. 1887).

Lillo, George [engl. 'lilou], *London 4. Febr. 1693, †ebd. 3. Sept. 1739, engl. Dramatiker. – Schrieb mit „The London merchant, or the history of George Barnwell" (1731, dt. 1772 u. d. T. „Der Kaufmann von London, oder Begebenheiten George Barnwells") das erste Trauerspiel, dessen Held ein Bürgerlicher (eben der Lehrling G. Barnwell) war. L. beeinflußte damit G. E. Lessing („Miß Sara Sampson").

Lilly, John [engl. 'lili] ↑Lyly, John.

Lilongwe, Hauptstadt von Malawi, 1 067 m ü. d. M., 220 000 E. Kath. Bischofssitz; Handelszentrum eines Agrargebiets; Verarbeitung landw. Produkte; internat. ✈. Nahebei die Landw.schule der Univ. von Malawi.

Lilybaeum ↑Marsala.

Lima, Hauptstadt Perus und des Dep. L., am Río Rímac, bildet mit der Hafenstadt **Callao** eine Agglomeration von (1990) 7,3 Mill. E (rd. 1/3 der Bev. Perus). Kath. Erzbischofssitz; 13 Univ. (darunter die älteste Südamerikas, gegr. 1551) und Hochschulen, wiss. Akad. und Inst.; Nationalarchiv, -bibliothek, Museen, Theater. Wichtigstes Handels-, Kultur- und Ind.zentrum Perus; Verkehrsknotenpunkt an der Carretera Panamericana, internat. ✈.

Geschichte: 1535 durch F. Pizarro gegr. als **Ciudad de los Reyes;** entwickelte sich zum bedeutendsten polit. und kulturellen Zentrum des span. Kolonialreiches in S-Amerika; 1542–1821 Hauptstadt des Vize-Kgr. Peru. Im Unabhängigkeitskampf S-Amerikas (ab 1810) war L. Zentrum der span. Macht. Im Salpeterkrieg (1881–83) wurde L. schwer zerstört. In den 1920er Jahren begann die Stadtsanierung. *Bauten:* L. war neben Cuzco Zentrum kolonialspan. Architektur und Kunst in S-Amerika; histor. Stadtkern und Kloster San Francisco (begonnen 2. Hälfte 16. Jh.; dreischiffige Basilika mit kuppelgewölbten Seitenschiffen, 1657–74) von der UNESCO zum Weltkulturerbe erklärt; Kathedrale

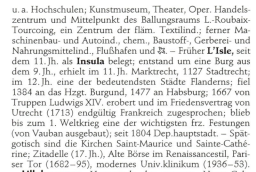

Lille. Pariser Tor, 1682–95

Lima. Zweigeschossiger Patio des Torre-Tagle-Palasts, um 1735

(1598–1624, 1687 und 1746 teilweise erneuert); Torre-Tagle-Palast (um 1735) mit zweigeschossigem Patio.
L., Dep. im westl. Z-Peru, am Pazifik, 33 895 km², 6,7 Mill. E (1990), Hauptstadt Lima. Umfaßt Teile der Küstenebene und der Westkordillere.

Limagne [frz. li'maɲ], von N nach S verlaufende, vom Allier durchflossene Grabenzone im nö. Zentralmassiv, Frankreich.

Liman [türk.-russ., zu griech. limén „Hafen"] ↑ Küste.

Liman von Sanders, Otto, *Stolp 17. Febr. 1855, †München 22. Aug. 1929, preuß. General und türk. Marschall. – 1913 Chef der dt. Militärmission in der Türkei; verteidigte 1915 erfolgreich die Dardanellen; wurde 1918 Oberbefehlshaber einer türk. Heeresgruppe in Syrien.

Limassol, Stadt an der zentralen S-Küste Zyperns, 120 000 E. Orth. Bischofssitz; Nahrungsmittel- und Genußmittelind., Parfümherstellung, Haupthafen der Insel. – L. ist die Nachfolgesiedlung des 8 km östl. gelegenen antiken **Amathus.** – 10 km westlich von L. befinden sich die Johanniterburg **Kolossi** (13. Jh.) sowie die ausgegrabenen Reste der antiken Stadt **Kurion.**

Limba [afrikan.], Bez. für das gelb- bis grünlichbraune Holz des in W-Afrika wachsenden, bis 25 m hohen Langfadengewächses Terminalia superba. – ↑ Hölzer (Übersicht).

Limbach-Oberfrohna, Industriestadt westlich von Chemnitz, Sa., im Mittelsächs. Hügelland, 22 000 E. Trikotagen-, Feinwäsche-, Strumpfind., Textilmaschinenbau. – 1950 durch die Vereinigung von **Limbach** (1346 erstmalig erwähnt) und **Oberfrohna** (1415 erstmalig erwähnt, 1935 Stadtrecht) entstanden.

Limbe (früher Victoria), Prov.hauptstadt in W-Kamerun, am S-Fuß des Kamerunberges, am Golf von Guinea, 32 900 E. Erdölraffinerie, Textilfabrik; Hafen. – 1858 von einem brit. Missionar gegründet.
L., Stadt in Malawi, ↑ Blantyre.

limbisches System [zu lat. limbus „Saum, Rand"] ↑ Gehirn.

Limbourg [frz. lɛ̃'buːr], Prov. in Belgien, ↑ Limburg.

Limbu, altnepales. mongolider Volksstamm mit tibetobirman. Sprache, v. a. in O-Nepal, aber auch in Bhutan und Indien; 290 000.

Limburg ['– –], Bistum, Suffragan von Köln (seit 1930); errichtet 1821 als Suffragan von Freiburg mit Gebieten der ehem. Erzbistümer Trier, Mainz und Köln. – ↑ katholische Kirche (Übersicht).
L. [niederl. 'lımbʏrx], Prov. in den sö. Niederlanden, 2 169 km², 1,10 Mill. E (1990), Verwaltungssitz Maastricht. Die in ihrer ganzen N–S-Erstreckung von der Maas durchflossene Prov. grenzt im O an Deutschland, im S und SW an Belgien. Mit Ausnahme des stärker industrialisierten S-Teils überwiegt die Landw.; der Steinkohlenbergbau im S wurde 1973 eingestellt.
Geschichte: Durch den Wiener Kongreß (1815) geschaffen; 1830 von Belgien beansprucht; im Londoner Protokoll 1839 endgültige Festlegung der niederl.-belg. Grenzen (der Teil westlich der Maas kam zu Belgien, der Teil östlich der Maas blieb bei den Niederlanden). Die niederl. Prov. war als Hzgt. L. (offizielle Bez. bis 1906) auch Mgl. des Dt. Bundes (bis 1866); wurde erst im 20. Jh. voll integrierter Bestandteil der Niederlande.
L. [niederl. 'lımbʏrx] (frz. Limbourg), Prov. in NO-Belgien, 2 422 km², 745 000 E (1990), Verwaltungssitz Hasselt. Im N hat die Prov. Anteil am Kempenland, im S am Haspengau. Wichtigster Wirtschaftszweig von Süd-L. ist die Landw. In Nord-L. finden sich am oder in der Nähe des Albertkanals die Hauptindustriestandorte Hasselt, Genk, Tessenderlo und Beringen.

Limburg, Brüder von [niederl. 'lımbʏrx], Paul, Herman und Jan (eigtl. Malouel), *Nimwegen zw. 1375 und 1385, †Bourges 1416 (an der Pest?), niederl.-burgund. Miniaturisten. – Vermutlich ab 1404 im Dienst des Herzogs Jean von Berry, für den sie berühmte Stundenbücher schufen (u. a. die unvollendeten „Les très riches heures du Duc de Berry", 1413–16, Chantilly, Musée Condé). In der Verbindung der Tradition niederl.-burgund. Buchmalerei mit italien. Vorbildern (v. a. Giotto und den Sienesen) und einer unmittelbaren realist. Sehweise legten sie die Grundlage für die niederl. Malerei des 15. Jahrhunderts.

Limburg a. d. Lahn, hess. Krst. an der Lahn, 29 200 E. Verwaltungssitz des Landkr. L.-Weilburg; kath. Bischofssitz; Museen; Priesterseminar; Maschinen- und Gerätebau, Glashütte, metallverarbeitende, Elektro-, elektron., Nahrungsmittel-, Genußmittel- und Verpackungsindustrie. – An der Lahnfurt befand sich in merowing. Zeit eine Befestigung; 910 errichteten die Konradiner auf den Felsen das Kollegiatstift Sankt Georg (seit 1827 Bischofskirche des 1821 gegr. Bistums), nach ihrem Aussterben ging die Herrschaft über das Stiftsgebiet, das von der Gft. eximiert war, an die Pfalzgrafen, um 1180 an die Grafen von Leiningen, um 1220 an die Herren von Isenburg (seit 1232 Isenburg-Limburg) über. Stadtrecht der Siedlung schon vor 1220; zw. 1322 und 1407 gewann das Erzstift Trier die Lehns- und Landeshoheit; fiel 1802/03 an Nassau, 1866 an Preu-

Lima
Stadtwappen

Lima
Hauptstadt Perus
·
5,9 Mill. E
·
älteste Univ. Südamerikas (gegr. 1551)
·
1535 durch Pizarro gegr.
·
1542–1821 Hauptstadt des Vize-Kgr. Peru
·
Kloster San Francisco
·
ausgedehnte Elendsviertel

Brüder von Limburg. Das Zusammentreffen der drei Könige aus dem Morgenland, Miniatur aus dem Stundenbuch des Herzogs von Berry, zwischen 1413 und 1416 (Chantilly, Musée Condé)

Limburger Becken

Limburg a. d. Lahn
Stadtwappen

ßen. – Burg und Dom (nach 1211 an der Stelle der alten Stiftskirche errichtet) bilden eine eindrucksvolle Baugruppe über der Stadt mit ihren zahlr. Stein- und Fachwerkbauten des 16. und 17. Jh.; got. Stadtkirche (14. Jh.), Lahnbrücke (1315 ff.; wiederhergestellt). Im Ortsteil **Dietkirchen** roman. ehem. Stiftskirche (11./12. Jh.).

Limburger Becken, von der unteren Lahn durchflossene Senke zw. dem Taunus im S und dem Westerwald im N.

Limburgit [nach der Limburg im Kaiserstuhl], Ergußgestein mit meist über 50 % glasiger Grundmasse und Einsprenglingen v. a. von Augiten und Olivin.

Limburg-Weilburg, Landkr. in Hessen.

Limbus [lat. „Saum, Rand"], Bez. für einen Ort (auch **Vorhölle** gen.) bzw. Zustand, in dem sich diejenigen Verstorbenen befinden, die nach einer heute nur noch mit Vorbehalt vertretenen Lehre der kath. Kirche weder im Himmel noch in der Hölle oder im Fegefeuer sind; gilt v. a. für ungetauft verstorbene Kinder und die vorchristl. Gerechten.

Limerick, Stadt am Shannon, Irland, 56 200 E. Verwaltungssitz der Gft. L.; Sitz eines anglikan. und eines kath. Bischofs; Univ. (gegr. 1989). L. ist das bedeutendste Wirtschaftszentrum an der W-Küste Irlands. Verarbeitung landw. Produkte, Textil-, Metall- und Elektronikind.; Hochseehafen. – Bis zum Ende des 10. Jh. Hauptstadt eines (Wikinger-)Kgr.; 1197 Stadtrecht; 1609 Stadtgrafschaft. – Burg (13. Jh.), anglikan. Kathedrale (1142–80).

L., Gft. in SW-Irland, südlich des unteren Shannon, 2 667 km², 109 000 E (1990). Verwaltungssitz L. Überwiegend Flachland- und Plateaucharakter, im O und SO von Bergländern umrahmt. V. a. Rindermast und Milchviehhaltung. – Im MA Teil von Munster, ab 1127 von Thomond; 1174 vom Kgr. England in Besitz genommen; Mitte des 13. Jh. kam es zur Bildung der Verwaltungs-Gft. (County) Limerick.

Limerick [engl. 'lɪmərɪk; wohl nach dem Kehrreim „Will you come up to Limerick?" („Willst Du nach Limerick [Stadt in Irland] kommen?")], seit 1822 nachweisbares engl. Versgedicht in 5 Zeilen (nach dem Schema aabba) mit komisch-grotesker, häufig ins Unsinnige umschlagender Endzeile; als Begründer und Meister gilt E. Lear. Neben klass. Nonsense-Versen von A. C. Swinburne, D. G. Rossetti, R. Kipling, E. Gorey gibt es zahllose anonyme, auch dt. verfaßte L. wie: Ein seltsamer Alter aus Aachen, / der baute sich selbst einen Nachen; / umschiffte die Welt, / kam heim ohne Geld; / beherrschte jedoch siebzehn Sprachen.

Limes [lat. „Grenzweg, Grenze, Grenzwall"], in der röm. Kaiserzeit die befestigte Reichsgrenze. Der seit dem 1. Jh. n. Chr. angelegte L. diente urspr. v. a. der Kontrolle des Vorfeldes. – Der *niedergerman.* L. bestand aus einer Reihe von Befestigungen am Rheinufer mit rückwärtigem Straßensystem. Der *obergerman.* L., zw. Bad Hönningen und Rheinbrohl, gegenüber der Mündung des Vinxtbaches (Grenze der Provinzen Obergermanien und Niedergermanien) beginnend und nach Einbeziehung von Taunus und Wetterau mainaufwärts bis zur Linie Wörth a. Main–Bad Wimpfen führend, stammt aus flav. Zeit und wurde unter Antoninus Pius im 2. Jh. auf die Linie Miltenberg–Lorch vorgeschoben, im 2. Jh. befestigt durch Palisaden, Wall, steinerne Wachttürme, dahinter Kastelle. Der Verlauf des L. ist v. a. im Taunus (Kastelle Saalburg, Heidenstock) noch gut zu erkennen. Der *rät.* L. an der Linie Lorch–Gunzenhausen–Eining war mit Palisaden, Holztürmen, seit Antoninus Pius mit Steintürmen befestigt. Der L. in Britannien († Hadrianswall) ist die am besten ausgebaute lineare Befestigung. Der Sicherung Afrikas diente ein Grabensystem mit Kastellen und Straßenanlagen. Durch Festungen, Militärlager und Kastelle wurden die Grenzen an der Donau gesichert, Kastelle schützten das Gebiet zw. Trapezunt und Euphrat und zw. Petra, Bostra und Amida.

Limette [frz.] (Limone, Limonelle), Frucht der in feuchten Tropengebieten, v. a. in Westindien, kultivierten Zitruspflanze *Citrus aurantiifolia:* eiförmig, dünnschalig, grün bis gelb. Das saftreiche saure Fruchtfleisch wird zur Gewinnung von *L.saft* (Lime juice) genutzt; aus den Schalen werden äther. Öle gewonnen.

Limfjord [dän. 'limfjoːˀr] † Jütland.

limikol [lat.], schlammbewohnend.

Limikolen [lat.], svw. † Watvögel.

Limit [frz.-engl., zu lat. limes „Grenze"], Grenze, die räumlich, zeitlich, mengen- oder geschwindigkeitsmäßig nicht über- oder unterschritten werden darf.

limited [engl. 'lɪmɪtɪd „begrenzt" (zu lat. limes „Grenze")], Abk. Ltd., lim., Lim. oder Ld., Zusatz bei Handelsgesellschaften mit beschränkter Haftpflicht in Großbritannien (insbes. für limited company [† Company]).

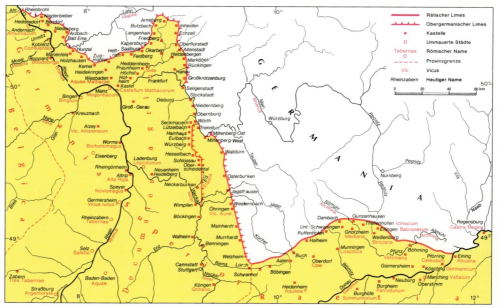

Limes. Obergermanisch-Rätischer Limes

Limosiner Email. Jean I. Pénicaud, „Verkündigung an Maria", um 1530 (London, Victoria and Albert Museum)

Limmat, rechter Nebenfluß der Aare, Schweiz, entspringt als **Linth** in den Glarner Alpen, mündet im Escherkanal in den Walensee, fließt von dort über den Linthkanal zum Zürichsee. Als L. wird der Ausfluß des Zürichsees bezeichnet, der nw. von Baden mündet; 140 km lang (einschl. Linth).

Limnäus, Johannes, *Jena 5. Jan. 1592, †Ansbach 13. Mai 1663, dt. Jurist. – Zählt zu den Begründern der dt. Staatsrechtswiss.; sein Hauptwerk ist „Juris publici Imperii Romano-Germanici libri IX" (1629–99).

Limneameer [griech./dt.] ↑Holozän (Übersicht).

limnikol [griech./lat.], in Süßwässern lebend.

Limnimeter (Limnograph) [griech.], Pegel zum Messen und Aufzeichnen des Wasserstandes eines Sees u. a. Gewässer.

limnisch [griech.] (lakustrisch), im Süßwasserbereich vorkommend.

Limnologie [zu griech. límnē „Teich"] (Süßwasserbiologie), Teilgebiet der Hydrobiologie; befaßt sich mit den Süßgewässern und deren Organismen.

Limnos (Lemnos), griech. Insel im nördl. Ägäischen Meer, 476 km², 15 700 E; bis 430 m hoch, Weinbau, Ölbaumkulturen. – Kam um 510 v. Chr. an Athen (bis etwa 200 v. Chr.); gehörte im MA zum Byzantin. Reich, dann zu Venedig, 1453–56 zu Genua, ab 1479 zum Osman. Reich, fiel 1912 an Griechenland.

Limoges [frz. li'mɔːʒ], frz. Stadt an der Vienne, 140 400 E. Verwaltungssitz des Dep. Haute-Vienne, Hauptstadt der Region Limousin; kath. Bischofssitz; Univ. (gegr. 1808), Konservatorium; Porzellanmuseum; Porzellan-, Schuh-, Papier-, Elektroindustrie, Maschinenbau. – In der Antike Hauptort der Lemoviker, hieß unter Augustus **Augustoritum,** später **Lemovicum;** wurde im 3. Jh. Bischofssitz, im Hoch-MA Handels- und Wirtschaftszentrum von Z-Frankreich; bed. Schmuck- und Emailwerkstätten; Ende des 12. Jh. Stadtrecht; kam 1607 zur frz. Krondomäne; danach Prov.hauptstadt, seit 1790 Departementssitz. – Gotische Kathedrale (1273 ff.) mit prunkvollen Bischofsgrabmälern (14. Jh.), Kirchen Saint-Michel-des-Lions (14.–16. Jh.) und Saint-Pierre-du-Queyroix (12.–16. Jh.); Brücken (13. Jh.), ma. Wohnhäuser.

Limón, Hauptstadt der Prov. L. im O von Costa Rica, 33 900 E. Wichtigster Hafen des Landes am Karib. Meer. Erdölraffinerie, Sperrholz- und Schwefelsäurefabrik.

Limonade [frz.; zu pers.-arab. līmūn „Zitrone(nbaum)"], alkoholfreies, süßes Getränk mit Geschmacksstoffen und kohlensäurehaltigem Wasser oder Tafelwasser.

Limone [pers.-arab.], svw. ↑Zitrone.

▷ svw. ↑Limette.

Limonelle [pers.-arab.], svw. ↑Limette.

Limonen [pers.-arab.] (p-Menthadien), flüssiger Kohlenwasserstoff mit zitronenartigem Geruch; findet sich in Zitrusfrüchten, Harzölen und Pfefferminzöl. L. wird zur Herstellung von Parfüm und als Riechstoff für Seifen und Waschmittel verwendet.

Limonit [griech.], svw. ↑Brauneisenstein.

Limonium [griech.], svw. ↑Widerstoß.

Limosiner Email [e'maɪ], in Limoges etwa seit dem 12. Jh. hergestellte Emailarbeiten, zunächst in Grubenschmelzarbeit (kirchl. Geräte u. ä.), im 15. – 17. Jh. auch Maleremail (Gefäße, Bildnisse, Altäre u. a.), Hauptmeister J. I. Pénicaud (*um 1485, †um 1555) und L. Limosin (*um 1505, †zw. 1575/77).

Limousin [frz. limu'zɛ̃], frz. Region im nw. Zentralmassiv, 16 942 km², 723 800 E (1990), Hauptstadt Limoges. Das L. ist dünn besiedelt, von anhaltender Bev.abwanderung betroffen und gering verstädtert. Wirtsch. Basis bildet die Grünland-, insbes. die Weidewirtschaft; Uranerzbergbau, traditionelle Porzellan- und Schuhind. – Urspr. das Gebiet der kelt. Lemoviker; der röm. **Pagus Lemovicinus** umfaßte die heutigen Dep. Haute-Vienne, Corrèze und Creuse; ab 507 unter fränk., vom 12.–14. Jh. mehrmals unter engl. Herrschaft; kam 1607 größtenteils zu Frankreich; 1790 wurde die Prov. L. in Dep. aufgeteilt; seit 1973 Region.

Limousine [...mu...; frz.; eigtl. „weiter Mantel" (der Fuhrleute im Limousin)], Pkw mit geschlossenem Verdeck (auch mit Schiebedach).

Limpopo, Fluß in S-Afrika, entspringt am Witwatersrand, Republik Südafrika, mündet sw. von Xai-Xai, Moçambique, in den Ind. Ozean, rd. 1 600 km lang; bildet im Mittellauf die Grenze der Republik Südafrika gegen Botswana und Simbabwe.

Limulus [lat.], seit dem Jura bekannte Gatt. der Pfeilschwanzkrebse. Die einzige noch heute vorkommende Art ist die **Königskrabbe** (L. polyphemus) an der Atlantikküste N-Amerikas, die (einschl. Schwanzstachel) bis 60 cm lang ist.

Linaloeöl [...lo-e-øːl; span./dt.], äther. Öl aus dem Holz von Balsambaumgewächsen; Hauptbestandteil ist das **Linalool,** ein ungesättigter primärer Alkohol mit maiglöckchenartigem Geruch; daneben enthält L. stark riechende Ester; Verwendung als Parfümerierohstoff.

Linalylacetat [span./lat.], der Essigsäureester des Linalools; wesentl. Geruchsstoff des Lavendel- und Bergamottöls; synthet. L. ersetzt heute weitgehend diese Öle in der Parfümerie.

Linard, Piz, höchster Gipfel der Silvrettagruppe, im schweizer. Kt. Graubünden, 3 411 m hoch.

Linares, span. Stadt in Andalusien, 418 m ü. d. M., 54 600 E. Auto- und Maschinenbauindustrie; Verhüttung der in der Umgebung abgebauten Erze (silberhaltiger Bleiglanz, Blei- und Kupfererze). – Bei L. befinden sich die Ruinen der iber. Siedlung **Castulo,** die unter karthag. Einfluß stand und im 2. Pun. Krieg 214 v. Chr. römisch wurde. – Klosterkirche San Júan de Dios (17. Jh.).

Lin Biao (Lin Piao) [chin. lınbıaʊ], *Huangkang (Prov. Hubei) 5. Dez. 1907, †13. (?) Sept. 1971 (Flugzeugabsturz), chin. Politiker. – Seit 1927 Mgl. der KPCh; 1945 Mgl. des ZK der KPCh; 1946 Oberkommandierender der Roten Armee, besiegte die Heere der Kuomintang im 3. revolutionären Bürgerkrieg (1945–49); wurde 1954 stellv. Min.präs., 1955 Mgl. des Politbüros und Marschall der Volksbefreiungsarmee, 1959 Verteidigungsmin.; in der Kulturrevolution auf der Seite Mao Zedongs, löste 1968 Liu Shaoqi als stellv. Parteivors. ab; stellte sich 1970 gegen Mao Zedongs Idee der „permanenten Revolution", von dessen Anhängern seine Fraktion nur knapp überstimmt wurde; L. B. Staatsstreich am 8. Sept. 1971 (Bildung eines separaten ZK) scheiterte; kam vermutlich bei dem Versuch, sich in die UdSSR abzusetzen, ums Leben.

Lincke, Paul, *Berlin 7. Nov. 1866, †Clausthal-Zellerfeld 3. Sept. 1946, dt. Komponist. – Hauptvertreter der Berliner Operette, u. a. „Frau Luna" (1899; darin u. a. „Das ist die Berliner Luft"), „Lysistrata" (1902), „Casanova" (1913), „Ein Liebestraum" (1940).

Limoges Stadtwappen

Lin Biao

Paul Lincke

Lincoln

Lindau (Bodensee). Hafeneinfahrt mit Leuchtturm, dahinter die Stadt mit dem um 1200 erbauten Mangturm in der Bildmitte

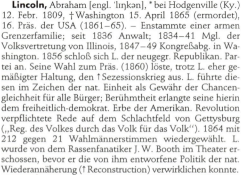

Abraham Lincoln

Lincoln
Stadtwappen

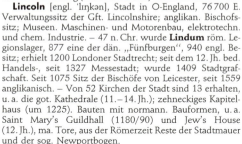

Jenny Lind
(Ausschnitt aus einem Gemälde, um 1850)

Lincoln, Abraham [engl. ˈlɪŋkən], * bei Hodgenville (Ky.) 12. Febr. 1809, † Washington 15. April 1865 (ermordet), 16. Präs. der USA (1861–65). — Enstammte einer armen Grenzerfamilie; seit 1836 Anwalt; 1834–41 Mgl. der Volksvertretung von Illinois, 1847–49 Kongreßabg. in Washington. 1856 schloß sich L. der neugegr. Republikan. Partei an. Seine Wahl zum Präs. (1860) löste, trotz L. eher gemäßigter Haltung, den ↑ Sezessionskrieg aus. L. führte diesen im Zeichen der nat. Einheit als Gewähr der Chancengleichheit für alle Bürger; Berühmtheit erlangte seine hierin dem freiheitlich-demokrat. Erbe der Amerikan. Revolution verpflichtete Rede auf dem Schlachtfeld von Gettysburg („Reg. des Volkes durch das Volk für das Volk"). 1864 mit 212 gegen 21 Wahlmännerstimmen wiedergewählt. L. wurde von dem Rassenfanatiker J. W. Booth im Theater erschossen, bevor er die von ihm entworfene Politik der nat. Wiederannäherung († Reconstruction) verwirklichen konnte.

Lincoln [engl. ˈlɪŋkən], Stadt in O-England, 76 700 E. Verwaltungssitz der Gft. Lincolnshire; anglikan. Bischofssitz; Museen. Maschinen- und Motorenbau, elektrotechn. und chem. Industrie. – 47 n. Chr. wurde **Lindum** röm. Legionslager, 877 eine der dän. „Fünfburgen", 940 engl. Besitz; erhielt 1200 Londoner Stadtrecht; seit dem 12. Jh. bed. Handels-, seit 1327 Messestadt; wurde 1409 Stadtgrafschaft. Seit 1075 Sitz der Bischöfe von Leicester, seit 1559 anglikanisch. — Von 52 Kirchen der Stadt sind 13 erhalten, u. a. die got. Kathedrale (11.–14. Jh.); zehneckiges Kapitelhaus (um 1225). Bauten mit normann. Bauformen, u. a. Saint Mary's Guildhall (1180/90) und Jew's House (12. Jh.), ma. Tore, aus der Römerzeit Reste der Stadtmauer und der sog. Newportbogen.

L., Hauptstadt des Bundesstaates Nebraska, USA, 350 m ü. d. M., 183 100 E. Kath. Bischofssitz, 2 Univ. (gegr. 1869 bzw. 1887); Museum. Handelszentrum eines Weizenanbau- und Viehzuchtgebietes, Ind.standort. – Gegr. 1859 als **Lancaster** (nach Lancaster, Pa.); Hauptstadt von Nebraska unter dem heutigen Namen seit 1867; City seit 1887. – State Capitol (1922–32).

Lincoln Center for the Performing Arts [engl. ˈlɪŋkən ˈsentə fə ðə pəˈfɔːmɪŋ ˈɑːts „Lincoln-Zentrum für die darstellenden Künste"], Kulturzentrum in New York, ab 1962 errichtet, mit Konzerthalle, Theatern und Bibliotheken sowie der neuen Metropolitan Opera.

Lincolnshire [engl. ˈlɪŋkənʃɪə], Gft. in O-England.

Lind, Jakov, eigtl. J. Landwirt, * Wien 10. Febr. 1927, östr. Schriftsteller. – Lebt seit 1954 in London. Wurde bekannt durch seine Erzählungssammlung „Eine Seele aus Holz" (1962), in der er Grotesk-Absurdes in erdrückenden Visionen darstellte. — *Weitere Werke:* Landschaft in Beton (R., 1963), Eine bessere Welt (R., 1966), Angst und Hunger (2 Hörspiele, 1967), Nahaufnahme (Autobiogr., dt. 1973), Reisen zu den Enu (Prosa, 1983).

L., Jenny, verh. Goldschmidt, * Stockholm 6. Okt. 1820, † Malvern Hills (bei Worcester) 2. Nov. 1887, schwed. Sängerin (Sopran). — Sang, gefeiert als „schwed. Nachtigall", an den großen Bühnen Europas (v. a. in Opern Bellinis, Donizettis und Meyerbeers).

Lindau (Bodensee), Krst. am SO-Ufer des Bodensees, Bay., 23 700 E. Stadtmuseum, Reichsstädt. Bibliothek; Fremdenverkehr; Textil- und Bekleidungsind., Maschinenbau, Herstellung von elektron. und elektr. Geräten; Hafen mit Leuchtturm und Löwendenkmal (1856). — Nach der ersten Nennung des Reichsklosters 882 entstand der Ort wohl Ende des 11. Jh.; vor 1216 Stadt, gehörte um 1240 zu den reichsten Städten Oberschwabens; erlangte unter Rudolf I. die Stellung einer Reichsstadt (bis 1803); fiel 1805 an Bayern; nahm wegen Zugehörigkeit zur frz. Besatzungszone und zu Bayern nach 1945 eine Sonderstellung ein; 1955 wieder an Bayern. — In der auf einer Insel liegenden Altstadt u. a. ehem. Sankt-Peters-Kirche (11. Jh.; frühgot. verlängert, jetzt Kriegergedächtnisstätte), ev. Stadtkirche Sankt Stephan (1180 ff.; spätgot. und barock umgebaut), kath. Pfarrkirche Sankt Maria (1748–51 erneuert); Altes Rathaus (1422–36; umgestaltet); Wohnbauten des 16. und 17. Jh., Reste der Stadtbefestigung (12.–15. Jh.), Mangturm (um 1200).

L. (B.), Landkreis in Bayern.

Lindbergh, Charles [Augustus] [engl. ˈlɪndbəːg], * Detroit 4. Febr. 1902, † auf Maui (Hawaii) 26. Aug. 1974, amerikan. Flieger. — L. führte 1927 in 33½ Stunden den ersten Alleinflug von New York über den Atlantik nach Paris durch („Mein Flug über den Ozean", 1953). Weltweites Aufsehen erregte 1932 die Entführung und Ermordung seines eineinhalbjährigen Sohnes.

Lindblad, Bertil, * Örebro 16. Nov. 1895, † Stockholm 25. Juni 1965, schwed. Astronom. — L. trug wesentlich zur Kenntnis der Galaxien bei und befaßte sich mit Leuchtkraftbestimmungen von Fixsternen.

Linde, Carl von (seit 1897), * Berndorf (= Thurnau, Landkreis Kulmbach) 11. Juni 1842, † München 16. Nov. 1934, dt. Ingenieur und Industrieller. — Prof. für Maschinen an der TH München; gründete 1879 die „Gesellschaft für L.'s Eismaschinen" (heute Linde AG). Er entwickelte 1876 eine mit Ammoniak als Kältemittel arbeitende Kompressions-Kältemaschine. 1895 gelang ihm die Herstellung von flüssiger Luft († Linde-Verfahren), 1902 von flüssigem Sauerstoff und 1903 von Stickstoff.

L., Otto zur, * Essen 26. April 1873, † Berlin 16. Febr. 1938, dt. Schriftsteller. — Stellte sich bewußt in Gegensatz zum Naturalismus und strebte eine Verbindung der Dichtung mit einer pantheist.-idealist. Philosophie an; gründete 1904 zus. mit R. Pannwitz die Literaturzeitschrift „Charon". Seine Lyrik weist expressionist. Züge auf.

Linde (Tilia), Gatt. der Lindengewächse mit etwa 45 meist formenreichen Arten in der nördl. gemäßigten Zone; bis 40 m hohe, z. T. bis 1 000 Jahre alt werdende, sommergrüne Bäume; Blüten gelblich oder weißlich, meist in hängenden, kleinen Trugdolden mit flügelartig vergrößertem unterem Vorblatt; das Holz ist für Schnitz- und Drechslerarbeiten geeignet. In M-Europa verbreitete Arten: **Sommerlinde** (Großblättrige L., Tilia platyphyllos), mit bis 12 cm langen, unterseits weißl. behaarten Blättern; **Winterlinde** (Tilia cordata), mit kleineren, herzförmigen, unterseits rotbraun behaarten Blättern; oft in Parks und an Alleen. *Geschichte:* Bei den Germanen und Slawen spielte die L. in Volksbrauchtum und Sage eine wichtige Rolle. Zahlr. Gerichts-, Feme-, Blut- und Geister-L. waren in M- und O-Europa noch bis in die jüngste Zeit bekannt. Feste, Versammlungen und Trauungen fanden seit der Zeit der Germanen bevorzugt unter Dorf-, Brunnen- und Burg-L. statt. — Seit dem 16./17. Jh. wird der *L. blütentee* als schweißtreibendes und fiebersenkendes Heilmittel bei Erkältung und Grippe verwendet.

Lindegren, Erik, * Luleå 5. Aug. 1910, † Stockholm 31. Mai 1968, schwed. Lyriker. — Nahm bes. in den 1940er Jahren eine führende Position unter den Vertretern der neuen schwed. Lyrik ein.

Lindemann, Ferdinand von ['---], *Hannover 12. April 1852, †München 6. März 1939, dt. Mathematiker. – Prof. in Freiburg i. Br., Königsberg (Pr) und München; bewies die Transzendenz der Zahl π und damit die Unmöglichkeit der Quadratur des Kreises mit Zirkel und Lineal.

L., Gustav ['---] ↑ Dumont, Louise.

L., Kelvin [dän. 'lenəma'n], *Kainsk (Sibirien) 6. Aug. 1911, dän. Schriftsteller. – Korrespondent im Span. Bürgerkrieg; schrieb unter dem Einfluß des Krieges histor. Romane, die Parallelen zu seiner Zeit aufzeigen, u. a. „Das Haus mit dem grünen Baum" (1942), „Nachtfalter und Lampion" (1959); ferner Erzählungen und Kurzgeschichten.

Linden, hess. Stadt im südl. Vorortbereich von Gießen, 10 900 E. Möbel-, Farben-, graph. Industrie. – **Großen-Linden** wurde 790 erstmals erwähnt; 1585 Flecken, Stadtrecht 1605 bestätigt. L. entstand durch die Zusammenfassung Großen-Lindens mit der Gemeinde **Leihgestern** 1977. – Im Ortsteil Großen-Linden romanisch-got. Pfarrkirche (1907/08 restauriert), spätgot. Pfarrhaus; Fachwerkrathaus.

Lindenberg, Udo, *Gronau (Westf.) 17. Mai 1946, dt. Rockmusiker (Schlagzeuger und Sänger). – Wurde seit 1972 mit seinem „Panik-Orchester" zum Vorreiter für Rocksongs mit dt. Texten, die in schnoddrigem Jargon Witz und soziales Engagement zeigen. Unter der Regie P. Zadeks brachte er 1979 die Rockrevue „Dröhnland-Symphonie" heraus; wurde in den 1980er Jahren zu einer Integrationsfigur jugendl. Rockfans in Ost und West („Sonderzug nach Pankow", 1983); auch Filmdarsteller.

Richard Lindner. Hello, 1966 (Privatbesitz)

Lindenberg i. Allgäu, Stadt am N-Rand des Bregenzerwaldes, Bay., 765 m ü. d. M., 10 200 E. U. a. Milchverarbeitung, Hutfabriken, Herstellung von Segelflugzeugen und Flugzeugteilen. – 857 erstmals genannt; Stadtrecht seit 1914.

Lindenblütentee ↑ Linde.

Lindenfels, hess. Stadt im Odenwald, 5 000 E. Heilklimat. Kurort. – Vor 1123 erbauten die Vögte des Klosters Lorsch die Burg L., bei der ein Burgflecken entstand, der 1336 Stadtrecht erhielt. – Stauf. Burg, heute Ruine (12. Jh., 14.–16. Jh.); z. T. erhaltene Stadtbefestigung (15. Jh.).

Lindengewächse (Tiliaceae), Pflanzenfam. mit 48 Gatt. und mehr als 700 meist trop. Arten; hauptsächlich Bäume oder Sträucher. Bekannteste Gatt. ist die ↑ Linde.

Lindenmeiertradition [engl. 'lɪndənmaɪə], nach dem Fundort Lindenmeier (Colo., USA) ben. frühindian. Kultur (**Folsomkultur**) im SW und in den Prärien der USA; etwa 9000–8000 v. Chr.; kennzeichnend die Folsomspitzen.

Lindenschmit, Ludwig, *Mainz 4. Sept. 1809, †ebd. 14. Febr. 1893, dt. Prähistoriker. – Initiator der Gründung (1852) des Röm.-German. Zentralmuseums in Mainz, das er bis zu seinem Tode leitete.

Linder, Max [frz. lɛ̃'dɛːr], eigtl. Gabriel Maximilien Leuvielle, *Saint-Loubès (Gironde) 16. Dez. 1883, †Paris 30. Okt. 1925, frz. Schauspieler und Regisseur. – L., einer der herausragenden Komiker des Stummfilms, beeinflußte nach 1905 wesentlich die Entwicklung der Filmkomödie.

Linderhof ↑ Ettal.

Linde-Verfahren [nach C. von Linde], Verfahren zur Verflüssigung von Gasen, bes. von Luft, unter Ausnutzung des ↑ Joule-Thomson-Effektes in Verbindung mit dem ↑ Gegenstromprinzip.

Lindgren, Astrid, geb. Ericsson, *Näs bei Vimmerby 14. Nov. 1907, schwed. Schriftstellerin. – Eine der bekanntesten Kinderbuchautorinnen. Schreibt v. a. aus der Perspektive selbständig denkender und handelnder Kinder; schildert dabei eine Welt, in der die Kinder- und Phantasiefiguren ohne Bevormundung von Erwachsenen leben können. So porträtiert z. B. die Hauptfigur in der Pippi-Langstrumpf-Serie (1945–48), ein respektloses, freches, rebell. „Überkind", gegen vordergründige Ruhe-und-Ordnung-Parolen sowie gegen Äußerlichkeiten wie adrettes Aussehen, anständiges Betragen, Forderungen einer zwar gut gemeinten, jedoch streng konventionellen Erziehung. Detektivgeschichten für Kinder sind die Bücher um Kalle Blomquist (1946–53). Häufig Themen der neueren Bücher sind fehlende Geborgenheit und die kindl. Anstrengung, sie wiederherzustellen, z. B. in „Die Brüder Löwenherz" (1973) und „Ronja Räubertochter" (1981). Erhielt 1978 den Friedenspreis des Börsenvereins der Dt. Buchhandels.

Lindisfarne [engl. 'lɪndɪsfɑːn] ↑ Holy Island.

Lindman, Arvid, *Österby bei Uppsala 19. Sept. 1862, †Croydon (= London) 3. Dez. 1936 (Flugzeugabsturz), schwed. Admiral und Politiker. – 1882–92 Marineoffizier, danach Großindustrieller; 1905–11 Mgl. der 1. Kammer des Reichstags, 1912–35 Führer der Konservativen in der 2. Kammer; 1906–11 und 1928–30 Min.präs.; führte 1907 das allg. Wahlrecht für die 1. Kammer ein.

Lindner, Richard, *Hamburg 11. Nov. 1901, †New York 16. April 1978, amerikan. Maler und Graphiker dt. Herkunft. – 1941 Emigration in die USA. Stellt kontrastfarbig und plakativ den unpersönl., idolhaften, isolierten Maschinenmenschen der modernen Großstadt dar.

Lindsay, [Nicholas] Vachel [engl. 'lɪndzɪ], *Springfield (Ill.) 10. Nov. 1879, †ebd. 5. Dez. 1931 (Selbstmord), amerikan. Dichter. – Eine umfassende musische Begabung und sein Missionieren für ein Evangelium der Schönheit („Gospel of beauty") ließen ihn zum populären Bänkelsänger und Rezitator werden.

Lindtberg, Leopold, *Wien 1. Juni 1902, †Sils Maria (Graubünden) 18. April 1984, schweizer. Regisseur östr. Herkunft. – Führte Regie u. a. in Berlin und am Zürcher Schauspielhaus (1933–45; 1965–1968 dessen Direktor) sowie am Wiener Burgtheater; zahlr. Uraufführungen (Brechts „Mutter Courage", 1941).

Lindwurm [zu althochdt. lint „Schlange, Drache"], in Mythos und Sage gelegentlich Bez. für ↑ Drache.

Línea, La, span. Stadt am Hals der Halbinsel Gibraltar, 56 300 E. Seebad und Handelsstadt mit Ind. (seit den 1960er Jahren), in der Umgebung Anbau von Getreide, Obst und Gemüse. – Entstand im Bereich von Befestigungsanlagen des 18. Jahrhunderts.

Lineage [engl. 'lɪnɪɪdʒ; zu lat. linea „Linie"], völkerkundl. Bez. für eine Sozialeinheit, deren Angehörige alle von einem gemeinsamen Ahnen abstammen; sie ist nach der väterl. (**Patrilineage**) oder nach der mütterl. Linie (**Matrilineage**) ausgerichtet.

Lineal [mittellat., zu lat. linea „Strich, Linie, Richtschnur"], Gerät zum Zeichnen oder Anreißen gerader Linien sowie zur Maßermittlung, häufig mit Millimeterskala. Die Kombination mehrerer L. (*Rechtwinkel-L., Parallel-L.*) dient als Konstruktionshilfe beim techn. Zeichnen. Für gekrümmte Linien verwendet man *Kurven-Lineale*.

Charles Lindbergh

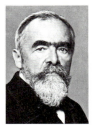
Carl von Linde

Astrid Lindgren

Leopold Lindtberg

Lineament

Theo Lingen

Hermann von Lingg

Linga

Lineament [lat.] (Erdnaht, Geofraktur, Geosutur), in der Geologie Bez. für eine bis in die Mantelzone der Erde reichende Bruchzone (Tiefenbruch); in der Erdgeschichte immer wieder aktiv.

linear [lat.], geradlinig, linienförmig, eindimensional. ▷ in der Mathematik vom ersten Grad, erster Ordnung; z. B. stellen $y = ax + b$ eine *l. Gleichung* und $f(x) = ax + b$ eine *l. Funktion* der Variablen x dar.

Linear-Antiqua-Schriften, zusammenfassende Bez. für ↑Groteskschriften und ↑Egyptienne (serifenlose und serifenbetonte Formen der L.-A.-S.).

Linearbandkeramik ↑bandkeramische Kultur.

Linearbeschleuniger ↑Teilchenbeschleuniger.

lineare Abbildung, Abbildung f eines ↑Vektorraumes V in einen Vektorraum W (beide über demselben Körper K), für die gilt: Sind a, $b \in V$ und $\lambda \in K$, so ist $f(a+b) = f(a) + f(b)$ und $f(\lambda a) = \lambda f(a)$.

lineare Abschreibung ↑Abschreibung.

lineare Optimierung ↑Optimierung.

lineare Programmierung, svw. lineare ↑Optimierung.

Linearform ↑Polynom.

Linearkombination, für Vektoren $v_1, v_2, \ldots v_n$ eines Vektorraums V jede Summe $\lambda_1 v_1 + \lambda_2 v_2 + \ldots + \lambda_n v_n$ mit $\lambda_1, \lambda_2, \ldots, \lambda_n$ als reelle Zahlen. Die Menge aller L. von $v_1, v_2, \ldots v_n$ ist das *Erzeugnis* dieser Vektoren.

Linearmotor (Wanderfeldmotor), ein elektr. Antriebsmotor, bei dem sich der eine Motorteil unter dem Einfluß elektromagnet. Kräfte gegenüber dem anderen geradlinig bewegt. – Den *Asynchron-L.*, den meistverwendeten L., kann man sich aus einem Drehstromasynchronmotor entstanden denken, dessen Teile nach Aufschneiden in übereinanderliegenden Ebenen abgerollt wurden. Wird in die Wicklungen des Ständers ein Drehstrom eingespeist, so entsteht ein längs des Ständers fortschreitendes Magnetfeld (Wanderfeld), das im Sekundärteil elektr. Wechselspannungen induziert. Die damit verknüpften Wirbelströme und das magnet. Wanderfeld bilden Kräfte aus, die das berührungsfrei schwebende bewegl. Motorenteil in der zur Fortschreitrichtung des Wanderfeldes entgegengesetzten Richtung bewegen. Der Läufer ist bei *einseitigen L. (Leitermotoren)* entweder als Metallplatte oder -schiene ausgebildet. Bei *doppelseitigen L.* befindet sich der Sekundärteil in Form einer unmagnet., leitenden Platte zw. zwei Primärteilen, deren Drehstromwicklungen sich gegenüberliegen (Doppelständerausführung). Durch einen zweiten Ständer, der ein Wanderfeld in entgegengesetzter Richtung erzeugt, können hin- und hergehende Bewegungen erreicht werden. – Wegen der berührungslosen Kraftübertragung eignen sich L. als Antriebsmittel für Einschienen[schnell]bahnen (Magnetschwebebahnen).

Linearschrift, Bez. für die Weiterentwicklung einer Bilderschrift, in der die urspr. figürl. Formen sich nicht aufgelöst haben, sondern nur mehr in einfachen Strichen gezeichnet sind. Bekannt sind die L. auf Kreta: **Linear A** aus mittel- und spätminoischer Zeit (noch nicht endgültig entziffert); **Linear B** aus spätminoisch-myken. Zeit (seit dem 15. Jh. v. Chr.) auf Kreta (Palast von Knossos) und dem griech. Festland; sie kennt außer Lautzeichen auch Ideogramme sowie Zahl-, Maß- und Gewichtszeichen; ihre Sprache ist ein archaischer griech. Dialekt (Mykenisch).

Linearstrahler ↑Antennen.

Line Islands [engl. 'laɪn 'aɪləndz], Bez. für eine Reihe von Inseln im zentralen Pazifik beiderseits des Äquators, u. a. ↑Kiritimati; etwa 615 km² und 1 200 E (bes. Mikronesier).

Ling, Pehr Henrik, *Södra Ljunga 15. Nov. 1776, †Stockholm 3. Mai 1839, schwed. Leibeserzieher und Schriftsteller. – Begründer der schwed. Gymnastik, die er v. a. in Anlehnung an die Gymnastik F. Nachtegalls bzw. GutsMuths' entwickelte (z. B. Sprossenwand, Gitterleiter, Schwedenbank).

Linga [Sanskrit „Kennzeichen, Phallus"], Lingam, symbol. Darstellung des männl. Gliedes als Kultbild in Indien. Älteste Darstellungen des L. (naturalistisch oder als Säulen-

stumpf) im Hinduismus stammen aus dem 1. Jh. v. Chr.; gilt als Symbol ↑Schiwas.

Lingajata [Sanskrit], ind. Sekte, ↑Wiraschaiwa.

Lingen, Theo, eigtl. Theodor Schmitz, *Hannover 10. Juni 1903, †Wien 10. Nov. 1978, dt.-öster. Schauspieler. – Engagements u. a. in Berlin und seit 1948 am Wiener Burgtheater; bekannter Charakterkomiker und populärer Filmschauspieler, u. a. „Im weißen Rößl" (1935), „Opernball" (1939), „Der Theodor im Fußballtor" (1950), „Hurra, die Schule brennt" (1969).

Lingen (Ems), Stadt im Emsland, Nds., 33 m ü. d. M., 50 000 E. Erdölraffinerie, Elektrostahlwerk, Bekleidungs-, Chemiefaser- und metallverarbeitende Ind., Kernkraftwerk Emsland (1 242 MW); Zucht- und Nutzviehmarkt; Hafen am Dortmund-Ems-Kanal. – Im Anschluß an die vor 1150 gebaute Burg der Grafen von Tecklenburg entwickelte sich L. zu einem bed. Handels- und Marktort (1306 Stadtrecht). Seit 1493 aus der Gft. Tecklenburg herausgelöst, dessen Hauptort es war. Kam 1551 an die Niederlande, 1702 an Preußen, 1815 an Hannover. – Ref. Kirche (1770) mit spätgot. Chor und roman. W-Turm; Rathaus (barock umgebaut) mit spätgot. Staffelgiebel.

Lingg, Hermann von, *Lindau (Bodensee) 22. Jan. 1820, †München 18. Juni 1905, dt. Dichter. – Mgl. des Münchner Dichterkreises. Seine rhetor. Begabung offenbarte sich v. a. in seinen Balladen. In dem Epos „Die Völkerwanderung" (1866–68) faszinieren prachtvolle Einzelschilderungen.

Lingonen (lat. Lingones), kelt. Stamm im Gebiet des Oberlaufs von Seine und Marne. Als Bundesgenossen Roms nahmen sie am Aufstand gegen Cäsar 52 v. Chr. nicht teil. 70 n. Chr. bei der Erhebung des Julius Sabinus wurden sie fast vernichtet.

Lingua [lat.], in der Anatomie svw. ↑Zunge.

Lingua franca [italien.], urspr. v. a. mit arab. Elementen vermischtes Italienisch, das zur Zeit der venezian. und genues. Herrschaft im östl. Mittelmeerraum Verkehrssprache war; danach allg. Bez. für die Verkehrssprache eines größeren, mehrsprachigen Raumes.

lingual [lat.], die Zunge betreffend.

Lingualpfeife (Zungenpfeife), neben der ↑Labialpfeife verwendete Orgelpfeifenart; der den Ton erzeugende Luftstrom wird durch eine schwingende Zunge aus Metall periodisch unterbrochen.

Linguistik [zu lat. lingua „Zunge, Sprache"], i. w. S. Bez. für den Gesamtbereich der ↑Sprachwissenschaft; i. e. S. Bez. für die moderne Sprachwissenschaft, die Theorien über die Struktur der (gesprochenen) Sprache erarbeitet und in weitgehend deskriptiven Verfahren empirisch nachweisbare Ergebnisse anstrebt. Die Mikro-L. bezieht sich auf die Analyse der inneren Sprachstrukturen, während die Makro-L. den gesamten kulturellen Kontext von Sprache in ihre Untersuchungen einbezieht. Die funktionelle L. beschreibt wie der linguist. ↑Strukturalismus und die auf ihm basierende ↑Prager Schule sowie die Kopenhagener Schule (↑Glossematik) die Funktionen linguist. Einheiten (vom Phonem bis zum Syntagma) in den jeweiligen systemat. Zusammenhängen. Auch die ↑generative Grammatik war urspr. auf die Analyse von Sätzen beschränkt. Die Ausweitung des funktionalen Aspekts auf satzübergreifende Strukturen (den „Text") führte zur System-L. Die ↑Textlinguistik zeigt die Wechselbeziehungen zw. unterschiedl. Textsorten und die den angewendeten sprachl. Mitteln auf. Die Regelhaftigkeit von Sprache wird unter Verwendung statist. Methoden in der statist. (quantitativen) L. untersucht. Im Rahmen der Computer-L. werden die Möglichkeiten linguist. Datenverarbeitung mit dem Ziel maschineller Sprachanalyse und deren Auswertung u. a. für die elektron. Spracherkennung und automat. Sprachübersetzung erprobt. Weitere Forschungsgebiete sind u. a.: die Sprache in Abhängigkeit von konkreten Sprechsituationen, Klärung sprachl. und soziokultureller Momente unter anthropolog. Aspekt, Sprachdidaktik, Übersetzungswiss., Analyse von Spracherwerb und Sprachgebrauch, ↑Soziolinguistik.

linguistischer Phänomenalismus (Philosophie der Normalsprache) ↑analytische Philosophie.

Linhartová, Věra [tschech. 'linhartova:], *Brünn 22. März 1938, tschech. Schriftstellerin. – Schreibt durch disziplinierte Sprache und starke Reflexion ausgezeichnete Prosa, die dem Surrealismus verwandt ist. Dt. erschienen u. a. „Geschichten ohne Zusammenhang" (1964), „Haus weit" (1968), „Chimäre ..." (dt. 1970); auch Übersetzungen.

Linie [zu lat. linea „Linie, Richtschnur"], in der *Mathematik* eindimensionales geometr. Grundgebilde ohne Querausdehnung; gekrümmte L. sind ↑Kurven, gerade L. ↑Geraden.

▷ *militärisch*: 1. taktisch die in gleichmäßigen Abständen nebeneinander aufgestellte Truppe (Ggs. Kolonne); 2. in der Heeresorganisation früher die Truppen des stehenden Heeres gegenüber der Reserve bzw. der Landwehr.

▷ im *Straßen- und Luftverkehr* sowie in der *Schiffahrt* eine regelmäßig von Verkehrsmitteln befahrene bzw. beflogene Verkehrsverbindung.

Linienbandkeramik ↑bandkeramische Kultur.

Linienrichter, bei einigen Ballspielen Assistent des Schiedsrichters, der vom Spielfeldrand aus insbes. Ausbälle und Abseitsstellungen anzeigt.

Linienriß, im Schiffbau die zeichner. Darstellung der Form eines Schiffes durch Schnitte in verschiedenen Ebenen: **Längsriß** (Schnitte parallel der Mittellängslinie), **Wasserlinienriß** (parallel zur Wasserlinie), **Spantenriß** (parallel zum Hauptspant, rechts Vor-, links Hinterschiff) und **Sentenriß** (in verschieden quer geneigten Ebenen). Übersichts- und Konstruktions-L. werden heute meist durch EDV-Anlagen erstellt.

Linienschiff, schwerstes Kriegsschiff der Segelschiffszeit mit mehreren Batteriedecks; die L. bildeten, „in der Linie" kämpfend, den Kern der Flotte. Die ab etwa 1850 gebaute dampfgetriebene, schwer bewaffnete und geschützte L. sowie das Groß-L. wurden zum Vorläufer des Schlachtschiffes.

▷ in der Linienschiffahrt eingesetztes Handelsschiff.

Linienschiffahrt, die Schiffahrt auf festgelegten Routen *(Linien)* nach einem festen Fahrplan, unabhängig vom Ladungsangebot (im Ggs. zur Trampschiffahrt).

Linienspektrum (Serienspektrum), ein aus einer Folge diskreter Spektrallinien bestehendes ↑Spektrum, das – im Ggs. zum ↑Bandenspektrum – bei den Übergängen der Leuchtelektronen zw. den Energiezuständen der Atome oder Atomionen eines Gases emittiert bzw. absorbiert wird. Jedem Übergang entspricht eine definierte Frequenz und damit eine bestimmte Spektrallinie. Die gesetzmäßige Folge der Linien eines L. bezeichnet man als **Linienserie.** Das L. ist für jedes chem. Element charakteristisch.

Liniensystem, in der *Musik* ein System paralleler, waagerechter (von unten nach oben gezählter) Linien, auf und zw. denen die Noten eingetragen werden.

Linientaufe (Äquatortaufe), traditionelle, humorvolle, durch den „Meeresgott Neptun" vollzogene „Taufe" von Seeleuten und Fahrgästen, die erstmals über den Äquator fahren.

Linienzugbeeinflussung ↑Eisenbahn.

Liniment [lat. „Schmiere"], dickflüssiges Einreibungsmittel aus Seife, Fetten und Alkoholen mit Arzneimittelzusätzen; wird v. a. zur Rheumabehandlung verwendet.

Linke, aus der nach 1814 übl. Sitzordnung (in Blickrichtung des Präs.) der frz. Deputiertenkammer übernommene Bez. für die „Bewegungsparteien", die auf eine (weitreichende) Änderung der politisch-sozialen Verhältnisse hinwirken.

linke Hand (Ehe zur linken Hand) ↑morganatische Ehe.

Linker [engl., zu to link „verbinden"] (Binder), in der Datenverarbeitung ein Programm des Betriebssystems, das mehrere in Maschinensprache vorliegende, im allg. nicht unabhängig lauffähige Programmteile zu einem ladbaren und lauffähigen Programm bindet.

Linklater, Eric Robert Russell [engl. 'lɪŋkleɪtə], *Dounby (Orkney) 8. März 1899, †Aberdeen 7. Nov. 1974, schott. Schriftsteller. – Seinen größten Erfolg hatte er mit dem witzig-satir. Schelmenroman „Juan in Amerika" (1931). – *Weitere Werke:* Soldat Angelo (R., 1946), Auf der Höhe der Zeit (R., 1958).

Linköping [schwed. 'lintɕøːpiŋ], Hauptstadt des Verw.-Geb. Östergötland im sö. M-Schweden, 118 600 E. Luth. Bischofssitz; Univ. (gegr. 1970), geotechn. Forschungsinstitut; Museen; Datenverarbeitung, Flugzeug- und Kraftfahrzeugbau, Elektronikind., Maschinenbau. – Seit dem 12. Jh. Stadt. – Roman.-spätgot. Dom (13.–15. Jh.), Schloß (13., 15. und 16. Jh.).

links, bezeichnet die Körperseite, auf der beim Menschen gewöhnlich das Herz liegt und deren Hand bei den meisten Menschen ungeschickter ist. Die Bed. und Bewertung von l. und rechts ist bei den Völkern unterschiedlich (↑rechts und links).

Linksauslage ↑Auslage.
LinksDruck Verlag GmbH ↑Verlage (Übersicht).
linkseindeutig ↑eindeutig.
Linkshändigkeit, bevorzugter Gebrauch der linken Hand, bedingt durch stärkere funktionelle Differenzierung der rechten Gehirnhälfte. Die L. kommt bei etwa 2–5 % der Menschen vor.

Linkshegelianismus ↑Hegelianismus.

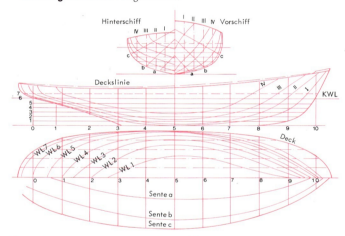

Linienriß. Oben: Spantenriß. Mitte: Längsriß. Unten: Wasserlinien- und Sentenriß; KWL Konstruktionswasserlinie, WL Wasserlinienriß

Linkshypertrophie ↑Herzhypertrophie.
Linksinsuffizienz ↑Herzkrankheiten.
Links-Rechts-Shunt [ʃʌnt], in der *Medizin* ↑Shunt.
Linkssystem ↑Dreibein.

Link-Trainer ⓦ [engl., nach dem amerikan. Erfinder E. A. Link, *1904, †1981], Flugsimulator für die Pilotenschulung am Boden.

Linlithgow, Victor Alexander John Hope, Marquess of (seit 1908) [engl. lɪn'lɪθgoʊ], *Mbala (Sambia) 29. Sept. 1887, †auf seinem Besitz in West Lothian 5. Jan. 1952, brit. Politiker. – Vors. des Parlamentsausschusses, der die Verfassung von 1935 ausarbeitete; 1936–43 Vizekönig von Indien; führte die 1935 vom Parlament beschlossene Trennung Birmas von Indien durch.

Linlithgow [engl. lɪn'lɪθgoʊ], schott. Stadt 25 km westlich von Edinburgh, Region Lothian, 9 500 E. Whiskybrennereien. – 1389 Burgh, bis etwa 1600 einer der wichtigsten Orte Schottlands. – Got. Pfarrkirche (13. Jh.), Schloß (1425–1539; heute Ruine).

Linna, Väinö, *Urjala 20. Dez. 1920, †Kangasala 21. April 1992, finn. Schriftsteller. – Seine (auch verfilmten) realist. Romane „Kreuze in Karelien" (1954) über den Krieg an der Ostfront 1941–44 und „Hier unter dem Polarstern" (3 Bde., 1959–62) wurden Welterfolge.

Linné

Carl von Linné

Linné, Carl von (seit 1762, bis dahin C. Linnaeus), *Hof Råshult bei Stenbrohult (Kronoberg, Småland) 23. Mai 1707, †Uppsala 10. Jan. 1778, schwed. Naturforscher. – Studium der Medizin und Biologie; 1738 Arzt in Stockholm, wo er im folgenden Jahr die Gründung der Schwed. Akademie der Wiss. anregte, deren 1. Präs. er wurde. 1741 Prof. in Uppsala; hier schuf L. ein naturhistor. Museum und legte darüber hinaus ein großes privates Herbarium an. Seine erstmals 1735 erschienene Abhandlung „Systema naturae" ist die Grundlage der modernen biolog. Systematik. L. führte konsequent die binäre lat. Bezeichnung (↑Nomenklatur) durch, die mit der Festlegung des Artbegriffs verbunden war (z. B. Hundsveilchen: Viola canina). Basis seiner Klassifikation waren die Geschlechtsorgane (Staub- und Fruchtblätter) der Pflanzen, nach deren Verteilung, Zahl und Verwachsung er die z.T. bis heute übl. Diagnosen der systemat. Stellung in der Botanik entwickelte. Er führte die Symbole ♂ und ♀ ein. – L. dehnte sein System auch auf die Tiere und Minerale aus. Von der 12. Aufl. seines „Natursystems" (1766) an stellte er dann erstmals den Menschen unter der Bez. Homo sapiens in die Ordnung „Herrentiere" (neben den Schimpansen und den Orang-Utan). – *Weitere Werke:* Genera plantarum (1737), Philosophia botanica (1751), Species plantarum (1753).

Linneit [nach C. von Linné] (Kobaltkies), grauweißes bis stahlgraues, kub. Mineral mit Metallglanz, Co_3S_4; Mohshärte 4,5–5,5; Dichte 4,5–4,8 g/cm³; meistens auf hydrothermalen Lagerstätten.

Linolensäure [lat./dt.] (9, 12, 15-Octadecatriensäure), dreifach ungesättigte essentielle Fettsäure, die v.a. in trocknenden pflanzl. Ölen vorkommt.

Linoleum [zu lat. linum oleum „Leinöl"], klass. Fußbodenbelag, der aus einem Grundgewebe, meist aus Jute, besteht, auf das einseitig eine Belagmasse (sog. L.deckmasse) aus einer Mischung von Kork- oder Holzmehl, Farbstoffen, Harzen und aus Leinöl gewonnenem Linoxyn aufgepreßt wurde.

Linolsäure [lat./dt.] (Leinölsäure, 9, 12-Octadecadiensäure), doppelt ungesättigte essentielle Fettsäure, die mit hohem Anteil (15–16 %) im Leinöl, aber auch in vielen anderen pflanzl. und tier. Ölen und Fetten vorkommt, z. B. im Sonnenblumenöl (etwa 50 %). L. senkt den Cholesterinspiegel des Blutes und ist Bestandteil von Phospholipiden und Prostaglandinen. Chem. Strukturformel:

$$CH_3-(CH_2)_4-CH=CH-CH_2-CH=$$
$$=CH-(CH_2)_7-COOH.$$

Linolschnitt [lat./dt.], dem Holzschnitt verwandte Hochdrucktechnik (seit dem frühen 20. Jh.; v. a. Picasso), bei der die Zeichnung nicht in einen Holzstock, sondern in eine weiche Linoleumplatte geschnitten wird; beim **Farblinolschnitt** sind mehrere Druckgänge erforderlich. – ↑Drucken.

Linon [liˈnõː; frz., zu lat. linum „Flachs"], feinfädiges, leinwandbindiges Baumwollgewebe; rechtsseitig mit Glanzappretur, dadurch leinenartiges Aussehen; für Bett- und Leibwäsche.

Linotype Ⓦ [ˈlaɪnotaɪp; engl.] ↑Setzerei.

Lin Piao, chin. Politiker, ↑Lin Biao.

Linsange [malai.], Bez. für drei Arten kurzbeiniger, bis 40 cm langer Schleichkatzen in den Wäldern Z- und W-Afrikas sowie S-Asiens, z. B. **Fleckenlinsang** (Prionodon pardicolor); nachtaktive, auf Bäumen geschickt kletternde Raubtiere mit ockerfarbenem bis hellgrauem, dunkel geflecktem Körper und dunkel geringeltem Schwanz.

Lins do Rêgo Cavalcanti, José [brasilian. ˈlĩz du ˈrregu kavalˈkẽti], *Farm Corredor bei Pilar (Paraíba) 3. Juli 1901, †Rio de Janeiro 12. Sept. 1957, brasilian. Schriftsteller. – Sein Hauptwerk ist der aus 6 Romanen bestehende gesellschaftskrit. „Ciclo da cana de açúcar" (Zuckerrohrzyklus, 1932–43; Bd. 1, 3 und 4 dt. 1953 u. d. T. „Santa Rosa").

Linse (Lens culinaris), wickenähnl. Schmetterlingsblütler; alte Kulturpflanze aus dem Orient; einjähriges, 30–50 cm hohes Kraut mit paarig gefiederten, meist in Ranken endenden Blättern mit kleinen, bläulich-weißen Blüten in Trauben; Hülsenfrüchte. – Die ein bis drei gelben, roten oder schwarzen, scheibenförmigen Samen *(Linsen)* ergeben gekocht ein eiweiß- und kohlenhydratreiches Gemüse.

Geschichte: In den alten Kulturen in Mesopotamien, Ägypten, Persien und Israel waren L. Volksnahrungsmittel. Bes. bekannt sind die Grabbeigaben aus der 12. ägypt. Dyn. und die Erwähnung des **Linsengerichtes** (übertragen: etwas Wertloses, womit etwas Wertvolles preisgegeben wird) im A.T. (1. Mos. 25).
▷ in der *Anatomie* ↑Auge.

Linsen, lichtdurchlässige Körper, die durch ↑Brechung des Lichts eine opt. ↑Abbildung vermitteln können. **Sphärische Linsen** sind von Kugelflächen begrenzt, durch deren Mittelpunkte die **Linsenachse** *(opt. Achse)* verläuft. Je nach Art der Wölbung unterscheidet man bei sphär. L. zw. **Konvexlinsen,** die in der Mitte dicker sind als am Rand, und **Konkavlinsen,** die in der Mitte dünner sind als am Rand. Ist das L.material optisch dichter als die Umgebung (z. B. Glaslinse in Luft), dann wirken Konvex-L. als *Sammel-L.* und Konkav-L. als *Zerstreuungs-L.* Für dünne L. und opt. Achse verlaufende Strahlen gilt:

Bei **Sammellinsen:** 1) parallel zur opt. Achse einfallende Strahlen vereinigen sich nach Durchgang durch die L. in einem Punkt der opt. Achse, dem **Brennpunkt;** sein Abstand wird als **Brennweite** bezeichnet; 2) vom Brennpunkt ausgehende Strahlen verlaufen nach Durchgang durch die L. parallel zur opt. Achse; 3) durch den L.mittelpunkt verlaufende Strahlen erfahren keine Richtungsänderung.

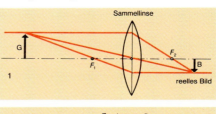

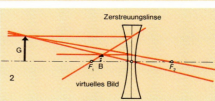

Linsen. Strahlengang und Entstehung eines Bildes: 1 Konvexlinse; 2 Konkavlinse; G Gegenstand, B Bild, F_1, F_2 Brennpunkte

Bei **Zerstreuungslinsen:** 1) parallel zur opt. Achse einfallende Strahlen verlaufen nach Durchgang durch die L. so, als ob sie von einem Punkt der opt. Achse, dem **Zerstreuungspunkt** *(virtueller Brennpunkt),* ausgingen; 2) in Richtung auf den (jenseitigen) Zerstreuungspunkt einfallende Strahlen verlaufen nach Durchgang durch die L. parallel zur opt. Achse; 3) durch den L.mittelpunkt verlaufende Strahlen erfahren keine Richtungsänderung.
▷ (Elektronen-L.) ↑Elektronenoptik.

Linsenaugen ↑Auge.

Linsensenkkopfschraube ↑Schraube.

Linsentrübung, svw. grauer Star (↑Katarakt).

Lint [engl.], Bez. für die verspinnbaren Fasern der Baumwolle.

Linters [engl.], Baumwollfasern, die für das Verspinnen zu kurz sind; sie werden als Ausgangsmaterial bei der Herstellung von Chemiefasern aus Zellstoff z. B. nach dem ↑Kupferoxid-Ammoniak-Verfahren verwendet.

Linth, Oberlauf der ↑Limmat.

Lintong, Stadt in der chin. Prov. Shaanxi südlich des Wei He, nahe Xi'an. Östlich von L. befindet sich die gewaltige Grabanlage des Kaisers Qin Shi Huangdi (✡221 bis

209); bei Ausgrabungen 1974 ff. wurden eine Armee lebensgroßer Terrakottafiguren von Kriegern und Pferden sowie zwei Bronzequadrigen freigelegt (von der UNESCO zum Weltkulturerbe erklärt); am Ausgrabungsort befindet sich ein Museum.

Lin Yutang [chin. lın-ytaŋ], *Xiamen 10. Okt. 1895, †Hongkong 26. März 1976, chin. Schriftsteller. – Lebte 1936–66 in den USA. Schrieb meist in engl. Sprache sinolog. Werke und Zeitromane aus dem modernen China, u. a. „Peking, Augenblick und Ewigkeit" (1940), „Blatt im Sturm" (1941).

Linz, Landeshauptstadt von Oberösterreich, im Winkel zw. Donau und Traun, 201 000 E. Kath. Bischofssitz; Landesbehörden; Univ., mehrere Hochschulen, Bundeslehranstalten für Bautechnik und Gebrauchsgraphik sowie für Maschinenbau und Elektrotechnik; Priesterseminar, Museen, Landestheater. Stahlwerke, Industrieanlagen- und Maschinenbau, chem., pharmazeut., Kunststoff-, Textil-, Elektro-, Nahrungsmittel- und Genußmittelindustrie. Straßen- und Bahnknotenpunkt; Donauhafen.
Geschichte: Aus dem 1. Jh. v. Chr. stammen spätkelt. Wälle. In röm. Zeit Kastell **Lentia** mit angeschlossener Zivilsiedlung; bajuwar. Gräberfeld aus dem 7. Jh. als erster ma. Siedlungsbeweis; 799 Nennung der Martinskirche, Anfang des 10. Jh. des Marktes. 1210 fiel L. an die Babenberger; 1236 als Stadt erwähnt; bed. Märkte bis 1630; ab 1785 Bischofssitz; bis ins 19. Jh. war die Textilind. führend.
Bauten: Martinskirche (im Kern frühes 8. Jh.) auf dem Römerberg, ehem. Deutschordenskirche (1718–25; Entwurf J. L. von Hildebrandt), Jesuitenkirche (Alter Dom; 1669–78), ehem. Minoritenkirche (1751 ff. Umbau im Rokokostil), Landhaus (1564–71) mit Renaissanceportal und Laubenhof sowie Planetenbrunnen (1582), barockes Rathaus (1658 ff.) mit spätgot. Erker vom Vorgängerbau (1513), Schloß (1599 ff.; der manierist. Bau wurde 1800 z. T. zerstört), Bischofshof (um J. Prandtauer als Stiftshaus Kremsmünster 1721–26 erbaut); einige Türme der Befestigung (1230–36) erhalten; techn. Denkmal ist u. a. die Tabakfabrik von P. Behrens (1929–36).
L., östr. Bistum (↑katholische Kirche [Übersicht]).

Linz am Rhein, Stadt am Rhein, gegenüber der Ahrmündung, Rhld.-Pf., 5700 E. Basaltindustrie, Fremdenverkehr. – 873 erstmals gen., erhielt etwa 1320 Stadtrecht. – Spätroman.-frühgot. Pfarrkirche mit Wandmalereien; got. Rathaus (stark umgestaltet); kurköln. Burg (um 1365; Westtrakt 1707).

Linzer Programm, 1. das 1882 in Linz aufgestellte Programm der deutschnationalen Bewegung, das u. a. die Umwandlung des Zweibundes in einen Staatsvertrag und soziale Reformen forderte; 2. das 1926 beschlossene Parteiprogramm der östr. Sozialdemokratie, das für den Fall einer faschist. Machtübernahme Gewaltanwendung vorsah.

Lioba (Leoba, Leobgytha), hl., *Wessex um 710, †Schornsheim (Landkr. Alzey-Worms) 782, engl. Benediktinerin. – Verwandt mit dem hl. Bonifatius, der sie nach Deutschland rief; Äbtissin des Klosters Tauberbischofsheim und Erzieherin. – Fest: 28. September.

Liobaschwestern (Benediktinerinnen von der hl. Lioba), Frauenkongregation nach der Regel des hl. Benedikt; 1920 gegr.; sie sind in Seelsorge und Unterricht sowie karitativ tätig.

Lion, Golfe du [frz. gɔlfdy'ljõ], Golf des westl. Mittelmeers an der frz. S-Küste vor der Rhonemündung.

Lionne, Hugues de [frz. ljɔn], Marquis de Berny, *Grenoble 11. Okt. 1611, †Paris 1. Sept. 1671, frz. Staatsmann. – Unterhändler bei den Verhandlungen zum Westfäl. Frieden und bei den Pyrenäenfrieden; leitete ab 1661 die auswärtige Politik Ludwigs XIV.; bereitete den Devolutionskrieg (1667/68) diplomatisch vor und isolierte die Vereinigten Niederlande durch den frz.-engl. Vertrag von Dover (1670).

Lionni, Leo, *Amsterdam 5. Mai 1910, amerikan. Maler, Designer und Kinderbuchautor niederl. Herkunft. – L., der heute in Italien lebt, gehört zu den stilistisch vielfältigsten Bilderbuchkünstlern. – *Werke:* Swimmy (1963), Frederick

Lintong. Die unterirdischen Terrakottafiguren bei der Freilegung

(1967), Alexander und die Aufziehmaus (1969), Sechs Krähen (1988), Tilli und die Mauer (1989).

Lions International [engl. 'laıənz ıntə'næʃənəl] (offiziell: The International Association of Lions Clubs; Lions Abk. für: **L**iberty, **I**ntelligence, **O**ur **N**ation's **S**afety), 1917 in Illinois begr. Klub führender Persönlichkeiten des öff. Lebens; karitativ tätig, um internat. Verständigung bemüht; Hauptsitz: Oak Brook (Ill.); es bestehen mehr als 39 000 Klubs mit über 1,37 Mill. Mgl. in 165 Ländern (1990); in der BR Deutschland rund 770 Klubs.

Liotard, Jean Étienne [frz. ljɔ'ta:r], *Genf 22. Dez. 1702, †ebd. 12. Juni 1789, schweizer. Maler. – In zahlr. europ. Städten sowie in Konstantinopel tätig; v. a. Pastellporträts („Das Schokoladenmädchen", 1744, Dresden, Gemäldegalerie).

Liouville, Joseph [frz. lju'vil], *Saint-Omer (Pas-de-Calais) 24. März 1809, †Paris 8. Sept. 1882, frz. Mathematiker. – Prof. in Paris; untersuchte u. a. Probleme der Analysis, Funktionentheorie, Differentialgeometrie, Zahlentheorie und der Mechanik.

Lipämie [griech.], erhöhter Fettgehalt des Blutes; normal nach fettreichen Mahlzeiten; pathologisch u. a. bei Stoffwechselerkrankungen und Leberkrankheiten.

Lipari, italien. Insel 30 km nö. von Sizilien, größte der Lipar. Inseln, 37,3 km², Hauptort L. (10 600 E, kath. Bischofssitz). Weinbau, Schwefel-, Alaun-, Bimsstein- und Borsäuregewinnung, Fremdenverkehr (Thermalquellen). – Dom (13., 17. und 19. Jh.); Museum im bischöfl. Palais.

Liparische Inseln (Äolische Inseln), italien. Inselgruppe vulkan. Ursprungs nö. von Sizilien, insgesamt 117 km². – Die älteste Siedlung, Castellaro Vecchio auf Lipari, gehört der Stentinellokultur an; in der Folgezeit ständige Besiedlung und Befestigung der Akropolis von Lipari bis zu ihrer Zerstörung um 850 v. Chr.; bis zur Besiedlung durch Kolonisten aus Knidos und Rhodos um 575 v. Chr. unbewohnt; später karthagisch, seit 252 v. Chr. römisch.

Liparit [nach den Lipar. Inseln] (Rhyolith), dem ↑Quarzporphyr entsprechendes, junges Ergußgestein.

Lipasen [zu griech. lípos „Fett"], zu den Hydrolasen zählende Enzyme, die Fette in Glycerin und Fettsäuren spalten. Bei der Fettverdauung werden die L. durch Gallensäuren aktiviert.

Lipatti, Dinu, *Bukarest 19. März 1917, †Chêne-Bourg (Kt. Genf) 2. Dez. 1950, rumän. Pianist und Komponist. – Schüler von A. Cortot, N. Boulanger, C. Münch u. a.; internat. gefeierter Pianist (v. a. von Werken J. S. Bachs und Chopins); 1944–50 Prof. am Genfer Konservatorium; Komponist von Orchester-, Kammer-, Klaviermusik und Liedern.

Lipchitz, Jacques [frz. lip'ʃits], eigtl. Chaim Jacob, *Druskieniki (= Druskininkai, Litauen) 22. Aug. 1891, †auf Capri 26. Mai 1973, frz.-amerikan. Bildhauer litauischer Herkunft. – 1908–41 in Paris; 1941 Emigration

Lions International

Dinu Lipatti

Jacques Lipchitz. Hagar in der Wüste III., Bronze, 1957 (Wuppertal, Von-der-Heydt-Museum)

in die USA; schuf 1915–22 bed. kubist. Plastiken, in der Folgezeit entwickelte L. einen allegor. Figurenstil.
Li Peng (Li P'eng), *Chengdu (Prov. Sichuan) 1928, chin. Politiker. – Ingenieur; 1981–83 Min. für Elektroenergie; seit 1982 Mgl. des ZK der KPCh; 1983–85 stellv. Min.präs.; seit 1985 Mgl. des Politbüros; seit Nov. 1987 Mgl. des Ständigen Ausschusses des Politbüros und Min.präsident. Vertreter des orth. Flügels der Partei; mitverantwortlich für die blutige Niederschlagung der Demokratiebewegung im Juni 1989.
Lipezk [russ. 'lipitsk], russ. Gebietshauptstadt am Woronesch, 450 000 E. PH, polytechn. Hochschule, Theater; bed. Zentrum der Hüttenind.; Maschinenbau, chem. Ind.; Kurort (Schlammbäder, Mineralquellen). – Gegr. im 13. Jh., seit 1779 Stadt.
Lipica [slowen. 'li:pitsa] (italien. Lipizza), Ort in Slowenien, östlich von Triest; Lipizzanergestüt. – 1580 von den Habsburgern gegründet.
Lipide [zu griech. lípos „Fett"], Sammelbez. für Fette und fettähnliche Substanzen (↑ Lipoide). L. werden von pflanzl. und tier. Organismen gebildet; sie sind unlösl. in Wasser und löslich in vielen organ. Lösungsmitteln wie Benzol, Äther und Chloroform.
Lipidosen (Lipidspeicherkrankheiten), svw. ↑ Lipoidspeicherkrankheiten.
Lipizza ↑ Lipica.
Lipizzaner, sehr gelehriges und edles Warmblutpferd, benannt nach dem Stammgestüt Lipizza (↑ Lipica) bei Triest; Prüfung und Auslese der Hengste seit 1735 in der Span. Reitschule in Wien; Schulterhöhe etwa 1,60 m; Körper etwas gedrungen, Brust breit, Beine kurz, stark; klass. Zucht bevorzugt Schimmel.

Fritz Albert Lipmann

Lipmann, Fritz Albert, *Königsberg (Pr) 12. Juni 1899, †Poughkeepsie (N.Y.) 24. Juli 1986, amerikan. Mediziner und Biochemiker dt. Herkunft. – Prof. in Boston; untersuchte bes. die Energetik des Stoffwechsels und entdeckte das Koenzym A; erhielt 1953 (zus. mit Sir H.A. Krebs) den Nobelpreis für Medizin.
Li Po ↑ Li Bo.
lipo..., Lipo... [zu griech. lípos „Fett"], Bestimmungswort in Zusammensetzungen mit der Bed. „Fett...", „fetthaltig".
Lipochrome [griech.] ↑ Karotinoide.
Lipoide [zu griech. lípos „Fett"], lebenswichtige fettähnl. Stoffe, die mit den Fetten zu den ↑ Lipiden zusammengefaßt werden. L. spielen beim Aufbau der Zellmembran eine wesentl. Rolle. Zu den L. gehören u. a. die Glykolipide (Zerebroside), die Steroide (Steroidhormone) und die Karotinoide.

Lipoidspeicherkrankheiten (Lipidspeicherkrankheiten, Lipoidosen, Lipidosen), auf angeborenen Enzymdefekten beruhende erbl. Fettstoffwechselstörung mit Ablagerung bestimmter, nicht weiter abbaufähiger Fettstoffe (Lipide) in zahlr. Geweben und Organsystemen, bes. im Zentralnervensystem; z.B. Sphingomyeline (bei Niemann-Pick-Krankheit), Zerebroside (bei Gaucher-Krankheit). – ↑ Hyperlipidämie.
Lipom [griech.] (Fettgeschwulst), gutartige, langsam wachsende Neubildung aus Fettgewebe; bildet sich meist im Unterhautzellgewebe.
lipophil, sich in Fetten, Ölen und anderen fettähnl. Substanzen leicht lösend. – Ggs. **lipophob.**
Lipoproteide (Lipoproteine), zusammengesetzte Eiweißstoffe, die neben der Proteinkomponente auch Lipide (Triglyceride, Cholesterin u.a.) enthalten. L. kommen v.a. als Bestandteile des Blutplasmas vor und erfüllen meist Transportaufgaben.
Lippe, ehem. westfäl. Adelsgeschlecht und Territorium. Bernhard I. (1113–44) nannte sich nach seinem Allodialbesitz an der Lippe (um Lippstadt) „edler Herr zur Lippe". 1528/29 Erhebung der Edelherren in den Reichsgrafenstand. Nach dem Tod Simons VI. (1563–1613) Teilung in die Gft. *L.-Detmold* (1627 zweigte sich von ihr die Nebenlinie *L.-Biesterfeld* ab), *L.-Brake* (1709 erloschen) und *L.-Alverdissen* (seit 1643 Schaumburg-Lippe). Die Grafen von L.-Detmold wurden 1789 in den Reichsfürstenstand erhoben, traten 1807 dem Rheinbund und 1815 dem Dt. Bund bei. Das Ft., seit 1905 unter der Herrschaft Leopolds IV. aus der Linie L.-Biesterfeld, bestand bis 1918, war bis 1945 Freistaat und ist seit 1947 Teil Nordrhein-Westfalens.
Lippe, Kreis in Nordrhein-Westfalen.
L., rechter Nebenfluß des Rheins, entspringt bei Bad Lippspringe, mündet bei Wesel, 228 km lang.
Lippe [niederdt., eigtl. „schlaff Herabhängendes"], (Labium) paarige, bewegl., weiche Verdickung oder paarige Hautfalte am Mundrand bes. bei Säugetieren (einschl. des Menschen). Die L. des Menschen sind drüsenreich (innen Mundhöhlenschleimhaut mit Speicheldrüsen, außen Talg- und Schweißdrüsen). Sie werden von verschiedenen Muskeln durchzogen und sind stark durchblutet (Lippenrot). Beim Säugling tragen die L. innen einen feinen Zottensaum, der die Haftung an der Brustwarze verbessert.
▷ als Oberlippe (Labrum) und Unterlippe (Labium) werden Teile der ↑ Mundgliedmaßen der Insekten bezeichnet.
Lippenblüte, für die Lippenblütler charakterist. dorsiventrale Blüte, deren verwachsener, häufig zweilippiger Kelch eine langröhrige Krone mit einer aus zwei Blättern verwachsenen Oberlippe und einer dreiteiligen Unterlippe umgibt.
Lippenblütler (Labiaten, Labiatae, Laminaceae), weltweit verbreitete Pflanzenfam. mit rd. 220 Gatt. und etwa 5 500 Arten; meist Kräuter oder Stauden mit Lippenblüten;

Filippino Lippi. Selbstbildnis (Florenz, Uffizien)

Frucht durch Klausenbildung in meist vier Nüßchen geteilt. Zu den L. zählen viele Heil- und Gewürzpflanzen, z. B. Melisse, Salbei, Lavendel, Thymian, Majoran, Basilikum.

Lippenfarn, svw. ↑Cheilanthes.

Lippenkrebs (Lippenkarzinom), bösartige Geschwulst, bes. im Bereich der Unterlippe; bei Pfeifenrauchern relativ häufig; entwickelt sich in Form eines schmerzlosen warzenartigen Knötchens, das im weiteren Verlauf geschwürig zerfällt.

Lippenlaute ↑labial.

Lippenpfeife, svw. ↑Labialpfeife.

Lippenpflöcke, von vielen Naturvölkern in die Lippen eingefügter Schmuck aus Holz, Ton, Knochen oder Stein.

Lippenplastik, svw. ↑Cheiloplastik.

Lippenspalte, svw. ↑Hasenscharte.

Lippenstifte, Fettstifte zur opt. Hervorhebung und zur Pflege der Lippen. Hauptbestandteile sind halbfeste Fette (z. B. Kakaobutter), Bienenwachs (zur Verbesserung der Haftfestigkeit), Fettsäurealkanolamide und Cetylalkohol (zur Erweichung der Haut). Zur Färbung dienen Pigmente (z. B. Eisenoxid, Titandioxid für Pastelltöne, Glimmer/Titandioxid für Glanzwirkung) und Farblacke (z. B. aus Karmin oder synthet. Farbstoffen und Aluminiumsalzen). L. enthalten außerdem Antioxidantien (z. B. Tokopherol) und Parfüms. In die Haut eindringende und gerbende („kußechte") L. werden nicht mehr verwendet.

Lipper Bergland, Teil des westl. Weserberglands, zw. Werre im W, Weser im N und O, Brakeler Hochfläche im S und Egge im SW; im Köterberg 497 m hoch.

Lippe-Seitenkanal, Schiffahrtsweg am N-Rand des Ruhrgebietes, begleitet das linke Ufer der Lippe; 107 km lang.

Lippfische. Meerjunker

Lippfische (Labridae), Fam. einige cm bis fast 3 m langer Barschartiger Fische mit über 400 Arten, v. a. an Korallenriffen und Felsküsten warmer und gemäßigter Meere; häufig mit dicken Lippen und kräftigen, kegelförmigen Zähnen. – Zu den L. gehört u. a. der bis 25 cm lange **Meerjunker** (Pfauenfederfisch, Coris julis) an den Meeresküsten des O-Atlantiks und der Adria; zwittriger Fisch, der erst als braunes ♀, dann als prächtig gefärbtes ♂ mit orangefarbenem Seitenband erscheint; beliebter Seewasseraquarienfisch.

Lippi, Filippino, *Prato 1457 (?), †Florenz 18. April 1504, italien. Maler. – Sohn des Fra Filippo L.; ab 1472 Schüler Botticellis; Fresken (Brancaccikapelle in Santa Maria del Carmine, Florenz, um 1481–83); Andachtsbilder und Gemälde mythol. Inhalts in lyr.-melanchol. Stimmung.

L., Fra Filippo, *Florenz um 1406, †Spoleto 8. oder 10. Okt. 1469, italien. Maler. – Vater von Filippino L.; war Mönch in Santa Maria del Carmine in Florenz und Schüler von Masaccio. 1452–66 in Prato (Fresken in der Chorkapelle des Domes), ab 1466 in Spoleto (Fresken in der Apsis des Domes) tätig; schuf auch Altarbilder (u. a. Madonna mit Kind, 1452, Florenz, Palazzo Pitti). Leitete die florentin. Renaissancekunst der 2. Hälfte des 15. Jh. ein.

Lippisch, Alexander Martin, *München 2. Nov. 1894, †Cedar Rapids (Ia.) 11. Febr. 1976, amerikan. Flugzeugkonstrukteur dt. Herkunft. – Entwickelte Segelflugzeuge, erforschte systematisch die Probleme des Nurflügelflugzeugs und konstruierte das erste Deltaflügelflugzeug der Welt; war beteiligt an der Entwicklung der Me 163 (erstes dt. Raketenflugzeug). Nach dem 2. Weltkrieg in den USA (u. a. Beschäftigung mit flügellosen Senkrechtstartern);

1965 Gründung der L. Research Corporation in Cedar Rapids.

Lippische Landeskirche, ref. Landeskirche, die das Gebiet zw. Teutoburger Wald und Weserbogen bei Rinteln umfaßt; Verfassung seit 1931, Gemeindeordnung seit 1957; 1958 Staatsvertrag mit Nordrhein-Westfalen.

Lippischer Wald, sö. Teil des ↑Teutoburger Waldes.

Lippitudo [lat.], svw. ↑Triefauge.

Lippl, Alois Johannes, *München 21. Juni 1903, †Gräfelfing 8. Okt. 1957, dt. Schriftsteller. – Schrieb bühnenwirksame Laienspiele und Volksstücke, ferner Drehbücher, Hörspiele und Romane.

Lippmann, Gabriel [frz. lip'man], *Hollerich (Luxemburg) 16. Aug. 1845, †auf See 13. Juli 1921, frz. Physiker. – Prof. an der Sorbonne in Paris; entwickelte ein Verfahren zur Photographie in natürl. Farben unter Ausnutzung der Interferenz stehender Lichtwellen; Nobelpreis für Physik 1908.

L., Walter [engl. 'lɪpmən], *New York 23. Sept. 1889, †ebd. 14. Dez. 1974, amerikan. Publizist. – 1923–37 Chefredakteur der „New York World", danach Mitarbeiter verschiedener Zeitungen, v. a. der „New York Herald Tribune"; seine polit. Kommentare u. d. T. „Today and tomorrow" wurden von über 250 Zeitungen gedruckt; schrieb u. a. „Die öff. Meinung" (1922), „Die Gesellschaft freier Menschen" (1938), „Die Außenpolitik der Vereinigten Staaten" (1943).

Lipps, Theodor, *Wallhalben (Landkr. Pirmasens) 28. Juli 1851, †München 17. Okt. 1914, dt. Philosoph und Psychologe. – 1884 Prof. in Bonn, 1890 in Breslau, 1894 in München. Für L. ist die Psychologie Grundlage der Philosophie, ja sie fällt „als Wiss." mit ihr zusammen. Obwohl L. die Gesetze der Logik als Gesetze des Denkens eines „reinen Bewußtseins" versteht, bleibt sein Logikverständnis letztlich psychologisch. – *Werke:* Grundzüge der Logik (1893), Vom Fühlen, Wollen und Denken (1902), Leitfaden der Psychologie (1903), Ästhetik (2 Bde., 1903–06).

Lippspringe, Bad ↑Bad Lippspringe.

Lippstadt, Stadt im östl. Münsterland an der Lippe, NRW, 62 000 E. Herstellung von Kfz-Beleuchtung, Metallverarbeitung, Feinstrumpfwerke. Heilbad im Stadtteil **Bad Waldliesborn.** – Die Stadt **Lippe** wurde von den Edelherren zur Lippe Ende des 12. Jh. planmäßig angelegt. Das dem Soester Recht nachgebildete Lipper Recht wurde Vorbild lipp. Stadtgründungen. Vom 13. Jh. an war Lippe ein bed. ma. Handelsplatz. Ende des 17. Jh. wurde der Name L. üblich. Von L. ging 1524 die Reformation in Westfalen aus. 1975 wurde die 1137 ständige Gemeinde **Cappel bei Lippstadt** eingemeindet. – Bed. sind die Große Marienkirche (1222 geweiht), die Ruine der Kleinen Marienkirche (13. Jh.), Fachwerkhäuser (16. und 17. Jh.), das Haus der Familie von Redberg (um 1721). Im Ortsteil Cappel roman. Stiftskirche (12. Jh.) des ehemaligen Prämonstratenserinnenklosters (1139/40–1588); südlich von Cappel Schloß Overhagen (17./18. Jh.). In Bökenförde Schloß Schwarzraben (18. Jh., nach Brand wiederhergestellt).

Lips, Eva, geb. Wiegandt, *Leipzig 6. Februar 1906, †ebd. 24. Juni 1988, dt. Ethnologin. – ∞ mit Julius L.; ab 1957 Prof. in Leipzig; v. a. Arbeiten über die Indianer Nordamerikas.

L., Joest, niederl. Philologe, ↑Lipsius, Justus.

L., Johann Heinrich, *Kloten 29. April 1758, †Zürich 5. Mai 1817, schweizer. Maler und Kupferstecher. – 1789–94 Prof. an der Akademie in Weimar; fertigte u. a. 370 Stiche für Lavaters „Physiognomische Fragmente" (1775–78); zahlr. Porträts.

L., Julius, *Saarbrücken 8. Sept. 1895, †Leipzig 21. Jan. 1950, dt. Ethnologe. – Ab 1929 Direktor des Rautenstrauch-Joest-Museums in Köln, 1933–48 Prof. an Univ. in den USA, 1948–50 Rektor der Univ. Leipzig. Schrieb v. a. Arbeiten zur Wirtschaft und zum Recht der Naturvölker (bes. der Indianer Nordamerikas).

Lipscomb, William Nunn, jun. [engl. 'lɪpskəm], *Cleveland (Ohio) 9. Dez. 1919, amerikan. Chemiker. – Prof. in Minnesota und an der Harvard University; bei seinen Ar-

Gabriel Lippmann

Walter Lippmann

Alexander Martin Lippisch

Lipset

William Nunn Lipscomb

Justus Lipsius

Lissabon
Hauptstadt Portugals
● 830 000 E
● Handelszentrum und wichtigster Hafen des Landes
● unter röm. Herrschaft Hauptstadt der Prov. Lusitania
● im Entdeckungszeitalter bed. Handelsplatz
● starke Zerstörungen durch Erdbeben 1755
● Altstadt (Alfama)

beiten über die ↑Borane, deren stereochem. Aufbau er erstmals theoretisch deuten konnte, erbrachte er den Beweis für das Vorkommen der sog. ↑Dreizentrenbindung; erhielt 1976 den Nobelpreis für Chemie.

Lipset, Seymour Martin [engl. 'lıpsıt], *New York 18. März 1922, amerikan. Soziologe. – Ab 1956 Prof. in Berkeley (Calif.), seit 1966 an der Harvard University; Arbeiten v. a. zu Problemen der polit. Soziologie (u. a. „Soziologie der Demokratie", 1960) und der sozialen Schichtung.

Lipsius, Justus [niederl. 'lıpsi:ys], eigtl. Joest Lips, *Overijse bei Brüssel 18. Okt. 1547, †Löwen 23. März 1606, niederl. klass. Philologe. – Prof. in Jena, Löwen und Leiden, ab 1592 wieder in Löwen. Gilt als einer der bed. Vertreter der Altertumswiss. seiner Zeit (Ausgaben des Tacitus, Valerius, Maximus, Seneca), lat. Stilist, der großen Einfluß ausübte und viele Nachahmer *(Lipsiani)* fand. Seine Fürstenlehre bestimmte die Herrschaftspraxis des Absolutismus.

L., Richard Adelbert ['- - -], *Gera 14. Febr. 1830, †Jena 19. Aug. 1892, dt. ev. Theologe. – 1859 Prof. für systemat. Theologie in Leipzig, 1861 in Wien, 1865 in Kiel, 1871 in Jena; liberaler Dogmatiker in der Auseinandersetzung mit der altprot. Dogmatik; Mitbegr. des Ev. Bundes.

Liqueur [frz. li'kø:r], svw. ↑Likör.

Liquidation [mittellat., zu lat. liquidus „flüssig"], Abwicklung der laufenden Geschäfte, abschließende Befriedigung der Gläubiger und Verwertung und Verteilung des Vermögens einer Personengesellschaft oder Kapitalgesellschaft, eines Vereins oder einer Genossenschaft nach Auflösung oder Verlust der Rechtsfähigkeit (Abwicklungsfirma, Firmenzusatz: i. L. = in Liquidation). Keine L. findet statt, wenn über das Vermögen das Konkursverfahren eröffnet worden ist. Bei *Personengesellschaften* kann auch eine andere Art der Auseinandersetzung gewählt werden, da hier die L. in erster Linie den Interessen der Gesellschafter dient. Die L. wird durch **Liquidatoren** *(Abwickler)* durchgeführt. Sie beendigen die laufenden Geschäfte, ziehen die Forderungen ein und setzen das übrige Vermögen in Geld um. Bei *Kapitalgesellschaften* steht die Sicherung der Gläubiger im Vordergrund. Mit der Verteilung des Vermögens darf deshalb erst nach Ablauf eines *Sperrjahres* seit der letzten Aufforderung an die Gläubiger, ihre Ansprüche anzumelden, begonnen werden. Zu Beginn und zu Ende der L. erstellen die Liquidatoren eine ↑Liquidationsbilanz. Nach Abschluß der L. ist das Erlöschen der Firma (des Vereins, der Genossenschaft) von ihnen zur Eintragung in das Handels- bzw. das sonst entsprechende Register anzumelden. Wichtige Vorschriften: §§ 145 ff. HGB, §§ 264 ff. Aktiengesetz. Für das *östr.* und *schweizer. Recht* gilt Entsprechendes.

▷ Kostenrechnung freier Berufe (z. B. eines Arztes).

Liquidationsbilanz, 1. *Liquidationseröffnungsbilanz:* die bei Beginn der Liquidation aufzustellende Bilanz, in der Vermögenswerte zu den mutmaßl. Veräußerungswerten einzubeziehen sind; 2. *Liquidationsschlußbilanz:* die nach Veräußerung der Vermögensgegenstände und Befriedigung der Gläubiger auszustellende Bilanz, in der nur noch die Auseinandersetzungsguthaben der Gesellschafter ausgewiesen werden.

Liquidationsvergleich ↑Vergleichsverfahren.

Liquidatoren [lat.] ↑Liquidation.

Liquide [zu lat. liquidus „flüssig"], in der Sprachwiss. Sammelbez. für Seitenlaute und Vibranten, oft unter Einschluß der Nasale.

liquidieren [mittellat., zu lat. liquidus „flüssig"], 1. ein Unternehmen bzw. eine Gesellschaft auflösen; 2. Sachwerte in Geld umwandeln; 3. eine Rechnung ausstellen (bei freien Berufen); 4. jemanden (bes. aus polit. Gründen) beseitigen, ermorden.

Liquidität [mittellat. (↑liquidieren)], 1. Zahlungsfähigkeit eines Unternehmens (Ggs. Zahlungsunfähigkeit, **Illiquidität**); 2. die Zahlungsmittel (flüssige Mittel) selbst.

Liquiditätsreserve, flüssige Mittel eines Kreditinstituts zur Aufrechterhaltung seiner Zahlungsbereitschaft.

Liquiditätstheorie ↑Zinstheorien.

Liquiduslinie [zu lat. liquidus „flüssig"], im Zustandsdiagramm von Legierungen diejenige Linie, oberhalb derer alle Legierungsbestandteile flüssig sind. Der Bereich zw. L. und ↑Soliduslinie ist der Schmelzbereich.

Liquor [lat.], in der *Anatomie:* seröse Flüssigkeit bestimmter Körperhohlräume; z. B. *L. cerebrospinalis* (↑Gehirn-Rückenmark-Flüssigkeit).

▷ in der *Pharmazie* gelegentlich Bez. für Arzneimittellösung.

Lira [italien., zu lat. libra „Waage, Pfund"] (Mrz. Lire), eigtl. „Pfund", dann Münzbez.; zunächst nur Rechnungsmünze (= 20 Soldi), als einzelnes Geldstück zuerst 1472 in Venedig von dem Dogen Niccolò Tron geprägt **(Lira Tron),** dann auch von anderen italien. Staaten nachgeahmt, ebenso in Tirol. Im Napoleon. Kgr. Italien erfolgte 1806 nach frz. Vorbild die Neuteilung nach dem Dezimalsystem in 100 Centesimi. Die **Lira italiana** des neuen Kgr. Italien (seit 1861) setzte die **Lira sarda** des Kgr. Sardinien fort.

Lira [italien., zu griech. lýra (↑Lyra)], vom 15. bis 17. Jh. eine Familie von Streichinstrumenten der europ. Kunstmusik mit vorderständigen Wirbeln und Bordunsaiten; v. a. als **Lira da braccio** (Arm-L.) mit sieben Saiten, davon zwei abgespreizt, verbreitet.

Lisboa, Antônio Francisco, gen. Aleijadinho („der kleine Krüppel"), *Ouro Prêto 1730, †ebd. 1814, brasilian. Baumeister. – Baute die wohl bedeutendsten lateinamerikan. Barockkirchen: São Francisco de Asis (1766–94) und Nossa Senhora do Carmo (1770–95) in Ouro Prêto; auch Bildhauer, u. a. zw. 1796 und 1814 Skulpturen für die Wallfahrtskirche Bom Jesus de Matozinhos in Congonhas (Minas Gerais).

Lisboa [portugies. liʒ'βoɐ] ↑Lissabon.

Liscow, Christian Ludwig ['lɪsko], *Wittenburg 29. (26. ?) April 1701, †Gut Berg bei Eilenburg 30. Okt. 1760, dt. Satiriker. – In geistreichen Satiren Gegner der Gottsched-Schule; am bedeutendsten: „Die Vortrefflichkeit und Notwendigkeit der Elenden Skribenten gründlich erwiesen" (1734).

Liselotte von der Pfalz ↑Elisabeth Charlotte (Orléans).

Lisene [zu frz. lisière „Saum, Rand"], flacher vorgelegter senkrechter Mauerstreifen zur Wandgliederung, bes. in der roman. Baukunst.

Lisieux [frz. li'zjø], frz. Stadt in der Normandie, Dep. Calvados, 30 000 E. Textilmuseum; metallverarbeitende, chem. u. a. Ind., Cidreherstellung. – Als **Noviomagus** Hauptort der kelt. Lexovier. L. kam 911 zum Hzgt. Normandie, 1203 aus engl. Herrschaft an die frz. Krondomäne. – Frühgot. Kathedrale (12.–15. Jh.); spätgot. Kirche Saint-Jacques (um 1500); die Basilika Sainte-Thérèse (1929–52) ist die zweitwichtigste frz. Wallfahrtskirche (↑Theresia vom Kinde Jesu).

LISP [von engl. list processing language], höhere Programmiersprache v. a. für Probleme der künstl. Intelligenz. Das wichtigste Merkmal von LISP ist die Verarbeitung von Symbolen, die z. B. aneinandergefügt und zu komplexeren Gebilden (den „Listen") zusammengefaßt werden können.

Lispector, Clarice [brasilian. lispe'tor], *Tschetschelnik (Ukraine) 10. Dez. 1925 (?), †Rio de Janeiro 9. Dez. 1977, brasilian. Schriftstellerin. – Tochter ukrain. Emigranten. Verfaßte existentialist. Erzählungen („Die Nachahmung der Rose", 1952) und Romane, u. a. „Der Apfel im Dunkeln" (1961) und „Eine Lehre oder Das Buch der Lust" (1969, neue Übers. 1988) mit psychologisierender Tendenz.

Lispeln (Sigmatismus), fehlerhafte Aussprache der Zischlaute, vor allem des S und seiner phonet. Verwandten, die im Zusammenhang mit Anomalien und funktionellen Störungen im Kiefer-Gesichtsbereich stehen kann.

Liss, Johann (Jan Lys), *im Land Oldenburg um 1597, †Venedig um 1629/30, dt. Maler. – Bed. Vertreter des Frühbarock in Deutschland, der in Haarlem, Rom (Caravaggio) und Venedig lernte; Szenen aus dem Bauernleben, mytholog. Darstellungen und religiöse Themen in freier Gruppierung; u. a. „Der verlorene Sohn" (1624, Wien, Gemäldegalerie der Akad.) und „Tod der Kleopatra".

Lissa, kroat. Insel, ↑Vis.

Lissabon

Lissabon (portugies. Lisboa), Hauptstadt von Portugal am Mündungstrichter des Tejo, 830 000 E. Kath. Erzbischofssitz; Univ. (gegr. 1290), TU (gegr. 1931), kath. Univ. (gegr. 1968), Neue Univ. (gegr. 1973), zwei private Univ. (gegr. 1986), Veterinärhochschule, Kunstakad., Konservatorium, zahlr. wiss. Inst., Dt. Archäolog. Inst., Militärakad., Nationalarchiv und -bibliothek, Kongreßzentrum, Gulbenkianstiftung mit Kunstsammlung, zahlr. Museen, u. a. Textilmuseum, Nationaltheater, Oper, botan. Garten, Zoo. Die Ind. (Schiff- und Waggonbau, Stahlwerk, Erdölraffinerie, Elektrotechnik, Herstellung von Textilien, Chemikalien, Bier, Zucker, Keramik und Pharmazeutika, Tabakverarbeitung) ist v. a. im O und NO der Stadt angesiedelt; Hafen mit Containerterminal; Straßen- und Eisenbahnbrücke über den Tejo, auch Fährverkehr; internat. ✈.

Geschichte: An der Stelle oder in der Nähe des heutigen L. lag der phönik. und karthag. Handelsplatz **Alis Ubbo**, unter röm. Herrschaft (205 v. Chr.–407 n. Chr.) **Olisippo**, dann **Felicitas Iulia**; Hauptstadt der Prov. Lusitania; unter westgot. Herrschaft (ab 5. Jh.), **Ulixippona** gen., wichtige Festung, desgleichen in maur. Zeit (ab 715/16); 1147 von König Alfons I. von Portugal mit Hilfe einer Kreuzfahrerflotte erobert und **Lixboa** (später Lisboa) genannt; unter Alfons III. 1260 Residenzstadt; gewann als Hauptstadt und wichtigster Hafen Portugals rasch neue Bed.; wurde im Entdeckungszeitalter auf Grund der Wirtschaftsverbindungen mit W-Afrika (seit 1441), S- und SO-Asien sowie Brasilien zu einem der wichtigsten Handelsplätze Europas. Das Erdbeben von 1755 zerstörte, zus. mit Flutwellen und Bränden, über die Hälfte der Stadt (30 000 Tote unter den 110 000 E); 1988 vernichtete ein Großbrand einen bed. Teil der Altstadt.

Bauten: Unterhalb vom Kastell São Jorge (maur. Ursprungs, 1938–40 restauriert) liegt die Altstadt **(Alfama)** mit der roman.-got. Kathedrale Sé Patriarcal (1147 begonnen, nach 1344 und 1755 erneuert) und der 1590 ff. erbauten Spätrenaissancekirche São Vicente de Fora. Die anschließende, nach dem Erdbeben von 1755 regelmäßig angelegte Unterstadt **(Cidade Baixa)** mit der Praça do Comércio ist das Geschäfts- und Bankenzentrum; die modernen Wohnviertel umschließen heute die Wallfahrtskirche Santo Amaro (1549; Zentralbau der Frührenaissance), die Kirche São Roque (1566 ff.) mit Johanneskapelle (1742), die Basilica da Estrela (1779–90), den Palacio Real das Necessidades (1745–50; ehem. königl. Schloß, heute Außenministerium. Im Vorort **Belém** steht das ehem. Hieronymitenkloster, ein Hauptwerk des Emanuelstils, mit Hallenkirche (1499–1571), Kreuzgang sowie der Torre de Belém (1515–21). Kloster und Turm wurden von der UNESCO zum Weltkulturerbe erklärt.

Lissabon
Stadtwappen

Lissabon

Links oben: die Praça do Comércio mit dem Reiterstandbild König Josephs I. und dem 1873 errichteten Triumphbogen. Rechts oben: die Praça Dom Pedro IV, genannt Rossio, mit dem klassizistischen Theater, 1842–46. Links unten: Torre de Belém, 1511–21. Rechts unten: Kreuzgang des ehemaligen Hieronymitenklosters, um 1502–72

Lissajous-Figuren

Lissajous-Figuren [frz. lisa'ʒu; nach dem frz. Physiker J. A. Lissajous, *1822, †1880], Kurven, die bei der Überlagerung zweier in unterschiedl. Richtung erfolgender Schwingungen entstehen. Die Form der Kurven ist von dem Verhältnis der Amplituden, der Frequenzen und von der Phasendifferenz der Schwingungen abhängig.

Lissauer, Ernst, *Berlin 10. Dez. 1882, †Wien 10. Dez. 1937, dt. Dichter. – Seine Lyrik war zuerst betont nationalistisch und freireligiös, später stärker verinnerlicht.

El Lissitzky. Proun, 1920 (Privatbesitz)

Lissitzky, El [...ki], eigtl. Lasar Markowitsch Lissizki, *Potschinok (Gebiet Smolensk) 22. Nov. 1890, †Moskau 30. Dez. 1941, russ. Maler, Graphiker und Architekt. – 1919 wurde er Prof. in Witebsk; in Verbindung mit Malewitsch schuf er einen bed. Beitrag zur konstruktivist. Kunst. U. a. Kontakte zur Stijl-Gruppe und zum Bauhaus, 1925 bis 1928 in Hannover (Kabinett der Modernen im Landesmuseum [zerstört]); sowjet. Ausstellungsgebäude in Köln (1928) und Dresden (1930); danach in der UdSSR. Neben seinen Bildkompositionen („Prouns") Entwürfe von Plakaten, avantgardist. Architekturprojekte, typograph. Gestaltungen, wegweisende photograph. Arbeiten.

Friedrich List

List, Friedrich, *Reutlingen 6. Aug. 1789, †Kufstein 30. Nov. 1846 (Selbstmord), dt. Volkswirtschaftler und Politiker. – Ab 1817 Prof. in Tübingen; als Mitbegr. des „Dt. Handels- und Gewerbevereins" und Verfechter dt. zollpolit. Einigung geriet in Ggs. zur württemberg. Reg., verlor seine Professur (1820) und wurde wegen seiner radikalliberalen Haltung in der 2. Kammer zu Festungshaft verurteilt, der er sich durch Flucht in die USA entzog, wo er u. a. publizistisch tätig war. Ab 1830 im konsular. Dienst der USA in Europa, wurde er zum Vorkämpfer des Eisenbahnbaus in Deutschland und zum Propagandisten des Dt. Zollvereins; vertrat eine Schutzzollpolitik im Interesse der industriellen Entwicklung in Deutschland. Mit seiner „Theorie der produktiven Kräfte", die er der klass. „Theorie der Werte" entgegensetzte, wurde L. zum Vorläufer der histor. Schule der Nationalökonomie. Sein Hauptwerk ist „Das nat. System der polit. Ökonomie" (1841).

L., Herbert, *Hamburg 7. Okt. 1903, †München 4. April 1975, dt. Photograph. – Entwickelte in den 1930er Jahren eine surrealist. Konzeption in der Photographie; später manierist.-symbolist. Bilder, deren Kunstweltcharakter Realität nur bedingt zuließ, soziale Bezüge jedoch völlig ausklammerte. Veröffentlichte u. a. „Licht über Hellas" (1953).

L., Wilhelm, *Oberkirchberg (= Illerkirchberg bei Ulm) 14. Mai 1880, †Garmisch-Partenkirchen 16. Aug. 1971, dt. Generalfeldmarschall (1940–42). – Im 2. Weltkrieg Heeresgruppenbefehlshaber, leitete 1942 den Vorstoß der Heeresgruppe A in den Kaukasus; im Sept. 1942 von Hitler entlassen; 1948 zu lebenslanger Haft verurteilt, 1952 freigelassen.

List, Gem. an der N-Spitze der Insel Sylt, Schl.-H., 2 000 E. Seebad, Fischereihafen; Fährverkehr zur dän. Insel Röm.

List, schlau, hinterlistig ausgeklügelter Plan und entsprechendes Vorgehen, um einen Gegner zu täuschen und sich dadurch in einer gefährl. Situation zu retten oder um die Oberhand über jemanden zu gewinnen, um etwas Bestimmtes zu erreichen.

Listenpreis, in einem Verzeichnis festgehaltener Preis; Bruttopreis, von dem noch Skonto, Rabatte u. a. abgezogen und die entstehenden Kosten für Fracht, Versicherung u. a. hinzugerechnet werden müssen, um den endgültigen Einstandspreis zu erhalten.

Listenwahl ↑ Wahlsystem.

Lister, Joseph, Baron (seit 1897) [engl. 'lɪstə], *Upton (Essex) 5. April 1827, †Walmer (Kent) 10. Febr. 1912, brit. Chirurg. – Prof. in Glasgow, Edinburgh und London; versuchte, die vermutl. Erreger der Wundinfektionen, die Mikroben, durch chem. Stoffe (Karbolsäure) zu bekämpfen. Damit wurde er einer der Begr. der Antisepsis.

Listeriose [nach J. Baron Lister], durch Bakterien hervorgerufene, auf den Menschen übertragbare Infektionskrankheit von Haus- und Wildtieren (Zoonose); Erreger ist Listeria monocytogenes. Der Erreger greift vorwiegend das Zentralnervensystem an. Die L. der Schafe ist die am häufigsten vorkommende Form. Die Behandlung erfolgt mit Antibiotika.

Listertalsperre ↑ Stauseen (Übersicht).

Listspinne ↑ Raubspinnen.

Lisu, Bergbauernvolk am oberen Saluen und Mekong sowie im N Birmas und Thailands; zur Lologruppe gehörend. Die rd. 600 000 L. sprechen eine tibetobirman. Sprache; sie betreiben extensiven Hackbau (Trockenreis, Mais, Hirse, Mohn).

Liszt [lɪst], Franz von (seit 1859), *Raiding (Burgenland) 22. Okt. 1811, †Bayreuth 31. Juli 1886, ungar. Pianist und Komponist. – Schüler von Czerny und Salieri in Wien, seit 1823 von Paer und Reicha in Paris, feierte als Pianist Triumphe in ganz Europa; lebte 1835–39 mit der Gräfin Marie d'Agoult (3 Kinder, darunter Cosima, ∞ mit H. von Bülow und R. Wagner) zusammen, ab 1848 in Weimar (Hofkapellmeister) mit der Fürstin Caroline von Sayn-Wittgenstein. In Weimar wurde er Mittelpunkt der neudeutschen Schule. Ab 1861 in Rom (erhielt 1865 die niederen Weihen [„Abbé L."]); wechselte später seinen Wohnsitz zw. Rom, Weimar und Budapest. Die Genialität des Pianisten spiegelte sich in der Virtuosität und den stimmungsmalenden Klangeffekten seiner Vorweimarer Klavierwerke. In der von Wagner erstrebte er eine Erneuerung der Musik durch deren enge Verknüpfung mit der Poesie. Er wurde zum Begründer der neuen Klaviertechnik und war seinen Orchesterwerken wegweisend noch für das 20. Jahrhundert.

Werke: *Sinfon. Dichtungen:* Tasso (1849), Prometheus (1850), Les préludes (1854), Mazeppa (1854), Hungaria (1856), Hamlet (1858), Die Ideale (1857); *Sinfonien:* Faust (1857), Dante (1857); *Kirchenmusik* (u. a. Messen, Psalmen, Kantaten); *Oratorien:* Die Legende von der hl. Elisabeth (1862), Christus (1855–66); *Chöre; Lieder; Orgelmusik; Klavierwerke:* Konzerte in Es- und A-Dur, Fantasien und Totentanz (Paraphrase über „Dies irae", 1849, 1859) mit Orchester, Années de pèlerinage (1835–77), Ungar. Rhapsodien (erschienen ab 1851), h-Moll-Sonate (1853).

Franz Liszt

L., Franz von, *Wien 2. März 1851, †Seeheim (Landkr. Bergstraße) 21. Juni 1919, dt. Jurist und Kriminalpolitiker. – Vetter des Musikers Franz von L.; Prof. in Gießen, Marburg, Halle/Saale und Berlin (1899–1916). Seit 1912 MdR (Fortschrittl. Volkspartei). L. war Begründer der soziolog. Strafrechtsschule. Sein Verdienst war es, das Verbrechen als soziales Phänomen zum Gegenstand empir. Untersuchung gemacht zu haben. Das Interesse für den Delinquenten führte L. zur Abkehr vom herrschenden Prinzip der Tatvergeltung und der Generalprävention (↑ Strafe) und

Litauen

Litauen
Fläche: 65 200 km²
Bevölkerung: 3,69 Mill. E (1989), 56,6 E/km²
Hauptstadt: Wilna (litauisch: Vilnius)
Amtssprache: Litauisch
Nationalfeiertag: 16. Febr.
Währung: Talon (Übergangswährung)
Zeitzone: MEZ +1 Stunde

zum Eintreten für Spezialprävention und schuldunabhängige Maßregeln der Sicherung und Besserung. Mitbegr. der Internat. Kriminalist. Vereinigung. – *Werke:* Lehrbuch des dt. Strafrechts (1881, ²⁶1932), Der Zweckgedanke im Strafrecht (1882, ³1968).

Li Taibo (Li T'ai-po, Li Tai-peh), chin. Lyriker, ↑Li Bo.

Litanei [zu griech. litaneía „das Bitten, Flehen"], in der kath. Liturgie ein alternierendes Flehgebet aus aneinandergereihten Anliegen oder Anrufungen des Vorbeters und gleichbleibenden Antworten der Gemeinde. Im Osten entstanden (Ektenie), wurde die L. Ende des 5. Jh. von der römisch-kath. Kirche übernommen und bes. bei Bittprozessionen verwendet. Im 7. Jh. entstand als Mischtyp aus Anliegen und Anrufungen die Allerheiligen-L., aus der die Vorformen der ↑ Lauretanischen Litanei hervorgingen. Seit dem 19./20. Jh. gibt es eine Fülle von privaten, nicht approbierten Litaneien. – In der ev. Liturgie eine von Luther 1528 verfaßte L., die Bestandteil luth. Gottesdienstordnungen wurde und heute im Ev. Kirchengesangbuch enthalten ist.

Litani, Al (in der Antike **Leontes**), Fluß im Libanon, entspringt westlich von Baalbek, mündet nördl. von Sur in das Mittelmeer, 145 km lang; wichtig zur Bewässerung.

Litauen (amtl. Lietuva), Republik im O Europas, zw. 53° 54′ und 56° 27′ n. Br. sowie 20° 56′ und 26° 51′ ö. L. **Staatsgebiet:** L. grenzt im W an die Ostsee, im N an Lettland, im O und SO an Weißrußland, im S an Polen und Rußland (Gebiet Kaliningrad). **Verwaltungsgliederung:** 44 Rayons und 11 der Republik unmittelbar unterstellte Städte. **Internat. Mitgliedschaften:** UN.

Landesnatur: L. liegt im NW der eiszeitlich geformten Osteurop. Ebene. Die Oberfläche wird durch Grund- und Endmoränen bestimmt. Im W erheben sich die Schamait. Höhen bis 234 m ü. d. M., der SO wird vom seenreichen Balt. Landrücken (in L. bis 287 m ü. d. M.) eingenommen und von den litauischen Hauptströmen Memel und Neris in tiefen, windungsreichen Tälern durchzwischen. Im zentralen Teil liegt die z. T. versumpfte, moorige Mittellitauische Tiefebene (35/40 m – 80/90 m ü. d. M.). Der etwa 100 km lange und 15–20 km breite Küstenstreifen geht im S in die z. T. sumpfige Niederung an der unteren Memel über. Vor der südl. Küste liegt der litauische Anteil am Kurischen Haff und an der Kurischen Nehrung.

Klima: Durch maritimen Einfluß ist das Klima im W-Teil gemäßigt. Im mittleren und östl. Teil nimmt die Kontinentalität zu, die Winter werden kälter, die Sommer wärmer.

Vegetation: 28 % der Fläche sind bewaldet (v. a. Kiefern, Fichten, Birken und Erlen). Die größten Waldgebiete liegen im SO. 17 % des Territoriums sind Wiesen, etwa 4 % Moore (überwiegend Flachmoore).

Tierwelt: Verbreitet sind Arten der Taiga- und Mischwaldzone, im W auch der paläarkt. Zone. Die wichtigsten Vertreter sind Wolf, Fuchs, Luchs, Marder, Wildschwein, Elch, Reh, Hirsch und Hase.

Bevölkerung: 1989 waren von den Bewohnern 79,6 % Litauer, 9,4 % Russen, 7,0 % Polen, 1,7 % Weißrussen und 1,2 % Ukrainer. Die Gläubigen sind überwiegend röm.-kath. Neben der Litauischen Akad. der Wiss. gibt es eine Univ. in Wilna sowie 12 Hochschulen.

Wirtschaft: Am Bruttosozialprodukt sind Ind. und Bauwesen mit 70 %, die Landw. mit 20 % beteiligt. Im Vordergrund der Landw. steht die Schweine- und Rinderhaltung; Anbauprodukte sind Futterpflanzen, Getreide, Kartoffeln, Zuckerrüben, Flachs und Gemüse. Neben der begrenzten Küstenfischerei wird Hochseefischerei betrieben. Der wirtsch. Wert der Torflager ist gering. Die einst bestimmende Nahrungsmittel- (bes. Milch-, Fleisch- und Fischverarbeitung) und Textilind. wurde nach 1945 von Zweigen des Maschinenbaus und der Elektrotechnik/Elektronik (Bau von Werkzeugmaschinen, elektr. Maschinen und Geräten, Schiffen) abgelöst. Bed. sind außerdem die chem., Holz- und Papierind. Ein Spezialzweig des Kunsthandwerks ist die Bernsteinverarbeitung. Rd. 75 % der Ind.produktion kommen aus Wilna, Kaunas, Memel, Schaulen und Panevėžys.

Außenhandel: Ausgeführt werden Maschinen, Metallerzeugnisse, Textilien, Holz, Zellulose und Papier, Nahrungsmittel und Chemiegüter, eingeführt Roh- und Brennstoffe, Ind.güter und Nahrungsmittel. Die wichtigsten Handelspartner sind Rußland, die Ukraine, Weißrußland, Lettland, Estland sowie verschiedene nordeurop. und EG-Staaten.

Verkehr: Das Verkehrsnetz ist relativ dicht ausgebaut und umfaßt ein 1 990 km langes Eisenbahnnetz und 33 100 km Straßen. Das Binnenwasserstraßennetz ist 628 km lang (Schiffahrt auf Memel, Neris und den Trakaiseen [61 Seen] westlich von Wilna). Neben dem internat. ✈ in Wilna bestehen ✈ (Kaunas, Schaulen, Panevėžys, Druskininkai und Palanga) für den Inlandflugverkehr. Einziger Hochseehafen ist Memel, seit 1986 mit Mukran auf Rügen durch eine Eisenbahnfähre verbunden. Auf der Kurischen Nehrung liegt das Ostseebad Neringa.

Geschichte: Etwa zu Beginn des 9. Jh. nahmen die von Slawen aus ihrem urspr. Siedlungsraum an der oberen Oka und Wolga verdrängten balt. Litauer das Gebiet des heutigen L. in Besitz. Fürst Mindaugas einigte um 1240 das in zahl. Klein-Ft. zersplitterte L.; Großfürst Gedymin annektierte Teile Rußlands und unterstellte Minsk und Witebsk seiner Oberhoheit. Das Groß-Ft. L. entwickelte sich im 14. Jh. zu einer bed. Macht. Großfürst Jagello schloß zum Schutz gegen den Dt. Orden eine Union mit Polen, ließ sich taufen und erhielt nach Heirat mit der poln. Thronerbin Hedwig 1386 die poln. Königskrone. In der Schlacht von Tannenberg (1410) besiegte das vereinigte polnisch-litauische Heer den Dt. Orden. Im Unionsvertrag von Brest (1446) sicherte König Kasimir L. die Selbständigkeit und Souveränität zu; es verlor jedoch immer mehr Gebiete an Rußland (Smolensk, Tschernigow, Brjansk, Gomel). Während des Livländ. Krieges mußten 1569 auf einem polnisch-litauischen Reichstag in Lublin die litauischen Vertreter, angesichts der Bedrohung ihres Landes durch Moskau, unter massivem poln. Druck der völligen Vereinigung beider Länder zustimmen. Kämpfe rivalisierender Adelsfamilien

Litauen

Staatswappen

Internationales
Kfz-Kennzeichen

schwächten das Doppelreich stark und führten eine bürgerkriegsähnl. Situation herbei, die Österreich, Rußland und Preußen nutzten, um Polen 1772, 1773 und 1795 zu teilen. Mit der 3. Teilung kam der Hauptteil des litauischen Siedlungsgebietes an Rußland, das Gebiet um Suwałki wurde preußisch (bis 1807). Die brutale Russifizierungspolitik bewirkte sowohl eine starke Auswanderungsbewegung in die USA und nach Kanada als auch eine litauische Nationalbewegung, die insbes. vom Kleinadel und der Intelligenz getragen wurde und auch in Gegensatz zum Polentum geriet. Nach der Revolution von 1905 mußte die russ. Reg. den Litauern Zugeständnisse machen; sie erhielten einen eigenen Landtag, litauische Abg. zogen in die Duma ein. 1915 besetzten dt. Truppen L., 1918 proklamierte der mit dt. Zustimmung gebildete Landesrat die unabhängige „Republik Litauen". Die Sowjetreg. erkannte die Republik erst 1920 an, nachdem ein Versuch, L. anzugliedern, gescheitert war. 1920 annektierte Polen unter Piłsudski das Wilnagebiet; L. bemächtigte sich 1923 des Memellandes. Innenpolitisch war das Land nach 1926 Unruhen und heftigen Parteikämpfen ausgesetzt. Am 22. März 1939 mußte L. nach einem dt. Ultimatum das Memelland aufgeben. Der Dt.-Sowjet. Grenz- und Freundschaftsvertrag vom Sept. 1939 teilte L. der sowjet. Interessensphäre zu; am 15. Juni 1940 wurde ganz L. besetzt und nach Ausrufung der Litauischen SSR (21. Juli 1940) am 3. Aug. 1940 der Sowjetunion angegliedert; die litauische Intelligenz wurde verschleppt oder liquidiert. 1941–44 unter dt. Besetzung, 1944 erneut durch die Rote Armee erobert. – Im Zuge der nationalist. Bemühungen um größere Unabhängigkeit spaltete sich ein Teil der litauischen KP im Jan. 1990 von der KPdSU ab (im Dez. 1990 Umbenennung in „Litauische Demokrat. Arbeiterpartei"). Nach Einführung eines Mehrparteiensystems (Dez. 1989) brachten die ersten freien Parlamentswahlen im Febr. 1990 einen klaren Erfolg der Volksfront Sajudis (Zweidrittelmehrheit der Mandate). Das neue Parlament wählte am 11. März 1990 den Vors. der Sajudis, V. Landsbergis, zu seinem Präs.; Min.präs. wurde Frau K. Prunskiene. Die Litauische SSR erklärte sich am 11. März 1990 als erste neue Unionsrepublik zu einem souveränen Staat (Umbenennung in Republik L. auf der Grundlage ihrer Vorkriegsverfassung). Die Weigerung des litauischen Parlaments, den Unabhängigkeitsbeschluß zurückzunehmen, zog wachsende Spannungen mit der Unionsreg. nach sich (Wirtschaftsblockade gegen L. bis Juli 1990, blutige Zusammenstöße sowjet. Truppen mit der Bev. der Hauptstadt im Jan. 1991, Angriffe der russ. Sondereinheit OMON auf litauische Zoll- und Grenzstationen Sommer 1991). Gemeinsam mit den ebenfalls um ihre Souveränität ringenden Republiken Estland und Lettland belebte L. im Mai 1990 den ↑ Baltischen Rat wieder und begann, ein eigenes Wirtschaftssystem aufzubauen. Bev.proteste gegen die von der litauischen Reg. verfügten enormen Preiserhöhungen führten im Jan. 1991 zum Rücktritt der Reg. Prunskiene; neuer Min.präs. wurde G. Vagnorius, im Juli 1992 A. Abisala. Im Sommer 1991 erkannte der russ. Präsident B. Jelzin die Unabhängigkeit L. an und vereinbarte beiderseitige wirtsch. Beziehungen. Während des Staatsstreiches gegen Unionspräs. M. Gorbatschow vom 19. Aug. 1991 marschierten so sowjet. Truppen in Wilna ein; die litauische Reg. organisierte daraufhin den Bev.widerstand und bereitete die Bildung einer Exilreg. vor. Nach dem Scheitern des Putsches setzte Ende Aug. eine internat. Anerkennungswelle ein (Deutschland am 28. Aug. 1991). Bei den Parlamentswahlen im Okt./Nov. 1992 erreichte die Litauische Demokrat. Arbeiterpartei die Mehrheit. Deren Vors. A. Brasauskas konnte im Febr. 1993 die ersten Präsidentschaftswahlen für sich entscheiden. Min.präs. ist seit März 1993 A. Slezevicius.

Politisches System: Gemäß der bei den ersten Parlamentswahlen am 25. Okt. 1992 durch eine Volksbefragung gebilligten Verfassung ist L. eine unabhängige demokrat. Republik mit Präsidialsystem; bis zum Zeitpunkt der Verabschiedung bestand eine provisor. Verfassung, die nach der Unabhängigkeitserklärung auf der Grundlage der Verfassung von 1939 verabschiedet worden war. *Staatsoberhaupt* ist der direkt von der Bev. gewählte Präs. Die *Legislative* übt das Parlament, der Sejm (141 Abg.), aus, die *Exekutive* die Reg. unter Vorsitz des Min.präs. Dominierende *Parteien* sind die Litauische Demokrat. Arbeiterpartei (LDAP) und die Volksfront „Sajudis". – Karte ↑ Lettland.

Litauer, eine balt. Sprache sprechendes, v. a. in Litauen lebendes Volk; 2,98 Mill.

litauische Kunst, zu den ältesten Zeugnissen gehören Keramik sowie Bernsteingegenstände aus dem Neolithikum, Metallschmuck aus Bronze und Silber aus der Bronzezeit. Im MA dominierten in der Volkskunst Holz-, Ton-, Metall- und Bernsteinarbeiten sowie Web- und Stickkunst; von den wenigen überlieferten Werken aus dem 14./15. Jh. sind die Wandmalereien im Schloß auf der Insel Trakai die bedeutendsten. Bemerkenswert sind die befestigten Fluchtburgen (Piljakalnis), die den Kern von Städten (Kaunas, Wilna, Trakai) bildeten. Im Sakralbau waren got. Backsteinbauten vorherrschend (Sankt Annen bei Wilna, Vitovt-Kirche in Kaunas). Nach einer kurzen Renaissanceperiode (Sankt Michael in Vilnus, im 18. Jh. umgebaut) folgte der unter poln. und italien. Einfluß stehende Barock (Sankt Theresa und Sankt Katharina in Wilna; Mitte und Ende 17. Jh.). Nach der Angliederung an Rußland verbreitete sich ein von dort beeinflußter Klassizismus (M. Knackfuß, Universitätsobservatorium in Wilna; L. Štuoka-Gucevičius, Umbau der Kathedrale in Wilna, ab 1796). Die seit 1803 der Univ. Wilna angeschlossene Kunstschule spielte eine wichtige Rolle bei der Herausbildung einer nat. Kunst; in der Malerei verschmolzen Elemente des Klassizismus mit denen der Romantik und des Realismus (J. Damelis, P. Smuglevičius, J. Rustemas). Als Vertreter des Jugendstils wurde der Maler und Komponist M. K. Čiurlionis bekannt. Mit der 1907 gegr. Litauischen Kunstgesellschaft sowie der 1922 gegr. Kaunaser Kunstschule gelang der Anschluß an die moderne Kunst des 20. Jh. Während unter der Sowjetherrschaft der sozialist. Realismus das Kunstschaffen prägte, gewinnen in der Gegenwart in Auseinandersetzung mit internat. Stilkonzepten experimentelle Richtungen an Bed. (u. a. die Bildhauer J. Mikenas, B. Bucas, G. Jokūbonis, K. Bogdanas, die Maler A. Gudaitis, V. Mackevičius, A. Savickas, die Graphiker J. Juzminskis, A. Kučas, S. Krasaukas).

litauische Literatur, urspr. sehr reiche Volksdichtung (lyr. Lieder, Märchen, Sagen); seit der Reformation gab es ein von Geistlichen beider Konfessionen geschaffenes Schrifttum, mit dem „Katechismus" (1547) von Mažvydas erschien in Ostpreußen das erste litauische Buch. Im 18. Jh. setzte eine weltl. Kunstpoesie ein, u. a. das Epos „Die Jahreszeiten" (hg. 1818) von K. Duoneilaitis (* 1714, † 1780). Nach der Niederschlagung des Aufstandes von 1863 verbot das zarist. Regime das litauische Schrifttum in latein. Schrift bis 1904. Erst am Ausgang des 19. Jh. wurde die eigenständige l. L. wiederbelebt, u. a. durch die Erzähler Vaižgantas (* 1869, † 1933) und V. Krėvė-Mickievičius (* 1882, † 1954) sowie die dem russ. bzw. frz. Symbolismus nahestehenden Lyriker J. Baltrušaitis (* 1873, † 1944) und W. S. Vydūnas (* 1868, † 1953). In der Zeit der Eigenstaatlichkeit (1918–40) wurden v. a. Roman und Drama gepflegt. Nach 1944 entwickelte sich eine vielfältige Emigrantenliteratur, bes. in den USA. Für die Literatur in der Litauischen SSR war nach 1956 eine breite Entwicklung aller literar. Gattungen und Themen kennzeichnend, z. B. durch die Lyriker E. Mieželaitis, J. Vaičiunaitė, J. M. Marcinkevičius, der auch Erzähler und Dramatiker ist, und die Erzähler J. Aryžius, V. Bubnis, M. Sluckis sowie V. Zilinskaitė.

litauische Musik, neben den überwiegend einstimmigen Volksliedern (Dainos), denen ebenso wie den ep. Gesängen ein lyr. Grundzug eigen ist, bilden die Sutartines (mehrstimmige Gesänge) eine bes. Gruppe altüberlieferter Lieder. Zu den typ. Volksmusikinstrumenten gehören Kankles (die Zitherart), Ožragis (Blasinstrument aus einem Ziegenhorn) und Dudelsack. – Seit dem 14. Jh. sind in Litauen professionelle Formen des Musiklebens bekannt; Sängerschulen gab es bereits im 16. Jh. Zum Begründer der litauischen sinfon. Musik wurde um 1900 M. Čiurlionis. Die erste nat. Oper („Birutė", 1906) schrieb M. Petrauskas.

Mit Beginn der 1940er Jahre kam es zu einem bed. Aufschwung in Musikleben. Unter weitgehender Einbeziehung der Volksmusik entstanden zahlr. Werke unterschiedl. Genres (u. a. von V. Bacevičius, B. Dvarionas, A. Račiūnas, S. Vainiūnas). Moderne Kompositionstechniken und sorgfältig ausgewählte musikal. Gestaltungsmittel kennzeichnen die Musik von B. Kutavičius, F. Bajoras, O. Balakauskas und J. Jurzapaitis. Zu den bed. Komponisten des Landes gehören ferner J. Juzeliūnas, E. Balsys, V. Barkauskas, A. Rekašius und V. Laurušas.

litauische Religion, vorchristl. Religion des litauischen Volkes, deren älteste Überlieferungen sich in der Chronik des Malalas (1261) finden; viele verwandte Züge in lett. Religion. Hauptgottheit ist der Himmelsgott Dievas, der Donnergott Perkunas gibt Regen und Fruchtbarkeit, er gilt auch als Schutzherr des Rechts und Verfolger der Dämonen. Neben den Naturmächten wurden Hausgötter verehrt. Öffentl. Kulte, die immer mit tier. Opfern verbunden waren, vollzog man in einem hl. Hain („alka"). Das Priestertum unterschied zw. dem Zauberer („burvis") und dem Wahrsager („zimlemis").

litauische Sprache, eine indogerman. Sprache, gehört zur Gruppe der balt. Sprachen, rd. 2,8 Mill. Sprecher; zwei Dialektgebiete: Niederlitauisch oder Schemaitisch im NW und Hochlitauisch oder Aukschtaitisch im S, SO und O Litauens. Die Schriftsprache beruht auf den hochlitauischen Dialekten, sie wird in lat. Schrift (mit Zusatzzeichen) geschrieben.

Litchi, svw. ↑Litschibaum.

Liten (Lassen, Laten) ↑Leibeigenschaft.

Liter [mittellat.-frz., zu griech. lítra „Pfund" (als Gewicht und Münze)], Einheitenzeichen l, meist bei Flüssigkeiten verwendeter bes. Name für die Volumeneinheit Kubikdezimeter: $1\,l = 1\,dm^3 = 1/1000\,m^3$.

Literalsinn [lat./dt.], buchstäbl. Sinn einer Textstelle, bes. in der Bibelexegese.

Literarhistoriker (Literaturhistoriker), Kenner und Erforscher der Geschichte einzelner Nationalliteraturen, auch einzelner literar. Gattungen, Epochen.

literarisch, die Literatur betreffend.

literarische Zeitschriften, svw. ↑Literaturzeitschriften.

Literarkritik, literaturwiss. Verfahren v. a. der bibl. Exegese, mit dem die durch Wortwahl, Syntax, Stil u. a. unterschiedenen *Quellen* eines Textes isoliert werden, um eine Geschichte seiner Entstehung zu rekonstruieren.

literarkritische Schule, zusammenfassende Bez. einer Gruppe von ev. Theologen im 19./20. Jh., die sich durch das gemeinsame Interesse an der Erforschung der literar. Quellen und der Textgeschichte von A. T. und N. T. auszeichnen. Im Unterschied zur religionsgeschichtl. Schule stützte die l. S. sich weitgehend auf den isolierten kanon. Bibeltext und berücksichtigte kaum die religiöse Umwelt der Texte. Der bedeutendste Vertreter war J. Wellhausen.

Literat [zu lat. litteratus „schriftkundig, gelehrt"], seit dem 18. Jh. Bez. für den Literaturkenner, aber v. a. für den Schriftsteller; im 19. und 20. Jh. meist abwertend als negatives Pendant zum „Dichter", heute auch wieder wertneutral gebraucht.

Literatur [lat. „Sprachkunst, Buchstabenschrift"], in einem grundlegenden Sinn jeder auf der Basis eines (Schrift-)Zeichensystems festgehaltene und damit lesbare Text („Literalität" gegenüber „Oralität", ↑Oral poetry), also ein anhand eines materialen Zeichensystems gegebener Sinnzusammenhang.

L. wird in einem weiten Sinn für alle Schriftwerke, in einem engeren Sinn für belletrist. Texte (↑Dichtung) bzw. kultur- und geistesgeschichtl. Texte, in einem speziellen Sinn für fachbezogene Texte (Fach-L.) verwendet. Je nach kulturellem Verständnis und fachbezogenem Interesse können „hohe" und „triviale", Sach- und belletrist., fiktionale (Dichtung) und nichtfiktionale, Unterhaltungs-, Gebrauchs- und Tendenz- bzw. Zweck-L. unterschieden werden.

Unter dem Begriff ↑Weltliteratur werden v. a. diejenigen Werke verschiedener nationaler L. verstanden, die über den Rahmen der jeweiligen Kultur hinaus Bedeutung erlangt haben. Für die wiss., öff. und auch die schul. Beschäftigung mit literar. Texten (↑Interpretation, ↑Literaturkritik, ↑vergleichende Literaturwissenschaft) tritt L. unter drei Gesichtspunkten in Erscheinung: 1) unter dem Aspekt der Produktion (Autor), 2) unter dem Aspekt der Vermittlung (literar. Markt, Gattungen, „Institution Kunst"), 3) schließlich unter dem Aspekt der ↑Rezeption (literar. Wirkung und Wertung durch Publikum und Kritiker, ↑Rezeptionsästhetik).

Literaturarchiv, Archiv, das der Sammlung, Erhaltung, Erschließung und z. T. auch Erforschung literar. Dokumente wie Dichterhandschriften, Erstdrucke und Erstausgaben, Bilder usw. dient. L. entwickelten sich im 19. Jh. als Sonderabteilungen in größeren Bibliotheken, im 20. Jh. als Bestandteil eines Dichtermuseums oder als selbständige Institutionen. Heute sind sie mit ihrem Fundus an literarhistor. Quellenmaterial zu wichtigen wiss. Forschungsstätten geworden. Bed. L. in Deutschland sind: Goethe- und Schiller-Archiv (Weimar), Dt. L. im Schiller-Nationalmuseum (Marbach am Neckar), L. des Freien Dt. Hochstifts (Frankfurt am Main).

Literaturgeschichte, die Darstellung geschichtl. Entwicklungen entweder 1. der Nationalliteraturen oder der Weltliteratur, 2. einzelner Epochen (z. B. Romantik) oder 3. einzelner Gattungen (z. B. Roman). Aufgabe der L. war zu allen Zeiten die Registrierung der überlieferten Literatur in der Abfolge ihres Erscheinens. Dabei trug die L. schon früh durch eine wertende Selektion zur Bildung eines Kanons klassisch-vorbildl. Werke bei. Von entscheidender Bedeutung für die L. war die Entdeckung der Historizität und des nat. Charakters von Literatur seit dem Ende des 17. Jh. – Von einer bloßen statist. Aufzählung zu einer „Erklärung des Gewordenen" kam erstmals D. G. Morhof sowohl in seinem „Unterricht der Teutschen Sprache und Poesie" (1682) als auch in seiner Geschichte der Weltliteratur „Polyhistor..." (1688–92). Ähnl. umfassende Überblicke entstanden erst wieder in der Romantik mit A. W. Schlegels „Geschichte der alten und neuen Literatur" (1812/13). Es erschienen Geschichten der „Nationalliteratur" (A. Koberstein, 1827; G. G. Gervinus, 1835–40), in denen Literatur in die polit. Geschichte eingeordnet wurde. Mitte des 19. Jh. nahm die Zahl der L., z. T. mit popularisierender Tendenz, beträchtlich zu. Das grundlegende Nachschlagewerk zur dt. Literatur schuf K. Goedeke mit seinem „Grundriß zur Geschichte der dt. Dichtung" (1857–81). Die nach 1871 in der dt. Germanistik vorherrschend einsetzenden Einflüsse national-konservativer Bestrebungen blieben z. T. bis in die Zeit nach dem 2. Weltkrieg erhalten. Eine Neuorientierung für die L. ergab sich Mitte der 60er Jahre unter dem Einfluß neomarxist. Theorien, der Rezeption des frz. Strukturalismus, der Linguistik, der Sozialgeschichtsschreibung und, in neuerer Zeit v. a. auch im Rahmen der Rezeptionsästhetik (H. R. Jauss), der Mentalitätsgeschichte.

Literaturhistoriker, svw. ↑Literarhistoriker.

Literaturkalender, Verzeichnis biograph. und bibliograph. Daten lebender Schriftsteller; maßgebl. Werk für die deutschsprachige Literatur ist „Kürschners Dt. Literatur-Kalender" (↑Kürschner, Joseph).

Literaturkritik, Beschäftigung mit literar. Werken, Gattungen, Stilen und Epochen, bei der Interpretation, Vergleich, Reflexion und Wertung im Vordergrund stehen. Während sich die L. im dt. Sprachgebrauch v. a. mit der jeweils zeitgenöss. Literatur und aktuellen literar. Tendenzen auseinandersetzt, reichen im Englischen „Literary criticism" und im Französischen „Critique littéraire" auch in den Bereich der ↑Literaturwissenschaft hinüber. – L. gab es schon in der griech. Antike und in Rom; ihre Maßstäbe waren die Regeln der antiken Rhetorik und Poetik. Im lat. MA kam die religiös motivierte, in der mittelhochdt. Literatur die ästhet., stilistisch wertende L. auf. Während des Humanismus war die L. durch politisch-religiöse Polemik geprägt; eine kritische Auseinandersetzung mit literar. Traditionen setzte erst mit M. Opitz wieder ein; L. auf breiter Basis gab es jedoch erst in der Aufklärung (Gottsched, F. Nicolai, Lessing). Die Weimarer Klassik suchte für ihre Kritik nach objektiven Gattungsgesetzen, die Romantik hingegen knüpfte an die alle äußeren Regeln mißachtende L. des Sturm und Drang wieder an (Brüder Schlegel, L. Tieck, Novalis). Eine erste Politisierung der L. wagte das Junge Deutschland; bis ins 19. Jh. wurde sie noch weitgehend von Schriftstellern selbst geschrieben, erst im 20. Jh. von berufsmäßigen Literaturkritikern (z. B. H. Ihering, H. Karasek, A. Kerr, K. Kraus, H. Krüger, H. Mayer, A. Polgar, M. Reich-Ranicki, P. Rilla).

Literaturlexikon, alphabetisch geordnetes Nachschlagewerk zur Literatur als Ganzes oder zu deren Teilbereichen; dabei sind zu unterscheiden: 1. *Autorenlexika* zur Weltliteratur, den einzelnen Nationalliteraturen und zu literar. Epochen. Sie enthalten biograph. Daten, Werkregister und meist bibliograph. Angaben (z. B. „Lexikon der Weltliteratur", hg. von G. von Wilpert, ²1980/³1988, 2 Bde.); 2. *Werklexika,* die Inhaltsangaben, Daten über Entstehungszeit und -jahr sowie Spezialbiographien zu den in ihnen enthaltenen Titeln bieten (z. B. „Kindlers L.", 1964–74, 8 Bde., Neubearb. u. d. T. „Kindlers Neues L.", Hg. W. Jens, 1988 ff., 20 Bde.); 3. *Reallexika,* die über literar. Gattungen, Stile, Epochen, Metrik, Rhetorik usw. informieren (z. B. „Reallexikon der dt. Literaturgeschichte", hg. von W. Kohlschmidt und W. Mohr, ²1955–84); 4. *Stoff-* und *Motivlexika,* die die Tradierung von Stoffen und Motiven der Weltliteratur verfolgen (z. B. Frenzel, E.: „Stoffe der Weltliteratur", ⁸1992); 5. *Mischformen,* die Autoren-, Werk- und Reallexikon kombinieren (z. B. „Der Literatur-Brockhaus", hg. und bearb. von W. Habicht u. a., 3 Bde., 1988).

Literaturpreis, eine periodisch vergebene, meist mit einem Geldpreis verbundene Auszeichnung eines Schriftstellers. Es gibt gattungsmäßig-formal orientierte L. und solche, bei denen der Preisträger nach themat., eth. oder auch politisch-ideellen Gesichtspunkten ausgewählt wird. Stifter können Staaten, Bundesländer, Städte, Verbände, Stiftungen, Akademien oder Einzelpersönlichkeiten sein. Der bekannteste international vergebene L. ist der *Nobelpreis für Literatur,* ebenfalls bed. ist der *Friedenspreis des Börsenvereins des Dt. Buchhandels.* Daneben gibt es eine große Anzahl nat. Literaturpreise.

Literaturrevolution, Sammelbez. für die literar. Umwälzungen zu Beginn des 20. Jh., die sich in einer Vielzahl sehr unterschiedl. literar. Tendenzen und Gruppierungen in Europa herausbildeten: *Futurismus* (Italien und Rußland), *Expressionismus* (Deutschland), *Dadaismus* (Deutschland, Frankreich, Schweiz), *Kubismus, Surrealismus* (Frankreich). Gemeinsam waren den Gruppierungen der L. ein antibürgerl. Literatur- (bzw. Dichtungs-)verständnis und die Ablehnung der traditionellen Dichtungsformen und der Ästhetik. Neue Zielsetzungen waren die Suche nach neuen Ausdrucksmöglichkeiten, z. B. in Collagen oder in mit akust. Experimenten verbundener abstrakter Dichtung. Charakteristisch für die Anhänger der L. war ihr Engagement in gesellschaftl. Bewegungen.

Literatursoziologie, Wiss., die die sozialen und ökonom. Voraussetzungen der Produktion, Verbreitung, Aufnahme und Weiterverarbeitung der Literatur untersucht; Gegenstandsbeschreibung, Theoriebildung und Untersuchungsverfahren sind indes bis heute strittig. – P. Merker proklamierte 1921 die „sozialliterar. Methode", die sich analog zur Entwicklung der Soziologie in den 1920er und 1930er Jahren durchsetzte (Kohn-Bramstedt, Balet u. a.). Die materialist. Literaturbetrachtung führte diesen Ansatz weiter aus (G. Lukács). In der BR Deutschland knüpfte man nach 1945 an die L. der 1930er Jahre an (A. Hauser) und setzte sich mit empir. Untersuchungen über Lesekulturen und dem Verhältnis von Kunst und Massenmedien in der angelsächs. Soziologie auseinander (H. N. Fügen). Gegenwärtig verarbeitet die L. Anstöße aus dem frz. Strukturalismus und der marxist. Literaturwiss. (M. Naumann); ferner werden der Leser, seine Bildungsgeschichte, seine Erwartung an Literatur, seine Lesemotivation sowie deren Steuerung durch die Vermittlungsinstanzen, d. h. generell die Rezeption von Literatur im Zusammenhang mit den gesellschaftl. Mechanismen der Sozialisation, untersucht.

Literatursprache, Bereich der Schriftsprache. Die L. ist im Unterschied zur Sprache der wiss. Fach- und Sachliteratur sowie zur Umgangssprache nicht in erster Linie an pragmat. Gesichtspunkten orientiert, ihre Elemente sind nicht nur entsprechend einem bestimmten Mitteilungszweck ausgewählt und kombiniert. Anstelle eindeutig verbundener (und decodierbarer) Sprachzeichen steht häufig eine polyvalente Struktur mit vielfältig einander überlagernden Beziehungen zw. einzelnen sprachl. Elementen (auf allen sprachl. Ebenen), die vom Leser (Hörer) eine über die Analyse des Gebrauchstextes hinausreichende Textinterpretation erfordert. – In der Sprachwiss. Bez. für die höchstentwickelte schriftl. (Schriftsprache) und mündl. (Hochsprache) Form einer Nationalsprache.

Literaturtheorie, i. w. S. die Darstellung und Analyse aller für die Entstehung von Literatur (z. B. eines bestimmten Verfassers, einer Epoche o. ä.) notwendigen Prozesse; i. e. S. (in Orientierung am russ. Terminus „teorija literatury") das System aller nichthistor., v. a. in ihrer gesellschaftl. Relevanz bedeutsamen Disziplinen der Literaturwiss.; auch (als Übersetzung des engl. Terminus „literary theory") die Gesamtheit einer von der ↑ Literaturgeschichte und der ↑ Literaturkritik zu unterscheidenden allgemeinen ↑ Literaturwissenschaft.

Literaturverfilmung, Umarbeitung eines literar. Werkes (Erzählung, Roman, Drama) in einen Film. Dabei bleibt im wesentlichen der inhaltl.-atmosphär. Bezug zum Vorbild erhalten, während die Form eine Umstrukturierung erfährt. Indem sich der Filmregisseur von den formalen Bedingungen und Möglichkeiten des Filmes leiten läßt, bringt er ein eigenständiges Filmkunstwerk hervor, wobei die film. Gestaltung durchaus auf einer individuellen Interpretation beruhen und auch ein spezif., ein aktueller Bezug möglich sein kann.

Literaturwissenschaft, 1. umfassende Bez. für jede Art von wiss. Auseinandersetzung mit Literatur, auch als Oberbegriff für an den Nationalsprachen orientierte Philologien (Germanistik, Anglistik, Romanistik usw.) gebraucht; 2. allgemeiner programmat. Begriff einer Wiss.disziplin, deren Gegenstand der gesamte Prozeß der Texterstellung, textl. Ausformung, Verbreitung, Rezeption, Wirkung und Bewertung von Literatur ist, v. a. auch in ihrem Bezug zu Wirklichkeit und Gesellschaft sowie zu deren Wert-, Normierungs- und Tradierungssystemen (Geschichte, Religion, Philosophie usw.).
Während, im Unterschied zum engl. „literary criticism" und zur frz. „critique littéraire", im dt. Sprachraum die wertende Auseinandersetzung mit der zeitgenöss. Literatur der Forschung zur ↑ Literaturkritik zugewiesen wird, ist die Beschäftigung mit Literatur in ihrer histor. Dimension Aufgabe bes. der ↑ Literaturgeschichte, hinsichtlich einer v. a. sprach- und kulturübergreifenden, systematisierenden und damit umfassenden Betrachtungsweise Aufgabe der allgemeinen L.
Die L. greift dabei einerseits traditionell v. a. der Ästhetik zugeordnete Elemente auf, andererseits sucht sie z. T. die überkommene, bis in die Antike zurückreichende Poetik auszuweiten oder zu ersetzen. Aufgabe der allgemeinen L. ist es ferner, Strukturen, formale, motiv. oder themat. Kategorien aller Literaturen zu erfassen sowie Methoden und Ergebnisse der Poetik, Stilistik, Literaturtypologie, Literatursoziologie, Literaturpsychologie und Literaturphilosophie zu verbinden. Hierbei gilt das Interesse der L. nicht nur der Literatur i. e. S., sondern allen Textsorten.
Geschichte: Der Begriff L. begegnet erstmals 1842 in T. Mundts „Geschichte der Literatur der Gegenwart". Die positivist. L. orientierte sich methodisch an den Naturwiss. und betrieb unter dem Einfluß des Historismus noch vornehmlich Literaturgeschichtsschreibung. Erst als Reaktion auf eine bisweilen beziehungslose Faktenanhäufung der positivist. L. und einen wertungsfreien Historismus wurden theoret. Ansätze zu einer allg. L. deutlich; E. Elstner forderte in seinen „Prinzipien der L." (1897) erstmals, diese konsequent von der Philologie zu trennen und letz-

tere zur allg. L. auszuweiten. Es entstand die sog. geistesgeschichtl. Richtung (W. Dilthey), die an die Stelle des kausalgenet. Erklärens das „Verstehen" (Hermeneutik) setzte. In diesen Darstellungen erhielten größere geistige Zusammenhänge und Strömungen den Vorrang vor dem Einzelwerk. Als Reaktion auf diese spekulativ geprägte Geisteswiss., die Literatur außerliterar. Aspekten unterordnete, entwickelte sich die formalästhet. Werkbetrachtung der werkimmanenten Interpretation (E. Staiger). Der von russ. Anregungen geprägte Formalismus wandte sich, auf linguist. Methoden basierend, der Formensprache literar. Texte zu; der ihm ähnl. amerikan. New criticism untersuchte vornehmlich die poet. Sprache und machte sich dabei die Erkenntnisse von Anthropologie, Psychologie und Soziologie zunutze (K. Burke, R. Wellek, A. Warren); außerdem haben der anthropolog. Strukturalismus (C. Lévi-Strauss) und die strukturalist. Linguistik (N. Chomsky) die auf das literar. Werk zentrierte Betrachtung beeinflußt. Um noch größere Exaktheit bei der wiss. Erfassung von Literatur zu erreichen, wurden auch Ansätze der neueren Linguistik berücksichtigt, die sich der Methoden der Informatik und Statistik bedient (M. Bense, W. Fucks, K. Baumgärtner). Als Gegenspieler, Streitobjekt, aber auch als Anregung hat seit dem 19. Jh. die in der Abgrenzung zu einer „bürgerlich"-idealist. L. entwickelte materialist. L. eine Rolle gespielt. Bes. in den sozialistisch orientierten Ländern haben die von G. Lukács ausformulierte „Widerspiegelungstheorie", wonach Literatur die jeweiligen Klassenkonflikte und die Herankunft des revolutionär Neuen einem Spiegel gleich abzubilden habe, und die Verpflichtung der Literatur auf einen „sozialist. Realismus" als Leitvorstellung gedient. Hiergegen entwickelten sich bereits früh (Expressionismusdebatte) unorthodoxe, später neomarxistische ästhet. Theorien (S. Tretjakow, B. Brecht, E. Bloch), innerhalb derer die „kritische Theorie" (T. W. Adorno, W. Benjamin) einen wichtigen Einfluß ausübte. Eine weitere Richtung der L. ist gekennzeichnet durch die Fortschreibung des auf S. Freud gegründeten Literaturverständnisses, z. T. in Verbindung mit marxist. Positionen (H. Marcuse) oder mit linguistisch-strukturalist. Ansätzen (J. Lacan, J. Derrida). Solchermaßen präsentiert sich die heutige L. daher als eine methodisch wie inhaltlich heterogene Disziplin.

Literaturzeitschriften (literarische Zeitschriften), period. Publikationen, die eingeteilt werden in 1) literar. Fachzeitschriften mit philolog.-literaturwiss. Forschungsergebnissen und Rezensionen literaturwiss. Werke; 2) L. mit literar. Originalbeiträgen; 3) ausschließl. Berichts- und Rezensionsorgane literar. Neuerscheinungen. Den beiden letztgenannten Typen gehören auch die Feuilletons und Literaturbeilagen der großen Tages- und Wochenzeitungen an. L. erscheinen meist in niedrigen Auflagen mit weiter Periodizität (monatlich, vierteljährlich, bisweilen als Jahrbücher) oder unregelmäßig.
Geschichte: Vorläufer der L. waren die poet. Sammel- und Fortsetzungswerke des 16. und 17. Jh., z. B. G. P. Harsdörffers „Frauenzimmer Gesprechspiele" (1642–49). Als erste literar.-krit. L. gelten die „Beyträge zur crit. Historie der Dt. Sprache, Poesie und Beredsamkeit" (1732/33–1742/44) von J. C. Gottsched. L. gewannen rasch an Bedeutung; im 18. Jh. gab es über 300. Durch G. E. Lessing wurden die L. zu Trägern der ↑Literaturkritik. Einflußreich und weit verbreitet waren wiss. Rezensionsorgane: „Der Teutsche Merkur" (1773–1811), die „Allgemeine Literaturzeitung" (1785–1849), „Die Horen" (1795–97). Entscheidend für die weitere Entwicklung der L. wurde das „Athenäum" (1798–1800) von F. und A. W. Schlegel, das programmat. Zeitschrift der romant. Bewegung. Aus diesen Ansätzen entstanden im 19. Jh. die wiss. L., z. B. die „Zeitschrift für dt. Alterthum" (1841 ff.). Von den vielen Almanachen und Taschenbüchern des 19. Jh. sind die „Blätter für literar. Unterhaltung" (1826–98) und als Organ des poet. Realismus die „Dt. Rundschau" (1874–1964) und die „Neue Rundschau" (unter diesem Titel 1904 ff.) zu nennen; kurzlebig waren die Programmzeitschriften des Naturalismus und des Jugendstils. Im 20. Jh. stieg die Zahl der L. nochmals an; durch eine stärker werdende polit.-weltanschaul. Ausrichtung war bis etwa 1930 die Zahl der rein literar. L. rückläufig. Diese Tendenz zeigte sich etwa seit 1918 in den wichtigsten L. des Expressionismus („Der Sturm" von H. Walden, 1910/11–1932; „Die Aktion", 1911–32 u. a.), ebenso bei den bürgerl.-konservativen L. wie dem weitverbreiteten „Kunstwart" (1887/88–1931/32; bis 1936/37 fortgesetzt als „Dt. Zeitschrift") und der „Schönen Literatur" (1900–30, 1931–43 u. d. T. „Die Neue Literatur"). Neutrale Informationsblätter waren „Das literar. Echo" (1898/99–1922/23, fortgesetzt als „Die Literatur", 1923/24; ab 1942 bis zur Einstellung 1944 u. d. T. „Europ. Literatur"). Eine unabhängige progressive L. blieb bis 1933 die 1925 gegründete „Literar. Welt" (1934–41 u. d. T. „Das Dt. Wort", danach eingestellt); eine Sonderstellung nahm das kath. „Hochland" ein (1903–41; neu gegr. 1946, 1972–74 u. d. T. „Neues Hochland"). – Gegenwärtig gibt es über 120 deutschsprachige L. (u. a. in der BR Deutschland „Akzente" [seit 1954], „die horen" [seit 1955], „Sprache im Techn. Zeitalter" [seit 1961], „Text und Kritik" [seit 1963], „Kursbuch" [seit 1965], „Litfass" [seit 1976]; aus der DDR „Sinn und Form" [seit 1949], in Österreich „Literatur und Kritik" [seit 1955], „manuskripte" [seit 1960], in der Schweiz „Schweizer Monatshefte" [seit 1921]). – Vergleichbar mit der Entwicklung im deutschsprachigen Raum entfalteten sich international die L. in Italien, Portugal, Rußland, Spanien und Lateinamerika zunächst ebenfalls in der Tradition der Aufklärung, wenn auch mit einigen Brüchen und Verzögerungen.

Literleistung ↑Hubraum.
Litfaßsäule, Anschlagsäule für die Außenwerbung; erstmals 1855 in Berlin von dem Drucker E. Litfaß (* 1816, † 1874) und dem Zirkusdirektor Renz aufgestellt.
lith..., Lith... ↑litho..., Litho...
Lithiasis [griech.] (Steinleiden), Steinbildung, v. a. in Galle (Chole-L.) oder Niere (Nephro-L.).
Lithiophilit [griech.] ↑Triphylin.
Lithium [von griech. líthos „Stein", da in vielen Gesteinen enthalten], chem. Symbol Li; metall. Element aus der I. Hauptgruppe des Periodensystems, Ordnungszahl 3, relative Atommasse 6,941, Schmelzpunkt 180,54 °C, Siedepunkt 1 342 °C. Das silberweiße, weiche, sehr reaktive Alkalimetall ist das leichteste Metall überhaupt (Dichte 0,534 g/cm^3). Es reagiert mit Wasser unter Wasserstoffentwicklung zu L.hydroxid und verbrennt mit intensiv rotem Licht zu L.oxid. L. kommt in Form von Silicatmineralen (↑Spodumen, ↑Zinnwaldit) und Phosphatmineralen (↑Triphylin) vor. Gewonnen wird es durch Schmelzelektrolyse aus L.chlorid. Techn. Bed. hat L. als Legierungszusatz; in der Kerntechnik dienen die L.isotope ^{6}Li zur Herstellung von Tritium und ^{7}Li als Reaktorkühlmittel sowie als Neutronenabsorber, Kühlflüssigkeit und Moderator. Die Verbindung von L. (insbes. des Isotops ^{6}Li) mit Deuterium, **Lithiumdeuterid,** LiD, ist Ausgangssubstanz bei der Kernfusion.
Lithiumalanat (Lithiumaluminiumhydrid), LiAlH$_4$, weißes, kristallines Pulver, das durch Wasser rasch zu Lithiumaluminiumhydroxid, LiAl(OH)$_4$, und Wasserstoff zersetzt wird; v. a. als starkes Reduktionsmittel und zur Hydrierung verwendet.
Lithiumdeuterid [griech.] ↑Lithium.
Lithiumzelle, bes. langlebiges und zuverlässiges elektrochem. Element, bei dem als Anode das elektrochemisch am stärksten negative Metall Lithium verwendet wird. Als Kathodenmaterialien dienen z. B. gepreßte Pulver aus Mangandioxid, Kupfersulfid oder Silberchromat.
Litho, Abk. für: ↑Lithographie.
litho..., Litho..., lith..., Lith... [zu griech. líthos „Stein"], Bestimmungswort von Zusammensetzungen mit der Bed. „stein..., Gestein...".
Lithobiontik (Geomikrobiologie), Teilgebiet der Mikrobiologie; beschäftigt sich mit dem Verhalten bestimmter Mikroorganismen, die an geochem., geolog. oder mineralog. Vorgängen beteiligt sind, den sog. *Lithobionten,* sowie mit den Möglichkeiten zur prakt. Anwendung derartiger Mikroorganismen.

Lithocholsäure

Lithographie. Links: Henri de Toulouse-Lautrec, Sitzender weiblicher Clown, 1896. Rechts: Otto Mueller, Wald

Lithocholsäure ↑Gallensäuren.
Lithoglyptik, svw. ↑Steinschneidekunst.
Lithographie (Litho, Steindruck), Verfahren zur Vervielfältigung von Graphiken nach dem Prinzip des Flachdrucks; das Verfahren beruht auf der Fähigkeit bestimmter feinporiger Kalksteinplatten (sog. *L.steine*), sowohl Fett als auch Wasser anzunehmen, sowie auf dem Prinzip der gegenseitigen Abstoßung von Wasser und fettiger Farbe. Durch chem. Umsetzung der entsprechend der Zeichnung aufgetragenen fetthaltigen Kreide oder lithograph. Tusche (aus Fett, Wachs und Lampenruß) mit dem kohlensauren Kalk des Steins zu fettsaurem Kalk wird dieser an den Stellen der Zeichnung farbspeichernd und wasserabstoßend: nur diese Stellen drucken. Dagegen wird der Stein durch Antrocknen und Behandlung mit einer sauren Gummiarabikumlösung an den zeichnungsfreien Flächen abgedichtet; er nimmt dort nach Anfeuchten keine Farbe an. Für die Farb-L. verwendet man mehrere Platten nacheinander.
Geschichte: 1796/97 entdeckte A. Senefelder die L.; ihr künstler. Durchbruch erfolgte in Frankreich, ab 1814 bei Delacroix, ab 1817 bei Géricault, schließlich im Werk Goyas. Bevorzugtes Feld der L. wurde die Karikatur (Daumier). Eine Bereicherung brachte die Farb-L., v. a. im Plakatdruck (Toulouse-Lautrec). Um 1900 erlebte sie eine bis dahin größten Aufschwung durch Zeitschriften – z. B. „L'Estampe originale" – und durch die enge Verbindung zur Buchillustration. In Deutschland wurde die L. u. a. von den Expressionisten aufgegriffen (Mueller, Nolde, Kirchner), dann von den satir. und krit. Künstlern der 20er Jahre (A. Kubin, G. Grosz, O. Dix, K. Kollwitz). Picasso wurde zum Ausgangspunkt für die jüngste lithograph. Entwicklung von der Op-art bis zum neuen Realismus, die bes. in den USA starken Widerhall fand (Motherwell, Francis, Lichtenstein, Rauschenberg u. a.).
▷ Gruppe von Präzisionsverfahren zur Erzeugung von Mikrostrukturen auf Oberflächen, bes. zur Strukturierung von Halbleiterscheiben für hochintegrierte elektron. Schaltkreise. Bei der *Photo-L.* wird die Struktur durch Kontaktkopie oder verkleinernde Projektion von Schablonen aus Photolack erzeugt. Entwickeln, Ätzen, Dotieren u. a. schließen sich an. Strukturbreiten unter 1 μm sind damit erreichbar. Noch feinere Strukturen kann man mit Röntgenstrahlen sowie mit Elektronen- oder Ionenstrahlen erzeugen.
Lithoklast [griech.], veraltete Bez. für Lithotriptor (↑Lithotripsie).
Lithophanie [griech.], Platte aus dünnem, unglasiertem Porzellan, in die eine bildliche Darstellung reliefmäßig eingepreßt ist, so daß sich bei durchscheinendem Licht hellere und dunklere Partien ergeben. Sind die reliefierten Vertiefungen mit Glasur gefüllt, so heißt die Technik **Lithoponie.** – Die Technik der L. soll 1827 erfunden worden sein; Herstellung u. a. in Meißen und Berlin.

lithophile Elemente, Bez. für v. a. in der ↑Lithosphäre angereicherte Elemente wie Sauerstoff, Silicium, Aluminium, Alkalimetalle, Erdalkalimetalle, Titan.
Lithophone [griech.], instrumentenkundl. Bez. für ↑Idiophone aus Stein, v. a. für Steinplattenspiele mit abgestimmten, horizontal oder vertikal befestigten Platten, u. a. in China und Korea bekannt.
Lithopone [griech.], gut deckende weiße Farbe (Gemisch von Bariumsulfat und Zinksulfid); wichtiges Weißpigment für Innenanstriche und Füllstoff für Kunststoffe, Gummi, Weißbeton.
Lithoponie [griech.] ↑Lithophanie.
Lithops [griech.] ↑Lebende Steine.
Lithosphäre, der oberste Bereich der festen Erde, oberhalb der Asthenosphäre, umfaßt die Erdkruste und den obersten Erdmantel, reicht bis in 100–300 km Tiefe und besteht aus einer größeren Zahl von Platten, die im Rahmen der ↑Plattentektonik auf der Asthenosphäre bewegt werden.
Lithotripsie [griech.] (Steinzertrümmerung), unterschiedl. Verfahren zur Behandlung von Steinleiden (v. a. Nieren- und Blasensteine) durch Zerkleinerung der Steine, die dann auf natürl. Wege abgehen können. Zu den ältesten operativen Eingriffen gehört die L. von Blasensteinen mittels spezieller Zange **(Lithotriptor),** die durch die Harnröhre eingeführt wird; sie ist heute noch unter endoskop. Sicht mittels eines **Lithotriptoskops** mit Optik und Spüleinrichtung (auch unter Ultraschallbeobachtung) zur Entfernung kleiner Steine gebräuchlich. In anderen Fällen ist

Lithographie. Oben: Francisco José de Goya y Lucientes, El Vito, 1825. Unten: Käthe Kollwitz, Der Tod tritt heran, 1934/35

Lithographie. Sam Francis, Bright Jade Gold Ghost, 1963

die L. durch endoskop. Sonden unter Berührung mittels Ultraschalls oder elektrohydraul. Stoßwellen üblich. Bei Nieren- und Harnleitersteinen, neuerdings auch bei Gallenblasen- und Gallengangsteinen, wird die berührungsfreie extrakorporale **Stoßwellenlithotripsie** eingesetzt. Bei diesem physikal. Verfahren erfolgt die Steinzertrümmerung mit elektromechan. Stoßwellen (etwa 500–2 500 je Behandlung).

Li Ti, chin. Maler ↑ Li Di.

Litoměřice [tschech. 'litɔmjɛrʒitsɛ] (dt. Leitmeritz), Stadt an der Elbe, ČR, 171 m ü.d. M., 26 300 E. Kath. Bischofssitz; Priesterseminar; Museen. Nahrungsmittel- und chem. Ind.; Elbhafen. – Stadtrecht 1227, 1282 Oberhof der Städte Magdeburger Rechts in Böhmen. – Zahlr. v. a. barocke Baudenkmäler: Dom, Stadtkirche, Jesuitenkirche, Wenzelskapelle, bischöfl. Residenz; Renaissancerathaus mit Stadtmuseum; Reste der ma. Stadtbefestigung.

Litomyšl [tschech. 'litɔmiʃl] (dt. Leitomischl), Stadt im Ostböhm. Bez., ČR, 347 m ü.d. M., 10 400 E. – Entstand um eine Burg des 9.Jh.; 1090 Gründung eines Benediktinerklosters (1145 Prämonstratenserabtei, 1344–1664 Bischofssitz). – Got. Propsteikirche (14. Jh.), ehem. Piaristenklosterkirche (1714–27) mit Kolleg, Renaissanceschloß (1568–81), Renaissance- und Barockhäuser. Geburtsort von B. Smetana.

Litoral [zu lat. litus „Küste"], Uferbereich der Gewässer, d. h. der Bereich zw. der untersten Grenze des Pflanzenwuchses bis zur obersten Hochwasserflutlinie bei Meeren bzw. des jahreszeitlich höchsten Wasserstands bei Süßgewässern.

Litorinameer [lat./dt.] ↑ Holozän (Übersicht).

Litotes [griech., eigtl. „Einfachheit"], ↑ rhetorische Figur, verneinende Umschreibung eines Sachverhalts, meist in Form des verneinten Gegenteils, z. B. *nicht unbekannt* (für *[sehr] berühmt*).

Litschibaum [chin./dt.] (Litchi), Gatt. der Seifenbaumgewächse mit der einzigen (vielgestaltigen) in S-China beheimateten Art **Litchi chinensis,** ein in den Tropen beliebter, bis 9 m hoch werdender Obstbaum; Früchte (*Litschipflaume,* Lychee) pflaumengroß, mit harter, warzig gefelderter Fruchtwand und einem großen Samen mit saftigem Samenmantel.

Litt, Theodor, *Düsseldorf 27. Dez. 1880, †Bonn 16. Juli 1962, dt. Philosoph und Pädagoge. – 1919 Prof. in Bonn, 1920–37 und 1945–47 in Leipzig, ab 1947 wieder in Bonn. Kritisch verbunden v. a. mit dem Neukantianismus, dem Neuhegelianismus, der Phänomenologie Husserls und der Lebens- und Kulturphilosophie, stellte in das Zentrum seiner wissenschaftstheoret. Entwürfe die Geisteswiss. und ihre method. Grundlegung. Als method. Hauptproblem sah er dabei den Ggs. von Erkennen und Leben als zweckgerichtetem Sinnen und Handeln, der als Ggs. von Geisteswiss. und ihrem Gegenstand, der Kulturpraxis, konkretisiert. Dem Verstehen der Geisteswiss. entspricht das Erleben der Kulturpraxis als dessen Quelle. – L. ist der Begründer der dialekt.-reflexiven Erziehungswiss.; für die Erziehung bedeutet der im Menschen gegebene Antagonismus von Erkennen und Leben, daß beiden Motiven, „verantwortungsbewußtem Führen" und dem „wachsenden Leben", ihr Recht gelassen werden muß. – *Werke:* Geschichte und Leben (1918), Individuum und Gemeinschaft (1919), Führen und Wachsenlassen. Eine Erörterung des pädagog. Grundproblems (1927), Mensch und Welt (1948), Freiheit und Lebensordnung (1962).

Littérature engagée [frz. litera'tyr ãga'ʒe], i. w. S. Literatur, die einer Idee oder Sache verpflichtet ist; i. e. S. die von J.-P. Sartre im Zusammenhang mit seiner ↑ Existenzphilosophie vorgeschlagene Bez. für eine von ihm geforderte Form einer „Literatur der Praxis", die nicht wie die „Literatur des Seins" nur distanziert abbildet.

Little Aden [engl. 'lɪtl 'eɪdn], Ort auf der vulkan. Halbinsel sw. von Aden, Jemen; Erdölraffinerie, Salzgärten. – L. A. war Teil der Kronkolonie ↑ Aden und gehört zur Stadt Aden.

Little Bighorn River [engl. 'lɪtl 'bɪghɔːn 'rɪvə], rechter Nebenfluß des Bighorn River im südl. Montana, USA, rd. 145 km lang. – Am L. B. R., 90 km osö. von Billings, geriet am 25. Juni 1876 eine von General G. A. Custer geführte Abteilung der US-Kavallerie in einen Hinterhalt der von Crazy Horse und Sitting Bull geführten Indianer (v. a. Sioux) und wurde völlig vernichtet. Das Schlachtfeld ist heute Nationalfriedhof und Nationaldenkmal.

Little-Krankheit [engl. lɪtl; nach dem brit. Chirurgen W. J. Little, *1810, †1894], Sammelbez. für die verschiedenen, angeborenen doppelseitigen) Formen der zerebralen Kinderlähmung auf Grund embryonaler Entwicklungsstörungen bzw. frühkindl. Schädigungen der motor. Nervenbahnen des Gehirns; typisch sind Gangstörungen infolge spast. Lähmung der Beine.

Little Minch, The [engl. ðə 'lɪtl mɪntʃ] ↑ Hebriden.

Little Richard [engl. 'lɪtl 'rɪtʃəd], eigtl. Richard Penniman, *Macon (Ga.) 25. Dez. 1935, amerikan. Rockmusiker (Sänger). – Wurde mit exzentr. Bühnenshows und seinem eigenwilligen Scat-Gesangsstil Mitte der 50er Jahre zu einem der internat. bekanntesten Stars des Rock'n'Roll; Comeback 1986.

Little Rock [engl. 'lɪtl 'rɔk], Hauptstadt des Bundesstaates Arkansas, USA, am Arkansas River, 181 000 E. Sitz eines anglikan., kath. und methodist. Bischofs; Zweig der University of Arkansas, Museen. L. R. liegt im Zentrum der bedeutendsten Bauxitvorkommens der USA. – Entstand um 1812, wurde 1821 Hauptstadt des Territoriums Arkansas, 1836 des Bundesstaates; 1957/58 Schauplatz heftiger Auseinandersetzungen um die Gleichberechtigung der farbigen Bevölkerung.

Little Tibet [engl. 'lɪtl ti'bet] ↑ Baltistan.

Littlewood, Joan Maud [engl. 'lɪtlwʊd], *London 1914, engl. Theaterleiterin. – Gründerin (1945) und Leiterin (bis 1975) des Theatre Workshop (seit 1953 in London im Gebäude des Theatre Royal), eines politisch engagierten Theaterkollektivs.

Littmann, Enno, *Oldenburg (Oldenburg) 16. Sept. 1875, †Tübingen 4. Mai 1958, dt. Orientalist. – Prof. in Straßburg, Göttingen, Bonn, ab 1921 in Tübingen. Nahm an archäolog. Expeditionen nach Syrien und Äthiopien teil; neben sprach- und literaturwiss. Arbeiten schuf er die erste vollständige Übersetzung der „Erzählungen aus den 1001 Nächten" (6 Bde., 1921–28; Neudr. 1968).

Littorina [lat.] ↑ Strandschnecken.

Liturgie [zu griech. leiturgía „öff. Dienst, öff. Werk"], in der röm.-kath. und ostkirchl. Tradition der in fest vorgeschriebenen Formen vollzogene Gottesdienst, in den reformator. Kirchen die Formen des Gottesdienstes. – 1. In der *kath. Kirche* wird L. nach dem 2. Vatikan. Konzil als Vollzug des Priesteramts Christi gedeutet. Zus. mit Zeugnis und Diakonie (Karitas) gilt die L. als wesentl. Lebensfunktion der Kirche. Vollzogen wird sie in der Feier der Eucharistie und der Sakramente, in der Wortverkündigung und im Stundengebet, im Gedenken der Heilsereignisse und in den Gedenktagen von Glaubenszeugen. Das liturg. Handeln geschieht in Zeichen: in Wort, Symbol, Ritus und darstellendem Tun. Um den erstarrten und z. T. unverständlich ge-

Litschibaum. Litschipflaume

Liturgiewissenschaft

Anatole Litvak

Maxim Maximowitsch Litwinow

Liu Shaoqi

wordenen Gottesdienst neu zu beleben, beschloß das 2. Vatikan. Konzil – in Fortführung der ↑liturgischen Bewegung – eine **Liturgiereform,** die seit 1964 vom röm. L.rat und seit 1969 von der Kongregation für den Gottesdienst durchgeführt wird. Die Veränderungen betreffen im einzelnen: Volkssprache (seit 1964), Hochgebete (seit 1968), Kalender, Rituale, Messe (seit 1969) und Stundengebet (seit 1971). – 2. In den *Ostkirchen* bezeichnet L. allein den eucharist. Gottesdienst, der sich aus der L. der Katechumenen (Wortgottesdienst) und der L. der Gläubigen mit den Höhepunkten Anaphora und Kommunion zusammensetzt. Anders als im Westen versteht man die L. stärker als Vergegenwärtigung des ganzen Heilswerks. Die Entfaltung einzelner Aspekte der Heilsgeschichte bleibt dem Stundengebet vorbehalten. – In der *orth. Kirche* haben sich die dramatisch gestaltete Chrysostomus-L. bzw. die Basilius-L. durchgesetzt. Im Osten hat sich die Tatsache, daß das christl. Dogma seinen Ursprung in der L. hat, deutlicher erhalten als im Westen, in dem sich die Dogmatik sehr bald von der L. absetzte. – 3. Die *ev. Kirchen* unterscheiden zw. ↑Gottesdienst und L., in der der Gottesdienst lediglich seinen unmittelbaren Ausdruck findet. Die L. der Reformatoren baute in ihren Formen weitgehend auf ma. Traditionen auf, soweit sie die Verwirklichung des Grundgedankens der prinzipiellen Einheit von Predigtgottesdienst und Abendmahl zuließen. Nur die Gemeinden der oberdt. und schweizer. Reformation verselbständigten die beiden Formen weitgehend. Erst das 19. Jh. leitete eine L.reform ein, die über die hochkirchl. Bewegung, die ↑Berneuchener Bewegung und den ↑Alpirsbacher Kreis zu kirchenamtl. Agendenrevisionen führte, die in den 1950er Jahren einen vorläufigen Abschluß fanden.

Liturgiewissenschaft (Liturgik), die theolog. Wiss. vom Gottesdienst. 1. In der *kath. Kirche* war L. bis in die nachreformator. Zeit die seelsorgl. und histor. Erklärung der Liturgie, nach dem Tridentinum die rein jurid. Lehre von liturg. Weisungen (Rubrizistik); heute tritt neben die histor.-systemat. Erforschung der Liturgie eine anthropologisch ausgerichtete L. – 2. In den *ev. Kirchen* ist L. (hier meist Liturgik gen.) ein Zweig der systemat. Theologie, der sowohl eine dogmat. Lehre vom Gottesdienst entwickelt als auch Leitlinien für den Aufbau neuer und für die zeitgemäße Anpassung traditioneller Liturgien erstellt.

liturgische Bewegung, Bez. für die neuzeitl. Bemühungen in der kath. Kirche, die Gemeinde aktiv am Vollzug der Liturgie zu beteiligen. Nach Vorformen in Aufklärung und Romantik begann man seit 1909 (Katholikentag in Mecheln) v. a. in Belgien und Deutschland, liturg. Texte in den Landessprachen zu publizieren. Die l. B. wurde 1913/14 von akadem. Kreisen um die Abtei Maria Laach (v. a. Abt I. Herwegen) aufgegriffen und dann von der kath. dt. Jugendbewegung verbreitet, gestützt durch zahlr. neue liturgiehistor. und „volksliturg." Arbeiten. 1940 kam es zur Errichtung eines „liturg. Referats" durch die dt. Bischöfe. Gesamtkirchlich wurde die l. B. erst nach dem 2. Weltkrieg zögernd (1947 Enzyklika „Mediator Dei") fruchtbar, bis sie mit dem 2. Vatikan. Konzil zur vollen Wirkung kam.

liturgische Bücher, in den christl. Kirchen die offiziellen Zusammenstellungen der Texte, Noten und Anweisungen für den Gottesdienst, entweder (Ostkirchen) nach den verschiedenen liturg. Diensten oder (lat. Kirche) für die verschiedenen Gottesdienste (Missale, Brevier u. a.). Die Liturgiereform nach dem 2. Vatikan. Konzil kehrte zum Rollenbuch für Gemeinde, Chor, Lektor und Zelebrant zurück. – In den *ev. Kirchen* ist die ↑Agende das liturg. Buch, in der anglikan. Kirche das ↑„Common Prayer Book".

liturgische Farben, in der kath. Kirche die seit karoling. Zeit je nach Fest bzw. Zeit des Kirchenjahres wechselnden Farben der liturg. Gewänder und Tücher. Sie sind unter Pius V. im Missale 1570 festgelegt worden: weiß (als Lichtfarbe; bei Herren- und Marienfesten), rot (Symbolik des Blutes und Feuers; Pfingsten, Leiden Christi, Märtyrerfeste), violett (Buße und Trauer; Fastenzeiten vor Weihnachten und Ostern), schwarz (Karfreitag und Messen für Verstorbene, z. T. abgeschafft), rosa (die Sonntage Gaudete und Lätare), grün (für alle Sonntage außerhalb der Festkreise). Nach dem 2. Vatikan. Konzil besteht die Möglichkeit, die l. F. einem in anderen Kulturkreisen vorherrschenden Farbsymbolkanon anzupassen.

liturgische Gewänder (Paramente), in den christl. Kirchen die verschiedenen Teile der gottesdienstl. Bekleidung. – Grundgewand jedes liturg. Funktionsträgers in der *kath. Kirche* ist die Albe. Hinzu kommen Stola und Kasel (beim Priester) bzw. Dalmatik (beim Diakon). Der Bischof trägt bei bestimmten liturg. Handlungen zusätzlich die Mitra, ein Erzbischof das ihm verliehene Pallium. Von allen kann das Pluviale getragen werden. – Die *Ostkirchen* kennen als Grundgewand die Tunika; dazu tragen die Diakone Stola, die Priester Stola und Mantel, der Bischof zusätzlich das Epigonation (quadrat. schürzenartiges Tuch), die Kopfbedeckung (Mitra, Tiara oder Turban) und manchmal das Omophorion (über der linken Schulter getragener langer Seidenstreifen). – In den *ev. Kirchen* besteht die gottesdienstl. Tracht heute meist aus dem schwarzen ↑Talar und dem weißen Beffchen. – Von den l. G. zu unterscheiden ist die sog. *Standeskleidung* des kath. und ostkirchl. Klerus. Sie im Westen allerdings mehr und mehr der Zivilkleidung weicht. Zu ihr gehören in der kath. Kirche v. a. die Soutane bzw. Soutanelle (Talar) und das Birett, in den Ostkirchen das ↑Kamilavkion und ebenfalls der Talar.

liturgische Sprache, die ↑Kultsprache der christl. Gottesdienste.

Lituus [lat.], militär. Signalinstrument der Römer; gehört zur Fam. der Trompeten.

Litvak, Anatole [engl. 'lɪtvɑːk], *Kiew 10. Mai 1902, † Neuilly-sur-Seine 15. Dez. 1974, amerikan. Regisseur russ. Herkunft. – Drehte in Deutschland, Frankreich und seit 1937 in den USA u. a. die Filme „Hölle, wo ist dein Sieg" (1940), „Entscheidung vor Morgengrauen" (1950), „Lieben Sie Brahms?" (1960); wählte spannende, dem Kommerz genügende Stoffe.

Litvínov [tschech. 'lɪtvɪnɔf] (dt. Leutensdorf), Stadt 10 km nördl. von Brüx, ČR, 320 m ü. d. M., 30 300 E. Im Stadtteil Záluží (Maltheuern) das größte tschech. Chemiewerk. – Barockschloß (1732).

Litwinow, Maxim Maximowitsch [russ. lɪt'vʲinəf], eigtl. Max Wallach, *Białystok 17. Juli 1876, †Moskau 31. Dez. 1951, sowjet. Politiker. – Trat als Volkskommissar für Auswärtiges (1930–39) v. a. für ein System der kollektiven Sicherheit gegenüber dem nat.-soz. Deutschland und dem faschist. Italien ein; 1941–43 Botschafter in Washington.

Litze [zu lat. licium „Faden, Band"], ein aus dünnen Einzeldrähten bestehender, leicht biegsamer elektr. Leiter.
▷ (Helfe) in der *Weberei* Hubelement für die Kettfäden, mit dem ein Fach gebildet wird. Die L. haben in der Mitte eine Öse, das sog. *L.auge,* durch die jeweils ein Kettfaden läuft.
▷ in der *Bekleidungsmode* bandförmiges Flachgeflecht, das als Besatz oder zum Einfassen von Säumen dient.

Liudger (Ludger) ['liːʊtɡɐr, 'luːtɡɐr], hl., *in Friesland um 742, †Billerbeck 26. März 809, Bischof, Missionar Frieslands und Westfalens. – Seit 792 auf Betreiben Karls d. Gr. Leiter der Friesen- und Sachsenmission, 804 erster Bischof von Münster; gründete mehrere Klöster. – Fest: 26. März.

Liudolfinger (Ludolfinger, Ottonen), sächs. Adels- und dt. Herrschergeschlecht, begr. von Graf Liudolf († 866); seine Söhne Brun und Otto erlangten die Herzogswürde, sein Enkel Heinrich I. wurde dt. König. Die weiteren L. regierten von Otto I. bis zum Tode Heinrichs II. (1024) für ein Jh. das Hl. Röm. Reich.

Liu Shaoqi (Liu Shao-ch'i) [chin. ljouʃautɕi], *in der Prov. Hunan 1898, †Kaifeng 12. Nov. 1969, chin. Politiker. – 1927 Mgl. des ZK, 1932–34 des Politbüros der KPCh; 1945–68 stellv. Parteivors.; 1949 stellv. Vors. der zentralen Volksreg.; ab 1958 Vors. der Nat. Volkskongresses; nach Ausbruch der Kulturrevolution stark kritisiert, wurde er im Aug. 1968 als „Kollaborateur und Arbeiterverräter" beschuldigt und 1969 aus der KPCh ausgeschlossen. Starb im Gefängnis. 1980 postum rehabilitiert.

Liuthard ↑Codex aureus.

Liutizen (Lutizen, Wilzen), westslaw. Stammesbund der *Kessiner, Zirzipaner, Tollenser* und *Redarier;* Haupt- und Tempelort war Rethra. Die L. erhoben sich 983 mit den Obotriten gegen die dt. Oberherrschaft und konnten im wesentlichen ihre Freiheit bis 1150 bewahren.

Liutprand (Luitprand) ['li:utprant, 'lu:ɪt...], † 744, König der Langobarden (seit 712). – Unterwarf große Teile Italiens (u. a. das Exarchat Ravenna). Dem dadurch drohenden Konflikt mit Papst Gregor III. begegnete er durch ein Bündnis mit Karl Martell.

Liutprand (Liudprand, Luitprand) **von Cremona** ['li:utprant, 'lu:ɪt...], * Pavia (?) um 920, † um 972, Bischof von Cremona (seit 961). – Nach diplomat. Diensten für König Berengar II. bis 955 war L. für Otto I., d. Gr., tätig; seine Werke („Antapodosis", „Historia Ottonis", „Relatio de legatione Constantinopolitana") sind trotz ihrer tendenziösen Darstellung wichtige Geschichtsquellen.

Live-Elektronik [engl. 'laɪf], Sammelbez. für ↑ elektronische Musik, die unmittelbar im Konzertsaal „gespielt" und nicht vorher im Studio produziert und über Tonband reproduziert wird.

Liven, südl. Zweig der Ostseefinnen, größtenteils in Letten und Esten aufgegangen.

Liverpool, Robert Banks Jenkinson, Earl of (seit 1808) [engl. 'lɪvəpu:l], Baron Hawkesbury (seit 1803), * London 7. Juni 1770, † ebd. 4. Dez. 1828, brit. Politiker. – 1801–04 Außenmin., 1804–06 und 1807–09 Innenmin., 1809–12 Kriegs- und Kolonialmin., 1812–27 Premiermin.; verhinderte eine Wahlreform und die Emanzipation der Katholiken.

Liverpool [engl. 'lɪvəpu:l], Stadt in NW-England, an der Mündung des Mersey in die Irische See, 470 000 E. Verwaltungssitz der Metropolitan County Merseyside; anglikan. Bischofssitz und kath. Erzbischofssitz; Univ. (gegr. 1881) mit Schule für Tropenmedizin, Liverpool Polytechnic (gegr. 1970); Museen (u. a. Beatles Museum), Kunstgalerien (u. a. Walker Art Gallery, Tate Gallery of the North). Die Ind. von L. umfaßt die Herstellung von Nahrungs- und Genußmitteln, Chemikalien, Arzneimitteln, Bekleidung und Möbeln, außerdem Maschinen- und Fahrzeugbau, Gummi-, Papier-, Glas-, feinmechan., elektron. und Druckind. Bed. Seehafen, die neue Hafenanlagen entstanden in der mit L. zusammengewachsenen Stadt Bootle; ♁. – Im 8. Jh. von Wikingern besiedelt. 1191 Ersterwähnung, 1207 Stadtrecht; Aufschwung um 1700 mit dem Sklavenhandel; mit Beginn der Dampfschiffahrt nach Amerika seit dem 19. Jh. einer der wichtigsten Häfen der Erde; 1880 City, 1888 Stadtgrafschaft. – Anglikan. neugot. Kathedrale (1904–78), kath. Kathedrale (1933 ff.); bed. auch Speke Hall (15. Jh.), Old Blue coat Hospital (1717); Rathaus (1754; Kuppel nach 1795), Saint George's Hall (1838–54).

Titus Livius. Beginn des Geschichtswerkes „Ab urbe condita libri" in einer italienischen Handschrift des 15. Jh. (Rom, Vatikanische Sammlungen)

Live-Sendung [laɪf; engl. „lebendig"], Direktsendung (Originalübertragung im Unterschied zur Aufzeichnung) bei Hörfunk und Fernsehen (z. B. bei Diskussionen, Unterhaltungssendungen, Sportreportagen).

Livia Drusilla, * 58 v. Chr., † 29 n. Chr., röm. Kaiserin. – 43 in erster Ehe verheiratet mit Tiberius Claudius Nero, dem sie die Söhne Tiberius und Drusus gebar, 38 in zweiter Ehe mit dem späteren Kaiser Augustus, auf den sie großen Einfluß gewann; 42 n. Chr. von Kaiser Claudius zur Göttin erklärt.

Livingstone, David [engl. 'lɪvɪŋstən], * Blantyre bei Glasgow 19. März 1813, † Chitambo (Sambia) 1. Mai 1873, brit. Missionar und Forschungsreisender. – Durchquerte 1849–56 als erster Forscher S-Afrika von W nach O; auf seinen Reisen entdeckte er den Ngamisee (1849), die Victoriafälle (1855), den Chilwasee und den Njassasee (1859); bis 1864 erforschte L. den Lauf des Sambesi und kam 1867 in das Gebiet am Tanganjikasee. Am 28. Okt. 1871 wurde der als verschollen Geltende von H. M. Stanley in Ujiji angetroffen. L. starb auf der Suche nach den Nilquellen.

Livingstone [engl. 'lɪvɪŋstən], Stadt in Sambia, ↑ Maramba.

Livingstonefälle [engl. 'lɪvɪŋstən] ↑ Kongo (Fluß).

Living Theatre [engl. 'lɪvɪŋ 'θɪətə „lebendes Theater"], 1951 von Julian Beck (* 1925, † 1985) und Judith Malina (* 1926), Schülern von E. Piscator, in New York gegr. avantgardist. Theaterkollektiv. Spielte ab 1952 im Cherry Lane Theatre, 1957–63 im eigenen Theater, in dem es zunehmend eigene Stücke aufführte. 1964–68 „Exil" in Europa (Straßentheater), 1970 ff. in Brasilien, Brooklyn und Pittsburgh mit dem Ziel „direkter Theateraktion" vor der arbeitenden Bev., seit 1975 wieder in Europa. Das L. T. erarbeitete im Geist von Pazifismus, gewaltlosem Anarchismus und Individualismus, u. a. „The brig" (1963), „Mysteries" (1964), den Zyklus „Kains Erbe" (1970 ff.) sowie „Prometheus" (1978).

Livistona [nach dem Schotten P. Murray, Baron of Livistone (18./19. Jh.)], Palmengatt. mit 28 Arten im trop. Asien bis Australien; z. T. Zierpflanzen.

Livius, Titus, * Patavium (= Padua) 59 v. Chr., † ebd. 17 n. Chr., röm. Geschichtsschreiber. – Schrieb eine röm. Geschichte mit dem Titel „Ab urbe condita libri" (Die Bücher von der Stadtgründung an) in 142 Büchern, die die Zeit von 753 bis zum Tod des Drusus (9 v. Chr.) behandelt; erhalten sind Buch 1–10 (bis 293 v. Chr.) und Buch 21–45 (218–167), ferner kaiserzeitl. Inhaltsangaben fast aller Bücher. In seiner Geschichtsdarstellung hat L. formal und

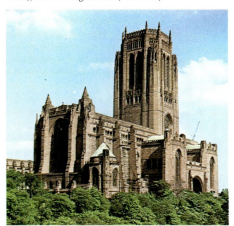

Liverpool. Die anglikanische Kathedrale im Stil der Neugotik, 1904–78

David Livingstone

Liverpool Stadtwappen

Livius Andronicus

Ljubljana. Der Schloßberg mit dem im 12. Jh. erbauten Schloß, davor ein Teil der Altstadt

Ljubljana
Hauptstadt der
Republik Slowenien
·
303 500 E
·
Kultur- und
Wirtschaftszentrum
Sloweniens
·
um 34 v. Chr. röm.
Kolonie
·
1144 erstmals als
Laibach erwähnt
·
nach 1848
Schwerpunkt der
slowen.
Nationalbewegung
·
histor. Altstadt

inhaltlich die republikan. Annalistik fortgesetzt und abgeschlossen.

Livius Andronicus, Lucius, *um 284, †um 204, röm. Dichter. – Freigelassener aus Tarent; durch seine Übersetzung der „Odyssee" aus dem Griechischen in saturn. Versmaß und seine lat. Bearbeitung griech. Tragödien und Komödien der Begründer der röm. Literatur.

Livland, histor. Landschaft im Baltikum; als L. wurde zunächst das gesamte Gebiet zw. der Ostsee, dem Peipussee und dem litauischen Herrschaftsbereich im S bezeichnet. Vermutlich aus dem Weichselgebiet vorrückende balt. Stämme überlagerten im 9. Jh. die Schicht finno-ugr. Einwohner. Die Küstengebiete gerieten unter den Einfluß von Dänen und Schweden, im Landesinnern überwog der Einfluß der Ostslawen. Von S her bedrängten die seit der 1. Hälfte des 12. Jh. erstarkten Litauer die Liven, Esten, Kuren, Semgaller und Lettgaller. Um 1160 errichteten Lübekker Kaufleute an der Dünamündung eine Handelsniederlassung; um 1180 begann der Augustiner-Chorherr Meinhard aus dem holstein. Kloster Segeberg an der Düna mit der Missionierung. 1186 wurde er vom Bremer Erzbischof zum Bischof mit Sitz in Üxküll geweiht. 1201 verlegte Bischof Albert I. den Bischofssitz nach Riga; vom ↑Schwertbrüderorden unterstützt, erreichte er 1207 die Belehnung mit L. als Reichslehen. – Nach der Niederlage der Schwertbrüder gegen Litauer und Semgaller bei Saule (1236) übernahm der Dt. Orden 1237 deren Aufgaben. Nach Unterwerfung der einheim. Stämme und dem Erwerb der dän. Gebiete in Estland (1346) wurde die polit. Gestalt L. von fünf geistl. Territorien geprägt: dem Erzbistum Riga, den Bistümern Dorpat, Ösel-Wik und Kurland sowie dem Ordensgebiet, dem größten von allen. Eine dt. Oberschicht (Adel mit Großgrundbesitz, städt. Bürgertum) richtete sich in L. ein und herrschte über die einheim. Bauernbevölkerung. Innere Zwistigkeiten zw. dem Orden und den Erzbischöfen von Riga, stetiger Kampf gegen litauische und russ. Bedrohung bestimmten die Geschichte L. bis ins 16. Jh. Im Zuge der durch die Reformation ausgelösten Wirren und im Ringen zw. Polen-Litauen, Schweden und Moskau um L. (Livländ. Krieg) zerbrach die alte Einheit: Der N suchte Schutz bei Schweden, das „Ft. Esten in Livland" entstand (↑Estland, Geschichte), südlich und westlich der Düna wurde 1561 Gotthard Kettler poln. Lehnsherzog (↑Kurland, Geschichte), die Mitte, das „überdün. L." (nördlich der Düna) wurde polnisch, die Insel Ösel dänisch. Die überdün. Lande, an denen allein fortan der Name L. haftete, fielen 1629/1660 an Schweden (mit Ausnahme ↑Lettgallens), 1721 (↑Nystad, Friede von) zus. mit Estland an Rußland. Nach dem 1. Weltkrieg entstanden die Staaten Estland und Lettland, unter die L. geteilt wurde.

Livorno, italien. Stadt an der ligur. Küste, Toskana, 172 100 E. Verwaltungssitz der Prov. L.; kath. Bischofssitz, Marineakad., Museen, Gemäldegalerie, Meerwasseraquarium; Handelsbörse. Erdölraffinerie, Werften, Stahlwerk, Zement-, chem., metallverarbeitende, Textilindustrie; Verkehrsknotenpunkt, Häfen, ✈. – Anfang 14. Jh. unbed. Hafenort, 1421 von Florenz erworben; von den Medici mit weitreichenden Privilegien ausgestattet; entwickelte sich seit 1530 zum wichtigsten Hafen des florentin. Staates. Auf Grund der „Costituzione livornina" von 1593, die die Freiheit des Aufenthalts, des Handels und der Religion gewährte, stieg die Bev.zahl rasch an. – Dom und alte Festung (beide 16. Jh.), südlich die Wallfahrtskirche Santuario di Montenero (1345–1575, 1721 erneuert), Kirche San Ferdinando (18. Jh.), Große Zisterne (1829–32).

Livre [frz. li:vr; zu lat. libra „Pfund"], alte frz. Gewichtseinheit unterschiedl. Größe; als Pariser Marktgewicht 489,506 g, als Apothekergewicht 367,129 g; von 1818 bis 1839 (bzw. 1861) 1 L. [usuelle] = 500 g.
▷ Münzbez. zunächst für eine Rechnungsmünze (= 20 Sols; bis zur Einführung des Franc, 1795).

Livre d'heures [frz. livrəˈdœːr] ↑Stundenbücher.

Livree [frz., eigtl. „(vom Herrn den Dienern) Geliefertes"], uniformartige Diener- bzw. Dienstkleidung.

Liwadija, Schwarzmeerkurort an der S-Küste der Krim, 3 km sw. von Jalta, Ukraine. – Palast des Zaren (1865; heute Sanatorium). L. war 1945 Tagungsort der ↑Jalta-Konferenz.

Liwan ↑Iwan.

Li Yu (Li Yü) [chin. li-y], *Nangking 937, †Kaifeng 978, chin. Lyriker. – Thema seiner buddhistisch beeinflußten Lieder sind Reflexionen von Weltflucht, Abschiedsschmerz und Verschmelzung der menschl. Existenz mit der Natur im ewigen Wandel der Jahreszeiten.

Lizard, The [engl. ðə ˈlɪzəd], Halbinsel an der S-Küste von Cornwall, mit dem Kap **Lizard Point,** dem südlichsten Funkt der brit. Hauptinsel.

Lizentiat [mittellat., zu lat. licentia „Erlaubnis"], Abk. Lic. bzw. Liz., im MA dem Bakkalaureat folgender akadem. Grad; in Frankreich tradiert (Licence); im deutschsprachigen Raum heute nur noch von wenigen Fakultäten bzw. Universitäten verliehen.

Lizenz [zu lat. licentia „die Freiheit (etwas zu tun), Erlaubnis"], die vom Inhaber eines Patents, Gebrauchsmusters, Sortenschutzes oder Urheber (im UrheberrechtsG Nutzungsrecht gen.) erteilte Erlaubnis, sein Recht, meist gegen eine **Lizenzgebühr,** ganz oder teilweise zu benutzen. Die **ausschließliche Lizenz** gibt dem L.nehmer das Recht zur alleinigen Nutzung, die **einfache Lizenz** das Recht zur Nutzung neben anderen. Die L. kann hinsichtlich Art, Umfang, Menge, Gebiet der Verbreitung oder Zeit der Ausübung beschränkt werden.
▷ die einem *Berufssportler* (z. B. Boxer, Radsportler, Motorsportler) durch seinen Verband erteilte Erlaubnis zur berufl. Ausübung seines Sportes; auch die Zulassung als Kampf- und Punktrichter (nach Prüfungen).

Lizenzausgabe, Buchausgabe auf Grund einer bes. Ermächtigung durch den berechtigten Verleger (↑Lizenz).

Lizenzpresse, publizist. System, das die Herausgabe von Periodika an Erlaubnis bindet; insbes. Bez. für die Presse der Besatzungszeit in Österreich und in Deutschland (1945–49); löste die von den Besatzungstruppen hg. Nachrichtenblätter ab. Die i. d. R. dt. Lizenzträger (Verleger/Hg.) und Redakteure hatten am demokrat. Aufbau mitzuwirken. In der SBZ ging die Lizenzierungsbefugnis auf die Behörden der DDR über.

Li Zhao Dao (Li Chao Tao) [chin. li dʒau dau], *um 670, †nach 730, chin. Maler. – Bekanntester Vertreter der frühen chin. Landschaftsmalerei.

Lj, Einheitenzeichen für ↑Lichtjahr.

Ljubimow, Juri Petrowitsch, *Jaroslawl 30. Sept. 1917, russ. Regisseur. – Seit 1964 Chefregisseur am Moskauer Theater an der Taganka, das er als krit. Avantgardetheater in die antiillusionist. Tradition von W. E. Mejerchold und B. Brecht stellte. Lebte und inszenierte ab 1983 im westl. Ausland (1984 ausgebürgert); seit 1988 israel. Staatsbürger. Ab 1989 erneut Leiter des Taganka-Theaters.

Ljubljana (dt. Laibach), Hauptstadt der Republik Slowenien, an der oberen Save, 290 m ü.d.M., 303 500 E. Kath. Erzbischofssitz; Kultur- und Wirtschaftszentrum Sloweniens, Nationalarchiv, -bibliothek, -museum und -galerie; Univ. (gegr. 1595), Kernforschungsinstitut, mehrere Akad., Konservatorium; Museen, Oper. Metallverarbeitende, chem. u.a. Ind.; Messestadt; internat. ✈.
Geschichte: Die Römer bauten die illyr. Siedlung **Emona** zu einem Militärlager aus; um 34 v.Chr. röm. Kolonie; 1144 erstmals als **Laibach**, 1146 unter dem slowen. Namen **Luwigana** erwähnt; fiel 1276 an die Habsburger; 1320 Stadtrecht; 1461 Bischofssitz; im 16. Jh. Zentrum der Reformation in Slowenien; 1809–13 Hauptstadt der Illyr. Prov.; nach 1848 kultureller und polit. Schwerpunkt der slowen. Nationalbewegung; 1918–91 zu Jugoslawien. – Der **Kongreß von Laibach** (Jan. bis Mai 1821) unter Teilnahme der meisten europ. Mächte beschloß unter Führung Rußlands, Österreichs, Preußens und Frankreichs die bewaffnete Intervention Österreichs in Piemont und Neapel zur Niederschlagung der Revolution. – *Bauten:* Über der Stadt got. Bergschloß (12.Jh., im 15./16.Jh. restauriert; Bergfried 19.Jh.); zahlr. barocke Sakral- und Profanbauten: u.a. Dom, Franziskanerkirche, die Kreuzherrenkirche, erzbischöfl. Palais; Rathaus von 1718; ehem. Palais Auersperg (17.Jh.).

Ljungström, Fredrik [schwed. ˌjɵŋstrœm], * Stockholm 16. Juni 1875, † ebd. 18. Febr. 1964, schwed. Ingenieur. – Konstruierte 1908 zus. mit seinem Bruder Birger L. (* 1872, † 1948) eine nach ihnen benannte ↑ Dampfturbine und entwickelte 1927 das erste vollautomat. Getriebe für Kraftfahrzeuge.

Ljusneälv [schwed. ˌjʉːsnɛəlv] (Ljusna [schwed. ˌjʉːsna]), Fluß in Mittelschweden, entspringt in Härjedalen, bildet Stromschnellen, mündet südlich von Söderhamn in den Bottn. Meerbusen; 430 km lang; Holzflößerei; Wasserkraftwerke.

Ljutaga [russ.] ↑ Flughörnchen.

Lkw (LKW), Abk. für: **L**ast**k**raft**w**agen (↑ Kraftwagen).

Llandrindod Wells [engl. læn'drɪndɔd 'wɛlz], walis. Heilbad, im Ithontal, 4 300 E. Heilquellen, Fremdenverkehr. Der in den 1960er Jahren eingestellte Kurbetrieb wurde 1983 wieder aufgenommen.

Llanelly [engl. læ'nɛθlɪ], walis. Stadt am Burry Inlet, Gft. Dyfed, 24 140 E. Stahlind., Gießereien, keram., chem. und NE-Metallindustrie.

Llano Estacado [engl. 'lɑːnoʊ ɛstə'kɑːdoʊ] (Staked Plain), semiaride Hochfläche im nw. Texas und östl. New Mexico, Teil der Great Plains. Erdöl- und Erdgasförderung.

Llanokultur [engl. 'lɑːnoʊ], nach dem Llano Estacado ben. paläoindian. Kultur in den USA (↑ Cloviskomplex).

Llanos [ˈljaːnɔs, span. ˈʎanos; zu lat. planus „eben, flach"], Bez. für trop. und subtrop., baumarme bis baumlose Ebenen in Lateinamerika, v.a. aber für die des Orinokotieflands, die **Llanos del Orinoco**, verbunden mit der für diese typ. Vegetation aus Grasland und Feuchtsavanne. Die höher gelegenen Teile *(L. altos)* sind von Tälern tief zerschnitten, die tiefer gelegenen *(L. bajos)* stellen eine nur von Uferdämmen überragte Schwemmlandniederung dar, die in der Regenzeit weithin überflutet ist. Extensive Rinderweidewirtschaft.

Llewellyn, Richard [engl. luːˈɛlɪn], eigtl. R. Dafydd Vivian L. Lloyd, * Saint David's bei Milford Haven 8. Dez. 1907, † London 30. Nov. 1983, walis. Schriftsteller. – Schrieb Unterhaltungsromane, war auch Drehbuchautor und Filmproduzent; wurde bekannt mit dem Roman „So grün war mein Tal" (1939; verfilmt 1941) über eine walis. Bergarbeiterfamilie.

Lloyd [engl. lɔɪd], Harold, * Burchard (Nebr.) 20. April 1893, † Los Angeles-Hollywood 8. März 1971, amerikan. Schauspieler. – Durch Filme wie „Ausgerechnet Wolkenkratzer" (1923), „Harold Lloyd, der Sportstudent" (1925), „Um Himmels willen, Harold Lloyd" (1926) wurde er einer der bekanntesten Komiker des amerikan. Stummfilms.

L., Richard Dafydd Vivian Llewellyn, walis. Schriftsteller, ↑ Llewellyn, Richard.

Lloyd George, David [engl. 'lɔɪd 'dʒɔːdʒ], Earl of Dwyfor (seit 1945), * Manchester 17. Jan. 1863, † Llanystumdwy (Gwynedd) 26. März 1945, brit. Politiker. – Vom liberalen Wahlsieg 1906 bis zum Zerfall der Kriegskoalition 1922 beherrschende Figur der brit. Politik. Als kompromißloser Vertreter des walis. Nationalismus, als Gegner des Burenkrieges und der Empire-Schutzzölle profilierte sich L. G. auf dem radikalen Flügel der Liberal Party. Als Handelsmin. (1905–08) und als Schatzkanzler (1908–15) wurde er Motor der Reformpolitik (u.a. Lösung der ir. Frage, Einführung der Sozialversicherung). Im 1. Weltkrieg war L. G. als Kriegsmin. (1915/16) Organisator der brit. wirtsch. Mobilmachung. Im Dez. 1916 wurde er mit konservativer Unterstützung Premiermin. und hatte bis Kriegsende eine quasidiktator. Stellung inne. Im Versailler Vertrag gelang ihm die Milderung der alliierten territorialen Friedensbedingungen gegenüber Deutschland, als Premiermin. einer konservativliberalen Reg. (1919–22) die Abwendung drohender sozialer Unruhen. Zugleich erreichte er 1921 mit der Gewährung des Dominionstatus für Irland (außer Ulster) eine Teillösung der ir. Frage. Seit 1929 politisch einflußlos.

Lloyd's [engl. lɔɪdz; nach dem Londoner Kaffeehaus von E. Lloyd (†1713), in dem sich Schiffsversicherer trafen] (L. Underwriters Association), Vereinigung brit. Einzelversicherer zum börsenmäßigen Betrieb von Versicherungsgeschäften aller Art, insbes. auf dem Gebiet der Seeversicherung, zur Schiffsklassifikation und -registrierung („L. Register of Shipping"); Sitz London; unterhält Vertretungen in bed. Hafenplätzen. Die Anfänge von L. reichen bis 1683 zurück.

Lloyds Bank PLC [engl. lɔɪdz 'bæŋk], eine der größten brit. Banken, internat. tätig, Sitz London, gegr. 1765 in Birmingham als Taylor and Lloyd, seit 1982 heutiger Name.

Lloyd Webber, Andrew [lɔɪd 'wɛbə], * London 22. März 1948, engl. Komponist. – Schrieb u.a. die Rockopern „Jesus Christ Superstar" (1971) und „Evita" (1978) sowie die Musicals „Cats" (1981), „Starlight express" (1984), „The phantom of opera" (1986), „Les misérables" (1988), „Aspects of love" (1989), die Welterfolge wurden.

Llull, Ramón [span. ʎul] ↑ Lullus, Raimundus.

Llyn Tegid [engl. lɪn'tɛgɪd] (Bala Lake), größter See in Wales, im Snowdonia, 7 km lang, 1 km breit, 162 m ü.d.M., am Nordufer liegt der Fremdenverkehrsort Bala.

Llywelyn [engl. lə'wɛlɪn], walis. Adelsgeschlecht, erster bed. Vertreter war *L. ap Iorwerth* (* 1194, † 1240), der sich im Zuge der polit. Wirren von 1215 die Herrschaft über fast ganz W-Wales sicherte. Sein Enkel, *L. ap Gruffudd* (* 1246, † 1282), führte als einziger walis. Herrscher den Titel „Prince of Wales".

lm, Einheitenzeichen für ↑ Lumen.

LM [engl. 'ɛl'ɛm] (LEM), Abk. für engl.: **L**unar [**E**xcursion] **M**odule, zweistufige, aus Abstiegsstufe und Aufstiegsstufe bestehende Mondlandefähre des Apollo-Programms für zwei Mann Besatzung; Höhe 6,985 m, Breite 9,284 m (diagonal über die Spannweite der Landebeine).

ln, Funktionszeichen für den natürl. ↑ Logarithmus.

Loa [afrikan.], Gatt. der Filarien, bes. bekannt durch die Wanderfilarie (↑ Filarien).

Loach, Kenneth [engl. loʊtʃ], * Nuneaton 17. Juni 1936, brit. Filmregisseur. – Gilt als sozialkritisch engagierter Regisseur. Drehte zunächst Filme fürs Fernsehen, u.a. „Poor Cow – geküßt und geschlagen" (1968); gründete eine eigene Produktionsfirma, bei der er u.a. „Kes" (1970) und „Familienleben" (1971) herausbrachte. – *Weitere Filme:* Fatherland (1986), Hidden agenda (1990), Riff-Raff (1991).

Loa-Loa-Infektion (Loiase, Filaria-Loa-Infektion), durch den Fadenwurm Loa-Loa hervorgerufene und durch Fliegen der Gatt. Chrysops übertragene Erkrankung (Kalabarbeule, Augenbindehautentzündung); kommt nur im trop. Regenwald Afrikas vor.

Loasa, Gatt. der zweikeimblättrigen Pflanzenfam. **Loasagewächse** (Loasaceae) mit mehr als 90 Arten in M- und S-Amerika; aufrechte oder windende Kräuter oder Halbsträucher mit weißen, gelben bis roten oder mehrfarbigen Blüten; z.T. Zierpflanzen.

Livorno
Stadtwappen

Ljubljana
Stadtwappen

David Lloyd George

Andrew Lloyd Webber

Lobenlinie. Ammonitische Lobenlinie

Lob [engl.], Ball im Tennis und Badminton, der weich und hoch über den Gegner hinweggeschlagen („gelobbt") wird.

Lobärpneumonie [griech.], auf einen oder mehrere Lungenlappen begrenzte Form der ↑ Lungenentzündung.

Lobatschewski, Nikolai Iwanowitsch, * Nischni Nowgorod 1. Dez. 1792, † Kasan 24. Febr. 1856, russ. Mathematiker. – Prof. in Kasan; entwickelte ab 1826 unabhängig von C. F. Gauß und J. Bolyai das erste System einer nichteuklid. Geometrie.

Löbau, Krst. im Lausitzer Bergland, Sa., westl. des *L.er Berges* (447 m), in der Oberlausitz, 268 m ü. d. M., 17 000 E. Textilind., Klavierbau. – Um 1220 gegründet. – Got. bzw. spätgot. Kirchen Sankt Nikolai (13./14. Jh.) und Sankt Johannis (15. Jh.); barockes Rathaus (nach 1711) mit Laubengang.
L., Landkr. in Sachsen.

Lobby ['lɔbi; engl., zu mittellat. lobia „Galerie, bedeckter Gang"], Wandelhalle im Parlament (urspr. brit. Unterhaus), in der die Abg. zu Gesprächen mit Wählern und Vertretern von Interessengruppen **(Lobbyisten)** zusammentreffen können, die selbst nicht Mgl. einer parlamentar. Körperschaft sind und kein Reg.amt innehaben. Davon abgeleitet wird die nicht von der Verfassung geregelte Einflußnahme von Interessenverbänden über ihre Vertreter auf Parlamentarier bei der polit. Willensbildung, Gesetzgebung und Durchführung auch als **Lobbyismus** (engl. lobbying) bezeichnet.

Löbe, Paul, * Liegnitz 14. Dez. 1875, † Bonn 3. Aug. 1967, dt. Politiker (SPD). – Schriftsetzer; 1919 Vizepräs. der Weimarer Nationalversammlung; 1920–33 MdR, 1920–24 und 1925–32 Reichstagspräs.; 1933 und (nach dem 20. Juli) 1944 inhaftiert; 1945 Gegner der Vereinigung von SPD und KPD; 1948/49 Mgl. des Parlamentar. Rates, bis 1953 MdB; seit 1954 Leiter des „Kuratoriums Unteilbares Deutschland".

Lobelie (Lobelia) [nach M. Lobelius], Gatt. der Glockenblumengewächse mit über 350 Arten in den gemäßigten und wärmeren Zonen; meist Kräuter oder Halbkräuter. Eine bekannte Zierpflanze ist die Art **Blaue Lobelie** (Männertreu, Lobelia erinus), eine dichtwüchsige, bis 25 cm hohe Sommerblume aus Südafrika mit himmelblauen, violetten oder weißen Blüten.

Lobelie. Blaue Lobelie

Lobelin [nach M. Lobelius], giftiges Alkaloid einiger Lobelienarten; regt reflektorisch das Atemzentrum an und dient in Notfallsituationen als Analeptikum.

Lobelius, Matthias, eigtl. M. de l'Obel, * Lille 1538, † Highgate bei London 3. März 1616, niederl. Botaniker. – Beschrieb v. a. die belg.-niederl. Flora; einer der bedeutendsten Kräuterbuchautoren des 16. Jahrhunderts.

Loben [griech.] ↑ Lobenlinie.

Lobenlinie (Sutur), bes. bei fossilen Ammoniten eine gewundene bis gezackte Verwachsungslinie der Scheidewände der Gehäusekammern mit der äußeren Gehäusewand. An der L. unterscheidet man **Sättel** (Ausbuchtungen in Richtung Gehäusemündung) und **Loben** (Ausbuchtungen entgegengesetzt zur Gehäusemündung).

Lobenstein (Moorbad L.), Krst. am N-Rand des Frankenwaldes, Thür., 503 m ü. d. M., 6700 E. Kur- und Erholungsort; Feingußwerk, elektron. u. a. Ind. – Das 1250 erstmals bezeugte L. war vielleicht 1278 schon Stadt; 1647 wurde L. Residenz von Reuß-L., das 1848 mit Gera und Schleiz zum Ft. Reuß vereinigt wurde. – Ruine der ma. Burg L.; barockes Schloß (1718).
L., Landkr. in Thüringen.

Lobito [portugies. lu'bitu], Hafenstadt in Angola, 150 000 E. Fischverarbeitung, Zementfabrik u. a. Ind.; Ausgangsort der Benguelabahn; internat. ✈. – Gegr. 1905.

Lobkowitz, Wenzel Eusebius Fürst von, Hzg. von Sagan, * 20. Jan. 1609, † Roudnice nad Labem 22. April 1677, östr. Minister. – 1668–73 als Obersthofmeister leitender Min. Kaiser Leopolds I., befürwortete eine Verständigungspolitik mit Ludwig XIV. in der span. Erbfolgefrage, fiel deshalb in Ungnade.

Lobus [griech.], in der *Anatomie:* Lappen, lappenförmiger Teil eines Organs (z. B. von Lunge, Gehirn, Leber); ein kleiner, läppchenförmiger Teil wird **Lobulus** genannt.

Lobwasser, Ambrosius, * Schneeberg 4. April 1515, † Königsberg (Pr) 27. Nov. 1585, dt. Dichter. – Seine Psalmenübertragung nach der frz. Bearbeitung von Marot und Beza (1565 abgeschlossen, 1573 gedruckt) war mehr als zwei Jh. maßgebend; bed. Kirchenlieder.

Locarno [italien. lo'karno], Hauptort des Bez. L. im schweizer. Kt. Tessin, am N-Ende des Lago Maggiore, 209 m ü. d. M., 14 800 E. Kurort, Observatorium. – In karoling. Zeit Königshof; 789 erstmals erwähnt; 1186 Reichsfreiheit; kam 1342 an die Mailänder Visconti. 1513 von den Eidgenossen besetzt; gehört seit 1803 zum Kt. Tessin. – Bed. Kirchen u. a. San Francesco (14. und 16. Jh.), San Vittore in Muralto (aus karoling. Zeit; heute v. a. 17. und 19. Jh.); über L. die Wallfahrtskirche Madonna del Sasso (geweiht 1616), Schloß (v. a. 15./16. Jh.) mit stadtgeschichtl. Museum und Pinakothek der Stadt L. (v. a. H. Arp, Dadaisten).

Locarnopakt (Locarnoverträge) [italien. lo'karno], am 16. Okt. 1925 in Locarno abgeschlossener Sicherheitspakt zw. Belgien, Deutschland, Frankreich, Großbritannien, Italien, Polen und der ČSR. Großbritannien begünstigte den von Stresemann vorgelegten Plan zur Garantie der dt. W-Grenzen, machte aber den Eintritt Deutschlands in den Völkerbund zur Bedingung. In dem von Großbritannien und Italien garantierten Hauptvertrag *(Westpakt, Rheinpakt)* verzichteten Deutschland, Belgien und Frankreich auf eine gewaltsame Revision der dt.-belg. und der dt.-frz. Grenzen; eine entsprechende Garantie für die O-Grenze („Ostlocarno") verhinderte Stresemann. Mit Polen und der ČSR schloß Deutschland Schiedsverträge ab, die eine gewaltsame Revisionspolitik ausschließen sollten. Die nat.-soz. Außenpolitik zerstörte das Vertragswerk, endgültig mit der Besetzung des entmilitarisierten Rheinlandes (1936).

Locatelli, Pietro Antonio, * Bergamo 3. Sept. 1695, † Amsterdam 30. März 1764, italien. Violinist und Komponist. – Schüler Corellis, ließ sich 1729 in Amsterdam nie-

Locarno. Die 1616 geweihte Wallfahrtskirche Madonna del Sasso, im Hintergrund das Nordende des Lago Maggiore

Stephan Lochner. Muttergottes in der Rosenlaube, um 1448 (Köln, Wallraf-Richartz-Museum)

der; einer der bedeutendsten Violinvirtuosen seiner Zeit; komponierte u. a. Concerti grossi, Konzerte und Sonaten für Violine.

Loccum, ehem. Zisterzienserabtei, ↑Rehburg-Loccum.

Loccumer Richtlinien, 1967 im Kloster Loccum getroffene ökumen. Vereinbarung über die Schreibweise biblischer Eigennamen und die Arbeit einer Kommission zur Betreuung einer ökumenisch erstellten dt. Einheitsübersetzung der Heiligen Schrift.

Lochamer Liederbuch (Locheimer L.), Minneliederhandschrift im Besitz der Berliner Staatsbibliothek, ben. nach einem der ersten Besitzer, Wölflin von Lochamer; entstanden zw. 1450 und 1460.

Lochauge ↑Auge.

Lochband, svw. ↑Lochstreifen.

Locher, Jakob, gen. Philomusus, *Ehingen (Donau) Ende Juli 1471, †Ingolstadt 4. Dez. 1528, dt. Humanist. – Lieblingsschüler von S. Brant, dessen „Narrenschiff" er ins Lateinische übersetzte („Stultifera navis", 1497); gab 1498 die erste Horaz-Ausgabe in Deutschland heraus.

Löcher ↑Bändermodell, ↑Halbleiter.

Lochien [griech.] (Wochenfluß), die anfangs blutige, dann seröse und schließlich schleimig-weiße Absonderung aus der Gebärmutter während der ersten Tage und Wochen nach einer Entbindung.

Lochiometra [griech.], Stauung des Wochenflusses, der Absonderung aus der Gebärmutter nach der Entbindung. Durch Bakterientoxine kommt es zu einer leichten Verlaufsform des ↑Wochenbettfiebers.

Lochkarten, älteste maschinell lesbare Datenträger aus Spezialkarton in Kartenform. Ziffern (0–9) werden durch eine einzelne Lochung, Buchstaben und Sonderzeichen durch Lochkombinationen in einem 12-Kanal-Code verschlüsselt. Die Normal-L. hat 80 Spalten (für 80 Zeichen auf 82,5 × 187,3 mm großer L.) und 12 Zeilen. Am oberen Kartenrand steht meist das Zeichen usw. im Klartext. *L.stanzer* dienen zum Stanzen von L. und als Ausgabegerät, *L.leser* als Eingabegerät bei EDV-Anlagen (Lesevorgang: ausgestanztes Loch läßt Licht auf Photozelle fallen oder zwei elektr. Kontakte sich berühren). L. werden heute kaum mehr verwendet.

▷ (Lochticket, Lochschriftticket) gelochter Datenträger, der z. B. als Warenetikett Preis, Warenart, Größe, Farbe usw. verschlüsselt und in Klartext enthält. An der Registrierkasse wird u. a. das Verkaufsdatum aufgedruckt; durch zentrale Auswertung (EDV) ist eine laufende Bestandskontrolle möglich.

Lochner, Stephan, *Meersburg (?) um 1400, †Köln 1451, dt. Maler. – Hauptmeister der Kölner Malerschule. Verband die Idealität und Anmut des Weichen Stils mit dem Realismus der niederl. Malerei. Ausgangspunkt für alle Zuschreibungen sind der Dreikönigsaltar im Kölner Dom (um 1442) und die Darbringung im Tempel (1447 datiert; Darmstadt, Hess. Landesmuseum). – *Weitere Werke:* Jüngstes Gericht (um 1435; Köln, Wallraf-Richartz-Museum), Veilchenmadonna (um 1439; Köln, Diözesanmuseum), Muttergottes in der Rosenlaube (um 1448; Köln, Wallraf-Richartz-Museum).

Loch Ness [engl. lɔkˈnɛs] ↑Ness, Loch.

Lochsäge ↑Säge.

Lochschriftticket, svw. Lochticket (↑Lochkarten).

Lochsirene ↑Sirene.

Lochstickerei (Madeirastickerei), Weißstickerei, bei der umstickte Löcher zu Mustern geordnet sind.

Lochstreifen (Lochband), maschinell lesbare Datenträger in Form von Papierstreifen. Die Zeichen werden als Lochkombination (bis zu 5 Löcher beim 5-Kanal-L.) quer zur Laufrichtung in den L. gestanzt, der außerdem eine aus kleineren Löchern bestehende Vorschublochreihe trägt. L. spielten in der Datenverarbeitung und numer. Steuerung eine Rolle; sie werden beim Fernschreiben zur Textspeicherung benutzt.

Lochticket ↑Lochkarten.

Lochwalzwerk ↑Walzen.

Lochzirkel (Innentaster), zirkelähnl. Instrument (mit nach außen abgewinkelten Schenkelspitzen) für Vergleichsmessungen von Bohrungen.

Locke, John [engl. lɔk], *Wrington bei Bristol 29. Aug. 1632, †Oates (Essex) 28. Okt. 1704, engl. Philosoph. – L. bekleidete z. T. hohe polit. Ämter, die ihn in Intrigen verwickelten, so daß er nach Paris und Montpellier (1672–75) und in die Niederlande (1683–89) auswandern mußte. – L. ist der Begründer und einflußreichste Vertreter des ↑Empirismus und der Erkenntniskritik der Aufklärung. Nach ihm sind Ursprung der Erkenntnis die einfachen, passiv empfangenen „Ideen", die aus der (äußeren) „Sinneswahrnehmung" oder auf der (inneren) „Reflexion" auf das eigene Denken und Wollen oder aus beiden stammen. In „Two treatises of government" (1690) erklärte L. Gleichheit, Freiheit und Recht auf Unverletzlichkeit von Person und Eigentum zu obersten Rechtsgütern. Der Friede wird durch eine auf allg. Zustimmung beruhende polit. Gemeinschaft mit einem obersten Schiedsrichter (Monarch, Oligarch oder demokrat. Vertretung) gesichert (↑Gesellschaftsvertrag). L. trat für die Trennung von Legislative und Exekutive ein und hatte mit seiner Staatstheorie großen Einfluß auf das polit. Programm des ↑Liberalismus. – *Weitere Werke:* Brief über die Toleranz (1689), Versuch vom menschl. Verstand (1690).

Lockergesteine ↑Gesteine.

Lockheed Aircraft Corp. [engl. ˈlɔkhiːd ˈɛəkrɑːft kɔːpəˈreɪʃən], drittgrößtes amerikan. Unternehmen der Luft- und Raumfahrtind., gegr. 1932, Sitz Burbank (Calif.). Die L. A. C. entwickelt v. a. Passagier- und Militärflugzeuge, Raketen und elektron. Gerät.

Lockspitzel, svw. ↑Agent provocateur.

Lockstoffe (Attraktanzien, Attractants), natürl. oder synthet. Duftstoffe (Sexualduftstoffe, Ester, äther. Öle u. a.), durch die man Schädlinge anlockt, um sie durch Giftstoffe oder in Fallen vernichten zu können.

Lockvogelwerbung, Werbung durch Herausstellung bes. preisgünstiger Artikel, die in dem Kunden die [irrige] Auffassung erwecken, auch die übrigen Artikel des Sortiments seien in einer entsprechenden Weise kalkuliert; nur zulässig (und dann keine L.), wenn solche Artikel, z. B. als *Sonderangebote,* bes. gekennzeichnet sind; sonst unlauterer Wettbewerb.

Lockyer, Sir (seit 1897) Joseph Norman [engl. ˈlɔkjə], *Rugby (Warwickshire) 17. Mai 1836, †Salcombe Regis

Lochstickerei

Lochstreifen

John Locke

Locle, Le

Jürgen Lodemann

Erich Loest

Carl Loewe

Otto Loewi

(Devonshire) 16. Aug. 1920, brit. Astrophysiker. – Prof. in London; erfand eine Methode zur Beobachtung von Sonnenprotuberanzen und entdeckte im Sonnenspektrum das (von ihm so benannte) Element Helium.

Locle, Le [frz. lə'bkl], Hauptort des Bez. Le L. im schweizer. Kt. Neuenburg, im Kettenjura, 922 m ü. d. M., 11 000 E. Uhren-, elektron., feinmechan. Ind., Werkzeug- und Maschinenbau, Schokoladenfabrik. – 1150 erstmals erwähnt; großen Aufschwung nahm Le L. durch frz. Glaubensflüchtlinge (v. a. nach 1685), die die Uhrenfabrikation einführten. – Barocke Pfarrkirche mit spätgot. Frontturm (1520–25); Château des Monts (18. Jh.) mit bed. Uhrensammlung.

loco [lat.], kaufmänn. für: am Ort, hier; greifbar, vorrätig; in Verbindung mit einer Ortsbezeichnung: „ab", z. B. loco Berlin: „ab Berlin".

loco citato [lat.], Abk. l. c., am angeführten Ort (Stelle eines Buches).

loco sigilli [lat.], Abk. l. s. oder L. S., anstelle des Siegels (auf Abschriften).

Locus [lat. „Ort"] (Mrz. Loci), auf die aristotel. Topik und Rhetorik zurückzuführender Begriff zur Kennzeichnung eines Verfahrens zur Suche und Auffindung von Argumenten in der Beweisführung oder Herstellung von Begründungszusammenhängen. Die Loci (griech. Topoi [↑ Topos]) können als Strukturmuster mögl. Argumente, Gesichtspunkte oder Motive bestimmen werden, die eine umfassende Erörterung des Problems gewährleisten sollen.

Lod, Stadt 20 km sö. von Tel Aviv-Jaffa, Israel, 41 300 E. U. a. Elektroind., Motorenbau, Olivenverarbeitung; internat. ✈ Ben Gurion Airport. – L. ist das antike **Lydda**, das seit 1479 v. Chr. belegt ist und im 4. Jh. Bischofssitz wurde. – Georgskirche (12. Jh.; 1870 z. T. wiederhergestellt), angrenzende Moschee mit Bauteilen des byzantin. Vorgängerbaues.

Lode (Lohde) [niederdt.], Bez. für junge, meist einmal umgepflanzte Schößlinge, die zur Anpflanzung von Waldbeständen dienen.

Lodemann, Jürgen, * Essen 28. März 1936, dt. Schriftsteller und Literaturkritiker. – Verf. spannender Prosa, die in lebensvollen Gesellschaftsschilderungen den sozialen Hintergrund analysiert, u. a. „Erinnerungen in der Zornigen Ameise an Geburt, Leben, Ansichten und Ende der Anita Drögemöller und Die Ruhe an der Ruhr" (R., 1975), „Lynch und Das Glück im Mittelalter" (R., 1976), „Im Deutschen Urwald" (1978). – *Weitere Werke:* Familienferien im Wilden Westen (Reisetagebuch, 1978), Gemüsekrieg (Kinderbuch, 1979), Essen Viehofer Platz oder Langensiepens Ende (R., 1985), Siegfried (R., 1986).

Loden [zu althochdt. lodo „grobes Wollzeug"], Streichgarngewebe vorwiegend in Köperbindung, wasserabstoßend imprägniert, grün-, braun- oder schwarzmeliert. *Tuch-L.* oder *Bozener L.* hat kurzen Flor; *Strich-L.* oder *Hirten-L.* hat auf der rechten Warenseite langen, eng anliegenden Flor; für Mäntel und Umhänge. *Kamelhaar-L.* ist ein bes. leichter und weicher L.stoff aus reinen Kamelhaargarnen oder mit Wollkammgarn in der Kette.

Lodge [engl. lɔdʒ], Henry Cabot, * Boston 12. Mai 1850, † Cambridge (Mass.) 9. Nov. 1924, amerikan. Historiker und Politiker (Republikaner). – 1887–93 Kongreßabg.; 1893–1924 Senator; 1918 Vors. des außenpolit. Ausschusses; Gegner W. Wilsons in der Frage des Völkerbundsbeitritts der USA; konservativ-nationalist. Politiker und Vertreter einer expansionist. Außenpolitik.

L., Henry Cabot, * Nahant (Mass.) 5. Juli 1902, † Beverly (Mass.) 27. Febr. 1985, amerikan. Politiker (Republikaner). – Enkel von Henry Cabot L.; Journalist; 1937–42 und 1946–52 Senator; 1953–60 amerikan. UNO-Botschafter; 1963/64 und 1965–67 Botschafter in Süd-Vietnam, 1968/69 in der BR Deutschland; 1969 Chefdelegierter bei den Pariser Vietnamverhandlungen; 1970–77 Beauftragter des Präs. beim Hl. Stuhl.

L., Sir (seit 1902) Oliver, * Penkhull (Staffordshire) 12. Juni 1851, † Lake (bei Salisbury) 22. Aug. 1940, brit. Physiker. – Entdeckte (etwa zeitgleich mit H. Hertz) 1887/88 stehende elektr. Wellen auf Drähten und verwies auf die Möglichkeit, Hertzsche Wellen zur Telegraphie zu verwenden.

Lodi, italien. Stadt an der Adda, Lombardei, 80 m ü. d. M., 42 500 E. Kath. Bischofssitz; archäolog. Museum, Pinakothek; bed. Zentrum der Nahrungsmittelind.; Majolikafertigung. Nahebei Erdgasvorkommen mit Stickstoffproduktion. – Das antike **Laus Pompeia** lag an der Stelle des heutigen **Lodi Vecchio**; 1110 und 1158 von den Mailändern zerstört, erstand durch Kaiser Friedrich I. Barbarossa am rechten Addaufer neu; verlor im Verlauf der Kämpfe zw. Ghibellinen und Guelfen seine Unabhängigkeit an Mailand. – In der **Schlacht von Lodi** wurden am 10. Mai 1796 die Österreicher von Napoléon Bonaparte geschlagen. – Dom (12. Jh.), im Innern barockisiert; bed. die Kirche Incoronata in lombard. Renaissance (1488 ff.).

Łódź [poln. yutɛ] (dt. Lodz [lɔtʃ]), zweitgrößte Stadt Polens (nach Warschau), 205 m ü. d. M., 845 000 E, Hauptstadt der Woiwodschaft Ł. Sitz eines kath. Bischofs; Univ. (gegr. 1945), TH u. a. Hochschulen, medizin. Akademie; Museen, Theater, Filmateliers; Zoo. Textilind., Maschinenbau, Elektro-, chem. und Nahrungsmittelindustrie. **Geschichte:** 1332 als Dorf erwähnt, 1423 mit Magdeburger Recht ausgestattete Stadt; gehörte 1793–1807 zu Preußen, dann zum Hzgt. Warschau, seit 1815 zu Rußland (Kongreßpolen); von der Reg. Kongreßpolens zum Standort der Textilind. bestimmt (Niederlassungen ab 1815). Als größte poln. Ind.stadt (1911 Standort von 53 % aller Ind.betriebe) Schauplatz des ersten allg. Streiks in Polen (1892) und eines Arbeiteraufstands im Juni 1905; im 1. Weltkrieg unter dt. Besetzung; gehörte 1939–45 als **Litzmannstadt** zum Reichsgau Wartheland; im Ghetto der Stadt kamen etwa 300 000 Juden um. **Bauten:** Rathaus (1827), Franziskanerkirche (18. Jh.), barocke Kirche (1702–23), Jugendstilhäuser und Ind.gebäude des 19. Jh.

Loerke, Oskar ['lœrkə], * Jungen bei Marienwerder 13. März 1884, † Berlin 24. Febr. 1941, dt. Dichter. – Wirkte mit seinen formstrengen, von intensiver Bildlichkeit, Musikalität und myth. Zügen geprägten Gedichten wegbereitend für die Naturlyrik. Auch Prosa und Essays. – *Werke:* Die heiml. Stadt (Ged., 1921), Der längste Tag (Ged., 1926), Pansmusik (Ged., 1929), Atem der Erde (Ged., 1930), Der Silberdistelwald (Ged., 1934), Der Wald der Welt (Ged., 1936).

Loest, Erich, * Mittweida (Sachsen) 24. Febr. 1926, dt. Schriftsteller. – 1957 wegen seiner Kritik an der stalinist. Politik der SED zu Zuchthaus verurteilt (bis 1964). Nach 1965 schrieb e unter dem Pseud. Hans Walldorf mehrere Kriminal- und Abenteuerromane. Mit „Schattenboxen" (R., 1973) wandte sich L. erneut der beklemmenden Wirklichkeit in der ehem. DDR zu; ein Teil seiner Arbeiten wurde deshalb in der DDR nicht gedruckt. L. verließ 1981 die DDR, wobei er sich einer literar. Aufarbeitung seiner Erfahrungen mit ihrer ehem. polit. Macht und deren Wirkungsmechanismen verpflichtet fühlt (u. a. „Durch die Erde ein Riß. Ein Lebenslauf", 1981; „Völkerschlachtdenkmal", 1984; „Der Zorn des Schafes. Aus meinem Tagewerk", 1990; „Die Stasi war mein Eckermann", 1991; „Katerfrühstück", 1992); auch Essays, Reisereportagen, Hör- und Fernsehspiele.

Loetscher, Hugo ['lœtʃər], * Zürich 22. Dez. 1929, schweizer. Schriftsteller. – Wurde mit dem allegor.-satir. Roman „Abwässer" (1963) bekannt. In anderen Romanen und Essays äußert er sich zu aktuellen Themen, Politik, Geschichte, Malerei und Literatur und berichtet von seinen Reisen. – *Weitere Werke:* Schichtwechsel (Dr., 1960), Die Kranzflechterin (R., 1964), Noah – Roman einer Konjunktur (1967), Der Immune (R., 1975), Die Papiere des Immunen (R., 1986), Die Fliege und die Suppe und 33 andere Tiere in 33 anderen Situationen (Fabeln, 1989).

Loewe ['lø:və], Carl, * Löbejün bei Halle/Saale 30. Nov. 1796, † Kiel 20. April 1869, dt. Komponist. – Gilt als der Schöpfer der neueren Ballade in der Musik, deren Hauptmerkmale die Wahrung der stroph. Gliederung, volkstümlich eingängige Melodik, Verwendung von Leitmotiven und tonmaler. Klavierbegleitung sind. Neben etwa 400 Balladen komponierte er sechs Opern, 17 Oratorien, zwei Sinfonien und Klaviermusik.

L., Frederic, eigtl. Friedrich Löwe, *Wien 10. Juni 1904, †Palm Springs 14. Febr. 1988, amerikan. Komponist östr. Herkunft. – Schüler von d'Albert und Busoni; seit 1924 in den USA; komponierte v. a. Musicals, u. a. „My fair Lady" (1956).

Loewi, Otto [ˈløːvi], *Frankfurt am Main 3. Juni 1873, †New York 25. Dez. 1961, dt.-amerikan. Physiologe und Pharmakologe. – Prof. in Graz, ab 1939 am University College of Medicine in New York; entdeckte 1921, daß die Übermittlung von Nervenimpulsen zu Erfolgsorganen auf chem. Weg erfolgt. 1936 erhielt er mit Sir H. H. Dale den Nobelpreis für Physiologie oder Medizin.

Loewy, Raymond [ˈløːvi], *Paris 5. Nov. 1893, †Monaco 14. Juli 1986, amerikan. Ind.designer frz. Herkunft. – Emigrierte 1919 in die USA. Gilt als einer der Protagonisten des amerikan. Ind.designs im 20. Jh.; entwarf u. a. die Coca-Cola-Flasche, die Greyhound-Busse sowie zahlr. Markenzeichen (u. a. von Shell).

Löffel, Schöpfgerät aus schalenförmiger Vertiefung (Laffe) und Stiel, gebräuchlich für Zubereitung und Genuß von Speisen und für den handwerkl. Umgang mit Flüssigkeiten. L. aus Knochen und Holz sind seit dem Neolithikum belegt. Metallene L. wurden lange nur zu rituellen Zwecken verwendet, seit dem 13. Jh. als Zinn-L. auch zum Essen. Der heute bei Tisch gebräuchl. L. mit flachem Stiel bürgerte sich im Zuge der Übernahme frz. Eßkultur seit etwa 1650 ein und wurde Teil des Eßbestecks.
▷ *wm. Bez.* für die Ohren von Hasen und Kaninchen.

Löffelbagger ↑Bagger.
Löffelente ↑Enten.
Löffelkraut (Lungenkresse, Cochlearia), Gatt. der Kreuzblütler mit 25 Arten auf der Nordhalbkugel; Rosettenpflanzen mit weißen oder violetten Blüten und Schötchenfrüchten. In M-Europa kommt auf salzhaltigen Böden das **Echte Löffelkraut** (*Löffelkresse,* Cochlearia officinalis) mit löffelförmigen Blättern vor.

Löffelkraut.
Echtes Löffelkraut

Löffelstöre. Amerikanischer Löffelstör

Löffelstöre (Vielzähner, Polyodontidae), Fam. der Störe mit zwei Arten in N-Amerika und China: der planktonfressende, fast völlig ausgerottete **Löffelstör** (Amerikan. Löffelstör, Schaufelrüßler, Polyodon spathula; bis 1,8 m groß; im Stromgebiet des Mississippi) und der dunkelolivfarbene **Schwertstör** (Chin. Schwertstör, Schwertrüßler, Psephurus gladius; bis über 3,5 m lang; im Jangtsekiang; Kopf groß, mit schwertförmig verlängertem Fortsatz).

Löffler, Friedrich, *Frankfurt/Oder 24. Juni 1852, †Berlin 9. April 1915, dt. Bakteriologe und Hygieniker. – Mitarbeiter R. Kochs am Kaiserl. Gesundheitsamt in Berlin; entdeckte die Erreger verschiedener Infektionskrankheiten (u. a. Rotz und Rotlauf); 1884 gelang L. die Züchtung des Diphtherieerregers.

Löffler (Plataleinae), Unterfam. großer, hochbeiniger, vorwiegend weißer, in Kolonien brütender Ibisse mit 6 Arten in und an Gewässern großer Teile der Alten und Neuen Welt; mit langem, am Ende löffelartig verbreitertem Schnabel. In Europa kommt nur die **Gewöhnliche Löffler** (Löffelreiher, Platalea leucorodia) vor: 85 cm lang; weiß mit gelbl. Brust, schwarzem Schnabel und schwarzen Beinen; nistet im Röhricht.

Lofotinseln (Lofoten), Inselkette in N-Norwegen, durch den Vestfjord vom Festland getrennt, 1 350 km^2, 25 000 E. Die L. sind durch Fjorde und Buchten stark gegliedert, bis 1 161 m hoch, die Gipfel z. T. vergletschert. Fischfang (v. a. Kabeljau) und -verarbeitung.

log, Zeichen für den ↑Logarithmus.
Log (Logge) [engl., eigtl. „Holzklotz" (der an der Logleine hinter dem Schiff hergezogen wurde)], Gerät zum Messen **(Loggen)** der Schiffsgeschwindigkeit. Man unterscheidet: 1. **Handlog,** ein aufrecht im Wasser an einer Leine an der Stelle schwimmendes Holzbrett; die Leine ist mit Markierungsknoten versehen; man zählt die pro Minute auslaufenden Knoten (daher die seemänn. Bez. Knoten bei Geschwindigkeitsangaben); 2. **Patentlog,** eine an einer Leine mitgeschleppte, sich drehende Schraube; die Anzahl der Seemeilen wird direkt von einer Meßuhr abgelesen; 3. **Staudrucklog:** Bei verschiedenen Geschwindigkeiten ändern sich die hydrodynam. Druckverhältnisse am Schiffsboden; durch Messung der Druckdifferenzen wird die Geschwindigkeit bestimmt. Üblich sind auch das **Elektrolog,** das ein elektrodynam. Meßprinzip nutzt, und das **Dopplerlog,** das mit Ultraschall arbeitet und Echolot- und Dopplerprinzip kombiniert.

log..., Log... ↑logo..., Logo...
Logan, Mount [engl. ˈmaʊnt ˈloʊgən], mit 5 951 m höchster Berg Kanadas, in den Saint Elias Mountains; Erstbesteigung 1925.

Loganbeere [nach dem amerikan. Juristen J. H. Logan, *1841, †1928] (Rubus loganbaccus), nordamerikan. brombeerähnl. Beerenart mit großen, festen, roten Früchten.

Logangewächse [nach dem amerikan. Juristen J. Logan, *1674, †1751] (Brechnußgewächse, Loganiaceae), Pflanzenfam. mit rd. 30 Gatt. und über 600 v. a. trop. und subtrop. Arten; meist Holzpflanzen mit gegenständigen Blättern und röhrigen bis glockigen Blüten; viele alkaloidreiche Heil- und Giftpflanzen, u. a. ↑Brechnußbaum.

Logarithmenpapier, mathemat. Zeichenpapier mit einem aufgedruckten Netz zweier sich rechtwinklig schneidender Geradenscharen, wobei den Abständen der einzelnen Geraden eine logarithm. Teilung zugrunde liegt.

logarithmisches Dekrement, ein Maß für die ↑Dämpfung.

Logarithmus [zu griech. lógos „Wort, Verhältnis, Berechnung" und arithmós „Zahl"], für eine positive reelle Zahl x zu einer festen positiven **Basis** (Grundzahl) $a \neq 1$ derjenige Exponent y, für den $x = a^y$ ist; geschrieben $y = \log_a x$. So ist beispielsweise $\log_2 16 = 4$, denn es gilt $2^4 = 16$; entsprechend ist $\log_{10} 1\,000 = 3$, denn $10^3 = 1\,000$. Die Zahl x heißt der zum L. gehörende **Numerus.** – Für jede positive reelle Basis $a \neq 1$ und positive Zahlen x_1, x_2 gilt:

$$\log_a(x_1 \cdot x_2) = \log_a x_1 + \log_a x_2,$$
$$\log_a(x_1/x_2) = \log_a x_1 - \log_a x_2,$$
$$\log_a x^n = n \cdot \log_a x.$$

Insbes. gilt stets: $\log_a 1 = 0$, $\log_a a = 1$. Logarithmen mit der Basis e (= 2,71828...; ↑e) heißen **natürliche Logarithmen,** diejenigen mit der Basis 10 *gewöhnl., dekad., Briggssche* oder **Zehnerlogarithmen,** solche mit der Basis 2 *Binär-* oder **Zweierlogarithmen.** Man schreibt statt $\log_e x$ meist $\ln x$ (L. naturalis), statt $\log_{10} x$ im allg. $\lg x$, für $\log_2 x$ entweder $\text{lb}\,x$ oder $\text{ld}\,x$ (L. dualis).

Die Bed. des L. als Rechenhilfe lag darin, daß die Multiplikation und Division von Zahlen auf die Addition und Subtraktion ihrer L. zurückgeführt werden konnte (prakt. An-

Löffler.
Gewöhnlicher Löffler

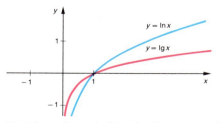

Logarithmus. Kurven der Logarithmusfunktionen, rot für den dekadischen, blau für den natürlichen Logarithmus

Logau

wendung ↑Rechenschieber). Zum Übergang vom Numerus zum L. und umgekehrt benutzte man *Logarithmentafeln,* in denen die [dekad.] L. tabelliert sind. Die **Logarithmusfunktion** $y = \log_a x$ ist die Umkehrfunktion der Exponentialfunktion $y = a^x$.

Logau, Friedrich Freiherr von, Pseud. Salomon von Golaw, *Dürr Brockuth bei Strehlen (Niederschlesien) Juni 1604, †Liegnitz 24. Juli 1655, dt. Dichter. – Gilt mit seinen Sinngedichten, in denen er Kritik v. a. am moral. Verfall seiner Zeit übte, als bedeutendster Epigrammatiker des Barock.

Logbuch (Schiffstagebuch), eine der wichtigsten Urkunden an Bord eines See- oder Binnenschiffes; gibt Auskunft über Zustand, Besatzung und Beladung des Schiffes, über seinen Reiseverlauf sowie über Geburten oder Todesfälle.

Loge ['loːʒə; frz., zu mittellat. lobia „Galerie"], kleiner, durch Seitenwände abgeteilter Raum mit mehreren Sitzplätzen im Kino oder Theater.
▷ zunächst der abgeschlossene Raum, dann die dort zur Arbeit versammelte Freimaurer-Bruderschaft selbst sowie der Name der rechtlich einem Verein entsprechenden Gesellschaft von Freimaurern.

Logenmeister ['loːʒən], der Meister vom Stuhl bei der Großen Landesloge der Freimaurer von Deutschland.

Logge, svw. ↑Log.

Logger (Lugger) [niederl.], mittelgroßes Fischereifahrzeug, früher segel-, heute motorgetrieben, für die Schleppnetz- oder Ringwadenfischerei.

Loggia. Die 1376–81 errichtete Loggia dei Lanzi in Florenz

Loggia ['lɔdʒa; italien., zu ↑Loge], nach vorn offene, gewölbte Bogenhalle, entweder selbständiger Bau oder Teil eines Gebäudes, z. B. die L. dei Lanzi (1376–81) in Florenz. – Bei Wohnhäusern ist die L. ein nach außen offener überdeckter Aufenthaltsraum, der hinter die Mauerflucht zurückspringt.

Logia Jesu [griech. „Sprüche Jesu"] (Logien Jesu), Sammlung von Worten Jesu, die aber auch jüd. Sprichwörter und Neubildungen der urchristl. Gemeinde enthält. Diese Spruchsammlung (auch Logien- oder Redenquelle) wird von der sog. Zweiquellenhypothese als die 2. Quellenschrift neben Markus angesehen, die von Matthäus und Lukas benutzt wurde.

Logica antiqua [lat. „alte Logik"], Richtung der früheren scholast. Logik, die nur eine Kommentierung der jeweils bekannten Schriften des Aristoteles und deren Kommentatoren zuließ. Im Ggs. dazu entwickelten ab etwa 1250 die „Terministen" mit der **Logica moderna** eine auch eigenständige Logikarbeit, indem sie v. a. sprachphilosoph. Probleme einbezogen.

...logie [zu griech. lógos „Wort"], Nachsilbe in Zusammensetzungen mit der Bed. „Kunde, Wissenschaft".

Logik [griech.], im weitesten Sinne die Lehre vom schlüssigen und folgerichtigen Denken und Argumentieren, insbes. vom richtigen Schließen („Lehre vom Schluß"), das dadurch gekennzeichnet ist, daß es zu wahren Prämissen immer eine wahre Konklusion liefert. Gegenstand der L. sind demnach Aussagen und deren Beziehungen zueinander, soweit diese für Wahrheit und Falschheit relevant sind. Neben der Lehre vom Schluß kannte die **traditionelle Logik** noch die „Lehre vom Begriff" (Klassifikation von Begriffen) und die „Lehre vom Urteil" (Struktur und Klassifikation der Aussagen).

Heute wird L. fast ausschließlich als **formale Logik** betrieben. Das bedeutet, daß sich die L. nur mit denjenigen Schlüssen beschäftigt, die auf Grund ihrer Form, d. h. ihres Aufbaus durch die log. Partikel, gelten. Man nennt die zugrunde liegenden Aussageformen *logisch wahr* oder *Tautologien.* Tautologien sind wahr, unabhängig davon, ob die in ihnen auftretenden, durch Aussagevariablen vertretenen Aussagen wahr oder falsch sind. Eine zentrale Rolle spielen in der modernen L. die ↑Junktoren und die ↑Quantoren, mit deren Hilfe komplexe Aussagen aus einfachen gebildet werden können. Werden nur Junktoren zugelassen, so spricht man von *Junktoren-* oder ↑*Aussagenlogik,* werden auch Quantoren in Betracht gezogen, spricht man von *Quantoren-* oder ↑*Prädikatenlogik.* Da sich die formale L. weitgehender Symbolisierungen bedient, wird sie gelegentlich auch als **symbolische Logik** bezeichnet.

Im Bereich der formalen L. unterscheidet man die philosoph. und die mathemat. L. Die **mathematische Logik** behandelt die für die Mathematik wichtigen Bereiche wie Relationen *(Relationen-L.)* und Klassen *(Klassen-L.).* Die wichtigsten Teilgebiete der **philosophischen Logik** sind die deont. L., die Modal-L. und die Temporal-L. Alle diese L. erweitern die Aussagen-L. (und oft auch die Prädikaten-L.) um zusätzl. log. Partikel wie „notwendig" und „möglich" (Modal-L.), „verboten" und „erlaubt" (deont. L.), „früher" und „später" (Temporal-L.). Weiterentwicklungen der L. sind die Systeme der mehrwertigen L., die neben „wahr" und „falsch" weitere Wahrheitswerte zulassen.

Die L. hat in den letzten Jahrzehnten v. a. im Zusammenhang mit der Informatik neues Interesse gefunden, bes. im Rahmen der künstl. Intelligenz und ihrer Bemühungen, Wissen maschinell darzustellen und zu verarbeiten.

Die traditionelle L. wurde durch Aristoteles begründet, der insbes. die ↑Syllogistik schuf. Die mathemat. L. basiert auf Ideen von G. W. Leibniz und B. Bolzano; erste wesentl. Ansätze für die Mathematisierung der L. stammen von G. Boole, E. Schröder und G. Frege. Der eigentl. Ausbau der mathemat. L. erfolgte im 20. Jh., beginnend mit Arbeiten von B. Russell, D. Hilbert u. a.

Logikelement, svw. ↑Gatter.

Logikkalkül, Kalkül der formalen Logik, ein formales System von Grundzeichen und Regeln zur Gewinnung und Erzeugung von logisch wahren Aussagen.

Logikschaltungen, svw. ↑logische Schaltungen.

Logis [loˈʒiː; frz., zu loger „beherbergen"], 1. Unterkunft, Wohnung; 2. Mannschaftsraum auf Schiffen.

logisch [griech.], 1. Bez. für ein folgerichtiges, schlüssiges, gültiges Denken; 2. svw. die Logik betreffend; 3. allg.-sprachl. svw. einleuchtend, offenkundig, selbstverständlich.

logische Partikeln, Wörter oder Zeichen, mit deren Hilfe aus endlich oder unendlich vielen Aussagen neue Aussagen logisch zusammengesetzt werden (↑Junktor, ↑Quantor). Die formale Logik untersucht durch die l. P. definierte Struktur von Aussagen.

logischer Atomismus, eine von B. Russell unter Berufung auf den „Tractatus" Wittgensteins entwickelte Lehre, nach der jeder Gegenstand durch geeignete „log. Konstruktion" aus begrifflich unanalysierbaren Einheiten, den sog. log. Atomen, aufgebaut werden soll. Es war aber letztlich unmöglich, die Existenz solcher Einheiten nachzuweisen.

logischer Empirismus (log. Positivismus, Neopositivismus) ↑analytische Philosophie.

logischer Schluß ↑Schluß.

logische Schaltungen (Logikschaltungen), Digitalschaltungen zur Verknüpfung von digitalen Signalen nach den Regeln der Schaltalgebra. L. S., die nur Verknüpfungsglieder (Gatter) enthalten, heißen **Schaltnetze;** enthalten sie außerdem Speicherglieder, werden sie **Schaltwerke** gen. L. S. sind wesentl. Bausteine von Computern; sie dienen zum Steuern, Überwachen, Rechnen und Vergleichen.

Logismus [griech.], i. e. S. philosoph. Bez. für einen Vernunftschluß; i. w. S. die Auffassung, daß die Welt logisch aufgebaut sei. – ↑ Panlogismus.

Logistik [frz., zu loger „einquartieren"], die Lehre von der Planung, der Bereitstellung und dem Einsatz der für militär. Zwecke erforderl. Mittel und Dienstleistungen zur Unterstützung der Streitkräfte und/oder die Anwendung dieser Lehre; allg. die Organisation und Steuerung von Material-, Informations- und Transportprozessen in verschiedensten Bereichen.

Logizismus [griech.], 1. in der *Erkenntnistheorie* die Betonung des Vorrangs des Logischen gegenüber dem Psychologischen, Irrationalen u. a.; 2. in der *mathemat. Grundlagenforschung* eine Richtung, die in der Mathematik lediglich eine höher entwickelte Logik sieht. Der L. vertritt die These von der Definierbarkeit aller mathemat. Begriffe durch rein log. Begriffe und die Begründbarkeit aller mathemat. Sätze durch rein log. Schlußweisen.

logo..., Logo..., log..., Log... [zu griech. lógos „Wort"], Wortbildungselement mit der Bed. „Wort, Rede, Vernunft".

Logo [engl., gekürzt aus logotype], svw. Firmenzeichen.

LOGO, eine interaktive Programmiersprache hauptsächlich zur Einführung in den Umgang mit Computern, ist mit einem sehr einfach zu bedienenden Graphikprogramm ausgestattet. Größere Programme lassen sich aus einfacheren Bausteinen zusammenfügen.

Logogramm, Schriftzeichen für eine bedeutungstragende Einheit eines Wortes (z. B. in der chin. Schrift).

Logographen [griech.], Bez. für att., juristisch geschulte Redner, die Gerichtsreden für prozessierende Bürger verfaßten, diese dann vor Gericht vortrugen. Bedeutendster L. war ↑ Lysias.

Logogriph [griech.], Buchstabenrätsel, bei dem durch Wegnehmen, Hinzufügen oder Ändern eines Buchstabens ein neues Wort entsteht; z. B. Mut, Gut, Wut.

Logone [frz. lɔˈgɔn], linker Nebenfluß des Schari, Republik Tschad; entsteht (2 Quellflüsse) im N Kameruns, z. T. Grenzfluß Tschad/Kamerun, mündet bei N'Djamena; mit dem linken Quellfluß **Mbéré** 965 km lang. In Überschwemmungsgebieten Reisanbau.

Logopädie [griech.], Lehre von den Sprach- und Sprechstörungen sowie deren Behandlung durch den **Logopäden.**

Logos [griech.], 1. zentraler Begriff der griech. und hellenist. Philosophie: *erkenntnistheoretisch* und *logisch* allg. Bez. einer Rede, die mit dem Anspruch auf Wahrheit, Nachprüfbarkeit, Vernünftigkeit und Richtigkeit verbunden ist, so etwa bei Platon und Aristoteles; *naturphilosophisch-metaphysisch* bei Heraklit das ordnende Prinzip des Kosmos; ähnlich in der Stoa das dynam., schöpfer. und ordnende Prinzip, das sich als vernünftig und mächtig (Feuer, Weltvernunft, Gott) der Welt mitteilt und indem es in jedes Lebewesen den Keim, den Samen des L. (L. spermatikos) legt. Bei Philon von Alexandria ist L. svw. „Wort Gottes" und „göttl. Vernunft". Im hierarch. System Plotins ist der L. der „Vernunft" („Nus") untergeordnet, hat aber teil an der göttl. Vernunft, die er der Natur und dem Menschen mitteilt. In der Gnosis wird der L. personifiziert als unveränderl., vernunftbegabtes, ewiges göttl. Wesen, das als leibl. Verkörperung in die Welt tritt. – 2. Im *Christentum* allg. svw. „Wort" und „Wort Gottes", speziell das christl. Kerygma bzw. das Evangelium; im Johannesevangelium christolog. Hoheitstitel für die Person Jesu: Der L. ist das präexistente göttl. Wesen, das Fleisch geworden ist und Heilsfunktion für den Menschen ausübt. Die christl. L.lehre wurde durch das Trinitätsdogma (Christus ist Gott von Anfang an und zugleich wahrer Mensch) auf dem Konzil von Chalkedon (451) abgeschlossen.

Logroño [span. loˈɣroɲo], span. Stadt am oberen Ebro, 116 000 E. Verwaltungssitz der Region La Rioja, kath. Bischofssitz; Textil-, Metall-, Nahrungsmittelind., Großkellereien. – Got. Stiftskirche (v. a. 15. Jh.) mit Barocktürmen; Ebrobrücke (1083).

Lohblüte (Fuligo septica), auf feuchtem Laub, faulem Holz und Gerberlohe vorkommender gelber Schleimpilz.

Lohe [eigtl. „Abgeschältes, Losgelöstes"] (Gerberlohe), in der Lederherstellung früher verwendete pflanzl. Gerbmittel.

Löhe, [Johann Konrad] Wilhelm, * Fürth 21. Febr. 1808, † Neuendettelsau 2. Jan. 1872, dt. luth. Theologe. – Seit 1837 Pfarrer in Neuendettelsau, wo er 1854 ein Diakonissenmutterhaus gründete. Aus seiner seelsorger. und missionar. Arbeit an dt. Auswanderern entstand 1853 die ↑ Neuendettelsauer Missionsgesellschaft; wirkte auf die bayr. luther. Erneuerungsbewegung.

Lohengrin, Sagengestalt aus dem Gralskreis, Sohn des Parzival; kommt auf Geheiß König Artus' in einem von einem Schwan gezogenen Nachen einer bedrängten Fürstin von Brabant zu Hilfe, muß sie aber wieder verlassen, nachdem sie ihn nach seiner Herkunft gefragt hat. Dichterisch gestaltet von Wolfram von Eschenbach um 1210 am Schluß des „Parzival"; ähnlich im „Jüngeren Titurel" Albrechts von Scharfenberg (um 1270), breiter im „Sängerkrieg auf der Wartburg" (1283–90). Die Erneuerung des Stoffes im 19. Jh. geht auf R. Wagner (romant. Oper „L.", 1850) zurück.

Lohenstein, Daniel Casper von (seit 1670), eigtl. Daniel Casper, * Nimptsch bei Reichenbach (Eulengebirge) 25. Jan. 1635, † Breslau 28. April 1683, dt. Dichter. – Bedeutendster dt. Dramatiker des Spätbarock. Bed. die Weiterführung des schles. Kunstdramas in seiner Tragödie „Sophonisbe" (1680). Sein [unvollendetes] Hauptwerk, der Roman „Großmüthiger Feldherr Arminius oder ..." (1689/90) zeigt ein erstaunl. Maß an Erfindungsgabe, leidet aber an der Überfülle von Wissensstoff und abstruser Gelehrsamkeit.

Lohmeyer, Ernst, * Dorsten 8. Juli 1890, † nach dem 16. Febr. 1946 (Tag und Ort unbekannt), dt. ev. Theologe. – 1920–35 Prof. für N.T. in Breslau, ab 1935 in Greifswald. Bed. Exeget, behandelte v. a. das Verhältnis von Glaube und Geschichte. Als Rektor der Univ. wurde am 16. Febr. 1946 von der sowjet. Besatzungsmacht verhaftet; später hingerichtet.

Lohn [eigtl. „(auf der Jagd oder im Kampf) Erbeutetes"], jedes ↑ Einkommen, das eine Vergütung von Arbeitsleistungen darstellt *(Arbeits-L.);* L. empfangen also nicht nur die oft als L.empfänger bezeichneten Arbeiter, sondern auch Beamte und Angestellten (↑ Gehalt). I. w. S. kann auch das Einkommen wirtsch. Selbständiger (z. B. Gage eines Künstlers, ↑ Unternehmerlohn) als L. bezeichnet werden. Zu unterscheiden ist zum einen zw. Geld- und Natural-L., zum anderen zw. Real- und Nominal-L. **Geldlohn,** die übl. Form des Arbeitsentgelts, ist die in Geld ausgedrückte Leistung des Arbeitgebers. **Naturallohn** dagegen besteht in Sachgütern; er ist nur begrenzt zulässig (↑ Deputat, ↑ Trucksystem). **Nominallohn** ist ohne Berücksichtigung der Kaufkraft in Währungseinheiten ausgedrückter Geld-L., wogegen beim

Lohblüte. Junge Fruchtkörper des Schleimpilzes

Daniel Casper von Lohenstein

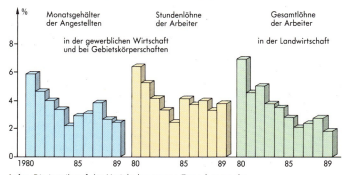

Lohn. Die jeweils auf das Vorjahr bezogenen Zuwachsraten der Jahresdurchschnitte der Reallöhne

Lohnabschläge

Reallohn die Kaufkraft mittels Division des Nominal-L. durch einen Preisindex berücksichtigt wird.
Als *L.systeme* sind zu unterscheiden: 1. **Zeitlohn,** die Basis der L.berechnung ist die Arbeitszeit (z. B. Stunden-L., Monats-L.) ohne Berücksichtigung der in dieser Zeit erbrachten Leistung; 2. **Leistungslohn, Akkordlohn,** die L.höhe ergibt sich als Produkt aus der Leistung und dem für eine Leistungseinheit (Stück) vereinbarten Stücklohnsatz (↑ Akkordarbeit); 3. **Soziallohn,** die L.höhe wird mitbestimmt durch die soziale Bedürftigkeit (z. B. Kinderzahl).
In der Praxis werden für die L.bildung *L.gruppen,* bei tarifl. Regelung Tarifgruppen genannt, gebildet, die durch festgelegte Merkmale voneinander unterschieden sind. Die verschiedenen Tätigkeiten sind entsprechend einzugruppieren, d. h. einer Gruppe zuzuordnen. Die L.höhe innerhalb der Gruppen kann sich nach der Zahl der Tätigkeitsjahre unterscheiden. Häufig wird auch eine dieser Gruppen herausgegriffen und zur Grundlage für die L.bildung der anderen Gruppen dadurch gemacht, daß der für diese Gruppe festgelegte L. als **Ecklohn** gleich 100 gesetzt wird, die anderen L. in Prozent dieses Eck-L. ausgedrückt werden. Eine **Lohnerhöhung** wird i. d. R. nur zögerlich ausgesprochen.

Lohnabschläge ↑ Lohngleichheit.

Lohnarbeit ↑ Marxismus.

Lohnaufrechnung, Aufrechnung einer Forderung gegen die Lohnforderung des Arbeitnehmers durch den Arbeitgeber. L. darf lt. § 394 BGB nicht gegen den pfändungsfreien Betrag des Lohnes erfolgen.

Löhne, Stadt in NRW, an der Mündung der Else in die Werre, 58 m ü. d. M., 37 000 E. Textil-, Möbel- und Kunststoffindustrie.

Lohne (Oldenburg), Stadt in Nds., im südl. Oldenburg. Münsterland, 44 m ü. d. M., 20 200 E. Kunststoff-, Metallverarbeitung.

Lohner, Helmut, * Wien 24. April 1933, östr. Schauspieler. – Engagements u. a. in Wien, Zürich, Berlin und bei den Salzburger Festspielen; auch Film- und Fernsehrollen (u. a. „Flucht ohne Ende", 1984, „Zucker", 1989).

Lohnfabrikation, die Be- und Verarbeitung von Waren für andere, sofern das Gewerbe nicht handwerksmäßig betrieben wird.

Lohnfondstheorien [...fō...] ↑ Lohntheorie.

Lohnfortzahlung, Verpflichtung des Arbeitgebers zur Entgeltfortzahlung bei Arbeitern gemäß L.gesetz vom 27. 7. 1969, bei Angestellten (Gehaltsfortzahlung) nach § 616 BGB, § 63 HGB, § 133 c Gewerbeordnung und bei Auszubildenden gemäß § 12 Berufsbildungs G für die Dauer von sechs Wochen bei Arbeitsunfähigkeit infolge Krankheit vom ersten Tag der Erkrankung an; auch tarifvertraglich festgelegt. Sonderregelungen gibt es für kurzfristig oder geringfügig beschäftigte Arbeiter, Arbeiterinnen, die Anspruch auf Mutterschaftsgeld haben, und Heimarbeiter. Die Pflicht zur L. entfällt bei Verschulden des Arbeitnehmers. Die Dauer der L. von sechs Wochen wird bei erneuter Krankheit innerhalb von 12 Monaten nur dann berührt, wenn es sich um dieselbe Krankheit handelt. Die Arbeitsunfähigkeit ist dem Arbeitgeber unverzüglich anzuzeigen, für eine längere Erkrankung ist vor Ablauf des 3. Tages eine ärztl. Bescheinigung einzureichen. Nach Ablauf der Sechswochenfrist zahlt die Krankenkasse Krankengeld. – Der Anspruch auf L. wurde nach der ersten gesetzl. Regelung für Handlungsgehilfen (1861) ausgebaut.

Lohngleichheit, der sich aus Art 3 GG ergebende Grundsatz, wonach bei gleicher Arbeit Mann und Frau der gleiche Lohn-(Gehalts-)Anspruch zusteht; in § 611 Abs. 3 BGB festgeschrieben. Auf Grund dessen. dürfen in Tarifverträgen keine *Lohnabschläge* für Frauen vorgesehen werden. Durch niedrige Arbeitsplatzbewertungen, die zur Bildung von sog. **Leichtlohngruppen** führen, wird dieser Grundsatz häufig umgangen (betrifft Tätigkeiten, die fast ausschließlich von Frauen ausgeübt werden).

Lohngruppen ↑ Lohn.

Lohnpfändung (Gehaltspfändung), Art der Zwangsvollstreckung durch Pfändung noch nicht ausgezahlter Forderungen auf Arbeitseinkommen (§§ 829, 832 ff. ZPO).

Helmut Lohner

Eduard Lohse

Das Arbeitseinkommen ist aus sozialen Gründen gemäß §§ 850 bis 850 i ZPO jedoch nur begrenzt pfändbar. Der pfändungsfreie Betrag richtet sich nach der Anzahl der Unterhaltsberechtigten und der Höhe des Einkommens. Unpfändbare Bezüge sind z. B. die Hälfte des für Mehrarbeitsstunden gezahlten Arbeitseinkommens, Treugelder, Auslösungsgelder, Erziehungsgelder.
Für das östr. und das *schweizer. Recht* gilt Entsprechendes.

Lohnpolitik, zielorientiertes Handeln betriebl. (Geschäftsleitung, Betriebsrat), verbandl. (Tarifparteien) und staatl. Stellen, um Höhe, Entwicklung und Struktur der Löhne (und Gehälter) zu beeinflussen sowie zur Sicherung, Steigerung und gerechten Verteilung der Arbeitseinkommen unter Berücksichtigung gesamtwirtsch. Ziele beizutragen.

Lohn-Preis-Spirale, Bez. für das Wechselspiel zw. Löhnen und Preisen in dem Sinn, daß die Unternehmer gestiegene Löhne zur Rechtfertigung von Preiserhöhungen heranziehen, die Gewerkschaften wiederum ihre Lohnforderungen mit erhöhten Preisen begründen.

Lohnquote, Anteil des Volkseinkommens, der auf den Produktionsfaktor Arbeit entfällt; der Anteil des Produktionsfaktors Kapital wird als **Profitquote** bezeichnet. Lohn- und Profitquote sind komplementär, d. h. je größer die eine Quote, desto kleiner ist die andere.

Lohnsteuer ↑ Einkommensteuer.

Lohnsteuerbescheinigung, dem Arbeitnehmer vom Arbeitgeber am Ende eines Jahres auszuhändigende Bescheinigung über Dauer der Beschäftigung, Höhe des Arbeitsentgelts, über die einbehaltene Lohn- und Kirchensteuer, über sonstige Abgaben sowie über einen evtl. rückerstatteten Betrag aus dem bereits vorgenommenen Lohnsteuerjahresausgleich.

Lohnsteuerjahresausgleich ↑ Einkommensteuer.

Lohnsteuerkarte ↑ Steuerkarte.

Lohnstopp, staatl. Verbot von Lohnerhöhungen; ein Mittel der Wirtschaftspolitik, das v. a. in wirtsch. und polit. Krisenzeiten, i. d. R. als Lohn- und Preisstopp, angewendet wird.

Lohntheorie, Teil der Wirtschaftswiss., der die Bestimmungsgründe für die Lohnhöhe und ihre Veränderung untersucht. – Zu den bekanntesten L. zählen: 1. **Existenzminimumtheorie,** nach der der Lohn der natürl. Preis des Faktors Arbeit ist, d. h. daß der Lohn gerade die langfristigen Reproduktionskosten deckt; im Sinne dieser, v. a. von Ricardo entwickelten Theorie sprach z. B. Lassalle vom „ehernen Lohngesetz"; zu dieser L. rechnet auch die L. von Marx, die dabei den Klassenkampf als Lohnfaktor noch einbezieht. 2. **Lohnfondstheorien,** ebenfalls bereits von der klass. Nationalökonomie entwickelte Theorien, nach denen für die Entlohnung der Arbeiter verfügbare Teil des liquiden Kapitals, der Lohnfonds, feststeht, dessen Höhe sich aus den jeweils zu Konsumgütern ausreifenden Anteilen des Sozialprodukts ergibt; der feststehende Lohnfonds ist der Lohnsatz umso niedriger, je größer die Anzahl der Arbeiter; 3. **Grenzproduktivitätstheorie,** angewendet auf den Faktor Arbeit. 4. Neuerdings werden v. a. sog. **„Bargaining"-(Verhandlungs-)Ansätze** diskutiert, die die Bestimmung des Lohnhöhe bei Tarifverhandlungen untersuchen, wobei die Verhandlungsstrategien der Tarifpartner und Machtfaktoren wie z. B. der Organisationsgrad der Arbeitnehmer eine Rolle spielen.

Lohnzahlungspflicht, die Pflicht des Arbeitgebers zur Zahlung der vereinbarten Vergütung (§ 611 Abs. 1 BGB); die *Hauptpflicht* des Arbeitgebers (Hauptpflicht des Arbeitnehmers ist die Arbeitspflicht).

Lohr a. Main, Stadt am rechten Mainufer, Bay., 161 m ü. d. M., 15 800 E. Staatl. Forstschule; Metallverarbeitung, Glashütte. – Lange vor der Erstnennung (1296) bestand der Ort (1331 Stadt) als Hauptort der Grafschaft Rieneck bis 1559. – Roman. Pfarrkirche (13. Jh.) mit spätgot. Chor und Turm (15. Jh.); Schloß (15./16. Jh.).

Lohse, Eduard, * Hamburg 19. Febr. 1924, dt. ev. Theologe. – 1956–64 Prof. für N. T. in Kiel, 1964–71 in Göttingen; 1971–88 Landesbischof der Ev.-Luth. Landeskirche

Hannovers; 1975–78 Leitender Bischof der VELKD; 1979–85 Vors. des Rates der EKD. – *Werke:* Die Ordination im Spätjudentum und im N.T. (1951), Umwelt des N.T. (1971), Theolog. Ethik des N.T. (1988).

L., Richard Paul, *Zürich 13. Sept. 1902, †ebd. 16. Sept. 1988, schweizer. Maler und Graphiker. – Vertreter der konkreten Kunst, seit 1938 reine Horizontal-Vertikal-Kompositionen.

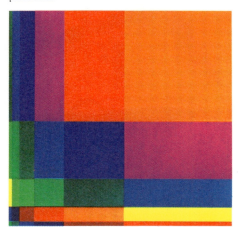

Richard Paul Lohse. Sechs vertikale systematische Farbreihen mit Quadrat rechts oben, Siebdruck, 1967/68

Loiase [afrikan.], svw. ↑Loa-Loa-Infektion.
Loiblpaß [ˈlɔybəl] ↑Alpenpässe (Übersicht).
Loipe [norweg.], Langlaufstrecke im Skisport.
Loir [frz. lwaːr], linker Nebenfluß der Sarthe, Frankreich; entspringt in der sö. Perche, mündet nördlich von Angers; 311 km lang.
Loire [frz. lwaːr], Dep. in Frankreich.
L., größter Fluß Frankreichs, entspringt (2 Quellbäche) im sö. Zentralmassiv, fließt nach N parallel zum O-Rand des Zentralmassivs z.T. in tektonisch angelegten Becken, ab Nevers in weitem Bogen durch das sw. Pariser Becken, quert dann das südl. Armorikan. Massiv und mündet mit über 48 km langem Ästuar bei Saint-Nazaire in den Golf von Biskaya; 1 020 km lang.
Loire-Atlantique [frz. lwaratlãˈtik], Dep. in Frankreich.
Loireschlösser [frz. lwaːr], zahlr., im Tal der L. und an ihren Nebenflüssen gelegene bed. Schlösser aus dem MA, z.B. in Angers, sowie Renaissanceschlösser, u.a. Amboise, Azay-le-Rideau, Blois, Chambord, Chaumont-sur-Loire, Chenonceaux, Ussé, Valençay, Villandry.
Loiret [frz. lwaˈrɛ], Dep. in Frankreich.
Loir-et-Cher [frz. lwareˈʃɛːr], Dep. in Frankreich.
Loisach, linker Nebenfluß der Isar am SW-Fuß des Wettersteingebirges, Österreich, quert die Bayer. Voralpen, durchfließt den Kochelsee, mündet bei Wolfratshausen; 120 km lang.
Loiseleuria [nach dem frz. Botaniker J. L. A. Loiseleur-Deslongchamps, *1775, †1849], svw. ↑Alpenheide.
Loisy, Alfred [frz. lwaˈzi], *Ambrières (Marne) 18. Febr. 1857, †Ceffonds (Haute-Marne) 1. Juni 1940, frz. kath. Theologe. – 1881 Prof. für bibl. Exegese am Institut Catholique in Paris, 1893 wegen seiner Bibelkritik amtsenthoben, 1900 Prof. für Religionsgeschichte in Paris, ab 1904 am Collège de France. L., der als „Vater des Modernismus" gilt, wurde 1908 exkommuniziert; seine bibelkrit. Thesen setzten sich jedoch seit dem 2. Vatikan. Konzil durch.
Loja [span. ˈloxa], span. Stadt in der Betischen Kordillere, 19 500 E. Nahrungsmittelind., Gipsmühlen. – 890 erwähnt, wegen seiner strateg. Bed. für Granada von den Mauren stark befestigt, 1486 von Aragonien erobert. – Kirche San Gabriel (1552 ff.); Ruinen einer maur. Festung.

L., Hauptstadt der südecuadorian. Prov. L., in einem innerandinen Becken, 2 225 m ü.d.M., 145 300 E. Kath. Bischofssitz; Univ. (seit 1943), TH, Musikhochschule.
L., Prov. in S-Ecuador, an der Grenze gegen Peru, 12 033 km², 389 000 E (1990), Hauptstadt Loja. Hauptverkehrslinie ist die Carretera Panamericana.
Lo-Johansson, Ivar [schwed. ˈluːˌjuːhansɔn], *Ösmo (Verw.-Bez. Stockholm) 23. Febr. 1901, †Stockholm 11. April 1990, schwedischer Schriftsteller. – Schilderte in seinen Werken v.a. die bedrückende soziale Lage der rechtlosen Landarbeiter und Häusler; verarbeitete später autobiograph. Material. – *Werke:* Monna ist tot (R., 1932), Kungsgatan (R., 1935), Traktorn (R., 1943), Vor fremden Türen (R., 1953), Leidenschaften (Nov., 1968), Asfalt (R., 1979), Tröskeln (R., 1982).
Lok, Kurzwort für Lokomotive.
lokal [zu lat. locus „Ort"], örtlich, örtlich beschränkt; in der *Grammatik:* einen Ort angebend; als Umstandsbestimmung (Adverbiale) des Ortes gebraucht, z.B. „Das Auto fährt *dort*".
Lokal [lat.], Gaststätte, Restaurant.
Lokaladverb ↑Adverb.
Lokalanästhesie ↑Anästhesie.
lokale Gruppe, Gruppe von etwa 30 Sternsystemen, zu u.a. das Milchstraßensystem, die Magellanschen Wolken und der Andromedanebel gehören.
lokales Netz (engl. **L**ocal **a**rea **n**etwork [Abk. LAN]), Verbundsystem von mehreren Computern bzw. Terminals in einem begrenzten Gebiet (wenige Kilometer), z.B. Bürokomplex, Firmengelände, zur Informationsübertragung. Es besteht aus dem Übertragungsmedium (meist Koaxialkabel oder Lichtwellenleiter), Netzwerkinterfaceeinheiten, Kommunikationssoftware und den verbundenen Computern. Man unterscheidet LAN nach dem Zugriffsverfahren auf das Übertragungsmedium und nach der räuml. Anordnung dieses Mediums (Bus, Stern oder Ring). Vorteile eines LAN sind die verteilte Informationsverarbeitung, die gemeinsame Nutzung von Speichern und Peripheriegeräten sowie die einfache Datenhaltung.
Lokalfarbe, svw. ↑Lokalton.
Lokalgötter, Gottheiten, deren Wirksamkeit auf einen bestimmten Raum begrenzt ist und die nur an diesem Platz kult. Verehrung genießen.
Lokalgruppe, völkerkundl. Bez. für eine kleine soziale Einheit.
Lokalisation [lat.], allg. svw. örtl. Zuordnung, Begrenzung, genaue Lagebestimmung; z.B. in der Medizin die L. eines Krankheitsherds im Körper; **lokalisieren,** zuordnen, eingrenzen.
Lokalsatz (Ortssatz), Nebensatz, der eine Ortsbestimmung enthält, z.B. „*wo der Wald endet ...*".
Lokalstück, Theaterstück, das lokale Eigentümlichkeiten (meist) einer Stadt (seltener einer Landschaft), d.h. Typen, Dialekt, lokale Sitten und Verhältnisse, spiegelt.
Lokaltermin, ein gerichtl. Termin, der außerhalb des Gerichtsgebäudes stattfindet (§ 219 ZPO). Ein L. wird i.d.R. deshalb abgehalten, damit sich das Gericht durch Einnahme eines Augenscheins, d.h. durch unmittelbare Wahrnehmung, ein eigenes Tatsachenurteil (z.B. über den Tatort) bilden kann.
Lokalton (Lokalfarbe), in der Malerei die einem Gegenstand eigene Farbe, die weder durch Modellierung, Schattierung oder tonige Angleichung verändert ist; u.a. ein Charakteristikum ma. Malerei.
Lokativ [zu lat. locus „Ort"], Kasus, der die räuml. Lage „in, an, bei, auf etwas" angibt; Reste der urspr. eigenen Form in der indogerman. Grundsprache haben sich z.B. noch im Griechischen und Lateinischen erhalten.
Lokatoren (Locatoren) [zu lat. locus „Stelle, Ort"], im MA (bes. in der deutschen Ostsiedlung) Unternehmer, die im landes- bzw. grundherrl. Auftrag Dorf- oder Stadtgründungen durchführten, die Siedler anwarben und die Grundstücke verteilten.
Lokeren [niederl. ˈloːkərə], belg. Stadt an der Durme, 5 m ü.d.M., 34 300 E. Museen; Textil- und Bekleidungs-,

Loki

Kunststoff-, Metallwaren-, Möbel- und Nahrungsmittelind.; kleiner Hafen. – Erhielt 1550 Marktrecht. – Barockkirche Sint-Laurentius (17. und 18. Jh.); Rokokorathaus (1761).

Loki, Gestalt der nordgerman. Mythologie, steht im Grenzbereich zw. Göttern und Dämonen. Seine äußere Gestalt ist wandelbar, sein Wesen und Verhältnis zu den Göttern zwiespältig. Mit der Riesin Angurboda erzeugt er drei dämon. Wesen: die Midgardschlange, die Todesgöttin Hel und den Wolf Fenrir, der beim Weltende die Sonne verschlingt. V. a. ist L. der Feind Baldrs, dessen Ermordung durch den blinden Hödr er veranlaßt. Damit leitet er den Untergang der Götter ein, denen es zunächst gelingt, L. an einen Felsen zu fesseln. Er befreit sich und wird in der Götterdämmerung der Anführer der Mächte der Vernichtung, fällt aber im Kampf mit dem Gott Heimdall.

Lokogeschäft [lat./dt.], an den Warenbörsen abgeschlossenes Geschäft, das sofort zu erfüllen ist. – Ggs. Termingeschäft.

Lokomobile [lat.], fahrbare Dampfmaschinenanlage (veraltet).

Lokomotion [lat.], die aktive ↑Fortbewegung bei Tieren und beim Menschen.

Lokomotive [zu engl. locomotive (engine) „sich von der Stelle bewegende (Maschine)" (von lat. locus „Ort" und movere „bewegen")] (Lok) ↑Eisenbahn.

Lokris, Name zweier Landschaften des antiken Griechenland: die ozol. L. am Golf von Korinth, die eoische oder opunt. L. am Golf von Euböa.

Lokroi (lat. Locri Epizephyrii), griech. Kolonie beim heutigen Locri (Prov. Reggio di Calabria, Italien). Die Blüte der aristokratisch regierten Stadt hielt bis ins 6. Jh. n. Chr. an.

Lo Kuang-chung, chin. Dichter, ↑Luo Guanzhong.

Lolch [zu lat. lolium „Trespe"] (Weidelgras, Raigras, Raygras, Lolium), Gatt. der Süßgräser mit rd. 40 Arten in Eurasien und N-Afrika; einjährige oder ausdauernde Ährengräser; Ährchen in zwei Zeilen, vielblütig und mit nur einer Hüllspelze; Unkräuter, Futter- und Rasengräser, u. a.: **Englischer Raigras** (Dt. Weidelgras, Ausdauernder L., Lolium perenne), 20–60 cm hoch, dunkelgrün, horstbildend; häufig auf Weiden, gutes Futtergras. **Taumellolch** (Lolium temulentum), bis 90 cm hoch, Ähren über 20 cm lang; Früchte giftig.

Lolland [dän. ˈlɔlan], dän. Ostseeinsel, 1 243 km²; besteht überwiegend aus Grundmoränen; intensive landw. Nutzung. **Rødbyhavn** im S ist der dän. Endpunkt der Vogelfluglinie; Verbindung mit Falster durch zwei Straßen- und eine Eisenbahnbrücke.

Lollarden [niederl.-engl., eigtl. „die Murmler"], Bez. für die Anhänger J. Wyclifs, die als Laienprediger dessen Lehre in vergröberter Form verbreiteten; rd. 50 Jahre nach Wyclifs Tod ausgerottet.

Löllingit [nach der Gemeinde Lölling in Kärnten (Österreich)] (Arsenikalkies) ↑Arsen.

Lollobrigida, Gina [italien. lolloˈbriːdʒida], * Subiaco 4. Juli 1927, italien. Filmschauspielerin. – Spielte v. a. volkstüml. Rollen, u. a. in „Fanfan, der Husar" (1951), „Die Schönen der Nacht" (1952), „Der Glöckner von Notre Dame" (1956), „Die Puppen" (1964), „Die Zwillingsschwestern" (1985, 2 Tle.); als Photographin veröffentlichte sie „Mein Italien" (1974).

Lolo, Stamm in Zaire, ↑Mongo.

L., Gebirgsvolk tibetobirman. Sprache; lebten urspr. unter dem Namen **Lahu** in S-China, wanderten vom 16. Jh. an in N-Laos und N-Vietnam ein.

Lom, bulgar. Stadt an der Donau, 40–50 m ü. d. M., 43 500 E. Lebensmittel-, Möbelind.; Hafen. – In röm. und byzantin. Zeit **Almus**; 583 von den Slawen zerstört; behielt auch im MA den Stadtcharakter; hieß bis 1878 **Lom Palanka.**

Lomami, linker Nebenfluß des Kongo, entspringt in Shaba, mündet bei Isangi, 1 450 km lang, im Unterlauf auf 330 km schiffbar.

Loma Mountains [engl. ˈləʊməˈmaʊntɪnz], höchstes Gebirge von Sierra Leone, im Bintimani 1 948 m hoch.

Lolch. Taumellolch

Michail Wassiljewitsch Lomonossow

Gina Lollobrigida

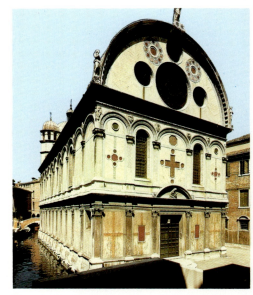

Pietro Lombardo. Westfassade der Kirche Santa Maria dei Miracoli in Venedig, 1481–89

Lomavegetation [zu span. loma „Hügel"], Bez. für die Kräuter- und Strauchflora im Küstennebelbereich der peruan.-chilen. Wüsten.

Lombardei, italien. Region und Großlandschaft in N-Italien, 23 857 km², 8,9 Mill. E (1990), Hauptstadt Mailand. Die L. reicht von den Hochalpen im N über das norditalien. Seengebiet und die niedrigeren Bergamasker und Brescianer Alpen bis an den Po im S. Dank intensiver Landw., Nutzung der Wasserkraft, die Ind. nach sich zog, eine der dichtest besiedelten und wirtschaftsstärksten Regionen Italiens.

Geschichte: Das Gebiet der L. wurde Ende des 5. Jh. v. Chr. von Kelten besiedelt. 222 konnten die Römer das Flachland erobern (Gallia Cisalpina), das Alpengebiet erst endgültig unter Augustus. Nach Zerfall des Weström. Reiches, der Herrschaft Odoakers, der Ostgoten und Byzantiner wurde das Gebiet Kernland des Reiches der Langobarden. Kam 774 unter die Herrschaft der Franken. Ende des 11. Jh. erlangten die Städte der L. kommunale Selbständigkeit. Im 13. Jh. Ausbildung von Signorien. Die Vormachtstellung gewann Mailand (seit 1395 Hzgt.). Venedig brachte den östl. Teil der L. an sich (im Frieden von Lodi 1454 bestätigt). 1535 kam das Hzgt. Mailand als Reichslehen an Spanien; fiel 1714 an Österreich, 1797 an Frankreich (Bestandteil der Zisalpin. bzw. Italien. Republik, seit 1805 des Napoleon. Kgr. Italien). 1815 Vereinigung der L. mit Venetien zum Königreich Lombardo-Venetien, wurde Österreich angegliedert, das 1859 die L. an Sardinien verlor.

Lombarden [italien., zu lat. Langobardus „Langobarde"], urspr. Bez. für privilegierte christl. Kaufleute v. a. aus lombard. Städten, die wie jüd. Kaufleute unter Umgehung des kirchl. Zinsverbots hochverzinsl. (bis über 40 %) Geld- und Pfandleihgeschäfte vornahmen. Seit dem Beginn des 13. Jh. in W-Europa verallgemeinernde Bez. für alle italien. Kaufleute.

Lombardenbund, 1167 geschlossenes Bündnis oberitalien. Städte, das sich gegen die Politik Kaiser Friedrichs I. in Reichsitalien und die Beschlüsse des Ronkalischen Reichstags (1158) richtete.

Lombardgeschäft [nach den ↑Lombarden], Kreditgewährung der Banken gegen die Verpfändung von wertbeständigen, leicht realisierbaren Sachen. Der echte **Lombardkredit** ist kurzfristig und wird als Darlehen über eine runde Summe zur Überwindung vorübergehender finanzieller Anspannungen oder der Überbrückung des Zeitraums bis zum Verkauf der verpfändeten Ware gewährt. Am häufigsten ist der **Effektenlombard** (Papiere sind in Verwahrung der kreditgebenden Bank, Festsetzung einer risikolosen Beleihungsgrenze: Aktien etwa 50 %, festverzinsl. Werte etwa 75 % des Kurswertes). Der **Wechsellombard** kommt fast nur zw. den Kreditinstituten und der Dt. Bundesbank vor. Der **Warenlombard** (Warenbeleihung) wird insbes. von Banken in großen Hafenstädten gepflegt.

Lombardi, Bez. für die Bildhauer- und Baumeisterfamilie ↑ Lombardo.

Lombardkredit ↑ Lombardgeschäft.

Lombardo, Pietro, * Carona am Luganer See um 1435, † Venedig 1515, italien. Baumeister und Bildhauer. – Hauptmeister der venezian. Frührenaissance; wohl in Florenz ausgebildet, reiche polychrome Marmordekorationen (Santa Maria dei Miracoli, 1481–89; Fassade der Scuola di San Marco, 1488–90).

L., Tullio, * um 1455, † Venedig 17. Nov. 1532, italien. Bildhauer. – Sohn von Pietro L.; schuf v. a. das Renaissancegrabmal des Dogen Andrea Vendramin in Santi Giovanni e Paolo in Venedig (vollendet 1494).

Lombardsatz (Lombardzinsfuß), der von der Dt. Bundesbank festgesetzte Zinssatz für bei ihr in Anspruch genommene Lombardkredite; liegt i. d. R. 1 % über dem Diskontsatz. Durch L. und Diskontsatz kann die Dt. Bundesbank die Geldmengen beeinflussen (↑ Diskontpolitik).

Lombardus, Petrus ↑ Petrus Lombardus.

Lomber (L'hombre) [frz., zu span. el hombre „der Mann"], Kartenspiel zw. 3–5 Personen, gespielt mit 40 Blatt (frz. Karten ohne 8, 9, 10).

Lombok, eine der Kleinen Sundainseln, Indonesien, östlich von Bali, 4692 km², bis 3726 m hoch, Hauptort Mataram. – War im 15. Jh. oft Streitobjekt zw. den Fürsten von Makassar, Sumbawa und Bali; kam 1740 unter balines. Herrschaft; 1894 offiziell Niederl.-Indien angegliedert.

Lombroso, Cesare, * Verona 18. Nov. 1836, † Turin 19. Okt. 1909, italien. Mediziner und Anthropologe. – Prof. in Pavia und Turin; Begr. der Kriminologie; Aufsehen erregte er v. a. durch seine These, daß die Ursache von Verbrechen in erbl. physiopsych. Anomalien des Täters zu suchen sei.

Lomé [ˈloːme, frz. lɔˈme], Hauptstadt von Togo, an der Bucht von Benin, 400 000 E. Kath. Erzbischofssitz, Univ. (seit 1970), mehrere Forschungsinst., Goethe-Inst.; Erdölraffinerie, Konsumgüterind., moderner Hafen, Eisenbahnlinien ins Hinterland; internat. ✈. – Seit 1897 Hauptstadt (anfänglich des dt. Schutzgebietes Togo).

Lomé. Das monumentale Unabhängigkeitsdenkmal im Stadtzentrum

Lomé-Abkommen [nach dem Ort der Unterzeichnung] (Konventionen von Lomé), Abkommen über entwicklungspolit. Zusammenarbeit zw. der EWG und den ↑ AKP-Staaten. Nach dem 1. L.-A. (**Lomé I**) vom 25. Febr. 1975 (mit 46 AKP-Staaten) wurden als Nachfolgeabkommen **Lomé II** (vom 31. Okt. 1979, mit 58 AKP-Staaten), **Lomé III** (vom 8. Dez. 1984, mit 65 AKP-Staaten) und **Lomé IV** (vom 15. Dez. 1989, mit 69 AKP-Staaten und einer von 5 auf 10 Jahre verlängerten Geltungszeit) geschlossen. Mit den L.-A. gewährt die EWG den AKP-Staaten *Zollfreiheit* für fast alle Erzeugnisse auf EG-Märkten, *Ausgleichszahlungen* aus EG-Fonds zur Exporterlösstabilisierung, *Industriekooperation* und *Direktinvestitionen* bei Industrialisierungsvorhaben, *Kooperationshilfe* zur Förderung der Landw. Mit Lomé IV wurden zusätzl. Bereiche (Strukturanpassungsprogramme, Umweltschutz, Ernährungssicherung) in die Förderung aufgenommen. Die L.-A. gelten als beispielhaft für wirtsch.-techn. Zusammenarbeit von Ind.- und Entwicklungsländern, wenn auch bisher eine nachhaltige Verbesserung der Lage (bes. auch eine Lösung der Schuldenproblematik) der AKP-Staaten damit nicht erreicht werden konnte.

Lommatzsch, Erhard, * Dresden 2. Febr. 1886, † Frankfurt am Main 20. Jan. 1975, dt. Romanist. – Prof. in Berlin, Greifswald und Frankfurt; bed. Arbeiten v. a. zur älteren roman. Sprach- und Literaturgeschichte; Hg. des „Altfrz. Wörterbuchs" (1925 ff.).

Lommatzscher Pflege, Kerngebiet des Mittelsächs. Hügellandes zw. Elbe und Freiberger Mulde, Sa.; fruchtbare Böden. Hauptort *Lommatzsch* (4800 E).

Lomnitz-Klamroth, Marie Louise, geb. Klamroth, * Moskau 14. Dez. 1863, † Leipzig 17. Mai 1946, dt. Blindenbibliothekarin. – 1894 Mitbegründerin und später Direktorin der Dt. Zentralbücherei für Blinde in Leipzig; veröffentlichte 1930 ein „Lehrbuch der systemat. Punktschrift-Typographie nebst fachtechn. Hinweisen", mit dem sie eine Reform des Blindenbuchwesens einleitete.

Lomond, Loch [engl. lɔk ˈloumənd], größter See Schottlands, in der sw. Grampian Mountains, 38 km lang, im S bis 8 km breit, 85 km², bis 190 m tief.

Lomonossow, Michail Wassiljewitsch, * Denissowka (= Lomonossowo, Gebiet Archangelsk) 19. Nov. 1711, † Petersburg 15. April 1765, russ. Universalgelehrter und Dichter. – 1745 Prof. der Chemie an der Akad. der Wiss. in Petersburg. Forschungsarbeiten zur Geographie, Kartographie, Geologie, Meteorologie, Mineralogie, Metallurgie, Astronomie, Physik und Chemie. Er formulierte u. a. bereits das Gesetz von der Erhaltung der Stoffmenge bei chem. Reaktionen, war Anhänger der Atomistik und erklärte die Wärme als von der Bewegung und Reibung der Stoffteilchen herrührend. – L. schrieb auch Idyllen, Tragödien und Oden, die den umfangreichsten Teil seines Werkes ausmachen. Von großer Bed. für die Normierung der russ. Literatursprache ist seine „Russ. Grammatik" (1755), in der er u. a. seine aus der Antike übernommene Stiltheorie auf russ. Sprachverhältnisse übertrug.

Lomonossow (bis 1948 Oranienbaum), russ. Stadt an der S-Küste des Finn. Meerbusens, 40 000 E. Seefahrtschule; metallverarbeitende Ind. – Bauten des 18. Jh. sind das Schloß (russ. Barock) des Fürsten Menschikow, das Palais Peters III., der frühklassizist. Pavillon und das sog. Chin. Palais Katharinas I.

Lomonossow-Universität Moskau, die 1755 gegr. Univ. Moskaus, benannt nach M. W. ↑ Lomonossow. Altes Universitätsgebäude 1786–93, neuer Gebäudekomplex in prunkhaftem Repräsentationsstil 1949–53 auf den Leninbergen erbaut.

Łomża [poln. ˈuɔmʒa], poln. Stadt am Narew, 100 m ü. d. M., 55 000 E. Hauptstadt der Woiwodschaft Ł.; kath. Bischofssitz; Museum. Verarbeitung landw. Produkte. – 1418 Stadtrechte. Durch Handelsprivilegien im 16. Jh. eine der größten Städte Masowiens. – Spätgot. Kathedrale (15./16. Jh.).

Lonchocarpus [griech.], Gatt. der Schmetterlingsblütler mit rd. 150 Arten im trop. Amerika, in Afrika und Austra-

Tullio Lombardo. Adam, Marmor, um 1492 (New York, Metropolitan Museum)

Lomé Stadtwappen

Lomé
Hauptstadt von Togo (seit 1897)

400 000 E

Kultur- und Handelszentrum des Landes

1897–1914 Sitz der dt. Kolonialverwaltung

Freihafen

London

Jack London

lien; Bäume und holzige Lianen mit Fiederblättern. Einige Arten mit hohem Gehalt an Rotenon in den Wurzeln werden im Amazonasgebiet zur Herstellung von Fisch- und Pfeilgiften angepflanzt.

London, Fritz ['london, engl. 'lʌndən], * Breslau 7. März 1900, † Durham (N. C.) 30. März 1954, amerikan. Physiker dt. Herkunft. – L. gelang es 1927 (gemeinsam mit W. Heitler), die homöopolare ↑chemische Bindung auf wellenmechan. Grundlage zu erklären. Er entwickelte auch eine Theorie der Supraleitung.

L., Jack [engl. 'lʌndən], eigtl. John Griffith, später J. G. London (nach seinem Stiefvater), * San Francisco 12. Jan. 1876, † Glen Ellen (Calif.) 22. Nov. 1916 (Selbstmord), amerikan. Schriftsteller. – Führte ein abenteuerl. Leben als Fabrikarbeiter, Goldsucher, Landstreicher, Seemann und als Berichterstatter während des Russ.-Jap. Krieges. Beeinflußt u. a. von Kipling und Stevenson, schrieb er v. a. Tiergeschichten und naturalist.-romant. Abenteuerromane, denen oft eigene Erlebnisse zugrunde liegen; auch sozialkrit., polit.-utop. Romane. – *Werke:* Der Sohn des Wolfs (E., 1900), Wenn die Natur ruft (R., 1903; 1956 u. d. T. Der Ruf der Wildnis), Der Seewolf (R., 1904), Wolfsblut (E. 1905), König Alkohol (autobiograph. R., 1913), Die Meuterei auf der Elsinore (R., 1914).

London ['london, engl. 'lʌndən], Hauptstadt von Großbritannien und Nordirland, beiderseits der hier etwa 250 m breiten unteren Themse. Groß-L. hat eine Fläche von 1 580 km² mit 6,76 Mill. E und ist seit 1965 verwaltungsmäßig in 32 Stadtbezirke (Boroughs) und die autonome, 2,7 km² große City gegliedert. Die City hat nur 4 300 E, aber etwa 500 000 Arbeitsplätze. Bereits Ende des 16. Jh. war L. die größte Stadt Englands mit rd. 500 000 E. Bis etwa 1800 erfolgte eine stetige Bev.zunahme zur Millionenstadt. Die Einwohnerzahl der City ging seit Mitte des 19. Jh. zurück, jedoch nahm die der Vororte zu. 1939 hatte L. 8,5 Mill. E. Nach dem 2. Weltkrieg zogen v. a. Inder, Pakistani, Bengalen und Schwarze aus dem Commonwealth zu. Um den Bev.zuwachs aufzunehmen, wurden nach 1945 auch im Raum L. mehrere neue Städte (↑New Towns) geschaffen. L. ist Sitz der Reg., des Parlaments, des Königshauses, des anglikan. Erzbischofs von Canterbury, des anglikan. Bischofs von L. und eines kath. Erzbischofs sowie der wichtigsten wiss. Gesellschaften. L. verfügt über drei Univ., von denen die University of L. die älteste ist (gegr. 1836), über zahlr. Hochschulen und Akad. (für Technik, Handel, Kunst) und zahlr. Forschungsinst., viele Museen, Galerien und Bibliotheken, u. a. das British Museum, das Victoria and Albert Museum, das Naturkundemuseum, die National Gallery, die Tate Gallery; die British Museum Library ist die größte Bibliothek des Landes. Neben zwei großen Opernhäusern und dem National Theatre gibt es eine Vielzahl weiterer Theater und 5 große Orchester. Außer den großen Parkanlagen wie Hydepark, Kensington Gardens, Regent's Park u. a. bestehen viele kleine Parks, ein botan. Garten (Kew Gardens) und ein Zoo.

Wirtschaft und Verkehr: L., ein Zentrum des Welthandels, ist einer der wichtigsten Börsenplätze der Erde, Sitz vieler Banken, Versicherungen, Schiffahrtslinien und Ind.-

London

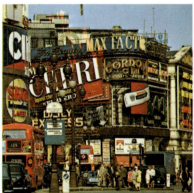

Links oben: Tower Bridge, 1886–94. Rechts oben: Piccadilly Circus. Links unten: Trafalgar Square mit Nelsonsäule, 1842. Rechts unten: Houses of Parliament, 1840–70, mit Big Ben, 1858

unternehmen. Einige Ind.zweige haben ihre traditionellen Standorte beibehalten, z. B. die Diamantenschleifereien (Hatton Gardens), während die feinmechan., die Druck- und Elektroind. in neue Ind.zonen am Stadtrand abwanderten. Zw. den Weltkriegen entstand flußabwärts Zement-, Papier- und Autoindustrie. Im Zusammenhang mit der Verbesserung der Verkehrserschließung siedelte sich v. a. im N, z. B. Royal Park, und um Wembley vorwiegend moderne Ind. an: Spezialmaschinenbau, Fahrzeug-, Flugzeug- und Instrumentenbau, elektrotechn. und elektron. sowie chem. und pharmazeut. Ind. Ein großer petrochem. Ind.komplex entstand nach dem 2. Weltkrieg an der Themsemündung. Mit den Auktionshäusern Christie's und Sotheby wurde L. nach 1945 Weltzentrum des Kunsthandels. – Der innerstädt. Verkehr wird durch U-Bahn (1890 wurde die 1. Linie erbaut, 1988 Streckenlänge 408 km, davon 167 im Untergrund, 273 Stationen), Omnibusse und Taxis bewältigt. Dem Eisenbahnverkehr stehen 8 große Fernbahnhöfe zur Verfügung, die durch eine Buslinie miteinander verbunden sind. Der Londoner Hafen hat in den letzten Jahrzehnten stark an Bedeutung verloren. Die aus dem 19. Jh. stammenden großen Dockanlagen östlich der Tower Bridge wurden zw. 1967 und 1981 geschlossen. Die jüngere Entwicklung des Hafens erfolgte weiter themseabwärts über die Stadtgrenze hinaus mit dem Bau des Containerhafens von Tilbury und den Erdölhäfen Shellhaven, Thames Haven, Canvey Island und Coryton.

Neben den internat. ✈ Heathrow, Gatwick und Stansted wurde 1987 der L. City Airport eröffnet.

Geschichte: Die erste nachweisbare Siedlung ist das röm. Militärlager **Londinium** (61 n. Chr.), das bald eine bed. Handelsstadt und befestigte Hauptstadt der Prov. Britannia Superior wurde; Bischofssitz um 314 nachgewiesen. Nach dem Abzug der Römer (Anfang des 5. Jh.) und während der allmähl. Eroberung Englands durch Angeln und Sachsen war L. lange unbedeutend. Sein Wiederaufstieg begann unter den Königen von Kent. 871–878 war L. dän. und wurde dann von Alfred d. Gr. von Wessex gewonnen. Die Könige Knut I., d. Gr. (⚭1016–35) und Eduard der Bekenner (⚭1042–66) residierten in Westminster. Unter Heinrich I. (⚭1100–35) löste L. Winchester als Hauptstadt Englands ab. Auf der Grundlage des aus dem Handel gewonnenen Reichtums konnte L. seine Unabhängigkeit und Selbstverwaltung als Stadtrepublik, die nur den König unterstand, wahren (das Amt des Bürgermeisters besteht seit 1192). Der wirtsch. Aufstieg beschleunigte sich im 16. Jh. durch die Gründung der ersten großen Handelskompanien und die Eröffnung der ersten Warenbörse (1567). 1665 forderte die Pest in L. 68 500 Todesopfer. 1666 vernichtete ein Großfeuer etwa ⁴/₅ der City, doch minderte das nicht die polit. und wirtsch. Führungsposition der Hauptstadt. Die Bev. wuchs stetig (1666: 0,5 Mill., 1821: 1,2 Mill., 1901: 6,6 Mill. E). Die Weltausstellung in L. 1851 unterstrich die Bed. des viktorian. Großbritannien als führendes Ind.land und die Rolle von L. als Zentrum des brit. Empire. Das räuml. Wachstum der Stadt, die sich seit Elisabeth I. (⚭1558–1603) über die Mauern der City ausdehnte, verstärkte sich auch im Industrialisierung (Ausbau zum größten brit. Hafen 1808–28) und der Schaffung öff. Verkehrsmittel im 19. Jh. (Anlage der 1. Eisenbahnlinie nach Greenwich 1836). Schon im 1. Weltkrieg von dt. Bombenangriffen betroffen, erlitt L. im 2. Weltkrieg schwere Bombenschäden (bes. City und Hafen).

Bauten: Aus normann. Zeit stammen der älteste Teil des Tower: White Tower (wohl 1078) und die roman. Chapel of Saint John; Wakefield Tower (13. Jh.) und Bloody Tower (13./14. Jh.) gehören zum inneren Befestigungsring. Frühgot. Kirchen sind: Saint Bartholomew's the Great (1123), Saint Etheldreda (12. und 13. Jh.), Temple Church (12. und 13. Jh.) und v. a. die Southwark Cathedral (1209 ff.); got. Bauten: ↑Westminster Abbey, ↑Westminster Hall (1349–98), Guildhall (etwa 1411–39; restauriert), Lambeth Palace (13.–19. Jh., nach 1945 restauriert); spätgotisch ist die Basilika Saint Margaret (1480–1523). Tower, Westminster Abbey, Westminster Hall und Saint Margaret wur-

den von der UNESCO zum Weltkulturerbe erklärt. Im 17. Jh. schuf I. Jones die Banqueting Hall (1619–22) des (sonst zerstörten) Whitehallpalastes sowie den Marktplatz Covent Garden (1631–38). Der Wiederaufbau nach dem großen Brand von 1666 erfolgte in Anlehnung an das ma. Straßennetz. 55 Kirchen wurden durch C. Wren neu erbaut, sein Hauptwerk ist die Saint Paul's Cathedral (1675–1711) mit 110 m hoher Tambourkuppel in palladian. Stil. Wren baute auch Saint James , Marlborough House sowie Hospitäler und gestaltete Kensington Palace (1639–1702) und ↑Hampton-Court um. Wrens Schüler J. Gibb schuf Saint Martin-in-the-fields (1722–66). Im 17. Jh. entstanden auch die ersten der großen, für L. typ. Plätze, wie Leicester Square (1635), Bloomsbury Square (1665), Soho Square (1681). Weitere folgten im 18. Jh. (Bedford Square, 1775–80). Auf J. Nash gehen die Anlage von Regent's Park sowie die der beiden daran anschließenden „Park Villages" zurück. ↑Windsor Castle wurde im frühen 19. Jh. verstärkt ausgebaut, der Hyde Park angelegt und die klassizist. Gebäude des University College L., der National Gallery und des British Museum erbaut. Den bedeutendsten Einfluß auf die Stadtentwicklung hatte der Bau der Eisenbahnen, der zur Entstehung des breiten Gürtels victorian. Vorstädte führte. Aus victorian. Zeit stammen der Trafalgar Square u. a. Straßen und Plätze, die neugot. Parlamentsgebäude (1840 ff.), die von dem 50 m hohen Big Ben überragt werden. Als Eisenskelettbau für die 1. Weltausstellung entstand der Kristallpalast (1851; nach Verlegung 1936 zerstört). Weitere Bauten des 19. Jh.: Covent Garden Opera (1858), Law Courts (1868–82), Albert Memorial (1863–72) und Tower Bridge (1886–94), New Scotland Yard (1891), die Westminster Cathedral (1895–1903 in neubyzantin. Stil). Einer der wenigen Bauten des engl. Jugendstils ist Whitechapel Art Gallery (1897 von C. Harrison Townsend). Die erste Untergrundbahn wurde 1906 eröffnet. Anfang des 20. Jh. wurde der Piccadilly Circus gestaltet, die County Hall erbaut (1912 ff.), 1913 die Fassade des Buckingham Palace (Kern 1705 ff.) errichtet, in den 1920er und 1930er Jahren ganze Geschäftshäuser. Beim Wiederaufbau der City nach dem 2. Weltkrieg wurde das Straßennetz geändert und die Beschränkung der Bauhöhe aufgehoben. Es entstanden zahlr. Hochhäuser, z. B. Post Office Tower (1966 fertiggestellt) sowie repräsentative Bauten, wie Royal Festival Hall (1961–65), Hayward Art Gallery (1963–68), National Theatre (1976 eröffnet), Barbican-Kulturzentrum (1982 eröffnet). Die Stadtsanierung in den 1960er Jahren hat das Aussehen der victorian. Vorstädte grundlegend verändert. Satellitenstädte entstanden nach dem Plan von Groß-L. (1945) und dem Programm der New Cities (1960). – Abb. S. 136.

L., kanad. Stadt in der Prov. Ontario, am Thames River, 269 100 E. Sitz eines kath. und eines anglikan. Bischofs; Univ. (gegr. 1878); Zoo. Wirtschaftszentrum des westl. Ontario; Bahnknotenpunkt, ✈. – Gegr. 1826, Town seit 1848, City seit 1854. Der wirtsch. Aufschwung begann 1853 mit dem Bau einer Eisenbahn; in Port Stanley Hafen am Eriesee.

Londonderry, Henry Robert Stewart, Viscount Castlereagh, Marquess of [engl. lʌndənˈderɪ] ↑Castlereagh, Henry Robert Stewart, Viscount, Marquess of Londonderry.

Londonderry [engl. lʌndənˈderɪ], 1613 bis 1984 amtl. Name von ↑Derry.

Londoner Akte 1954 ↑Londoner Konferenzen, Protokolle und Verträge (Londoner Neunmächtekonferenz).

Londoner Becken, geolog. Mulde in SO-England mit der Stadt London im Beckentiefsten.

Londoner Empfehlungen (1948) ↑Londoner Konferenzen, Protokolle und Verträge (Londoner Sechsmächtekonferenz).

Londoner Flottenabkommen, svw. ↑Deutsch-Britisches Flottenabkommen 1935.

Londoner Konferenzen, Protokolle und Verträge, Bez. für verschiedene Konferenzen, die in London stattfanden, für Protokolle, die in London unterzeichnet, und für Verträge, die dort abgeschlossen wurden:

London
Stadtwappen

London
Hauptstadt von
Großbritannien und
Nordirland
·
6,76 Mill. E
·
internat. Kultur- und
Handelsmetropole
·
unter röm. Herrschaft
Hauptstadt der Prov.
Britannia Superior
·
Residenz der Könige
seit dem 12. Jh.
·
Tower of London
·
Parlamentsgebäude
mit Big Ben
·
Hydepark

Londoner Protokolle

London. Im Vordergrund Westminster Abbey und Houses of Parliament, auf der gegenüberliegenden Themseseite, durch Westminster Bridge verbunden, County Hall und Waterloo Station

Protokoll (3. Febr. 1830): Griechenland wurde als unabhängige Erbmonarchie unter dem Schutz der 3 Großmächte Großbritannien, Frankreich und Rußland anerkannt.
Konferenz 1831: Am 26. Juli wurde die Unabhängigkeit Belgiens bestätigt und seine Neutralität garantiert. Der Vertrag wurde erst im *Londoner Protokoll (19. April 1839)* nach Teilung Luxemburgs und Limburgs durch Belgien und die Niederlande angenommen.
Protokolle 1850, 1852: Im 1. Protokoll (2. Aug. 1850) forderten am Ende des 1. Dt.-Dän. Krieges Österreich, Großbritannien, Frankreich, Rußland, Schweden und Norwegen die Erhaltung des dän. Gesamtstaates, garantierten dessen Integrität aber nicht. Das 2. Protokoll (8. Mai 1852) regelte die dän. Thronerbfolge.
Vertrag 1867 ↑ Luxemburg (Geschichte).
Protokolle 1871 und Konferenz 1871 ↑ Pontuskonferenz.
Botschafterkonferenz (Dez. 1912–Jan. 1913 und 20. bis 30. Mai 1913): Erreichte einen Präliminarfrieden (30. Mai) zw. der Türkei und Bulgarien, Griechenland, Montenegro und Serbien, der aber noch nicht zu einer Beendigung der Balkankriege führte.
Geheimvertrag (26. April 1915): Abgeschlossen zw. der Tripelentente und Italien. Im Falle des Kriegseintritts Italiens an der Seite von Großbritannien und Frankreich wurden italien. Gebietserweiterungen zugesagt.
Konferenzen (21. Febr.–14. März und 29. April bis 5. Mai 1921): Endeten im *Londoner Ultimatum* von Großbritannien, Frankreich, Italien, Belgien und Japan an Deutschland, das eine dt. Reparationsschuld von 132 Mrd. Goldmark festsetzte.
Konferenz (16. Juli–16. Aug. 1924): Beschloß den Dawesplan (↑ Dawes, C. G.).
Flottenkonferenz (21. Jan.–22. April 1930): Großbritannien, Japan, Frankreich, Italien und die USA schlossen einen Fünfmächtevertrag, nach dem bis 1936 auf den Schlachtschiffbau verzichtet und der U-Boot-Bau beschränkt wurde. Ein Dreimächtevertrag zw. Japan, Großbritannien und den USA betraf den Bau von Kreuzern, Zerstörern und U-Booten.

Abkommen (8. Aug. 1945): Die 4 Siegermächte des 2. Weltkrieges (USA, Großbritannien, Frankreich, UdSSR) einigten sich über das Vorgehen gegen die Hauptkriegsverbrecher und errichteten das Internat. Militärtribunal (↑ Nürnberger Prozesse).
Sechsmächtekonferenz (23. Febr.–5. März 1948 und 20. April–1. Juni 1948): Frankreich, Großbritannien und die USA sowie Belgien, die Niederlande und Luxemburg einigten sich auf eine gemeinsame staatl. Ordnung für die westl. Besatzungszonen und verabschiedeten die *Londoner Empfehlungen,* die am 7. Juni publiziert und deren Inhalt in die *Frankfurter Dokumente* (1. Juli) übernommen wurde. Sie ermächtigten die Min.präs. der dt. Länder, eine verfassunggebende Versammlung einzuberufen.
Neunmächtekonferenz (28. Sept.–3. Okt. 1954): Belgien, die BR Deutschland, Frankreich, Großbritannien, Italien, Kanada, Luxemburg, die Niederlande und die USA ermöglichten die Inkraftsetzung des Deutschlandvertrags und den Beitritt der BR Deutschland zur NATO. In der **Londoner Akte** verzichtete die BR Deutschland auf Herstellung atomarer, chem. und bakteriolog. Waffen auf ihrem Territorium und auf Anwendung von Gewaltmitteln zur Erreichung der dt. Wiedervereinigung.
Konferenzen 1956 ↑ Sueskonferenzen.
  Londoner Protokolle ↑ Londoner Konferenzen, Protokolle und Verträge.
  Londoner Schuldenabkommen (Londoner Vertrag 1953), Abkommen über dt. Auslandsschulden vom 27. 2. 1953, völkerrechtl. Regelung der Anerkennung und Tilgung der dt. Auslandsschulden seit dem 1. Weltkrieg durch die BR Deutschland gegenüber (urspr.) 18 anderen Staaten; durch die BR Deutschland angenommen mit Gesetz vom 24. 8. 1953, in Kraft getreten am 16. 9. 1953. Die Vorkriegsschulden hatten (auf Goldbasis) den Gegenwert von 13,5 Mrd. DM; davon wurden der BR Deutschland 6,2 Mrd. DM erlassen. Die 16 Mrd. DM Nachkriegsverpflichtungen wurden um 7 Mrd. DM gekürzt. Die Wiederherstellung der internat. Kreditwürdigkeit trug der BR Deutschland noch im selben Jahr die Mitgliedschaften im Internat. Währungsfonds und in der Internat. Bank für Wiederaufbau und Ent-

wicklung ein. Die Verpflichtungen aus dem L. S. wurden im wesentlichen bis 1980 erfüllt.

London-Heathrow [engl. ˈlʌndənˈhiːθrʊ], internat. Flughafen im westl. London.

Londrina, brasilian. Stadt im Bundesstaat Paraná, 600 m ü. d. M., 302 000 E. Kath. Erzbischofssitz; Univ. (gegr. 1971); Kaffeeinst.; Zentrum eines der bedeutendsten Kaffeeanbaugebiete Brasiliens. – Gegr. 1930; starker dt., jap. und slaw. Bevölkerungsanteil.

Longa [lat. „lange (Note)"], musikal. Notenwert der ↑ Mensuralnotation.

Longanbaum [chin./dt.] (Drachenauge, Longane, Nephelium longana), Seifenbaumgewächs in M- und S-China; bis 10 m hoher Baum mit gelbl. Blüten in Rispen; die bis 2,5 cm große Nußfrucht **(Longanfrucht)** besitzt einen saftigen, aromat. Samenmantel; in den Tropen und Subtropen als Obstbaum kultiviert.

Long Beach [engl. ˈlɔŋ ˈbiːtʃ], Stadt 30 km südlich von Los Angeles, Kalifornien, 396 300 E. Zweig der California State University; Seebad; Fischerei- und Erdölhafen; Zentrum eines Erdölgebiets; Schiffbau, Herstellung von Flugzeug-, Raketen- und Autoteilen u. a., ⚓. – 1881 gegründet.

Longdrink [engl.], mit Soda-, Mineral- oder Eiswasser verlängertes alkohol. Getränk.

Longe [ˈlõːʒə; lat.-frz. „Leine, Leitseil" (zu long „lang")], etwa 7–9 m lange, in das Kinnstück der Trense eingeschnallte Leine, an der der Dresseur das Pferd im Kreis um sich laufen läßt.

Longfellow, Henry Wadsworth [engl. ˈlɔŋfɛloʊ], * Portland (Maine) 27. Febr. 1807, † Cambridge (Mass.) 24. März 1882, amerikan. Dichter. – Unternahm ausgedehnte Reisen in Europa; 1836–54 Prof. für moderne Sprachen an der Harvard University. Seine Versepen „Evangeline" (1847) und „Das Lied von Hiawatha" (1855) ragen aus einer Anzahl Epen, die ihre Themen aus der amerikan. Geschichte oder der indian. Mythologie nehmen, heraus. L. schrieb formvollendete Lyrik; daneben bed. Übersetzungen.

Longhena, Baldassare, * Venedig 1598, † ebd. 18. Febr. 1682, italien. Baumeister und Bildhauer schweizer. Abkunft. – Entwickelte aus dem Spätstil Palladios und Sansovinos einen spezifisch venezian. Barockstil, Hauptwerk ist die Kirche Santa Maria della Salute (1631–87).

Longhi, Pietro, eigtl. P. Falca, * Venedig 1702, † ebd. 8. Mai 1785, italien. Maler. – Malte ab 1741 unter dem Einfluß von G. M. Crespi kleinformatige venezian. Genreszenen.

Longhorn [engl.] (Langhorn, Criollo), braun, rot oder schwarz gescheckes Rind mit langen (♀♀ bis 60 cm, ♂♂ bis 1 m), im Bogen nach vorn schwingenden Hörnern und langer, dichter Behaarung.

Long Island [engl. ˈlɔŋ ˈaɪlənd] ↑ Bahamas.

L. I., zum Bundesstaat New York gehörende Insel, parallel der Küste von Connecticut, USA, 190 km lang, bis 32 km breit, durch die Meeresstraße **Long Island Sound** vom Festland getrennt. Die Bezirke Brooklyn und Queens der Stadt New York liegen im W von L. I. Zahlr. Seebäder v. a. an der S-Küste. – 1609 bei der Suche nach der Nordwestpassage entdeckt. Die niederl. Kolonien wurden 1664 von den Engländern übernommen. Im Unabhängigkeitskrieg mußten die Amerikaner nach der Niederlage in der Schlacht von L. I. (26./27. Aug. 1776) die Insel räumen, die bis 1784 brit. besetzt blieb. Auch im Brit.-Amerikan. Krieg konnten die Briten L. I. besetzen und halten.

longitudinal [lat.], in der Längsrichtung verlaufend, längsgerichtet; die geograph. Länge betreffend.

Longitudinalwellen (Längswellen), Wellen, bei denen die Schwingungsrichtung mit der Ausbreitungsrichtung der Welle übereinstimmt (z. B. Schallwellen).

Longo, Luigi, * Fubine (Prov. Alessandria) 15. März 1900, † Rom 16. Okt. 1980, italien. Politiker. – 1921 Mitbegr. des Partito Comunista Italiano (PCI); 1926 Mgl. des ZK, 1931 des Politbüros des PCI; ab 1927 im Exil; 1933–35 Vertreter des PCI in der Komintern; im Span. Bürgerkrieg Generalinspekteur der Internat. Brigaden; 1943–45 Kommandant der kommunist. Partisanengruppen in N-Italien; 1945–64 stellv. Generalsekretär, 1964–72 Generalsekretär, seit 1972 Präs. des PCI.

Longos, griech. Prosaiker wahrscheinlich des 2. Jh. n. Chr. aus Lesbos. – Bekannt allein durch „Daphnis und Chloe", den bedeutendsten erhaltenen griech. Roman, der auf die Schäferpoesie des Rokoko bed. Einfluß ausgeübt hat.

Longseller ↑ Bestseller.

Longshankultur (Lungshankultur) [...ʃan], jungsteinzeitl. Kultur in O-China (3. Jt. und Anfang 2. Jt.); ben. nach Longshan am Unterlauf des Hwangho; kennzeichnend sind einfarbige polierte Gefäße, die z. T. bereits auf der Töpferscheibe gefertigt wurden (Longshankeramik). Die L. steht am Übergang zur altchin. Hochkultur der Shangzeit.

Longwy [frz. lõˈwi], frz. Stadt, Dep. Meurthe-et-Moselle, 17 300 E. Eisenerzabbau und -verhüttung (stark zurückgegangen), chem.-, Metall-, Elektro- und keram. Ind. – L. entstand um eine 680 erbaute Burg; seit 1679 französisch.

Lönnbohm, Armas Eino Leopold [schwed. ˌlœnbuːm], finn. Schriftsteller, ↑ Leino, Eino.

Lon Nol, * Kompong-Leau (Prov. Preyvang) 13. Nov. 1913, † Saint Jude de Dullerton (Calif.) 17. Nov. 1985, kambodschan. Marschall und Politiker. – 1955–66 Verteidigungsmin. und Generalstabschef, 1966/67 und 1969–71 Min.präs.; stürzte 1970 Staatschef Norodom Sihanuk und rief die Republik aus; ab 1972 Staatspräs.; trat angesichts des Vorrückens der Roten Khmer auf Phnom Penh 1975 zurück und floh ins Ausland.

Lönnrot, Elias [schwed. ˈlœnruːt], * Sammatti (Nyland) 9. April 1802, † ebd. 19. März 1884, finn. Schriftsteller und Volkskundler. – Prof. der finn. Sprache und Literatur in Helsinki; sammelte die in Karelien und Estland mündlich tradierten altfinn. Volkslieder (rd. 75 000 Verse) und schuf aus ihrem Material das Epos ↑ „Kalevala". Seine Sammlung „Kanteletar" (1840/41) enthält lyr. und balladenhafte Volksdichtungen.

Hermann Löns

Löns, Hermann, * Culm bei Bromberg 29. Aug. 1866, ⚔ bei Reims 26. Sept. 1914, dt. Schriftsteller. – Seine Skizzensammlungen „Mein grünes Buch" (1901), „Mein braunes Buch" (1906), „Was da kreucht und fleucht" (1909), „Mümmelmann" (1909) sind von der Liebe zur Lüneburger Heide geprägt; schrieb auch Lyrik und volkstüml. Romane aus der Welt der niedersächs. Bauern. Die nat.-soz. Kulturpolitik stilisierte L. zum Wegbereiter und Zeugen ihrer eigenen Ideologie.

Baldassare Longhena. Kirche Santa Maria della Salute in Venedig, 1631–87

Lons-le-Saunier

Lop Buri. Das Kloster Wat Phra Ratana Si Mahathat, 13./14. Jahrhundert

Lons-le-Saunier [frz. lõsləso'nje], frz. Stadt am Rand des Plateaujura, 20 100 E. Verwaltungssitz des Dep. Jura; u. a. Herstellung von Brillen, Uhren, Spielwaren; Kurbetrieb (Solebäder).

Loofs, Friedrich, *Hildesheim 19. Juni 1858, †Halle/Saale 13. Jan. 1928, dt. ev. Theologe. – 1882 Prof. für Kirchengeschichte in Leipzig, ab 1887 in Halle/Saale. Bekannt durch Monographien zur alten Kirchengeschichte und dogmengeschichtl. Werke.

Look [engl. luk „Aussehen"], Moderichtung bzw. -erscheinung, z. B. „Safari-Look".

Looping [engl. 'lu:pɪŋ; zu to loop „eine Schlinge, Schleife machen"], Kunstflugfigur, Überschlag nach oben oder unten aus der Normal- oder der Rückenfluglage.

Loos, Adolf, *Brünn 10. Dez. 1870, †Wien 23. Aug. 1933, östr. Architekt. – Nach dem Studium in Dresden gab ein Aufenthalt in Chicago L. entscheidende Anregungen. Seine auf Sachlichkeit fußende, das Ornament ablehnende Architektur ist von kub. Elementen bestimmt, die Flächen werden durch Verwendung kostbarer Materialien gestaltet. – *Werke:* „Haus Steiner" (1910) und „Haus am Michaelerplatz" (1910/11) in Wien, „Haus Tristan Tzara" in Paris (1925).

L., Cécile Ines, eigtl. I. Cäcilia L., *Basel 4. Febr. 1883, †ebd. 21. Jan. 1959, schweizer. Schriftstellerin. – Behandelte in ihren Romanen meist Frauen- und Kinderschicksale, u. a. „Matka Boska" (R., 1929), „Leute am See" (E., 1951).

Lop Buri, thailänd. Stadt 120 km nördlich von Bangkok, 38 200 E. Verwaltungssitz der Prov. L. B.; Zentrum eines Agrargebiets; Eisen- und Stahlwerk. – Ruinen von turmartigen Khmertempeln des 12.–14. Jh. (z. B. das Kloster Wat Phra Ratana Si Mahathat, 13./14. Jh.); ehem. Königspalast (17. Jh.).

Lope de Vega, Félix ['lo:pe ðe 've:ga, span. 'lope ðe 'βeɣa] ↑Vega Carpio, Lope Félix de.

López [span. 'lopes], Carlos Antonio, *Asunción 4. Nov. 1790, †ebd. 10. Sept. 1862, paraguay. Politiker. – Ab 1844 diktatorisch regierender Staatspräs., verbesserte die Verwaltung, baute die erste Eisenbahn; schuf ein Heer nach preuß. Muster.

L., Francisco Solano, *Asunción 24. Juli 1827, †am Río Aquidabán 1. März 1870 (ermordet), paraguay. Politiker. – Sohn von Carlos Antonio L.; ab 1862 Staatspräs.; begann 1865 einen Krieg gegen Argentinien, Brasilien und Uruguay.

López de Ayala, Pe[d]ro [span. 'lopeð ðe a'jala], *Vitoria (Prov. Alava) 1332, †Calahorra bei Logroño 1407, span. Dichter und Chronist. – Verfaßte bed. Chroniken über die Zeit der vier kastil. Könige, unter denen er hohe Staatsstellungen innehatte („Cronicas de los reyes de Castilla", 2 Bde., hg. 1779–80). In seinem literar. Hauptwerk, dem satir. Lehrgedicht „Rimado de palacio" (um 1385, hg. 1829), geißelt er den Sittenverfall seiner Zeit.

López de Ayala y Herrera, Adelardo [span. 'lopeð ðe a'jala i e'rrera], *Guadalcanal bei Sevilla 1. Mai 1828, †Madrid 30. Dez. 1879, span. Schriftsteller und Politiker. – Mehrmals Min., Präs. der Cortes; vorwiegend Dramatiker; ausgehend von der Romantik (histor. Versdramen), trat er später mit zeitgenöss., moralisierenden Stücken (u. a. „Consuelo", 1878) hervor.

López de Gómara, Francisco [span. 'lopeð ðe 'ɣomara], *Gómara bei Soria 2. Febr. 1511, †ebd. um 1566, span. Geschichtsschreiber. – Verfaßte die „Historia general de las Indias" (1552), die wegen unerwünschter Darstellung der Eroberung Mexikos verboten wurde.

López Mateos, Adolfo [span. 'lopez ma'teos], *Atizapán de Zaragoza 26. Mai 1910, †Mexiko 22. Sept. 1969, mex. Politiker. – Generalsekretär des Partido Revolucionario Institucional; 1958–64 Staatspräsident.

López-Portillo y Pacheco, José [span. 'lopespɔr'tijo i pa'tʃeko], *Mexiko 16. Juni 1920, mex. Jurist und Politiker. – Prof. für Staatstheorie; verfaßte Werke für polit. Wiss.; seit 1959 Mgl. des Partido Revolucionario Institucional; 1973–75 Finanzmin.; 1976–82 Staatspräsident.

Lophiodon [griech.], ausgestorbene, nur aus dem europ. Eozän bekannte Gatt. tapirähnl., schweine- bis nashorngroßer Unpaarhufer; Leitfossil des mittleren Eozäns.

Lop Nur, ehem. abflußloser Salzsee im östl. Tarimbecken, China, 780 m ü. d. M., seit einigen Jahren ausgetrocknet; veränderte in geschichtl. Zeit mehrmals seine Lage. Im Gebiet des L. N. liegt das chin. Kernwaffenversuchsgelände.

LORAN-Verfahren [Abk. für engl.: **Lo**ng **ra**nge **n**avigation, „Langstreckennavigation"] ↑Funknavigation.

Lorbeer [zu althochdt. lorberi „Beere des Lorbeerbaums" (von lat. laurus mit gleicher Bed.)] (Laurus), Gatt. der Lorbeergewächse mit zwei Arten: **Echter Lorbeer** (L.baum, Laurus nobilis), bis 12 m hoher Baum mit bis 10 cm langen, längl.-lanzenförmigen, lederartigen Blättern, die getrocknet als Küchengewürz (*Lorbeerblätter*) verwendet werden. Charakterbaum des Mittelmeergebietes. **Kanarischer Lorbeer** (Laurus canariensis), mit großen, hellgrünen Blättern; verbreitet auf den Kanar. Inseln und Madeira. – Bei den Griechen war der Echte L. dem Apollon heilig. Er galt als Zeichen des Sieges und Ruhmes.

Lorbeerbaum ↑Lorbeer.

Lorbeergewächse (Lauraceae), Pflanzenfam. mit rd. 45 Gatt. und über 2 000 trop. und subtrop. Arten; meist Bäume oder Sträucher; mit einfachen, lederartigen Blättern und einsamigen Beeren- oder Steinfrüchten; Obst-, Gewürz-, Heil- und Zierpflanzen, u. a. Avocado, Kampferbaum, Lorbeer, Zimtbaum.

Lorbeeröl (Oleum Lauri), aus den Früchten des Echten Lorbeers gewonnenes grünes Öl; dient medizinisch als Rheumamittel.

Lorbeerrose (Kalmie, Kalmia), Gatt. der Heidekrautgewächse mit 8 Arten in N-Amerika und auf Kuba; immergrüne Sträucher mit ganzrandigen, meist lanzenförmigen Blättern und schwach glockigen Blüten in Dolden oder Doldentrauben.

Lorbeerwald, Pflanzenformation mit überwiegend 10–40 m hohen Bäumen mit relativ großen, festen, längl. bis ovalen, glänzend dunkelgrünen Blättern.

Lorber, Jakob, *Altkanischa (serbokroat. Kanjiža) bei Maribor 22. Juli 1800, †Graz 24. Aug. 1864, östr. theosoph. Mystiker. – Verfaßte nach einer Audition im März 1840 insgesamt 25 Bände seiner „Neuoffenbarung", in denen er neben Berichten über das Leben Jesu bes. kosmolog.-gnost., anthroposoph., soteriolog. Vorstellungen entwickelte. Seine Anhänger bildeten die *„Neu-Salems-Vereinigung",* als *L.-Gesellschaft* 1945 neugegr. mit v. a. missionar., karitativprakt. Zielsetzung.

Lorca, Federico García ↑García Lorca, Federico.

Lorca, span. Stadt in der Betischen Kordillere, 65 500 E. Wirtsch. Mittelpunkt eines Agrargebiets; Textil-, chem. (Schwefel) und Baustoffind., Gerbereien. – Unter den

Lorbeer. Echter Lorbeer

Westgoten Bischofssitz; seit 780 arab., 1243 an Kastilien. – Stiftskirche San Patricio (1550 ff.); maur. Burg über der Altstadt.

Lorch, seit 1939 Stadtteil von Enns (Oberösterreich); geht auf eine kelt. Siedlung zurück, um 50 n. Chr. röm. Militärstation **(Lauriacum)**, im 5. Jh. Bischofssitz; vor 500 von den Römern aufgegeben, um 700 von den Awaren zerstört, Ende 8. Jh. neu besiedelt (wohl eine karoling. Pfalz). – **L.,** hess. Stadt an der Mündung der Wisper in den Mittelrhein, 86 m ü. d. M., 4 500 E. Weinbau. – Bed. als Umschlagplatz zur Umgehung des für die Schiffahrt gefährl. Binger Lochs, entwickelte schon im 13. Jh. städt. Charakter; 1885 Stadtrecht. – Got. Pfarrkirche Sankt Martin mit roman. W-Turm; Hilchenhaus (1546 ff.); Burg Nollich (14. Jh.). – **L.,** Stadt an der Rems, Bad.-Württ., 281 m ü. d. M., 10 400 E. U. a. metall- und holzverarbeitende Ind. – Das röm. Kastell **Laureacum** lag an der Grenze von Rätien und Obergermanien. Die bei L. im 11. Jh. als stauf. Hauskloster gegr. Benediktinerabtei diente im 12./13. Jh. zeitweilig als Grablege der Staufer; 1535 wurde das Kloster aufgehoben. 1865 Stadtrecht. – Roman. Kirche der ehem. Benediktinerabtei (Langhaus und Westbau 11. Jh.) mit spätgot. Chor; Marienkirche (1474 neu erbaut).

Lorchel (Helvella), Gatt. der Schlauchpilze; Fruchtkörper gegliedert in Stiel und Hut (gelappt, gebuchtet oder unregelmäßig gefaltet). Bekannteste Arten sind die Herbstlorchel (Helvella crispa) und die ↑ Frühjahrslorchel.

Lorcher Fälschungen ↑ Pilgrim.

Lord [lɔrt, engl. lɔːd; zu altengl. hláford „Herr" (von hláf „Brot" und weard „Schutzherr")], Abk. Ld; Adelstitel in Großbritannien, bezeichnet alle Peers (einschl. der anglikan. Bischöfe) und dient, mit Ausnahme von Archbishop und Duke, als (halboffizielle) Anrede der Adligen (so stets für den Baron). Auch der älteste Sohn eines Duke und Marquess, der zu Lebzeiten seines Vaters einen niederen Adelstitel führt, wird mit L. tituliert. Die Richter an hohen Gerichtshöfen werden mit „my L." angeredet. Das brit. Oberhaus heißt *House of Lords.* L. erscheint auch in Verbindung mit zahlr. Amtstiteln, z. B.: **First Lord of the Admiralty,** „Erster L. der Admiralität", bis 1864 der Marinemin.; **First Lord of the Treasury,** „Erster L. des Schatzamtes", Titel des Premiermin.; **Lord [High] Chancellor,** „Lord[groß]kanzler", Präs. des Oberhauses; **Lord Privy Seal,** „Lordsiegelbewahrer", Inhaber des kleinen königl. Siegels, seit 1884 Min. ohne Geschäftsbereich; **Lord President of the Council,** Präs. des Staatsrates (mit Kabinettsrang); **Lord Mayor,** Titel der Oberbürgermeister von London und von 12 anderen Städten. – **Lordship:** Würde eines L., auch die damit verbundene Herrschaft (Grundbesitz).

Lord Chancellor [engl. 'lɔːd 'tʃɑːnsələr] ↑ Lord.
Lordgroßkanzler ↑ Lord.
Lord High Chancellor [engl. 'lɔːd 'haɪ 'tʃɑːnsələr] ↑ Lord.
Lord Howe Island [engl. 'lɔːd 'haʊ 'aɪlənd], die größte Insel einer austral. Inselgruppe in der Tasmansee, 16,5 km², bis 865 m ü. d. M.; Wetterstation; Naturschutzgebiet.
Lordkanzler ↑ Lord.
Lord Mayor [engl. 'lɔːd 'meɪə] ↑ Lord.
Lordose [griech.], Krümmung der Wirbelsäule nach vorn, die normalerweise in leichter Form an der Hals- und Lendenwirbelsäule zu finden ist; eine krankhaft verstärkte Krümmung der Lendenwirbelsäule führt zum **Hohlkreuz** (Hohlrücken); u. a. verursacht durch wachstumsabhängige Wirbelverformungen.
Lord Privy Seal [engl. 'lɔːd 'prɪvɪ 'siːl] ↑ Lord.
Lordprotektor (engl. Lord Protector), in England der Titel des Reichsregenten, so 1547–52 von Edward 1. Hzg. von Somerset, dem Regenten für Eduard VI., 1653–58 von Oliver Cromwell und 1658/59 von dessen Sohn Richard Cromwell.
Lordship [engl. 'lɔːdʃɪp] ↑ Lord.
Lordsiegelbewahrer (Geheimsiegelbewahrer) ↑ Lord.
Lore [engl.], kleiner, meist kippbarer Schienenwagen für die Beförderung von Schüttgütern, z. B. in Bergwerken.

Loreley (Lorelei), von C. Brentano geschaffene Phantasiegestalt eines schönen Mädchens, das die Männer anzieht und ihnen Unglück bringt (Ballade von der Lore Lay in seinem Roman „Godwi", 1801). Um diesem Fluch zu entgehen, stürzt es sich von einem Felsen in den Rhein. Am bekanntesten wurde das Gedicht H. Heines (1824; vertont von F. Silcher).
Loreley, steil über dem rechten Rheinufer oberhalb von Sankt Goarshausen aufsteigender (120 m) Schieferfelsen.
Loren, Sophia [italien. 'lɔːren], eigtl. Sofia Scicolone, * Rom 20. Sept. 1934, italien. Filmschauspielerin. – Entwickelte sich bes. in der Zusammenarbeit mit V. de Sica und gefördert von ihrem späteren Ehemann C. Ponti (⚭ seit 1957 bzw. 1966) zu einer wandlungsfähigen Charakterdarstellerin in dramat. und kom. Rollen; u. a. „Die Frau vom Fluß" (1955), „Die Millionärin" (1960), „Und dennoch leben sie" (1960), „Hochzeit auf italienisch" (1965), „Ein besonderer Tag" (1977), „Mit dem Mut der Verzweiflung" (1987).

Sophia Loren

Lorengar, Pilar, eigtl. Pilar Lorenza García, * Zaragoza 16. Jan. 1928, span. Sängerin (Sopran). – Feierte große Erfolge bei Auslandsgastspielen (Paris, London, Wien, Chicago, New York u. a.) und bei Festspielen (Glyndebourne, Salzburg); wurde 1959 Mgl. der Städt. (Dt.) Oper Berlin; v. a. in Mozart-Opern erfolgreich.

Lorentz, Hendrik Antoon, * Arnheim 18. Juli 1853, † Haarlem 4. Febr. 1928, niederl. Physiker. – Prof. in Leiden; lieferte 1875 auf der Grundlage der Maxwellschen Theorie eine Erklärung der Brechung und Reflexion des Lichts. Ab 1892 entwickelte er seine Elektronentheorie und sagte die Aufspaltung von Spektrallinien im Magnetfeld voraus; leistete Vorarbeiten zur Relativitätstheorie. Nobelpreis für Physik 1902 (mit P. Zeeman).
L., Lore, geb. Schirmer, * Mährisch-Ostrau 12. Sept. 1920, dt. Kabarettistin. – Gründete 1947 zus. mit ihrem Mann Kay L. (* 1920, † 1993, ⚭ seit 1944) das polit. Kabarett „Das Kom(m)ödchen" in Düsseldorf.

Hendrik Antoon Lorentz

Lorentz-Kontraktion [nach H. A. Lorentz] ↑ Relativitätstheorie.
Lorentz-Kraft [nach H. A. Lorentz], die Kraft F, die auf eine Ladung Q wirkt, wenn diese sich mit der Geschwindigkeit v in einem Magnetfeld (magnet. Flußdichte B) bewegt: $F = Q[v \times B]$. Sie wirkt senkrecht zur Bewegungsrichtung und zur Richtung der B-Feldlinien und bewirkt die magnet. ↑ Ablenkung der Ladung.
Lorentz-Transformation [nach H. A. Lorentz], eine lineare Transformation zw. den Raum-Zeitkoordinaten zweier gleichförmig gegeneinander bewegter Bezugssysteme. Bei der L.-T. bleibt der durch die quadrat. Form $\Delta x^2 + \Delta y^2 + \Delta z^2 - c^2 \Delta t^2$ (c Lichtgeschwindigkeit) gegebene Abstand zweier Weltpunkte erhalten. Bewegen sich die Bezugssysteme mit der Geschwindigkeit v entlang der gemeinsamen x-Achse gegeneinander, so erhält man die sog. *spezielle L.-T.:*

$$x' = (x - \beta ct)/\sqrt{1-\beta^2}, \quad y' = y, \quad z' = z,$$
$$t' = (t - \beta x/c)/\sqrt{1-\beta^2} \quad \text{mit} \quad \beta = v/c.$$

Sie geht für $v \ll c$ in die ↑ Galilei-Transformation über. – Die L.-T. ist grundlegender Bestandteil der speziellen ↑ Relativitätstheorie; aus ihr folgen u. a. Längenkontraktion und Zeitdilatation.

Lorenz, Konrad, * Wien 7. Nov. 1903, † Altenberg (Niederösterreich) 27. Febr. 1989, östr. Verhaltensforscher. – Prof. in Königsberg (Pr), Münster und München. 1951–54 Leiter der Forschungsstelle für Verhaltensphysiologie des Max-Planck-Instituts für Meeresbiologie. Anschließend stellvertretender, 1961–73 Direktor am Max-Planck-Inst. für Verhaltensphysiologie in Seewiesen bei Starnberg; zuletzt leitete er die Abteilung Tiersoziologie am Inst. für vergleichende Verhaltensforschung der Östr. Akad. der Wiss. in Wien. – Begründer der modernen ↑ Verhaltensforschung; bei seinen Untersuchungen über instinktives Verhalten (insbes. bei der Graugans) erforschte L. u. a. ↑ Auslösemechanismus und ↑ Auslöser sowie die individuelle und

Lorchel. Herbstlorchel

Ambrogio Lorenzetti. Pax und Fortitudo, Ausschnitt aus einem Fresko, 1338/39 (Siena, Palazzo Pubblico)

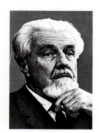

Konrad Lorenz

Lorenzo di Credi. Venus (Florenz, Uffizien)

stammesgeschichtl. Entwicklung des den Tieren angeborenen Verhaltens. Weiterhin entdeckte er das Phänomen der ↑Prägung. Zus. mit N. Tinbergen klärte L. in den 30er Jahren viele Grundbegriffe der vergleichenden Verhaltensforschung und erhielt 1973 (gemeinsam mit N. Tinbergen und K. von Frisch) den Nobelpreis für Physiologie oder Medizin. – Große Publizität erreichte L. als wiss. Schriftsteller. – *Werke:* Er redete mit dem Vieh, den Vögeln und den Fischen (1949), Das sogenannte Böse. Zur Naturgeschichte der Aggression (1963), Über tier. und menschl. Verhalten. Aus dem Werdegang der Verhaltenslehre. Gesammelte Abhandlungen (1965), Die acht Todsünden der zivilisierten Menschheit (1973), Die Rückseite des Spiegels. Versuch einer Naturgeschichte des menschl. Erkennens (1973), Der Abbau des Menschlichen (1983).

L., Max, eigtl. M. Sülzenfuß, * Düsseldorf 17. Mai 1901, † Salzburg 11. Jan. 1975, dt. Sänger (Heldentenor). – Debütierte 1927 in Dresden; sang u. a. an der Berliner Staatsoper und in New York; trat als Wagner-Interpret bei den Bayreuther Festspielen und an den bedeutendsten Opernhäusern auf.

Lorenzen, Paul, * Kiel 24. März 1915, dt. Mathematiker und Philosoph. – Ab 1952 Prof. in Bonn, ab 1956 in Kiel, 1962–80 in Erlangen, Mitbegründer der sog. „Erlanger Schule" und Hauptvertreter der konstruktiven Wiss.theorie; bed. Arbeiten zur Metamathematik, zur formalen Logik bzw. dialogischen Logik sowie zur konstruktiven Logik und Konstruktivität. – *Werke:* Formale Logik (1958), Method. Denken (1968), Konstruktive Logik, Ethik und Wissenschaftstheorie (1973; mit O. Schwemmer), Lehrbuch der konstruktiven Wissenschaftstheorie (1987).

Lorenzetti, Ambrogio (A. di Lorenzo), * Siena um 1290, † vermutlich ebd. 1348, italien. Maler. – 1327–32 in Florenz; beeinflußt von Simone Martini, entwickelte er Giottos Raumbühne in perspektiv. Innenräumen und weiten Landschaften weiter; Hauptwerk: Wandbilder im Palazzo Pubblico von Siena (1338/39).

L., Pietro, * Siena um 1280, † vermutlich ebd. 1348, italien. Maler. – Schuf wohl 1326–30 einen lebendigen und zugleich pathetisch-monumentalen Freskenzyklus für die Unterkirche von San Francesco in Assisi, danach stark von Giotto beeinflußte Werke, u. a. „Geburt Mariä" (1335–42); Siena, Museo dell'Opera del Duomo).

Lorenz-Kurve [nach dem amerikan. Statistiker M. O. Lorenz] ↑Einkommensverteilung.

Lorenzo de' Medici [italien. ˈmɛːditʃi] ↑Medici, Lorenzo I de'.

Lorenzo di Credi, * Florenz 1459, † ebd. 12. Jan. 1537, italien. Maler. – Schüler und Gehilfe Verrocchios. Schuf spröde, zarte und vornehme Altarbilder mit klaren Renaissancearchitekturen. – *Werke:* Maria, das Kind anbetend, mit dem Johannesknaben (um 1480, Karlsruhe, Staatl. Kunsthalle), Verkündigung (um 1480–85, Florenz, Uffizien), Venus (ebd.).

Lorenzo Monaco, eigtl. Piero di Giovanni, * Siena um 1370, † Florenz um 1425, italien. Maler. – Kamaldulenser ab 1391; nachweisbar in Florenz zw. 1388 und 1422; Vertreter des ↑Weichen Stils; u. a. „Anbetung der Könige" (1418–22; Florenz, Uffizien), Fresken mit Szenen aus dem Marienleben in Santa Trinità, Florenz (nach 1422).

Lorestan, Prov. in Iran, im nördl. Sagros- und Kuhrudgebirge, 28 803 km², 1,369 Mill. E (1986), Hauptstadt Chorramabad; Erdölvorkommen.

Loreto, [italien. loˈreːto] italien. Stadt in den Marken, nahe der adriat. Küste, 127 m ü. d. M., 10 600 E. Kath. Bischofssitz; einer der bedeutendsten Marienwallfahrtsorte. – Entstand um die hier verehrte Santa Casa (hl. Haus von Nazareth), die nach der Legende (seit dem 15. Jh. nachweisbar) am 7. Sept. 1295 von Engeln nach L. gebracht worden sein soll. 1468 begann man mit dem Bau der Basilika über der Santa Casa. Papst Sixtus V. erhob L. 1584 zum Bischofssitz und 1586 zur Stadt. Die Wallfahrt nach L. geht wohl auf eine bereits am Ende des 12. Jh. nachweisbare Marienkirche an der Stelle des heutigen Heiligtums zurück.

L., [span. loˈreto] Dep. im nö. Peru, 348 177 km², 637 900 E (1989), Hauptstadt Iquitos. Reicht von der Andenabdachung bis weit in das Amazonasgebiet hinein.

Lorgnon [lɔrnˈjõː; frz., zu lorgner „anschielen"], Augenglas mit Stiel (sog. Stieleinglas); auch svw. **Lorgnette,** eine Stielbrille mit zwei Gläsern ohne Ohrbügel.

Lorient [frz. lɔˈrjɑ̃], frz. Stadt an der breton. S-Küste, Dep. Morbihan, 62 600 E. Marineschule; Schiffahrtsmuseum; Schiffbau und -reparaturen, Maschinenbau, chem., Textil-, Möbel-, Autoind.; Fischereihafen. – Im MA bestand auf der Halbinsel von L. das Dorf **Kervérot.** Eine 1666 gegr. Niederlassung der Compagnie des Indes Orientales (*L'Orient*) wurde ab 1670 zur Stadt und zum Kriegshafen ausgebaut. 1738 Stadtrecht. Im 2. Weltkrieg dt. besetzt und U-Boot-Basis; 1943 stark zerstört.

Loriot. Karikatur, um 1955

Loriot [loriˈoː], eigtl. Vicco von Bülow, * Brandenburg/Havel 12. Nov. 1923, dt. satir. Zeichner, Schriftsteller, Film- und Fernsehautor. – Wurde bekannt durch sein „Knollennasenmännchen"; in Zeichnungen, Zeichentrickfilmen und schauspielerischen Darstellungen (u. a. in der Fernsehserie „Cartoon" (1967–72) sowie in den Spielfilmen „Ödipussi" (1988), „Papa ante portas" (1991)) versucht er, bürgerl. Verhaltensweisen auf humorvolle Art zu karikieren; veröffentlichte zahlr. Cartoonbände; inszenierte auch Opern („Martha", „Der Freischütz").

Loris [niederl.-frz.] (Lorisidae), Familie nachtaktiver, etwa 25–40 cm langer, baumbewohnender Halbaffen mit 5 Arten in den Wäldern des trop. Asiens und Afrikas; mit Greifhänden bzw. -füßen und großen Augen. Zu den L. gehören u. a.: **Plumplori** (Nycticebus coucang), Fell plüschartig dicht und weich, überwiegend bräunlich, mit rotbraunem Rückenstreif. **Potto** (Perodicticus potto), mit dichtem, gelbbraunem Fell und spitzen Nackenhöckern. **Schlank-**

Loris. Plumplori

lori (Loris tardigradus), schlank, mit dichtem, rötlichgrauem bis gelblichbraunem Fell.

Loris [malai.] (Loriidae), Familie sperlings- bis taubengroßer, meist bunter Papageien mit 56 Arten auf Neuguinea und in Australien; ernähren sich v.a. von Nektar, Pollen, süßen Früchten und Insekten. Zu den L. gehört u.a. die Art Allfarblori (Trichoglossus haematodus) und die Gatt. **Glanzloris** (Chalcopsitta) mit fünf Arten; Gefieder glänzend.

Loriti, Heinrich, schweizer. Humanist, ↑Glareanus, Henricus Loriti.

Lornsen, Boy, *Keitum (= Sylt-Ost) 7. Aug. 1922, dt. Kinderbuchautor. – Viele seiner phantasievollen Erzählungen spielen an der Nordseeküste, z.B. die Geschichten um den Jungen Willewitt und seinen Freund Fischermann (zusammengefaßt in „Wasser, Wind und Willewitt", 1984).

Lo-ro-Schiff ↑Roll-on-roll-off-Schiff.

Lörrach, Krst. im Tal der Wiese, Bad.-Württ., 294 m ü.d.M., 42 000 E. Textil-, Nahrungs- und Genußmittelind. – 1102 erstmals erwähnt. Die Burg **Rötteln** oberhalb von L. war Sitz der Herren von Rötteln, die 1315 den Ort den Markgrafen von Hachberg-Sausenberg schenkten; 1682 bzw. 1756 Stadtrecht. Papierherstellung und Textildruck machten um die Mitte des 19. Jh. L. zu einer bed. Ind.stadt in Baden.

L., Landkr. in Baden-Württemberg.

Lorrain, Claude [frz. lɔˈrɛ̃], eigtl. Claude Gellée, gen. Le Lorrain, *Chamagne bei Mirecourt 1600, †Rom 23. Nov. 1682, frz. Maler und Radierer. – Lebte in Rom; entwickelte eine völlig neue und selbständige Auffassung von der Landschaft als psych. Ausdrucksträger, bes. poet. Stimmungen. Sein eigtl. Medium ist das Licht. – *Werke:* Einschiffung der Königin von Saba (1648; London, National Gallery), Acis und Galathea (1657; Dresden, Gemäldegalerie), Verstoßung der Hagar (1668; München, Alte Pinakothek), Allegorien der 4 Jahreszeiten (zw. 1661/72; Eremitage).

Lorraine [frz. lɔˈrɛn] ↑Lothringen.

Lorre, Peter, *Rosenberg (slowak. Ružomberok, Mittelslowak. Bez.) 26. Juni 1904, †Los Angeles-Hollywood 23. März 1964, östr.-amerikan. Schauspieler. – Begann seine Filmkarriere 1931 in Fritz Langs „M – eine Stadt sucht einen Mörder". Nach seiner Emigration (1933) spielte er in Hollywood meist undurchsichtige Bösewichter.

Lorris, Guillaume de, frz. Dichter, ↑Rosenroman.

Lorsch, hess. Stadt in der Oberrheinebene, 98 m ü.d.M., 10 700 E. Mittelpunkt des Tabakbaus im S des Hess. Rieds, außerdem Obst- und Spargelanbau; Maschinenbau, Möbelherstellung. – Wohl 764 Gründung eines Benediktinerklosters in Altenmünster. Die großzügig ausgestattete Reichsabtei wurde zu einem hervorragenden Träger ma. Kultur (Lorscher Codex, Lorscher Annalen, bed. Bibliothek); 1232 dem Erzbischof von Mainz übertragen; 1461 an Kurpfalz verpfändet, 1555 aufgehoben (Bibliothek der Heidelberger „Palatina" eingegliedert). 1964 Stadtrecht. – Von der Benediktinerabtei sind nur noch drei Joche der Vorkirche (etwa 1141–48, restauriert) der ehem. karoling. Basilika und die berühmte karoling. Torhalle (774;

Steinmosaikverkleidung) mit got. Steildach (14. Jh., restauriert) erhalten. Die Anlage wurde von der UNESCO zum Weltkulturerbe erklärt.

Lortz, Joseph Adam, *Grevenmacher (Luxemburg) 13. Dez. 1887, †Luxemburg 21. Febr. 1975, dt. kath. Theologe. – Prof. für Kirchengeschichte in Braunsberg (Ostpr.), Münster und Mainz. Führend in der kath. Forschung zur Reformationsgeschichte; Wegbereiter der Una-Sancta-Bewegung. – *Werke:* Geschichte der Kirche in ideengeschichtl. Betrachtung (1930, ²³1965), Die Reformation in Deutschland (1939).

Lortzing, Albert, *Berlin 23. Okt. 1801, †ebd. 21. Jan. 1851, dt. Opernkomponist. – Neben seiner Theatertätigkeit als Schauspieler und Sänger in Detmold und Leipzig sowie ab 1844 als Kapellmeister in Leipzig, Wien und Berlin komponierte L. zahlr. Liederspiele und Opern. Mit den kom. Opern „Zar und Zimmermann" (1837), „Der Wildschütz" (1842), „Der Waffenschmied" (1846) und der romant. Zauberoper „Undine" (1845) belebte L. in Anlehnung an C. M. von Weber und die frz. Opéra comique die dt. romant. Oper neu.

Los [zu althochdt. hliozan „wahrsagen"], in der *Religionsgeschichte* weit verbreitete Form des Orakels, das drei Funktionen haben kann: Es entscheidet als „verteilendes L." jurist. Streitfälle; mit Hilfe des „beratenden L." werden Zeitpunkt und Form geplanter Unternehmungen ermittelt; schließlich dient es als „wahrsagendes L." der Erkundung der Zukunft. Weitverbreitete, auf wenige Grundformen reduzierbare Verfahren mant. Losens versuchen – durch Schütteln, Werfen, Ziehen usw. verdeckter L.instrumente (Bohnen, Steinchen, Stäbchen, Tafeln, Würfel u.a.) und häufig durch Anwendung fester Interpretationsschemata für das erhaltene L. –, Auskunft über Verborgenes oder Zukünftiges zu erhalten. – Seit der Antike bekannt und verbreitet sind die Buch-L. (Buchorakel; homer. L., Bibel-L.), bei denen durch Würfeln, blindes Aufschlagen bzw. Hinweisen auf eine Textstelle das Orakel gefunden wurde. Kompliziertere L.techniken beschreiben die ma. und neuzeitl. L.bücher, die häufig mit astrolog. Bezug umfangreiche Orakellisten enthalten. Bestimmte ↑Lostage spielen insbes. in der Wetterprognostik eine große Rolle bis in die Gegenwart.
▷ ↑Lotterielos.
▷ bestimmte Mengeneinheit: 1. im Produktionsbereich die Menge einer Sorte oder Serie, die jeweils in die Fertigung gegeben wird, ohne daß eine Unterbrechung des Fertigungsprogramms oder eine Umstellung der Anlagen erforderlich wird; 2. bei Auktionen die Mindest[waren]menge, für die ein Zuschlag erfolgen kann.

Loris. Allfarblori (Größe 25–30 cm)

Albert Lortzing

Claude Lorrain. Die Verstoßung der Hagar (Morgenlandschaft), 1668 (München, Alte Pinakothek)

Los, Îles de

Los, Îles de [frz. ilda'lo:s], Inselgruppe im Atlantik, vor der Küste Guineas bei Conakry, 15 km²; Fischerei und Bauxitabbau.

Los Alamos [engl. lɔsˈæləmoʊs], Ort 60 km nw. von Santa Fe, New Mexico, USA, 2 225 m ü.d. M., 11 000 E. Kernforschungslabor. – In dem seit 1943 in Besitz der amerikan. Bundesreg. befindl. Gebiet wurde die am 16. Juli 1945 in New Mexico zur Explosion gebrachte Atombombe entwickelt.

Los Angeles [lɔs ˈɛndʒələs, engl. lɔs ˈændʒɪlɪs], Stadt am Pazifik, SW-Kalifornien, USA, 3,26 Mill. E, städt. Agglomeration L. A.-Long Beach 13,47 Mill. E. Sitz eines kath. Erzbischofs, eines anglikan. und eines methodist. Bischofs; mehrere Univ., Colleges; Kunsthochschule; Observatorium und Planetarium; Bibliotheken, Kunst-, histor., naturkundl. Museum. Größte Ind.stadt westl. des Mississippi, Zentrum der Filmind. der USA (↑ Hollywood), weltgrößter Standort der Flugzeugind., Kraftwagenmontage, Petrochemie, Maschinenbau, Elektrotechnik/Elektronik, Finanz- und Handelszentrum der USA. Endpunkt von 3 transkontinentalen Eisenbahnlinien und mehrerer Autobahnen. Große Schiffahrtsunternehmen verbinden die Stadt mit Übersee. 3 Großflughäfen; kreuzungsfreies innerstädt. Autobahnnetz (Freeways), welches das Zentrum (Kreuzung in 4 Ebenen) radial mit dem San Fernando Valley, dem Hafen und den Städten der Metropolitan Area verbindet; U-Bahn im Bau.

Geschichte: 1781 als span. Missionssiedlung gegr.; zeitweise Hauptstadt von Oberkalifornien. 1846 von Soldaten der USA im mex. Krieg besetzt; entwickelte sich nach Entdeckung von Gold (1848) am Fuße der Sierra Nevada rasch; 1850 City; 1892 erste Ölfunde; 1914 Ausbau des Hafens in San Pedro abgeschlossen. Nach zahlr. Eingemeindungen umschließt das Stadtgebiet von L. A. auch Städte wie Santa Monica, Beverly Hills und San Fernando, die wirtsch. und kulturell Teile von L. A., verwaltungsmäßig aber selbständig sind. 1932 und 1984 Austragungsort der olymp. Sommerspiele.

Bauten: Älteste Kirche ist die Old Mission Church (1814–22). Zu den architektonisch bedeutendsten Gebäuden zählen Community Church (1961), Civic Center (1960 und 1968), Music Center (1964), United California Bank Building (1973/74), Crystal Cathedral (1980), Museum of Contemporary Art (MOCA; 1981–86).

los Ángeles, Victoria de, span. Sängerin, ↑ Ángeles, Victoria de los.

Los Angeles. Freeways im Stadtzentrum

Losbaum. Clerodendrum trichotomum

Losbaum (Clerodendrum), Gatt. der Eisenkrautgewächse mit rd. 400 Arten, v. a. im trop. Asien und in Afrika, z. B. die in O-China vorkommende Art Clerodendrum trichotomum; kleine Bäume oder Sträucher mit langröhrigen Blüten in Rispen, Doldentrauben oder Köpfen.

Löschen, Entladen eines Schiffes im Löschhafen. Zum L. bestimmter Massengutfrachter, speziell von Tankern, wird ein sog. **Löschkopf** benutzt; über ihn werden die Rohrverbindungen zw. Tanker und landseitigem Tanklager (mit der Pumpenstation) hergestellt.

Löschkalk ↑ Kalk.

Loschmidt, Joseph, *Putschirn bei Karlsbad 15. März 1821, †Wien 8. Juli 1895, östr. Chemiker und Physiker. – Ab 1872 Prof. in Wien. Arbeiten u. a. zur kinet. Gastheorie, Thermodynamik, Elektrodynamik, Optik und Kristallographie. 1865 berechnete L. erstmals die Größe der Luftmoleküle und die nach ihm ben. Konstante.

Loschmidt-Konstante [nach J. Loschmidt], Anzahl N_L der in 1 m³ enthaltenen Gasmoleküle bei Normalbedingungen; $N_L = 2{,}69 \cdot 10^{25}$ m^{-3}. – ↑ Avogadro-Konstante.

Löschpapier, svw. ↑ Fließpapier.

Löschung, im *Registerrecht* eine Eintragung, die die Wirkungen einer früheren Eintragung (z. B. im Handelsregister, im Grundbuch) aufhebt.

löschungsfähige Quittung, die bei Befriedigung vom Gläubiger eines Grundpfandrechts ausgestellte, öff. beglaubigte Quittung, auf Grund deren der Grundstückseigentümer das Grundpfandrecht löschen oder auf sich umschreiben lassen und abtreten oder verpfänden kann. Aus ihr muß sich ergeben, daß, wann und von wem gezahlt worden ist.

Löschungsvormerkung, die Vormerkung zur Sicherung des Anspruchs auf (durch Löschung im Grundbuch eintretende) Aufhebung einer Grundstücksbelastung. Berechtigter ist meist ein nachrangiger Grundpfandgläubiger, dessen Rang sich bei Aufhebung eines vorrangigen Grundpfandrechts verbessert.

Loseblattausgabe, Bez. für eine Veröffentlichung, die in Einzelblättern (oder Karteikarten) erscheint und periodisch ergänzt werden kann (Gesetzausgaben u. ä.).

Löser, große braunschweig. Schaumünzen aus Silber im Wert von 2 bis 16 Talern, geprägt v. a. im 16./17. Jh.; der Name wurde vermutlich von den goldenen Portugalösern abgeleitet.

Losey, Joseph Walton [engl. 'lu:zɪ], *La Crosse (Wisc.) 14. Jan. 1909, †London 22. Juni 1984, amerikan. Regisseur. – Inszenierte 1947 B. Brechts „Galileo Galilei". Drehte v. a. in Großbritannien (oft in Zusammenarbeit mit H. Pinter) subtile psycholog., teilweise sozial engagierte Filme wie „Der Diener" (1963), „Modesty Blaise – die tödl. Lady" (1965), „Accident – Zwischenfall in Oxford"

(1966), „Der Mittler" (1970), „Das Mädchen und der Mörder" (1971), „Monsieur Klein" (1976).

Losfest ↑ Purim.

Lošinj [serbokroat. ˈlɔʃiːnj], kroat. Adriainsel, mit ↑ Cres durch eine Drehbrücke verbunden, 74 km², 8 000 E, bis 588 m ü. d. M.

Loslaßschmerz ↑ Blinddarmentzündung.

Loslau ↑ Wodzisław Śląski.

Löslichkeitsprodukt, Formelzeichen L, Produkt der Konzentrationen der Kationen und Anionen eines Elektrolyten in einer gesättigten wäßrigen Lösung bei konstanter Temperatur.

Löß [geprägt 1823 von dem dt. Geologen K. C. von Leonhardt, * 1779, † 1862 (vermutlich zu alemann. lösch „locker")], aus Trocken- oder Kältewüsten ausgewehtes Sediment, locker, mehlfein. L. ist verbreitet in Europa (z. B. Kaiserstuhl), N- und S-Amerika, S-Sibirien und der Ukraine. Besteht aus durchschnittlich 60–70 % Quarz, 10–30 % Kalk, 10–20 % Tonerdesilicaten. L. ist sehr standfest, daher sind tiefe Schluchten und Hohlwege typisch. L. umgibt gürtelartig die im Pleistozän vergletscherten Räume. Unter den nacheiszeitl. Klimaverhältnissen verwittert L. zu braunem L.lehm; der dabei gelöste Kalk wird in tieferen Zonen in Konkretionen, den sog. *L.kindeln (L.puppen)* wieder ausgefällt.

Losski, Nikolai Onufrijewitsch, *Kreslawka bei Witebsk, 6. Dez. 1870, † Saint-Geneviève-des-Bois 24. Jan. 1965, russ. Philosoph. – Prof. in Petersburg bzw. Petrograd (1922 ausgewiesen), ab 1950 in Los Angeles. Rückte die Intuition in den Mittelpunkt seiner Erkenntnistheorie und vertrat einen Intuitionismus, der aufbaut auf unmittelbarem, unreflektiertem Erfassen der Außenwelt; seiner Logik legte L. die unmittelbare Evidenz bestimmter Begriffe zugrunde.

Lößnitz, Landschaft entlang dem nördl. Elbufer nw. von Dresden; wärmste Gegend Sa. mit Obst-, Wein- und Gemüsebau.

Lossprechung, svw. ↑ Absolution.

Lost [Kw.], svw. ↑ Senfgas.

Lostage, bestimmte Tage des Jahres, die in der volkstüml. Überlieferung als bed. für die Wettervorhersage, als günstig oder ungünstig für den Beginn oder die Verrichtung bestimmter Arbeiten gelten; u. a. Lichtmeß (2. Febr.), Petri Stuhlfeier (22. Febr.), Siebenschläfer (27. Juni) und die ↑ Zwölften.

Lost generation [engl. ˈlɔst dʒenəˈreɪʃən „verlorene Generation"], von Gertrude Stein geprägte Bez. für eine Gruppe amerikan. Schriftsteller im Paris der 20er Jahre, die das Erlebnis des 1. Weltkrieges zur persönl. Desillusionierung und Entfremdung von tradierten Wertvorstellungen geführt hatte. Zur Gruppe der L. g. werden gerechnet: E. E. Cummings, M. Cowley, J. Dos Passos, F. S. Fitzgerald und E. Hemingway. Mit den Werken der L. g. nahm der moderne Realismus eine Wende zu Skepsis, Auflösung des bürgerl. Weltbildes und Verlust des Fortschrittsglaubens.

Losung, (Parole, früher Feldgeschrei) *militär.* Bez. für das als Erkennungszeichen für Angehörige der eigenen Truppe ausgegebene Wort.
▷ im *Protestantismus* der von N. L. Graf von Zinzendorf entwickelte, seit der 2. Hälfte des 19. Jh. allg. unter ev. Christen verbreitete Tagesspruch der Herrnhuter Brüdergemeine. Besteht aus der aus einer alttestamentl. Spruchsammlung losförmig gezogenen eigentl. L. und einem frei gewählten neutestamentl. Lehrtext.

Losung, wm. Bez. für Kot des Wildes und der Hunde; bei Greifvögeln: Geschmeiß.

Lösung, homogenes Stoffsystem, bei dem ein oder mehrere Stoffe in einem anderen, dem L.mittel, molekular verteilt sind. Das Mengenverhältnis zw. dem L.mittel *(Solvens)* und dem gelösten Stoff ist dabei veränderlich; es wird durch die ↑ Konzentration der L. angegeben. L. können in allen Aggregatzuständen vorkommen. Unter L. i. e. S. werden L. von Feststoffen in Flüssigkeiten verstanden. Die in Gramm angegebene **Löslichkeit** ist diejenige Menge eines Stoffes, die sich in einer bestimmten Menge eines bestimmten L.mittels bei einer bestimmten Temperatur lösen läßt. Bei festen Stoffen wird sie meist mit steigender Temperatur größer. Eine **gesättigte Lösung** enthält bei einer bestimmten Temperatur die höchstmögl. Menge eines gelösten Stoffes. Ist mehr Substanz gelöst, als der Löslichkeit bei dieser Temperatur entspricht, ist die L. **übersättigt** (bei Zusatz von Kristallisationskeimen oder beim Rühren setzt sich der überschüssige Anteil ab). Kann das L.mittel noch mehr von der zu lösenden Substanz aufnehmen, spricht man von einer **ungesättigten Lösung**. Die beim Lösen freiwerdende oder verbrauchte Energie nennt man **Lösungsenthalpie** (L.wärme). Durch die Zugabe der gelösten Substanz wird der Dampfdruck des L.mittels verringert. Dies bedingt einen erniedrigten Gefrierpunkt, einen erhöhten Siedepunkt sowie eine höhere Dichte.

Löß. Keller im Löß des Kaiserstuhls

Lösungsdruck (Lösungstension), Bez. für die Tendenz von Metallen, in Form positiver Ionen in ein sie umgebendes Lösungsmittel zu diffundieren.

Lösungsmittel, die Substanz, in der ein Stoff gelöst wird (↑ Lösung); i. e. S. anorgan. oder organ. Flüssigkeiten wie Wasser, Alkohole, Glykole, Äther, Kohlenwasserstoffe, Dimethylsulfoxid, Dimethylformamid.

Lösungsmittelvergiftungen, hauptsächlich durch organ., technisch verwendete Lösungsmittel wie Benzol und Halogenkohlenwasserstoffe (durch Einatmen der Dämpfe, Benetzen der Haut oder Aufnahme über den Magen-Darm-Trakt) hervorgerufene Schädigungen, vorwiegend des Nervensystems, Gefäßsystems, des Blutes (Hämolyse), der Leber, Niere und Lunge. Schädigungen durch Benzol sowie durch Halogenkohlenwasserstoffe sind melde- und entschädigungspflichtig.

Los-von-Rom-Bewegung, eine Ende des 19. Jh. in den Ländern der Donaumonarchie entstandene, nat.-religiös und politisch motivierte Abfallbewegung von der kath. Kirche; propagierte die Lösung der Österreicher von Rom („Los von Rom"), vom „undeutschen" Katholizismus und den Übertritt zum Protestantismus bzw. zum Altkatholizismus. Analog zu dieser erst 1945 zum Stillstand gekommenen östr. Bewegung werden auch andere Bestrebungen zur Gründung von Rom getrennter kath. Kirchen L.-v.-R.-B. genannt.

Lot, Gestalt des A. T., nach 1. Mos. 11, 27 Neffe Abrahams, mit dem er nach Kanaan zog. Bei der Zerstörung Sodoms gerettet, während seine Frau zurückblickt und zur Salzsäule erstarrt (1. Mos. 19). Stammvater der Moabiter und Ammoniter.

Lot, Dep. in Frankreich.

L., rechter Nebenfluß der Garonne, entspringt in den Cevennen, mündet bei Aiguillon, 481 km lang.

Joseph Loschmidt

Lot

Lot [eigtl. „Gewicht aus Blei"], (Senklot, Senkblei) an einer dünnen Schnur aufgehängtes Metallstück, das bei freiem Herabhängen durch die Schnur die Schwerkraftrichtung (Senkrechte, Lotrechte) anzeigt.

▷ Gerät zum Messen der Wassertiefe vom Schiff aus. Das *Hand-L.* (Bleigewichtsstück von 3–5 kg an einer mit Markierungen versehenen Leine) wurde vom ↑Echolot verdrängt.

▷ in der *Mathematik* eine Gerade, die auf einer anderen Geraden oder Ebene senkrecht steht.

▷ alte Masseneinheit unterschiedl. Größe; urspr. meist $\frac{1}{32}$ Pfund (ca. 15,6 g), später $\frac{1}{30}$ Pfund (ca. 16,7 g).

▷ beim ↑Löten verwendetes Metall.

LOT ↑Luftverkehrsgesellschaften (Übersicht).

Lọta, chilen. Stadt am Golf von Arauco, 47 600 E. Nahe L. die Hauptkohlengrube Chiles, Kupferschmelze.

Lotabweichungen ↑Lotrichtung.

Löten [zu ↑Lot], Verfahren zum Verbinden verschiedener metall. Werkstoffe mit Hilfe eines geschmolzenen Zusatzmetalls (**Lot**), dessen Schmelztemperatur unterhalb derjenigen der Grundwerkstoffe liegt. Die Grundwerkstoffe werden benetzt, ohne geschmolzen zu werden. Die Benennung der Lötverfahren richtet sich nach der Arbeitstemperatur (**Weichlöten:** unter 450 °C; **Hartlöten:** über 450 °C), nach dem Verwendungszweck (*Verbindungs-L.* oder *Auftrag-L.,* letzteres zur Erzielung glatter Oberflächen), nach der Art der Wärmequelle (*Kolben-L., Flammen-L.*). Das Lot wird meist in Form von Stäben oder Drähten mit und ohne Flußmittel[seele] oder als Paste verwendet. *Lötmittel zum Weichlöten:* Niedrig schmelzende (180–220 °C) Legierungen auf Blei-, Antimon- und Zinnbasis; z.B. *Weichlot* (**Lötzinn**), ein Lot mit 60 % Zinn und Kolophonium als Flußmittel, bes. für elektron. Schaltungen. *Lötmittel zum Hartlöten:* Unlegiertes Kupfer, Messing- und Silberlote und für Leichtmetalle *Hartlote* auf der Basis von Aluminium, Silicium, Zinn und Cadmium. Teilweise wird unter Zusatz von pasten- oder pulverförmigen *Flußmitteln* (z. B. *Lötfett*) gearbeitet. **Lötwasser,** eine wäßrige Lösung von Zinkchlorid und Salmiak, wird zur Entfernung von Oxidschichten verwendet. Beim elektr. **Widerstandslöten** werden Lot, Flußmittel und Werkstück zw. Elektroden aus Kupfer oder Wolfram erhitzt und miteinander verbunden, beim **Induktionslöten** erfolgt das L. dagegen unter Einwirkung des elektr. Feldes eines hochfrequenten Wechselstroms. Das **Tauchlöten** ist ein Verfahren der industriellen Massenfertigung. Mit elektron. Bauteilen bestückte Leiterplatten werden kurzzeitig in ein Zinnbad eingetaucht, wodurch in einem Arbeitsgang alle Lötstellen hergestellt werden. Zum Weich-L. werden meist elektrisch (z. T. auch mit Gas) beheizte **Lötkolben**, *Lötpistolen, Schnell-Löter* (bes. kurze Anheizzeit), **Lötstifte** und **Lötnadeln** (für feinste Lötarbeiten, z. B. an gedruckten oder Mikroschaltungen) verwendet. **Lötlampen** (zum Hart- und Weich-L.) werden mit Benzin oder Gas (z. B. Propan, Butan) betrieben. Gas-, Gebläse- oder Schweißbrenner dienen bes. zum Hartlöten.

Lot-et-Garonne [frz. lɔtegaˈrɔn], Dep. in Frankreich.

Loth, Wilhelm, *Darmstadt 24. Sept. 1920, †ebd. 17. Febr. 1993, dt. Bildhauer. – Figürl. Plastik aus blockhaften Rundformen, seit den 70er Jahren auch Kunststoffreliefs.

Lothar, Name von Herrschern:

Röm. Kaiser:

L. I., *795, †Kloster Prüm 29. Sept. 855, Mitkaiser (seit 817), Röm. Kaiser (840–855). – Ältester Sohn Ludwigs I., des Frommen; verteidigte seine Vorrangstellung gegen den Vater und die Brüder Ludwig (II.), den Deutschen, Pippin I. und Karl II., den Kahlen. 841 in der Schlacht bei Fontenoy Karl und Ludwig unterlegen, sicherte sich im Vertrag von Verdun (843) neben Italien ein Mittelreich, teilte dieses 855 unter seine Söhne auf.

Hl. Röm. Reich:

L. III. von Supplinburg, *1075, †Breitenwang (Tirol) 4. Dez. 1137, Hzg. von Sachsen (seit 1106), König (seit 1125), Kaiser (seit 1133). – Wegen seiner Verbindung zu den Welfen (durch das Eheversprechen seiner Erbtochter Gertrud mit Hzg. Heinrich dem Stolzen von Bayern) gegen stauf. Thronansprüche nach dem Tod Kaiser Heinrichs V. zum König gewählt, was den stauf.-welf. Gegensatz begründete. Diesen Konflikt (1127 Gegenkönigtum Konrads [III.]) konnte L. 1135 zu seinen Gunsten entscheiden. L. setzte die Reichshoheit gegen Polen, Böhmen sowie Dänen durch und förderte die dt. Ostsiedlung. L. starb auf dem Rückweg seines 2. (insgesamt wirkungslosen) Italienfeldzuges. Seine Herrschaft war v. a. geprägt von konsequenter Ausnutzung der Reichskirche.

Lotharinger:

L. II., *um 835, †Piacenza 8. Aug. 869, König (seit 855). – Zweiter Sohn Kaiser Lothars I., der ihm den nördl. Teil seines fränk. Mittelreiches zusprach (**Lotharingien**). 863 konnte L. sein Gebiet um Teile des Reiches seines verstorbenen Bruders Karl erweitern.

Lothar, Ernst, eigtl. E. Müller, *Brünn 25. Okt. 1890, †Wien 30. Okt. 1974, österr. Schriftsteller und Regisseur. – 1938–46 in der Emigration (USA); ab 1946 Regisseur in Wien und Salzburg. Von A. Schnitzler beeinflußter Erzähler („Der Engel mit der Posaune", R., 1944); Gesellschafts- und Zeitdarstellungen aus der Zeit nach dem Zusammenbruch der Donaumonarchie.

L., Mark, *Berlin 23. Mai 1902, †München 6. April 1985, dt. Komponist. – Schüler u. a. von F. Schreker und E. Wolf-Ferrari; komponierte erfolgreiche Opern, u. a. „Schneider Wibbel" (1938), „Rappelkopf" (1958), „Der widerspenstige Heilige" (1968), „Momo" (1978, nach M. Ende), auch Kammermusik, Lieder, Schauspiel- und Filmmusik.

L., Rudolf, eigtl. R. Spitzer, *Budapest 23. Febr. 1865, †nach 1933 (in der Emigration verschollen), österr. Schriftsteller und Kritiker. – Gründete in Berlin 1912 das Komödienhaus; schrieb Erzählungen, Lustspiele, Opern- und Operettentexte. – *Werke:* Tiefland (Opernlibretto, 1904), Der Herr von Berlin (R., 1910), Besuch aus dem Jenseits (Dr., 1931).

Lotharingien ↑Lothar II., ↑Lothringen.

Lothian Region [engl. ˈloʊðjən ˈriːdʒən], Verw.-Geb. in Schottland.

Lothringen, von Hzg. Adalbert 1047 begr. Dyn., die in Lothringen bis 1431 herrschte. 1470 Übergang der Herrschaft an die Linie L.-Vaudémont; deren Widerstand gegen den Anschluß Lothringens an Frankreich 1634/70 scheiterte endgültig 1736, als der spätere Kaiser Franz I. Stephan auf das Hzgt. verzichtete und zugleich die Dyn. der Habsburg-Lothringer begründete. Das Haus L. erlosch 1780.

Lothringen (Lorraine), Region in NO-Frankreich, 23 547 km², 2,30 Mill. E (1990), Hauptstadt Metz. Die Region entspricht etwa den oberen Stromgebieten ihrer Hauptflüsse Maas, Mosel und Saar und erstreckt sich westlich des Vogesenhauptkammes nach O bis zu den Argonnen. L. gliedert sich in mehrere Einzellandschaften. Die westl. Hälfte zw. Argonnen und Moselhöhen ist eine Schichtstufenlandschaft in Fortsetzung des Pariser Beckens und umfaßt das Barrois, die Maashöhen und die Ebene der Woëvre. Östlich der Moselhöhen schließt sich das Lothring. Plateau. Weder vom Boden noch vom Klima her weist L. günstige Voraussetzungen für die Landw. auf. Traditionelles Anbauprodukt ist Getreide, jedoch verlagert sich das Schwergewicht allmählich zur Milchwirtschaft. Der Weinbau (v. a. im Moseltal) wird zunehmend durch Obstbau verdrängt. Für die wirtsch. Entwicklung wurden die lothring. Steinkohlevorkommen (südl. Fortsetzung der Saarsteinkohlenlager) sowie die Eisenerzlager in zwei Becken zw. Longwy und Pont-à-Mousson sowie westlich von

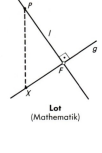

Lot
(Mathematik)

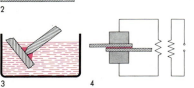
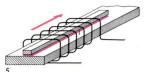

Löten. Verschiedene Lötverfahren: 1 Weichlöten; 2 Hartlöten; 3 Tauchlöten; 4 Widerstandslöten mit Kupferelektroden; 5 Induktionslöten

Nancy im Verlaufe des 19. und frühen 20. Jh. richtungweisend. Seit Mitte der 70er Jahre verloren Bergbau und Schwerind. an Bedeutung. In Anlehnung an die Erzlagerstätten konzentriert sich die Schwerind. auf die beiden Dep. Moselle und Meurthe-et-Moselle. Hier liegen auch die größten Städte Nancy, Metz, Thionville, Épinal und Longwy. Neben Kohle und Eisenerz besitzt L. östlich von Nancy reiche Vorkommen an Steinsalz, Basis einer bed. chem. Ind. mit den Standorten Dombasle, Dieuze, Sarralbe und Château-Salins. Traditionell sind Baumwollspinnerei und -weberei in den Vogesentälern (mit starken Einbußen nach dem 2. Weltkrieg), bedeutend außerdem Lederwaren-, Glas- und Nahrungsmittelind. sowie große Brauereien.
Geschichte: Der Raum zw. Schelde, Maas, Rhein und Saôneniederung, der bei der Teilung des karoling. Mittelreichs Lothars I. 855 an seinen Sohn Lothar II. fiel **(Lotharingien)**, kam (endgültig 925) 880 an das Ostfränk. Reich. Otto I., d. Gr., übertrug das Hzgt. L. seinem Bruder Brun I., Erzbischof von Köln. Nach dessen Tod (965) Teilung: Brun hatte bereits für Ober-L. (das Moselland) einen Stellvertreter mit herzogl. Gewalt eingesetzt (Friedrich I., Ardennerhaus, Linie Bar); seit 977 eigener Hzg. in Nieder-L. (Niederrhein- und Maasgebiet); 1100 zerfiel Nieder-L. unter Lothar III. in die Hzgt. Brabant und Limburg. Die Pfalzgrafen des alten Hzgt. L. (urspr. Sitz Aachen) verlegten ihre Macht rheinaufwärts in die spätere Kurpfalz. Die Bez. L. haftete schließlich an Ober-L.; hier kam die Herzogsgewalt 1047 an das spätere Haus Lothringen, doch auch hier entstanden Sonderterritorien (Bar, Vaudémont, Luxemburg, Saarbrücken, Saarwerden, Bistümer Metz, Toul, Verdun). Als 1431 das herzogl. Haus im Mannesstamm erlosch, kam L. durch die Heirat der Erbtochter an René I. von Anjou. In der Auseinandersetzung mit Karl dem Kühnen von Burgund behauptete René II. mit Hilfe der Habsburger und der Schweizer Eidgenossen die lothring. Selbständigkeit (Sieg bei Nancy 1477). Mit der Besetzung von Metz, Toul und Verdun durch Heinrich II. von Frankreich (1552) verstärkte sich der seit dem 14. Jh. dominierende frz. Einfluß. Nach Gebietsabtretungen an Frankreich 1661/97 mußte Franz I. Stephan, der Gemahl der Kaiserin Maria Theresia, 1735 L. gegen die Toskana eintauschen. Das Hzgt. diente als Entschädigung für den poln. Exkönig Stanislaus I. Leszczyński (Schwiegervater Ludwigs XV.) und fiel nach dessen Tod vertragsgemäß an Frankreich (1766). Während der Frz. Revolution Aufteilung in die Dep. Moselle, Meurthe, Meuse und Vosges. 1871 wurden Teile der Dep. Moselle (mit Metz) und Meurthe mit dem Elsaß zum dt. Reichsland Elsaß-Lothringen zusammengeschlossen, mußten im Versailler Vertrag aber an Frankreich zurückgegeben werden. 1941–45 unterstand das Dep. Moselle zus. mit der Saarpfalz dt. Verwaltung. Seit 1973 ist L. eine Region.

Lothringer Kreuz ↑ Kreuzformen.
lothringische Reform (Gorzer Reform, Gorzer Bewegung), eine im 10. Jh. vom Kloster ↑ Gorze ausgehende monast. Erneuerungsbewegung nach dem Verfall des Kloster- und Stiftswesens im 9. Jh.; strenge Benediktregel und Betonung mönch. Askese.
Loti, Pierre, eigtl. Julien Viaud, * Rochefort 14. Jan. 1850, † Hendaye 10. Juni 1923, frz. Schriftsteller. – Bereiste als Marineoffizier fast alle Meere. Schilderte in Romanen, Novellen und Reisebeschreibungen v. a. den Nahen und Fernen Osten; wichtiger Vertreter des literar. Exotismus. – Werke: Aziyadeh (R., 1879), Der Spahi (R., 1881), Islandfischer (R., 1886), Madame Chrysanthème (R., 1887).
Loti (Mrz. Maloti), Abk. M, Währungseinheit im Lesotho; 1 L. = 100 Lisente.
Lotion [loˈtsjoːn, engl. ˈloʊʃən; zu lat. lotio „das Waschen"], flüssiges Kosmetikum zum Reinigen, Erfrischen und Pflegen der Haut.
Lötkolben ↑ Löten.
Lötlampe ↑ Löten.
Lotophagen [griech. lōtophágoi „Lotosesser"], ein an der nordafrikan. Küste beheimatetes Volk der griech. Mythologie, das sich von Lotosblumen ernährt und in dessen Gebiet die Flotte des Odysseus verschlagen wird. Als des-

Lothringen. Die Stadt Longwy, nahe der belgischen und der luxemburgischen Grenze

sen Gefährten von dem Lotos kosten, schwindet ihre Erinnerung an die Heimat, und Odysseus muß sie mit Gewalt wieder an die Schiffe bringen.
Lotosblume [griech./dt.] (Nelumbo), Gatt. der Seerosengewächse mit zwei Arten; Wasserpflanzen mit aus dem Wasser ragenden, großen schildförmigen Blättern und langgestielten, bis 35 cm großen Blüten; bekannteste Art ist die **Indische Lotosblume** (Nelumbo nucifera), im wärmeren Asien von Japan und NO-Australien bis zum Kasp. Meer; mit rosa oder weißen Blüten und eßbaren, bis haselnußgroßen Früchten. – Die L. war als kosm. Symbol und als Attribut von Gottheiten bedeutsam, v. a. in der ägypt. Kosmogonie und in der ind. Mythologie.
Lotospflaume ↑ Lotuspflaume.
Lotrichtung, die Richtung der Schwerkraft bzw. die Richtung beim freien Fall; wird meist mit Hilfe eines Senklotes oder einer Wasserwaage bestimmt. **Lotschwankungen** sind die durch Gezeitenkräfte bewirkten, zeitlich period. Abweichungen der L. gegenüber einer mittleren Lage; sie betragen maximal etwa 0,01 Bogensekunden. **Lotabweichungen** beruhen auf unterschiedl. Dichteverteilung im Erdmantel. Es sind zeitlich konstante Abweichungen der L. von der geometr. Normalen auf den durch astronom. und geodät. Verfahren ermittelten ↑ Äquipotentialflächen des Schwerefeldes der Erde.
Lötrohr, rechtwinkliges Metallrohr mit Mundstück; wird in die Flamme z. B. eines Bunsenbrenners gehalten. Beim Blasen entsteht eine Stichflamme mit bes. feiner Spitze; Verwendung zur ↑ Lötrohranalyse.
Lötrohranalyse, qualitatives chem. Vorprüfungsverfahren mit Hilfe eines ↑ Lötrohres, bei dem die zu untersuchenden Substanzen der Einwirkung einer oxidierenden und reduzierenden Flamme ausgesetzt werden. Die Schmelzrückstände lassen Rückschlüsse auf die untersuchte Substanz zu.
Lötschbergtunnel, 14,6 km langer Eisenbahntunnel, unterfährt den 2 690 m hohen **Lötschenpaß** in den Berner Alpen.
Lötschental, rechtes Seitental des oberen Rhonetals im schweizer. Kt. Wallis.
Lotschwankungen ↑ Lotrichtung.
Lotse [niederl., zu engl. loadsman „Geleitsmann, Steuermann" (zu load „Straße")], Berater der Schiffsführung auf bestimmten, schwierig zu befahrenden Wasserstraßen, auf denen aus Sicherheitsgründen L. an Bord genommen werden müssen (L.pflicht). Der L. hat neben dem höchsten Befähigungsnachweis (Patent) für das jeweils zu führende Schiff durch Sonderausbildung genaueste Kenntnisse seines Bereichs (Fluß, Kanal, Hafen u. a.).
Lotsenfisch ↑ Stachelmakrelen.
Lotter, Hieronymus, * Nürnberg um 1497/98, † Geyer (Sa.) 22. Juli 1580, Kaufherr und Baumeister. – War als Bürgermeister von Leipzig (ab 1555) verantwortlich für die

Lothringen
Wappen

Lotosblume.
Indische Lotosblume

Lotterie

Lorenzo Lotto. Andrea Odoni, 1527 (Hampton Court, Palace)

Lotuspflaume. Zweig mit Früchten

Émile Loubet (anonymer Holzstich, 1892)

Errichtung öff. Bauten, die unter seiner Mitwirkung entstanden: u. a. Alte Waage (1555), Altes Rathaus (1556/57); ferner Oberbaumeister von Schloß Augustusburg bei Chemnitz (1568–72).

L., Melchior, d. Ä., *Aue vor 1470, †Leipzig 1. Febr. 1549, dt. Buchdrucker. – Druckte 1517 in Leipzig M. Luthers Thesen, 1519 errichtete er in Wittenberg eine Filiale, die für Luther und P. Melanchthon tätig war und die sein Sohn *Melchior L. d. J.* (*um 1490, †um 1528) leitete.

Lotterie [niederl., zu lot „Los"], Glücksspiel, an dem sich mehrere Spieler mit Einsätzen (meist in Geld) beteiligen und die Gewinner nach einem vom Veranstalter (L.unternehmer) aufgestellten Spielplan durch ein völlig oder überwiegend auf den Zufall abgestelltes Verfahren ermittelt werden. Der **Lotterievertrag,** der i. d. R. durch den Kauf eines L.loses zustande kommt, ist verbindlich, wenn die L. behördlich genehmigt ist oder keiner Genehmigung bedarf. Nach der Art des Gewinns unterscheidet man Geld-L. (= L. im engeren Sinn) und Sach- oder Waren-L. (= *Ausspielungen*) sowie gemischte Geld- und Sach-L. (ebenfalls Ausspielungen gen.). Nach den L.systemen unterscheidet man Ziehungs-, Totalisator- und Losbrief-L. Die *Ziehungs-L.* werden in einfache Ziehungs-L. und in Klassen-L. (mehrere, zeitlich getrennte Ziehungen [= Klassen]), die *Totalisator-L.* werden in Zahlen-L. *(Zahlenlotto),* in den Fußballtoto (einschl. der Auswahlwette) und in das Rennquintett (Pferdetoto und -lotto), die *Losbrief-L.* werden in Losbriefgeld-L., in Losbriefausspielungen und gemischte [Geld- und Waren-] Losbrief-L. (z. B. Tombola, Glückshafen) eingeteilt. In Deutschland unterliegen im Inland veranstaltete öff. L. und Ausspielungen der L.steuer in Höhe von 20 % des planmäßigen Preises sämtl. Lose. L.gewinne unterliegen nicht der Einkommensteuerpflicht.

Geschichte: Als Erfinder des *Lottos* gilt der Genueser Ratsherr Benedetto Gentile (16. Jh.). In Genua war es üblich, fünf Senatoren aus 90 Wahlfähigen durch das Los zu bestimmen; entsprechend wurde die erste Lotto 5 aus 90 gespielt. Im 17. Jh. breitete sich das Lotto in Italien, im 18. Jh. in ganz Europa aus (in Deutschland zuerst in Bayern [1735], danach in Preußen [1763] und in Köln [1770]). Nach 1945 lagen die Neuanfänge des Lottos in Berlin (1953; zunächst 5 aus 90), es folgten NRW, Bay., Schl.-H. und Hamburg (6 aus 49); 1959 waren im Dt. Lottoblock (einheitlich 6 aus 49) alle Länder der BR Deutschland und Berlin (West) vertreten. – Die ältesten bekannten Zie-

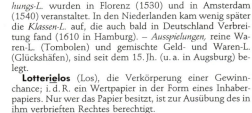

hungs-L. wurden in Florenz (1530) und in Amsterdam (1540) veranstaltet. In den Niederlanden kam wenig später die *Klassen-L.* auf, die auch bald in Deutschland Verbreitung fand (1610 in Hamburg). – *Ausspielungen,* reine Waren-L. (Tombolen) und gemischte Geld- und Waren-L. (Glückshäfen), sind seit dem 15. Jh. (u. a. in Augsburg) belegt.

Lotterielos (Los), die Verkörperung einer Gewinnchance; i. d. R. ein Wertpapier in der Form eines Inhaberpapiers. Nur wer das Papier besitzt, ist zur Ausübung des in ihm verbrieften Rechtes berechtigt.

Lotti, Antonio, *Venedig (?) im Febr. 1666, †ebd. 5. Jan. 1740, italien. Komponist. – 1687 Sänger, 1692 Organist, 1736 Kapellmeister an San Marco in Venedig, 1717–20 am Dresdner Hof; schrieb v. a. Kirchenmusik.

Lotto, Lorenzo, *Venedig um 1480, †Loreto nach dem 1. Sept. 1556, italien. Maler. – U. a. tätig in Bergamo (1513–26) und Venedig (1526–32, 1540–42 und 1546–49); charakteristisch sind seine oft eigenwillige Farbwahl, Lichtführung, dramat. Auffassung und psycholog. Sicht; führte die Kunst der Hochrenaissance in einen expressionist. Manierismus. – *Werke:* Maria mit Kind und Heiligen (1513; Bergamo, San Bartolomeo), Andrea Odoni (1527; Hampton Court Palace), Almosenverteilung des hl. Antonius (1542; Venedig, Santi Giovanni e Paolo).

Lotto [italien., zu frz. lot „Los"], Gesellschaftsspiel, bei dem Karten mit Zahlen oder Bildern durch dazugehörige Karten bedeckt werden müssen, die aus einem Beutel gezogen werden.
▷ Kurzbez. für die Zahlenlotterie in Deutschland (↑Lotterie).

Lotuspflaume (Lotospflaume, Dattelpflaume, Diospyros lotus), Ebenholzgewächs aus der Gatt. Diospyros; heimisch von W-Asien bis Japan; im Mittelmeergebiet eingebürgert; Obst- und Zierbaum mit kirschgroßen, anfangs gelben, später blauschwarzen, stark gerbstoffhaltigen, zubereitet jedoch eßbaren Früchten (in O-Asien als Obst geschätzt).

Lötwasser ↑Löten.

Lotz, Ernst Wilhelm, *Culm 6. Febr. 1890, ⚔ Bouconville (Aisne) 26. Sept. 1914, dt. Lyriker. – Bed. Frühexpressionist, schrieb erot. und polit. Gedichte; auch Zeichner.

Lotze, Rudolf Hermann, *Bautzen 21. Mai 1817, †Berlin 1. Juli 1881, dt. Philosoph; urspr. Physiologe und Mediziner. – Prof. für Philosophie in Leipzig, Göttingen und in Berlin. Versuchte in der Tradition von Leibniz und Kant in seiner Metaphysik die mechanist. Naturauffassung mit Religion in Einklang zu bringen.

Lotzer, Sebastian, *Horb am Neckar um 1490, †nach 1525, dt. reformator. Laientheologe. – Bekannt v. a. durch die ↑„Zwölf Artikel der Bauernschaft in Schwaben" (verfaßt mit C. Schappeler).

Lötzinn, svw. Weichlot (↑Löten).

Loubet, Émile [frz. lu'bɛ], *Marsanne (Dep. Drôme) 31. Dez. 1838, †Montélimar 20. Dez. 1929, frz. Politiker. – 1876–85 gemäßigter republikan. Abg.; als Min.präs. (1892) mußte er infolge des Panamaskandals zurücktreten; 1899–1906 Staatspräsident.

Loudon ['laʊdən] ↑Laudon.

Lough [engl. lɔk], ir. für See oder Fjord.

Loughborough [engl. 'lʌfbərə], engl. Stadt 15 km nnw. von Leicester, Gft. Leicester, 47 700 E. TU; Maschinenbau, Elektrotechn., Strumpfwarenind., Glockengießerei. – Siedlung aus vorröm. Zeit; im „Domesday Book" (1086) genannt; seit 1888 Stadtrecht.

Louis, Joe [engl. 'luːɪs], eigtl. Joe Louis Barrow, *Lexington (Ala.) 13. Mai 1914, †Las Vegas 12. April 1981, amerikan. Boxer. – 1937–49 Weltmeister im Schwergewicht.

Louis blanc [frz. lwi'blɑ̃, eigtl. „blanker Ludwig"] (Louisblanc), frz. Silbermünze, ↑Écu.

Louis Bonaparte [frz. lwibɔna'part] ↑Ludwig, König von Holland.

Louisdor (frz. Louis d'or) [lui'dɔːr, eigtl. „goldener Ludwig"], die frz. Hauptgoldmünze vor Einführung des Franc-Systems; geschaffen 1640, in zahlr. Formen (sog. *Sonnen-L.,*

Schild-L. usw.) geprägt bis 1793 bei absinkendem Goldgehalt, doch steigendem Inlandskurs (10–24 Livres und mehr); gewann als Handelsmünze auch im Ausland, bes. in Deutschland, weite Verbreitung und wurde von zahlr. Fürstenhöfen nachgeahmt.

Louis Ferdinand ['lu:i], eigtl. Friedrich Ludwig Christian, Prinz von Preußen, * Friedrichsfelde (= Berlin) 18. Nov. 1772, ✕ bei Saalfeld/Saale 10. Okt. 1806, preuß. General. – Neffe Friedrichs d. Gr.; zeichnete sich im 1. Koalitionskrieg 1792 bei Mainz und 1794 in der Pfalz als Heerführer aus. Vor der Schlacht von Jena und Auerstedt 1806 fiel er als Kommandant der preuß. Vorhut.

L. F., Prinz von Preußen, * Potsdam 9. Nov. 1907. – Seit 1938 ∞ mit Kira Kirillowna, Großfürstin von Rußland (* 1909, † 1967); seit 1951 Chef des Hauses Hohenzollern.

Louisiadearchipel [engl. lʊˈiːziæd], Gruppe von etwa 80 Inseln vor der SO-Spitze Neuguineas (Papua-Neuguinea), insgesamt rd. 2 200 km²; dicht bewaldet; Goldgewinnung.

Louisiana [luiziˈaːna, engl. lʊɪzɪˈænə], Bundesstaat im S der USA, 123 677 km², 4,22 Mill. E (1990), Hauptstadt Baton Rouge.

Landesnatur: Das Staatsgebiet umfaßt das Mississippidelta und einen 200–300 km breiten Streifen der westl. Golfküstenebene. Große wirtsch. Bed. besitzen die Schwefellagerstätten in den über 200 in der Küstenebene aufgedrungenen Salzdomen. Das Klima ist subtropisch feuchtwarm mit heißen, schwülen Sommern. Gelegentlich treten trop. Wirbelstürme auf.

Vegetation, Tierwelt: L. gehört zur südl. Nadelwaldzone der USA mit weiter Verbreitung von Mischwäldern (Eiche, Hickory, Kiefer). Die periodisch oder dauernd überschwemmten Teile des Deltas tragen Zypressen, Tupelobäume und Sumpfzedern. Dort gibt es Alligatoren, Bisamratten und zahlr. Wasservögel. Die Küstengewässer sind sehr fischreich.

Bevölkerung, Wirtschaft, Verkehr: Die L.franzosen bilden auch heute noch die größte fremdsprachl. Gruppe in den USA. Fast ⅓ der Bev. sind Schwarze und Angehörige anderer Minderheiten. Ein Großteil der Bev. lebt in den drei größten Städten New Orleans, Baton Rouge und Shreveport. – Die Hauptprodukte der Landw. sind Baumwolle, im Mississippidelta und am Red River angebaut, und Zuckerrohr, dessen Hauptanbaugebiet in den USA sich zw. Baton Rouge und New Orleans erstreckt. Außerdem werden Reis, Gemüse, Bataten und Tabak angebaut. Die Rinderzucht (v. a. Milchwirtschaft) gewinnt zunehmend an Bedeutung. – Führender Wirtschaftszweig ist der Bergbau. Neben Erdöl und Erdgas (auch Off-shore-Förderung) werden Schwefel und Steinsalz (beide 1. Stelle in den USA) gewonnen. Am liebsten Mississippiufer entstand ein großer Komplex von petrochem. Betrieben und Aluminiumhütten. Weitere Bed. besitzt die Nahrungsmittelherstellung und die holzverarbeitende Ind.; Ind.zentrum ist New Orleans, das auch eine bed. Rolle im Fremdenverkehr spielt und zweitgrößte Seehafen der USA ist. – Das Eisenbahnnetz umfaßt 5 386 km, das Highwaynetz 84 000 km. L. verfügt über 386 ✈.

Geschichte: Nach Erwerb des westl. Teils der frz. Kolonie Louisiane 1803 wurde das amerikan. Territorium L. 1804 eingerichtet und 1812 als 18. Staat in die Union aufgenommen. Die O-Grenze wurde nach 1812 revidiert, 1819 die W-Grenze festgelegt. Nachdem sich L. 1861 den Konföderierten Staaten von Amerika angeschlossen hatte, wurde im Verlauf des Sezessionskrieges die Mississippimündung mit New Orleans 1862 von Truppen der Union erobert und während des gesamten Krieges gehalten; bis 1876 von Bundestruppen besetzt. 1866–71 Brennpunkt der Ku-Klux-Klan-Aktivität. L. blieb ein Staat mit starken sozialen und rass. Spannungen.

Louisiane [frz. lwiˈzjan], ehem. frz. Kronkolonie in N-Amerika, die das gesamte Flußsystem des Mississippi umfaßte. 1682 nahm R. R. Cavelier de La Salle an der Mündung des Mississippi beide Stromufer für Frankreich in Besitz; zu Ehren König Ludwigs XIV. von Frankreich nannte er das Gebiet L.; 1717 erwarb die frz. Westind. Kompanie das 1684 ausgestellten Rechtstitel auf L. (Gründung von New Orleans 1718; Anbau von Zuckerrohr, Reis und Baumwolle im Mississippidelta mit Hilfe schwarzer Sklaven), das 1731 Kronkolonie wurde. 1762 kam der westlich des Mississippi gelegene Teil von L. in span. Besitz. L. östlich des Mississippi gelangte nach dem Unabhängigkeitskrieg (1783) in den Besitz der USA. Das westl. L. erwarb Frankreich 1800 von Spanien und verkaufte es 1803 an die USA.

Louis Philippe [frz. lwifiˈlip] (Ludwig Philipp), * Paris 6. Okt. 1773, † Claremont Park (Surrey) 26. Aug. 1850, Hzg. von Chartres, König der Franzosen (1830–48). – Zunächst General der frz. Revolutionsarmee, lebte nach seinem Übertritt zu den Österreichern (1793) als Hzg. von Orléans im Exil; 1817 Rückkehr nach Paris; unterhielt dort enge Kontakte zur großbürgerlich-liberalen Opposition, die seine Proklamation zum König der Franzosen betrieb (1830). Nach anfängl. Reg. mit liberalen Min. erhielt die Politik des „Bürgerkönigs" eine konservative Orientierung. Zunehmend reaktionäre Innen- und Außenpolitik entfremdete L. P. dem Bürgertum; durch die Februarrevolution 1848 gestürzt; lebte bis zu seinem Tod als Graf von Neuilly im brit. Exil.

Louis-quatorze [frz. lwikaˈtɔrz „Ludwig XIV."], Stil zur Zeit Ludwigs XIV., d. h. Stil der frz. Klassik des Barockzeitalters („classicisme"), der für zwei Jh. in ganz Europa v. a. für repräsentative Profanbauten (Prototyp Versailles) bestimmend wurde. In der Innenausstattung prunkvolle, schwere Möbel, Leuchter, Spiegel, Gobelins.

Louis-quinze [frz. lwiˈkɛ̃:z „Ludwig XV."], Stil zur Regierungszeit Ludwigs XV., verfeinerter und eleganter Rokokostil: Ornamentik (Rocaille, Chinoiserie), Intarsien, Bronzebeschläge.

Louis-seize [frz. lwiˈsɛ:z „Ludwig XVI."], frühklassizist. Stil zur Regierungszeit Ludwigs XVI. Bestimmend war außer der klass. frz. Tradition die Orientierung an der Antike.

Louisville [engl. ˈluːɪsvɪl], Stadt in N-Kentucky, USA, am Ohio, 141 m ü. d. M., 286 500 E. Sitz eines kath. Erzbischofs und eines anglikan. Bischofs; Univ. (gegr. 1798); Kunstmuseum; philharmon. Orchester. L. ist das wichtigste Ind.zentrum in Kentucky; Herstellung von Bourbon, Fleischkonserven; Metall-, chem. u. a. Ind. – Gegr. 1779, 1780 nach Ludwig XVI. von Frankreich ben.; entwickelte sich zu einem bed. Handelsplatz und Flußhafen.

Loulan [chin. loulan], von S. Hedin 1900 entdeckte Ruinenstadt im östl. Tarimbecken in NW-China; 177 v. Chr. erstmals erwähnt, 77 v. Chr. chin. Besitz; als **Krorainna** blühende Stadt des Reiches der Kushan; um 300 n. Chr. verlassen, nachdem der Tarim seinen Lauf verändert hatte.

Lounge [engl. laʊndʒ; zu to lounge „faulenzen"], Gesellschaftsraum in einem Hotel.

Lourdes [frz. lurd], frz. Stadt am N-Rand der Pyrenäen, Dep. Hautes-Pyrénées, 410 m ü. d. M., 17 400 E. Pyrenäenmuseum. Marienwallfahrtsort; hier hatte Bernadette Soubirous 1858 mehrere Marienerscheinungen, die 1862 kirchlich bestätigt wurden. Gebaut wurde ab 1864 eine neugot. Kirche und die neuroman.-byzantin. Rosenkranzkirche (1885–89); 1958 wurde die unterird. Pius-X.-Basilika geweiht; jährl. Pilgerzahl: über 2 Mill.; rd. 60 Heilungen wurden bisher von der kath. Kirche als Wunder anerkannt.

Loure [lu:r frz.], vom 13. bis 16. Jh. in Frankreich gebräuchl. Bez. für Sackpfeife.

▷ Tanz ländl. Charakters in mäßigem ⁶/₄-Takt mit zweihebigem Auftakt; fand Ende des 17. Jh. Eingang in die Kunstmusik.

Lourenço Marques [portugies. loˈrẽsu ˈmarkɨʃ] ↑ Maputo.

Loussier, Jacques [frz. luˈsje], * Angers 26. Okt. 1934, frz. Pianist und Komponist. – Gründete 1959 das Trio „Play Bach" mit C. Garros (* 1931, † 1988; Schlagzeug) und P. Michelot (* 1928; Baß), das Werke J. S. Bachs unterhaltsam „verjazzte" und bis Mitte der 70er Jahre bestand.

Louvain [frz. luˈvɛ̃], belg. Stadt, ↑ Löwen.

Louis Ferdinand,
Prinz von Preußen
(anonyme Lithographie
nach einem Gemälde
von Carl von Steuben,
um 1815)

Louisdor.
Paris, 1701/02
(Vorder- und Rückseite)

Louvière, La

Louvre. Blick auf die 1989 eröffnete Eingangspyramide nach dem Entwurf von Ieoh Ming Pei

Louvière, La [frz. laluˈvjɛːr], belg. Gem. am Canal du Centre, 133 m ü. d. M., 76 300 E. Stahl- und Walzwerke, Metall- und Betonwarenherstellung, Sanitärkeramik- und Natursteinwerke; früher Steinkohlenbergbau.

Louvois, François Michel Le Tellier, Seigneur de Chaville, Marquis de [frz. luˈvwa], * Paris 18. Jan. 1641, † Versailles 16. Juli 1691, frz. Kriegsminister. – Leitete ab 1668 das Kriegsministerium, anfangs gemeinsam mit seinem Vater, M. Le Tellier (* 1603, † 1685). Die von beiden durchgeführte Heeresreform machte das frz. Heer zur ersten Militärmacht Europas. L. befürwortete die Reunionen (1679–81), befahl die Verwüstung der Pfalz (1689) und organisierte die Dragonaden.

François Michel Le Tellier, Marquis de Louvois (Ausschnitt aus einem zeitgenössischen Kupferstich)

Louvre [frz. luːvr], ehem. königl. Schloß in Paris, seit 1793 Museum mit bed. Kunstsammlungen. Der Neubau des 16. Jh. (1546 ff.; P. Lescot) wurde im 17. Jh. zur Cour Carrée ergänzt (Pavillon de L'Horloge von J. Lemercier im W, 1624 ff., N- und O-Flügel von L. Le Vau, 1659–74, O-Fassade von C. Perrault, als klassizist. Kolonnade). Die Grande Galerie (1595–1608) entlang der Seine verband das Palais des Tuileries (nicht erhalten) urspr. mit dem alten L.; unter Napoleon I. und Napoleon III. entstand gegenüber der N-Flügel. 1989 wurde ein neuer unterird. Trakt sowie ein neuer zentraler Eingang in Form einer Pyramide aus Stahl und Glas (Entwurf I. M. Pei) eröffnet.

Louÿs, Pierre [frz. lwis], eigtl. Pierre-Félix Louis, * Gent 10. Dez. 1870, † Paris 4. Juni 1925, frz. Dichter. – Schrieb u. a. die kunstvoll antikisierenden, die griech. Sinnenfreude verherrlichenden Gedichte der Sammlung „Lieder der Bilitis" (1894), die er als Übersetzung einer griech. Dichterin des 6. Jh. ausgab, und mehrere Romane, u. a. „Aphrodite" (1896).

Lovćen [serbokroat. ˈlɔːvtɕɛn], Bergmassiv in der Republik Montenegro, z. T. Nationalpark, in den Dinariden, fünf Gipfel, höchster 1749 m, auf dem zweithöchsten (1657 m) Mausoleum für Peter II. Petrović Njegoš (Petar II.). Am L. verläuft die **Lovćenstraße,** eine Paßstraße zw. Cetinje und Kotor, 1876–81 erbaut.

Lovell [engl. ˈlʌvəl], Sir (seit 1961) Bernard, * Oldland Common (Gloucestershire) 31. Aug. 1913, brit. Physiker und Astronom. – Direktor der von ihm gegr. Nuffield Radio Astronomy Laboratories in Jodrell Bank (Cheshire), ab 1951 auch Prof. in Manchester. L. maß erstmals Geschwindigkeiten und Entfernungen von Meteoriten mit Radar. 1951–57 errichtete er in Jodrell Bank das erste voll bewegl. Radioteleskop (76,2 m ⌀).

L., James Arthur, * Cleveland (Ohio) 25. März 1928, amerikan. Astronaut. – Unternahm mit „Gemini 7" 1965 einen Raumflug (erstes Rendezvous-Manöver); war auch an den Raumflügen von „Apollo 8" (1968, erste Mondumkreisung) und von „Apollo 13" (1970, vorzeitiger Abbruch) beteiligt.

Low, Sir (seit 1962) David [engl. loʊ], * Dunedin (Neuseeland) 7. April 1891, † London 19. Sept. 1963, brit. Karikaturist. – Erfinder der Figur des „Colonel Blimp"; arbeitete als polit. Karikaturist 1927–50 für den „Evening Standard", dann für den „Guardian".

Löw, der Hohe Rabbi, eigtl. Löwe Juda Ben Bezalel, genannt Maharal von Prag, * wahrscheinlich Posen um 1525, † Prag 1609, jüd. Theologe und Kabbalist. – Ab 1573 Rabbiner in Prag; Mittelpunkt zahlr. jüd. Legenden; stand in dem Ruf eines Wundertäters und galt als Verfertiger eines ↑ Golems.

L., Immanuel, * Szeged 20. Jan. 1854, † Budapest Aug. 1944, ungar. Rabbiner und Orientalist. – Sohn von Leopold L.; legte bahnbrechende Arbeiten zu den in der rabbin. Literatur angeführten Realien vor und beschäftigte sich mit Problemen der hebr. und aram. Lexikographie.

L., Leopold, * Černá Hora (Südmähr. Gebiet) 22. Mai 1811, † Szeged 13. Okt. 1875, ungar. Rabbiner und jüd. Gelehrter. – Rabbiner in Szeged; setzte sich für die Emanzipation der Juden in Ungarn und für Reformen des jüd. Kultus ein. Beschäftigte sich v. a. mit der Geschichte der Juden in Ungarn und mit Altertumskunde.

Low Church [engl. loʊ tʃɜːtʃ], Richtung innerhalb der ↑ anglikanischen Kirche, die sich im Unterschied zur High Church den prot. Nonkonformisten annäherte; seit Mitte des 19. Jh. auch Evangelicals genannt.

Löwe ↑ Sternbilder (Übersicht).

Löwe [zu griech.-lat. leo mit gleicher Bed.] (Panthera leo), urspr. in ganz Afrika (mit Ausnahme der zentralen Sahara und der großen Regenwaldgebiete) und vom Balkan über weite Teile Vorder- und S-Asiens verbreitete überwiegend nachtaktive Großkatze; seit rd. 200 v. Chr. in SO-Europa, seit etwa 1865 im südl. S-Afrika **(Kaplöwe)** und seit 1920 nördlich der Sahara **(Berberlöwe,** Panthera leo leo) ausgerottet; in Asien heute auf das ind. Gir-Reservat beschränkt **(Indischer Löwe);** Körperlänge etwa 1,4 (♀) bis 1,9 m (♂); Schwanz etwa 0,7–1 m lang, mit einer dunklen Endquaste. Schulterhöhe bis über 1 m; Fell kurzhaarig, graugelb bis tief ockerfarben, ♂ mit gelber bis rotbrauner oder schwarzer Nacken- und Schultermähne, die sich längs der Bauchmitte fortsetzen oder auch weitgehend bis ganz fehlen kann; ♀ stets mähnenlos, mit weißl. Bauchseite. Jungtiere dunkel gefleckt. Die Brunstzeit ist bei L. nicht jahreszeitlich festgelegt. Nach etwa 105 Tagen Tragzeit werden meist zwei bis vier Jungtiere geboren. – L. können bis 20 Jahre (in Gefangenschaft über 30 Jahre) alt werden.

Symbolik: Der L., „König der Tiere", gilt seit dem Altertum als Sinnbild herrscherl. oder göttl. Macht, z. B. in Ägypten als Sphinx, in Mesopotamien als hl. Tier der Ischtar; als herrscherl. Symbol ist er in zahlr. Wappen des Abendlandes eingegangen (z. B. Thüringer L.). In der hinduist. Mythologie ist ein Mann-L. die 4. Inkarnation Wischnus (↑ Awatara). Das Säulenkapitell des Königs Aschoka aus Sarnath mit vier L. ist ind. Staatswappen. Im Christentum kann der L. Satan und Antichrist verkörpern, der geflügelte L. bedeutet in der Apokalypse Babylon, ist aber auch die Symbolfigur des Evangelisten Markus. Er symbolisiert auch die Herrschaft Christi, das göttl. Wort, den Christus-Logos, die göttl. Barmherzigkeit.

Lowell [engl. loʊəl], Amy, * Brookline (Mass.) 9. Febr. 1874, † ebd. 12. Mai 1925, amerikan. Lyrikerin. – Haupt-

Löwe. Männchen und Weibchen des Indischen Löwen

vertreterin der Imagisten in Amerika; schrieb u. a. „Men, women und ghosts" (Ged., 1916), „Pictures of the floating world" (Ged., 1919).

L., James Russell, *Cambridge (Mass.) 22. Febr. 1819, †Elmwood bei Cambridge (Mass.) 12. Aug. 1891, amerikan. Schriftsteller. – Prof. für Literatur und moderne Sprachen an der Harvard University; 1877–80 Gesandter in Spanien, 1880–85 in Großbritannien. Neben Longfellow einer der einflußreichsten Literaten der USA. Er begann mit aggressiver, zeitkrit. Dichtung oft satir. Prägung, in der er sich u. a. für die Sklavenbefreiung einsetzte, z. B. in den „Biglow papers" (Verssatiren im Yankeedialekt, 1848–67); wandte sich einem am Viktorianismus orientierten Konservatismus zu.

L., Percival, *Boston 13. März 1855, †Flagstaff (Ariz.) 12. Nov. 1916, amerikan. Astronom. – Gründete und leitete das nach ihm benannte L. Observatory in Flagstaff; seine Arbeitsgebiete waren Planetentopographie (Entdeckung der „Marskanäle", 1906) und spektroskop. Untersuchungen von Sternen und Nebeln.

L., Robert [Traill Spencer jr.], *Boston (Mass.) 1. März 1917, †New York 12. Sept. 1977, amerikan. Lyriker. – Exponent der amerikan. Lyrik des 20. Jh. (u. a. „Für die Toten der Union", 1964).

Lowell [engl. 'loʊəl], Stadt in NO-Massachusetts, USA, 92 900 E. Univ. (1975), Lehrerseminar; Kunstmuseum; bed. Zentrum der Textilind. – Gegr. 1653, 1826 Town, 1836 City.

Löwen. Rathaus am Grote Markt, 1448–63

Löwen (amtl. niederl. Leuven, frz. Louvain), belg. Stadt an der Dijle, 35 m ü. d. M., 84 600 E. Kulturelles, Handels- und Verwaltungszentrum für O-Brabant und das südl. Kempenland. Zwei kath. Univ. (seit 1970), die aus der 1425 gegr. Univ. hervorgingen, Akad. der Schönen Künste; anthropolog. Forschungszentrum; mehrere Museen. Stahlbau, Kunststoff-, Textil-, Schuh-, Nahrungsmittelind., Brauereien, Farbenherstellung. – Entwickelte sich aus einer Handelsniederlassung bei einer Burg der Grafen von L.; im 12. Jh. ummauert; 1425 Gründung der Univ., die L. zum geistigen Mittelpunkt der damaligen Niederlande machte (1797 geschlossen, 1834 als kath. Univ. neu gegr.). – Die Kirche Sint-Pieters, das Rathaus am Grote Mark und die Univ. sind Bauten der Brabanter Gotik.

Löwenäffchen (Leontideus), Gatt. rd. 50 cm langer (einschl. Schwanz bis 90 cm messender) Krallenaffen in den Regenwäldern SO-Brasiliens; mit an Kopf und Schulter mähnenartig verlängertem Fell. Von den 3 (von der Ausrottung bedrohten) Arten sind am bekanntesten: **Goldgelbes Löwenäffchen** (Großes L., Leontideus rosalia) und **Goldkopflöwenäffchen** (Leontideus chrysomelas).

Löwengesicht (Facies leontina), entstellende Gesichtsveränderung bei Lepra, auch bei leukäm. Hautinfiltraten.

Löwenherz, Richard †Richard I. Löwenherz, König von England.

Löwenmaul [mit Bezug auf die Blütenform] (Löwenmäulchen, Antirrhinum), Gatt. der Rachenblütler mit rd. 40 Arten in N-Amerika und im Mittelmeergebiet; Kräuter oder Halbsträucher mit einzelnen, achselständigen oder an Zweigenden in Trauben stehenden Blüten mit „Gaumen" und vorn am Grund sackförmig erweiterter Kronröhre. Die bekannteste Art ist das **Gartenlöwenmaul** (Antirrhinum majus).

Löwenstein, Stadt auf einem Sporn der bis 595 m hohen, stark bewaldeten **Löwensteiner Berge,** einem Teil des Schwäb.-Fränk. Schichtstufenlandes, Bad.-Württ., 385 m ü. d. M., 3 000 E. Weinbau; holzverarbeitende Ind., Mineralbrunnen. – Die 1123 angelegte Burgsiedlung erhielt 1287 Stadtrecht.

Löwenstein-Wertheim, süddt. Fürstengeschlecht, begr. durch Kurfürst Friedrich I. von der Pfalz, an dessen Sohn Ludwig (*1463, †1524) 1476 die Gft. Löwenstein ging. Durch Heirat kamen u. a. die Gft. Wertheim, Rochefort und Montaigne an das Haus, das sich um 1600 Grafen von L.-W. nannte.

Löwenthal, Leo (Lowenthal), *Frankfurt am Main 3. Nov. 1900, †Berkeley (Calif.) 21. Jan. 1993, dt.-amerikan. Soziologe. – Seit 1956 Prof. in Berkeley; Arbeiten zur Propagandaforschung, u. a. „Agitation und Ohnmacht" (mit N. Gutermann, 1949), und zur Literatursoziologie, u. a. „Erzählkunst und Gesellschaft" (1971).

L., Richard, Pseud. Paul Sering, *Berlin 15. April 1908, †ebd. 9. Aug. 1991, dt. Politikwissenschaftler. – Emigrierte 1935 nach Großbritannien, arbeitete bis 1959 v. a. als Journalist in London; 1961–74 Prof. an der Freien Univ. Berlin; zahlr. Beiträge zu Problemen der Weltpolitik, des Kommunismus, der Demokratie und der Hochschulpolitik.

Löwenzahn [vermutlich nach den spitzgezähnten Blättern], (Kuhblume, Taraxacum) Gatt. der Korbblütler mit rd. 70 Arten; gelbblühende, milchsaftführende Rosettenpflanzen mit gezähnten Blättern und Blütenkörbchen aus Zungenblüten auf rundem, hohlem, blattlosem Schaft. In M-Europa kommt v. a. der **Gemeine Löwenzahn** (Kuhblume, Kettenblume, Ringelblume, Taraxacum officinale) vor. ▷ (Leontodon) Gatt. der Korbblütler mit rd. 60 Arten in Europa, Z-Asien und im Mittelmeergebiet; Rosettenpflanzen mit meist schwach bis buchtig gezähnten Blättern. Einheim. Arten sind: **Herbstlöwenzahn** (Leontodon autumnalis) mit goldgelben Zungenblüten und unterseits rötlich gestreiften Randblüten; auf Weiden und Kulturrasen. **Hundslattich** (Nickender L., Leontodon nudicaulis) mit schwarz gerandeten Blütenhüllblättern; auf feuchten Wiesen, Heiden und Dünen.

Lower Avon [engl. 'loʊə 'ɛɪvən] †Avon.

Lowestoft [engl. 'loʊstɔft], engl. Hafenstadt und Seebad an der Nordsee, Gft. Suffolk, 55 200 E. Handelshafen, Fischerei, Fischverarbeitung, elektrotechn. Ind., Schiffbau.

Lowetsch, bulgar. Stadt im nördl. Vorland des Balkans, 210 m ü. d. M., 49 800 E. Hauptort der Region L.; Lederind., Maschinen- und Fahrzeugbau, Weinkellereien. – L. entstand an der Stelle des röm. **Melta.** Die Reste des röm. Kastells wurden im MA zu einer bulgar. Festung ausgebaut.

Łowicz [poln. 'ɫɔvitʃ], poln. Stadt an der unteren Bzura, 24 000 E. Volkskunstmuseum; Maschinenbau und Nahrungsmittelind., Bahnknotenpunkt. – Kollegiatskirche (15. Jh. und 17. Jh.) mit Grabmälern poln. Erzbischöfe; ehem. Piaristenkirche (17. Jh.).

Lowie, Robert Harry [engl. 'loʊɪ], eigtl. R. Heinrich L., *Wien 12. Juni 1883, †Berkeley 21. Sept. 1957, amerikan. Ethnologe. – Schüler von F. Boas; 1921–50 Prof. in Berkeley. Hatte an der Weiterentwicklung der kulturanthropolog. Schule maßgebl. Anteil.

Löwenmaul. Gartenlöwenmaul

Löwenzahn. Gemeiner Löwenzahn

Karl Löwith

Loxodrome

Luanda
Stadtwappen

Luanda
Hauptstadt von
Angola
1,2 Mill. E
Handels- und
Ind.zentrum mit
internat. Messe
gegr. 1575 als
portugies. Fort
Univ. (seit 1963)
Ausgangspunkt der
Luandabahn

Löwith, Karl, *München 9. Jan. 1897, †Heidelberg 24. Mai 1973, dt. Philosoph. – Seit 1952 Prof. in Heidelberg. Seinen philosophiehistor. Arbeiten mit Schwerpunkt im 19. Jh. liegt die anthropolog. These zugrunde, daß den Menschen als Naturwesen jede transzendentale Erkenntnis versagt ist. L. versuchte die christl.-theolog. Gebundenheit des abendländ. Denkens kritisch aufzuzeigen. – *Werke:* Nietzsches Philosophie der ewigen Wiederkehr des Gleichen (1935), Weltgeschichte und Heilsgeschehen (1948), Abhandlungen (1966), Gott, Mensch und Welt in der Metaphysik von Descartes bis zu Nietzsche (1967).

Low-key-Technik [engl. 'lou,ki: „niedere Tonart"], photograph. Technik, durch die Bilder mit vorwiegend dunklen Grautönen erzeugt werden. – Ggs. ↑ High-key-Technik.

Lowlands [engl. 'loulǝndz], Senkungszone in M-Schottland, zw. den Highlands im N und den Southern Uplands im S, erstreckt sich 50–80 km breit vom Firth of Clyde im W bis zur O-Küste im Bereich Stonehaven/Dunbar.

Lowry [engl. 'lauǝri], Malcolm, *Merseyside (Cheshire) 28. Juli 1909, †Ripe (Sussex) 27. Juni 1957, engl. Schriftsteller. – Sein Hauptwerk ist der mehrfach umgearbeitete, wegen seiner Chiffresprache schwer zugängl. Roman „Unter dem Vulkan" (1947) über den letzten Lebenstag eines Alkoholikers.
L., Thomas Martin, *Low Moor (Bradford, Yorkshire) 26. Okt. 1874, †Cambridge 2. Nov. 1936, brit. Physikochemiker. – 1912–20 Prof. in London, danach in Cambridge; entwickelte 1923 (unabhängig von J. N. Brønsted) die ↑Säure-Base-Theorie.

Loxodrome [zu griech. loxós „seitwärts gebogen, schräg" und drómos „Lauf"], Kurve auf der Kugeloberfläche, die alle Längenkreise unter dem gleichen Winkel schneidet.

loyal [loa'ja:l; frz., zu lat. legalis „gesetzlich"], treu gegenüber dem Staat, der Reg., dem Vorgesetzten; die Interessen anderer achtend; vertragstreu. – Ggs. illoyal.

Loyalisten [loaja...; frz.], 1. in England und Schottland die Anhänger der 1688 vertriebenen Stuarts; 2. im amerikan. Unabhängigkeitskrieg die zur brit. Krone stehenden Kolonisten.

Loyaltyinseln [engl. 'lɔɪəltɪ] (frz. Îles Loyauté), Koralleninseln in sw. Pazifik, gehören zum frz. Überseeterritorium Neukaledonien, 1 981 km², 17 900 Einwohner.

Loyang ↑Luoyang.

Loyola, Ignatius von [lo'jo:la] ↑Ignatius von Loyola.

Lozère [frz. lo'zɛːr], Dep. in Frankreich.

Lozère, Mont [frz. mõlo'zɛːr], mit 1 702 m die höchste Erhebung der Cevennen, Frankreich.

LP [ɛl'pe:], Abk. für engl.: long-playing record „Langspielplatte", ↑Schallplatte.

LPG, Abk. für: ↑landwirtschaftliche Produktionsgenossenschaft.

Lr, chem. Symbol für ↑Lawrencium.

LRS, Abk. für: Lese-Rechtschreib-Schwäche (↑Legasthenie).

l. s., Abk. für: ↑loco sigilli.

L-Schale, die zweite Elektronenschale (von innen) im ↑Atommodell.

LSD, Abk. für: Lysergsäurediäthylamid, ein kristallines Pulver, ein Abkömmling der Lysergsäure, die als natürl. Bestandteil der Mutterkornalkaloide vorkommt. Schon geringe Dosen (0,5–2 µg je kg Körpergewicht) rufen langandauernde (6–12 Stunden) halluzinogene Wirkungen hervor. Die Reaktionen auf LSD sind individuell sehr unterschiedlich und können in angenehmen Eindrücken, Hochstimmung, Mißstimmung oder angstvollen Rauschzuständen („Horrortrips") bestehen. LSD ist ein verbreitetes Rauschgift, sein chron. Gebrauch kann zu psych. Abhängigkeit führen; obwohl keine körperl. Abhängigkeit und keine Entzugserscheinungen auftreten, können körperl. Dauerschäden nicht ausgeschlossen werden.

LSI, Abk. für engl.: large scale integration, Integrationsgrad von 10³ bis 10⁴ Elementen je Chip bei integrierten Schaltungen.

LS-Kopplung, svw. ↑Russell-Saunders-Kopplung.

LTH, Abk. für: luteotropes Hormon (↑Geschlechtshormone).

Lu, chem. Symbol für ↑Lutetium.

Lü, zu den Thai gehörender Volksstamm im S der chin. Prov. Yunnan, in Birma, Laos, Thailand und N-Vietnam; 350 000 (in China lebende L. werden von den übrigen Thaigruppen offiziell nicht unterschieden).

Luanda, Hauptstadt von Angola, an der Atlantikküste, 1,2 Mill. E. Kath. Erzbischofssitz; Univ. (gegr. 1963), Angolamuseum, geolog. und ethnolog. Museum, Nationalbibliothek, erdmagnet. Observatorium. Bed. Handels- und Ind.-zentrum mit internat. Messe; u. a. Textil- und Nahrungsmittelind., Walzwerk, Erdölraffinerie. Wichtigster Hafen des Landes, internat. ✈. – 1575 als portug. Fort gegr., seit 1576 Hauptstadt von Angola.

Luang Prabang, Stadt in Laos, an der Mündung des Nam Khan in den Mekong, 350 m ü. d. M., 44 200 E. Verwaltungssitz der Prov. L. P.; Sitz des Oberhauptes der laot. Buddhisten und eines apostol. Vikars; Zentrum eines Landw.gebiets; Herstellung von Textilien; Fischerei, Salzgewinnung, ✈. – Seit 1353 Hauptstadt des laot. Reiches Lanchang, dessen erster Herrscher, Fa Ngum, die Buddhastatue Phra bang („Goldener Buddha") aufstellen ließ, nach der die Stadt ihren heutigen Namen erhielt; nach Teilung des Landes 1694 Hauptstadt eines Königreiches; kam 1836 unter thailänd. Oberherrschaft; Königsresidenz auch nach der frz. Annexion, ab 1917 wieder für ganz Laos. – Zahlr. buddhist. Tempel (16.–19. Jh.), u. a. Wat Chieng Thong.

Luang Prabang. Tempel Wat Chieng Thong, 16. Jahrhundert

Luangwa, linker Nebenfluß des Sambesi in NO-Sambia, mündet als Grenzfluß gegen Moçambique, rd. 770 km lang. Am Mittellauf der wildreiche *L. Valley National Park.*

Luanshya [lu'ɑ:nʃja], Stadt im Kupfergürtel von Sambia, 1 300 m ü. d. M., 160 700 E. Bergbauzentrum mit bed. Kupferminen.

Luapula, Grenzfluß zw. Sambia und Zaire, entfließt dem Bangweolosee, mündet in den Mwerusee, etwa 550 km lang.

Luba, Bantustamm in SO-Zaire; v. a. Waldlandpflanzer; 5,8 Mill.; bed. Kunsthandwerk, u. a. Masken und Statuetten. – Wohl im 16. Jh. Gründung des im heutigen N-Shaba gelegenen L.reiches durch König Nkongola; dehnte sich zeitweise im O bis zum Tanganjikasee und im S bis zum Lundareich aus; zerfiel Ende des 19. Jh. und wurde Teil Belgisch-Kongos.

Lubac, Henri de [frz. ly'bak], *Cambrai 20. Febr. 1896, †Paris 4. Sept. 1991, frz. kath. Theologe und Jesuit. – 1929 Prof. für Fundamentaltheologie und Religionsgeschichte am Institut catholique in Lyon; Vorkämpfer der ↑Nouvelle théologie; 1983 zum Kardinal erhoben.

Lubango (früher Sá da Bandeira), Prov.hauptstadt in SW-Angola, 1770 m ü. d. M., 105 000 E. Kath. Erzbischofssitz; ethnolog. Museum; landw. Handelszentrum; ⚒.

Lübbecke, Stadt am N-Rand des Wiehengebirges, NRW, 110 m ü. d. M., 24 300 E. Freilichtbühne; Tabakwaren-, Bekleidungs-, Möbel-, Maschinen-, Papier-, Nahrungsmittelind.; Hafen am Mittellandkanal. – 775 als sächs. Siedlung erstmals gen. 1279 befestigt und zur Stadt erhoben. – Pfarrkirche (12. und 14. Jh.), am Markt ein ehem. Burgmannshof (1735), Fachwerkhäuser (18. und 19. Jh.). – Südwestlich. von L. liegt die *Babilonie,* eine ausgedehnte Befestigungsanlage, deren Anfänge ins 1. Jh. v. Chr. zurückreichen.

Lübben, Landkr. in Brandenburg.

Lübbenau/Spreewald, Stadt an der Spree, Brandenburg, 60 m ü. d. M., 21 000 E. Spreewaldmuseum, in L.-Lehde Freilichtmuseum, Gemüsebau, Gurkenverarbeitung; in der Nähe Braunkohlenbergbau (Kraftwerk in L.-Vetschau); Fremdenverkehr. – Entstand bei einer 1301 bezeugten Burg. – Klassizist. ehem. Schloß (1817–20) mit Park und Orangerie.

Lübben/Spreewald, Krst. in der Niederlausitz, Brandenburg, 55 m ü. d. M., 14 000 E. Textil-, Metallwaren-, Pappenind.; Gemüseverarbeitung. – Erstmals 1150 erwähnt, um 1220 Stadtrecht. – Spätgot. Paul-Gerhardt-Kirche (16. Jh.), ehem. Schloß (1682) und ehem. Ständehaus (1717).

Lubbers, Rudolphus Frans Marie [niederl. ˈlʏbərs], *Rotterdam 7. Mai 1939, niederl. Politiker. – 1973–77 Wirtschaftsmin., 1979–82 Fraktionsvors. der Christen Democratisch Appèl (CDA) in der 2. Kammer; Min.präs. seit Nov. 1982.

Lubbock [engl. ˈlʌbək], Stadt in NW-Texas, USA, 990 m ü. d. M., 186 400 E. Kath. Bischofssitz; TU (gegr. 1923); Handelsplatz für Baumwolle; Cottonölgewinnung u. a. Ind.zweige. – Gegr. 1891.

Lübeck, Vincent, *Padingbüttel (bei Cuxhaven) im Sept. 1654, †Hamburg 9. Febr. 1740, dt. Komponist. – Als Organist seit 1674 in Stade und seit 1702 an Sankt Nikolai in Hamburg tätig; bed. Orgellehrer, komponierte Orgelwerke und Kantaten.

Lübeck, Stadt an der Trave und, im Ortsteil **Travemünde,** an der Ostsee, Schl.-H., 0–15 m ü. d. M., 211 000 E. Medizin. Hochschule, Musikhochschule, Fachhochschule, Wirtschaftsakademie, Norddt. Orgelschule, Museen, Theater. Die Wirtschaft wurde bis Ende des 19. Jh. durch Handel und Hafen bestimmt. Rückgang nach Eröffnung des Nord-Ostsee-Kanals, deshalb Anfang des 20. Jh. Aufbau einer modernen Ind., v. a. Werften, holzverarbeitende Betriebe, Maschinenbau, chem., keram., Düngemittel-, Verpackungs- und Fischverarbeitungsind., Marzipanherstellung; gleichzeitig Ausbau des Fracht- und Passagierhafens. Der Ortsteil Travemünde ist Seebad mit Spielkasino, Kongreßort, Fährhafen für Skandinavien.

Geschichte: Vorgängersiedlung von L. war **Alt-Lübeck** an der Mündung der Schwartau in die Trave; entstand im 11. Jh. als Zentrum des wend. Wagrien, war bei einer aus dem 10. Jh. stammenden wend. Ringburg (wend. **Liubice**); im 11. und 12. Jh. Ausgangspunkt der Christianisierung der Wenden. Die 1143 gegr. Kaufmannssiedlung wurde nach Zerstörungen 1158/59 durch Heinrich den Löwen neu gegr. Das der Stadt verliehene Soester Recht wurde umgestaltet und als *lüb. Recht* an über 100 Städte verliehen. 1226 erhob Kaiser Friedrich II. L. zur freien Reichsstadt; Bündnisse zw. L. und norddt. Fürsten, See- und Handelsstädten führten zur Gründung der dt. Hanse, deren Führung L. übernahm (seit 1358 Hansetage in L.). Blütezeit der Stadt in der 2. Hälfte des 14. Jh. (1397: Wasserweg zur Elbe durch Kanalisierung von Stecknitz und Delvenau). 1529/31 Einführung der Reformation. Die von Bürgermeister J. Wullenwever eingeleitete „Grafenfehde" (1534–36) gegen Dänemark brachte den Verlust des polit. Einflusses im Ostseeraum. L. blieb nach 1806 (bis 1937) als „Freie und Hansestadt" selbständig (außer seiner Zugehörigkeit zum Napoleon. Kaiserreich 1810–13) und wurde 1815

Lübbenau/Spreewald. Klassizistisches Schloß, 1817–20

Mgl. des Dt. Bundes, 1871 des Dt. Reiches; 1937 kam L. zur preuß. Prov. Schleswig-Holstein.

Bauten: Der Dom ist eine dreischiffige got. Backsteinhallenkirche (13./14. Jh.), 1942 ausgebrannt, ab 1961 restauriert; bed. Triumphkreuz, 1477, von B. Notke); Sankt Marien am Marktplatz (13./14. Jh.) gehört zu den bedeutendsten Kirchen der norddt. Backsteingotik, hochgot. Umgangschor (um 1260–80), Doppelturmfassade (1350 vollendet, 1942 ebenfalls ausgebrannt, restauriert). Neben weiteren Kirchen und Klöstern (Petrikirche, 14. bis 16. Jh., Katharinenkirche, 13./14. Jh., Augustinerinnenkloster, heute Sankt-Annen-Museum) auch bed. Profanbauten: das Heilig-Geist-Hospital (2. Hälfte des 13. Jh.), das ↑Holstentor sowie u. a. das Rathaus aus glasiertem Backstein (13.–16. Jh.). Bürgerhäuser, u. a. das „Behnhaus" (1779–83; Museum mit Städt. Galerie) und das „Buddenbrookhaus" (Fassade 1758). Die Altstadt wurde von der UNESCO zum Weltkulturerbe erklärt.

L., ehem. Bistum, 1160 entstanden durch Verlegung des 948 gegr. Bistums von Oldenburg (Holstein) nach L. als Suffragan des Erzbistums Bremen-Hamburg. Residenz war seit dem Ende des 13. Jh. Eutin. Infolge der Reformation wurde das Hochstift L. ev. geistl. Ft. unter Administratoren aus dem Haus Holstein-Gottorf, ab 1773 Besitz der gottorf. Grafen bzw. Herzöge von Oldenburg; 1803 säkularisiert. Der oldenburg. Landesteil L. wurde 1937 der preuß. Prov. Schleswig-Holstein eingegliedert.

Lübecker Bucht, sw. Teil der Mecklenburger Bucht der Ostsee, greift zw. der Halbinsel Wagrien und der mecklenburg. Küste 30 km tief in das Landesinnere ein.

lübisches Recht ↑Stadtrechte.

Lubitsch, Ernst, *Berlin 29. Jan. 1892, †Los Angeles-Hollywood 30. Nov. 1947, dt.-amerikan. Filmregisseur. – Beginn 1911 bei M. Reinhardt als Schauspieler; erste Filmregie 1914, zunächst Filmkomödien wie „Ein fideles Gefängnis" (1917), „Die Austernprinzessin" (1919), „Kohlhiesels Töchter" (1920), dann v. a. histor. Ausstattungsfilme wie „Die Augen der Mumie Ma" (1918), „Madame Dubarry" (1919), „Anna Boleyn" (1920), „Das Weib des Pharao" (1921). Ging 1922 nach Hollywood, wo er v. a. geistreich-frivole Gesellschaftskomödien drehte, z. B. „Das verlorene Paradies" (1924), „Lady Windermeres Fächer" (1925), „Drei Matrosen in Paris" (1926), „Blaubarts achte Frau" (1938), „Ninotschka" (1939), „Sein oder Nichtsein" (1942).

Lübke, Heinrich, *Enkhausen (= Meschede) 14. Okt. 1894, †Bonn 6. April 1972, dt. Politiker. – Vermessungsingenieur; 1926–33 Direktor der Dt. Bauernschaft; 1931–33 preuß. MdL (Zentrum); nach 1933 zeitweise verhaftet; trat 1945 der CDU bei; 1946–49 MdL, 1947–52 Ernährungs- und Landwirtschaftsmin. von NRW; 1949/50

Lübeck
Stadtwappen

Rudolphus Frans Marie Lubbers

Ernst Lubitsch

Lucas van Leyden. David und Saul, Kupferstich, um 1508/09

und 1953–59 MdB; schuf als Bundesmin. für Ernährung, Landw. und Forsten (1953–59) den Grünen Plan; 1959–69 Bundespräs.; setzte sich bes. für die Entwicklungshilfe ein; befürwortete eine große Koalition.

Lübker, Friedrich, *Husum 18. Aug. 1811, †Flensburg 10. Okt. 1867, dt. klass. Philologe. – Hg. des bed. „Reallexikons des class. Alterthums" (4 Tle., 1853–55).

Lublin, Stadt in O-Polen, 180 m ü. d. M., 333 000 E. Hauptstadt der Woiwodschaft L.; kath. Bischofssitz; Univ. (gegr. 1944), kath. Univ. (gegr. 1918), mehrere Hochschulen, vier Museen; Nahrungsmittelind., Metallverarbeitung, Fahrzeug-, Maschinenbau u. a. Industrie.

Geschichte: L., im 12. Jh. poln. Burg, erhielt 1317 Magdeburger Stadtrecht, 1383 ein Handelspriviley; ab 1413 Versammlungsort des poln. und litauischen Adels. Die Union von Lublin (1569) brachte die Vereinigung von Polen und Litauen. L. war Zentrum der Renaissance und der Reformation in Polen. Kam 1795 an Österreich, 1809 an das Hzgt. Warschau, 1815 zu Kongreßpolen. 1915–18 Sitz des östr. Generalgouvernements Polen; ab 1918 poln. Woiwodschaftssitz. – Im Stadtteil **Majdanek** befand sich 1943/44 ein nat.-soz. Konzentrations- und Vernichtungslager, 1941 als Lager für sowjet. Kriegsgefangene errichtet; von den rd. 500 000 Häftlingen wurden etwa 250 000 (nach anderen Schätzungen 360 000), meist Juden, ermordet; heute Gedenkstätte und Museum.

Bauten: Zahlr. histor. Bauwerke, u. a. Schloß der Jagellonen (14. Jh.; der Neubau 1824–26), Schloßkapelle (14./15. Jh.), Stadttore (14. und 16. Jh.), Rathaus (1389 ff.; 1781 umgebaut) und Dominikanerkirche Sankt Stanislaus (1342, später umgebaut), Kathedrale (16. Jh.).

Lubliner Komitee ↑ Polnisches Komitee der Nationalen Befreiung.

Lubumbashi [lubum'baʃi], Hauptstadt der Provinz Shaba, Zaire, nahe der Grenze nach Sambia, 1 230 m ü. d. M., 543 000 E. Mittelpunkt des zair. Kupfergürtels mit modernem Stadtbild, Sitz eines kath. Erzbischofs und eines orth. Metropoliten; Univ. (gegr. 1955); Bergwerk mit Erzaufbereitung und -verhüttung; vielseitige Verarbeitungsind.; internat. ⚒. – 1910 gegründet.

Lübz, Krst. an der Elde, Meckl.-Vorp., 8 000 E. Maschinenbau, Zuckerind., Brauerei, Mineralwollwerk. – Entstand neben der 1308 erbauten Eldenburg, zw. 1456 und 1506 Stadt. – Spätgot. Stadtkirche (um 1570).

L., Landkr. in Mecklenburg-Vorpommern.

Luca, antiker Name von ↑ Lucca.

Lucanus, Marcus Annaeus ↑ Lukan.

Lucas, George [engl. 'luːkəs], *Modesto (Calif.) 14. Mai 1944, amerikan. Filmregisseur und -produzent. – Drehte u. a. „American Graffiti" (1973), „Krieg der Sterne" (1977), „Das Imperium schlägt zurück" (1979), „Die Rückkehr der Jedi-Ritter" (1983).

Lucas van Leyden [niederl. 'lyːkɑs fɑn 'lɛidə], eigtl. L. Huyghensz., *Leiden im 1489 oder 1494, †ebd. vor dem 8. Aug. 1533, niederl. Maler und Kupferstecher. – Sein Schaffen wurde beeinflußt von Dürer, J. Gossaert, sein manierist. Spätwerk von M. Raimondi und Jan Scorel; Wegbereiter verschiedener Bildgattungen. Sein Kupferstichwerk „David vor Saul", um 1508/09, „Ecce homo", 1510, wirkte nach auf Rembrandt. – *Weitere Werke:* Die Schachpartie (um 1508; Berlin-Dahlem), Das Jüngste Gericht (Triptychon, 1526/27; Leiden, Stedelijk Museum), Heilung des Blinden von Jericho (1531; St. Petersburg, Eremitage).

Lucca, italien. Stadt am Serchio, Toskana, 19 m ü. d. M., 87 200 E. Hauptstadt der Prov. L.; kath. Erzbischofssitz; Gemäldegalerie, Museen, Bibliotheken, Staatsarchiv, Theater; Handelsstadt mit Textil-, Seiden-, Papier-, Nahrungsmittel- und Genußmittelindustrie.

Geschichte: In der Antike **Luca,** entstand als ligur. Siedlung; ab 177 v. Chr. latin. Kolonie, ab 89 v. Chr. Munizipium. Unter den Langobarden (seit etwa 570) und in der fränk. Periode Hauptstadt von Tuszien; erreichte durch das Statut von 1308 und die Vertreibung des Adels polit. Macht; behielt mit einer kurzen Unterbrechung seine republikan. Verfassung bis 1799, als es unter frz. Herrschaft kam; fiel 1815 als Hzgt. an Maria Luise von Etrurien, 1847 an das Groß-Hzgt. Toskana.

Bauten: Dom (11.–15. Jh.; roman. Fassade 1204 vollendet, Apsis 1308 ff., Inneres 1372 ff.; bed. Ausstattung), San Frediano (12. Jh.), San Michele in Foro (12.–14. Jh.), San Giovanni (12. Jh.), Paläste (15.–18. Jh.), u. a. Villa Guinigi (heute Museum).

Lucera [italien. lu'tʃɛːra], italien. Stadt in Apulien, 240 m ü. d. M., 32 800 E. Kath. Bischofssitz; Museum, Bibliothek; bed. Agrarmarkt; Möbelind., Öl- und Getreidemühlen, Ziegeleien. – In der Antike als **Luceria** eine der bedeutendsten Städte Apuliens; 314 v. Chr. röm. Kolonie; 663 von Konstans II. eingenommen und zerstört; von Kaiser Friedrich II. zu einer der stärksten Festungen seines Reiches ausgebaut und mit Sarazenen besiedelt, nach deren Vertreibung und Ausrottung durch Karl II. von Anjou 1300 entstand die Neustadt Santa Maria, in der v. a. Provenzalen angesiedelt

Heinrich Lübke

Lucca. Dom mit der 1204 vollendeten Fassade, im Vordergrund San Giovanni, 12. Jahrhundert

wurden; schwere Schäden durch Erdbeben 1456; von Ferdinand I. von Neapel 1463/64 belagert und eingenommen; 1648–92 Republik. – Kastell Kaiser Friedrichs II. (1233; 1269–83 mit Mauerring mit zahlr. Türmen umgeben), frühgot. Dom (um 1300); nahe L. ein großes röm. Amphitheater.

Luch (Mrz. Lüche, Lücher) [niederdt.], Bez. für Wiesenflächen auf Flachmoorboden in den brandenburg. Jungmoränengebieten.

Lüchow [...ço], Krst. im Wendland, Nds., 37 m ü. d. M., 10 700 E. Verwaltungssitz des Landkr. L.-Dannenberg; Museum; Wetterstation des Dt. Wetterdienstes, Übersee-Funkempfangsstelle; Kugel- und Wälzlagerfabrik, Kartoffelstärkefabrik. – 1158 erstmals erwähnt, 1203 als Stadt bezeichnet; nach einem großen Stadtbrand (1811) auf regelmäßigem Grundriß neu erbaut.

Lüchow-Dannenberg [...ço], Landkr. in Niedersachsen.

Luchs ↑ Sternbilder (Übersicht).

Luchse. Nordluchs

Luchse [zu althochdt. luhs, eigtl. „Funkler" (nach den Augen)] (Lynx), Gatt. bis 1,1 m langer, hochbeiniger Katzen, v. a. in Wäldern und Halbwüsten Eurasiens und N-Amerikas; vorwiegend nachtaktive gelblich- bis rotbraune, häufig dunkel gefleckte Raubtiere mit kleinem, rundl. Kopf, langen Pinselohren, auffallendem Backenbart und Stummelschwanz. – L. ernähren sich von Säugetieren. Man unterscheidet zwei Arten: **Nordluchs** (Gewöhnl. L., Lynx lynx), einschl. Schwanz bis 1,3 m lang; war früher in den Wäldern fast ganz N-Eurasiens und N-Amerikas verbreitet, ist heute durch intensive Bejagung in weiten Teilen ausgerottet; Fell dunkel gefleckt (v. a. bei der span. Unterart **Pardelluchs**, Lynx lynx pardinus) oder undeutlich gefleckt (bei der Unterart **Polarluchs** oder Kanad. L., Lynx lynx canadensis). Dem Nord-L. sehr ähnlich, jedoch etwas kleiner ist der **Rotluchs** (Lynx rufus) im mittleren und südl. N-Amerika.

Luchterhand Verlag, Hermann, ↑ Verlage (Übersicht).

Lucia ['lu:tsia], hl., Märtyrerin (keine sicheren histor. Angaben). Nach der im 5./6. Jh. verfaßten Legende gelobt sie nach einer Vision am Grab der hl. Agatha Jungfräulichkeit und Armut. Von ihrem Verlobten denunziert, übersteht sie alle Martern, bis man ihr schließlich ein Schwert durch die Kehle stößt. Nach späteren Fassungen hat sie sich die Augen ausgerissen und ihrem Verlobten auf einer Schüssel geschickt. – Fest: 13. Dez. – In der Kunst meist mit Schwert und Halswunde dargestellt.

Lucić, Hannibal [serbokroat. 'lu:tsitɕ], * Hvar um 1485, † ebd. 14. Dez. 1553, kroat. Dichter. – Verfaßte das erste originale Schauspiel der kroat. Literatur, „Robinja" (Die Sklavin, hg. 1556).

Lucidarius, Titel des ältesten bedeutenderen mittelhochdt. Prosadenkmals, eines Kompendiums geistl. und weltl. Wissens; entstanden zw. 1190 und 1195 (im Auftrag Heinrichs des Löwen).

Lucifer ↑ Luzifer.

Luciferine (Luziferine) [zu lat. lucifer „Licht bringend"], Sammelbez. für eine heterogene Gruppe von Substanzen, die bei leuchtenden Pflanzen und leuchtenden Tieren auftreten; sie werden unter dem Einfluß von spezifischen Enzymen, den *Luciferasen*, oxidiert. Die dabei freiwerdende Energie wird überwiegend in Form von Licht ausgestrahlt.

Lucilius, Gajus, * Suessa Aurunca (Kampanien) um 180(?), † Neapel 102/101, röm. Satirendichter. – Großgrundbesitzer; etwa ab 160 in Rom. Seine „Saturae" (Satiren im modernen Sinne) in verschiedenen Versmaßen, bes. in Hexametern geschrieben, polemisieren in kraftvoller und lebendiger Sprache scharf und freimütig gegen Mißstände des polit., wirtsch. und literar. Lebens.

Lucius III., * Lucca, † Verona 25. Nov. 1185, vorher Ubaldo Allucingoli, Papst (seit 1. Sept. 1181). – Zisterzienser; als Papst in Rom von republikan. Revolten bedrängt; gewann 1184 Kaiser Friedrich I. Barbarossa für den Kreuzzug und zum gemeinsamen Vorgehen gegen Katharer und Waldenser.

Luckau, Krst. in der Niederlausitz, Brandenburg, 65 m ü. d. M., 6 100 E. Nahrungsmittelind. – Entstand in der 1. Hälfte des 13. Jh. – Ma. Stadtbefestigung, spätgot. Nikolaikirche (14./15. Jh.), Rathaus aus dem 16., Bürgerhäuser aus dem 17. Jahrhundert.

L., Landkr. in Brandenburg.

Lücke, Paul, * Schöneborn (= Gemeinde Marienheide [bei Gummersbach]) 13. Nov. 1914, † Erlangen 10. Aug. 1976, dt. Politiker. – Maschinenbauingenieur; seit 1945 Mgl. der CDU; MdB 1949–72; als Bundesmin. für Wohnungswesen, Städtebau und Raumordnung (1957–65) bes. bemüht um die Einführung eines sozialen Miet- und Wohnungsrechts (sog. L.-Plan); trat als Innenmin. (1965–68) zurück, als die von den Parteien der großen Koalition vereinbarte Wahlrechtsreform nicht zustande kam.

Luckenwalde, Krst. an der Nuthe, Brandenburg, 50 m ü. d. M., 26 000 E. Theater; u. a. metall- und holzverarbeitende Ind. – Entstand bei einer Burg; erhielt 1430 städt. Rechte. – Spätgot. Johanniskirche (16. Jh.; später ausgebaut).

L., Landkr. in Brandenburg.

Luckhardt, Wassili, * Berlin 22. Juli 1889, † ebd. 2. Dez. 1972, dt. Architekt. – Nach dem Tode seines Bruders Hans L. (* 1890, † 1954) führte er die gemeinsamen, v. a. in den 20er Jahren in Berlin entwickelten Bauvorstellungen kontinuierlich weiter, u. a. Landesversorgungsamt in München (1957; 1989 abgerissen), Bremer Parlamentsgebäude (1962–69).

Luckner, Felix Graf von, * Dresden 9. Juni 1881, † Malmö 13. April 1966, dt. Seeoffizier. – Durchbrach im 1. Weltkrieg mit dem Hilfskreuzer „Seeadler" die brit. Blockade und kaperte im Atlantik eine große Anzahl alliierter Schiffe; verfaßte abenteuerl. Erlebnisberichte (u. a. „Seeteufel", 1921) und Memoiren.

Lucknow ['lʌknaʊ], Hauptstadt des ind. Bundesstaates Uttar Pradesh, an der Gumti, 120 m ü. d. M., 917 000 E. Kath. Bischofssitz; Univ. (gegr. 1921), mehrere Forschungsinst., Museum. Bed. Kunsthandwerk, ferner Textil-, Papier- und Zuckerind.; Eisenbahnwerkstätten; botan. Garten. – War Prov.hauptstadt des Mogulreiches, ab 1775 Hauptstadt des Kgr. von Oudh, das 1856 von den Briten annektiert wurde. – Schiit. Kultstätten, u. a. Große Imambara (1784), Kleine Imambara (1842–47). Paläste, Moscheen, Mausoleen im Mogulstil.

Lucky Luke [engl. 'lʌkɪ 'luːk], Titelheld der gleichnamigen frz. Comicserie von Morris (eigtl. Maurice de Bévère, * 1923); erstmals 1947 (dt. 1958). L. L. ist ein liebenswerter Cowboy, der zus. mit seinem Pferd Jolly Jumper humorvolle Abenteuer erlebt.

Lucretia (Lukretia), nach der röm. Sage Gattin des Lucius Tarquinius Collatinus (Ende des 6. Jh. v. Chr.), wurde von Sextus Tarquinius, dem Sohn des Königs Tarquinius Superbus, entehrt, woraufhin sie sich das Leben nahm. Dies soll der Anlaß zum Sturz des röm. Königtums (509 v. Chr.)

Lublin
Stadtwappen

Lucca
Stadtwappen

Felix Graf von Luckner

gewesen sein. Der L.-Stoff fand Eingang in Dichtungen u. a. bei Petrarca, Dante, Boccaccio, H. Sachs und Shakespeare; häufiges Bildmotiv seit der Renaissance (L. Cranach d. Ä.).

Lucretius Carus, Titus ↑ Lukrez.

Lucrezia Borgia ↑ Borgia, Lucrezia.

Lucullus, Lucius Licinius (Lukullus), *um 117, †um 57, röm. Politiker und Feldherr. – War 74 Konsul; Heerführer im 3. Mithridat. Krieg (74–63), nach einer Meuterei des röm. Heeres 68 abberufen. Seine luxuriöse Lebensführung wurde sprichwörtlich (z. B. *lukull. Mahl*).

Lüda ↑ Dalian.

Ludendorff, Erich, *Gut Kruszewnia bei Posen 9. April 1865, †Tutzing 20. Dez. 1937, dt. Heerführer. – 1908–12 im Großen Generalstab, seit 22. Aug. 1914 Generalstabschef Hindenburgs; hatte seit der Eroberung Lüttichs und dem Sieg bei Tannenberg (1914) als fakt. Leiter der dt. Kriegsführung im Osten legendären Ruf. Seit 1916 als 1. Generalquartiermeister neben Hindenburg mit der eigtl. militär. Gesamtleitung des Krieges beauftragt, ergriff L. die Initiative für volle wirtsch. Mobilmachung, erzwang 1917 den uneingeschränkten U-Boot-Krieg und trug im Juli 1917 maßgeblich zum Sturz des Reichskanzlers T. von Bethmann Hollweg bei. Bis zum Spätsommer 1918 vermochte L. die Führung der dt. Politik zu bestimmen und setzte auch im Frieden von Brest-Litowsk die Kriegszielforderungen des Militärs durch. Politisch wollte er, unter Mißachtung der Friedensresolution des Reichstages (1917), bis zum militär. Zusammenbruch innere soziale und polit. Reform durch Expansion ersetzen. Trat nach militär. Scheitern überstürzt zurück und forderte Ende Sept. 1918 einen sofortigen Waffenstillstand. Am 26. Okt. 1918 vom Kaiser verabschiedet; nach 1919 einflußloser Außenseiter auf dem völk. Flügel der dt. Rechten (Teilnehmer am Hitlerputsch 1923, nat.-soz. Kandidat bei der Wahl des Reichspräs. 1925; MdR 1924–28) und, teils unter dem Einfluß seiner Frau Mathilde [*1877, †1966], polit. Sektierer (1926 Gründung des Tannenbergbundes, 1933 aufgelöst).

Erich Ludendorff

Lüdenscheid, Krst. im Sauerland, NRW, 420 m ü. d. M., 78 000 E. Verwaltungssitz des Märk. Kr.; Museen; vielseitige Metall- und Kleineisenind., Elektro- u. a. Ind. – 1067 erstmals erwähnt; hatte seit 1114 eine Burg; wurde 1268 befestigt und erhielt Stadtrechte verliehen. – Klassizist. Pfarrkirche (1826), Schloß Neuenhof (nach 1693).

Luder, wm. Bez. für jedes tote Tier, das als Köder für Raubwild verwendet wird.

Lüderitz, Franz Adolf, *Bremen 16. Juli 1834, †in der Oranjemündung 24. Okt. 1886 (ertrunken), dt. Kaufmann und Kolonialpionier. – Kaufte 1883 den Hafen Angra Pequena (heute Lüderitz) und Hinterland. Die Erklärung des Reichsschutzes 1884 für das L. gehörende Gebiet bedeutete den Beginn amtl. dt. Kolonialpolitik.

Lüderitz, Gem. an der L.bucht, S-Namibia, 6 000 E. Museum; Meerwasserdestillieranlage; Hafen; Fischkonservenfabriken, Bootsbau. Handelszentrum für das Diamantensperrgebiet, das sich um L. erstreckt; ⚓. – Zur Geschichte ↑Lüderitz, Franz Adolf.

Lüderitzbucht, Bucht des Atlantiks am südl. Küstenabschnitt Namibias. – 1487 von B. Diaz entdeckt.

Günther Lüders

Lüders, Günther, *Lübeck 5. März 1905, †Düsseldorf 1. März 1975, dt. Schauspieler und Regisseur. – Engagements u. a. in Dessau, Berlin, Düsseldorf und Bochum; 1960–63 Schauspieldirektor in Stuttgart. Charakterdarsteller, auch kom. Rollen (bes. im Film); trat auch mit Rezitationen auf.

L., Heinrich, *Lübeck 25. Juni 1869, †Badenweiler 7. Mai 1943, dt. Indologe. – 1903 Prof. in Rostock, 1908 in Kiel, ab 1909 in Berlin; ab 1920 Sekretär der Preuß. Akad. der Wiss.; arbeitete v. a. auf den Gebieten Epigraphik, buddhist. und ep. Literatur. – *Werke:* Bruchstücke buddhist. Dramen (1911), Philologica Indica (1940), Varuna (2 Bde., hg. 1959).

L., Marie-Elisabeth, *Berlin 25. Juni 1878, †ebd. 23. März 1966, dt. Politikerin. – 1912–18 Tätigkeit in Wohlfahrtsverbänden und im preuß. Kriegsministerium als Leiterin der Frauenarbeitszentrale; 1919/20 Mgl. der Weimarer Nat.versammlung, 1920/21 und 1924–30 MdR (DDP), 1948–50 Mgl. des Abg.hauses in Berlin (West). 1953–61 MdB (FDP); wirkte v. a. am Gesetz über die Gleichberechtigung der Frau mit.

Ludger, Bischof, ↑Liudger.

Ludhiana, Stadt im ind. Bundesstaat Punjab, 247 m ü. d. M., 670 100 E. Landw.univ. (gegr. 1962); Handelszentrum an der Eisenbahnlinie Amritsar–Delhi; Textil- und metallverarbeitende Ind. – L. kam 1806 an das Sikhreich, wurde nach dem 1. Sikhkrieg 1845/46 britisch und Distriktshauptstadt.

Lucretia. Gemälde von Lucas Cranach d. Ä., 1529 (Houston, Sarah Campbell Blaffer Gallery)

Lüdinghausen, Stadt im südl. Münsterland, NRW, 51 m ü. d. M., 20 500 E. Eisengießerei, Großbrennerei, holzverarbeitende und Nahrungsmittelind. – Ben. nach Bischof Liudger von Münster. – Spätgot. Pfarrkirche (1507 ff.). Wasserburg Vischering (Oberburg 1519, Unterburg 1584).

Ludmilla (Ludmila, Lidmila), hl., *um 860, †Tetín bei Beroun 15. Sept. 921 (?), Hzgn. von Böhmen. – Erste christl. böhm. Fürstin, Großmutter Wenzels I., des Heiligen, Landespatronin Böhmens. Wurde von heidn. Gegnern getötet. – Fest: 15. September.

Ludolf von Sachsen, *um 1300, †Straßburg 10. April 1377, dt. Mystiker. – Dominikaner, ab 1340 Kartäuser. In seiner weitverbreiteten „Vita Jesu Christi" verarbeitete L. die Erbauungsliteratur des MA und gab prakt. Anleitungen zur Meditation, von der v. a. Ignatius von Loyola stark geprägt wurde.

Ludolfinger ↑Liudolfinger.

Ludolph van Ceulen, dt.-niederl. Mathematiker, ↑Ceulen, Ludolph van.

Ludolphsche Zahl [nach L. van Ceulen], Bez. für die Zahl ↑Pi (π).

Ludovisischer Thron, nach dem Fundort im Park der ehem. Villa Ludovisi in Rom ben. griech.-ion. frühklass. Marmorrelief (um 470/60, heute Rom, Thermenmuseum), die Front zeigt wohl Aphrodite; der L. T. gilt heute als Teil eines Altars.

Ludus [lat. „Spiel, Zeitvertreib"], 1. öff. Fest- und Schauspiel im alten Rom; 2. geistl. Spiel des MA.

Ludwig, Name von Herrschern:

Röm. Kaiser:

L. I., der Fromme, *Chasseneuil (Lot-et-Garonne) 778, †bei Ingelheim am Rhein 20. Juni 840, Mitkaiser (seit 813), Kaiser (seit 814). – Dritter Sohn Karls d. Gr., 781 König von Aquitanien; nach dem Tod seiner Brüder Karl und Pippin alleiniger Erbe des Fränk. Reiches, 816 zum Kaiser gekrönt. Seine Söhne aus erster Ehe, Lothar I., Pippin I. und Ludwig (II.), der Deutsche, wandten sich gegen ihn, nachdem er die Nachfolgeregelung zugunsten des jüngeren Sohnes Karl II., des Kahlen, geändert hatte. Zweimal wurde L. von ihnen abgesetzt (830; 833–834), doch führten Wider-

Ludwig

stände im Klerus und Zwistigkeiten zw. den Brüdern zur Wiedereinsetzung; unter seiner Herrschaft erreichte die karoling. Reform ihren Höhepunkt.

L. II., * um 822, † bei Brescia 12. Aug. 875, König von Italien (seit 844), Kaiser (seit 850/855). – Ältester Sohn Kaiser Lothars I.; 850 zum Kaiser gekrönt, nach dem Tod des Vaters alleiniger Kaiser (ohne Oberhoheit über die anderen fränk. Teilreiche). Erfolgreiche Kämpfe gegen die Sarazenen (871/872).

L. III., der Blinde, * um 880, † in der Provence 5. Juni 928, König von Niederburgund (seit 887) und Italien (900–905), Kaiser (901–905). – Sohn König Bosos von Niederburgund und Irmingards, Tochter Kaiser Ludwigs II.; versuchte, seinem Reich Italien anzugliedern; wurde 905 von Berengar I. geblendet.

Hl. Röm. Reich:
L. IV., der Bayer, * vermutlich 1281/82, † Puch (bei Fürstenfeldbruck) 11. Okt. 1347, Röm. König (seit 1314), Kaiser (seit 1328). – Wittelsbacher; seit 1302 Hzg. von Oberbayern; 1314 gegen den Habsburger Friedrich den Schönen (†1330) mit knapper Mehrheit zum Röm. König gewählt; besiegte seinen Rivalen zwar bei Mühldorf am Inn (1322), erkannte ihn aber 1325 als Mitkönig an. Seit 1323 stand er im Konflikt mit Papst Johannes XXII. in Avignon (Unterstützung seiner polit. Gegner in Italien), der 1324 zur Exkommunikation führte. 1328 ließ sich L., beraten u. a. von Marsilius von Padua, von Vertretern der Stadt Rom zum Kaiser krönen, die Absetzung Johannes XXII. verkünden und einen Gegenpapst (Nikolaus [V.]) erheben, der sich aber nur kurz behaupten konnte. Die gemeinsame Front mit den Reichsständen (u. a. Kurverein von Rhense, 1338) zerbrach, als L. sein Bündnis mit England (1337) zugunsten eines Vertrages mit Philipp VI. von Frankreich (1341) aufgab, von dem er sich eine Vermittlung an der Kurie erhoffte. Erwarb 1320/23 Brandenburg; erbte 1342 Niederbayern. Durch rigorose Hausmachtpolitik (Erwerbung von Tirol 1342 [† Ludwig der Ältere, Markgraf von Brandenburg], der Gft. Holland-Seeland-Hennegau 1346) machte er sich die Reichsfürsten zu Gegnern. So hatte die päpstl. Politik (Klemens VI.) Erfolg mit der Erhebung des Luxemburgers Karl von Mähren (später Kaiser Karl IV.) zum Gegenkönig (11. Juli 1346), der aber erst nach dem Tod L. die Macht erhielt.

Baden:
L. Wilhelm I., * Paris 8. April 1655, † Rastatt 4. Jan. 1707, Markgraf von Baden-Baden (seit 1677). – Kämpfte erfolgreich ab 1682 gegen die Osmanen (*„Türkenlouis"*) und 1693 im Pfälz. Erbfolgekrieg als Oberbefehlshaber der Reichsarmee gegen die Franzosen; gründete Stadt und Schloß Rastatt neu.

Bayern:
L. I., der Kelheimer, * Kelheim 23. Dez. 1174, † ebd. 15. Sept. 1231, Hzg. (seit 1183). – Anhänger der Staufer; 1226 Reichsverweser; fiel von Kaiser Friedrich II. ab und wurde ermordet.

L. II., der Strenge, * Heidelberg 13. April 1229, † ebd. im Febr. 1294, Hzg. (seit 1253). – Regierte zuerst zus. mit seinem Bruder, Heinrich I., erhielt 1255 der Erbteilung Oberbayern, die Pfalz und die Kurwürde; förderte die Wahl Rudolfs von Habsburg zum Röm. König.

L. IV., ↑ Ludwig IV., der Bayer, Kaiser des Hl. Röm. Reiches.
L. V., ↑ Ludwig der Ältere, Markgraf von Brandenburg.
L. VI., Hzg., ↑ Ludwig der Römer, Markgraf von Brandenburg.

L. I., * Straßburg 25. Aug. 1786, † Nizza 29. Febr. 1868, König (1825–48). – Sohn König Maximilian I. Joseph; baute München zur Kunststadt aus (u. a. Pinakotheken), trat für den griech. Freiheitskampf ein (sein Sohn Otto wurde 1832 König von Griechenland); seine zunächst liberale Politik zeigte nach 1830 reaktionäre Tendenzen. Die wachsende Opposition gegen L., verstärkt durch die Affäre um die Tänzerin Lola Montez, zwang ihn während der Märzrevolution 1848 zum Rücktritt.

L. II., * Schloß Nymphenburg 25. Aug. 1845, † im Starnberger See 13. Juni 1886 (ertrunken), König (seit 1864). – Sohn Maximilians II., nahm 1866 am Krieg gegen Preußen teil, ergriff nach außen die Initiative zur Kaiserproklamation 1871. Die von Bismarck zugesicherte großzügige Finanzhilfe erlaubte ihm die Fortführung seiner Bauleidenschaft (u. a. die Schlösser Neuschwanstein, Herrenchiemsee, Linderhof; Mäzen R. Wagners; verfiel 1886 in geistige Umnachtung, starb drei Tage nach der Regentschaftsübernahme durch seinen Onkel, Prinz Luitpold.

L. III., * München 7. Jan. 1845, † Sárvár (Ungarn) 18. Okt. 1921, König (1913–18). – Nachfolger seines Vaters Luitpold als Prinzregent (seit 1912), ließ sich 1913 zum König proklamieren; ging 1918 außer Landes.

Bayern-Landshut:
L. IX., der Reiche, * Burghausen 21. Febr. 1417, † Landshut 18. Jan. 1479, Hzg. (seit 1450). – Besiegte bei Giengen 1462 Albrecht III. Achilles von Brandenburg; förderte Handel und Gewerbe, gründete 1472 die Univ. Ingolstadt.

Brandenburg:
L. der Ältere, * 1315, † Zorneding (bei München) 18. Sept. 1361, Markgraf (1323–51), als Ludwig V. Hzg. von Bayern (seit 1347). – Sohn L. IV., des Bayerns; wurde nach dem Aussterben der brandenburg. Askanier mit der Kurmark belehnt, die er 1351 seinen Halbbrüdern L. dem Römer und Otto abtrat. Durch seine Heirat mit Margarete Maultasch (1342) gewann L. Tirol.

L. der Römer, * München 12. Mai 1330, † Berlin 1364 (oder 1365), Markgraf (seit 1351), als Ludwig VI. Hzg. von Bayern (1347–51). – Als Vormund seines jüngeren Bruders Otto regierte L. bis 1360 praktisch allein. Sicherung der Kurwürde durch die Goldene Bulle (1356); 1363 Erbvertrag mit Kaiser Karl IV., der diesem bei kinderlosem Tod von L. und Otto die Nachfolge in Brandenburg zusicherte.

Frankreich:
L. IV., der Überseeische, * 921, † Reims 10. Sept. 954, König (seit 936). – Sohn Karls III., des Einfältigen, heiratete 939 Gerberga, eine Schwester Ottos I., d. Gr., der ihn zus. mit Hugo d. Gr. von Franzien zuerst bekämpfte, dann aber gegen Hugo unterstützte.

L. VI., der Dicke, * 1081, † Paris 1. Aug. 1137, König (seit 1108). – Sohn Philipps I.; seit 1100/01 Mitregent, sicherte den Frieden innerhalb der Krondomäne durch die Niederwerfung der Barone der Île de France; leitete durch Verstärkung der königl. Einflusses in den Ländern der Kronvasallen den Aufstieg des frz. Königtums ein.

L. VII., der Junge, * 1120, † Paris 18. Sept. 1180, König (seit 1137). – Nahm am 2. Kreuzzug teil; verlor durch seine Scheidung (1152) von Eleonore von Aquitanien, die den späteren Heinrich II. von England heiratete, den W und SW von Frankreich, Ursache langer Konflikte mit England.

L. VIII., der Löwe, * Paris 5. Sept. 1187, † Montpensier (Puy-de-Dôme) 8. Nov. 1226, König (seit 1223). – Eroberte 1224 Poitou, griff 1226 in die Albigenserkriege ein und begründete die Herrschaft der frz. Krone in S-Frankreich.

L. IX., der Heilige, * Poissy (Yvelines) 25. April 1214, † vor Tunis 25. Aug. 1270, König (seit 1226). – Baute Krondomäne und Zentralverwaltung aus; förderte das Rechtswesen (Verbot des Gottesurteils und der Fehde [1258]) und erreichte 1259 von Heinrich III. von England den Verzicht auf die Normandie u. a. Gebiete sowie den Lehnseid für die engl. Besitzungen in SW-Frankreich. Nahm an mehreren Kreuzzügen teil (1248–54; 1270); geriet 1250/51 in Ägypten in Gefangenschaft, erlag vor Tunis mit einem großen Teil seines Heeres einer Seuche; 1297 heiliggesprochen (Fest: 25. August).

L. XI., * Bourges 3. Juli 1423, † Plessis-les-Tours (Indre-et-Loire) 30. Aug. 1483, König (seit 1461). – Konspirierte als Dauphin mit dem Hochadel gegen seinen Vater Karl VII. Seine strikte persönl. Herrschaft forderte die Lehnsfürsten unter Karl dem Kühnen von Burgund zur Vereinigung in der „Ligue du bien public" heraus. Den Burgunderhzg. schaltete L. durch polit. Geschick aus. Im Vertrag von Arras (Dez. 1482) sicherte er gegen den späteren Kaiser Maximilian I. der frz. Krone Artois und Franche-Comté; 1463–75 eroberte L. das Roussillon, 1481 zog er Anjou, Maine und die Provence an sich. Die monarch. Staatsgewalt stärkte er

Ludwig Wilhelm I., Markgraf von Baden-Baden (Ausschnitt aus einem zeitgenössischen Kupferstich)

Ludwig II., König von Bayern

Ludwig III., König von Bayern

Ludwig

Ludwig XIII., König von Frankreich (Ausschnitt aus einem Kupferstich)

Ludwig XIV., König von Frankreich (Marmorbüste von Gian Lorenzo Bernini)

Ludwig XV., König von Frankreich (Pastell von Maurice Quentin de La Tour)

Ludwig XVI., König von Frankreich (Zeichnung von Joseph Ducreux)

durch Schwächung des Pariser Parlaments und die wirtsch. Förderung des Bürgertums.
L. XII. von Orléans, *Blois 27. Juni 1462, †Paris 1. Jan. 1515, König (seit 1498). – Heiratete in 2. Ehe die Witwe Karls VIII., Anna von Bretagne, unternahm 1499/1500 einen Feldzug gegen Mailand und nahm dessen Hzg. Ludwig gefangen. Im Bündnis mit Ferdinand II. von Aragonien eroberte er das Kgr. Neapel; beteiligte sich 1508 an der Liga von Cambrai gegen Venedig, das er 1509 besiegte. Die von Papst Julius II. gegr. Hl. Liga vertrieb ihn aus Mailand (1513). Der durch seine Innenpolitik beliebte König führte den Beinamen „Vater des Volkes".
L. XIII., *Fontainebleau 27. Sept. 1601, †Saint-Germain-en-Laye 14. Mai 1643, König (seit 1610). – Unterstand bis 1617 der Regentschaft seiner Mutter Maria von Medici. 1624 berief er A.-J. du Plessis, Hzg. von Richelieu, zum leitenden Min. und deckte dessen erfolgreiche Politik (Verwaltungsreform, expansive Außenpolitik, Adelsgesetzgebung) gegen die Opposition. In seiner Reg.zeit setzten sich Absolutismus und Merkantilismus endgültig durch.
L. XIV., gen. Sonnenkönig (frz. Roi Soleil), *Saint-Germain-en-Laye 5. Sept. 1638, †Versailles 1. Sept. 1715, König (seit 1643). – Bis 1661 unter der Regentschaft der Königinmutter Anna von Österreich. Seine Selbstherrschaft stützte sich auf die polit. Erfolge Richelieus und Mazarins. Er prägte mit seiner Persönlichkeit den absolutist. Machtstaat, der durch eine Zentralreg. mit jeweils 3 bis 4 v. a. bürgerl. Min. (Colbert, Le Tellier, Louvois, Lionne, Pomponne), durch Konzentration der Verwaltung, Entmachtung der Parlamente, Steigerung der materiellen Mittel des Staates (Merkantilismus) und anfangs auch durch gesellschaftl. Mobilität gekennzeichnet war. Neben großen kulturellen Leistungen (u. a. Schloßbau von Versailles seit 1661) standen verhängnisvolle Entscheidungen: Eroberungskriege (1667–97) forderten den Widerstand der europ. Mächte heraus; die auf ein Staatskirchentum zielende Kirchenpolitik führte zu Auseinandersetzungen mit dem Papsttum und dem Jansenismus, v. a. aber zur Widerrufung des Ediktes von †Nantes (1685). Der Niedergang des absolutist. Monarchie wurde sichtbar im Span. Erbfolgekrieg (1701–13/14): L. erreichte zwar z. T. seine dynast. Ziele, Frankreich stand jedoch vor dem Staatsbankrott, und der Aufrechterhaltung unhaltbar gewordener gesellschaftl. Strukturen sollte eine Hauptursache der Frz. Revolution werden.
L. XV., *Versailles 15. Febr. 1710, †ebd. 10. Mai 1774, König (seit 1715). – Urenkel Ludwigs XIV., stand unter der Vormundschaft Hzg. Philipps II. von Orléans (bis 1723), überließ die Reg. 1726–43 Kardinal A. H. de Fleury. Günstlings- und Mätressenwirtschaft (Marquise de Pompadour, Gräfin Dubarry) hinderten L. daran, die innen- und außenpolit. Probleme (Ggs. Adel/Bourgeoisie, Zerrüttung der Staatsfinanzen und Verluste im Siebenjährigen Krieg) zu bewältigen.
L. XVI., *Versailles 23. Aug. 1754, †Paris 21. Jan. 1793 (hingerichtet), König (1774–92). – Konnte trotz intensiver Reformbemühungen seiner Minister Turgot und Necker die Finanz- und Staatskrise nicht bewältigen. Der Widerstand der privilegierten Stände (Notabelnversammlung) zwang L. 1789 zur Einberufung der Generalstände, die den Weg zur Frz. Revolution öffneten. Nach anfängl., erzwungener Sanktionierung der Revolution wollte sich L. nicht mit der Stellung eines konstitutionellen Monarchen abfinden. Er wurde am 21. Sept. 1792 für abgesetzt erklärt, vom Nationalkonvent zum Tode verurteilt und guillotiniert.
L. (XVII.), eigtl. Karl Ludwig, *Versailles 27. März 1785, †Paris 8. Juni 1795, Dauphin (seit 1789). – Zweiter Sohn Ludwigs XVI., wurde mit der königl. Fam. ab Aug. 1792 im Temple gefangengehalten. Zweifel an seinem Tod in der Gefangenschaft und die Behauptung, er sei entkommen, bewirkten, daß sich Abenteurer für L. ausgaben (der dt. Uhrmacher K. W. Naundorf[f]).
L. XVIII., *Versailles 17. Nov. 1755, †Paris 16. Sept. 1824, Graf von Provence, König (seit 1814/15). – Bruder Ludwigs XVI. Während der Frz. Revolution in Koblenz, beanspruchte nach der Hinrichtung Ludwigs XVI. die Regentschaft für den von ihm zum König ausgerufenen Ludwig (XVII.). 1814 zog er als legitimer Thronfolger in Paris ein und errichtete eine konstitutionelle Monarchie.
L. Philipp †Louis Philippe, König von Frankreich.

Holland.
L. (Louis Bonaparte), *Ajaccio 2. Sept. 1778, †Livorno 25. Juli 1846, König (1806–10). – Bruder Napoleons I., der ihn 1806 zum König von Holland ernannte; geriet wegen der Kontinentalsperre in Konflikt mit dem Kaiser, so daß er am 1. Juli 1810 zurücktrat.

Mailand.
L. (Ludovico Sforza), *Vigevano (Prov. Pavia) 27. Juli 1452, †Loches (Indre-et-Loire) 27. Mai 1508, Hzg. (1494–99). – Erhielt vom späteren Kaiser Maximilian I. Mailand als Reichslehen; 1499 von Ludwig XII. von Frankreich vertrieben, 1500 nach Frankreich gebracht, wo er in Haft starb.

Ostfränk. Reich.
L. (II.), der Deutsche, *um 805, †Frankfurt am Main 28. Aug. 876, König (seit 843). – Erhielt 817 als Unterkönigtum Bayern; beteiligte sich an der Absetzung seines Vaters, Ludwigs I., des Frommen, bekämpfte aber auch den Machtanspruch seines ältesten Bruders, Kaiser Lothars I., gegen den er sich 841/842 mit Karl dem Kahlen verbündete. Mit den Verträgen von Verdun (843) und Meerssen (870) bahnte er die eigenständige Entwicklung des Ostfränk. Reiches an.
L. (IV.), das Kind, *Öttingen (= Altötting) 893, †24. Sept. 911, König (seit 900). – Sohn Kaiser Arnulfs von Kärnten; nach dessen Tod als letzter ostfränk. Karolinger zum König gewählt; seine Unmündigkeit begünstigte die Entstehung neuer Stammesherzogtümer.

Thüringen.
L. II., der Eiserne, *um 1128, †auf der Neuenburg bei Freyburg/Unstrut 14. Okt. 1172, Landgraf (seit 1140). – Begleitete die Züge seines Schwagers, Friedrich I. Barbarossa, kämpfte 1166–68 gegen Heinrich den Löwen. Der Schmied von Ruhla soll L. gemahnt haben, gegen den gewalttätigen Adel vorzugehen („Landgraf, werde hart!").
L. IV., der Heilige, *28. Okt. 1200, †Otranto 11. Sept. 1227, Landgraf (seit 1217), Pfalzgraf von Sachsen. – Seit 1221 ⚭ mit Elisabeth von Thüringen; befreundet mit Kaiser Friedrich II.; starb unterwegs auf dem 5. Kreuzzug.

Ungarn.
L. I., der Große, *Visegrád 5. März 1326, †Trnava 10. Sept. 1382, König von Ungarn (seit 1342) und Polen (seit 1370). – Sicherte erfolgreich die ungar. Oberhoheit über Bosnien, die Walachei und die Moldau; unter seiner Regierung hatte Ungarn die größte Ausdehnung.

Ludwig, Carl, *Witzenhausen 29. Dez. 1816, †Leipzig 24. April 1895, dt. Physiologe. – Prof. in Marburg, Zürich, Wien und Leipzig. L. verstand die Physiologie als Wiss. von

Ludwigsburg. Barockschloß mit Gartenanlage, 1704–33

der Physik und Chemie des lebenden Organismus. Mit seinen Forschungen und seinem „Lehrbuch der Physiologie des Menschen" (2 Bde., 1852–56) begr. er die quantitativ-exakte Richtung der Physiologie. Seine Hauptarbeitsgebiete waren Kreislaufphysiologie, Physiologie der Atmung und des Stoffwechsels, Neurophysiologie und physiolog. Chemie.

L., Christa, *Berlin 16. März 1928, östr. Sängerin (Mezzosopran). – Kam über Frankfurt am Main, Darmstadt und Hannover 1955 an die Wiener Staatsoper; wurde v. a. als Mozart- und Strauss-Interpretin bekannt, daneben bed. Konzert- und Liedsängerin.

L., Emil, urspr. E. Cohn, *Breslau 25. Jan. 1881, †Moscia bei Ascona 17. Sept. 1948, dt.-schweizer. Schriftsteller. – Ab 1932 schweizer. Staatsbürger; 1940–45 in den USA. Seine wirkungsvoll geschriebenen Biographien (u. a. zu Napoleon, Goethe, Bismarck, Roosevelt, Stalin) entsprechen nicht immer der histor. Wahrheit; auch Dramatiker, Erzähler und Übersetzer.

L., Otto, *Eisfeld (Landkr. Hildburghausen) 12. Febr. 1813, †Dresden 25. Febr. 1865, dt. Dichter. – Prägte Begriff und Stil des poet. Realismus; bed., psychologisch meisterhaft gestaltete realist. Erzählungen, v. a. „Zw. Himmel und Erde" (1856) und humorvolle Dorfgeschichten, u. a. „Die Heiterethei" (1857) mit Auswirkungen auf die Heimatkunst. Von seinen Dramen war nur die Tragödie „Der Erbförster" (1853) erfolgreich.

L., Paula, *Altenstadt (Vorarlberg) 5. Jan. 1900, †Darmstadt 27. Jan. 1974, östr. Lyrikerin, Malerin und Schauspielerin. – Lebte 1938–53 in der Emigration, zuletzt in Brasilien. Emotionelle, nuancenreiche Lyrik und Prosa von expressiver Sprachkraft, bes. „Die selige Spur" (Ged., 1920), „Traumlandschaft" (Prosa, 1935).

L., Peter, *Koblenz 9. Juli 1925, dt. Fabrikant und Kunstsammler. – Nach dem Studium der Kunstgeschichte Mitinhaber einer Schokoladenfabrik. Mit seiner Frau Irene bed. Sammlertätigkeit bes. im Bereich der antiken, ma. und präkolumb. sowie der Gegenwartskunst. Seine an das Wallraf-Richartz-Museum in Köln überführte Kollektion amerikan. Pop-art wurde 1986 zus. mit den Beständen des Museums in einem Neubau (Museum Ludwig) untergebracht. Den kostbarsten Teil seiner Sammlung, 144 illuminierte Handschriften des 7.–16. Jh., verkaufte L. 1983 an das J. Paul Getty Museum in Malibu (Calif.).

L., Walther, *Bad Oeynhausen 17. März 1902, †Lahr/Schwarzwald 15. Mai 1981, dt. Sänger. – Als lyr. Tenor internat. geschätzter Mozart-Interpret.

Ludwigsburg, Krst. im N des Großraums Stuttgart, Bad.-Württ., 291 m ü. d. M., 81 000 E. PH, staatl. Sportschule, REFA-Inst.; Schloß-, Heimatmuseum, Schloßtheater; Zentralstelle der Landesjustizverwaltungen zur Aufklärung nat.-soz. Verbrechen; Kongreßzentrum, Heilbad Hoheneck; Gartenschau „Blühendes Barock" (seit 1954), Schloßfestspiele. Führend sind metallverarbeitende Betriebe sowie Elektro-, Textil-, Nahrungsmittel- und Genußmittelind.; Porzellanmanufaktur. – Neben dem Residenzschloß von Hzg. Eberhard Ludwig von Württ. erfolgte seit 1709 die Anlage einer Stadt (1718 Stadtrecht). – Das ehem. königl. Schloß ist der größte nach Versailler Vorbild entstandene Barockbau Württembergs (1704 ff.) mit Innenausstattung im Barock-, Rokoko- und Empirestil. Die Stadtkirche und die Kirche der Reformierten stammen aus dem 18. Jahrhundert.

L., Landkr. in Baden-Württemberg.

Ludwigsburger Porzellan, Porzellan der 1758 von Herzog Karl Eugen von Württemberg in Ludwigsburg gegr. Manufaktur. G. F. Riedel schuf in der Blütezeit (1759–79) die Geschirrdekore, J. C. W. Beyer u. a. die Porzellanfiguren im Übergang vom Rokoko zum Klassizismus.

Ludwigsfelde, Stadt im südl. Teltow, Brandenburg, 22 000 E. LKW-Bau. – Um 1750 entstanden, seit 1965 Stadt.

Ludwigshafen, Landkr. in Rheinland-Pfalz.

Ludwigshafen am Rhein, kreisfreie Stadt am Oberrhein, gegenüber von Mannheim, Rhld.-Pf., 95 m ü. d. M.

Ludwigshafen am Rhein. Rathaus mit Rathauscenter, 1979

165 500 E. Verwaltungssitz des Landkr. Ludwigshafen; mehrere Fachhochschulen, mehrere Museen, u. a. Hack-Museum (v. a. Kunst), Schillergedenkstätte Oggersheim, Theater. Größtes Unternehmen ist die BASF. Neben der chem. Ind. auch Metallverarbeitung sowie Nahrungsmittel- und Getränkeind.; Binnenhafen. – Als Brückenkopf der Festung Mannheim 1607 erbaut; erhielt 1843 den Namen König Ludwigs I. von Bayern; 1859 Stadt; wuchs seit Gründung der BASF (1865) sowie weiterer Firmen und durch zahlr. Eingemeindungen (Friesenheim 1892, Mundenheim 1899, Maudach 1938 u. a.) zum bed. Ind.zentrum heran. – Der Stadtkern wurde nach Zerstörungen im 2. Weltkrieg planmäßig wieder aufgebaut. An ihn schließt sich das Werksgelände der BASF an. Hochstraße über den neuen Hauptbahnhof mit mächtigem Pylon (1969), Rathaus mit Rathauscenter (1979).

Ludwigslied, althochdt. christl. Heldenlied eines unbekannten rheinfränk. Verf. auf den Sieg des frz. Königs Ludwig III. über die Normannen (881). Endreim anstelle des bis dahin übl. Stabreimes; ältestes erhaltenes histor. Lied der dt. Literatur, in einer Handschrift des 9. Jh. überliefert.

Ludwigslust, Krst. in Meckl.-Vorp., 36 m ü. d. M., 13 000 E. Maschinenbau, Lebensmittelind. – Entstand durch Ausbau eines herzogl. Jagdhauses zur Residenz (1764–1837, Nebenresidenz bis 1918). Der sich an die Residenz anlehnende Marktflecken erhielt 1876 Stadtrecht. – Schloß (1772–76) mit Großer Kaskade, Schloßkirche und Park.

L., Landkr. in Mecklenburg-Vorpommern.

Lueger [luˈeːɡər, ˈluːɛɡər], Karl, *Wien 24. Okt. 1844, †ebd. 10. März 1910, östr. Politiker. – Schuf 1891 die Christlichsoziale Partei. Seine Verknüpfung von christl.-sozialen Ideen mit den Interessen des Kleinbürgertums, verbunden mit Antisozialismus und Antisemitismus, sicherte seiner Partei eine Massenbasis. Als Bürgermeister von Wien (seit 1897) betrieb L. vorausschauende Kommunalpolitik (Kommunalisierung von Gas und Wasser; Schul- und Klinikbau), scheiterte jedoch an dem Versuch, den Konservatismus der Christlichsozialen auf den Weg zu einer umfassenden Reichsreform zu führen.

L., Otto, *Tengen 13. Okt. 1843, †Stuttgart 2. Mai 1911, dt. Ingenieur. – Ab 1895 Prof. an der TH Stuttgart; Begründer und erster Hg. des „Lexikons der gesamten Technik und ihrer Hilfswiss." (7 Bde., 1894–99, ⁴1960–72).

Lues [lat. „Seuche"], svw. ↑Syphilis.

Lufft, Hans, *Amberg (?) 1495, †Wittenberg 1. oder 2. Sept. 1584, dt. Buchdrucker. – Seit 1522 in Wittenberg

Ludwigshafen am Rhein Stadtwappen

Christa Ludwig

Karl Lueger (Holzstich, um 1890)

Luft

ansässig, 1566–76 (alternierend) regierender Bürgermeister; druckte u. a. 1534 die 1. Ausgabe der Bibel in der Übersetzung Luthers.

Luft, Friedrich, * Berlin 24. Aug. 1911, † Berlin 24. Dez. 1990, dt. Schriftsteller und Kritiker. – Wurde nach 1945 als „die Stimme der Kritik" beim RIAS Berlin bekannt; 1945–55 Feuilletonredakteur der „Neuen Zeitung", seit 1955 Chefkritiker der „Welt" in Berlin; schrieb Essays, theaterkrit. Werke, Biographien, Filmdrehbücher.

Friedrich Luft

Luft, das die Erde umgebende Gasgemisch (Zusammensetzung ↑ Atmosphäre), dessen Gasanteile im allg. nur wenig variieren; über Städten und Ind.gebieten können jedoch die Anteile der L. an Kohlen- und Schwefeldioxid stark erhöht sein (↑ Luftverschmutzung). Große Bed. für das Leben auf der Erde haben der durch den Kohlendioxid- und Wasserdampfgehalt bedingte Schutz vor zu großer Wärmeabstrahlung sowie der durch die Ozonschicht bewirkte Strahlenschutz. Die **Luftdichte** (von reiner, trockener L.) beträgt bei einem Druck von 1 013,2 hPa und bei 0 °C 1,292 · 10⁻³ g/cm³ (= 1,292 g/l).

Luft... ↑ Aero...

Luftalarm ↑ Alarm.

Luftbefeuchter, meist elektrisch betriebenes Gerät zur Steigerung der Luftfeuchtigkeit in [Wohn]räumen. – ↑ Klimatechnik (Befeuchter).

Luftbetankung (Flugbetankung), Betankung eines [Kampf]flugzeugs während des Fluges durch ein Tankflugzeug; erfolgt über ein elast. Rohr.

Luftbild, photograph. Aufnahme eines Teils der Erdoberfläche von einem Luftfahrzeug aus, i. w. S. auch von Satelliten. L. sind wichtig in der Photogrammetrie, in der Luftaufklärung, in der allg. Fernerkundung der Erde, bei der Umweltüberwachung und haben sich als bed. Hilfsmittel der verschiedensten Wiss. erwiesen, z. B. in der Geomorphologie und Geologie, Archäologie, Meteorologie, Ozeanologie.

Luftbildarchäologie, etwa seit dem 1. Weltkrieg angewandtes Verfahren, bei dem die Luftbildphotographie zur Erforschung und Klärung archäolog. Tatbestände genutzt wird.

Luftbinder ↑ Bindemittel.

Luft-Boden-Raketen ↑ Raketen.

Luftbrücke, die Versorgung einer Stadt oder einer Region durch Luftfahrzeuge; notwendig, wenn der Land- oder Seeweg durch natürl. oder künstl. Hindernisse versperrt ist oder wenn schnell große Entfernungen überbrückt werden sollen. – Während der Berliner Blockade wurde Berlin (West) auf Initiative L. D. Clays vom 26. Juni 1948–12. Mai 1949 durch eine L. versorgt: in fast 200 000 Flügen wurden 1,44 Mill. t Güter eingeflogen.

Luftdruck (atmosphär. Druck), der Druck, den die Lufthülle der Erde infolge ihrer Gewichtskraft ausübt. Der L. beträgt im Mittel im Meeresniveau (NN) 1 013,2 hPa (entsprechend einer Quecksilbersäule von 760 mm Länge und einer Querschnittsfläche von 1 cm²). Wetterbedingt können Abweichungen auftreten (zw. 930 und 1 070 hPa). Mit zunehmender Höhe nimmt der L. ab (↑ barometrische Höhenformel). Aus Gründen der Vergleichbarkeit aller gemessenen L.werte müssen diese auf die Temperatur von 0 °C (Temperaturkorrektur), auf die Höhe des Meeresspiegels (Höhenkorrektion) und auf die unter 45° Breite herrschende Normalschwere (Schwerekorrektion) reduziert werden. In der Meteorologie wird ein Gebiet mit hohem L. als *Hoch,* mit niedrigem L. als *Tief* bezeichnet. Die Wechselwirkung zw. Hochs und Tiefs bestimmen wesentlich das Wettergeschehen.

Luftdrucktendenz (Barometertendenz), in der Meteorologie Bez. für die Art (gleichbleibend, fallend oder steigend) und den Betrag der Luftdruckänderung in den letzten drei Stunden vor der Beobachtung.

Luftdruckwaffen, im Schießsport verwendete Schußwaffen (**Luftgewehr, Luftpistole**), bei denen das Geschoß vom Kaliber 4,5 mm (Rundkugel oder Diabolo) seine Anfangsgeschwindigkeit durch Luft erhält, die beim Spannen der Waffe komprimiert wird.

Luftdusche, Einblasen von Luft über die Nase durch die Ohrtrompete in den Mittelohrraum zu diagnost. oder therapeut. Zwecken (u. a. Verbesserung des Hörvermögens bei Tubenverschluß [↑ Tube]).

Luftelektrizität (atmosphär. Elektrizität), Sammelbez. für alle natürl. elektr. Erscheinungen, die in der Erdatmosphäre auftreten. Unter dem Einfluß radioaktiver Strahlung, der Höhenstrahlung und kurzwelliger Sonnenstrahlung werden in der Erdatmosphäre ständig Ladungsträger (Luftionen) erzeugt. Unter normalen Bedingungen (d. h. ohne Gewitter) existiert in der Atmosphäre ein elektr. Feld *(luftelektr. Feld),* dessen Feldstärke an der Erdoberfläche etwa 100 V/m beträgt und mit wachsender Höhe [exponentiell] abnimmt. Der ständigen Ladungsträgererzeugung entspricht ein elektr. Vertikalstrom zw. der Erdoberfläche und einer leitenden Schicht in der unteren Ionosphäre, der über die ganzen Erde etwa 1 500 A beträgt. – ↑ Gewitter.

Lüftelmalerei (Lüftlmalerei), Bez. für die Malerei an den Fassaden bayr. Häuser und Kirchen des Alpengebiets, v. a. des 18. Jh. (insbes. in Oberammergau und Mittenwald).

Lüftelmalerei. Fassadenmalerei am Haus Am Gries in Mittenwald, Ende des 18. Jahrhunderts

Luftembolie, das Eindringen von Luft in die Blutbahn mit den Folgen einer ↑ Embolie.

Lüfter, svw. ↑ Ventilator.

Luftfahrerschein ↑ Flugschein.

Luftfahrt, die Benutzung des Luftraums durch bemannte – i. w. S. auch durch unbemannte – Luftfahrzeuge und alle damit verbundenen Tätigkeiten, Einrichtungen und Techniken. Man unterscheidet heute drei große Bereiche: Die *allg. L.* umfaßt den außerhalb des Fluglinienverkehrs durchgeführten Flugbetrieb; dazu gehört die Geschäftsreisefliegerei („Business flying"), der Charterflugbetrieb, die Landw.- und Luftbildfliegerei (zus. mit einigen anderen Flugdiensten auch als *Arbeits-L.* bezeichnet), die Sportfliegerei, der Schulflugbetrieb u. a. Den zweiten großen Bereich stellt die *Linienverkehrs-L.* dar. Diesen beiden Bereichen der *Zivil-L.* wird als dritter die *militär. L.* gegenübergestellt. – ↑ Luftverkehr.

Während man mit Ballons schon verhältnismäßig früh in große Höhen vorstieß (J. A. C. Charles schon 1783 bis in rund 3 000 m), stand bei der eigtl. Luft-„Fahrt" mit der Entwicklung des Luftschiffs und der Vervollkommnung des Flugzeugs die Überwindung größerer Entfernungen im Vordergrund des Interesses. 1919 überquerte G. H. Scott erstmals den Nordatlantik mit einem Luftschiff (R 34) in beiden Richtungen, noch im gleichen Jahr gelang J. Alcock und A. Whitten-Brown die erste Atlantiküberquerung in einem Flugzeug (zweimotoriger Doppeldecker), 1927 C. Lindbergh der Flug New York–Paris in 33½ Stunden. – Ab Mitte der 30er Jahre zeigte sich immer deutlicher die Überlegenheit des Flugzeugs gegenüber dem Luftschiff, das ab 1937 fast vollständig verdrängt wurde. Der sich rasch entwickelnden L. stand inzwischen eine Vielzahl unterschiedlichster Flugzeugtypen zur Verfügung, vom leichten einmotorigen Doppeldecker in Holzbauweise mit Stoffbespannung bis zu großen, mehrmotorigen Verkehrsflugzeugen in Ganzmetallbauweise und Flugbooten. Nachdem schon 1939 das erste durch ein Luftstrahltriebwerk angetriebene Flugzeug gestartet war (Heinkel He-178), begann ab 1941 die Erprobung des ersten in Serie hergestellten Jagdflugzeugs mit Strahlantrieb (Messerschmitt Me-262). In der Zivil-L. kam der Strahlantrieb nur zögernd zur Anwendung. Das erste Strahlflugzeug („Comet") wurde 1952 in Dienst gestellt; in den folgenden 20 Jahren wurde praktisch der gesamte Mittel- und Langstrecken-Linienflugbetrieb auf Maschinen mit Strahlantrieb umgestellt. – 1947 wurde erstmals ein Flug mit Überschallgeschwindigkeit durchgeführt (1 080 km/h mit dem Versuchsflugzeug Bell X-1). Mit der Entwicklung des brit.-frz. Überschallflugzeugs „Concorde" und der sowjet. Tupolew Tu-144 wurde dieser Bereich auch der Zivil-L. eröffnet (planmäßige Passagier-Linienflüge seit 1976 bzw. 1977). 1986 umrundeten D. Rutan und J. Yeager die Erde in dem Leichtflugzeug „Voyager" nonstop und ohne Flugbetankung in 9 Tagen. – ↑ Flugzeug (Geschichte).

Luftfahrt-Bundesamt ↑ Bundesämter (Übersicht).

Luftfahrtkarten (Fliegerkarten), Sammelbez. für alle in der Luftfahrt verwendeten, nach Aufgabenbereich unterschiedl. Spezialkarten. In der Zivilluftfahrt spielen die sog. *Flugsicherungskarten* eine bes. Rolle.

Luftfahrtmedizin (Flugmedizin), Teilgebiet der Medizin, das sich mit der Erforschung der physiolog. und psycholog. Auswirkungen des Fliegens, z. B. den spezif. Belastungen durch Beschleunigungskräfte, und Behandlung der dadurch verursachten Schäden beschäftigt. Zu den Aufgaben der L. gehören auch Eignungsuntersuchungen und ärztl. Überwachung des fliegenden Personals. Die **Flugunfallmedizin** befaßt sich mit der Analyse von Flugunfällen und hat damit Bedeutung für die Gestaltung von Flugzeugen und Sicherheitseinrichtungen.

Luftfahrtrecht, nat. und internat. Normen, die den Luftverkehr betreffen. Das L. Deutschlands wird v. a. im LuftverkehrsG i. d. F. vom 14. 1. 1981 normiert, daneben im Gesetz über Rechte an Luftfahrzeugen vom 26. 2. 1959, in der Luftverkehrsordnung i. d. F. vom 14. 11. 1969, in der Luftverkehrszulassungsordnung i. d. F. vom 13. 3. 1979 sowie in weiteren techn. Verordnungen. Die internat. Regeln sind das Abkommen über die Internat. Zivilluftfahrt und den Durchflug im Internat. Fluglinienverkehr vom 7. 12. 1944 sowie das Warschauer Abkommen vom 12. 10. 1929 zur Vereinheitlichung von Regeln über die Beförderung im internat. Luftverkehr.

Luftfahrzeug, Fahrzeug, das ohne mechan. Unterstützung vom Erdboden abheben und sich in der Luft bewegen kann; Unterteilung in: *L. leichter als Luft* (L. mit aerostat. Auftrieb), z. B. Ballon und Luftschiff, und *L. schwerer als Luft* (L. mit aerodynam. Auftrieb), z. B. Flugzeuge.

Luftfahrzeughaftung (Luftverkehrshaftung), Haftung für Personen- und Sachschäden, die beim Betrieb eines Luftfahrzeugs entstehen. Das LuftverkehrsG unterscheidet zw. 1. der L. für Personen und Sachen, die nicht im Luftfahrzeug befördert werden, und 2. der L. aus dem Beförderungsvertrag. In beiden Fällen ist der Halter des Luftfahrzeugs ohne Rücksicht auf sein Verschulden zum Schadenersatz verpflichtet. Die *L. aus dem Beförderungsvertrag* erstreckt sich auf Personen- und Sachschäden, die ein Fluggast an Bord eines Luftfahrzeugs oder beim Ein- und Aussteigen erleidet, und auf Schäden, die an Frachtgütern und aufgegebenem Reisegepäck während der Luftbeförderung entstehen. Für *Postsendungen* gilt nur Postrecht. Für *militär. Luftfahrzeuge* gelten darüber hinaus Sonderregeln. Bei sog. *Überschallschäden* (z. B. Schock, Sachschäden, die durch den Überschallknall verursacht werden) treffen grundsätzlich die gleichen Regelungen zu.

Ist der Schaden bei einer *internat. Luftbeförderung* entstanden, so gilt das *Warschauer Abkommen* vom 12. 10. 1929. In *Österreich* und in der *Schweiz* bestehen dem dt. Recht weitgehend entsprechende Vorschriften.

Luftfahrzeugrolle, beim Luftfahrt-Bundesamt geführtes Register, in das Luftfahrzeuge eingetragen werden, die im ausschließl. Eigentum dt. Staatsangehöriger stehen; neben der Verkehrszulassung Voraussetzung dafür, daß ein dt. Luftfahrzeug verkehren darf.

Luftfeuchtigkeit (Luftfeuchte), der Wasserdampfgehalt der Luft, meist angegeben als Prozent des bei der herrschenden Temperatur maximal möglichen Wasserdampfgehaltes (*relative L.;* ↑ Taupunkt). Bei einer relativen L. von 100 % ist die Luft mit Wasserdampf gesättigt; überschüssiger Wasserdampf kondensiert zu Tröpfchen. Absolut trockene Luft (0 % L.) wird selbst über Wüsten und bei sehr tiefen Temperaturen nicht angetroffen. Die L. wird mit ↑ Hygrometern gemessen.

Luftfilter, Einrichtung zur Abscheidung von Verunreinigungen aus der Luft; Bestandteil jeder Klimaanlage und vieler Lüftungsanlagen. Trockenfilter aus Kunststoff, Glasfaser, Papier oder Textilien bestehen aus einzelnen Zellen, die eine labyrinthartige Struktur haben *(Labyrinthfilter),* in der sich der Staub verfängt. – Eine wichtige Rolle spielen L. zur Reinigung der Verbrennungsluft von [Kfz-]Motoren. Beim *Ölbad[luft]filter* reißt die strömende Luft aus einem Ölbad Öltröpfchen mit, so daß der Filtereinsatz mit einem Ölfilm überzogen und der Staub festgehalten wird; *Papierfilter* besitzen auswechselbare Patronen aus Filterpapier mit bes. Imprägnierung.

Luftflottenkommando ↑ Luftwaffe.

Luftfracht, mit Luftfahrzeugen beförderte Güter; auch der dafür zu entrichtende Preis.

Luftgas (Generatorgas) ↑ Generator.

Luftgewehr ↑ Luftdruckwaffen.

Lufthansa ↑ Deutsche Lufthansa AG.

Lufthoheit, Hoheitsgewalt des Staates an dem Luftraum über seinem Territorium; wird nach oben (entsprechend herrschender Meinung) bei 80–100 km ü. d. M. begrenzt, wo der von Gebietshoheit freie Weltraum beginnt.

Luftkissen (Luftsack, Airbag), bei einigen Fahrzeugtypen bereits serienmäßig vorhandene Sicherheitsvorrichtung für Kfz-Insassen: ein zusammengefaltetes Kunststoffkissen vor dem Fahrer (und dem Beifahrer), das bei einem Aufprall des Fahrzeugs in Bruchteilen von Sekunden vor den Insassen ballonartig aufgeblasen wird.

Luftkissenfahrzeug (Bodeneffektgerät), Spezialfahrzeug, das von einem Kissen komprimierter Luft zw. dem Geräteboden und dem Untergrund (Land, unwegsames Gelände oder Wasseroberfläche) getragen wird; bes. gut geeignet für den Einsatz als Geländefahrzeug in Sumpf- und seichten Küstengebieten sowie als Fähre (wegen der gegenüber einem Schiff höheren Reisegeschwindigkeit). Ein L. kann nur in kleinem Abstand vom Untergrund schweben oder fliegen, da in größerer Höhe das Luftkissen nicht mehr aufrechterhalten werden kann. – Die häufigste Bauart ist

Luftfilter. Schematische Darstellung eines Papierfilters in einem Kraftfahrzeugmotor

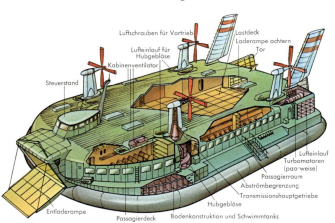

Luftkissenfahrzeug der British Hovercraft Corporation

Luftknolle

das **Ringstrahlgerät:** Der von einer ummantelten Luftschraube erzeugte Luftstrahl wird durch einen Schlitz am Umfang des Gerätebodens ausgeblasen, wodurch das Luftpolster erzeugt und gleichzeitig gegenüber der Umgebungsluft abgedichtet wird. – Der für die Fortbewegung des L. benötigte Schub wird überwiegend durch zusätzl. ↑Luftschrauben erzeugt; die Steuerung erfolgt durch angeblasene Ruder oder schwenkbare Luftschrauben.
Geschichte: 1877 erhielt Sir J. Thornycroft ein Patent für den Vorschlag, die Reibung zw. einem Schiffskörper und dem Wasser durch ein Luftkissen zu vermindern. Seine Idee ließ sich jedoch damals noch nicht verwirklichen. 1955 erhielt C. Cockerell das erste Patent für ein L. und gründete 1956 die „Hovercraft Development Ltd.". 1959 wurde ein Versuchsfahrzeug (SR. N 1) in Betrieb genommen und im Ärmelkanal erprobt. 1978 Inbetriebnahme der z. Z. größten L. („**Hovercraft**") im Fährbetrieb zw. Boulogne-sur-Mer bzw. Calais und Dover.

Luftknolle, svw. ↑Pseudobulbus.

Luftkorridore, von Flugsicherungsbehörden festgelegte und kontrollierte Luftverkehrswege zur Sicherung des Flugverkehrs; auch Bez. für drei jeweils 20 Meilen (International nautical miles) breite Luftverkehrswege, die (laut Vertrag vom 30. 11. 1945 zw. den Alliierten des 2. Weltkrieges) bis 1990 Berlin (West) mit der BR Deutschland verbanden.

Luftkrankheit ↑Bewegungskrankheit.

Luftkrieg, der militär. Einsatz von Flug- und Flugabwehrgeräten. Der Kampf in und aus der Luft ist bestimmt durch die bes. Eigenschaften der L.mittel: Geschwindigkeit, Reichweite, Beweglichkeit, Zerstörungskraft, Eindring- und Anpassungsvermögen. Hauptaufgaben der Luftstreitkräfte sind: Luftangriff, Luftverteidigung, Luftaufklärung und Lufttransport. Allg. Zielsetzung ist die Erringung und Behauptung der Luftherrschaft oder -überlegenheit. Zweck des *takt.* L. ist die Unterstützung der Land- und Seestreitkräfte durch Ausschaltung der feindl. Kräfte auf dem Kriegsschauplatz. Der *strateg.* L. zielt auf die Zerstörung entscheidender Teile des gegner. Gesamtpotentials. – Im 1. Weltkrieg wurden Luftschiffe und Flugzeuge zur Aufklärung und Unterstützung der Bodentruppen eingesetzt. Danach entwarf der italien. General Douhet die Theorie von der entscheidenden Rolle des L. durch Einsatz strateg. Bomber. Im 2. Weltkrieg hatten Luftangriffe wesentl. Anteil an den größeren Operationen (Landungen der Alliierten in Sizilien, in Italien und in der Normandie). Die dt. Niederlage in der „Luftschlacht um England" führte 1940/41 zum Verzicht auf dt. Invasionspläne. Ohne kriegsentscheidende Bed. blieben Terrorangriffe auf die Zivilbev. (z. B. Dresden, London). Mit der Entwicklung elektron. Abwehrsysteme und weitreichenden Raketen änderte sich die Rolle des Flugzeugs als Kampfmittel grundlegend.

Luftkühlung, Art der Kühlung bes. von Verbrennungskraftmaschinen. Die Oberfläche der zu kühlenden Motorteile (z. B. Zylinder und -kopf) ist durch Kühlrippen vergrößert, so daß die vorbeistreichende Luft (Fahrtwind bei Motorrädern u. a. oder Gebläseluft bes. bei stationären Motoren) die entstehende Wärme besser abführen kann.

Luftkurort (Klimakurort), Ort, dessen Klima (unterstützt durch Kureinrichtungen) einen positiven Einfluß auf bestimmte Erkrankungen hat; man unterscheidet L. mit Meeresküsten-, Mittelgebirgs- und Hochgebirgsklima.

Luftlandetruppen, Truppenteile, die durch Absprung mit dem Fallschirm aus Flugzeugen abgesetzt oder mit Transportflugzeugen oder -hubschraubern gelandet werden und hierfür bes. ausgerüstet, gegliedert und ausgerüstet werden; können schnell verlegt werden und unverzüglich in den Kampf eingreifen, kämpfen wie Jäger und brauchen deshalb nach der Landung (je nach Aufgabe) meist Unterstützung durch schwere Waffen.

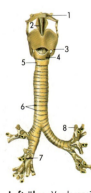

Luftröhre. Vorderansicht der Luftröhre des Menschen: 1 Zungenbein; 2 Kehldeckel; 3 Schildknorpel des Kehlkopfs; 4 Bogen des Ringknorpels; 5 erster Luftröhrenknorpel; 6 Bänder zwischen den Luftröhrenknorpeln; 7 rechter Hauptbronchus; 8 linker Hauptbronchus

Luft-Luft-Raketen ↑Raketen.

Luftmasse, in der Meteorologie Bez. für eine großvolumige Luftmenge (horizontale Ausdehnung über 500 km, vertikale mehr als 1 000 m), die längere Zeit über einem Gebiet der Erdoberfläche verweilt und durch bestimmte Prozesse die für die jeweilige L. typischen quasihomogenen Eigenschaften hinsichtlich Temperatur, Feuchtigkeit, Stabilität und Gehalt an Beimengungen (Staubkonzentration) annimmt.

Luftmine, dünnwandige, große Flugzeugbombe, die v. a. durch den Detonationsdruck wirkt.

Luftpiraterie [dt./griech.-italien.], die widerrechtl. Inbesitznahme von Luftfahrzeugen **(Flugzeugentführungen)** während des Fluges oder in unmittelbarem Zusammenhang mit diesem (mittels Nötigung oder sonstiger Einschüchterung). L. erfolgt meist aus polit. Motiven; zu ihrer Bekämpfung werden auf *internat.* Ebene v. a. die drei Abkommen von Tokio (1963), Den Haag (1970) und Montreal (1971) angewandt, die u. a. dafür sorgen sollen, daß jeder *Luftpirat,* unabhängig vom Begehungsort, zur Verantwortung gezogen wird. In *Deutschland* wird L. mit Freiheitsstrafe nicht unter 5 Jahren bestraft (§ 316 c StGB). Unter den Tatbestand fallen auch der Schußwaffengebrauch und das Vorhaben, eine Explosion oder einen Brand herbeizuführen, um ein Luftfahrzeug oder seine Ladung zu zerstören. Daneben kommen als Straftatbestände Freiheitsberaubung und Geiselnahme (↑Geiseln) in Betracht.

Luftpost, Postsendungen, die (gegen *L.gebühr*) auf dem Luftweg befördert werden. Regelmäßige L.verbindungen mit Flugzeugen bestehen seit 1920.

Luftpumpe ↑Sternbilder (Übersicht).

Luftpumpe ↑Pumpen.

Luftreifen ↑Reifen.

Luftreinhaltung, Teilbereich des Umweltschutzes, der sich mit gesetzl. Maßnahmen und Entwicklungen zur Verringerung der Schadstoffimmissionen befaßt. Im BundesimmissionsschutzG i. d. F. vom 14. 5. 1990 sind die wichtigsten Vorschriften, in der Techn. Anweisung zur Reinhaltung der Luft (TA Luft) i. d. F. vom 1. 3. 1986 konkrete techn. Verfahren zu ihrer Realisierung enthalten. Die zuständigen Behörden können von den Betreibern schädl. Anlagen die Vornahme von Messungen und Erklärungen über die Belastungswerte verlangen. Nach dem *Verursacherprinzip* ist der Emittent für die Durchführung von Maßnahmen zur Verringerung der Schadstoffimissionen verantwortlich. Dazu gehören z. B. Entstaubung, Einsatz von Katalysatoren, Einschränkung des Lösungsmittelverbrauchs in Lakken, Ersatz von FCKW (Fluorchlorkohlenwasserstoff) als Treibgas in Spraydosen. Nach einem Smogplan können für bestimmte Gebiete bei Inversionswetterlagen Kraftfahrzeugverkehr und Betrieb von Feuerungsanlagen eingeschränkt werden. – ↑Luftverschmutzung.

Luftröhre (Trachea), 12 cm langes Verbindungsrohr zw. Kehlkopf und Lunge; besteht aus nach hinten offenen, durch Bindegewebe untereinander verbundenen Knorpelspangen und wird von Flimmerepithel ausgekleidet. Vor Eintritt in die Lunge gabelt sich die L. in die beiden Hauptbronchien.

Luftröhrenschnitt, svw. ↑Tracheotomie.

Luftröhrenspiegelung, svw. ↑Bronchoskopie.

Luftröhrenwurm, svw. ↑Rotwurm.

Luftsack, svw. ↑Luftkissen.

Luftsäcke, blasenartige, zartwandige Aussackungen der Lungenlöcher bei Vögeln; dienen hauptsächlich der Verringerung des spezif. Gewichtes des Vogelkörpers und zur Intensivierung der Atmung beim Flug.

Luftsauerstoffelement, Primärelement, bei dem durch einen (als Katalysator wirkenden) Kohlestab tretender Sauerstoff den beim Entladevorgang an der Zinkelektrode entstehenden Wasserstoff oxidiert; Elektrolyt ist Kalilauge.

Luftschiff, Luftfahrzeug, bei dem die Auftriebserzeugung durch ein Traggas (Wasserstoff bzw. Helium) erfolgt, das leichter als Luft ist. Die für die Vorwärtsfahrt erforderl. Vortriebskraft wird von ↑Luftschrauben erzeugt; sie werden von Flugmotoren angetrieben, die in am L.körper angebrachten Motorgondeln untergebracht sind. Zur Steuerung dienen aerodynamisch wirkende Ruder des am Heck befindl. Höhen- bzw. Seitenleitwerks. Für Besatzung und Fluggäste ist unterhalb des L.vorderteils eine großräumige Gondel vorhanden, die auch den Führerraum enthält. Man unterscheidet drei L.arten: **Unstarre Luftschiffe (Prallluftschiffe)** erhalten ihre Form durch den inneren Überdruck des Füllgases. Außer den Gondeln, Motoren und Steuerflächen sind keine festen Bauteile vorhanden. **Halbstarre Luftschiffe** besitzen zusätzlich einen sog. Kielträger, an dem Motoren- und Fahrgastgondeln angebracht sind. Die bekanntesten L. sind die **Starrluftschiffe**: zur äußeren Formgebung haben sie ein starres Innengerüst aus Leichtmetall, das mit einem beschichteten Textilgewebe überzogen ist. Das Traggas ist in bes. Gaszellen enthalten. **Geschichte:** Als erster versuchte der Franzose H. Giffard 1852, einen Ballon durch eine Dampfmaschine anzutreiben. Von den vielen L.konstrukteuren waren v.a. A. von Parseval mit seinem Prall-L. (1906), J. Schütte und K. Lanz mit ihren Starr-L. mit Holzgerüst (ab 1909) erfolgreich, insbes. aber F. Graf von Zeppelin mit seinen ab 1900 gebauten Starr-L. mit Aluminiumgerüst, den „Zeppelinen". Nach Einsätzen mehrerer „Zeppeline" im 1. Weltkrieg brachte H. Eckener 1924 das L. LZ 126 im ersten Transatlantikflug ohne Zwischenlandung in die USA. Es folgten die großen Verkehrs-L. LZ 127 („Graf Zeppelin"; Rundflug um die Erde) und LZ 129 („Hindenburg"; brannte am 6. Mai 1937 in Lakehurst aus; damit endete vorerst der L.bau in Deutschland). – In jüngster Zeit plant man wieder den Einsatz von L. für die Beförderung von unzerlegbaren Schwerlasten in unerschlossene und unzugängl. Gebiete, als Kran-L. im Luftbauwesen, als Trägerfahrzeug für nachrichtentechn. Anlagen (Relaisstationen und Radarüberwachung) und für die Flugtouristik.

Luftschleuse ↑Schleuse.
Luftschlucken, svw. ↑Aerophagie.
Luftschraube (Propeller), System von zwei bis fünf radial an einer Nabe angeordneten, verwundenen, tragflügelartigen Flächen (L.blätter) zum Erzeugen der Vortriebskraft (Schub) für Starrflügelflugzeuge, Luftkissenfahrzeuge und Motorschlitten durch Beschleunigung großer Luftmassen entgegen der Flugrichtung, wobei man *Zug-* und *Druck-L.* unterscheidet. Die *Verstell-L.* ermöglicht die Änderung des Anstellwinkels (Start-, Reise-, Bremsstellung) je nach Erfordernis während des Fluges.
Luftschutz, Schutz von Menschen und Sachen vor Angriffen aus der Luft; in Deutschland ist der zivile L. Aufgabe des Bundes und Teil des ↑Zivilschutzes.

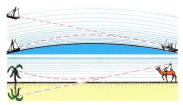

Luftspiegelung

Luftspiegelung, Erscheinung in der Atmosphäre, bei der ein entfernter Gegenstand mehrfach, z.T. auch auf dem Kopf stehend, gesehen wird. Ursache der L. ist eine Totalreflexion von Lichtstrahlen an der Grenzfläche zw. Luftschichten unterschiedl. Temperatur und damit unterschiedl. opt. Dichte. L. nach unten (unterste Luftschichten wärmer als die darüberliegenden) heißen in der Seemannssprache *Kimmung.* – Beispiel für eine L. ist die ↑Fata Morgana.
Luftsport (Flugsport), Sammelbez. für sportl. Wettbewerbe mit Flugkörpern wie Freiballonfahren, Drachenfliegen, Flugmodellsport, Motorflugsport, Segelflugsport; auch der **Fallschirmsport** zählt zu dieser Sportart, die aus Geschicklichkeits- und Präzisionswettbewerben besteht. Bei Wettkämpfen im Fallschirmsport sind zu unterscheiden: *Zielspringen* (Einzel- und Viererkampf), *Figurenspringen* und *Relativspringen* (*Formationsspringen;* für Vierer- und Achtergruppen). Im freien Fall werden Geschwindigkeiten bis zu 200 km/h erreicht. Im Ziel- und Figurenspringen seit 1951 Welt-, seit 1975 Europameisterschaften.

Luftstrahltriebwerk ↑Triebwerke.
Lufttransformator ↑Transformator.
Lufttüchtigkeitsforderungen, Mindestforderungen, die bei Entwurf, Herstellung und Betrieb von Luftfahrzeugen und sonstigem Luftfahrgerät zu beachten sind. Die L. werden unterteilt in: 1. Betriebs- und Wartungsvorschriften, 2. Flugleistungs- und Flugeigenschaftsanforderungen, 3. Bauvorschriften, 4. Prüfvorschriften.
Luft- und Raumfahrtindustrie, Zweig der Investitionsgüterind., in dem Flugzeuge, Raketen, Satelliten u.a. Flugkörper sowie Ausrüstungen für zivile und militär. Zwecke entwickelt und hergestellt werden. Die Entwicklung des Zivilluftverkehrs und die meist staatlich geförderten bzw. finanzierten Forschungs- und Fertigungsprogramme für militär. Zwecke in Verbindung mit starkem weltweitem Konkurrenzdruck führten zu einer Forschungsintensität, deren Ergebnisse der Hochtechnologie weit über den Bereich der Luft- und Raumfahrt hinaus von Bed. sind und zu wichtigen techn. Neuentwicklungen führten. – Weltweit führend in der L.- u. R. sind die USA, die den größten Teil des zivilen Flugzeugmarktes beherrschen, und die GUS. Die wichtigsten Projekte mit Beteiligung dt. Unternehmen in der L.- u. R. (bei wiedergewonnener internat. Wettbewerbsfähigkeit) sind die Verkehrsflugzeuge vom Typ Airbus, die Kampfflugzeuge Tornado und Alpha Jet, die Hubschrauber BO 105 und BK 117, ferner das europ. Raketensystem Ariane, Forschungs- und Nachrichtensatelliten, Raumstationssysteme u.a. Interessenvertretung der L.- u. R. in Deutschland ist der Bundesverband der Dt. Luftfahrt-Raumfahrt- und Ausrüstungsind. e. V., Sitz Bonn.
Lüftungstechnik, Teilgebiet der Technik, das sich mit der Lufterneuerung in Wohn-, Büro-, Versammlungsräumen, Fabrikhallen u.a. befaßt. Bei der *freien* oder *natürl. Lüftung* erfolgt der Luftwechsel allein durch Temperaturunterschiede zw. Raum und Umgebung oder durch Windeinfluß (u.a. durch Fenster, Schächte und Dachaufsätze). Bei der *künstl. Lüftung* (*Zwangslüftung, Ventilatorlüftung*) erfolgt der Luftwechsel durch Ventilatoren. – ↑Grubenbewetterung.
Luftverkehr, Teil der zivilen Luftfahrt, der die Beförderung von Personen, Gütern (Luftfracht) und Post (Luftpost) auf dem Luftweg zum Gegenstand hat. Voraussetzungen für den L. sind seinen Erfordernissen entsprechende Flughäfen, Flugsicherung, Navigationseinrichtungen auf dem Land und zur See sowie fliegendes und Bodenpersonal. Vorteile des L. im Vergleich zu den anderen Verkehrszweigen sind seine hohe Beförderungsgeschwindigkeit und die weitgehende Unabhängigkeit der Linienführung von der Gestaltung der Erdoberfläche, die ihn in verkehrsunerschlossenen bzw. für den Landverkehr ungeeigneten Gebieten bedeutungsvoll machen. Der L. hat sich insbes. durch den Einsatz von Airbussen im Kurz- und Mittelstreckenbereich sowie Großraumflugzeugen im Langstreckenbereich zum Massenverkehr entwickelt. Die Einsatzbereiche des L., nach denen auch die Luftfahrzeuge ausgelegt werden, sind *Ultrakurzstreckenflugverkehr* (bis 300 km), *Kurzstreckenflugverkehr* (von 300 bis 1500 km), *Mittelstreckenflugverkehr* (von 1500 bis 3000 km) und *Langstreckenflugverkehr* (über 3000 km). Die *L.gesellschaften* (Linien-, Bedarfsflug-, Luftfrachtgesellschaften) erfüllen ihre Aufgaben auf der Grundlage von Beförderungsverträgen. Beförderungsbedingungen zu den im Flugplan festgelegten (*Linienflugverkehr*) oder auch vereinbarten Zeiten (*Bedarfsflugverkehr*) und geltender Tarife. Die meisten L. betreibenden Staaten haben sich in der ↑International Civil Aviation Organization, Abk. ICAO, zusammengeschlossen.
Entwicklung: 1. *Weltluftverkehr:* Der erste Passagierflug mit einem Flugzeug fand 1908 statt. Nach dem 1. Weltkrieg erfolgten zahlr. Gründungen von L.gesellschaften. 1919 wurde die IATA gegründet. Die Eröffnung des nordatlant.

Luftverkehrsgesellschaften

Luftverkehr
Verkehrsleistungen der führenden internat. Verkehrsflughäfen 1989 ([1]1988)

	Fluggäste (in Mill.)	Fracht (in 1000 t)		Fluggäste (in Mill.)	Fracht (in 1000 t)
Chicago-O'Hare	59,2	958,5	Orlando Internat.	17,2	103,3
Dallas-Fort Worth	47,6	361,1	Pittsburgh Internat.	17,1	67,3
Los Angeles Internat.	45,7	997,8	Tokio-Narita	17,0	888,3
Atlanta-Hartsfield	43,3	379,3	Toronto Internat.	16,8[1]	257,6[1]
London Heathrow	39,6	692,1	Las Vegas,		
Tokio-Haneda	36,5	462,2	Mc Carran Internat.	16,7	15,1
New York, J. F. Kennedy	30,3	1125,8	Hongkong, Kai Tak	16,2	730,1
San Francisco Internat.	29,9	451,0	Houston Internat.	16,0	159,6
Denver, Stapleton Internat.	27,6	185,4	Rom, Leonardo da Vinci	15,6	227,1
Frankfurt am Main	25,9	1055,6	Amsterdam	15,3	582,2
Paris-Orly	24,1	248,1	Seattle, Tacoma Internat.	15,2	228,7
Miami Internat.	23,4	742,8	Washington Nat.	15,1	13,8
New York, La Guardia	23,2	57,6	Stockholm-Arlanda	14,1	80,8
Boston, Logan Internat.	22,2	285,5	Philadelphia Internat.	13,3	194,7
Honolulu Internat.	21,4	320,1	Singapur Changi	13,0	577,5
London-Gatwick	21,2	210,3	Sydney, Kingsford Smith	12,2[1]	232,7[1]
Detroit, Wayne County	21,0	112,6	Zürich-Kloten	11,7	258,4
New York, Newark	20,9	400,4	Kopenhagen	11,6	127,4
Phoenix Internat.	20,7	57,0	Palma de Mallorca	11,5	19,2
Paris, Charles de Gaulle	20,3	484,7	Mexiko	11,1	127,1
Saint Louis Internat.	20,2[1]	59,4[1]	Athen	10,5	85,1
Minneapolis Internat.	19,4	166,7	Düsseldorf	10,4	45,2
Osaka	17,7	319,1	München	10,0	52,3

Postdienstes 1936/37 markiert das Ende der vorangegangenen Pionierzeit des L. Der zivile L. entwickelte sich auf Grund des techn. Fortschritts während und nach dem 2. Weltkrieg außerordentlich stark. Zw. 1962 und 1972 lag die durchschnittl. jährl. Zuwachsrate des Verkehrsaufkommens im Welt-L. bei etwa 17 % im Passagier- und bei etwa 19 % im Frachtverkehr, in den folgenden Jahren flachten die Zuwachsraten etwas ab. – *2. Deutschland:* 1917 wurde die Dt. Luftreederei AG gegr., die am 5. Febr. 1919 die erste öff. Fluglinie Berlin–Leipzig–Weimar eröffnete. Die von H. Junkers gegr. Flugzeugwerke betätigten sich nach dem 1. Weltkrieg auch im L. 1926 ging die Junkers Luftverkehrs AG gemeinsam mit dem Konkurrenzunternehmen Aero Lloyd-AG in der damals gegr. Lufthansa auf (↑Deutsche Lufthansa AG, ↑Luftverkehrsgesellschaften [Übersicht]).

Luftverkehrsgesellschaften ↑Luftverkehr.

Luftverkehrsgesetz, BG i. d. F. vom 14. 1. 1981, das die öff.-rechtl. Anforderungen an Luftfahrzeuge, Luftfahrtpersonal, Flugplätze, Luftfahrtunternehmen und -veranstaltungen und den Luftverkehr sowie die Haftpflicht für Schäden im Zusammenhang mit der Luftfahrt regelt.

Luftverkehrshaftung, svw. ↑Luftfahrzeughaftung.

Luftverschmutzung (Luftverunreinigung), Anreicherung der Luft mit festen, flüssigen und gasförmigen Substanzen, die in der sog. „reinen" Luft nicht oder nur in äußerst geringen Mengen enthalten sind. Derartige Stoffe können durch natürl. Vorgänge (biologische Abbauprozesse, Vulkanausbrüche, Staubstürme) oder durch menschl. Tätigkeit (insbes. durch Verbrennungsprozesse in Heizungen, Kraftwerken u. a., Kfz-Abgase, Kernwaffenversuche) in die Luft gelangen, wo sie sich bis zu einem gewissen Grad infolge der natürl. Konvektion meist rasch verteilen und damit z. B. den biolog. Verarbeitungsprozessen (v. a. durch Bodenbakterien) zugeführt werden. Zu einem großen Problem wurde die L. in den letzten Jahrzehnten, weil mit steigender Bev.dichte, zunehmender Industrialisierung, größerer Verkehrsdichte usw. die Konzentration der Luftschadstoffe über Ballungs- und Ind.gebieten stark angestiegen ist und häufig Werte erreicht, bei denen Beeinträchtigungen und Schädigungen bei Mensch, Tier und Pflanzen, bei Bauwerken u. a. auftreten. Eine Erhöhung der Konzentration kann durch vermehrte Zufuhr (Emission), örtlich begrenzt auch durch bestimmte Wetterlagen (Inversion), die die rasche Verteilung der Luftschadstoffe verhindern, bewirkt werden. In den Dunstglocken über Städten und Ind.gebieten wurden z. B. Mengen von 500 000 Fremdteilchen pro cm^3 Luft gefunden; die vergleichbaren Werte über freiem Land bzw. über Meer und Gebirge liegen bei einigen 1 000 bzw. einigen 100 Teilchen pro cm^3 Luft. – Luftverunreinigungen sind v. a. Stäube, Schwefeloxide (bes. Schwefeldioxid, SO_2), Schwefelwasserstoff, Stickstoffmonoxid und -dioxid (NO/NO_2), Ammoniak, Kohlenmonoxid und -dioxid (CO/CO_2), Halogenkohlenwasserstoffe (darunter hochgiftige Stoffe wie Dioxine und Furane), Schwermetalle und Ozon; daneben können örtlich Chlorwasserstoff, Fluorverbindungen, Chlor u. a. auftreten. Auch durch Reaktionen in der Atmosphäre entstehen zuweilen schädl. Verbindungen, z. B. der ↑saure Regen durch Oxidation von Schwefeldioxid (SO_2) zu Schwefeltrioxid (SO_3). Infolge photochem. Reaktionen können gesundheitsschädigende ↑Photooxidanzien entstehen, die zu einer Erhöhung des Ozongehalts der Luft führen.

In der *Technik* wurden zahlr. Methoden und Verfahren entwickelt, durch die das Austreten von Luftschadstoffen (*Emissionen*) verhindert oder wenigstens verringert wird. Hier sind v. a. die Verfahren zur Abtrennung von Stäuben aus Gasströmen (Entstaubung) sowie von gas- oder dampfförmigen Nebenbestandteilen aus techn. Gasen (Gasreinigung, z. B. ↑Entschwefelung von Rauchgasen) zu nennen, ferner alle Methoden, bei denen Abgase durch direkte oder katalyt. Oxidation beseitigt werden (z. B. Abfackeln von Raffinerieabgasen, katalyt. Oxidation von Geruchsstoffen, katalyt. Abgasreinigung im ↑Abgaskatalysator). – Zum Recht ↑Luftreinhaltung, ↑Immissionsschutz.

Luftwaffe, Teilstreitkraft; Gesamtheit der zum Kampf in der Luft und möglicherweise im erdnahen Weltraum, zu Luftangriffen und deren Abwehr bestimmten Verbände sowie deren Bodenanlagen und Unterstützungsverbände, soweit sie nicht zum Heer oder zur Marine gehören. Die dt. L. als Teilstreitkraft der Bundeswehr ist in 3 Kommandobereiche gegliedert: Unter dem **Luftflottenkommando** sind alle fliegenden und bodengestützten Einsatzverbände für Luftverteidigung und -angriff zusammengefaßt (5 L.divisionen), dem **Luftwaffenunterstützungskommando** unterstehen die für die Unterstützung der Einsatzverbände erforderl. logist. Verbände und Ausbildungseinrichtungen, das **Luftwaffenamt** ist zuständig für zentrale Aufgaben wie Lufttransport, Flugsicherheit u. a.

Luftwaffenattaché ↑Militärattaché.

Luftwaffenschulen, militär. Ausbildungsstätten der Teilstreitkraft ↑Luftwaffe; in der Bundeswehr z. Z.: Offizierschule der Luftwaffe (Fürstenfeldbruck), Truppendienstl. Fachschule der Luftwaffe (Iserlohn), Techn. Schule der Luftwaffe 1, 2 und 3 (Kaufbeuren, Klosterlechfeld und Faßberg), Sanitätsschule der Luftwaffe (Giebelstadt), Logist. Fachschule der Luftwaffe (Erding), Unteroffizierschule der Luftwaffe (Appen und Pinneberg), Dt. Luftwaffenausbildungskommando USA (Fort Bliss; El Paso, Texas), Fachschule der Luftwaffe für Wirtschaft (Iserlohn), Fachschule der Luftwaffe für Elektrotechnik (Kaufbeuren), Fachschule der Luftwaffe für Maschinentechnik (Faßberg), Fachschule der Luftwaffe für Datenverarbeitung (Klosterlechfeld).

Luftwege (Atemwege, Respirationstrakt), Sammelbez. für Nasen-Rachen-Raum, Luftröhre (mit Kehlkopf) und Bronchien, wobei man einen den Kehlkopf noch einschließenden *oberen Luftweg* von einem *unteren Luftweg* unterscheidet.

Luftwiderstand (aerodynam. Widerstand), die entgegen der Bewegungsrichtung eines sich relativ zur Luft (oder zu einem anderen Gas) bewegenden Körpers wirkende Kraft. Der L. $F_W = c_W(\varrho \cdot v^2 \cdot A)/2$ ist abhängig von der Luftdichte ϱ, der Relativgeschwindigkeit v zw. Körper und Luft, der Projektionsfläche A des Körpers in Bewegungsrichtung und dem **Luftwiderstandsbeiwert** c_W, der von der Reynolds-Zahl, der Körperform u. a. abhängt. – ↑ Fahrwiderstand.

Luftwurzeln, im Ggs. zu Erdwurzeln oberirdisch auftretende, meist sproßbürtige Wurzeln verschiedener Pflanzen mit unterschiedl. Funktionen als Haftwurzeln, Atemwurzeln und Stelzwurzeln.

Luftzerlegung, techn. Verfahren, bei dem durch Rektifizieren von flüssiger Luft die Bestandteile der Luft voneinander getrennt werden; es wurde 1901 erstmals von C. von Linde durchgeführt und dient heute in großem Umfang zur Gewinnung von Sauerstoff, Stickstoff und Edelgasen.

Lug, ir. Hauptgott, Herr der Künste, des Handwerks und der Kriegstechnik. Sein Fest, *Lugnasad,* wurde am 1. Aug. gefeiert.

Luganer See, See am S-Rand der Alpen (Schweiz und Italien), 35 km lang, bis 3 km breit, 271 m ü. d. M., bis 288 m tief. An den Ufern zahlr. Kur- und Ferienorte.

Lugano, Hauptort des Bez. L. und größte Stadt im schweizer. Kt. Tessin, am N-Ufer des Luganer Sees, 273–335 m ü. d. M., 29 900 E. Kath. Bischofssitz; Museen, heilklimat. Kurort. – Im 6. Jh. erstmals als befestigter Ort erwähnt; besaß seit dem 10. Jh. einen in ganz Europa berühmten Markt; geriet 1335 unter die Herrschaft Mailands; 1512 von den Eidgenossen besetzt; 1798 ging von L. die Tessiner Freiheitsbewegung aus; gehört seitdem zum Kt. Tessin. – Kathedrale San Lorenzo mit Frührenaissancefassade (1517), Wallfahrtskapelle Madonna di Loreto (1524, erweitert im 18. Jh.); mehrere Barockpaläste, klassizist. Stadthaus (1840–44); von M. Botta u. a. die Gotthard-Bank (1985–88), sein Atelier (1990) sowie Villen.

L., Bistum, ↑ katholische Kirche (Übersicht).

Lugansk (1935–58 und 1970–90 Woroschilowgrad), ukrain. Geb.hauptstadt im Donbass, 497 000 E. 4 Hochschulen, Kunstmuseum; 2 Theater, Philharmonie; Zentrum der Schwerind. – 1795 Bau einer Gießerei und Kanonenfabrik; 1882 wurden die dabei entstandenen Arbeitersiedlungen mit dem Dorf **Kameni Brod** zur Stadt L. vereinigt; bereits 1905 Zentrum der bolschewist. Bewegung unter Führung von K. J. Woroschilow.

Luganski, Kasak, Pseud. des russ. Schriftstellers und Folkloristen Wladimir Iwanowitsch ↑ Dal.

Lugdunensis (Gallia L.) ↑ Gallien.

Lugdunum, antiker Name von ↑ Lyon.

Lüge, bewußt falsche Aussage oder unwahre Behauptung (im Ggs. zum Irrtum). Für L. gibt es unterschiedl. Beweggründe (etwa Angst, Geltungsbedürfnis, Berechnung, Höflichkeit bzw. Rücksichtnahme). In pathol. Form äußert sich die Neigung zur L. im Krankheitsbild der *Pseudologia phantastica* (Neigung, phantast., jedoch z.T. glaubwürdig erscheinende Geschichten zu erzählen).

Lügendetektor, Gerät, das Aufzeichnungen über den Verlauf der Herzströme, der Atemfrequenz, des Blutdrucks und der Hautfeuchtigkeit einer befragten Person macht. Der L. soll die Erregung anzeigen, die auftreten kann, wenn jemand versucht, das Wissen um einen Sachverhalt (z. B. eine Straftat) zu verbergen. In Deutschland, Österreich und der Schweiz ist die Verwendung eines L. bei gerichtl. Ermittlungsverfahren nicht erlaubt.

Lügendichtung, Dichtung, bei der im Unterschied zu anderen phantast., märchenhaften oder symbol.-allegor. Dichtungen (Märchen, Legende, Fabel usw.) die Fiktion als Lüge, als spieler. Affront gegen einen von Dichtung ohnedies nicht einlösbaren Wahrheitsanspruch erkannt wird. Dabei ist L. stets an histor. Wirklichkeitsbegriffe und Wahrhaftigkeitsansprüche gebunden, die durch ihre radikale Umkehrung ins Unglaubhafte zugleich kritisiert oder karikiert werden können. Im **Lügenroman** wird das Lügen zum dichter. Verfahren gemacht, z. B. durch die Perspektive der Ich-Erzählung wie in den „Wunderbaren Reisen" Münchhausens. Dieser Gattung stehen zahlr. Werke gegenüber, die in der Person des verlogenen Aufschneiders das Lügen als menschl., moralisch defektes Verhalten mit satir. oder kom. Absicht darstellen, z. B. Rabelais' „Gargantua", Gryphius' „Horribilicribrifax Teutsch", C. Reuters „Schelmuffsky", Daudets „Tartarin von Tarascon".

Lugger [engl.], svw. ↑ Logger.

Luginbühl, Bernhard, * Bern 16. Febr. 1929, schweizer. Bildhauer. – Oft humorvoll-iron., z. T. sehr große abstrakte Eisenplastiken, Zeichnungen, Kupferstiche; Ausdruck konkreten Protestes sind öff. Verbrennungen eigener Werke.

Lugné-Poe [frz. lyɲeˈpɔ], eigtl. Aurélien François Marie Lugné, * Paris 27. Dez. 1869, † Villeneuve-lès-Avignon

Lugano
Stadtwappen

Luftverkehrsgesellschaften (Stand 1989; Auswahl)				
Gesellschaft[1], Sitz	Gründungsjahr[2]	Anzahl der Flugzeuge	beförderte Passagiere (Mill.)	Frachttonnenkilometer (Mill.)
Aer Lingus (EI), Dublin	1936	31	3,5	456
Aeroflot (SU), Moskau	1923	–	125,0[3]	–
Air Canada (AC), Montreal	1965 (1937)	116	11,9	703
Air France (AF), Paris	1933	110	14,8	6 367
Air-India (AI), Bombay	1953 (1932)	24	2,1	1 372
ALITALIA (AZ), Rom	1946	124	14,5	2 724
American Airlines (AA), Dallas	1934	470	64,1	12 084
Austrian Airlines (OS), Wien	1957 (1923)	27	2,3	255
British Airways (BA), London	1974 (1939, 1946)	212	24,6	8 002
Deutsche Lufthansa (LH), Köln	1953 (1926)	150	20,4	3 912
EL AL, Israel Airlines (LY), Tel Aviv	1949	20	1,5	606
Finnair (AY), Helsinki	1923	45	5,2	971
Iberia, Lineas Aéreas de España (IB), Madrid	1927	84	14,5	589
JAL, Japan Air Lines (JL), Tokio	1953	92	19,7	8 196
JAT, Jugoslovenski Aerotransport (JU), Belgrad	1947	33	3,9	652
KLM, Royal Dutch Airlines (KL), Amsterdam	1919	58	6,9	4 244
LOT, Polish Airlines (LO), Warschau	1929	44	2,0	23
Pan American World Airways – Pan Am (PA), New York	1927	135	15,0	6 427
Philippine Airlines (PR), Manila	1941 (1932)	41	5,7	1 206
Qantas Airways (QF), Sydney	1920	36	3,9	3 384
SABENA (SN), Brüssel	1923 (1919)	30	2,6	1 268
SAS, Scandinavian Airlines System (SK), Stockholm-Bromma	1946	112	13,3	1 800
South African Airways (SA), Johannesburg	1934	38	5,2	1 028
Swissair, Schweizerische Luftverkehrs AG (SR), Zürich	1931	54	8,1	2 204
TAP, Air Portugal (TP), Lissabon	1944 (1934)	26	2,6	661
TWA, Trans World Airlines (TW), New York	1926	176	25,1	–
United Airlines (UA), Chicago	1926	414	56,2	11 802
VARIG, Brazilian Airlines (RG), Rio de Janeiro	1927	75	6,3	2 074

[1] in Klammern die internat. gebräuchl. (z. B. in Flugplänen) Abkürzungen. – [2] Gründungsjahr von Vorgängergesellschaft(en) in Klammern. – [3] 1988.

Lugo

(Gard) 19. Juni 1940, frz. Regisseur – In dem von ihm gegr. Théâtre de l'Œuvre (1893–1929) förderte er das symbolist. und impressionist. Theater. Beispielgebend waren seine Ibsen-, Hauptmann- und Maeterlinck-Inszenierungen; brachte A. Jarry, R. Rolland und P. Claudel auf die Bühne.

Lugo, span. Stadt in Galicien, 465 m ü. d. M., 74 000 E. Hauptstadt der Prov. L.; kath. Bischofssitz; Nahrungsmittel- und chem. Ind., Holzverarbeitung, Thermalbad. – L., urspr. eine kelt. Kultstätte, wurde von den Römern zur Gebietshauptstadt **Lucus Augusti** mit Bischofssitz ausgebaut; 714–755 unter arab. Herrschaft; gehörte danach zum Kgr. Asturien. – Roman. Kathedrale (12., 15. bis 18. Jh.), Rathaus mit Rokokofassade; über 2 km lange Stadtmauer (z.T. 3. Jh., erneuert im 14. Jh.).

Lugoj [rumän. 'lugoʒ] (dt. Lugosch), rumän. Stadt im Banat, 125 m ü. d. M., 53 700 E. Museum; Nahrungsmittelind., Seidenspinnerei. – 1334 erstmals urkundlich erwähnt; Mitte des 16. Jh. zur königl. Freistadt erhoben. – Barocke orth. Kathedrale (18. und 19. Jh.).

Lugones Argüello, Leopoldo [span. lu'ɣones ar'ɣuejo], *Villa María del Río Seco (Prov. Córdoba) 13. Juni 1874, †Buenos Aires 19. Febr. 1938 (Selbstmord), argentin. Dichter. – Einflußreicher modernist. Lyriker; verherrlichte v. a. Nation und Landschaft Argentiniens.

Lugosch ↑ Lugoj.

Lugosi, Bela, eigtl. Béla L. Blasko, *Lugoj 29. Okt. 1884, †Los Angeles 17. Aug. 1956, amerikan. Schauspieler ungar. Herkunft. – Begann als Bühnendarsteller; ab 1917 auch Filmrollen; ab 1921 in den USA. Berühmt als Dracula-Darsteller auf der Bühne (1927) und im Film (1931); blieb danach dem Horrorfilm verbunden.

Luhmann, Niklas, *Lüneburg 8. Dez. 1927, dt. Soziologe. – Prof. in Bielefeld seit 1968; Vertreter der sozialwiss. Systemtheorie; Arbeiten zur Industrie-, zur Rechts- und zur polit. Soziologie; schrieb u. a. „Funktionen und Folgen formaler Organisation" (1964), „Grundrechte als Institution" (1965), „Rechtssoziologie" (1972), „Funktion der Religion" (1977), „Gesellschaftsstruktur und Semantik" (3 Bde., 1981–89), „Soziale Systeme. Grundriß einer allgemeinen Theorie" (1984), „Erkenntnis als Konstruktion" (1988).

Lu Hsün ↑ Lu Xun.

Luik [niederl. lœɣk] ↑ Lüttich.

Luini, Bernardino, *Luino (Prov. Varese) (?) 1480/90, †Mailand vor dem 1. Juli 1532, italien. Maler. – Steht mit ausgewogenen Kompositionen in der lombard. Tradition und in der Nachfolge Leonardo da Vincis.

Luise, Name von Herrscherinnen:
Frankreich:
L. von Savoyen, *Pont-d'Ain (Ain) 11. Sept. 1476, †Grez-sur-Loing (Seine-et-Marne) 22. Sept. 1531, Hzgn. von Angoulême (seit 1515). – 1515/16 und 1525/26 Regentin für ihren Sohn Franz I. von Frankreich, bereitete den Abschluß der Liga von Cognac vor (1526) und handelte 1529 den Frieden von Cambrai aus.
Preußen:
L., *Hannover 10. März 1776, †Schloß Hohenzieritz bei Neustrelitz 19. Juli 1810, Königin. – 1793 ∞ mit dem späteren König Friedrich Wilhelm III., Mutter Friedrich Wilhelms IV. und Wilhelms I. Auf ihr Betreiben kam es 1805 zu einer Annäherung Preußens an Rußland. Nach der Schlacht von Jena und Auerstedt mußte sie nach Königsberg (Pr) und Memel fliehen und versuchte im Juli 1807 in Tilsit in einem Gespräch mit Napoleon I. vergeblich, die Friedensbestimmungen für Preußen zu mildern. Sie unterstützte die Reformen Steins und Hardenbergs, wobei ihr Engagement und ihre Lebensweise volkstüml. Verehrung fanden.
Schweden:
L. Ulrike, *Berlin 24. Juli 1720, †Svartsjö (bei Stockholm) 16. Juli 1782, Königin. – Schwester Friedrichs II., d. Gr., ∞ seit 1744 mit dem späteren König Adolf Friedrich von Schweden; gründete 1753 die Akad. der schönen Literatur und Geschichte.

Luitpold,
Prinzregent von
Bayern

Niklas Luhmann

Luise,
Königin von Preußen
(Ausschnitt aus einem
Gemälde von Johann
Friedrich August
Tischbein)

Bernardino Luini. Badende Mädchen, Ausschnitt aus einem Fresko aus der Villa Pelucca bei Monza (Mailand, Pinacoteca di Brera)

Luitpold, *Würzburg 12. März 1821, †München 12. Dez. 1912, Prinzregent von Bayern. – Übernahm angesichts der geistigen Umnachtung Ludwigs II. und Ottos I. am 10. Juni 1886 die Regentschaft.

Luitprand ↑ Liutprand.

Luján [span. lu'xan], argentin. Stadt 50 km westlich von Buenos Aires, 39 000 E. Einer der bedeutendsten Wallfahrtsorte Südamerikas (seit 1630) mit neugot. Basilika.

Luk [niederdt.], svw. ↑ Luke.

Lukács, György (Georg [von]) [ungar. 'lukaːtʃ], *Budapest 13. April 1885, †ebd. 4. Juni 1971, ungar. Philosoph und Literaturwissenschaftler. – Seit 1918 Mgl. der Kommunist. Partei Ungarns; in der ungar. Räterepublik zuständig für das Unterrichtswesen. Nach deren Ende kam L. über Wien und Moskau 1931 nach Berlin; 1933 wieder in Moskau; 1945–58 Prof. für Philosophie in Budapest. Bed. Vertreter eines am Roman des bürgerl.-krit. Realismus orientierten marxist. Literaturtheorie und einer auf einer literar. Widerspiegelungstheorie basierenden Ästhetik. L. hatte großen Einfluß auf die Literaturwiss. der sozialist. Länder, obwohl er infolge seiner Forderung nach einer „demokrat." Diktatur in z. T. durch Selbstkritik abgeschwächtem Ggs. zur offiziellen Literaturtheorie (auch zur Politik) stand. L. war einer der intellektuellen Führer des ungar. Volksaufstands 1956 und Kultus-Min. unter I. Nagy; seitdem war er verfemt, seines Lehramtes enthoben. Seine Werke wurden nur noch in westeurop. Ländern gedruckt, wo sie großen Einfluß auf die marxistisch orientierte Literaturwiss. hatten. Beeinflußte auch die westeurop. Neue Linke. – Werke: Geschichte und Klassenbewußtsein (1923), Ästhetik (1963), Zur Ontologie des gesellschaftl. Seins (hg. 1971–73), Heidelberger Philosophie der Kunst (hg. 1974).

Lukan (Marcus Annaeus Lucanus), *Córdoba (Spanien) 3. Nov. 39, †Rom 30. April 65, röm. Dichter. – Neffe des Philosophen Seneca; beteiligte sich an der Pison. Verschwörung und nahm sich auf Befehl Neros das Leben. Sein pathet. Epos „Pharsalia" oder „Bellum civile" (10 Bücher, unvollendet) über den Bürgerkrieg zw. Cäsar und Pompejus steht im Ggs. zur die Monarchie verherrlichenden „Äneis" Vergils, da L. v. a. für die republikan. Freiheit eintritt.

Lukanien (lat. Lucania), antike Landschaft in S-Italien, heute ↑ Basilicata.

Lukanischer Apennin, Teil des südl. Apennins, von den Monti Picentini im N bis zur Cratisenke im S, bis 2 271 m hoch.

Lukas, hl. (L. der Evangelist), Heidenchrist, Mitarbeiter des Apostels Paulus (Philem. 24). – Nach Kol. 4, 14 war L. Arzt, nach 2. Tim. 4, 11 weilte er beim gefangenen Apostel in Rom; L. galt schon in der alten Kirche als Verfasser des Lukasevangeliums und der Apostelgeschichte. Aus dem Begleiter des Paulus wurde in der späteren Legende ein Augenzeuge Jesu, einer der 70 Jünger und Maler der ↑ Lukasbilder. – Fest: 18. Oktober.

Lukas van Leyden ↑ Lucas van Leyden.

Lukas von Prag, *Prag um 1460, †Altbunzlau (= Brandýs nad Labem-Stará Boleslav) 11. Nov. 1528, böhm. Theologe. – Schloß sich 1494 den Böhm. Brüdern an, als deren Organisator, Bischof und Wortführer, v. a. gegen Rom und Luther, er seit 1500 wirkte.

Lukasbilder, Christus- und Marienbilder, die die Legende dem Evangelisten Lukas zuschreibt, so die Christusdarstellung im Oratorium Sancta Sanctorum in Rom (6. oder 7. Jh.), sowie zahlr. Bilder der Gottesmutter in byzantin. Stil (Hodegetria).

Lukasevangelium, Abk. Luk., drittes Evangelium im N.T., beschreibt Leben und Wirken Jesu. Die Beherrschung griech. Sprache und Stilformen weisen den Verfasser im Unterschied zu den anderen Synoptikern als einen gebildeten hellenist. Schriftsteller aus. Als Quellen werden im L. das Markusevangelium, die dem L. und Matthäusevangelium gemeinsame Logienquelle (↑ Logia Jesu) und eine nur ihm eigene Quelle, Sondergut genannt, benutzt. – Durch die Erfahrung der Parusieverzögerung (↑ Parusie) wird die Erwartung des Reiches Gottes von der Terminfrage gelöst; die urspr. Naherwartung rückt so in ferne Zukunft. Dabei entwirft Lukas die Idee der Heilsgeschichte. Das L. war für Heidenchristen bestimmt und entstand zw. den Jahren 80 und 90.

Lukasgilden, spätmittelalterl. Malergilden, die den Evangelisten Lukas als Schutzpatron verehrten.

Lukasiewicz, Jan [poln. ɷuka'ɕɛvit∫], *Lemberg 21. Dez. 1878, †Dublin 13. Febr. 1956, poln. Philosoph und Logiker. – Verfaßte grundlegende Arbeiten zur mathemat. Logik und zur Geschichte der Logik; Mitbegr. der mehrwertigen Logik.

Luke (Luk) [niederdt., eigtl. „Verschluß"], verschließbare Öffnung im Dach, Fußboden oder in einer Mauer; kleine Einstiegs- und Ausstiegsöffnung.
▷ Öffnung im Deck oder in der Bordwand eines Schiffes zum Betreten oder Beladen. Früher waren die Lade-L. klein mit hohem L.süll (Umrandung), heute geht der Trend zu möglichst großen Glattdecksluken.

Lukenziegel, svw. ↑ Gaupenziegel.

Lukian von Samosata, *Samosata (= Samsat, Türkei) zw. 120 und 125, †Ende des 2. Jh., griech. Satiriker. – Syrer; Rhetor; war Wanderredner in Kleinasien, Griechenland, Italien, Gallien; schließlich Sekretär beim Statthalter von Ägypten. Polemisierte in geistvoll-witzigen Schriften gegen das überlieferte Bild der Religion, den Aberglauben, die Eitelkeit von Philosophen und Literaten seiner Zeit. Für seine Satiren bevorzugte er die Form des Dialogs, später die des Briefes.

Lukas. El Greco, Der heilige Lukas als Maler, um 1608 (Toledo, Kathedrale)

Lukmanierpaß ↑ Alpenpässe (Übersicht).

lukrativ [lat., zu lucrare „gewinnen"], gewinnbringend, einträglich.

Lukretia ↑ Lucretia.

Lukrez (Titus Lucretius Carus), *zw. 99 und 94, †10. Okt. 55 (?) v. Chr. (Selbstmord), röm. Dichter. – Sein hexametr. philosoph. Lehrgedicht „De rerum natura" (Die Natur der Dinge) ist eine Darstellung der epikureischen materialist.-mechanist. Naturphilosophie, insbes. des Atomismus. Mit der Erkenntnis der naturgesetzl. Zusammenhänge könne nach L. die Menschheit von Götterfurcht, Aberglauben und Angst vor dem Tode befreit werden. Die Möglichkeit von Freiheit für den Menschen sichert L. bes. dadurch, daß er den Zufall streng als Ursachlosigkeit bestimmt. Durch seine kraftvolle, altertüml. Sprache und die lebendige Darstellung hat L. auf spätere lat. Lehrgedichte, u. a. auf Vergils „Georgica", großen Einfluß ausgeübt.

Lukrezia Borgia ↑ Borgia, Lucrezia.

Lukuga, rechter Nebenfluß des Lualaba, Zaire, Abfluß des Tanganjikasees, 320 km lang.

lukullisch [lat., nach ↑ Lucullus], üppig (von Speisen gesagt), erlesen.

Lukullus ↑ Lucullus.

Luleå [schwed. ˌlʉːlɛˈoː], schwed. Stadt an der Mündung des Luleälv in den Bottn. Meerbusen, 66 700 E. Hauptstadt des Verw.-Geb. Norrbotten; luth. Bischofssitz; TH, Museum, Bibliothek; Elektrostahlwerk, Erzhafen; ✈.

Luleälv [schwed. ˌlʉːlɛˈɛlv], Fluß in Nordschweden, entspringt nahe der norweg. Grenze (zwei Quellflüsse), mündet bei Luleå in den Bottn. Meerbusen; 450 km lang.

Lullabies [engl. 'lʌləbaɪz; zu to lull „einlullen"] (Einz. Lullaby), engl. Bez. für Wiegenlieder oder deren Refrain.

Lullus (Lul), hl., *Wessex (England) um 710, †Hersfeld (= Bad Hersfeld) (?) 16. Okt. 786, angelsächs. Missionar und Bischof. – Benediktiner, folgte 738 Bonifatius nach Deutschland und wurde 754 dessen Nachfolger als Bischof von Mainz. – Fest: 16. Oktober.

Lullus, Raimundus, sel., *Palma 1232/33 (1235 ?), †Bougie (= Bejaïa) bei Tunis 1315 oder 1316, katalan. Dichter, Theologe und Philosoph. – L. lehrte mit Unterbrechungen zw. 1283 und 1313 in Paris und Montpellier. 1263 unternahm er den Versuch, die alleinige Wahrheit der christl. Lehre zu erweisen und v. a. die arab. Welt zu missionieren. 1276 gründete er die Missionsschule von Miramar (Mallorca). Nach Auffassung L. muß der Glaube durch den Verstand unterstützt werden, der die Glaubenswahrheiten aus den Prinzipien einer christl. Universalwiss., der „Ars magna" streng deduziert. In der Philosophie wandte sich L. gegen den Averroismus und die Lehre von der doppelten Wahrheit. Wegen seiner umfassenden enzyklopäd. Werke wurde er als „Doctor illuminatus" (der erleuchtete Gelehrte) bezeichnet; der an ihn anknüpfende „Lullismus" gilt als eine der großen Strömungen der span. Philosophie. Der katalan. Sprache verhalf L. durch seinen philosoph. Roman „Blanquerna" (1282–87), durch zahlr. erzählende Schriften und Gedichte zum Rang einer Literatursprache.

Lully, Jean-Baptiste [frz. lyl'li], eigtl. Giovanni Battista Lulli, *Florenz 28. Nov. 1632, †Paris 22. März 1687, frz. Komponist italien. Herkunft. – Ab 1646 in Paris, von Ludwig XIV. 1653 zum Komponisten seiner Instrumentalmusik ernannt. 1661 Oberintendant der königl. Kammermusik, beherrschte seit 1672 mit dem Opernpatent („Académie royale de musique") das Musikleben. In Zusammenarbeit mit seinen Librettisten I. de Benserade (Ballet de cour), Molière (Comédie-ballet) und P. Quinault (Tragédie lyrique) schuf er die frz. Oper; entwickelte den Typus der frz. Ouvertüre und die (aus Teilen seiner Opern zusammengestellte) Orchestersuite.

Lumbago [lat. „Lendenlähmung"], svw. ↑ Hexenschuß.
▷ (Kreuzverschlag, Nierenverschlag, Feiertagskrankheit) in der Veterinärmedizin Bez. für eine meist 12 bis 24 Stunden anhaltende Muskelstarre (Lähmung im Bereich der Hinterhand beim Pferd), oft nach mehrtägiger Stallruhe bei sehr kohlenhydratreicher Fütterung; auch nach übermäßig langer, schwerer Muskelarbeit.

György Lukács

Jean-Baptiste Lully (Ausschnitt aus einem Kupferstich, um 1675)

lumbal

Lumbalpunktion. Verschiedene Einstichstellen in die Wirbelsäule: 1 Lendenwirbel; 2 Dornfortsätze; 3 Duralsack; 4 Nervenwurzeln

lumbal [zu lat. lumbus „Lende"], die Lenden betreffend, zur Lendenregion bzw. Lendenwirbelsäule gehörend.

Lumbalpunktion [lat.] (Spinalpunktion, Lendenstich), Einstich in den Rückenmarkkanal zw. dem 3. und 4. oder 4. und 5. Lendenwirbel mit langer Hohlnadel zur Entnahme von Gehirn-Rückenmark-Flüssigkeit (auch zur Einbringung von Arzneimitteln); wichtig für die Diagnose und Behandlung von Erkrankungen des ZNS.

Lumbeckverfahren [nach dem Erfinder E. F. Lumbeck, *1886, †1979], erstes fadenloses Bindeverfahren in der Buchbinderei. Der Rücken des Buchblocks wird abgefräst und mit Plastklebstoff benetzt; die L. hat die Weiterentwicklung des Klebebindens gefördert; **lumbecken,** im Lumbeckverfahren binden.

Lumberjack [engl. ˈlʌmbəˌdʒæk; eigtl. „Holzfäller"], blousonartige Jacke.

Lumbricus [lat.] ↑Regenwürmer.

Lumen [lat. „Licht"], Einheitenzeichen lm, SI-Einheit des Lichtstromes. *Festlegung:* 1 Lumen (lm) ist gleich dem Lichtstrom, den eine punktförmige Lichtquelle mit der Lichtstärke 1 Candela (cd) gleichmäßig nach allen Richtungen in den Raumwinkel 1 Steradiant (sr) aussendet: 1 lm = 1 cd · sr.
▷ in der *Anatomie* lichte Weite eines röhrenförmigen Hohlorgans (z. B. des Darms).

Lumen naturale [lat. „natürl. Licht"], v. a. in der scholast. Philosophie verwendeter Terminus zur Bez. des der Vernunft eigenen Erkenntnisvermögens im Unterschied zum **Lumen supranaturale,** dem „übernatürl. Licht" der Offenbarung.

Lumet, Sidney [engl. ˈluːmɪt], *Philadelphia 25. Juni 1924, amerikan. Regisseur. – Zunächst Fernsehregisseur. Drehte feinfühlige naturalist. Filme wie „Die 12 Geschworenen" (1957), „Der Mann in der Schlangenhaut" (1960), seit den 1970er Jahren auch Thriller wie „Serpico" (1973), „Mord im Orient-Express" (1974), „Hundstage" (1975), „Network" (1976), „Der Morgen danach" (1986), „Family Business" (1989).

Lumière, Louis Jean [frz. lyˈmjɛːr], *Besançon 5. Okt. 1864, †Bandol (Var) 6. Juni 1948, frz. Chemiker und Fabrikant. – Begründete 1883 zusammen mit seinem Bruder *Auguste L.* (*1862, †1954) eine Fabrik für photograph. Platten in Lyon und entwickelte 1894 das moderne kinematograph. Verfahren (ruckartiger Filmlauf). Mit der Autochromplatte führte L. 1903 ein prakt. farbphotograph. Verfahren ein.

Luminanzsignal [lat.] ↑Fernsehen.

Lumineszenz [zu lat. lumen „Licht"], Sammelbegriff für alle Leuchterscheinungen, die nicht auf hoher Temperatur der leuchtenden Substanz beruhen. Die Lichtaussendung erfolgt dabei nach einer vorausgegangenen Anregung durch Bestrahlen mit sichtbarem oder ultraviolettem Licht *(Photo-L.),* mit Röntgen- oder Gammastrahlen *(Röntgen-L.)* oder mit radioaktiver Strahlung *(Radio-L.).* Daneben können aber auch chem. Vorgänge *(Chemo-L.),* das Einwirken elektr. Felder *(Elektro-L.)* u. a. die Ursache von L. sein. – ↑Fluoreszenz, ↑Phosphoreszenz.

Lumineszenzdiode (Leuchtdiode, LED), eine Halbleiterdiode mit einem in Durchlaßrichtung betriebenen pn-Übergang solcher Dotierung, daß bei Injektion von Ladungsträgern kontinuierliche [Licht]strahlung durch Rekombination abgegeben wird. Die Strahlungsleistung ist dem Diodenstrom proportional, so daß eine Intensitätsmodulation möglich ist. Rasterförmig angeordnete L. dienen z. B. als Ziffernanzeigevorrichtungen.

Lumineszenzschirm, svw. ↑Leuchtschirm.

Luminogen [lat./griech.], svw. ↑Aktivator.

Lummen [nord.] (Uria), Gatt. oberseits schwarzer, unterseits weißer Alken mit zwei Arten, v. a. auf steilen, einsamen Felsinseln der Nordmeere (auch Helgoland), wo sie in großen Kolonien nisten. Etwa 45 cm groß ist die **Dickschnabellumme** (Uria lomvia); legt nur ein einziges, großes, birnenförmiges Ei. Knapp über 40 cm lang ist die **Trottellumme** (Uria aalge).

Lummer, Otto, *Gera 17. Juli 1860, †Breslau 5. Juli 1925, dt. Physiker. – Prof. in Breslau; experimentelle Arbeiten zur Optik, bes. zur Interferenz und zur Temperaturstrahlung.

Lummer-Brodhun-Würfel [nach den dt. Physikern O. Lummer und E. H. Brodhun, *1860, †1938] ↑Photometer.

Lump [niederl.] ↑Seehase.

Lumpenfische (Lappenfische, Icosteiformes, Malacchthyes), Ordnung der Knochenfische mit der einzigen, nur wenige Arten umfassenden Fam. Icosteidae im N-Pazifik; etwa 45–200 cm lang, seitlich stark abgeflacht; Tiefseebewohner.

Lumpenproletariat, marxist. Begriff für die unterste Gesellschaftsschicht im Kapitalismus: besteht aus deklassierten und demoralisierten Personen (z. B. Landstreicher, Verbrecher, Prostituierte), die – da ohne Klassenbewußtsein – zum polit. Kampf für die Emanzipation des Proletariats unfähig seien.

Lumumba, Patrice Hemery, *Onalua (Kasai) 2. Juli 1925, †Elisabethville (heute Lubumbashi) 17. Jan. 1961, kongoles. Politiker. – 1958 Mitbegr. des „Mouvement National Congolais"; 1959/60 in Haft, jedoch zur Kongo-Konferenz in Brüssel hinzugezogen; wurde im Juni 1960 erster Min.präs. der Demokrat. Republik Kongo (heute Zaire); am 5. Sept. 1960 von Staatspräs. Kasawubu abgesetzt und verhaftet; unter ungeklärten Umständen ermordet.

Luna, röm. Mondgöttin. In Kult und Darstellung erscheint L. häufig mit Sol (Sonne) verbunden.

Luna [lat. „Mond"], Bez. für unbemannte Mondsonden und -satelliten, die von der UdSSR entwickelt wurden.

lunar [lat.], den Mond betreffend.

Lunar Excursion Module [engl. ˈluːnə ɪksˈkəːʃən ˈmɔdjuːl] ↑LM.

Lunar Orbiter [engl. ˈluːnə ˈɔːbɪtə „Mondumkreiser"], Bez. für unbemannte Mondsatelliten, die von den USA zur Erkundung von Landeplätzen für die Apollo-Raumflüge sowie die wiss. Erforschung des mondnahen Raumes entwickelt wurden.

Lunatismus [lat.], svw. ↑Schlafwandeln.

Lunatscharski, Anatoli Wassiljewitsch [russ. lunaˈtʃarskij], *Poltawa 23. Nov. 1875, †Menton (Alpes-Maritimes) 26. Dez. 1933, russ.-sowjet. Politiker, Literatur- und Kunstwissenschaftler und Schriftsteller. – 1897 Mgl. der Sozialdemokrat. Arbeiterpartei Rußlands; 1898–1904 wegen revolutionärer Tätigkeit in Verbannung; 1906–17 Emigration (Italien, Frankreich, Schweiz), in engem Kontakt mit führenden Bolschewiken, v. a. mit Lenin. 1917–29 Volkskommissar für das Bildungswesen, danach Aufsicht über die wiss. Institute; er verband in der Bildungspolitik marxist. Ideen mit Vorstellungen der vorrevolutionären russ. und internat. Reformpädagogik. 1933 zum Botschafter in Madrid ernannt, starb er auf der Reise dorthin. L. war ein Förderer und bed. Theoretiker der proletar. Literatur (entwickelte wesentl. Elemente des sozialist. Realismus), lehnte je-

Lummen. Trottellumme

Sidney Lumet. Szene aus „Die 12 Geschworenen", 1957

doch die aus ideolog. Gründen geforderte Vernachlässigung der Klassiker ab. In dt. Übersetzung erschienen u. a. „Die Revolution und die Kunst" (1962) und „Das Erbe" (1965). Auch Dramen nach histor. und mytholog. Motiven.

Lunceford, Jimmie [engl. 'lʌnsfəd], eigtl. James Melvin L., *Fulton (Mo.) 6. Juni 1902, †Seaside (Oreg.) 13. Juli 1947, amerikan. Jazzmusiker (Saxophonist, Orchesterleiter). – Gründete 1927 in Memphis ein eigenes Orchester (während der 30er Jahre eine der führenden Big Bands der Swingära).

Lunch [engl. lʌntʃ, eigtl. „Brocken, Bissen"], engl. Bez. für die um die Mittagszeit eingenommene Mahlzeit; **lunchen,** den L. einnehmen.

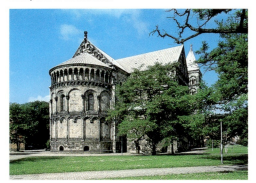

Lund. Romanische Domkirche, 1145 geweiht

Lund, schwed. Stadt 20 km nö. von Malmö, 84 300 E. Luth. Bischofssitz, Univ. (gegr. 1668), Museen, Glasforschungsinst., Handschuhfabrik, Buchdruckereien. – Die um 1020 gegr. Stadt wurde 1060 Bischofs- und 1103 Erzbischofssitz und damit bis zur Reformation (1536) geistl. Zentrum Skandinaviens; kam 1658 an Schweden; 1716–18 Residenzstadt. – Roman. Domkirche (1145 geweiht).

Lynda, ehem. Reich in Zentralafrika, entstanden Ende 16. Jh. im Gebiet zw. den Flüssen Kwango und Sankuru; bis zur belg. Besitznahme unabhängig.

Lunda, Bantustamm in S-Zaire, NO-Angola und NW-Sambia; v. a. Waldlandpflanzer; über 1,5 Mill. Angehörige.

Lundaschwelle, südl. Randschwelle des Kongobeckens, 1 300–1 600 m hoch.

Lundemis, Menelaos, *Konstantinopel 1915, †Athen 21. Jan. 1977, neugriech. Schriftsteller. – 1947–57 wegen seiner polit. Überzeugung in Haft; 1957–73 im Exil. Seine populären Romane und Erzählungen schildern das entbehrungsreiche Leben der sozial Schwachen und politisch Verfolgten.

Lundkvist, Nils Artur, *Oderljunga (Schonen) 3. März 1906, †Stockholm 11. Dez. 1991, schwed. Schriftsteller und Literaturkritiker. – Gründete 1929 die literar. Gruppe „Fem Unga". Seine Gedichte sind Äußerungen eines intensiven Daseinserlebens. Später vom Surrealismus beeinflußt; schrieb auch Essays, Reiseberichte, u. a. „Der verwandelte Drache" (1955), und Romane.

Lüneburg, ehem. Ft., entstanden 1269 durch die erste Erbteilung des Hzgt. Braunschweig. Das Erlöschen des Mannesstammes zog den **Lüneburger Erbfolgekrieg** nach sich (1371–88), bei dem sich die braunschweig. Linie der Welfen durchsetzte. Hauptstadt wurde Celle, nachdem die Stadt L. 1371 in einem Aufstand die Burg zerstört hatte. Das Ft. bestand bis 1705, danach mit dem 1692 aus dem Teilft. Calenberg (seit 1636) hervorgegangenen Kurft. Hannover vereinigt.

Lüneburg, Krst. an der Ilmenau, Nds., 17 m ü.d.M., 60 400 E. Verwaltungssitz des Reg.-Bez. und Landkr. L.; Univ. L. (gegr. 1989), Fachhochschule, Ostakad.; Museum für das Ft. L., Ostpreuß. Jagdmuseum, Ratsbücherei, Stadttheater; Textil- und Bekleidungs-, Elektroindustrie., Maschinenbau, Kunststoffverarbeitung, chem. und Nahrungsmittelind. Hafen am Elbeseitenkanal. Die Saline stellte 1980 ihre Produktion ein; die Sole dient Heilzwecken.

Geschichte: An die um 950 von Hermann Billung auf dem Kalkberg gegen die Wenden errichtete Grenzburg schloß sich eine Burgsiedlung (956 erwähnt) an; Heinrich der Löwe soll das 1247 bestätigte Stadtrecht verliehen haben. Bis 1371 Residenz der Welfen im Besitz des Gesamthauses. L. war im MA eine bed. Stadt der Salzgewinnung und des Salzhandels sowie wichtigster Handelsplatz zw. Hamburg und Hannover; führendes Mgl. der Hanse. 1639 wurden die Welfen wieder Stadtherren und brachen die Selbständigkeit der Stadt.

Bauten: Zahlr. Backsteinbauten mit charakterist. Giebeln (im wesentlichen Renaissance), gotisch sind die Sankt-Johannis-Kirche (14./15. Jh.) und die Michaeliskirche (1376 bis 1418). Das Rathaus besteht aus einer Reihe von Bürgerhäusern (Gotik bis Barock); Kran am alten Hafen (18. Jh.). – In L.-Lüne ehem. Benediktinerinnenkloster (in Kirche und Stiftsgebäuden bed. Bildteppiche).

L., Landkr. und Reg.-Bez. in Niedersachsen.

Lüneburger Heide, Geestlandschaft im Nordd. Tiefland, zw. den Urstromtälern von Elbe im N und Aller im S. Die rd. 7 400 km² große, sich in NW–SO-Richtung erstreckende Grundmoränenplatte mit Sanderflächen und Hochmooren wird von mehreren Endmoränenzügen überragt. Die urspr. Wälder wurden schon früh vernichtet und durch Zwergstrauchheiden mit Wacholder ersetzt, so daß die L. H. zum größten Heidekrautgebiet in Deutschland wurde. Wiederaufforstung v. a. mit Kiefern. Die typ. Heidelandschaft ist heute nur selten anzutreffen, u. a. im Naturschutzpark L. H. In mittel- bis großbäuerl. Betrieben werden v. a. Kartoffeln, Roggen und Hafer angebaut; Rinderhaltung. Von wirtsch. Bed. sind Kieselgurlagerstätten, Salz- und Gipslager sowie Erdölvorkommen; Die L. H. ist Naherholungsgebiet für die Großstädte Hamburg, Bremen und Hannover.

Lüneburger Ratssilber, Schalen, Pokale, Münzbecher, großer und kleiner Gießlöwe u. a. aus den Jahren 1443–1620, aus dem Besitz der Stadt Lüneburg (heute im Berliner Kunstgewerbemuseum).

Lünen, Stadt am N-Rand des Ruhrgebiets, NRW, 45 m ü.d.M., 87 700 E. Theater, Hüttenind. seit 1827; Steinkohlenbergbau, Maschinen- und Stahlbau, Kupferhütte, elektrotechn., Schuh- und Glasind., Großkraftwerk; Häfen am Datteln-Hamm-Kanal. – **Altlünen** entstand um eine Kirche (1018); Markt 1195 bezeugt. Die 1336 gegr. Neustadt erhielt 1341 Stadtrecht. – Pfarrkirche (16. Jh.), klassizist. Schloß Buddenburg (1845).

Lünersee ↑ Stauseen (Übersicht).

Patrice Hemery Lumumba

Anatoli Wassiljewitsch Lunatscharski

Lüneburg Stadtwappen

Lüneburg. Häuserzeile mit gotischen Giebeln aus dem 15. und 16. Jahrhundert

Lünette [frz., eigtl. „kleiner Mond" (zu lat. luna „Mond")], bogenförmiges abgeschlossenes, häufig dekoriertes Feld über Türen und Fenstern; bes. im Barock.
▷ (Setzstock) an Dreh-, Fräs- und Schleifmaschinen zum Abstützen langer Werkstücke benutzte, mit Rollen versehene Vorrichtung.

Lunéville [frz. lyne'vil], frz. Stadt in Lothringen, Dep. Meurthe-et-Moselle, 21 500 E. Museen; Fayencemanufaktur, Textil-, Spielzeug-, Elektronik-, Konservenind. – Seit dem 10. Jh. Hauptort einer Gft., 1244 an Lothringen; 1638 von Franzosen erobert und zerstört, dann wiederaufgebaut; seit 1766 frz. – Der **Friede von L.** (1801) zw. Frankreich und Österreich (auch für das Hl. Röm. Reich) bestätigte den Frieden von Campoformio und beendete mit dem Frieden von Amiens (1802) den 2. Koalitionskrieg. Die Batav., die Helvet. und die Ligur. Republik wurden von Österreich anerkannt, Frankreich erhielt das linke Rheinufer (↑ Reichsdeputationshauptschluß). – Ehem. Residenzschloß (1702 bis 1706), Rokokokirche Saint-Jacques (1730–47).

Lyngau, beckenartig erweiterte, über 1 000 m ü. d. M. gelegene Tallandschaft der oberen Mur und ihrer Zuflüsse, Österreich, von Hohen und Niederen Tauern sowie Gurktaler Alpen umschlossen.

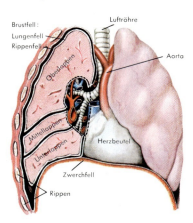

Lunge. Ansicht der menschlichen Lunge von vorn, der rechte Lungenflügel im Längsschnitt

Lunge [zu althochdt. lunga, eigtl. „die leichte"] (Pulmo), paariges Atmungsorgan der Lurche, Reptilien, Vögel und Säugetiere. Beim Menschen nehmen die L. den Brustraum beiderseits des Herzens ein und werden in ihrer Gestalt durch das Zwerchfell und den Brustkorb bestimmt. Vom L.fell, der inneren Auskleidung des ↑ Brustfells, überzogen, besteht die rechte L. aus 3, die linke L. aus 2 **Lungenlappen**, die durch tiefe Spalten voneinander getrennt sind. Jeder L.lappen wird in **Lungensegmente** unterteilt. Durch die L.pforte (Hilus) treten Bronchien, Blut- und Lymphgefäße sowie Nerven in die L. ein. Zu jedem L.lappen gehört eine große Bronchie mit begleitender L.arterie. Die Hauptbronchien teilen sich beim Eintritt in die L. in mehrere kleine Äste (Bronchien), diese wiederum in noch kleinere (Bronchioli) auf. Die kleinsten Kapillaren gliedern sich dann in die **Lungenbläschen** (Alveolen) auf (rd. 300–450 Mill.), deren Gesamtoberfläche etwa 100 m² beträgt. Nur in diesen von einem dichten Blutkapillarnetz eingeschlossenen L.bläschen tritt Sauerstoff durch die Kapillarwand ins Blut, während gleichzeitig Kohlendioxid vom Blut in die L.bläschen abgegeben wird.

Lungenabszeß, eitrige Einschmelzung von Lungengewebe meist im Gefolge einer (bakteriellen) Lungenentzündung.

Lungenblähung, svw. Lungenemphysem (↑ Emphysem).

Lungenblutkreislauf ↑ Blutkreislauf.

Lungenbrand, svw. ↑ Lungengangrän.

Lungenbraten, östr. Bez. für Braten aus dem Lendenstück.

Lungenegel (Paragonimus), Gatt. in der Lunge von Säugetieren parasitierender Saugwürmer. Die Eier werden ausgehustet oder verschluckt und mit dem Kot ausgeschieden. Die Larven entwickeln sich in Süßwasserschnecken (erster Zwischenwirt), anschließend in Flußkrebsen und Süßwasserkrabben (zweiter Zwischenwirt); der Endwirt (v. a. Raubtiere, Haushund, Hauskatze, aber auch Schwein und Mensch) infiziert sich v. a. durch Verzehr von rohem infiziertem Krebsfleisch.

Lungenembolie ↑ Embolie.

Lungenemphysem (Lungenblähung) ↑ Emphysem.

Lungenentzündung (Pneumonie), Bez. für akut oder chronisch entzündl. Prozesse des Lungengewebes, die durch unterschiedl. Ursachen, meist durch Infektionen hervorgerufen werden. Die klass. (morpholog.) Einteilung unterscheidet die in der Ausbreitung der anatom. Gliederung der Lunge (Segmente, Lappen) folgende **Lappenpneumonie** (Lobärpneumonie) und die hiervon unabhängige, von den Bronchiolen übergreifende **Bronchopneumonie**. Eine weitere Klassifizierung orientiert sich an den Ursachen. Als *primäre* L. werden die ohne vorausgehende Erkrankung oder Schädigung auftretenden L. bezeichnet. Infektiöser Ursache ist hierbei die *bakterielle* L., durch Pneumokokken, auch andere grampositive Streptokokken und Staphylokokken oder auch gramnegative Bakterien hervorgerufen. Als *atyp.* L. bezeichnet man alle durch nichtbakterielle Erreger verursachten L., zu denen Viren (z. B. Influenzaviren), Chlamydien, Mykoplasmen, Rickettsien, Pilze, Parasiten (v. a. Würmer) rechnen. Pneumokokkeninfektionen als häufigste bakterielle L. treten meist ausgedehnt in einem oder mehreren Lungenlappen auf, **Viruspneumonien** als häufigste atyp. L. v. a. im Zwischengewebe. Die *sekundären* L. entstehen als Folge einer anderen Lungenerkrankung (Lungenstauung, -ödem, -infarkt, chron. Bronchitis, Bronchiektasien, Bronchialkrebs), als Aspirationspneumonie durch Einatmung von Fremdkörpern, auch auf Grund von Schädigungen durch Atemgifte (Giftgas- und Rauchgasvergiftung), Inhalation von Metalldämpfen, Stäuben, Einwirkung von ionisierenden Strahlen und im Gefolge von Infektionskrankheiten wie Grippe oder von allerg. Prozessen. Am häufigsten tritt die durch unterschiedl. Erreger verursachte Bronchopneumonie auf, meist nach Virusbefall der Atemwege oder auf Grund anderer Vorschädigungen.
Die *Symptome* der Lappenpneumonie bestehen in Schüttelfrost, plötzl. hohem Fieber, Brustschmerzen, Auswurf (im weiteren Verlauf auch blutig), Atemnot, Steigerung der Herzfrequenz; entsprechend dem Schweregrad kommt es zu Sauerstoffmangelzuständen (Zyanose). Durch Einlagerung von Infiltraten entstehen Gewebsveränderungen, die schwer kann es v. a. im frühen und höheren Lebensalter zum Tod durch Kreislaufversagen kommen. Die Bronchopneumonien sind durch langsam steigendes Fieber und eitrig-schleimigen Auswurf gekennzeichnet, die Viruspneumonien durch hartnäckigen, trockenen Husten, Kopf- und Gliederschmerzen bei jedoch meist gutartigem Verlauf. Abhorchen und Beklopfen ergeben typ. Veränderungen des Klopfschalls und des Atemgeräusches. Die *Behandlung* besteht in Allgemeinmaßnahmen wie körperl. Schonung, Luftbefeuchtung, reichl. Flüssigkeitszufuhr, Anwendung schleimlösender Mittel, herz- und kreislaufanregender Medikamente; die Chemotherapie wird meist mit Breitbandantibiotika eingeleitet.

Lungenenzian ↑ Enzian.

Lungenfell ↑ Brustfell.

Lungenfibrose, Vermehrung des Zwischenzellbindegewebes in der Lunge mit entsprechender Behinderung des Gasaustausches und verminderter Dehnbarkeit der Lunge.

Lungenfische (Lurchfische, Dipnoi, Dipneusti), seit dem Unterdevon bekannte Ordnung der Knochenfische mit sechs rezenten Arten (u. a. Djelleh und Schuppenmolch) in Australien, S-Amerika und Afrika; die paarigen Flossen sind blatt- oder fadenförmig; Atmung durch Kiemen und Lungen.

Lungenflechte (Lobaria pulmonaria), unregelmäßig gelappte, große Laubflechte (10–45 cm Durchmesser) von graugrüner Farbe; auf Rinden und Felsen; galt in der Volksmedizin als Heilmittel bei Lungenleiden.

Lungenfunktionsprüfung, Bestimmung der Leistungsfähigkeit der Lunge hinsichtlich Atemmechanik und Gasaustausch. Hierzu zählt u. a. die Bestimmung der ↑ Vitalkapazität.

Lungengangrän (Lungenbrand), durch Besiedlung mit Fäulnisbakterien hervorgerufener Zerfall von Lungengewebe (feuchte Gangrän) als lebensbedrohl. Komplikation entzündl. Prozesse (z. B. Lungenabszeß). Neben den Entzündungssymptomen ist der graubräunl., auch blutige, unangenehm riechende Auswurf kennzeichnend.

Lungeninduration, Verhärtung des Lungengewebes durch Bindegewebswucherung. – ↑ Lungenfibrose.

Lungeninfarkt, Gewebsveränderungen und Entzündungen im Bereich der Lunge mit Übergreifen auf das Rippenfell, Fieber, atemabhängiger Schmerz und charakterist. Geräuschbefund; verursacht durch Unterbrechung der Blutzufuhr.

Lungenkollaps ↑ Pneumothorax.

Lungenkrankheiten, die wichtigsten, zum großen Teil organspezif. L. sind Lungenentzündung, Lungentuberkulose, Lungenabszeß, Lungengangrän, Lungenemphysem, die Staublungenerkrankungen, Stauungslunge und Lungenödem, Lungenembolie und Lungeninfarkt. L. i. w. S. sind Bronchitis, Bronchialasthma, Rippenfellentzündung und Lungenkrebs (meist Bronchialkrebs).

Lungenkraut (Pulmonaria), Gatt. der Rauhblattgewächse mit 14 Arten in Eurasien; niedrige, behaarte Stauden mit meist blauen, purpurfarbenen, anfangs auch rötl. Blüten. Die bekannteste Art ist das **Echte Lungenkraut** (Pulmonaria officinalis), stellenweise in Laubwäldern; früher als Volksheilmittel bei Lungenleiden verwendet.

Lungenkrebs, bösartige Geschwulst der Lunge, die meist von der Schleimhaut der Bronchien ausgeht (**Bronchialkrebs**). Häufigste Form ist das Plattenepithelkarzinom, dicht gefolgt von dem kleinzelligen Karzinom (bes. bösartig); seltener sind das Adenokarzinom (mit dem Alveolarzellenkarzinom) und das großzellige Karzinom sowie Mischformen.
Als *Hauptursache* (nach Schätzungen 90 %) des L. wird das Rauchen angesehen, das auf Grund der Einwirkung von Teerprodukten u. a. krebserregenden Substanzen zur chron. Entzündung der Bronchien mit Zerstörung des Flimmerepithels und Ersatz durch Plattenepithel führt, wobei langfristige Entzündungsreize eine krebsige Entartung hervorrufen. Auch krebserregende Arbeitsstoffe wie Asbest, Arsen, Steinkohlenteer und ionisierende Strahlen (eingeatmetes Radon) kommen als Ursache in Betracht. Die *Symptome* des L. sind wenig charakteristisch und daher schwer erkennbar. Die häufigste ist ein chron. Husten („Raucherhusten") mit verstärktem Auswurf (auch blutig). Bei Einengung zentraler Atemwege entwickelt sich eine stärkere Atemnot. Fieber, Nachtschweiß und Brustschmerzen können Anzeichen einer begleitenden Lungenentzündung oder der Tumorerkrankung selbst sein. Weitere Beschwerden entstehen durch Metastasenbildung, die v. a. Leber, Skelett, Gehirn, Nebennieren betrifft. Die *Behandlung* besteht bei örtlich begrenztem L. in der operativen Entfernung eines Lungenlappens oder der gesamten rechten oder linken Lunge; v. a. bei kleinzelligem Bronchialkrebs ist eine Lebensverlängerung durch Kombination von zytostat. und Strahlentherapie zu erzielen. Die durchschnittl. Überlebensrate innerhalb der ersten fünf Jahre nach Diagnose eines L. liegt allerdings lediglich bei 10 %. – ↑ Krebs.

Lungenkreislauf ↑ Blutkreislauf.

Lungenlose Salamander (Lungenlose Molche, Plethodontidae), Fam. der Schwanzlurche mit über 180 Arten, hauptsächlich in Amerika sowie im südöstlichsten Teil Frankreichs, in N-Italien und auf Sardinien; Lungen fast stets vollständig rückgebildet, der Gasaustausch erfolgt durch Hautatmung; u. a. ↑ Brunnenmolche.

Lungenödem, abnorme Ansammlung seröser Flüssigkeit im Lungengewebe, wodurch die entsprechenden Teile ihre Funktionsfähigkeit für die Atmung verlieren. Ursachen sind Blutstauung im Lungenblutkreislauf, Linksherzinsuffizienz, tox.-infektiöse und allerg. Lungenerkrankungen. Symptome sind rasselnde Atemgeräusche, schaumiger Auswurf, hochgradige Atemnot. Beim akuten L. sind intensivmedizin. Sofortmaßnahmen erforderlich.

Lungenperfusionsszintigraphie, Verfahren der Szintigraphie zur Beurteilung der Lungendurchblutung (Perfusion); durch Injektion radioaktiv markierter Eiweißpartikel und Aufnahme z. B. mit der Gammakamera wird eine von Embolien, Fibrosen, Geschwülsten hervorgerufene Minderdurchblutung durch helle (aktivitätsfreie) Abschnitte erkennbar. Der Überprüfung der Lungenbelüftung, die ergänzend vorgenommen werden kann, dient die *Lungenventilationsszintigraphie*.

Lungenresektion, operative Entfernung von Lungengewebe.

Lungenschnecken (Pulmonata), Überordnung größtenteils landbewohnender, zwittriger Schnecken mit meist gut entwickeltem Gehäuse; Mantelhöhle erweitert, mit Blutgefäßnetz, als Lunge dienend; zwei Ordnungen: ↑ Landlungenschnecken und ↑ Wasserlungenschnecken.

Lungenseuche (Pleuropneumonie), ansteckende, fieberhafte, in 50–80 % der Fälle tödlich verlaufende Lungen- und Brustfellentzündung des Rindes, verursacht durch das Bakterium Mycoplasma mycoides; kommt noch in Afrika, Asien, S-Amerika und Australien, dagegen nicht mehr in Europa vor.

Lungenstauung ↑ Stauungslunge.

Lungentuberkulose, meldepflichtige, i. d. R. chronisch verlaufende Lungenerkrankung nach Infektion mit dem „Tuberkelbazillus" Mycobacterium tuberculosis; häufigste Form der ↑ Tuberkulose beim Menschen.

Lungenwürmer ↑ Lungenwurmseuche.

Lungenwurmseuche (Lungenwurmkrankheit), bei Wild- und Haustieren (Schweine, Wiederkäuer, v. a. Schafe) auftretende Weidekrankheit durch Befall der Atemwege und Lunge mit verschiedenen Fadenwurmarten (**Lungenwürmer**; v. a. Metastrongylus apri: 2–5 cm lang; Larven leben im Dung); Symptome: schmerzhafter Husten, Atembeschwerden, Anämie, Abmagerung bis zum Tod.

Lungshankultur ↑ Longshankultur.

Lunik [russ., zu lat. luna „Mond"], urspr. Bez. für die ersten drei sowjet. Raumflugkörper, die 1959 für unbemannte Mondflüge eingesetzt wurden.

Lunisolarjahr ↑ Zeitrechnung.

Lunker [zu rhein. lunken „hohl werden"], beim Gießen von Metallen infolge Volumenabnahme im erstarrenden Gußstock entstehende Hohlräume, die die Festigkeitseigenschaften stark mindern.

Lunochod [lunɔ'xɔt; russ. „Mondgänger" (zu lat. luna „Mond")], Bez. für das im Rahmen der sowjet. Mondforschung eingesetzte, von der Erde aus gesteuerte unbemannte Mondfahrzeug mit einer Vielzahl von Meß- und Beobachtungsgeräten. L. 1 wurde am 17. Nov. 1970 mit Luna 17 im Mare Imbrium abgesetzt und legte insgesamt 10,54 km zurück; L.2 landete mit Luna 21 am 16. Jan. 1973 am O-Rande des Mare Serenitatis und legte bis zum Abschluß des Programms (2. Juni 1973) 37 km zurück.

Luns, Joseph [niederl. lʏns], * Rotterdam 28. Aug. 1911, niederl. Politiker. – 1938–52 im diplomat. Dienst; Mgl. der Katholieke Volkspartij bis 1972; 1952–56 Min. ohne Geschäftsbereich, 1956–71 Außenmin.; Verfechter der europ. Integration; 1971–83 Generalsekretär der NATO.

Lunte [eigtl. „Lappen, Fetzen"], aus Flachs oder Hanffasern gedrehte, mit Bleiacetat getränkte, langsam glimmende Schnur, früher zum Zünden von Feuerwaffen.
▷ wm. Bez. für den Schwanz des Fuchses und Marders.

Lunula (Mrz. Lunulae) [lat. „kleiner Mond"], halbmondförmiger Halskragen der frühen Bronzezeit, der bes. in goldener Ausführung auf Irland, seltener im übrigen W-Europa vorkommt.
▷ in der *Anatomie* Bez. für kleine, halbmondförmige Strukturen an Organen.

Lunyu (Lun-Yü) [chin. „ausgewählte Aussprüche"], Quelle für die Lehren des Konfuzius, aufgezeichnet von sei-

Joseph Luns

Lupine.
Vielblättrige Lupine

nen Schülern und in der Hanzeit (206 v. Chr. bis 220 n. Chr.) zu einem der kanon. Texte des Konfuzianismus erklärt.

Lunz am See, niederöstr. Marktgemeinde am S-Rand der Eisenwurzen, 600 m ü. d. M., 2 300 E. Im „Amonhaus" (sgraffitoverziertes Kammerherrenhaus, 1551) Museum; Holzverarbeitung; Sommerfrische am **Lunzer See,** an dessen O-Ende die Biolog. Station L. – Spätgot. Pfarrkirche (15. Jh.).

Luo, Nilotenstamm in W-Kenia und N-Tansania, auch als Einwanderer in Uganda, am O-Ufer des Victoriasees; Savannenpflanzer und Viehzüchter; 3,7 Mill.; sprechen Dhe Lwo, eine Sprache der Schari-Nil-Gruppe.

Luo Guanzhong (Lo Kuang-chung) [chin. luɔguan-dʒʊŋ], *Zhejiang um 1330, †um 1400, chin. Schriftsteller. – Schrieb zahlr. histor. Romane und schuf den ersten bekannten chin. Roman „San guo yanyi" (dt. u. d. T. „Die Geschichte der drei Reiche"; erschienen 1494); der Roman „Shui-hu zhuan" (dt. u. d. T. „Die Räuber vom Liang Schan Moor") ist eine Umarbeitung der früheren Fassung von Shi Naian (12. Jh.).

Luoyang [chin. luɔ-iaŋ] (Loyang), chin. Stadt in der Prov. Henan, am Lo Hê, 952 000 E. Fachhochschule für Landmaschinenbau; Museum für Urgeschichte; Bau von Traktoren, Kugellagern, Schwermaschinenbau, Zementind. – L. war Hauptstadt der Östl. Zhou (771–249 v. Chr.), der Östl. Han (125–220 n. Chr.), der Wei (220 bis 265), der Jin (265–420), der Nördl. Wei (386–534); zweite (östl.) Hauptstadt unter den Sui (589–618) und Tang (618–907). – 13 km östl. befindet sich der buddhist. Tempel der Weißen Pferde (Baima Si, 15./16. Jh.) mit dreizehnstöckiger Ziegelpagode (5./6. Jh. ♀); etwa 14 km südl. buddhist. Grottentempel von Longmen („Drachentor"; Ende 5. Jh.–etwa 700).

Lupe [frz.] (Vergrößerungsglas), Sammellinse mit kurzer Brennweite zur Vergrößerung des Sehwinkels, unter dem ein Betrachter einen Gegenstand sieht. Befindet sich der Gegenstand in der Brennebene der L., dann gilt für die Normalvergrößerung unter Berücksichtigung der Bezugssehweite von 250 mm für das bloße Auge: $\Gamma = 250 \text{ mm}/f' = D/4$ (f' Brennweite in mm, D Brechkraft in Dioptrien). Die maximale Vergrößerung, die sich mit einer L. erreichen läßt, beträgt ca. 20–25. Für spezielle Zwecke gibt es eine Vielzahl verschiedener L.formen, bei denen die Sammellinse häufig auch durch ein sammelndes Linsensystem (zur Korrektur von Abbildungsfehlern) ersetzt ist. Die **Meß-** oder **Feinmeßlupe** ist z. B. mit einer in zehntel Millimeter unterteilten Skala versehen; sie liefert eine 8- bis 10fache Vergrößerung. Bei der v. a. in der Textilindustrie verwendeten **Fadenzähllupe** ist das Gesichtsfeld durch eine [quadrat.] Blende begrenzt (Vergrößerung 6- bis 10fach). Zur möglichst blendfreien Betrachtung eines Gegenstandes wird die **Leuchtlupe** benutzt, bei der eine einfache L. mit einer Beleuchtungseinrichtung kombiniert ist. Eine bes. L.art stellen die für eine Betrachtung mit beiden Augen vorgesehenen **Binokularlupen** dar. Sie müssen so konstruiert sein, daß Konvergenz und Akkommodation des Augenpaares in Einklang stehen.

Lupenphotographie, Technik der photograph. Nahaufnahme, die im Bereich der Abbildungsmaßstäbe 1 : 1 bis etwa 25 : 1 arbeitet.

Luperca, röm. Göttin, Gemahlin des ↑Faunus.

Lüpertz, Markus, *Reichenberg 24. April 1941, dt. Maler. – Seit 1986 Prof. an der Kunstakademie in Düsseldorf; wurde seit Mitte der 1960er Jahre bekannt durch seine sog. „dithyramb. Malerei", eine betont expressive, gegenstandsbezogen vereinfachende und monumentalisierende Malweise mit symbol., kunsthistor. und polit. Anspielungen; seit Mitte der 1970er Jahre Hinwendung zu abstrakten Kompositionen; auch Plastiken.

Lupine (Lupinus) [lat., zu lupus „Wolf"], Gatt. der Schmetterlingsblütler mit rd. 200 Arten, hauptsächlich in Amerika, einige Arten im Mittelmeergebiet; vorwiegend Kräuter oder Halbsträucher mit meist gefingerten Blättern, mehrfarbigen Blüten in Trauben und oft ledrigen, dicken Hülsen. L. sind bes. für die Landw. wichtig, u. a. als Grünfutter und zur Gründüngung (Stickstofflieferant durch Knöllchenbakterien) sowie als Zierpflanzen. Wichtige Arten sind u. a.: **Gelbe Lupine** (Lupinus luteus), bis 70 cm hoch, mit gelben, wohlriechenden Blüten; auf sandigen Wiesen. **Schmalblättrige Lupine** (Blaue L., Lupinus angustifolius), mit blauen Blütentrauben. **Vielblättrige Lupine** (Dauer-L., Stauden-L., Lupinus polyphyllus), bis 1,5 m hoch, mit meist blauen Blüten. **Weiße Lupine** (Lupinus albus), mit weißen Blüten; auf Korsika heimisch. – Heute fast ausschließlich als Futterpflanzen angebaut werden bitterstoffreie oder -arme Zuchtformen, die sog. *Süßlupinen*.

Lupinenalkaloide, bitter schmeckende, giftige Alkaloide, die in Lupinen (nicht in den für Futterzwecke gezüchteten Sorten) enthalten sind, z. B. *Lupinidin*, $C_{15}H_{26}N_2$.

Lupot, Nicolas [frz. ly'po], *Stuttgart 4. Dez. 1758, †Paris 14. Aug. 1824, frz. Geigenbauer. – Berühmtestes Mitglied der Geigenbauerfamilie L.; ab 1794 in Paris; wurde wegen der Ähnlichkeit seiner Instrumente mit denen seines Vorbilds der „frz. Stradivari" genannt.

Luppe, roher, schlackehaltiger Eisen- bzw. Stahlklumpen.
▷ hohlzylinderförmiges Zwischenprodukt bei der Verformung von Walzstahlblöcken zu nahtlosen Rohren.

Lupulin [lat.] ↑Hopfen.

Lupus [lat.] (Wolf) ↑Sternbilder (Übersicht).

Lupus erythematodes [lat./griech.], svw. ↑Erythematodes.

Lupus vulgaris [lat.], veraltete Bez. für eine Form der ↑Hauttuberkulose (↑Tuberkulose).

Lurçat, Jean [frz. lyr'sa], *Bruyères (Vosges) 1. Juli 1892, †Saint-Paul (Alpes-Maritimes) 6. Jan. 1966, frz. Maler und Kunsthandwerker. – Schuf leuchtend farbige Wandteppiche mit surrealist. Elementen.

Lurche [zu niederdt. lork „Kröte"] (Amphibien, Amphibia), Klasse wechselwarmer, knapp 1 cm bis (maximal) über 1,5 m langer, fast weltweit verbreiteter Wirbeltiere mit über 3 000 rezenten Arten in den Ordnungen ↑Blindwühlen, ↑Schwanzlurche, ↑Froschlurche. Körper langgestreckt bis plump; Haut nackt, drüsenreich, nicht selten bunt gefärbt; meist vier Gliedmaßen; Schwanz lang bis vollkommen rückgebildet; Herz ohne Trennwand; bei erwachsenen Tieren ein Lungenkreislauf ausgebildet. Die L. leben überwiegend in feuchten Biotopen, wobei die Ei- und Larvenentwicklung sowie die Begattung sich fast stets im Wasser vollziehen. Manche Arten treiben Brutpflege, einige sind lebendgebärend. Die Larven haben innere oder äußere Kiemen. – Die ältesten Formen sind (als älteste Landwirbeltiere) aus dem Devon bekannt.

Lurchfische, svw. ↑Lungenfische.

Lure [nord.], ein zur Familie des Horns gehörendes Blasinstrument, das im nord. Kreis der jüngeren Bronzezeit (13.–7. Jh. v. Chr.; Funde in Dänemark und S-Schweden)

Markus Lüpertz. Zwischenraumgespenster: Eurysthenes III, 1987 (Köln, Galerie Michael Werner)

Lure.
Blasinstrument aus Folvisdam, Dänemark

Jean Lurçat. Die große Drohung, erstes Stück der zehnteiligen Wandteppichfolge „Der Gesang der Welt", Wolle, gewirkt, Ausschnitt, 1957 (Angers, Musée des Tapisseries)

belegt ist und vermutlich öff. kult. Zwecken diente. Die L. besteht aus einem leicht konischen, S-förmig gewundenen und gedrehten Rohr aus mehreren Teilen (Länge über 2 m), das mit einem Mundstück angeblasen wird und in einem flachen Zierteller ausläuft. Der Tonumfang reicht bis zum 12. Naturton. L. wurden oft als symmetr. Paare gleicher Länge gefunden.

Luren, Volksstamm im nördl. Sagrosgebirge, Iran und z. T. in Irak; 2 Mill.; früher überwiegend Hirtennomaden, schiit. Muslime.

Lurex ⓌⓏ [Kw.], für Festkleidung eingesetzte Effektfäden aus Metallfolie.

Luria, Isaak [Ben Salomon], gen. Ari, *Jerusalem 1534, †Safed (= Zefat, Galiläa) 15. Juli 1572, jüd. Mystiker, Kabbalist. – Lebte zunächst in Kairo, ab 1569 in Safed. Im Mittelpunkt seiner Kabbala stehen die Lehre von der „Selbstbeschränkung" Gottes, durch die die Erschaffung des Universums ermöglicht wurde, und von der „Welt der Vollendung", die in messian. Zeit anbrechen wird. Asket. Übungen und bußfertige Erfüllung der religiösen Gebote sind von bes. Wichtigkeit.

L., Salvador E[dward], *Turin 13. Aug. 1912, †Lexington (Mass.) 6. Febr. 1991, amerikan. Mikrobiologe italien. Herkunft. – Prof. in Cambridge. L. arbeitete v. a. über Bakteriophagen. Für seine Erkenntnisse über den Vermehrungsmechanismus der Viren und deren genet. Struktur erhielt er (mit M. Delbrück und A. Hershey) 1969 den Nobelpreis für Physiologie oder Medizin.

Luristanbronzen, gegossene oder getriebene Bronzegerätschaften mit reicher figürl. (Tiere) Dekoration: Waffen, Äxte, Pferdegeschirr, bes. Trensen, sog. Standarten (Gebrauch unbekannt), Scheibenknebel, Schmuck und Gefäße. Grabbeigaben des 2.–1. Jt. v. Chr. am Lorestan.

Lusaka, Hauptstadt von Sambia, im südl. Zentrum des Landes, 1 280 m ü. d. M., 819 000 E. Sitz eines kath. Erzbischofs und eines anglikan. Bischofs; Univ. (eröffnet 1966), Fachhochschulen; Nationalarchiv, -bibliothek, Livingstone-Museum, Theater. Handelszentrum; Textil-, Nahrungsmittel-, polygraph. u. a. Ind. Verkehrsknotenpunkt an der Benguela-Beira-Bahn; internat. ✈. – Die nach einem Häuptling ben. Stadt wurde 1905 gegr. und 1935 zur Hauptstadt von Nordrhodesien (heute Sambia) erhoben.

Luschin von Ebengreuth, Arnold, *Lemberg (= Lwow) 26. Aug. 1841, †Graz 6. Dez. 1932, östr. Rechtshistoriker und Numismatiker. – Begründer der östr.

Reichsgeschichte als akadem. Disziplin und bahnbrechender numismat. Forscher.

Lusen, von einem Blockmeer bedeckter, waldfreier Gipfel im Hinteren Bayer. Wald, 1 371 m hoch.

Luserke, Martin, *Berlin 3. Mai 1888, †Meldorf 1. Juni 1968, dt. Pädagoge. – 1910–24 Leiter der Freien Schulgemeinde Wickersdorf, 1924–35 eines Landerziehungsheims auf Juist („Schule am Meer"). L. pflegte v. a. Sport, Musik und das Laienspiel. Schrieb neben theoret. Arbeiten u. a. Bühnenmanuskripte und Seegeschichten.

Lusignan [frz. lyzi'ɲɑ̃], frz. Adelsgeschlecht aus Poitou, seit dem 10. Jh. urkundlich bekannt. Aus ihm gingen viele Könige der Kreuzfahrerstaaten hervor; herrschten 1192 bis 1489 auf Zypern.

Lusitania, 27 v. Chr. von Hispania ulterior abgetrennte röm. Prov.; entsprach etwa dem heutigen Portugal; Hauptort *Augusta Emerita* (= Mérida); gehörte bis 712 n. Chr. zum Westgotenreich.

Lusitania-Zwischenfall, die Versenkung des brit. Passagierschiffs „Lusitania", das auch Munition an Bord hatte, durch ein dt. U-Boot 1915. Da sich unter den dabei umgekommenen 1 198 Menschen auch über 120 Amerikaner befanden, verschärfte sich die antidt. Stimmung in den USA.

Lust, auf Befriedigung eines stark empfundenen Bedürfnisses oder Mangels (bes. sinnl. und triebhafter Art) zielender Antrieb wie auch die mit der Befriedigung verbundene positive Gefühlsqualität (heftiges, zeitlich begrenztes Glücksgefühl, Freude, Genuß).

Lüst, Reimar, *Barmen (= Wuppertal) 25. März 1923, dt. Physiker. – Prof. in München, 1971–84 Präs. der Max-Planck-Gesellschaft, 1984–90 Generaldirektor der Europ. Weltraumorganisation (ESA). Arbeitsgebiete: Weltraumforschung, Astro-, Plasmaphysik.

Lustenau, östr. Marktgemeinde in Vorarlberg, 404 m ü. d. M., 19 000 E. Stickereimuseum; Obstbaumkulturen, Stickereibetriebe. – 887 Ersterwähnung; seit 1902 Markt.

Lüster [italien.-frz., eigtl. „Glanz" (zu lat. lustrare „beleuchten")], svw. ↑Kronleuchter.
▷ Bez. für leichte, glänzende, dichte Gewebe aus lüstrierten Baumwollgarnen; auch aus Kunstseide.

Lüsterklemme, ein- oder mehrpoliges, beidseitiges Klemmelement für die Verbindung je zweier Drähte zum Anschluß von elektr. Geräten kleiner Leistung (z. B. Leuchten).

Lustig, Arnošt, *Prag 21. Dez. 1926, tschech. Schriftsteller. – 1942–45 im KZ in Theresienstadt, Auschwitz und Buchenwald; lebt in den USA. Schildert in Erzählungen und Novellen das Schicksal jüd. Häftlinge in den Konzentrationslagern und von Menschen, die mit den Schrecken des vergangenen Krieges fertig werden müssen, u. a. „Nacht und Hoffnung" (En., 1958), „Demanten der Nacht" (En., 1958), „Miláček" (Der Liebling, R., 1969), „Die Ungeliebte. Aus dem Tagebuch einer Siebzehnjährigen" (R., 1979).

lustige Person (komische Person), Bühnenfigur, urspr. Bauerntölpel, clownartiger Spaßmacher, begegnet unter verschiedenen Namen und nat. Ausprägungen, z. B. ↑Arlecchino, ↑Harlekin, ↑Pickelhering, ↑Hanswurst. Meist zur allg. Erheiterung prahlsüchtig, derb, dumm und tölpelhaft.

Lustmord ↑Tötung.

Lustprinzip (Lust-Unlust-Prinzip), nach S. Freud das dem ↑Realitätsprinzip antagonistisch gegenüberliegende Prinzip, nach dem das ↑Es arbeitet: die Triebe und Bedürfnisse drängen auf ihre (sofortige) Befriedigung und zielen auf möglichst großen Lustgewinn.

lüstrieren [lat.-frz.], Garne durch Appretieren mit anschließendem Bürsten und Strecken glänzend machen.

Lustrum (Lustration) [lat.], in der röm. Religion ein Sühne- und Reinigungsopfer, bei dem die Opfertiere um die zu reinigenden Personen oder Sachen geführt wurden; v. a. die Weihung der nach dem ↑Zensus neu konstituierten röm. Bürgerschaft. Da Zensus und L. alle fünf Jahre stattfanden, auch Bez. für diesen Zeitraum.

Lustspiel, dt. Übersetzung des Wortes „Comedia", erstmals 1536 im Titel eines anonymen Stückes, dann erst wie-

Salvador E. Luria

Reimar Lüst

Lusaka
Stadtwappen

Lusaka
Hauptstadt von
Sambia (seit 1935)
·
819 000 E
·
Handelszentrum
·
Verkehrsknotenpunkt
(Benguela-Beira-Bahn)
·
Univ. (seit 1966)
·
gegr. 1905

der im 17. Jh. gebraucht (Gryphius), seit dem 18. Jh. allg. (Gottsched) und mit Komödie synonym verwendet.

Lut, nur am Rand besiedelte flachwellige Sand- und Steinwüste mit Salztonebenen im S des inneriran. Hochlandes, sö. der Dascht e Kawir, etwa 50 000 km².

Lüta ↑ Dalian.

luteinisierendes Hormon (Luteinisierungshormon) [...te-i...; lat./griech.] ↑ Geschlechtshormone.

luteotropes Hormon, svw. ↑ Prolaktin.

Lutetia Parisiorum, antiker Name von ↑ Paris.

Lutetium [nach Lutetia], chem. Symbol Lu, sehr seltenes Metall aus der Reihe der ↑ Lanthanoide im Periodensystem; Ordnungszahl 71, relative Atommasse 174,97, Schmelzpunkt 1 656 °C, Siedepunkt 3 315 °C, Dichte 9,84 g/cm³. L. ist im Cermischmetall enthalten.

Lütgens, Rudolf, *Hamburg 25. Juli 1881, †ebd. 13. Dez. 1972, dt. Geograph. – Ab 1928 Prof. in Hamburg. Seine grundlegenden Arbeiten zur Wirtschaftsgeographie legte er v. a. in dem von ihm herausgegebenen Werk „Erde und Weltwirtschaft" (5 Bde., 1950–57) nieder; er prägte den Begriff Wirtschaftslandschaft.

Lüth, Paul, *Perleberg 20. Juni 1921, †Knüllwald (= Rengshausen) 6. Aug. 1986, dt. Mediziner und Publizist. – Landarzt; Prof. in Kassel und Mainz; erarbeitete v. a. Modelle gemeindebezogener Gesundheitssicherung wie Sozialstationen, Selbsthilfegruppen bei chron. Krankheiten und Rehabilitation. Schrieb u. a.: „Krit. Medizin. Zur Theorie-Praxis-Problematik der Medizin und der Gesundheitssysteme" (1972), „Das Krankheitenbuch" (1979).

Luthardt, Christoph Ernst, *Maroldsweisach (Landkr. Haßberge) 22. März 1823, †Leipzig 21. Sept. 1902, dt. ev. Theologe. – 1854 Prof. für systemat. Theologie in Marburg, 1856 für N. T. und systemat. Theologie in Leipzig. L. war Wortführer des Luthertums in den theolog. Auseinandersetzungen des 19. Jh., v. a. mit dem Liberalismus.

Luthe, Hubert, *Lindlar 22. Mai 1927, dt. kath. Theologe. – 1969 Weihbischof in Köln, ab 1991 Bischof des Bistums Essen.

Luther, Hans, *Berlin 10. März 1879, †Düsseldorf 11. Mai 1962, dt. Jurist und Politiker (parteilos, DVP-nahe). – Verwaltungsjurist; 1918–22 Oberbürgermeister von Essen; als Reichsernährungs- (1922/23) und Reichsfinanzmin. (1923–25) maßgeblich an der Überwindung der Inflation wie am Abschluß des Dawesplans beteiligt; schloß als Reichskanzler (1925/26) gemeinsam mit G. Stresemann den Locarnopakt ab; verfolgte als Präs. der Reichsbank (1930–33) in der Weltwirtschaftskrise einen Deflationskurs; 1933–37 Botschafter in den USA; nach 1945 Berater in Fragen des staatl. und wirtsch. Wiederaufbaus, 1953 Vors. eines Ausschusses zur Neugliederung des Bundesgebietes, seit 1958 Präs. des „Vereins für das Deutschtum im Ausland".

Hans Luther

L., Martin, *Eisleben 10. Nov. 1483, †ebd. 18. Febr. 1546, dt. Reformator.

Herkunft, Jugend, Mönchszeit: L. war der zweite Sohn des Bergmanns und späteren Hüttenmeisters Hans L., der ihm eine Schulbildung in Mansfeld, Magdeburg und Eisenach ermöglichte. Seit 1501 besuchte er die Erfurter Univ., absolvierte dort die ↑ Artistenfakultät und ließ sich nach dem Erwerb des Magistergrads 1505 an der jurist. Fakultät einschreiben. Am 17. Juli 1505 trat L. ins Erfurter Augustiner-Eremitenkloster ein. Den äußeren Anlaß hatte das Erlebnis eines schweren Gewitters und Blitzeinschlags (bei Stotternheim) gegeben, bei dem L. das Gelübde ablegte: „Hilf du, hl. Anna, ich will ein Mönch werden". L. Mönchsleben war von Askese und Buße bestimmt. 1507 empfing er die Priesterweihe und begann Theologie zu studieren. 1510/11 wurde er in Ordensangelegenheiten nach Rom entsandt und danach in den Konvent von Wittenberg versetzt, wo er 1512 als Nachfolger von Generalvikar J. v. Staupitz die Professur für Bibelauslegung übernahm.

Durchbruch zur Reformation: Eng verbunden mit seiner exeget. Arbeit war sein persönl. religiöses Erleben. Wichtig wurden v. a. sein starkes Sündenbewußtsein und die wachsende Gewißheit, daß der Mensch nicht aus eigener Kraft und auch nicht durch die von der Kirche angebotenen Mittel vor Gott bestehen und das Heil erlangen könne. In seinen Vorlesungen interpretierte er die Psalmen (1513–15), den Römer- (1515/16), Galater- (1516/17) und Hebräerbrief (1517/18), wobei er bes. mit der Aussagen über die Gerechtigkeit Gottes und des Menschen rang. Röm. 1,17 (im Evangelium wird die Gerechtigkeit Gottes offenbart) wurde zum Ausgangspunkt seiner Erkenntnis, daß die Gerechtigkeit des Menschen nicht dessen Leistung ist, sondern Gnade Gottes, der seinen Sohn für die Menschheit am Kreuz zu ihrer Erlösung geopfert hat. Diese Erkenntnis, das sog. Turmerlebnis (weil im Turmzimmer des Wittenberger Klosters gewonnen, vermutlich 1515/16), bedeutete den grundsätzl., nicht den prakt. Durchbruch zur Reformation. Dieser begann mit dem Ablaßstreit und den von L. am 31. Okt. 1517 publizierten 95 Thesen (auch hier sind Einzelheiten umstritten). In der breiten Zustimmung zu den 95 Thesen äußerte sich der seit Generationen in Deutschland angestaute Protest gegen den Ablaßhandel sowie die verweltlichte, ihrer eigentl. Aufgabe entfremdete Kirche. Von da an fand die Reformation rasche Verbreitung.

Krisen und Auseinandersetzungen: Bis zur Gestaltwerdung der Reformation in einem verfaßten Kirchenwesen bedurfte es der Loslösung von der Autorität des Papsttums und der kath. Kirche – sie begann in der Leipziger Disputation mit J. Eck von 1519, in der L. das Papsttum als rein menschl. Institution behauptete und die Unfehlbarkeit des Papstes und der Konzilien bestritt. Die Kurie drohte L. daraufhin in der Bulle „Exsurge Domine" mit dem Bann. L. antwortete mit einer Gegenschrift („An den christlichen Adel deutscher Nation") und verbrannte am 10. Dez. 1520 die Bulle. Auch in zwei Verhandlungen vor dem Reichstag in Worms (1521) lehnte L. jegl. Widerruf ab, woraufhin im Wormser Edikt die Reichsacht über ihn verhängt wurde. Um ihn zu schützen, ließ Friedrich der Weise ihn zum Schein gefangennehmen und als „Junker Jörg" auf die Wartburg bringen, wo L. u. a. das N. T. übersetzte (erschien im Sept. 1522, daher *Septembertestament*). 1522 kehrte er nach Wittenberg zurück, um die Radikalität der Reformversuche A. Karlstadts abzuschwächen. 1525 grenzte sich L. vom Radikalismus der Schwärmer und Täufer sowie von den revolutionären sozialen Forderungen der Bauern ab. Dazu kam die Auseinandersetzung mit Erasmus über den freien Willen, die erhebl. Teile des dt. Humanismus der Reformation entfremdete. – L. gestaltete zunächst in Kursachsen und in anderen ev. Gebieten ein einheitl. Kirchenwesen, für das der Reichstag von Speyer (1526) die erste Rechtsgrundlage schuf. Während des Augsburger Reichstages (1530), an dem L. als Geächteter nicht teilnehmen durfte, unterstützte er v. a. P. Melanchthon und billigte das wesentlich von diesem verfaßte, für das reichsrechtl. Dasein des Protestantismus grundlegende ↑ Augsburger Bekenntnis. 1534 beendete L. die Übersetzung des A. T., und die erste Gesamtausgabe der dt. Bibel erschien im Druck. In den folgenden Jahren war L. um die Einwurzelung der Reformation bemüht, sah sich dabei jedoch mit großen Schwierigkeiten konfrontiert. Auch darauf ist seine sich ständig verschärfende Polemik gegenüber den „Feinden Christi" zurückzuführen („Von den Juden und ihren Lügen", 1543; „Wider das Papsttum zu Rom, vom Teufel gestiftet", 1545). Bis 1545 hielt L. in Wittenberg Vorlesungen. – ↑ Reformation.

Lehre: Die zentrale Aussage der Theologie L. ist die Erfahrung der ↑ Rechtfertigung des Sünders allein durch den Glauben, die nur durch Jesus Christus vermittelt wird, der Gott und Mensch zugleich war. L. Verständnis der Rechtfertigung stützt sich zwar auf die theolog. Tradition (Paulus, Augustinus), radikalisiert diese jedoch soweit, daß die Kirche mit ihren Einrichtungen als Vermittlungsinstanz aufgehoben wird. Indem L. die Bibel als „Wort Gottes" (in dem sich das Heilshandeln Gottes in Jesus Christus offenbart) über die Autorität des kirchl. Lehramtes stellte, steigerte er den Gegensatz zur kath. Kirche zum Normenkonflikt. Von den sieben ↑ Sakramenten der ma. Kirche behält L. nur Taufe und Abendmahl bei, da er nur diese in der

Martin Luther. Gemälde aus der Werkstatt Lucas Cranachs d. Ä., 1526 (Wolfenbüttel, Herzog-August-Bibliothek)

Schrift begründet sieht. In der Abendmahlslehre lehnte er die Anschauung von der stoffl. Verwandlung des Brotes und Weines in Leib und Blut Christi ab, hält aber gegen Zwingli an der wirkl. Gegenwart (Realpräsenz) von Leib und Blut fest. Der Glaube bewährt sich nach L. in der tätigen Liebe zum Mitmenschen, welche sich in der Erfüllung der Pflicht (die jedem Menschen in seinem jeweiligen Stand zufällt) erweist. Die Ehe findet bei L. eine neue positive Bewertung. In engem Zusammenhang mit L. Auffassung des Evangeliums steht seine ↑Zweireichelehre vom geistl. und weltl. Regiment Gottes.

Literar. Werk und Bed. für die dt. Sprache: Das umfangreiche literar. Werk L. steht ganz im Dienst der Auslegung der Schrift: seine Vorlesungen für die Theologen, seine Predigten (die in zahlr. Drucken verbreitet wurden) für die christl. Gemeinde, seine Trost- und Erbauungsschriften. 1521 begann er mit der Übersetzung des N. T., die 1522 in erster Fassung erschien. Stück für Stück folgten die anderen Bücher der Bibel, bis sie 1534 als Ganzes in neuer Übersetzung vorlag („Biblia, das ist, die gantze Heilige Schrifft, Deudsch. D. Mart. Luth."). Immer wieder hat L., von seinen Wittenberger Weggenossen unterstützt, daran weitergearbeitet – diese Bibelübersetzung war Grundlage und Wegbereiterin der Reformation. Daneben gilt sie als eines der wichtigsten Denkmäler der dt. Sprach- und Literaturgeschichte. L. stellte die dt. Sprache gleichberechtigt neben die drei bis dahin als heilig erachteten Sprachen: Hebräisch, Griechisch, Latein. Von einem Übersetzer forderte er den Aufbau eines reichen Wortschatzes, der sich auch an der gesprochenen Sprache orientieren sollte („Sendbrief vom Dolmetschen", 1530). Er hat selbst die dt. Hochsprache meisterhaft gehandhabt und entscheidend zu ihrer Durchsetzung beigetragen. Er schloß sich an bereits ausgebildete überregionale Sprachformen an, an die Sprache der sächs. Kanzlei und an die Traditionen der mitteldt. myst.-erbaul. Prosaliteratur. In Lautstand, Orthographie, Flexion (volle Endungen), Wortschatz und Syntax wurde außerdem gemeinsam mit den Druckern seiner Werke ein Mittelweg zw. den bestehenden Schreibdialekten angestrebt. Trotzdem wurde den oberdt. Lesern immer ein erklärendes Glossar mitgeliefert für Wörter, die erst später Allgemeinbesitz wurden. L. schuf anschaul. Komposita wie Blutgeld, Denkzettel, Feuereifer u. a., einprägsame Redensarten wie Dorn im Auge, er setzte Fremdwörter ins Deutsche um (Richtschnur für Kanon), machte aber auch Fremdwörter in der dt. Sprache geläufig (Fieber, Laterne, Person) und verhalf einem religiös motivierten Bed.wandel zum Durchbruch bei Wörtern wie Arbeit, Beruf, Glaube usw. Für die Wirkungsgeschichte seiner Sprache (**Lutherdeutsch**) war bedeutsam, daß kein Werk vorher eine so umfassende Verbreitung über das gesamte dt. Sprachgebiet und in allen Ständen gefunden hatte. Der Reichtum des L. literar.-sprachl. Schaffen zeigt sich auch in den „Tischreden oder Colloqua Doct. Mart. Luthers ..." (1566) und bes. in seinen geistl. Liedern (u. a. „Ein feste Burg ist unser Gott"). Seine Werke hatten nicht nur auf die weitere Ausbildung einer dt. literar. Prosa entscheidenden Einfluß, sondern legten auch den Grund für eine überregionale dt. Hochsprache.

Lutheraner, Mgl. der ev.-luth. Kirchen; L. unterscheiden sich von den ↑Reformierten v. a. durch die theolog. Interpretation des Abendmahls.

Luther-Gesellschaft, 1918 gegr. Gesellschaft zur Förderung der Erforschung von Leben und Theologie Luthers. Zeitschrift: „Luther-Jahrbuch" (1919–41; 1957 ff.).

lutherisch, Kurzbez. für ↑evangelisch-lutherisch.

lutherische Freikirchen, im 19. Jh. entstandene Kirchen, deren älteste aus Protest gegen die vom Kgr. Preußen eingeführte ↑Union gebildet wurde (↑Altlutheraner). Die meisten l. F. schlossen sich 1972 zur ↑Selbständigen Evangelisch-Lutherischen Kirche zusammen.

lutherische Kirchen, die durch die Reformation Luthers entstandenen Volks-, Landes- oder Nationalkirchen, z. T. als Freikirchen, bes. in den USA. Sie sind zum größten Teil im ↑Lutherischen Weltbund zusammengeschlossen. Obgleich in bezug auf gottesdienstl. Ordnung, Lehre und Kirchenverfassung verschieden, bilden die l. K. eine im Bekenntnis zu Person und Werk Jesu Christi und in der Bindung an die Bibel geeinte Gemeinschaft. Von den luth. Bekenntnisschriften werden in den l. K. das ↑Augsburger Bekenntnis und der „Kleine Katechismus" Luthers anerkannt. Die l. K. in Deutschland sind Gliedkirchen der EKD und sind in der Vereinigten Ev.-Luth. Kirche in Deutschland [Abk. VELKD] zusammengeschlossen.

Lutherischer Weltbund, Abk. LWB, internat. Vereinigung luth. Kirchen, am 1. Sept. 1947 durch Vertreter von Kirchen aus 49 Ländern in Lund gegr.; dem LWB gehören (1990) 105 Mgl.kirchen (über 55 Mill. Mgl.) an. – Lehrgrundlage des LWB sind A. T. und N. T., die ökumen. Bekenntnisse, das ↑Augsburger Bekenntnis und Luthers „Kleiner Katechismus". – Als seine *Aufgabe* sieht der LWB: Förderung der Verkündigung des Evangeliums, Verstärkung der Einigkeit unter den luth. Kirchen, Mitarbeit in den ökumen. Bestrebungen sowie die Sorge um die Beseitigung menschl. Nöte. – Die Vollversammlung des LWB tritt alle sechs Jahre zusammen. Präs. ist seit 1990 der Brasilianer G. Brakemeier (*1937).

Lutherrock, seit dem 19. Jh. von luth. Geistlichen getragener, einreihiger, schwarzer, hochgeknöpfter Gehrock.

Luthertum, Bez. für die von den luth. Kirchen und ihren Mgl. vertretene Glaubens- und Lebenshaltung. Als *Kirchentum* ist das L. geprägt durch: 1. die Bindung an die Bibel; 2. die bekenntnismäßige Geltung der luth. Bekenntnisschriften; 3. den Kirchentypus der Territorial- und Freikirche, die nur das Amt der Wortverkündung als gottgegeben anerkennt; 4. den Großteil der luth. Kirchen umfassenden Zusammenschluß im Luth. Weltbund. – Als die vom Glauben geprägte *geistige Haltung* ist das L. mit folgenden Merkmalen zu beschreiben: 1. ein Menschenbild, das von der Einheit der menschl. Person ausgeht, die als das schöpfungsmäßige Gegenüber Gottes angesehen wird; 2. das Verständnis von Freiheit, das als Befreiung des Gewissens von jeder Gesetzlichkeit zu deuten ist und zum Dienst am Nächsten verpflichtet; 3. die Auffassung des Staates als der gottgewollten Ordnungsmacht; 4. die der Auffassung von

Albert John Luthuli

Witold Lutosławski

Lüthi

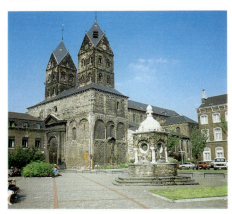

Lüttich. Kirche Saint-Barthélemy, 11./12. Jahrhundert

Lüttich
Stadtwappen

Luxemburg
Stadtwappen

Luxemburg
Hauptstadt des
Großhzgt. Luxemburg

74 400 E

• internat.
Finanzzentrum

• zahlr.
EG-Einrichtungen

• an der Stelle eines kelt.
Oppidum und einer
röm. Siedlung

• 1224 Stadtrecht

• Befestigungsanlagen

dem Unterschied von Gesetz und Evangelium entsprechende strikte Scheidung von Politik und Religion.
Lüthi, Max, *Bern 11. März 1909, †Zürich 20. Juni 1991, schweizer. Literaturwissenschaftler und Volkskundler. – Seit 1968 Prof. an der Univ. Zürich; verdient um die literaturwiss. Märchenforschung (u. a. „Märchen", 1961).
Luthuli, Albert John, *in Rhodesien (= Simbabwe) 1898, †Groutville 21. Juli 1967, südafrikan. Politiker. – Lehrer; 1935 zum Chief in Groutville ernannt, 1952 von der südafrikan. Reg. abgesetzt; ab 1952 Präs. des ANC; protestierte gegen die Apartheidpolitik und propagierte den gewaltlosen Kampf für die Rassengleichheit; 1956 wegen angebl. Hochverrats verhaftet, ab 1959 zu Zwangsaufenthalt in Groutville verurteilt; erhielt 1961 den Friedensnobelpreis für 1960. L. war der geistige Führer der südafrikan. Farbigen und einer der bedeutendsten Pazifisten. – Abb. S. 173.
Lutizen ↑Liutizen.
Lütjens, Günther, *Wiesbaden 25. Mai 1889, ⚔ sw. von Irland 27. Mai 1941, dt. Admiral. – Führte als Flottenchef die Schlachtschiffe „Gneisenau" und „Scharnhorst" ab Dez. 1940 im Handelskrieg im Nordatlantik; mit der „Bismarck" untergegangen.
Luton [engl. luːtn], engl. Stadt 45 km nnw. von London, 164 000 E. Automobil-, Flugzeug- und Elektroindustrie. ✦
Lutosławski, Witold [poln. lutɔˈswafski], *Warschau 25. Jan. 1913, poln. Komponist. – Einer der führenden Komponisten Polens. Wendet seit Mitte der 1950er Jahre serielle Kompositionstechniken an. L. schrieb u. a. 3 Sinfonien (1947, 1967, 1983), Konzert für Orchester (1954), Cellokonzert (1970), Les espaces du sommeil (1978, für Bariton und Orchester), Klavierkonzert (1988). Seit 1963 tritt er auch als Dirigent hervor. – Abb. S. 173.
Lütschinental, Talschaft in den Berner Alpen, Schweiz, gliedert sich in das Tal der **Weißen Lütschine** mit dem Kurort Lauterbrunnen und das Tal der **Schwarzen Lütschine** mit dem Kurort Grindelwald.
Lutte ↑Grubenbewetterung.
Lüttich (amtl. frz. Liège, niederl. Luik), belg. Stadt am Zusammenfluß von Ourthe und Maas, 60–180 m ü. d. M., 200 300 E. Verwaltungssitz der Prov. L., kulturelles Zentrum Walloniens; kath. Bischofssitz; Univ. (gegr. 1817), Kunstakad., Handelshochschule, königl. Musikkonservatorium, Priesterseminar; Sternwarte, Forschungsinst. für Rohstoffind., Zentrum für Ind.management; Wallon. Museum, mehrere Kunstmuseen, Bibliotheken, Staatsarchiv; Theater, Oper; botan. Garten. Mittelpunkt eines bed. Wirtschaftsraums mit Börse, Handels- und Ind.messen. Eisen- und Stahlind., Glashütten, Leichtind., Apparatebau, Kunststoffproduktion und -verarbeitung, Großbrauerei, Nahrungsmittel-, Zement-, Elektroindkind.; die Versorgung der Ind. erfolgt größtenteils über die Maas, über Juliana- und Albertkanal; der Hafen ist erreichbar für kleinere Seeschiffe.

Geschichte: Die Stadt entwickelte sich als kirchl. Zentrum, nachdem der Sitz des Bistums Tongern-Maastricht 717/718 nach L. verlegt worden war; außerdem entstand eine Kaufmannssiedlung; erlangte im Hoch-MA überregionale wirtsch., kulturelle und polit. Bedeutung. 1888–92 zur Festung ausgebaut, spielte L. in beiden Weltkriegen eine große Rolle bei der belg. Maasverteidigung.
Bauten: Romanisch sind die Kirchen Saint-Barthélemy (11./12. Jh.) mit berühmtem Taufbecken und Saint-Denis (11. Jh.) mit got. Chor; hochgotisch u. a. die Kathedrale Saint-Paul (13. und 14. Jh.) und die Kirche Sainte-Croix (13. Jh.); spätgotisch Saint-Jacques mit roman. Narthex (12. Jh.) und Renaissanceportal. Barockes Fürstbischöfl. Palais (1737) und Rathaus (1718–18), moderne Kongreßhalle (1958) und Univ.gebäude (1962 ff.).
L., Prov. in O-Belgien, 3 862 km², 998 200 E (1990), Verwaltungssitz L.; überwiegend Frz.; nahe der belg.-dt. Grenze auch Dt. sprechende Bev.; fast die gesamte Prov. gehört zum Einzugsgebiet der Maas. Sie umfaßt Teile des waldreichen Hohen Venns sowie die Agrargebiete des Condroz, des Haspengaus und des Herver Landes. Die Ind. konzentriert sich in und um Lüttich, in Verviers und Huy.
L., ehem. geistl. Ft.; seit 717/718 Bistum; 980 Fürstbistum; vom 10. bis 14. Jh. Ausbau des Stiftsgebiets (Erwerb von Looz, Franchimont u. a.); Mitte 16. Jh. Gebietsverluste die Ft. an neu gegr. Bistümer; 1801 an Frankreich abgetreten; kam 1815 an die Vereinigten Niederlande, 1831 an Belgien.
Lutz [nach dem östr. Eiskunstläufer A. Lutz, *1899, †1918], Sprung beim Eiskunstlauf und Rollkunstlauf, Beginn mit einem Bogen rückwärts-einwärts, Absprung vom linken Fuß, nach einer oder mehreren Drehungen in der Luft Aufsetzen mit dem rechten Fuß in Rückwärtsrichtung.
Lützelsoon ↑Hunsrück.
Lützen, Stadt in der Leipziger Tieflandsbucht, Sa.-Anh., 123 m ü. d. M., 4 100 E. Gustav-Adolf-Gedenkstätte. – In der **Schlacht bei Lützen** am 16. Nov. 1632 kämpften die Schweden unter Gustav II. Adolf, der hier fiel, gegen die Kaiserlichen unter Wallenstein. Die Schlacht endete mit einem Rückzug Wallensteins.
Lützow, Adolf Freiherr von [ˈlytso], *Berlin 18. Mai 1782, †ebd. 6. Dez. 1834, preuß. Generalmajor (seit 1822). – Bildete im Febr. 1813 das **Lützowsche Freikorps (Schwarze Schar),** dem u. a. J. von Eichendorff, F. L. Jahn und T. Körner angehörten; am 17. Juni 1813 bei Leipzig großenteils vernichtet. ↑deutsche Farben.
Luv [niederl., eigtl. „Ruder(seite)" (nach dem Hilfsruder, mit dem früher der Schiffssteven gegen den Wind gehalten wurde)], die dem Wind zugekehrte Seite eines Schiffes, einer Erhebung oder eines Gebäudes; Richtung, aus der der Wind kommt. – Ggs. ↑Lee.
luven [niederl.] (anluven), mit dem Schiff „höher an den Wind gehen", d. h. den Kurs in einen spitzeren Winkel zur Windrichtung legen. – Ggs. ↑abfallen.
Luwisch, Sprache der Luwier, die spätestens Anfang des 2. Jt. v. Chr. in Kleinasien einwanderten und in Lykien und N-Kilikien besiedelten; bildet mit den Hethitischen und dem Palaischen die hethit.-luw. (anatol.) Gruppe der indogerman. Sprachen; nur auf Keilschrifttafeln aus Boğazkale überliefert.
Lux [lat. „Licht"], Einheitenzeichen lx, SI-Einheit der Beleuchtungsstärke. *Festlegung:* 1 L. ist gleich der Beleuchtungsstärke, die auf einer Fläche herrscht, wenn auf 1 m² der Fläche gleichmäßig der Lichtstrom 1 Lumen (lm) fällt: $1 \text{ lx} = 1 \text{ lm}/\text{m}^2 = 1 \text{ cd} \cdot \text{sr}/\text{m}^2$. Dabei ist die Candela (cd) die Einheit der Lichtstärke und der Steradiant (sr) die des Raumwinkels.
Luxation [lat.], svw. ↑Verrenkung.
Luxembourg [frz. lyksɑ̃ˈbuːr] ↑Luxemburg.
Luxemburg, Rosa, *Zamość 5. März 1870, †Berlin 15. Jan. 1919 (ermordet), dt. Politikerin poln. Herkunft. – 1893 Mitbegr. der internationalist. „Sozialdemokratie des Kgr. Polen und Litauen (SDKPiL)"; 1899 Übersiedlung nach Berlin und Eintritt in die SPD bei gleichzeitiger Tätigkeit für die SDKPiL, die sie 1904–14 im Internat. Sozialist. Büro der Zweiten Internationale vertrat. Führte 1914 mit

Luxemburg

Luxemburg
Fläche: 2 586 km²
Bevölkerung: 378 400 E (1990), 146,3 E/km²
Hauptstadt: Luxemburg
Amtssprachen: Französisch, Letzebuergesch, Deutsch
Nationalfeiertag: 23. Juni
Währung: 1 Luxemburg. Franc (lfr) = 100 Centimes (c)
Zeitzone: MEZ

K. Liebknecht die linke Opposition gegen den Krieg an, 1915–18 mit Unterbrechung inhaftiert, Mitinitiatorin der „Gruppe Internationale" (Spartakusbund). L. bekämpfte früh als führende Vertreterin des linken SPD-Flügels den Revisionismus E. Bernsteins („Sozialreform oder Revolution?", 1899), sah in der Spontaneität der Massen, v. a. in der spontanen Aktion des Massenstreiks („Massenstreik, Partei und Gewerkschaften", 1906) eine Voraussetzung für eine soziale Revolution im Ggs. zur zentralist. Parteikonzeption Lenins, wandte sich gegen die polit. Praxis der Bolschewiki nach der Oktoberrevolution („Freiheit nur für die Anhänger der Reg., nur die Mgl. einer Partei ... ist keine Freiheit. Freiheit ist immer nur Freiheit des anders Denkenden." [„Die russ. Revolution", 1922]) und setzte sich für die Räterepublik ein. Mitbegr. der KPD (1918), nach dem Spartakusaufstand verhaftet und von Freikorpsoffizieren ermordet.

Luxemburg (amtl. frz. Luxembourg), Hauptstadt des Großhzgt. L., Verwaltungssitz des Distr. L., an der Alzette, 230–380 m ü. d. M., 74 400 E. Amtssitz des Großherzogs, der Reg., diplomat. Vertretungen, Sitz des Europ. Gerichtshofes, der Europ. Investitionsbank, des Europ. Rechnungshofes, des Sekretariats des Europ. Parlaments, Univ.zentrum von L. (gegr. 1969), Technikum, kath. Bischofssitz; Konservatorium, zahlr. Forschungsinst., Nationalmuseum, Gemäldegalerie, Staatsarchiv, Nationalbibliothek, Oper, Theater; Hörfunk- und Fernsehsender. Die Stadt ist Kultur-, Handels- und Finanzzentrum sowie Verkehrsmittelpunkt des Landes. Maschinenbau, Brauerei-, metallverarbeitende, Porzellan-, Elektronikindustrie; internat. ✈.

Geschichte: Ein kelt. Oppidum und eine röm. Siedlung standen an der Stelle des heutigen L.; die bei den fränk. Kastell **Lucilinburhuc** nach 963 erbaute **Lützelburg** („kleine Burg") wurde Stammsitz des Grafenhauses L. und Ausgangspunkt der Stadtbildung. Es entstanden die Oberstadt L. und die Unterstädte **Grund, Pfaffental** und **Clausen**, deren Ringmauern im 11. und 14. Jh. beträchtlich erweitert wurden; 1224 Stadtrecht. Spanier, Österreicher und Franzosen (u. a. Vauban) verstärkten die Festung. 1815 wurde L. dt. Bundesfestung und erhielt eine preuß. Besatzung. 1867–83 wurde ein Großteil der Festungsanlagen geschleift. Im 20. Jh. erlangte L. Bed. als Sitz des Europ. Stahlkartells (1926) und der EGKS (Montanunion; ab 1952) sowie als europ. Finanzplatz.

Bauten: Spätgot. Kathedrale Notre-Dame mit Renaissanceportal (17. Jh.), großherzogl. Palais (1572 als Rathaus erbaut, im 19. Jh. umgebaut). Reste von Befestigungen. Neubauten des Centre Européen (seit 1966).

Luxemburg (amtl.: Grand-Duché de Luxembourg, Grousherzogdem Letzebuerg, Großherzogtum Luxemburg), konstitutionelle Erbmonarchie in W-Europa, zw. 49° 27' und 50° 11' n. Br. sowie 5° 44' und 6° 32' ö. L. **Staatsgebiet:** L. grenzt im O an Deutschland, im W an Belgien, im SW an Frankreich. **Verwaltungsgliederung:** 3 Distr. mit 12 Kantonen. **Internat. Mitgliedschaften:** UN, NATO, OECD, EG, WEU, Europarat, Benelux, GATT.

Landesnatur: L. hat Anteil an mehreren Landschaftsräumen. Im N liegt das Ösling (Teil der Ardennen). Es ist eine Rumpftreppenlandschaft in 400–559 m Höhe, die von der Sauer und ihren Nebenflüssen tief zerschnitten ist. Das Ösling fällt treppenförmig ab zum Gutland, das zum Schichtstufenland des Pariser Beckens gehört. Es liegt meist unter 400 m Höhe. Wirtsch. bes. wichtig ist die Schichtstufe des Dogger (Eisenerze). Eine dritte Landschaftseinheit bildet das Moseltal mit Wein- und Obstbau.

Klima: L. liegt im Übergangsbereich zw. ozean. und kontinentalem Klima mit langen, kühlen Wintern und milden Sommern.

Vegetation: Die urspr. Vegetation besteht im Ösling aus Eichenwald, im äußersten NW auch Rotbuchenwald, im Gutland aus Eichen-Hainbuchen-Wald, auf Sandstoßböden auch Eichen-Birkenwald.

Bevölkerung: Umgangssprache ist Letzebuergesch, eine moselfränk. Mundart, die auch als offizielle Sprache anerkannt ist. Daneben werden die frz. und die dt. Sprache verwendet. Rd. 95 % der Bev. bekennen sich zur röm.-kath. Kirche. Das natürl. Bev.wachstum ist niedriger als der Wanderungsüberschuß. Rd. 27 % der Bev. sind Ausländer, überwiegend Italiener, Deutsche und Franzosen. Schulpflicht besteht von 6–15 Jahren. Das Bildungswesen ist zweisprachig (Deutsch vom 1., Französisch vom 2. Grundschuljahr an).

Wirtschaft: Bei der Landw. überwiegt die Viehzucht (Rinder und Schweine) und daher auch das Dauergrünland sowie der Anbau von Futtergetreide und -früchten. Wichtigste Sonderkultur ist der Weinbau im Moseltal. 32 % der Landfläche werden von Wald eingenommen. – Wichtigster Bodenschatz sind die Eisenerze (Minette mit einem Eisengehalt von 20–35 %), deren Abbau die Grundlage der luxemburg. Schwerind. bilden. Um der Exportabhängigkeit der Stahlwerke entgegenzuwirken, entstanden in jüngster

Luxemburg
Kleines Staatswappen

Internationales
Kfz-Kennzeichen

0,34 — 0,38 — 28 730
7128
1970 1990 — 1970 1990
Bevölkerung (in Mill.) — Bruttosozialprodukt je E (in US-$)

☐ Stadt ☐ Land
67% / 33%
Bevölkerungsverteilung 1990

☐ Industrie
☐ Landwirtschaft
☐ Dienstleistung
28% / 3% / 69%
Bruttoinlandsprodukt 1987

Luxemburg. Das 1572 als Rathaus erbaute, im 19. Jh. umgebaute großherzogliche Palais du Luxembourg

Luxemburg

Zeit Kunststoff-, Kunstfaser-, Arzneimittelfabriken, Maschinen- und Fahrzeugbau, Nahrungsmittel-, Textil- und keram. Ind. sowie ein Reifenwerk; Pumpspeicherwerk Vianden (1 120 MW).

Außenhandel: Es besteht eine Wirtschaftsunion mit Belgien. Deutschland ist der wichtigste Partner, daneben die anderen Nachbarländer. Eingeführt werden Rohstoffe, Maschinen, Apparate und Geräte, Metall- und Textilerzeugnisse, Bekleidung, Transportmittel. Ausgeführt werden v. a. Metall und Metallerzeugnisse.

Verkehr: Das Eisenbahnnetz ist 270 km, das Straßennetz 5 091 km lang. Einzige schiffbare Wasserstraße ist die Mosel (in L. 37 km), Hafen in Mertert, dessen wichtigste Umschlaggüter Rohstoffe für die Eisen- und Stahlind. sind. Östl. der Hauptstadt in Findel internat. ✈, nat. Fluggesellschaft ist LUXAIR.

Geschichte: In einer Kernlandschaft Lothringens bildete sich im 10. Jh. eine Gft., deren Grafen sich nach der 963 erbauten Lützelburg benannten. 1214 gelangte die Gft. L. an den späteren Hzg. Walram II. von Limburg. Dessen Urenkel, Graf Heinrich IV. von L., wurde als Heinrich VII. 1308 Röm. König und erwarb 1310 das Kgr. Böhmen. 1354 erhob der spätere Kaiser Karl IV. L. zum Hzgt. unter der Herrschaft seines Sohnes Wenzel, der es 1355 mit Brabant vereinigte. 1441/43 wurde L. an Hzg. Philipp den Guten von Burgund verkauft, kam 1477/93 an das Haus Österreich und 1555 an die span. Habsburger, gehörte aber weiterhin zum Hl. Röm. Reich. 1659 fiel der südl. Teil an Frankreich, das restl. Gebiet erhielt 1714 Österreich, 1795 Frankreich. Auf dem Wiener Kongreß wurde L. zum Großhzgt. erhoben und dt. Bundesstaat. 1830 Abtretung des größeren westl. Landesteils an Belgien. 1843 trat L. dem Dt. Zollverein bei. Der Versuch Napoleons III., das nach 1866 selbständige Großhzgt. zu erwerben **(Luxemburg-Krise)**, endete mit der Neutralisierung des Landes *(Londoner Vertrag 1867).* Das Großhzgt. blieb bis 1919 jedoch im Zollverein. Die Reg. ging nach neuerlicher dt. Besetzung im Mai 1940 ins Exil. Nach 1945 wurde L. Teil der atlant. und westeurop. Gemeinschaft. Seit Juni 1945 ist es Mgl. der UN und war Gründungsmgl. u. a. des Brüsseler Paktes (1948), der NATO (1949), der Montanunion (1951) und der EWG (1957). 1948 gab L. seine Neutralitätsverpflichtung auf. Das zw. L., Belgien und den Niederlanden 1958 geschlossene Abkommen über die „Union Économique Benelux" (Benelux) trat 1960 in Kraft. Staatsoberhaupt ist seit 1964 Groß-Hzg. Jean, Min.präs. (seit 1984) J. Santer.

Politisches System: Nach der Verfassung von 1868 (Änderungen u. a. 1919, 1956, 1972) ist L. eine konstitutionelle Erbmonarchie mit parlamentar.-demokrat. Reg.system.

Staatsoberhaupt ist der Groß-Hzg. mit starker formalrechtl. Stellung (u. a. Gesetzesinitiative, Recht auf Parlamentsauflösung, Oberbefehl über die Streitkräfte). Er beruft als *Exekutiv*-organ die Reg., die – unter Leitung des Staatsmin. – vom Vertrauen des Parlaments abhängig ist. Die *Legislative* liegt beim Einkammerparlament, der Abg.kammer (60 auf 5 Jahre gewählte Mgl.). Beratendes Organ ist der Staatsrat (21 vom Groß-Hzg. auf Lebenszeit ernannte Mgl.). Wichtigste *Parteien* sind: Christl.-Soziale Volkspartei (CSV)/Parti Chrétien Social (PCS), Luxemburg. Sozialist. Arbeiterpartei (LSAP)/Parti Ouvrier Socialiste Luxembourgeois (POSL) und Demokrat. Partei (DP)/Parti Démocratique (PD). Dachverband der *Gewerkschaften* ist die Confédération Générale du Travail du Luxembourg (CGT), als christl. Gewerkschaft fungiert der Letzeburger Chreschtleche Gewerkschaftsbond (LCGB). *Verwaltung:* L. ist in 3 Distrikte mit 12 Kt. unterteilt. Die Distrikte werden durch Staatsbeamte, die Gemeinden von ernannten Bürgermeistern geleitet. Die *Recht*sprechung beruht auf dem Code Napoléon; der Gerichtsaufbau ist dreistufig und kennt Friedensgerichte, Distriktgerichte und ein Obergericht. Die *Streitkräfte* bestehen aus einer rd. 900 Mann starken Freiwilligenarmee; außerdem gibt es eine etwa 500 Mann starke bewaffnete Gendarmerie.

Luxemburg, Prov. im SO von Belgien, 4 440 km^2, 230 800 E (1990), Hauptstadt ist Arel.

Luxemburger, europ. Dynastie. Das ältere Haus der *Lützelburger,* nach 963 von Graf Siegfried I. begr., erlosch 1136. Dem jüngeren Haus der L. gelang 1308 der Aufstieg zum Röm. Königtum/Kaisertum, 1310 der Gewinn der böhm. Wenzelskrone; stellte die Könige (Kaiser) Heinrich VII., Karl IV., Wenzel und Siegmund; 1437 im Mannesstamm ausgestorben.

Luxemburgisch, moselfränk. Mundart (↑ deutsche Mundarten), Sprechsprache aller Bevölkerungsschichten Luxemburgs, z. T. auch in angrenzenden Gebieten. Über lokalen Formen steht eine vereinheitlichte und schriftfähig gemachte Sprache, das „Letzebuergesch", das neben Französisch und Deutsch offizielle Sprache Luxemburgs ist.

Luxeuil-les-Bains [frz. lyksœjeˈbɛ̃], frz. Heilbad am W-Rand der Vogesen, Dep. Haute-Saône, 306 m ü. d. M., 10 000 E. Textilind. (v. a. Spitzenherstellung). Stark radioaktive, 36–52 °C warme Quellen. – Die warmen Quellen waren schon den Römern bekannt. Das röm. **Luxovium** wurde 450 von Attila zerstört. Am selben Ort gründete Columban d. J. um 590 ein Kloster. 732 von den Arabern zerstört, wurde das Kloster unter Karl d. Gr. als Benediktinerabtei wieder aufgebaut. Es wurde eines der bedeutendsten Klöster des MA (1790 aufgehoben). Der um das Kloster entstandene Ort bekam 1291 Stadtrecht. – Reste aus galloröm. Zeit. Ehem. Abteikirche Saint-Pierre (13. und 14. Jh.) mit Kreuzgang, ehem. Residenz der Äbte (16. und 18. Jh.; jetzt Rathaus), Häuser der Gotik und Renaissance.

Luxmasse, zur Entschwefelung von Leuchtgas oder Synthesegas verwendetes Gemisch aus Eisenoxid und Alkalihydroxiden oder Kalk, das bei der Aluminiumherstellung aus Bauxit anfällt.

Luxor (arab. Al Uksur), Stadt in Oberägypten, am rechten Nilufer, 148 000 E. Museum; Fremdenverkehr. ✈. – L. liegt ebenso wie Karnak auf dem ehem. Wohngebiet der pharaon. Hauptstadt Theben. Berühmt ist der von Amenophis III. erbaute und von Ramses II. erweiterte Tempel des Gottes Amun (Amun-Mut-Chons-Tempel; um 1380 v. Chr. ff.). Die Tempel von L. und Karnak waren durch eine neuerdings teilweise freigelegte Sphinxallee verbunden.

Lu Xun (Lu Hsün) [chin. luɕyn], eigtl. Zhou Shuren, * Shaoxing (Zhejiang) 25. Sept. 1881, † Schanghai 19. Okt. 1936, chin. Schriftsteller und Literaturkritiker. – Realist.sozialer Erzähler; begründete die neue chin. Erzählkunst in der literaturfähig gemachten Umgangssprache; führend in der 4.-Mai-Bewegung von 1919; wandte sich in seinen Novellen, u. a. „Die wahre Geschichte des Ah Qeh" (1922), und Aufsätzen gegen die Reste des Feudalismus und die Ausplünderung des Volkes.

Luxor. Der von Ramses II. 1280 v. Chr. errichtete Pylon mit Kolossalbildern und Obelisk als Erweiterung des nach 1380 v. Chr. von Amenophis III. erbauten Amun-Mut-Chons-Tempel, im Hintergrund links ein Teil des 52 m langen Säulenganges, der die beiden Tempelteile verband

Luxuria [lat.] ↑ Fahrlässigkeit.

luxuriös [lat.], aufwendig ausgestattet, prunkvoll; verschwenderisch.

Luxus [lat. „üppige Fruchtbarkeit, Ausschweifung"], Konsum und sonstiger Aufwand, der, nach Maßgabe histor. oder regional spezif., jedoch sich verändernder Normen, das gesellschaftlich betrachtet Notwendige oder Übliche übersteigt.

Luynes, Charles d'Albert, Hzg. von [frz. lɥin], * Pont-Saint-Esprit 5. März 1578, † Longueville 15. Dez. 1621, frz. Politiker. – Günstling Ludwigs XIII.; wirkte bei der Entmachtung des Marquis d'Ancre mit (1617) und übernahm die Leitung des Staates; in der Außenpolitik aber unfähig und erfolglos.

Luzán y Claramunt, Ignacio de [span. lu'θan i klara-'munt], * Zaragoza 28. März 1702, † Madrid 19. Mai 1754, span. Schriftsteller. – Führte mit seiner „Poética o reglas de la poesía ..." (1737) den frz. Klassizismus in die span. Dichtkunst ein; auch Lyriker.

Luzern, Hauptstadt des schweizer. Kt. L., am Ausfluß der Reuß aus dem Vierwaldstätter See, 436 m ü. d. M., 63 000 E. Kath. theolog. Fakultät, Technikum; Verkehrsmuseum mit Planetarium, Natur-, Heimat-, Kunst-, Histor. Museum, Richard-Wagner-Museum. Maschinen- und Apparatebau, Bekleidungsind., Brauereien, graph. Gewerbe; Kongreßstadt, Fremdenverkehr, internat. Musikfestwochen, Ruderregatten, Freilichtspiele, Gletschergarten.
Geschichte: Das um 700 entstandene Kloster im Hof kam um 840 in den Besitz der Benediktinerabtei Murbach (bei Colmar). Aus einem Dorf entwickelte sich die Stadt L. (1175/78), die 1274 den besonderen Schutz des Reichs erlangte. 1291 wurde L. an die Habsburger verkauft, 1332 schloß es seinen Bund mit den Waldstätten. 1415 wurde L. auch rechtlich aus dem habsburg. Machtgebiet gelöst. Seit 1524 förderte L. den Zusammenschluß der kath. Orte und wurde im 16. Jh. Zentrum der kath. Eidgenossenschaft. Im Innern bildete sich das Patriziat immer stärker aus. 1798–1803 war L. Hauptstadt der Helvet. Republik, danach Hauptstadt des selbständigen Kantons Luzern.
Bauten: Gut erhaltene Altstadt mit Befestigungsanlagen (um 1400): Renaissancerathaus (1602–06); Hofkirche Sankt Leodegar (nach Brand 1633–44 wiederaufgebaut, erhalten die spätgot. W-Türme); ehem. Franziskanerkirche (13. und 16. Jh.), Jesuitenkirche (1666–77); ma. Renaissance- und Barockhäuser; Holzbrücken, u. a. die überdachte Kapellbrücke (14. Jh.; erneuert) mit Bilderzyklus und achteckigem Wachtturm; Löwendenkmal (1820/21) von B. Thorvaldsen.

L., Kanton im Schweizer Mittelland, 1 492 km², 319 500 E (1990), Hauptstadt Luzern. – L. liegt überwiegend im Alpenvorland, dessen Relief von der Eiszeit geprägt wurde. Im SO hat der Kt. einen kleinen Anteil am Zuger See und einen großen am Vierwaldstätter See. Der Anteil an den Alpen beschränkt sich auf den W-Hang der Pilatuskette und die S-Flanke des Rigi. L. ist stark landw. geprägt. Feldfutterbau überwiegt, nur an günstigen Stellen Obst- und Weinbau; bed. Schweinezucht. Wichtigste Ind.zweige sind Maschinenbau, Textilind., Holzverarbeitung, Papierind.; bed. Fremdenverkehr.
Geschichte: Der Kt. L. entstand 1803. Nach Wiederherstellung des alten Patriziats besaß die Stadt ein starkes Übergewicht über die Landschaft. Nach Durchsetzung einer liberalen Verfassung 1829 kam es zu einer konservativen Verfassungsrevision. Gehörte 1845–47 zum Sonderbund. Die Verfassung von 1875 führte die direkte Demokratie ein.
Verfassung: Nach der Verfassung des Kt. L. vom 29. Jan. 1875 (mit Änderungen) liegt die Exekutive beim vom Volk auf 4 Jahre gewählten Regierungsrat (7 Mgl.). Die Legislative bilden der vom Volk auf 4 Jahre gewählte Große Rat (170 Mgl.) und das Volk (fakultatives Volksreferendum).

Luzerne [frz., letztl. zu lat. lucere „leuchten" (wegen der glänzenden Samen)] ↑ Schneckenklee.

luzid [zu lat. lucidus „hell"], klar, verständlich; **Luzidität,** Durchsichtigkeit, Verständlichkeit.

Luzern. Altstadt, links das 1602–06 erbaute Rathaus, rechts die überdachte Kapellbrücke, um 1300

Luzifer (Lucifer) [lat. „Lichtbringer"], in der röm. Mythologie der Morgenstern, Sohn der Aurora, der Göttin der Morgenröte. Da Jes. 14, 12 einen in die Unterwelt gestürzten Engel erwähnt, der als „Sohn der Morgenröte" bezeichnet wird, und da Luk. 10, 18 diesen Engelfall mit ↑ Satan verbindet, kam es zu der Identifizierung L. mit dem bibl. Satan. Während der Christianisierung Skandinaviens wurde L. gelegentlich mit ↑ Loki gleichgesetzt.

Luzk, Hauptort des Gebiets Wolynien im NW der Ukraine, 198 000 E. PH; Theater, Philharmonie; Auto-, Maschinen-, Fernsehgerätebau. – Erstmals 1085 als Stadt erwähnt; eine der wichtigsten befestigten Städte Wolyniens. Im 12. Jh. Hauptstadt eines Teilfürstentums; seit Mitte des 16. Jh. im Staatsverband Polen-Litauen; nach der 3. Teilung Polens (1795) Krst. im Generalgouvernement Wolynien (russ.). 1919 von Polen erobert und bis 1939 polnisch. – Barocke Kathedrale (1754), Synagoge (17. Jh.), Schloß Ljubart (13., 14.–16. Jh.).

Luzon [lu'sɔn, span. lu'θɔn], größte der philippin. Inseln, N–S-Erstreckung 830 km, bis 240 km breit, 104 688 km², 23,7 Mill. E. Im N erstrecken sich längs der O- und W-Küste Gebirge, die im N, im Mount Pulog, 2 928 m ü. d. M. erreichen. Zw. ihnen liegen die Tieflandsgebiete des Cagayantals und der Zentralebene. Der südl. Teil der Insel ist als schmale, stark gekammerte Halbinsel von buchtenreichen Küsten ausgebildet. – Trop. Klima; von Taifunen werden v. a. die nördl. Küstengebiete heimgesucht. Der trop.

Luzern
Stadt- und
Kantonswappen

Luzon. Reisterrassen in Banawe im Zentrum von Luzon, der größten philippinischen Insel

Luzonstraße

Regenwald, die urspr. Vegetationsform, ist durch den Menschen weitgehend zurückgedrängt worden. – An Bodenschätzen werden v. a. Eisen- und Chromerze abgebaut, außerdem Gold-, Kupfer- und Nickelerzvorkommen sowie Kohlenbergbau. – Bevorzugte Anbaugebiete sind die Zentralebene (Reisanbau) und das Cagayantal im N mit dominierendem Tabakbau; die Hauptanbaugebiete für Manilahanf liegen auf der sö. Halbinsel, für Zuckerrohr im SW und in der Zentralebene. – Der größte Teil der Bev. gehört zu den Jungmalaien, die v. a. Naßreisbau in charakterist. Terrassenanlagen betreiben. In Rückzugsgebieten leben Negritos.

Luzonstraße [luˈsɔn], Meeresstraße zw. der philippin. Insel Luzon im S und Taiwan im N, etwa 380 km breit.

Luzzatto, Moses Chajim, *Padua 1707, †Akko (= Akka) 16. Mai 1746, hebr. Mystiker und Dichter. – Thematisch der italien. allegor.-dramat. Schule verpflichtet, hat er die spätere hebr. Literatur stilistisch entscheidend beeinflußt. Bekannt sind v. a. die Schrift „Der Weg der Frommen" (1740) und das Drama „Lob der Gerechten" (1743).

Lwoff, André, *Allier (Hautes-Pyrénées) 8. Mai 1902, frz. Mikrobiologe. – Prof. in Paris; für die Entdeckung von Genen, die die Aktivität anderer Gene steuern (fördern oder hemmen), erhielt er 1965 (mit F. Jacob und J. Monod) den Nobelpreis für Physiologie oder Medizin.

Lwow, Georgi Jewgenjewitsch Fürst, *Dresden 2. Nov. 1861, †Boulogne-Billancourt 7. März 1925, russ. Politiker. – Nach der Februarrevolution als Parteiloser März–Juli 1917 Min.präs. und Innenmin. der Provisor. Regierung.

Lwow ↑Lemberg.

lx, Einheitenzeichen für ↑Lux.

LXX [im röm. Zahlensystem Zeichen für „70"], Abk. für: ↑Septuaginta.

Lyallpur [ˈlaɪəlpʊə] ↑Faisalabad.

Lyasen [zu griech. lýein „lösen"], eine Hauptgruppe der Enzyme, die Eliminierungsreaktionen unter Ausbildung einer Doppelbindung bzw. (als **Synthasen**) die Addition an Doppelbindungen katalysieren.

Lyautey, Louis Hubert Gonzalve [frz. ljoˈtɛ], *Nancy 17. Nov. 1854, †Thorey (Meurthe-et-Moselle) 21. Juli 1934, Marschall von Frankreich (seit 1921). – 1894–1902 Kolonialoffizier, 1912–16 und 1917–25 Generalresident von Marokko; 1916/17 Kriegsminister.

Lycée [frz. liˈse (zu ↑Lyzeum)], in Frankreich der gymnasialen Oberstufe Deutschlands entsprechende dreijährige höhere Schule; Abschluß: Baccalauréat.

Lychee [chin.] ↑Litschibaum.

Lycopodium [griech.-lat. „Wolfsfüßchen"], svw. ↑Bärlapp.

Lydgate, John [engl. ˈlɪdgeɪt], *Lydgate (Suffolk) um 1370, †Kloster Bury Saint Edmunds 1451 (?), engl. Dichter. – Benediktinermönch; einige Zeit Hofdichter. Hinterließ ein ungewöhnlich vielfältiges Werk, formal gewandt, jedoch langatmig und moralist.-didaktisch, u. a. „The siege of Thebes" (Versroman, entstanden 1420–22, gedruckt 1500).

Lydien (Maionia; Mäonien), histor. Landschaft in W-Kleinasien zw. Mysien, Phrygien und Karien; Hauptort Sardes; im 2. Jt. v. Chr. lassen sich myken. wie innoranatol. Kultureinflüsse nachweisen; Ausdehnung des lyd. Machtbereichs unter den Mermnaden (Gyges, Alyattes, Krösus) bis zum Halys; 546 persisch, in hellenist. Zeit pergamenisch, kam 133 zur röm. Prov. Asia.

Lydisch, zur anatol. Gruppe der indogerman. Sprachen gehörende Sprache der Lyder in W-Kleinasien; erhalten sind rd. 110 Inschriften und Graffiti des 7./6. Jh. v. Chr. (meist aus Sardes), Personennamen und Glossen. Die lyd. Schrift, eine Buchstabenschrift, besitzt 26 Zeichen.

lydische Kunst, durch die Funde von Sardes im 20. Jh. bekannt gewordene Kunst Lydiens aus dem 7./6. Jh.; von der Kunst der kleinasiat. Griechen beeinflußt. Charakteristisch die hügelförmigen Grabbauten; hochentwickeltes Kunstgewerbe: bemalte Terrakottafriese (Bauschmuck), Keramikgefäße, Metall-, Teppich-, Lederwaren, geringe Reste von Steinplastik. Die berühmte Goldschmiedekunst verwendete die Granulation, Krösus stiftete kostbare Gold- und Silbergeschenke nach Delphi. I. w. S. auch die Kunst vor und nach der lyd. Reichsbildung.

Lydische Kunst. Gefäß mit Glas oder Alabaster vortäuschender Bemalung aus einem Grab in der Nekropole von Cerveteri, 1. Hälfte des 6. Jh. v. Chr. (Hamburg, Museum für Kunst und Gewerbe)

lydischer Kirchenton, auf dem Grundton f stehende ↑Kirchentonart.

Lyell, Sir (seit 1848) Charles [engl. ˈlaɪəl], *Kinnordy (Schottland) 14. Nov. 1797, †London 22. Febr. 1875, schott. Geologe. – Zunächst Jurist, dann Privatgelehrter. L. widerlegte die Katastrophentheorie G. Cuviers und begründete mit K. von Hoff den Aktualismus. Sein Hauptwerk sind die „Principles of geology" (3 Bde., 1830–33).

Lykaon, myth. König von Arkadien, der samt seinen 50 Söhnen von Zeus mit dem Blitz erschlagen wird, da er dem zu Tisch geladenen Gott das Fleisch eines geschlachteten Knaben vorgesetzt hat.

Lykaonien (lat. Lycaonia), histor. Gebiet in Inneranatolien, westl. und südl. des Tuzgölü, Türkei; Hauptstadt war Ikonion (= Konya). – Im Achämenidenreich zur Satrapie Phrygien gehörig, 189 v. Chr. pergamenisch, 129 v. Chr. römisch.

Lykien (lat. Lycia), histor. Gebiet im Westtaurus zw. dem Golf von Fethiye und dem Golf von Antalya, Türkei. Die Abgeschlossenheit der Landschaft durch hohe Gebirgsmassive erklärt die Sonderform lyk. Kultur und Sprache. Um 540 v. Chr. von den Persern erobert, gehörte 189 zu Rhodos, war 168 frei und wurde 43 n. Chr. röm. Provinz.

Lykisch, zur hethit.-luw. (anatol.) Gruppe der indogerman. Sprachen gehörende Sprache der Lykier in SW-Kleinasien, die in zwei Dialekten bekannt ist. Bezeugt ist sie v. a. in etwa 160 Steininschriften und weit über 100 Münzlegenden in ↑lykischer Schrift aus dem 6.–4. Jahrhundert.

lykische Kunst, Kunst in Lykien (6.–4. Jh.) von starker Eigenart, wenn auch nicht unbeeinflußt von ostgriech. Kunst, bes. in der Skulptur bzw. Reliefkunst: Felskammergräber mit architekton. Fassaden, v. a. in Xanthos, Myra und Telmessos, Pfeiler- oder Turmgräber, z. B. das sog. Harpyienmonument in Xanthos. Bed. Grabmonumente um 400 v. Chr. sind das Heroon von Trysa (Gölbasi), das Nereidenmonument in Xanthos sowie das Heroon von Limyra.

Lykischer Taurus ↑Taurus.

lykische Schrift, von den Lykiern verwendete Buchstabenschrift (29 Zeichen), die aus einem westgriech. Alphabet (vielleicht dem von Rhodos) entlehnt und um einige Zusatzzeichen (darunter zwei für Nasalvokale) vermehrt worden ist; sie wird zumeist rechtsläufig geschrieben.

Lykonpolis, griech. Name der ägypt. Stadt ↑Asjut.

Lykurg (lat. Lycurgus), sagenhafter Begründer der spartan. Verfassung. – Er soll, vom Orakel von Delphi beauftragt, die polit. und sozialen Verhältnisse geordnet haben.

Lyly (Lilly), John [engl. ˈlɪlɪ], *Weald (Kent) 1553 oder 1554, □London 30. Nov. 1606, engl. Dichter. – Seine Komödien zeichnen sich durch geistreiche und geschliffene Dialoge aus und waren von großem Einfluß auf die engl. Bühne des 16. Jh. Bed. erlangte L. durch den ersten engl. Prosaroman, „Euphues: the anatomy of wit" (1579, Fortsetzung „Euphues and his England", 1580).

André Lwoff

Charles Lyell (zeitgenössischer Holzstich)

Lymphsystem

Lyman-Serie [engl. 'laɪmən; nach dem amerikan. Physiker T. Lyman, * 1874, † 1954], im Ultravioletten liegende Spektralserie des Wasserstoffatoms mit Übergängen, deren unteres Energieniveau in der K-Schale (Hauptquantenzahl $n = 1$) liegt.

Lymekrankheit (Lyme-Borreliose) [engl. 'laɪm], erstmals 1976 in Lyme (Conn., USA) beobachtete, durch Zeckenbiß (möglicherweise auch Mücken-, Bremsenstiche) übertragene bakterielle Infektionskrankheit (Erreger: Borrelia burgdorferi). Die Inkubationszeit beträgt Tage bis Wochen. Zu den Frühsymptomen zählen Muskel- und Gelenkschmerzen, teils auch Fieber, Hautrötung (meist an der Bißstelle), die sich ausbreitet und später verstreut auftreten kann *(Erythema migrans)*. Als Spätfolgen treten Gelenkentzündungen *(Lymearthritis)* mit rheumat. Symptomen, Herzmuskel-, Nervenentzündung und entzündl. Hauterkrankungen auf. Die Behandlung erfolgt mit Antibiotika.

Lymphadenitis, svw. ↑Lymphknotenentzündung.

Lymphangiektasie [...gi-εk...; lat./griech.], krankhafte Erweiterung einzelner Lymphgefäße.

Lymphangiom (Lymphgefäßgeschwulst), meist angeborene gutartige *Gefäßgeschwulst* von Lymphgefäßen der Haut und Schleimhäute.

Lymphangiopathie [lat./griech.], Sammelbez. für Erkrankungen der Lymphgefäße.

Lymphangitis [lat./griech.], svw. ↑Lymphgefäßentzündung.

lymphatisch [lat.], die Lymphe betreffend.

lymphatische Leukämie ↑Leukämie.

lymphatischer Rachenring (lymphoepithelialer Rachenring), lymphozytenreiches Gewebe im Bereich der Mundhöhle und des oberen Schlundes; Teil des ↑Lymphsystems.

Lymphdrüsen, veraltete Bez. für die Lymphknoten (↑Lymphsystem).

Lymphe [zu lat. lympha „Quell-, Flußwasser"], eiweiß- und lymphozytenhaltige, klare, blutplasmaähnl. Gewebsflüssigkeit der Wirbeltiere (einschl. des Menschen), die durch Filtration aus den Blutkapillaren in die Zellzwischenräume gelangt und von dort durch das ↑Lymphsystem abgeleitet wird. Die L. versorgt die Gewebe mit Nahrungsstoffen und entfernt nicht verwertbare Substanzen; außerdem hat sie (durch die Lymphozyten) Schutzfunktion. Im menschl. Körper werden täglich rd. zwei Liter L. gebildet.

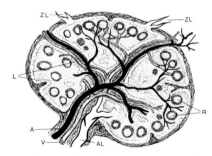

Lymphsystem. Lymphknoten eines Säugetiers: A Arterie; AL abführendes Lymphgefäß; L Lymphbahnen; R Rindenfollikel; V Vene; ZL zuführendes Lymphgefäß

Lymphgefäße, Bez. für die Gefäße des Lymphsystems.

Lymphgefäßentzündung (Lymphangitis, volkstümlich Blutvergiftung), durch Staphylokokken oder Streptokokken verursachte Entzündung der Lymphgefäße, als roter Streifen von der Infektionsstelle zu den Lymphknoten sichtbar.

Lymphgefäßgeschwulst, svw. ↑Lymphangiom.

Lymphknoten ↑Lymphsystem.

Lymphknotenentzündung (Lymphadenitis), entzündl. Reaktion der Lymphknoten auf Krankheitserreger, Tumorzellen, Röntgenstrahlen.

Lymphknotentuberkulose, tuberkulöse Erkrankung der (einzelnen) Lymphknotengruppen im Einzugsgebiet eines tuberkulösen Erstinfekts. Behandlung durch operative Entfernung und Chemotherapie.

lympho..., Lympho... [zu lat. lympha „Fluß-, Quellwasser"], Bestimmungswort in Zusammensetzungen mit der Bed. „Lymphe...".

Lymphödem, teigige Gewebsschwellung (Stauungsödem) infolge Verlegung der Lymphwege oder mangelnder Lymphresorption.

lymphoepithelialer Rachenring [lat./griech./dt.], svw. ↑lymphatischer Rachenring.

Lymphogranuloma inguinale [lat.] (Lymphopathia venerea, Durand-Nicolas-Favre-Krankheit, vierte Geschlechtskrankheit), seltene, durch Geschlechtsverkehr übertragbare, bes. in den Tropen vorkommende Infektionskrankheit des Menschen (Chlamydieninfektion); betroffen sind v. a. die Lymphknoten sowie Haut und Schleimhäute.

Lymphogranulomatose [lat.] (Hodgkin-Krankheit), bösartig verlaufende Erkrankung der Lymphknoten und des lymphat. Gewebes (malignes Lymphom) mit tumorartigen Wucherungen und Bildung von Granulomen.

Lymphographie, röntgenolog. Darstellung von Lymphbahnen und Lymphknoten nach Kontrastmittelinjektion.

Lymphoidzellenangina, svw. ↑Mononukleose.

Lymphokine, spezif. Immunreaktionen auslösende, nicht zu den Immunglobulinen zählende Stoffe, deren Bildung von Lymphozyten ausgeht, u. a. Interferone, Interleukin 2.

Lymphom, Lymphknotenvergrößerungen unterschiedl. Ursache. *Gutartige (benigne) L.* entstehen durch Entzündung der Lymphknoten, z. B. bei Sarkoidose, Lymphknotentuberkulose, Toxoplasmose, Lymphogranuloma inguinale u. a. Infektionskrankheiten, auch bei Speicherkrankheiten. Zu den Geschwülsten i. e. S. gehören die *bösartigen (malignen) L.*; ihr Anteil an der Gesamtheit der bösartigen Geschwülste liegt bei 5 %. Nach der morpholog. Einteilung werden unterschieden die Hodgkin-Krankheit (↑Lymphogranulomatose) und die verschiedenen **Non-Hodgkin-Lymphome;** zu letzteren gehören v. a. die Formen der lymphat. Leukämie, der Burkitt-Tumor und das Retikulosarkom. Zu sekundären Geschwulstbildungen kommt es bei der Metastasierung von Organkrebsen, die sich meist über die Lymphbahnen vollzieht.

Lymphopenie (Lymphozytopenie) [lat./griech.], krankhafte Verminderung der Lymphozytenzahl.

Lymphopoese [lat./griech.], Bildung der Lymphe aus in die Gewebsspalten gepreßter Blutflüssigkeit.
▷ (Lymphozytopoese) die Bildung von Lymphozyten in den lymphat. Organen, bes. in Lymphknoten, Milz und Gaumenmandeln.

Lymphosarkom, bösartig verlaufende Erkrankung des lymphat. Gewebes.

Lymphostase [lat./griech.], svw. ↑Lymphstauung.

Lymphozyten [lat./griech.] ↑Blut.

Lymphozytopenie [lat./griech.], svw. ↑Lymphopenie.

Lymphozytopoese [lat./griech.] ↑Lymphopoese.

Lymphozytose [lat./griech.], die (krankhafte) Vermehrung der Lymphozyten im peripheren Blut.

Lymphstauung (Lymphostase), Stillstand der Lymphe im Bereich der abführenden Lymphwege infolge Abflußbehinderung, bes. häufig an den unteren Extremitäten.

Lymphsystem, besteht aus dem Lymphgefäßsystem und den lymphat. Organen. Das **Lymphgefäßsystem** ist im wesentlichen ein Abflußsystem zur Ableitung der Lymphe. Es stellt (neben dem Blutgefäßsystem) ein zweites Röhrensystem dar, das in der Körperperipherie mit einem dichten Netzwerk von Lymphkapillaren beginnt. Die peripheren Lymphgefäße führen die Lymphe in einer den Venen parallelen Richtung über Sammelgefäße, die zentralen

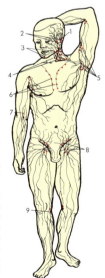

Lymphsystem. Lage der wichtigsten Lymphknoten im menschlichen Körper: 1 Lymphknoten des Hinterhaupts; 2 der Schläfe; 3 des Unterkiefers; 4 des Halses; 5 der Achselhöhle; 6 des Brustbeins; 7 der Ellenbeuge; 8 der Leistengegend; 9 der Kniekehle

Lymphzellen

Lymphstämme, in das Venensystem des Blutkreislaufs. Die Fortbewegung der Lymphe wird v. a. durch rhythm. Zusammenziehen der mit glatter Muskulatur versehenen Lymphgefäßwände bewirkt. Zu den **lymphatischen Organen** gehören die Lymphknoten, die Milz, der Thymus und die ↑Mandeln (lymphat. Rachenring). In das Lymphgefäßsystem sind die **Lymphknoten** eingebaut. Sie sind 0,2–2 cm groß, oft bohnenförmig und von einer bindegewebigen Kapsel umgeben. Lymphknoten sind Filter- und Entgiftungsstationen für die Lymphe, mit der Fähigkeit zur Phagozytose. Ihre Rindenfollikel sind wichtig für die Bildung und immunolog. Prägung von Lymphozyten und zur Produktion von Antikörpern.

Lymphzellen, svw. Lymphozyten (↑Blut).

Lynch, Benito [span. lintʃ], *Buenos Aires 25. Juni 1885, †La Plata 23. Dez. 1951, argentin. Schriftsteller. — Meister des Pampa- und Gauchoromans, u. a. „Die Geier von La Florida" (1916), „El romance de un gaucho" (1933).

L., David [engl. lintʃ], *Missoula (Mont.) 20. Jan. 1946, amerikan. Filmregisseur. — Dreht Filme in Intellektualisierung der Lust an Gewalt, Perversion, Obszönität und Voyeurismus, u. a. „Der Elefantenmensch" (1980), „Blue Velvet" (1986), „Wild at Heart" (1990).

L., John Mary [engl. lintʃ], gen. Jack L., *Cork 15. Aug. 1917, ir. Politiker. — Jurist; seit 1948 Abg. (Fianna Fáil); 1959 Erziehungs-, 1959–65 Handels- und Ind., 1965/66 Finanzmin.; setzte sich als Premiermin. (1966–73) bes. für die Wiedervereinigung der beiden Teile Irlands und den Beitritt seines Landes zu den EG ein; 1973–77 Oppositionsführer, 1977–79 erneut Premierminister.

Lynchjustiz [lyntʃ, lintʃ; engl.], die gesetzwidrige, sich oft unmittelbar an die Tat anschließende Bestrafung des (vermeintl.) Täters durch eine erregte Menschenmenge; der Täter wird entweder mißhandelt oder auf grausame Weise getötet. Die L. richtete sich seit dem Sezessionskrieg hauptsächlich gegen farbige Bürger in den Südstaaten der USA; in den Jahren 1889–1960 fielen dort mehr als 4800 Menschen (davon waren 70 % Farbige) Lynchmorden zum Opfer.

Lynd, Robert Staughton [engl. lind], *New Albany (Ind.) 26. Sept. 1892, †Warren (Conn.) 1. Nov. 1970, amerikan. Soziologe. — Prof. an der Columbia University 1931–60; mit seinen Untersuchungen der Sozialstruktur und des Wertsystems einer durchschnittl. amerikan. Stadt mittlerer Größe Mitbegr. der Gemeindesoziologie.

Lynen, Feodor, *München 6. April 1911, †ebd. 6. Aug. 1979, dt. Biochemiker. — Prof. in München; arbeitete u. a. über den Cholesterin- und Fettsäurestoffwechsel. 1951 gelang ihm die Isolierung der „aktivierten Essigsäure" (Coenzym A) aus Hefezellen. Er erhielt 1964 (mit K. Bloch) den Nobelpreis für Physiologie oder Medizin.

Lyngbykultur [dän. 'lønby:], nach der Fundstelle Nørre-Lyngby (Jütland) ben. endpaläolith. Kulturgruppe in N-Deutschland und S-Skandinavien; gekennzeichnet durch die sog. Lyngbyspitzen (kräftige gestielte Feuersteinspitzen) und Rengeweihbeile.

Lynx [griech.] (Luchs) ↑Sternbilder (Übersicht).

lyo..., Lyo... [zu griech. lýein „lösen"], Bestimmungswort in Zusammensetzungen mit der Bed. „Lösung..., löslich".

Lyon [frz. ljɔ̃], frz. Stadt an der Mündung der Saône in die Rhone, 418 000 E. Hauptstadt der Region Rhône-Alpes, Verwaltungssitz des Dep. Rhône, zweitgrößtes Kultur- und Wirtschaftszentrum Frankreichs; kath. Erzbischofssitz; drei Univ. (gegr. 1808, 1970, 1973), kath. Univ.-Inst. (1875), Akad. der Wiss., Literatur und Kunst, mehrere Hochschulen, u. a. für Kernphysik, internat. Krebsforschungszentrum, Goethe-Inst., Observatorium; Museen, u. a. Textilmuseum; Theater, Oper; botan. Garten, Zoo. Wirtschafts- und Handelszentrum mit Börse (gegr. 1546) und Fachmessen. Traditionelle Seidenind., führendes frz. Zentrum für synthet. Fasern und Kunststoffe sowie Hütten-, Stahl-, chem. und pharmazeut. Werke, Maschinen-, Lokomotiv- und Kraftfahrzeugbau, elektron., petrochem. und Nahrungsmittelind., Binnenhafen, internat. ✈.

Geschichte: L. (lat. **Lugdunum**), an der Stelle zweier kelt. Niederlassungen 43 v. Chr. von den Römern als Kolonie gegr., wurde Hauptstadt der Prov. Lugdunensis und war bis ins 4. Jh. der Mittelpunkt der Tres Galliae. Eine christl. Gemeinde ist seit 177 bezeugt, bald darauf ein Bischof bzw. Erzbischof, der Primas von Gallien wurde. 461 von den Burgundern, 534 von den Franken erobert; kam 879 zum Kgr. Niederburgund, 1032/34 an das Hl. Röm. Reich. Fiel 1307 an Frankreich; 1320 volles Stadtrecht. Wurde ein Zentrum der Tuchverarbeitung. Die Messen von L. (seit 1419) waren zeitweilig die wichtigsten in Europa. Die Eingliederung in das Dep. Rhône-et-Loire 1790 verstärkte die Gegnerschaft der Bürger gegen das revolutionäre Regime in Paris (1793 blutig niedergeschlagener Aufstand).

Bauten: Theater, Odeon und Aquädukte der galloröm. Stadt. Bed. Kirchen, u. a. Kathedrale Saint-Jean (12. bis 15. Jh.), Saint-Martin d'Ainay (geweiht 1107), Saint-Nizier (15./16. Jh.), über der Stadt Notre-Dame de Fourvière (1871–94). Bed. Profanbauten sind u. a. das Rathaus (1646–65), das ehem. Hôtel Dieu (18./19. Jh.), das Palais des Arts (17. Jh.). Der Bellecourplatz ist eine geschlossene rechteckige Anlage (um 1800); zahlr. Bauten des 16. und 17. Jh. in der Altstadt.

Lyon, Konzile von [ljɔ̃], in Lyon abgehaltene Konzile: Das 1. Konzil (= 13. ökumen. Konzil) fand vom 28. Juni bis 17. Juli 1245 unter Innozenz IV. statt und war von etwa 100 Bischöfen v. a. aus Frankreich und Spanien besucht. Das Konzil verabschiedete Dekrete über das kirchl. Prozeßrecht, die Wirtschafts- und Verwaltungsreform des kirchl. Besitzes, die Kreuzzugsfrage und die Hilfe für das Lat. Kaiserreich. Am 17. Juli wurde Friedrich II. als Kaiser abgesetzt, wodurch der Streit zw. Kaiser und Papst verschärft wurde. – Das 2. Konzil (= 14. ökumen. Konzil) tagte vom 7. Mai bis 17. Juli 1274 unter Papst Gregor X. Konzilsthemen waren: Hilfe für Jerusalem, Union mit den Griechen, finanzielle Vorbereitung eines Kreuzzuges, die Kirchenreform. Mehr als 200 Bischöfe nahmen teil. Am 24. Juni trafen die Gesandten des byzantin. Kaisers Michael VIII. Palaiologos ein. Sie anerkannten den Primat der röm. Kirche, das ↑Filioque, die Lehre vom Fegefeuer und die sieben Sakramente an.

Lyonnais [frz. ljɔ'nɛ], frz. histor. Landschaft, umfaßte die Gebiete um Lyon und Teile von Beaujolais; gehört heute zu den Dep. Loire und Rhône. – Bildete im MA eine Gft.; 1154/73–1312 im Besitz der Erzbischöfe von Lyon, kam anschließend an die frz. Krone.

Lyons, John [engl. 'laɪənz], *Manchester 23. Mai 1932, brit. Sprachwissenschaftler. — 1964 Prof. für allg. Linguistik in Edinburgh, seit 1976 in Sussex; einer der führenden Theoretiker der modernen Linguistik. – Werke: Structural semantics (1963), Einführung in die moderne Linguistik (1968), Semantics (1977).

lyophil, leicht löslich, Lösungsmittel aufnehmend; Ggs.: lyophob.

Lyophilisation [griech.], svw. ↑Gefriertrocknung.

Lyra, Nikolaus von, frz. scholast. Theologe, ↑Nikolaus von Lyra.

Lyra [griech.] (Leier) ↑Sternbilder (Übersicht).

Lyra [griech.], griech. Musikinstrument aus der Familie der ↑Leier, im Unterschied zur ↑Kithara mit schalenförmigem Resonanzkörper aus einem Schildkrötenpanzer oder Tierschädel, später durch Nachbildungen aus Holz ersetzt. Die Jocharme waren geschwungen (zunächst Tierhörner?) oder gerade. Terpandros (7. Jh. v. Chr.) soll die Saitenzahl von fünf auf sieben erhöht haben. Die L., die wohl spätestens aus dem 9. Jh. v. Chr. stammt, galt im Zeitalter des Hellenismus als Attribut der Dichter und Sänger.

▷ Streichinstrument der Volksmusik v. a. in Griechenland und Bulgarien mit birnenförmigem Korpus und unmittelbar angesetzter Wirbelplatte. Die über einen flachen Steg laufenden drei bis vier Saiten werden z. T. gleichzeitig gespielt.

▷ in Militärkapellen ein Stahlplattenspiel mit lyraförmigem Rahmen.

▷ beim Flügel das lyraförmige Pedalgestell.

Feodor Lynen

Lyon
Stadtwappen

Lyon
Stadt an der Rhone

418 000 E

Wirtschafts- und Kulturzentrum von S-Frankreich

an der Stelle zweier kelt. Siedlungen 43 v. Chr. als röm. Kolonie Lugdunum gegr.

polit., wirtsch. und kulturelles Zentrum Galliens

Lyoner Messe

Lyriden [griech.], ein Meteorstrom mit dem Radianten im Sternbild Lyra, der vom 20. bis 23. April auftritt.

Lyrik [frz.; zu griech. *lyrikós* = zum Spiel der Lyra gehörend, mit Lyrabegleitung], gilt seit dem 18. Jh. neben Epik und Dramatik als eine der drei literar. Grundgattungen. In Europa literarisch erstmals faßbar bei den Griechen, erwuchs die L., wie auch in anderen Kulturkreisen (arab., chin., ind., polynes. usw.), ebenso aus dem Alltagsleben wie aus mythisch-religiösen Vorstellungen. Auf Grund ihrer Nähe zum einfachen Lied, die sich schon in der Gattungsbez. ausdrückt, ist L. die Ursprungsform der Dichtung schlechthin. Sie entwickelte im Lauf ihrer Geschichte einen kaum greifbaren Formenreichtum, der sich nicht in eine einfache bzw. eindeutige Begriffsbestimmung pressen läßt, was in der Literaturgeschichte u. a. auch darin zum Ausdruck kommt, daß die L. auf der Ebene der Theorie in den Poetiken und Ästhetiken im Vergleich zur Epik und Dramatik auffällig unterrepräsentiert ist.
Die L. umfaßt mehrere Gatt.formen, u. a. das ↑Lied (Volkslied, geistl. und weltl. Lied, Ständelied), die ↑Ode, die ↑Elegie, die ↑Hymne sowie die ↑Spruchdichtung und Lehrdichtung, auch didakt. Dichtung gen. (in der dt. Lyrik bes. auch Gedanken-L.). Diese Gatt.formen verbinden in unterschiedl. Weise das Lyrische mit ep. und dramat. Elementen. L. reicht von den verschiedensten manierist. bis hin zu experimentellen Formen (absolute Dichtung, experimentelle Dichtung, konkrete Poesie, Lautgedicht, Sprechgedicht). Die Verbindung mit ep. und dramat. Elementen läßt nicht immer eine eindeutige Einordnung zu (z. B. bei der ↑Ballade; sie wird der L. zugeordnet, aber auch als ep. Kurzform bezeichnet).
Als konstante Elemente der L. können im wesentlichen ↑Rhythmus, ↑Vers und ↑Metrum genannt werden, nur teilweise ↑Reim und ↑Strophe. Gegenüber den ep. und dramat. Gatt. (als Künste v. a. der Menschen- und Wortgestaltung) könnte L. als Gatt. der Klangsprache, als Gatt. des Vorrangs der Sprachgestalt umschrieben werden. Folgt man u. a. W. von Humboldt, der L. als „subjektive Totalität" begriff, oder J. Ch. F. Hölderlin, der L. als „fortgehende Metapher eines Gefühls" beschrieb, oder H. von Hofmannsthal, der die Lyriker mit „Irrlichtern" verglich, die „überall das Gold herauslecken", erscheint L. als Literatur, deren konzentrierte Struktur weniger von den erklärenden Möglichkeiten der Sprache als vielmehr ganz unmittelbar (ohne vermittelnde Instanz wie z. B. einen Erzähler) von den rhythm., klangl. und bildhaften Möglichkeiten der Sprache lebt, bzw. deren Struktur Rhythmus, Klang und Bild ist. In diesem Sinne kann L. als Ausdruck semant. Dichte, Umwandlung des Begriffs in sprachl. Gestalt verstanden werden, der Kausalität weitgehend fremd ist, wobei sich in der Moderne das Subjekt, das in der L. spricht, u. a. als der Begriff des ↑lyrischen Ich eingebürgert hat.

lyrisches Ich, in der Literaturwiss. das in lyr. Gedichten erscheinende dichter. Subjekt, das sich in der ersten Person nennt und mit dem Autor identisch sein kann, aber nicht identisch sein muß; meist stellt das l. I. keine bestimmte Person dar.

Lys, Jan [lɪs] ↑Liss, Johann.

Lys, Abk. für die Aminosäure ↑Lysin.

Lysander, ✕ Haliartos 395 v. Chr., spartan. Feldherr. – 405 Sieger über die athen. Flotte bei ↑Aigospotamoi; erzwang nach der Kapitulation Athens dort die Machtergreifung der 30 Tyrannen.

Lyse [griech.], (Lysis) langsamer, kontinuierl. Fieberabfall.
▷ (Lysis) Auflösung von Zellen (z. B. von Bakterien, Blutkörperchen) nach Zerstörung ihrer Membran.

...lyse [griech.], Endsilbe mit den Bedeutungen Lösung, Auflösung.

Lysekil [schwed. ˌlyːsətɕiːl], schwed. Hafenstadt am Skagerrak, 7 200 E. Ozeanograph. Inst. der Univ. Göteborg, meeresbiol. Station der Schwed. Wiss.gesellschaft und zoolog. Inst. der Univ. Uppsala; Motorenwerke, Erdölraffinerie.

Lysergsäurediäthylamid [Kw.] ↑LSD.

Lysias, *Athen um 445 v. Chr., †nach 380, att. Rhetor. – Lehrer der Rhetorik und Logograph. Unter seinem Namen kursierten 425 Reden, von denen 35 erhalten sind. Seine schlichte Diktion wurde Stilmuster der Attizisten.

lysigen [griech.] ↑rhexigen.

Lysimachos, *Pella 361, ✕ bei Kurupedion (Lydien) 281, hellenist. König von Thrakien. – Truppenführer Alexanders d. Gr.; war in die Kriege der Diadochen (306/305 König) verwickelt; bemächtigte sich 301 großer Teile Kleinasiens; 285 nach Vertreibung des Pyrrhus auch Herrscher Makedoniens.

Lysimeter [griech.], Meßanlage zur Erfassung des Wasserhaushaltes eines bewachsenen Bodenvolumens; die Erfassung erfolgt durch Wägung und Bestimmung der durch Niederschlag, Tau und Beregnung zugeführten und durch unterird. Abfluß (Sickerwasser), Oberflächenabfluß und Verdunstung abgegebenen Wassermengen.

Lysimeter. Schematische Darstellung einer Meßanlage zur Erfassung des Wasserhaushalts eines bewachsenen Bodenvolumens

Lysin [zu griech. *lýsis* „Auflösung"] (L-2,6-Diaminocapronsäure), Abk. Lys, für den Menschen essentielle Aminosäure (Tagesbedarf von etwa 1,6 g); fördert das Knochenwachstum und regt die Zellteilung und Nukleotidsynthese an. L. wird heute in größeren Mengen künstlich hergestellt und als Zusatz zu Futtermitteln verwendet.

Lysine [zu griech. *lýsis* „Auflösung"], Gruppe von Antikörpern, die Bakterien und Blutzellen auflösen können.

Lysiodie [griech.] ↑Magodie.

Lysipp von Sikyon (Peloponnes), griech. Bronzebildhauer des 4. Jh. v. Chr. – Sein Proportionssystem, mit dem er Polyklets Kanon zu überwinden suchte, soll er in einer Statue des „Kairos" musterhaft verwirklicht haben. Von der Fülle der für L. bezeugten Götterstatuen und Bildnisse, Heroen und Athleten ist im Original nichts erhalten; umstritten ist die Zuschreibung eines Bronzeathleten (Malibu [Calif.], Museum der Paul Getty Foundation) als originales Werk des L.; Kopien nach L.: Apoxyomenos (Vatikan. Sammlungen), Herakles Farnese (Neapel, Nationalmuseum).

Lysis [griech. „Auflösung"] ↑Lyse.

Lysistrate, Titelfigur einer Komödie von Aristophanes (411 v. Chr.); L. ruft die Frauen Griechenlands auf, sich so lange ihren Männern zu verweigern, bis diese den Peloponnes. Krieg beendet haben.

Lysithea, ein Mond des Planeten Jupiter; Durchmesser 19 km.

lysogen [griech.], Prophagen bzw. ↑temperente Phagen enthaltend; von Zellen bzw. Bakterien gesagt, die durch solche Bakteriophagen infiziert sind.

Lysol Ⓦ [Kw.] (Kresolseifenlösung), rotbraune, nach Phenol riechende ölige Flüssigkeit, die in 0,5- bis 5prozentigen Lösungen zur Desinfektion und zur Wundbehandlung dient.

Lysosomen [griech.], zytoplasmat. Organellen in zahlr. tier., auch in pflanzl. Zellen; bläschenartige Gebilde (etwa 0,4 μm Durchmesser), bestehend aus einer Membran, die

Lysozym

zahlr. hydrolysierende Enzyme einschließt. Die L. spielen eine wichtige (abbauende) Rolle bei der intrazellulären Verdauung.

Lysozym [griech.] (Muramidase), Enzym bei Viren und in zahlr. tier. und menschl. Geweben, Organen (z. B. Nieren, Milz), Sekreten (z. B. Speichel, Nasenschleim, Tränenflüssigkeit), auch im Hühnereiweiß und in Pflanzen. L. vermag die Mureinschicht der Bakterienzellwände anzugreifen und ist daher wichtig für die Abwehr bakterieller Infektionen.

Lyssa [griech.], svw. ↑Tollwut.

Lyssenko, Trofim Denissowitsch, *Karlowka bei Poltawa 29. Sept. 1898, †Moskau 20. Nov. 1976, sowjet. Agrarbiologe und Agronom. – Leitete das Moskauer Inst. für Genetik der sowjet. Akad. der Wiss., bestimmte zur Zeit Stalins die genet. Richtung der biolog. Wiss. in der Sowjetunion. Er entwickelte die ↑Vernalisation und eine dialektisch-materialist. Vererbungslehre, nach der erworbene Eigenschaften vererbt werden sollen. Seine genet. Theorien haben sich jedoch als unhaltbar erwiesen, da sie auf Fehlinterpretationen, z. T. auch auf Fälschungen seiner wiss. Untersuchungen beruhten.

Lyttelton [engl. 'lɪtltən] ↑Christchurch.

Lytton, Edward George Earle L., Baron L. of Knebworth, Bulwer-L. [engl. lɪtn] ↑Bulwer-Lytton, Edward George Earle L., Baron L. of Knebworth.

Lyzeum [griech.-lat., nach dem Lykeion, einer athen. Lehrstätte], in Deutschland veraltete Bez. für höhere Mädchenschule.

LZB, Abk. für: **L**andes**z**entral**b**ank.

M

M, der 13. Buchstabe des dt. Alphabets (im Lateinischen der zwölfte), im Griechischen μ (My; Μ, Μ, M), im Nordwestsemitischen (Phönikischen) 𐤌 (Mem). Bezeichnet den bilabialen Nasalkonsonanten [m]. Das semit. und griech. Zeichen hat jeweils den Zahlenwert 40; im röm. Zahlensystem ist ↺, woraus erst im MA „M" wurde (wohl beeinflußt von *mille*), das Zeichen für 1 000.

▷ (Münzbuchstabe) ↑Münzstätten.

M, Abk.:

▷ für **M**ark (Münze).

▷ für lat. **M**arcus, **M**agister u. a.; M' Abk. für lat. **M**anius.

M, Kurzzeichen:

▷ (Vorsatzzeichen) für ↑Mega... (10⁶ = 1 Million, in der EDV $2^{20} = 1\,048\,576$).

▷ (Formelzeichen) für Drehmoment, Magnetisierung.

m, Kurzzeichen:

▷ (Einheitenzeichen) für ↑Meter.

▷ (Einheitenzeichen) für Minute (bei Angaben eines Zeitpunkts hochgesetzt, ᵐ).

▷ (Einheitenzeichen) für Größenklassen der Helligkeit eines Sterns (hochgesetzt, z. B. $2^m\!.5$).

▷ (Vorsatzzeichen) für ↑Milli... ($10^{-3} = 1/1000$).

m-, Abk. für: ↑**m**eta-.

m., Abk. für: ↑**M**askulinum.

M., Abk. für: ↑**M**onsieur.

M', Abk. für ↑**M**ac.

mA, Einheitenzeichen für Milliampere (1 mA = $1/1000$ Ampere).

Ma, kleinasiat. Mutter- und Kriegsgöttin.

M. A., Abk. für: **M**agister **A**rtium (↑Magister).

Mäander [nach Maíandros, dem griech. Namen des Flusses Büyük Menderes nehri], mehr oder weniger regelmäßig ausschwingende Flußschlingen überwiegend durch fließdynam. Vorgänge bedingt; das Gleichgewicht zw. der Bewegungsenergie des Gewässers und dem Bodenwiderstand führt zum Pendeln des ↑Stromstrichs, auch Unebenheiten im Flußbett oder einmündende Nebenflüsse können M.bildung verursachen. Auf diese Weise entstehen *freie M.* (Fluß-, Wiesen-M.), die rascher Veränderung unterliegen (u. a. entstehen Altwasserarme). Schneidet sich ein Fluß gleichzeitig mit der allmähl. Hebung des von ihm durchflossenen Gebietes ein, können unter Mitwirkung denudativer Hangabtragung *Tal-M.* (eingesenkte M.) entstehen, bei denen das gesamte Tal das Mäandrieren nachzeichnet (z. B. Mosel am Rhein. Schiefergebirge). Durch Abschnürung einer Talmäanderschlinge entsteht ein ↑Umlaufberg.

▷ rechtwinklig gebrochenes oder spiralenartiges **(Laufender Hund)** Ornamentband; schon jungpaläolith. Motiv, im Neolithikum v. a. im donauländ. Kreis, in der griech. Antike vorrangiges Schmuckelement.

Ma'anshan [chin. maanʃan], chin. Stadt am unteren Jangtsekiang, 352 000 E. Bed. Zentrum der Eisen- und Stahlindustrie.

Maar [zu lat. mare „Meer"], durch vulkan. Gasexplosion entstandene, rundl., trichterförmige Vertiefung in der Erdoberfläche; oft von einem niedrigen Wall aus Lockermaterial umgeben; z. T. mit Wasser erfüllt; Vorkommen z. B. in der Eifel und auf der Schwäb. Alb.

Maarianhamina ↑Mariehamn.

Maarri, Al ↑Abul Ala Al Maarri.

Maas (frz. Meuse), Fluß in W-Europa, entspringt bei Langres (Frankreich), durchfließt Frankreich, Belgien und die Niederlande und mündet zus. mit dem Rhein im Rhein-M.-Delta in die Nordsee, 925 km lang. Die M. bildet im Unterlauf, in Verbindung mit parallelen Kanälen, eine Wasserstraße von rd. 330 km Länge für Schiffe bis 2 000 t. Größter Hafen ist Lüttich.

Maashöhen, bewaldeter Höhenzug unmittelbar östlich des oberen Maastales zw. Commercy und Dun-sur-Meuse in O-Frankreich, bis 412 m hoch. Am W-Fuß liegt Verdun.

Maass, Edgar, *Hamburg 4. Okt. 1896, †Paterson (N. J.) 6. Jan. 1964, dt. Schriftsteller. – Bruder von Joachim M.; 1926–34 und ab 1938 in den USA. Begann mit Kriegsdichtung, u. a. „Verdun" (R., 1936), später dokumentar. und biograph. Romane wie „Der Arzt der Königin" (engl. 1947; dt. 1950), „Der Fall Daubray" (1957).

M., Joachim, *Hamburg 11. Sept. 1901, †New York 15. Okt. 1972, dt. Schriftsteller. – Emigrierte 1939 in die USA; nach 1951 zeitweise in der BR Deutschland. Schrieb v. a. psychologisch feinfühlige histor. und Zeitromane, u. a. „Der Widersacher" (1932), „Der Fall Gouffé" (1952), auch Erzählungen, Lyrik, Essays, Hörspiele, Dramen; Übersetzungen.

Maastricht [niederl. maːsˈtrɪxt], niederl. Stadt an der Maas. 46–111 m ü. d. M., 116 400 E. Verwaltungssitz der Prov. Limburg; Univ. (gegr. 1976), Europ. Inst. für öff. Verwaltung, Akad. für Baukunst, Konservatorium. Kunst- und Altertums-, Glas- und Keramik-, naturhistor. Museum. Handelszentrum, Verkehrsknotenpunkt (Straßen, Eisenbahnen, Kanäle); Papier-, chem., elektrotechn., Nahrungsmittelind., Maschinenbau, Zementfabrik, Porzellanwerk; Hafen mit Werft für Flußschiffe.

1

2

3

4

5

6

Mäander. Verschiedene als Schmuckornamente verwendete Mäanderformen: 1 Zinnenmäander; 2 Hakenmäander; 3 konzentrischer Mäander; 4 mehrstöckiger Mäander; 5 Treppenmäander; 6 mehrfacher Mäander

Geschichte: Vor 50 n. Chr. entstand an einem alten Maasübergang eine röm. Siedlung. Nach der Völkerwanderung war M. der erste befestigte Platz im Gebiet der Niederlande. Verlegung des Bischofssitzes von Tongern nach M. Ende des 4. Jh. 1204 kam M. an die Herzöge von Brabant, die seit 1284 mit den Bischöfen von Lüttich eine gemeinsame Oberherrschaft ausübten. 1632 von den Niederlanden erorbert, wurde M. Hauptstadt von deren Prov. Limburg.
Bauten: Geringe Reste aus röm. Zeit; bed. sind die roman. Kirchen Sint-Servaas (11. Jh. ff.) und Onze-Lieve-Vrouwe (kurz nach 1000 und 12. Jh.), die got. Sint-Jans (14./15. Jh.) und Sint-Mathias (14./15. Jh.). Altes Rathaus (16. Jh.); Neues Rathaus (17. Jh.), modernes Konservatoriumsgebäude (1965).

Maastrichter Vertrag ↑ Europäische Union.

Maat [ägypt.], zentraler altägypt. Begriff für sowohl natürl. als auch staatl. und zwischenmenschl. Ordnungen; häufig als Göttin der Wahrheit personifiziert.

Maat [niederdt., eigtl. „Tischgenosse"], Bez. für die Unteroffiziere der dt. Kriegsmarinen. – ↑ Dienstgradbezeichnungen (Übersicht).

Maazel, Lorin [engl. mɑːzl], * Neuilly-sur-Seine 6. März 1930, amerikan. Dirigent. – 1965–71 in Berlin Generalmusikdirektor der Dt. Oper und 1965–75 Chefdirigent des Radio-Symphonie-Orchesters, 1972–82 auch Chefdirigent des Cleveland Orchestra; 1982–84 Direktor der Wiener Staatsoper, seit 1988 Chefdirigent des Orchestre National de France.

Mabillon, Jean [frz. mabi'jõ], * Saint-Pierremont 23. Nov. 1632, † Paris 27. Dez. 1707, frz. Benediktiner (seit 1654) und Historiker. – Führendes Mgl. der Kongregation der Mauriner, durch sein Werk „De re diplomatica" Begr. der wiss. Urkundenlehre und Paläographie.

Mably, Gabriel Bonnot de [frz. ma'bli], * Grenoble 14. März 1709, † Paris 23. April 1785, frz. Schriftsteller. – In histor. Abhandlungen mit scharfer Zeitkritik, die zivilisator. Leistungen seiner Zeit als Zeichen der Dekadenz und Sittenverderbnis deutete, stellte er die Staatsformen und die Gesetzgebung der Antike als Vorbild hin. War Gegner der Physiokraten, verurteilte das Privateigentum und setzte dagegen einen Staat mit Gewaltenteilung, Volkssouveränität und kommunist. Zügen. Seine Ideen hatten großen Einfluß auf die geistigen Führer der Frz. Revolution.

Mabuse, Jan [frz. ma'byːz], fläm. Maler, ↑ Gossaert, Jan.

Mabuyen (Mabuya) [indian.-span.], v. a. in Afrika und S-Asien, auch in Indonesien, M- und S-Amerika verbreitete Gatt. eidechsenähnl., prächtig gefärbter Skinke.

Mac [engl. mæk; schott. „Sohn"], Abk. M', Mc; erster Bestandteil von ir. und schott. Familiennamen, die auf gäl. Patronymika zurückgehen; seltener ein Titel.

Maar des Mosenberges bei Manderscheid in der Eifel

Macao (portugies. Macau; chin. Aomen), Territorium an der S-Küste Chinas, unter portugies. Verwaltung, rd. 65 km westlich von Hongkong, 16,9 km², 484 000 E (1989), Hauptstadt M. (Santo Nome de Deus de Macao). M. liegt im SW des Perlflußästuars, umfaßt eine 6,05 km² große Halbinsel sowie die ihr vorgelagerten Inseln **Taipa** (3,78 km²) und **Coloane** (7,09 km²). Das Relief ist überwiegend hügelig. Das Klima ist tropisch-sommerfeucht unter Einfluß des SO-Monsuns. Rd. 91 % der überwiegend chin. Bev. leben in der Stadt M., z. T. auf Wohnbooten. Amtssprachen sind Portugiesisch und Chinesisch. Die Wirtschaft wird von Fremdenverkehr (Spielkasinos [in Hongkong ist Glücksspiel verboten], Hunderennen, Grand-Prix-Rennen), Handel (v. a. Transit- und Goldhandel), Ind.produktion (Textil- und Bekleidungsind., Streichhölzer, Feuerwerkskörper, Tabakwaren, Fischkonserven u. a.) und Hochseefischerei bestimmt. Zahlungsmittel ist die Pataca (Pat.) = 100 Avos. – M. ist durch Fährverkehr (Tragflügel- und Motorboote) und Hubschrauber mit Hongkong verbunden.

Geschichte: Das Gebiet des heutigen M. wurde durch die Portugiesen, die hier 1597 die Stadt M. als ältesten europ. Handelsposten in China gründeten, erschlossen und entwickelt; seit 1680 unter einem portugies. Gouverneur; Portugal zahlte zunächst eine Pacht für das Gesamtgebiet von M., erklärte aber 1849 die Unabhängigkeit des Hafens, von China erst 1887 vertraglich anerkannt. Nach 1842 (Friedensvertrag von Nanking) verlor M. durch die rasche Entwicklung Hongkongs den Chinahandel an Bed.; erlangte statt dessen internat. Ruf als Rauschgift-, Schmuggel- und Glücksspielzentrum; 1951 formell zur portugies. Überseeprov. erklärt. Am 31. Dez. 1975 endete mit dem Abzug der Garnison die militär. Präsenz Portugals in M., am 17. Febr. 1976 erhielt es als „Territorium von M." volle innere Autonomie. Nach Aufnahme portugies.-chin. Verhandlungen zur Zukunft von M. (1986) wurde im März 1987 ein Abkommen paraphiert, demgemäß M. 1999 an China zurückgegeben wird.

Politische Verhältnisse: Seit 1976 besitzt M. als „Gebiet unter portugies." Verwaltung innere Autonomie. Der portugies. Präs. ernennt als Regierung (ihm gegenüber verantwortlich) den Gouverneur mit weitgehenden exekutiven und legislativen Vollmachten und 5 Staatssekretäre. Ein Konsultativrat (10 portugies. und chin. Mgl.) steht dem Gouverneur zur Seite. Die *Legislative* liegt bei der Gesetzgebenden Versammlung (17 Mgl., davon 6 direkt, 6 indirekt gewählt, 5 vom Gouverneur ernannt; Legislaturperiode 3 Jahre). Keine polit. Parteien, nur Bürgervereinigungen.

Macapá, Hauptstadt des brasilian. Bundesterritoriums Amapá, am linken Ufer der Amazonasmündung, 137 700 E. Nahebei Abbau der bedeutendsten Manganerzvorkommen Brasiliens. Hafen; ⚓.

MacArthur, Douglas [engl. məˈkɑːθə], * Little Rock (Ark.) 26. Jan. 1880, † Washington 5. April 1964, amerikan. General. – 1930 bis 1935 Chef des Generalstabs des Heeres; leitete als Oberbefehlshaber der alliierten Streitkräfte im SW-Pazifik ab 1942 die Operationen gegen Japan, nahm 1945 die jap. Kapitulation entgegen, wurde Chef der Besatzungstruppen und Leiter der Militärreg.; 1950 Oberbefehlshaber der UN-Streitkräfte im Koreakrieg, 1951 von Präs. Truman seines Postens enthoben, da er den Krieg auf China auszudehnen drohte.

Macau [portugies. mɐˈkau] ↑ Macao.

Macaulay [engl. məˈkɔːlɪ], Dame (seit 1958) Rose, * Cambridge 1. Aug. 1881, † London 30. Okt. 1958, engl. Schriftstellerin und Kulturkritikerin. – Verurteilte Kulturoptimismus und Fortschrittsgläubigkeit der traditionsbefangenen engl. Gesellschaft; schrieb u. a. „Gefährl. Jahre" (R., 1921), „Irrwege" (R., 1926), „Tante Dot, das Kamel und ich" (R., 1956).

M., Thomas Babington, Baron M. of Rothley (seit 1857), * Rothley Temple (Leicestershire) 25. Okt. 1800, † Kensington (= London) 28. Dez. 1859, brit. Politiker, Historiker und Schriftsteller. – 1830 liberaler Unterhausabg., 1839–41 Kriegsmin.; v. a. als bed. Historiker der Viktorian. Zeit bekannt geworden.

Maastricht
Stadtwappen

Mäander.
Freie Flußmäander des Omo im südlichen Äthiopien

Macbeth

Sean MacBride

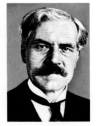

James Ramsey MacDonald

Ernst Mach

Karel Hynek Mácha

Macbeth [engl. mək'bεθ], ✗ Lumphanan (Aberdeen) 1057, König von Schottland (seit 1040). – Besiegte 1040 Duncan I. und trat dessen Nachfolge an; mußte 1054 Teile des südl. Schottland an Malcolm III. abtreten und fiel im Kampf gegen ihn. – Trauerspiel von W. Shakespeare, Oper von G. Verdi.

MacBride, Sean [engl. mɔk'braɪd], * Paris 26. Jan. 1904, † Dublin 15. Jan. 1988, ir. Jurist und Politiker. – Wurde 1928 Stabschef der IRA; gründete 1946 die Republikan. Partei; 1947–58 Unterhausabg., 1948–51 Außenmin.; 1961–75 Präs. von Amnesty International; 1963–70 Generalsekretär der Internat. Juristenkommission; 1973–77 UN-Kommissar für Namibia; erhielt 1974 den Friedensnobelpreis (mit Satō Eisaku).

Macchia ['makia] ↑ Macchie.

Macchie ['makiə; italien., zu lat. macula „Fleck"] (Macchia), Gebüschformation der feuchteren, küstennahen Hügel- und niederen Gebirgslagen des Mittelmeergebietes; gebildet aus Sträuchern und niederen Bäumen mit immergrünen, derben oder nadelförmigen Blättern (Hartlaubgehölze, Lorbeer, Zistrosen). Mit zunehmender Trockenheit geht die M. in offene, niedere, heideartige Strauchformationen über (↑ Garigue).

MacDonagh, Thomas [engl. mək'dʌnə], * Cloughjordan (Tipperary) 1. Febr. 1878, † Dublin 3. Mai 1916, ir. Dichter. – Zählt zu den Hauptvertretern der kelt. Renaissance; verfocht die kulturelle Eigenständigkeit Irlands; wurde als einer der Führer des ir. Osteraufstandes (1916) von den Engländern erschossen.

Macdonald, Étienne Jacques Joseph Alexandre [frz. makdɔ'nald], Hzg. von Tarent (seit 1809), * Sedan 17. Nov. 1765, † Courcelles (Loiret) 25. Sept. 1840, frz. Marschall (seit 1809). – Seit 1795 General der frz. Revolutionsarmee; kämpfte erfolgreich in den Koalitionskriegen; unterlag am 26. Aug. 1813 Blücher an der Katzbach. Durch Ludwig XVIII. zum Pair erhoben.

M., Ross [engl. mək'dɔnəld], eigtl. Kenneth Millar, * Los Gatos bei San Francisco 13. Dez. 1915, † Santa Barbara (Calif.) 11. Juli 1983, amerikan. Schriftsteller. – Seit 1938 ∞ mit der Romanautorin M. Millar; in der Tradition von D. Hammet und R. Chandler stehender Verf. zahlr. Romane um den Detektiv Lew Archer; u. a. „Sprungbrett ins Nichts" (1956), „Die wahre Mrs. Wychely" (1961), „Der Untergrundmann" (1971).

MacDonald, James Ramsey [engl. mək'dɔnəld], * Lossiemouth bei Elgin 12. Okt. 1866, † auf einer Seereise nach S-Amerika 9. Nov. 1937, brit. Politiker. – Mitbegr. der Labour Party, 1906 Unterhausabg., 1911–14 Fraktionsvors., Jan.–Nov. 1924 Premiermin. des ersten Labourkabinetts, 1929 erneut Premiermin.; bildete in der Weltwirtschaftskrise 1931 eine nat. Koalitionsreg., wobei ihm jedoch die Mehrheit der Labour Party nicht folgte; trat 1935 zurück.

Macdonnell Ranges [engl. mək'dɔnəl 'reɪndʒɪz], O–W streichende Gebirgsketten in Z-Australien, 420 km lang, bis 1511 m hoch.

Macedo, Joaquim Manuel de [brasilian. ma'sedu], * São João de Itaboraí bei Niterói 24. Juni 1820, † Rio de Janeiro 11. April 1882, brasilian. Dichter. – Erster bed. brasilian. Erzähler, dessen Gesellschaftsromane (u. a. „A moreninha", 1844) noch heute populär sind; auch Dramatiker und Lyriker.

Maceió [brasilian. mase'jɔ], Hauptstadt des brasilian. Bundesstaates Alagoas, auf einer Halbinsel zw. Atlantik und Lagune, 484 000 E. Kath. Erzbischofssitz; Univ. (gegr. 1961); Handelszentrum mit Fischereihafen.

Mäcenas ↑ Maecenas.

Macerata [italien. matʃe'ra:ta], italien. Stadt in den Marken, 311 m ü. d. M., 43 700 E. Verwaltungssitz der Prov. M.; kath. Bischofssitz; Univ. (gegr. 1290), Museum, Gemäldegalerie, Staatsarchiv; Handelszentrum. – Entstand nahe der 408 von Alarich zerstörten Stadt **Helvia Recina**; im 12. Jh. Kommune, wurde durch Papst Johannes XXII. Bischofssitz und Stadt (1320) sowie Sitz des päpstl. Legaten für die Marken. – Renaissancekirche Santa Maria delle Vergini (16. Jh.); spätbarocker Dom.

Mach, Ernst, * Chirlitz-Turas (bei Brünn) 18. Febr. 1838, † Vaterstetten (bei München) 19. Febr. 1916, östr. Physiker und Philosoph. – 1864 Prof. in Graz, 1867 in Prag, ab 1895 in Wien. Bestätigte 1860 experimentell den ↑ Doppler-Effekt. Er vervollkommnete die Stroboskopie und Kurzzeitphotographie. Photographierte 1887 erstmals Luftverdünnungen und -verdichtungen an fliegenden Projektilen und entdeckte dabei die nach ihm ben. ↑ Machschen Wellen. In seinem Werk „Die Mechanik in ihrer Entwicklung..." (1883) entwarf M. auch eine Lehre der ↑ Denkökonomie. M. war Mitbegr. des ↑ Empiriokritizismus. – *Weitere Werke:* Optisch-akust. Versuche (1873), Erkenntnis und Irrtum (1905), Kultur und Mechanik (1915), Die Prinzipien der physikal. Optik (1921).

Mach, Kurzbez. für ↑ Mach-Zahl.

Mácha, Karel Hynek, * Prag 16. Nov. 1810, † Leitmeritz (= Litoměřice) 5. Nov. 1836, tschech. Dichter. – Hauptvertreter der tschech. Romantik; sein zum Lyrischen tendierendes Werk verbindet Neigung zur Spekulation und leidenschaftl., sensibles Temperament. Als Hauptwerk gilt das Versepos „Mai" (1836).

Machado de Assis, Joaquim Maria [brasilian. ma'ʃadu di a'sis], * Rio de Janeiro 21. Juni 1839, † ebd. 29. Sept. 1908, brasilian. Dichter. – Bedeutendster brasilian. Prosaist seiner Zeit. Entwickelte gegenüber Realismus und Naturalismus eine psychologisierende, sarkastisch-ironisch gefärbte Schilderung individueller und gesellschaftl. Probleme, u. a. „Die nachträgl. Memoiren des Bras Cubas" (R., 1881), „Dom Casmurro" (R., 1900).

Machado y Ruiz, Antonio [span. ma'tʃaðo i 'rruiθ], * Sevilla 26. Juli 1875, † Collioure (Frankreich) 22. Juli 1939, span. Dichter. – Einer der bedeutendsten span. Dichter des 20. Jh.; Schüler und Freund von Rubén Darío; im Span. Bürgerkrieg Republikaner, starb auf dem Weg ins Exil. Schrieb neben Theaterstücken und Essays v. a. das einfache Leben, die kastil. Landschaft und das Schicksal Spaniens thematisierende Lyrik.

Machala [span. ma'tʃala], Hauptstadt der Prov. El Oro im südl. W-Ecuador, 112 000 E. TU; kath. Bischofssitz. Landw. Handelszentrum, Bananenexport über den 3 km entfernten Hafen **Puerto Bolívar**.

Machandel [niederdt. „Wacholder"], svw. Heidewacholder († Wacholder).

Machar, Josef Svatopluk, * Kolín bei Prag 29. Febr. 1864, † Prag 17. März 1942, tschech. Dichter. – 1919–24 Generalinspektor der tschech. Armee. Hauptvertreter des tschech. Realismus; wandte sich der sozialkrit. Dichtung und der polit. Satire zu; vertrat eine antichristl., heidnischantike Weltanschauung. Von seinem 9teiligen ep. Zyklus „Das Gewissen der Zeit" erschienen dt. Bd. 1: „Im Strahl der hellen. Sonne" (1905), Bd. 2: „Gift aus Judäa" (1906), Bd. 3: „Barbaren" (1912).

Machatschek, Fritz, * Wischau (= Vyškov, ČR), 22. Sept. 1876, † München 25. Sept. 1957, dt. Geograph. – Prof. in Prag, Zürich, Wien, München und Tucumán. Sein Hauptarbeitsgebiet war die Geomorphologie, daneben länderkundl. Arbeiten.

Machatschkala, Hauptstadt von Dagestan, Rußland, am Kasp. Meer, 315 000 E. Univ. (1957 gegr.), vier Hochschulen; zwei Museen; Theater; Maschinenbau, chem. und Textilind., Fischverarbeitung, Weinkellerei; nahebei Erdölförderung; Hafen; ⌂. – Entstand 1834 als Festung; seit 1857 Stadt.

Machault, Guillaume de ↑ Guillaume de Machault.

Machel, Samora [portugies. me'ʃεl], * Xilambene (Distr. Gaza) 29. Sept. 1933, † bei Komatipoort (Südafrika) 19. Okt. 1986 (Flugzeugabsturz), moçambiquan. Politiker. – Wurde 1966 Führer der Guerillastreitkräfte der FRELIMO, 1970 ihr Präs., ab 1975 Staats- und Regierungschef.

Machern, Gem. östlich von Leipzig, Sa., 1 900 E. Schloß (urspr. Wasserburg des 16. Jh., mehrfach verändert), Schloßpark seit 1760 als Landschaftspark im engl. Stil angelegt mit künstl. Burgruine, klassizist. Pavillon und Mausoleum.

Machiavelli, Niccolò [italien. makja'vɛlli], *Florenz 3. Mai 1469, †ebd. 22. Juni 1527, italien. Schriftsteller und florentin. Staatsdiener. – Stammte aus einer verarmten Beamtenfam., wurde 1498 Sekretär in der mit auswärtigen Angelegenheiten und Militärfragen befaßten zweiten Staatskanzlei der Republik Florenz, wenig später auch Kanzler des „Rates der Zehn"; in dieser Stellung mit zahlr. diplomat. Missionen betraut. 1506 schuf M. – von der militär.-strateg. Unbrauchbarkeit landfremder Söldnertruppen überzeugt – in Florenz eine Bürgerwehr auf der Basis allg. Wehrpflicht, die aber schon beim ersten Einsatz versagte. Nach der verlorenen Schlacht bei Prato (1512) seines Amtes enthoben, im Zusammenhang mit einer Verschwörung schuldlos eingekerkert und gefoltert, zog sich M. nach seiner Freilassung 1513 mit seiner Fam. auf sein Gut San Casciano bei Florenz zurück. Im folgenden Jahrzehnt entstanden die meisten seiner polit., militär. und belletrist. Schriften. 1519–27 übertrugen ihm die Medici wieder verschiedene, meist unpolit. Aufgaben, u. a. erhielt er den Auftrag, eine Geschichte der Stadt Florenz zu schreiben („Historie fiorentine", gedruckt 1531, dt. 1788 u. d. T. „Historien von Florenz").

Den **Schriften** von M. ist ein Anliegen gemeinsam: die theoret. Durchdringung einer als unzureichend beurteilten polit. Praxis mit dem Ziel, diese zu verändern. In „Il principe" (entstanden 1513; dt. 1804 u. d. T. „Der Fürst") fragt M. nach den Bedingungen erfolgreicher Politik. Seine empir.-systemat. Untersuchungen zwingen M. zum Bruch mit der Tradition christl.-metaphys. Staatstheorie. Mit dem antiker Ethik verpflichteten Begriff der „virtù" tritt an die Stelle der christl. *Tugenden* des Herrschers als Voraussetzung dauerhafter polit. Herrschaft dessen Fähigkeit, polit. *Macht* zu erwerben und zu erhalten und – unter dem Aspekt des fremdbeherrschten Italien – die nat. Einheit herzustellen. Die Frage nach dem Erhalten des Staates ist für M. so zentral, daß er den Herrscher unter der Voraussetzung des Staatsnotstandes („necessità") vom Zwang, nach eth. Normen zu handeln, befreien will. Damit begründete M., eine Geschichte schon den Begriff der personalen, die Lehre von der Staatsräson. Die *individuelle „virtù"* des Herrschers wird durch den Fortbestand der von ihm eingerichteten polit. Ordnung zur Quelle einer durch Erziehung vermittelten *kollektiven „virtù",* die als polit. Kultur über den zukünftigen Zustand des Gemeinwesens entscheidet. Daher besteht zw. dem als „Handbuch für Tyrannen" mißverstandenen „Il principe" und den am republikan. Prinzip ausgerichteten „Discorsi sopra la prima deca di Tito Livio" (entstanden 1513–21; dt. 1776 u. d. T. „Unterhaltungen über die erste Dekade der röm. Geschichte des Livius" [„Vom Staate"]) auch keine Unvereinbarkeit.

Machiavellismus [makia...], 1. zusammenfassende Bez. für die polit. Theorien N. Machiavellis; 2. von den Gegnern Machiavellis verbreitete abwertende Bez. für eine über alle sittl. Rücksichten hinweggehende skrupellose Interessenpolitik; 3. allg. Bez. für eine durch keinerlei moral. Bedenken gehemmte Machtpolitik.

Machismo [ma'tʃismo; zu lat.-span. macho „männlich"], durch starke Überlegenheitsgefühle und Herrschaftsansprüche gegenüber der Frau gekennzeichnete Einstellung des Mannes, bes. ausgeprägt in den lateinamerikan. Gesellschaften.

Machland, fruchtbare Schwemmebene am linken Donauufer in Oberösterreich, zw. Mauthausen und Grein; intensive Landw., dicht besiedelt; Hauptort: Perg.

Machmeter [nach E. Mach], Bordinstrument von schnellen Flugzeugen zur Messung und Anzeige der [Flug]-Mach-Zahl. Der sich in einem Prandtl-Rohr ausbildende Druck wird in eine Druckmeßdose geführt, deren Verformung angezeigt wird.

Machorka [russ.], stark nikotinhaltiger Pfeifen-, auch Zigarettentabak.

Machpelahöhle ↑Hebron.

Machscher Kegel ↑Machsche Wellen.

Machsche Wellen [nach E. Mach], Druckwellen, die von einem in Luft, allg. in einem Gas bewegten (z. B. Geschoß, Flugzeug) oder angeströmten Körper (z. B. im Windkanal) ausgehen. Erfolgt die relative Bewegung mit Überschallgeschwindigkeit, dann entsteht ein als Überschallknall wahrnehmbarer Verdichtungsstoß **(Kopfwelle),** der in größerer Entfernung in die M. W. übergeht. Die Wellenfront (Einhüllende) der M. W. wird als **Machscher Kegel** (Mantel eines Kreiskegels) bezeichnet. Der halbe Öffnungswinkel ist der sog. **Machsche Winkel** μ, für den sin μ = 1/M gilt mit der ↑Mach-Zahl *M*.

Machsor [hebr. „Zyklus"], Bez. für das jüd. Gebetbuch, das die Gebetsordnung für die Sabbat- und Festtage enthält.

Macht, Verhältnis der Über- und Unterordnung zw. Personen, Gruppen, Organisationen oder Staaten. M. bedarf im Unterschied zur Herrschaft und zur Autorität nicht der Anerkennung der von ihr Betroffenen. Nach Max Weber ist M. „die Chance, innerhalb einer sozialen Beziehung den eigenen Willen auch gegen Widerstreben durchzusetzen, gleichviel, worauf diese Chance beruht." Widerstreben der M.betroffenen, das sich in Widerstandsverhalten ausdrückt, führt zur Anwendung von Gewalt, mitunter von den Unterworfenen durch Gegengewalt beantwortet. – Die Verhaltensforschung versucht nachzuweisen, daß die Erringung von M. als Bedürfnis nach Selbsterhöhung, Selbstbestätigung im sozialen Konflikt auch nach Selbstbehauptung, in allg. Antrieb in den sozialen Beziehungen sei. V. a. marxist. Theorien der polit. Ökonomie bemühen sich um den Nachweis, daß M. aus entgegengesetzten materiellen [Klassen]interessen erwächst und darum jegl. Erscheinungsform von M. auf ökonom. M.verhältnisse zurückgeführt werden kann. Grundlagen von M. können sein: phys. oder psych. Überlegenheit, Wissensvorsprung, höhere Informiertheit, überlegene Organisationsfähigkeit und entsprechend höhere Effizienz, Charismaglaube und Angst bei den Unterworfenen. In allen auf Demokratie und bestimmte Grundrechte der Menschen ausgerichteten Gesellschaften besteht das Problem, wie M.verhältnisse durch Recht, Gesetz, Verfassung und öff. Kontrolle in institutionalisierte und damit anerkannte und kalkulierbare Herrschaft überführt werden können. Kein Gesellschaftssystem mit komplexer Sozialorganisation kann zum Schutz seiner Ordnung darauf verzichten, mit dem Staat ein „Monopol phys. Gewaltsamkeit" (Max Weber) zu errichten, um durch M.mittel staatl. Gewalt (Gerichte, Polizei, Militär, Strafanstalten), einen politisch ermittelten „Allgemeinwillen" oder die Rechte von Bürgern gegen andere Bürger durchzusetzen oder die äußere Sicherheit des politischen Systems zu gewährleisten.

Neben den polit. M.strukturen in Staat, Wirtschaft, Gesellschaft bestimmen mannigfache M.strukturen – die Behauptung von (z. B. in Rollen von Mann, Eltern, Lehrern begründeter) M.positionen sowie der Auf- und Ausbau von M.positionen – vielfach und wesentlich die Handlungen der Menschen und die zwischenmenschl. Beziehungen in allen Lebensbereichen (Ehe, Familie, Beruf, Kirche usw.). Die Bewertung der M. in der *Ethik* reicht von Extrempositionen radikaler Ablehnung (z. B. in der Ethik bestimmter Typen des Anarchismus) über mittlere Positionen, die M. als ethisch neutral qualifizieren und zur Aufrechterhaltung der Ordnung für notwendig erachten, bis zur Extremposition radikaler Bejahung und Verherrlichung der M. als obersten Wert in der Wertehierarchie (z. B. bei Nietzsche „Wille zur Macht").

In der von der scholast. Philosophie geprägten kath. Schultheologie ist die Allmacht Gottes keine Natur-M., sondern die M. seines personalen Willens, der sich in der Geschichte offenbart und diese zu seinen Zielen führt. Sie ist insoweit ein wesentl. Attribut Gottes, weil er allein alles in sich Mögliche ohne Mühe verwirklichen kann. Sofern menschl. Streben nach M. in ihrem umfassenden Sinn auf den göttl. Herrschaftsauftrag bezogen ist, ist es nach dieser Lehre in sich gut, denn in der Fähigkeit des Menschen, M. auszuüben, bekundet sich seine Gottebenbildlichkeit. M. wird demgegenüber böse, sofern sie keine gerechte Ordnung anstrebt, sondern in bloßem M.streben oder Eigenmächtigkeit begründet ist.

Antonio Machado y Ruiz

Samora Machel

Niccolò Machiavelli

Mächtigkeit

Mächtigkeit, Dicke einer Gesteinsschicht, eines Flözes oder Ganges.
▷ (Kardinalzahl) Verallgemeinerung des Anzahlbegriffs auf beliebige, also auch unendl. Mengen. Zwei Mengen A und B werden als *gleichmächtig, äquivalent* oder *von gleicher M. (A ~ B)* bezeichnet, wenn es eine umkehrbar eindeutige Zuordnung zw. den Elementen von A und B gibt.

Machtstreben (Machttrieb), auf die Beherrschung der Umwelt gerichteter psych. Antrieb; in der Individualpsychologie A. Adlers Grundantrieb des menschl. Handelns; nach F. Nietzsche der alleinige Trieb alles Lebendigen (sog. Wille zur Macht).

Machuca, Pedro [span. ma'tʃuka], *Toledo Ende des 15. Jh., †Granada 1550, span. Baumeister. – Vor 1520 Ausbildung in Italien. Erbaute den Hochrenaissancepalast Karls V. auf der Alhambra in Granada (1527 ff.).

Machu Picchu [span. 'matʃu 'piktʃu], Ruinenstadt der Inka im südl. Z-Peru, nw. von Cuzco, auf einem Bergsporn über dem linken Ufer des Río Urubamba, 1911 entdeckt. Zu den Tempelbauten der Stadt gehört der sog. Torreón, ein annähernd halbkreisförmiger Turm aus regelmäßigem Quadermauerwerk, der einen heiligen Felsen umschließt. M. P. wurde um 1450 errichtet. Von der UNESCO zum Weltkulturerbe erklärt.

Machu Picchu. Die 1911 im südlichen Zentralperu entdeckte Ruinenstadt der Inka, um 1450

Mạch-Zahl [nach E. Mach], Formelzeichen *Ma* (oder *M*), das Verhältnis aus der Geschwindigkeit *v* eines sich in einem Medium bewegenden Körpers und der Schallgeschwindigkeit *c* in diesem Medium: $Ma = v/c$. Bei $Ma = 1$ fliegt also beispielsweise ein Flugzeug mit Schallgeschwindigkeit, bei $Ma = 2$ mit doppelter Schallgeschwindigkeit.

Macià, Francesc [katalan. mə'sia], *Villanueva y Geltrú 21. Okt. 1859, †Barcelona 25. Dez. 1933, katalan. Politiker. – Erwirkte die Errichtung der Republik Katalonien, war ab 1932 deren erster Präsident.

Macías Nguema [span. ma'θias eŋ'gema], 1973–79 amtl. Name für ↑Bioko.

Macintyre River [engl. 'mækɪntaɪə 'rɪvə], Quellfluß des ↑Darling.

Mạck, Heinz, *Lollar bei Gießen 8. März 1931, dt. Licht- und Objektkünstler. – Wurde bekannt mit feingerippten Metallreliefs, die je nach Standpunkt veränderte Ansichten zeigen, und schuf großangelegte Lichträume; u. a. „Sahara Projekt" (1968), „Wasserwolke" (München, 1972), „Skulptur für den Himmel" (ebd., 1976), Glasobelisk für die Fassade des Europacenters in Berlin (1987).

Mackay, John Henry [engl. mə'kaɪ], *Greenock (Schottland) 6. Febr. 1864, †Berlin 16. Mai 1933, dt. Schriftsteller. – Begann als Lyriker, wandte sich dann sozialen Themen zu; vertrat später unter dem Einfluß M. Stirners einen individuellen Anarchismus („Die Anarchisten", R., 1891).

Mackay [engl. mə'kaɪ], austral. Stadt an der O-Küste von Queensland, 48 800 E. Zuckerforschungsinst., Zentrum des größten austral. Zuckerrohranbaugebietes. Hafen, Eisenbahnen ins Hinterland, ✈. – Seit 1918 City.

Mạcke, August, *Meschede 3. Jan. 1887, ✕ Perthes-les-Hurlus (Champagne) 26. Sept. 1914, dt. Maler. – Wiederholt in Paris; von Cézanne, den Fauves und Delaunay beeinflußt; stellte 1911 als Mgl. des „Blauen Reiters" aus; 1914 mit P. Klee und L. Moillet Reise nach Tunis. In den in Afrika entstandenen Aquarellen wird das Licht zum eigenwertigen Medium seiner farberfüllten Kunst.

Mackeben, Theo, *Preußisch Stargard 5. Jan. 1897, †Berlin 10. Jan. 1953, dt. Komponist. – Komponierte Opern, Operetten, Orchesterwerke, Konzerte, wurde aber v. a. bekannt mit seinen Filmmusiken (etwa 60), u. a. „Tanz auf dem Vulkan" (1938), „Bel ami" (1939), „Der große Zapfenstreich" (1952).

Mạckensen, August von (seit 1899), *Haus Leipnitz bei Bad Schmiedeberg 6. Dez. 1849, †Burghorn bei Celle 8. Nov. 1945, dt. Generalfeldmarschall (seit 1915). – Seit 1880 im Generalstab; kämpfte im 1. Weltkrieg in Ostpreußen und Polen, leitete 1915 den Feldzug in Serbien, danach in Rumänien (dort 1918 Militärgouverneur); 1933 zum preuß. Staatsrat ernannt.
M., Fritz, *Greene bei Kreiensen 8. April 1866, †Bremen 12. Mai 1953, dt. Maler, Bildhauer und Graphiker. – Mitbegr. der Künstlerkolonie Worpswede.

Mackenzie [engl. mə'kɛnzi], Sir (seit 1895) Alexander Campbell, *Edinburgh 22. Aug. 1847, †London 28. April 1935, engl. Komponist. – 1888–1924 Direktor der Royal Academy of Music in London; komponierte Chorkantaten, Oratorien, Opern sowie zahlr. Instrumentalwerke.
M., Sir (seit 1952) Compton, eigtl. Edward Montague Compton M., *West Hartlepool bei Durham 17. Jan. 1883, †Edinburgh 30. Nov. 1972, engl. Schriftsteller. – Stellte in seinen von der kath. Lehre beeinflußten Romanen die Haltlosigkeit bes. der jungen Generation dar; schrieb auch humorist. Romane, z. B. „Das Whisky-Schiff" (1947).

Mackenzie King, William Lyon [engl. mə'kɛnzi 'kɪŋ], *Berlin (= Kitchener, Prov. Ontario) 17. Dez. 1874, †Ottawa 22. Juli 1950, kanad. Politiker. – 1909–11 Arbeitsmin.; 1908–50 Abg., 1919–48 Führer der Liberalen im Unterhaus; leitete 1921–30 und 1935–48 als Premiermin. Maßnahmen zur Beseitigung der Arbeitslosigkeit ein und erreichte die Unabhängigkeit Kanadas.

Mackenzie Mountains [engl. mə'kɛnzi 'maʊntɪnz], Gebirgszug im äußersten W der Northwest Territories, Kanada, im NW auf das Yukon Territory übergreifend; nördlichster Teil der Kordilleren; bis 2 900 m hoch.

Mackenzie River [engl. mə'kɛnzi 'rɪvə], Strom in NW-Kanada, entfließt dem Großen Sklavensee, mündet mit großem Delta (36 000 km²) in die Beaufortsee (Nordpolarmeer), 1 903 km lang, mit dem Hauptzufluß zum Großen Sklavensee, dem Slave River/Peace River und dessen Quellfluß Finlay River 4 241 km lang, zweitlängster Fluß N-Amerikas, Einzugsgebiet 1,8 Mill. km²; von Juli bis Mitte Okt. schiffbar; Erdöl- und Erdgasvorkommen im Deltagebiet. – 1789 von dem schott. Entdecker A. Mackenzie (*1764, †1820) entdeckt und bis zur Mündung befahren.

Mackinder, Sir (seit 1920) Halford John [engl. mə'kɪndə], *Gainsborough (Lincolnshire) 15. Febr. 1861, †Parkstone (Dorset) 6. März 1947, brit. Geograph und Politiker. – Einer der Hauptbegründer der modernen Geographie in Großbritannien, die er in Oxford, Reading und London lehrte; 1910–22 Unterhausabg., 1919/20 brit. Hochkommissar in S-Rußland. Erstbesteiger des Mount Kenya (1899).

Mackintosh, Charles Rennie [engl. 'mækɪntɔʃ], * Glasgow 7. Juni 1868, † London 10. Dez. 1928, schott. Architekt und Kunsthandwerker. – Seine Jugendstilwerke (Architektur, Möbel) zeigen neuartige Proportionierung bei einer flächenbetonenden, geometr. Formgestaltung. – *Bauten:* School of Art (Glasgow, 1897 ff.), Villa Windy Hill (Kilmacolm, westl. von Glasgow, 1899–1901), Hill House (Helensburgh, 1902/03). In Deutschland erlangte sein Entwurf „Haus eines Kunstfreundes" (veröffentlicht in Darmstadt, 1901) bes. Bedeutung.

MacLaine, Shirley [engl. məˈkleɪn], eigtl. S. Maclean Beatty, * Richmond (Va.) 24. April 1934, amerikan. Schauspielerin. – Zunächst am Broadway; hatte im Film bes. Erfolg in kom. Charakterrollen, u. a. „Das Appartement" (1960), „Das Mädchen Irma La Douce" (1962). Seit den 60er Jahren starkes soziales Engagement. Schrieb autobiograph. Werke, u. a. „Raupe mit Schmetterlingsflügeln" (1977), „Zauberspiel" (1987). – *Weitere Filme:* Am Wendepunkt (1977), Zeit der Zärtlichkeit (1983), Madame Sousatzka (1988), Grüße aus Hollywood (1990).

Maclaurin, Colin [engl. məˈklɔːrɪn], * Kilmodan (Argyllshire) im Febr. 1698, † Edinburgh 14. Juni 1746, schott. Mathematiker. – Prof. in Edinburgh; bed. Arbeiten zur Geometrie und Differentialrechnung.

Maclaurinsche Reihe [engl. məˈklɔːrɪn; nach C. Maclaurin] ↑ Taylor-Reihe.

MacLean, Alistair [engl. məˈkleɪn], eigtl. Ian Stuart, * Glasgow 21. April 1922, † München 2. Febr. 1987, schott. Schriftsteller. – Schrieb tatsachenberichtähnl. Romane, u. a. „Die Männer der ‚Ulysses'" (1955), „Die Kanonen von Navarone" (1956), „Eisstation Zebra" (1965), „Der Santorin-Schock" (1986).

MacLeish, Archibald [engl. məˈkliːʃ], * Glencoe (Ill.) 7. Mai 1892, † Boston 20. April 1982, amerikan. Schriftsteller. – Seine frühe pessimist.-skept. Versdichtung zeigt Einflüsse E. Pounds und T. S. Eliots; später politisch-soziale Themen, u. a. in dem Versdrama „Panic" (1935), dem Vershörspiel „Der Fall der Stadt" (1937) und in „Spiel um Job" (Dr., 1958); Pulitzerpreis 1933 und 1952.

Macleod, John [engl. məˈklaʊd], * Cluny (Tayside Region) 6. Sept. 1876, † Aberdeen 16. März 1935, kanad. Physiologe brit. Herkunft. – Prof. in Cleveland (Ohio), Toronto und Aberdeen; arbeitete zuerst über den Kohlenhydratstoffwechsel, ab 1905 v. a. über die Zuckerkrankheit. Für seine Beteiligung an dem 1921 von F. G. Banting und C. H. Best geführten Nachweis, daß Insulin den Blutzuckerspiegel senkt, erhielt er 1923 (mit Banting) den Nobelpreis für Physiologie oder Medizin.

Mac-Mahon, Marie Edme Patrice Maurice Comte de [frz. makmaˈõ], Hzg. von Magenta (seit 1859), * Schloß Sully bei Autun 13. Juni 1808, † Schloß La Forêt (Loiret) 17. Okt. 1893, frz. Marschall (seit 1859) und Politiker. – Nahm als General am Krimkrieg teil, kämpfte 1857 erfolgreich gegen die Kabylen und 1859 gegen Österreich. Geriet im Dt.-Frz. Krieg nach der Kapitulation von Sedan in Gefangenschaft. Im Frühjahr 1871 schlug er die Pariser Kommune nieder und wurde dadurch zum Symbol einer konservativen Ordnung. 1873 zum 2. Präs. der Dritten Republik gewählt; trat 1879 zurück.

Macmillan, Harold [engl. məkˈmɪlən], Earl of Stockton (seit 1984) * London 10. Febr. 1894, † Birch Grove (Sussex) 29. Dez. 1986, brit. Politiker. – 1924–29 und 1931–64 konservativer Abg. im Unterhaus; 1942–45 Ministerresident im Alliierten Hauptquartier in Algier; 1945 Min. für Luftfahrt, 1951–54 für Wohnungsbau und lokale Verwaltung, 1954/55 für Verteidigung; 1955 Außenmin., 1955–57 Schatzkanzler; 1957–63 Premiermin.; konnte die durch die Sueskrise angespannten Beziehungen zu den USA verbessern; seine Bemühungen um den brit. Beitritt zur EWG scheiterten 1963 am Veto Frankreichs; förderte maßgeblich das Atomteststoppabkommen (1963); leitete nach seinem Rücktritt das Verlagshaus Macmillan Publishers Limited.

Macmillan Publishers Limited [engl. məkˈmɪlən ˈpʌblɪʃəz ˈlɪmɪtɪd] ↑ Verlage (Übersicht).

August Macke. Mit gelber Jacke, 1913 (Ulm, Ulmer Museum)

Mâcon [frz. mɑˈkõ], frz. Stadt in Burgund, 38 400 E. Verwaltungssitz des Dep. Saône-et-Loire; Handelszentrum für die westl. Bresse und das Weinbaugebiet des Mâconnais, Herstellung von Kupfer-, Zink- und Messingwaren, Bau von Maschinen, Anlagen und Motorrädern; Flußhafen Saône. – Kelt. Siedlung der Äduer, in der Römerzeit Stadt **(Matisco);** Anfang des 13. Jh. Stadtrecht; das im 5. Jh. gegründete Bistum wurde 1790 aufgehoben. – Reste der roman.-got. ehem. Kathedrale (jetzt Museum); Rathaus (18. Jh.; z. T. Museum).

Mâconnais [frz. makɔˈnɛ], histor. Gebiet und burgund. Weinbaulandschaft um Mâcon, am NO-Rand des Zentralmassivs, Frankreich. – Die Gft. M. bestand seit dem 9. Jh., 1239 an den frz. König verkauft, gehörte 1435–77 zu Burgund, 1529 endgültig an Frankreich.

Mâconnais-Weine [frz. makɔˈnɛ], weiße Burgunder der Pinot-Chardonnay-Traube aus dem Mâconnais.

Macpherson, James [engl. məkˈfɜːsn], * Ruthven (Inverness) 27. Okt. 1736, † Besitztum Belville (Inverness) 17. Febr. 1796, schott. Dichter. – Vertreter der Vorromantik;

Charles Rennie Mackintosh. Vollmond im September, 1893 (Glasgow, School of Art)

Macula

Madagaskar
Fläche: 587 041 km²
Bevölkerung: 11,8 Mill. E (1990), 20,1 E/km²
Hauptstadt: Antananarivo
Amtssprachen: Französisch und Malagassi
Nationalfeiertage: 26. Juni (Unabhängigkeitstag), 14. Okt. (Tag der Republik)
Währung: 1 Madagaskar-Franc (FMG) = 100 Centimes (c)
Zeitzone: MEZ +2 Stunden

Madagaskar
Staatswappen

Internationales
Kfz-Kennzeichen

1970 1990   1970 1990
Bevölkerung   Bruttosozial-
(in Mill.)   produkt je E
              (in US-$)

Bevölkerungsverteilung
1990

Bruttoinlandsprodukt
1990

gab die 15 von ihm 1760 veröffentlichten „Fragments of ancient poetry" als Übersetzungen gäl. Lieder des Sängers Ossian aus; die von F. G. Klopstock und den Dichtern des Göttinger Hains und des Sturm und Drang begeistert aufgenommenen eleg. Dichtungen wirkten auf die romant. Dichtung und die bildende Kunst.

Macula [lat. „Fleck"], in der *Anatomie* fleckförmiger Bezirk an oder in einem Organ; z. B. M. lutea, der gelbe Fleck im Auge.

Macumba ↑ Makumba.

MAD, Abk. für: ↑ **M**ilitärischer **A**bschirm**d**ienst.

Madách, Imre [ungar. ˈmɔdaːtʃ], *Alsóstregova 21. Jan. 1823, †ebd. 5. Okt. 1864, ungar. Dichter. – Aus altem ungar. Adel, Kalvinist. Sein Hauptwerk ist die dramat. Dichtung „Die Tragödie des Menschen" (1861), die Weg und Schicksal des Menschen vom Sündenfall bis zum Jüngsten Tag beschreibt.

Madagaskar (amtl.: République Démocratique de Madagascar, Repoblika Demokratika Malagasy; dt. Demokrat. Republik M.), Staat im Ind. Ozean, zw. 11° 40′ und 25° 35′ s. Br. sowie 43° und 50° 30′ ö. L. **Staatsgebiet:** Es umfaßt die Insel Madagaskar mit vorgelagerten kleinen Inseln, 400 km vor der südl. O-Küste Afrikas. **Verwaltungsgliederung:** 6 Prov. **Internat. Mitgliedschaften:** UN, OAU, GATT; der EWG assoziiert.

Landesnatur: Die 1 580 km lange, bis 580 km breite Insel M. ist überwiegend ein gebirgiges Hochland, das nach O steil, nach W allmählich zu den Küsten abfällt. Die O-Küste ist nahezu eine fast gerade, lagunenreiche Ausgleichsküste. Auf eine schmale Küstenebene folgt der Steilanstieg zum Hochland, das etwa ¾ der Insel einnimmt. Es liegt, von tiefen Tälern durchzogen, in 800–1 600 m Höhe und wird von vulkan. Massiven überragt. Der Maromokotro im Tsaratanana-Massiv im N von M. ist mit 2 876 m die höchste Erhebung der Insel. Die westl. Küstenebene ist stark gegliedert. Alle Küsten werden weithin von Korallenriffen begleitet.

Klima: Es ist tropisch, jedoch differenziert je nach Höhe und Lage zum SO-Passat. Die O-Seite hat ganzjährig Niederschläge. Der im Regenschatten liegende Hauptteil von M. hat eine winterl. Trockenzeit (April–Okt.) und eine sommerl. Regenzeit. Der SW ist Trockengebiet.

Vegetation: Die natürl. Pflanzenwelt mit zahlr. endem. Arten wurde durch den Menschen stark verändert. Der im O, an der NW-Küste und in höheren Gebirgslagen urspr. trop. Regenwald wurde durch Brandrodung weitgehend vernichtet. Im Hochland sind Savannen verbreitet, im SW findet sich Dornstrauchsavanne.

Tierwelt: M. bildet mit einigen Inseln ein eigenes tiergeograph. Verbreitungsgebiet, für die Halbaffen, Schleichkatzen, Borstenigel u. a. typisch sind. Vögel sind mit zahlr. Arten vertreten. Größtes Tier ist das Krokodil.

Bevölkerung: Die sprachlich einheitl. Bev. der Madagassen (98,9 % der Bewohner) setzt sich aus etwa 20 größeren Stammesgruppen zus., die überwiegend malaiisch-indones. Herkunft sind. Zw. ihnen bestehen z. T. große Stammesgegensätze. Führend sind mit rd. 26 % die Merina. Die Anhänger traditioneller Religionen überwiegen, rd. 40 % sind Christen, rd. 5 % Muslime. Schulpflicht besteht von 6–14 Jahren. Die Univ. (gegr. 1961) in Antananarivo ist dezentralisiert.

Wirtschaft: Wichtigster Zweig ist die Landw. Zur Selbstversorgung werden bes. Reis (Grundnahrungsmittel), aber auch Maniok, Mais, Bataten, Erdnüsse, Hülsenfrüchte, Gemüse u. a. in familiären Kleinbetrieben angebaut. Exportorientiert ist der Anbau von Kaffee, Tabak, Vanille (50 % der Weltproduktion), Gewürznelken, Pfeffer, Zuckerrohr u. a. Die Viehzucht hat trotz hohen Bestands keine große Bed., die Zebuhaltung erfolgt vielfach nur zu kult. Zwecken. Für den Export spielt nur Raphiabast eine Rolle. M. verfügt über vielfältige, bislang kaum genutzte Bodenschätze (Nichteisenerze, Steinkohle, Erdöl, Bauxit, Edelsteine, Glimmer, Gold u. a.). Die verarbeitende Ind. umfaßt außer der Erdölraffinerie von Toamasina Klein- und Mittelbetriebe der Nahrungs- und Genußmittel-, der Textilind. sowie der Metallverarbeitung, chem. Ind. und Papierfabrikation.

Außenhandel: Wichtigste Exportgüter sind Kaffee und Vanille, ferner Zucker, äther. Öle und Riechstoffe, eingeführt werden chem. Erzeugnisse, Maschinen, Rohöl, Kfz, Metall-, Elektrowaren und Textilien. Bedeutendste Partner sind Frankreich, die USA, Deutschland und Japan.

Verkehr: Die 2 madagass. Eisenbahnlinien haben zus. eine Streckenlänge von 883 km. Das Straßennetz umfaßt rd. 50 000 km, davon sind 10 % asphaltiert. Bed. ist die Küsten- und Lagunenschiffahrt, v. a. auf dem fast 700 km langen Canal des Pangalanes, der die Lagunen der O-Küste miteinander verbindet. Größte Seehäfen sind Toamasina an der O-Küste und Mahajanga an der W-Küste. Neben etwa 200 Landeplätzen gibt es 4 größere ✈, darunter den internat. ✈ nahe der Hauptstadt.

Geschichte: Die ersten Einwohner auf M. dürften afrikan. Ursprungs gewesen sein. Etwa seit der Zeitwende wanderten Malaien ein; an der NW-Küste errichteten Araber, wohl im 10. Jh. n. Chr., Handelsniederlassungen. Nach der Entdeckung 1500 landeten 1506 die ersten Portugiesen auf M. Bis zum Beginn des 19. Jh. scheiterten alle Versuche der Portugiesen, Niederländer, Briten und Franzosen, die Insel in Besitz zu nehmen. Anfang des 19. Jh. gelang dem Merinareich die Unterwerfung der gesamten Insel. Unter dem Einfluß europ. Missionare und Kaufleute schuf König Radama I. (⚭ 1810–28) einen Staat nach europ. Vorbild. 1885 errichtete Frankreich sein Protektorat, das es aber erst nach harten Kämpfen (1894–97) durchsetzen konnte. 1896 wurde M. zur Kolonie erklärt, die letzte Königin mußte abdanken. 1905, 1915 und 1929 kam es zu Aufständen. Nach dem frz. Niederlage im 2. Weltkrieg 1940 schloß sich die Verwaltung in M. der Reg. in Vichy an. 1942 eroberten brit. und südafrikan. Truppen die Insel und übergaben sie 1943 dem Freien Frankreich General de Gaulles. 1946 gründeten madagass. Politiker den Mouvement Démocratique de Rénovation Malgache (MDRM), der für

M. Autonomie forderte. Die im Rahmen der Frz. Union 1946 gewährte Autonomie enttäuschte; 1947 kam es unter der Führung des MDRM zu einem Aufstand, der etwa 80 000 Menschen das Leben kostete und von Frankreich mit Waffengewalt unterdrückt wurde. 1958 Ausrufung der selbständigen Republik M. innerhalb der Frz. Gemeinschaft; 1960 wurde M. unabhängig. Bis Mai 1972 beherrschte der Parti Social-Démocrate (PSD) unter P. Tsiranana das polit. Leben; nach schweren Unruhen verhängte General Ramanantsoa das Kriegsrecht über die Insel, hob die Verfassung auf und ließ sich durch eine Volksabstimmung für 5 Jahre unbeschränkte Vollmachten übertragen. Das Amt des Staatspräs. wurde abgeschafft, die Nat.versammlung aufgehoben. Nach längerer polit. Krise übergab Ramanantsoa Anfang Febr. 1975 die Macht an Oberst R. Ratsimandrava, der aber wenige Tage später bei einem Attentat den Tod fand. Die Reg. übernahm ein aus Offizieren zusammengesetzter Militärrat, der im Juni den bisherigen Außenmin., Oberst D. Ratsiraka, zum Staats- und Reg.chef (Präs. des Obersten Revolutionsrates) ernannte. Im Dez. 1975 trat eine neue Verfassung in Kraft. Der im gleichen Monat zum Staatspräs. gewählte Ratsiraka schlug einen sozialist. Kurs ein (Proklamation einer „Sozialist. revolutionären Charta" 1975). Nach wiederholten schweren Unruhen leitete Präs. Ratsiraka (wiedergewählt 1982 und 1989) Ende der 80er Jahre marktwirtsch. Korrekturen in seiner Wirtschaftspolitik ein. Nach Massenprotesten wurde im Juli 1991 die Einberufung einer Nationalkonferenz beschlossen; Reg.chef Ramahatra trat zurück; zum neuen Min.präs. wurde im Aug. 1991 G. W. Razanamasy ernannt. Im Okt. 1991 wurden Parlament und Reg. aufgelöst. An ihre Stelle trat eine Hohe Staatsbehörde für den Übergang zur „Dritten Republik". Nach Präsidentschaftswahlen im Febr. 1993 wurde Ratsiraka von A. Zafy abgelöst.

Politisches System: Nach der durch Referendum im Aug. 1992 reformierten Verfassung vom 21. Dez. 1975 ist M. eine sozialistisch ausgerichtete demokrat. Republik. Staatsoberhaupt und oberster Inhaber der *Exekutive* ist der vom Volk auf 7 Jahre gewählte Staatspräs.; er ernennt den Min.präs. und auf dessen Vorschlag die Minister. Oberstes Organ der *Legislative* ist die Nat.versammlung (137 für 5 Jahre vom Volk gewählte Abg.); seit Okt. 1991 fungiert an Stelle des aufgelösten Parlaments die Hohe Staatsbehörde (Haut autorité d'État). Einflußreichste *Partei* ist die vom Präs. geführte Avantgarde de la Révolution Malgache (AREMA). Die Opposition organisiert sich im Comité des forces vires (CFV). Es gibt 5 *Gewerkschaftsbünde* mit insgesamt rd. 200 000 Mgl. Die *Verwaltung* basiert auf traditionellen lokalen Selbstverwaltungseinheiten (Fokonolona). Das frz. *Recht* der Kolonialzeit wird seit 1962 in eigenen Gesetzbüchern abgewandelt. Der Gerichtsaufbau gliedert sich in Gerichte 1. Instanz, das Appellationsgericht (dem auch die Strafgerichtsbarkeit untersteht) und als höchste Berufungsinstanz den Obersten Gerichtshof.

Madagaskarigel, ↑ Borstenigel.

Madagaskarmungos (Galidiinae), Unterfam. nachtaktiver, bis 40 cm langer Schleichkatzen mit sieben Arten auf Madagaskar; überwiegend Waldbewohner.

Madagaskarpalmen, Bez. für einige säulenförmige Arten der Hundsgiftgewächsgatt. ↑ Pachypodium; werden als Freiland- und Topfpflanzen kultiviert.

Madagaskarratten (Inselratten, Nesomyinae), Nagetierunterfam. (Fam. Wühler) mit 15 mäuse- bis rattengroßen Arten auf Madagaskar; meist großohrig.

Madagaskarstrauße (Riesenstraußvögel, Aepyornithes), vor mehreren hundert Jahren ausgestorbene Unterordnung der Straußenvögel auf Madagaskar. Die flugunfähigen M. waren bis über 3 m hoch.

Madagassen, Bez. für die Staatsbürger Madagaskars.

Madagassisch ↑ Malagassi.

Madam [engl. 'mædəm], Abk. Mdm., engl. Anrede für eine Frau.

Madame [frz. ma'dam „meine Dame"], Abk. Mme., frz. Anrede für eine Frau.

▷ Prädikat für die Töchter des frz. Königs und des Dauphins (in Verbindung mit dem Vornamen) und (ohne Attribut) für die Schwägerin und die älteste Tochter des Königs.

Madame Verté [frz. madamvɛr'te] ↑ Birnen (Übersicht).

Madariaga y Rojo, Salvador de [span. maða'riaɣa i 'rrɔxo], *La Coruña 23. Juli 1886, †Muralto bei Locarno 14. Dez. 1978, span. Schriftsteller und Diplomat. — 1921–27 Leiter der Abrüstungskommission des Völkerbundes, 1928–31 Prof. für span. Literatur in Oxford, 1931 span. Botschafter in Washington, 1932 in Paris, 1936–71 in Großbritannien im Exil; lebte seit 1972 in der Schweiz; 1976 Prof. in Madrid. Schrieb in span., engl. und frz. Sprache Romane, u. a. „Das Herz von Jade" (1942) „Krieg im Blut" (1957), Lyrik, Dramen, Biographien, u. a. „Cortés, Eroberer Mexikos" (1941) „Bolivar" (1951), Darstellungen der span. und span.-amerikan. Kultur, v. a. aber krit. Arbeiten und Essays zur Völkerpsychologie, über internat. polit. Beziehungen, über seine Konzeption des Liberalismus. Memoiren: „Morgen ohne Mittag. Erinnerungen 1921–36" (1973).

Mädchenauge (Schöngesicht, Coreopsis), Gatt. der Korbblütler mit mehr als 100 Arten, v. a. in Afrika und im trop. Amerika; Kräuter mit großen, endständigen Blütenköpfchen, z. T. beliebte Zierpflanzen.

Mädchenhandel, svw. ↑ Frauenhandel.

Mädchenschulwesen, im Zuge der ↑ Koedukation in Europa ein zunehmend histor. Begriff. Es gibt allerdings berufl. Schulen, die speziell auf traditionell weibl. Tätigkeiten ausgerichtet sind (↑ frauenberufliche Schulen). Erste Ansätze für eine schul. Erziehung der Mädchen finden sich in den Frauenklöstern des MA. Im 16. Jh. trugen v. a. die Ursulinen, im 17. Jh. neben vereinzelten weltl. Bildungseinrichtungen (Marquise de Maintenon, A. H. Francke) v. a. die Engl. Fräulein eine schul. Ausbildung der Töchter des Adels; im Laufe des 18. und 19. Jh. entstanden private **höhere Töchterschulen** für das Bürgertum. Den entscheidenden Durchbruch erzielte in Deutschland um die

Salvador de Madariaga y Rojo

Mädchenauge. Coreopsis basalis, Höhe 30–100 cm

Madagaskar. Übersichtskarte

Mädchen- und Frauensport

Jh.wende die Frauenbewegung unter Helene Lange. 1908 wurde das höhere M. in Preußen geregelt: Auf dem Lyzeum baute das 2jährige Oberlyzeum (seit 1926 Frauenoberschule), das 3jährige Oberlyzeum (höheres Lehrerinnenseminar) oder die Studienanstalt auf, die zur Hochschulreife führte. Die übrigen Länder folgten. Neu traten v. a. beruflich orientierte Schulen hinzu. Die „dt. Oberschule" 1925 wurde gleichermaßen für Jungen und Mädchen eingerichtet; nach 1945 wurde die Sonderform der Frauenoberschule immer mehr zurückgedrängt.

Mädchen- und Frauensport, Sammelbegriff für alle von Mädchen und Frauen betriebenen Sportarten, deren Spektrum ab dem 20. Jh. im Zuge der gesellschaftl. Gleichstellung der Frau immer mehr zunahm. Wurden um die Jh.wende vereinzelt Wettkämpfe im Schwimmen, Tennis, Wasserspringen, Fechten und Eiskunstlauf ausgetragen, z. T. auch ins olymp. Programm aufgenommen (leichtathlet. Frauenwettbewerbe jedoch erst 1928), betreiben Mädchen und Frauen heute fast alle Sportarten.

Maddalena, La, italien. Insel zw. Sardinien und Korsika; 20,1 km², 11 300 E, 146 m hoch; Hauptort La M.; durch einen Damm mit der Insel Caprera verbunden.

Made, die fußlose Larve der Bienen, Fliegen, einiger im Holz entwickelnder Käfer und anderer Insekten; mit ausgebildeter bis z. T. völlig rückgebildeter Kopfkapsel.

made in ... [engl. 'mɛɪd ɪn „hergestellt in"], von Großbritannien 1887 eingeführte Herkunftsbez. für Waren zum Schutz der heim. Ind.; später auch von anderen Staaten angewendet. Nach den Einfuhrvorschriften verschiedener Länder ist diese Kennzeichnung in Verbindung mit dem Namen des Herstellungslandes obligatorisch.

Madeira [ma'de:ra, portugies. mɐ'ðɐirɐ], Hauptinsel der M.gruppe im Atlant. Ozean, Portugal, 740 km², 255 000 E, Hauptstadt Funchal. M. ist vulkan. Ursprungs, bis 1 862 m hoch. Das Klima ist extrem maritim mit geringen tägl. und jährl. Temperaturschwankungen und hoher Luftfeuchtigkeit. Wichtige Wirtschaftszweige sind die Landw. (Anbau von Wein, Zuckerrohr, Bananen, Gemüse), Rinderzucht, Fischerei, Herstellung von Stickereien und Flechtwaren sowie Fremdenverkehr. – Portugiesen entdeckten 1418 Porto Santo; Heinrich der Seefahrer ließ die unbewohnten Inseln kolonisieren; 1801 und 1807–14 im Krieg gegen Napoleon I. von brit. Truppen besetzt.

Madeira, Río [brasilian. 'rriu ma'dejra], rechter und größter Nebenfluß des Amazonas in Brasilien; Quellflüsse Río Mamoré und Río Beni; 3 200 km lang.

Mädelegabel, Gebirgsstock der Allgäuer Alpen, südlich von Oberstdorf, 2 645 m hoch; über die M. verläuft die dt.-östr. Grenze.

Madeleine, La [frz. lama'dlɛn], vorgeschichtl. Fundort, ↑ Magdalénien.

Mademoiselle [frz. madmwa'zɛl „mein Fräulein"], Abk. Mlle., frz. Anrede für Fräulein.
▷ frz. Prädikat für die älteste Tochter des Bruders des Königs.

Madenhacker, (Crotophaginae) Unterfam. schwarzer, insektenfressender Kuckucke in offenen Landschaften Amerikas; mit hohem, seitlich zusammengedrücktem Schnabel.
▷ (Buphaginae) Unterfam. kurzschnäbeliger Stare in den Steppengebieten südlich der Sahara; befreien Großwild und -vieh von Zecken, Bremsenlarven u. a.

Madenkrankheit (Madenfraß, Myiasis), durch parasitierende Fliegen- oder Wurmlarven verursachte Erkrankung bei Wirbeltieren (auch beim Menschen), v. a. im Bereich der Haut, von Wunden und des Darmkanals.

Madenwurm (Springwurm, Pfriemenschwanz, Afterwurm, Kinderwurm, Enterobius vermicularis), weltweit verbreiteter, bis 12 mm langer, weißer Fadenwurm (♂♂ kleiner, mit eingerolltem Hinterende); harmloser Parasit im menschl. Dick- und Blinddarm, v. a. bei Kindern; Eiablage außerhalb des Darms im Bereich des Afters, meist nachts (Juckreiz). Infektion durch Eier oder durch die mit dem Kot ausgeschiedenen, eiertragenden ♀♀, v. a. über unsaubere Fingernägel, Wäsche oder Lebensmittel.

Maderna, Bruno, *Venedig 21. April 1920, †Darmstadt 13. Nov. 1973, italien. Komponist und Dirigent. – Leitete 1956–67 das Internat. Kammerensemble Darmstadt, seit 1971 Chefdirigent von Radio Mailand. Bekannt als Dirigent u. a. neuer und avantgardist. Musik und durch seine Kompositionen im Bereich serieller und klanglich neuer Techniken, u. a. „Syntaxis" (1958, elektronisch), Oper „Hyperion II" (1964), Violinkonzert (1970), Oper „Satiricon" (1973).

Maderno, Carlo (C. Maderna), *Capolago bei Lugano 1556, †Rom 30. Jan. 1629, italien. Baumeister schweizer. Herkunft. – Schüler D. Fontanas; schulebildend seine frühbarocke zweigeschossige, durch Säulen und Pilaster gegliederte, giebelgekrönte Fassade von Santa Susanna in Rom (1593–1603). Ab 1603 Bauleiter von Sankt Peter; an Michelangelos Zentralbau fügte er Langhaus mit Vorhalle und Fassade.

Madersperger, Joseph, *Kufstein 6. Okt. 1768, †Wien 3. Sept. 1850, östr. Schneider. – Konstruierte 1839 die erste brauchbare Nähmaschine.

Mädesüß [niederdt.] (Filipendula), Gatt. der Rosengewächse mit 10 Arten in der nördl. gemäßigten Zone; Stauden mit weißen oder purpurfarbenen Blüten in spirrenartigen Blütenständen. In Deutschland häufige Art ist das 1–2 m hohe, weißblühende **Echte Mädesüß** (Filipendula ulmaria) auf feuchten Wiesen und an Ufern.

Madhya Pradesh ['madja pra'deʃ], größter Bundesstaat Indiens, 443 446 km², 61,03 Mill. E (1988; 84 % Hindus), Hauptstadt Bhopal. M. P. erstreckt sich über weite Bereiche des nördl. Dekhan, größtenteils zw. 300 und 900 m ü. d. M.; nur einige W–O verlaufende Gebirgszüge ragen darüber hinaus, wie die Satpura Range und die Vindhya Range, die durch den Grabenbruch der Narbada voneinander getrennt sind. Klimatisch nimmt M. P. eine Übergangsstellung zw. den feuchtesten und trockensten Teilen des Subkontinents ein. In der Landw. arbeiten 80 % der Bev.; M. P. verfügt über reiche Bodenschätze (Kohle, Eisen- und Manganerz, Diamanten). Wichtig sind die Textil- und Nahrungsmittel- sowie die Schwerind.; traditionelles Töpferhandwerk. – Entstand im Zuge der Reorganisation der Bundesstaaten 1956 im wesentlichen aus Teilen der ehem. Bundesstaaten Madhya Bharat, Vindhya Pradesh und dem seit Beginn des 18. Jh. bestehenden Fürstenstaat Bhopal.

Madie (Madia) [...i-ɛ; span.], Gatt. der Korbblütler mit 18 Arten im westl. N-Amerika und in Chile; Kräuter mit kleinen Blütenkörbchen aus Zungen- und Röhrenblüten. Die wichtigste Art ist die auch in S-Europa angebaute **Ölmadie** (Madia sativa), deren Früchte das als Speise- und Brennöl verwendete **Madiöl** liefern.

Madinat As Salam ↑ Bagdad.

Madinat Habu (Medinet Habu), Ruinenstätte einer befestigten Tempelanlage Ramses' III. in Theben-West. Reliefs mit sakralen und histor. Darstellungen.

Madison, James [engl. 'mædɪsn], *Port Conway (Va.) 16. März 1751, †Montpelier (Va.) 28. Juni 1836, 4. Präsident der USA (1809–17). – Einer der Führer der Unabhängigkeitsbewegung; entwarf 1781 auf dem Verfassungskonvent die Grundlage der Verfassung der USA. Zu ihrer Durchsetzung schrieb er mit A. Hamilton und J. Jay „The Federalist". Als Mgl. des Repräsentantenhauses (1789–97) betrieb er die Erweiterung der Verfassung um die Bill of Rights. M. wurde als Kopf der oppositionellen Republikan. (der späteren Demokrat.) Partei 1801–09 Außenmin. und 1809 Präs. (Wiederwahl 1812). Den Brit.-Amerikan. Krieg (1812–14) beendete er durch den Genter Frieden. Die Gründung der 2. Nationalbank und die Einführung eines Schutzzolles (1816) gaben seiner Politik eine zunehmend föderalist. Richtung.

Madison [engl. 'mædɪsn], Hauptstadt des Bundesstaats Wisconsin, USA, 260 m ü. d. M., 175 800 E. Sitz eines kath. und eines methodist. Bischofs; Univ. (gegr. 1849), kath.

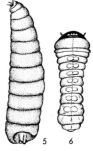

Made. Larvenformen verschiedener Insekten: 1 Bienenmade; 2 Larve der Pferdemagenbremse; 3 Prachtkäferlarve; 4 Hundeflohlarve; 5 Stubenfliegenlarve; 6 Hausbocklarve

Madjaren [...dʒa:...] ↑Magyaren.

Madọnna, eigtl. M. Louise Veronica Ciccone, *Bay City (Mich.) 16. Aug. 1958, amerikan. Popsängerin. – Internat. Durchbruch seit 1983, u. a. mit den Alben „Like a virgin" (1984) und „Like a prayer" (1989); auch Filmschauspielerin („Truth or dare: In bed with Madonna", 1991); erotisch laszive Auftritte, Videoclips und Bildbände.

Madọnna [italien. „meine Herrin" (urspr. Anrede an vornehme Frauen); zu lat. domina „Herrin"], Bez. für Maria, die Mutter Jesu.

Madras, Hauptstadt des ind. Bundesstaats Tamil Nadu, an der Koromandelküste, 3,3 Mill. E. Sitz eines anglikan. Bischofs, eines kath. Erzbischofs und der Theosoph. Gesellschaft; Univ. (gegr. 1857), TH (gegr. 1959), Reaktorforschungszentrum, Inst. für mathemat. Wiss., Musikakad., Goethe-Inst.; Bibliotheken, bed. Museen. Überregionales Bildungszentrum und Handelsplatz; Ind.standort: neben traditioneller Teppichknüpferei, Textil- und Lederind. u. a. chem. sowie metallverarbeitende Ind., Waggon- und Lkw-Bau; Filmstudios; wichtiger Seehafen; internat. ✈. – 1639/40 von der engl. Ostind. Kompanie als Fort gegr., um das sich die Stadt entwickelte; 1746–48 und 1758 frz. besetzt. – Das Stadtbild ist von Kolonialbauten geprägt: Fort Saint George mit Marienkirche (1680); Strandpromenade Marina mit zahlr. Denkmälern; zwei ind. Tempel. M., früherer Name des ind. Bundesstaats ↑Tamil Nadu.

Madre de Dios [span. 'maðre ðe 'ðjos]. Dep. im sö. Peru, 78 403 km², 49 000 E (1990), Hauptstadt Puerto Maldonado.

Madre de Dios, Río [span. 'rrio 'maðre ðe 'ðjos], linker, größter Nebenfluß des Río Beni, entspringt in SO-Peru, mündet in N-Bolivien bei Riberalta, rd. 1 100 km lang.

Madreporenplatte [italien.-frz./dt.], siebartig durchlöcherte Skelettplatte der Stachelhäuter; ermöglicht einen langsamen Flüssigkeitsaustausch zw. dem umgebenden Meerwasser und dem ↑Ambulakralsystem.

Madrid [maˈdrɪt, span. maˈðrið], Hauptstadt von Spanien, auf der Südmeseta, 640 m ü. d. M., 3,10 Mill. E. Verwaltungssitz der Region M. (7 995 km², 4,93 Mill. E); kath. Erzbischofssitz; 4 Univ. (gegr. 1508 [in Alcalá de Henares, 1836 nach M. verlegt] bzw. 1968, 1971 und 1989), Päpstl. Univ. (gegr. 1892 in Comillas, 1960 nach M. verlegt), Nat. Fernuniv. (gegr. 1972), Sitz der Akad. der Schönen Künste, der Geschichte, der Sprachen, der Naturwiss., der Jurisprudenz, der Philosophie und der Politik, Sitz der Königl. Span. Akad., des Rates für wiss. Forschung, zahlr. geistes- und naturwiss. Gesellschaften und Forschungsinst. sowie internat. Kulturinst.; in M. wurde das größte islam. Kulturzentrum der westl. Welt (1990 eröffnet); Atombehörde; Nat. Histor. Archiv, Nat.bibliothek, Museen (u. a. Prado, Centro de Arte Reina Sofia); Observatorium; botan. Garten, Zoo. Wirtsch. und kulturelles Zentrum des Landes. Maschinen-, Fahrzeug-, Flugzeugbau, Baustoff-, Textil-, metallerzeugende und -verarbeitende, chem., elektrotechn. und Nahrungsmittelind., Verkehrsknotenpunkt, U-Bahn, internat. ✈.

Geschichte: Als maur. Festung (**Majerita**) 939 erstmals erwähnt. Nach deren erneutem Verlust an die Araber 1083 endgültig zurückerobert. 1309 traten die Cortes erstmals in M. zusammen. Die kastil. Könige Johann II. und Heinrich IV. residierten häufig in M. 1561 verlegte Philipp II. den Königshof von Toledo nach M., das 1606 offiziell span. Hauptstadt wurde. Im Span. Erbfolgekrieg bezog M. gegen die Habsburger Stellung und wurde von engl. und portugies. Truppen besetzt (1706). Gegen die frz. Herrschaft (1808–13 unter Joseph Bonaparte) erhob sich das Volk von M. am 2. Mai 1808 und gab damit den Anstoß zum antinapoleon. Freiheitskampf in Spanien. Während der Karlistenkriege (1833–39, 1847–49, 1872–76) Schauplatz heftiger Kämpfe. Im Span. Bürgerkrieg erlitt die Stadt, in sich die Republikaner bis zur Kapitulation am 28. März 1939 hielten, schwere Zerstörungen.

Im **Frieden von Madrid,** der 1526 zw. Karl V. und Franz I. von Frankreich geschlossen wurde, verzichtete der frz. König, seit der Schlacht von Pavia (1525) Gefangener des Kaisers, auf das Hzgt. Burgund und alle Ansprüche auf Mailand, Genua und Neapel, widerrief nach seiner Freilassung diesen Frieden, mußte ihn aber 1529 im Frieden von Cambrai bestätigen.

Bauten: Die histor. Altstadt ist von Bauten des 17.–19. Jh. geprägt. Mittelpunkt ist die Plaza Puerta del Sol, die über die Calle del Arenal mit dem Königspalast verbunden ist (1738–64, Entwurf F. Juvara, Fresken von Tiepolo; mit Armería, größte Waffensammlung Europas). Südlich die Neue Kathedrale La Almudena (1883 begonnen); im NW der Parque de la Montaña mit dem Nubiertempel von Debaud (4. Jh. v. Chr., beim Bau des Assuanstaudammes abgetragen und 1970 hier aufgestellt). Zur Altstadt gehören ferner die arkadengesäumte Plaza Mayor (1617), die Jesuitenkirchen San Isidro el Real (1626–64) und San Francisco el Grande (1776–85), das Kloster Descalzas Reales (gestiftet 1554, heute Museum). Am Ufer des Manzanares die Kirche San Antonio de la Florida (1792–98) mit Fresken von Goya (hier auch seine Grabstätte). Schwerpunkt der Stadtgestaltung wurde der O-Rand mit der Prachtallee Paseo del Prado (1775–82), dem Museo del ↑Prado, dem Parque del Retiro und dem Triumphbogen Puerta de Alcalá (1764–78); Wahrzeichen M. ist der Kybelebrunnen auf der Plaza de la Cibeles. Im NW wurde die Plaza de España mit dem Cervantesdenkmal (1927) angelegt. Als N–S-Zentralachse entwickelte sich der Boulevard Paseo de la Castellana. Zahlr. moderne Bauten, u. a. Nuevos Ministerios (1940–42), Torre de M. (1967), Hochhaus España (1953), IBM-Gebäude (1966–68), Bankinter (1974–76), Bankunión (1972–75), Adriatica de Seguros (1979), Glasturm des Banco de Bilbao (1979/80), Multifunktionskomplex AZCA (1979/80), Palacio de Congresos (1970; Entwurf der Wandkeramik von Miró, 1980). – Nw. von M. liegt der ↑Escorial. – Abb. S. 192.

Madrid Hurtado, Miguel de la, *Colima 12. Dez. 1934, mex. Politiker. – Jurist; 1975–79 Staatssekretär im Finanzministerium, 1979–82 Min. im Präsidialamt; 1982–88 Staatspräs. M. H. gelang es, durch eine Austeritätspolitik die ökonom. Krise Mexikos zu entschärfen.

Madrigal [italien.], seit Anfang des 14. Jh. in Italien bezeugte volkssprachl. Gattung gesungener *Lyrik*, im 14. Jh. noch meist polem., satir. und moral.; doch, bes. unter dem Einfluß der Dichtung Petrarcas, bald bukolisch-idyll. Liebesdichtung. Ältere M. zeigen Einstrophigkeit aus 2 bis 3 Terzetten und 1 bis 2 angeschlossenen Reimpaaren; im 16. Jh. wurde das M. formal weitgehend freier. Ende des 16. Jh., v. a. aber im 17. Jh., wurde wieder eine verbindlichere Form (13 Zeilen, in 3 Terzette und 2 Reimpaare gegliedert) üblich. Das M. war die wichtigste Textform der barocken Oper und des Oratoriums und bes. in der Anakreontik und Romantik eine selbständige literar. Gattung. In der *Musik* wurde das M. des Trecento von vornherein mehrstimmig, mit einer vom Text bestimmten Form (2 bis 3 Terzette mit gleicher Musik und ein davon unterschiedenes Schlußritornell) und reicher Melismatik der Oberstimme (Hauptvertreter sind Jacopo da Bologna und F. Landini). Das M. des 16. und 17. Jh. wurde bes. von fläm. Komponisten zur wichtigsten Gattung der weltl. Vokalpolyphonie entwickelt. Es ist vier- oder mehrstimmig, strebt nach reicher harmon. Ausgestaltung und tonmaler. Klangeffekten. Über die fläm. Komponisten A. Willaert, J. Arcadelt und P. Verdelot kam diese M.kunst nach Italien, wo sie v. a. von A. Gabrieli, C. de Rore, L. Marenzio, Don C. Gesualdo und C. Monteverdi gepflegt wurde. Bed. Madrigalisten des 16. und frühen 17. Jh. waren in Frankreich C. Janequin, in Deutschland J. Gallus, L. Lechner, H. L. Haßler und H. Schütz, in England W. Byrd, T. Morley und J. Wilbye. Palestrina und O. di Lasso komponierten auch geistl. Madrigale. Im 20. Jh. wurde die urspr. solist. Vokalmusik der M., zumal in der Jugendmusikbewegung, als Chormusik gepflegt. Neue M. komponierten u. a. P. Hindemith, E. Pepping, C. Orff.

Bruno Maderna

Madonna

Madrid
Stadtwappen

Madrid

Hauptstadt von
Spanien (seit 1606)

●

3,1 Mill. E

●

wirtsch. und kulturelles
Zentrum des Landes

●

größte Stadt der Iber.
Halbinsel

●

939 als maur. Festung
erstmals erwähnt

●

Königsresidenz
seit 1561

●

Museo del Prado

●

histor. Altstadt mit
Bauten des 17.–19. Jh.

Madura

Madura, indones. Insel in der Javasee, vor der östl. N-Küste Javas, 4 481 km² (einschl. vorgelagerter Inseln), 2,69 Mill. E, Hauptort Pamekasan. Die bis 471 m hohe Insel ist dicht bevölkert.

Madurai, ind. Stadt am Fuß der Ostghats, 148 m ü. d. M., 820 900 E. Sitz eines kath. Erzbischofs und eines anglikan. Bischofs; Univ. (gegr. 1966). Neben Coimbatore führender Ind.standort von Tamil Nadu. – M., die alte Hauptstadt des Pandja-Reiches, gewann erst wieder mit der Gründung der Najakadynastie von M. im 16. Jh. an Bed. – Von 4 Tortürmen überragte, 260 × 220 m große Tempelstadt (1623–60) mit Schiwa- und Minakschitempel (beide im wesentlichen 17. Jh.); in der NO-Ecke befindet sich die 1 000-Säulen-Halle (um 1560).

Maebashi, jap. Stadt auf Honshū, 277 300 E. Verwaltungssitz der Präfektur Gumma; Univ. (gegr. 1949). Nördlichste Stadt des Ind.gebiets Keihin.

Maecenas, Gajus Cilnius [mɛ...] (Mäcenas), * 13. April um 70, † Rom 8 v. Chr., röm. Ritter aus etrusk. Geschlecht, Freund des Kaisers Augustus. – Bed. als Förderer röm. Dichter (Horaz, Vergil, Properz). Nach ihm nennt man den Förderer der Künste und der Wiss. einen **Mäzen.**

Maedi, durch RNS-Viren verursachte, meldepflichtige, tödlich verlaufende chron. Lungenentzündung der Schafe.

Maekawa Kunio (Kunio Mayekawa), * Niigata 14. Mai 1905, † Tokio 27. Juni 1986, jap. Architekt. – Studium in Tokio und Paris, 1928–30 Mitarbeiter von Le Corbusier; erster Vertreter der modernen Architektur in Japan. – *Werke:* Konzerthalle und Bibliothek in Yokohama (1954), Festhallen in Kyōto (1960) und Tokio (1961), Museum (1971) und Ausstellungshalle (1975) in Ōmiya, Museum für Ostasiat. Kunst in Köln (1977).

Maerlant, Jacob van [niederl. 'maːrlɑnt], * vermutlich auf der Insel Voorne um 1235, † Damme oder Brügge nach 1291, niederl. Dichter. – Bed. Vertreter des Bürgertums in der ma. niederländ. Literatur; verfaßte Ritterromane sowie Lehrgedichte, u. a. über die Staatskunst, die Naturwiss. und die bibl. Geschichte.

Maestà [maɛsˈta; lat.-italien. „Majestät"] ↑ Mariendarstellungen.

maestoso [maɛs...; italien.], musikal. Vortragsbez.: majestätisch; oft zus. mit Tempo-Bez. wie allegro maestoso, lento maestoso.

Maestra, Sierra [span. ˈsi̯ɛrra maˈestra], das höchste Gebirge Kubas, im SO der Insel, im Pico Turquino 1 972 m hoch.

Maestro [italien., zu lat. ↑ Magister], svw. Meister, Künstler; in Italien inoffizieller Titel für Komponisten, Dirigenten, Lehrer an Konservatorien.

Maeterlinck, Maurice [frz. mɛtɛrˈlɛ̃ːk, niederl. ˈmaːtɛrlɪŋk], * Gent 29. Aug. 1862, † Orlamonde bei Nizza 6. Mai 1949, belg. Schriftsteller. – Ging 1886 nach Paris, wo er durch die Aufführung seines Dramas „Prinzessin Maleine" (1889) berühmt wurde. Als Lyriker und Dramatiker einer der bedeutendsten Vertreter des Symbolismus, u. a. „Der Eindringling" (1890), „Die Blinden" (1891), „Zu Hause" (1894). Auch naturphilosoph. Schriften. 1911 Nobelpreis für Literatur.

Madrid

Links oben: Plaza de la Cibeles mit Kybelebrunnen, 18. Jh. Rechts oben: Plaza Mayor, 1617. Links unten: Triumphbogen Puerta de Alcalá, 1764–78. Rechts unten: Boulevard Paseo de la Castellana mit Multifunktionskomplex AZCA, 1979/80

Mäeutik [zu griech. maieutiké (téchnē) „Hebammenkunst"], auf Platon zurückgehende Bez. für die von Sokrates angewandte Methode, einem Gesprächspartner durch geschicktes Fragen zu neuen (d. h. ihm bisher unbewußten), durch eigenes Nachdenken gewonnenen Erkenntnissen zu verhelfen.

Maffay, Peter, eigtl. P. Alexander Makkay, *Kronstadt (Rumänien) 30. Aug. 1949, dt. Rocksänger und Komponist. – Lebt seit 1963 in der BR Deutschland; sang zunächst Schlager, dann Rock'n'Roll- und Country-Rock-Songs, deren einprägsame Melodien er meist selbst schrieb.

Maffei, Francesco Scipione, *Verona 1. Juni 1675, †ebd. 11. Febr. 1755, italien. Dramatiker und Gelehrter. – Verfaßte kulturhistor. und archäolog. Arbeiten; löste sich mit der Tragödie „Merope" (1713) von den frz. Vorbildern und leitete die Entwicklung eines eigenständigen italien. Dramas ein.

Mafia [italien., eigtl. „Prahlerei"], politisch und wirtsch. einflußreicher, mit kriminellen Mitteln arbeitender Geheimbund, der im 18. Jh. in Sizilien entstand (für Neapel ↑Camorra). Die Mgl. der M. (**Mafiosi**) übten dank verwandtschaftl. und der durch die Abhängigkeit einer Klientel gegebenen Beziehungen unter Gewaltandrohung gegenüber der Bev. und Justiz eine parastaatl. Gegengewalt aus, die sie örtlich zum Ordnungsfaktor und eigtl. Herrschaftsträger machte. Es bildete sich eine mafiose Subkultur heraus, die durch ein bestimmtes Sozialverhalten (omertà „Schweigen", vendetta „Rache"), weniger durch straffe, geheimbundartige Organisation gekennzeichnet war. Vom Faschismus zeitweilig unterdrückt, ist die M. heute als kriminelles Bindeglied zw. Besitz und Arbeit, Bürger und Staat (z. B. Bauind., Großmärkte, Prostitution, Rauschgifthandel) über große Teile Italiens verbreitet. Durch sizilian. Einwanderer im 19. Jh. in die USA übertragen, bilden mafiose Elemente heute den harten Kern der amerikan. Verbrecherwelt. (↑Cosa Nostra).

mafisch [Kw.] ↑felsisch.

Mafra, portugies. Stadt 45 km nw. von Lissabon, 5 900 E. – Über der Stadt die größte portugies. Klosteranlage (1717–30).

Magadan, russ. Gebietshauptstadt in NO-Sibirien, am Ochotsk. Meer, 152 000 E. PH; Theater; Herstellung von Bergbauausrüstungen, Lederind., Fischverarbeitung; Hafen. – 1933 im Zusammenhang mit der Erschließung der Kolyma-Goldfelder gegründet.

Magadha, histor. Landschaft im heutigen ind. Bundesstaat Bihar; Ursprungsland von Buddhismus und Dschainismus; wurde zum Kernland des Reiches der Maurja und des Guptareiches.

Magalhães, Fernão de [portugies. mɐɣɐ'ʎẽiʃ] (Magellan; span. Fernando de Magallanes), *Sabrosa (bei Vila Real), um 1480, ✕ auf der Philippineninsel Mactan (bei Cebu) 27. April 1521, portugies. Seefahrer. – Bereiste 1505 Goa, Cochin und Quilon, wobei er Kenntnis über die Molukken als Ursprungsländer der Gewürze erhielt. König Karl I. bewilligte ihm fünf Schiffe für eine Westfahrt zu den Gewürzinseln (Abreise am 20. Sept. 1519). M. erreichte die Bucht von Rio de Janeiro am 13. Dez. und fand am 21. Okt. 1520 den Eingang in die nach ihm benannte M.straße; erreichte am 6. März 1521 die Ladronen (= Marianen) und am 16. März die Lazarusinseln (= Philippinen), wo er im Kampf mit der einheim. Bev. fiel. Nach seinem Tode gelang seinem Nachfolger Juan Sebastián Elcano die Rückkreise nach Spanien (über den Ind. Ozean und um das Kap der Guten Hoffnung). – Mit dieser ersten Weltumsegelung war die Kugelform der Erde erwiesen. – Karte S. 194.

Magalhãesstraße [portugies. mɐɣɐ'ʎẽiʃ] ↑Magellanstraße.

Magazin [arab.-italien.], Vorratshaus; Lagerraum [für Bücher]; Laden.
▷ Bez. und Titel[bestandteil] period. Zeitschriften (erstmals 1731 in Großbritannien), heute auch von Hörfunk- und Fernsehsendungen; insbes. Bez. für anspruchslosere, illustrierte Unterhaltungs- oder zweckgebundene (auch polit.) Zeitschriften (Hobby-, Sex-, Jugend-M. usw.) und für polit. oder wirtsch. orientierte, von einem Moderator betreute Sendungen in Hörfunk und Fernsehen.
▷ Patronenkammer in Mehrladegewehren, Maschinenwaffen und Pistolen.

Magdalena [span. maɣða'lena], Dep. in N-Kolumbien, am Karib. Meer, 23 188 km², 860 800 E (1988), Hauptstadt Santa Marta.

Magdalena, Río [span. 'rrio maɣða'lena], größter Strom Kolumbiens, entspringt in der Zentralkordillere, fließt zw. Zentral- und Ostkordillere nach N, im nördl. Tiefland teilt er sich in mehrere Arme, vereinigt sich mit dem Río Cauca und mündet in einem breiten Delta in das Karib. Meer; 1 550 km lang, davon 905 km schiffbar.

Magdalenenberg ↑Villingen-Schwenningen.

Magdalénien [magdaleni'ɛ̃:; frz.], nach dem frz. Fundort La Madeleine (Gem. Tursac, Dordogne) ben. jungpaläolith. Kulturstufe W- und M-Europas (etwa 15 000–10 000 v. Chr.), die auf das Solutréen folgte; v. a. gekennzeichnet durch Geräte aus Knochen, Elfenbein und Rengeweih, weniger durch Steingeräte; Höhepunkt und Abschluß der paläolith. Kunstentwicklung (bes. typisch feine Gravierungen von Mensch und Tier auf Felswänden und Knochengeräten sowie Malereien und Kleinplastiken). Berühmt sind die Höhlenheiligtümer des M., z. B. Altamira und Lascaux.

Magdalensberg (Helenenberg), Berg am Rande des Zollfelds (Kärnten), Österreich; auf dem 1 058 m hohen Gipfel lag eine ausgedehnte kelt.-röm. Siedlung; reiche Funde im Grabungs- und Freilichtmuseum. – ↑Virunum.

Maurice Maeterlinck

Fernão de Magalhães

Oben: Plaza de España mit dem Cervantesdenkmal, 1927. Unten: Palacio de Congresos, 1970

Magdeburg

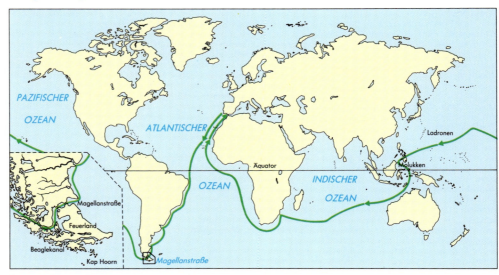

Fernão de Magalhães. Übersichtskarte seiner Entdeckungsreise

Magdeburg
Stadtwappen

Magdeburg, Hauptstadt von Sa.-Anh. und kreisfreie Stadt, an der mittleren Elbe, 54 m ü. d. M., 280 000 E. TU (bis 1987 TH), PH, Medizin. Akad., Staatsarchiv, kulturhistor. Museum, Kulturpark Rotehorn (mit Stadthalle), Zoo. Schwermaschinenbau, chem. und Nahrungsmittelind.; Verkehrsknotenpunkt, Elbhafen im Kreuzungsbereich von Mittelland-, Elbe-Havel-Kanal und Elbe (Schiffshebewerk M.-Rothensee).
Geschichte: Burg und Siedlung M. wurden erstmals 805 als bed. Handelsplatz gen.; nach 937 stiftete Otto I. das Moritzkloster und errichtete 968 das Erzbistum M.; Verleihung des Marktrechts 965; in der 2. Hälfte des 12. Jh. bes. Blüte des Handels (Fernhandel mit Getreide, Salz, Kupfer, Silber), die Stadt begann sich von der erzbischöfl. Herrschaft zu lösen (1240 Einführung eines Rats, 1294 Schultheißenamt erworben). Das 1188 erstmals kodifizierte **Magdeburger Recht** gewann v. a. im 13. Jh. weiteste Verbreitung. Bei der Eroberung durch Tilly 1631 brannte die Stadt nieder. 1680 fiel M. an Brandenburg; 1740 zur Festung ausgebaut; 1815–1944 Hauptstadt der Prov. Sachsen; 1952–1990 Hauptstadt des gleichnamigen DDR-Bezirkes.
Bauten: Nach fast völliger Zerstörung der Innenstadt im 2. Weltkrieg sind u. a. wiederhergestellt worden: der ↑ Magdeburger Dom, das roman. Kloster Unser Lieben Frauen (um 1064 begonnen; nach Brand 1188 wiederaufgebaut; 1220–40 gotisch eingewölbt; heute Konzerthalle), die Nikolaikirche (1821–24; von K. F. Schinkel entworfen). Vor dem barocken Rathaus (1651–98) der Magdeburger Reiter (um 1240; Original im Kulturhistor. Museum).
M., 968 als kirchl. Zentrum für die Gebiete östlich der Elbe gegr. ehem. Erzbistum, zu dessen Kirchenprov. die Bistümer Brandenburg, Havelberg, Meißen (bis 1399), Merseburg, Posen (bis um 1000), Zeitz und ab 1420 Lebus gehörten und das sich als Erzdiözese links der Elbe von Eilenburg bis zur Ohremündung erstreckte. Das weltl. Territorium umfaßte die Magdeburger Börde und Halle/Saale, jeweils mit umliegenden Gebieten, den Bereich zw. Elbe und Havel bis zum Plauer See sowie das Land Jüterbog; fiel 1680 als Hzgt. an Brandenburg.
Magdeburger Börde, sehr fruchtbare Landschaft westlich der Elbe in Sa.-Anh., 80–130 m ü. d. M., etwa 930 km² groß. Sie wird von einer bis zu 2 m mächtigen Lößdecke überzogen, auf der sich Schwarzerde entwickelte; Anbau von Weizen und Zuckerrüben.
Magdeburger Dom, anstelle eines otton. Baus 1209 ff. errichtet. Während in der Schwere der Formen der spätstauf. Stil weiterlebt, sind Grund- und Aufriß von der frz. Gotik übernommen: dreischiffige Querhausbasilika mit Chorumgang, Kapellenkranz und Doppelturmfassade (erst 1520 vollendet). Eine Besonderheit ist die Chorumgangsempore. Bed. Bauplastik (u. a. kluge und törichte Jungfrauen, um 1245) und erzbischöfl. Grabdenkmäler.
Magdeburger Halbkugeln ↑ Guericke, Otto von.
Magdeburger Recht ↑ Stadtrechte.
Magdeburger Zenturien, Kurzbez. für das von M. ↑ Flacius konzipierte und organisierte erste prot. Kirchengeschichtswerk („Historia ecclesiastica ...", 8 Bde., 1559–74), das die einzelnen Jh. nach gleichen Fragestellungen untersucht.
Mägdefrau, Karl, *Jena 8. Febr. 1907, dt. Botaniker. – Prof. in Straßburg, München und Tübingen; bed. Arbeiten zur Paläobotanik („Paläobiologie der Pflanzen", 1942), zur „Geschichte der Botanik" (1973) und zur Ökologie.
Magellan ↑ Magalhães, Fernão de.
Magellan, 1989 gestartete amerikan. Venussonde zur Erkundung des mit einer Dauerwolkendecke versehenen Planeten; übermittelte außergewöhnlich aussagekräftige Radarbilder zur Erde.
Magellanfuchs (Colpeo, Dusicyon culpaeus), bis 1,2 m langer, wolfsähnl., langschnauziger, bräunlichgrauer Fuchs in den südamerikan. Halbwüsten und den Anden südl. des Äquators.
Magellangans ↑ Halbgänse.
Magellansche Wolken [nach F. de Magalhães], zwei ↑ Sternsysteme am Südhimmel, die mit bloßem Auge sichtbar sind; Begleiter des Milchstraßensystems. In den in den Sternbildern Dorado und Mensa liegenden **Großen Magellanschen Wolke** werden ausgedehnte Emissionsnebel und absorbierende interstellare Materie beobachtet. Die im Sternbild Tucana liegende **Kleine Magellansche Wolke** ist weniger stark durch interstellare Materie strukturiert. Mit etwa 170 000 Lichtjahren Entfernung sind die M. W. die uns am nächsten stehenden Sternsysteme und deshalb Hauptobjekt der extragalakt. Forschung.
Magellanstraße (Magalhãesstraße), sturm- und nebelreiche Meeresstraße zw. Atlantik und Pazifik, zw. dem südamerikan. Festland und Feuerland, 600 km lang, 3–30 km breit. – 1520 von Magalhães entdeckt; seit 1881 chilen. Hoheitsgebiet mit freier Durchfahrt für Schiffe aller Nationen. Seit 1976 Erdölförderung.
Magelone, Gestalt der provenzal. Sagentradition, im 15. und 16. Jh. auch des frz. und dt. Volksbuches. Der M.stoff behandelt die Geschichte von der Liebe, der Tren-

nung und dem Wiedersehen von M. und ihrem Geliebten, dem Grafen Peter von Provence.

Magen (Ventriculus, Stomachus, Gaster), erweiterter, meist muskulöser Abschnitt des Verdauungskanals, der auf die Speiseröhre folgt. In ihm wird die aufgenommene Nahrung gespeichert und durch den M.saft so weit aufbereitet, daß sie als Speisebrei (Chymus) in den Dünndarm weitergeleitet werden kann. Erweiterungen, die vor dem eigtl. Magen liegen und in denen Nahrung nur gespeichert, durch Speichel enzymatisch aufbereitet oder mechanisch zerkleinert wird, werden Vormagen genannt (z. B. Honig-M. der Bienen, Pansen, Netz- und Blätter-M. beim Wiederkäuer-M.; Kropf der Vögel). Bei Insekten wird oft der ganze Mitteldarm als M. bezeichnet. – *Wiederkäuermagen:* Einen bes. kompliziert gebauten M. haben die Wiederkäuer. Die Nahrung gelangt zunächst wenig zerkaut in den **Pansen** (Rumen, Zotten-M.), wird dort durchgeknetet und durch Bakterien teilweise abgebaut. Anschließend wird sie zur Zerkleinerung und Durchmischung zw. Pansen und **Netzmagen** (Reticulum; hat netzartige Falten) hin- und hergeschleudert. Der Netz-M. befördert die Nahrung portionsweise durch rückläufige peristalt. Bewegungen der Speiseröhre wieder in die Mundhöhle. Hier wird sie mehrfach gekaut (*Wiederkäuen,* Rumination), reichlich mit Speichel versetzt und erneut geschluckt. Der Nahrungsbrei gelangt nun in den **Blättermagen** (Psalter; mit blattartig nebeneinanderliegenden Schleimhautlängsfalten), wo er zerrieben und eingedickt wird. Anschließend wird der Nahrungsbrei im **Labmagen** (Abomasus) enzymatisch durch Pepsin und Salzsäure verdaut.

Der *M. des Menschen* ist C-förmig, etwa 20 cm lang und hat beim Erwachsenen ein Fassungsvermögen von 1,6–2,4 Liter. Von Zeit zu Zeit laufen Kontraktionswellen über den M., die den M.inhalt vorwärts bewegen (**Magenperistaltik**). Man unterscheidet den **Magenmund** (Kardia), den **Magengrund** (Fundus), den **Magenkörper** (Korpus) und den **Magenpförtner** (Pylorus). Die **Magenwand** ist 2–3 mm stark und besteht aus vier Schichten. Die innerste (**Magenschleimhaut**) produziert den **Magensaft,** eine wasserklare, saure, verdauungsfördernde und keimtötende Flüssigkeit mit von den Schleimdrüsen abgesondertem, alkal., in Salzsäure unlösl. Schleim, Salzsäure und den Verdauungsenzymen Kathepsin und Pepsin. Dieser M.schleim kann die Salzsäure binden, so daß ihm eine wichtige Schutzfunktion gegen die Selbstverdauung der M.schleimhaut zukommt. Außerdem schützt er sie vor mechan., enzymat. und therm. Schädigung. Die M.salzsäure denaturiert Eiweiß und schafft ein optimales Milieu für die Wirkung des Pepsins. Ferner tötet sie Bakterien ab und regt schließlich bei Übertritt in den Darm die Bauchspeicheldrüse zur Sekretion an. Für die Kohlenhydratverdauung werden im M. keine Enzyme gebildet. Das kohlenhydratspaltende Enzym des Speichels wirkt aber so lange noch weiter, wie der M.inhalt noch nicht mit Salzsäure vermengt ist. Die fettspaltende Lipase wird nur in geringen Mengen gebildet. Fette durchwandern den M. daher im allg. unverdaut. In der M.schleimhaut wird auch der ↑Intrinsic factor gebildet. – Bereits in Ruhe sondert der M. geringe Mengen von Verdauungssäften ab. Diese Ruhesekretion von rd. 10 cm³ je Stunde kann nach Nahrungsaufnahme bis auf 1 000 cm³ ansteigen.

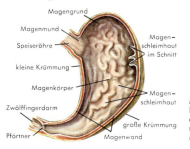

Magen. Längsschnitt durch einen menschlichen Magen

Magenaushebung, Entleerung des Magens durch Ansaugen des Inhaltes mittels eines durch den Mund über die Speiseröhre eingeführten Schlauches.

Magenbitter, Trinkbranntweine mit 40 Vol.-% Alkohol (Magenliköre 35 Vol.-%), die bittere und aromat. pflanzl. Extraktstoffe enthalten und die Verdauung fördern sollen.

Magenblutung (Gastrorrhagie), durch Schädigung der Magenwand (bes. bei Magengeschwür, Magenkrebs) oder Schleimhaut ausgelöste Blutung ins Magenlumen; mit Bluterbrechen, Blutstühlen, bei starker Blutung Kreislaufschock.

Magenbremsen, svw. ↑Magendasseln.

Magen-Darm-Kanal (Magen-Darm-Trakt, Gastrointestinaltrakt), der mit dem Magen beginnende, am After mündende Teil des menschl. Darmtrakts.

Magen-Darm-Katarrh ↑Darmentzündung.

Magendasseln (Magenfliegen, Magenbremsen, Gasterophilidae), Fliegenfam. mit rd. 30 (in M-Europa etwa 10) rd. 10–15 mm großen, meist pelzig behaarten Arten. Die Larven entwickeln sich als Blutsauger im Magen und Darm von Warmblütern.

Magendurchbruch (Magenperforation), Durchbruch eines tiefen Magengeschwürs durch die Magenwand, meist in die freie Bauchhöhle; mit plötzlich einsetzenden heftigen Schmerzen, Erbrechen, Bauchdeckenspannung und Schocksymptomen; erfordert sofortige Operation.

Magenerkrankungen, meist von der Magenschleimhaut ausgehende Erkrankungen des Magens wie der ↑Magenkrebs, das Magengeschwür oder die Magenschleimhautentzündung. Das **Magengeschwür** (Ulcus ventriculi) ist eine akute oder chron. Geschwürbildung im Bereich des Magens; die wesentl. Ursache des pept. Magengeschwürs ist der Kontakt der Magenwand mit dem verdauungswirksamen Magensaft. Die **Magenschleimhautentzündung** (Gastritis) äußert sich im akuten Fall zunächst in Völlegefühl, Appetitlosigkeit, Aufstoßen, Übelkeit, Erbrechen und in brennenden, drückenden, krampfartigen Schmerzen in der Magengegend; spätere Symptome sind trockener Mund, schleimiger Geschmack und Unverträglichkeit selbst kleiner Mengen von Speisen und Getränken. – Zur Behandlung genügt in leichten Fällen oft eine kurzfristige Nahrungsenthaltung (Kamillentee, Zwieback). – Die *chron. Magenschleimhautentzündung* kann sich bei Wiederholung aus der akuten Form entwickeln. Die chron. Entzündungen und Reizzustände der Magenschleimhaut können häufig auch ohne erkennbare Anlässe (zu heiße bzw. kalte Speisen

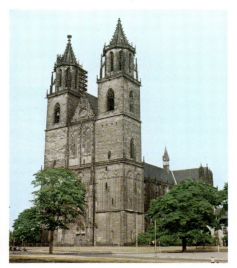

Magdeburger Dom. Westfassade des Doms, 1209 ff.

Magenfistel

oder Getränke, Säuren, Laugen, bestimmte Medikamente) und ohne Beschwerden vorkommen (begünstigt durch Streß, Nikotin- und Alkoholmißbrauch, schlechtes Kauen der Nahrung, übertriebenes Würzen der Speisen).

Magenfistel, operativ angelegte röhrenförmige Verbindung zw. dem Magen und einem Darmteil oder der Bauchdeckenoberfläche (äußere M.; v. a. zur künstl. Ernährung).

Magenfliegen, svw. ↑Magendasseln.

Magengeschwür ↑Magenerkrankungen.

Magenkrampf (Gastrospasmus), heftiger, krampfartiger Magenschmerz; meist mit Erbrechen verbunden; bei Magengeschwüren und -geschwülsten, seltener unmittelbar psychogen bedingt.

Magenkrebs (Magenkarzinom), bösartige, von der Schleimhaut des Magens ausgehende Geschwulst; nach dem Lungen- und Darmkrebs der dritthäufigste bösartige Tumor. M. kommt bevorzugt bei Männern vor, mit einem Häufigkeitsgipfel zw. dem 5. und 6. Lebensjahrzehnt. Die Ursachen sind weitgehend unbekannt; u. a. spielen wahrscheinlich Umweltfaktoren und Eßgewohnheiten eine Rolle. Charakteristisch sind die Entstehung des M. im Gefolge einer stark fortgeschrittenen chron. Magenschleimhautentzündung und das gehäufte Auftreten bei perniziöser Anämie. Nach dem Frühstadium, das längere Zeit auf die Schleimhaut und das Unterschleimhautbindegewebe des Magens beschränkt ist (Heilungsaussichten bei Frühoperation über 90 %), kommt es zum geschwürigen Zerfall und/oder infiltrierenden Wachstum mit Tochtergeschwülsten. – Die ersten Anzeichen eines M. sind derart unauffällig, daß die Erkrankung gewöhnlich erst im fortgeschrittenen Stadium erkannt wird. Nach leichtem Druck- und Völlegefühl kommt es zu Müdigkeit, Appetitlosigkeit, Gewichtsverlust, brennenden oder ziehenden Schmerzen, Widerwillen gegen bestimmte Speisen (bes. Brot und Fleisch), Übelkeit und zu wiederholtem Erbrechen. – Die Therapie besteht in einer möglichst frühzeitigen teilweisen oder vollständigen Entfernung des Magens (↑Magenresektion).

Magenmittel, svw. ↑Stomachika.

Magenmund ↑Magen.

Magenperforation, svw. ↑Magendurchbruch.

Magenpförtnerkrampf, svw. ↑Pylorospasmus.

Magenresektion, teilweise oder vollständige operative Entfernung des Magens bei therapieresistenten, anhaltend blutenden Geschwüren oder bösartigen Geschwülsten des Magens bzw. des Zwölffingerdarms. Bei einer Totaloperation wird die Speiseröhre anschließend mit dem Dünndarm vereinigt; als Magenersatz kann unter Umständen eine Dünndarmschlinge zwischengeschaltet werden.

Magensaft ↑Magen.

Magenschleimhaut ↑Magen.

Magenschleimhautentzündung ↑Magenerkrankungen.

Magenschließmuskel ↑Pylorus.

Magenspiegel (Gastroskop) ↑Endoskope.

Magenspülung, wiederholtes Auswaschen des Magens z. B. mit physiolog. Kochsalzlösung mit Hilfe eines Magenschlauches; v. a. bei akuten Vergiftungen.

Magenta [italien. ma'dʒɛnta], italien. Stadt in der Lombardei, 138 m ü. d. M., 23 800 E. – In der Schlacht von M. (4. Juni 1859) unterlagen die Österreicher den vereinigten Franzosen und Piemontesen unter Mac-Mahon und räumten daraufhin die Lombardei.

Magenta [ma'dʒɛnta; italien., nach der gleichnamigen italien. Stadt], blaßroter Farbton; einer der Grundfarbtöne für den Dreifarbendruck (↑Drucken); oft noch als *Purpur* bezeichnet.
▷ svw. ↑Fuchsin.

Magenwürmer (Trichostrongylidae), Fam. der Fadenwürmer; etwa 8 mm bis 3 cm lange Parasiten im Magen-Darm-Trakt zahlr. Tiere. Von den verschiedenen, die *Magenwurmkrankheit* verursachenden Arten ist bes. verbreitet und gefürchtet der bei Lämmern v. a. im Labmagen blutsaugende, oft dichte Klumpen bildende **Große Magenwurm** (Roter Magenwurm, Haemonchus contortus).

Magerkohle ↑Steinkohle, ↑Kohle (Tabelle).

André Maginot

Magermilch ↑Milch.

Magerøy [norweg. ˌmaːɡərœi], Insel in Nordnorwegen, 288 km²; größte Siedlung Honningsvåg. Die Hochfläche im Innern ist Weidegebiet für Rentiere. Auf M. liegen das ↑Nordkap und ↑Knivskjelodden, der nördlichste Punkt Europas.

Magersucht, krankhafte Folge einer unzureichenden Ernährung mit starkem Untergewicht. M. kann organ. und psych. Gründe haben, z. B. chron. Infekte, psychogen bedingte Appetitlosigkeit (↑Pubertätsmagersucht), Krebserkrankungen. Die Symptome der M. sind Lustlosigkeit, Mangel an Energie und Müdigkeit. Das Unterhautfettgewebe ist weitgehend verschwunden.

Maggia [italien. 'maddʒa], Zufluß des Lago Maggiore, im schweizer. Kt. Tessin, entspringt am Naretpaß (Passo di Naret), mündet in einem Delta am N-Ende des Sees, 56 km lang.

Maggid [hebr. „Sprecher, Erzähler"], Verkünder; jüd. Ehrentitel; erbaul. Prediger und Schriftdeuter.

Maggikraut [nach dem schweizer. Industriellen J. Maggi, * 1846, † 1912], svw. ↑Liebstöckel.

Maggini, Giovanni Paolo [italien. mad'dʒiːni], * Botticino Sera bei Brescia 25. Aug. 1580, † Brescia (?) nach 1630, italien. Geigenbauer. – Bedeutendster Vertreter der Brescianer Geigenbauschule; baute v. a. Violinen mit ausgesprochen warmem, dunklem Ton.

maggiore [ma'dʒoːre; lat.-italien. „größer"], in der Musik svw. Durakkord, Durtonart (mit großer Terz); **Maggiore** zeigt den Durteil eines in einer Molltonart stehenden Stückes (Marsch, Tanz, Rondo u. ä.) an.

Maghreb [arab. „Westen"], Bez. für den W-Teil der arab.-muslim. Welt (Tunesien, N-Algerien und Marokko).

Maghrebinisch-Arabisch (Nordafrikanisch-Arabisch), eine Hauptdialektgruppe der ↑arabischen Sprache.

Maghreb-Union (Union der Arabischen Maghreb-Staaten), durch den Vertrag von Marrakesch am 17. Febr. 1989 gegr. Gemeinschaft der 5 nordafrikan. Staaten Algerien, Libyen, Marokko, Mauretanien und Tunesien zur Zusammenarbeit auf wirtsch. und kulturellem Gebiet, u. a. durch Abbau der Zollschranken zw. den Mgl.staaten. An der Spitze steht der „Rat der fünf Staatsoberhäupter", dessen Vorsitz alle 6 Monate wechselt. Der Konsultativrat (10 Mgl. pro Land) dient als gemeinsames Parlament.

Magie [altpers.-griech.-lat.], zusammenfassende Bez. für Praktiken, mit denen der Mensch seinen eigenen Willen auf die Umwelt in einer Weise übertragen will, die nach naturwiss. Betrachtungsweise irrational erscheint. Allg. gilt von mag. Praktiken, daß die mit ihrer Hilfe intendierte Wirkung vermeintlich dadurch zustande kommt, daß zw. dem Subjekt einer mag. Handlung und ihrem Objekt ein außerrationaler Abbildungs- und/oder Kausalitätszusammenhang angenommen oder hergestellt wird. Theoretisch lassen sich zwar Religion und M. in der Weise voneinander abgrenzen, daß diesseits der Religion der Mensch sich einer schicksalsbestimmenden (göttl.) Macht unterwirft, mit Hilfe der M. jedoch die Welt und die Natur aus eigener Kraft lenken und beeinflussen will (z. B. Leben und Tod, Gesundheit und Krankheit, Fruchtbarkeit und Dürre); tatsächlich aber werden in den meisten Religionen mag. Praktiken vollzogen, auch dann, wenn diese offiziell verboten sind oder als nicht magisch interpretiert werden. Diese Vermengung von Religion und M. findet sich v. a. in dem für den Volksglauben oft typ. mag. Umgang mit eigtl. religiösen, v. a. kult. Phänomenen, die häufig im Ggs. zum offiziellen religiösen Verständnis magisch interpretiert und verwendet werden (↑Aberglaube). – Unter *schwarzer M.* versteht man Handlungen, die die Schädigung eines einzelnen oder einer Gruppe beabsichtigen (↑Zauber), während die *weiße M.* nur die Praktiken umfaßt, die ohne schädigende Intention zu Mehrung von Gütern irgendwelcher Art eingesetzt werden. – ↑Zauberkunst.

Magier [altpers.-griech.-lat.], nach Herodot urspr. der mit priesterl. und mant. Aufgaben betraute Angehörige einer der sechs Sippen des med. Reiches. – Im griech. Text des N. T. (Matth. 2, 1 ff.) werden die Weisen aus dem Morgenland (↑Drei Könige) auf Grund ihrer astrolog. Kenntnisse als M. bezeichnet. – In der Religionswiss. wird der Begriff allg. zur Bez. des Inhabers übernatürl. „mag." Fähigkeiten verwendet (↑Magie), in der Literatur zur Bez. des Zauberers, der übersinnl. Kräfte besitzt, in der Zauberkunst für jemanden, der Zaubertricks vorführt.

Maginot, André [frz. maʒi'no], *Paris 17. Febr. 1877, †ebd. 7. Jan. 1932, frz. Politiker. – In seiner Amtszeit als Kriegsmin. (1922–24 und 1929–32) wurde das Heeresgesetz (1928) erlassen und mit dem Bau (1929–36) der nach ihm ben. **Maginotlinie** begonnen; dieses Befestigungssystem an der frz. NO-Grenze bestand v. a. aus Festungswerken, Panzerhindernissen und betonierten Stellungen, eingeteilt in 25 „befestigte Abschnitte", am stärksten ausgebaut im Bereich von Metz und Lauter.

magisch, auf ↑Magie beruhend; geheimnisvoll, zauberhaft.

magischer Realismus, in der *bildenden Kunst:* in den 1920er Jahren entstandene Bez. für eine Darstellungsweise, die durch äußerste Akribie bzw. überscharfe Wiedergabe der Wirklichkeit unter Auslassung von Nebensächlichem, durch einen stat. Bildaufbau und mit perspektiv. Mitteln eine mag. Wirkung erzeugt. Sie entwickelte sich unter dem Einfluß der ↑Pittura metafisica. Der Begriff wurde zunächst auf Werke der verist. Richtung der ↑Neuen Sachlichkeit bezogen (G. Schrimpf, C. Mense, A. Kanoldt, F. Radziwill u. a.), dann auch auf die Malerei ähnlich vorgehender Künstler, v. a. in den USA (u. a. I. Albright, P. Blume, A. Wyeth), schließlich auch auf Werke der ↑Wiener Schule des Phantastischen Realismus und des Photorealismus sowie der naiven Malerei.
▷ in der *Literatur:* 1) Strömung nach dem 2. Weltkrieg, die dadurch gekennzeichnet ist, daß Wirklichkeit als Symbol oder Chiffre für eine andere (mag.) Wirklichkeit erscheint; dazu zählen u. a. Werke von H. Kasack („Die Stadt hinter dem Strom", 1947), Elisabeth Langgässer („Das unauslöschl. Siegel, 1947), E. Kreuder („Die Gesellschaft vom Dachboden", 1946), H. E. Nossack, W. Warsinsky („Kimmerische Fahrt", 1953) und J. Daisne. 2) Begriff, der die „mag.-realist." Struktur der gebrochenen Zeit (Neben- und Ineinander verschiedenster Zeit- und Wirklichkeitsebenen) der (v. a. phantast.) lateinamerikan. Literatur im 20. Jh. kennzeichnet (u. a. M. Á. Asturias, A. Roa Bastos, J. Cortázar, J. Rulfo, G. García Márquez).

magisches Auge, früher als Abstimmanzeigeröhre verwendete Elektronenröhre.

magisches Dreieck ↑magisches Viereck.

magisches Fünfeck ↑magisches Viereck.

magisches Quadrat, quadrat. Zahlenschema mit n^2 von den natürl. Zahlen 1, 2, 3, ..., n^2 belegten Feldern, in dem die Summe S_n der Zahlen in einer waagerechten Zeile, einer senkrechten Spalte oder einer Diagonalen stets gleich ist: $S_n = \frac{1}{2}n(n^2+1)$. Ein m. Q. für $n^2 = 9$ Elemente ist das aus China kommende sog. Saturnsiegel mit der Summe 15:

4	9	2
3	5	7
8	1	6

Das bekannteste m. Q. für $n^2 = 16$ Elemente ist das aus A. Dürers Kupferstich „Melancolia I" stammende mit der Summe 34:

16	3	2	13
5	10	11	8
9	6	7	12
4	15	14	1

Die m. Q. galten als Symbol der Harmonie; sie wurden in Form von Siegeln auf Amuletten benutzt.

André Maginot. Maginotlinie

magisches Viereck, Zielsystem der Wirtschaftspolitik, bestehend aus den Zielen Vollbeschäftigung, Geldwertstabilität, außenwirtsch. Gleichgewicht **(magisches Dreieck),** angemessenes und stetiges Wirtschaftswachstum (m. V.) sowie gerechte Einkommens- [und Vermögens]verteilung **(magisches Fünfeck).** Die „Magie" dieser Zielsysteme liegt darin, daß die einzelnen Ziele, die ja gleichzeitig verwirklicht werden sollen, um so schwerer erreicht werden, je besser eines dieser Ziele verwirklicht wird; in der prakt. Wirtschaftspolitik wird demzufolge nicht versucht, jedes Einzelziel vollständig zu erreichen, sondern das jeweilige Zielsystem zu optimieren.

magische Zahlen, Bez. für die Protonen- oder Neutronenzahlen 2, 8, 20, 28, 50, 82 und die Neutronenzahl 126 bestimmter Atomkerne. Bei diesen **magischen Kernen** ist nach dem Schalenmodell die äußerste Protonen- oder Neutronenschale abgeschlossen. Solche Kerne zeichnen sich gegenüber anderen Kernen z. B. durch größere Bindungsenergie aus.

Magister [lat. „Vorsteher, Leiter, Lehrer"], alter Universitätsgrad (M. Artium Liberalium „Meister der freien Künste"; Abk. M. A. oder A. L. M.), der die Lehrberechtigung einschloß; diese ging allmählich auf den Doktortitel über, während der M.titel seit dem 16. Jh. auf die artist. (philosoph.) Fakultät beschränkt wurde. In Großbritannien hielt sich der Titel als Universitätsabschluß durchgehend: Master of Arts (M. A.) und Master of Science (M. Sc.; M. S.) nach 5–6 Jahren Studium, auch in den USA (neben anderen „Master's degrees" in zahlr. Fachrichtungen). In Österreich blieb der M.grad lebendig für Pharmazeuten und ist seit 1966 allg. eingeführt (gleichgestellt mit Diplom und Lizenziat). In der BR Deutschland ist der **Magister Artium** (M. A.) als berufsqualifizierender Abschluß für geisteswiss. Fächer 1960 allg. eingeführt worden (Univ.examen). Er setzt ein 8semestriges Studium, eine schriftl. Arbeit (M.arbeit) sowie Prüfungen in einem Hauptfach und zwei Nebenfächern oder zwei Hauptfächern voraus.

Magister militum [lat. „Heeresmeister"], oberstes militär. Amt (Reichsfeldherr) im Röm. Reich seit Konstantin I. (ab 416 mit Patrizierswürde). Es gab die Ämter des Magister

Magistrale

equitum (Reiterei) und des Magister peditum (Infanterie). In der röm. Republik war dagegen der **Magister equitum** ein Gehilfe und Stellvertreter des Diktators.

Magistrale [lat.], Hauptverkehrslinie, Hauptverkehrsstraße (bes. in einer Großstadt).

Magistrat [lat. (zu ↑Magister)], im antiken Rom das durch Volkswahl in den Komitien verliehene ordentl. staatl. Ehrenamt („honos") und sein Inhaber. Daneben standen die durch Ernennung bestellten außerordentl. M. (Diktator). Alle ordentl. Ämter waren durch jährl. Wechsel, die meisten durch Kollegialität mit gleicher Amtsbefugnis gekennzeichnet.

▷ ↑Gemeindevorstand.

Magistratsverfassung ↑Gemeindeverfassungsrecht.

Alessandro Magnasco. Die Mahlzeit der Zigeuner (Florenz, Uffizien)

Magma [griech. „geknetete Masse, dicke Salbe"], natürlich vorkommende Gesteinsschmelze im oberen Erdmantel und in der Erdkruste, die in erstarrtem Zustand die magmat. Gesteine bildet. Nach der stoffl. Zusammensetzung unterscheidet man saure (granit., mit über 66 % SiO_2), intermediäre (52–66 % SiO_2) und bas. (basalt., mit unter 52 % SiO_2) M. Saure Magmen entstehen durch Aufschmelzen von Krustenmaterial, das in die Tiefe absinkt, auch durch Vermischung solcher Schmelzen mit aufsteigendem bas. M., das den oberen Erdmantel bildet. Jede Förderung von M. beruht auf einer Störung des Gleichgewichts auf Grund veränderter Druck- und Temperaturverhältnisse. Bleibt das M. dabei in der Erdkruste stecken, entstehen Plutone (↑Plutonismus), erreicht es die Erdoberfläche, dann bilden sich Vulkane (↑Vulkanismus). Bei der Erstarrung eines M. verändert sich sein Stoffbestand, die flüchtigen Bestandteile reichern sich in einer Restschmelze an. Mit dieser in mehreren Phasen ablaufenden sog. Differentiation ist u. a. die Entstehung von Erzlagerstätten verknüpft.

magmatische Gesteine [griech./dt.] ↑Gesteine.

Magmatite [griech.], svw. magmatische ↑Gesteine.

Magna Carta (M. C. libertatum „große Urkunde der Freiheiten"; Magna Charta, engl. The Great Charter), am 15. Juni 1215 (Datum der Urkunde; endgültige Einigung am 19. Juni) zw. König Johann ohne Land und Vertretern der aufständ. Barone sowie der Kirche abgeschlossener Vergleich in 63 Artikeln. Die Forderungen der Aufständischen betreffen im wesentlichen die rechtl. Sicherung der Vasallen (u. a. gegen Mißbrauch der königl. Justiz und der lehnsrechtl. Verpflichtungen; Regelung der Erhebung von Schuld- und Hilfsgeldern) und sind selbst da, wo sie auf eine Rechtssicherung nichtfeudaler Gruppen (Schutz der Bauern und Kaufleute, Bestätigung der städt. Freiheiten, Begünstigung Londons) abzielen, zumeist mit einem Eigeninteresse der Barone verknüpft. Jedem Freien wird in Art. 39 zugestanden, daß er nicht willkürlich verfolgt, sondern nur durch seine Standesgenossen und nach dem Gesetz des Landes abgeurteilt werden kann. Art. 61 bestellt zur Wahrung der verbrieften Freiheiten gegenüber dem König einen Kontrollausschuß von 25 Baronen und institutionalisiert damit das feudale Widerstandsrecht. So ist die M. C. in erster Linie Satzung geltenden Lehnsrechts, wurde aber im Lauf der Zeit zum fundamentalen Grundgesetz engl. Verfassungsrechts aufgewertet.

magna cum laude [lat. „mit großem Lob"] ↑Doktor.

Magnago, Silvius [italien. maɲˈnaːgo], * Meran 5. Febr. 1914, italien. Politiker. – Jurist; Mgl. der Südtiroler Volkspartei (SVP), seit 1957 deren Vors., 1961–89 Landeshauptmann von Südtirol.

Magna Graecia [ˈgrɛːtsia; lat.] ↑Großgriechenland.

Magna Mater [lat. „Große Mutter"], mytholog. Bez. für eine urspr. Muttergottheit, v. a. aber Beiname der ↑Kybele.

Magnani, Anna [italien. maɲˈnaːni], * Rom 7. März 1908, † ebd. 26. Sept. 1973, italien. Schauspielerin. – Eindrucksvolle Darstellerin des italien. Neoverismo, z. B. im Film „Rom – offene Stadt" (1945); verkörperte sehr oft den Typ der „Frau aus dem Volk", z. B. in den Filmen „Amore" (1948), „Die goldene Karosse" (1953), „Die tätowierte Rose" (1956), „Mamma Roma" (1962).

Magnasco, Alessandro [italien. maɲˈnasko], * Genua 1667, † ebd. 12. März 1749, italien. Maler. – Schuf bizarre Landschaften und weite, merkwürdig irreale Interieurs mit fahrendem Volk, Soldaten, Nonnen oder Mönchen.

Magnat [zu lat. magnus „groß"], Bez. 1. für den grundbesitzenden Hochadel; 2. in neuerer Zeit für Inhaber wirtsch. Macht (Ölmagnat); 3. für geistl. und weltl. Würdenträger in O-Mitteleuropa. – *Ungarn:* erbl. Titel der Angehörigen hochadliger Geschlechter und Mgl. der 1. Kammer des ungar. Reichstages **(Magnatentafel).** *Polen:* 1. die z. T. bes. privilegierte Adelsschicht, 2. hohe geistl. und weltl. Würdenträger (Senatoren).

Magnentius, Flavius Magnus, * wohl Ambianum (= Amiens) um 303, † Lugdunum (= Lyon) 10. Aug. 353, röm. Gegenkaiser (seit 350). – Von brit.-fränk. Herkunft; riß die westl. Reichshälfte und Illyrien an sich (Ermordung Konstans' I.); wurde von Konstantius II. bei Mursa besiegt (28. Sept. 351), beging Selbstmord.

Flavius Magnus Magnentius (Brustbild auf römischer Solidusmünze, Aquileia, 350 n. Chr.)

Magnes, Judah Leon, * San Francisco 5. Juli 1877, † New York 27. Okt. 1948, Rabbiner und israel. Politiker. – Nach Rabbinat und Engagement in jüd. Organisationen siedelte M. 1922 nach Palästina über. Mitarbeiter C. ↑Weizmanns, erster Kanzler der Hebr. Univ. Jerusalem, ab 1935 bis zu seinem Tod deren Präsident. Politisch vertrat er die Errichtung eines Zwei-Nationen-Staats in einem ungeteilten Land.

Magnesia, Name antiker griech. Städte in Kleinasien: M., die heutige griech. ↑Magnesische Halbinsel. M. am Mäander (genauer an dessen Nebenfluß Lethaios), nahe beim heutigen Söke; der Sage nach von Ansiedlern aus der gleichnamigen thessal. Landschaft gegr.; wohl ab 465 v. Chr. Zufluchtsort des Themistokles, um 400 neu gegr.; berühmtes ion. Artemisheiligtum.

M. am Sipylos, das heutige türk. ↑Manisa.

Magnesia, antike thessal. Landschaft, ↑Magnesische Halbinsel.

Magnesia [griech.], svw. ↑Magnesiumoxid.

Magnesia alba [griech./lat. „weiße Magnesia"] (basisches Magnesiumcarbonat, Magnesiaweiß), weißes, lockeres, in Wasser unlösl. Pulver mit wechselnder Zusammensetzung, $x\,MgCO_3 \cdot y\,Mg(OH)_2$. Verwendung u. a. als Füllmittel für Gummi und Papier.

Magnesiasteine (Magnesitsteine), aus über 80 % Magnesiumoxid bestehende hochfeuerfeste Steine, die z. B. für die Auskleidung elektr. Öfen, zur Ausmauerung von Öfen in der Zement- und Glasind., im Metallhüttenwesen usw. verwendet werden.

Magnesische Halbinsel (neugriech. Chersonisos Magnisias), gebirgige Halbinsel an der O-Küste Griechenlands, umschließt den Pagasäischen Golf im O und S; waldreich ist der Pelion (bis 1551 m ü.d.M.) im N; Obst-, Ölbaum- und Rebkulturen. – Die antike Landschaft **Magnesia** war Mgl. der delph. Amphiktyonie, politisch von Thessalien, seit Philipp II. von Makedonien abhängig.

Magnesit [griech.] (Bitterspat), trigonales, meist weißes, auch durchsichtiges bis durchscheinendes, gelbl., braunes oder schwärzl. Mineral der chem. Zusammensetzung $MgCO_3$. Mohshärte 4–4,5. Dichte um 3,0 g/cm^3. Oft zusammen mit anderen Carbonaten wie Dolomit, Siderit, Calcit. Man unterscheidet *Kristall-M.* und *dichten M.;* wichtiger Rohstoff für Magnesium und Magnesiumverbindungen sowie feuerfeste Steine.

Magnesitbinder (Magnesiamörtel, Magnesiazement, Sorelzement), Mischung aus Magnesiumoxid und einer konzentrierten Lösung von Magnesiumchlorid oder -sulfat; erstarrt steinartig unter Bildung bas. Magnesiumchloride; M. wird als Bindemittel für Estriche und Leichtbauplatten verwendet.

Magnesitsteine, svw. ↑Magnesiasteine.

Magnesium [griech.], chem. Symbol Mg; metall. Element aus der II. Hauptgruppe des Periodensystems (Erdalkalimetall). Ordnungszahl 12; relative Atommasse 24,305, Schmelzpunkt 648,8 °C, Siedepunkt 1090 °C, Dichte 1,74 g/cm^3. Das silberglänzende, sehr reaktionsfähige unedle Leichtmetall wird von schwachen Säuren aufgelöst und verbrennt mit blendend weißem Licht (Verwendung in der Pyrotechnik) zu Magnesiumoxid. M. kommt in Form von Silicaten (Asbest, Meerschaum, Olivin, Serpentin, Talk), Carbonaten (Magnesit, Dolomit) sowie als Bestandteil von Salzlagern und im Meerwasser vor. Gewonnen wird es durch Schmelzelektrolyse aus M.chlorid. M. wird als Legierungsbestandteil, Treibstoffzusatz (in Raketen), Reduktionsmittel und zur Herstellung von ↑Grignard-Verbindungen verwendet. Bei vielen Stoffwechselvorgängen ist das Spurenelement M. als Aktivator notwendig. In den Pflanzen ist M. im Chlorophyll enthalten; es wird in Form von Verbindungen Düngemitteln zugesetzt.

Magnesiumcarbonat, weißes, in Wasser sehr schwer lösl. Pulver der chem. Zusammensetzung $MgCO_3$; in Wasser, das viel Kohlendioxid (CO_2) gelöst enthält, geht es über in das leichter lösliche *Magnesiumhydrogencarbonat,* $Mg(HCO_3)_2$, das für temporäre Härte des Wassers mitverantwortlich ist. M. spaltet sehr leicht CO_2 ab und geht dabei in ↑Magnesia alba über; in der Natur kommt M. in großen Mengen als Magnesit und Dolomit vor.

Magnesiumchlorid, farbloses, stark hygroskop., leicht wasserlösl. Salz; kristallisiert aus wäßriger Lösung als Hexahydrat, $MgCl_2 \cdot 6 H_2O$, aus; findet sich in der Natur gelöst im Meerwasser (etwa 3,5 g/l) und in Salzseen; kristallisiert kommt es in Kalisalzlagerstätten v. a. als Karnallit vor; im großtechn. Umfang wird (wasserfreies) M. nach mehreren Verfahren hergestellt und dient zur Gewinnung von Magnesium.

Magnesiumhydrogencarbonat ↑Magnesiumcarbonat.

Magnesiumlegierungen, Legierungen, die als Hauptbestandteil Magnesium enthalten. Wichtigste Legierungselemente sind Aluminium, Mangan und Zink. M. zeichnen sich durch gute Korrosionsbeständigkeit, verbesserte Festigkeitswerte bei geringem spezif. Gewicht sowie leichte Verarbeitbarkeit aus. Sie werden bes. im Flugzeug- und Automobilbau verwendet.

Magnesiumoxid (Bittererde, Magnesia), MgO, weißes, in Wasser unlösl. Pulver, das beim Verbrennen von Magnesium oder beim Erhitzen von Magnesiumverbindungen je nach Brenntemperatur als Magnesia usta oder kaust. Magnesia (bei 600–900 °C) und Sintermagnesia (bei über 1400 °C) entsteht.

Magnesiumsilicate, die Magnesiumsalze der Kieselsäuren; in der Natur weitverbreitete, z. T. gesteinsbildende Minerale (Olivin, Talk u. a.); verwendet v. a. als Füllstoffe für Malerfarben, Kautschuk und Papier.

Magnesiumsulfat, $MgSO_4$, das Magnesiumsalz der Schwefelsäure; eine sehr hygroskop. Verbindung, die vier stabile Hydrate bildet. In der Natur kommt M. als Kieserit und als Bittersalz vor. Technisch dient M. v. a. als Beiz- und Imprägniermittel.

Magnet [zu griech. líthos magnḗtēs „Magnetstein", eigtl. „Stein aus Magnesia"], ein Körper, der in seiner Umgebung ein ↑Magnetfeld erzeugt. Man unterscheidet die M., die ihr Feld ohne äußere Erregung beliebig lange behalten *(Dauer-* oder *Permanentmagnete),* und ↑Elektromagneten. Das M.feld, das ein M. in seiner Umgebung aufbaut, entspringt fast vollständig aus zwei Bereichen an seinen Enden, den sog. *Magnetpolen.* Ein frei drehbar angeordneter stabförmiger M. stellt sich im erdmagnet. Feld so ein, daß der eine Pol *(Nordpol)* nach Norden weist und der andere *(Südpol)* nach Süden. Zw. den Polen verschiedener M. bestehen Kraftwirkungen: Gleichnamige Pole stoßen sich ab, ungleichnamige ziehen sich an. Dauer-M. aus ferro- oder ferrimagnet. Material verwendet man in Drehspulinstrumenten, Lautsprechern, Mikrophonen, Kopfhörern, kleinen Generatoren, Motoren u. a. Sie verlieren ihre magnet. Eigenschaften, wenn man sie stark erschüttert oder über die Curie-Temperatur erhitzt.

Magnetabscheider (Magnetscheider), Anlage zum Trennen magnet. Stoffe (insbes. Minerale) von nichtmagnet. Häufig verwendete Bauarten sind der *Trommelscheider,* bei dem ein Elektromagnet in einer rotierenden Trommel die magnet. Bestandteile an der Außenwand festhält und auf diese Weise abtrennt, und der *Bandscheider,* bei dem das gemahlene Gut auf einem Bandförderer zw. den Polen eines Elektromagneten hindurchläuft.

Magnetband, dünner, bandförmiger Informationsträger mit magnetisierbarer Schicht zur Speicherung von Ton- und Bildsignalen, Daten und Meßwerten.

Magnesit. Kristallmagnesit

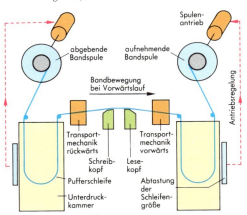

Magnetbandgerät. Schematische Darstellung

Magnetbandgerät, Anlage zur Aufzeichnung und Wiedergabe analoger oder digitaler elektr. Signale mittels *Magnetbands.* Meist unterscheidet man **Magnetbandgeräte für akustische Aufzeichnung** (Geräte für Rundfunk-, Fernseh-, Film- und Schallplattenstudios, Tonbandgeräte für den Heimgebrauch, Diktiergeräte u. a.) sowie **Magnetbandgeräte für nichtakustische Anwendung** (Magnetbandspeicher für EDVA, Meßwertspeicher, Videospeicher u. a.). Hauptteile eines M. sind das *Transportwerk* für die Bandbewegung, die *Magnetköpfe* für die Aufzeichnung, die Wiedergabe und das Löschen der Signale sowie der *Verstärker.*

Magnetblasenspeicher ↑Magnetspeicher.

Magneteisenstein, svw. ↑Magnetit.

Magnetfeld (magnet. Feld), durch Magnete oder bewegte elektr. Ladungen erzeugtes Feld, das Kraftwirkungen zw. Magneten bzw. elektr. Strömen vermittelt und durch die *magnet. Feldstärke* **H** und die *magnet. Flußdichte* **B** als zu-

Magnetfeldtherapie

gehörige Feldgrößen beschrieben wird. M. treten auf als *magnetostat.* oder, verknüpft mit zeitlich veränderl. elektr. Feldern, als *elektromagnet. Felder.* – ↑Permeabilität.

Magnetfeldtherapie, Anwendung niederfrequenter elektromagnet. Felder zur Heilungsförderung von Knochenbrüchen, Weichteilverletzungen und zur Beeinflussung von Neuralgien; die Wirkungsweise (vermutlich durch Wärmeentfaltung) ist ungeklärt.

magnetische Anomalie, Abweichungen des Magnetfeldes der Erde vom normalen magnet. Dipolfeld (↑Erdmagnetismus); sie können u. a. auf dem Vorhandensein örtlich begrenzter magnetitreicher Gesteine beruhen und spielen daher eine bed. Rolle in der Lagerstättenforschung.

magnetische Bildaufzeichnung ↑Videorecorder.

magnetische Doppelbrechung ↑magnetooptische Effekte.

magnetische Feldkonstante ↑Permeabilität.

magnetische Feldstärke, vektorielle Größe H, die neben der magnet. Flußdichte B zur Beschreibung des Magnetfeldes dient; SI-Einheit A/m. – ↑magnetische Polarisation.

magnetische Flußdichte (magnetische Induktion), vektorielle Größe B, die zus. mit der magnet. Feldstärke H ein Magnetfeld beschreibt. SI-Einheit Tesla (T). – ↑magnetische Polarisation.

magnetische Flüssigkeit (Ferroflüssigkeit), Suspension von ferro- oder ferrimagnet. Teilchen von etwa 10 nm Ø in einer Trägerflüssigkeit (z. B. Wasser, Ester, Kohlenwasserstoffe). Die Koagulation der Teilchen wird durch einen Belag (z. B. Ölsäure) auf ihrer Oberfläche verhindert. Durch ein magnet. Feld können die Teilchen ausgerichtet und in Richtung des Feldgradienten bewegt werden, wobei ihre Bewegung auf die gesamte Flüssigkeit übertragen wird. Verwendet werden m. F. z. B. für vakuumdichte Drehdurchführungen, zur Dämpfung von Oberschwingungen in Lautsprechern, zur mechan. Schwingungsdämpfung bei Schrittmotoren, zur Trennung von Emulsionen.

magnetische Kernresonanz, svw. ↑Kernresonanz.

magnetische Linse ↑Elektronenoptik.

magnetische Polarisation, Quotient J aus magnet. Dipolmoment und Volumen; SI-Einheit Tesla (T). M. P. entsteht durch Elementarströme oder durch Einwirkung eines Magnetfeldes auf Materie. Sie hängt mit der magnet. Flußdichte B und der magnet. Feldstärke H über die Gleichung $B = \mu_0 H + J$ zus. (μ_0 magnet. Feldkonstante).

magnetische Quantenzahl ↑Quantenzahl.

magnetischer Fluß, Produkt aus magnet. Flußdichte und von ihr durchsetzter Fläche; Zeichen Φ, SI-Einheit Weber (Wb).

magnetisches Feld, svw. ↑Magnetfeld.

magnetisches Moment, das Dipolmoment eines Magneten, i. e. S. eines atomaren Systems. Magnet. M. sind in manchen Stoffen permanent vorhanden (sog. Elementarmagnete) und werden überdies durch Magnetfelder in allen Substanzen induziert. Aus der Quantentheorie hat sich ergeben, daß m. M. grundsätzlich im Zusammenhang mit Bahndrehimpulsen und/oder Spins der Elementarteilchen auftreten.

magnetische Sterne, Sterne, bei denen an der Aufspaltung der Spektrallinien infolge des Zeeman-Effekts ein Magnetfeld nachgewiesen wurde; die magnet. Flußdichte kann über 3 Tesla erreichen.

Magnetisierung [griech.], die Zustandsänderung, die Materie beim Einbringen in ein ↑Magnetfeld erfährt; auch Bez. für die physikal. Kenngröße M dieses Prozesses, definiert als Differenz $M = H_0 - H$ zw. der Feldstärke H_0 eines äußeren Magnetfeldes und der Feldstärke H, die sich in einem Körper einstellt, der in dieses Feld gebracht wird; SI-Einheit A/m. Es gilt $B = \mu_0(H+M)$; B magnet. Flußdichte, μ_0 magnet. Feldkonstante.

Magnetisierungskurve (Hystereseschleife), die graph. Darstellung des Zusammenhangs von magnet. Flußdichte B, magnet. Polarisation J oder Magnetisierung M und magnet. Feldstärke H bei ferromagnet. und ferrimagnet. Stoffen.

Magnetisierungsstrom, der elektr. Strom, der zum Aufbau des Magnetfeldes in einem Transformator oder des Luftspaltfeldes in einer rotierenden elektr. Maschine dient.

Magnetismus [griech.], Gesamtheit aller Erscheinungen, die sich auf das Magnetfeld und das Verhalten der Stoffe in ihm beziehen; Eigenschaft bestimmter Körper (↑Magnet) oder stromdurchflossener Leiter, auf andere Körper, bes. Eisen, Kräfte auszuüben. Der M. wird durch die Bahnbewegung der Elektronen oder den Eigendrehimpuls (Spin) von Elektronen oder Atomkernen verursacht. Die Bahnbewegung führt zum **Diamagnetismus,** der Eigenschaft von allen Stoffen in allen Aggregatzuständen, in einem Magnetfeld eine zur Feldrichtung entgegengesetzte Magnetisierung anzunehmen. Dieser sehr schwache, praktisch temperaturunabhängige M. beruht auf der Larmor-Präzession der Elektronen, d. h. auf elementaren Induktionsströmen. *Diamagnet. Stoffe* (z. B. Silber, Wasserstoff) werden aus einem inhomogenen Magnetfeld herausgedrängt; ihre magnet. Suszeptibilität χ in der Beziehung $M = \chi H$ zw. Magnetisierung M und magnet. Feldstärke H ist negativ, ihre relative Permeabilität kleiner als 1. In vielen Stoffen wird der Dia-M. überdeckt durch den stärkeren **Paramagnetismus,** der Eigenschaft vieler Stoffe, in einem Magnetfeld eine in Feldrichtung zeigende Magnetisierung anzunehmen; sie beruht auf dem Vorhandensein permanenter magnet. Dipolmomente infolge unvollständig besetzter Elektronenschalen. Diese magnet. Momente sind wegen der Wärmebewegung ungeordnet; im Magnetfeld stellen sie sich jedoch bevorzugt parallel zur Feldrichtung ein. *Paramagnet. Stoffe* (z. B. Aluminium, Sauerstoff) werden in ein inhomogenes Magnetfeld hineingezogen, ihre magnet. Suszeptibilität ist positiv, ihre relative Permeabilität wenig größer als 1. Permanente magnet. Momente von Atomkernen verursachen den **Kern[para]magnetismus.** In Festkörpern treten beim Vorhandensein permanenter magnet. Dipolmomente geordnete magnet. Strukturen auf, die zu ↑Ferromagnetismus, ↑Antiferromagnetismus und ↑Ferrimagnetismus führen. Für ferro- und ferrimagnet. Stoffe ist die relative Permeabilität (bzw. die Suszeptibilität) keine Konstante, sondern von der magnet. Feldstärke und der vorhergehenden Magnetisierung abhängig und viel größer als 1. Dieser **Festkörpermagnetismus** tritt unterhalb einer charakterist. Temperatur auf (Curie-Temperatur beim Ferro-M., Néel-Temperatur beim Ferri- und Antiferro-M.); bei höheren Temperaturen verhalten sich alle diese Festkörper paramagnetisch. – Unter **Elektromagnetismus** faßt man alle Erscheinungen zus., an denen elektr. und magnet. Felder gleichzeitig beteiligt sind.

Geschichte: Die älteste Erwähnung des M. ist für Thales bezeugt. In China waren magnet. Eigenschaften des Eisens vermutlich schon im 2. Jh. v. Chr. bekannt. – Erste genauere Untersuchungen des M. erfolgten im MA. Die neuzeitl. Lehre vom M. begründete W. Gilbert in seinem Werk „De magnete ..." (1600). Mit dem Coulombschen Gesetz für Magnetpole war die Gesetzmäßigkeit magnet. Kräfte erstmals formuliert. 1820 folgte die Entdeckung des Elektro-M. durch H. C. Ørsted und die Formulierung des Biot-Savartschen Gesetzes. A. M. Ampère wies die magnet. Eigenschaften stromdurchflossener Spulen nach und entwickelte 1825 die Vorstellung von der elektr. Natur des M. (molekulare Dauerströme). 1831 entdeckte M. Faraday die elektromagnet. Induktion, 1873 veröffentlichte J. C. Maxwell seine Theorie des elektromagnet. Feldes. Eine erste Theorie des M. auf der Basis der Elektronentheorie stellte 1905 P. Langevin auf; sie lieferte eine Erklärung für Dia- und Para-M. und deren Temperaturverhalten. P. Weiss postulierte die Existenz einer spontanen Magnetisierung in bestimmten Bereichen (Weiss-Bezirke). Eine exakte Theorie lieferte jedoch erst die Quantentheorie (erstmals 1928 von W. Heisenberg auf den Ferro-M. und 1932 von J. H. Van Vleck auf Dia- und Para-M. angewandt).

▷ (Heilmagnetismus) ↑Mesmerismus.

Magnetit [griech.] (Magneteisenstein), kub. Mineral von schwarzer, metallisch glänzender Farbe, Fe_3O_4; namengebend ist sein natürl. Magnetismus. Mohshärte 5,5,

Magnetit.
Metallisch glänzende
Kristalle

Magnetostriktion

Dichte 5,2 g/cm³. Vorkommen in körnigen bis dichten Aggregaten oder in losen Körnern; Bestandteil in fast allen magmat. sowie in vielen metamorphen Gesteinen; weitverbreitetes, wichtiges Eisenerz.

Magnetkarte, Kunststoffkarte, meist im Scheckkartenformat, mit einem als Datenträger dienenden Magnetstreifen zur Aufnahme bestimmter Kenndaten, die von einem M.leser erfaßt und einem Computer zur Verarbeitung zugeführt werden. M. können z. B. als Werksausweise dienen. Im Bankwesen und Einzelhandel wird die M. als **Magnetstreifenkarte** zur Vereinfachung des Zahlungsverkehrs und zur Inanspruchnahme von Dienstleistungen eingesetzt; in Verbindung mit einer persönl. Identifizierungsnummer ermöglicht die M. z. B. den Zugang zu Geldausgabeautomaten, Kontoauszugsdruckern oder den bargeldlosen Einkauf. Eine Weiterentwicklung der M., die Chipkarte, enthält außerdem einen Mikroprozessor.

Magnetkies (Pyrrhotin, Magnetopyrit), ferromagnet. hexagonales Mineral von bronzener bis brauner Farbe, metallisch glänzend und undurchsichtig; FeS. Mohshärte 4, Dichte 4,58–4,70 g/cm³. Wirtschaftlich wichtig nur zus. mit dem Nickelerz ↑Pentlandit. Vorkommen v. a. in Tiefengesteinen der Gabbrofamilie; rein nur in Eisenmeteoriten.

Magnetkompaß ↑Kompaß.

Magnetkopf, Wandler zur magnet. Informationsspeicherung (z. B. im Tonbandgerät), der die zuvor in elektr. Impulse bzw. Wechselspannungen umgewandelte Information durch Umwandlung in ein magnet. Wechselfeld (nach dem Prinzip des Elektromagneten) auf ein magnet. Speichermaterial (Magnettonträger) in Form unterschiedl. Magnetisierungen „aufschreibt" und umgekehrt (Umwandlung der gespeicherten Magnetisierungen durch Induktion in elektr. Wechselspannung) zu „lesen" gestattet; auch ein Löschen der Information ist möglich. Je nach Funktion unterscheidet man Schreib- (Aufnahme-, Sprechkopf), Lese- (Wiedergabe-, Hörkopf) und Löschkopf, die auch kombiniert sein können.

Magnetmine ↑Mine.

Magnetnadel ↑Kompaß.

Magnetochemie [griech./arab.], Teilgebiet der physikal. Chemie, das magnet. Stoffeigenschaften für die Lösung chem. Probleme ausnutzt; liefert einen Beitrag zur Aufklärung der Bindungsverhältnisse und Elektronenkonfigurationen in den Molekülen.

Magnetohydrodynamik [griech.], Teilgebiet der Physik, das die Wechselwirkung zw. Magnetfeldern und strömenden, elektrisch leitfähigen Flüssigkeiten oder Gasen, speziell von Plasmen, untersucht; wichtig für MHD-Generatoren, die gesteuerte Kernfusion und die Theorie kosm. Plasmen.

magnetohydrodynamischer Generator, svw. ↑MHD-Generator.

magnetohydrodynamische Wellen, infolge einer Kopplung mechan. und elektromagnet. Kräfte entstehende Wellen in einem Plasma, auf das ein Magnetfeld einwirkt.

magnetokalorischer Effekt, durch Änderung der Magnetisierung bestimmter Stoffe erzeugte Temperaturänderung. In Paramagnetika ist eine Magnetisierung stets mit einer Temperaturerhöhung verbunden. – ↑adiabatische Entmagnetisierung.

magnetomechanische Effekte, svw. ↑gyromagnetische Effekte.

Magnetometer [griech.], Gerät zur Messung von Größe und Richtung magnet. Felder. Die Meßmethoden beruhen auf dem Vergleich von Drehmomenten von Magnetstäben, Induktionswirkungen an bewegten Spulen, Ablenkung von Elektronenstrahlen, Messung der Präzessionsfrequenz von Elementarteilchen, Beeinflussung supraleitender Stromkreise u. a. M. werden bes. zur Erforschung des Erdmagnetismus und der geolog. Struktur bei der Lagerstättenforschung verwendet.

magnetomotorische Speicher ↑Magnetspeicher.

Magneton [griech.], physikal. Konstante, als deren Vielfaches häufig magnetische Momente im atomaren und subatomaren Bereich angegeben werden. Das sogenannte **Bohrsche Magneton** μ_B ist definiert durch $\mu_B = e\hbar/(2m_e) = 9{,}274 \cdot 10^{-24}$ A · m²; e Elementarladung, $\hbar = h/(2\pi)$, h Plancksches Wirkungsquantum, m_e Ruhmasse des Elektrons. Nach klass. Rechnung ist μ_B gleich dem magnet. Moment eines (spinlos gedachten) Elektrons, das mit dem Bahndrehimpuls $\hbar$ auf einer Kreisbahn umläuft. Das mit dem Spin $\hbar/2$ des Elektrons verknüpfte magnet. Moment stimmt annähernd mit μ_B überein. – ↑Kernmagneton.

Magnetooptik [griech.], Gebiet der physikal. Optik, behandelt den Einfluß magnet. Felder auf Emission, Ausbreitung und Absorption von Licht in Medien.

magnetooptische Effekte, alle Erscheinungen, die auf der Beeinflussung des sich in einem Medium ausbreitenden Lichtes durch magnet. Felder beruhen. Unter der Einwirkung eines magnet. Feldes wird die Polarisationsebene linear polarisierten Lichts, das sich in Richtung der magnet. Feldlinien ausbreitet, in allen (auch den optisch nicht aktiven) Substanzen gedreht **(Faraday-Effekt).** Auf der Einstellung magnet. Atom- oder Molekülmomente in die Richtung des magnet. Feldes beruhen sog. Einstelleffekte. An ferromagnet. Materialien tritt der **magnetooptische Kerr-Effekt** auf, die Veränderung der Polarisationsverhältnisse bei der Reflexion an den polierten Polen eines Magneten. Ein weiterer Einstelleffekt ist der **Cotton-Mouton-Effekt (magnetische Doppelbrechung),** der ein Analogon zur elektr. Doppelbrechung, dem elektroopt. Kerr-Effekt, darstellt; tritt er in kolloidalen Lösungen auf, so bezeichnet man ihn auch als **Majorana-Effekt.**

Magnetopyrit [griech.], svw. ↑Magnetkies.

Magnetosphäre [griech.], ein die Erde umgebender, auf der sonnenabgewandten Seite stromlinienförmiger Bereich, in dem das erdmagnet. Feld die Bewegung der in ihm befindl. bzw. in ihn hineingelangenden elektrisch geladenen Teilchen bestimmt. Verantwortlich für die Entstehung der innen von der Ionosphäre, außen von der sog. Magnetopause begrenzten M. ist der Sonnenwind. Dieser Teilchenstrom „komprimiert" das erdmagnet. Feld auf der sonnenzugewandten Seite und läßt es auf der sonnenabgewandten Seite schweifförmig auslaufen. Teil der M. sind die ↑Van-Allen-Gürtel.

Magnetostatik [griech.], Lehre von den zeitlich konstanten Magnetfeldern. In der M. wird der räuml. Verlauf von Magnetfeldern in der Umgebung von Dauermagneten und von stationären Strömen sowie die Kraftwirkungen derartiger Felder untersucht.

Magnetostriktion [griech./lat.], Bez. für alle von Magnetisierungsprozessen herrührenden Änderungen der geometr. Abmessungen von Körpern. Die Erscheinungen lassen sich einteilen in volumeninvariante Gestaltsänderungen (M. i. e. S., *Joule-Effekt, Gestalts-M.*) und forminvariante Volumenänderungen *(Volumenmagnetostriktion).*

Magnetschwebebahn. Das seit 1977 entwickelte Schnellbahnsystem Transrapid

Magnetotaxis

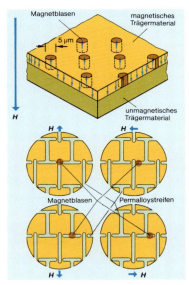

Magnolie.
Tulpenmagnolie
(Höhe bis 6 m)

Magnetotaxis [griech.], eine nach dem Magnetfeld erfolgende Orientierung[sbewegung] bestimmter Tiere (Honigbiene, Vögel, Delphine).

Magnetplattenspeicher ↑ Magnetspeicher.

Magnetpol ↑ Magnet.

Magnetpulververfahren, Verfahren der zerstörungsfreien Werkstoffprüfung ferromagnetischer Materialien: In Öl aufgeschwemmtes Eisenpulver haftet am magnetisierten Prüfkörper v. a. an Rissen, die sich an oder dicht unter der Oberfläche befinden.

Magnetron [griech.] ↑ Laufzeitröhren.

Magnetscheider, svw. ↑ Magnetabscheider.

Magnetschwebebahnen (Magnetschienenbahn), in der Erprobung befindl. Schnellbahnsysteme, bei denen räderlose Fahrzeuge mit Hilfe von Magnetfeldern an oder auf eisernen Fahrschienen schwebend entlanggeführt werden, wobei hohe Fahrgeschwindigkeiten (bis 500 km/h) angestrebt werden. Zum Antrieb werden ↑ Linearmotoren verwendet. Es gibt mehrere Systeme. Beim *elektromagnet. System* entsteht beim Einschalten der im Fahrzeug unterhalb der Tragschiene angeordneten Elektromagnete (Tragemagnete) zw. ihnen und den Tragschienen eine starke magnet. Anziehungskraft, die das Fahrzeug einige Zentimeter anhebt; Führungsmagnete halten das Fahrzeug in einem durch Sensoren kontrollierten exakten Abstand zu den seitl. Führungsschienen. Um Versetzungen (z. B. durch Sturmböen) auszugleichen, ist eine sehr schnelle Regelung (des Spulenstroms bzw. der Magnetfeldstärke) erforderlich. – In der BR Deutschland erreichte der ↑ Transrapid 1991 techn. Einsatzreife; Entwicklungsarbeiten befinden sich auch in Japan und den USA im Gange. – Abb. S. 201.

Magnetspeicher. Oben: Aufbau eines Magnetblasenspeichers in einem vertikalen Magnetfeld mit der magnetischen Feldstärke *H*. Unten: der durch ein rotierendes Magnetfeld bewirkte Blasentransport auf schmalen Metallstreifen aus Permalloy, einer speziellen Eisen-Nickel-Legierung

Magnetspeicher (magnet. Speicher), in der elektron. Datenverarbeitung Bez. für Speichersysteme, bei denen die Magnetisierung ferro- und ferrimagnet. Materialien zur Speicherung von Daten ausgenutzt wird. Bei **magnetischen Digitalspeichern,** wie z. B. den Ferritkern-, Magnettrommel-, Magnetband- und Magnetplattenspeichern, ermöglichen die beiden magnet. Zustände bistabiler magnet. Bauelemente (Ferritkerne) bzw. kleiner magnetisierbarer Magnetband- oder Magnetplattenbereiche die Speicherung von Dualzahlen. Als **magnetomotorische Speicher** werden solche M. bezeichnet, bei denen der mit einer magnet. Speicherschicht versehene (nichtmagnet.) Träger eine Relativbewegung zu einem Lese-Schreib-Kopf ausführt; zu ihnen zählen die **Magnettrommelspeicher** (mit einer Magnetschicht auf dem Mantel einer ständig mit hoher Geschwindigkeit rotierenden Trommel; ältester Externspeicher mit direktem Zugriff, diente früher sogar als Arbeitsspeicher), die **Magnetkartenspeicher** (früher verwendete Weiterentwicklung der Magnettrommelspeicher), die **Magnetplattenspeicher** (zur Grundausstattung heutiger Computer gehörende Direktzugriffsspeicher relativ hoher Speicherkapazität und relativ kleiner Zugriffszeit mit Magnetplatten [als ↑ Festplattenspeicher oder Wechselplattenspeicher] bzw. mit ↑ Disketten) sowie die **Magnetbandspeicher** (Externspeicher für große Datenmengen mit sequentiellem Zugriff). – **Magnetblasenspeicher (Bubblespeicher, Domänenspeicher)** enthalten als magnet. Trägermaterial dünne ferrimagnet. Schichten, in denen magnet. Domänen *(Magnetblasen)* durch Magnetfelder erzeugt und transportiert werden.

Magnettonträger, Sammelbez. für magnetisierbare Materialien, die in der Hörfunk-, Fernseh- und Filmtechnik zur Aufnahme und Speicherung von Schallereignissen verwendet werden. M. sind vorwiegend bandförmig, werden daneben in Form von Folien, Trommeln und Scheiben verwendet.

Magnettonverfahren ↑ Film (Prinzip des Tonfilms).

Magnifikat (Magnificat) [lat. „(meine Seele) rühmt (den Herrn)"], urchristl. Gesang, der im N.T. Maria, der Mutter Jesu, zugeschrieben wird (Luk. 1, 46–55). Ben. nach dem ersten Wort des lat. Textes. Seinen liturg. Platz hat es bes. im Stundengebet (in der Vesper) gefunden. – Für die abendländ. Musikgeschichte wurden seine mehrstimmigen Vertonungen bedeutsam (G. Dufay, O. di Lasso, Palestrina), manchmal zw. einstimmigem Choral und mehrstimmigem Chorsatz alternierend (Josquin Desprez, Adam von Fulda) oder zu Kantaten erweitert (J. S. Bach).

Magnitogorsk, russ. Stadt am O-Abfall des Südl. Ural und am Fluß Ural, 440 000 E. Hochschule für Bergbau und Metallurgie, PH; Theater. Textil- und Nahrungsmittelindustrie; bedeutendes Zentrum des Eisenerzbergbaus und der Eisenverhüttung. – M. entstand 1929–31 beim Bau des Eisenhüttenkombinats.

Magnitude [lat.], meßbare Größe zur physikal. Kennzeichnung der Erdbebenstärke. – ↑ Richter-Skala.

Magnolie (Magnolia) [nach dem frz. Botaniker P. Magnol, * 1638, † 1715], Gatt. der M.gewächse mit rd. 125 Arten in O-Asien, im Himalaja und in N- und M-Amerika; sommer- oder immergrüne Bäume oder Sträucher mit einfachen, ungeteilten Blättern und einzelnen endständigen, oft sehr großen Blüten. Mehrere Arten sind beliebte Zierbäume und -sträucher, z. B. **Sternmagnolie** (Magnolia stellata), ein bis 3 m hoher Strauch mit duftenden weißen Blüten; **Tulpenmagnolie** (Magnolia soulangiana), mit aufrechten, innen meist weißen, außen mehr oder weniger stark rosafarbenen Blüten.

Magnoliengewächse (Magnoliaceae), Pflanzenfam. mit mehr als 200 Arten, hauptsächlich im gebirgigen S- und O-Asien und vom atlant. N-Amerika bis nach S-Amerika; Bäume und Sträucher mit oft sehr großen Blüten; Zierpflanzen; bekannte Gatt. sind ↑ Magnolie und ↑ Tulpenbaum.

Magnum [lat.], Flasche mit doppeltem Inhalt; i. d. R. 1,5 l, bei Champagner 1,6 l.

Magnum (Magnum photos), 1947 u. a. von R. Capa, H. Cartier-Bresson und D. Seymour in Paris gegr., genossenschaftlich organisierte Agentur freischaffender Photojournalisten aus verschiedenen Nationen. Hauptsitz New York.

Magnus ['magnus, norweg. 'maŋnus], Name norweg. Könige:

M. I., der Gute, * 1024, † in Dänemark 25. Okt. 1047, König von Norwegen (seit 1035), König von Dänemark (seit 1042). – Von den Norwegern aus dem russ. Exil zurückgeholt; durch Erbvertrag auch König von Dänemark, das er, mit der hamburg.-brem. Kirche verbündet, 1043 gegen einen Slaweneinfall verteidigte.

M. VI. Lagabøter („Gesetzesverbesserer"), *Tønsberg 1238, †Bergen 9. Mai 1280, König (seit 1263). – Stellte die Rechtseinheit Norwegens her (1274 Landrecht, Stadtrecht), mußte aber der Kirche u. a. eigene Gerichtsbarkeit zugestehen (1277).

Magnus (Sankt Mang, Maginald), hl., *um 699, †Füssen um 772, rätoroman. Missionar. – Wirkte ab 746 als Missionar im Allgäu; gründete die Benediktinerabtei Sankt Mang in Füssen. – Fest: 6. September.

Magnus, Heinrich Gustav, *Berlin 2. Mai 1802, †ebd. 4. April 1870, dt. Physiker und Chemiker. – Ab 1834 Prof. in Berlin; erforschte u. a. Strömungen von Gasen und Flüssigkeiten, entdeckte 1852 den ↑Magnus-Effekt. Seine chem. Analysen betrafen v. a. Tellur, Selen und Platin.

M., Kurt, *Kassel 28. März 1887, †Wiesbaden 20. Juni 1962, dt. Verwaltungsjurist und Rundfunkpionier. – 1923 Mitbegründer und Aufsichtsratsvors. der „Funk-Stunde AG", Berlin, 1925 geschäftsführender Direktor, 1930–33 Vorstandsvors. der „Reichs-Rundfunk-Gesellschaft mbH"; ab 1945 im Hess. Ministerium für Wirtschaft und Verkehr; Mitgründer und bis 1962 Vorstandsmgl., zuletzt Präs. des ↑Goethe-Instituts.

Magnus-Effekt [nach H. G. Magnus], das Auftreten einer „Querkraft" (senkrecht zur Achse und zur Anströmrichtung) bei einem um seine Achse rotierenden und senkrecht zur Achse angeströmten Zylinder (Flettner-Rotor [↑Flettner, A.]).

Mago, †203 v. Chr., karthag. Feldherr. – Jüngerer Bruder Hannibals, unter dem er 218–216 in Italien kämpfte; führte anschließend den span. Krieg bis 206.

Magodie [griech.] (Lysodie), altgriech. Gattung der niederen Lyrik; mim.-gest. Darstellung komisch-vulgärer Typen (Betrunkener, Kupplerin) durch einen Schauspieler.

Magot [frz., ben. nach der bibl. Gestalt Magog] (Berberaffe, Macaca sylvana), einzige außerhalb Asiens lebende Art der Makaken in Marokko, Algerien und auf dem Felsen von Gibraltar (**„Gibraltaraffe");** Körper gedrungen, etwa 60–75 cm lang, Schwanz stummelförmig, Fell dicht, braun; gesellige Bodenbewohner.

Magritte, René [frz. ma'grit], *Lessines 21. Nov. 1898, †Brüssel 15. Aug. 1967, belg. Maler. – Begann als abstrakter Maler; bes. unter dem Einfluß G. de Chiricos wurde er einer der bedeutendsten Vertreter des verist. Surrealismus, verfremdete die Realität durch irreale Kombinationen von Motiven und Farbgebung; auch Wandmalereien.

Magula, Bez. für vorgeschichtl. Grab- oder Siedlungshügel in N-Griechenland.

Magyaren [ma'dʒaːrən] (Madjaren), die Ungarn, ein dem finno-ugr. Sprachkreis zugehöriges Volk im mittleren Donautiefland; etwa 13 Mill.; besetzten, von der Gegend des Ural abwandernd, vermischt mit einer türk. Oberschicht, seit 896 das mittlere Pannonien. Die Reste der hier lebenden Völker (Germanen, Slawen u. a.) wurden assimiliert; bis zum Ende des 19. Jh. blieben die M. im alten Ungarn in der Minderheit. Durch die Assimilierung von Nichtmagyaren **(Magyarisierung),** bes. nach 1848, vergrößerte sich im 19./20. Jh. der Anteil der M. erheblich. Maßnahmen waren u. a. der ausschließl. Gebrauch der ungar. Sprache in den Schulen und als Amtssprache und Namensänderung. Im heutigen Ungarn sind über 90 % der Bev. M. (etwa 10 Mill.); Gruppen von M. leben außerdem im S der Slowakei (etwa 300 000), in Rumänien (↑Rumänienungarn), in Slawonien und der Wojwodina (zus. etwa 500 000).

Magyarisch [ma'dʒaːrɪʃ] ↑ungarische Sprache.

Magyarisierung [madʒa...] ↑Magyaren.

Mahabalipuram, südind. Dorf in der Nähe von Madras, ehem. Seehafen des Pallawa-Reiches; mit bed. hinduist. Baudenkmälern aus der Mitte des 7. Jh. Fünf Rathas (monolith. Tempel), insbes. der Dharmaraja-Ratha, wurden Vorbild für den drawid. Tempelbau. Eines der großen Felsenreliefs stellt die Askese Ardschunas dar; außerdem u. a. Höhlentempel und der Ufertempel (um 700). Der Tempelbezirk wurde von der UNESCO zum Weltkulturerbe erklärt.

René Magritte. Der Untergang des Hauses Usher (Privatbesitz)

Mahabharata [Sanskrit „der große (Kampf) der Nachkommen des Bharata"], ind. Sanskritepos aus 18 Büchern und einem Anhang, das in der Legende als Werk des Wjasa gilt, tatsächlich jedoch über Jh. gewachsen ist. Die ältesten Teile sind vorbuddhistisch (eine Inschrift aus dem 6. Jh. kennt das M. in seinem heutigen Umfang von über 100 000 Doppelversen). Im Mittelpunkt steht ein Heldenepos (Kämpfe zw. den Nachkommen des Bharata, den Kaurawas und den Pandawas), eingefügt sind Göttersagen, Tierfabeln und religiös-philosoph. Gesänge bzw. Lehrgedichte, z. B. die „Bhagawadgita" im 6. Buch sowie lehrhafte Abschnitte, die das M. zum Lehrbuch des Dharma machen. Das M., dessen Episoden oft den Stoff für die klass. Sanskritdichtung abgaben, ist eine bed. Quelle des frühen Hinduismus.

Mahadewa [Sanskrit „großer Gott"], Beiname ↑Schiwas.

Mahagoni [indian., 1762 geprägt von C. von Linné], urspr. Bez. für das zu Beginn des 18. Jh. von den Westind. Inseln nach Europa eingeführte rotbräunl., feste Holz des Zedrachgewächses Swietenia mahagoni (*Insel-M., Westind. M., Kuba-M.* u. a.), das v. a. zur Herstellung von Massivmöbeln verwendet wurde. Im 19. Jh. kam das aus M- und S-Amerika stammende hellere Holz der Art Swietenia macrophylla (*Festland-M., Honduras-M., Tabasco-M.* u. a.) hinzu, das heute v. a. im Möbel- und Bootsbau verwendet wird.

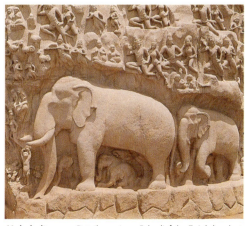

Mahabalipuram. Detail aus einem Felsrelief des 7. Jahrhunderts

Mahajana-Buddhismus

Mahajana-Buddhismus [Sanskrit „großes Fahrzeug"], in den ersten nachchristl. Jh. entstandene Richtung des ↑Buddhismus, die v. a. in N-Indien (daher auch „nördl. Buddhismus"), Tibet, Zentralasien und China heimisch war, von wo sie nach Korea und Japan (Amidismus, Zen-Buddhismus) gelangte. – ↑Hinajana-Buddhismus.

Mahajanga (früher Majunga), Hafenstadt an der NW-Küste Madagaskars, an der Mündung des Betsiboka. 111 000 E. Verwaltungssitz der Prov. M.; kath. Bischofssitz; Nahrungsmittelindustrie.

Mahalla Al Kubra, Al, ägypt. Stadt im Nildelta, 385 000 E. Zentrum der ägypt. Baumwollverarbeitung, Lebensmittelind.; Eisenbahnknotenpunkt.

Mahanadi, Fluß auf dem nö. Dekhan, Indien, entspringt an der W-Flanke der Ostghats, durchbricht die Ostghats, mündet unterhalb von Cuttack in den Golf von Bengalen, 900 km lang; mehrfach gestaut (Hirakudstaudamm [4 800 m langer, 49 m hoher Erddamm]).

Maharadscha [Sanskrit „großer König"], ind. Herrschertitel, Großfürst; die Frau des M. führt den Titel Maharani.

Maharashtra [...'raʃtra], Bundesstaat in W-Indien, 307 690 km², 74,56 Mill. E (1990), Hauptstadt Bombay. M. hat Anteil am schmalen Saum der Konkanküste, am Steilabfall der Westghats und am Hochland von Dekhan. Das Klima wird vom Monsun geprägt. An der Konkanküste wird Reis angebaut, auf dem Dekhan im O überwiegend Weizen und Baumwolle, im W Hirse. Die immergrünen Regenwälder in den Westghats sowie die Monsunwälder auf dem Dekhan enthalten wertvolle Nutzhölzer (v. a. Sandelholz). An Bodenschätzen besitzt M. Manganerze, Kalkstein- und Salzvorkommen. Massive Ind.ballung in und um Bombay, v. a. Baumwollverarbeitung, Maschinenbau, Erdölraffinerien, chem. und -Zuckerindustrie.

Maharischi Mahesch Jogi, eigtl. Mahesh Prasad Varma, * Jabalpur 12. Jan. 1918, ind. Mönch. – Angeblich zunächst Physiker, der nach seinen Aussagen in einem Kloster im Himalaja Erkenntnisse erlangte, auf Grund derer er am 1. Jan. 1958 in Madras seine Schule der ↑Transzendentalen Meditation begründete.

Mahatma [Sanskrit „dessen Seele groß ist"], ind. Ehrentitel für Weise und Heilige, der auch M. K. ↑Gandhi verliehen wurde.

Mahdi [arab. 'maxdi], eigtl. Al Imam Al M. [„der rechtgeleitete ↑Imam"], der von den Muslimen (seit dem 8. Jh.) am Ende der Zeiten erwartete Erneuerer des Islams, der dessen Einheit und Ordnung überall auf der Welt verwirkli-

Al Mahdi

Nagib Mahfus

chen und damit den Jüngsten Tag vorbereiten wird. Nach den Lehren der Schiiten wird der von ihnen verehrte verborgene 12. Imam am Zeitende als der M. wiederkehren. Wiederholt beanspruchten religiöse Führer des Islams die M.würde.

Mahdi, Al [arab. al'maxdi], eigtl. Muhammad Ahmad Ibn Abd Allah, * Al Channak bei Dongola 1844, † Omdurman 22. Juni 1885, islam. Führer im Sudan. – Gab sich als der verheißene Mahdi aus und führte den nach ihm ben. **Mahdi-Aufstand** im Sudan gegen die ägypt. Reg. an. Mit seiner fanat. Anhängerschaft (**Mahdisten**) erklärte er 1881 den Glaubenskrieg gegen alle, die sich ihm nicht anschlossen. Die Mahdisten vernichteten 1883 die ägypt. Armee, am 26. Jan. 1885 eroberten sie Khartum und konnten erst nach dem Tod von Al M. durch Lord Kitchener 1898 unterworfen werden.

Mähdrescher (Kombine), meist selbstfahrende Getreidevollerntemaschine. Moderne *Selbstfahrer-M.* sind mit Ährenheber, Halmteiler und Haspel ausgerüstet. Eine Einzugsschnecke bringt das Erntegut zur Mitte, wo ein Kettenförderer es dem Dreschapparat zuführt. Der Dresch- und Reinigungsvorgang ist der gleiche wie bei der ↑Dreschmaschine; das Korn wird über einen Sortierzylinder den Absackstutzen zugeleitet und im *Korntank* gesammelt, der mit einer Förderschnecke über den schwenkbaren Rüssel entleert wird. Die Spreu wird auf den Acker geblasen; das Stroh kann mit einer Anbaupresse in Ballen gebunden werden. Der gesamte Arbeitsprozeß wird zunehmend durch elektron. Systeme kontrolliert und automatisiert.

Mahe (frz. Mahé) [engl. mɑːˈeɪ, frz. maˈe], Seebad und Fischereihafen in SW-Indien, 9 600 E. – Ehem. frz. Kolonialenklave an der Malabarküste, in frz. Besitz 1725–1954, seitdem Teil des ind. Unionsterritoriums Pondicherry.

Mahé [engl. məˈ(h)eɪ, frz. maˈe], Hauptinsel der ↑Seychellen.

Mahen, Jiří [tschech. ˈmahɛn], eigtl. Antonín Vančura, * Čáslav (Mittelböhm. Bez.) 12. Dez. 1882, † Brünn 22. Mai 1939 (Selbstmord), tschech. Schriftsteller. — Mit seinem vielseitigen impressionist. Werk bed. Repräsentant des tschech. „Poetismus", u. a. „Anglergeschichten" (1921).

Mahfus (Machfus, Mahfuz), Nagib (Nadjib), * Kairo 11. Dez. 1911, ägypt. Schriftsteller. — Sein Werk – Romane, Erzählungen, Drehbücher – beschäftigt sich mit sozialen Problemen des ägypt. Kleinbürgertums („Die Midaq-Gasse", R., 1947) und der mittelständ. Jugend. Seine Romantrilogie „Bain Al-Kasrain" („Im Schatten der Paläste", 1956) machte ihn in der arab. Welt berühmt; M. trug wesentlich zur Herausbildung einer arab. Prosasprache bei. 1988 Nobelpreis für Literatur. – *Weitere Werke:* Die Kinder unseres Viertels (R., 1960), Der Dieb und die Hunde (R., 1961), Das Hausboot am Nil (R., 1966), High Mile Ribbon (R., 1988).

Mahican [engl. məˈhiːkən] (Mohikaner), Gruppe von Indianerstämmen am oberen Hudson River, USA. Die M. verkauften ihr Land an die Weißen (ab 1664) und wanderten nach W, wo sie in anderen Algonkinstämmen aufgingen.

Mah-Jongg ⓦ (Ma-Jongg) [maˈdʒɔŋ; chin. „Spatzenspiel"], chin. Spiel, auch in Europa und den USA verbreitet. Gespielt wird von den 4 nach den Windrichtungen benannten Teilnehmern mit 136 bis 144 Spielsteinen oder mit Spielkarten. Ziel des Spiels ist es, aus den Steinen, die in verschiedene Serien aufgeteilt sind, bestimmte „Spielbilder" zusammenzustellen.

Mahler, Gustav, * Kalischt (= Kaliště, Böhmen) 7. Juli 1860, † Wien 18. Mai 1911, östr. Komponist und Dirigent. — Studierte am Konservatorium in Wien und bei A. Bruckner; u. a. 1897–1907 Direktor der Wiener Hofoper, 1898–1901 auch Leiter der Wiener Philharmoniker. 1907 wurde M. Gastdirigent der New Yorker Metropolitan Opera und 1909 zusätzl. Leiter der neugegr. Philharmonic Society. – Als Dirigent wirkte M. durch seine Orchesterdisziplin und die strenge Werktreue seiner Interpretationen richtungweisend (u. a. auf B. Walter, O. Klemperer). Seine Kompositionen (v. a. Sinfonien und Lieder) sind der Ro-

Mähdrescher. Schematische Schnittzeichnung

mantik verpflichtet. Verdeckt von scheinbar Trivialem, nehmen sie viele moderne Kompositionstechniken vorweg. Seine Musik ist stets Trägerin außermusikal. Ideen, die teilweise und zeitweilig den Kompositionen auch in Form von Programmen vorangestellt waren. Seine Frau Alma **Mahler-Werfel**, geb. Schindler (* 1879, † 1964), seit 1902 mit ihm ∞, schrieb seine Biographie und gab seine Werke heraus. – *Werke: Sinfonien:* 1. D-Dur (1884–88); 2. c-Moll, mit Sopran-, Altsolo, Chor (1887–94); 3. d-Moll, mit Altsolo, Frauen- und Knabenchor (1893–96); 4. G-Dur, mit Sopransolo (1899/1901); 5. cis-Moll (1901/02); 6. a-Moll (1903–04); 7. e-Moll (1904/05); 8. Es-Dur, mit drei Sopran- und zwei Altsoli, Tenor-, Bariton- und Baßsolo, Knabenchor und zwei gemischten Chören (1906/07); „Das Lied von der Erde", Sinfonie für Tenor- und Alt-(oder Bariton-)Stimme und Orchester (1907/08; H. Bethge); 9. D-Dur (1908/09); 10. Fis-Dur (1910, Fragment). – *Lieder mit Orchester:* „Lieder eines fahrenden Gesellen" (1883–85); Lieder aus „Des Knaben Wunderhorn" (1888–99); „Kindertotenlieder" (1901–04; F. Rückert). – *Chorwerk:* „Das klagende Lied" (1878–98, verschiedene Fassungen). – *Lieder mit Klavier* (darunter auch Klavierfassungen der Orchesterlieder).

Gustav Mahler. Autograph mit einem Entwurf zum Adagio der unvollendeten 10. Sinfonie

Mahlsand, svw. ↑Treibsand.

Mahlzähne, svw. ↑Backenzähne (↑Zähne).

Mähmaschine (Mäher), Bez. für Maschinen zum Abschneiden von Halmpflanzen, z.B. für Halmfutterernternmaschinen oder Rasenmäher. Bei ihrem Mähwerk wendet man zwei grundsätzlich verschiedene Verfahren an: das Schneiden mit Gegenschneide (z.B. beim Mähbalken) und den „freien Schnitt" (z.B. beim Kreiselmäher und Schlegelmäher).

Mahmud II. [max'mu:t] (türk. Mahmut [türk. mah-'mut]), * Konstantinopel 20. Juli 1784, † ebd. 1. Juli 1839, osman. Sultan (seit 1808). – Reformierte mit Hilfe europ. Offiziere (u. a. H. von Moltke) das Heer; mußte 1829 die Unabhängigkeit Griechenlands anerkennen. Unter ihm begann die Auflösung des Osman. Reiches.

Mahmud von Ghazni [max'mu:t] (M. der Große), * 971, † Ghasna (= Ghazni) 30. April 1030, Beherrscher eines vorderasiat. Reiches. – Ghasnawide; 999 vom Kalifen als Sultan anerkannt; herrschte über fast den ganzen Iran und eroberte große Teile des heutigen Pakistan, Afghanistan und N-Indiens bis zum Ganges; sein Hof wurde Zentrum von Wiss. und Literatur.

Mähne [zu althochdt. mana, eigtl. „Nacken, Hals"], bei Säugetieren verstärkter Haarwuchs an Kopf, Hals bis Schultern und Bauch, bes. bei männl. Tieren (sekundäres Geschlechtsmerkmal, Auslöser im Sexual- oder Sozialverhalten), z. B. bei Löwe und Wisent.

Mähnenfuchs, svw. ↑Mähnenwolf.

Mähnengerste (Hordeum jubatum), Gerstenart aus N-Amerika; einjähriges, 40–70 cm hohes Gras mit 5–12 cm langer, überhängender Ähre und langen, grünen, nach der Spitze zu rosa bis violett gefärbten Grannen; beliebtes Ziergras.

Mähnenrobbe ↑Robben.

Mähnenspringer (Mähnenschaf, Ammotragus lervia), Art der Böcke (Unterfam. Ziegenartige) in felsigen Trockengebieten N-Afrikas; Schulterhöhe etwa 1 m; ♂ mit sehr langer Mähne an Halsunterseite und Brust; beide Geschlechter haben große, sichelartig nach hinten und außen geschwungene Hörner; sehr gute Kletterer und Springer.

Mähnenwolf (Mähnenfuchs, Chrysocyon brachyurus), schlanke, rotbraune bis rötlichgelbe, hochbeinige Art der Hundeartigen, in Savannen und Trockenbuschwäldern des mittleren und östl. S-Amerika; Körperlänge bis über 1 m, Schulterhöhe bis 85 cm; frißt Kleintiere und Früchte.

Mahnung, Aufforderung des Gläubigers an den Schuldner, die fällige Leistung zu erbringen. Leistet der Schuldner trotz Fälligkeit und M. nicht, kommt er in Verzug (§ 284 Abs. 1 BGB). Klageerhebung und Zustellung eines Mahnbescheids stehen der M. gleich.

Mahnverfahren, vereinfachtes (beschleunigtes) Verfahren nach §§ 688 ff. ZPO, um dem Gläubiger schnell (v. a. ohne mündl. Verhandlung) einen Vollstreckungstitel zu verschaffen. Es beginnt mit dem Antrag des Gläubigers beim Amtsgericht seines Wohnsitzes (zuständig: Rechtspfleger) auf Erlaß eines Mahnbescheids (früher: Zahlungsbefehl) gegen den Schuldner, sofern der Anspruch auf Zahlung einer bestimmten Geldsumme lautet. In dem vom Gericht erlassenen **Mahnbescheid** wird dem Antragsgegner aufgegeben, die Schuld zu zahlen oder binnen einer Frist von längstens 2 Wochen nach Zustellung Widerspruch zu erheben. Durch [formlose] Erhebung des Widerspruchs wird das M. in das normale streitige Verfahren übergeleitet (auf Antrag einer Partei). Wird kein Widerspruch eingelegt, ergeht auf Antrag des Antragstellers frühestens nach 2 Wochen ein Vollstreckungsbescheid, auf Grund dessen der Gläubiger **Zwangsvollstreckung** betreiben kann, gegen den der Antragsgegner innerhalb von 2 Wochen Einspruch einlegen kann. Mit der Einreichung des Gesuchs um Erlaß eines Mahnbescheids wird die Verjährung unterbrochen. Im *östr. Recht* gilt eine dem dt. Recht entsprechende Regelung. Für die *Schweiz* ↑Betreibung.

Mahón [span. ma'ɔn], span. Hafenstadt, Hauptort von Menorca (Balearen), 23 000 E. Handels- und Kriegshafen, Schuhfabrikation, Textil-, Nahrungsmittelind. – M., röm. **Portus Magonis**, wurde 1708 von den Briten besetzt, 1718 Freihafen, seit 1802 spanisch. – Alter Stadtteil um die Kirche Santa María (1287; 1748 wiederaufgebaut); megalith. Baudenkmal.

Gustav Mahler

Mähnenspringer

Mahonie (Mahonia) [nach dem amerikan. Gärtner B. McMahon, * 1775, † 1816], Gatt. der Sauerdorngewächse mit rd. 90 Arten in O-Asien, N- und M-Amerika; meist immergrüne Sträucher; Blätter meist dornig gezähnt; Blüten gelb, in büscheligen, vielblütigen Trauben oder Rispen; Früchte meist blau. Viele Arten werden als Ziersträucher kultiviert. – Abb. S. 206.

Mahoré [mao're] ↑Mayotte.

Mahr ↑Alp.

Mahraun, Arthur [auch ma'raun], * Kassel 30. Juni 1890, † Gütersloh 27. März 1950, dt. Offizier und Politiker. – Gründete 1920 den Jungdt. Orden, dessen Hochmeister er war, und 1930 die Volksnat. Reichsvereinigung; betätigte sich nach 1933 als Verleger; warb nach 1945 erfolglos für die Einführung von „Nachbarschaften" als sozialreformer. Institutionen.

Mähren

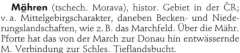

Mahonie.
Zweig der Art
Mahonia aquafolium
mit Früchten und
Blütenrispen

Maiglöckchen

Maikäfer.
Oben: Feldmaikäfer.
Unten: Engerling des
Feldmaikäfers

Mähren (tschech. Morava), histor. Gebiet in der ČR; v. a. Mittelgebirgscharakter, daneben Becken- und Niederungslandschaften, wie z. B. das Marchfeld. Über die Mähr. Pforte hat das von der March zur Donau hin entwässernde M. Verbindung zur Schles. Tieflandsbucht.
Geschichte: Bis in die Mitte des 1. Jh. v. Chr. war das Gebiet von Kelten besiedelt, denen german. Stämme folgten (Quaden, Heruler, Rugier und Langobarden), bis etwa im 6. Jh. slaw. Stämme einwanderten. Das im 9. Jh. gegr. **Großmährische Reich** leistete durch die Slawenmission von ↑ Kyrillos und Methodios einen wichtigen Beitrag zur Christianisierung Europas, es zerfiel 906 mit dem Ungarnansturm. Um 1029 fiel M. an Böhmen; diese lehnsrechtl. Bindung blieb auch bestehen, als 1182 Kaiser Friedrich I. M. zur Markgft. erhob. 1349–1411 war M. luxemburg. Sekundogenitur, dann fiel es an den böhm. König Wenzel, nach dessen Tod an den späteren Kaiser Sigismund, der M. 1423 seinem Schwiegersohn Herzog Albrecht V. von Österreich überließ. Nach der Schlacht bei Mohács 1526 kam M. endgültig an die Habsburger; 1849 wurde es östr. Kronland, am 28. Okt. 1918 Teil der ↑ Tschechoslowakei.

Mahrenholz, Christhard, eigtl. Christian Reinhard M., * Adelebsen (Landkr. Göttingen) 11. Aug. 1900, † Hannover 15. März 1980, dt. ev. Theologe und Musikwissenschaftler. – Seit 1930 Musikdezernent im Landeskirchenamt Hannover und seit 1946 auch Honorarprof. für Kirchenmusik an der Univ. Göttingen. M. war maßgeblich beteiligt an der Fertigstellung des Gesangbuchs der EKD; Arbeiten zur Kirchenmusik, zu Orgelbau und Liturgie.

Mährische Brüder ↑ Böhmische Brüder.

Mährische Pforte, Senke zw. den Ostsudeten und den Westbeskiden, ČR, Teil der europ. Wasserscheide. Schon zur Römerzeit wurde die M. P. von einer bed. Fernstraße (Bernsteinstraße) benutzt.

Mährisch-Ostrau, bis 1945 dt. Name für ↑ Ostrau.

Mährisch-Weißkirchen ↑ Hranice.

Mai [lat.], der wohl nach dem altital. (Wachstums-)Gott Maius ben. 3. Monat des altröm. und 5. Monat des Julian. Kalenders mit jeweils 31 Tagen. – In M-Europa wurde über **Maibrauchtum** ab 1200 berichtet (Formen des Frühlingsbegrüßens in *M.feiern, M.gängen, M.ritten*). Im Umkreis der Hanse bildete sich die Gestalt des *M.grafen* aus. Grüne Zweige und Bäumchen (*Maien),* die während der seit dem 13. Jh. bezeugten Feier des M.begrüßens als *Schmuckmaien* dienten oder als *Ehren-* oder *Liebesmaien* verschenkt wurden, sind die histor. Vorläufer des **Maibaums** der Gemeinde, ein bis auf den Wipfel entasteter, geschmückter und in die Erde gerammter Baum. Erstmals zu Anfang des 16. Jh. in Franken als Ortsbaum, Tanzbaum, Wirtsbaum (Zeichen des Ausschanks), Rechtsbaum (Markt-, Kirchweih-, Friedensschutz) erwähnt. – In der Walpurgisnacht wurde mancherorts am *Maifeuer* das *Mailehen* abgehalten, wobei junge Mädchen versteigert oder das *Maibrautpaar* bestimmt wurde. – ↑ Erster Mai.

Maia, urspr. Muttergottheit, im griech. Mythos eine Bergnymphe, Tochter des Atlas und durch Zeus Mutter des Hermes, später in das Sternbild der ↑ Plejaden versetzt.

Maiandacht, in der kath. Volksfrömmigkeit die (tägl.) Marienandacht im Mai. Aus dem italien. Barock stammend, verbreitete die M. sich im 19. Jh. allgemein.

Maiano, Benedetto da ↑ Benedetto da Maiano.

M., Giuliano da ↑ Giuliano da Maiano.

Maiaufstände ↑ Märzrevolution.

Maibaum ↑ Mai.

Maiden [engl. mɛɪdn, eigtl. „Jungfrau"], im Pferderennsport ein noch sieglos gebliebenes Pferd.

Maiden Castle [engl. 'mɛɪdnkɑ:sl] ↑ Dorchester.

Maidstone [engl. 'mɛɪdstən], engl. Stadt im Weald, 72 300 E. Verwaltungssitz der Gft. Kent; Versuchsanstalt für Gartenbau; Museum, Kunstgalerie; Markt für Obst und Hopfen; Papier- und Druckind., Landmaschinenbau, Brauereien. – M., vermutlich sächs. Ursprungs, war vom 11. Jh. bis zur Reformation Sitz der Erzbischöfe von Canterbury. Es kam 1537 an die engl. Krone, erhielt 1549 und 1559 Stadtrecht. – Kirche und College All Saints (beide Ende 14. Jh.), Chillington Manor House (16. Jh.), Rathaus (18. Jh.), zahlr. Wohnhäuser des 15. Jahrhunderts.

Maiduguri, nigerian. Stadt sw. des Tschadsees, 264 000 E. Hauptstadt des Bundesstaats Bornu, kath. Bischofssitz, Univ. (gegr. 1975); Tschadseeforschungsinst.; bed. Handelszentrum zw. den Nomaden und der seßhaften Bev.; Eisenbahnendpunkt. ✈.

Maiensäß, im Rahmen der Almwirtschaft die Zwischenweide, die während des Frühjahrsauftriebes von den Herden genutzt wird.

Maier, Hans, * Freiburg im Breisgau 18. Juni 1931, dt. Politikwissenschaftler und Politiker (CSU). – Prof. in München; 1970–86 bayer. Staatsmin. für Unterricht und Kultus.

M., Reinhold, * Schorndorf 16. Okt. 1889, † Stuttgart 19. Aug. 1971, dt. Politiker. – Rechtsanwalt; 1924–33 württ. MdL (DDP), 1930–32 württ. Wirtschaftsmin.; 1932/33 MdR; 1945 maßgeblich an der Gründung der Demokrat. Volkspartei beteiligt; 1945–52 Min.präs. von Württemberg-Baden, 1952/53 von Bad.-Württ., an dessen Bildung er bed. Anteil hatte; 1957–59 MdB; 1957–60 Bundesvors., danach Ehrenvors. der FDP.

Maier-Leibnitz, Hermann Heinrich (Heinz), * Esslingen am Neckar, 28. März 1911, dt. Physiker. – Prof. in Heidelberg (1949–52) und an der TU München, 1967–71 auch Direktor des Inst. Laue-Langevin in Grenoble, 1974–79 Präs. der Dt. Forschungsgemeinschaft; Arbeiten v. a. zur Kernphysik.

Maiestas Domini. Fresko aus der Apsis von San Clemente de Tahull, um 1123 (Barcelona, Museum für katalanische Kunst)

Maiestas Domini [lat. „Herrlichkeit des Herrn"], von den Visionen Ezechiels, Jesajas und der Apokalypse des Johannes ausgehende Darstellung des erhöhten, thronenden Christus, umgeben von Evangelistensymbolen, Aposteln oder Engeln; nach frühchristl. Vorstufen Ausprägung in der karoling. Zeit, bes. beliebt in der roman. Kunst als Buch- oder Wandmalerei (Fresko aus der Apsis von San Clemente de Tahull, südl. Pyrenäen, um 1123; Barcelona, Museum für katalanische Kunst) und Relief (Chartres, Königsportal der Kathedrale, um 1150).

Maifeld, sw. Teil des Mittelrhein. Beckens, zw. Mayen und unterer Mosel.

Maifisch, Name mehrerer Fische: 1. Alse, 2. Finte, 3. Perlfisch.

Maigesetze, 1. die 4 Gesetze 1873–75 als Höhepunkt des Kulturkampfes; 2. die Gesetze vom Mai 1868 in Österreich-Ungarn, die dem Konkordat von 1855 grundsätzlich widersprachen.

Maiglöckchen (Convallaria), Gatt. der Liliengewächse mit der einzigen, geschützten Art *Convallaria majalis;* meist in lichten Laubwäldern Eurasiens und N-Amerikas; bis 20 cm hohe Staude; Blüten in Trauben, nickend, grünlichweiß, wohlriechend; Beeren rot; giftig.

Maihofer, Werner, * Konstanz 20. Okt. 1918, dt. Jurist und Politiker. – Prof. in Saarbrücken und Bielefeld; wirkte politisch maßgeblich an der Erarbeitung v. a. der gesellschaftl. Aspekte der ↑ Freiburger Thesen des FDP mit; 1972–74 Bundesmin. für bes. Aufgaben, 1974–78 Bundesmin. des Innern.

Maikäfer (Melolontha), in N- und M-Europa bis M- und Kleinasien verbreitete Gatt. der Laubkäfer mit drei einheim. (18–30 mm großen) Arten; mit siebenblättriger Fühlerkeule beim ♂ und sechsblättriger beim ♀ und seitlich scharf begrenzten, weißbehaarten Flecken auf den Sterniten; Kopf und Halsschild schwarz oder braunrot, Flügeldecken meist braungelb. – M. sind Kulturschädlinge, die als Käfer v. a. im Mai (daher der Name M.) Blätter von Laubhölzern, als Larven (Engerling) Wurzeln fressen. Die Larvenentwicklung dauert in M-Europa durchschnittlich vier Jahre. Durch intensive Bekämpfung sind M. heute selten geworden.

Maikop, Hauptstadt des Adyg. Autonomen Gebiets in Rußland, am N-Rand des Großen Kaukasus, 149 000 E. PH; Heimatmuseum; Theater; Nahrungsmittelind., Maschinenbau; sw. von M. das 1911 entdeckte **Maikoper Erdölgebiet.** – Gegr. 1857. – Bei M. liegt der 1895 ausgegrabene, über 10 m hohe *Maikop-Kurgan* (2. Hälfte des 3. Jt. v. Chr.), ein Fürstengrab der Kubankultur; in zwei der Grabkammern reiche Funde.

Maikraut, svw. Waldmeister (↑ Labkraut).

Mailand (italien. Milano), Hauptstadt der Lombardei, in der nördl. Poebene, 122 m ü. d. M., 1,464 Mill. E. Sitz zahlr. Behörden und eines kath. Erzbischofs; staatl., kath. Univ., Handelshochschule, Polytechnikum, zahlr. Inst. und Akad.; bed. Kunstsammlungen und Gemäldegalerien (Pinacoteca di Brera), Bibliotheken (Ambrosiana), Archive; mehrere große Theater (u. a. Teatro alla Scala). Bedeutendste Wirtschaftsmetropole Italiens: das Schwergewicht liegt auf den metallverarbeitenden Betrieben und im Maschinenbau, gefolgt von der Textil- und Bekleidungsind., chem. Ind. u. a. Ind.zweigen; Druckerei- und Verlagszentrum. Zahlr. Banken, Versicherungsgesellschaften, Handelshäuser, internat. Messen. Verkehrsknotenpunkt (Eisenbahnen, Autobahnen, Kanäle); 2 ✈.

Geschichte: Das antike **Mediolanum** war eine Gründung der kelt. Insubrer. 222/194 v. Chr. von den Römern unterworfen, 49 v. Chr. mit röm. Bürgerrecht ausgestattet, seit Diokletian Sitz des Vicarius von Italien und bis 402 fast immer kaiserl. Residenz. In M. einigten sich 313 Konstantin d. Gr. und Licinius auf das religionspolit. Programm, das die Gleichstellung des Christentums mit den heidn. Religionen sicherte (sog. **Mailänder Edikte** oder **Toleranzedikte von Mailand**): Freiheit des Gottesdienstes, Rückgabe konfiszierter Güter. Die Kirche von M. gewann durch Bischof Ambrosius hohes Ansehen und eine gewisse Selbständigkeit gegenüber Rom. 452 wurde M. von Hunnen, 539 von Ostgoten zerstört; 569 langobardisch, 774 fränkisch (ab 961 von kaiserl. Statthaltern regiert). Die Bewegung der ↑ Pataria im 11. Jh. leitete die Periode der kommunalen Selbstverwaltung ein. 1162 zerstörte Friedrich I. Barbarossa M. fast vollständig. Wenig später übernahm M. jedoch die Führung des Lombardenbundes. Nach heftigen Kämpfen zw. den guelf. Torre und den ghibellin. Visconti kamen letztere 1310 an die Macht. Die Herrschaft über den größten Teil der Lombardei und benachbartes Gebiet aus (seit 1395 Hzgt. M.). Der Expansionsdrang führte im 15. Jh. zu wechselvollen Kriegen mit Venedig. Nach dem Tod des letzten männl. Visconti (1447) erklärte sich M. zur „Republik des hl. Ambrosius", doch wurde schon

Mailand. Fassade des 1386 begonnenen Doms mit zahlreichen Ziertürmchen

1450 Francesco Sforza neuer Machthaber. Unter Ludwig (Ludovico il Moro) erlebte die Renaissancekultur in M. ihre höchste Entfaltung. Seit 1499 erhoben die frz. Könige Ansprüche auf M. und gelangten bis 1525 mehrmals an die Macht. Nach dem Tod des letzten Sforza (1535) kam M. an die span., 1714 an die östr. Habsburger. Ab 1797 war es Hauptstadt der Zisalpin. Republik, ab 1805 des napoleon. Kgr. Italien. 1815–59 östr., dann an Savoyen und damit zu Italien.

Bauten: Von der röm. Siedlung ist nur wenig erhalten; auf frühchristl. Zeit gehen die Kirchen San Lorenzo Maggiore (gegr. 350–70, erneuert im 12. und 16. Jh.) und Sant'Ambrogio (gegr. im 4. Jh., roman. Bau 11./12. Jh., karoling. Goldaltar) zurück. Der Stadtkern ist gotisch und wird beherrscht vom Dom, einem der größten got. Bauwerke (1386 ff.; fünf Schiffe, drei Querschiffe, 52 Säulen im Inneren). Die Kirche des ehem. Dominikanerklosters, Santa Maria delle Grazie (1465–98), hat eine Kuppel von Bramante, im Refektorium das „Abendmahl" von Leonardo da Vinci (1495–97; von der UNESCO zum Weltkulturerbe erklärt). Weitere Renaissancebauten: Portinari-Kapelle der alten Kirche Sant'Eustorgia, das Castello Sforzesco (1450 ff.), Palazzo Marino (1560, heute Rathaus). Arco della Pace (1860) im Park Sempione. Das Stadtbild ist heute überwiegend modern, u. a. Pirelli-Hochhaus (G. Ponti, L. Nervi, 1960), Verwaltungsgebäude der Olivetti-Werke (1954), Institut Marchiondi (V. Viganò, 1957–59).

Mailänder Edikte ↑ Mailand (Geschichte).

Mailbox [engl. 'meɪlbɒks], in der *Datenverarbeitung* ein „Briefkasten", in dem Nachrichten für Benutzer eines Teilnehmersystems hinterlegt werden können (engl. electronic mail, elektron. Post). Der Zugang zu M. kann über Kennwörter gesichert werden.

Mailer, Norman [engl. 'meɪlə], * Long Branch (N. Y.) 31. Jan. 1923, amerikan. Schriftsteller. – Wurde 1944 Soldat; schrieb nach seiner Heimkehr den naturalist., antimilitarist. Kriegsroman „Die Nackten und die Toten" (1948), der großes Aufsehen erregte; schrieb gesellschaftskrit. Romane, Essays, Reportagen und drehte Filme. – *Weitere Werke:* Der Hirschpark (R., 1955), Der Alptraum (R., 1965), Nixon in Miami und die Belagerung von Chicago (Bericht, 1968), Auf dem Mond ein Feuer (Bericht, 1970), ... nichts als die Wahrheit. Essays, Studien, Glossen (1973), Marilyn Monroe. Eine Biographie (1973), Der Kampf (R., 1975), Gnadenlos. Das Lied vom Henker (R., 1979), Frühe Nächte (R., 1983), Harte Männer tanzen nicht (R., 1984), Gespenster (R., 1991), Feinde (R., 1992).

Mailand
Stadtwappen

Mailand

bedeutendste
Wirtschaftsmetropole
Italiens

·

1,464 Mill. E

·

eine der
Residenzstädte des
Röm. Reiches

·

seit dem 11. Jh.
Streben nach
kommunaler
Selbstverwaltung

·

Stadtstaat und
Herzogtum unter den
Visconti und Sforza

·

Dom (14.–19. Jh.)

·

kulturelles Zentrum
(Scala, Brera)

·

internat. Brennpunkt
im Bereich Mode und
Design

Maillard-Reaktion

Maillard-Reaktion [frz. ma'ja:r; nach dem frz. Biochemiker L. C. Maillard, *1878, †1936], z. B. beim Backen und Braten auftretende Reaktion in eiweißhaltigen Lebensmitteln, die auf einer Umsetzung von Aminosäuren mit reduzierenden Zuckern beruht und unter Abspaltung von Kohlendioxid zur Bildung von geschmacksverbessernden, braunen Substanzen *(Melanoiden)* führt.

Maillart [frz. ma'ja:r], Louis, gen. Aimé M., *Montpellier 24. März 1817, †Moulins 26. Mai 1871, frz. Komponist. – Komponierte sechs seinerzeit beliebte Opern, u. a. „Das Glöckchen des Eremiten" (1856).

M., Robert, *Bern 6. Febr. 1872, †Genf 5. April 1940, schweizer. Ingenieur. – Pionier im Stahlbetonbau; entwickelte 1908 die Pilzdecke, eine Gebäudedecke aus kreuzweise bewehrten Stahlbetonplatten, die unmittelbar auf Stahlbetonsäulen ruhen; konstruierte mehr als 40 Brücken.

Maillol, Aristide [frz. ma'jɔl], *Banyuls-sur-Mer (Pyrénées-Orientales) 8. Dez. 1861, †ebd. 27. Sept. 1944, frz. Bildhauer, Maler und Graphiker. – Schloß sich 1893 den Nabis an. Ab 1900 konzentrierte er sich auf die Bildhauerei. Er schuf v. a. weibl. Akte, die sich – im Ggs. zu den Werken A. Rodins – durch klass. Ruhe und eine klare, in sich geschlossene Plastizität auszeichnen. Bed. Graphik, v. a. Holzschnittfolgen in knappem Umrißstil.

Mail order [engl. 'meɪl 'ɔ:də „Postauftrag"], postalisch erteilte Bestellung [im Versandhandel].

Maimana, Stadt in NW-Afghanistan, 870 m ü. d. M., 40 200 E. Verwaltungssitz der Prov. Fariab; Museum; Zentrum der Karakulschafzucht; Teppichherstellung.

Maimon, Salomon, *Sukowiborg (Litauen) um 1753, †Nieder-Siegersdorf bei Freystadt i. Niederschles. 22. Nov. 1800, jüd. Philosoph. – Ausbildung zum Rabbiner; ab 1779 in Deutschland, meist in Berlin. Setzte sich mit Kants „Kritik der reinen Vernunft" auseinander und führte sie produktiv fort. M. wandte sich gegen den Begriff des „Dings an sich" als hinter den Erscheinungen liegender, sie verursachender Gegenstand; denn die Grundunterscheidung „Kausalität" sei eine Leistung des Subjekts. M. lehnte Kants Trennung von Sinnlichkeit und Verstand ab, da die Anwendung von Kategorien auf sinnl. Erfahrung nicht begründet werden könne. – **Werke:** Versuch über Transcendentalphilosophie (1790), Krit. Untersuchungen über den menschl. Geist (1797).

Maimonides, Moses, eigtl. Rabbi Mose Ben Maimon, gen. Rambam, *Córdoba 30. März 1135, †Al Fustat (= Kairo) 13. Dez. 1204, jüd. Philosoph, Gelehrter und Arzt. – Lebte ab 1165 in Ägypten, wo er als Arzt und als Vorsteher der jüd. Gemeinschaft wirkte. M. gilt als der bedeutendste jüd. Religionsphilosoph des MA. Zugleich genießt er als Kodifikator des jüd. religiösen Gesetzes höchste Anerkennung. Seine Hauptwerke sind: 1. Der Kommentar zur Mischna, in dem er die 13 Glaubensartikel formulierte, die später Aufnahme in das jüd. Gebetbuch gefunden haben. 2. Eine „Wiederholung der Lehre", in der er das religiöse Gesetz- und Traditionsgut systematisierte. 3. „More nebukim" (Führer der Unschlüssigen, Verwirrten). In diesem zentralen Werk der ma. jüd. Religionsphilosophie sucht M. einen Ausgleich zw. Aussagen des Aristotelismus und jüd. Glaubenslehren herbeizuführen, wobei er auch neuplaton. Elemente übernimmt. M. hat auf die christl. Scholastik stark eingewirkt, v. a. auf Thomas von Aquin und Albertus Magnus. In seinen medizin. Schriften folgte M. weitgehend den Anschauungen Galens.

Main, rechter Nebenfluß des Rheins, in Bay., Bad.-Württ. und Hessen, entsteht aus dem Zusammenfluß von **Weißem Main** (entspringt am Ochsenkopf im Fichtelgebirge) und **Rotem Main** (entspringt in der nördl. Fränk. Alb) bei Kulmbach, mündet bei Mainz, 524 km lang, davon 396 km schiffbar; mehrfach gestaut (Kraftwerke). – †Rhein-Main-Donau-Großschiffahrtsweg.

Mainardi, Enrico, *Mailand 19. Mai 1897, †München 10. April 1976, italien. Violoncellist und Komponist. – Hervorragend als Solist und Kammermusiker, seit 1952 auch als Dirigent; komponierte v. a. Violoncellokonzerte, ferner Kammermusik und Lieder.

Mainau, 44 ha große Insel im Bodensee (Überlinger See) mit mildem Klima; Blumen- und Pflanzenschau in Gartenanlagen und im Schloßpark. – Kam 724 zum Kloster Reichenau; war 1272–1805 als Kommende M. Deutschordensgebiet; fiel dann an Baden; seit 1932 im Besitz des schwed. Grafen L. Bernadotte.

Maine [frz. mɛn], histor. Gebiet in W-Frankreich, zw. der Normandie im N, dem Orléanais im O, der Touraine und Anjou im S und der Bretagne im W. – In fränk. Zeit Gft., die 1126 an das Haus Anjou fiel, zeitweilig englisch war und 1481 Besitz der frz. Krone wurde.

Maine [engl. meɪn], Bundesstaat im NO der USA, 86 156 km², 1,2 Mill. E (1990), Hauptstadt Augusta.
Landesnatur: Das Staatsgebiet umfaßt drei natürl. Landschaftseinheiten, das im N an Kanada angrenzende New England Upland (ein durch die pleistozäne Vereisung überformtes seenreiches Plateau), die im W bis zu 1 606 m aufragenden White Mountains und die stark gegliederte 3 800 km lange Atlantikküste mit ihrem unmittelbaren Hinterland. Das Klima ist kühl-gemäßigt und v. a. im SO maritim beeinflußt mit hohen Niederschlägen.
Vegetation, Tierwelt: Mehr als 80 % der Fläche werden von Wald, v. a. Nadelwald (Kiefern, Fichten) eingenommen. – Die Fauna ist sehr artenreich: u. a. Rotwild, Elch, Schwarzbär, Luchs, Skunk und Waldmurmeltier.
Bevölkerung, Wirtschaft, Verkehr: Die Siedlungsentwicklung verlief nur zögernd; Einwanderer waren in erster Linie Briten, aber auch Deutsche und Schweden. Mit nur 0,3 % ist der Anteil der Farbigen sehr gering. Weniger als die Hälfte der Bev. lebt in Städten. Neben zwei Univ. bestehen staatl. und v. a. kirchl. Colleges. – In der Fischerei dominiert wertmäßig die Anlandung von Hummern. Bedeutendstes Anbauprodukt der stetig zurückgehenden Landw. ist die Kartoffel; viele Betriebe sind auf Hühnermast, Milchwirtschaft oder Gemüsebau spezialisiert. Der große Waldreichtum bildet die Grundlage für die bed. Holzverarbeitung. Dominierender Ind.zweig ist die Papierind. (rd. 50 Papierfabriken), mit Abstand folgen Lederverarbeitung, Nahrungsmittelind. und die stark rückläufige Textilind. – Das Eisenbahnnetz umfaßt rd. 2 440 km, das Highwaynetz rd. 6 400 km. In M. gibt es 37 offizielle ✈.
Geschichte: G. Caboto entdeckte 1497 die Küste des heutigen M. und begründete die engl. Besitzansprüche auf das von Algonkin besiedelte Gebiet. Frz. Siedlungsversuche im frühen 17. Jh. scheiterten; endgültige europ. Besiedlung ab Ende der 1630er Jahre. 1677 Anschluß an Massachusetts; danach andauernde Kämpfe mit den von den Franzosen unterstützten Algonkin. 1820 Lösung von Massachusetts und Aufnahme als 23. Staat in die Union. Der seit Ende des Unabhängigkeitskrieges bestehende Grenzstreit mit Kanada wurde 1842 beigelegt.

Aristide Maillol. Der Sommer, Bronze, 1910–12 (Paris, Tuilerien)

Mainau

Maine de Biran [frz. mɛndəbi'rã], eigtl. Marie François Pierre Gonthier de Biran, *Bergerac 29. Nov. 1766, †Paris 16. Juli 1824, frz. Philosoph. – 1809 Mgl. der gesetzgebenden Kammer, 1814/15 der Restaurationskammer; urspr. beeinflußt vom Sensualismus, verband in Auseinandersetzung mit diesem einen Voluntarismus – das Kartesische „Cogito ergo sum" („ich denke, also bin ich") ersetzte er durch ein „Volo ergo sum" („ich will, also bin ich") – mit dem Spiritualismus der frz. Tradition und baute auf dieser Basis seine Metaphysik auf; Einfluß auf Bergson.

Maine-et-Loire [frz. mɛne'lwa:r], Dep. in Frankreich.

Mainframe [engl. 'meinfreim], engl. Bez. für einen Großrechner.

Mainfranken, Bez. für die beiderseits des mittleren Mains zw. Bamberg und Aschaffenburg gelegenen fränk. Landschaften in Bay. und Bad.-Württ. – In karoling. Zeit Königsgut; kam 1815 zu Bayern, Teile nach 1945 an Baden-Württemberg.

Mainhardter Wald, zentraler Teil des Schwäb.-Fränk. Schichtstufenlandes, westlich von Schwäb. Hall, bis 555 m hoch, zentraler Ort Mainhardt (4 300 E).

Main-Kinzig-Kreis, Landkr. in Hessen.

Mainland [engl. 'meinlənd], Hauptinsel der ↑Orkneyinseln.

M., Hauptinsel der ↑Shetlandinseln.

Mainlinie, die durch den Main bestimmte Grenzlinie zw. N- und S-Deutschland, im 19. Jh. oft als Scheidelinie („Weißwurstäquator") des preuß. und des östr. Einflußgebietes gefordert; S-Grenze des Norddt. Bundes.

Main-Spessart, Landkr. in Bayern.

Mainstream [engl. 'mein,stri:m „Hauptstrom"], im Jazz Bez. für Gestaltungsprinzipien und Musiker, die stilistisch keiner einzelnen Epoche eindeutig zuzuordnen sind, dabei aber die wesentl. „zeitlosen" Elemente des Jazz (Improvisation, Swing usw.) bes. prägnant repräsentieren.

Main-Tauber-Kreis, Landkr. in Baden-Württemberg.

Main-Taunus-Kreis, Landkr. in Hessen.

Maintenon, Françoise d'Aubigné, Marquise de (seit 1675) [frz. mɛ̃t'nõ], *Niort 27. Nov. 1635, †Saint-Cyr 15. April 1719, Geliebte und 2. Gemahlin Ludwigs XIV. – Ab 1652 ⚭ mit dem Dichter P. Scarron; 1669 Erzieherin der Kinder Ludwigs XIV. und der Marquise de Montespan; verdrängte diese in der Gunst des Königs, der sie 1684 heimlich heiratete; beeinflußte dessen klerikale Politik.

Mainz, Landeshauptstadt von Rhld.-Pf., am NO-Abfall des Rheinhess. Hügellandes zum Rhein, gegenüber der Mainmündung, 82–135 m ü.d.M., 175 400 E. Verwaltungssitz des Landkr. M.-Bingen; kath. Bischofssitz; Univ. (1477 erstmals, 1946 wiedergegr.), Fachhochschulen, Priesterseminar, Akad. der Wiss. und der Literatur, Dt. Fernsehakad., Max-Planck-Inst. für Chemie (Otto-Hahn-Inst.), Max-Planck-Inst. für Polymerforschung; Museen (u.a. Gutenberg-Museum, Röm.-German. Zentralmuseum); Verwaltungssitz des ZDF. Maschinenbau, Glas-, chem., feinmechan., elektron. und Zementind., Wein- und Sektkellereien; Rheinhäfen.

Geschichte: M. geht auf eine kelt. Siedlung zurück und wurde 13 v. Chr. als röm. Militärlager gegr. (44 n. Chr. als **Mogontiacum** erstmals bezeugt). Die zum Militärlager gehörende Siedlung entwickelte sich zum bed. Handels- und Ankerplatz. Das um 297 erstmals als „civitas" bezeichnete und befestigte M. war Hauptstadt der um 300 neugebildeten Prov. Germania Prima. Der kulturelle und wirtsch. Wiederaufstieg nach der Völkerwanderungszeit vollzog sich unter den Bischöfen von M. Die Stadt hatte Fernhandelsverbindungen bis in den Orient, verlor aber ihre Stadtfreiheit 1462 nach Eroberung durch Erzbischof Adolf II. und wurde kurmainz. Residenz und Landstadt; zw. dem 15. und 18. Jh. wurden die Festungsanlagen systematisch ausgebaut. Während der frz. Besetzung 1792/93 bestand die ↑Mainzer Republik. 1801–14 war M. Hauptstadt des frz. Dep. Donnersberg, 1816 wurde es Dt. Bundesfestung (bis 1866). Wirtsch. Entwicklung und Ausdehnung der Stadt waren bis um die Wende zum 20. Jh. v. a. durch den Festungsgürtel sehr beeinträchtigt.

Mainzer Dom

Bauten: Die im 2. Weltkrieg zerstörten ma. und barocken Kirchen sind zum größten Teil wiederhergestellt, v. a. der ↑Mainzer Dom, weiterhin Sankt Stephan (Hallenkirche, v. a. 1. Hälfte des 14. Jh., im Chor Glasfenster von M. Chagall, 1978 ff.; Kreuzgang 1499 vollendet), Sankt Quintin (um 1288 bis gegen 1330), Ev. Johanniskirche (um 900, Chor um 1320, spätere Umbauten), Sankt Peter (Neubau 1749–56), Karmeliterkirche (14. Jh.). Die Profanbauten wurden bei der Wiederherstellung im Innern z. T. umgebaut: ehem. kurfürstl. Schloß im Renaissancestil (1627–78 und 1687–1752; heute Röm.-German. Zentralmuseum), ehem. Deutschordenskommende (1730–37; heute Landtag), Schönborner (1668), Jüngerer Dalberger (1715–18), Osteiner (1747–52) und Bassenheimer Hof (1750–55). Reste der ma. Stadtbefestigung (Eiserner Turm; Holzturm); Renaissancebrunnen (1526) auf dem Marktplatz; Fabrikgebäude der Schott Glaswerke von E. Neufert (1954); modernes Rathaus (Entwurf A. Jacobsen, Ausführung O. Weitling, 1971–74).

M., ehem. Bistum und geistl. Kur-Ft.; das seit 346 bezeugte, wohl schon seit dem 1. Jh. bestehende Bistum wurde 746 von Bonifatius übernommen; sein Nachfolger Lullus wurde 781/782 Erzbischof. Der Erzbischof von M. war zugleich Primas Germaniae, Erzkanzler des Reiches (ständig seit 965) und gehörte seit dem Ende des 12. Jh. zu den Kurfürsten; er führte das Direktorium auf dem Reichstag (seit dem 17. Jh.), im Kurfürstenkollegium und bei den Königs- bzw. Kaiserwahlen. Bis zur Mitte des 14. Jh. umfaßte die Kirchenprov. M. 14 Bistümer: Konstanz, Eichstätt, Speyer, Straßburg, Worms, Würzburg, Augsburg, Chur, Halberstadt, Hildesheim, Olmütz, Paderborn, Prag und Verden; 1343 verlor M. die Metropolitangewalt über Prag und Olmütz. Die territoriale Machtstellung des Erzstifts wurde durch den Niedergang des Reiches im 14. Jh., v. a. aber durch die **Mainzer Stiftsfehde** (1461–63) zw. Adolf II. von Nassau und Diether von Isenburg um das Erzstift (Sieg Adolfs II.) und durch die Reformation beeinträchtigt. Ende des 18. Jh. fielen die linksrhein. Gebiete an Frankreich; 1803 wurde das Ft. säkularisiert. Preußen erhielt Erfurt, das Eichsfeld und das thüring. Besitzungen, andere Teile fielen an Hessen-Darmstadt, Hessen-Kassel und Nassau; den Rest des Erzstifts erhielt Karl Theodor, Reichsfrhr. von Dalberg als Kurerzkanzler und Fürstprimas des Rheinbundes.

M., Bistum, nach der Aufhebung des Erzbistums M. 1821 als Suffragan von Freiburg im Breisgau wiedererrichtet (↑katholische Kirche [Übersicht]).

Mainz-Bingen, Landkr. in Rhld.-Pfalz.

Mainzer Dom, einer der drei großen roman. Kaiserdome am Rhein. Anstelle eines Vorgängerbaus aus dem 11. Jh. (Treppentürme am Ostchor erhalten) gegen 1100 ff.

Mainz
Stadtwappen

Maine de Biran

Majoran.
Echter Majoran

als doppelchörige, dreischiffige Basilika mit Querhaus erbaut. 1239 Erneuerung der Mittelschiffsgewölbe und Westbau (nach Brand 1767 von F. I. M. Neumann wiederhergestellt). Bed. Grabdenkmäler der Erzbischöfe vom 13. bis 19. Jh.; Fragmente vom Westlettner des Naumburger Meisters (1243) im *Diözesanmuseum* (im ehem. Kreuzgang von 1410).

Mainzer Republik, der während der frz. Besetzung (1792/93) zw. Landau in der Pfalz und Bingen am Rhein ausgerufene erste dt. Freistaat. Nach der Kapitulation von Mainz (21. Okt. 1792) im 1. Koalitionskrieg wurde unter frz. Schutz und betrieben vom jakobin. Mainzer Klub (v. a. G. Forster) der Rhein.-Dt. Nat.konvent gewählt, der am 17. März 1793 die Republik ausrief, die Frankreich angeschlossen werden sollte. Im April 1793 wurde das Gebiet von Mainz, am 23. Juli 1793 die Stadt von preuß. Truppen erobert.

Maiorescu, Titu Liviu, * Craiova 27. Febr. 1840, † Bukarest 1. Juli 1917, rumän. Schriftsteller, Philosoph und Politiker. – Ab 1872 Prof. für Philosophie in Jassy, ab 1884 in Bukarest; 1912–14 Min.präs.; vertrat eine idealist. Philosophie nach dem Vorbild des dt. Idealismus; führendes Mgl. der Junimea; gilt als eigtl. Begr. und größter Vertreter der rumän. Literaturkritik, Reformator der rumän. Orthographie.

Maipilz, svw. ↑Mairitterling.

Mairenke (Schiedling, Seelaube, Chalcalburnus chalcoides mento), bis etwa 30 cm langer Karpfenfisch in den Seen und Flüssen der westl. Asien und SO-Europas, westl. Verbreitung bis zur oberen Donau; Körper schlank, Oberseite dunkelgrün, stahlblau schimmernd, Seiten aufgehellt, silberglänzend, Bauch weißlich; Speisefisch.

Mairet, Jean [de] [frz. mɛˈrɛ], ≈ Besançon 10. Mai 1604, † ebd. 31. Jan. 1686, frz. Dramatiker. – Erhob im Vorwort zu seiner Tragikomödie „Silvanire" (1631) als einer der ersten die Forderung nach den drei Einheiten. „Sophonisbe" (1635) gilt als die erste regelgemäße frz. Tragödie vor Corneille.

Mairitterling

Mairitterling (Maipilz, Calocybe gambosa, Tricholoma georgii), oft in Hexenringen wachsender Blätterpilz; Hut weißlich, wellig verbogen; Lamellen sehr eng, dünn und blaß; Stiel weißgelblich, faserig; eßbar.

Maironis, eigtl. Jonas Mačiulevičius-Mačiulis, * Pasandravis bei Raseiniai 2. Nov. 1862, † Kaunas 28. Juni 1932, litauischer Dichter. – Kath. Priester, ab 1922 Prof. für Moraltheologie in Kaunas. Mit seiner romant.-idealisierenden Dichtung (Lyrik, Versepen) wurde er zu einem der Wegbereiter des litauischen nat. Erwachens und übte großen Einfluß auf die Moderne aus.

Mais [indian.-span.] (Kukuruz, Türk. Weizen, Welschkorn, Zea), Gatt. der Süßgräser mit der einzigen, nur als Kulturform bekannten Art *Zea mays;* Heimat M- und S-Amerika; bis 2 m hohe Pflanze mit einhäusigen Blüten, ♂ Blüten in Rispen, ♀ in von Hüllblättern *(Lieschen)* umgebenen Kolben; Früchte *(M.körner)* in Längszeilen am M.kolben, weiß, gelb, rot oder blau. M. ist eine der wichtigsten, heute weltweit verbreiteten Kulturpflanzen der (wärmeren) gemäßigten Zone. Die zahlr. Varietäten und Formen werden in folgenden Großgruppen zusammengefaßt: *Weich-M. (Stärke-M.),* mit mehligen Körnern, v. a. zur Gewinnung von Stärke und Alkohol sowie als Futtermittel; *Puff-M. (Perl-M., Reis-M.)* mit stark wasserhaltigen Körnern, v. a. zur Herstellung von M.flocken (Corn flakes) und Graupen; *Zucker-M.,* unreife Kolben als Gemüse; *Zahn-M. (Pferdezahn-M.)* mit eingedrückten Körnern (wichtige Welthandelsform); *Hart-M. (Stein-M.),* v. a. angebaut an den Anbaugrenzen (z. B. M-Europa) und dort Grundlage für die Herstellung landesübl. Nahrungsmittel (Polenta, Tortilla u. a.) sowie von M.stärke und Traubenzucker. In M-Europa wird M. meist als Futterpflanze in verschiedener Form verwendet (Silo-M., Grün-M., Körner-M.). Einige Varietäten, v. a. buntblättrige, werden auch als Zierpflanzen kultiviert.

Geschichte: Bereits in vorkolumb. Zeit war der M.anbau fast über den ganzen amerikan. Kontinent verbreitet (Kultivierung im Tal von Tehuacán in Mexiko bereits um 5000

Mais.
Weiblicher
Blütenkolben

v. Chr.). Erst nach der Entdeckung Amerikas kam der M. nach Europa.

Maische, ein zucker- und/oder stärkehaltiges, breiiges Gemisch als Grundlage alkohol. Gärprozesse bei der Bier-, Branntwein- und Weinherstellung.

Maisflocken, svw. ↑Corn flakes.

Maiskäfer (La-Plata-Maiskäfer, Calandra zeamais), weltweit verschleppter, 3–5 mm langer Rüsselkäfer mit braun glänzendem, punktnarbigem Körper und vier helleren Flecken auf den Flügeldecken; Larve und Käfer schädlich an Mais und Weizen.

Maiskeimöl, durch Quellen und Pressen von Maiskeimen gewonnenes goldgelbes (bei Extraktion rötl.) Speiseöl.

Maisonette [mɛzɔˈnɛt; lat.-frz., eigtl. „kleines Haus"] (Maisonnette), zweistöckige Wohnung in einem [Hoch]haus, mit eigener Treppe innerhalb der Wohnung.

Maisons-Laffitte [frz. mɛzõlaˈfit], frz. Stadt im nw. Vorortbereich von Paris, Dep. Yvelines, 22 600 E. Pferderennbahn; Metallverarbeitung. – Seit dem MA Hauptort einer Herrschaft, die 1658 Mark-Gft. wurde. – Schloß im Übergangsstil von der Renaissance zum Barock (heute Museum).

Maistre, Joseph [Marie] Graf von [frz. mɛstr], * Chambéry 1. April 1753, † Turin 26. Febr. 1821, frz. Diplomat und Philosoph. – Gegner der Frz. Revolution; floh 1793 nach Lausanne; 1802–17 sardin. Gesandter in Petersburg; vertrat einen kath.-restaurativen Monarchismus ohne Verfassung, forderte höchste geistl.-weltl. Macht für den Papst.

Maiszünsler (Hirsenzünsler, Ostrinia nubialis), mit Ausnahme Australiens weltweit verschleppte, etwa 3 cm spannende Schmetterlingsart (Fam. Zünsler); wird durch Larvenfraß u. a. in den Stengeln von Mais und Hirse schädlich.

Maitani, Lorenzo, * Siena um 1275, † Orvieto im Juni 1330, italien. Baumeister, Bildhauer und Glasmaler. – 1310 nach Orvieto berufen, übernahm er die Oberleitung der Dombauhütte. M. gilt als der Schöpfer der Domfassade, vermutlich ist auch deren bed. Bauplastik sein Werk.

Maître [frz. mɛtr; zu lat. magister (↑Magister)], frz. für Gebieter, Herr; Lehrer; Meister; Titel vor dem Namen jurist. Amtspersonen; **Maître de plaisir,** jemand, der ein Fest gestaltet und leitet; Tanzmeister.

Maitreja ↑Buddha.

Maiunruhen 1968 ↑Frankreich (Geschichte, Fünfte Republik).

Maiwurm ↑Ölkäfer.

Maizière [frz. mɛˈzjɛːr], Lothar de, * Nordhausen 2. März 1940, dt. Politiker (CDU). – Neffe von Ulrich de M.; Musiker, dann Rechtsanwalt; seit 1986 Vizepräses der Synode des Bundes der Ev. Kirchen in der DDR; seit Nov. 1989 Vors. der CDU/DDR sowie stellv. Vors. des Min.rates und Min. für Kirchenfragen in der Reg. Modrow; April bis Okt. 1990 Min.präs. und seit Aug. 1990 auch Außenmin.; seit 1. Okt. 1990 stellv. Vors. der gesamtdt. CDU; wurde am 3. Okt. 1990 Bundesmin. ohne Geschäftsbereich und MdB; trat wegen des Vorwurfs, Mitarbeiter des Staatssicherheitsdienstes der ehem. DDR gewesen zu sein, am 17. Dez. 1990 als Bundesmin. zurück und ließ sämtl. Parteiämter ruhen; bei Wiederaufnahme seiner Parteiämter im Febr. 1991 im Sept. 1991 endgültiger Rücktritt von allen Funktionen.

M., Ulrich de, * Stade 24. Febr. 1912, dt. General. – In der dt. Wehrmacht Oberstleutnant im Generalstab; 1955 Leiter der militärpolit. Abteilung in der „Dienststelle Blank", dann im Verteidigungsministerium; 1958–60 Truppenkommandeur; entwickelte als Leiter der Schule für Innere Führung der Bundeswehr (1960–62) und als Kommandeur der Führungsakad. der Bundeswehr (1962–64) die Konzeption vom „Staatsbürger in Uniform". 1964–66 Inspekteur des Heeres, 1966–72 Generalinspekteur der Bundeswehr.

Maja, rechter Nebenfluß des mittleren Aldan, in O-Sibirien, 1 053 km lang, davon 547 km schiffbar.

Maja [Sanskrit], im „Weda" den Göttern zugeschriebene Zauberkraft; in der späteren indischen Philosophie die Illusion der Realität.

Majakowski, Wladimir Wladimirowitsch [russ. mɐjɪ-'kɔfskij], *Bagdati (bei Kutaissi, Georgien) 19. Juli 1893, †Moskau 14. April 1930 (Selbstmord), russ. Dichter. – Mitbegr. und Hauptrepräsentant des russ. Futurismus. Hatte schon früh Kontakt mit der revolutionären Bewegung in Rußland; gehörte 1912 zu den Unterzeichnern des futurist. Manifests u. d. T. „Eine Ohrfeige dem allg. Geschmack" (↑LEF). 1915 erschien das programmat. Poem „Wolke in Hosen"; ebenfalls gegen die Kapitalismus gerichtet sind die Versdichtungen „Krieg und Welt" (1917) und „Ein Mensch" (1918). Als Propagandist einer sozialist. Umgestaltung der Gesellschaft verherrlichte M. die Oktoberrevolution in der „Ode an die Revolution" (1918), in dem Gedicht „Linker Mensch" (1918) und in dem Drama „Mysterium buffo" (1918), eines der ersten Massenschauspiele, das auf sowjet. Bühnen zur Aufführung kam. M., der 1915–19 Malerei und Architektur studiert hatte, nutzte die polit. Zeichnung als Werbe- und Kampfmittel. Als Leiter des Künstlerkollektivs „Okna Rosta" schuf er im Auftrag der russ. Telegrafenagentur über 500 Plakate, zu denen er eigene Texte verfaßte (ROSTA-Fenster). Sie fanden in der UdSSR, aber auch im Ausland weite Verbreitung und trugen im Zusammenwirken mit seinen Dichtungen „150 000 000" (Ged., 1921), „Wladimir Iljitsch Lenin" (Poem, 1924), „Gut und schön!" (Poem, 1927) viel zur Ausbreitung der kommunist. Idee bei. Spätere Gedichte thematisierten den sozialist. Aufbau des Landes, auch auftretende Fehlentwicklungen sowie Erfahrungen seiner zahlr. Vortragsreisen ins westl. Ausland. Gegen Spießertum und Bürokratismus wandten sich seine letzten Stücke, die Komödie „Die Wanze" (1928) und das Drama „Das Schwitzbad" (1929). Heute gilt M. auch als Begründer der sowjet. Kinderlyrik, der seine Gedichte mit bes. Berücksichtigung des kindl. Auffassungsvermögens verfaßte, u. a. „Was ist gut und was schlecht?" (1925), „Das Feuerpferdchen" (1927), „Was werde ich?" (1928).

Majapahit [indones. madʒa'paɪt], indones. Großreich (1293 bis etwa 1520), entstanden in O-Java, dehnte sich im 14. Jh. auf die Halbinsel Malakka und den gesamten indones. Archipel aus; zerfiel nach 1389.

Majdanek, ehem. Konzentrationslager, ↑Lublin.

Majdanpek [serbokroat. ˌmaːjdampɛk], Bergbauort in Serbien, osö. von Belgrad, 9 500 E. In der Umgebung Bergbau (Kupfererz, Pyrit, Gold); Güterseilbahn zur Donau. – Bereits um 4500 v. Chr. wurde hier nach Erz geschürft.

Majerová, Marie [tschech. 'majɛrova], eigtl. M. Bartošová, *Úlvaly bei Prag 1. Febr. 1882, †Prag 16. Jan. 1967, tschech. Schriftstellerin. – Schilderte in realist. Romanen und Novellen die Welt der Arbeiter und gestaltete mit psycholog. Feinheit Frauencharaktere. Leitete kommunist. Frauenzeitschriften. – *Werke:* Platz der Republik (R., 1914), Die Sirene (R., 1935), Bergmannsballade (R., 1938), Der entzauberte Garten (En., 1951).

Majestas Domini ↑Maiestas Domini.

Majestät [zu lat. maiestas „Größe, Erhabenheit"], im Röm. Reich Bez. für die Erhabenheit der Götter, aber auch als Attribut des röm. Volkes bzw. des Staates *(maiestas populi Romani),* später des Kaisers *(maiestas principis)* verwendet. Als kaiserl. Ehrentitel seit der Spätantike gebraucht und von den karoling. Kaisern, erst in der Neuzeit auch von Königen übernommen.

Majestätsbrief, zur Sicherung Böhmens den kath. und prot. Ständen und königl. Städten von Kaiser Rudolf II. am 9. Juli 1609 verbrieftes Recht freier Religionsausübung und der bes. Rechtsvertretung.

Majestätsverbrechen (Majestätsbeleidigung; Crimen laesae maiestatis), im *röm. Recht* polit. Verbrechen gegen die „maiestas populi Romani" bzw. „maiestas principis" (↑Majestät); seit der *fränk. Zeit* jedes gegen den König und das Reich (Land) gerichtete Verbrechen.

Majolika [italien., nach der span. Insel Mallorca] ↑Fayence.

Major, John [engl. 'meɪdʒə], *Merton 29. März 1943, brit. Politiker. – Bankkaufmann; schloß sich politisch den Konservativen an; 1987 Schatzamtsmin., 1989 kurzzeitig Außenmin., dann Schatzkanzler; seit Nov. 1990 Führer der Konservativen Partei und Premierminister.

Major [span., zu lat. maior „größer"] ↑Dienstgradbezeichnungen (Übersicht).

Majoran [majoˈraːn, ˈmaːjoraːn; mittellat.], (Majorana) Gatt. der Lippenblütler mit sechs Arten, fast nur im östl. Mittelmeergebiet; behaarte Kräuter und Halbsträucher; Blüten in köpfchenförmigen Scheinähren. Eine bekannte Gewürzpflanze ist der weißblühende **Echte Majoran** (Meiran, Wurstkraut, Majorana hortensis). M. wird seit altägypt. Zeit vielseitig (u. a. als Gewürz- und Heilmittel) verwendet. In M-Europa vermutlich erst seit dem Spät-MA angepflanzt.
▷ (Wilder M.) ↑Dost.

Majorana-Effekt [nach dem italien. Physiker Q. Majorana, *1871, †1957] ↑magnetooptische Effekte.

Majorat [zu lat. maior „größer"], 1. Erbfolgeordnung, nach der von mehreren (männl.) Verwandten der Älteste berufen wird (Ggs. **Minorat,** Jüngstenrecht); 2. ein gebundenes Vermögen, das dem M. unterliegt.

Majorette [frz. maʒɔˈrɛt], junges Mädchen in Uniform, das bei festl. Umzügen paradiert.

majorisieren [zu lat. maior „größer"], überstimmen, beherrschen.

Majoristen [zu lat. maior „größer"], in der kath. Kirche bis 31. Dez. 1972 (Abschaffung der niederen Weihen) die Träger höherer Weihen mit Verpflichtung zu Zölibat und Breviergebet.

Majorität [frz., zu lat. maior „größer"], svw. ↑Mehrheit.

Majunga [frz. maʒœ̃ˈga] ↑Mahajanga.

Majuskeln [zu lat. maiusculus „etwas größer"], Großbuchstaben der Schriften des lat. Alphabets (heute auch **Versalien**). *Majuskelschriften* bestehen nur aus Großbuchstaben, d. h. gleich hohen Buchstaben, z. B. die ↑Kapitalis und die ↑Unziale.

MAK ↑MAK-Wert.

makaber [zu frz. danse macabre „Totentanz"], düster, schaurig; mit Tod und Vergänglichkeit Scherz treibend.

Makadam [nach dem schott. Straßenbauingenieur J. L. McAdam, *1756, †1836], Straßenbelag; heute Fahrbahndecke aus grobkörnigem Gestein (Schotter, Split) und bituminösen Bindemitteln **(Asphaltmakadam)** bzw. Teer **(Teermakadam).**

Makaken (Macaca) [afrikan.-portugies.], Gatt. der Meerkatzenartigen mit 12 Arten in den südl. Asien, östlich bis Japan und im westl. N-Afrika sowie auf Gibraltar; Körperlänge etwa 40–75 cm; Schwanz fehlend bis etwa körperlang; Gestalt gedrungen, alte ♂♂ oft mit starken Überaugenwülsten. M. bilden Gruppen mit meist strenger Rangordnung; boden- oder baumbewohnend, gute Schwimmer; einige Arten spielen als Versuchstiere in der medizin. Forschung eine bedeutende Rolle. Bekannte Arten: **Rhesusaffe** (Macaca mulatta), in S- und O-Asien; etwa 50–65 cm lang, Schwanz 20–30 cm lang; mit bräunl. Fell und roten Gesäßschwielen; Bestände durch Massenfang für die chem. und pharmazeut. Ind. stark dezimiert. **Schweinsaffe** (Macaca nemestrina), in S-Asien, auf Sumatra und Borneo; etwa 60 cm lang, Schwanz etwa 15–20 cm, henkelförmig gekrümmt. **Javaneraffe** (Macaca irus), in Mangrovenwäldern SO-Asiens und der Sundainseln; etwa 50 cm lang. Die Untergatt. **Hutaffen** (Zati) hat je eine Art in Vorderindien und auf Ceylon; mit langer Kopfbehaarung, die von der Scheitelmitte nach allen Seiten gerichtet ist.

Mäkäle, Stadt in N-Äthiopien, ssö. von Asmara, 2 062 m ü. d. M., 61 600 E. Verwaltungssitz der Region Tigre.

Makalu, Gipfel im Himalaja, auf der nepales.-chin. Grenze, 8 463 m hoch; Erstbesteigung 1955 durch eine frz. Expedition.

Makame [arab., eigtl. „Sitzung, Zusammenkunft"], arab. rhetor.-poet. Kunstform in metrisch freier Reimprosa mit Verseinlagen, Sinnsprüchen und häufiger Verwendung seltener Wörter, literar. Zitate usw. Meister der M. war ↑Hariri. – ↑Maqam.

John Major

Wladimir Wladimirowitsch Majakowski

Lothar de Maizière

Makedonien
Fläche: 25 713 km²
Bevölkerung: 2,03 Mill. E (1990), 79 E/km²
Hauptstadt: Skopje
Amtssprachen: Makedonisch, daneben auch Serbokroatisch, Albanisch und Türkisch
Währung: 1 Denar = 100 Deni
Zeitzone: MEZ

Anton Semjonowitsch Makarenko

Makarios III.

Makarenko, Anton Semjonowitsch [russ. maˈkarınkɛ], *Belopolje (Gebiet Sumy) 13. März 1888, †Moskau 1. April 1939, ukrain. Pädagoge. – Gründete und leitete in den 20er Jahren Arbeitskolonien zur Resozialisierung verwahrloster Jugendlicher (↑Besprisornyje) und entwickelte eine Theorie der Erziehung, nach der eine moral. und soziale Erziehung nur als „Kollektiverziehung" im Rahmen eines tätigen und inhaltsreichen Lebens mit immer neuen Zukunftsperspektiven möglich sei. – *Werke:* Der Weg ins Leben – Ein pädagog. Poem (R., 1933–35), Ein Buch für Eltern (1937), Flaggen auf den Türmen (R., 1938).

Makarikarisalzpfanne, ausgedehnte Salztonsenke in NO-Botswana, in der Kalahari; im S Abbau von Soda und Steinsalz.

Makarios III. [neugr. maˈkarjɔs], eigtl. Michail Christodulos Muskos, *Pano Panajia (Distrikt Pafos) 13. Aug. 1913, †Nikosia 3. Aug. 1977, griech.-orth. Theologe und zypr. Politiker. – 1948–50 Bischof von Kition; seit 1950 Erzbischof von Zypern und Ethnarch, arbeitete etwa ab 1955 mit J. Griwas und der EOKA zur Befreiung der Insel zusammen; 1956/57 von den Briten auf die Seychellen verbannt; als Staatspräs. der Republik Zypern (seit 1960) um die Unabhängigkeit der Insel, Neutralität und einen gewissen Ausgleich der Gegensätze zw. griech. und türk. Zyprern bemüht; im Juli 1974 von den griech. Offizieren der zypr. Nationalgarde gestürzt, floh ins Ausland; kehrte im Dez. 1974 zurück und übernahm wieder das Amt des Staatspräsidenten.

Makarismus [zu griech. makarismós „Seligpreisung"] (Mrz. Makarismen), eine in der klass. griech. Literatur wie auch im A.T. und N.T. (v.a. in der Bergpredigt) geläufige Stilform, die Menschen wegen ihres gegenwärtigen oder zukünftigen Segens profaner und religiöser Art preist.

Makarow, Stepan Ossipowitsch [russ. maˈkarɛf], *Nikolajew 8. Jan. 1849, ⚔ bei Port Arthur (= Dalian) 13. April 1904, russ. Admiral und Ozeanograph. – Zeichnete sich im Russ.-Türk. Krieg 1877–78 bei der russ. Schwarzmeerflotte durch strateg. und takt. Geschick aus; 1896 Vizeadmiral. Mit dem von ihm konstruierten Eisbrecher „Jermak" unternahm M. 1901 eine Expedition nach Franz-Joseph-Land; fiel im Russ.-Jap. Krieg.

Makart, Hans, *Salzburg 29. Mai 1840, †Wien 3. Okt. 1884, östr. Maler. – Seine großformatigen Historienbilder und Allegorien zeigen in Nachfolge der venezian. Malerei üppige Szenen von ungemein prunkvoller Farbwirkung. Seine dekorative Auffassung (Neubarock) beeinflußte Theater, Mode, Wohnkultur und Kunstgewerbe.

Makassar ↑Ujung Pandang.

Makassaren, jungmalaiisches Kulturvolk im sw. Celebes; 2,5 Mill.; außer in der Landw. v.a. in der Schiffahrt und im Handel tätig.

Makassarstraße, Teil des Australasiat. Mittelmeeres, verbindet die Celebes- mit der Javasee; im S zahlr. Inseln und Riffe.

Makeba, Miriam, *Prospect bei Johannesburg 4. März 1932, südafrikan. Sängerin. – Wirkte in dem Anti-Apartheid-Film „Come back Africa" (1959) mit, gab danach Konzerte in Europa und ging dann in die USA, wo sie mit H. Belafonte zusammenarbeitete. Wurde in den 60er Jahren mit Songs wie „Pata Pata" und „The click song" internat. bekannt (als „Königin des afrikan. Chansons" bezeichnet); 1987 Comeback. Seit 1959 im Exil, gab sie 1991 erstmals wieder ein Konzert in Südafrika.

Makedonien (Mazedonien; amtl. Vollform: Republika Makedonija), Staat in SO-Europa, auf der Balkanhalbinsel, zw. 40° 30′ und 42° 06′ n. Br. und 20° 18′ und 23° ö. L. **Staatsgebiet:** M. grenzt im W an Albanien, im N an Serbien (Teilrepublik von Rest-Jugoslawien), im O an Bulgarien und im S an Griechenland. **Internat. Mitgliedschaft:** UN. **Landesnatur:** M. ist ein Gebirgsland im Einzugsbereich des Vardar oberhalb von Gevgelija sowie des oberen Schwarzen Drin. Es wird von hohen, meist glazial überformten Gebirgsstöcken und dazwischenliegenden Einbruchsbecken eingenommen, die durch schluchtartige Täler und verkehrsgünstige Pässe miteinander verbunden sind. Höchste Erhebungen sind Korab (2764 m ü. d. M.) und die anschließende Šar planina (bis 2747 m ü. d. M.). Zwei der größten Beckenlandschaften werden vom ↑Ohridsee und ↑Prespasee eingenommen, die nur z.T. zu M. gehören. Größtes Einbruchsbecken ist die im S gelegene ↑Pelagonija, ein ertragreiches Agrargebiet. Im NW der Republik erstreckt sich das 40 km lange Senkungsfeld der Pologebene, die vom Vardar durchflossen wird, der anschließend eine Folge von kleineren Beckenlandschaften miteinander verbindet und somit eine bed. Verkehrsleitlinie (Teil der Morava-Vardar-Furche) bildet.

Klima: Es ist kontinental geprägt, wobei im S mediterrane Einflüsse erkennbar sind. Die Sommer sind heiß und trocken; im Jahresdurchschnitt erhalten die Beckenlandschaften weniger als 500 mm Niederschlag im O und 700–900 mm im W, in den seewärtsgekehrten Randgebirgen fallen bis 2000 mm/Jahr.

Vegetation: In den Beckenlandschaften breitet sich als natürl. Vegetation Steppe aus, die aber weitgehend in Ackerland umgewandelt wurde. Die Berghänge werden von Sträuchern und Wäldern bedeckt (etwa 1/3 der Landesfläche ist bewaldet), die größtenteils aus Buchen und Eichen, mitunter auch aus Kiefern bestehen. In M. gibt es drei Nationalparks.

Bevölkerung: Nach der letzten Volkszählung von 1981 waren von den Bewohnern 67 % Makedonier, 20 % Albaner, 5 % Türken und 2 % Serben, Sinti und Roma und Muslime (eigene ethn. Einheit); Splittergruppen sind Aromunen, Bulgaren und Griechen. Etwa 2/3 der Makedonier bekennen sich zum christl. Glauben und gehören der makedon. orth. Kirche an; Albaner und Türken sind Mohammedaner. Die größte Bev.dichte haben die Beckenlandschaften (bes. die Pelagonija) und die Vardarfurche. Es besteht eine achtjährige Grundschulpflicht (7.–14. Lebensjahr). Univ. gibt es in Skopje und Bitola.

Wirtschaft: M. gehörte im ehem. Vielvölkerstaat Jugoslawien zu den unterentwickelten Republiken. Wichtigster

Makedonien

Wirtschaftszweig ist die Landw. Von der Gesamtfläche M. sind etwa $\frac{1}{4}$ Ackerland und über $\frac{1}{4}$ Wiesen und Weiden. In den Beckenlandschaften (bes. Pelagonija) und Flußniederungen Anbau von Weizen, gefolgt von Mais, Roggen, Tabak, Kartoffeln, Zuckerrüben, Baumwolle, Reis und Mohn; verbreitet sind Wein- und Obstbau (bes. Pflaumen und Äpfel). Wegen des sommertrockenen Klimas ist Bewässerung notwendig (Anlage großer Stauseen). Die extensive Viehhaltung ist auf die Schafzucht ausgerichtet. Die oftmals schütteren und in der Bergzone schwer erreichbaren Wälder bringen nur einen geringen Holzertrag. Dagegen ist M. relativ reich an Bodenschätzen (Blei-, Zink-, Chrom-, Eisen-, Kupfer-, Molybdänerze, Braunkohle, Asbest, Glimmer); ihr Abbau wird jedoch durch die unzureichende Verkehrserschließung behindert. Bis zum Zweiten Weltkrieg waren nur Tabakverarbeitung, Textil- und Nahrungsmittelind. mit einigen wenigen Betrieben vertreten, danach entstanden auch Werke der Eisen- und Buntmetallverhüttung, des Maschinenbaus und der Metallverarbeitung. Wichtigste Ind.-standorte sind neben Skopje auch Bitola, Prilep, Veles, Tetovo, Kavadarci und Kumanovo. Am Schwarzen Drin, an der Crna Reka, Treska u. a. Flüssen wurden Wasserkraftwerke errichtet. Anziehungspunkte des noch wenig ausgebauten Fremdenverkehrs sind der Ohrid- und Prespasee.
Außenhandel: Ausgeführt werden Agrarprodukte (bes. Tabak), Textilien, Erze, Metalle, eingeführt Brenn- und Rohstoffe, Ind.einrichtungen, Konsumgüter und Lebensmittel.
Verkehr: M. wird von etwa 10 000 km Autostraßen und von der Eisenbahnlinie Belgrad–Skopje–Saloniki durchzogen. Internat. ✈ liegen bei Skopje und Ohrid.
Geschichte: Zur Geschichte vor 1918 ↑Makedonien (histor. Großlandschaft). – Der Zugehörigkeit zu ↑Jugoslawien (histor. Bundesstaat) folgten in den 1920er Jahren blutige Aufstände zur Erlangung der Unabhängigkeit M., die von der Inneren Makedon. Revolutionären Organisation (IMRO) getragen wurden. Im 2. Weltkrieg besetzte Bulgarien wiederum fast ganz M., ein Teil wurde von dt. Truppen eingenommen; bis Ende 1944 war M. von jugoslaw. Partisanen freigekämpft. Kommunist. Pläne für ein unabhängiges M. nach 1945 scheiterten; Vardar-M. wurde 1945 jugoslaw. Bundesstaat. Die Teilung M. führte immer wieder zu Streitigkeiten zw. Jugoslawien, Griechenland und Bulgarien, welches (1948–78 von der UdSSR unterstützt) die Lostrennung M. von Jugoslawien forderte. Die ersten freien Parlamentswahlen in Vardar-M. im Nov. 1990 gewann die wiedergegr. IMRO, die nun für die nat. Einheit des jugoslaw., bulgar. und griech. M. (in einer Balkan-Föderation) eintrat; Präs. wurde im Jan. 1991 K. Gligorov. Im serb.-kroat. Bürgerkrieg 1991 versuchte M. eine Vermittlerposition einzunehmen. Da die von M. angestrebte Umwandlung Jugoslawiens in eine Föderation gleichberechtigter Staaten nicht realisiert werden konnte, nahm M. am 20. Nov. 1991 eine neue Verfassung an, mit der sich die Republik als selbständiger souveräner Staat konstituierte; gegen griech. Einspruch (Forderung nach Verzicht auf den Namen M.) wurde M. unter der provisor. Bez. „Die ehem. jugoslaw. Republik M." im April 1993 Mgl. der UN.
Politisches System: Seit der Unabhängigkeitserklärung vom 27. Aug. 1991 ist M. eine souveräne Republik mit Präsidialsystem. *Staatsoberhaupt* ist der (1991 vom Parlament gewählte) Präs.; die *Legislative* liegt bei den 120 Abg. des Parlaments (Sobranje); *Exekutiv*organ ist die Reg. unter Vorsitz des Min.präs. Die kommunist. *Partei* spaltete sich 1990, größte Nachfolgeorganisation ist die Sozialdemokrat. Allianz von M. (SDSM); die Innere Makedon. Revolutionäre Organisation – Demokrat. Partei für die Makedon. Nat. Einheit (VMRO-DPMNE) tritt für die Vereinigung M. ein, die Partei der Demokrat. Prosperität (PDP) vertritt die Interessen der alban. Minderheit.

M. (Makedonia), Region in N-Griechenland, Teil der südosteurop., histor. Großlandschaft M., 34 177 km², 2,6 Mill. E (1990), Hauptstadt Saloniki.

M., histor. Großlandschaft in SO-Europa, an der Griechenland, M. und Bulgarien Anteil haben. M. ist ein Schollenland, in dem bis 2 900 m hohe Gebirgszüge größere Becken voneinander trennen. Die größten Städte sind Saloniki, Skopje, Bitola, Prilep und Serrä.
Geschichte: Das antike M. war in histor. Zeit von Makedonen besiedelt, einem den Griechen verwandten Stamm, und gliederte sich in *Niedermakedonien* (um den Thermaischen Golf), *Obermakedonien* zw. den Flüssen Axios (= Vardar) und Halikamon (= Aliakmon), das *Axiostal* und *Ostmakedonien* (Gebiet zw. Axios und Strymon und die Philippi-Ebene); Hauptstadt war Aigai, seit dem 5./4. Jh. Pella. Staatsform war die Monarchie mit Heeresversammlung und Adelsgefolgschaft. Die polit. Entwicklung endete mit der makedon. Vorherrschaft in Griechenland unter Philipp II. (⚭ 359–336) und Alexander d. Gr. (⚭ 336–323). Von 323–289 unter der Dyn. des Antipater und ab 276 der der Antigoniden verlor M. seine Vorrangstellung in den **Makedonischen Kriegen** an Rom. Im *1. Makedon. Krieg* 215–205 mußte Philipp V. auf ein Bündnis mit Karthago verzichten. Die im *2. Makedon. Krieg* 200 bis 197 erworbenen Eroberungen mußten 197 wieder abgetreten werden. Der *3. Makedon. Krieg* war ein Präventivkrieg Roms (172/171–168) und endete mit der Zerschlagung von M. in 4 selbständige Staaten; ab 146 war M. röm. Provinz.
Im 4. Jh. n. Chr. gehörte M. zum Byzantin. Reich; Anfang 7. Jh. wurde es von Awaren geplündert und von Slawen besetzt. Seit 8. Jh. selbständiger Teil des Byzantin. Reichs, blieb M. Schauplatz ständiger Angriffe. Um 1230 wurde M. Teil des 2. Bulgar. Reiches. Ab 1317 gehörte M. zum Osman. Reich. Die Bemühungen der Bulgaren, sich vom Osman. Reich zu lösen, schlossen M. mit ein, das im Frieden von San Stefano (1878) zu dem autonomen Bulgarien kam, nach dem Berliner Kongreß (1878) aber beim Osman. Reich verblieb. Die Folge waren Auseinandersetzungen zw. Griechenland und Bulgarien (**makedonische Frage**). Nach dem 2. Balkankrieg (1913) fiel der größte Teil von M. an Serbien (sog. Vardar-M.) und Griechenland (sog. Ägäis-

Hans Makart. Kleopatra, 1874/75 (Stuttgart, Staatsgalerie)

Makedonier

M.), Bulgarien erhielt einen kleinen Teil im O. Im 1. Weltkrieg besetzte es ganz M., verlor aber 1919 (Vertrag von Neuilly-sur-Seine) alle Gebiete bis auf einen kleinen Teil (Pirin-M.). Vardar-M. kam 1918 als Teil Serbiens zum späteren Jugoslawien.

Makedonier, den Bulgaren nahestehende südslaw. Bev. mit eigener Sprache in SO-Europa (v. a. in der Republik Makedonien); rd. 1,7 Mill. Angehörige.

Makedonische Kriege ↑ Makedonien (histor. Großlandschaft, Geschichte).

makedonische Literatur, zentrale Gatt. der Literatur der slaw. Makedonier, die nach Anläufen in der 2. Hälfte des 19. Jh. erst im Laufe des 20. Jh. und insbes. nach Schaffung einer offiziellen makedon. Schriftsprache (1944) eine bes. Pflege erfuhr, war nach 1945 die Lyrik; sie war an der Volkspoesie orientiert und nahm allmählich Stilmittel der europ. Moderne auf. In Prosadichtungen wurde der makedon. Widerstandskampf gestaltet; in der heutigen, histor.-gesellschaftl. Themen zugeneigten m. L. herrschen realist. Stilprinzipien vor.

makedonische Sprache, jüngste slaw. Literatursprache; gesprochen von rd. 1,3 Mill. Menschen in Makedonien (Amtssprache) sowie, in den zugehörigen Dialekten, in Teilen SO-Albaniens, N-Griechenlands und SW-Bulgariens. Die m. S. ist eine südslaw. Sprache, die dem Serbokroatischen nahe und dem Bulgarischen nächst verwandt ist. Die zahlr. Dialekte werden in eine westl. und eine östl. Gruppe geteilt, wobei die zentralen Dialekte der westl. Gruppe die Grundlage der Literatursprache bilden. In der weitgehend phonet. Rechtschreibung wird ein kyrill. Alphabet serb. Typs verwendet.

Makedorumänen ↑ Aromunen.

Makejewka [russ. maˈkjejifke], ukrain. Stadt im Donbass, 430 000 E. Bauingenieurhochschule. Bed. Ind.- und Bergbaustadt. – Entstand 1899 beim Bau eines Hüttenwerkes.

Make-up [meːkˈap; engl. „Aufmachung"], kosmet. Verschönerung des Gesichts; auch Bez. für bestimmte kosmet. Präparate. Zum Tönen der Haut verwendete Präparate können nach Vorbehandlung mit einer Unterlage (Hautcreme) als Puder oder in einem Arbeitsgang als Pudercreme (Basis z. B. Wasser-Puder-Öl) aufgetragen werden. Einen hohen Anteil an färbenden Pigmenten oder Farblacken haben Rouge- und Lidschattenpräparate.

Maki-e [jap.], Streubild (↑ Lackarbeiten).

Makifrösche (Phyllomedusa), Gatt. der Laubfrösche Mittel- und Südamerikas; Baumbewohner mit senkrechten Pupillen, langen dünnen Gliedmaßen, Greifhänden und -füßen.

Makimono [jap.], für die ostasiat. Kunst typ. Form der Querrolle, die von rechts nach links aufgerollt wird und in einzelnen Abschnitten betrachtet werden kann; entwickelte sich aus der Schriftrolle.

Makira, eine der Salomoninseln, ↑ San Cristóbal.

Makis [Malagassi-frz.], svw. ↑ Lemuren.

Makkabäer, Beiname des Judas Makkabäus. Der Name ging auf seine Brüder und Mitkämpfer über und gewann in der Neuzeit starken Symbolwert für die jüd. Selbstbehauptung. Als Bez. für die von Simon (⚭ 143 bis 135) begr. hohepriesterl., seit Aristobulos I. (104/103) oder Alexander Jannäus (⚭ 103–76) auch königl. Dynastie hat sich der von Josephus Flavius und Mischna bezeugte Name *Hasmonäer* eingebürgert, der auf den Namen des Urgroßvaters der Mattathias zurückgeht.

Makkabäerbücher, Abk. Makk., vier alttestamentl. Bücher, von denen die ersten beiden zu den Apokryphen zählen (kath.: deuterokanon. Bücher), die übrigen zu den Pseudepigraphen (kath.: Apokryphen); entstanden im 2./1. Jh. v. Chr. Ihr Inhalt befaßt sich mit den jüd. Freiheitskämpfen gegen die syr. bzw. ägypt. Herrschaft und fordert die Reinerhaltung der jüd. Religionsgesetzes.

Makkabäische Brüder, sieben alttestamental. Brüder, die zus. mit ihrer Mutter in der Zeit der ersten Makkabäeraufstände das Martyrium erlitten. Seit dem 5. Jh. als Heilige verehrt.

Makkabäus, Judas ↑ Judas Makkabäus.

Makkabi [hebr., nach den Makkabäern], Name jüd. Sportvereine oder -verbände; in Deutschland „M. in Deutschland e. V." (Mgl. im Dt. Sportbund als Anschlußorganisation), gegr. 1921 in Berlin, wiedergegr. 1965 in Düsseldorf, Sitz Berlin.

Makkabiade [hebr.], in vierjährigem Zyklus (jeweils ein Jahr nach den Olymp. Spielen) stattfindende jüd. Sportveranstaltung mit olymp. Programm; 1932 erstmals in Tel Aviv ausgetragen.

Makkaroni [italien.], lange, röhrenförmige ↑ Teigwaren.

makkaronische Dichtung (maccaron. Dichtung), kom. Dichtung, deren Wirkung auf der spieler. Verschmelzung zweier Sprachen beruht, wobei die eine v. a. das grammat. und syntakt. Grundgerüst liefert, dem das Wortmaterial aus der anderen Sprache angepaßt wird. Nach Vorläufern in der Spätantike hatte diese Art scherzhafter Gelehrtendichtung, meist Parodie oder Satire, ihre Blütezeit im Humanismus des 15./16. Jh.; Grundlage war das Lat., durchsetzt mit Elementen der westeurop. Volkssprachen.

Makler (Mäkler) [niederdt., zu maken „machen, handeln"], allg. ein Gewerbetreibender, der Gelegenheiten zum Abschluß von Verträgen nachweist und Verträge vermittelt (↑ Handelsmakler, ↑ Börsen); i. e. S. der **Immobilienmakler,** der gewerbsmäßig den Abschluß von Verträgen über Grundstücke, grundstücksgleiche Rechte, gewerbl. Räume und Wohnungen vermittelt oder die Gelegenheit zum Abschluß solcher Verträge nachweist; er braucht eine gewerberechtl. Erlaubnis (§ 34c Gewerbeordnung).

Maklergebühr, svw. ↑ Courtage.

Maklervertrag (Mäklervertrag), Vertrag, in dem sich jemand verpflichtet, einem anderen (dem Makler) für den Nachweis der Gelegenheit zum Abschluß oder für die Vermittlung eines Vertrages ein Entgelt (den **Maklerlohn**) zu zahlen; dabei besteht im allg. weder für den Makler die Verpflichtung, tätig zu werden, noch für den anderen die Pflicht, das angebotene Geschäft abzuschließen; anders ist es, wenn dem Makler *Alleinauftrag* (d. h. ihm der Vertragsabschluß für bestimmte Zeit ausschließlich zugewiesen wurde) erteilt ist. Aufwendungen sind nur bei Vereinbarung zu ersetzen (§ 652 BGB).

Mako [Maori] ↑ Makrelenhaie.

Mako [nach dem Gouverneur Mako (Maho) Bei, dem Hauptförderer des ägypt. Baumwollanbaus im 19. Jh.], feine, langfaserige, fest glänzende, ungebleicht gelbl. Baumwolle; wird zu feinen Garnen versponnen.

Makonde, Bantustamm in SO-Tansania und N-Moçambique; 1,5 Mill. – Ihre alte Holzschnitzkunst (Masken) wurde in Tansania wiederbelebt (mit neuen Motiven).

Makoré [makoˈreː; afrikan.-frz.] ↑ Hölzer (Übersicht).

makr..., Makr... ↑ makro..., Makro...

Makramee [italien., zu arab. miqram „bestickter Schleier"], alte, urspr. arab. Knüpfarbeit, bei der nebeneinanderliegende Fäden zu dekorativen Mustern und Fransen verknüpft werden.

Makrelen [niederl.] (Scombridae), Fam. schlanker, spindelförmiger Knochenfische, hauptsächlich in trop. und subtrop. Meeren, z. T. sehr weit wandernd, schwarmbildend; Schuppen fehlend oder klein; z. T. von großer wirtsch. Bed., u. a. die bis 50 cm lange, im nördl. Atlantik (einschl. Nord- und Ostsee) vorkommende **Makrele** (Scomber scombrus); Rücken dunkel blaugrün bis dunkelbraun mit gekrümmten, bläulichschwarzen Querbinden, Seiten matt silbrig, Band weiß; Speisefisch, der frisch, geräuchert und als Konserve verwendet wird. Bekannt sind außerdem ↑ Bonito und ↑ Thunfische.

Makrelenartige (Makrelenfische, Scombroidei), mit rd. 100 Arten in allen Meeren (bes. der trop. und subtrop. Regionen) verbreitete Unterordnung der Barschartigen; mehrere Meter lange Knochenfische. Zu den M. gehören u. a. die ↑ Makrelen und der bis über 4 m lange **Schwertfisch** (Xiphias gladius); mit schwertförmig verlängertem Oberkiefer; Speisefisch.

Makrelenhaie (Heringshaie, Isuridae), Fam. etwa 3–12 m langer, in allen Meeren vorkommender Haifische, die fast alle dem Menschen gefährlich werden können; Körper langgestreckt, spindelförmig; Schwanzflosse weitgehend symmetrisch; Hochseebewohner, lebendgebärend. Einige Arten sind Speisefische, u. a. der etwa 3,5 m lange und bis 500 kg schwere **Mako** (Isurus oxyrhynchus); mit dunkelgrauem bis graublauem Rücken. 1,5–3 m lang wird der im nördl. Atlantik und im Mittelmeer, auch in der Nord- und Ostsee vorkommende **Heringshai** (Lamna nasus); Färbung blauschwarz bis dunkelgrau, Unterseite weißlich. Das Fleisch kommt als *Kalbfisch, Karbonadenfisch* oder *Seestör* in den Handel. Die einzige Art der Gatt. *Weißhaie* ist der bis 9 m, selten bis 12 m lange **Weißhai** (Carcharodon carcharias); Rücken blei- bis bläulich grau, Unterseite weißlich; Brustflosse groß.

Makrelenhaie. Weißhai, Länge bis 9 m, selten bis 12 m

Makrelenhechte (Scomberesocidae), Fam. bis etwa 50 cm großer, sehr langgestreckter, schlanker Knochenfische mit 4 hochseebewohnenden Arten; 5–7 Flössel hinter der Rücken- und Afterflosse, Schnauze schnabelförmig ausgezogen; z. B. **Atlantischer Makrelenhecht** (Scomberesox saurus).

Makrelenhechte. Atlantischer Makrelenhecht, Länge bis 40 cm

makro..., Makro..., makr..., Makr... [zu griech. makrós „groß"], Bestimmungswort von Zusammensetzungen mit der Bed. „lang, groß".

Makrobiotik [griech.], von C.W. ↑Hufeland geprägter Begriff für die Kunst, durch geeignete Ernährung und Lebensweise ein langes und gesundes Leben zu führen. – Die urspr. aus Japan stammende und vom Zen-Buddhismus stark beeinflußte Ernährungslehre zielt auf einen Ausgleich des Yin-Yang-Verhältnisses in der Nahrung ab. Begr. der modernen M. war der jap. Philosoph Georges Ohsawa (*1893, †1966), der 10 Ernährungsstufen empfahl, die sich v. a. durch zunehmenden Anteil an Getreidevollkornprodukten auszeichnen, bei weitgehender Einschränkung der Flüssigkeitsaufnahme sowie des Verzehrs von Obst und insbes. tier. Produkten. Aus ernährungswiss. Sicht ist die M. eiweiß- und calciumarm.

Makropoden. Paradiesfisch, Länge bis 10 cm

makrocyclische Verbindungen, aus mehr als 12 Kohlenstoffatomen bestehende, ringförmige Verbindungen, z. B. makrocycl. Ketone.

Makrogefüge, ohne Mikroskop erkennbarer Aufbau metall. Werkstoffe, Gesteine u. a.

Makroglobulinämie [griech./lat./griech.], vermehrtes Auftreten hochmolekularer Eiweißstoffe im Blutserum. Die *primäre M.* (Waldenström-Krankheit) ist mit einer Vermehrung von monoklonalen Makroglobulinen unter Zurückdrängung der normalen Blutbildung verbunden; es kommt zu Lymphknoten-, Milz- und Lebervergrößerung, Anämie und Infektanfälligkeit. Die Krankheit endet tödlich. Eine *sekundäre M.* tritt als Begleiterscheinung anderer Krankheiten, z. B. bei Leberzirrhose, auf.

Makroklima, svw. Großklima (↑Klima).

Makrokosmos, Weltall, Universum; Ggs. Mikrokosmos.

Makrolidantibiotika, Sammelname für Antibiotika mit einem vielgliedrigen Lactonring; i. e. S. Antibiotika der Erythromyzingruppe. M. werden von Streptomyzeten gebildet und wirken gegen grampositive und -negative Kokken sowie Rickettsien durch Hemmung der Proteinsynthese.

Makrolide [Kw.], makrocycl. Lactone (innere Ester) von langkettigen ω-Hydroxycarbonsäuren. M. sind Bestandteile von Makrolidantibiotika (z. B. Erythromyzin) und natürlich vorkommenden Duftstoffen.

Makromoleküle, Moleküle, die aus mehr als 1 000 Einzelmolekülen (Monomeren) bestehen und deren relative Molekülmassen über 10 000 betragen. Fast alle synthet. M. haben ein einfaches Bauprinzip: in ihnen wiederholt sich periodisch ein und dieselbe Gruppe (*Polymere, Hochpolymere*); natürl. M. können dagegen einen sehr unregelmäßigen Aufbau haben (z. B. Proteine). M. sind linear (↑Kettenmoleküle), flächig oder räumlich gebaut; bei vernetzten M. sind die Ketten durch Molekülbrücken oder Wasserstoffbrücken verbunden. Aus M. bestehen alle ↑Kunststoffe sowie zahlr. Naturstoffe wie Nukleinsäuren, Stärke und Zellulose.

Makron, att. Vasenmaler des strengen rotfigurigen Stils, tätig um 500–480; bemalte fast ausschließlich Schalen.

Makronen [italien.-frz.], Gebäck aus Eiweiß, Zucker und Mandeln, Kokosraspeln oder Nüssen.

Makroökonomie, Teilgebiet der Wirtschaftstheorie, bei dem gesamtwirtsch. Zusammenhänge auf der Basis von Globalgrößen, die aus der Zusammenfassung der Wirtschaftssubjekte und der ökonom. Einzelphänomene hervorgehen, untersucht werden. Auf makroökonom. Ansätzen basieren z. B. die Kreislauf-, Konjunktur- und Wachstumstheorie. – Ggs. ↑Mikroökonomie.

makroökonomische Markttheorie ↑Geldtheorie.

Makrophotographie, in der Photographie der Aufnahmebereich mit vergrößertem Abbildungsmaßstab, bezogen auf das Negativformat; der Abstand zw. Objektiv und Filmebene wird z. B. durch ein ↑Balgengerät oder ringförmige Abstandsstücke (Zwischenringe) vergrößert (Auszugsverlängerung) und dadurch das Abbildungsverhältnis entsprechend geändert.

Makropoden [griech.] (Großflosser, Macropodinae), Unterfam. der Labyrinthfische in den Gewässern SO-Asiens; Rücken-, After- und Schwanzflossen stark vergrößert. Einige M. sind beliebte Aquarienfische, z. B. der bis 10 cm lange **Paradiesfisch** (Großflosser, Macropodus opercularis), der in China, Taiwan, Korea und im südl. Vietnam vorkommt; ♂ mit prächtiger roter und blauer bis blaugrüner Zeichnung und sehr lang ausgezogenen Flossen. Zu den M. gehört auch die Gatt. ↑Kampffische.

Makropsie [griech.] (Megalopsie), Sehstörung mit falscher Größenwahrnehmung *(Größersehen);* Ursachen sind Akkomodationsstörungen, beginnende Netzhautablösung oder -entzündung, raumverdrängende Prozesse im Gehirn, Vergiftungen (einschl. Rauschmitteleinwirkungen), psychopatholog. Zustände.

makroskopisch [griech.], ohne opt. Hilfsmittel mit bloßem Auge erkennbar; ein mit den Sinnen erfaßbares System als Ganzes betreffend. – Ggs. mikroskopisch.

Makrosmaten [griech.], Lebewesen mit gut entwickeltem Geruchssinn.

Makrosomie [griech.], svw. ↑Riesenwuchs.

Makrosoziologie, Teilbereich der Soziologie, der die Strukturen und Gesetzmäßigkeiten des Aufbaus, der Entwicklung und Veränderung großer gesellschaftl. Einheiten (Organisationen, Institutionen, kollektive Prozesse) unter-

Makrozustand

Malachit.
Oben: Kristallform.
Unten: dicht,
angeschliffen

Málaga
Stadtwappen

Malabarspinat.
Windender Sproß

sucht, soweit sie das Verhalten von Individuen und kleinen Gruppen bestimmen.

Makrozustand, Bez. für den physikal. Zustand eines Vielteilchensystems, der im Ggs. zum ↑Mikrozustand durch thermodynam. Zustandsgrößen wie z. B. Temperatur, Druck und Volumen gekennzeichnet ist.

Makrozyten [griech.], abnorm große Erythrozyten, z. B. bei perniziöser Anämie.

Maktar [frz. mak'ta:r; arab. 'maktar], Ort in N-Tunesien, 50 km sö. von Le Kef, 950 m ü. d. M., 6 500 E. – Zahlr. bed. Ruinen, u. a. Triumphbogen zu Ehren Trajans (116 n. Chr.).

Makua, Bantustamm im nördl. Küstengebiet von Moçambique, in SO-Tansania und Malawi; 6,85 Mill.; Savannenpflanzer (Hirse, Mais, Bohnen).

Makulatur [zu lat. macula „Fleck"], in der graph. Technik nicht einwandfreie Erzeugnisse; **makulieren,** zu Makulatur machen, der Abfallverwertung zuführen.

Makumba (Macumba), neue Religion Brasiliens mit zahlenmäßig nur schwer erfaßbarer Anhängerschaft; auch Bez. für deren Kulthandlungen. In der M. werden Gottheiten westafrikan. Herkunft mit bibl. Gestalten und kath. Heiligen, zuweilen auch mit indian. Numina identifiziert (Synkretismus). Die M. wird unter Einbeziehung von Opfergaben sowie spiritist. und okkultist. Einflüssen an speziellen Kultplätzen vollzogen.

Makura no sōshi [„das Kopfkissenbuch"], älteste Sammlung der jap. Zuihitsu-Literatur (skizzenhafte Aufzeichnungen), wohl zw. 995 und 1020 von der Hofdame Sei Shōnagon verfaßt.

Makurdi, nigerian. Stadt am Benue, 101 000 E. Hauptstadt des Bundesstaats Benue; kath. Bischofssitz; landw. Handelszentrum; Eisenbahn- und Straßenbrücke über den Benue, Hafen, ✈.

MAK-Wert [Abk. für: **m**aximale **A**rbeitsplatz**k**onzentration], Grenzkonzentration gas-, dampf- oder staubförmiger Substanzen, die als noch erträglich (nicht gesundheitsschädlich) am Arbeitsplatz bei achtstündiger Arbeit angesehen werden kann. Sie wird bei 20 °C und 1 013 mbar gemessen und in ppm (d. h. cm³ Gas je m³ Luft) oder mg/m³ (d. h. mg Substanz je m³ Luft) angegeben. MAK-Werte werden in Deutschland von einer Kommission der Dt. Forschungsgemeinschaft ermittelt und vom Bundesministerium für Arbeit und Sozialordnung jährlich veröffentlicht (z. Z. für etwa 500 Substanzen). – ↑TRK-Wert.

Mal [althochdt. mal(i) „Fleck", „Zeichen"], allg. (meist in Zusammensetzungen verwendet): 1. sich abhebende Stelle, Fleck (z. B. Mutter-M.); 2. Gedenkstein, Monument (Denkmal, Mahn-M.).

▷ bes. gekennzeichnete Stelle innerhalb eines Spielfeldes; dient als Ablauf- bzw. Abwurfmarke oder als Zielmarkierung.

Malabaren, eine drawid. Sprache sprechendes ind. Volk im Bereich der Malabarküste. Staatsvolk von Kerala; 30 Millionen.

malabarische Liturgie ↑Thomaschristen.

Malabarküste, monsuntrop. SW-Küste Indiens zw. Goa und Kap Comorin. Die Flachküste wird geprägt durch Nehrungen und dahinter langsam verlandende Brackwasserhaffe oder davor liegende Strandwälle.

Malabarspinat (Ind. Spinat, Basella alba), Basellengewächs aus O-Indien; mit fleischigen, ei- oder herzförmigen Blättern; in den Tropen und Subtropen kultiviert und als Gemüse und Salat verwendet.

Malabo (früher Santa Isabel), Hauptstadt von Äquatorialguinea, an der N-Küste der Insel Bioko, 33 000 E. Kath. Bischofssitz, der Naturhafen ist der wichtigste Hafen des Landes, internat. ✈. – 1820 von Briten zur Bekämpfung des Sklavenhandels gegr., 1827–43 als Port Clarence brit. Flottenstützpunkt.

Malabsorption [lat.], u. a. durch Mangel an Verdauungsenzymen und durch Schleimhautschädigungen bedingte ungenügende Nährstoffresorption v. a. des Dünndarms.

Malachias, in der Vulgata Name für ↑Maleachi.

Malachias, hl. (altir. Maol M'Aedoc), *Armagh um 1094/95, †Clairvaux 1148, ir. Erzbischof. – 1123–27 Bischof von Connor; 1129 Erzbischof von Armagh, 1137 Bischof von Down. Im Auftrag von Papst Innozenz II. wirkte er für die röm. Reform der ir. Kirche. Auf einer Romreise lernte er Bernhard von Clairvaux kennen und gründete daraufhin das erste Zisterzienserkloster in Irland. – Aus einer mißverstandenen Stelle der von Bernhard von Clairvaux verfaßten Vita entstand um 1590 die Fälschung der sog. „**Weissagung des Malachias**": 112 Sinnsprüche über Päpste von Cölestin II. (1143) bis zum fiktiven, angeblich letzten Papst Petrus II.

Malachit [zu griech. maláchē „Malve" (mit Bezug auf die Farbe der Blätter)], monoklines Mineral von in Kristallen schwarzgrüner, in dichten Kristallaggregaten smaragdgrüner Farbe, $Cu_2[(OH)_2|CO_3]$; Mohshärte 4, Dichte 4,0 g/cm³. Häufiges Kupfererz, in Lagerstätten meist zus. mit anderen Kupfermineralen; Schmuckstein.

Malachitgrün, grüner, wasserlösl. Triphenylmethanfarbstoff, der v. a. zum Färben von Tinten, Wachsen, Farbbändern, Kugelschreiberpasten und Kunstfasern dient.

Malacostraca [griech. „Weichschalige"] (Höhere Krebse), Unterklasse der Krebstiere mit rd. 18 000 Arten von unter 1 cm bis etwa 60 cm Körperlänge; Chitinpanzer häufig sehr stark entwickelt; bekannte Ordnungen: Heuschreckenkrebse, Leuchtkrebse, Zehnfußkrebse, Flohkrebse, Asseln.

malade [frz., zu lat. male habere „sich schlecht befinden"], unpäßlich; krank.

mala fide [lat. „in bösem Glauben"], im Recht: in böser Absicht, arglistig, trotz besseren Wissens (↑guter Glaube).

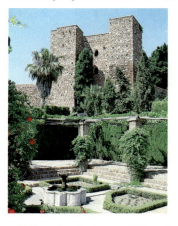

Málaga.
Die im 8./9. Jh.
erbaute, später
veränderte arabische Alcazaba

Málaga ['ma:laga], span. Hafenstadt an der Costa del Sol, 10 m ü. d. M., 566 000 E. Verwaltungssitz der Prov. M.; kath. Bischofssitz; Univ. (gegr. 1972), Kunstakad. Hochschule für Musik und für darstellende Künste; Museum. M. ist der wichtigste Hafen Andalusiens. Nahrungsmittel-, Getränkeind., Weinkellereien, Eisen- und Stahlwerke, Schiffbau, Erdölraffinerie, chem. sowie Textilind., Fremdenverkehr, ✈. – Das antike **Malaca,** im 12. Jh. v. Chr. als phönik. Handelskolonie gegr., fiel 205 v. Chr. an die Römer, 571 n. Chr. an die Westgoten; unter arab. Herrschaft (711–1487) höchste kulturelle Blüte; 1614 Vertreibung der letzten Mauren. – Die arab. Alcazaba (8. und 9. Jh.; später verändert) steht in Verbindung mit der Festung Gibralfaro (v. a. 14. Jh.). An der Stelle einer Moschee Renaissancekathedrale (1588 geweiht; 1719 ff. erneuert).

Malagassi (Malagas[s]y, Madagassisch), Sprache der Madagassen auf Madagaskar; gehört zu den ↑malaiopolynesischen Sprachen; besitzt eine große Anzahl von Dialekten (W- und O-Gruppe), die strukturell übereinstimmen, im Lautbestand und Wortschatz jedoch Unterschiede aufweisen. Der Merina-Dialekt (auch Hova) dient seit 1820 als offizielle Schrift- und Literatursprache.

Malaien (heutige Bez.: Indonesier), die indones. Sprachen sprechenden Völker und Stämme in Südostasien und auf Madagaskar, insges. etwa 18,4 Mill. Menschen. Die M. gehören im wesentlichen dem palämongoliden Zweig der mongoliden Rasse an, gegliedert in 3 große Gruppen. Die **Primitivmalaien** leben von Jagd, Sammelwirtschaft und Fischerei. Entsprechend einfach sind Behausung (Windschirme, kleine Pfahlbauten), Kleidung (Schurz aus Baststoffen) und Bewaffnung (Blasrohr, Pfeil und Bogen) sowie Gesellschaftsordnung. – Die **Altmalaien** (Altindonesier) betreiben Feldbau. Man unterscheidet eine ältere Gruppe mit vorherrschendem Anbau von Knollenfrüchten und Sagogewinnung und eine jüngere mit Reisanbau, Kokospalmen-, Bananen- und anderen Kulturen, Tierhaltung (Hunde, Hühner, Schweine), wenig Jagd und Sammelwirtschaft, die Behausung ist meist ein rechteckiger Pfahlbau. Weberei und Flechterei sind ebenso wie Metallverarbeitung z. T. seit alter Zeit entwickelt. – Die Küstenkultur der **Jungmalaien** (Jungindonesier) stellt den Hauptteil (90 %) der M.; Wirtschaft (v. a. Naßreisanbau mit Pflug und Büffel, Fischerei, Schiffahrt) und Technik (Weberei, Flechterei, Färberei, Waffen- und Goldschmiedehandwerk u. a.) sind bei ihnen hoch entwickelt. – Seit der 2. Hälfte des 19. Jh. wurden die Kulturen der Alt- und Jung-M. weitgehend einander angeglichen.

Malaienbär (Biurang, Helarctos malayanus), bis etwa 1,4 m lange und maximal 70 cm schulterhohe Bärenart in SO-Asien, auch auf Sumatra und Borneo; Fell kurz, glatt, schwarz, helle Schnauze und Brustzeichnung; Vorderfüße mit langen Krallen; guter Kletterer.

Malaiische Halbinsel ↑Malakka, Halbinsel.

Malaiischer Archipel (Australasien, Insulinde), die 15 Mill. km² große Inselwelt zw. dem südostasiat. Festland sowie Australien und Neuguinea.

malaiische Sprache, gehört zu den ↑malaiopolynesischen Sprachen; gesprochen auf der Halbinsel Malakka, dem Riau-Archipel und O-Sumatra. Die ältesten Inschriften stammen aus der 2. Hälfte des 7. Jh. n. Chr. Formen der m. S. sind Amtssprachen in Indonesien, Malaysia, Singapur und Brunei. – ↑Bahasa Indonesia.

malaiopolynesische Sprachen, Bez. für alle austrones., außerhalb Taiwans gesprochenen Sprachen. Zu den m. S. gehören die westmalaiopolynes. Sprachen – die m. S. der Philippinen und W-Indonesiens, Chamorro (Marianen einschl. Guam), Palau, die malaiische Sprache, die Chamsprachen, Maduresisch und Malagassi – und die zentralostmalaiopolynes. Sprachen: die zentralmalaiopolynes. Sprachen (die m. S. der Kleinen Sundainseln, beginnend im O Sumbawas, sowie der südl. und zentralen Molukken, einschl. der Aruinseln und der Sulainseln) und die ostmalaiopolynes. Sprachen (die m. S. S-Halmaheras, des westl. Neuguinea und Ozeaniens).

Malaise [frz. ma'lɛz(ǝ)], Unbehagen, unbefriedigende Situation.

Malaita, eine der Salomoninseln, 4 071 km², bis 1 438 m hoch, 80 700 E. Kopragewinnung.

Malajalam, zu den drawid. Sprachen gehörende Sprache in SW-Indien mit über 32 Mill. Sprechern und eigener Schrift (↑indische Schriften); offizielle Sprache des ind. Bundesstaates Kerala; M. entwickelte sich ab 1000 n. Chr. aus einem Dialekt des Tamil.

Malakal, Hauptstadt des Bundesstaates Oberer Nil, Sudan, am Weißen Nil, 386 m ü. d. M., 11 000 E. Kath. Bischofssitz; Veterinärstation; Papierind.; Nildampferstation, ⚓.

Malakka ↑Melaka.

Malakka, Halbinsel (Malaiische Halbinsel), Halbinsel in Südostasien, zw. der Andamanensee und der Malakkastraße im W sowie dem Golf von Thailand und dem Südchin. Meer im O, 1 500 km lang, an der schmalsten Stelle (Isthmus von Kra) 40–50 km breit. Birma, Thailand und Westmalaysia haben Anteil an der H. M.; sie wird von einem bis 2 190 m hohen Gebirgssystem durchzogen, dem vielfach Hügelländer vorgelagert sind, die in weithin versumpfte Küstenebenen überleiten. Die Halbinsel liegt im Bereich der immerfeuchten Tropen. Trop. Regenwald bedeckt den größten Teil, Mangrove umsäumt Teile der W-Küste. – In Rückzugsgebieten leben noch negrit. und weddide Stämme sowie Primitivmalaien. Vorherrschend sind heute die Jungmalaien. Chin. Händler kamen im 19. und 20. Jh. in großer Zahl, v. a. mit der Ausbreitung des Zinnerzbergbaus. Bei Einführung der Kautschukkultur durch Europäer kamen viele Inder als Arbeitskräfte auf die H. M. – Zur Geschichte ↑Malaysia.

Malakka-Sprachen, Bez. für die den Mon-Khmer-Sprachen in der austroasiat. Sprachfamilie nahestehenden Sprachen kleinerer ethn. Gruppen auf der Halbinsel Malakka.

Malakkastraße, Meeresstraße zw. der Halbinsel Malakka und Sumatra, verbindet das Südchin. Meer mit der Andamanensee.

Malakophyllen [griech.], weichblättrige Pflanzen, deren Blätter mit einem dichten toten Haarfilz als Verdunstungsschutz überzogen sind. – Ggs. ↑Sklerophyllen.

Malamud, Bernard [engl. 'mæləməd], * New York 26. April 1914, † ebd. 18. März 1986, amerikan. Schriftsteller. – Gilt neben S. Bellow und P. Roth als Hauptvertreter des (realist.) jüd. Romans in den USA; bed. u. a. „Der Gehilfe" (R., 1957), „Der Fixer" (R., 1966). – *Weitere Werke:* Bilder einer Ausstellung (En., 1969), Die Mieter (R., 1971), Rembrandts Hut (En., 1973).

Bernard Malamud

Malamut [nach dem Eskimostamm M.] (Alaskan Malamut), Rasse 58–63 cm schulterhoher, langhaariger Nordlandhunde mit schrägstehenden, mandelförmigen Augen, Stehohren und buschiger, über dem Rücken eingerollter Rute; Fell weiß mit dunklen Schattierungen; Schlittenhund.

Malan, Daniel François [afrikaans mǝ'laŋ], * Farm Allesverloren bei Riebeek-Wes (Kapprovinz) 22. Mai 1874, † Stellenbosch 7. Febr. 1959, südafrikan. Prediger und Politiker. – 1924–33 Innenmin. der Südafrikan. Union; nach 1934 Führer der „gereinigten" Nat. Partei in der Opposition; 1948–54 Min.präs. und Außenmin.; vertrat v. a. eine radikale Politik der Rassentrennung.

Malang, indones. Stadt im O Javas, 450 m ü. d. M., 547 000 E. Kath. Bischofssitz; Univ. (gegr. 1963), landw. Forschungsinst.; botan. Garten; Herstellung von Zigaretten, Tonwaren und Seife, Eisenbahnreparaturwerkstatt. Garnison, nahebei Luftwaffenbasis.

Valente Ngwenya Malangatana. Ausschnitt aus dem Gemälde „Für die enthauptete Frau war das Geschenk eine Kaktusblüte", 1981 (Maputo, Nationalmuseum)

Malangatana, Valente Ngwenya, * Marracuene bei Maputo 1936, moçambiquan. Maler und Graphiker. – An afrikan. Bildtraditionen anknüpfende Werke von expressivdynam. Farbgebung und unter Verwendung von Mythen und Symbolen der Volkskultur; engagiert v. a. gegen Kolonialismus und Rassismus.

Malanje [portugies. mɐ'lãʒi], Prov.hauptstadt in N-Angola, 1 151 m ü. d. M., 32 000 E. Kath. Bischofssitz; Handelszentrum; Endpunkt der Eisenbahnlinie von Luanda, ⚓.

Malaparte, Curzio, eigtl. Kurt Erich Suckert, * Prato 9. Juni 1898, † Rom 19. Juli 1957, italien. Schriftsteller. –

Malaria

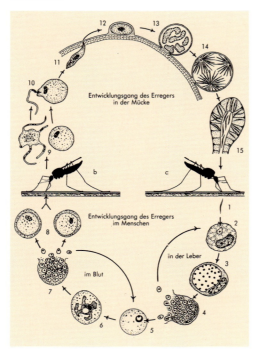

Malaria. Schematische Darstellung des Entwicklungsgangs eines Malariaerregers (a stechende, b saugende Fiebermücke): 1 Sichelkeim im Blut des Menschen; 2–4 Entwicklung in Zellen der Leber; 5–7 Entwicklung in roten Blutkörperchen; 8 männliche und weibliche Geschlechtsformen in Blutkörperchen, 9 Fortentwicklung der männlichen und weiblichen Gametozyten im Darm der Mücke; 10 Befruchtung; 11 Eindringen der beweglichen befruchteten Eizelle in die Darmwand; 12 einkerniges Stadium; 13 vielkerniges Stadium; 14 Bildung der Sichelkeime (Sporozoiten); 15 in die Speicheldrüse der Mücke eingewanderte Sichelkeime

1928–31 Leiter der Zeitung „La Stampa"; zunächst Anhänger der Faschisten, später von ihnen verhaftet und 1933 auf die Lipar. Inseln verbannt; Kriegsberichterstatter. Erregte Aufsehen durch seine dynamisch geschriebenen, polem. Kriegs- bzw. Nachkriegsromane „Kaputt" (1944) und v. a. „Die Haut" (frz. 1949, italien. 1950, dt. 1950), in denen er in expressionist. Bildern Szenen menschl. Erniedrigung darstellt. – *Weitere Werke:* Blut (R., 1937). Verdammte Toskaner (Prosa, 1956).

Malaria [italien., eigtl. „schlechte Luft"] (Sumpffieber, Wechselfieber), durch Arten der zu den Sporentierchen ge-

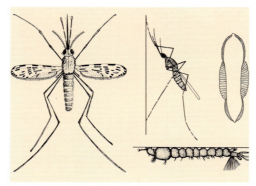

Malariamücken. Anopheles superpictus. Links und Mitte oben: in Ruhehaltung. Rechts: Ei. Unten rechts: Larve, an der Wasseroberfläche hängend

hörenden Gatt. Plasmodium hervorgerufene, von M.mückenarten übertragene, v. a. in wärmeren Ländern vorkommende, meldepflichtige Infektionskrankheit. Die unreifen Sporenformen *(Sporozoiten, Sichelkeime)* der M.erreger gelangen beim Stich mit dem Speichel der Mücken in den menschl. Organismus und reifen hauptsächlich in der Leber heran (Gewebsformen der M.plasmodien). Während dieser ein- bis sechswöchigen Phase (Inkubationszeit) treten keine Krankheitserscheinungen auf. Die ausgereiften M.erreger *(Schizonten)* teilen sich ungeschlechtlich in *Merozoiten,* werden ins Blut ausgeschwemmt und befallen die roten Blutkörperchen. In diesen entwickeln sie sich wiederum zu *Schizonten* (Blutplasmodien), die sich durch ungeschlechtl. Teilung zu jeweils 8–12 Merozoiten vermehren. Schließlich kommt es zur Zerstörung der Erythrozyten und damit zum Fieberanfall. Die freigewordenen Merozoiten dringen in neue Erythrozyten ein, in denen sich diese Entwicklung nach einem bestimmten, für die verschiedenen M.formen charakterist. Rhythmus wiederholt. Nach 4–5 solcher Vermehrungszyklen entstehen in den roten Blutkörperchen Geschlechtsformen *(Gametozyten),* die sich im menschl. Körper nicht weiter vermehren können. Werden diese beim Saugvorgang von einer Überträgermücke aufgenommen, entwickeln sie sich in ihr zu infektionstüchtigen Sporozoiten, die wiederum übertragen werden können. Die Entwicklung der Sporozoiten ist an eine Umgebungstemperatur von mindestens 16 °C gebunden und beschleunigt sich bei höheren Temperaturen; hieraus erklärt sich die unterschiedl. geograph. Verbreitung der M.

Man unterscheidet drei M.formen: Die *M. tertiana (Dreitagefieber;* Erreger: Plasmodium vivax und ovale) kommt auch in gemäßigten Zonen vor; Fieberanfall jeweils nach einem fieberfreien Tag. – *M. quartana* (Erreger: Plasmodium malariae): Fieberanfall alle 72 Stunden. – Bei der *M. tropica* (Erreger: Plasmodium falciparum), der eigtl. und auch gefährlichsten M. aller warmen Länder, treten die Fieberattacken in unregelmäßigen Abständen auf.

Die Krankheit beginnt meist uncharakteristisch grippeartig mit Kopf- und Gliederschmerzen und nachfolgendem unregelmäßigem Fieber. Als Begleiterscheinungen treten Blutarmut, Milz- und Leberschwellung bzw. -schäden, Gewichtsabnahme, auch Herzmuskelschäden auf. – Zur Behandlung dient das Chloroquin, das noch weltweit gegen M. tertiana wirksam ist; bei resistenter M. tropica wird eine Kombination von Pyrimethamin und Sulfadoxin angewendet, bei Unwirksamkeit z. B. auf Chinin oder auf die neuentwickelten Mefloquin und Pyronaridin zurückgegriffen. In M.gebieten sind außer prophylakt. Arzneimittelgaben der Schutz durch Moskitonetze und die Verwendung von Insektiziden von bes. Bedeutung. – Die M. ist neben der Amöbenruhr die häufigste Tropenkrankheit. Sie ist trotz energ. Bekämpfung nach wie vor in fast allen trop. Ländern stark verbreitet.

Malariamücken (Fiebermücken, Gabelmücken, Anopheles), Gatt. der Stechmücken mit rd. 200 Arten in der Nähe seichter, stehender Gewässer v. a. der Tropen. Etwa 50 Arten können als Überträger der Malaria gefährlich werden.

Mälarsee, mit 1 140 km² drittgrößter See Schwedens, westlich von Stockholm, bis zu 60 m tief, entwässert über den kurzen **Norrström** in die Ostsee.

Malaspinagletscher [engl. mæləsˈpiːnə], einer der größten Vorlandgletscher der Erde, in S-Alaska, 113 km lang.

Malate [lat.], Salze und Ester der ↑Äpfelsäure.

Malatesta, italien. Adelsfam., die 1333–1503 Rimini, zeitweise auch Teile des Kirchenstaates beherrschte. Bekannt wurde:

M., Gianciotto, †Pesaro 1304, Gemahl und Mörder der ↑Francesca da Rimini.

Malątya, türk. Stadt im Äußeren Osttaurus, 1 080 m ü. d. M., 251 300 E. Hauptstadt der Prov. M.; Univ. (gegr. 1975); Textil- und Nahrungsmittelind., Zementfabrik. – 1838 gegründet; nahebei die Ruinen des 1938 verlassenen Eski M. (byzantin. und seldschuk. Reste) und des **Arslan**

Malawi

Malawi
Fläche: 118 484 km²
Bevölkerung: 9,1 Mill. E (1990), 76,8 E/km²
Hauptstadt: Lilongwe
Amtssprachen: Englisch und Chichewa
Nationalfeiertag: 6. Juli (Unabhängigkeitstag)
Währung: 1 Malawi-Kwacha (MK) = 100 Tambala (t)
Zeitzone: MEZ +1 Stunde

Tepe, der altoriental. Stadt Milid (späthethit. und assyr. Reste).

Malawi (amtl.: Republic of M.; dt. Republik M.), Staat in Südostafrika, zw. 9° und 17° 10′ s. Br. sowie 32° 40′ und 36° ö. L. **Staatsgebiet:** Es grenzt im N und NO an Tansania, im O, S und SW an Moçambique, im W an Sambia. **Verwaltungsgliederung:** 3 Regionen mit insgesamt 24 Distr. **Internat. Mitgliedschaften:** UN, Commonwealth, OAU, GATT; der EWG assoziiert.
Landesnatur: M. erstreckt sich rd. 840 km von N nach S bei einer Breite von 80–160 km und wird in seiner Gesamtlänge vom Njassagraben (dem südl. Teil des Ostafrikan. Grabensystems) mit dem Njassasee und dem Tal des Shire durchzogen. Westlich davon erheben sich weite Hochebenen in 1 200–1 400 m Höhe, die etwa ²/₃ des Landes einnehmen. Sie werden von einzelnen Gebirgsmassiven überragt, die im Mlanjemassiv bis 3 000 m ü. d. M. erreichen.

Malawi. Landschaft am Rand des Mlanjemassivs

Klima: Das Klima ist tropisch mit einer Regenzeit (Nov. bis April). Im N sind 7–8 Monate, im S 5–6 Monate feucht.
Vegetation: Vorherrschend ist Trockenwald, in Überschwemmungsgebieten Grassavannen.
Tierwelt: Die urspr. Tierwelt (Tierarten der Savanne) blieb nur in Nationalparks und Wildreservaten erhalten.
Bevölkerung: Über 99 % der Bev. gehören zu Bantustämmen. Fast die Hälfte sind Anhänger traditioneller Religionen, 40 % sind Christen, 12 % Muslime. Es besteht keine Schulpflicht, doch besuchen rd. 60 % aller Kinder eine Grundschule, in Zomba besteht eine Univ. (gegr. 1964).
Wirtschaft: Wichtigster Zweig ist die Landw.; 80 % der genutzten Fläche ist „customary land", das den Stämmen gehört und von den Häuptlingen für eine Nutzungsperiode an die Familien (im Durchschnitt weniger als 2 ha) verteilt wird. Für die Eigenversorgung Anbau von Mais, Süßkartoffeln, Maniok u. a. Die Viehwirtschaft spielt nur im N eine gewisse Rolle. In Plantagen, die Unternehmern gehören („freehold land") und 3 % des Landes einnehmen, werden für den Export Tabak, Tee, Zuckerrohr und Erdnüsse erzeugt. Der Staat besitzt rd. 17 % der Landesfläche; dieses „public land" umfaßt die Nationalparks und Staatsforste. Der Fischfang dient der Eigenversorgung. Zahlr. Malawier arbeiten als Gastarbeiter vor allem im Bergbau in der Republik Südafrika. M. ist arm an Bodenschätzen. Die Ind. verarbeitet landw. Produkte.
Außenhandel: Etwa 90 % der Ausfuhrgüter sind landw. Produkte (zu ²/₃ Tabak, sonst Zucker, Tee). Eingeführt werden Ind.ausrüstungen, Maschinen und Geräte, Konsumgüter, Kfz und Baustoffe. Wichtigste Handelspartner sind Großbritannien und die Republik Südafrika.
Verkehr: Das Eisenbahnnetz hat eine Streckenlänge von 789 km, das Straßennetz ist rd. 19 000 km lang, davon sind 4 000 km befestigt. Auf dem Njassasee wird Binnenschiffahrt betrieben. Die Fluggesellschaft Air Malawi versieht sowohl Inlands- als auch Auslandsdienst; internat. ✈ bei Lilongwe (Kamezu) und Blantyre.
Geschichte: Nachdem D. Livingstone den Njassasee entdeckt und die umliegenden Gebiete erforscht hatte (1859–63), versuchten schott. Missionare ab 1875 gegen die Sklavenjäger vorzugehen. Die ersten europ. Zentren waren Livingstonia am Njassasee und Blantyre im Shirehochland. 1883 wurde ein brit. Konsul für das Shirehochland ernannt, 1891 das Protektorat British Central Africa errichtet. 1895 konnte die brit. Verwaltung das Land unter Kontrolle bringen (ab 1907 Njassaland gen.). Ein Aufstand der christianisierten Afrikaner wurde schnell unterdrückt. 1953 wurde die Zentralafrikan. Föderation mit den beiden Rhodesien (heute Sambia und Simbabwe) gebildet, die von Weißen beherrscht wurde. Ende der 50er Jahre formierte sich aktiver Widerstand der Schwarzen, an dessen Spitze H. K. Banda trat. 1960 erhielt M. eine Verfassung; bei den ersten allg. Wahlen 1961 errang die 1959 gegr. Malawi Congress Party unter Führung Bandas, der 1963 Premiermin. wurde, den Sieg. Im Juli 1964 wurde M. – nach Auflösung der Föderation Ende 1963 – unabhängig, zunächst als Monarchie unter der brit. Krone, seit 1966 als Republik innerhalb des Commonwealth. Unter der Führung von Staatspräs. Banda (seit 1966) betreibt M. eine westl. orientierte Politik. Die von Banda eingeleiteten freundschaftl. Beziehungen zu Portugal und Südafrika brachten M. wiederholt in scharfen Gegensatz zu den anderen schwarzafrikan. Staaten. Seit den 80er Jahren bemüht sich M. um eine Verbesserung der Beziehungen zu den Nachbarstaaten Simbabwe und Moçambique; aus Moçambique flüchteten seit 1986 rd. 750 000 Menschen nach Malawi.
Politisches System: Nach der Verfassung vom 6. Juli 1966 ist M. eine präsidiale Republik im Commonwealth. *Staatsoberhaupt* und Inhaber der *Exekutive* (Reg.chef) ist der auf 5 Jahre gewählte Staatspräs. (seit 1966 H. K. Banda, seit 1971 auf Lebenszeit), zugleich Parteichef und Oberbefehlshaber

Malawi

Staatswappen

Internationales Kfz-Kennzeichen

Stadt ☐ Land ☐

Bevölkerungsverteilung 1990

■ Industrie
■ Landwirtschaft
☐ Dienstleistung

Bruttoinlandsprodukt 1990

Malawisee

Malaysia
Fläche: 329 757 km²
Bevölkerung: 17 Mill. E (1990), 51,6 E/km²
Hauptstadt: Kuala Lumpur
Amtssprachen: Bahasa Malaysia, in Sarawak auch Englisch
Staatsreligion: Islam (nur in West-Malaysia)
Nationalfeiertag: 31. Aug. (Unabhängigkeitstag)
Währung: 1 Malaysischer Ringgit (M$) = 100 Sen (c)
Zeitzone (von W nach O): MEZ +6½ bzw. 7 Stunden

Malaysia

Staatswappen

Internationales
Kfz-Kennzeichen

1970 1990   1970 1990
Bevölkerung   Bruttosozial-
(in Mill.)   produkt je E
            (in US-$)

Bevölkerungsverteilung
1990

Bruttoinlandsprodukt
1988

der Streitkräfte. Er ernennt und entläßt ohne Mitwirkung des Parlaments die Mgl. des Kabinetts. Die *Legislative* liegt beim Einkammerparlament, der Nat.versammlung (136 auf 5 Jahre gewählte und 5 vom Staatspräs. ernannte Mgl.). Einzig zugelassene Partei ist die Malawi Congress Party (MCP). Die bei den Wahlen von 1992 verbotenen Oppositionsgruppen schlossen sich danach zusammen („Vereinigte Demokrat. Front", „Allianz für Demokratie"). *Verwaltung*smäßig ist M. in 3 Regionen mit 24 Distr. gegliedert, die zentral verwaltet werden. Die *Recht*sordnung stellt eine Mischung aus brit. und überliefertem afrikan. Recht dar.

Malawisee ↑ Njassasee.

Malaysia (amtl.: Persekutuan Tanah Malaysia; engl. Federation of Malaysia), monarchist. Staatenbund in Südostasien, zw. 0° 51' und 7° 51' n.Br. sowie 99° 38' und 119° 15' ö.L. **Staatsgebiet:** West-M. umfaßt den Südteil der Halbinsel Malakka einschl. vorgelagerter Inseln und grenzt im N an Thailand, im S an Singapur; Ost-M. besteht aus Sarawak und Sabah, es nimmt den N-Teil von Borneo ein und grenzt an Indonesien und Brunei. **Verwaltungsgliederung:** 13 Gliedstaaten; Bundesterritorien Kuala Lumpur und Labuan. **Internat. Mitgliedschaften:** UN, Commonwealth, ASEAN, Colombo-Plan, GATT.

Landesnatur: West- und Ost-M. werden durch das Südchin. Meer voneinander getrennt. Die Entfernung zw. den nächstgelegenen Küsten beträgt rd. 600 km. West-M. wird, in Fortsetzung der hinterind. Gebirge, von einem Gebirgssystem durchzogen. Den parallel verlaufenden Bergketten sind Hügelländer vorgelagert, diesen wiederum versumpfte Küstenebenen. Auch Nordborneo ist von weithin versumpften Schwemmlandebenen begleitet. Landeinwärts überwiegen in Sarawak zertalte Rumpfflächen, die von einzelnen Bergzügen überragt werden, in Sabah stark zerschnittenes Gebirgsland; es erreicht im Kinabalu, dem höchsten Berg von M. und ganz Südostasien, 4 101 m ü.d.M.

Klima: M. besitzt innertrop., immerfeuchtes Klima. Von Okt./Nov.–März dauert der NO-Monsun, von Mai/Juni bis Sept. der SW-Monsun. Die Niederschlagsmengen erreichen z. T. Werte bis über 6 000 mm/Jahr. Die relative Luftfeuchtigkeit ist hoch, sie schwankt zw. 68 und 98 %.

Vegetation: Noch rd. 60 % der Gesamtfläche werden von immergrünem trop. Regenwald mit seiner charakterist. Höhenstufung eingenommen. Die Tiefland- und Submontanwälder weisen wertvolle Nutz- und Edelholzbestände auf (vielfach überbeansprucht). In den Randebenen herrschen Küsten- und Sumpfwälder, z.T. mit Mangroven, vor.

Tierwelt: Die für den trop. Regenwald typ. Tiere sind auch in M. verbreitet. Auf Borneo kommen überdies der selten gewordene Orang-Utan hinzu, der Malaienbär und in Höhlen nistende Salanganen.

Bevölkerung: In allen Landesteilen überwiegen die Malaien, die in zahlr. ethn. Gruppen aufgegliedert sind (insgesamt rd. 59 %), und die Chinesen (rd. 31 %); rd. 8 % der Einwohner sind Inder und Pakistaner. Etwa 50 % der Gesamtbev. sind Muslime, rd. 6 % Christen. Die Inder sind überwiegend Hindus, die Chinesen Konfuzianer und Buddhisten oder Daoisten. Chinesen, Inder und Indonesier wanderten v. a. von Ende des 19. Jh. bis in die 1930er Jahre ein. Auf Grund der bestehenden Malaiisierung und der Einkommensunterschiede bestehen zw. den politisch herrschenden Malaien und den im Wirtschaftsleben führenden Chinesen starke Spannungen. 81 % der Gesamtbev. leben in West-M. auf rd. 40 % der Staatsfläche. Bes. dicht besiedelt ist die W-Küste Malakkas (Zinnabbau und Kautschukplantagen). Schulpflicht besteht von 7–15 Jahren. Unterrichtssprachen sind Bahasa M. (Malaiisch), Englisch, Chinesisch und Tamil. M. verfügt über 7 Universitäten.

Wirtschaft: Das Schwellenland M. ist eines der sich am schnellsten entwickelnden Länder Asiens. Dabei gilt die verarbeitende Ind. (Elektronik, Chemie, Holz- und Bauwirtschaft) als der dynamischste Wirtschaftszweig. Haupt.standorte sind der Raum um Kuala Lumpur und Penang; eines der größten Ind.unternehmen ist das Stahlwerk in Prai. Entwicklungsschwerpunkte liegen in der Exportorientierung von Ind.betrieben mit ausländ. Beteiligung (z. B. Kfz-Herstellung mit jap. Hilfe). Nur etwa 13 % der Gesamtfläche werden landw. genutzt, wobei auf Plantagen 35 % der kultivierten Fläche entfallen. M. ist in der Kautschuk-, Palmöl- und Pfefferproduktion weltführend. Der Inlandbedarf an Lebensmitteln kann nicht völlig im Land gedeckt werden, Reis wird zusätzlich eingeführt. Die Holzgewinnung hat sich in den letzten Jahren vervielfacht; es besteht ein Exportverbot für 16 trop. Holzarten. Die wichtigsten Bodenschätze sind Zinnerz (in West-M.) und Erdöl sowie Erdgas (auf Borneo, auch Off-shore-Bohrung).

Außenhandel: Die Handelsbilanz ist seit 1970 fast ununterbrochen positiv. Exportstruktur und Exportvolumen wurden durch den stetig wachsenden Anteil des verarbeitenden Gewerbes am Gesamtexport stark erweitert. Haupthandelsgüter sind Erdöl, Erzeugnisse der Elektroind., Holz, Kautschuk, Palmöl, Zinn und Erdgas. Japan, Singapur und die USA sind die wichtigsten Handelspartner.

Verkehr: Das Schienennetz ist in West-M. 2 080 km, in Sabah 140 km lang. Das Straßennetz hat eine Gesamtlänge von 55 523 km, davon 39 915 km in West-M. In Sarawak sind die Flüsse von großer Bed. für den Personen- und Güterverkehr. Wichtigste Häfen sind Kelang, George Town, Johor Baharu, Kuantan, Bintulu, Kota Kinabalu. Die nat. Fluggesellschaft Malaysia Airlines wurde 1971 unter dem Namen Malaysian Airline System (MAS) gegründet. Kuala Lumpur, George Town, Kota Kinabalu, Johor Baharu und Kuching haben internat. ✈.

Geschichte: Die Geschichte der Halbinsel Malakka während des 7.–14. Jh. vollzog sich im Rahmen der indones. Großreiche Sriwijaya und Majapahit. Paramesjwara, ein aus Sumatra geflüchteter Prinz, faßte gegen 1400 in Malakka Fuß, baute es, gestützt auf Freundschafts- und Beistandsbündnisse u. a. mit der chin. Ming-Dyn., die ihm den Königstitel verlieh, zum bedeutendsten Umschlagplatz des West-Ost-Handels aus und verhalf dem Islam zur Ausbreitung schließlich über die gesamte Halbinsel. Unter Paramesjwaras Nachfolgern übte das Sultanat Malakka seine Herrschaft bis zur N-Grenze des gegenwärtigen M. aus, nachdem die Thai in blutigen Kriegen aus dem Lande vertrieben worden waren. 1511 eroberten die Portugiesen Malakka und bauten die Stadt zu einer der mächtigsten Festungen SO-Asiens aus. 1641 fiel die Stadt in niederl. Hand. Zw. den Herrschern des Malakkareiches, die ihre Residenz schließl. nach Johore verlegt hatten, und den Fürsten der angrenzenden Staaten kam es zu ständigen krieger. Auseinandersetzungen um die Vormachtstellung im Malaiischen Archipel. 1786 schloß die brit. Ostind. Kompanie mit dem Sultan von Kedah einen Pachtvertrag für die dem Festland vorgelagerte kleine Insel Penang, 1795 besetzte Großbritannien Malakka, 1824 erwarb es vom Sultan von Johore die Insel Singapur. Diese 3 zu den „Straits Settlements" zusammengefaßten und der Verwaltung der ind. Kolonialreg. unterstehenden brit. Besitzungen wurden 1867 Kronkolonien. Zw. 1873/88 gliederten die Briten die Sultanate Perak, Selangor, Pahang und Negri Sembilan in ein System von Protektoraten ein, die von brit. Residenten überwacht wurden. 1895 wurden diese in die „Federated Malay States" unter der Kontrolle eines von der brit. Reg. ernannten Generalresidenten umgewandelt. Johore als dem mächtigsten malaiischen Staat wurde größere Autonomie zugestanden (Schutzvertrag 1885). Die Sultanate Perlis, Kedah, Kelantan und Trengganu, über die Thailand bis 1909 die Oberhoheit ausgeübt hatte, bildeten (bis 1947) mit Johore die Gruppe der „Unfederated Malay States".

Nach der Niederlage Japans, das im 2. Weltkrieg Malaya 1942–45 besetzt hatte, sah sich die ins Land zurückgekehrte brit. Verwaltung vor beträchtl. Schwierigkeiten gestellt: Forderungen der nat.bewußten malaiischen Führungsschicht nach größerer staatl. Selbständigkeit, die sich zudem gegen den Einfluß der den gesamten Handel und die Wirtschaft beherrschenden chin. Unternehmer und Kaufleute wandte; eine Gefahr für die polit. und gesellschaftl. Ordnung drohte durch das chin. Proletariat in den Gummiplantagen und Bergwerken. Als 1948 die 1946 gegr. Malayan Union in die Federation of Malaya (Malaiischer Bund; die 9 Sultanate mit den brit. Besitzungen Penang und Malakka) überführt wurde, brachen von der VR China unterstützte bewaffnete kommunist. Aufstände aus, die erst nach mehrjährigem Dschungelkrieg (bis 1960) endgültig niedergeschlagen werden konnten. 1957 wurde Tunku Abdul Rahman, der Führer der aus malaiischen, chin. und ind. Gruppen zusammengesetzten Alliance Party, erster Premiermin. des Malaiischen Bundes, innenpolitisch bemüht um einen Ausgleich der zw. den verschiedenen ethn. Gruppen bestehenden tiefen Ggs. Außenpolitisch verfolgte diese Reg. einen prowestl. antikommunist. Kurs. Am 16. Sept. 1963 wurde die Federation of M. proklamiert, der neben einem Teil des ehem. Brit.-Nordborneo (Sabah und Sarawak) auch Singapur eingegliedert wurde. Aus Protest gegen das „neokolonialist." M. eröffnete die indones. Reg. unter Staatspräs. Sukarno zunächst eine propagandist., später wirtsch. und militär. „Konfrontation" (1963), die nach der Entmachtung Sukarnos (1965/66) beendet wurde. Wegen unüberbrückbarer Spannungen zw. Malaien und Chinesen, die 1964 zu schweren Zusammenstößen in Singapur führten, trat Singapur 1965 aus der Federation of M. aus und gehört seitdem als souveräner Staat dem Commonwealth an. 1967 war M. Mitbegr. der ASEAN. 1968 kam es zw. M. und den Philippinen wegen deren Ansprüche auf Sabah zu heftigen polit. Auseinandersetzungen. 1969 ausgebrochene blutige Unruhen zw. Malaien und Chinesen in Kuala Lumpur u. a. Städten führten zur Verhängung des Ausnahmezustands (bis 1971); das zeitweilig suspendierte Parlament nahm 1971 seine Tätigkeit wieder auf. M. steuert einen gemäßigten, neutralen und blockfreien Kurs. 1978/79 und 1987 kam es erneut zu gewaltsamen Auseinandersetzungen zw. verschiedenen Bev.gruppen. M. ist stark betroffen von der Fluchtbewegung aus Indochina, insbes. aus Vietnam. Aus den Parlamentswahlen im Okt. 1990 ging die Reg.partei United Malays National Organization, die das Parteienbündnis Nat. Front führt, siegreich hervor. Min.-präs. (seit 1981) ist Datuk Sri Mahatir.

Politisches System: Der Bundesstaat M. ist nach der Verfassung vom 16. Sept. 1963 eine parlamentar. Wahlmonarchie. *Staatsoberhaupt* und oberster Inhaber der *Exekutive* ist der von den 9 erbl. Fürsten (Sultane) aus ihrer Mitte für 5 Jahre gewählte König. Er hat den Oberbefehl über die Streitkräfte und das Recht zur Auflösung des Repräsentantenhauses. Die „Konferenz der Herrscher" (Fürsten und Gouverneure der Gliedstaaten) hat ein Mitspracherecht u. a. bei der Ernennung höchster Beamter und bei Verfassungsänderungen. Der König ernennt den Premiermin. und die Min., die dem Parlament verantwortlich sind. Die *Legislative* liegt beim Zweikammerparlament, dem Senat (22 vom König ernannte und 26 von den Parlamenten der Gliedstaaten gewählte Senatoren; Amtsdauer: 6 Jahre), der nur aufschiebendes Vetorecht hat, und dem Repräsentantenhaus (180 auf 5 Jahre gewählte Abg.). Regierungstragende Kraft ist die aus 11 *Parteien* bestehende „Nat. Front" (Barisan Nasional), die von der United Malays National Organization (UMNO) dominiert wird. Wichtigste Oppositionsparteien sind: Democratic Action Party (DAP) und

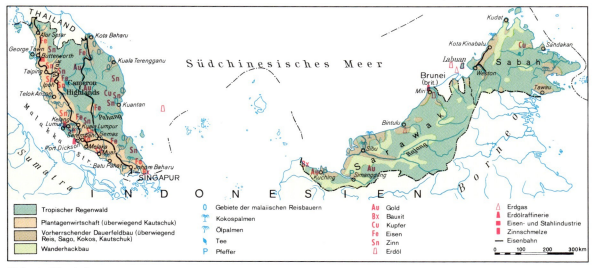

Malaysia. Wirtschaft

Malazie

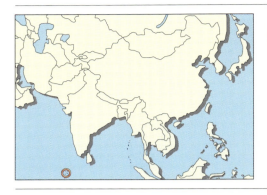

Malediven
Fläche: 298 km²
Bevölkerung: 219 000 E (1990), 734,9 E/km²
Hauptstadt: Male
Amtssprache: Divehi
Staatsreligion: Islam
Nationalfeiertage: 26. Juli (Unabhängigkeitstag), 11. Nov. (Tag der Republik)
Währung: 1 Rufiyaa (Rf) = 100 Lari (L)
Zeitzone: MEZ +4 Stunden

Malediven
Staatswappen

Parti Islam Semalaysia (PAS). Dachverband der *Gewerkschaften* ist der Malaysian Trades Union Congress (rd. 320 000 Mgl.).
*Verwaltung*smäßig besteht M. aus den Bundesterritorien Kuala Lumpur und Labuan sowie 13 Gliedstaaten, von denen 9 durch Fürsten (Sultane), 4 durch Gouverneure regiert werden. Jeder Gliedstaat hat eine eigene Verfassung, ein Parlament und eine Reg. Im *Recht*swesen beruhen Strafrecht und wesentl. Teile des Schuld- und Handelsrechts auf dem brit. und dem brit.-ind. Recht; Familien- und Erbrecht hängen von der Religions- bzw. Stammeszugehörigkeit ab. Oberstes Gericht ist der Bundesgerichtshof, der als Verfassungsgericht und als oberste Berufungsinstanz fungiert. Daneben existieren 2 Hohe Gerichtshöfe (Hight Courts) für West-M. sowie Sabah und Sarawak.

Malazie [griech.], svw. ↑ Erweichung.
Malbaum, wm. Bez. für einen Baum, an dem sich das Wild nach dem Suhlen reibt.
Malbork ↑ Marienburg (Westpr.).
Malchen ↑ Melibocus.
Malchin [mal'çi:n], Krst. an der Ostpeene, zw. Malchiner und Kummerower See, Meckl.-Vorp., 10 500 E. Zuckerfabrik, Mischfutterwerk, Baustoffind. – Das bald nach 1200 planmäßig angelegte M. wurde 1236 erstmals als Stadt bezeugt. – Erhalten sind zwei Tore der ma. Stadtbefestigung.
M., Landkr. in Mecklenburg-Vorpommern.
Malchus [nach M., dem Diener des Hohenpriesters, dem Petrus ein Ohr abschlägt (Joh. 18, 10)], kurzes, breites, einschneidiges Krummschwert des Spät-MA.
Malcolm III. [engl. 'mælkəm], *um 1031, ✕ bei Alnwick (Northumberland) 1093, König von Schottland (seit 1057). – Sohn Duncans I.; nach seinem Sieg über Macbeth (1057) in Scone zum König erhoben. Förderte den anglonormann. Kultureinfluß, wahrte aber die schott. Unabhängigkeit.
Malcolm X [engl. 'mælkəm 'ɛks], eigtl. Malcolm Little, *Omaha 19. Mai 1925, †New York 21. Febr. 1965 (ermordet), amerikan. schwarzer Bürgerrechtler. – Wurde im Gefängnis (1946–52) Anhänger, später einer der Führer der Black Muslims, mit denen er sich Ende 1963 überwarf; begründete die auf unmittelbare polit. Aktion gerichtete Organization of Afro-American Unity.
Maldonado, Hauptstadt des Dep. M. in Uruguay, an der Atlantikküste, 33 500 E. Kath. Bischofssitz; Handelszentrum, geschützter Hafen. – Gegr. 1757.
M., Dep. im SO Uruguays, am Atlantik, 4793 km², 93 000 E (1985), Verwaltungssitz Maldonado.
Male [engl. 'mɑ:lɛɪ], Hauptstadt der Malediven, auf der gleichnamigen Hauptinsel des M.atolls, 46 300 E. Reg.-gebäude, Moschee.
Mâle, Émile [frz. mɑ:l], *Commentry (Allier) 2. Juni 1862, †Château Chaalis (Oise) 6. Okt. 1954, frz. Kunsthistoriker. – Prof. an der Sorbonne, 1925 Direktor der Académie de France in Rom; 1927 Mgl. der Académie française. Zahlr. ikonograph. Arbeiten über ma. Kunst.

Maleachi (Malachias, Buch M.), das letzte Buch der zwölf „kleinen Propheten" des A. T., aus der ersten Hälfte des 5. Jh. v. Chr., der Verfasser ist anonym. Das Buch befaßt sich vorwiegend mit kult. Mißständen und Fragen des Opfers.
Maleate [lat.] Salze und Ester der ↑ Maleinsäure.
Malebranche, Nicole [frz. mal'brɑ̃:ʃ], *Paris 6. Aug. 1638, †ebd. 13. Okt. 1715, frz. Philosoph. – Oratorianer; einer der Hauptvertreter des ↑ Okkasionalismus. Versucht eine Lösung des Problems des kartesian. Dualismus der Substanzen Geist („res cogitans") und Körper („res extensa"), zw. denen nach M. keinerlei Kausalzusammenhang bestehe und somit eine Erkenntnisbeziehung nur über Gott möglich sei. Indem M. die Ansicht vertritt, Gott als das „primum esse ontologicum" sei unmittelbar erkennbar, ist er einflußreicher Vorläufer des Ontologismus. – M. betonte die Identität des philosoph. und theolog. Wahrheitsprinzips, wobei er der Vernunft vor dem Glauben Priorität einräumt. – *Werke:* Sechs Bücher von der Wahrheit oder von der Natur des menschl. Geistes ... (1674–78), Entretiens sur la métaphysique et sur la religion (1688), Traité de l'amour de dieu (1697).
Malec, Ivo ['malɛts], *Zagreb 30. März 1925, frz. Komponist kroat. Herkunft. – Seit 1955 in Paris; 1960 Mgl. der „Groupe de Recherches musicales de l'ORTF", 1972 Prof. für Komposition am Pariser Konservatorium. Komponierte Orchesterwerke (u. a. „Ottava bassa", 1983, für Kontrabaß und Orchester), Kammermusik, Vokalwerke, elektroakust. Musik („Week-End", 1982), Ballett-, Schauspiel- und Filmmusik.
Malediven (amtl. Divehi Jumhuria, dt. Republik M.), Staat im Ind. Ozean, zw. 7° 06′ n. Br. und 0° 42′ s. Br. sowie 72° 33′ und 73° 44′ ö. L. **Staatsgebiet:** Umfaßt die rd. 600 km sw. von Ceylon gelegene Inselgruppe der M., die sich über ein Gebiet von 760 km N–S und maximal 130 km O–W-Ausdehnung erstrecken. **Verwaltungsgliederung:** 19 Bez. **Internat. Mitgliedschaften:** UN, Colombo-Plan, Commonwealth, GATT (assoziiert).
Landesnatur: Die dem M.rücken aufsitzende Inselgruppe besteht aus 19 Atollen mit rd. 2000 Koralleninseln und Eilanden, die selten mehr als 2,5 m ü. d. M. aufragen. 201 Inseln sind bewohnt.
Klima: Es herrscht trop. Monsunklima mit hoher relativer Luftfeuchtigkeit.
Bevölkerung: Die Malediver sind ein Mischvolk arab.-ind. und malaiischer Abstammung. Sie sind sunnit. Muslime. Die Analphabetenquote ist gering (rd. 7 %). Die Hauptstadt hat über eine Sekundarschule, ein Lehrerseminar und Bildungszentren.
Wirtschaft: Haupterwerb ist Fischfang (v. a. Thunfisch) und -verarbeitung. Die Vermarktung von Fisch ist Staatsmonopol. Für den Eigenbedarf werden Taro, Hirse, Mais, Maniok, Bataten u. a. angebaut. Wichtigste Nutzpflanze ist die Kokospalme (Gewinnung von Kopra, Kokosfasern, Kokosnußöl). Das Handwerk stellt Kokosmatten, Seile, Lackarbeiten und Schnitzereien her; Textilfabrik. Kauri-

schnecken und Muscheln werden gesammelt und zu Schmuck verarbeitet. Der seit 1972 entwickelte Fremdenverkehr erbringt fast die Hälfte der Einnahmen und wird weiter ausgebaut.

Außenhandel: Trocken- und Frischfisch, Textilien, Kokosnußprodukte, Muscheln und Trepang werden nach Sri Lanka, an die EG und Japan verkauft. Eingeführt werden Reis, Gemüse sowie Bedarfsgüter aller Art, letztere v. a. aus Singapur.

Verkehr: Zw. den Inseln verkehren Segel- und Motorboote sowie z. T. Flugzeuge. Regelmäßige Schiffsverbindung mit Colombo (Sri Lanka). Internat. ✈ in Hulule (Male).

Geschichte: Seit der kontinuierl. Besiedlung (5. Jh. v. Chr.) standen die M. unter buddhist. Einfluß, bis die Araber im 12. Jh. den Islam einführten. Ein portugies. Kolonisierungsversuch scheiterte 1573; 1645 stellten sich die Inseln unter den Schutz der Niederländer auf Ceylon; 1887 unter brit. Schutzherrschaft, dem brit. Ceylon angegliedert. Mit dessen Unabhängigkeit erhielten die Inseln die innere Selbstverwaltung, 1965 völlige Souveränität (seit Nov. 1968 Republik). 1978 wurde Maumoon Abdul Gayoom Staatspräs. (1988 wiedergewählt). Ein Putschversuch ausländ. Söldner wurde 1988 mit Hilfe ind. Truppen niedergeschlagen.

Politisches System: Nach der Verfassung vom 11. Nov. 1968 (Änderung 1975) sind die M. eine präsidiale Republik. *Staatsoberhaupt* und Träger der *Exekutive* (Reg.chef) ist der vom Volk auf 5 Jahre gewählte Präs. Das von ihm ernannte Kabinett ist dem Parlament verantwortlich. Die *Legislative* liegt beim Parlament (48 Mgl., 40 auf 5 Jahre gewählt, 8 vom Präs. ernannt). Nur das Parlament hat das Recht, Kandidaten für das Präs.amt vorzuschlagen. *Parteien* existieren nicht. Es gilt islam. *Recht*.

Maledivennuß, svw. ↑ Seychellennuß.

Maleïnsäure [lat./dt.] (cis-Butendisäure), farblose, kristalline, wasserlösl. Dicarbonsäure, die beim Erhitzen unter Abspaltung von Wasser in ihr Anhydrid übergeht. M. und M.anhydrid werden zur Herstellung von Kunststoffen (z. B. ↑ Polyester) verwendet. Die Salze und Ester der M. heißen **Maleate.** Die trans-Form der M. ist die ↑ Fumarsäure.

Malekiten ↑ Malikiten.

Malekula [engl. mɑːlɛrˈkuːlɑː] (frz. Mallicolo), mit 2 023 km² die zweitgrößte Insel der Neuen Hebriden, bis 879 m ü. d. M., 17 600 E. Kopra-, Sandelholz-, Kaffee-Erzeugung. – ↑ Vanuatu.

Malenkow, Georgi Maximilianowitsch [russ. mʲɪlʲɪnˈkof], * Orenburg 8. Jan. 1902, † Moskau 14. Jan. 1988, sowjet. Politiker. – Seit 1920 Mgl. der KPdSU; ab 1938 persönl. Sekretär Stalins, seit 1939 zugleich Mgl. des ZK der KPdSU und Leiter der Kaderverwaltung; ab 1946 Mgl. des Politbüros. Nach Stalins Tod 1. Parteisekretär und Min.präs., wurde M. von seinem Posten an der Parteispitze schon im Sept. 1953 durch N. S. Chruschtschow verdrängt und als Reg.chef 1955 durch N. A. Bulganin ersetzt; 1957 als „Parteifeind" aller Ämter enthoben.

Malente, Gem. auf einer Landbrücke zw. Dieksee und Kellersee in der Holstein. Schweiz, Schl.-H., 36 m ü. d. M., 9 800 E. Elektrotechn. Ind., Gerätebau, Glasbläserei; Kneippheilbad und Luftkurort. – Frühgot. Feldsteinkirche mit Holzbalkendecke und Spätrenaissancekanzel.

Malepartus, in der Tierfabel und wm. Bez. für den Fuchsbau.

Malerbuch vom Berge Athos, Handbuch der byzantin. Malerei, endgültige Fassung 1701–32, reicht z. T. ins 10. Jh. zurück (z. B. Maltechnik, Anordnung der Malerei im Kirchenraum).

Malerei, Flächenkunst, im Unterschied zu den dreidimensionalen Künsten Plastik und Architektur und in Abgrenzung zu den zeichnerischen Techniken der Graphik. Sie kann flächig, aber auch räumlich-illusionistisch angelegt sein (v. a. eine abendländ. Erscheinung). Nach Art des Bildträgers unterscheidet man v. a. Wand-, Tafel- und Buch-M. Die Wand-M. tritt am frühesten auf; sie hat ihren Ursprung in Kult und Mythos, so die altsteinzeitl. Felsbilder und die M. in oriental. Hochkulturen; bei ihnen handelt es sich v. a. um Leimfarben-M.; auch die Technik der ↑ Freskomalerei wird schon früh verwendet, um dann nach langem Gebrauch einer Mischtechnik aus Fresko- und Secco-M. in der Renaissance zu weichen. Die Wand- bzw. ↑ Deckenmalerei wird seit dem 17. Jh. mit Kalkkaseinfarben ausgeführt. Von der antiken Tafelmalerei haben sich v. a. Mumienporträts erhalten, die in ↑ Enkaustik gemalt sind. Die antike Tradition der Tafel-M. setzt sich in den byzantin. ↑ Ikonen fort, während im westl. Abendland die ↑ Wandmalerei und ↑ Buchmalerei führend waren, die wie die Ikonen ausschließlich der Vergegenwärtigung religiöser Inhalte dienten. Seit dem 12. Jh. kommt das Tafelbild als Altarbild auf, es wurde als ↑ Temperamalerei auf Holztafeln ausgeführt. Wie auch in der Buch-M. wurden die Hintergründe vergoldet (mit Blattgold belegt); darin verdeutlicht sich das Bestreben ma. M., die Figuren in ihren geistigen Beziehungen zu einer übersinnlich-erhabenen Sphäre darzustellen. Erst im 15. Jh., in dem das Tafelbild die Vormachtstellung erhält, die es bis in die Gegenwart behält, wird durch die veränderte Einstellung zur Diesseitigkeit der Goldgrund verdrängt. Giotto gilt als eigtl. Erfinder des Tafelbilds (als kompositionell in sich geschlossene Einheit). Im 15. Jh. kommt als Bildträger die in Holzrahmen gespannte Leinwand auf; Farbträger eine Mischtechnik von Tempera und Ölfarben. Die schon seit Giotto einsetzende Entwicklung der Erfassung körperl. und räuml. Realität wird durch neue Mittel (Zentralperspektive in der Renaissance, reine ↑ Ölmalerei im 17. Jh. in den Niederlanden) ausgebaut. Neben religiösen werden seit dem 16. Jh. zunehmend weltl. Themen dargestellt. Porträt, Genre, Stilleben und Landschaft werden zu neuen Gattungen der M. Im 20. Jh. wird mit der abstrakten M. eine reine Kunstwelt aufgebaut; Farbe, Linie und Fläche sind autonome Gestaltungsmittel. Nach 1945 erhält die M. durch Einbeziehung fremder Materialien, Verwendung neuer Malfarben (Acryl- und Dispersionsfarben) sowie Experimentieren mit Mischformen und Übergängen (Objekte, Environments, Installation) zu anderen Kunstgattungen neue Akzente. Neben erneuter Aufnahme abbildender Tendenzen (Pop-art, Neuer Realismus) entwickelt sich seit Ende der 60er Jahre ein Pluralismus der Stile und Techniken. – ↑ Aquarell, ↑ Gouache.

Maler Müller, dt. Dichter und Maler, ↑ Müller, Friedrich.

Malermuschel ↑ Flußmuscheln.

Malerstaffelei ↑ Sternbilder (Übersicht).

Malesherbes, Chrétien Guillaume Lamoigne de [frz. malˈzɛrb], * Paris 6. Dez. 1721, † ebd. 22. April 1794 (hingerichtet), frz. Minister. – 1750–71 und 1774/75 Präs. des Finanzgerichtshofs; maßgeblich an den Reformversuchen des Ancien régime beteiligt; förderte u. a. die Enzyklopädie Diderots. Verteidiger Ludwigs XVI. vor dem Nat.konvent.

Malesien ↑ paläotropisches Florenreich.

Malcolm X

Nicole Malebranche
(Ausschnitt aus einem Kupferstich)

Malediven. Atollinseln

Malewitsch

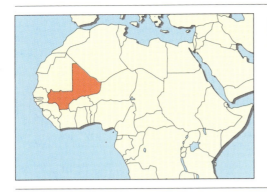

Mali
Fläche: 1 240 192 km²
Bevölkerung: 9,2 Mill. E (1990), 7,4 E/km²
Hauptstadt: Bamako
Amtssprache: Französisch
Nationalfeiertag: 22. Sept.
Währung: CFA-Franc (F.C.F.A.)
Zeitzone: MEZ −1 Stunden

Mali

Staatswappen

Internationales
Kfz-Kennzeichen

Malewitsch, Kasimir Sewerinowitsch [russ. maˈljevitʃ], * Kiew 23. Febr. 1878, † Leningrad (= St. Petersburg) 15. Mai 1935, sowjet. Maler und Kunsttheoretiker. – Verfaßte 1915 das Manifest „Vom Kubismus zum Suprematismus" und stellte das „Schwarze Quadrat auf weißem Grund" (1913, St. Petersburg, Staatl. Russ. Museum) aus. 1916 bediente er sich v. a. vertikaler und horizontaler Elemente und reiner Farben; 1917/18 monochrome (weiße) Phase. Auch dreidimensionale Konstruktionen. Er verstand den Suprematismus oder Konstruktivismus als Entsprechung zum revolutionären und techn. Zeitalter. Entwarf insbes. auch Architekturmodelle, die sog. „Planiten"; lehrte in Moskau, Witebsk und Leningrad. 1926 in Weimar, 1927–29 in Berlin.

Malgrund (Grundierung), auf die Bildträger aus Geweben, Holz, Metall oder anderen Werkstoffen aufgetragene Füll- und Klebestoffe, um die Poren zu schließen und den Untergrund weniger saugfähig zu gestalten. Verwendet werden hierfür Kasein, tierische und pflanzl. Leime sowie solche auf Kunstharzbasis, denen Füllstoffe zugesetzt werden (Kreide, Gips, Kaolin und Marmormehl). Zum Abdecken können Deckfarben (Zinkweiß, Bleiweiß oder Titanweiß) beigegeben werden, denn der M. beinflußt die Wirkung der Farben. Zusätzl. Isolierung durch wäßrige Bindemittel, Harzessenz- oder Alkoholfirnisse.

Malherbe, François de [frz. maˈlεrb], * in oder bei Caen 1555, † Paris 16. Okt. 1628, frz. Dichter und Literaturtheoretiker. – War 1576–86 Sekr. des Herzogs von Angoulême; ab 1605 in Paris, dort ab 1609 offizieller Hofdichter. Bereitete mit seinen Reformbemühungen um die frz. Literatur den frz. Klassizismus vor; lehnte die freieren poetolog. Prinzipien der Pléiade (u. a. in „Consolation à Monsieur Du Perrier", 1599) ab und trat für eine vernunftgeleitete Dichtung ein.

Malheur [maˈlø:r; lat.-frz.], Unglück, Mißgeschick.

Mali (amtl.: République du Mali; dt. Republik M.), Staat in Westafrika, zw. 10° und 25° n. Br. sowie 12° 10′ w. L. und 4° 15′ ö. L. **Staatsgebiet:** M. grenzt im westl. N und nördl. W an Mauretanien, im NO an Algerien, im O an Niger, im S an Niger, Burkina Faso, Elfenbeinküste und Guinea, im äußersten W an Senegal. **Verwaltungsgliederung:** 7 Regionen. **Internat. Mitgliedschaften:** UN, OAU, ECOWAS, CEAO; dem GATT und der EWG assoziiert.

Landesnatur: M. hat von N nach S Anteil an den Landschaftsräumen der Sahara, der Sahelzone und des Sudan. Es ist überwiegend ein Tafelland, dessen weite Ebenen nur von einzelnen Zeugenbergen bis 1 000 m ü. d. M. überragt werden. Im S liegt das ausgedehnte Nigerbecken. Der Niger fließt in einem großen Bogen durch M., er fächert sich zw. Ségou und Timbuktu zu einem großen Binnendelta auf, das der wichtigste Lebensraum von M. ist. Im äußersten W quert der obere Senegal das Land, im NO erhebt sich das wüstenhafte Bergland Adrar des Iforas.

Klima: Entsprechend der großen N–S-Erstreckung hat M. Anteil am Wüstenklima der Sahara im N über Halbwüstenklima bis zum feuchttrop. Klima im S.

Vegetation: Dem Klima entsprechend findet sich im N Wüste, auf sie folgt Trocken- und Dornstrauchsavanne, im S Feuchtsavanne.

Tierwelt: In den Steppen leben u. a. Elefanten, Löwen, Leoparden, Gazellen, Strauße. Der Niger ist fischreich.

Bevölkerung: Ihre Mehrheit besteht aus Völkern und Stämmen der seßhaften Sudaniden, deren größte in M. die Bambara, Malinke, Senufo und Soninke sind. Im N leben die halb- und vollnomad. Tuareg, am Senegal die Fulbe. 90 % sind Muslime, 9 % Anhänger traditioneller Religionen und 1 % Christen. 75 % der Bev. leben im S. Schulpflicht besteht von 6–15 Jahren. Die Analphabetenquote ist hoch (80 %). Es gibt mehrere Hochschulen.

Wirtschaft: Wichtigstes Landw.gebiet ist das Binnendelta des Niger. Hier werden ⅔ der Reis- und ⅓ der Baumwollernte erbracht. Durch Staudämme am Senegal und an den Nigerzuflüssen wurde die Anbaufläche erweitert. Die Dürre in der Sahelzone hat die Ernten der Grundnahrungsmittel (Hirse, Reis, Maniok) empfindlich getroffen; auch die Viehhaltung wurde erheblich beeinträchtigt. Auch durch Eingriffe des Menschen rückt die Sahara immer weiter nach S vor. Am Niger und seinem Nebenfluß Bani bed. Fischerei. An Bodenschätzen werden Salzvorkommen in der Sahara bei Taoudeni ausgebeutet sowie Gold und Phosphat gewonnen. In Ind. betrieben werden landw. Erzeugnisse verarbeitet sowie Baustoffe und Metallwaren hergestellt. Eines der größten Sonnenkraftwerke der Erde wurde 200 km südlich von Timbuktu 1978 in Betrieb genommen.

Außenhandel: Hauptausfuhrgüter sind Rohbaumwolle und Baumwollerzeugnisse sowie Lebendvieh; ferner werden Erdnüsse und gesalzener, getrockneter und geräucherter Fisch exportiert. Eingeführt werden Maschinen, Geräte, Fahrzeuge, Erdölprodukte, Nahrungsmittel, Baustoffe, Chemieerzeugnisse und Arzneimittel. Wichtigste Handelspartner sind Frankreich, die Elfenbeinküste und Deutschland.

Verkehr: Die Eisenbahn hat eine Streckenlänge von 646 km, das Straßennetz von rd. 18 000 km, davon etwa 1 500 km asphaltiert. Schiffbar sind (nicht ganzjährig) Niger, Senegal und Bani. Nat. Fluggesellschaft ist die Air Mali; internat. ✈ bei Bamako.

Geschichte: Das ehem. westsudan. Reich M. entstand um 1100 aus einem kleinen Ft. der Malinke. Im 14. Jh. erreichte es unter Kankan Musa seine höchste Blüte, im 15. Jh. begann der Zerfall; im 19. Jh. wurde es islam. Grossreich. Dem Eindringen frz. Truppen wurde heftiger Widerstand geleistet, so daß Frankreich erst 1893 Timbuktu besetzen konnte; die Kämpfe gegen die Tuareg zogen sich bis in die 1920er Jahre hin. Frankreich überführte seine Kolonie Sudan (seit 1904, etwa in den Grenzen des heutigen M.) 1946 in die Frz. Union. Die von Senegal und Sudan gebildete Föderation M., die 1959 als selbständige Republik der Frz. Gemeinschaft beitrat, brach schon 1960 auseinander. Die ehem. Kolonie Soudan behielt den Namen M. bei. Unter Staats- und Reg.chef Modibo Keita betrieb M. eine am sozialist. Lager orientierte Innen- und Außenpolitik, näherte sich seit 1965 jedoch wieder Frankreich und den westlich orientierten Nachbarrepubliken. Im Nov. 1968 wurde Präs. Keita gestürzt, die Macht übernahm General Moussa Traoré, der gleichzeitig Staats- und Reg.chef wurde (1985 durch Direktwahlen bestätigt; seit 1979 auch Generalsekretär der Einheitspartei UDPM). 1990 flammten die Kämpfe mit den Tuareg wieder auf. Sie fanden ihr vorläufiges Ende durch ein Friedensabkommen im Jan. 1991. Nach blutigen Unruhen wurde Traoré Ende März 1991 gestürzt und verhaftet. Die Macht übernahm bis 1992 ein „Übergangskomitee zur Rettung des Volkes" (25 Mgl.) aus Militärs und Zivilisten unter Oberstleutnant A. T. Touré. Bei den ersten Mehrparteienwahlen im März 1992 errang die ADEMA-PASJ die absolute Mehrheit der Parlamentssitze; aus den Präs.wahlen ging im April 1992 A. O. Konaré (ADEMA-PASJ) als Sieger hervor; Min.präs. ist seit April 1993 A. Sékou Sow.

Politisches System: Am 12. Jan. 1992 wurde durch ein Referendum eine neue Verfassung angenommen, die ein rechtsstaatl. System mit Gewaltenteilung vorsieht. *Staatsoberhaupt* ist der Präs. (Amtszeit 5 Jahre, Wiederwahl möglich); die *Legislative* übernimmt die Nat.versammlung (129 Abg., in 2 Wahldurchgängen für 5 Jahre bestimmt). Im März 1991 wurde die bisherige Einheits*partei* Union Démocratique du Peuple Malien (UDPM) aufgelöst; stärkste polit. Kraft ist seither die 1990 als Oppositionsbewegung gegr. Alliance pour la Démocratie au Mali – Parti Africain pour la Solidarité et la Justice (ADEMA-PASJ). Die *Recht*sprechung beruht auf frz. Vorbild und kennt ein Oberstes Gericht sowie einen Verfassungsgerichtshof.

Malia (Mallia), griech. Ort an der N-Küste von Kreta, östl. von Iraklion, 2 500 E. Östlich des Dorfes wurde eine (zerstörte) minoische Stadt freigelegt; außer engen Wohnvierteln und dem Marktplatz Palast (um 1700 v. Chr., z. T. über dem Vorgängerbau von etwa 1800 v. Chr.).

Malibran, María-Felicia [frz. mali'brã], geb. García, * Paris 24. März 1808, † Manchester 23. Sept. 1836, span.-frz. Sängerin (Sopran). – Schwester von M. P. R. García; als gefeierte Primadonna u. a. in London, New York, Paris und an italien. Opernhäusern.

Malide, Bez. für die dunkelhäutigen Weddiden (↑ Wedda).

maligne Geschwulst ↑ Geschwulst.

Malignität [lat.], in der *Medizin:* Bösartigkeit, bes. von Tumoren gesagt; **maligne,** bösartig.

Malik, Adam, * Pematangsiantar (N-Sumatra) 22. Juli 1917, † Bandung 5. Sept. 1984, indones. Politiker. – Seit 1956 Abg. im Parlament; 1959–62 Gesandter in der UdSSR und in Polen, 1963–65 Handels-, 1966–77 Außenmin.; 1978–83 Vizepräs. von Indonesien.

M., Jakow Alexandrowitsch, * Ostrowerchowka (Gebiet Charkow) 6. Dez. 1906, † Moskau 12. Febr. 1980, sowjet. Diplomat. – 1942–45 Botschafter in Tokio, 1948–52, erneut 1968–76 bei den UN, 1953–60 in London; 1946–53 und ab 1960 stellv. Außenminister.

Malik Ibn Anas, * Medina um 710, † ebd. 795, islam. Rechtsgelehrter. – In seinem Werk „Al-muwatta" (= der gebahnte Pfad), dem ältesten jurist. Werk des Islams, sammelte er die rechtl. und rituellen Normen, die sich nach dem Tod Mohammeds in Medina ausgebildet hatten.

Malikiten (Malekiten), Anhänger der nach Malik Ibn Anas ben. Schulrichtung der islam. Gesetzeslehre; sie betonen bes. das durch das Idschma sanktionierte Gewohnheitsrecht. Die M. sind in den islam. Gebieten Afrikas verbreitet.

Malinalco, mex. Ort im Staat México, im zentralen Hochland bei Toluca de Lerdo, 2 500 m ü. d. M.; 125 m über M. liegt eine aus dem Felsen herausgehauene ehem. Kultstätte der Azteken (um 1500).

Malines [frz. ma'lin] ↑ Mechel.

Malinke, bed. Volk der Sudaniden in Westafrika (3,8 Mill.), sprechen *Malinke,* einen Dialekt des Mandingo; überwiegend Savannenpflanzer. Die M. gründeten das alte Reich Mali.

Malinowski, Bronislaw Kaspar [engl. mæli'nɔvski], * Krakau 7. April 1884, † New Haven (Conn.) 16. Mai 1942, brit. Ethnologe poln. Herkunft. – Lehrtätigkeit in Großbritannien und den USA; Forschungen in Neuguinea und Melanesien. Begr. die moderne ethnograph. Feldforschung.

M., Rodion Jakowlewitsch [russ. mɐli'nɔfskij], * Odessa 23. Nov. 1898, † Moskau 31. März 1967, sowjet. Marschall (seit 1944). – Im Winter 1942/43 Befehlshaber an der Donfront, eroberte 1944 Rumänien und Ungarn, befehligte 1945 die Fernostarmee und besetzte die Mandschurei; ab 1956 Mgl. des ZK der KPdSU, ab 1957 Verteidigungsminister.

Malipiero, Gian Francesco, * Venedig 18. März 1882, † Treviso 1. Aug. 1973, italien. Komponist. – Komponierte in gemäßigt modernem, von älterer italien. Musik beeinflußtem Stil etwa 20 Opern, Ballette, Konzerte, Orchester-, Kammer- und Vokalmusik. Gab die Werke C. Monteverdis (1926–42) und A. Vivaldis (1947–72) heraus.

maliziös [lat.-frz.], hämisch, boshaft.

Mallarmé, Stéphane [frz. malar'me], * Paris 18. März 1842, † Valvins (Seine-et-Marne) 9. Sept. 1898, frz. Dichter. – 1863–93 Gymnasiallehrer für Englisch. Einer der Begründer und einflußreichsten Vertreter des frz. Symbolismus. Zu seinem Freundeskreis zählten u. a. P. Verlaine, É. Verhaeren, P. A. Valéry, A. Gide, S. George. M. schrieb – zunächst unter dem Einfluß C. Baudelaires und dann der parnass. Schule – Lyrik, die die einfachen Dinge „entdinglicht", d. h. des konventionellen Realzusammenhanges beraubt und mit Geheimnis, Assoziationen und Suggestionskraft auflädt, um so als Spannungsträger das absolute Sein zu enthüllen; für seine dichter. Technik sind u. a. charakteristisch: die Verkürzung des Vergleichs durch Fortlassung des Vergleichsgegenstandes, das Abweichen von der normalen frz. Wortfolge, die Verwendung seltener, dem Wörterbuch entnommener Ausdrücke, der Verzicht auf Interpunktion. Bed. sind auch seine dichtungstheoret. Schriften. – *Werke:* Herodias (3 Ged.-Fragmente, veröffentlicht 1869, 1913 und 1926), Der Nachmittag eines Fauns (Ged., 1876, vertont von Debussy), Ein Würfelwurf hebt den Zufall nicht auf (Lyrik, 1. Fassung 1897, 2. Fassung hg. 1914), Igitur (Prosafragment, hg. 1925).

Malle, Louis [frz. mal], * Thumeries (Dep. Nord) 30. Okt. 1932, frz. Filmregisseur. – Mitarbeiter J. Y. Cousteaus. In eigener Regie drehte er den Kriminalfilm „Fahrstuhl zum Schafott" (1957). Wurde mit den Filmen „Zazie" (1960), „Privatleben" (1962) einer der führenden Regisseure der frz. Neuen Welle. – *Weitere Filme:* Viva Maria! (1965), Lacombe Lucien (1974), Black Moon (1975), Pretty

María-Felicia Malibran

Gian Francesco Malipiero

Stéphane Mallarmé

Kasimir Sewerinowitsch Malewitsch. Acht rote Rechtecke, nach 1914 (Amsterdam, Stedelijk Museum)

Louis Malle

André Malraux

Malmö
Stadtwappen

Baby (1978), Atlantic City (1980), Gottes eigenes Land (1986), Auf Wiedersehen, Kinder (1987), Eine Komödie im Mai (1990).

Mallea, Eduardo [span. ma'jea], *Bahia Blanca 14. Aug. 1903, †Buenos Aires 12. Nov. 1982, argentin. Schriftsteller. – Journalist; zeitweise im diplomat. Dienst; bed., psychologisch fundierte Romane, z. B. „Die Bucht des Schweigens" (1940), „Alles Gras verdorrt" (1941).

Mallein [lat.], keimfreies Filtrat von Rotzbakterien; dient, unter die Haut injiziert, zur Diagnose von ↑Rotz (positiv: erhöhte Temperatur und allerg. Hautreaktion).

Malleolus [lat.], svw. ↑Knöchel.

Mallet-Joris, Françoise [frz. malɛʒɔ'ris], *Antwerpen 6. Juli 1930, belg. Schriftstellerin. – Entlarvt in ihren realist. Romanen in kühler, distanzierter Sprache menschl. Gefühle und gesellschaftl. Verhaltensweisen; u. a. „Die Verlogenen" (1956), „Mein Haus hat keine Wände" (1970), „Die junge Allegra" (1978), „Le rire de Laura" (1985).

Malleus [lat.], svw. ↑Rotz.
▷ ↑Hammer (Gehörknöchelchen).

Mallia, griech. Ort, ↑Malia.

Mallorca [ma'jɔrka, span. ma'ʎɔrka], größte Insel der ↑Balearen, Spanien, 3 684 km², 390 600 E; fruchtbares Hügelland (Wein, Ölbäume, Feigen, Mandeln, Apfelsinen, Getreide), Sandstrände, in der Sierra de M. 1 445 m hoch. Hauptstadt und Haupthafen: Palma de Mallorca. Hauptwirtschaftsfaktor ist der Fremdenverkehr (v. a. Badetourismus), der zu zunehmender Landschaftsverbauung hauptsächlich an der SW-, N- und O-Küste geführt hat.

Mallungen [niederdt.], seemänn. 1. svw. unregelmäßige Winde; 2. Bez. für den äquatorialen Kalmengürtel (↑Kalmen).

Malm [engl.] (Weißer Jura), jüngste Abteilung des Jura; ↑geologische Systeme.

Malmberg, Bertil [schwed. ˌmalmbærj], *Härnösand 13. Aug. 1889, †Stockholm 11. Febr. 1958, schwed. Schriftsteller. – 1917–26 in München; von S. George und O. Spengler beeinflußt, setzte er sich in seiner Lyrik bes. mit einer von Untergangsstimmungen erfüllten, chaot. Gegenwart auseinander. Später auch modernist. (surrealist.) Lyrik. Schrieb außerdem Dramen, Erzählungen, Essays.

Malmberget [schwed. ˌmalmbærjət] ↑Gällivare.

Malmedy [malˈmedi] (amtl. Malmédy), ostbelg. Gemeinde in den Ardennen, 331 m ü. d. M., 10 000 E. Elektrotechn. Ind., Großmolkerei, Steinbrüche; Fremdenverkehr. – M. gehörte bis 1920 zum Dt. Reich. – ↑Eupen-Malmedy.

Malmignatte [malmin'jatə; italien., eigtl. „böser Blutsauger"] (Latrodectus tredecimguttatus), etwa 1 cm große Kugelspinne in S-Europa (mit Ausnahme des W), NO-Afrika und in weiten Teilen Asiens; Hinterleib schwarz; ♀ mit meist 13 leuchtend roten Flecken; Giftspinne, deren Biß auch für den Menschen gefährlich sein kann.

Malmö, schwed. Stadt am Sund gegenüber von Kopenhagen, Hauptstadt des Verw.-Geb. Malmöhus, 230 800 E. Musikhochschule, Navigations- u. a. Fachschulen, Museen; Messen; Werft, Flugzeugbau, Textil-, Bekleidungs-, Nahrungs- und Genußmittelind., Erdölraffinerie, Hafen mit Eisenbahn- und Personenfähren nach Kopenhagen, Lübeck und Travemünde, ✈. – Seit dem 12. Jh. belegt, besitzt seit dem 13. Jh. Stadtrecht, war im MA eine bed. hanseat. Handelsstadt. Die 1434 errichtete Burg **Malmöhus** (heute Museum) wurde 1537–42 zur Festung ausgebaut. 1658 kam M. zu Schweden. – Got. Peterskirche (um 1300–46), Renaissancerathaus (1545/46; 1864–69 erneuert).

Malnutrition, svw. ↑Unterernährung.

Maloche [jidd.], umgangssprachlich für: schwere (körperl.) Arbeit.

Malojapaß ↑Alpenpässe (Übersicht).

Malonsäure [lat./dt.] (Propandisäure), farb- und geruchlose, kristalline, wasserlösl. Dicarbonsäure mit der Summenformel $CH_2(COOH)_2$. **Malonate** sind die sauren oder neutralen Salze und Ester; letztere werden zur Herstellung von Barbituraten (↑Barbitursäure) verwendet.

Malory, Sir Thomas [engl. 'mæləri], *in Warwickshire um 1408, †London 14. (?) März 1471, engl. Schriftsteller. – Sein Prosawerk, dessen Originaltitel „The book of king Arthur and his knights of the round table" später vom Drucker W. Caxton in „Le morte d'Arthur" (auch „Le morte Darthur"; vollendet um 1469/70, gedruckt 1485; dt. 1913) geändert wurde, ist eine zusammenfassende Bearbeitung der vorhandenen Artussagen nach frz. Vorlagen.

Malossol [russ.] ↑Kaviar.

Malouel, Jean [frz. ma'lwɛl] (Jan Maelwael), *Nimwegen vor 1370, †Dijon im März 1415, niederl.-frz. Maler. – Großvater der Brüder von ↑Limburg. 1398 Hofmaler der burgund. Herzöge in Dijon. Zuschreibung der „Großen runden Pieta" (um 1400; Paris, Louvre), ein bed. Werk des Weichen Stils, das realist. Elemente mit frz. Eleganz vereint.

Malpass, Eric Lawson [engl. 'mælpæs], *Derby 14. Nov. 1910, engl. Schriftsteller. – Verf. erfolgreicher idyll. Familienromane, u. a. „Morgens um sieben ist die Welt noch in Ordnung" (1965), „Wenn süß das Mondlicht auf den Hügeln schläft" (1967), „Und doch singt die Amsel" (dt. 1983).

Malpighi, Marcello, *Crevalcore bei Bologna 10. März 1628, †Rom 29. Nov. 1694, italien. Anatom. – Leibarzt von Papst Innozenz XII.; Prof. in Bologna, Pisa und Messina. M. war einer der Begründer der modernen mikroskop. Anatomie. 1661 beschrieb er erstmals die Feinstruktur des Lungengewebes und bestätigte im gleichen Jahr durch Entdeckung der Kapillaren W. Harveys Vorstellung vom großen Blutkreislauf.

Malpighi-Gefäße [nach M. Malpighi] (Malpighische Gefäße), Ausscheidungsorgane der auf dem Land lebenden Gliederfüßer; frei in die Leibeshöhle ragende, meist unverzweigte Blindschläuche (2–150), die am Übergang des Mitteldarms in den Enddarm münden. Die M.-G. entziehen dem Blut v. a. Abbauprodukte des Eiweißstoffwechsels, bauen sie zu Harnsäure, Harnstoff, Carbonaten, Oxalaten um und scheiden sie mit dem Kot aus.

Malplaquet [frz. malpla'kɛ], Teil der frz. Gemeinde Taisnières-sur-Hon, Dep. Nord, 10 km nw. von Maubeuge; hier siegten am 11. Sept. 1709 im Span. Erbfolgekrieg die östr., preuß. und brit. Truppen über die Franzosen.

Malraux, André [frz. mal'ro], *Paris 3. Nov. 1901, †Créteil bei Paris 23. Nov. 1976, frz. Politiker und Schriftsteller. – 1923 Teilnehmer einer archäolog. Expedition nach Kambodscha, 1925–27 in China (über seine Beziehungen zur Kuomintang und Teilnahme am chin. Bürgerkrieg besteht keine Klarheit). In seinen frühen Romanen „Eroberer" (1928) und „So ist der Mensch" (1934) verbinden sich autobiograph. Züge mit existentieller Problematik; angesichts der Fragwürdigkeit traditioneller Wertvorstellungen erscheint die (revolutionäre) selbstbestimmte Tat als einzige menschlich würdige Lebensform. 1936 nahm M. auf republikan. Seite am Span. Bürgerkrieg teil, literarisch gestaltet in dem Roman „Hoffnung" (1937). 1939 Austritt aus der frz. KP; im 2. Weltkrieg Soldat; 1940–44 Mgl. der Résistance; 1945/46 und 1958 Informationsmin. C. de Gaulles, 1947–53 Generalsekretär und Leiter des

Malmö. Das um 1546 entstandene, 1864–69 erneuerte Rathaus

Malta

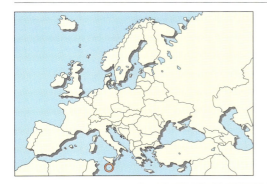

Malta
Fläche: 316 km²
Bevölkerung: 354 900 E (1990), 1 123,1 E/km²
Hauptstadt: Valletta
Amtssprachen: Maltesisch, Englisch
Nationalfeiertag: 31. März
Währung: 1 Maltes. Lira (Lm) = 100 Cents (c)
Zeitzone: MEZ

gaullist. „Rassemblement du Peuple Français", 1959–69 Kultusmin. – M., der nach dem Krieg durch seine polit. und literar. Veröffentlichungen großen Einfluß ausübte, beschäftigte sich in zahlr. Studien v. a. mit philosoph. und ästhet. Problemen. So versuchte er in seiner „Psychologie der Kunst" (1947–50) den Entwurf einer Universalgeschichte der Kunst. – *Weitere Werke:* Die Lockung des Westens (Essay, 1926), Der Königsweg (R., 1930), Goya (Essay, 1948), Anti-Memoiren (1967), Eichen, die man fällt (Autobiogr., 1971), Lazare (Autobiogr., 1974), Das Haupt aus Obsidian. Über Picasso und die Macht der Kunst (1974).

Malsteine ↑ Masseben.

Malta. Übersichtskarte

Malta (amtl.: Repubblika ta' Malta, Republic of Malta; dt. Republik M.), Staat auf der Maltes. Inselgruppe im zentralen Mittelmeer, zw. 35° 48' und 36° 00' n. Br. sowie 14° 10' und 14° 35' ö. L. **Staatsgebiet:** Die Inselgruppe (M., Gozzo, Comino und einige kleine, unbewohnte Inseln) liegt 93 km von der sizilian. und 288 km von der nordafrikan. Küste entfernt. **Verwaltungsgliederung:** 6 Bez. **Internat. Mitgliedschaften:** UN, Commonwealth, Europarat, GATT; der EWG assoziiert.
Landesnatur: Die Maltes. Inseln sind Reste einer Landbrücke zw. Sizilien und Nordafrika. Die Insel M. steigt pultschollenförmig von NO nach SW bis 253 m Höhe an und fällt steil mit einer Kliffküste zum Meer ab. Der größte Teil ist verkarstet. Der Bewässerungsfeldbau konzentriert sich auf grundwassernahe Senkungszonen im NW; er beruht auf Pumpenbewässerung, da Flüsse und Seen fehlen. Die Flachlandküste im NO und SO ist durch mehrere Buchten stark gegliedert (Rias). Von der Insel M. ist die Insel Gozzo durch einen 5 km breiten Meeresarm, in dem die Insel Comino liegt, getrennt.

Klima: Die Sommer sind trocken-heiß, die Winter mild mit zyklonalen Regenfällen. Im Mai und von Mitte Sept. bis Mitte Okt. tritt der Schirokko auf.
Vegetation: Neben Garigue sind eingeführte Pflanzen bestimmend: Johannisbrotbaum, Aleppokiefer, Feigenkaktus, Agave, Oleander, Olive.
Tierwelt: Die Inseln sind Rastplätze für Zugvögel. Einheimisch kommen v. a. Nagetiere, Zwergfledermäuse, Insekten und Vögel vor.
Bevölkerung: Sie wird v. a. durch roman. Volkscharakter sowie arab. und brit. Einflüsse geprägt. Die Bev. ist fast ausschließlich kath. (98 %). Es besteht allg. Schulpflicht von 5–16 Jahren. Das Schulwesen ist nach engl. Vorbild aufgebaut. M. verfügt über eine TH und eine Univ. (Jesuitengründung 1592, Univ.rang 1769).
Wirtschaft: Die Entwicklung der Landw. wird durch die Wasserknappheit begrenzt. Angebaut werden Weizen, Gerste, Kartoffeln, Gemüse sowie Weintrauben, Zitrusfrüchte, Feigen und Tabak. Von Bed. ist die Blumenzucht. Geflügel, Schweine, Ziegen, Rinder, Schafe und Pferde werden gehalten. Waldflächen fehlen. Die Fischerei beschränkt sich auf küstennahe Gewässer. Außer Salz und Natursteinen hat M. keine Bodenschätze. Der Energiebedarf wird überwiegend aus Erdölimporten gedeckt. Wichtigster Wirtschaftszweig ist das Dienstleistungsgewerbe, erst für den Johanniterorden, nach 1800 für den brit. Militärstützpunkt, nach der Unabhängigkeit für den Fremdenverkehr; daneben Werft-, chem. Ind., Maschinenbau, Nahrungsmittel- und Textilindustrie.
Außenhandel: Ausgeführt werden Textilwaren, Schuhe, Obstkonserven, Frühkartoffeln, Blumen, elektr. und elektron. Waren, Spielzeug, eingeführt Textilwaren, Erdöl, chem. Erzeugnisse, Maschinen und Geräte, Kfz, Kunststoffe, Kunstharze, Lebensmittel u. a. Wichtigste Handelspartner sind die EG-Länder, die USA, Schweden, Japan.
Verkehr: Das Straßennetz ist 1 444 km lang. Zw. M. und Gozzo verkehrt eine Fähre, nach Catania auf Sizilien Schiffsverbindung. Der Hafen von Valletta kann von Schiffen jeder Größe angelaufen werden. Der internat. ✈ Hal-Luqa liegt südl. von Valletta.
Geschichte: M. war seit etwa 5000 v. Chr. besiedelt und eines der Zentren der mediterranen Megalithkulturen. Seit 1000 v. Chr. war es phönikisch, ab 218 v. Chr. röm. Kolonie; 533 n. Chr. wurde es byzantinisch; 870 eroberten es die muslim. Aghlabiden, deren sprachl. und kultureller Einfluß lange nachwirkte. 1091 beendete der normann. Graf Roger I. von Sizilien ihre Herrschaft. 1530 belehnte Kaiser Karl V. den von Rhodos vertriebenen Johanniterorden mit M. Die Folgezeit war durch ständige Kämpfe mit den Osmanen gekennzeichnet. Die Ordensherrschaft beendete Napoléon Bonaparte 1798 zu Beginn seiner ägypt. Expedition. 1800 gelang es den Maltesern mit Hilfe der brit. Flotte, die Franzosen zu vertreiben. Im Frieden von Amiens (1802) unterstellte sich die maltes. Nat.versammlung Großbritannien und verhinderte so die Rückgabe der Insel an den Ritterorden. 1814 wurde M. brit. Kronkolonie und

Staatswappen

Internationales Kfz-Kennzeichen

Bevölkerungsverteilung 1988

Bruttoinlandsprodukt 1987

Maltafieber

Flottenstützpunkt. Die Verfassung von 1921 räumte der Insel eine beschränkte Selbstverwaltung ein; im 2. Weltkrieg war sie wichtige brit. Luft- und Flottenbasis. Die Verfassung von 1947 brachte M. Autonomie, nach gescheiterten Versuchen in den 1950er Jahren wurde es 1964 unabhängiges Mgl. des Brit. Commonwealth und 1974 unabhängige parlamentar. Republik. Die über lange Jahre regierende M. Labour Party unter D. Mintoff (Min.präs. 1955–58 und 1971–84) war auf eigenständige Politik bedacht und erreichte schließlich die Verlegung des NATO-Stützpunktes (1971) und den vollständigen Abzug der brit. Truppen (1971). Nach einer Verfassungsänderung, die das Verhältnis von Wählerstimmen und Parlamentssitzen neu regelte, gewann die Nationalist Party die Wahlen im Mai 1987 und im Febr. 1992; die von ihr gestellte Reg. (Min.präs. E. Fenech Adami) strebt nach einer engen polit.-wirtsch. Bindung an Westeuropa (1990 Antrag auf Mitgliedschaft in der EG).

Politisches System: M. ist seit Dez. 1974 eine unabhängige parlamentar. Republik im Commonwealth. *Staatsoberhaupt* ist der auf repräsentative Funktionen beschränkte Staatspräs. Die *Exekutive* liegt bei der dem Parlament kollektiv verantwortl. Reg. unter Führung des Premiermin. Die *Legislative* wird durch das Repräsentantenhaus wahrgenommen (69 Abg., davon 65 für 5 Jahre gewählt). Zwei *Parteien,* die M. Labour Party und die Nationalist Party, prägen das polit. Leben. Etwa 50 % der Arbeitnehmer sind *gewerkschaftlich* organisiert, Gewerkschaftsdachverband ist die Confederation of Trade Unions. Die *Recht*sprechung ist vom Code Napoléon, von brit. und italien. Recht beeinflußt. Dem Berufungs- und Verfassungsgerichtshof sind Zivil- und Polizeigerichte nachgeordnet.

Thomas Robert Malthus

Maltafieber (Febris melitensis, Mittelmeerfieber), weltweit verbreitete, durch das Bakterium Brucella melitensis verursachte, meist von Ziegen übertragene bakterielle Infektionskrankheit (Brucellose). Beim Menschen kommt es zur Lymphknoten- und Milzschwellung, wellenförmigem Fieberverlauf und häufig auch zu Nerven- und Muskelschmerzen.

Maltase [zu nlat. maltum „Malz"] (α-1,4-Glucosidase), Enzym aus der Gruppe der Hydrolasen, das die α-glykosid. Bindung von Maltose, Rohrzucker und andere α-glykosid. gebundene Disaccharide spaltet; kommt in allen pflanzl. und tier. Zellen mit Stärke- bzw. Glykogenumsatz, in Hefen, Gerstenmalz und im Darm- und Pankreassaft vor.

Malter [eigtl. „die auf einmal gemahlene Menge Korn"], alte dt. Raumeinheit unterschiedl. Größe (zw. 1,5 und 12,5 hl).

Malteser, bis 25 cm lange Varietät des ↑Bichon; mit weißem, langhaarigem Fell.

Malteserkreuz ↑Johanniterkreuz, ↑Kreuzformen.

Malteserkreuzgetriebe, ein Sperrgetriebe, das eine zeitweise aussetzende Bewegung bei weiterlaufendem Antriebsglied erzeugt, z. B. beim Filmtransport im Filmprojektor.

Malteserorden (Malteser), seit der Verlegung des Ordenssitzes von Rhodos nach Malta (1530) Name des ↑Johanniterordens und seit 1859 v. a. für dessen kath. Zweig. 1879 stellte Papst Leo XIII. die Großmeisterwürde des M. wieder her; der M. weitete seine karitative Tätigkeit internat. aus. 1953 wurde der M. kirchlich als religiöser und souveräner Orden anerkannt, jedoch den Hl. Stuhl unterstellt. 1953 wurde von den dt. Assoziationen des M. und dem Dt. Caritasverband der *Malteser-Hilfsdienst* (Abk. MHD) gegr., der mit freiwilligen Helfern und Helferinnen Aufgaben im Sanitätsbereich, im Katastrophenschutz und in der Unfallhilfe versieht.

Maltesische Inseln ↑Malta.

maltesische Sprache, Mundart des Maghrebinischen (einer Gruppe der arab. Sprache), Amtssprache von Malta. Lat. Schrift (mit Zusatzzeichen); lautlich vom Griechischen und Lateinischen beeinflußt, zahlr. italien. Fremdwörter.

Malthus, Thomas Robert ['maltʊs, engl. 'mælθəs], *The Rookery bei Guildford 27. Febr. 1766, †Bath 23. Dez. 1834, brit. Nationalökonom und Sozialphilosoph. – War zunächst Pfarrer (ab 1797); 1805 Prof. für Geschichte und polit. Ökonomie in Haileybury (Hertfordshire); berühmt durch seine Bev.theorie (↑Malthusianismus). – *Werke:* Über die Bedingungen und Folgen der Volksvermehrung (1789), Grundsätze der polit. Ökonomie mit Rücksicht auf ihre prakt. Anwendung (1820).

Malthusianismus [nach T. R. Malthus], Bevölkerungstheorie, nach der die mögl. Größe der Bev. durch die Menge der verfügbaren Nahrungsmittel begrenzt und bestimmt wird. Der zentrale Punkt bei Malthus ist die Annahme, die Bev. wachse in geometr. Progression, also gleichbleibenden Wachstumsraten, die Nahrungsmittel ließen sich dagegen nur in arithmet. Progression, d. h. mit gleichbleibenden absoluten Zuwächsen, also sinkenden Wachstumsraten vermehren. Bei den Hemmungen für das Bev.wachstum betont Malthus selbst neben „natürl. Hemmungen" (höhere Sterblichkeit durch Nahrungsmittelmangel) v. a. die moral. Hemmungen, d. h. die geschlechtl. Enthaltsamkeit. Unter dem Einfluß des M. kam es frühzeitig, bes. in den USA, zur Propagierung einer Geburtenkontrolle. Trotz der Kritik am M., daß die unterstellten Gesetzmäßigkeiten so einfach nicht zu formulieren sind, da zum einen die Bestimmungsgründe des Bev.wachstums weit vielschichtiger sind und eine geometr. Zunahme der Bev. z. B. in den modernen Ind.staaten nicht vorliegt, zum anderen die Annahme einer arithmet. Zunahme der Nahrungsmittel nicht zu beweisen ist, blieb der M. und v. a. die aus ihm abgeleitete Forderung nach einer Geburtenkontrolle mit den Problem der großen Bev.wachstums vor allem in Entwicklungsländern bis heute aktuell.

Maltose [zu nlat. maltum „Malz"] (Malzzucker), beim Stärkeabbau entstehender Zucker aus zwei Molekülen D-Glucose in α-glykosid. Bindung. Strukturformel:

$$\text{Maltose Strukturformel}$$

malträtieren [lat.-frz.], mißhandeln, quälen.

Maluentum ↑Benevent.

Malus [lat.] ↑Apfelbaum.

Malus [lat. „schlecht"], nachträgl. Prämienzuschlag bei schadenreichem Verlauf von Versicherungen. – Ggs. ↑Bonus.

Malvasier (Malmsey), Rebsorte, die u. a. in Madeira angebaut wird für einen Likörwein gleichen Namens.

Malve (Malva) [lat.], Gatt. der Malvengewächse mit rd. 30 Arten in Eurasien und N-Afrika, einige Arten in Amerika eingeschleppt und verwildert; Kräuter oder Halbsträucher mit meist großen, teller- bis trichterförmigen Blüten in verschiedenen Farben; z. T. Zierpflanzen. Eine häufig in M- und S-Europa verwildert vorkommende Art ist die bis 1 m hohe **Moschusmalve** (Malva moschata), Blüten weiß oder rosenrot, nach Moschus duftend. In Eurasien und N-Afrika wächst die 0,25 bis 1,5 m hohe **Wilde Malve** (Roßpappel, Malva sylvestris); mit großen, purpurroten Blüten; Ruderalpflanze. Das gleiche Verbreitungsgebiet hat die bis 50 cm hohe **Wegmalve** (Käsepappel, Malva neglecta); rauh behaart, mit rötl. oder weißen Blüten; Unkraut. – Im Altertum wurden M.arten als Gemüse angebaut; die Blätter dienten als Heilzwecke. Blätter und Blüten der Wilden Malve und der Wegmalve werden heute u. a. für Teemischungen verwendet.

Malvengewächse (Malvaceae), Pflanzenfam. mit über 1500 weltweit verbreiteten Arten v. a. in den Tropen; bekannte Gatt. sind u. a. Schönmalve, Stockmalve, Malve, Trichtermalve; z. T. Zierpflanzen; auch Nutzpflanzen, darunter die Baumwollpflanze.

Malvinen ↑Falklandinseln.

Malz [eigtl. „weiche Masse"], aus Getreide, v. a. Gerste, hergestelltes Ausgangsprodukt zur Herstellung von Bier, Spirituosen, Nährpräparaten und M.kaffee. Die Getreidekörner werden durch Einweichen in Wasser angequollen

Malve. Wilde Malve

und keimen in 8 bis 11 Tagen bei geregelter Temperatur *(Grünmalz),* wobei die Stärke enzymatisch zu Maltose u. a. niedermolekularen Zuckern abgebaut wird. Das Grün-M. wird durch Trocknen in *Darrmalz* übergeführt; dadurch entstehen spezif. Farb- und Aromastoffe.

Mälzel (Mälzl), Johann Nepomuk, *Regensburg 15. Aug. 1772, †La Guayra (Panama) 21. Juli 1838, dt. Instrumentenbauer. – Ab 1792 in Wien tätig; bekannt als Erfinder der heute gebräuchl. Form des ↑Metronoms.

Malzkaffee, Getreidekaffee v. a. aus gekeimter, getrockneter und gerösteter Gerste.

Malzzucker, svw. ↑Maltose.

Mamaia, zu Konstanza gehörendes größtes rumän. Seebad am Schwarzen Meer.

Mambas [afrikan.] (Dendroaspis), Gatt. schlanker, gewandter, bis 4 m langer Giftnattern mit vier überwiegend tagaktiven, baum- und gebüschbewohnenden Arten in Afrika; angriffsfreudig, sehr gefürchtet; Gift (auch für den Menschen) sehr gefährlich. Am bekanntesten sind die **Grüne Mamba** (Dendroaspis viridis; W-Afrika; bis über 2,5 m lang, grün mit schwarz gesäumten Schildern) und die **Schwarze Mamba** (Dendroaspis polylepis; O- und S-Afrika; mit 4 m Länge die größte afrikan. Giftschlange; oliv- bis schwarzbraun).

Mambo [vermutl. kreol.], südamerikan.-kuban. Gesellschaftstanz im $^4/_4$-Takt, der in Europa nach 1950 zeitweilig in Mode war.

Mamelucken (Mamluken) [italien., zu arab. malaka „besitzen"], urspr. Militärsklaven türk., kaukas. oder slaw. Herkunft, die seit dem 9. Jh. in Ägypten und Syrien Kriegsdienst leisteten. 1250 ergriffen M.generäle in Kairo die Macht und herrschten dort bis zur osman. Eroberung. Unter den *Bahriten* (1250–1382) wurde Ägypten mit Syrien einer der mächtigsten Staaten des Vorderen Orients. Baibars I. (⚰1260–77) verhinderte ein weiteres Vordringen der Mongolen, Kalaun (⚰1279–90) beseitigte die letzten Stützpunkte der Kreuzfahrerstaaten in Syrien und Palästina. In der Person von Faradsch Ibn Barkuk (⚰1382–99) gelangten die tscherkess. *Burdschiten* zur Herrschaft. Auch unter den Osmanen behielten sie erhebl. Macht, bis sie 1811 einem Massaker zum Opfer fielen.

Mamertiner [„Marssöhne"], nach dem osk. Kriegsgott Mamers ben. kampan. Söldner des syrakus. Tyrannen Agathokles, die nach dessen Tod (289 v. Chr.) Messina besetzten; ihre Hilfegesuche an Rom und Karthago gaben Anlaß zum 1. Pun. Krieg.

Mamertinisches Gefängnis ↑Carcer Mamertinus.

Mamertus, hl., †um 477 (?), Erzbischof von Vienne (seit etwa 461). – An der gall. Kirchenpolitik seiner Zeit maßgeblich beteiligt; volkstümlich gilt M. als einer der ↑Eisheiligen.

Mamilla [lat.], svw. ↑Zitze.

Mamin-Sibirjak, Dmitri Narkissowitsch, eigtl. Mamin, *Wissimo-Schaitanski bei Nischni Tagil 6. Nov. 1852, †Sankt Petersburg 15. Nov. 1912, russ. Schriftsteller. – Seine sozialkrit., antikapitalist. Romane behandeln oft das Thema der demoralisierenden Wirkung des Geldes und stellen die zum Untergang verurteilte alte Dorfgemeinschaft (Mir) dar; u. a. „Das Bergnest" (R., 1884), „Gold" (R., 1892), „Korn" (R., 1895).

Mammae [lat.], svw. ↑Brustdrüsen.

Mammakarzinom [lat./griech.], svw. ↑Brustkrebs.

Mammalia [lat.], svw. ↑Säugetiere.

Mambas. Schwarze Mamba

Mammaplastik [lat./griech.], Verfahren der plast. Chirurgie zur Wiederherstellung der natürl. Brustform nach einer Krebsoperation oder zur kosmet. Korrektur. Gewebsdefekte werden durch Transplantation von körpereigenem Fettgewebe und von Hautlappen ausgeglichen, auch durch Einpflanzung von Silikonprothesen, v. a. bei vorausgegangener Brustdrüsenentfernung. Entsprechende Maßnahmen werden auch zur Brustvergrößerung **(Augmentationsplastik)** ergriffen; weitere Eingriffe sind die Verkleinerung einer zu großen Brust **(Reduktionsplastik)** oder die Anhebung **(Mastopexie)** einer Hängebrust. Gesundheitsgefährdende Risiken durch Silikoneinlagerungen können nicht ausgeschlossen werden.

Mammatuswolke [zu lat. mammatus „mit Brüsten versehen"], bes. Wolkenform mit an der Unterfläche abwärts gerichteten beutelförmigen Quellungen.

Mammeibaum [indian.-span./dt.] (Echter M., Mammibaum, Mammey, Mammea americana), in W-Indien heim. und in den Tropen, v. a. im trop. Amerika, kultivierter Baum der Gatt. Mammea; Früchte **(Mammeiäpfel,** Aprikosen von Santo Domingo) rötlichgelb, mit goldgelbem, aprikosenähnlich schmeckendem Fruchtfleisch.

Mammographie [lat./griech.], Röntgenaufnahme der weibl. Brust; sie wird in drei Ebenen und immer beidseitig durchgeführt, da z. T. nur im Vergleich die Unterscheidung individueller und krankhafter Formabweichungen möglich ist. Ein besonderes Verfahren stellt die *Xero-M.* dar, bei der anstelle des Röntgenfilms eine selenbeschichtete Aluminiumplatte verwendet wird. Diese Untersuchung ermöglicht eine bessere Hervorhebung der Konturen.

Mammon [aram. „Besitz, Habe"], in Mischna und Talmud sowie im N. T. abschätzige Bez. für Geld und Reichtum.

Mammoth Cave [engl. ˈmæməθ ˈkeɪv], eines der größten Höhlensysteme der Erde, nö. von Bowling Green (Kentucky, USA). Die Gesamtlänge ist noch unbekannt; bisher wurden 362 km vermessen. – 1799 entdeckt.

Mammut ↑Mammute.

Mammutbaum, (Sequoiadendron) Gatt. der Sumpfzypressengewächse mit der einzigen Art **Riesenmammutbaum** (Sequoiadendron giganteum) im westl. N-Amerika, in 1 500–2 500 m ü. d. M.; bis 135 m hoher Baum mit säulenförmigem Stamm (Ø bis 12 m); Borke rissig, hell rotbraun; Krone pyramidenförmig; Nadeln schuppenförmig. Die ältesten bekannten M. sind zw. 3 000 und 4 000 Jahre alt. Der M. wird in Europa als Parkbaum angepflanzt (älteste Exemplare um 1870 gepflanzt).

▷ (Sequoia) Gatt. der Sumpfzypressengewächse mit der einzigen Art Küstensequoia.

Mammute [russ.-frz.] (Mammonteus, Mammuthus), Gatt. gegen Ende des Pleistozäns (in Asien vor etwa 10 000 Jahren) ausgestorbener, bis 4 m hoher Elefanten in den

Mammute. Kältesteppenmammut

Mammutbaum. Riesenmammutbaum

Mammuthöhle

Steppen Eurasiens und N-Amerikas. Am bekanntesten ist das nur in Kälteregionen vorkommende **Kältesteppenmammut** (*Mammut* i. e. S., Mammuthus primigenius) mit dichter, langer Behaarung und bis 5 m langen, gebogenen oder eingerollten Stoßzähnen. Im sibir. Bodeneis sind vollständig erhaltene Exemplare gefunden worden. – I. w. S. werden alle großen, südlichere Regionen bevorzugenden Steppenelefanten des Pleistozäns als M. bezeichnet.

Mammuthöhle ↑Dachsteinhöhlen.

Mamoré, Río [span. 'rrio mamo're], rechter Quellfluß des Rio Madeira in N-Bolivien, rd. 1 500 km lang.

Man, Felix H., eigtl. Hans Baumann, * Freiburg im Breisgau 30. Nov. 1893, † London 30. Jan. 1985, dt. Photograph. – Einer der Begründer des Photojournalismus. Arbeitete seit 1929 für die „Münchner Illustrierte Presse" (v. a. Photointerviews mit bed. Künstlern, Schriftstellern und Politikern wie M. Liebermann, B. Shaw, M. Slevogt, I. Strawinsky, B. Mussolini). Emigrierte 1934 nach London und war u. a. Chefreporter bei der „Picture Post".

M., Herman de, urspr. Salomon H. Hamburger, * Woerden 11. Juli 1898, † Schiphol bei Amsterdam 14. Nov. 1946, niederl. Schriftsteller. – Befaßte sich in seinen realist. Romanen, u. a. „Die steigende Flut" (1925), „Heilig Pietje de Booy" (1940), mit den religiösen Problemen der Bauern in Südholland.

Man [engl. mæn], autonome brit. Insel in der Ir. See, 572 km², 64 300 E (1986), Hauptstadt Douglas. Ozean. Klima. Im Bergland extensive Schafweidewirtschaft, in den Randgebieten Milchwirtschaft, Gartenbau, Anbau von Hafer und Kartoffeln. Wichtigster Wirtschaftszweig ist der Fremdenverkehr.

Geschichte: Das antike **Mona** oder **Monapia,** im MA **Eubonia,** wurde 798 von Normannen besetzt, die 1113 ein normann. Kgr. errichteten. 1266 kam die Insel an Schottland, 1346 wurde sie engl. Lehen. Seit 1736 war M. im Besitz der Hzg. von Atholl, die ihre Souveränitätsrechte 1765 teilweise und 1828 vollständig an die brit. Krone verkauften.

Verfassung: Die Insel M. untersteht seit 1828 der brit. Krone, ohne staatsrechtlich zu Großbritannien und Nordirland zu gehören. Es gilt die Verfassung von 1961 (Isle of M. Constitution Act). An der Spitze der *Exekutive* steht der Lieutenant-Governor, der von der brit. Königin ernannt und vom Legislative Council beraten wird. Die *Legislative* liegt beim Parlament (Court of Tynwald), dem der Lieutenant-Governor, der Legislative Council (10 Mgl.) und das House of Keys (24 vom Volk gewählte Abg.) angehören. Vom brit. Parlament erlassene Gesetze haben nur Gültigkeit, wenn sie direkt auf M. bezogen werden.

M. [frz. mã], Stadt am SO-Fuß des Mont Tonkoui, Elfenbeinküste, 346 m ü. d. M., 50 300 E. Verwaltungssitz des Dep. M., kath. Bischofssitz; Handelszentrum eines Agrargebietes (v. a. Kaffee, Tee). ✈.

Mana [melanes. „das außerordentlich Wirkungsvolle"], in der Religionswiss. übl. Begriff zur Bez. übernatürl. Macht, die in vielen, auch nichtmelanes. Kulturen als zentrale religiöse Größe begegnet.

Mänaden [griech.] (Bacchantinnen, Lenai), Begleiterinnen des Gottes ↑Dionysos.

Manado, indones. Hafenstadt auf der nö. Halbinsel von Celebes, 217 200 E. Verwaltungssitz der Prov. Nordcelebes; kath. Bischofssitz; Univ. (gegr. 1961), Zweig der islam. Univ. von Yogyakarta; Handelszentrum.

MAN AG, Konzern des Maschinen-, Anlagen- und Nutzfahrzeugbaus. Die konzernleitende Obergesellschaft entstand 1986 durch Verschmelzung der **M.A.N. Maschinenfabrik Augsburg-Nürnberg AG** (geht zurück auf die 1840 gegr. Sander'sche Maschinen-Fabrik Augsburg) mit der **Gutehoffnungshütte Aktienverein AG** (gegr. 1873 als AG). Hauptunternehmensbereiche: Lkw und Busse, Stahlhandel, Anlagenbau, Förder- und Transporttechnik, Druckmaschinen, Kompressoren, Dieselmotoren, Raumfahrtkomponenten, Binnenschiffe. Sitz ist München.

Management [engl. 'mænɪdʒmənt; zu italien. maneggiare „handhaben" (von lat. manus „Hand")], 1. Leitung, Führung von Betrieben u. a. sozialen Systemen. Das M. ist Inbegriff der Ausübung von Leitungsfunktionen und kennzeichnet einen Tätigkeitsbereich, der die Betriebspolitik durch Planung und das Treffen von Grundsatzentscheidungen, die Durchsetzung dieser Entscheidungen durch Erteilung von Anweisungen (Befehlen) und die Kontrolle umfaßt; 2. die Gruppe der leitenden Angestellten, der Manager.

Management-Buy-In [engl. 'mænɪdʒmənt baɪ ɪn], Abk. MBI, ↑Management-Buy-Out.

Management-Buy-Out [engl. 'mænɪdʒmənt baɪ aʊt], Abk. MBO, Übernahme eines Unternehmens durch in dem erworbenen Unternehmen tätige Führungskräfte. Voraussetzungen für ein erfolgreiches MBO sind ein realist. Produktions- und Marketingkonzept, ein solides Finanzierungskonzept sowie reale Absatzchancen auf dem Markt. Weiterhin sollten sowohl Management als auch Belegschaft qualifiziert und motiviert sein. Werden Geschäftsanteile von einem externen Manager oder einem Management-Team erworben, spricht man von einem **Management-Buy-In** (MBI). Erfolgt eine Einbeziehung der Belegschaft in den Erwerb von Gesellschaftsanteilen (**Mitarbeiterbeteiligung,** MAB, so wird dies vom Staat im Rahmen des Vermögensbildungsgesetzes gefördert.

Managementmethoden [engl. 'mænɪdʒmənt], alle Führungstechniken zur effizienten Durchführung von Managementaufgaben.
Die wichtigsten M. sind: **Management by objectives** (Führung durch Zielvereinbarung): In einem mehrstufigen Zielbildungsprozeß werden für alle Instanzen einer Organisation operationale Ziele definiert. Die Mittel und Maßnahmen zur Zielerreichung werden von den Geführten weitgehend selbst bestimmt. Die Geführten tragen die volle Verantwortung für den ihnen übertragenen Aufgabenbereich. Der Grad der Zielerreichung wird in relativ kurzen Zeitabständen durch Soll-Ist-Vergleiche kontrolliert. Durch diese M. wird die Leistungsmotivation erhöht; die Aufgabenbereiche sind durch die jeweiligen Ziele unmittelbar miteinander verknüpft. – **Management by exception** (Führung im Ausnahmefall): Vollverantwortl. Delegation von Routineaufgaben an nachgeordnete Mitarbeiter. Kooperative Festlegung von Zielen für alle Instanzen durch Schaffung von Leistungsstandards und Toleranzgrenzen, bei deren Über- und Unterschreitung eine Einschaltung des Managers zu erfolgen hat. Das *Top-Management* (oberste Leitungsebene) kann sich somit auf die Entscheidung von Ausnahmefällen beschränken. – **Management by system** (Führung durch Systemsteuerung): Basierend auf der Erkenntnis, daß in Organisationen Verwaltungstätigkeiten absolut und auch in Relation zu anderen Aufgabenbereichen ständig zunehmen, sucht diese M. die Verwaltungstätigkeit durch Systematisierung zu effektivieren. Zu diesem Zweck werden z. B. Verfahrensordnungen für die einheitl. Durchführung wiederkehrender Tätigkeiten geschaffen.

Manager ['mænɪdʒər; engl. 'mænɪdʒə (↑Management)], unternehmerische Persönlichkeit, die nicht notwendig (nennenswerten) Anteil am Unternehmenskapital hat, jedoch weitgehende Verfügungsgewalt und Entscheidungs-

Man
Wappen

Flagge

Manaus. Teatro Amazonas, 1896

Manchester. Town Hall, 1868–77

befugnis besitzt; auch Bez. für [geschäftl.] Betreuer von Berufssportlern und Künstlern.

Managerkrankheit ['mɛnɪdʒər], volkstüml. Bez. für eine Erkrankung v. a. des Herz-Kreislauf-Systems infolge dauernder körperl. und psych. Überbeanspruchung und dadurch verursachter vegetativer Störungen.

Managua [span. ma'naɣua], Hauptstadt von Nicaragua, am S-Ufer des Lago de M., 50 m ü. d. M., 682 000 E. Verwaltungssitz des Dep. M.; kath. Erzbischofssitz; Universidad Centro-Americana (Sektion Nicaragua; gegr. 1961), TU, mehrere Akad.; Nationalarchiv, -bibliothek, -museum. Wichtigster Ind.standort des Landes, an der Carretera Interamericana, Bahnstation, internat. ✈. – Seit 1858 Hauptstadt Nicaraguas; nach dem Erdbeben von 1931 wieder aufgebaut, durch ein Erdbeben am 23. Dez. 1972 erneut fast völlig zerstört (5 000–6 000 Tote); erhalten blieb die Kathedrale (spätes 18. Jh.).

Manama, Al, Hauptstadt des Emirats Bahrain, erstreckt sich über 2 km an der NO-Küste der Insel Bahrain, 122 000 E. Oasenwirtschaft; Bootsbau.

Manasse (Menasse) **Ben Israel,** *auf Madeira 1604, †Middelburg (Niederlande) 20. Nov. 1657, jüd. Gelehrter. – Gründete 1626 in Amsterdam eine hebräische Druckerei. Stand u. a. mit Rembrandt, Grotius und Königin Christine von Schweden in Verbindung. Sein Buch „Esperança de Israel" (= Hoffnung Israels, 1650) widmete er dem engl. Parlament, um die Wiederzulassung der seit 1290 aus England vertriebenen Juden zu erreichen (was ab 1655 möglich wurde). Marran. Herkunft, war M. der erste jüd. Gelehrte, der über bibl. und rabbin. Literatur v. a. für Nichtjuden schrieb.

Manat, Al, altarab. Gottheit des Schicksals und des Todesgeschicks; Haupteiligtum, ein schwarzer Stein, nördl. von Mekka; genoß neben Al Lat und Al Ussa im vorislam. Mekka großes Ansehen.

Manatis [karib.-span.] (Rundschwanzseekühe, Rundschwanzsirenen, Lamantine, Trichechidae), Fam. bis etwa 4,5 m langer Seekühe mit drei sehr ähnl. Arten in der Karib. See und in W-Afrika (bes. in Küstennähe, etwa in Mangrovendickichten); Körper meist einfarbig grau bis braun; Höchstgewicht 600 kg.

Manaus, Hauptstadt des brasilian. Bundesstaates Amazonas, am Rio Negro, 32 m ü. d. M., 834 500 E. Kath. Erzbischofssitz; Univ. (gegr. 1965), nat. Forschungsinst. für Amazonien, Theater; botan. Garten, Zoo. Handels- und Ind.zentrum mit Freihafen; internat. ✈. – 1669 unter dem Namen **São José do Rio Negro** gegr.; 1850 als **Vila do Lugar da Barra** Hauptstadt des neuen Bundesstaates Amazonas; heutiger Name seit 1939. – Von der Blütezeit während des Kautschukbooms zeugen Prachtbauten im Stil des 19. Jh., v. a. das Teatro Amazonas (1896) mit 1 200 Plätzen.

Manbidsch ['mambɪtʃ], Ort in N-Syrien, 80 km nö. von Aleppo, 16 000 E. – In der Antike als **Hierapolis** bed. Kultort der Fruchtbarkeitsgöttin Atargatis (Tempel 53 v. Chr. zerstört); in röm. Zeit zur Festung ausgebaut, 636 von den Arabern eingenommen; 974 bis zur Wiedereroberung durch die Araber (1088) unter byzantin. Herrschaft.

Mancha [span. 'mantʃa], span. Landschaft im SO der Südmeseta, eine Hochfläche bis 700 m, im N und S bis 1 000 m ü. d. M. Extrem mediterranes Kontinentalklima; die sommerl. Trockenzeit dauert 4–5 Monate. Die M. ist ein Gebiet natürl. Steppenvegetation, in höheren Lagen Steineichengemeinschaft, im Übergangsgebiet zum Iber. Randgebirge Schwarzkiefer und Lusitan. Eiche.

Manche [frz. mã:ʃ], Dep. in Frankreich.

Manchester [engl. 'mæntʃɪstə], Stadt in NW-England, 50 m ü. d. M., 446 000 E. Verwaltungssitz der Metropolitan County Greater M.; anglikan. Bischofssitz; Univ. (gegr. 1903), angeschlossen sind die M. Business School, M. Polytechnic, Musikschule, College of Art and Design; nat. Computerzentrum; Museen, Kunstgalerie, Bibliotheken; Goethe-Inst. Nach London ist M. das bedeutendste brit. Finanz- und Handelszentrum. Zentrum der Textilind. (seit dem 16. Jh.) von Lancashire, insbes. der Baumwoll-, heute auch der Chemiefaserind.; Maschinenbau, elektrotechn., elektron., chem., Schuh-, Nahrungs- und Genußmittelind., Druckereien. Binnenhafen am Manchester Ship Canal. ✈. **Geschichte:** Ging aus dem röm. Kastell **Mancunium** hervor; seit Anfang 7. Jh. angelsächsisch; 1229 Marktrecht; 1330 brachten Flamen die Textilind. nach M.; 1762 wurde der Kanal zu den Kohlefeldern von Worsley fertiggestellt; ab 1785 betrieb man Webstühle, ab 1789 Spinnereien erstmals mit Dampfmaschinen; 1830 Eröffnung der Eisenbahnlinie nach Liverpool; 1838 Stadtrecht. **Bauten:** Das Stadtbild von M. ist von viktorian. Repräsentativbauten geprägt: Rathaus (Town Hall, 1868–77), Königl. Börse (1874; restauriert), Kathedrale im Perpendicular style (restauriert).

M., Stadt am Merrimack River, Bundesstaat New Hampshire, USA, 70 m ü. d. M., 100 500 E. Kath. Bischofssitz; College. Bedeutendstes Handels- und Ind.zentrum in New Hampshire. – Entstand 1722, 1846 City.

Manchester [man'ʃɛstə; nach der gleichnamigen engl. Stadt], schwerer Rippensamt aus Baumwolle, meist in Köperbindung; findet u. a. für Sportanzüge, Kostüme und Möbelbezüge Verwendung.

Manchestertum [engl. 'mæntʃɪstə; nach der engl. Stadt Manchester, dem Zentrum dieser Richtung im 19. Jh.], abwertende Bez. für den extremen wirtsch. Liberalismus des frühen 19. Jh., der das freie Spiel der wirtsch. Kräfte ohne jegl. staatl. Eingriffe (↑ laissez faire, laissez aller) als Grundprinzip der außenwirtsch. (Freihandelslehre) und v. a. auch der binnenwirtsch. Ordnung forderte.

Manching, Gem. 8 km sö. von Ingolstadt, Bay., 9 300 E. Flugzeugbau, Militärflugplatz. – Östl. des Ortskerns lag ein kelt. Oppidum (wahrscheinl. Hauptort der Vindeliker); Funde aus der Mittel- und Spät-La-Tène-Zeit, ab 1938 bzw. 1955 planmäßig untersucht: 380 ha große Anlage, von annähernd kreisförmiger Mauer umgeben. Die Zerstörung der Stadtanlage wird mit der röm. Besetzung des Voralpenlandes in Verbindung gebracht.

Manco Cápac [span. 'maŋko 'kapak], sagenhafter Gründer der Inka-Dyn. (um 1200) und der Stadt Cuzco.

Mandäer [zu mandäisch mandā „Erkenntnis"], Anhänger einer gnost. Religionsgemeinschaft, deren Lehre, ähnlich wie im Manichäismus, durch die Annahme eines Widerstreits zw. der Lichtwelt und dem stofflich. Bereich der Finsternis geprägt ist. Die menschl. Seele, die der himml. Lichtwelt entstammt, aber auf der Erde durch die Materie gefesselt ist, erlangt die Erlösung durch Erkenntnis dieses Zustandes. Unter den kult. Mitteln, die die Erlösung fördern sollen, nimmt die möglichst oft in fließendem Wasser zu vollziehende Taufe eine vorrangige Stellung ein. Die hl. Schriften der M. (heute etwa 4 000 Anhänger, v. a. am Pers. Golf) sind in Mandäisch verfaßt und im 7./8. Jh. kanonisiert worden.

Manchester
Stadtwappen

Managua
Hauptstadt von Nicaragua
(seit 1858)

• 682 000 E

• industrieller und kultureller Mittelpunkt des Landes

• durch Erdbeben mehrfach zerstört

Manching. Fund aus dem keltischen Oppidum: eiserner Achsnagel mit gegossenem bronzenem Vogelkopf

Mandäisch

Mandäisch ↑ Aramäisch.

Mandala [Sanskrit „Kreis"], meist in konzentr. Anordnung ausgeführte abstrakte oder bildhafte Darstellung des Kosmos, der Götterwelt oder psych. Aspekte als Meditationshilfe im Tantrismus. Die Herstellung des M. ist an feste Regeln gebunden. Seine Entstehungsgeschichte ist weitgehend unklar.

Mandalay [mændəˈlɛɪ], Stadt in Z-Birma, am Irawadi, 76 m ü. d. M., 553 000 E. Verwaltungssitz der Prov. M.; kath. Erzbischofssitz; Univ. (gegr. 1925), Colleges für Kunst, Musik und Drama; Bibliotheken; Galerie, Kunstmuseum. Nach Rangun die wirtschaftsstärkste Stadt des Landes; Flußhafen, Eisenbahnbrücke über den Irawadi, ✈. – 1857 vom birman. König Mindon Min gegründet; war letzte Hauptstadt des Kgr. Birma; 1885 von brit. Truppen eingenommen; unter brit. Herrschaft Verwaltungszentrum von Oberbirma; im 2. Weltkrieg jap. besetzt, wurde bei der Eroberung durch die Briten 1945 fast völlig zerstört.

Mandant [lat.] (Klient), Auftraggeber, insbes. eines Rechtsanwalts.

Mandarin [Sanskrit-malai.-portugies.], europ. Bez. für die chin. Staatsbeamten, welche die Führungsschicht des traditionellen China bildeten. In ihr Amt gelangten sie v. a. durch Ablegung von Staatsprüfungen oder auch durch Ämterkauf; mit der Revolution 1911/12 brach der Stand der M. zusammen.

Mandarin [Sanskrit-malai.-portugies.], 1. Bez. für die Verkehrssprache hoher chin. Administrationsbeamter seit dem 15. Jh.; 2. Bez. für die heutige Hochsprache Chinas, das Idiom Pekings (↑ chinesische Sprache).

Mandarine [span.-frz.], im Durchmesser 5–6 cm große, gelbl. bis orangefarbene Frucht des v. a. in Japan, China, den USA, in S-Amerika und im Mittelmeergebiet kultivierten **Mandarinenbaums** (Citrus reticulata); Strauch oder kleiner Baum mit lanzettl. Blättern und duftenden, weißen Blüten in Büscheln. Die Schale der M. läßt sich im allg. leicht ablösen, das Fruchtfleisch ist süß und sehr aromatisch; breitblättrige Formen des M.baums liefern die mehr rötl., sehr kleinen **Tangerinen** (kernarm), großblättrige Formen die frühreifen, samenlosen **Satsumas**. Vermutlich aus Kreuzungen von Sorten des M.baums entstand die heute im westl. N-Afrika angebaute **Klementine**, sehr süß und meist kernlos; Schale schwer ablösbar. – **Tangelos** sind die Früchte einer in Florida gezüchteten Kreuzung zw. Grapefruit- und M.baum mit erfrischend bitterem Geschmack.

Mandat [lat., zu mandare „anvertrauen"], im röm. Recht eine Vertragsform, in der sich ein Vertragspartner zur unentgeltl. Ausführung eines Auftrags im Interesse des Auftraggebers oder eines Dritten verpflichtete.

▷ in der *Geschichtswiss.* ↑ Urkunde.

▷ Amt und Auftrag des Abg. Im Repräsentativsystem gilt das **freie Mandat**, d. h., die Abg. sind an Weisungen (der Wähler) nicht gebunden (Art. 38 GG). Das **imperative Mandat**, d. h. das Mandat eines an die Weisung seiner Partei, seiner Wähler oder einer Interessengruppe gebundenen Abg., spielt im Rahmen der direkten Demokratie und des Rätesystems eine bed. Rolle. Beim **politischen Mandat** geht es um die Frage, ob Zwangskörperschaften (z. B. Ärztekammern) mit eng umgrenzten Aufgaben berechtigt sind, im Namen ihrer Mitglieder Erklärungen zu allg. polit. Fragen abzugeben.

▷ (Mandatsgebiet) nach dem 1. Weltkrieg von der Türkei oder vom Dt. Reich abgetrenntes Gebiet, das einem bes. Verwaltungssystem unterstellt wurde, welches von einigen Siegermächten unter Aufsicht des Völkerbundes ausgeübt wurde (Art. 22 Völkerbundssatzung). M. durften nicht annektiert werden, mußten uneigennützig verwaltet werden (Verbot der wirtsch. Ausbeutung) und unterstanden der Regelungsgewalt des Völkerbundes. Man unterschied A-, B- und C-Mandate. **A-Mandaten** (Irak, Palästina/Transjordanien sowie Syrien und Libanon) wurde die staatl. Unabhängigkeit fest in Aussicht gestellt, sie besaßen eine vom Mandatar beaufsichtigte Selbstverwaltung; die **B-Mandate** (Kamerun, Togo, Tanganjika, Ruanda-Urundi) unterstan-

den im Rahmen der vom Völkerbund erlassenen Richtlinien einer unter bes. Verwaltung des Mandatars, während die **C-Mandate** (SW-Afrika und die Inseln im Pazifik) nach den Gesetzen des Mandatars als integrierender Bestandteil seines Gebietes zu verwalten waren.

Mandala mit verschiedenen Schutzgottheiten des tibetischen Lamaismus (Hamburg, Museum für Völkerkunde)

Mandel [frz. mãˈdɛl], Ernest, * Frankfurt am Main 4. April 1923, belg. Wirtschaftswissenschaftler dt. Herkunft. – Während des 2. Weltkriegs deportiert und bis 1945 in Zuchthäusern und Lagern gefangengehalten. 1954–63 Sachverständiger beim belg. Gewerkschaftsbund FGTB; seit 1964 Sekretär und führender Theoretiker der trotzkist. „Vierten Internationale". – *Werke*: Marxist. Wirtschaftstheorie (1962), Entstehung und Entwicklung der ökonom. Lehre von Karl Marx (1968), Der Spätkapitalismus. Versuch einer marxist. Erklärung (1973), Kritik des Eurokommunismus (1977), Revolutionärer Marxismus heute (1982).

M., Georges, eigtl. Louis Rothschild, * Chatou (Yvelines) 5. Juni 1885, † Fontainebleau 15. Juli 1944, frz. Politiker. – Einflußreichster Berater Min.präs. Clemenceaus 1917–20; Abg. 1919–24 und 1928–40; widersetzte sich als Kolonialmin. 1938–40 und Innenmin. 1940 der Kapitulation vor der NS-Politik; von der Miliz der Vichy-Reg. ermordet.

Mandel [zu althochdt. mandala (von griech. amygdálē)], Samen der Steinfrüchte des ↑ Mandelbaums.

Mandela, Nelson [Rolihlahla], * Qunu (Transkei) 18. Juli 1918, schwarzer südafrikan. Politiker und Bürgerrechtler. – Jurist. Seit 1944 Mgl. des ↑Afrikan. Nationalkongresses (ANC); organisierte 1952 die „Defiance campaign" (Mißachtungskampagne), mit der der ANC durch gewaltfreie Übertretung von Rassengesetzen gegen die 1948 eingeleitete ↑ Apartheid protestierte; erster Kommandant der auf Sabotageunternehmen ausgerichteten Organisation „Speer der Nation", die sich nach dem Verbot des ANC 1960 aus dessen Reihen formierte; mehrfach angeklagt und inhaftiert; wurde 1964 zu lebenslanger Haft verurteilt, während der er zum Führer des ANC gewählt wurde. M. gilt als Symbolfigur des schwarzen Widerstands gegen die Apartheid. Im Febr. 1990 aus der Haft entlassen. Im März 1990 zum Vizepräs., im Juli 1991 zum Präs. des ANC gewählt; seither einer der maßgebl. schwarzafrikan. Politiker in der Republik Südafrika.

M., Winnie Nomzamo, * Bizana (Transkei) 1934, ⚭ mit Nelson M., schwarze südafrikan. Bürgerrechtlerin. – Sozialarbeiterin; wurde 1958 Mgl. des ANC; seit der Verhaftung ihres Mannes verfolgt, zeitweise inhaftiert; lebte 1976–85 als „gebannte Person" in Brandfort. Nach ihrer Rückkehr nach Soweto führten ihre polit. Alleingänge sowie ihre sich z. T. am Rand der Legalität bewegenden Ak-

Mandelbaum. Zweige mit Blüten und Früchten

Mandarine. Fruchtende Zweige des Mandarinenbaums

Nelson Mandela

tionen 1991 zu ihrer Verurteilung in einem Gerichtsverfahren und 1992 zur Trennung von N. Mandela.
Mandelbaum (Prunus amygdalus), ein Rosengewächs; verbreitet vom westlichen M-Asien bis Iran und Syrien, kultiviert und z. T. verwildert in O-Asien, im Mittelmeergebiet und in den wärmeren Gebieten Europas und Amerikas; kleiner Baum oder Strauch mit weißen, im Frühling vor den Blättern erscheinenden Blüten; Frucht eine abgeflacht-eiförmige, samtig behaarte, trockene Steinfrucht mit meist einem glatten Steinkern (im Handel als Krachmandel bezeichnet), der jeweils nur einen einzigen Samen, die **Mandel**, enthält. Mandeln haben etwa bis zu 50 % fettes Öl und 25–35 % Eiweißstoffe. Die süßen Mandeln enthalten darüber hinaus noch etwa 10 % Zucker, aber (im Ggs. zu den ↑bitteren Mandeln) nur geringste Mengen Amygdalin. Sie werden bei der Süßwarenherstellung (u. a. für Marzipan) verwendet oder roh gegessen. Durch Pressen gewinnt man ↑Mandelöl, die Preßrückstände ergeben die ↑Mandelkleie.
Mandelbäumchen (Prunus triloba), kleiner Strauch in China; als Zierstrauch oft hochstämmig veredelt, mit zahlr. rosettig gefüllten, rosafarbenen Blüten.
Mandelbrot-Menge [nach dem amerikan.-frz.-poln. Mathematiker B. Mandelbrot, *1924], Teilmenge der komplexen Ebene, erzeugt durch die Iteration $z \leftarrow z^2 + c$, wobei z und c komplexe Zahlen sind. Die M.-M., wegen ihrer kugeligen Struktur auch „Apfelmännchen" gen., ist bes. in der ↑fraktalen Geometrie von Bedeutung.
Mandelentzündung, svw. ↑Angina.
Mandelkleie, bei der Gewinnung von Mandelöl anfallendes Mandelmehl, das als mildes Hautreinigungsmittel Verwendung findet.
Mandeln (Tonsillen, Tonsillae), ringförmig angeordnete lymphat. Organe im Bereich des Übergangs von Mund- und Nasenräumen in den Rachen (lymphat. Rachenring). Im einzelnen werden unterschieden: die paarigen **Gaumenmandeln**, die jederseits zw. den Gaumenbögen liegen; die am Dach des Nasen-Rachen-Raums hinter dem Zäpfchen liegende unpaare **Rachenmandel** sowie die am Zungengrund liegenden paarigen **Zungenmandeln**. Durch ihre Lage können die M. bes. früh auf über Nase und Mund eindringende Krankheitserreger reagieren.
Mandelöl, hellgelbes, geruchloses, fettes Öl aus den Samen des Mandelbaums; Verwendung als Salbengrundlage.
Mandelschtam [russ. mɪndɪljˈʃtam], Leonid Isaakowitsch, *Mogiljow 4. Mai 1879, †Moskau 27. Nov. 1944, russ. Physiker. – Ab 1925 Prof. in Moskau; Arbeiten u. a. zur Quanten- und Relativitätstheorie; Mitentdecker des ↑Raman-Effektes.
M., Ossip Emiljewitsch, *Warschau 15. Jan. 1891, †in einem Lager bei Wladiwostok 27. Dez. (?) 1938, russ. Dichter. – Bed. Vertreter der Akmeisten; 1934–37 Verbannung; 1938 Verurteilung zu fünf Jahren Zwangsarbeit (1956 Rehabilitierung). Seine teilweise schwer zugängl. Dichtung, u. a. „Die ägypt. Briefmarke" (E., 1928), war bes. an der klass. Antike orientiert. Auch hervorragender Literaturkritiker und -theoretiker. In dt. Auswahl erschienen u. a. „Gedichte" (1959), „Hufeisenfinder" (Ged. und Aufsätze, 1975), „Schwarzerde" (Ged. aus den Woronescher Heften, entstanden 1933–37, hg. 1966, russ. und dt. 1984), „Das zweite Leben. Späte Gedichte und Notizen" (1991).
Mander, Carel (Karel) van, *Meulebeeke im Mai 1548, †Amsterdam 2. Sept. 1606, niederl. Maler und Kunstschriftsteller. – 1573–77 in Italien, 1583–1603 in Haarlem; Lehrer von F. Hals; seiner Biographiensammlung „Het schilder-boeck" (1604; 2. Ausg. 1616–18), deren 3. Band niederl. und dt. Malern gewidmet ist, kommt hoher Quellenwert zu.
Mandesprachen, westafrikan. Sprachfam. mit rd. 13 Mill. Sprechern, v. a. in Mali, Senegal, Guinea, Sierra Leone, Liberia, Elfenbeinküste, Burkina Faso und Nigeria. Die M. sind äußerst unterschiedlich (etwa 25) und gelten als Zweig der Niger-Kongo-Sprachen. Urspr. gliederte man die M. in eine tan- und eine fu-Gruppe; heute unterscheidet man eine NW-, eine SW- und eine SO-Gruppe.

Mandibeln [lat.] (Oberkiefer, Vorderkiefer), erstes, urspr. mehrgliedriges Mundgliedmaßenpaar der Gliederfüßer als Kauwerkzeug.
Mandibula [lat.], svw. Unterkiefer (↑Kiefer); **mandibulär** (mandibular), zum Unterkiefer gehörend.
Mandibulata [lat.], artenreichste Abteilung der Gliederfüßer, welche die Krebstiere, Tausendfüßer und Insekten umfaßt.
Mandioka [indian.], svw. ↑Maniok.
Mandl (Mändl), Michael Bernhard, *Prag (?) um 1660, †Salzburg 23. April 1711, östr. Bildhauer. – Seine Werke, v. a. die Pferdebändiger der Hofmarstallschwemme (1695), sind Hauptwerke des Salzburger Hochbarock.
Mandola [italien.] (span. Mandora), ein vom 13.–18. Jh. in Europa verbreitetes, der Laute ähnl., kleines Zupfinstrument.
Mandoline [italien.-frz.], Lauteninstrument mit meist bauchigem, im Längsschnitt etwa mandelförmigem, tiefem Schallkörper, kurzem Hals, Wirbelplatte mit Schraubwirbeln und vier mit Plektron gezupften Doppelsaiten aus Metall (Stimmung: g–d^1–a^1–e^2). Durch schnelles Hin- und Herbewegen des ↑Plektrons über die Saiten entsteht der charakterist. Tremoloklang.
Mandora [span.], svw. ↑Mandola.
Mandorla [griech.-italien. „Mandel"], mandelförmiger Heiligenschein um die ganze Figur; fast nur bei Christus- und Mariendarstellungen.
Mandrill [engl.] (Mandrillus sphinx), große, gedrungene Art der Meerkatzenartigen in den Regenwäldern W-Afrikas; Körperlänge bis fast 1 m (♀ wesentlich kleiner); Schwanz stummelförmig. Die M. bewegen sich vorwiegend am Boden fort und ernähren sich überwiegend von Knollen, Wurzeln und Früchten.
Mandschu, klein- bis mittelwüchsiges Volk tungus. Abstammung in NO-China, 4,3 Mill.; heute ethnisch von den Chinesen nicht mehr zu unterscheiden.
Mandschudynastie, svw. Qingdynastie (↑chinesische Geschichte).
Mandschukuo ↑Mandschurei (Geschichte).
Mandschurei, der nö. Teil Chinas, der sich zw. Großem Chingan im W und Amur-Ussuri-Niederung im O, Amur im N und Gelbem Meer im S erstreckt. Ein zentrales, flachwelliges Tiefland, das von den Flüssen Sungari und Liao He entwässert wird und allseits von Bergländern umschlossen ist. Das Klima ist gekennzeichnet durch lange, kalte Winter und kurze, subtropisch heiße Sommer. Die nördl. M. besitzt schon Dauerfrostböden. Anbau von Sojabohnen, Kauliang, Hirse, Sommerweizen, Gerste, Hafer, Zuckerrüben, Reis, Mais, von Ölfrüchten, Baumwolle, Flachs und Tabak. Im westl. M. Weidewirtschaft (Steppengebiete); riesige Waldbestände in den Bergländern. Reiche Bodenschätze (Steinkohle, Eisenerze, Erdöl) bilden die Grundlage für die Schwerind.; auch Aluminium-, chem.-, Zement-, Glas-, Papier- und Nahrungsmittelindustrie.
Geschichte: Etwa seit dem 3. Jh. v. Chr. stand die südl. M. unter chin. Einfluß, die übrigen Gebiete unter Herrschaft des korean. Reichs Koguryo bzw. von mongol. und tungus. Reiterstämmen. Die tungus. Mandschu einigten im 16./17. Jh. das Gebiet und herrschten als Mandschudyn. ab 1644 in China. Nach dem Boxeraufstand wurde das Land im Frieden von Portsmouth (1905) in eine nördl. russ. und eine südl. jap. Einflußsphäre aufgeteilt. 1931 marschierten jap. Truppen in der M. ein; im Febr. 1932 erklärte Japan sie zum Staat **Mandschukuo** (seit 1934 Kaiserreich unter Pu Yi), der nur formal unabhängig war. 1945 erhielt China die M. zurück; zunächst autonome Prov., seit 1949/50 eine der Großregionen der VR China.
mandschurische Sprache, zu den mandschu-tungusischen Sprachen gehörende Sprache; nur noch im N der Mandschurei und in Sinkiang (China) gesprochen. Während der Qingdynastie in China (1644–1911) offizielle Hofsprache mit eigener Schrift.
Mandschuschri, Bodhisattwa, mit einem Schwert in der Hand dargestellt; gilt als gnädiger Zerstörer des Nichtwissens und Erwecker der Vollkommenheiten.

Mandoline

Mandrill

Édouard **Manet**. Frühstück im Freien, 1863 (Paris, Musée d'Orsay)

mandschu-tungusische Sprachen (tungus. Sprachen), Gruppe von Sprachen, die mit den mongol. Sprachen und den Turksprachen zu den altaischen Sprachen gerechnet wird.

Mandu, Ort im ind. Bundesstaat Madhya Pradesh, sw. von Indore. Seit 1304 Hauptstadt muslim. Lokaldynastien, 1560/62 endgültig dem Mogulreich unterworfen. Die im Gebiet des ehem. Forts (zw. 1405/32 ausgebaut) erhaltenen Bauten (Grab des Hoschang Schah [1406–40], Freitagsmoschee [1431–54], Moschee mit Siegesturm [nach 1443], Hindola Mahal [Audienzhalle, zw. 1469–1500], Jahaz Mahal [Palast, 2. Hälfte des 15. Jh.]) gehören zu den bedeutendsten Denkmälern islam. Baukunst in Indien. M. war im 15. und 16. Jh. auch ein bed. Zentrum der Buchmalerei.

Manege [maˈneːʒə; frz., zu lat.-italien. maneggio „Reitbahn" (eigtl. „Handhabung")], meist runde Vorführfläche im Zirkus.

Manegold von Lautenbach, *Lautenbach (Elsaß) um 1030, †Stift Marbach (Elsaß) nach 1103, Propst des Augustinerstifts Marbach (seit 1094). – Theoretiker des Investiturstreites, galt als erster Vertreter der Lehre von der Volkssouveränität; bed. durch seine Schrift „Liber ad Gebehardum" (um 1085).

Manen, Hans van [niederl. ˈmaːnə], *Nieuwer-Amstel (= Amstelveen) 11. Juli 1932, niederl. Choreograph und Ballettdirektor. – War 1960–70 künstler. Kodirektor des Nederlands Dans Theater in Den Haag; 1972–87 Choreograph und Ballettmeister am Nationalballett in Amsterdam, seit 1988 Choreograph des Nederlands Dans Theater in Den Haag; auch Gastchoreograph (seit 1987) des Stuttgarter Balletts. Seine Tanzstücke sind entscheidend von den neuesten Strömungen der modernen Kunst beeinflußt; u. a. „Corps" (1985), „Shaker loops" (1987).

Manen (Manes), in der röm. Religion seit der Kaiserzeit Bez. für die Totengeister.

Manesse, Rüdiger, †5. Sept. 1304, Züricher Patrizier. – Ritterl. Ratsmgl., seine reiche Sammlung von mittelhochdt. Liederbüchern bildete wohl den Grundstock der „Großen Heidelberger Liederhandschrift" (auch **„Manessische Handschrift"** genannt).

Manessier, Alfred [frz. manɛˈsje], *Saint-Quen (Dep. Somme) 5. Dez. 1911, frz. Maler und Graphiker. – Gelangte nach der Auseinandersetzung mit Kubismus und Surrealismus zu einer lyr. Abstraktion; entwarf auch Glasmalereien (Liebfrauenkirche in Bremen, 1966–79) und Wandteppiche.

Mangaben. Oben: Schopfmangabe. Unten: Halsbandmangabe

Manet, Édouard [frz. maˈnɛ], *Paris 23. Jan. 1823, †ebd. 30. April 1883, frz. Maler. – Durch revolutionäre Flächigkeit der Darstellung, deren Spannung sich aus Hell-Dunkel-Kontrasten und großen Farbflächen ergibt, aber auch des Themas wegen, erregten das „Frühstück im Freien" und die „Olympia" (beide 1863, Paris, Musée d'Orsay) heftige Ablehnung und wurden vom Salon zurückgewiesen. Trotzdem stellte M. niemals gemeinsam mit den Impressionisten aus, obwohl er mit ihnen befreundet war, sie entscheidend beeinflußte und Anregungen von ihnen empfing; im Spätwerk selbst dem Impressionismus zuzurechnen (u. a. „Bar in den Folies-Bergères", 1882, London, Courtauld Institute Galleries).

Manetho, ägypt. Geschichtsschreiber des 3. Jh. v. Chr. – Priester in Heliopolis; verfaßte eine ägypt. Geschichte in griech. Sprache. Auf ihn geht die Einteilung der pharaon. Geschichte in 30 Dyn. zurück (die 31. Dyn. ist ein späterer Zusatz).

Manfred, *1232, ⚔ Benevent 26. Febr. 1266, König von Sizilien (seit 1258). – Unehel. Sohn Kaiser Friedrichs II.; erhielt 1250 das Ft. Tarent und die Statthalterschaft in Italien für seinen Halbbruder Konrad IV., übernahm für dessen Sohn Konradin 1254 die Regentschaft; fiel im Kampf gegen Karl von Anjou.

Manfredonia, italien. Hafenstadt in Apulien, 5 m ü. d. M., 58 300 E. Kath. Erzbischofssitz; chem. und petrochem. Industrie; Fischfang. – 1256 von Manfred von Sizilien in der Nähe des durch ein Erdbeben zerstörten **Siponto** (in der Antike **Sipontum**) nach regelmäßigem Plan angelegt. – Kirche San Domenico, Kastell (beide 13. Jh.); barocker Dom (17. Jh.).

Mang, Sankt ↑ Magnus, hl.

Manga, La ↑ Mar Menor.

Mangaben [afrikan.] (Cercocebus), Gatt. schlanker, etwa 40–85 cm langer Meerkatzenartiger mit vier Arten in den Regenwäldern der äquatorialen Afrika; mit meist dunkler Ober- und hellerer Unterseite, nahezu körperlangem Schwanz und hellen (z. T. weißen) Augenlidern, die Signalfunktion bei der Verständigung haben; Baumbewohner. Zu den M. gehören die glänzend-schwarze **Schopfmangabe** (Cercocebus aterrimus; mit schopfartig verlängerten Kopfhaaren und bräunl. Backenbart) und die **Halsbandmangabe** (Rotkopf-M., Cercocebus torquatus).

Rüdiger Manesse. Turnierszene aus der „Manessischen Handschrift", 1. Hälfte des 14. Jh. (Heidelberg, Universitätsbibliothek)

Mangalia, zu Konstanza gehörendes rumän. Seebad am Schwarzen Meer, 38 800 E. Archäolog. Museum, Kurort (schwefelhaltige Mineralquellen). – M. liegt an der Stelle des griech. **Kallatis**; im 6. Jh. v. Chr. von kleinasiat. Kolonisten gegr. – Reste röm. Befestigungsanlagen.

Mangalore [ˈmæŋɡəlɔː], ind. Stadt an der nördl. Malabarküste, Bundesstaat Karnataka, 193 200 E. Kath. Bischofssitz; Univ. (gegr. 1980). Bed. Exporthafen (auch für die

Lakkadiven); elektrotechn. Ind. – Bereits im 14. Jh. bed. Handelsplatz; 1596 eroberten die Portugiesen M. und errichteten dort einen Stützpunkt; wurde 1799 britisch.

Mangan [griech.-italien.-frz. (entstellt aus Magnesia)], chem., Symbol Mn, metall. Element aus der VII. Nebengruppe des Periodensystems der chem. Elemente, Ordnungszahl 25, relative Atommasse 54,938, Schmelzpunkt 1244 °C, Siedepunkt 1962 °C, Dichte 7,21 g/cm³. Das silberweiße, sehr spröde, unedle Schwermetall löst sich leicht in verdünnten Säuren. M. ist nach Eisen das zweithäufigste Schwermetall; es kommt in den oxid. Erzen („Braunsteine") Braunit, Manganit, Hausmannit sowie im M.spat und in den Erzen des Eisens vor. M.oxide finden sich auch in den ↑ Manganknollen am Boden der Ozeane. Technisch wird M. nicht rein, sondern im Hochofen als Eisen-M.-Legierung gewonnen und zur Desoxidation von Eisen und Stahl sowie als Legierungsbestandteil verwendet. – M. ist für Mensch, Tier und Pflanze ein notwendiges Spurenelement. Das Einatmen von M.dämpfen oder M.staub kann zu schweren Nervenschädigungen führen.

Manganate [griech.], Salze der *Mangansäuren,* in denen das Mangan in anion. Form auftritt. Am bekanntesten ist das **Kaliumpermanganat,** KMnO₄, ein Salz der Mangansäure(VII) (Permangansäure), das als Oxidations- und Desinfektionsmittel verwendet wird.

Manganbakterien, an gleichen Standorten wie die ↑ Eisenbakterien lebende Bakterien, die durch Oxidation von zwei- zu drei- und höherwertigen Manganionen unlösl. Manganverbindungen ausfällen.

Manganblende (Alabandin), halbmetall. glänzendes kub. Mineral, MnS; Mohshärte 3,5 bis 4, Dichte 4,0 g/cm³.

Manganknollen, am Boden der Tiefsee in konzentrisch-schaligen Konkretionen angereicherte Manganerze bis 8 cm Durchmesser. Neben Mangan (20–30 %) enthalten sie bis 15 % Eisen und bis 2 % Nickel, Kobalt und Kupfer. Der Pazif. Ozean enthält die größten Vorkommen (über 10 Mrd. t), von denen aber derzeit nur 5–10 % wirtschaftlich verwertbar sind. Die Nutzung der M. würde auch das Ökosystem des Meeresbodens wesentlich schädigen.

Mangano, Silvana, *Rom 21. April 1930, †Madrid 16. Dez. 1989, italien. Filmschauspielerin. – Seit 1946 beim Film; seit 1949 ∞ mit D. De Laurentiis, gemeinsame Filme, u. a. „Bitterer Reis" (1949); spielte v. a. in Filmen L. Viscontis. – *Weitere Filme:* Tod in Venedig (1970), Gewalt und Leidenschaft (1974), Schwarze Augen (1986).

Manganomelane [griech.], Sammelbez. für die traubig-nierigen oder feinerdigen, aus kolloidalen Lösungen ausgeschiedenen Mangandioxidminerale. Alle M. gehen in weiche Massen über, die aus feinsten Lockergerüsten aufgebaut sind. Zu den M. zählen ↑ Kryptomelan sowie Psilomelan. Die Vorkommen aller M. liegen in der Oxidationszone manganreicher Minerale; auch die Manganknollen der Tiefsee gehören dazu.

Manganometrie [griech.], oxidimetr. Verfahren der ↑ Maßanalyse, das die oxidierende Wirkung der Permanganationen (MnO₄⁻-Ionen) zur quantitativen Bestimmung oxidierbarer Substanzen ausnutzt.

Manganoxide, Sammelbez. für die Sauerstoffverbindungen des Mangans. Da das Mangan in verschiedenen Wertigkeitsstufen auftritt, sind mehrere Oxide möglich und bekannt. Die wichtigste M. ist das braunschwarze *Mangan(IV)oxid* (Mangandioxid, *Braunstein),* das zur Herstellung vieler Manganverbindungen, in Trockenbatterien, für Streichholzköpfe und Feuerwerkskörper verwendet wird.

Manganpigmente, Sammelbez. für eine Gruppe von anorgan. Pigmenten, die Mangan chemisch gebunden enthalten, z. B. Manganschwarz, das aus Manganoxiden besteht.

Mangansäuren ↑ Manganate.

Manganspat (Rhodochrosit), Mineral von meist rosa- bis himbeerroter Farbe, MnCO₃. Mohshärte 3,5–4,0, Dichte 3,3–3,6 g/cm³; wichtiges Manganerz.

Manganstähle, Stähle mit Mangangehalten über 0,8 %; bes. Festigkeit und Härte.

Mangel, Maschine, in der durch den Druck rollender Walzen Textilien entwässert bzw. geglättet werden; in einfacher Form als *Kalt-M. (Rolle)* mit beschwerten Holzwalzen; heute in Form der *Heiß-M.,* die die Wäsche zugleich trocknet: als *Mulden-M.* mit meist zwei beheizten, polierten Mulden, in denen die glättenden Walzen laufen, als *Zylinder-M.* mit beheiztem Zylinder und einem darangepreßten Druckzylinder oder Tuchgurt.

Mangelfolgeschaden, bei Lieferung einer mangelhaften Sache (sog. Schlechterfüllung) ein Schaden, der nicht unmittelbar an der Sache selbst, sondern als Folge des Mangels an anderen Rechtsgütern des Geschädigten entsteht (z. B. Wasserschaden am Gebäude durch eine undichte Waschmaschine). M. werden nach den Regeln der positiven Vertragsverletzung ersetzt.

Manganknollen aus dem Pazifischen Ozean

Mängelhaftung (Gewährleistung), Haftung des Verkäufers, Vermieters, Verpächters oder Unternehmers (↑ Werkvertrag) für Sach- oder Rechtsmängel des Vertragsgegenstandes ohne Rücksicht auf Verschulden. Ein *Sachmangel* liegt vor, wenn der Vertragsgegenstand zu dem gewöhnl. oder dem vereinbarten Gebrauch nicht taugt (§ 459 BGB), ein *Rechtsmangel,* wenn er mit Rechten Dritter belastet ist, die gegen den Vertragsgegner (Erwerber) geltend gemacht werden können (§ 434 BGB). Die M. kann – außer bei Mietverhältnissen über Wohnraum – z. B. durch Vertrag und/oder allg. Geschäftsbedingungen ausgeschlossen werden, soweit der Mangel nicht arglistig verschwiegen wurde. Liegt ein Rechtsmangel vor, kann der Käufer Rechte aus §§ 320–327 BGB geltend machen (z. B. Schadenersatz oder Rücktritt wegen Schuldnerverzugs oder Unmöglichkeit der Leistung). Liegt bei Gefahrübergang ein Sachmangel vor, kann der Käufer ↑ Wandlung oder ↑ Minderung verlangen. An die Stelle dieser Rechte wird häufig vertraglich ein Recht auf Nachbesserung gesetzt. Bleibt diese erfolglos, lebt die M. wieder auf. Fehlt der Sache eine zugesicherte Eigenschaft oder wurde ein Mangel arglistig verschwiegen, kann statt Wandlung oder Minderung Schadenersatz wegen Nichterfüllung geltend gemacht werden. Kennt der Käufer beim Abschluß des Vertrags den Mangel, sind Gewährleistungsansprüche ausgeschlossen (§ 460 BGB), es sei denn, er behält sie sich bei Annahme der Kaufsache vor (§ 464 BGB). Eine vom Produzenten abgegebene Garantiezusage *(Garantieschein),* d. h. die Erklärung, für alle Mängel einstehen zu wollen, die während einer vereinbarten Garantiezeit bei ordnungsgemäßer Benutzung der Sache eintreten (**unselbständige Garantie**), begründet ein besonderes Rechtsverhältnis zw. dem Käufer und dem Produzenten. Der Käufer kann sich z. B. bei Mängeln an der Ware direkt an den Produzenten wenden; die M. des Verkäufers bleibt daneben bestehen. Die M. muß durch die **Mängelrüge** innerhalb der Rügefristen (bei bewegl. Sachen innerhalb von 6 Monaten, bei Grundstücken in einem Jahr nach Übergabe) geltend gemacht werden. Bei der unselbständigen Garantie ist die **Garantiefrist** häufig länger als die gesetzl. Verjährungsfrist. Bei der **selbständigen Garantie,** die eine von den übrigen Vertragsregeln gelöste Garantievereinbarung darstellt und sehr selten ist, gilt eine 30jährige Verjährungsfrist. – ↑ Miete, ↑ Werkvertrag.

Albert Mangelsdorff

Im *östr.* und im *schweizer.* Recht bestehen dem dt. Recht im wesentlichen entsprechende Regelungen.

Mangelkrankheiten, Krankheiten, die durch eine unzureichende bzw. fehlerhafte Ernährung oder durch mangelhafte Nahrungsverwertung (Malabsorption) hervorgerufen werden mit der Folge von Dystrophie, Hungerkrankheiten, mitunter auch Vitaminmangelkrankheiten.

Mängelrüge ↑Mängelhaftung.

Mangelsdorff, Albert, *Frankfurt am Main 5. Sept. 1928, dt. Jazzposaunist. – Gilt mit seinem sehr persönl., technisch virtuosen Stil als einer der besten Posaunisten. Trat in den 50er Jahren im Bereich des Cool Jazz hervor. Seine techn. und klangl. Neuerungen wirkten stilbildend auf den Free Jazz, z. B. das mehrstimmige Spiel durch raffinierte Verwendung der Obertonreihen; seit den 80er Jahren zunehmend Solo- oder Duo-Auftritte (u. a. mit W. Dauner) mit ausgedehnten Soloimprovisationen. – Abb. S. 235.

M., Emil, *Frankfurt am Main 11. April 1925, dt. Jazzmusiker (Saxophonist, Klarinettist, Flötist). – Bruder von Albert M.; Vertreter des Swing und Modern Jazz; seit 1954 eigene Gruppen.

Manger, Jürgen von, *Koblenz 6. März 1923, dt. Schauspieler und Kabarettist. – Populär durch die 1962 kreierte tragikom. Figur des „Adolf Tegtmeier", mit der er die Denk- und Sprechweise der Menschen aus dem Ruhrgebiet bekanntmachte und allg. menschl. Verhaltensweisen karikierte.

Mangobaum [Tamil/dt.] (Mangifera), Gatt. der Sumachgewächse mit rd. 40 Arten im trop. Asien; große, immergrüne Bäume mit ledrigen Blättern. Einige Arten sind als Obstpflanzen in Kultur, darunter der bis in die Subtropen (z. B. Israel) verbreitete Obstbaum *Mangifera indica* (M. im engeren Sinne): bis 30 m hoher Baum mit sehr dichter, kugeliger, breiter Krone. Die wenig haltbaren, saftigen, süßsäuerlich schmeckenden Steinfrüchte *(Mangofrüchte, -pflaumen)* können bis 2 kg schwer werden.

Mangold ↑Runkelrübe.

Mangostanbaum [malai./dt.] (Mangostane, Garcinia mangostana), Art der Gatt. Garcinia; als Obstbaum in den Monsungebieten sowie in den neuweltl. Tropen angebaut; 10–15 m hoher Baum mit dicken, ledrigen Blättern; Früchte kugelig, bis 7 cm groß; Samen mit fleischigem, wohlschmeckendem Samenmantel.

Mangrove [indian.-span.-engl.], Vegetation im Gezeitenbereich flacher trop. Küsten, ein dichtes Geflecht von hohen Stelzwurzeln, die als Schlickfänger dienen. Bei optimalen Bedingungen entsteht ein 10–20 m hoher, artenarmer Wald **(Gezeitenwald).**

Mangrovebaum (Rhizophora), Gatt. der Mangrovegewächse mit acht trop. Arten; kleine Bäume der ↑Mangrove mit kurzem Stamm, abstehenden, dicken Ästen und dikken, lederartigen Blättern; mit Atem- und Stelzwurzeln; z. B. der bis zu 20 m hohe Manglebaum (Mangle, Rhizophora mangle).

Mangusten [portugies.] (Mungos, Ichneumone, Herpestinae), Unterfam. etwa 25–70 cm langer, vorwiegend tagaktiver Schleichkatzen mit 35 Arten, v. a. in Wäldern, offenen Landschaften und Sümpfen S-Eurasiens und Afrikas; mit meist schlankem, häufig kurzbeinigem Körper und oft einfarbig braunem bis grauem (z. T. auch quergestreiftem) Fell. Zu den M. gehören u. a.: **Zebramanguste** (Mungos mungo), fast 50 cm lang (mit Schwanz 75 cm); Fell braungrau, auf dem Rücken hell und dunkel quergestreift. Die Gatt. **Zwergmangusten** (Helogale) hat 3 rd. 25 cm lange Arten; Schwanz etwas kürzer; Färbung graubraun. Einen hundeähnl. langgestreckten Kopf haben die 3 Arten der Gatt. **Hundemangusten** (Schwarzfuß-M., Bdeogale); 40–60 cm lang, Schwanz 20–40 cm. Außerdem ↑Ichneumon, ↑Fuchsmanguste, ↑Erdmännchen, ↑Indischer Mungo.

Mangyschlak, wüstenhafte Halbinsel an der O-Küste des Kasp. Meeres, Teil des Gebiets M. in Kasachstan; im N bis 556 m ü. d. M., im W ↑Karagijesenke; umfangreiche Erdölförderung und Erdgasgewinnung; Hauptort Aktau.

Manhattan [engl. mæn'hætn], ältester Stadtteil von ↑New York.

Mani (Manes, Manichaios), *Mardinu oder Afrunya (Babylonien) 14. April 216, †Gundischahpur 26. Febr. 277, babylon. Religionsstifter iran. Herkunft. – Aufgewachsen in Babylonien im Kreis der Elkesaiten, wurde er durch Offenbarung zu selbständiger Lehr- und Missionstätigkeit veranlaßt. – ↑Manichäismus.

Mani, mittlere der südl. Halbinseln der Peloponnes, zw. Lakon. und Messen. Golf, Fortsetzung des Taygetos nach S. Felsiges Kalkbergland (bis 1214 m ü. d. M.) mit Karsthöhlen an der W-Küste. Beherrschendes Siedlungselement sind die Turmbauten (Geschlechtertürme), die zumeist im 17. und 18. Jh. entstanden.

Manichäismus, von ↑Mani gestiftete gnost. Erlösungslehre, nach der der Weltprozeß und die Entstehung des Menschen durch eine schuldhafte Vermischung von Licht und Materie bedingt sind. Der Mensch muß diese Weltordnung in einem Akt der Erkenntnis durchschauen und die in ihm selbst vorhandenen Lichtteile von der Materie seines Leibes befreien, um seine Seele mit der himml. Lichtwelt zu vereinigen und der Seelenwanderung zu entgehen. Dieses Erlösungsziel war nur in einem völlig asket. Leben zu erreichen. Deshalb waren die **Manichäer** eingeteilt in mönchisch lebende *Electi* („Auserwählte") und Laien, die *Auditores* („Hörer"). Der M. hatte bald nach dem Tod Manis die Verbreitung einer Weltreligion erlangt. In der Spätantike besaß er zahlr. Anhänger im gesamten Mittelmeerraum. Auf seine Blütezeit im 4. Jh. folgte im W ein rascher Verfall. Im O wurde der M. 763 Staatsreligion des zentralasiat. Reiches der Uiguren. Damit genoß er auch diplomat. Schutz in China, wo er erst im 14. Jh. erlosch.

Manie [zu griech. manía „Raserei, Wahnsinn"], psycholog. und psychiatr. Terminus für einen affektiven Zustand, der bes. durch grundlose Heiterkeit, Enthemmung, Antriebssteigerung (Hyperaktivität) und Selbstüberschätzung gekennzeichnet ist und oft in Phasen auftritt bzw. mit der Depression wechselt (manisch-depressiver Zustand). Eine leichte Form der M. ist die **Hypomanie,** gekennzeichnet durch gehobene, heitere Stimmungslage, Lebhaftigkeit und erhöhten Gedankenreichtum.

Manier [lat.-frz.], Art und Weise, Eigenart; Stil eines Künstlers.
▷ (meist Mrz.) Umgangsform, Sitte, Benehmen.
▷ in der *Musik* svw. ↑Verzierung.

Maniera greca [italien.], von Vasari geprägte Bez. für den „griech. Kunststil", d. h. die byzantinisch beeinflußte italien. Malerei des 13. Jahrhunderts.

Manieriertheit [lat.-frz./dt.], unnatürl., gekünsteltes Ausdrucksverhalten in Mimik, Gestik oder Sprache.

Manierismus [lat.-frz.], von der jüngeren Kunstwiss. geprägter Stilbegriff für die Phase des Übergangs zw. Renaissance und Barock. Der M. beginnt etwa um 1520 und endet in Italien gegen Ende des 16. Jh.; nördlich der Alpen reichen seine Ausläufer weit in das 17. Jh. hinein. Ausgangspunkt des M. ist die Hochrenaissance, deren Errungenschaften einzeln oder in verschiedenen Kombinationen aufgegriffen und bis zu ihrem Widersinn verwandelt wer-

Manierismus. Giovanni da Bologna, Merkur, Bronze, 1580 (Florenz, Bargello)

Manierismus. Giulio Romano, Palazzo del Tè in Mantua, 1525–35

Manierismus. El Greco, Die heilige Familie, 1594–1604 (Madrid, Prado)

den. Die religiösen Spannungen der Zeit und die Auswirkungen der Entdeckungsreisen, die das Weltbild grundlegend änderten, haben wesentl. Anteil an der Auflösung der ausbalancierten Welt der Hochrenaissance. – In der **Architektur** ist die Verwendung antikisierender Formen in antiklass. Sinne kennzeichnend. Anstelle geschlossener Baukörper werden komplizierte Gruppierungen bevorzugt; im Profanbau entwickelt sich der Typ des Galeriebaus mit scheinbar endlosen Raumfluchten. Hauptvertreter sind in Italien der späte Michelangelo, Giulio Romano, B. Peruzzi, G. Vasari, B. Ammanati, B. Buontalenti, M. Sanmicheli, A. Palladio; in Frankreich P. Lescot mit einer spezif. frz. „Klassizität" und P. Delorme; in den Niederlanden C. Floris. – Die **Plastik** entwickelt das Phänomen der „Figura serpentinata", die, selber ohne Hauptansicht, dem Betrachter einen festen Standort verweigert. Bed. Bildhauer sind in Italien Giovanni da Bologna, B. Cellini, V. Danti, B. Ammanati, A. Vittoria; im Norden J. Goujon, G. Pilon, J. Zürn, A. de Vries. – Kennzeichend für die **Malerei** sind überlängte Proportionen, komplizierte Figurenstellungen, jähe Perspektivwechsel, antiklass. Farbkombinationen, Asymmetrie, Verformung des Naturvorbildes, verbunden mit einer Profanierung sakraler Themen oder ekstat. Versenkung in religiöse Bildinhalte. Hauptmeister sind u. a.: in Italien Rosso Fiorentino, A. Bronzino, I. da Pontormo, Correggio, Il Parmeggianino, Tizian, P. Veronese, Tintoretto, F. Barocci; in Spanien El Greco; in Frankreich F. Clouet; in den Niederlanden J. Gossaert, J. Scorel, P. Bruegel d. Ä., F. Floris, P. Aertsen, M. van Heemskerck; in Deutschland B. Spranger, Hans von Aachen, H. Rottenhammer und J. Heintz.

Aus der Kunstwiss. wurde der Begriff 1948 in die *Literaturwiss.* übernommen zur Bez. der Übergangsphase von Renaissance zum Barock. M. wird auch als Epochebegriff oder zur Bez. eines Kunststils verwendet; er umfaßt die nat. Stilhaltungen des Marinismus in Italien, des Gongorismus in Spanien, des Euphuismus in England, der frz. preziösen Literatur und einzelne Ausprägungen des dt. Barock. Inhaltl. Hauptkennzeichen sind ein antithet., ambivalentes Weltgefühl, antinaturalist. Affekte, irrationalist. Grundhaltung und exklusives und elitäres Gebaren: die Wirklichkeit wird durch einseitiges Interesse am Problematisch-Interessanten, Bizarren und Monströsen ins Groteske und Phantastische verzerrt, ins Traumhafte aufgelöst und oft ins Surreale gesteigert. Sprachl. Kennzeichen sind überreiche Verwendung von Tropen, Metaphern, Concetti und gelehrten mytholog. Anspielungen.

manifest [zu lat. manifestus, eigtl. „handgreifl. gemacht"], handgreiflich, offenbar; **sich manifestieren,** bekunden, zu erkennen geben.

Manifest [lat.], Grundsatzerklärung, Programm [einer Kunst- oder Literaturrichtung, einer polit. Partei].

Manifestation [lat.], das Zutagetreten, Erkennbarwerden (z. B. von Krankheiten). – In der *Tiefenpsychologie* das Zutagetreten verdrängter Inhalte in Form von Träumen, Fehlleistungen oder Krankheitssymptomen.

Maniitsoq (dän. Sukkertoppen), Stadt in W-Grönland, Hafen an der der Hauptinsel vorgelagerten Insel M., 4 100 E. Radio- und meteorolog. Station, ganzjährige Fischerei. – Gegr. 1755.

Maniküre [frz., zu lat. manus „Hand" und cura „Sorge, Pflege"], Nagel- und Handpflege u. a. durch Reinigen, Beschneiden, Feilen, Zurückschieben der Nagelhaut, Polieren.

Manila, Hauptstadt und größte Stadt der Philippinen, auf Luzon, beiderseits der Mündung des Pasig in die M.bucht, 2 Mill. E. Kath. Erzbischofssitz; Akad. der Philippinen, mehrere Univ. (u. a. die Santo-Tomás-Univ., gegr. 1611), Museen (u. a. Nationalmuseum); Goethe-Inst. M. ist der wichtigste Hafen und größter Ind.standort des Landes, in dem etwa $1/3$ der philippin. Ind. konzentriert ist, v. a. die Eisen- und Stahlind. Verkehrsknotenpunkt; internat. ✈. – Schon vor der span. Eroberung (1570) als Siedlung der Tagalen nachweisbar *(Maynila-Tondo);* 1571 an Stelle von Cebu zur Hauptstadt erhoben; nach Vernichtung der span. Flotte 1898 von den USA erobert; 1942–45 jap. besetzt; 1946–48 und seit 1975 Hauptstadt der Philippinen; im 2. Weltkrieg fast völlig zerstört. – Erhalten sind Teile der Ummauerung der Altstadt und die Klosterkirche San Agustín (1599–1606); wiederaufgebaut die Kathedrale und die neugot. Kirche San Sebastián.

Manilabucht, Bucht des Südchin. Meeres an der W-Küste der philippin. Insel Luzon.

Manilafaser (Abakafaser; unkorrekt auch Manilahanf), die 120–250 cm lange Faser aus den Gefäßbündeln der Blattscheiden des [Schein]stamms der Faserbanane (↑ Bananenstaude) und verwandter Arten; wesentlich reißfester als Baumwollfaser und reißfester als Sisal, nicht verspinnbar. Wird v. a. zur Herstellung von Seilen, Tauen, Netzen und Säcken verwendet. Der Abfall aus der Faseraufbereitung diente früher als Rohstoff für feinstes Papier **(Manilapapier).**

Manin, Daniele, *Venedig 13. Mai 1804, †Paris 22. Sept. 1857, italien. Freiheitskämpfer. – Erneuerte im März 1848 die Republik Venedig und leitete bis Aug. 1849 als Diktator deren Verteidigung gegen die östr. Truppen; begr. 1857 den italien. Nationalverein.

Maniok [indian.-span.-frz.] (M.strauch, Mandiokastrauch, Cassave[strauch], Kassave[strauch], Tapiokastrauch, Manihot esculenta), mehrjähriges Wolfsmilchgewächs der Gatt. Manihot in S-Amerika, heute allg. in den Tropen in vielen Sorten als wichtige Nahrungspflanze angebaut; bis 3 m hoher Strauch; die dick-spindelförmigen, rötlichbraunen, bis über 50 cm langen, bis 20 cm dicken, bis 5 kg schweren, stärkereichen, büschelförmig angeordneten Wurzelknollen werden in den Tropenländern ähnlich wie Kartoffeln verwendet (der giftige Milchsaft wird durch Auswaschen geschälter und zerschnittener oder zerstampfter Knollen, durch Trocknen oder Kochen zerstört). Die aus M.knollen gewonnenen Stärkeprodukte kommen als **Tapioka** (Manioka, Mandioka, Cassavestärke, Manihotstärke), das **Perltapioka** (verkleisterte, kleine Stärkeklümpchen) als **Sago** in den Handel.

Manipel [zu lat. manipulus „eine Handvoll"], Unterabteilung der röm. Legion, gebildet aus 2 Zenturien; im 3.

Manila
Hauptstadt der Philippinen
·
2 Mill. E
·
Ind.- und Verkehrszentrum
·
1571 von den span. Eroberern zur Hauptstadt erhoben
·
mehrere Univ.

Manila
Stadtwappen

Maniok.
Wurzelknollen

und 2. Jh. v. Chr. takt. Einheit innerhalb der röm. Schlachtordnung *(Manipulartaktik).*
▷ bis 1969 ein liturg. Ornatstück (schmaler Stoffstreifen am linken Unterarm) der kath. Geistlichen.

Manipulation [frz., zu lat. manipulus (↑ Manipel)], im Bereich der *Biowissenschaften,* bes. der Genetik, die Beeinflussung der Natur – einschl. der des Menschen – durch den Menschen. Die Möglichkeiten reichen von der künstl. Auslese bzw. Zuchtwahl und der absichtl. Hervorrufung von Mutationen durch Mutagene *(genet. M.)* über die künstl. Besamung und die Gen-M. (in der Humangenetik ↑ Gentherapie) bis zur Verhaltenssteuerung durch *M. des Bewußtseins und Willens* etwa durch den Einsatz von Drogen oder durch elektr. Reizung bestimmter Gehirnregionen. Als M. sind auch verfrühte oder übertriebene Lernprogrammierungen bzw. Dressuren mit Hilfe von Apparaturen zu bezeichnen oder erzwungene Deformationen von Körperteilen, wie sie bei verschiedenen Naturvölkern üblich sind. Eine Extremform körperl.-geistiger M. ist die ↑ Gehirnwäsche.
▷ im *psychosozialen Bereich* die Beeinflussung des Menschen (einzeln oder in einer Gruppe) mit dem Ziel, systematisch und zielgerichtet sein Bewußtsein, seine Denkgewohnheiten und Gefühlslagen zu lenken und zu prägen. M. verhindert selbständige rationale Entscheidung und gefährdet die personale sowie soziale Autonomie der Betroffenen. M. wird begünstigt in gesellschaftl. und polit. Strukturverhältnissen, in denen 1. Reizüberflutung im Informationsangebot bei der Aufnahme neuer Informationen zu starker Selektion zwingt; 2. ein starkes Informationsgefälle zw. Herrschenden und Beherrschten besteht; 3. bestimmte Massenmedien eine wirtsch. oder polit. Monopolstellung haben.
▷ absichtl. Verfälschung von Information durch Zusätze und/oder Auslassungen.
▷ Anpassen von Ware an die Bedürfnisse des Verbrauchers, z. B. durch Sortieren, Mischen, Veredeln (z. B. bei Tabak).

Manipulator [lat.], Vorrichtung zur Übertragung der Bewegung der menschl. Hand auf Gegenstände, die der unmittelbaren Handhabung nicht zugänglich oder gesundheitsgefährdend sind. Während *Mikro-M.* u. a. in medizin. Labors oder bei der Entwicklung von Halbleiterbauelementen verwendet werden, dienen *Greif-M. (Master-Slave-M.)* als Fernbedienungswerkzeuge der Handhabung glühender oder radioaktiver Materialien. Der M. arbeitet im Ggs. zum Industrieroboter ohne Programmsteuerung und wird vom Menschen direkt gesteuert.

Manipur, Bundesstaat in Indien, im Bereich der ind.-birman. Grenzgebirge, 22 327 km², 1,77 Mill. E (1990), Hauptstadt Imphal. Den Mittelpunkt des gebirgigen M. bildet ein fast 2 000 km² großes Becken um den See Logtak in etwa 800 m Höhe; im N dieses Beckens liegt die Hauptstadt. Im Becken Reisanbau, in den Bergen Brandrodungsfeldbau. – Ehem. Fürstenstaat; 1949 der Ind. Union eingegliedert; seit 1972 Bundesstaat.

Manisa [türk. 'manisa, maˈnisa], türk. Stadt 30 km nö. von İzmir, 50 m ü. d. M., 127 000 E. Hauptstadt der Prov. M., landw. Handelszentrum. – M. ist das antike **Magnesia am Sipylos;** hier wurde 190 v. Chr. der Seleukidenherrscher Antiochos III. von den Römern geschlagen. Die byzantin. Stadt wurde 1313 seldschuk., 1398 osman.; bis 1453 wechselnd mit Bursa Sitz der Sultane. – Große Moschee (1366), Hatuniyemoschee (1485), Muradiyemoschee (1583–86) mit Medrese (heute archäolog. Museum); von den Ruinen einer byzantin. Zitadelle überragt.

manisch, auf einer Manie beruhend, krankhaft übersteigert.

manisch-depressive Erkrankung (manisch-melancholische Krankheit, Zyklothymie), Bez. für eine der beiden Formenkreise einer [endogenen] Psychose; gilt als eigtl. Gemütskrankheit und ist weniger durch den Wechsel als vielmehr durch (in unterschiedl. Weise vorherrschende) Phasen von Depression oder Manie charakterisiert.

Manismus [lat.], svw. ↑ Ahnenkult.

Manitoba [mani'to:ba, engl. mænɪ'toʊbə], östlichste der drei kanad. Prärieprov., 548 360 km², 1,09 Mill. E (1990), Hauptstadt Winnipeg.
Landesnatur: Im NO, am Ufer der Hudsonbai, liegt das etwa 250 km breite, stark versumpfte Hudsontiefland. Über die Hälfte der Prov. wird vom Kanad. Schild eingenommen, einer flachwelligen Landschaft mit zahlr. Seen und Sümpfen. Die Seen im SO des Landes (Lake Winnipeg u. a.) liegen bereits im Bereich der Interior Plains. An der Grenze gegen Saskatchewan bis 831 m ü. d. M. – Das Klima ist kontinental. Auf Grasland im S folgt ein Parkgürtel, darauf der geschlossene Wald, der allmählich in reinen Nadelwald übergeht; an der Hudsonbai Tundra. – In den Wäldern leben Bär, Karibu, Elch, Ren, Biber. Die Flüsse und Seen sind fischreich.
Bevölkerung, Wirtschaft, Verkehr: Nur der südl. Teil ist geschlossen besiedelt. Der Anteil der Indianer an der Gesamtbev. beträgt rd. 3 %. Die europ. Einwanderer stammen v. a. von Engländern, Ukrainern, Deutschen, Franzosen, Polen und Holländern ab. Über die Hälfte der Gesamtbev. lebt in der Hauptstadt. M. verfügt über 3 Univ. – Die wichtigsten Wirtschaftszweige sind Landw. (Getreide, Viehzucht), Bergbau (v. a. Kupfer-, Nickel-, Zinkerze, Gold, Erdöl), Holzwirtschaft (Zellulose- und Papierfabriken), Fischerei und Pelztierjagd; im N am Nelson River und am Saskatchewan Wasserkraftwerke. Die verarbeitende Ind. ist überwiegend in der Hauptstadt konzentriert. – Das Streckennetz der Eisenbahn ist 6 600 km lang, das Straßennetz rd. 19 700 km. Ausfuhrhafen ist Churchill an der Hudsonbai. Dem Flugverkehr kommt bes. Bed. zu.
Geschichte: Die ersten Europäer drangen im frühen 17. Jh. in das Gebiet des heutigen M. von der Hudsonbai her ein; nach Gründung der Hudson's Bay Company (1670) entstanden an den Flußmündungen des Nelson River und des Churchill River Handelsforts. Im 18. Jh. wurde das Gebiet Schauplatz der brit.-frz. Rivalität in Nordamerika. Nach der brit. Eroberung Kanadas (1763) wurde die Siedlung am Red River of the North zur Keimzelle des heutigen Manitoba. 1869 kaufte die kanad. Reg. der Territorien der Hudson's Bay Company. 1870 wurde M. als 5. kanad. Prov. errichtet, 1882 und 1912 erweitert.

Manitoba, Lake [engl. 'leɪk mænɪ'toʊbə], See in Kanada, nw. von Winnipeg, 248 m ü. d. M, 200 km lang, bis 40 km breit.

Manitoulin Island [engl. mænɪ'tu:lɪn 'aɪlənd], mit 2 756 km² größte Binnenlandinsel der Erde, im Huronsee (Kanada); Eisenbahnverbindung zum Festland.

Manitu ↑ Großer Geist.

Maniu, Iuliu, * Șimleul-Silvaniei 8. Jan. 1873, † Sighetul Mamației 3. Jan. 1953 (im Gefängnis), rumän. Politiker. – 1906–10 Abg. im ungar. Reichstag; 1919 am Anschluß Siebenbürgens an Rumänien maßgeblich beteiligt; leitete seit 1926 die Nat. Bauernpartei; 1928–30 und 1932/33 Min.präs.; im 2. Weltkrieg in Opposition zu I. Antonescu; 1947 zu lebenslanger Haft verurteilt.

Manizales [span. maniˈsales], Hauptstadt des kolumbian. Dep. Caldas, auf der W-Abdachung der Zentralkordillere, 2 150 m ü. d. M., 282 000 E. Kath. Erzbischofssitz; Univ. (gegr. 1943); Handelszentrum, Eisenbahnknotenpunkt. – 1848 gegründet.

Manko [italien., zu lat. mancus „unvollständig"], Fehlbetrag, namentlich bei der Kassenführung.

Mankogelder, pauschale Beträge zum Ausgleich von Verlusten, die Arbeitnehmern gewährt werden, die in Kassen- oder Geldzählberufen beschäftigt sind.

Manlius, Name eines röm. Patriziergeschlechts; bed.:
M., Marcus M. Capitolinus, Konsul (392 v. Chr.). – Rettete das Kapitol 390 vor den Kelten; soll 385 wegen Strebens nach der Königsgewalt verurteilt und getötet worden sein.

Mann, Erika, * München 9. Nov. 1905, † Zürich 27. Aug. 1969, dt. Schauspielerin und Schriftstellerin. – Tochter von Thomas M.; 1925–28 ⚭ mit G. Gründgens; emigrierte 1933 in die Schweiz; Gründung des antifaschist. Kabaretts „Die Pfeffermühle", mit dem sie durch Europa reiste; heiratete 1935 W. H. Auden; ab 1936 in den USA als Journalistin; zuletzt in Kilchberg bei Zürich. Verwaltete den schriftl. Nachlaß ihres Vaters; schrieb Jugendbücher, Erzählungen, Essays.

M., Golo, *München 27. März 1909, dt. Historiker und Publizist. – Sohn von Thomas M., mit dem er 1933 emigrierte; lehrte ab 1942 in den USA. 1960–64 Prof. in Stuttgart; lebt in Kilchberg bei Zürich. Hg. und Mitarbeiter der „Propyläen-Weltgeschichte" (10 Bde., 1960–65); schrieb u. a. „Dt. Geschichte des 19. und 20. Jh." (1959), „Wallenstein" (1971), „Erinnerungen und Gedanken. Eine Jugend in Deutschland" (Autobiogr., 1986).

M., Heinrich, *Lübeck 27. März 1871, †Santa Monica (Calif.) 12. März 1950, dt. Schriftsteller. – Bruder von Thomas M.; Buchhändlerlehre in Dresden, Volontär im S. Fischer Verlag in Berlin; seit 1893 freier Schriftsteller. 1930 Präs. der Sektion Dichtkunst der Preuß. Akad. der Künste. 1933 Berufsverbot; lebte bis 1940 im. Exil, dort antifaschist. Tätigkeit (seit 1935 Präs. der dt. Volksfront). 1940 Flucht in die USA. Wurde 1949 zum Präs. der neu gegr. Dt. Akad. der Künste Berlin (Ost) berufen, starb jedoch kurz vor Reiseantritt. – M. verstand sich schon früh als demokrat.-sozialist. Schriftsteller. In seinen Werken („Die Göttinnen oder Die drei Romane der Herzogin von Assy", 3 Bde., 1902–03) finden sich jedoch auch neuromant. Züge. Bekannt wurde er v. a. mit seinen sozial- und zeitkrit. Werken wie der großen Romantrilogie „Das Kaiserreich" („Der Untertan", z. T. veröffentlicht in verschiedenen Zeitschriften 1911–14, vollständige Buchausg. 1918; „Die Armen", 1917; „Der Kopf", 1925) und „Professor Unrat" (R., 1905; als Film u. d. T. „Der blaue Engel", 1930). Beachtung fanden auch die Romane mit histor. Thematik, v. a. die im Exil entstandenen Romane um Heinrich IV., „Die Jugend des Königs Henri Quatre" (1935) und „Die Vollendung des Henri Quatre" (1938). Als politisch engagierter Autor bekundete M. seine gesellschaftskrit. Ideen, gerichtet gegen Kaiserreich, Weimarer Republik und NS-Herrschaft, sowie einen vernunftbegründeten „humanist." Sozialismus" immer wieder auch in Essays und Aufsätzen („Zola", 1915; „Macht und Mensch", 1920; „Geist und Tat", 1931).

Weitere Werke: Zw. den Rassen (R., 1907), Die kleine Stadt (R., 1909), Ein Zeitalter wird besichtigt (Autobiogr., 1946), Der Atem (R., 1949), Empfang bei der Welt (R., hg. 1956).

M., Herbert (Herbie) [engl. mæn], *New York 16. April 1930, amerikan. Jazzmusiker (Flötist, Saxophonist, Komponist). – Wurde in den 60er Jahren v. a. durch seine Verknüpfung von Jazzimprovisation mit afrikan. und später brasilian. Rhythmen bekannt. Gehört zu den populärsten Flötisten im Jazz.

M., Klaus [Heinrich Thomas], *München 18. Nov. 1906, †Cannes 21. Mai 1949 (Selbstmord), dt.-amerikan. Schriftsteller. – Sohn von Thomas M.; 1925 Theaterkritiker in Berlin; bildete 1925 zus. mit seiner Verlobten Pamela Wedekind, seiner Schwester Erika und G. Gründgens ein Theaterensemble, das u. a. seine Stücke „Anja und Esther" (1925), „Revue zu Vieren" (1926) aufführte. 1933 Emigration nach Amsterdam, dort (bis 1935) Mithg. der literar. Emigrantenzeitschrift „Die Sammlung"; ab 1936 als Journalist in den USA (amerikan. Staatsbürger). 1938 Berichterstatter im Span. Bürgerkrieg; kam als amerikan. Soldat und Kriegskorrespondent über Italien nach Deutschland. Sein zw. Dokumentation, Zeitkritik (Absage an bürgerl. Normen) und Satire schwankendes Werk ist z. T. stark autobiographisch geprägt, u. a. „Symphonie pathétique" (R., 1935), „Der Wendepunkt" (R., dt. 1942). „Mephisto. Roman einer Karriere" (1936) wurde in der BR Deutschland wegen Beleidigung von G. Gründgens verboten; erst 1981 erfolgte ein – äußerst erfolgreicher – Neudruck.

Weitere Werke: Der fromme Tanz (R., 1926), Kind dieser Zeit (Autobiogr., 1932), Flucht in den Norden (R., 1934), Der Vulkan (R., 1939), Prüfungen. Schriften zur Literatur (hg. 1968), Briefe und Antworten 1922–49 (hg. 1975), Tagebücher 1940–49 (hg. 1991).

M., Manfred [engl. mæn], eigtl. M. Lubowitz, *Johannesburg 21. Okt. 1940, südafrikan. Rockmusiker (Sänger und Keyboardspieler). – Kam 1961 nach London; gründete 1971 die „Manfred Mann's Earth Band", die als Jazz-Rock-Formation wesentlich auf die Popmusik der 1970er Jahre einwirkte.

M., Thomas, *Lübeck 6. Juni 1875, †Kilchberg bei Zürich 12. Aug. 1955, dt. Schriftsteller. – Einer der bedeutendsten dt. Erzähler des 20. Jh.; Bruder von Heinrich M.; seit 1894 Mitarbeiter am „Simplicissimus" in München, 1895–97 Italienaufenthalt (zus. mit seinem Bruder); seit 1905 ⚭ mit Katia Pringsheim (*1883, †1980); emigrierte 1933, erwarb 1936 die tschechoslowak. Staatsbürgerschaft; ging dann in die Schweiz und 1939 in die USA, wurde 1944 amerikan. Staatsbürger, kehrte 1952 nach Europa zurück und lebte seit 1954 in Kilchberg. M. beschreibt in seinem Werk in kunstvollem, kompliziert-hypotakt. und iron.-distanziertem Stil geistig-kulturelle, gesellschaftl. Entwicklungen und Situationen, wobei die Personen eine genaue psycholog. Darstellung erfahren, z. B. in seinem ersten Roman „Buddenbrooks. Verfall einer Familie" (2 Bde., 1901), für den er 1929 den Nobelpreis für Literatur erhielt. Zentrales Thema seiner frühen Erzählungen und Novellen ist der Gegensatz zw. Bürger und Künstler, Leben und Geist, z. B. „Tristan" (Nov.-Slg., 1903; darin u. a. „Tonio Kröger") und „Der Tod in Venedig" (Nov., 1912). Die Vielfalt der geistigen Erscheinungen des 20. Jh. spiegelt sich in den Romanen „Der Zauberberg" (1924) und „Doktor Faustus" (1947). Stoffe des A. T. sind in dem Prosaepos, der R.-Tetralogie „Joseph und seine Brüder" (1933–43) aufgenommen mit dem Ziel einer Umdeutung des Mythos „ins Psychologische und Humane". M. nahm auch in zahlr. Essays zu literar., philosoph. und polit. Fragen Stellung (u. a. „Betrachtungen eines Unpolitischen", 1918). Im Ggs. zu seinem Bruder bezog er jedoch zunächst keinen aktiven, polit. Standpunkt; erst gegen den NS engagierte er sich deutlich: In einem offenen Brief an den Dekan der Philosoph. Fakultät der Univ. Bonn (1937), der ihm die Ehrendoktorwürde entzogen hatte, warnte er, wie später in zahlr. Rundfunkansprachen und auf Vortragsreisen, vor den Machthabern des Dritten Reiches: „Achtung Europa! Aufsätze zur Zeit" (1938). Auch nach 1945 hatte M. als Mahner zur Humanität und Demokratie großen Einfluß. Tagebücher seit 1918 (hg. 1977 ff.)

Weitere Werke: Königl. Hoheit (R., 1909), Lotte in Weimar (R., 1939), Bekenntnisse des Hochstaplers Felix Krull (Teildruck 1922, vollständige Ausg. 1954).

Mann [german., zurückgehend auf indogerman. manu/monu „Mann", „Mensch"], erwachsener männl. Mensch. Zu unterscheiden ist grundsätzlich zw. dem M. als Individuum und der männl. Geschlechtsrolle, durch die in der jeweiligen Gesellschaft bestimmte Eigenschaften, Verhaltensweisen und Einstellungen als typisch männlich festgelegt und tradiert werden. Als Individuum unterscheidet sich der M. von der Frau genetisch durch das geschlechtsdeterminierende Y-Chromosom, das zur Ausbildung der im Dienst der Fortpflanzung stehenden geschlechtsspezif. körperl. Merkmale führt.

Im dialekt. Verhältnis mit Vorstellungen über Weiblichkeit haben sich unterschiedl. Männerbilder, d. h. Auffassungen über Wesen und Selbstverständnis des M., entwickelt. Während Männer meist als Motor geschichtl. Veränderung und Schöpfer von Kultur begriffen, wurde das Weibliche primär der instinkt- und emotionsbetonten Natur zugeordnet. – Die soziale Rollenverteilung zw. M. und Frau ist in den meisten Gesellschaften und Kulturen mit einer hierarch. Status- und Prestigedifferenzierung zugunsten des M. sowie einer allg. Dominanz des M. im öff. Bereich verbunden. Die Entstehung umfassender Bilder von Männlichkeit (wie Weiblichkeit) und der darauf aufbauenden Geschlechterrollen steht in engem Zusammenhang mit der Gestaltung und Aufteilung geschlechtsspezif. Arbeit. Schon in der frühen Geschichte der Menschheit, bes. in bäuerl. Kulturen, aber wohl auch bei Jägern und Sammlern finden sich grundlegende Tätigkeitsdifferenzierungen: für die Männer die Bereiche Jagd, Krieg und Kult, für Frauen zwar in vielen Kulturen auch der Kult, aber dominierend Erziehung der Kinder und Tätigkeiten im und beim Haus. Damit verbun-

Golo Mann

Heinrich Mann

Klaus Mann

Thomas Mann

Manna

den war die Aufteilung der Lebenswelt in eine weibl. Innen- und eine männl. Außensphäre. Aus der einfachen räuml. Scheidung zw. häusl. und öff. Produktion erwuchs im Verlauf der Geschichte ein Dualismus, der den der Frau zugewiesenen Binnenbereich abwertete, wie er den dem M. zugewiesenen Außenbereich aufwertete. Zugleich schufen exklusive männl. Zusammenschlüsse (Männerbünde, deren Gemeinschaftsleben in bes. Männerhäusern stattfand) wie Geheimbünde, Kriegerbünde, Bruderschaften die idealen Bedingungen für die Entstehung stabiler männl. Solidargruppen und die Stärkung des generellen Suprematieanspruchs der M.-Gemeinschaft. Kulturell wurde die männl. Vormachtstellung im Sinne des jeweils geltenden Rechts-, Norm- und religiösen Moralsystems festgelegt.
Die polare Aufgabendifferenzierung zw. M. und Frau ging mit der Herausbildung spezifisch männl. (wie weibl.) Persönlichkeitsmerkmale und Verhaltensweisen einher. Wurden der männl. Geschlechtsrolle instrumentelle Züge wie Dominanz, Maßgeblichkeit, Unabhängigkeit, Affektkontrolle zugeschrieben, so der weiblichen sozial-emotionale Attribute wie Mütterlichkeit, Geselligkeit, Sensitivität und Expressivität. – Erst in den letzten Jahrzehnten ist das männl. Ideal des autonomen, vernunftbetonten Subjekts um den Preis der Unterdrückung von Sinnlichkeit und Emotionalität problematisiert worden. Rollen- und Statusveränderung des M. haben einerseits zu einer nachhaltigen Verunsicherung männl. Identität geführt, andererseits Chancen zur Umorientierung männl. Lebensführung und eine auch zunächst vorsichtige Annäherung an sog. weibl. Werte und Qualitäten freigesetzt.

Manna [hebr.], (Man) nach dem Bericht über den Auszug Israels aus Ägypten (2. Mos. 16) wunderbar vom Himmel gefallene Nahrung, wohl identisch mit dem Honigtau der ↑ Mannaschildlaus.
▷ zuckerhaltiger, leicht eintrocknender Saft der Mannaesche.
▷ honigartige Ausscheidung der Blätter des Steppen- und Wüstenstrauches Alhagi maurorum.
▷ vom Wind angewehte Thallusteile der ↑ Mannaflechte.
▷ die eßbaren Früchte der Röhrenkassie.

Mannaesche ↑ Esche.

Mannaflechte (Lecanora esculenta), eßbare Bodenflechte der Steppen und Wüstensteppen N-Afrikas und des Vorderen Orients; diente früher zur Herstellung von Brot, heute als Viehfutter.

Carl Gustaf Emil von Mannerheim

Mannheim Stadtwappen

Mannheim. Blick auf den Friedrichsplatz mit dem 1885–89 errichteten Wasserturm, in der Mitte des Vordergrundes die 1905–07 erbaute Städtische Kunsthalle mit einem Erweiterungsbau aus den Jahren 1980–83, ihr gegenüber die 1899–1903 erbaute, 1972–74 erweiterte Festhalle „Rosengarten"

Mannane [hebr.], v.a. in Pflanzensamen vorkommende, zu den Hemizellulosen gehörende Polysaccharide, die aus D-Mannose-Molekülen aufgebaut sind.

Mannaschildlaus (Trabutina mannipara), auf Tamarisken lebende Schildlaus, deren unter dem Wüstenklima eingedickter Honigtau als Manna gesammelt wird.

Manneken-Pis [pɪs], in der Nähe der Grand'Place in Brüssel aufgestellte Brunnenfigur eines urinierenden Knaben, ausgeführt nach einer verlorenen Statuette von H. Duquesnoy d. Ä. (1617); wird bei bes. Gelegenheiten festlich uniformiert.

Mannequin ['manəkɛ̃; frz., eigtl. „Modellpuppe" (zu niederl. mannekijn „Männchen")], Frau, die Modekollektionen, Modellkleider usw. vorführt. Die männl. Entsprechung heißt **Dressman**.

Männerbund ↑ Mann.

Männerhaus ↑ Mann.

Mannerheim, Carl Gustaf Emil Freiherr von [schwed. 'manərhɛim], *Gut Louhisaari (bei Villnäs, Prov. Turku-Pori) 4. Juni 1867, †Lausanne 27. Jan. 1951, finn. Marschall (seit 1933) und Politiker. – Führte 1917/18 in finn. Unabhängigkeitskampf erfolgreich die „weißen" Truppen gegen die finn. Rote Armee; erreichte als Reichsverweser 1918/19 die internat. Anerkennung der finn. Unabhängigkeit; ließ als Vors. des Kriegsrats (1931–39) die karel. Landenge militärisch befestigen (**Mannerheim-Linie**); im Finn.-Sowjet. Winterkrieg und im 2. Weltkrieg Oberbefehlshaber der finn. Streitkräfte; mußte als Staatspräs. (1944–46) mit der Sowjetunion 1944 einen Waffenstillstand schließen.

Männerkindbett, svw. ↑ Couvade.

Männertreu, volkstüml. Bez. für Pflanzen mit leicht abfallenden Blüten (Ehrenpreis u.a.) oder distelartigem Aussehen (Mannstreu).

Mannesmann, Reinhard, *Remscheid 13. Mai 1856, †ebd. 20. Febr. 1922, dt. Techniker und Industrieller. – Entwickelte zus. mit seinem Bruder *Max M.* (*1857, †1915) ab 1884 die Schrägwalzung sowie die Pilgerschrittwalzung zur Herstellung nahtloser Rohre (*M.verfahren*).

Mannesmann AG, dt. Ind.- und Handelsunternehmen, Sitz Düsseldorf, gegr. 1890 in Berlin von R. Mannesmann und seinen vier Brüdern als Dt.-Östr. Mannesmannröhren-Werke durch Fusion mehrerer Vorläuferunternehmen, 1893 Sitzverlegung nach Düsseldorf. Gliederung des Konzerns: Hütten- und Röhrenwerke, Maschinen- und Anlagenbau, Chemie und Kunststoffverarbeitung, Handel; über 300 Beteiligungsgesellschaften.

Mannfall ↑ Lehnswesen.

Mannheim, Karl, *Budapest 27. März 1893, †London 9. Jan. 1947, brit. Soziologe östr. Herkunft. – Schüler M. Webers, emigrierte 1933 nach Großbritannien; Prof. in London. Seine Konzeption des „totalen Ideologiebegriffs", d.h. der generellen „Seinsverbundenheit des Denkens", und seine Vorstellung von einer „geplanten Freiheit" der Gesellschaft durch rational handelnde Eliten waren wichtige Beiträge in der Auseinandersetzung mit dem Marxismus und dem Totalitarismus. – *Werke:* Ideologie und Utopie (1929), Freiheit und geplante Demokratie (hg. 1950), Wissenssoziologie (hg. 1964).

M., Lucie, *Berlin 30. April 1899, †Braunlage 18. Juli 1976, dt. Schauspielerin. – Spielte 1918–33 und 1949–58 an Berliner Bühnen, v.a. volkstüml. humorvolle Rollen, u.a. als „Göttl. Jette" unter J. Fehling.

Mannheim, Stadt und Stadtkreis an der Mündung des Neckars in den Rhein, Bad.-Württ., 97 m ü.d.M., 314 000 E. Univ. (seit 1967), Hochschule für Musik Heidelberg-M., Fachhochschulen für Technik, Sozialwesen, Arbeitsverwaltung, Gestaltung und Bundeswehrverwaltung, Medizin. Fakultät der Univ. Heidelberg, Berufsakad., Inst. für dt. Sprache, psychiatr. Forschungsinstitut (Zentralinstitut für seel. Gesundheit); Verwaltungsgerichtshof Bad.-Württ., Nationaltheater (seit 1778), Städt. Reiß-Museum, Kunsthalle, Landesmuseum für Arbeit und Technik; Planetarium. Maschinen- und Fahrzeugbau, eisenverarbeitende, opt., elektrotechn., feinmechan., chem., Arzneimittel-, Zellstoff- u.a. Ind., Erdölraffinerie, Verlage; Großkraftwerk;

bed. Binnenhafen, Regionalmesse. Eine Besonderheit ist die barocke Stadtanlage mit Schachbrettgrundriß (144 mit Buchstaben und Ziffern bezeichnete Quadrate).

Geschichte: 766 erstmals als **Mannenheim** erwähnt (heutige Namensform seit 1262); zunächst Fischer- und Bauerndorf. 1606 legte Kurfürst Friedrich IV. von der Pfalz die Feste Friedrichsburg und die befestigte Stadt M. an (1607 Stadtrecht). 1622 durch Tilly, 1689 durch die Franzosen unter Mélac zerstört, 1720 verlegte Kurfürst Karl Philipp seine Residenz von Heidelberg nach M. Unter Kurfürst Karl Theodor kam die Residenz 1778 nach München. 1802/03 fiel M. an Baden.

Bauten: Wiederhergestellt wurden nach dem 2. Weltkrieg das weitläufige barocke, ehem. kurpfälz. Schloß (1720–60, u. a. von A. Galli da Bibiena und N. de Pigage; jetzt v. a. Univ.), die ehem. Jesuitenkirche (1733/1738–60, von A. Galli da Bibiena), die Gruppe der Unteren Pfarrkirche und des Alten Rathauses (1701–23), das ehem. Palais Bretzenheim (1782–88) und das ehem. Zeughaus (1777–79; heute Reiß-Museum), beide von P. A. Verschaffelt. Die Jugendstilanlage des Friedrichsplatzes am Wasserturm (1885/86, von G. Halmhuber) von B. Schmitz ist mit der Festhalle „Rosengarten" (1899–1903, erweitert 1972–74), Arkadenhäusern (1899–1901), der Springbrunnenanlage (1901–02) sowie Kunsthalle (1907, von H. Billing) weitgehend erhalten geblieben. Neuere Bauten: Nationaltheater (1957), von C. Mutschler Ev. Gemeindezentrum Pfingstberg (1960–63), Multihalle (1975, von F. Otto) und Neubau des Stadthauses (1990), von H. Striffler Hauptverwaltung der ÖVA (1977), von Ingeborg Kuhler Landesmuseum für Technik und Arbeit (1990).

Mannheimer Schule, Bez. für die am Hof des pfälz. Kurfürsten Karl Theodor in Mannheim wirkende Musiker- und Komponistengruppe, die entscheidend zur Ausbildung des klass. Instrumentalstils der ↑Wiener Klassik beitrug. Ihre wichtigsten Vertreter waren J., C. und A. Stamitz, I. Holzbauer, F. X. Richter, A. Filtz, C. G. Toeschi, C. Cannabich, Abbé Vogler, F. Danzi. Der größte Teil der M. S. übersiedelte 1778 mit dem Kurfürsten nach München. Zu den kompositionstechn. Errungenschaften der M. S. gehörte u. a. die definitive Abkehr von der Vorherrschaft des Generalbasses zugunsten der melodieführenden Stimmen.

Mannheimer Schulsystem, von dem Stadtschulrat J. A. Sickinger (*1885, †1930) seit 1901 geschaffenes differenziertes Volksschulsystem. Neben dem achtstufigen Hauptklassensystem wurden ab Klasse 2 ein siebenstufiges Förderklassen- (z. B. für Sprachbehinderte) sowie ein vierstufiges Hilfsklassensystem und eine Anstalt für nur praktisch bildbare Kinder eingerichtet. Für geeignete Schüler wurden Vorbereitungskurse (3. und 4. Klasse) für höhere Schulen und fremdsprachiger Unterricht (6.–8. Klasse) angeboten. Von den Nationalsozialisten aufgehoben.

Manning, Henry Edward [engl. ˈmænɪŋ], *Totteridge (Hertfordshire) 15. Juli 1808, †London 14. Jan. 1892, engl. kath. Theologe und Kardinal (seit 1875). – Zunächst anglikan. Geistlicher; konvertierte 1851 unter dem Einfluß von J. H. Newman und der Oxfordbewegung zum Katholizismus; 1865 Erzbischof von London. Vorkämpfer für die Dogmatisierung der Unfehlbarkeit des Papstes auf dem 1. Vatikan. Konzil.

Mannit [hebr.], in Pflanzensäften (bes. in der Mannaesche) vorkommender, süßl., kristalliner, sechswertiger Alkohol, der auch künstlich hergestellt werden kann; wird u. a. als Zuckeraustauschstoff für Diabetiker verwendet.

Männlicher, Ferdinand Ritter von, *Mainz 30. Jan. 1848, †Wien 20. Jan. 1904, östr. Ingenieur. – Konstruierte u. a. das nach ihm ben. Repetiergewehr mit Geradezugverschluß.

männlicher Reim, einsilbiger, auf eine Hebung endender Reim. – Ggs. weibl. Reim.

Männliche Wasserschlange ↑Sternbilder (Übersicht).

Männlichkeit ↑Mann.

Mannose [hebr.], der Glucose stereoisomeres Monosaccharid, das als Baustein der ↑Mannane auftritt.

Mannsschild (Androsace), Gatt. der Primelgewächse mit rd. 100 Arten in Eurasien und im westl. N-Amerika; meist rasen- oder polsterbildende Gebirgskräuter mit rosettenbildenden Blättern und weißen oder roten Blüten. Auf feuchtem, kalkarmem Feinschutt der Z-Alpen bis 4 200 m Höhe wächst der **Alpenmannsschild** (Androsace alpina); bis 5 cm hoch, mit rosaroten bis weißen Blüten mit gelbem Schlund. In Felsspalten der Kalkalpen kommt der 2–5 cm hohe **Schweizer Mannsschild** (Androsace helvetica) vor; dicht graufilzig behaart, Blüten weiß.

Mannstollheit, svw. ↑Nymphomanie.

Mannstreu (Edeldistel, Eryngium), Gatt. der Doldenblütler mit über 200 weltweit verbreiteten Arten; Kräuter, mit dornig-gezähnten, gelappten oder zerschlitzten, meist gräul. oder blaugrünen Blättern; u. a. ↑Alpenmannstreu; **Stranddistel** (Seemannstreu, Eryngium maritimum); 15–50 cm hoch, blaugrün, weißlich bereift; Blüten blau; auf Strandhaferdünen. Eine Gartenzierpflanze ist die **Elfenbeindistel** (Eryngium giganteum); bis 1 m hoch, weißlich grün; Blüten graugrün. M. symbolisierte im Volksglauben Treue und Heimweh (abgebildet in diesem Sinn z. B. auf A. Dürers Selbstbildnis von 1493).

Manntau, Tauwerk mit Knoten in regelmäßigen Abständen an Rettungsbootsdavits; dient als Sicherheitsleine beim Aussetzen des Bootes bzw. als Notleiter.

Manometer [zu griech. manós „dünn, locker"] (Druckmesser), Gerät zur Messung des Druckes in Flüssigkeiten und Gasen. M. messen stets einen Differenzdruck, meist den Über- oder Unterdruck gegenüber dem Atmosphärendruck. Beim *Flüssigkeits-M.* wirken die unterschiedl. Drücke p_1 und p_2 an zwei voneinander getrennten Stellen auf die Oberfläche einer zusammenhängenden Flüssigkeit der Dichte ϱ ein. Der anliegende Differenzdruck bewirkt einen verschieden hohen Stand der Flüssigkeitssäulen (Höhendifferenz h), so daß für den Druckdifferenz $p_1 - p_2 = \varrho \cdot h$ gilt. Einfachste Form dieses stat. M. ist das *U-Rohr-M.* Der wesentl. Bestandteil von *Deformations-M.* ist ein elast. Meßglied, das sich proportional der einwirkenden Kraft verformt. Für die Messung hoher Drücke werden *elektr. M.* verwendet, die die Änderung des elektr. Widerstands druckempfindl. Stoffe (*Widerstands-M.*) oder piezoelektr. Effekte (*Kristall-M.*) ausnutzen. Bei geringen Druckunterschieden (< 10 kPa) kommen *Mikro-M.* zum Einsatz.

Manöver [frz., zu lat. manu operare „mit der Hand bewerkstelligen"], zweiseitige Truppenübungen, höchste Form der Gefechtsausbildung unter annähernd gefechtsnahen Bedingungen.
▷ einem speziellen Zweck dienende Bewegungsänderung eines Schiffes (z. B. Ausweich-M.), eines Luft- oder Raumfahrzeugs (z. B. Kopplungsmanöver).
▷ seemänn. Bez. für eine bestimmte Tätigkeit an Bord, die einen eingeübten Arbeitsablauf erfordert (z. B. Anker-M., Segelmanöver).
▷ übertragen: Ablenkungs-, Täuschungsversuch, Scheinmaßnahme.

Manöverschäden, Schäden, die an Grundstücken, baul. Anlagen, Straßen usw. durch Manöver verursacht werden (§ 77 Bundesleistungsg i. d. F. vom 27. 9. 1961). Im Falle von Zerstörungen ist der gemeine Wert, bei Beschädigungen sind die Kosten der Wiederherstellung zu ersetzen. Erstattungsfähig sind auch Nutzungsausfall und Ertragsminderung (z. B. bei Ernteschäden).

manque [mãːk; lat.-frz.], die Zahlen 1–18 betreffend (beim Roulett).

Manresa, span. Stadt 45 km nö. von Barcelona, 65 300 E. – Textil-, Elektro-, Düngemittel-, Reifenind., Maschinenbau, Gerberei, Lederverarbeitung. – Röm. Steinbrücke; spätgot. Kollegiatskirche (14.–16. Jh.); Kirche San Ignacio (17. Jh.).

Mans, Le [frz. ləˈmã], frz. Stadt am Zusammenfluß von Sarthe und Huisne. 147 700 E. Verwaltungssitz des Dep.

Mannsschild.
Alpenmannsschild

Mannstreu.
Stranddistel

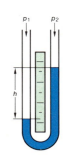

Manometer. Oben: U-Rohr-Manometer, die einfachste Form des Flüssigkeitsmanometers; p_1, p_2 verschiedene Drücke, h Höhendifferenz. Unten: Plattenfedermanometer, ein Deformationsmanometer

Mansarde

Le Mans. Die romanische Kathedrale Saint-Julien, 11./12. Jahrhundert

Le Mans
Stadtwappen

Sarthe; kath. Bischofssitz, Univ.; Kunst-, archäolog. und Automuseum; Autorennstrecke. Fahrzeugbau, Metallverarbeitung, Maschinen- und Gerätebau, chem.-pharmazeut., elektron., Bekleidungs-, Tabak- und Nahrungsmittelind. – Das kelt. **Suindunum** war Hauptstadt der Cenomanen, von den Römern daher **Cenomanum** gen.; seit dem 4. oder 5. Jh. Bischofssitz, Stadtrecht im 12. Jh. Hauptstadt der Gft. Maine; wurde im 17. Jh. Prov.-, 1790 Dep.hauptstadt. – Die galloröm. Stadtbefestigung (3. und 4. Jh.) ist weitgehend erhalten; roman. Kathedrale Saint-Julien (11./12. Jh.) mit got. Chor; romanisch sind die ehem. Abteikirchen Notre-Dame-du-Pré (11. Jh.) und Notre-Dame-de-la-Couture (11.–13. Jh.); zahlr. Renaissancehäuser.

Mansarde [frz.; nach J. Hardouin Mansart], urspr. svw. Mansarddach, heute für Wohnzwecke ausgebautes Dachgeschoß.
▷ in der Textiltechnik verwendete, mit Heißluft beheizte Vorrichtung zum Trocknen bedruckter Gewebe.

Mansart [frz. mã'sa:r], François, *Paris 23. Jan. 1598, †ebd. 23. Sept. 1666, frz. Baumeister. – Neben Le Vau Schöpfer der klass. frz. Barockarchitektur. – Werke: Orléansflügel (oder Gaston-Trakt) von Schloß Blois (1635–38), Schloß Maisons-Laffitte (1642–51). Die Hôtels in Paris sind zerstört oder umgebaut, u. a. Hôtel Mazarin (1643–45; heute Bibliothèque Nationale).
M., Jules Hardouin, eigtl. J. Hardouin, *Paris 16. April 1646, †Marly-le-Roi (bei Paris) 11. Mai 1708, frz. Baumeister. – Großneffe und Schüler von François M., dessen Namen er 1668 annahm. Übernahm 1678 die Bauleitung in Versailles als Nachfolger von Le Vau. Hauptvertreter des klass. frz. Hochbarock; elegante, fein abgewogene Proportionen zeichnen sein Werk aus. – Werke: In Versailles: Spiegelgalerie (1676), Südflügel (1678–81), Nordflügel (1684–89), Grand Trianon (1687/88), Hofkapelle (1699 bis 1708, vollendet von R. de Cotte, 1708–10); in Paris: Invalidendom (1677 ff.), Place Vendôme (1699 ff.).

Manschetten [zu lat.-frz. manchette, eigtl. „Ärmelchen"], aus festem Stoff gearbeiteter Ärmelabschluß an Herrenhemd oder Hemdbluse. Im 17. und 18. Jh. lang überfallende **Spitzenmanschetten; Manschettenknöpfe** seit dem 19. Jh. (Herrenmode).

Manschettendichtung, aus Leder, Gummi, Kunststoff oder gummierten Geweben hergestelltes [ringförmiges] Dichtelement *(Manschette),* das unter Ausnutzung des an der Dichtstelle auftretenden Drucks selbsttätig abdichtet.

Mansen, Volksstamm am unteren Ob, Rußland. Die 7 600 M. leben v. a. im westl. Teil des Autonomen Kreises der Chanten und M.; sie sprechen Wogulisch, eine finnougr. Sprache.

Mansfeld, um 1060 erstmals erwähntes Grafengeschlecht, Herren der Gft. M. am Ostrand des Harzes. Nach dem Erlöschen des Geschlechts im Mannesstamm 1229 kam die Gft. durch Heirat bis 1264 an die Herren von Querfurt. 1780 fiel die Gft. an Kursachsen und Preußen, die böhm. Allodialgüter an die Fürsten von Colloredo. – Bed. Vertreter:
M., Ernst II., Graf von, *Luxemburg 1580, †Rakovica bei Sarajevo 29. Nov. 1626, dt. Söldnerführer im Dreißigjährigen Krieg. – Kämpfte zunächst erfolgreich auf prot. Seite, wurde 1626 an der Dessauer Brücke von Wallenstein besiegt.

Mansfeld, Stadt im östl. Harzvorland, Sa.-Anh., 240 m ü. d. M., 4 200 E. Möbel-, Papier-, Metallwareind. – Bei der 973 erstmals gen. Rodungssiedlung M. entstand um 1075 die Burg der Grafen von M., 1409 als Stadt bezeugt. Vom 15.–17. Jh. Kupfer- und Silberbergbau. – Spätgot. Schloßkirche (um 1400).

Mansfield, Katherine [engl. 'mænsfi:ld], eigtl. Kathleen M.-Beauchamp, *Wellington (Neuseeland) 14. Okt. 1888, †Fontainebleau 9. Jan. 1923, engl. Schriftstellerin. – War befreundet mit D. H. Lawrence und A. Huxley; lebte wegen einer Lungenkrankheit überwiegend in Sanatorien. Meisterin der Kurzgeschichte sowie der sensiblen Darstellung von Stimmungen und scheinbar bedeutungslosen Situationen des Alltagslebens, u. a. „Das Gartenfest" (1922).

Mansfield [engl. 'mænsfi:ld], engl. Bergbau- und Ind.-stadt im Mauntal, Gft. Nottinghamshire, 58 900 E. Museum mit Kunstgalerie; Kohlebergbau, Leichtindustrie.

Mansholt-Plan [nach dem damaligen Vizepräs. der EWG-Kommission S. L. Mansholt, *1908] †Europäische Wirtschaftsgemeinschaft.

Mansi, Giovanni Domenico, *Lucca 16. Febr. 1692, †ebd. 27. Sept. 1769, italien. kath. Theologe. – Prof. in Neapel, ab 1764 Erzbischof von Lucca, wo er eine Akad. für Kirchengeschichte gründete. Sein Hauptwerk, eine 31bändige Sammlung von Konzilsakten bis zum Konzil von Florenz (erschienen 1759–98), wurde 1899–1927 bis zum 1. Vatikan. Konzil geführt (55 Bde.).

Manstein, Erich von, eigtl. E. von Lewinski, *Berlin 24. Nov. 1887, †Irschenhausen (= Icking bei Wolfratshausen) 9. Juni 1973, dt. Generalfeldmarschall (seit 1942). – Stabschef der Heeresgruppe Rundstedt 1938–40; seit Sept. 1941 Oberbefehlshaber der 11. Armee (Krim, Sewastopol), seit Nov. 1942 der Heeresgruppe Don; März 1944 wegen Kritik an der Wehrmachtführung entlassen; 1949 von einem brit. Militärgericht zu 18 Jahren Gefängnis verurteilt, 1953 entlassen.

Jules Hardouin Mansart. Hofkapelle im Schloß von Versailles, 1699–1708, vollendet von Robert de Cotte 1708–1710

Mansur, Al [arab. „dem Gott zum Sieg verholfen hat"] (Almansor), Ehrenname mehrerer arab. Herrscher:
M., Al, Abu Dschafar Abd Allah, *712, †Bir Maimun bei Mekka 7. Okt. 775, Kalif (seit 754). – Festigte die Herr-

schaft der Abbasiden, erhob Bagdad zur Residenz (762); Beginn der Blüte der arab.-islam. Wiss. und Kultur.

M., Al, Muhammad Ibn Abi Amir, *939, † Medinaceli (Prov. Soria) 10. Aug. 1002, Beherrscher des Omaijadenreiches von Córdoba. – Regent des Kalifen Hischam II., den er völlig entmachtete. Erbaute die Residenz Al Madina As Sahira von Córdoba; begründete die Dyn. der Amiriden.

Manteau [mã'to:; lat.-frz.], Obergewand der Hoftracht der Dame im 17./18. Jh., dessen Rock vorn geteilt und zur Seite gerafft war sowie hinten in einer Schleppe auslief.

Andrea Mantegna. Beweinung Christi, um 1490 (Mailand, Pinacoteca di Brera)

Mantegna, Andrea [italien. man'tɛɲɲa], *Isola di Carturo (Prov. Padua) 1431, † Mantua 13. Sept. 1506, italien. Maler und Kupferstecher. – Wurde unter dem Einfluß von Uccello und Donatello mit den Errungenschaften der Renaissance vertraut und gelangte durch das Studium der Antike (als Schüler von F. Squarcione in Padua) zu ausgeprägtem Körper- und Raumgefühl. Er entwickelte einen Stil, in dem sich bei lebendiger, aber ausgewogener Farbigkeit und kühner, bis zum Illusionismus geführter Perspektive (Untersicht) die kraftvolle Sprödigkeit der plast. Figuren oft mit lyr. Momenten der landschaftl. Stimmung verbindet. Seit 1460 war er im Dienste der Markgrafen Gonzaga in Mantua tätig, wo er wohl 1471–74 die berühmten Fresken der Camera degli Sposi im Palazzo Ducale schuf. – *Weitere Werke:* Fresken in der Eremitenkirche in Padua (um 1448–56), Beweinung Christi (wohl um 1490, Mailand, Pinacoteca di Brera).

Mantel [zu lat. mantellum „Hülle, Decke"], schützendes Übergewand mit Ärmeln, das im 18. Jh. in der Herrenmode als weiter **Surtout** mit großem Kragen und als ↑ Redingote zuerst auftrat. Anfang des 19. Jh. kam der **Carrick** (mit mehreren Kragen) auf sowie der Pelzmantel, um die Jh.mitte der sog. **Tweed**, ein wenig taillierter M. mit kurzen Revers, der Havelock wurde 1860 kreiert. ↑ Paletot, ↑ Ulster und ↑ Raglan werden noch heute getragen. Seit 1870 gibt es auch Damenmäntel. Eine neue M.form ist des 20. Jh. ist der ↑ Trenchcoat.

▷ im Journalismus der allg., bei verschiedenen Ausgaben einer Zeitung gleichlautende Teil (v. a. Politik, Wirtschaft, Feuilleton), zu dem der jeweilige Lokalteil hinzukommt.

▷ in der *Technik* Bez. für eine Umhüllung (Ummantelung) von Kabeln, Leitungen, Rohren, Behältern u. a., die vor Beschädigungen schützt und/oder Isolationsaufgaben erfüllt.

▷ ↑ Effekten.

▷ (Gesellschafts-M.) im Wirtschaftsleben übl. Bez. für die Gesamtheit der Anteilsrechte (Aktien, Kuxe, GmbH-Anteile) an einer Kapitalgesellschaft, die ohne den Geschäftsbetrieb gekauft und verkauft werden können. Durch den Kauf eines M. kann die Gründung einer neuen Gesellschaft vermieden und die Firma weitergeführt werden.

▷ (M.fläche) in der *Mathematik* der gekrümmte Teil der Kegel- oder Zylinderoberfläche, eine ↑ abwickelbare Fläche.

▷ (Erd-M.) Bez. für die Kugelschale der Erde zw. Erdkern und Erdkruste.

▷ (Pallium) bei Weichtieren Hautduplikatur, die die Schale bildet. Zw. Fuß und M. liegt die *M.höhle*, in der die Kiemen (bei Wassertieren) bzw. ein Blutgefäßnetz (bei Landlungenschnecken) und die Ausmündung der Ausführgänge für Darm, Nieren und Geschlechtsorgane liegen.

Mantelgeschoß, aus einem Bleikern und einer Umhüllung (Mantel) aus wesentlich härterem Metall (Kupferlegierungen, plattierter Flußstahl) bestehendes Vollgeschoß (↑ Munition) für Hand- und Faustfeuerwaffen; man unterscheidet insbes. das **Ganz-** oder **Vollmantelgeschoß** und das **Halb-** oder **Teilmantelgeschoß** (auch als Bleispitzgeschoß bezeichnet).

Mantelhöhle ↑ Mantel (bei Weichtieren).

Mantelpavian ↑ Paviane.

Manteltarifvertrag ↑ Tarifvertrag.

Manteltiere (Tunikaten, Tunicata, Urochordata), weltweit verbreiteter Unterstamm der Chordatiere mit rd. 2 000 ausschließlich marinen, freischwimmenden oder festsitzenden Arten; Körper von einem manchmal lebhaft bunten *Mantel (Tunica)* aus zelluloseähnl. Substanz umgeben. – Sie haben eine Ein- und Ausströmöffnung für das Atemwasser und die Planktonnahrung. – Einmalig im Tierreich wird bei den M. die Pumprichtung des Herzens in regelmäßigen Abständen umgekehrt. Die M. umfassen die Klassen ↑ Appendikularien, ↑ Ascidien und ↑ Salpen.

Mantes-la-Jolie [frz. mãtlaʒɔ'li], frz. Stadt an der Seine, Dep. Yvelines, 43 600 E. Metallverarbeitende u. a. Ind. – 1944 stark zerstört; got. Kirche Notre-Dame (im 14. Jh. vollendet), spätgot. Maclouturm (15./16. Jh.).

Manteuffel, Edwin Frhr. von, *Dresden 24. Febr. 1809, † Karlsbad 17. Juni 1885, preuß. Generalfeldmarschall (seit 1873). – Seit 1848 Mgl. der „Kamarilla" um König Friedrich Wilhelm IV. von Preußen; maßgeblich an der antiliberalen Heeresreform beteiligt, trat für einen dynast. Staatsstreich ein. 1879–85 Statthalter in Elsaß-Lothringen.

M., Otto Theodor Frhr. von, *Lübben/Spreewald 3. Febr. 1805, † Gut Krossen (Ldkr. Luckau) 26. Nov. 1882, preuß. Politiker. – Vetter von Edwin Frhr. von M.; Verwaltungsjurist; 1848–50 Innenmin., als Min.präs. (1850–58) verfolgte er den streng konservativen Kurs der Reaktionsperiode nach der Olmützer Punktation, die er als Außenmin. (seit 1850) abschloß.

Mantik, ein der Divination nahestehender Begriff für Wahrsagekunst, sprachlich dem griech. Wort „mántis" („Seher") verwandt, das mit „maínomai" („rasen") zusammenhängt. Damit ist speziell eine *Inspirations-M.* bezeichnet, bei der ein Mensch in der Ekstase als Empfänger übernatürl. Wissens gilt. Der Empfang höheren Wissens, das zukünftige Ereignisse und Erfordernisse menschl. Verhaltens betreffen kann, vollzieht sich auch in Träumen und Visionen. Er kann durch Narkotika, Tänze und Fastenübungen herbeigeführt werden, die Mittel der sog. *techn. M.* sind. Auf der Annahme einer Entsprechung zw. Makrokosmos und Mikrokosmos beruhen die *astrolog. M.* und die *Geomantik,* die den Himmelsrichtungen Bed. für menschl. Geschick beimessen. *Chiromantie* (Handlesekunst) ist Wahrsagung aus der menschl. Hand, *Nekromantie* Befragung von Toten. Auch Tiere und Naturerscheinungen dienen der Vermittlung mant. Kenntnisse: z. B. das *Auspicium,* die Vogelschau im alten Rom, die Leberschau, die Beobachtung von Quellwasser, in das Gegenstände geworfen werden *(Hydromantie),* die Beobachtung des Opferfeuers zwecks Erlangung übersinnl. Wissens *(Pyromantie)* und die Weissagung mit Hilfe von Lufterscheinungen *(Aeromantie).*

Mantilla [man'tılja; lat.-span., zu manta „Decke, Umhang"], seit Ende des 16. Jh. von der (vornehmen) Spanierin getragenes Spitzentuch, das, über einen hohen Einsteckkamm gelegt, über Kopf und Schultern fällt.

Mantille [man'tɪljə; lat.-span.], großes (dreieckiges) Umschlagtuch oder Umhang der Damenmode im 18./19. Jahrhundert.

Mantineia (Mantinea), antike Stadt (gegr. im 6. Jh. v. Chr. oder 460/450) in Arkadien. 362 v. Chr. fiel bei M.

Ernst II., Graf von Mansfeld

Katherine Mansfield

Mantilla. Spanierin mit dem über einem hohen Einsteckkamm getragenen Spitzentuch

Mantisse

Niklaus Manuel. Der Tod als Kriegsknecht umarmt ein Mädchen, 1517 (Basel, Kunstmuseum)

in der Schlacht zw. Sparta und Theben ↑Epaminondas. 223 v. Chr. zerstörte Antigonos III. die Stadt, neu gegr. als **Antigoneia;** Verödung nach den Slaweneinfällen im 6. Jahrhundert.

Mantisse [lat.], Bez. für die hinter dem Komma eines (dekad.) ↑Logarithmus stehenden Ziffern.

Mantler, Michael (Mike), *Wien 10. Aug. 1943, östr. Jazzmusiker (Trompeter, Komponist). – Seit 1962 in den USA einer der konsequentesten Vertreter des Free Jazz; gründete 1964 mit C. Bley das „Jazz Composer's Orchestra".

Mantrajana [Sanskrit „Mantra-Fahrzeug"] ↑Tantrismus.

Mantua, italien. Stadt in der Lombardei, 20 m ü. d. M., 55 400 E. Hauptstadt der Prov. M.; kath. Bischofssitz; Accademia Virgiliana, Museum, bed. Kunstsammlung, Staatsarchiv; Erdölraffinerie, chem. Ind. und Maschinenbau. *Geschichte:* In der Antike Kleinstadt; seit dem 10. Jh. Hauptort einer Gft., im Besitz der Herren von Canossa und Markgrafen von Tuszien. Nach dem Tod der Markgräfin Mathilde (1115) selbständig, 1167 Beitritt zum Lombardenbund. 1272 rissen die Bonacolsi, 1328 die Gonzaga die Herrschaft an sich; nach deren Aussterben im Mannesstamm 1627 (↑Mantuanischer Erbfolgekrieg) kam M. an die Nebenlinie Nevers-Gonzaga, die 1708 ausstarb. M. ging in östr. Besitz über, 1745 mit dem Hzgt. Mailand vereinigt. 1805–14 frz. (1810 wurde A. Hofer in M. erschossen), dann bis 1866 östr., seitdem zu Italien. *Bauten:* Palazzo Ducale (13.–16. Jh.), ein großer Gebäudekomplex an der Piazza Sordello, im Kastell Fresken Mantegnas (Camera degli Sposi; 1474 vollendet). Aus dem 13./14. Jh. stammen der Palazzo della Ragione (Gerichtsgebäude) und der Broletto (Stadthaus mit Markthalle). Der Palazzo del Tè (1525–35) wurde als Lustschloß für Federico II. Gonzaga von Giulio Romano erbaut und ausgestattet (Fresken). Die Kirche Sant' Andrea, 1470 von L. B. Alberti entworfen, wurde 1782 mit dem Kuppelbau Juvaras beendet (Fresken). Dom (Umbau des 16. Jh.) mit Barockfassade von 1756; Papiermühle Cartiera Burgo von P. L. Nervi (1962).

Mantuanischer Erbfolgekrieg, 1628 bis 1631 Auseinandersetzung zw. Frankreich und Habsburg um die Nachfolge der Gonzaga in Mantua; endete mit dem Sieg der von Frankreich unterstützten Nevers-Gonzaga.

Mantua Stadtwappen

Aldus Manutius d. Ä. Drucker- und Verlegermarke

Manual [zu lat. manualis „zur Hand gehörig"], die mit den Händen zu spielende Klaviatur der Tasteninstrumente im Gegensatz zum ↑Pedal.

Manuel, Name von Herrschern:
Byzantin. Reich:
M. I. Komnenos, *1120, †Konstantinopel 24. Sept. 1180, Kaiser (seit 1143). – Sein Versuch, das Röm. Imperium im Bund mit dem Papst wieder herzustellen, scheiterte nach anfängl. Erfolgen (1155 Anerkennung der byzantin. Herrschaft von Ancona bis Tarent).
M. II. Palaiologos, *Konstantinopel 1350, †ebd. 21. Juli 1425, Kaiser (seit 1391). – 1373–91 Mitregent; floh 1391 vom Hofe Sultan Bajasids II., um die Herrschaft anzutreten; kämpfte mit wechselndem Erfolg gegen die Osmanen.
Portugal:
M. I. ↑Emanuel I., König von Portugal.

Manuel, Niklaus, eigtl. **N. A. Alleman,** *Bern um 1484, †ebd. im April 1530, schweizer. Maler und Dichter. – Nahm nach seiner Heirat (1503) den väterl. Taufnamen M. an, wurde nach der Künstlersignatur „NMD" irrtümlich **N. M. Deutsch** gen.; nach 1512 zeitweise Ratsmgl. in Bern. Seine Dichtungen (Fastnachtsspiele und Dialoge) standen im Dienste der Reformation. In seinen zur oberrhein.-schweizer. Renaissance zählenden Altartafeln, mytholog. Gemälden, Holzschnittfolgen und Zeichnungen verbinden sich verschiedene Einflüsse von Burgkmair, Baldung und Dürer zu einer von Licht und Raum sowie expressiver Linienführung bestimmten Darstellungsweise.

manuell [lat.-frz., zu lat. manus „Hand"], mit der Hand, von Hand [gefertigt].

Manufacturing Belt [engl. mænjuˈfæktʃərɪŋ ˈbɛlt], größter Ind.ballungsraum Nordamerikas, im NO der USA, südl. der Großen Seen, bis Illinois im W und New Jersey im Osten.

Manufaktur [frz. und engl., zu lat. manus „Hand" und factura „das Machen"], Frühform des kapitalist. industriellen Betriebes, die, zunächst von Großkaufleuten zur Befriedigung des Massenbedarfs bei bestimmten Gütern organisiert, später v. a. Korrelat des Merkantilismus wurde und ihre Blüte im 17./18. Jh. hatte. Die Handwerkstechnik blieb im wesentlichen erhalten, es erfolgte jedoch eine Freistellung der M. von rechtl. und ständ. Bindungen. Der Produktionsprozeß in der M. ist gekennzeichnet durch Spezialisierung, Arbeitsteilung, Serienfertigung und geringen Einsatz von Maschinen. In Deutschland im 18. Jh. weit verbreitet und gefördert durch Landesherren. Geldgeber und Abnehmer, dienten M. der kapitalintensiven, rationellen und oft aufwendigen Produktion von Waren, die technisch, sozial oder künstlerisch von den Zünften nicht bewältigt werden konnte (v. a. Luxusgüter [Gobelins, Fayencen, Porzellan], Konsumgüter [z. B. Nähnadeln, Glaswaren, Stoffe, Lederwaren] oder Waffen). Sozial erfaßte die M. v. a. die außerzünftige städt. Bevölkerung. Der Übergang zur Industrie ist v. a. in der 1. Hälfte des 19. Jh. fließend.

Manul

Manul [mongol.] (Pallaskatze, Steppenkatze, Otocolobus manul), etwa 50–65 cm lange, einschl. Schwanz bis 1 m messende, gedrungene Kleinkatze, v. a. in Steppen und kalten Hochlagen Z-Asiens; mit kleinem, rundl. Kopf und langhaarigem, silbrigem bis ockerfarbenem Fell.

manu propria [lat.], Abk. m. p., eigenhändig.

Manus [lat.], in der *Anatomie* svw. ↑Hand.

Manuskript [zu lat. manus „Hand" und scribere „schreiben"], jede Druckvorlage, ob handschriftlich, mit Schreibmaschine gefertigt oder ein früherer (korrigierter) Druck.
▷ handschriftl. Buch der Antike und des MA, oft illuminiert (↑Buchmalerei) und mit kostbarem Bucheinband versehen.

Manutius, Aldus, d. Ä., eigtl. Aldo Manuzio, *Bassiano bei Velletri um 1450, †Venedig 8. Febr. 1515, venezian. Drucker. – Brachte Ausgaben lat. und v. a. griech. Klassiker heraus, seit 1501 meist in Kursivschrift und handl. Oktavformat (Aldinen). Sein berühmtestes Druckwerk ist der Roman „Hypnerotomachia Poliphili" (1499) mit bed. Renaissancegraphik.

Manx-Gälisch [engl. mæŋks], die kelt. Sprache der Insel Man, einheim. Bez. **Gaelk**; heute nahezu ausgestorben. Aus dem Gemeingälischen gliederte sich im 10.–13. Jh. das Ostgemeingälische aus, aus diesem im 14./15. Jh. das M.-G. als eigene Sprache.

Manytschniederung (Kuma-Manytsch-Niederung), maximal 30 km breite, etwa 680 km lange Senke zw. Asowschem und Kasp. Meer. Bildet die N-Grenze Kaukasiens und eine der konventionellen geograph. Grenzen zw. Europa und Asien.

Manzini (früher Bremersdorp), Stadt sö. von Mbabane, Swasiland, 457 m ü.d.M., 18 800 E. Hauptstadt eines Distrikts; Handelszentrum; kath. Bischofssitz; Baumwoll-, Nahrungsmittelind.; internat. ⚐. – 1886 von dem dt. Kaufmann Bremer gegr., 1895–1902 Hauptstadt von Swasiland.

Manzoni, Alessandro, *Mailand 7. März 1785, †ebd. 12. Mai 1873, italien. Dichter. – Bedeutendster italien. Romantiker; adliger Abkunft; kam 1805 nach Paris, schloß sich aufklärer. Kreisen an, nach 1808 gläubiger Katholik; 1810 Rückkehr nach Mailand, 1860 Senator. – In seinen weniger dynam.-dramat. als lyr. Trauerspielen, u. a. „Der Graf von Carmagnola" (1820), durchbrach M. die starren Formen der frz. Schule und gab der Dramentheorie der Romantik poet. Gestalt. Sein histor., auf Anregung Scotts entstandener Roman „Die Verlobten" (1827) hatte in seiner Geschlossenheit und bildhaften Schilderung des italien. Volkslebens maßgebl. Einfluß auf die Entwicklung der italien. Schriftsprache und gilt als Beginn der modernen italien. Prosa. Auch bed. Lyriker.

Manzù, Giacomo [italien. man'dzu], *Bergamo 22. Dez. 1908, †Rom 17. Jan. 1991, italien. Bildhauer. – Verbindet in seiner figürl. Plastik (wiederkehrende Motive: Kardinal, Tänzerin, Mädchenporträts, Kinder auf Gefährt, Partisan) impressionist. Oberflächenbehandlung (Rodin) mit konzentrierter Formensprache. Auch Bronzetüren, Graphik, Schmuck.

Mao Dun (Mao Tun) [chin. mauduǝn], eigtl. Shen Yan-ping (Shen Yen-p'ing), *im Kreis Dongxiang (Zhejiang) 1896, †Peking 27. März 1981, chin. Schriftsteller und Politiker. – Ging nach dem Putsch Chiang Kai-sheks 1927 nach Schanghai und arbeitete gegen die Kuomintang. Veröffentlichte zahlreiche Romane, u. a. „Regenbogen" (1930), „Schanghai im Zwielicht" (1932), „Der Laden der Familie in Lin" (E., dt. 1953), Theaterstücke und Kurzgeschichten. 1949–64 Kulturmin. der VR China.

Maoismus (in der VR China: Mao-Zedong-Gedanken), 1. die Gesamtheit der von Mao Zedong geäußerten Vorstellungen; 2. ideolog. System offizieller Interpreten Maos zur Legitimierung der jeweils für richtig erachteten Politik. Die Bed. des M. liegt in der prakt.-polit. Umformung des Marxismus-Leninismus durch Mao für China („Sinisierung des Marxismus"). Neben traditionell marxist.-leninist. Vorstellungen ist für den M. charakteristisch: 1. ein nationalist. Element, das dem chin. Volk eine führende Rolle in der internat. Revolutionsbewegung zumißt, 2. die Lehre von den gesellschaftl. Widersprüchen, wo der M. auch eine Weiterführung der Klassenkämpfe für das Stadium des Kommunismus nicht ausschließt, 3. die starke Betonung des bewaffneten Aufstandes als bedeutsamstes Instrument der Revolution, 4. die Überzeugung, daß auch nach dem Sieg der kommunist. Partei in einem Lande jede Generation „neue revolutionäre Erfahrungen" sammeln müsse, weil der Fortschritt nur durch „permanente Revolution" erzielt werden könne, 5. die Betrachtung gesellschaftl. Veränderungen tendenziell in erster Linie als Ergebnis der Veränderung des Bewußtseins und erst in zweiter Linie als Ergebnis der Veränderung der Produktionsverhältnisse.
Nach einer Phase der Dogmatisierung des M. in der VR China (ab 1966) wurden seit dem Tode Maos seine Vorstellungen auch im eigenen Land der Kritik unterzogen und an Wahrheitskriterium gemessen, die empirisch-pragmat. Nach der Niederschlagung der Demokratiebewegung im Juni 1989 gewannen seine Ideen erneut an Bedeutung. – Während der M. von der KPdSU und den meisten kommunist. Parteien als „kleinbürgerl. Putschismus" und „nationalist. Abweichung" kritisiert wurde, fühlten sich Befreiungsbewegungen in der dritten Welt und kleinere kommunist. Gruppen vom M. angezogen (↑K-Gruppen).

Mäonien, svw. ↑Lydien.

Maori, von den Cookinseln im 14. Jh. nach Neuseeland eingewandertes polynes. Volk (290 000 Mgl.). Vorwiegend Pflanzenbauern, gelegentlich Fischer. Bed. Kunsthandwerk (Schnitzereien, Plastiken); Bearbeitung von Nephrit zu Schmuck und Steinbeilklingen.

Maori. Anhänger aus Jade mit Perlmutt, 19. Jh. (München, Museum für Völkerkunde)

Giacomo Manzù. Detail von der 1964 geweihten „Pforte des Todes" an der Peterskirche in Rom

Mao Zedong (Mao Tse-tung) [chin. maudzʌduŋ], *Shaoshan (Prov. Hunan) 26. Dez. 1893, †Peking 9. Sept. 1976, chin. Politiker. – Sohn eines reichen Bauern; studierte 1914–18 in Changsha an einer Lehrerbildungsanstalt. Als Bibliothekshilfskraft beteiligte er sich 1918/19 an der Arbeit marxist. Zirkel in Peking. 1921 Mitbegr. der Kommunist. Partei Chinas (KPCh) in Schanghai, seit 1923 Mgl. des ZK und des Politbüros. Nach Bildung der Einheitsfront zw. KPCh und Kuomintang (1923) wurde er im Jan. 1924 Kandidat des Zentralen Exekutivkomitees der Kuomintang; 1926/27 organisierte er die Bauernvereinigungen der Kuomintang in Hunan. Nach dem endgültigen Bruch zw. Kuomintang und KPCh im Sommer 1927 führte er im Sept. des gleichen Jahres einen Bauernaufstand in Hunan an, nach dessen Scheitern er mit versprengten Partisanen-

Mapai

Mao Zedong

gruppen in das Bergland im Grenzgebiet zw. Hunan und Jiangxi floh. Seit der Vereinigung seiner Kampfverbände mit den Truppen des Generals Zhu De im Frühjahr 1928 war er Führer der kommunist. Partisanen- und Rätebewegung in S-China. Kurz danach kam es jedoch zum Konflikt zw. Mao und der in das Rätegebiet geflohenen offiziellen Parteiführung. Mao wurde von ihr aus den politischen Entscheidungsvorgängen verdrängt und erst während des Langen Marsches wieder mit Hilfe der Generäle der Roten Armee auf der Konferenz von Zunyi im Jan. 1935 in das Politbüro gewählt und zum Vors. der Militärkommission des ZK der KPCh berufen. Im Winter 1935/36 übernahm Mao auch erneut das Amt des Vors. der Reg. der „Chin. Sowjetrepublik" in Yan'an (Prov. Shaanxi, NW-China). Zw. 1937/40 setzte er sich gegen den Widerstand einer mit der Komintern enger verbundenen Fraktion innerhalb der KPCh endgültig als Parteiführer durch. Aus dieser Zeit stammen seine bedeutsamsten militärtheoret. Schriften ebenso wie die philosoph. Schriften „Über den Widerspruch" und „Über die Praxis". 1940 entstand schließlich auch seine für die Politik einer zeitweiligen Zusammenarbeit mit der Kuomintang grundlegende Schrift „Über die neue Demokratie". Im Mai 1945 wurde er offiziell zum Vors. des ZK und des Politbüros gewählt (Wiederwahl in beide Positionen Sept. 1956 und April 1969, nur zum Vors. des ZK Aug. 1973). Nach dem Sieg im Bürgerkrieg 1945–49 proklamierte er am 1. Okt. 1949 in Peking die Volksrepublik China und übernahm die Ämter des Vors. des Zentralen Volksregierungsrates und des Revolutionären Militärrates. 1954–59 war er als Vors. der VR China Staatsoberhaupt. Ab 1956 trat Mao – zunächst mit dem Liberalisierungsversuch der sog. „Hundert-Blumen-Bewegung", ab Herbst 1957 mit der Einleitung des massenmobilisator. („maoist.") Entwicklungsweges im „Großen Sprung nach vorn" – in wachsenden Widerspruch zur Mehrheit der Parteiführung um seinen 1. Stellvertreter Liu Shaoqi. Nach dem Scheitern des „Großen Sprungs" zog sich Mao 1959 aus seinen Staatsämtern zurück. In den innerparteil. Konflikten der Jahre 1960–65 hielt er am massenmobilisator. Entwicklungsmodell fest gegenüber einer Mehrheit der Parteiführung, die einen stärker an volkswirtsch. Wachstumsgesichtspunkten orientierten Entwicklungskurs vertrat. Im Winter 1965/66 leitete Mao gemeinsam mit Lin Biao, Chen Boda und seiner Frau Jiang Qing die „Große Proletar. ↑ Kulturrevolution" ein. Nach deren Ende wurde er im April 1969 in der Parteiführung bestätigt. Neue Fraktionskämpfe führten jedoch im Sept. 1971 zum Sturz und Tode seines designierten Nachfolgers Lin Biao und nach Maos Tod zur Ausschaltung seiner engsten Mitarbeiter, Rehabilitierung seiner Parteifeinde und einer grundsätzl. Revision maoist. Politik.

Maputo
Hauptstadt von Moçambique
• 1,2 Mill. E
• Hafen- und Ind.zentrum am Ind. Ozean
• im 16. Jh. portugies. Stützpunkt am Seeweg nach Indien
• Hauptstadtfunktion seit 1752
• Umbenennung 1975 (früher Lourenço Marques)

Mapai [Kurzbez. für hebr. mipleget poale jisrael „Arbeiterpartei Israels"], israel. Arbeiterpartei, 1930 gegr. zur Zusammenfassung der sozialist. Richtungen des Zionismus; vertrat ein gemäßigt sozialist. Programm; 1948 spaltete sich die Mapam ab, 1965 die *Rafi* (Arbeiterliste Israels); 1968 bildeten M., Rafi und *Ahdut Haavoda* (Einheit der Arbeit) die ↑Israelische Arbeiterpartei.

Mapam [Kurzbez. für hebr. mipleget poalim meuchedet „Vereinigte Arbeiterpartei"], sozialist. israel. Arbeiterpartei, 1948 als linke Abspaltung von der Mapai entstanden; fordert u. a. die Sozialisierung der Schlüsselind.; bildete 1969–84 mit den übrigen Arbeiterparteien das Wahlbündnis **Maarach** (Arbeiterblock).

Map-chu ↑Gogra.

Mapimí, Bolsón de, abflußlose Beckenlandschaft mit Salzseen in N-Mexiko, umfaßt einen großen Teil des nördl. Hochlands.

Mapplethorpe, Robert [engl. 'mæplθɔ:p], * New York 4. Nov. 1946, † ebd. 9. März 1989, amerikan. Photograph. – Wurde bekannt mit technisch und ästhetisch perfekten Aktaufnahmen sowie mit Porträts und Stilleben.

Mapu, Abraham, * bei Kaunas 30. Dez. 1808, † Königsberg (Pr) 10. Okt. 1867, hebr. Schriftsteller. – Vertreter der osteurop. Haskala und Begr. des modernen hebr. Romans.

Maputo [portugies. mɐ'putu] (früher Lourenço Marques), Hauptstadt von Moçambique, am Ind. Ozean, 1,2 Mill. E. Sitz eines kath. und eines anglikan. Erzbischofs; Univ. (gegr. 1962), naturhistor. und geolog. Museum; Nationalbibliothek; botan. Garten, Zoo. Nahrungsmittel-, Textil-, Zementind., Kfz-Montage, Erdölraffinerie; Hafen, internat. ✈. – Nach Erkundung der Baía da Lagoa durch Lourenço Marques 1544/45 gründeten die Portugiesen dort einen Stützpunkt; erhielt 1752 die Funktion einer Hauptstadt, 1782 eine Garnison, 1789 eine Festung; 1796 von den Franzosen zerstört, Wiederaufbau ab 1799; 1887 Stadtrecht; 1975 in M. umbenannt.

Maqam [arab. „Ort, Standort"] (Mrz. Maqamat), in der arab.-pers. Kunstmusik die Lehre von der nicht schriftlich fixierten Komposition oder der durch Regeln bestimmten Improvisation. Als Maqamat werden v. a. Melodienmodelle bezeichnet, die durch Grundton, Modalleiter und Ausdruckswert bestimmt sind. Die einstige Modell-Bed. des M. verliert sich heute zunehmend unter westl. Einfluß, so daß M. gewöhnlich nur noch Tonleiter bedeutet.

Maquis [ma'ki:], frz. Bez. für die Buschwaldgebiete im Mittelmeerraum (↑Macchie).
▷ frz. Partisanengruppen, die sich nach 1940 bildeten und v. a. in Savoyen, den Pyrenäen und Burgund gegen die dt. Besatzungsmacht kämpften. – ↑Résistance.

Mär ↑Märe.

Mar, Serra do [brasilian. 'sɛrra du 'mar], Gebirge in S- und SO-Brasilien, steil zur Küste abfallende Randstufe des Brasilian. Berglands, 1000 km lang, bis 2263 m hoch.

Marabotino [span.], svw. ↑Maravedi.

Marabus. Afrikanischer Marabu

Marabus [arab.-portugies.-frz., eigtl. „Asket"] (Kropfstörche, Leptoptilus), Gatt. bis 1,4 m langer Störche (Spannweite fast 3 m) mit drei Arten in Afrika, Indien und SO-Asien, z. B. der Afrikan. Marabu (Leptoptilus crumeniferus); brüten in großen Kolonien auf Bäumen oder Felsen; Aasfresser.

Marabut ↑Marbut.

Maracaibo [span. maraˈkaiβo], Hauptstadt des Staates Zulia in NW-Venezuela, 1,26 Mill. E. Kath. Erzbischofssitz; 2 Univ. (gegr. 1946 bzw. 1973), naturwiss. Museum; wirtsch. Zentrum des M.beckens; Konsumgüterind., Erdölraffinerie, 8679 m lange Brücke über die Einfahrt zum M.see, Hafen, internat. ✈. – Gegr. 1529, 1571 als **Nuwa Zamora** neu gegr.; rasche Entwicklung seit Beginn der Erdölförderung im 20. Jahrhundert.

Maracaibosee [span. maraˈkaiβo], flache Lagune in NW-Venezuela, steht mit dem Golf von Venezuela durch einen 8–12 km breiten Durchlaß in Verbindung. Das **Maracaibobecken** ist eines der heißesten Gebiete Südamerikas. Die schon in vorspan. Zeit bekannten Erdölvorkommen werden seit 1917 genutzt.

Maracas [portugies.] (Cabagas, Rumbakugeln), Rhythmus- und Rasselinstrumente indian.-mittelamerikan. Herkunft, bestehend aus an Stielen befestigten hohlen Kalebassen, die mit Kugeln aus Holz oder Kunststoff, mit Samen-, Sandkörnern, Schrot oder Steinchen gefüllt sind und paarweise geschüttelt werden.

Maracay, Hauptstadt des venezolan. Bundesstaats Aragua, in einem Becken der Küstenkordillere, 445 m ü. d. M., 825 600 E. Kath. Bischofssitz; landw. Forschungsinst., bed. Handels- und Ind.zentrum. – 1697 an der Stelle eines indian. Dorfes angelegt.

Maracuja [portugies. marakuˈʒa] ↑Passionsfrüchte.

Marae [maˈrai], dem Ahnenkult dienende polynes. Terrassenbauten, Kultplätze mit Altarplatte an der Schmalseite; meist auch mit Grabstätte.

Márai, Sándor [ungar. 'mɑːrɔi], * Kassa (slowak. Košice) 11. April 1900, † San Diego (Calif.) 22. Febr. 1989, ungar. Schriftsteller. – Lebte in den USA. Erzähler, Essayist und Dramatiker. Verarbeitete Themen wie Flucht, Rebellion, Auflehnung gegen Konvention, bes. in den Romanen „Doch blieb er ein Fremder" (1930), „Die Nacht vor der Scheidung" (1935), „Verzauberung in Ithaka" (1952).

Marais, Jean [frz. maˈrɛ], eigtl. J. Alfred Villain-M., * Cherbourg 11. Dez. 1913, frz. Schauspieler. – Von J. Cocteau entdeckt und gefördert, spielte v. a. in Inszenierungen und Filmen Cocteaus, u. a. „Es war einmal" (1946), „Orphée" (1950). Seit den 1970er Jahren häufige Theaterengagements. – *Weitere Filme:* Der Graf von Monte Christo (1955), Fantomas (1964), Verwandtschaftsbande (1986).

Marajó, Ilha de [brasilian. 'iʎa di maraˈʒɔ], größte Insel im Mündungsgebiet des Amazonas, Brasilien, etwa 48 000 km². Im W trop. Überschwemmungswälder, im O Grasfluren. – Seit etwa 1000 v. Chr. von Indianern besiedelt; verschiedene archäolog. Kulturen, insbes. die **Marajoarakultur** mit Siedlungen auf künstl. Hügeln; Grabhügel mit Urnenbestattungen; polychrome Keramik.

Marale [pers.] ↑Rothirsch.

Maramba (früher Livingstone), Prov.hauptstadt in Sambia, nördl. der Victoriafälle, 1 000 m ü. d. M., 95 000 E. Kath. Bischofssitz, Nationalmuseum, Tierpark; Wirtschaftszentrum. Verkehrsknotenpunkt, internat. ⚐. – 1905 gegr., 1907–11 Verwaltungssitz von NW-Rhodesien und danach bis 1935 von N-Rhodesien.

Maramureș [rumän. maraˈmureʃ], Gebiet in N-Rumänien zw. der ungar. Grenze im W und NW, der ukrain. Grenze im N und Siebenbürgen im S, in den hier bis 1 939 m hohen wald- und erzreichen Karpaten. Ein dem sw. Gebirgsrand vorgelagertes Hügelland leitet zur Theißebene über. Größte Stadt des Verwaltungsgebietes M. ist Baia Mare. – 1368 als Komitat dem ungar. Staat einverleibt; fiel nach 1526 an das Haus Habsburg, 1553 mit Siebenbürgen vereinigt; seit 1918 Teil Rumäniens.

Maranatha [urspr. wohl aram.], fest geprägte Gebetsformel („Herr, komm!" oder „Unser Herr ist gekommen"), die auch im griech. Sprachraum (im N. T. 1. Kor. 16, 22) gebraucht wurde. Drei Deutungen sind möglich: 1. eschatolog. Gebetsruf; 2. Bekenntnis zur Inkarnation; 3. Glaubensbekenntnis.

Maränen, svw. ↑Felchen.

Maranhão [brasilian. maɾɐˈɲɐ̃u], brasilian. Bundesstaat an der N-Küste, 329 556 km², 5,18 Mill. E (1990), Hauptstadt São Luís. M. liegt auf der N-Abdachung des Brasilian. Berglandes, die Küste wird von einem flachen Hügelland begleitet. Die v. a. in den Flußtälern und an der Küste siedelnde Bev. betreibt v. a. Ackerbau und Viehzucht; die Ind. verarbeitet landw. Erzeugnisse. – Frz. Kolonisationsversuche ab 1594; 1612 Gründung von São Luís; 1615 portugies. Besitz.

Marañón, Río [span. ˈrrio maraˈɲɔn], Hauptquellfluß des ↑Amazonas.

Marañón y Posadillo, Gregorio [span. maraˈɲɔn i posaˈðiʎo], *Madrid 19. Mai 1887, †ebd. 27. März 1960, span. Endokrinologe und Schriftsteller. – Prof. für Medizin in Madrid; schrieb neben medizin. Werken bed. histor. und literarhistor. Essays und Biographien u. a. über Tiberius und Don Juan.

Marantengewächse (Pfeilwurzgewächse, Marantaceae), einkeimblättrige Pflanzenfam. mit etwa 550 Arten in allen wärmeren Zonen; Blüten meist paarweise in Blütenständen; bekannte Gatt. ↑Korbmarante.

marantisch (marastisch) [griech.], verfallend, schwindend (von körperl. und geistigen Kräften).

Maraschino [italien. marasˈkiːno, zu lat. amarus „bitter"], farbloser Likör, urspr. aus dalmatin. Maraskakirschen hergestellt.

Marasmus [zu griech. maraínein „verzehren"], Zustand körperlicher Entkräftung durch Unterernährung, schwere Erkrankungen oder durch Altersabbau (Altersschwäche).

Marat, Jean Paul [frz. maˈra], *Boudry (Schweiz) 24. Mai 1743, †Paris 13. Juli 1793, frz. Publizist, Arzt und Revolutionär. – Mit Ausbruch der Frz. Revolution einer ihrer radikalsten Wortführer, v. a. durch seine Zeitung „Ami du Peuple" (Sept. 1789–Sept. 1792). Nach dem Sturz der Monarchie Anhänger Dantons; als Mgl. des Nat.konvents und (seit Frühjahr 1793) Präs. des Jakobinerklubs trug M. zur Vernichtung der Girondisten bei; von Charlotte de Corday erdolcht. – Zahlr. polit. und medizin. Schriften.

Marathen, Volk in Indien; i. e. S. Kastenbez.; i. w. S. alle ↑Marathi sprechenden Personen.

Marathi, eine der 15 ind. Nationalsprachen mit etwa 62 Mill. Sprechern, v. a. im Bundesstaat Maharashtra; wird in Dewanagari geschrieben, bildet mit seinen Dialekten die südl. Gruppe der neuindoar. Sprachen.

Marathon, griech. Ort am Petal. Golf, 30 km nö. von Athen, 2 100 E. – 490 v. Chr. siegte ein athen. Heer unter Miltiades in der Ebene von M. über pers. Truppen. Die Siegesnachricht soll durch einen Läufer überbracht worden sein, der in Athen tot zusammenbrach.

Marathonlauf, längster olymp. Langstreckenwettbewerb (seit 1896) über 42 195 m (Streckenlänge erstmals 1908 zw. Schloß Windsor und London; stimmt nicht mit der Entfernung Marathon–Athen überein); seit 1984 auch für Frauen.

Marathos ↑Amrit.

Maratta (Maratti), Carlo, *Camerano (Prov. Ancona) 15. Mai 1625, †Rom 15. Dez. 1713, italien. Maler. – Hauptvertreter des klassizist. röm. Spätbarock.

Maravedi [span.] (Marabotino, Morabitina), Name port. und portugies. Münzen: 1. Nachahmung des [Gold]dinars der Almoraviden im 12./13. Jh.; 2. kastil. Silbermünze im späten 13. Jh.; 3. Kupfermünzen, geprägt vom 16. Jh. bis 1842 (ein 8-M.-Stück letztmalig 1858).

Marawi [span. maˈraui], philippin. Stadt auf Mindanao, 58 500 E. Verwaltungssitz der Prov. Lanao del Sur; Univ. (gegr. 1961); ein Zentrum der islam. Kultur; Marktort.

Marbach am Neckar, Stadt 25 km nö. von Stuttgart, Bad.-Württ., 229 m ü. d. M., 13 000 E. Schillers Geburtshaus, Schiller-Nationalmuseum, Dt. Literaturarchiv; u. a. Möbelind.; Weinbau. – 972 als Herrenhof, 1009 als Markt erwähnt; Stadtgründung zw. 1247/82. – Spätgotisch sind die Stadtkirche und die Alexanderkirche.

Marbacher Annalen, im Elsaß angelegtes Annalenwerk zur Reichsgeschichte (631–1230), das zu den wichtigsten Quellen für die Stauferzeit gehört; Entstehungszeit und Verfasser sind umstritten.

Marbacher Bund, 1405 in Marbach am Neckar zw. Erzbischof Johann II. von Mainz, Markgraf Bernhard I. von Baden, Graf Eberhard III. von Württemberg, der Stadt Straßburg und 17 schwäb. Städten geschlossene Vereinigung zur Sicherung des Landfriedens, v. a. jedoch gegen die Hausmachtpolitik Ruprechts von der Pfalz gerichtet.

Marbod (lat. Maroboduus), †Ravenna 37 n. Chr., König der Markomannen (seit 8 v. Chr.). – Führte 8–6 v. Chr. die Markomannen nach Böhmen und begr. dort das erste german. Reich. Beteiligte sich nicht am Aufstand des Cheruskers Arminius; unterlag ihm 19 n. Chr. und floh nach Ravenna. Sein Reich zerfiel.

Jean Marais

Jean Paul Marat

Marbach am Neckar. Geburtshaus Friedrich Schillers

Marburg

Marburg, hess. Krst. an der oberen Lahn, 186 m ü. d. M., 69 500 E. Verwaltungssitz des Landkr. M.-Biedenkopf; Univ. (gegr. 1527), Max-Planck-Inst. für terrestr. Mikrobiologie; Dt. Blindenstudienanstalt, Johann-Gottfried-Herder-Inst., Inst. für mitteleurop. Volksforschung, Forschungsinst. für dt. Sprache – Dt. Sprachatlas, Landesamt für geschichtl. Landeskunde; Dt. Adelsarchiv, Staatsarchiv mit Fachhochschule für Archivwesen; Museen; botan. Garten. U. a. chem.-pharmazeut., elektrotechn. und metallverarbeitende Industrie.
Geschichte: Nach 1122 bauten die Landgrafen von Thüringen an der Stelle des heutigen Schlosses eine Burg, nach dem Grenzbach (marcbach) am Fuß des Burgberges „die Marbach" genannt. M. entstand als Burgflecken. 1194 bereits als Münzort bezeugt; Stadtrecht seit 1311/57 belegt. 1256 kam M. zur Land-Gft. Hessen und war neben Kassel Residenzstadt und Verwaltungsmittelpunkt des „Ober-Ft.". Einführung der luth. Lehre ab 1526. Ab 1567 Residenz der Linie Hessen-Marburg, kam nach deren Aussterben 1604 an Hessen-Kassel, fiel 1866 an Preußen und gehört seit 1946 zum Land Hessen.
Bauten: Die Elisabethkirche ist eine frühe got. Hallenkirche mit Dreikonchenchor, 1235–83 vom Dt. Orden erbaut; reiche Ausstattung, u. a. got. Glasfenster, Elisabethschrein (Mitte des 13. Jh.); Marienkirche (14. Jh.) mit landgräfl. Grablege (1590–1728). Univ.-Kirche (ehem. Dominikanerkirche; 1300–20); zahlreiche Fachwerkhäuser des 16.–19. Jh.; Rathaus (16. Jh.); ehem. Deutschordensgebäude, u. a. „Fruchtspeicher" (1515). Univ.gebäude des 19. und 20. Jh.; über der Stadt liegt das Schloß der Landgrafen von Hessen, vielfältige Baugruppe mit Hauptschloß (13.–15. Jh.), Saalbau (14. Jh., mit got. Rittersaal) und Wilhelmsbau (1493–97).

Marcel Marceau

M., slowen. Stadt, ↑ Maribor.
Marburg-Biedenkopf, Landkr. in Hessen.
Marburger Artikel ↑ Marburger Religionsgespräche.
Marburger Bund, Zusammenschluß (1947) der angestellten und beamteten Ärzte in Deutschland, u. a. zur Wahrung ihrer berufl. und wirtsch. Interessen.
Marburger Religionsgespräche, Bez. für die theolog. Auseinandersetzung, die auf Veranlassung des Landgrafen Philipp I. von Hessen vom 1. bis 4. Okt. 1529 stattfand, um (politisch) eine Einigung unter den ev. Fürsten gegen die kath. Fürsten und (theologisch) über die Lehre von der Person Christi, vom Abendmahl u. a. zu erzielen. Teilnehmer waren die Wittenberger Theologen (Luther, Melanchthon, Krafft) und die Straßburger und Schweizer Theologen (Bucer, Hedio, Zwingli und Ökolampad). Es gelang jedoch nicht, völlige Einigkeit in allen Punkten herzustellen.

Marburg. Häuser in der Altstadt an der Nordseite des Marktplatzes, darüber das in seinen vielfältigen Baugruppen im 13.–15. Jh. errichtete Schloß der Landgrafen von Hessen

Das Gespräch wurde in den 15 **Marburger Artikeln** zusammengefaßt. In 14 Artikeln wird Übereinstimmung über die Trinität, die Person Christi, Rechtfertigung, Obrigkeit und Tradition festgestellt. Der 15. Artikel zeigt die Differenzen in der Auffassung von der Präsenz Christi im Abendmahl (die Wittenberger: *leibl.* Präsenz, die anderen: *geistl.* Präsenz).
Marburger Schule, eine von H. Cohen und P. Natorp begr. und v. a. von E. Cassirer, K. Vorländer und R. Stammler vertretene Richtung des ↑ Neukantianismus, die sich insbes. mit Problemen der Erkenntnistheorie innerhalb einer als exakte Wiss. zu konstituierenden Philosophie auseinandersetzte und v. a. um eine wiss. theoret. Grundlegung der Methodologie der exakten Naturwiss. und Mathematik bemüht war.
Marburg-Virus, ein RNS-Virus; Erreger der **Marburger Affenkrankheit,** einer hochfiebrigen Infektionskrankheit, die erstmals 1967 in Europa bei durch Grüne Meerkatzen infizierten Menschen (in Marburg festgestellt) auftrat.
Marbut (Marabut) [arab. „im Kloster lebend"], in N-Afrika gebräuchl. Bez. für Angehörige islam. religiöser Gemeinschaften und ihre Grabstätten, an denen sie verehrt werden.
Marc, Franz, *München 8. Febr. 1880, ✗ bei Verdun 4. März 1916, dt. Maler und Graphiker. – Fand in der Begegnung mit Macke und Kandinsky und in der Auseinandersetzung mit dem Kubismus und Delaunay zu einem eigenständigen Stil; 1911 Mitbegr. des „Blauen Reiters". Sein wichtigstes Thema ist das Tier. Seine Kompositionen zeigen bei leuchtender Farbe eine strahlenartige Facettierung der Formen bis zu einer im Spätwerk vollzogenen Abstraktion. – *Werke:* Tierschicksale (1913; Basel, Kunstmuseum), Turm der blauen Pferde (1913; seit 1945 verschollen).

Franz Marc. Tierschicksale, 1913 (Basel, Kunstmuseum)

Marc [frz. ma:r], frz. Tresterbranntwein.
marc., Abk. für: ↑ **marcato.**
Marcantonio, italien. Kupferstecher, ↑ Raimondi, Marcantonio.
marcato [italien.], Abk. marc., musikal. Vortragsbez.: hervorgehoben, betont.
Marceau [frz. mar'so], Félicien, eigtl. Louis Carette, *Kortenberg bei Brüssel 16. Sept. 1913, frz. Schriftsteller belg. Herkunft. – 1945–52 (wegen des Vorwurfs der Kollaboration) im Exil, danach in Paris; M. schrieb ironisch-realist. Gegenwartsromane, u. a. „Kleine Insel Capri" (1951),

"Vielgeliebte Gespielin" (1953), "Creezy" (1969), "Le corps de mon ennemi" (1975), erfolgreiche Boulevardstücke und literarische Essays.

M., Marcel, eigtl. M. Mangel, * Straßburg 22. März 1923, frz. Pantomime. – 1947–59 mit einer eigenen Pantomimengruppe Tourneen in der ganzen Welt, danach meist als Solist. Seine „Mimodramen" und Solopantomimen (bes. zahlr. als „Bip") sind häufig kleine Handlungsabläufe; u. a. „Duel des ténèbres" (1947), „Le manteau" (1951, nach Gogol), „Jugend, Reife, Alter, Tod" (1953).

Marcel [frz. marˈsɛl], Étienne, * Paris um 1316, † ebd. 31. Juli 1368, Vorsteher der Kaufmannschaft von Paris. – Forderte eine Reform der Reg. (Unterstellung der Staatsfinanzen unter die Aufsicht einer aus Vertretern der Reichsstände gebildeten Kommission); verband sich mit der Jacquerie und Karl dem Bösen von Navarra gegen den Dauphin Karl (den späteren Karl V.); bei einem Volksauflauf erschlagen.

M., Eugène, frz. Schriftsteller, ↑ Prévost, Marcel.

M., Gabriel, * Paris 7. Dez. 1889, † ebd. 8. Okt. 1973, frz. Philosoph, Dramatiker und Kritiker. – 1912 Prof. in Vendôme, 1915 in Paris, 1919 in Sens. 1929 Konversion vom Judentum zum Katholizismus. 1939/40 Prof. in Paris, 1941 in Montpellier. 1964 Friedenspreis des Börsenvereins des Dt. Buchhandels. Wichtiger Vertreter der frz. Existenzphilosophie. Die Denkbewegung seiner Philosophie setzt ein bei der Grunderfahrung einer „zerbrochenen Welt", die nicht durch Absurdität, sondern v. a. durch Sinnlosigkeit gekennzeichnet ist. Als Ursache erkennt M. das neuzeitl. vergegenständlichende [natur-]wiss. Denken, die Verabsolutierung autonomer Subjektivität und das Haben- und Verfügen-Wollen, das Streben nach Besitz und Macht und den Verlust des Bezugs zum Du, das nur noch als Objekt gesehen und behandelt wird. Gegenüber dieser „zerbrochenen Welt" will M. in seiner sog. „konkreten Ontologie" den Bezug zum Sein, das seinem Wesen nach „Geheimnis" ist, an dem der Mensch durch einen „Akt der Sammlung" teilhat, wiederherstellen. Diese „Teilhabe" am Sein ist wesentliche Teilhabe am personalen Du des Mitmenschen. – *Werke:* Zerbrochene Welt (Dr., 1933), Philosophie der Hoffnung (Essay, 1945), Der Mensch als Problem (Essay, 1955), Die Menschenwürde als existentieller Grund (Essay, 1963).

Marcellus, Beiname des plebej. Zweiges der Claudier; bed. Vertreter:

M., Marcus Claudius, * um 268, ⚔ Petelia bei Venosa 208 v. Chr., röm. Feldherr im 2. Pun. Krieg. – Besiegte 222 die Kelten bei Clastidium (= Casteggio) und eroberte 212 Syrakus, das zur röm. Prov. Sizilien kam.

Marcellus II., * Montefano bei Macerata 6. Mai 1501, † Rom 1. Mai 1555, vorher Marcello Cervini, Papst (seit 9. April 1555). – Seit 1545 einer der Präs. des Konzils von Trient; maßgebl. Vertreter der röm. Reformgruppe. Sein Pontifikat bedeutet den Durchbruch der kath. Erneuerung an der Kurie.

Marcellusflut ↑ Dollart.

March, Arthur, * Brixen 23. Febr. 1891, † Bern 17. April 1957, östr. Physiker. – Prof. in Innsbruck, 1934–36 auch in Oxford; arb. u. a. über die Quantentheorie; führte als neue Naturkonstante die *Elementarlänge* ein.

M., Frederic [engl. mɑːtʃ], eigtl. F. McIntyre Bickel, * Racine (Wis.) 31. Aug. 1897, † Los Angeles 14. April 1975, amerikan. Schauspieler. – Bedeutender Charakterdarsteller; seine bekanntesten Filme sind „Tod eines Handlungsreisenden" (1952), „Der Mann im grauen Flanell" (1956), „Die Eingeschlossenen von Altona" (1962), „Man nannte ihn Hombre" (1967).

March, linker Nebenfluß der Donau, entspringt im Glatzer Schneegebirge und bildet z. T. die Grenze der SR zu Österreich und der ČR, mündet unterhalb von Hainburg, 358 km lang, 130 km schiffbar.

Marchais, Georges [frz. marˈʃɛ], * La Hoguette (Calvados) 7. Juni 1920, frz. Politiker. – Seit 1947 Mgl. der KPF, seit 1956 Mgl. des ZK und seit 1959 des Politbüros; 1961–70 als ZK-Sekretär mit der Organisationsarbeit betraut; betrieb als Generalsekretär der KPF (seit 1972) das Wahlbündnis mit Sozialisten und linken Radikalsozialisten (Union de la Gauche); gelangte nach einer zeitweisen Annäherung an den Eurokommunismus in den 1970er Jahren zunehmend auf orthodoxe Positionen.

Marchantia [nach dem frz. Botaniker N. Marchant, † 1678], weltweit verbreitete Gatt. der Lebermoosordnung *Marchantiales* mit rd. 50 Arten. Bekannt ist das an feuchten Orten wachsende **Brunnenlebermoos** (Marchantia polymorpha) mit lappig verzweigtem Thallus.

Marchäschwan [hebr.] (meist nur Cheschwan), 8. Monat des jüd. Jahres (Okt./Nov.) mit 29 oder 30 Tagen.

Marche [italien. ˈmarke] ↑ Marken.

Marche [frz. marʃ], histor. Gebiet in M-Frankreich, umfaßt den überwiegenden Teil des Limousin, den westlichsten Teil des Bourbonnais und den südlichsten des Berry; Zentrum ist Guéret. – Die im 10. Jh. gebildete Gft. kam 1199 an das Haus Lusignan, 1308 (endgültig 1527) an die frz. Krone.

Marchegg [marˈʃɛk], niederöstr. Stadt an der March, 157 m ü. d. M., 3 300 E. Zentrum des östl. Marchfeldes. Grenzbahnhof an der Strecke Wien–Preßburg. – M. wurde 1268 von Ottokar II. als Grenzfestung angelegt.

Märchen [zu Mär (von althochdt. maren „verkünden, rühmen")], eine phantast. Erzählung, die an Ort und Zeit nicht gebunden ist; urspr. mündlich überliefert. Gegenüber dem in den „Kinder- und Hausmärchen" der Brüder Grimm der lebendigen Tradition entsprechend weitgefaßten Begriff, der auch Tiergeschichten, Fabeln, Legenden, Novellenstoffe, Schwänke, Lügengeschichten usw. einbezog, gibt es in der Forschung auch einen enger gefaßten Begriff des M. als **Zaubermärchen**. Dieser Auffassung steht die Position gegenüber, daß weder formale noch inhaltl. Kriterien eine präzise Beschreibung des Gattungscharakters erlauben, da zu Unrecht ausschließlich von der mitteleurop. Situation ausgegangen wird. Das **Volksmärchen** kommt nur in der mündl. Tradition vor; selbst eine wortgetreue Niederschrift eines erzählten Textes kann lediglich eine erstarrte Form des aus der Improvisation lebenden Inhalts bieten; zudem reihen Gestik und Mimik des Erzählers, die für das M. wesentlich sind. Die Erzählsituation ist dafür bestimmend, welche Mischform (Legende, Sage, Schwank, Novelle) entsteht; aus ihr ergibt sich auch der unterschiedl. Grad der gestaltenden Intention, je nachdem ob sich das M. an Kinder oder Erwachsene, an einen nur aus Männern oder nur aus Frauen bestehenden Kreis richtet.

Das **Kunstmärchen** ist nicht an traditionelle Erzähltypen und -motive gebunden; es unterliegt in der Wahl der Requisiten und Handlungselemente dem schöpfer. Gestaltungswillen des Autors. Das M. zielt im Vergleich zum formal und inhaltlich unterschiedenen Naturvolks-M. auf die glückl. Lösung von Konflikten, wie sie dem Wunschdenken von Erzählern und Zuhörern entspricht. Bezeichnend dabei ist die scharfe Konturierung der Protagonisten, die nicht als Individuen, sondern als Typen „flächenhaft" (M. Lüthi) gestaltet sind.

Geschichte: Märchenhafte Züge finden sich in Schriftzeugnissen aller frühen Hochkulturen, so im babylon.-assyr. Bereich, in Ägypten und Griechenland. Eine vermittelnde Rolle zw. den alten Erzähltraditionen des Fernen Ostens und des Vorderen Orients wird Indien zugeschrieben, als wichtigste Quellen gelten das im 3. Jh. n. Chr. entstandene „Pantschatantra" und das „Kathāsaritsāgara". – Von großer Bed. für die europ. M.tradition war der Orient. Sowohl in jüd. wie in arab.-islam. Texten findet sich eine Fülle von auch in Europa bekannten M.motiven. Die älteste profane Sammlung im Abendland ist die „Gesta Romanorum" (14. Jh.); M.zyklen aus z. T. mündl. Quellen schufen im 16. und 17. Jh. die Italiener F. Straparola und G. Basile. Frz. Sammlungen wie die von C. Perrault beeinflußten die dt. Tradition im 18. Jh., z. B. C. M. Wieland und J. K. A. Musäus. Erst die dt. Romantiker wandten sich der Aufzeichnung mündlich tradierter Erzählstoffe zu. Die „Kinder- und Hausmärchen" der Brüder Grimm (2 Bde., 1812 und 1815) wurden das Vorbild aller späteren Sammlungen; sie enthielten neben reinen Zauber-M. auch Legenden,

Marchantia.
Brunnenlebermoos,
Thallus mit Antheridien

Frederic March

Georges Marchais

Märchenschach

Guglielmo Marchese Marconi

Ferdinando Edralin Marcos

Rudolph Arthur Marcus

Herbert Marcuse

Fabeln und Schwänke. Die zahlr., z. T. in Mundart aufgezeichneten M.sammlungen des 19. und 20. Jh. zeigen bei aller Vielfalt eine begrenzte Zahl relativ konstanter Typen, wobei sich die Varianten aus wechselnden Kombinationen von Motivgruppen und lokalen Besonderheiten ergaben. **Forschung:** Anstöße zur wiss. Beschäftigung mit M. gaben die Brüder Grimm. In deren Nachfolge dominierten zunächst naturmytholog. Deutungen, die um die Mitte des 19. Jh. durch literaturwiss.-vergleichende Forschungen abgelöst wurden. T. Benfey, Übersetzer des „Pantschatantra", führte die westl. M.tradition auf ind. Herkunft zurück, dem setzten Ethnologen und Anthropologen (E. B. Tylor, W. Wundt) ihre Theorie der Elementargedanken und der Mehrentstehung (Polygenese) entgegen (aus gleichen Erlebnissen und Erfahrungen entstehen – unabhängig voneinander – gleiche Erzählstoffe). Die sog. Finn. Schule versuchte im frühen 20. Jh. mit ihrer hist.-geograph. Methode, die Theorie der Monogenese zu stützen (Herleitung der verschiedenen M.formen aus je einer Urform). Auch wurden, angeregt durch die Lehre S. Freuds, tiefenpsycholog. Deutungen in die M.forschung einbezogen. Die volkskundl. M.forschung befaßt sich mit den Wechselwirkungen zw. mündl. und literar. Tradierung, mit Erzählern und Erzählsituationen, Struktur-, Form- und Stilfragen sowie mit der Phänomenologie und dem Realitätsbezug des Märchens.

Märchenschach (Fairy chess) ↑ Schach.
Marchese [mar'ke:zə; italien.] ↑ Marquis.
Marchfeld, Schotterebene (140–180 m ü. d. M.) im O von Niederösterreich, zw. der March, der Donau-Aue und einem deutl. Beckenrand im W und N; Anbau von Weizen, Zuckerrüben und Mais sowie Gemüse; Erdöl- und Erdgasfelder. – Zur Schlacht auf dem M. 1278 ↑ Dürnkrut.
Marchwitza, Hans [març'vɪtsa, 'mar...], * Scharley (bei Beuthen O. S.) 25. Juni 1890, † Potsdam 17. Jan. 1965, dt. Schriftsteller. – Bergarbeiter, 1920 KPD-Mgl.; emigrierte 1933 (Schweiz, Frankreich, Spanien), nahm am Span. Bürgerkrieg auf republikan. Seite teil; 1941–46 in den USA; 1946 Rückkehr nach Deutschland; schrieb v. a. polit. und sozialkrit. Erlebnisromane.
Marcianus, byzantin. Kaiser, ↑ Markian.
Marcion (Markion), * Sinope um 85, † um 160, frühchristl. häret. Theologe. – Von Beruf Reeder; wurde von seinem Vater, dem Bischof von Sinope, im Streit um judaist. Überreste in der Kirche exkommuniziert; kam 138/139 nach Rom und wurde hier – wahrscheinlich 144 – ebenfalls aus der Gemeinde ausgeschlossen. Darauf begann er die marcionit. Gegenkirche aufzubauen, der als Ersatz für das A. T. eine eigene hl. Schrift schuf. Dazu verfaßte er „Antithesen", in denen er die Widersprüche zw. dem A. T. und der Religion der Liebe darlegt. Der paulin. Ggs. Gesetz-Evangelium bringt M. zu der Annahme zweier Götter, dem Weltschöpfer (Demiurg; Judengott) und dem vor Christus völlig unbekannten Gott der Liebe. Dieser fremde, gute Gott sandte als Gnade Christus in einem Scheinleib als Welterlöser. M. verwirft die Wiederkunft Christi und die Auferstehung des Fleisches. – M. begr. seine Kirche der **Marcioniten** mit einer der christl. Kirche ähnl. Organisation. Sie war von der Rhone bis zum Euphrat verbreitet.
Marcks, Erich, * Magdeburg 17. Nov. 1861, † Berlin 22. Nov. 1938, dt. Historiker. – Vetter von Gerhard M.; ab 1893 Prof., zuletzt (ab 1922) in Berlin; schrieb bed. psycholog. Biographien (u. a. „Königin Elisabeth von England und ihre Zeit", 1897; „Bismarck", Bd. 1, 1909) und Essays (u. a. „Männer und Zeiten", 1911); konservativer Gegner der Weimarer Republik.
M., Gerhard, * Berlin 18. Febr. 1889, † Burgbrohl (Eifel) 13. Nov. 1981, dt. Bildhauer und Graphiker. – Vetter von Erich M., Onkel von Marie M.; lehrte u. a. 1919–25 am Bauhaus und (seit 1950) an der Kölner Werkkunstschule; figürl. Plastik von strenger Formauffassung und expressiver Ausdruckssteigerung (u. a. „Gefesselter Prometheus II", 1948, Köln), auch bed. Tierplastik.
M., Marie, * Berlin 25. Aug. 1922, dt. Karikaturistin. – Nichte von Gerhard M.; wählt für ihre Cartoons Themen aus dem familiär-pädagog. und auch gesellschaftspolit. Bereich.
Marconi, Guglielmo Marchese, * Bologna 25. April 1874, † Rom 20. Juli 1937, italien. Ingenieur und Physiker. – M. begann 1895 mit Versuchen zur drahtlosen Übermittlung von elektromagnet. Wellen. Mit seinen Sendern gelang ihm die drahtlose Überbrückung ständig größerer Entfernungen (1898 über den Ärmelkanal, 1901 über den Nordatlantik). Später befaßte er sich mit der Anwendung von Kurzwellen. Für seine Pionierleistungen auf dem Gebiet der drahtlosen Nachrichtenübermittlung erhielt M. (mit K. F. Braun) 1909 den Nobelpreis für Physik.
Marco Polo ↑ Polo, Marco.
Marco-Polo-Gebirge ↑ Kunlun Shan.
Marcos, Ferdinando Edralin, * Sarrat (Prov. Ilocos Norte) 11. Sept. 1917, † Honolulu (Hawaii) 28. Sept. 1989, philippin. Jurist und Politiker. – 1960–64 Vors. der Liberalen Partei; trat 1964 zur Nationalist. Partei über und wurde Parteivors.; unterstützte als Staatspräs. (1965–86) und als Premiermin. (1973–81) die Politik der USA in O-Asien. Anhaltende Proteste der Bev. sahen seine diktator. Amtsführung zwangen ihn, nach massiven Wahlfälschungen bei den Wahlen 1986 auf die Präsidentschaft zugunsten von C Aquino zu verzichten und das Land zu verlassen. – Seine 1991 aus dem Exil zurückgekehrte Frau *Imelda M.* (* 1930) scheiterte bei den Präs.wahlen 1992.
Marcus, Rudolph Arthur [engl. 'maːkəs], * Montreal 21. Juli 1923, amerikan. Chemiker kanad. Herkunft. – Seit 1978 Prof. in Pasadena (Calif.); erhielt 1992 für seine Grundlagenarbeiten zur chem. Reaktionskinetik und seine Theorie des Elektronenübergangs zw. Molekülen den Nobelpreis für Chemie.
Marcus Aurelius Antoninus, Name röm. Kaiser, ↑ Mark Aurel, ↑ Caracalla, ↑ Commodus.
Marcuse, Herbert, * Berlin 19. Juli 1898, † Starnberg 29. Juli 1979, amerikan. Sozialphilosoph dt. Herkunft. – Nach der Emigration (1933) Mitarbeiter von M. ↑ Horkheimer; 1954 Prof., seit 1965 an der University of California, San Diego. Von Hegel, Freud und Marx beeinflußt, zählt M. zu den bedeutendsten Vertretern der krit. Theorie. Seine Arbeiten zur spätkapitalist. Wohlstandsgesellschaft lieferten eine theoret. Basis für die Studentenbewegungen der 1960er Jahre und für die ↑ Neue Linke. – *Werke:* Vernunft und Revolution (1941), Triebstruktur und Gesellschaft (1956), Der eindimensionale Mensch (1964), Psychoanalyse und Politik (1968), Konterrevolution und Revolte (1973), Zeitmessungen (1975), Die Permanenz der Kunst (1976).
M., Ludwig, Pseud. Heinz Raabe, * Berlin 8. Febr. 1894, † München 2. Aug. 1971, dt. Literaturkritiker, Philosoph und Journalist. – Emigrierte 1933 nach Frankreich, 1938 in

Gerhard Marcks. Gefesselter Prometheus II, 1948 (Köln, Museum Ludwig)

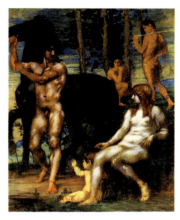

Hans von Marées. Pferdeführer und Nymphe, 1882/83 (München, Neue Pinakothek)

die USA; 1963 Rückkehr in die BR Deutschland; schrieb zahlr. populärwiss. Bücher über Schriftsteller, Philosophen und Musiker. Aufsehen erregte das provokative Buch „Obszön. Geschichte einer Entrüstung" (1962).

Mar del Plata, Hafenstadt und wichtigstes Seebad in Argentinien, am Atlantik, in der Prov. Buenos Aires, 414 000 E. Kath. Bischofssitz; Univ. (gegr. 1961), kath. Univ. Stella Maris, meeresbiolog. Inst.; Nahrungsmittel-, Papier-, Tabak- und Schuhind.; Spielkasino. ♨

Marder (Mustelidae), mit rd. 70 Arten weltweit verbreitete Fam. etwa 15–150 cm langer Raubtiere (♂♂ größer als ♀♀); Körper meist schlank und langgeschwänzt (z. B. bei Zobel, Edel-, Stein- und Charsamarder, z. T. auch gedrungen und mit kurzem Schwanz (z. B. beim Dachs); stets mit kurzen Beinen und mit Afterdrüsen.

Marderbär, svw. ↑Binturong.

Marderhaie, svw. ↑Glatthaie.

Marderhund (Enok, Waschbärhund, Nyctereutes procyonoides), etwa 60 cm langes, waschbärähnl., nachtaktives Raubtier (Fam. Hundeartige), urspr. in den Gebirgswäldern O-Asiens, von dort westwärts nach Europa eingewandert; Allesfresser mit kurzen Beinen, langhaarigem, graubräunl. Fell und schwarzen Augenringen; hält Winterruhe in verlassenen Fuchsbauen. Sein Fell wird im Handel als *Japanfuchs, Seefuchs* oder *Tanuki* bezeichnet.

Mardin, türk. Stadt 80 km sö. von Diyarbakır, 1 325 m ü. d. M., 44 100 E. Hauptstadt der Prov. M., Handelszentrum eines Agrargebiets, Eisenbahnendpunkt. – M. geht zurück auf die röm. Festungsstadt **Marida,** die 640 n. Chr. von den Arabern erobert wurde. – Große Moschee (1176); 15 km östl. das Ananiaskloster, 1166–1945 Sitz des jakobit. Patriarchen.

Mardonios (altpers. Marduniya), ⚔ bei Plataä 479 v. Chr., pers. Feldherr. – Beendete erfolgreich den Ion. Aufstand 494 und unterwarf 492 Thrakien, Thasos und Makedonien; zerstörte 479 Athen.

Marduk [zu sumer. amar-utuk „Jungrind des Sonnengottes"] (nach A. T. Merodach), Stadtgott von Babylon (seit 2000 v. Chr.), später (seit der Zeit um 1700 v. Chr.) auch Reichsgott Babyloniens, in der Spätzeit als „Götterherr" unter dem Namen Bel verehrt. Hauptkultort war Babylon mit dem Tempel Esagila und dessen Stufenturm Etemenanki (↑Babylonischer Turm).

Mare [lat. „Meer"] (Mrz. Maria), dunkler, tiefliegender Bereich der Mond- oder Marsoberfläche. Nach ihrer Größe, Tieflage sowie Stärke der Basaltbedeckung unterscheidet man die flachen *Epikontinentalmaria* und die kleineren, ↑Mascons führenden *Kesselmaria* mit mächtiger Basaltdecke.

Märe (Mär), im MA Bez. für Heldenepos, höf. Roman sowie dessen Stoff oder Überlieferung, aber auch für andere Formen des ep. Erzählens. In der neueren Forschung Gattungsbez. für mittelhochdt. Schwankerzählungen aus der Zeit zw. 1250 und 1500.

Marées, Hans von [ma'reː], *Elberfeld (= Wuppertal) 24. Dez. 1834, †Rom 5. Juni 1887, dt. Maler. – Ging 1857 nach München, 1864 nach Rom, wohin er nach Aufenthalten u. a. in Dresden, Berlin, Neapel (Fresken in der Zoolog. Station, 1873/74) und Florenz 1875 endgültig übersiedelte. Von einer flüchtigen, fleckenhaften Malweise in der Frühzeit ausgehend, gelangte M. in seinem Bestreben nach einem idealen, allg. gültigen Ausdruck zu einer heroisch-schwermütigen Monumentalität, zur bildhaften Einheit von Mensch und Kosmos, wie er sie in der Antike verwirklicht sah. – *Werke:* Bildnis des Vaters (1862), Doppelbildnis mit Lenbach (1863), Diana im Bade (1863), Hesperiden (1884), Drei Reiter (1885–87), Werbung (1885–87), Entführung des Ganymed (1887; alle München, Neue Pinakothek), Die Lebensalter (1873, überarbeitet 1877/78; Berlin, neue Nationalgalerie).

Marek, Kurt W., dt. Schriftsteller, ↑Ceram, C. W.

Marek-Geflügellähme (Marekkrankheit) ↑Geflügelerkrankungen.

Maremmen, Küstenebenen und -höfe an der italien. W-Küste zw. La Spezia und Salerno. Die im Altertum besiedelten M. versumpften in der röm. Kaiserzeit und waren gefürchtete Malariaherde. Seit dem 19. Jh. Meliorationsarbeiten, heute intensiv genutzte Ackerbaulandschaft mit dichter Streusiedlung.

Marengo, Ort in Italien, heute Teil von Alessandria. Hier erreichte Napoléon Bonaparte im 2. Koalitionskrieg am 14. Juni 1800 einen entscheidenden Sieg über die Österreicher.

Marenholtz-Bülow, Bertha von [...lo], *Küblingen (= Schöppenstedt) 5. März 1810, †Dresden 9. Jan. 1893, dt. Pädagogin. – Ab 1849 Mitarbeiterin von F. Fröbel; setzte 1860 die Aufhebung des preuß. Kindergartenverbots durch und verschaffte Fröbels Kleinkindpädagogik und dem Kindergarten internat. Geltung.

Marderhund

Mare nostro [italien. „unser Meer"], in der lat. Form **Mare nostrum** seit Cäsar oft gebraucht für das Mittelmeer; im imperialist. Italien des 19. Jh. und bei G. D'Annunzio Bez. für die Adria; z. Z. des italien. Faschismus unterstrich der Begriff den Anspruch auf die Herrschaft über das Mittelmeer.

Marenzio, Luca, *Coccaglio bei Brescia 1553 oder 1554, †Rom 22. Aug. 1599, italien. Komponist. – Neben Gesualdo und Monteverdi der bedeutendste Meister des italien. Madrigals.

Margam [engl. 'maːgəm], Stadtteil von ↑Port Talbot, Wales.

Margareta von Antiochia, hl., frühchristl. Märtyrerin. – Sichere histor. Nachrichten fehlen. M. soll unter Kaiser Diokletian das Martyrium erlitten haben. Ihre Verehrung reicht in der griech. Kirche weit zurück, in der lat. Kirche seit dem 7. Jh. verbreitet; seit dem MA zu den 14 Nothelfern gezählt, bes. in Geburtsnöten angerufen. – Fest: 20. Juli.

Margarete, Name von Herrscherinnen:

Dänemark:

M. I., *Søborg (Seeland) März 1353, †Flensburg 28. Okt. 1412, regierende Königin von Dänemark, Norwegen und

Ludwig Marcuse

Marduk auf einem Lapislazulisiegel

Margarine

Schweden (seit 1387/89). – Tochter Waldemars IV. von Dänemark; ab 1363 ⚭ mit König Håkon VI. Magnusson von Norwegen und Schweden; führte für ihren Sohn Olaf die Regentschaft in Dänemark, nach dem Tod Håkons (1380) auch in Norwegen. Nach dem Tod Olafs 1387 wurde M. 1388 in beiden Ländern zur Herrscherin gewählt und konnte sich 1389 auch in Schweden gegen König Albrecht (von Mecklenburg) durchsetzen. Ließ ihren Großneffen Erich (VII.) 1389/96 zum König der drei Reiche erheben; mit der Kalmarer Union (1397) sicherte sie deren Einheit.

M. II. (Margrethe II.), * Kopenhagen 16. April 1940, Königin von Dänemark (seit 1972). – Tochter König Friedrichs IX.; seit 1967 ⚭ mit Graf Henri de Laborde de Monpezat (* 1934; jetzt Prinz Henrik von Dänemark); hervorgetreten auch als Archäologin.

Margarete II.,
Königin von Dänemark

England:
M. von Anjou, * Pont-à-Mousson (Meurthe-et-Moselle) 23. März 1430, † Dampierre-sur-Loire (Marne-et-Loire) 25. Aug. 1482, Königin. – ⚭ seit 1445 mit Heinrich VI. von England; von großem Einfluß auf den seit 1453 geistig umnachteten König; war in den Rosenkriegen die eigentl. Führerin der Lancaster-Partei. In der Schlacht von Tewkesbury 1471 gegen Eduard IV. fiel ihr Sohn Eduard, und M. geriet in Gefangenschaft (1475 durch Vermittlung Ludwigs XI. von Frankreich freigelassen).

Frankreich:
M. von Valois, gen. la reine Margot, * Saint-Germain-en-Laye 14. Mai 1553, † Paris 27. März 1615, Königin von Navarra und Frankreich. – Ihre Hochzeit (1572) mit Heinrich von Navarra (Heinrich IV. von Frankreich) gab den Anlaß zur ↑ Bartholomäusnacht; 1599 wurde die Ehe vom Papst geschieden.

Margarete von Navarra,
Königin von Navarra

Navarra:
M. von Navarra (M. von Angoulême), * Angoulême 11. April 1492, † Odos (Hautes-Pyrénées) 21. Dez. 1549, Hzgn. von Alençon, Königin. – Ab 1509 ⚭ mit Hzg. Karl IV. von Alençon († 1525), ab 1527 ⚭ mit Heinrich von Albret, König von Navarra († 1555). M. förderte, obwohl selbst kath., den Protestantismus und gewährte an ihrem Hof Glaubensflüchtlingen Asyl. Durch ihre Tochter Johanna von Albret war M. die Großmutter König Heinrichs IV. Sie verfaßte auch eigene literar. Werke; Hauptwerk ist die in Anlehnung an Boccaccio gestaltete Novellensammlung „Das Heptameron" (1559).

Niederlande:
M. von Österreich, * Brüssel 10. Jan. 1480, † Mecheln 1. Dez. 1530, Statthalterin (seit 1507). – Tochter Kaiser Maximilians I.; 1507 von ihrem Vater zur Regentin und Erzieherin des späteren Kaisers Karl V. berufen; auf habsburg. Seite Verhandlungsführerin des Damenfriedens von Cambrai (1529).

M. von Parma, * Pamel (= Oudenaarde) 1522, † Ortona 18. Jan. 1586, Statthalterin (1559–67). – Tochter Kaiser Karls V.; 2. Ehe (1538) mit Ottavio Farnese, Hzg. von Parma und Piacenza. Von Philipp II. von Spanien als Regentin in den Niederlanden eingesetzt, konnte dort den Aufstand nicht verhindern und trat nach der Bevollmächtigung des Hzg. von Alba zurück.

Norwegen:
M., Königin, ↑ Margarete I., Königin von Dänemark.

Schweden:
M., Königin, ↑ Margarete I., Königin von Dänemark.

Tirol:
M. Maultasch, * 1318, † Wien 3. Okt. 1369, Gräfin (1335–63). – Tochter Hzg. Heinrichs VI. von Kärnten, nach dessen Tod sie die Gft. Tirol erbte. In 2. Ehe ⚭ mit Ludwig d. Ä. von Brandenburg; 1363 übergab sie Tirol an Hzg. Rudolf IV. von Österreich.

Margarine [frz.; zu acide margarique „Margarinsäure" (von lat. acidus „sauer" und griech. márgaron „Perle")], aus Pflanzenfetten (z. B. Kokosfett, Erdnuß-, Sonnenblumen-, Sojaöl) bestehende Speisefettzubereitung. M. ist eine Wasser-in-Öl-Emulsion, wobei die Fettphase aus etwa 20 % hochschmelzenden und 80 % niedrigschmelzenden Fetten (mit einem hohen Anteil essentieller Fettsäuren), die wäßrige Phase aus Wasser und/oder gesäuerter Magermilch besteht. Als Emulgatoren werden Eigelb, Lezithin oder Kasein verwendet. Als Aromastoff wird z. B. Diacetyl zugesetzt und die Emulsion mit Karotin gefärbt. Zur Konservierung ist Sorbinsäure zugelassen, ferner werden meist die Vitamine A und D_2 zugegeben. Die Herstellung der M. erfolgt in Kratzkühlern, in denen das zunächst voremulgierte Gemisch emulgiert, gekühlt (kristallisiert) und geknetet wird. Ernährungsphysiologisch erfüllt M. alle Bedingungen eines Speisefetts. Durch die Möglichkeit der freien Wahl der verwendeten Fette lassen sich hochwertige M. mit hohem Anteil an essentiellen Fettsäuren, z. B. Linol- und Linolensäure, herstellen.

Geschichte: Das erste M.produkt wurde von dem frz. Lebensmittelchemiker H. Mège-Mouriès (* 1817, † 1880) auf Grund eines Preisausschreibens Napoleons III., der einen billigen Butterersatz suchte, entwickelt. Durch Emulgieren des *Oleomargarins* des Rindertalgs mit Magermilch gelang es ihm, ein butterähnl. Produkt herzustellen. Nach Erfindung der Fetthärtung konnten auch Pflanzenöle zu M. verarbeitet werden.

Margarinsäure, $CH_3-(CH_2)_{15}-COOH$, Carbonsäure, die als Fettsäure mit ungerader Anzahl von Kohlenstoffatomen nur sehr selten in natürl. Fetten vorkommt.

Margarita, Isla [span. 'izla marɣa'rita], venezolan. Insel der Kleinen Antillen vor der venezolan. N-Küste, 1 085 km², Hauptort La Asunción. – 1498 von Kolumbus entdeckt.

Marge ['marʒə; lat.-frz. „Rand, Spielraum"], 1. im Sinne einer Gewinnspanne der Unterschied zw. An- und Verkaufskursen (z. B. Gold- und Devisenhandel) oder Soll- und Habenzinsen bei der Arbitrage an verschiedenen Börsenplätzen, Kursspanne bei Nettogeschäften; 2. im Sinne einer Risikospanne der Unterschied zw. dem Wert eines Pfandes und der darauf gewährten Vorschuß; 3. Einschuß, der bei Wertpapiergeschäften oder im Warentermingeschäft als Sicherheit zu leisten ist.

Margerite [frz.; zu griech. margarítēs „Perle"], (Wiesen-M., Wiesenwucherblume, Chrysanthemum leucanthemum) Wucherblumenart in Europa, Sibirien und in den Kaukasusländern, in N-Amerika und Australien eingeschleppt; bis 60 cm hohe Staude; Blütenkörbchen mit weißen Zungen- und gelben Röhrenblüten. Die M. wird als Zierpflanze kultiviert, v. a. die gefüllte *Edelweißmargerite*. ▷ Bez. für verschiedene Arten der Wucherblume, bes. auch für Gartenarten.

Marggraf, Andreas Sigismund, * Berlin 3. März 1709, † ebd. 7. Aug. 1782, dt. Chemiker. – Seit 1738 Mgl. der Preuß. Akademie der Wiss.; M. gewann 1747 Zucker aus dem Saft der Runkelrübe (von seinem Mitarbeiter F. C. Achard industriell verwertet); entdeckte u. a. die Ameisensäure.

Marghera [italien. mar'gɛ:ra] ↑ Venedig.

Margherita, Lago ↑ Abajasee.

Margilan, Stadt in Usbekistan, im südl. Ferganabecken, 125 000 E. Seidenwerk. – Seit dem 10. Jh. bekannt.

marginal [lat.], am Rande liegend, den Rand betreffend; beiläufig.

Marginalglosse ↑ Glosse, ↑ Marginalie.

Marginalie [zu lat. margo „Rand"], Randbemerkung: 1. handschriftl. ↑ Glosse, krit. Randbemerkung in Handschriften, Akten, Büchern; 2. auf den Rand einer Buchseite *(marginal)* gedruckter Verweis (Quellen, Zahlen, Inhaltsangaben zum Text).

Marginalprinzip (Grenzprinzip), in der Wirtschaftstheorie die Methode, Änderungen von Größen bei unendlich kleinen Änderungen der sie beeinflussenden Größen zu untersuchen. Die mathemat. Behandlung erfolgt nach den Regeln der Differentialrechnung.

Marheineke, Philipp Konrad, * Hildesheim 1. Mai 1780, † Berlin 31. Mai 1846, dt. ev. Theologe. – Prof. in Erlangen, Heidelberg und Berlin. M. versuchte, Glaube und Wissen, Offenbarung und Vernunft in Einklang zu bringen; bemühte sich um die Einigung der christl. Konfessionen.

Margerite

Mari, altoriental. Stadt am mittleren Euphrat, heute Ruinenstätte Tall Hariri bei Abu Kamal in O-Syrien. Gegr. in der 1. Hälfte des 3. Jt., im 18. Jh. Hauptstadt eines bed. altbabylon. Reichs, zerstört 1696 v. Chr. durch Hammurapi von Babylon. Freigelegt wurden u. a. unter A. Parrot frühdynast. Baureste (Ischtartempel, altsumer. Palast) sowie die riesigen altbabylon. Palastanlagen (1950 bis 1700 v. Chr.) mit Wandmalereien; Funde zahlr. Statuen (u. a. die Göttin mit dem wasserspendenden Gefäß, 18. Jh. v. Chr.), außerdem 25 000 altbabylon. Keilschrifttafeln der polit. Korrespondenz und Wirtschaftsverwaltung.

Mari, finnougr. Volk in Rußland; insgesamt 640 000 Angehörige; Sprache ↑Tscheremissisch. Unterschieden werden drei Gruppen: Hochland-M. (v. a. am rechten Wolgaufer), Tiefland-M. (am linken Wolgaufer) und Ost-M. (in Baschkirien und im Gebiet Jekaterinburg). – Bildeten vom 5. bis 8. Jh. Stammes-Ft., kamen im 13. Jh. zu den Kama-Bulgaren; in der 2. Hälfte des 13. Jh. durch die Mongolen unterworfen; Mitte des 16. Jh. Anschluß an Rußland.

Mari, autonome Republik der M., in Rußland, an der mittleren Wolga, 23 200 km², 750 000 E (1989; 48 % Russen, 44 % Mari; sonst Tataren, Tschuwaschen u. a.), Hauptstadt Joschkar-Ola. Im NO eine bis 275 m hohe hügelige Ebene, im W eine versumpfte Niederung (50–100 m ü. d. M.). Das Klima ist gemäßigt kontinental. Wälder bedecken 46 % der Landesfläche. Torf wird als Brennstoff abgebaut. 34 % des Territoriums werden landw. genutzt (Ackerbau und Viehzucht). Wichtige Ind.zweige sind Maschinen- und Elektroapparatebau sowie Holz-, Papier- und Glasind. – Bildung eines Autonomen Gebietes der Mari im Nov. 1920; im Dez. 1936 in eine ASSR umgewandelt.

Maria, Name von Herrscherinnen:
Hl. Röm. Reich sowie Böhmen und Ungarn:
M. Theresia, *Wien 13. Mai 1717, †ebd. 29 Nov. 1780, Erzherzogin von Österreich, Königin (seit 1740), Kaiserin (seit 1745). – Seit 1736 ∞ mit Hzg. Franz Stephan von Lothringen (Kaiser seit 1745). M. T. behauptete die gemäß der Pragmat. Sanktion übernommene Gesamtherrschaft des Hauses Österreich gegen die Ansprüche anderer europ. Herrscher, u. a. gegen Friedrich II. von Preußen, der die ↑Schlesischen Kriege und damit den Östr. Erbfolgekrieg auslöste, die für Österreich den Verlust von Schlesien und Parma-Piacenza brachten. Auf diese Erschütterung der Monarchie reagierte M. T. mit einer Heeresreform (durch L. Graf von Daun und F. M. Graf von Lacy) und einer Staats- und Verwaltungsreform (1749–61; maßgeblich geleitet von F. W. Graf Haugwitz). Sie setzte die einheitl. Zentralgewalt durch, erließ ein einheitl. Strafgesetzbuch, besteuerte Adel und Klerus. Der Plan des Kanzlers W. A. von Kaunitz, durch Bündniswechsel Schlesien zurückzugewinnen, scheiterte im ↑Siebenjährigen Krieg, doch erhielt Österreich 1772 Galizien (1. Teilung Polens), 1775 durch Erwerb von den Osmanen die Bukowina und 1779 durch den Bayer. Erbfolgekrieg das Innviertel. – Seit dem Tod ihres Gatten war ihr Sohn Joseph II. Mitregent. Dessen aufklärer. Reformbestrebungen stand die tief religiöse Kaiserin zwar distanziert gegenüber, doch ebneten ihre Berater dem Josephinismus den Weg.

Burgund:
M., *Brüssel 13. Febr. 1457, †Brügge 27. März 1482, Hzgn. (seit 1477). – Erbtochter Karls des Kühnen; seit 1477 ∞ mit dem späteren Kaiser Maximilian I. Durch ihren frühen Tod fiel ihr burgund. Erbe an das Haus Österreich.

England:
M. I. Tudor, gen. „die Katholische", *Greenwich (= London) 18. Febr. 1516, †London 17. Nov. 1558, Königin (seit 1553). – Tochter Heinrichs VIII. und Katharinas von Aragonien, folgte ihrem Halbbruder Eduard VI. nach Ausschaltung der Lady Jane Grey auf den Thron. Seit 1554 ∞ mit Philipp II. von Spanien, praktizierte eine harte Rekatholisierungspolitik. Ihr Eingreifen in den frz.-span. Konflikt führte zum Verlust von Calais (1558).

M. II. Stuart, *London 30. April 1662, †Kensington Palace (=London) 28. Dez. 1694, Königin (seit 1689). – Tochter Jakobs II.; seit 1677 ∞ mit Wilhelm III. (von Oranien). Nach der Vertreibung Jakobs nahm sie mit ihrem Gemahl die Krone an.

Frankreich:
M. von Medici, *Florenz 26. April 1573, †Köln 3. Juli 1642, Königin, Regentin (1610–17). – Tochter des Groß-Hzg. Franz von Toskana; seit 1600 ∞ mit Heinrich IV. von Frankreich, nach dessen Ermordung Regentin für ihren Sohn Ludwig XIII., der sie nach der Ermordung ihres Günstlings Ancre (1617) entmachtete; kehrte 1622 in den königl. Rat zurück, wo sie Richelieu bekämpfte und schließlich von ihm verdrängt wurde. 1631 verließ sie Frankreich.

M. Antoinette (Marie Antoinette) [frz. marjãtwaˈnɛt], *Wien 2. Nov. 1755, †Paris 16. Okt. 1793 (hingerichtet), Königin. – Tochter Maria Theresias, seit 1770 ∞ mit dem späteren König Ludwig XVI. Lebensfroh und hochgebildet, übte als Gegnerin einer Reformpolitik einen verhängnisvollen polit. Einfluß; zu Unrecht in die ↑Halsbandaffäre verwickelt. Nach dem Ausbruch der Frz. Revolution hatte sie Kontakte zu Mirabeau; veranlaßte den Fluchtversuch der königl. Familie (Juni 1791); seit 1792 als „Witwe Capet" inhaftiert und zum Tode verurteilt.

M. Louise (Marie Louise) [frz. mariˈlwiːz], *Wien 12. Dez. 1791, †Parma 17. Dez. 1847, Kaiserin. – Tochter Kaiser Franz' II., 2. Gattin Napoleons I. (seit 1810); ging nach dessen Absetzung mit ihrem Sohn, dem Hzg. von Reichstadt, nach Schönbrunn bei Wien. 1816 übernahm sie die Reg. der Hzgt. Parma, Piacenza und Guastalla. 1821 morganat. ∞ mit A. Graf Neipperg, nach dessen Tod (1829) mit K. Graf Bombelles (1834).

Niederlande:
M. von Ungarn, *Brüssel 17. Sept. 1505, †Cigales (Prov. Valladolid) 18. Okt. 1558, Königin von Ungarn und Böhmen, Statthalterin (1530–55). – Schwester Karls V.; seit 1522 ∞ mit König Ludwig II. von Ungarn und Böhmen; nach dessen Tod (1526) setzte sie sich für die Nachfolge Ferdinands (I.) ein.

Schottland:
M. von Guise, *Bar-le-Duc 22. Nov. 1515, †Edinburgh 11. Juni 1560, Regentin (seit 1554). – Seit 1538 ∞ in 2. Ehe mit Jakob V. von Schottland; bemühte sich zunächst um protestant. Unterstützung für die Thronfolge ihrer Tochter M. Stuart, gab beim Reg.antritt Elisabeths I. von England ihre tolerante religionspolit. Haltung auf.

M. Stuart [ˈstuːart; engl. ˈstjuət], *Linlithgow (Schottland) 8. Dez. 1542, †Fotheringhay Castle (Northamptonshire) 8. Febr. 1587 (hingerichtet), Königin (1542–68). – Tochter Jakobs V. und der Maria von Guise; seit 1558 ∞ mit dem späteren König Franz II. von Frankreich († 1561). Nach ihrer Rückkehr in das ref. Schottland war M. S. als Urenkelin Heinrichs VII. um Durchsetzung ihres Anspruchs auf den engl. Thron bemüht. Die Eheschließung mit ihrem kath. Vetter Lord ↑Darnley (1565) gab Anlaß zu einem Aufstand der prot. Lords; nach dessen Niederwerfung plante M. S. die Rekatholisierung ihres Landes und ein bewaffnetes Vorgehen gegen England. Nach der Geburt des Thronfolgers (Jakob I.) wurde Darnley im Febr. 1567 von J. H. Bothwell ermordet. Im Mai heiratete M. S. nach prot. Ritus Bothwell, mit dem sie seit langem in enger Verbindung gestanden hatte. Nach einem Adelsaufstand mußte M. S. zugunsten ihres Sohnes abdanken. 1568 nach England geflüchtet, wurde sie von Elisabeth I. in Haft genommen und nach mehreren Verschwörungen (zuletzt jene A. Babingtons) zum Tode verurteilt. – F. von Schiller verschmolz in seinem Drama „M. S." (1801) menschl. Problem und histor. Vorgang.

Spanien:
M. Luise von Bourbon, *Parma 9. Dez. 1751, †Rom 2. Jan. 1819, Königin. – Seit 1765 ∞ mit dem späteren König Karl IV.; bestimmte wesentlich die span. Politik, u. a. durch ihr Verhältnis zu Min. M. de Godoy und die Feindschaft zu ihrem Sohn Ferdinand (VII.).

M. Christine von Bourbon, *Neapel 27. April 1806, †Sainte-Adresse (Seine-Maritime) 23. Aug. 1878, Königin, Regentin (1833–40). – Ab 1829 4. Gattin Ferdinands VII.

Maria Theresia, Kaiserin des Heiligen Römischen Reiches

Maria von Medici, Königin von Frankreich

Maria Antoinette, Königin von Frankreich

Maria Stuart, Königin von Schottland

Maria

von Spanien; nach dessen Tod Regentin für ihre Tochter Isabella II. Von B. Espartero zum Rücktritt gezwungen; ab 1854 im Exil.

Maria, hl., in den synopt. Evanglien des N. T. Name der Mutter Jesu von Nazareth. – Histor. Nachrichten über M. finden sich nur in den kurzen Notizen Mark. 3, 31 und 6, 3, Apg. 1, 14 sowie nur zum geringen Teil in den legendar. Kindheitsgeschichten des N. T. (Matth. 1ff., Luk. 1ff.). Demnach scheint Jesus der erste Sohn M. und ihres Mannes Joseph gewesen zu sein, außer ihm hatte M. mit großer Wahrscheinlichkeit noch weitere Kinder (↑Brüder Jesu). Das (wohl judenchristl.) Theologumenon von der Jungfrauengeburt wird in die histor. Berichte eingetragen, wobei sich jedoch Brüche und Unverstand der übrigen Welt im Blick auf Jesu wahres Wesen teilt, und ist damit in das Johanneische Bild Jesu als des „verborgenen Offenbarers" eingezeichnet. – Zur Theologie ↑Mariologie. – ↑Marienverehrung, ↑Mariendarstellungen, ↑Mariendichtung.

Marienburg (Westpr.). Die 1274 gegründete Burg, seit 1308 der Hauptsitz des Deutschen Ordens

Maria von Bethanien, Frauengestalt im N. T.; Schwester des Martha und des Lazarus; nach Joh. 12, 1–8 salbt sie Jesus die Füße und trocknet sie mit ihren Haaren.

Maria Laach, Benediktinerabtei mit bed. roman. Abteikirche (1093 bis um 1230) am SW-Ufer des Laacher Sees, Rhld.-Pf., 1093 gegr., 1802 aufgehoben, 1863–73 von Jesuiten, seit 1892/93 von Benediktinern besetzt. Bis zum 2. Vatikan. Konzil war M. L. ein Mittelpunkt der dt. ↑liturgischen Bewegung.

Maria Magdalena (Maria aus Magdala), eine der in Luk. 8, 2 gen. galiläischen Frauen, die Jesus begleiteten; in allen vier Evangelien beim Tode Jesu und in den synopt. Evangelien auch beim Begräbnis Jesu erwähnt; gilt in der Evangelienüberlieferung als erste Zeugin der Auferstehung. In der späteren Tradition wird M. M. irrtümlich mit Maria von Bethanien und mit der namenlosen „Sünderin" (Luk. 7, 37–50) gleichgesetzt. – Fest: 22. Juli.

Mariamne, *Jerusalem um 60, †29 v. Chr. (?). – Gemahlin Herodes' I., d. Gr., wegen angebl. Ehebruchs hingerichtet.

Mariana [brasilian. ma'rjɐnɐ], brasilian. Stadt 80 km sö. von Belo Horizonte, 700 m ü. d. M., 11 800 E. Kath. Erzbischofssitz. – M., gegr. um 1700, ist die älteste Stadt in Minas Gerais. Ihre Entstehung verdankt sie der Entdeckung noch kurze Zeit genutzter Goldlagerstätten. – Mehrere Barockkirchen, u. a. São Francisco (1763–94). Die Casa Capitular (1770–90) ist eines der bed. Rokokohäuser Brasiliens.

Marianen, Inselgruppe Mikronesiens im nw. Pazifik, bestehend aus 16 Inseln, **Commonwealth of the Northern Mariana Islands** mit 477 km² und 20 600 E (1988) bilden, Verwaltungssitz ist Saipan (auf der Insel Saipan). Die M. sind teils Vulkan-, teils Koralleninseln. Hauptwirtschaftsprodukt ist Kopra.

Mariatheresientaler. Günzburg, 1780 (Vorder- und Rückseite)

Geschichte: 1521 von Magalhães entdeckt, ab 1565 span.; nach dem Span.-Amerikan. Krieg wurde Guam 1898 an die USA abgetreten; 1899 verkaufte Spanien die übrigen Inseln an das Dt. Reich. 1920–45 waren diese unter jap. Mandat und kamen 1947 unter Treuhandverwaltung der USA. Nach einer von der UN beaufsichtigten Abstimmung (1975) schlossen sich die M. (außer Guam) am 9. Jan. 1978 zu dem mit den USA assoziierten Staat Commonwealth of the Northern Mariana Islands zus.; im Dez. 1990 wurde die UN-Treuhandschaft beendet.

Marianengraben, Tiefseegraben im westl. Pazifik, östl. und südl. der Marianen, bis 11 034 m u. d. M. (Witjastiefe I).

Marianische Kongregationen ↑Gemeinschaften Christlichen Lebens.

Marianisten (Marienbrüder, eigtl. Gesellschaft Mariä, lat. Societas Mariae, Abk. SM), kath. Kongregation für Priester und Laien, 1817 in Bordeaux gegr.; in religiöser Erziehung und pastoralen Diensten tätig; 1992 rd. 1 800 Mgl. (dt. Niederlassung in Fulda).

Marianne [frz. mari'an], Personifikation der Frz. Republik, zumeist mit Jakobinermütze dargestellte Frauengestalt; urspr. Name einer sozialist. Geheimgesellschaft der Restaurationszeit.

Mariano, Charles Hugo (Charlie) [engl. mæri'ænoʊ], *Boston (Mass.) 12. Nov. 1923, amerikan. Jazzmusiker (Saxophon). – Spielte u. a. bei C. Mingus, lebte mehrere Jahre im Fernen Osten und seit 1971 mit Unterbrechungen in Europa, wo er bes. durch seine von asiat. Musik geprägte Spielweise in der Jazz-Rock-Gruppe „Pork pie" (1973) bekannt wurde; heute häufig Soloauftritte.

Mariánské Lázně [tschech. 'marja:nskɛ: 'la:znjɛ] ↑Marienbad.

Maria Saal, östr. Marktgemeinde in Kärnten, nnö. von Klagenfurt, 504 m ü. d. M., 3 600 E. – Die Propstei- und Wallfahrtskirche Mariä Himmelfahrt ist ein spätgot. Bau (15. Jh.) mit eingemauerten Überresten aus der frühen Neuzeit, nach Mitte des 15. Jh. zur Kirchenburg ausgebaut, der Karner (1416) um 1500 mit Umgang versehen; bed. spätgot. Gnadenbild (um 1425).

Maria Theresia, Kaiserin, ↑Maria (Hl. Röm. Reich).

Maria-Theresien-Orden, 1757 von der Kaiserin Maria Theresia für bes. Tapferkeit gestifteter, höchster östr. und ungar. Militärverdienstorden; 1918 aufgehoben; in Ungarn 1931 und 1938 erneuert; drei Klassen.

Mariatheresientaler, 1741–80 mit Bild und Titel der Kaiserin Maria Theresia geprägter Konventionstaler Österreichs und der Nebenländer, seit 1858 außer Kurs; erreichte als Handelsmünze das größte Verbreitungsgebiet (von O-Afrika bis Z-Asien, als wichtigster der Levantetaler). Laufende Nachprägung macht den M. zu der am längsten einheitlich ausgeprägten Münze der Münzgeschichte.

Mariaviten (poln. Mariawici), Angehörige einer romfreien, urspr. kath., poln. Religionsgemeinschaft (seit 1893), die sich der bes. Verehrung Marias widmet. 1904 Verbot durch Rom; der Anschluß an die altkath. Kirche (1909) wurde 1924 wegen nationalist. und mystizist. Tendenzen wieder aufgehoben. 1935 Spaltung in die Altkath. Kirche der M. und die Felicjanow-Mariaviten.

Maria Wörth, östr. Gemeinde in Kärnten, auf einer Insel am S-Ufer des Wörther Sees, 458 m ü. d. M., 1000 E. Spätgot. ehem. Stiftskirche mit roman. Teilen und bed. spätgot. Muttergottes (Mitte 15. Jh.); roman. Winterkirche mit Fresken (12. Jh.).

Mariazell, östr. Stadt in der Steiermark, 870 m ü. d. M., 1 900 E. Bedeutendster Wallfahrtsort M-Europas. – M. wurde 1342 Markt, 1948 Stadt. – Die urspr. roman., gotisch erneuerte Pfarr- und Wallfahrtskirche Mariä Geburt wurde 1644–1704 barock umgebaut; in der Gnadenkapelle (um 1653) die spätroman. Mariazeller Gnadenmutter.

Marib, Ortschaft im heutigen Jemen, ehem. Hauptstadt des Reiches Saba; Reste des 15 m hohen Staudammes (erbaut Anfang des 1. Jt. v. Chr.; erneuert 8./7. Jh. v. Chr.; Ende des 6. Jh. zerstört) und 4 km sö. ein Tempel des 8./7. Jh. v. Chr.

Maribor (dt. Marburg), Stadt in Slowenien, an der Drau, 274 m ü. d. M., 104 700 E. Kath. Bischofssitz; Univ. (gegr. 1975), Kunstgalerie, Theater. Omnibus-, Lkw-, Maschinenbau, Textil-, chem. und Nahrungsmittelind. – **Marburg** (abgeleitet von Markburg, einer Grenzfestung der Markgrafen der Pettauer Mark) wurde 1200 Markt, 1254 Stadt. Der slowen. Name M. kam im 19. Jh. auf. – Spätgotisch umgebauter Dom (12. und 16. Jh.), Renaissancerathaus (16. Jh.); Burg (1744, umgestaltet); Türme der ma. Stadtbefestigung.

Marie de France [frz. marid'frã:s], frz. Dichterin der 2. Hälfte des 12. Jh. – Älteste bekannte frz. Dichterin; lebte am Hof Heinrichs II. von England, dem sie zwölf um 1167 oder um 1180 entstandene Versnovellen widmete; verwendete in ihren Dichtungen Stoffe der breton. Spielmannsepik.

Marie Antoinette [frz. marjãtwa'nɛt], Königin, ↑Maria (Frankreich).

Marie-Byrd-Land [engl. məˈriːˈbəːd], Teil der Westantarktis, zw. dem Ellsworthhochland und dem Ross-Schelfeis. Von R. E. ↑Byrd erforscht und 1929 nach seiner Frau benannt.

Mariehamn (finn. Maarianhamina), Hauptstadt des finn. Verw.-Geb. Åland, einzige Stadt der Ålandinseln, 9 800 E. Åland-Museum, Seefahrtmuseum; Fremdenverkehr.

Marie Louise [frz. mari'lwi:z], Kaiserin, ↑Maria (Frankreich).

Marie Luise, Königin, ↑Maria (Spanien).

Marienbad (tschech. Mariánské Lázně), Stadt am S-Fuß des Kaiserwalds, ČR, 628 m ü. d. M., 18 500 E. Theater; Museum (im Goethehaus); Heilbad mit 40 Quellen (Glaubersalzsäuerlinge) und Moorbädern. – Die Heilkraft der Quellen von M. war bereits im 17. Jh. bekannt; 1818 zum Heilbad erklärt; seit 1865 Stadt. – Klassizist. Brunnentempel.

Marienberg, Krst. im mittleren Erzgebirge, Sa., 600 m ü. d. M., 11 000 E. Federnwerk, Holzind. – 1521 wegen reicher Silberfunde (Bergbau bis Mitte 17. Jh.) angelegt. – Spätgot. Marienkirche, Renaissancebürgerhäuser, Zschopauer Tor (16. Jh.; Heimatmuseum).

M., Landkr. in Sachsen.

Marienbrüder ↑Marianisten.

Marienburg (Westpr.) (poln. Malbork), Stadt sö. von Danzig, Polen, am rechten Ufer der Nogat, 38 000 E. Museum; Textil-, Nahrungsmittelind., Maschinenbau. – Sw. der 1274 gegr. **Marienburg** entstand der gleichnamige Ort, der 1276 Culmer Stadtrecht erhielt. 1308 wurde die Burg Hauptsitz des Dt. Ordens, kam 1466 mit dem Ort an Polen, 1772 durch die 1. Teilung Polens an Preußen. – 1945 fast völlig zerstört. Erhalten sind Teile der Stadtbefestigung und das spätgot. Rathaus (14. Jh.). Das Ordensschloß wurde wiederaufgebaut, es ist eine von einer Ringmauer mit Türmen umgebene Anlage mit Hochschloß (Konventshaus; Ende 13. Jh.) mit Wehrturm (nach 1344) und der bis 1344 fertiggestellten Marien- und Annenkapelle (darin Stuckrelief der Muttergottes), Mittelschloß (Hochmeisterpalast, vollendet um 1400, großer Remter, um 1320) sowie Vorburg (vollendet Mitte 15. Jh.).

Mariendarstellungen. Pietro Lorenzetti, Madonna mit Kind, Johannes dem Täufer, dem heiligen Franziskus und dem Stifter, Fresko in der Kirche San Francesco in Assisi, um 1325–30

Mariendarstellungen, bildl. Darstellungen Marias, der Mutter Jesu, erscheinen bereits seit dem 2. Jh. in röm. Katakomben. Die byzantin. Darstellungstypen wurden bes. in der russ. Ikonen tradiert, und auch in der westl. Kunst war bis ins 13. Jh. die hieratisch strenge, thronende *Nikopoia* mit frontal in der Mitte sitzendem Kind vorherrschend, in Italien im 13. und 14. Jh. als *Maestà* von Engeln umgeben, oft als Stadtpatronin mit Lokalheiligen. In der Gotik wird die stehende Madonna im Typ der *Hodegetria* (das Kind sitzt auf dem linken Arm Marias) bevorzugt. Maria erhält liebenswürdig-menschl. Züge, das Kind wird spielerisch frei bewegt (erstmals an den frz. Kathedralportalen des 13. Jh.). Einen Höhepunkt dieser Entwicklung bilden die *Schönen Madonnen* des Weichen Stils um 1400. In den gleichzeitigen kleinformatigen Tafelbildern wird die Marienidylle dargestellt (Maria im Paradiesgärtlein, Maria im Rosenhag). Die italien. Hochrenaissance führt den im 15. Jh. entwickelten Typ der *Sacro conversazione* (Maria mit dem Kind und Heiligen im Gespräch) und den im 14. Jh. entstandenen Typus *Anna selbdritt* (Anna, Maria und das Jesuskind, z. T. mit dem Johannesknaben), in eine Landschaft eingebettet, zu künstler. Höhe und entwickelt den Typus der *Madonna in himml. Sphäre* mit Wolken und Putten. Diesem Typus liegen apokalypt. Vorstellungen zugrunde, ebenso der *Mondsichelmadonna* oder der (schwangeren) *Maria im Ährenkleid*. Im Barock überwiegen die Darstellungen der *Immaculata,* der Maria der Unbefleckten Empfängnis und der *Maria vom Siege* auf der Erdkugel. – Seit dem 12. Jh. werden auch Zyklen des Marienlebens gemalt, auch einzelne Szenen daraus, im Spät-MA u. a. zus.gefaßt zu sieben Schmerzen und sieben Freuden Mariä (Verkündigung, Heimsuchung, Geburt Christi, Anbetung der Hl. Drei Könige, Begegnung mit Simeon, Wiedersehen im Tempel, Marienkrönung). Es lösen sich einzelne Darstellungstypen heraus, so die ↑Mater Dolorosa, die Annunziata (↑Verkündigung Mariä) und das Vesperbild (↑Pietà).

Mariendarstellungen. Jan van Eyck, Madonna von Lucca, um 1435 (Frankfurt am Main, Städelsches Kunstinstitut)

Mariendarstellungen. Schöne Madonna aus Thorn, um 1390–95 (verschollen)

Mariendichtung, poet. Darstellungen um Maria, die Mutter Jesu, in allen Gatt., Stilen und Tendenzen von liturgisch distanzierter Verehrung bis zum volkstümlich Schwankhaften. Die Stoffe entstammen hauptsächlich den

Mariengras

Apokryphen des N.T., die Bilder und Symbole der mariolog. Dogmenauslegung (Augustin, 5. Jh.), der Marienpredigt und -mystik (insbes. ab dem 12. Jh.).

Mariengras (Hierochloe), Gatt. der Süßgräser mit 13 (kumarinhaltigen) Arten in den gemäßigten und kalten Gebieten der Erde. In M-Europa kommen das **Wohlriechende Mariengras** (Hierochloe odorata; in Flachmooren und Bruchwäldern) und das **Südliche Mariengras** (Hierochloe australis; in Wäldern) vor.

Marienkäfer (Herrgottskäfer, Glückskäfer, Coccinellidae), mit rd. 4000 Arten weltweit verbreitete Fam. 1–12 mm großer, gut fliegender Käfer, davon rd. 70 Arten in Deutschland; Körper hoch gewölbt, nahezu halbkugelig; Oberseite meist mit lebhafter Flecken- und Punktzeichnung. Die Imagines und Larven der meisten Arten sind nützlich; sie fressen Blattläuse, Schildläuse und andere kleine Insekten. M. wurden schon mehrfach erfolgreich in der biolog. Schädlingsbekämpfung eingesetzt. Bekannte heim. Arten: **Siebenpunkt** (Coccinella septempunctata), 6–8 mm lang, Flügeldecken rot, mit meist sieben schwarzen Punkten. **Vierzehnpunkt** (Propylaea quatuordecimpunctata), bis 4,5 mm lang, gelb mit schwarzen, z. T. miteinander verschmolzenen Flecken. **Zweipunkt** (Adalia bipunctata), etwa 3–5 mm lang, Halsschild schwarz mit hellem Rand, Flügeldecken schwarz mit je einem roten Punkt oder umgekehrt.

Marienmünster, Stadt im SO der Steinheimer Börde, NRW, 200 m ü. d. M., 5000 E. Textilind., Holzverarbeitung. M. entstand durch Zusammenschluß der Städte **Bredenborn** und **Vörden** sowie von 11 Gem. – 1128 wurde das Benediktinerkloster M. gegr. (1803 aufgelöst), dessen Abt im 14. Jh. zwei Burgen errichtete, um die sich Bredenborn und Vörden bildeten. Vörden bekam 1582 Stadtrecht, Bredenborn 1929. – Die kath. Pfarrkirche wurde ab 1661 unter Einbeziehung roman. Bauformen barock umgebaut, mit einer Orgel von J. P. Möller (18. Jh.; wiederhergestellt).

Mariental, Gem. 5 km nnw. von Helmstedt, Nds., 1200 E. Ehem. Zisterzienserabtei (1136–38 gegr., 1509 aufgehoben), fast vollständig erhaltene Anlage mit roman. Pfeilerbasilika (Mitte 12. Jh.).

Marienverehrung, Sammelbez. für alle Formen der privaten oder öff. Verehrung Marias, v. a. in der kath. Kirche und in den Ostkirchen, die einerseits inhaltlich von der offiziellen Mariologie geprägt haben, andererseits von der Mariologie theologisch ausformuliert und eingegrenzt wurden, sowie für solche Formen der Verehrung, die von einer von der Theologie weitgehend unabhängigen [Volks]frömmigkeit getragen werden. – Die M. entstand im Osten, von wo sie seit dem 6. Jh. in die westl. Kirche übernommen wurde. Seit dem 12. Jh. wurde das Ave Maria das neben dem Vaterunser am weitesten verbreitete Gebet (↑Rosenkranz). Neben vielen anderen Formen der M. wurde seit dem 19. Jh. v. a. das nach Marienerscheinungen wie in Lourdes oder Fátima entstandene Pilgerwesen auch für Nichtkatholiken sichtbarer Beweis für die Lebendigkeit der Marienverehrung. An die Wallfahrtsstätten schließen sich vielfach Gründungssagen und Heilungsmirakel an. Angerufen wurde Maria in vielfältigen Lebensnöten. Die **Marienfeste** (v. a. Mariä Empfängnis: 8. Dez., Mariä Geburt: 8. Sept., Mariä Reinigung: 2. Febr. [↑Lichtmeß], Mariä Heimsuchung: 2. Juli, Mariä Himmelfahrt: 15. Aug.) galten als bäuerl. Arbeitstermine und Lostage, und manche Bräuche schließen sich an sie an, z. B. die Kräuterweihe zu Mariä Himmelfahrt.

Marienwerder (poln. Kwidzyn), Stadt am O-Rand der unteren Weichselniederung, Polen, 14–100 m ü. d. M., 36000 E. Papier-, Nahrungsmittelind. – 1233 errichtete der Dt. Orden die Burg **Insula sanctae Mariae**; die gleichzeitig entstandene Stadtanlage erhielt 1236 Culmer Recht; 1254–1527 Sitz der Bischöfe von Pomesanien; kam 1526 an das neue Hzgt. Preußen; seit 1772 Sitz der Reg. W-Preußens. – Das ehem. Kapitelschloß (14. Jh.; S- und O-Flügel 1798 abgetragen; jetzt Museum) und der ehem. Dom (Mitte des 14. Jh.) bilden einen einheitl. architekton. Komplex (z. T. wiederhergestellt).

Marignac, Jean Charles Galissard de [frz. mariˈɲak], *Genf 24. April 1817, †ebd. 15. April 1894, schweizer. Chemiker. – Prof. in Genf; entdeckte die Elemente Ytterbium (1878) und Gadolinium (1880).

Marignano [italien. mariɲˈnaːno], früherer Name der italien. Stadt ↑Melegnano.

Marihuana [mex., vermutlich gebildet aus den span. Vornamen María und Juana] ↑Haschisch.

Marillac, Louise de [frz. mariˈjak], hl., verh. Le Gras, *Paris 12. Aug. 1591, †ebd. 15. März 1660, frz. Ordensstifterin. – Gründete zus. mit Vinzenz von Paul die Vereinigung der ↑Vinzentinerinnen. – Fest: 15. März.

Marillen [lat.-roman.] ↑Aprikosenbaum.

Marimba [afrikan.-span.], xylophonartiges Schlaginstrument mit klaviaturartig angeordneten Holzplatten verschiedener Größe und Stimmung, die auf einem Rahmen ruhen und unter denen sich in der Regel ein Resonator (urspr. Kalebassen, heute Metallröhren) befindet. Die Platten werden mit Hämmerchen angeschlagen. Die M. ist afrikan. Ursprungs und kam mit den Sklaven über Mittelamerika in die USA, wo sie nach 1910 unter der Bez. **Marimbaphon** zum Orchesterinstrument ausgebaut wurde (Tonumfang $c-c^4|c^5$). Sie wird in der Tanz- und Unterhaltungsmusik, seltener im Jazz, gelegentlich auch in der Neuen Musik eingesetzt.

Marinade [lat.-frz., eigtl. „in Meerwasser Eingelegtes"] (Beize), aus Essig, Zitronensaft oder Wein und Kräutern und Gewürzen hergestellte Flüssigkeit, in der Lebensmittel zur Konservierung und/oder Geschmacksverbesserung eingelegt werden; auch Salatsoße.

Marine [frz., zu lat. mare „Meer"], 1. Bez. für das Seebzw. Flottenwesen eines Staates; 2. svw. Kriegsmarine. – In der dt. Bundeswehr unterstehen dem Inspekteur der M. als höhere Kommandobehörden das **Flottenkommando,** das Instrument zur Führung der Flotte, das **Marineamt,** das für die Ausbildung, Ausrüstung und Sanitätsdienst zuständig ist, sowie das **Marineunterstützungskommando,** dessen Aufgabe v. a. die Logistik der M. umfaßt.

Marineattaché [...taʃeː] ↑Militärattaché.

Marineinfanterie, für den Einsatz an Land, meist als Teil der amphib. Streitkräfte ausgebildete und ausgerüstete Truppe der Kriegsmarine; häufig Elitetruppe.

Marineleitung ↑Admiralität.

Marinemalerei. Oskar Kokoschka, Elblandschaft bei Dresden, 1923 (Essen, Museum Folkwang)

Marinemalerei, Malerei, die See und Meer, Flüsse und Küsten, Häfen, z. T. mit Schiffen, Seeschlachten darstellt. Bilder dieser Gattung heißen *Marinen* oder *Seestücke*. Selbständige Gattung in der niederl. Malerei v. a. des 17. Jh.; am Beginn steht P. Bruegel d. Ä., Höhepunkte erreichte mit W. van de Velde d. J. sowie bei F. Guardi, C. D. Friedrich, W. Turner und J. Constable, im 20. Jh. bei E. Nolde, O. Kokoschka.

Mariner [engl. ˈmærɪnə], Name einer Serie unbemannter Raumsonden der USA, die von 1962 (M. 1 und M. 2) bis 1973 (M. 10) zur Erforschung der Planeten Venus, Mars und Merkur gestartet wurden.

Marineschulen, militär. Ausbildungsstätten der Teilstreitkraft Marine; in der Bundeswehr: Marineschule Mür-

Mariengras. Wohlriechendes Mariengras

Marienkäfer. Oben: Siebenpunkt. Mitte: Vierzehnpunkt. Unten: Larve des Siebenpunkt

wik (Flensburg), Marineunteroffizierschule (Plön), Marineversorgungsschule (List), Techn. Marineschule (Kiel), Marinewaffenschule (Eckernförde), Marinefernmeldeschule (Flensburg), Marineküstendienstschule (Großenbrode), Marineortungsschule (Bremerhaven).

Marimba. Schlaginstrument aus Westafrika (Berlin, Museum für Völkerkunde)

Marinetti, Filippo Tommaso, *Alexandria 22. Dez. 1876, †Bellagio 2. Dez. 1944, italien. Schriftsteller. – Veröffentlichte am 20. Febr. 1909 im „Figaro" sein erstes futurist. Manifest, mit dem er zum Begründer des Futurismus wurde. M. forderte den Bruch mit allen Stil- und Denkformen der Vergangenheit, zumal mit dem literar. Ästhetizismus. Er versuchte, eine neue Syntax zu schaffen und ein Vokabular, das der Entwicklung von Technik und Zivilisation angemessen sein sollte. Wurde während der Zeit des Faschismus von Mussolini gefördert und hatte bed. Ämter inne.

Marineunterstützungskommando ↑Marine.
Marini, Giambattista, italien. Dichter, ↑Marino, Giambattista.
M., Marino, *Pistoia 27. Febr. 1901, †Viareggio 6. Aug. 1980, italien. Bildhauer, Maler und Graphiker. – Neben Aktfiguren konzentrierte sich M. auf das Thema Pferd und Reiter.

Marinismus, italien. Ausprägung des literar. Manierismus; gekennzeichnet durch eine irrationalist. Grundhaltung und gewollte esoter. Künstlichkeit, sprachlich v. a. durch verrätselte Metaphorik, die reiche Verwendung von dunklen Anspielungen, Antithesen und alog. Bildern. Benannt nach G. ↑Marino; Vertreter u. a. C. Achillini (*1574, †1640) und G. Lubrano (*1619, †1693).

Marino (Marini), Giambattista, *Neapel 18. Okt. 1569, †ebd. 25. März 1625, italien. Dichter. – Ab 1608 am Hof des Herzogs von Savoyen in Turin, 1615–22 in Paris, lebte ab 1623 in Rom. Sein Hauptwerk, das allegor. Epos „Adone" (1623), schildert in 20 Gesängen (45 000 Verse) die Geschichte von Venus und Adonis; die dabei verwendeten Stilmittel und dargebotenen Inhalte wurden als ↑Marinismus in ganz Europa nachgeahmt.

Mariologie [hebr./griech.], in den christl. Kirchen die im Zusammenhang mit der Christologie (↑Jesus Christus) erfolgende theolog. Begriffs- und Lehrbildung zur Gestalt ↑Marias und ihrer Verehrung (↑Marienverehrung). Die Reflexion der ersten christl. Jh. über die göttl. und die menschl. „Natur" in Jesus Christus führte zu der analogen Aussage, daß die Mutter Jesu beide „Naturen" geboren habe, die schließlich auf dem 3. allg. Konzil in Ephesus (431) in dem Titel Marias als *Gottesgebärerin* ihren dogmat. [und apologet.] Ausdruck fand. Ebenfalls sehr früh bildete sich in der Volksfrömmigkeit (erstmals bezeugt im ↑Jakobusevangelium) die Überzeugung von der *immerwährenden Jungfräulichkeit* Marias (↑Jungfrauengeburt). – Die kath. Theologie dogmatisierte diese Überzeugung auf dem Tridentinum (1555). Im Zusammenhang mit der [Erb]sündlosigkeit Jesu findet sich etwa seit dem 12. Jh. die Auffassung, auch Maria sei ohne Erbsünde, also *unbefleckt empfangen;* sie wurde von Pius IX. in der Bulle „Ineffabilis Deus" am 8. Dez. 1854 zum Dogma erhoben. Das bislang letzte Mariendogma ist das Dogma von Marias *leibl. und seel. „Aufnahme in die himml. Glorie"* (Himmelfahrt oder Aufnahme Marias), das von Pius XII. am 1. Nov. 1950 in der Apostolischen Konstitution „Munificentissimus Deus" proklamiert wurde. – Trotz der intensiven Marienverehrung in den *Ostkirchen* wird dort nur das Dogma von der Gottesmutterschaft Marias anerkannt. – Die *ev. Theologie* lehnt jede Dogmatisierung und kult. Verehrung Marias als biblisch nicht begründbar ab.

Marionette [frz., eigtl. „kleine Marienstatue"], Figur des Puppentheaters mit bewegl. Gliedern. Die M. ist an Fäden bzw. Drähten befestigt, wobei die einfachsten Figuren einen Führungsfaden im Rücken, zwei an den Kopfseiten und je einen an Hand- und Kniegelenken haben. Die Fäden sind an einem Führungskreuz befestigt. – **Marionettentheater** gelangten aus Griechenland und Rom nach M- und W-Europa, im MA wurden sie auf Jahrmärkten vorgeführt; im 17.–19. Jh. gab es zahlr. Wanderbühnen. Man spielte Historien, Rühr- und Heimatstücke, bes. Komödien mit der Figur des ↑Pulcinella und anderen volkstüml. kom. Typen. 1858 in München entstand erstes festes M.theater, gegr. durch Leonhard Schmid und Franz Graf Pocci. – Älter als die europäische ist die M.theatertradition in den mittel- und ostasiat. Ländern.
▷ übertragen: Mensch ohne eigenen Willen, der einem anderen [als Werkzeug] dient.

Marion Island [engl. ˈmæriən ˈailənd] ↑Prince Edward Islands.

Mariotte, Edme, Seigneur de Chazeuil [frz. maˈrjɔt], *Dijon (?) um 1620, †Paris 12. Mai 1684, frz. Physiker. – Arbeitete u. a. über Hydro- und Aerostatik, die Strömung von Flüssigkeiten und entdeckte den blinden Fleck im menschl. ↑Auge. Mit Hilfe des nach R. Boyle und ihm ben. Gasgesetzes (1679) stellte M. die barometr. Höhenformel auf.

Maris, Jac[ob]us [Hendricus], *Den Haag 25. Aug. 1837, †Karlsbad 7. Aug. 1899, niederl. Maler. – Mit zart getönten, stimmungsvollen Landschaften einflußreicher Vertreter der sog. Haager Schule. Sein Bruder *Matthijs M.* (*1839, †1917) lebte ab 1877 in London und malte traumhafte und symbol. Figuren- und märchenhafte Genrebilder. Der jüngste der Brüder, *Willem M.* (*1844, †1910), war v. a. Tiermaler.

Marino Marini. Gaukler, 1938 (Hannover, Niedersächsisches Landesmuseum)

Marisat [engl. ˈmærisæt; Kw. aus lat.-engl. **mari**ne und **sat**ellite], System amerikan. geostationärer Nachrichtensatelliten für den Schiffsfunk (Telex, Telephon, Telefax).

Marismas [span. maˈrizmas], südspan. Marschgebiet in Niederandalusien, im Mündungsgebiet des Guadalquivir, etwa 1 400 km².

Marisol, eigtl. M. Escobar, *Paris 22. Mai 1930, amerikan. Bildhauerin venezolan. Herkunft. – Gestaltet in satir. Weise unter Verwendung verschiedenster Alltagsgegenstände z. T. bemalte Skulpturen u. a. aus Holz, Gips und Sandstein.

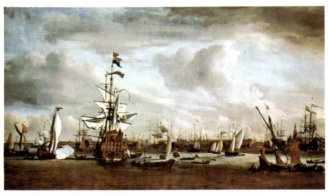

Marinemalerei. Willem van de Velde d. J., Der Hafen von Amsterdam, 1686 (Amsterdam, Rijksmuseum)

Maristen

Maristen (Gesellschaft Mariens, lat. Societas Mariae, Abk. SM), kath. Priesterkongregation; 1816 in Belley gegr.; kirchl.-pastorale Aufgaben sowie Mission. 1992: rd. 1 600 Mgl. (dt. Provinzialhaus: Meppen).

Maritain, Jacques [frz. mari'tɛ̃], *Paris 18. Nov. 1882, †Toulouse 28. April 1973, frz. Philosoph. — 1914–40 Prof. am Institut catholique in Paris; 1945–48 Botschafter Frankreichs beim Vatikan; ab 1948 Prof. an der Princeton University (USA). Führender Vertreter des Neuthomismus; versuchte eine scholast. Neubegründung der Metaphysik. Sein Ziel war ein erneuerter christl. Humanismus.

maritim [zu lat. mare „Meer"], das Meer, die Seefahrt betreffend.

maritime Provinzen (Seeprov., atlant. Prov., engl. Maritimes), die am und im Atlantik gelegenen kanad. Prov. Nova Scotia, New Brunswick und Prince Edward Island und (seit 1949) Newfoundland; von den Franzosen Akadien genannt.

maritimes Klima, svw. ↑ Seeklima.

Maritza, Fluß auf der Balkanhalbinsel, entspringt in der Rila, Bulgarien, bildet westl. von Edirne für wenige Kilometer die bulgar.-griech. und dann die türk.-griech. Grenze; mündet in das Ägäische Meer, 525 km lang, ab Edirne schiffbar.

Mariupol (1948–89 Schdanow), ukrain. Stadt an der Bucht von Taganrog (Asowsches Meer), 517 000 E. Hochschule für Metallurgie; Theater; Eisenhüttenwerke, Schwermaschinenbau, chem. Ind.; Seehafen. — Gegr. 1779.

Marius, Gajus, *Cereatae bei Arpinum (heute Arpino) 156, †Rom 13. Jan. 86, röm. Konsul (107, 104–100, 86) und Feldherr. — Plebejer; führte 107 den Krieg gegen Jugurtha, den er mit Hilfe Sullas 105 erfolgreich beendete; schuf ein Berufsheer; schlug die Teutonen 102 bei Aquae Sextiae (= Aix-en-Provence) und die Kimbern 101 bei Vercellae (= Vercelli). Ab 88 Bürgerkrieg gegen Sulla, den Oberbefehlshaber im 1. Mithridat. Krieg. M. mußte nach Afrika fliehen, kam 87 zurück und bekämpfte die Optimaten.

Marius, Simon, eigtl. S. Mayr, *Gunzenhausen 10. Jan. 1573, †Ansbach 26. oder 27. Dez. 1624, dt. Astronom. — Hofastronom in Ansbach; verfaßte astrolog. Kalender; entdeckte den Andromedanebel und (unabhängig von G. Galilei) die ersten vier Jupitermonde sowie die Sonnenflecken.

Marivaux, Pierre Carlet de Chamblain de [frz. mari'vo], *Paris 4. Febr. 1688, †ebd. 12. Febr. 1763, frz. Schriftsteller. — Seine psychologisch fein motivierten Komödien, bes. Liebeskomödien, behandeln das Entstehen der Liebe in immer neuen Versionen, u. a. „Das Spiel von Liebe und Zufall" (1730), „Die falschen Vertraulichkeiten" (1738). Auch Verf. (unvollendeter) Romane.

Mark, ehem. Gft. und Grafengeschlecht in Westfalen, entstanden 1160/61 durch die Bildung einer Nebenlinie der Grafen von Berg. Graf Adolf III. († 1394) erwarb durch Heirat die Gft. (später Hzgt.) Kleve. Beide Territorien wurden 1511/21 in Personalunion mit Jülich, Berg und Ravensberg verbunden; durch den Jülich-Kleveschen Erbfolgestreit (1609–14) fiel Kleve-M. an Brandenburg.

Mark [zu mittelhochdt. marc, marke „Silber- oder Goldbarren mit amtl. Zeichen"], verschiedene alte Gewichtsoder Rechnungseinheiten im Geldwesen und Münzen. — a) für Skandinavien seit dem 9. Jh., für Deutschland (zuerst am Niederrhein) seit dem 11. Jh. bezeugtes Gewichtsmaß (½ Pfund), bes. für Edelmetalle **(Gewichtsmark).** Die ma. M.werte schwanken zw. 186 und 231 g, auch die Einteilung differiert; in Deutschland vielfach 1 M. = 4 Ferto (Ferding) = 16 Lot = 64 Quentchen = 256 Pfennige, diese seit dem 16. Jh. weiter unterteilt. Die *Kölner M.* (233,856 g) war das Münzgrundgewicht im Heiligen Röm. Reich 1524–1857. — b) Urspr. stimmten Gewichts- und **Zählmark** überein, aus 1 M. Feinsilber (lötiges Silber) wurden 160 Pfennige ausgebracht. Mit zunehmender Verschlechterung des Münzmetalls (Kupferzusatz zum Silber) erhöhte sich die Pfennigzahl, die aus der M. ausgebracht wurde. Die Zählmark von 160 Pfennigen wurde zum Zählmaß. — c) Im Wend. Münzverein wurden zu Beginn des 16. Jh. Münzen in M.-Währung geprägt (lüb. Mark), 1 M. = 16 Schillinge = 192 Pfennige; in Skandinavien wurde die M. so übernommen (in Schweden 1 M. = 8 Öre). Die *Hamburger Banco-M.* war lediglich die nicht ausgeprägte Rechnungsmünze der Hamburger Bank. Nach der Reichseinigung 1871 wurde mit der Goldwährung die dezimal unterteilte M. als Währungsnominal für das Dt. Reich eingeführt, 1 M. = 100 Pfennige. Die Silbermünzen bis 5 M. waren Scheidemünzen. Zur Überwindung der Inflation wurde 1923 die *Renten-M.* geschaffen, die 1924 von der *Reichs-M.* abgelöst wurde. 1948 wurde in den Währungsreformen die **Deutsche Mark** geschaffen (in der DDR 1964–67 **Mark der Deutschen Notenbank,** 1968–90 **Mark der DDR**).

Mark [zu althochdt. mar(a)g, eigtl. „Gehirn"], (Medulla) in der *Anatomie* zentraler Teil bestimmter Organe, der sich histologisch und funktionell vom peripheren (oft Rinde gen.) Organteil unterscheidet; z. B. Nebennieren-M., Knochen-M., Rückenmark.

▷ in der *Botanik:* Grundgewebsstrang (Parenchym) im Zentrum pflanzl. Sprosse, durch ↑Markstrahlen mit dem Rindengewebe verbunden; Reservestoff- und Wasserspeicher.

Mark [zu althochdt. marcha „Grenze"], (Grenzmark) in karoling. und otton. Zeit Grenzräume im Vorland des Reiches, die das Reichsgebiet sicherten. Unter den ersten Karolingern entstanden im W die Breton. M., im SW die Span. M., im SO die M. Friaul und die Pannon. (Awar.) Mark. Die Einfälle der Slawen und Ungarn Ende des 9. Jh. veranlaßten Otto d. Gr., das System der M. v. a. im O auszubauen. Im N wurde die Elb-M. gebildet, die dann in die N-Mark, die sächs. Ost-M. und die Meißen geteilt wurde. Aus der N-Mark entstand die M. Brandenburg (häufig abgekürzt nur M. gen.; daher **märkisch** für brandenburgisch). Aus der bayer. O-Mark entstand die Mark-Gft. (ab 1156 das Hzgt.) Österreich. Die M. unterstanden **Markgrafen,** die zu herzogähnl. Stellung aufsteigen konnten.

▷ (Dorfmark, Feldmark), in german.-frühma. Zeit gemeinschaftlich (↑Markgenossenschaft) genutzter Grund und Boden *(Allmende,* auch *gemeine M.).*

Marka (Merca), Stadt in Somalia, an der südl. Küste, 100 000 E. Regionszentrum; Nahrungsmittelind.; Fischerei.

Mark Anton (Mark Antonius) ↑Antonius, Marcus (röm. Feldherr).

Markasit [arab.-mittellat.], metallisch glänzendes, gelbes Mineral, FeS₂; rhomb. Modifikation des Pyrits. Mohshärte 6–6,5; Dichte 4,8–4,9 g/cm³. M. bildet neben flach prismat. und tafligen Kristallen speerspitzenähnl. Zwillinge und Vierlinge *(Speerkiese)* und kammähnl. Gruppen *(Kammkiese),* ferner grobstrahlige bis feinfaserige Aggregate *(Strahlkies)* und dichte Massen *(Leberkies).*

Mark Aurel (Marcus Aurelius Antoninus), eigtl. Marcus Annius Verus, *Rom 26. April 121, †wohl Vindobona (= Wien) 17. März 180, röm. Kaiser (ab 161). — Wurde 138 von seinem Onkel Antoninus Pius adoptiert. Führte langwierige Kämpfe an den Grenzen des Reiches: 162–166 Partherkrieg (Verbreitung der Pest durch zurückkehrende Soldaten); 166–175 und 177–180 Markomannenkriege. — Innenpolitisch regierte er in Übereinstimmung mit dem Senat. — M. A. war hoch gebildet und von der stoischen Philosophie geprägt; seine „Selbstbetrachtungen" sind erhalten. Ein Reiterstandbild (Original) stand auf dem Kapitolsplatz in Rom, seit 1990 im Kapitolin. Museum.

Mark-Aurel-Säule, 180–193 in Rom (Piazza Colonna) zu Ehren Mark Aurels errichtete Säule.

Markdorf, Stadt unweit des N-Ufers des Bodensees, Bad.-Württ., 453 m ü. d. M., 11 000 E. Maschinen- und Werkzeugbau. — M. wird 807 erstmals erwähnt. Die Stadtgründung erfolgte südl. der gleichnamigen Burg (geringe Reste) um 1250. — Spätgot. Pfarrkirche (14. Jh.), barocke Spitalkirche (17. Jh.), Friedhofskapelle mit spätgot. Wandmalereien; Altes Schloß (14. Jh., umgebaut).

Marke, in der Sage von Tristan und Isolde König von Cornwall, Tristans Onkel; M. wird von seiner Frau Isolde durch ihr Liebesverhältnis zu Tristan betrogen.

Gajus Marius
(zeitgenössischer Marmorkopf; Rom, Vatikanische Sammlungen)

Pierre Carlet de Chamblain de Marivaux

Markasit.
Radialstrahlige Knolle

Marke [german.-frz.], eingeprägtes, aufgestempeltes oder auf sonstige Weise an einer Sache angebrachtes Zeichen von rechtl. Beweiswert, das Eigentumsverhältnisse, Herkunft und/oder Güte der Sache bezeugt (z. B. Grenzzeichen, Hausmarke, Warenzeichen). Im *Kunsthandwerk* urspr. Garantie-M. bei den Goldschmieden und den Zinngießern, Zeichen für den Feingehalt der Metallegierung. Sie erlauben heute in den meisten Fällen, die Herkunft, den Meister und – bei Jahresstempel – auch die Entstehungszeit anzugeben. Weniger erforscht sind die M. der Waffen-, Klingen-, Zirkel- und Rotschmiede.
▷ (lat. merellus, frz. méreau, engl. token, lat.-italien. tessera) in der *Numismatik* münzähnl. Stück aus minderem Metall; als Berechtigungs-, Quittungs-, Kontroll- oder Erkennungszeichen vielfach durch nicht münzberechtigte Institutionen (Banken) oder Private bei geringfügigeren Ansprüchen zwecks späterer Einlösung ausgegeben.
▷ (engl. label), in der *Datenverarbeitung* symbol. Name für eine ↑Adresse in einem Programm, auf den z. B. in Sprunganweisungen Bezug genommen werden kann.

Markelius, Sven Gottfrid, *Stockholm 25. Okt. 1889, †Danderyd bei Stockholm 27. Febr. 1972, schwed. Architekt. – Führte den ↑internationalen Stil in Schweden ein: Konzerthaus in Helsingborg (1932), schwed. Pavillon der Weltausstellung New York (1939); vorbildlich: Stadtteil Vällingsby, Stockholm (1953–59).

Marken (italien. Marche), italien. Region und Großlandschaft am Adriat. Meer, 9 694 km², 1,431 Mill. E (1990), Regionshauptstadt Ancona. M. erstreckt sich vom Apenninenhauptkamm bis zur Adriaküste. Weidewirtschaft in den höheren Gebirgsteilen, im Apenninenvorland Ackerbau; Ind. nur in den Küstensiedlungen. – In der Antike von Picentern und Kelten (Ager Gallicus) besiedelt; fiel im 3. Jh. v. Chr. an Rom; Pippin und Karl d. Gr. schenkten das Gebiet dem Papst (754 und 774). Im 10. Jh. erscheint der Name M. als Bez. für die Grenzgebiete des kaiserl. Einflußbereichs. Ab dem 13. Jh. bildeten sich mehrere Signorien, die im 16. Jh. an den Kirchenstaat kamen, 1808–13 zum Napoleon. Kgr. Italien, dann erneut zum Kirchenstaat; seit 1860 gehören M. zum geeinten Italien.

Markenartikel (Markenwaren, engl. branded goods), durch Markierung mit einem Warenzeichen oder gleichbleibende Ausstattung gekennzeichnete Waren, für die *gleichbleibende Qualität* (nicht identisch mit bester Qualität) und *gleichbleibende Mengenabpackung* verbürgt werden. Weitere Kennzeichen sind Bekanntheitsgrad und Marktgeltung sowie intensive, sich gegenüber anonymer Ware abgrenzende Verbraucherwerbung.

Marker, svw. ↑Markierungsfunkfeuer.
▷ Filzschreiber mit bes. breiter Schreibfläche.
▷ in der *Medizin* Verbindung (z. B. Enzym, Hormon), deren (vermehrtes) Vorkommen im Blut oder im Gewebe einen Hinweis auf krankhafte Prozesse im Organismus gibt (z. B. ↑Tumormarker).

Märker, Bez. für die Bewohner der ehem. Mark Brandenburg.

Markerbse ↑Saaterbse.

Marketender [zu lat.-italien. mercatante „Händler"], bis zum Beginn des 20. Jh. Bez. für Händler, die die Truppen bei Manövern und im Krieg begleiteten und Nahrungs-, Genußmittel sowie Bedarfsartikel verkauften; von großer Bed., solange die Soldaten ihre Verpflegung selbst beschaffen mußten.

Marketerie [frz.] ↑Intarsien.

Marketing [engl. 'mɑːkɪtɪŋ] ↑Absatz.

Marketing-mix [engl. 'mɑːkɪtɪŋ 'mɪks] ↑Absatz.

Markevitch, Igor [...vɪtʃ], *Kiew 27. Juli 1912, †Antibes 7. März 1983, italien. Dirigent und Komponist russ. Herkunft. – Schüler von A. Cortot und N. Boulanger; leitete nach Stationen in Stockholm, Havanna, Paris, Madrid und Monte Carlo 1973–75 Chor und Orchester der Accademia Nazionale di Santa Cecilia in Rom. Als Dirigent von Weltruf setzte er sich bes. für zeitgenöss. Musik ein. M. komponierte Orchester- und Vokalwerke sowie Ballettmusik.

Markgröningen. Rathaus, 15./16. Jahrhundert

Markfruchtbaum (Ostind. Tintenbaum, Semecarpus anacardium), Anakardiengewächs in Vorderindien bis zum Himalaja; bis 10 m hoher Baum mit lederartigen Blättern und großen, bis 2,5 cm langen und bis 2 cm breiten, zusammengedrückt-eiförmigen Steinfrüchten, den **Marknüssen.**

Markgenossenschaft, histor. Siedlungsverband sippenrechtl. Art, der den landw. genutzten Boden (Dorf- bzw. Feldmark) als Gemeineigentum besaß. Seit dem MA durch die Grundherrschaft zersetzt und zurückgedrängt.

Markgraf ↑Mark (Grenzmark).

Markgräfler Land, Landschaft in Bad.-Württ., erstreckt sich südl. des Breisgaus bis zum Rheinknie bei Basel und umfaßt im SO auch den Dinkelberg; Ackerbau in der Ebene, in der Vorbergzone Weinbau (**Markgräfler,** vorwiegend leichte Weine [↑Gutedel]).

Markgröningen, Stadt am Rande des Strohgäus, Bad.-Württ., 281 m ü. d. M., 13 000 E. Metallverarbeitung, Textilveredlung. – 779 Ersterwähnung; Stadt und dazu gehörende Burg um 1240 gegr.; bis ins 18. Jh. Oberamtsstadt. – Got. ev. Stadtkirche (14./15. Jh.) mit Wand- und Deckenmalereien der Gotik und Renaissance, Fachwerkrathaus (15./16. Jh.).

Markian (Markianos, Marcianus), *in Thrakien um 396, †Konstantinopel 26. Jan. 457, byzantin. Kaiser (ab 450). – Berief 451 das 4. ökumen. Konzil von Chalkedon ein; brach den Widerstand der Monophysiten in Palästina und Ägypten.

markieren [german.-frz., eigtl. „mit einer Marke versehen"], kenntlich machen; hervorheben.

Markierergene (Markierungsgene), Gene, deren Lokalisation auf dem Chromosom und deren Wirkung bekannt sind und von denen aus die Lage und Verteilung der anderen Gene festgelegt werden können oder durch die ein bestimmtes Chromosom nachgewiesen werden kann.

Markierung [zu ↑markieren], in der *Medizin* die Kennzeichnung einer Substanz zur Sichtbarmachung z. B. von immunolog. oder Stoffwechselprozessen, v. a. im Rahmen der Diagnostik. Als M.stoffe (Tracer) werden Fluoreszenzfarbstoffe, Radionuklide oder Enzyme eingesetzt.

Markierungsfunkfeuer (Marker), Funkfeuer, die senkrecht nach oben oder senkrecht und seitlich strahlen und als Einflugzeichen (für Instrumentenlandungen) oder Ortskennzeichen dienen.

Markierverhalten, in der Verhaltensforschung Bez. für Verhaltensweisen zur Kennzeichnung und Abgrenzung eines Territoriums (*Reviermarkierung;* kann optisch, akustisch und durch Absetzen von Duftmarken erfolgen), bei Säugetieren vielfach auch zur Kennzeichnung von Artgenossen (insbes. Jungtieren und Geschlechtspartnern).

märkisch ↑Mark (Grenzmark).

Märkisch-Brandenburgisch, niederdt. Mundart; ↑deutsche Mundarten.

Mark Aurel, römischer Kaiser (Marmorkopf, um 165; Tripolis, Archäologisches Museum)

Igor Markevitch

Märkischer Kreis

Märkischer Kreis, Kreis in Nordrhein-Westfalen.
Märkische Schweiz, bewaldete und seendurchsetzte Hügellandschaft in Brandenburg, östlich von Berlin; Hauptort Buckow/Märk. Schweiz; Naturpark; Erholungsgebiet.
Markise, aufrollbares oder zusammenfaltbares Sonnendach (v. a. über Fenstern oder Balkonen).
Markisette, svw. ↑Marquisette.
Markkleeberg, Stadt am S-Rand von Leipzig, Sa., 18 000 E. Maschinenbau, Kunststoff-, Süßwarenind., um M. Braunkohlentagebau. Landw.-Ausstellung („agra"), z. T. in einem Landschaftspark. – 1934 durch Zusammenlegung mehrerer Gemeinden entstanden.
Markkohl, svw. ↑Markstammkohl.
Marknagelung, svw. ↑Küntscher-Nagelung.
Markneukirchen, Stadt am Fuß des Elstergebirges, Sa., im Vogtland, 504 m ü. d. M., 7 100 E. Musikinstrumentenbau. – Das um 1200 gegr. Dorf erhielt 1350 Stadtrecht. In der Mitte des 17. Jh. brachten böhm. Glaubensflüchtlinge den Geigenbau nach M. – Barockes Paulusschlößl (18. Jh.; heute Museum für Musikinstrumente).
Marknüsse ↑Markfruchtbaum.
Marko Kraljević [serbokroat. ˈmaːrkɔ ˌkraːlʲevitɕ], bulgar. Krali Marko, * um 1335, † 17. Mai 1395, serb. Fürst. – Held der südslaw. Volksepik; der Sage nach von grenzenloser Stärke; soll in einer Höhle schlafen, um einst zu neuen Taten zu erwachen.
Markomannen, elbgerman. Stamm, der 8–6 v. Chr. von Marbod nach Böhmen geführt wurde. Nach dem Zusammenbruch des Marbodreiches (17–19 n. Chr.) standen die M. in loser Abhängigkeit von Rom. Als sie im Zuge der 1. german. Völkerwanderung die Donau überschritten, kam es 166–180 zu schweren Kämpfen mit den Römern in den **Markomannenkriegen.** Nach dem 4. Jh. wurden die M. kaum noch genannt; sie gingen in den german. Stämmen Böhmens auf; Stammesteile siedelten sich (nach archäolog. Zeugnissen) im 5. Jh. im Rhein-Main-Gebiet an.
Markos Eugenikos, Taufname Manuel, *Konstantinopel 1391 oder 1392, † ebd. 23. Juni 1444 oder 1445, byzantin. Theologe und Metropolit von Ephesus. – Haupt der Unionsgegner auf dem Konzil von Florenz (1439), an dem er als Vertreter des Patriarchen von Antiochia teilnahm; wird in der Orthodoxie als Heiliger verehrt.
Marković [serbokroat. ˈmaːrkovitɕ], Ante, * Konjic 1924, jugoslaw. Politiker. – 1982–86 Min.präs. der Teilrepublik Kroatien; wurde 1986 Mgl. des ZK des Bundes der Kommunisten Jugoslawiens; 1989–91 Min.präsident.
M., Franjo, * Križevci bei Zagreb 26. Juli 1845, † Zagreb 15. Sept. 1914, kroat. Dichter. – Vertreter des bürgerl. Romantik; schrieb Epen, histor. Dramen und Lyrik; hatte als Ästhetiker und Literaturtheoretiker richtungweisenden Einfluß auf die kroat. Literatur.
M., Svetozar, *Zaječar 9. Sept. 1846, †Triest 26. Febr. 1875, serb. Schriftsteller. – Vertrat die Ideale der großserb. Omladina-Bewegung. Hg. der ersten sozialist. Zeitschrift Serbiens (1871/72); bed. polit. Publizist; stellte sich gegen die nat. gestimmte Romantik, förderte Positivismus und literar. Realismus.
Markow, Andrei Andrejewitsch, *Rjasan 14. Juni 1856, † Petrograd (Petersburg) 20. Juli 1922, russ. Mathematiker. – Prof. in Petersburg; lieferte wichtige Untersuchungen zur allg. Analysis und Wahrscheinlichkeitstheorie (Beweis der klass. Grenzwertsätze, Untersuchung der Folgen von Zufallsvariablen; ↑Markow-Prozeß).
Markowitz, Harry M., *Chicago 24. Aug. 1927, amerikan. Wirtschaftswissenschaftler. – Seit 1982 Prof. für Finanzwiss. am Baruch College der City University of New York. Er erhielt 1990 gemeinsam mit M. Miller und W. Sharpe für Forschungsarbeiten zur betriebl. Finanzierungstheorie und zur Theorie der Finanzmärkte den sog. Nobelpreis für Wirtschaftswissenschaften.
Markownikow, Wladimir Wassiljewitsch, *Knjaginin 25. Dez. 1837, † Moskau 11. Febr. 1904, russ. Chemiker. – Prof. in Kasan, Odessa und Moskau; erforschte die Isomerie und entdeckte die Naphthene; stellte die ↑Markownikowsche Regel auf.

Markownikowsche Regel [nach W. W. Markownikow], Regel über die Anlagerung von Molekülen (insbes. Halogenwasserstoffen) in der organ. Chemie; der kation. Teil der Moleküle wird an das wasserstoffreichere, der anion. Teil an das wasserstoffärmere Kohlenstoffatom eines unsymmetr., ungesättigten Kohlenwasserstoffs gebunden.
Markow-Prozeß [nach A. A. Markow], spezieller ↑stochastischer Prozeß, für dessen Verhalten in der Zukunft nur die Werte der Gegenwart, nicht aber der Vergangenheit von Bed. sind. M.-P. spielen z. B. in der kinet. Gastheorie und bei radioaktiven Zerfallsprozessen eine große Rolle.
Marksburg ↑Braubach.
Markscheide, im *Bergbau* Grenze eines Bergbauareals über und unter Tage.
Markscheidekunde (Markscheidewesen), bergbauliche Vermessungskunde.
Markstammkohl (Baumkohl, Markkohl, Winterkohl, Pommerscher Kohl), Form des Gemüsekohls mit bes. kräftiger Sproßachse; wird als Gemüse verzehrt und als Viehfutter verwendet.
Markstrahlen, radial angeordnete Grundgewebsstränge in pflanzl. Sprossen; verbinden Mark und Rinde und ermöglichen den Stoff-, Wasser- und Gasaustausch zw. inneren und äußeren Geweben des Sprosses.
Markt [zu lat. mercatus „Handel, Messe"], Platz, an dem Verkäufer und Käufer sich zu Handelszwecken treffen. In der antiken Stadtkultur war der **Marktplatz** (Agora, Forum) Standort von Veranstaltungen des öff. Lebens. Die M.plätze bildeten den Mittelpunkt der Stadt, dort wurden die wichtigsten öff. Gebäude errichtet, dort stand in der ma. Stadt als Wahrzeichen der Marktfreiheit das **Marktkreuz,** ein mit Handschuhen und Schwertern als Symbolen des **Marktrechts** geschmücktes Kreuz. Seit fränk. Zeit verlieh der König das Recht, einen Markt abzuhalten **(Marktregal).** Der Ort und die Besucher standen unter einem bes., insbes. dem **Marktfrieden.** Streitigkeiten aus dem M.verkehr wurden vor den **Marktgerichten** verhandelt. Der **Marktherr** (König, Bischof, Fürst) garantierte den freien Handelsverkehr und die Sicherheit der Wege (Geleit). Zum Entgelt erhob er ein **Marktzoll** auf die gehandelten Waren. Das M.recht wurde eine der wichtigsten Wurzeln der Stadtrechte.
▷ im *Gewerberecht* der An- und Verkauf (z. T. auch die Ausstellung) von Waren auf Messen und Märkten (M.verkehr); bildet mit stehendem Gewerbe und Reisegewerbe die drei Formen der Gewerbeausübung (§§ 64 ff. Gewerbeordnung).
▷ in der *Wirtschaftswiss.* der ökonom. Ort des Tausches, an dem durch das Zusammentreffen von ↑Angebot und ↑Nachfrage der Preis gebildet wird. Der M. für ein bestimmtes Gut (z. B. Arbeits-M.) zerfällt im allg. in zahlr. Teilmärkte. – Zur Einteilung der M. ↑Marktformen.
Marktabgabe (Standgeld), Benutzungsgebühr, die Gemeinden von Benutzern öff.-rechtlich geregelter Märkte erheben.
Marktanalyse (Marktforschung), meist mit statist. Methoden der ↑Meinungsforschung durchgeführte systemat. Untersuchung des Beschaffungs-, Finanzierungs- oder Absatzmarktes einzelner Güter eines Unternehmens oder eines branchenspezif. Verbandes.
Marktanpassung, Reaktionen der Marktteilnehmer auf veränderte Marktbedingungen. – ↑Spinnwebtheorem.
Marktanteil, die auf ein einzelnes Unternehmen entfallende Menge abgesetzter Güter sowie deren Wert im Verhältnis zum gesamten Umsatz der Branche oder der gesamten Volkswirtschaft.
marktbeherrschende Unternehmen, Unternehmen, die als Anbieter oder Nachfrager ohne wesentl. Mitbewerber sind oder eine überragende Marktstellung haben; sie unterstehen der Mißbrauchsaufsicht der Kartellbehörde. Nutzen m. U. ihre Stellung auf dem Markt mißbräuchlich aus, so kann die Kartellbehörde das mißbräuchl. Verhalten untersagen und Verträge für unwirksam erklären.
Marktformen, Einteilung der Märkte nach ihrer unterschiedl. Art der Preisbildung. Nach qualitativen Merkmalen

Markstammkohl

Harry M. Markowitz

ist v. a. zu unterscheiden zw. vollkommenen und unvollkommenen Märkten. Ein Markt ist „vollkommen", wenn die entsprechenden Güter gleichartig (homogen) sind, die Marktteilnehmer keine persönl. Präferenzen für bestimmte (Ver-)Käufer haben und vollständige Markttransparenz besteht. Auf einem solchen *vollkommenen Markt,* dem in der Praxis die Börse am nächsten kommt, kann es nur einen Preis geben. Fehlt eine der Voraussetzungen, so handelt es sich um einen *unvollkommenen Markt,* fehlt lediglich die Voraussetzung der Transparenz, um einen *temporär unvollkommenen Markt.* Andere qualitative Unterteilungen sind: nach dem Zugang *geschlossene Märkte* (ein Zugang ist nicht möglich, z. B. durch ein Niederlassungsverbot) und *offene Märkte* mit beschränktem (z. B. durch bes. hohe Kapitalanforderungen) und unbeschränktem Zugang sowie *organisierte Märkte* mit festen Regeln für das Marktgeschehen (z. B. Börsen) und *unorganisierte Märkte.* – Weitere mögl. Kriterien für die Unterteilung von M. sind verschiedene Elastizitätskoeffizienten, z. B. die Preis- und Mengenelastizitäten (↑ Elastizität).

Marktforschung ↑ Marktanalyse.
Marktkreuz ↑ Markt.
Marktmechanismus (Preismechanismus), in der *Wirtschaftstheorie* der automat. Preisbildungsprozeß bei atomist. Konkurrenz (sehr viele kleine Anbieter), die freilich nur auf wenigen Märkten anzutreffen ist (↑ Marktformen, ↑ Marktwirtschaft). Sind Angebots- und Nachfragemengen eines Gutes vom Preis abhängig und verlaufen die damit gegebenen Angebots- und Nachfragefunktionen normal, so existiert im allg. im Schnittpunkt der beiden Funktionen eine eindeutige, gleichgewichtige Preis-Mengen-Kombination, bei deren Preis die Anbieter gerade die Menge anbieten, die die Nachfrager zu diesem Preis zu kaufen wünschen. Bieten die Anbieter weniger (mehr) an, so ergeben sich, entsprechend dem Verlauf der Nachfragefunktion, höhere (niedrigere) Preise, die die Anbieter veranlassen, ihr Angebot auszuweiten (einzuschränken), so daß sich die Gleichgewichtslage stets automatisch wieder einstellt. – ↑ Spinnwebtheorem.

Marktoberdorf, Krst. in Bay., nahe der oberen Wertach, 727–790 m ü. d. M., 16 500 E. Verwaltungssitz des Landkr. Ostallgäu; Riesengebirgsmuseum; Herstellung von Gablonzer Schmuckwaren, Maschinen-, Traktorenbau, Textilind. – Seit 1453 Markt, seit 1953 Stadt. – Barocke Pfarrkirche (1732) mit Rokokostukkaturen, klassizist. Grabkapelle (1823) für Klemens Wenzeslaus von Sachsen, Jagdschloß der Augsburger Bischöfe (18. Jh.).

Marktordnung, 1. in der *Wirtschaftstheorie* die strukturelle Verfassung eines Marktes im Rahmen einer prinzipiell marktwirtsch. Grundorientierung; 2. in der *Wirtschaftspolitik* ↑ Wettbewerbspolitik.

Marktpreis, in der klass. Nationalökonomie der sich kurzfristig aus Angebot und Nachfrage ergebende Preis im Ggs. zum **natürlichen Preis,** der als langfristiger Gleichgewichtspreis bei vollständiger Konkurrenz gerade die Produktionskosten deckt. Bei der Bewertung von Wirtschaftsgütern ist der M. der jeweils am Tageswert orientierte Preis.

Marktrecht ↑ Markt.
Marktredwitz, Stadt im Fichtelgebirge, Bay., 727 m ü. d. M., 18 600 E. Egerland-Museum; Metall-, Keramik-, Textil-, chem. und Elektroind. – Um 1135 erstmals erwähnt; im MA bed. Eisenerzbergbau; seit 1907 Stadt. – Ev. Pfarrkirche (14. und 16. Jh.), kath. Pfarrkirche (18. Jh.), Rathaus (16./17. Jh.).

Markt Sankt Florian, früher amtl. Name von ↑ Sankt Florian in Oberösterreich.

Marktstrukturgesetz, Gesetz zur Anpassung der landw. Erzeugung an die Erfordernisse des Marktes i. d. F. vom 26. 11. 1975; danach können sich Inhaber land- und fischwirtsch. Betriebe zu Erzeugergemeinschaften zusammenschließen, die aus Haushaltsmitteln gefördert werden; gilt laut Einigungsvertrag in den neuen Bundesländern ab 1. 1. 1994.

Markttheorie ↑ Geldtheorie.
Markttransparenz ↑ Marktformen.

Mark Twain [engl. 'maːk 'twɛɪn], eigtl. Samuel Langhorne Clemens, * Florida (Mo.) 30. Nov. 1835, † Redding (Conn.) 21. April 1910, amerikan. Schriftsteller. – Drucker, dann 1857–60 Lotse auf dem Mississippi; nahm am Sezessionskrieg auf seiten der Konföderierten teil; unternahm zahlr. Studien- und Vortragsreisen, v. a. nach Europa, wo er als Schriftsteller zunehmende Anerkennung fand. Als Humorist war er einerseits der amerikan. Tradition des „Western humour" verpflichtet, griff jedoch andererseits Anregungen der europ. und der europ. orientierten amerikan. Literatur auf. Sein Hauptwerk, der anfangs als Jugendbuch verstandene Roman „Abenteuer und Fahrten des Huckleberry Finn" (1884), die Fortsetzung des Romans „Die Abenteuer Tom Sawyers" (1876), wird zu den hervorragendsten Werken der amerikan. Prosaliteratur des ausgehenden 19. Jh. gezählt. Zu seinen (autobiographisch beeinflußten) Hauptwerken gehört auch der Bericht „Leben auf dem Mississippi" (1883). Sein skept. Verhältnis zu Europa wird deutlich in dem Roman „Ein Yankee am Hofe des Königs Artus" (1889). Wachsende Vorbehalte gegenüber amerikan. Zuständen zeigt der Roman „Querkopf Wilson" (1894); im Spätwerk überwiegt die pessimist. Satire.

Marktwert, svw. ↑ Tageswert.

Marktwirtschaft (Verkehrswirtschaft), Wirtschaftsordnung, in der Art und Umfang der Produktion und die Verteilung der Produktionsergebnisse primär über den Markt und die dort erfolgende Preisbildung gesteuert werden. Voraussetzungen bzw. Bestandteile einer M. sind Gewerbe- und Vertragsfreiheit, freie Wahl des Berufs- und Arbeitsplatzes, autonome Spar- und Investitionsentscheidungen sowie freier Wettbewerb; dies setzt auch das Privateigentum an Produktionsmitteln mit voraus. Im klass. Idealmodell einer *freien M.* führt das auf persönl. Vorteil gerichtete ökonom. Verhalten der einzelnen über freie Konkurrenz zugleich zum höchsten Wohlstand für die Gesellschaft. Bereits im 19. Jh. jedoch zeigten sich die entscheidenden Schwächen einer unkorrigierten freien M.: wirtsch. und polit. Machtkonzentration mit Beeinträchtigung des Wettbewerbs und damit des Funktionsmechanismus der M., unsoziale Einkommens- und Vermögensverteilung, zyklisch wiederkehrende Massenarbeitslosigkeit. Dies war zugleich einer der ausschlaggebenden Hintergründe für das von der sog. „Freiburger Schule" und anderen dt. Nationalökonomen des Ordoliberalismus (↑ Neoliberalismus) entwickelte Modell einer *sozialen M.,* das dem ökonom. Wiederaufbau in der BR Deutschland als Ordnungsprinzip zugrunde gelegt wurde. In diesem Modell kommt dem Staat die Aufgabe zu, sozial unerwünschte Ergebnisse der M. zu korrigieren. Insbes. hat der Staat den freien Wettbewerb gegen seine Gefährdung z. B. durch Kartelle zu sichern, die Einkommens- und Vermögensverteilung im Interesse der nicht am Wirtschaftsprozeß beteiligten Gruppen zu korrigieren, die Beschäftigten und sozial Schwachen durch ein soziales Netz abzusichern (z. B. durch Arbeitslosenversicherung, Kinder- und Erziehungsgeld, Wohngeld, Sozialhilfe), die Möglichkeiten der Privatinitiative übersteigende Aufgaben zu übernehmen (z. B. Strukturpolitik, Bildungspolitik) sowie Konjunkturschwankungen durch seine Konjunkturpolitik zu dämpfen.

Markus, hl. (M. der Evangelist), Autor des ↑ Markusevangeliums. Papias nennt ihn „Dolmetscher des Petrus" und kennzeichnet so die Apostolizität des Evangeliums. Identifiziert wird dieser M. mit dem *Johannes M.* der Jerusalemer Urgemeinde, dem Missionshelfer von Paulus und Barnabas. Die spätere Legende machte ihn zum Märtyrerbischof von Alexandria, dessen Leiche nach Venedig gebracht worden sein soll. Bildsymbol: Löwe. – Fest: 25. April.

Markusevangelium, das älteste und kürzeste der kanon. Evangelien. Im M. wird zum ersten Mal der Weg des ird. Jesus von der Taufe über sein Wirken in Galiläa bis zu Passion, Tod und Auferstehung in Jerusalem geschildert. Dabei ist es nicht an einem (histor.) „Leben Jesu" interessiert, vielmehr wird im Kontrast zum „Weg Jesu" das Scheitern der ersten Jünger in der Nachfolge auf diesem Weg geschildert und als unverständiges, blindes und un-

Mark Twain

Markuslöwe

gläubiges Verhalten getadelt. Das M. nimmt zahlr. ältere Überlieferungsstücke auf, gestaltet sie um und fügt sie der Absicht seiner Erzählung ein. So entsteht die wirkungsgeschichtlich bedeutsame Gatt. „Evangelium". Matthäus- und Lukasevangelium haben das M. auch als literar. Quelle benutzt. Der Autor des M. ist unbekannt (↑Markus). Abgefaßt wurde es in einfachem Griechisch kurz nach 70 n. Chr. vermutlich im palästin.-syr. Raum.

Markuslöwe, Tiersymbol des Evangelisten Markus, als Wappentier von der Stadt und der früheren Republik Venedig übernommen: ein geflügelter Löwe mit Heiligenschein, der in seinen Pranken ein Buch hält.

Marl, Stadt im nw. Ruhrgebiet, NRW, 50 m ü. d. M., 91 500 E. Inst. für Medienforschung; Skulpturen- und Regionalmuseum. Steinkohlenbergbau (heute rückläufig), Massenproduktion von Halbfertigerzeugnissen der chem. Ind.; Häfen am Wesel-Datteln-Kanal. — Erstmals um 900 belegt; gehörte 1803 zu Kurköln, seit 1815 zu Preußen; seit 1936 Stadt. — Modernes Stadtzentrum, u. a. Rathaus (1962–65).

John Churchill, Earl of Marlborough

Marlborough, John Churchill, Earl of (seit 1689), Hzg. von (seit 1702) [engl. 'mɔːlbərə], Reichsfürst von Mindelheim (seit 1710), *Ashe (Devonshire) 26. Mai 1650, †auf Cranbourn Lodge (New Windsor) 16. Juni 1722, brit. Feldherr und Politiker. — Von Jakob II. bei der Niederwerfung des Monmouth-Aufstandes 1685 zum General erhoben und geadelt. 1688 ging M. zu Wilhelm von Oranien über. Wegen Verbindungen zu Jakob II. 1692 seiner Ämter enthoben und für kurze Zeit inhaftiert, aber 1701 mit der Führung der engl. Truppen in Flandern und mit der Aushandlung der antifrz. Haager Großen Allianz beauftragt. Unter Königin Anna, auf die seine Frau, Sarah Jennings (*1660, †1744), als Hofdame großen Einfluß hatte, übernahm er als Leitender Min. (1702–10) zus. mit dem Tory S. Godolphin die Reg.; als Oberbefehlshaber der brit.-niederl. Armee im Span. Erbfolgekrieg gegen Ludwig XIV. siegte er (z. T. zus. mit Prinz Eugen) bei Höchstädt a. d. Donau 1704, Ramillies-Offus 1706, Oudenaarde 1708, Malplaquet 1709; verlor auf Betreiben der für die Beendigung des Krieges eintretenden Tories 1711 alle Ämter.

Bob Marley

Marley, Bob [engl. 'maːlɪ], eigtl. Robert Nesta M., *Saint Ann (Jamaika) 5. Febr. 1942, †Miami (Fla.) 11. Mai 1981, jamaikan. Rockmusiker (Gitarre, Gesang). — Gründete 1964 die Gruppe „The Wailers" und wurde in den 1970er Jahren zur Symbolfigur des Reggae. Mit meist selbst komponierten und getexteten Songs wandte er sich gegen Rassendiskriminierung und soziale Ungerechtigkeit („I shot the sheriff").

Marlitt, E[ugenie], eigtl. Eugenie John, *Arnstadt 5. Dez. 1825, †ebd. 22. Juni 1887, dt. Schriftstellerin. — Zunächst Sängerin; veröffentlichte (v. a. in der Zeitschrift „Die Gartenlaube") viele sentimental-naive Unterhaltungsromane, u. a. „Goldelse" (1867), „Das Geheimnis der alten Mamsell" (1868), „Im Hause des Commerzienrathes" (1877); erlangte rasch große Bekanntheit.

Marlowe, Christopher [engl. 'mɑːloʊ], *Canterbury 6. Febr. 1564, †Deptford (= London) 30. Mai 1593, engl. Dramatiker. — Bedeutendster engl. Dramatiker vor Shakespeare. 1593 wegen Atheismus angeklagt; bei einem Wirtshausstreit erstochen. Schrieb u. a. Übersetzungen der Elegien Ovids, lyr. Gedichte und pathet. Dramen, in denen er erstmals den Blankvers verwendete, bes. in „Eduard II." (1594), „Doctor Faust" (hg. 1604), „Der Jude von Malta" (hg. 1633).

Marlspieker [niederdt.], seemänn. Bez. für einen Stahl- oder Hartholzdorn (Pfriem) zum Spleißen von Tauwerk und zu anderen seemänn. Arbeiten.

Marmara, türk. Insel im W des Marmarameers, 117 km², bis 607 m hoch; ehem. bed. Marmorbrüche.

Marmarameer, türk. Binnenmeer, trennt Europa von Asien, etwa 200 km lang, bis 80 km breit, bis 1355 m tief, über die Dardanellen mit dem Ägäischen Meer und über den Bosporus mit dem Schwarzen Meer verbunden. — Hieß in der Antike **Propontis.**

Marmarika, Küstenlandschaft am östl. Mittelmeer (Libyen und Ägypten), halbwüstenhafte Karstlandschaft.

Marmelade [portugies., zu marmelo „Quitte"], durch Einkochen von Obstpulpe, Mark und Saft mit Zucker gewonnener streichfähiger Brotaufstrich. — ↑Konfitüre.

Mar Menor, größtes Haff der Iber. Halbinsel, an der span. O-Küste, Prov. Murcia, durch die Landzunge von La Manga vom Mittelmeer getrennt, 180 km², Meersalzgewinnung, Langustenzucht. Die Küstenzone hat sich zu einem der größten Ferienzentren des Mittelmeeres entwickelt; San Javier.

Marmion, Simon [frz. marˈmjõ], *Amiens (?) um 1425, †Valenciennes 15. oder 24. Dez. 1489, frz. Maler. — Schuf Tafelbilder, den Hochaltar von Saint-Bertin in Saint-Omer (1455–59; Berlin-Dahlem und London, National Gallery) und Miniaturen („Grandes chroniques de France", 1454–59; St. Petersburg, Staatsbibliothek); verbindet fläm. Realismus mit frz. Eleganz.

Marmontel, Jean-François [frz. marmõˈtɛl], *Bort-les-Orgues (Corrèze) 11. Juli 1723, †Ablonville bei Saint-Aubin-sur-Gaillon (Eure) 31. Dez. 1799, frz. Schriftsteller. — Berühmt durch seine Tragödien, kom. Opern und den philosoph. Roman „Belisar" (1766). Ab 1763 Mgl., ab 1783 Sekretär der Académie française; ab 1771 Historiograph von Frankreich.

Marmor [zu griech. mármaros „Felsblock, gebrochener Stein"], durch Metamorphose von Kalken entstandenes mittel- bis grobkörniges, überwiegend aus Calciumcarbonat bestehendes Gestein.

Marmorgips, doppelt gebrannter, zw. den beiden Brennvorgängen mit Alaun getränkter Gips. M. erreicht größere Härten als Stuckgips und ist schleif- und polier-

Simon Marmion. Linker Flügel des Hochaltars für Saint-Bertin in Saint-Omer mit Szenen aus dem Leben des heiligen Bertin, 1455–59 (Berlin, Staatliche Museen)

Marokko

Marokko
Fläche: 458 730 km²
Bevölkerung: 26,2 Mill. E (1990), 57,1 E/km²
Hauptstadt: Rabat
Amtssprache: Arabisch
Staatsreligion: Islam
Nationalfeiertag: 3. März, 14. August
Währung: 1 Dirham (DH) = 100 Centimes (c)
Zeitzone: MEZ −1 Stunde

fähig; dient zum Verfugen von Fliesen und zur Herstellung von Kunstmarmor.
marmoriert [griech.], marmorartig bemalt, geädert (z. B. Stuckdekorationen).
Marmorknochenkrankheit ↑ Knochenkrankheiten.
Marmormolch (Triturus marmoratus), bis 14 cm langer, oberseits grün und schwarz marmorierter Wassermolch in stehenden Süßgewässern SW-Europas; ♂♂ während der Paarungszeit mit hohem, quergebändertem Rückenhautsaum; Rückenmitte der ♀♀ mit orangeroter Längslinie.
Marmosetten [frz.] (Callithricinae), Unterfam. etwa 15–25 cm langer, langschnäuziger Krallenaffen mit zehn Arten in Wäldern S-Amerikas; Fell dicht behaart, mit verlängerten Haarbüscheln an Ohren und Kopfseiten. Zu den M. gehören u. a. Pinseläffchen, Silberäffchen und Zwergseidenäffchen.
Marmoutier [frz. marmu'tje] ↑ Maursmünster.
Marne [frz. marn], Dep. in Frankreich.
M. ['marnə], rechter Nebenfluß der Seine, entspringt auf dem Plateau von Langres, mündet sö. von Paris, 525 km lang; schiffbar ab Saint-Dizier.
Marnekultur, nach Fundgruppen im Flußgebiet der Marne ben., in der Champagne verbreitete Kulturgruppe der frühen La-Tène-Zeit (5.–3. Jh.); u. a. Wagengräber und bemalte Drehscheibenkeramik.
Marner, der, mittelhochdt. Lieder- und Spruchdichter. – Fahrender Sänger (vermutlich) aus Schwaben; nachweisbar zw. 1230/31 und 1266/67; wurde als blinder alter Mann ermordet. Verfaßte neben lat. Gedichten v. a. Minne-, Tage- und Tanzlieder, Sprüche über Religion, Politik, Kunst, Sitte.
Marneschlacht, für die Anfangsphase des 1. Weltkriegs und v. a. für den Übergang vom Bewegungs- zum Stellungskrieg entscheidende Schlacht in N-Frankreich vom 5.–9. Sept. 1914. Im Verlauf der M. scheiterte die im ↑ Schlieffenplan konzipierte rasche Umfassung und Vernichtung der Masse des frz. Feldheeres. Die strateg. Niederlage der dt. Armee gegen die alliierten frz. und brit. Truppen in der M. führte zur Ablösung H. von Moltkes durch E. von Falkenhayn als Generalstabschef des Feldheeres.
Marnix, Philips van, Heer van Sint Aldegonde, * Brüssel 1540, † Leiden 15. Dez. 1598, niederl. Staatsmann und Schriftsteller. – Studierte u. a. bei Calvin; schloß sich 1565 dem niederl. Adelsbund gegen die Religionsedikte Philipps II. an. Literarisch trat M. v. a. durch die Satire gegen die kath. Kirche hervor („De byencorf der h. Roomsche kercke" [Der Bienenkorb der hl. Röm. Kirche], 1569); übersetzte auch Teile der Bibel.
Maro, hl. † vor 423, syr. Mönch. – Lebte in Syrien. Seine zahlr. Schüler gründeten an seinem Grab ein Kloster, das zu den bedeutendsten Mönchssiedlungen Syriens zählte (↑ Maroniten).
marode [zu frz. maraud „Lump"], urspr. soldatensprachlich für: marschunfähig, dann allg. für: ermattet, erschöpft; **Marodeur,** soldatensprachlich für: plündernder Nachzügler einer Truppe; **marodieren,** als Nachzügler einer Truppe plündern.
Marokko (amtl.: Al Mamlaka Al Maghribijja; dt. Kgr. Marokko), Staat in Nordwestafrika, zw. 27° 40' und 35° 56' n. Br. sowie 1° und 13° 12' w. L. **Staatsgebiet:** M. grenzt im W an den Atlantik, im N an das Mittelmeer, im O und SO an Algerien, im S an die Westsahara. **Verwaltungsgliederung:** 35 Prov., 2 Stadtpräfekturen, zuzügl. 4 Prov. in der Westsahara. **Internat. Mitgliedschaften:** UN, GATT, Arab. Liga; der EWG teilassoziiert.
Landesnatur: Große Teile des Landes werden vom Gebirgssystem des Atlas eingenommen. Parallel der Mittelmeerküste erhebt sich der bis 2 456 m hohe Rifatlas. Zw. ihm und dem Mittleren Atlas (bis 3 343 m ü. d. M.) verläuft eine Talfurche, die die wichtigste O–W-Verbindung des Landes darstellt. Von der atlant. Küstenebene erfolgt ein allmähl. Anstieg zur zentralen Meseta, einem weitflächigen Hoch- und Bergland. Jenseits des von SW nach NO verlaufenden Hohen Atlas, der 4 165 m Höhe erreicht, liegen das Becken des Oued Sous, der Antiatlas, die nordsahar. Hammadas und die ostmarokkan. Hochplateaus.
Klima: M. liegt im Übergangsbereich vom mediterranen zum saharisch-kontinentalen Klima. Die Niederschlagsmenge nimmt nach SO hin rasch ab. Teile des Hohen Atlas (oberhalb 1 000 m ü. d. M.) sind winters oft schneebedeckt.
Vegetation: Die urspr. Pflanzenwelt im beregneten Teil sind Wald (stark dezimiert) und mediterrane Strauchvegetation. Im südl. Küstenbereich wachsen Arganien (Marokkan. Eisenholzbaum) und Jujuben. In der Halbwüste des transmontanen M. ist der Pflanzenwuchs nur spärlich; in den Oasen finden sich ausgedehnte Dattelpalmhaine. Im NO des Landes tragen weite Flächen Alfagras.
Tierwelt: Die urspr. Tierwelt wurde stark dezimiert. In der Sahara kommen Gazellen, Fenek, Eidechsen u. a. vor.
Bevölkerung: Etwa 36 % sind Berber, 20 % Araber und 40 % arabisierte Berber. 99 % der Bewohner sind sunnit. Muslime. Am dichtesten sind die Küstengebiete und die feuchten Hochebenen besiedelt. Etwa 45 % der Bev. leben in Städten. Nur ⅔ der schulpflichtigen Kinder (allg. Schulpflicht vom 7.–13. Lebensjahr) besuchen die Schule. M. verfügt über 6 Univ. Viele Marokkaner arbeiten als Gastarbeiter im Ausland.
Wirtschaft: Größte Bed. haben Landw., Tourismus und Phosphatbergbau. In der Landw. herrschen Kleinbetriebe zur Selbstversorgung vor. Exportorientiert ist der Anbau von Zitrusfrüchten und Frühgemüse. Das Alfagras ist Rohstoff für Papierherstellung und Flechtwaren. Die Fischgründe an der Atlantikküste sind sehr fischreich. Rd. 85 % der Fänge (bes. Sardinen) werden industriell verarbeitet. M. steht hinsichtlich des Phosphatabbaus weltweit an dritter Stelle. Bedeutung haben außerdem die Förderung von Mangan-, Kobalt-, Blei-, Zink- und Kupfererzen, Steinkohle, Erdöl und Erdgas. Wichtigste Ind.zweige sind neben der chem. Ind. (Verarbeitung von Rohphosphaten) die Nahrungsmittel- und Textilind. Das traditionelle Handwerk spielt eine bed. wirtsch. Rolle. Hauptziele des Fremdenver-

Marokko

Staatswappen

MA
Internationales Kfz-Kennzeichen

1970 1990   1970 1990
Bevölkerung   Bruttosozial-
(in Mill.)   produkt je E
            (in US-$)

☐ Stadt   Land ☐

Bevölkerungsverteilung 1990

☐ Industrie
☐ Landwirtschaft
☐ Dienstleistung

Bruttoinlandsprodukt 1990

Marokkokrisen

kehrs sind die antiken Ruinenstätten, die Königsstädte Rabat, Fès, Marrakesch und Meknès sowie die Küstenstrände.
Außenhandel: Ausgeführt werden Phosphate (weltgrößter Exporteur), Düngemittel, Agrargüter, Teppiche u. a., eingeführt Investitionsgüter, Rohöl, Konsumgüter und Nahrungsmittel. Wichtigste Handelspartner sind Frankreich, Spanien, die USA und Deutschland.
Verkehr: Das Verkehrsnetz mit 1 893 km Eisenbahnlinien und 59 171 km Straßen (davon 27 810 km asphaltiert) ist bes. im N und NW gut ausgebaut. Bed. Seehäfen liegen am Atlantik (Casablanca, Safi, Mohammedia, Agadir, Tanger u. a.). Nat. Fluggesellschaft ist die Royal Air Maroc. Internat. ✈ in Casablanca, Rabat und in 13 weiteren Städten.

Marokko. Wirtschaft

Geschichte: Das Gebiet des heutigen M. war seit antiker Zeit von selbständigen Berberstämmen bewohnt; an der Küste gab es einige phönik. bzw. karthag. Siedlungen. 42 v. Chr. schufen die Römer die Prov. **Mauretania Tingitana** (Teile des späteren Algerien und M.). Im 5. Jh. eroberten die Vandalen das Gebiet, im 6. Jh. Byzanz, 705–708 die Araber. 789 begründete der Alide Idris I. die Herrschaft der Idrisiden mit Fes als Residenz. Später vereinigten die Dynastie der Almoraviden (1061–1147) und Almohaden (1147–1269) M. und die südl. Pyrenäenhalbinsel unter ihrer Herrschaft. 1269 eroberten die berber. Meriniden die Hauptstadt Marrakesch. 1554 kamen die Saaditen an die Macht, denen 1669 die noch heute herrschenden Hasaniden folgten. Mulai Ismail (1672–1727) schuf eine neue Verwaltung, die das Land z. T. der Zentralgewalt unterstellte, z. T. der indirekten Herrschaft der Stammesfürsten überließ, die die Reg. des Sultans oft nicht anerkannten. Im 18. Jh. wurden verstärkt wirtsch. und polit. Beziehungen zu Europa aufgenommen. Mitte des 19. Jh. kam es zu krieger. Auseinandersetzungen mit Spanien; Ende des 19. Jh. konnte Frankreich seine Vorherrschaft festigen (brit.-frz. Abkommen 1904). 1912 wurde M. frz. Protektorat, Spanien erhielt das Rifgebiet (zum Interessenkonflikt mit Deutschland ↑Marokkokrisen). 1920 bis 1933/34 kämpften die Berberstämme gegen die frz. und span. Kolonialherrschaft, etwa gleichzeitig formierte sich allmählich eine auf die Intellektuellen gestützte Nat.bewegung (Istiklal-Partei), die während des 2. Weltkrieges Auftrieb erhielt. 1947 forderte Sultan Muhammad V. die Unabhängigkeit und wurde deshalb von Frankreich deportiert (1953–55). Am 2. März 1956 mußte Frankreich der Unabhängigkeit M. zustimmen, auch das span. Protektorat wurde aufgehoben, ebenso das internat. Gebiet Tanger. M. wurde Kgr. unter Muhammad V.; seit 1961 regiert sein Sohn Hasan II., der einen zunehmend autoritären innenpolit. Kurs verfolgt. Die oppositionellen Kräfte sammelten sich bereits seit 1958/59 in der Nat. Union der Volkskräfte (frz. Abk. UNFP, verboten 1973). Zu scharfen Auseinandersetzungen mit den Nachbarländern Algerien und Mauretanien kam es 1975/76, als die Span. Sahara entkolonialisiert wurde und M. seine Ansprüche durch einen „grünen Marsch" (Nov. 1975) durchzusetzen versuchte. Im April 1976 einigten sich Mauretanien und M. in einem Grenzabkommen über die Grenze in der Westsahara; Algerien brach die diplomat. Beziehungen wegen des marokkan. Vorgehens ab (Wiederaufnahme 1983). Nachdem Mauretanien 1979 mit der ↑FPOLISARIO einen Friedensvertrag in Algier abgeschlossen und auf Westsahara verzichtet hatte, gliederte M. dieses Territorium seinem Staatsgebiet an. Auseinandersetzungen zw. marokkan. Truppen und der FPOLISARIO dauerten (mit Unterbrechung 1989–91) bis Sept. 1991 (Waffenstillstand unter UN-Vermittlung) an. 1984 trat M. aus der OAU aus, da diese die von der FPOLISARIO 1976 proklamierte „Demokrat. Arab. Republik Sahara" anerkannt hatte. 1989 beteiligte sich M. an der Gründung der ↑Maghreb-Union. Die lange schwelenden innenpolit. Gegensätze (u. a. blutige Niederwerfung des Generalstreikes 1981) verschärften sich insbes. seit 1990 (Massenproteste gegen Hasan II.), wobei die Bevölkerung im 2. Golfkrieg (Jan./Febr. 1991) eindeutig proirak. Positionen einnahm.

Politisches System: Nach der Verfassung vom 10. März 1972 (mit Änderungen nach Referendum von 1992) ist M. ein islam. Staat, der die Form einer konstitutionellen, demokrat. und sozialen Monarchie hat. *Staatsoberhaupt* und oberster Inhaber der *Exekutive* ist der König; er ernennt die Reg., kann den Ausnahmezustand verhängen, das Parlament auflösen, durch Dekrete regieren und ist Oberbefehlshaber der Streitkräfte. Die Reg. unter Leitung des Premiermin. ist gegenüber König und Parlament verantwortlich. Die *Legislative* wird von der Nat.versammlung ausgeübt, deren 306 Mgl. auf 6 Jahre gewählt werden, 2/3 in allg. und direkter Wahl, 1/3 indirekt durch Prov.versammlungen und Berufskammern. Der König stützt sich auf 4 *Parteien:* Union Constitutionelle (UC), Rassemblement national des indépendents (RNI), Parti national démocrate (PND) und Mouvement populaire (MP). Einflußreichste Oppositionsparteien: Union socialiste des forces populaires (USFP), Parti de l'Istiqlal (PI), ↑Istiklal-Partei. Bedeutendste *Gewerkschaft*organisationen sind die Union Marocaine du Travail (700 000 Mgl.) und die Union Générale des Travailleurs du Maroc (673 000 Mgl.). Das marokkan. *Recht* ist ein islamisiertes frz. Recht; höchste richterl. Instanz ist der Oberste Gerichtshof.

Marokkokrisen, internat. Krisen, ausgelöst durch gleichzeitige Interessen Deutschlands und Frankreichs an Marokko. Der Versuch der dt. Reg., mit der Landung Kaiser Wilhelms II. in Tanger 1905 die seit dem brit.-frz. Abkommen von 1904 verstärkt einsetzende frz. Expansion in Marokko zu verhindern, führte zur **1. Marokkokrise;** sie hatte die Festigung der Entente cordiale und die Isolierung des Dt. Reichs auf der Konferenz von Algeciras 1906 zur Folge. Nach der Besetzung von Fès 1911 durch frz. Truppen löste die dt. Reg. durch die Entsendung des Kanonenbootes „Panther" nach Agadir (sog. **Panthersprung nach Agadir**) die **2. Marokkokrise** aus, die durch das Marokko-Kongo-Abkommen 1911 beigelegt wurde. Dieses besiegelte das frz. Protektorat über Marokko und gestand Deutschland die Vergrößerung Kameruns durch Teile Frz.-Äquatorialafrikas zu.

Maromokotro, mit 2 876 m höchste Erhebung Madagaskars.

Maron, Monika, *Berlin 3. Juni 1941, dt. Schriftstellerin. – Lebte von 1976 bis zu ihrer Übersiedlung in die BR

Marrakesch

Deutschland 1988 in Berlin (Ost), u. a. Regieassistentin beim Fernsehen und Reporterin. M. debütierte 1981 mit dem Roman „Flugasche" (in der DDR erst 1989 veröffentlicht), in dem sie die Umweltverschmutzung in der DDR und die stalinist. Methoden von SED-Mgl. beschreibt. Kleist-Preis 1992. – *Weitere Werke:* Das Mißverständnis (En., 1982), Die Überläuferin (R., 1986), Stille Zeile Sechs (R., 1991).

Maron [ma'rõ:; frz.] ↑ Buschneger.

Maronen [italien.-frz.], Früchte der ↑ Edelkastanie.

Maronenröhrling (Xerocomus badius), von Juni bis Nov. in Kiefernwäldern des Flachlandes vorkommender Röhrenpilz; Hut kastanienbraun, mit matter, samtiger Oberfläche; Röhren grünlichgelb, bei Druck blau werdend; schmackhafter Speisepilz.

Maroni, Grenzfluß zw. Surinam und Frz.-Guayana, entspringt nahe der brasilian. Grenze, mündet in den Atlantik, 724 km lang.

Maroni [italien.] ↑ Edelkastanie.

Maroniten, Anhänger der einzigen geschlossen mit Rom unierten oriental. Kirche. Die Ursprünge gehen auf das syr. Kloster des hl. ↑ Maro zurück. Dort sammelten sich ab 675 Christen. Durch die Araber wurden sie in den Libanon abgedrängt. 1181/82 Aufnahme offizieller Beziehungen zu Rom. Das Konzil von Florenz (1445) bestätigte die Union. Ein Patriarch leitet heute zus. mit den Bischöfen die rd. 1,3 Mill. im Nahen Osten (v. a. im Libanon) und in der ganzen Welt verstreuten Maroniten.

Maroquin [maro'kɛ̃; frz. „marokkanisch"] (Maroquinleder), feines, genarbtes Leder aus Ziegenfellen; z. B. für Bucheinbände.

Maros [ungar. 'mɔrɔʃ], linker Nebenfluß der Theiß, entspringt in den Ostkarpaten (Rumänien), durchfließt das siebenbürg. Becken, mündet bei Szeged (Ungarn), 756 km lang.

Marot, Clément [frz. ma'ro], * Cahors (Lot) 23. Nov. 1496, † Turin 10. (12. ?) Sept. 1544, frz. Dichter. – Am Hof Franz' I.; als Hugenotte mehrfach verfolgt; schrieb eine berühmte, von Calvin übernommene Psalmenübersetzung (1541–43); bed. Lyriker (Epigramme, Episteln, Sonette im italien. Stil).

Marotta, Giuseppe, * Neapel 5. April 1902, † ebd. 10. Okt. 1963, italien. Schriftsteller. – Schrieb realist., humorvolle Romane und Novellen über Neapel, dessen Bewohner und deren soziale Probleme, u. a. „Das Gold von Neapel" (Nov., 1947), „Die Götter des Don Federico" (R., 1952); auch Drehbücher.

Marotte [frz., urspr. Bez. für eine kleine Heiligenfigur (zu Marie „Maria")], Schrulle, Laune, merkwürdige Angewohnheit.

Maroua [ma'rwa], Prov.hauptstadt in N-Kamerun, 400 m ü. d. M., 81 900 E. Kath. Bischofssitz; Baumwollforschungs-Inst.; ethnolog. Museum; Verarbeitung landw. Erzeugnisse; Kunsthandwerk. ✈.

Marokko. Der Ort Boumalne im Tal des Dadés, am Südfuß des Hohen Atlas

Marozia, * um 892, † nach 932, röm. Patrizierin. – In 3. Ehe 932 ⚭ mit König Hugo von Italien; beherrschte mit ihrer Fam. Rom und das Papsttum; 932 zus. mit ihrem von ihr zum Papst erhobenen Sohn Johannes XI. durch ihren Sohn Alberich II. gestürzt.

Marpurg, Friedrich Wilhelm, * Gut Seehof bei Seehausen (Altmark) 21. Nov. 1718, † Berlin 22. Mai 1795, dt. Musiktheoretiker und Komponist. – Einer der bedeutendsten Musiktheoretiker der Aufklärung; gab Liedersammlungen und Klavieranthologien (mit eigenen Werken) heraus; schrieb u. a. „Abhandlung von der Fuge" (1753/54, Nachdr. 1970).

Marquand, J[ohn] P[hillips] [engl. 'mɑ:kwənd], * Wilmington (Del.) 10. Nov. 1893, † Newburyport (Mass.) 16. Juli 1960, amerikan. Schriftsteller. – Journalist; Verf. von Detektivgeschichten und iron.-satir. Darstellungen der Oberschicht Neuenglands, u. a. „Der selige Mr. Apley" (1937).

Marquesasinseln [mar'ke:zas], Gruppe von 12 gebirgigen Vulkaninseln im Pazifik, zu Frz.-Polynesien, insgesamt 1 274 km² und 7 500 E. Ausfuhr von Kopra, Vanille und Kaffee.

Marquess [engl. 'mɑ:kwɪs] ↑ Marquis.

Marquet, Albert [frz. mar'kɛ], * Bordeaux 27. März 1875, † Paris 14. Juni 1947, frz. Maler. – Malte v. a. Stadt- und Hafenbilder, häufig in einer farblich zart nuancierten, nebligen Atmosphäre.

Marquette, Jacques [frz. mar'kɛt], * Laon (Aisne) 10. Juni 1637, † Ludington (Mich.) 18. Mai 1675, frz. kath. Theologe, Jesuit (seit 1654). – Missionierte seit 1666 die Huronen am Sankt-Lorenz-Strom (Kanada) und die Algonkin; bereiste 1673 erstmals den Mississippi von Wisconsin bis zum Arkansas; erforschte die Indianersprachen.

Márquez, Gabriel García ↑ García Márquez, Gabriel.

Marquis [mar'ki:; frz.], frz. Adelstitel (weibl. Form *Marquise*), im Rang zw. Graf und Hzg.; entsprechende Titel sind in Italien *Marchese (Marchesa),* in Spanien *Marqués (Marquesa)* und in Großbritannien *Marquess (Marchioness).*

Marquisette [marki'zɛtə; frz. (zu ↑ Markise)] (Markisette), feinfädiger, gitterartiger Gardinenstoff, aus Baumwolle oder Chemieseiden; vorwiegend in Dreherbindung.

Marra, Gąbal, vulkan. Massiv im zentralen W der Republik Sudan, bis 3 088 m hoch.

Marrakesch ['marakɛʃ, mara'kɛʃ], marokkan. Prov.hauptstadt am N-Fuß des Hohen Atlas, 465 m ü. d. M., 525 000 E. Univ.; Verarbeitung landw. Erzeugnisse, Teppichknüpfereien, Handelszentrum; Fremdenverkehr; Eisenbahnendpunkt, internat. ✈. – 1062 oder 1070 als Hauptstadt des entstehenden Reichs der Almoraviden

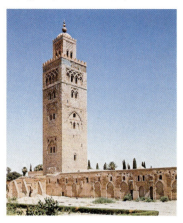

Marrakesch. Minarett der Kutubijja-Moschee, 12. Jahrhundert

Maronenröhrling

gegr. – In der von einer 12 km langen Mauer (12. Jh.) umgebenen Medina (von der UNESCO zum Weltkulturerbe erklärt) liegt der Platz Dschama Al Fana, daran anschließend die Suks. Wahrzeichen von M. ist die Kutubijja-Moschee (12. Jh.) mit 69 m hohem Minarett. Bed. u. a. die Medrese Ibn Jusuf (im 16. Jh. ausgebaute Koranschule), die Grabstätten der Saditen (16. Jh.), die Ruine des Badi-Palastes, der Königs- und der Bahia-Palast. Westl. der Medina liegt die seit 1913 von den Franzosen angelegte Neustadt.

Marranen (Maranen), Schimpfname für die seit dem „hl. Krieg" (1391) bis zur Inquisition (1478) und der endgültigen Vertreibung aus Spanien (1492) und Portugal (1496–98) zwangsgetauften Juden Spaniens, die heimlich am Judentum festhielten. Die Bez. wird entweder von dem schon frühchristl., als Fluchformel mißverstandenen Maranatha oder von dem span. „marrano" („Schwein, Gauner") abgeleitet. Größere Zentren bildeten sich in Amsterdam, Hamburg und London in den „Portugiesengemeinden".

Marriner, Sir (seit 1985) Neville [engl. ˈmærɪnə], * Lincoln 15. April 1924, brit. Dirigent und Violinist. – Gründete 1959 die Academy of Saint Martin-in-the-Fields, die sich bald zu einem Orchester von Weltruf entwickelte; war 1969–79 musikal. Leiter des Los Angeles Chamber Orchestra, seit 1981 ständiger Gastdirigent (1983–89 Chefdirigent) des Radio-Sinfonieorchesters Stuttgart.

Neville Marriner

Marryat, Frederick [engl. ˈmærɪət], * London 10. Juli 1792, † Langham (Norfolk) 9. Aug. 1848, engl. Romancier. – Kapitän; schilderte in seinen oft auf eigenen Erlebnissen beruhenden zahlr. Romanen und Jugendbüchern Seeabenteuer, u. a. „Sigismund Rüstig" (R., 1841).

Mars, röm.-italischer Agrar- und Kriegsgott, trotz Verschiedenheit in Wesen und Funktion mit dem griech. Ares gleichgesetzt. Vater von Romulus und Remus, somit Ahnherr des röm. Volkes („Marspiter"); bildete zus. mit Jupiter und Quirinus die archaische Götterdreiheit. Das Priesterkollegium der Salier feierte ihn in dem nach ihm benannten Monat März und im Oktober durch Waffentänze.

Mars [nach dem röm. Gott], astronom. Zeichen ♂; der erste der äußeren Planeten unseres Sonnensystems und von allen Planeten der erdähnlichste. Er ist halb so groß wie die Erde, hat aber nur etwa $1/10$ von deren Masse. Die Umlaufzeit des M. um die Sonne beträgt 687 [Erd]tage. Seine Entfernung von der Erde schwankt, je nach Stellung der beiden Planeten in ihren Bahnen, zw. 55,8 und 399,9 Mill. km. Damit verbunden sind Änderungen seiner scheinbaren Größe (zw. etwa 3" und 25") und seiner scheinbaren Helligkeit (um fünf Größenklassen). Der M.tag ist nur wenig länger als ein Erdentag. Die Neigung seiner Rotationsachse gegen die Bahnebene führt wie bei der Erde zu einem Wechsel des Einfallswinkels der Sonnenstrahlen und damit zu Jahreszeiten. Der M. hat 2 Satelliten, die beiden M.monde *Deimos* und *Phobos*. Neben der Erde ist der M. der einzige Planet mit durchsichtiger Atmosphäre, so daß seine Oberfläche schon frühzeitig beobachtet werden

Mars. Oberfläche des Planeten, aufgenommen von der Raumsonde Viking 1 am 21. Juli 1976

konnte. Die auffälligste Erscheinung sind die weißen Kappen an den Polen, deren Größe periodisch mit den Jahreszeiten schwankt. Sie erreicht zum Winterende der jeweiligen Hemisphäre ihr Maximum; beide Kappen bestehen zu dieser Zeit aus Trockeneis (Kohlendioxid, CO_2) und Wassereis. Von der Erde aus erkennbar sind auch die hellen und dunklen Gebiete auf der M.oberfläche. Die hellen Gebiete, sog. *Wüsten,* sind orange bis rötlich gefärbt und bedecken $3/4$ der Oberfläche, die dunklen Gebiete werden wie beim Erdmond als *Maria* (Meere, ↑Mare) bezeichnet.
Die Entsendung von Raumsonden und Landegeräten (*Viking* 1 und 2) zum M. ermöglichte u. a. eine Kartographierung des Planeten. Dabei zeigte sich, daß N- und S-Halbkugel sehr verschiedene Oberflächenstrukturen besitzen. Während die **S-Halbkugel** von Kratern übersät ist, die durch Meteoriteneinschläge entstanden sind (Alter etwa 3,5 Mrd. Jahre), zeigt die dunklere **N-Halbkugel** von Lava überflutete (jüngere) Ebenen geringerer Kraterdichte. *Schildvulkane* (*Olympus Mons*, mit einem Durchmesser von 600 km und einer Höhe von 27 km der größte Vulkan des Sonnensystems) sowie ein ausgedehntes Netz von Tälern, die *Vallis Marineris*, prägen das Bild. Diese sind cañonähnl. Gebilde, z. T. bis zu 200 km breit und 7 km tief. Kleinere Täler, sog. *Channels,* sind nicht mit den Kanälen ↑Schiaparellis identisch. Die dünne **Atmosphäre** enthält (nach Volumen) 95 % Kohlendioxid (CO_2), 2,7 % Stickstoff (N_2), 1,6 % Argon (Ar) sowie geringe Anteile von Sauerstoff, Wasserdampf, Kohlenmonoxid und Edelgasen. Ihre Dynamik, zu der auch gewaltige Sandstürme gehören, wird überwiegend durch solare Wärmestrahlung bestimmt. Aus den Bodenproben wurden (nach Gewicht) 20 % Silicium (Si), 13 % Eisen (Fe), 5 % Magnesium (Mg), 4 % Calcium (Ca), 3 % Schwefel (S) und 3 % Aluminium (Al) nachgewiesen; die Bodentemperaturen liegen zw. −143 °C (an den Polen) und +17 °C (am Äquator).

Mars, Name unbemannter sowjet. Raumsonden zur Erforschung des Planeten Mars. Mit M. 3 und M. 6 wurden Landekapseln abgesetzt.

Mars [niederdt.], Plattform als Abschluß des Untermastes auf großen Segelschiffen.

Marsa, La, tunes. Stadt am Golf von Tunis, 35 100 E. Seebad; 4 km sö. von La M. lag ↑Karthago.

Marsa Al Buraika, Hafenort an der Großen Syrte, Libyen, 5 000 E. Hochschule für Erdöl-Wiss.; Erdölexporthafen mit Raffinerie und Erdgasverflüssigungsanlage; Meerwasserentsalzung.

Marsala, italien. Hafenstadt an der W-Küste Siziliens, 12 m ü.d. M., 80 700 E. Weinbauschule; Zentrum des westsizilian. Weinbaus. – M. liegt an der Stelle des von den Karthagern gegr. **Lilybaeum** (griech. Lilybaion). Die starke Seefestung kam 241 v. Chr. an die Römer, nach dem Ende des Weström. Reichs verfallen; als **Marsa Ali** („Hafen Alis") von den Sarazenen wieder aufgebaut. 1860 landete hier Garibaldi mit 1 000 Freiwilligen, um Sizilien und Unteritalien von der Bourbonenherrschaft zu befreien. – Röm. Thermen (3. Jh. v. Chr.) und Reste der antiken Stadtmauer sind erhalten; normann. Dom (barock umgestaltet).

Mars. Links: Ansicht aus etwa 2 500 km Höhe, in der Mitte der Aufnahme der Krater Schiaparelli, Fotomosaik aus mehreren Hundert Einzelaufnahmen der Raumsonden Viking 1 und 2, 1976. Rechts: die südpolare Eiskappe des Mars, Aufnahme der Raumsonde Viking 2, 1976

Marsala [nach der gleichnamigen Stadt], bernsteinfarbene süße und schwere (16–20 Vol.-%) Dessertweine Siziliens und Italiens.

Marsa Matruh [ˈmarza maˈtruːx] ↑Matruh.

Marsberg, Stadt im östl. Sauerland, NRW, 250 m ü. d. M., 20 600 E. Glasind. und Papierverarbeitung; 1975 durch Zusammenlegung der Städte **Obermarsberg** und **Niedermarsberg** sowie weiterer 15 Gem. gebildet. – Das als Handelsplatz im Schutz der Eresburg entstandene Niedermarsberg wurde wohl im 11. Jh. Stadt. – Stiftskirche (13. Jh.) auf dem Obermarsberg mit barocker Ausstattung.

Marsch [niederdt.] (Marschland), an Flachmeerküsten mit starker Gezeitenwirkung verbreitete, aus Schlick aufgebaute, fruchtbare Niederungen **(Seemarschen),** die an den Trichtermündungen der Flüsse weit ins Hinterland reichen **(Flußmarschen);** etwa in Höhe des Meeresspiegels zw. Watt und Geest gelegen, wobei sich am Geestrand im allg. das niedrigere, oft versumpfte oder vermoorte **Sietland** befindet, das nur als Grünland genutzt werden kann. – Die großflächige Besiedlung der höher gelegenen M. reicht bis zur Nordseeküste begann in der ausgehenden Bronzezeit. Etwa ab 1000 n. Chr. begann man, das Land durch einzelne Deiche zu schützen. Ab 1100 wurde das unerschlossene Sietland durch M.hufenkolonien planmäßig erschlossen. Seit dem 16. Jh. erfolgte eine großräumige, geschlossene Eindeichung und die Anlegung von Poldern oder Kögen.

Marsch. Küstenmarsch bei Manslagt, Ortsteil der Gemeinde Krummhörn, Niedersachsen

Marsch [frz., zu marcher „gehen, marschieren"], 1. die Bewegung (das Marschieren) in geordneten Gruppen, Verbänden; 2. das Zurücklegen einer längeren Wegstrecke zu Fuß (meist in relativ schnellem Tempo [**Eilmarsch**]).
▷ ein Musikstück, das durch gleichmäßige metr. Akzente im geraden (²/₄-, ²/₂-, ⁴/₄-) Takt das Gehen bzw. Marschieren im Gleichschritt unterstützt. Je nach Anlaß kann der Charakter der M.musik feierlich getragen (Trauer-M., Priester-M.), festlich beschwingt (Hochzeits-M.), optimistisch, kämpferisch, aggressiv (Armee-M.) sein. – Schon die griech. Antike kannte vom Aulos begleitete marschartige Umzüge und, damit verwandt, den feierl. Auftritt und Abgang des Chors in der Tragödie. Auch im MA wurden Prozessions- und Landknechtslieder gern mit Instrumenten (Pauken, Trommeln, Pfeifen, Trompeten) verstärkt. Seit dem 16. und 17. Jh. entwickelte sich, z. T. unter dem Einfluß der Janitscharen, eine regelrechte Militärmusik mit unterschiedl. Formen und Typen in den europ. Ländern (Preußische Märsche, Märsche der Frz. Revolution u. a.). Der M. besteht i. d. R. aus 2 Teilen zu je 8–16 Takten, oft ergänzt durch ein andersartiges Trio. In der Kunstmusik wird der M. vielfach verwendet, v. a. in der Oper und im Ballett, aber auch in der Instrumentalmusik des Barock und der Klassik als Satz der Suite, der Kassation, der Serenade, des Divertimentos. F. Schubert komponierte Märsche für Klavier (vierhändig). In der Musik des 20. Jh. erscheint der M. auch als Symbol der Bedrohung oder als Mittel der Parodie.

Marschak, Samuil Jakowlewitsch, *Woronesch 3. Nov. 1887, †Moskau 4. Juli 1964, russ. Schriftsteller. – Freund Gorkis; gilt als Begründer der sowjet. Kinderliteratur und Förderer des Jugendtheaters; verfaßte auch formstrenge Lyrik und Epigramme.

Marschall [zu mittellat. marescallus, eigtl. „Pferdeknecht" (von althochdt. marah „Pferd" und scalc „Knecht")], einer der Inhaber der 4 german. Hausämter (Zeichen: der Stab), zuständig für die Stallungen und die Versorgung der Pferde; seine Befugnisse wurden schließlich ausgedehnt auf Quartierbeschaffung für den gesamten Hofstaat *(Hof-M.)* und mit dem Aufkommen der Ritterheere auf den Oberbefehl im Krieg. Als *Erz-M.* erscheint seit dem Ende des 12. Jh. der Hzg. von Sachsen, dem 1199 auch das Schwertträgeramt übertragen wurde. Unter den Reichserbämtern hat das des *Erb-M.* die größte Bed. erlangt. *Land-M.* bezeichnete im Ständewesen bis 1918 das vom Hofamt abgeleitete Amt des Landtagspräs. in einigen dt. Territorien (Mecklenburg, Brandenburg).

Marschallstab, Zeichen eines hohen Truppenführers (Marschall, Feldmarschall, Generalfeldmarschall, Großadmiral).

Marsch auf Rom ↑Faschismus.

Marschflugkörper, svw. ↑Cruise Missile.

Marschhufendorf, z. Z. der ma. Kolonisation in Marschengebieten entstandene Reihensiedlung (↑Dorf) mit gereihten Hufen, die jeweils Hofanschluß besitzen.

Marschner, Heinrich, *Zittau 16. Aug. 1795, †Hannover 14. Dez. 1861, dt. Komponist. – 1831–59 Hofkapellmeister in Hannover; komponierte Kammer- und Klaviermusik, Lieder und Chöre sowie zahlr. romant. Opern, die Wagner beeinflußten, u. a. „Der Vampyr" (1828), „Hans Heiling" (1833).

Marseillaise [marsɛˈjɛːzə, frz. ...ˈjɛːz], frz. Nat.hymne (seit 1795). Urspr. „Kriegslied der Rheinarmee", von C. J. Rouget de Lisle im April 1792 verfaßt und vertont; erstmals am 10. Aug. 1792 von einem Freiwilligenbataillon aus Marseille beim Einzug in Paris gesungen.

Marseille [frz. marˈsɛj], frz. Hafenstadt am Golfe du Lion (Mittelmeer), 879 000 E. Verwaltungssitz des Dep. Bouches-du-Rhône und Hauptstadt der Region Provence-Alpes-Côte d'Azur. Kath. Erzbischofssitz; 2 Univ. (mit der Univ. in Aix-en-Provence verbunden), Forschungsinst.; Observatorium; Museen; Theater, Oper; Börse; Messe. Der Hafen ist nach Rotterdam der zweitgrößte Europas (88,7 Mill. t Umschlag 1988). Der autonome Hafen umfaßt die städt. Hafenbecken, den Erdölhafen am Golf von Fos, die Hafenanlagen am Étang de Berre und den Vorhafen Port-Saint-Louis-du-Rhône in der Rhonemündung. Der alte Hafen dient als Fischereihafen. Zu den wichtigsten Ind.zweigen gehören u. a. der Erdöl- und petrochem. Ind. Hüttenwerke, Schiffbau u. a. metallverarbeitende Betriebe, Zement-, chem. und eine bed. Nahrungsmittelind. (importorientiert); bed. Passagierhafen; internat. ✈.

Geschichte: Ion. Griechen gründeten um 600 v. Chr. die Kolonie **Massalia** (lat. **Massilia**), die sich bald zur bedeutendsten Hafenstadt des westl. Mittelmeeres entwickelte. Im 5. Jh. v. Chr. gründete M. selbst Kolonien (u. a. Monoikos [= Monaco], Nikaia [= Nizza], Antipolis [= Antibes]). Wurde 49 v. Chr. Teil der Prov. Gallia Narbonensis. Im 1. Jh. christianisiert, seit dem 4. Jh. Bischofssitz (zeitweise Erzbischofssitz; Bistum 1801 aufgehoben, 1921 wiedererrichtet). M. behielt im MA sein röm. Stadtrecht. Stadtherr war in der Oberstadt der Bischof, in Teilen der Unterstadt der Abt der 419 gegr. Abtei Saint-Victor. 1192 wurde M. Stadtrepublik. 1252 durch den Grafen der Provence, Karl von Anjou, unterworfen. Mit der Provence kam M. 1481 an die frz. Krone. Der Aufstieg (1599 Gründung der

Marseille
Stadtwappen

Marseille
Hafenstadt am
Golfe du Lion

879 000 E

zweitgrößter Hafen
Europas

um 600 v. Chr.
Gründung durch
ion. Griechen

seit 1669 Freihafen

Wallfahrtskirche
Notre-Dame-
de-la-Garde

Marseille. Blick über den Alten Hafen auf die auf einem 150 m hohen Kalksteinfelsen gelegene, 1864 geweihte Wallfahrtskirche Notre-Dame-de-la-Garde

Handelskammer, 1669 Freihafen) wurde gehemmt durch die Pest von 1720 (40 000 Tote) und die Napoleon. Kontinentalsperre (1806–14), dann v. a. begünstigt durch die frz. Erwerbungen in N-Afrika ab 1830. Der Hafen wurde ab 1844 ausgebaut.
Bauten: Antike Kanalisations-, Hafen- und Dockanlagen wurden 1967–75 ausgegraben; im 12. Jh. im roman.-provenzal. Stil erbaute Alte Kathedrale La Major, Basilika Saint-Victor (Neubau 1. Hälfte des 13. Jh.), Wallfahrtskirche Notre-Dame-de-la-Garde (1864 geweiht); Wohnhochhaus (Unité d'Habitation, 1947–52) von Le Corbusier.
Marser (lat. Marsi), altitalisches, zu den Sabellern gehörendes Hirtenvolk mit dem Hauptort Marruvium am Fuciner See. 91–89 erhoben sich die M. im Bundesgenossenkrieg **(Marsischer Krieg)** und erhielten anschließend das röm. Bürgerrecht.
Marsfeld, (lat. Campus Martius) im antiken Rom Ebene zw. dem Tiberbogen und der Via Flaminia, die als Exerzierplatz für die röm. Miliz und als Versammlungsplatz für die Zenturiatkomitien diente.
M., (frz. Champ de Mars) urspr. Paradeplatz in Paris, seit 1867 Ausstellungsgelände (Weltausstellungen). 1889 wurde auf dem M. der Eiffelturm errichtet.
Marsh, Dame (seit 1966) Ngaio Edith [engl. maːʃ], * Christchurch (Neuseeland) 23. April 1899, † ebd. 18. Febr. 1982, engl. Schriftstellerin. – Schrieb Kriminalromane, oft um die Gestalt des Inspektors Alleyn, u. a. ,,Das Todesspiel" (1934), ,,Bei Gefahr Rot" (1943), ,,Im Preis ist Sterben inbegriffen" (1970).
Marshall [engl. ˈmaːʃəl], Alfred, * Clapham (= London) 26. Juli 1842, † Cambridge 18. Juli 1924, brit. Nationalökonom. – Prof. in Bristol und Cambridge. M. gilt als Mitbegr. der Neoklassik (↑ klassische Nationalökonomie), faßte die Lehren der brit. Klassiker sowie der dt. histor. Schule zusammen und systematisierte und formalisierte sie durch mathemat. Formulierung. Wichtige Beiträge leistete M. auch zur Wertlehre (Einführung zeitl. Komponenten) und zur Geldtheorie.
M., Bruce, * Edinburgh 24. Juni 1899, † Cap d'Antibes (Alpes-Maritimes) 18. Juni 1987, schott. Schriftsteller. – Seine von undogmat.-kath. Weltsicht geprägten, Zeiterscheinungen kritisch analysierenden Romane behandeln humorvollironisch vorzugsweise Existenzprobleme der kath. Kirche in einer rationalisierten Welt; bes. bekannt wurde ,,Das Wunder des Malachias" (1931).

M., George Catlett, * Uniontown (Pa.) 31. Dez. 1880, † Washington 16. Okt. 1959, amerikan. General und Politiker. – Leitete als Generalstabschef 1939–45 den Ausbau der US-Streitkräfte und die strateg. Planungen; versuchte in einer Sondermission in China 1945/46 vergeblich, einen Kompromiß zw. Chiang Kai-shek und den Kommunisten zu erreichen; verfolgte als Außenmin. 1947–49 die Politik des Containment, deren militär. Seite er durch wirtsch. Hilfsmaßnahmen (↑ Marshallplanhilfe) zu ergänzen suchte; 1951/52 Verteidigungsmin.; erhielt 1953 mit A. Schweitzer den Friedensnobelpreis.
Marshallinseln [engl. ˈmaːʃəl], Inselgruppe im westl. Pazifik, Gebiet der **Republik der Marshallinseln,** 181 km² Landfläche (von 1 Mill. km² Seenfläche umgeben), 43 000 E (1988). Die M. bestehen aus zwei Ketten von Atollen, der östl. **Ratakgruppe** (16 Atolle), Hauptatoll Majuro mit dem Verwaltungssitz Rita, und der westl. **Ralikgruppe** (18 Atolle) mit dem Atoll Kwajalein, dessen rd. 90 Inseln eine der größten Lagunen der Erde umschließen, und den Atollen ↑ Bikini und Eniwetok. Kopra-, Kokosölgewinnung und -export, Registrierung von Schiffen anderer Länder (sog. Billigflaggen). – 1529 von Spaniern entdeckt, 1884 dt. Schutz-, 1920 jap. Mandatsgebiet. 1947 kamen die M. unter UN-Treuhandverwaltung der USA und erhielten im Rahmen einer freien Assoziierung mit ihnen 1986 die Selbstverwaltung; seit Beendigung der Treuhandverwaltung im Dez. 1990 formal unabhängig. UN-Beitrittsgesuch im Aug. 1991.
Marshallplanhilfe [engl. ˈmaːʃəl; nach G. C. Marshall] (European Recovery Program [ERP], Europ. Wiederaufbauprogramm), amerikan. Hilfsprogramm für die durch den 2. Weltkrieg zerstörten Länder Europas. Die M. geht zurück auf einen Vorschlag G. C. Marshalls, wurde als Auslandshilfegesetz am 3. April 1948 vom Kongreß verabschiedet und wegen der Ablehnung der Mitarbeit durch die Ostblockländer auf die Länder Westeuropas beschränkt. Die M. umfaßte Sachlieferungen (Waren, Dienstleistungen, techn. Hilfe, Lebensmittel, Rohstoffe) sowie Kredite. Die Verteilung der Hilfsleistungen erfolgte auf Vorschlag der OEEC in Paris, die Durchführung und Verwaltung lag bei der **Economic Cooperation Administration** (ECA) in Washington. Die Bereitstellung der Mittel und die Abwicklung des Zahlungsverkehrs zw. den ERP-Ländern erfolgten durch multilaterale Verrechnung über die Europ. Zahlungsunion. In der BR Deutschland, die dem Abkommen am 15. Dez. 1949 beitrat, wurde für Angelegenheiten des Marshallplans ein eigenes Bundesministerium errichtet. In den ERP-Ländern wurden die Gegenwerte für die empfangenen Hilfen in inländ. Zahlungsmitteln auf Gegenwertkonten bei der jeweiligen Zentralbank gesammelt. So entstanden in den einzelnen Ländern investierbare Fonds **(ERP-Sondervermögen).** Der DM-Fonds bei der Bank dt. Länder wurde v. a. für Investitionen in den Grundstoffind., in der Landwirtschaft, im Verkehrswesen, in der Forschung, in der Exportförderung und im Wohnungsbau verwendet. Westeuropa erhielt bis Ende 1951 von den USA insgesamt etwa 13 Mrd. $; die BR Deutschland und Berlin (West) erhielten bis Ende 1957 insgesamt 1,7 Mrd. $.
Marshall Space Flight Center [engl. ˈmaːʃəl ˈspeɪs ˈflaɪt ˈsɛntə], Abk. MSFC, amerikan. Forschungs- und Erprobungszentrum der Raumfahrt in Huntsville (Ala.); befaßt sich v. a. mit der Entwicklung großer Trägerraketen (u. a. ,,Saturn"); urspr. militär. Versuchszentrum, seit 1960 der NASA unterstellt.
Marshsche Probe [engl. maːʃ; nach dem brit. Chemiker J. Marsh, * 1794, † 1846], in der Rechtsmedizin wichtiges Verfahren zum Nachweis geringster Mengen von Arsen. Die arsenhaltige Probe wird mit naszierendem Wasserstoff zu Arsenwasserstoff reduziert und erhitzt, wobei sich reines Arsen als metallisch glänzender Arsenspiegel absetzt.
Marsilius von Padua, eigtl. Marsilio dei Mainardini, * Padua um 1275, † München 1342 oder 1343, italien. Staatstheoretiker. – 1313 Rektor der Univ. Paris; Kontakt mit dem Averroisten Johannes von Jandun, unter dessen Einfluß der ,,Defensor pacis" entstand (1324), eine Schrift,

in der eine auf der Lehre von der Volkssouveränität fußende antiklerikale Staatstheorie entwickelt wird, verbunden mit Forderungen nach Unabhängigkeit der staatl. Gewalt von der kirchl., Unabhängigkeit der Bischöfe vom Papst und nach einem allg. Konzil; 1326 Flucht an den Hof Ludwigs IV., des Bayern. 1327 wurden fünf Thesen des „Defensor pacis" für häretisch erklärt und M. als Ketzer verurteilt.

Marsischer Krieg ↑ Bundesgenossenkrieg, ↑ Marser.

Marstall [urspr. „Pferdestall" (zu althochdt. marah „Pferd")], Reit- und Fahrstall einer fürstl. Hofhaltung.

Marstrander, Carl, *Kristiansand 26. Nov. 1883, †Oslo 23. Dez. 1965, norweg. Indogermanist und Keltologe. – 1909 Prof. in Dublin, ab 1913 in Oslo; arbeitete über Runen und Runeninschriften und bes. über die kelt. Sprachen.

Marsupium [griech.-lat.], svw. ↑ Brutbeutel.

Marsyas, ein Satyr der griech. Mythologie. Athena hat die von ihr erfundene Flöte weggeworfen, da das Blasen ihr Gesicht entstellte. M. findet das Instrument und fordert den Kithara spielenden Apollon zum musikal. Wettkampf. Der Gott besiegt den Vermessenen, hängt ihn an einem Baum auf und zieht ihm bei lebendigem Leib die Haut ab.

Martell, Karl ↑ Karl Martell.

martellato [italien.], musikal. Vortragsbez.: gehämmert (↑ staccato), stark betont.

Martello (Martelli), Pier Iacopo, *Bologna 28. April 1665, †ebd. 10. Mai 1727, italien. Dichter. – 1698 Mgl. der Accademia dell'Arcadia, ab 1707 Prof. in Bologna; früher Vertreter des klassizist. Dramas nach frz. Mustern und Erfinder des „Martellian." Verses (paarweise reimende Vierzehnsilber, sog. „italien. Alexandriner").

Martens, Valérie von, eigtl. V. Pajér Edle von Mayersperg, *Lienz 4. Nov. 1904, †Riehen bei Basel 7. April 1986, östr. Schauspielerin. – Trat ab 1924 vorwiegend in Komödien und Filmen ihres Mannes C. Goetz auf; vollendete dessen Memoiren.

M., Wilfried, *Sleidinge bei Gent 19. April 1936, belg. Politiker. – Rechtsanwalt; 1972–79 Vors. der fläm. Christelijke Volkspartij (CVP), 1979–April 1981 und Dez. 1981–91 Min.präsident.

Martensit [nach dem dt. Ing. Adolf Martens *1850, †1914], nadeliges Gefüge des gehärteten Stahls, das bei rascher Abkühlung entsteht. M. zerfällt durch Anlassen in Ferrit und Zementit.

Marterl (Marter) [zu griech. mártys „(Blut)zeuge"] ↑ Bildstock.

Martersteig, Max, *Weimar 11. Febr. 1853, †Köln 3. Nov. 1926, dt. Regisseur und Theaterhistoriker. – Intendant in Mannheim (1885–90), Köln (1905–11) und Leipzig (1912–18). Bed. ist sein Hauptwerk „Das dt. Theater im 19. Jh." (1904).

Martha, hl., Schwester der Maria von Bethanien und des Lazarus; nahm Jesus häufig in ihr Haus auf; in der kath. Kirche Patronin der Hausfrauen. – Fest: 29. Juli.

Marti, Kurt, *Bern 31. Jan. 1921, schweizer. ref. Theologe und Schriftsteller. – Pfarrer; begann 1959, Gedichte zu schreiben (u. a. „Boulevard Bikini", 1959), die ihre Wirkung u. a. durch Sprachwitz und polit. Aussage erzielen; wichtige Anregungen für die moderne schweizer. Mundartlyrik und Kurzprosa gab er mit dem Gedichtband „rosa loui" (1967) und den „Dorfgeschichten" (1960). – *Weitere Werke*: Leichenreden (1970), Die Riesin (R., 1975), Wort und Antwort. Meditationstexte (1978), Tagebuch mit Bäumen (1985).

M., Walter, *Zürich 10. Juli 1923, schweizer. Filmregisseur. – Drehte bed. gesellschaftsanalyt. Filme wie „Im Schatten des Wohlstandes" (1961) und „Ursula und das unwerte Leben" (1966) über Kinder. – *Weitere Filme*: Die Selbstzerstörung des Walter Matthias Diggelmann (1974), Gebet für die Linke (1975), Heritage (1980), Schule des Flamenco (1985).

Martí, José [span. mar'ti], *Havanna 28. Jan. 1853, †Boca de Dos Ríos (Kuba) 19. Mai 1895, kuban. Schriftsteller und Freiheitskämpfer. – Lebte u. a. in Spanien, Paris, Mexiko, Guatemala, New York und Venezuela; Vorkämpfer der kuban. Unabhängigkeit, starb im Kampf gegen die Spanier. Trat bes. mit sehr persönl., einfachen lyr. Gedichten, Dramen sowie zahlr. journalist. Artikeln und krit. Studien hervor, in denen sich sein polit. Denken (u. a. Kampf gegen Ungleichheit und Ungerechtigkeit, Befreiung aus von span. Vorherrschaft, Ablehnung einer Annexion Kubas durch die USA) niederschlug.

Martial (Marcus Valerius Martialis), *Bilbilis (beim heutigen Calatayud, Spanien) um 40, †ebd. um 103, röm. Dichter. – Lebte etwa 64–98 in Rom als Klient reicher Gönner, denen er literar. Huldigungen darbrachte; von den Kaisern Titus und Domitian gefördert. Verfaßte ausschließlich Epigramme: „Liber spectaculorum" (zur Einweihung des Kolosseums), „Xenia" und „Apophoreta" (Aufschriften für Saturnaliengeschenke), 12 Bücher „Epigrammata". Vorherrschende Kennzeichen sind Witz und Satire in prägnanter, pointierter Form.

martialisch [zu lat. martialis „zu Mars gehörend"], kriegerisch, wild, verwegen.

Martianus Capella, heidn. lat. Schriftsteller des 5. Jh. aus Karthago. – Einer der wichtigsten Lehrmeister des MA. Verfaßte (in Prosa und Versen) eine Enzyklopädie der Sieben Freien Künste (9 Bücher) mit dem Titel „De nuptiis Mercurii et Philologiae".

Martigny [frz. marti'ɲi], Hauptort des schweizer. Bez. M., Kt. Wallis, im Rhonetal, 467 m ü. d. M., 14 000 E. Archäolog. Museum; holzverarbeitende, Düngemittel-, Aluminiumind., Weinbau. – Reste aus röm. Zeit; Pfarrkirche (1680); Rathaus (19. Jh.).

Martin, Name von Päpsten:

M. IV., *Brion bei Angers, †Perugia 28. März 1285, eigtl. Simon de Brion, Papst (seit 22. Febr. 1281). – Wirkte maßgeblich daran mit, daß Karl I. von Anjou Sizilien erhielt; durch dessen Einfluß gewählt und von ihm völlig abhängig; suchte vergeblich, Karl nach dem Aufstand der Sizilianer (↑ Sizilianische Vesper) 1282 Sizilien zu erhalten; bannte Peter III. von Aragonien und den byzantin. Kaiser Michael VIII.; dadurch endgültiger Zerfall der Union von Lyon (1274).

M. V., *Genazzano bei Rom 1368, †Rom 20. Febr. 1431, eigtl. Oddo Colonna, Papst (seit 11. Nov. 1417). – Gewählt auf dem Konstanzer Konzil und allg. anerkannt; damit Ende des Abendländ. Schismas. M. beendete das Konzil rasch, ging energisch an den Wiederaufbau des Kirchenstaates, restaurierte in Rom Basiliken und Vatikan, betrieb kirchl. Reformen; berief Konzilien und verhalf so dem Papsttum zu neuem Ansehen.

Martin von Tours, hl., *Savaria (= Szombathely, Ungarn) 316 oder 317, †Candes (= Candes-Saint-Martin, Indre-et-Loire) 8. Nov. 397, Bischof von Tours und Apostel Galliens. – Sohn eines röm. Tribuns; Soldat; ließ sich mit 18 Jahren taufen, trat aus dem Heer aus und wurde Schüler des Hilarius von Poitiers. 361 gründete er in Ligugé das erste Kloster auf gall. Boden. 371 zum Bischof von Tours gewählt, gründete er 375 das Kloster Marmoutier bei Tours, dessen Schule bald Bed. gewann. Sein Grab, über dem im 5. Jh. eine Kapelle erbaut wurde – später erweitert zur Abtei Saint-Martin –, war bis ins späte MA Wallfahrtsort und fränk. Nationalheiligtum. Von Chlodwig zum Schutzpatron der Frankenkönige erklärt. – Fest: 11. Nov. (↑ Martinstag).

Die häufigste *bildl. Darstellung* zeigt den Heiligen als Reiter mit dem Bettler zu Füßen, mit dem er den Mantel teilt, eine Szene aus der Legende, nach der M. noch als röm. Soldat am Stadttor von Amiens einem frierenden Bettler die Hälfte seines Soldatenmantels gegeben haben soll.

Martin von Troppau (Martinus Polonus), *Troppau (= Opava), †Bologna 12. Juni 1278, dt. Chronist. – Dominikaner; 1278 Erzbischof von Gnesen; verfaßte ein als Nachschlagewerk der Papst- und Kaisergeschichte gedachtes, wiss. bedeutungsloses „Chronicon" (bis 1277), das oft fortgesetzt und kopiert wurde *(Martinschroniken)*.

Martin, Archer [engl. 'maːtɪn], *London 1. März 1910, brit. Biochemiker. – Mitglied des National Institute for

George Catlett Marshall

Wilfried Martens

Papst Martin V. (Detail der Grabplatte in der Kirche San Giovanni in Laterano in Rom, 1432)

Archer Martin

Martin

Medical Research in London; Arbeiten zur chem. Analyse, bes. zur Chromatographie; 1952 (mit R. L. M. Synge) für die Erfindung der Verteilungschromatographie Nobelpreis für Chemie.

M., Dean [engl. 'maːtɪn], eigtl. Dino Crocetti, * Steubenville 17. Juni 1917, amerikan. Filmschauspieler und Sänger. – Bekannt als Darsteller in Komödien (häufig zus. mit J. Lewis) und Western, u. a. „Rio Bravo" (1959), „Auf dem Highway ist die Hölle los" (1980).

M., Frank [frz. mar'tɛ̃], * Eaux-Vives (heute zu Genf) 15. Sept. 1890, † Naarden 21. Nov. 1974, schweizer. Komponist. – Ging zunächst von impressionist. Klangtechniken aus, verwendete seit den 1930er Jahren die Zwölftontechnik, fand aber zu einer eigenen Stilsynthese durch spätere Verbindung mit traditioneller Harmonik. Komponierte u. a. *Opern:* „Der Sturm" (1956), „Monsieur de Pourceaugnac" (1963); *Ballette; Bühnenmusiken; Oratorien:* „In terra pax" (1944), „Golgatha" (1948), „Pilatus" (1964); *Gesänge; Orchesterwerke:* Klavier-, Violin-, Cembalo- und Cellokonzert; *Kammer-* und *Klaviermusik.*

Frank Martin

M., Helmut ['−−], * Heide 14. Aug. 1918, dt. Hämatologe. – Prof. in Frankfurt am Main. M. gelang der Nachweis von Heparin in den Mastzellen des menschl. Blutes. Arbeiten u. a. auch über die Chemotherapie bösartiger Erkrankungen, bes. der Hämoblastosen.

M., Karl Heinz ['−−], * Freiburg im Breisgau 6. Mai 1888, † Berlin 13. Jan. 1948, dt. Regisseur. – Mitbegr. der „Tribüne" in Berlin (1919); einer der führenden Regisseure des Expressionismus; 1927–31 Direktor des Berliner Volkstheaters; leitete ab 1945 das Berliner Hebbel-Theater.

M., Sir (seit 1957) Leslie [engl. 'maːtɪn], * Manchester 17. Aug. 1908, brit. Architekt. – 1953–56 Architekt des London County Council und Chefarchitekt der Wohnsiedlung Roehampton bei London; Univ.bauten in Cambridge, Leicester, Oxford und Hull, Kulturzentrum in Glasgow (1972–78, mit C. Lumley).

M., Pierre [Émile] [frz. mar'tɛ̃], * Bourges 18. Aug. 1824, † Fourchambault (Nièvre) 25. Mai 1915, frz. Ingenieur und Industrieller. – Entwickelte 1864 das Herdfrischverfahren, das unter Verwendung des von F. Siemens gebauten Regenerativflammofens rasch in der Stahlind. Eingang fand (Siemens-Martin-Verfahren).

Mạrtin, Stadt im Mittelslowak. Bez., SR, 400 m ü. d. M., 64 200 E. Kulturzentrum der Slowaken mit slowak. Nationalmuseum und slowak. Nationalbibliothek; bed. Ind.-stadt. – Got. Hauptkirche Sankt Martin (13. und 16. Jh.), spätbarocke ev. Kirche (1784), neoklassizist. Theater (1888). – Funde der Urnenfelderkultur (13.–8. Jh.).

Martina Franca, italien. Stadt in Apulien, 431 m ü. d. M., 44 900 E. Weinbauzentrum, Esel- und Pferdezucht.

Martín Artajo, Alberto [span. mar'tin ar'taxo], * Madrid 2. Okt. 1905, † ebd. 31. Aug. 1979, span. Politiker. – Jurist; sozialpolitisch in der „Kath. Aktion" tätig; führte als Außenmin. (1945–57) Spanien aus der Isolierung, bes. durch den Stützpunktvertrag mit den USA von 1953.

Martin du Gard, Roger [frz mar'tɛ̃dy'gaːr], * Neuilly-sur-Seine 23. März 1881, † Bellême (Orne) 22. Aug. 1958, frz. Schriftsteller. – Schrieb psycholog. Romane, Erzählungen und Dramen; schildert in seinem Hauptwerk, dem 8teiligen Romanzyklus „Die Thibaults" (1922–40), mit distanzierter Objektivität den Niedergang einer Pariser Bürgerfamilie; 1937 Nobelpreis für Literatur.

Roger Martin du Gard

Martinet, André [frz. marti'nɛ], * Saint-Alban-des-Villards (Savoie) 12. April 1908, frz. Sprachwissenschaftler. – 1938 Prof. in Paris, 1947 in New York, ab 1955 an der Sorbonne. Vertreter des frz. Strukturalismus. – *Werke:* Grundzüge der allg. Sprachwiss. (1960), Synchron. Sprachwiss. (1965), Studies in functional syntax (1975), Syntaxe générale (1985).

Martínez Barrio, Diego [span. mar'tineð 'βarrio], * Sevilla 25. Nov. 1883, † Paris 1. Jan. 1962, span. Politiker (Linksrepublikaner). – 1931–34 mehrfach Min., 1933 und 1936 Min.präs., 1936 interimist. Staatspräs.; ab 1935 Präs. der Cortes; ab 1939 im Exil, ab 1945 Staatspräs. der span. Exilregierung.

Martínez de Campos, Arsenio [span. mar'tineð ðe 'kampɔs], * Segovia 14. Dez. 1831, † Zarauz (Prov. Guipúzcoa) 23. Sept. 1900, span. General und Politiker. – Bekämpfte 1869–72, 1876–78, 1895/96 die Aufständischen in Kuba; rief 1874 Alfons XII. zum König aus; beendete 1876 die Karlistenkriege und wurde Generalkapitän; 1879 Min.präs., 1881–83 Kriegsminister.

Martínez de la Rosa, Francisco [span. mar'tineð ðe la 'rrɔsa], * Granada 10. März 1787, † Madrid 7. Febr. 1862, span. Politiker und Schriftsteller. – 1814–20 wegen liberaler Veröffentlichungen nach Afrika verbannt, 1822 Außenmin., 1823–31 im Exil in Frankreich, 1834/35 Reg.chef, später Gesandter in Paris und Rom, 1852 Cortespräs., 1858 Staatsratspräs.; Begründer des romant. Dramas in Spanien.

Martínez Estrada, Ezequiel [span. mar'tines es'traða], * San José de la Esquina (Prov. Santa Fe) 14. Sept. 1895, † Bahía Blanca 3. Nov. 1964, argentin. Schriftsteller. – Sprachvirtuose Lyrik, Erzählungen und Theaterstücke; bed. v. a. seine kultur-, gesellschafts- und literaturkrit. Essays über soziokulturelle Probleme Argentiniens.

Martínez Montañés, Juan [span. mar'tineð monta'ɲes], ≈ Alcalá la Real 16. März 1568, † Sevilla 18. Juni 1649, span. Bildhauer. – Sein farbig gefaßtes, an der italien. Renaissance geschultes Werk ist ein Höhepunkt span. Barocksulptur; u. a. Hochaltar des Konvents Santa Clara in Sevilla (1622 ff.).

Martínez Ruiz, José [span. mar'tineð 'rruiθ], span. Schriftsteller, ↑ Azorín.

Martínez Sierra, Gregorio [span. mar'tineθ 'sjerra], * Madrid 6. Mai 1881, † ebd. 1. Okt. 1947, span. Schriftsteller. – 1915 Theaterleiter; 1931–47 in Hollywood; begann mit lyr. Gedichten, Novellen und Romanen; erfolgreiche lyr. Dramen von großer Sensibilität.

Martin-Horn ⓦ (umgangssprachlich auch Martinshorn), akust. Warneinrichtung (Zweittonhupe) für Kfz, die (meist in Verbindung mit ↑ Blaulicht) den Benutzern (Polizei, Feuerwehr, Krankentransportfahrzeuge) Sonderrechte im Straßenverkehr einräumt.

Martini, Ferdinando, * Florenz 30. Juli 1841, † Monsummano Terme (Pistoia) 24. April 1928, italien. Dramatiker. – War Lehrer, Journalist, liberaler Abg., 1892/93 Unterrichtsmin., 1897–1900 Statthalter von Eritrea, 1915/16 Kolonialmin., ab 1923 Senator. Gibt in seinen Komödien ein typ. Bild der bürgerl. Gesellschaft des 19. Jh. wieder; schrieb auch Romane, Erzählungen, Essays, Erinnerungen.

M., Francesco di Giorgio, * Siena 23. Sept. 1439, □ ebd. 29. Nov. 1501, italien. Baumeister, Bildhauer, Maler und Kunsttheoretiker. – Als Maler der sienes. Tradition mit stark verhaftet; als Bildhauer und Baumeister übernahm er den florentin. Renaissancestil. 1477–82 Festungsbaumeister in Urbino. Hier schrieb er auch den „Trattato dell'architettura civile e militare" (1482). – *Bauwerke:* Kirche Madonna del Calcinaio in Cortona (1484 ff.), Palazzo della Signoria in Ancona (1484) und Iesi (1486).

M., Fritz, * Magdeburg 5. Sept. 1909, † Stuttgart 4. Juli 1991, dt. Literarhistoriker. – Neben wichtigen Arbeiten als Hg. (seit 1957 „Jahrbuch der Dt. Schiller-Gesellschaft") v. a. durch seine „Dt. Literaturgeschichte von den Anfängen bis zur Gegenwart" (1949, ¹⁹1991) bekannt.

M., Giovanni Battista, gen. Padre M., * Bologna 24. April 1706, † ebd. 3. Aug. 1784, italien. Musiktheoretiker und Komponist. – Franziskaner (1729 Priester); Musiktheoretiker und Lehrer, u. a. von J. C. Bach und W. A. Mozart, angesehener Komponist (Messen, Oratorien, Konzerte, Orgelsonaten, Kammerduette, Kanons); schrieb u. a. „Storia della musica" (1757–81).

M., Simone, * Siena zw. 1280/85, † Avignon 1344, italien. Maler. – Zuerst durch das Fresko mit der „Maestà" im Palazzo Pubblico in Siena dokumentiert (1315). Schuf 1322–26 sein Hauptwerk, die Fresken der Cappella di San Martino in San Francesco in Assisi. Seit 1336 am päpstl. Hof in Avignon. M. gab der Sieneser Malerei (im Anschluß an Giotto) rationale Klarheit in Raumordnung und Figurengestaltung, andererseits Anmut, aristokrat. Eleganz und ornamentale Kostbarkeit.

Martini ↑ Martinstag.
Martiniapfel ↑ Äpfel (Übersicht).
Martinique [frz. marti'nik], Insel der Kleinen Antillen, frz. Überseedepartement, ca. 1 080 km², 336 000 E, Hauptstadt Fort-de-France. Die Vulkane der gebirgigen Insel sind z. T. noch aktiv (↑ Pelée, Montagne). Die Luvseiten der Gebirge tragen dichten Regenwald, die Leelagen Dornstrauchsavannen. Etwa ¼ des Landes ist Kulturland. Hauptanbauprodukte sind Zuckerrohr, Bananen, Ananas, Kakao und Kaffee; bed. Viehzucht. Die Ind. verarbeitet landw. Erzeugnisse; Erdölraffinerie; Fremdenverkehr; bed. Export von Zucker und Rum.
Geschichte: Urspr. von Aruakindianern bewohnt, danach von Kariben. 1502 von Kolumbus entdeckt, 1635 von Frankreich in Besitz genommen; 1674 frz. Kronkolonie. Im 17. und 18. Jh. kämpften Briten und Niederländer mit den Franzosen um M., das 1816 endgültig frz. wurde; 1848 Sklavenbefreiung. 1854 erhielt M. eine Verfassung mit einer gewissen inneren Autonomie; seit 1946 frz. Überseedepartement.
Martinon, Jean [frz. marti'nō], *Lyon 10. Jan. 1910, †Paris 1. März 1976, frz. Dirigent und Komponist. – Schüler von A. Roussel und C. Münch; 1958–60 Chefdirigent des Israel Philharmonic Orchestra, 1960–66 der Düsseldorfer Symphoniker, 1963–68 des Chicago Symphony Orchestra, 1968–74 des Orchestre National de France und 1974–76 des Residentie-Orkest Den Haag. Komponierte Orchester- und Kammermusik sowie die Oper „Hécube" (1949).
Martinschroniken [...s-kro...] ↑ Martin von Troppau.
Martinshorn ↑ Martin-Horn.
Martinson, Harry, *Jämshög (Blekinge) 6. Mai 1904, †Stockholm 11. Febr. 1978, schwed. Schriftsteller. – Vertritt in seinen ersten Werken einen vitalen Primitivismus; neben modernem Romantizismus steht eine tiefe Skepsis, die der Nutzung des techn. Fortschritts durch die Menschen gilt, so in dem Epos um ein Raumschiff, „Aniara" (1956). 1949 Mgl. der schwed. Akademie; 1974 (zus. mit E. Johnson) Nobelpreis. – *Weitere Werke:* Die Nesseln blühen (R., 1935), Der Weg nach Glockenreich (R., 1948).
M., Moa, eigtl. Helga Maria M., geb. Swartz, *Vårdnäs (Östergötland) 2. Nov. 1890, †Södertälje 5. Aug. 1964, schwed. Schriftstellerin. – 1929–40 in 2. Ehe ∞ mit Harry M. Ein wichtiges Thema ihrer Werke ist die Situation der Frau, daneben entstanden histor. Romane; u. a. „Mutter heiratet" (Autobiogr., 1936), „Die Frauen von Kolmården" (R., 1937), „Weg unter Sternen" (R., 1940).
Martinstag (Martini), Tag des hl. Martin von Tours (11. Nov.); urspr. wichtiger Brauch-, Rechts- und Wirtschaftstermin (u. a. für die Entlohnung des Gesindes; Beginn der Wirtschaftsjahres) innerhalb der christl. Kalenders; wurde durch den *Martinsschmaus* (Martinsgans) gefeiert. Heute Volksfeiertag bes. in den Niederlanden, Flandern und Luxemburg. Am Vorabend werden *Martinsfeuer* abgebrannt und Umzüge von Kindern und Erwachsenen mit Martinslampen abgehalten.
Martinů, Bohuslav [tschech. 'martjinu:], *Polička (Ostböhm. Bez.) 8. Dez. 1890, †Liestal 28. Aug. 1959, tschech. Komponist. – Ausbildung als Geiger, später Schüler von J. Suk und A. Roussel; sein alle Gattungen umfassendes Werk (12 Opern, u. a. „Mirandolina", 1959; „Griech. Passion", 1961; Ballette; Orchesterwerke, u. a. „Half-Time", 1924; „Sinfonia concertante", 1932; Kammermusik, Chorwerke und Lieder) ist dem Neoklassizismus zuzuordnen, wobei Einflüsse der tschech. Folklore und des Jazz hinzukommen.
Martinus Polonus ↑ Martin von Troppau.
Martos, Iwan Petrowitsch, *Itschnja (Gebiet Tschernigow) 1754, †Petersburg 17. April 1835, russ. Bildhauer ukrain. Herkunft. – 1774–79 in Rom; schuf Denk- und Grabmäler; zählt zu den führenden russ. klassizist. Bildhauern.
Martow, L., eigtl. Juli Ossipowitsch Zederbaum, *Konstantinopel 24. Nov. 1873, †Schömberg (Landkreis Calw) 4. April 1923, russ. Politiker (Menschewik). – Agitierte 1895 mit Lenin in Petersburg; 1897–1900 verbannt; emigrierte 1901; während der russ. Revolution von 1905 einer der Führer des Petersburger Arbeiterrats; seit 1907 wieder im Exil; 1917 Rückkehr nach Rußland, das er jedoch bereits 1920 als einer der entschiedensten Gegner Lenins wieder verließ.
Martyn, Edward [engl. 'maːtɪn], Pseud. Sirius, *Tulira (Galway) 31. Jan. 1859, †Dublin 15. Dez. 1923, ir. Dramatiker. – M., dessen Dramen der ir.-kelt. Renaissance verpflichtet sind, war 1899 Mitbegr. des Irish Literary Theatre und gründete 1914 das Irish Theatre in Dublin.
Märtyrer (Martyrer, Blutzeuge) [zu griech. mártys „(Blut)zeuge"], urspr. Bez. für denjenigen, der seinen christl. Glauben dadurch „bezeugt", daß er dessentwegen schweres körperl. Leid oder den Tod auf sich nimmt (**Martyrium**). – Seit dem 1. Jh. gebräuchlich für Christen, die trotz der Christenverfolgungen an ihrem Glauben festhielten; seit dem 2. Jh. eingeschränkt auf diejenigen, die aus demselben Grund den Tod erlitten. Die schon früh einsetzende Verehrung der M. wurde im 4. Jh. von Julian Apostata mit dem Hinweis auf analoge Formen des „Götzendienstes" kritisiert, gleichwohl wurde seitdem von der kath. Kirche diese Identifizierung mit der Unterscheidung von *Latria* und *Dulia* (↑ Heiligenverehrung) zurückgewiesen. – Auch allg. Bez. für diejenigen, die für eine Überzeugung Leid oder Tod auf sich nehmen.
Märtyrerakten (Acta Martyrum), Bez. für die gerichtl. Akten der Prozesse gegen Christen sowie für die Aufzeichnungen über Leiden und Tod der Märtyrer; seit der Mitte des 2. Jh. an den Todestagen der Märtyrer im Gottesdienst verlesen.
Martyrium [griech.] ↑ Märtyrer.
Martyrologium [griech.] (Mrz. Martyrologien), in der kath. Kirche zusammenfassendes Verzeichnis von Heiligen und Seligen, die in den verschiedenen Orts- und Teilkirchen verehrt werden.
Marulić, Marko [serbokroat. 'marulite], *Split 18. Aug. 1450, †ebd. 5. Jan. 1524, kroat. Dichter. – Begründer der kroat. Renaissanceliteratur; verfaßte mit „Judita" (1521) das erste religiöse Epos der kroat. Literatur.
Marullo, Michele, gen. Tarcaniota (nach dem Familiennamen der Mutter), *auf der Flucht der Eltern aus Konstantinopel 1453, †im Fluß Cecina (Toskana) 11. April 1500

Simone Martini. Der heilige Martin wird zum Ritter geschlagen, Fresko in der Unterkirche von San Francesco in Assisi, 1322–26

Bohuslav Martinů

Harry Martinson

Marx

(ertrunken), italien. Humanist. – Seine lat. Lyrik ist ein Höhepunkt der italien. Humanistendichtung (Liebesgedichte, Elegien, Hymnen).

Marx, Adolf Bernhard, *Halle/Saale 15. Mai 1795, †Berlin 17. Mai 1866, dt. Musiktheoretiker. – 1830 Prof. in Berlin, 1850 Mitbegr. des Sternschen Konservatoriums; schrieb u. a. „Die Lehre von der musikal. Komposition" (1837–47); komponierte u. a. Klavierwerke sowie das Oratorium „Mose" (1841).

M., Joseph Rupert Rudolf, *Graz 11. Mai 1882, †ebd. 3. Sept. 1964, östr. Komponist. – 1914–52 Kompositionslehrer an der Wiener Musikakademie (1922–25 Direktor). Komponierte Orchester- und Kammermusik, Chorwerke und Lieder in nachromant.-impressionist. Stil. Schrieb u. a. „Weltsprache Musik" (1964).

M., Karl, *Trier 5. Mai 1818, †London 14. März 1883, dt. Philosoph und Politiker. – Aus einer jüd., 1824 zum Protestantismus übergetretenen Familie; studierte 1835 in Bonn und ab 1836 in Berlin zuerst Rechtswiss., später – von Hegels Philosophie und von den Junghegelianern beeinflußt – Philosophie und Geschichte; Promotion 1841 in Jena mit einer Arbeit über die „Differenz der demokrit. und epikureischen Naturphilosophie". Nach erfolglosem Bemühen um einen Lehrstuhl 1842/43 Mitarbeiter und Redakteur bei der „Rhein. Zeitung"; nach Heirat mit Jenny von Westphalen (*1814, †1881) am 12. Juni 1843 ging M. nach Paris, wo er mit A. Ruge den einzigen Band der „Dt.-Frz. Jahrbücher" (1844) herausgab. Unter dem Einfluß des Feuerbachschen Materialismus wandte er sich zu dieser Zeit von der Philosophie Hegels ab („Kritik der Hegelschen Rechtsphilosophie. Einleitung", 1844). Auf Betreiben der preuß. Reg. 1845 aus Paris ausgewiesen, schrieb M. in Brüssel zus. mit Engels „Die Heilige Familie" (1845; gegen den Linkshegelianismus), „Die dt. Ideologie" (1845/46; veröffentlicht 1932; gegen Feuerbach u. a.) sowie im Auftrag des Londoner „Bundes der Kommunisten" das 1848 erschienene „Kommunist. Manifest". Die Februarrevolution 1848 ermöglichte M., der im März 1848 aus Belgien ausgewiesen wurde, die Reise nach Paris; von dort aus kehrte er im April 1848 nach Köln zurück, um die „Neue Rhein. Zeitung" herauszugeben, die sich für den linken Flügel der Demokraten engagierte. Nachdem diese im Mai 1849 verboten worden war, ging M. über Paris im Aug. 1849 nach London ins Exil, wo ihm Engels häufig aus äußersten finanziellen Schwierigkeiten half.

Karl Marx

Karl Marx. Titelblatt der Erstausgabe des ersten Bandes von „Das Kapital", 1867

Hier entstanden seine Hauptwerke: „Zur Kritik der polit. Ökonomie" (1859) und „Das Kapital" (1. Band 1867; Aufzeichnungen für den geplanten 2. und 3. Band wurden von Engels geordnet, überarbeitet und 1885 bzw. 1894 hg.). Mit diesen beiden Werken begründete M. den wiss. Sozialismus (↑Marxismus). In der 1864 gegr. Internat. Arbeiterassoziation (IAA), der Ersten Internationale, war Bakunin sein Hauptgegner. M. versuchte, gegen den Widerstand Bakunins die IAA straff zu zentralisieren und die nat. Sektionen zur Bildung von Arbeiterparteien anzuhalten, was zur Spaltung und zum Niedergang der IAA führte. Weltweite Beachtung fand die IAA durch seine Gedenkschrift über die Pariser Kommune („Der Bürgerkrieg in Frankreich", 1871), in der er deren Verfassung als erste Erscheinungsform der „Diktatur des Proletariats" und deren – wenn auch vorübergehenden – Sieg als Erfolg der IAA darstellte. Einen wichtigen Teil seines polit. Kampfes bestritt M. mit zahlr. Zeitungsartikeln für die „New York Daily Tribune", für brit. Chartistenblättern, die „Neue Oder-Zeitung" u. a. Organe. Dort lieferte er wie in seiner Schrift „Der achtzehnte Brumaire des Louis Bonaparte" (1851) glänzende Analysen, die scharfsinnig die Zusammenhänge zw. sozioökonom. und polit. Phänomenen herausarbeiteten. Zur anfänglich noch von den Ideen F. Lasalles geprägten dt. Arbeiterbewegung bewahrte M. ein kritisches Verhältnis. – ↑Marxismus.

M., Karl, *München 12. Nov. 1897, †Stuttgart 8. Mai 1985, dt. Komponist und Musikpädagoge. – Schüler u. a. von C. Orff; lehrte in München, Graz und Stuttgart; einer der wichtigsten Vertreter der Jugendmusik mit zahlr., dem Volkslied nahen Liedern, Kantaten und Kammermusikwerken.

M., Wilhelm, *Köln 15. Jan. 1863, †Bonn 5. Aug. 1946, dt. Jurist und Politiker (Zentrum). – 1899–1918 Mgl. des preuß. Abg.hauses; 1910–18 und 1920–32 MdR, 1919 Mgl. der Weimarer Nat.versammlung und der preuß. Landesversammlung; 1921–23 Fraktions-, 1922–28 Parteivors.; 1923–25 Reichskanzler; Jan.–April 1925 preuß. Min.präs.; 1925 Kandidat des Volksblocks bei den Reichspräsidentenwahlen; 1926 Reichsjustizmin., 1926–28 erneut Reichskanzler.

Marx (russ. Marks, 1765–1928 dt. Katharinenstadt, 1928–41 dt. Marxstadt), russ. Stadt am Wolgograder Stausee (Wolga), 21 000 E. Dieselmotorenbau. – 1765 als Kolonie der Wolgadeutschen gegr. und zu Ehren von Katharina II. ben., die die Kolonisten ins Land gerufen hatte.

Marx Brothers [engl. ˈmɑːks ˈbrʌðəz], amerikan. [Film]komikergruppe, bestehend aus: *Groucho* (eigtl. Julius Marx, *1890, †1977), *Chico* (eigtl. Leonhard Marx, *1886, †1961), *Harpo* (eigtl. Arthur Marx, *1888, †1964), *Zeppo* (eigtl. Herbert Marx, *1901, †1979) und *Gummo* (eigtl. Milton Marx, *1893, †1977). Die Filme der M. B. zeichnen sich durch surreale, groteske Slapstick-Komik aus, bes. „The coconuts" (1929), „Monkey Business/Die M. B. auf See" (1931), „Duck Soup/Die M. B. im Krieg" (1933), „Skandal in der Oper/Die M. B. in der Oper" (1935), „The Big Store/Die M. B. im Kaufhaus" (1941).

Marxismus, Gesamtheit der Lehren von K. ↑Marx und F. ↑Engels, die sich inhaltlich in 1. den *histor. Materialismus,* 2. *Kritik der polit. Ökonomie* (krit. Darstellung der dialekt. Struktur und Bewegungsgesetze der kapitalist. Produktionsweise), 3. den *wiss. Sozialismus* (Aussagen über die künftige Gesellschaftsordnung und über die Kampfweise zu ihrer Durchsetzung), 4. den *dialekt. Materialismus* (materialist. Dialektik) gliedern lassen.

Historischer Materialismus

Der histor. Materialismus ist das zeitlich erste und sachlich entscheidende Lehrstück der marxist. Gesellschafts- und Geschichtstheorie, das in den Grundpositionen von Marx bereits in seinen Frühschriften formuliert worden ist. Als *histor. Prinzip* läßt die von Marx gegen die Linkshegelianer erhobene Forderung verstehen, die Sachverhalte nicht nur auf ihr Bestehen oder Nichtbestehen, sondern insbes. auch daraufhin zu beurteilen, *wie, zu welchen* und *zu wessen Zwecken* sie herbeigeführt werden; als *materialist. Prinzip* läßt sich die gegen die „Idealisten", insbes. Hegel, gerichtete Forderung bestimmen, in der Geschichte nicht die Entwicklung eines „Geistes" oder Entwicklung von „Begriffen", sondern das Handlungen „wirkl." Menschen zu sehen, die zur Befriedigung ihrer Bedürfnisse arbeiten und durch ihre Arbeit und deren gesellschaftl. Organisation ihre eigenen Lebensbedingungen (v. a. die *sozialen Verhältnisse*) schaffen. Diese Verhältnisse spiegeln sich in den herrschenden Meinungen über sie, in „gesellschaftl. Bewußtsein" wider: „Das Bewußtsein kann nie etwas anderes sein als das bewußte Sein, und das Sein der Menschen ist ihr wirkl. Lebensprozeß" (Marx/Engels: „Die dt. Ideologie", 1845/46; veröffentlicht 1932). Marx geht in seiner Theorie von der materialist. *Basis,* d. h. von der Art und Weise aus, wie die Menschen ihre Lebensbedingungen produzieren, und die damit die Grundlage für die histor. Einheit einer Epoche (und einer Gesellschaft) darstellt. Zu diesem *Wie* der Produktion gehören nicht nur **Produktionsmittel** (Gesamtheit der Produktionsinstrumente und der Rohstoffe), sondern auch ↑ Gesellschaftsformationen, die durch das jeweilige natürl. Milieu und die Art der Produktionsmittel bedingt sind („Die Handmühle ergibt eine Gesellschaft mit Feudalherren, die Dampfmühle eine Gesellschaft mit industriellen Kapitalisten" [„Das Elend der Philosophie", 1847]). Dabei können bestimmte soziale Organisationsformen die Entwicklung der **Produktivkräfte** (Gesamtheit der naturwiss. Wissens und seiner techn. Nutzung) von einem bestimmten Zeitpunkt an hemmen, so daß diese Organisationsformen durch eine bewußte revolutionäre Aktion beseitigt werden müssen. Diese sozialen Organisationsformen werden **Produktionsverhältnisse** genannt; sie bilden die Gesamtheit der Rechts-, Eigentums- und Herrschaftsverhältnisse, die die Bedingungen des Zugangs zu bzw. des Ausschlusses von der Anwendung und Nutzung der gesellschaftl. Produktivkräfte darstellen. Produktivkräfte und Produktionsverhältnisse bilden die **Produktionsweise** (Art und Weise, wie die für eine Gesellschaft lebensnotwendigen Güter gewonnen werden), die eine „reale Basis" darstellt, auf der sich ein polit., jurist., kultureller und religiöser *„Überbau"* erhebt und der bestimmte gesellschaftl. Bewußtseinsformen entsprechen. Dabei bestimmt zwar die ökonom. Basis den Überbau, beide verhalten sich jedoch dialektisch zueinander und stehen miteinander in Wechselbeziehung. Den histor. bzw. noch bestehenden Gesellschaftsformationen (mit Ausnahme des Urkommunismus) ist gemein, daß die Menschen je nach ihrer Verfügungsmöglichkeit über die Produktionsmittel Klassen bilden, die i.d. R. in 2 Grundklassen einzuteilen sind: die herrschende und die beherrschte Klasse. – Marx und Engels entwickelten ihre Theorie v. a. an Hand der Geschichte der bürgerl. Klassengesellschaft. Marx und Engels zufolge verlangte im ausgehenden Feudalismus die sich selbst und ihre Lebensbedingungen auf Grund der techn. Entwicklung nichtagrar. Produktionsweisen wirtsch. erstarkte Bourgeoisie die Aufhebung wirtsch. und rechtl. Privilegien der herrschenden Klasse der Feudalherren. Die eigtl. (unbewußte) histor. Triebkraft war nach Marx der Widerspruch zw. dem bereits „bürgerl." Charakter der Produktivkräfte und dem feudalen Charakter der Produktionsverhältnisse (z. B. Verbot der unbeschränkten Akkumulation von Kapital [durch Begrenzung der Zahl der Gesellen in den Zunftordnungen], Einschränkungen des freien Konsums [z. B. durch Kleiderordnungen], Behinderung des Binnen- und Außenhandels [durch Binnenzölle, Exportverbote usw.], Verbot oder Erschwerung der Heirat zw. Bürgerlichen und Adligen). All diese Normierungen und Beschränkungen behinderten aber nicht nur die Entwicklung der Wirtschaft, sondern wurden auch zunehmend als ungerecht und widernatürlich empfunden. Das Naturrecht (im Sinne einer natürlich vernünftigen Ordnung) war ein ideolog. Kampfmittel des aufsteigenden Bürgertums gegen die Normen des Ancien régime. Im Bewußtsein des Bürgertums wurden die begrenzten Ziele der Klasse zu allg.-menschl. Zielen überhöht: Der Kampf galt nicht der Durchsetzung der Interessen der kapitalist. Produktionsweise und ihrer Träger, sondern der Herstellung von „Freiheit, Gleichheit und Brüderlichkeit", um nach der Zerschlagung des Feudalismus die erlangte wirtsch. Freiheit zur Entwicklung der kapitalist. Produktionsweise (↑Kapitalismus) zu nutzen, die durch den Grundwiderspruch von Kapital und Arbeit gekennzeichnet ist und damit neue Abhängigkeit und Herrschaftsverhältnisse schuf. Marx wollte die Einheit histor. Epochen (feudales MA, bürgerl. Neuzeit) aus ihrer Produktionsweise erklären und die Übergänge von einer Epoche zur anderen aus den in ihnen entstehenden Widersprüchen ableiten. Ziel der „materialist. Auffassung der Geschichte" ist für Marx, alle Verhältnisse umzuwerfen, in denen der Mensch ein erniedrigtes, geknechtetes, verlassenes Wesen ist. Die Marxsche Gesellschafts- und Geschichtstheorie soll zu diesem Zweck die Menschen über die undurchschaubaren Zwänge aufklären, die sich aus den von ihnen selbst geschaffenen gesellschaftl. Verhältnissen ergeben.

Kritik der politischen Ökonomie

In seinen Schriften zur Kritik der polit. Ökonomie versucht Marx, die Produktionsverhältnisse einer Gesellschaft in ihren Wirkungen auf die allg. gesellschaftl. Verhältnisse genauer zu analysieren. Diese Analysen („Zur Kritik der polit. Ökonomie", 1859 und „Das Kapital", Bd. 1, 1867) kann man als eine Anwendung der Prinzipien des histor. Materialismus verstehen. Das Werk von Marx ist der Versuch einer theoret. Rekonstruktion der Funktionsweise des Kapitals im allgemeinen: Keimzelle des Wirtschaftssystems ist die *Ware,* in ihr sind im Kleinen alle Strukturverhältnisse des Ganzen enthalten. Waren sind Güter (oder Dienste), die für den Markt produziert werden. Sie sind Gebrauchswerte (für irgendeinen Zweck) und werden, entsprechend ihrem *Wert* (Tauschwert), eingetauscht. In einer entfalteten warenproduzierenden Wirtschaft dient das Geld als allg. Wertäquivalent der Waren. Werden nun Waren im Durchschnitt gemäß ihrem Wert getauscht, dann kann dabei auch im Durchschnitt (insgesamt) kein Überschuß entstehen. Profit entsteht nach Marx dennoch: Der Wert von Waren bestimmt sich durch die zu ihrer Herstellung gesellschaftlich notwendige Arbeitszeit (↑ Arbeitswertlehre). In einer entfalteten kapitalist. Wirtschaft sind nicht nur Güter Waren, sondern auch die Arbeitskraft (des Lohnarbeiters) selbst. Ihr Wert wird wie der aller anderen Waren am Wert der Arbeit gemessen, die zur Produktion der Waren notwendig ist, die ein Lohnarbeiter zur Herstellung seiner Arbeitskraft benötigt (Nahrung, Kleidung, Wohnung, elementare kulturelle Bedürfnisse). Ist dazu z. B. im Durchschnitt ein Arbeitsaufwand von 6 Stunden erforderlich, würde der Wert der Ware Arbeitskraft 6 Stunden betragen und ihr Preis durchschnittlich diesem Wert entsprechen.

In der Frühphase des Kapitalismus sucht die Klasse der Produktionsmittelbesitzer mit allen Mitteln, die Arbeitszeit zu verlängern und auf diese Weise den eigenen Überschuß zu vergrößern. Marx nennt das den *absoluten Mehrwert,* der aus der *absoluten Mehrarbeit* resultiert. Die Zeit, während der ein Arbeiter lediglich seinen eigenen Wert (z. B. 6 Stunden) durch Bearbeitung des ihm gelieferten Rohstoffs ersetzt, nennt Marx *notwendige Arbeit,* den darüber hinausgehenden Teil des Arbeitstages *Mehrarbeit.* Das Verhältnis der Mehrarbeit zur notwendigen Arbeit gibt die *Mehrwertrate* (oder den *Ausbeutungsgrad*) der Arbeit an (↑ Ausbeutung). Durch den Konkurrenzmechanismus unter den einzelnen Unternehmen wird die Produktivität der Arbeit ständig erhöht. In einem technisch fortschrittl. Betrieb wird z. B. in 4 Stunden das Resultat erzeugt, das durchschnittl. nur in 6 Stunden hergestellt werden kann. In diesem Fall kann der Unternehmer einen Extraprofit erwirtschaften. In dem Augenblick aber, wo generell die neue Technik eingeführt worden ist, müßte die so erzeugte Ware entsprechend billiger werden. Damit ginge der Extraprofit regelmäßig wieder verloren. Dafür hat aber die Verbilligung der Waren dann wieder eine für die kapitalist. Unternehmer insgesamt vorteilhafte Folge, wenn es sich um Produkte handelt, die in den Warenkorb der Arbeiterfamilie eingehen. D. h., in diesem Falle würde die „notwendige Arbeitszeit" entsprechend verkürzt (ein Warenkorb gleicher Größe würde z. B. in 5 statt 6 Stunden erzeugt). Damit könnte bei gleichbleibender Länge des Arbeitstages dennoch die Mehrwertrate erhöht werden. In diesem Falle spricht Marx vom *relativen Mehrwert.*

Marxismus-Leninismus

Ehe es jedoch zu einer kapitalist. Produktion kommen kann, muß eine *urspr. Akkumulation* stattgefunden haben, die auf der einen Seite *Kapital* (Geldmittel, die die Verfügung über Arbeitsinstrumente, Rohstoffe und Lebensmittel für Lohnarbeiter ermöglichen) und auf der anderen Seite eigentumslose Proletarier erzeugt hat. Ist aber einmal dieses Kapitalverhältnis hergestellt, wird das Kapital durch die Arbeit der Lohnarbeiter ständig vermehrt. Diese *erweiterte Akkumulation des Kapitals* ist eine Notwendigkeit, die sich aus dem Konkurrenzsystem ergibt. Zwar resultiert aller Kapitalprofit allein aus der Mehrarbeit der Ware Arbeitskraft, aber in seinen Berechnungen bezieht der einzelne Kapitalist doch seinen Profit auf das Gesamtkapital, das er für Rohstoffe, Maschinen, Arbeitskräfte ausgelegt hat. In dem Maße, in dem der Kapitalanteil wächst, der für Maschinen, Rohstoffe und Energie aufgewandt wird, verringert sich die Profitrate bei gleichbleibender Mehrwertrate. Der Kapitalist muß daher versuchen, den Fall der Profitrate durch Erhöhung der *Ausbeutungsrate* (Mehrwertrate) auszugleichen. Zugleich wird sich in dieser Lage der Konkurrenzkampf verschärfen, weil der größere Unternehmer (jedenfalls vorübergehend) auf die durchschnittl. Profitrate verzichten kann, um den kleineren durch Konkurrenzkampf auszuschalten. Auf diese Weise kommt zur Akkumulation des Kapitals die ↑Konzentration des Kapitals hinzu. Für die Höhe der *Durchschnittsprofitrate* ist allein die durchschnittl. *organ. Zusammensetzung des Kapitals* (Anteil an Aufwendungen für Maschinen) innerhalb einer Volkswirtschaft maßgebend. Sektoren der Wirtschaft mit höherer organ. Zusammensetzung des Kapitals können daher über dem individuellen Wert ihrer Produkte, solche mit niedrigerer müssen mit einem Preis unter dem individuellen Wert verkaufen.
Der Verkaufspreis setzt sich aus den Faktoren *Produktpreis* (Aufwand für konstantes und variables Kapital, d. h. für Maschinen, Rohstoffe usw. und Arbeitskräfte) plus *Durchschnittsprofit* zusammen. In dem Maße, wie eine Volkswirtschaft insges. auf dem Wege zu höherer organ. Zusammensetzung des Kapitals fortschreitet, tendiert daher die Durchschnittsprofitrate dazu zu fallen. Diese Tendenz kann durch Einbeziehung überseeischer und sonstiger Gebiete mit niedrigerer organ. Zusammensetzung aufgehalten oder verlangsamt werden; auf lange Sicht setzt sie sich aber dennoch durch. Deshalb nahm Marx an, daß die Dynamik der kapitalist. Produktionsweise in absehbarer Zeit erlahmen werde.

Wissenschaftlicher Sozialismus

Marx betrachtete die Arbeiterklasse (↑Proletariat) als Träger des Klassenkampfes bei der Überwindung des Kapitalismus. Für die Gestaltung einer *zukünftigen Gesellschaft* stellten Marx und Engels lediglich *Grundsätze* auf: Die Menschen sollen in die Lage versetzt werden, ihre eigenen Vergesellschaftungsformen bewußt und vernünftig zu bestimmen; diese „freie Assoziation der Produzenten" soll die ökonom. Abhängigkeit einzelner von anderen sowie die Ausbeutung menschl. Arbeitskraft durch andere Menschen abschaffen. Die vereinigten Produzenten sollen „ihren Stoffwechsel mit der Natur" auf die rationellste Art regeln; dazu gehören z. B. die Vermeidung von Raubbau an der Natur, von Zerstörung lebensnotwendiger Umwelt und überflüssiger Arbeit und Produktion. Infolge des Verschwindens von Ausbeutung und ökonom. Abhängigkeit entfällt die Notwendigkeit staatl. Gewalt.
Die Begriffe Sozialismus und Kommunismus wurden von Marx und Engels nocht synonym für die angestrebte *klassenlose Gesellschaft* bzw. für deren Vorstufe verwendet. In der „Kritik des Gothaer Programms" (1875) unterscheidet Marx 2 Phasen nachrevolutionärer Gesellschaftsentwicklung: Die 1. Phase, die *sozialist. Gesellschaft,* gilt als ein Übergangsstadium, das sich durch das Prinzip der ↑Diktatur des Proletariats auszeichnet und in dem noch der Grundsatz „Jeder nach seinen Fähigkeiten, jedem nach seiner Leistung" gilt, im Gegensatz zum Grundsatz der *kommunist. Gesellschaft,* der 2. Phase: „Jeder nach seinen Fähigkeiten, jedem nach seinen Bedürfnissen". Über den Weg, wie die sozialist. Revolution herbeizuführen sei, ist v. a. während der Zeit der Zweiten Internationale heftig gestritten worden. Gemeinsam war allen marxist. Sozialisten stets die Überzeugung, daß das Proletariat Träger dieser Revolution sein werde und sich zu diesem Zweck in einer selbständigen Partei organisieren müsse.

Dialektischer Materialismus

Der dialekt. Materialismus wurde in seinen Grundzügen bereits von Engels, der die Naturgeschichte und -vorgänge nach dialekt. Bewegungssätzen ordnen wollte, in seiner Schrift „Herrn Eugen Dührings Umwälzung der Wiss." (1878) entworfen. Er faßt die Natur als eine in ihrer Materialität begründete Einheit auf, die sich von der niedrigsten Form materiellen Seins, der toten Materie, über die lebende bis zur bewußtseinsfähigen Materie entwickelt. Der Übergang von einer Stufe zur nächsten erfolgt durch einen *qualitativen Sprung* (quantitative Veränderungen [z. B. Wärmezufuhr] innerhalb einer bestimmten Qualität [z. B. Wasser] führen, wenn ein bestimmtes Maß überschritten wird, zu einem sprunghaften Übergang in eine andere Qualität [z. B. von Flüssigkeit zu Dampf]). Die Entstehung von Leben (und später Bewußtsein) wird durch das allmähl. Entstehen hierfür erforderl. chemophysikal. Bedingungen ermöglicht; die Tatsache des Entstehens selbst bleibt trotz einer hohen statist. Wahrscheinlichkeit zufällig.
Die histor. Funktion der dialekt.-materialist. Entwicklungstheorie bestand v. a. in der ideolog. Bestätigung des Fortschrittsglaubens der Arbeiterbewegung. Während der Epoche der Zweiten Internationale (1889–1914), als der M. namentlich in die dt. Arbeiterbewegung eindrang, spielte der materialist. Evolutionismus eine ausschlaggebende Rolle. Die marxist. Geschichtstheorie wurde als Verlängerung der natürl. Entwicklungslehre verstanden, der künftige Sieg des Sozialismus als deren „naturgesetzlich notwendiges Resultat". Der Grund für diese Verkürzung des M. zum „Vulgärmarxismus lag v. a. in der Tatsache, daß nach der Niederlage der Pariser Kommune (1871) trotz beschleunigter Industrialisierung in den entwickelten Industrialstaaten Europas keine revolutionäre Situation herangereift war und die wachsenden Massen organisierter Sozialisten eine Weltanschauung brauchten, die ihrem „Wartezustand" entsprach und es ihnen erlaubte, ihren Zusammenhalt in einer Subkultur zu festigen.

Marxismus-Leninismus, auf der Basis des Marxismus von Lenin entwickelte gesellschaftspolit. Theorie, die die ideolog. Grundlage des Sowjetsystems in der UdSSR bildete und deren Prinzipien auf dem 2. Kongreß der Komintern (1920) als für alle kommunist. Parteien der Welt (als „einheitl., allumfassende materialist.-dialekt. Weltanschauung") verbindlich erklärt wurden. Der M.-L. gilt bei seinen Verfechtern als eine Weiterentwicklung des ↑Marxismus auf eine höhere Stufe, da er den veränderten histor. Bedingungen angepaßt sei. Dies gilt v. a. für die Entwicklung des Kapitalismus vom Konkurrenz- zum Monopolkapitalismus und dessen enge Verflechtung mit bürgerl. Staatsapparaten (staatsmonopolist. Kapitalismus [Stamokap]) sowie dessen Verbindung mit dem Imperialismus der Weltmächte. In dieser histor. Phase verschöben sich die Chancen für den Ausbruch der Revolution von den hochindustrialisierten, aktiv imperialist. Ländern an die Peripherie des kapitalist. Weltsystems. Diese Theorie rechtfertigte den Beginn der proletar. Weltrevolution im verhältnismäßig rückständigen Rußland, zumal nach Lenins Ansicht die Revolution in den entwickelten Ländern bald folgen würde. – Lenin wandte sich schärfer als Marx gegen alle revisionist. Richtungen in der Arbeiterbewegung; er verfocht in „Was tun?" (1902) die These, daß eine „Partei neuen Typs", eine hierarchisch aufgebaute und militärisch-disziplinierte „Kaderpartei" von Berufsrevolutionären, das „polit. Klassenbewußtsein in die Arbeiterklasse" hineinzutragen und die bewaffnete Revolution vorzubereiten habe. In der UdSSR entwickelte sich ein „bürokrat. Zentralismus", nachdem andere Parteien und

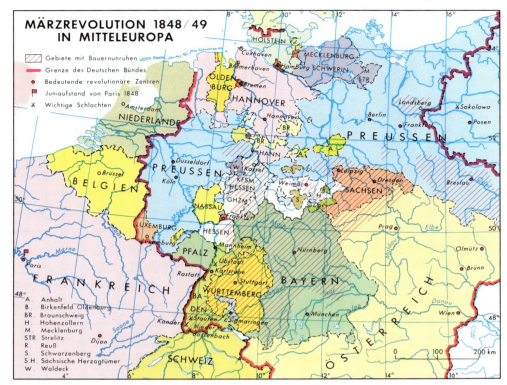

die Bildung von Fraktionen und Plattformen innerhalb der Partei verboten waren und alle Macht vom Politbüro bzw. vom Generalsekretär der Partei ausgeübt wurde (↑ Stalinismus). Von zahlr., v. a. zum Eurokommunismus bzw. zum Reformkommunismus tendierenden kommunist. Parteien wurde die Dogmatisierung der Prinzipien des M.-L. kritisiert. – ↑ Kommunismus.

Marxstadt, russ. Stadt, ↑ Marx.

Mary (bis 1937 Merw), turkmen. Gebietshauptstadt, Oase in der Karakum, am Murgab und Karakumkanal, 89 000 E. Baumwollentkörnung, Bekleidungs-, Leder- und Nahrungsmittelind., Stickstoffdüngerfabrik; in der Umgebung Erdgasfelder; Bahnknotenpunkt an der Transkasp. Eisenbahn. – Gegr. 1884 als Verwaltungszentrum der Oase Merw. 30 km östl. die Ruinenstadt ↑ Merw.

Maryland [engl. 'mɛərɪlənd, 'mɛrɪlənd], Bundesstaat im O der USA, 27 092 km², 4,79 Mill. E (1990), Hauptstadt Annapolis.
Landesnatur: Der durch die Chesapeake Bay reich gegliederten Atlantikküste sind flache, den Strömungen unterworfene Sandbänke vorgelagert. Im W geht die flache Küstenebene in das hügelige Gebiet des Piedmont Plateau über. Ein schmaler Landstrefen quert die Kammlinie der Blue Ridge und das Große Appalachental. Das milde maritime Klima ermöglicht mehrere Jahresernten. Anstelle der urspr. Nadel-, Laub- und Mischwälder bedecken weitgehend Acker- und Wiesenflächen die fruchtbare Küstenebene. In den Bergzonen bestehen noch natürl. Hartholzwälder.
Bevölkerung, Wirtschaft, Verkehr: Rd. 80 % der größtenteils weißen Bev. (daneben 24,2 % Schwarze, 0,2 % Asiaten, 0,1 % Indianer) wohnen in den Städten der Küstenebene, unter denen Baltimore die bei weitem größte ist. M. besitzt eine Univ. und zahlr. Colleges. – Die Landw. hat noch hohe Bed. (v. a. Mais, Sojabohnen, Tabak sowie Gemüse und Obst). Zahlr. landw. Produkte werden in den Konservenfabriken von Baltimore weiterverarbeitet. Daneben besteht Viehwirtschaft (Rinderzucht und Schweinehaltung). An Bodenschätzen ist nur Erdgas erwähnenswert. Die Ind. (bed. Stahlind.) profitiert von den Lagevorteilen an der hafenfreundl. Küste; Fremdenverkehr. – Das Eisenbahnnetz beträgt 1 719 km, das staatl. Highwaynetz 8 376 km. M. besitzt 39 ✈. Gemessen am Umschlag ist Baltimore der viertgrößte Hafen der USA.
Geschichte: 1632 erhielt Cecil Calvert Lord Baltimore von Karl I. einen Freibrief für eine Kolonie am Potomac, die er zu Ehren der engl. Königin M. nannte. 1634 Gründung der ersten Siedlung (St. Marys; bis 1694 Hauptstadt von M.); wurde die erste Kolonie, in der Religionsfreiheit proklamiert wurde (Toleranzakte 1649); Eigentümerkolonie (mit Ausnahme der Jahre 1692–1715 als Kronkolonie) bis zur Unabhängigkeitserklärung von 1776, als M. sich eine eigene Verfassung gab; nahm als letzter Staat (1781) die Konföderationsartikel an, nachdem Virginia seine Ansprüche auf die Ländereien im W an die Union abgetreten hatte; trat 1788 als 7. Staat der Union bei.

März [zu lat. Martius (mensis) „Marsmonat"], 3. Monat des Jahres, mit 31 Tagen; entspricht im altröm. Kalender dem nach dem Kriegsgott Mars benannten 1. Monat. In den M. fallen viele Frühlingsfeste, wie das Gregoriusfest oder Lätare. – Alter dt. Name: Lenzmond.

Marzell, Heinrich, * München 23. Jan. 1885, † Erlangen 20. Nov. 1970, dt. Botaniker. – Erforschte die Geschichte der in Deutschland vorkommenden Pflanzen und ihre Bed. in der Volkskunde; gab ab 1937 das „Wörterbuch der dt. Pflanzennamen" heraus.

Märzenbecher, svw. Frühlingsknotenblume (↑ Knotenblume).

Märzenbier, urspr. im Frühjahr (März) gebrautes Exportbier mit leichtem Malzaroma.

Märzfeld (lat. Campus Martius), Bez. für die seit der Merowingerzeit im März stattfindende Heeresversammlung im Fränk. Reich, auf der polit. Fragen, z. T. auch Gesetze beraten wurden. 755 in den Mai (Maifeld, lat. Campus Majus) verlegt; seit Kaiser Ludwig I. nicht mehr einberufen.

Masaccio. Auferweckung der Tabita, Ausschnitt aus einem in Zusammenarbeit mit Masolino entstandenen Fresko in der Brancaccikapelle von Santa Maria del Carmine in Florenz, 1427

Märzfisch (Hasel, Weißfisch, Rüßling, Leuciscus leuciscus), etwa 20–25 cm langer, heringsförmig schlanker Karpfenfisch in Fließgewässern Europas (nördl. der Alpen).

Märzgefallene, die am 18. März 1848 vor dem Berliner Schloß ums Leben gekommenen Demonstranten. – In nat.-soz. Zeit ironisch für diejenigen gebraucht, die nach den Reichstagswahlen vom 5. März 1933 aus Opportunismus in die NSDAP eintraten.

Marzipan [martsi'pa:n, 'martsipa:n; arab.-italien.], Mischung aus einem Teil M.rohmasse (geschälte und geriebene süße Mandeln), einem Teil Zucker und Aromastoffen; verwendet zur Herstellung von *M.waren.*

Märzrevolution (dt. Revolution), die Erhebung des liberalen Bürgertums 1848 in den dt. Staaten und in den östr. und preuß. Ländern außerhalb des Dt. Bundes. Auslöser war die frz. Februarrevolution 1848, die Anfang März auf die süd-, west- und mitteldt. Staaten übergriff, zur Bildung bürgerl.-liberaler „Märzministerien" und zur (z. T. nur versprochenen) Realisierung der Forderungen des Vormärzes (u. a. Schwurgerichte, Pressefreiheit, Bauernbefreiung), dann aber auch zur Bildung eines dt. Nat.parlaments führte. In Preußen dauerten die revolutionären Ereignisse vom 19. März bis zur Wahl einer preuß. Nat.versammlung (1. Mai); in Österreich setzte seit dem Sturz Metternichs (13. März) eine stärkere Radikalisierung bis zu den bürgerkriegsähnl. Maiaufständen 1848 ein. Gleichzeitig begannen die ungar. Revolution und die dem ungar. Beispiel folgende M. in Böhmen. In Frankfurt am Main tagte – vorbereitet durch Vorparlament und 50er-Ausschuß – seit 18. Mai 1848 die Frankfurter Nat.versammlung und begann, eine gesamtdt. Verfassung und einen Nat.staat zu schaffen.

Die 2. Phase der M., die **Septemberrevolution,** erwuchs aus der Radikalisierung der sozialen Unterströmung der M., deren militär. Niederwerfung (bis 25. Sept. 1848) den unüberwindbaren Dualismus Preußens und Österreichs wieder aufleben ließ und die „Gegenrevolution" (in Österreich nach der Niederwerfung der Wiener „Oktoberrevolution" [6.–31. Okt. 1848]) förderte. In Österreich kam eine Intervention der Frankfurter Reichsgewalt gegen die gegenrevolutionäre Entwicklung nicht zustande; in Preußen scheiterte sie mit der Auflösung der preuß. Nat.versammlung und der Verkündung einer oktroyierten Verfassung durch Staatsstreich (5. Dez. 1848). Noch ehe in den **Maiaufständen** 1849 in Sachsen, in der Rheinpfalz, in Hessen und v. a. in Baden nach dem Scheitern der Frankfurter Nat.-versammlung in der Kaiserfrage die Reg. zur Anerkennung der Frankfurter Reichsverfassung gezwungen werden konnten, war in Wien eine oktroyierte Verfassung (4. März 1849) erlassen worden. Nach Auflösung des Stuttgarter Rumpfparlaments (18. Juni 1849) sicherte die wiedererstarkte östr. Kaisermacht im Aug. 1849 ihre Herrschaft in Lombardo-Venetien und mit russ. Hilfe in Ungarn. Der Versuch preuß.-kleindt. Unionspolitik scheiterte mit der Wiederherstellung des Dt. Bundes. Mit der Bundesintervention 1850 in Kurhessen und Holstein, dem Einschwenken der dt. Staaten auf den Reaktionskurs, in Österreich dem Widerruf der oktroyierten Verfassung durch Staatsstreich vom 20. Aug. 1851 und der Einleitung des Neoabsolutismus endete die Revolutionsbewegung. – Karte S. 275.

Masaccio [italien. ma'zattʃo], eigtl. Tommaso di Ser Giovanni di Simone Guidi Cassai, *San Giovanni Valdarno (Prov. Arezzo) 21. Dez. 1401, †Rom vor dem 20. Dez. 1429, italien. Maler. – Ab 1422 in Florenz bezeugt, seit 1425 Arbeit (zus. mit Masolino) an Fresken in Santa Maria del Carmine, v. a. in der Brancaccikapelle (ihm zugeschrieben u. a. „Der Zinsgroschen"), mit denen er zu den Begründern der italien. Renaissance gehört. – *Weitere Werke:* Fresko der „Dreifaltigkeit" (1426–28, Florenz, Santa Maria Novella), Altar für Santa Maria del Carmine in Pisa (1426 ff., Tafeln u. a. in London, National Gallery, und Neapel, Museo e Gallerie Nazionali di Capodimonte).

Masada (hebr. Mezada), Ruinenstätte 441 m über dem W-Ufer des Toten Meeres, nö. von Arad, Israel. Eine vorhandene Festungsanlage wurde 36–30 v. Chr. von Herodes d. Gr. ausgebaut; nach der Eroberung Jerusalems unter Titus letzter Stützpunkt (73 n. Chr. eingenommen) der jüd. Glaubensgruppen der Zeloten und Essener. Freigelegt und restauriert u. a. der N-Palast, der Befestigungswall mit etwa 30 Türmen, das Wasserversorgungssystem mit 12 Zisternen. Seit 1971 führt eine Seilbahn vom Toten Meer hinauf.

Masan, Hafenstadt an der S-Küste Süd-Koreas, 449 200 E. Verwaltungssitz einer Prov.; Textil-, Nahrungsmittel- u. a. Ind. – 668–935 Anlage einer Befestigung gegen die Japaner; 1274 und 1281 Ausgangspunkt der gescheiterten mongol. Eroberungsversuche gegen Japan; Öffnung des Hafens 1899 auf jap. Druck; 1904/05 nach dem Russ.-Jap. Krieg von Japan wie militär. Gründen bis 1945 geschlossen.

Masanobu Okumura, *1686, †Edo (Tokio) 1764, jap. Maler und Holzschnittmeister des Ukiyo-e. – Schuf Buchillustrationen und kolorierte Holzschnitte, v. a. Theaterszenen. Fertigte die ersten Zweifarbendrucke an.

Masaryk [tschech. 'masarik], Jan, *Prag 14. Sept. 1886, †ebd. 10. März 1948, tschechoslowak. Politiker. – Sohn von Tomáš Garrigue M.; 1925–39 Gesandter der ČSR in London, 1940 Außenmin. der Exilreg., ab 1945 Außenmin. der neubegr. ČSR; kam nach dem kommunist. Staatsstreich K. Gottwalds unter ungeklärten Umständen ums Leben.

M., Tomáš Garrigue, *Hodonín 7. März 1850, †Schloß Lány bei Prag 14. Sept. 1937, tschech. Soziologe, Philosoph und tschechoslowak. Politiker. – Ab 1882 Prof. für Philosophie an der tschech. Univ. in Prag. Sein „krit. Realismus" basierte auf einer Verbindung von dt. Idealismus und westeurop. Positivismus, auf starkem sozialem Engagement, polit. Pragmatismus sowie der Ablehnung einer Mystifizierung der Geschichte. Als Akadem. Lehrer, Publizist und Politiker kämpfte er gegen die weithin populären romant. und panslawist. Strömungen der tschech. Nat.bewegung, aber auch gegen das Papsttum, Habsburg, die Aristokratie, die Vorherrschaft der Deutschen und Magyaren. Mgl. des östr. Reichsrats: 1891–93 als Vertreter der Jungtschechen, 1907–14 als Repräsentant der von ihm gegr. Realistenpartei. Gründer des Tschechoslowak. Nat.rats (Nov. 1915), Organisator der Tschech. Legion in Rußland (ab Mai 1917) und Einiger der tschech. und slowak. Emigranten in Amerika. Erreichte die Zustimmung der alliierten Politiker zur Errichtung eines selbständigen tschechoslowak. Staates. 1918, 1920, 1927 und 1934 zum Staatspräs. gewählt („Präs.-Befreier"), trat 1935 aus Altersgründen zurück. – *Werke:* Der Selbstmord als soziale Massenerscheinung der modernen Zivilisation (1881), Die philosoph. und soziolog. Grundlagen des Marxismus (1899), Das neue Europa (1918), Die Weltrevolution (1925).

Tomáš Garrigue Masaryk

Masaya [span. ma'saja], Stadt in Nicaragua, am S-Rand des Tieflands zw. den großen Seen, 74 900 E. Hauptstadt des Dep. M.; Nahrungsmittelind., Zentrum des indian. Handwerks; Bahnstation.

Masbate, philippin. Insel zw. Panay und der sö. Halbinsel von Luzon, 4 048 km², bis 750 m hoch, Hauptstadt M., an der NO-Küste.

Mascagni, Pietro [italien. mas'kanni], *Livorno 7. Dez. 1863, †Rom 2. Aug. 1945, italien. Komponist. – Leitete mit seiner Oper „Cavalleria rusticana" (1890), die ein Welterfolg wurde, den musikal. Verismus ein; 1929 Nachfolger Toscaninis als Direktor der Mailänder Scala.

Mascara, alger. Stadt im Hochland des Tellatlas, 580 m ü.d. M., 70 900 E. Hauptstadt des Wilayat M., Zentrum eines bed. Weinbaugebiets; Eisenbahnendpunkt. – 16.–18. Jh. Residenz der von den Spaniern aus Oran vertriebenen türk. Beis; 1832 Hauptstadt unter Emir Abd El Kader, 1835–38 umkämpft, 1841 endgültig frz. besetzt.

Mascara, pastenförmige Wimperntusche.

Maschallah! [arab. „was Gott will"], in islam. Ländern übl. Ausruf der Verwunderung („wie großartig!").

Masche, Schlinge (innerhalb eines größeren Gefüges) z. B. aus Garn oder Draht; eigtl. Knüpfung, Knoten.

Maschenregel ↑ Kirchhoffsche Regeln.

Maschenwaren, textile Flächengebilde, die durch Wirken oder Stricken hergestellt werden. Auf Wirk- und Strickmaschinen wird ein Faden mit Hilfe von Zungen- oder Spitzennadeln zu Maschen geformt. Die rechte Maschenseite ist durch die Maschenschenkel, die linke durch den Maschenkopf (Maschenbogen) gekennzeichnet. Die in Längs- und Querrichtung ineinanderhängenden Maschen bilden Maschenreihen und Maschenstäbchen. Beim *Wirken* wird der Faden gleich nach dem Legen kuliert (in eine Schleife gelegt) und damit die Maschengröße bestimmt; beim *Stricken* erfolgt die Maschenbildung durch einzeln bewegl. Zungennadeln nacheinander; das Kulieren beendet den Maschenbildungsvorgang. Nach der Art der Herstellung teilt man die M. in zwei große Gruppen ein: 1. **Kuliergewirke** *(Kulierware)* **und Gestricke:** Hier wird ein Faden allen arbeitenden Nadeln so zugeführt, daß er quer durch die Ware verläuft; ein Warenstück kann aus einem einzigen Faden bestehen, der wieder aufgezogen werden kann. 2. **Kettengewirke** *(Kettenware):* Zur Herstellung kann wie beim Weben eine Kette verwendet werden, jedoch ohne Schußfäden. Die Kette besteht aus so vielen Einzelfäden, wie Maschenstäbchen vorhanden sind. Jeder Faden wird als Schleife über den Nadelschaft gelegt, aus der dann die Masche gebildet wird. Der Faden verläuft im Zickzack längs durch die Ware. Diese läßt sich nicht wieder aufziehen, sie ist maschenfest. – Die typ. Eigenschaft der M. ist ihre Elastizität.

Maschine [frz., eigtl. „Kriegs-, Belagerungsmaschine" (von griech. mēchanē „Hilfsmittel, Werkzeug")], Vorrichtung, mit der eine zur Verfügung stehende Energieform in eine andere, für einen bestimmten Zweck geeignete Form umgewandelt wird (Energie- bzw. Kraft-M., z. B. Dampf-M., Verbrennungskraft-M., Generator) oder mit der die von einer Kraft-M. gelieferte Energie in gewünschte Arbeit umgesetzt wird (Arbeits-M., z. B. Werkzeug-M.).

Geschichte: Neben den sog. einfachen M. (wie Hebel, feste und lose Rolle, schiefe Ebene) kannten die Griechen M. für das Bau- und Kriegswesen, später auch für den Berg- und Wasserbau. Auf den gleichen Gebieten setzten auch die Römer M. ein. Vitruv beschrieb das antike M.wesen in „De architectura" und in „Ingenioso nil gravissimum". Nach dem Aufblühen der Feinmechanik in der Renaissance setzte auch im M.bau eine (später durch Industrialisierung beschleunigte) Entwicklung ein (Darstellungen in den Werken von G. Agricola u. a.). Nach der Konstruktion von Spinn- und Web-M. und anderen Werkzeug-M. im 18. Jh. trat die Dampf-M. hinzu und leitete das eigtl. M.zeitalter ein. Einen wesentl. Fortschritt stellte die Entwicklung des Elektromotors dar, der mit der Konstruktion leistungsstarker Generatoren und dem Ausbau elektr. Versorgungsnetze rasche Verbreitung fand, sowie der Verbrennungskraft-M. (Gas-, Otto-, Dieselmotor), die insbes. im Verkehrswesen neue Möglichkeiten eröffneten.

maschinelle Spracherkennung ↑ Spracherkennung.

maschinelle Sprachübersetzung ↑ Sprachübersetzung.

Maschinenbau, Wirtschaftszweig des verarbeitenden Gewerbes, der Maschinen und Anlagen aller Art herstellt. Charakteristisch ist die ausgeprägt mittelständ. Struktur mit durchschnittlich rd. 200 Beschäftigten je Unternehmen. Der sehr exportintensive M. stellt fast ausschließlich Investitionsgüter her; 1991 erwirtschafteten rd. 1,4 Mill. Mitarbeiter einen Umsatz von knapp 240 Mrd. DM.

Maschinenbefehl ↑ Maschinensprache.

Maschinengewehr ↑ Maschinenwaffen.

Maschinenkanone ↑ Maschinenwaffen.

Maschinenpistole ↑ Maschinenwaffen.

Maschinensprache, in der *Datenverarbeitung* Programmiersprache eines Computers. Programme in dieser Sprache **(Maschinenprogramme)** können direkt vom Computer ausgeführt werden, da die maschineninternen ↑ Befehle **(Maschinenbefehle)** im sog. *Maschinencode* (Binärcode) und daher spezifisch für eine spezielle Maschine dargestellt sind. Zur Übersetzung der in anderen Programmiersprachen geschriebenen Programme in M. dienen ↑ Compiler oder ↑ Interpreter. – ↑ Assembler.

Maschinenstürmer, Arbeiter und Handwerker, die in der Frühphase der industriellen Revolution Spinnmaschinen, Maschinenwebstühle usw. zerstörten, v. a. in Großbritannien (Aufstand der nach dem Arbeiter N. Lud benannten Ludditen, 1811/12). Hinter diesem Protest stand die Vernichtung der Hausind. durch die Einführung von Maschinen und das dadurch verursachte Massenelend. In Deutschland trat die Bewegung in geringerem Umfang auf, verband sich aber wie in Großbritannien mit allg., durch Agrar- und Gewerbekrisen hervorgerufenen Notständen, v. a. 1830–1846/47.

Maschinentelegraf, auf Schiffen Anlage zur Übertragung der Fahrtstufenkommandos von der Brücke in den Maschinenfahrstand mit Rückmeldung; bei modernen

Pietro Mascagni

Masada. Blick auf die 36–30 v. Chr. von Herodes d. Gr. erbaute, in ihren Grundmauern erhaltene Festungsanlage

Schiffen kann die Maschine meist direkt von der Brücke ferngesteuert werden.

Maschinenwaffen, automat. Schußwaffen (Rohrwaffen), bei denen Laden, Spannen, Verriegeln und Öffnen des Verschlusses und das Auswerfen der leeren Hülsen automatisch erfolgen, solange der Abzug betätigt wird oder der Munitionsvorrat im Magazin oder Patronengurt nicht erschöpft ist. Die Energie zum automat. Betrieb wird bei *Rückstoßladern* dem Rückstoß entnommen, bei *Gasdruckladern* den Pulvergasen, bei als M. gebauten Geschützen mittleren Kalibers bes. elektr. oder hydraul. Vorrichtungen. Die wichtigste Kenngröße der M. ist die Kadenz oder Schußfolge, d. h. die theoret. Anzahl von Schüssen, die in einer gegebenen Zeiteinheit verfeuert werden können (Schuß pro Minute oder Schuß pro Sekunde). Zu den M. gehören Maschinengewehre, -pistolen und -kanonen sowie i. w. S. auch die automat. ↑ Gewehre.

Maschinengewehre, Abk. **MG,** sind (tragbare) vollautomat. Feuerwaffen, meist als Gasdruckladern ausgeführt, zum Verschießen normaler Gewehrmunition (meist Kaliber 7,62 mm). Leichte und schwere MG (lMG bzw. sMG) zum Einsatz auf kürzeren bis mittleren Entfernungen (bis 600 m bzw. 1 200 m) haben Feuergeschwindigkeiten zw. 550 und 1 500 Schuß/min; überschwere MG (üsMG; meist nur noch als Bordwaffe von Panzer- und Kraftfahrzeugen sowie als Luftabwehrwaffe) haben Einsatzschußweiten bis 1 800 m (bei Erdzielen) bzw. 1 000 m (bei Luftzielen) und Feuergeschwindigkeiten bis 600 Schuß/min.

Maschinenpistolen, Abk. **MP** (MPi), sind leichte automat. Handfeuerwaffen für kurze Entfernungen (etwa 100 m), mit denen (auch in Einzelfeuer) Pistolenmunition verschossen werden kann (Feuergeschwindigkeit meist 400–900 Schuß/min.).

Maschinenkanonen, Abk. **MK,** sind vollautomat. leichte Kanonen, v. a. zur Flugabwehr (z. T. bis 4 000 m Höhe) geeignet. Kaliber meist zw. 30 und 40 mm, Feuergeschwindigkeit z. T. bis 1 700 Schuß/min.

Maschinerie [griech.-frz.], Bez. für 1. eine [komplizierte] maschinelle Einrichtung; 2. ein System von automatisch ablaufenden Vorgängen, in die einzugreifen praktisch unmöglich ist.

maschinieren [griech.-frz.], bei der Rauchwarenveredelung die zarten Grannen des Felles abscheren.

Maschrik [arab. „Ort des Sonnenaufgangs"], Bez. für den O-Teil der arab.-muslim. Welt (Syrien, Jordanien, Libanon, Ägypten). – ↑ Maghreb.

Mascon [ˈmæskɔn], Kurzbez. für engl. **mas**s **con**centration „Massenkonzentration"], Gebiet mit erhöhtem Gravitationsfeld auf der Mondoberfläche auf Grund lokaler Gesteinsanreicherungen im Bereich der Maria.

Masdak (Mazdak), †529 n. Chr., iran. Sektengründer. – Vertrat mit seinen Lehren eine vollständige Gütergemeinschaft sowie die Auflösung des Familienlebens (Frauengemeinschaft) und entfachte damit eine gegen die zoroastr. Priesterschaft und den Feudaladel gerichtete soziale Bewegung. Die Sekte wurde bereits unter Chosrau I. Anoschirwan (531–579) endgültig vernichtet.

Masdsched Solaiman [pers. mæsˈdʒed soleiˈmɑːn], Stadt am W-Fuß des Sagrosgebirges, Iran, 77 100 E. Zentrum des bed. Erdölfelds von Chusestan mit Erdölraffinerie; Pipelines nach Abadan.

Masdschid [arab., eigtl. „Haus, wo man sich niederwirft"], arab. Bez. für Moscheen.

Masefield, John [engl. ˈmeɪsfiːld], * Ledbury (Hereford) 1. Juni 1878, † bei Abington (bei Oxford) 12. Mai 1967, engl. Schriftsteller. – Ab 1930 „poet laureate" (Hofdichter) Englands. Sein vielseitiges Werk enthält meisterhafte Darstellungen des harten Lebens auf See, v. a. die in der Nachfolge R. Kiplings stehenden „Salzwasserballaden" (1902), und eindrucksvolle Versepik (u. a. „Dauber", 1913).

Maser [ˈmaːzər; meist engl. ˈmeɪzə; Abk. für engl.: **m**icrowave **a**mplification by **s**timulated **e**mission of **r**adiation „Mikrowellenverstärkung durch angeregte (induzierte, stimulierte) Strahlungsemission"] (Mikrowellenverstärker, Molekularverstärker, Quantenverstärker), Mikrowellenge-

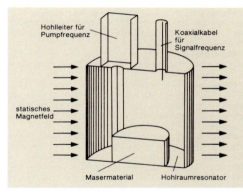

Maser. Schnitt durch einen Festkörpermaser mit Hohlraumresonator

nerator und -verstärker, der analog der Wirkungsweise des ↑ Lasers die stimulierte Emission von elektromagnet. Wellen durch Atome oder Moleküle ausnutzt. Im Unterschied zum Laser ist der Resonator des M. ein metall. Hohlraumresonator, von dessen Moden im allg. nur eine in die Emissionsbandbreite des M.materials fällt; daher ist der *Einmodenbetrieb* für M. typisch. M. besitzen einen äußerst geringen Rauschpegel und werden deshalb zur Verstärkung extrem schwacher Signale benutzt, z. B. in der Radioastronomie sowie für Atomuhren. Als M.materialien werden Festkörper und Gase verwendet. Zu den **Gasmasern** gehören u. a. der Ammoniak-M. (der erste M. überhaupt), Wasserstoffatom- und Rubidiumatom-M. **Festkörpermaser** sind zumeist abstimmbar, da die M.niveaus der verwendeten Kristalle (z. B. Rubin) durch Magnetfelder verschoben werden können.

Geschichte: Das Konzept des M. wurde ab 1951 von J. P. Gordon, C. H. Townes und H. J. Zeiger entwickelt; 1954 konstruierten diese den ersten Molekularstrahl-M. Fast gleichzeitig verwirklichten N. G. Bassow und A. M. Prochorow das Prinzip des Gas-M.; ihre Idee des Dreiniveau-Festkörper-M. wurde 1956 von N. Bloembergen und endgültig 1957 von H. Scovil, G. Feher und N. Seidel verwirklicht. 1958 folgte der erste Rubinmaser.

Masereel, Frans, * Blankenberge 30. Juli 1889, † Avignon 3. Jan. 1972, belg. Maler und Graphiker. – Tätig u. a. in Genf, Paris, Avignon und (seit 1949) in Nizza. Holzschnittzyklen mit sozialkrit., pazifist. und satir. Tendenz in kräftigen Schwarz-Weiß-Kontrasten, u. a. „Die Passion eines Menschen" (1918), „Mein Stundenbuch" (1919), „Geschichte ohne Worte" (1920), „Die Idee" (1920), „Die Stadt" (1925), „Jugend" (1948), „Der Weg des Menschen" (1966), „Die Internationale" (1970). Auch Illustrationen zu Werken u. a. von H. Barbusse, R. Rolland, S. Zweig; großformatige Aquarelle, die das Großstadtleben der 1920er Jahre erfassen, und Gemälde (Bildnisse, Hafenszenerien, Seestücke).

Maserholz ↑ Maserwuchs.

Masern (Morbilli), weltweit verbreitete, durch das M.virus hervorgerufene, fieberhafte, ansteckende, v. a. Kinder befallende Infektionskrankheit mit Hautausschlag und Schleimhautentzündung. Die Übertragung erfolgt durch Tröpfcheninfektion. M. hinterlassen eine lebenslange Immunität. – Etwa zehn Tage nach der Ansteckung tritt das Vorstadium mit Fieber bis 39 °C, Husten, Schnupfen und Bindehautentzündung mit vermehrtem Tränenfluß sowie Lichtscheu, Unwohlsein, Kopf- und Halsschmerzen auf. In der Mundhöhle, v. a. am vorderen Gaumen und am Zäpfchen, treten braunrote, zusammenfließende Flecken auf. Gleichzeitig erscheinen kleine weißl. Flecken mit rotem Hof **(Koplik-Flecken)** an der Wangenschleimhaut. Nach diesem etwa drei Tage dauerndem Vorstadium fällt das Fieber ab. Der typ. **Masernausschlag** (M.exanthem) tritt erst am 15. Tag nach der Infektion zus. mit einem erneuten Fieberanstieg auf. Er beginnt im Gesicht und hinter den Ohren und greift dann auf Oberkörper, Arme, Bauch und Beine über. Gleichzeitig klingen die übrigen Krankheitszeichen ab, und nach 3–4 Tagen verschwindet der Ausschlag wieder. Etwa 2–3 Wochen nach Beginn der Erkrankung schuppt sich die Haut ab.

M. führen zu einer Abwehrschwäche; daher können sich an die M. Nachkrankheiten anschließen. Am häufigsten sind Lungenentzündung und eitrige Mittelohrentzündung, seltener die M.gehirnentzündung. Die *Behandlung* wird mit symptomat. Maßnahmen durchgeführt (Bettruhe in abgedunkeltem Zimmer, verstärkte Flüssigkeitsaufnahme), bei Sekundärinfekten mit Antibiotika. Der Vorbeugung dient die Impfung mit abgeschwächten Erregern (nach dem 15. Lebensmonat), die einen leichteren Krankheitsverlauf bewirkt; vorübergehender Schutz kann durch Immunglobuline erreicht werden.

Maseru, Hauptstadt von Lesotho, im W des Landes, 1571 m ü. d. M., 110000 E. Sitz eines kath. Erzbischofs und eines anglikan. Bischofs; in Roma bei M. Univ. (seit 1964, vorher College); Endpunkt einer Bahnlinie von Südafrika, internat. ✈. – 1869 gegründet.

Maserung (Masertextur, Fladerung), Zeichnung (Textur) des Holzes, die bei europ. Holzarten normalerweise v. a. bei tangential zu den Jahresringen geschnittenen Hölzern und bei Messerfurnieren in Erscheinung tritt und durch die Technik der Schnittführung, bes. bei Wuchsanomalien (↑Maserwuchs), stark variiert werden kann; z.B. schlichte, gefladerte, geflammte, blumige M. und Moiré.

Maserwuchs, v. a. bei Laubhölzern vorkommende Verkrümmung der Jahresringe in Stamm- und Wurzelholz durch Umwachsen der beim Aufbrechen schlafender Augen verbleibenden kleinen Stiftästchen. Der Anschnitt liefert lebhafte und wertvolle Maserung *(Maserholz)*.

Masina, Giulietta, eigtl. Giulia Anna M., * San Giorgio di Piano (Prov. Bologna) 22. Febr. 1921, italien. Schauspielerin. – Internat. berühmt als Darstellerin rührend-kom. und sensibler Frauengestalten v. a. in Filmen ihres Mannes F. Fellini (∞ seit 1943), z. B. „La Strada – Das Lied der Straße" (1954), „Die Nächte der Cabiria" (1957), „Julia und die Geister" (1965), „Die Irre von Chaillot" (1969), „Ginger und Fred" (1986).

Frans Masereel. Holzschnitt aus der Folge „Die Passion eines Menschen", 1918

Masinissa (Massinissa), * um 240, † 148, numid. König. – Ab 207 von Rom in Erbstreitigkeiten unterstützt, erhielt 202 ganz Numidien; seine Grenzkonflikte mit Karthago lösten den 3. Pun. Krieg aus (149). Als M. starb, teilten sich seine Söhne die Herrschaft.

Maskarenen, Bez. für die im Ind. Ozean gelegenen Inseln ↑Réunion und ↑Mauritius einschl. ihrer Nebeninseln.

Maskaron [italien.-frz.] ↑Maske.

Maskat, Hauptstadt von Oman, an der S-Küste des Golfs von Oman, 50000 E, als Agglomeration mit Matrah, Mina al Fahal, Ruwi und Seeb 400000 E; Hafenbucht; ✈. – Die von einer Stadtmauer umgebene Stadt wird von zwei alten portugies. Bergfesten überragt.

Maske [italien.-frz.], urspr. vor dem Gesicht getragenes plast. Gebilde *(Larve)* oder Verhüllung des ganzen Körpers; der Ursprung der M. liegt im Kult, und die M. wird noch heute bei Naturvölkern für *kult. Tänze* benutzt. Ihr Träger repräsentiert die Gestalt, die die M. darstellt, bzw. er ist diese Gestalt, z. B. ein Ahne oder [Tier]dämon bzw. Gott. Maskentragende „Zauberer" sind z. B. auf Felsbildern überliefert. Noch heute sind im alemann. *Volksbrauch* M. üblich; als Gesichts-M. oder Ganzverhüllung werden sie am Nikolaustag, an Weihnachten, Sylvester oder an ↑Fastnacht getragen. – Infolge des kult. Ursprungs des griech. *Theaters* waren plast. M. auch Kennzeichen der att. Tragödie und Komödie; zur Schallverstärkung war der Mund als Trichter ausgebildet. Im röm. Theater wurden die Typen vermehrt und die Formen z. T. grotesk übersteigert. In vier festen Typen tauchten sie als dunkle Lederhalb-M. in der italien. Commedia dell'arte wieder auf. Im allg. wurden sie bereits im MA von der Schminkmaske bzw. nichtabnehmbaren M. verdrängt. Festgelegte geschminkte oder plast. Rollen-M. gibt es im asiat. Theater noch heute, in Europa nur noch beim Clown und beim Pantomimen. In der *bildenden Kunst* sind aus der Frühzeit v. a. Toten-M. bekannt, bes. berühmt die myken. Gold-M. In der Antike trat als Unheil abwehrendes fratzenhaftes Motiv das Gorgoneion (↑Gorgonen) auf. Das MA verwandte M. v. a. in der Bauskulptur (z. B. in Reims); im Spät-MA v. a. als Wasserspeier, Miserikordien und Türklopfer. Die strengen M. der Renaissance griffen auf die Antike zurück, ausdrucksstarke M. entstanden während Manierismus und Barock (Krieger-M. am Berliner Zeughaus, 1696, von A. Schlüter), daneben zahlr. karikierende Fratzengesichter **(Maskaron)** in der Bauornamentik, in der neueren Kunst u. a. „Selbstbildnis mit M." von J. Ensor (1899; Antwerpen, Privatsammlung). – Abb. S. 280.

Giulietta Masina

▷ in der *Psychologie* Bez. für die dem menschl. Rollenverhalten eigene Tendenz, durch einen willkürlich angenommenen Gesichtsausdruck die tatsächl. Neigungen und Einstellungen anderen Menschen gegenüber zu verbergen.

▷ in der *Biologie* Bez. für Zeichnungen am Kopf von Tieren, die sich farblich deutlich abheben, z. B. ein dunkles Gesichtsfeld bei verschiedenen Haushundrassen oder ein breites Querband bei manchen Fischen.

▷ in der *graph. Technik* auf photograph. Weg hergestellte Hilfsdiapositive oder -negative bzw. eine Kombination davon zur Gradations- oder Farbwertkorrektur.

▷ in der *Mikroelektronik* ein Hilfsmittel zur Herstellung von integrierten Schaltkreisen und Transistoren in Planartechnik.

Maskenbienen (Larvenbienen, Hylaeus), mit rd. 600 Arten weltweit verbreitete Gatt. der Urbienen; in Deutschland etwa 30 4–8 mm große, kaum behaarte Arten; ♂♂ mit auffallend gelben, maskenartigen Gesichtsflecken.

Maskenfische ↑Doktorfische.

Maskenläuse (Thelaxidae), weltweit verbreitete Fam. der Blattläuse (in Europa 15 Arten).

Maskerade [span. (zu ↑Maske)], Verkleidung; Maskenfest; übertragen für: Heuchelei, Vortäuschung.

Maskieren [italien.-frz.], Verfahren der analyt. Chemie, wobei ein Teil der in Lösung vorliegenden Ionen in stabile Komplexe überführt wird und so der Nachweis anderer Ionen nicht gestört wird.

Maskilim ↑Haskala.

Maskottchen [frz., zu provenzal. mascoto „Zauber"], für glückbringend gehaltener Talisman.

maskulin [lat.], männlich.

Maskulinisierung [lat.], svw. ↑Virilisierung.

Maskulinum [lat.], Abk. m., männl. Geschlecht eines Substantivs; männl. Substantiv, z. B. *der Finger, ein Mann*.

Masochismus [nach L. Ritter von ↑Sacher-Masoch], von R. von Krafft-Ebing eingeführte Bez. für die psychosexuelle Disposition, bei der eine geschlechtl. Erregung und Befriedigung nur durch Erleiden von Mißhandlungen, die vom Geschlechtspartner zugefügt werden und die v. a. mit körperl. Schmerzen verbunden sind, erreicht wird; nicht selten mit sadist. Neigungen (↑Sadismus) verbunden.

Maso di Banco

Maso di Banco [italien. 'baŋko], italien. Maler der 1. Hälfte des 14. Jh. – Nachweisbar zw. 1341/50, Schüler von Giotto. Schuf um 1330 Fresken mit Szenen aus dem Leben des Papstes Silvester in der Bardikapelle von Santa Croce in Florenz.

Masolino, eigtl. Tommaso di Cristoforo Fini, * Panicale (Prov. Perugia) 1383, † Florenz (?) um 1440, italien. Maler. – Schuf neben Altarwerken mehrere Freskenfolgen, z. T. in enger Zusammenarbeit mit ↑ Masaccio; sein Anteil zeigt einen weicheren, lyr.-zarten und vergleichsweise altertüml. Stil. Fresken u. a. in Santa Maria del Carmine (Brancaccikapelle), Florenz (1425 ff.), San Clemente in Rom (1427 ff.), Stiftskirche und Baptisterium von Castiglione Olona (nach 1432).

Mason [engl. mɛɪsn], George, * bei Pasbytanzy (Va.) 1725, † Gunston Hall (Fairfax County, Va.) 7. Okt. 1792, amerikan. Politiker. – Kopf der amerikan. Unabhängigkeitsbewegung; übte als Autor der Verfassung von Virginia (1776) und insbes. der Declaration of Rights von Virginia bed. Einfluß auf die Declaration of Independence aus.
M., James, * Huddersfield (Yorkshire) 15. Mai 1909, † Lausanne 27. Juli 1984, engl. Schauspieler. – 1933/34 am Old Vic in London; profilierter Charakterdarsteller, internat. v. a. durch Filmrollen bekannt, u. a. „Der Herr in Grau" (1943), „Julius Caesar" (1953), „Lolita" (1961), „Der Himmel soll warten" (1977), „Die letzte Jagd" (1984).

Mason and Dixon Line [engl. 'mɛɪsn ənd 'dɪksn 'laɪn], Grenze, die 1763–67 von den brit. Astronomen C. Mason und J. Dixon entlang 39° 43′ 17,6″ n. Br. zw. den Kolonien Pennsylvania und Maryland in N-Amerika markiert wurde. Vor dem Sezessionskrieg galt sie als Trennungslinie zw. den sklavenhaltenden S-Staaten und den die Sklaverei verbietenden N-Staaten.

Masora ↑ Massora.

Masowien, histor. Landschaft im Zentrum von Polen, beiderseits der mittleren Weichsel. Das seit dem 10. Jh. unter der Herrschaft der Piasten stehende M. war 1138–46 selbständiges Hzgt. 1202 mit Hilfe des Dt. Ordens erneut selbständig; Mitte des 13. Jh. in mehrere Teil-Ft. geteilt; nach Aussterben der piast. Linie 1526 kam das seit 1333 wieder vereinigte Land an Polen.

Maspéro, Henri [frz. maspe'ro], * Paris 15. Dez. 1883, † KZ Buchenwald 17. März 1945, frz. Sinologe. – 1908 an der École Française d'Extrême-Orient in Hanoi, seit 1920 am Collège de France. Er wies neue Wege im Rahmen der Sprach-, Kultur- und Religionsgeschichte Chinas und seiner südl. Nachbarländer. – *Werke:* La Chine antique (1927), Le taoïsme et les religions chinoises (hg. 1971).

Maß, ältere Bez. für ↑ Einheit (im Meßwesen), speziell Längen-, Flächen- oder Volumeneinheit. – Übersicht S. 282. – ↑ Physikal. Größen und ihre Einheiten.
▷ altes dt. Hohlmaß unterschiedl. Größe; entsprach z. B. in Baden und in der Schweiz 1,5 Litern, in Bayern *(M. kanne)* 1,069 Litern, in Österreich 1,415 Litern; in Bayern heute Bez. für 1 Liter (Bier).
▷ in der *Mathematik* eine Mengenfunktion **(Maßfunktion)**, die eine Verallgemeinerung des elementargeometr. Begriffs des (Flächen- oder Raum-)Inhalts darstellt.

Maske

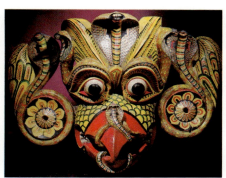

Links oben: hölzerne Tanzmaske der Batshokwe, Zaire, 19. Jh. (Tervuren, Belgien, Koninklijke Museum voor Midden-Afrika). Mitte links oben: der heilige Adler Garula, ceylonesische Theatermaske, 19. Jh. (Berlin, Museum für Völkerkunde). Mitte rechts oben: Pfeifermaske aus dem Werdenfelser Land (Garmisch-Partenkirchen, Werdenfelser Museum). Rechts oben: Schlumpf, Weibermaske aus Flums (Privatbesitz). Links unten: Schamanenmaske der Alaska-Eskimo (Hamburg, Museum für Völkerkunde). Mitte unten: vorkolumbische Mosaikmaske der Mixteken. Rechts unten: Rekonstruktion einer antiken Komödiantenmaske aus Fell nach einem Tonmodell des Basler Antikenmuseums

▷ soziokulturell und sozioökonomisch determinierte Kategorie der Ethik, der Individualethik wie auch der polit. Ethik zur Bestimmung einer allg. Norm oder Regel der Handlungen zw. (als möglich gedachten) Extremen, die häufig als proportionierte Mitte zw. diesen Extremen bestimmt wird. Die Kategorie des M. hatte eine zentrale Funktion in der Ethik des Rittertums des Mittelalters.

Massa, Stamm der Sudaniden am Logone, S-Tschad und N-Kamerun; sprechen eine tschad. Sprache; 500 000 Angehörige.

Massa, italien. Stadt in der Toskana, 5 km von der ligur. Küste entfernt, 65 m ü. d. M., 67 300 E. Hauptstadt der Prov. M.-Carrara; kath. Bischofssitz; Bergingenieurschule, Staatsarchiv; bed. Zentrum des in den Apuan. Alpen gebrochenen Marmors, chem., Zementind., Maschinenbau. Zu M. gehört der Hafen- und Badeort *Marina di Massa.* – Erstmals 882 gen., seit dem 11. Jh. befestigte Siedlung auf einer Anhöhe (heutige Altstadt, *M. Vecchia*); 1557 wurde in der Ebene nach regelmäßigem Plan die heutige Neustadt (*M. Nuova*) angelegt, 1620 zur Stadt erhoben. – Dom (15. Jh., im 19. Jh. klassizistisch erneuert); Palazzo Cybo-Malaspina (16. und 18. Jh.; heute Präfektur); Burg (15./16. Jh.).

Massachuset [engl. mæsəˈtʃuːsɛt], ausgestorbener Indianerstamm der Östl. Algonkin an der Massachusetts Bay, USA.

Massachusetts [engl. mæsəˈtʃuːsɛts], Bundesstaat im NO der USA, 21 456 km², 6,03 Mill. E (1990), Hauptstadt Boston.
Landesnatur: Das Tal des Connecticut River gliedert das Staatsgebiet in ein westl. Bergland mit den Taconic Mountains und den bis 1 064 m hohen Berkshire Hills (Appalachensystem) und ein östl. Zentralplateau, das sich nach O hin zum Küstentiefland abdacht. Das Klima ist nur im äußersten O ozeanisch geprägt, sonst gemäßigt. Ein Großteil der Fläche wird von Mischwäldern eingenommen; nur in den fruchtbaren Flußtälern wird intensiver Ackerbau betrieben.
Bevölkerung, Wirtschaft, Verkehr: M. wurde schon früh von engl. Einwanderern, denen Iren, Italiener, Frankokanadier, Russen und Polen folgten, besiedelt. Die Bev. stieg im 19. und 20. Jh. sprunghaft an und konzentrierte sich in den Städten (fast 84 %), v. a. in der Agglomeration Boston. Rd. 3,5 % der Bev. sind Farbige. M. hat bed. Univ., darunter die Harvard University. – Die hochspezialisierten Landw.betriebe, deren Zahl und Anbaufläche seit 1900 stark abgenommen haben, sind auf die Versorgung der Städte ausgerichtet. Der Fischfang wird von den Verarbeitungszentren New Bedford, Boston und Gloucester aus betrieben. Wichtigster Wirtschaftszweig ist die Ind.; es dominieren Elektrotechnik und Elektronik, gefolgt von Maschinenbau, Nahrungs- und Genußmittelind., daneben Textil- und Lederind.; Fremdenverkehr. – Boston besitzt einen guten Tiefwasserhafen. Das Eisenbahnnetz verfügt über eine Länge von 2 108 km, das Straßennetz über 54 394 km. Int. ✈ in Boston.
Geschichte: Urspr. wohl von Indianern der Algonkin-Sprachfam. bewohnt. Die erste feste Siedlung wurde in Plymouth von den Pilgervätern gegr., die 1620 auf der „Mayflower" den Atlantik überquert hatten. Unter der Charter (Verfassungsurkunde) von 1629 entstand zunächst ein theokrat. Staatswesen, in dem die radikalen Puritaner tonangebend waren. 1684 wurde die Charter aufgehoben, 1691 durch eine neue ersetzt: M. Bay und Maine wurden von einem durch die Krone bestimmten Gouverneur und Rat regiert, dem ein von den Bewohnern der Kolonie gewähltes Repräsentantenhaus gegenüberstand. Wiederholte Konflikte mit dem Mutterland führten 1773 zur Versenkung einer Schiffsladung Tee im Hafen von Boston („Boston Tea Party"), 1775 zu den ersten Kampfhandlungen des nordamerikan. Unabhängigkeitskrieges (bei Lexington und Concord; Bunker Hill 1775). 1780 gab sich M. die noch heute geltende Verfassung. Die Verfassung der USA wurde 1788 mit knapper Mehrheit angenommen. Im Sezessionskrieg unterstützte M. den Norden.

Massachusetts Institute of Technology [engl. mæsəˈtʃuːsɛts ˈɪnstɪtjuːt əv tɛkˈnɔlədʒɪ], Abk. MIT, vorwiegend naturwiss. Univ. in Cambridge (Mass.), gegr. 1861; zählt bis heute zu den bedeutendsten techn. Universitäten und bezog als erste Sozial- und Geisteswiss. in das Ingenieurstudium ein.

Massage [maˈsaːʒə; arab.-frz.], mechan. Einwirkung auf die Haut und die unter ihr liegenden Gewebe (Muskeln, Bindegewebe, Weichteile) unter Anwendung verschiedener Handgriffe wie Streichen, Kneten, Klopfen, Klatschen, zuweilen unter Zuhilfenahme von M.-Geräten. Neben der Steigerung der Durchblutung und der örtl. Freisetzung von körpereigenen Wirkstoffen (z. B. Histamin, Acetylcholin) wird zusätzlich auf reflektor. Weg eine Tonisierung des Gefäßsystems und der inneren Organe erreicht. Sonderformen der M. stellen die Anwendung von elektr. Strömen (↑Elektrotherapie), Druckwasserstrahlen (z. B. *Unterwasser-M.*) oder Unterdruck dar *(Saugmassage).* – ↑*Bindegewebsmassage.*

Massageten (lat. Massagetae), zu den Skythen gehörende antike Steppenvölker iran. Herkunft; siedelten zw. Kasp. Meer und Aralsee.

Massai, äthiopides Volk in NO-Tansania und S-Kenia. Die etwa 540 000 M. sprechen das *Masai,* eine nilohamit. Sprache. Überwiegend Hirtennomaden.

Massaiebene, wildreiche Hochebene südl. des Kilimandscharo und Meru, Tansania, 1 000 – 1 500 m ü. d. M.

Massaker [frz.], Gemetzel, Blutbad; **massakrieren,** jemanden brutal umbringen; mißhandeln.

Massalia ↑Marseille.

Massalla ↑Messalla.

Massa Marittima, italien. Stadt am S-Rand des Toskan. Erzgebirges, 380 m ü. d. M., 10 100 E. Kath. Bischofssitz; Bergbautechnikum; histor. und mineralog. Museum; altes Bergbauzentrum. – Erlangte im MA v. a. wegen der Ausbeutung der nahe gelegenen Kupfer- und Silberminen Bed.; kam 1335 an Siena, mit diesem 1555 an die Medici. – Roman. Dom (1304 vollendet).

Maßanalyse (Titrimetrie, Volumetrie), wichtiges Verfahren der quantitativen chem. Analyse. Zu einer abgemessenen Menge einer Lösung unbekannter Konzentration wird eine Reagenzlösung (Maßlösung, Titrierflüssigkeit) bekannter Konzentration zugegeben, bis der Endpunkt (Umschlagspunkt) der Reaktion (Neutralisation, Reduktion, Oxidation, Komplexbildung, Fällung) gerade erreicht ist. Dies wird durch einen Indikator oder auf elektrochem. Wege angezeigt.

Massary, Fritzi [...ri], eigtl. Friederike Massarik, *Wien 21. März 1882, †Beverley Hills 30. Jan. 1969, östr. Sängerin und Schauspielerin. 1918–34 ⚭ mit M. Pallenberg; feierte als Revue- und Operettenstar ab 1904 v. a. in Berlin Triumphe; war auch als Schauspielerin erfolgreich; emigrierte 1933 nach London, später in die USA.

Massaua, Hafenstadt am Roten Meer (Eritrea), 15 400 E. Zement-, Tabakind.; Salzgewinnung. ✈.

Masse [lat., zu griech. mãza „Teig aus Gerstenmehl, Fladen, Klumpen (aus Metall)"], allg. ungeformter, meist breiiger Stoff.
▷ in der *Physik* Grundeigenschaft der Materie und daher eine der Grundgrößen, Zeichen *m,* SI-Einheit Kilogramm (kg). Sie ist teils als **träge Masse** (m_t) ein Maß für die Trägheit eines Körpers gegenüber Änderungen seines Bewegungszustandes und bestimmt die durch eine äußere Kraft F hervorgerufene Beschleunigung a nach dem 2. Newtonschen Axiom $a = F/m_t$. Der Begriff der **schweren Masse** (m_s) ergibt sich aus dem Newtonschen Gravitationsgesetz und ist die Eigenschaft eines Körpers, durch ↑Gravitation einen anderen Körper anzuziehen bzw. von ihm angezogen zu werden. Die Gleichheit von träger und schwerer M. bildet die Grundlage der allg. ↑Relativitätstheorie. Die M. eines Körpers ist geschwindigkeitsabhängig. Hat der Körper im Ruhezustand die M. m_0 (Ruh-M.), so gilt für seine *relativist. M. m* bei der Geschwindigkeit *v* (*c* Lichtgeschwindigkeit):

$$m = m_0 / \sqrt{1 - v^2/c^2}$$

James Mason

Masse

▷ in der *Elektrotechnik* alle leitfähigen Teile von Betriebsmitteln und Anlagen, die normalerweise von den unter Spannung stehenden Teilen isoliert sind.
▷ in den *Sozialwiss.* vieldeutig benutzte Bez., insbes. für 1. die breiten Schichten einer Gesellschaft gegenüber der Elite; 2. den gesellschaftspolitisch-revolutionär bes. aktiven, weil unterdrückten und nach Emanzipation strebenden Teil der Gesellschaft (Marxismus); 3. eine unstrukturierte, über relativ kurze Zeiträume bestehende Ansammlung von Menschen, die durch äußere Faktoren unterschiedlichster Art zusammengehalten werden und auf Grund psych. „Ansteckung" ein weitgehend einförmiges, „gleichgeschaltetes" Verhalten zeigen. In der M.situation treten typ. Veränderungen beim Individuum auf: Senkung der Urteils- und Kritikfähigkeit, Überwiegen der gefühlsbezogenen Anteile in der Verhaltenssteuerung, Schwinden des persönl. Verantwortungsbewußtseins, Fortfall innerer Hemmungen, Erhöhung der Beeinflußbarkeit und die wachsende Bereitschaft, sich den Forderungen autoritärer „Führer" zu unterwerfen.
▷ im *Recht* das Vermögen eines Erblassers (Erb-M.) oder eines Gemeinschuldners im Konkurs (Konkurs-M.).
▷ in der *Statistik* eine Gesamtheit von Objekten, die durch eine Erhebung untersucht werden sollen.

Maße (Auswahl)

Längenmaße

SI-Einheit der Länge ist das Meter (m).
Festlegung: 1 Meter ist die Länge der Strecke, die Licht im Vakuum während einer Dauer von 1/299 792 458 Sekunden durchläuft (Neudefinition der 17. Generalkonferenz für Maße und Gewichte 1983).

Arschin (GUS) 0,71 m
Chain (Großbritannien, USA) 20,1168 m
Cubitus (Röm. Reich) 0,444 m
Daktylos (Altgriechenland) 0,0193 m
Dira (Palästina, Ägypten) 0,75 m
Digitus (Röm. Reich) 0,0185 m
Elle (Österreich) 0,7792 m
Elle (Preußen) 0,6669 m
Faden (Preußen) 1,642 m, 1,883 m
Foot (Großbritannien, USA) 0,3048 m
Furlong (Großbritannien, USA) 201,168 m
Fuß (Preußen) 0,31385 m
Fuß (Schweiz) 0,3 m
Hand (Großbritannien) 0,254 m
Inch (Großbritannien) 0,025 m
Klafter (Preußen) 1,883 m
Landmeile (Deutschland) 7,532 km
League British (Großbritannien) 4,828 km
League nautical (Großbritannien) 5,565 km
Line (USA) 2,54 mm
Linie (Preußen) 2,18 mm
Link (USA) 0,201 m
Meile (Preußen) 7,532 km
Meile (GUS) 7,47 km
Meile, geogr. (Deutschland) 7,4216 km
Mile, English (Großbritannien) 1,524 km
Mile, Nautical (Großbritannien) 1,853 km
Mile, Statute (Großbritannien, USA) 1,609 km
Milliarium (Röm. Reich) 1,4787 km
Orgyia (Altgriechenland) 1,85 m
Palmus (Röm. Reich) 0,074 m
Passus (Röm. Reich) 1,48 m
Pechys (Altgriechenland) 0,462 m
Pes (Röm. Reich) 0,2957 m
Plethron (Altgriechenland) 30,83 m
Postmeile (Österreich, Ungarn) 7,59 km
Pus (Altgriechenland) 0,3083 m
Rod (Großbritannien, USA) 5,029 m
Rute (Preußen) 3,766 m
Saschen (GUS) = 3 Arschin = 7 Fut = 2,13 m
Seemeile (Deutschland) 1,852 km
Span (USA) 0,23 m
Stadion (Altgriechenland) 0,185 km
Werschok (GUS) 0,044 45 m
Werst (GUS) 1,067 km
Yard (Großbritannien, USA) 0,9144 m
Yard, Imperial (Großbritannien) 0,914 399 m
Zoll (Preußen) 0,02615 m

Flächenmaße

SI-Einheit der Fläche ist das Quadratmeter (m²).
Festlegung: 1 Quadratmeter ist gleich der Fläche eines Quadrates von der Seitenlänge 1 m.

Acre (USA) 4047 m²
Acre of land (Großbritannien) 4047 m²
Ar (Deutschland) 100 m²
Desjatine (GUS) 10 925 m²
Diplethron (Altgriechenland) 950 m²
Hektar (Deutschland) 10 000 m²
Iugerum (Röm. Reich) 2519 m²
Joch (Österreich) 5755 m²
Metze (Sachsen) 246,4 m²
Mile of land (Großbritannien) 2,589 98 km²
Morgen (Deutschland) 2500 m²
Quadratfuß (Deutschland) 0,0985 m²
Quadratmeile (Deutschland) 56,25 km²
Quadratrute (Preußen) 14,1843 m²
Rood (Großbritannien) 1011,71 m²
Square foot (Großbritannien) 929 cm²
Square inch (Großbritannien) 6,45 cm²
Square yard (Großbritannien) 0,84 m²
Viertel (Baden) 900 m²

Raummaße (Volumenmaße)

SI-Einheit des Volumens ist das Kubikmeter (m³).
Festlegung: 1 Kubikmeter ist gleich dem Volumen eines Würfels von der Kantenlänge 1 m. Besonderer Name für 1 dm³ ist das Liter (l): 1 l = 1 dm³.

Amphora (Altgriechenland) 19,44 l
Amphora (Röm. Reich) 26,26 l
Anker (Preußen) 34,35 l
Barrel (Großbritannien) 163,565 l; als Petroleum barrel = 158,76 l
Bushel (Großbritannien) 36,348 l
Cord (USA) 3,62 m³
Culeus (Röm. Reich) 525,3 l
Eimer (Preußen) 68,7 l
Faß (Preußen) 2,29 Hektoliter (hl)
Festmeter (Deutschland) 1 m³ Holz
Fuder (Preußen) 824 l
Gallon (USA) 3,785 l
Gallon, Imperial (Großbritannien) 4,546 l
Hektoliter (Deutschland) 100 l
Klafter (Preußen) 3,339 m³
Kyathos (Altgriechenland) 0,046 l
Lägel (Schweiz) 45 l
Liter (Deutschland) 1 dm³
Load (Großbritannien) 2907,8 l
Malter (Preußen) 6,955 l
Maß (Achter) (Österreich) 1,415 l
Maß (Pot) (Schweiz) 1,5 l
Medimnos (Altgriechenland) 52,53 l
Metretes (Altgriechenland) 39,39 l
Metze (Preußen) 3,345 l
Mystron (Altgriechenland) 0,01 l
Ohm (Deutschland) 130–160 l
Oxhoft (Preußen) 206,1 l
Pint (Großbritannien) 0,568 l
Pottle (Großbritannien) 2,273 l
Quart (Preußen) 1,145 l
Quart (Großbritannien) 1,137 l
Raummeter (Ster) (Deutschland) 1 m³ geschichtetes Holz mit Zwischenräumen
Register ton (Großbritannien, USA) 2,83 m³
Saum (Ohm) (Schweiz) 150 l
Scheffel (Preußen) 54,962 l
Setier (Schweiz) 37,5 l
Shipping ton (USA) 1,132 m³
Stückfaß (Preußen) 1200 l
Tonne (Preußen) 219,848 l
Tschetwerik (GUS) 26,238 l
Tschetwerka (GUS) 6,56 l
Wedro (GUS) 12,3 l

Stück- und Zählmaße

1 Ballen Baumwolle = 75–250 kg
1 Ballen Tuch = 12 (auch 10) Stück
1 Buch = 24 Bogen Schreib- oder 25 Bogen Druckpapier
1 Buch = 15 bis 25 Blätter Blattgold oder -silber
1 Buch (Neubuch) = 100 Bogen
1 Dutzend = 12 Stück
1 Gros = 12 Dutzend = 144 Stück
1 Mandel (kleine Mandel) = 15 Stück
1 Mandel (große Mandel) = 16 Stück
1 Mille = 1000 Stück
1 Paar = 2 Stück (zusammengehörend)
1 Schock = 60 Stück

Massenmaße

SI-Einheit der Masse ist das Kilogramm (kg).
Festlegung: 1 Kilogramm ist die Masse des Internat. Kilogrammprototyps.

As (Libra) (Röm. Reich) 0,3 kg
Bale (USA) 226,796 kg
Berkowez (GUS) 163,8 kg
Box (USA) 11,34 kg
Cental (Großbritannien) 45,359 kg
Centweight (Großbritannien) 50,8 kg
Charge (Schweiz) 126,659 kg
Denier (Frankreich) 1,275 g
Dirham (Ägypten, Irak) 3,12 g
Doppelzentner (Deutschland) 100 kg
Drachme (Altgriechenland) 6 Obolen = 4,3 g
Dram (Avoirdupois) (Großbritannien, USA) 1,77 g, auch 3,887 g (für Drogen)
Funt (GUS) 409,51 g
Grain (Großbritannien) 0,065 g
Gran (Deutschland) 0,063 g
Hundredweight (Großbritannien) 50,802 kg
Last (Deutschland) 2000–3000 kg
Libra (Röm. Reich) ↑As
Livre (Schweiz) 500 g
Longton (Großbritannien) 1016,05 kg
Lot (Preußen) 16,667 g
Mark (Deutschland) 233,8 g
Mina (Neugriechenland) 1,5 kg
Ounce [Avoirdupois] (Großbritannien, USA) 28,35 g
Ounce [Apothecaries'] (Großbritannien, USA) 31,10 g
Pfund (Deutschland) 500 g
Pound (USA) 453,59 g
Pound [Apothecaries'] (Großbritannien) 373,24 g
Pud (GUS) 16,38 kg
Quarter (Großbritannien) 12,70 kg
Short hundredweight (Großbritannien) 45,359 kg
Shortton (USA) 907,19 kg
Stone (Großbritannien) 6,35 kg
Talent (Altgriechenland) 6000 Drachmen = 26,196 kg
Ton (Großbritannien) 1016,05 kg
Tonne (Deutschland) 1000 kg
Uncia (Röm. Reich) 27,29 g
Zentner (Deutschland, Schweiz) 50 kg

Massenmedien

Masseanspruch, ein Anspruch auf unmittelbare Befriedigung aus der Konkursmasse; M. sind: **Massekosten** (im Konkursverfahren entstandene bes. Kosten, z. B. Gerichtskosten, Auslagen, dem Gemeinschuldner bewilligte Unterstützung) und **Masseschulden** (z. B. Verbindlichkeiten aus Amtshandlungen des Konkursverwalters); der M. ist durch die Massegläubiger gegen den Konkursverwalter geltend zu machen. – ↑Konkurs.

Masseben [hebr.] (Malsteine), meist unbeschriftete und unbehauene antike semit. Steinsäulen als Grab-, Kult- und Gedenksteine sowie als Siegesmale.

Masse-Energie-Äquivalenz, die durch die **Einstein-Gleichung** $W = m \cdot c^2$ beschriebene Beziehung, nach der jede Masse m gleichzeitig eine Energie der Größe $E = m \cdot c^2$ bzw. jede Energie E gleichzeitig eine Masse der Größe $m = E/c^2$ darstellt (c Lichtgeschwindigkeit). 1 Gramm entspricht daher der Energie $E = 9 \cdot 10^{13}$ J = 25 GWh.

Massegläubiger, Gläubiger eines Masseanspruchs; sie sind vor den Konkursgläubigern zu befriedigen.

Masse-Helligkeit-Diagramm (Masse-Leuchtkraft-Diagramm), Diagramm, in dem die Massen von Hauptreihensternen gegen die Leuchtkraft (meist die absolute bolometr. Helligkeit) aufgetragen sind. Es zeigt sich, daß diese Sterne einer *Masse-Leuchtkraft-Beziehung* genügen, wobei die Helligkeit im Mittel mit der Potenz 3,5 der Masse zunimmt. Trägt man die bolometr. Helligkeit gegen den Logarithmus des Verhältnisses von Sternmasse und Sonnenmasse auf, erhält man eine Gerade.

Maßeinheit, frühere Bez. für ↑Einheit.

Massekosten ↑Masseanspruch.

Masse-Leistungs-Verhältnis, svw. ↑Leistungsgewicht.

Masse-Leuchtkraft-Beziehung ↑Masse-Helligkeit-Diagramm.

Massenanziehung ↑Gravitation.

Massenausgleich, Beseitigung oder Verminderung der Wirkung der an bewegten Maschinenteilen bei deren Beschleunigung auftretenden Trägheitskräfte durch Anbringen von Zusatzmassen **(Gegenmassen).**

Massendefekt, bei einem Atomkern die Differenz zw. der Summe der Ruhmassen seiner Nukleonen (Protonen und Neutronen) und der tatsächl. Kernmasse. Der M. beruht auf der Tatsache, daß beim Entstehen des Kerns aus den freien Nukleonen ein Bruchteil der Gesamtmasse in Energie umgesetzt und frei wird. Der M. entspricht daher nach der Masse-Energie-Äquivalenz der Kernbindungsenergie.

Masseneinheit, zur quantitativen Festlegung (Messung) einer Masse verwendete Vergleichsgröße (Einheit). Die in Wiss. und Technik internat. verwendete, in Deutschland gesetzl. M. ist das Kilogramm, einschl. seiner dezimalen Vielfachen und Teile (Gramm, Milligramm usw.); daneben sind im amtl. und geschäftl. Verkehr gesetzlich zugelassen: das *metr.* Karat (nur bei der Angabe der M. von Edelsteinen) und die ↑atomare M. (Einheitenzeichen: u).

Massenentlassung (anzeigepflichtige Entlassung), dem Arbeitsamt anzeigepflichtige Entlassung von Arbeitnehmern; sie liegt nach § 17 Kündigungsschutz G vor, wenn in Betrieben mit 21 bis 59 Arbeitnehmern fünf Personen, mit 60 bis 499 Arbeitnehmern 10 % oder mehr als 25, mit 500 und mehr Arbeitnehmern mindestens 30 Personen innerhalb von 30 Kalendertagen entlassen werden. Der Arbeitgeber hat den Betriebsrat von der beabsichtigten M. zu unterrichten und dessen Stellungnahme der Anzeige an das Arbeitsamt beizufügen. Die angezeigten Entlassungen werden vor Ablauf eines Monats (längstens von zwei Monaten) nur dann wirksam, wenn das Landesarbeitsamt zustimmt. – Seit 1992 Änderungen im EG-Rahmen geplant.

Massenet, Jules [frz. mas'nɛ], *Montaud (Hérault) 12. Mai 1842, †Paris 13. Aug. 1912, frz. Komponist. – 1878–96 Kompositionslehrer am Pariser Conservatoire; seine über 20 Opern (u. a. „Manon", 1884; „Werther", 1892; „Don Quichotte", 1910) verkörpern den frz. Typ der sentimental-effektvollen lyr. Oper, später mit wagnerschen

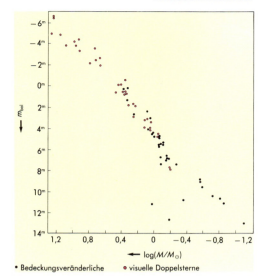

• Bedeckungsveränderliche   • visuelle Doppelsterne

Masse-Helligkeit-Diagramm. Diagramm, in dem die bolometrische Helligkeit m_{bol} gegen den Logarithmus des Verhältnisses der Sternmasse M zur Sonnenmasse $M_\odot$ aufgetragen ist, die drei herausfallenden Punkte gehören zum Sterntyp der weißen Zwerge

und verist. Elementen; außerdem Ballette, Bühnenmusiken, Orchester- und Kammermusik, Lieder.

Massenfertigung (Massenproduktion), kontinuierl. Fertigung eines Produkts in großen Mengen. Auf Grund der Degression der fixen Kosten wird bei zunehmender Stückzahl ein Sinken der Stückkosten erreicht.

Massengesellschaft, Bez. 1. für eine Gesellschaft als strukturlose Masse entindividualisierter, anonym lebender und entscheidungsunfähiger, darum auf führende Eliten und repräsentierende Organisationen angewiesener Menschen; 2. für eine Gesellschaft, in der, wie z. B. in modernen Massendemokratien, die strukturgestaltenden und Verhaltensmaßstäbe setzenden Kräfte die Autoritäten und die Interessen der breiten Bev.schichten widerspiegeln. Konservativ und individualistisch orientierte Kultur- und Sozialkritik sieht in der M. die Gefahr für Nivellierung, Entpersönlichung, Kulturverfall u. a.; vom sozialist. Standpunkt aus ist die M. die Basis für emanzipator. polit. Praxis. – ↑Masse.

Massengestein, Bez. für jedes kompakte, nicht geschichtete Gestein von großer Mächtigkeit, v. a. Tiefengesteine, aber auch massige Sandsteine oder Kalke.

Massengutfrachter (Bulkcarrier), Frachtschiff zum Transport schüttfähiger Massengüter (z. B. Kohle).

Massenkommunikation, Begriff für den durch verschiedene Verbreitungsmittel (Massenmedien) hergestellten einseitigen und indirekten Prozeß der Mitteilung, durch den überwiegend ein anonymes Publikum erreicht wird, das prinzipiell unbegrenzt, heterogen und zeitlich sowie räumlich verstreut ist und das zumeist keinen persönl. Kontakt mit dem Informationsvermittler hat. M. ist für die meisten Menschen die Hauptquelle gesellschaftl. Information; sie ist Grundlage für die Meinungsbildung und kann somit auch für Propaganda, Agitation und Manipulation eingesetzt werden. Deshalb wird den Massenmedien eine hohe polit. und wirtsch. Bed. zugeschrieben. In autoritär geführten Staaten ist die Relevanz der M. durch Zensurmaßnahmen, die eine ideologisch nicht konforme oder unkontrollierte Meinungsbildung verhindern sollen, bes. deutlich.

Massenmedien (Massenkommunikationsmittel), techn. Verbreitungsmittel, die den Prozeß der Massenkommunikation herstellen (Presseerzeugnisse, Filme, Hörfunk, Fernsehen, CD, Bildschirmtext, Video usw.; i. w. S. auch alle Tonträger, Bücher).

Jules Massenet

Massenmittelpunkt

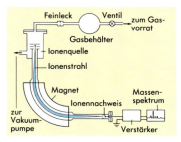

Massenspektrograph. Messung und Aufzeichnung eines Massenspektrums mit Hilfe eines magnetischen Massenspektrometers

Die Zeitungen und das Fernsehen erreichen regelmäßig fast die gesamte Bev. der industrialisierten Länder. Parallel zur Entwicklungsgeschichte der Massenkommunikation gab es stets eine kontroverse Diskussion über ökonom., polit., soziale und kulturelle Auswirkungen einzelner Medien, bestimmter Medieninhalte oder des gesamten Mediensystems. Einige Befürchtungen resultieren aus einer kulturkrit. Einschätzung von Massenphänomenen auf der einen und techn. Fortschritt auf der anderen Seite. Unübersehbar ist allerdings, daß in modernen Ind.gesellschaften der größte Teil der Freizeit auf die Nutzung von M. verwandt wird. Sozial bedeutsam ist die Umstrukturierung des Freizeitverhaltens durch die M., da andere Tätigkeiten durch Mediennutzung verdrängt bzw. verhindert werden; innerhalb der Mediennutzung erscheint dann v. a. die Verdrängung des Lesens durch das Fernsehen als problematisch. Darüber hinaus sind die M. zu einer neben Elternhaus und Schule nahezu gleichwertigen Erziehungsinstitution geworden, durch die insbes. soziale Leitbilder vermittelt werden. In diesem Zusammenhang ist die Sorge vor den Folgen von Gewaltdarstellungen ebenso zu nennen wie die Hoffnung, durch Vorschulprogramme im Fernsehen sozial ungleich verteilte Bildungschancen zu kompensieren. In modernen Ind.gesellschaften wird zudem ein großer Teil von Politik über die M. vollzogen. Als wesentl. Informationsmittler bergen die M. die Gefahr gezielter ↑ Manipulation in sich, andererseits sind sie als ständige Beobachter des polit. und sozialen Geschehens zu einer wichtigen öff. Kontrollinstanz geworden.

Massenmittelpunkt ↑ Schwerpunkt.
Massenorganisationen, Organisationen, die breite Kreise der Bev. erfassen und von diesen getragen werden (z. B. Gewerkschaften, Jugendverbände). – In kommunistisch regierten Staaten sind die M. Instrumente der herrschenden Partei; ihre Funktion besteht darin, alle Gruppen der Gesellschaft zur Durchsetzung der von der Partei gesetzten Ziele zu organisieren und bürokrat. Entscheidungen eine öff. Legitimation zu geben.
Massenpetition ↑ Petitionsrecht.
Massenpresse, im 2. Drittel des 19. Jh. als Folge des sozialen Wandels durch die industrielle Revolution (erst in den USA, seit den 1880er Jahren auch in Deutschland) entstandener Pressetyp. – ↑ Presse.
Massenproduktion, svw. ↑ Massenfertigung.
Massenpsychologie, von den frz. Soziologen G. Le Bon und G. Tarde begründete Richtung der Sozialpsychologie, die sich speziell mit den Verhaltensweisen des Menschen in der Masse befaßt.
Massenpsychose ↑ Massenverhalten.
Massenpunkt (Punktmasse), physikal. Abstraktion der Masseverteilung eines Körpers, bei der dessen Gesamtmasse als in seinem ↑ Schwerpunkt konzentriert gedacht wird und zur Lagebestimmung nur die Freiheitsgrade des Schwerpunktes betrachtet werden. Die Behandlung von Körpern als M. ist berechtigt, wenn die innere Struktur des Körpers keine Rolle spielt (z. B. Berechnung der Planetenbahnen).
Massenseparator, nach dem Prinzip des Massenspektrometers arbeitendes Gerät zur ↑ Isotopentrennung.
Massenspektrograph, Gerät zur genauen Bestimmung der Massen von Atomen oder Molekülen, z. B. in einem Isotopengemisch. Die zu analysierende Probe wird in einer Ionenquelle ionisiert und durch elektr. Felder beschleunigt. Ein ausgeblendeter, gebündelter Ionenstrahl durchläuft die massentrennenden Feldanordnungen derart, daß alle Ionen verschiedener spezif. Ladung als ↑ Massenspektrum auf verschiedenen Stellen einer Photoplatte fokussiert werden. Aus dem Ort der entstandenen Schwärzungslinien können die präzisen Werte der Massen, aus dem Schwärzungsgrad die relativen Anteile der Komponenten (↑ Massenspektrometer) bestimmt werden. Der erste, 1919 von F. W. Aston gebaute M. besaß nur eine *Geschwindigkeitsfokussierung.* Das Auflösungsvermögen der vom M. gerade noch zu trennenden Massen wird bei doppelt fokussierenden Anordnungen (Geschwindigkeit und Richtung) bis auf 10^6 erhöht.
Massenspektrometer, Massentrenner, der die Verteilung und die Häufigkeit der in einem Isotopengemisch vorhandenen einzelnen Massen aus dem ↑ Massenspektrum bestimmt und auf der Arbeitsweise eines ↑ Massenspektrographen basiert. Zu den M. gehören z. B. das *Dempster-M.,* das richtungsfokussierend arbeitet, und das *Hochfrequenz-M.,* bei dem Ionenschwingungen mit masseabhängiger Frequenz für die Massentrennung ausgenutzt werden.
Massenspektrometrie, svw. ↑ Massenspektroskopie.
Massenspektroskopie (Massenspektrometrie), Gesamtheit der experimentellen Verfahren zur Ermittlung von Aussagen über Massenspektren, absolute Massen und relative Häufigkeiten von Teilchen, speziell von Isotopen. Sie beruht auf der Eigenschaft elektr. und magnet. Felder, Ionen nach ihrer spezif. Ladung (Quotient aus Ladung und Masse), ihrer kinet. Energie und ihrem Impuls zu trennen. Als Analysegeräte werden ↑ Massenspektrographen bzw. ↑ Massenspektrometer eingesetzt.
Massenspektrum, Häufigkeitsverteilung von Massen in einem Teilchengemisch in Abhängigkeit von der ↑ Massenzahl. In der *Kernphysik* stellt das M. die Gesamtheit der Massenwerte der verschiedenen Elementarteilchen dar (auch *Teilchen-* oder *Energiespektrum*).
Massentierhaltung (Intensivhaltung), technisierte Haltung landw. Nutztiere gleicher Art und Altersgruppe in großen Beständen auf begrenztem Raum, um kostengünstig produzieren zu können. M. hat sich zunächst bei Geflügel durchgesetzt, dann auch bei Schweinen, Kälbern und Rindern. Problematisch ist hierbei der Gesundheitszustand der Tiere, da wichtige normale Verhaltensmechanismen blockiert werden. Insgesamt wirft die M. in eth., tierschutzrechtl., lebensmittelrechtl. und ökolog. Hinsicht viele Probleme auf. Das am 1. 7. 1989 in Kraft getretene Gesetz zur Förderung der bäuerl. Landw. nennt für die Tierbestände folgende Obergrenzen: 120 Milchkühe, 250 Zuchtsauen, 1 700 Mastschweine, 50 000 Legehennen, 100 000 Masthähnchen.
Massenverfahren, im Prozeß- und Verwaltungsrecht Verfahren, an denen eine Vielzahl von Personen beteiligt ist; auch Bez. für Verfahren einer großen Zahl von Personen, deren Interessen das gleiche Ziel verfolgen, z. B. Kündigungsschutzklagen bei Massenentlassungen. Während nach § 17 BundesverwaltungsverfahrensG vom 25. 5. 1976 die Bestellung eines gemeinsamen Vertreters angeordnet werden kann, muß vor Gericht jeder Antrag prozessual gesondert behandelt werden.
Massenverhalten, Bez. für Verhaltensweisen von Menschen in der Massensituation (↑ Masse), wenn dadurch eine Überlagerung der Vernunftsteuerung des einzelnen durch kollektive Instinktsteuerung bewirkt wird. In Notlagen oder unter psych. Druck kann es dabei zur völligen Auflösung des vernünftigen Ich-Verhaltens **(Massenpsychose)** oder zu wahnhaftem, suggestiv hervorgerufenem Fehlverhalten **(Massenwahn)** kommen.
Massenvermehrung (Gradation), zeitlich begrenzte Übervermehrung (Egression) einer Organismenart (bes. Insekten), eine Periode, in der die Populationsdichte den Normalbestand weit übertrifft.
Massenvernichtungswaffen (Massenvernichtungsmittel), zu den ABC-Waffen gehörende Kampfmittel, die

Jean-Baptiste Massillon

Léonide Massine

Maßregeln der Besserung und Sicherung

die sog. herkömml. Waffen in ihrer Wirkung um ein Vielfaches übertreffen und Zerstörungen großen Ausmaßes anrichten.

Massenwahn ↑ Massenverhalten.

Massenwanderung ↑ Tierwanderungen.

Massenwechsel (Fluktuation), Bez. für die jahreszeitlich oder im Abstand mehrerer Jahre erfolgende Ab- und Zunahme der Populationsdichte einer Organismenart, v. a. bei Insekten (z. B. bei Schädlingen und Parasiten). M. ist abhängig von genet. (z. B. Fruchtbarkeit, Sterblichkeit, Krankheitsresistenz) u. a. innerartl. Besonderheiten sowie von äußeren biot. und abiot. Faktoren (z. B. Krankheitserreger, Witterungseinflüsse).

Massenwert, der Zahlenwert der in atomaren ↑ Masseneinheiten angegebenen Masse eines Atoms bzw. Nuklids.

Massenwirkungsgesetz, Gesetz über den Verlauf umkehrbarer chem. Reaktionen: das Verhältnis aus dem Produkt der Konzentrationen der Reaktionsprodukte (C, D) und dem Produkt der Konzentrationen der Ausgangsprodukte (A, B) ist konstant, d. h., es entsteht ein Gleichgewichtszustand zw. Ausgangsstoffen und Reaktionsprodukten, der sich bei Änderung der Konzentrationen der Stoffe neu einstellt.

$$\frac{[C] \times [D]}{[A] \times [B]} = K$$

(*K: Gleichgewichtskonstante, Massenwirkungskonstante*; die eckigen Klammern bedeuten die molare Konzentration der Substanzen, Mol/l). K ist von der Temperatur und bei Gasreaktionen auch vom Druck abhängig, wobei nach dem ↑ Le-Chatelier-Braunschen Prinzip eine Temperaturerhöhung endotherme Reaktionen und eine Druckerhöhung Reaktionen, die unter Volumenverminderung ablaufen, begünstigt. Das M. spielt bei der theoret. Berechnung von Reaktionsgleichgewichten, Löslichkeitsprodukten und Bestimmung von pH-Werten eine wichtige Rolle.

Massenzahl, Summe von Protonen- und Neutronenzahl eines Atomkerns.

Masseschulden ↑ Masseanspruch.

Masseter [griech.], Kurzbez. für den Kaumuskel (Musculus masseter).

Masseverwalter, östr. Bez. für Konkursverwalter.

Mäßigkeit, eine der vier ↑ Kardinaltugenden der christl. Sittenlehre.

Massilia ↑ Marseille.

Massillon, Jean-Baptiste [frz. masi'jō], * Hyères 24. Juni 1663, † Beauregard (Puy-de-Dôme) 18. Sept. 1742, frz. Oratorianer (seit 1681) und Kanzelredner. – Ab 1699 Hofprediger Ludwigs XIV., 1717 Bischof von Clermont-Ferrand; 1719 Mgl. der Académie française.

Massine, Léonide [frz. ma'sin], eigtl. Leonid Fjodorowitsch Mjassin, * Moskau 9. Aug. 1896, † Weseke (= Borken) 15. März 1979, russ. Tänzer und Choreograph. – Von Diaghilew entdeckt; 1914–28 Solotänzer und Choreograph in dessen „Ballets Russes"; choreographierte u. a. die Ballette „Der Dreispitz" (1919) und „Pulcinella" (1920). M. förderte die Entwicklung der tänzer. Charakterkomödie, des Ballets und des Tanzfilms.

Massinger, Philip [engl. 'mæsɪndʒə], ≈ Salisbury 24. Nov. 1583, □ London 18. März 1640, engl. Dramatiker. – Nur 18 seiner bühnenwirksamen und zeitbezogenen Tragödien, Tragikomödien und Komödien sind erhalten, u. a. „Eine neue Weise, alte Schulden zu bezahlen" (Kom., 1633), „Die Bürgersfrau als Dame" (Kom., gedruckt 1658).

Massinissa ↑ Masinissa.

massiv [frz. (zu ↑ Masse)], 1. ganz aus einem Material, nicht hohl; 2. fest, wuchtig; 3. grob, ausfallend, heftig.

Massiv [frz. (zu ↑ Masse)], größere herausgehobene und durch Abtragung freigelegte Gesteinsmasse aus Tiefen- und/oder metamorphen Gesteinen (Brocken-M., Gotthard-M.) oder – bei einem Gesteinsaufbau – Gebirge von gedrungenem Umriß (Harz, Vogelsberg, frz. Zentralmassiv).

massive Vergeltung ↑ nukleare Strategie.

Maßlehren ↑ Lehre.

Maßliebchen, svw. ↑ Gänseblümchen.

Maßnahmegesetz, maßnahmeähnl., auf eine einzelne Situation bezogenes Gesetz („Einzelfallgesetz"), im Ggs. zum abstrakt-generellen, situationsunabhängigen, für alle geltenden Gesetz. Das M. darf nicht gegen den Gleichheitssatz verstoßen.

André Masson. La nuit fertile, 1960 (Privatbesitz)

Masson, André [frz. ma'sō], * Balagny-sur-Thérain (Oise) 4. Jan. 1896, † Paris 28. Okt. 1987, frz. Maler und Zeichner. – Schloß sich 1924 der surrealist. Bewegung an; lyrisch-spontane Malweise mit expressiven Linienelementen und leuchtenden Farben (Écriture automatique); später Einflüsse chin. Malerei; häufige Themen sind Gewalt, Eros und Kosmos.

Massonsche Scheibe [frz. ma'sō; nach dem frz. Physiker A. Masson, * 1806, † 1858], eine runde weiße Scheibe mit einer radial verlaufenden, mehrfach unterbrochenen schwarzen Linie. Bei schneller Umdrehung der Scheibe erscheinen dem Beobachter mehrere graue Ringe, deren wahrnehmbare Anzahl ein Maß für sein Helligkeitsunterscheidungsvermögen ist.

Massora [hebr. „Überlieferung"] (Masora), Bez. für die Gesamtheit der zunächst mündlich, später auch schriftlich überlieferten textkrit. Bemerkungen und Ausspracheregeln zum hebr. Text des A. T. In der nachtalmud. Periode begannen jüd. Gelehrte **(Masoreten),** die in Konsonantenschrift (↑ hebräische Schrift) verfaßten Texte durch Punktationen zu vokalisieren und mit Akzenten sowie einer Abschnitts- und Verseinteilung für die synagogale Schriftlesung zu versehen. Man unterscheidet zw. den „älteren", in Babylonien und Palästina entwickelten Systemen, und der „jüngeren" Schule von Tiberias (Galiläa). Das Tiberiens. System, im 10. Jh. u. a. vertreten durch A. Ben Ascher und M. Ben Naftali, setzte sich durch und liegt im wesentlichen auch dem heute übl. Text der hebr. Bibel zugrunde.

Maßregeln der Besserung und Sicherung, die neben den Strafen (und Nebenstrafen) mögl. Rechtsfolgen einer Straftat (§§ 61–72 StGB), die der Sicherung der Gesellschaft vor dem Täter und der Besserung des Rechtsbrechers dienen (sog. **Zweispurigkeit,** Strafe und Maßregel). Sie werden nicht nach der Schuld des Täters bemessen, sind auch gegen Schuldunfähige zulässig und unterliegen dem Verhältnismäßigkeitsgrundsatz.

M. d. B. u. S. sind 1. folgende *freiheitsentziehende Maßregeln:* die Unterbringung in einem psychiatr. Krankenhaus, in einer Entziehungsanstalt, in der Sicherungsverwahrung; 2. die Führungsaufsicht; 3. die Entziehung der Fahrerlaubnis; 4. das Berufsverbot. Die freiheitsentziehenden Maßregeln (mit Ausnahme der Sicherungsverwahrung) werden vor einer daneben angeordneten Freiheitsstrafe vollzogen, es sei denn, der Zweck der Maßregel werde dadurch leichter erreicht, daß die Strafe vor der Maßregel vollzogen wird. Im ersten Fall wird die Zeit des Vollzuges der Maßregel auf die

Massonsche Scheibe

Maßstab

Strafe angerechnet, und das Gericht kann den Strafrest zur Bewährung aussetzen. Die Unterbringung in der Entziehungsanstalt darf zwei, die erste in der Sicherungsverwahrung darf zehn Jahre nicht übersteigen. Vergleichbare Maßnahmen kennen das östr. und das schweizer. Strafrecht.

Maßstab, im *Modellbau* und bei *techn. Zeichnungen* das Verhältnis der Größen im Modell bzw. in der zeichner. Darstellung zu den Größen des Originals; Verkleinerungen z. B. im M. 1:5, 1:10 usw., Vergrößerungen (z. B. von Details) im M. 2:1, 10:1 usw. Der M. wird durch eine Proportion oder einen Bruch dargestellt.

▷ in der *Kartographie* das Verhältnis zw. einer Strecke auf der Karte und der tatsächl. Länge dieser Strecke in der Natur. Es entsprechen bei einem M. von 1:10 000 (großer M.) 1 cm auf der Karte 10 000 cm (= 100 m) in der Natur oder bei einem M. von 1:5 000 000 (kleiner M.) 1 cm auf der Karte 5 000 000 cm (= 50 km) in der Natur.

▷ in der *Meßtechnik* einfaches Längenmeßgerät, als *Strich-M.* (Strichmaß) ein prismat. Stab aus Metall, Holz oder Kunststoff mit Strichteilung.

Maßsysteme, allg. übl. (nicht exakte) Bez. für systemat. Zusammenfassungen der zur Messung physikal. ↑Größen verwendeten ↑Einheiten. Unter den zahlr., dem jeweiligen wiss. bzw. techn. Bereich angepaßten M. spielte insbes. das auf den drei Basiseinheiten Zentimeter, Gramm und Sekunde beruhende *CGS-System* (auch als *physikal., absolutes* oder *Gaußsches M.* bezeichnet) eine bed. Rolle in der Physik. Heute darf im amtl. und geschäftl. Verkehr nur noch das ↑Internationale Einheitensystem (SI) verwendet werden (↑Physikalische Größen und ihre Einheiten).

Maßtheorie, Teilgebiet der Mathematik, das sich mit der Berechnung von Inhalten allg. Punktmengen, ihrem Maß, beschäftigt.

Maßverkörperung, Meßmittel, das einen oder mehrere Werte einer physikal. Größe verkörpert, z. B. Endmaß, Maßstab, Wägestück, elektr. Festwiderstand.

Maßwerk, das mit dem Zirkel konstruierte („gemessene") Bauornament der Gotik. Als Grundmuster treten der aus Kreisformen bestehende Paß (Dreipaß, Vierpaß usw.) und das Blatt auf. M. findet sich an Fenstern zur Versteifung der in der Gotik stilbildenden großen, raumöffnenden Glasflächen oder als untergliederndes Element an Wandflächen (Blendmaßwerk an Giebeln, Fassaden, Portalen u. a.). Nach Vorformen des 12. Jh. (Chartres) entwickelten sich seit dem 13. Jh. (Reims, 1211 ff.; Sechspaß im Bogenfeld eines zwei Spitzbögen umgreifenden Spitzbogens) fortwährend neuere Lösungen bis zur spätgot. Ausprägung nat. Sonderformen (Perpendicular style in England, Flamboyantstil in Frankreich, Fischblasenornamentik in Deutschland, Emanuelstil in Portugal).

Massys (Matsys, Metsys), Quinten (Quentin) [niederl. 'mɑsɛis], * Löwen 1465 oder 1466, † Antwerpen zw. 13. Juli und 16. Sept. 1530, fläm. Maler. – Verband die altniederl. Tradition mit Elementen der italien. Hochrenaissance; begründete die manierist. fläm. Schule. Schuf Altarwerke, Bildnisse und Genrebilder; u. a. „Annenaltar" (1507 bis 1509; Brüssel, Musées Royaux des Beaux-Arts de Belgique), „Johannesaltar" (1508–11; Antwerpen, Koninglijk Museum voor Schone Kunsten), „Der Geldwechsler und seine Frau" (1514; Louvre).

Mast, im *Schiffbau*: aufrecht aus dem Deck ragender Teil eines Schiffes aus Stahl- oder Leichtmetallrohr oder Rundholz, auf größeren Segelschiffen aus mehreren Teilen (Unter-M., Mars-, Bramstenge) bestehend, gestützt durch Stage und Wanten; von vorn nach achtern bezeichnet als Fock-, Groß-, Mittel-, Haupt- oder Kreuz- und Besan-M. Auf heutigen Schiffen als Ein-, Zwei-, Dreibein- und Gitter-M. *Signal-* (Signalmittel- und Antennenträger) und *Lade-M.* (mit Ladegeschirr, Ladebäumen).

▷ Träger elektr. ↑Freileitungen.

Mast, (Mästung) in der *Landwirtschaft* nach Tierart, -rasse und Alter unterschiedl. Fütterungs- und Haltungsverfahren bei zur Schlachtung bestimmten Tieren zum Zwecke günstiger Fleisch- oder Fetterzeugung.

▷ in der *Forstwirtschaft* Bez. für reichen Fruchtertrag bei Eichen (Eichelmast) und Buchen (Buchelmast).

Mastaba [arab., eigtl. „Bank"], im Ägypten des 3. Jt. v. Chr. übl. Grabform: rechteckig, 10–20 m lang, 4–8 m breit und 2–4 m hoch, erbaut aus Lehmziegeln oder Stein, mit geböschten Wänden. In der M. befinden sich Kult- und Vorratsräume, die Grabkammer liegt unter der Mastaba.

Mastalgie [griech.], svw. ↑Mastodynie.

Mastdarm [eigtl. „Speisedarm" (zu althochdt. mas „Speise")] ↑Darm.

Mastdarmkrebs ↑Darmgeschwülste.

Mastdarmvorfall (Darmvorfall, Analprolaps, Rektumprolaps, Proktozele, Rektozele), Vorfall der After- bzw. Mastdarmschleimhaut.

Mastel [lat.-roman.] (Büßling, Masch), Bez. für die Haschisch liefernde ♀ Hanfpflanze.

Quinten Massys. Der Geldwechsler und seine Frau, 1514 (Paris, Louvre)

Masters [engl. 'mɑːstəz], Edgar Lee, * Garnett (Kans.) 23. Aug. 1869, † Philadelphia 5. März 1950, amerikan. Schriftsteller. – Seine Epitaphiensammlung „Die Toten von Spoon River" (1915) stellt in oft epigrammatisch kurzen Gedichten die verlogenen Lobreden auf Grabinschriften dar; das Werk wurde zu einem der wichtigsten der modernen desillusionierenden amerikan. Dichtung; schrieb auch Romane und Biographien.

M., William Howell, * Cleveland (Ohio) 27. Dez. 1915, amerikan. Gynäkologe. – Prof. in Saint Louis (Mo.); gilt mit V. E. Johnson als einer der Begründer der experimentellen Sexualforschung (reizphysiolog. Abläufe, sexuelles Verhalten, Genese funktionaler Störungen).

Masters-Turnier [engl. 'mɑːstəz] (Masters Tournament), im *Tennis* 1970 (Herren) und 1971 (Damen) eingeführte Finalrunde der punktbesten Spieler[innen]; im *Golf* ein internat. Turnier, das jährlich in Augusta (Ga.), USA, stattfindet.

Mastiff [frz.-engl., letztl. zu lat. mansuetus „zahm"], zu den Doggen zählende Rasse kurz- und glatthaariger, massiger Haushund mit kleinen Hängeohren und langer Hängerute; Fell vorwiegend rehbraun, gefleckt oder gestromt; Schutzhund.

Mastikation [griech.-lat.], mechan. Bearbeitung (Kneten) von Naturkautschuk (z. T. auch von Synthesekautschuk), wobei die urspr. elast. Materialien plastisch werden, Zusatzstoffe leichter aufnehmen und besser verarbeitbar sind.

Mastino Napoletano (Italien. Dogge), von den Molossern abstammende Hunderasse; massige Tiere mit viel loser

Maßwerk. Verschiedene Formen: 1 Dreipaß; 2 Vierpaß; 3 Sechspaß; 4 hochgotischer Stil, Reims, um 1211 ff.; 5 Flamboyantstil; 6 Perpendicular style

Haut; Ohren dreieckig, aufrecht, bis zur Hälfte am Kopf anliegend; mit kurzem, anliegendem, glänzendem Fell in den Farben schwarz oder grau, auch gestichelt, getigert oder geflammt; Schulterhöhe bis 75 cm, Gewicht bis 75 kg; Schutz-, Wach- und Begleithund.

Mastitis [griech.], ↑Brustdrüsenentzündung, ↑Euterentzündung.

Mastix [griech.-lat.], Harz des mediterranen M.strauches (↑Pfefferstrauch); dient in der Medizin zum Fixieren von Verbänden.
▷ svw. ↑Asphaltmastix.

Mastixstrauch ↑Pfefferstrauch.

Mastkraut (Sagina), Gatt. der Nelkengewächse mit rd. 30 Arten in den nördl. gemäßigten Gebieten, im westl. Amerika bis Chile; niedrige, dichtrasig wachsende Kräuter.

Mastodon ↑Mastodonten.

Mastodonsaurier (Riesenpanzerlurch, Mastodonsaurus), ausgestorbene, nur aus dem Keuper (bes. S-Deutschlands) bekannte Gatt. etwa 2,5–3 m langer Uramphibien (Unterklasse Labyrinthzähner).

Mastodonten [zu griech. mastós „Brust" und odón „Zahn" (wegen der brustwarzenähnl. Höcker an den Backenzähnen)] (Mastodon, Gomphoterium), ausgestorbene, nur aus dem Jungtertiär bekannte Gatt. etwa elefantengroßer Rüsseltiere; mit zu Stoßzähnen verlängerten Schneidezähnen; seit Ende Pleistozän ausgestorben.

Mastodynie [griech.] (Mastalgie), Überempfindlichkeit, Schwellung und Schmerzhaftigkeit der weibl. Brust ohne krankhaft-entzündl. Veränderungen, z. B. vor der Monatsblutung.

Mastopathie [griech.], Erkrankung der Brustdrüse mit Geweheneubildung; meist in Form hormonal bedingter Wucherungen des Brustdrüsen- und Bindegewebes mit Zystenbildung *(Mastopathia cystica fibrosa)*. Die M. befällt vorwiegend Frauen und ist eine kontrollbedürftige, nicht bösartige Erkrankung.

Mastopexie [griech.] ↑Mammaplastik.

Mastroianni, Marcello, *Fontana Liri (Prov. Frosinone) 28. Sept. 1925, italien. Schauspieler. – Neffe von Umberto M. In seinen frühen Filmen, u. a. „Sonntags im August" (1950), „Das süße Leben" (1960), „Die Nacht" (1961), sensible Darstellung v. a. einfacher Leute; komödiante Züge in „Scheidung auf italienisch" (1961), „Das große Fressen" (1973). – *Weitere Filme:* Ein besonderer Tag (1977), Ginger und Fred (1986).

M., Umberto, *Fontana Liri (Prov. Frosinone) 21. Sept. 1910, italien. Bildhauer. – Onkel von Marcello M.; ging vom Futurismus aus und gelangte zu kraftvollen, dabei vielteiligen und bewegten abstrakten Plastiken.

Masturbation [lat.] (Ipsation, Ipsismus, Onanie), sexuelle Selbstbefriedigung oder gegenseitige geschlechtl. Befriedigung, bes. durch manuelle Reizung der Geschlechtsorgane (meist bis zum Orgasmus).

Masur, Kurt, *Brieg (Schlesien) 18. Juli 1927, dt. Dirigent. – 1960–64 musikal. Oberleiter an der Kom. Oper Berlin, 1967–72 Chefdirigent der Dresdner Philharmonie, seit 1970 Gewandhauskapellmeister in Leipzig sowie seit 1991 Chefdirigent des New York Philharmonic Orchestra. Trug als Mitinitiator des Aufrufs Leipziger Bürger vom 9. Okt. 1989 wesentlich zum friedl. Verlauf der Leipziger Montagsdemonstration bei.

Masuren, Teil des Preuß. Höhenrückens zw. dem Ermland im W und NW und Masowien/Podlachien im S und SO, in Ostpreußen, Polen. Die Landschaft ist flachwellig bis hügelig und von zahlr. Seen *(Masur. Seenplatte)* durchsetzt.

Masurka ↑Mazurka.

Masvingo (früher Fort Victoria), Prov.hauptstadt in Simbabwe, 1 068 m ü. d. M., 31 000 E. Landw. Handelszentrum; Mittelpunkt eines Bergbaugebietes (Gold, Chrom, Asbest); Fremdenverkehr zur Ruinenstätte Simbabwe.

Mastodonten. Skelett eines Gomphotherium (Frankfurt am Main, Senckenberg-Museum)

Matabei Iwasa, *Itami (Präfektur Hiōgo) 1578, †Edo (= Tokio) 20. Juli 1650, jap. Maler. – Gilt als Begründer des ↑Ukiyo-e; Genreszenen und Porträts, Stellschirme.

Matadi, Prov.hauptstadt am Kongo, unterhalb der Livingstonefälle, Zaire, 28 m ü. d. M., 145 000 E. Kath. Bischofssitz; Haupthafen von Zaire, für Hochseeschiffe erreichbar; Lebensmittel-, Arzneimittelind., Druckereien.

Matador [lat.-span., zu matar „töten, schlachten"], Hauptkämpfer im Stierkampf, der den Stier tötet; übertragen für Berühmtheit, hervorragender Mann; Anführer.

Matagalpa, Hauptstadt des Dep. M. im Bergland von NW-Nicaragua, 700 m ü. d. M., 37 000 E. Kath. Bischofssitz; Handelszentrum.

Mata Hari, eigtl. Margaretha Geertruida Zelle, *Leeuwarden 7. Aug. 1876, †Vincennes 15. Okt. 1917, niederl. Tänzerin. – Im 1. Weltkrieg in Frankreich der Spionage für das Dt. Reich beschuldigt, zum Tode verurteilt und hingerichtet.

Matamoros, mex. Hafenstadt am Rio Grande, 8 m ü. d. M., 238 800 E. Kath. Bischofssitz; Museum; Verarbeitung landw. Erzeugnisse; internat. Brücke nach Brownsville (Texas, USA).

Matanuska River [engl. mæ'tə'nu:skə 'rɪvə], Fluß in Alaska, entfließt dem Matanuskagletscher, mündet 50 km nö. von Anchorage in den Cook Inlet, 121 km lang. Am Unterlauf liegt das Agrargebiet **Matanuska Valley.**

Matanzas [span. ma'tansas], Prov.hauptstadt in Kuba, 112 600 E. Kath. Bischofssitz, Zweig der Univ. von Camagüey, archäolog. Museum; Nahrungsmittel-, Düngemittel-, petrochem. u. a. Ind.; Hafen; Fischerei. – 1693 gegr. – Festung (17. Jh.).

Mataram, Hauptort der indones. Insel Lombok, nahe der W-Küste, 69 000 E. Verwaltungssitz einer Prov.; Marktort; Hafen; ✈. Im benachbarten Ort **Cakranegara** Univ. (gegr. 1963).

Mataré, Ewald, *Aachen 25. Febr. 1887, †Büderich (= Düsseldorf) 29. März 1965, dt. Bildhauer. – 1932/33 und ab 1945 Prof. an der Düsseldorfer Akad.; Hauptthema: Mensch und Tier in einer bis zum Symbol verdichteten Gestaltung. Im Spätwerk dekorative Tendenzen; u. a. Bronzetüren für den Kölner Dom (1948–54), Kupfertüren für die Weltfriedenskirche in Hiroshima (1954), auch liturg. Gerät, Holzschnitte. 1973 wurden seine „Tagebücher" veröffentlicht.

Mataró [span. mata'ro], span. Hafenstadt am Mittelmeer; Prov. Barcelona, 100 000 E. Textil-, Metall-, Chemie-, Glas-, Papierind., Fischerei, Gemüseanbau, Blumenzucht. – Erstmals erwähnt im 12. Jh. als Kastell. – Kirche Santa Maria (17. Jh.).

Marcello Mastroianni

Kurt Masur

Ewald Mataré. Kleine liegende Kuh, 1946 (Mannheim, Städtische Kunsthalle)

Match

Matepflanze

Mater dolorosa
von Egid Quirin Asam
aus dem Jahr 1724 im
Mittelschiff des Doms
in Freising

Match [mɛtʃ; engl.], (sportl.) Wettkampf, z. B. im Tennis, Eishockey.

Matchball [mɛtʃ], bei Rückschlagspielen der das Spiel entscheidende Ball.

Mate [span., zu Quechua mati, eigtl. „Korb" (zur Aufbewahrung von Tee)] (Matetee), Aufguß aus den gerösteten koffeinhaltigen Blättern v. a. der ↑ Matepflanze.

Matejko, Jan, *Krakau 28. Juli 1838, †ebd. 1. Nov. 1893, poln. Maler. – Schuf Historienbilder mit ausgeprägter nat. Tendenz.

Matepflanze (Mateteestrauch, Yerbabaum, Ilex paraguariensis), 6–14 m hoher, in Kultur jedoch nicht höher als 5 m gezogener Baum der Gatt. Stechpalme in S-Amerika, v. a. in N-Argentinien, Paraguay und S-Brasilien; Blätter immergrün, längl.-elliptisch, bis 15 cm lang; Blüten unscheinbar, weiß bis gelblich. Die M. wird zur Gewinnung der Blätter für ↑ Mate kultiviert.

Mater [lat. „Mutter"], in der *Druckformenherstellung* die aus Papierlagen, Pappe oder Kunststoff bestehende Tafel, in die Schriftsatz u. a. eingeprägt wird.

Matera, italien. Stadt in der östl. Basilicata, 401 m ü. d. M., 53 800 E. Hauptstadt der Prov. M.; Erzbischofssitz; archäolog. Museum, Bibliotheken, Staatsarchiv, Handels- und Gewerbezentrum. – Dom (13. Jh.; apul. Romanik) mit barocker Ausstattung.

Mater dolorosa [lat. „schmerzensreiche Mutter"], Darstellung Marias im Schmerz um das Leiden ihres Sohnes mit einem oder sieben Schwertern in der Brust. – ↑ Pieta.

Mater et magistra [lat. „Mutter und Lehrerin"], nach ihren Anfangsworten ben. Sozialenzyklika Papst Johannes' XXIII. vom 15. Mai 1961; fordert die uneingeschränkte Mitbestimmung und die Beteiligung der Arbeitnehmer am Produktivvermögen.

Material [zu spätlat. materialis „das zur Materie gehörende"], allg. svw. Stoff, Substanz, Werkstoff, im Bereich der Fertigung übl. Bez. für die Roh-, Hilfs- und Betriebsstoffe sowie Fertigteile und Baugruppen, die im Rahmen der Produktion eingesetzt werden.

Materialbild, andere Bez. für ↑ Collage oder ↑ Assemblage, soweit diese noch Bildcharakter hat.

Materialisation [lat.], die Entstehung von Elementarteilchen mit Ruhmasse aus solchen ohne Ruhmasse, z. B. bei der Paarerzeugung.
▷ in der *Parapsychologie* die (angebl.) Bildung körperhafter Erscheinungen durch Vermittlung spiritist. Medien.

Materialismus [lat.], philosoph. Theorie, nach der alles Wirkliche nur als Materie interpretiert werden kann oder nur von materiellen Vorgängen ableitbar ist. Der M. ist insofern also eine monist. Theorie. Was M. jeweils bedeutet, bemißt sich einerseits nach der Bestimmung dessen, was als Materie gelten soll, andererseits nach den weltanschaul. Absichten, denen die materialist. Theorie dienen soll. Seitdem die Äquivalenz von Materie und Energie erkannt wurde, gilt auch die letztere als „materiell"; da der M. sich den Methoden der Naturwiss. verschreibt, spricht man auch von **Physikalismus,** der jedoch nur als *method. M.* zu bezeichnen ist, da lediglich das naturwiss. Interpretierbare betrachtet, nicht darüber entschieden wird, ob so die gesamte Wirklichkeit erfaßt werden kann, während der **philosophische Materialismus** auch und v. a. solche Dinge und Ereignisse, die auf den ersten Blick nichtmaterieller Natur zu sein scheinen (Gott, das Phänomen des Lebens, das Bewußtsein), auf materielle Phänomene zurückführt oder deren Existenz leugnet. Der M. ist i. d. R. *atheistisch* und war meist durch antitheolog. oder antiklerikale Absichten motiviert. Mit diesem M. nicht notwendig verbunden ist der **ethische Materialismus,** der in dem Streben nach materiellen Gütern und dem eigenen Nutzen das vorzügl. Ideal des Menschen sieht, damit aber keine gemeinschaftserhaltende Ethik begründen kann. Diese ergibt sich erst aus der Beschränkung des individuellen Egoismus. Der **biologische Materialismus** versucht das Prinzip des Lebens durch gesetzmäßige (physikal. und chem.) Vorgänge im Bereich der toten Materie zu erklären. Bedingt durch die ersten Erfolge der neuzeitl. Naturwiss. markiert den Beginn der anatom. Forschung – nachträglich programmatisch manifestiert in R. Descartes' Konzept des Tieres als purer Maschine – die materialist. Wende. Während Descartes' Dualismus dem immateriellen Geist einen ontolog. Sonderstatus zubilligt, versuchen die frz. Materialisten des 18. Jh., einen total monist. M. zu begründen. Im 19. Jh. gilt der M. nur noch als nachträgl. Verallgemeinerung einer gründl. empir. Einzelforschung. – Im 20. Jh. bleibt für einen zeitgemäßen M. v. a. das Problem, Bewußtseinsphänomene (Denken, Wahrnehmen, Empfinden usw.) auf materielle Prozesse, vorzugsweise Gehirnprozesse, zurückzuführen. So muß der konsequente M. die Bewußtseinsphänomene als phys. Ereignisse interpretieren oder, schwächer, als von phys. Ereignissen kausal abhängig erklären können. Letzteres tut der **Epiphänomenalismus,** der nur eine Kausalwirkung von der Materie, speziell der materiellen Gehirnprozesse, auf das Bewußtsein annimmt, nicht umgekehrt. Dabei bleibt der ontolog. Status der Bewußtseinsphänomene ungeklärt: Sie sind von materiellen Vorgängen abhängig, ohne selbst welche zu sein. Daher behauptet die **Identitätstheorie,** Bewußtseinsphänomene seien mit Gehirnprozessen identisch. Das bedeutet entweder, daß unsere Aussagen über Bewußtseinsphänomene infolge mangelnden Wissens vom Gehirnprozesse inadäquat sind oder daß Bewußtseinsphänomene und Gehirnprozesse nur verschiedene Bez. ein und derselben Sache sind. Die Klärung dieser Probleme hängt von weiteren Fortschritten der neurophysiolog. Forschung ab.

Materialist [lat.], allg. ein Mensch, der Besitz, Gewinn und Genuß zum Prinzip des Handelns macht; i. e. S. der Anhänger des ↑ Materialismus.

Materialkonstante (Stoffkonstante), Kenngröße, die eine bestimmte physikal. Eigenschaft eines Stoffes charakterisiert, z. B. Dichte, Leitfähigkeit, Brechzahl.

Materialprüfung, svw. Werkstoffprüfung.

Materialprüfungsanstalten, staatl. und private Einrichtungen zur Vornahme von physikal. und chem. Werkstoffuntersuchungen und -prüfungen, insbes. bei der Güteüberwachung von Gebrauchsgütern und bei der Aufklärung von Schadensfällen; daneben auch Materialforschungen, Festigkeitsprüfungen u. a.; z. B. Bundesanstalt für Materialprüfung, Berlin.

Materia prima [lat. „erste Materie"] (Prima materia), auf Aristoteles zurückgehender, spekulativer Begriff der Scholastik für den form- und eigenschaftslosen Urstoff (↑ Materie), dessen aktuell existierende Formen z. B. die geformten ↑ Elemente als *Materia secunda* darstellen.

Materie [zu lat. materia], in der *Philosophie* ist M. für Aristoteles in Korrelation zu ↑ Form als Materia prima der ewige, völlig unbestimmte, unterschiedslose Urstoff, das Urprinzip, das der Bewegung, dem Werden zugrunde liegt. Im Neuplatonismus, z. B. bei Plotin, wirkt M. als letzte Stufe der Emanation des göttl. Ureinen, diesem dialektisch entgegengesetzt als absolute Negation des Guten, als Urprinzip des Bösen. Die Scholastik greift auf den M.begriff des Aristoteles zurück. Die neuzeitl. Diskussion um den M.begriff wird zunehmend von den Naturwiss. bestimmt; zugleich wird er im ↑ Materialismus zum weltanschaul. Grundbegriff.
▷ in der *Physik* häufig einschränkend gebraucht für Teilchen mit von Null verschiedener Ruhmasse, z. B. Protonen, Elektronen, und die aus ihnen zusammengesetzten physikal. Systeme. Dies ist inkonsequent, weil Teilchen ohne Ruhmasse in solche mit Ruhmasse umgewandelt werden können (Paarerzeugung) und umgekehrt (Zerstrahlung), im Einklang mit der Masse-Energie-Äquivalenz. Masse und Energie sind nur verschiedene Aspekte einer materiellen Wirklichkeit. Beim physikal. M.begriff geht es nicht um ontolog. Bestimmungen, sondern um die mathematisch faßbare Struktur der M. Die Leitfunktion der sinnl. Anschauung und des ihr entsprechenden euklid. Raumes mußte von der Physik des 20. Jh. aufgegeben werden. An ihre Stelle traten der relativitätstheoret. Begriff einer Wechselwirkung zw. der M. und der durch sie gekrümmten Raum-

Zeit-Welt sowie die Gesetze der Quantenmechanik. Die eigentl. Träger der M. sind dynam. Zentren, die nach der gängigen Theorie als quasi punktförmige „Teilchen" (Quarks und Leptonen) aufgefaßt werden. Der räuml. Hauptanteil der makrophysikalisch vorgestellten M. ist leer im Sinne der naiven Anschauung, jedoch erfüllt von intensiven Kraftwirkungen (Feld).

materiell [lat.-frz.], 1. die Materie betreffend; 2. auf Besitz, auf Gewinn bedacht; 3. finanziell, wirtschaftlich.

materielle Beschwer ↑ Beschwer.

materielle Rechtskraft ↑ Rechtskraft.

Materiewellen (De-Broglie-Wellen), ein Wellenvorgang, der einem atomaren Teilchen mit nicht verschwindender Ruhmasse m zugeordnet wird. Besitzt das Teilchen den Impuls p, so wird ihm eine M. der Wellenlänge *(De-Broglie-Wellenlänge)* $\lambda = h/p$ (h Plancksches Wirkungsquantum) zugeordnet. Die Einführung von M. ermöglicht die Beschreibung der Welleneigenschaften atomarer Teilchen, die sich z. B. in der Interferenz von Elektronenstrahlen an Kristallgittern bemerkbar machen. Die physikal. Bedeutung von M. ist die von „Wahrscheinlichkeitswellen".

Matern, Hermann, *Burg bei Magdeburg 17. Juni 1893, †Berlin 24. Jan. 1971, dt. Politiker. – Mgl. der SPD 1911–14, der KPD ab 1919; 1932/33 MdL in Preußen; 1933 verhaftet, 1934 Emigration; Mitbegr. des Nat.komitees Freies Deutschland; ab 1946 in der Führungsspitze der SED; ab 1949 als Vors. der Zentralen Parteikontrollkommission enger Vertrauensmann W. Ulbrichts.

Mathematik [zu griech. *mathēmatiké* (*téchnē*) (von *mathēma* „das Gelernte, die Kenntnis")], eine der ältesten Wiss., hervorgegangen aus den prakt. Aufgaben des Zählens, Rechnens und Messens, die sich – angeregt und beeinflußt durch die in vielen Bereichen (v. a. in den Naturwiss. und in der Technik) auftretenden, durch Zahl und „geometr." Figur faßbaren Problemstellungen – in eine Vielzahl von Spezialgebieten aufgefächerte, sich andererseits aus einer inneren Gesetzlichkeit heraus zu einer „Wiss. von den formalen Systemen" (D. Hilbert) entwickelte; dabei wird von den untersuchten Objekten in weitem Maße abstrahiert: die moderne M. sieht ihre Aufgabe v. a. in der Untersuchung sog. Strukturen, die durch die in einer vorgegebenen Menge beliebiger Objekte definierten Relationen und Verknüpfungen bestimmt sind. Nach traditioneller Einteilung gliedert sich die M. in Arithmetik, Geometrie, Algebra und Analysis. Wichtige selbständige Teilgebiete der M. sind daneben u. a. Ausgleichs- und Fehlerrechnung, Funktionalanalysis, Kombinatorik, Mengenlehre, numer. M., Optimierung, Statistik, Topologie, Vektorrechnung, Wahrscheinlichkeitsrechnung und Zahlentheorie, doch durchdringen die einzelnen Teilgebiete einander sehr stark.

Geschichte: Auf teils noch vorwiss. Stufe stehen ägypt. und babylon. M., die sehr eng mit ihren jeweiligen Anwendungen zusammenhingen und ohne Begründung gegebene Regeln verwendeten. Die griech. M. dagegen ging bereits beweisend vor. Appollonios arbeitete die Kegelschnittlehre aus, Archimedes entwickelte die Exhaustionsmethode. Während die röm. M. weitgehend auf prakt. Aufgaben beschränkt blieb, übernahm die arab. M. (unter Mitbeeinflussung durch die ind. M.) vom 9. Jh. an die Führung. Sie gab das mathemat. Wissen an das lat. MA weiter, lieferte aber auch selbständige Beiträge, z. B. zur Geometrie, zur Trigonometrie, zur Theorie der Gleichungen und zur Reihenlehre. In Europa begann die Weiterentwicklung der M. seit Regiomontanus mit der Vervollkommnung der Trigonometrie, der Ausbildung der Perspektive, dem Studium der kaufmänn. Rechenverfahren und der Schaffung einer Algebra. Nach der Einführung der Logarithmen zu Beginn des 17. Jh. legten R. Descartes und P. de Fermat mit der analyt. Geometrie die Grundlage für die Infinitesimalrechnung (I. Newton, G. W. Leibniz). Im Laufe der entsprechenden Untersuchungen wurde der Begriff der Funktion geklärt. Es entstand die Analysis, die die Entwicklung der M. im 18. Jh. weitgehend bestimmte. Auf der Grundlage der von C. F. Gauß entwickelten Theorie der komplexen Zahlen wurde im 19. Jh. die Funktionentheorie von A. L. Cauchy begr. und von K. Weierstraß und B. Riemann weiterentwickelt. Gegen Ende des 18. Jh. wurde von L. Euler der Ausbau der von Fermat im Anschluß an Diophantos geschaffenen abstrakten Zahlentheorie eingeleitet. Im 19. Jh. erfuhr die M. eine Wendung zu Grundlagenfragen und Systematisierung hin. Neben Konvergenzfragen spielte die nichteuklid. Geometrie eine wichtige Rolle bei der Beschäftigung mit den Grundlagen der M. Probleme der Geodäsie und Astronomie führten zur Fehlerrechnung, physikal. Fragestellungen auf die Vektorrechnung, innermathemat. Untersuchungen zur Gruppentheorie. Ein neues Gebiet erschloß die von G. Cantor begr. Mengenlehre. Über die Invariantentheorie kam es im 20. Jh. zur Bildung der sog. abstrakten Algebra und parallel dazu zur Axiomatisierung, schließlich zu einem neuen Verständnis der M. als Wiss. von den mathemat. Strukturen. In der mathemat. Grundlagenforschung des 20. Jh. sind die Ergebnisse der mathemat. Logik sehr wichtig. Daneben spielt die Suche nach sicheren Fundamenten der M. eine wichtige Rolle. Sehr einflußreich war der Versuch der Gruppe Bourbaki, der M. eine einheitl. mengentheoretisch orientierte Sprache auf strukturalist. Hintergrund zu geben. In den 80er Jahren fand, auch durch die vom Computer eröffneten Möglichkeiten, eine Rückwendung zu eher konkreten Fragestellungen statt.

Mathematikunterricht, der schul. Unterricht in Mathematik, dessen Zielsetzungen und Methoden vom Entwicklungsstand der Mathematik abhängen, die Didaktik zudem von pädagog. und psycholog. Bewegungen. Der moderne M. ist geprägt durch die Grundlagenforschung und Formalisierung der Mathematik, d. h. deren Aufbau aus gewissen einfachen „Grundstrukturen".

mathematische Logik ↑ Logik.

mathematische Optimierung, svw. ↑ Optimierung.

mathematische Zeichen, zur kurzen, übersichtl. Darstellung mathemat. Aussagen verwendete symbol. Zeichen u. a. für bestimmte Größen, Mengen, mathemat. Relationen, Operationen. – Übersicht S. 290.

Georges Mathieu. Herzog von Sachsen, 1960 (Privatbesitz)

Mathieu, Georges [frz. ma'tjø], *Boulogne-sur-Mer 27. Jan. 1921, frz. Maler. – Ein Hauptvertreter des ↑ abstrakten Expressionismus mit eleganter, schwungvoller Handschrift.

Mathilde, Name von Fürstinnen:
England:
M., *London 1102, †Rouen 10. Sept. 1167, Thronerbin. – Tochter König Heinrichs I. von England; ∞ in 1. Ehe 1114 mit Kaiser Heinrich V., in 2. Ehe 1128 mit Graf Gottfried V. von Anjou (gen. Plantagenet). Engl. Thronerbin ab 1120, konnte sich jedoch nicht gegen Stephan I. von Blois behaupten. 1153 sicherte sie ihrem Sohn Heinrich (II.) die Thronfolge (Stammutter des Hauses Plantagenet).

Mathilde

Tuszien:
M. von Tuszien, * 1046, † Bondeno (Prov. Ferrara) 24. Juli 1115, Markgräfin. – 1070 (♀) ⚭ mit Gottfried III., dem Buckligen, von Niederlothringen. Nach anfängl. Vermittlung im Investiturstreit unterstützte M. rückhaltlos das Reformpapsttum. Ihren Besitz (**Mathildische Güter;** v. a. in N-Italien) schenkte sie dem Hl. Stuhl und erhielt sie zur Nutzung zurück. In stauf. Zeit war der Besitz zw. Papst und Kaiser umstritten, bis 1213 der spätere Kaiser Friedrich II. formell verzichtete.

Mathilde von Quedlinburg, * 955, ⬜ Quedlinburg 7. (8. ♀) Febr. 999, erste Äbtissin des Stifts Quedlinburg. – Hochgebildet und mehrfach mit Reg.geschäften betraut; von Otto III. 997–999 zur Reichsverweserin („matricia") ernannt.

Mathis, Edith, * Luzern 11. Febr. 1935, schweizer. Sängerin (Sopran). – Kam 1959 an das Kölner Opernhaus, 1963 an die Dt. Oper Berlin; als Interpretin lyr. Partien sang sie an bed. Opernhäusern und bei Festspielen (Salzburg, Glyndebourne); auch Oratorien- und Liedsängerin.

Mathura, ind. Stadt an der Jumna, Bundesstaat Uttar Pradesh, 159 500 E. Archäolog. Museum, Erdölraffinerie, chem. Ind.; berühmt wegen seiner Kalikodrucke; Hindu-Pilgerort (Mittelpunkt des Krischnakults). Verkehrsknotenpunkt. – M. gehört zu den ältesten ind. Städten. Bereits in vorchristl. Zeit war M. bed. religiöses Zentrum der Buddhisten, Dschainas und Hindus. – 1803 wurde M. britisch und 1832 Distr.hauptstadt. Bed. Kunstzentrum, das in der Kuschan- und Guptazeit (1.–5. Jh.) seine Blütezeit hatte.

Mathy, Karl [...ti], * Mannheim 17. März 1806, † Karlsruhe 3. Febr. 1868, bad. Politiker. – Ab 1842 einer der führenden Liberalen im bad. Landtag; 1864 bad. Handelsmin.; suchte als Leitender Minister (ab 1866) Baden in den Norddeutschen Bund zu führen.

Mathematische Zeichen (Auswahl)

Elementares Rechnen

$=$	gleich
$:=$	nach Definition gleich
$\approx$	ungefähr gleich
$\equiv$	identisch
$+$	plus
$-$	minus
$\pm$	plus oder minus
$\cdot$, $\times$	mal
$:$, $\div$, $/$	geteilt durch
$\neq$	ungleich
$>$	größer als
$\geq$, $\geqq$	größer oder gleich
—⊖⧋⊥	(sehr) groß gegen
$\sim$	proportional
$\hat{=}$	entspricht
≕	kleiner als
$\leq$, $\leqq$	kleiner oder gleich
$\ll$	(sehr) klein gegen
Σ	Summe
Π	Produkt
$\sqrt{\ }$	Wurzel aus (Quadratwurzel)
$\sqrt[n]{\ }$	n-te Wurzel aus
a^n	n-te Potenz von a
$\%$	Prozent, vom Hundert
$\permil$	Promille, vom Tausend
$|x|$	Betrag von x
$\|x\|$	Norm von x
$n!$	n Fakultät
$\binom{n}{k}$	n über k (Binomialkoeffizient)

Elementare Geometrie

$\parallel$	parallel
∦	nicht parallel
↑↑	gleichsinnig parallel
↑↓	gegensinnig parallel
$\perp$	rechtwinklig zu
$\cong$	kongruent, deckungsgleich
$\sim$	ähnlich
$\angle$	Winkel
$\overline{AB}$	Strecke AB
⌐, ⌐	rechter Winkel
$\varnothing$	Durchmesser
$°$	Grad
$'$	Minute
$''$	Sekunde

Zahlensysteme

N, $\mathbb{N}$	Menge der natürlichen Zahlen
Z, $\mathbb{Z}$	Menge der ganzen Zahlen
Q, $\mathbb{Q}$	Menge der rationalen Zahlen
R, $\mathbb{R}$	Menge der reellen Zahlen
C, $\mathbb{C}$	Menge der komplexen Zahlen
i	imaginäre Einheit ($i = \sqrt{-1}$)
$z = a + ib$	komplexe Zahlen
$\bar{z}$, z^*	konjugiert komplexe Zahl zu z
e	Eulersche Zahl ($= 2{,}718281\ldots$)
π	Pi ($= 3{,}1415926\ldots$)

Algebra und analytische Geometrie

$a|b$	a teilt b
$a \nmid b$	a teilt nicht b
	isomorph
$\mathbf{A}, \mathbf{B}, \vec{A}, \vec{a}$	Vektoren
$\mathbf{A} \cdot \mathbf{B}, \mathbf{AB}(\mathbf{A},\mathbf{B})$	skalares Produkt von $\mathbf{A}$ und $\mathbf{B}$
$\mathbf{A} \times \mathbf{B}, [\mathbf{A} \times \mathbf{B}]$	vektorielles Produkt von $\mathbf{A}$ und $\mathbf{B}$
$\det(a_{ik})$, $|a_{ik}|$	Determinante

Mathematische Logik

$\wedge$	und (Konjunktion)
$\vee$	oder (Disjunktion)
$\neg$	nicht (Negation)
$\Rightarrow$, $\rightarrow$	wenn ..., dann (Subjunktion)
$\Leftrightarrow$, $\leftrightarrow$	genau dann, wenn (Äquivalenz)
$:\Leftrightarrow$	nach Definition genau dann, wenn
$\wedge$, $\forall$	für alle
$\vee$, $\exists$	es gibt

Mengenlehre

$\in$	Element von
$\notin$	kein Element von
$\emptyset$, $\{\}$	leere Menge
$\{x | A(x)\}$	Menge aller x mit der Eigenschaft $A(x)$
$\cup$	vereinigt
$\cap$	geschnitten
$\subseteq$, $\subset$	enthalten in, Teilmenge von
$\nsubseteq$, $\not\subset$	nicht enthalten in, nicht Teilmenge von
$\subsetneq$	echt enthalten in, echte Teilmenge von
$\supseteq$	umfaßt
$\supsetneq$	umfaßt nicht
$\mathbf{I}, A, \bar{A}$	Komplement von A
$\setminus$, $-$	ohne, minus
$\mathfrak{P}(A)$	Potenzmenge von A
$A \times B$	Produktmenge von A und B
$\triangle$	symmetrische Differenz
(a, b), $\langle a, b \rangle$	geordnetes Paar
$\circ$	verknüpft mit
$|A|$, card A	Kardinalzahl von A
$\aleph$	Aleph
$\sim$	Äquivalent

Analysis

∞	unendlich
$df(x)$	Differential der Funktion $f(x)$
$\dfrac{df(x)}{dx}$, $f'(x)$	Differentialquotient, Ableitung
$\dfrac{\partial f(x,y)}{\partial x}$, f_x	partieller Differentialquotient
$\int$	Integralzeichen
$\oint$	Randintegral, Linienintegral
∇	Nablaoperator
Δ	Deltaoperator (Laplace-Operator)
$]a, b[$	offenes Intervall $a < x < b$
$[a, b]$	abgeschlossenes Intervall $a \leq x \leq b$
$[a, b[$	halboffenes Intervall $a \leq x < b$
$]a, b]$	halboffenes Intervall $a < x \leq b$
lim	Grenzwert

Matinee [frz., zu lat. matutinum (tempus) „frühe Zeit"], Bez. für eine künstler. Veranstaltung, die am Vormittag stattfindet.

Matisse, Henri [frz. ma'tis], * Le Cateau (Nord) 31. Dez. 1869, † Cimiez (= Nizza) 3. Nov. 1954, frz. Maler, Bildhauer und Graphiker. – Der revolutionäre Gebrauch der reinen, ungebrochenen Farbe machte ihn 1905 zu einem der führenden Künstler des Fauvismus. In den folgenden Jahren fand er zu einem flächig-ornamentalen Bildaufbau, der auch seine Graphik und Buchillustration kennzeichnet. Die Ausgestaltung der Chapelle du Rosaire in Vence steht im Mittelpunkt seiner Spätzeit (1946–51). – *Weitere Werke:* Luxus I (1907; Paris, Musée National d'Art Moderne), Luxus II (1907; Kopenhagen, Statens Museum for Kunst), Das rote Atelier (1911; New York, Museum of Modern Art), Der Tanz (dreiteilige Collage, 1930–34; Merion [Pa.], Barnes Foundation), Die rumän. Bluse (1940, Paris, Musée National d'Art Moderne), Erinnerungen an Ozeanien (Collage, 1953; New York, Museum of Modern Art).

Matjeshering [niederl., eigtl. „Mädchenhering" (d. h. junger Hering ohne Rogen oder Milch)], junger gesalzener Hering.

Matković, Marijan [serbokroat. 'matkɔvitɕ], * Karlovac 21. Sept. 1915, kroat. Dramatiker. – Intendant in Zagreb; schrieb v. a. Dramen über soziale Themen.

Mato Grosso [brasilian. 'matu 'grosu], brasilian. Bundesstaat, grenzt im SW an Bolivien, 901 421 km², 1,73 Mill. E (1990), Hauptstadt Cuiabá. M. G. hat Anteil an der Schichtstufenlandschaft des westl. Brasilian. Berglands und der Schwemmlandebene des Pantanal. Landw., v. a. Viehzucht; Abbau von Eisen- und Manganerz. Die Ind. verarbeitet v. a. landw. Produkte. – Erste Kolonisierung zu Beginn des 18. Jh., nur allmähl. Besiedlung; 1748 Errichtung des Kapitanats M. G. 1979 Ausgliederung von M. G. do Sul.

Mato Grosso do Sul [brasilian. 'matu 'grosu du 'sul], brasilian. Bundesstaat an der Grenze zu Bolivien und Paraguay, 357 472 km², 1,79 Mill. E (1990), Hauptstadt Campo Grande. Bed. Rinder- und Schweinezucht; Anbau von Reis, Bananen, Zuckerrohr, Bohnen, Mais und Maniok; wichtigste Bodenschätze sind Mangan- und Eisenerze. – Bis 1979 Südteil des Bundesstaates Mato Grosso.

Matopo Hills, Bergland in SW-Simbabwe, bis 1 552 m hoch. Der südl. Teil ist Nationalpark.

Matoš, Antun Gustav [serbokroat. 'matɔʃ], * Tovarnik 13. Juni 1873, † Zagreb 17. März 1914, kroat. Schriftsteller. – Anfangs realistisch, war seine Erzählkunst später bes. von E. A. Poe und E. T. A. Hoffmann beeinflußt; auch symbolist. Lyrik.

Matos Guerra, Gregório de [brasilian. 'matuz 'gɛrra], * Bahia (= Salvador) 1623 (?), † Recife 19. Okt. 1696, brasilian. Dichter. – Einer der bedeutendsten barocken Lyriker Brasiliens, schrieb Satiren (hg. 1882), die ihm Gefängnis und Deportation nach Angola eintrugen, religiöse Dichtungen und gongorist. Liebesgedichte.

Matosinhos [portugies. mɐtu'ziɲuʃ], portugies. Stadt am Atlantik, 5 km nw. von Porto, 26 600 E. Wichtigster Fischereihafen Portugals, Nahrungsmittelindustrie.

Matragebirge, Teil des Nordungar. Mittelgebirges, westl. des Bükkgebirges, im Kékes 1 015 m hoch.

Matrah ['matrax], Hafenstadt im Sultanat Oman, westl. Nachbarstadt von ↑Maskat; die wichtigste Handelsstadt des Landes; Schiffbau. Erdölhafen. Endpunkt der 280 km langen Pipeline von drei Erdölfeldern im Landesinneren.

Matratze [roman., zu arab. matrah „Bodenkissen"], mit Roßhaar, Seegras, Kapok oder Wolle gefülltes, bei sog. *Federkernmatratzen* mit Stahldrahtfedern verstärktes, heute vielfach aus Schaumgummi oder aus geschäumten Kunststoffen hergestelltes Polster, das auf den Sprungfederrahmen oder den Lattenrost des Bettes gelegt wird.

Matrei am Brenner, östr. Sommerfrische und Wintersportplatz in Tirol, 15 km südl. von Innsbruck, 992 m ü. d. M., 1 100 E. - Got. Pfarrkirche (1754/55 barockisiert); spätgot. Johanneskapelle (1509 vollendet); Schloß Matrei (im Kern 13. Jh.); klassizist. Wallfahrtskirche Maria Waldrast mit Chor (1624) des Vorgängerbaus.

Henri Matisse. Erinnerung an Ozeanien, Collage, 1953 (New York, Museum of Modern Art)

Matrei in Osttirol, östr. Marktgemeinde am S-Fuß der Hohen Tauern, Tirol, 977 m ü. d. M., 4 700 E. Hauptort des Iseltales; Fremdenverkehr. – Roman. Filialkirche St. Nikolaus (13. und 14. Jh.) mit Außen- und Innenfresken.

Mätresse [frz., eigtl. „Herrin" (zu ↑Maître)], urspr. Bez. für die Geliebte eines Fürsten (oft am Hofe anerkannt und auch von polit. Einfluß); heute [abwertend] für Geliebte (eines verheirateten Mannes).

Matriarchat [zu lat. mater „Mutter" und griech. arché „Herrschaft"], i. e. S. Bez. für eine Gesellschaftsordnung mit Mutter- bzw. Frauenherrschaft; i. w. S. svw. Mutterrecht.

Matrikel [zu lat. matricula „öff. Verzeichnis"], amtl. Verzeichnis über Personen, bes. 1. Liste der an einer Hochschule Studierenden (Immatrikulierten), 2. Kirchen- oder Pfarrbücher mit Tauf-, Firmungs-, Eheschließungs-, Sterberegister.

Matrikularbeiträge [lat./dt.], Einrichtung der Finanzverfassung des Norddt. Bundes und des Dt. Reiches vor 1918, wonach die Glied- bzw. Einzelstaaten nach der Zahl ihrer Einwohner jährl. Zahlungen an das Reich zu leisten hatten.

Matrilineage [engl. mætrɪ'lɪnɪɪdʒ; lat.-engl.] ↑Lineage.

matrilineal (matrilinear) [lat.], Abstammungsordnung nach der mütterl. Linie.

matrilokal [lat.], völkerkundl. Bez. für die Sitte, nach der der Ehemann mit der Heirat an den Wohnort seiner Frau übersiedelt bzw. in ihre Familie aufgenommen wird.

Matrix [lat. „Stammutter, Muttertier, Gebärmutter"], in der *Biologie* allg. Bez. für eine Grundsubstanz.

▷ in der *Histologie* die Keimschicht, aus der etwas entsteht, z. B. die M. des Nagels.

▷ in der *Mathematik* ein rechteckiges (Zahlen-)Schema der Form

$$A = (a_{ik}) = \begin{pmatrix} a_{11} & a_{12} & \ldots & a_{1n} \\ a_{21} & a_{22} & \ldots & a_{2n} \\ \ldots & \ldots & \ldots & \ldots \\ a_{m1} & a_{m2} & \ldots & a_{mn} \end{pmatrix}$$

Ein mit a_{ik} bezeichnetes Element steht in der i-ten Zeile und in der k-ten Spalte. Die Anzahl m der Zeilen und die Anzahl n der Spalten definieren den Typ einer M.; man sagt, sie ist von der *Ordnung* $m \times n$ oder eine $(m \times n)$-M. Eine M., bei der $m = n$ ist, heißt *quadrat.* M. Eine M., die aus einer einzigen Zeile bzw. Spalte besteht, wird *Zeilen-M.* bzw. *Spalten-M.* genannt; derartige Matrizen werden zur Darstellung von Vektoren verwendet. Ist A quadratisch, so bezeichnet det $A =$ det (a_{ik}) die zu ihr gehörende ↑Determinante. Matrizen lassen sich untereinander und mit skalaren

Henri Matisse (Selbstbildnis, 1937)

Edith Mathis

Matrixdrucker

Größen durch bestimmte Rechenregeln verknüpfen (**Matrizenrechnung**). Sie dienen zur verkürzten Darstellung linearer Beziehungen in Naturwiss., Technik und Wirtschaftswissenschaft.

Matrixdrucker ↑ Drucker.

Matrixsatz, in der generativen Transformationsgrammatik Bez. für einen Satz, in den ein abhängiger Satz (Konstituentensatz) eingebettet ist. In dem Satz: *Hunde, die bellen, beißen nicht* ist *Hunde beißen nicht* M. und *die bellen* Konstituentensatz.

Matrize [frz., zu ↑ Matrix], in der *Drucktechnik* allg. 1. vertiefte Abformung eines Reliefs (Gegenstück Patrize), 2. in der *Schriftgießerei* eine Form mit vertieftem Schriftbild.
▷ Negativform zum Pressen von Schallplatten.

Matrizenmechanik ↑ Quantenmechanik.

Matrizenrechnung ↑ Matrix.

Matrone [lat., zu mater „Mutter"], ältere, ehrwürdige Frau (heute meist spöttisch gebraucht).

Matronen, kelt. Göttinnen, die bildlich meist als Dreiheit dargestellt sind. Füllhorn und Früchte als ihre Attribute verweisen auf Bezüge zur Vegetation.

Matronymikon [lat./griech.], svw. ↑ Metronymikon.

Matrose [frz.-niederl.], allg. seemännisch ausgebildeter Angehöriger der Schiffsbesatzung.
▷ Beruf der Handelsschiffahrt.
▷ unterster Mannschaftsdienstgrad der Bundesmarine.

Matruh [maˈtruːx] (Marsa Matruh), ägypt. Ort am Mittelmeer, 10 000 E. Verwaltungssitz des Governorats „Westl. Wüste"; Meerwasserentsalzungsanlage; Rommelmuseum (ehem. Hauptquartier); Hafen; Seebad.

Matschinsky-Denninghoff, Brigitte, *Berlin 2. Juni 1923, dt. Bildhauerin. – Arbeitete als Assistentin bei H. Moore und A. Pevsner; seit 1955 Zusammenarbeit mit ihrem Mann M. Matschinsky (*1921). Beide traten bes. mit Großplastiken aus Chromnickelstahl hervor, u.a. Edelstahlskulptur in der Tauentzienstraße in Berlin (1987).

Matsue, jap. Stadt auf W-Honshū, 140 000 E. Verwaltungssitz der Präfektur Shimane; Univ. (gegr. 1949); Museum (u.a. alte jap. Musikinstrumente); Handelsplatz, Fremdenverkehr. – Burg (1611) mit dreistöckigem Festungsturm (1642 wiederhergestellt).

Matsue. Der 1642 wiederhergestellte Festungsturm der Burganlage von 1611

Matsumoto, jap. Stadt auf Honshū, 197 300 E. Univ.; Mittelpunkt eines Geb. mit Seidenraupenzucht.

Matsuoka Yōsuke, *Murozumi (Präfektur Yamaguchi) 4. März 1880, †Tokio 27. Juni 1946 (im Gefängnis), jap. Politiker. – Erklärte 1933 als Delegierter Japans in Genf dessen Austritt aus dem Völkerbund; schloß als Außenmin. (1940/41) den Dreimächtepakt mit Italien und Deutschland (1940) und den Nichtangriffspakt mit der UdSSR (1941); starb, als Kriegsverbrecher verhaftet, 1946 während der Prozesse.

Matsuyama, jap. Hafenstadt an der NW-Küste Shikokus, 434 000 E. Verwaltungssitz der Präfektur Ehime; Univ. (gegr. 1949), Wirtschaftshochschule, Metallverarbeitung, Textil-, petrochem. und Nahrungsmittelindustrie.

Matt [arab. „er (der König) ist gestorben, tot"] (Schachmatt), diejenige Position in einer Schachpartie, in der der angegriffene König nicht mehr vor dem Geschlagenwerden bewahrt werden kann. Mit dem M. ist die Partie beendet.

Matterhorn

Matta, Roberto Sebastian, eigtl. R. S. M. Echaurren, *Santiago de Chile 11. Nov. 1911, chilen. Maler. – U.a. im Architekturbüro Le Corbusiers, lebt heute v.a. in Paris und Italien. Seine surrealist. Gemälde und Graphiken zeigen eine bedrohl. Monstren- und Maschinenwelt; auch keram. Arbeiten.

Mattathias (Mattathja), *Modin bei Lydda (= Ruinenstätte Modiim bei Lod), †166 v.Chr., jüd. Priester und Stammvater der ↑Makkabäer. – Leitete den jüd. Freiheitskampf gegen die syr. Herrschaft ein.

Mattauch, Josef, *Mährisch-Ostrau 21. Nov. 1895, †Klosterneuburg 10. Aug. 1976, dt. Physiker. – Prof. in Wien, Berlin, Tübingen, Bern und Mainz; entwickelte einen doppelt fokussierenden Massenspektrographen. 1934 stellte er die nach ihm ben. Isobarenregeln auf (↑Isobare).

Matte, aus natürl. Fasern oder Chemiefasern hergestelltes Geflecht oder Gewebe.
▷ Unterlage, die beim Sport den Aufprall des Körpers abschwächen oder gegen Verletzungen bei Stürzen und Würfen schützen soll.

Matten, natürl., zu den Wiesen gehörende, artenreiche, baumlose Pflanzenformation; verbreitet v.a. in der alpinen Stufe der Hochgebirge. Die M. werden gebildet aus ausdauernden Stauden, Zwergsträuchern und Gräsern.

Mattengürtel (Mattenstufe), Teil der alpinen Stufe der Hochgebirgsvegetation, in den Alpen von 2 400 bis 3 200 m; wird bei geeignetem Gelände als Weidegebiet genutzt.

Matteo di Giovanni [italien. matˈtɛːo di dʒoˈvanni], genannt Matteo da Siena, *Sansepolcro um 1433, †Siena (?) 1495, italien. Maler. – Steht trotz Renaissanceelementen v.a. in der got. Tradition der sienes. Malerei; bildteppichartige Wirkungen; wiederholtes Motiv ist der bethlehemit. Kindermord.

Matteotti, Giacomo, *Fratta Polesine (Prov. Rovigo) 22. Mai 1885, † Rom 10. Juni 1924 (ermordet), italien. Politiker. – 1919–24 Parlamentsabg.; wurde 1922 Sekretär, 1924 Generalsekretär der Unitar. Sozialist. Partei, Gegner des Faschismus; forderte am 30. Mai 1924 im Parlament die Annullierung der vorausgegangenen Wahlen wegen terrorist. Beeinflussung; seine Ermordung durch Faschisten führte zur **Matteotti-Krise** (Auszug der Opposition aus der Kammer), die durch die Errichtung der offenen Einparteiendiktatur (Anfang 1925) beendet wurde.

Matterhorn (italien. Monte Cervino, frz. Mont Cervin), Gipfel der Walliser Alpen im schweizer. Kt. Wallis, über den die schweizer.-italien. Grenze verläuft, 4 478 m hoch; eine steile vierkantige Pyramide, durch allseitige Karbildung entstanden. Am N-Fuß des M. liegt der schweizer. Fremdenverkehrsort Zermatt. – Das M. wurde erstmals am 14. Juli 1865 durch eine brit. Seilschaft unter E. Whymper erstiegen.

Mattersburg, östr. Bez.hauptstadt im Burgenland, 256 m ü.d.M., 5700 E. Landw. Handelszentrum und Schulstadt. – 1202 als **Martinsdorf** belegt. Heutiger Name seit 1921; seit 1926 Stadt. – Befestigte, barock umgestaltete Pfarrkirche.

Mattes, Eva, *München 14. Dez. 1954, dt. Schauspielerin. – Theaterarbeit häufig zus. mit P. Zadek; spielte u.a. in den Filmen „o.k." (1970), „Mathias Kneissl" (1971), „Wildwechsel" (1972), „Stroszek" (1976), „Woyzeck" (1979), „Celeste" (1981).

Mattglas, Glas mit aufgerauhter Oberfläche (diffuse Lichtdurchlässigkeit), die mit Hilfe von Sandstrahlgebläsen, durch Behandlung in Säurebädern oder auch durch Schleifen hergestellt wird.

Matthau, Walter [engl. 'mæθou], *New York 1. Okt. 1920, amerikan. Schauspieler. – Darsteller differenzierter Charaktere in Western wie „Einsam sind die Tapferen" (1962) und Filmkomödien wie „Ein seltsames Paar" (1967), „Hello Dolly" (1969), „Der Champion" (1978), „Piraten" (1986), „Couch Trip" (1987).

Matthäus (M. der Evangelist), hl., Jünger Jesu, wird in allen vier neutestamentl. Aposteln genannt. Die altkirchl. Überlieferung, M. sei der Verf. des Matthäusevangeliums, ist strittig. – Fest: 21. September.

Matthäus Lang [von Wellenburg (seit 1498)], *Augsburg 1468, †Salzburg 31. März 1540, Erzbischof von Salzburg und Kardinal. – 1519 Erzbischof von Salzburg, 1529 Primas von Deutschland. Scharfer Gegner Luthers, leitete die Gegenreformation ein; ließ luth. Prediger und Taufgesinnte rücksichtslos verfolgen.

Matthäus von Edessa, †um 1144, Prior eines Klosters, Mönch in Edessa und Kesun. – Verfaßte eine dreiteilige Chronik, die eine wichtige Quelle für Mesopotamien und Kleinarmeniens in der Kreuzzugszeit darstellt.

Matthäusevangelium, Abk. Matth., das erste im neutestamentl. Kanon aufgeführte Evangelium. Der Verfasser verwendet als Quellen das Markusevangelium, die Logienquelle (↑ Logia Jesu) und ein nur ihm eigenes Sondergut aus verschiedenen Überlieferungen. Das Hauptinteresse der Theologie des M. gilt dem Christusbild: Jesus von Nazareth ist der vom A.T. verheißene, aber von seinem Volk abgelehnte Messias. Gegenüber dem alttestamentl. Gesetz werden in der Lehre Jesu die sittl. Forderungen radikalisiert und im Doppelgebot der Gottes- und Nächstenliebe zusammengefaßt. – Der Verfasser ist ein hellenist. Judenchrist, Adressat seines Evangeliums ist eine judenchristl. Gemeinde; Abfassungszeit: zw. 75 und 90.

Mattheson, Johann, *Hamburg 28. Sept. 1681, †ebd. 17. April 1764, dt. Musiktheoretiker und Komponist. – Bed. sind seine von der Aufklärung beeinflußten Schriften, u.a. „Critica musica" (1722–25), „Der Vollkommene Capellmeister" (1739); komponierte Opern, Oratorien, Kantaten, Kammermusik und Cembalowerke.

Mattheuer, Wolfgang, *Reichenbach/Vogtland 7. April 1927, dt. Maler und Graphiker. – Lehrte 1956–74 an der Hochschule für Graphik und Buchkunst Leipzig (seit 1965 Prof.). Mit formpräzisen Darstellungen, deren zeitkrit. Gehalt in einer von Metaphern und Symbolen geprägten Bildsprache zum Ausdruck kommt, entwickelte er sich zu einem der profiliertesten Vertreter des krit. Realismus in der ehem. DDR. Im Herbst 1989 gehörte M. zu den geistigen Wegbereitern des polit. Umbruchs.

Matthias, Name von Herrschern:

Hl. Röm. Reich:

M., *Wien 24. Febr. 1557, †ebd. 20. März 1619, Kaiser (seit 1612). – Seit 1606 (wegen zunehmender Reg.unfähigkeit seines Bruders Rudolf II.) durch Geheimvertrag Haupt des Hauses Österreich. Übernahm die Führung des Krieges gegen die Türken und die aufständ. Ungarn. Erhielt 1608 die Herrschaft über Österreich, Ungarn und Mähren; ab 1611 auch böhm. König; nach dem Tode Rudolfs zum Kaiser gewählt. M. versuchte vergeblich, die religiösen, nat. und sozialen Spannungen zu mildern.

Ungarn:

M. I. Corvinus (M. Hunyadi), *Klausenburg 23. Febr. 1443, †Wien 6. April 1490, König von Ungarn (seit 1458), von Böhmen (seit 1469). – Sohn von János Hunyadi; ab 1475 in 2. Ehe ⚭ mit Beatrix (von Neapel); 1463 von Kaiser Friedrich III. anerkannt. M. baute einen zentralist. Staat auf und förderte als Renaissancefürst Kunst und Wiss.; mit dem böhm. Gegenkönig Wladislaw II., mit Georg von Podiebrad und Kaiser Friedrich III. schloß er 1479 den Frieden von Olmütz, der ihm Schlesien, Mähren und die Lausitz brachte; hatte große Erfolge bei der Türkenabwehr; in einem ab 1477 geführten Krieg vertrieb er Friedrich III. aus Niederösterreich, der Steiermark und Wien.

Matthias, hl., Apostel. – Nach Apg. 1, 23ff. durch Los anstelle des Judas Ischarioth zum Apostel bestimmt. Seine angebl. Reliquien sollen durch Kaiserin Helena nach Trier gekommen sein. – Fest: 24. Februar.

Matthöfer, Hans Hermann, *Bochum 25. Sept. 1925, dt. Politiker (SPD) und Gewerkschafter. – Volkswirt; 1973–84 Mgl. des Parteivorstandes; 1961–87 MdB; 1974–78 Bundesmin. für Forschung und Technologie, 1978–82 Bundesfinanzmin.; April–Okt. 1982 Bundesmin. für das Post- und Fernmeldewesen; 1985–87 SPD-Schatzmeister.

Matthus, Siegfried, *Mallenuppen (Ostpr.) 13. April 1934, dt. Komponist. – Schüler von R. Wagner-Régeny und H. Eisler. M. kompositor. Schaffen umfaßt nahezu alle musikal. Genres, v.a. Opern (u.a. „Der letzte Schuß", 1967; „Judith", 1985; „Die Weise von Liebe und Tod des Cornets Christoph Rilke", 1985; „Graf Mirabeau", 1989), ferner Orchesterwerke (u.a. „Der Wald", 1985; „Die Windsbraut", 1986; „Der See", 1989), Oratorien, Lieder, Chöre, Ballette, Kammermusik, Film-, Bühnen- und Hörspielmusik.

Mattiaker (lat. Mattiaci), von den Chatten abgespaltener german. Stamm in der Umgebung von Aquae Mattiacae (= Wiesbaden).

Mattieren, Beseitigen des spiegelnden Glanzes von Oberflächen aus Holz, Glas (Mattglas) oder Metall durch Auftragen eines Wachsüberzuges, durch Beizen oder mechan. Aufrauhen.

Mattighofen, oberöstr. Marktgemeinde im südl. Innviertel, 454 m ü.d.M., 4900 E. Lederfabrik, Herstellung von Motorrädern, Öfen und Herden. – Zw. 757 und 788 erstmals belegt. Seit 1446 Markt, seit 1986 Stadt. – Propsteigebäude (1438 erbaut, 1739–41 umgestaltet) mit Kreuzgang; Renaissanceschloß (im 19. Jh. stark verändert).

Mattscheibe, bei speziellen photograph. Großbildkameras in der Bildebene angebrachte mattierte Glasscheibe zum Betrachten des Bildes während der Fokussierung u.a. Die M. wird vor der Aufnahme gegen eine Filmkassette ausgetauscht.

Eva Mattes

Walter Matthau

Matthias, Kaiser des Heiligen Römischen Reiches

Wolfgang Mattheuer. Alptraum, 1982 (Privatbesitz)

Maulbronn. Gesamtansicht der zwischen dem 12. und dem 15. Jh. errichteten Klosteranlage mit Abteikirche und verschiedenen Klostergebäuden

Matura (Maturitätsprüfung) [zu lat. maturus „reif"], östr. und schweizer. Bez. für Abitur.

Maturin, Charles Robert [engl. ˈmætjʊrɪn], *Dublin 1782, †ebd. 30. Okt. 1824, ir. Schriftsteller hugenott. Abstammung. – Prot. Geistlicher in Dublin; sein Hauptwerk „Melmoth der Wanderer" (1820), das Motive aus den Stoffen des Faust und des Ewigen Juden verbindet, gilt als einer der bedeutendsten romant. Schauerromane.

Maturín, Hauptstadt des Staates Monagas in NO-Venezuela, am Río Guarapiche, 74 m ü. d. M., 244 800 E. Kath. Bischofssitz; Erdölraffinerie, Nahrungsmittelindustrie. – 1710 gegründet.

Matúška, Janko [slowak. ˈmatuːʃka], *Dolný Kubín (Mittelslowak. Bez.) 10. Jan. 1821, †ebd. 11. Jan. 1877, slowak. Dichter. – Schrieb Balladen und Gedichte; verfaßte die slowak. Nationalhymne.

Matute, Ana María, *Barcelona 26. Juli 1926, span. Schriftstellerin. – Verf. sensibler Romane und Erzählungen in metaphernreichem Stil; als ihr Hauptwerk gilt der Romanzyklus „Los mercaderes" („Erste Erinnerung", 1960; „Nachts weinen die Soldaten", 1963; „Die Zeit verlieren", 1967).

Matutin (dt. Mette) [zu lat. matutinus „morgendlich"], urspr. die den Laudes vorausgehende Hore (↑Horen) im röm. und monast. Brevier. Seit dem 2. Vatikan. Konzil außerhalb des Chorgebets eine zeitlich frei wählbare geistl. Lesung. Der urspr. Charakter der asket. Nachtwache hat sich in den Metten erhalten.

Matz, Friedrich, *Lübeck 15. Aug. 1890, †Marburg 8. Aug. 1974, dt. Archäologe. – 1934 Prof. in Münster, 1942–58 in Marburg. Forschungen zum gesamten prähistor. Ägäisraum. Gab „Die antiken Sarkophagreliefs" (ab 1952), das „Corpus der minoischen und myken. Siegel" (ab 1964; mit H. Biesantz) sowie die „Archaeologia Homerica" (1967) heraus.

Matzen (fachsprachl. Mazzen) [hebr.], meist runde Brotfladen aus Weizenmehl und Wasser ohne Zusatz von Sauerteig. Im Judentum als „Brot des Elends" zur Erinnerung an den Auszug aus Ägypten während der ganzen Passahzeit gegessen.

Maubeuge [frz. moˈbøːʒ], frz. Stadt an der Sambre, Dep. Nord, 36 100 E. Stahl- und Walzwerke, Gießereien, Maschinenbau, Kfz- und keram. Ind. – Die um das 661 gegr. Frauenkloster entstandene Siedlung erhielt im 13. Jh. Stadtrecht; wurde 1678 von Spanien an Frankreich abgetreten und ab 1680 von Vauban befestigt.

Mauersteinverband. Verschiedene Mauerwerksverbände: 1 Läuferverband; 2 Binderverband; 3 Blockverband; 4 Kreuzverband

Mauch, Daniel, *Ulm um 1477, †Lüttich 16. Nov. 1540, dt. Bildhauer. – Schnitzwerke im Übergangsstil zw. Spätgotik und Renaissance: Wurzel-Jesse-Altar in Bieselbach bei Augsburg (1501), Muttergottes mit Engeln (1532–40; Dalhem, Prov. Lüttich, Saint-Pancrace).

Mauer [über althochdt. mura zu lat. murus mit gleicher Bed.], meist langgestreckter, mehrschichtiger Baukörper aus natürl. oder künstl. Bausteinen, die mit oder ohne Bindemittel übereinandergreifend verbaut sind; häufig werden auch aus Stampfmassen hergestellte Wände als M. bezeichnet. Die untere Abgrenzung einer M. wird *M.sohle,* die obere *M.krone* genannt; die äußere, sauber ausgeführte Flucht wird als *M.haupt* bezeichnet. Bei Gebäuden unterscheidet man *Grund-* oder *Fundament-M.* (in der Erde liegende, aus festen Steinen oder heute meist aus Beton bestehende M., die die Last des darauf errichteten Bauwerks auf den Baugrund übertragen,) *Umfassungs-* oder *Außen-M.* und *Innen-* oder *Trenn-M., Sockel-, Keller-, Geschoß-* und *Giebel-M.* sowie *Brand-M. Blend-M.* bilden die Außenseiten von M.werken. *Trag-M.* sind solche M., die Balkenlagen und andere Lasten zu tragen haben; sind sie seitl. Belastungen bzw. Drücken ausgesetzt, so werden sie als *Stütz-* oder *Widerlager-M.* bezeichnet. Bei *Naturstein-M.* unterscheidet man *Zyklopen-M.* aus unregelmäßigen Bruchsteinen, *Bruchstein-M.* aus annähernd ebene und parallele Bruchflächen aufweisenden Bruchsteinen verschiedener Größe mit unregelmäßigen Fugen sowie *Quader-* oder *Werkstein-M.* aus bearbeiteten Werksteinen.
▷ ↑Berliner Mauer, ↑Zonengrenzen.

Mauerassel (Oniscus asellus), fast 2 cm lang werdende, auf dunkelgrauem Grund hell gefleckte Landassel, v. a. unter Steinen und Fallaub der Laubwälder N-Amerikas und großer Teile Europas; Schädling in Kellern an Kartoffeln, Obst und Gemüse sowie in Gewächshäusern.

Mauerbienen (Osmia), mit fast 400 Arten weltweit verbreitete Gatt. etwa 8–10 mm langer, nicht staatenbildender Bienen, z. B. Osmia rufa; hummelähnl., sich von Pollen ernährende Insekten. Die Elterntiere formen aus Speichel und Erde in Schneckenschalen, Mauer- und Stengelhohlräumen Brutzellen, die später sehr hart werden.

Mauerbrecher, ein metallbeschlagener Stoßbalken für den Angriff gegen Festungen.

Mauereidechse ↑Eidechsen.

Mauerfraß (Salpeterfraß), umgangssprachl. Bez. für die zerstörerische Wirkung von Nitrat- und Stickstoffverbindungen, die den Mörtelkalk in Calciumnitrat umwandeln.

Mauergecko ↑Geckos.

Mauerklammer, svw. ↑Bauklammer.

Mauerlattich (Mycelis), Gatt. der Korbblütler; in Europa nur der **Zarte Mauerlattich** (Mycelis muralis) mit meist aus 5 Zungenblüten gebildeten Köpfchen, die in Rispen angeordnet sind; auf Mauern, Schuttplätzen und in feuchten Wäldern.

Mauerläufer (Tichodroma muraria), etwa 16 cm langer, oberseits hell-, unterseits dunkelgrauer Singvogel; v. a. in Hochgebirgen des Himalajas, SW-, S- und SO-Europas; mit rotschwarzen Flügeln und langem, gebogenem Schnabel; Nest in Felsspalten.

Mauerpfeffer ↑Fetthenne.

Mauerraute (Asplenium ruta-muraria), Tüpfelfarn Eurasiens und des östl. N-Amerikas; mit derben, drei- bis vierfach gefiederten, langgestielten Blättern; bes. in trockenen Mauer- und Felsspaltengesellschaften.

Mauersberger, Erhard, *Mauersberg bei Marienberg 29. Dez. 1903, †Leipzig 11. Dez. 1982, dt. Chordirigent. – Bruder von Rudolf M.; 1930–61 Thüring. Landeskirchenmusikdirektor und Leiter des Bach-Chores in Eisenach, 1961–72 Thomaskantor in Leipzig.

M., Rudolf, *Mauersberg bei Marienberg 29. Jan. 1889, †Dresden 22. Febr. 1971, dt. Chordirigent und Komponist. – Bruder von Erhard M.; seit 1930 Kreuzkantor in Dresden; setzte sich bes. für die Chorwerke von H. Schütz sowie für die zeitgenöss. Chormusik ein.

Mauersee, mit 105 km² zweitgrößter See der Masur. Seenplatte in Ostpreußen, Polen, bis 44 m tief.

Mauersegler ↑ Segler.

Mauerspinnen, Bez. für zwei häufig an Mauern und Hauswänden lebende Spinnenarten: **Harlekinspinne** (Salticus scenicus), eine 5–7 mm große, schwarzbraune, gelblichweiß bis weiß gezeichnete Springspinne, und **Dictyna civica,** eine bis 5 mm große, schwärzl. Kräuselspinne, die handtellergroße Netze an Mauern spinnt.

Mauersteinverband (Mauer[werks]verband), die Art und Weise der Zusammenfügung von Bausteinen zu einem Mauerwerk, durch die der Zusammenhalt und die Biege- und Zugfestigkeit des in Schichten aus **Läufersteinen** (parallel zur Mauerflucht) und **Bindersteinen** (senkrecht dazu) aufgebauten Mauerwerkskörpers gewährleistet sind. Man unterscheidet z. B.: **Läuferverband** für Mauern von der Dicke eines Halbsteins; **Binderverband** für Mauern von der Dicke eines Steins; **Blockverband** mit abwechselnden Läufer- und Binderschichten und **Kreuzverband** aus ebenfalls abwechselnden Läufer- und Bindersteinschichten, wobei aufeinanderfolgende Läuferschichten um einen halben Stein versetzt sind.

Mauerwerk, Sammelbez. für baul. Anlagen und Baukörper, die aus natürl. oder künstl. Bausteinen errichtet worden sind.

Mauerwespen (Odynerus), mit rd. 3 000 Arten weltweit verbreitete Gatt. schwarzgelber Lehmwespen, davon in M-Europa fünfzehn 6–17 mm lange Arten; Hinterleib vorn zugespitzt; nisten in Mauerlöchern, Lehmwänden, Sand oder Pflanzenstengeln.

Mauerziegel (veraltet auch: Back- oder Ziegelsteine), als Mauersteine verwendete, aus Ton, Lehm oder tonigen Massen mit oder ohne Zusatz von anderen Stoffen (Sand, Ziegelmehl, Aschen oder ähnl. Stoffen) geformte und bei 800 bis 1 000 °C gebrannte quaderförmige Bauelemente von genormtem Format.

Maugham, William Somerset [engl. mɔːm], *Paris 25. Jan. 1874, †Saint-Jean-Cap-Ferrat bei Nizza 16. Dez. 1965, engl. Schriftsteller. – Lebte ab 1929 vorwiegend an der frz. Riviera. M. gilt als einer der erfolgreichsten engl. Schriftsteller des 20. Jh., der als kosmopolitisch denkender, bes. der frz. Kultur verbundener Autor in seinen erzählenden und dramat. Werken gesellschaftl. Probleme kritisch, meist skept.-ironisch und distanziert darstellte; vielfach auch zyn.-desillusionierende psychol. Analysen von Liebes- und Eheproblemen, u. a. in „Der Menschen Hörigkeit" (R., 1915), „Der Besessene" (R., 1919; 1950 u. d. T. „Silbermond und Kupfermünze"), „Für geleistete Dienste" (Kom., 1932). Ebenfalls bed. Kurzgeschichten „Menschen der Südsee" (1921) und „Einzahl – erste Person" (1931). Später religiös-metaphys. Tendenzen, v. a. in „Auf Messers Schneide" (R., 1944), „Catilina" (1948). – *Weitere Werke:* Der Kreis (Kom., 1923), Der bunte Schleier (R., 1925), Aus meinem Notizbuch (1949).

Maui ↑ Hawaii.

Mauke [niederdt.], Ekzem im Bereich der Fesselgelenksbeuge bei Pferd und Rind.
▷ (Grind) zerklüftete Geschwülste an Trieben und Stämmen der Weinrebe; verursacht durch das an Wundstellen eindringende Bakterium Pseudomonas tumefaciens.

Maulbeerbaum (Morus), Gatt. der Maulbeerbaumgewächse mit 7 Arten in der nördl. gemäßigten und in der subtrop. Zone; sommergrüne Bäume oder Sträucher mit Kätzchen und brombeerartigen, wohlschmeckenden Nußfrüchten, die zu Scheinbeeren vereinigt sind *(Maulbeeren);* u. a. **Weißer Maulbeerbaum** (Morus alba; heimisch in China; Blätter dienen als Nahrung für Seidenraupen) und **Schwarzer Maulbeerbaum** (Morus nigra; heimisch in W-Asien).

Maulbeerbaumgewächse (Maulbeergewächse, Moraceae), Pflanzenfam. mit etwa 1 200 Arten, v. a. in den wärmeren Zonen; meist Holzgewächse mit kleinen Blüten in verschiedenen Blüten- und Fruchtständen. Viele Arten sind Nutzpflanzen, u. a. Brotfruchtbaum, Feige, Hanf, Hopfen und Maulbeerbaum.

Maulbeerfeigenbaum (Eselsfeige, Maulbeerfeige, Sykomore, Ficus sycomorus), Feigenart in Ägypten und im übrigen östl. Afrika; bis 15 m hohe Bäume mit bis 1 m dickem Stamm, fast rundl. Blättern und eßbaren, jedoch schwer verdaul. Früchten. Verwendet wird das sehr feste, fast unverrottbare Holz, aus dem auch die Sarkophage der alten Ägypter hergestellt wurden.

Maulbeerschildlaus (Mandelschildlaus, Pseudaulacaspis pentagona), aus O-Asien in fast alle subtrop. und trop. Gebiete verschleppte, etwa 2–3 mm große Deckelschildlaus; kann schädlich werden an Maulbeer-, Walnuß- und einigen Obstbäumen; eine Bekämpfung erfolgt durch die aus den USA eingeführte Schlupfwespe *Prospaltella berlesii.*

Maulbeerseidenspinner (Echter Seidenspinner, Maulbeerspinner, Bombyx ori), in China (seit rd. 4 000 Jahren dort gezüchtet) und O-Asien beheimateter, zur Seidengewinnung in vielen Teilen der Erde eingeführter, 4 cm spannender, grau- oder bräunl.-weißer Schmetterling; viele Rassen, die sich bes. nach Farbe der Eier und nach Gespinstformen unterscheiden: *Grün-, Gelb-* und *Weißspinner;* Larven bis 9 cm lang, fressen Blätter der Maulbeerbäume und spinnen mit Hilfe ihrer langen Labialdrüsen Puppenkokons, aus deren Gespinsthüllen Maulbeerseide (↑ Seide) gewonnen wird.

Maulbronn, Stadt im sw. Kraichgau, Bad.-Württ., 251 m ü. d. M., 6 100 E. Ev.-theolog. Seminar; Aluminiumgießerei, Werkzeug- und Maschinenfabrik. – Das 1147 gegr., vollständig erhaltene Zisterzienserkloster M. kam 1504 an Württemberg und wurde nach der Säkularisierung 1534 in eine ev. Klosterschule umgewandelt. Die neben der Abtei entstandene Ansiedlung erhielt 1886 Stadtrecht. – Roman.-frühgot. Abteikirche (12.–15. Jh.) mit Vorhalle („Paradies"; um 1215) und Kreuzgang (13./14. Jh.) mit Brunnenhaus (um 1350). Zahlreiche Klostergebäude (12.–15. Jh.) und Bauten des Wirtschaftshofes mit Renaissancegiebeln und Barockfassaden. Die Klosteranlage wurde von der UNESCO zum Weltkulturerbe erklärt. Vom Befestigungsgürtel der Stadt sind der Haspel- oder Hexenturm und der Faustturm erhalten. An der NO-Ecke das ehem. herzogl. Schloß (1588).

Maulbrüter, Bez. für Fische, bei denen das ♂ oder ♀ *Maulbrutpflege* betreibt: Die Eier werden nach der Befruch-

William Somerset Maugham

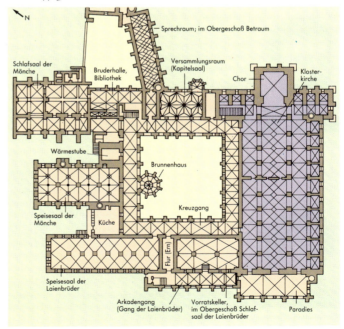

Maulbronn. Grundriß der im 12.–15. Jh. errichteten Klosteranlage

Maulesel

tung vom Boden aufgesammelt und im Maul „erbrütet"; die Jungfische suchen bei Gefahr noch einige Zeit Zuflucht im Maul des Elterntiers. M. kommen v. a. bei Buntbarschen, Welsen, Labyrinth- und Kieferfischen vor.

Maulesel ↑ Esel.

Maulfüßer, svw. ↑ Heuschreckenkrebse.

Maulgrind ↑ Glatzflechte.

Maull, Otto, * Frankfurt am Main 8. Mai 1887, † München 16. Dez. 1957, dt. Geograph. — Bes. Arbeiten zur Geomorphologie, polit. Geographie und Länderkunde.

Maulnier, Thierry [frz. mo'nje], eigtl. Jacques Louis Talagrand, * Alès (Gard) 1. Okt. 1909, † Marnes-la-Coquette (Dep. Hauts-de-Seine) 9. Jan. 1988, frz. Schriftsteller. — Gehörte der „Action française" an. In seinen der klass. Tradition verpflichteten Werken zeigt er sich als Kritiker der bürgerl. Demokratie wie des Marxismus.

Maulpertsch, Franz Anton [...pərtʃ], ≈ Langenargen 7. Juni 1724, † Wien 8. Aug. 1796, östr. Maler. — M. ist der bedeutendste Maler der ausgehenden östr. Barockmalerei. In seiner Malerei zeigen sich einheim., südd. und venezian. Einflüsse. Fresken in der Piaristenkirche in Wien (1752/53), in der Wallfahrtskirche in Heiligenkreuz-Gutenbrunn (1757/58), in der Pfarrkirche in Sümeg (Bezirk Veszprém, Ungarn; 1757/58), in der Hofburg in Innsbruck (1775/76).

Maultasch, Margarete, Gräfin, ↑ Margarete (Tirol).

Maultier ↑ Esel.

Maultierhirsch ↑ Neuwelthirsche.

Maultrommel (Brummeisen), Musikinstrument, bestehend aus einem ovalen Metallrahmen, der in eine Art längl. Schnabel ausläuft, und einer am Rahmen befestigten Metallzunge. Der Spieler nimmt den Schnabel aufrecht zw. die Zähne und bringt die Metallzunge durch Anzupfen mit dem Finger in Schwingung. Die Mundhöhle bildet einen Resonanzraum, der durch Wechsel der Mundstellung verändert werden kann. Die M. ist asiat. Herkunft, in Europa ist sie seit dem 14. Jh. v. a. als Volksinstrument belegt.

Maul- und Klauenseuche (Aphthenseuche), Abk. MKS, meldepflichtige, hochansteckende fieberhafte Viruskrankheit der Klauentiere (bes. Rind); Viren in Ausscheidungen, Milch und Blut der Tiere; Übertragung durch Kontakt, auch über Zwischenträger. — *Symptome:* Beginn mit heftigem Fieber, Versiegen der Milch, Freßunlust, Lahmheit; nach ein bis zwei Tagen schmerzhafter Blasenausschlag, v. a. an Maul (bzw. Rüssel), Zunge, Zitzen und Klauen. — *Bekämpfung* durch Schutzimpfung und veterinärärztl. Sperrmaßnahmen. — Eine *Übertragung auf den Menschen* kann durch Genuß roher Milch und Berührung erfolgen.

Maulwürfe [zu althochdt. muwurf, eigtl. „Haufenwerfer"] (Talpidae), Fam. etwa 6–20 cm langer Insektenfresser mit rd. 27 Arten in Eurasien und N-Amerika; mit dichtem, meist kurzhaarigem Fell, rüsselförmig verlängerter, sehr tastempfindl. Schnauze und kleinen bis völlig reduzierten Augen und Ohrmuscheln; Geruchs- und Erschütterungssinn hoch entwickelt; überwiegend unterirdisch lebende, fast ausschließlich Wirbellose fressende Grabtiere, deren Vorderextremitäten zu großen Grabschaufeln entwickelt sind. — Zu den M. gehört u. a. der in Europa bis M-Asien verbreitete einheim. **Maulwurf** (*Europ. Maulwurf*, Talpa europaea): 12–16 cm lang; mit dunkelgrauem bis schwarzem Fell; gräbt bei der Nahrungssuche (bes. Insekten[larven], Regenwürmer) umfangreiche unterird. Gangsysteme mit Kammern (im Winter auch Vorratskammern), wobei er einen Teil der gelockerten Erde von Zeit zu Zeit, rückwärtsgehend, aus dem Röhrenausgang befördert *(Maulwurfshügel).*

Maulwurfsgrillen ↑ Grillen.

Maulwurfsratten, Bez. für zwei 15–30 cm lange, pestübertragende Mäusearten in S-Asien und NO-Afrika: **Kurzschwanz-Mäuseratte** (*Pestratte*, Nesokia indica) und **Indische Maulwurfsratte** (*Ind. Pestratte*, Bandicota bengalensis).

Mau-Mau, von der ehem. brit. Kolonialreg. verwendete Bez. für Geheimbünde der Kikuyu in Kenia, die seit 1949/50 entstanden; ihre Terroraktionen hatten das Ziel, durch Vertreibung der weißen Farmer die Neuaufteilung des Bodens unter die landlosen Kikuyu zu ermöglichen und die nat. Unabhängigkeit zu erreichen; ihr Aufstand (1952 bis 1956) wurde von brit. Truppen niedergeschlagen.

Mauna Kea, ruhender Vulkan im NO der Insel Hawaii, 4205 m ü. d. M., mit Schneekappe; auf dem Gipfel das höchstgelegene astronom. Observatorium der Erde mit ausgezeichneten Bedingungen für opt. und Infrarotbeobachtungen; mehrere Teleskope, u. a. ein 10-m-Spiegelteleskop mit segmentiertem Spiegel.

Mauna Loa, tätiger Vulkan auf der Insel Hawaii, 4169 m hoch mit zahlr. Kratern, u. a. dem **Kilauea Crater,** darin der kochende Lavasee **Halemaumau.**

Maupassant, Guy de [frz. mopa'sã], * Schloß Miromesnil bei Dieppe 5. Aug. 1850, † Paris 7. Juli 1893, frz. Erzähler. — Einer der bedeutendsten Novellisten der Weltliteratur. 1871–80 Beamter im Marine-, danach im Unterrichtsministerium; seit dem Erfolg seiner Novelle „Fettklößchen" (1880) freier Schriftsteller; gehörte zum engeren Freundeskreis Zolas; lebte seit 1891 in geistiger Umnachtung. In seinem Werk, gekennzeichnet durch kühle Objektivität der Darstellung sowie klare und elegante Sprache, spiegeln sich Schmerz und Pessimismus angesichts der „Mittelmäßigkeit der Menschen", die ihre Langeweile und Habsucht, ihre banalen Illusionen mit Grausamkeit und Erotik überdecken. Auch bed. Romane, v. a. „Ein Leben" (1883) und „Bel ami" (1885).

Maupeou, René Nicolas de [frz. mo'pu], * Paris 25. Febr. 1714, † Le Thuit (Eure) 29. Juli 1792, frz. Politiker. — Ab 1768 Kanzler Ludwigs XV.; 1771 entmachtete M. das Pariser Parlament und gründete neue Gerichtshöfe mit fest besoldeten, von der Krone abhängigen Richtern; 1774 verbannt.

Maupertuis, Pierre Louis Moreau de [frz. moper'tɥi], * Saint-Malo 28. Sept. 1698, † Basel 27. Juli 1759, frz. Physiker und Mathematiker. — Mgl. der Académie des sciences, in deren Auftrag er 1736/37 eine Lapplandexpedition unternahm und er durch Gradmessung längs des Meridians die Abplattung der Erde nachwies. 1746 zum Präs. der Preuß. Akad. der Wiss. in Berlin ernannt. 1744 veröffentlichte er ein Prinzip der kleinsten Wirkung.

Maupertuis [frz. moper'tɥi], Ebene im Tal der Vienne, sö. von Poitiers, Frankreich; in der *Schlacht von M. (Schlacht von Poitiers)* im Verlauf des ↑ Hundertjährigen Krieges wurde am 19. Sept. 1356 Johann II., der Gute, von Frankreich besiegt und gefangengenommen.

Maura y Montaner, Antonio [span. 'maura i mɔnta-'nɛr], * Palma de Mallorca 2. Mai 1853, † Torrelodones bei Madrid 13. Dez. 1925, span. Politiker. — Rechtsanwalt; 1881 liberaler Abg.; ab 1901 Führer der Konservativen; 1892–1903 mehrfach Min.; bis 1922 fünfmal Min.präs.; schloß 1904 den Marokkovertrag mit Frankreich.

Mauren, arab.-berber. Mischbev. in NW-Afrika, z. T. mit negridem Einschlag; 1,8 Millionen.

▷ (span. los moros) Bez. für die Muslime arab. und berber. Herkunft, die von 711 bis 1492 in weiten Teilen Spaniens herrschten.

Maurer, Friedrich, * Lindenfels 5. Jan. 1898, † Merzhausen (Kr. Breisgau-Hochschwarzwald) 7. Nov. 1984, dt. Germanist. — 1929 Prof. in Gießen, 1931 in Erlangen, 1937 in Freiburg im Breisgau; zahlr. bed. Arbeiten zur dt. Literatur des MA und zur religiösen Dichtung des 11. und 12. Jh. sowie zur dt. Sprachgeschichte und Mundartenkunde.

M., Georg, * Sächsisch-Reen (Reghin, Siebenbürgen) 11. März 1907, † Potsdam 4. Aug. 1971, dt. Schriftsteller. — M. hatte als Dozent, ab 1961 als Prof. am Inst. für Literatur „J. R. Becher", Leipzig, großen Einfluß auf die Entwicklung der Literatur, insbes. der Lyrik in der ehem. DDR. Neben seinem v. a. lyr. Werk entstanden auch Essays und Übersetzungen aus dem Rumänischen. — *Werke:* Unterm Maulbeerbaum (Ged., 1977), Was vermag Lyrik? Essays, Reden, Briefe (1982).

Maures, Monts des [frz. mõdɛ'mɔːr], südfrz. Bergland an der Küste der Provence, bis 779 m hoch.

Maultrommel

Maulwürfe. Europäischer Maulwurf

Guy de Maupassant

Pierre Louis Moreau de Maupertuis

Mauretanien

Mauretanien
Fläche: 1 030 700 km²
Bevölkerung: 2,04 Mill. E (1990), 2 E/km²
Hauptstadt: Nouakchott
Amtssprachen: Arabisch, Französisch
Staatsreligion: Islam
Nationalfeiertag: 28. Nov. (Unabhängigkeitstag)
Währung: 1 Ouguiya (UM) = 5 Khoums (KH)
Zeitzone: MEZ −1 Stunde

Maureske [frz., zu span. morisco „maurisch"], vegetabil. Ornament islam. Herkunft (stilisierte Gabelblattranke), das ganze Flächen überzieht; seit der Renaissance in der europ. Kunst; auch als Arabeske bezeichnet.

Mauretanien (amtl.: Al Dschumhurijja Al Islamija Al Muritanijja, République Islamique de Mauritanie; dt. Islam. Republik M.), Staat in W-Afrika, zw. 14° 30′ und 27° 30′ n. Br. sowie 4° 10′ und 17° 30′ w. L. **Staatsgebiet:** M. grenzt im W an den Atlantik, im NO an Algerien, im O an Mali, im S an Mali und Senegal und im NW an das Gebiet Westsahara. **Verwaltungsgliederung:** 12 Regionen. **Internat. Mitgliedschaften:** UN, OAU, Arab. Liga; der EWG assoziiert.
Landesnatur: M. erstreckt sich vom Atlantik bis weit in die westl. Sahara, die ²/₃ des Staatsgebiets bedeckt. Charakteristisch sind weite Ebenen, unterbrochen durch die Steilanstiege der Plateaus von Adrar und Tagant, die im O auf die Küstenebene folgen, tief in die Plateaus eingeschnittene Wadis sowie Inselberge, die maximal 915 m Höhe erreichen. Im NO liegt die abflußlose Senke El Djouf. Im SO bildet der untere Senegal die Staatsgrenze. Sein Tal ist das günstigste Siedlungsgebiet des Landes.
Klima: Es überwiegt trockenes Wüstenklima. Nur der S des Landes erhält im Sommer etwa 300 mm Niederschlag. Im Winter tritt oft der heiße sandbeladene Harmattan auf.
Vegetation: Sie umfaßt Feuchtsavanne am Senegal, sonst überwiegend Trocken- und Dornstrauchsavanne der Sahelzone, die in die Wüste übergeht.
Tierwelt: Neben zahlr. Kriech- und Nagetierarten kommen bes. Schakale, Wüstenfüchse und Gazellen vor.
Bevölkerung: Sie ist zu 80% an der S-Grenze konzentriert. Größte ethn. Gruppe sind die arab.-berber. Mauren mit über 80%, davon ⅓ schwarzafrikan. Einschlag. Die Mauren leben überwiegend als Nomaden oder Halbnomaden. Knapp 20% der Gesamtbev. sind Schwarzafrikaner. Über 40% der Bev. leben in Städten. Das Landesinnere, der N und O sind bis auf wenige Oasen unbewohnt. Über 99% sind sunnit. Muslime. In Nouakchott entstand 1983 eine Universität.
Wirtschaft: Hauptzweige sind Bergbau und Landw. Der Ackerbau ist im Überschwemmungsgebiet am Senegal konzentriert; hier wird v. a. Reis angebaut. Andere Anbauprodukte sind Hirse, Mais, Kartoffeln, Erdnüsse, Gemüse u. a. In den Oasen breiten sich Dattelpalmhaine aus. Bedeutender als der Ackerbau ist die durch Dürreperioden der 70er und 80er Jahre stark geschädigte Viehhaltung (Kamele, Rinder, Schafe, Ziegen, Esel). Wichtig ist auch das Sammeln von Gummiarabikum. In den Küstengewässern wird eine umfangreiche industrielle Fischerei betrieben. Wichtigster Wirtschaftszweig ist der Bergbau. M. ist nach der Republik Südafrika und Liberia der drittgrößte afrikan. Eisenerzlieferant. Bed. hat auch der Gipsabbau. Die gering entwickelte Ind. verarbeitet Fisch und landw. Erzeugnisse.
Außenhandel: Ausgeführt werden Fisch und Fischereierzeugnisse (60%) und Eisenerz (40%), eingeführt Lebensmittel, Erdöl und -produkte, Maschinen, Konsumgüter und Transportmittel. Wichtigste Handelspartner sind Japan, Frankreich, Italien und Spanien.
Verkehr: Einzige Bahnlinie ist die 675 km lange Erzbahn von Zouérate zum Exporthafen Nouadhibou-Cansado. Das Straßennetz ist 8 150 km lang (davon ¼ asphaltiert). Die Binnenschiffahrt auf dem Senegal ist nur im Unterlauf ganzjährig möglich. Wichtigste Häfen sind Nouadhibou-Cansado und Nouakchott, in diesen Städten auch internat. ✈ (nat. Fluggesellschaft Air Mauritani).
Geschichte: Seit dem 4. Jh. n. Chr. wanderten von N her Berber in das heutige M. ein, die im 11. Jh. islamisiert wurden. Nach dem Zusammenbruch des Reiches der Almoraviden (1147) blieb der N-Teil des Landes in loser Abhängigkeit von Marokko, der S-Teil gehörte zum Reich Mali. 1448/49 errichteten die Portugiesen an der Baie du Lévrier das Fort Arguin. Nach 1900 eroberte Frankreich das heutige M. und gliederte es 1920 (als Kolonie) Frz.-Westafrika ein, gab ihm 1946 den Status eines Überseeterritoriums innerhalb der Frz. Union, 1958 den einer autonomen Republik; 1960 wurde M. unabhängig. Staatspräs. wurde Moktar Ould Daddah, der alle polit. Gruppierungen zu einer Einheitspartei zusammenfaßte (Parti du Peuple M., PPM). 1966 kam es im S zu blutigen Zusammenstößen zw. Mauren und Angehörigen schwarzafrikan. Stämme. 1973 kündigte M. alle Verträge mit Frankreich und versuchte gleichzeitig, mit den Nachbarstaaten ausgeglichene Beziehungen zu unterhalten, nachdem Marokko 1970 seine Gebietsansprüche zurückgezogen hatte (1973 Beitritt zur Arab. Liga). Mit der Aufteilung des span. Westsahara-Gebietes 1975 wurde M. in krieger. Auseinandersetzungen mit der ↑FPOLISARIO verwickelt, die dort 1976 einen selbständigen Staat proklamiert hat. Am 10. Juli 1978 wurde Präs. Moktar Ould Daddah durch einen unblutigen Militärputsch gestürzt, die Verfassung außer Kraft gesetzt und die PPM verboten. M. gab seine Ansprüche auf die Westsahara auf und schloß mit der FPOLISARIO einen Friedensvertrag (1979). Die Macht lag bis zur Annahme einer neuen Verfassung 1991 in den Händen des „Militärkomitees des nat. Heils", dessen Vors. war Staats- und Reg.chef. 1989/90 kam es erneut zu einer Verschärfung des ethn. Konfliktes zw. Mauren und Schwarzafrikanern sowie zw. M. und Senegal (auch um das fruchtbare Land im Senegaltal). Im Nov. 1990 scheiterte ein Putsch von Vertretern der schwarzafrikan. Bevölkerungsminderheit gegen den seit 1984 amtierenden Staatspräs. Maaouya Ould Sidi Ahmed Taya. Im April 1991 kündigte die Militärreg. demokrat. Reformen sowie nach Zulassung von Oppositionsparteien freie Parlamentswahlen an, die im März 1992 stattfanden und der Republikanisch-Demokrat. und Sozialen Partei (PRDS) des Präs., der im Jan. 1992 im Amt bestätigt wurde, die absolute Mehrheit brachten.
Politisches System: Nach der Verfassung vom 12. Juli 1991 ist M. eine präsidiale Republik. *Staatsoberhaupt* ist der Präs. (in 2 Wahlgängen direkt gewählt), der über umfassende Vollmachten (Recht auf Auflösung des Parlaments und Verhängung des Ausnahmezustands) verfügt. Er beruft

Mauretanien

Staatswappen

Internationales Kfz-Kennzeichen

1970 1990   1970 1990
Bevölkerung   Bruttosozial-
(in Mill.)   produkt je E
              (in US-$)

Bevölkerungsverteilung 1990

Bruttoinlandsprodukt 1990

Maurhut

Mauritius
Fläche: 2 045 km²
Bevölkerung: 1,14 Mill. E (1990), 557 E/km²
Hauptstadt: Port Louis
Amtssprache: Englisch
Währung: 1 Mauritius-Rupie (MR) = 100 Cents (c)
Zeitzone: MEZ +3 Stunden

Mauritius
Staatswappen

Internationales
Kfz-Kennzeichen

das Kabinett unter Vorsitz des Premiermin. als *Exekutive*. Die *Legislative* wird vom Zweikammerparlament, bestehend aus Senat und Abg.haus, wahrgenommen. Seit Juli 1991 sind polit. *Parteien* wieder zugelassen, sofern sie die Werte des Islam sowie die soziale und kulturelle Identität des Landes achten. Die *Rechtsordnung* basiert auf islam. Recht (Scharia).
M. (lat. Mauretania), histor. Gebiet in NW-Afrika, im O an Numidien grenzend; urspr. karthag. Einflußgebiet; ab 40 n. Chr. in die röm. Prov. *Mauretania Tingitana* und *Mauretania Caesariensis* geteilt; v. a. auf Grund des Vandaleneinfalls 429 Aufständen der einheim. Bev.; Rückeroberung durch Byzanz 534/548.

Maurhut, Richard [ˈmaʊərhuːt], Schriftsteller, ↑ Traven, B.

Mauriac, François [frz. mɔˈrjak], Pseud. Forez, * Bordeaux 11. Okt. 1885, † Paris 1. Sept. 1970, frz. Schriftsteller. – Gilt als einer der größten kath. Romanciers des 20. Jh.; ab 1933 Mgl. der Académie française. Während des 2. Weltkrieges in der Résistance tätig; nach dem 2. Weltkrieg einflußreich als Politiker (Anhänger de Gaulles) und Kulturkritiker durch seine publizist. Tätigkeit; in seinen v. a. in der großbürgerl. Welt des südwestl. Frankreich spielenden Romanen und Erzählungen, die knapp konzipiert, einfach und plastisch erzählt sind, gestaltete M. den Konflikt zw. Gut und Böse, himml. und ird. Liebe im Sinne der kath. Ethik. Als Dramatiker war M. nur mit „Asmodi" (1948) erfolgreich. 1952 Nobelpreis für Literatur. – *Weitere Werke:* Fleisch und Blut (R., 1920), Der Aussätzige und die Heilige (R., 1922), Das Geheimnis Frontenac (R., 1933), Das Ende der Nacht (R., 1935), Die Pharisäerin (R., 1941), Galigai (R., 1952), Das Lamm (R., 1954), De Gaulle (Biogr., 1964), Die düsteren Jahre (polit. Memoiren, 1967), Der Jüngling Alain (R., 1969), Maltaverne (R., hg. 1972).

Maurier, Daphne du ↑ du Maurier, Daphne.

Maurikanische Felder ↑ Katalaunische Felder.

Maurikios, Flavios Tiberios (Mauricius, Mauritius), * wohl in Arabissos (Kappadokien) um 540, † bei Chalkedon 23. Nov. 602, byzantin. Kaiser (seit 582). – M. errichtete das Exarchate von Ravenna und Karthago, verhalf 590 Chosrau II. zum Thron (591 Frieden mit den Persern), kämpfte ab 592 gegen Slawen und Awaren im N (Frieden 600); bei der Revolte des Phokas getötet.

Mauriņa, Zenta [lett. ˈmaʊriŋa] (Maurina), * Lejasciems (Lettland) 14. Dez. 1897, † Basel 24. April 1978, lett. Schriftstellerin. – Emigrierte 1944 nach Deutschland und schrieb dann überwiegend in dt. Sprache. Ihr Werk (Biographien, Essays u. a.) ist von einem überkonfessionellen christlichen Glauben geprägt, u. a. „Dostojewskij" (Biogr., 1929), „Mosaik des Herzens" (Essays, 1947), „Mein Lied von der Erde" (Autobiographie, 1976).

Mauriner, frz. Benediktiner-Reformkongregation, 1618 durch Zusammenschluß mehrerer Klöster gegr.; Zentrum war die Abtei Saint Germain-des-Prés, Paris. Die Kongregation strebte ein erneuertes Ordensleben an. Neben Schule und Seelsorge wurde die kirchen- und ordensgeschichtl.

Forschung zum bevorzugten Arbeitsgebiet; in der Frz. Revolution aufgelöst.

Maurische Landschildkröte (Testudo graeca), bis 25 cm große Landschildkröte in S-Europa, N-Afrika und SW-Asien; unterscheidet sich von der sehr ähnl. Griech. Landschildkröte u. a. durch das Fehlen eines hornigen Endnagels am Schwanz; in Europa zwei Unterarten: *Testudo graeca graeca* (S-Spanien) und *Iber. Landschildkröte* (Testudo graeca ibera, SO-Europa). – Abb. S. 298.

Mauritius, byzantin. Kaiser, ↑ Maurikios.

Mauritius, hl., † Agaunum (= Saint-Maurice, Kt. Wallis) um 300, röm. Legionär und christl. Märtyrer. – Soll Anführer der ↑ Thebaischen Legion gewesen und zus. mit dieser wegen seines Glaubens hingerichtet worden sein. – Fest: 22. Sept. – Als Ritter zu Fuß oder Pferd, im Spät-MA meist mit dunkler Hautfarbe dargestellt.

Mauritius [maʊˈriːtsiʊs] (amtl. Republic of M.), Staat im Ind. Ozean, zw. 10° und 20° 30' s. Br. sowie 56° 40' und 63° 30' ö. L. Staatsgebiet: Es umfaßt die rd. 800 km östl. von Madagaskar gelegene Insel M. (1 865 km²) sowie die 550 km östl. von M. gelegene Insel Rodrigues (104 km²), die 400 km nnö. von M. gelegenen Cargados-Carajos-Inseln (1,3 km²) und die rd. 100 km nördl. von M. gelegenen Agalega Islands (75 km²). **Verwaltungsgliederung:** 9 Distr. **Internat. Mitgliedschaften:** Commonwealth, UN, OCAM, OAU; der EWG assoziiert.

Landesnatur: Das Innere der Insel *Mauritius* nehmen bis zu 670 m ü. d. M. ansteigende Plateaus ein, die von Vulkanen (bis 826 m ü. d. M.) überragt werden und nach N sanft, nach S und W steil zur buchtenreichen Küste abfallen. Auch *Rodrigues* (bis 396 m ü. d. M.) ist vulkan. Ursprungs. Beide Inseln sind von Korallenriffen umgeben. Die *Agalega Islands* bestehen aus zwei durch eine Sandbank verbundenen Koralleninseln; auch die *Cargados-Carajos-Inseln* setzen sich aus Koralleninseln und Riffen zusammen.

Klima: Das trop. Klima ist gekennzeichnet durch eine sommerl. Regenzeit von Nov. bis April. Trop. Wirbelstürme sind in dieser Zeit häufig.

Vegetation, Tierwelt: Der trop. Regenwald wurde fast völlig zerstört. In höheren Lagen noch urspr. Bambus- und Buschvegetation. Auf M. findet sich eine der seltensten Vogelarten der Erde, der Mauritiusfalke.

Bevölkerung: Sie zeichnet sich durch große rass., religiöse und kulturelle Verschiedenartigkeit aus. Die weißhäutigen Franko-Mauritier (4 % der Bev.) sind die kleinste, aber einflußreichste Gruppe. 55 % der Bewohner sind Kreolen, 40 % sind ind. Abstammung (Indo-Mauritier), 1 % sind Chinesen. Über 90 % der Kinder im Schulalter (keine Schulpflicht) sind eingeschult. Der Staat verfügt über eine Univ. (gegr. 1967).

Wirtschaft: Der Anbau und die Verarbeitung von Zuckerrohr als bisher wichtigste Wirtschaftsgrundlage wird zunehmend von der Ind.produktion in steuerbegünstigten Export-Veredelungsgebieten (Freihandelszonen) abgelöst. Bes. um Port Louis haben sich zahlr. Ind.betriebe niedergelassen. Hergestellt werden v. a. Textilien, aber auch elektron. und feinmechan. Erzeugnisse. Bed. sind auch Gemüseanbau und Blumenzucht. Der Fremdenverkehr entwickelte sich in den letzten Jahren zu einem wichtigen Wirtschaftsfaktor.

Außenhandel: M. führt bes. Textilien und Zucker aus; eingeführt werden Ind.rohstoffe, Maschinen und Fahrzeuge, Lebensmittel, Erdöl und Schmiermittel. Die wichtigsten Partner sind Großbritannien, Frankreich, die USA, Deutschland und Japan.

Verkehr: Das Straßennetz ist 1 783 km lang (davon 1 707 km asphaltiert). Einziger Überseehafen ist Port Louis; internat. ✈ Plaisance auf Mauritius.

Geschichte: Das schon den Arabern und Malaiien bekannte M. wurde um 1510 erstmals von Europäern besucht. 1598–1710 nahmen Holländer M. in Besitz und benannten es nach ihrem Statthalter Moritz, Prinz von Oranien; kam 1715 als Île de France an Frankreich, das sie 1810 an Großbritannien abtreten mußte. M. wurde 1968 unabhängig. 1972 wurde nach inneren Unruhen der Ausnahmezustand verhängt, die vorgesehenen Wahlen fanden erst 1976 statt. Bei den Wahlen im Aug. 1983 gewann eine MSM/MLP/PMSD-Allianz die Mehrheit der 70 Sitze in der Gesetzgebenden Versammlung; Parlamentswahlen bestätigten die Koalition 1987; nach dem Ausscheiden von MLP und PMSD bildete Premiermin. A. Jugnauth (seit 1982) eine Koalition mit der MMM, die im Sept. 1991 durch Wahlen bestätigt wurde. Nach Ausrufung der Republik wurde im Juli 1992 C. Uteem Präsident.

Politisches System: Durch Verfassungsänderung vom 10. Dez. 1991 wurde der bisherige Dominionstatus abgeschafft und M. zur präsidialen Republik proklamiert (seit 12. März 1992). *Staatsoberhaupt* ist der auf Vorschlag des Premiermin. durch das Parlament für 5 Jahre gewählte Präs. Die *Exekutive* wird von der Reg. unter Vorsitz des Premiermin. wahrgenommen. Die *Legislative* liegt bei der Gesetzgebenden Versammlung, der bis zu 70 Mgl. angehören (62 in allg. Wahlen bestimmte Abg. und bis zu 8 zusätzl. Mgl.). In dem ausgeprägten Mehr*partei*ensystem konkurrieren: Mouvement Socialiste Mauricien (MSM), Mauritian Labour Party (MLP), Parti Mauricien Social-Démocrate (PMSD), Rodrigues People's Organization (RPO) und Mouvement Militant Mauricien (MMM). Die Rechtsprechung basiert auf frz. und brit. *Recht*.

Maursmünster. Der um 1140 begonnene Westbau der Klosterkirche

Mauritius, brit. Kolonialpostwertzeichen von der Insel M. mit dem Kopfbild der Königin Viktoria; zwei Werte der 1. Auflage im 1847 zu je 500 Stück: *die rote* (eigtl. orange) *M.* (One Penny) und *die [dunkel]blaue M.* (Two Pence) gelten wegen des angebl. Fehldrucks „Post Office" statt „Post Paid" (wie in der 2. Auflage) als philatelist. Raritäten ersten Ranges. Von der 1. Auflage sind heute nur noch 13 Stück nachweisbar. 1912 wurden wenige Exemplare von der Originalplatte in schwarzer Farbe nachgedruckt.

Maurja, altind. Dyn., um 322 v. Chr. von Tschandragupta M. gegr.; beherrschte unter Aschoka den größten Teil Indiens. Der letzte M.herrscher wurde um 180 v. Chr. ermordet.

Mauro, ma. Kartograph, ↑ Fra Mauro.

Maurois, André [frz. mɔˈrwa], urspr. Émile Herzog, * Elbeuf bei Rouen 26. Juli 1885, † Neuilly-sur-Seine 9. Okt. 1967, frz. Schriftsteller. – Sein umfangreiches Werk steht in der Tradition der frz. Moralisten und Rationalisten. Während des 1. Weltkriegs Dolmetschertätigkeit im brit. Hauptquartier; hieraus entstanden die sarkast. völkerpsycholog. Skizzen in den Erzählungen „Das Schweigen des Obersten Bramble" (1918) und „Die Gespräche des Doktors O'Grady" (1922). Mit „Ariel oder Das Leben Shelleys" (1923) begr. M. in Frankreich die Gattung der „biographie romancé", der auf dokumentar. Material beruhenden Biographie in Romanform (u. a. „Byron", 1930). Seine Romane behandeln Ehe- und Familienprobleme des Großbürgertums („Wandlungen der Liebe", 1928; „Im Kreis der Familie", 1932). Er verfaßte auch großangelegte histor. Darstellungen über die USA, UdSSR u. a. Länder sowie Memoiren (hg. 1970). M. wurde 1938 Mgl. der Académie française.

André Maurois

Mauroy, Pierre [frz. mɔˈrwa], * Cartignies (Nord) 5. Juli 1928, frz. Politiker. – Sozialist; wurde 1973 Bürgermeister von Lille und Abg. in der Nat.versammlung; 1981–84 Premiermin.; 1988–92 Vors. der Parti Socialiste; seit 1992 Vors. der Sozialist. Internationale.

Maurras, Charles [frz. mɔˈras], * Martigues (Bouches-du-Rhône) 20. April 1868, † Saint-Symphorien bei Tours 16. Nov. 1952, frz. Schriftsteller, Journalist und Politiker. – Als Mitbegründer und führender Ideologe der royalist.-chauvinist. Action française verfocht M. eine radikal antidemokrat. und antisemit. Politik. Ein Teil seiner einflußreichen polit.-philosoph. Schriften, in denen er seine antiklerikalen, atheist. und antisemit. Anschauungen vertrat, wurde 1926 von der röm. Kurie auf den Index gesetzt; profaschistisch eingestellt, befürwortete 1939 einen Sonderfrieden mit Deutschland; 1945 wegen Kollaboration zu lebenslanger Haft verurteilt, 1952 begnadigt.

Pierre Mauroy

Maursmünster (amtl. Marmoutier), frz. Ort im Elsaß, Dep. Bas-Rhin, 2 000 E. – Roman.-got. Kirche der ehem. Benediktinerabtei mit mächtigem Westbau (um 1140–50); Langhaus (13. Jh.) und Chor (1761–67 erneuert); Orgel von A. Silbermann.

Maurus, Hrabanus ↑ Hrabanus Maurus.

Maury, Matthew Fontaine [engl. ˈmɔːrɪ], * Fredericksburg (Va.) 14. Jan. 1806, † Lexington (Va.) 1. Febr. 1873, amerikan. Ozeanograph. – Urspr. Seeoffizier; ab 1868 Prof. für Meteorologie in Lexington. M. war einer der Begründer der modernen Ozeanographie („Die physikal. Geographie des Meeres", 1855).

Maus, in der Datenverarbeitung ein Eingabegerät, das mit einer Hand auf dem Tisch verschoben werden kann und durch diese Bewegung den ↑ Cursor oder ein anderes Markierungssymbol über die Fläche eines graphikfähigen Bildschirms steuert.

Maus ↑ Mäuse.

Mäuse, i. e. S. Bez. für kleinere Arten (bis etwa 15 cm Länge) der Echt-M. mit mehr oder minder spitzer Schnauze mit langen Tasthaaren, relativ großen Ohren und Augen und etwa körperlangem Schwanz; in M-Europa Feldwaldmaus, Gelbhalsmaus, Brandmaus, Hausmaus und Zwergmaus. Größere Arten der Echt-M. im Ggs. hierzu werden meist als Ratten bezeichnet. – I. w. S. Bez. für verschiedene Fam., Unterfam. oder Gatt. der Mäuseartigen, z. B. Wühl-, Renn-, Blind-, Langschwanz-M., Bilche und Taschen-M. – Keine M. sind die zu den Insektenfressern gehörenden Spitzmäuse.

Maurische Landschildkröte

Mäuseartige (Myomorpha), mit rd. 1 200 Arten weltweit verbreitete Unterordnung 5–50 cm langer Nagetiere.

Mäusebussard (Buteo buteo), bis 56 cm großer, gut segelnder Greifvogel, v. a. in offenen Landschaften und Wäldern großer Teile Eurasiens, N-Amerikas sowie O- und S-Afrikas; fängt vorwiegend Mäuse.

Mäusegerste ↑ Gerste.

Mäuseklee, svw. ↑ Hasenklee.

Mäusebussard

Mäusepocken

Fritz Mauthner

Mäusepocken (Ektromelie), durch Schwellungen und Nekrosen der Pfoten gekennzeichnete Infektionskrankheit der Nagetiere, bes. der Mäuse.

Mauser, Paul von (seit 1912), * Oberndorf am Neckar 27. Juni 1838, † ebd. 29. Mai 1914, dt. Waffenkonstrukteur. – Entwickelte, zunächst gemeinsam mit seinem Bruder Wilhelm M. (* 1834, † 1882), verschiedene Gewehre (u. a. Modell 71/84, Modell 98), Revolver und Pistolen, darunter eine der ersten Selbstladepistolen.

Mauser [zu lat. mutare „(ver)ändern, wechseln"], jahreszeitl. Wechsel des Federkleids **(Federwechsel)** bei Vögeln; ausgelöst durch vermehrte Hormonausschüttung u. a. der Schilddrüse. Man unterscheidet bes. die *Jugend-M.* (Jungvögel bekommen das Erwachsenenkleid; meist im ersten Herbst), *Brut-M.* und *Ruhe-M.* (Übergang vom Ruheins Brutkleid). – Auch der Haarwechsel der Säugetiere wird als M. bezeichnet.

Mäuseschwänzchen (Myosurus), Gatt. der Hahnenfußgewächse; in Deutschland kommt nur das 5–11 cm hohe, gelblich-grüne **Zwergmäuseschwänzchen** (Myosurus minimus) vor; mit grasartigen Blättern und mäuseschwanzartig verlängerter Blütenachse; Unkraut auf feuchten Äckern.

Mäuseturm ↑ Bingen.
Mausmaki ↑ Zwergmakis.
Mausohr ↑ Fledermäuse.

Mausoleum [griech.-lat.], prächtiges Grabmal; Bez. nach dem gegen 350 v. Chr. vollendeten marmornen **Mausoleum von Halikarnassos** für Mausolos, das zu den Sieben Weltwundern zählte; auf einem Quadersockel ein Hauptgeschoß (von 36 Säulen umgeben) mit 24stufiger Pyramide als Dach. Baumeister waren Pytheos und Satyros; den reichen plast. Schmuck schufen Skopas, Timotheos, Leochares und Bryaxis. Völlig abgetragen; Skulpturenreste (v. a. die Statuen des Königspaares) sind heute im Brit. Museum, London.

Mausolos ['maʊzɔls, maʊ'zo:lɔs] (Maussolos, Mausollos), † 353 v. Chr., Dynast in Karien (seit 377). – Urspr. pers. Satrap; machte sich im Satrapenaufstand (362) selbständig und begr. ein eigenes Reich mit der Hauptstadt Halikarnassos.

Maximilian II., Kaiser des Heiligen Römischen Reiches (Ausschnitt aus einem Wachsmedaillon von Antonio Abondio, 1575; Wien, Kunsthistorisches Museum)

Mauss, Marcel [frz. mo:s], * Épinal 10. Mai 1872, † Paris 10. Febr. 1950, frz. Soziologe, Ethnologe und Religionswissenschaftler. – Neffe und Schüler É. Durkheims; Philosophieprof., Begründer der frz. Völkerkunde. Wichtiger Wegbereiter des ↑ Strukturalismus mit seinem Versuch, archaische Formen des Tausches („Die Gabe", 1925) als ein System von Verhaltensweisen zu analysieren, das Recht, Ökonomie und Religion gleichermaßen umfaßt.

Mausvögel (Coliiformes), Ordnung finkengroßer, vorwiegend mausartig grauer oder brauner, langschwänziger Vögel mit 6 Arten in Afrika.

Mauswiesel ↑ Wiesel.

Maut, süddt. und östr. Bez. für Zoll, insbes. für Wegezoll, auch für die Zollstelle; *Mautner,* Zöllner. Für die Benutzung der sog. **Mautstraßen** und -brücken (v. a. in den Alpen) wird eine Abgabe, die M., erhoben.

Mauterndorf, östr. Sommerfrische und Wintersportplatz im Lungau, Bundesland Salzburg, 1 122 m ü. d. M., 1 700 E. – Burg (13. und 16. Jh.), roman. Filialkirche Sankt Gertraud mit got. Flachdecke und spätgotisch bemalter W-Empore (1513).

Mauthausen, oberöstr. Marktgemeinde an der Donau, 250 m ü. d. M., 4 500 E. Granitsteinbrüche; Museum für Stahlschnittkunst und für Steinmetzarbeit. – 1189 erstmals erwähnt; 1335 Marktrecht. Nw. des Ortes das ehem. Vernichtungslager M. (1938–45, heute Gedenkstätte), in dem rd. 335 000 Häftlinge untergebracht waren, von denen mehr als 120 000 ermordet wurden. – Spätgot. Pfarrkirche, Schloß Pragstein (1491 ff.) auf einer Donauinsel; Wohnhäuser des 17. Jahrhunderts.

Mauthner, Fritz, * Hořitz (tschech. Hořice, Böhmen) 22. Nov. 1849, † Meersburg 29. Juni 1923, östr. Schriftsteller und Sprachphilosoph. – Mitbegr. der „Freien Bühne" in Berlin (1889); wurde als Schriftsteller mit literar. Parodien bekannt („Nach berühmten Mustern", 1878–80), weniger als Dramatiker und Erzähler. M., philosoph. Vertreter eines strengen Nominalismus, sah in der Sprachkritik die Aufgabe der Philosophie. – *Weitere Werke:* Beiträge zu einer Kritik der Sprache (1901/02), Der Atheismus und seine Geschichte im Abendland (1920/23).

Mauvein [moveˈiːn; lat.-frz., zu mauve „malvenfarbig"] (Perkinviolett), ältester synthet. organ. Farbstoff (gehört zu den ↑ Azinfarbstoffen); wird wegen mangelnder Farbechtheit nicht mehr verwendet.

Mawensi ↑ Kilimandscharo.

Mawrokordatos, Alexandros Fürst, * Konstantinopel 11. Febr. 1791, † Ägina 18. Aug. 1865, griech. Politiker phanariot. Herkunft. – 1822 Vors. der griech. Nat.versammlung; nach der griech. Unabhängigkeitserklärung (1822) mehrfach Min.präs. und Gesandter.

Mawson, Sir (seit 1914) Douglas [engl. mɔːsn], * Bradford (Yorkshire) 5. Mai 1882, † Adelaide 14. Okt. 1958, austral. Polarforscher brit. Herkunft. – 1907–09 Teilnehmer an der Antarktisexpedition E. H. Shackletons; führte 1911–14 die austral. Südpolexpedition, die weite Bereiche der Küste der O-Antarktis erforschte.

Max, Prinz von Baden, eigtl. Maximilian Alexander Friedrich Wilhelm, * Baden-Baden 10. Juli 1867, † Salem 6. Nov. 1929, dt. Reichskanzler (1918). – Seit 1907 bad. Thronfolger; seit 3. Okt. (der letzte kaiserlich ernannte) Reichskanzler. An der Spitze einer Mehrparteienkoalition unter Einschluß der SPD richtete er unter dem Druck der Obersten Heeresleitung das dt. Waffenstillstandsersuchen an die Alliierten. Er schlug zwar einen Reformkurs ein (u. a. Parlamentarisierung der Reichsreg.), setzte den Rücktritt Ludendorffs und die Abschaffung des preuß. Dreiklassenwahlrechts durch, scheiterte aber innenpolitisch an Verspätung und mangelnder sozialpolit. Tiefe der Reformen, außenpolitisch am Druck der mit den Vierzehn Punkten des amerik. Präs. W. Wilson verbundenen Friedenserwartungen. Am 9. Nov. 1918 verkündete er, ohne die formelle Abdankungserklärung abzuwarten, eigenmächtig die Absetzung Wilhelms II. und übergab das Amt des Reichskanzlers an F. Ebert.

Maxentius, Marcus Aurelius Valerius, * um 279, † Rom 28. Okt. 312, röm. Kaiser (seit 306). – Entgegen den Diokletian. Nachfolgebestimmungen wurde er von Prätorianern und vom Volk zum Kaiser erhoben; 312 durch Konstantin I. an der Milv. Brücke (Rom) besiegt, dort im Tiber ertrunken.

Maxentiusbasilika, monumentaler dreischiffiger Hallenbau für profane Zwecke am O-Ende des Forum Romanum in Rom, zw. 306 und 310 von Maxentius begonnen, nach 313 von Konstantin I. vollendet. Grundriß etwa 100 × 76 m.

Maxhütte-Haidhof, Stadt im Landkr. Schwandorf, Bayern, 9 000 E. Stahlwerk, Kleiderfabrik, Herstellung von grobkeram. und feuerfesten Produkten. – Das 1853 hier gegr. Eisen- und Stahlwerk Maxhütte wurde 1938 namengebend für die Gem.; seit 1953 Stadt.

maxi..., Maxi... [zu lat. maximus „der größte"], Bestimmungswort zu Zusammensetzungen mit der Bed. „sehr groß, am größten".

Maxilla [lat.], svw. Oberkiefer (↑ Kiefer).

Maxillen (Maxillae) [lat.], bei Gliederfüßern zwei auf den Oberkiefer nach hinten folgende Mundgliedmaßenpaare (erste und zweite M.; umgewandelte Extremitäten), die der Nahrungsaufnahme dienen.

Maximilian I., Kurfürst von Bayern (Ausschnitt aus einem zeitgenössischen Kupferstich)

Maxime [lat.-frz., zu mittellat. maxima (regula) „höchste (Regel)"], oberster Grundsatz oder Regel; zunächst in der Logik die obersten Grundsätze oder Regeln, die weder beweispflichtig noch beweiszugänglich sind und von denen andere Sätze hergeleitet werden können; bereits im lat. MA Bez. für Lebensregeln; auch literar. Kunstform (meist iron. Kritik an übl. Meinungen, Sitten und Gebräuchen). Kant verwendet in seiner Ethik das Wort M. im Ggs. zum „Imperativ" für die subjektiven Handlungs- und Willensregeln.

▷ im *Recht* ↑ Prozeßmaximen.

Maxim Grek (Maximos der Grieche), eigtl. Michail Triwolis, *Arta (Epirus) um 1475, †bei Moskau 1556, griech. Mönch. – Ab 1506 Mönch auf dem Athos. Wurde 1518 nach Rußland gerufen, um griech. theolog. Werke ins Russische zu übersetzen. Wegen seiner starken Kritik an der russ. Kirche als Häretiker verurteilt und bis zu seinem Lebensende eingekerkert. Seit dem 18. Jh. in Rußland als Heiliger verehrt.

Maximian (Marcus Aurelius Valerius Maximianus Herculius), *Sirmium (= Sremska Mitrovica) um 240, †in Gallien 310, röm. Kaiser (286–305, Usurpation 307/308). – Mitregent Diokletians; Amtsniederlegung 305; kehrte bei Ausrufung seines Sohnes Maxentius in die Politik zurück (307), 308 zur Abdankung gezwungen. Starb (erhängt aufgefunden) offensichtlich nach dem Versuch einer neuen Usurpation.

Maximierung [lat.], Ermittlung oder Erzielung des höchstmögl. Wertes einer Größe (z. B. Gewinn) unter Berücksichtigung von Nebenbedingungen (z. B. Kosten); Sonderfall der Optimierung.

Maximilian I., Kaiser des Heiligen Römischen Reiches (Ausschnitt aus einem Gemälde von Albrecht Dürer, 1519; Wien, Kunsthistorisches Museum)

Maximilian, Name von Herrschern:
Hl. Röm. Reich:
M. I., *Wiener Neustadt 22. März 1459, †Wels 12. Jan. 1519, Röm. König (seit 1486), Kaiser (seit 1508). – Sohn Kaiser Friedrichs III.; ∞ seit 1477 mit Maria von Burgund († 1482), deren Erbe er 1479 gegen Ludwig XI. von Frankreich verteidigte. Nach Verlusten im Frieden von Arras (1482) gewann er durch den Sieg von Salins über Karl VIII. 1493 einen Teil der burgund. Länder zurück (Friede von Senlis). Nach dem Tod von Matthias I. Corvinus 1490 gelang M. die Rückeroberung der habsburg. Erblande und die Sicherung der habsburg. Anwartschaft auf die böhm. und die ungar. Krone. Durch Heiraten seiner Kinder bzw. Enkel bahnte sich eine weitere Vergrößerung der habsburg. Hausmacht an. – M. wechselvolle Italienpolitik blieb letztlich erfolglos. Trotz mehrerer Bündnisse und der Heirat mit Bianca Maria Sforza von Mailand (1493) verlor das Reich dort an Einfluß. 1499 führte der Schwabenkrieg zur Lösung der Schweiz aus dem Reichsverband. – Um die Reichsstände zu gewinnen, kam M. auf den Reichstagen zu Worms (1495) und Augsburg (1500) deren Reformbestrebungen entgegen. Ein Ewiger Landfriede wurde verkündet, das Reich in Reichskreise eingeteilt; eine Reichssteuer (*Gemeiner Pfennig*) sollte erhoben werden. Dem Reichskammergericht stellte M. den kaiserl. Reichshofrat entgegen. Das 1. Reichsregiment scheiterte bald. – M., zwar ohne Krönung in Rom, doch mit päpstl. Billigung „Erwählter Röm. Kaiser", ist in die Geschichte als „letzter Ritter" eingegangen. Er war Förderer der Künste († Maximiliansgrab, Bildprogramme „Triumphzug" und „Ehrenpforte") und Wiss., verfaßte selbst Schriften (u. a. über Jagd und Kriegskunst). Das Versepos „Theuerdank" (hg. 1517) mit der Schilderung seiner Brautfahrt zu Maria von Burgund geht in der Anlage auf M. zurück. Nach seinen Anweisungen entstand auch das um 1516 abgeschlossene allegorisch-autobiograph. Prosawerk „Weißkunig" (nach dem weißen Harnisch, den M. in Turnier und Schlacht trug), ausgeführt von Geheimschreiber Marx Treitzsaurwein.
M. II., *Wien 31. Juli 1527, †Regensburg 12. Okt. 1576, Röm. König, König von Böhmen (seit 1562), Kaiser (seit 1564). – Sohn Ferdinands I., 1548–50 Regent in Spanien; neigte zum Protestantismus, unterließ aber dessen Gründen den Übertritt. Seine Versuche, einen konfessionellen Ausgleich zu schaffen, waren ebensowenig erfolgreich wie sein Vorgehen gegen die Osmanen; auch der Erwerb der poln. Königskrone (1573) mißlang.
Baden:
M., Prinz, bad. Thronfolger † Max, Prinz von Baden.
Bayern:
M. I., *München 17. April 1573, †Ingolstadt 27. Sept. 1651, Herzog (seit 1598), Kurfürst (seit 1623). – Begr. gegen die prot. Union die kath. Liga und unterstützte damit Ferdinand II. im Böhm. Aufstand. Dafür erhielt er 1623 die pfälz. Kurwürde und 1628 die Oberpfalz. Als einer der Hauptführer der kath. Partei im Dreißigjährigen Krieg und als Verfechter der kurfürstl. Vorrechte hatte M. maßgebl. Einfluß auf das Restitutionsedikt von 1629 und die Entlassung Wallensteins 1630. Die Verwüstung Bayerns führte 1647 zum Waffenstillstand mit Schweden und Frankreich; im Westfäl. Frieden auf seiten Frankreichs, konnte er sich die Kurwürde und den Besitz der Oberpfalz erhalten. – Bildete Bayern zum frühabsolutist. Staat aus.
M. II. Emanuel, *München 11. Juli 1662, †ebd. 26. Febr. 1726, Kurfürst (seit 1679). – Zeichnete sich im Türkenkrieg (1683–88) als Verbündeter (ab 1682) Kaiser Leopolds I. aus. Seit 1692 Statthalter der Niederlande; nach dem plötzl. Tod seines zum Erben Spaniens bestimmten Sohnes Joseph Ferdinand kämpfte M. im Span. Erbfolgekrieg auf frz. Seite, wurde bei Höchstädt a. d. Donau 1704 geschlagen, geächtet und vertrieben. In den Friedensschlüssen von Rastatt und Baden erhielt er 1714 Bayern zurück. 1724 verbündete er sich mit den Kurfürsten von Trier, Köln und der Pfalz zur Wittelsbachischen Hausunion.
M. III. Joseph, *München 28. März 1727, †ebd. 30. Dez. 1777, Kurfürst (seit 1745). – Schloß mit Maria Theresia den Frieden von Füssen (1745) und führte wichtige innere Reformen durch; 1759 Gründung der Bayer. Akad. der Wiss. in München.
M. I. Joseph, *Mannheim 27. Mai 1756, †Schloß Nymphenburg (= München) 13. Okt. 1825, König (seit 1806), als M. IV. Joseph Kurfürst (seit 1799). – Wurde nach dem Tode Karl Theodors von der Pfalz Kurfürst. Durch seinen Anschluß an Napoléon Bonaparte (1801) erlangte er die Königswürde und erhebl. Landgewinne in Franken und Schwaben, die er durch den Übertritt zu den Alliierten (1813) weitgehend sichern konnte.
M. II. Joseph, *München 28. Nov. 1811, †ebd. 10. März 1864, König (seit 1848). – Folgte der liberalen Richtung, verweigerte aber die Annahme der Reichsverfassung, Anhänger der † Triaspolitik; Förderer von Wiss. und Kunst.
Mexiko:
M., eigtl. Ferdinand Maximilian, Erzhzg. von Österreich, *Wien 6. Juli 1832, †Querétaro 19. Juni 1867 (erschossen), Kaiser (seit 1864). – Bruder Kaiser Franz Josephs I.; verwaltete 1857–59 das Kgr. Lombardo-Venetien. Nahm im Okt. 1863 auf Betreiben Napoléons III. die mex. Kaiserkrone an und vertrieb mit Hilfe frz. Truppen den mex. Präs. B. Juárez García. Als die USA nach dem Ende des Sezessionskrieges auf Abzug der frz. Truppen drängten, verließ M. das Land nicht und fiel am 15. Mai 1867 in die Hände von Juárez García. Ein Kriegsgericht verurteilte ihn zum Tode.
Pfalz-Bayern:
M. IV. Joseph, Kurfürst † Maximilian I. Joseph, König von Bayern.

Maximiliansgrab, Bronzegrabmal Kaiser Maximilians I. in der Hofkirche in Innsbruck; 1508 nach Plänen des Humanisten K. Peutinger in Auftrag gegeben; Entwürfe

Maximilian II. Emanuel, Kurfürst von Bayern (Ausschnitt aus einem zeitgenössischen Kupferstich)

Maximilian I. Joseph, König von Bayern (Kupferstich, 1804)

Maximilian II. Joseph, König von Bayern (Ausschnitt aus einem Holzschnitt, 1864)

Maximilian, Kaiser von Mexiko

Max-Planck-Institute und Forschungsstellen sowie befristete selbständige Forschungsgruppen der Max-Planck-Gesellschaft
(1.4.1991; in alphabetischer Anordnung)

Biologisch-Medizinische Sektion:

Arbeitsgruppe Ribosomenstruktur der Max-Planck-Gesellschaft am DESY	Bremen
Forschungsstelle für Humanethologie in der Max-Planck-Gesellschaft	Erling (Gem. Andechs)
Friedrich-Miescher-Laboratorium in der Max-Planck-Gesellschaft	Tübingen
Klinische Arbeitsgruppen für Rheumatologie am Institut für Klinische Immunologie und Rheumatologie der Universität Erlangen-Nürnberg	Erlangen
Max-Delbrück-Laboratorium in der Max-Planck-Gesellschaft	Köln
Max-Planck-Institut für Biochemie[1]	Martinsried (Gem. Planegg, bei München)
Max-Planck-Institut für Biologie	Tübingen
Max-Planck-Institut für biologische Kybernetik	Tübingen
Max-Planck-Institut für Biophysik[2]	Frankfurt am Main
Max-Planck-Institut für Entwicklungsbiologie[3]	Tübingen
Max-Planck-Institut für Ernährungsphysiologie	Dortmund
Max-Planck-Institut für experimentelle Endokrinologie	Hannover
Max-Planck-Institut für experimentelle Medizin[4]	Göttingen
Max-Planck-Institut für Hirnforschung[5]	Frankfurt am Main
Max-Planck-Institut für Immunbiologie	Freiburg im Breisgau
Max-Planck-Institut für Limnologie[6]	Plön
Max-Planck-Institut für medizinische Forschung[7]	Heidelberg
Max-Planck-Institut für molekulare Genetik	Berlin-Dahlem
Max-Planck-Institut für neurologische Forschung	Köln
Max-Planck-Institut für physiologische und klinische Forschung, W. G. Kerckhoff-Institut[8]	Bad Nauheim
Max-Planck-Institut für Psychiatrie (Deutsche Forschungsanstalt für Psychiatrie)[9]	München
Max-Planck-Institut für Psycholinguistik	Nimwegen (Niederlande)
Max-Planck-Institut für Systemphysiologie	Dortmund
Max-Planck-Institut für terrestrische Mikrobiologie	Marburg
Max-Planck-Institut für Verhaltensphysiologie[10]	Seewiesen (Gem. Pöcking, bei Starnberg)
Max-Planck-Institut für Zellbiologie	Ladenburg
Max-Planck-Institut für Züchtungsforschung (Erwin-Baur-Institut)[11]	Köln

in Gründung:

Max-Planck-Institut für mikrobielle Ökologie	Bremen

Chemisch-Physikalisch-Technische Sektion:

Forschungsstelle Gottstein in der Max-Planck-Gesellschaft	München
Fritz-Haber-Institut der Max-Planck-Gesellschaft	Berlin-Dahlem
Gmelin-Institut für Anorganische Chemie und Grenzgebiete der Max-Planck-Gesellschaft	Frankfurt am Main
Max-Planck-Institut für Aeronomie	Katlenburg-Lindau (bei Northeim)
Max-Planck-Institut für Astronomie	Heidelberg
Max-Planck-Institut für Astrophysik	Garching
Max-Planck-Institut für biophysikalische Chemie (Karl-Friedrich-Bonhoeffer-Institut)[12]	Göttingen
Max-Planck-Institut für Chemie (Otto-Hahn-Institut)	Mainz
Max-Planck-Institut für Eisenforschung GmbH	Düsseldorf
Max-Planck-Institut für extraterrestrische Physik	Garching
Max-Planck-Institut für Festkörperforschung[13]	Stuttgart
Max-Planck-Institut für Informatik	Saarbrücken
Max-Planck-Institut für Kernphysik	Heidelberg
Max-Planck-Institut für Kohlenforschung	Mülheim a. d. Ruhr
Max-Planck-Institut für Mathematik	Bonn
Max-Planck-Institut für Metallforschung[14]	Stuttgart
Max-Planck-Institut für Meteorologie	Hamburg
Max-Planck-Institut für Physik (Werner-Heisenberg-Institut)	München
Max-Planck-Institut für Plasmaphysik[15]	Garching b. München
Max-Planck-Institut für Polymerforschung[16]	Mainz
Max-Planck-Institut für Quantenoptik[17]	Garching b. München
Max-Planck-Institut für Radioastronomie	Bonn
Max-Planck-Institut für Strahlenchemie	Mülheim a. d. Ruhr
Max-Planck-Institut für Strömungsforschung[18]	Göttingen

in Gründung:

Max-Planck-Institut für Kolloid- und Grenzflächenforschung	(noch unklar)
Max-Planck-Institut für Mikrostrukturphysik	Halle/S.

u. a. von A. Dürer. Von den 28 aufgestellten Bronzestatuen sind die König Artus' und König Theoderichs d. Gr. in der Werkstatt Peter Vischers d. Ä. gegossen.

Maximinus, Name röm. Kaiser:
M., Gajus Galerius Valerius, gen. M. Daja, †Tarsus im Sommer 313, Kaiser (seit 310). – Seit 305 Caesar der Diözesen Oriens und Ägypten, 310 Augustus, beherrschte ab 311 alle asiat. Reichsteile; führte rigorose Christenverfolgungen durch; 313 Krieg gegen Licinius und Niederlage bei Adrianopel.
M., Gajus Julius Verus, gen. M. Thrax, * in Thrakien 172 oder 173, † bei Aquileja Mitte April (?) 238, Kaiser (seit 235). – Nach Ermordung des Severus Alexander in Mainz von den Truppen (erster „*Soldatenkaiser*") als Kaiser ausgerufen; kämpfte erfolgreich gegen Alemannen, Daker und Sarmaten (236). Auf dem Zug gegen die vom Senat ernannten Gegenkaiser Balbinus und Marcus Clodius Pupienus Maximus ermordet.

Maximow, Wladimir Jemeljanowitsch, * Leningrad (= Sankt Petersburg) 9. Dez. 1932, russ. Schriftsteller. – Wurde wegen krit. Darstellung des sowjet. Alltags 1974 aus der Sowjetunion ausgewiesen; lebt in Paris; Leiter der Zeitschrift „Kontinent". – *Werke:* Dennoch lebt der Mensch (R., 1962), Die sieben Tage der Schöpfung (R., 1972), Die Ballade von Sawwa (R., 1975), Der weiße Admiral (R., dt. 1986).

Maximumthermometer ↑Thermometer.

Maximus, Magnus, †28. Aug. (28. Juli ?) 388, röm. Kaiser (seit 383). – 383 in Britannien zum Kaiser ausgerufen, konnte seine Anerkennung durchsetzen (in Britannien, Spanien, Gallien; Residenz Trier). 388 von Theodosius I. bei Siscia (= Sisak) und Poetovio (= Ptuj) besiegt; von Soldaten umgebracht.

Maximus, Marcus Clodius Pupienus, röm. Kaiser, ↑Pupienus.

Maximus Confessor (Maximos Homologetes), hl., * Konstantinopel um 580, † Schemarion (Transkaukasien) 662, byzantin. Theologe. – Zunächst im kaiserl. Dienst, dann Mönch; beteiligt an der Entscheidung der Lateransynode (649) gegen den Monotheletismus. Wurde mit Papst Martin I. deshalb verurteilt, später gefoltert und verbannt (653); als Märtyrer verehrt.

Max-Planck-Gesellschaft zur Förderung der Wissenschaften e.V., am 26. Febr. 1948 als unmittelbare Rechtsnachfolgerin der 1911 gegr. Kaiser-Wilhelm-Gesellschaft zur Förderung der Wissenschaften e.V. gegr. Verein. Die Gesellschaft unterhält 62 (1991) eigene Forschungsinstitute und Forschungsstellen, die v.a. Grundlagenforschung betreiben (ca. 13 000 Mitarbeiter, davon rd. 5 000 Wissenschaftler). Der Jahresetat betrug 1991 rd. 1,308 Mrd. DM, davon sind 1,239 Mrd. DM öff. Mittel. Diese wurden zu je 50 % vom Bund und von den Ländern aufgebracht. Die übrigen Finanzmittel stammen von privaten Stellen (Stiftungen), aus Erträgen von Schutzrechten und des eigenen Vermögens. Größe und Struktur der einzelnen Inst. sind je nach Aufgabenstellung und histor. Entwicklung sehr unterschiedlich. Verwaltet wird die M.-P.-G. von München aus; ihr jurist. Sitz ist Göttingen. An der Spitze der M.-P.-G. steht der *Präsident* (seit 1990 F. A. Zacher). Im *Senat* besteht Partnerschaft von Staat, Wiss. und sachverständiger Öffentlichkeit, er trifft die wiss.-polit. Entscheidungen, vorbereitet von einem Senatsausschuß für Forschungspolitik und Forschungsplanung. Das zentrale wiss. Gremium der M.-P.-G. ist der *Wiss. Rat.* Ihm gehören alle vom Senat berufenen wiss. Mgl. (im allg. Direktoren an Instituten) sowie jeweils ein von den Mitarbeitern eines Inst. gewählter Mitarbeiter an. – *Veröffentlichungen:* „Jahrbuch der M.-P.-G. z. F. d. W. e. V." (1951 ff.), „Berichte und Mitteilungen" (1952 ff.), „MPG-Spiegel" (1972 ff.). – Übersicht S. 302/303.

Max und Moritz, Titelfiguren der „Bubengeschichten in sieben Streichen", illustrierte Verserzählung von W. Busch (1865); eines der beliebtesten dt. Kinderbücher.

Maxwell [engl. 'mækswəl], Ian Robert, eigtl. Jan Ludvík Hoch, * Selo Slatina (Karpato-Ukraine) 10. Juni 1923, † vor den Kanar. Inseln 5. Nov. 1991, brit. Medienunternehmer tschech. Herkunft. – M. emigrierte 1939 nach Frankreich und wurde Widerstandskämpfer. 1945–47 wirkte er als Beauftragter der brit. Kontrollkommission in Berlin für das dt. Verlagswesen. 1949 gründete M. den Verlag Pergamon Press Ltd., die Basis der Maxwell Communication Corporation plc, eines der weltgrößten Medienkonzerne; 1964 bis 1970 Abg. der Labour Party im Unterhaus.

M., James Clerk, *Edinburgh 13. Juni 1831, †Cambridge 5. Nov. 1879, brit. Physiker. – Prof. in Aberdeen, London und Cambridge; Schöpfer der modernen Elektrodynamik und der elektromagnet. Lichttheorie (↑ Maxwellsche Theorie) und war maßgeblich an der Entwicklung der ↑ kinetischen Gastheorie beteiligt und lieferte Beiträge zur Dreifarbentheorie des Sehens.

Maxwellsche Beziehung [engl. ˈmækswəl; nach J.C. Maxwell], die Beziehung zw. Brechzahl n, relativer Dielektrizitätskonstante ε_r und relativer Permeabilität μ_r (für durchsichtige Stoffe): $n^2 = \varepsilon_r \mu_r$.

Maxwellsche Gleichungen [engl. ˈmækswəl], die von J.C. Maxwell formulierten partiellen Differentialgleichungen, aus denen sich alle makroskop. Erscheinungen der Elektrodynamik und Optik herleiten lassen. Sie lauten, in differentieller Form und in SI-Einheiten:

1. $\mathrm{rot}\, \boldsymbol{E} = -\dfrac{\partial \boldsymbol{B}}{\partial t},$ 3. $\mathrm{div}\, \boldsymbol{D} = \varrho,$

2. $\mathrm{rot}\, \boldsymbol{H} = \boldsymbol{j} + \dfrac{\partial \boldsymbol{D}}{\partial t},$ 4. $\mathrm{div}\, \boldsymbol{B} = 0$

($\boldsymbol{E}$ elektr. Feldstärke, $\boldsymbol{B}$ magnet. Flußdichte, t Zeitkoordinate, $\boldsymbol{H}$ magnet. Feldstärke, $\boldsymbol{j}$ elektr. Stromdichte, $\boldsymbol{D}$ elektr. Fluß- oder Verschiebungsdichte, ϱ elektr. Ladungsdichte). Ihr physikal. Inhalt ist folgender: 1. Jedes zeitlich veränderl. Magnetfeld ist von geschlossenen elektr. Feldlinien umgeben *(Induktionsgesetz)*. 2. Jeder elektr. Strom (Leitungs- und Verschiebungsstrom) ist von geschlossenen magnet. Feldlinien umgeben; für Leitungsströme ist dies das *Ampèresche Verkettungsgesetz*. 3. Von positiven elektr. Ladungen gehen elektr. Feldlinien aus, die an negativen Ladungen enden, d.h., die elektr. Ladungen sind die Quellen bzw. Senken des elektr. Feldes, genauer des $\boldsymbol{D}$-Feldes. 4. Die Feldlinien der magnet. Flußdichte sind stets in sich geschlossen, d.h., es gibt keine einzelnen Magnetpole, das $\boldsymbol{B}$-Feld ist quellenfrei. – Diese Grundgleichungen werden durch sog. *Materialgleichungen* ergänzt, in denen die elektr. Leitfähigkeit σ, die relative Dielektrizitätskonstante ε_r und die relative Permeabilität μ_r auftreten:

$\boldsymbol{D} = \varepsilon_r \varepsilon_0 \boldsymbol{E} = \varepsilon_0 \boldsymbol{E} + \boldsymbol{P},$
$\boldsymbol{B} = \mu_r \mu_0 \boldsymbol{H} = \mu_0 \boldsymbol{H} + \boldsymbol{J},$
$\boldsymbol{j} = \sigma \boldsymbol{E}$ mit $\boldsymbol{P} = \chi_e \boldsymbol{E}$ und $\boldsymbol{J} = \chi_m \boldsymbol{H}$

(ε_0 bzw. μ_0 elektr. bzw. magnet. Feldkonstante, $\boldsymbol{P}$ bzw. $\boldsymbol{J}$ elektr. bzw. magnet. Polarisation, χ_e bzw. χ_m elektr. bzw. magnet. Suszeptibilität).

Maxwellsche Theorie [engl. ˈmækswəl], die von J.C. Maxwell in den Jahren 1861–64 aufgestellte Theorie der elektromagnet. Felder und der von diesen verursachten elektromagnet. Erscheinungen im Vakuum und in ruhender Materie. Grundlage der M.T. sind die ↑ Maxwellschen Gleichungen. Maxwell konnte zeigen, daß diese Gleichungen Lösungen besitzen, die elektromagnet. Wellen beschreiben; er vertrat die Auffassung, daß es sich auch beim Licht um solche Wellen handele.

May, Ernst, *Frankfurt am Main 27. Juli 1886, †Hannover 11. Sept. 1970, dt. Architekt und Städteplaner. – 1925–30 als Stadtbaurat in Frankfurt am Main (sieben Trabantensiedlungen, u.a. Römerstadt). 1930–33 in der UdSSR (Generalplan für die Region Moskau), 1934–54 in Afrika (Kampala, Daressalam), 1951–56 Planer der „Neuen Heimat" (Bremen, Neue Vahr, 1957–61; Hamburg, Neu-Altona, 1957 ff.).

M., Gisela, *Wetzlar 31. Mai 1924, dt. Schauspielerin. – Seit 1961 Mgl. des Berliner Ensembles; bekannt v.a. als Interpretin von Chansons, v.a. auf Texte von B. Brecht, K. Tucholsky und E. Kästner; auch Filmrollen.

Max-Planck-Institute und Forschungsstellen sowie befristete selbständige Forschungsgruppen der Max-Planck-Gesellschaft
(1.4.1991; in alphabetischer Anordnung; Fortsetzung)

Geisteswissenschaftliche Sektion:

Bibliotheca Hertziana – Max-Planck-Institut	Rom
Max-Planck-Institut für ausländisches öffentliches Recht und Völkerrecht	Heidelberg
Max-Planck-Institut für ausländisches und internationales Patent-, Urheber- und Wettbewerbsrecht	München
Max-Planck-Institut für ausländisches und internationales Privatrecht	Hamburg
Max-Planck-Institut für ausländisches und internationales Sozialrecht	München
Max-Planck-Institut für ausländisches und internationales Strafrecht	Freiburg im Breisgau
Max-Planck-Institut für Bildungsforschung	Berlin-Dahlem
Max-Planck-Institut für europäische Rechtsgeschichte	Frankfurt am Main
Max-Planck-Institut für Geschichte	Göttingen
Max-Planck-Institut für Gesellschaftsforschung	Köln
Max-Planck-Institut für psychologische Forschung	München

Weitere der Max-Planck-Gesellschaft angehörende, von ihr betreute oder gemeinsam mit ihr betriebene Einrichtungen

Archiv zur Geschichte der Max-Planck-Gesellschaft	Berlin-Dahlem
Berliner Elektronenspeicherring – Gesellschaft für Synchrotronstrahlung mbH (BESSY)	Berlin-Dahlem
Deutsches Klimarechenzentrum GmbH	Hamburg
EISCAT Scientific Association (European Incoherent Scatter Scientific Association)	Kiruna (Schweden)
Garching Instrumente, Gesellschaft zur industriellen Nutzung von Forschungsergebnissen mbH, München	München
Gesellschaft für wissenschaftliche Datenverarbeitung mbH, Göttingen	Göttingen
IRAM (Institut für Radioastronomie im Millimeterbereich)	Grenoble (Frankreich)
Minerva Gesellschaft für die Forschung mbH,	München
Kerckhoff-Klinik	Bad Nauheim
Tagungsstätte Max-Planck-Haus Heidelberg	Heidelberg
Tagungsstätte Schloß Ringberg	Rottach-Egern

Angaben zu den einzelnen Abteilungen, Arbeitsbereichen und Instituten (Auswahl): [1] Abteilungen Bindegewebsforschung, Membranbiochemie, Molekulare Biologie der Genwirkungen, Strukturforschung, Viroidforschung, Virusforschung, Zellbiologie, Molekulare Strukturbiologie, Molekularbiologie sowie Nachwuchs- und Arbeitsgruppen. – [2] Abteilungen Physiologie, Zellphysik und Molekulare Membranbiologie. – [3] Abteilungen für physikal. Biologie, Biochemie, Molekularbiologie, Zellbiologie, Genetik. – [4] Abteilungen Physiologie, Chemie, Immunchemie, Molekulare Neuroendokrinologie. – [5] Abteilungen Neurophysiologie, Neuroanatomie, Neurochemie. – [6] Arbeitsbereiche Mikrobenökologie, Ökophysiologie, Tropenökologie. – [7] Abteilungen Organ. Chemie, Biophysik, Physiologie, Zellphysiologie. – [8] Abteilungen Physiologie und experimentelle Kardiologie. – [9] Theoret. und Klin. Institut. – [10] Vier Abteilungen und Vogelwarte Radolfzell. – [11] Abteilungen Genet. Grundlagen der Pflanzenzüchtung, Molekulare Pflanzengenetik, Biochemie, Pflanzenzüchtung und Ertragsphysiologie. – [12] Arbeitsbereiche Spektroskopie, Laserphysik, Kinetik der Phasenbildung, Experimentelle Methoden, Molekulare Biologie, Biochemische Kinetik, Biochemie, Neurobiologie, Membranbiophysik, Molekulare Genetik, Molekulare Zellbiologie, Molekulare Entwicklungsbiologie. – [13] Arbeitsbereiche Festkörperchemie, Experimentelle Physik, Theoretische Physik; Hochfeld-Magnetlabor Grenoble. – [14] Institute für Physik und Werkstoffwissenschaft, Laboratorien für Pulvermetallurgie und Reinstoffanalytik. – [15] Großforschungseinrichtung mit Versuchsanlage →ASDEX; Arbeitsbereiche Experimentelle Plasmaphysik I–III, Allgemeine Theorie, Tokamakphysik, Präparative Makromolekulare Chemie, Festkörperchemie der Polymere, Physik der Polymere, Polymerspektroskopie, Oberflächenphysik, Technologie, Informatik. – [16] Arbeitsbereiche Chemie der Polymere, Physik der Polymere, Festkörperspektroskopie an Polymeren. – [17] Arbeitsbereiche Laserspektroskopie, Laserchemie, Laserphysik, Laserplasma und Hochleistungslaser. – [18] Abteilungen für Dynamik kompressibler Medien, Atom- und Molekülphysik, Molekulare Wechselwirkungen, Reaktionskinetik.

M., Karl, Pseud. Karl Hohenthal u.a., *Ernstthal (= Hohenstein-Ernstthal) 25. Febr. 1842, †Radebeul 30. März 1912, dt. Schriftsteller. – Bis zum 5. Lebensjahr blind; Lehrerausbildung; verbüßte mehrere Haftstrafen (insgesamt über 7 Jahre); 1875–77 Redakteur in Dresden, dann freier Schriftsteller. Schrieb zunächst Dorfgeschichten, Humoresken und (pseudonym) fünf Kolportageromane (u.a. „Das Waldröschen", 1882–84), dann zunehmend abenteuerl. Reiseerzählungen, deren Buchausgaben ihn bald zu einem der bis heute meistgelesenen dt. Schriftsteller machten (dt. Gesamtauflage etwa 100 Mill. Bde.; in über 25 Sprachen

Maya

Karl May

übersetzt; zahlr. Verfilmungen und Dramatisierungen). Schauplätze dieser durch das exot. Kolorit, die Erzählbegabung und die Phantasie des Autors fesselnden Romane sind v. a. der Wilde Westen Nordamerikas („Winnetou", 4 Bde., 1893–1910; „Der Schatz im Silbersee", 1894; „Old Surehand", 3 Bde., 1894–96) und der Vordere Orient („Durch die Wüste", 1892). Erst nach der Veröffentlichung dieser Werke (bis 1899 mehr als 30 Bde.) hat M. den Orient (1899/1900) und Amerika (1908) besucht. In letzter Zeit fand auch sein Spätwerk zunehmend Beachtung, v. a. „Und Friede auf Erden!" (R., 1904) und „Ardistan und Dschinnistan" (R., 2 Bde., 1907–09). M. schrieb auch ein Drama und geistl. Gedichte; autobiographisch ist „Mein Leben und Streben" (1910). Für die anhaltende Popularität seiner zahlr. Werke (die seit 1987 herausgegebene Gesamtausgabe ist auf 99 Bände berechnet) zeugen auch die jährlich stattfindenden *K.-M.-Freilichtspiele* in Bad Segeberg, in Lennestadt-Elspe und in Rathen (Landkr. Pirna). 1969 wurde die *K.-M.-Gesellschaft* (Hamburg) gegründet. *K.-M.-Museen* befinden sich in Radebeul und in Bamberg, eine K.-M.-Stätte im Geburtshaus des Dichters in Hohenstein-Ernstthal.

Maya ↑ Maja (ind. Philosophie).

Maya, indian. Völker mit gleicher Sprache (M.sprachen), aufgegliedert in 18 Stämme, mit etwa 2,6 Mill. Menschen. Verbreitet vorwiegend in Guatemala sowie in S-Mexiko (Yucatán, Quintana Roo, Campeche, Chiapas), NO-Mexiko (mit den dort isolierten Huaxteken) und mit Gruppen in Belize und Honduras. Meist vom Feldbau lebende Landbev. in Dörfern und Kleinstädten. Altindian. Kulturelemente sind z. T. noch in den religiösen Vorstellungen und im textilen Bereich erhalten geblieben. – Die Vorfahren der heutigen M. waren die Träger der ↑ Mayakultur.

Mayagüez [span. maja'gues], Hafenstadt in Puerto Rico, an der W-Küste, 98 900 E. Sitz eines kath. Bischofs, Fakultäten der Univ. von Puerto Rico, landw. Versuchsstation; Nahrungsmittelind., Bahnstation, Freihafen, ✈. – Gegr. 1760.

Mayakalender, von den Maya (↑ Mayakultur) verwendetes, im präkolumb. Amerika am weitesten entwickeltes Kalendersystem, das genauer als alle anderen in der damaligen Zeit in Gebrauch befindl. Systeme war (der M. ist genauer als der gegenwärtig benutzte Gregorian. Kalender). Man unterscheidet: 1. einen Ritualkalender von 260 Tagen; 2. ein Sonnenjahr von 365 Tagen, eingeteilt in 18 Monate

Mayakultur

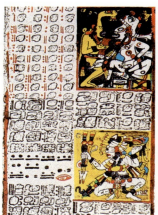

Links oben: Palastkomplex von Palenque, 8. Jh. Rechts oben: Bilderschrift auf einer Seite des Codex Dresdensis, 14. Jh. (Dresden, Sächsische Landesbibliothek). Unten: Observatorium Caracol von Chichén Itzá, 10. Jahrhundert

Mayakultur

zu 20 Tagen und fünf zusätzl. Tage; 3. ein Mondhalbjahr von 177 Tagen; 4. ein Venusjahr von 584 Tagen. Da die Maya keine Bruchzahlen kannten, wurden im Laufe der Jahre Korrekturen angebracht, um den astronom. Tatsachen gerecht zu werden. Im Kalender waren die Daten unverwechselbar festgelegt, da man die Tage von einem myth. Fixpunkt (vermutlich 8. Sept. 3114 v. Chr.) an zählte.

Mayakultur, voreurop. Kultur der Maya in N-Guatemala (Petén) und der Halbinsel Yucatán sowie angrenzenden Teilen von Tabasco, Chiapas und Honduras (1000 v. Chr. bis 1500 n. Chr.); ein künstler. und wiss. Höhepunkt der indian. (altamerikan.) Kultur. Während der klass. Zeit (um 200–900) war das Gebiet politisch in eine Reihe von Stadt- und Territorialstaaten mit erbl. Fürsten (Priesterherrschern) aufgeteilt. Zentren waren die weitläufigen Städte. Die Masse der Bev. lebte in Weilern und Streusiedlungen und betrieb Bewässerungs- (↑Chinampas) und Brandrodungsfeldbau (Hauptanbaupflanze: Mais). Das im Dienst der Elite und der Religion stehende *Kunsthandwerk* war in den Zentren beheimatet. Den oft akropolisartigen Mittelpunkt der Städte bildeten Tempel und Paläste, die aus Stein auf Stufenpyramiden und Plattformen errichtet waren. Ihre Innenräume überspannte man durch falsche Gewölbe. Die Pyramiden enthielten im Inneren oft Fürstengräber, die Tempel selbst dienten wahrscheinlich dem Ahnenkult der Herrscherfamilie, der die Religion der klass. Zeit beherrschte. Götter wurden erst in der nachklass. Zeit (ab 900) unter mex. Einfluß verehrt. Vor den Pyramiden standen rechteckige, reliefgeschmückte Steinsäulen und flache Steinaltäre, deren Inschriften Daten aus dem Leben des Herrschers verkünden. In den Städten gab es Ballspielplätze, Beobachtungstürme, Schwitzbäder und Zisternen. Einige Städte waren von Befestigungsanlagen umgeben. Die Maya besaßen die einzige indian. *Schrift,* die in präkolumb. Zeit über das Rebusstadium hinausgelangt ist: bildl.-abstrakt gestaltet, vielfach aus einem Hauptelement und einem oder mehreren Nebenelementen bestehend. Es könnte sich um eine Mischung von Silben- und Wortschrift handeln. Aus der klass. Zeit haben sich „Glyphen", auf Steinmonumenten, in Stein, Holz und Knochen geritzt und auf Wände und Vasen gemalt, erhalten. Von den Büchern (Codices) existieren nur noch drei (ein viertes ist umstritten) aus der nachklass. Zeit. Es gibt nur wenige gesicherte Entzifferungen: Man kennt Zahlen, mathemat. und astro-

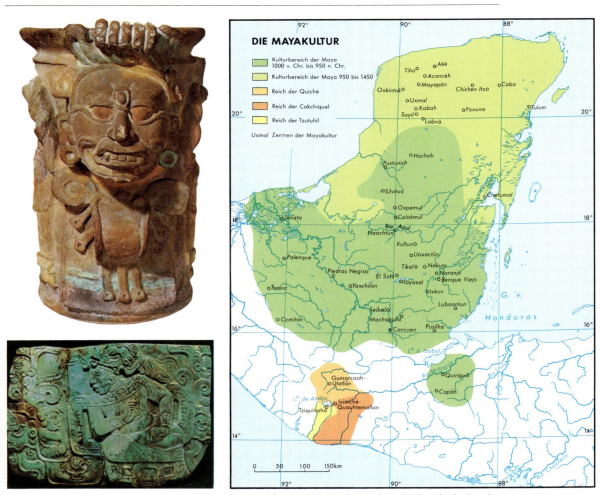

Links oben: Brustschmuck der Quiché aus Jade mit thronendem Herrscher, um 750–800 (Guatemala, Archäologisch-ethnologisches Museum). Links unten: Gefäß mit Relief des Sonnengottes (Wien, Museum für Völkerkunde). Rechts: Ausbreitung der Mayakultur

Robert von Mayer

Wilhelm Maybach

Hans Mayer

nom. Einheiten, Namen von Herrschern, Städten und Göttern sowie Zeichen für einige polit. und histor. Vorgänge, z. B. Thronbesteigung. Zur Literatur ↑ altamerikanische Literaturen. – Die *Mathematik* der Maya benutzte ein System, das auf der Zahl 20 beruht sowie der Kenntnis der Null und der Stellung der Zahlzeichen. Mathemat. Einheiten waren 20, 20² usw. bis 20⁷. Die astronom. Leistungen der Maya waren überragend: Die Venus-Umläufe in 481 Jahren wiesen nur einen Fehler von 0,08 Tagen auf.

Geschichte: Erste Siedler in Flußauen lassen sich ab 2000 v. Chr. nachweisen, erste Städte und gesellschaftl. Schichten ab 50 v. Chr. Das älteste geschriebene Datum in Petén stammt von 292 n. Chr. Im 5. Jh. zeitweise mex. Einflüsse, danach erneute Blüte. Im 10. Jh. wurden die Städte im S vermutlich wegen Nahrungsmittelmangels (Auslaugen des Bodens, Überviölkerung) und Angriffen von außen verlassen. Das Schwergewicht verlagerte sich nach Yucatán. Dort geriet die M. unter starke mex. Einflüsse. Nach dem Ende der Herrschaft der Cocomfamilie aus Mayapán über Yucatán (1280–1450) entstanden zahlreiche Kleinstaaten, die 1528–46 von den Spaniern unterworfen wurden.

Mayall, John [engl. 'meɪ'jɛl], *Macclesfield (bei Manchester) 29. Nov. 1933, brit. Bluesmusiker (Gitarre, Mundharmonika) und -sänger. – Hatte mit seiner 1962 gegr. Band „Bluesbreakers" nachhaltigen Einfluß auf die Pop- und Rockmusik.

Maybach, Karl, *Deutz (= Köln) 6. Juli 1879, †Friedrichshafen 6. Febr. 1960, dt. Konstrukteur und Industrieller. – Sohn von Wilhelm M.; Mitbegr. der *M.-Motorenbau GmbH,* die er bis 1952 leitete.

M., Wilhelm, *Heilbronn 9. Febr. 1846, †Stuttgart 29. Dez. 1929, dt. Konstrukteur und Unternehmer. – Mitarbeiter G. Daimlers; ab 1895 techn. Direktor der Daimler-Motoren-Gesellschaft. M. war an der Konstruktion des ersten schnellaufenden Benzinmotors beteiligt. Er entwickelte wichtige Aggregate wie Wechselgetriebe, Lamellenkühler und Spritzdüsenvergaser. 1909 gründete er mit seinem Sohn Karl M. und Graf Zeppelin in Friedrichshafen eine Fabrik zur Herstellung von Motoren für Luftschiffe. Daraus ging die *M.-Motorenbau GmbH* hervor.

Mayday [engl. 'meɪdeɪ; verballhornt aus frz. (veuillez) m'aider! (frz. me'de) „helft mir!"], im Funksprechverkehr internat. verwendetes Notsignal (entspricht dem SOS).

Mayen, Stadt sw. von Andernach, Rhld.-Pf., 240 m ü. d. M., 18 500 E. Fachhochschule für öff. Verwaltung; Eifeler Landschaftsmuseum; Maschinenbau, Naturstein- und Papierind. – Östl. von M. Befestigungsanlage der neolith. Michelsberger Kultur; 1041 Ersterwähnung; seit 1291 Stadtrecht. – Pfarrkirche Sankt Clemens (12. und 14. Jh.) mit schiefem Turm; Genovevaburg (13./14. Jh.; im 18. Jh. erweitert); z. T. erhaltene ma. Stadtbefestigung.

Mayen-Koblenz, Landkr. in Rheinland-Pfalz.

Mayenne [frz. ma'jɛn], Dep. in Frankreich.

Mayer, Carl ['--], *Graz 20. Febr. 1894, †London 1. Juli 1944, östr. Dramaturg und Drehbuchautor. – Wirkte zunächst am Residenztheater in Berlin. Prägte den dt. expressionist. Film wesentlich mit, schrieb u. a. die Drehbücher zu den Filmen „Das Kabinett des Dr. Caligari" (1920), „Hintertreppe" (1921), „Sylvester" (1923), „Der letzte Mann" (1924), „Ariane" (1931). Emigrierte 1932 nach Großbritannien.

M., Hans ['--], *Köln 19. März 1907, dt. Literaturwissenschaftler. – Emigrierte 1933 in die Schweiz. Nach der Rückkehr aus der Emigration (1933–45) war M. seit 1948 Prof. in Leipzig, nach Entzug der Lehrberechtigung (1963) ging er in die BR Deutschland; 1965 Prof. in Hannover; seit 1969 Lehrtätigkeiten u. a. in New York und Madison (Wis.), 1975 Honorar-Prof. in Tübingen. Er veröffentlichte zahlr. Untersuchungen zur allg. und vergleichenden Literaturwiss. v. a. unter soziolog.-histor. Aspekten („Georg Büchner und seine Zeit", 1947; „Von Lessing bis Thomas Mann", 1959; „Berthold Brecht und die Tradition", 1961; „Thomas Mann", 1980).

M., Louis Burt [engl. 'meɪə], *Minsk 4. Juli 1885, †Los Angeles-Hollywood 29. Okt. 1957, amerikan. Filmproduzent russ. Herkunft. – Betrieb zunächst eine Verleihfirma; 1917 wurde er Mitbegr. der Produktionsfirma Anita Stewart Prods., 1924 der Metro Goldwyn Pictures Corporation, später ↑ Metro-Goldwyn-Mayer, die er bis 1951 leitete.

M., Robert von (seit 1867) ['--], *Heilbronn 25. Nov. 1814, †ebd. 20. März 1878, dt. Arzt und Physiker. – Auf einer Reise als Schiffsarzt beobachtete er, daß in den Tropen geringere Farbunterschiede zw. venösem und arteriellem Blut bestehen als in den gemäßigten Zonen. Er deutete diese Erscheinung als Folge des veränderten Wärmehaushalts des Körpers; dies führte ihn zu der Hypothese der Äquivalenz von physikal. Arbeit und Wärme. 1842 (vor J. P. Joule) veröffentlichte M. die erste Angabe über das mechan. Wärmeäquivalent. 1845 (vor H. von Helmholtz) sprach er das Gesetz von der Erhaltung der Energie aus.

Mayflower [engl. 'meɪflaʊə], Name des Segelschiffs (180 t), mit dem die Pilgerväter am 16. Sept. 1620 von Plymouth (England) nach Nordamerika aufbrachen. Die M. erreichte am 21. Nov. 1620 Kap Cod, das heutige Provincetown (Mass.).

Mayntz, Renate (R. M.-Trier), *Berlin 28. April 1929, dt. Soziologin. – Prof. an der FU in Berlin 1965–71, danach in Speyer, seit 1974 in Köln; veröffentlichte v. a. organisations- und verwaltungssoziolog. Arbeiten mit empir. Ansatz, u. a. „Soziologie der Organisation" (1963), „Bürokrat. Organisation" (1968; Hg.), „Soziologie der öff. Verwaltung" (1978), „Implementation polit. Programme. Empir. Forschungsberichte" (2 Bde., 1980–83).

Mayen. Die Genovevaburg, im 13. und 14. Jh. erbaut, im 18. Jh. erweitert

Mayo, Elton [engl. 'meɪoʊ], *Adelaide 26. Dez. 1880, †Polesden Lacey bei Dorking (Surrey) 7. Sept. 1949, amerikan. Soziologe austral. Herkunft. – Ab 1919 Prof., zuletzt (1926–47) an der Harvard University; Begründer der amerikan. Ind.- und Betriebssoziologie; wurde berühmt durch die Hawthorne-Untersuchung.

Mayo [engl. 'meɪoʊ], Gft. in NW-Irland, 5 398 km², 115 200 E (1988), Verwaltungssitz Castlebar.

Mayo-Klinik ['maɪo, engl. 'meɪoʊ], von dem Mediziner W. W. Mayo (*1819, †1911) und seinen Söhnen C. H. (Chirurg; *1865, †1939) und W. J. Mayo (Chirurg; *1861, †1939) 1889 gegr., heute bes. auf medizin. Diagnostik und außergewöhnl. Operationen spezialisiertes Krankenhaus in Rochester (Minn.). 1970 wurde in Wiesbaden die Dt. Klinik für Diagnostik nach dem Vorbild der amerikan. M.-K. errichtet.

Mayonnaise [majɔ'nɛːzə; frz.; eigtl. „aus Mahón stammende (Soße)"], pikante, dicke, kalte Soße auf der Basis von Eigelb und Öl.

Mayotte [frz. ma'jɔt] (Mahoré), als Collectivité territoriale zu Frankreich gehörendes Gebiet im Ind. Ozean, besteht aus der zu der Inselgruppe der Komoren gehörenden

Insel M. und ihr vorgelagerten Inseln, 374 km², 77 000 E (1988), Verwaltungssitz Dzaoudzi (auf Pamanzi-Bé). M. ist vulkan. Ursprungs, bis 660 m hoch. Wichtigste Produkte sind: Vanille, Kaffee, Zuckerrohr, Pfeffer, Kopra. – M. ist seit 1841 frz.; seine Bewohner widersprachen der Unabhängigkeitserklärung der ↑Komoren 1975.

Mayr [ˈmaɪər], Peter, gen. Wirt an der Mahr, * Riffian (Prov. Bozen) 15. Aug. 1767, † Bozen 20. Febr. 1810 (standrechtlich erschossen), Tiroler Freiheitskämpfer. – 1809 neben Andreas Hofer Kommandant der Aufständischen im Tiroler Freiheitskampf.

M., Simon, dt. Astronom, ↑Marius, Simon.

M., Simon, * Mendorf (= Altmannstein, Landkr. Eichstätt) 14. Juni 1763, † Bergamo 2. Dez. 1845, italien. Komponist dt. Herkunft. – Seit 1787 in Italien; komponierte v. a. etwa 70 Opern, die für die Entwicklung der neueren italien. Oper grundlegend waren.

Mayreder, Rosa, geb. Obermayer, * Wien 30. Nov. 1858, † ebd. 19. Jan. 1938, östr. Schriftstellerin und Frauenrechtlerin. – War zuerst Malerin; gründete 1893 den Allg. Östr. Frauenverein; Vorsitzende der Frauenliga für Frieden und Freiheit; Lyrikerin, Erzählerin und Essayistin, u. a. „Zur Kritik der Weiblichkeit" (1905).

Mayrhofen, größter Ort des Zillertals, Tirol, Österreich, 630 m ü. d. M., 3 300 E. Fremdenverkehr.

Mayrhofer, Johann [ˈmaɪər...], * Steyr 3. Nov. 1787, † Wien 5. Febr. 1836 (Selbstmord), östr. Schriftsteller. – Freund F. Schuberts, der 47 seiner Gedichte vertonte.

Mayröcker, Friederike, * Wien 20. Dez. 1924, östr. Schriftstellerin. – Schreibt nach bildreicher Erlebnislyrik und ähnl. Prosa („Larifari", 1956; „Tod durch Musen", 1966) in der Tradition der automat. Niederschriften des Surrealismus, u. a. „Minimonsters Traumlexikon" (1968), „Fantom Fan" (1971). Eine gattungsmäßige Zuordnung derartiger offener Texte zur Prosa („Augen wie Schlajapin bevor er starb", 1974), zum Drama („Arie auf tönernen Füßen", 1972), zur Lyrik („In langsamen Blitzen", 1974) ist nur bedingt sinnvoll. Verfaßte auch, z. T. mit E. Jandl, zahlr. Hörspiele. 1982 erhielt sie den Großen Östr. Staatspreis. – *Weitere Werke:* Das Licht in der Landschaft (En., 1975), Fast ein Frühling des Markus M. (Prosa, 1976), Heiligenanstalt (R., 1978), Winterglück (Ged., 1986), mein Herz mein Zimmer mein Name (Ged., 1988), Stilleben (Prosa, 1991).

Ma Yuan (Ma Yüan), * um 1150, † 1224, chin. Maler. – Ab etwa 1190 Mgl. der kaiserl. Akad. in Hangzhou; sein asymmetr. Kompositionsstil (sog. „Einecksstil") wirkte schulebildend (sog. Ma-Xia-Schule).

MAZ, Abk. für: **m**agnetische Bild**a**ufzeichnung, ↑Videorecorder.

Mazamahirsche, svw. ↑Spießhirsche.

Mazarin, Jules [frz. mazaˈrɛ̃], eigtl. Giulio Raimondo Mazzarini, Hzg. von Nevers (seit 1659), * Pescina (Prov. L'Aquila) 14. Juli 1602, † Vincennes 9. März 1661, frz. Staatsmann und Kardinal. – Trat 1625 in den päpstl. Militärdienst ein und wurde bald mit diplomat. Aufgaben betraut; 1634–36 Vizelegat von Avignon und außerordentl. Nuntius von Paris, 1641 Kardinal. Ab 1640 in frz. Diensten und Mitarbeiter Richelieus, nach dessen Tod (1642) er in den Kronrat nachrückte; ab 1643 leitender Minister. In dieser Position beherrschte M. die gesamte frz. Politik und beeinflußte auch wesentlich die polit. Erziehung Ludwigs XIV. Durch die Fronde zweimal zur Flucht ins Ausland (1651, 1652/53) gezwungen; aus deren Niederlage (1653) ging der Absolutismus gestärkt hervor. Auf seinen außenpolit. Erfolgen (u. a. 1648 Westfäl. Friede, 1659 Pyrenäenfriede) beruhte die frz. Vormachtstellung in Europa unter Ludwig XIV.

Mazar-i-Sharif [maˈzaːriʃaˈriːf], afghan. Stadt am N-Fuß des Hindukuschausläufer, 360 m ü. d. M., 110 000 E. Hauptstadt der Prov. Balkh; Museum; Gebirgsoase; schiit. Wallfahrtsort. – Grabmoschee des Kalifen Ali (15. Jh.).

Mazatenango [span. masateˈnaŋgo], Hauptstadt des Dep. Suchitepéquez, SW-Guatemala, 371 m ü. d. M., 38 300 E. Landw. Verarbeitungs- und Handelszentrum.

Mazatlán [span. masaˈtlan], mex. Stadt im Staat Sinaloa, auf einer Halbinsel am Pazifik, 250 000 E. Kath. Bischofssitz; größter Pazifikhafen und wichtigstes Handels- und Ind.zentrum im W Mexikos; Fremdenverkehr. – Die Stadt entwickelte sich aus einer indian. Siedlung.

Mazdaismus [masd...; awest.], eine nach dem Gottesnamen Ahura Masda ben. frühe Form des ↑Parsismus.

Mazedonien ↑Makedonien.

Mäzen [lat.; nach Maecenas], vermögender Privatmann, der bes. Künstler und Sportler fördert.

Mazerale [lat.], die mikroskopisch unterscheidbaren Gefügebestandteile der Kohle.

Mazeration [zu lat. maceratio „das Mürbemachen, Einweichen"], Quellung bzw. Aufweichung tier. oder pflanzl. Gewebe bei längerem Kontakt mit Flüssigkeiten.
▷ Auszug einer Substanz aus einem Stoffgemisch durch Wasser oder andere Lösungsmittel, v. a. zur Aufbereitung von Drogen.
▷ mikroskop. Präparationsverfahren zur Isolierung von Gewebsanteilen unter Erhaltung der Zellstruktur.

Mazis [lat.-frz.] ↑Muskatnußbaum.

Mazowiecki, Tadeusz [poln. mazɔˈvjɛtski], * Płock 18. April 1927, poln. Politiker. – Journalist; enger Berater L. Wałesas und der Gewerkschaftsorganisation Solidarność; 1981/82 inhaftiert, danach journalist. und polit. Arbeit im Untergrund; Aug. 1989–Jan. 1991 erster nichtkommunist. Min.präs. Polens nach dem 2. Weltkrieg; seit Mai 1991 Vors. der Demokrat. Union.

Mazurka [maˈzurka; poln. „Masurentanz"] (Mazur, Mazurek, Masurka), poln. Nationaltanz im ³⁄₄-Takt mit punktierten Rhythmen, charakterist. Betonungswechsel; hervorgehoben durch häufiges Aufstampfen. Die M. fand im 17. Jh. in Polen, im 18. Jh. auch in Deutschland und England Aufnahme als Gesellschaftstanz und damit auch Eingang in die Kunstmusik.

Mazurkiewicz, Stefan [poln. mazurˈkjɛvitʃ], * Warschau 25. Sept. 1888, † Grodzisk Mazowiecki (bei Warschau) 19. Juni 1945, poln. Mathematiker. – Prof. in Warschau; Begründer der „Warschauer Schule", die sich im Anschluß an seine Untersuchungen v. a. der Mengenlehre, der Topologie und den Grundlagen der Mathematik widmete.

Mazzen ↑Matzen.

Mazzini, Giuseppe, * Genua 22. Juni 1805, † Pisa 10. März 1872, italien. Freiheitskämpfer. – Einer der Führer des ↑Risorgimento; schloß sich 1827 den Karbonari an, gründete 1831 in Marseille die Giovine Italia, die er 1834 mit dt. und poln. Parallelgründungen zum Jungen Europa vereinte. 1849 leitete er mit Garibaldi die Verteidigung der Republik Rom und lebte nach deren Zusammenbruch im Exil. Die von Cavour geführte, auf die Zusammenarbeit von Krone und Nationalbewegung gestützte Einigung Italiens nach 1859 lehnte er ab.

Mbabane, Hauptstadt von Swasiland, im gebirgigen W des Landes, 1 143 m ü. d. M., 48 000 E. Nahrungsmittelind., Druckerei. – Als Stadt 1902 von den Briten gegr., seit 1903 Hauptstadt von Swasiland.

Mbale, Dist.hauptstadt in O-Uganda, am W-Fuß des Mount Elgon, 1 110 m ü. d. M., 28 000 E. Landw. Handelszentrum.

Mbandaka (früher Coquilhatville), Stadt am linken Ufer des Kongo, Zaire, 370 m ü. d. M., 125 000 E. Hauptstadt der Region Équateur. Kath. Erzbischofssitz; Äquatormuseum, botan. Garten; Hafen; Metall-, Lebensmittelind.; ⚒. – 1886 gegründet.

mbar, Einheitenzeichen für Millibar (↑Bar).

Mbarara, Distr.hauptort in SW-Uganda, 1 473 m ü. d. M., 23 000 E. Museum, landw. Handelszentrum.

Mbéré [frz. mbeˈre] ↑Logone.

Mbeya [engl. ɛmˈbɛɪja], Regionshauptstadt in Tansania, 1 760 m ü. d. M., 78 000 E. Kath. Bischofssitz; Tee- und Kaffeeaufbereitung, Textil-, Zementindustrie.

MBFR [engl. ˈɛmbiːɛfˈɑː], Abk. für: **M**utual **B**alanced **F**orces **R**eductions; Bez. für die am 30. Okt. 1973 in Wien begonnenen „Verhandlungen über beiderseitige Reduzierung von Streitkräften und Rüstungen und damit zusam-

Friederike Mayröcker

Jules Mazarin (Ausschnitt aus einem Kupferstich, 1656)

Tadeusz Mazowiecki

Giuseppe Mazzini

Joseph Raymond McCarthy

Mary McCarthy

Barbara McClintock

John Jay McCloy

menhängende Maßnahmen in Mitteleuropa" (offizieller Name). Ziel der Verhandlungen war v. a., Abrüstungsschritte in M-Europa einzuleiten. Die 19 Teilnehmer (Belgien, BR Deutschland, Bulgarien, ČSSR, Dänemark, DDR, Griechenland, Großbritannien, Italien, Kanada, Luxemburg, Niederlande, Norwegen, Polen, Rumänien, Türkei, UdSSR, Ungarn, USA) konnten keine Annäherung erzielen, so daß die Gespräche am 2. Febr. 1989 beendet wurden, nachdem feststand, daß ab 9. März 1989 Verhandlungen über die konventionellen Streitkräfte in Europa beginnen würden (↑VKSE).

Mbini, Prov. in ↑Äquatorialguinea.

Mbuji-Mayi [frz. mbuʒima'ʒi], Regionshauptstadt im südl. Zentrum von Zaire, 423 000 E. Kath. Bischofssitz; Diamantengewinnung; 🖼.

Mbundu, Bantustamm im Hochland von Bié, Angola; die Mgl. (etwa 3 Mill.) leben von Hackbau und Viehzucht.

Mc... [engl. mæk...], Abk. für Mac (schott. „Sohn"), Bestandteil von ir. und schott. Familiennamen gäl. Ursprungs. − ↑Mac...

m. c., Abk. für: ↑mensis currentis.

McCarthy [engl. mə'kɑ:θɪ], Joseph Raymond, *Grand Chute (Wis.) 14. Nov. 1909, †Washington 2. Mai 1957, amerikan. Politiker (Republikan. Partei). − Jurist; 1947−54 Senator für Wisconsin; leitete 1950−54 als Vors. des Senatsausschusses zur Untersuchung „unamerikan. Umtriebe" die Suche nach angebl. Kommunisten in der Verwaltung und im öff. Leben der USA, die sich im Zuge des kalten Krieges zu einer allg. antikommunist., nationalist. und antisemit. Vorurteile mobilisierenden Verfolgungswelle ausweitete *(McCarthyism)* und erst abklang, als M. vom Ausschußvorsitz abgelöst wurde.

M., Mary, *Seattle (Wash.) 21. Juni 1912, †New York 25. Okt. 1989, amerikan. Schriftstellerin. − In ihren realist. Romanen und Kurzgeschichten wies sie u. a. auf Mißstände der amerikan. Gesellschaft hin; am bekanntesten wurde „Die Clique" (R., 1963); schrieb auch zahlr. Reportagen und Essays, bes. über Vietnam, u. a. „Vietnam-Report" (1967); „Was sich verändert, ist nur die Phantasie" (Autobiographie, 1987).

McCartney, Paul [engl. mə'kɑ:tnɪ], *Liverpool 18. Juni 1942, engl. Rockmusiker (Baßgitarrist, Sänger, Texter, Komponist). − Einer der Mitbegr. und Mitglied der ↑Beatles, für die er zus. mit John Lennon zahlr. Songs schrieb, komponierte und arrangierte (u. a. „Yesterday"). Nach Auflösung der Gruppe 1970 trat er als Solist hervor. 1991 entstand der Konzertfilm „Get back", als E-Musik-Komponist versuchte er sich mit „Paul McCartney's Liverpool Oratorio" für vier Gesangsstimmen, Chor und Orchester (1991).

McClintock, Barbara [engl. mæ'klɪntɔk], *Hartford (Conn.) 16. Juni 1902, †New York 2. Sept. 1992, amerikan. Botanikerin. − Für ihre (schon 1957 gemachte) grundlegende Entdeckung der „bewegl. Strukturen in der Erbmasse" erhielt sie 1983 den Nobelpreis für Physiologie oder Medizin.

M., Sir (seit 1860) Francis Leopold [engl. mə'klɪntɔk], *Dundalk 8. Juli 1819, †London 17. Nov. 1907, brit. Marineoffizier und Polarforscher ir. Herkunft. − Fand bei einer von ihm geleiteten Expedition 1857−59 die Spuren der Franklin-Expedition auf King William Island.

McCloy, John Jay [engl. mə'klɔɪ], *Philadelphia 31. März 1895, †Stamford (Conn.) 11. März 1989, amerikan. Jurist, Bankier und Politiker. − Führte als stellv. Kriegsmin. (1941−45) das Lend-lease-Programm durch; 1947 bis 1949 Präs. der Weltbank; 1949−52 Hochkommissar für Deutschland; 1953−61 Vors. der Chase Manhattan Bank; 1961−63 Sonderbeauftragter Präs. Kennedys für Abrüstungsfragen.

McClure [engl. mə'kluə], Sir (seit 1854) Robert John Le Mesurier, *Wexford 28. Jan. 1807, †London 17. Okt. 1873, brit. Marineoffizier und Polarforscher ir. Herkunft. − Drang 1850 bei der Suche nach J. Franklin über die Beringstraße nördl. von Alaska vor und fand bei Banks Island den Zugang zur Nordwestpassage.

McClure Strait [engl. mə'kluə 'streɪt], Meeresstraße zw. Banks Island und den Parry Islands im Kanad.-Arkt. Archipel.

McCullers, Carson [engl. mə'kʌləz], geb. Smith, *Columbus (Ga.) 19. Febr. 1917, †Nyack bei New York 29. Sept. 1967, amerikan. Schriftstellerin. − Gestaltete in Romanen und Novellen sprachlich sensibel und eindringlich insbes. das Thema der Einsamkeit und Unfähigkeit von Menschen zur Kommunikation, v. a. in dem Roman „Das Herz ist ein einsamer Jäger" (1940). − *Weitere Werke:* Das Mädchen Frankie (R., 1946), Uhr ohne Zeiger (R., 1961).

McCullough, Colleen [engl. mə'kʌləx], *Wellington (New South Wales) 1. Juni 1937, austral. Schriftstellerin. − Schreibt erfolgreiche Unterhaltungsromane. Weltbekannt wurde sie mit der austral. Familiensaga „Die Dornenvögel" (1977; als Fernsehserie 1984). − *Weitere Werke:* Ein anderes Land für Liebe (R., 1981), Credo (R., 1985), Die Macht und die Liebe (R., 1989), Eine Krone aus Gras (R., 1990).

McDiarmid, Hugh [engl. mək'dɪəmɪd], eigtl. Christopher Murray Grieve, *Langholm (Dumfries) 11. Aug. 1892, †Edinburgh 9. Sept. 1978, schott. Schriftsteller. − Mitbegründer der schott. Nationalpartei und der schott. Sektion des PEN-Clubs. Als politisch linksorientierter Lyriker, Satiriker, Essayist, Kritiker und Kommentator bed. Vertreter der Renaissance der modernen schott. [Dialekt]literatur.

McDonnell Douglas Corp. [engl. mək'dɔnl 'dʌɡləs kɔ:pə'reɪʃən], amerikan. Unternehmen der Luft- und Raumfahrtind., Sitz St. Louis (Mo.), entstanden 1967 durch Fusion der McDonnell Aircraft Corp. und der Douglas Aircraft Co. Das Produktionsprogramm umfaßt Verkehrsflugzeuge (MD 11, MD 80), Militärflugzeuge (F-15 Eagle, F-4 Phantom, A-4 Skyhawk) sowie Trägerraketen, Skylab (Weltraumlaboratorium), Datenverarbeitungsanlagen, elektron. und opt. Geräte.

McEwan, Ian [engl. mək'ju:ən], *Aldershot (Hampshire) 21. Juni 1948, engl. Schriftsteller. − Der in Tabuzonen eindringende, ins Makabre, Magische und Symbolhafte gesteigerte Realismus seiner Kurzgeschichten und Romane zeigt Menschen im Zustand existentieller Leere und Verlassenheit. − *Werke:* Erste Liebe, letzte Riten (En., 1975), Zwischen den Laken (En., 1977), Der Zementgarten (R., 1980), The child in time (R., 1987), Unschuldige (R., 1990).

McGhee, Walter (Brownie) [engl. mə'ɡi], *Knoxville (Tenn.) 30. Nov. 1915, amerikan. Jazzmusiker (Gitarrist, Sänger). − Gehört zu den bekanntesten Bluesinterpreten; bildete (seit 1939) mit dem Mundharmonikaspieler S. Terry (*1911, †1986) ein Duo.

McGovern, George Stanley [engl. mə'ɡʌvən], *Avon (S. Dak.) 19. Juli 1922, amerikan. Politiker (Demokrat. Partei). − 1957−61 Mgl. des Repräsentantenhauses; 1963 bis 1981 Senator für South Dakota; unterlag bei den Präsidentschaftswahlen 1972 R. M. Nixon.

McGrath, John Peter [engl. mə'ɡrɑ:], *Birkenhead 1. Juni 1935, engl. Dramatiker. − Wurde bekannt mit dem antimilitarist. Stück „Events while guarding the Bofors gun" (1966); seine an B. Brecht und E. Piscator anknüpfenden Stücke fangen die regionale schott. Atmosphäre ein, u. a. „The cheviot, the stag, and the black, black oil" (1974), „Little red hen" (1977), „Blood red roses" (1981).

McGraw-Hill Book Company Inc. [engl. mə'ɡrɔ:'hɪl 'buk 'kʌmpəni ɪn'kɔ:pəreɪtɪd] ↑Verlage (Übersicht).

MChAT ↑Moskauer Künstlertheater.

Mchitar (Mechitar, Mechithar) **von Sebaste,** eigtl. Peter Manuk, *Sebaste (= Sivas) 7. Febr. 1676, †Venedig 27. April 1749, armen. Ordensstifter. − Gründete 1701 den nach ihm ben. Orden der ↑Mechitaristen mit dem Ziel, das armen. Volk aus dem Bildungsverfall seiner Zeit herauszuführen.

McKay, Claude [engl. mə'kaɪ], Pseud. Eli Edwards, *Sunny Ville (Jamaika) 15. Sept. 1890, †Chicago 22. Mai 1948, amerikan. Schriftsteller jamaikan. Herkunft. − Seit 1912 in den USA; wichtiger Vertreter der Harlem-Renaissance; erster literar. Erfolg mit dem Kriegsheimkehrerroman „Home to Harlem" (1928).

McKinley, William [engl. məˈkɪnlɪ], *Niles (Ohio) 29. Jan. 1843, †Buffalo (N.Y.) 14. Sept. 1901, 25. Präs. der USA (1897 bis 1901). – Setzte als republikan. Abg. (1877–83, 1885–91) eine Politik hoher Schutzzölle durch (M. Tariff, 1890); förderte als Präs. eine imperialist. Politik v. a. gegenüber Asien und Lateinamerika; seine Haltung in der kuban. Frage führte 1898 zum ↑Spanisch-Amerikanischen Krieg. M. erlag den Folgen eines am 6. Sept. 1901 verübten Attentats.

McKinley, Mount [engl. ˈmaʊnt məˈkɪnlɪ], höchste Erhebung Nordamerikas, in der Alaska Range in einem 19 020 km² großen Nationalpark, USA, 6 198 m hoch; stark vergletschert; 1913 erstmals bestiegen.

McLaughlin, John [engl. məˈklɔklɪn], *Kirk's Sandall bei Doncaster (Yorkshire) 4. Jan. 1942, brit. Jazzmusiker (Gitarrist). – Seit 1969 in den USA; spielte u. a. bei M. Davis; gründete 1971 das „Mahavishnu Orchestra" (bis 1977 und erneut ab 1984), das den elektron. Jazzrock einleitete. Mit der Gruppe „Shakti" (1976–78) verschmolz er ind. Musiktraditionen mit Jazzelementen. Trat in den 1980er Jahren als Solist hervor.

McLuhan, Herbert Marshall [engl. məˈkluːn], *Edmonton (Kanada) 21. Juli 1911, †Toronto 31. Dez. 1980, kanad. Kommunikationswissenschaftler. – Prof. in Toronto ab 1952, an der Fordham University, New York 1967/68; popularisierte eine ästhet. Medientheorie, die personale und technisch vermittelte Kommunikation als „Erweiterung der menschl. Sinnesorgane" ansieht.

McMahonlinie [engl. məkˈmɑːn], nö. Grenzlinie Indiens gegenüber Tibet entlang der Hauptkette des Himalaja; auf der Konferenz von Simla (1913/14) verhandelt zw. dem brit. Staatssekretär Sir A. H. McMahon (*1862, †1949) und Vertretern Tibets und Chinas, festgelegt ohne Hinzuziehung des chin. Unterhändlers. China, das die M. nicht anerkannte, begründete mit seinen von Indien seit 1959 abgewiesenen Revisionsansprüchen (Grenzverlauf etwa 100 km weiter südl.) im Okt. 1962 die Überschreitung der M. und den Einmarsch chin. Truppen in Indien. Nach dem chin. Rückzug 20 km hinter die „Linie tatsächl. Kontrolle" wurde sie vertragl. Dauerregelung nie hervor.

McMillan, Edwin Mattison [engl. məkˈmɪlən], *Redondo Beach (Calif.) 18. Sept. 1907, †El Cerrito (Calif.) 7. Sept. 1991, amerikan. Physiker. – Prof. in Berkeley; entdeckte 1940 die ersten Transurane; entwickelte unabhängig von W. J. Weksler das theoret. Prinzip des Synchrotrons. Nobelpreis für Chemie 1951 (mit G. T. Seaborg).

McMurdosund [engl. məkˈmɜːdoʊ], Bucht des Rossmeeres in der Ostantarktis; am M. liegt im S der Rossinsel die USA-Forschungsstation McMurdo.

McNamara, Robert Strange [engl. məknəˈmɑːrə], *San Francisco 9. April 1916, amerikan. Politiker. – Einer der Direktoren, 1960 Präs. der Ford Motor Co.; leitete als Verteidigungsmin. 1961–68 eine umfassende Reorganisation der amerikan. Streitkräfte ein, ersetzte die Strategie der „massiven Vergeltung" durch die der „flexiblen Reaktion" und forcierte den Bau von Interkontinentalraketen; 1968–81 Präs. der Weltbank.

McQueen, Steve [engl. məˈkwiːn], *Slater (Mont.) 24. März 1930, †Ciudad Juárez 7. Nov. 1980, amerikan. Filmschauspieler und -produzent. – Wurde bekannt als lakon.-lässiger Heldendarsteller, z. B. in den Filmen „Die glorreichen Sieben" (1960), „Gesprengte Ketten" (1962), „Cincinnati Kid" (1965), „Papillon" (1973).

McRae, Carmen [engl. məˈkreɪ], *New York 8. Febr. 1922, amerikan. Jazzmusikerin (Pianistin und Sängerin). – Spielte und sang u. a. in Orchestern von M. Ellington und C. Basie; seit 1954 Solovokalistin; interpretiert v. a. Stücke des Swing und Modern Jazz, auch Scat-Sängerin.

Md, chem. Symbol für ↑Mendelevium.

m. d., in der Musik Abk. für italien.: **m**ano **d**estra „mit der rechten Hand [zu spielen]".

MdB, Abk. für: **M**itglied **d**es **B**undestages.
MdEP, Abk. für: **M**itglied **d**es **E**uropäischen **P**arlaments.
MdL, Abk. für: **M**itglied **d**es **L**andtages.
MdR, Abk. für: **M**itglied **d**es **R**eichstages.

MDR, Abk. für: **M**ittel**d**eutscher **R**undfunk.
Me, in chem. Formeln Symbol für ein Metall[atom].
ME, Zeichen für ↑Masseneinheit.
Me., Abk. für: **M**ain**e**, Staat der USA.

mea culpa! [lat.], durch meine Schuld! (Ausruf im Confiteor).

Mead [engl. miːd], George Herbert, *South Hadley (Mass.) 27. Febr. 1836, †Chicago 26. April 1931, amerikan. Philosoph und Sozialpsychologe. – Seit 1893 Prof. in Chicago; Vertreter des amerikan. Pragmatismus. Versuchte in seiner von ihm als „Sozialbehaviorismus" bezeichneten Lehre, die Entstehung des Geistes und der persönl. Identität („self") aus Kommunikationsprozessen zw. den Lebewesen zu erklären, wobei er die Sprache als vorsprachl. Kommunikations- und Handlungsformen erklärte. – *Werke:* Geist, Identität und Gesellschaft aus der Sicht des Sozialbehaviorismus (hg. 1934), The philosophy of the act (hg. 1938).

M., Margaret, *Philadelphia 16. Dez. 1901, †New York 15. Nov. 1978, amerikan. Ethnologin. – Seit 1925 ethnograph. Feldarbeiten auf Samoa, den Admiralitätsinseln, Neuguinea und Bali über Einfluß der sozialen Umwelt auf die Persönlichkeitsentwicklung des Kindes, geschlechtsspezif. Rollenverhalten, Probleme der Akkulturation und des sozialen Wandels in den sog. primitiven Gesellschaften. Autobiographie: „Brombeerblüten im Winter" (1972).

Mead, Lake [engl. ˈleɪk ˈmiːd], etwa 180 km langer, bis 15 km breiter Stausee des ↑Hoover Dam, USA.

Meade, James Edward [engl. miːd], *Swanage (Dorset) 23. Juni 1907, brit. Nationalökonom. – Prof. in London und Cambridge (ab 1957); 1977 erhielt M. zus. mit B. Ohlin den sog. Nobelpreis für Wirtschaftswiss., v. a. für seine grundlegenden Arbeiten auf dem Gebiet der Außenwirtschaftstheorie und der internat. Wirtschaftspolitik.

Meath [engl. miːð], Gft. in O-Irland, 2 336 km², 103 900 E (1988), Verwaltungssitz Navan. M. liegt im östl. Teil der zentralir. Ebene und ist das reichste Weidewirtschaftsgebiet des Landes. – In M. liegen die besterhaltenen Rundgräber der megalith. Boynekultur und bed. frühgeschichtl. Anlagen, u. a. die Königsstadt Tara.

Meaux [frz. mo], frz. Stadt an Marne und Canal de l'Ourcq, Dep. Seine-et-Marne, 45 000 E. Kath. Bischofssitz; Museum; zentraler Ort der nördl. Brie. – M. war in fränk. Zeit Hauptort des Pagus Meldensis, dann der Grafschaft M.; bekam 1179 Stadtrecht. – Teile der galloröm. Stadtmauer und spätma. Befestigungen (15. Jh.) sind erhalten; Kathedrale (12.; 13./14. Jh.); ehem. Bischofspalast (v. a. 12. und 17. Jh.; jetzt Museum); Unité d'Habitation (1957–59) von Le Corbusier.

Mebes, Paul, *Magdeburg 23. Jan. 1872, †Berlin 9. April 1938, dt. Architekt. – Errichtete, ab 1911 zus. mit Paul Emmerich (*1876, †1958), v. a. in Berlin Wohnsiedlungen (u. a. Friedrich-Ebert-Siedlung, Spree-Siedlung) und Verwaltungsgebäude.

Mechanik [zu griech. mēchaniké (téchnē) „die Kunst, Maschinen zu bauen"], Teilgebiet der Physik; beschäftigt sich mit den Bewegungen, den sie verursachenden Kräften und mit der Zusammensetzung und dem Gleichgewicht von Kräften. – Dabei werden in der Kinematik die mögl. Bewegungsformen (Bahnkurven) der Körper untersucht, in der ↑Dynamik auch die bewegenden Kräfte, in der ↑Statik das Zusammenwirken der Kräfte im Fall des Gleichgewichts. Von *Punkt-M. (M. der Massenpunkte)* bzw. *M. der Massenpunktsysteme* spricht man, wenn man sich aus method. Gründen auf die Betrachtung von sog. ↑Massenpunkten bzw. Systemen von solchen beschränkt. Als ↑Himmelsmechanik bezeichnet man die M. der Himmelskörper. Der *M. der starren Körper,* d. h. der M. der Körper, die aus Massenpunkten bestehend gedacht werden können, deren jeweilige Abstände untereinander unverändert bleiben, steht die *M. der deformierbaren Medien,* die ↑Kontinuumsmechanik, gegenüber. Die *Hydro-M.* untersucht in der ↑Hydrostatik ruhende, in der ↑Hydrodynamik strömende Flüssigkeiten; entsprechend teilt man die *M. der Gase* in Aerostatik und ↑Aerodynamik ein.

Carson McCullers

William McKinley

Edwin Mattison McMillan

James Edward Meade

mechanische Musikinstrumente

Mechanische Musikinstrumente. Orchestrion „'s ewig Werkli", um 1860 (Waldkirch, Elztäler Heimatmuseum)

Man unterscheidet weiterhin zw. klass. M. und relativist. M. Die Regeln der **klassischen Mechanik** gelten nur, wenn die vorkommenden Geschwindigkeiten klein im Vergleich zur Lichtgeschwindigkeit sind. Für Geschwindigkeiten in der Größenordnung der Lichtgeschwindigkeit gelten die Gesetze der **relativistischen Mechanik**. Sie ist umfassender als die klass. M., die nur einen Grenzfall der relativist. M. darstellt. Die Gesetze der klass. M. verlieren ihre Gültigkeit auch im atomaren Bereich. Hier tritt an die Stelle der klass. M. die **Quantenmechanik. –** Mit statist. Verfahren arbeitet die **statistische Mechanik.** Sie wird immer dann angewandt, wenn man nur das makroskop. Verhalten einer größeren Anzahl von Teilchen untersuchen will und auf die Kenntnis der individuellen Bewegungszustände der einzelnen Teilchen verzichtet.

Geschichte: In der klass. Antike und im MA verstand man unter M. die Kunst, die Natur zu überlisten. Mit Galilei (Behandlung des freien Falls, der Trägheit und der Beschleunigung der Körper) und J. Kepler (Beschreibung der Planetenbewegung) begann die Entwicklung der M. zu einer physikal. Disziplin. Sie führte über C. Huygens zu I. Newton, der mit der Aufstellung seiner Axiome (↑Newtonsche Axiome) die Grundlagen der Dynamik des Massenpunktes schuf. Die Ausdehnung auf Massenpunktsysteme und auf starre Körper erfolgte im wesentlichen durch L. Euler und d'Alembert. W. R. Hamilton schuf die ausgereifte mathemat. Form der klass. M. 1905 begründete A. Einstein die relativist. M. Auf M. Plancks Quantenhypothese von 1900 geht die Quantenmechanik zurück.

▷ Art der Konstruktion und des Funktionierens einer Maschine; auch Bez. für deren bewegl. Teile.

mechanische Musikinstrumente (mechanische Musikwerke), mit einer mechan. Antriebsvorrichtung ausgestattete [modifizierte] Musikinstrumente, die Musikstücke automatisch wiedergeben, z. B. Glockenspiele, Spieluhren, Flötenuhren, Drehorgeln, Orchestrion, Pianola.

mechanische Sinne, die Fähigkeiten bei Tieren und beim Menschen, mechan. Reize (z. B. Druck, Berührung, Wasserströmung) als Sinnesempfindungen wahrzunehmen. Die zugehörigen Sinneszellen bezeichnet man als **Mechanorezeptoren;** sie sprechen auf mechan. Verformungen an.

mechanische Verwitterung ↑Verwitterung.

Mechanisierung [griech.], Unterstützung und teilweise Ersetzung menschl. Arbeitskraft und -leistung beim Arbeitsvollzug durch geeignete Maschinen und Werkzeuge.

Mechanismus [griech.], (Mechanizismus) seit der griech. Antike belegte, häufig, aber nicht grundsätzlich mit Formen des Materialismus verbundene Richtung der Naturphilosophie und der frühen neuzeitl. Naturwiss. mit Höhepunkt im 19. Jh., nach der das Naturgeschehen der Welt, die Naturprozesse und der Aufbau des Kosmos auf Gesetze der Bewegung zurückgeführt und streng deterministisch (↑Determinismus) nach dem Kausalprinzip von Ursache und Wirkung erklärt werden, wobei der M. sich in seinen Extremformen nicht nur auf anorgan. bzw. physikal. Naturphänomene bezieht, sondern die Phänomene des Lebens einschließt (**mechanistisches Weltbild**). – In der griech. Philosophie wurde der M. in engem Zusammenhang zum Atomismus gegen myth. Vorstellungen zur Erklärung des Aufbaus des Kosmos und der kosm. Prozesse, v. a. des Werdens, verwendet. In der Neuzeit entwickelte Descartes richtungsweisend einen metaphys. M.: Er bestimmte die Materie als „res extensa", als ↑Ausdehnung, und sah die auf Materie und Bewegung zurückzuführenden Prozesse der Natur einer streng mechan. Notwendigkeit unterworfen. Newton erhob den M. zum universalen System. Kant wollte den M. nur als Hypothese naturwiss. Forschung gelten lassen. Gegen den M. des naturwiss. Materialismus des 19. Jh. war der ↑Vitalismus gerichtet. – Eine mechanistisch orientierte Psychologie bzw. Verhaltensforschung wurde v. a. von der Assoziationspsychologie (↑Assoziation) und dem ↑Behaviorismus vertreten.

▷ in der *Technik* eine Gruppe von gekoppelten, mechan. Bauelementen [einer Maschine], bei der jede Bewegung eines Elements zwangsläufig eine Bewegung anderer bewegl. Glieder bewirkt. Im übertragenen Sinne auch Bez. für eine geschlossene Folge von gesetzmäßig und selbständig ablaufenden Teilprozessen eines Geschehens.

▷ in der *Verhaltensphysiologie* ↑Auslösemechanismus.

Mechanorezeptoren [griech./lat.] ↑mechanische Sinne.

Mecheln (amtl. Mechelen [niederl. ˈmɛxələ]; frz. Malines), belg. Stadt in der Prov. Antwerpen, 75 800 E. Kath. Erzbischofssitz; Militärakad., Akad. der schönen Künste, Glockenspielerschule, erzbischöfl. Seminar; Archive, Bibliotheken, Museum; botan. Garten. Maschinen- und Transformatorenbau, feinmechan., chem., Schmuckwaren-, Nahrungsmittelind., Großbrauerei, Spitzenherstellung. – Im 10. Jh. im Besitz der Lütticher Bischöfe; 1369 an Burgund; innerhalb der habsburg. Niederlande selbständige polit. Einheit; 1507–30 Residenz Margaretes von Österreich; im MA wirtsch. bed. als Hafen und Stapelplatz für Fisch, Salz und Getreide sowie auf Grund der Tuchweberei; kam 1830 an Belgien. – Ma. Stadtbild mit alten Brücken und zahlr. Kirchen, u. a. die Kathedrale (13.–15. Jh.) in Brabanter Hochgotik, die spätgot. Kirche Onze-Lieve-Vrouw-over-de-Dijle (15./16. Jh.), die spätgot. Sint-Janskerk (15. Jh.), die barocke Begijnenkerk (17. Jh.), Giebelhäuser (16.–18. Jh.), Rathaus (ehem. Tuchhalle, im wesentl. 14. Jh.); Justizpalast (ehem. Palais; 16. Jh.); Brüsseler Tor (14. Jh.).

Mechelner Gespräche, Bez. für mehrere Treffen anglikan. und röm.-kath. Theologen, die 1921–25 in Mecheln stattfanden; Themen: das beiderseitige Kirchenverständnis, das Petrusamt im N. T. und die Autorität des Papstes. Zunächst von beiden Seiten begrüßt, distanzierte sich Canterbury später von den M. G., als im dogmat. Verständnis des Papsttums die Kluft immer deutlicher wurde.

Mecherino [italien. mekeˈriːno], italien. Maler, ↑Beccafumi, Domenico.

Mechernich, Stadt 12 km sw. von Euskirchen, NRW, 300 m ü. d. M., 22 000 E. Maschinen-, Transformatorenbau, Steinzeugind. Im Stadtteil **Kommern** Freilichtmuseum

Mecheln
Stadtwappen

und Landesmuseum für Volkskunde. – Alte kath. Pfarrkirche mit W-Turm (11. Jh.) und Chor (13. Jh.). In M.-Roggendorf klassizist. Gebäudekomplex.

Mechitaristen (Mechitharisten), lat. Ordo Mechitaristarum, Abk. OMech, armen.-unierter Orden unter der Benediktregel, 1701 von Mchitar von Sebaste gegr.; Schwerpunkt der Arbeit der M. ist die histor.-philolog. Erforschung und Edition der altarmen. Literatur sowie Jugendseelsorge und Mission unter den Armeniern.

Mechtel, Angelika, *Dresden 26. Aug. 1943, dt. Schriftstellerin. – Schreibt Gedichte, Erzählungen („Die feinen Totengräber", 1968) sowie gesellschaftskrit. Romane („Friß Vogel", 1972; „Das gläserne Paradies", 1973; „Wir sind arm, wir sind reich", 1977; „Janne und der Traumabschneider", 1985). Auch Verfasserin von Kinderbüchern und dokumentar. Literatur.

Mechthild von Magdeburg, *in Niedersachsen um 1210, †Helfta (= Eisleben) 1282 oder 1294, dt. Mystikerin. – Lebte als Begine unter geistl. Leitung der Dominikaner in Magdeburg. Gegen Ende ihres Lebens zog sie sich zu den Zisterzienserinnen ins Kloster Helfta zurück. Von einzigartiger myst. Begabung, trat sie als Kritikerin ihrer Zeit und der Kirche auf.

Mečiar, Vladimir [slowak. 'metʃiar], *Zvolen 26. Juli 1942, slowak. Politiker. – Jurist; 1990/91 und seit 1992 Min.präs. der SR; 1991 Mitbegründer der „Bewegung für eine Demokrat. Slowakei".

Meckauer, Walter, *Breslau 13. April 1889, †München 6. Febr. 1966, dt. Schriftsteller. – 1933–52 in der Emigration (zuletzt USA); Verf. der in China spielenden Romane „Die Bücher des Kaisers Wutai" (1928) und „Die Sterne fallen herab" (1952).

Meckel, Christoph, *Berlin 12. Juni 1935, dt. Schriftsteller und Graphiker. – Schreiben und künstler. Gestalten (Zeichnungen, Radierungen, Holzschnitte) stehen bei M. in gegenseitigem Wechselspiel bis hin zur Stoff- und Themenwahl. Seit 1956 („Tarnkappe", Ged.) erschienen zahlr. Graphik-, Lyrik- und Prosabände, die von einer phantast.-allegor. Wirklichkeitsspiegelung geprägt sind. Eine wesentl. Rolle spielen das Thema Kindheit und v.a. in den Prosawerken („Bockshorn", 1973; „Suchbild. Über meinen Vater", 1980; „Berichte zur Entstehung einer Weltkomödie", 1985) autobiograph. Elemente.

M., Markus, *Müncheberg 18. Aug. 1952, dt. Politiker (SPD). – Pfarrer; Mitbegründer der Sozialdemokrat. Partei; April–Aug. 1990 Außenmin. der ehem. DDR.

Meckel-Knorpel [nach dem dt. Anatomen J. F. Meckel, *1781, †1833], der bei den Säugetieren und beim Menschen embryonal noch erhaltene Rest des primären Unterkiefers, dessen verknöchertes Gelenkende zum Hammer der Gehörknöchelchen wird.

Mecheln. Rathaus aus dem 14. Jh., links der 1529 entstandene Nordflügel

Israhel van Meckenem d. J. Selbstbildnis mit seiner Frau Ida, Kupferstich, um 1490 (Dresden, Gemäldegalerie)

Meckenem, Israhel van, d. J., *Altendorf (?) (= Mekkenheim) um 1440, †Bocholt 10. Nov. 1503, dt. Kupferstecher und Goldschmied. – Spätestens ab 1480 in Bocholt ansässig; erhalten sind etwa 600 Stiche, u.a. nach Werken des Hausbuchmeisters, des Meisters E. S. und A. Dürers. Sein bekanntester Stich ist das Doppelbildnis mit seiner Frau.

Mecklenburg, histor. dt. Territorium, zw. Pommern, Brandenburg und Schl.-H.; in röm. Zeit von Langobarden, Sachsen u. a. german. Stämmen bewohnt, ab etwa 600 von Slawen. Seit Karl d. Gr. gerieten die Elb- und Ostseeslawen in ein Tributverhältnis zum Fränk., später zum Dt. Reich. Heinrich der Löwe setzte nach 1147 die Christianisierung in M. durch und besiegte den Obotritenfürsten Niklot (× 1160), dessen Nachkommen die Linien *M., Werle, Rostock* und *Parchim* des bis 1918 regierenden Fürstenhauses von M. begründeten. Im 14. Jh. Gebietserwerbungen (1304 Stargard, 1314/23 Rostock, 1358 Schwerin) und Verleihung von Hzg.-Würde und Reichsstandschaft (1348). Neue Teilungen ab 1555, zunächst in die Linien und Hzgt. **Mecklenburg-Schwerin** und **Mecklenburg-Güstrow** (erloschen 1695), 1701 in M.-Schwerin und **Mecklenburg-Strelitz.** Die Einheit des Territoriums bewahrten v. a. die Landstände (1523 landständ. Union). Auch Stadt und Univ. Rostock, das Hofgericht und – nach Einführung der Reformation – das Konsistorium blieben von den Teilungen ausgenommen. 1627/29–31 war Wallenstein Hzg. von M.; 1648 verlor M. Wismar, Poel und Neukloster an Schweden (bis 1803/1903), erhielt aber die säkularisierten Bistümer Schwerin und Ratzeburg. 1808 traten beide Hzgt. (M.-Schwerin und M.-Strelitz) dem Rheinbund bei und wurden 1815 Groß-Hzgt. Die 1849 eingeführte liberale Verfassung wurde 1850 von einem Schiedsgericht des Dt. Bundes wieder beseitigt. Erst 1919/20 erhielten beide Länder dem. Verfassungen. 1934 wurden sie zum Land M. vereinigt, welches 1945, um Vorpommern und Rügen erweitert, zur SBZ kam. 1952 wurden im Gebiet von M. die DDR-Bezirke Schwerin, Rostock und Neubrandenburg errichtet, die 1990 im neugeschaffenen Bundesland ↑Mecklenburg-Vorpommern aufgingen.

M., ehem. Bistum, gegr. um 1060 von Gottschalk für die Slawenmission, mit dem Bischofssitz auf der gleichnamigen Burg in der Nähe des heutigen Dorfes Mecklenburg bei Wismar; im Slawenaufstand 1066 untergegangen; 1149 neu besetzt, der Sitz jedoch 1160 nach Schwerin verlegt.

Mecklenburger Bucht, Ostseebucht zw. der mecklenburg. Küste und der Halbinsel Wagrien sowie der Insel Fehmarn; der SW-Teil trägt den Namen Lübecker Bucht.

Mecklenburger Tracht ↑Volkstrachten.

Mecklenburgisch, niederdt. Mundart, ↑deutsche Mundarten.

Mecklenburgische Seenplatte, Teil des Balt. Höhenrückens zw. der Uckermark im O und dem Elbe-Lübeck-Kanal im W, überwiegend in Meckl.-Vorp., äußerster NW-Teil in Nds., SO-Teil in Brandenburg. Zw. zwei bis 179 m hohen Endmoränen erstreckt sich ein Hügelland, das von

Angelika Mechtel

Vladimir Mečiar

Mecklenburg-Vorpommern

Mecklenburg-Vorpommern
Großes Landeswappen

zahlr. Seen (bes. Müritz, Schweriner See) durchsetzt ist. Weite Teile sind mit Laubmischwald bestanden; Ackerbau; Fremdenverkehr.

Mecklenburg-Vorpommern, Land der BR Deutschland (seit 1990), 23 838 km², 1,945 Mill. E (1990), Landeshauptstadt Schwerin. M.-V. grenzt im SW an Nds., im W an Schl.-H., im N an die Ostsee, im O an Polen und im S an Brandenburg.

Landesnatur: M.-V. liegt im Bereich des Norddt. Tieflandes und erstreckt sich zw. der Ostseeküste im N und dem Balt. Landrücken und Teilen seines sw. Vorlandes im S. Es ist in zwei Landesteile gegliedert: sw. der Linie Recknitz–Trebel–Kummerower See–Ferdinandshof–Pasewalk–Randow–Welse bis zur Grenze nach Schl.-H. und Nds. liegt *Mecklenburg,* nö. davon *Vorpommern.* Die Ostseeküste hat unter Einbeziehung der vorgelagerten Inseln eine Länge von über 400 km. Die Inseln sind (von W nach O) Poel in der Wismarbucht, Hiddensee und Ummanz vor Rügen, die reichgegliederte Insel Rügen und Usedom (östl. Inselteil zu Polen). An der Ostseeküste Mecklenburgs (von der Travemündung bis zum Fischland) wechseln Steilufer (Geschiebemergelkliffs) mit sandigen Anschwemmungen. Die mit dem Darß beginnende Küste Vorpommerns wird charakterisiert durch zahlr. Bodden, das Kleine Stettiner Haff (Kleines Oderhaff), Geschiebemergelkliffs (N-Küste von Hiddensee), die Kreidesteilküsten im N und O von Rügen sowie durch mit Strandgräsern oder lichtem Kiefernwald bewachsene Dünen (z. B. Darß und Zingst, S-Teil von Hiddensee, Teile von Rügen). Die Oberflächenformen des Landes, geprägt von der jüngsten pleistozänen Vereisung (Weichsel-Eiszeit), umfassen leichtwellige Grundmoränenflächen, die in den Helpter Bergen bis 179 m hohen Endmoränenzüge der ↑Mecklenburgischen Seenplatte, weitgehend bewaldete Sanderflächen sowie Küsten- und feuchte Talniederungen. Die zahlr. kurzen Flüsse und Bäche entwässern v. a. zur Ostsee (wie Warnow, Recknitz, Peene mit Trebel und Tollense, Uecker mit Randow), Sude mit Schaale und Elde fließen zur Elbe. – Das Klima, das im N unter starkem Einfluß der Ostsee steht, wird durch milde Winter und gemäßigt warme Sommer bestimmt, wobei von NW nach SO die Kontinentalität zunimmt. Etwa ¼ der Fläche M.-V. ist bewaldet.

Bevölkerung: Die angestammte Bev. bilden Mecklenburger und Pommern. Etwa ⅓ der Bewohner bekennen sich zum christl. Glauben, davon ist der überwiegende Teil ev.-lutherisch und zur Ev. Landeskirche Greifswald (für den pommer. Landesteil) und Ev.-Luther. Landeskirche Mecklenburgs gehörig. M.-V. ist mit 82 E/km² das am geringsten besiedelte Bundesland Deutschlands. Auf Grund der Abwanderung in die westl. Bundesländer und des natürl. Bev.-rückgangs verringerte sich die Einwohnerzahl M.-V. 1950–90 um etwa 0,3 Mill. Univ. in Rostock und Greifswald, TH in Wismar und Rostock-Warnemünde, PH in Güstrow und Neubrandenburg.

Wirtschaft: M.-V. ist überwiegend ein agrarisch strukturiertes Bundesland, dessen wichtigste Wirtschaftszweige von der Landw. und der darauf fußenden Lebensmittelind. sind. Die Hauptgebiete des Ackerbaus liegen im Bereich der fruchtbaren Grundmoränen, die M.-V. in breitem Band von NW nach SO durchziehen (v. a. Anbau von Weizen und Zuckerrüben). Auf den südlich anschließenden Endmoränengebieten und Sanderflächen mit weniger fruchtbaren Böden werden v. a. Roggen und Kartoffeln angebaut; die Kiefernwälder werden forstwirtsch. genutzt. Die zahlr. mecklenburg. Seen begünstigen die Binnenfischerei. – Hinsichtlich der Ind.produktion steht M.-V. unter allen Bundesländern an letzter Stelle. Mit dem Aufbau der Schiffbauind. (Werften in Rostock, Rostock-Warnemünde, Wismar, Stralsund, Wolgast) und der Hafenwirtschaft (Hochseehäfen in Rostock, Wismar, Stralsund) begann nach 1950 die Industrialisierung im Küstenbereich. Weiterhin wichtig sind die metallverarbeitende Ind., der Maschinen- und Fahrzeugbau v. a. in Schwerin, Neubrandenburg, Boizenburg (Binnenwerft), Parchim, Greifswald, Neustrelitz und Waren sowie die Fischverarbeitung (Rostock, Saßnitz). Das Kernkraftwerk Lubmin bei Greifswald (Baubeginn 1968), einst wichtigster Elektrizitätserzeuger M.-V., ist seit 1990 abgeschaltet. Die Ostseeküste mit ihren Halbinseln Darß und Zingst und den Inseln Rügen und Usedom ist ein bed. Urlaubsgebiet. Erholungsgebiete liegen auch im Bereich der

Mecklenburg-Vorpommern. Verwaltungsgliederung

Mecklenburg. Seenplatte. – Das Verkehrsnetz ist noch ungenügend ausgebaut (eingleisige Eisenbahnstrecken), die Hochseehäfen sind unzureichend mit dem Hinterland verbunden. Eine Verbesserung brachte der Bau der Autobahnen Berlin–Rostock in den 70er und Berlin–Hamburg in den 80er Jahren. Binnenschiffahrt in größerem Umfang ist nur auf der Elbe möglich. Fährhäfen gibt es in Rostock-Warnemünde, Saßnitz und Mukran bei Saßnitz.

Geschichte: Zur Geschichte vor 1945 ↑Mecklenburg. – 1945 als Land auf dem Territorium der SBZ gebildet, 1952 in die DDR-Bezirke Rostock, Schwerin und Neubrandenburg aufgeteilt, 1990 als Land wiederhergestellt. Nach den Landtagswahlen vom 14. Okt. 1990 bildete A. Gomolka (CDU) eine christlich-liberale Regierung. Nach dessen Rücktritt im März 1992 wurde B. Seite Ministerpräsident.

Verfassung: Eine Verfassung des neugebildeten Landes existiert (1992) noch nicht. Die Legislative liegt beim Landtag, dessen 66 Abg. für vier Jahre gewählt werden. Träger der Exekutive ist die Landesreg., bestehend aus dem vom Landtag gewählten Min.präs. und den von ihm ernannten Ministern.

Meckseper, Friedrich, * Bremen 8. Juni 1936, dt. Radierer. – Mit einer äußerst differenzierten Technik erreicht er in der Wiedergabe zumeist isolierter Objekte eine mag. Wirkung.

Medaille [me'daljə; italien.-frz. zu lat. metallum „Metall"], gegossene, geprägte oder getriebene Schaumünze aus Bronze, aber auch aus Blei, Silber oder Gold. Das Modell der gegossenen M. wird in Wachs, Buchsbaum oder Speckstein gearbeitet, die Prägung erfolgt durch Stahlstempel. Die M. gilt als eine Schöpfung der italien. Renaissance. 1438 schuf Pisanello beim Konzil in Ferrara eine M. auf den byzantin. Kaiser Johannes VIII. Palaiologos; mit dieser M. war der Typus geschaffen: Vorderseite mit Profilbildnis und Umschrift (Legende), Rückseite mit figürl. Darstellung (und der Signatur des Künstlers). Bed. Medailleure des 15. Jh. in Italien waren u. a. Matteo de' Pasti († um 1467), S. Sperandio († um 1425, † 1504), N. Spinelli (* um 1430, † 1514); geprägte M. schufen u. a. G. Enzola (tätig 1456–78) und C. F. Caradosso (* um 1452, † 1526/27). Im 16. Jh. trat v. a. L. Leoni (* 1509, † 1590) in Italien hervor, in Frankreich arbeiteten im 16. Jh. neben dem Deutschen H. Schwarz G. Pilon und J. Goujon. Früheste dt. Meister waren H. Daucher, F. Hagenauer, C. Weiditz, M. Gebel bes. in Augsburg und Nürnberg, an den Höfen von Wien und München arbeitete Antonio Abondio. Im Laufe des 16. Jh. entstanden neben Bildnis-M. Gedenk-M. aller Art und M. mit religiöser Thematik. Führende frz. Meister waren im 17. Jh. G. Dupré (* um 1574, † 1643) und J. Warin (M. auf Ludwig XIV. und Richelieu), Alessandro Abondio arbeitete am Münchner Hof. Das Empire brachte für die M. noch einmal einen kurzen Aufschwung (in Frankreich P.-J. David d'Angers, in Deutschland G. Schadow, L. Posch, B. Andrieu, H. F. Brandt, C. F. Voigt). Seit den 70er Jahren des 19. Jh. gab es Bestrebungen zur Wiederbelebung; bahnbrechend waren J. C. Chaplain (* 1839, † 1909) und O. Roty (* 1846, † 1911); M. schufen dann u. a. A. von Hildebrand, Max Dasio (* 1865, † 1954), H. Hahn (* 1868, † 1942), G. Roemer (* 1868, † 1922), A. Scharff (* 1845, † 1903), auch S. Dalí. – Abb. S. 314.

Medaillon [medal'jõ:; italien.-frz. (zu ↑Medaille)], Gedenk- und Ehrenmünze der röm. Kaiserzeit; heute gelegentlich für große Medaille (Ehrenmedaille).

▷ oft aufklappbarer ovaler oder runder Anhänger mit Miniaturporträt oder Andenken.
▷ kleines, rund oder oval gefaßtes Bild.
▷ in der Baukunst ein gerahmtes Relief (aus Stuck u. ä.); auch an Möbeln.
▷ kleine, runde oder ovale, kurz gebratene Fleisch- oder Fischscheibe.

Medan, indones. Stadt im NW Sumatras, 1,38 Mill. E. Verwaltungssitz der Prov. Nordsumatra; kath. Erzbischofssitz; staatl. und islam. Univ., Forschungsinst. für Tabakbau; Handelszentrum. – Entwickelte sich auf Grund der niederl. Tabakplantagenwirtschaft; 1887 Residenz des Sultans von Deli. – Große Moschee, zahlr. Tempel, Kirchen, Sultanspalast (19. Jh.).

Medau, Hinrich, * Süderstapel bei Schleswig 13. Mai 1890, † Gießen 1. Jan. 1974, dt. Gymnastiklehrer. – Entwickelte eine eigene Gymnastikmethode aus Turn- und Ballettelementen; eröffnete 1929 mit seiner Frau Senta M. (* 1908, † 1971) die *M.schule,* eine Ausbildungsstätte für Gymnastiklehrerinnen in Berlin (seit 1954 auf Schloß Hohenfels bei Coburg); seit 1961 Präs. der Internat. Liga für moderne Gymnastik.

Medawar, Sir (seit 1965) Peter Bryan [engl. 'mɛdəwə], * Rio de Janeiro 28. Febr. 1915, † London 2. Okt. 1987, brit. Biologe. – Prof. in London; Arbeiten über heterogene Gewebetransplantationen; erhielt 1960 für die Entdeckung der erworbenen Immuntoleranz mit F. M. Burnet den Nobelpreis für Physiologie oder Medizin. – Abb. S. 314.

Medea, Gestalt der griech. Mythologie. Urspr. chthon. Gottheit, im Mythos die zauberkundige Tochter des Königs Äetes von Kolchis, die ↑Jason hilft, das Goldene Vlies zu erringen, und ihm nach Iolkos folgt. Nach Jahren glückl. Ehe von Jason, der die korinth. Königstochter Glauke (auch Kreusa gen.) zur Frau begehrt, verstoßen, nimmt M. furchtbare Rache: Sie tötet Glauke, deren Vater und sogar die eigenen, aus der Ehe mit Jason hervorgegangenen Kinder. – Ausgehend von den antiken M.-Dramen (Euripides, Seneca

Verwaltungsgliederung (Stand 1991)				
	Fläche (km²)	E (1989; in 1000)	Fläche (km²)	E (1989; in 1000)
Kreisfreie Städte				
Greifswald	50	68,3	Lübz	700	34,3
Neubrandenburg	86	91,0	Ludwigslust	1 160	60,0
Rostock	181	253,0	Malchin	651	39,4
Schwerin	130	129,5	Neubrandenburg	656	27,1
Stralsund	39	74,6	Neustrelitz	1 243	54,1
Wismar	41	57,1	Parchim	677	39,3
Landkreise			Pasewalk	844	42,3
			Ribnitz-Damgarten	942	65,4
Altentreptow	501	22,8	Röbel/Müritz	544	17,5
Anklam	755	38,5	Rostock	689	38,6
Bad Doberan	550	48,9	Rügen	973	87,2
Bützow	502	29,3	Schwerin	857	34,3
Demmin	783	44,0	Sternberg	493	23,0
Gadebusch	536	23,9	Stralsund	593	24,7
Greifswald	587	25,0	Strasburg	621	24,6
Grevesmühlen	667	41,2	Teterow	675	31,3
Grimmen	632	33,6	Ueckermünde	789	50,8
Güstrow	1 002	71,9	Waren	1 009	53,6
Hagenow	1 550	71,6	Wismar	588	32,8
			Wolgast	542	59,5

Friedrich Meckseper. Stilleben, 1979 (Privatbesitz)

Medaille. 1 Pisanello, Kaiser Johannes VIII. Palaiologos, Bronze, 1438 (London, British Museum); 2 Cristoforo Foppa Caradosso, Medaille mit Bramantes Entwurf für Sankt Peter in Rom, Bronze, um 1505 (London, British Museum); 3 Germain Pilon, Medaille mit dem Porträt der Elisabeth von Österreich, vergoldetes Silber, um 1575 (München, Staatliche Münzsammlung); 4 Martin Heinrich Omeis, Medaille auf die Ausbeutung der Silbergrube Sankt Anna bei Freiberg, Silber, 1690 (Dresden, Münzkabinett)

d. J.), wurde der Stoff auch in der Neuzeit wiederholt dramatisiert, u. a. von P. Corneille, F. Grillparzer, J. Anouilh; Oper von L. Cherubini.

Medek, Tilo, *Jena 22. Jan. 1940, dt. Komponist. – Ging 1977 in die BR Deutschland. Sein Werk umfaßt u. a. zahlr. Instrumentalkonzerte, Kammermusik, Orgelwerke sowie Singspiele und die Oper „Katharina Blum" (Uraufführung 1989; nach H. Böll); schreibt auch Bühnen-, Film-, Fernseh-, Hörspielmusiken.

Medellín [span. meðe'jin], Hauptstadt des Dep. Antioquia in NW-Kolumbien, 1500 m ü. d. M., 1,55 Mill. E. Kath. Erzbischofssitz; zwei staatl. und zwei private Univ.; Bergakad., histor. Akad., Priesterseminar, Goethe-Inst., ethnolog. und naturwiss. Museum. Einer der wichtigsten Ind.standorte Kolumbiens, v. a. Textilind., Stahlwerk, Zementfabrik, chem. u. a. Ind., internat. ✈. – Zentrum des Drogenhandels; die Drogenmafia (*M.-Kartell*) terrorisiert seit Anfang der 90er Jahre das öff. Leben. – 1675 gegr., mit dem Bau der Bahnlinien und der Anpflanzung von Kaffeekulturen seit Ende des 19. Jh. rascher Aufstieg.

Médenine [frz. med'nin], Oasenstadt in S-Tunesien, 104 m ü. d. M., 27 000 E. Verwaltungssitz des Governorats M.; Teppichherstellung. – Reste einer Karawanserei.

Meder, altoriental. westiran. Volk mit indogerman. Sprache, das im 1. Jt. v. Chr. das nordwestiran. Hochland bewohnte (**Medien**); erstmals 835 v. Chr. erwähnt. Die M. zerstörten das assyr. Großreich, unter dessen Oberherrschaft sie bis in das 7. Jh. v. Chr. waren. Bis 585 v. Chr. konnten sich die M. den Halys als W-Grenze ihres Reiches erkämpfen. Unter Kyros II. erhoben sich ab 588 v. Chr. die Perser gegen das med. Reich und unterwarfen es. Ab 550 v. Chr. war es wesentl. Bestandteil des Achämenidenreiches. Nach der Eroberung durch Alexander d. Gr. 330 v. Chr. wurde Medien in das südl. „Großmedien" und die nördl. Atropatene (entspricht dem histor. Gebiet Aserbaidschan) geteilt.

Media [lat.], stimmhafter Verschlußlaut, z. B. [b, d, g], Ggs. Tenuis.

▷ in der *Anatomie* Kurzbez. für die Tunica media, die mittlere, aus elast. Fasern und Muskelfasern bestehende Wandschicht der Blut- und Lymphgefäße.

▷ ↑ Medium.

Median [lat.] (Medianwert), svw. ↑ Zentralwert.

Medianebene, durch die Körpermitte gelegte Ebene; bei bilateralsymmetr. Lebewesen die einzig mögl. Symmetrieebene.

Mediante [lat.-italien.], urspr. Bez. für den mittleren Ton des Tonikadreiklangs (in C-Dur e), dann auch für den Dreiklang auf diesem Ton (e-g-h); heute vielfach Bez. für alle Dreiklänge, die zu einer Hauptfunktion in einem terzverwandten Verhältnis stehen.

Mediaş [rumän. medi'aʃ] (dt. Mediasch), rumän. Stadt in Siebenbürgen, 300 m ü. d. M., 72 800 E. Inst. für Gaschemie; u. a. Metall-, Glas-, Textil-, Lederind. – 1267 erstmals erwähnt, wenig später durch dt. Kolonisten besiedelt; erhielt unter König Wladislaw II. von Ungarn Stadtrechte. 1572 tagte hier die Synode, auf der die Siebenbürger Sachsen das Luthertum annahmen. Die siebenbürg.-sächs. Nat.versammlung in M. 1919 billigte auf Grund der Beschlüsse von Karlsberg (1. Dez. 1918) den Anschluß Siebenbürgens an Rumänien. – Kirchenburg (15./16. Jh.).

Mediastinum [lat.], svw. ↑ Mittelfell.

Mediat [lat.], einem Staatsoberhaupt nur mittelbar untergeordnete Person bzw. Behörde. Im Hl. Röm. Reich: der Landeshoheit eines Reichsstandes unterstellt (landesunmittelbar), zum Reich reichsmittelbar (z. B. Landstände).

Mediationsakte [lat.], von Napoléon Bonaparte gegebene, 1803–1813/14 geltende Verfassung der Schweiz mit weitgehender Souveränität der 19 Kantone.

Mediatisierung [lat.], Verlust bzw. Entzug einer immediaten Stellung. Im Hl. Röm. Reich v. a. zw. 1803 und 1806 erfolgte Aufhebung reichsunmittelbarer Stände und ihre Unterwerfung unter die Landeshoheit eines anderen weltl. Reichsstandes.

Mediator Dei [lat. „Mittler zwischen Gott (und Menschen)"], Enzyklika Papst Pius' XII. vom 20. Nov. 1947; erstes lehramtl. Dokument über die Liturgie. – ↑ liturgische Bewegung.

Peter Bryan Medawar

Médenine. Ehemalige Warenspeicher

Mediatoren [lat.], svw. ↑ Neurotransmitter.

mediäval [lat.], mittelalterlich.

Mediäval [lat.], die seit dem 15. Jh. gebrauchte Buchschrift, eine Schriftgattung innerhalb der runden Schriften, entstanden aus röm. Kapitalschrift und humanist. Minuskel.

Mediävistik [lat.], Sammelbez. für verschiedene wiss. Disziplinen, die sich mit der ma. Literatur, Kunst, Geschichte usw. beschäftigen.

Medici [italien. 'mɛːditʃi], seit Beginn des 13. Jh. bezeugte, im 16. Jh. zu [groß]herzogl. Rang aufgestiegene Florentiner Bankiersfamilie. Die M. gelangten durch Handel und Geldgeschäfte zu Reichtum und Ansehen und nahmen seit dem Ende des 13. Jh. an der Reg. ihrer Heimatstadt teil (1494–1512 und 1527–30 vertrieben). Sie wurden 1531 Hzg. von Florenz und 1569 Großhzg. von Toskana, die nach Erlöschen der Fam. 1737 unter habsburg. Herrschaft kam. – Bed. Vertreter:
M., Alessandro de', * 1511 (?), † Florenz 6. Jan. 1537 (ermordet), 1. Hzg. von Florenz (seit 1532). – Beherrschte Florenz ab 1523, 1527 vertrieben, kehrte nach der Einnahme der Stadt durch Karl V. (1531) zurück; wurde vom Kaiser zum erbl. Hzg. erhoben.
M., Caterina de' ↑Katharina von Medici, Königin von Frankreich.
M., Cosimo de', gen. Cosimo der Alte, * Florenz 27. Sept. 1389, † Careggi (= Florenz) 1. Aug. 1464, Bankier. – Führte sein Haus zu höchster polit. und wirtsch. Macht. Nach kurzer Verbannung durch seinen Gegner Rinaldo degli Albizzi (1433/34) beherrschte Cosimo Florenz, obwohl er kein Staatsamt bekleidete. Förderer der Wiss. und Kunst (begr. u. a. die Platon. Akademie).
M., Giovanni de' ↑Leo X., Papst.
M., Lorenzo (I.) de', gen. il Magnifico („der Prächtige"), * Florenz 1. Jan. 1449, † Careggi (= Florenz) 8. April 1492, Stadtherr von Florenz. – Machte als Nachfolger seines Vaters Piero (I.) († 1469) Florenz zur politisch und kulturell führenden Macht Italiens. Durch das Attentat der Pazzi (26. April 1478) konnte er seine Stellung unter Wahrung der republikan. Staatsform weiter ausbauen und gelangte durch die Einrichtung eines ihm ergebenen Rats der Siebzig zu fürstenähnl. Autorität. Ihm gelang die Wiederherstellung des Gleichgewichts zw. den italien. Mächten. Hochgebildet, förderte er die Platon. Akademie, baute die nach ihm benannte Bibliotheca Medicea Laurenziana aus und prägte als Bauherr die Stadt.
M., Maria de' ↑Maria von Medici, Königin von Frankreich.
Medien, Sammelbez. für Mittel und Verfahren zur Verbreitung von Informationen (einschl. Unterhaltung, Musik u. a.); i. e. S. svw. ↑Massenmedien. – ↑neue Medien.
Medienforschung ↑Massenkommunikation.
Medienkonzern, Zusammenschluß von mehreren, überwiegend im Medienbereich tätigen Unternehmen. Nachdem seit dem letzten Drittel des 19. Jh. **Pressekonzerne** entstanden waren (z. B. Scherl, Ullstein, Mosse in Deutschland), kam es nach der Entstehung von Film, Hörfunk und Fernsehen zur Bildung sog. Multimediakonzerne (Mehrmedienunternehmen), in Deutschland z. B. der Hugenbergkonzern während der Weimarer Republik, in der BR Deutschland z. B. die Bertelsmann AG. Weltgrößter M. ist die Time Warner Inc. in den USA. Diese Medienkonzentration hat v. a. bei solchen M. Bed., die über eine starke Marktstellung in vielen verschiedenen Medienmärkten verfügen. Wichtige Faktoren für den Bed.zuwachs der M. sind die Öffnung von Hörfunk und Fernsehen für private Sender und die zunehmende Internationalisierung der Märkte.
Medienpolitik (Kommunikationspolitik), Gesamtheit staatl. Maßnahmen zur Regelung der sozialen Kommunikation, zugleich ein Teilbereich der Publizistikwiss. Während M. in diktator. Regimen stets einen hohen Stellenwert besaß, legte das bürgerl.-liberale Verständnis sozialer Kommunikation einen Verzicht auf staatl. Eingriffe in den Bereich der Öffentlichkeit nahe, weil sich im öff. Dialog über die Artikulation individueller und/oder kollektiver Interessen durch Mehrheitsbildung die Teilhabe des Bürgers an der Macht verwirkliche. Unter den gewandelten Verhältnissen der Ind.gesellschaften des 20. Jh. entwickelten sich im Bereich mediengebundener Kommunikation Konflikte (z. B. Pressekonzentration), die zu staatl. Eingriffen in die Publizistik führten, v. a. Bildung öff.-rechtl. Rundfunkanstalten, Investitionshilfen für kleinere und mittlere Tageszeitungen und deren Druckereien, Filmförderung, Einrichtung von Ausbildungsinstitutionen, Förderung von Kommunikationsforschung. Die Reg. beeinflußt also nicht allein den Nachrichtenfluß durch ihr Presse- und Informationsamt (Informationspolitik der Reg.), sondern verwirklicht – unter Kontrolle durch Legislative und Judikative – Reformen des Systems der Massenmedien.

Bis in die 1970er Jahre war die M. in der BR Deutschland durch den Streit um die Pressekonzentration geprägt, in den 1980er Jahren wurde die Einführung neuer Medien zum Hauptstreitpunkt, insbes. die Zulassung privater Sender beim Kabel- und Satellitenfernsehen, die das öff.-rechtl. Fernsehmonopol durchbricht. 1987 einigten sich die Länder auf eine Neuordnung des Rundfunkwesens durch Unterzeichnung des sog. Medienstaatsvertrages, der die Existenz der öff.-rechtl. Anstalten garantiert und Rundfunkveranstaltungen Privater regelt. – ↑Fernsehen.

Medienrecht, Sammelbez. für die den privaten Rundfunk regelnden Mediengesetze sowie das Recht der Presse, des Rundfunks insgesamt und des Films. Art. 5 Abs. 1 GG gewährleistet die Pressefreiheit und die Freiheit der Berichterstattung durch Rundfunk und Film. Rechtl. Regelungen zu Presse und Film fallen in die Rahmengesetzgebungskompetenz des Bundes (Art. 75 Nr. 2 GG). Das Presserecht beruht auf den Pressegesetzen der Länder. Für die Ordnung des ↑Rundfunks sind einschließlich der neuen Medien nach Art. 30, 70 GG die Länder zuständig. Diese haben sich 1987 in Rundfunkstaatsverträgen über Grundsätze für ein duales Rundfunksystem (aus öff.-rechtl. und privaten Rundfunkanstalten) geeinigt. Die Vereinbarungen werden durch die Landesmediengesetze ergänzt. Das Medienrecht ist wesentlich durch die Rechtsprechung des Bundesverfassungsgerichts geprägt, deren Auswirkungen sich bes. im Fernhalten staatl. Einflußnahme und in der auf Meinungsvielfalt ausgerichteten Struktur des Rundfunkwesens erweisen.

Medienverbund, Kombination oder Kooperation von mindestens zwei Informationsträgern v. a. zur Vermittlung von Lehrinhalten. Im M. arbeiten z. B. kommunale Kultureinrichtungen, schul. Weiterbildungseinrichtungen aller Art sowie Massenmedien zusammen. **Multimediasysteme** sind v. a. Telekolleg (Fernsehsendungen, schriftl. Begleitmaterial, zentrale Direktstudientage), Funkkolleg (Hörfunksendungen, schriftl. Begleitmaterial), Zeitungskolleg (Zeitungsartikel, broschierte Textsammlungen, Begleitzirkel in der Volkshochschule); auch Unterricht, Fernunterricht und Fernstudium arbeiten teilweise im Medienverbund.

Medikament [lat.], svw. ↑Arzneimittel; **medikamentös**, unter Verwendung von Heilmitteln.

Medikus [zu lat. medicus „Arzt"], (scherzhafte) Bez. für Arzt.

Medina, Oasenstadt im Hedschas, Saudi-Arabien, 350 000 E. Nach Mekka zweitwichtigster islam. Wallfahrtsort; Univ. (gegr. 1961), Lehrerseminar; bed. Handelsplatz,

Cosimo de' Medici, genannt der Alte

Lorenzo de' Medici, genannt der Prächtige

Medina. Große Moschee, 707–709, mehrfach verändert und erweitert

Medina

Dattelpalmenhaine, Gemüsegärten. – Vorislamisch **Jathrib** gen.; seit der Hedschra des Propheten Mohammed von Mekka nach M. 622 n. Chr. Zentrum des von ihm geschaffenen islam. Gemeinwesens; war Sitz der Kalifen, bis Ali (656–661) die Residenz nach Al Kufa verlegte; M. blieb heilige Stadt. Stand nach dem Zerfall des Kalifenreiches unter der Oberhoheit verschiedener islam. Großmächte, 1517–1916 unter der des Osman. Reichs, 1926 Saudi-Arabien einverleibt. – Große Moschee (707–709; mehrfach verändert und 1985–90 gewaltig erweitert) mit den Gräbern Mohammeds, Fatimas und der Kalifen Abu Bakr und Omar.

Medina [arab.], Bez. für die in islam. Städten urspr. von einer Mauer umgebene Altstadt mit typ. Sackgassengrundriß.

Medinabeulen ↑ Drakunkulose.
Medinawurm ↑ Drakunkulose.
medioker [lat.-frz.], mittelmäßig, schlecht; **Mediokrität**, Mittelmäßigkeit.
Mediolanum ↑ Mailand.

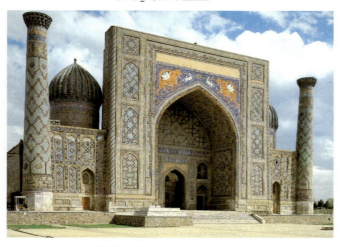

Medrese. Schir-Dor-Medrese in Samarkand, 1619–36

Mediothek [lat./griech.], Einrichtung vorwiegend im Bildungsbereich, in der auditive, audiovisuelle und visuelle Materialien und Aufzeichnungen (z. B. Tonbänder, Schallplatten, Filme, Videofilme, Dias usw.), zunehmend auch computergestützte Informationsträger mit den jeweils dazugehörenden techn. Geräten bereitgestellt werden.

Medisch, zu den indogerman. Sprachen gehörende Sprache der Meder; nur indirekt in (v. a. altpers.) Lehnwörtern und Namen seit dem 9. Jh. v. Chr. bezeugt. – ↑ iranische Sprachen.

Meditation [lat.], svw. ↑ Kontemplation.
meditativ [lat.], auf Meditation beruhend; **meditieren**, nachdenken, Betrachtungen anstellen.
mediterran [lat.], das Mittelländ. Meer und das Gebiet um dieses Meer (die **Mediterraneis**) betreffend.
mediterranes Florengebiet, Teilgebiet des ↑ holarktischen Florenreiches; umfaßt die Küstengebiete und Inseln des Mittelländ. Meeres mit milden, frostarmen Wintern und warmen, trockenen Sommern; beherrschende Vegetationsform ist die Macchie, die in trockenen Gebieten in die Garigue übergeht. Charakterist. Kulturpflanzen sind Ölbaum, Edelkastanie, Weinrebe und Zitruspflanzen.

Mediterranide [lat.] (mediterranider Typus), Untergruppe der Europiden. Die M. sind durch schlanken Körperbau, mittlere Größe, dunkle Haare und Augen sowie mittelhelle Hautfarbe charakterisiert; um das Mittelmeer (S-Europa, N-Afrika, Naher Osten) verbreitet.

Medium [lat. „das in der Mitte Befindliche"] (Mrz. Medien, Media), allg. Mittel, vermittelndes Element.

▷ in der *Kommunikationswiss.* Vermittlungsinstanz für Information. – ↑ Medien.
▷ Träger physikal. oder chem. Vorgänge (z. B. Luft als Träger von Schallwellen); Stoff, in dem sich diese Vorgänge abspielen.
▷ in der *Psychologie* Patient oder Versuchsperson bei Hypnoseversuchen; speziell in der *Parapsychologie* die der außersinnl. Wahrnehmung für fähig gehaltene Person.
▷ in der *Sprachwiss.* u. a. im Griech. erhaltenes Genus des Verbs zur Bez. der vom Subjekt ausgehenden und sich auf es beziehenden Handlungen. In vielen indogerman. Sprachen hat sich das Passiv aus dem M. entwickelt.

Medizin [zu lat. (ars) medicina „Heilkunst"], (Heilkunde) Wiss. vom gesunden und kranken Funktionszustand des menschl. und tier. Organismus sowie von den Ursachen, Erscheinungsformen, der Vorbeugung und Heilung von Krankheiten des Menschen (**Humanmedizin**) und der Tiere (↑ Tiermedizin).

Die Gesamtheit der wiss. Forschungen und Tätigkeiten ist darauf gerichtet, die Gesundheit des Menschen zu fördern, also Krankheiten vorzubeugen, sie zu heilen, zu lindern, Rückfälle zu verhindern und die Folgen von Dauerschäden sowie Leistungsminderungen auf das geringste Maß herabzusetzen. Die exakten Grundlagen der M. bilden die Naturwiss. (Biologie, Chemie, Physik), speziell Anatomie, Physiologie, Bakteriologie, Pharmakologie, Radiologie u. a. Grundpfeiler der M. sind Prophylaxe, Diagnostik und Therapie, Metaphylaxe und Rehabilitation. Die Vielfältigkeit der Krankheitserscheinungen und ihrer Behandlung sowie rasche Fortschritte der M. erfordern ihre Aufgliederung in eine immer größere Anzahl von Fachgebieten. Dazu gehören: innere M., Chirurgie, Kinderheilkunde, Gynäkologie und Geburtshilfe, Psychiatrie, Neurologie, Augenheilkunde, Hals-Nasen-Ohren-Heilkunde, Dermatologie, Tropen-M. u. a. sowie Rechts-M.; eine Sonderstellung nimmt die Zahn-M. ein.

Geschichte: Im Altertum bestanden M.schulen, deren Nachwirkungen noch weit ins MA hineinreichten. Spätere Reformversuche unternahm bes. Paracelsus. Der Ausbau der wiss. fundierten M. begann im 19. Jh. Die Entwicklung von neuen Operationsmethoden wurde durch Narkose und Asepsis ermöglicht. Weitere Fortschritte bedeuteten im 20. Jh. die Entwicklung der Gehirn-, Herz- und Lungenchirurgie. Wichtig für Heilerfolge bakterieller Erkrankungen war die Einführung der Sulfonamide sowie die Entdeckung des Penicillins und anderer Antibiotika. Die medizin. Diagnostik wurde durch Ultraschall, Computer- und Kernspintomographie, szintigraph. Verfahren, Endoskopie, immunolog. und molekularbiolog. Methoden verfeinert. Trotz erhebl. Kritik an der Gentechnologie in der öff. Diskussion wird die Einführung molekularer Behandlungsprinzipien möglicherweise das Gesicht der naturwiss. orientierten M. stark verändern.

▷ svw. Medikament (↑ Arzneimittel).

Medizinball, mit Tierhaaren gefüllter, bis 5 kg schwerer Vollball, Sportgerät für zahlr. Spiele, gymnast. Übungen und zur Konditionierung.

medizinische Bäder, zusammenfassende Bez. für Bäder, die im Rahmen der Hydrotherapie und Balneotherapie angewendet werden (Badekuren, Heilbäder). Man unterscheidet nach der Anwendungsform: *Güsse* und *Duschen* (Kneipp-Güsse als Kaltwasserbehandlungen, mit zunehmender Intensität als Teil- oder Vollgüsse zur Stoffwechselsteigerung und zum „Gefäßtraining"; Wechselgüsse, abwechselnd kurze Kaltwassergüsse und längere Warmwasserübergießungen), Wechselduschen, mit dem Ziel der Durchblutungssteigerung; Sitzduschen, *Teilbäder* (kalte Kneippsche Arm- und Fußbäder von 20 Sekunden Dauer, warme Bäder bei 38 °C und 15 Minuten Dauer), *Vollbäder* mit an- und absteigenden Wassertemperaturen; ferner werden *natürl. Heilbäder,* bei denen Wasser aus natürl. Heilquellen (z. B. Schwefelquellen) verwendet wird, von *künstl. Bädern* (mit dem Wasser zugesetzten medizinisch wirksamen Substanzen) unterschieden. Je nach Art der im Wasser befindl. Stoffe spricht man von *Kochsalz-* oder *Solebädern* (bei Gelenkleiden, Gicht, Rheumatismus, Magen- und Darmleiden), *Kohlensäurebädern* (bei Herz-, Gefäßleiden), *Kräuterbädern, Moorbädern* (bei chron. Gelenk-, Frauenkrankheiten), *Schlammbädern* (bei Neuralgien, Rheumatismus, Frauenkrankheiten), *Schwefelbädern* (bei Hautkrankheiten), *Seifenbädern* (bei Hautkrankheiten, Eiterungen) und *hydroelektr. Bädern,* bei denen Gleich- oder Wechselströme zur Therapie von rheumat. und chronisch entzündl. Erkrankungen sowie von Durchblutungsstörungen verwendet werden.

medizinische Indikation ↑ Schwangerschaftsabbruch.

medizinische Kohle ↑ Carbo.

Medizinischer Blutegel ↑ Blutegel.

Medizinmann, eine zunächst auf Beobachtungen bei nord- und mittelamerikan. Indianern begründete völkerkundl. Bez. für einen Menschen, dem übernatürl. Macht zugeschrieben wird, der diese Macht u. a. zur Krankenheilung ausübt. Seine Funktion ist vielfach mit der des Priesters oder Schamanen verbunden.

Medizinsoziologie, Teilgebiet der Soziologie; untersucht die sozialen Bedingungen von Krankheiten in verschiedenen Schichten und Gruppen der Gesellschaft, die Anfälligkeit für Kranksein in bestimmten Lebenslagen, die Bestimmungsfaktoren der Rollen des Arztes, des Pflegepersonals und der Patienten und insbes. die Organisations- und Arbeitsstrukturen in Einrichtungen des Gesundheitswesens und deren Auswirkungen auf die Heil- und Gesundungsprozesse.

Medjerda, Oued [frz. wɛdmɛdʒɛr'da], längster und bedeutendster Fluß Tunesiens, entspringt in Algerien, mündet nördl. von Tunis ins Mittelmeer, 450 km lang; Stauwerke.

Medley [engl. 'mɛdlɪ „Gemisch", zu lat. miscere „mischen"], svw. ↑ Potpourri.

Médoc [frz. me'dɔk] ↑ Landes (frz. Landschaft).

Medrese [aram.-arab., eigtl. „Ort des Studierens"], Hochschule in der islam. Welt; die M. entwickelte sich in der Moschee, die seit jeher auch der Ort war, an dem die Unterweisung in den religiösen Wissenschaften stattfand; seit dem 11. Jh. mit Hochschulcharakter. Die zahlr. staatl. M.gründungen der Seldschuken waren mit einem neuen Architekturtypus verbunden: Um einen Hof liegen in zwei Geschossen die Zellen der Schüler und Lehrer, alle vier Hoffronten haben in der Mitte einen Iwan.

Medulla [lat.] ↑ Mark.

Medullarrohr [lat./dt.] (Neuralrohr), embryonale Anlage von Gehirn und Rückenmark der Wirbeltiere. Das M. entsteht aus einer plattenförmigen Verdickung des auch als Ektoderm bezeichneten äußeren Keimblattes *(Medullar-* oder *Neuralplatte),* die längs ihrer Mittellinie eine Rinne *(Medullar-* oder *Neuralrinne)* bildet und sich über diese durch Zusammenwachsen der Seitenränder *(Medullar-* oder *Neuralwülste)* zum Rohr einrollt. Das M. kommt so zw. dem Ektoderm, der Chorda (dem bei primitiven Wirbeltieren noch vorhandenen Stützorgan) und den vom mittleren Keimblatt (Mesoderm) abgeschnürten Ursegmenten zu liegen. Der Hohlraum (Lumen) des M. bleibt bei ausgewachsenen Organismen als Zentralkanal des Rückenmarks, im Gehirn als Hirnventrikelsystem erhalten.

Medusa, eine der ↑ Gorgonen.

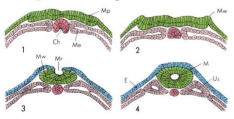

Medullarrohr. Schematische Darstellung der Medullarrohrbildung beim Lurch (1–4); Ch Chorda, E Ektoderm, M Medullarrohr, Me Mesoderm, Mp Medullarplatte, Mr Medullarrinne, Mw Medullarwulst, Us Ursegment

Medusen, svw. ↑ Quallen.

Medusenhäupter (Gorgonenhäupter, Gorgonocephalidae), Fam. der Schlangensterne mit bis 70 cm langen, stark verzweigten Armen; u. a. im nördl. Atlantik, in etwa 150–1200 m Tiefe das **Gorgonenhaupt** (Baskenmützenseestern, Gorgonocephalus caputmedusae).

Medwall, Henry [engl. 'mɛdwɔːl], † wahrscheinlich kurz nach 1500, engl. Dramatiker. – Kaplan des Kardinals Morton. Erster namentlich bekannter Verf. eines weltl. Theaterstücks in der engl. Literatur.

Meer, Simon van der, *Den Haag 24. Nov. 1925, niederl. Ingenieur. – Seit 1956 Mitarbeiter bei CERN. Seine neuen Ideen beim Bau von Teilchenbeschleunigern führten zur Entdeckung der intermediären Bosonen; er erhielt hierfür 1984 (mit C. Rubbia) den Nobelpreis für Physik.

Meer [zu althochdt. meri „Sumpf, stehendes Gewässer"], die zusammenhängenden Wassermassen der Erde, ↑ Weltmeer.

Meeraale (Congridae), im Meer weltweit verbreitete Fam. bis 3 m langer, meist jedoch kleinerer aalartiger Fische; Raubfische mit unbeschuppter Haut und reich bezahnter Mundhöhle; am bekanntesten der ↑ Seeaal.

Meeradler (Gewöhnl. Adlerrochen, Myliobatis aquila), knapp 1 m langer, mit Schwanz etwa 2,5 m messender Rochen (Fam. Adlerrochen) in allen warmen und gemäßigten Meeren (häufig im Mittelmeer).

Meeralpen (Seealpen; frz. Alpes Maritimes), Teil der Westalpen beiderseits der frz.-italien. Grenze, bis 3 297 m hoch.

Meerane, Stadt im Erzgebirgsvorland, Sa., 21 000 E. Textilind., Dampfkesselbau. – Im 14. Jh. gegr. – Stadtkirche (Ende 12. Jh., Umbau 19. Jh.).

Meeräschen. Dicklippige Meeräsche, Länge bis 60 cm

Meeräschen (Mugilidae), mit über 280 Arten in küstennahen Meeres- und Brackgewässern (z. T. auch in Flüssen) weltweit verbreitete Fam. bis 90 cm langer Knochenfische; Schwarmfische mit heringsförmigem, großschuppigem Körper; z. B. Dicklippige Meeräsche.

Meeraugspitze (slowak. und poln. Rysy), mit 2 499 m höchster Berg Polens, in der Hohen Tatra.

Meerbarben (Seebarben, Mullidae), Fam. 25–50 cm langer Barschfische mit rd. 50 Arten, v. a. in trop. und subtrop. küstennahen Meeres- und Brackgewässern; meist bunt mit zwei langen Barteln; in europ. Meeren die **Rotbarbe** (Mullus barbatus) und die **Streifenbarbe** (Mullus surmuletus); beide Arten sind Speisefische.

Meerbeerengewächse (Seebeerengewächse, Haloragaceae), zweikeimblättrige Pflanzenfam. mit neun Gatt. und etwa 120 Arten in den gemäßigten und subtrop. Gebieten aller Erdteile; Kräuter oder Stauden, selten Halbsträucher, mit kleinen Blüten. Bekannte Gatt.: Gunnera, Tausendblatt.

Meerbrassen ↑ Brassen.

Meerbusch, Stadt nördl. von Neuss, NRW, 35 m ü. d. M., 51 600 E. Edelstahlwerk, Herstellung von Fliesen und Teerverpackungsmaschinen; Gemüsebau. – 1970 aus acht Gem. entstanden.

Meerbusen ↑ Golf.

Meerdattel, svw. ↑ Steindattel.

Meerdrachen, svw. ↑ Seedrachen.

Meerechse (Galapagosechse, Amblyrhynchus cristatus), bis etwa 1,7 m langer, kräftig gebauter Leguan, v. a. auf den Galapagosinseln; Körper schwarzgrau mit überwiegend ziegelroter Zeichnung, ziemlich kleinem, höckerigem Kopf und (aus langen Hornschuppen gebildetem) Rücken- und Schwanzkamm. Die M. geht zur Nahrungsaufnahme (frißt Algenbewuchs an Felsen) ins Meer. – Abb. S. 318.

Meereiche (Schotentang, Halidrys siliquosa), derbe Braunalge des Nordatlantiks; 0,5–2 m langer, mehrfach gefiederter Thallus mit schotenförmigen, gasgefüllten Schwimmblasen; v. a. an Felsküsten verbreitet.

Simon van der Meer

Meereicheln

Meerechsen

Meereicheln, svw. ↑Seepocken.
Meerenge (Meeresstraße, Sund), Wasserweg zw. zwei Meeren oder Meeresteilen, entstanden durch Senkung einer Landschaft (Belte der Ostsee), Grabenbruch (Straße von Gibraltar) oder Überflutung von Flußtälern (Bosporus, Dardanellen). – Ob eine M. zur hohen See oder zu den Küstengewässern zu rechnen ist, richtet sich danach, ob die sich gegenüberliegenden Küsten nicht weiter als die doppelte Breite des Küstenmeeres voneinander entfernt sind.
Meerengel ↑Engelhaie.
Meerengenabkommen, am 20. Juli 1936 in Montreux abgeschlossene Konvention zw. Bulgarien, Frankreich, Griechenland, Großbritannien, Japan, Jugoslawien, Rumänien, der Türkei und der UdSSR (1938 Beitritt Italiens); gab der Türkei das Recht, die Meerengen Bosporus und Dardanellen zu befestigen und im Falle einer Kriegsbedrohung oder als kriegführende Macht die Durchfahrt von Kriegsschiffen zu untersagen.
Meerenten, Gattungsgruppe der Enten, die ihre Nahrung in kalten und gemäßigten Meeren tauchend erjagen; bewegen sich an Land sehr schwerfällig. Zu den M. gehören u. a. Eiderente, Schellente, Spatelente.
Meeresablagerungen (Meeressedimente), die Ablagerungen auf dem Meeresboden. *Lithogene M.* bilden etwa 70 % des Sedimentvolumens. Sie entstammen der Verwitterung von Gesteinen oder sind vulkan. Aschen und treten hauptsächlich in der Küstenregion auf. *Biogene M.,* die etwa 55 % des Meeresbodens bedecken, entstammen Überresten der abgestorbenen tier. und pflanzl. Kleinlebewelt. Sie bestehen überwiegend aus Calciumcarbonat (z. B. Globigerinen- und Diatomeenschlamm), im trop. Flachseebereich sind die Korallenbauten verbreitet. *Hydrogene M.* sind zwar weit verbreitet, aber von geringem Gesamtvolumen; zu ihnen gehören mineral. Neubildungen, die bei Übersättigung des Meerwassers an gelösten Stoffen entstehen können. Dazu zählen Salze, Manganknollen, Glaukonit, Pyrit, Phosphorit, Tonminerale, Ooide. Vor Flußdeltas rechnet man mit 100–1 000, im Schelf- und Nebenmeerbereich mit 10–50, im Tiefseebereich mit weniger als 1 cm Sedimentmächtigkeit in 1 000 Jahren.
Meeresbiologie, Teilgebiet der Ozeanographie, das sich mit Leben, Verhalten, Verbreitung und Physiologie meerbewohnender Tiere (Meereszoologie), Pflanzen (Meeresbotanik) und Mikroorganismen (Meeresmikrobiologie) und deren Beziehungen untereinander befaßt.
Meeresfreiheit ↑Freiheit der Meere.
Meeresfrüchte (Frutti di mare), Bez. für Speisen aus mehreren Arten von [kleinen] Krusten- und Schalentieren sowie aus Fischen.
Meeresgeologie, Teilbereich der Geologie, der sich mit der Untersuchung des Meeresbodens und dessen Untergrundes zur Erfassung der Zusammenhänge, Verteilung, Bildungsbedingungen und Geschichte submariner Gesteine auseinandersetzt. Einsatzgebiete der angewandten M. sind v. a. die Prospektion mariner mineral. Rohstoffe sowie Küstenschutz, Hafenbau und Umweltschutz. Die M. arbeitet eng mit anderen wiss. Disziplinen, insbes. mit der Geophysik und Ozeanographie, zusammen.
Meereshöhe ↑Normalnull.
Meereskunde, svw. ↑Ozeanographie.
Meeresleuchten, durch Biolumineszenz (↑Chemilumineszenz) verschiedener Meerestiere bzw. -pflanzen hervorgerufene nächtl. Leuchterscheinungen, bes. im Bereich trop. Meere.
Meeresschildkröten (Seeschildkröten, Cheloniidae), Fam. etwa 80–140 cm langer Schildkröten (Unterordnung Halsberger) mit fünf rezenten Arten in trop. und subtrop. Meeren; Panzer abgeflacht, stromlinienförmig; Extremitäten flossenartig, können wie der Kopf nicht unter den Panzer eingezogen werden; gute Schwimmer; Eiablage im Sand; geschlüpfte Jungtiere suchen umgehend das Meer auf; Bestände sind stark gefährdet. – Zu den M. gehören u. a. Suppenschildkröte, Karettschildkröte und Unechte Karettschildkröte.
Meeressedimente, svw. ↑Meeresablagerungen.
Meeresstraße, svw. ↑Meerenge.
Meeresströmungen, überwiegend horizontaler Transport von Wassermassen im Weltmeer. Oberflächenströmung wird durch Wind erzeugt, durch Reibung auf tiefere Schichten (100–200 m tief) übertragen und infolge der Coriolis-Kraft gleichzeitig abgelenkt, auf der Nordhalbkugel nach rechts, auf der Südhalbkugel nach links. Stark ausgeprägte Oberflächenströmungen können sich nur dort bilden, wo kräftige und richtungsbeständige Winde wehen. Dies ist v. a. innerhalb der Passatzonen der Fall. Als Folge des NO- bzw. SO-Passats entstehen hier beiderseits des Äquators die nach W gerichteten Nord- und Südäquatorialströme (bes. Verhältnisse im Ind. Ozean infolge der Monsune). Als Ersatz für das weggeführte warme, nährstoffarme Wasser und infolge des ablandigen Windes steigt vor den W-Küsten der Kontinente aus der Tiefe kühles, nährstoffreiches Wasser auf. Vor den O-Küsten der Kontinente werden Nord- und Südäquatorialstrom polwärts abgelenkt, sie bringen also den höheren Breiten relativ warmes Wasser, im Bereich der mittleren geograph. Breiten erhalten sie unter dem Einfluß der starken, aber unbeständigen Westwinde und der Coriolis-Kraft eine östl. Richtung. An der O-Seite der Ozeane wird der Kreislauf durch äquatorwärtige, relativ kalte M. geschlossen. Tiefenzirkulation beruht auf inneren Druckkräften, die infolge von Dichteunterschieden (horizontale Unterschiede von Temperatur und

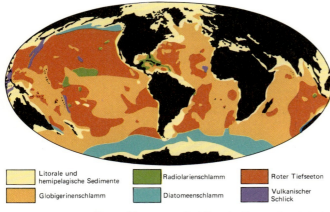

Meeresablagerungen. Verteilung der Meeressedimente in den heutigen Meeren

Meereswellen

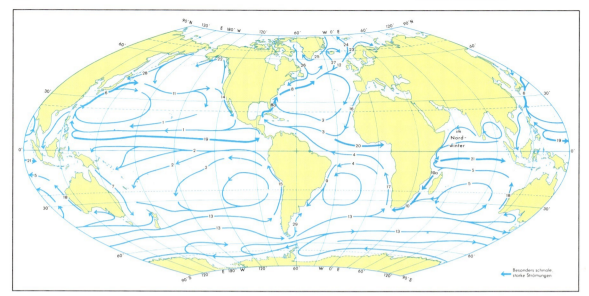

Meeresströmungen. Oberflächenströmungen im Weltmeer: 1–5 Nord- und Südäquatorialströme; 6 Kuroshio; 7 Ostaustralstrom; 8 Golfstrom; 8a Floridastrom; 9 Brasilstrom; 10 Agulhasstrom; 10a Moçambiquestrom; 11 Nordpazifischer Strom; 12 Nordatlantischer Strom; 13 Antarktischer Zirkumpolarstrom; 14 Kalifornischer Strom; 15 Humboldtstrom; 16 Kanarenstrom; 17 Benguelastrom; 18 Westaustralstrom; 19–21 äquatoriale Gegenströme; 22 Alaskastrom; 23 Norwegischer Strom; 24 Westspitzbergenstrom; 25 Ostgrönlandstrom; 26 Labradorstrom; 27 Irmingerstrom; 28 Oyashio; 29 Falklandstrom

Salzgehalt) entstehen, sowie äußeren Druckunterschieden infolge von Luftdruckänderungen.

Bes. nachhaltig ist die Wirkung, die vom antarkt. Bodenwasser ausgeht; dieses bewegt sich überwiegend in nördl. Richtung in Abhängigkeit von der Gestalt des Meeresbodens, wegen der starken Abgeschlossenheit des Nordpolarmeeres im Atlant. und Pazif. Ozean bis über den Äquator hinaus. Zu den wesentl. Tiefenströmungen gehört auch das an der antarkt. Polarfront unter die wärmeren Oberflächenströme absinkende und bis über den Äquator hinaus nach N vorstoßende subpolare Zwischenwasser.

Aus dem polaren und subpolaren Bereich des N-Atlantik und N-Pazifik stammende, kalte und daher absinkende Wassermassen bilden ein zwischengeschaltetes drittes Stockwerk der Tiefenzirkulation, das sich in 1 000–4 000 m Tiefe nach S bis in die Antarktis bewegt.

Meerestechnik, die Gesamtheit der techn. Aktivitäten, die die Erforschung und Nutzung der Weltmeere – einschl. der Bodenschätze in und auf dem Meeresboden – zum Ziel haben.

Meeresverschmutzung, die Verunreinigung des Meerwassers und des Meeresbodens sowie der Strände durch Abfallstoffe. Sämtl. Verunreinigungen von Luft, Erdboden und Gewässern summieren sich in der M. Die Aufnahmefähigkeit der Meere ist genauso wie die der Binnengewässer begrenzt, ebenso das Selbstreinigungsvermögen. Die größte Schmutzmenge kommt von den Flüssen ins Meer. Es werden hauptsächlich feste Abfallstoffe sowie Nitrate, Phosphate, Zink, Blei, Cadmium, Quecksilber und viele andere organ. und anorgan. Stoffe in gelöster Form in die Küstengewässer eingetragen. Gerade dort aber lebt der Großteil der Meerestiere und -pflanzen. Die physikal., chem. und biolog. Prozesse im Meer behindern eine weiträumige Durchmischung der Wasserschichten, so daß der Konzentrationsabbau der Schadstoffe nur relativ langsam erfolgt. Aus dem steigenden Anteil der Schwermetalle und der Schädlingsbekämpfungsmittel (Pestizide) ergeben sich bes. Gefahren für den Menschen, weil sie sich in den Nahrungsketten anreichern, in Fische, Krebse, Muscheln gelangen, die dann vom Menschen verzehrt werden (↑Minamata-Krankheit, ↑Itai-Itai-Krankheit). Mit den ungereinigten Abwässern gelangen auch Krankheitserreger in das Meerwasser. Außer den Küstengewässern sind v. a. die verhältnismäßig abgeschlossenen und nicht sehr tiefen Meere gefährdet, wie z. B. Nord- und Ostsee. Die *Nordsee* ist eines der am stärksten verschmutzten Meere der Erde. Der Schadstoffeintrag in die *Ostsee* ist nicht so hoch, dafür jedoch die Wassererneuerung geringer und damit die Verschmutzungsgefahr ähnlich groß. – Die zunehmende Verschmutzung der Meere hat die Regierungen der meisten Ind.staaten veranlaßt, neue Bestimmungen zur Abfall- und Abwasserbeseitigung zu erlassen. Einem Abkommen zum Schutz der Meere gegen jede Verschmutzung durch Abwässer oder Abfälle (in Kraft getreten im Aug. 1976) traten bisher zahlr. Ind.staaten bei; ein nennenswerter Abbau der M. wurde jedoch noch nicht erreicht. – Zur Verschmutzung der Meere durch Erdöl ↑Ölpest.

Meereswellen, wellenförmige Bewegungen des Meerwassers (insbes. Oberflächenwellen an der Meeresoberfläche), die v. a. durch den Wind, Luftdruckschwankungen, aber auch durch gezeitenerzeugende Kräfte, Seebeben, Eisbergabbrüche u. a. hervorgerufen werden. Sie treten als fortschreitende oder stehende Wellen auf, wobei ihre Amplituden (Höhe ihrer Wellenberge) zw. 1 mm und 20–30 m, ihre Wellenlängen zw. 1 mm und über 1 000 km sowie ihre Schwingungsdauer zw. weniger als 0,1 s und mehreren Tagen liegen. Man unterscheidet die windangeregten Kapillarwellen (Schwingungsdauer 1 bis 12 s bei der Windsee, 10 bis 30 s bei der Dünung), Infraschwerewellen (Perioden von 0,5 bis 5 min), langperiod. Wellen mit Perioden von 5 min bis zu mehreren Stunden, wie die Seebären an den dt. Küsten als Folge von Luftdruck- und Windänderungen, die durch Seebeben ausgelösten Tsunamis und die Sturmflutwellen, weiter die Gezeiten[wellen] mit 12- bzw. 24stündiger Periodendauer und die Seiches sowie die Transgezeitenwellen mit mehr als 24stündiger Schwingungsdauer. – Bei den *Tiefwasserwellen* ist die Wellenlänge klein gegenüber der Wassertiefe, die Wellenbewegung nimmt mit zunehmender Tiefe ab (z. B. Dünung und Windsee). Bei den *Seichtwasserwellen* oder *langen M.* ist die Wellenlänge groß gegenüber der Wassertiefe, die Wellenbewegung erfaßt die gesamte Wassersäule (z. B. Brandungs-

Meerfenchel

Meersburg. Blick auf die Stadt vom Bodensee aus, in der Mitte das im 16. Jh. erneuerte Alte Schloß mit dem Dagobertsturm aus dem 12. Jh., rechts das Neue Schloß aus dem 18. Jahrhundert

wellen, Grundseen, Gezeitenwellen, Seebären und Tsunamis).

Meerfenchel (Bazillenkraut, Strandbazille, Crithmum), Gatt. der Doldenblütler mit lederartigen, zerteilten, seegrünen Blättern; die atlant. und Mittelmeerküsten und die vorgelagerten Inseln besiedelnd; in den USA als Küchenpflanze in Kultur; wird als Salat und Küchengewürz verwendet.

Meerforelle ↑ Forellen.
Meergänse ↑ Gänse.
Meergrundeln ↑ Grundeln.
Meergurken, svw. ↑ Seegurken.
Meerhase, svw. ↑ Seehase.
Meerhechte, svw. ↑ Pfeilhechte oder ↑ Seehechte.
Meerjungfrau ↑ Wassergeister.
Meerjunker ↑ Lippfische.
Meerkatzen, (Cercopithecus) Gatt. schlanker, etwa 35–70 cm langer Altweltaffen (↑ Schmalnasen) mit 15 Arten, v. a. in Wäldern und Savannen Afrikas südl. der Sahara; meist gut springende und kletternde, häufig bunt gefärbte Baumbewohner mit überkörperlangem Schwanz, langen Hinterbeinen, rundl. Kopf und ziemlich großen Backentaschen; nackte oder kaum behaarte Körperstellen (Gesicht, Gesäßschwielen, Hodensack), z. T. auffällig gefärbt. – M. leben in kleinen bis größeren Gruppen und ernähren sich v. a. von Pflanzen. Etwa 40–60 cm lang ist die **Grüne Meerkatze** (Grivet; Cercopithecus aethiops), die v. a. in den Savannen lebt. Körper oberseits oliv- bis dunkelgrün, unterseits weißlichgrau; Schwanz 50–70 cm lang; Gesicht schwarz, z. T. von helleren bis weiß. Haaren umrahmt. Im westl. Z-Afrika kommt die etwa ebenso große **Schnurrbartmeerkatze** (Cercopithecus cephus) vor.
▷ volkstüml. Bez. für ↑ Seedrachen.

Meerkatzenartige (Cercopithecidae), Fam. schlanker bis sehr kräftiger, etwa 0,3 bis 1,1 m langer Hundsaffen mit rd. 60 Arten in Afrika und Asien; Baum- oder Bodenbewohner. Zu den M. gehören u. a. Makaken, Paviane, Mangaben und Meerkatzen.

Meerkohl (Seekohl, Engl. Kohl, Crambe maritima), ausdauernder bläulich bereifter Kreuzblütler am Atlantik und an der Ostsee; Laubblätter fleischig. Stengel dick; rosa bis violette Blüten in großer Rispe. In Großbritannien und in der Schweiz als Gemüsepflanze kultiviert.

Meermühlen, Strudellöcher an Felsküsten.
Meerneunauge ↑ Neunaugen.
Meerohren, svw. ↑ Seeohren.
Meerpfaff, svw. Sternseher (↑ Himmelsgucker).
Meerrabe ↑ Umberfische.

Meerrettich [eigtl. wohl „größerer (mehr) Rettich" (volksetymolog. umgedeutet zu „Rettich, der übers Meer gekommen ist")] (Kren, Armoracia lapathifolia), Staude aus der Fam. der Kreuzblütler mit dicker, fleischiger Wurzel;

Meerfenchel

Grundblätter groß, länglich, am Rande gekerbt; in SO-Europa und W-Asien heimisch, durch Kultur weltweit verbreitet und verwildert. Die M.wurzeln enthalten Allylsenföle, die hautreizend wirken. Wegen ihres würzigen, scharfen Geschmacks werden sie zum Würzen verwendet.

Meersalat (Meerlattich, Ulva lactuca), an Steinen und Buhnen festgewachsene Grünalge mit 25–50 cm langem, breitflächigem, gekräuseltem, zweischichtigem Thallus; verbreitet an allen Meeresküsten in geringer Tiefe; wird gelegentlich als Salat gegessen.

Meersalz, allg. Bez. für die im Meerwasser gelösten Salze. – ↑ Kochsalz.

Meersau (Großer Drachenkopf, Roter Drachenkopf, Meereber, Scorpaena scrofa), bis 50 cm langer, rötl., braun gefleckter Knochenfisch (Fam. Drachenköpfe) im O-Atlantik und Mittelmeer; plumper, räuberisch lebender Grundfisch mit großem Kopf; Hautanhängen am großen Kopf; Speisefisch. Der Stich der Rückenflossenstrahlen ist giftig und äußerst schmerzhaft.

Meersburg, Stadt am N-Ufer des Bodensees, Bad.-Württ., 400–470 m ü. d. M., 5200 E. Weinbaumuseum; Textilind., Kunstgewerbe, Weinbau; bed. Fremdenverkehr; Fährverkehr nach Konstanz. – Das vor der 1137 genannten **Merdesburch** entstandene Fischerdorf erhielt 1299 Ulmer Stadtrecht und war im Besitz der Bischöfe von Konstanz (1526 bis ins frühe 19. Jh. deren Residenz); kam 1803 an Baden. – Altes Schloß (im 16. Jh. erneuert) mit Dagobertsturm (12. Jh.); barockes Neues Schloß (18. Jh.); spätgot. Unterstadt- und Kirchhofskapelle; Rathaus (16. Jh.; später erneuert); Fürstenhäuschen (um 1640) mit Drostemuseum; Teile der ma. Stadtbefestigung.

Meersch, Maxence Van der ↑ Van der Meersch, Maxence.

Meerschaum [Lehnübers. von lat. spuma maris, eigtl. Bez. für die Koralle] (Sepiolith), in derben oder knolligen Massen auftretendes rhomb. Mineral von meist reinweißer Farbe, auch gelblich und grau, $Mg_4[(OH)_2|Si_6O_{15}] \cdot nH_2O$ (n = 2 bis 6); Mohshärte 2–2,5, Dichte 2 g/cm³, schwimmt aber infolge seiner hohen Porosität auf Wasser. Vorkommen als kryptokristallin, feinerdige derbe oder knollige Massen. Verarbeitung v. a. zu Pfeifenköpfen.

Meerschnepfe ↑ Schnepfenfische.

Meerschwein, svw. Finnenschweinswal (↑ Schweinswale).

Meerschweinchen. Rosettenmeerschweinchen, eine Zuchtform des Hausmeerschweinchens, mit Jungen

Meerschweinchen (Caviidae), Fam. etwa 25–75 cm langer, gedrungen gebauter Nagetiere mit rd. 15 Arten, v. a. in buschigen Landschaften, Steppen und felsigen Gebieten S-Amerikas; nachtaktive Pflanzenfresser mit kurzem bis stummelartigem Schwanz und ziemlich langen (↑ Pampashasen) oder kurzen Beinen (M. im engeren Sinne, Cavia). Zu letzteren gehört das **Wildmeerschweinchen** (Cavia aperea; in den Anden bis in Höhen über 4000 m; Fell oberseits graubraun, unterseits heller). Stammform der heute weltweit verbreiteten **Hausmeerschweinchen** (Cavia aperea porcellus), deren Fell in Struktur und Färbung außerordentlich variieren kann. – Die ♀♀ gebären nach einer Tragezeit von 60–70 Tagen zwei bis fünf voll entwickelte Jungtiere, die schon nach 55–70 Tagen wieder geschlechtsreif sind. M. können ein Alter von acht Jahren erreichen. Sie sind anspruchslose, sehr zahm werdende Hausgenossen und unentbehrl. wiss. Versuchstiere. – Bereits vor 3000

320

Jahren hielten südamerikan. Indianer wegen des wohlschmeckenden Fleisches und auch als Opfertiere zahme Meerschweinchen.

Meerschweinchenartige (Cavioidea), Überfam. etwa 20–130 cm langer Nagetiere in offenen und geschlossenen Landschaften M- und S-Amerikas. Hierher gehören die Meerschweinchen, Agutis und Riesennager.

Meersenf (Cakile), Gatt. der Kreuzblütler mit vier Arten; an europ. Küsten nur die salzliebende Art *Cakile maritima* mit fleischigen Blättern, lila- bis rosafarbenen Blüten und zweigliedrigen Schoten.

Meersimse ↑Simse.

Meerspinnen, svw. ↑Seespinnen.

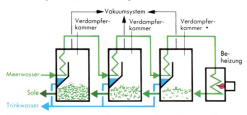

Meerwasserentsalzung. Schematische Darstellung der Entspannungsverdampfung

Meerssen, Vertrag von [niederl. 'meːrsə], die am 8. Aug. 870 in der karoling. Pfalz Meerssen (dt. Mersen; heute Gem. in der Prov. Limburg, Niederlande) getroffene Vereinbarung, nach der Lotharingien zw. Karl II., dem Kahlen, und Ludwig dem Deutschen geteilt wurde.

Meerstichling, svw. Seestichling (↑Stichlinge).

Meerstrandläufer ↑Strandläufer.

Meerstrandrübe ↑Runkelrübe.

Meerträubel (Ephedra distachya), Art der Gatt. Ephedra (↑Ephedragewächse) an steinigen Hängen und auf Sandböden des Mittelmeergebiets, der Schweiz, am Schwarzen Meer bis Sibirien und Asien; 0,5 bis 1 m hoher, zweihäusiger, ginsterartiger Strauch mit scharlachroten, kugeligen, erbsengroßen Beerenzapfen. Das Kraut liefert ↑Ephedrin.

Meerut ['mɪərət], ind. Stadt 150 km nö. von Delhi, Bundesstaat Uttar Pradesh, 417 300 E. Kath. Bischofssitz; Univ. (gegr. 1966), Textil-, chem., Nahrungsmittel-, Kleineisenind.; Verkehrsknotenpunkt. – Aus M. stammt die heute in Delhi befindl. Säule mit einer Inschrift des Königs Aschoka (3. Jh. v. Chr.). Die Stadt wurde 1192 von Muslimen erobert und 1399 von Timur-Leng verwüstet. Am 10. Mai 1857 begann in M. der Aufstand gegen die brit. Herrschaft (↑Indien, Geschichte). – Von den zahlr. Moscheen und Tempeln aus verschiedenen Epochen ist v. a. die Dschami Masdschid (vermutl. 1019) bed. sowie ein Mausoleum aus dem 12. Jahrhundert.

Meerwasser, das im Meer vorhandene Wasser, Volumen rd. 1 350 Mill. km³; unterscheidet sich vom Süßwasser des Binnenlandes v. a. durch seinen Salzgehalt (Ozeane durchschnittlich etwa 35 ‰, örtlich starke Abweichungen). An Flußmündungen bildet sich durch Mischung von Süß- und Salzwasser ↑Brackwasser. Das M. enthält neben reinem Wasser Salze, gelöste Gase, organ. Stoffe und ungelöste suspendierten Partikel. Bei Verdunstung des Wassers bleibt Meersalz zurück. Infolge der großen Dissoziationskraft des Wassers sind die verschiedenen Salze (Hauptbestandteile: Natriumchlorid, Magnesiumchlorid, Magnesiumsulfat, Calciumsulfat, Kaliumsulfat) in ionendisperser Form im Wasser gelöst. Einschl. Wasserstoff und Sauerstoff besteht das M. aus 13 Hauptkomponenten: Chlor, Natrium, Magnesium, Schwefel, Calcium, Kalium, Brom, Kohlenstoff, Strontium, Bor, Fluor. Die weiteren im M. enthaltenen Elemente (49 außer den Hauptkomponenten nachgewiesen) machen als Spurenstoffe weniger als 0,02 ‰ des Gesamtsalzgehaltes aus. Während die Konzentration der Hauptkomponenten nahezu konstant ist, unterliegt die der Nebenkomponenten z. T. bed. Veränderungen durch natürl. und anthropogene Einflüsse sowie durch Zufuhr von natürl. Stoffen und Verschmutzung von Land, aus der Atmosphäre und dem Meeresboden. Der Sauerstoffgehalt schwankt zw. 0 und 8,5 mg/l. Kohlendioxid ist in beträchtl. Mengen im M. gespeichert. Es ist wichtig für die Photosynthese der im Meer lebenden Pflanzen, die es direkt aus dem sie umgebenden Wasser aufnehmen. Außerdem wirkt das Kohlendioxid als Puffer und hält den pH-Wert des M. annähernd konstant. Die tiefblaue Farbe des klaren M. kommt durch die hohe Absorption des gelben Spektralbereiches des Lichts (470 nm) zustande.

Meerwasserentsalzung, Verfahren zur Erzeugung von Trink- und Betriebswasser aus Meerwasser. Therm. Verfahren arbeiten nach dem Prinzip der Verdampfung. Hauptproblem ist dabei die weitgehende Rückgewinnung der Verdampfungsenergie. Das bedeutendste Verfahren ist die **Entspannungsverdampfung.** Die Anlagen werden ortsfest oder auf Trägerschiffen installiert. Die Verdampfung erfolgt in bis zu 30 hintereinander angeordneten Kammern. Das auf 90–130 °C erhitzte Meerwasser tritt in die erste Kammer ein, wo ein Teil des Wassers unter Abkühlung der Sole verdampft. Von Kammer zu Kammer wird der Druck und damit die Siedetemperatur reduziert. Dadurch kann in jeder Kammer weiteres Wasser verdampfen. Die auf etwa 30 °C abgekühlte Sole fließt ins Meer zurück. Zur Kondensation des Dampfes wird frisches Meerwasser verwendet, das dabei gleichzeitig vorgewärmt wird. **Verdunstungsverfahren** nutzen der Sonnenenergie in gewächshausähnl. Anlagen. Der Wasserdampf kondensiert auf der Innenseite von Glas- oder Kunststoffdächern, und das herabtropfende Kondensat wird in Sammelrinnen aufgefangen. Bei der **Elektrodialyse** wird Salzwasser unter Verwendung selektiver Membranen elektrolysiert, worauf sich in einem Teil der Elektrolysierkammern eine Anreicherung, im anderen Teil eine Verminderung des Salzgehalts ergibt. Größere techn. Bedeutung hat die **Umkehrosmose** oder ↑Hyperfiltration erlangt.

Meeting ['miːtɪŋ; engl., zu to meet „zusammentreffen"], Treffen; Sportveranstaltung mit dicht aufeinanderfolgenden Wettbewerben.

mega..., Mega..., meg..., Meg... (megalo..., Megalo..., megal..., Megal...) [griech.], Bestimmungswort von Zusammensetzungen mit der Bed. „groß, lang, mächtig".

Mega... [griech.], Zeichen M, Vorsatz vor physikal. Einheiten, bezeichnet das 10⁶fache (= 1 Mill.) der betreffenden Einheit.

Megabit ↑Bit.

Megabitchip [engl. tʃɪp] ↑Chip.

Megabyte [engl. baɪt] ↑Byte.

Megaelektronvolt, Einheitenzeichen MeV, das 10⁶fache der Energieeinheit ↑Elektronvolt.

Megagäa [griech. „große Erde"], svw. ↑Arktogäa.

Megahertz, Einheitenzeichen MHz, das 10⁶fache der Frequenzeinheit ↑Hertz.

Megaira, eine der ↑Erinnyen.

Megalithen [griech.] ↑Megalithkulturen; ↑Megalithgrab.

Megalithgrab (Großsteingrab, Riesensteingrab, Hünengrab, Hünenbett), aus großen Steinen (**Megalithen;** oft Findlinge oder zurechtgeschlagene Platten) errichtete Grabanlage, urspr. mit einem Erd- oder Steinhügel überwölbt; i. d. R. für Kollektivbestattungen vorgesehen; treten spätestens ab Beginn des 3. Jt. v. Chr. in den ↑Megalithkulturen, vor allem im Mittelmeergebiet, in Spanien, W-Europa, N-Deutschland, in der Mittelgebirgszone, in S-Skandinavien sowie in S-Indien, in verschiedenen, teil landschaftlich gebundenen Typen auf (Dolmen, Ganggrab, Galérie couverte, Steinkistengrab). – Abb. S. 322.

Megalithkulturen, Sammelbez. für europ. Kulturgruppen des ausgehenden 4. und v. a. des 3. Jt. v. Chr., gekennzeichnet durch Monumente aus **Megalithen,** einzelnen (Menhire) oder in Gruppen (Alignments, Kromlechs) aufgestellten, i. d. R. unbearbeiteten Steinblöcken sowie durch Grab- (Megalithgräber) und Kultanlagen (Avebury, Stonehenge) mit Steinbauten aus prähistor. Perioden. I. w. S.

Meersenf. Cakile maritima (Höhe bis 30 cm)

megalo...

Megalithgrab. Großsteingrab bei Nuoro auf Sardinien

werden auch verschiedene archäolog. und ethnolog. Kulturen außerhalb Europas als M. bezeichnet. Die M. folgen in ihrem Verbreitungsgebiet der altneolith. Kulturen (Ausnahme: Brit. Inseln) und werden gegen Ende des 3. Jt. v. Chr. von Kulturgruppen abgelöst, für die Einzelbestattung kennzeichnend ist. Bed. megalith. Kulturen befinden sich auf der Iber. Halbinsel (Almeríakultur), den Brit. Inseln (Windmill-Hill-Kultur, Carlingfordkultur, Boynekultur), im nördl. M-Europa und in S-Skandinavien (Trichterbecherkultur) sowie in Frankreich und auf Malta. Die außereurop. M. – meist auf Grund von Großbauten, seltener von Menhiren, z.T. auch auf Grund von Anbauterrassen so bezeichnet – sind i. d. R. jünger als die europäischen.

megalo..., Megalo... ↑ mega..., Mega...
Megalomanie, svw. ↑ Größenwahn.
Megalopolis [engl. mɛgə'lɒpəlis], Bez. für die fast 1 000 km lange Verstädterungszone an der NO-Küste der USA, die sich von Boston über New York, Philadelphia, Baltimore bis Washington erstreckt; allg. auch Bez. für große städt. Ballungsräume.
Megalopsie, svw. ↑ Makropsie.
Megalosaurus [griech.], ausgestorbene, vom Jura bis zur Oberkreide bekannte Gatt. bis 8 m langer Dinosaurier; räuber. Lebewesen, die sich beim Laufen auf ihren Hinterbeinen aufrichteten.
Megalozyten [griech.], abnorm große, bis über 12 μm im Durchmesser messende rote Blutkörperchen (bes. bei Anämien).
Meganthropus [griech.], pleistozäne Primatenform; gefunden wurden v. a. verschiedene Kieferknochen und Zähne (*M. palaeojavanicus*) in Sangiran auf Java durch G. H. R. von Koenigswald.
Megaohm (Einheitenzeichen MΩ) ↑ Ohm.
Megaösophagus [griech.], hochgradige Erweiterung der Speiseröhre, v. a. bei ↑ Achalasie.
Megaphon [zu ↑ mega... und griech. phōnḗ „Stimme, Laut"], trichterförmiges Sprachrohr; batteriebetriebene Mikrophon-Lautsprecher-Kombination mit Verstärker.
Megara, griech. Stadt am Saron. Golf, 17 700 E. Markt- und Verwaltungsort der Landschaft Megaris. – Im 8./7. Jh. v. Chr. bed. Seemacht; v. a. ab 432 v. Chr. Niedergang; stand im Peloponnes. Krieg auf seiten Spartas; in hellenist. Zeit zuerst unter makedon. Herrschaft, dann wechselnde Mitgliedschaft im Böot. und Achäischen Bund.
megarische Schule, eine der an Sokrates orientierten Philosophenschulen (Begründer: Eukleides von Megara), die eine Synthese zw. dem sokrat. Begriff des Guten und dem unbewegl., unveränderl. Sein der eleat. Philosophie zum Ziel hatte.
Megaron [griech.], Hauptraum des griech. Hauses, Speise- und Versammlungsraum der Männer. Übertragen auf einen archäologisch erfaßten Haustypus: rechteckiger Einraum (Herd als Mittelpunkt) mit Vorhalle (z. B. in Troja, Tiryns, Dimini).
Megasthenes, griech. Ethnograph des 4./3. Jh. v. Chr. – Gesandter Seleukos' I. am Hof des Tschandragupta Maurja; seine Beschreibung Indiens („Indiká", 4 Bücher) ist die erste authent. Darstellung geograph., sozialer und ethnograph. Verhältnisse in Indien.
Megatherium [griech.] ↑ Riesenfaultiere.
Megatonne, Einheitenzeichen Mt, das 10^6fache der Masseneinheit ↑ Tonne.
Megavolttherapie ↑ Strahlentherapie.
Megawatt, Einheitenzeichen MW, das 10^6fache der Leistungseinheit ↑ Watt.
Meghalaya [mɛi'gaːləjə], Bundesstaat in NO-Indien, 22 429 km², 1,71 Mill. E (1990), Hauptstadt Shillong. M. umfaßt das ↑ Shillong Plateau. In diesem isolierten Bergland leben Stämme, die ethnisch von den Mon-Khmer abstammen oder tibetobirman. Verwandtschaft zeigen. Wichtigste Anbauprodukte sind Gemüse, Reis, Mais, Kartoffeln und Orangen. Die Hauptstadt ist Markt- und Handelszentrum des verkehrsmäßig noch wenig erschlossenen Bundesstaats.
Meghna, Hauptmündungsarm im Ganges-Brahmaputra-Delta, 360 km lang, ganzjährig befahrbar.
Megiddo, ehem. Stadt an der Stelle des heutigen Dorfes M. am W-Rand der Jesreelebene, 10 km wsw. von Afula, Israel. 1468 v. Chr. von Thutmosis III. erobert, blieb bis Ende des 12. Jh. ägypt.; die kanaanit., von David eroberte Stadt wurde unter Salomo Gauhauptstadt; seit 733 assyr.; 609/608 v. Chr. unterlag König Josia von Juda bei M. den Ägyptern. – Ausgrabungen legten 20 Schichten (4. Jt. v. Chr. bis 4. Jh. n. Chr.) frei; gefunden wurden u. a. Elfenbeinschnitzereien aus dem 12. Jh., aus der Zeit König Salomos Palast und Zitadelle, aus der Zeit König Achabs Pferdeställe.
Megillot [hebr. „Rollen"] (Einz. Megilla), Bez. der in der hebr. Bibel in einer Gruppe zusammengefaßten fünf Bücher Hoheslied, Ruth, Klagelieder, Prediger und Esther, die im synagogalen Gottesdienst an Passah, Wochenfest, Tischa Be-Aw, Laubhüttenfest und Purim gelesen werden. Die **Megilla** schlechthin ist das Estherbuch.
Meglenitisch ↑ rumänische Sprache.
Mehl [zu althochdt. melo „Gemahlenes, Zerriebenes"], i. w. S. alle feinkörnigen bis pulvrigen Produkte, die durch Zermahlen fester Materialien entstehen. I. e. S. durch Mahlen von Getreidekörnern gewonnene Produkte zur Herstellung von Brot u. a. Backwaren sowie Teigwaren. Diese M. sind feine Pulver von gelblichweißer bis grauer Farbe oder körnige Erzeugnisse (Schrot). Bei niedriger Ausmahlung besteht M. v. a. aus Stärke (z. B. Weizen-M. mit 30 % Ausmahlung zu 81,9 %). Bei höherer Ausmahlung enthalten die M. auch die eiweißhaltige Aleuronschicht der Getreidekörner, Schrot auch den Keimling und die rohfaserreiche

Megalithkulturen. Steinreihen von Kermario bei Carnac, Frankreich

Fruchtschale (z. B. Weizenschrot 8,7 % Rohfasern und 67,5 % Stärke). Man unterteilt in *Fein-M.* (nicht über 50 % Ausmahlung, für Kleingebäck und Kuchen), *Semmel-M.* (Ausmahlung zw. 65–75 %, für Weißbrot), *Brot-M.* für Mischbrot und *Vollkornschrot* für Spezialbrote. – ↑Mehltype.

Mehlbanane ↑Banane, ↑Bananenstaude.

Mehlbeere, (Sorbus aria) Rosengewächs der Gatt. Sorbus; großer Strauch oder kleiner Baum mit ungeteilten, auf der Unterseite weiß behaarten Blättern, weißen bis rosafarbenen Blüten in Trugdolden und orangefarbenen bis rötlichbraunen, nach Frosteinwirkung genießbaren Früchten (Mehlbeeren).
▷ (Mehldorn) ↑Weißdorn.

Mehlkäfer (Tenebrio), weltweit verschleppte Gatt. der Schwarzkäfer mit drei schwarzbraunen, 14–23 mm langen heim. Arten; entwickeln sich als Vorratsschädlinge in Getreideprodukten. Die bis 3 cm langen, drehrunden, gelbbraunen, glänzenden Larven *(Mehlwürmer)* sind ein beliebtes Futter für Käfigvögel, Kleinsäuger und Terrarientiere.

Mehlmotte (Ephestia kuehniella), weltweit verschleppter, 20–22 mm spannender Schmetterling (Fam. Zünsler) mit zwei dunklen, gezackten Querstreifen auf den lichtgrauen Vorderflügeln; Raupen weißlich, bis 2 cm lang, Vorratsschädlinge an Getreideprodukten (bes. Mehl), Trockenobst, Nüssen.

Mehlnährschaden, durch Eiweißmangel und Kohlenhydratüberernährung bedingte Ernährungsstörung (Eiweißmangeldystrophie) des künstlich ernährten Säuglings, u. a. mit Wachstumsstörungen. Der M. kommt in den Hungergebieten der Welt häufig vor.

Megillot. Megilla mit Hülse, getriebenes, zum Teil vergoldetes Silber, Pergament, 1. Hälfte des 18. Jh. (Kölnisches Stadtmuseum)

Mehlpilz (Mehlräsling, Pflaumenrötling, Clitopilus prunulus), kleiner bis mittelgroßer, grauweißer Ständerpilz mit flachem bis trichterförmig vertieftem Hut und fleischfarbenen, herablaufenden Lamellen; intensiver Mehlgeruch; Speisepilz; häufig in Laub- und Nadelwald, bes. auf kalkarmen Böden.

Mehlschwalbe ↑Schwalben.

Mehlspeisen, östr. und bayr. Bez. für Süßspeisen aus Getreideprodukten und Eiern, Butter, Zucker, Milch, Aromastoffen [und Früchten].

Mehltau, Bez. für verschiedene durch Echte ↑Mehltaupilze hervorgerufene Pflanzenkrankheiten, u. a. der durch Podosphaera leucotricha verursachte **Apfelmehltau** an Apfelbäumen (auch am Steinobst); v. a. an austreibenden Blättern, die dann einen flockigen, mehlartigen Überzug haben, sich einrollen und vom Rand her vertrocknen. Erreger des auf Gräsern, v. a. auf Getreide vorkommenden **Getreidemehltaus** ist Erysiphe graminis; Blätter und Halme sind mit einem dichten weißen Belag überzogen, der zum Vergilben und Absterben der Pflanzen führt. Bekämpfung des M. mit Schwefelpräparaten möglich. – ↑Rebenmehltau.

Mehltaupilze, (Echte Mehltaupilze, Erysiphales) Schlauchpilzordnung; obligate Pflanzenparasiten, die Blätter, Stengel und Früchte mit einem dichten Myzelgeflecht und daran gebildeten Konidien überziehen.
▷ (Falsche Mehltaupilze, Peronosporales) Ordnung der Oomyzeten; saprophytisch oder parasitisch lebende Pilze; bilden in den Interzellularen ein Myzel. Sporangienträger dringen durch die Epidermis nach außen und überziehen die Pflanze mit einem Schimmelrasen. Zahlr. Arten sind Erreger von Pflanzenkrankheiten, z. B. ↑Blauschimmel, Falscher ↑Rebenmehltau.

Mehltype, Kennzeichnung von Getreidemehlen nach ihrem Mineralstoff-(Asche-)Gehalt. Die M. gibt an, wieviel mg Mineralstoffe beim Verbrennen von 100 g Mehltrockensubstanz zurückbleiben. Je höher die Type, desto dunkler ist das Mehl und desto höher ist der Ausmahlungsgrad, da der Kern des Getreidekorns nur 0,4 %, die Schale dagegen ca. 5 % Asche enthält. Ein Weizenmehl der Type 405 enthält z. B. im Durchschnitt 0,405 % Asche.

Mehlwürmer ↑Mehlkäfer.

Mehlzünsler (Pyralis farinalis), kleiner Schmetterling (Fam. Zünsler) mit einer breiten, ockergelben Binde auf den braun- bis violbletten Vorderflügeln; Larven in Gespinströhren; werden schädlich an Getreideprodukten, Heu, Saatgut.

Mehmet Ali, * Kawala 1769, † Alexandria 2. Aug. 1849, osman. Statthalter von Ägypten. – Erreichte 1805 die Anerkennung als Statthalter von Ägypten, 1841 die erbliche Statthalterschaft. Seine Nachkommen herrschten als Vizekönige (Khediven) und Könige von Ägypten bis 1953.

Mehmet Fuzulî [türk. fuzu'li], türk. Dichter, ↑Fuduli, Muhammad Ibn Sulaiman.

Mehnert, Klaus, * Moskau 10. Okt. 1906, † Freudenstadt 2. Jan. 1984, dt. Politologe und Publizist. – 1931–34 Schriftleiter, dann bis 1936 Moskaukorrespondent dt. Zeitungen; 1951–76 Chefredakteur der Zeitschrift „Osteuropa"; lebte 1936–45 in den USA und in China als Prof. für Geschichte und Politik; seit 1961 Prof. in Aachen; schrieb u. a. „Asien, Moskau und wir" (1956), „China nach dem Sturm" (1971), „Kampf um Maos Erbe" (1977), „Über die Russen heute" (1983).

Mehlmotte

Klaus Mehnert

Mehrarbeit, Arbeit, die die gesetzlich festgelegte regelmäßige werktägl. Arbeitszeit von 8 Stunden (§ 3 Arbeitszeitordnung) bzw. (als **Überarbeit**) die für das Arbeitsverhältnis übl., einzel- oder tarifvertraglich geregelte Arbeitszeit übersteigt. Überarbeit kann also zugleich M. sein. M. ist zwar grundsätzlich verboten, doch gibt es zahlreiche Ausnahmen (z. B. durch andere Verteilung der Arbeitszeit, durch tarifvertragl. Regelung). Unter gewissen Voraussetzungen ist für M. ein zusätzl. Arbeitsentgelt (Mindestzuschlag 25 %) zu zahlen. Tarifvertraglich können sowohl höhere Zuschläge für M. als auch Zuschläge für Überarbeit vereinbart werden (**Überstundenzuschläge**). – ↑Arbeitszeit.

Mehrbedarfszuschläge ↑Regelsätze.

Mehrdeutigkeit, svw. ↑Polysemie.

Mehrfachlader ↑Gewehr.

Mehrfachsterne, Bez. für mehrere, räumlich dicht beieinander stehende Sterne, die sich wie physische ↑Doppelsterne auf Grund der Gravitation um ihren gemeinsamen Schwerpunkt bewegen.

Mehrfarbendruck ↑Drucken (Farbdruck).

Mehrheit (Majorität), der zahlenmäßig größere Teil einer Personengemeinschaft, Vertretungskörperschaft oder eines Kollegialorgans. Der **Mehrheitsgrundsatz** oder das **Mehrheitsprinzip** bei Abstimmungen und Wahlen besagt, daß der Wille der M. als verbindlich akzeptiert wird. Es gibt: *absolute* (mehr als 50 %) und *relative M.* (Erreichen der meisten Stimmen, aber nicht mehr als 50 %). Bes. wichtige Entscheidungen (z. B. Verfassungsänderung, Satzungsänderung in Vereinen) verlangen oft *qualifizierte M.* (die mehr als 50 % der abgegebenen Stimmen beträgt, meist $^2/_3$, gelegentlich $^3/_4$ der Stimmen). Der M.grundsatz

Mehrheitsbeteiligung

Walter Mehring

Dieter Meichsner

Julius Meier-Graefe

Henri Meilhac
(Holzstich, 1886)

wird durchbrochen durch ein Veto bevorrechtigter Mgl. oder wenn der Vors. bei Stimmengleichheit den Ausschlag gibt.

Mehrheitsbeteiligung, eine Form der verbundenen Unternehmen. M. ist dann gegeben, wenn einem Unternehmen, gleichgültig welcher Rechtsform, die Mehrheit der Anteile eines anderen rechtlich selbständigen Unternehmens oder die Mehrheit der Stimmrechte dieses Unternehmens gehört.

Mehrheitssozialisten (Mehrheitssozialdemokraten), bis 1922 Bez. für die Majorität der SPD nach Abspaltung der Sozialdemokrat. Arbeitsgemeinschaft (1916) und Bildung der USPD (1917).

Mehrheitswahl ↑ Wahlen.

Mehring, Franz, *Schlawe i. Pom. 27. Febr. 1846, †Berlin 28. Jan. 1919, dt. Politiker und Historiker. – Journalist; bekämpfte, ab 1891 dem äußersten linken Flügel der SPD angehörend, den Revisionismus E. Bernsteins und gründete 1916 zus. mit R. Luxemburg und K. Liebknecht den Spartakusbund.

M., Walter, *Berlin 29. April 1896, †Zürich 3. Okt. 1981, dt. Schriftsteller. – Schrieb expressionist. Lyrik (u. a. in der Zeitschrift „Der Sturm"); 1919 Autor für M. Reinhardts Kabarett „Schall und Rauch"; Mitbegr. der Berliner Dada-Sektion; Zusammenarbeit mit E. Piscator in Berlin; mußte 1933 über Wien nach Frankreich emigrieren (seine Bücher wurden verboten); wurde 1939 interniert, konnte 1940 über Marseille in die USA fliehen. M. entwickelte für seine das Zeitgeschehen und die bürgerl. Moral schonungslos kritisierenden Songs einen eigenen Stil, der ihm den Beinamen „Bänkelsänger von Berlin" einbrachte; er warnte schon früh vor der Gefahr des NS. Sein wichtigstes Prosawerk „Die verlorene Bibliothek" (engl. 1951, dt. 1958) ist eine krit. Betrachtung der geistig-kulturellen Bedingungen seiner Zeit. M. war auch Übersetzer, Hörspielautor und Zeichner.

mehrjährig (plurienn, polyzyklisch), eine Lebensdauer von mehreren Jahren aufweisend; auf Samenpflanzen bezogen.

Mehrkampf, aus mehreren Einzeldisziplinen bestehender sportl. Wettkampf; Wertung nach Punkten.

Mehrkörperproblem (Vielkörperproblem), das v. a. in der Himmelsmechanik grundlegende Problem, die Bewegung mehrerer Körper bzw. Massenpunkte zu berechnen, die der gegenseitigen Massenanziehung unterliegen. Im Ggs. zum ↑Zweikörperproblem ist das allg. *Dreikörperproblem* schon nicht mehr exakt lösbar. Exakte Lösungen lassen sich nur unter sehr speziellen Voraussetzungen bezüglich der Stellung der drei Körper angeben. Näherungslösungen lassen sich finden, wenn die Masse eines Körpers gegenüber den Massen der beiden anderen vernachlässigt werden kann (sog. *Problème restreint,* eingeschränktes Dreikörperproblem), d. h. bei der Bewegung eines Körpers im Gravitationsfeld zweier Massen, die sich auf Kreisbahnen um den gemeinsamen Massenmittelpunkt bewegen.

Mehrlinge, gleichzeitig ausgetragene (und kurz nacheinander geborene) Geschwister, die eineiig oder mehreiig sein können. – *Mehrlingsgeburten* sind bei vielen Tieren normal, beim Menschen (z. B. Zwillinge, Drillinge) jedoch die Ausnahme, wenngleich sie seit Einführung der Unfruchtbarkeitsbehandlung und der Reproduktionstechniken wesentlich häufiger geworden sind.

Mehrparteiensystem, in parlamentarisch-demokratisch regierten Staaten das diese kennzeichnende Parteiensystem, in dem mehrere Parteien als Träger der polit. Willensbildung agieren; Ggs.: Einparteiensystem, in meist totalitären Staaten.

mehrseitiges Rechtsgeschäft, ein Rechtsgeschäft, das durch die Willenserklärungen mehrerer Personen zustandekommt (Ggs.: ↑einseitiges Rechtsgeschäft): Vertrag und Beschluß einer Personenvereinigung.

Mehrstaater ↑ Doppelstaater.

Mehrstärkengläser ↑ Brille.

Mehrstimmigkeit, allg. jede Art von Musik, in der, wenn auch nur zeitweise, zwei oder mehr Töne zur gleichen Zeit erklingen. Die M. prägt sich vorwiegend aus in

Meidias. Meidias-Maler, Szene aus „Phaon und die Frauen von Lesbos", rotfigurige Malerei auf einer Hydria, um 410 v. Chr. (Florenz, Archäologisches Museum)

den sog. primären Klangformen (zufälliges Zusammentönen wie beim Glockengeläut), in ↑Heterophonie, Bordundtechnik (↑Bordun), Parallelgesang und einfachen, immer wiederkehrenden Motivnachahmungen. Speziell ist mit M. die in mehreren selbständigen Stimmen geführte und als aufgeschriebene Komposition tradierte europ. Kunstmusik gemeint, die sich als einzige in einer geschichtl. Entwicklung zu einer Fülle unterschiedlichster Stilphasen entfaltet hat. Eindeutig faßbar ist M. erstmals in der frühen Organum-Lehre (↑Organum) des 9. Jh. Ihren Höhepunkt erreichte sie um 1200 in der ↑Notre-Dame-Schule. Weitere Formen der ma. M., die zunächst nur die Ausnahme in einer weitgehend einstimmigen Musikpraxis bildet, sind ↑Conductus, Discantus (mehrstimmiger Satz Note gegen Note) und ↑Motette. Der Begriff M. faßt gleichermaßen ↑Homophonie und ↑Polyphonie in sich, obwohl letztere über Jh. hinweg den eigtl. Kernbereich ihrer kunstvollen Durchbildung ausmacht.

Mehrstoffmotor (Vielstoffmotor), nach dem Dieselverfahren arbeitender Verbrennungsmotor, der sowohl mit Dieselkraftstoff als auch mit Benzin u. a. betrieben werden kann. M. besitzen wegen der höheren Selbstentzündungstemperatur des Benzins ein etwas höheres Verdichtungsverhältnis als Dieselmotoren.

Mehrwert ↑ Marxismus.
▷ im *Steuerrecht* der einem Gut in einem Unternehmen hinzugefügte Wert (= Gesamtwert bei Verlassen des Unternehmens, abzüglich des Werts der Vorleistungen); wichtiger Begriff des M.steuerrechts (↑Umsatzsteuer).

Mehrwertsteuer ↑ Umsatzsteuer.

Mehrzahl, svw. ↑ Plural.

Mehta, Zubin [engl. ˈmeɪtə:], *Bombay 29. April 1936, ind. Dirigent. – 1961–67 Leiter des Montreal Symphonic Orchestra, 1962–78 des Los Angeles Philharmonic Orchestra sowie 1978–91 der New Yorker Philharmoniker, daneben seit 1979 Leiter der Israel. Philharmonie; Gastdirigent zahlr. internat. Orchester und Opernhäuser.

Meh Ti ↑ Mo Zi.

Méhul, Etienne Nicolas [frz. meˈyl], *Givet (Ardennes) 22. Juni 1763, †Paris 18. Okt. 1817, frz. Komponist. – Angeregt von Gluck, komponierte er v. a. zahlr. Opern (u. a. „Joseph in Ägypten", 1807), Ballette, Sinfonien, Kammer- und Kirchenmusik.

Meibom-Drüsen [...boːm; nach dem dt. Arzt H. Meibom, *1638, †1700] (Glandulae tarsales), die Talgdrüsen der Augenlider, die im Augenlidknorpel liegen und an der Innenkante des Lidrandes münden. – Ihre Entzündung bewirkt das innere Gerstenkorn.

Meichsner, Dieter [ˈmaɪksnər], *Berlin 14. Febr. 1928, dt. Schriftsteller und Fernsehregisseur. – Verf. von zeitkrit. Romanen („Versuch's noch einmal mit uns", 1948), Hör- und Fernsehspielen, die oft in Form von Tatsachenberichten gestaltet sind, u. a. „Preis der Freiheit" (Fsp., 1966), „Novemberverbrecher" (Fsp., 1968), „Schwarz Rot Gold" (Fsp., 1982 ff.), „Bergpredigt" (Fsp., 1983).

Meid, Hans, *Pforzheim 3. Juni 1883, †Ludwigsburg 6. Jan. 1957, dt. Graphiker. – Prof. an der Berliner Akad. und (ab 1948) in Stuttgart. M. ist in der Nachfolge von Slevogt einer der wichtigsten Buchillustratoren (Märchen, Klassiker); bis 1922 v. a. Radierungen, danach Federzeichnungen.

Meiderich ↑ Duisburg.

Meidias, att. Töpfer des späten 5. Jh. v. Chr., für den der (modern) nach ihm ben. **Meidias-Maler** arbeitete. Dieser malte als charakterist. Vertreter des zierl. reichen Zeichenstils v. a. Bilder aus der Welt der Frau.

Meidner, Ludwig, *Bernstadt in Schlesien 18. April 1884, †Darmstadt 14. Mai 1966, dt. Maler, Graphiker und Schriftsteller. – Lebte in Berlin (1911–35), Köln und in der Emigration (Großbritannien 1939–1953). Bed. Vertreter des dt. Expressionismus, v. a. in seinen Bildnissen und Selbstbildnissen sowie in visionären Landschafts- und Städtebildern (Serie der „Apokalypt. Landschaften", 1912–16). In seinen Dichtungen wird die Sprache hymnisch gesteigert („Im Nacken das Sternenmeer", 1918; „Septemberschrei", 1920; „Gang in die Stille", 1929).

Meier, Herbert, *Solothurn 29. Aug. 1928, schweizer. Schriftsteller. – Schreibt Dramen, z. T. mit bibl. Sinnbildern durchsetzte Gedichte („Siebengestirn", 1956) und Romane; übersetzt moderne frz. Autoren.

M., John, *Horn (= Bremen) 14. Juni 1864, †Freiburg im Breisgau 3. Mai 1953, dt. Volkskundler und Germanist. – Ab 1899 Prof. in Basel, ab 1913 in Freiburg im Breisgau; war maßgeblich an der Organisation der wiss. Volkskunde beteiligt; gründete 1914 das Dt. Volksliedarchiv; umfangreiche Herausgebertätigkeit.

Meier (Meister, Asperula), Gatt. der Rötegewächse mit rd. 90 Arten, v. a. im Mittelmeergebiet; Kräuter oder kleine Sträucher mit schmalen, quirlig stehenden Blättern und kleinen, weißen, roten oder blauen, meist in Trugdolden stehenden Blüten.

Meier [zu spätlat. maior (domus) „Hausverwalter"], im MA grundherrl. Amtsträger, der die abhängigen Bauernstellen (Hufen) beaufsichtigte und Abgaben einzog. Er bewirtschaftete den ↑ Fronhof; vielfach wirkte er auch an der Gerichtsbarkeit mit.

Meier-Graefe, Julius [ˈɡrɛːfə], *Reşiţa (Rumänien) 10. Juni 1867, †Vevey (Schweiz) 5. Juni 1935, dt. Kunstkritiker. – Gewann großen Einfluß mit seiner Wertschätzung bes. der frz. Kunst des 19. Jh. (E. Delacroix, E. Manet, P. Cézanne u. a. sowie auch H. von Marées). Schrieb u. a. eine „Entwicklungsgeschichte der modernen Kunst" (1904) sowie zahlr. Künstlermonographien.

Meierrecht, Pachtrecht, bei dem den Meiern der Fronhof (einschl. der Dienste und Abgaben der von diesem abhängigen Bauern) gegen jährl. Geldleistungen vom Grundherren geliehen wird.

Meiji-Reformen [jap. ˈmeːdʒi], Reformen in Japan, mit denen nach der Thronbesteigung (1867) des Meiji Tenno (Mutsuhito) ab 1868 das Land zu einem konstitutionellen Reg.system und (unter Aufgabe der bis dahin bestehenden Feudalstrukturen) zu einem Staat moderner Prägung geführt wurde (1889 Verabschiedung einer neuen Verfassung); mit der Verlegung der kaiserl. Residenz nach dem heutigen Tokio 1868 symbolisch eingeleitet; u. a. Revision der Rechtsgrundlagen, Währungsreform, Einführung der allg. Schulpflicht, Umgestaltung des Militärwesens, Übernahme des Gregorian. Kalenders und zeitgemäßer Kommunikationssysteme; im Hinblick auf die Wiedereinsetzung des Kaisers als Reg.spitze auch *Meiji-Restauration* genannt.

Meiji Tenno [jap. ˈmeːdʒi] ↑ Mutsuhito.

Meile [zu mlat. milia (passuum) „tausend (Doppelschritte)"], alte Längeneinheit (Wegemaß); die röm. M. („milia") entsprach rd. 1 489 m; später unterschied man meist *geograph. M., Land[es]-M.* (z. T. auch *Post-M., Jagd-M.*) und *naut. M.* (↑ Seemeile), die in den verschiedenen Ländern unterschiedlich festgelegt waren. In Preußen entsprach z. B. 1 M. (dt. Land-M.) 7 532,48 m, in Sachsen (Post-M.) 7 500 m. Im Norddt. Bund wurde die M. im Jahre 1868 nach Einführung des Meters als Längeneinheit zu 7 500 m festgelegt. Die geograph. M. wurde gewöhnlich als $^1/_{15}$ eines Äquatorgrades zu 7 420,439 m gerechnet. – ↑ Mile.

Meilen, Bez.hauptort im schweizer. Kt. Zürich, am N-Ufer des Zürichsees, 420 m ü. d. M., 10 750 E. Ortsmuseum (in einem Patrizierhaus von 1830–40); Maschinenbau, Nahrungsmittel- und Getränkeind. – Bei M. wurde 1854 erstmals in der Schweiz eine neolith. Pfahlbausiedlung entdeckt. – Barocke Kirche (1683) mit spätgot. Chor (15. Jh.).

Meiler, mit Erde, Rasenstücken u. a. abgedeckter Stapel von Holzscheiten zur Gewinnung von Holzkohle in der Köhlerei.

Ludwig Meidner. Apokalyptische Landschaft, 1913 (Privatbesitz)

Meilhac, Henri [frz. mɛˈjak], *Paris 21. Febr. 1831, †ebd. 6. Juli 1897, frz. Dramatiker. – Ab 1888 Mgl. der Académie française; schrieb (meist in Zusammenarbeit mit L. Halévy) zahlr. Lustspiele und Vaudevilles sowie Opern- und Operettenlibretti u. a. für J. Offenbach („Die schöne Helena", 1864), G. Bizet („Carmen", 1875).

Meillet, Antoine [frz. mɛˈjɛ], *Moulins (Allier) 11. Nov. 1866, †Châteaumeillant (Cher) 12. Sept. 1936, frz. Sprachwissenschaftler. – Ab 1891 Prof. in Paris, ab 1906 auch am Collège de France. Einer der führenden Sprachwissenschaftler, v. a. auf dem Gebiet der histor.-vergleichenden Sprachwiss.; führte die soziolog. Betrachtungsweise in die histor. Sprachwiss. ein; grundlegend: „Einführung in die vergleichende Grammatik der indogerman. Sprachen" (1903) und „La méthode comparative en linguistique historique" (1925).

Meinardus, Wilhelm, *Oldenburg (Oldenburg) 14. Juli 1867, †Göttingen 28. Aug. 1952, dt. Geograph. – Prof. in Münster und Göttingen; v. a. Arbeiten zur Meteorologie, Klimatologie und Meereskunde.

Meinecke, Friedrich, *Salzwedel 30. Okt. 1862, †Berlin (West) 6. Febr. 1954, dt. Historiker. – Schüler J. G. Droysens, H. von Sybels und H. von Treitschkes; Prof. in Straßburg (ab 1901), Freiburg im Breisgau (ab 1906), Berlin (1914–28). Allein-Hg. der „Histor. Zeitschrift" (1894–1935), Vors. der Histor. Reichskommission (1928 bis 1934); politisch liberal, Gegner des NS; 1948 erster Rektor der von ihm mitgegr. Freien Univ. Berlin. Prägte nachhaltig die Entwicklung der dt. Geschichtsschreibung vom Kaiserreich bis zur staatl. Neuordnung nach 1945 und die Ausbildung der polit. Ideengeschichte. – *Werke:* Weltbürgertum und Nationalstaat (1908), Die dt. Katastrophe (1946).

Meineid [zu althochdt. mein „falsch"], vorsätzl. eidl. Bekräftigung einer falschen Aussage vor Gericht oder einer anderen zur Abnahme von Eiden zuständigen Stelle (z. B. parlamentar. Untersuchungsausschuß). M. wird gemäß § 154 StGB mit Freiheitsstrafe nicht unter einem Jahr bestraft (in minder schweren Fällen sechs Monate bis fünf Jahre). Hält der Eidesleistende seine Aussage irrtümlich für wahr, liegt ein ↑ Falscheid vor. Unterbleibt nach der Aus-

Friedrich Meinecke

Meinerzhagen

sage die Vereidigung, kommt als Delikt ↑falsche uneidliche Aussage in Betracht. Hat ein Zeuge oder Sachverständiger sich eines M. schuldig gemacht, um von einem Angehörigen oder von sich selbst die Gefahr einer gerichtl. Sanktion abzuwenden **(Eidesnotstand)**, kann das Gericht die Strafe mildern. Das gleiche gilt bei der ↑Berichtigung durch den Täter. – Für das *östr.* und das *schweizer. Recht* gilt Entsprechendes.

Meinerzhagen, Stadt im westl. Sauerland, NRW, 450 m ü. d. M., 19 700 E. Metallverarbeitende, Kunststoff-, Elektroind., Fremdenverkehr. – Das 1067 erstmals gen. M. ist seit 1765 Stadt. – Spätgotisch umgestaltete Pfarrkirche.

Meinhardiner, mittelalterl. Dyn., zu Beginn des 12. Jh. als Herren (später Grafen) von Görz und Vögte von Aquileja erstmals bezeugt, 1500 erloschen. Sie besaßen Tirol bis 1363 und Kärnten 1286–1335.

Meinhof, Carl, *Barzwitz bei Schlawe i. Pom. 23. Juli 1857, †Greifswald 10. Febr. 1944, dt. Afrikanist. – Prof. in Berlin und Hamburg; Begründer der vergleichenden afrikan. Sprachwiss., bes. der Bantuistik. M. konzipierte das „Urbantu", eine hypothet. Frühform, auf die er alle Bantusprachen zurückzuführen suchte.

M., Ulrike ↑Baader-Meinhof-Prozesse.

Meiningen, Krst. an der oberen Werra, Thür., 290 m ü. d. M., 25 000 E. Landestheater, Theatermuseum, Max-Reger-Archiv; elektron., feinmechan., Textil- und Möbelind. – 982 erwähnt; kam 1008 an das Hochstift Würzburg; Mitte des 12. Jh. gründeten die Bischöfe die Stadt M.; 1680–1918 Residenz des Hzgt. *Sachsen-Meiningen*. – Barockes Schloß Elisabethenburg (1682–92), Bürgerhäuser (16.–18. Jh.).

M., Landkr. in Thüringen.

Meininger, Hoftheatertruppe Herzog Georgs II. von Sachsen-Meiningen (*1826, †1914), die sich unter seiner Leitung zu einem Ensemble von bed. Einfluß auf das europ. Theater des Realismus entwickelte. Ihr Bemühen um histor. Genauigkeit (Kostüm, Bühnenbild, ungekürzter Originaltext), einheitl. Regie und Ensembleführung zielte auf ein stilistisch geschlossenes Bühnengesamtkunstwerk.

Meinloh von Sevelingen, mittelhochdt. Lyriker der 2. Hälfte des 12. Jh. – Aus schwäb. Ministerialgeschlecht. Dichtete sowohl Frauenstrophen als auch Werbelieder, die in Ethik (Läuterung) und Motivik (Fernliebe) z. T. auf den hohen Minnesang vorausweisen.

Meinong, Alexius, Ritter von Handschuchsheim, *Lemberg 17. Juli 1853, †Graz 27. Nov. 1920, östr. Philosoph und Psychologe. – Ab 1882 Prof. in Graz; 1894 ebd. Begründer des ersten Labors für experimentelle Psychologie in Österreich. Ausgehend von psycholog. Untersuchungen, wandte sich M. v. a. der philosoph. Gegenstandstheorie zu, die u. a. eine Klassifizierung der Gegenstände von den Grundarten psych. Erlebens (Vorstellen, Denken, Fühlen, Begehren) aus vornimmt. – *Werke:* Über Annahmen (1902), Über Möglichkeit und Wahrscheinlichkeit (1915).

Meinrad, Josef, *Wien 21. April 1913, östr. Schauspieler. – Seit 1947 am Wiener Burgtheater; bes. erfolgreich in kom. Charakterrollen, v. a. in Stücken von Nestroy und Raimund; zahlr. Film- und Fernsehrollen.

Meinungsbildung, Ergebnis des sozialen Kommunikationsprozesses, in dem personale (z. B. Meinungsführer) und mediale (v. a. Massenmedien) Faktoren zusammenwirken.

Meinungsforschung (Demoskopie, Umfrageforschung), sozialwiss. Verfahren zur Ermittlung der Meinungsverteilung bzw. von Bedürfnissen in der Gesellschaft. Durch Interviewer wird ein Fragebogen dem mit Hilfe eines ↑Stichprobenverfahrens (gezielte Auswahl [Quotaverfahren], reine Zufallsauswahl, geschichtete Auswahl [z. B. Klumpenstichprobe]) ausgewählten Teil der untersuchten

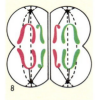

Meiose. Schematische Darstellung verschiedener Stadien: 1 Leptotän; 2 frühes Zygotän; 3 und 4 Pachytän; 5 Diplotän; 6 abgeschlossene Diakinese und frühe Metaphase; 7 Anaphase und beginnende erste Zellteilung (1–7 erste meiotische Teilung); 8 Anaphase; 9 Telophase und abgeschlossene zweite Zellteilung (8 und 9 zweite meiotische Teilung)

Meiningen. Schloß Elisabethenburg, 1682–92

Grundgesamtheit zur Beantwortung vorgelegt. Die Auswertung erfolgt auf statist. Weg und bildet die Grundlage für die Interpretation des Ergebnisses im Zusammenhang mit anderen Umfragen und Sozialdaten. Durch Wahlprognosen ist die M. in den USA (Gallup polls durch das Gallup-Institut) seit den 1940er Jahren bekannt. In der BR Deutschland hat sie nach dem 2. Weltkrieg durch Gründung des Instituts für Demoskopie Allensbach ihren wichtigsten Entwicklungsanstoß erhalten. Heute bieten mehrere große Umfrageinstitute, die auf privatwirtsch. Basis arbeiten, ihre Dienstleistungen an. Hauptarbeitsfelder sind ↑Marktforschung, Ermittlung des Publikums der Massenmedien (wird werbenden Unternehmen und Institutionen vorgelegt, um die demograph. Zusammensetzung des Publikums z. B. einer Illustrierten für gezielte Werbung einzusetzen bzw. auszunutzen) und Erfassung polit. Meinungen. Einwände gegen die M. betreffen 1. die i. d. R. unterstellte Voraussetzung, daß die geäußerte Meinung dem tatsächl. Verhalten weitgehend entspricht; 2. soziale Folgewirkungen, die daraus entstehen, daß die empirisch vermittelte vorherrschende Meinung zur Norm wird (Stabilisierungseffekt); 3. polit. Folgewirkungen, die v. a. durch Veröffentlichung von Wahlprognosen zu einer Manipulation der Wählerentscheidung führen können (z. B. Mitläufereffekt und die „Self-fulfilling prophecy").

Meinungsfreiheit, durch Art. 5 Abs. 1 GG jedermann gewährleistetes Recht, sich ohne Zwang oder Druck eine eigene Meinung zu bilden, diese zu äußern **(Meinungsäußerungsfreiheit)** und zu verbreiten. – Meinung ist nach herrschender Ansicht nicht die bloße Tatsachenwiedergabe und -behauptung, sondern Meinung sind die auf Überzeugungsbildung gerichteten Äußerungen, d. h. Wertungen, Stellungnahmen, Beurteilungen u. a. Der freien Meinungsbildung dient die ebenfalls durch Art. 5 Abs. 1 GG gewährleistete Informationsfreiheit. Als Mittel der Meinungsäußerung und -verbreitung sind Wort, Schrift und Bild bes. genannt. Ebenso geschützt sind aber auch Meinungsbekundungen in anderen Formen, z. B. Tragen von Symbolen oder Teilnahme an einem Schweigemarsch (Demonstrationsrecht). Art. 5 GG erfaßt auch die Pressefreiheit und die Freiheit der Berichterstattung durch Rundfunk und Film. – Die M. findet ihre Schranken in den Vorschriften der allg. Gesetze, den gesetzl. Bestimmungen zum Schutze der Jugend und in dem Recht der persönl. Ehre (Art. 5 Abs. 2 GG).

In *Österreich* hat nach Art. 13 Staatsgrundgesetz jedermann das Recht, durch Wort, Schrift, Druck oder bildl. Darstellung seine Meinung – die wie im dt. Recht definiert ist – innerhalb der gesetzl. Schranken frei zu äußern. – In der *Schweiz* wird die M. als ungeschriebenes Freiheitsrecht durch die Rechtsprechung des Bundesgerichts garantiert. Die M. kann auf gesetzl. Grundlage zur Wahrung der öff. Ordnung eingeschränkt werden.

Meinungsführer, Begriff zur Erklärung von Kommunikationswirkungen im Prozeß der Meinungsbildung. Zunächst bei der Analyse von Wahlfeldzügen wurde ermittelt, daß die Propaganda typischerweise über die Vermittlung von kommunikativ und (in diesem Fall) politisch bes. interessierten Personen (sog. M.) an die Mehrzahl der Wähler gelangte.

Meiose [zu griech. meíōsis „das Verringern, Verkleinern"] (Reduktionsteilung), die Reduktion des Chromosomenbestandes um die Hälfte. Da bei der Befruchtung die Kerne zweier Geschlechtszellen miteinander verschmelzen, wird der Chromosomenbestand verdoppelt. Dieser muß im Laufe der Entwicklung eines Lebewesens, spätestens bei der erneuten Bildung der Geschlechtszellen wieder halbiert werden, da sonst die Zahl der Chromosomen pro Zelle nicht konstant bliebe. Diese Reduktion auf den haploiden (einfachen) Chromosomensatz wird durch zwei Teilungen erreicht. Das erste Stadium der **ersten meiotischen Teilung,** die *Prophase,* wird in mehrere Phasen aufgegliedert: Im *Leptotän* werden die Chromosomen als langgestreckte, dünne Fäden sichtbar. Im *Zygotän* paaren sich homologen Chromosomen abschnittsweise. Im *Pachytän* verkürzen und verdicken sie sich und lassen eine Längsspaltung erkennen. Die Chromatiden überkreuzen sich teilweise (↑ Chiasma). Im *Diplotän* sind vier parallele Stränge zu erkennen. Die Chromosomen weichen bis auf die Überkreuzungsstellen auseinander. In der *Diakinese* trennen sich allmählich die vier Stränge paarweise. Die Überkreuzungsstellen werden an die Enden verschoben. In der *Metaphase* ordnen sich die Chromosomen in der Äquatorialebene an. In der *Anaphase* trennen sich die gepaarten Chromosomen und wandern zu den Polen, wobei eine zufallsgemäße Neuverteilung der väterl. und mütterl. Chromosomen erfolgt. In der *Telophase* lockern sich die spiralisierten Chromosomen dann auf. Nun folgt ein kurzes „Ruhestadium", die *Interkinese.* Die **zweite meiotische Teilung** läuft nach dem Schema einer ↑ Mitose ab. Die beiden Chromosomenspalthälften (Chromatiden) werden voneinander getrennt. Es werden neue Kern- und Zellmembranen (bzw. Zellwände bei Pflanzen) gebildet, und es sind vier neue Zellen mit jeweils einem einfachen Chromosomensatz entstanden.

Meir, Golda [hebr. mɛˈir], früher Meyerson, *Kiew 3. Mai 1898, †Jerusalem 8. Dez. 1978, israel. Politikerin. – Wanderte 1906 mit ihrer Familie in die USA aus, wo sie sich später der sozialist.-zionist. Bewegung anschloß; übersiedelte 1921 nach Palästina; seit 1923 im Gewerkschaftsverband Histadrut tätig, übernahm 1946 die Leitung der polit. Abteilung der Jewish Agency; 1948/49 Gesandte in Moskau, 1949–74 Abg. in der Knesset (Mapai), 1949–56 Min. für Arbeit und soziale Sicherheit, 1956–65 Außenmin., 1969–74 Min.präsidentin.

Meißen. Blick über die Elbe auf den Burgberg mit der um 1485 vollendeten Albrechtsburg und dem gotischen Dom, 13.–15. Jahrhundert

Meiringen, Bez.hauptort im schweizer. Kt. Bern, im Haslital, 595 m ü. d. M., 4 000 E. Karbidfabrik. – Prot. Pfarrkirche (1684), in der Unterkirche Wandmalereien (13./14. Jh.).

Meisel, Kurt, *Wien 18. Aug. 1912, östr. Schauspieler und Regisseur. – 1972–83 Intendant des Bayer. Staatsschauspiels in München.

Meisen (Paridae), Fam. der Singvögel mit rd. 50 Arten in offenen Landschaften und Wäldern der Nordhalbkugel und Afrikas; lebhafte, gut kletternde Baum- und Strauchvögel mit kurzem, spitzem Schnabel (Nahrung bes. Insekten, Kleintiere, auch ölhaltige Sämereien); meist in Höhlen brütende Standvögel oder Teilzieher. – Zu den M. gehören u. a. ↑ Blaumeise; **Haubenmeise** (Parus cristatus), etwa 12 cm lang, v. a. in Nadelwäldern großer Teile Europas; mit hoher, spitzer, schwarzweiß gefleckter Federhaube; übriges Gefieder oberseits graubraun, unterseits weißlich; Gesicht weißlich, schwarz eingerahmt; **Kohlmeise** (Parus major), (mit Schwanz) etwa 14 cm lang, in offenen Landschaften und Wäldern Eurasiens; Hals und Kopf blauschwarz mit weißen Wangen; Oberseite olivgrün, Unterseite gelblich; **Schwanzmeise** (Aegithalos caudatus), etwa 6 cm (mit Schwanz bis 15 cm) lang, v. a. in Wäldern und Parkanlagen Europas und der gemäßigten Regionen Asiens; Oberseite rötlich und schwärzlich, Nacken schwarz, Gesicht weiß oder mit schwarzem Überaugenstreif, Brust weißlich, Seiten und Bauch rötlich; **Sumpfmeise** (Nonnen-M., Glanzkopf-M., Parus palustris), bis 12 cm lang, ♂ und ♀ (mit Ausnahme der glänzenden schwarzen Kappe) oberseits graubraun, unterseits grauweiß, mit kleinem, schwarzem Kehllatz; v. a. in Laubwäldern der gemäßigten und südl. Regionen Europas und O-Asiens; **Tannenmeise** (Parus ater), etwa 10 cm lang, v. a. in Nadelwäldern Europas und der gemäßigten Regionen Asiens; unterscheidet sich von der sonst sehr ähnl. Kohl-M. v. a. durch einen weißl. Nackenfleck; **Weidenmeise** (Parus montanus), etwa 12 cm lang, v. a. in feuchten Wäldern und an von Weiden bestandenen Flußufern des gemäßigten und nördl. Eurasiens; ähnlich der Sumpf-M., hat jedoch einen helleren Flügelfleck und eine mattschwarze Oberkopfkappe.

Meisenheim, Stadt im Nordpfälzer Bergland, Rhld.-Pf., 158 m ü. d. M., 3 100 E. – Der 1154 erstmals erwähnte Ort entwickelte sich um die Burg und wurde im 12. Jh. Residenz der Grafen von Veldenz; 1315 Stadtrecht. – Spätgot. ev. Schloßkirche (1479 bis 1504) mit Grabdenkmälern des Hauses Pfalz-Zweibrücken, barocke kath. Pfarrkirche (17. Jh.), spätgot. Rathaus (vor 1517). Adelshöfe des 16. Jh., Teile der Stadtbefestigung.

Meiser, Hans, *Nürnberg 16. Febr. 1881, †München 8. Juni 1956, dt. ev. Theologe. – 1933–55 Landesbischof der Ev.-Luth. Kirche in Bayern, ab 1949 leitender Bischof der VELKD.

Meisner, Joachim, *Breslau 25. Dez. 1933, dt. kath. Theologe. – Seit 1962 Priester; 1975–80 Weihbischof des Apostol. Administrators in Erfurt-Meiningen; 1980–89 Bischof von Berlin; im Jan. 1983 Ernennung zum Kardinal; seit 1989 Erzbischof von Köln.

Meißel [zu althochdt. meizan „schneiden"], Werkzeug aus Stahl mit keilförmig geschärfter Schneide zur spanenden Bearbeitung *(Meißeln)* von Werkstücken. Als Handwerkszeug werden M. mit dem Hammer geschlagen, als spanender Teil von Werkzeugmaschinen in den M.halter eingespannt. *Schrot-M.* (Kalt-M., Kaltschrot-M.) dienen zum Abschroten (Abhauen) von Stahl mit dem Vorschlaghammer auf dem Amboß, *Kreuz-M.* zum Ausarbeiten von Vertiefungen, *Hohl-M.* zum Aushauen gerundeter Vertiefungen, *Flach-M.* zum Bearbeiten großer Flächen, *Schlitz-, Spitz-* und *Fugen-M.* insbes. zur Bearbeitung mineralischer Werkstoffe.

Meißen, Heinrich von ↑ Heinrich von Meißen.

Meißen, Krst. an der Elbe, Sa., 105 m ü. d. M., 35 000 E. Staatl. Porzellanmanufaktur (Eigentum des Landes Sa.); Herstellung von Farben, Kabeln, Metallwaren u. a., Maschinenbau. – Die 929 von König Heinrich I. als Zentrum der dt. Herrschaft im mittleren Elbegebiet errichtete Reichsburg

Golda Meir

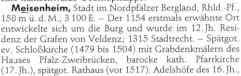

Meisen. Kohlmeise

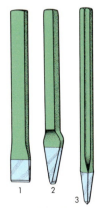

Meißel. Verschiedene Typen: 1 Flachmeißel; 2 Kreuzmeißel; 3 Spitzmeißel

Meißner

Meißner Porzellan. Kaffeekanne mit gemalten Jagdszenen und aufgelegten Akanthusblättern, um 1725

Misni war Sitz der Markgrafen (seit 1046; Markgrafschaft M. seit 982), der Bischöfe (Bistum M. 968 gegr., 1581 aufgehoben) und seit 1068 der Burggrafen von M.; Stadtrecht seit Ende des 12. Jh.; kam 1089 mit der Markgrafschaft M. an die Wettiner (1485 Albertiner); 1543 wurde im Afrakloster die Fürstenschule eingerichtet; Gründung der Porzellanmanufaktur 1710 durch König August II., den Starken. – Altes Stadtbild mit spätgot. Rathaus und spätgot. Kirchen. Auf dem Burgberg die ↑Albrechtsburg und der got. Dom (13.–15. Jh.), am Domplatz Domherrenhöfe (16. bis 18. Jh.) und das spätgot. Bischofsschloß (vollendet nach 1518).

M., Landkr. in Sachsen.

M., Bistum, 968 gegr. und dem Erzbistum Magdeburg unterstellt; 1399 exemt; im Gefolge der Reformation 1581 aufgehoben; 1921 als exemtes Bistum für das Land Sachsen wieder errichtet (Bischofssitz Bautzen). 1979 umbenannt in Bistum **Dresden-Meißen** (Sitz Dresden). – ↑katholische Kirche (Übersicht).

Meißner, Alexander, *Wien 14. Sept. 1883, †Berlin 3. Jan. 1958, dt. Funktechniker. – Prof. an der TH bzw. TU Berlin; M. schuf die Bauprinzipien der Langwellenantennen und entwickelte 1911 das erste Drehfunkfeuer für die Navigation von Luftschiffen.

M., Alfred von (seit 1884), *Teplitz (tschech. Teplice, Nordböhm. Bez.) 15. Okt. 1822, †Bregenz 29. Mai 1885 (Selbstmord), östr. Schriftsteller. – Stand den Ideen des Jungen Deutschland nahe.

M., Fritz Walther, *Berlin 16. Dez. 1882, †München 16. Nov. 1974, dt. Physiker. – Prof. in München; einer der bedeutendsten Vertreter der experimentellen Tieftemperaturphysik (1925 erste Heliumverflüssigung in Deutschland), 1933 entdeckte M. mit R. Ochsenfeld den ↑Meißner-Ochsenfeld-Effekt.

M., Otto, *Bischweiler 13. März 1880, †München 27. Mai 1953, dt. Beamter. – Jurist; wurde 1920 Leiter des Büros des Reichspräsidenten, 1923 Staatssekretär; 1934–45 Chef der Präsidialkanzlei Hitlers (ab 1937 im Range eines Reichsmin.); im Nürnberger „Wilhelmstraßenprozeß" 1949 freigesprochen.

Meißner (Hoher M.), Gebirge im Hess. Bergland, sö. von Kassel, 754 m hoch.

Meißnerformel, auf dem Meißner am 13. Okt. 1913 beschlossene Erklärung, die Freidt. Jugend wolle „aus eigener Bestimmung, vor eigener Verantwortung, mit innerer Wahrhaftigkeit ihr Leben gestalten". Die M. wurde Programm der Jugendbewegung.

Meißner-Körperchen (Meißner-Tastkörperchen) [nach dem dt. Physiologen G. Meißner, *1829, †1905], ellipsenförmiges Tastsinnesorgan, bes. in den Finger- und Zehenbeeren der Säugetiere und des Menschen.

Meißen Stadtwappen

Meißner-Ochsenfeld-Effekt, von F. W. Meißner und R. Ochsenfeld 1933 gefundene physikal. Erscheinung: Das Innere eines Supraleiters 1. Art ist stets magnetfeldfrei. Bei Unterschreiten der Sprungtemperatur werden infolge Induktion von widerstandslos fließenden Supraströmen die Feldlinien eines bereits vorhandenen äußeren Magnetfeldes aus dem Inneren hinausgedrängt. Bei Supraleitern 2. Art tritt der M.-O.-E. nur unterhalb einer krit. magnet. Feldstärke auf.

Meißner Porzellan, Erzeugnisse der ältesten europ. Porzellanmanufaktur. Zus. mit dem Mathematiker und Physiker Tschirnhaus gelang J. F. ↑Böttger 1709 die Herstellung des sog. Böttgersteinzeugs, nach Tschirnhaus' Tod die Herstellung von Porzellan; 1710 Gründung der Manufaktur in Dresden, wenig später Verlegung auf die Albrechtsburg zu Meißen. Der Durchbruch erfolgte jedoch erst nach dem Tod Böttgers (1719), als es gelang, anstelle des zunächst gelbl. Scherbens durch Verwendung von Feldspat hartes und weißes Porzellan zu brennen. J. G. Höroldt (seit 1720) entwickelte eine reiche Palette zum Brand geeigneter Farben, mit denen Szenen- und Landschaftminiaturen – seit 1725 auch auf farbigem Fond – gemalt wurden; J. G. Kirchner (seit 1727) modellierte Figuren, J. J. Kändler (seit 1731) neben Plastiken auch neue Geschirre mit in der Form gepreßtem Relief, die lange vorbildlich blieben und auch von anderen Manufakturen variiert wurden. Seit 1723 werden als Marke die dem kursächs. Wappen entnommenen gekreuzten Schwerter benutzt.

Meißner-Tastkörperchen, svw. ↑Meißner-Körperchen.

Meissonier, Justin Aurèle [frz. mesɔˈnje], *Turin 1693 oder 1695, †Paris 31. Juli 1750, frz. Ornamentzeichner. – Urspr. Goldschmied; zahlr. bed. Entwürfe für Gebrauchsgegenstände, Möbel u. a. mit der typ. Rokokoornamentik (Rocaille).

Justin Aurèle Meissonier. Tafelaufsatz, Kupferstich, 1735

Meistbegünstigung, Verpflichtung eines Staates, dem Vertragspartner alle handelspolit. Vergünstigungen (z. B. Zollvorteile) zu gewähren, die er bereits anderen Außenhandelspartnern eingeräumt hat (**Meistbegünstigungsklausel**). Zu unterscheiden ist die *einseitige* (von einem Staat einem oder mehreren anderen gewährt) und *zweiseitige* (auf der Grundlage zweiseitiger oder mehrseitiger Verträge; *bedingte* M. liegt vor, wenn M. nur unter der Voraussetzung der Gewährung gleicher Vorteile durch den Partner vergeben wird (auch *Reziprozitätsklausel* genannt), *unbedingte* M. beinhaltet die automat. Gewährung von anderen eingeräumten Vorteilen an neue Handelspartner ohne Bedingungen. Die M. verhindert die Diskriminierung im Außenhandel. Bekanntestes Abkommen über die M. ist das GATT.

Meister, Ernst, *Hagen 3. Sept. 1911, †ebd. 15. Juni 1979, dt. Schriftsteller. – Reflexion und „Gesang" sind die Pole seiner Dichtung, Erlebnis wird zu Chiffren verdichtet; u. a. in „Es kam die Nachricht" (1970), „Sage vom Ganzen den Satz" (1972), „Wandloser Raum" (1979). M. schrieb auch Dramen, Hörspiele und Novellen. Erhielt postum den Georg-Büchner-Preis 1979.

Meister [zu lat. magister (↑Magister)], Handwerker mit ↑Befähigungsnachweis.

▷ allg. für jemanden, der sein Fach beherrscht; Lehrer.
▷ Arbeitnehmer, der einem gewerbl. Arbeitsbereich (z. B. als ↑Industriemeister) vorsteht.
▷ in der *Religionswiss.* Bez. für die autoritative Stellung einer religiös führenden Persönlichkeit gegenüber einem meist engen Kreis von Anhängern.

Meister Bertram, *Minden um 1340, †Hamburg 1414 oder 1415, dt. Maler. – Bedeutendster norddt. Maler in der 2. Hälfte des 14. Jh. Sein monumentaler Figurenstil und seine weich modellierende Lichtführung sind der böhm. Malerei verwandt. – *Werke:* Grabower Altar (1379 für St. Petri, Hamburg, vorübergehend in Grabow, heute Hamburg, Kunsthalle), Passionsaltar (1394 [?]; Hannover, Niedersächs. Landesmuseum).

Meister der hl. Veronika, dt. Maler des frühen 15. Jh. – Tätig in Köln um 1395–1420; ben. nach der Tafel der hl. Veronika mit dem Schweißtuch (um 1420, München, Alte Pinakothek), einem Hauptwerk des Weichen Stils. Weitere Zuschreibung: Madonna mit der Erbsenblüte (um 1410, Nürnberg, German. Nationalmuseum).

Meister der Spielkarten, dt. Kupferstecher und Goldschmied des 15. Jh. – Um 1430–50 vermutlich am Oberrhein tätig; ben. nach dem ältesten dt., weitgehend erhaltenen Kartenspiel; Stiche von lebendiger Naturbeobachtung.

Meister des Bartholomäusaltars, *um 1445, †Köln um 1515, niederl.-dt. Maler. – Ben. nach dem Bartholomäusaltar aus St. Columban in Köln (um 1505–10, heute München, Alte Pinakothek); subtile Farbgebung und reiche ornamentale Ausschmückung.

Meister des Marienlebens, dt. Maler des 15. Jh. – Bed. Meister der Kölner Malerei von etwa 1460 bis um 1490; ben. nach 8 Tafeln eines Marienaltars aus St. Ursula in Köln (um 1460, 7 Tafeln in München, Alte Pinakothek, eine in London, National Gallery). Sein niederl. geschulter Stil zeichnet sich durch liebenswürdige Erzählfreude und lichte Farbigkeit aus.

Meister des Tucheraltars, dt. Maler der Mitte des 15. Jh. – Tätig in Nürnberg; ben. nach einem Altar in der Nürnberger Frauenkirche (urspr. in der Augustinerkirche; um 1445). In den gedrungenen ernsten Gestalten klingen neben niederl.-burgund. Einflüssen auch böhm. Züge nach.

Meister Eckhart, dt. Dominikaner, ↑Eckhart.

Meister E. S., *um 1420 (?), †nach 1467, dt. Kupferstecher und Goldschmied. – Tätig am Oberrhein und am Bodensee wohl zw. 1440 und 1467; erster Kupferstecher mit einem umfangreichen Werk (über 300 Stiche, davon 18 monogrammiert und datiert) in großer Auflage. Seine Stiche, die das oberdt. und niederl. Formgut seiner Zeit überliefern und Themen neu und frei variieren, hatten dadurch eine stark stilbildende Wirkung; Vorläufer M. Schongauers.

Meister Francke (Frater F.), *Hamburg um 1380, †nach 1430, dt. Maler. – Bed. Vertreter des Weichen Stils. Ausgehend von der burgund. Buchmalerei, der böhm. und der niederl. Malerei, schuf er Werke von tiefleuchtender, harmonisch abgestimmter Farbigkeit. Der Barbara-Altar (Helsinki, Kansallismuseum) gilt als Frühwerk (vor 1424). Sein Hauptwerk ist der Thomasaltar (sog. Englandfahreraltar, 1424, unvollständig erhalten, Hamburg, Kunsthalle); der Schmerzensmann (um 1430, ebd.) zeigt Einflüsse von R. Campin und den Brüdern van Eyck.

Meister Gerhard (Gerardus), †Köln um 1271, dt. Steinmetz. – Zunächst tätig in einer nordfrz. Kathedralbauhütte (vermutlich Amiens), wurde der erste Baumeister des Kölner Domes. Abgesehen von der Westfassade wurde der Dom nach seinem Plan errichtet.

Meister H. L. (Meister des Breisacher Hochaltars), †1533 (?), oberrhein. Bildschnitzer. – Sein Schnitzaltar im Breisacher Münster (1526) stellt in der Formgebung eine höchste Steigerung spätgot. Gestaltungsmöglichkeiten dar. Seinen virtuosen Stil zeigen auch einige mit H. L. signierte Kupferstiche und Holzschnitte.

Meistermann, Georg, *Solingen 16. Juni 1911, †Köln 12. Juni 1990, dt. Maler und Glasmaler. – Prof. u. a. an der

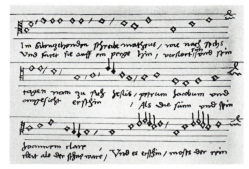

Meistersang. Eigenhändige Notenschrift von Hans Sachs, 1519

Düsseldorfer, Karlsruher und Münchner Akad.; ausgehend vom Spätkubismus, wird seine farblich fein differenzierte abstrakte Kunst (v. a. Glasfenster) von rhythmisch facettierten Formzusammenhängen bestimmt.

Meisterprüfung ↑Befähigungsnachweis.

Meistersang, im 15. und 16. Jh. zunftmäßig betriebene Liedkunst. Die **Meistersinger** waren meist in Städten seßhafte Dichter-Handwerker, die sich in *Singschulen* organisierten und das Hauptsingen in der Kirche und das der Unterhaltung dienende Zechsingen in Wirtshäusern praktizierten. Die Meistersinger verehrten als Stifter die „vier gekrönten Meister": Heinrich von Meißen, der um 1315 in Mainz die erste Meistersingerschule gegr. haben soll, Barthel Regenbogen, Konrad Marner und Heinrich von Mügeln. Die Regeln, Praktiken und Terminologie des M. waren v. a. in der *Tabulatur* verzeichnet: Zunächst durften die *Singer* nur Bekanntes reproduzieren, die *Dichter* lediglich den Tönen der „zwölf alten Meister" neue Texte unterlegen. Um 1480 reformierte H. Folz den M. grundlegend: nun konnte nur der ein *Meister* werden, der einen „neuen Ton" (Melodie und Text) schuf, wobei er sich an einem vorgeschriebenen Stoffrepertoire orientieren mußte. Die Beurteilung und Preisverleihung oblag den *Merkern,* die in der strengen Hierarchie der Meistersingerzunft an erster Stelle standen. – Formal galt die dem Minnesang ähnl. dreiteilige **Meistersangstrophe,** die aus 2 gleich gebauten Stollen (Aufgesang) und einem nach Metrum, Reim und Melodie davon unterschiedenen Abgesang besteht. Der Vortrag der

Meister Francke. Die Anbetung der Könige, Tafel des Thomasaltars, 1424 ff. (Hamburg, Kunsthalle)

Meister von Alkmaar

Lieder war solistisch, ohne Instrumentalbegleitung. – Die bedeutendste *Sammlung von Meisterliedern* ist die Colmarer Liederhandschrift. Die Zentren des M. lagen in S- und SW-Deutschland; erste wesentl. Impulse waren zunächst von Mainz, später dann von Nürnberg (Hans Sachs) ausgegangen. Meistersingervereinigungen bestanden in Ulm bis 1839, in Memmingen bis 1875.

Meister von Alkmaar, niederl. Maler des 15./16. Jh. – Tätig 1490–1510; ben. nach dem Altar von 1504 aus der St.-Laurens-Kirche von Alkmaar (jetzt Amsterdam, Rijksmuseum); steht in der Nachfolge von Geertgen tot Sint Jans.

Meister von Flémalle [frz. fle'mal], *Tournai (?) um 1375, †ebd. 26. April 1444, fläm. Maler. – Ben. nach drei aus der sog. Abtei Flémalle bei Lüttich stammenden Altartafeln (heute Frankfurt, Städel). Die Identität mit *R. Campin*, dem Lehrer von Rogier van der Weyden, gilt als gesichert. In seinem realist. Zugriff, der räuml. Tiefe und plast. Körperlichkeit zählt er zu den Begründern der niederl. Malerei. Er versetzt das Heilsgeschehen in eine bürgerl. Welt, wobei er die realistisch wiedergegebenen Gegenstände gleichzeitig als Symbol des Heilsgeschehens erfaßt. – *Weitere Werke*: Geburt Christi (um 1425; Dijon, Musée des Beaux-Arts), Grablegungstriptychon (um 1415–20; London, Sammlung Seilern), Mérode-Altar (um 1425; New York, Metropolitan Museum of Art).

Meister von Meßkirch, *vermutlich in Franken um 1500, †Meßkirch (?) 1543 (?), dt. Maler. – Zw. 1536 und 1540 malte er für die Stadtpfarrkirche von Meßkirch den Hochaltar und acht Seitenaltäre (heute z. T. in Museen). Seine bed., in leuchtenden Farben gemalten Werke zeigen eine Beziehung zu H. Baldung sowie Einflüsse A. Dürers und seines Umkreises.

Meister von Moulins [frz. mu'lɛ̃], auch Maler der Bourbonen gen., frz. Maler vom Ende des 15. Jh. – Ben. nach dem Triptychon in der Kathedrale von Moulins, dessen Mittelstück „Maria in der Glorie und Engel" darstellt. Auf Grund der Stifterbildnisse (Peter II. von Bourbon und Familie) datierbar (um 1498). Der Altar setzt die Kenntnis J. Fouquets und der fläm. Kunst voraus. Der Maler wurde von der neueren Forschung mit dem vermutlich aus den Niederlanden stammenden Jean Hey identifiziert († nach 1504). – *Weitere Werke*: Geburt Christi mit Stifter Kardinal Jean Rolin (um 1480; Autun, Musée Rolin), Karl II. von Bourbon und Gemahlin (1488, Louvre), Mauritius mit Stifter (um 1500, Glasgow, Art Gallery and Museum).

Meisterwurz (Imperatoria ostruthium), Doldenblütler auf Wiesen der Alpen und Mittelgebirge mit gerillten und hohlen Stengeln; die Blüten sind weiß bis rosarot, die Wurzel stark aromatisch und bitter; früher als Heilpflanze angebaut.

Meistgebot, höchstes Gebot in der Zwangsversteigerung und in der gewöhnl. Versteigerung. Es muß, damit der Zuschlag erfolgen kann, die Höhe des Mindestgebotes erreichen.

Meit, Conrat, *Worms um 1475, †Antwerpen 1550 oder 1551, dt. Bildhauer. – Zw. 1506 und 1510 in Wittenberg tätig für Kurfürst Friedrich III., den Weisen; 1512–34 Hofbildhauer der Statthalterin Margarete von Österreich in Mecheln; 1526–32 Grabmäler im Chor von Saint Nicolas in Brou (bei Bourg-en-Bresse). Auch die kleinplast. Arbeiten weisen M. als Hauptmeister der dt. Renaissanceplastik aus, u. a. „Judith" (um 1512–14; München, Bayer. Nationalmuseum), „Adam und Eva" (Gotha, Schloßmuseum).

Meithei [ˈmɛɪθɛɪ], zu den ↑Kuki-Chin-Völkern gehörende Volksgruppe, vorwiegend im ind. Bundesstaat Manipur.

Meitner, Lise, *Wien 7. Nov. 1878, †Cambridge (Großbritannien) 27. Okt. 1968, östr.-schwed. Physikerin. – Ab 1918 Leiterin der radiophysikal. Abteilung des Kaiser-Wilhelm-Inst. für Chemie und ab 1922 Prof. in Berlin; emigrierte 1938 nach Dänemark, dann nach Schweden. Hauptarbeitsgebiete: Kernphysik und Radioaktivität. 1939 gab sie mit O. R. Frisch eine erste theoret. Deutung der von O. Hahn und F. Straßmann entdeckten Kernspaltung.

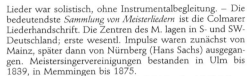

Conrat Meit.
Judith, um 1512–14
(München, Bayerisches
Nationalmuseum)

Lise Meitner

Wsewolod
Emiljewitsch
Mejerchold

Meitnerium [nach L. Meitner benannt], chem. Symbol Mt; radioaktives, zu den ↑Transactinoiden gehörendes chem. Element (Ordnungszahl 109); 1982 in Darmstadt erstmals mit Hilfe eines Schwerionenbeschleunigers künstlich hergestellt.

Mejerchold, Wsewolod Emiljewitsch [russ. mijɪrˈxɔljt] (eigtl. Meyerhold), *Pensa 9. Febr. 1874, †Moskau 2. Febr. 1940, russ. Schauspieler und Regisseur dt. Abkunft. – 1920 Leiter des gesamten sowjet. Theaterwesens; organisierte Agitproptheater, Massenschauspiele („Die Erstürmung des Winterpalais", mit 15000 Darstellern); 1923 eigenes Theater, an dem er seinen auf das Grotesk-Pantomimische ausgerichteten Inszenierungsstil weiterentwickelte. Ende der 1920er Jahre als „Formalist" zur Schließung gezwungen; Verhaftung 1939.

Mékambo, Ort im äußersten NO von Gabun, nahebei die bedeutendsten Eisenerzvorkommen Afrikas.

Mekas, Jonas [engl. ˈmɛkəs], *Šemeniškiai (Litauen) 1922, amerikan. Filmkritiker und Filmemacher litauischer Herkunft. – Hg. der Zeitschrift „Film Culture", eines Forums der unabhängigen Filmemacher, zu dessen Hauptvertretern M. gehört, u. a. mit „Der Knast" (1964).

Mekka, für Nichtmuslime unzugängl. Stadt im W von Saudi-Arabien, 550 000 E. Hauptstadt vor. Hedschas, Kult- und Kulturzentrum mit islam.-theolog. Hochschule, Schule für islam. Rechtsprechung. Als Geburtsort Mohammeds heiligste Stadt und wichtigster Wallfahrtsort des Islam, zu dem alle volljährigen Muslime einmal im Leben pilgern sollen. – Altarab. Handelsstadt, bereits im 1. Jh. n. Chr. als **Makoraba** erwähnt; stand nach dem Zerfall des ägypt. Kalifenreiches seit 1517 politisch unter der Oberhoheit der Osmanen, unter denen 1517–1916/24 die nach Unabhängigkeit strebenden Scherifen das Emirat M. innehatten; 1926 Saudi-Arabien eingegliedert. – Im Hof der Hauptmoschee (775–785, erweitert 1955) die ↑Kaaba.

Meknès, marokkan. Prov.hauptstadt im nördl. Vorland des Mittleren Atlas, 530 m ü. d. M., 410 000 E. Zentrum eines Landw.gebiets, Obst- und Gemüsekonservenfabriken, Zementfabrik, Textilind.; große Basare, ✈. – Im 10. Jh. vom Berberstamm der Meknasa erbaut. – Den nördl. Teil der Altstadt bildet die Medina mit einer Medrese aus dem 14. Jh. und dem Palast Dar Jamai (19. Jh.; heute Museum). Ihren südl. Teil bildet die sog. Königsstadt mit dem Mausoleum des Sultans Mulai Ismail (18. Jh.) und dem königl. Getreidespeicher. Die Altstadtteile Medina. Alte und Neue Mellah sind von einer über 40 km langen Stadtmauer mit monumentalen Schmucktoren umschlossen.

Mekong, Strom in China und Südostasien, entspringt auf dem Hochland von Tibet, fließt in sö. Richtung, biegt nördl. von Luang Prabang in scharfem Knick nach S, wendet sich dann nach O und S, als Grenzfluß gegen Thailand. 550 km von der Mündung entfernt tritt der M. in die Schwemmlandebene ein, mündet im südl. Vietnam mit einem über 70 000 km² großen Delta ins Südchin. Meer, 4 500 km lang; Einzugsgebiet 800 000 km². Die Wasserführung schwankt dem monsunalen Niederschlag entsprechend (zw. Hoch- und Niedrigwasserstand 10–15 m Differenz); das Delta ist ein bed. Reisanbaugebiet.

Mekonium [griech.], svw. ↑Kindspech.

Mela, Pomponius, röm. Schriftsteller des 1. Jh. n. Chr. – Stammte aus Spanien; verfaßte eine Erdbeschreibung, das älteste erhaltene geograph. Werk der röm. Literatur („De chorographia").

Mélac, Ezéchiel Graf von (seit 1702), ✕ bei Malplaquet 12. Sept. 1709, frz. General. – Im Pfälz. Erbfolgekrieg von Ludwig XIV. mit der Verwüstung der Pfalz beauftragt; ließ 1689 Mannheim und Heidelberg zerstören.

Melaka (Malakka), Hauptstadt des malays. Gliedstaats M. an der W-Küste der Halbinsel Malakka, 88 100 E. Histor. Museum; Zentrum eines Agrargebiets mit Holzverarbeitung, Nahrungsmittelind.; Hafen, ✈. – Im 14. Jh. durch malaiische Einwanderer (aus Sumatra) gegr.; Haupthandelsplatz des um 1400 entstandenen Sultanats M.; seit 1511 unter portugies., seit 1641 unter niederl. Herrschaft; 1795–1814 von Briten besetzt, 1824 von den

Niederlanden an Großbritannien abgetreten. Spielte bei der Ausbreitung des Islams in SO-Asien eine wichtige Rolle. – M. liegt am Fuß eines Hügels (mit den Resten der portugies. Sankt-Pauls-Kirche [1521]); erhalten sind ferner das portugies. Fort (1511 ff.), das niederl. Rathaus (17. Jh.) sowie der älteste chin. Tempel Malaysias (1704 ff.).

M., Gliedstaat Malaysias, im S der Halbinsel Malakka, 1 650 km^2, 548 800 E (1987), Hauptstadt M. Der Gliedstaat liegt im Küstentiefland. 50 %, der Bev. sind Malaien, über 40 % Chinesen, etwa 8 % Inder. Anbau von Kautschukbäumen und Reis. – Wurde 1824 brit. Kolonie (Settlement of Malacca), gehörte 1826–1946 zur Kronkolonie der Straits Settlements, die 1946 Teil der Malaiischen Union, 1948 des Malaiischen Bundes, 1963 Malaysias wurde.

Meknès. Das 1742 fertiggestellte Stadttor Bab el-Mansour el-Aleuj

Melaminharze [Kw.], Kunststoffe, die durch Polykondensation von *Melamin* (C$_3$N$_3$(NH$_2$)$_3$) mit Formaldehyd entstehen. M. werden zu elektr. Isolierteilen, Eß- und Trinkgeschirr u. a. verarbeitet.

melan..., Melan... ↑melano..., Melano...

Melancholie [griech., zu *mélas* „schwarz" und *cholé* „Galle"], abnorme bis krankhafte psych. Verfassung, die durch den Symptomenkomplex der Depression gekennzeichnet ist.

Melancholiker [griech.], unter den hippokrat. Temperamentstypen der zu Traurigkeit bzw. Schwermut neigende Mensch.

melancholisch, auf Melancholie beruhend; trübsinnig, schwermütig.

Melanchthon, Philipp, eigtl. P. Schwartzerd[t], *Bretten 16. Febr. 1497, †Wittenberg 19. April 1560, dt. Humanist und Reformator. – 1518 Prof. für Griechisch an der Univ. Wittenberg, ab 1519 auch an der theolog. Fakultät. Unter dem Einfluß Luthers wurde M. bald für die Reformation gewonnen, die er publizistisch verteidigte. Dank seiner formalen Begabung und dialekt. Schulung wurde er der erste Systematiker des Luthertums („Loci", 1521). Seine Methode wurde nicht nur für die Theologie, sondern auch für die Geschichtswiss. (↑Magdeburger Zenturien) und die Jurisprudenz fruchtbar; baute das ev. Bildungswesen und das Landeskirchensystem auf. Mit dem „Augsburger Bekenntnis" (1530), der „Apologie der Augustana" (1531) und dem „Tractatus de potestate papae" (1537) schuf er die grundlegenden Bekenntnisschriften. Die Mitte seiner Theologie ist die Paulin. Lehre von der ↑Rechtfertigung, deren Verständnis ihm Luther erschloß, die aber von M. zur Sicherung der Heilsgewißheit „forensisch" (d. h. als Richterspruch Gottes) verstanden wurde, was die Betonung der „guten Werke" des Gerechtfertigten nötig machte. Auf Grund seines humanist. Strebens nach eth. Bildung des Menschen betonte er die Autonomie des Naturrechts und der bürgerl. Gerechtigkeit.

Melaneside, Menschenform in Ozeanien; unterteilt in **Palämelaneside** mit untersetztem, gedrungenem Körperbau, tiefdunkler Haut, krausem Kopfhaar, massigem und niedrigem Gesicht, breiter Nase, fliehendem Kinn und tiefliegender Lidspalte (Hauptverbreitungsgebiet: v. a. Neukaledonien) und in **Neomelaneside** mit relativ schlankem, aber kräftigem Körperbau, dunkler Haut und krausem Kopfhaar, längl. Gesicht mit hoher – oft gebogener – und breiter Nase (Hauptverbreitungsgebiet: Neuguinea).

Melanesien [zu griech. *mélas* „schwarz" und *nēsos* „Insel"], zusammenfassende Bez. für die Inseln im westl. Pazif. Ozean, auf denen v. a. Melanesier leben. – ↑Ozeanien.

Melanesier, die Bev. Melanesiens einschl. der Neuguineas (insgesamt 5 Mill.), von den anderen ozean. Völkern (↑Mikronesier, ↑Polynesier) deutlich unterschieden, sprachlich den melanes. Sprachen (i. e. S. nur 1,1 Mill. Sprecher) zuzurechnen. Die überlieferte Technik ist durch Übernahme von Eisenwerkzeugen nicht prinzipiell geändert worden; traditioneller Feldbau mit Pflanz- oder Grabstock. Entscheidend für die soziale Ordnung ist die Bindung an den Klan. Eine große Rolle spielen vielfach Männer- und Geheimbünde. Die hochstehende Kunst der M. hat ihren urspr. religiösen Sinn verloren, wird aber als Kunsthandwerk weiterhin betrieben (Holzarbeiten, Malereien, Aufführung von Kultdramen, Musikinstrumente).

melanesische Sprachen, zu den ↑austronesischen Sprachen gehörende Sprachgruppe mit mehreren Untergruppen, deren Verbreitungsgebiet die Inseln im westl. Pazifiks von Neukaledonien bis zum Bismarckarchipel und den Admiralitätsinseln sowie die N- und S-Küste des östl. und mittleren Neuguinea umfaßt. Die m. S. besitzen einen unterschiedl. Anteil von Elementen aus ↑Papuasprachen.

Melange [meˈlãːʒə; frz., zu lat. *miscere* „mischen"], Mischung, Gemisch.
▷ östr. Bez. für Milchkaffee.

Melanide [griech.], Bez. für die dunkelhäutige Bev. im südl. Indien.

Melanine [zu griech. *mélas* „schwarz"], durch enzymat. Oxidation der Aminosäure Tyrosin entstehende gelbl. bis braune oder schwarze Pigmente bei Tieren und Menschen, die in der Epidermis oder in einer darunterliegenden Zellschicht gebildet und abgelagert werden. Sie bewirken die Färbung der Haut und ihrer Anhangsorgane (Haare, Federn) sowie der Regenbogen- und Aderhaut der Augen. Lokale Melaninansammlungen sind z. B. Leberflecke und Sommersprossen. M. sind u. a. im Schutz vor zu starker Sonnenbestrahlung (bes. vor UV-Strahlen, die von ihnen absorbiert werden) von Bedeutung.

Melanismus [griech.], durch ↑Melanine bewirkte Dunkelfärbung der Körperoberfläche, z. B. der menschl. Haut oder der Haare von Säugetieren. Evolutionsbiologisch interessant ist der bei Tieren in Industriegebieten vorkommende **Industriemelanismus:** Infolge der v. a. durch Ruß bedingten dunklen Färbung des Untergrundes sind dunklere Varietäten vor ihren Feinden besser geschützt als hellere Individuen derselben Art, was einen Selektionsvorteil darstellt.

melano..., Melano..., melan..., Melan... [zu griech. *mélas* „schwarz"], Bestimmungswort von Zusammensetzungen mit der Bed. „dunkel, schwarz, düster".

Melanoide [griech.] ↑Maillard-Reaktion.

Melanom [griech.], meist melaninhaltige schiefergrau bis schwarz gefärbte, äußerst bösartige, schnell auf dem Lymph- oder Blutweg metastasierende Geschwulst der Haut, Schleimhaut, Hirnhäute oder des Auges. Das im frühen Lebensalter auftretende *juvenile M.* (hautfarben bis graubraun) ist gutartig.

Melanophoren [griech.], svw. ↑Melanozyten.

Melanotropin [griech.] (Intermedin, **m**elanozyten**s**timulierendes **H**ormon, MSH), Hormon aus dem Zwischenlappen der Hypophyse; steuert durch Förderung der Mela-

Philipp Melanchthon (Ausschnitt aus einem Gemälde von Lucas Cranach d. Ä., um 1530)

Melanozyten

ninsynthese (bei Säugetieren) und durch Ausbreitung der Melanozyten (v. a. bei Amphibien und Fischen) die Dunkelfärbung der Haut bzw. den Farbwechsel. Gegenspieler des M. ist das ↑Melatonin.

Melanozyten (Melanophoren) [griech.], melaninhaltige, sich ausbreitende und wieder zusammenziehende Pigmentzellen, bes. bei Fischen und Amphibien; sind am Farbwechsel beteiligt.

Melanzana [arab.-italien.], svw. ↑Aubergine.

Melaphyr [griech.-frz.], basalt. Ergußgestein permokarbon. Alters; Hauptbestandteile: Plagioklas, Augit, Olivin.

Melas, Spiros, * Nafpaktos 1883, † Athen 2. April 1966, neugriech. Journalist und Schriftsteller. – Mitbegr. des neugriech. Theaters durch seine spannungsreichen Theaterstücke, u. a. „Der König und der Hund" (Kom., 1953); verfaßte auch histor. Biographien.

Melasse [span.-frz., zu lat. mel „Honig"], dunkelbrauner, zähflüssiger, unangenehm bittersüß schmeckender Rückstand bei der Zuckerfabrikation; wird zu Alkohol vergoren oder als Viehfutterzusatz verwendet.

Melatonin [griech.], Hormon der Zirbeldrüse; bewirkt Aufhellung der Haut bei Fischen und Amphibien (Gegenspieler: Melanotropin).

Melba, Dame (seit 1918) Nellie [engl. 'mɛlbə], eigtl. Helen Porter Armstrong, * Richmond bei Melbourne 19. Mai 1861, † Sydney 23. Febr. 1931, austral. Sängerin (Koloratursopran). – Feierte 1887–1926 in allen internat. Musikmetropolen Erfolge als Opern- und Konzertsängerin.

Melbourne [engl. 'mɛlbən], Hauptstadt des austral. B.-Staats Victoria, an der Mündung des Yarra River in die Port Phillip Bay, 2,96 Mill. E. Sitz eines anglikan. und eines kath. Erzbischofs; drei Univ., Hochschulen; Staatsbibliothek, Nationalgalerie, -museum, Theater, botan. Gärten, Zoo. Wichtigster Ind.standort von Victoria; Schwermaschinen-, Automobilbau, Textil- und Bekleidungsind., Papierherstellung, Erdölraffinerie, chem. Werke, Nahrungsmittelind.; Sitz einer Börse, von Banken, Versicherungen und Ind.verwaltungen. Zweitwichtigster Importhafen Australiens; internat. ✈. – 1835 gegr., 1837 nach dem damaligen brit. Premiermin. William Lamb, Viscount Melbourne (* 1779, † 1848), benannt. Nach Goldfunden um die Jh.mitte rasches Anwachsen der Siedlung, die 1842 Stadt wurde; ab 1851 Hauptstadt von Victoria, 1901–27 auch Hauptstadt des Austral. Bundes. – M. gilt als die am ausgeprägtesten engl. unter den austral. Hauptstädten: neugot. kath. Saint Patrick's Cathedral, anglikan. Saint Paul's Cathedral, Townhall (1867–70), zahlr. Wolkenkratzer (nach 1955).

Melde. Gartenmelde

Melbourne Stadtwappen

Melbourne
zweitgrößte Stadt Australiens
·
2,96 Mill. E
·
bed. Ind.standort und Hafen
·
Siedlungsbeginn 1835
·
1901–27 Hauptstadt des Austral. Bundes

Melchers, Paulus, * Münster (Westf.) 6. Jan. 1813, † Rom 14. Dez. 1895, dt. kath. Theologe, Kardinal (seit 1885) und Jesuit (seit 1892). – 1866 Erzbischof von Köln; im Kulturkampf 1874 zeitweilig verhaftet; leitete seit 1875 sein Bistum von Maastricht aus; gab 1885 auf päpstl. Wunsch hin sein Amt auf.

Melchior, Johann Peter, ≈ Lintorf (= Ratingen) 10. März 1747, † Nymphenburg (= München) 13. Juni 1825, dt. Porzellanmodelleur. – Modellmeister in Höchst (1767–79), Frankenthal (1779–93) und Nymphenburg (1797–1822): Rokokogruppen, spätklassizist. Porträtmedaillons.

Melchioriten, Bez. für die Anhänger Melchior ↑Hoffmans.

Melchisedek (Melchisedech), vorisraelit. Priesterkönig von Salem (Jerusalem), wo zu dieser Zeit die Gottheit El verehrt wurde.

Melchiten (Melkiten) [zu syr. malko „König"], syr., ägypt. und palästinens. Christen, die die Entscheidung des Konzils von Chalkedon (451) annahmen und damit auf der Seite der byzantin. Kaisers standen, in Ggs. zu den Monophysiten, die die M. als „die Kaiserlichen" bezeichneten. Die M. nahmen 1439 die in Florenz geschlossene Union an. Heute gibt es etwa 500 000 Gläubige unter der Führung des „Patriarchen von Antiochia, Alexandria und Jerusalem" (in Damaskus).

Melde (Atriplex), Gatt. der Gänsefußgewächse mit über 100 Arten; hauptsächlich Unkräuter der gemäßigt-warmen Gebiete der Nordhalbkugel. Die Blüten sind eingeschlechtig und meist auch einhäusig. Die bekannteste Art ist die **Gartenmelde** (Span. Spinat, Atriplex hortensis), 30–125 cm hoch, mit herzförmig-dreieckigen Grundblättern und längl.-dreieckigen Stengelblättern; wurde früher als Gemüsepflanze kultiviert.

Meldepflicht (Anzeigepflicht), die Verpflichtung, bestimmte Tatsachen den Behörden mitzuteilen. M. besteht u. a. im Einwohnermeldewesen hinsichtlich der Aufenthaltsmeldung, bei Geburten (↑Personenstandsbücher), bei ↑meldepflichtigen Krankheiten, im Gewerberecht, nach dem WehrpflichtG und im Rahmen der Sozialversicherung (z. B. M. des Arbeitgebers bezüglich der versicherungspflichtigen Beschäftigten).

Im Einwohnermeldewesen wurden in der BR Deutschland durch das MelderechtsrahmenG vom 16. 8. 1980 bundeseinheitlich die Grundzüge für die M. geschaffen. Nach den übereinstimmenden Vorschriften in den MeldeG der Länder hat sich jeder Bürger, der in einem Wohnraum bezieht, innerhalb einer Woche bei der zuständigen Meldebehörde anzumelden. Das *Melderegister* wird von der Gemeinde geführt *(Meldebehörde, Einwohnermeldeamt)*. Im Wege der Amtshilfe werden Angaben aus dem Melderegister auch anderen Behörden zur Verfügung gestellt (z. B. Standesamt, Paßamt, Arbeitsamt).

meldepflichtige Krankheiten, in der *Humanmedizin* Bez. für übertragbare Krankheiten, die nach dem Bundes-Seuchengesetz i. d. F. vom 18. 12. 1979 vom behandelnden Arzt innerhalb von 24 Stunden an das zuständige Gesundheitsamt gemeldet werden müssen. Meldepflichtig sind in jedem Falle (Verdacht, Feststellung, Todesfall): Botulismus, Cholera, Enteritis infectiosa, Fleckfieber, Kinderlähmung, Lepra, Milzbrand, Ornithose, Paratyphus A, B und C, Pest, Pocken, Rückfallfieber, Shigellenruhr, Tollwut, Tuberkulose, Tularämie, Typhus abdominalis u. a. Meldepflicht bei feststehender Erkrankung und bei Todesfällen besteht u. a. für: Brucellose, Diphtherie, Leptospirose, Malaria, Q-Fieber, Rotz, Tetanus, Toxoplasmose, Trachom, Trichinose.
▷ in der *Tiermedizin* ↑Tierseuchen.
▷ ↑Pflanzenkrankheiten.

Meldewesen, die Gesamtheit der gesetzl. Bestimmungen über die ↑Meldepflicht und die damit befaßten Institutionen.

Meldorf, Stadt 12 km südl. von Heide, Schl.-H., 6 m ü. d. M., 7 100 E. Dithmarscher Landesmuseum; Türen- und Fensterfabrik, Webereien; Hafen. – M. seit 1265 als Stadt bezeugt (1559 Verlust des Stadtrechts, 1869 erneu-

Melbourne. Saint Patrick's Cathedral

ert), war bis 1447 Hauptstadt Dithmarschens. – Backsteinbasilika (um 1250–1300; „Dom" der Dithmarscher) mit Gewölbemalereien (um 1300).

Meldorfer Bucht, Nebenbucht der Helgoländer Bucht (Nordsee) vor der W-Küste von Dithmarschen (umfangreiche Landgewinnung).

Meleagros, Held der griech. Mythologie, Sohn des Königs von Kalydon und der Althaia. Bei seiner Geburt verkünden die Moiren, daß sein Leben an ein gerade im Herdfeuer liegendes Scheit gebunden sei. Althaia birgt und verwahrt es. – Als Strafe für das Versäumen eines Dankopfers sendet Artemis einen gewaltigen Eber, der die Fluren um Kalydon verwüstet. An der Jagd auf das Untier **(Kalydonische Jagd)** beteiligen sich die bedeutendsten Helden Griechenlands. M. erlegt den Eber und schenkt die Trophäen der von ihm geliebten Jägerin Atalante; darüber kommt es zum Streit mit den Brüdern von Althaia. Als M. die Brüder im Streit erschlägt, wirft Althaia das Scheit ins Feuer.

Melegnano [italien. meleɲˈpaːno], italien. Stadt in der Lombardei, 17 km sö. von Mailand, 88 m ü. d. M., 18 200 E. Agrarmarkt; metallverarbeitende und chem. Ind. – In der **Schlacht von Marignano** (so gen. nach dem früheren Namen der Stadt) am 13./14. Sept. 1515 besiegte Marschall G. G. Trivulzio im Dienst Franz' I. von Frankreich die Schweizer Söldner des Hzg. von Mailand. – Ruine des Kastells (13. und 16. Jh.); Propsteikirche (1418 erneuert).

Meléndez Valdés, Juan [span. meˈlendeð βalˈdes], *Ribera del Fresno (Prov. Badajoz) 11. März 1754, †Montpellier 24. Mai 1817, span. Dichter. – Bedeutendster span. Lyriker des 18. Jh.; war 1781–88 Prof. für klass. Philologie in Salamanca; wurde aus Spanien ausgewiesen, nachdem er sich während der frz. Besatzungszeit den Franzosen angeschlossen hatte. Führendes Mgl. der Dichterschule von Salamanca; schrieb auch philosoph. Oden.

Melfi, italien. Stadt in der nördl. Basilicata, 531 m ü. d. M., 15 500 E. Kath. Bischofssitz; Handelsplatz. – Seit 1041 Hauptstadt der Normannen in Apulien; bevorzugte Stauferresidenz; kam 1531 als Ft. an die Doria, 1799 an die Bourbonen; v. a. bekannt durch die hier abgehaltenen Synoden (1059, 1067, 1089, 1100) und die von Kaiser Friedrich II. 1231 verkündeten **Konstitutionen von Melfi,** in denen das Verwaltungsrecht des Kgr. Sizilien kodifiziert wurde. – Erdbebenschäden (1851, 1930); erhalten der Kampanile (1153) des Doms und die Burg Robert Guiscards (v. a. 13. Jh.).

Melianthus [griech.], svw. ↑Honigstrauch.

Melibokus (Malchen), mit 517 m höchster Berg am W-Abfall des Odenwalds zur Oberrheinebene, östl. von Bensheim.

meliert [lat.-frz.], aus verschiedenen Farben oder Farbtönen gemischt, gesprenkelt.

Méliès, Georges [frz. meˈljɛs], *Paris 8. Dez. 1861, †ebd. 21. Jan. 1938, frz. Filmpionier. – Entdeckte 1896 den Film als Publikumsattraktion. M., der als erster ein festes Filmstudio (in Montreuil bei Paris) baute, entwickelte die Trickphotographie, um mag. Effekte zu erzielen. Bis 1914 drehte M. etwa 1 200 Filme, v. a. Märchenfilme und utop. Filme.

Melik [griech.] ↑melische Dichtung.

Melilla [span. meˈliʎa], span. Stadt (Enklave) an der marokkan. Mittelmeerküste, 12,3 km², 56 000 E. Hafen, Fischfang und -verarbeitung, Werft. – Von Phönikern gegr. (Rusadir); im 1. Jh. n. Chr. röm. Kolonie; 705 durch die Araber erobert; seit 1497 bei Spanien.

Melioration [lat.] (Bodenverbesserung), techn. Maßnahmen, die zur Werterhöhung des Bodens bzw. zur Ertragsverbesserung der land- und forstwirtsch. genutzten Flächen führen; u. a. Urbarmachen von Ödland, Waldrodung, Be- und Entwässerung.

melische Dichtung [griech./dt.] (Melik), Bez. für die (griech.) gesungene Lyrik; Lieddichtung.

Melisma [griech. „Gesang, Lied"], melod. Folge von Tönen, die auf nur einer Textsilbe gesungen werden, im Ggs. zum syllab. Gesang, bei dem zu jeder Silbe eine Note gehört. – **Melismatik** ist ein bes. Charakteristikum der oriental. Vokalmusik, von wo sie vermutlich in die ma. geistl. und weltl. Musik übernommen wurde.

Melisse (Melissa) [zu griech. melissóphyllon „Bienenblatt"], Gatt. der Lippenblütler mit nur drei Arten; ausdauernde Pflanzen (jedoch nur einjährig kultiviert) mit hellgrünen, ovalen Blättern; Blüten unscheinbar und weiß. In Europa kommt nur die **Zitronenmelisse** (Garten-M., Zitronenkraut, Melissa officinalis) vor; 30–90 cm hohe Staude mit vierkantigem Stengel, ei- bis rautenförmigen, gesägten Blättern und weißen Blüten in Scheinquirlen. Die Blätter duften stark nach Zitronen und schmecken würzig; Verwendung u. a. als Gewürz.

Melissengeist (Karmelitergeist), alkohol. Zubereitung aus Zitronell-, äther. Muskat-, Zimt- und Nelkenöl; Anwendung äußerlich bei rheumat. und neuralg. Beschwerden, innerlich gegen Blähungen.

Melissinsäure [zu griech. mélissa „Biene"], Carbonsäure, $CH_3-(CH_2)_{28}-COOH$, Bestandteil zahlr. natürl. Wachse.

Melitopol [russ. mɪlʲɪˈtopəlʲ], ukrain. Stadt in der Schwarzmeerniederung, 174 000 E. Zwei Hochschulen; Maschinenbau, Bekleidungs- und Nahrungsmittelind. – Entstand aus der Siedlung Nowoalexandrowskaja Sloboda, die seit 1841 M. heißt.

Melittin [zu griech. mélitta = Biene], im Bienengift enthaltenes geradkettiges Polypeptidamid, das für die hämolyt. Wirkung des Bienengifts verantwortlich ist.

Melk, Heinrich von ↑Heinrich von Melk.

Melisse. Zitronenmelisse

Melk. Das auf einem Felsen über der Stadt liegende, 1702–36 erbaute Benediktinerstift

Melk, niederöstr. Bez.hauptstadt am rechten Ufer der Donau, 228 m ü. d. M., 6 200 E. Apparatebau, Metallwarenherstellung, Kraftwerke an der Donau; Fremdenverkehr. – Entstand an der Stelle des röm. Kastells **Namare**; das in der Burg 1089 gegr. Benediktinerkloster erlebte v. a. in der Barockzeit eine große wiss. und kulturelle Blüte. Die unterhalb des Stiftsfelsens liegende Siedlung erhielt 1227 Marktrecht und wurde 1898 Stadt. – Über der Stadt das barocke Benediktinerstift (1702–36 von J. Prandtauer u. a. erbaut), bed. u. a. die Bibliothek und die Stiftskirche (1702–26; Innenausstattung v. a. von J. M. Rottmayr), in der Stadt spätgot. Pfarrkirche (1481), Rathaus (1575 und 1847). Südl. von M. Renaissanceschloß Schallaburg (1100 gegr., 1576–1600 ausgebaut).

Melkart, Hauptgott von Tyros und Karthago; häufig Herakles gleichgesetzt und in ähnl. Art wie dieser abgebildet.

melken, bei einem milchgebenden landw. Nutzier durch pressende, streichende und ziehende Bewegungen der Zitzen den Milchaustritt (manuell oder maschinell) bewirken.

Melocactus. Melocactus azureus

Melone.

Melonenbaum. Papayabaum mit Früchten

Melkiten, svw. ↑Melchiten.
Melkmaschine, automat. Melkvorrichtung, bestehend aus den an die Zitzen anzusetzenden Melkbechern mit Milchsammel- und Luftverteilerstück sowie den entsprechenden Schlauchleitungen (sog. *Melkzeug*), einer Membranpumpe zur Erzeugung eines Unterdrucks von rund 0,5 bar (Saugwirkung), einem sog. *Pulsator,* der den Saugvorgang in einem bestimmten Rhythmus (Melktakt, Ruhetakt) unterbricht, sowie einer Milchsammelvorrichtung (geschlossene Melkeimer oder Milchsammeltank).
Mell, Max, *Marburg (= Maribor) 10. Nov. 1882, †Wien 12. Dez. 1971, östr. Dichter. – Freund von H. von Hofmannsthal; volksnaher, der Heimat, Natur und östr. Tradition verbundener Dichter mit christl. Grundhaltung; schrieb v. a. dramatisierte Legenden.
Mellah [arab.], das Judenviertel in arab. Städten.
Melle, Stadt am S-Rand des Wiehengebirges, Nds., 75 m ü. d. M., 40 500 E. Museum; Holzverarbeitung, Maschinenbau, chem., Nahrungsmittel- und Bekleidungsind.; Solbad. – Seit 1443 Marktrecht; seit 1852 Stadt. – Zweischiffige Pfarrkirche Sankt Matthaei (13. und 14. Jh.), Wasserburg Haus Burche (1733). Im Stadtteil Gesmold kath. Kirche St. Petrus (Zentralbau 1836–38), Schloß Gesmold und Wasserburg (12.–18. Jh.); in Schiplage Kirchenburg mit spätgot., fast vollständig ausgemalter Annakirche (1505–14).
Mellon, Andrew William [engl. 'mɛlən], *Pittsburgh (Pa.) 24. März 1855, †Southampton (N. Y.) 26. Aug. 1937, amerikan. Bankier und Politiker. – Zählte zu den führenden Bankiers der USA; Finanzmin. 1921–32; 1932 Botschafter in London; auf ihn geht die Gründung der Nat.-galerie in Washington zurück.
Mellotron, ein in der Rockmusik verwendetes Tasteninstrument, mit dem sich Orchestereffekte „spielen" lassen: Durch Tastendruck werden Tonbänder abgerufen, die mit beliebigen Klängen bespielt sein können.
Mellum (Alte M.), Sandbank vor der Wesermündung, Nds., mit Vogelschutzstation.
Mělník [tschech. 'mjɛlnjiːk], Stadt an der Mündung der Moldau in die Elbe, ČR, 222 m ü. d. M., 19 600 E. Zentrum eines Weinbaugebietes, Flußhafen, Werft. – Erhielt 1274 Stadtrecht. – Renaissanceschloß (1553/54; heute Museum); spätgotisch umgebaute Propsteikirche mit roman. Krypta; barockes Rathaus.
Melnikow, Konstantin Stepanowitsch, *Moskau 3. Aug. 1890, †ebd. 28. Nov. 1974, russ. Architekt. – Führender Vertreter des Konstruktivismus, u. a. sowjet. Pavillon auf der Exposition Internationale des Arts Décoratifs et Industriels Modernes in Paris (1925), sein Wohnhaus in Moskau (1927–29), Klub Russakow ebd. (1927/28).
Melo, Francisco Manuel de [portugies. 'mɛlu], Pseud. Clemente Libertino, *Lissabon 23. Nov. 1608, †ebd. 13. Okt. 1666, portugies. Geschichtsschreiber und Dichter. – Nach 1640 im Dienst König Johanns IV. von Portugal; 1655–58 wegen eines Liebesabenteuers nach Brasilien verbannt; zuletzt verschiedene diplomat. Missionen in Europa; einer der bedeutendsten portugies. Prosaisten.

Konstantin Stepanowitsch Melnikow. Klub Russakow in Moskau, 1927/28

Melo, Hauptstadt des Dep. Cerro Largo, in NO-Uruguay, 42 300 E. Kath. Bischofssitz; Handelszentrum des landwirtsch. Umlands. – Gegr. 1795.
Melocactus [griech.] (Melonenkaktus, Melonendistel, Türkenkopf, Mönchskopf), Gatt. der Kakteen mit rd. 40 Arten, von Mexiko bis Brasilien und bis zu den Westind. Inseln verbreitet. Der melonenförmige Kakteenkörper hat fortlaufende Rippen; u. a. die Art M. azureus.
Melodie [griech.] (lat. melodia), in sich geschlossene, nach Tonstufen geordnete Folge von Tönen in der Vokal- und Instrumentalmusik; zeichnet sich durch Sanglichkeit aus; schließt das rhythm. Element ein.
Melodielehre, die Lehre von den Bildungsgesetzen einer Melodie. Anfangs- und Schlußbildung, das Gewicht von Haupt- und Nebentönen, rhythm. und harmon. Struktur u. a. sind zu beachten. Allg. Regeln dazu kennen außereurop. Hochkulturen ebenso wie die Antike und das europ. MA. Eine ausgeführte M. begegnet erstmals bei J. Mattheson („Kern Melodischer Wissenschafft", 1737). Seitdem ist die M. Teil der Kompositionslehre überhaupt und wird vielfach im Rahmen der Kontrapunktlehre behandelt.
Melodik [griech.], Begriff, der analog zur ↑Harmonik geprägt wurde, im 19. Jh. svw. ↑Melodielehre; im 20. Jh. allg. gebraucht für das Charakteristische einer Gesamtheit von Melodien.
Melodram [griech.-frz.], Bez. für die Verbindung von gesprochenem Wort und untermalender Begleitmusik (Beethoven, „Fidelio", Kerkerszene; C. M. von Weber, „Freischütz", Wolfsschluchtszene; A. Schönberg, „Pierrot lunaire"; A. Berg, „Wozzeck").
Melodrama [griech.-frz.], 1. auf dem Prinzip des Melodrams beruhendes musikal. Bühnenwerk, entwickelt von J.-J. Rousseau („Pygmalion", 1770) und G. A. Benda („Medea", 1775), in der Romantik als Konzert-M., d. h. Gedichtrezitation zu Klavier- und Orchesterbegleitung; im 20. Jh. meist in Verbindung mit Ballett und Singstimmen (z. B. A. Honegger, „Amphion"; I. Strawinski, „Perséphone"). – 2. Im 19. Jh. in Frankreich und bes. in Großbritannien und Amerika populäre, auf der Bühne vorherrschende Art des rührend-pathet., trivialen Dramas, dessen Handlungen mit stereotypen Konstellationen der Hauptfiguren in vordergründiger Spannung, neben musikal. Untermalung v. a. mit spektakulären Bühneneffekten präsentiert. Erfolgreiche Autoren waren R. C. G. de Pixérécourt, D. Boucicault, H. A. Jones. – 3. Meist auf Vorlagen des melodramat. Erbauungstheaters zurückgreifendes *Filmgenre,* bei dem Schauplätze und Hauptgestalten der unmittelbaren Erfahrungswelt der Zuschauer angenähert sind sowie vereinfachende extreme Emotionalisierung und Schicksalsgläubigkeit dominieren.
Melon (Meloncillo) [span., zu lat. meles „Dachs"], span. Unterart des ↑Ichneumons.
Melone [italien.] (engl. Bowler), Herrenhut mit halbrunder Kopfform und geschwungener oder flacher Krempe; seit 1850.
Melone [italien., zu griech. mēlopépōn „apfelförmige M." (eigtl. „reifer Apfel")] (Garten-M., Zucker-M.; Cucumis melo), Kürbisgewächs der Tropen, auch in wärmeren Gebieten der gemäßigten Zonen in Kultur; Kletterpflanze mit rauhhaarigem Stengel, großen, fünfeckigen Blättern und großen, goldgelben, getrenntgeschlechtigen Blüten. Die fleischigen Beerenfrüchte *(Melonen)* werden als Obst roh gegessen oder zu Marmelade und Gemüse verarbeitet.
Melonenbaum, (Carica) Gatt. der M.gewächse mit über 30 Arten im trop. und subtrop. Amerika; Bäume oder Sträucher mit großen, gelappten Blättern; Blüten meist zweihäusig; Beerenfrüchte.
▷ (Carica papaya, Papayabaum, Mamayabaum) in zahlr. Sorten in allen Tropenländern kultivierte Melonenbaumart; 4–8 m hoher, sehr schnell wachsender Obstbaum mit gelblichweißen Blüten. Die melonenförmigen, meist grünen bis gelben Beerenfrüchte **(Baummelone, Papayafrucht, Mamayafrucht, Kressenfeige)** werden durchschnittlich 15 cm lang und bis 1,5 kg schwer. Das orangefarbene Fruchtfleisch schmeckt aprikosen- oder melonenähnlich. Der gelblichweiße Milchsaft der Pflanze enthält Papain.

Melos ↑ Milos.

Melos [griech. „Lied, lyr. Gedicht, Gesang"], in der *Musik* Bez. für das gesangl. Element einer Tonsprache, den Charakter der Melodiebildung.

▷ in der *Literatur* Lied, lyr. Gedicht (ausgehend von der schon im Griechischen übl. weiteren Bedeutung „Ton des Redners"); auch im Sinne von Sprachklang, -melodie, -rhythmus.

Melozzo da Forlì. Papst Sixtus IV. ernennt Bartolomeo Platina zum Präfekten der Vatikanischen Bibliothek, Fresko, auf Leinwand übertragen, 1477 (Rom, Vatikanische Sammlungen)

Melozzo da Forlì, *Forlì 1438, †ebd. 8. Nov. 1494, italien. Maler. – Er schuf, beeinflußt von Mantegna, Fresken, u. a. „Papst Sixtus IV. ernennt Bartolomeo Platina zum Präfekten der Vatikan. Bibliothek" (1477; Rom, Vatikan. Sammlungen), Kuppelmalerei der Wallfahrtskirche von Loreto (nach 1484). Seine klar modellierte Körperlichkeit und die illusionist. Raumgestaltung mit kühnen Untersichten rücken ihn in die Nähe der Hochrenaissance.

Melpomene [−'−−−, −−'−−], eine der neun ↑ Musen.

Melsungen, hess. Stadt an der mittleren Fulda, 179 m ü. d. M., 13 900 E. Chem. Fabrik, Textilwaren-, Möbelfabrikation; Fremdenverkehr. – Im 13. Jh. zur Stadt ausgebaut. – Renaissanceschloß mit großem Hauptgebäude (1550–55), ehem. Wohnhaus und Marstall (1577). Altes Stadtbild mit got. Hallenkirche (15. Jh.), Fachwerkbauten (16. bis 19. Jh.), u. a. Rathaus (1555/56); Reste der Stadtmauer (14. Jh.), wiederhergestellte Bartenwetzerbrücke (1595/96).

Melun [frz. mə'lœ̃], frz. Stadt an der Seine, 35 000 E. Verwaltungssitz des Dep. Seine-et-Marne. Herstellung von Autoteilen, Flugzeugmotoren, Musikinstrumenten, pharmazeut. und chem. Ind.; Seinehafen. – **Melodunum,** zuerst als Oppidum der kelt. Senonen bekannt, wurde 53 v. Chr. röm.; in fränk. Zeit Hauptort einer Gft., kam 1016 zur frz. Krondomäne. – Kirche Notre-Dame (11./12. Jh., Fassade 16. Jh.); spätgot. Kirche Saint-Aspais (Chor 1517–20; 1944 beschädigt, restauriert). Im NO von M. liegt das Schloß ↑ Vaux-le-Vicomte.

Melusine, nach einer altfrz. Geschlechtersage Ahnfrau des gräfl. Hauses Lusignan; eine Meerfee, die sich mit einem Sterblichen (Graf Raymond von Poitiers) vermählt, von ihrem Gatten trotz eines Versprechens in ihrer Nixengestalt beobachtet wird und in ihr Geisterreich zurückkehrt.

Melville, Herman [engl. 'mɛlvɪl], *New York 1. Aug. 1819, †ebd. 28. Sept. 1891, amerikan. Schriftsteller. – Zunächst Seemann; lebte ab 1863 in New York. Bekannt v. a. durch den Roman „Moby Dick oder Der weiße Wal" (1851), der als bed. Prosadichtung des amerikan. Symbolismus gilt. Schrieb neben weiteren Romanen wie „Weißjacke" (1850), „Ein sehr vertrauenswürdiger Herr" (1857) die trag. Erzählung „Billy Budd" (hg. 1924) sowie Gedichte.

M., Jean-Pierre [frz. mɛl'vil], eigtl. Jean-Pierre Grumbach, *Paris 20. Okt. 1917, †ebd. 2. Aug. 1973, frz. Filmregisseur und -produzent. – Berühmt wurden seine Kriminal- und Gangsterfilme, bes. „Drei Uhr nachts" (1955), „Der Teufel mit der weißen Weste" (1963), „Der letzte Atem" (1966), „Der eiskalte Engel" (1967), „Armee der Schatten" (1969), „Vier im roten Kreis" (1970), „Der Chef" (1972).

Melville Island [engl. 'mɛlvɪl 'aɪlənd], Insel vor der N-Küste Australiens, 5 800 km², etwa 500 E; bis 106 m hoch; Savanne und Trockenwald; Eingeborenenreservat. **M. I.,** Insel im Kanad.-Arkt. Archipel nördl. vor Victoria Island, 42 149 km², bis etwa 1 050 m hoch; Erdgas-, Erdölvorkommen.

Member of Parliament [engl. 'mɛmbə əv 'pɑːləmənt], Abk. M. P., Mgl. des brit. Unterhauses.

Membran [zu lat. membrana „Haut, (Schreib)pergament"], (biolog. M.) in der *Biologie* dünnes, feines Häutchen, das trennende oder abgrenzende Funktion hat (z. B. Trommelfell im Ohr).

▷ in der *Technik* dünnes elast. Plättchen, das zur Übertragung von Druckänderungen geeignet ist (z. B. Umwandlung elektromagnet. in akust. Schwingungen und umgekehrt in elektroakust. Wandlern).

Membranfilter, svw. ↑ Ultrafilter.

Membranophone [lat./griech.], Sammelbez. für Musikinstrumente, bei denen der Klang durch Schwingungen gespannter Membranen (Haut, Fell) erzeugt wird (u. a. Trommel, Pauke).

Membranpotential, in der Biologie Bez. für die elektr. Potentialdifferenz, die an der Zellmembran zw. dem Zellinneren und dem Außenmilieu der meisten pflanzl. und tier. Zellen im Ruhezustand besteht. Das normale M. von Nerven-, Sinnes- oder Muskelzellen heißt **Ruhepotential.** Sinkt es unter bzw. übersteigt es einen bestimmten Schwellenwert, spricht man von Depolarisation bzw. von Hyperpolarisation. Das M. beruht auf der unterschiedl. Verteilung von Ionen im Innen- und Außenmilieu der Zelle sowie auf der unterschiedlich großen Durchlässigkeit der semipermeablen Membran für bestimmte Ionen. Im Zellinneren sind vorwiegend Kaliumionen (K^+-Ionen) und als Anionen vorliegende Proteine, dagegen wenig Natriumionen (Na^+-Ionen) vorhanden. Außerhalb der Zelle befinden sich hauptsächlich Natrium- und Chloridionen (Cl^--Ionen). Die ungleiche Verteilung der Natrium- und Kaliumionen wird durch aktive Transportmechanismen, sog. Ionenpumpen, erzeugt und aufrechterhalten. Da die Zellmembran stärker durchlässig für K^+-Ionen ist als für Na^+-Ionen und andererseits die K^+-Ionen dem für sie bestehenden Konzentra-

Herman Melville (Ausschnitt aus einem Gemälde)

Melsungen. Das dreigeschossige Fachwerkrathaus am Marktplatz, 1555/56

Membranpumpe

Memmingen. Marktplatz mit dem 1495 erbauten, 1708 mit einem barocken Obergeschoß versehenen Steuerhaus, links dahinter das 1589 errichtete Rathaus mit einer Rokokostuckfassade von 1765

tionsgefälle folgen und dieses auszugleichen versuchen, werden positive Ladungen auf die Außenseite der Membran transportiert. Das Zellinnere wird negativ gegenüber dem Äußeren. Das dabei entstehende elektr. Potential wirkt nun einem weiteren Austreten von K^+-Ionen entgegen, es stellt sich ein Gleichgewichtszustand ein. Eine kurzfristige, positive Änderung (mit Ladungsumkehr außen/innen) des M. ist das ↑Aktionspotential.

Membranpumpe ↑Pumpe.
Membransyndrom ↑Atemnot.
Memel (litauisch Klaipėda), Stadt am Ausgang des Kurischen Haffs zur Ostsee, Litauen, 204 000 E. Heimat-, Meeresmuseum; Theater; Schiffbau, Fischverarbeitung, Holz- und Papier-, Textilind.; ganzjährig eisfreier Ostseehafen, Eisenbahnfähre (seit 1986) nach Mukran auf Rügen, Verbindung zur unteren Memel durch Schiffahrtskanal; ⚓. – Burg und Stadt M. wurden 1252 von dem mit dem Dt. Orden vereinigten Schwertbrüderorden gegr. und 1258 mit lüb. Recht versehen (1475 Culmer Stadtrecht). Urspr. in bischöfl. Besitz, z. T. in Besitz des Dt. Ordens. 1392 ging die Stadt ganz in den Besitz des Dt. Ordens über; um 1400 erweitert und z. T. neu angelegt; 1854 zerstörte ein Brand fast die gesamte Altstadt. 1924–39 war M. Sitz des Gouv. und Direktoriums des Memellandes; wurde im 2. Weltkrieg stark zerstört; im Jan. 1945 von der Roten Armee erobert.
M. (russ. Neman, Nemen, Njemen), Fluß in Weißrußland, Litauen und Rußland, entspringt im S der Minsker Höhen, mündet ins Kurische Haff (Ostsee); 10 km nw. von Tilsit teilt sich die M. in die beiden Hauptmündungsarme **Gilge** und **Ruß**; 937 km lang. Über Nebenflüsse und Kanäle verbunden mit Weichsel, Dnjepr, Pregel und mit der Stadt Memel.
Memeler Tief ↑Kurisches Haff.
Memelland, nördl. der Memel und der Ruß gelegener Teil Ostpreußens, zu Litauen, 2 830 km², 153 000 E (1938). – Das von einer überwiegend dt. und ev., z. T. Litauisch sprechenden Bev. bewohnte M. wurde im Versailler Vertrag an die Alliierten ohne Volksabstimmung abgetreten (1919) und von frz. Truppen besetzt. Während der Ruhrkrise besetzten litauische Freischärler das M. (1923). In der Konvention über das M. stimmten Litauen einem Autonomiestatus für das M. zu (1924). 1939 erzwang die nat.-soz. Reichsregierung die Rückgabe des Gebietes. Beim Anrücken der Roten Armee im Herbst 1944 verließ der größte Teil der Bev. das M., das im April 1948 der Litauischen SSR eingegliedert wurde.

Memel
Stadtwappen

Menander
(römische Kopie einer griechischen Bronzestatue aus der Zeit um 270 v. Chr.; Kopenhagen, Ny Carlsberg Glyptotek)

Memento [lat. „gedenke!"], in den Hochgebeten der kath. Messe das Anfangswort der Fürbitten für Lebende und Tote.
Memling, Hans, * Seligenstadt (Hessen) zw. 1433 und 1440, † Brügge 11. Aug. 1494, niederl. Maler. – Beeinflußt von (seinem Lehrer?) Rogier van der Weyden, D. Bouts und H. van der Goes. Seine Altar- und Andachtsbilder sind im Detail von miniaturhafter Kostbarkeit, in der Figurenkomposition jedoch häufig additiv und statisch. Schuf zahlr. Bildnisse. – *Werke:* Weltgerichtsaltar für Iacopo Tani aus der Marienkirche Danzig (1467; Danzig, Muzeum Pomorskie), Madonna mit dem Stifter M. van Nieuwenhoven (1487; Diptychon, Brügge, M.-Museum), Reliquienschrein der hl. Ursula (1489; ebd.), Passionsaltar des Heinrich Greverade (1491–94; Lübeck, Sankt-Annen-Museum).
Memmert, 5,17 km² große Düneninsel im Wattenmeer vor der Küste Ostfrieslands, zw. Juist und Borkum; Vogelschutzgebiet (seit 1924).
Memmi, Albert [frz. mɛ'mi], * Tunis 15. Dez. 1920, jüd.-tunes. Schriftsteller frz. Sprache. – Prof. für Kultursoziologie; lebt in Paris. Neben F. Fanon gilt er als Haupttheoretiker des Antikolonialismus; thematisiert Unterdrückungsmechanismen und die Situation sozialer Minderheiten in theoret. Arbeiten („Rassismus", Essays, 1982) und Romanen, u. a. „Die Salzsäule" (1953), „Agar" (1955), „Der Pharao" (1988).
Memmingen, Stadt am W-Rand der Iller-Lech-Platte, Bay., 595 m ü. d. M., 38 700 E. Fachhochschule für angewandte Mikroelektronik; Museum, Maschinenbau, elektrotechn., Reifen- und Textilind., Metallverarbeitung, Nahrungsmittelind. – 1128 erstmals gen.; wurde wohl vor 1180 Stadt und vor 1286 Reichsstadt; schloß sich früh der Lehre Zwinglis an. – Spätgotisch sind die Pfarrkirche Sankt Martin (1419ff.) und die Frauenkirche (15. Jh.), barockisiert die Kreuzherrnkirche; Rathaus (1589 und 1765); spätgot. Steuerhaus (1495) mit barockem Obergeschoß (1708). – Bei M. liegen die Klöster von Buxheim (15. Jh., Fresken von J. B. Zimmermann um 1711) und ↑Ottobeuren.
Memoiren [memoˈaːrən; frz., zu lat. memoria „Gedenken, Erinnerung"], ungenauer Sammelbegriff für Lebenserinnerungen, wobei die Schilderung selbsterlebter öff., polit., künstler. und zeitgeschichtl. Ereignisse die Erinnerung an berühmte Zeitgenossen oder das eigene polit., kulturelle oder gesellschaftl. Wirken im Vordergrund stehen. – ↑Autobiographie.
Memorabilien [lat.], Denkwürdigkeiten, Erinnerungen.
Memorandum [zu lat. memorandus „erwähnenswert"], eine ausführl. [diplomat.] Denkschrift, die nicht – im Ggs. zur Note – an eine bestimmte Form gebunden ist. Das M. wird i. d. R. nicht unterzeichnet.
Memoria [lat. „Gedenken, Erinnerung"], im kath. Kalender seit 1969 Gedenktag eines Heiligen.
Memorial Day [engl. mɪˈmɔːrɪəl deɪ „Gedenktag"] (Decoration Day), in den USA seit 1868 Gedenktag für die Gefallenen v. a. des Sezessionskrieges; in den Nordstaaten am 30. Mai (seit 1971 vorwiegend am letzten Montag im Mai), in den meisten Südstaaten am 26. April, 10. Mai oder 3. Juni gefeiert.
Memphis ['mɛmfɪs], ehem. Stadt in Ägypten, westl. des Nil, 20 km südl. von Kairo; v. a. während des Alten Reiches (um 2620–2100) Residenzstadt; auch weiterhin zeitweilig Residenz der Könige, blieb M. bis zur Gründung von Alexandria und Al Fustat (↑Kairo) ein bed. wirtsch. und kulturelles Zentrum. Spärl. Ruinen (u. a. des Ptahtempels, Balsamierungshalle der Apisstiere), Koloß Ramses' II., Alabastersphinx (spätes 15. Jh. v. Chr.). Die benachbarten Nekropolen ↑Sakkara und ↑Abu Sir sowie die Pyramiden von ↑Gise und ↑Dahschur zeugen von M. Bedeutung. – M. und seine vier Pyramidenfelder wurden von der UNESCO zum Weltkulturerbe erklärt.
M., größte Stadt in Tennessee, USA, am Mississippi, 100 m ü. d. M., 652 600 E. Kath. Bischofssitz; Univ. (gegr. 1912), Colleges; Kunstakad.; mehrere Museen. M. ist eines der

größten Handelszentren der Erde für Baumwolle; Holz- und Kautschukverarbeitung, Maschinenbau u. a. Ind.; Flußhafen, Verkehrsknotenpunkt. – 1819 an der Stelle eines Dorfes der Chickasaw gegr. und nach der ägypt. Stadt M. ben.; seit 1849 City.

Memphis Sound [engl. 'mɛmfɪs 'saʊnd], von der Plattenfirma Stax/Volt in Memphis (Tenn.) Mitte der 60er Jahre kreierter ausdrucksstarker Rhythm-and-Blues-Stil, dessen Auftreten den Beginn des Soul markiert.

Menage [me'naːʒə; lat.-frz. „Haushalt(ung)"], Tischgestell für Essig und Öl, auch für Salz, Pfeffer u. a. Gewürze.

Menagerie [menaʒə'riː; lat.-frz., eigtl. „Haushaltung"], Ausstellung lebender Tiere.

Menai Strait [engl. 'mɛnaɪ 'streɪt], Meerenge in der Irischen See zw. der NW-Küste von Wales und der Insel Anglesey, von Straßen- und Eisenbahnbrücke überspannt.

Menam, Strom in Thailand, entsteht bei Nakhon Sawan durch Vereinigung von **Ping** (590 km lang) und **Nan** (627 km lang), die an der birman. bzw. laot. Grenze entspringen; teilt sich nach kurzer Strecke in mehrere Arme auf, die am Golf von Thailand ein mächtiges Delta (wichtiges Reisanbaugebiet) aufgebaut haben; 365 km lang, Einzugsgebiet 160 000 km², schiffbar für Ozeanschiffe bis Bangkok.

Menander, *Athen 342/341, †ebd. 291/290, griech. Dichter. – Wahrscheinlich Schüler des Theophrast; bedeutendster Vertreter der neuen att. Komödie, z. T. durch Nachdichtungen von Plautus und Terenz bekannt. Ganz erhalten ist „Der Menschenfeind", zu zwei Dritteln „Das Schiedsgericht". Weitere 96 seiner mindestens 105 Lustspiele aus der bürgerl. Welt Athens sind bekannt. Die Wirkung der Komödien ergibt sich daraus, daß die Personen auch unter einem verwirrenden Schicksal liebenswert und gut sind und daß die nuancenreiche Sprache der jeweiligen Situation und Person angepaßt ist.

Menarche [griech.], Zeitpunkt des ersten Auftretens der ↑Menstruation; abhängig u. a. vom Klima, von der Ernährung und vom allg. Lebensstandard; in Mitteleuropa liegt die M. durchschnittlich bei 12,5 Jahren.

Menasse Ben Israel, jüd. Gelehrter, ↑Manasse Ben Israel.

Menasstadt, altchristl. Ruinenstätte in Ägypten, 40 km sw. von Alexandria. Die Stadt, in der der legendäre hl. Menas verehrt wurde, war im 5. bis 8. Jh. ein bed. Wallfahrtsort mit einer als heilkräftig geltenden Quelle, deren Wasser die Pilger in Ampullen mitnahmen. Im 9. Jh. wurde M. durch Muslime eingenommen, im 14. Jh. aufgegeben. Ausgrabungen 1905–07 und 1961 ff. ergaben Hauptbautätigkeit im 5. Jahrhundert.

Mena y Medrano, Pedro [span. 'mena i me'ðrano], ≈ Granada 20. Aug. 1628, †Málaga 13. Okt. 1688, span. Bildhauer. – Nach der Ausbildung bei A. Cano war M. y M. ab 1658 in Málaga tätig, wo er u. a. 40 Holzreliefs am Chorgestühl der Kathedrale schuf; betont realist. Auffassung, verbunden mit tief empfundener Religiosität.

Menchú, Rigoberta [span. men'tʃu], *San Miguel Uspantan (Prov. Quiché) 9. Jan. 1959, guatemaltek. Bürgerrechtlerin. – Erhielt 1992 für ihren gewaltlosen Einsatz um die Gleichberechtigung der Indianer als erste Ureinwohnerin Amerikas den Friedensnobelpreis.

Mencius, chin. Philosoph, ↑Meng Zi.

Mencken, Henry Louis [engl. 'mɛŋkɪn], *Baltimore 12. Sept. 1880, †ebd. 29. Jan. 1956, amerikan. Journalist und Schriftsteller. – Ab 1908 Literaturkritiker, 1914–23 Mithg. des Kulturmagazins „The Smart Set", 1924 Mitbegr. des „American Mercury" und bis 1933 dessen Hg.; Wegbereiter Nietzsches und Shaws in den USA; förderte T. Dreiser und E. O'Neill; zahlr. iron.-krit. Essays, bed. seine sprachwiss. Arbeit „Die amerikan. Sprache" (1919).

Mende, Erich, *Groß Strehlitz 28. Okt. 1916, dt. Politiker. – Jurist; 1945 Mitbegr. der FDP, deren Bundesvors. 1960–68; 1949–80 MdB, 1963–66 Vizekanzler und Min. für gesamtdt. Fragen; trat 1970 aus Protest gegen die sozialliberale Koalition zur CDU über.

Mende [frz. mãːd], frz. Stadt in den nö. Causses, 731 m ü. d. M., 10 900 E. Verwaltungssitz des Dep. Lozère; kath. Bischofssitz; archäolog. Museum; Textilind., Brauerei; Fremdenverkehr. – Das Anfang des 4. Jh. gegr. Bistum Javols hat seit etwa 1000 seinen Sitz in M. – Die urspr. spätgot. Kathedrale wurde nach ihrer Zerstörung in den Hugenottenkriegen im 17. Jh. wiederhergestellt.

Mendel, Gregor (Ordensname seit 1843), *Heinzendorf (= Hynčice, Nordmähr. Bez.) 22. Juli 1822, †Brünn 6. Jan. 1884, östr. Botaniker. – Lehrer, dann Prior des Augustinerklosters Brünn. Führte im Klostergarten umfangreiche botan. Vererbungsexperimente durch. Er kreuzte Varietäten derselben Pflanzenart (zunächst Gartenerbsen, später u. a. auch -bohnen) und führte künstl. Befruchtungen durch. Auf Grund der über 10 000 im Verlauf von acht Jahren durchgeführten Experimente formulierte er die – später nach ihm benannten – ↑Mendelschen Regeln für die Vererbung einfacher Merkmale.

Mendelejew, Dmitri Iwanowitsch, *Tobolsk 8. Febr. 1834, †Petersburg 2. Febr. 1907, russ. Chemiker. – Prof. in Petersburg; stellte 1869 unabhängig von J. L. Meyer ein Periodensystem der chem. Elemente auf, auf Grund dessen er u. a. neue Elemente und deren chem. Eigenschaften voraussagte.

Mendele Moicher Sforim [„M. der Buchverkäufer"], eigtl. Schalom Jakob Abramowitsch, *Kopyl bei Minsk 2. Jan. 1836, †Odessa 8. Dez. 1917, jidd. Schriftsteller. – V. a. durch seine realist.-humorist. Romane „Der Wunschring" (1865), „Fischke der Krumme" (1869), „Die Mähre" (1873) über die Lebensweise der osteurop. Juden bekannt; Begründer der jidd. Literatur in Osteuropa.

Mendelevium [nach D. I. Mendelejew], chem. Symbol Md, künstl. radioaktives chem. Element aus der Reihe der Actinoide, Ordnungszahl 101, Massenzahl des langlebigsten Isotops 258.

Mendeln, Bez. für das im Erbgang den Mendelschen Regeln entsprechende Verhalten bestimmter Merkmale.

Mendelsche Regeln, die von G. Mendel zuerst erkannten drei Grundregeln, die die Weitergabe der Erbanlagen beschreiben. 1. **Uniformitätsregel**: Kreuzt man reinerbige (homozygote) Individuen (P-Generation) miteinander, die sich nur in einem einzigen Merkmal bzw. in einem Gen unterscheiden, so sind deren Nachkommen (F_1-Generation) untereinander alle gleich (uniform), d. h. für das betreffende Gen mischerbig (heterozygot). War das Merkmal dominant, bestimmt es die äußere Erscheinung, den Phänotyp. Wenn die Nachkommen der F_1-Generation im Phäno-

Pedro Mena y Medrano. Heilige Maria Magdalena, 1664 (Valladolid, Museo Nacional de Escultura)

Rigoberta Menchú

Gregor Mendel

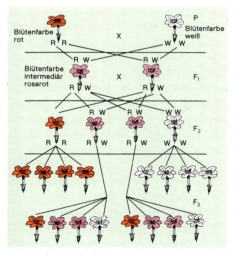

Mendelsche Regeln. Schematische Darstellung eines gemäß der Uniformitätsregel und der Spaltungsregel ablaufenden intermediären Erbgangs; P Elterngeneration, F_1, F_2, F_3 erste, zweite und dritte Tochtergeneration, R Erbanlage für rote Blütenfarbe, W Erbanlage für weiße Blütenfarbe

Mendelsohn

typus zu gleichen Teilen beiden Eltern ähnlich sehen (z. B. Mischfarbe), liegt ein intermediärer Erbgang vor. 2. **Spaltungsregel:** Werden heterozygote Individuen der F_1-Generation untereinander gekreuzt, so sind ihre Nachkommen (F_2-Generation) nicht alle gleich, sondern es treten neben heterozygoten auch homozygote Individuen auf. Bei Dominanz eines der beiden Merkmale erfolgt eine Aufspaltung im Verhältnis 3:1 (Dominanzregel: 75 % einheitlich wie der Elternteil mit dem dominanten Merkmal aussehend, dabei aber rein- und mischerbig im Verhältnis 2:1, und 25 % reinerbig, entsprechend dem Elternteil mit dem rezessiven Merkmal). 3. **Gesetz der freien Kombinierbarkeit der Gene:** Werden Individuen miteinander gekreuzt, die sich in mehr als einem Gen voneinander unterscheiden, gilt für jedes einzelne Gen- bzw. Merkmalspaar die Uniformitäts- und die Spaltungsregel. Die freie Kombinierbarkeit gilt jedoch nur für Genpaare, die auf verschiedenen Chromosomen liegen. Die auf den gleichen Chromosomen lokalisierten Gene sind zu sog. Kopplungsgruppen zusammengefaßt, die sich im Kreuzungsexperiment wie ein einziges Gen verhalten.

Mendelsohn, Erich, *Allenstein 21. März 1887, †San Francisco 15. Sept. 1953, dt. Architekt. — Mit dem Einsteinturm [Sternwarte] in Potsdam (1920/21) leistete er einen wichtigen Beitrag zur Architektur des Expressionismus. Seine plastisch aufgefaßten organ. Baukörper der Folgezeit sind durch großzügige Schwingungen mit Licht- und Schattenwirkung und lange Fensterbänder rhythmisiert. Als Hauptwerke gelten die Kaufhäuser Schocken in Stuttgart (1927, 1960 abgerissen) und Chemnitz (1928) und das Columbushaus am Potsdamer Platz in Berlin (1931, zerstört). Baute nach 1933 in London, Israel und den USA.

Mendelssohn, Arnold Ludwig, *Ratibor 26. Dez. 1855, †Darmstadt 19. Febr. 1933, dt. Komponist. — Großneffe von Felix M. Bartholdy; lehrte ab 1912 am Hoch'schen Konservatorium in Frankfurt am Main u. a. Lehrer von P. Hindemith; trug v. a. mit Chorwerken zur Erneuerung der prot. Kirchenmusik bei; komponierte Opern (u. a. „Der Bärenhäuter", 1900), Chorwerke.

M., Moses, *Dessau 6. Sept. 1729, †Berlin 4. Jan. 1786, jüd. Philosoph. — Autodidakt; Sprachen- und Philosophiestudium in Berlin; Hauslehrer, Teilhaber eines Fabrikanten. Lessing, mit dem er seit 1754 eng befreundet war (und ihn er zum „Nathan" anregte), ermutigte ihn zu schriftsteller. Tätigkeit. Mit der dt. Übersetzung des Pentateuchs (1780–83), seiner Psalmenübersetzung (1783) und den Literaturkritiken führte er die dt. Sprache in die jüd. Literatur ein. Als Philosoph steht M. in der Tradition des krit. Rationalismus des 17./18. Jh. und identifiziert als Philosoph der Aufklärung das Judentum mit der Vernunftreligion der Aufklärung. Durch seine Interpretation der jüd. Religion mittels philosoph. Kategorien und durch die von ihm geforderte Beteiligung der Juden am kulturellen Leben der Umwelt ist er für die jüd. Geistes-, Religions- und Sozialgeschichte von einschneidender Bed. geworden.

M., Peter de, Pseud. Carl Johann Leuchtenberg, *München 1. Juni 1908, †ebd. 10. Aug. 1982, dt. Journalist und Schriftsteller. — Seit 1933 im Exil; 1936–70 ∞ mit H. Spiel. Nach 1945 — inzwischen brit. Staatsbürger — Pressechef bei der brit. Kontrollkommission in Düsseldorf; später Rundfunkkorrespondent in London. Veröffentlichte zeit- und literaturkrit. Essays („Von dt. Repräsentanz", 1972; „Unterwegs mit Reiseschatten", 1977), polit.-dokumentar. Arbeiten wie „Die Nürnberger Dokumente" (1953) sowie Biographien Churchills und T. Manns, Monographien, zahlr. Novellen und Romane. Ab 1975 Präs. der Dt. Akad. für Sprache und Dichtung.

Mendelssohn Bartholdy, Felix, *Hamburg 3. Febr. 1809, †Leipzig 4. Nov. 1847, dt. Komponist. — Enkel von Moses Mendelssohn, Schüler u. a. von L. Berger und C. F. Zelter in Berlin; schrieb bereits 1826 seine meisterhafte Ouvertüre zu Shakespeares „Ein Sommernachtstraum". Seine (von Zelter vorbereitete) erste Wiederaufführung der Matthäuspassion seit Bachs Tod am 11. März 1829 mit der Berliner Singakad. bedeutete den Beginn der modernen Bach-Pflege; er war 1833–1835 Städt. Musikdirektor in Düsseldorf, danach Leiter der Gewandhauskonzerte in Leipzig, dort auch Mitbegründer und erster Direktor des Konservatoriums. Seine Werke stehen v. a. formal der Klassik nahe, erweisen aber bes. in den kleinen lyr. Formen seine roman. Bindung. Meisterhaft ist seine durchsichtig klare Instrumentierung und seine geschmeidig melod. Gestaltung. Zu seinen Werken gehören die Oper „Die Hochzeit des Camacho" (1827), Bühnenmusiken, Oratorien „Paulus" (1836) und „Elias" (1846), Kirchenmusik u. weltl. Chöre, Orchesterwerke (u. a. fünf Sinfonien, 1824, 1830, 1833, 1840, 1842 [nach 13 früheren Werken, 1821–23], Konzertouvertüren), zwei Violin- und drei Klavierkonzerte, Kammermusik, Klavierkompositionen (u. a. „Lieder ohne Worte", 1829–45).

Menden (Sauerland), Stadt am N-Rand des Sauerlands, NRW, 145–295 m ü. d. M., 57 000 E. Museum; u. a. Metallverarbeitung, Devotionalienfabrikation. — Ende des 13. Jh. Stadt; nach mehrfacher Zerstörung nach 1344 planmäßig neu angelegt. — Spätgot. Pfarrkirche (14. Jh.; im 19. Jh. erweitert).

Menderes, Adnan, *Aydın 1899, †auf der Insel Yassı 17. Sept. 1961 (hingerichtet), türk. Politiker. — Abg. der Nat.versammlung ab 1936; 1946 Mitbegr. der Demokrat. Partei; 1950 Min.präs.; betrieb eine Politik der engen Bindung an den Westen; als er versuchte, die sich verstärkende Opposition durch Unterdrückung der Meinungsfreiheit auszuschalten, wurde er 1960 durch einen Militärputsch gestürzt und wegen Verletzung der Verfassung zum Tode verurteilt.

Mendès, Catulle [frz. mɛ̃'dɛs], *Bordeaux 22. Mai 1841, †bei Saint-Germain-en-Laye 8. Febr. 1909 (Eisenbahnunglück), frz. Schriftsteller. — Einer der Begründer des Dichterkreises der Parnassiens, dessen Entstehung er in „La légende du Parnasse contemporain" (1884) darstellte. Auch Lyriker, Erzähler, Dramatiker.

Mendès-France, Pierre [frz. mɛ̃dɛs'frɑ̃:s], *Paris 11. Jan. 1907, †ebd. 18. Okt. 1982, frz. Jurist und Politiker. — 1932–40 und 1946–58 radikalsozialist. Abg.; ab 1941 bei de Gaulle; 1944/45 Wirtschaftsmin. der Provisor. Reg.; 1947–58 Gouverneur des Internat. Währungsfonds; beendete als Min.präs. (Juni 1954–Febr. 1955) den Indochinakrieg; war bis 1957 Staatsmin. im Kabinett Mollet; 1958 Mitbegr. der „Union des Forces Démocratiques", 1960 des „Parti Socialiste Unifié", aus dem er 1968 wieder austrat.

Mendes Pinto, Fernão [portugies. 'mendiʃ 'pintu], *Montemor-o-Velho bei Coimbra 1510(?), †Pragal bei Almada 8. Juli 1583, portugies. Schriftsteller. — Sein 1570–78 entstandener Bericht „Abenteuerl. Reisen" (hg. 1614) ist eines der besten Prosawerke der portugies. Literatur des 16. Jh. und der erste europ. Versuch nach Marco Polo, die Kulturen des Fernen Ostens zu schildern.

Mendikanten [lat.], svw. ↑Bettelorden.

Mendoza [span. mɛn'doθa], Diego Hurtado de ↑Hurtado de Mendoza, Diego.

M., Íñigo López de ↑Santillana, Íñigo López de Mendoza, Marqués de.

Mendoza [span. men'dosa], Hauptstadt der argentin. Prov. M., am O-Fuß der Hochkordillere, 760 m ü. d. M., 118 000 E. Kath. Bischofssitz, 4 Univ.; Goethe-Inst.; Museum; landw. Versuchsstation, Wein- und Sektkellereien, Obstkonservenfabriken; Verkehrsknotenpunkt, internat. ✈. — 1561 gegr.; 1861 durch Feuer und Erdbeben zerstört.

M., argentin. Prov. zw. Hochkordillere und Pampa, 148 827 km², 1,39 Mill. E (1989), Hauptstadt M. Wichtigstes Weinbaugebiet Argentiniens.

Mendoza y La Cerda, Ana [span. men'doθa i la 'θerða] ↑Éboli, Ana Mendoza y La Cerda, Fürstin von.

Mendrisio, Hauptort des Bez. Mendrisio im schweizer. Kt. Tessin, 367 m ü. d. M., 6 500 E. Zentrum des fruchtbaren und dichtbesiedelten **Mendrisiotto,** des südlichsten Zipfels der Schweiz; Textilind., Uhrensteinfabrikation, Weinkellerei, Tabakverarbeitung. — Altes Städtchen mit engen Gassen, mehreren Palazzi und Kirchen.

Moses Mendelssohn (Ausschnitt aus einem Gemälde von Anton Graff, 1771)

Peter de Mendelssohn

Felix Mendelssohn Bartholdy (Ausschnitt aus einem Gemälde, 1831)

Menelaos, Held der griech. Mythologie. Sohn des Atreus und der Aerope, jüngerer Bruder des Agamemnon, König von Sparta, Gemahl der Helena, die von Paris entführt wird, was den Trojan. Krieg auslöst.

Menelaos, griech. Mathematiker und Astronom um 100 n. Chr. — Er übertrug die Begriffe der ebenen Geometrie auf die Kugel und schuf in seiner „Sphärik" die Grundlagen der sphär. Trigonometrie.

Menelik II. ['me:nelɪk, 'mɛnelɪk] ↑ Menilek II.

Menem, Carlos Saúl, * Anillaco (Prov. La Rioja) 2. Juli 1935, argentin. Politiker (Peronist). — Jurist; 1973–76 und 1983–89 Gouverneur von La Rioja; während der Militärdiktatur 1976–83 fünf Jahre in Haft; seit Juni 1989 Staatspräsident.

Menen [niederl. 'me:nə] (frz. Menin), belg. Stadt, gegenüber der frz. Stadt Halluin, 18 m ü. d. M., 32 800 E. Eisen- und Aluminiumverarbeitung, Fernsehgerätebau, Textil-, Glas-, Schaumgummi-, Genußmittel- und Fleischwarenind.; internat. Transportzentrum. — 1087 erstmals erwähnt; Stadtrecht 1351; auf dem Soldatenfriedhof der Stadt 48 000 alliierte Nationen. — Kirche Sint-Vedastus (1454–1564; umgebaut 1820); klassizist. Rathaus.

Menéndez Pidal, Ramón [span. me'nendeθ pi'ðal], * La Coruña 13. März 1869, † Madrid 14. Nov. 1968, span. Philologe und Historiker. — 1899 Prof. in Madrid, 1925–38 und wieder ab 1947 Direktor der Real Academia Española; Sprachwissenschaftler der histor.-vergleichenden Methode, schuf grundlegende Werke zur Geschichte der span. Sprache und der span. Literatur des Mittelalters.

Menéndez y Pelayo, Marcelino [span. me'nendeθ i pe'lajo], * Santander 3. Nov. 1856, † ebd. 19. Mai 1912, span. Literarhistoriker, Kritiker und Philosoph. — Ab 1878 Prof. für span. Literatur in Madrid, ab 1898 Direktor der Nationalbibliothek. Bed. Arbeiten zur span. Literatur- und Geistesgeschichte; wies als erster auf die Bed. der span.-amerikan. Dichtung hin.

Menes, nach ägypt. Überlieferung der erste König Ägyptens, um 3000 v. Chr. M. soll das Land geeinigt und die Hauptstadt Memphis gegründet haben.

Menetekel, eigtl. „mene, mene, tekel uparsin" [aram.], Orakelworte, die nach Daniel 5, 25 während des Festmahls König Belsazars von einer Menschenhand an die Palastwand geschrieben wurden; nach Daniels Deutung: „gezählt" (d.h. die Tage der Königsherrschaft Belsazars), „gewogen" (er ist „gewogen und zu leicht befunden", so auch das hiervon abgeleitete Sprichwort), „geteilt" (d.h. das Reich wird zw. Medern und Persern geteilt).

Menge ↑ Mengenlehre.

Mengelberg, Willem [niederl. 'mɛŋəlbɛrx], * Utrecht 28. März 1871, † Sent (Kt. Graubünden) 22. März 1951, niederl. Dirigent. — 1895–1945 Leiter des Concertgebouworkest in Amsterdam, daneben Dirigententätigkeit in London, New York und anderen Musikzentren; bed. Interpret der Werke von R. Strauss und G. Mahler.

Mengenindex, in der analyt. Statistik Meßzahl aus gewichteten Mengen, bei der konstante Preise als Gewichte dienen (Ggs. ↑ Preisindex). Mengenindizes sind von Bed. in der amtl. Statistik, insbes. der Produktionsstatistik (wegen dieses Erhebungsgegenstandes werden sie bisweilen auch als **Produktionsindizes** bezeichnet); der bedeutendste M. ist der *Index der industriellen Nettoproduktion.*

Mengenlehre, von G. Cantor gegen Ende des 19. Jh. begr. Teilgebiet der Mathematik. Die M. entstand aus der systemat. Untersuchung des Begriffs Menge. Cantor definierte: „Unter einer **Menge** verstehen wir jede Zusammenfassung M von bestimmten wohlunterschiedenen Objekten a unserer Anschauung und unseres Denkens (welche die *Elemente* von M genannt werden) zu einem Ganzen". Statt „x ist Element der Menge M" schreibt man kurz $x \in M$. Ist x nicht Element der Menge M, so schreibt man $x \notin M$. Mengen gibt man entweder, wenn sie endlich sind (d. h. aus endlich vielen Elementen bestehen), durch ihre Elemente an, etwa in der Form $M = \{a_1, a_2, ..., a_n\}$, oder durch eine die Elemente x kennzeichnende Eigenschaft; dann schreibt man z. B.: $M = \{x | x < 5\}$ (gelesen: M die Menge aller x, für die gilt: x ist kleiner als 5). Beispiele für Mengen sind die Menge $\mathbf{N} = \{1, 2, 3, ...\}$ der natürl. Zahlen, die Menge $\mathbf{Z} = \{0, -1, 1, -2, 2, ...\}$ der ganzen Zahlen und die Menge $\mathbf{Q} = \{a/b \,|\, a, b \in \mathbf{Z}$ und $b \neq 0\}$ der rationalen Zahlen. Mengen werden genau dann als gleich angesehen, wenn sie dieselben Elemente enthalten; so ist z. B. $\{1, 2, 3\} = \{2, 1, 3\} = \{1, 3, 2\}$. Zu den Mengen rechnet man auch die *leere Menge* $\emptyset$ (Nullmenge), die kein Element enthält. Sind M und N zwei Mengen und ist jedes Element von N auch Element von M, so schreibt man $N \subseteq M$ (gelesen: N enthalten in M) und sagt, daß N Teilmenge oder *Untermenge* von M und M *Obermenge* von N ist. Ist $N \neq M$, so bezeichnet man N als *echte Teilmenge* von M und schreibt $N \subset M$ (gelesen: N echt enthalten in M). Stets ist $M \subseteq M$ und $\emptyset \subseteq M$. Aus gegebenen Mengen lassen sich auf verschiedene Arten neue bilden. Für zwei Mengen erklärt man die ↑ Vereinigung, den ↑ Durchschnitt, die ↑ Differenzmenge und die ↑ Produktmenge. Weiterhin bildet man noch die ↑ Potenzmenge.

Mengenmessung, die Bestimmung der Masse oder des Volumens von festen, flüssigen oder gasförmigen Stoffmengen. Man unterscheidet die ↑ Durchflußmessung bei stetig fließenden Stoffen, und die *M. begrenzter Stoffmengen.* Feste Stoffe werden hierbei in ihrer Masse mit Hilfe von Waagen oder auch nach ihrem Volumen bestimmt. Zur M. begrenzter Gasmengen werden geeichte Behälter verwendet, deren Inhalt meist durch teilweise Füllung mit einer sog. Sperrflüssigkeit veränderlich gestaltet wird. Zur *volumetr. M.* von Flüssigkeiten werden geeichte Meßzylinder, Büretten, Pipetten, Pyknometer u. a. benutzt; große Flüssigkeitsmengen in Behältern werden mit *Meßlatten* gemessen, an den Skalen auf *Schaurohren* oder *-gläsern* abgelesen oder mit Hilfe eines auf der Flüssigkeitsoberfläche ruhenden Schwimmers bestimmt.

Mengenprodukt, svw. ↑ Produktmenge.

Mengensystem, eine Menge, deren Elemente selbst Mengen sind.

Menger, Anton, * Maniowy (Woiwodschaft Krakau) 12. Sept. 1841, † Rom 6. Febr. 1906, östr. Jurist. — Bruder von Carl M.; ab 1877 Prof. in Wien; widmete sich vorwiegend der Propagierung sozialist. Postulate auf jurist. Grundlage. Als „Rechtssozialist" stand M. damit im Ggs. zur Sozialdemokratie, von der ihn insbes. sein evolutionärer Ansatz und seine Ablehnung des histor. Materialismus (scharfe persönl. Angriffe auf K. Marx) trennten. Rechtstheoretisch lehnte M. von einer extremen Machttheorie her die Anerkennung überpositiver Rechtsgrundsätze ab. — *Werke:* Das Bürgerl. Recht und die besitzlosen Volksklassen (1890), Über die sozialen Aufgaben der Rechtswissenschaft (1895), Neue Staatslehre (1903), Volkspolitik (1906).

M., Carl, * Neusandez (= Nowy Sącz) 23. Febr. 1840, † Wien 26. Febr. 1921, östr. Nationalökonom. — 1879 bis 1903 Prof. in Wien; M. begr. mit seinen Schülern E. von Böhm-Bawerk und F. von Wieser die Wiener oder östr. Schule (↑ Grenznutzenschule) der Nationalökonomie. — *Hauptwerk:* Grundsätze der Volkswirtschaftslehre (1871).

Mengistu Haile Mariam, * 1937 (nach anderen Quellen 1941), äthiop. Offizier und Politiker. — Als Mgl. des Komitees der Streitkräfte maßgeblich an der Absetzung von Kaiser Haile Selassie I. im Sept. 1974 beteiligt; 1974–77 Erster Stellv. Vors. des Provisor. Verwaltungsrats, seit Febr. 1977 dessen Vors. und damit Staatsoberhaupt; seit 1984 Generalsekretär der marxist.-leninist. Arbeiterpartei; wurde nach Inkrafttreten einer neuen Verfassung 1987 Staatspräs.; trat im Mai 1991 von diesem Amt zurück und floh nach Simbabwe.

Mengo, Stadt in Uganda, unmittelbar westl. von Kampala, etwa 40 000 E. — Bis 1966 Hauptstadt des ehem. Kgr. ↑ Buganda.

Mengs, Anton Raphael, * Aussig 22. März 1728, † Rom 29. Juni 1779, dt. Maler. — 1745–54 Hofmaler in Dresden und seit 1761 in Madrid, langjährige Aufenthalte in Rom (u. a. Studium Raffaels). Mit dem Deckengemälde des Par-

Carlos Saúl Menem

Pierre Mendès-France

Mengistu Haile Mariam

Meng Zi 340

naß in der Villa Albani in Rom (1760/61) wurde er zum Hauptvertreter eines gelehrten eklektizist. Klassizismus unter dem Einfluß J. J. Winckelmanns. Bildnismaler, u. a. J. J. Winckelmann (um 1761; New York, Metropolitan Museum); auch theoret. Schriften.

Meng Zi (Meng Tzu) [chin. məndzi], eigtl. Meng Ke, latinisiert Mencius, * Zou (Shandong) 372 (?), † ebd. 289 (?), chin. Philosoph. – Polit. Ratgeber und Lehrer an verschiedenen Fürstenhöfen. Bereits im 2. Jh. n. Chr. als „zweiter Heiliger" (nach Konfuzius) bezeichnet, im 12. Jh. kanonisiert. Die nach ihm ben., aus sieben Büchern bestehende Sammlung von Lehrmeinungen und Gesprächen (Dialogen) hat unter Weiterentwicklung der alten Himmelsreligion die Orientierung der gesellschaftl. Praxis an dem moral. Weltgesetz zum Gegenstand. Seine Ethik und polit. Theorie basieren auf der Annahme von der angeborenen Güte des Menschen, die es gegen die Gefahren aus der Umwelt durch Erziehung zu verteidigen gilt. Nachhaltiger Einfluß auf die chin. Staatsphilosophie.

Menhir von Champ Dolent bei Carnac, Granit, Höhe 9,5 m

Menhire [frz., zu breton. maen-hir, eigtl. „langer Stein"], bis 20 m hohe Steine von kult. Bed. im Bereich der ↑ Megalithkulturen.

Ménière-Krankheit [frz. menjɛːr; nach dem frz. Arzt P. Ménière, * 1799, † 1862], Innenohrerkrankung mit anfallsweise auftretendem Drehschwindel mit Übelkeit und Erbrechen sowie einseitigen Ohrgeräuschen und einseitiger Schwerhörigkeit.

Menilek II. [ˈmeːnilɛk, ˈmɛnilɛk] (Menelik), * Ankober 17. Aug. 1844, † Addis Abeba 12. Dez. 1913, äthiop. Kaiser (seit 1889). – Ab 1865 König von Schoa, kämpfte gegen Kaiser Johannes IV. (⚭ 1872–89), der ihn als Thronfolger anerkannte. Zur Stärkung seiner Stellung schloß er 1889 mit Italien den Vertrag von Uccialli, aus dem Italien Ansprüche auf ein Protektorat herleitete, die M. aber zurückwies. M. erreichte die Unabhängigkeit Äthiopiens durch den Sieg bei Adua am 1. März 1896. Durch zahlr. Reformen schuf er die Grundlage für ein modernes Staatswesen.

Meningen (Einz. Meninx) [griech.], svw. ↑ Gehirnhäute.

Meningitis [griech.], svw. ↑ Gehirnhautentzündung.

Meningoenzephalitis [...o-ɛn...; griech.] ↑ Gehirnentzündung.

Meningokokken [griech.], Vertreter der menschenpathogenen Bakterienart *Neisseria meningitidis,* Erreger der (epidem.) Gehirnhautentzündung.

Meningomyelozele [griech.], svw. ↑ Hydromyelozele.

Menippos (Menipp), griech. Popularphilosoph der 1. Hälfte des 3. Jh. v. Chr. – Sklave aus Gadara (Syrien), dann wohlhabender Bürger in Theben; Kyniker; machte die Nichtigkeit und Fragwürdigkeit der Dinge und der Philosophien und die Torheiten der Menschen zum Gegenstand seiner aus Prosa und Vers gemischten Satire und Polemik.

Meniskus [zu griech. mēnískos „mondsichelförmiger Körper"], (Meniscus) in der *Anatomie* ↑ Kniegelenk.
▷ (M.linse) opt. Linse, bei der beide Flächen im gleichen Sinne gekrümmt sind.
▷ die gekrümmte Oberfläche einer Flüssigkeit in dünnen, aufrechtstehenden Röhren. Im Falle von benetzenden Flüssigkeiten (z. B. Wasser in einem Glasrohr) ist der M. konkav, im Falle von nicht benetzenden Flüssigkeiten (z. B. Quecksilber in einem Glasrohr) konvex.

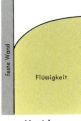

Meniskus. Oben: konkaver Meniskus einer benetzenden Flüssigkeit. Unten: konvexer Meniskus einer nicht benetzenden Flüssigkeit

Meniskusverletzung, meist durch gewaltsame Drehbewegung des Oberschenkels gegen den fixierten Unterschenkel bei gebeugtem Knie verursachte traumat. Schädigung des inneren Meniskus im ↑ Kniegelenk mit *Meniskusriß* oder *Meniskuslockerung* und *Einklemmungserscheinungen* (typ. Sportverletzung beim Fußballspielen und beim Skilaufen). Die Symptome der M. sind u. a. sofort auftretende heftige Schmerzen im Kniegelenk, federnde Behinderung der Streckbewegung und umschriebene Schwellung durch Gelenkerguß. Die Behandlung der frischen M. besteht v. a. in einer Ruhigstellung (zwei bis drei Wochen) durch einen Gipsverband. Im Wiederholungsfall kommt operative Entfernung oder Teilentfernung des betreffenden Meniskus in Frage.

Anton Raphael Mengs. Maria Louise von Bourbon, um 1763 (Madrid, Prado)

Menjou, Adolphe [engl. ˈmɛnʒuː], * Pittsburgh 18. Febr. 1890, † Los Angeles-Hollywood 29. Okt. 1963, amerikan. Filmschauspieler. – Während der Stummfilmzeit Prototyp des frz. Dandys und Liebhabers; später Charakterdarsteller in Filmen wie „A star is born" (1937), „Wege zum Ruhm" (1957).

Menjoubart [mɛnʒuː; nach A. Menjou], schmaler, gestutzter Oberlippenbart.

Mennige [zu lat. minium „Zinnober(rot)"], Pb_3O_4, Doppeloxid des Bleis, das in einer roten und einer schwarzen Modifikation auftritt. Die rote Modifikation, ein wasserunlösl. Pulver, wird v. a. als Grundierungsmittel für Eisenanstriche verwendet.

Mennoniten, Name der nach Menno Simons ben. Anhänger einer aus schweizer., niederl. und nordwestdt. Täufergruppen nach 1535 entstandenen Reformationsbewegung, die ein kalvinistisch geprägtes Christentum vertreten, die Kindertaufe ablehnen und die sittl. Heiligung betonen. Wegen ihrer konsequenten Kriegsdienstverweigerung und der Ablehnung der Eidesleistung häufig zur Auswanderung gezwungen (Ukraine, USA). Die Gesamtheit der M. verteilt sich auf die vier folgenden Gruppen: 1. M.-Kirche, 2. General Conference Mennonite Church, 3. M.-Brüder-Kirche, 4. Amish-M.-Kirche Alter Verfassung (Old Order Mennonite Church; **Amische**). Heute sind die M. in der *Mennonite World Conference* zusammengeschlossen. Weltweit gibt es ca. 1 Mill. M., in Deutschland rd. 12 000 Anhänger.

Menno Simons, * Witmarsum (= Wonseradeel, Prov. Friesland) 1496, † Wüstenfelde bei Bad Oldesloe 31. Jan. 1561, dt. täufer. Theologe. – 1531–36 kath. Priester in Witmarsum, schloß sich wegen seiner Zweifel an der kath. Abendmahlsinterpretation und der Kindertaufe 1536 den Täufern an. Wirkte als deren Ältester u. a. in Groningen und Emden und wurde zum Lehrer der ↑ Mennoniten.

meno [italien.], svw. weniger; in der *Musik* z. B. m. mosso: weniger bewegt.

Menopause [griech.], Aufhören der Regelblutung, meist zw. dem 47. und 52. Lebensjahr der Frau.

Menora [hebr. „Leuchter"], siebenarmiger Leuchter, der bei den Juden sowohl in der Stiftshütte (2. Mos. 25, 31–40) als auch im Tempel (1. Kön. 7, 49) aufgestellt war und nach dessen Zerstörung 70 n. Chr. nach Rom gebracht wurde. Die M. ist eines der wichtigsten Bildmotive der ↑ jüdischen Kunst.

Menorca, östlichste Insel der Balearen, Spanien, 683 km², 62 000 E; bis 357 m hoch. Nur die N- und O-Küste sind stärker gegliedert. Das Klima ist gegenüber den übrigen Baleareninseln weniger mild. Macchie und Garigue bedecken den größten Teil der Insel. Hauptwirtschaftszweig ist die Landw.; Ciudadela und Mahón sind die wichtigsten Städte, die v. a. Lederind. besitzen; Fremdenverkehr (Badestrände).

Menotaxie [griech., zu ménō „ich bleibe" und táxis „Anordnung"], die bei der freien Richtungsbewegung von Tieren auftretende Einhaltung eines bestimmten Winkels zu einem Reizgefälle, meist mit obligator. Lernvorgängen verbunden; kommt bes. häufig als Winkeleinstellung zur Schwerkraft oder zum Licht (Lichtkompaßreaktion) vor.

Menotti, Gian Carlo, *Cadegliano (bei Varese) 7. Juli 1911, italien. Komponist. – Lehrte 1933–55 am Curtis-Institute of Music in Philadelphia; gründete 1958 das „Festival dei Due Mondi" (Festival zweier Welten) in Spoleto; v. a. Komponist (auch Librettist) effektvoller, erfolgreicher Bühnenwerke, deren Musik Einflüsse von Puccini bis Strawinski zeigt.

Mensa [lat.] (Tafelberg) ↑ Sternbilder (Übersicht).

Mensa [lat. „Tisch"], Tischplatte des Altars.
▷ Speiseraum für Studenten; nach dem 1. Weltkrieg als reine Selbsthilfeeinrichtung entstanden; wird heute staatlich subventioniert.

Mensch [zu althochdt. mennisco, eigtl. „der Männliche"], nach der biolog. Systematik ist die Unterart Homo sapiens sapiens der Art Homo sapiens das einzige noch lebende Mitglied der Gatt. Homo. Diese gehört wiederum zur Fam. Hominidae und zur Über-fam. Menschenartige. – Der M. gilt als geistig höchstentwickeltes Lebewesen auf der Erde. Die Wiss., die sich speziell mit dem M. befaßt, ist die Anthropologie.

Abstammung

Morpholog., anatom., serolog., psycholog. sowie soziolog. Gründe weisen auf eine Verwandtschaft zw. M. und Menschenaffen hin. Wann sie sich getrennt haben, ist unbekannt. Unter Berücksichtigung der fossilen Formen ergibt sich eine Einteilung in die drei Unterfam. Vormenschen, Urmenschen und Echtmenschen.

Die noch affenähnl. **Vormenschen** (Ramapithecinae) lebten in der subhumanen (noch nicht menschl.) Entwicklungsphase vor dem sog. Tier-Mensch-Übergangsfeld, dem für die Menschwerdung (Hominisation) entscheidenden Zeitraum vor etwa 5–2 Mill. Jahren; Belege für die Existenz der Vormenschen sind fossile Funde aus dem unteren Miozän Kenias (Kenyapithecus) und aus dem oberen Miozän Indiens (Ramapithecus).

Im sog. Tier-Mensch-Übergangsfeld lebten die **Urmenschen** (Australopithecinae), eine afrikan. Hominidengruppe mit zwar noch stark äffisch wirkendem Schädel, relativ kleinem Gehirn (Volumen zw. 450 und 750 cm³), doch schon menschenähnl. Körper und Gebiß. Die Urmenschen gingen bereits aufrecht, was bes. an der Struktur der Beckenfragmente erkennbar ist.

Gewissermaßen „Stammform" der Urmenschen ist der (1974/75 in Äthiopien entdeckte) *Australopithecus afarensis,* der vor etwa 4–3 Mill. Jahren gelebt hat. Für die Folgezeit lassen sich der als relativ grazil zu bezeichnende, rund 1,2 m große *Australopithecus africanus* vor etwa 3–2 Mill. Jahren, mit den Funden von Taung (1924) und Sterkfontein (1936; Plesianthropus), sowie der eine eigene Linie bildende robuste, auch größere *Australopithecus robustus* (früher Gatt. Paranthropus) vor etwa 2–1 Mill. Jahren nachweisen. Schwierig einzuordnen ist der – möglicherweise aus dem Australopithecus africanus weiterentwickelte – *Homo habilis,* aus dem dann Homo erectus und Homo sapiens hervorgegangen sein könnten.

Die **Echtmenschen** (Homininen) lassen sich gleichfalls in drei Gruppen gliedern: Frühmenschen (Archanthropinae), Altmenschen (Paläanthropinae) und Jetztmenschen (Neanthropinae).

Die **Frühmenschen** werden durch die Art Homo erectus repräsentiert. Der erste Fund stammt aus Java (Javamensch, Pithecanthropus, Homo erectus erectus; Gehirnvolumen 775–950 cm³, Überaugenwulst, jedoch menschenähnl. Gebiß). Nahe Peking wurde der Pekingmensch (Sinanthropus, Chinamensch, Homo erectus pekinensis; Gehirnvolumen 900–1 100 cm³, nahe Heidelberg der Heidelbergmensch (Homo [erectus] heidelbergensis; robuster, kinnloser Unterkiefer) gefunden. Die Frühmenschen lebten vor etwa 600 000 Jahren und haben bereits einfache Steinwerkzeuge hergestellt, den Chinamenschen war schon der Gebrauch des Feuers bekannt.

Auf die Frühmenschen folgten die **Altmenschen,** besser bekannt unter der Bez. Neandertaler (da man sie im Neandertal bei Düsseldorf zuerst entdeckt hat), die bereits in relativ vielfältiger Ausführung Werkzeuge sowie auch Waffen besaßen. Die geistigen Fähigkeiten der ↑ Neandertaler müssen als noch relativ gering erachtet werden. Als Vorfahren des heutigen M. kommen sie, die auf ihre Eiszeitumwelt spezialisiert waren, ohnedies nicht in Betracht. Vielmehr hatte sich die Art Homo sapiens in einer großen Zwischeneiszeit vor etwa 300 000 bis 150 000 Jahren in die beiden Unterarten *Homo sapiens neanderthalensis* und *Homo sapiens sapiens* aufgespalten. Recht unvermittelt erscheint nach dem Neandertaler im oberen Pleistozän (vor etwa 40 000 Jahren) in Westeuropa der *Cro-Magnon-Mensch* (↑ Cro-Magnon-Typus, ein bereits typ. **Jetztmensch** (Homo sapiens sapiens) mit jungpaläolith. Kulturzügen, v. a. auch einer relativ reichen Kunst.

Wahrscheinlich bis zum unteren Pleistozän, d. h. bis vor etwa 3 Mill. Jahren, war die menschl. Evolution prinzipiell gleich der tier. verlaufen. Der M. besaß jedoch die genet. Information zur Ausbildung eines relativ großen Gehirns als Basis für die Ansammlung geistiger Information: Der Mensch ist das Lebewesen mit dem am höchsten entwickelten Gehirn; gegenüber allen Tieren nimmt er durch seine Fähigkeit, sachorientiert zu denken sowie zu sprechen, eine Sonderstellung ein. Die Entwicklungsstadien sind im einzelnen strittig, wobei aber feststeht, daß zuerst

Gian Carlo Menotti

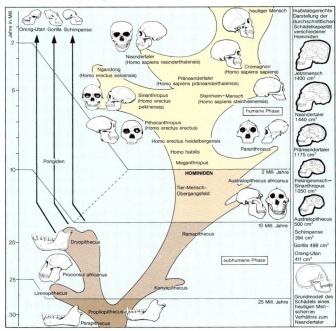

Mensch. Schematische Darstellung des menschlichen Stammbaums

Menschen

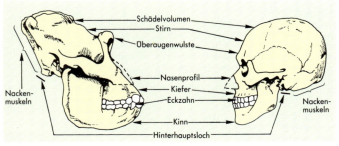

Mensch. Die wesentlichen Unterscheidungsmerkmale zwischen dem Schädel des zu den Menschenaffen gehörenden Gorillas und dem Schädel des Menschen

die zweibeinige Körperhaltung und Fortbewegungsweise erworben wurden und danach erst die Entfaltung des Gehirns über das bei Affen erreichte Maß hinaus erfolgte. Entscheidend war u. a. auch die Umfunktionierung der Hand. Gehirn und Hand sind die für den Kulturaufbau wichtigsten Organe des M.; von ihnen hängen Herstellung und Gebrauch der Geräte, Werkzeuge und Waffen ab. Ab der Altsteinzeit setzte die kontinuierl. techn. Entwicklung der Menschheit ein. Sie führte v. a. zur kulturellen Überformung menschl. Verhaltens und zur Erweiterung der Funktionskreise sowie zur Ablösung der Instinkte (als den vorher maßgebl. Verhaltensprogrammen) durch Institutionen, die die Einhaltung „künstl." bzw. kultureller Verhaltensregeln durch Vorschriften sichern.

Anatomie

Der *menschl. Körper* setzt sich sowohl aus anorgan. (etwa 60 % Wasser und 5 % Mineralstoffe) als auch aus organ. Substanzen (v. a. Proteine, Fette, Kohlenhydrate und Nukleinstoffe) zusammen. – Gegliedert wird der Körper in Kopf, Rumpf und Gliedmaßen. Das Knochengerüst (Skelett) ist die Stütze für die Organe. Es besteht aus 208–212 Einzelknochen. Seine Beweglichkeit ist durch eine Vielzahl von Gelenken verschiedener Bauart gewährleistet. Das gesamte Knochengerüst ist von Muskulatur umgeben (über 600 Muskeln). Den äußeren Abschluß und Schutz bildet die Haut. Ein zentrales, peripheres und autonomes (vegetatives) Nervensystem reguliert zus. mit dem hormonalen System (↑Hormone) die Lebensvorgänge. Sinnesorgane stellen den Kontakt zur Außenwelt her. Die Eingeweide stehen in der Funktion der Ernährung, Verdauung und Fortpflanzung, der Atmung, des Blutkreislaufs und Stoffwechsels. Die Entwicklung des Organismus (Individualentwicklung, Ontogenese) wird von der Befruchtung der Eizelle an durch ein ineinander verflochtenes System genetisch gesteuerter Mechanismen gewährleistet. Eine *chromosomale Differenzierung* erfolgt bereits bei der Befruchtung. Die ♀ Keimzellen (reife Eizellen) des M. enthalten neben 22 Autosomen auch immer ein X-Chromosom als Geschlechtschromosom, die Spermien entweder ein X- oder Y-Chromosom. Die Befruchtung durch ein Spermium mit X-Chromosom läßt eine ♀ Zygote entstehen, die durch ein Y-Spermium eine ♂. Mit der Ausdifferenzierung der ♀ Keimdrüsen (auf Grund der Anwesenheit von zwei X-Chromosomen beim ♀ Organismus) und der Bildung ♀ Keimdrüsenhormone entwickelt sich der Embryo in ♀ Richtung. Die Entwicklung des ♂ Organismus ist analog. Dementsprechend bleibt die XY-Chromosomenkonstellation erhalten, wodurch die Ausdifferenzierung der ♂ Geschlechtsdrüsen bzw. die Bildung der ♂ Keimdrüsenhormone bewirkt wird und der Embryo sich in ♂ Richtung entwickelt.
Mit der ↑Pubertät setzt eine *sekundäre Geschlechtsdifferenzierung* ein. Die zentrale Steuerung erfolgt über Hormone des Hypophysenvorderlappens (↑Geschlechtshormone). Die Pubertät schließt mit der Geschlechtsreife ab, bei der Frau zw. 11. und 15., beim Mann zw. 13. und 16. Lebensjahr.

Neben den Chromosomen, dem sog. Geschlechtschromatin, den inneren und äußeren Geschlechtsorganen und den Keimdrüsenhormonen beziehen sich die *geschlechtsspezif. Besonderheiten* beim M. v. a. auf den Habitus mit seiner (normalen) Variabilität (↑Intersexualität). Da alle Merkmale oder Merkmalskomplexe, die zur Charakterisierung der ♀ oder ♂ Konstitution herangezogen werden, nicht das Ergebnis einer einfachen Gen-Merkmal-Beziehung, sondern durch viele Gene (polygen) bedingt sind, ist von vornherein nicht zu erwarten, daß es sich bei den Alternativmerkmalen handelt. Betrachtet man innerhalb einer Bevölkerung das einzelne Merkmal, z. B. die Körpergröße, so findet man unter den Frauen dieser Population eine große Variabilität mit der größten Häufigkeit der mittleren Merkmalsklassen. Diese Verteilungskurve zeigt aber einen beträchtl. Überschneidungsbereich mit derjenigen für das ♂ Geschlecht und gilt – zwar von Merkmal zu Merkmal in unterschiedl. Grad – für morpholog., physiolog. und psych. Merkmale (↑Geschlechtsunterschiede).

Religionsgeschichte

In der Religionsgeschichte nimmt der M. stets eine gegenüber anderen Lebewesen vorrangige Stellung ein. Deshalb werden in allen Religionen die entscheidenden Lebensphasen des M. wie Geburt, Hochzeit und Tod rituell geheiligt. – In der *christl. Theologie* (theolog. Anthropologie) liegt dem Nachdenken über den M. das bibl. M.bild zugrunde, in dem Gott dem M. seinen „lebendigen Odem" (1. Mos. 2, 7) einhaucht, ihn nach seinem Bild gestaltet (Imago Dei, Gottebenbildlichkeit) und ihn zum Herrn der Welt macht, die er als Lebensraum und Mittel zum Leben nutzen darf. Seinen Mitmenschen soll er menschlich, sozial begegnen. Auf Gott und die Welt hingeordnet, versagt der M. gegenüber der Forderung Gottes (Sünde) und ist dafür verantwortlich; nach dem N. T. wird der schuldig gewordene M. von Jesus bedingungslos angenommen und mit neuem Leben erfüllt. Im Glauben ergreift der M. seine neue Existenz, in der Liebe öffnet er sich der Welt und seinen Mitmenschen. Das heutige theolog. M.bild gründet in der Christusbezogenheit des M. und zielt auf die Weltverantwortung und das Weltverhältnis des M. – Zur *philosoph.* Anschauung ↑Anthropologie.
Menschen (Hominoidea, Hominiden), Fam. der Menschenartigen mit drei Unterfam.: Vormenschen, Urmenschen und Echtmenschen.
Menschenaffen (Große M., Pongidae, veraltet: Anthropomorphen, Anthropomorphae), Fam. etwa 65–150 cm langer Affen (Überfam. Menschenartige), v. a. in Wäldern W- und Z-Afrikas sowie Sumatras und Borneos; meist Pflanzenfresser mit längeren Armen als Beinen, kräftigem Schädel und im Alter starker Schnauzenbildung; Daumen und Großzehe opponierbar, daher gute Greiffähigkeit bei allen vier Extremitäten. – Die in Bäumen hangelnden und kletternden und am Boden (meist auf allen Vieren) laufenden M. besitzen ein relativ hochentwickeltes Gehirn. Ihre Bestände sind stark von der Ausrottung bedroht. – Zu den M. gehören Schimpanse, Bonobo, Gorilla und Orang-Utan.
Menschenartige (Hominoidea), Überfamilie der Ordnung Herrentiere mit den Familien Menschenaffen, Gibbons und Menschen.
Menschenfloh ↑Flöhe.
Menschenfresserei, svw. ↑Kannibalismus.
Menschenfreundliches Werk ↑Kirche des Reiches Gottes.
Menschenhaie (Carcharidae), Fam. bis 6 m langer, lebendgebärender, räuber. Haifische mit rd. 60 Arten, v. a. in warmen Meeren (z. T. auch in Süßgewässern). M. ernähren sich hauptsächlich von Fischen; können auch dem Menschen gefährlich werden (z. B. Blauhai, Tigerhai).
Menschenhandel, nach § 181 StGB die Zuführung zur Prostitution mittels Gewalt, List oder Drohung sowie die Anwerbung oder Entführung ins Ausland, um das Opfer dort zu sexuellen Handlungen mit Dritten zu zwingen; mit Freiheitsstrafe von 1 bis 10 Jahren bedroht.

Menschenläuse (Pediculidae), weltweit verbreitete Fam. der Läuse mit sechs auf Menschen, Menschenaffen und Kapuzineraffen parasitierenden Arten. Auf dem Menschen leben Kleiderlaus, Kopflaus und Filzlaus.

Menschenopfer, sakrale Tötung von Menschen, ein in der Religionsgeschichte vielfach belegter kult. Akt, der häufig im Laufe der religionsgeschichtl. Entwicklung durch das tier. Ersatzopfer abgelöst wird, z.B. in der Erzählung von Isaaks Opferung (1. Mos. 22). An die Kultteilnehmer soll die Stärke des Geopferten durch Anthropophagie („Menschenfresserei") übertragen werden; diese Vorstellung liegt dem Kannibalismus primitiver Gesellschaften zugrunde. Der Machtgedanke bestimmt auch den rituellen Königsmord; verliert der alternde Herrscher seine Kraft, so wird er entweder getötet oder er vollzieht selbst das Königsopfer. Das Sühneopfer dient der Tilgung einer Schuld, die stellvertretend für das gesamte Volk auf einen menschl. „Sündenbock" übertragen wurde. Weit verbreitet war die Sitte der ↑Bauopfer. Der Abwehr drohender Gefahren galt das Selbstopfer röm. Truppenführer. – Bei den ↑Azteken des alten Mexiko waren die Formen des M. am stärksten differenziert.

Menschenrassen, geographisch lokalisierbare Formengruppen des heutigen Menschen (Homo sapiens sapiens), die charakterist. Genkombinationen besitzen und sich mehr oder weniger deutlich voneinander unterscheiden. Die auffälligsten Unterscheidungsmerkmale sind neben der Haut-, Haar- und Augenfarbe bestimmte Körper-, Kopf- und Gesichtsformen sowie physiol. Parameter wie Wärmeregulation und Blutmerkmale. Die Hautfarbe zeigt eine deutl. Beziehung zur Stärke der UV-Bestrahlung; sie ist in lichtreichen Gegenden dunkel (Schutz gegen UV-Strahlung) und in lichtärmeren Gegenden hell, um ausreichende Bildung von Vitamin D zu gewährleisten. Zur Entstehung der M. gibt es mehrere Theorien. Nach dem dt. Anthropologen E. v. Eickstedt haben sich während der letzten Eiszeit durch Isolation nördlich der großen Kettengebirge die weiße, südlich des Himalaja im ind. Gebiet die schwarze und weiter im O die gelbe Hauptrasse herausgebildet. Heute werden vier Großrassen unterschieden: die ↑Europiden, die ↑Mongoliden, die (aus diesen hervorgegangenen) ↑Indianiden und die ↑Negriden. Dazu kommen noch einige Rassengruppen wie die Australiden und die afrikan. und asiat. Pygmiden.
Der Prozeß der M.bildung ist eines der Ergebnisse der menschl. Evolution. Er hing v.a. von den Faktoren Isolation, Mutation und Selektion (bzw. Anpassung) ab. Da zw. M. keine biolog. Kreuzungsschranken bestehen, könnten durch Rassenmischung die Grenzen zw. den Rassen leicht verwischt werden. Einer größeren Nivellierung von Rassenunterschieden stehen jedoch v.a. soziale, kulturelle und ideolog. Kreuzungssperren im Wege. Andererseits haben eine hohe Wanderbeweglichkeit und eine weitgehende Unabhängigkeit gegenüber Klima und Ernährungsbasis zu relativ starker Durchmischung der Rassen geführt. Zudem gibt es – v.a. in den Kontaktzonen – fließende Übergänge in den Merkmalskombinationen bei den einzelnen Rassen.

Menschenraub, das Sichbemächtigen eines anderen Menschen durch List, Drohung oder Gewalt, um ihn in hilfloser Lage auszusetzen oder in Sklaverei oder ausländ. Kriegs- oder Schiffsdienst zu bringen. M. wird gemäß § 234 StGB mit Freiheitsstrafe nicht unter einem Jahr bestraft. Davon zu trennen ist der **erpresserische Menschenraub** (§ 239a StGB), bei dem die Entführung dazu dienen soll, die Sorge des Opfers oder eines Dritten um das Wohl des Opfers zu einer Erpressung auszunutzen (anders die Geiselnahme [↑Geiseln]). Verursacht der Täter leichtfertig den Tod des Opfers, wird er mit lebenslanger Freiheitsstrafe oder Freiheitsstrafe nicht unter zehn Jahren bestraft. Läßt er das Opfer unter Verzicht auf die erstrebte Leistung in dessen Lebenskreis zurückgelangen, ist Strafmilderung möglich. Ein verwandter Tatbestand ist die ↑Verschleppung.

Menschenrechte, 1. im materiellen Sinn vor- und überstaatl. Rechte, die der Staat nicht nach Maßgabe seiner Verfassung verleiht, sondern die vorkonstitutionell gelten und allenfalls deklaratorisch anerkannt werden können. Als M. werden v.a. die polit. *Freiheitsrechte* oder *Grundfreiheiten* begriffen (Recht auf Gleichheit, Unversehrtheit, Eigentum, Meinungs- und Glaubensfreiheit, Widerstand gegen Unterdrückung), seit dem 19. Jh. ist eine schrittweise Ausdehnung der M. in den sozialen Bereich festzustellen (Recht auf Arbeit, Bildung, soziale Sicherheit). 2. im formellen Sinn Grundrechte, die allen sich im Staatsgebiet aufhaltenden Menschen zustehen, im Unterschied zu den sog. Bürger- oder Deutschenrechten. – Zur ideengeschichtl. Entwicklung der M. und zu den Grundrechten in Deutschland, in der Schweiz und in Österreich ↑Grundrechte.

Geschichte: Nachdem die Bemühungen um den Schutz der M. sich zunächst in den Verfassungsurkunden der Einzelstaaten manifestiert hatten (↑Grundrechte), wurden schon vor dem 1. Weltkrieg verschiedene bi- bzw. multilaterale Abkommen zum Schutze individueller Rechtsgüter des einzelnen abgeschlossen, doch blieb die Meinung vorherrschend, daß der Schutz der M. Aufgabe der Einzelstaaten sei, wenn auch die Pariser Vororttverträge und die in ihrem Rahmen beschlossene Völkerbundssatzung dazu anregten, sich stärker mit den M. auf internat. Ebene zu befassen. Als Reaktion auf die massiven M.verletzungen in den totalitären Staaten erklärten nach dem 2. Weltkrieg die UN den universellen Schutz der M. zu einem ihrer Hauptziele (Art. 1 der Charta). Als ersten Schritt zur Verwirklichung dieses Ziels verabschiedete die UN-Generalversammlung am 10. Dez. 1948 (ohne Gegenstimme, aber bei Enthaltung der sozialist. Staaten) die *Allg. Erklärung der M.* (Deklaration der M.) in Form einer völkerrechtlich unverbindl. Empfehlung, die einen Katalog von bürgerl., polit. und sozialen Rechten enthält. Den zweiten Schritt machte die Generalversammlung mit der Verabschiedung der beiden *Internat. Pakte über bürgerl. und polit. Rechte* (nebst einem Fakultativprotokoll) bzw. *über wirtsch., soziale und kulturelle Rechte* vom 19. 12. 1966. Beide Pakte sind seit Frühjahr 1976 in Kraft; die BR Deutschland, Österreich und die Schweiz sind ihnen neben zahlr. anderen Staaten beigetreten. Zwar verpflichten sich in beiden Pakten die Staaten, die M. zu achten und durchzusetzen, jedoch stellen nur die Freiheitsverbürgungen des polit. Paktes nach ihrer Übernahme in die innerstaatl. Rechtsordnung unmittelbar anwendbare subjektive, d.h. vor der nat. Gerichten einklagbare Rechte dar. Die Rechtsschutzmechanismen beider Pakte sind nur beschränkt wirksam. Ihr Inhalt entspricht im wesentlichen dem der *Europ. Konvention zum Schutze der M. und Grundfreiheiten* (MRK) vom 4. 11. 1950 (in Kraft seit 3. 9. 1953; 5 spätere Zusatzprotokolle) bzw. der *Europ. Sozialcharta* (ESC) vom 18. 10. 1961 (in Kraft seit 26. 2. 1965). Zur Durchsetzung der in der MRK verbürgten Freiheitsrechte ist ein Rechtsschutzsystem errichtet worden, dessen Organe die Europ. M.kommission, der ↑Europäische Gerichtshof für Menschenrechte sowie das Min.komitee des Europarates sind. Die ESC verfügt nur über ein schwach ausgebildetes Verfahren zur Überwachung der Einhaltung ihrer Normen.

Die UN haben zahlr. weitere Initiativen zum M.schutz ergriffen, z.B. Genfer Flüchtlingsabkommen vom 28. 7. 1951, Konvention über die Nichtverjährbarkeit von Kriegsverbrechen und Verbrechen gegen die Menschlichkeit vom 28. 11. 1968, Konvention zur Beseitigung jeder Form der Rassendiskriminierung vom 7. 3. 1966, Konvention gegen Folter vom 4. 2. 1985. Einen bes. Stellenwert im völkerrechtl. M.schutz nimmt der Kampf gegen die Diskriminierung ein, v.a. gegen Rassendiskriminierung und Diskriminierung der Frau. Die Arbeit der Internat. Arbeitsorganisation (ILO) und der UNESCO sind ebenfalls dem internat. M.schutz zuzurechnen.

Menschenrechtskonventionen, völkerrechtl. Verträge, in denen Staaten sich zur Gewährleistung von ↑Menschenrechten an alle ihrer Hoheitsgewalt unterstehenden Personen verpflichten. Neben Übereinkommen, die sich auf einzelne Menschenrechte beziehen, sind v.a. die M. bedeutsam, die einen Menschenrechtskatalog enthalten und einen bes. internat. Rechtsschutz vorsehen. Die Einhaltung der M. auch gegenüber Inländern kann von den anderen Vertragsstaaten verlangt werden, ohne daß darin eine unzulässige Einmischung in die inneren Angelegenheiten läge.

Menschensohn, im A.T. zunächst als Hebraismus eine Umschreibung für „Mensch", die seine geschöpfl. Niedrigkeit betont. In der nachfolgenden jüd. Apokalyptik wird M. als eine messian. Gestalt aufgefaßt. Im N.T. findet sich M. bei den Synoptikern als Selbstbez. Jesu, und zwar ausschließlich vor Ostern. Auch Joh. zeigt einen ähnl. Gebrauch des M.titels, wobei jedoch die Gedanken der Verherrlichung und des himml. Ursprungs des M. hervorgehoben werden.

Menschenwürde, der nach Art. 1 Abs. 1 GG für unantastbar erklärte Bereich, der dem Menschen als Träger höchster geistig-sittl. Werte zusteht. Die M. zu achten und zu schützen ist Verpflichtung aller staatl. Gewalt. Der Staat ist durch dieses Grundrecht nicht nur selbst gehindert, die M. durch erniedrigende, menschenverachtende Maßnahmen (z.B. Versklavung, Folterung) anzutasten, sondern muß auch in der Ausgestaltung seiner Rechtsordnung Angriffe auf die M. durch Dritte für unzulässig erklären und notfalls ahnden (z.B. § 130 StGB). Ebenso findet die Weisungsgebundenheit (und damit die Freiheit von eigener Verantwortung) bei Amtsträgern (Beamte, Soldaten) bei Befolgung von Anordnungen und Richtlinien ihre Grenze, wenn das aufgetragene Verhalten die M. verletzt. Die Verweigerung eines Befehls ist nicht strafbar, wenn dessen Befolgung die M. verletzen würde (§ 22 WehrstrafG).

Menschewiki [russ. „Minderheitler"], im Ggs. zu den ↑Bolschewiki die gemäßigte Gruppe der Sozialdemokrat. Arbeiterpartei Rußlands nach deren 2. Parteikongreß (1903).

Menschikow, Alexandr Danilowitsch Fürst (seit 1707), * Moskau 16. Nov. 1673, † Berjosowo 23. Nov. 1729, russ. Feldmarschall (seit 1709) und Politiker. – Jugendfreund und engster Berater Peters d. Gr., kämpfte erfolgreich im 2. Nord. Krieg; bestimmte als Geliebter Kaiserin Katharinas I. in deren Reg.zeit faktisch die russ. Politik; 1727 gestürzt und verbannt.

M., Alexandr Sergejewitsch Fürst, * Petersburg 26. Aug. 1787, † ebd. 1. Mai 1869, russ. General und Politiker. – Urenkel von Alexandr Danilowitsch Fürst M.; 1831–36 Generalgouverneur von Finnland, ab 1836 Marinemin.; im Krimkrieg 1855 Oberbefehlshaber der russ. Land- und Seestreitkräfte.

Mensching, Gustav, * Hannover 6. Mai 1901, † Bonn 30. Sept. 1978, dt. Religionswissenschaftler. – 1927 Prof. in Riga, ab 1936 in Bonn. Von R. Otto und J. Wach beeinflußt, vertrat M. eine am Verstehen der Erlebnisqualität der Religion orientierte Religionswiss. – *Werke:* Das heilige Schweigen (1926), Das heilige Wort (1937), Soziologie der Religion (1947), Die Religion. Erscheinungsformen, Strukturtypen und Lebensgesetze (1959), Die Weltreligionen (1972).

Mensch-Maschine-Kommunikation, abwechselnd aufeinander bezogene Aktivität von Mensch und Computersystem; besser als **Mensch-Maschine-Interaktion** bezeichnet, da wesentl. Elemente menschl. Kommunikation nicht gegeben sind. Die Interaktion zwischen Mensch und Rechner erfolgt über eine **Mensch-Maschine-Schnittstelle (Benutzeroberfläche),** die in einen Hardwareaspekt (Tastatur, Maus, akust. Sprachein-/ausgabe usw.) und einen Softwareaspekt (Programmsyntax u.a.) aufgegliedert werden kann. Während der Gebrauch graph. Benutzeroberflächen mit ↑Menü oder ↑Maus weite Verbreitung gefunden hat, steht die natürlichsprachige M.-M.-K. erst am Anfang ihrer Entwicklung. – Leitmotiv der Gestaltung der M.-M.-K. sollte die Unterstützung der menschl. Arbeitstätigkeit durch den Rechner sein (↑Software-engineering).

Menschwerdung, svw. ↑Hominisation.

Mensendieck, Bess (Elizabeth Marguerite), * New York 1. Juli 1864, † in den USA im Aug. 1957, niederl.-amerikan. Gymnastiklehrerin. – Seit den 1930er Jahren in den USA; schuf eine auf anatom. und physiolog. Aspekten aufbauende Frauengymnastik.

Menses [lat.], svw. ↑Menstruation.

mensis currentis [lat.], Abk. m. c., laufenden Monats.

mens sana in corpore sano [lat.], „in einem gesunden Körper [möge auch] ein gesunder Geist [wohnen]" (aus den Satiren Juvenals).

Menstruation [lat., zu menstruus „monatlich"] (Monatsblutung, Regel[blutung], Periode, Menses), die bei der geschlechtsreifen Frau periodisch (durchschnittlich alle 29,5 Tage) auftretende, 3–5 Tage dauernde Blutung aus der Gebärmutter als Folge der Abstoßung der Gebärmutterschleimhaut. Eine echte M. liegt nur dann vor, wenn im vorangegangenen, durch die gonadotropen Hormone (Gonadotropine) der Hirnanhangsdrüse und die Hormone der Eierstöcke (Östrogene, Gestagene) gesteuerten Zyklus ein Eisprung (Ovulation) stattfand. Nach der M. reift in der Follikelphase (zw. dem 6. und 15. Tag) unter dem Einfluß des in der Hirnanhangsdrüse (Hypophyse) gebildeten follikelstimulierenden Hormons (FSH) in einem der beiden Eierstöcke ein Follikel (eitragendes Bläschen) zum Graaf-Follikel heran. Die in den Eierstöcken gleichzeitig gebildeten östrogenen Hormone bewirken ein synchrones Wachstum der Gebärmutterschleimhaut *(Proliferationsphase)* und eine Rückinformation an die Hypophyse (Rückkopplungsmechanismus), die über das Zwischenhirn mit Hilfe von Releaserfaktoren vermittelt wird. Unter dem Einfluß von hypophysärem Luteinisierungshormon (LH) platzt schließlich der Graaf-Follikel (etwa zw. dem 11. und 15. Tag), so daß die frei werdende Eizelle durch den Eileiter in die Gebärmutter gelangen kann. In der folgenden *Corpus-luteum-Phase* (Zeit vom Eisprung bis etwa 27. Tag) bildet sich der gesprungene Follikel in eine Hormondrüse, den Gelbkörper, um. Das in ihm gebildete Gestagen Progesteron bewirkt (der Corpus-luteum-Phase synchron) eine Auflockerung und Nährstoffanreicherung in der Gebärmutterschleimhaut *(Sekretionsphase)* zwecks eventueller Aufnahme eines befruchteten Eies. Hat keine Befruchtung stattgefunden, gehen Gelbkörper und Ei zugrunde. Die sekretorisch umgewandelte Schleimhaut wird unter Blutung etwa am 28. Tag abgestoßen.

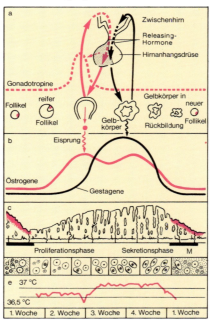

Menstruation. Schematische Darstellung des weiblichen Zyklus: a Gonadotropinausschüttung und -regulation und Eierstockzyklus; b Blutspiegel der Eierstockhormone; c Zyklus der Gebärmutterschleimhaut; d Scheidenabstrich; e Basaltemperatur; M Menstruation

Mensur [aus lat. mensura „das Messen, das Maß"], Abstand zweier Fechter beim Gefecht; bei *mittlerer M.* ist die gegner. Trefffläche durch Ausfall erreichbar, bei *enger M.* durch Armstrecken, bei *weiter M.* durch Schritt oder Sprung vorwärts und Ausfall.

▷ ein Zweikampf mit scharfen Hiebwaffen (Schläger), bei dt., östr. und schweizer. schlagenden Studentenverbindungen. Die Schläger-M. hat seit 1840 die ältere, gefährl. Stoß-M. abgelöst. Die Fechterpaare (Paukanten) werden i. d. R. durch Absprachen zw. den Fechtwarten der Verbindungen bestimmt (Bestimmungs-M.). Hiebe können auf den Kopf (Terz, Quart, Hakenquart) und auf die Wangen (Durchzieher) plaziert werden; getragen werden Körper- und Armschutz, Halsbinde und Paukbrille mit Nasenblech. Die Partie dauert, falls sie nicht unterbrochen wird, 40 Gänge zu vier (auch sechs) Hieben und ist dann „ausgepaukt". In der *Schweiz* wird die M. nach Art. 131 StGB mit Haftstrafe bedroht.

▷ im *Musikinstrumentenbau* Bez. für die den Klang, die Stimmung sowie die Spielweise bestimmenden Maßverhältnisse eines Instrumentes, z. B. bei Orgelpfeifen das Verhältnis von Länge und Weite.

▷ in der Mensuralnotation die Geltungsdauer der einzelnen Notenwerte untereinander.

▷ svw. ↑Meßzylinder.

Mensuralmusik [lat./griech.], die in Mensuralnotation aufgezeichnete mehrstimmige Musik des 13. bis 16. Jahrhunderts.

Mensuralnotation [lat.], die im 13. Jh. entstandene und bis zum ausgehenden 16. Jh. gültige Notenschrift. Im Ggs. zu der nur die Tonhöhe bezeichnenden ↑Choralnotation und der in ihren Zeichen noch mehrdeutigen ↑Modalnotation zeichnet sich die M. durch rhythm. Differenzierung ihrer Noten- und Pausenzeichen aus. Durch Rundung der quadrat. und rhomb. Notenformen entstand seit etwa 1600 aus der M. die heutige Notenschrift.

Mentalismus [lat.], Richtungen der *Psychologie* und *Sprachwiss.*, die sich nicht auf Verhaltensbeschreibung beschränken (↑Behaviorismus), sondern mittels theoret. Modelle die spezif. Organisationsprinzipien des menschl. Geistes (z. B. den Prozeß des Spracherwerbs, die Kreativität menschl. Sprachfähigkeit) erklären wollen. – In der *philosoph.* Erkenntnistheorie eine Position, die das Zustandekommen von Erkenntnis in der Terminologie „innerer" (mentaler) Vorgänge darzustellen sucht; charakteristisch für alle klass. Formen des Rationalismus wie auch des Empirismus, insofern hier die zu Begriffen führende Abstraktion als eine mentale Operation (mit Ideen) aufgefaßt wird.

Mentalität [zu lat. mens „Geist, Verstand"], Geisteshaltung; Einstellung des Denkens eines Menschen oder einer Gruppe von Menschen. Diese Einstellung bestimmt das Verhältnis zur Wirklichkeit bzw. das individuelle oder kollektive Verhalten.

Mentawaiinseln, indones. Inselgruppe im Ind. Ozean, vor der SW-Küste Z-Sumatras, 6 097 km², rd. 70 von Korallenriffen umgebene vulkan. Inseln.

Menthol [zu lat. ment(h)a „Minze" und oleum „Öl"], monocycl. Terpenalkohol; weiße, kristalline Substanz, die v. a. im äther. Öl der Pfefferminze vorkommt und zur Aromatisierung Zahnpasten und Mundwässern sowie wegen ihrer kühlenden Wirkung Einreibmitteln gegen Neuralgien zugesetzt wird. Strukturformel:

Mentizid ↑Gehirnwäsche.

Menton [frz. mã'tõ], frz. Seebad und Klimakurort an der Côte d'Azur, Dep. Alpes Maritimes, 25 100 E. Museum; Kasino; Jachthäfen; Biennale der Malerei, Musikfestspiele.

Mentor, in der griech. Mythologie Freund des Odysseus, der ihm für die Zeit seiner Abwesenheit von Ithaka die Sorge für sein Hauswesen und bes. für Telemach überträgt; sprichwörtlich für Ratgeber und väterl. Freund, danach u. a. Bez. des Lehrers, der das Praktikum von Studenten der pädagog. Hochschulen betreut.

Mentuhotep, Name von 4 ägypt. Königen der 11. Dyn. (2040–1991); bekannt v. a.: M. II., der seinen Totentempel in Dair Al Bahri erbaute.

Mentum [lat.], svw. ↑Kinn.

▷ mittlerer Teil der Unterlippe bei Insekten.

Mentzer, Johann, dt. Satiriker und Publizist, ↑Fischart, Johann.

Menü [frz., zu lat. minutus „klein"], geschmacklich aufeinander abgestimmte Speisenfolge von drei und mehr Gängen.

▷ in der *Datenverarbeitung* eine auf dem Bildschirm angezeigte Liste von Programmfunktionen, aus der der Benutzer auswählt und z. B. durch Drücken einer Taste oder Bewegen des Cursors auf ein bestimmtes Feld die nächsten Arbeitsschritte festlegt.

Menuett [frz., eigtl. „Tanz mit kleinen Schritten", zu lat. minutus „klein"], frz. Paartanz in mäßig schnellem Dreiertakt, der aus einem Volkstanz der Prov. Poitou entstanden sein soll und nach 1650 unter Ludwig XIV. Hoftanz wurde. Das M., mit kleinen gemessenen Schritten und vielen Figuren, verbreitete sich schnell über ganz Europa und wurde bes. in Deutschland im 18. und frühen 19. Jh. zu Beginn jedes Balles getanzt. – Im 17. Jh. wurde das M. von Lully in die Kunstmusik aufgenommen (Oper, Ballett) und nach vor 1700 fester Bestandteil der Suite; seit etwa 1750 Bestandteil von Sonate und Sinfonie.

Menuhin, Sir (seit 1966) Yehudi ['mɛnuhi:n, mɛnu'hi:n, engl. 'mɛnjuɪn, 'mɛnʊɪn], * New York 22. April 1916, amerikan. Violinist. – Schüler von G. Enescu und A. Busch, glänzender Interpret klass. und moderner Violinwerke. M. initiierte die Festspiele in Gstaad (1956) und Windsor (1969) und war 1956–68 künstler. Leiter des Bath Festivals. 1982 wurde er zum Präs. des Royal Philharmonic Orchestra London ernannt. Seit den 70er Jahren ist M. zunehmend als Dirigent tätig. Setzte sich auch mit dem Jazz und außereurop. Musik auseinander, u. a. als Duopartner des Jazzgeigers S. Grappelly sowie des Sitarspielers R. Shankar. – Erhielt 1979 den Friedenspreis des Börsenvereins des Dt. Buchhandels.

Yehudi Menuhin

Menzel, Adolph von (seit 1898), * Breslau 8. Dez. 1815, † Berlin 9. Febr. 1905, dt. Maler und Graphiker. – Sein erstes Hauptwerk, 400 Federzeichnungen für Holzstiche zu Kuglers „Geschichte Friedrichs des Großen" (1841/42), markiert in seiner maler. Helldunkelwirkung eine Wende in der Geschichte des Holzschnitts. Die Schilderung der friderizian. Zeit war bis um 1860 sein Hauptthema, das er auch in Gemälden gestaltete (u. a. „Tafelrunde Friedrichs d. Gr. in Sanssouci", 1850, 1945 vernichtet). Daneben wählte er schlichte Motive aus dem Alltagsleben, die in der maler. Erfassung der Realität ihrer Zeit weit voraus waren und wegbereitend für den dt. Impressionismus wirkten (u. a. „Das Balkonzimmer", 1845; Berlin-Tiergarten, Nationalgalerie). M. wandte sich neuen, dem beginnenden Industriezeitalter gemäßen Themen zu, die zu seiner Zeit kaum als darstellungswürdig galten, wie „Die Berlin-Potsdamer Bahn" (1847; Berlin-Tiergarten, Nationalgalerie) und das „Eisenwalzwerk" (1875; Berlin, Museumsinsel, National-

Adolph Menzel. Das Eisenwalzwerk, 1875 (Berlin, Nationalgalerie)

Ulf Merbold

Meran Stadtwappen

galerie). – Er hinterließ eine Vielzahl Zeichnungen und Bilder aus allen Bereichen, wobei er auch die 1848er Revolution und das Großstadtleben mit einbezog.
M., Wolfgang, *Waldenburg (Schlesien) 21. Juni 1798, †Stuttgart 23. April 1873, dt. Schriftsteller. – Redakteur, Literaturkritiker und Literaturhistoriker, auch Landtagsabgeordneter; Nationalist. Vertrat nach der Julirevolution 1830 reaktionäre Positionen, einer der Hauptgegner des Jungen Deutschland, dessen Verfolgung wesentlich auf seine Kritik zurückging.
Menzel Bourguiba [frz. mɛnzɛlburgiˈba] (früher Ferryville), tunes. Stadt am SW-Ufer des Sees von Biserta, 95 000 E. Werft, großes Hüttenwerk, Reifenfabrik.
Menzies, Sir (seit 1963) Robert Gordon [engl. ˈmɛnziz], *Jeparit (Victoria) 20. Dez. 1894, †Melbourne 15. Mai 1978, austral. Jurist und Politiker. – 1934–39 Generalstaatsanwalt; Führer der Vereinigten Austral. Nationalpartei 1939–41 und 1943; Premiermin. 1939–41 und 1949–66.
Mephisto [meˈfisto; Herkunft des Namens nicht geklärt] (Mephistopheles), Gestalt der Faustsage (↑Faust, Johannes), im Volksbuch von 1587 Mephostophiles genannt. Goethe konzipierte die volkstüml. Gestalt neu und verfeinerte sie psychologisch.
Meppen, Krst. an der Mündung der Hase in die Ems, Nds., 9 m ü. d. M., 32 000 E. Maschinenbau, Kunststoff-, Holz-, petrochem., Textilind.; Hafen am Dortmund-Ems-Kanal. – Um 780 als Missionsmittelpunkt des Emslands angelegt; 1360 Stadt; im 15. Jh. Mgl. der Hanse. – Spätgot. Pfarrkirche (1461–70) mit Portal des 13. Jh., ehem. Jesuitenkirche (18. Jh.), Renaissancerathaus (1601 ff.) mit ma. Kern (1408 ff.).
Meran (italien. Merano), Stadt in Südtirol, Italien, 323 m ü. d. M., 33 500 E. Bed. Fremdenverkehrszentrum und Kurort. – 857 wird erstmals der Name **Mairania** gen. Im 13. Jh. hatte der Ort Marktcharakter, 1317 Stadtrechte; fiel 1363 mit Tirol an die Habsburger; bis etwa 1420 Hauptstadt Tirols; ab 1805 bayr., ab 1815 nochmals östr., kam 1919 zu Italien. – Got. Pfarrkirche Sankt Nikolaus (1302–1480) mit spätgot. Fresken; spätgot. Spitalkirche (15. Jh.); Burg Erzhzg. Sigismunds (um 1480); von der roman. Zenoburg sind der Bergfried und die Burgkapelle erhalten. Altstadt mit engen Gassen und Laubengängen (13. Jh.). – Bei M. liegen u. a. die Schlösser Tirol und Schenna.

Merapi, Vulkan im ↑Idjengebirge auf Java.
▷ Vulkan nördl. von Yogyakarta, Java, 2 911 m ü. d. M., letzter Ausbruch 1967.
▷ tätiger Vulkan auf Sumatra, 2 891 m ü. d. M., letzter Ausbruch 1979.
Merbold, Ulf, *Greiz 20. Juni 1941, dt. Physiker und Astronaut. – Nahm als zweiter Deutscher an einem Raumflug teil (28. Nov.–9. Dez. 1983; Experimente im Spacelab an Bord des Raumtransporters Columbia); zweiter Raumflug 22.–30. Jan. 1992 (Discovery).
Merca, Stadt in Somalia, ↑Marka.
Mercalli-Skala [nach dem italien. Vulkanologen G. Mercalli, *1850, †1914], eine zwölfstufige Skala der seism. Intensität, mit der die Stärke eines Erdbebens nach seinen Wirkungen an der Erdoberfläche eingeordnet wird. Internat. gebräuchlich sind eine **modifizierte Mercalli-Skala** (*MM-Skala;* v. a. in den USA) und die **MSK-Skala** (*Medwedew-Sponheuer-Karnik-Skala;* v. a. in Europa). Nach ihnen liegt der Intensitätsgrad 1 bei nur instrumentell nachweisbaren Erschütterungen vor, der Grad 2 bei gerade noch spürbaren Erschütterungen, der Grad 4 bei stärkeren Gebäudeerschütterungen, der Grad 8 bei Auftreten schwerer Gebäudeschäden, der Grad 10 bei Zerstörung zahlr. Häuser, Rutschen von Berghängen u. a.; der Intensitätsgrad 12 wird zugeordnet, wenn totale Zerstörungen sowie vielfältige Verwüstungen der Landschaft eintreten.
Mercaptane [zu mittellat. mercurium captans „Quecksilber ergreifend" (da sie Quecksilberverbindungen bilden)], frühere Bez. für ↑Thiole.
Mercapto- [mittellat. (↑Mercaptane)], Bez. der chem. Nomenklatur für die einwertige funktionelle Gruppe –SH.
Mercator, Gerhardus, eigtl. Gerhard Kremer, *Rupelmonde (Flandern) 5. März 1512, †Duisburg 2. Dez. 1594, niederl. Geograph und Kartograph. – Studierte in Löwen; fertigte Globen an und schuf die ersten modernen Landkarten, u. a. eine Karte des Hl. Landes und eine Europakarte; berühmt durch seine große Weltkarte für die Schiffsnavigation, für die er die M.projektion entwickelte. Gab dem Sammelwerk seiner 107 Karten die Bez. „Atlas".
Mercatorprojektion [nach G. Mercator] ↑Kartennetzentwurf.
Mercedarier [zu lat. merces „Gnade"] (Ordo Beatae Mariae Virginis de Mercede redemptionis captivorum, Abk. OdeM), kath. Ordensgemeinschaft, 1218 von Petrus Nolascus und Raimund von Peñafort urspr. als Ritterorden mit der Aufgabe gegr., gefangengenommene Christen von den Muslimen freizukaufen; später Bettelorden und auf allen Gebieten der Seelsorge und Mission tätig.
Mercedes [span. merˈseðes], Hauptstadt des Dep. Soriano, Uruguay, am Río Negro, 37 000 E. Kath. Bischofssitz; Textilind.; Kur- und Badeort; Binnenhafen. – Gegr. 1781.
Mercedes-Benz AG, Bereich der ↑Daimler-Benz AG für den Bau von Pkw und Nutzfahrzeugen.
Mercerisieren, svw. ↑Merzerisieren.
Merchandising [engl. ˈməːtʃəndaɪzɪŋ; zu to merchandise „verkaufen"], Bez. für umfassende, auf die Ware bezogene Aufgaben der Handelsbetriebe mit dem Ziel, einen maximalen Absatz zu erreichen, i. e. S. alle Maßnahmen im Zusammenhang mit der optimalen Warenplazierung und -repräsentation, i. w. S. Aufgaben der Warenlogistik (Auspacken, Preisauszeichnung) sowie die gesamte Warenwirtschaft im Einzelhandel. Zur Verwirklichung von Ideen der Verkaufsförderung eingesetztes Personal der Ind. wird als *Merchandiser* bezeichnet.
Merchant adventurers [engl. ˈməːtʃənt ədˈventʃərəz „wagemutige Kaufleute"], im 14. Jh. entstandene, größte engl., 1505 privilegierte Kaufmannsgilde (Hauptort London); erreichte im 16. Jh. ihre höchste Blüte.
Mercia, eines der 7 angelsächs. Kgr., ben. nach den Merciern, urspr. am oberen Trent gelegen; umfaßte im 7. und 8. Jh. S-England und besaß unter König Offa (✉757–796) die angelsächs. Vorherrschaft; kam 825 unter Lehnshoheit von Wessex, 918 von Eduard d. Ä. annektiert.
Mercier [frz. merˈsje], Désiré, *Braine-l'Alleud bei Brüssel 21. Nov. 1851, †Brüssel 23. Jan. 1926, belg. kath. Theo-

loge und Philosoph, Kardinal (seit 1907). – 1877 Prof. für Philosophie in Mecheln, 1882 in Löwen; 1906 Erzbischof von Mecheln und Primas von Belgien; leitete 1921–25 die Mechelner Gespräche. Führender Vertreter der Neuscholastik.

M., Louis Sébastien, *Paris 6. Juni 1740, †ebd. 25. April 1814, frz. Schriftsteller. – Während der Revolution u. a. Mgl. des Rates der Fünfhundert; zunächst Lyriker, dann Prosaschriftsteller (bes. der auf die Frz. Revolution hindeutende utop. Roman „Das Jahr 2440. Ein Traum aller Träume", 1771) und Dramatiker, u. a. „Der Schubkarren des Essighändlers" (1775); M. gibt ein realist. Bild der frz. Gesellschaft gegen Ende des 18. Jahrhunderts.

Merck, Johann Heinrich, Pseud. Johann Heinrich Reimhardt d. J., *Darmstadt 11. April 1741, †ebd. 27. Juni 1791 (Selbstmord), dt. Schriftsteller und Publizist. – Mitarbeiter an den „Frankfurter gelehrten Anzeigen", der „Allg. Dt. Bibliothek" und dem „Teutschen Merkur". Bed. Anreger und Kritiker der zeitgenöss. Literatur (Goethe, Herder, Wieland, Lavater).

Mercouri, Melina [griech. mɛrˈkuri], eigtl. Maria Amalia Mersuris, *Athen 18. Okt. 1925, griech. Schauspielerin und Politikerin (PASOK). – Bekannt v. a. aus Filmen, u. a. „Wo der heiße Wind weht" (1958), „Sonntags nie" (1959), „Phädra" (1961), „Topkapi" (1964). Auch Chansonsängerin. Seit 1966 ∞ mit J. Dassin. 1967–74 wegen ihres Auftretens gegen die Militärjunta ausgebürgert; seit 1977 Parlaments-Abg.; 1981–89 Kultusministerin. Schrieb „Ich bin als Griechin geboren" (Autobiographie, 1971).

Mercurius, bei den Römern der dem griech. ↑Hermes entsprechende Gott der Kaufleute.

Mercury, Freddie [engl. ˈməːkjʊrɪ] ↑Queen.

Mercury-Programm [engl. ˈməːkjʊrɪ „Merkur"], Raumfahrtprogramm der USA, mit dem 1961–63 erste Erfahrungen mit bemannten Raumflugkörpern gesammelt wurden. Die Mercury-Raumkapseln waren für jeweils einen Astronauten konstruiert und für eine Flugdauer bis zu zwei Tagen ausgelegt.

Maria Sibylla Merian. Spanischer Pfeffer, kolorierter Kupferstich aus dem Werk „Metamorphosis insectorum Surinamensis", 1705

Mercy, Claudius Florimund Graf von [frz. mɛrˈsi], *Longwy 1666, ⚔ Crocetta (bei Parma) 29. Juni 1734, kaiserl. Feldmarschall. – Teilnehmer am Span. Erbfolgekrieg und am Türkenkrieg (1714/16–18); 1716–33 Gouverneur im Banat; vollbrachte dort bed. kolonisator. Leistungen.

Mereau, Sophie [frz. meˈro], geb. Schubart, *Altenburg 28. März 1770, †Heidelberg 31. Okt. 1806, dt. Schriftstellerin. – Heiratete in 2. Ehe 1803 C. Brentano; veröffentlichte Beiträge in Schillers „Musenalmanach" und in den „Horen".

Méreau [frz. meˈro], svw. ↑Marke (Numismatik).

Meredith [engl. ˈmɛrədɪθ], Burgess, *Cleveland 16. Nov. 1909, amerikan. Schauspieler und Regisseur. – Seit 1936 beim Film; hatte bes. eindrucksvolle Rollen in: „Von Mäusen und Menschen" (1939), „Schlachtgewitter am Monte Cassino" (1945), „Das Tagebuch einer Kammerzofe" (1946), „Sturm über Washington" (1961), „Zwei dreckige Halunken" (1970), „King Lear" (1987).

M., George, *Portsmouth (Hampshire) 12. Febr. 1828, †Flint Cottage bei Dorking (Surrey) 18. Mai 1909, engl. Schriftsteller. – Einer der letzten großen Romanciers des Viktorian. Zeitalters. Begann als Lyriker; Einfluß der Romantik, später von H. Spencer, A. Comte, C. Darwin; bed. v. a. seine realist.-psycholog. Romane, die, oft iron.-satirisch, die Selbstbewährung einzelner im Konflikt zw. Verstand und Sinnen schildern, z. B. die „ep. Komödien" „Richard Feverels Prüfung" (1859) und „Der Egoist" (1879).

Merellus [lat.], svw. ↑Marke (Numismatik).

Merenptah (Meneptah), ägypt. König (1224–04) der 19. Dyn. – Sohn Ramses' II.; siegte über Libyer und Asiaten. Umstritten ist, ob M. Pharao zur Zeit des Auszugs der Israeliten war.

Mereschkowski, Dmitri Sergejewitsch [russ. mɪrɪʃˈkɔfskɪj], *Petersburg 14. Aug. 1865, †Paris 9. Dez. 1941, russ. Dichter. – Emigrierte 1919 nach Paris. Mitbegr. des russ. Symbolismus, wandte sich später einer betont christl. mystisch-spekulativen Betrachtung von Mensch und Welt zu. Seine großangelegten Geschichtsromane stellen die Menschheitsgeschichte als Antagonismus von Christ und Antichrist dar, bes. die Romantrilogie „Hristos i Antihrist" („Julian Apostata", 1903; „Leonardo da Vinci", 1903; „Peter d. Gr. und sein Sohn Alexei", 1905). Hervorragender Biograph.

Mergel [kelt.-lat.], Sammelbez. für Sedimentgesteine der Mischungsreihe Ton–Kalk.

Mergenthaler, Ottmar, *Hachtel (= Bad Mergentheim) 11. Mai 1854, †Baltimore 28. Okt. 1899, amerikan. Uhrmacher dt. Herkunft. – Erfand 1884 die Zeilensetzmaschine Linotype.

Mergentheim, Bad ↑Bad Mergentheim.

Merguiarchipel, Inselgruppe in der Andamanensee, rd. 900 gebirgige, dünn besiedelte Inseln.

Meri, Veijo, *Viipuri (= Wyborg) 31. Dez. 1928, finn. Schriftsteller. – Einer der bedeutendsten modernen finn. Prosaisten; zeigt in seinen Romanen und Erzählungen die extremen Situationen des Krieges als das Absurde menschl. Existenz auf, z. B. in „Das Manilaseil" (R., 1957), „Die Frau auf dem Spiegel" (R., 1963).

Merian, Maria Sibylla, *Frankfurt am Main 2. April 1647, †Amsterdam 13. Jan. 1717, dt. Malerin, Kupferstecherin und Naturforscherin. – Tochter von Matthäus M. d. Ä.; sie malte und stach Insekten- und Blumenbilder von wiss.-künstler. Wert; hielt sich u. a. 1690–1701 in Surinam auf, betrieb dort Studien für ihr Hauptwerk „Metamorphosis insectorum Surinamensis" (1705). – Ihr Porträt ziert den 500-Mark-Schein der Dt. Bundesbank

M., Matthäus, d. Ä., *Basel 22. Sept. 1593, †Langenschwalbach (= Bad Schwalbach) 19. Juni 1650, schweizer. Kupferstecher und Buchhändler. – Vater von Maria Sibylla M.; 1624 übernahm M. den Verlag seines Schwiegervaters J. T. de Bry in Frankfurt am Main mit den zugehörigen Kupferstichwerkstätten. M. schuf die berühmten Städteansichten in Martin Zeilers „Topographia" (1642 ff.). Bed. auch die Stadtpläne von Basel (1615), Köln (1620) und Frankfurt am Main (1628). – Abb. S. 348.

Mérida [span. ˈmeriða], span. Stadt am mittleren Guadiana, 41 800 E. Archäolog. Museum; Handelszentrum eines Bewässerungsgebiets; Nahrungsmittel-, Leder- und Korkind., Baumwollverarbeitung, Großviehzucht, Weinbau. – Als **Augusta Emerita** 24 v. Chr. von Kaiser Augustus als Veteranenkolonie gegr., eine der Hauptstädte der röm. Prov. Lusitania; Erzbischofssitz schon um 260 n. Chr. nachgewiesen. M. erlebte unter den Arabern (713–1229) eine erneute Blüte. – Bed. Reste aus röm. Zeit, u. a. Theater, Pferderennbahn, Amphitheater, Granitbrücke. Aus maur. Zeit stammt die Alcazaba (9. Jh.).

M., Hauptstadt des mex. Staates Yucatán, 424 500 E. Kath. Erzbischofssitz; Univ. (gegr. 1922), Technikum; archäolog.

Gerhardus Mercator (Ausschnitt aus einem Kupferstich, 1574)

George Meredith

Dmitri Sergejewitsch Mereschkowski

Mérida, Cordillera de

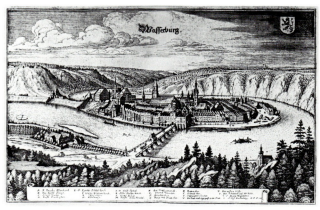

Matthäus Merian d. Ä. Wasserburg am Inn, Kupferstich, um 1644

Museum, Zoo. M. ist Zentrum des Anbaus der Henequenagave der Halbinsel Yucatán; Ausgangspunkt für den Besuch der archäolog. Stätten; internat. ✈. – 1542 an der Stelle der Mayasiedlung Tiho gegr., im Schachbrettschema angelegt. – Kathedrale, Palacio Montejo und Palacio Municipal (alle 16. Jh.).

M., Hauptstadt des venezolan. Staates M., am N-Fuß der Sierra Nevada de M., 1 625 m ü. d. M., 242 000 E. Kath. Erzbischofssitz; Univ. (gegr. 1810), Verarbeitung landw. Erzeugnisse. – 1558 gegründet.

M., Staat in W-Venezuela, 11 300 km², 594 000 E (1988), Hauptstadt M. In der Cordillera de M. gelegen, reicht im NW bis zum Maracaibosee.

Mérida, Cordillera de [span. kɔrdiˈjera ðe ˈmerida], Gebirgszug der Anden in W-Venezuela, zw. dem Maracaibobecken und den Llanos; besteht aus mehreren Ketten, u. a. der Sierra Nevada de Mérida im SO, die im Pico Bolívar 5 007 m ü. d. M. erreicht.

Meridian [zu lat. (circulus) meridianus „Mittagskreis"], svw. Längenkreis, ↑ Gradnetz.
▷ in der *Astronomie* Großkreis am Himmel, der durch Zenit und Nadir sowie die beiden Himmelspole geht. Auf dem M. erreichen die Gestirne ihre größte Höhe über dem Horizont.

Meridiankreis

Meridiankreis, astronom. Fernrohr mit azimutaler Fernrohrmontierung, das um eine in O–W-Richtung liegende Achse frei schwenkbar ist. Durch Feststellung des genauen Zeitpunktes des Meridiandurchgangs eines Gestirns wird seine ↑Rektaszension bestimmt; die ↑Deklination eines Gestirns kann aus einer Winkelmessung der Höhe des Gestirns über dem Horizont abgeleitet werden.

Meridiantertie [...tsi-ə; lat.], 3 600. Teil einer Seemeile = 0,514 m.

meridional [lat.], in der Geophysik die Längenkreise betreffend; parallel zu einem Längenkreis (in N–S- bzw. S–N-Richtung) verlaufend.
▷ auf den ↑Meridionalschnitt bezogen, in ihm verlaufend.

Meridionalschnitt, Schnitt durch ein opt. System, der die opt. Achse sowie einen nicht auf ihr liegenden Objektpunkt und den dazugehörigen Bildpunkt enthält. Die im M. verlaufenden Strahlen bezeichnet man als **Meridionalstrahlen.**

Merimdekultur ↑Faijumkultur.

Mérimée, Prosper [frz. meriˈme], * Paris 28. Sept. 1803, † Cannes 23. Sept. 1870, frz. Schriftsteller. – 1831 Inspekteur der histor. Denkmäler Frankreichs; 1844 Mgl. der Académie française; verkehrte ab 1852 am Hofe Napoleons III., 1853 Senator. Steht als Erzähler und Dramatiker zw. Romantik und Realismus; trat 1825 mit einer Reihe romant.-sarkast. Dramen und einer Balladensammlung hervor; seine Novellen (u. a. „Colomba", 1840; „Carmen", 1845, Vorlage zu Bizets Oper) sind gekennzeichnet durch realist.

Prosper Mérimée

objektive, oft auch leicht iron. Darstellung leidenschaftl. menschl. Gefühle sowie durch südländ. Lokalkolorit. Schrieb auch Literaturkritiken sowie histor. und kunsthistor. Studien. – *Weitere Werke:* Die Bartholomäusnacht (R., 1829), Mateo Falcone (Nov., 1829), Die Venus von Ille (Nov., 1837).

Merina, größtes Volk Madagaskars malaiischer Herkunft, v. a. im Hochland; 2,8 Mill. Angehörige.

Mering, Joseph Freiherr von, * Köln 28. Dez. 1849, † Halle/Saale 5. Jan. 1908, dt. Pharmakologe und Internist. – Prof. in Halle; erkannte (mit O. Minkowski, * 1858, † 1931) die Bed. der Bauchspeicheldrüse und entdeckte die einschläfernde Wirkung der Barbiturate.

Meringe [frz.], Eischneegebäck, gefüllt mit Sahne und/oder Speiseeis.

Meriniden (arab. Al Marinijjun), marokkan. Berberdyn. (1269–1420); verdrängte 1269 die Almohaden aus Marokko; 1420 wurden sie von den Wattasiden entmachtet.

Merinolandschaf [span./dt.], im 19. Jh. aus schlichtwolligen Landschafen durch Einkreuzen von Merinoböcken gezüchtete Rasse mittelgroßer Hausschafe; Jahreswollertrag 4–5 kg (♀♀) bis 7 kg (♂♂).

Merinoschafe [span./dt.] (Merinos), weltweit (v. a. in trockenen Gebieten) verbreitete, aus Vorderasien stammende Rassengruppe des Hausschafs. Haut mit zahlr. Runzeln und Falten; mit gut gekräuselter weißer Wolle (ohne Oberhaar). M. bringen rd. 75 % der Weltwollerzeugung.

Merinowolle [span./dt.] ↑Wolle.

Meristem [zu griech. meristós „geteilt"], in den Wachstumszonen der Pflanzen gelegenes teilungsbereites Zellgewebe, das neue Pflanzenteile hervorbringen kann.

meristematisch [griech.], noch teilungsfähig, noch nicht voll ausdifferenziert; auf pflanzl. Gewebe bezogen.

Meristemkultur (Meristemzüchtung), in der Pflanzenzüchtung angewandtes Verfahren zur Erzielung einer markt- oder betriebsgerechteten Produktion von Zucht- und Handelssorten einiger Kulturpflanzen (z. B. Orchideen, Nelken, Spargel, Blumenkohl). Durch schnelle Vermehrung aus embryonalen Geweben (Meristeme) können zahlr. Einzelpflanzen in kürzester Zeit gewonnen werden. Vorteile der M. gegenüber der Samenzucht: exakte Reproduktion der Mutterpflanzen (alle Zellen sind noch erbgleich), Herabsetzung der Entwicklungsdauer, Eliminierung von Viruskrankheiten (in vitro kultivierte Meristeme sind weitgehend virusfrei).

Meriten [lat.-frz.], Verdienste.

Merkantilismus [frz., zu lat. mercari „Handel treiben"], zusammenfassende Bez. für die wirtschaftspolit. Bestrebungen der absolutist. Staaten zw. dem 16. und 18. Jh. und die diesen Bestrebungen zugrundeliegenden Wirtschaftslehren. Ziel des M. war die Mehrung von Macht und Wohlstand des jeweils eigenen Landes bzw. Landesherrn. Als Mittel dazu wurden in erster Linie angesehen: 1. Förderung der gewerbl. Produktion und ihres Exports, verbunden mit Vereinheitlichung von Maßen und Gewichten, Beseitigung der Binnenzölle, Erzielung einer aktiven Handelsbilanz; 2. aktive Bevölkerungspolitik (**Peuplierungspolitik**) durch Hilfen für Neuverheiratete und kinderreiche Familien, Junggesellensteuer, Begünstigung der Einwanderung und Verbot der Auswanderung, da in der Arbeitskraft ein wichtiger Produktionsfaktor gesehen wurde. In den einzelnen Ländern erfuhr der M. je nach Stand der Industrialisierung und ökonom. Interessenlage unterschiedl. Ausprägungen; in Frankreich konzentrierte sich der M. als *Colbertismus* (↑Colbert) mehr auf die staatlich gelenkte Entwicklung des Gewerbes, in England auf z. T. äußerst rigide Maßnahmen zur Hebung der Nachfrage nach den Produkten der einheim. Wollindustrie und auf die Kolonialpolitik, in Deutschland als ↑Kameralismus auf die Erhöhung der Bevölkerungszahl (auch zur Überwindung der Folgen des Dreißigjährigen Krieges), auf den Aufbau des Gewerbes und die Sicherung der Staatsfinanzen.

In der Geschichte der ökonom. Lehrmeinungen wurde der M. im Laufe des 18. Jh. in Frankreich durch die Lehren der Physiokraten, in England durch die klass. Nationalökono-

Merkel, Angela, *Hamburg 17. Juli 1954, dt. Politikerin (CDU). – Physikerin; arbeitete an der Akademie der Wiss. in Berlin (Ost); im Herbst 1989 Mitbegr. und Vorstandsmgl. des „Demokrat. Aufbruchs"; April–Okt. 1990 stellv. Reg.sprecherin der DDR; seit Dez. 1990 MdB; seit Jan. 1991 Bundesmin. für Frauen und Jugend, seit Sept. 1991 stellvertr. CDU-Vorsitzende.

M., Garlieb Helwig, *Lodiger (= Lēdurga bei Cēsis, Lettland) 1. Nov. 1769, †Depkinshof bei Riga 9. Mai 1850, dt. Schriftsteller. – Trat in der Schrift „Die Letten" (1797) für die Rechte der leibeigenen Letten gegen den dt.-balt. Adel ein. Bekämpfte vom Standpunkt der Aufklärung aus Goethe und die Romantiker, v. a. in den „Briefen an ein Frauenzimmer ..." (1801–03) und in der mit A. Kotzebue gegr. Zeitschrift „Der Freymüthige".

Merkel-Körperchen (Merkel-Tastscheiben, Merkel-Zellen) [nach dem dt. Anatomen F. S. Merkel, *1845, †1919], Tastsinneszellen in den tiefen Oberhautschichten bes. der Säugetiere (einschl. des Menschen).

Merker, Paul, *Dresden 24. April 1881, †ebd. 25. Febr. 1945, dt. Literarhistoriker. – Ab 1917 Prof. in Leipzig, ab 1921 in Greifswald, ab 1928 in Breslau; gab zus. mit W. Stammler das „Reallexikon der dt. Literaturgeschichte" (1925–31) und (ab 1926) die „Zeitschrift für dt. Philologie" heraus.

Merkur. Mosaikbild von der südlichen Hemisphäre des Planeten, aufgenommen von der Raumsonde Mariner 10 aus einer Entfernung von 200 000 km

Merker, 1. Aufpasser und Neider, die im Minnesang die Begegnung der Liebenden verhinderten oder überwachten; 2. im Meistersang Zensoren und Schiedsrichter, die Liedvorträge nach den Regeln der Tabulatur beurteilten und Verstöße registrierten.

Merkle, Sebastian, *Ellwangen (Jagst) 28. Aug. 1862, †Wargolshausen (Landkr. Rhön-Grabfeld) 24. April 1945, dt. kath. Theologe. – 1898–1933 Prof. für Kirchengeschichte in Würzburg. Schuf mit seinen kirchengeschichtl. Werken die Voraussetzung für eine kath. Beurteilung von Luther und der Aufklärung.

Merkmal, eine Eigenschaft einer Sache oder eines Individuums, an der die Sache als *diese* Sache bzw. das Individuum als *dieses* Individuum [wieder]erkannt wird, bzw. eine Bestimmung an einem Begriff, der diesen von jedem anderen unterscheidet. M. ist somit notwendiger Bestandteil jeder Definition. Der Begriff „M." wurde von Leibniz als Übersetzung des aristotel.-scholast. Begriffs „differentia specifica" (artbildender Unterschied) in die philosoph. Diskussion (v. a. die *traditionelle Logik*) eingebracht und von dort in verschiedene Wiss.zweige übernommen, z. B. in Sprachwiss., Biologie und Statistik.

Merkmalanalyse, v. a. in der ↑Phonologie und ↑Semantik angewandte Methode, mit der die relevanten Eigenschaften sprachl. Einheiten isoliert, als Merkmale repräsentiert und systematisiert werden. Die M. erfolgt in mehreren Schritten: 1. Isolierung immer wieder vorkommender minimaler Unterschiede, z. B. [b : p, d : t, g : k] oder: *Mann : Frau;* 2. ihre Repräsentation als Merkmale, z. B. [± stimmhaft], [± männlich]; 3. Systematisierung der Merkmale in einer ↑Matrix.

Merkschwäche ↑Gedächtnisstörung.

Merkur [nach dem röm. Gott Mercurius], astronom. Zeichen ☿, der sonnennächste aller Planeten mit der zweitgrößten Bahnexzentrizität. Als innerer Planet kann sich M., von der Erde aus gesehen, nur bis zu einer größten Elongation von 28° östl. oder westl. von der Sonne entfernen. Er pendelt zw. diesen Grenzen mit einer Periode von etwa 116 Tagen. Je nach Stellung der Planeten kann der Abstand Erde–Merkur zw. 82 und 217 Mill. km schwanken, entsprechend ändert sich der scheinbare Winkeldurchmesser des M. etwa zw. 5" und 15". Von der Erde aus ist der M. nur schwer zu beobachten, so daß die Rotationszeit erst durch Radarmessungen ermittelt werden konnte; die Auswertung der von der 1973 gestarteten Raumsonde Mariner 10 übermittelten Bilder erbrachte einen Wert von 58,646 Tagen. Die Oberfläche des M. ist – ähnlich der des Erdmondes – mit Kratern übersät. Die hohe Dichte des kleinsten erdähnl. Planeten weist auf einen schweren Kern (wahrscheinlich aus Eisen) hin. Messungen schließen auf die Existenz einer Helium-Argon-Atmosphäre. Diese ist, bedingt durch die Sonnennähe und geringe Schwerebeschleunigung des M., außerordentlich dünn. Da deshalb keine atmosphär. Wärmespeicherung möglich ist, treten gewaltige Temperaturdifferenzen auf; am Äquator schwankt die Temperatur zw. 467 °C und −183 °C. – ↑Planeten.

Merkurialismus [lat.], svw. ↑Quecksilbervergiftung.

Merlan [lat.-frz.], svw. Wittling (↑Dorsche).

Merle, Robert [frz. mɛrl], *Tébessa (Algerien) 20. Aug. 1908, frz. Schriftsteller. – Bekannt durch seine realistisch-dokumentar. Romane, z. B. „Wochenende in Zuitcoote" (1949) und „Der Tod ist mein Beruf" (1953); schrieb auch Science-fiction-Romane, u. a. „Der Tag der Delphine" (1967), histor. Romane, u. a. „Le prince que voilà" (1982).

Merleau-Ponty, Maurice Jean-Jacques [frz. mɛrlopõ'ti], *Rochefort 14. März 1908, †Paris 3. Mai 1961, frz. Philosoph. – Prof. in Lyon, an der Sorbonne und am Collège de France in Paris. Einer der Hauptvertreter des frz. Existentialismus; versuchte unter Einfluß der Phänomenologie Husserls von einer eigenen Theorie des Bewußtseins aus die Grundlegung einer existentialist. Anthropologie; leitete mit dem Werk „Humanismus und Terror" (1947) eine neue Phase in der Entwicklung des Existentialismus ein und entfaltete Ansätze zu einer Theorie gesellschaftl. Handelns, die Einfluß auf Sartre und Camus hatten.

Merlin, Zauberer und Wahrsager in der Artusliteratur, Ratgeber des Königs Artus; stammt aus der Vereinigung eines Teufels mit einer Jungfrau. Er beendet sein Leben im Wald von Brocéliande, wo er von der Fee Viviane in ewigem Schlaf gehalten wird.

Merlin [german.-frz.-engl.] (Zwergfalke, Falco columbarius), etwa 25(♂)–33(♀) cm großer Falke, v. a. in offenen Landschaften und lichten Wäldern N-Eurasiens und N-Amerikas; jagt Vögel bis Taubengröße.

Merlot [frz. mɛr'lo], Rebsorte, die feine, milde Rotweine liefert; rd. 25 % Anteil in guten Bordeauxweinen.

Angela Merkel

Robert Merle

Merlin

Mermillod

Mermillod, Gaspard [frz. mɛrmi'jo], *Carouge (Kt. Genf) 22. Sept. 1824, †Rom 23. Febr 1892, schweizer. kath. Theologe, Kardinal (seit 1890). – 1873 Apostol. Vikar von Genf; residierte nach seiner Ausweisung durch den schweizer. Bundesrat in Ferney-Voltaire (Frankreich); förderte die kath. Soziallehre; Wegbereiter der Enzyklika „Rerum novarum" (1891).

Meroe ['meːroe], Ruinenstätte in der Republik Sudan, 90 km südl. von Atbara; seit etwa 530 v. Chr. Hauptstadt eines Reiches in Nubien; 350 n. Chr. von Aksum zerstört (z. T. ausgegraben; Residenz, mehrere Tempel); Funde von Keramik, Schmuck, u. a. des sog. Ferlini-Goldschatzes (Berlin und München) in den Grabkammern, auch von Zeugnissen der sog. *meroit. Schrift* (um 200 v. Chr.) in einer den Hieroglyphen ähnl. Monumentalschrift und einer der demot. Schrift ähnl. kursiven Schreibschrift.

merokrine Drüsen [griech./dt.] ↑ Drüsen.

Merowinger, fränk. Königsgeschlecht des Früh-MA, der Überlieferung zufolge von Merowech abstammend; im 5. Jh. Kleinkönige eines salfränk. Teilstammes um Tournai, später Cambrai. Die ersten nachweisbaren M. sind Chlodio (†um 460) und Childerich I. (†um 482). Dessen Sohn Chlodwig I. (⚭um 482–511) wurde durch Beseitigung der anderen fränk. Könige und Unterwerfung fast ganz Galliens Begründer des Fränk. Reiches. Das german. Prinzip des Nachfolgerechts aller Königssöhne führte ab 511 zu immer neuen Reichsteilungen und Kämpfen. Die reale Macht verloren die M. im 7. Jh. zunehmend an den Adel, insbes. an die Hausmeier; der letzte M., Childerich III., wurde 751 durch Pippin d. J. gestürzt.

merowingische Kunst, die Kunst des Frankenreiches unter den Merowingerkönigen (5.–8. Jh.). Der histor. Epochenbez. entspricht keine stilgeschichtl. Einheit, der Formenschatz entstammt weitgehend dem mittelmeer. Raum, doch wird er durch spezif. german. Neigungen zum Ornamentalen, Koloristischen und Flächenhaften modifiziert. Die Sakralarchitektur zeigt meist im Grundriß ein doppeltes Quadrat (Saint-Pierre in Vienne, 5. Jh.; Baptisterium in Poitiers, 6./7. Jh.). Daneben entstehen oktogonale Baptisterien sowie Basiliken, wobei sich als merowing. Sonderform die Herausbildung von Kuppeltürmen zw. Mittelschiff und Apsis abzeichnet (Bischofskirche in Nantes, geweiht um

Merowingische Kunst

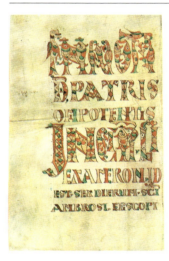

Links oben: aus Tierbuchstaben gebildete Titelseite einer im Kloster Corbie angefertigten Handschrift des Hexaemerons des heiligen Ambrosius, 2. Hälfte des 8. Jh. (Paris, Bibliothèque Nationale). Mitte oben: Gürtelschnalle aus Silber und Gold aus dem Grab der Königin Arnegunde in der Basilika von Saint-Denis, 2. Hälfte des 6. Jh. (Paris, Louvre). Rechts oben: Sarkophag der heiligen Theodechilde in der Krypta von Saint-Paul in Jouarre im Departement Seine-et-Marne, nach 660. Links unten: Baptisterium in Poitiers, 6./7. Jh. Rechts unten: Dagobert-Thron, wohl aus der Zeit Dagoberts I. (623–638), die oberen Lehnen aus dem 9. Jh., Bronze (Paris, Bibliothèque Nationale)

558). Der Baudekor zeigt in der Kapitell- und Sarkophagplastik (z. B. in der Nordkrypta der Abtei von Jouarre, 7. Jh.) hohe Qualität v. a. in ornamentalen Darstellungen. Auch bed. Zeugnisse der Grabmalkunst (Grabstein von Niederdollendorf, 7. Jh.; Bonn, Rhein. Landesmuseum), der Metallkunst (Dagobert-Thron; Schatz des Grabes Childerichs I.) und der Buchmalerei (v. a. der Klöster von Luxeuil und Corbie), die ihr unmittelbares Vorbild in Oberitalien zu haben scheint.

Meroxen [griech.], manganreiche, eisenarme Abart des Biotits; häufigstes Glimmermineral, in Graniten und Gneisen weit verbreitet.

Merrifield, Robert Bruce [engl. 'mɛrifiːld], * Fort Worth (Tex.) 15. Juli 1921, amerikan. Chemiker. – Seit 1966 Prof. für Biochemie an der Rockefeller University in New York; entwickelte neue, für die Biotechnologie bedeutsame Synthesemethoden (sog. **Merrifield-Technik**) zur Herstellung von Peptiden und Proteinen. Er erhielt dafür 1984 den Nobelpreis für Chemie.

Merseburg, Landkr. in Sachsen-Anhalt.

M., ehem. Bistum, 968 von Otto I. gegr.; 981–1004 aufgelöst, danach bis ins 16. Jh. eines kleinsten dt. Bistümer. Mit Einführung der Reformation (1543/61) wurde das Domkapitel evangelisch (bestand bis 1930).

Merseburger Zaubersprüche, zwei althochdt. Zaubersprüche in stabgereimten Langzeilen; im 10. Jh. auf dem Vorsatzblatt eines wohl aus Fulda stammenden lat. Missales des 9. Jh. eingetragen; 1841 in der Merseburger Dombibliothek von G. Waitz entdeckt, 1842 von J. Grimm ediert. Die M. Z. sind zweiteilig angelegt: Auf ein myth. Paradigma folgt die eigentl. Zauberformel; der 1. Spruch gilt der Gefangenenbefreiung, der 2. der Heilung eines lahmen Pferdes.

Merseburg/Saale, Krst. an der Saale, Sa.-Anh., 95 m ü. d. M., 44 000 E. Fachhochschule, Geheimes Staatsarchiv Preuß. Kulturbesitz, Abteilung Merseburg; Braunkohlentagebau, Aluminiumwalzwerk, Zellstoff- und Papierfabrik. – Auf dem Schloßhügel entstand um die im 9. Jh. belegte Burg eine Siedlung, bei der König Heinrich I. vor 930 eine Pfalz errichtete. Kaiser Otto I. gründete 968 das Bistum Merseburg. Als Sitz eines Grafen (932) und eines Markgrafen (968) gen.; spätestens seit 974 bestand eine Marktsiedlung. Ab 1004 unter bischöfl. Herrschaft, kam im 15. Jh. an die Hzg. von Sachsen, 1656–1738 Residenz des Sekundogenitur-Ft. *Sachsen-Merseburg;* fiel 1815 an Preußen (Prov. Sachsen). – Das Stadtbild wird beherrscht vom spätgot. Dom (Baubeginn 1015, im wesentlichen 1502–17; reiche Ausstattung, spätgot. Flügelaltäre, roman. Taufstein, unter den zahlr. Grabdenkmälern die bed. Bronzegrabplatte Rudolfs von Schwaben [† 1080]) und dem Schloß (15. Jh., im 17. Jh. umgebaut). Vor der Renaissancerathaus (15./16. Jh.) steht der Staupenbrunnen (1545); spätgot. Marktkirche (1432–1501). Auf der Altenburg Reste des Petersklosters (12. Jh.) und die barocke Kirche St. Viti. Rechts der Saale die roman. St. Thomas (12./13. Jh.).

Mersey [engl. 'məːzɪ], 110 km langer Fluß in NW-England, entsteht bei Stockport aus den vom Pennin. Gebirge kommenden Flüssen Goyt und Tame; bildet vor seiner Mündung in die Irische See ein 32 km langes, bis 5 km breites Ästuar, das für Seeschiffe jeder Größe befahrbar ist.

Merseyside [engl. 'məːzɪsaɪd], Metropolitan County in NW-England, die von Liverpool beherrschte Stadt- und Ind.landschaft an unterer Mersey.

Mersin, türk. Stadt an der südanatol. Küste, 314 000 E. Hauptstadt der Prov. İçel; Hafen, Eisenbahnendpunkt; Erdölraffinerie, Zementfabrik, Ölmühle; Fischerei. – Etwa 3 km nw. von M., auf dem Ruinenhügel Yümüktepe, legten Ausgrabungen (1937–40 und 1946/47) Siedlungsschichten vom frühen Neolithikum (6. Jt. v. Chr.) bis ins islam. MA frei.

Mersolate Ⓦ, Alkylsulfonate, die zu den ersten synthet. Waschmittelrohstoffen zählen.

Merthyr Tydfil [engl. 'məːθə 'tɪdvɪl], Stadt in Wales, im Tafftal, Gft. Mid Glamorgan, 53 800 E. Kunstgalerie; Maschinenbau, Elektro-, chem., Spielwarenind., Strumpfwirkereien; früher Steinkohlenbergbau (südwalis. Bergbaugebiet).

Merton, Robert K[ing] [engl. məːtn], * Philadelphia 5. Juli 1910, amerikan. Soziologe. – Prof. an der Columbia University seit 1941; Arbeiten zur Theorie der Sozialwiss., u. a. zur Entwicklung der dt. Soziologie nach 1945 wesentlich beeinflußt haben, zur Wiss.soziologie, zur Bürokratieforschung und zur Wirkung von Massenkommunikationsmitteln.

Meru [engl. 'mɛəruː], Vulkan mit 1 300 m tiefer Caldera sw. des Kilimandscharo, Tansania, 4 567 m hoch, letzter Ausbruch 1910.

Merulo, Claudio, eigtl. C. Merlotti, * Correggio 8. April 1533, † Parma 5. Mai 1604, italien. Organist und Komponist. – Seine Orgelkompositionen (Ricercare, Messen, Kanzonen, Toccaten) sind frühe Beispiele eines selbständigen Orgelstils (Beginn der Trennung von Toccata und Fuge).

Merw [russ. mjɛrf], Ruinenstadt (auf rd. 70 km² Fläche) in Turkmenistan, 30 km östl. von Mary; eine der ältesten und bekanntesten mittelasiat. Städte; planmäßige Ausgrabungen erstmals 1880, dann bes. 1946–53. Erste schriftl. Zeugnisse über M. gehen bis ins 4./3. Jh. zurück, der älteste Teil der Stadt stammt jedoch schon aus dem 6. Jh. v. Chr.; gehörte von 2. Jh. v. Chr. bis zum 3. Jh. n. Chr. zum parth. Reich, geriet im 4. Jh. unter sassanid. Herrschaft; 651 von Arabern erobert. 1222 völlige Zerstörung durch die Mongolen; 1510–24 und 1601–1747 persisch; seit dem 19. Jh. russisch; verfiel nach Gründung der neuen Stadt M. (Mary). – Bei den verschiedenen Grabungen wurden Teile der parth. Stadtbefestigung, das Mausoleum für Sandschar (vor 1152) und timurid. Bauten des 15. Jh. freigelegt.
▷ ↑Mary.

Merwaniden, Zweig der ↑Omaijaden.

Méryon, Charles [frz. me'ʁjɔ̃], * Paris 23. Nov. 1821, † Charenton-le-Pont bei Paris 14. Febr. 1868, frz. Radierer frz.-engl. Abkunft. – Schuf visionäre Stadtansichten („Eaux-fortes sur Paris", 22 Blätter, 1852–54; 1861 überarbeitet). Als sein Hauptwerk gilt das Blatt „L'abside de Notre Dame" (z. B. in Rotterdam, Museum Boymans-van-Beuningen).

Merz, Gerhard, * Mammendorf bei München 25. Mai 1947, dt. Künstler. – M. tritt seit Anfang der 70er Jahre mit Rauminstallationen hervor, die inhaltlich Bezug zur Kunst-, Literatur- und polit. Geschichte herstellen („Den Menschen der Zukunft", 1990).

M., Mario, * Mailand 1. Jan. 1925, italien. Künstler. – Vertreter der Arte povera. – In Bildern, Objekten, Assemblagen, Environments und Rauminstallationen setzt M. elementare Kulturformen (Iglu) oder natürl. Materialien (Erde, Zweige) in Kontrast zu künstl. (Glas, Leuchtröhren), u. a. „Hommage à Arcimboldo" (1987). – Abb. S. 352.

Merzdichtung ↑Schwitters, Kurt.

Merzerisieren (Mercerisieren) [nach dem brit. Chemiker und Industriellen J. Mercer, * 1791, † 1866], Behandlung von gespannten Baumwollgarnen und -zwirnen mit Natronlauge; dadurch quellen die Fasern etwas auf und erhalten einen hohen Glanz; durch das M. erhöhen sich Reißfestigkeit und Färbbarkeit.

Merzig, Krst. an der unteren Saar, Saarland, 175 m ü. d. M., 29 700 E. Verwaltungssitz des Landkr. M.-Wadern; u. a. keram. Werke, Drahtfabrik. – Das auf die Römersiedlung **Martiacum** zurückgehende M. kam 870 an die Erzbischöfe von Trier; 1332 Stadtrecht. – Roman. ehem. Prämonstratenser-Stiftskirche (13. und 15. Jh.); Rathaus (1647–50 als Jagdschloß erbaut; umgestaltet).

Merzig-Wadern, Landkr. im Saarland.

mes..., Mes... ↑meso..., Meso...

Mesa [lat.-span. „Tisch"], v. a. in Spanien, im spanischsprachigen Amerika und in den USA übl. Bez. für Tafelberg.

Mesabi Range [engl. məˈsɑːbɪ ˈreɪndʒ], Hügelkette im nö. Minnesota, eines der wichtigsten Eisenerzbergbaugebiete der USA.

Mesalliance [frz. mezaˈljɑ̃ːs], früher eine nicht standesgemäße Ehe, heute: unglückl., unebenbürtige Verbindung.

Robert Bruce Merrifield

Merseburg/Saale Stadtwappen

Mesa Verde National Park

Mesa Verde National Park [engl. 'mɛɪsə 'vɜːd 'næʃənəl 'paːk], 211 km² großer Nationalpark in SW-Colorado, USA; eingerichtet 1906. Umfaßt ein etwa 24 km langes, 13 km breites, bis über 2 600 m hohes, randlich steil abfallendes Plateau *(Mesa Verde).* In diesem sind die Reste von über 300 präkolumb. Siedlungen erhalten (zw. 300 und 1300), die zur Anasazitradition gehören.

Mescalin ↑ Meskalin.

Meschede, Krst. an der oberen Ruhr, NRW, 260 m ü. d. M., 33 400 E. Verwaltungssitz des Hochsauerlandkr.; Fachbereiche der Gesamthochschule Paderborn, Leichtmetall- und Kunststoffverarbeitung, Jachtbau, Werkzeugfabrik, Großbrauerei. – Bei einem Frauenstift entwickelte sich das bereits im 10. Jh. als Markt- und Münzort, aber erst seit dem 19. Jh. als Stadt bezeichnete M. – Ehem. Stiftskirche in gotisierendem Barock mit karoling. Stollenkrypta, klassizist. Christuskirche (1839). Nördl. von M. die 1928 gegr. Benediktinerabtei Königsmünster mit moderner Kirche (1964).

Meschhed, Stadt und schiit. Wallfahrtsort in NO-Iran, am Fuß des Koppe Dagh, 1,46 Mill. E. Hauptstadt der Prov. Chorasan; Univ. (gegr. 1939), Handelszentrum; Woll- und Baumwollverarbeitung, Lederwarenherstellung, Zementfabrik; Eisenbahnendpunkt, ✈. – Urspr. Vorort der älteren Stadt **Tus,** wurde durch die Grabstätte von Imam Resa († 817) berühmt, so daß schließlich die Bez. M. („Grabmal eines Märtyrers") von der Wallfahrtsstätte auf die Stadt übertragen wurde. Nach der Zerstörung von Tus durch die Mongolen 1389 trat M. an dessen Stelle. Nadir Schah (1736–47) machte M. zu seiner Residenz; seit dem 19. Jh. Hauptstadt von Chorasan. – Grabmoschee des Imam Resa (1009 erneuert, im 15./16. Jh. erweitert), mit Grab des Harun Ar Raschid; Gauhar-Schad-Moschee (15. Jh.).

Meschhed ↑ Orientteppiche (Übersicht).

Mesencephalon (Mesenzephalon) [griech.], svw. Mittelhirn (↑ Gehirn).

Mesenchym [griech.], aus dem Mesoderm (↑ Keimblatt) hervorgehendes, lockeres, mehr oder minder von flüssigkeitserfüllten Hohlräumen durchsetztes Füllgewebe *(M. gewebe),* aus dem u. a. Bindegewebe (einschl. Knorpel und Knochen) entsteht.

Mesenterium [griech.], svw. Gekröse (↑ Bauchfell).

Meseta [lat.-span., eigtl. „kleiner Tisch"], span. Bez. für Hochebene, Hochplateau.

Mesityloxid [griech.], ungesättigtes, kaum wasserlösl. Keton mit strengem, pfefferminzartigem Geruch; wird als Lösungsmittel v. a. in der Lackind. verwendet.

Meskalin (Mescalin) [indian.-span.], zu den biogenen Aminen zählendes Alkaloid; ein Phenyläthylaminderivat, das als wasserlösl., farblose, ölige Flüssigkeit aus der mexikan. Kakteenart Lophophora williamsii gewonnen oder synthetisch hergestellt wird. M. ist neben Haschisch und LSD das bekannteste Halluzinogen. Seine rauscherzeugende Wirkung (die oft mit unangenehmen Begleiterscheinungen, wie Kopfschmerzen, Schwindel, u. U. auch Übelkeit und Erbrechen, auftritt) ist der von LSD und Haschisch ähnlich; sie äußert sich je nach der Ausgangslage u. a. in verändertem Zeiterleben, lebhaften Farbvisionen, Euphorie und schizophrenieähnl. Verhalten.

Mesmerismus [nach dem dt. Arzt F. Mesmer, *1734, †1815], Bez. für die Lehre von der Heilkraft des „animal. Magnetismus"; überholte Anschauung von den Erscheinungen der Hypnose und Suggestion.

Mesner [aus mittellat. ma(n)sionarius, eigtl. „Haushüter"], landschaftl. Bez. für Küster, Sakristan, Kirchendiener.

meso..., Meso..., mes..., Mes... [zu griech. mésos „der mittlere"], Wortbildungselement mit der Bed. „mittlere, mittel..., Mittel...".

Mesoamerika, 1943 von P. Kirchhoff geprägte Bez. für den altindian. Hochkulturraum in Mexiko und im nördl. Zentralamerika, der z. Z. der Eroberung durch die Spanier das Verbreitungsgebiet der Nahua- und Mayavölker umfaßte, d. h. das zentrale und südl. Mexiko sowie die angrenzenden Teile von Guatemala, Belize und Honduras.

mesoamerikanische Hochkulturen, die ↑ altamerikanischen Kulturen in Mesoamerika.

Mesoderm (Mesoblast) [griech.] ↑ Keimblatt.

Mesoeuropa, in der Geologie Bez. für den durch die varisk. Gebirgsbildung erfaßten und an Paläoeuropa angeschlossenen Bereich W- und M-Europas.

mesolezithale Eier [griech./dt.] ↑ Ei.

Mesolithikum [griech.] (Mittelsteinzeit), Periode der Steinzeit zw. Paläolithikum und Neolithikum (etwa 8000–5000 v. Chr.). Eine kulturelle Abgrenzung ist v. a. in NW-Europa möglich, wo der Beginn des M. mit der geolog. Grenze zw. Pleistozän und Holozän um 8000 v. Chr. übereinstimmt. Die verhältnismäßig raschen Veränderungen von Klima, Pflanzen- und Tierwelt stellten an die Anpassungsfähigkeit der Menschen hohe Ansprüche. Fischfang und Sammelwirtschaft gewannen gegenüber der Jagd wachsende Bed.; auch die frühesten Belege von Wasserfahrzeugen (Einbaum) und Fischreusen stammen aus dem nordwesteurop. M. Als Wohnbauten sind Schilf- und Strauchwerkhütten für wenige Bewohner nachgewiesen.

Mario Merz. Iglu, 1972 (Minneapolis, Walker Art Center)

Meschhed. Die 1009 erneuerte, im 15./16. Jh. erweiterte Grabmoschee des Imam Resa und die Gauhar-Schad-Moschee aus der 1. Hälfte des 15. Jahrhunderts

Bestattungen sind selten erhalten. Vom Pinnberg bei Ahrensburg sind die bisher ältesten Hügelgräber (etwa 7./6. Jt.) bekannt. Unter den Steinwerkzeugen herrschen Mikrolithen und verschiedene Beilformen vor; Geräte und Schäftungen aus Knochen, Geweih und Holz sind nachgewiesen. – Schon in S-Frankreich (Azilien) ist die Abgrenzung zw. Paläolithikum und M. problematisch, in Afrika spricht man von Epipaläolithikum bzw. „Später Steinzeit" („Later Stone Age").
Steinwerkzeuge und Kunstäußerungen zeigen, daß einzelne Züge sehr weiträumig verbreitet zu sein scheinen, während andererseits genauere Fundanalysen auf verhältnismäßig kleinräumige Regionalgruppen hinweisen. Auffällig ist, daß die jungpaläolith. Kunst in ihrem frankokantabr. Kerngebiet zu erlöschen scheint, während z. B. in N-Europa oder dem Mittelmeergebiet Geräteverzierung, Felsritzungen und Malereien erscheinen. – ↑Asturien, ↑Capsien, ↑Ertebøllekultur, ↑Natufian, ↑Tardenoisien.

Mesolongion, griech. Stadt am Golf von Patras, 10 200 E. Hauptort des Verw.-Geb. Ätolien und Akarnanien; orth. Erzbischofssitz; Fisch-, Tabak- und Viehmärkte, Salzgärten. – Im griech. Unabhängigkeitskrieg (1821–29) hart umkämpft. Am 25. April 1826 sprengte sich die griech. Restbesatzung mit den eingedrungenen Osmanen in die Luft. Im Heroon, der Begräbnisstätte der Freiheitskämpfer, ist das Herz des Dichters Lord Byron beigesetzt.

Mesomerie [griech.] (Strukturresonanz), bei aromat. Verbindungen oder Verbindungen mit ↑konjugierten Doppelbindungen (bzw. Dreifachbindungen) auftretendes, bes. chem. Bindungsverhältnis, bei dem Pi-Elektronen der Doppel- oder Dreifachbindungen *delokalisiert* sind, d. h. nur eine bestimmte Aufenthaltswahrscheinlichkeit im Molekül besitzen und über den gesamten Bereich der konjugierten Doppel- oder Dreifachbindungen bzw. im aromat. Ring verteilt sind. Dieser *mesomere Bindungszustand* kann nicht durch eine einzige Strukturformel dargestellt werden, da er zw. den durch mehrere Strukturformeln *(Grenzformeln)* beschreibbaren, fiktiven Grenzzuständen liegt. Ein wichtiges Beispiel hierfür liefert ↑Benzol. Der mesomere Bindungszustand besitzt eine höhere Bindungsenergie als die Doppel- oder Dreifachbindungen der Grenzstrukturen.

Mesomerieeffekt, Bez. für die Einwirkung bestimmter funktioneller Gruppen (Substituenten) einer Verbindung mit delokalisierten Pi-Elektronen (↑Mesomerie) auf andere Teile des Moleküls. Einen *positiven* M. (Abk. (+)M- oder (+)E-Effekt) haben Substituenten, die Elektronen an das Pi-Elektronensystem abgeben. Elektronegative Substituenten, die Pi-Elektronen aus dem mesomeren System an sich ziehen, haben einen *negativen* M. (Abk. (−)M- oder (−)E-Effekt).

Mesonen [zu griech. mésos „in der Mitte"], Familie instabiler Elementarteilchen mit ganzzahligem Spin und der Baryonenzahl Null, die der starken Wechselwirkung unterworfen sind und zur Gruppe der Hadronen gehören. M. entstehen u. a. bei den Zusammenstößen hochenerget. Nukleonen mit den Atomkernen der Materie. Dabei muß die kinet. Energie der stoßenden Teilchen so groß sein, daß durch sie die Ruheenergie der zu erzeugenden Mesons aufgebracht wird. Zu den M. gehören u. a. ↑Pionen und ↑Kaonen sowie eine Vielzahl von *M. resonanzen,* die äußerst kurzlebige angeregte Zustände der M. darstellen.

Mesonenatome, Atome, in deren Hülle anstelle eines Elektrons ein negatives Meson an den Kern gebunden ist; auch als meson. oder mes. Atome bezeichnet.

Mesophyll [griech.] ↑Laubblatt.
Mesophytikum [griech.], paläobotan. Bez. für das Erdmittelalter, gekennzeichnet durch das Vorherrschen der Gymnospermen (Oberperm–Unterkreide).

Mesopotamien [zu griech. Mesopotamía „(Land) zw. den Strömen"] (Zweistromland, Zwischenstromland), Großlandschaft in Vorderasien zw. den Flüssen Euphrat und Tigris südlich des anatol. Gebirgslandes einschl. des linken Uferbereichs des Tigris und des rechten Uferbereichs des Euphrat (Syrien und Irak); i. e. S. das Zwischenstromland südl. von Bagdad.

Geschichte: Urspr. Bez. nur für das Gebiet im Euphratbogen bis zum Al Chabur, später auf das gesamte Land zw. Euphrat und Tigris übertragen und auf dessen südl. Teil eingeengt; Raum der altorientalischen Reiche Babylonien und Assyrien, ab 539 v. Chr. Teil des Perserreiches, wurde 635/636 arab., als Irak Prov. des Kalifenreiches. – ↑Irak (Geschichte).

Mesopsammion (Mesopsammon) [griech.], Lebensbereich der in Sandstränden von Süßgewässern oder Meeren lebenden Organismen.

Mesosaurier [...i-ɛr] (Mesosauria), ausgestorbene Ordnung bis 1 m langer, fischfressender Saurier in den Süßwasserseen des Gondwanalandes an der Wende vom Karbon zum Perm; mit langer Schnauze und Reusenbezahnung.

Mesosaurier. Rekonstruiertes Skelett eines Mesosauriers aus dem Unterperm Brasiliens

Mesosphäre ↑Atmosphäre.
Mesostichon [zu griech. mésos „mitten" und stíchos „Vers"], in Gedichten dem Akrostichon ähnl. Figur, bei der die in der Versmitte stehenden Buchstaben, hintereinander gelesen, einen bestimmten Sinn ergeben.

Mesothel (Mesothelium) [griech.], aus dem Mesoderm (↑Keimblatt) von Mensch und Säugetieren hervorgegangenes, einschichtiges Deckzellenepithel, das bes. die Brusthöhle und die Bauchhöhle auskleidet.

Mesothorium, hist. Bez. für zwei 1905 von O. Hahn entdeckte radioaktive Nuklide der Thorium-Zerfallsreihe: das durch Alphazerfall aus dem Thoriumisotop Th 232 entstehende *Radiumisotop* Ra 228 und das daraus durch Betazerfall entstehende *Actiniumisotop* Ac 228 (Zeichen MsTh I und II).

Mespelbrunn. Das im 15. Jh. begonnene, 1551–69 fertiggestellte Wasserschloß, 1904 restauriert

mesotroph, gesagt von Gewässern, deren Gehalt an gelösten Nährstoffen (anorgan. Stoffe, tier. und pflanzl. Plankton) sowie an Sauerstoff zw. dem der eutrophen und oligotrophen Gewässer liegt.

Mesozoen (Mesozoa) [griech.], Gruppe etwa 0,05–7 mm langer, ausschließlich meerbewohnender Vielzeller mit rd. 50 Arten; leben zumindest zeitweise parasitisch, bes. in Weichtieren u. a.

Mesozoikum [griech.], Bez. für das Erdmittelalter, umfaßt Trias, Jura, Kreide.

Mesozone ↑Metamorphose.
Mespelbrunn, bayr. Gem. im westl. Spessart, 2100 E. Wasserschloß (15. Jh., 1551–69), Stammschloß der Echter

von M., seit 1665 im Besitz der Grafen von Ingelheim; 1904 restauriert. Im Ortsteil ↑Hessenthal Kirchenburg mit Wallfahrtskirche.

Mesquitebaum [...'ki:tə; indian.-span./dt.] (Algarrobabaum, Prosopis juliflora), in den Tropen und Subtropen (v. a. in Amerika) kultiviertes Mimosengewächs, dessen Hülsenfrüchte als Viehfutter verwendet werden. Der Stamm liefert *Mesquite-* oder *Sonoragummi*.

Mesrop, hl., eigtl. Maschtoz, *Hatsek (Armenien) um 361, †Etschmiadsin 17. Febr. 440, armen. Mönch und Missionar. – Schuf mit dem Katholikos Sahak die armen. Schrift. Übersetzte Bibeltexte, liturg. Texte und Schriften der Kirchenväter ins Armenische.

Messa di voce [’vo:tʃe; italien.], Gesangsverzierung des ↑Belcanto: das allmähl. An- und Abschwellen eines Tones (vom Pianissimo zum Fortissimo und wieder zum Pianissimo).

Message [engl. 'mɛsɪdʒ, zu lat. mittere „schicken"], in der Kommunikationstheorie Mitteilung, Nachricht, Information, die durch eine Verbindung von Zeichen ausgedrückt und vom Sender zum Empfänger übertragen wird.

Messalina, Valeria, *um 25 n. Chr., †48, röm. Kaiserin. – 3. Frau des Claudius (um 40); erregte Anstoß durch sittenlosen Lebenswandel und ihre Grausamkeit; Anlaß zu ihrer Beseitigung gab die ohne Wissen des Claudius geschlossene Ehe mit Gajus Silius.

Messaline [frz.], aus Naturseide oder Chemiefaserstoffen bestehendes leichtes Kettatlasgewebe, durch bes. Ausrüstung stark glänzend.

Messalla (Messala), eigtl. Massala, Beiname einer Fam. im altröm. Patriziergeschlecht der Valerii; bekannt v. a.:
M., Marcus Valerius M. Corvinus, *64 v. Chr., †13 n. Chr., röm. Politiker und Redner. – Anhänger des Brutus, nach 42 des Antonius, ab 36 des Oktavian; 31 Konsul und Befehlshaber bei Aktium. Bed. Redner und Förderer röm. Dichter.

Messana, antiker Name von ↑Messina.

messapische Sprache, die indogerman. Sprache der Messapier und verwandter Stämme in Kalabrien und Apulien, die nur durch über 300 meist sehr kurze Inschriften aus dem 6. bis 1. Jh. in einer von einem westgriech. Alphabet abgeleiteten *messap. Schrift* bekannt ist.

Meßbildkamera (Meßkammer) ↑Photogrammetrie.

Meßbrief, von der Schiffsregisterbehörde ausgestellte Urkunde über wichtige Daten eines Schiffes (Abmessungen, Bauweise u. a.), die v. a. als Unterlage für Versicherungen dient.

Meßbrücke, svw. ↑Brückenschaltung.

Messe (lat. missa) [nach der lat. Aufforderung am Ende des Gottesdienstes „Ite, missa est" „Geht hin, (die Versammlung) ist entlassen"], seit Ende des 5. Jh. in der westl. (lat.) Kirchen Bez. für die Eucharistiefeier, den christl. Hauptgottesdienst, nach der Reformation fast ausschließlich in der röm.-kath. Kirche in Gebrauch (für die ev. Kirchen ↑Abendmahl, für die Ostkirchen ↑Liturgie). – Nach *dogmat.* Verständnis versammelt sich zur M. das Volk Gottes unter dem kult. Vorsitz eines Priesters, um die Gedächtnisfeier von Tod und Auferstehung Jesu zu begehen, wobei das Kreuzopfer Jesu sakramental vergegenwärtigt wird und Christus unter den Zeichen von Brot und Wein durch die Wandlung (↑Transsubstantiation) sowie in seinem Wort in der Gemeinde gegenwärtig wird. – *Liturgiegeschichtlich* läßt sich die M. in ihren wesentl. Bestandteilen auf das ↑Abendmahl Jesu zurückführen: Nehmen des Brotes, Danken, Brotbrechen, Darreichen und Nehmen des Kelches, Danken, Darreichen; dies geschah zunächst in Verbindung mit der [abendl.] Sabbatmahlfeier; doch schon um 100 löste sich die Eucharistiefeier von der allg. Mahlfeier, verschob sich auf den [Sonntag]morgen und wurde mit einem Lesegottesdienst (Schriftlesung) eingeleitet, der bald (um 150) um Predigt (Homilie), Fürbitten und Friedenskuß und seit dem 4. Jh. (Einführung eines Sängerchors) um Gesänge (z. B. Kyrielitanei, Introitus, Gloria in excelsis Deo, Offertorium, Präfation mit Sanctus, Vaterunser, Agnus Dei) erweitert wurde. Mitte des 6. Jh. bildete sich ein fester ↑Kanon der röm. M. und seit dem 13. Jh. ein ↑Missale als Sammlung der M.texte heraus. Wachsende Verschiedenheiten, abergläub. Auswüchse in der Volksfrömmigkeit sowie v. a. die reformator. Kritik führten durch das Konzil von Trient und durch Papst Pius V. zu einer Vereinheitlichung der M. im „Missale Romanum" von 1570, wobei allerdings die aktive Teilnahme der Gläubigen v. a. durch die lat. Liturgiesprache und durch die sog. „stille" M. zurückgedrängt wurde. Erste Ansätze zu einer volksgemäßen Wiederbelebung der M. gingen von Pius X. und v. a. von der ↑liturgischen Bewegung aus, die in der Liturgiekonstitution des 2. Vatikan. Konzils aufgegriffen und mit der Veröffentlichung eines neuen röm. Meßbuchs (1970) abgeschlossen wurde. – Nach ihrem Aufbau gliedert sich heute die M. in: 1. *Eröffnung:* Introitus, Begrüßung, Schuldbekenntnis, Gloria und Tagesgebet; 2. *Wortgottesdienst:* Lesungen (aus A. T. und N. T.), Evangelium, Predigt, Credo, Fürbitten; 3. *Eucharistiefeier:* Bereitung der Gaben, Gabengebet Präfation, Sanctus, eucharist. Hochgebet (in 4 Formen zugelassen) mit den Wandlungsworten, Fürbitten für die Lebenden und Verstorbenen, Vaterunser, Friedensgruß, Kommunion; 4. *Entlassung* mit Segen. – Hinsichtlich der *Texte* der M. unterscheidet man zw. **Proprium missae** (die je nach Fest bzw. Festkreis unterschiedl. Texte) und **Ordinarium missae** (die im ganzen Kirchenjahr gleichbleibenden Texte). – Sinn der Erneuerung der M. ist eine größtmögl. Beteiligung der Gläubigen am Vollzug der Liturgie. Seit der im Anschluß an das 2. Vatikan. Konzil durchgeführten Liturgiereform ist auch die Verwendung der Landessprache allg. in Gebrauch.
▷ in der *Musik* wird die Bez. allg. nur für die kompositor. Gestaltung des Ordinarium missae gebraucht. – Die frühe Mehrstimmigkeit des 10. Jh. ergriff neben Teilen des Propriums (v. a. Graduale und Alleluja) auch Ordinariumsteile. An die Stelle der bis ins 15. Jh. vorherrschenden Vertonung einzelner Meßteile trat (seit dem 14. Jh.) die Komposition des geschlossenen Ordinarium-Meßzyklus, so in den M. von Tournai (1. Hälfte des 14. Jh.) und der bed. M. (um 1364 ?) von Guillaume de Machault. Mit den Werken von J. Dunstable und G. Dufay wurde der bis zum Barock gültige Typus der M. festgelegt, in dem eine allen Teilen (vielfach als Cantus firmus) zugrundeliegende Choral- oder Chansonmelodie den Zyklus noch enger zusammenbindet. Einen Höhepunkt in der Komposition des Proprium missae bedeutet die „Choralis Constantinus" von H. Isaac (beendet Mitte des 16. Jh. von seinem Schüler L. Senfl). Den klass. Typus der A-cappella-M. schuf im 16. Jh. Palestrina. Mit dem Aufkommen der Monodie im ausgehenden 16. Jh. tritt diese M. im „alten Stil" vor der vom Oratorium her beeinflußten konzertanten Gestaltung zurück. Entscheidend werden jetzt gesteigerter Affektausdruck sowie klangl. Abwechslung unter Verwendung von Solisten (z. T. mit Soloinstrumenten), Chor und Orchester (so noch in J. S. Bachs großer „h-Moll-Messe", 1724). Hier war die liturg. Bindung weitgehend gelöst, ebenso wie in den Werken der Vorklassik und Klassik (Haydn, Mozart), in denen Elemente des sinfon. Stils und der Oper wirksam wurden und die M. vielfach (z. B. Beethoven, „Missa solemnis", 1819–23) aus der Kirche in den Konzertraum führten. Bed. Meßkompositionen des 19. und 20. Jh. schufen F. Liszt, A. Bruckner, I. Strawinski, O. Messiaen und A. Heiller.

Messe [lat.-mittellat.], Schauveranstaltung mit Marktcharakter, die ein umfassendes Angebot eines oder mehrerer Wirtschaftszweige (allgemeine oder Fach-M.) bietet. Sie findet im allg. ein- oder mehrmals im Jahr jeweils am gleichen Ort und zu bestimmten Zeiten statt. Die heutigen M. sind überwiegend **Mustermessen**, auf denen Abschlüsse anhand vorgestellter Muster und anschließender Produktion und Auslieferung zw. den Herstellern und den Wiederverkäufern bzw. Weiterverarbeitern getätigt werden. M. haben eine vielfältige *wirtsch. Bed.:* Die Käufer (der Handel) können sich bei verhältnismäßig geringem Aufwand einen umfassenden Überblick über das gesamte Angebot auf einem Markt verschaffen; die Verkäufer (Hersteller bzw. Großhandel) lernen einerseits das Angebot und die Leistungsfähigkeit der Konkurrenten, andererseits die Bedürfnisse der Nachfrager kennen. M. dienen weiterhin der

Valeria Messalina,
römische Kaiserin
(zeitgenössische
Marmorbüste)

Kontaktpflege und der Aufnahme neuer Kontakte. Die Abschlüsse auf den M. sind außerdem wichtige Konjunkturbarometer.
Geschichte: Seit dem frühen MA, v. a. aber seit dem 11./12. Jh., wurden anläßlich kirchl. Festtage (lat. feriae, daher engl. fair, frz. foire) an wichtigen Verkehrsknotenpunkten nach der kirchl. M. Märkte abgehalten. Die M.besucher unterstanden dem Schutz des Königs und der Kirche; den M.orten wurden M.privilegien verliehen. Die früheste dieser dem Warenaustausch dienenden **Warenmessen** (mit Verkauf der auf dem M.stand bereits vorrätigen Ware) war die von Saint-Denis (seit etwa 629). Durch Ausstellen von Meßwechseln wurden die M.orte gleichzeitig Zentren des Geld- und Kreditwesens (z. B. Brügge, Gent, Lyon, Paris, Padua und Antwerpen). Zw. Europa und den Levanteländern vermittelten Venedig und Genua den Handelsverkehr. Im Hl. Röm. Reich erhielt Frankfurt am Main 1240 M.privilegien, Leipzig 1497, Frankfurt/Oder 1649 und Braunschweig 1671 (♀). Weitere wichtige M.städte waren Straßburg, Worms, Nördlingen, Linz, Zurzach und Bozen. Bed. M.städte in der BR Deutschland sind u. a. Düsseldorf, Frankfurt am Main, Hannover, Köln, Leipzig und München.

Messe [frz.-engl., eigtl. „Speise" (zu lat. missum „(aus der Küche) Geschicktes")], auf größeren Schiffen 1. der Speise- und Aufenthaltsraum für die Offiziere, Unteroffiziere und Mannschaften, 2. die dazugehörige [Schiffs]kantine, 3. auch die Tischgesellschaft selbst.

Messel, Alfred, *Darmstadt 22. Juli 1853, †Berlin 24. März 1909, dt. Architekt. – V. a. in Berlin tätig; verband histor. Stilelemente mit funktionsbetonter, konstruktiver Gliederung; Warenhaus Wertheim in Berlin (1896ff.; zerstört), Landesmuseum Darmstadt (1892–1905), Rathaus Ballenstedt (1906).

Messel, hess. Gem. 10 km nö. von Darmstadt, 183 m ü. d. M., 3 800 E. Bed. Fossilienfunde (u. a. das Urpferd Propalaeotherium messelense) in der Ölschiefergrube.

Messel. Das 1975 in der Grube Messel aufgefundene, fast vollständig erhaltene Skelett des Urpferds Propalaeotherium messelense

Messemer, Hannes, eigtl. Hans Edwin M., *Dillingen a. d. Donau 17. Mai 1924, †Aachen 2. Nov. 1991, dt. Schauspieler. – Seit 1947 Engagements u. a. in Hannover, Bochum, München, Stuttgart und Berlin sowie bei den Ruhrfestspielen. Sensibler, wandlungsfähiger Charakterdarsteller. – Bed. auch beim Film, u. a. in „Nachts, wenn der Teufel kam" (1958), „Die Fastnachtsbeichte" (1976), und im Fernsehen.

Messen, experimentelles Bestimmen des Meßwertes einer physikal. Größe (z. B. einer Länge, Stromstärke) durch einen quantitativen Vergleich der Meßgröße mit einer Einheit (z. B. dem Meter, Ampere) als Bezugsgröße.

Messenger-RNS [engl. 'mɛsɪndʒə „Bote" (zu lat. mittere „schicken")] (Boten-RNS), eine Form der ↑RNS.

Messenien [...i-ɛn], histor. Landschaft im SW des Peloponnes, Griechenland, im O durch den Taygetos (bis 2 407 m ü. d. M.) von Lakonien getrennt; umfaßt als Verwaltungsbezirk M. 2 991 km² und 160 000 E; die Hauptstadt Kalamata liegt am Messen. Golf. – In myken. Zeit dicht besiedelt; gewaltsame Angliederung an Sparta in den (3) **Messenischen Kriegen** (letztes Drittel des 8. Jh. und Mitte des 7. Jh. v. Chr.; erfolgloser Helotenaufstand Mitte des 5. Jh. v. Chr.) führte jedoch zur Verödung durch teilweise Auswanderung und zur Unterwerfung der Zurückbleibenden. Der 369 mit theban. Hilfe neugegr. Staat M. mit dem Hauptort Messene am Berg Ithome wurde 191 achäisch und 146 v. Chr. Teil der röm. Prov. Achaia. Vom Oström. Reich kam M. 1205 zum frz.-angiovin. Ft. Achaia, 1428 zum Despotat von Mistra, 1460 wurde es von den Osmanen besetzt; die Häfen Koron und Modon waren jedoch 1206–1500 in venezian. Besitz.

Messenischer Golf, Golf des Mittelmeers zw. der Halbinsel Mani und der westl. Halbinsel der südl. Peloponnes, bis 50 km breit, 55 km lang.

Messer, zum Schneiden verwendetes Handwerkszeug oder Hauswirtschaftsgerät, bestehend aus einer in der Form dem Verwendungszweck angepaßten *Klinge* (z. B. aus nichtrostendem Stahl), an die meist in Hohlschliff eine scharfe *Schneide* angeschliffen ist (auch mit beidseitigen Schneiden), und einem *Griff (Heft)* aus Holz, Metall oder Kunststoff. Bei M. mit feststehender Klinge steckt der zur *Angel* ausgeschmiedete Teil der Klinge bis zur aufgewölbten *Scheibe (Schulter, Schild)* im Heft, der M. mit bewegl. Klinge (Taschen-M.) ist diese in das Heft einklappbar (Klapp-M.) oder einschiebbar. – Als Maschinenwerkzeuge sind M. mit einer Schneide versehene Leisten oder Platten aus gehärtetem Stahl, die beim Schneiden meist paarweise zusammenwirken, indem sie mit ihren größten Flächen aneinander vorbeigleiten und das dazwischen befindl. Material trennen.

Geschichte: Das M. ist eines der ältesten Werkzeuge der Menschheit, das auch als Hieb- und Wurfwaffe verwendet wurde. Im Paläolithikum wurde es aus Feuerstein, im Jungpaläolithikum auch aus Schiefer und Obsidian gefertigt. Eisen-M. treten erstmals in der Hallstattzeit auf. Die Ägypter hatten M. in Sichelform mit außenliegender Schneide (sog. Chops). In der röm. Kaiserzeit gehörten M. zur verfeinerten Tischkultur. Während bis ins späte MA die Gäste ihr Tisch-M. mitbrachten, bürgerte sich vom 16. bis 18. Jh. die Sitte ein, ein Eßbesteck aufzulegen, bei dem neben Gabel und Löffel auch ein Tisch-M. üblich war. – Die ersten aus Eisen gegossenen M.klingen stellte 1781 J. Reaves in Chesterfield in Derby her. Eine dt. Schneidwaren-Ind. entwickelte sich in Solingen.

Messeraale ↑Messerfische.

Messerfische, (Notopteridae) Fam. bis etwa 80 cm langer, langgestreckter Knochenfische mit vier Arten in Afrika und S-Asien; Körper hinten spitz zulaufend.
▷ (Messeraale, Nacktaale, Gymnotidae) artenarme Fam. bis etwa 50 cm langer, langgestreckter Karpfenfische in S-Amerika.

Messermuscheln, svw. ↑Scheidenmuscheln.

Messerschmidt, Franz Xaver, *Wiesensteig (Landkreis Göppingen) 6. Febr. 1736, †Preßburg 19. Aug. 1783, dt. Bildhauer. – Bes. bekannt sind seine nach 1770 entstandenen sogenannten Charakterköpfe (v. a. Wien, Östr. Galerie). – Abb. S. 356.

Messerschmitt, Willy, *Frankfurt am Main 26. Juni 1898, †München 15. Sept. 1978, dt. Flugzeugkonstrukteur. – Ab 1937 Prof. an der TH München. M. konstruierte zuerst Segelflugzeuge, 1925 sein erstes Motorflugzeug *M 17* und 1926 das Ganzmetallflugzeug *M 18*. Ab 1934 entwickelte er die einsitzige *Me 109* und daraus die *Me 209* (Me 109R), mit der 1939 der (bis 1969 bestehende) Geschwindigkeitsweltrekord von 755,138 km/h für Flugzeug mit Kolbenmotor aufgestellt wurde. M. baute ab 1943 das erste in Serie hergestellte und von A. M. Lippisch (*1894, †1976) entwickelte Raketenflugzeug (*Me 163;* 1 000 km/h) sowie ab 1944 das erste serienmäßige Strahlflugzeug (Jagdflugzeug *Me 262* mit zwei Triebwerken).

Messerschmitt-Bölkow-Blohm GmbH, Abk. MBB, größtes dt. Luft- und Raumfahrtunternehmen, Sitz Ottobrunn und München. MBB entwickelt, produziert und vertreibt Erzeugnisse der Luft- und Raumfahrttechnik, der

Willy Messerschmitt

Meßgeräte

Wehrtechnik, der Marinetechnik, des Maschinen-, Fahrzeug- und Apparatebaus, der Elektrotechnik und Elektronik sowie der Energie- und Prozeßtechnik. Beteiligungsgesellschaften (100 %) sind u. a. die Dt. Airbus GmbH, München, die ERNO Raumfahrttechnik GmbH, Bremen, die Bölkow-Anlagen GmbH, Ottobrunn, die GELMA Industrieelektronik GmbH, Bonn, die MBB-Medizintechnik GmbH, Ottobrunn, und die Bayern-Chemie, Gesellschaft für flugchem. Antriebe mbH, Aschau. – Die MBB GmbH wurde 1969 durch Zusammenschluß mehrerer traditionsreicher dt. Luftfahrtunternehmen gegründet; 1981/82 gingen auch die Vereinigten Flugtechnischen Werke GmbH (VFW) in der MBB GmbH auf. 1989 wurde MBB von der Daimler-Benz AG (Bereich Dt. Aerospace AG) übernommen.

Franz Xaver Messerschmidt. Bleibüste aus der Serie der sogenannten Charakterköpfe, um 1777 (Wien, Österreichische Galerie)

Messina Stadtwappen

Olivier Messiaen

Meßgeräte, Geräte zur quantitativen Erfassung von physikal., chem. und anderen Erscheinungen und Eigenschaften. Nach ihrem Wirkungsprinzip wird v. a. zw. mechan., pneumat., elektr. und opt. M. unterschieden. – I. e. S. versteht man unter M. Vorrichtungen, die entweder eine Meßgröße verkörpern (z. B. Längenmaßstäbe) oder eine beliebige Anzahl von Meßwerten anzeigen *(anzeigende M.),* aufschreiben *(Meßschreiber)* oder zählen *(Zähler).* Die Anzeige kann u. a. mittels Zeiger (z. B. bei Meßuhren oder Voltmetern), Flüssigkeitssäule (z. B. bei Thermometern) oder Lichtstrahl auf einer Skala mit Strichmarke *(analog anzeigende M.)* oder aber *(bei digital anzeigenden M.)* unstetig sprunghaft durch ein Zählwerk erfolgen. Meßmittel, die nur einen Meßgrößenwert darstellen (z. B. Endmaße, Rachenlehren, Wägestücke), werden *Maße* genannt. – ↑elektrische Meßgeräte.

Meßgrößenumformer (Meßwertgeber, Geber), Gerät zur Umwandlung nichtelektr. Größen (z. B. Drehzahlen, Drücke, Längen, Winkel) in elektr. Größen oder auch elektr. Größen in andere elektr. Größen, um sie für ein Meßverfahren geeignet zu machen.

Messiaen, Olivier [frz. mɛˈsjã], * Avignon 10. Dez. 1908, † Paris 28. April 1992, frz. Komponist. – Studierte 1919–30 am Pariser Conservatoire (bei M. Dupré, P. Dukas); seit 1931 Organist an der Kirche Saint-Trinité in Paris; war 1936 Mitbegr. der Gruppe „Jeune France", lehrte 1942–78 am Pariser Conservatoire (Schüler u. a. P. Boulez, K. Stockhausen, Y. Xenakis). Sein klangprächtiges Werk ist von myst. Vorstellungen sowie ausgeprägter zeitl. Organisation bestimmt; er arbeitete Ergebnisse seiner ornitholog. Studien und exot. Rhythmik (ind., balines., griech.) ein. Mit seinem Klavierstück „Mode de valeurs et d'intensités" (1949), in dem erstmals Tonhöhen, Dauern, Anschlagsarten und Lautstärkewerte vororganisiert waren, war er Mitinitiator der seriellen Technik. M. komponierte u. a.: „Préludes" für Klavier (1929), „La nativité du Seigneur" für Orgel (1936), „Vingt regards sur l'Enfant Jésus" (1944), „Turangalîla-Sinfonie" (1946–48), „Catalogue d'oiseaux" (1956–58), „Chronochromie" für Orchester (1960), Oratorium „La transfiguration" (1969), „Des canyons aux étoiles" (1971–74), Oper „Saint François d'Assise (1983), „Un vitrail et des oiseaux" für Klavier und Orchester (1988).

Messianismus [hebr.] (messian. Bewegungen), oft ungenau verwendete Sammelbez. für religiös, sozial oder politisch motivierte Erneuerungsbewegungen, deren krit. Potential sich in der religiösen Erwartung eines dem ↑Messias vergleichbaren Heilbringers äußert. Sie entstehen dann, wenn (vornehmlich in Krisenzeiten) traditionelle Heilbringererwartungen aktualisiert werden oder an deren tatsächl. Erfüllung in einer geschichtl. Person geglaubt wird. Häufig ist der M. mit der Hoffnung auf Wiederkehr des urzeitl. „Goldenen Zeitalters" (↑Chiliasmus) und mit einer Reaktion auf die Bedrohung durch eine materiell und politisch überlegene Kultur verbunden (z. B. in Afrika).

Messias [zu hebr. maschiach „Gesalbter"], alttestamentl., kult.-religiöser Hoheitstitel. Salbung war im alten Israel ein Rechtsakt der Bevollmächtigung und Amtseinsetzung, am bekanntesten im Zusammenhang mit dem König, der als göttlich Erwählter auch als „Gesalbter Gottes" galt. Nach dem Auseinanderfallen des david.-salomon. Reichs erhoffte man sich in der späten Königszeit (8./7. Jh.) einen Idealherrscher aus Davids Dyn. als Repräsentant einer Heilszeit als Abschluß der Geschichte. Ohne einheitl. Vorstellung wurden verschiedene M.gestalten erwartet. Das Urchristentum (z. B. Joh. 1, 41; 4, 25) sah in Jesus den „M." (griech. christós), so daß sich von da an mit dem Begriff „M." die Vorstellung vom göttl. Heilbringer und Erlöser (Heiland) verband. In der Folge wurde auch in der Religionswiss. „M." auf Heilbringergestalten und ↑„Messianismus", „messianisch" für Bewegungen in diesem Zusammenhang angewendet. Dieser Sprachgebrauch entspricht jedoch nicht mehr dem Inhalt der jüd. M.vorstellung. Im 16./17. Jh. entstand unter kabbalist.-spekulativem Einfluß eine der christl. Erlösungsvorstellung nahestehende M.vorstellung, was im 17./18. Jh. zur größten messian. Bewegung im Judentum (↑Sabbatianismus) führte.

Messidor [frz., zu lat. messis „Ernte" und griech. dōron „Geschenk"], im Kalender der Frz. Revolution Name des Monats vom 19. bzw. 20. Juni bis 18. bzw. 19. Juli.

Messier, Charles [frz. mɛˈsje], * Badonviller (Meurthe-et-Moselle) 26. Juni 1730, † Paris 11. April 1817, frz. Astronom. – Entdeckte 21 Kometen und veröffentlichte 1774 den nach ihm benannten **Messier-Katalog** der Nebel und Sternhaufen, dessen Numerierung auch heute noch in der Astronomie verwendet wird.

Messina, Antonello da ↑Antonello da Messina.

Messina, italien. Hafenstadt in NO-Sizilien, an der Straße von M., 272 100 E. Hauptstadt der Prov. M.; kath. Erzbischofssitz; Univ. (gegr. 1548), meeresbiolog. Inst., Museen, u. a. Nationalmuseum; Fährverbindungen zum Festland, Nahrungsmittelind., Werften. – In der Antike **Zankle,** bereits vor der griech. Kolonisation (seit dem 8. Jh. v. Chr.) besiedelt. Nach 490 ließen sich Flüchtlinge aus Messenien in der Stadt nieder, deshalb **Messana (Messene)** genannt. 396 v. Chr. von den Karthagern zerstört, dann von Syrakus neu besiedelt; nach 289 v. Chr. von den Mamertinern erobert; in röm. Zeit wichtiger Flottenstützpunkt und Handelsplatz; nach ostgot. und byzantin. Herrschaft 843–1061 im Besitz der Sarazenen, danach norman. bzw. stauf. (bed. Zentrum der stauf. Kultur unter Friedrich II.); unter den aragones. Königen häufig Residenz; 1861 letzter Stützpunkt der Bourbonen auf Sizilien; 1908 von einem Erdbeben und einer Springflut zu 90 % zerstört (rd. 80 000 Tote von 120 000 E); danach mit breiten, rechtwinklig sich schneidenden Straßen und niedrigen Häusern wiederaufgebaut; erlitt im 2. Weltkrieg starke Schäden. – Das Stadtbild wird vom Dom (urspr. norman., wiederhergestellt) und seinem 50 m hohen Glockenturm beherrscht. Wiederhergestellt wurde auch die norman. Kirche Santissima Annunziata dei Catalani (12. Jh.).

Messina, Straße von, Meeresstraße zw. dem italien. Festland und Sizilien, 3–16 km breit.

Messing, Bez. für Legierungen aus Kupfer (55–90 %) und Zink (45–10 %) und bei *Sonder-M.* auch weiteren Zusätzen mit (je nach Kupfergehalt) hell- bis rotgelber Farbe.

M. zeichnet sich durch hohe Festigkeit, gute Verformbarkeit und Korrosionsbeständigkeit aus. Als **Tombak** werden heute noch M.sorten mit Kupfergehalten von 70–90 % bezeichnet; **Gelbguß** nannte man früher für den Guß verwendete Legierungen mit 56 bis 80 % Kupfer.
M. mit hohem Kupfergehalt (80–90 %) wird meist zu Schmuckwaren und Kunstgegenständen, M. mit niedrigerem Kupfergehalt v. a. zu Schiffsbauteilen, Beschlägen und Armaturen verarbeitet.
Geschichte: M. wurde schon im 3. Jt. v. Chr. in Babylonien und Assyrien, um 1400 bis 1000 v. Chr. in Palästina wahrscheinlich durch Schmelzen von Kupfer unter Zusatz von Galmei (Zinkcarbonat) hergestellt.

Messingkäfer (Messingglanzer Diebskäfer, Niptus hololeucus), von Kleinasien nach Europa und Amerika verschleppter, 3–5 mm großer, dicht goldgelb behaarter, flugunfähiger Diebskäfer; Schädling an Textilien.

Meßkirch, Stadt an der Ablach, Bad.-Württ., 616 m ü. d. M., 7 500 E. Heimatmuseum, Martin-Heidegger-Archiv; Metallverarbeitung. – Ende des 12. Jh. Marktgründung; 1261 als Stadt bezeugt. – In der barockisierten Stadtpfarrkirche ehem. Mittelaltel des Altars des Meisters von M.; Schloß (1557 ff.).

Meßkolben, Laborgefäß aus Glas oder Plast zum Abmessen eines bestimmten Flüssigkeitsvolumens. M. sind enghalsige Standkolben mit einer Ringmarke am Kolbenhals, bis zu der bei 20 °C die Flüssigkeit aufzufüllen ist.

Messmer, Pierre Auguste Joseph [frz. mɛs'mɛːr], *Vincennes 20. März 1916, frz. Politiker. – Ab 1940 bei den Truppen des „Freien Frankreich"; Vertreter des Gaullismus. 1952–59 im Kolonialdienst; 1960–69 Verteidigungsmin.; 1971/72 Min. für die Überseegebiete; 1972–74 Premiermin. und Vors. der UDR.

Messner, Reinhold, *Brixen 17. Sept. 1944, italien. Bergsteiger und Schriftsteller. – 1978, zus. mit P. Habeler (*1942), Besteigung des Mount Everest ohne Sauerstoffgeräte und, im Alleingang, des Nanga Parbat; bis Okt. 1986 hat M. als erster alle 14 Achttausender ohne Sauerstoffgerät bestiegen; 1989/90 zus. mit A. Fuchs Durchquerung der Antarktis; schrieb u. a. „Everest" (1978), „Überlebt" (1987).

Meßrelation, als früheste periodisch erscheinende Publikation Vorläufer von Zeitung und Zeitschrift von Ende des 16. Jh.; meist zur Verkaufsmessen 2- oder 3mal jährlich hg., mit chronologisch geordneten, überwiegend nachrichtenartigen Berichten, oft holzschnittillustriert.

Meßschieber, Längenmeßgerät für Außen-, Innen und Tiefenmessung mit einer Ablesegenauigkeit von meist $1/10$ oder $1/20$ mm. Der M. (früher *Schieb-* oder *Schublehre*) ist mit zwei Meßschnäbeln ausgerüstet, von denen der eine mit der Strichmaßstab tragenden Schiene fest verbunden ist, während der andere den Abschluß des Schiebers bildet. Auf diesem befindet sich ein ↑Nonius zum Ablesen der Lage des Schiebers gegenüber dem Strichmaßstab.

Meßschraube (Mikrometer[schraube], Schraublehre), mechan. Meßgerät zur Messung kleiner Längen bzw. Abstände, bei dem eine Gewindespindel mit genauer Steigung des Gewindes als Längennormal dient. Die durch volle Umdrehungen bewirkte Verschiebung der Spindel gegenüber dem feststehenden Mutterstück wird an einer Längsteilung, die durch Bruchteile einer Umdrehung bewirkte Längsverschiebung an einer Rundteilung auf einer Meßtrommel oder -hülse angezeigt. *Bügel-M.* dienen zur Bestimmung von Außenmaßen. Die Bestimmung von Innenmaßen und Abständen dienenden *Innen-M. (Innenmikrometer)* haben seitlich angesetzte Meßschnäbel oder Meßflächen am Spindel- und Hülsenende. *Tiefen-M. (Tiefenmikrometer)* haben eine Meßfläche an der Hülse, die auf die Stirnfläche z. B. einer Bohrung aufgesetzt wird.

Meßsender, ein Hochfrequenzgenerator geringer Leistung, aber mit bestimmtem Abstimmbereich und hoher Frequenzstabilität. M. werden zum Prüfen und Abgleichen von Rundfunk- und Fernsehempfängern, für Frequenzmessungen, zur Aufnahme von Resonanzkurven, zur Eichung von Schwingkreisen, Filtern u. a. verwendet.

Meßtechnik, Gesamtheit der Verfahren und Geräte zum experimentellen Bestimmen (↑Messen) zahlenmäßig erfaßbarer Größen in Wiss. und Technik. Aufgaben der M. sind die Überprüfung der Einhaltung von Maßtoleranzen, die Verbrauchszählung in der Energietechnik sowie allg. im Rahmen der *Meß- und Regeltechnik* die Steuerung und Überwachung techn. Vorgänge durch Regelung nach Meßwerten. Grundlage der M. ist die Vereinbarung von Basisgrößen wie Länge, Zeit, Masse und Temperatur. Unabhängig von den verschiedenen Meßverfahren und ↑Meßgeräten in der M. bleibt das *Meßprinzip* erhalten: Ein Meßfühler hat Kontakt mit der zu messenden Größe und gibt ein entsprechendes Ausgangssignal ab, z. B. eine Anzeige an einer Skala oder eine Spannung. Die Ausgangsgröße wird über ↑Meßwandler in eine andere, leichter zu handhabende Größe umgewandelt. Meistverwendete *Anzeigen* sind die Stellung eines Zeigers an einer Skala, die direkte Zifferanzeige oder die Aufzeichnung des zeitl. Verlaufs der Meßwerte.
Von bes. Bedeutung ist die *elektr. M.,* da neben der Messung von elektr. Größen wie Spannung, Stromstärke, Widerstand für nahezu alle nichtelektr. Größen geeignete elektr. Signale gewonnen werden können. Da diese einfach zu digitalisieren sind *(Digital-M.),* eignen sie sich bes. zur Fernübertragung und zur Weiterverarbeitung in computergesteuerten Maschinen, Rechenanlagen u. a.
Geschichte: Zur *Längenmessung* verwendete man bereits im alten Ägypten Seile mit Knotenmarkierungen, hölzerne Meßlatten und Maßstäbe aus Stein. Bis ins 19. Jh. wurden Längeneinheiten auf den menschl. Körper bezogen, z. B. Fuß, Elle, Schritt. Im 17./18. Jh. wurden spezielle metall. Längenmeßgeräte entwickelt: Meßschieber, Nonius, Meßschraube. Der *Zeitmessung* dienten in den alten Hochkulturen Sonnen- und Wasseruhren. Uhren mit Räderwerk kamen erst im 13. Jh. in Europa auf. Zur Bestimmung von *Masse* bzw. *Gewicht* wurden im 2. Jt. v. Chr. in Ägypten Waagen mit Laufgewicht verwendet. Die Entwicklung weiterer physikal. Meßgeräte nahm vom 17. Jh. an einen großen Aufschwung, als das Messen und Wägen zum Grundsatz naturwiss. Arbeitens wurde. Barometer (E. Torricelli, 1643), Kompressionsmanometer (E. Mariotte, 1684), Thermometer (D. G. Fahrenheit, 1720), Eiskalorimeter (A. Lavoisier und P. S. de Laplace, 1780).
Mit der Untersuchung der Elektrizität wurden seit Ende des 18. Jh. zahlr. elektr. Meßinstrumente entwickelt, z. B. Quadrantenelektrometer (W. Henly, 1722), Torsionsdynamometer (W. E. Weber, 1847, und W. Siemens, 1877), Drehspulinstrument (F. Weston, 1880). Opt. Meßgeräte wurden im 19. Jh. entwickelt. Die Entwicklung von Atom- und Kernphysik, Elementarteilchen- und Hochenergiephysik sowie der Raumfahrttechnik führte zur Konstruktion von Experimentier- und Meßeinrichtungen, die wegen ihrer Größe und Komplexität kaum noch als Meßgeräte i. e. S. bezeichnet werden können. – Abb. S. 358/359.

Meßter, Oskar [Eduard], *Berlin 21. Nov. 1866, †Tegernsee 7. Dez. 1943, dt. Filmpionier. – Baute ab 1896 Filmprojektoren mit Malteserkreuz-Bildschrittschaltung, die Weltgeltung erlangten; konstruierte Filmkameras, Perforier- und Kopiermaschinen, richtete Ateliers ein und begründete 1914 die erste dt. Wochenschau.

Meßtisch, ältestes Gerät für topograph. Aufnahmen, eine auf einem Stativ drehbare Tischplatte und die frei aufzusetzende **Kippregel** (ein kippbares distanz- und höhenmessendes Fernrohr, das über eine tragende Säule mit einem Metallineal verbunden ist). Bei der Geländeaufnahme wird der M. auf einem Festpunkt aufgestellt und nach N orientiert. Die Geländepunkte werden dann markiert, mit der Kippregel angezielt (Winkel- und Distanzmessung) und mit dem Lineal auf dem Zeichenträger kartiert. Schließlich werden unter Benutzung der gemessenen Höhenunterschiede die Geländeformen eingezeichnet. Mit dem M. wurden u. a. im 19. Jh. die meisten Blätter der topograph. ↑Karte 1 : 25 000 **(Meßtischblatt)** aufgenommen; heute weitgehend durch die Photogrammetrie und die zahlenmäßige Aufnahme mit dem Tachymeter ersetzt.

Meßkolben

Reinhold Messner

Meßuhr

Meßuhr (Meßzeiger), Meßgerät zur Längenmessung; ein Meßbolzen wird beim Messen eingedrückt und überträgt den Meßweg auf einen Zeiger, so daß an einer Kreisskala die gemessene Größe auf 0,01 mm genau abgelesen werden kann.

Meßumformer ↑ Meßwandler.

Meßumsetzer ↑ Meßwandler.

Meßwandler (Wandler), Meßgerät oder Schaltung zur Umwandlung eines Eingangssignals in ein von diesem abhängiges Ausgangssignal (i. e. S. gleicher physikal. Größe). In der *elektr. Meßtechnik* sind M. eine Sammelbez. für Spannungs- und Stromwandler. Während **Meßumformer** nur mit analogen Ein- und Ausgangssignalen arbeiten, haben **Meßumsetzer** in Ein- und Ausgang verschiedene oder reine digitale Signalstruktur (↑ Analog-Digital-Umsetzer, ↑ Digital-Analog-Umsetzer).

Meßwein, in der kath. Messe der Wein für die Eucharistiefeier. Als M. dürfen alle Qualitätsweine verwendet werden.

Meßwertgeber, svw. Meßgrößenumformer.

Meßwesen, Festsetzung und Darstellung der im amtl. und im geschäftl. Verkehr zu verwendenden Maßeinheiten sowie die Kontrolle ihrer Verwendung. Das *Gesetz über Einheiten im Meßwesen* i. d. F. vom 22. 2. 1985 setzt sieben Basisgrößen mit den dazugehörenden Basiseinheiten fest. Die Einheiten beruhen auf internat. Abmachungen. Die Physikal.-Techn. Bundesanstalt in Braunschweig stellt die gesetzl. Einheiten dar und bewahrt die Prototypen sowie die Einheitenverkörperungen und Normale auf. Im übrigen obliegt die Durchführung des Gesetzes den Ländern (↑ Eichwesen).

Meßzylinder (Mensuren), meist zylinderförmige Glasgefäße, die mit einer Milliliterskala und einer Ausgießvorrichtung versehen sind und v. a. im Laboratorium zum Abmessen von Flüssigkeiten verwendet werden; Volumen zw. 5 und 2000 ml. Daneben werden auch kon., nach oben verbreiterte Mensuren verwendet.

Mestizen [span., zu lat. mixticius „vermischt"], Mischlinge zw. Weißen und Indianern.

mesto [italien.], musikal. Vortragsbez.: traurig, elegisch.

Mestre ↑ Venedig.

Meštrović, Ivan [serbokroat. 'mɛʃtrɔvitɕ], *Vrpolje (Kroatien) 15. Aug. 1883, † Notre Dame bei South Bend (Ind.) 16. Jan. 1962, kroat. Bildhauer. – Studierte in Wien,

Meßtechnik

Links oben: Äquatorialsonnenuhr mit Stunden- und Minutenanzeige, um 1760 (Dresden, Mathematisch-Physikalischer Salon). Rechts oben: Bügelmeßschraube mit feinstgeläppten Hartmetallmeßflächen und digitaler, fünfstelliger LCD-Anzeige und einer Genauigkeit von 1 μm. Links unten: Aufhängung und Waagebalken einer gleicharmigen Waage, spätes 17. Jh. (Dresden, Mathematisch-Physikalischer Salon). Rechts unten: Geschützaufsatz zum Anvisieren der Ziele mit zwei Nadelniveaus, verstellbaren Gradbögen und verschiebbarem Visierrohr, 1635 (Dresden, Mathematisch-Physikalischer Salon)

Paris und Rom; lehrte 1922–41 in Zagreb; Flucht 1942, seit 1947 Prof. in den USA. Suchte die Stilformen der Wiener Secession mit Gestaltungscharakteristika Rodins, Maillols, Michelangelos zu verbinden und in eine nat. jugoslaw. Kunst umzusetzen; u. a. Grab des unbekannten Soldaten (1934–38) bei Belgrad, Jakobsbrunnen (1957) in South Bend.

Mészáros, Márta [ungar. 'mɛːsaːrɔʃ], *Budapest 19. Sept. 1931, ungar. Filmregisseurin. – Schildert die Situation von Frauen und Mädchen. – *Filme:* Schöne Mädchen, weinet nicht (1970), Adoption (1975), Die Erbschaft (1980), Tagebuch für meine Lieben (1986), Tagebuch für meinen Vater (1990).

Met, Abk. für: ↑Methionin.

Met, Kurzbez. für ↑Metropolitan Opera.

Met (Honigwein), durch Hefegärung aus Honig, Wasser und Gewürzen erzeugtes weinähnl. Getränk.

met..., Met... ↑meta..., Meta...

Meta, Dep. in Kolumbien, 85 635 km², 474 000 E (1985), Hauptstadt Villavicencio. M. erstreckt sich von der Ostkordillere bis ins Andenvorland; Ackerbau und Viehzucht v. a. am Gebirgsfuß; Kohlen- und Erdölvorkommen.

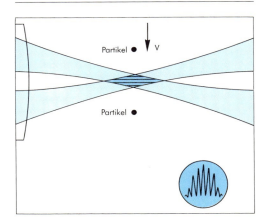

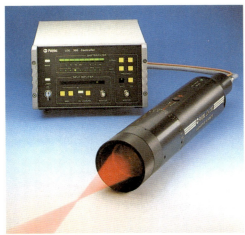

Oben: Prinzip des Laser-Doppler-Velocimeters: Die beiden sich schneidenden Laserstrahlen erzeugen ein Interferenzstreifenmuster. Ein Partikel in diesem Bereich erzeugt ein Streusignal (Dopplerburst), dessen Frequenz der Geschwindigkeit proportional ist. Unten: Laser-Doppler-Velocimeter

Meta, Río, linker Nebenfluß des Orinoko in Kolumbien, entspringt in der Ostkordillere, mündet bei Puerto Carreño, 1 000 km lang.

meta- [griech.], in der Chemie Bez. für die Stellung zweier Substituenten am ersten und dritten C-Atom einer aromat. Verbindung. – ↑ortho-, ↑para-.

meta..., Meta..., met..., Met... [griech.], Wortbildungselement mit der Bed. „zwischen, inmitten, nach, später, ver... (im Sinne der Umwandlung)".

metabol, svw. ↑metabolisch.

Metabole [griech. „Veränderung, Wechsel"], in Stilistik, Rhetorik und Metrik der unerwartete Wechsel in Syntax, Wortwahl oder Rhythmus.

Metabolie [griech.] ↑Metamorphose.

metabolisch (metabol) [griech.], in der Biologie für: 1. veränderlich, z. B. in bezug auf die Gestalt von Einzellern; 2. im Stoffwechselprozeß entstanden.

Metabolisierung [griech.], svw. ↑Biotransformation.

Metabolismus [zu griech. metabolé „Veränderung, Wechsel"], svw. ↑Stoffwechsel.

Metabolisten [griech.], Gruppe jap. Architekten (seit 1959), deren Architekturtheorie von einer Analogie zw. Gestaltungs- und Bauprozessen und zellularen Wachstumsvorgängen ausgeht. Die Stadt einer künftigen Massengesellschaft soll eine Großstruktur bei flexiblen Bausystemen erhalten. Bed. Projekte: schwimmende Stadt im Meer (Projekt Unabara) und Turmstadt von Kikutake, Wand-, Agrarstadt und sog. Helix-City (1961; alle übrigen 1960 veröffentlicht) von Kurokawa; Überbauung der Bucht von Tokio von Tange (1960).

Metaboliten [griech.], Substanzen, die als Glieder von Reaktionsketten im normalen Stoffwechsel eines Organismus vorkommen.

Metacarpalia [griech.], svw. ↑Mittelhandknochen.

Metaethik ↑Ethik.

Metagenese (Ammenzeugung, Metagenesis), Form des sekundären ↑Generationswechsels, bei dem eine geschlechtliche und eine sekundär ungeschlechtliche Fortpflanzung *(Ammengeneration)* abwechseln; z. B. bei vielen Hohltieren der Wechsel zw. Polypen- und Medusengeneration.

Metageschäft [zu italien. (a) metà „(zur) Hälfte"], dem Konsortium ähnl. Vertragsverhältnis (i. d. R. zwei, manchmal auch mehrere Partner) zur Durchführung eines Gemeinschaftsgeschäfts, insbes. der Vergabe eines Gemeinschaftskredits. Man unterscheidet beim M. (à meta) Kredite „à meta et nom" (der Kreditnehmer hat Kenntnis von der gemeinschaftl. Kreditvergabe) und Kredite „à meta unter" (der Kreditnehmer hat nur mit einer kreditgebenden Bank zu tun, er kennt den stillen Metisten nicht).

Metaldehyd [mɛt-al...; Kw.], Polymerisationsprodukt des Acetaldehyds mit der allgemeinen Formel $(CH_3CHO)_x$ (mit $x > 3$, meist 4); kristalline Substanz, die z. B. als Schneckengift verwendet wird.

Metalepse (Metalepsis) [griech. „Vertauschung"], rhetor. Figur, Form der Metonymie, bei der entweder das Nachfolgende mit dem Vorhergehenden vertauscht oder ein mehrdeutiges Wort durch ein Synonym mit einer im Kontext nicht gemeinten Bed. ersetzt wird (z. B. „Gesandter" durch „Geschickter").

Metalimnion [griech.] ↑Sprungschicht.

Metallarsenide ↑Arsen.

Metallbeschattung, in der Elektronenmikroskopie verwendetes Verfahren zur Steigerung der Bildkontraste durch schräge Bedampfung des Präparates im Hochvakuum mit Schwermetall.

Metalldampflampen, elektr. Lichtquellen, in denen das Licht durch eine Entladung in Gasen, Metalldämpfen bzw. einer Mischung von beiden erzeugt wird, wobei Leuchtstoffe auf der Innenseite der Entladungsgefäße bzw. der Außenkolben wirksam werden. – ↑Natriumdampflampe, ↑Quecksilberdampflampe.

Metalle [griech.-lat.], feste oder flüssige Stoffe, i. e. S. chem. Elemente mit bei Zimmertemperatur hoher, mit zunehmender Temperatur abnehmender elektr. Leitfähigkeit,

Meßzylinder

Metalle der seltenen Erden

guter Wärmeleitfähigkeit und starkem Glanz. Die elektr. Leitfähigkeit beruht auf den bes. Eigenschaften der *metall. Bindung,* bei der die Außenelektronen der in dichtester Kugelpackung liegenden Metallatome frei im Metallgitter beweglich sind.

Von den 93 in der Natur vorkommenden chem. Elementen zählen 67 zu den M., die übrigen zu den ↑Nichtmetallen bzw. ↑Halbmetallen. M. bilden untereinander Legierungen und intermetall. Verbindungen, die ebenfalls als M. bezeichnet werden. Ihre große techn. Bedeutung beruht v. a. auf der Verformbarkeit, Leitfähigkeit und Legierungsbildung. Nach der Affinität zu Sauerstoff werden *unedle M.,* die sehr leicht Oxide bilden (z. B. Alkali-M., Aluminium), *halbedle M.* (z. B. Kupfer) und *edle M.,* die nur schwer Oxide bilden (z. B. Gold, Silber, Platin), unterschieden. Nach ihrer Dichte, die zw. 0,534 g/cm³ beim Lithium und 22,65 g/cm³ beim Iridium liegt, unterscheidet man **Leichtmetalle** und **Schwermetalle** (Dichte unter bzw. über 4,5 g/cm³). Schmelz- und Siedepunkte der M. liegen zw. −38,87 °C bzw. 356,58 °C beim Quecksilber und 3410 °C bzw. 5 660 °C beim Wolfram. In der Technik wird bes. zw. Eisen und seinen Legierungen und den Nichteisen-M. *(NE-Metallen),* zu denen auch die ↑Buntmetalle gehören, unterschieden. − Außer Kupfer und den Edel-M., die auch gediegen vorkommen, kommen M. in der Natur nur in Form von Erzen (z. B. Oxide, Sulfide, Sulfate, Carbonate) vor; ihre Gewinnung ist Aufgabe der ↑Metallurgie.

Geschichte: Vorkommen und Verwendung von M. prägten die Vorgeschichte der Menschheit und deren Epochenbezeichnungen (u. a. Kupferzeit). Seit dem 4. Jt. v. Chr. wurden in Ägypten Gold, Silber, Kupfer, Blei und Antimon verarbeitet. Kupfer-Zinn-Legierungen (Bronze) wurden seit dem Ende des 3. Jt. v. Chr. und Eisen seit dem 1. Jt. v. Chr. verwendet (↑Bronzezeit, ↑Eisenzeit). Im Orient sowie in Indien und China gab es im 2. Jt. v. Chr. reines Quecksilber. Die altamerikan. Kulturen kannten Gold, Silber, Kupfer und Bronze. Am Beginn des 19. Jh. wurden Wolfram, Molybdän, Zirkon, Titan, Uran, Chrom und die Platin-M., am Beginn des 20. Jh. Radium u. a. radioaktive M. entdeckt.

Metalle der seltenen Erden, svw. ↑Seltenerdmetalle.

Metallgesellschaft AG, dt. Unternehmen der Nichteisenmetallind., das im Grundstoff- und Investitionsgüterbereich sowie im Anlagenbau tätig ist, gegr. 1881, Sitz Frankfurt am Main. Haupttätigkeitsgebiete: Bergbau, Verhüttung, Verarbeitung, Anlagenbau, Chemie sowie Transport und Verkehr.

Metalliceffekt [griech.-engl./lat.], metallähnl. Lackierung, bei der dem Lack Metallflitter aus Bronze oder Aluminium zugesetzt werden.

metallische Bindung ↑chemische Bindung.

metallische Gläser (amorphe Metalle, glasige Metalle, Glasmetalle), metall. Werkstoffe, die durch rasche Erstarrung der Schmelze entstehen; die Anordnung ihrer Atome entspricht der von Molekülen eines Glases; m. G. sind äußerst fest, hart und chemisch resistent, aber gut biegsam.

Metallisieren [griech.], Überziehen nichtmetall. Werkstoffe (Glas, Holz, Keramik, Kunststoffe) mit einer metall. Schicht, z. B. durch Eintauchen in Metallschmelzen, Flammspritzen, Galvanoplastik oder Aufdampfen von Metall im Vakuum.

Metallkleben, modernes Verbindungsverfahren, bei dem Metallflächen mit organ. Klebstoffen, v. a. aushärtbaren Kunststoffen, bestrichen und unter Druck miteinander verbunden werden. Hauptanwendung im Flugzeug-, Fahrzeugbau und in der Elektroindustrie.

Metallkunde, Teilgebiet der Werkstoffkunde, das sich mit den Eigenschaften und dem Aufbau der Metalle und Legierungen in festem und flüssigem Zustand *(allg. M.)* sowie mit ihrer techn. und wirtsch. Verwendung *(angewandte M.)* befaßt.

Metallographie [griech.], i. w. S. svw. Metallkunde; i. e. S. Arbeitsgebiet der Metallkunde, das sich mit dem Gefügeaufbau der Metalle und Legierungen befaßt und diesen durch metallograph. Untersuchungen anhand angeschliffener oder geätzter Proben bestimmt.

metallorganische Verbindungen (Organometallverbindungen), Sammelbez. für Verbindungen von Metallatomen mit organ. Resten. Wichtige Beispiele sind m. V. von Alkyl- oder Arylresten mit Alkalimetallen, sehr reaktionsfähige, selbstentzündl. Substanzen. M. V. von Alkylresten mit Magnesium und Halogenen sind die sog. ↑Grignard-Verbindungen. Technisch bedeutend sind die ↑Aluminiumalkyle und das als Antiklopfmittel verwendbare ↑Bleitetraäthyl.

Metallothermie [griech.], die Gewinnung von Metallen durch die stark exotherm verlaufende Reduktion ihrer Oxide mit Hilfe von Metallen mit großer Affinität zu Sauerstoff, z. B. Aluminothermie.

Metallpapiere, Bez. für Papiere, die mit dünnen Metallfolien kaschiert sind, auf elektrolyt. Wege mit einer dünnen Metallschicht versehen wurden oder durch andere Methoden hergestellt wurden.

Metallphysik, Zweig der ↑Festkörperphysik, der sich mit der physikal. Untersuchung der Metalle, bes. der für sie charakterist., durch das Vorhandensein sehr vieler Leitungselektronen bedingten physikal. Eigenschaften und Erscheinungen befaßt.

Metallschnitt. Heiliger Michael, Kölner Arbeit, um 1470

Metallpigmente ↑Bronzepigmente.

Metallschnitt, Abart des ↑Holzschnitts bzw. Holzstichs, bei der Metallplatten als Druckstöcke verwendet werden; läßt Tonwirkungen wie beim Holzstich zu (deshalb für die Reproduktion von Gemälden geeignet). − ↑Schrotblatt.

Metallseifen, Salze der höheren Fettsäuren, Harz- und Naphthensäuren mit Metallen (ausgenommen Natrium und Kalium). M. sind rotbraune bis farblose, mehr oder weniger viskose Flüssigkeiten oder kristalline Substanzen, die sich schwer in Wasser lösen, aber quellen und Gele bilden; sie werden u. a. als Trocknungs- und wasserabstoßende Mittel, Farb- und Lackzusätze verwendet.

Metallspritzen, Verfahren zur Herstellung von Metallüberzügen durch Aufspritzen des in einer Gasflamme, in einem Lichtbogen oder im Plasma erschmolzenen Metalls. Hierzu gehören das Flammspritzen, das Lichtbogen- und das Plasmaspritzen.

Metalltuch, svw. ↑Drahtgewebe.

Metallurgie [zu griech. metallurgeīn „Metall verarbeiten"], die Wiss. und Technologie der Gewinnung der Metalle aus Erzen und metallhaltigen Rückständen, ihrer Raffination und ihrer Weiterverarbeitung. Nach der Art der Gewinnung unterscheidet man Elektro-M., Naß-M. (Hydro-M.), Pulver-M., Pyro-M. (Trocken-M.), Sauerstoff- und Vakuum-M. − ↑Laugung.

Metamagnetismus, Bez. für die Erscheinung, daß sich manche Stoffe (z. B. Eisen(II)-chlorid) in schwachen Magnetfeldern antiferromagnetisch (↑Antiferromagnetismus), in starken jedoch ferromagnetisch (↑Ferromagnetismus) verhalten.

Metamerie [griech.] (Segmentierung), in der *Biologie* Gliederung des Tierkörpers in hintereinanderliegende, von ihrer Anlage her gleichartige Abschnitte (Segmente, *Metamere*).

metamorphe Gesteine (Metamorphite) ↑Gesteine.

metamorphe Lagerstätten ↑Erzlagerstätten.

Metamorphopsie [griech.], Sehstörung, bei der die Gegenstände optisch verändert (verzerrt, weiter entfernt u. a.) wahrgenommen werden; z. B. bei Netzhauterkrankungen.

Metamorphose (zu ↑meta und griech. morphḗ „Gestalt"), (Metabolie, Verwandlung) in der *Zoologie* die indirekte Entwicklung vom Ei zum geschlechtsreifen Tier durch Einschaltung gesondert gestalteter selbständiger Larvenstadien bei vielen Tieren. Man unterscheidet verschiedene Typen der M.: Eine vollkommene Verwandlung **(Holometabolie)** kommt bei Käfern, Flöhen, Hautflüglern, Zweiflüglern und Schmetterlingen vor. Die Larvenstadien unterscheiden sich in Gestalt und Lebensweise vom vollentwickelten Insekt (Imago), wobei diesem ein Ruhestadium (die Puppe) vorausgeht. Während dieser Zeitspanne wird keine Nahrung aufgenommen und die vollständige Verwandlung findet statt. Bei der unvollkommenen Verwandlung **(Hemimetabolie)** geht das letzte Larvenstadium ohne Puppenruhe in die Imago über. Bereits die ersten Larvenstadien ähneln weitgehend dem erwachsenen Tier. Von Häutung zu Häutung erfolgt eine kontinuierl. Weiterentwicklung, Heranbildung der Geschlechtsorgane und (bei geflügelten Insekten) der Flügelanlagen und Flügelmuskulatur.

▷ in der *Botanik* Umwandlung von Grundorganen unter Funktionswechsel im Laufe der Evolution, z. B. von Blättern, Sproßachsen oder Wurzeln zu Ranken, Dornen oder Knollen.

▷ (Gesteinsmetamorphose) nachträgl. Umbildung eines sedimentären oder magmat. Gesteins in ein metamorphes Gestein als Folge von Temperatur- und Druckveränderungen, wobei Minerale neugebildet oder umkristallisiert werden, das Gefüge des Ausgangsgesteins verändert wird (z. B. Schieferung) und Stoffaustausch stattfindet (↑Metasomatose). Man unterscheidet mehrere Arten der M., die zw. Gesteinsverfestigung (Diagenese) und Aufschmelzung (Palingenese) steht: Bei der **Kontakt-** oder **Thermometamorphose** bewirken die hohe Temperatur sowie die chemisch aggressiven Dämpfe und Lösungen des aufsteigenden Magmas physikal. und chem. Änderungen im Nebengestein in einer Breite von wenigen cm bis mehreren km. Neben hohen Temperaturen ist gerichteter Druck entscheidend bei der **Dislokations-** oder **Dynamometamorphose**, die im Zusammenhang mit Bewegungen bei der Gebirgsbildung steht. Bei der **Regionalmetamorphose** werden großräumige Gesteinskomplexe in die tiefere Erdkruste abgesenkt. Hier läßt sich oftmals der Grad der M. an einer Tiefenstufung erkennen. In der *Epizone* herrschen Temperaturen bis 500°C und stark gerichteter Druck, in der *Mesozone* Temperaturen bis 900°C und überwiegend gerichteter Druck, in der *Katazone* Temperaturen bis 1700°C und hoher allseitiger Druck. Nachträgl. Umwandlungen durch Restlösungen und flüchtige Bestandteile des Magmas werden als **Automorphose** bezeichnet. – ↑Ultrametamorphose.

Metanephridien, svw. ↑Nephridien.

Metanoia [griech. „Sinnesänderung"], das Umdenken, die Änderung der Lebensweise. Im N. T. die religiös-sittl. Hinwendung oder Umkehr zu Gott. In der Predigt Jesu vom Reich Gottes ist M. die Vorbedingung für die Erlangung des Heils.

Metaphase, Zellteilungsphase, ↑Mitose, ↑Meiose.

Metapher [zu griech. metaphérein „übertragen"], bildl. Ausdruck, der durch Bezeichnungsübertragung zw. ähnl. Gegenständen oder Erscheinungen hervorgerufen wird (z. B. „das Gold ihrer Haare"): Zu den *unbewußten* (alltägl.) *M.* zählen bes. die sog. M., die immer dann gebraucht werden, wenn die Sprache für die Bez. einer Sache (noch) keine eigtl. Benennung kennt (z. B. Flußarm, Stuhlbein, Atomkern). Die *bewußten* (akzidentiellen) M. werden ihrer poet., stilist. Wirkung wegen gesetzt; durch Analogie und Assoziation erschließen sie insbes. der dichter. Sprache eine zusätzl. expressive Tiefendimension und erweitern ihren Bed.raum.

Metaphorik [griech.], zusammenfassende Bez. für den uneigtl., anschauungs- und assoziationsreichen Sprachstil sowie für poet. Bildlichkeit (↑Metapher).

Metaphosphate ↑Phosphate.

Metaphrase, 1. wortgetreue Übertragung einer Versdichtung in Prosa (im Gegensatz zur ↑Paraphrase); 2. erläuternde Wiederholung eines Wortes durch ein Synonym.

Metaphysical poets [engl. mɛtə'fɪzɪkl 'poʊts] (metaphys. Dichter), Gruppe weltl. und religiöser engl. Barocklyriker des 17. Jh. (J. Donne, G. Herbert, R. Crashaw, H. Vaughan, A. Marvell u. a.). Charakteristika ihrer Gedichte sind: Ironie, Satire, Vorliebe für das Paradoxe, kühne Bildfiguren. Die Verbindung konkret-sinnl. und intellektuell-abstrakter Stilelemente ließ sie zu Vorbildern der Moderne werden.

Metaphysik, urspr. Bez. für eine in einer Aristotelesausgabe (70 v. Chr.) hinter (griech. metá) den Büchern der „Physik" angeordnete Gruppe von Schriften, später (seit dem Neuplatonismus) für die philosoph. Disziplin, deren Erkenntnis- und Begründungsinteresse über die Natur (griech. phýsis) hinausgeht. – Die philosoph. Tradition hat M. primär als allg. Lehre vom Sein bzw. Seienden ausgebildet, die v. a. durch ihren vermeintlich unmittelbaren Bezug zum „Wesen des Seins" charakterisierbar ist. In diesem Sinn wird M. bis in die Neuzeit hinein zur „prima philosophia" (erste Philosophie), die u. a. im Zusammenhang mit theolog. Lehrstücken vom absoluten Sein und von den Unterschieden zw. einem göttl. und einem weltl. Sein (↑Analogia entis) handelt. Als weitere Themenbereiche gelten Möglichkeit und Wirklichkeit (↑Akt und Potenz), Wesen und Sein, Wahrheit, Gott, Seele, Freiheit und Unsterblichkeit. Dabei wird seit Beginn der Neuzeit auch zw. „allg. M." („metaphysica generalis", auch ↑Ontologie gen.) und der „speziellen M." („metaphysica specialis") unterschieden. In der allg. M. steht die Frage nach dem „Seienden als Seienden" und das Problem der sog. ↑Transzendentalien sowie der Unterscheidung zw. ↑Substanz und ↑Akzidens im Mittelpunkt, während sich die spezielle M. im wesentlichen in rationale Theologie (Gott als Ursache der Welt), rationale Psychologie (die Seele als einfache Substanz) und rationale Kosmologie (die Welt als natürl. System phys. Substanzen) gliedert („rational" hier = „nicht-empirisch"). – Die neuzeitl. Philosophie orientiert sich wieder an method. Gesichtspunkte; M. enthält z. B. nach Descartes die „ersten Prinzipien menschl. Erkenntnis". Dem entspricht zunächst auch noch bei Kant die radikale, von der Frage, wie M. als Wiss. möglich sei, geleitete Kritik der M.; im Rahmen dieser Kritik wird der Anspruch der speziellen M. als dialekt. Schein nachgewiesen, an die Stelle von Ontologie eine Transzendentalphilosophie gesetzt und M. als „Wiss. von den Grenzen der menschl. Vernunft" definiert. Dies bedeutet das Ende einer M. mit dem Objektbereich des Seienden als Seiendes. – Kants Bemühungen um radikale Reorganisation der M. im Sinne einer methodisch orientierten Erkenntnistheorie lösen sich im 19. und 20. Jh. in verschiedenen Entwicklungen auf. Diese reichen von der Umbildung des Programms Kants im ↑deutschen Idealismus (oft auch *spekulative M.* gen.), über den ↑Neukantianismus, die sog. *induktive M.*, die sog. *aporet. M.*, Heideggers M.kritik bis hin zum log. Empirismus.

metaphysische Dichter ↑Metaphysical poets.

metaphysische Malerei, svw. ↑Pittura metafisica.

Metaplasie [griech.], in der Medizin die Umwandlung einer Gewebsart in eine andere, ähnl. Gewebsart (durch Differenzierung oder durch degenerative Prozesse, z. B. Verkalkung).

Metaplasmus [griech.], Umgestaltung eines Wortes (z. B. aus Gründen des Wohlklangs oder des metr. Zwanges) durch Hinzufügung, Ausstoßung (z. B. Elision), Veränderung (z. B. Assimilation) oder Umstellung (Metathese) von Buchstaben. M. führt häufig zu Doppelformen (z. B. „golden" und „gülden").

Metapont

Meteor. Lichtspur beim Eindringen eines Meteorits in die Erdatmosphäre

Metapont, griech. Kolonie am Golf von Tarent, gegr. um 620 v. Chr.; Verfall nach 207 v. Chr.; Tempelreste. Außerhalb der Stadt ein Tempel der Hera (um 525 v. Chr.) mit 15 dorischen Säulen.

Metapsychologie, von S. Freud gewählte Bez. für die von ihm begründete psychol. Lehre in ihrer ausschließl. theoret. Dimension. Nach Freud besteht die wiss. Aufgabe der M. v. a. darin, begriffl. Modelle und Theorien (Triebtheorie) zu erarbeiten sowie die metaphys. Konstruktionen zu berichtigen, soweit sie (wie etwa die bis in moderne Religionen reichende mytholog. Weltauffassung) in Wirklichkeit zur Psychologie des Unbewußten gehören.

Metasequoia [nach Sequoyah] (Chin. Mammutbaum), Gatt. der Sumpfzypressengewächse mit der einzigen, sehr urtüml. Art *M. glyptostroboides,* einem schnell wachsenden, sommergrünen Nadelbaum; heute fast überall in Kultur. Lebende Exemplare wurden erst 1941 in der Prov. Sichuan entdeckt.

Metasomatose [griech.], Umwandlung eines Gesteins unter Veränderung der chem. Zusammensetzung. I. e. S. Verdrängung lösl. Gesteine (v. a. Kalkgesteine) durch hydrothermale Lösungen, wobei abbauwürdige Erzlagerstätten entstehen können.

Metasprache, Sprache oder Symbolsystem zur wiss. Beschreibung einer Sprache oder eines Symbolsystems, z. B. eine ↑formalisierte Sprache, in der die Beschreibung einer natürl. Sprache vorgenommen wird. Eine M. kann ihrerseits wieder ↑Objektsprache werden.

metastabiler Zustand, relativ langlebiger ↑angeregter Zustand eines Atoms, Moleküls, Festkörpers oder Atomkerns, von dem aus das System auf Grund von ↑Auswahlregeln unter nachträglicher Emission eines Photons in einen energieärmeren Zustand übergehen kann.

Metastase [zu griech. metástasis „das Umstellen, Versetzen"] (Tochtergeschwulst), durch Verschleppung und Absiedlung (Metastasierung) von Zellen eines bösartigen Primärtumors in andere Körpergebiete entstandener Sekundärtumor; Verbreitung der Tumorzellen erfolgt über benachbarte Gewebespalten *(lokale M.),* über Lymphbahnen in regionäre Lymphknoten *(regionäre M.)* und auf dem Lymph- oder Blutweg in andere, auch ferne Organe *(Fern-M.).* – ↑Krebs.

Metastasio, Pietro, eigtl. Pietro Antonio Domenico Bonaventura Trapassi, *Rom 3. Jan. 1698, †Wien 12. April 1782, italien. Dichter. – Seit 1730 kaiserl. Hofdichter in Wien. Einer der bedeutendsten Vertreter der arkad. Rokokolyrik (Kanzonetten, Liebesgedichte); verfaßte u. a. musiknahe, lyr.-sentimentale Melodramen, Singspiele, Opernlibretti und Oratorien.

Metathese [zu griech. metáthesis „Umstellung"], in der Sprachwissenschaft Bez. für Lautversetzung (Lautumstellung) innerhalb eines Wortes oder etymologisch verwandter Wörter; man unterscheidet **Kontaktmetathese** (bei unmittelbar benachbarten Lauten, z. B. „Born" und „Brunnen") und **Fernmetathese** (über zwei oder mehr Silben hinweg, z. B. lat. „parabola", span. „palabra").

Metasequoia. Metasequoia glyptostroboides

Metathorax, drittes (letztes) Brustsegment bei ↑Insekten.

Metaxa Ⓦ, griechischer Weinbrand (40 Vol.-%).

Metaxas, Ioannis, *Ithaka 12. April 1871, †Athen 29. Jan. 1941, griech. General und Politiker. – 1913–16 Generalstabschef; 1928–36 mehrmals Min.; betrieb die Rückkehr König Georgs II.; seit April 1936 Min.präs., ab Aug. mit diktator. Vollmachten; 1938 zum Reg.chef auf Lebenszeit ernannt; lehnte das italien. Ultimatum im Okt. 1940 ab, wurde Symbol des griech. Widerstands gegen den italien. Vormarsch 1940.

Metazentrum ↑Stabilität.

Metazoa (Metazoen) [griech.], svw. ↑Vielzeller.

Metellus, Beiname einer Fam. im röm. plebejischen Geschlecht der Caecilii, bekannt v. a.:

M., Quintus Caecilius M. Numidicus, röm. Konsul 109 v. Chr. – Schlug Jugurtha 108 am Fluß Muthul (in Numidien); verlor 107 den Oberbefehl an Gajus Marius, galt aber bei der Nobilität stets als der eigentl. Sieger im Jugustin. Krieg.

Metempsychose [griech.] ↑Seelenwanderung.

Meteor [zu griech. metéōron „Himmels-, Lufterscheinung"], in der *Astronomie* Bez. für die Lichterscheinung (Leuchtspur) beim Eindringen eines kosm. Kleinkörpers *(Meteorit)* in die Erdatmosphäre, auch verwendet als Bez. für den Meteoriten selbst. Die dadurch auftretenden Stoßprozesse führen zur Ionisation von atmosphär. und meteoroid. Atomen und Molekülen, die die Lichtemission zur Folge hat. Auch ohne diese ist die Ionisationsspur als Radarecho *(Radio-M.)* nachweisbar. Meteorite mit Durchmessern bis zu 1 cm erzeugen M., die **Sternschnuppen** heißen, größere Meteorite erzeugen **Feuerkugeln (Bolide).** M. treten als Einzelerscheinungen sowie als ausgeprägte **Meteorströme** *(M.stürme, -schauer)* auf, die mit mehr oder weniger großer Regelmäßigkeit wiederkehren und von einem Punkt des Himmels, dem *Radianten,* auszugehen scheinen.

Meteora [griech.], zusammenfassende Bez. einer Anzahl griech.-orth. Klöster in Thessalien, Griechenland, in fast unzugängl. Felsgruppen der oberen thessal. Ebene. – Die Klöster entstanden unter serb. Schutzherrschaft in der 2. Hälfte des 14. Jh. aus Eremitagen; seit dem 16. Jh. fortschreitender Niedergang. Die Klöster wurden von der UNESCO zum Weltkulturerbe erklärt.

Meteora. Kloster Hagia Triada, gegründet 1438

Meteor Crater [engl. ˈmiːtjə ˈkreɪtə], Meteoritenkrater in Z-Arizona, über 1 200 m Durchmesser, bis über 170 m tief; der Rand ragt bis 50 m über die Umgebung auf.

Meteoreisen, meteorit. Eisen, sider. Eisen), in Eisenmeteoriten vorkommendes Nickeleisen, das eine andere Struktur besitzt als das terrestr. oder aus Eisenerzen gewonnene Eisen. Es besteht aus *Kamazit (Balkeneisen)* mit weniger als 7,5 % Nickel (kubisch-raumzentriert) sowie aus *Taenit (Bandeisen)* mit 20–50 % Nickel (kubisch-flächenzentriert).

Meteorismus [griech.], in der *Medizin* ↑Blähungen, bei Haustieren ↑Trommelsucht.

Meteorite [griech.], kleine Festkörper außerird. Ursprungs, die beim Eindringen in die Erdatmosphäre unter teilweiser oder vollständiger Verdampfung die als ↑Meteore bezeichneten Leuchterscheinungen hervorrufen und bis zur Erdoberfläche gelangen; i. e. S. der auf die Erde auftreffende Rest eines Meteorits. Beobachtungen von Meteorbahnen ergaben, daß die M. zum Sonnensystem gehören und in der Mehrzahl wohl Überreste von Planetoiden und/oder Kometen sind. Körper mit einem geringeren Durchmesser als etwa 0,1 mm (Masse bis etwa 10^{-6} g) werden als **Mikrometeorite** bezeichnet, wobei noch kleinere Masseteilchen den kosm. oder meteorit. Staub bilden. Die Leuchtspur eines M. kann in Höhen bis zu 330 km beginnen und in wenigen Kilometer Höhe enden, wo größere M.massen explosionsartig zerspringen und **Meteoritenschauer** verursachen. Die Eindringtiefe in die Atmosphäre ist bei M. mit Massen unter 1 t meist geringer als 1 m. **Meteoritenkrater** *(Impakte)* mit Tiefen von über 100 m und Durchmessern über 1 km (↑Meteor Crater) sind auf M. zurückzuführen, die beim Aufprall vollständig verdampft sind. Die Anzahl der jährlich auf die Erde niederfallenden M. wird auf fast 20 000 geschätzt. Der größte bisher entdeckte M. ist ein 1920 in Namibia gefundener Eisen-M. von 54,4 t Masse.

Nach ihrer chem. Zusammensetzung unterscheidet man mehrere M.gruppen: 1. **Steinmeteorite** bestehen überwiegend aus den Silicatmineralen Olivin, Pyroxenen und Feldspäten, aber auch aus rein meteorit. Mineralen und ↑Meteoreisen. Sind rundl., silicat. Körper *(Chondren)* in die silicat. Grundmasse eingebettet, so bezeichnet man sie als *Chondriten*. Fast 95 % aller gefundenen M. sind Steinmeteorite. 2. **Eisenmeteorite** *(Nickeleisen-M.)* bestehen zu über 90 % aus Meteoreisen, wobei man je nach Kristallstruktur zw. Hexaedriten, Oktaedriten und den sehr seltenen Ataxiten aus feinkörniger, strukturloser Meteoreisenmasse unterscheidet. 3. **Stein-Eisen-Meteorite** enthalten in Eisen eingebettete Steine.

Meteorobiologie [griech.], svw. Biometeorologie (↑Bioklimatologie).

Meteorograph [griech.], Gerät zur gleichzeitigen Messung und Registrierung von Luftdruck, Lufttemperatur und Luftfeuchte in höheren Schichten der Atmosphäre, in die es durch Ballons, Flugzeuge oder Raketen gebracht wird. Die Meßwertaufzeichnung eines M. wird als **Meteorogramm** bezeichnet.

Meteorologie [griech.], Teilgebiet der Geophysik, das die Physik der Atmosphäre, die Lehre von den physikal. Erscheinungen und Vorgängen in der Lufthülle nebst ihren Wechselwirkungen mit der festen und flüssigen Erdoberfläche [und dem Weltraum] sowie die Lehre vom Wettergeschehen umfaßt; i. w. S. wird auch die Klimatologie zur M. gezählt. Sie beschränkt sich hauptsächlich auf die untere Atmosphäre (Troposphäre, Stratosphäre), in der sich fast alle das Wetter bestimmende Vorgänge abspielen. Mit den höheren Atmosphärenschichten befaßt sich die ↑Aeronomie. Eine der Hauptaufgaben der M. ist die Wettervorhersage. Sie beruht auf der systemat. Beobachtung des Wetters bzw. der verschiedenen *meteorolog. Elemente,* wie z. B. Luftdruck, Luftdichte, Lufttemperatur, Windstärke und -richtung, Sonnenstrahlung, Bewölkung, Luftfeuchte und Niederschlag. Die **theoretische** oder **dynamische Meteorologie** untersucht die meteorolog. Prozesse und Bewegungsvorgänge physikalisch-mathematisch unter Zugrundelegung der wichtigsten das Wettergeschehen erfassenden Größen (Luftdruck, Lufttemperatur, Wind, Luftfeuchte und Luftdichte) und mit Hilfe vereinfachter, auf das Wettergeschehen ausgerichteter physikal. Gleichungen (Bewegungs-, Kontinuitätsgleichung, Energieerhaltungssatz) der Gasdynamik. Die Integration dieser meteorolog. Grundgleichungen ist heute durch Großrechenanlagen unter vereinfachten Annahmen möglich. Dadurch gewinnt die numer. Wettervorhersage zunehmend an Bedeutung. – Die **synoptische Meteorologie (Synoptik)** behandelt den Wetterzustand zu einem gegebenen Zeitpunkt über einem bestimmten Gebiet anhand von Wetterkarten mit dem Ziel, die weitere Entwicklung des Wettergeschehens zu erkennen und eine Vorhersage aufzustellen. – Die **experimentelle Meteorologie (Physik der Atmosphäre)** hat die vorwiegend mittels Messungen nach den Methoden der experimentellen Physik durchgeführte Erforschung der meteorolog. Prozesse und Grundgesetze zur Aufgabe. Hierzu rechnen die Probleme der atmosphär. Optik, der Luft- und Gewitterelektrizität, die Fragen des Wärmehaushalts und der Turbulenz. – Weitere Teilgebiete der M. sind die ↑Aerologie und die Satellitenmeteorologie.

Die **angewandte Meteorologie** wendet die von den übrigen Zweigen der M. ausgearbeiteten Erkenntnisse und Unterlagen auf speziellen Gebieten an: Biometeorologie (↑Bioklimatologie), ↑Agrarmeteorologie, Flugmeteorologie. Die **maritime Meteorologie** beschäftigt sich mit Forschungen in der Atmosphäre über See sowie in der Grenzschicht zw. Lufthülle und Meeresoberfläche; die Ergebnisse kommen v. a. dem *Seewetterdienst* zugute.

Geschichte: Die früheste bekannte Systematisierung des Wissens über die Erscheinungen am Himmel und in der Atmosphäre stellen die vier Bücher „Meteorologica" des Aristoteles dar, die bis in die Neuzeit hinein grundlegend blieben. Erst im 19. Jh. begann die Entwicklung der M. zu einer eigenständigen Wissenschaft. Die theoret. Zerlegung der komplexen Erscheinungen in Einzelphänomene und die darauffolgende Einordnung in ein System des Gesamtgeschehens gingen mit dem Eindringen mathemat. Methoden und der Anwendung physikal. Prinzipien, insbes. der Thermodynamik, einher. Ein stürm. Aufschwung begann in der 2. Hälfte des 19. Jh. mit der Erkenntnis des Zusammenhangs von Wind und Luftdruck. In ihrer weiteren Entwicklung wurde die M. stark von neuen techn. Möglichkeiten bestimmt: in der 1. Hälfte des 20. Jh. durch den Einsatz der drahtlosen Telegrafie und von Ballons und Flugzeugen, v. a. seit dem 2. Weltkrieg auch von Radiosonden, Raketen und Satelliten und durch den Einsatz des Radars sowie neuerdings von Lasern und Computern. Dies führte zu neuen Entdeckungen, wie z. B. Temperaturinversion (↑Inversion) oder ↑Strahlstrom und ermöglichte die Erfassung der gesamten Atmosphäre sowie eine weltweite Zusammenarbeit der meteorolog. Stationen und Institute.

Meteoropathie [griech.], svw. ↑Wetterfühligkeit.

Meteoropathologie [griech.], Lehre von den Einflüssen des Wetters und seiner Veränderungen auf den gesunden und kranken Organismus.

meteorotrop [griech.], wetter-, klimabedingt.

Meteorstrom ↑Meteor.

Meteosat [Kw. aus engl. *meteo*rological *sat*ellite], von der Europ. Weltraumorganisation ESA entwickelter Wettersatellit. **Meteosat 1** wurde im Nov. 1977 in eine geostationäre Umlaufbahn gebracht; ihm folgte im Juni 1981 **Meteosat 2**, der nach mehr als sieben Jahren seine Tätigkeit einstellte. **Meteosat 3 (Meteosat P 2)** wurde im Juni 1988

1

2

3

4

Meteorite. Verschiedene Meteoritengruppen: 1 Steinmeteorit mit Schmelzrinde aus Pultusk, Polen; 2 Steinmeteorit, Chondrit, aus Bjurböle bei Borga, Finnland; 3 Stein-Eisen-Meteorit, Pallasit, aus Imilac, Atacama in Chile; 4 Eisenmeteorit, Oktaedrit, geschnittene Platte aus Rietmond, Namibia, mit Widmanstättenschen Figuren

Meter

 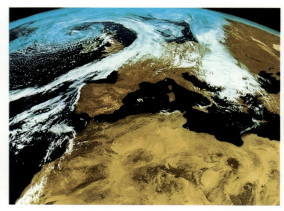

Meteosat. Aufnahmen der Erde vom Wettersatelliten Meteosat 2 am 18. September 1983 aus rund 36 000 km Höhe. Rechts ein Ausschnitt aus der links dargestellten Gesamtaufnahme

gestartet, **MOP 1** (ein neues M.system) im März 1989, **MOP 2** im März 1991. Seit 1987 ist die Europ. Organisation für Wettersatelliten (Eumetsat) für die entsprechenden europ. Satelliten zuständig.

Meter [frz., zu griech. métron „Maß"], Einheitenzeichen m, internat. (in Deutschland gesetzl.) Einheit der Länge, nach dem Beschluß der 17. Generalkonferenz für Maße und Gewichte vom 20. Okt. 1983 definiert als die Länge der Strecke, die das Licht im Vakuum während des Zeitintervalls von $1/299\,792\,458$ Sekunden durchläuft. *Geschichte:* Das M. wurde urspr. von der frz. Nationalversammlung 1795 als zehnmillionster Teil des durch die Pariser Sternwarte gehenden Erdmeridianquadranten festgelegt. 1889 erfolgte die Festlegung des M. als Abstand zweier eingeritzter Linien auf einem Platin-Iridium-Stab von X-förmigem Querschnitt (↑Urmeter). Auf der 11. Generalkonferenz für Maße und Gewichte 1960 wurde beschlossen, das M. durch das 1 650 763,73fache der Vakuumwellenlänge des orangefarbenen Lichtes zu definieren, das von Atomen des Kryptonisotops Kr 86 beim Übergang vom $5d_5$-Zustand in den $2p_{10}$-Zustand ausgesendet wird. Durch eine kleine Asymmetrie der Kryptonspektrallinie bei 605,780 nm und die Inkohärenz der Strahlung von Kryptonlampen war die Genauigkeit dieses Längenstandards auf etwa $4 \cdot 10^{-9}$ begrenzt. Die Neudefinition von 1983 übertrifft diese Genauigkeit um mehr als 5 Größenordnungen.

...meter [zu griech. métron „Maß"], Nachsilbe von Zusammensetzungen mit der Bed. „Meßgerät, Messer, ein bestimmtes Maß Enthaltendes".

Meterkilopond, svw. ↑Kilopondmeter.

Meterkonvention, ein am 20. Mai 1875 in Paris zw. damals 17 Staaten abgeschlossener internat. Vertrag, der urspr. der Sicherung einer weltweiten Einheitlichkeit der Einheiten des auf der Längeneinheit Meter und der über das Meter definierten Masseneinheit Kilogramm als Basiseinheiten beruhenden *metr. Systems* diente, 1921 aber wesentlich erweitert wurde und sich heute auf das gesamte Meßwesen mit den Einheiten des Internat. Einheitensystems als Basis bezieht. Die urspr. Zielsetzung führte zur Schaffung einer aus verschiedenen Organen bestehenden *Internat. Organisation für Maße und Gewichte,* die damals v. a. für die Erstellung, Aufbewahrung und Vergleichung von internat. und nat. Meter- und Kilogrammprototypen zu sorgen hatte. Zu diesem Zweck wurden das *Bureau International des Poids et Mesures (Internat. Büro für Maße und Gewichte;* Abk. BIPM) in Sèvres und entsprechende nat. Institutionen gegründet (z. B. 1887 die Physikalisch-Technische Reichsanstalt in Berlin). Oberstes Organ der M. ist die mindestens alle 6 Jahre in Paris stattfindende *Conférence Générale des Poids et Mesures (Generalkonferenz für Maße und Gewichte).*

Meterspur ↑Spurweite.

Methacrylsäure [griech./dt.] (2-Methylpropensäure), $CH_2=C(CH_3)-COOH$, ungesättigte organ. Säure, eine farblose Flüssigkeit oder Kristalle mit stechendem Geruch. M. und ihre Ester *(Methacrylate)* polymerisieren sehr leicht und sind Ausgangsprodukte für ↑Polymethacrylate.

Methadon [Kw.], synthet. Morphinderivat; stark wirksames, oral anzuwendendes Analgetikum, das dem BetäubungsmittelG unterliegt; u. a. in den Niederlanden, der Schweiz und (seit 1988) in einigen Bundesländern der BR Deutschland wird M. bei Heroinsüchtigen als Ersatzdroge in Verbindung mit psycho- und sozialtherapeut. Maßnahmen eingesetzt.

Methämoglobin [griech./lat.] (Hämiglobin), durch Gifte (z. B. Nitroverbindungen) oxidiertes Hämoglobin, das als Sauerstoffträger ungeeignet ist.

Methan [griech.], CH_4, der einfachste, gasförmige Kohlenwasserstoff (Schmelzpunkt −182 °C; Siedepunkt −161 °C) aus der Gruppe der Alkane, der mit bläul. Flamme zu Kohlendioxid und Wasser verbrennt. In der Natur ist M. durch die Tätigkeit von Methanbakterien im Sumpf- und Biogas sowie in großer Menge im Erdgas enthalten. Da M. im Verlauf der Inkohlung gebildet wird, ist es auch in Kohlelagerstätten *(Grubengas)* enthalten und kann in Kohlebergwerken Schlagwetterexplosionen verursachen; Gemische aus M. und Luft sind sehr explosiv. M. wird meist als Heizgas, weniger als Rohstoff zur Herstellung von Synthesegas, Acetylen u. a. verwendet.

Methanal [Kw. aus **Meth**an und **Al**dehyd], chem. korrekte Bez. für ↑Formaldehyd.

Methanbakterien, zu den ↑Archaebakterien gehörende Gruppe meist wärmeliebender Bakterien, die im Faulschlamm von Sümpfen und Kläranlagen sowie im Pansen von Wiederkäuern leben und aus Kohlendioxid und molekularem Wasserstoff Methan bilden. Sie werden auch zur Erzeugung von Biogas verwendet.

Methanol [Kw. aus **Meth**an und **Alkoh**ol] (Methylalkohol), CH_3OH, einfachster Alkohol (Schmelzpunkt −97,5 °C, Siedepunkt −64,5 °C); farblose, brennend schmeckende, giftige, unbegrenzt mit Wasser und vielen organ. Lösungsmitteln mischbare Flüssigkeit. M. wird heute im Niederdruckverfahren bei 250 °C und 5–10 MPa unter Einwirkung von Katalysatoren (Kupferoxid) aus Kohlenmonoxid und Wasserstoff hergestellt. M. ist wichtig zur Herstellung von Formaldehyd, Methylaminen, als Treibstoff und Lösungsmittel.

Methanolvergiftung (Methylalkoholvergiftung), Erkrankung nach Aufnahme von schon geringen Mengen Methanol; mit Übelkeit, Schwindel, Herz- und Kreislaufversagen, Sehstörungen; unter Umständen Erblindung.

Methansäure, svw. ↑Ameisensäure.

Methingruppe [griech./dt.], Bez. der chem. Nomenklatur für die Gruppe $-CH=$.

Methionin [griech.] (2-Amino-4-(methylthio)-buttersäure), Abk. Met; schwefelhaltige essentielle Aminosäure, die einen wichtigen Baustein der Proteine darstellt. M. wirkt wachstumsfördernd auf tier. Gewebe und wird medizinisch u. a. bei Lebererkrankungen und Schwermetallvergiftungen verwendet. M. dient auch als Futtermittelzusatz und wird industriell hergestellt. Strukturformel:

$$CH_3 - S - CH_2 - CH_2 - CH - COOH$$
$$| $$
$$NH_2$$

Methode [zu griech. méthodos, eigtl. „das Nachgehen, der Weg zu etwas hin"], ein nach Mittel und Zweck planmäßiges Verfahren, das zu techn. Fertigkeit bei der Lösung theoret. und prakt. Aufgaben führt. Die wiss. M. – mit ihren wichtigsten Teilen: Lehre von der Begriffsbildung und Lehre von den Begründungsverfahren – gelten als Kennzeichen und Unterscheidungsmerkmal der einzelnen Wissenschaften. Während traditionell nur die *induktive M.* (Schluß von Einzelfällen auf generelle Zusammenhänge) und die *deduktive M.* (log. Ableitung aller weiteren Aussagen von ersten, als gültig akzeptierten Aussagen) als wiss. Verfahren anerkannt waren, wird in neuerer Zeit auch auf andere wiss. M. verwiesen, z. B. auf die *sprachanalyt. M.* in der Philosophie (von L. Wittgenstein), die *hermeneut. M.* in den histor. Wiss. (von H.-G. Gadamer) und auf die *konstruktive M.* in der Mathematik (von P. Lorenzen).

Methode der kleinsten Quadrate, in der Ausgleichs- und Fehlerrechnung verwendetes Prinzip von C. F. Gauss zur Ermittlung des wahrscheinlichsten Wertes einer Beobachtungsgröße, für die sich bei vielfach wiederholten Messungen nur zufällige, mit Fehlern behaftete Meßwerte ergeben. Diese Methode besagt, daß der wahrscheinlichste Wert (beste Näherungswert) A_w einer unbekannten Beobachtungsgröße derjenige ist, für den die Summe der Quadrate der Abweichungen der einzelnen Meßwerte A_i von diesem Wert A_w ein Minimum ist:

$$\sum_{i=1}^{n} p_i \, (A_i - A_w)^2 = \text{Minimum.}$$

Dabei sind p_i Gewichtsfaktoren bei ungleich genauen Beobachtungen.

Methodenlehre, svw. ↑Methodologie.
Methodenstreit, svw. ↑Grundlagenstreit.
Methodik [griech.], svw. ↑Methodologie.
▷ in der *Pädagogik* die Lehre von den Lehr- und Unterrichtsverfahren auf den einzelnen Stufen für die verschiedenen Stoffe, wobei im schul. Bereich v. a. Alters- und Sachgemäßheit in Einklang gebracht werden müssen.

Methodios, hl., griech. Slawenapostel, ↑Kyrillos und Methodios.

Methodismus [griech.-engl.], aus der anglikan. Kirche hervorgegangene, auf J. ↑Wesley zurückgehende religiöse Erweckungsbewegung. Die Bez. „Methodisten" wurde bereits einem Kreis von Studenten gegeben, den Wesley in Oxford ab 1729 als Tutor leitete (wohl wegen der planvoll-„method." Lebensart). Die Methodistenprediger predigten zunächst im anglikan. Gemeindegottesdienst, bis ihnen die Kanzel verweigert wurde; daraufhin predigten sie auf offenem Feld und prägten damit ein charakterist. Merkmal des M. Der Ggs. zur anglikan. Kirche verschärfte sich, als im M. Männer als Prediger auftraten, die nicht ordiniert waren. – Der methodist. Weltbund (World Methodist Council), 1881 in London gegr., faßt etwa 60 unabhängige Kirchen zusammen. Der M. hat insgesamt etwa 50 Mill. Mgl. (USA: über 13 Mill.; im dt. Sprachraum [Ev.-methodist. Kirche] rd. 110 000 Mitglieder).

Methodologie [griech.] (Methodik), die Lehre von den in den Einzelwiss. angewendeten Methoden, als Teil der Logik zentraler Gegenstandsbereich der gegenwärtigen Wissenschaftstheorie.

Methoxy- [griech.], Bez. der chem. Nomenklatur für die Gruppe $-O-CH_3$.

Methusalem, alttestamentl. Gestalt, nach 1. Mos. 5, 21 ff. Sohn Henochs und Vater Lamechs; als der Mensch mit dem höchsten Lebensalter (969 Jahre) sprichwörtlich bekannt.

Methyl- [griech.], Bez. der chem. Nomenklatur für die Gruppe $-CH_3$.

Methylacetophenon, stark riechende Flüssigkeit, die Bestandteil äther. Öle ist; wird synthetisch hergestellt und zur Parfümierung von Seifen verwendet.

Methylalkohol, svw. ↑Methanol.
Methylalkoholvergiftung, svw. ↑Methanolvergiftung.

Methylamine, drei Methylderivate des Ammoniaks: *Monomethylamin* NH_2CH_3, *Dimethylamin* $NH(CH_3)_2$, *Trimethylamin* $N(CH_3)_3$. Die M. sind ammoniak- bis fischähnlich riechende, gasförmige, brennbare Substanzen, die als Zwischenprodukte bei der Herstellung zahlr. chem. Verbindungen auftreten.

Methyläther (Dimethyläther), einfachster Äther; schwach narkotisch wirkendes, feuergefährl. Gas; Methylierungsmittel; Formel: $H_3C-O-CH_3$.

Methyläthylketon (Butanon), farblose, acetonähnlich riechende Flüssigkeit, die als Lösungsmittel z. B. für Klebstoffe Bed. hat; Formel: $CH_3-CO-C_2H_5$.

Methylbutadien, svw. ↑Isopren.
Methylchlorid (Monochlormethan), CH_3Cl, schwach süßlich riechendes, sehr giftiges Gas, das u. a. bei der Herstellung von Siliconen und zum Aufschäumen von Polystyrol Verwendung findet.

Methylen- [griech.], Bez. der chem. Nomenklatur für die Gruppe $-CH_2-$.

Methylenblau, bas. Thiazinfarbstoff, der zum Färben von Papier sowie als Vitalfarbstoff in der Mikroskopie verwendet wird. M. läßt sich leicht zum farblosen *Leuko-M.* reduzieren und wird daher bei der Untersuchung biochem. Redoxprozesse als Wasserstoffakzeptor und Redoxindikator verwendet.

Methylenchlorid, svw. ↑Dichlormethan.
Methylierung [griech.], Einführung der Methylgruppe $-CH_3$ in anorgan. und v. a. organ. Verbindungen. Gebräuchl. Methylierungsmittel u. a. Methanol, Methylchlorid, Diazomethan und Dimethylsulfat. Im Stoffwechsel werden durch das Enzym *Methyltransferase* Methylgruppen übertragen *(Trans-M.),* die aus dem durch ATP aktiviertem Methionin stammen.

Methylmorphin, svw. ↑Kodein.
Methylorange [...orā:ʒə] (Helianthin), als Säure-Base-Indikator verwendeter Azofarbstoff mit Farbumschlag von rot nach gelb im pH-Bereich 3,1 bis 4,4. M. diente früher zum Wollefärben.

Methylrot, als Säure-Base-Indikator verwendeter Azofarbstoff mit Farbumschlag von gelbgrün nach rot im pH-Bereich 6,2 bis 4,2.

Methylviolett, Triphenylmethanfarbstoff, der zum Färben von Kopierstiften und Farbbändern verwendet wird; in der Medizin auch als Wurmmittel benutzt.

Metical (Mrz. Meticais), Abk. MT, Währungseinheit in Moçambique; 1 M. = 100 Centavos.

Metier [meˈtje:; frz., zu lat. ministerium „Dienst"], Gewerbe, Handwerk; Aufgabe, Geschäft.

Metohija, Beckenlandschaft im Kosovo (Serbien) beiderseits des oberen und mittleren Drin, im N, W und S von bis zu 2 656 m hohen Gebirgen umrahmt, nach O, zum Amselfeld hin, geöffnet.

Metöken [zu griech. métoikos „Mitbewohner"], im antiken Griechenland Bez. der bes. in Handelsstädten und Wirtschaftszentren ansässigen Fremden. Die M. hatten keine polit. Rechte, mußten jedoch Sondersteuern entrichten und Kriegsdienst leisten.

Meton, griech. Mathematiker und Astronom der 2. Hälfte des 5. Jh. v. Chr. – M. stellte fest, daß 235 Mondmonate fast gleich 19 trop. Jahren sind. Auf diesem **metonischen Zyklus** basierte der bis 46 v. Chr. gültige griech. Kalender; außerdem liegt der meton. Zyklus bis heute der Berechnung des christl. Osterdatums zugrunde.

Metonymie [zu griech. metōnymía „Namensvertauschung"] (Hypallage), rhetor. Figur, bei der zwei in räuml.,

Metope

zeitl. oder ursächl. Beziehung zueinander stehende Begriffe vertauscht werden, z. B. *Eisen* für Schwert.

Metope [griech.], etwa quadrat. Platte (Ton, Stein), im dor.-griech. Gebälkfries des Tempels, bemalt oder mit Reliefs verziert.

Metrik [zu griech. metrikè téchnē „Kunst des Messens"], in der *Literatur* Lehre von den Gesetzen des Versbaus (↑Vers).

▷ in der *Musik* die Lehre vom ↑Metrum.

▷ in der *Mathematik* diejenige Struktureigenschaft eines Raumes, durch die in ihm die Entfernung (der Abstand) zweier Punkte definiert ist (↑metrischer Raum).

metrischer Raum, eine Menge von Elementen x, y, z, ..., in der je zwei Elementen x und y eine nichtnegative reelle Zahl $d(x, y)$ zugeordnet ist, so daß gilt:
1. $d(x,y) = 0$ genau dann, wenn $x = y$,
2. $d(x, y) = d(y, x)$,
3. $d(x,y) \leq d(x,z) + d(z,y)$ (Dreiecksungleichung). Die reellwertige Abbildung $d(x, y)$ heißt *Metrik* des Raumes; bei festen Punkten x und y auch *Entfernung, Abstand* oder *Distanz* dieser Punkte.

metrisches System ↑Meterkonvention.

Metritis (Myometritis) [griech.], Entzündung der Muskelschicht der Gebärmutter.

Metro [ˈmɛtro, meˈtro], Abk. für frz.: le (chemin de fer) **métro**politain („Stadtbahn"), Untergrundbahn (bes. in Paris und Moskau).

Metro-Goldwyn-Mayer / United Artists Communications Co. Inc. [engl. ˈmɛtroʊ ˈɡoʊldwɪn ˈmeɪəʳ juːˈnaɪtɪd ˈɑːtɪsts kəmjuːnɪˈkeɪʃnz ˈkʌmpəni ɪnˈkɔːpəreɪtɪd], Abk. MGM/UA; 1924 von S. Goldwyn und L. B. Mayer gegr. Filmkonzern; durch seine Größe und Struktur (Produktion, Verleih, Kinoketten und -zentren) einer der einflußreichsten amerikan. Filmkonzerne; bekannt v. a. durch Großproduktionen. 1992 übernahm der Crédit Lyonnais die Verantwortung für die MGM/UA.

Metrologie [griech.], Wiss. vom Messen. Man unterscheidet *theoret. M.* für theoret. Grundlagen des ↑Meßwesens und *angewandte M.,* die sich mit der Durchführung von Messungen u. a. im gesetzl., industriellen, wiss. und medizin. Meßwesen befaßt.

Metron [griech.], svw. ↑Metrum.

Metronom [griech.], Taktmesser; ein uhrenähnl. Gerät, mit dem das Tempo eines Musikstücks kontrolliert wird; 1816 von J. N. Mälzel (unter Benutzung vieler früherer

Metronom. Metronom Mälzel

Metope. Metopen mit Rosetten im Gebälkfries der Tholos des Asklepiosheiligtums in Epidauros, Ende des 4. Jh. v. Chr. (Epidauros, Archäologisches Museum)

Konstruktionen) entwickelt; die Abkürzung **M. M. (Metronom Mälzel)** gibt mit Notenwert und Zahl das vom Komponisten oder Herausgeber festgelegte Zeitmaß an (z. B. M. M. ♩ = 120 bedeutet 120 Viertelschläge in der Minute).

Metronymikon (Matronymikon) [griech.], vom Namen der Mutter abgeleiteter Name, z. B. Niobide = Sohn der Niobe. – ↑Patronymikon.

Metropole (Metropolis) [griech. „Mutterstadt"], Hauptstadt, Hauptsitz; Zentrum, Hochburg.

Metropolie [griech.], svw. ↑Eparchie.

Metropolis [griech.], 1. bei den Griechen die „Mutterstadt" im Ggs. zu den von ihr ausgehenden „Tochter"-(Kolonial-)Städten; 2. die Gauhauptstädte im hellenist. Ägypten; 3. Name mehrerer griech. Städte im griech. Mutterland und in Kleinasien.

Metropolit [griech.], in der röm.-kath. Kirche Vorsteher einer Kirchenprovinz mit gewissen Rechten über seine Suffraganbischöfe. Abzeichen des M. in der lat. Kirche ist das ↑Pallium. Metropolitansitze in Deutschland sind: Bamberg, Freiburg im Breisgau, Köln, München und Freising sowie Paderborn. – In den *Ostkirchen* urspr. Bischof der Provinzhauptstadt im Ggs. zu den Bischöfen kleinerer Städte und den Landbischöfen; heute Leiter einer unabhängigen orth. Landeskirche; daneben auch bloßer Titel (z. B. in Griechenland für alle Bischöfe).

Metropolitan Area [engl. mɛtrəˈpɔlɪtən ˈɛərɪə], in den *USA* seit 1930 bestehende statist. und Planungsregion, die im Ggs. zur städt. Agglomeration oft auch umfangreiche landw. genutzte und ländl. Gebiete umfaßt. In *Australien* das städt. Gebiet um die Hauptstädte der Bundesstaaten.

Metropolitan Museum of Art [engl. mɛtrəˈpɔlɪtən mjuːˈzɪəm əv ˈɑːt] (Metropolitan Museum) ↑Museen (Übersicht).

Metropolitan Opera [engl. mɛtrəˈpɔlɪtən ˈɔpərə] (M. O. House), Kurzbez. Met, bedeutendstes Opernhaus der USA, 1883 in New York eröffnet, mehrfach umgebaut, 1966 abgerissen. Das neue Haus im Lincoln Center wurde 1966 eröffnet (3788 Plätze).

Metrum (Metron) [griech.], in der *Literatur* ↑Vers.

▷ in der *Musik* die Maßeinheit mehrerer, zu einer Einheit zusammengeschlossener Zählzeiten und ihre Ordnung nach wiederkehrenden Abfolgen von betonten und unbetonten Schlägen. Grundlage einer solchen Ordnung ist der ↑Takt; doch bilden sich immer auch übergeordnete metr. Zusammenschlüsse, z. B. zu 2, 4, 8 oder noch mehr Takten (↑Periode). Zentraler Geltungsbereich des M.begriffs ist die Musik des 18. und 19. Jh. In der Musik nach 1950 gibt es vielfach kein M. mehr, statt dessen nur noch eine Zeitorientierung, z. B. nach Sekunden.

Metschnikow, Ilja Iljitsch [russ. ˈmjetʃnikɐf], *Iwanowka (Gebiet Charkow) 15. Mai 1845, †Paris 15. Juli 1916, russ. Zoologe und Bakteriologe. – Prof. am Institut Pasteur in Paris; widmete sich bes. der Erforschung von

Metropolitan Opera. Das alte, 1883 errichtete Gebäude

Bakterien und Toxinen. 1883 entdeckte er die Phagozytose von Bakterien durch Leukozyten. Mit P. Ehrlich erhielt er für seine Arbeiten zur Immunität 1908 den Nobelpreis für Physiologie oder Medizin.

Metsu, Gabriel [niederl. 'mɛtsy:], * Leiden Jan. 1629, □ Amsterdam 24. Okt. 1667, niederl. Maler. – Seit 1658 in Amsterdam als Maler des holländ. Bürgerlebens, u. a. „Das kranke Kind" (Amsterdam, Rijksmuseum).

Metsys [niederl. 'mɛtsɛjs], fläm. Malerfamilie, ↑ Massys.

Mette [lat.] ↑ Matutin.

Metternich, im frühen 14. Jh. erstmals bezeugtes rhein. Adelsgeschlecht (nach dem Dorf M. bei Euskirchen ben.); stellte im 16./17. Jh. mehrere Bischöfe und Kurfürsten von Köln, Mainz und Trier; 1652 Erwerbung von Beilstein und Winneburg; 1635 in den Reichsfreiherren-, 1679 in den Reichsgrafen-, 1803 in den Reichsfürstenstand und 1813 in den östr. Fürstenstand erhoben. 1803 wurde die Fam. für linksrhein. Gebietsabtretungen mit Ochsenhausen (als Ft. Winneburg bezeichnet) entschädigt und nannte sich *M.-Winneburg.* Bedeutendster Vertreter:

M. (M.-Winneburg), Klemens Wenzel Fürst von M. (seit 1813), * Koblenz 15. Mai 1773, † Wien 11. Juni 1859, östr. Staatsmann. – ⚭ Sept. 1795 mit Eleonore Kaunitz, Enkelin von W. A. Graf von Kaunitz; 1801–03 kaiserl. Gesandter in Dresden, 1803–06 in Berlin, 1806–09 Botschafter in Paris. Nach der östr. Niederlage gegen Frankreich 1809 zum östr. Außenminister ernannt, verschaffte er seinem Land durch Anlehnung an Napoleon I. (dessen Heirat mit der Kaisertochter Marie Louise er unterstützte) eine Ruhepause. Nachdem M. mit Napoleon für dessen Rußlandfeldzug 1812 östr. Hilfe vereinbart hatte, vollzog er den Anschluß Österreichs an die Koalition gegen Frankreich (↑ Befreiungskriege). Im Sinne des europ. Gleichgewichts wirkte er im 1. Pariser Frieden (1814) auf die Schonung Frankreichs hin. Auf dem unter seinem Vorsitz tagenden ↑ Wiener Kongreß betrieb er erfolgreich die ↑ Restauration der vorrevolutionären Ordnung. Die ↑ Heilige Allianz formte er zu einem Bund der Fürsten gegen die nat. und liberalen Regungen der Völker. Als führender europ. Staatsmann trat M. auf den Kongressen der Jahre 1820–22 auf, die er zum Instrument seiner legitimist. Interventionspolitik machte. Im Dt. Bund setzte er in Zusammenarbeit mit Preußen die rücksichtslose Unterdrückung der freiheitl. und nat. Bewegung (Karlsbader Beschlüsse) 1819) sowie die Festschreibung des monarch. Prinzips (1820) durch. In Österreich, wo M. 1821 zum Haus-, Hof- und Staatskanzler ernannt worden war, wurde sein Einfluß ab 1826 geschwächt. Nach Ausbruch der Revolution mußte M. als Exponent der Reaktion am 13. März 1848 zurücktreten und ins Ausland fliehen. Im Sept. 1851 kehrte er nach Wien zurück.

Die Ziele des **Metternichschen Systems** (auch System M. gen.) waren die Erhaltung der 1815 wiederhergestellten vorrevolutionären polit. und sozialen Ordnung und der Kampf gegen alle nat., liberalen und revolutionären Bewegungen. Die Stabilität dieser auf monarch. Legitimität gegründeten Friedensordnung sah er am besten im Gleichgewicht der 5 Großmächte gesichert, wobei er der Zusammenarbeit der drei konservativen Ostmächte Rußland, Preußen und Österreich einen bes. Wert beimaß. Mittel seiner Politik waren u. a. ↑ Kongreßdiplomatie und militär. Interventionen, Polizeimaßnahmen und Zensur.

Metteur [mɛ'tø:r; lat.-frz., zu mettre „stellen, setzen"], der für den Umbruch (die Mettage) zuständige Schriftsetzer.

Mettlach, Gem. an der großen Saarschleife, 20 km nw. von Saarlouis, 175 m ü. d. M., 12 000 E. Keramikmuseum, Keramikind. – Um 690 gegr. als Benediktinerabtei. – Achteckiger Alter Turm (erbaut 994).

Mettmann, Krst. 17 km östl. von Düsseldorf, NRW, 127 m ü. d. M., 38 400 E. Metallbearbeitung, Nahrungsmittel-, Bekleidungs-, elektrotechn. und feinmechan. Ind., Gummibandweberei, Kalksteinverarbeitung. – 904 erstmals erwähnt, 1424 stadtähnl. Rechte; seit 1846 Stadt. – Sw. von M. das ↑ Neandertal.

M., Kreis in Nordrhein-Westfalen.

Metz, Johann Baptist, * Welluck (= Nitzlbuch, Landkr. Amberg-Sulzbach) 5. Aug. 1928, dt. kath. Theologe. – Seit 1963 Prof. für Fundamentaltheologie in Münster. Von einem transzendental-existential orientierten Glaubensverständnis wandte sich M. einem krit., politisch ausgerichteten Denken in seiner Theologie zu. – *Werke:* Christl. Anthropozentrik (1962), Zur Theologie der Welt (1973), Glaube in Geschichte und Gesellschaft (1977), Lateinamerika und Europa (Hg., 1988).

Metz [mɛts, frz. mɛs], frz. Stadt an der Mündung der Seille in die Mosel, 114 200 E. Verwaltungssitz des Dep. Moselle, Hauptstadt der Region Lothringen. Kath. Bischofssitz; Univ. (gegr. 1971), Hochschule für Ingenieure, Musikhochschule; Theater; internat. Messe. M. ist Handelszentrum für landw. Erzeugnisse (Wein, Rinder) sowie das Finanz- und Handelszentrum der lothring. Eisen- und Stahlind. Metallverarbeitende, Haushaltswaren-, Elektro-, Bekleidungs-, Tabak- und Nahrungsmittelind., Großbrauereien, Fahrzeugbau; Erdölraffinerie; Flußhafen, ⚒.

Geschichte: Als **Divodurum** Hauptstadt der kelt. Mediomatriker. Die Römer bauten hier das Kastell **Mediomatricum** (später **Mettis**), bei dem sich eine bed. Stadt entwickelte; vermutlich im 4. Jh. Bischofssitz; im 6. Jh. zeitweise Hauptstadt Austrasiens; 843 zu Lotharingien, 870 zum Ostfränk. (später Hl. Röm.) Reich. Stand im MA unter der Herrschaft der Bischöfe; nach Verlegung der bischöfl. Residenz nach Vic zur Reichsstadt erhoben; schuf sich ein Territorium (Pays Messin). 1552 besetzte den frz. König auf Grund des Vertrags von Chambord die Stadt, 1648 endgültig an Frankreich abgetreten. Bildete mit den ehem. bischöfl. Territorien von M., Toul und Verdun die Prov. der *Drei Bistümer* und wurde deren Hauptstadt. Von den Franzosen zu einer der stärksten Festungen ausgebaut. Ab 1790 Dep.hauptstadt. Im Dt.-Frz. Krieg 1870/71 wurde in M. das Gros der frz. Rheinarmee eingeschlossen und am 27. 10. 1870 zur Kapitulation gezwungen. Als Hauptstadt des Bez. Lothringen gehörte M. 1871–1918 und 1940–44 zum Dt. Reich.

Bauten: Galloröm. Baureste; got. Kathedrale (im 16. Jh. vollendet) mit Glasgemälden (14.–16. Jh. sowie des 20. Jh., u. a. von M. Chagall), roman.-spätgot. Kirchen Saint-Maximin und Saint-Eucaire, Templerkapelle (um 1180), got. Kirchen Saint-Martin und Saint-Vincent mit Barockfassade. St. Pierre-aux-Nonnains (im 7. Jh. gegr., im 10., 13. und 15. Jh. verändert). Barocke Platzanlagen mit öffentl. Gebäuden; zahlr. Wohnhäuser der Gotik und der Renaissance (14.–16. Jh.); Reste der ma. Stadtbefestigung, u. a. Dt. Tor und Kamuffelturm; im 18. Jh. entstand der Paradeplatz (Pläne von J. F. Blondel) mit dem Rathaus. Das klassizist. Arsenal wurde bis 1989 von L. R. Bofill zu einem Kultur- und Kongreßzentrum umgebaut.

Metzger, Fritz, * Winterthur 3. Juli 1898, † Zürich 13. Aug. 1973, schweizer. Architekt. – Einer der Erneuerer

Ilja Iljitsch Metschnikow

Klemens Wenzel Fürst von Metternich (Kreidezeichnung von Anton Graff, um 1805)

Metz Stadtwappen

Metz. Das Deutsche Tor, 13. und 15. Jahrhundert

Metzgerpalme

des kath. Kirchenbaus in der Schweiz; neben strengen Rechteckbauten (Sankt Karl, Luzern, 1932 ff.; Kirche in Oberuzwil, 1934–36) auch zylindr. Formen (Sankt Felix und Regula, Zürich, 1949/50).

M., Wolfgang, *Heidelberg 22. Juli 1899, †Bebenhausen (= Tübingen) 20. Dez. 1979, dt. Psychologe. – 1939–42 Prof. in Frankfurt, danach in Münster; arbeitete, von der Wahrnehmungslehre ausgehend, bes. über Denk-, Gefühls- und Willenspsychologie, außerdem über Entwicklungs- und Sozialpsychologie sowie pädag. Psychologie; Hg. u. a. des „Handbuchs der Psychologie" (1966 ff.).

Metzgerpalme, svw. ↑Aukube.

Metzingen, Stadt im Vorland der mittleren Schwäb. Alb, Bad.-Württ., 350 m ü. d. M., 20 400 E. Weinbaumuseum; Obst- und Weinbau, Maschinen- und Fahrzeugbau; metallverarbeitende und Bekleidungsind. – 1075 erstmals erwähnt, 1317 an Württemberg, 1831 als Stadtgem. bezeichnet. – Spätgot. ev. Stadtpfarrkirche (16. Jh.), Bonifatiuskirche (1956).

Metzkes, Harald, *Bautzen 23. Jan. 1929, dt. Maler und Graphiker. – M. gestaltet Alltagsmotive, Landschafts- und Figurenbilder sowie Stilleben von hoher Farbkultur in einem an Cézanne geschulten Stil.

Meudon [frz. mø'dõ], frz. Stadt im sw. Vorortbereich von Paris, Dep. Hauts-de-Seine, 48 400 E. Staatl. Inst. für Astronomie und Geophysik, aerodynam. Versuchsanlage, biolog. Forschungsinst.; Hütten- und Stanzwerke, Bau von Kfz-Karosserien, Herstellung von Explosivstoffen. – Berühmt die „Terrasse de M." mit Observatorium (ehem. Schloß von J. Hardouin-Mansart, 1706); Rodin-Museum im ehem. Wohnhaus des Künstlers; Atelierhaus von T. van Doesburg (1929/30).

Meumann, Ernst, *Uerdingen (= Krefeld) 29. Aug. 1862, †Hamburg 26. April 1915, dt. Pädagoge. – Schüler W. Wundts; 1894 Prof. in Zürich, zuletzt (ab 1911) in Hamburg. Vertreter einer empir. „experimentellen" Pädagogik. Hg. der „Zeitschrift für experimentelle Pädagogik" (ab 1905; seit 1911 „Zeitschrift für pädag. Psychologie und experimentelle Pädagogik"). Arbeiten über Methodik, Lernen, Gedächtnis, Begabung, Intelligenz und Willen, auch über Ästhetik.

Meung, Jean de [frz. mœ], frz. Dichter, ↑Rosenroman.

Meunier, Constantin [frz. mø'nje], *Etterbeek bei Brüssel 12. April 1831, †Ixelles 4. April 1905, belg. Bildhauer und Maler. – Entdeckte seit 1879 als Hauptthema den arbeitenden Menschen, den er in seiner Darstellung heroisierte. Seit 1886 fast ausschließlich als Bildhauer tätig, u. a. „Dockarbeiter".

Constantin Meunier. Bergmann, Bronze, vor 1899 (Marl, Skulpturenmuseum Glaskasten)

Meurthe [frz. mœrt], rechter Nebenfluß der Mosel, entspringt in den Vogesen, mündet nördl. von Nancy, 170 km lang.

Meurthe-et-Moselle [frz. mœrtemɔ'zɛl], Dep. in Frankreich.

Meuse [frz. møːz], Dep. in Frankreich.
▷ frz. Name der ↑Maas.

Meute [frz., eigtl. „Aufruhr" (letztlich zu lat. movere „in Bewegung setzen")], wm. Bez. für die Gesamtheit der jagenden Hunde, auch für eine Hetzjagd.

Meuterei [zu frz. meute (↑Meute)], Vereinigung mehrerer Personen zu Ungehorsam oder Empörung gegen Vorgesetzte. Die Gefangenen-M. (Zusammenrottung von Gefangenen, um mit vereinten Kräften Beamte oder Aufseher zu nötigen oder tätlich anzugreifen bzw. gewaltsam auszubrechen) wird nach § 121 StGB mit Freiheitsstrafe bis zu fünf, in bes. schweren Fällen bis zu zehn Jahren, bestraft. Die gleiche Strafdrohung besteht nach § 27 WehrstrafG, wenn Soldaten eine Gehorsamsverweigerung, eine Bedrohung, eine Nötigung oder einen tätl. Angriff begehen.

MeV, Einheitenzeichen für Megaelektronenvolt (↑Elektronenvolt).

Mevissen, Gustav von (seit 1884), *Dülken (= Viersen) 20. Mai 1815, †Godesberg (= Bonn) 13. Aug. 1899, dt. Großkaufmann und Politiker. – Präs. der Rhein. Eisenbahngesellschaft, Vors. der Kölner Handelskammer, Mitbegr. der Rhein. Zeitung (1842), Gründer der Bank für Handel und Ind. (1853); 1847/48 Mgl. des Vereinigten Landtags, 1848/49 der Frankfurter Nat.versammlung (Liberaler), 1866–91 des preuß. Herrenhauses.

Gustav von Mevissen (Federzeichnung, um 1880)

Harald Metzkes. Herkules erwürgt die Schlange, 1988 (Privatbesitz)

Mewlewija (arab. Maulawija; Mewlewi-Derwische, Mewlewi-Orden), Orden der „tanzenden Derwische", so gen. wegen ihres von Musik begleiteten rituellen Tanzes, mit dem sich die Derwische in Ekstase versetzten; um 1325 in Konya von Dschalaloddin Rumi gegr., nach dessen Ehrentitel Mewlana („unser Meister") der Orden ben. wurde. Er hatte großen Einfluß im Osman. Reich.

Mexicali [span. mexi'kali], Hauptstadt des mex. Staates Baja California Norte, im Coloradodelta, 510 600 E. Kath. Bischofssitz, Univ. (gegr. 1957); Handels- und Verarbeitungszentrum der Landw. im Coloradodelta; Fremdenverkehr. – Seit 1911 Hauptstadt des Gebietes Baja California, Territorio Norte, das 1951 Staat wurde.

México [span. 'mexiko], Staat in Z-Mexiko, 21 355 km², 9,8 Mill. E (1990), Hauptstadt Toluca de Lerdo. M. liegt im zentralen Hochland und in der Cordillera Volcánica und erstreckt sich im SW bis zur Senke des Río Balsas. Die Landw. ist auf die Versorgung der Stadt Mexiko ausgerichtet.

Geschichte: 1824 wurde die 1786 eingerichtete Intendencia M. des Vize-Kgr. Neuspanien in den Staat M. umgewandelt, der durch Ausgliederung um den Distrito Federal (1824) und die Staaten Guerrero (1847), Morelos (1869; 1862–69 Territorium) und Hidalgo (1859) verkleinert wurde.

mexikanische Kunst, i. e. S. die Kunst in Mexiko seit Begründung des heutigen Staates. Für die vorausgehende Zeit ↑altamerikanische Kulturen, ↑lateinamerikanische Kunst. Im 20. Jh. erlangte die m. K. infolge der Revolution (1910–17) einen eigenen Charakter und nach dem 2. Weltkrieg durch Bauten des ↑internationalen Stils Weltgeltung. Die m. K. ist geprägt von ihrem sozialrevolutionären Anspruch sowie der Suche nach einem nat. Stil unter dem Einfluß des indian.-span. Erbes und der Baugedanken des 20. Jh. Die Architektur kennzeichnen Freude an Materialkombinationen (Einfluß Mies van der Rohes) und naive wilde Farbigkeit (Tradition des Churriguerismus) oder großen Wandgemälde oder -verkleidungen, Resultat einer Synthese von Architektur und bildenden Künsten. Bed. Bauten v. a. in der Hauptstadt: Universitätsstadt (1950–53; Generalplan von M. Pani und E. del Moral) u. a. mit Bibliothek (J. O'Gorman), dem Pavillon zur Erforschung kosm. Strahlen (J. G. Reyna, F. Candela) sowie dem Olympiastadion (1968; von A. P. Palacios, Reliefs von P. Ramírez-Vázquez u. a.) und dem Sportpalast (F. Candela u. a.). Die monumentale Wandmalerei (D. Rivera, D. Alfaro Siqueiros, J. C. Orozco, R. Tamayo u. a.) steht – ebenso die Graphik und Plastik – im Dienste des polit.-gesellschaftl. Engagements im Sinne der Muralisten. Eine bed. Ausnahme ist die Malerei von Frida Kahlo.

mexikanische Literatur, Höhepunkte der mit den Berichten von H. Cortés an Karl V. beginnenden reichen Literatur der span. Chronisten waren die Werke von B. Díaz del Castillo, B. de Las Casas und Bernardino de Sahagún. Das im 17. Jh. aufblühende Kulturleben der vizekönigl. Residenz wurde auf literar. Gebiet geprägt vom Gongorismus, dem sich Epiker wie B. de Balbuena und bes. die Lyrikerin Juana Inés de la Cruz verpflichtet fühlten. Nach dem von wiss. Interesse beherrschten 18. Jh. setzte die Entwicklung einer eigenständigen Literatur ein, u. a. mit den Romanen von J. J. Fernández de Lizardi. Mittelpunkt einer Schule romant. Autoren war I. M. Altamirano. Der die Romantik ablösende Modernismo wurde von Lyrikern wie M. Gutiérrez Nájera und A. Nervo getragen und von E. González Martínez überwunden. Eine durch die analyt. Techniken des Naturalismus vertiefte Einsicht in die sozialen Probleme des Landes charakterisiert das Romanschaffen bes. von R. Delgado. Zu den großen Autoren des sog. „mexikan. Revolutionsromans" gehören u. a. M. Azuela, M. L. Guzmán, J. R. Romero, R. F. Muñoz, A. Yáñez. Einen weiteren wichtigen Themenkreis bildeten die Lebensformen und -bedingungen der Indianer, bes. für die Romane von R. Rubín, R. Castellanos. Die Konflikte innerhalb der nachrevolutionären Gesellschaft gestalteten die modernen Romanciers J. Revueltas und C. Fuentes. Internat. Einfluß erlangten die „mag. Realist" J. Rulfo und der phantast. Erzähler J. J. Arreola. Große Bed. hat die mex. Essayistik mit dem Philologen A. Reyes, dem Philosophen L. Zea und dem Lyriker Octavio Paz erlangt, ebenfalls dem Theaterschaffen mit Rodolfo Usigli. Die mex. Gegenwartsliteratur vertreten außerdem J. Ibargüengoitia, J. E. Pacheco, E. Poniatowska, S. Pitol.

mexikanische Musik, sie ist von der kreol.-mestiz. Folklore geprägt und ging aus der span. Tradition hervor, die die Musik der indian. Urbevölkerung überlagerte; von der Musik der indian. Hochkulturen (u. a. Mayas, Azteken) überlebten aber einige Elemente. – Typisch mexikanisch ist der balladenartige Corrido (eine Art Zeitungslied); eine typ. Musiziergruppe sind die Mariachi. Das Musikleben der Kolonialzeit orientierte sich an span. Mustern. Vorherrschend waren aber bis gegen Ende des 19. Jh. italien. Oper (seit 1827) und span. Zarzuela. – Nach der Revolution (1910–17) entwickelte sich Mexiko zu einem der führenden Länder der lateinamerikan. Musik. Seitdem ist die Folklore Grundlage für die meisten Komponisten. Pioniere auf diesem Gebiet waren M. P. Ponce und V. T. Mendoza. Internat. Ruf erwarben sich C. Chávez Ramírez und S. Revueltas. Internat. an der neueren Avantgarde orientieren sich u. a. M. Enríquez, H. Quintanar und E. Mata.

Mexikanischer Krieg (1846–48), Krieg zw. den USA und Mexiko, ausgelöst durch die Annexion von Texas durch die USA 1845. Im Frieden von Guadalupe Hidalgo (2. Febr. 1848) mußte Mexiko das Gebiet nördl. des Rio Grande an die USA abtreten.

Mexiko ['mɛksiko; span. 'mɛxiko] (amtl. Ciudad de México), Hauptstadt von Mexiko und des Distrito Federal, in einem Becken des zentralen Hochlands, 2 240 m ü. d. M., 8,25 Mill. E, als städt. Agglomeration 15 Mill. (nach inoffiziellen Angaben rd. 20 Mill. [am schnellsten wachsende Agglomeration der Erde]). Kath. Erzbischofssitz; 9 Univ. (älteste 1551 gegr.), TH, zahlr. wiss. Akad. und Inst.; Nationalarchiv, -bibliothek; zahlr. Museen, u. a. anthropolog. Museum, Museum für moderne Kunst, für religiöse Kunst, botan. Garten, Zoo. Bedeutendster Ind.standort des Landes (extreme Schadstoffbelastung der Atmosphäre). Mehr als 50 % aller mex. Handelsgesellschaften, Banken und Versicherungen haben hier ihren Sitz; wichtigster Verkehrsknotenpunkt des Landes; U-Bahn; internat. ✈.

Geschichte: M. liegt an der Stelle der präkolumb., um 1370 auf einigen Inseln im W des Lago de Texcoco gegr. Stadt **Tenochtitlán,** der Hauptstadt des Aztekenreiches, die von Cortés zerstört wurde. Ihr Aussehen läßt sich nach spärl. Quellen und wenigen Bauresten ungefähr erahnen. Die 150 Jahre ältere Nachbarsiedlung *Tlatelolco* (heute ein Stadtteil von M.) wurde 1473 von den Azteken unterworfen. Anfangs unter der Oberhoheit anderer Stämme, konnten sich die Azteken, vereint mit Tezcoco (= Texcoco de Mora), die Vorherrschaft erkämpfen. Die bebaute Fläche der Stadt Tenochtitlán umfaßte (einschl. Tlatelolco) zur Zeit der Eroberung ein Rechteck von etwa 10 km²; die Einwohnerzahl soll nach Schätzungen zw. 60 000 und 300 000 betragen haben. Ihr zentraler Platz lag an der Stelle des heutigen Zócalo. Die Inselstadt wurde durch 3 Dämme mit dem festen Land verbunden, die für den Bootsverkehr Durchlässe besaßen und sich in geradlinigen Straßen fortsetzten; sie teilten die Stadt in 4 symmetrisch angeordnete Stadtviertel, in deren Mittelpunkt sich der Haupttempelbezirk (in unmittelbarer Nähe des Zócalo) befand. Die Stadt war von rechtwinklig sich kreuzenden Straßen und Kanälen durchzogen. Die Landfläche der Inselstadt war durch Anlegung von †Chinampas erweitert worden, deren hohe Erträge die Ernährung der Bewohner sichern halfen. Auf dem nicht ganz festen Untergrund standen Hütten aus Pfählen, lehmbeworfenen Flechtwänden und Grasdächern. Nur die sozial Höhergestellten und bes. der Adel besaßen Häuser aus Stein. Der Haupttempelbezirk, ein Rechteck von 350 × 300 m, von einer „Schlangenmauer" mit plastisch herausgearbeiteten Schlangenköpfen umgeben, enthielt außer dem Haupttempel mehrere kleinere Tempel sowie weitere sakrale Anlagen. Der rasche Wiederaufbau der bei der Eroberung zerstörten Stadt begann 1522 (unter dem Namen M.) wohl auf dem aztek. Grundriß. 1528 wurde sie Sitz eines Bischofs, seit 1546 eines Erzbischofs, 1535 mit der Errichtung des Vize-Kgr. Neuspanien dessen Hauptstadt. 1847 eroberte sie der amerikan. General W. Scott, 1863 frz. Truppen, die Kaiser Maximilian die Thronbesteigung ermöglichten. Bis Anfang des 18. Jh. blieb die Insellage der Stadt erhalten. Heute füllt die Agglomeration den N des Distrito Federal und Teile des angrenzenden Bundesstaates México. Ein Erdbeben vernichtete 1985 große Teile der Innenstadt.

Bauten: Der Zócalo (Platz der Verfassung) wird beherrscht von der Kathedrale (1573 ff.; an der Stelle des Quetzalcóatltempels) mit reicher Innenausstattung; an der O-Seite der Nationalpalast (1523 ff., mehrfach umgebaut; an der Stelle des Palastes von Moctezuma II.) mit Fresken von D. Rivera; an der SW-Ecke das Rathaus (17./18. Jh.). Bei Bauarbeiten werden immer wieder bed. Funde aus aztek. Zeit gemacht. In der Nähe des Zócalo befinden sich mehrere bed. ehem. Klosterkirchen (16.–18. Jh.), Paläste im Kolonialstil und das moderne Hochhaus Torre Latino-Americana (43 Stockwerke). Westl. vom Zócaloviertel führt die Prachtstraße Paseo de la Reforma (zahlr. Hochhäuser, Luxushotels und -geschäfte, Denkmäler) zum Hügel Chapultepec. Hier befinden sich das Schloß (1785 und 1865; heute z. T. histor. Museum), die Histor. Galerie (Dioramen), das Museum für Naturgeschichte, das berühmte Anthropolog. Museum (beide 1964), die Residenz des Staatspräs., der botan. Garten, der Zoo. Im nördl. des Zócalo gelegenen Stadtviertel liegt der Platz der Drei Kulturen mit Überresten aus aztek. Zeit, der Kirche Santiago de Tlatelolco (1609) und Hochhäusern aus den 1960er Jahren. Das histor. Zentrum wurde von der UNESCO zum Weltkulturerbe erklärt. Am N-Rand der Stadt steht die Basilika von Guadalupe, das größte mex. Heiligtum. Sie wurde Anfang des 18. Jh. erbaut und ist durch den sumpfigen Untergrund vom Absinken bedroht, daher nur noch Museum. Der Neubau (1976) faßt 20 000 Gläubige.

Im S der Stadt befinden sich in einem Park das Kulturhaus (etwa 1 000 m² Wandgestaltung von D. Alfaro Siqueiros und Mitarbeitern), die Stierkampfarena (50 000 Plätze) und die Univ.stadt, u. a. mit der Univ.bibliothek, der fensterlose Fassade mit einem Mosaik von J. O'Gorman geschmückt ist. Das Univ.stadion wurde zum Olympiastadion ausgebaut (1968; 80 000 Plätze); 5 km sö. davon das Aztekenstadion (1966; 105 000 Plätze). Von den Wohnvierteln haben einige den Kolonialstil bewahrt, im NW befinden sich – neben einer modernen Satellitenstadt – ausgedehnte Elendsviertel. Östl. des internat. ✈ liegt eine ausgedehnte Arbeiterkolonie, die überwiegend aus Lehmhütten besteht.

Mexiko

Hauptstadt von Mexiko

8,25 Mill. E

Wirtschaftszentrum des Landes

Nachfolgerin der Aztekenhauptstadt Tenochtitlán

polit. und kultureller Mittelpunkt des span. Kolonialreichs

die am raschesten wachsende städt. Agglomeration der Erde (rd. 20 Mill.)

Mexiko

Mexiko
Fläche: 1 958 201 km²
Bevölkerung: 81,14 Mill. E (1990), 41 E/km²
Hauptstadt: Mexiko
Amtssprache: Spanisch
Nationalfeiertag: 16. Sept. (Unabhängigkeitstag)
Währung: 1 Mexikan. Peso (mex$) = 100 Centavos (c)
Zeitzonen (von W nach O): MEZ −7, −8 bzw. −9 Stunden

Mexiko
Staatswappen

Internationales
Kfz-Kennzeichen

Mexiko (amtl.: Estados Unidos Mexicanos; dt. Vereinigte Mex. Staaten), Staat im S Nordamerikas und im N Zentralamerikas, zw. 14° 33′ und 32° 43′ n. Br. sowie 86° 46′ und 117° 8′ w. L. **Staatsgebiet:** Grenzt im N an die USA, im SO an Guatemala und Belize. Außer zahlr. küstennahen Inseln gehören zu M. noch die pazif. Inseln Isla de Guadalupe und Islas Revillagigedo. **Verwaltungsgliederung:** 31 Bundesstaaten, 1 Bundesdistrikt. **Internat. Mitgliedschaften:** UN, OAS, ALADI, SELA, GATT, NAFTA.

Landesnatur

Das Staatsgebiet M. bildet in klimat. wie in geologisch-geomorpholog. Hinsicht einen Übergang zw. dem nordamerikan. Kontinent und der zentralamerikan. Landbrücke. Über ³/₄ des Landes liegen auf dem Südende des nordamerikan. Kontinents, der sich zur Landenge von Tehuantepec auf etwas über 200 km Breite verschmälert. Das Gebirgsland von Chiapas und das verkarstete Yucatán, östl. der Landenge, zählen bereits zu Zentralamerika. Das nordamerikan. Kordillerensystem setzt sich in M. fort: Im W liegt die bis 3 150 m hohe Sierra Madre Occidental, im O die bis 4 056 m aufragende Sierra Madre Oriental. Zw. diesen Gebirgen, die steil von den Küsten aufsteigen, liegt in 1 100–2 500 m Höhe ein Hochland, das durch zahlr. isolierte Gebirgsrücken in meist abflußlose Becken gegliedert ist. Im S wird das Hochland von der Cordillera Volcánica abgeschlossen. Hier erheben sich zahlr. Vulkane, u. a. der 5 452 m hohe Popocatépetl und der 5 700 m hohe Citlaltépetl (höchster Berg M.). Die Becken in der Cordillera Volcánica und der südl. Teil des Hochlands, die **Mesa Central**, sind der Hauptsiedlungsraum von M. An der Pazifikküste erreicht die Sierra Madre del Sur etwa 3 700 m Höhe. Die Golfküstenebene ist im S weithin versumpft. Die pazif. Küste hat Steilufer und Buchten im Bereich der Sierra Madre del Sur, nach N gewinnt die Küstenebene an Breite. Über das Coloradodelta ist die Halbinsel Niederkalifornien, die durch die weitgehend versumpfte Senke des Golfs von Kalifornien vom Festland getrennt ist, mit M. verbunden.

Klima

Kennzeichnend für M. ist die Lage in den Rand- und Subtropen. Auf Grund der Höhenunterschiede haben sich im trop. Bereich 4 Klimastufen ausgebildet: Vom Meeresspiegel bis 700–800 m Höhe reicht die heiße Zone (Tierra caliente) mit Anbau von Kakao, Vanille und Cohunepalmen, bis 1 600–1 700 m Höhe folgt die gemäßigte Zone (Tierra templada) mit Anbau von Baumwolle, Zuckerrohr und Reis, darüber bis 4 000–4 700 m Höhe die kühle Zone (Tierra fría) mit der Obergrenze der Vegetation, darüber die Zone des ewigen Schnees (Tierra helada). Im nördl. Hochland (Mesa del Norte) herrscht starke Trockenheit. Die pazif. Küste weist ein ausgeprägtes wechselfeuchtes Klima mit einer Regenzeit von Juni–Sept. auf, in der Golfküstenebene regnet es auch zw. Nov. und April.

Vegetation und Tierwelt

Das innere Hochland hat in der Mesa del Norte v. a. kakteenreiche Dornstrauchsavanne, die nach S mit zunehmenden Niederschlägen in grasreiche Höhensavanne übergeht. In den Gebirgen folgt auf immergrünen Regenwald Laubwald, der mit der Höhe in Nadelwald übergeht.
In M. finden einige südamerikan. Tierarten ihre nördl. Verbreitungsgrenze (z. B. Neuweltaffen), andererseits erreichen nordamerikan. Arten (z. B. Klapperschlangen) hier ihr südlichstes Verbreitungsgebiet.

Bevölkerung

Der größte Teil der zu über 90 % kath. Bev. besteht aus Mestizen, der Bev.anteil der Indianer wird auf 10–15 % geschätzt. Doch beruht die ethn. Gliederung weniger auf rass. als kulturell-zivilisator. Merkmalen bzw. der Selbsteinschätzung: Viele Mestizen bezeichnen sich als Weiße, viele Indianer als Mestizen. Die meisten der 45 Stämmen angehörenden Indianer leben im südl. M., u. a. Maya, Zapoteken, Mazateken und Mixteken. Das hohe Bev.wachstum hat eine starke Landflucht zur Folge, doch ist in den Städten weder ausreichend Arbeit noch Wohnraum vorhanden, was zu ausgedehnten Elendsvierteln führte. Ein Teil der Arbeitslosen bemüht sich, nach den USA auszuwandern oder dort vorübergehend als Landarbeiter unterzukommen, häufig auch auf illegalem Weg. Trotz 6jähriger Schulpflicht beenden aber über 60 % der Kinder, v. a. auf dem Lande (bis zu 95 %), die Grundschule nicht. M. verfügt über 1 347 Hochschuleinrichtungen, darunter die 1551 in der Hauptstadt gegr. älteste Universität.

Wirtschaft und Verkehr

Infolge der Expansion des Erdölsektors seit den 1970er Jahren hat sich die Wirtschaftsstruktur M. stark verändert. M. zählt zu den industriell fortgeschrittensten Ländern Lateinamerikas, hat aber nach Brasilien die höchsten Auslandsschulden aller Entwicklungsländer. Durch Reprivatisierung großer staatl. Ind.unternehmen und erhöhte Auslandsinvestitionen soll die Wirtschaft stabilisiert werden. M. ist reich an Bodenschätzen. Abgebaut werden Flußspat, Graphit, Silber, Quecksilber, Zink, Schwefel, Antimon, Kupfer, Eisenerze, Kohle u. a. Reiche Erdöl- und Erdgasfelder liegen im Golfküstenbereich. Der nach Verstaatlichung der Erdölind. (1938) erfolgte Rückgang in der Förderung bekam Mitte der 1970er Jahre durch die Erschließung neuer Felder starke Impulse. M. liegt in der Erdölfördermenge weltweit an 4. Stelle. Förder- und Verarbeitungszentren sind durch Pipelines (4 381 km Erdgas- und 13 254 km Erdölleitungen) verbunden. Größtes Ind.zentrum ist die Hauptstadt, daneben sind Guadalajara, Puebla und Monterrey wichtige Ind.standorte. Die Grundstoffind. ist weitgehend verstaatlicht. Über 80 % der Konsumgüter werden im Lande hergestellt.

Bevölkerungsverteilung 1990

Bruttoinlandsprodukt 1990

In der Landw. arbeiten rd. 30 % der Erwerbstätigen. Etwa die Hälfte der Gesamtfläche wird landw. genutzt. Ackerbau ist vielfach nur mit Hilfe von Bewässerung möglich. Im S des zentralen Hochlands und in der Cordillera Volcánica wird Regenfeldbau betrieben. 1910 gehörten noch 98 % des Bodens Großgrundbesitzern. Bei der Verteilung des seit 1917 durch Agrarreformgesetze enteigneten Landes wurde das alte indian. Gemeindeeigentum in Form landw. Genossenschaften (Ejidos) bevorzugt. Die Agrarreform verbesserte die soziale Lage der Landbev., der gesamtwirtsch. Nutzen ist jedoch gering, da viele Kleinbetriebe nur für die Selbstversorgung arbeiten. Grundnahrungsmittel sind Mais, Bohnen, Weizen, Gemüse und Obst. Exportorientiert ist der Anbau von Kaffee, Baumwolle, Tomaten, Zuckerrohr, Sisal. Neben Rindern, Schweinen, Schafen, Ziegen werden v. a. Hühner gehalten. M. ist weltweit der viertgrößte Produzent von Bienenhonig. In der Forstwirtschaft spielen neben dem Holzeinschlag auch Harz-, Faser-, Chicle- und Gerbstoffgewinnung eine Rolle. Die Fischerei (v. a. Krabben und Thunfisch) wird staatlich gefördert, die Fischereirechtszone wurde 1976 auf 200 Seemeilen ausgedehnt. M. ist eines der bedeutendsten Touristenländer der dritten Welt. Hauptanziehungspunkte sind neben den pazif. Badeorten v. a. die archäolog. Stätten indian. Kulturen. Ausgeführt werden Produkte der verarbeitenden Ind., Erdöl und Erdgas, Kaffee, Baumwolle, Rohzucker, Krabben, Tomaten, Bienenhonig, eingeführt Maschinen und Apparate, Eisen und Stahl, feinmechan. und opt. Erzeugnisse, Kunststoffe, Agrarprodukte. Die wichtigsten Partner sind die USA, die EG-Staaten, Japan und die ALADI-Staaten. Das verstaatlichte Eisenbahnnetz ist 26 340 km lang. Das gut ausgebaute Straßennetz hat eine Länge von 239 200 km, darunter 3 500 km Anteil an der Carretera Interamericana. Die wichtigsten Häfen an der Golfküste sind Tampico, Tuxpan de Rodríguez Cano, Veracruz Llave und Coatzacoalcos, an der Pazifikküste Guaymas, Ensenada, Mazatlán, Manzanillo, Acapulco und Salina Cruz. Zwei staatl. Luftfahrtgesellschaften bedienen den In- und Auslandsverkehr; M. verfügt über 32 internat. und 41 nat. ✈.

Geschichte

Indianische Geschichte: Auf etwa 20 000 v. Chr. werden die ältesten bisher bekannten Funde datiert. Um 3 000 waren feste Wohnbauten vorhanden, etwa 2 300 erste Tongefäße. Zw. 1500 v. Chr. und 200 n. Chr. bildeten sich die Anfänge der altindian. Hochkulturen heraus (als älteste der ↑Olmeken an der Golfküste). Um 200 n. Chr. begann die Blüte von ↑Teotihuacán im zentralmex. Hochland. Bis etwa 900 erreichten die Kulturen der ↑Maya und der ↑Tolteken ihre höchste Entfaltung. Sie kannten bereits Großstädte und Fernhandel, an der Spitze der Adelsgesellschaft stand ein erbl. Herrscher. Die Zeit von 200 bis 900 gilt als die klass. Zeit der **mesoamerikanische Hochkulturen** (außer den schon genannten u. a. noch die von El ↑Tajín und die der ↑Zapoteken von Monte Albán und Mitlá). Nach 900 dominierten neben Huaxteken und Totonaken v. a. die Tolteken, die in das Gebiet der Maya in Yucatán eindrangen (Zentrum: Chichén Itzá). Die Zapoteken wurden von den Mixteken vertrieben, die in Oaxaca verschiedene Staaten gründeten. Im 13. Jh. wanderten die ↑Azteken in das Hochland von M. ein und erweiterten von der Hauptstadt Tenochtitlán aus ihre Macht bis um 1500 über Zentral-M. nach S; daneben bestanden weitere Staaten, so das Reich der Tarasken mit der Hauptstadt Tzintzuntzán und Tlaxcala in Z-Mexiko.

Kolonialgeschichte: Als erster Spanier landete F. Hernández de Córdoba am 1. März 1517 an der NO-Spitze der Halbinsel Yucatán. H. Cortés eroberte das Aztekenreich 1519–21 für die span. Krone, dabei erhielt er Hilfe mit den Azteken verfeindeten Indianern. Andere Teile von M. wurden in den folgenden Jahren unterworfen, Yucatán erst 1547. Das durch die span. Eroberung entstandene Vize-Kgr. **Neuspanien** war das Zentrum der span. Kolonialherrschaft in M- und N-Amerika. Wegen seines Silberreichtums war M. neben Peru der wertvollste Teil des Kolonialreiches. Die indian. Bev. wurde unterdrückt, durch Ordensgeistliche missioniert und durch Seuchen bis zum 17. Jh. stark de-

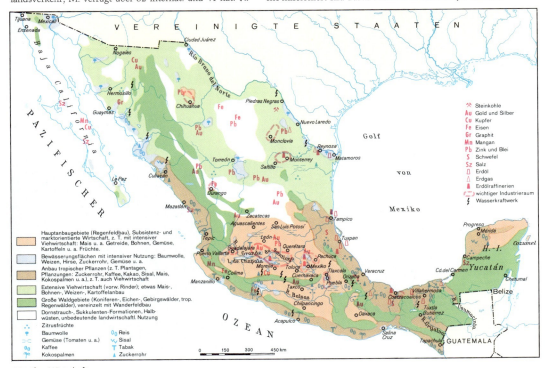

Mexiko. Wirtschaft

Mexiko

zimiert. Karl III. von Spanien nahm in der 2. Hälfte des 18. Jh. umfangreiche Verwaltungsreformen vor, die eine Befreiung von drückenden Ungerechtigkeiten sowie eine erhebl. Liberalisierung und dadurch einen großen geistigen und wirtsch. Aufschwung nach sich zogen, der jedoch bereits mit dem Reg.antritt Karls IV. ein Ende fand. Unter dem Einfluß revolutionärer Ideen und unter dem Druck finanzieller Forderungen Spaniens wuchsen die Spannungen zw. den im Mutterland geborenen Spaniern und den Kreolen. Während der hohe und besitzende Klerus die span. Reg. unterstützte, setzte sich der niedere an die Spitze des Aufstandes. Die Priester M. Hidalgo y Costilla (1810) und J. M. Morelos y Pavón (1815) riefen zum Kampf um die Unabhängigkeit auf; beide wurden erschossen. Als in Spanien selbst eine Revolution liberale und antiklerikale Kräfte an die Macht brachte (1820) und sich in M. die Konservativen mit dem oberen Klerus an der Spitze dagegen erhoben, setzte sich A. de Itúrbide, kreol. Offizier des span. Heeres, durch einen Staatsstreich an die Spitze der Freiheitsbewegung; 1822 ließ er sich als Augustín I. zum Kaiser von M. ausrufen. 1823 löste sich die zentralamerikan. Prov. des Generalkapitanats Guatemala von M., Itúrbide mußte dem republikan. Druck weichen. 1824 gab sich M. seine erste republikan.-bundesstaatl. Verfassung.

Unabhängigkeit, Kaiserreich und Diktaturen: Die Umwandlung der absoluten Monarchie in eine auf demokrat. Grundlagen aufbauende Republik war für M. sehr problematisch, da die neuen Grundsätze in krassem Ggs. zu den bisherigen Gewohnheiten und den sozialen Gegebenheiten standen: Die Gewaltenteilung blieb Theorie, und für die Verwirklichung der neuen liberalen Ideen fehlten alle Voraussetzungen. Anarchie und Gewaltregime wechselten einander ab, die wirtsch. Lage war katastrophal. Zw. 1821 und 1854 lösten sich 34 Reg. ab; es gab ein Kaiserreich, 5 Verfassungen wurden angenommen, 2 Föderal- und 2 Zentralregime errichtet (seit 1835 meist unter der Herrschaft des Generals A. López de Santa Anna); im ↑Mexikanischen Krieg gegen die USA verlor M. etwa die Hälfte seines Territoriums. Nach dem Sturz von Santa Anna (1854) gewann Justizmin. B. Juárez García maßgebenden Einfluß. 1855

Mexiko

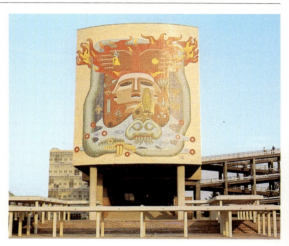

Links oben: Landschaft in der Sierra Madre Occidental, Staat Durango. Rechts oben: Medizinische Fakultät der Universität von Mexiko (Stadt), Fassadenmosaik von Francesco Eppens, 1950–52. Links unten: Plaza de las Tres culturas, Mexiko (Stadt). Rechts unten: Sisalagaven auf der Mesa Central, Staat Chiapas

Mexiko

wurde eine neue Verfassung verabschiedet, die neben der radikalen Trennung von Kirche und Staat auch die weitgehende Enteignung des Kirchengutes und der Latifundien beinhaltete. Der erbitterte Widerstand der Konservativen führte zum Bürgerkrieg, der die bewaffnete Intervention Frankreichs, Großbritanniens und Spaniens nach sich zog. Zum Vorwand dienten die hohen mex. Auslandsschulden, die eingetrieben werden sollten, nachdem Präs. Juárez García (seit 1858) ein zweijähriges Moratorium verkündet hatte. Großbritannien und Spanien zogen sich zurück, als sie das Ziel des frz. Kaisers Napoleon III. erkannten, eine eng an Frankreich gebundene mex. Monarchie zu errichten. Die frz. Intervention gipfelte 1864 in der Krönung des östr. Erzherzogs Maximilian zum Kaiser von Mexiko. Juárez García, weiterhin amtierender Präs., bekämpfte das neue Regime, das nur unter dem Schutz frz. Truppen existierte und nach deren Abzug zusammenbrach. Nach den Zivilreg. von Juárez García und seinem Nachfolger Sebastián Lerdo de Tejada herrschte ab 1876 der durch einen Staatsstreich an die Macht gekommene General P. Díaz. Seine 35jährige Reg.zeit war zwar gekennzeichnet durch raschen wirtsch. Aufschwung, doch fiel M. dabei in eine Art kapitalist. Halbkolonialismus zurück. Die schlechte Lage der Arbeiter unter seiner Diktatur führte mehrfach zu Aufständen; auf dem Lande herrschten erneut die Latifundienbesitzer.

Revolution und Konsolidierung: In dem nach der Wiederwahl von Díaz (1910) ausbrechenden Bürgerkrieg, der eindeutig Züge sozialen Kampfes trug, spielten die legendären Führer F. „Pancho" Villa und E. Zapata führende Rollen. 1911 wurde F. Madero zum Präs. gewählt, aber schon 1913 ermordet. Eine Junta unter V. Huerta regierte daraufhin das Land, in dem die Revolutionskämpfe aber weiter andauerten; infolge der Besetzung des Hafens von Veracruz Llave durch die USA kam es auch zu ernsten internat. Zwischenfällen. 1917 einigten sich die Revolutionäre, mit Ausnahme der Anhänger Villas und Zapatas, auf eine neue, am Vorbild von 1855 orientierte Verfassung, die, wenn auch mehrmals geändert, heute noch in Kraft ist. Die Verstaatlichung der Bodenschätze (bes. des Erdöls) beeinflußte die Entwicklung der Wirtschaft entscheidend. 1938 gelang Präs. L. Cárdenas die Verstaatlichung der in ausländ. Besitz befindl. Erdölgesellschaften. Die Agrarreform wurde immer wieder aufgegriffen; bis 1952 wurden über 36,5 Mill. ha Land an die Bauern verteilt.

Gegenwart: Nach dem 2. Weltkrieg, in dem M. seit 1942 auf der Seite der Alliierten stand, waren die Präs. (die alle dem Partido Revolucionario Institucional [PRI] angehörten) bestrebt, den wirtsch. Aufbau zu fördern. Nach A. López Mateos (1958–64) zog G. Díaz Ordaz (1964–70) noch stärker ausländ. Kapital heran und nahm 1965 diplomat. Beziehungen zu Kuba auf. 1970 folgte L. Echeverría Álvarez, 1976 J. López-Portillo y Pacheco, der um eine verstärkte Unabhängigkeit gegenüber den USA bemüht war, im Dez. 1982 M. de la Madrid Hurtado. Im Sept. 1982 wurden auf Grund der schweren Wirtschaftskrise die Banken verstaatlicht. Die durch den Verfall der Erdölpreise verschärfte Wirtschaftskrise führte 1986 zur Privatisierung bzw. Liquidation von 59 staatl. Unternehmen. Der von dem PRI nominierte C. Salinas de Gortari wurde im Juli 1988 zum Präs. gewählt und trat sein Amt am 1. Dez. 1988 an. Sein Programm der wirtsch. Liberalisierung und Konsolidierung zeigte Erfolge, so daß der PRI bei den Parlamentswahlen im Aug. 1991 seine Vormachtstellung ausbauen konnte. Im Aug. 1992 trat M. der ↑NAFTA bei.

Politisches System

Nach der Verfassung vom 5. Febr. 1917 (Änderungen 1929–74) ist M. eine Bundesrepublik, bestehend aus 31 Bundesstaaten und einem Bundesdistrikt. Als Ergebnis der revolutionären Auseinandersetzungen 1910–17 enthält die Verfassung Bestimmungen über die Trennung von Kirche und Staat, gegen die Existenz von privatem Großgrundbesitz und die private Nutzung der Bodenschätze.

Staatsoberhaupt und Chef der *Exekutive* ist der direkt vom Volk auf 6 Jahre gewählte Präs. (keine Wiederwahlmöglichkeit). Er verfügt über weitgehende Vollmachten, benennt das Kabinett, das unter seinem Vorsitz tagt und ihm verantwortlich ist, ist Oberbefehlshaber der Streitkräfte, kann Gesetzesvorlagen einbringen und hat Vetorecht gegen Kongreßbeschlüsse. Die *Legislative* liegt beim Kongreß, der aus Senat (64 Mgl., je 2 auf 6 Jahre gewählte Senatoren pro Gliedstaat und Bundesdistrikt) und Abg.haus besteht. Von den 500 Mgl. des Abg.hauses (Legislaturperiode 3 Jahre) werden 300 in Einzelwahlkreisen direkt gewählt, 200 Mandate werden nach dem Verhältniswahlsystem über Regionallisten besetzt.

Das *Parteiensystem* wird von dem Partido Revolucionario Institucional (PRI) beherrscht, der sich als Hüter der Revolution versteht. Im Parlament sind weiterhin u. a. vertreten der kath. orientierte Partido Acción Nacional (PAN) und der linksliberal ausgerichtete Partido Revolución Democrática (PRD). Das stark zersplitterte *Gewerkschaftswesen* umfaßt zahlr. Dachverbände, deren wichtigster die Confederación de Trabajadores de México (CTM) ist.

Oben: Landschaft im Hochland von Chiapas. Mitte: Universitätsbibliothek in Mexiko (Stadt), Fassadenmosaik von Juan O'Gorman, 1951–53. Unten: Landschaft am Popocatépetl

Mexiko, Golf von

Verwaltungsgliederung
(Stand 1990)

Staat	Fläche (km²)	E (in 1000)	Hauptstadt
Aguascalientes	5 471	720	Aguascalientes
Baja California Norte	69 921	1 658	Mexicali
Baja California Sur	73 475	317	La Paz
Campeche	50 812	529	Campeche
Chiapas	74 211	3 204	Tuxtla Gutiérrez
Chihuahua	244 938	2 440	Chihuahua
Coahuila	149 982	1 971	Saltillo
Colima	5 191	425	Colima
Distrito Federal*	1 479	8 237	Ciudad de México
Durango	123 181	1 352	Durango
Guanajuato	30 491	3 980	Guanajuato
Guerrero	64 281	2 622	Chilpancingo de los Bravo
Hidalgo	20 813	1 881	Pachuca de Soto
Jalisco	80 836	5 279	Guadalajara
México	21 335	9 816	Toluca de Lerdo
Michoacán	59 928	3 534	Morelia
Morelos	4 950	1 195	Cuernavaca
Nayarit	26 979	816	Tepic
Nuevo León	64 924	3 086	Monterrey
Oaxaca	93 952	3 022	Oaxaca de Juárez
Puebla	33 902	4 118	Puebla
Querétaro	11 449	1 044	Querétaro
Quintana Roo	50 212	494	Chetumal
San Luis Potosí	63 068	2 002	San Luis Potosí
Sinaloa	58 328	2 211	Culiacán
Sonora	182 052	1 822	Hermosillo
Tabasco	25 267	1 501	Villahermosa
Tamaulipas	79 384	2 244	Ciudad Victoria
Tlaxcala	4 016	764	Tlaxcala de Xicoténcatl
Veracruz	71 699	6 215	Jalapa Enríquez
Yucatán	38 402	1 364	Mérida
Zacatecas	73 252	1 278	Zacatecas

*Bundesdistrikt

Verwaltung: Die Bundesstaaten haben eigene, der des Bundes sehr ähnl. Verfassungen: die Exekutive üben auf 6 Jahre gewählte Gouverneure aus, die Legislative liegt bei Abg.-häusern, deren Mgl. auf 3 Jahre gewählt werden. Der Bundesdistrikt untersteht direkt der Bundesreg., sein Verwaltungschef wird vom Staatspräs. ernannt. Die Bundesstaaten sind in Municipios mit gewählten Exekutiven und Legislativen gegliedert.

Recht und Gerichtswesen sind auf Bundes- und Staatenebene gegliedert, doch haben die meisten Bundesstaaten ihre Gesetzbücher und Prozeßordnungen eng an Recht und Prozeßordnung des Bundes angelehnt oder diese ganz übernommen; der Bund selbst folgte europ., v. a. frz. Vorbildern im Straf- und Zivilrecht, im Aufbau des Gerichtswesens lehnte er sich an das Vorbild der USA an. So umfaßt das Bundesgerichtswesen einen Obersten Gerichtshof, 12 Bezirks- und 68 Distriktsgerichte. Die Rechtsprechung liegt primär in der Kompetenz der Bundesstaaten; die Bundesgerichte sind nur für zwischenstaatl. Fälle sowie für Berufungen zuständig.

Mexiko, Golf von, Nebenmeer des Atlantiks zw. dem Festland der USA und Mexiko sowie Kuba; durch die Yucatánstraße mit dem Karib. Meer, durch die Floridastraße mit dem offenen Ozean verbunden, größte Tiefe 5 203 m (Sigsbeetiefe).

Mey, Reinhard, *Berlin 21. Dez. 1942, dt. Chansonsänger. – Errang ab 1968 zunächst in Frankreich (unter dem Namen „Frédérik"), dann auch in der BR Deutschland, Österreich und der Schweiz mit selbstgeschriebenen frz. und dt. Chansons große Erfolge.

Meyer, Albert, *Fällanden (Kt. Zürich) 13. März 1870, †Zürich 22. Okt. 1953, schweizer. Jurist und Politiker. – 1915–29 Mgl. des Nat.rats und Chefredakteur der „Neuen Zürcher Zeitung"; 1923–29 Vors. der Freisinnig-demokrat. Partei der Schweiz; 1929–38 Mgl. des Bundesrats (Innendepartement).

Conrad Ferdinand Meyer

M., Conrad Ferdinand, *Zürich 11. Okt. 1825, †Kilchberg (ZH) 28. Nov. 1898, schweizer. Schriftsteller. – Aus Züricher Patriziat; Autodidakt von umfassender histor. und ästhet. Bildung; neigte zeitlebens zu Depressionen (1852 Aufenthalt in einer Heilanstalt); wandte sich nach der Reichsgründung 1871 der dt. Literatur zu und schrieb seine Dichtungen trotz seiner frz. Bildung in dt. Sprache. Die Menschen seiner vom Geschichtsbild J. Burckhardts beeinflußten Werke verkörpern oft das Renaissanceideal des außergewöhnl. Menschen, des Helden oder großen Sünders (z. B. „Jürg Jenatsch", 1876). Gestaltete Hauptpersonen und ihre Handlungen werden häufig bewußt uneindeutig belassen, bes. durch sublime psychol. Zeichnung (z. B. T. Beckett in „Der Heilige", 1880; Pescara in „Die Versuchung des Pescara", 1887; Lucrezia in „Angela Borgia", 1891). Die Novellen kennzeichnet eine kunstvoll ausgeführte Rahmenhandlung (z. B. „Die Hochzeit des Mönchs", 1884). Während M. früher bes. als Prosa- und Versepiker bzw. als Historist Beachtung fand, wird er heute eher als einer der ersten lyr. Symbolisten dt. Sprache gesehen. Mit seinen ausgefeilten Symbolgedichten (z. B. „Der röm. Brunnen" oder „Zwei Segel") hat er eine eigene Form der Lyrik gefunden, während seine dramat. Versuche ohne Erfolg blieben. – *Weitere Werke:* Romanzen und Bilder (Ged., 1871), Das Amulett (Nov., 1873), Gustav Adolfs Page (Nov., 1882).

M., Eduard, *Hamburg 25. Jan. 1855, †Berlin 31. Aug. 1930, dt. Althistoriker. – 1885 Prof. in Breslau, 1889 in Halle, 1902 in Berlin. Sein bedeutendstes Werk ist die „Geschichte des Altertums" (5 Bde., 1884–1902).

M., E. Y., eigtl. Peter M., *Liestal 11. Okt. 1946, schweizer. Schriftsteller. – Zunächst Lehrer; Verf. autobiographisch getönter, hypotaktisch verwirrender Erzählungen und Romane über Bedrohung, Verdüsterung und Auswegslosigkeit des menschl. Individuums und deren mögl. Überwindung, u. a., „Ein Reisender in Sachen Umsturz" (En., 1972), „Die Rückfahrt" (R., 1977), „Sundaymorning. Ein berndeutsches Stück" (1984).

M., [Friedrich] Elias, d. Ä., *Erfurt 1723, †Berlin 2. Okt. 1785, dt. Porzellanmodelleur. – 1748–61 an der Meißner Manufaktur tätig, seit 1761 Modellmeister der Berliner Manufaktur. Sein Berliner Figurenstil ist ein elegantes, leicht klassizist. Rokoko; z. T. Zusammenarbeit mit seinem Bruder W. C. Meyer.

M., Hannes, *Basel 18. Nov. 1889, †Crocifisso (Gemeinde Savosa, Tessin) 19. Juli 1954, schweizer. Architekt. – 1927 Leiter der Architekturabteilung, 1928–30 Direktor des Bauhauses in Dessau, 1930–36 in der UdSSR, 1939–49 in Mexiko. Für M. waren Architektur und Städtebau soziale, kollektiv zu lösende Aufgaben, wobei er einen „Multifunktionalismus" forderte, der h. soziale, ökonom., psycholog. Organisation des Baus bzw. Stadtplans. – *Werke:* Projekt Völkerbundspalast Genf (1926; mit H. Wittwer), Bundesschule des Allg. Dt. Gewerkschaftsbundes in Bernau bei Berlin (1928–30; mit H. Wittwer), Bebauungsplan für Groß-Moskau (1931/32).

M., Hans, *Hildburghausen 22. März 1858, †Leipzig 5. Juli 1929, dt. Geograph und Verleger. – Sohn von Joseph M.; unternahm fünf Expeditionen nach O-Afrika, wobei er u. a. den Kilimandscharo erforschte und 1889 zus. mit L. Purtscheller erstmals erstieg; 1903 vulkanolog.-glazialmorpholog. Studien in Ecuador, 1915–28 Prof. für Kolonialgeographie in Leipzig. Zahlr. Veröffentlichungen über seine Forschungsreisen und deren Ergebnisse.

M., Heinz-Werner, *Hamburg 24. Aug. 1932, dt. Gewerkschafter. – Bergmann; seit 1957 Gewerkschaftsfunktionär, 1985–90 Vors. der IG Bergbau und Energie, seit 1990 Vors. des DGB.

M., Herrmann August, *Hildburghausen 11. Jan. 1871, †Leipzig 17. März 1932, dt. Forschungsreisender und Verleger. – Enkel von Joseph M.; unternahm 1895–97 und 1898–1900 Expeditionen nach Brasilien, gründete in Rio Grande do Sul Siedlungskolonien für dt. Auswanderer. Seit 1903 Teilhaber des Bibliograph. Inst.; Veröffentlichungen über seine Forschungsreisen.

M., Joseph, *Gotha 9. Mai 1796, †Hildburghausen 27. Juni 1856, dt. Verleger. – War als Kaufmann und Publizist tätig, ehe er 1826 in Gotha das ↑Bibliographische Institut gründete. Er verlegte u. a. preiswerte Klassikerausgaben, gab das histor.-geograph. Stahlstichwerk „Meyers Universum", ab 1839 das 52bändige „Große Conversations-Lexikon" heraus, ferner geograph. Handbücher, Atlanten und Kunstblätter. Mit der lieferungsweisen Herausgabe größerer Werke war M. Bahnbrecher des Subskriptionswesens in Deutschland. Mit anderen Unternehmungen (Kohle- und Erzbergwerke, „Eisenbahnschienenkompanie") hatte er keinen Erfolg (nach seinem Tod Konkurs). Der Verlag wurde seit 1865 von seinem Sohn *Herrmann Julius M.* (*1826, †1909) und seit 1884 von dessen Sohn *Arndt M.* (*1859, †1928) weitergeführt.

M., Julius Lothar, *Varel 19. Aug. 1830, †Tübingen 11. April 1895, dt. Chemiker. – Prof. an der Forsthochschule in Eberswalde, in Karlsruhe und Tübingen; stellte 1869 (unabhängig von D. I. Mendelejew) ein Periodensystem der chemischen Elemente auf.

M., Krzysztof, *Krakau 11. Aug. 1943, poln. Komponist. – Wurde 1966 Dozent an der Krakauer Musikhochschule und 1987 Prof. für Komposition an der Musikhochschule in Köln. Begann mit Klangfarbenkompositionen (1963–66), setzte sich dann mit Aleatorik und Zwölftontechnik (1967–72) und danach mit traditionellen Formprinzipien auseinander. Schrieb Opern (u. a. „Kyberiade", 1970; „Die verzauberten Brüder", 1990), Orchesterwerke (u. a. sechs Sinfonien, 1964–82; „Musica incrostata", 1988), Kammer- und Klaviermusik.

Elias Meyer d. Ä. Chinese und Chinesin, Figuren aus der Berliner Manufaktur, 1768 (Berlin, Staatliche Museen)

M., Wilhelm Christian, *Gotha 1726, †Berlin 10. Dez. 1786, dt. Bildhauer und Porzellanmodelleur. – War nach Ausbildung durch seinen Bruder Friedrich Elias u. a. für Kurfürst Klemens August von Köln tätig. Kam 1761 nach Berlin, später dort Direktor der Kunstakad.; schuf Bauplastik und Porzellanfiguren, sein Stil hat eine deutlichere klassizist. Note als der seines Bruders Friedrich Elias M., mit dem er seit 1772 am Tafelaufsatz für Kaiserin Katharina II. von Rußland arbeitete.

Meyer-Abich, Adolf, *Emden 14. Nov. 1893, †Hamburg 3. März 1971, dt. Philosoph und Historiker der Naturwiss. – Seit 1930 Prof. in Hamburg. Mitbegr. und Hauptvertreter des ↑Holismus. Von ihm stammen Beiträge zur Geistesgeschichte der Naturwiss., bes. der Biologie.

Meyer-Amden, Otto, *Bern 20. Febr. 1885, †Zürich 15. Jan. 1933, schweizer. Maler und Zeichner. – Ausgebildet als Lithograph, Schüler Hölzels; seine Kompositionsstruktur beruht auf der strengen Anordnung stilisierter [Knaben]figuren im Raum; verwischende transparente Farbgebung.

Meyerbeer, Giacomo ['maɪəbɛːr, frz. mɛjɛr'bɛːr], eigtl. Jakob Liebmann Meyer Beer, *Tasdorf (= Vogelsdorf, bei Berlin) 5. Sept. 1791, †Paris 2. Mai 1864, dt. Komponist. – Ging 1831 nach Paris und erlangte mit seinen frz. Opern Weltruhm; 1842 Generalmusikdirektor der Königl. Oper in Berlin. Seine Werke vereinigen italien. Kantabilität, dt. Harmonik, frz. Rhythmik und eine ungewöhnl. Begabung für effektvolle Bühnenwirksamkeit. Opern, u. a. „Robert der Teufel" (1831), „Die Hugenotten" (1836), „Die Afrikanerin" (1864).

Meyerhof, Otto, *Hannover 12. April 1884, †Philadelphia 6. Okt. 1951, dt. Biochemiker. – Prof. in Kiel, danach am Kaiser-Wilhelm-Inst. für Biologie in Berlin; 1938 Emigration und Aufenthalt in Paris; ab 1940 Prof. in Philadelphia. Seine Forschungen brachten wichtige Erkenntnisse über den intermediären Kohlenhydratstoffwechsel und über die enzymat. Vorgänge in den Muskelzellen. 1933 entwarf er unabhängig von G. Emden ein neues Schema der Glykolyse und alkohol. Gärung. Bereits 1922 erhielt er für die Entdeckung gesetzmäßiger Verhältnisse zw. dem Sauerstoffverbrauch und dem Milchsäureumsatz in Muskeln den Nobelpreis für Physiologie oder Medizin (zus. mit A. V. Hill).

Meyerhold, Karl Theodor Kasimir ↑Mejerchold, Wsewolod Emiljewitsch.

Meyerinck, Hubert von, *Potsdam 23. Aug. 1896, †Hamburg 13. Mai 1971, dt. Schauspieler. – Seit 1917 Bühnenengagements, u. a. in Hamburg, München, Berlin; hatte in zahlr. Filmen meist Chargenrollen.

Meyer-Lübke, Wilhelm, *Dübendorf (Schweiz) 30. Jan. 1861, †Bonn 4. Okt. 1936, dt. Romanist. – Prof. in Jena, Wien und Bonn. In der „Grammatik der roman. Sprachen" (4 Bde., 1890–1902) griff er auf Methoden der Junggrammatiker zurück; mit seiner „Einführung in das Studium der roman. Sprachwissenschaft" (1901) und seinem grundlegenden „Roman. etymolog. Wörterbuch" (14 Tle., 1911–20) wurde er zum Hauptvertreter der histor.-vergleichenden Sprachwissenschaft.

Meyern, Wilhelm Friedrich von, eigtl. W. F. Meyer, *bei Ansbach 26. Jan. 1762, †Frankfurt am Main 13. Mai 1829, dt. Schriftsteller. – Östr. Offizier; Diplomat. Sein in Indien und Tibet spielender phantast. Roman „Dya-Na-Sore oder Die Wanderer" (3 Bde., 1787–91) verherrlicht bes. die Idee eines utop. Idealstaats; beeinflußte damit v. a. Jean Paul.

Meynen, Emil, *Köln 22. Okt. 1902, dt. Geograph. – Ab 1941 Leiter der Abteilung für Landeskunde im Reichsamt für Landesaufnahme und in dessen Nachfolgeorganisation, der Bundesforschungsanstalt für Landeskunde und Raumordnung (bis 1979), seit 1942 Prof. in Köln. Veröffentlichte v. a. Arbeiten zur Landeskunde von Deutschland. Gab zahlr. Periodika heraus.

Meyrink, Gustav ['maɪrɪŋk], urspr. (bis 1917) G. Meyer, *Wien 19. Jan. 1868, †Starnberg 4. Dez. 1932, östr. Schriftsteller. – 1889–1902 Bankier in Prag; 1903 Chefredakteur der humorist. Wiener Zeitschrift „Der liebe Augustin", Mitarbeiter am „Simplicissimus"; 1927 Übertritt vom Protestantismus zum Mahajana-Buddhismus. Verarbeitete in seinen Romanen, z. B. „Der Golem" (1915), „Das grüne Gesicht" (1916), religiös-messian. Ideen, myst. Vorstellungen, kabbalist. und buddhist. Traditionen sowie alte Sagen. Seine Novellen sind gekennzeichnet von parodist. Effekten und Satire, z. B. „Des dt. Spießers Wunderhorn" (1913).

Meysel, Inge, *Berlin 30. Mai 1910, dt. Schauspielerin. – Seit 1930 Bühnenengagements, u. a. in Leipzig und Berlin; während des NS Auftrittsverbot. Seit den 60er Jahren eine der beliebtesten Volksschauspielerinnen in der BR Deutschland; gestaltete in zahlr. Fernsehserien typ. Frauengestalten des Alltags, u. a. „Eine geschiedene Frau" (1974).

Meysenbug, [Amalie] Malwida (Malvida) [Wilhelmina Tamina] Freiin von (seit 1825), *Kassel 28. Okt. 1816, †Rom 26. April 1903, dt. Schriftstellerin. – Befreundet u. a. mit G. Mazzini, G. Garibaldi, R. Wagner, R. Rolland, F. Nietzsche; wegen ihrer demokrat. Gesinnung 1852 aus Berlin ausgewiesen. Lebte u. a. in London, Paris, Florenz, seit 1870 in Rom. Verf. aufschlußreicher Memoiren:

Joseph Meyer (Pastell, 1833)

Otto Meyerhof

Gustav Meyrink

Inge Meysel

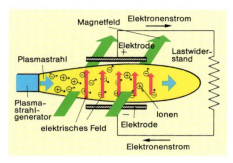

MHD-Generator. Prinzip eines Faradaygenerators mit durchgehenden, nichtsegmentierten Elektroden

„Memoiren einer Idealistin" (1876), „Der Lebensabend einer Idealistin" (1898).

MEZ, Abk. für: **m**itteleuropäische **Z**eit (↑Zeitmessung).

Meža [slowen. ˈmeːʒa] ↑Mieß.

Mezair [mɛˈsɛːr; frz.] ↑Hohe Schule.

Mezzanin [italien.-frz., zu italien. mezzano (von lat. medianus) „der Mittlere"], niedriges Zwischen- oder Halbgeschoß.

mezza voce [ˈvoːtʃe; italien.], Abk. m. v., musikal. Vortragsbez.: mit halber, d. h. verhaltener Stimme [singen].

mezzo [italien., zu lat. medius „der Mittlere"], musikal. Vortragsbez.: halb, mittel; wird i. d. R. in Zusammensetzungen gebraucht: **mezzoforte,** Abk. mf, mittelstark; **mezzopiano,** Abk. mp, halbleise.

Mezzogiorno [italien. meddzoˈdʒorno „Mittag", (übertragen:) „Süden"], zusammenfassende Bez. für die wirtsch. schwächeren süditalien. Regionen Abruzzen, Molise, Kampanien, Apulien, Basilicata, Kalabrien, Sizilien und Sardinien sowie die Prov. Latina und Frosinone der Region Latium. Die seit dem 18. Jh. stagnierende wirtsch. Entwicklung (Abseitslage, Latifundienwirtschaft, mangelnde Investitionspolitik) führte im 20. Jh. bei der gleichzeitig wachsenden Industrialisierung N-Italiens zu ungewöhnlich scharfen N–S-Gegensätzen. Bev.druck und Armut zwangen zahlr. Familien zur Auswanderung und setzten eine anhaltende italien. Binnenwanderung vom S nach dem N in Gang. Mit Hilfe von Gesetzen, Reformen und der 1950 eingerichteten Cassa per il M. wird versucht, die dringendsten Probleme zu lösen.

Mezzosopran, Stimmlage zwischen Sopran und Alt (Umfang etwa g–b²).

Mezzotinto [lat.-italien., eigtl. „halb gefärbt"], svw. ↑Schabkunst.

mf, Abk. für: **m**ezzo**f**orte (↑forte, ↑mezzo).

MfS, Abk. für: **M**inisterium **f**ür **S**taatssicherheit (↑Staatssicherheitsdienst).

mg, Einheitenzeichen für das Milligramm; 1 mg = 0,001 g (↑Kilogramm).

Mg, chem. Symbol für ↑Magnesium.

MG, Abk. für: **M**aschinen**g**ewehr (↑Maschinenwaffen).

MGH, Abk. für: ↑**M**onumenta **G**ermaniae **h**istorica.

MGM/UA [engl. ˈɛmdʒiːˈɛm juˈeɪ], Abk. für: ↑**M**etro-**G**oldwyn-**M**ayer / **U**nited **A**rtists Communications Co. Inc.

Mgr., Abk. für: ↑**M**onsi**g**no**r**e.

MHD, Abk.
▷ für: **M**alteser-**H**ilfs**d**ienst (↑Malteserorden).
▷ für: ↑**M**agneto**h**ydro**d**ynamik.

MHD-Generator (**m**agneto**h**ydro**d**ynamischer Generator), Anlage zur Erzeugung elektr. Stromes. Statt des im magnet. Feld bewegten elektr. Leiters, wie z. B. beim Dynamo, wird im MHD-G. die elektromagnet. ↑Induktion ausgenutzt, indem ein elektr. leitendes Gas (quasi der bewegte Leiter) mit hoher Geschwindigkeit (1 000 m/s) durch einen Kanal strömt, der sich in einem Magnetfeld befindet, dessen Feldlinien senkrecht zur Strömungsrichtung verlaufen. Das Gas wird durch die Wärmeenergie aus klass. Wärmequellen (heiße Flammengase) oder Kernreaktoren ionisiert und damit elektrisch leitend gemacht (Plasma). Die elektr. Spannung wird senkrecht zur Richtung von Gasströmung und Magnetfeld induziert und kann durch Elektroden an den Seitenwänden des Kanals abgegriffen werden (linearer Faraday-Generator). Der Wirkungsgrad des MHD-G. ist auf Grund des Fehlens bewegter mechan. Bauteile und durch die direkte Energieumwandlung von Wärmeenergie in elektr. Energie sehr hoch (50–60 %). Durch ionisierende Zusätze kann die Leitfähigkeit des Arbeitsgases und damit der Wirkungsgrad noch verbessert werden. MHD-G. lassen sich auch ohne Elektroden mit induktiver Kopplung ausführen und arbeiten dann wie lineare Drehstromasynchronmaschinen. Aus der Umkehrung des Generatorprinzips können MHD-Antriebe verwirklicht werden. Techn. Probleme sind die Wahl der Werkstoffe für etwa 3 000 K Gastemperatur und hohe Gasgeschwindigkeiten, die Erzeugung starker Magnetfelder (3 bis 5 Vs/m²) sowie die Auswahl leitfähiger Gase mit zusätzl. Ionisierungsmöglichkeiten.

MHD-Triebwerke ↑Raumflugtriebwerke.

MHz, Einheitenzeichen für **M**ega**h**ertz: 1 MHz = 1 Mill. ↑Hertz.

mi, Einheitenzeichen für Statute mile (↑Mile).

Mi, die dritte der Solmisationssilben (↑Solmisation); in den roman. Sprachen Bez. für den Ton E.

Miami [engl. maɪˈæmɪ], Hafenstadt an der Biscayne Bay an der Atlantikküste, Bundesstaat Florida, USA, 374 000 E (über 100 000 Exilkubaner). Sitz eines kath. Erzbischofs und eines anglikan. Bischofs; zwei Univ. (gegr. 1962 und 1965), Inst. für Meeresforschung, Meeresaquarium. Der ganzjährige Fremdenverkehr ist der wichtigste Wirtschaftszweig; Finanzzentrum; Elektronikind.; internat. ✈. – Entstand nahe dem 1836 im Seminolenkrieg errichteten Fort Dallas.

Miami [engl. maɪˈæmɪ], Stamm der zentralen Algonkin, bis 1840 in Illinois und Indiana, urspr. Feldbau und Bisonjagd betreibend.

Miami Beach [engl. maɪˈæmɪ ˈbiːtʃ], Stadt und Seebad in S-Florida, USA, auf einer Nehrung vor Miami, 95 000 E. Fremdenverkehr.

Miao, in 82 Stämme zersplittertes Volk in SW-China, N-Vietnam und N-Laos, Birma und Thailand; überwiegend Brandrodungsbauern; v. a. Anbau von Mohn; etwa 5,5 Mill. Angehörige.

Miasma [griech. „Verunreinigung"], Bez. für einen früher angenommenen krankheitsauslösenden Stoff in der Atmosphäre bzw. in den Ausdünstungen des Bodens.

Micha, Prophet Israels und kanon. Buch des A. T. gleichen Namens. Der *Prophet M.* wirkte z. Z. Hiskias und Jesajas vor 724 und bis etwa 701. – Das **Buch Micha** ist nachexilisch und hat die Form von Gerichts- und Heilsaussagen. Die Verkündigung des M. zielt v. a. gegen das Bodenrecht, das er als Unrecht der israelit. Oberschicht und als Ungehorsam gegen Jahwe auffaßt.

Michael, alttestamentl. Engelsgestalt, der „höchste der Fürsten" nach Daniel 10, 13; wurde als Schutzengel für Israel gesehen. Bekämpft als Anführer der himml. Heerscharen den Satan und galt als solcher als Beschützer des Hl. Röm. Reiches und der Kirche. Wird in der kath. Kirche als Erzengel verehrt. – Fest: 29. Sept. (↑Michaelis). – In der *bildenden Kunst* wird der Erzengel M. mit der Weltkugel in der Rechten, einem Wächterstab in der Linken dargestellt, daneben als Seelenwäger und mit Schwert und Lanze im Kampf gegen Luzifer.

Michael, Name von Herrschern:
Byzanz:

M. I. Rhangabe, † auf der Insel Prote bei Konstantinopel 845, Kaiser (811–813). – Bilderverehrer; erkannte 812 Karl d. Gr. als Kaiser an; nach seiner Niederlage gegen die Bulgaren bei Adrianopel (813) abgesetzt.

M. III., *Konstantinopel 838, † ebd. 23. Sept. 867 (ermordet), Kaiser (seit 842). – Zunächst unter der Vormundschaft seiner Mutter Theodora, 856 mit Hilfe seines Onkels Bardas Alleinherrscher; Beginn der polit. und kulturellen Blüte des Reiches.

Malwida von Meysenbug (Pastell von Franz Lenbach, 1885)

M. VIII. Palaiologos, *1224, †bei Selymbria (Silivri), 11. Dez. 1282, Kaiser (seit 1258). – Begr. die Paläologendyn.; Regent für Johannes IV. Laskaris (1258–61), den er blenden ließ, Mitkaiser des Reiches von Nizäa; eroberte am 25. Juli 1261 Konstantinopel zurück; erfolgreich in der diplomat. Abwehr westl. Angriffspläne und in der territorialen, militär. und wirtsch. Wiederherstellung des Byzantin. Reiches; schloß wegen der Pläne Karls I. von Neapel-Sizilien, Byzanz zu erobern, die Kirchenunion mit Rom (2. Konzil von Lyon) und unterstützte die Sizilian. Vesper (1282).

Portugal:
M. I. (Dom Miguel), *Lissabon 26. Okt. 1802, †Bronnbach (= Wertheim) 14. Nov. 1866, König (1828–34). – Gegner der Liberalen; 1826 von seinem Bruder, Kaiser Peter I. von Brasilien, zum Regenten in Portugal ernannt; 1828 durch Staatsstreich König, mußte 1834 abdanken und wurde verbannt.

Rumänien:
M. I., *Sinaia 25. Okt. 1921, König (1927–30 und 1940–47). – Aus dem Haus Hohenzollern; ließ am 23. Aug. 1944 Marschall Antonescu verhaften und erzwang den Übertritt Rumäniens auf die Seite der Alliierten. Dankte unter kommunist. Druck am 30. Dez. 1947 ab und verließ Rumänien. Lebt als Geschäftsmann seit 1956 in der Schweiz.

Serbien:
M. Obrenović [serbokroat. ɔˌbrɛˈnɔvitɕ], *Kragujevac 16. Sept. 1823, †Topčider 10. Juni 1868, Fürst (1839–42 und seit 1860). – Sohn des Miloš Obrenović; 1842 durch einen Aufstand gestürzt, kehrte 1858 mit seinem zum Fürsten gewählten Vater zurück und folgte diesem 1860 in der Reg.; führte innenpolit. Reformen durch (u. a. in Justiz und Heer); erreichte 1867 den Abzug der letzten osman. Truppen; wurde von Anhängern des rivalisierenden Hauses Karađorđević ermordet.

Michael. Ikone aus der Schule von Stroganow, Anfang des 17. Jh. (Recklinghausen, Ikonenmuseum)

Walachei:
M. der Tapfere, *1558, †19. Aug. 1601, Fürst (seit 1593). – Konnte die Osmanen 1595 und 1598/99 aus der Walachei und Siebenbürgen verdrängen und rief sich nach der Eroberung der Moldau (1600) zum Herrscher der drei rumän. Ft. aus. Auf Befehl des kaiserl. Generals Basta ermordet.

Michael Kerullarios (Cärularius), *um 1000, †Konstantinopel 1058, Patriarch von Konstantinopel (seit 1043). – Verschärfte als Pamphletist und Polemiker die zw. Rom und Konstantinopel bestehenden Spannungen. Die päpstl. Bannbulle und der von M. ausgesprochene Gegenbann besiegelten 1054 den endgültigen Bruch zw. Ost- und Westkirche.

Michaelis, Georg, *Haynau 8. Sept. 1857, †Bad Saarow (= Bad Saarow-Pieskow bei Fürstenwalde) 24. Juli 1936, dt. Politiker. – Am 14. Juli 1917 als Nachfolger T. von Bethmann Hollwegs zum Reichskanzler und preuß. Min.präs. ernannt; steuerte gegenüber der Obersten Heeresleitung keinen eigenverantwortl. Kurs und behandelte die päpstl. Friedensinitiative vom 1. Aug. 1917 mit wenig polit. Geschick; am 1. Nov. wegen fehlender parlamentar. Basis entlassen; 1918/19 Oberpräs. von Pommern, danach führend in der prot. Gemeinschaftsbewegung tätig.
M., Karoline ↑Schlegel, Karoline.

Michaelis (Michaelistag), Festtag (29. Sept.) des Erzengels Michael; galt als Sommerende und Ernteabschluß (z. B. wird Erntedankfest seit dem 18./19. Jh. am Sonntag nach M. gefeiert).

Michaëlis [dän. mikaˈeːlis], Karin, eigtl. Katharina M., geb. Bech-Brøndum, *Randers 20. März 1872, †Kopenhagen 11. Jan. 1950, dän. Schriftstellerin. – 1895–1911 ⚭ mit Sophus M.; 1939–46 in den USA. Verfaßte psychologisch einfühlsame Frauenromane, u. a. „Das Kind" (1902), „Das gefährl. Alter" (1910), „Eine Frau macht sich frei" (1930), und Mädchenbücher, v. a. die „Bibi"-Serie (1929–38).
M., Sophus, *Odense 14. Mai 1865, †Kopenhagen 28. Jan. 1932, dän. Schriftsteller. – 1915–32 Vorsitzender des dän. Schriftstellerverbandes; vertrat einen neuromant. Ästhetizismus; virtuose Lyrik, später rhetorisch und pathetisch; bes. von F. Nietzsche beeinflußt, gestaltete M. das Ideal des Übermenschen und des Hellenismus.

Michaïl Fjodorowitsch, *Moskau 22. Juli 1596, †ebd. 23. Juli 1645, Zar von Rußland (seit 1613). – Von einer Ständeversammlung zum Zaren gewählt; begr. die Dyn. Romanow; eigtl. Regent war 1619–33 sein Vater, der Patriarch Filaret. Sicherte den Staat außenpolitisch durch Friedensschlüsse mit Polen und Schweden.

Michalkow, Sergei Wladimirowitsch [russ. miˈxalkɔf], *Moskau 12. März 1913, russ. Schriftsteller. – Verf. polit.-satir. Fabeln, u. a. „Der Löwe und der Hase" (dt. 1954) sowie satir. Schauspiele (u. a. „Die grüne Grille", 1964). Gilt als einer der populärsten sowjet. Kinderbuchautoren. Mitverf. der sowjet. Nationalhymne (1943).

Michaux, Henri [frz. miˈʃo], *Namur 24. Mai 1899, †Paris 19. Okt. 1984, frz. Dichter und Zeichner belg. Herkunft. – Zahlr. Reisen nach Südamerika, Asien und Afrika; als Lyriker und Prosaist von großem Einfluß auf die zeitgenöss. Literatur, steht jedoch abseits der literar. Strömungen; Einflüsse Lautréamonts und der Surrealisten. Präzise, z. T. iron. Reisebeschreibungen sowie Schilderungen von Reisen in imaginäre Länder, die er (ab 1955 durch systemat. Experimente mit Drogen, v. a. Meskalin) für sich erfahrbar machte. Verschaffte sich diese Bewußtseinserweiterungen auch zur Herstellung seiner (tachist.) Zeichnungen. – *Werke:* Die großen Turbulenzen (Ged., 1957), Die großen Zerreißproben (Ged., 1966), Zwischen Tag und Traum (Ged., 1969), Moments (Ged., 1973), Eckpfosten (Prosa, 1981).

Michel, Georges [frz. miˈʃɛl], *Paris 12. Jan. 1763, †ebd. 7. Juni 1843, frz. Maler. – Mit seinen realist. Landschaften Vorläufer der Schule von Barbizon; v. a. im Spätwerk romant. Züge.
M., Hartmut [ˈ– –], *Ludwigsburg 18. Juli 1948, dt. Biochemiker. – Seit 1987 Abteilungsleiter und Direktor am Max-Planck-Institut für Biophysik in Frankfurt am Main. Für die Bestimmung der dreidimensionalen Struktur eines photosynthet. Reaktionszentrums erhielt er mit J. Deisenhofer und R. Huber 1988 den Nobelpreis für Chemie.
M., Robert [ˈ– –], *Vockenhausen (= Eppstein) 27. Febr. 1897, †Titisee-Neustadt 11. Juni 1983, dt. Maler. – Sein Werk ist eine Variante des Dadaismus in Deutschland.

Michel, deutscher ↑deutscher Michel.

Michelangeli [italien. mikeˈlandʒeli], Arturo Benedetti ↑Benedetti-Michelangeli, Arturo.

Michael I., König von Portugal (Lithographie, um 1830)

Georg Michaelis

Hartmut Michel

Michelangelo

Michelangelo. Links: Die Sintflut, 1509 ff. (Rom, Sixtinische Kapelle). Mitte: Moses, um 1513–16 (Rom, San Pietro in Vincoli). Rechts: Sterbender Sklave, um 1513–16 (Paris, Louvre).

Michelangelo [italien. mike'landʒelo], eigtl. M. (Michelagniolo) Buonarroti, *Caprese bei Arezzo 6. März 1475, † Rom 18. Febr. 1564, italien. Bildhauer, Maler, Baumeister und Dichter. – Wichtig für seine Stilbildung war das Studium Giottos und Masaccios, Benedettos da Maiano und der Antike, die ihm im Hause der Medici bzw. in deren Kunstakademien erschlossen wurde. Seit 1496 arbeitete M. abwechselnd in Florenz, Rom und in den Marmorbrüchen von Carrara, ehe er 1534 endgültig nach Rom übersiedelte, wo ihn die Freundschaft zu Vittoria Colonna (seit 1538) nachhaltig beeinflußte. Ihr sind z. T. auch seine seit 1534 entstandenen schwermütigen und tiefempfundenen Sonette und Madrigale gewidmet.
Skulptur: Früheste Werke um 1491/92 („Madonna an der Treppe", „Kentaurenkampf", beide Florenz, Casa Buonarroti). In Rom entstanden „Bacchus" (1497, Florenz, Bargello) und die „Pieta" in St. Peter (1498/99), in Florenz „David" (1501–04, urspr. vor dem Palazzo Vecchio, heute Accademia) sowie „Matthäus" für den Dom (1506 begonnen, Florenz, Accademia). M. machte den Auftrag für die weiteren Apostel rückgängig, da er seit 1505/06 mit dem Grabmal Julius' II. beschäftigt war, für das er den „Sieger" (1519–25, Florenz, Palazzo Vecchio), 1513–16 „Moses" (Rom, S. Pietro in Vincoli) und die beiden Louvre-Sklaven, 1519–25 die vier unvollendeten Sklaven (Florenz, Accademia) schuf. 1521–34 gestaltete M. die Figuren für die „Neue Sakristei" (San Lorenzo, Florenz): die Herzöge Lorenzo, Giuliano, die Personifikationen der Tageszeiten (1988–91 restauriert); nicht vollendet die Mariengruppe. Die wenigen Skulpturen der Spätzeit – die „Pieta" (Florenz, Dom, vor 1550 begonnen, unvollendet) und die „Pieta Rondanini" (Mailand, Castello Sforcesco, um 1555 begonnen) – zeigen eine Reduzierung der machtvollen körperl. Erscheinung.
Malerei: Das einzige gesicherte Tafelbild ist die Darstellung der Hl. Familie („Madonna Doni", um 1504, Florenz, Uffizien), nur in Kopien überliefert ist der Karton für das Fresko der „Cascina-Schlacht" (1504–06). 1508–12 entstanden die Deckenfresken der Sixtin. Kapelle des Vatikan (Restaurierung seit 1980) mit Szenen aus der Genesis und 300 Gestalten (Propheten, Sibyllen, Vorfahren Christi). Vom Eingang zur Altarwand fortschreitend, wird die menschl. Figur in Maßstab und Dramatik gesteigert; in den Figuren der „Ignudi" scheint die Grenze zw. Malerei und Skulptur verwischt. 1536–41 folgte das „Jüngste Gericht": Ohne architekton. oder landschaftl. Rahmen sind 391 Figuren in einer kreisenden Bewegung einander zugeordnet; im Fallen der Verdammten und im Aufsteigen der Seligen wird die Bildstatik zugunsten der Suggestion von Bewegungsabläufen überwunden. 1546–50 entstanden die Fresken der Capella Paolina (Vatikan).
Baukunst: Als Baumeister trat M. erstmals 1516 mit Entwürfen für die Fassade von San Lorenzo in Florenz hervor; wie in der 1518 begonnenen „Neuen Sakristei" werden die Wände kräftig plastisch gegliedert und dabei in eine Vielzahl von Schichten ohne eine beherrschende Bezugsfläche zerlegt: Die feste, „endliche" Raumgrenze der Hochrenaissance ist aufgehoben. In der Vorhalle zur Biblioteca Laurenziana in Florenz (seit 1524) werden die Säulen in die Wand eingestellt, die gesamte Raumummantelung in ein Kräftefeld von Spannungen umgedeutet. 1546 übernahm M. die Vollendung des Palazzo Farnese in Rom, lieferte erste Entwürfe für die Neugestaltung des Kapitolsplatzes, 1547 wurde er Bauleiter von St. Peter; hier straffte er das vielgliedrige Raumgefüge Bramantes; in der Kuppel (1593 von Giacomo della Porta vollendet) gipfelt sein Architekturkonzept, das nicht primär vom Raum ausgeht, sondern mit Hilfe plast. Architekturglieder Wände und Flächen „skulptiert".
Sein Werk entzieht sich einfacher stilgeschichtl. Zuordnung: Zunächst Vollender der Hochrenaissance, wird er zum Wegbereiter des Manierismus, weist aber zugleich auf den Barock voraus. Als elementare bildhauer. Begabung legt er allen Kunstgattungen Konzepte der Skulptur zugrunde. Durch seinen Individualismus begründet M. einen neuen Typ des Künstlers.

Michelin S. A., Compagnie Générale des Établissements [frz. kõpa'ɲiʒene'raldezetablis'mãmi'ʃlɛ̃...], frz. Konzern der Reifenind., Sitz Clermont-Ferrand, gegr. 1830; zahlr. Beteiligungen und Tochtergesellschaften in aller Welt (u. a. Übernahme des amerikan. Reifenherstellers Uniroyal/Goodrich, 1989).

Michelkatalog, führender deutschsprachiger Briefmarkenkatalog in mehreren Teilen, mit Wertnotierungen; ben.

nach dem ersten Herausgeber H. Michel (Briefmarkenhändler), erschien erstmalig 1910 (Apolda-Weimar).
Michelozzo di Bartolommeo [italien. mike'lɔttso], * Florenz 1396, □ 7. Okt. 1472, italien. Bildhauer und Baumeister. – Vertreter der florentin. Frührenaissance. Als Bildhauer zeitweise in Werkstattgemeinschaft mit Ghiberti und Donatello. 1446–52 Dombaumeister in Florenz. Mit dem Palazzo Medici[-Riccardi] mit Rustikasockelgeschoß, Kranzgesims und Arkadeninnenhof (1444 ff.) legte er den Typus des dreigeschossigen Renaissancepalasts fest. – *Weitere Werke:* Tribuna von Santissima Annunziata (reiner Zentralbau, 1444 ff.), Kreuzkapelle (Baldachin) in San Miniato al Monte (1448).
Michels, Robert, * Köln 9. Jan. 1876, † Rom 3. Mai 1936, dt. Soziologe. – Ab 1903 Prof. u. a. in Brüssel, Paris, Turin, Basel und Perugia. In seinem Werk „Zur Soziologie des Parteiwesens in der modernen Demokratie" (1911) formulierte er die These vom „ehernen Gesetz der Oligarchie", demzufolge es in demokrat. Massenorganisationen (u. a. Parteien) notwendig zur Entstehung polit. Macht- und Führungsgruppen komme, die der Idee der Volksherrschaft entgegengesetzt seien.
Michelsberger Kultur, nach der befestigten Höhensiedlung auf dem Michelsberg bei Untergrombach (= Bruchsal) ben. westmitteleurop. jungneolith. Kulturgruppe des 3. Jt. v. Chr. mit Ausläufern nach Mitteldeutschland und Böhmen; Leitformen innerhalb der meist unverzierten, rundbodigen Keramik sind Tulpenbecher, Henkelkrüge, Flaschen und Backteller; bei den Steingeräten sind Silexspitzen und spitznackige Felsgesteinbeile typisch.
Michelsen, Hans Günter, * Hamburg 21. Sept. 1920, dt. Dramatiker. – Verf. wortkarger, figurenarmer, hintergründiger, an S. Beckett erinnernder Zeitstücke, z. B. „Stienz" (1963), „Planspiel" (1970), „Kindergeburtstag" (1981).
Michelson, Albert Abraham [engl. 'maɪkəlsn], * Strelno (= Strzelno, Woiwodschaft Bromberg) 19. Dez. 1852, † Pasadena (Calif.) 9. Mai 1931, amerikan. Physiker. – Er unternahm den Versuch, die sog. Absolutbewegung der Erde gegenüber dem hypothet. Äther nachzuweisen (↑ Michelson-Versuch). Für die Präzisionsmessungen (Lichtgeschwindigkeit, Länge des Meternormals, Sterndurchmesser) mit dem von ihm entwickelten *M.-Interferometer* erhielt er 1907 den Nobelpreis für Physik.
Michelson-Versuch [engl. 'maɪkəlsn], der von A. A. Michelson 1881 erstmals durchgeführte Versuch zur Bestimmung der Erdgeschwindigkeit relativ zu einem hypothet. Lichtäther (↑ Äther) durch Messung der Lichtgeschwindigkeit in verschiedenen Richtungen. Die gefundene Konstanz der Lichtgeschwindigkeit in allen ↑ Inertialsystemen war ein wichtiger Anstoß für die von A. Einstein entwickelte Relativitätstheorie.
Michelstadt, hess. Stadt im Odenwald, 206 m ü. d. M., 16 600 E. Odenwaldmuseum, Spielzeugmuseum, ehem. Synagoge (Museum); Holz- und Elfenbeinschnitzerei, metallverarbeitende und Kunststoffind.; Fremdenverkehr. – Zw. 741 und 746 erstmals bezeugt; kam 815 durch Schenkung Kaiser Ludwigs des Frommen an Einhard (den Biographen Karls d. Gr.), 819 an das Kloster Lorsch. Zw. 951 und 972 befestigt; seit dem 12. Jh. Stadt. – Spätgotische Stadtkirche (1461–1537) mit Grabdenkmälern des Erbacher Hauses (14.–17. Jh.); Rathaus (1484); sog. Kellerei, eine Baugruppe des 16.–18. Jh.; Reste der Stadtmauer (14. und 16. Jh.); im Stadtteil **Steinbach** liegen Schloß Fürstenau (14., 16. und 19. Jh.) und die karoling. Einhardsbasilika.
Michelucci, Giovanni [italien. mike'luttʃi], * Pistoia 2. Jan. 1891, † Fiesole 31. Dez. 1990, italien. Architekt. – Mgl. des avantgardist. „Gruppo toscana", Mitarbeit an Entwurf und Bau des neuen Hauptbahnhofs von Florenz (1933–36); 1945–54 Hg. von „La Nuova Città". – *Weitere Werke:* Autobahnkirche San Giovanni Battista bei Florenz (1963), Kirche von Borgo Maggiore (1965), Bank „Monte dei Paschi di Siena" bei Siena (1984).
Michener, James A[lbert] [engl. 'mɪtʃnə], * New York 3. Febr. 1907, amerikan. Schriftsteller. – Seine frühen Erzählungen und Romane spielen im 2. Weltkrieg und im Koreakrieg, u. a. „South Pacific" (En., 1947; Vorlage für das gleichnamige Musical von R. Rodgers und O. Hammerstein), spätere Romane entwerfen breite histor. Panoramen („Verheißene Erde", 1980; „Karibik", 1989) bzw. greifen Gegenwartsthemen auf („Die Kinder von Torremolinos", 1971).

Michigan [engl. 'mɪʃɪgən], Bundesstaat im N der USA, 151 586 km², 9,33 Mill. E (1990), Hauptstadt Lansing.
Landesnatur: M. liegt im nördl. Zentralen Tiefland im Geb. der Großen Seen und ist in zwei Halbinseln, Ober-M. am Oberen See, und Unter-M. am Michigansee und Huronsee, unterteilt. Im Mount Porcupine wird mit 604 m die höchste Erhebung erreicht. In Ober-M. lagern Eisen- und Kupfererze, in Unter-M. gibt es Vorkommen von Salz, Gips, Kalk, Erdöl und Pechkohle; alle Bodenschätze werden ausgebeutet. Das Klima ist gemäßigt kontinental mit niedrigeren Temperaturen (bis zu −44 °C) in Ober-Michigan.
Vegetation, Tierwelt: Knapp mehr als die Hälfte des Staatsgeb. ist noch mit Wald, v. a. Laubwald (Eiche, Esche, Walnuß, Ahorn) bestanden. In den seenreichen Teilen gibt es auch Zedern- und Lärchensümpfe; artenreiche Tierwelt (viele Pelztiere), bes. in den drei Nationalparks.
Bevölkerung, Wirtschaft, Verkehr: Die Bev. konzentriert sich in den Städten (71 %), v. a. in den Ind.zentren Detroit und Grand Rapids. 86,5 % sind Weiße und 13,5 % Schwarze. M. hat neun Univ., die bedeutendste in Ann Arbor, sowie vier größere Colleges. – M. liegt im Bereich des Corn Belt; wichtige Anbauprodukte sind Mais, Weizen, Zuckerrüben, Sojabohnen, Bohnen, Kartoffeln, Obst und Gemüse. Auf knapp einem Drittel der landw. Nutzfläche wird Heu geerntet und in der Viehwirtschaft (Rinderzucht, Schweinehaltung, Schafzucht) verfüttert. M. hat bed. Bergbau, wichtigster Wirtschaftsfaktor ist jedoch die verarbeitende Ind., die von der günstigen Verkehrslage im Bereich der Großen Seen profitiert. – Mit seiner Lage an vier der fünf Großen Seen verfügt M. über ausgezeichnete Verkehrsverbindungen auf dem Wasserwege – über den Sankt-Lorenz-Strom auch nach Übersee. Das Eisenbahnnetz hat eine Länge von 7 676 km, das staatl. Straßennetz von 15 288 km; es gibt 245 offizielle ⌂.
Geschichte: 1668 entstand die erste von Franzosen gegr. feste Siedlung. 1760 wurden die frz. Besitzungen von brit. Truppen besetzt. 1783 kam das Gebiet von M. im Frieden von Paris an die USA. 1787 wurde M. Teil des Northwest Territory, 1805 eigenständiges Territorium, blieb aber bis

James A. Michener

Albert Abraham Michelson

Michelozzo di Bartolommeo. Der 1444 begonnene Palazzo Medici-Riccardi in Florenz

Michigansee

1813 weitgehend unter brit. Kontrolle. Am 26. Jan. 1837 wurde M. als 26. Staat in die Union aufgenommen.

Michigansee [engl. 'mɪʃɪgən], einer der Großen Seen Nordamerikas, USA, 520 km lang, 190 km breit, 177 m ü. d. M., bis 282 m tief; Zufluß durch etwa 100 kleinere Flüsse, Abfluß zum Huronsee. Die wichtigsten Häfen sind Chicago und Milwaukee.

Michoacán [span. mitʃoa'kan], Staat im südl. Mexiko, 59 928 km², 3,5 Mill. E (1990), Hauptstadt Morelia. M. erstreckt sich von der schmalen Küstenebene am Pazifik über die Sierra Madre del Sur und den äußersten W der Senke des Río Balsas in die Cordillera Volcánica. Angebaut werden u. a. Mais, Weizen, Zuckerrohr, Sesam, Bohnen, Kichererbsen und Obst; bed. ist die Viehzucht.

Geschichte: Früheste nachgewiesene Besiedlung im unteren Balsastal gegen 900 v. Chr.; Ende des 11. Jh. errichteten die Tarasken, die 1522 von den Spaniern unterworfen und 1530 in großer Zahl vernichtet wurden, hier ein Reich. 1534 wurde M. mit Jalisco, Colima und nördl. Gebieten Prov. des Vize-Kgr. Neuspanien, 1536 auch Bistum. 1786 kam es zu einer neugeschaffenen Intendencia, die schon die Grenzen des nach der Unabhängigkeitserklärung Mexikos 1824 gebildeten Staates hatte.

Micius ↑ Mo Zi.

Mickel, Karl, * Dresden 12. Aug. 1935, dt. Schriftsteller. – Als Lyriker v. a. B. Brecht und W. Majakowski verpflichtet, u. a. „Vita nova mea. Mein neues Leben" (1966), „Eisenzeit" (1975), „Poesiealbum" (1981). Fortschrittsoptimismus problematisierte M. in seinen Stücken („Nausikaa", 1968). Verf. streitbarer Essayistik; v. a. bekannt auch als Nachdichter (bes. sowjet. Lyrik).

Adam Mickiewicz (Zeichnung von Johann Joseph Schmeller)

Mickiewicz, Adam [poln. mits'kjevitʃ], * Zaosie (= Nowogrudok, Weißrußland) 24. Dez. 1798, † Konstantinopel 26. Nov. 1855, poln. Dichter. – Gilt als Begr. und hervorragendster Vertreter der poln. Romantik. Ab 1819 Lehrer in Kaunas. 1820 schrieb M. die „Ode an die Jugend" (dt. 1919), ein Gedicht in klassizist. Odenform, jedoch mit den Gedanken der Aufklärung; verfaßte auch Balladen und Romanzen, die 1822 u. d. T. „Poezje" (dt. 1874 u. d. T. „Balladen und Romanzen") erschienen. Wurde 1823 wegen illegaler polit. Tätigkeit aus Litauen ausgewiesen; Aufenthalte in Rußland, u. a. in Moskau, wo er mit Puschkin zusammenkam. In Rußland entstand u. a. das histor. Epos „Konrad Wallenrod" (1828) über den Kampf der Litauer gegen den Dt. Orden. 1829 reiste er über Deutschland nach Italien und 1830/31 während des poln. Novemberaufstandes an die Grenzen von Kongreßpolen; war nach dem Scheitern des Aufstandes in Dresden, wo der 3. Teil des Dramas „Totenfeier" entstand (erschienen 1832); ab 1832 in Paris, dem Zentrum der poln. Emigration. Dort schrieb er „Die Bücher der poln. Nation und der poln. Pilgerschaft" (1832), mit denen er als geistiger Führer der poln. Nation hervortrat. 1834 erschien das als Nationalepos geltende Werk „Herr Thaddäus oder der letzte Einfall in Litauen", ein heiteres Bild des alten poln. Kleinadels. Prof. für slaw. Literaturen am Collège de France bis 1844. Stand 1841–47 unter dem Einfluß des Mystikers Towiański; starb während des Krimkriegs an der Cholera, als er in der Türkei eine poln. Legion gegen Rußland aufstellte. Durch sein Wirken wurde M. zum Symbol des poln. Nationalbewußtseins und des poln. Befreiungskampfes.

Mickymaus [...ki] (Micky Maus, Mickey Mouse [engl. 'mɪkɪ 'maʊs], 1927 zunächst als *Mortimer Mouse* von W. Disney erfundene Trickfilmfigur. Der erste M.-Film entstand 1928 (gezeichnet von Ub Iwerks). Durchschlagenden Erfolg hatte jedoch erst der Schwarzweiß-Tonfilm „Steamboat Willie" (1928); Comicfigur zum erstenmal 1930 (gezeichnet von Ub Iwerks, Win Smith, Text W. Disney). Weitere Folgen wurden bis 1975 von Floyd Gottfredson geprägt.

Micmac [engl. 'mɪkmæk], Stamm der Östl. Algonkin in O-Kanada; früher Jäger und Sammler, heute Ackerbauern. 18 000 Angehörige.

Micoquien [mikoki'ɛ̃:], Formengruppe des Mittelpaläolithikums, ben. nach der Fundstätte La Micoque bei Les Eyzies-de-Tayac (Dordogne, Frankreich); kennzeichnend sind u. a. langgestreckt-asymmetr. Faustkeile (Micoquekeile). Hauptverbreitungsgebiet: Mittel- und Osteuropa.

micro..., Micro... ↑ mikro..., Mikro...

Microbodies [engl. 'maɪkrobɔdiːz], von einer Membran umgebene Organellen verschiedener Funktionen in den Zellen von Eukaryonten. Eine bes. Form sind die **Peroxisomen** in den grünen Blättern, die an der Photosynthese beteiligt sind.

Micrococcus [griech.] (Mikrokokken), Bakteriengattung; aerobe und anaerobe grampositive, teils begeißelte Kokken von 0,5–3 μm Durchmesser; einzeln, in unregelmäßigen Haufen oder in Paketen; weitverbreitet im Boden, in Gewässern und in der Luft; nicht pathogen.

Microfiche [frz. mikro'fiʃ, zu fiche „Karteikarte"] ↑ Mikrodokumentation.

Micro publishing [engl. 'pʌblɪʃɪŋ], Herausgabe von Büchern, Zeitschriften, Broschüren als Objekte verleger. Tätigkeit in Mikroformen oder als Mikroreproduktionen.

Microscopium [griech.] (Mikroskop) ↑ Sternbilder (Übersicht).

Microsporidia (Mikrosporidien) [griech.], Sporentierchen, die sehr kleine Sporen bilden; parasitieren vorwiegend in den Zellen von Honigbienen und Seidenraupen; verursachen u. a. die Nosemaseuche.

Midas, myth. König von Phrygien, sprichwörtlich reich und dumm: Dionysos gewährt ihm die Gabe, daß alles zu Gold wird, was er berührt. Der bald vom Hungertod bedrohte M. badet auf den Rat des Gottes im Fluß Paktolos, der seither Gold führt. Für seine Torheit, die Musik des Pan höher zu schätzen als die des Apollon, ließ dieser M. Eselsohren wachsen. – M. wird neben ↑ Gordios auch als Gründer des phryg. Staates überliefert; möglicherweise identisch mit dem historisch verbürgten Mita von Muschki (2. Hälfte 8. Jh. v. Chr.).

Middelburg [niederl. 'mɪdəlbʏrx], niederl. Stadt im Zentrum der ehem. Nordseeinsel Walchern, 39 500 E. Verwaltungssitz der Prov. Seeland; Seeländ. Museum, Seeländ. Archiv; Maschinen-, Stahl- und Apparatebau, Gießereien, Möbel- und chem. Ind.; Gemüse- und Obstgroßmarkt; Fremdenverkehr. – Erhielt im Jahre 1217 Stadtrecht; mußte sich in den Religionskriegen 1574 Wilhelm von Oranien ergeben; wurde dann zum wichtigsten Hafen für Europa und Übersee; frz. Besetzung 1792–1814; Bau neuer Hafenanlagen 1817. – Spätgotisches Rathaus (15./16. Jh.); bed. Kirchen sind die Korkerk (um 1300), die Nieuwe Kerk (1568) mit angrenzenden ehem. Abteigebäuden und die Oostkerk (17. Jh.).

Middendorf, Helmut, * Dinklage (Landkr. Vechta) 28. Jan. 1953, dt. Maler. – Vertreter der Neuen Wilden; schildert in ekstat. Szenen die nächtl. Atmosphäre der Großstadt.

Middle East [engl. 'mɪdl'iːst], Bez. für die arabischen Länder Vorderasiens und Nordafrikas (bis einschl. Libyen); entspricht im dt. Sprachgebrauch etwa der Bez. Naher Osten.

Middlesbrough [engl. 'mɪdlzbrə], nordengl. Industriestadt (149 800 E) in der Agglomeration ↑ Teesside.

Middleton, Thomas [engl. 'mɪdltən], ≈ London 18. April 1580, □ Newington Butts (Surrey) 4. Juli 1627, engl. Dramatiker. – Zunächst erfolgreiche derbe Sittenkomödien, ab 1615 nur noch ernste Dramen; sein Hauptwerk ist das gegen Spanien gerichtete polit.-allegor. Schauspiel „A game at chess" (1625).

Midgard [zu altnord. mið- „der mittlere" und garðr „Zaun"] ↑ germanische Religion.

Midgardschlange ↑ germanische Religion.

Mid Glamorgan [engl. 'mɪd glə'mɔːgən], Gft. in Wales (Großbritannien).

Midhat Pascha, * Konstantinopel im Okt./Nov. 1822, † At Taif 8. Mai 1884 (ermordet), osman. Politiker. – 1872 und 1876/77 Großwesir. Als führender Reformpolitiker war M. P. maßgeblich an der Ausarbeitung der Verfassung von 1876 beteiligt. 1881 wurde er der Ermordung des Sultans Abd Al Asis beschuldigt und nach Arabien verbannt.

Mickymaus

Midi, Bez. für die Gesamtheit der Landschaften S-Frankreichs: Provence, Languedoc-Roussillon und das Aquitan. Becken.

Midianiter (Vulgata: Madianiter), nomad. Verband von Stämmen, der ausschließlich durch das A.T. bekannt ist. Die M. lebten in der syr.-arab. Wüste und hatten Verbindungen zum ost- und westjordan. Kulturland.

Midi-Pyrénées [frz. midipire'ne], Region in S-Frankreich, 45 348 km², 2,43 Mill. E (1990), Regionshauptstadt Toulouse. M.-P. umfaßt den östl. Teil des Aquitan. Beckens, die Zentralpyrenäen und das sw. Zentralmassiv. Wichtigster Wirtschaftszweig ist die Landw., dazu elektrometallurg. und elektrochem. Ind., außerdem Rüstungs-, Flugzeug-, chem., Nahrungsmittel- u. a. Industrie.

Midlands, The [engl. ðə 'mɪdləndz], engl. Name für Mittelengland. Es umfaßt zwei stark industriell geprägte Wirtschaftsregionen mit intensiver leistungsfähiger Landw. und sehr guter Verkehrsinfrastruktur. Die Region West Midlands besteht aus der Metropolitan County West Midlands sowie den Counties Warwickshire, Staffordshire, Shropshire und Hereford und Worcester. Die Region East Midlands besteht aus den Counties Derbyshire, Nottinghamshire, Lincolnshire, Leicestershire und Northamptonshire.

Midler, Bette [engl. 'mɪdlə], * Pearl Harbor 1. Dez. 1945, amerikan. Schauspielerin und Sängerin. – Showstar und Sängerin mit Imitationen bzw. Parodien aus der Popmusik seit den 1940er Jahren und Popmusik-Interpretationen; spielte in Filmen wie „The Rose" (1979) und „Divine Madness" (1981), „Scenes from a Mall" (1991).

Midlife-crisis [engl. 'mɪdlaɪf 'kraɪsɪs „Mitte-des-Lebens-Krise"], Bez. für eine Phase zw. dem 40. und 50. Lebensjahr, in der der Betroffene sein bisheriges Leben kritisch überdenkt und häufig gefühlsmäßig in Zweifel zieht.

Midrasch [hebr. „Forschung, Auslegung"], die von den jüd. Schriftgelehrten gepflegte Auslegung des A. T. Neben lehrhaft-religionsgesetzl. Untersuchungen (Halacha) enthalten die Sammlungen der M. **(Midraschim)** auch erzählende Teile (Haggada). Seit dem 9. Jh. wurde der M. in das tägl. Morgengebet aufgenommen. Die Bibelauslegung ist v. a. an der aktualisierenden Kommentierung orientiert.

Midway Islands [engl. 'mɪdweɪ 'aɪləndz], Atoll im nördl. Pazifik, nw. der Hawaii-Inseln, untersteht dem Marineministerium der USA; 5,2 km², 450 E. Militärstützpunkt. – Bei den M. I. fand im 2. Weltkrieg vom 3. bis 7. Juni 1942 zw. den Flugzeugträgerflotten der USA und Japans eine See-Luft-Schlacht statt, die für den Kriegsverlauf im Pazifik entscheidend wurde, in deren Folge die Amerikaner die Seeherrschaft im Pazifik erlangten und in der sich erstmals die gestiegene Bed. der Flugzeugträger gegenüber den Schlachtschiffen zeigte.

Mie, Gustav, * Rostock 29. Sept. 1868, † Freiburg im Breisgau 13. Febr. 1957, dt. Physiker. – Prof. in Greifswald, Halle und Freiburg. Nach Arbeiten über Lichtstreuung an kleinen Teilchen (↑ Mie-Streuung) entwickelte M. 1912/13 eine „Theorie der Materie", in der er durch Erweiterung der Maxwellschen Theorie eine Vereinheitlichung des elektromagnet. Feldes und seiner materiellen Quellen zu erreichen suchte.

Miesmuscheln. Eßbare Miesmuschel mit Byssusfäden

Mieder, dem Oberkörper eng anliegendes Kleidungsstück der Frau, heute noch in Volkstrachten und Korsett. Es entstand als gesondert geschnittenes Teil des Kleides in der Renaissance, als selbständiges Kleidungsstück gegen Ende des 17. Jh., als es sehr eng geschnitten bzw. geschnürt wurde; dieses bestand aus M. und Korsett, die als ein Stück oder auch getrennt gearbeitet wurden. Abgesehen von der Directoire- und Empiremode formte das M. die stilisierte Silhouette der Frau in Europa bis ins frühe 20. Jahrhundert.

Miegel, Agnes, * Königsberg (Pr) 9. März 1879, † Bad Salzuflen 26. Okt. 1964, dt. Dichterin. – M. beschrieb Ostpreußen, seine Menschen, die Landschaft, Sagen, Mythen und Geschichte. Erzählerin („Geschichten aus Alt-Preußen", 1926; „Heimkehr", 1962) und Lyrikerin („Kirchen im Ordensland", 1933) mit Vorliebe für die Ballade, schwermütige Stimmungen und bedeutungsvoll Unheimliches. Sie griff Tendenzen der Heimatkunst auf und ließ Sympathien mit nat.-soz. Ideen erkennen.

Mielke, Erich, * Berlin 28. Dez. 1907, dt. Politiker (SED). – Expedient; seit 1925 Mgl. der KPD. Der Ermordung von zwei Polizeioffizieren angeklagt, floh er 1931 nach Belgien. 1936–39 nahm er als Angehöriger der Internat. Brigaden am Span. Bürgerkrieg teil. 1940–45 hielt sich in der UdSSR auf. Nach Gründung der DDR war er maßgeblich am Aufbau des Staatssicherheitsdienstes beteiligt. Als Min. für Staatssicherheit (1957–89) baute er das MfS (kurz „Stasi" gen.) zu einem weitverzweigten Kontroll- und Unterdrückungsinstrument der SED-Führung aus. 1959–89 war er Mgl. des ZK, 1976–89 des Politbüros der SED. Mit dem Sturz der SED-Herrschaft verlor er alle Ämter und wurde aus der Partei ausgeschlossen; im Dez. 1989 wegen Machtmißbrauchs und Korruption verhaftet; im Dez. 1991 wurde wegen der beiden Polizistenmorde ein Verfahren wegen Mordes eröffnet.

Miene [frz.], Gesichtszug, Gesichtsausdruck. – ↑ Mimik.

Miercurea-Ciuc [rumän. 'mjerkurea 'tʃuk], rumän. Stadt in den Ostkarpaten, 46 500 E. Hauptstadt des Bez. Harghita; Heimatmuseum; Textilind., Mineralquellen. – Im MA Festung am Kreuzungspunkt von Handelswegen aus Siebenbürgen in die Moldau. – Franziskanerkloster (15. Jh.); Festung (13. Jh.).

Miere, Bez. für verschiedene Nelkengewächse, z. B. Stern-M. (Stellaria), Schuppen-M. (Spergularia), Salz-M. (Honckenya), Nabel-M. (Moehringia).
▷ (Alsine, Minuartia) Gatt. der Nelkengewächse mit mehr als 100 Arten in den gemäßigten und kalten Zonen der Nordhalbkugel. Kräuter oder Halbsträucher mit meist weißen Blüten in Trugdolden, z. B. die Frühlings-M. Einige polsterbildende Arten sind als Zierpflanzen in Kultur.

Mierendorff, Carlo, * Großenhain 24. März 1897, † Leipzig 4. Dez. 1943 (Luftangriff), dt. Journalist und Politiker (SPD). – Nach Kriegsdienst in der Gewerkschaftsbewegung und als Journalist tätig; MdR ab 1930, als Gegner des NS 1933–1938 in KZ-Haft; schloß sich dem Kreisauer Kreis an.

Mieris, Frans van, d. Ä., * Leiden 16. April 1635, † ebd. 12. März 1681, niederl. Maler. – Am Stil seines Lehrers G. Dou geschulte Genremalerei, virtuose Wiedergabe des Stofflichen; schulebildend (Leidener Feinmalerei).

Mierosławski, Ludwik [poln. mjɛrɔ'suafski], * Nemours (Seine-et-Marne) 17. Jan. 1814, † Paris 22. Nov. 1878, poln. Revolutionär. – 1848 militär. Führer des Posener Aufstands; im März 1849 Kommandeur der Aufständischen in Sizilien und im Juni 1849 Oberbefehlshaber der Bad. Revolutionsarmee; mehrfach inhaftiert.

Miesbach, bayr. Krst. am N-Rand des Mangfallgebirges, 700 m ü. d. M., 10 200 E. Almwirtschaftsschule, Metallverarbeitung, Molkereien, Papierfabrik, Brauerei, Zuchtviehmärkte. – Spätbarocke Pfarrkirche mit spätgot. Chormauern des Vorgängerbaus.
M., Landkr. in Bayern.

Miesmuschel [zu mittelhochdt. mies „Moos"] (Pfahlmuschel, Mytilus edulis), etwa 6–8 cm lange Muschel in den Küstenregionen des N-Atlantiks (einschl. Ostsee); mit meist schief-dreieckiger, blauschwarzer bis gelblichbrauner

Agnes Miegel (Zeichnung von Heinrich Wolff)

Miere. Frühlingsmiere

Mieß

Schale; heftet sich nach etwa vierwöchiger plankt. Larvenentwicklung an Steinen, Pfählen oder dergleichen mit Byssusfäden fest (häufig Massenansiedlungen). Die in großen Mengen in den Handel kommende M. wird auch gezüchtet (*Muschelzucht* v. a. an der frz. Atlantikküste in sog. *Muschelbänken*).

Mieß (slowen. Meža), rechter Nebenfluß der Drau in Slowenien, in den östl. Karawanken, 41 km lang. Im oberen Talabschnitt Bleierzbergwerke und Bleischmelzen.

Mie-Streuung [nach G. Mie], Streuung von Lichtstrahlung an kugelförmigen Teilchen, deren Radien r größer als die Lichtwellenlänge λ oder mit dieser vergleichbar sind. Im Ggs. zur ↑Rayleigh-Streuung ($r \ll \lambda$) hängt die M.-S. von den Materialeigenschaften (Dielektrizitätskonstante, elektr. Leitfähigkeit) der streuenden Teilchen ab. Sind die Dunstteilchen in der Atmosphäre so beschaffen, daß die Lichtstreuung weitgehend eine M.-S. ist (sog. *Mie-Atmosphäre*), so tritt an die Stelle des blauen Himmelslichts weißes.

Ludwig Mies van der Rohe. Neue Nationalgalerie in Berlin, 1962–67

Mies van der Rohe, Ludwig, *Aachen 27. März 1886, †Chicago 17. Aug. 1969, amerikan. Architekt dt. Herkunft. – Lernte und arbeitete 1905–07 bei B. Paul, 1908–12 bei P. Behrens. 1918–25 Mgl. der „Novembergruppe" in Berlin; 1930–33 Direktor des Bauhauses; 1937 emigrierte er in die USA, wo er 1938 Prof. für Architektur am Illinois Institute of Technology in Chicago wurde. – Unter Einfluß der niederl. Stijl-Gruppe und des russ. Konstruktivismus gelangte M. van der R. zu einer neuen kub. Auffassung des Baukörpers und zur Verwendung von Stahlbeton und Glas. Internat. bekannt wurden bes. seine von äußerster Modernität bestimmten Flachbauten, der dt. Pavillon auf der Weltausstellung in Barcelona (1929), bei dem die Grenzen zw. Innen- und Außenbau aufgehoben und die Raumübergänge fließend sind, und das Haus Tugendhat (Brünn, 1930). In Deutschland baute er einen Wohnblock der Weißenhofsiedlung in Stuttgart (1927). In den USA verwirklichte er seine Vorstellungen vom Hochhaus in den Lake Shore Drive Apartments (1951) in Chicago, die in ihrer architekton. Wirkung ganz durch das Stahlskelett bestimmt sind. Mit der neuen Nationalgalerie in Berlin (1962–68) kehrte er zur Pavillonform zurück. – M. van der R. zählt mit W. Gropius, F. L. Wright und Le Corbusier zu den bedeutendsten Architekten der 1. Hälfte des 20. Jh. – *Weitere Werke:* Gesamtplan (1939/40) mit offenen Pavillongebäuden für das Illinois Institute of Technology in Chicago; Seagram Building, New York (1956–59, mit P. C. Johnson).

Ludwig Mies van der Rohe

Mieszko I. [poln. ˈmjɛʃkɔ], †25. Mai 992, Hzg. von Polen (seit etwa 960). – Wurde 963 für die Gebiete zw. Warthe und Oder Kaiser Otto I. tributpflichtig; nahm 966 gleichzeitig mit der Heirat mit einer böhm. Prinzessin das Christentum (nach lat. Ritus) an und errichtete 968 das Bistum Posen. Um 990 unterstellte M. sein Land dem Hl. Stuhl.

Mieszkowice [poln. mjɛʃkɔˈvitsɛ] ↑Bärwalde Nm.

Miete [niederdt., zu lat. meta „kegelförmige Figur"], svw. Feime (↑Schober).
▷ mit Stroh, Erde abgedeckte Grube, in der Feldfrüchte aufbewahrt werden.

Miete [zu althochdt. miata „Lohn", „Bezahlung"], (Mietverhältnis) die entgeltl. Überlassung einer Sache oder eines Sachteils (z. B. Wohnung) zu zeitweiligem Gebrauch. Das Mietverhältnis wird begr. durch den Mietvertrag (↑Einheitsmietvertrag), durch den sich der Vermieter zur Gebrauchsüberlassung, der Mieter zur Zahlung des Mietpreises verpflichtet (§ 535 BGB). Er bedarf, wenn für länger als ein Jahr vermietet werden soll, der Schriftform. Seit 1983 ist bei der Wohnraum-M. auch ein sog. **Zeitmietvertrag** zulässig, der ein Mietverhältnis auf bestimmte Dauer, jedoch für höchstens fünf Jahre begründet und nach Ablauf der vereinbarten Vertragsdauer automatisch ausläuft. Nach dem *Mietrecht* ist der *Vermieter* verpflichtet: 1. dem Mieter die Sache in einem zum vertragsgemäßen Gebrauch geeigneten Zustand zu überlassen; 2. die Sache in einem gebrauchsfähigen Zustand zu erhalten; 3. Störungen im Gebrauch vom Mieter fernzuhalten. Bei Nichterfüllung kann der Mieter: 1. auf Erfüllung klagen; 2. für die Dauer der Gebrauchsbeeinträchtigung die Miete mindern, daneben Schadenersatz wegen Nichterfüllung verlangen, sofern der Mangel schon bei Vertragsabschluß vorhanden war, später aus dem Verschulden des Vermieters entstanden ist oder der Vermieter mit der Beseitigung in Verzug gerät. Bei Verzug des Vermieters kann der Mieter den Mangel beseitigen und Aufwendungsersatz verlangen, es sei denn, er kannte den Mangel bei Vertragsabschluß bzw. hätte ihn kennen müssen; 3. fristlos kündigen, wenn a) der vertragsmäßige Gebrauch nicht gewährt wird, b) die Benutzung einer Wohnung oder eines Raumes gesundheitsgefährdend ist. Der *Mieter* ist verpflichtet: 1. die Miete zu zahlen; 2. die Sache pfleglich zu behandeln und Mängel unverzüglich dem Vermieter anzuzeigen; 3. die Sache nach Beendigung der M. zurückzugeben. Bei vertragswidrigem Gebrauch kann der Vermieter nach Abmahnung auf Unterlassung klagen, falls die Pflichtverletzung erheblich ist, fristlos kündigen und für vom Mieter verschuldete Schäden Schadenersatz verlangen. Eine von ihm angebrachte Einrichtung kann der Mieter, falls der Vermieter Entschädigung leistet, wegnehmen. Für alle Geldforderungen aus dem Mietverhältnis hat der Vermieter kraft Gesetzes ein Pfandrecht an den eingebrachten, pfändbaren Sachen des Mieters, das grundsätzlich mit der Entfernung der Sachen vom Grundstück (Wohnung) erlischt. Der Vermieter kann u. U. die Entfernung der Sachen ohne Anrufung des Gerichts verhindern. Bei Veräußerung eines Grundstücks durch den Vermieter tritt der Erwerber in das Mietverhältnis ein (§ 571 BGB: „Kauf bricht nicht Miete"). Das Mietverhältnis endet durch: 1. Aufhebungsvertrag, 2. Zeitablauf, 3. Kündigung, die bei Wohnraum der Schriftform bedarf, falls der Vermieter kündigt, die Angabe der Gründe für die Kündigung sowie die Belehrung über die Widerspruchsmöglichkeit enthalten soll (↑Kündigungsschutz). Nach der **Sozialklausel** (§ 556 a BGB) kann der Mieter der Kündigung widersprechen und die Fortsetzung des Mietverhältnisses verlangen, wenn die Beendigung des Mietverhältnisses für ihn oder seine Familie eine Härte bedeuten würde, die auch unter Würdigung der berechtigten Interessen des Vermieters nicht zu rechtfertigen ist. Kommt keine Einigung zw. Vermieter und Mieter zustande, muß der Vermieter auf Räumung bzw. der Mieter auf Fortdauer des Mietverhältnisses klagen. – In den neuen Bundesländern ist auf Mietverhältnisse (auch auf vor dem 3. 10. 1990 abgeschlossene) das BGB anzuwenden. Einschränkend gilt: Die Kündigungsmöglichkeit des § 564 b Abs. 2 Nr. 3 (berechtigtes Vermieterinteresse an der Kündigung mit dem Ziel einer angemessenen wirtsch. Verwertung der Mietsache) ist dem Vermieter verwehrt. Auf die

Eigenbedarfsregelung (§ 564b Abs. 2 Nr. 2 Satz 1) kann sich der Vermieter grundsätzlich erst ab 1. 1. 1993 berufen. Die Kündigungsfrist des § 565 Abs. 1 Nr. 3 verlängert sich für vor dem 1. 1. 1994 ausgesprochene Kündigungen um drei Monate.
▷ der Mietpreis oder Mietzins.

Mieterhöhung ↑ Mietpreisrecht.

Miethe, Adolf, * Potsdam 25. April 1862, † Berlin 5. Mai 1927, dt. Phototechniker. – Entwickelte mit A. Traube die panchromatisch sensibilisierte Platte (1904) und verbesserte die Dreifarbenphotographie nach W. Bermpohl (1901–04).

Mietkauf, Vertrag, bei dem dem Mieter einer Sache das Recht eingeräumt wird, die Mietsache (i. d. R. ein teures Anlagegut) nach einer bestimmten Zeit durch einseitige Erklärung zu kaufen. Die gezahlte Miete wird ganz oder teilweise auf den Kaufpreis angerechnet. Nach Abgabe der Erklärung ist (auch rückwirkend) Kaufrecht anzuwenden, vorher Mietrecht. Der M. ist vom ↑ Leasing zu unterscheiden.

Mietkaution, Sicherheitsleistung des Mieters an den Vermieter für dessen zukünftige Ansprüche aus dem Mietverhältnis (§ 550b BGB). Entstehen solche nicht, so ist der Vermieter nach Beendigung des Mietverhältnisses zur Rückzahlung verpflichtet.

Mietpreis (Mietzins) ↑ Miete, ↑ Mietpreisrecht.

Mietpreisbindung, eine Maßnahme der ehem. Wohnungszwangswirtschaft; einer gewissen M. unterliegen heute nur noch: 1. Sozialwohnungen, 2. nach dem 20. 6. 1948 bezugsfertig gewordene Neubauwohnungen, die von der öff. Hand zugunsten von Angehörigen des öff. Dienstes mit Wohnungsfürsorgemitteln gefördert worden sind, 3. nach dem 31. 12. 1966 bezugsfertig gewordene, steuerbegünstigte Neubauwohnungen, solange für sie seitens der öff. Hand Annuitätszuschüsse gewährt werden. Für solche preisgebundene Wohnungen darf der Vermieter nur die **Kostenmiete,** d. h. die zur Deckung der laufenden Aufwendungen erforderl. Miete verlangen. – Für die neuen Bundesländer ↑ Mietpreisrecht.

Mietpreisrecht, 1. die Vorschriften über die ↑ Mietpreisbindung, 2. das Gesetz zur Regelung der Miethöhe, das für nichtpreisgebundenen Wohnraum gilt (Art. 3 des Zweiten WohnraumkündigungsschutzG vom 18. 12. 1974). Danach ist die Kündigung zum Zweck der Mieterhöhung ausgeschlossen. Der Vermieter kann jedoch vom Mieter die Zustimmung zur Erhöhung der Miete bis zur ortsübl. Vergleichsmiete verlangen, wenn die Miete seit einem Jahr nicht erhöht worden ist, wobei er auch Wohnungen aus dem eigenen Bestand zum Vergleich heranziehen kann (oder den ↑ Mietspiegel). Seit dem 1. Jan. 1983 können Vermieter und Mieter eine sog. **Staffelmiete** vereinbaren, nach der die Miete in einem Zeitraum von bis zu 10 Jahren in Stufen (wenigstens 1 Jahr) um einen festgelegten Betrag steigt. Innerhalb von 3 Jahren darf die Miete um höchstens 30 % angehoben werden (ich in Alt- und Neubauwohnungen). Einen Anspruch auf Mieterhöhung in gesetzlich näher bestimmten Grenzen hat der Vermieter auch bei baul. Veränderungen, bei Erhöhung der Betriebskosten, bei vom Vermieter nicht zu vertretender Erhöhung des Zinses für ein dinglich gesichertes Darlehen, das für das Gebäude oder den Wohnraum verwendet wurde. Bei Ermäßigung der Betriebs- oder Kapitalkosten ist die Miete entsprechend herabzusetzen. Der Mieter kann das Mietverhältnis mit der Folge kündigen, daß die Mieterhöhung nicht eintritt. – Für die ehem. DDR wurde mit PreisG vom 22. 6. 1990 und der dazu erlassenen VO vom 25. 6. 1990 bis Ende 1995 eine Mietpreisbindung festgelegt. Die Bundesreg. erhielt durch den Einigungsvertrag die Ermächtigung, mittels RVO den höchstzulässigen Mietpreis unter Berücksichtigung der Einkommensentwicklung im Gebiet der neuen Bundesländer schrittweise anzuheben. Auf der Grundlage der 1. VO über die Erhöhung der Grundmieten vom 17. 6. 1991 wurden zum 1. 10. 1991 erste Mieterhöhungen für preisgebundenen Wohnraum bei gleichzeitiger Gewährung von ↑ Wohngeld vorgenommen.

Mietshaus (Zinshaus, Renditehaus), ein privates oder der öff. Hand gehörendes Mehrfamilienhaus, dessen Wohnungen vermietet werden. Das M. besteht im Normalfall aus mehreren Stockwerken, seine Wohnungen sind entweder direkt vom Treppenhaus aus zu erreichen (Zwei-, Drei-, Vielspänner) oder über lange am Außenbau befindl. Gänge (Laubenganghaus). Städtebaulich steht das M. gewöhnlich mit anderen M. im geschlossenen Häuserverband, im 20. Jh. kommt es aber auch – v. a. in Trabantenstädten – als freistehendes Hochhaus vor. – Im 18. Jh. entwickelte sich in den Großstädten ein M.bau in geschlossenen Straßenzügen, der im 19. Jh. im Zuge der Industrialisierung v. a. in den Arbeitervierteln zum massenweisen, auf spekulativen Gewinn orientierten Bau von M. ohne hygien. und soziale Rücksichten entartete, die in ihrer Einförmigkeit und baulichen Brutalität an zeitgenöss. Kasernenbauten erinnerten (**Mietskasernen**). Wenngleich der Mietskasernenbau durch die Wohnungsreformbewegung Ende des 19. Jh., die Zerstörungen im 2. Weltkrieg und die Gesetzgebung im 20. Jh. weitgehend beseitigt worden ist, entstand doch im modernen **Mietshochhaus** mit seinen Tendenzen zu Kommunikations- und Kinderfeindlichkeit eine zeitgenöss. Form unsozialen Wohnungsbaus.

Mietspiegel, Übersicht über die in einer Gemeinde übl. Entgelte für nicht preisgebundenen Wohnraum, die von der Gemeinde oder von Interessenvertretern der Vermieter und der Mieter gemeinsam erstellt oder anerkannt worden ist. Der M. zeigt den übl. Mietpreis für nach Art, Größe, Ausstattung, Beschaffenheit und Lage vergleichbaren Wohnraum. – ↑ Mietpreisrecht.

Mietwucher ↑ Wucher.

Mietzins, der Mietpreis (↑ Miete).

Mi Fu. Dem Künstler zugeschriebenes Werk „Frühlingsberge und grüne Kiefern" (Taipeh, Nationales Palastmuseum)

Mi Fu (Mi Fei), * Xiangyang (Hubei) 1051, † Huaiyang (Jiangsu) 1107, chin. Maler. – Literatenmaler, d. h. Dichter, Kalligraph und Maler; der konturenlose summar. Stil seiner poetisch gestimmten Landschaften fand viele Nachahmer.

Mifune Toshirō, * Qingdao 1. April 1920, jap. Filmschauspieler und -produzent. – Bed. Rollen bes. in histor. Filmen von Akira Kurosawa; u. a. in „Rashomon" (1950), „Die sieben Samurai" (1954), „Die verborgene Festung" (1958), „Rebellion" (1967), „Wenn er in die Hölle will, laß ihn gehen" (1981).

MiG (MIG), Bez. für Flugzeugtypen ehemals sowjet., jetzt russ. Produktion, gebildet aus den Anfangsbuchstaben der Namen ihrer Konstrukteure A. I. **Mi**kojan (*1905, †1970) und M. I. **G**urewitsch (*1893, †1976).

Migenes, Julia [engl. mɪˈgɛnɪs], * New York 13. März 1949, amerikan. Sängerin (Sopran) griech.-puertorican. Herkunft. – Internat. erfolgreich als Opern-, Musical- und Jazzinterpretin. Verkörperte in F. Rosis Film „Carmen" (1983, nach G. Bizet) die Titelrolle.

Migmatite [zu griech. mígma „Mischung"] (Mischgesteine) ↑ Gesteine.

Mignard

Mignard, Pierre [frz. mi'na:r], gen. M. le Romain, *Troyes 17. Nov. 1612, † Paris 30. Mai 1695, frz. Maler. – 1636–57 in Rom; seit 1660 in Paris und Fontainebleau tätig, 1663–69 Kuppelfresken der Pariser Kirche Val-de-Grâce. Bed. v. a. seine Porträts.

Migne, Jacques-Paul [frz. miɲ], *Saint-Flour (Cantal) 25. Okt. 1800, † Paris 24. Okt. 1875, frz. kath. Pfarrer und Verleger. – War zunächst Priester in Orléans, arbeitete dann als Journalist in Paris und gründete 1836 einen theolog. Verlag. Das bedeutendste von ihm herausgegebene Werk ist die Schriftensammlung „*Patrologiae cursus completus*" („Patrologia Latina", 217 Bde., 1878–90; „Patrologia Graeca", 161 Bde., 1857–66).

Migot, Georges [frz. mi'go], *Paris 27. Febr. 1891, † Levallois-Perret (Hauts-de-Seine) 5. Jan. 1976, frz. Komponist. – Schrieb in eigenständigem polyphonem Stil Opern, Orchester- und Kammermusik sowie geistl. und weltl. Vokalwerke (v. a. Oratorien).

Migräne [frz., zu griech. hēmikranía „Kopfschmerz auf einer Kopfhälfte"] (Hemikranie), anfallsweise auftretende einseitige Kopfschmerzen, die stunden- oder tagelang anhalten und häufig mit Erbrechen, Augenflimmern und Sehstörungen verbunden sind. Die Anfallshäufigkeit kann von einigen wenigen im Jahr bis zu fast tägl. Anfällen schwanken. Ursache der Kopfschmerzen sind wahrscheinlich Verkrampfungen der Hirngefäße. Frauen erkranken häufiger an M. als Männer. Die ersten Krankheitszeichen treten meist zw. dem 10. und 30. Lebensjahr auf. Der Kopfschmerz ist jedoch nur bei 65 % der M.kranken streng halbseitig. Meist beginnt er in der Stirn-Schläfengegend und breitet sich dann auf die ganze Schädelhälfte aus, ist oft pochend und bohrend und wird durch Licht und Lärm verstärkt. Manchmal tritt zusätzlich ein taubes Gefühl im Gesicht und an den Armen auf. Auch Lähmungen, Sprachstörungen, Krämpfe an Mund und Händen kommen mitunter vor. Die nervösen Ausfallserscheinungen bilden sich meist innerhalb von Stunden zurück. M.anfälle können durch atmosphär. Einflüsse ausgelöst werden, durch Lichtreize, Menstruation, aber auch durch psych. Belastungen, Genußmittel, Arzneimittel. Die Behandlung der M. zielt u. a. zuerst auf die Beseitigung solcher anfallsauslösender Faktoren. Medikamentös hat sich für den Anfall die Gruppe der Mutterkornalkaloide bewährt, zur Prophylaxe die Einnahme von Betarezeptorenblockern.

Migration [zu lat. migratio „Umzug"], in der *Soziologie* ↑Wanderungen.

▷ in der *Zoologie* Bez. für eine dauerhafte Abwanderung (*Emigration*) oder dauerhafte Einwanderung (*Immigration*) einzelner oder vieler Individuen aus einer Population in eine andere Population der gleichen Art. Je nach den Verhältnissen, die die zugewanderten Tiere vorfinden, kann es durch Isolation zu einer neuen Unterart oder (später) Art kommen. Zuwanderungen ohne Ansiedlung werden als Durchzug (Durchwanderung, *Permigration*) bezeichnet (z. B. während eines Vogelzugs). Einen Sonderfall der M. bildet die ↑Invasion. – ↑Tierwanderungen.

▷ in der *Geologie* das Wandern von Erdöl und Erdgas aus dem Muttergestein in das Speichergestein.

Migros-Genossenschafts-Bund ['mi:gro], schweizer. Verkaufsgenossenschaft, Sitz Zürich, gegr. 1925 als Migros AG, seit 1941 jetzige Firma. Der M.-G.-B. betreibt neun Produktionsbetriebe; die zwölf Migros-Genossenschaften unterhalten über 500 Verkaufsstellen; zu den Dienstleistungsbetrieben der Gruppe gehören u. a. die Migros Bank, Zürich, die Secura Lebensversicherungsgesellschaft, Zürich, die Secura Versicherungsgesellschaft, Zürich, ein Verlag, eine Druckerei, Reedereien, Stiftungen sowie Bildungs- und Forschungseinrichtungen.

Miguel, Dom [portugies. mi'ɣɛl] (Dom M. de Bragança) ↑Michael I., König von Portugal.

Mihăescu, Gib [rumän. mihə'jesku], *Drăgășani bei Craiova 5. Mai 1894, † ebd. 19. Okt. 1935, rumän. Schriftsteller. – Einer der hervorragendsten rumän. Romanciers. Meisterhafte, subtile psycholog. Darstellung der Frauengestalt in „Donna Alba" (1935).

Mihailović, Dragoljub [serbokroat. mi,hajlɔvitɕ], *Ivanjica (Serbien) 27. April 1893, † Belgrad 17. Juli 1946, jugoslaw. Offizier. – Baute nach der Zerschlagung Jugoslawiens 1941 eine nat. Widerstandsbewegung gegen die Besatzungsmächte auf, die „Četnici"; geriet jedoch in Ggs. zur kommunist. Partisanenbewegung Titos; ab 1942 Kriegsmin. der jugoslaw. Exilreg., 1946 wegen Landesverrats zum Tode verurteilt und hingerichtet.

Mihalovici, Marcel [frz. mialɔvi'si], *Bukarest 22. Okt. 1898, † Paris 12. Aug. 1985, frz. Komponist rumän. Herkunft. – Seit 1919 in Paris, studierte bei V. d'Indy. Kompositionen von eigenwilliger, durchsichtiger Schreibweise, bei der Chromatik vorherrscht, gelegentlich zur Zwölftontechnik erweitert, auch Verwendung rumän. folklorist. Elemente. Opern, u. a. „Die Heimkehr" (1954), „Krapp" (1961), Ballett-, Bühnen-, Hörspiel-, Filmmusiken (u. a. zu Cocteaus „Orphée"); Orchesterwerke, Kammer-, Klaviermusik und Lieder.

Mihrab [mɪçˈraːp; arab.], Gebetsnische in der nach Mekka ausgerichteten Wand der Moschee. Vor dem M. stehend, das Gesicht diesen zugekehrt, leitet der Vorbeter (Imam) den Gebetsgottesdienst. Der meist halbkreisförmige M. wird von einem Rund- oder Spitzbogen überwölbt (oft mit Stalaktiten); die Seiten sind oft säulenförmig ausgearbeitet. In der Regel ist er reich ornamentiert, mit Marmormosaik oder Fayence geschmückt. Häufig Rechteckumrahmung mit Koransprüchen. Der M. ist Dekor der Gebetsteppiche.

Mijasaki ↑Miyazaki.

Mijnheer [niederl. mə'ne:r „mein Herr"], niederl. für Herr.

MIK [ɛm-iːˈkaː; mɪk], Abk. für: **m**aximale **I**mmissions**k**onzentration. Der **MIK-Wert** ist diejenige Konzentration luftverunreinigender Stoffe in bodennahen Schichten der Atmosphäre, die für Mensch, Tier oder Pflanze bei Einwirken über einen bestimmten Zeitraum bei bestimmter Häufigkeit als unbedenklich gelten kann (angegeben in mg oder cm³ Substanz pro m³ Luft), wobei ein Grenzwert für kurzfristige (maximal 30 min; Immissionswert 2) und einer für langfristige Einwirkung (über 24 h; Immissionswert 1) genannt wird.

Mikado [jap. „erhabene Pforte"], früher ehrende Bez. für den jap. Kaiser (Tenno).

Mikado [jap., nach der Bez. für den jap. Kaiser, die auf das Stäbchen mit dem höchsten Zahlenwert übertragen wurde], Geschicklichkeitsspiel, bei dem dünne, in ihrem Spielwert farblich unterschiedene Stäbchen aus einem ungeordneten Haufen einzeln herausgezogen oder abgehoben werden, ohne daß sich ein anderes bewegen darf.

Mikania [nach dem tschech. Botaniker J. C. Mikan, *1769, †1844], Gatt. der Korbblütler mit etwa 300 Arten, v. a. in Brasilien; meist Lianen mit weißen bis gelbl. Blüten.

Miki Takeo, *Shikoku 17. März 1907, † Tokio 13. Nov. 1988, jap. Jurist und Politiker. – Seit 1937 Mgl. des Unterhauses; seit 1947 mehrmals Min., zuletzt 1966–68 Außenmin. und 1972–74 stellv. Min.präs.; 1974–76 Min.präs. und Vors. der Liberal-Demokrat. Partei.

Mikkeli (schwed. Sankt Michel), Stadt im östl. S-Finnland, 31 600 E. Hauptstadt der Prov. M.; Bischofssitz; kulturhistor., Kunst-, militär. Museum; Holzverarbeitung (Zellulose und Papier).

Miklas, Wilhelm, *Krems 15. Okt. 1872, † Wien 20. März 1956, östr. Politiker (Christlichsoziale Partei). – 1907–18 Mgl. des Reichsrats, 1918–28 des Nat.rats, dessen Präs. 1923–28; ab 1928 Bundespräs.; lehnte die Unterzeichnung des Gesetzes über den Anschluß Österreichs an das Dt. Reich ab und trat am 13. März 1938 zurück.

Miklosich, Franz Xaver von (seit 1869) ['mɪkloz̩ɪtʃ] (Miklošič), *Radomerščak bei Ljutomer (Slowenien) 20. Nov. 1813, † Wien 7. März 1891, slowen. Philologe und Slawist. – Ab 1849 Prof. in Wien; einer der Begründer der modernen Slawistik.

Mikojan, Anastas Iwanowitsch [russ. mika'jan], *Sanain bei Tiflis 25. Nov. 1895, † Moskau 21. Okt. 1978, sowjet. Politiker. – Als enger Mitarbeiter Stalins 1923 Mgl.

des ZK, 1935–66 des Politbüros der KPdSU sowie als Wirtschaftsfachmann Inhaber hoher Reg.ämter; 1937–64 stellv. Vors. des Rats der Volkskommissare bzw. des Min.-rats; 1964/65 Staatsoberhaupt als Vors. des Präsidiums des Obersten Sowjets; nach 1953 Parteigänger und Ratgeber Chruschtschows.

mikr..., Mikr... ↑mikro..., Mikro...

Mikrat [griech.] ↑Mikrodokumentation.

mikro..., Mikro..., mikr..., Mikr... (micro..., Micro..., micr..., Micr...) [zu griech. mikrós „klein"], Wortbildungselement mit der Bed. „klein, fein, gering".

Mikro... [griech.], Vorsatz vor physikal. Einheiten, Vorsatzzeichen μ; bezeichnet das 10^{-6}fache der betreffenden Einheit (1 Millionstel).

Mikroanalyse, Teilgebiet der chem. Analyse, bei der Substanzmengen von weniger als 10 mg benötigt werden, um – im Unterschied zur ↑Spurenanalyse – Stoffproben extrem geringer Menge (z. B. Hormone, Spurenelemente) oder extrem kleine Oberflächenausschnitte von Festkörpern zu untersuchen. Zu den Verfahren der M. gehören die Aktivierungsanalyse und die ↑Auger-Elektronenspektroskopie.

Mikroaufzeichnung, svw. ↑Mikrodokumentation.

Mikroben [griech.], umgangssprachl. Bez. für Mikroorganismen.

Mikrobiologie, Wiss. von den Mikroorganismen. Entsprechend der Vielfalt der Organismen gibt es innerhalb der M. die Teilgebiete Bakteriologie (Bakterien), Mykologie (Pilze), Phykologie (Algen), Virologie (Viren), Protozoologie (Einzeller). Abgezweigt von der allg. M. haben sich Spezialgebiete wie die *medizin. M.,* die sich bes. mit der Untersuchung von Krankheitserregern beim Menschen befaßt, oder die *industrielle M.,* die Möglichkeiten untersucht, den Stoffwechsel einiger Mikroorganismen zur Produktion bestimmter Nahrungs-, Genuß- und Arzneimittel auszunutzen. – ↑Biotechnologie.

Mikrobizide [griech./lat.], Sammelbez. für chemisch unterschiedl. Substanzen, die Mikroorganismen abtöten, z. B. Antibiotika, Fungizide, Desinfektionsmittel, Konservierungsmittel.

Mikrochirurgie, Spezialgebiet der Chirurgie, das sich mit operativen Eingriffen an Gewebsstrukturen im mikroskop. Bereich befaßt, die mit opt. Hilfsmitteln (Lupenbrille, Operationsmikroskop), speziellen Instrumenten und Nahtmaterialien ausgeführt werden. Mikrochirurg. Verfahren werden v. a. an Auge (Linsenimplantation, Hornhauttransplantation), Innenohr, Gehirn, Nerven und Blutgefäßen angewendet.

Mikrocomputer [...kɔmpjutə], Sammelbez. für Computer oder Rechnersysteme mit einem ↑Mikroprozessor als Zentraleinheit. M. enthalten einen Festwertspeicher (ROM) mit dem Betriebsprogramm, einen Schreib-Lese-Speicher (RAM) als Arbeitsspeicher (↑Halbleiterspeicher), einen Taktgenerator sowie eine Eingabe-/Ausgabeeinheit zur Steuerung des Datenverkehrs mit den Peripheriegeräten. M., die alle Baugruppen auf einer Leiterplatte (Platine) enthalten, werden als *Einplatinen-M.* bezeichnet, M., bei denen sie auf einem Chip vereinigt sind, als *Einchip-M.* M. können sowohl Universalrechner (z. B. Personal- oder Homecomputer) darstellen als auch in techn. Geräten eingebaut sein, wie z. B. in Videorecordern, Waschautomaten oder elektron. Schreibmaschinen.

Mikrodokumentation (Mikroaufzeichnung), Verfahren zur raumsparenden Archivierung von Dokumenten, Schrift- oder Bildvorlagen durch ihre photograph. Reproduktion in stark verkleinertem Maßstab. Die **Mikrokopien** *(Mikrobilder)* werden meistens in Form sog. **Mikrofilme** (Raumeinsparung bis zu 98 %) hergestellt, die Mikrobilder vielfach auf sog. **Mikrokarten** zeilenweise nebeneinander angeordnet. Sehr stark verkleinerte Wiedergaben (Abbildungsmaßstab 1:50 bis 1:500) bezeichnet man als **Mikrate.** In zunehmendem Maße werden auch *Mikrofilmblätter* **(Microfiches)** im Format DIN A 6 verwendet, auf denen neben einer Überschrift in übl. Schriftgröße 60 Mikrobilder (z. B. von Buchseiten) gespeichert werden können. – Zur Auswertung gibt es *Lese-* und *Rückvergrößerungsgeräte,* in denen die Mikrokopien auf einen Leseschirm projiziert betrachtet werden. – Mikrokopien werden gesetzlich als Dokumente anerkannt.

Mikroelektronensonde ↑Elektronensonde.

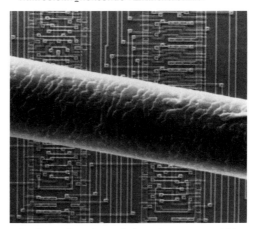

Mikroelektronik. Größenvergleich zwischen einem menschlichen Haar und den Transistoren einer integrierten Schaltung

Mikroelektronik, Teilgebiet der Elektronik, das sich mit der Entwicklung und Herstellung außerordentlich kleiner und meist sehr komplexer elektron. Schaltungen und Funktionseinheiten befaßt. Die einzelnen Bauelemente einer Schaltung oder einer kompletten Funktionseinheit einschl. der notwendigen Verbindungsleitungen verschmelzen zu einem untrennbar verbundenen und meist in einem einheitl. Herstellungsprozeß entstandenen Funktionsblock (integrierte Schaltung, integrierter Schaltkreis, IC [von engl. integrated circuit]). Ursprünglich wurden integrierte Schaltungen mit der Forderung nach kleinsten Abmessungen für die Raumfahrt entwickelt. Wegen entscheidender Vorteile gegenüber Schaltungen aus Einzelbauelementen verbreiteten sie sich schnell in der gesamten Elektronik: wesentlich höhere Zuverlässigkeit infolge ausgefeilter Herstellungstechnologie und verringerter Lötstellenzahl; erhebl. Steigerung der Arbeitsproduktivität und niedriger Preis durch automatisierte Herstellung; höhere Packungsdichte (Bauelementedichte) von über 1 000 Einzelelementen in wenigen Kubikmillimetern. – Nach der Herstellungstechnologie unterscheidet man a) die am weitesten verbreiteten **Festkörperschaltkreise (Halbleiterblocktechnik);** b) **Filmschaltkreise** in *Dünnschichttechnik (Dünnfilmtechnik)* oder *Dickschichttechnik (Dickfilmtechnik);* c) Schaltkreise in **Hybridtechnik** als Kombination der Halbleiterblock- und Filmtechnik. – Bei der Halbleiterblocktechnik werden aktive und passive Bauelemente in einem monolith. (aus einheitl. Material bestehenden) Silicium-Halbleiterkristall *(Chip)* im wesentlichen durch unterschiedl. Dotierung verschiedener Bereiche des Kristalls mit Fremdstoffen hergestellt *(Planarprozeß);* sie ergeben vorzugsweise aus Transistoren (Bipolar- und MOS-Schaltungen) bestehende Festkörperschaltkreise. Bei der *MIS-* oder *MOS-Technik* (von engl. metal insulator semiconductor bzw. engl. metal oxide semiconductor), die sich vom MOSFET ableitet, wird neben den günstigen elektr. Parametern des MOSFET eine hohe Packungsdichte und einfachere Technologie erzielt. In der *CMOS-Technik* (von engl. complementary metal oxide semiconductor) werden integrierte Schaltungen verwendet. Da die Entwicklungskosten sehr hoch sind, werden Standardschaltungen mit großer Anwendungsbreite produziert. Bei Filmschaltkreisen werden passive Bauelemente und Leiterzüge in Form dünner leitfähiger Filme (Schichten) auf isolierendem Trägermaterial *(Substrat)* aufgebracht. Nachteilig ist, daß aktive

Mikrofilm

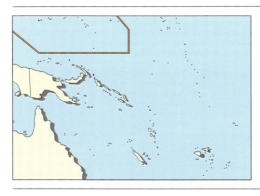

Mikronesien
Fläche: 700 km² (Landfläche)
Bevölkerung: 115 000 E (1990), 164 E/km²
Hauptstadt: Kolonia
Amtssprache: Englisch
Währung: 1 US-Dollar (US-$) = 100 Cents (c)
Zeitzone: MEZ +11 Stunden

Bauelemente (z. B. Transistoren) nicht im gleichen Herstellungsprozeß entstehen, sondern nachträglich eingefügt werden müssen. – Historisch teilt man elektron. Bauelemente und Geräte in „Generationen" ein, die sich hinsichtlich wesentl. Eigenschaften (Wirkprinzip, Technologie u. a.) unterscheiden: 1. Generation (etwa ab 1907): Elektronenröhre, Entwicklung der Schwachstromtechnik; 2. Generation (ab 1948): Transistor, Entwicklung der Halbleitertechnik; 3. Generation (ab 1961): integrierte Schaltungen, Entwicklung der Mikroelektronik (SSI- und MSI-Schaltkreise); 4. Generation (ab 1971): Großintegration (LSI-Schaltkreise), Mikroprozessoren; (ab 1979): Größtintegration (VLSI-Schaltkreise), Ein-Chip-Mikrorechner; 5. Generation (etwa ab 1990): Funktionalelektronik (Molekularelektronik).

Mikrofilm ↑ Mikrodokumentation.

mikroinvasive Chirurgie, chirurg. Eingriffe mit Hilfe von ↑ Endoskopen.

Mikrokarte ↑ Mikrodokumentation.

Mikrokinematographie ↑ Mikrophotographie.

Mikroklima, svw. Kleinklima (↑ Klima).

Mikroklin [griech.] ↑ Feldspäte.

Mikrokokken [griech.] ↑ Micrococcus.

Mikrokopie ↑ Mikrodokumentation.

Mikrokosmos, philosoph. Terminus, der, ausgehend von der Vorstellung einer vollendeten Ordnung der Welt, eine Beziehung zw. der Welt als Ganzes (Makrokosmos) und einem ihrer Teile, meist dem Menschen, herstellt: Die Erkenntnis eines Teils der Welt führt zu einer entsprechenden Erkenntnis des Ganzen, und jede Vorstellung über das Ganze hat ihre Entsprechung in den Teilen. Eine bes. Ausformung erfuhr der M.gedanke in der Stoa; er erscheint, vielfach abgewandelt, in der Mystik und Naturlehre des MA, in der Philosophie der Renaissance und in der Monadenlehre Leibniz'. In der modernen Physik versteht man unter M. die Gesamtheit der Objekte und Erscheinungen in atomaren und subatomaren Dimensionen.

Mikrolithe [griech.], meist nur mit dem Mikroskop erkennbare Kristalle in glasreichen Gesteinen; sie können kugelig *(Globulite),* stäbchenförmig *(Longulite),* nadelig *(Belonite),* haarförmig *(Trichite)* oder perlschnurartig *(Margarite)* gestaltet sein.

▷ in der Vorgeschichtsforschung Bez. für kleine Feuersteingeräte, meist Spitzen und Schneiden an Waffen und Werkzeugen; bes. häufig für das Mesolithikum nachgewiesen.

Mikrometer, Einheitenzeichen μm, der 1 000 000. Teil eines Meters: 1 μm = 10⁻⁶ m.

▷ (M.schraube) veraltende Bez. für ↑ Meßschraube.

Mikronährstoffe, svw. ↑ Spurenelemente.

Mikronesien [zu ↑ mikro... und griech. nēsos „Insel"], zusammenfassende Bez. für die Marianen, Karolinen, Marshallinseln, Gilbertinseln und Nauru im Pazif. Ozean.

Mikronesien (amtl. Federated States of Micronesia; dt. Föderierte Staaten von M.), Bundesstaat im westl. Pazif. Ozean, zw. Äquator und 10° n. Br. **Staatsgebiet:** Umfaßt 607 Inseln und Atolle der Karolinen in einem Meeresgebiet von 2,6 Mill. km², bestehend aus den Inselgruppen (und Gliedstaaten) Kosrae (früher Kusaie), Pohnpei (früher Ponape), Chuuk (früher Truk) und Yap. **Verwaltungsgliederung:** vier Gliedstaaten. **Internat. Mitgliedschaften:** UN.
Landesnatur: M. setzt sich aus vier Inselgruppen zus., die zugleich die vier Gliedstaaten bilden: die zu den Ostkarolinen gehörenden Inseln Kosrae (5 Inseln, 110 km²), Pohnpei (163 Inseln, 344 km²) und Chuuk (294 Inseln, 127 km²) sowie die zu den Westkarolinen zählenden Inseln Yap (145 Inseln, 119 km²). Teils hohe, von Korallenriffen umgebene Vulkaninseln, teils flache Korallen inseln. Das Klima ist tropisch-ozeanisch mit Durchschnittstemperaturen um 27 °C und unregelmäßigen Niederschlägen. Die vulkan. Inseln tragen Wald oder Grasvegetation, die Koralleninseln Kokos- und Schraubenpalmen.

Bevölkerung: Die Bev. besteht überwiegend aus Mikronesiern, auf Pohnpei auch aus Polynesier. 46 % der Bev. sind jünger als 15 Jahre. Die Mehrzahl bekennt sich zu christl. Konfessionen.

Wirtschaft: Die Landw. dient der Eigenversorgung (v. a. Anbau von Taro, Jams, Brotfrucht, Maniok), jedoch müssen zusätzlich Nahrungsmittel eingeführt werden. Außerdem Gewinnung von Kopra, die neben kunstgewerbl. Erzeugnissen exportiert wird. Haupteinkünfte – außer den Finanzhilfen der USA und Australiens – kommen aus der Vergabe von Fischereilizenzen an jap. und taiwanes. Unternehmer sowie aus dem Fremdenverkehr (begrenzt wegen fehlender Infrastruktur).

Verkehr: Der Verkehr zw. den Inseln erfolgt mit Schiffen und durch die US-amerikan. Fluggesellschaft Continental-Air Micronesia; internat. ✈ auf Pohnpei und Chuuk.

Geschichte: Vor rd. 3500 Jahren von Ostmelanesien aus besiedelt; im 16. Jh. von den Spaniern entdeckt, aber erst im 19. Jh. besiedelt. Nach dem Span.-Amerikan. Krieg 1898 an das Dt. Reich verkauft; im 1. Weltkrieg unter jap. Herrschaft. Während des 2. Weltkriegs von amerikan. Truppen eingenommen und ab 1947 von den USA als UN-Treuhandgebiet verwaltet. 1979 erfolgte die Proklamation der Föderierten Staaten von M., die 1986 in freier Assoziation mit den USA (letztere sind offiziell für Außen- und Verteidigungspolitik zuständig) die eingeschränkte Souveränität erhielten. Im Dez. 1990 hob der UN-Sicherheitsrat die Treuhandschaft der USA auf und erkannte die Souveränität der Föderierten Staaten von M. an. Im Sept. 1991 Aufnahme in die UN.

Politisches System: Nach der Verfassung von 1979 ist M. eine föderative Präsidialrepublik. *Staatsoberhaupt* und Inhaber der *Exekutivgewalt* ist der für vier Jahre vom Kongreß gewählte Präs. Die *Legislative* liegt beim Kongreß (Einkammerparlament mit 14 Senatoren, von denen vier für vier Jahre und zehn für zwei Jahre gewählt werden). *Verwaltung*smäßig ist M. in vier Gliedstaaten mit eigener Legislative und je einem Gouverneur an der Spitze aufgeteilt. Die *Recht*sprechung basiert auf US-amerikan. Recht.

Mikronesier, die einheim. Bev. Mikronesiens, rassisch mit den Polynesiern verwandt, aber mit stärkeren mongoliden Zügen; etwa 190 000 Angehörige. Die urspr. Wirtschaft basierte v. a. auf der Fischerei. Die Siedlungen bestehen im allg. aus unregelmäßigen Haufendörfern; unter den Häusern zeichnet sich das Männer- oder Junggesellenhaus durch Größe und Ausstattung aus. Töpferei, Weberei, Matten- und Korbflechterei waren im allg. bekannt, die Seefahrt war hochentwickelt. In der Sozialordnung überwogen im O polynes., im W melanes.-indones. Züge. Wie die gesamte Kultur sind unter europ. Einfluß seit dem 17./18. Jh. auch die urspr. vom Ahnenkult bestimmten religiösen Vorstellungen stark umgeformt worden.

Mikroökonomie, Teilgebiet der Wirtschaftstheorie, bei dem einzelwirtsch. Phänomene und die Zielsetzungen und Verhaltensweisen der einzelnen Wirtschaftssubjekte im Ggs. zur Globalbetrachtung der Makroökonomie analysiert werden.

Mikroorganismen, meist einzellige Lebewesen, die wegen ihrer geringen Größe nur durch Vergrößerung im Mikroskop sichtbar gemacht werden können. Es gibt *eukaryont. M.,* die einen echten Zellkern besitzen (mikroskopisch kleine Pilze, Mikroalgen, Protozoen), und *prokaryont. M.,* bei denen das genet. Material nicht in einem Zellkern, sondern in einem ringförmig geschlossenen DNS-Strang frei im Zytoplasma lokalisiert ist (Bakterien, Archaebakterien, Blaualgen). Viren sind keine Mikroorganismen.

Mikrophon [zu griech. mikrós „klein" und phōnē „Stimme, Laut"], elektroakust. Empfänger zum Umwandeln von Schallwellen in elektr. Wechselspannungen; nach dem physikal. Prinzip ihrer Wirkungsweise werden Kohle-, piezoelektr., Kondensator- und dynam. M. unterschieden. Das **Kohlemikrophon** ist ein Kontakt-M., bei dem sich hinter der Membran eine Kammer mit Kohlegranulat befindet; die Membran wird durch auftreffenden Schall in Schwingungen versetzt und drückt das Kohlegranulat mehr oder weniger zusammen, so daß sich dessen elektr. Widerstand ändert und einen Gleichstrom im Rhythmus der Schallwellen steuert. Das **piezoelektrische Mikrophon** (keram. M.) enthält einen piezoelektr. Schallwandler (z. B. Bariumtitanat). Die von der Membran auf die Piezokeramik übertragenen mechan. Schwingungen erzeugen an den Elektroden der Piezokeramik Wechselspannungen. Im **Kondensatormikrophon** mit Luftdielektrikum befindet sich eine straff gespannte Membran aus Metall oder metallbedampfter Kunststoffolie in geringem Abstand von einer festen, isoliert angebrachten Gegenelektrode, die zusammen mit der Membran einen Luftkondensator bildet, dessen Kapazität sich im Rhythmus der auf die Membran treffenden Schallwellen ändert. Bei anliegender Gleichspannung entsteht eine Wechselspannung, die den Membranschwingungen entspricht. Beim **elektrodynamischen Mikrophon** entsteht die Wechselspannung durch elektr. Induktion in einem Leiter, der von den Schallwellen im Magnetfeld eines Dauermagneten bewegt wird (im *Tauchspul-M.* eine leichte Spule, im *Bändchen-M.* ein Aluminiumband). – Nach Art der Richtcharakteristik unterscheidet man *Kugel-, Nieren-* oder *Achter-M.,* die beiden letztgenannten sind **Richtmikrophone.** Das *Hyperkardioid-* oder *Supernieren-M.* stellt eine Übergangsform zw. Nieren- und Achtercharakteristik dar. – Das **Kehlkopfmikrophon** nimmt den Schall am Kehlkopf ab. – Die bes. kleinen, kabellosen *Lavalier-M.* werden als *Umhänge-M.* oder *Ansteck-M.* v. a. im Studio verwendet; sie sind gegen Körperschall und gegen Geräusche der Kleidung unempfindlich.

Mikrophotographie, photograph. Abbildungsbereich, der durch die Verwendung des Mikroskops anstelle des Kameraobjektivs gekennzeichnet ist und dessen Abbildungsmaßstäbe durch die Mikroskopvergrößerungen (bei Lichtstrahlen-M. bis 1 500fach, bei Elektronen-M. bis 500 000fach) gegeben sind; häufig automatisierte Kamera-Mikroskop-Systeme, speziell in der **Mikrokinematographie** (Filmaufnahmen von mikroskop. Objekten, vielfach in Zeitrafferschaltung) sowie in der [Raster]elektronenmikroskopie.

mikrophysikalisches System, physikal. System atomarer oder subatomarer Größe, das zu einer Beschreibung die Anwendung der Quantentheorie erfordert. Die Lehre von den m. S. heißt **Mikrophysik.**

Mikroprozessor (engl. microprocessor), Zentraleinheit eines Mikrocomputers, in der die grundlegenden Funktionseinheiten eines Prozessors – Rechen- und Steuerwerk – vereinigt sind und die in Form eines ↑Chips realisiert ist. M. werden als integrierte Schaltungen ausgeführt und i. d. R. in MOS-Technik (↑MOS) hergestellt. Die *Wortlänge,* d. h. die Zahl der zu verarbeitenden ↑Bits ist beim M. geringer (8, 16 oder 32 Bit) als bei Prozessoren für große Datenverarbeitungsanlagen (64 Bit). Ein Maß für die *Rechengeschwindigkeit* ist die Dauer eines Befehlszyklus, die bei modernen M. unter 1 μs liegt. Die Taktfrequenz, die die Geschwindigkeit der internen Befehle bestimmt, beträgt bei fortgeschrittenen M. 25 bis 40 MHz. Weitere Leistungskriterien eines M. sind der Befehlsvorrat, die Art und Organisation der Befehle (Befehlsformat) sowie die Zahl adressierbarer Speicherzellen; i. d. R. adressieren M. 64 KByte bis 16 MByte (↑Byte). Ein M. ist allein nicht arbeitsfähig, sondern benötigt noch ein Speicherwerk und eine Eingabe-/Ausgabe-Steuerung (↑Mikrocomputer). Die freie Programmierung von M. gestattet einen universellen Einsatz, der sich von zentralen Datenverarbeitungsanlagen bis zu Gebieten der einfachen Elektronik erstreckt (Büromaschinen, Taschenrechner, Haushaltsgeräte).

Mikropsie [griech.], Störung der Größenwahrnehmung (Gegenstände werden kleiner gesehen); Ggs. ↑Makropsie.

Mikropyle [griech.] ↑Samenanlage.

Mikrorillenplatte ↑Schallplatte.

Mikroskop ↑Sternbilder (Übersicht).

Mikroskop [zu griech. mikrós „klein" und skopein „betrachten"], opt. Gerät zur vergrößerten Betrachtung sehr kleiner naher Objekte, i. e. S. unter Verwendung von Lichtstrahlen *(Licht-M.).* Ein M. besteht im wesentlichen aus zwei opt. Systemen, dem Objektiv und dem Okular, die durch einen Tubus miteinander verbunden sind, einer Beleuchtungseinrichtung sowie dem Objekttisch und Stativ zur Halterung der opt. Teile. Das Objektiv liefert (meist in Verbindung mit einer Tubuslinse) ein vergrößertes reelles Zwischenbild des Objekts, das mit dem Okular nochmals vergrößert betrachtet werden kann; zur Einstellung verschiedener Vergrößerungen können die opt. Systeme ausgetauscht werden. Für beidäugiges Sehen stattet man M. mit zwei Okularen *(Binokular-M.)* aus. Nach Art der Beleuchtung unterscheidet man **Durchlichtmikroskope,** bei denen dünne, transparente Objekte durchstrahlt werden, und **Auflichtmikroskope** zur Untersuchung der Oberfläche undurchsichtiger Körper. Für beide M. sind verschiedene Beleuchtungsstrahlengänge möglich: Im Ggs. zur gewöhnl. **Hellfeldbeleuchtung,** bei der das gesamte beleuchtete Objekt ins Objektiv eindringt, erscheinen bei der **Dunkelfeldbeleuchtung** (↑Dunkelfeldmikroskopie) die Objekte nur in ihren Konturen, da das nicht am Objekt gebeugte Licht am Objektiv vorbeigeführt wird.

Für die Güte eines M. sind ↑Vergrößerung und das ↑Auflösungsvermögen maßgebend. Beide werden nach der Abbeschen Theorie durch die numer. Apertur A des Objektivs bestimmt, die von dessen Öffnungswinkel σ und dem Medium (Brechzahl n) zw. Objekt und Objektiv abhängt: $A = n \sin \sigma$. Die maximale Vergrößerung eines Licht-M. liegt daher zw. $500 A$ und $1000 A$. Da der kleinste noch zu trennende Abstand zweier Objektpunkte nach E. Abbe größer ist als λ/A, kann das Auflösungsvermögen eines M. durch Wahl kleinerer Wellenlängen λ erhöht werden (*Ultraviolett-M.,* ↑Elektronenmikroskop). *Immersions-M.* enthalten zur Steigerung der numer. Apertur eine Immersionsflüssigkeit (z. B. Glycerin, Öle) hoher Brechzahl. Teilchen, deren Größe unter dem Auflösungsvermögen des M. liegt, lassen sich mit dem *Ultra-M.* unter Verzicht auf die Abbildung ihrer Größe und Gestalt sichtbar machen. Durch Ausstattung mit opt. Zusatzsystemen, z. B. der elektron. oder photograph. Bildaufzeichnung (↑Mikrophotographie), Anwendung bes. Untersuchungsmethoden sowie durch den modularen Aufbau ist das M. zu einem vielseitig anwendbaren opt. Gerät geworden. Der Untersuchung optisch an-

Kugelcharakteristik

Querliegende Achtercharakteristik

Nieren- oder Kardioidcharakteristik

Hyperkardioidcharakteristik

Mikrophon. Verschiedene Richtcharakteristiken

Mikroskopie

isotroper Substanzen (z. B. Kristalle, Minerale) mit polarisiertem Licht dienen **Polarisationsmikroskope**. Mit dem **Phasenkontrastmikroskop** und dem **Interferenzmikroskop** werden auch Objekte sichtbar, die sich nicht durch Farbe oder Helligkeit (Amplitudenkontrast), sondern nur durch geringe Brechzahlunterschiede (und damit einen Phasenunterschied der Lichtwellen) von ihrer Umgebung unterscheiden. **Fluoreszenzmikroskope** dagegen dienen der Erzeugung eines Amplitudenkontrasts, indem das Präparat mit ultraviolettem Licht zum Fluoreszieren angeregt wird. **Stereomikroskope** werden zur räuml. Beobachtung und Präparation von Objekten, z. B. in der Medizin als *Operations-M.*, eingesetzt. Das **optische Rastermikroskop (Laserscan-Mikroskop)** arbeitet ähnlich wie ein elektron. Rastermikroskop, nur daß anstelle eines Elektronenstrahls ein fokussierter Laserstrahl über das zu beobachtende Objekt geführt wird. Die Verstärkung der punktförmigen Bildsignale mittels eines Photomultipliers und eine nachträgl. Videoverstärkung ermöglichen eine breite Variation der Helligkeit und des Kontrasts.

Geschichte: Der erste bekannte Hinweis auf die vergrößernde Wirkung zweier Linsen stammt von G. Fracastoro (1538). Das erste zusammengesetzte M. wurde dann vermutlich von den holländ. Brillenmachern H. und Z. Janssen um 1590 gebaut. Ziemlich fehlerfreie, bis über 300fache Vergrößerungen erzielte A. van Leeuwenhoek im 17. Jh. mit sog. einfachen M. (Lupen). Die Entwicklung von achromat. Linsenkombinationen ermöglichte die Verwendung größerer Linsenöffnungen. Als erster berechnete G. B. Amici starke M.objektive und führte 1827 die halbkugelförmige Frontlinse sowie 1847 das Immersionsobjektiv ein. Die weitere Entwicklung des M. geht v. a. auf E. Abbe zurück, der ab 1869 die theoret. Grundlagen der mikroskop. Abbildung schuf. C. Zeiss fertigte ab 1872 M.objektive mit den von O. Schott entwickelten opt. Gläsern an. Eine zunehmende Differenzierung setzte im M.bau ab 1900 mit der Ausnutzung wesentl. physikal. Effekte (Polarisation, Fluoreszenz u. a.) ein.

Mikroskopie [zu griech. skopeïn „betrachten"], Bez. für Verfahren, die das Mikroskop und alle dazugehörigen Hilfsmittel zur Untersuchung mikroskop. Objekte bzw. Objektstrukturen benutzen. Voraussetzung für die M. sind meist geeignete Präparationsmethoden (↑mikroskopische Technik). In opt. Hinsicht unterscheiden sich die Verfahren der M. durch die Art der Beleuchtung (*Auflicht-, Durchlicht-, Hellfeld-, Dunkelfeld-M.*). Nach den Objektstrukturen diffe-

Mikroskop

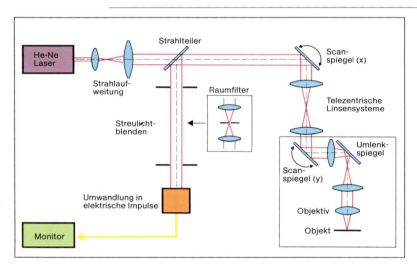
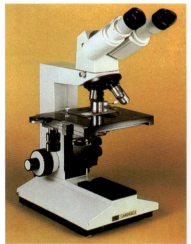
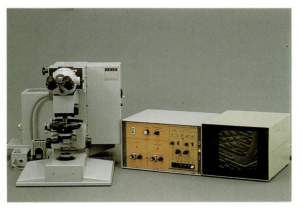
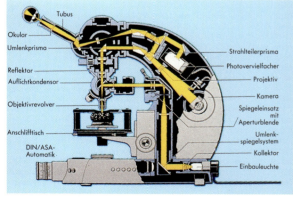

Links oben: Schema des optischen Aufbaus eines Laserscan-Mikroskops. Rechts oben: binokulares Durchlicht-Labormikroskop mit Kreuztisch und Objektivrevolver. Links unten: Laserscan-Mikroskop mit Steuergerät und Monitor. Rechts unten: Schnitt durch ein Mikroskop mit eingebauter Kamera für Mikrophotographie, Strahlengang bei Auflichtbeleuchtung

renziert man Verfahren, die die Amplitude der durchgehenden Strahlung beeinflussen und solche, die nur die Phase ändern (↑Mikroskop). Zunehmend wird die M. für quantitative, rechnergestützte Messungen (Bestimmung von Extinktion, Transmission, spezif. Oberflächen, Teilchenzahlen, Fluoreszenzintensitäten u. a.) herangezogen.

mikroskopisch, nur mit Hilfe des Mikroskops wahrnehmbar; die Mikroskopie betreffend.

mikroskopische Technik, Gesamtheit der Verfahren zur Herstellung kleiner Objekte für die mikroskop. Untersuchung. Während durchsichtige Objekte als Totalpräparate untersucht werden können, müssen z. B. bei histolog. und biolog. Untersuchungen größere Frischobjekte entweder zerkleinert (Zupfpräparate) oder zerquetscht (Quetschpräparate) bzw. nach Einbettung in ein Einbettungsmittel mit Hilfe eines ↑Mikrotoms in dünne Schnitte zerlegt werden. Das so gewonnene mikroskop. Präparat wird auf einen Objektträger gebracht und mit einem Deckglas bedeckt. Um die Lichtbrechung an der Oberfläche des Präparates herabzusetzen, wird es in ein Medium mit entsprechender Brechzahl eingeschlossen (z. B. Kanadabalsam). Da viele Objekte bei einer Hellfeldbeleuchtung (↑Mikroskop) kontrastarm erscheinen würden, werden sie vorher angefärbt. Zur Herstellung von Dauerpräparaten muß tier. und pflanzl. Material durch ↑Fixierung haltbar gemacht werden.

Mikrosmaten [griech.], Bez. für Tiere mit nur schwach entwickeltem Geruchssinn.

Mikrosomen [griech.], submikroskopisch kleine Zelltrümmer, die man nach Entfernen der Kern- und Mitochondriensubstanz durch Zentrifugieren homogenisierter Zellen erhält; bestehen aus lipoidreichen Bruchstücken des endoplasmat. Retikulums und aus ribosomaler RNS.

Mikrosoziologie, Teilbereich der soziolog. Theorie, der kleinste selbständige, nicht weiter reduzierbare Formen und Inhalte (Interaktionen, Motivationen u. a.) der Wechselbeziehungen zw. Individuen oder Kleingruppen unabhängig von gesamtgesellschaftl. Zusammenhängen untersucht.

Mikrosporidien ↑Microsporidia.

Mikrosporie [griech.], ansteckende Hautpilzerkrankung, die durch menschen- oder tierpathogene Microsporum-Arten hervorgerufen wird; häufig vertreten war früher bei Kindern die durch Microsporum audouinii hervorgerufene Form; dabei brechen die Haare 3–5 mm über der Kopfhaut ab, so daß runde, fein schuppende Herde entstehen. Stärkere Verbreitung weist heute Microsporum canis als Infektion von Katze und Hund auf, das in Form entzündl. Herde am Körper auch Erwachsene befällt.

Mikrotom [griech.], Präzisionsgerät zur Herstellung feinster Schnitte von biolog. und anderen Objekten für mikroskop. Untersuchungen. Die Objekte werden zur Vermeidung von Deformationen in feste, jedoch leicht schneidbare Stoffe (z. B. Paraffin) eingebettet, gefroren oder anderen Spezialverfahren unterworfen. Die Schnittdicke liegt bei einigen μm, moderne *Dünnschnitt-* oder *Ultra-M.* liefern Schnitte bis zu 20 nm Dicke.

Mikrotubuli [griech./lat.] (Zytotubuli), nur elektronenmikroskopisch sichtbare Röhrchen in fast allen Zellen mit echtem Zellkern. Ihre funktionelle Bed. besteht u. a. in der Mitwirkung an Bewegungsvorgängen (z. B. Auseinanderweichen der Chromosomenspalthälften).

Mikrovilli (Einz. Mikrovillus) [griech./lat.], etwa 1 μm lange und 0,1 μm dicke fingerförmige Zytoplasmafortsätze an der Oberfläche von Zellen; erleichtern durch Vergrößerung der resorbierenden Oberfläche (Bürsten- oder Stäbchensaum) den Stoffaustausch.

Mikrowaage ↑Waage.

Mikrowellen, elektromagnet. Schwingungen mit Wellenlängen von 1 m bis 1 mm bzw. Frequenzen von 300 MHz bis 300 GHz. Die Unterteilung dieses Bereiches erfolgt üblicherweise in *dm-, cm-* und *mm-Wellen,* für die auch die englischsprachigen Abkürzungen *UHF* (ultra high frequency), *SHF* (super high frequency) und *EHF* (extremely high frequency) verwendet werden. M. werden zur Nachrichtenübertragung in Richtfunkverbindungen, für Fernsehen, Funkortung (Radar), zur Erwärmung von Lebensmitteln u. a. verwendet.

Mikrowellenerwärmung, die dielektr. Erwärmung von elektrisch nichtleitenden Stoffen durch Energieumsetzung in einem Mikrowellenfeld, z. B. in einem Hohlraumresonator.

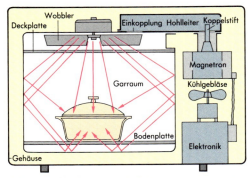

Mikrowellenherd. Aufbau und Funktion eines Mikrowellengeräts

Mikrowellenherd (Mikrowellengerät), Elektroküchengerät zum Auftauen, Erwärmen, Garen oder Grillen von Speisen. Die Speisen werden in den abgeschlossenen und abgeschirmten Raum des M. eingebracht; beim Einschalten des Mikrowellengenerators (Magnetron; Frequenz 2 450 MHz) werden die Mikrowellen durch einen Koppelstift und einen Hohlleiter in den Garraum eingeleitet (Einkopplung); ein Wellenrührer (Wobbler) sorgt für die gleichmäßige Verteilung der Mikrowellen; die Erwärmung durch die Mikrowellen erfolgt direkt im Innern des Gargutes innerhalb weniger Minuten. Zur Oberflächenbräunung ist teilweise eine zusätzl. Infrarotheizung eingebaut.

Mikrowellenlandesystem, Abk. MLS, Landeführungssystem für Flugzeuge, das die Nachteile des bisherigen ↑Instrumentenlandesystems beseitigen soll. Es arbeitet mit scharfgebündelten Mikrowellen im Frequenzbereich von 5 GHz. Je ein horizontal und vertikal geschwenkter Strahlungsfächer überstreicht einen horizontalen Sektor von ±40° sowie einen Gleitwegbereich bis zu 20° Erhebung. Aus der Zeitdifferenz zw. Hin- und Rücklauf der empfangenen Abtaststrahlen werden durch ein Bordgerät die Lage des Flugzeugs im Anflugraum und durch die Laufzeitmessung eines Abfrageimpulses die Entfernung bis zum Aufsetzpunkt fortlaufend bestimmt; ein Bordrechner vergleicht diese Positionsdaten mit einer vom Piloten gewählten Sollanflugbahn und ermittelt erforderl. Steuerkorrekturkommandos, die angezeigt oder dem Flugregler aufgeschaltet werden. Mit diesem System können beliebige (auch gekrümmte) und für den jeweiligen Landefall optimale Anflugbahnen geflogen werden. Nach einem Beschluß der ICAO soll das MLS ab 1998 das Instrumentenlandesystem weltweit als Standardsystem ablösen.

Mikrowellentherapie ↑Elektrotherapie.

Mikrowellenverstärker ↑Maser.

Mikrozensus, von der amtl. Statistik in der BR Deutschland seit 1957 vierteljährlich durchgeführte Stichprobenerhebung über den Bevölkerungsbestand. Erhebungseinheiten sind die Haushaltungen; erfaßt werden v. a. die Merkmale Alter, Geschlecht, Familienstand der einzelnen Personen, Berufsausbildung, Stellung im Beruf, geleistete Arbeitsstunden, Art des Kranken- und Versicherungsschutzes der Erwerbstätigen; die Erhebungen erfolgen als zweistufige, geschichtete Stichprobe mit einem Auswahlsatz der jeweiligen Wohnbev. von 0,1 % (dreimal im Jahr) bzw. von 1 % (einmal im Jahr).

Mikrozustand, in der *statist. Physik* eine von vielen mikroskop. Realisierungsmöglichkeiten eines ↑Makrozustandes, d. h., jedem M. entspricht genau ein Makrozustand

Mikszáth

(nicht aber umgekehrt). Die Zahl der M., durch die ein Makrozustand realisiert wird, heißt *thermodynam. Wahrscheinlichkeit* dieses Makrozustandes.

Mikszáth, Kálmán [ungar. 'miksa:t], * Szklabonya 16. Jan. 1847, † Budapest 28. Mai 1910, ungar. Schriftsteller. – 1887 liberaler Abg.; von Jókai, dessen Romantik er überwand, und Dickens beeinflußter humorvoller, z. T. gesellschaftskrit.-satir. Erzähler mit Vorliebe für Anekdoten, u. a. „Die Hochzeit des Herrn von Noszty" (R., 1908), „Die schwarze Stadt" (R., 1910).

Mikwe [hebr.] ↑ Judenbad.

MIK-Wert ↑ MIK.

Milan I. Obrenović, * Mărăşeşti (Rumänien) 22. Aug. 1854, † Wien 11. Febr. 1901, Fürst (als M. IV. 1868–82) und König (1882–89) von Serbien. – Großneffe von Miloš Obrenović; erreichte auf dem Berliner Kongreß (1878) die Anerkennung der serb. Unabhängigkeit. 1889 dankte er zugunsten seines Sohnes Alexander I. ab.

Milan I. Obrenović, König von Serbien

Milane [frz.] (Milvinae), mit zehn Arten v. a. in offenen Landschaften und Wäldern weltweit verbreitete Unterfam. etwa 30–60 cm langer, dunkel- bis rostbrauner, lang- und schmalflügeliger Greifvögel; ausgezeichnete Segler mit langem, oft gegabeltem Schwanz, die sich vorwiegend von kleinen Reptilien und Säugetieren ernähren; Zugvögel. In M-Europa kommen vor: **Roter Milan** (Gabelweihe, Königsweihe, Milvus milvus), etwa 60 cm lang, überwiegend rotbraun; Schwanz tief gegabelt; **Schwarzer Milan** (Milvus migrans), bis über 50 cm groß, schwarzbraun gefärbt, Schwanz schwach gegabelt.

Milano, Giovanni da ↑ Giovanni da Milano.

Milano ↑ Mailand.

Milazzo, italien. Hafenstadt in NO-Sizilien, 30 600 E. Erdölraffinerie, Nahrungsmittel-, chem. Ind. – Gab der bronzezeitl. **Milazzesekultur** (13./12. Jh. v. Chr.) ihren Namen. Das antike **Mylai** (lat. Mylae) wurde 716 v. Chr. vom griech. Zankle (= Messina) gegr., 315 von Syrakus erobert. 260 errangen die Römer bei M. ihren ersten Seesieg über die Karthager. Am 20. Juli 1860 siegte hier Garibaldi entscheidend über die bourbon. Truppen.

Milben [zu althochdt. mil(i)wa, eigtl. „mehlmachendes Tier"] (Acari, Acarina), mit rd. 20 000 Arten weltweit verbreitete Ordnung etwa 0,1–30 mm langer Spinnentiere in allen Lebensräumen an Land und in Gewässern; mit meist gedrungenem Körper und kauenden oder stechend-saugenden Mundwerkzeugen. – M. ernähren sich entweder räuberisch (z. B. Meeres-M.), als Pflanzen- und Abfallfresser (z. B. Horn-M.) oder parasitisch als Saftfresser an Pflanzen (z. B. Gall-M., Rote Spinne) oder (bei Tier und Mensch) als Blutsauger (z. B. Zecken), oder sie sind Gewebe- oder Hornfresser (Balg-M.). M. können auch an Nahrungsmittelvorräten schädlich werden (Vorrats-M., Wurzel-M.). Zu den M. gehören noch Lauf-M., Spinn-M. und die Fam. **Käfermilben** (Parasitidae); bis 1,5 mm groß, goldbraun.

Milbenseuche (Insel-Wight-Krankheit), weltweit verbreitete, im Frühjahr auftretende tödl. Erkrankung der Honigbiene nach Befall der Tracheen durch die Milbe Acarapis woodi; Symptome sind Flügelzittern und Flugunfähigkeit; meldepflichtig.

Milane.
Oben: Roter Milan.
Unten: Schwarzer Milan

Milch, Erhard, * Wilhelmshaven 30. März 1892, † Wuppertal 25. Jan. 1972, dt. Generalfeldmarschall (1940). – 1933–44 Staatssekretär im Reichsluftfahrtministerium, 1938–45 Generalinspekteur der dt. Luftwaffe und 1941–44 auch Generalluftzeugmeister; in den Nürnberger Prozessen 1947 zu lebenslängl. Haft verurteilt, 1954 freigelassen.

Milch, in den M.drüsen der weibl. Säugetiere gebildete Flüssigkeit; bei der Frau ↑ Muttermilch. Im allg. versteht man in Europa darunter Kuh-M., die als „zubereitete M." in den Handel kommt. M. anderer Tiere (z. B. von Schaf oder Ziege) darf nur gekennzeichnet als solche in den Handel kommen. Die durch Melken gewonnene Kuh-M. zählt zu den wichtigsten Nahrungsmitteln. Sie besteht durchschnittlich zu 87,3 % aus Wasser, zu 3,8 % aus ↑ Milchfett, zu 3,4 % aus ↑ Milcheiweiß, zu 4,8 % aus M.zucker (↑ Lactose) und zu 0,7 % aus Salzen (v. a. Phosphate, Citrate und Chloride von Calcium und Kalium; an Spurenelementen finden sich Fluor, Jod, Mangan, Kupfer und Zink). Im M.fett sind die Vitamine A und D_1 gelöst, nachgewiesen wurden ferner die Vitamine E, K, B_1, B_2, B_6, B_{12}, C, Biotin, Niacin, Pantothensäure, Folsäure.

Das M.fett und die M.proteine geben infolge ihrer Lichtdispersion der M. die weiße bis gelblichweiße Farbe. Beim Stehenlassen der M. steigen die Fetttröpfchen wegen ihres geringen spezif. Gewichts nach oben und bilden eine Rahmschicht (Sahne). Durch Homogenisieren (Zerstörung der Hüllmembranen der Fettkügelchen) oder Pasteurisieren (Denaturierung der Hüllmembranen) wird dieser Vorgang verzögert. Frische M. **(Vollmilch)** hat eine Dichte zw. 1,029 und 1,034 g/cm³; die Dichte der unter der Rahmschicht verbleibenden Mager-M. ist höher. Die **Magermilch** enthält, abgesehen vom fehlenden Fett, die gleichen Substanzen im selben Verteilungszustand wie die Voll-M. Ein kg Kuh-M. entspricht bei 3,5 % Fettgehalt 2 690 kJ (640 kcal). Vitaminreiche Kost bzw. Fütterung der M.tiere erhöht den Vitamingehalt der M., wie überhaupt die Ernährungs- und Haltungsbedingungen einen Einfluß auf Menge und Zusammensetzung der M. haben. – Der biolog. Wert der M. beruht auf der Vielzahl ihrer Inhaltsstoffe und deren günstigem Mischungsverhältnis. M. kann daher Jungtieren bzw. Säuglingen in den ersten Lebenszeit als einziges, ausreichendes Nahrungsmittel dienen. Kuh-M. ist eiweißreicher und zuckerärmer als Mutter-M. und wird daher Säuglingen immer unter M.zuckerzusatz gegeben.

1991 betrug die **Erzeugung** an Kuh-M. weltweit rd. 462 Mill. t; der Anteil der EG lag bei rd. 107 Mill. t. Haupterzeugungsländer waren die UdSSR (97,8 Mill. t), die USA (67,4 Mill. t), Indien (27 Mill. t), Frankreich (25,6 Mill. t) und Deutschland (29 Mill. t, hiervon 23,3 Mill. t in den alten Bundesländern).

Milchverarbeitung: Die ermolkene M. wird gekühlt unter Lichtabschluß aufbewahrt, in Spezialbehältern zur Molkerei transportiert und dort nach zugelassenen Verfahren be- und verarbeitet. Zur Abtötung etwaiger Krankheitserreger wird die M. einer Hitzebehandlung ausgesetzt. Unkontrolliertes Erhitzen der M. führt zu tiefgreifenden, wertmindernden Veränderungen (Denaturierung von Proteinen, Inaktivierung von Enzymen, Vernichtung von Vitaminen), weshalb das M.gesetz nur bestimmte Formen des Pasteurisierens zuläßt. Unmittelbar nach der Pasteurisierung wird die M. nach anerkannten Verfahren gekühlt (auf mindestens 5 °C, aber nicht unter 0 °C). Vielfach wird die M. auch homogenisiert und ihr Fettgehalt auf einen bestimmten Wert eingestellt.

Der größte Teil der M. kommt in Deutschland als derart zubereitete *Konsum-M.* in Kannen, Flaschen oder Wegwerfbehältern auf den Markt. Konsummilchsorten sind im Sinne der VO (EWG) Nr. 1411/71: *Voll-M.* (mindestens 3,5 % Fett), *teilentrahmte (fettarme) M.* (1,3 bis 1,3 % Fett) und *entrahmte M.* (höchstens 0,3 % Fett). Die Packungen müssen nach der Konsummilch-Kennzeichnungsverordnung vom 19. 7. 1974 die Sorte und den Fettgehalt angeben sowie das Abfüllungsdatum (Tag, Monat) oder die Aufschrift „gekühlt mindestens bis ... (Tag, Monat) haltbar" tragen und gegebenenfalls einen Hinweis auf die Homogenisierung sowie etwaige Anreicherung mit M.eiweißstoffen (nur bei entrahmter oder teilentrahmter M.). Als Lagerungstemperatur werden 10–12 °C angenommen.

Dauer-M. (H-M.) ist ultrahocherhitzte M. der Güteklasse I, die unter sterilen Bedingungen in sterile Packungen abgefüllt wird. – *Sterilisierte M.* ist nach anerkannten Verfahren nach der Abfüllung in Packungen sachgemäß erhitzte M., wobei der keimdichte Verschluß bleiben muß. Sowohl Dauer-M. als auch sterilisierte M. müssen das Datum der Abfüllung tragen und die Aufschrift „ungeöffnet mindestens sechs Wochen haltbar" oder „ungeöffnet haltbar bis ... (Tag, Monat)". – *Vorzugs-M.* ist rohe M. mit nicht standardisiertem Fettgehalt (mindestens jedoch 3,5 %), die tiefgekühlt in Flaschen oder paraffinierten Kartonpackungen ab Erzeugerbetrieb in den Handel kommt. Sie darf nur aus streng überwachten Rinderbeständen stammen. Hierbei werden die höchsten Anforderungen an Gewinnung, Zusammensetzung, Keimgehalt, Behandlung u. a. gestellt. Ein je nach Verarbeitungsstätte unterschiedl. Anteil der angelieferten M. wird unter laufender Kontrolle zu *M.produkten* weiterverarbeitet: Sahne, Butter, Butterschmalz (Butterfett), Käse, Quark, Milchzucker (↑Lactose), Kondens-, Trocken-M., Joghurt, Kumys, Kefir und M.mischgetränke; ferner fallen an: Butter-, Sauer-M. und Molke.

Bei der M.produktion gelten in teilweiser Überschneidung mit nat. Recht die VO der EG, da M. einer gemeinsamen Marktordnung unterliegt. Mit dem M.- und MargarineG vom 25. 7. 1990 wurde das Verbot zur Herstellung und zum Verkauf von M.ersatzerzeugnissen aufgehoben.

▷ in der *Fischkunde* Bez. für die milchig-weiße Samenflüssigkeit geschlechtsreifer männl. Fische *(Milchner)*. – ↑Rogen.

Milchbaum, svw. ↑Kuhbaum.
Milchborke, svw. ↑Milchschorf.
Milchbrätling, svw. ↑Brätling.
Milchdrüsen (Mammadrüsen, Glandulae lactiferae), Milch absondernde Hautdrüsen bei Säugetieren und beim Menschen, die sich stammesgeschichtlich aus Schweißdrüsen entwickelt haben. Sie bestehen aus einer großen Anzahl von Drüsenschläuchen, die entweder auf einem eng umgrenzten Hautfeld (bei Kloakentieren) oder auf warzenartigen Hauterhebungen (Zitzen, Brustwarzen) ausmünden. Bei der individuellen Entwicklung werden die Anlagen der M. von einem Paar epithelialer Leisten *(Milchleisten)* gebildet. Sie bilden sich in den ersten Lebensmonaten (beim Menschen dritter Monat) wieder zurück. Die Brust der Frau enthält je 15 bis 20 verzweigte Einzeldrüsen, die auf der Brustwarze ausmünden. – ↑Euter.
Milcheiweiß, das aus mehreren Proteinen bestehende Eiweiß der Milch von Säugetieren und vom Menschen. Charakterist. Eiweißkörper der Milch ist das Phosphoproteid ↑Kasein (≈ 27 g/l). Dazu kommen die Serum- oder Molkenproteine sowie Antikörper, ferner Enzyme und andere, möglicherweise sekundär gebildete Proteine. Die biologisch vollwertigen Milchproteine enthalten alle essentiellen Aminosäuren und werden auch bei der normalen Milchbe- und -verarbeitung nicht zerstört. M. wird in der Futter- und Nahrungsmittelind. verwendet.
Milchfett, das in der Milch der Säugetiere und des Menschen in Form feinster, von einer Membran abgegrenzter Tröpfchen enthaltene Fett. Das *Fett der Kuhmilch* (3–6%) besteht aus Glyceriden gesättigter und ungesättigter Fettsäuren und enthält Spuren von Cholesterin und Fettfarbstoffen (v. a. Karotinoide). Beim Ausbuttern und Homogenisieren wird die Membran zerstört, bei Hitzebehandlung kann sie denaturiert werden. M. dient u. a. zur Herstellung von Butter, Butterschmalz und Rahmpulver und wird aus Sahne gewonnen.
Milchfisch (Chanos chanos), bis etwa 1 m langer, heringsförmiger, silbriger bis milchigweißer Knochenfisch in küstennahen Salz-, Brack- und Süßgewässern des Indopazifiks; wird auch als Speisefisch gezüchtet.
Milchfluß (Galaktorrhö), spontane Milchabsonderung aus der weibl. Brust; tritt bei überschießender Milchproduktion in den Stillpausen auf, außerhalb der Stillperiode kann M. durch übermäßige Bildung von Prolaktin verursacht werden.
Milchgebiß, die ersten 20 Zähne *(Milchzähne)* eines Kindes (oder jungen Säugetiers), die nach einer bestimmten Zeit nach und nach ausfallen.
Milchglas, transparentes, weißes Glas, das als Trübungsmittel Kaolin, Flußspat oder Kryolith enthält und nur 20–30% des Lichts durchläßt.
Milchkraut (Glaux), Gatt. der Primelgewächse mit der einzigen Art *Glaux maritima (Strandmilchkraut);* Salzpflanze der Meeresstrände und des Binnenlandes der gemäßigten Zone der Nordhalbkugel; Blätter fleischig, am Blattrand mit kleinen Drüsen, durch die überschüssiges Salz ausgeschieden wird; kleine, rosafarbene, einzelnstehende Blüten.
Milchlattich (Cicerbita), Gatt. der Korbblütler mit nur wenigen Arten in Europa und N-Amerika; milchsaftreiche, hohe Kräuter mit hohlem Stengel und meist blauen Blüten.

Milchlinge (Reizker, Lactarius), Gatt. der Lamellenpilze mit meist trichterförmigem, zentral gestieltem Hut, weißen Sporen und meist weißem, auch wäßrig klarem oder orangerotem Milchsaft; rund 75 mitteleurop., giftige und eßbare Arten. Bekannte und gute Speisepilze sind ↑Brätling, **Edelreizker** (Lactarius deliciosus), orange- bis ziegelrot, mit orangefarbenen Lamellen, die bei Verletzung oder Druck grünfleckig werden; Milchsaft orangerot; wächst auf grasigen Standorten in Fichtenwäldern. **Blutreizker** (Lactarius sanguifluus), ähnlich dem Edelreizker, aber mit weinrotem Milchsaft; wächst auf Kalkböden unter Kiefern.
Milchpocken, svw. ↑Alastrim.
Milchpulver, svw. ↑Trockenmilch.
Milchröhren, lebende, häufig vielkernige Exkretzellen verschiedener Pflanzenarten, die Milchsaft führen.
Milchsaft (Latex), Zellsaftemulsion in den Milchröhren einiger Pflanzen; milchig; weiß, gelb oder rötlich gefärbte, an der Luft trocknende Flüssigkeit; enthält u. a. Salze organ. Säuren, Alkaloide, äther. Öle und Gummiharze.
Milchsäure (2-Hydroxypropionsäure), kristalline oder viskose, hygroskop., leicht wasserlösl. Hydroxycarbonsäure, die in zwei optisch aktiven Formen, als D(−)-M. und L(+)-M. sowie als optisch inaktives Racemat, D, L-M., vorkommt. L(+)-M. entsteht in den Muskeln nach starker Arbeitsleistung (Muskelkater). Ebenso bilden die M.bakterien racemat. M. als Stoffwechselendprodukt *(M.gärung)*. M. ist daher in saurer Milch, Sauerkraut usw. vorhanden. M. wird synthetisch aus Acetaldehyd und Blausäure gewonnen. Sie wird als Säuerungs- und Konservierungsmittel in der Nahrungsmittelind. verwendet. Die Salze und Ester der M. heißen **Lactate.** – M. wurde 1780 von K. W. Scheele in saurer Milch entdeckt. Strukturformeln:

$$\begin{array}{cc} \text{COOH} & \text{COOH} \\ | & | \\ \text{HO}-\text{C}-\text{H} & \text{H}-\text{C}-\text{OH} \\ | & | \\ \text{CH}_3 & \text{CH}_3 \end{array}$$

L(+)-Milchsäure   D(−)-Milchsäure

Milchsäurebakterien (Laktobakterien, Lactobacteriaceae), anaerobe, jedoch den Luftsauerstoff tolerierende, grampositive, unbewegl. Bakterien, die aus Kohlenhydraten durch Milchsäuregärung Energie gewinnen. Die M. sind von großer wirtsch. Bed. bei der Konservierung von Milch- und Pflanzenprodukten durch Milchsäure (Joghurt, Sauerkraut, Silage), beim Backen (Sauerteig: CO_2-Bildung). Sie gehören ferner zur Darmflora des Menschen. Einige M. sind gefährl. Krankheitserreger (z. B. Streptococcus pyogenes).
Milchsäuregärung ↑Gärung.
Milchschorf (Milchborke), bei Säuglingen auftretende Form des endogenen Ekzems; äußert sich in Form von Rötungen, Schuppen- und Krustenbildung im Bereich des Kopfes und der seitl. Gesichtsanteile. Die Behandlung erfolgt mit Corticosteroiden, Pflegesalben und -cremes, Ölbädern; auch durch diätet. Umstellung.
Milchstauung (Galaktostase), durch ungenügende Entleerung bzw. Abflußbehinderung bedingte Stauung des Sekrets in der Brust der Wöchnerin; bei M. besteht u. a. die Gefahr einer ↑Brustdrüsenentzündung.
Milchstern (Ornithogalum), Gatt. der Liliengewächse mit rd. 100 Arten, bes. in trockenen Gebieten Europas, Afrikas und Asiens; Zwiebelpflanzen mit meist weißen, in endständigen Trauben stehenden Blüten; z. T. Zierpflanzen, z. B. der Nickende M. (Ornithogalum nutans).
Milchstraße, schwach leuchtendes, unregelmäßig begrenztes Band am Himmelsgewölbe, das sich erst im Fernrohr in Sternwolken mit reicher Struktur auflöst (↑Milchstraßensystem) und den Himmel annähernd in einem Großkreis umspannt.
Geschichte: 1609 erkannte G. Galilei mit Hilfe des Fernrohrs, daß die M. aus Einzelsternen besteht. Aus der scheinbaren Anordnung der M. auf einer Kreisperipherie folgerte T. Wright 1750 auf eine ringförmige Anordnung ihrer Sterne und I. Kant auf ein Sternsystem in Form einer

Milchlinge. Edelreizker

Milchstern. Nickender Milchstern

Milchkraut. Strandmilchkraut

Milchstraßensystem

flachen Scheibe. Diese Vorstellung gab im 19. Jh. Anlaß zur Suche nach dem Zentralkörper der M., um den die (von Kant postulierte) Rotation erfolgen sollte. Ein genaues Bild vom Aufbau der M. erhielt erst die Astrophysik des 20. Jahrhunderts. Bei den alten Kultur- und Naturvölkern erfuhr die M. verschiedenste *mytholog.* und *religiöse* Deutungen: vom Himmelsweg der verstorbenen Seelen (Orient, Germanen) über Vorstellungen von der Milch der Göttinnen (daher der griech. Name *Galaxias*) bis zur ma. Anschauung vom Riß des Himmelsgewölbes, durch den das „himml. Feuer" schimmere.

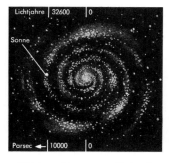

Milchstraßensystem. Schematische Darstellung des entgegen dem Uhrzeigersinn rotierenden, spiraligen Milchstraßensystems in Aufsicht

Milchstraßensystem (Galaxis), ein Sternsystem, dem die Sonne und etwa 200–300 Mrd. weitere Sterne angehören sowie alle mit bloßem Auge sichtbaren Fixsterne (etwa 5000). Das M. besteht aus einer *galakt. Scheibe* von etwa 120 000 Lichtjahren (Lj) Durchmesser und 3500 Lj Dicke, die sich zum Zentrum *(galakt. Zentrum)* verdichtet. Sie ist umgeben von einer v. a. aus Kugelsternhaufen bestehenden sphär. „Wolke" geringer Dichte (Durchmesser rd. 165 000 Lj), dem *galakt. Halo*. Nach statist. Untersuchungen bildet die Milchstraße die Hauptebene des um das galakt. Zentrum rotierenden M., dessen Masse etwa 120–190 Mrd. Sonnenmassen beträgt. Radioastronom. Messungen deuten auf eine Spiralstruktur des Milchstraßensystems.

milchtreibende Mittel (Galaktagoga, Laktagoga), Mittel, die bei der Wöchnerin zu einer Steigerung der Milchsekretion führen.

Milchzähne ↑ Milchgebiß.

Milchzucker, svw. ↑ Lactose.

mildernde Umstände ↑ Strafzumessung.

Mile [engl. maıl; zu lat. milia (↑ Meile)], in Großbritannien und in den USA verwendete Längeneinheit. Für Messungen auf dem Lande gilt in Großbritannien: 1 mile = 1760 yards = 1,6093426 km, in den USA (häufig als *Statute mile* bezeichnet, Einheitenzeichen mi): 1 mi = 1760 yards = 1,6093472 km. In der See- und Luftfahrt wird die *Nautical mile* verwendet. Für die Umrechnung gilt in Großbritannien (hier auch als *Imperial nautical mile* bezeichnet): 1 nautical mile = 1,853181 km, in den USA: 1 US nautical mile = 1,853248 km. Die (in den USA 1954 eingeführte) *International nautical mile* ist gleich der internat. Seemeile.

Milestone, Lewis [engl. maılstoʊn], * Kischinjow (= Chișinău) 30. Sept. 1895, † Los Angeles 25. Sept. 1980, amerikan. Filmregisseur russ. Herkunft. – Drehte u. a. den Antikriegsfilm „Im Westen nichts Neues" (1931, nach E. M. Remarque) sowie „Von Mäusen und Menschen" (1939, nach J. Steinbeck).

Milet, bed. antike Hafenstadt am Mäander in Kleinasien; die Ruinenstätte liegt heute 9 km vom Meer entfernt. – M. geht auf eine minoische Siedlung (um 1600 v. Chr.) zurück; es war vom 8. bis 6. Jh. die größte griech. Stadt mit konkurrenzlosem Seehandel; 546 persisch. Eine zweite Hochblüte erlangte M. in der röm. Kaiserzeit; im 4. Jh. n. Chr. verlandete die Bucht. – Ausgrabungen (seit 1899) legten u. a. den S-Markt (200 × 164 m, 3. Jh.) und das gut erhaltene röm. Theater (um 100 n. Chr., 30 000 Plätze) frei.

Miley, Bubber [engl. 'maılı], eigtl. James Wesley M., * Aiken (S. C.) 3. April 1903, † New York 20. Mai 1932, amerikan. Jazzmusiker (Trompeter). – Wurde durch seine Mitwirkung im Orchester von Duke Ellington (1925–29) bekannt; gilt als Erfinder des ↑ Growl.

Milford Haven [engl. 'mılfəd 'heıvn], walis. Hafenstadt an der SW-Küste, Gft. Dyfed, 13 900 E. Fischereihafen, bed. Erdölhafen mit drei Großraffinerien.

Milhaud, Darius [frz. mi'jo], * Aix-en-Provence 4. Sept. 1892, † Genf 22. Juni 1974, frz. Komponist. – Schüler des Conservatoire in Paris (u. a. P. Dukas, V. d'Indy), nach 1918 in der Gruppe der ↑ „Six", wurde bis etwa 1930 zum führenden frz. Komponisten. Sein Werk ist durch Polytonalität, eingängige Melodik, effektvolle Rhythmik und Instrumentation sowie Verarbeitung vielfältiger Einflüsse geprägt. Neben Bühnen-, Film-, Orchester-, Kammer-, Vokal-, Klaviermusik schrieb er Opern, u. a. „Christoph Colomb" (1930), „Fiesta" (1958), „Saint Louis, Roi de France" (1972, Opernoratorium); Ballette, u. a. „La rose des vents" (1958).

Miliaria [zu lat. miliarius „hirsekorngroß"], svw. ↑ Frieseln.

Miliartuberkulose [lat.], durch stärkste Erregeraussaat auf dem Blut- oder Lymphweg entstehende, ohne Behandlung meist tödlich verlaufende ausgebreitete Form der Tuberkulose mit zahlr. kleinsten Herden *(Miliartuberkel)*.

Milchstraßensystem. Projektion der als schwach leuchtendes Band um die Erde sichtbaren Milchstraße in ein flächiges Koordinatensystem; das in der Bildmitte liegende Zentrum der Milchstraße wurde im Sternbild Schütze als Nullpunkt festgelegt, in der unteren rechten Bildhälfte sind die beiden Magellanschen Wolken zu erkennen

Militärgeschichte

Milič, Jan [tschech. 'mili:tʃ] ↑ Johann Militsch von Kremsier.

Milien [lat.], svw. ↑ Hautgrieß.

Milieu [mil'jø:; frz. zu mi- „mitten" und lieu (von lat. locus) „Ort"], allg.: Umfeld, Umgebung.
▷ in der *Soziologie* die Gesamtheit der natürl., wirtsch., kulturellen und sozialen Lebensumstände eines Individuums, einer Schicht oder einer sozialen Gruppe (Klasse). Die Bez. M. wurde von H. Taine eingeführt.

Milieudrama [mil'jø:], Bühnenwerk, in dem die Eigenschaften, die Charaktere der Menschen sowie die entsprechende Handlung als Folge von sozialen Bindungen, Moralvorstellungen und Verhaltensnormen im gesellschaftl. Schicht dargestellt werden. Wurde bes. im Naturalismus zur bestimmenden Gattung.

Milieuschaden [mil'jø:], negativer Einfluß einer ungünstigen Umgebung auf die körperl. und psych. Entwicklung, bes. bei Kindern und Jugendlichen; die Folge kann soziale bis kriminelle Fehlentwicklung oder Ausbildung von Neurosen sein.

Milieutheorie [mil'jø:] (Environmentalismus), dem ↑ Nativismus entgegengesetzte entwicklungstheoret. Auffassung, die besagt, daß das Verhalten eines [menschl.] Individuums in erster Linie nicht anlagebedingt (erblich [vor]programmiert), sondern milieubedingt und somit Ergebnis eines Lernprozesses ist (**milieutheoretischer Optimismus**). Die M. wurde bes. vom ↑ Behaviorismus vertreten; als psycholog. Lehrmeinung weitgehend aufgegeben (↑ Entwicklung).

militant [lat.], mit gewaltsamen Mitteln für eine Überzeugung kämpfend; streitbar.

Militär [frz., zu lat. militaris „den Kriegsdienst betreffend"], Bez. 1. für das Heerwesen bzw. für die Gesamtheit der Streitkräfte; 2. für eine Zahl von Angehörigen der Streitkräfte, insbes. für höhere Offiziere.

Militäradel, auf Grund militär. Leistungen verliehener Adel.

Militärattaché [...ataʃe:], [Stabs]offizier, der als Mgl. einer diplomat. Vertretung v. a. mit der Urteilsbildung über das Militär des Gastlandes im Rahmen von dessen polit.-sozialer Gesamtverfassung beauftragt ist; in der Bundeswehr als „Verteidigungsattaché" bezeichnet. Heute werden oft auch Vertreter der einzelnen Teilstreitkräfte (**Heeresattaché, Luftwaffenattaché, Marineattaché**) entsandt.

Militärberater, nicht eindeutig zu bestimmende Bez. für Personen, die von den Streitkräften der eigenen Nation dienstlich freigestellt sind und auf Grund zweiseitiger Abkommen zu Beratungs-, Ausbildungszwecken u. ä. in den Streitkräften bzw. im militär. Sektor eines befreundeten bzw. verbündeten Staates. Die völkerrechtl. Stellung der M. ist sehr verschieden; z. T. sind sie in die Botschaften ihres Landes integriert, z. T. in die Streitkräfte des Landes, in dem sie als M. tätig sind.

Militärdienst, svw. ↑ Wehrdienst.

militärgeographische Karten, themat. Karten für militär. Operationszwecke; eingetragen sind Angaben über Befahrbarkeit des Geländes, Hangneigungen, Tragfähigkeit und Durchfahrtshöhe von Brücken, Schußfeldbereiche.

Militärgerichtsbarkeit, die durch militär. Behörden oder bes. Militärgerichte ausgeübte Gerichtsbarkeit über Militärpersonen. In Deutschland besteht keine M. Nach Art. 96 GG ist jedoch die Einrichtung von Wehrstrafgerichten zulässig. Gegenwärtig werden militär. Straftaten von den Strafgerichten der ordentl. Gerichtsbarkeit geahndet.

Militärgeschichte, 1. eine *Teildisziplin der Geschichtswiss.,* die das Militär als Institution und als Faktor des wirtsch., gesellschaftl. und polit. Lebens untersucht. In ihrer allg. Erkenntnisabsicht unterscheidet sich die M. nicht von der allg. Geschichtswiss.; sie ist nicht an Zwecke der militär. Führung gebunden. Als Begriff hat sich M. in Deutschland erst nach dem 2. Weltkrieg gegen die älteren Bez. Kriegsgeschichte und Wehrgeschichte durchgesetzt. **Kriegsgeschichte** war eine Fachdisziplin der Generalstabswiss.; sie behandelte bes. die Geschichte der Feldzüge, Schlachten, Kriegskunst und -mittel (Kriegswiss.) und

Milet. Römisches Theater, um 100 n. Chr.

diente der Auswertung histor. Vorgänge im Sinne einer prakt.-techn. Nutzanwendung. Zugleich war sie Teil der militär. Traditionspflege (Heldengeschichte). Die Einführung der Bez. **Wehrgeschichte** als Disziplin der Wehrwiss. vor dem 2. Weltkrieg erfolgte im Zuge der Bemühungen, die Kriegswiss. begrifflich neu zu fassen und über das militär. Handwerk hinaus zu erweitern. In der nat.-soz. Zeit der polit. und militär. Führung dienstbar gemacht, kam es zu einem bes. Anspruch der Wehrgeschichte gegenüber der allg. Geschichtswiss. („Militarisierung der Geschichtswiss."). In der Bundeswehr ist Wehrgeschichte als Lehrfach 1968 wieder eingeführt worden, während die wiss. Forschung als M. betrieben wird.

2. Die *Geschichte des Militärwesens.* In der griech. Polis waren die besitzenden Bürger als schwerbewaffnete Miliz-Soldaten zugleich Verteidiger ihres Gemeinwesens. Leichtbewaffnete und Reiterei dienten als Hilfstruppen. Der Kampf erfolgte in der am straffsten in Sparta ausgebildeten Phalanx. Nach den Perserkriegen wurden zunehmend Söldnerheere eingesetzt.

Das röm. Heer der Republik war ein Milizheer. Die Soldaten hatten ihre Ausrüstung selbst zu stellen. Später wurden auch Besitzlose ausgehoben, die bei Entlassung durch Land oder Geld entschädigt wurden. Kampfformation war die als Phalanx operierende Legion, gegliedert in drei Treffen mit zehn Abteilungen (Manipel). Verbündete stellten vorwiegend Reiterei und leichtbewaffnete Hilfstruppen. Die Führung des Heeres hatten Beamte inne (Konsul, Diktator, Prätor). Im 2. Pun. Krieg gegen Karthago wurde die Phalanx in selbständig operierende Einheiten aufgelockert (Manipulartaktik). Während der Germanenkämpfe war die Legion in zehn größere takt. Einheiten (Kohorten) gegliedert. Im Übergang von der Republik zur Kaiserzeit entwickelte sich das röm. Heer zu einem Söldnerheer auf Zeit, schließlich zu einem stehenden Berufsheer, in das auch nichtröm. Völker eingereiht wurden (Auxilien).

Bei den Germanen bildeten Heerbann als Gesamtheit des Stammesaufgebotes und Heergeleit als Gefolgschaft auf der „Heerfahrt" die beiden Formen des Wehrwesens. Ihre Kampftaktik war die Formation des Keils als Stoßkolonne sowie die verbundene Kampfweise von leichtbewaffnetem Fußvolk mit größeren Reiterverbänden. Im Fränk. Reich blieb die vom König befohlene Heerfolgepflicht bestehen. Als der Kriegsdienst durch Vergabe von Landbesitz entlohnt wurde, entstanden aus den berittenen Gefolgschaften die Reiterheere der Vasallen. Das sich daraus entwickelnde Lehnswesen und die Ausbildung des Ritterstandes waren bis ins hohe MA Grundlage des „Heerschildes". Kampfart war der auf Turnieren geübte Zweikampf. Offene Feldschlachten waren seltener als die für Fehden typ. Verwüstungen des feindl. Gebiets.

Die Siege der Schweizer Eidgenossenschaft über die östr. und burgund. Ritter (Morgarten 1315, Sempach 1386,

Darius Milhaud

Militärgeschichtliches Forschungsamt

Murten 1476) zeigten die Überlegenheit schnell bewegl. Fußtruppen über schwer gerüstete Ritterheere. Schweizer Fußtruppen wurden als Söldner in die europ. Landsknechtsheere aufgenommen (heute noch Schweizergarde des Papstes). Feuerwaffen und Artillerie veränderten die Kriegführung entscheidend. In der Renaissance bestanden die Heere der großen Feldhauptleute (Kondottiere) aus sich für Geld verdingenden Söldnern.

Disziplinlosigkeiten der am Kampfzweck nicht interessierten Landsknechte führten zu Reformbestrebungen (u. a. Machiavelli, Schwendi, Lipsius, Moritz von Oranien), um eine ideelle Bindung der Soldaten an den Staat zu begründen und die Verteidigung des Reichs (Landesdefension) als Untertanendienst zu erneuern. Waffen- und Exerzierdrill in kleineren Formationen (Kompanien) wurde Grundlage für die Steigerung der Feuerkraft der Musketiere und der allg. Gefechtsbereitschaft.

Nach dem Dreißigjährigen Krieg entstanden zunächst in Frankreich, dann in Brandenburg-Preußen stehende Heere aus Berufssoldaten. Sie wurden zum Vorbild für fast alle Armeen der absolutist. Zeit. In der Bewaffnung trat an die Stelle der Pike das Gewehr mit aufgesetztem Bajonett für den Feuer- wie den Nahkampf. Die Kampfweise in geschlossenen Formationen war durch den Wechsel von Feuer und Bewegung bestimmt (Lineartaktik). Harte Strafen dienten zur Aufrechterhaltung der Disziplin und Verhinderung der Fahnenflucht (Deserteure).

Gegen Ende des 18. Jh. erwiesen die frz. Revolutionsheere die Überlegenheit des Volksheeres über die angeworbene Berufsarmee: Als Patriot kämpfte der Soldat für eigene polit.-nat. Interessen. Die Tirailleurtaktik (aufgelockerte Gefechtsform) löste die Lineartaktik ab. Nach dem Zusammenbruch der preuß. Armee im Kampf gegen Napoleon I. (1806) setzte die Militärreorganisationskommission richtungweisende Reformen in Preußen durch: allg. Wehrpflicht (1814), Tirailleurtaktik, fach- und funktionsbezogene Offizierauswahl, bessere Offizierausbildung (Kriegsschulen) und Errichtung des Generalstabes.

Das Heer des Dt. Bundes bestand aus festgesetzten Kontingenten der einzelnen Bundesstaaten. Nach dem Sieg Preußens von 1866 übernahmen die norddt. Staaten im Norddt. Bund die preuß. Militärorganisation und unterstellten sich dem preuß. König als Bundesfeldherr. Mit den süddt. Ländern wurden Schutz- und Trutzbündnisse geschlossen. Trotz der weiterentwickelten Waffentechnik (Zündnadelgewehr, gezogene Hinterlader) wurde im Dt.-Frz. Krieg noch immer in geschlossenen Formen (Kolonnentaktik) gekämpft; erst 1870/71 wurde die Kavallerie mit Karabinern ausgestattet.

Trotz neuer Waffen (Karabiner von 1898, Schnellfeuergeschütz, leichte Feldhaubitze) setzte sich die techn. Ausbildung im Offizierskorps nur sehr zögernd durch. Im Stellungskrieg des 1. Weltkrieges hatten neue Kampfmittel große Bed. (Maschinengewehr, Minenwerfer, Gas, Tank, Luftschiff, Flugzeug).

Auf Grund des Versailler Vertrags (1919) durfte die Reichswehr des Dt. Reichs nur aus einem Berufsheer von 100 000 Mann bestehen. Dessen hoher Ausbildungsstand ermöglichte nach Wiedereinführung der allg. Wehrpflicht 1935 die rasche Vergrößerung der Wehrmacht durch Hitler. Neue Waffenentwicklungen bestimmten zu Beginn des 2. Weltkrieges Aufbau und Einsatz schneller Panzerverbände und der operativen Luftwaffe, welche die dt. Siege in den „Blitzkriegen" zu Beginn des 2. Weltkrieges ermöglichten. Unter den Waffen gewannen Granatwerfer, Schnellfeuermaschinenwaffen, Panzer- und Panzerabwehrkanonen, Flammenwerfer, Raketengeschütze und Panzerfäuste an Bed. Der Einsatz von Atombomben durch die USA gegen Japan (1945) brachte den Wandel von der konventionellen zur atomaren Kriegführung. Nach 1945 führten der Zusammenschluß in Militärblöcken (NATO, Warschauer Pakt) und das Gleichgewicht beim Kernwaffen-Vernichtungspotential zur Ausbildung neuer Kriegsformen (kalter Krieg, Guerillakrieg), aber auch zu internat. Verhandlungen über Abrüstung und Entspannung. Mit der Auflösung des Warschauer Paktes (1991) eröffneten sich neue Möglichkeiten einer internat. Friedensordnung.

Militärgeschichtliches Forschungsamt, Inst. der Bundeswehr mit Sitz (seit 1958) in Freiburg im Breisgau (Verlegung nach Potsdam vorgesehen), das sich wiss. mit militärgeschichtl. Fragen aller Teilstreitkräfte sowie der bewaffneten Macht in ihrer Gesamtheit befaßt.

Militärgrenze (östr. M.), das ab 1522/26 im östr. Restungarn gegen die Osmanen von der Adria bis nach Siebenbürgen verlaufende Verteidigungssystem. Das grundlegende Organisations- und Verfassungsstatut von 1739 formierte die dort wohnende Bev. (1851: 1,25 Mill., davon 51 % Kroaten, 32 % Serben) z. T. in Selbstverwaltung als Wehrbauern, denen Militärgrenzlehen 1850 in Eigentum übergingen. Vom 18. Jh. an fungierten die Grenzregimenter (Grenzposten) zunehmend als „Pestkordon" (Cordon sanitaire). Zw. 1851 und 1881 wurde die M. aufgelöst.

Militaria [lat.], Bücher über das Militärwesen; Sammelobjekte aus dem militär. Bereich.

militärische Objekte, Objekte, die nach Völkerrecht im Kriegsfall Ziel militär. Gewaltanwendung sein dürfen. Dazu gehören in erster Linie die feindl. Truppen und Hilfsgüter, vom Feind verteidigte Städte, Dörfer oder Gebäude, seit Aufkommen der Luftwaffen auch die Verkehrswege und Produktionsstätten.

Militärischer Abschirmdienst, Abk. MAD, militär. Geheimdienst zur Abwehr von Spionage, Sabotage und Zersetzung in der Bundeswehr. Zentrale ist das Amt für Sicherheit der Bundeswehr in Köln.

militärischer Fünfkampf ↑ Militärsport.

militärischer Gruß ↑ Gruß.

militärische Straftaten, im Wehrstrafgesetz (WStG) aufgeführte Straftaten, die von Soldaten der Bundeswehr oder militär. Vorgesetzten, die nicht Soldat sind (Bundeswehrbeamten), begangen werden. Es handelt sich um Straftaten 1. *gegen die Pflicht zur militär. Dienstleistung* (z. B. eigenmächtige Abwesenheit, Fahnenflucht), 2. *gegen die Pflichten der Untergebenen* (z. B. Gehorsamsverweigerung [↑ Gehorsamspflicht]), 3. *gegen die Pflichten der Vorgesetzten* (z. B. ↑ entwürdigende Behandlung), 4. *gegen andere militär. Pflichten* (z. B. Wachverfehlung). Auf m. S. findet das allg. Strafrecht Anwendung, soweit das WStG nichts anderes bestimmt

militärisch-industrieller Komplex, auf C. W. Mills und D. D. Eisenhower zurückgehende Bez. für eine industrielle, militär., wiss. und polit. Interessenverbindung, die auf Grund ihrer engen Verflechtung nicht mehr parlamentarisch zu kontrollieren ist und so zu einem nichtlegitimierten Machtzentrum im Staate wird.

Militarismus [lat.-frz.], Zustand des Übergewichts militär. Grundsätze, Ziele und Wertvorstellungen in der Politik eines Staates und der Übertragung militär. Prinzipien auf alle Lebensbereiche. – Für den M. kennzeichnend sind: 1. die Behauptung der Notwendigkeit und nicht der Vermeidbarkeit von Kriegen, damit verbunden eine Verherrlichung des „Rechts des Stärkeren", die Rechtfertigung von hohen Rüstungsausgaben, eines bed. Einflusses der militär. auf die polit. Führung sowie einer bes. Stellung und Autorität des Militärs; 2. die Übernahme hierarch. Strukturen militär. Organisationen in den zivilen Bereich, die Übertragung der damit verbundenen Prinzipien von bedingungslosem Gehorsam gegenüber Befehlen, Disziplin, Unterordnung bis hin zur Unterwürfigkeit, 3. Sichtbarmachung dieser Einstellung durch Tragen von uniformierter Kleidung, von Rang- und Ehrenzeichen, häufige öff. Aufmärsche usw., 4. Ausrichtung der Erziehungsarbeit und Institutionen (v. a. der Schulen) nach diesen Prinzipien, oft mit vormilitär. Ausbildung der Jugendlichen verbunden.

Militärkabinett, in vielen Monarchien dem Herrscher als oberstem Kriegsherrn unmittelbar unterstehende Behörde für Heeresangelegenheiten; bed. war v. a. das im 18. Jh. aus der Generaladjutantur hervorgegangene M. Preußens bzw. des Dt. Reiches, unter Wilhelm II. Instrument des „persönl. Regiments" des Kaisers; ging 1918 im Personalamt des Reichswehrministeriums auf.

Militärmusik (Armeemusik), Bez. für die Gesamtheit der im militär. Bereich verwendeten musikal. Erscheinungsformen, in neuerer Zeit v. a. als Marschmusik verstanden. Sie reicht von den Signalen des „Signalhorns" über die Spielmannsmusik der Trommler und Pfeifer (bereits bei den Landsknechten), die Musik der Trompeter und Pauker (bereits bei den ma. Rittern, später bei berittenen Truppen) und die seit dem 17. Jh. eingerichteten und ausgebauten Militärkapellen bis zum Soldatengesang. Seit dem 17. Jh. zeigt die M. eine zunehmende Annäherung an den Bereich der Kunstmusik, so etwa im Ersetzen der Pfeifer durch Oboisten, mit der seit dem 19. Jh. erhobenen Forderung der Beherrschung eines Streichinstruments durch die Militärmusiker oder der seit 1874 in Deutschland durchgeführten Ausbildung der M.meister an der Berliner Musikhochschule. Aus dem 19. Jh. datiert die Festlegung der Harmoniemusik für die Infanterie, eine reine Blechbesetzung für Kavallerie und Artillerie (Trompeten) sowie Jäger (Waldhorn), wogegen seit 1935 die Fliegertruppe auch das Saxophon übernahm (seit 1845 bereits in der frz. Militärmusik).

Militärpolizei, Bez. für militär. Verbände mit polizeil. Funktionen; auch volkstüml. Bez. für die Feldjäger der Bundeswehr; im anglo-amerikan. Bereich **Military Police** (Abk. MP).

Militärregierung, 1. im Völkerrecht die in einem besetzten Gebiet zur Wahrnehmung der hoheitsrechtl. Befugnisse und Ausübung der gesamten Staatsgewalt von der Besatzungsmacht eingesetzte militär. Behörde; 2. allg. Bez. für eine aus Militärs bestehende Reg. (Militärjunta), die nach einem Militärputsch gebildet wurde und meist gegen oder ohne eine Verfassung regiert.

Militärseelsorge, Bez. für die seelsorger. Betreuung der Angehörigen des Militärs. – In der BR Deutschland wurde 1957 als Rechtsgrundlage der „Vertrag der EKD mit der BR Deutschland zur Regelung der ev. M." abgeschlossen, der sinngemäß im Zusammenhang mit Art. 27 des Reichskonkordats von 1933 auch auf die kath. M. Anwendung findet und auch auf andere Religionen ausgedehnt werden kann. Danach wird die M. von je einem vom Rat der EKD bzw. vom Papst ernannten Militärbischof geleitet. Ausführendes Organ ist das Ev. Kirchenamt für die Bundeswehr (EKA) unter einem Militärgeneraldekan bzw. das Kath. Militärbischofsamt für die Bundeswehr (KMBA) unter einem Generalvikar. Unter diesen versehen für jede Konfession etwa 140 haupt- und 80 (kath.: 40) nebenamtl. Militärgeistliche die M.; sie sind Zivilbeamte der Bundeswehr und sind dem militär. Stellen auf Zeitarbeit zugeordnet. Ihre Aufgaben sind kirchl. Verkündigung im soldat. Bereich, kirchl. und lebenskundl. Unterricht sowie persönl. Seelsorge für die zu ihrem Jurisdiktionsbereich gehörenden Soldaten und deren Angehörige. Die ev. Kirchen in den neuen Bundesländern lassen sich nicht in den M.vertrag einbinden; sie sind um seine Neufassung bemüht. Die **Seelsorge an Soldaten** dürfe weder dem Militär angegliedert noch dürfe ein Seelsorger aus Mitteln des Bundes besoldet werden. Die Soldaten werden von den Gemeinden am Standort seelsorgerisch begleitet.

Militärsoziologie, während des 2. Weltkrieges insbes. in den USA entwickelte soziolog. Disziplin, die praktisch nutzbare Forschungsergebnisse zum Problem der soziostrukturellen Voraussetzungen für die Stärkung militär. Kampfkraft sowie die Überprüfung bereits gewonnener Erkenntnisse über das Handeln von Menschen in „totalen" (d. h. bes. disziplinierten) Organisationen anstrebt.

Militärsport, i. w. S. alle Sportarten, die in militär. Verbänden betrieben werden; i. e. S. diejenigen Sportarten, die militär. Charakter tragen, z. B. der *militär. Fünfkampf,* der Gewehrschießen (20 Schuß auf 200 m Entfernung), 500-m-Lauf über 20 Hindernisse, Handgranatenweitwurf und -zielwurf, 50-m-Hindernisschwimmen sowie 8-km-Geländelauf umfaßt.

Militärwissenschaft, Wiss., die Disziplinen aus dem Bereich der Gesellschafts-, Natur- und techn. Wiss. in sich vereint (u. a. Militärgeographie, Militärmedizin, Kybernetik) und sich mit der Entwicklung des Militär- und Kriegswesens und seiner Stellung im polit., wirtsch., sozialen und techn. Gesamtbereich befaßt.

Military [engl. ˈmɪlɪtəri „Militär(wettkampf)"], schwierige Vielseitigkeitsprüfung im Pferdesport; besteht aus den Disziplinen Dressurprüfung (auf einem Viereck von 20 × 60 m werden bis zu 20 Lektionen absolviert), Geländeritt (1. Wegestrecke I 4800–7200 m, 2. Rennbahnstrecke 3500 m, 8–10 Sprünge, 3. Wegestrecke II 6000–9000 m, 4. Querfeldeinstrecke [Cross-Country-Strecke] 6000–8000 m, 25–35 „feste" Sprünge) und Jagdspringen (Parcourslänge etwa 800 m, 12–14 Sprünge) an 3–4 aufeinanderfolgenden Tagen. Das Gesamtergebnis wird aus den Ergebnissen der Einzelprüfungen errechnet.

Military Police [engl. ˈmɪlɪtəri pəˈliːs], Abk. MP, engl. Bez. für Militärpolizei.

Milium [lat. „Hirse"], Gatt. der Süßgräser mit mehreren Arten in Eurasien und Amerika; bis 1 m hohe Gräser mit einblütigen, in Rispen stehenden Ährchen; bei uns meist in Laubwäldern; bekannt ist das ↑ Flattergras.

Miliz [zu lat. militia „Kriegsdienst, Gesamtheit der Soldaten"], im 17. und 18. Jh. svw. Heer, dann Bez. für Bürger-, Volksheer im Ggs. zum stehenden Heer; im 20. Jh. Bez. 1. für Streitkräfte, die in Friedenszeiten in einer zusammenhängenden Dienstzeit und period. Übungen für den Kriegsfall ausgebildet werden (z. B. in der Schweiz), 2. für Polizei- oder paramilitär. Verbände (bes. in kommunist. Staaten).

Milizparlament, Bez. für ein Parlament, dessen Abg. nur nebenamtlich tätig sind und das nur in kurzen Sessionen zusammentritt, z. B. die Schweizer Bundesversammlung. – ↑ Schweiz (polit. System).

Miljukow, Pawel Nikolajewitsch, *Moskau 27. Jan. 1859, †Aix-les-Bains 31. März 1943, russ. Historiker und Politiker. – Lebte und lehrte (als Prof. für russ. Geschichte) 1897–1905 meist im Ausland; 1905 Mitbegr. und Vors. der Partei der Kadetten; nach der Februarrevolution 1917 Außenmin. der Provisor. Reg.; trat für die Fortsetzung des Krieges ein; emigrierte 1920 nach London, lebte ab 1921 als Publizist in Frankreich.

Mill, James, *Northwaterbridge (Schottland) 6. April 1773, †Kensington (= London) 23. Juni 1836, brit. Philosoph und Historiker. – In Zusammenwirken mit J. Bentham neben diesem und seinem Sohn John Stuart M. Hauptvertreter des (engl.) Utilitarismus, dem M. erkenntnistheoretisch eine Assoziationspsychologie zuordnet. In seiner Theorie der Volkswirtschaft zeigt sich M. v. a. von A. Smith und D. Ricardo beeinflußt.

M., John Stuart, *London 20. Mai 1806, †Avignon 8. Mai 1873, brit. Philosoph und Nationalökonom. – Sohn von James M.; Vertreter des sog. älteren Positivismus; 1865–68 Mgl. des Unterhauses. – In seinem „System der deduktiven und induktiven Logik" (1843) entwirft er eine allg. Methodologie der Wiss., mit dem Ziel, die ältere Logik so auszubauen, daß sie auch auf Politik und Soziologie anwendbar wird und dort zu ebenso exakten Voraussagen führt, wie sie Newtons Theorie für die Physik ermöglichte. Diesem Ziel dient die Entwicklung der sog. induktiven Logik, der Lehre von den richtigen Verallgemeinerungen aus gegebenen partikularen Analysen. – M. war einer der Hauptvertreter des ↑Utilitarismus. Mit seinem nationalökonom. Hauptwerk „Grundsätze der polit. Ökonomie" (1848) gilt er (teilweise) als letzter Vertreter der klass. Nationalökonomie.

Mill., Abk. für: **Mill**ion[en].

Millais, Sir (seit 1885) John Everett [engl. ˈmɪleɪ], *Southampton 8. Juni 1829, †London 13. Aug. 1896, engl. Maler. – 1848 einer der Begründer der ↑ Präraffaeliten, u. a. „Lorenzo und Isabella" (1848/49; Liverpool, Walker Art Gallery), „Christus im Hause seiner Eltern" (1849/50; London, Tate Gallery); später anekdot. Genremalerei und Bildnisse.

Millar, Margaret [engl. ˈmɪlə], geb. M. Sturm, *Kitchener (Ontario) 5. Febr. 1915, amerikan. Schriftstellerin kanad. Herkunft. – Seit 1938 ∞ mit Kenneth M. (Pseud.: Ross ↑Macdonald). Verfaßte v. a. psycholog. Kriminalromane, u. a. „Ein Fremder liegt in meinem Grab" (1960), „Von hier

John Stuart Mill

Arthur Miller

Glenn Miller

Henry Miller

Merton H. Miller

Oskar von Miller

an wird's gefährlich" (1970), „Fragt morgen nach mir" (1976), „Der Mord von Miranda" (1980).

Millay, Edna St. Vincent [engl. 'mɪleɪ], Pseud. Nancy Boyd, *Rockland (Maine) 22. Febr. 1892, †Farm Steepletop bei Austerlitz (N. Y.) 19. Okt. 1950, amerikan. Dichterin. – Schrieb Short stories und verfaßte Bühnenstücke; in ihrer Lyrik Neigung zum romant. Extravaganten (v. a. in „Renascence", 1912).

Mille [lat.], Tausend (röm. Zahlzeichen: M).

Millefioriglas [italien./dt. „Tausendblumenglas"] (Mosaikglas), Glas, das aus verschiedenfarbigen, miteinander verschmolzenen Glasstäben entsteht, die, in Scheiben geschnitten, aneinandergesetzt und verschmolzen ein mosaikartiges Muster ergeben.

Millefleurs [mil'flœːr; frz. „tausend Blumen"], Bez. für Stoffe mit Streublumenmuster.

Mille Miglia [italien. 'mille 'miʎʎa „tausend Meilen"], von 1927 bis 1957 (Ausfälle im 2. Weltkrieg) ausgetragenes größtes Langstreckenrennen für Sportwagen (1 500 bis 1 800 km, Start und Ziel in Brescia).

Millennium [lat.], Jahrtausend; im Anschluß an Apk. 20, 2 f. Zentralbegriff des ↑Chiliasmus.

Miller, Arthur [engl. 'mɪlə], *New York 17. Okt. 1915, amerikan. Schriftsteller. – 1956–60 ∞ mit M. Monroe; 1965–69 Präs. des Internat. PEN-Clubs. Einer der führenden zeitgenöss. Bühnenautoren, der in seinen realist., zeit- und gesellschaftskrit. Dramen bes. der analyt. Methode Ibsens verpflichtet ist. „Alle meine Söhne" (1947) prangert das Kriegsgewinnlertum an; „Der Tod des Handlungsreisenden" (1949) zerstörte den Mythos vom „american way of life"; „Hexenjagd" (1953) macht Bezüge zu den Kommunistenverfolgungen McCarthys deutlich und überhöht sie ins Gleichnishafte; „Zwischenfall in Vichy" (1964) klagt faschist. Unmenschlichkeit an.
Weitere Werke: Nicht gesellschaftsfähig (Drehbuch-R., 1961), Nach dem Sündenfall (Dr., 1964), Die Erschaffung der Welt und andere Geschäfte (Kom., UA 1972; dt. Erstaufführung 1974), Spiel um Zeit (Dr., 1981), Zeitkurven (Memoiren, 1987). – Abb. S. 395.

M., Glenn [engl. 'mɪlə], *Clarinda (Ia.) 1. März 1904, †bei Flugzeugabsturz zw. England und Frankreich 15./16. Dez. 1944, amerikan. Posaunist und Orchesterleiter. – Seit 1929 Posaunist in verschiedenen Orchestern des Chicagostils und des Swing. Gründete 1937 eine eigene Band, in der er mit dem spezif. „G. M. Sound" (vier Saxophone und führende Klarinette) eine publikumswirksame Tanzmusik mit Jazzcharakter spielte.

M., Henry [engl. 'mɪlə], *New York 26. Dez. 1891, †Pacific Palisades (Calif.) 7. Juni 1980, amerikan. Schriftsteller und Maler. – Sohn eines Schneiders dt. Herkunft; seit Mitte der 20er Jahre Schriftsteller; 1930–40 in Europa, v. a. in Paris, dann wieder in den USA. Vertreter eines extremen Individualismus von provozierender Aggressivität, dessen Werk fast ausschließlich eine permanente Spiegelung seiner individuellen Gefühlswelt darstellt. Die Glorifizierung des Sexus in seinen autobiograph. bestimmten Romanen und Erzählungen, in denen er sich stilistisch zw. Realismus und teilweise surrealist. Visionen bewegt, ist als Teil seiner Bestrebungen zur Umwertung des traditionellen bürgerl.-puritan. Wertesystems der nordamerikan. Gesellschaft zu verstehen. Galt als Vorbild für die Beat generation und Hippies.
Werke: Wendekreis des Krebses (R., 1934), Schwarzer Frühling (En., 1934), Wendekreis des Steinbocks (R., 1939), The rosy crucifixion (R.-Trilogie, Bd. 1: Sexus, 1945; Bd. 2: Plexus, 1949; Bd. 3: Nexus, 1957), Das Lächeln am Fuße der Leiter (1948, zus. mit J. Miró), Big Sur und die Orangen des Hieronymus Bosch (autobiograph. Idylle, 1955), Stille Tage in Clichy (R., 1966), Mein Leben und meine Welt (1972), Insomnia oder Die schönen Torheiten des Alters (1974), Frühling in Paris. Briefe an einen Freund (hg. dt. 1991).

M., Jacques Francis Albert Pierre [engl. 'mɪlə], *Nizza 2. April 1931, austral. Pathologe. – Arbeitet v. a. über die Funktion des Thymus; wies als erster nach, daß die thymusabhängigen Lymphozyten (T-Zellen) wesentlich an der Antikörpersynthese durch Knochenmarklymphozyten beteiligt sind.

M., Johann Martin ['– –], *Ulm 3. Dez. 1750, †ebd. 21. Juni 1814, dt. Schriftsteller. – 1772 Mitbegründer des ↑Göttinger Hains; Vertreter der Empfindsamkeit. Von ihm stammen Briefromane („Siegwart. Eine Klostergeschichte", 2 Bde., 1776) und volkstüml. Lieder.

M., Merton H[oward] [engl. 'mɪlə], *Boston (Mass.) 16. Mai 1923, amerikan. Wirtschaftswissenschaftler. – Seit 1961 Prof. für Bankwesen und Finanzwiss. an der University of Chicago. Er erhielt 1990 gemeinsam mit H. Markowitz und W. Sharpe für Forschungen auf dem Gebiet der betriebl. Finanzierungstheorie und der Finanzmärkte den sog. Nobelpreis für Wirtschaftswissenschaften.

M., Oskar von ['– –], *München 7. Mai 1855, †ebd. 9. April 1934, dt. Techniker. – Mit E. Rathenau gründete er die „Dt. Edison-Gesellschaft für angewandte Elektricität" (später AEG). 1891 gelang ihm erstmals die Drehstromübertragung (Lauffen am Neckar–Frankfurt am Main; rd. 180 km). 1918–24 erbaute M. das Walchenseekraftwerk. Das Dt. Museum von Meisterwerken der Naturwiss. und Technik in München (1903) geht auf M. Initiative zurück.

Millerand, Alexandre [frz. mil'rã], *Paris 10. Febr. 1859, †Versailles 6. April 1943, frz. Jurist und Politiker. – Seit 1885 sozialist. Abg.; 1899–1902 Handelsmin.; wandte sich nach seinem Ausschluß aus der Partei (1905) der Rechten zu; 1912/13 und 1914/15 Kriegsmin., 1919/20 Generalkommissar für Elsaß-Lothringen; 1920 als Min.präs. und Außenmin. getragen vom Bloc national, den er 1920–24 als Präs. der Republik unterstützte; danach im Senat Führer der Rechten.

Millersche Indizes [nach dem brit. Kristallographen W. H. Miller, *1801, †1880] ↑Indizes.

Milles, Carl, *Lagga bei Uppsala 23. Juni 1875, †Lidingö 19. Sept. 1955, schwed. Bildhauer. – 1920–31 Prof. an der Kunsthochschule in Schweden. M. schuf ausdrucksvoll bewegte Figuren, oft in raumgreifenden Gruppen (Orpheusbrunnen in Stockholm, 1930–36; Auferstehungsfontäne in Washington, D. C., 1951).

Millet, Jean-François [frz. mi'lɛ, mi'jɛ], *Gruchy bei Gréville-Hague (Manche) 4. Okt. 1814, †Barbizon 20. Jan. 1875, frz. Maler und Zeichner. – Etwa 1845 wandte sich M. bäuerl. Motiven zu („Der Getreideschwinger", 1848; Paris, Musée d'Orsay). 1849 zog er nach Barbizon und lernte T. Rousseau kennen. Malte in mattem, bräunl. Kolorit realist. Bilder von schweigsamen Menschen bei schwerer Landarbeit in der freien Natur, auch bei der Rast. Seine Bilder wurden z. T. auch als soziale Anklage verstanden. –
Weitere Werke: Die Ährenleserinnen (1857; Paris, Musée d'Orsay), Angelus (1858/59; Paris, ebd.).

Millefioriglas. Krug mit Henkel aus Klarglas und silbernem Deckel, um 1600 (Halle/Saale, Staatliche Galerie Moritzburg)

Milli... [lat.], Vorsatz vor physikal. Einheiten, Vorsatzzeichen m; bezeichnet das 10^{-3}fache der betreffenden Einheit.

Milliarde [lat.-frz.], Abk. Mrd. oder Md.; tausend Millionen, 10^9; in den USA und der UdSSR Billion genannt.

Millibar, Einheitenzeichen mbar, der 1000. Teil der Einheit ↑Bar: 1 mbar = 0,001 bar.

Milligramm, Einheitenzeichen mg, der 1000. Teil der Masseneinheit Gramm: 1 mg = 0,001 g.

Millikan, Robert A[ndrews] [engl. 'mɪlɪkən], * Morrison (Ill.) 22. März 1868, † Pasadena (Calif.) 19. Dez. 1953, amerikan. Physiker. – Prof. in Chicago und Pasadena. M. ermittelte 1909–13 erstmals genaue experimentelle Werte der Elementarladung (↑Millikan-Versuch) und bestätigte 1912–15 die Gültigkeit der Einstein-Gleichung beim Photoeffekt, wobei er den Wert des Planckschen Wirkungsquantums genau bestimmen konnte. Nobelpreis für Physik 1923.

Millikan-Versuch [engl. 'mɪlɪkən], ein erstmals von R. A. Millikan durchgeführtes Experiment zum Nachweis und zur direkten Messung der elektr. ↑Elementarladung. Elektrisch geladene, sehr kleine Öltröpfchen werden im elektr. Feld eines Plattenkondensators entgegen der Gewichtskraft in der Schwebe gehalten. Mit der Kondensatorspannung und der vorher ermittelten Masse der Tröpfchen läßt sich deren elektr. Ladung bestimmen. Eine große Anzahl von wiederholten Messungen ergibt, daß alle ermittelten Werte für die Ladung der Öltröpfchen Vielfache einer kleinsten Ladung, der Elementarladung, sind.

Milliliter, Einheitenzeichen ml, der 1000. Teil von einem Liter: 1 ml = 0,001 l.

Millimeter, Einheitenzeichen mm, der 1000. Teil von einem Meter: 1 mm = 0,001 m.

Million [lat.-italien., eigtl. „Großtausend"], Abk. Mill. oder Mio., 1000000 = 10^6.

Millöcker, Karl, * Wien 29. April 1842, † Baden bei Wien 31. Dez. 1899, östr. Komponist. – Bed. Vertreter der klass. Wiener Operette; u. a „Gräfin Dubarry" (1879), „Der Bettelstudent" (1882), „Gasparone" (1884).

Millons Reagenz [frz. mi'jõ; nach dem frz. Pharmazeuten A. N. E. Millon, * 1812, † 1867], zum Nachweis von Eiweiß verwendete Lösung von Quecksilber(II)-nitrat in konzentrierter Salpetersäure; ergibt einen rosa bis dunkelroten Niederschlag.

Mills, Charles Wright, * Waco (Tex.) 28. Aug. 1916, † New York 20. März 1962, amerikan. Soziologe. – Ab 1946 Prof. an der Columbia University; analysierte die soziale Schichtung in den USA und verfaßte Beiträge zur Theorie der Soziologie.

Millstatt, östr. Ort am N-Ufer des Millstätter Sees, Kärnten, 3100 E. Fremdenverkehr. – Als **Milistat** im frühen 11. Jh. erstmals erwähnt; Gründung eines Benediktinerklosters zw. 1060/77; nach dessen Aufhebung (1469) Sitz des östr. Georgsordens (bis 1479); 1598 von den Jesuiten übernommen, 1773 säkularisiert. – Ehem. roman. Stiftskirche mit spätgot. Gewölben und Chorschlüssen und Weltgerichtsfresko; Hochmeisterschloß.

Millstätter See, See im westl. Kärnten, 588 m ü. d. M., 11 km lang, 1,5 km breit, bis 140 m tief; v. a. am Nordufer Fremdenverkehr.

Milne, Alan Alexander [engl. mɪln], * London 18. Jan. 1882, † Hartfield (Sussex) 31. Jan. 1956, engl. Schriftsteller und Journalist. – 1906–14 Hg. des „Punch"; Verf. humorvoller Essays und pointenreicher Lustspiele. Bes. Erfolg hatten seine Kinderbücher, z. B. „Pu der Bär" (1926), „Wiedersehen mit Pu" (1928, dt. ab 1961 u. d. T. „Pu baut ein Haus").

Milner, Alfred Viscount (seit 1902) [engl. 'mɪlnə], * Gießen 23. März 1854, † Sturry Court bei Canterbury 13. Mai 1925, brit. Politiker. – 1897 Hoher Kommissar für Südafrika und Gouverneur der Kapkolonie, trug zum Ausbruch des Burenkriegs bei; 1916 in das engere Kriegskabinett berufen, 1918/19 Kriegs-, 1919–21 Kolonialminister.

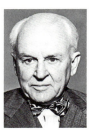

Robert A. Millikan

Jean-François Millet. Die Ährenleserinnen, 1857 (Paris, Musée d'Orsay)

Milo, Titus Annius, † 48 v. Chr., röm. Politiker. – 55 Prätor; organisierte mit Hilfe gedungener Banden Straßenkämpfe gegen die Banden des Clodius Pulcher. Als dieser im Jahr 52 von M. Leuten erschlagen wurde, mußte M. trotz der Verteidigung durch Cicero ins Exil gehen.

Milon von Kroton, griech. Athlet um 500 v. Chr. – Berühmtester Athlet des Altertums; von sprichwörtl. Stärke; vielfacher Sieger im Ringkampf bei Festspielen, u. a. sechsmal in Olympia.

Mílos, griech. Insel der Kykladen, 151 km², 4600 E, bis 773 m hoch, Hauptort Milos. Abbau von Baryt, Bentonit, Mangan- und Bleierzen. – **Melos** hatte seit der frühen Bronzezeit wegen der Obsidianvorkommen große Bed.; Fundort der Venus von Milo.

Miloš Obrenović [serbokroat. 'mɪlɔʃ ɔˌbrɛːnɔvɪtɕ], eigtl. M. Teodorović, * Dobrinja (Serbien) 18. März 1780, † Topčider bei Belgrad 26. Sept. 1860, Fürst von Serbien (1817–39 und seit 1858). – Begr. die Dyn. Obrenović; 1815 Führer des serb. Aufstandes gegen die Osmanen; wurde 1817 zum erbl. Fürsten gewählt und vom Osman. Reich anerkannt; 1839 zur Abdankung gezwungen, jedoch 1858 zurückberufen.

Milošević, Slobodan [serbokroat. mi'lɔʃɛvitɕ], * Požarevac 1941, serb. Politiker. – Jurist; als Präs. Serbiens (seit 1989) verfolgt er einen betont nationalist. Kurs auch unter Einsatz militär. Gewalt.

Miłosz, Czesław [poln. 'miu̯ɔʃ], * Seteiniai (Litauen) 30. Juni 1911, poln. Schriftsteller. – Emigrierte 1951 nach Frankreich; seit 1960 Prof. für Slawistik in Berkeley (Calif.). Bed. Lyriker, Romancier („Das Gesicht der Zeit", 1955; „Tal der Issa", 1955), Essayist („Verführtes Denken", 1953; „Das Zeugnis der Poesie", dt. 1984); Nobelpreis für Literatur 1980.

Carl Milles. Orpheusbrunnen vor dem Konzerthaus in Stockholm, 1930–36

Slobodan Milošević

Czesław Miłosz

Mimese. Links: Phytomimese der als Wandelndes Blatt bezeichneten Gespenstschrecke der Gattung Phyllum. Rechts: Allomimese der sogenannten Lebenden Steine, einer Pflanzenart der Gattung Lithops

Milreis [portugies.], Geldeinheit zu 1 000 Reis (↑ Real); in Portugal 1854–1911 Grundlage der Goldwährung (= 1,625 g Feingold), dann abgelöst durch den ↑ Escudo.

Milspe ↑ Ennepetal.

Milstein, César, * Bahía Blanca 8. Okt. 1927, argentin. Molekularbiologe. – Seit 1963 an der Univ. in Cambridge (England) tätig; Forschungen über Antikörperstruktur und die Produktion monoklonaler Antikörper; erhielt dafür 1984 mit G. F. K. Köhler und N. K. Jerne den Nobelpreis für Physiologie oder Medizin.

César Milstein

M., Nathan, * Odessa 31. Dez. 1904, † London 21. Dez. 1992, amerikan. Violinist russ. Herkunft. – Lebt seit 1929 in den USA; Interpret v. a. klass. und romant. Violinmusik; trat auch als Duopartner von V. Horowitz auf.

Miltenberg, bayr. Krst. im Maintal zw. Odenwald und Spessart, 129 m ü. d. M., 8 900 E. Museum; holzverarbeitende u. a. Ind.; Fremdenverkehr. – Als Burgsiedlung des Erzbischofs von Mainz entstanden, 1237 erstmals gen.; vor 1285 Stadtrecht. – Oberhalb der Stadt liegt die Mildenburg (13./14. Jh.); zahlr. Fachwerkhäuser (15.–17. Jh.). – Bei M. erreichte der Mitte des 2. Jh. errichtete sog. „vordere Limes" den Main; er war hier durch zwei röm. Kastelle geschützt.

M., Landkr. in Bayern.

Miltiades, * um 550, † Athen um 489, griech. Staatsmann und Feldherr. – Seit etwa 516 Tyrann auf der Thrak. Chersones. Nach dem Scheitern des Ion. Aufstandes floh er 493 nach Athen, wurde hier leitender Staatsmann. Als Stratege bestimmte M. den Verlauf der Schlacht von Marathon (490); starb nach dem Scheitern eines Unternehmens gegen die Insel Paros im Gefängnis.

John Milton (Kupferstich, 1670)

Miltitz, Karl von (K. von Miltitz), * Rabenau (?) um 1490, † bei Groß-Steinheim (= Hanau) 20. Nov. 1529 (ertrunken), dt. päpstl. Diplomat. – Sollte 1518 im Auftrag Papst Leos X. bei Kurfürst Friedrich III., dem Weisen, die Auslieferung Luthers erreichen, versuchte jedoch selbständig zu vermitteln.

Milton, John [engl. 'mɪltən], * London 9. Dez. 1608, † ebd. 8. Nov. 1674, engl. Dichter. – Sohn eines Notars; 1638/39 Reisen nach Frankreich und Italien, traf u. a. H. Grotius und Galilei; kämpfte während des engl. Bürgerkriegs auf seiten des Parlaments; forderte in zahlr. Schriften u. a. die Demokratisierung der Kirche, eine allseitige, praxisbezogene Erziehung („Von der Erziehung", 1644), Pressefreiheit („Aeropagitica", 1644) und das Recht der Ehescheidung. Unter Cromwell 1649–60 Staatssekretär im außenpolit. Amt; nach Rückkehr der Stuarts kurze Zeit gefangengesetzt; zog sich dann, vereinsamt und erblindet, auf sein literar. Schaffen zurück. Das Hauptwerk von M., der als bedeutendster Dichter Englands nach Shakespeare gilt, ist das 10 565 Blankverse umfassende epochale puritan. Menschheitsepos „Paradise lost" (10 Bücher, 1667; 1674 auf 12 Bücher erweitert, dt. 1682 u. d. T. „Das Verlustigte Paradeis", 1855 u. d. T. „Das verlorene Paradies"), das die Schöpfung des Menschen und den Sündenfall behandelt und durch seine kühnen allegor. Bilder bes. auf Klopstock und die ganze engl. Romantik gewirkt hat; 1671 fortgesetzt mit dem Epos „Paradise regained" (4 Bücher, dt. 1752 u. d. T. „Wiedererobertes Paradies"). Als Dramatiker trat M. mit dem frühen Maskenspiel „Comus" (1634) und dem bibl. Lesedrama mit autobiograph. Hintergrund „Samson Agonistes" (1671) hervor. Verfaßte auch meisterhafte Sonette.

Miltonia [nach dem brit. Politiker C. W. W. Fitzwilliam, Viscount Milton, * 1786, † 1857], Gatt. epiphytisch lebender Orchideen mit rd. 20 Arten in Brasilien und Kolumbien; beliebte Zierpflanzen, z. B. die bis zu 60 cm hohe M. clowesii.

Milvische Brücke (lat. Milvius Pons; heute Ponte Molle), Tiberbrücke der Via Flaminia; bekannt durch den Sieg Konstantins I., d. Gr., über Maxentius (28. Okt. 312).

Milwaukee [engl. mɪl'wɔːkɪ], Stadt am W-Ufer des Michigansees, Bundesstaat Wisconsin, 180 m ü. d. M., 605 100 E. Sitz eines kath. Erzbischofs und eines anglikan. Bischofs; Zweig der University of Wisconsin, Univ. (gegr. 1907), histor.-ethnolog. Museum; Handelszentrum; Maschinen-, Geräte- und Fahrzeugbau, Elektronik-, chem. und Textilind., Hafen. – Entstand 1839 durch Zusammenschluß verschiedener Dörfer; nach 1848 starke dt. und seit 1900 poln. Einwanderung.

Milz [zu althochdt. milzi, eigtl. „die Auflösende" (nach ihrer vermeintl. Funktion bei der Verdauung)] (Lien, Splen), in den Blutkreislauf eingeschaltetes größtes lymphat. Organ der Wirbeltiere und des Menschen; liegt beim Menschen im oberen linken Teil der Bauchhöhle zw. Magen und Zwerchfell. Zw. den Berührungsflächen der Milz zum Magen und zur linken Niere treten die Blutgefäße im sog. Milzhilus ein. Die M. hat die Form einer Bohne (etwa 12 cm lang und 8 cm breit) und wiegt 150–200 g. Sie besteht aus einer von Bauchfell überzogenen, von glatten Muskelfasern durchsetzten Bindegewebskapsel, von der zahlr. bindegewebige Stränge (Trabekel, Balken) in das M.innere ziehen. Die Trabekel umschließen ein feinmaschiges Bindegewebsnetz, das mit Blut gefüllt ist (rote Pulpa). Es wird von Endkapillaren der Arterien in die rote Pulpa entlassen und von feinsten Milzvenen wiederaufgenommen. In bestimmten Abschnitten finden sich innerhalb der roten Pulpa grauweißlich aussehende Inseln lymphat. Gewebes, die M.knötchen (Malpighi-Körperchen), die in ihrer Gesamtheit als weiße Pulpa bezeichnet werden. Funktion: Bildung von Lymphozyten sowie Antikörpern bei schweren Infektionskrankheiten (durch die starke Beanspruchung ist die M. stark angeschwollen), Auffangen von Blutverunreinigungen (z. B. Bakterien, Pigmente), Abbau von roten Blutkörperchen und Blutplättchen, Bildung von Blut während der Embryonalzeit. – Die M. ist nicht unbedingt lebensnotwendig. Nach ihrer operativen Entfernung übernehmen die anderen lymphat. Organe des Organismus (Leber, Knochenmark, Lymphknoten) ihre Funktion. Da die M. einen offenen Blutkreislauf hat, sind Verletzungen der M. nicht heilbar. Kontraktionen der M. bei vermehrtem plötzl. Sauerstoffbedarf können **Seitenstechen** (M.stechen) bewirken.

Milzbrand (Anthrax), meldepflichtige infektiöse Tierkrankheit (v. a. bei Wiederkäuern und Schweinen) mit Fieber, Schüttelfrost, Koliken und Atemnot. Erreger ist der

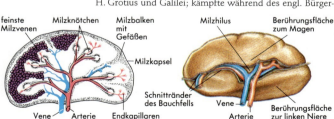

Milz. Links: Schnitt durch die Milz des Menschen. Rechts: Ansicht der Milz mit Milzhilus und Berührungsflächen zum Magen und zur Niere

Milzbrandbazillus (Bacillus anthracis). Die bei Tieren häufigste Form des M. ist der *Darm-M.* mit typisch vergrößerter, schwarzroter Milz. – M. ist durch Kontakt mit infizierten Tieren, aber auch Fellen, Häuten, Lumpen und Bürsten (Schmierinfektion), Einatmung der Erreger (die Sporen bleiben an Tierhäuten und -borsten jahrzehntelang virulent) oder infizierte Nahrungsmittel auf den Menschen übertragbar und befällt Haut (M.karbunkel), seltener Lungen und Darm. Die Behandlung (Isolierstation) besteht in der möglichst frühzeitig hochdosierten Gabe von Antibiotika.

Mimikry. Der wie eine Hornisse aussehende Hornissenschwärmer aus der Familie der Glasflügler

Milzerkrankungen, traumatisch bedingte (Milzriß) oder im Rahmen anderer Erkrankungen (Sepsis, Arteriosklerose, Herzklappenentzündung, Entzündung von Nachbarorganen) auftretende Affektionen der Milz; eigenständige M. sind selten.

Milzfarn, svw. ↑ Schriftfarn.

Milzkraut (Chrysosplenium), Gatt. der Steinbrechgewächse mit rd. 50 Arten; rasenbildende, niedrige Stauden mit runden bis nierenförmigen Blättern und kleinen, grünlichgelben Blüten.

Mimamsa [Sanskrit „Erörterung"], eines der sechs klass. Systeme der ↑ indischen Philosophie.

Mimas [nach einem Giganten der griech. Sage], ein Mond des Saturn, mittlere Entfernung vom Saturnmittelpunkt 185 600 km, Umlaufzeit 0,942 d, Durchmesser 390 km.

Mimbar ↑ Minbar.

Mimbreskultur, prähistor. indian. Kultur im SW der USA, ben. nach dem Mimbres River, New Mexico; Teil der Mogollonkultur; berühmt durch ihre schwarz auf weiß bemalte Keramik (meist flache Tonschalen) aus dem 11. und 12. Jahrhundert.

Mime [griech.-lat.], (bedeutender) Schauspieler.

Mimese [zu griech. mímēsis „Nachahmung"], Nachahmung von belebten oder unbelebten Gegenständen durch Tiere (bes. Insekten), die sie die Tiere davor schützt, als Beute erkannt und gefressen zu werden, und im Unterschied zur ↑ Mimikry nicht abschreckend wirkt. Man unterscheidet *Phyto-M.* (Nachahmung von Pflanzenteilen), *Zoo-M.* (Nachahmung von anderen Tieren) und *Allo-M.* (Nachahmung von unbelebten Umweltgegenständen).

Mimesis [griech. „Nachahmung"], zunächst Bez. für den Text, Gestus, Rhythmik und Musik vereinigenden kult. Tanz; dann Begriff der antiken Philosophie, Kunsttheorie und Rhetorik zur Charakterisierung des künstler. Schaffens als Nachahmung der Natur (d. h. als Wirklichkeit). Bei Platon und den Platonikern sind allein die Ideen im eigtl. Sinn wirklich, die Einzeldinge haben nur insofern an der Realität teil und sind nur insofern erkennbar, als sie Nachahmungen, Abbilder der Ideen sind. Für Aristoteles ist M. jedoch nicht nur Nachahmung, sondern zugleich auch antizipator. Darstellung (Präsentation) idealer Situationen, Lebensweisen und -haltungen. Hieran knüpft B. Brechts Konzeption des ep. Theaters an.

Mimik [griech.], Mienenspiel und auch die zugehörige Gebärdensprache, v. a. der bewußt gemachte Gesichtsausdruck.

Mimikry [...kri; griech.-engl., eigtl. „Nachahmung"], bei wehrlosen Tieren bes. Form der Schutzanpassung, die (im Unterschied zur ↑ Mimese) durch Nachahmung von auffälligen Warntrachten durch täuschende Ähnlichkeiten mit wehrhaften oder widerlich schmeckenden Tieren abschreckend auf andere Tierarten wirkt.
▷ übertragen svw. Anpassung.

Mimir (Mimr, Mimi), Gestalt der german. Mythologie, Hüter einer Quelle, durch deren Wasser man weise wird.

mimisch, die Mimik, den Mimen betreffend.

Mimnermos von Kolophon, griech. Dichter um 600 v. Chr. – Wurde von den Alexandrinern für den Begründer der von ihnen bes. gepflegten erzählenden Elegie gehalten; bekannt sind seine Elegien auf die angebl. Geliebte Nanno.

Mimose [griech.], (Mimosa) svw. ↑ Sinnpflanze.
▷ volkstüml. Bez. für einige Arten der Akazie.

Mimosengewächse (Mimosaceae), Fam. der Hülsenfrüchtler mit rd. 2 000 Arten in den Tropen und Subtropen; Sträucher oder Bäume, selten Kräuter mit meist doppelt gefiederten Blättern; die Blüten stehen meist in dichten Köpfchen oder in ährenartigen Trauben. Bekannte Gatt. sind ↑ Akazie und ↑ Sinnpflanze.

Mimus (Mimos) [griech.], antike Form der improvisierten Darstellung kom. Alltagsszenen. Entwickelte sich neben der antiken Komödie als eigene kom. Gattung; gespielt wurde ohne Maske und Kothurn, mit männl. und weibl. Darstellern, häufig auf Jahrmärkten. Als literar. Form zuerst bei Sophron im 5. Jh. v. Chr.; dann bei Theokrit und Herodas von Kos.

Mimusops [griech.], Gatt. der Seifenbaumgewächse mit 30 Arten in Afrika und Asien; bekannt sind *M. elengi,* ein in Indien heiliger Baum, sowie Arten, die Nutzhölzer (Massaranduba, Makoré) und Milchsaft (Balata) liefern.

min, Einheitenzeichen für die Zeiteinheit Minute.

Mina, Al [arab. „der Hafen"], Name vieler neuangelegter Vor- und Entlastungshäfen bei alten Hafenstädten im arab. Raum, z. B. **Mina Abd Allah** (Erdölexporthafen am Pers. Golf, im südl. Kuwait) oder **Mina Al Fahal** (Erdölexporthafen in Oman mit der einzigen Erdölraffinerie des Landes).

Minahasser, altmalaiische Bev. im nö. Teil der nördl. Halbinsel von Celebes; 1 Mill. Angehörige.

Minamata-Krankheit [jap./dt.], schwere chronische ↑ Quecksilbervergiftung bei einem Teil der Anwohner der Minamatabucht (Japan); verursacht durch Rückstände organ. Quecksilberverbindungen in Speisefischen.

Minamoto, im MA eine der mächtigsten jap. Fam., hervorgegangen aus in den Untertanenstand versetzten Kaisersöhnen; gliederte sich in verschiedene Zweige, aus denen später die Shōgune der Ashikaga und Tokugawa hervorgingen. Bed. v. a.:
M. no Yoritomo, * 1147, † Kamakura 9. Febr. 1199, jap. Shōgun (seit 1192). – Urheber des Bürgerkrieges 1180–85; errichtete in Kamakura eine Nebenreg., der sich auch der Kaiserhof beugen mußte.

Minangkabau, jungmalaiisches Volk mit etwa 6 Mill. Angehörigen im Padanghochland M-Sumatras, Indonesien.

Minarett [zu arab. manara, eigtl. „Platz, wo Feuer oder Licht ist"], Moscheeturm, von dessen oft reich verzierter Galerie (Schebeke) aus der Muezzin die Gebetszeit ausruft; seit Anfang des 8. Jh. wesentl. Bestandteil der Moschee. Der erstmals in Damaskus an der „Großen Moschee" (706 ff.) vorkommende viereckige Turmtypus wurde die verbindl. Form des islam. W (N-Afrika, Spanien). Für den O wurde die runde, auch polygonale oder quadrat., meist sehr hohe Form charakteristisch; als deren Vorläufer gilt das spiralförmige, von Rampen umzogene M. in Samarra („Malwija", 846–52). Das oft freistehende M. wurde im Laufe der Zeit stärker in die Fassade oder die Hofarchitektur integriert. Die Osmanen bildeten die M. zu schlanken, hohen und spitzen Türmen aus (Nadel-M.).

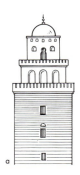

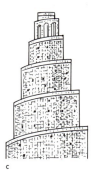

Minarett. Verschiedene Bauformen: a Sidi-Okba-Moschee in Kairuan, Tunesien; b Große Moschee in Medina, Saudi-Arabien; c Große Moschee „Malwija" in Samarra, Irak; d Sultan-Ahmad-Moschee oder Blaue Moschee in Istanbul, Türkei

Minden
Stadtwappen

Minas, Hauptstadt des Dep. Lavalleja, Uruguay, 35 000 E. Kath. Bischofssitz; Theater, Bibliothek; Nahrungsmittelind., Fremdenverkehr; Endpunkt der Bahnlinie von Montevideo. – Gegr. 1783.

Minas Gerais [brasilian. 'minaʒ ʒe'rais], brasilian. Bundesstaat im O des Brasilian. Berglands, 586 624 km², 15,8 Mill. E (1990), Hauptstadt Belo Horizonte. Umfaßt im O die kristalline Randaufwölbung des Brasilian. Berglandes, die nach W in eine rd. 800 m ü. d. M. gelegene Rumpffläche übergeht. Bed. Landw. im südl. M. G.; Anbau von Kaffee, Mais, Bohnen, Maniok, Tabak, Obst, Reis und Zuckerrohr; bedeutendste Viehzucht sowie bestentwickelte Milchwirtschaft Brasiliens. Sehr reiche Bodenschätze, insbes. Abbau von Eisenerzen, außerdem Manganerzen und Bauxit. – Erste Erschließung durch Gold- und Diamantensucher seit Beginn des 18. Jahrhunderts.

Minatitlán, mex. Stadt auf der Landenge von Tehuantepec, Hafen am Río Coatzacoalcos, 64 m ü. d. M., 145 300 E. Erdölförderung und -raffinerie; Düngemittelfabrik.

Minbar [arab., eigtl. „Thron"] (Mimbar), Kanzel der Freitagsmoschee (Dschami), auf der Kultleiter (Chatib) steht, eine erhöhte Plattform rechts von der Gebetsnische (Mihrab), in der Regel überdacht; urspr. aus Holz, später in Stein gearbeitet.

Minbar in der 1431–54 erbauten Freitagsmoschee in Mandu, links daneben der Mihrab

Minchō Kichizan, *Monobe auf Awaji 1352, †Kyōto 26. Sept. 1431, jap. Maler. – Mönch im Tōfukuji, Kyōto, für das er Landschaften und Bildnisse schuf; Zenkünstler in der Tradition der chin. Tuschmalerei der Song- und Yuanzeit.

Mindanao, zweitgrößte der philippin. Inseln, zw. Pazifik, Celebessee und Sulusee, 94 630 km², 9,8 Mill. E. Den Kern bildet ein Bergland mit dem 2 954 m hohen Apo. Getrennt durch einen Grabenbruch, verläuft entlang der stark gegliederten O-Küste ein Gebirge mit Höhen bis etwa 2 800 m, während sich im SW ein durch Becken gegliedertes Bergland anschließt. Die Jahresniederschlagsmenge liegt bei etwa 3 000 mm. Trop. Monsunwald bedeckt den größten Teil der Insel. Auf M. finden sich bed. Eisen-, Nickelsowie Kupfer-, Gold- und Silbererzvorkommen. Angebaut werden Reis, Mais und Faserbananen; entlang der Küste Kokospalmenpflanzungen.

Mindanaosee, Teil des Australasiat. Mittelmeers zw. den philippin. Inseln Mindanao, Negros, Cebu, Bohol und Leyte.

Mindel, rechter Nebenfluß der Donau, entsteht bei Mindelheim (zwei Quellflüsse), mündet bei Gundremmingen, 75 km lang.

Mindeleiszeit [nach dem Fluß Mindel], drittletzte pleistozäne Vereisung der Alpen.

Mindelheim, bayr. Krst. auf der Iller-Lech-Platte, 607 m ü. d. M., 12 000 E. Verwaltungssitz des Landkr. Unterallgäu; Museen, Maschinen- und Werkzeugbau, Herstellung von Kunststoffwaren, elektron. und Haushaltgeräten, Strumpffabrik, Teppichweberei; Fremdenverkehr. – 1046 erstmals genannt; vor 1256 Stadt. – Barocke Jesuitenkirche (17. Jh.); Reste des Mauergürtels mit Obertor (14. Jh.); südl. von M. die Mindelburg (14. Jh.).

Mindelo [portugies. min'delu], größte Stadt und wichtigster Hafen der Kapverd. Inseln, an der N-Küste von São Vicente, 42 000 E. Fischverarbeitung, Werft.

Minden, Krst. am Kreuzungspunkt von Weser und Mittellandkanal, NRW, 45 m ü. d. M., 82 000 E. Verwaltungssitz des Kr. M.-Lübbecke; Bundesbahn-Zentralamt, Bundesanstalt Techn. Hilfswerk, Wasser- und Schiffahrtsamt; Abteilung Bauwesen der Fachhochschule Bielefeld; Museen, Stadttheater. Chemie-, Elektronik-, Papier-, Keramik-, Metall- und holzverarbeitende Ind. Häfen am Mittellandkanal und an der Weser; ⚓. – 798 als **Minda** erstmals erwähnt; wurde in der 2. Hälfte des 11. Jh. Stadt; Mgl. des Rhein.-Westfäl. Städtebundes und der Hanse; bildete im 13. Jh. eine Ratsverfassung aus. Fiel 1648 an Brandenburg († Minden [Bistum]). Die im 16./17. Jh. ausgebauten und nach Schleifung (1763) ab 1816 neu angelegten Befestigungen machten M. zu einer bed. Festung. 1816–1947 Sitz eines Reg.-Bez. – Der roman.-frühgot. Dom (13. Jh.) mit spätkarolingisch-otton. Westwerk wurde nach Beschädigung im 2. Weltkrieg wiederhergestellt. Gotisch sind die Sankt-Marien-Kirche und die Sankt-Martini-Kirche; Rathaus (Erdgeschoß mit Laubengang 13. Jh.; Obergeschoß 17. Jh.); Bauten der Weserrenaissance.

M., nach 800 gegr. ehem. (1648 erloschenes) Bistum (später Fürstbistum), beiderseits der mittleren Weser. Blütezeit 11.–13. Jh.; kam im 16. Jh., früh von der Reformation erfaßt, an die Welfen, die das Hochstift 1648 als Ft. an Brandenburg abtreten mußten (verbunden mit der Gft. Ravensberg).

Minden-Lübbecke, Kreis in Nordrhein-Westfalen.

Minder, Robert, *Wasselnheim (= Wasselonne, Elsaß) 23. Aug. 1902, †Cannes 10. Sept. 1980, dt.-frz. Literaturhistoriker. – 1934 Prof. in Nancy, ab 1957 am Collège de France in Paris. Verf. von Arbeiten insbes. zur dt. Literatur des 19. und 20. Jahrhunderts.

Mindere Brüder ↑Franziskaner.

Minderhandelsgewerbe ↑Minderkaufmann.

Minderheit (Minorität), Bev.gruppe, die sich von der Mehrheit durch bestimmte personale Merkmale (Sprache, Religion, Moral, soziale Funktion u. a.) unterscheidet (nat. M.) und deshalb oft, meist auf Grund von Vorurteilen, durch die Mehrheit diskriminiert wird. Hieraus sich ergebende Feindseligkeiten können bis zur Ausrottung der M. führen (z. B. Juden im nat.-soz. Deutschland). Die soziale (zumeist potentiell gefährdete) Stellung der M. wird bestimmt von den Werten, Normen und Konflikten in der herrschenden Gesellschaftsmehrheit. Sozialpsychologisch erwiesen ist, daß der Grad der Diskriminierung entscheidend bestimmt wird vom Grad der Unsicherheit und Aggressivität der gesellschaftl. Gesamtsituation (↑Randgruppen). Das M.problem taucht im *Völkerrecht* mit dem Aufkommen des Nationalstaatsgedankens und der Herausbildung des Selbstbestimmungsrechts der Völker auf.

Bis zum 1. Weltkrieg war die M.frage v. a. ein Problem des Staatsrechts gewesen. Die nach 1918 z. T. im Rahmen der Friedensverträge geschlossenen bi- und multilateralen M.schutzverträge zielten sowohl auf eine Nichtdiskriminierung der Angehörigen einer M. hinsichtlich ihrer polit. und persönl. Freiheitsrechte ab als auch auf eine positiv diskriminierende Behandlung des Staates zugunsten der M. (Finanzierung von M.schulen u. a.). Eigene polit. Rechte der M. als Gruppe gewährten sie selten. Der allg. Grundsatz des **Minderheitenschutzes** fand keinen Niederschlag in der Satzung des Völkerbundes, der Charta der UN und der Menschenrechtsdeklaration der UN. **Minderheitenrechte,** die als Mittel des M.schutzes und notwendiges Korrelat zur generellen Geltung des Mehrheitsprinzips für die Entscheidungsbildung beachtet werden müssen, sind auf staatl. Ebene z. B. das ethn. oder sprachl. M. verliehene

Recht auf kulturelle Autonomie sowie das den M. die Beteiligung an der parlamentar. Repräsentation sichernde Verhältniswahlrecht, auf sozialer Ebene z. B. die Vertretung von Arbeitern und Angestellten im Betriebsrat entsprechend ihrem zahlenmäßigen Verhältnis im Betrieb.

Minderheitsrechte ↑ Minoritätsrechte.

Minderjährigkeit ↑ Volljährigkeit.

Minderkaufmann, ein Kaufmann, der ein **Minderhandelsgewerbe** betreibt, erfordert nicht einen nach Art und Umfang in kaufmänn. Weise eingerichteten Betrieb, z. B. Kleinhandwerker. Die handelsrechtl. Vorschriften über die Firma, die Handelsbücher u. a. finden keine Anwendung.

Minderung, die Herabsetzung des Kaufpreises, des Mietzinses oder des Werklohns. Sie ist möglich beim *Kauf* wegen eines vom Verkäufer zu vertretenden Sachmangels; bei *Miete* wegen eines Sach- oder Rechtsmangels, durch den der Mieter im Gebrauch der Sache mehr als unerheblich beeinträchtigt wird; beim *Werkvertrag* wegen eines Sachmangels, sofern der Unternehmer eine vom Besteller gesetzte angemessene Nachbesserungsfrist nicht genutzt hat oder die Nachbesserung unmöglich ist, vom Unternehmer verweigert wird oder dem Besteller nicht zumutbar ist.

Minderwertigkeitsgefühl (Insuffizienzgefühl), Gefühl eigener Unzulänglichkeit gegenüber den Anforderungen der Umwelt, das, unbewältigt, zu gestörtem Gesamtverhalten **(Minderwertigkeitskomplex),** insbes. übersteigertem Leistungs- und Geltungsbedürfnis, führen kann (↑ Kompensation).

Mindestgebot, das Gebot, auf das der Zuschlag erteilt werden darf, bei der öff. Versteigerung mindestens die Hälfte des gewöhnl. Verkaufswerts der Sache, bei der ↑ Zwangsversteigerung von Grundstücken 70 % des Verkehrswertes.

Mindestkapital, gesetzlich festgelegter Mindestbetrag des Aktienkapitals bzw. des Stammkapitals, der bei der Gründung einer AG oder einer GmbH gezeichnet sein muß (AG: 100 000 DM, GmbH: 50 000 DM).

Mindestreserven, auf Grund gesetzl. Bestimmungen von den Kreditinst. bei den Zentralbanken im Verhältnis zu ihren kurzfristigen Verbindlichkeiten zu unterhaltende unverzinsl. Guthaben. In Deutschland sind reservepflichtig: sämtl. Verbindlichkeiten gegenüber Nichtbanken, nicht reservepflichtigen Kreditinst. und Banken im Ausland. Hinsichtlich der Höhe der M. wird unterschieden in: Sichtverbindlichkeiten, befristete Verbindlichkeiten und Spareinlagen. Die M. stellen primär ein Instrument der Notenbankpolitik durch die Dt. Bundesbank zur Beeinflussung der Kreditschöpfungsmöglichkeiten durch die Kreditinst. dar; sekundär sind sie Liquiditätsreserven zur Sicherung der Zahlungsbereitschaft.

Mindestreservesätze, Verhältnis der Mindestreserven zu den Einlagen; in Deutschland werden die M. von der Dt. Bundesbank entsprechend der währungspolit. Situation festgesetzt.

Mindesturlaub ↑ Urlaub.

Mindoro, philippin. Insel zw. Luzon und Palawan, 9 735 km², 642 000 E, bis 2 587 m hoch. Fast unerschlossen, von Negritos und anderen Rückzugsvölkern bewohnt, die Brandrodungsfeldbau betreiben; Anbau von Reis, Mais und Zuckerrohr; Kokospalmenpflanzungen.

Mindszenty, József [ungar. 'mindsɛnti], eigtl. Joseph Pehm, * Csehimindszenty bei Szombathely 29. März 1892, † Wien 6. Mai 1975, ungar. Kardinal (seit 1946). – 1944 Bischof von Veszprém; 1945 Erzbischof von Esztergom und Primas von Ungarn. 1949 als Gegner des Kommunismus wegen Hochverrats zu lebenslängl. Haft verurteilt; lebte nach seiner Befreiung während des ungar. Volksaufstandes (1956) bis 1971 im Asyl in der amerikan. Botschaft in Budapest, seitdem in Wien; wurde 1974 vom Vatikan als Erzbischof und Primas von Ungarn gegen seinen Willen amtsenthoben. Die Absetzung löste eine lebhafte Diskussion über die Methoden der vatikan. Ostpolitik aus. 1990 wurde M. von der ungar. Regierung rehabilitiert; 1991 wurden nach dem demokrat. Umschwung in Ungarn seine sterbl. Über-

Minerale

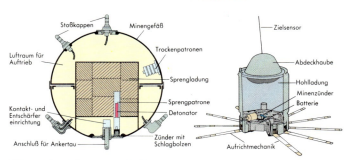

Mine. Links: Ankertaumine. Rechts: Panzerab.. schematische Schnittzeichnungen

reste nach Esztergom überführt. – Memoiren (dt. u. d. Titel „Erinnerungen", 1974).

Mine [frz.], Bergwerk; Erzlager; unterird. Gang.

▷ Einlage der Schreibstifte; u. a. im Bleistift, Buntstift, Kopierstift, Kugelschreiber.

▷ in der Waffentechnik Bez. für Sprengkörper unterschiedl. Bauart und Form, die i. d. R. systematisch in Form von M.feldern oder -sperren vor Verteidigungslinien verlegt werden. Bei den meist verdeckt im Boden verlegten *Land-M.* unterscheidet man v. a. gegen marschierende Soldaten gerichtete *Infanterie-* oder *Schützen-M.* (als *Spreng-M.* mit örtlich eng begrenzter Wirkung, als *Splitter-M.* mit breit streuender Splitterwirkung oder als *Schützenspring-M.* mit Schrapnellwirkung) und gegen gepanzerte Fahrzeuge gerichtete *Panzerabwehr-M.* (in den Varianten Panzerabwehrwurfmine und -verlegemine). Die Zündung erfolgt rein mechanisch durch Druck (*Kontakt-M.;* z. B. *Tret-M.*) oder durch (von einem Beobachter auslösbare) mechan. oder elektr. Zündvorrichtungen. *See-M.* werden gegen feindl. Schiffe als Sperren ausgelegt. Bei Wassertiefen bis etwa 40 m werden gewöhnlich *Grund-M.* benutzt, die durch eine magnet. Schalteinrichtung (*Magnet-M., Induktions-M.*), eine druckempfindl. Einrichtung (*Druck-M.,* hydrostat. M.), eine elektroakust. Einrichtung (*Geräusch-M.,* akust. M.) oder Fernauslösung von einem bes. Beobachtungsstand aus (*Beobachtungs-M.*) ausgelöst werden. *Ankertau-M.* sind mit einer speziellen Ankereinrichtung ausgerüstet, von der aus das meist kugelförmige M.gefäß mit der Sprengladung bis in eine gewählte Tiefe unter der Meeresoberfläche aufsteigt und dort gehalten wird. Sie werden durch direkten Kontakt des Schiffes ausgelöst. M., die in eingestellter Tiefe unter der Wasseroberfläche driften, werden als *Treib-M.* gezeichnet. Das Verlegen von M. erfolgt von Hand oder mit bes. M.verlegegerät (u. a. M.legepanzer), auf See durch **Minenleger.** Beseitigt oder geräumt werden M. mit speziellem M.räumgerät: zu Wasser v. a. mit **Minensuchbooten (Minenräumbooten),** die mit mechan., elektromagnet. bzw. akust. Räumgerät ausgerüstet sind, zu Lande u. a. durch Minenräumpanzer.

Minen [frz.] (Nomien), durch Fraßtätigkeit (*Minierfraß*) von Tieren (v. a. Insektenlarven) entstehende kleine Hohlräume im Innern meist lebender Pflanzenteile. Nach ihrer Form unterscheidet man linienartig dünne bis schlauchförmige Gangminen von breiten, kammerartigen Platzminen.

Minenwerfer, früher Bez. für ein geschützähnl. Gerät (meist Vorderlader mit glattem Rohr) zum Verschießen von Wurfminen in steiler Flugbahn; wurde v. a. zur Bekämpfung von gedeckten Zielen eingesetzt.

Mineralböden, alle Böden, die überwiegend aus anorgan. Substanz bestehen; sie enthalten in den obersten Horizonten selten mehr als 15 % organ. Substanz.

Minerale (Mineralien) [zu mittellat. aes minerale „Grubenerz, Erzgestein"], chem. Elemente oder anorgan., selten organ., meist kristalline Verbindungen, die als Bestandteile der Erdkruste, des Erdmantels oder von Meteoriten in der Natur vorkommen oder sich bei techn. Schmelz- und Kristallisationsvorgängen bilden. Sie bauen die Gesteine auf

Mineralfasern

bzw. kommen als Ausblühungen an der Erdoberfläche vor. Es sind etwa 2 000 M. bekannt, aber nur rd. 10 (v. a. Silicate) bauen über 90 % der Erdkruste auf. Zahlr. M. (bes. Sulfide und Oxide) haben Bed. als Erze zur Gewinnung von Metallen. Gefärbte M. werden als Schmucksteine verwendet. Es gibt nur sehr wenige organ. M.; es sind v. a. Oxalate. Elementar kommen in der Natur vor: Schwefel, Kohlenstoff (als ↑Diamant und ↑Graphit), Arsen, Antimon, Selen, Tellur. Die metall. Elemente Kupfer, Silber, Gold, Quecksilber, Blei, Wismut, Eisen, Nickel und die Platinmetalle kommen gediegen oder in Form von Legierungen vor. Die Mineralogie teilt die M. in folgende **Mineralklassen** (Abteilungen) ein: I. Elemente, II. Sulfide und verwandte Verbindungen, III. Halogenide, IV. Oxide und Hydroxide, V. Nitrate, Carbonate und Borate, VI. Sulfate, Chromate, Molybdate und Wolframate, VII. Phosphate, Arsenate und Vanadate, VIII. Silicate, IX. organ. Verbindungen.

Mineralfasern (mineralische Fasern), i. e. S. natürlich vorkommende anorgan. Fasersubstanzen; einzige und früher verarbeitete M. (bis zur Erkenntnis der Gesundheitsschädlichkeit) war Asbest; i. w. S. auch die aus Glas, Silicatgesteinen oder Hochofenschlacke, also auf mineral. Basis hergestellten anorgan. Fasern.

Mineralien ↑Minerale.

Mineralisation (Mineralisierung), Umwandlung organ. Substanzen in anorgan. (im Boden und an der Erdoberfläche) durch Mikroorganismen oder durch die Einwirkung von Druck und Temperatur im Erdinnern. Da die M. die chem. Elemente wieder in eine von Pflanzen verwertbare Form bringt, ist sie für die Erhaltung der natürl. Bodenfruchtbarkeit wichtig. Durch M. verschwinden auch organ. Verunreinigungen aus Gewässern (natürl. oder biolog. Selbstreinigung, z. B. bei Kläranlagen).

Mineralnyje Wody, russ. Stadt im nördl. Kaukasusvorland, an der Kama, 75 000 E. Kurort (Mineralquellen); Lebensmittelind.; ✈.

Mineralogie [mittellat./griech.], Fachrichtung der Naturwiss., die sich mit der Untersuchung der Minerale befaßt. Einteilung in 1. **Kristallkunde** (Kristallographie), die Struktur und Form der Minerale untersucht, 2. **Mineralkunde,** in der Entstehung, Eigenschaften und Vorkommen der Minerale beschrieben werden, 3. **Gesteinskunde** (Petrographie, Petrologie), die sich mit dem Aufbau der Gesteine aus den Mineralen beschäftigt und 4. **Lagerstättenkunde** und **technische Gesteinskunde.**

Mineralöle, v. a. aus aliphat. Kohlenwasserstoffen bestehende, natürl. und techn. Öle, bes. das Erdöl und einige aus ihm gewonnene Produkte, z. B. Heizöle und Schmieröle sowie die bei der Aufarbeitung von Ölschiefer und der Hydrierung von Kohle entstehenden Substanzen.

Mineralölindustrie, Wirtschaftszweig, der teilweise dem Bergbau (Mineralöl- sowie Erdgasgewinnung), teilweise der Grundstoff- und Produktionsgüterindustrie (Mineralölverarbeitung) zuzurechnen ist. – Die M. entstand etwa in der Mitte des 19. Jh. in Amerika und erlebte seither einen raschen Aufschwung, in der BR Deutschland insbes. seit dem 2. Weltkrieg (Anteil der Mineralöle am Primärenergieverbrauch 1950: rd. 5 %, 1960: 21 %, 1970: 53 %, 1980: 47 % 1990: 41 %). Ursache dieser Expansion waren v. a. die niedrigen Preise bis zur Preisexplosion seit 1973. Die Bed. der Steinkohle als Primärenergieträger ging zurück, gleichzeitig war eine wachsende Importabhängigkeit die Folge dieser Entwicklung. – Die Rohölverarbeitung erfolgte in Raffinerien. Diese produzierten in der BR Deutschland 1991 bei einem Rohöleinsatz von 92,3 Mill. t u. a.: 7,1 Mill. t Rohbenzin, 23,4 Mill. t Vergaserkraftstoff, 17,1 Mill. t Dieselkraftstoff, 35,6 Mill. t Heizöle, 2,3 Mill. t Flüssiggas, 2,3 Mill. t Flugturbinenkraftstoff und 3,8 Mill. t Bitumen. – ↑Energiewirtschaft.

Mineralölsteuer, Verbrauchssteuer auf im Zollinland gewonnenes oder importiertes Mineralöl; bezieht sich auch auf den Verbrauch von Heizöl (das sich von Mineralöl lediglich durch die Verwendung unterscheidet). 50 % des M.aufkommens (1990: 34,6 Mrd. DM) sind zugunsten des Straßenbaus zweckgebunden. Für die **Heizölsteuer** gelten ermäßigte Steuersätze, sie dient u. a. zur Erschließung neuer Energieträger.

Mineralquelle, Quelle, deren Wasser je kg mindestens 1 000 mg gelöste Stoffe (bei Substanzen mit pharmakolog. Wirksamkeit wie Eisen, Jod, Schwefel oder Radon auch weniger) oder mindestens 250 mg freies Kohlendioxid (Säuerlinge) enthält.

Mineralsalze (Mineralstoffe), i. w. S. alle natürlich vorkommenden oder künstlich hergestellten (z. B. Düngemittel) anorgan. Salze. I. e. S. die für den Mineralstoffwechsel (↑Stoffwechsel) wichtigen anorgan. Verbindungen beim Menschen sowie bei Tieren und Pflanzen. – ↑Spurenelemente.

Mineralsäuren, Sammelbez. für anorgan. Säuren, z. B. Schwefelsäure, Salpetersäure oder Salzsäure.

Mineralwasser, Wasser, das aus ↑Mineralquellen stammt oder künstlich mit Mineralsalzen und/oder Kohlendioxid („Kohlensäure") versetzt wurde.

Minerva, bei den Römern die der griech. Athena entsprechende Göttin des Handwerks, der Weisheit und der Künste. Jupiter, Juno und M. bildeten eine stadt- und staatsbeschirmende Trias und wurden im Jupitertempel auf dem Kapitol verehrt.

Minestra [italien., zu lat. ministrare „(bei Tisch) auftragen"] (Minestrone), Gemüsesuppe mit Reis und Parmesankäse.

Minette [frz., zu mine „Bergwerk, Mine"], dunkelgraues Ganggestein, das v. a. Kalifeldspat sowie Hornblende, Biotit und Pyroxen enthält; gehört zu den Lamprophyren.

▷ oolith. Eisenerz, das im unteren Dogger v. a. in Lothringen und Luxemburg vorkommt.

Minetti, Bernhard, *Kiel 26. Jan. 1905, dt. Schauspieler. – Bes. große Erfolge hatte M. als Charakterdarsteller unter der Regie von Jessner und Gründgens am Berliner Staatstheater (1930–45); nach dem Krieg spielte M. u. a. in Hamburg, Düsseldorf und Stuttgart; auch Regisseur.

Miniatur. Akbar wird zu einem gefangenen Elefanten geführt, Miniatur im sogenannten Akbar-Name, einer Biographie über Akbar, um 1590 (London, Victoria and Albert Museum)

Bernhard Minetti

Ming, chin. Dyn., ↑chinesische Geschichte.

Mingetschaur, Stadt an der Kura, Aserbaidschan, 78 000 E. Kabel-, Glasfaser-, Gummi-, Isolatoren-, Textilwerk. – 1945 gegr., seit 1948 Stadt.

Mingrelien, histor. Landschaft am Schwarzen Meer, in Georgien; nach Eroberung durch Achämeniden und Römer in der Spätantike an Byzanz; im 7. Jh. von den Arabern erobert; später Teil Georgiens.

mingrelische Sprache, zur Südgruppe der ↑kaukasischen Sprachen gehörende schriftlose Sprache mit etwa 300 000 Sprechern; zwei Dialekte im westl. Kaukasusgebiet nördl. des Rioni bis Otschamtschire.

Mingus, Charles (gen. Charlie) [engl. 'mɪŋǝs], * Nogales (Ariz.) 22. April 1922, † Cuernavaca (Mexiko) 5. Jan. 1979, amerikan. Jazzmusiker (Bassist, Pianist, Komponist, Orchesterleiter). – Spielte 1940–53 u. a. bei L. Armstrong, L. Hampton und R. Norvo. Gründete in den 50er Jahren Jazz-Workshop-Gruppen, mit denen er durch Entwicklung experimenteller Formen zu einem der wichtigsten Wegbereiter des Free Jazz wurde.

Minguzzi, Luciano, *Bologna 24. Mai 1911, italien. Bildhauer. – M. gestaltete abstrakte Metallplastik in oft schwingenden Formen, er schuf Bronzetüren für den Mailänder Dom (1958–65) und die Peterskirche in Rom (1970–77).

Minho [portugies. 'miɲu], histor. Prov. im westl. Hochportugal, am Atlantik, zw. der span. Grenze und dem unteren Douro, steigt nach O zu über 1 500 m hohen Gebirgen an. Der Niederschlagsreichtum begünstigt die Landw.; Anbau von Mais, Roggen, Kartoffeln, Gemüse, Obst und Wein; Rinderzucht. Am südl. Küstenabschnitt Fischfang und Badebetrieb. Zahlr. kleine Standorte v. a. der Baumwoll- und Metallindustrie. Wichtigste Städte sind Braga, Guimarães und Viana do Castelo.

M., Fluß, ↑Miño.

mini..., Mini... [engl., gekürzt aus miniature (↑Miniatur)], Wortbildungselement mit der Bed. „sehr kurz, klein...".

Miniatur [italien., urspr. „Kunst, mit Zinnoberrot zu malen, mit Zinnoberrot ausgeführte Ziermalerei" (zu lat. minium „Zinnoberrot")], Bildschmuck einer Handschrift, und zwar (ganzseitiges) Bild und Ornament (Ausgestaltung der Anfangsbuchstaben und Verzierung des Blattrandes oder Zeilenausgangs). Von der Spätantike ging die M.kunst des MA aus (↑Buchmalerei). Unabhängig von der abendländ. Entwicklung entstand im 12. Jh. in Bagdad eine erste Miniaturistenschule; Höhepunkte bildeten die pers. M.malerei des 14. bis 17. Jh. sowie die M.malerei unter den ind. Mogulherrschern (16. Jh.).

▷ kleines Bild (v. a. Porträt), auf Holz, Kupfer, Seide, Pergament und später auf Porzellan und Elfenbein gemalt; häufig in Ovalform; auch auf kleine Dosen gemalt (16. bis 19. Jh.).

Miniaturisierung [lat.-italien.], Entwicklung im Bereich der Elektronik mit dem Ziel, kleinste elektron. Geräte möglichst hoher Zuverlässigkeit und Lebensdauer herzustellen. Ausgelöst wurde das M.bestreben durch den wachsenden Bedarf an elektron. Einrichtungen, insbes. in der Raumfahrttechnik sowie bei EDV-Anlagen. Ermöglicht wurde die M. durch die Entwicklung der Halbleitertechnik. Der erste Schritt zur M. war die *Miniatur-* und *Subminiaturtechnik,* gekennzeichnet durch aktive (Miniaturröhren und -transistoren) oder passive Bauelemente auf Leiterkarten, in Kompakt- oder Blockbauweise oder nach der Modul- bzw. Mikromodulbauweise (Packungsdichten bis 10 Bauelemente pro cm^3). In der *Mikrominiaturtechnik* (Packungsdichten zw. 10 und 10^5 pro cm^3) werden Verbindungen von Materialbereichen mit Eigenschaften herkömml. und neuer Bauelemente zu untrennbaren Systemen hergestellt (sog. *integrierte Schaltungen*). Durch Anwendung der Dick- bzw. Dünnfilmtechnik erhält man *[integrierte] Filmschaltkreise* (Packungsdichten bis 10^3 pro cm^3), die einer stark verkleinerten gedruckten Schaltung entsprechen. Eine weitere Verkleinerung (Packungsdichten 10^3 bis 10^6 pro cm^3) erbrachte die *Halbleiterblocktechnik,* bei der mit Hilfe der Planartechnik die elektr. Leitfähigkeit durch Dotierungsstoffe gezielt verändert wird, so daß die in mehreren Schritten entstehenden pn-Übergänge die Schaltelemente von vollständigen Schaltungen bilden. Durch Aufdampfen metall. Leiterbahnen werden die einzelnen Schaltelemente dieser *Festkörper-* oder *Mikroschaltkreise* miteinander verbunden. Die letzte Stufe der M. ist die *extreme M.* bzw. die *Molekularelektronik* (Packungsdichten über 10^6 pro cm^3), bei der nach Verfahren der Halbleitertechnik sog. *Funktionsblöcke* mit den Eigenschaften elektron. Schaltungen hergestellt werden, in denen die einzelnen aktiven und passiven Bauelemente nicht mehr unterscheidbar sind (Integrationsgrad über 100 000 Schaltelemente pro Chip).

Charlie Mingus

Minimal art. Donald Judd, ohne Titel, 1977 (Münster)

Minicoy, Insel im Arab. Meer 4,4 km^2, 6 700 E; gehört zum ind. Unionsterritorium Lakshadweep.

Minierfliegen [frz./dt.] (Agromyzidae), weltweit verbreitete Fam. der Fliegen mit über 2 000 meist nur etwa 2 mm großen, grau oder braun gefärbten Arten. Die Larven fressen Gänge in Blättern, Stengeln oder anderen Pflanzenteilen (z. T. Kulturschädlinge).

Miniermotten [frz./dt.], svw. ↑Blattütenmotten.

Miniersackmotten (Incurvariidae), in Eurasien und N-Amerika verbreitete Fam. kleiner Schmetterlinge mit 120 Arten. Die Larven minieren entweder dauernd in Blättern oder leben später in einem aus Blatteilen gefertigten Gespinstsack am Boden. Bekannt ist die 17 mm spannende, gelbbraune **Johannisbeermotte** (Incurvaria capitella).

Minigolf, svw. ↑Bahnengolf.

Mini-im-Ohr-Geräte ↑Hörgeräte.

Minima [lat. „kleinste (Note)"], musikal. Notenwert der ↑Mensuralnotation, bis zum 15. Jh. mit dem Zeichen ♩, danach ♢.

minimal [lat.], sehr klein, sehr wenig, niedrigst.

Minimal art [engl. 'mɪnɪmǝl 'a:t], Bez. für eine Richtung in der zeitgenöss. Plastik v. a. in den USA, die sich auf einfachste geometr. Mittel beschränkt („primary structures"), z. B. maschinell hergestellte Platten, Holz-, Eisenelemente, häufig raumfüllend angeordnet, gern wird das Wiederholungsprinzip verwendet. Vertreter u. a. D. Judd, R. Morris, Dan Flavin, Sol LeWitt.

Miniatur. Elisabeth I., Miniatur des englischen Miniaturporträtisten Nicholas Hilliard, etwa Originalgröße, 1572 (London, National Portrait Gallery)

Minimalfläche

Minimalfläche, die zu einer vorgegebenen geschlossenen Raumkurve gehörende, von dieser berandete Fläche mit kleinstmöglichem Flächeninhalt.

Minimalkostenkombination, in der Produktionstheorie diejenige Kombination von austauschbaren Produktionsfaktoren, deren Einsatz, bezogen auf eine bestimmte Ausbringungsmenge, die geringsten Kosten verursacht. Die M. ist dann erreicht, wenn die Grenzerträge der Produktionsfaktoren gleich ihren Preisen sind.

Minimal music ['mɪnɪməl 'mjuːzɪk], Musikrichtung, die sich seit etwa 1960 im Zwischenbereich von Avantgarde, ind. Musiktraditionen, Free Jazz und psychedel. bzw. meditativen Tendenzen der Rockmusik entwickelte. Sie ist durch die Reduzierung des musikal. Materials auf wenige Elemente, durch gleichförmigen Ablauf (etwa in Form ständiger Wiederholung kurzer Tonformeln) sowie durch ein aus der additiven Überlagerung (z. B. Phasenverschiebung) gebildetes Klangspektrum gekennzeichnet.

Minimalpaaranalyse, Methode der strukturellen Linguistik zur Analyse zweier auf Grund eines einzigen distinktiven Merkmals bedeutungsverschiedener sprachl. Äußerungen (Minimalpaare), z. B. „leiden" und „leiten" im Hinblick auf die Stimmhaftigkeit/Stimmlosigkeit des Konsonanten im Inlaut.

Minimum [lat. „das Kleinste"], allg. das Geringste, das Mindeste; Mindestmaß, kleinster Wert.
▷ in der *Meteorologie*: 1. der tiefste Wert eines meteorol. Elementes, insbes. der Temperatur; 2. svw. barometr. Tief, Kern eines Tiefdruckgebiets.

Minimumthermometer ↑Thermometer.

Minirock (Mini), sehr kurzer, die Oberschenkel nur wenig oder teilweise bedeckender Rock; 1964 von der Engländerin Mary Quant (* 1934) kreiert.

Minispione ↑Abhörgeräte.

Minister [durch frz. Vermittlung von lat. minister „Diener, Gehilfe" (eigtl. „der Geringere")], Mgl. einer (Bundes-, Landes-, Staats-) Reg. und Leiter eines Ministeriums, mit Ausnahme der M. ohne Geschäftsbereich (ohne Portefeuille) und der M. für bes. Aufgaben (Sondermin.), die zwar einen (bestimmten) ministeriellen Sachauftrag haben, aber nur über ein kleines „polit. Büro" verfügen.

Das **Ministerium** ist eine oberste für einen bestimmten Geschäftsbereich zuständige Staatsbehörde, deren Leitung der M. v. a. durch seinen ↑parlamentarischen Staatssekretär (oder Staatsmin.) unterstützt wird. Gegliedert ist das Ministerium i. d. R. in Abteilungen und Referate. Die ↑Staatssekretäre und Abteilungsleiter (Ministerialdirektoren oder -dirigenten) sind sog. polit. Beamte, die jederzeit in den einstweiligen Ruhestand versetzt werden können. Die Ministerien wirken mit bei der Gestaltung der Ressort- und Reg.politik (u. a. durch Ausarbeitung von Plänen und von Entwürfen zu Gesetzen, Verordnungen und Verwaltungsvorschriften) sowie bei der Rechtsanwendung. Den meisten Ministerien sind andere an ihre Weisungen gebundene Behörden nachgeordnet. Zu den 5 „klass." Ministerien (Auswärtiges, Inneres, Justiz, Finanzen und Krieg) treten meist weitere hinzu (Deutschland ↑Bundesregierung [Kabinette, Übersicht], ↑Österreich [polit. System], ↑Schweiz [polit. System]). Die im Range eines Ministeriums stehende Behörde des Reg.chefs heißt in der BR Deutschland auf Bundesebene Bundeskanzleramt, in den Ländern Staats- oder Senatskanzlei.

In Staaten mit Präsidialsystem (z. B. den USA) sind die – oft als Staatssekretäre bezeichneten – M. nur Gehilfen des Präs., dessen Weisungen sie unterworfen sind. In Staaten mit parlamentar. Reg.system genießen die M. i. d. R. in ihrer Amtsführung ein größeres Maß an Unabhängigkeit vom Reg.chef, sind jedoch andererseits dem Parlament verantwortlich **(Ministerverantwortlichkeit).**

In der *BR Deutschland* ergibt sich die Rechtsstellung der M. z. T. aus den Verfassungen, im übrigen aus bes. Gesetzen (BundesministerG i. d. F. vom 27. 7. 1971 und entsprechende LandesministerG). Die Bundes-M. können jederzeit entlassen werden und ihre Entlassung verlangen (Rücktritt). Ihr Amt endet ferner mit dem Tod, dem Rücktritt oder der Entlassung des Bundeskanzlers oder dem Zusammentritt eines neuen Bundestages. Jeder M. ist verpflichtet, auf Ersuchen des Bundespräs. oder des Bundeskanzlers sein Amt bis zur Ernennung eines Nachfolgers weiterzuführen. Während ihrer Amtszeit erhalten die M. Amtsbezüge, nach dem Ausscheiden für sechs Monate bis drei Jahre Übergangsgeld. Anspruch auf Ruhegehalt besteht von einem bestimmten Alter (55 bzw. 60 Jahre) und bestimmten Dauer der Zugehörigkeit zur Bundesreg. an. – ↑Bundesregierung.

In *Österreich* heißen M. nur die Bundes-M., die auf Vorschlag des Bundeskanzlers vom Bundespräs. ernannt werden. Zahl und Wirkungsbereich der Ministerien sind gesetzlich festgelegt (BundesministerienG 1986).

In der *Schweiz* führen die Mgl. der Reg. des Bundes den Titel Bundesrat; sie stehen an der Spitze je eines Departements. M. ist in der Schweiz der Titel für einen diplomat. Vertreter.

Ministeranklage, das Verfahren, in dem ein Reg.mgl. wegen schuldhafter Verletzung der Verfassung oder eines sonstigen Gesetzes vor dem Staats- oder Verfassungsgerichtshof angeklagt werden kann. Das GG kennt keine M., in den meisten Ländern der BR Deutschland kann dagegen M. gegen die Mgl. der Landesreg. erhoben werden.

Ministerialen [zu lat. ministerialis „im (kaiserl.) Dienst Stehender, Beamter"], im MA die Oberschicht urspr. meist unfreier **Dienstmannen (Dienstleute)** im Hof-, Verwaltungs- und Kriegsdienst; seit dem 11. Jh. ritterlich lebende Dienstleute, die gegen Gewährung eines „Dienstlehens" zuerst in den geistl. Herrschaften ritterl. Dienste leisteten; seit Konrad II. wurden sie als Vögte oder Burggrafen und Landrichter zur Verwaltung des Reichsgutes und, in den Hzgt., der Landesgüter herangezogen und gewannen schließlich die Erblichkeit ihrer Lehen. Als **Reichsministerialen** waren sie die Stütze der sal. und bes. der stauf. Reichspolitik. Fortschreitende Angleichung an den Stand der Edelfreien und Feudalisierung führten im 13./14. Jh. zum Aufgehen der M. in niederen Adel. – Der gesellschaftl. Aufstieg von Unfreien in den Adelsstand ist eine auf die dt. Sozialgeschichte beschränkte Erscheinung.

Ministerialsystem (monokrat. System), Verwaltungsorganisation, in der die oberste Verwaltungsinstanz nicht die Reg. als Kollegialbehörde (wie beim Departementalsystem der Schweiz), sondern der einzelne Fachmin. ist (z. B. Deutschland, Österreich).

Ministerpräsident, in vielen Staaten Bez. für den Reg.chef; in Deutschland seit dem 19. Jh. (in Preußen seit 1848) gebräuchl. Bez. für den Leiter einer Landesregierung. – ↑Regierung.

Ministerrat, in einzelnen Staaten Bez. für die ↑Regierung (z. B. Frankreich).

Ministranten [zu lat. ministrare „bedienen"] (Chorknaben, Meßdiener), in der kath. Kirche die Gehilfen des Priesters, die mit Handreichungen liturg. Hilfsfunktionen wahrnehmen; seit einigen Jahren gibt es auch weibl. Ministranten.

Minja, Al, Governoratshauptstadt in Oberägypten, am Nil, 203 000 E. Sitz eines kopt. Bischofs; Univ. (seit 1976), Echnaton-Museum; Zentrum des oberägypt. Baumwollhandels und der -verarbeitung, Nilhafen.

Mink [engl.] (Amerikan. Nerz, Mustela vison), etwa 30 (♀)–45 cm (♂) langer, mit Ausnahme eines weißen

Mink

Hermann Minkowski

Liza Minnelli

Minkowski, Hermann, *Aleksota (= Kaunas) 22. Juni 1864, †Göttingen 12. Jan. 1909, dt. Mathematiker. – Prof. in Bonn, Königsberg, Zürich und Göttingen. M. arbeitete zur Zahlentheorie und Geometrie und beschäftigte sich mit den mathemat. Grundlagen der speziellen Relativitätstheorie (↑Minkowski-Raum).

M., Oskar, *Aleksota (= Kaunas) 13. Jan. 1858, †Fürstenberg/Havel 18. Juni 1931, dt. Internist. – Bruder von Hermann M.; Prof. in Straßburg, Köln, Greifswald und Breslau. Durch die erste totale Entfernung der Bauchspeicheldrüse beim Hund konnte M. experimentell den Zusammenhang zw. diesem Organ und dem Diabetes mellitus nachweisen. Weitere wichtige Arbeiten galten der Leber und der Gicht.

Minkowski-Raum (Minkowski-Welt) [nach H. Minkowski], ein vierdimensionaler euklid. Raum (Raum-Zeit-Welt oder -Kontinuum), in dem sich die Gesetze der speziellen Relativitätstheorie bes. einfach darstellen lassen. Ein Punkt (Ereignis) des M.-R. wird als *Weltpunkt,* ein Ortsvektor als *Weltvektor,* die Bahn eines Teilchens als *Weltlinie* bezeichnet.

Minks, Wilfried, *Binai (Nordböhm. Geb.) 21. Febr. 1931, dt. Bühnenbildner und Regisseur. – 1959–62 in Ulm, 1962–73 in Bremen. Zusammenarbeit mit P. Zadek und K. Hübner. Ausgangspunkt bei eigenen Inszenierungen (seit 1972) sind seine Bildideen.

Minne, George Baron (seit 1930), *Gent 30. Aug. 1866, †Sint-Martens-Latem 20. Febr. 1941, belg. Bildhauer und Graphiker. – Hauptvertreter der Jugendstilplastik mit schmalen Aktfiguren. Hauptwerk ist der für Hagen geschaffene Brunnen mit fünf knienden Knaben (Entwurf 1898, Marmorausführung 1906, heute Essen, Museum Folkwang; Abgüsse u.a. in Gent und Hagen); auch Zeichnungen und Holzschnitte.

Minne [urspr. „das Denken an etwas, (liebevolles) Gedenken"], ma. Bez. für die Beziehung zw. dem Ritter und der von ihm als Ideal der Frau verehrten Dame *(hohe M.);* nach höf. Selbstverständnis war sie mehr (idealisiert-asket.) Liebeswerben als Liebeserfüllung. M. galt als oberste Tugend des strebenden und dienenden Ritters. *Niedere M.* war die Zuneigung zu einem Mädchen nichtadligen Standes. Schließlich auf die geschlechtl. Beziehung eingeschränkt, wurde der Begriff seit etwa 1500 in der Literatur als anstößig gemieden (↑Minnesang).

Minneapolis, Stadt beiderseits des Mississippi, Minnesota, USA, 248 m ü. d. M., 356 800 E, als Metropolitan Area M./Saint Paul 2,3 Mill. E. Anglikan. Bischofssitz; Hauptsitz der University of Minnesota (gegr. 1851), Konservatorien, Kunsthochschule; zwei Kunstmuseen. Neben die Mühlenind. als ältester Ind.zweig traten nach 1950 Maschinenbau, Papierherstellung, Druckerei- und Verlagswesen sowie Elektronikind. u.a.; Verkehrsknotenpunkt; Endpunkt der Schiffahrt auf dem Mississippi, ✈. – 1819/20 wurde Fort Snelling auf dem linken Ufer des Mississippi errichtet, um das ab 1838 die Siedlung Saint Anthony (1872 in M. eingemeindet) entstand. Die 1855 angelegte Siedlung M. erhielt 1867 das Recht einer City.

Minnelli, Liza, *Hollywood 12. März 1946, amerikan. Schauspielerin und Sängerin. – Tochter von J. Garland und Vincente M.; internat. bekannt wurde sie mit der Verfilmung des Musicals „Cabaret" (1971).

M., Vincente, *Chicago 28. Febr. 1913, †Los Angeles 25. Juli 1986, amerikan. Filmregisseur. – ∞ mit J. Garland. Drehte die erfolgreichsten amerikan. Musicalfilme wie „Broadway-Melodie" (1945), „Ein Amerikaner in Paris" (1950), „Gigi" (1958).

Wilfried Minks. Bühnenbild zu Sophokles' „Antigone", Bremen, 1966

Minnesang, i. e. S. die mittelhochdt. Liebeslyrik (Minnelyrik); oft jedoch als zusammenfassende Bez. aller Arten mittelhochdt. Lyrik gebraucht. Der M. bildete (neben Volkslied und Vagantendichtung) mit Minnelied, Tagelied (Wächterlied), Kreuzlied, Rügelied, Mädchenlied, Tanzlied, Werbelied und Minneklage den Hauptteil der weltl. Lyrik des MA. Wichtigste Strophenform des Liedes wurde die Stollen- oder Kanzonenstrophe in kunstvollen Vers- und Reimkombinationen. Neben das Lied traten der aus latein. Sequenzen abgeleitete Leich sowie der Spruch.

Der M. entwickelte sich seit der 2. Hälfte des 12. Jh. und bildete bis ins späte MA eine Fülle von Formen und Themen aus; er steht u.a. in der Tradition unterliterar. Lyrik, lat. Vagantendichtung und der frz. Trouvères. Als höf. Gesellschaftsdichtung wurde der M. bes. an kulturellen Zentren zur Fidel oder Harfe vorgetragen, i. d. R. von den **Minnesängern,** die auch Dichter und Komponisten waren; unter ihnen finden sich Vertreter aller Stände: Adlige, Geistliche, Ministerialen, Bürger und fahrende Berufsdichter. Seine Geschichte beginnt um 1150 mit dem sog. *„Donauländ. M."* (u.a. Der Kürenberger, Dietmar von Aist), der das wechselseitige Liebessehnen von Mann und Frau zum Gegenstand hat. Der Einfluß der Troubadours setzte sich um 1190 im M. Heinrichs von Veldeke und Friedrichs von Hausen im westdt. Raum durch. Für den eigtl. hohen M. typisch ist der (vermutlich von der Marienverehrung beeinflußte) höf. Frauendienst, der die Frau zu einem für den Ritter unerreichbaren Ideal stilisiert. Die *hohe Minne* ist Rollenlyrik; ein wichtiger Topos ist die läuternde Macht der Minne als Dienst; Zentralbegriffe sind „triuwe" (Treue) und „mâze" (zuchtvolle Bescheidenheit). Höhepunkt dieser Leidenserotik sind um 1190 die Lieder Reinmars des Alten und Heinrichs von Morungen. Walther von der Vogelweide stellt dagegen das idealisierte Frauenbild in Frage und preist die nichtadlige Frau wieder als Partnerin *(„niedere Minne");* auch Wolfram von Eschenbach rückt vom Ideal „der hohen Minne" ab, wenn er die ehel. Liebe preist.

George Baron Minne. Brunnen mit fünf knienden Knaben, Marmor, 1906 (Essen, Museum Folkwang)

Minnesota

Minsk
Hauptstadt
Weißrußlands
(seit 1796)

1,59 Mill. E

bed. Ind.zentrum

Anfang des 11. Jh. als
eine der ältesten
Städte Rußlands gegr.

1499 Magdeburger
Stadtrecht

Univ. (seit 1921)

Damit wurde die letzte Phase des M. eingeleitet, die nach 1210 mit der *„dörperl. Dichtung"* Neidharts (von Reuental) zu Parodie und Persiflage und 1250 mit Ulrich von Lichtenstein zur Entartung und (ungewollten) Karikatur führte. Im 15. Jh. wurde der M. durch den Meistersang abgelöst. Eine individuelle Sonderstellung nimmt Oswald von Wolkenstein ein, den man als „letzten Minnesänger" bezeichnet hat. – Überliefert ist der M. hauptsächlich in Liederhandschriften des 13. und 14. Jh.; Melodieaufzeichnungen liegen erst seit dem 14. Jh. vor. Wiederentdeckt wurde der M. im 18. Jh.; die ersten Ausgaben stammen von J. J. Bodmer, nachgebildet wurden Themen des M. erstmals von J. W. L. Gleim („Gedichte nach den Minnesingern", 1773); die wiss. Beschäftigung mit dem M. setzte im 19. Jh. ein, v. a. mit der krit. Ausgabe der Werke Walthers von der Vogelweide durch K. Lachmann.

Minnesota [mɪneˈzota, engl. mɪnɪˈsoʊtə], nördl. Mittelstaat der USA, 218 601 km², 4,39 Mill. E (1990), Hauptstadt Saint Paul.
Landesnatur: Durch die Vereisung des Pleistozäns entstand ein flachwelliges Hügelland mit zahlr. (über 11 000) Seen, Grund- und Endmoränen. In den Misquah Hills im NW liegt die mit 679 m höchste Erhebung. – Das Klima ist kontinental.
Vegetation: Der früher im N verbreitete Nadelwald ist heute stark gelichtet, z. T. tritt auch Mischwald auf. In Süd-M. werden die ehem. offenen Prärieflächen weitgehend landw. genutzt.
Bevölkerung, Wirtschaft, Verkehr: In M. siedelten viele Deutsche und Skandinavier. Rd. 98,5 % der Bev. sind Weiße, 1,5 % Neger; außerdem gibt es rd. 23 000 Indianer. Knapp 67 % der E leben in den drei Metropolitan Areas Minneapolis-Saint Paul, Fargo-Moorhead und Duluth-Superior. Wichtigste Religionsgemeinschaften sind Lutheraner und röm. Katholiken. Die University of M. besitzt Abteilungen in mehreren Städten. – M. ist ein wichtiger Agrarstaat mit bed. Viehhaltung (Milchwirtschaft, Geflügel), Getreide- und Futterpflanzenanbau. Die in M. geförderten Eisenerze (Mesabi Range) sind weitgehend erschöpft. Führender Ind.zweig ist die Nahrungsmittelind. (bed. Mühlenbetriebe), gefolgt von Maschinen- und Gerätebau, chem., elektron. und Papierind. Nord-M. ist dank der vielen Seen und Wälder für den Fremdenverkehr bes. attraktiv. Das Eisenbahnnetz ist 8 117 km, das Highwaynetz 19 473 km lang. Bed. Häfen: Duluth am Oberen See, Minneapolis am Mississippi. 141 offizielle ✈.
Geschichte: Franzosen stießen als erste Europäer in das Gebiet der Großen Seen vor. Der östl. des Mississippi gelegene Teil von M. fiel 1763 an Großbritannien und gehörte seit 1783 formell zu den USA, blieb aber bis 1816 unter brit. Einfluß. Der größere Teil westl. des Mississippi wurde durch den Kauf Louisianes 1803 amerikan. Besitz. Ab 1838 war das ganze heutige M. Bestandteil des Territoriums Wisconsin. 1849 wurde M. eigenständiges Territorium und 1858 als 32. Staat in die Union aufgenommen. 1862 kam es zu einem erfolglosen Aufstand der Indianer unter Little Crow wegen Nichteinhaltung der bis 1855 mit ihnen geschlossenen Verträge.

Minnetrinken, in altgerman. Zeit rituelles Trinken aus einem Trinkhorn zu Ehren des Verstorbenen vor Antritt eines Erbes; vom Ahnenkult übertragen bei Gelagen der Minnetrunk für Götter.

Mino da Fiesole [italien. ˈmiːno daˈfjɛːzole], * Poppi (Prov. Arezzo) 1430 oder 1431, † Florenz 11. Juli 1484, italien. Bildhauer. – Vermutlich Schüler von Desiderio da Settignano; u. a.: Büste des Piero de' Medici (1453; Florenz, Bargello), Büste des Niccolò Strozzi (1454; Berlin-Dahlem), Renaissancegrabmäler in Florenz und Rom.

Miño [span. ˈmiɲo] (portugies. Minho), Fluß auf der Iber. Halbinsel, entspringt in N-Galicien, mündet in den Atlantik, 310 km lang. Der Unterlauf bildet z. T. die Grenze zw. Portugal und Spanien.

minoische Kultur, vorgriech. Kultur Kretas, 3. Jt. bis etwa 1200 v. Chr. Schon in der frühminoischen Phase (bis 2000) trieb Kreta Handel mit dem gesamten Ägäisraum und Ägypten. Die mittelminoische Phase (2000–1400) ist die Zeit der fürstl. Stadtpaläste (Knossos, Phaistos, Malia), Sitz kult. Oberherrschaft und zentralist. Verwaltung mit zunächst piktograph. Kanzleischrift, später Linearschrift, bed. Kunstgewerbe, das auch für den Export produzierte wurde. Palastbau, sanitäre Anlagen, Straßen-, Schiffsbau und Handwerk bezeugen hochstehende Technik. Der Seeherrschaft dienten viele Stützpunkte auf den Inseln der Ägäis, Rhodos und in Milet. Nach schweren Zerstörungen zw. 1500 und 1450 (Erdbeben ↓) setzten sich die Mykener auf Kreta fest (spätminoische Periode, 1400–1100). Grundlage der m. K. scheint die Verbindung von sozialer und religiöser Ordnung zu sein, als deren Zentrum Knossos gilt. Der Kult einer Mutter- und Fruchtbarkeitsgöttin scheint greifbar; die Bed. von Doppelaxt, Kulthörnern und Stier ist umstritten. Bes. seit mittelminoischer Zeit gibt es in der Kunst hervorragende Statuetten und Reliefs, geschnittene Siegelsteine, Gefäße mit feinsten figürl. Reliefs, goldene Siegelringe, Becher und Gerät; farbenfrohe Freskomalerei und bemalte Stuckreliefs schmückten die Paläste; Tempel fehlen. Keramik von reichem Formenbestand im mittelminoischen *Kamaresstil* mit bunter Ornamentik, danach v. a. mit naturnahem Pflanzen- und Seegetierdekor schwarz auf hellem Tongrund; bed. Leistungen sind auch die oft übermannshohen Vorratsgefäße.

Minorat ↑ Majorat.

minore [italien.], in der Musik svw. Mollakkord, Molltonart (mit kleiner Terz); als Satzüberschrift zeigt **Minore** den Mollteil eines in einer Durtonart stehenden Stückes (Marsch, Tanz, Rondo u. ä.).

Minorist [zu lat. minor „kleiner, niedriger"], in der kath. Kirche Kleriker, der nur sog. niedere Weihen („ordines minores") empfangen hat; 1973 wurden die niederen Weihen abgeschafft.

Minorität [lat.-frz.], Minderzahl, [polit., ethn.] Minderheit.

Minoritätsrechte (Minderheitsrechte), im Gesellschaftsrecht diejenigen Rechte, die eine Minderheit der Gesellschafter einer GmbH bzw. der Aktionäre einer AG auf der Gesellschafter- bzw. Hauptversammlung gegenüber der Mehrheit durchsetzen kann. M. dienen dem Zweck, wichtige Interessen dieser Gesellschafter zu sichern, wenn ihre Kapitalbeteiligung auch relativ gering ist.

Minoriten (Konventualen, Ordo Fratrum Minorum Conventualium, Abk. OFMConv; wegen des Ordenskleides auch „schwarze Franziskaner" gen.), selbständiger Zweig des Franziskanerordens, der sich aus dem franzikan. Armutsstreit entwickelte und 1517 von Papst Leo X. von den Franziskaner-Observanten getrennt wurde. In Verfassung, Tätigkeit und Spiritualität stimmt er mit den Franziskanern überein; seit der Säkularisation nur noch geringe Verbreitung.

Minorka [nach der Baleareninsel Menorca], mittelgroßes Legehuhn (Gewicht 2–3 kg); mit reich befiedertem Schwanz; grünschillernd-schwarze und weiße Farbschläge.

Minos, in der griech. Mythologie Sohn des Zeus und der Europa, König von Kreta, Vater von Ariadne und Phädra, berühmt für seine Weisheit und Gerechtigkeit. Da er jedoch einen von Poseidon gesandten Stier nicht opfert, läßt der Gott Pasiphae, die Gemahlin des M., in Liebe zu dem Tier entbrennen. Aus der widernatürl. Verbindung geht der **Minotauros** hervor, ein Wesen, halb Mensch, halb Stier, für das M. durch Dädalus das Labyrinth erbauen und jährlich aus dem tributpflichtigen Athen Menschenopfer herbeischaffen läßt, bis es Theseus mit Hilfe der Ariadne gelingt, das Ungeheuer zu töten. – Das Einfangen des rasenden „Kret. Stieres" ist die 7. Arbeit des Herakles.

Minot, George R[ichards] [engl. ˈmaɪnət], * Boston 2. Dez. 1885, † ebd. 25. Febr. 1950, amerikan. Mediziner. – Prof. an der Harvard University in Boston; führte mit W. P. Murphy und G. H. Whipple die Leberdiät zur Behandlung der perniziösen Anämie ein und erhielt hierfür 1934 (gemeinsam mit Murphy und Whipple) den Nobelpreis für Medizin.

Minotauros ↑ Minos.

Mino da Fiesole.
Porträtbüste des Piero
de' Medici, 1453
(Florenz, Bargello)

George R. Minot

Minsk, Hauptstadt Weißrußlands und des Geb. M., am Swislotsch (Nebenfluß der Beresina), 1,59 Mill. E. Univ. (gegr. 1921), 12 Hochschulen, Akad. der Wiss., 12 Museen, 7 Theater, Philharmonie. Maschinenbau und Metallverarbeitung, außerdem Herstellung von Radios, Fernsehgeräten, Uhren u. a.; Bahnknotenpunkt, U-Bahn, internat. ✈. – Als eine der ältesten Städte Rußlands wahrscheinlich Anfang des 11. Jh. gegr., als **Menesk** 1067 erstmals erwähnt; erklärte sich 1101 zum unabhängigen Ft., doch 1129 dem Kiewer Reich angegliedert; Anfang des 14. Jh. unter der Vorherrschaft Litauens; seit 1413 Verwaltungszentrum der Woiwodschaft M., erhielt 1499 Magdeburger Stadtrecht; im 16. Jh. bed. Handelsstadt; nach der 2. poln. Teilung (1793) Rußland angegliedert, seit 1796 Hauptstadt Weißrußlands; 1812 durch frz. Truppen zerstört; im 1. Weltkrieg 1914/15 Sitz des Stabes des russ. Oberkommandos; 1919/20 polnisch besetzt; 1921 Ausrufung der Weißruss. SSR. – Wiederaufbau nach Zerstörungen im 2. Weltkrieg.

Minstrel [zu lat. ministerialis „im Dienst Stehender"], berufsmäßiger Rezitator und Sänger im ma. England; die Bez. wird oft gleichbedeutend mit „Spielmann" und „Jongleur" gebraucht.

▷ in der amerikan. Pionierzeit Bez. für fahrende Musiker und Spielleute. Aus den um 1800 entstandenen M.gruppen entwickelte sich eine Art des Varietétheaters **(Minstrel show).**

Minto [engl. ˈmɪntoʊ], Gilbert Elliot-Murray-Kynynmound, Earl of (seit 1813), *Edinburgh 23. April 1751, †Stevenage 21. Juni 1814, brit. Politiker. – 1806–13 Generalgouverneur in Indien, wo er durch einen Freundschaftsvertrag mit den Sikh (1809) für Aufrechterhaltung des Friedens sorgte.

M., Gilbert John Elliot-Murray-Kynynmound, Earl of, *London 9. Juli 1845, †Minto bei Hawick 1. März 1914, brit. Politiker. – Urenkel des Earl of M.; 1898–1904 Generalgouverneur von Kanada, 1905–10 Vizekönig von Indien.

Mintoff, Dominic, *Bormla (Malta) 6. Aug. 1916, maltes. Politiker. – Architekt; 1949–85 Vors. der maltes. Labour Party, 1955–58 und 1971–84 Premiermin.; zugleich

Minoische Kultur

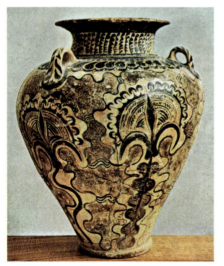

Links oben: Freskofragment La Petite Parisienne aus dem Palast von Knossos, um 1450–1400 v. Chr. (Iraklion, Archäologisches Museum). Oben Mitte: Meereslilienfresko aus Santorin, um 1500 v. Chr. (Athen, Archäologisches Nationalmuseum). Rechts oben: Ruinen des Palastes von Phaistos. Links unten: Amphora mit Pflanzendekor aus Knossos, 2. Hälfte des 15. Jh. v. Chr. (Iraklion, Archäologisches Museum). Unten Mitte: Vorratsgefäß in Malia, Kreta, um 1700 v. Chr. Rechts unten: Schlangengöttin, Fayencestatuette aus dem Palastheiligtum von Knossos, um 1500 v. Chr. (Iraklion, Archäologisches Museum)

Minturno

Minze.
Oben: Ackerminze.
Unten: Wasserminze

Johannes von Miquel

Min. verschiedener Ressorts (u. a. 1971–81 für auswärtige Angelegenheiten, 1976–81 und 1983/84 für Inneres).

Minturno, Antonio, eigtl. A. Sebastiani, *Traetto (= Minturno, Prov. Latina) 1500 (?), †Crotone 1574, italien. Schriftsteller. – 1559 Bischof von Ugento, 1565 von Crotone; Teilnehmer am Konzil von Trient. Lehnte in seinen lat. Dialogen „De poeta" (1559) eine moral. Zielsetzung der Dichtung ab.

Minucius Felix, Marcus, christl. röm. Schriftsteller um 200. – Verfaßte den Dialog „Octavius", der neben Tertullians „Apologeticum" die älteste Apologie des Christentums in lat. Sprache darstellt.

Minuend [lat.], diejenige Zahl, von der bei der Subtraktion eine andere (der Subtrahend) abgezogen wird; M. minus Subtrahend gleich [Wert der] Differenz.

Minus [lat. „weniger"], Verlust, Fehlbetrag. – ↑Minuszeichen.

Minusglas ↑Brille.

Minuskel [zu lat. minusculus „etwas kleiner"], Kleinbuchstabe (Gemeine) der Schriften des lat. Alphabets; *M.schriften* haben nur kleine Buchstaben. Die M. sind nicht wie Majuskeln von gleicher Höhe, sondern haben Ober- und Unterlängen.

Minussinsker Becken, Landschaft im südl. Sibirien, vom Jenissei durchflossen. Das M. B. ist ein bed. Landw.gebiet; Abbau von Steinkohle. Mittelpunkt ist die Ind.stadt **Minussinsk** (72 000 E).

Minuszeichen, Zeichen – (gesprochen: minus); in der *Mathematik:* 1. Rechenzeichen für die Subtraktion; 2. Vorzeichen für negative Zahlen.

Minute [zu lat. pars minuta prima „erster verminderter Teil"], d. h. der bei der Teilung einer Größe durch 60 entstehende Teil], Zeiteinheit, Einheitenzeichen min, bei Angabe des Zeitpunktes (Uhrzeit) hochgesetzt, ^{min} oder ^{m}; der 60. Teil einer Stunde (h) bzw. das 60fache einer Sekunde (s): $1\text{ min} = \frac{1}{60}\text{ h} = 60\text{ s}$.
▷ Winkeleinheit, Einheitenzeichen ′; der 60. Teil eines Grades: $1' = \frac{1}{60}°$.

minuziös [frz., zu lat. minutia „Kleinigkeit"], peinlich genau, äußerst gründlich.

Minze (Mentha) [lat.], Gatt. der Lippenblütler mit rd. 20 Arten, v. a. im Mittelmeergebiet und in Vorderasien; Stengel vierkantig; Blätter und Stengel enthalten äther. Öl (↑Menthol). In M-Europa kommen 5 Arten wild vor, u. a. die 15–30 cm hohe **Ackerminze** (Mentha arvensis); Stengel und Blätter behaart; auf feuchten Standorten. Auf ebensolchen wächst auch die 20–80 cm hohe **Wasserminze** (Mentha aquatica); Blüten blaßviolett bis rötlich, in endständigen Blütenköpfchen. 10–30 cm hoch wird die **Poleiminze** (Mentha pulegium); Blüten blauviolett bis lilafarben, in Scheinquirlen. Angebaut werden die ↑Pfefferminze und die bis 90 cm hohe **Grüne Minze** (Mentha spicata); mit rosa- oder lilafarbenen Blüten in bis 6 cm langen ährenartigen Blütenständen; Blätter lanzenförmig, scharf gesägt, mit starkem Pfefferminzgeschmack; wird häufig als Küchengewürz verwendet.

Miose (Miosis) [zu griech. meíōsis „das Verringern, Verkleinern"] (Stenokorie), Verengung der Pupille (z. B. unter Einfluß von Medikamenten oder bei Lähmung des Irismuskels).

Miotikum [griech.], pupillenverengendes Medikament, z. B. Pilokarpin; wird v. a. zur Behandlung des Glaukoms verwendet.

Miozän [griech.], zweitjüngste Abteilung des Tertiärs.

Miparti [frz. „halb geteilt"], seit dem 10. Jh. nachweisbare Zwei- oder Mehrfarbigkeit v. a. von Hose und Wams; urspr. höfische Erscheinung, im 16. Jh. v. a. in der Landsknechtstracht.

Miquel, Johannes von (seit 1897) [ˈmiːkɛl], *Neuenhaus (Landkr. Gft. Bentheim) 19. Febr. 1828, †Frankfurt am Main 8. Sept. 1901, dt. Politiker. – Jurist; zunächst radikaler Demokrat; dann Mitbegr. des Nationalvereins und der Nationalliberalen Partei. Staatsmänn. Wirkung entfaltete M. als preuß. Finanzmin. (1890) und als Vizepräs. des Staatsministeriums (1897), als er die Reform der preuß. Staatsfinanzen und die „Sammlung" von Schwerind. und Landw. für die Reichstagswahlen 1897 zuwege brachte. 1901 trat er wegen der (Mittelland-)Kanalvorlage zurück.

Miquelon [frz. miˈklõ] ↑Saint-Pierre-et-Miquelon.

Mir [russ.], 1. die bäuerl. Dorf- bzw. Landgemeinde in Rußland, 2. eine bes. Form der Gemeindebesitzverfassung (Gemeinschaftsbesitz einer Dorfgemeinde). Nach der Aufhebung der Leibeigenschaft (1861) war der M. als Institution mit kollektiver Steuerhaftung und regelmäßiger bzw. fallweiser Umverteilung des bäuerl. Gemeindebesitzes gesetzlich verankert. Durch die Agrargesetze von P. A. Stolypin (1907) allmählich abgebaut, 1917 endgültig abgeschafft.

Mir [russ.], seit 1986 bemannte sowjet. Orbitalstation von 13,13 m Länge, 4,20 m Höchstdurchmesser (Basisblock) für maximal sechs Raumfahrer, mit Kopplungsadapter für fünf Zubringerfahrzeuge und einem Heckkopplungsstutzen für Zusatzmodule je nach momentaner Aufgabenstellung, z. B. technolog. Modul **Quant (Kwant)**, Werkstoffmodul **(Kristall)**. Das 20 t schwere Modul Quant 3 wurde 1990 angedockt.

Mir, im Osman. Reich und im Iran gebräuchl. Kurzform des Titels Emir.

Mir ↑Orientteppiche (Übersicht).

Mira, veränderl. Stern im Sternbild Walfisch (M. Ceti); wurde 1596 von D. Fabricius entdeckt und gab einer Gruppe langperiodisch Veränderlicher den Namen (M.-Sterne).

Mirabeau, Honoré Gabriel Riqueti, Graf von [frz. miraˈbo], *Le Bignon (= Le Bignon-Mirabeau, Loiret) 9. März 1749, †Paris 2. April 1791, frz. Publizist und Politiker. – Wegen seines ausschweifenden Lebenswandels mehrfach Haftstrafen, 1777 zum Tode verurteilt, jedoch nach Haft in Vincennes (wo er seine „Lettres à Sophie" [hg. 1792] schrieb) und Pontarlier 1782 begnadigt. Nach einer geheimen Mission in Berlin 1786/87 schrieb er „Über die Preuß. Monarchie unter Friedrich d. Gr." (1788; mit J. Mauvillon) und „Geheime Geschichte des Berliner Hofes" (1789). Der gefürchtete Publizist begründete seine Popularität als sein eigener Verteidiger in spektakulären Prozessen und zu Beginn der Frz. Revolution als Vertreter des 3. Standes in den Generalständen; die Nationalversammlung beherrschte er mit seiner brillanten Rhetorik. Seine Forderungen nach einer konstitutionellen Monarchie und dem absoluten Vetorecht des Königs brachten ihn in Konflikt mit den „Patrioten"; auch der Hof, zu dem er Geheimverbindungen hatte, mißtraute ihm. Sein plötzl. Tod begünstigte die radikale Entwicklung der Frz. Revolution.

Mirabelle ↑Pflaumenbaum.

Mirabilis [lat.], svw. ↑Wunderblume.

Mirabilit [lat.], svw. ↑Glaubersalz.

Miracidium [griech.], etwa birnenförmige, bewimperte erste Larvenform bei Saugwürmern; wächst im Wirtsgewebe zu einer Sporozyste heran, die ↑Redien hervorbringt.

Miradsch [arab. „Aufstieg"], Mohammeds Himmelfahrt; die Legende läßt den Propheten nachts nach Jerusalem und von dort durch die sieben Himmelssphären reisen.

Mirage [frz. miˈraːʒ], Name einer Reihe frz. Kampfflugzeuge.

Mirakel [zu lat. miraculum „Wunder"], im Heiligenkult und Wallfahrtswesen das Wunder eines Heiligen an dessen Grab- oder Kultstätte. Die M. wurden zu kultpropagandist. Zwecken in Listen gesammelt (M.bücher). Auch Bez. für dramatisierte Heiligenlegenden (Mirakelspiel). Neben dem inhaltlich bestimmten Begriff wurde M. schon in ma. Zeit Gattungsbegriff für jede Art Erzählung wunderbarer Gebetserhörungen und Gnadenerweise eines Heiligen.

Mirakelspiel (Mirakel), ↑geistliches Spiel des MA, das Leben und Wundertaten der Heiligen und der Jungfrau Maria behandelt. Seit dem 12. und 13. Jh. bes. in Frankreich verbreitet, dann auch in England, den Niederlanden und in Deutschland. Im 14. und 15. Jh. wurden Marienmirakel, häufig Bearbeitungen von erzählenden Vorlagen, beliebt; im 20. Jh. wieder aufgenommen.

Miranda, Francisco de, *Caracas 28. März 1750, †Cádiz 14. Juli 1816, venezolan. Freiheitskämpfer. –

Joan Miró. Wanddekoration am UNESCO-Gebäude in Paris, 1955–58

Urspr. span. Offizier; Teilnehmer am Nordamerikan. Unabhängigkeitskrieg und an der Frz. Revolution; erreichte die Unabhängigkeit Venezuelas (1811), mußte aber 1812 vor den Spaniern kapitulieren, starb in span. Haft.

M., Francisco de Sá de, portugies. Dichter, ↑ Sá de Miranda, Francisco de.

Miranda [lat.], ein Uranusmond.

Miranda, Staat in Venezuela, am Karib. Meer, 7 950 km², 2,03 Mill. E (1990), Hauptstadt Los Teques. M., in der Küstenkordillere gelegen, ist ein wichtiges Agrargebiet.

Mirandola, Giovanni Pico della ↑ Pico della Mirandola, Giovanni.

Mirbeau, Octave [frz. mir'bo], *Trévières bei Bayeux 16. Febr. 1850, † Paris 16. Febr. 1917, frz. Schriftsteller. – Schildert in krit.-satir. Romanen und Bühnenstücken meist soziale und moral. Skandale. Aufsehen erregte v. a. das Theaterstück „Geschäft ist Geschäft" (1903). – *Weitere Werke:* Der Garten der Qualen (R., 1899), Tagebuch einer Kammerzofe (R., 1900).

Mircea der Alte [rumän. 'mirtʃea], † Argeş 31. Jan. 1418, Fürst der Walachei (seit 1386). – Unter seiner Reg. erfuhr die Walachei ihre größte territoriale Ausdehnung (Eroberung von Teilen Siebenbürgens und der Dobrudscha).

Miri, Hafenstadt auf Borneo, im nördl. Sarawak, Ostmalaysia, 74 000 E. Zentrum eines Erdölfeldes (seit 1911 Förderung).

Mir iskusstwa [russ. „Welt der Kunst"], russ. Künstlervereinigung, um 1890 in Petersburg gegr., 1924 aufgelöst. Mit ihrer gleichnamigen Zeitschrift (1899–1904), mit Ausstellungen sowie Opern- und Ballettaufführungen propagierte die Gruppe eine enge Verbindung der russ. mit der westeurop. Kunstavantgarde (Symbolismus, Jugendstil). Bes. Leistungen auf dem Gebiet des Bühnenbildes und der Graphik, v. a. der Buchkunst. Mgl.: A. N. Benua, L. Bakst, S. Diaghilew, I. E. Grabar.

Mirko, eigtl. M. Basaldella, * Udine 28. Sept. 1910, † Boston (Mass.) 25. Nov. 1965, italien. Bildhauer. – Bruder von ↑Afro (A. Basaldella). Ausdrucksstarke, häufig an Totems erinnernde abstrakte Plastik, u. a. bronzene Gittertür für die Gedenkstätte in den Fosse Ardeatine bei Rom.

Mirliton [frz. mirli'tõ], ein ↑Membranophon, dessen Membran durch Ansingen (Anblasen) in Schwingung gerät und einen näselnden Ton erzeugt; besteht aus einer Röhre, die oben offen und unten mit einer Membran verschlossen ist, oder, in der einfachsten Form, aus einer zw. die Finger gespannten Membran.

Mirnyj, Stadt im Mittelsibir. Bergland, in Jakutien innerhalb Rußlands, 37 000 E. Diamantengewinnung. Nördl. von M. Wasserkraftwerk am Wiljui.

Miró, Joan, *Montroig (= Barcelona) 20. April 1893, † Palma de Mallorca 25. Dez. 1983, span. Maler, Graphiker und Bildhauer. – Entwickelte unter dem Einfluß des Surrealismus aus phantast. Chiffren aufgebaute poet. Szenarien in bunten Farben. Seine Bilder verschlüsseln v. a. in den 30er Jahren auch starke Spannungen (Span. Bürgerkrieg) sowie häufig auch erot. Themen. Elemente des Grotesken und Bedrohlichen wechseln mit Szenen heiteren Humors. Neben der Farbe ist die Linie entscheidendes Bildelement. Auch Collagen, Reliefs, Skulpturen, Assemblagen sowie Keramikarbeiten (u. a. Wanddekorationen für das UNESCO-Gebäude in Paris, 1955–58, und für das Wilhelm-Hack-Museum in Ludwigshafen am Rhein, 1978/79).

Miró Ferrer, Gabriel, *Alicante 28. Juli 1879, † Madrid 27. Mai 1930, span. Schriftsteller. – Schilderte in teilweise symbolist., mehr lyrischen Romanen Landschaft und Atmosphäre der span. Provinz.

Miron, Cristea [rumän. mi'ron, 'miron], *Topliţa 18. Juli 1868, † Cannes 6. März 1939, rumän. orth. Patriarch und Politiker. – 1909 Bischof von Caransebeş, 1919 Erzbischof von Bukarest, 1925 Patriarch; 1927–30 Regent für König Michael I.; unterstützte als Min.präs. (1938/39) König Karl II. bei der Errichtung der Königsdiktatur.

Mirsa (Mirza), eigtl. Amirsade (Emirsohn), pers. Titel, dem Namen nachgesetzt für Prinzen; vor dem Namen für literarisch gebildete Beamte („Sekretäre").

MIRV [engl. 'ɛm-aɪ-ɑː'viː], Abk. für engl. **M**ultiple **i**ndependently **t**argetable **r**eentry **v**ehicle („mehrfach unabhängig zielsuchendes Wiedereintrittsfahrzeug"), Mehrfachsprengkopf von Interkontinentalraketen.

Mirza, Titel, ↑ Mirsa.

mis..., Mis... ↑miso..., Miso...

Misanthropie [griech.], Menschenhaß, -verachtung.

Miscanthus [griech.], Gatt. der Süßgräser mit mehreren Arten im trop. Afrika und SO-Asien; hohe Gräser mit schmalen Blättern und großen, in endständigen Rispen stehenden Blüten; auch Ziergräser.

Misch, Georg, *Berlin 5. April 1878, † Göttingen 10. Juni 1965, dt. Philosoph. – 1911 Prof. in Marburg, 1916

Joan Miró. Frauen und Vögel in der Nacht, 1968 (Privatbesitz)

Honoré Gabriel Riqueti, Graf von Mirabeau (Büste von Jean-Antoine Houdon)

Mischehe

in Göttingen, 1939–46 im Exil in Großbritannien, ab 1946 wieder in Göttingen. M. Arbeiten stehen in der Nachfolge seines Lehrers W. Dilthey. Seine enzyklopäd. „Geschichte der Autobiographie" (3 Bde., 1949–67) gilt als Standardwerk der Biographieforschung.

Mischehe, Bez. für eine Ehe zw. Ehepartnern mit unterschiedl. Bekenntnis **(konfessionsverschiedene Ehe)** oder mit unterschiedl. Religionszugehörigkeit. – Nach *röm.-kath. Kirchenrecht* die Ehe zw. einem Katholiken und einem nichtkath. Christen, die ohne Erlaubnis oder Dispens unerlaubt, aber gültig ist, und die Ehe zw. einem Katholiken und einem Nichtchristen (Ungetauften), die durch das Ehehindernis der Religions-, Glaubens- oder Kultverschiedenheit ungültig ist. Von diesem Ehehindernis kann (vom Bischof) dispensiert werden. Voraussetzung ist eine Erklärung und das Versprechen des kath. Partners, sich um die Erfüllung seiner sittl. Verpflichtung zur kath. Taufe und Erziehung der Kinder zu bemühen. Bei M. kann auch von der Formpflicht (Eheschließung vor dem kath. Pfarrer und zwei Zeugen) dispensiert werden, doch muß die Eheschließung in irgendeiner öff. Form erfolgen. – In den *ev. Kirchen* gibt es im allg. keine rechtl. Beschränkung. – ↑ ökumenische Bewegung.

In der Zeit des *Nationalsozialismus* wurde mit M. eine „Ehe zw. einem Angehörigen dt. oder artverwandten Blutes und einer Person anderer rass. Zugehörigkeit" (↑ Nürnberger Gesetze) bezeichnet. – Die *jüdische* Tradition erlaubt keine M. und fordert vom Nichtjuden den Übertritt des nichtjüd. Partners zum Judentum; nur das Reformjudentum erkennt (mit Vorbehalten) die Legitimität der M. an. – Im *Islam* ist es dem Muslim gestattet, eine Christin oder Jüdin, nicht aber eine Angehörige einer anderen Religion zu heiraten. Dagegen ist der Muslimin die Ehe mit einem Nichtmuslim unter allen Umständen verboten.

Mischelement ↑ chemisches Element.
Mischerbigkeit, svw. ↑ Heterozygotie.
Mischgeschwulst (Mischtumor), Geschwulst, die sich aus verschiedenen Gewebsarten zusammensetzt.
Mischgesteine, svw. Migmatite, ↑ Gesteine.
Mischkalkulation, im *Marketing* preispolit. Verhaltensweise, bei der einzelne Produkte oder Leistungen vom Anbieter abweichend von den exakt zurechenbaren Kosten mit unterschiedlich hohen Kalkulationsaufschlägen oder sogar -abschlägen belegt werden, um den Marktbedingungen (z. B. Sonderangeboten der Konkurrenz) oder eigenen Absatzzielen (z. B. zusätzl. Kundengewinnung) besser gerecht zu werden.
Mischkonzern (Konglomerat), Konzern, der weder horizontal noch vertikal strukturiert ist, sondern Unternehmen verschiedener Wirtschaftszweige, Produktions- und Handelsstufen zu einer Einheit vereinigt; mindert das Risiko bei auftretenden Strukturkrisen.
Mischkristalle, Kristalle bzw. Festkörper, bei denen äquivalente Gitterplätze in statist. Weise von verschiedenen Atomen oder Molekülen besetzt sind. Lassen sich die Komponenten in beliebigem Verhältnis mischen, liegt **unbeschränkte** oder **lückenlose Mischkristallbildung** vor (Voraussetzung dafür sind gleicher Gittertyp und etwa gleiche Ionenradien). Meist ist die M.bildung auf bestimmte Konzentrations- und Temperaturbereiche beschränkt **(beschränkte Mischkristallbildung).** Man unterscheidet im wesentlichen **Substitutionsmischkristalle** (Atome oder Ionen des Grundgitters werden ersetzt) und **Einlagerungs-** bzw. **Additionsmischkristalle** (Fremdatome werden auf Zwischengitterplätzen des Grundgitters eingebaut). Von bes. techn. Interesse sind die metall. M., die Legierungen.
Mischkultur, der gleichzeitige Anbau mehrerer Nutzpflanzenarten auf derselben Fläche.
Mischling, Kreuzungsprodukt genetisch verschiedener Eltern bei Tieren und Pflanzen (Hybride, Bastard), beim Menschen zw. Angehörigen verschiedener Rassenkreise, z. B. des europiden und negriden (*Mulatte*), des indianiden und europiden (*Mestize*) oder des negriden und indianiden (*Zambo*) Rassenkreises.

Wolfgang Mischnick

Mishima Yukio

Mischna [hebr. „Lehre"], für das Judentum normativ gewordene Sammlung des Lehrstoffes aus den Schulen der ↑ Tannaiten, Kernstück der rabbin. Literatur, Quelle der ↑ Halacha, bestehend aus 63 Traktaten, die in sechs Ordnungen thematisch zusammengestellt sind. Neben Tosefta und Midrasch wichtiges Zeugnis für das jüd. Leben in den beiden ersten nachchristl. Jahrhunderten.

Mischnick, Wolfgang, *Dresden 29. Sept. 1921, dt. Politiker (FDP). – Nach 1945 in der LDP der SBZ, ab 1948 in der FDP Hessens tätig, deren Landesvors. 1967–77; 1957–90 MdB; 1961–63 Bundesvertriebenenminister; 1964–88 stellv. Bundesvors. und 1968–90 Vors. der Bundestagsfraktion der FDP.

Mischpoche (Mischpoke) [hebr.-jidd., eigtl. „Familie"], (abwertend für:) Familie, Verwandtschaft; üble Gesellschaft.
Mischpolymerisation ↑ Polymerisation.
Mischpult, in der *Filmtechnik* ein pultartiges Gerät, mit dem bei der Herstellung von Tonfilmen die „Tonmischung" der verschiedenen Tonträger für Sprache, Musik, Geräusche vorgenommen wird.
▷ in der *Hörfunk-* und *Fernsehtechnik* eine pultartige Schaltanlage, die alle Einrichtungen zur Auswahl, Mischung und Beeinflussung sowie zur Überwachung und Weiterleitung der tonfrequenten Signale bei Tonaufnahmen oder -wiedergaben *(Ton-M.)* bzw. der Videosignale bei Fernsehaufnahmen oder -übertragungen *(Bild-M.)* enthält.
Mischsäure, svw. Nitriersäure (↑ Nitrieren).
Mischtumor, svw. ↑ Mischgeschwulst.
Mischung, svw. Gemisch.
▷ (Frequenzumwandlung, Frequenzumsetzung, Transponierung) in der *Nachrichtentechnik* Bez. für die Überlagerung hochfrequenter elektr. Schwingungen bzw. Spannungen mit einer Hilfsschwingung bzw. -spannung anderer Frequenz, um eine zur Weiterverarbeitung besser geeignete Frequenzlage zu erhalten.
Mischwald ↑ Wald.
miserabel [lat.-frz.], erbärmlich, armselig; sehr schlecht, unzulänglich.
Misere [zu lat. miseria „Jammer"], Elend, Unglück, Notsituation, Trostlosigkeit.
Misereor [lat. „ich erbarme mich (des Volkes)"], Bez. für das 1959 von der Fuldaer Bischofskonferenz gegr. „Bischöfl. Werk gegen Hunger und Krankheit in der Welt". M. will mit einem jährl. Fastenopfer der dt. Katholiken die sozialen Strukturen in den Entwicklungsländern („Hilfe zur Selbsthilfe") verbessern. Geschäftsstelle in Aachen.
Miserikordie [lat.], als Sitzgelegenheit dienender Vorsprung am hochgeklappten Klappsitz des Chorgestühls, oft mit Schnitzereien (Grotesken u. a.).
Mises, Ludwig Edler von, *Lemberg 29. Sept. 1881, †New York 10. Okt. 1973, amerikan. Nationalökonom östr. Herkunft. – Prof. in Wien, Genf und New York; Vertreter der ↑ Wiener Schule; Arbeiten zur Finanzwiss., Geld- und Konjunkturtheorie sowie zur liberalen Staats- und Wirtschaftstheorie. – *Werke:* Nation, Staat und Wirtschaft (1919), Die Gemeinwirtschaft (1922), Liberalismus (1927), Geldwertstabilisierung und Konjunkturpolitik (1928), Nationalökonomie (1940), Human action (1949), Theorie and history (1957).
M., Richard Edler von, *Lemberg 19. April 1883, †Boston (Mass.) 14. Juli 1953, östr. Mathematiker. – Bruder von Ludwig Edler von M.; Prof. in Straßburg, Dresden, Berlin, Istanbul und Cambridge (Mass.); lieferte richtungweisende Arbeiten auf fast allen Gebieten der angewandten Mathematik, bes. zur Wahrscheinlichkeitsrechnung und Statistik sowie zur Aero- und Hydrodynamik.
MISFET, svw. MIS-Feldeffekttransistor (↑ Transistor).
Mishima Yukio [...ʃ...], eigtl. Hiraoka Kimitake, *Tokio 14. Jan. 1925, †ebd. 25. Nov. 1970 (Selbstmord), jap. Schriftsteller. – Wurde internat. bekannt mit dem Roman „Geständnis einer Maske" (1949). M. schrieb über 10 Romane, 50 Novellen, Gedichte, Nō- und Kabuki-Stücke sowohl im modernen Stil als auch an klass. jap. Vorbilder angelehnt, u. a. „Die Brandung" (R., 1954), „Nach dem

Bankett" (R., 1960), „Der Seemann, der die See verriet" (R., 1963).

Misiones, Dep. in S-Paraguay, an der Grenze gegen Argentinien, 9 556 km², 97 500 E (1990), Hauptstadt San Juan Bautista. Waldreiches Hügelland im Bereich der Feuchtsavanne, entlang des Paraná Überschwemmungssavanne; Land- und Forstwirtschaft.

M., argentin. Prov., zw. Paraguay und Brasilien, 29 801 km², 724 000 E (1989), Hauptstadt Posadas. Bis etwa 500 m hohes Bergland, das im SW mit einer Steilstufe abbricht. Wichtiges Land- und Forstwirtschaftsgebiet mit Anbau von Matepflanzen, Tungbäumen, Teesträuchern, Zitrusfrüchten, Maniok, Tabak u. a.; Viehhaltung v. a. im SW. Verkehrsadern sind der Paraná und ein seinem Lauf folgende Fernstraße. — Ab 1617 durch die Indianerreduktionen der Jesuiten erschlossen; im wesentlichen erst ab 1870 neu besiedelt; ab 1881 Bundesterritorium, später Provinz.

Miskolc [ungar. ˈmiʃkolts], ungar. Stadt am O-Rand des Bükkgebirges, 210 000 E. Verwaltungssitz eines Bez.; TU (gegr. 1949), Konservatorium, Museum, Theater; Eisen- und Stahlind., ferner Maschinenbau, Zement-, Glas-, Textil-, Papier- und Nahrungsmittelind. — Gegr. vermutlich im 13. Jh.; wurde 1405 königl. Freistadt. — Die Innenstadt ist vom Baustil der Gründerjahre geprägt; got. sog. Avaskirche (14. Jh.) in der Avasberg.

miso..., Miso..., mis..., Mis... [zu griech. mísos „Haß"], Wortbildungselement mit der Bed. „Feindschaft, Haß, Verachtung".

Misoguchi Kenji [...ˈgutʃi], * Tokio 16. Mai 1898, † Kyōto 24. Aug. 1956, jap. Filmregisseur. — In Europa wurden bes. seine sozialkrit. bzw. histor. Filme bekannt, z. B. „Marsch auf Tokio" (1929), „Symphonie einer Großstadt" (1929), „Ugetsu — Erzählungen unter dem Regenmond" (1953).

Mispel [griech.-lat.] (Mespilus), Gatt. der Rosengewächse mit der einzigen Art **Mespilus germanica (Echte Mispel):** Strauch oder kleiner Baum; heimisch in Vorderasien, in Europa fast nur verwildert vorkommend; Blätter lang und schmal; große weiße Einzelblüten. — Die ausgereiften grünen oder bräunl. (erst nach Frosteinwirkung eßbaren) Früchte **(Mispeln)** haben die Form kleiner Birnen.

Misrach [hebr. „Osten"], Bez. für die Gebetsrichtung der Juden sowie für die nach Osten liegende Wand in Wohnungen und in der Synagoge. Daneben Bez. für die Bildtafel, die zur Anzeige der Gebetsrichtung an der Ostwand der Wohnungen angebracht ist.

Miß (engl. Miss) [Kurzform von ↑Mistress], 1. engl. Anrede für eine unverheiratete Frau; 2. Bez. für eine Schönheitskönigin, die in sog. M.-Wahlen ermittelt wird; häufig in Verbindung mit einem Länder- oder Ortsnamen, z. B. M. Germany.

Missale [zu lat. missa (↑Messe)], in den lat. Liturgien (seit dem 8. Jh.) das Meßbuch mit den zeremoniellen Anweisungen, den Gebetstexten, Lesungen und Gesängen für die Eucharistiefeier. 1570 wurde das **Missale Romanum** fast allen kath. Kirchen und Orden verbindlich vorgeschrieben. Liturgierechtlich dokumentierte es die nachtridentin. Klerusliturgie, die erst seit 1969 durch das M. Pauls VI. abgelöst wurde.

Missa solemnis [mittellat. „feierl. Messe"], in der *Musik* im 19. Jh. gebräuchl. Bez. für großangelegte Meßkompositionen, u. a. Titel der Messe D-Dur op. 123 (1823) für vier Solostimmen, Chor, Orchester und Orgel von L. van Beethoven.

Mißbildungen (Fehlbildungen), krankhafte Veränderungen der Form und Größe eines oder mehrerer Organe und Organsysteme oder des ganzen Körpers als Folge einer Störung der frühkindl. Entwicklung im Mutterleib. Ursachen sind Defekte der Erbsubstanz *(Gametopathien)* oder exogene Einflüsse (z. B. Infektionskrankheiten der Mutter, die Einwirkung ionisierender Strahlen oder chem.-pharmazeut. Substanzen, das Auftreten mechan. Einflüsse wie Lageanomalien, Sauerstoffmangel des Kindes, Mangel- oder Fehlernährung der Mutter).

Mißbrauch, svw. ↑Rechtsmißbrauch.

Mißhandlung ↑Körperverletzung.

Mißheirat (Mesalliance), in der ständisch organisierten Gesellschaft Ehe zw. Partnern ungleichen Standes; hatte nachteilige Folgen für den unebenbürtigen Ehepartner und die Kinder.

Missile [engl. ˈmɪsaɪl; zu lat. mittere „schicken"], engl.-amerikan. Bez. für ↑Flugkörper.

Missing link [engl. „fehlendes Glied"], Bez. für eine noch fehlende (gesuchte) Übergangs- oder Zwischenform; speziell in der Stammesentwicklung, wenn in tier. und pflanzl. Stammbäumen ein Bindeglied, das zw. Stammformen und aus ihnen hervorgegangenen Gruppen existiert haben muß (z. B. zw. Mensch und tier. Ahnen), fossil bisher nicht nachgewiesen wurde.

Missingsch [zu niederdt. mysensch „meißnisch"], der hochdt. Schriftsprache angenäherte (niederdt.) Sprachform.

Missio canonica [lat. „kanon. Sendung"], im kath. Kirchenrecht Übertragung von Jurisdiktion; meist jedoch als Bez. für die bes. kirchenamtl. Beauftragung zur Wortverkündigung (in Predigt, Katechese, Religionsunterricht) verwendet.

Mission [zu lat. missio „das Schicken, die Entsendung"], allg. Bez. für Sendung, Auftrag, Gesandtschaft; insbes. die Sendung der Kirche zur Verkündigung der christl. Botschaft unter Nichtchristen; auch Bez. für M.gesellschaften und -gebiete. — Alle Religionen mit universalem Anspruch sind missionarisch und haben auch faktisch M. betrieben (Islam, Buddhismus). Darüber hinaus kennt das Christentum, das sich als eschatolog., alle Grenzen überschreitende Botschaft versteht, einen expliziten M.befehl des auferstandenen Christus (Matth. 28, 19 f.) und sieht in der M. die Weiterführung der göttl. Sendung Jesu in die Welt, die i. d. R. von bes. ausgebildeten **Missionaren** (den Begriff gibt es seit dem 17. Jh.) durchgeführt wird. Ziel der M. ist die Sammlung des Gottesvolkes durch Bekehrung und durch „Einpflanzung" der Kirche unter Nichtchristen.

Geschichte: Die M. begann bereits im Urchristentum, machte im Röm. Reich schnell Fortschritte, wobei sie seit Konstantin d. Gr. in nicht unproblemat. Weise begünstigt wurde. Seit der Völkerwanderung führten die Bemühungen der lat. Kirche zur Bekehrung der german. Stämme (Bonifatius, iroschott. Mönche). Hierbei, wie auch bei der Slawen-M., spielten Mönchsorden eine bed. Rolle. Im Zeitalter der Entdeckungen lag die oft gewaltsame Missionierung überseeischer Kolonialgebiete (Lateinamerika, Afrika, S- und O-Asien) in Händen der span. und portugies. Patronatsmächte; deren erhebliche Unterdrückung einheim. Kultur und Bev. schadete der M. im eigtl. (christl.) Sinn, ebenso wie die starre Haltung der röm. Kurie in der Auseinandersetzung über die Akkommodationsversuche der Jesuiten in Indien und China, die schließlich zum ↑Ritenstreit führte. Nach Überwindung der schweren Krise im 18. Jh. brachten das 19. und 20. Jh. mit der Entstehung zahlr. neuer Orden und M.vereine eine starke missionar. Durchdringung vornehmlich Afrikas und der Südsee. Papst Johannes Paul II. betonte 1990 in seiner Enzyklika „Redemptoris missio" die „fortdauernde Gültigkeit des missionar. Auftrags" für Kirche und Christen. — Die *ev. M.* organisierte sich, nach sporad. Anfängen, in Form freier M.gesellschaften aus dem Geist des Pietismus und der Erweckung. So wurde das 19. Jh. durch den Einsatz v. a. brit., dt. und amerikan. M.gesellschaften zum sog. „Missionsjahrhundert". Die seit 1910 abgehaltenen Weltmissionskonferenzen gaben starke Impulse zur ökumen. Einheit der Kirchen. Die Entstehung der ↑Jungen Kirchen in der Dritten Welt und der Rückgang traditioneller Christlichkeit im Abendland haben ein neues Verständnis der M. notwendig gemacht.

▷ im polit. Bereich 1. [ins Ausland] entsandte Person[engruppe] mit bes. Auftrag; 2. diplomat. Vertretung eines Staates im Ausland.

Missionschef ↑Gesandtschaftsrecht.

Missionsgesellschaften, Organisationen zur Ausübung und Unterstützung von christl. Missionstätigkeit.

Mispel. Echte Mispel

Missionskongregation

Von den urspr. in freier Vereinsform gebildeten ev. M. gehen viele der stärker kirchlich orientierten im Zuge der Integration von Mission und Kirche gegenwärtig in regionalen Missionswerken auf oder kooperieren mit ihnen. Etwa 30 ev. M. (mit rd. 1 300 Missionskräften im Ausland) sind in dem „Dt. Ev. Missionstag" (DEMT) zusammengeschlossen. Daneben gibt es noch die konservative „Arbeitsgemeinschaft Evangelikaler Missionen". In der kath. Mission traten neben die klass. Orden wie Franziskaner, Dominikaner und Jesuiten, die bis heute einen großen Teil des Missionspersonals stellen, später neue Klostergemeinschaften, die sich teilweise oder hauptsächlich (v. a. die Steyler Missionare) der Mission widmen. Seit dem 2. Vatikan. Konzil wird die Bed. der Partikularkirchen und des einheim. Klerus stärker betont.

Missionskongregation, eigtl. „Kongregation für die Evangelisation der Völker oder für die Glaubensverbreitung", ↑ Kurienkongregationen.

Missionswissenschaft (Missiologie), wiss. Erforschung und Darstellung der christl. Mission unter fundamentaltheolog., histor., methodolog. und empir. Gesichtspunkten. G. Warneck gilt als Begründer der ev. Missionswissenschaft. Auf kath. Seite hat J. Schmidlin ähnl. Bedeutung. Seit 1972 erfolgt die interkonfessionelle Zus.arbeit in der „International Association for Mission Studies".

Mississippi, Bundesstaat im S der USA, 123 516 km², 2,59 Mill. E (1990), Hauptstadt Jackson.
Landesnatur: Das Staatsgeb. von M. liegt größtenteils im Bereich der Golfküstenebene. Im östl. Teil fällt das flache, aus mesozoischen und tertiären Sedimenten aufgebaute Hügelland von 250 m ü. d. M. nach S zur Golfküste ab; den westl. Teil nimmt das alluviale Mississippitiefland ein. – Das Klima ist subtropisch mit hohen Niederschlägen. – Mehr als die Hälfte des Staatsgeb. ist bewaldet (v. a. Nadelwald).
Bevölkerung, Wirtschaft, Verkehr: 36,3 % der Bev. sind Schwarze. Wichtigste Religionsgemeinschaften sind die Southern Baptists, die Negro Baptists und die Methodisten. Es gibt 8 staatlich unterstützte Univ. – Bedingt durch das subtrop. Klima und fruchtbare Böden ist die Landw. immer noch der wichtigste Wirtschaftszweig. Angebaut werden v. a. langfaserige Baumwolle, Sojabohnen, Reis, Mais, Weizen, Erdnüsse, Bataten und Pfirsiche. In der Viehzucht dominiert die Rinderhaltung. Große wirtsch. Bed. erhielt auch die Forstwirtschaft. Wichtigste Bodenschätze sind Erdöl und Erdgas. Bed. sind auch Nahrungsmittel-, Textil-, Papier- und Möbelindustrie. – Dem Verkehr standen 1990 16 653 km staatl. Straßen, ein Eisenbahnnetz von 4 743 km und 80 ✈ zur Verfügung.
Geschichte: 1539–41 wurde das Gebiet des heutigen Staats M. erstmals von Europäern (Spanien) durchquert, 1682 das ganze M.tal für die frz. Krone in Besitz genommen (↑ Louisiane). Der seit 1763 brit. Teil von M. kam 1783 an die USA, die 1795 auch den seit 1779 von Spaniern besetzten südl. Teil erhielten. Der Kongreß schuf 1798 das Territorium M., das 1812 das Gebiet der heutigen Staaten Alabama und M. umfaßte; unter Abtrennung von Alabama wurde M. 1817 als 20. Staat in die Union aufgenommen. Als Hauptbaumwollproduzent des „tiefen Südens" einer der unnachgiebigsten Südstaaten, sagte sich M. 1861 als zweiter Staat von der Union los; 1870 wieder in die Union aufgenommen.

M., größter Strom Nordamerikas, in den USA; tritt aus dem Lake Itasca im nw. Minnesota aus. Als Dammfluß tritt der M. ab Cairo mit einer Breite von 1 370 m in die alluviale M.ebene im Bereich der Golfküstenebene ein. Das Delta wird durchschnittlich um 200 m/Jahr in den Golf von Mexiko vorgebaut. Der M. ist 3 778 km lang (mit dem Missouri 6 021 km), sein Einzugsgebiet umfaßt 3,21 Mill. km²; über 40 bed. Nebenflüsse. Zum Schutz gegen Hochwasserkatastrophen wurden Dammsysteme zu beiden Seiten, permanente Ufersicherungen und Rückhaltebecken errichtet. Die Flußregulierung wirkte sich auch auf die Binnenschiffahrt positiv aus. Ein schiffbarer Seitenkanal begleitet heute den M. von Minneapolis bis New Orleans (zahlr. Schleusen). Kanäle schaffen eine Direktverbindung zum Atlantik über die Großen Seen und den Sankt-Lorenz-Seeweg. – Wohl 1541 entdeckt; seit der 2. Hälfte des 17. Jh. erforscht, ab 1783 Grenze zw. dem span. Territorium und den USA (von Spanien erst 1795 anerkannt). Der erste Raddampfer, die „New Orleans", verkehrte 1812 zw. Pittsburgh und New Orleans.

Mississippialligator (Hechtalligator, Alligator mississippiensis), etwa 3 m langer, schwärzl., z. T. auch hell gezeichneter Alligator in und an Flüssen der sö. USA; Schnauze stark abgeflacht; Bestände stark bedroht; seit etwa 1970 Zuchterfolge in Alligatorenfarmen.

Mississippikultur (Mittel-Mississippi-Kultur), bed. indian. Kulturtradition im Tal des Mississippi und im SO der USA während der Spät-Waldland-Periode oder Tempelhügelperiode (etwa 700–1550); kultureller und künstler. Höhepunkt ab 1200, u. a. durch den religiös-zeremonialen „Southern Cult"; Ende gegen 1550, eventuell im Zusammenhang mit ersten europ. Kontakten; Fortleben in einigen Kulturen der sö. USA, z. B. bei den Cherokee.

Mississippikultur. Dioritschale in Form einer Ente, um 1500 (New York, Museum of the American Indian)

Missouri [mɪˈsuːri], Bundesstaat im zentralen Teil der USA, 180 516 km², 5,14 Mill. E (1990), Hauptstadt Jefferson City.
Landesnatur: Südl. des Missouri hat M. im O noch Anteil an der Mississippiebene, an die sich im W das flache Ozark Plateau anlehnt. Dieses leitet nach W und N in die Präriegeb. des Zentralen Tieflandes über. Den nördl. Teil des Staatsgeb. nimmt eine flachwellige, weitgehend von Löß bedeckte Ebene ein. – Das Klima ist ozeanisch sommerwarm mit nach N zunehmend kontinentalerem Charakter. Im Sommer treten häufig Wirbelstürme auf. – Der urspr. dichte Waldbestand wurde durch Raubbau fast völlig vernichtet. Inzwischen wurde stark aufgeforstet. In den Präriegeb. finden sich nur an Flußläufen lichte Waldungen.
Bevölkerung, Wirtschaft, Verkehr: Der Anteil der Schwarzen an der Bev. liegt bei 10,9 %, der der Weißen bei knapp 89 %, dazu kommen etwa 2 000 Indianer. 68 % der E leben in Städten, unter denen Saint Louis und Kansas City die größten sind. Die größte der drei Univ. befindet sich in Columbia. – Die Landw. spielt dank fruchtbarer Böden in der Lößebene und entlang des Missouri eine wichtige Rolle. Wichtigstes Anbauprodukt ist Mais. Angebaut werden außerdem Reis, Baumwolle, Tabak, Sojabohnen, Hirse und Hafer. Zu den wichtigsten Bodenschätzen gehört Bleierz (M. ist führend in den USA); außerdem bed. Vorkommen von Zinkerz. Der wichtigste Wirtschaftszweig ist die Ind. Eine führende Rolle spielen Luft- und Raumfahrtind., gefolgt von Maschinen- und Fahrzeugbau und der chem. Ind. – M. verfügt über Wasserstraßen in einer Gesamtlänge von 3 057 km; bed. Schiffahrt auf dem Mississippi und dem Missouri. Das Straßennetz hat eine Länge von 192 147 km, das Eisenbahnstreckennetz von rd. 10 840 km; 144 ✈.
Geschichte: Das Gebiet des heutigen M. gehörte ab 1682 zu ↑ Louisiane, kam 1763 an Spanien und 1803 (Louisiana

Mistel. Ein blühender und ein fruchtender Zweig der Laubholzmistel

Misteldrossel

Mistkäfer. Geotrupes stercorarius

Purchase) an die USA; 1805 als Territorium Louisiana, 1812 als Territorium M. organisiert; am 10. Aug. 1821 als 24. Staat in die Union aufgenommen. Da trotz Zulassung (sog. M.-Kompromiß) die Sklaverei nicht wirklich Fuß faßte, blieb M. im Sezessionskrieg bei der Union.

M., größter, rechter Nebenfluß des Mississippi, USA, entsteht in den nördl. Rocky Mountains (drei Quellflüsse), durchbricht die am Rande gelegenen Gebirgsketten in einer 10 km langen Schlucht, biegt im westl. North Dakota nach S um und tritt an der Grenze South Dakota/Nebraska in das Zentrale Tiefland ein. Er mündet 24 km nördl. von Saint Louis; 3725 km lang, Einzugsgebiet 1 370 000 km². Den häufigen Überschwemmungen wurde mit Dammbauten begegnet, die auch der Bewässerung, der Energiegewinnung und der Schiffbarmachung dienen. Die Mündung des M. wurde 1673 entdeckt; seit dem frühen 18. Jh. erforscht; 1819 fuhr das erste Dampfboot auf dem Missouri.

Missouri [mɪˈsuːri], Sioux sprechender Indianerstamm nördl. des unteren Missouri, USA; kulturell der Präriekultur des 18. und 19. Jh. angepaßt.

Missourisynode [mɪˈsuːri...] (Lutheran Church – Missouri Synod), 1847 als dt. Einwandererkirche entstandene luth. Kirche in den USA mit Zentrum in Saint Louis. Von der konfessionellen Erweckung des 19. Jh. in Deutschland geprägt; gehört weder dem Ökumen. Rat noch dem Luth. Weltbund an. Bildet mit (1981) 2,6 Mill. Mgl. die zweitgrößte luth. Kirche in den USA.

Mißtrauensvotum, in Staaten mit parlamentar. Reg.-system ein Mehrheitsbeschluß des Parlaments, der der Reg., dem Reg.chef oder einem Min. das Vertrauen entzieht und damit den Rücktritt erzwingt. Nach Art. 67 GG kann der Bundestag dem Bundeskanzler nur dadurch das M. aussprechen, daß er mit der Mehrheit seiner Mgl. einen Nachfolger wählt und den Bundespräs. ersucht, den Kanzler zu entlassen. Der Bundespräs. muß diesem Ersuchen stattgeben **(konstruktives Mißtrauensvotum).** Ein M. gegen einzelne Min. ist unstatthaft. Das östr. *Verfassungsrecht* (Art. 74 B-VG) kennt ein M. sowohl der Bundesreg. als auch einzelner ihrer Mgl. gegenüber, während die *schweizer. BV* keine Bestimmungen über ein M. enthält.

mißweisender Kurs, auf mißweisend Nord (magnet. Nord) bezogener Kurs.

Mißweisung, svw. ↑Deklination.

Mist [eigtl. „Harn, Kot"], mit Einstreu vermischte tier. Exkremente; ↑Düngemittel.

Mistbienen ↑Schlammfliegen.

Mistel (Hexenkraut, Donnerbesen, Kreuzholz, Viscum), Gatt. der Mistelgewächse mit etwa 100 vorwiegend trop. Arten; in Deutschland nur die **Laubholzmistel** (Viscum album) und die **Nadelholzmistel** (Viscum laxum); immergrüne, zweihäusige strauchförmige Halbschmarotzer der Laub- und Nadelhölzer mit einfachen, gelbgrünen, lanzenförmigen und gegenständigen, ledrigen Blättern und gabeligen Zweigen; Blüten in Gruppen; Keimung unmittelbar auf dem Wirtsast; die Frucht ist eine verschleimende, beerenartige Scheinfrucht, deren klebrige Samen durch Vogelkot verbreitet werden.

Geschichte: Wegen ihrer ungewöhnl. Gestalt gewann die M. große Bed. in Sagen und Mythen; sie galt als Abwehrzauber und findet noch heute als Heilmittel Verwendung. – Der brit. Weihnachtsbrauch, M.zweige in die Wohnung zu hängen, zeugt noch vom uralten Mythos, der die M. umgibt.

Misteldrossel (Turdus viscivorus), etwa 27 cm lange, oberseits graubraune, unterseits weißlich, dunkelbraun gefleckte Drossel, v. a. in lichten Wäldern und Parkanlagen NW-Afrikas, Europas und Z-Asiens.

Mistelgewächse (Loranthaceae), Pflanzenfam. mit rd. 1400 meist trop. Arten; halbsträuchige, chlorophyllhaltige Halbparasiten; v. a. auf Bäumen durch Saugorgane haftend; Blätter meist gut entwickelt. Bekannte Gatt. sind Mistel und Riemenblume.

Mister [engl., Nebenform von Master (letztl. von lat. ↑Magister)], Abk.: Mr., engl. Anrede: Herr.

Mistfliegen, svw. ↑Kotfliegen.

Misti, aktiver Vulkan in S-Peru, in der Westkordillere, bei Arequipa, 5842 m hoch.

Mistinguett [frz. mistɛ̃ˈgɛt], eigtl. Jeanne Bourgeois, *Enghien-les-Bains bei Paris 5. April 1873, †Bougival bei Versailles 5. Jan. 1956, frz. Varietékünstlerin. – Erfolgreiche Sängerin und Tänzerin der Pariser Revuetheater (v. a. des „Moulin-Rouge").

Mistkäfer (Geotrupinae), weltweit verbreitete Unterfam. 7–25 mm großer, oft metallisch-blau, -grün oder -violett glänzender Blatthornkäfer (Fam. Skarabäiden) mit rd. 400 (einheimisch etwa zehn) Arten, z. B. Geotrupes stercorarius. Die Käfer vergraben u. a. Exkremente pflanzenfressender Säugetiere als Nahrung für die Larven.

Mistra (griech. Mistras), wichtigste ma. griech. Stadt auf der Peloponnes, 5 km westl. von Sparta, 1249 gegr.; über der Stadt eine Burg (13. Jh.); ab 1262 byzantin.; Hauptstadt des Despotats von M. bzw. Morea (ab 1348); im 14. und 15. Jh. geistiger und kultureller Höhepunkt; fiel 1460 an die Osmanen, 1687–1715 von den Venezianern besetzt; verfiel nach der Neugründung von Sparta (1834); heute Ruinenstätte mit Resten spätbyzantin. Kultur: Paläste, Kirchen, Klöster.

Mistral, Frédéric, *Maillane bei Arles 8. Sept. 1830, †ebd. 25. März 1914, neuprovenzal. Dichter und Lexikograph. – 1854 Mitbegr., später Leiter der Félibres, einer Erneuerungsbewegung der provenzal. Literatur. Machte als Lyriker und Epiker das Provenzalisch wieder literaturfähig. Sein berühmtestes Werk ist das Versepos der provenzal. Landschaft „Mirèio" (1859, dt. 1880 u. d. T. „Mireia"). Verfaßte ein Wörterbuch der neuprovenzal. Sprache (2 Bde., 1879–86). Nobelpreis für Literatur 1904 (zus. mit J. Echegaray y Eizaguirre).

M., Gabriela, eigtl. Lucila Godoy Alcayaga, *Vicuña (Chile) 7. April 1889, †Hempstead (N.Y.) 10. Jan. 1957, chilen. Dichterin. – Lehrerin, später Schulleiterin und maßgebende Mitarbeiterin an einer Schul- und Erziehungsreform in Mexiko; ab 1932 im diplomat. Dienst. Ihre „Sonetos de la muerte" entstanden 1914 aus dem tiefen Schmerz über den Selbstmord ihres Verlobten. Ihre Lyrik verbindet humanist. und christl. Geist und besingt eine vergeistigte Liebe, bes. die Mutter- und Kindesliebe, u. a. „Desolación" (1922, dt. Auswahl 1960 u. d. T. „Spürst du meine Zärtlichkeit?"). Erhielt 1945 den Nobelpreis für Literatur.

Mistral [provenzal.-frz., eigtl. „der Hauptwind"], rauher, meist trockener und kalter aus nördl. Richtungen wehender Fallwind in S-Frankreich (Rhonetal, Provence).

Mistras ↑Mistra.

Mistress [engl. ˈmɪstrɪs, zu ↑Mätresse], Abk. Mrs., engl. Anrede: Frau.

Mistwurm ↑Regenwürmer.

Misurata, Bez.hauptstadt in Libyen, östl. von Tripolis, mit 117 000 E. Zentrum der Küstenoase; Teppichknüpferei, Eisenhüttenwerk, Lederind., Meerwasserentsalzung; Hafen, ✈. – 1916–18 die Hauptstadt der mit dt. und türk. Unterstützung gegen die Italiener ins Leben gerufenen sog. „Republik Tripolis".

Miszellen (Miszellaneen) [lat.], Vermischtes; kleine Aufsätze verschiedenen Inhalts, v. a. in wiss. Zeitschriften.

MIT [engl. ˈɛm-aɪˈtiː], Abk. für: ↑Massachusetts Institute of Technology.

Mitanni, Reich der ↑Churriter.

Mitarbeit des Ehegatten, aus der ehelichen Lebensgemeinschaft entstehende Pflicht, im Beruf oder Erwerbsgeschäft (z. B. Handwerksbetrieb) des Ehegatten mitzuarbeiten, soweit dies nach den tatsächl. Lebensverhältnissen der Ehegatten zumutbar ist. Die Rechtsprechung erkennt M. d. E. im Rahmen eines Arbeits- oder Gesellschaftsvertrages dann an, wenn ein ernsthafter Wille vorhanden ist und durch objektiv nachweisbare Umstände (u. a. angemessenes Gehalt) zum Ausdruck kommt.

Mitarbeiterbeteiligung, Abk. MAB, ↑Management-Buy-Out.

Mitau, Stadt in Lettland, ↑Jelgava.

Mitbestimmung, Beteiligung von bisher vom Entscheidungsprozeß Ausgeschlossenen, von seinen Ergebnissen je-

Frédéric Mistral

Gabriela Mistral

Mit brennender Sorge

Peter D. Mitchell

doch Betroffenen an diesen Entscheidungen bzw. an den Gremien, in denen die Entscheidungen getroffen werden. Gemeint ist mit M. fast immer die M. von Arbeitnehmern an (im weitesten Sinne) wirtsch. Entscheidungen. Die **betriebliche Mitbestimmung** ist die für den Bereich der privaten Wirtschaft im ↑ Betriebsverfassungsgesetz (BetrVG) i. d. F. vom 23. 12. 1988 und für den öff. Dienst im PersonalvertretungsG (↑ Personalvertretung) geregelte M. Die **Unternehmensmitbestimmung** umfaßt wirtsch. Teilhabe und M. an der Leitung des gesamten Unternehmens durch Wahl von Arbeitnehmervertretern in die Aufsichtsgremien. Man unterscheidet einfache und parität. M. Sofern im Aufsichtsrat ein Übergewicht der Anteilseignerseite besteht, liegt **einfache Mitbestimmung** vor. Sind dagegen Arbeitnehmer und Anteilseigner im Aufsichtsrat in gleicher Stärke vertreten, so liegt **paritätische Mitbestimmung** vor.

Die Unternehmens-M. ist in verschiedenen gesetzl. Regelungen enthalten, und zwar dem MitbestimmungsG vom 4. 5. 1976, dem Montan-MitbestimmungsG vom 21. 5. 1951, dem Montan-MitbestimmungsergänzungsG vom 7. 8. 1956 und dem insoweit fortgeltenden BetrVG 1952 (§§ 74 ff.).

Im Vordergrund steht das MitbestimmungsG, das für Unternehmen mit i. d. R. mehr als 2 000 Beschäftigten gilt, ausgenommen ↑ Tendenzbetriebe sowie Unternehmen, die dem Montan-MitbestimmungsG 1951 unterliegen. Nach dem MitbestimmungsG von 1976 bleiben die Kompetenzen der Anteilseigner bei den Grundfragen des Unternehmens unberührt (z. B. bei Änderung des Unternehmensgegenstandes, Auflösung oder Umwandlung des Unternehmens, Kapitalerhöhung, Fusion). Es bestimmt aber, daß der Aufsichtsrat gleichmäßig mit Vertretern der Anteilseigner und der Arbeitnehmer besetzt wird. Die Arbeitnehmersitze müssen auf Arbeiter, Angestellte und leitende Angestellte entsprechend ihrem Anteil an der Gesamtbelegschaft verteilt werden; ihre Wahl erfolgt, je nach Belegschaftsstärke, unmittelbar durch Urwahl oder mittelbar durch Wahlmänner.

Der Aufsichtsratsvors. und der Stellvertreter werden mit Zweidrittelmehrheit gewählt. Fehlt dieses Quorum, wählen die Anteilseigner den Vors., die Arbeitnehmervertreter den Stellvertreter. Muß im Aufsichtsrat wegen Stimmengleichheit eine Abstimmung wiederholt werden, hat der Vors. den Stichentscheid. Auch die Vorstandsmgl. werden mit Zweidrittelmehrheit bestellt. Als gleichberechtigtes Vorstandsmgl. wird ein ↑ Arbeitsdirektor bestellt.

Für Unternehmen in Form der AG, KGaA bis 2 000 Beschäftigte gilt die einfache M. nach dem BetrVG von 1952 (§§ 74 ff.), das insoweit fortgilt. Dasselbe gilt für die GmbH und Genossenschaften mit mehr als 500 Arbeitnehmern. Die Aufsichtsräte dieser Unternehmen bestehen zu einem Drittel aus Arbeitnehmervertretern. Diese werden in allg., geheimer Wahl von allen Arbeitnehmern gewählt, die bei der Betriebsratswahl wahlberechtigt sind. Ausgenommen von dieser Regelung sind Tendenzbetriebe (§ 81 BetrVG 1952) und Familiengesellschaften in Form von AG und KGaA mit weniger als 500 Arbeitnehmern.

Dem Montan-MitbestimmungsG 1951 unterliegen AG und GmbH, die mehr als 1 000 Arbeitnehmer beschäftigen, wenn sie überwiegend Kohle oder Eisenerze fördern oder Unternehmen der eisen- und stahlerzeugenden Ind. sind und im alliierten Entflechtungsges. vom 16. 5. 1950 namentlich aufgeführt waren oder als Montanunternehmen erst später gegr. wurden, aber dieselben Merkmale wie diese aufweisen. – Ihr Aufsichtsrat setzt sich aus der gleichen Anzahl von Vertretern der Anteilseigner und Arbeitnehmer sowie aus einem neutralen Mgl. zus. (parität. M.). Er hat 11, 15 oder 21 Mgl. Sie werden durch das nach Gesetz, Satzung oder Gesellschaftsvertrag zuständige Wahlorgan gewählt, das für die Wahl der Arbeitnehmervertreter an die Vorschläge der Betriebsräte gebunden ist. Das neutrale Mgl. wird auf Vorschlag der Aufsichtsräte beider Seiten vom Wahlorgan bestellt. Dem Vorstand muß ein Arbeitsdirektor angehören. – Unter das M.-ErgänzungsG vom 7. 8. 1956 fallen die Gesellschaften, die zwar nicht vom Montan-MitbestimmungsG 1951 erfaßt werden, aber auf Grund Organschaftsvertrag ein oder mehrere Unternehmen beherrschen, in denen das Montan-MitbestimmungsG 1951 gilt (z. B. Konzerne, Holdinggesellschaften von Montanunternehmen). In diesen Fällen besteht der Aufsichtsrat aus je sieben Vertretern beider Lager und einem neutralen Mgl. Abweichend vom Montan-MitbestimmungsG von 1951 werden nach sechs Jahre im Montan-Mitbestimmungsbereich die Arbeitnehmervertreter durch von der Belegschaft gewählte Wahlmänner bestellt. Der Arbeitsdirektor kann mit einfacher Mehrheit bestellt und abberufen werden.

Durch Änderung des Montan-MitbestimmungsG vom 21. 5. 1981 wurde ein sofortiges Ausscheiden der Mannesmann AG aus der Montan-M. verhindert, nachdem dort durch eine geplante Organisationsänderung die Voraussetzungen für die Anwendung des Gesetzes entfallen wären. Eine Weitergeltungsklausel bestimmte, daß Unternehmen sowie Holdings, bei denen die Voraussetzungen für die Anwendbarkeit des Montan-MitbestimmungsG entfielen, noch sechs Jahre im Montan-Mitbestimmungsbereich verbleiben. Gleichzeitig wurde den Spitzenorganisationen der Gewerkschaften das Entsendungsrecht für den Aufsichtsrat genommen. Sie haben nur noch ein Vorschlagsrecht. Durch das Gesetz zur Änderung des BetrVG, über Sprecherausschüsse der leitenden Angestellten und zur Sicherung der Montan-M. vom 20. 12. 1988 wurde die Montan-M. auf Konzernebene dauerhaft gesichert, sofern die Konzernunternehmen und die abhängigen Unternehmen den Konzern als Montanunternehmen kennzeichnen. Das ist der Fall, wenn im Montanbereich mehr als 2 000 Arbeitnehmer beschäftigt werden oder der Montananteil am Umsatz mindestens 20 % beträgt.

Mithras. In Heidelberg-Neuenheim aufgefundenes provinzialrömisches Mithrasrelief, 2. Jh. v. Chr. (Karlsruhe, Badisches Landesmuseum)

Mit brennender Sorge, nach ihren Anfangsworten ben. (einzige dt.sprachige) Enzyklika Papst Pius' XI. vom 14. März 1937, in der er gegen die Behinderung der Kirche in Deutschland durch den NS protestierte.

Mitbürgschaft ↑ Bürgschaft.

Mitchell [engl. ˈmɪtʃəl], Margaret, * Atlanta (Ga.) 8. Nov. 1900, † ebd. 16. Aug. 1949 (Autounfall), amerikan. Schriftstellerin. – Journalistin; ihr einziges, weltweit erfolgreiches Werk, der 1926–36 entstandene Roman „Vom Winde verweht" (1939 von V. Fleming u. a. verfilmt), schildert vom Standpunkt des Südstaatlers aus den nordamerikan. Sezessionskrieg. Als umstrittene Fortsetzung des Romans erschien 1991 „Scarlett" von Alexandra Ripley (* 1934).

M., Peter D[ennis], * Mitcham (Surrey) 29. Sept. 1920, † Bodmin (Cornwall) 10. April 1992, brit. Biochemiker. – Forschungschef der Glynn Research Laboratories in Bodmin (Cornwall). Grundlegende Arbeiten zur Bioenergetik, insbes. über die zur Energieübertragung und -versorgung von lebenden Zellen dienenden chem. Prozesse. Nach seiner 1961 aufgestellten „chemiosmot. Theorie der Phosphorylierung" ist die Bildung des Energiespeichers ATP mit einer gleichzeitigen Übertragung von Wasserstoffionen durch Zellmembranen hindurch gekoppelt und wird durch den sich zu beiden Seiten der Membranen ausbildenden Unterschied in der Wasserstoffionenkonzentration und elektr. Potentialdifferenzen ermöglicht, wobei verschiedene in den Membranen befindl. Enzyme beteiligt sind. Für diese heute in ihren Grundlagen experimentell gesicherte und allg. als fundamentales Prinzip der Bioenergetik geltende Theorie erhielt er 1978 den Nobelpreis für Chemie.

Mitchell, Mount [engl. maʊnt ˈmɪtʃəl], mit 2 037 m höchste Erhebung der Appalachen, North Carolina, USA.

Mitchum, Robert [engl. ˈmɪtʃəm], * Bridgeport (Conn.) 6. Aug. 1917, amerikan. Filmschauspieler. – Internat. bekannt als feinfühliger Darsteller trocken-kom. Typen, u. a. in den Filmen „Schlachtgewitter am Monte Cassino" (1945), „Im Kreuzfeuer" (1947), „Die Nacht des Jägers" (1955), „Die Frau aus dem Nichts" (1968), „Ryans Tochter" (1971), „Maria's Lovers" (1984), „Mr. North" (1988).

Miteigentum, das gemeinsame Eigentum mehrerer Personen an einer Sache. Sofern nicht eine ↑Gesamthandsgemeinschaft besteht, ist M. Bruchteilseigentum, bei dem jedem Miteigentümer ein ideeller Anteil an der Sache zusteht, den er übertragen und belasten kann. Für das Verhältnis der Miteigentümer untereinander gelten die Vorschriften über die ↑Gemeinschaft (§§ 741 ff. BGB).

Miterbe, Mgl. einer Erbengemeinschaft.

Miterbenhaftung, die gesamtschuldner. Haftung der Mgl. einer Erbengemeinschaft für die Nachlaßverbindlichkeiten; untereinander haften die Miterben einander in der Höhe ihrer Erbteile.

Mitesser (Komedonen), durch übermäßige Verhornung des Epithels der Haartrichter entstehende Talganhäufung in den Ausführungsgängen der Talgdrüsen.

Mitfahrzentrale, Gewerbebetrieb, der die Beförderung (Mitnahme) von Personen in privaten Pkw gegen Kostenbeteiligung vermittelt. Die Beförderung ist nach dem PersonenbeförderungsG nicht genehmigungspflichtig, wenn das Gesamtentgelt die Betriebskosten der Fahrt nicht übersteigt.

Mitgift [↑Gifte], Bez. für die Aussteuer der Tochter bei der Eheschließung.

Mithras, indoiran. Gott des Rechts und der staatl. Ordnung, dessen Name „Vertrag" bedeutet. M. wird erstmals in einem im frühen 14. Jh. v. Chr. in akkad. Sprache geschlossenen Vertrag als Schwurgott erwähnt. In Indien stand er als *Mitra* in enger Beziehung zu dem über eth. Verhalten wachenden Gott Waruna. Im alten Iran war er als *Mithra* Beschützer der menschl. Zivilisation, auch Totenrichter. Er wurde von Zarathustra bekämpft, aber von Artaxerxes II. wieder offiziell anerkannt. Seit dem 1. Jh. n. Chr. erlangte er im Röm. Reich erneut Bed., nun als ein mit der Sonne verbundener Erlösergott. Seine Verehrung wurde zur bevorzugten Religion der Soldaten. Daher entstanden seine Heiligtümer, die **Mithräen,** vornehmlich in Garnisonsorten. Ein Mithräum ist ein meist unterird., verhältnismäßig kleiner, langgestreckter Raum, der zu beiden Seiten von Steinbänken für die Kultteilnehmer flankiert und von einer Apsis mit dem Altar abgeschlossen wird. Im Mittelpunkt des Kults, von dem Frauen ausgeschlossen waren, stand die Tötung eines Stiers, die der Förderung des Lebens wie der Erlösung dienen sollte. – Bildlich dargestellt wurde M. z. B. in der parth. Kunst als Reiter, in der röm. als stiertötender, junger Gott.

Mithridates VI. Eupator, eigtl. Mithradates, * Sinope (= Sinop) um 130, † Pantikapaion (= Kertsch) 63, König von Pontus (seit 120). – 112 nach der Ermordung seiner Mutter Alleinherrscher; dehnte seine Herrschaft bis zur Krim aus (Bosporan. Reich). In den drei **Mithridatischen Kriegen** (89–84, 83–81, 74–63) gegen Rom eroberte M. die röm. Prov. Asia und Kappadokien, wurde aber von Lucullus und Pompejus geschlagen.

Mitilini, griech. Stadt an der O-Küste der Insel Lesbos, 25 000 E. Hauptort des Verw.-Geb. Lesbos; Textil-, Tabak-

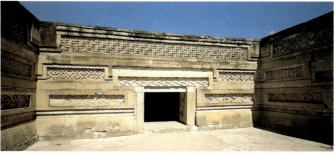

Mitla. Innenhof des Palacio de las grecas mit geometrischen bandförmigen Reliefs als Wandverkleidung, um 1200

ind., Lederverarbeitung; Schiffsverbindung mit Piräus; ⚓. – Das antike **Mytilene** war Hauptort der Insel Lesbos, deren Geschicke es teilte; im 7./6. Jh., erneut im 1. Jh. v. Chr. und in der frühen Kaiserzeit ein Zentrum des Geisteslebens. Im 18. Jh. wanderte die griech. Bev. nach Ayvalık in Kleinasien aus. Nachdem M. seit 1913 Teil des griech. Staates ist, wurde 1923 die türk. Bev. mit der griech. von Ayvalık ausgetauscht.

Mitla, Ruinenstätte in der Sierra Madre del Sur, 1 650 m ü. d. M., osö. von Oaxaca de Juárez. – Nach dem Fall von ↑Monte Albán seit 1125 n. Chr. die Hauptsiedlung der Zapoteken; im 14. Jh. von den Mixteken besetzt. Erhalten u. a. der „Palacio de las grecas" (um 1200) mit Säulenhalle, im 2. Hof eine Kellerkrypta mit kreuzförmigem Grab; typisch die Wandverkleidung durch Reliefs, die geometr. Bänder an Innen- und Außenwänden bilden. Verwendung gewaltiger Monolithen.

Mitlaut, svw. ↑Konsonant.

Mitleid, das Erleben von Leid, Schmerz und Not anderer als eigenes Erleiden bzw. Miterleiden, die Sympathie im urspr. Sinn dieses Begriffs. In der *Religionsgeschichte* erlangt das M. große Bed. im Buddhismus und im Christentum. Das M. erstreckt sich auch auf die nichtmenschl. Kreatur.

Mito, jap. Stadt auf Honshū, am NO-Rand der Kantōebene, 229 000 E. Verwaltungssitz der Präfektur Ibaraki; Univ. (gegr. 1949); Meiji-Museum; Markt- und Verarbeitungsort für Agrarprodukte; Textilindustrie.

Mitochondrien (Chondriosomen) [griech.], längl. oder rundl. Organellen in allen kernhaltigen tier. und pflanzl. sowie in den menschl. Zellen. Die Wandung der M. besteht aus 2 Membranen, deren innere eingestülpt ist. Nach der Form der Einstülpung klassifiziert man blattartige *Cristae* oder röhrenförmige *Tubuli,* die in den Innenraum *(Matrixraum)* hineinragen. Die M. erfüllen eine bed. Funktion im Rahmen des Zellstoffwechsels und werden häufig als die „Kraftwerke der Zelle" bezeichnet. Sie enthalten die Multienzymkomplexe der Atmungskette, des Zitronensäurezyklus und der β-Oxydation der Fettsäuren.

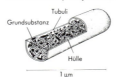 

Mitochondrien. Links: Tubulityp. Rechts: Cristaetyp

Mitomyzin (Mitomycin) [griech.], zytostatisch wirksames Antibiotikum (aus verschiedenen Streptomycesarten); Anwendung v. a. in der Krebstherapie.

Mitose [zu griech. *mítos* „Faden"] (indirekte Kernteilung, Karyokinese, Äquationsteilung), Kernteilungsvorgang, bei dem aus einem Zellkern zwei Tochterkerne gebildet werden, die gleiches (mit dem Ausgangsmaterial identisches) Genmaterial und (im Unterschied zur ↑Meiose) die gleiche Chromosomenzahl haben. Während einer M. wer-

Mitosegifte

den folgende Phasen durchlaufen: *1. Prophase:* Die Chromosomen werden als fadenförmige Gebilde im Zellkern sichtbar. Durch schraubenartige Faltung werden sie verdickt und verkürzt. Die Kernspindel (Zentriol) formt sich, die Kernmembran und der Nukleolus (Kernkörperchen) werden aufgelöst. *2. Metaphase:* Die Spindelfasern zw. den vorgebildeten Zentromeren (Einschnürung, die jedes Chromosom in zwei Schenkel teilt) und den Polen sind gebildet. Mit ihrer Hilfe ordnen sich die Chromosomen in einer Ebene zw. den Polen an. *3. Anaphase:* Die Zentromeren verdoppeln sich, und die Chromatiden (Chromosomenspalthälften) wandern entlang den Spindelfasern zu den Polen. *4. Telophase:* Sind alle Chromosomen an den beiden Polen, werden neue Kernmembranen und Nukleoli gebildet, der Spindelapparat wird abgebaut. Die Chromosomen entfalten (entspiralisieren) sich, werden lichtmikroskopisch unsichtbar, das Zellplasma teilt sich und führt zur Abgrenzung gleichwertiger Tochterzellen. – Der Telophase schließt sich ein Stadium der Teilungsruhe *(Interphase)* an. Im Zellkern werden die Chromatiden (Tochterchromosomen) durch ident. Reduplikation der DNS zu Chromosomen mit wiederum je 2 Chromatiden komplettiert.

Mitosegifte (Spindelgifte), die normale Zellteilung in der Mitose durch Depolymerisation der Teilungsspindel hemmende chem. Substanzen. M. werden in der Pflanzenzüchtung und Medizin verwendet; z. B. Kolchizinderivate zur Geschwulstbehandlung.

Mitra, altind. Gottheit des Vertrags; zählt zu den als Asura bezeichneten Gottheiten; entspricht dem pers. ↑Mithras.

Mitra [griech. „Binde"], von Kriegern zum Schutz des Unterleibs getragener Metallgurt.
▷ bei altorientel. Herrschern (golddurchwirkte) Kopfbinde; bei Griechen und Römern Stirnband der Frauen.
▷ (Inful) Kopfbedeckung von Bischöfen und höheren Prälaten bei liturg. Amtshandlungen; in den westl. Kirchen besteht die M. aus zwei über Stirn und Hinterkopf des Trägers aufragenden schildförmigen Teilen mit zwei rückwärts herabfallenden Zierbändern; im griech. Ritus ist sie eine gewölbte Haube.

Mitrailleuse [mitrajø:zə; frz.], ehem. frz. Kartätschengeschütz (1870/71), bei dem mehrere Läufe schnell hintereinander abgefeuert wurden; Vorläufer des Maschinengewehrs.

Mitralinsuffizienz [griech./lat.] (Mitralklappeninsuffizienz), Herzklappenfehler mit Schlußunfähigkeit der **Mitralklappe** (zweizipflige Segelklappe zw. linkem Vorhof und linker Kammer des Herzens).

Mitralstenose [griech.], häufigster erworbener Herzklappenfehler mit Verengung der Mitralklappenöffnung, bes. infolge narbiger Verwachsungen (meist nach ↑Endokarditis) oder Verkalkung der Mitralklappe.

Mitre, Bartolomé, *Buenos Aires 26. Juli 1821, †ebd. 18. Jan. 1906, argentin. Politiker. – Mitbeteiligt am Sturz des Diktators J. M. de Rosas; sicherte die Einheit Argentiniens; 1862–68 Staatspräs.; führte innenpolit. Reformen durch. Bed. schriftsteller. Tätigkeit, v. a. „Historia de Belgrano" (1858/59) und „Historia de San Martín" (1887/1888).

Mitropoulos, Dimitri [neugriech. mi'trɔpulɔs, engl. mɪ-'trɔpələs], *Athen 1. März 1896, †Mailand 2. Nov. 1960, amerikan. Dirigent griech. Herkunft. – Schüler von F. Busoni; als 1936 in den USA, 1949–58 Dirigent des New York Philharmonic Symphony Orchestra, als 1954 auch der Metropolitan Opera; auch Komponist.

Mitrovica [serbokroat. 'mitrɔvitsa] (bis 1981 Kosovska Mitrovica, 1981–91 Titova Mitrovica), Stadt in Serbien, in Kosovo, am N-Rand des Amselfeldes, 516 ü. d. M., 105 300 E. Bergbauzentrum mit Hüttenwerk.

Mitose. Schematische Darstellung der Phasen einer Zellteilung: a frühe Prophase (C Chromosomen, N Nukleolus, Z Zentriol, Zk Zellkern); b späte Prophase; c frühe Metaphase; d späte Metaphase; e Telophase; f Bildung der beiden Tochterzellen und beginnende Interphase

Mitscherlich, Alexander, *Berlin 28. Mai 1836, †Oberstdorf 31. Mai 1918, dt. Chemiker. – Sohn von Eilhard M.; Prof. in München; entwickelte ein Verfahren (Sulfitverfahren) zur Gewinnung von Zellstoff aus Holz.
M., Alexander, *München 20. Sept. 1908, †Frankfurt am Main 26. Juni 1982, dt. Psychoanalytiker. – U. a. Prof. (ab 1966) in Frankfurt am Main, leitete dort das Sigmund-Freud-Inst.; bemühte sich um die Anwendung psychoanalyt. Methoden und Erkenntnisse auf soziale Phänomene, insbes. um die Erscheinungen der Vermassung. Er plädierte für ein Verständnis des Krankheitsgeschehens als eines komplexen psychosomat. Vorgangs, bei dem bes. auch die sozialen Einflüsse zu berücksichtigen sind. – *Werke:* Auf dem Weg zur vaterlosen Gesellschaft. Ideen zur Sozialpsychologie (1963), Die Unfähigkeit zu trauern. Grundlagen kollektiven Verhaltens (1967, mit seiner Ehefrau *Margarete M.* [*1917]), Die Idee des Friedens und der menschl. Aggressivität (1969), Toleranz, Überprüfung eines Begriffs. Ermittlungen (1974), Der Kampf um die Erinnerung. Psychoanalyse für fortgeschrittene Anfänger (1975), Freiheit und Unfreiheit in der Krankheit (1977), Ein Leben für die Psychoanalyse (1980).
M., Eilhard, *Neuende (= Wilhelmshaven) 7. Jan. 1794, †Schöneberg (= Berlin) 28. Aug. 1863, dt. Chemiker. – Vater von Alexander M. (*1836, †1918); Prof. in Berlin; entwickelte die nach ihm benannte Phosphorprobe und entdeckte die Isomorphie bei Kristallen, die Polymorphie chem. Verbindungen und die Schwefelmodifikationen.

Mitschurin, Iwan Wladimirowitsch, *Dolgoje (= Mitschrowka, Gebiet Rjasan) 27. Okt. 1855, †Mitschurinsk 7. Juni 1935, russ. Botaniker. – Erfolgreicher Züchter zahlr. neuer Obstsorten, die es ermöglichten, die Obstbaumgrenze nach N vorzuschieben. Dabei entwickelte er neuartige Züchtungsmethoden vegetativer (z. B. durch Pfropfung) und generativer Art (z. B. Verwendung von Pollengemischen).

Mitschurinsk, russ. Stadt in der Oka-Don-Ebene, 109 000 E. PH, Forschungsinst. und Hochschule für Obstbau; Laboratorium für Genetik; Theater; Kolbenringfabrik, Fleisch-, Konservenfabrik. – Gegr. 1636, seit 1779 Stadt.

Mitra. Drei Mitren aus den Beständen der Hofburgkapelle in Wien, 16.–18. Jh. (Wien, Kunsthistorisches Museum)

Mitsotakis, Konstantinos, *Kanea auf Kreta 18. Okt. 1918, griech. Politiker (Neue Demokratie, ND). – 1946–67 und seit 1977 Parlamentsabg.; 1951–67 wiederholt Min. Während der Militärdiktatur 1967–74 als entschiedener Gegner der Obristen mehrfach inhaftiert bzw. im Exil. 1978–80 Koordinationsmin., 1980/81 Außenmin. Seit 1984 Präs. der ND, seit April 1990 Ministerpräsident.

Mitsubishi-Gruppe [mɪtsu'biʃi], jap. Unternehmensgruppe, die nach dem 2. Weltkrieg neu errichtet wurde und als locker verbundene Gruppe von zahlr. bed. Unternehmen in verschiedenen Branchen (Ind., Handel, Bank-, Versicherungswesen) besteht; geht zurück auf das 1870 gegr. größte jap. Handelsunternehmen Mitsubishi Shōji Kaisha Ltd., Tokio.

Mitsui-Gruppe, eine der größten jap. Unternehmensgruppen, geht auf die Gründung eines Handelshauses im

Mittag, Günter, *Stettin 8. Okt. 1926, dt. Politiker (SED). – Seit 1946 Mgl. der SED, 1962–73 und seit 1976 Sekretär für Wirtschaft des ZK; seit 1966 Mgl. des Politbüros. Seit 1984 stellv. Vors. des Staatsrats der DDR; 1973–76 1. stellv. Vors. des Ministerrats. Im Okt. 1989 aller Ämter enthoben, im Nov. aus der SED ausgeschlossen und zeitweise in Haft. Die Ermittlungen gegen M. wegen Veruntreuung von Volksvermögen dauern an.

Mittag, der Zeitpunkt des Durchgangs der Sonne durch den Meridian, die obere Kulmination der Sonne.

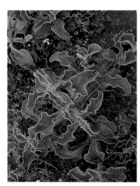

Mittagsblume. Eiskraut

Mittagsblume (Mesembryanthemum), Gatt. der Eiskrautgewächse mit etwa 70 Arten, v. a. in S-Afrika; ein- oder zweijährige, krautige, meist am Boden kriechende Pflanzen mit sukkulenten Blättern und kleinen bis mittelgroßen, weißen, gelbl., grünl., rötl. oder lilafarbenen Blüten. Eine häufig als Zierpflanze kultivierte Art ist das **Eiskraut** (Mesembryanthemum crystallinum).

Mittäterschaft, Beteiligung mehrerer an einer Straftat in der Weise, daß sie bewußt und gewollt zusammenwirken. Jeder Mittäter wird als Täter bestraft (§ 25 Abs. 2 StGB). Die Abgrenzung der M. von Anstiftung und Beihilfe ist umstritten. Jeder Mittäter muß sich die Tatbeiträge, nicht aber die Exzesse der übrigen Täter zurechnen lassen.

Mitteis, Heinrich, *Prag 26. Nov. 1889, †München 23. Juli 1952, dt. Jurist und Rechtshistoriker. – Prof. in Köln (1921), Heidelberg (1924), Wien (1935–38) und Zürich (1952); bed. Forschungen zum Lehnsrecht und zur ma. Reichsverfassung, u. a. „Der Staat des hohen MA" (1940), „Dt. Rechtsgeschichte" (1949), „Dt. Privatrecht" (1950).

Mittel, svw. ↑ Mittelwert.

Mittelalter (lat. media tempestas, medium aevum), von den Humanisten im 16. Jh. geprägte, sprachlich an sich wertfreie Bez. für den Zeitraum zw. Altertum und Neuzeit in der europ. Geschichte. Trotz grundsätzl. wie histor. Bedenken behauptet sich seither diese auch emotional belastete („finsteres" M.) Dreiteilung des Geschichtsverlaufes.

Frühmittelalter

Die Abgrenzung des Frühmittelalters von der Antike erweist sich als problematisch, diskutiert wird dabei der Zeitraum von der Krise des Röm. Reiches im 3. Jh. bis zur Kaisererhebung Karls d. Gr. im Jahre 800. Da sich die Epochengrenze nicht punktuell festlegen läßt, nimmt man – allerdings nicht unumstritten – das Zeitalter der Völkerwanderung (4.–6. Jh.) als Übergangszeit an. Als Ergebnis von Völkerwanderungszeit und islam. Expansion bildete sich bis zur Mitte des 8. Jh. das Mächtesystem heraus, in dem Byzanz, das Reich der Kalifen und das Fränk. Reich die dominierenden Faktoren darstellten. Das Papsttum trat, indem es die Aufrichtung der karoling. Monarchie durch Pippin III. 751 unterstützte, aus dem Rahmen der alten Reichskirche heraus und entging damit der Gefahr, in eine seine Freiheit aufhebende Abhängigkeit vom byzantin. Kaiser zu geraten (Cäsaropapismus). Das westl. Kaisertum dokumentiert die polit. und geistige Trennung des lateinisch geprägten Abendlandes vom griech. Osten, eine Trennung, die durch das Morgenländ. Schisma (1054) vertieft wurde.

Die Grundlagen des ma. „Staates" wurden bereits in der Völkerwanderungszeit geschaffen. Der „Staat" des frühen MA war ein aristokrat. Personenverband, gekennzeichnet durch den Dualismus von Königtum und Adel sowie die Verchristlichung der Königsidee, die dem ma. Königtum zu einer gewaltigen Machtsteigerung verhalf. Die Kirche, die die Königswürde als ein von Gott verliehenes Amt verstand, wurde so zu einer Stütze der weltl. Gewalt. Die Vorrangstellung des Adels beruhte wesentlich auf seiner wirtsch. Macht; die Grundherrschaft war die bestimmende Organisationsform. Das Bestreben, amtsrechtl. Befugnisse in allodiale Herrengewalt umzuwandeln (Hzg., Graf), die Besetzung der Führungspositionen in der Kirche und die Verfügungsgewalt über Kirchen (Eigenkirchenwesen, später auch in gewissem Sinne die Vogtei) sind weitere Formen und Kennzeichen adliger Herrschaft. Seit der frühen Karolingerzeit fand dieser Adel in steigendem Maße seine Bindung an den Herrscher im Lehnswesen.

Innerhalb des Bauernstandes vollzog sich durch den Aufstieg von Hörigen, Unfreien („Verbäuerlichungsprozeß") und durch das Absinken freier Bauern („Vergrundholdungsprozeß") eine Nivellierung, die Unterschiede von Freiheit und Unfreiheit in ihren mannigfachen Abstufungen allmählich einebnete und einen relativ einheitl. Bauernstand schuf.

Auf den im Fränk. Reich geschaffenen Grundlagen bauten die karoling. Nachfolgestaaten auf. Die Slawisierung des Balkans war gegen Ende des 8. Jh. nahezu abgeschlossen; sie wurde noch einmal gestört durch den Magyarensturm, der die sprachl. und kulturelle Differenzierung der Slawen vorantrieb. Die Missionierung entschied über die kirchl. und kulturelle Zuordnung des südslaw. und mähr. Raumes zu Rom, des Bulgarenreiches zu Konstantinopel.

Unter den Ottonen und frühen Saliern übernahm das dt. Regnum den Anspruch einer Führungsrolle in Europa, die sich in der Erneuerung des Kaisertums durch Otto I., d. Gr., (962) dokumentierte. – Künstler. Ausdruck der frühma. Welt ist die ↑ Romanik.

Hochmittelalter

Das Hochmittelalter wurde heraufgeführt durch den Zusammenbruch der durch den Sakralcharakter des Königtums und das gleichberechtigte Nebeneinander von geistl. und weltl. Gewalt bestimmten frühma. Ordnung in der Auseinandersetzung zw. Kaiser Heinrich IV. und Papst Gregor VII. (↑ Investiturstreit). Der Erfolg der kirchl. Reformbewegung, die die Befreiung der Kirche von weltl. Herrschaft und Verstrickung in weltl. Angelegenheiten erstrebte (Freiheit der Kirche [Libertas ecclesiae]; Verbot von Priesterehe, Ämterkauf, Laieninvestitur), hat den Gang der europ. Geschichte wesentlich mitbestimmt. In der Fortsetzung des Konfliktes im 12. und 13. Jh., bei dem es vorrangig um die Herrschaft in Italien ging, behauptete das Papsttum seine Autonomie; gleichzeitig stellte der Aufstieg der westeurop. Nationalstaaten, theoretisch untermauert durch die Lehre von der vollen Souveränität der Könige dieser Länder, den universalen Führungsanspruch des Kaisertums in Frage. Mit dem Zusammenbruch der Stauferherrschaft vollendete sich der Niedergang des universalen Kaisertums. Seit der Wende zum 12. Jh. ging die Führung der monast. Reformbewegung an neue Orden und Kanonikergemeinschaften über (Zisterzienser, Regularkanoniker, Prämonstratenser). Die ↑ Kreuzzüge brachten durch Berührung mit der oriental. Kultur eine Vielzahl von Anregungen nach Europa. Mönch. Askese und der Dienst am Nächsten (Krankenpflege) verbanden sich in den Ritterorden (Templer, Johanniter, Dt. Orden) zu einer Lebensform, die gleichfalls aus der Kreuzzugsbewegung ihre entscheidenden Impulse empfing. Im 12. Jh. entfaltete sich im

Dimitri Mitropoulos

Alexander Mitscherlich

Eilhard Mitscherlich (Ausschnitt aus einer Lithographie, um 1822)

Konstantin Mitsotakis

Mittelamerika

Bereich der Kathedral- und Stiftsschulen eine neue Theologie, deren Ziel die systemat. Zusammenfassung und rationale Durchdringung der Glaubenswahrheiten war (Scholastik). Auch die Anfänge der Universitäten reichen in das 12. Jh. zurück, im 13. Jh. übernahmen sie die geistige Führung und prägten die abendländ. Geisteskultur für Jahrhunderte. Neue Orden, wie die aus der Armutsbewegung und der Auseinandersetzung mit häret. Strömungen (Katharer) hervorgegangenen Bettelorden der Franziskaner und Dominikaner, übten einen großen Einfluß aus, sowohl in der theolog. Wiss. als auch in der Erneuerung der Volksfrömmigkeit.

Den Hintergrund für diese machtvolle Entfaltung des geistigen, religiösen und künstler. (Beginn der ↑Gotik) Lebens bildeten die Veränderungen der wirtsch. und sozialen Struktur, die sich seit dem 11. Jh. abzeichneten. Der Landesausbau und v. a. die dt. Ostsiedlung boten den Bauern die Möglichkeit zum sozialen Aufstieg. Der Aufstieg der Ministerialen (in Deutschland) und des Bürgertums sprengte das System des hofrechtl. Verbandes. Für die Ministerialen war der bes. Dienst (Verwaltung, Waffendienst) Voraussetzung ihres sozialen Aufstiegs; die Reichsministerialität vermochte im Königsdienst der Salier und Staufer die Standesschranke zu den Edelfreien zu überwinden. Der damit entstehende Ritterstand wurde zum Träger einer bes. höf. Kultur. Auch der Aufstieg des Bürgertums war an bes. Aufgaben und Leistungen gebunden. Die Emanzipation vom Stadtherrn, die Durchsetzung der Autonomie erfolgte in einem längeren Zeitraum und stand in Wechselwirkung mit den polit. und religiös-geistigen Auseinandersetzungen sowie mit den Veränderungen in Handel und Gewerbe, die sich im 12./13. Jh. vollzogen. Deutschland gewann im Zwischenhandel eine führende Stellung (Hanse: Höhepunkt in der 2. Hälfte des 14. Jh.); damit war der Aufschwung der Städte verbunden: die Fernhändlersiedlung wurde zur Stadt und entwickelte sich gleichzeitig zu einem Gewerbe- und Nahhandelszentrum. Soziale Spannungen entluden sich in den Auseinandersetzungen um das Stadtregiment (Zunftkämpfe des 14. Jh.). Das Bürgertum stellte das vorwärtsdrängende Element im Sozialgefüge des hohen MA dar.

Spätmittelalter

Während für die Zeit vom 11. bis zum 13. Jh. die Bevölkerung stetig wuchs, erfolgte im 14. Jh. ein Umschwung: Ursache dafür waren die große Pestepidemie von 1348–50 und die sich daran anschließenden regelmäßig wiederkehrenden Epidemien sowie die zahlr. Opfer krieger. Auseinandersetzungen (z. B. im Hundertjährigen Krieg). Anzeichen eines zunehmenden Krisenbewußtseins in weiten Teilen der spätma. europ. Bev. sind die Bewegung der Flagellanten, die blutigen Judenverfolgungen der Jahre 1348/49 oder die Zunftkämpfe in den dt. Städten. Volksbewegungen, die seit dem Beginn des 14. Jh. das westl. und südl. Europa erschütterten, breiteten sich um 1380 auch im ost- und südosteurop. Raum aus. Es waren Elendsrevolten, städt. Aufruhrbewegungen und Bauernaufstände, die vor dem Hintergrund des allg. Rückganges der Prosperität mannigfache – polit., wirtsch. und soziale – Ursachen hatten. Ausdruck spätma. Lebensgefühls sind aber auch die Mystik, die in Deutschland im 13./14. Jh. einen Höhepunkt verinnerlichter Frömmigkeit darstellte (Mechthild von Magdeburg, Gertrud von Helfta, Meister Eckhart, J. Tauler, H. Seuse), und die ↑Devotio moderna.

Im polit. Bereich hatte das Zurücktreten der Universalgewalten eine Intensivierung der zwischenstaatl. Beziehungen in Europa zur Folge gehabt, mit wechselnden Koalitionen, oft bedingt oder herbeigeführt durch dynast. Verbindungen. Der päpstl. Anspruch auf Vollgewalt („plenitudo potestatis") zerbrach am Autonomieanspruch des aufsteigenden frz. Nationalstaates. Für fast 70 Jahre (1309–77) wurde Avignon die Residenz der Päpste, die damit in Abhängigkeit vom frz. Königtum gerieten. Das ↑Abendländische Schisma konnte erst auf dem Konstanzer Konzil (1414–18) beigelegt werden. Aber die Reformbestrebungen, auf den Konzilien des 15. Jh. (Pisa, Konstanz, Basel-Ferrara-Florenz) diskutiert, scheiterten; damit setzte die Entwicklung ein, die in die Reformation mündete.

Dem Aufbau der modernen Staates durch eine starke Zentralgewalt in den westeurop. Monarchien stand die zunehmende polit. Zersplitterung in der Mitte Europas gegenüber. Hier vollzog sich die Entwicklung zum Ständestaat in den Territorien, die Königsherrschaft konnte in dem Maße Bed. gewinnen, wie ihr jeweiliger Inhaber über eine breite territoriale Machtgrundlage verfügte (Hausmachtpolitik). Eine gewisse Festigung der Verfassungsverhältnisse bedeutete die Sicherung der Rechte der Kurfürsten durch die Goldene Bulle (1356). Das ausgehende 15. Jh. stand im Zeichen der Ausweitung habsburg. Hausmachtpolitik zur Großmachtpolitik, in die sehr bald die Neue Welt einbezogen wurde, im Zeichen der Grundlegung des habsburg.-frz. Ggs., der sich im Italienzug Karls VIII. von Frankreich (1494/95) verschärfte, und der heraufziehenden Türkengefahr (1453 Fall Konstantinopels).

Mittelamerika, zusammenfassende Bez. für die *Karib.* oder *Westind. Inseln* und *Zentralamerika*, d. h. die Festlandsbrücke, die Nord- und Südamerika verbindet. Sie beginnt im NW an der Landenge von Tehuantepec und reicht nach SO bis zur Atratosenke. Diese Definition beruht auf phys.-geograph. Merkmalen. Nach anderer Auffassung zählt ganz Mexiko zu M., da es kulturgeschichtlich und sprachlich zu Lateinamerika gehört.

Gliederung

Zentralamerika zeichnet sich aus durch kleinräumigen Wechsel von geolog. Bau, Oberflächengestalt, Klima, Abfluß, Vegetation und Böden. Charakteristisch sind die von Küstentiefländern gesäumten zentralen, bis 4000 m hohen Gebirge. Bes. landschaftsprägend ist die von Guatemala bis Costa Rica reichende Vulkanachse im pazif. Bereich mit häufigen Erdbeben und Vulkanausbrüchen. Die Westind. Inseln ziehen in einem etwa 4000 km langen Bogen östl. der zentralamerikan. Landbrücke von den Bahamainseln und Kuba bis nach Trinidad, das bereits auf dem südamerikan. Schelf liegt (↑Antillen). Drei Relieftypen lassen sich auf den Inseln unterscheiden: Bruchfaltengebirge, Vulkangebirge und niedrige Kalktafeln. Korallenriffküsten sind weit verbreitet.

Klima

Die von Nov.–April vorherrschenden NO-Winde nehmen über dem warmen Karib. Meer Feuchtigkeit auf, die sich in heftigen Starkregen an der O-Abdachung der Gebirge abregnet, bevor die Winde austrocknend in die pazif. Tiefländer abfallen. Hier herrscht während dieser Monate Trockenzeit. Im nördl. Teil von M. kann es zu Kaltlufteinbrüchen aus Nordamerika kommen. Während des Sommers verlagert sich das System der atmosphär. Zirkulation nach N, warme, unstabile Luftmassen werden aus SW herangeführt und bringen der Pazifikseite Regenzeit. Im karib. Bereich verlieren die NO-Passate ihre Stetigkeit, es kommt zu Gewittern und z. T. zu Hurrikanen. In Zentralamerika wird das Klima durch die Höhenstufung entscheidend verändert. Auf die heiße Zone (Tierra caliente) bis etwa 800 m ü. d. M. folgt bis 1800 m die gemäßigte Zone (Tierra templada), darüber bis 3200 m die kühle Zone (Tierra fría) und in einigen Gipfelregionen die Zone ewigen Schnees (Tierra helada). Bei den Westind. Inseln wird der Unterschied in der Feuchtigkeit durch das Relief bestimmt: flache Inseln empfangen weniger Niederschlag als gebirgige, auf denen der Niederschlag mit der Höhe zunimmt.

Vegetation

Der größte Teil der karib. Abdachung Zentralamerikas wird von Regenwald eingenommen. In tieferen Lagen ist er von Savannen durchsetzt und an den Flachküsten bis zum

N-Rand von Yucatán meist von Mangroven gesäumt. Auf der pazif. Seite vollzieht sich von S nach N der Übergang von regengrünen Feuchtwäldern, Feuchtsavannen und Campos cerrados zu Trockenwäldern und Strauchformationen. In den Gebirgen kommen Nadelwälder (Kiefern) und Hartlaubwälder (Eichen) vor. Die Antillen haben nur in ausgesprochenen Luvlagen, meist auf der O-Seite, immergrüne Bergregenwälder. Sonst herrschen halbimmergrüne Wälder, regengrüne Monsunwälder und Savannen vor.

Tierwelt

In Zentralamerika ist durch die teilweise Vernichtung der urspr. Vegetation der Lebensraum der Tiere stark beschnitten worden. In unberührteren Wäldern konnten sich Puma, Jaguar, Ozelot, Wickel-, Wasch- und Nasenbären halten sowie Tapire, Faultiere, Leguane und Gürteltiere. Bes. die Vogelwelt ist reich vertreten, u. a. Quetzal, Grün- und Buntpapageien, Kolibris. Insekten und Schlangen sind weit verbreitet. Im Sumpfland und Lagunen finden sich Wasservögel, Biberratten und Alligatoren. Die Landfauna der meisten Westind. Inseln ist arm an Säugetieren (meist nur kleine Nagetiere) sowie an Amphibien. Artenreich sind dagegen die Vogelwelt und die Meeresfauna. Kuba kennt als einzige Westind. Insel zwei nur dort vorkommende Krokodilarten.

Bevölkerung

In Zentralamerika überwiegt die indian.-weiße Mischbev. die Schwarzen, Asiaten und Europäer. Die hellhäutige Gesellschaftsschicht kontrolliert die wichtigsten Machtpositionen in Staat und Wirtschaft, erreicht aber nur in Costa Rica auch zahlenmäßig eine Mehrheit. Während die weiße Bev. in den großen Städten und einigen klimatisch begünstigten Geb. der pazif. Abdachung vorherrscht, bestimmen Schwarze, Mulatten und Zambos weitgehend das Bev.bild der karib. Küstengebiete. Die indian. Urbev. tritt zahlenmäßig nur in Guatemala stärker hervor. Auf den Westind. Inseln ist die Zusammensetzung der Bev. durch die jahrhundertelange Zuwanderung aus Europa und Afrika und durch die jüngere Einwanderung aus Asien bestimmt. Die indian. Urbev. wurde fast völlig ausgerottet oder ging in anderen Volksgruppen auf.

Zur Geschichte ↑ Südamerika.

mittelamerikanische Literaturen, zusammenfassende Bez. für die Literatur der Länder Guatemala, El Salvador, Honduras, Nicaragua, Costa Rica und Panama.
Guatemala: Wichtigster Vertreter des Modernismo ist der Prosaautor E. Gómez Carrillo (* 1873, † 1927). Beeinflußt vom Surrealismus gestaltete M. A. Asturias in „mag.-realist.", z. T. antiimperialist. Romanen ein komplexes Bild des Landes. Als gleichrangig gelten die indigenist. Romane von M. Monteforte Toledo (* 1911). Sozialrevolutionäre Tendenzen zeigen u. a. die Werke des Lyrikers R. Leiva (* 1916, † 1974) sowie der Prosaschriftsteller A. Monterroso (* 1921) und J. M. López Valdizón (* 1929, † 1975).
El Salvador: Der Lyriker und Epiker F. Gavidia (* 1864, † 1955) wirkte über seinen Schüler Rubén Darío auf den Modernismo; der poet.-realist. Indigenismus des S. Salazar Arrué setzte sich fort im Prosawerk von N. Rodriguez Ruiz (* 1910). Polit. Engagement in Verbindung mit modernen Techniken kennzeichnet die Lyrik von C. Alegría (* 1924) und R. Dalton († 1935, † 1975).
Honduras: Über die Landesgrenzen sind der sozialkrit. Romancier R. Amaya Amador sowie der Erzähler V. Cáceres Lara (* 1915) bekannt geworden.
Nicaragua: Nach R. Darío, dem größten Lyriker des hispanoamerikan. Modernismo, tritt das Land literarisch erst wieder mit der „Generation von 1940" in Erscheinung. Bes. der Lyriker E. Cardenal (* 1925), einer der schärfsten Kritiker der Somoza-Diktatur, wurde zum Vorbild vieler junger Autoren. Die leidvolle Geschichte des Landes schildern die Romane von H. Robleto; zu den bed. jüngeren Autoren zählen die Lyrikerinnen Gioconda Belli (* 1948) und Rosario Murillo (* 1951).

mitteldeutsche Mundarten

Staatliche Gliederung (Stand 1990)

Staat	Fläche (km²)	E (in 1000)	E/km²	Hauptstadt
Antigua und Barbuda	442	81	183,3	Saint John's
Bahamas	13 864	251	18,1	Nassau
Barbados	430	260	604,7	Bridgetown
Belize	22 965	180	7,8	Belmopan
Costa Rica	51 100	3 030	59,3	San José
Dominica	751	85	113,2	Roseau
Dominikan. Republik	48 442	7 250	149,7	Santo Domingo
Grenada	344	110	319,8	Saint George's
Guatemala	108 889	9 340	85,8	Guatemala
Haiti	27 750	6 400	230,6	Port-au-Prince
Honduras	112 088	5 200	46,4	Tegucigalpa
Jamaika	10 991	2 500	227,5	Kingston
Kuba	110 861	10 580	95,4	Havanna
Nicaragua	120 254	3 600	29,9	Managua
Panama	77 082[1]	2 418	31,4	Panama
Saint Christopher and Nevis	267	40	149,8	Basseterre
Saint Lucia	616	153	248,4	Castries
Saint Vincent und die Grenadinen	389	106	272,5	Kingstown
Salvador, El	21 041	5 210	247,6	San Salvador
Trinidad und Tobago	5 128	1 270	247,7	Port of Spain
abhängige Gebiete				
von Frankreich				
Guadeloupe	1 780	387	217,4	Basse-Terre
Martinique	1 080	360	333,3	Fort-de-France
von Großbritannien				
Anguilla	96	7[2]	72,9	The Valley
British Virgin Islands	153	13[3]	84,9	Road Town
Cayman Islands	259	27	104,2	Georgetown
Montserrat	102	12[4]	117,6	Plymouth
Turks- und Caicosinseln	430	12	27,9	Cockburn Town
von den Niederlanden				
Aruba	193	63	326,4	Oranjestad
Niederl. Antillen	800	196	245,0	Willemstad
von den USA				
Puerto Rico	8 897	3 336	374,9	San Juan
Virgin Islands of the United States	344	105	305,2	Charlotte Amalie

[1] davon Kanalzone 1 432 km² (seit 1. 4. 1982 weitgehende Souveränität Panamas). – [2] 1988. – [3] 1987. – [4] 1986.

Costa Rica: Mit C. L. Fallas (* 1909, † 1966), F. Dobles (* 1918) und J. Gutiérrez (* 1918) weist das Land drei große Prosaautoren auf, in deren Werken sich Innovation mit krit. Gesellschaftsanalyse verbindet. Namhafteste der „Poetas de Turrialba" sind J. Debravo (* 1938, † 1967) und L. Albán (* 1942).
Panama: Initiator des Modernismo war hier D. Herrera (* 1870, † 1914). Mit dem Lyriker und Erzähler R. Sinán (* 1904) setzte sich der Surrealismus durch. Bed. sind der Romancier J. Beleño (* 1921) und der Lyriker T. Solarte (* 1924).

Mittelasien, Teil Asiens mit Turkmenistan, Usbekistan, Tadschikistan und Kirgisien sowie dem S Kasachstans.

Mittelatlantischer Rücken ↑ Atlantischer Ozean.

Mittelauge, svw. ↑ Naupliusauge.

Mittelbairisch ↑ deutsche Mundarten.

mittelbare Falschbeurkundung ↑ Falschbeurkundung.

mittelbare Staatsverwaltung, Wahrnehmung staatl. Aufgaben durch selbständige Verwaltungsträger, also durch Körperschaften, Anstalten oder Stiftungen des öff. Rechts. Die Träger der m. S., insbes. die Kreise und Gemeinden, unterliegen der Rechts- und Fachaufsicht derjenigen Körperschaft, deren Aufgaben sie wahrnehmen.

mittelbare Täterschaft, eine Form strafrechtl. Täterschaft, bei der sich der Täter zur Ausführung der Tat einer Mittelsperson (Tatmittler, Tatwerkzeug) bedient, die selbst nicht mit Täterwillen (also rechtswidrig, vorsätzlich und schuldhaft) handelt und deshalb strafrechtlich nicht verantwortlich ist.

mitteldeutsche Mundarten ↑ deutsche Mundarten.

Mitteldeutscher Rundfunk ↑ Rundfunkanstalten (Übersicht).

Mitteldeutschland, aus geograph. Sicht die im mittleren Teil Deutschlands gelegene Mittelgebirgsschwelle (mit Harz, Thüringer Wald, Frankenwald, Erz-, Elbsandsteingebirge, Lausitzer Gebirge und Lausitzer Bergland) sowie das Thüringer Becken, die Leipziger Tieflandsbucht und das Mittelsächs. Bergland, nach N bis zum Fläming ausgreifend.

Mitteleuropa, der mittlere Teil ↑ Europas. Über die genaue Begrenzung besteht keine Übereinstimmung, bes. im W und O fehlen klare natürl. und kulturelle Grenzen. Zu M. werden im allg. Deutschland, die Schweiz, Österreich, Polen, die ČR und SR, Ungarn und Rumänien gerechnet, gelegentlich auch die Niederlande, Belgien und Luxemburg, von Frankreich gehören nö. Randgebiete zu M., von Italien die nördl. Randlandschaften, von Slowenien die Alpen- und Voralpengebiete.

mitteleuropäische Zeit ↑ Zeitmessung.

Mittelfell (M.raum, Mediastinum), zw. den Brustfellhöhlen, dem Brustbein, der Brustwirbelsäule und dem Zwerchfell liegender Teil der Brusthöhle; enthält Herzbeutel mit Herz, Thymus, obere Hohlvene, Luft- und Speiseröhre, Brustaorta, Blut- und Lymphgefäße sowie Nerven.

Mittelfranken, Reg.-Bez. in Bayern.

Mittelfränkisch, mitteldt. Mundart, ↑ deutsche Mundarten.

Mittelfränkisches Becken, Beckenlandschaft zw. Fränk. Alb im O und S, Frankenhöhe und Steigerwald im W und NW. Anbau von Getreide, Gemüse, Tabak und Hopfen; Fischzucht; zentrale Orte sind Ansbach, Gunzenhausen, Neustadt a. d. Aisch und Schwabach.

Mittelfreie, im MA die Schicht des niederen Adels, die nach dem „Schwabenspiegel" lehnsrechtlich im 5. Heerschild zw. den freien Herren und den Ministerialen stand.

Mittelfrequenz, in der Elektrotechnik Bez. für den Bereich der zw. 200 und 10 000 Hz liegenden Frequenzen.

Mittelgebirge ↑ Gebirge.

Mittelgewicht ↑ Sport (Übersicht Gewichtsklassen).

Mittelgut ↑ Tabak.

Mittelhandknochen (Metacarpalia), die fünf längl. zw. Handwurzel und Fingern gelegenen Knochen der Vorderextremitäten bzw. der Hand der Wirbeltiere (einschl. des Menschen).

Mittelhirn ↑ Gehirn.

Mittelhochdeutsch, Epoche der dt. Sprache (↑ deutsche Sprache, ↑ deutsche Literatur).

Mittelkrebse (Anomura), Unterordnung überwiegend meerbewohnender Zehnfußkrebse mit über 1 500 Arten; bekannteste Fam. ↑ Einsiedlerkrebse.

Mittelland, svw. ↑ Schweizer Mittelland.

Mittelländisches Meer ↑ Mittelmeer.

Mittellandkanal, mit 321,3 km längster Kanal in Deutschland, am S-Rand des Norddt. Tieflands, führt von seiner Abzweigung vom Dortmund-Ems-Kanal in Hörstel bis zur Elbe nördl. von Magdeburg mit Schiffshebewerk Rothensee und Kanalbrücke über die Weser. Zweigkanäle führen nach Osnabrück, Hildesheim, Salzgitter; von der Elbe hat der M. über den Elbe-Havel-Kanal und die Havel Anschluß an das Berliner Wasserstraßennetz und damit an die Oder. Über den Elbeseitenkanal Verbindung zum Seehafen Hamburg und durch den Elbe-Lübeck-Kanal zur Ostsee.

Mittellatein ↑ lateinische Sprache.

mittellateinische Literatur, die lat. Literatur des MA. Als Epochengrenzen gelten im allg. die Jahre 500 und 1500. Gliedert man jedoch die Spätantike als selbständige literar. Epoche aus, ist der Beginn der m. L. i. e. S. erst für die Mitte des 8. Jh. anzusetzen.

Die Mittel des literar. Ausdrucks waren durch Bewahrung der Tradition und eigenständige Neugestaltung zugleich bestimmt. Zu den aus der Antike übernommenen Gattungen traten neue, die den Erfordernissen der ma. Gesellschaft und den intellektuellen und emotionalen Ansprüchen ihrer Kulturträger gerecht wurden (z. B. Heiligenvita, Klostergeschichte, Sequenz und geistl. Spiel). Neben die Formen der antiken quantitierenden Metrik trat die rhythm. Dichtung, die sich in der Spätantike entwickelte und bes. im 12. Jh. eine große Vielfalt erlangte. Bed. wurde der Einfluß der Schule (zahlr. didakt. Werke) und der durch sie vermittelten rhetor. Bildung, die auch im Bereich der volkssprachl. Literaturen zur Wirkung gelangte.

Die m. L. der karoling. Zeit bis gegen *Ende des 9. Jh.* war stärker als in anderen Perioden auf ein Zentrum ausgerichtet: Aus Italien, England, Irland und Spanien zog Karl d. Gr. Gelehrte und Dichter an seinen Hof: Paulinus von Aquileja, Petrus von Pisa, Alkuin aus York, Theodulf von Orléans und Paulus Diaconus. Sammlung und Austausch der auf den engl. Inseln und in anderen Randgebieten Europas bewahrten Bildungstraditionen waren die Grundlage der geistigen Erneuerung und kulturellen Reform. In bewußter Abkehr vom Latein der Merowinger wurde die Einhaltung der antiken Sprachnormen angestrebt. Diesem Ziel dienten Grammatiken und Abhandlungen über Orthographie wie sie u. a. Alkuin verfaßte. Neben den gelehrten Schriften zu den Artes liberales, zu exeget. und dogmat. Fragen, zur Geschichte (Einhards „Vita Caroli Magni") und Bildung (Hrabanus Maurus) pflegten die karoling. Autoren auch ep. und lyr. Gattungen. Gegen Ende des 9. Jh. traten in Sankt Gallen Notker Balbulus als Dichter von Sequenzen und Tutilo als Verf. von Tropen hervor. Auch der „Waltharius" entstand wahrscheinlich in Sankt Gallen.

Im *10. und 11. Jh.* traten an die Stelle der monast. Dichterschulen individueller geprägte Autoren und Werke wie etwa Widukind von Corvey, Hrotsvit von Gandersheim oder Fulbert von Chartres bzw. die anonymen Epen „Ecbasis captivi" und „Ruodlieb". Wohl im frühen 11. Jh. begann die literar. Tätigkeit der Vaganten. Während der sog. *Renaissance des 12. Jh.* entfalteten sich alle Gattungen der m. L. zu hoher Blüte. Antike und Christentum wurden in ihrer Inspirationsfunktion durch die unmittelbare histor.-polit. und psych.-soziale Erfahrung ergänzt. So finden sich neben den „Carmina Burana" oder der Lyrik des Archipoeta als erste ma. Staatslehre der „Policaticus" des Johannes von Salisbury, das satir. „Speculum stultorum" des Nigellus von Longchamps, als ältestes Novellenbuch des MA die „Disciplina clericalis" des Petrus Alfonsi und die (schriftl.) Hauptquelle aller nachfolgenden Artusgeschichten, die „Historia regum Britanniae" des Geoffrey of Monmouth. In seinem Traktat „De amore" stellte Andreas Capellanus zw. 1174 und 1186 eine Theorie der Liebe auf, die in engem Zusammenhang mit der höf. Minnelehre steht. Religions- und Naturphilosophie suchten Geheimnis und Vielfalt von Schöpfung und Universum rational zu ergründen (Abälard, Bernhardus Silvestris, Petrus Lombardus), vor dem wachsenden Selbstbewußtsein der volkssprachl. Literaturen sicherte die m. L. theoretisch ihren Standort in rhetor.-poetolog. Schriften (Matthäus von Vendôme, Johannes de Garlandia). Einen Höhepunkt verzeich-

Mittellandkanal. Kanalbrücke über die Weser bei Minden

Mittellateinische Literatur. Alkuin, rechts neben Karl dem Großen auf dem Titelblatt einer Pergamenthandschrift von Alkuins Werk „De arte rhetorica et de virtutibus", 2. Hälfte des 12. Jh. (Hamersleben, Kloster)

nete die häufig noch als Heilsgeschichte verstandene Geschichtsschreibung (Chroniken von Otto von Freising, Gottfried von Viterbo u. a.). Voraussetzung und Grundlage der Blüte der Wiss. im 13. Jh. war die Rezeption griech.-arab. Philosophie und Naturlehre, bes. des Aristoteles, für dessen Einführung Albertus Magnus Bedeutendes leistete. Im *Spät-MA (13. – 15. Jh.)* ging mit der zunehmenden Bed. der Nationalliteraturen der Einfluß der m. L. zurück. In dieser Zeit lag ihr Schwerpunkt v. a. bei der wiss. (Scholastik) und moral.-didakt. Literatur (Moralehren, Grammatiken, Vokabularien, Einführungen in die Artes liberales, Fürstenspiegel). In der religiösen Lyrik dominierte die Hymnendichtung; Legenden-, Mirakel- und Exemplarsammlungen wurden zusammengefaßt („Legenda aurea", „Gesta Romanorum").

Mittellinie, in Sportspielen die senkrecht zu den Seitenlinien verlaufende, das Spielfeld in zwei gleichgroße Hälften aufteilende Linie.

Mittellot, svw. ↑Mittelsenkrechte.

Mittelmächte, Bez. für die im 1. Weltkrieg verbündeten Staaten Dt. Reich und Österreich-Ungarn, später auch für ihre Bündnispartner Osman. Reich und Bulgarien.

Mittelmärkisch, niederdt. Mundart, ↑deutsche Mundarten.

Mittelmeer (Europ. Mittelmeer, Mittelländ. Meer), Nebenmeer des Atlantiks, mit dem es durch die Straße von Gibraltar verbunden ist, rd. 3 Mill. km², größte Tiefe 5 121 m im Ion. Becken (Calypsotiefe); trennt Afrika von Europa und Asien. Es steht über Dardanellen, Marmarameer und Bosporus mit dem Schwarzen Meer, seinem Randmeer, in Verbindung, über den Sueskanal mit dem Roten Meer. Durch den zerlappten Verlauf der Küsten sowie einige der großen Inseln wird das M. in mehrere Becken mit eigenen Namen gegliedert (z. B. Tyrrhen., Adriat. Meer). Die starke Verdunstung auf Grund des Klimas führt zu einem höheren Salzgehalt als im Atlantik und im Schwarzen Meer. Niederschläge und Süßwasserzufuhr (v. a. von der N-Seite, im S nur durch den Nil) sind geringer als die Verdunstung; das M. würde allmählich austrocknen, wenn der Wasserverlust nicht durch einströmendes, salzärmeres Oberflächenwasser aus dem Atlantik ausgeglichen würde. Diese Oberflächenströmung läßt sich bis Ägypten nachweisen. Im nördl. M. sind die Oberflächenströmungen wenig beständig und stark abhängig von der Wetterlage. Die Gezeiten spielen eine untergeordnete Rolle. Der Meeresboden wird durch einen von Unteritalien über Sizilien nach Tunis verlaufenden Rücken in ein kleineres westl. und ein größeres östl. Becken gegliedert, die wiederum durch Schwellen untergliedert werden. Bodenströme führen salzhaltiges Wasser durch die Meeresstraßen zum Atlantik und Schwarzen Meer. – Seit dem Altertum spielt das M. eine große Rolle für Schiffahrt und Handel und ist seit dem Bau des Sueskanals 1869 ein wichtiger Schiffahrtsweg nach Asien und O-Afrika. Wegen des geringen Nährstoffgehalts und der meist großen Tiefen findet die Fischerei wenig günstige Bedingungen. Dagegen hat der Fremdenverkehr Bed.; die Küsten werden jährlich von Mill. von Touristen aufgesucht. 1979 haben 17 Anrainerstaaten einen Plan zur Reinhaltung des M. verabschiedet, um eine weitere Zunahme der Verschmutzung auszuschalten.

Mittelmeeranämie, svw. ↑Thalassämie.
Mittelmeerfieber, svw. ↑Maltafieber.
Mittelmeerklima ↑Etesienklima.
mittelmeerländische Rasse, svw. ↑Mediterranide.
Mittelmeer-Mjösen-Zone, von N nach S orientierte Bruchzone, erstreckt sich von S-Norwegen bis zum Rhonedelta.

Mittelmeerstabschrecke ↑Gespenstschrecken.
Mittelmoräne ↑Gletscher.
Mittelohr ↑Gehörorgan.

Mittelohrentzündung (Otitis media), Entzündung der Schleimhaut des Mittelohrs, meist als aufsteigende Infektion aus dem Nasenrachenraum über die Ohrtrompete als Folge eines Schnupfens. Die *akute M.* beginnt plötzlich mit starken, pochenden Ohrenschmerzen, Schwerhörigkeit und Fieber; das Trommelfell ist stark gerötet und vorgewölbt. Die Behandlung erfolgt durch Gabe von Ohrentropfen und Antibiotika sowie Wärmeanwendung am Ohr. Nach etwa zwei bis drei Tagen erfolgt oft Trommelfelldurchbruch; es entleert sich eitriges Sekret. In Einzelfällen wird ein entlastender Trommelfellschnitt vorgenommen, um Komplikationen wie Warzenfortsatzentzündung, Gehirnhautentzündung oder Gesichtslähmung vorzubeugen. Jede akute M. kann in die *chron.* Form übergehen.

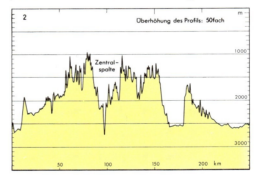

Mittelozeanischer Rücken. Profil durch den Mittelatlantischen Rücken bei 57° nördlicher Breite

Mittelozeanischer Rücken, untermeer. Gebirgssystem, das sich über 60 000 km als längstes Gebirge der Erde durch die Ozeane zieht. Am Fuß erreicht der M. R. eine Breite bis zu 4 000 km. Die Spitzen erheben sich 1 000 bis 3 000 m über die Tiefseebecken, teilweise durchstoßen sie die Meeresoberfläche und bilden Inseln. Auf dem Kamm öffnet sich eine 20–50 km breite Zentralspalte. Der M. R. stellt Spreizungszonen der Erdkruste dar, an denen die Platten der Erdkruste auseinanderdriften (↑Plattentektonik, ↑Kontinentalverschiebung). Dazwischen steigt basalt. Material aus der Tiefe auf, das neue ozean. Krusten bildet. Deshalb nimmt das Alter der Tiefseeböden vom M. R. zu den Kontinenten hin zu. Die tekton. Aktivität führt zu Erdbeben und Vulkanen.

Mittelpaläolithikum ↑Paläolithikum.

Mittelpommersch, niederdt. Mundart, ↑deutsche Mundarten.

Mittelpunkt, auf einer Strecke $\overline{AB}$ derjenige Punkt M, für den gilt: $\overline{AM} = \overline{MB}$. Bei einer punktsymmetr. Figur

Mittelpunktleiter

(↑ Symmetrie), z. B. Kreis oder Ellipse, auch das Symmetriezentrum.

Mittelpunktleiter, Abk. MP-Leiter, ↑ Drehstrom.

Mittelpunktschule, zentrale schulische Einrichtung, deren Schüler aus den umliegenden Ortschaften kommen (Schulbusse); seit den 1960er Jahren entstanden. M. können sowohl Grund-, Haupt- oder Realschulen als auch kooperative oder integrierte Gesamtschulen oder Gymnasien sein.

Mittelpunktswinkel, bei einem Kreis ein von zwei Radien gebildeter Winkel.

Mittelrhein, Bez. für den Flußabschnitt des Rheins zw. Bingen und Bonn.

Mittelrheinisches Becken, vom Rhein durchflossenes Senkungsgebiet zw. Koblenz und Andernach, Rhld.-Pfalz.

Mittelrussische Platte, Plateaulandschaft zw. der Oka im N und dem Donez im S, in der Ukraine und in Rußland, bis 293 m ü. d. M., durch 100–150 m tiefe Flußtäler und Erosionsschluchten gegliedert. 70–80 % der M. P. werden ackerbaulich genutzt.

Mittelsächsisches Hügelland, nördl. Vorland des Erzgebirges zw. Zwickauer und Freiberger Mulde, im Rochlitzer Berg bis 353 m ü. d. M. Intensiver Ackerbau.

Mittelschicht ↑ Schichtung.

Mittelschule, in der BR Deutschland ältere Bez. für ↑ Realschule; in Österreich bis 1963 Bez. für die allgemeinbildende höhere Schule (Gymnasium); in der Schweiz Schule, die von der Primarschule bis zum Reifezeugnis führt (meist 6.–12. Klasse).

Mittelschwergewicht ↑ Sport (Übersicht Gewichtsklassen).

Mittelsenkrechte (Mittellot), die im Mittelpunkt einer Strecke (speziell auf einer Dreiecksseite) errichtete Senkrechte. Die M. in einem Dreieck schneiden sich im Mittelpunkt des Umkreises.

Mittelsibirisches Bergland, flachgewelltes Plateau von durchschnittlich 500 bis 700 m Höhe in Rußland, erstreckt sich zw. dem Jenissei im W, der Lena im O, dem Nordsibir. Tiefland im N sowie dem östl. Sajan, den Gebirgen nördl. des Baikalsees und des nördl. Transbaikalien im S; im Putoranagebirge bis 1701 m hoch. Extrem kontinentales Klima; Dauerfrostboden ist verbreitet. Überwiegend von Lärchentaiga bedeckt.

Mittelspannung ↑ Hochspannung.

Mittelspecht (Mittlerer Buntspecht, Dendrocopos medius), etwa 22 cm großer Specht, v. a. in lichten Laubwäldern Europas und des Iran; ♂ und ♀ haben eine (durchgehend) rote Kopfplatte und eine rosafarbene Unterschwanzregion.

Mittelstaaten, allg. Bez. für Staaten, die in einem Mächtesystem auf Grund ihrer territorialen Größe, ihres polit., wirtsch. und militär. Potentials eine Position zw. Großmächten und Kleinstaaten einnehmen.

Mittelstadt, in der Gemeindestatistik Bez. für eine Stadt mit 20 000–100 000 E. Kennzeichnend sind stärkere räuml. Trennung von Wohn- und Arbeitsstätten, die Ausbildung eines zentralen Geschäftsviertels und Ansätze zu Subzentren.

Mittelstand, Bez. für die „Mittelklasse" einer Gesellschaft, die je nach der zugrundeliegenden Gesellschaftstheorie oder nach der polit. Perspektive anders umschrieben wird. Gewöhnlich wird zw. „altem" (Handwerker, Einzelhändler, Bauern, kleinere Gewerbetreibende) und „neuem" M. (Beamte, Angestellte) unterschieden. Für die Zuordnung zum M. in der modernen Ind.gesellschaft werden nicht mehr allein mittleres Einkommen, Vermögen und begrenzte berufl. Selbständigkeit herangezogen, sondern als polit. Kategorie wird dem M. das Vorhandensein auch einer spezif. Gesinnung, eines bestimmten Gesellschaftsbildes und einer eigenen sozialen Mentalität sowie die Überzeugung von einer bestimmten ordnungspolit. Funktion zugeschrieben. M.theorien haben hierzu die bes. Tugenden (Ordnungsliebe, Fleiß, Sparsamkeit, Karrierebewußtsein) des M. und seine polit. und soziale Ausgleichsfunktion bei der Minderung der Spannungen zw. „oben" und „unten" und bei der Stabilisierung der staatl. Ordnung hervorgehoben. Kritisch wird der hiermit tendenziell verbundene Konservatismus, die Autoritätsgläubigkeit und Fortschrittsfeindlichkeit v. a. des alten M. als potentieller polit. „Extremismus der Mitte" (S. M. Lipset), d. h. Anfälligkeit für faschist. Bewegungen, vermerkt. Historisch ging der alte M. aus dem Handwerk hervor. Der Widerstand der Zunftmeister gegen Gewerbefreiheit und Liberalismus wurde in der und durch die Revolution von 1848 in die Bahnen des polit. Konservatismus und einer verbandspolitisch organisierten Interessenvertretung gelenkt, während die Gesellenverbindungen organisator. Keimzelle der Arbeiterbewegung wurden. Nach 1919 blieb das Experiment der „Reichspartei des dt. M." (Wirtschaftspartei) ohne Erfolg. In der Weltwirtschaftskrise wurde der Protest zur Panik und machte weite Teile des M. und seine Organisationen für die Propaganda des NS anfällig.

Die **Mittelstandsverbände** entstanden seit der Mitte des 19. Jh. als stark sozialprotektionistisch ausgerichtete Interessenverbände des alten M. Wichtige M.verbände in Deutschland sind der Dt. Bauernverband e. V., der Zentralverband des Dt. Handwerks (ZDH) und der Zentralverband der Dt. Haus-, Wohnungs- und Grundeigentümer e. V.; eine einheitl. Interessenvertretung gibt es seit der Auflösung des Dt. M.blocks 1957 nicht mehr.

Mittelsteinzeit, Übergangszeit von der Altsteinzeit zur Jungsteinzeit, ↑ Mesolithikum.

Mittelsibirisches Bergland. Mittelgebirgsformen im Gebiet des Aldan, eines rechten Nebenflusses der Lena

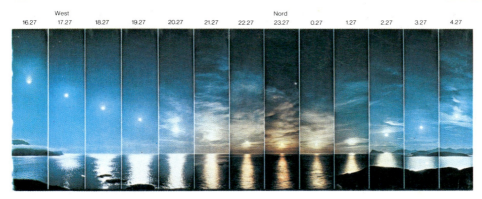

Mitternachtssonne. Stand der Sonne nach jeweils einer Stunde, von demselben Standpunkt aus photographiert

Mittelstreckenlauf, leichtathletische Laufwettbewerbe über Strecken von 800 m bis 1 500 m für Frauen, bis 3 000 m für Männer.

Mittelstreckenraketen, Bez. für militär. Raketen, die Entfernungen von 150–5 500 km überbrücken können.

Mittelstürmer, in Torspielen der in der Mitte der Angriffsreihe spielende Stürmer.

Mittelwald ↑ Wald.

Mittelwellen (Hektometerwellen), Abk. MW (internat. Abk. MF), in der Funktechnik verwendete Bez. für elektromagnet. Wellen mit Wellenlängen zw. 100 m und 1 000 m, d. h. mit Frequenzen zw. 3MHz und 300 kHz; häufig werden auch die ↑ Grenzwellen mit zu den M. gerechnet. I. e. S. wird als M.bereich der Frequenzbereich zw. 526,5 kHz und 1 606,5 kHz (mit Wellenlängen zw. 569,8 m und 186,7 m) bezeichnet, in dem alle M.sender arbeiten.

Mittelwert (Mittel), Bez. für einen Wert $\bar{x}$, den man n vorgegebenen Werten $x_1, x_2, ..., x_n$ nach einer bestimmten Vorschrift zuordnet und der zw. dem größten und dem kleinsten dieser Werte liegt. Man unterscheidet den *arithmet. M. (arithmet. Mittel, Durchschnitt)*

$$\bar{x}_a = \frac{1}{n}(x_1 + x_2 + \cdots + x_n),$$

den *geometr. M. (geometr. Mittel)*

$$\bar{x}_g = \sqrt[n]{x_1 \cdot x_2 \cdots x_n},$$

den *harmon. M. (harmon. Mittel)*

$$\bar{x}_h = n \bigg/ \left(\frac{1}{x_1} + \frac{1}{x_2} + \cdots + \frac{1}{x_n} \right)$$

und den *quadrat. M. (quadrat. Mittel)*

$$\bar{x}_q = \sqrt{\frac{1}{n}(x_1^2 + x_2^2 + \cdots + x_n^2)}.$$

Mittelwertsatz der Differentialrechnung, mathemat. Satz, wonach es für eine Funktion f, die in einem Intervall $[a, b]$ stetig und in $]a, b[$ differenzierbar ist, einen Punkt x^* des offenen Intervalls gibt, für den für die Ableitung f' gilt:

$$f'(x^*) = \frac{f(b) - f(a)}{b - a};$$

in der Form $f(b) - f(a) = (b - a) \cdot f'(x^*)$ z. B. zur Abschätzung von Funktionswerten benutzbar.

Mittelwertsatz der Integralrechnung, mathemat. Satz, wonach für eine in einem Intervall $[a, b]$ stetige Funktion f ein Punkt x^* dieses Intervalls existiert, für den

$$\int_a^b f(x)dx = (b - a) \cdot f(x^*)$$

gilt; wird z. B. zum Abschätzen bestimmter Integrale benutzt.

Mittelwort, svw. ↑ Partizip.

Mittenreim, Reim zw. Versende und einem Wort im Innern eines vorangehenden oder nachfolgenden Verses.

Mittenwald, bayr. Marktgemeinde im Tal der Isar zw. Karwendel- und Wettersteingebirge, 913 m ü. d. M., 8 200 E. Staatl. Berufsfachschule für Geigenbau; Geigenbaumuseum; Luftkurort; chem. Fabrik; Musikinstrumentenbau. – Ende des 11. Jh. als Rodungssiedlung „**media silva**" erwähnt; erlebte 1487–1679 durch eine Marktverlegung der Venezianer von Bozen nach M. und ab 1683 durch die von M. Klotz eingeführte Geigenbaukunst wirtsch. Aufschwung. – Spätbarocke Pfarrkirche (18. Jh.) mit spätgot. Chor des Vorgängerbaues. Das Ortsbild ist durch reiche Bemalung der Hausfassaden (↑ Lüftelmalerei) geprägt.

Mitterer, Erika, verh. Petrowsky, *Wien 30. März 1906, östr. Schriftstellerin. – Trat bes. mit Lyrik und Erzählungen hervor; führte 1924–26 mit R. M. Rilke einen „Briefwechsel in Gedichten" (hg. 1950). – *Werke:* Der Fürst der Welt (R., 1940), Die nackte Wahrheit (R., 1951), Klopfsignale (Ged., 1970), Entsühnung des Kain (Ged., 1974), Alle unsere Spiele (R., 1977), Das unverhüllte Kreuz (Ged., 1985).

Mitternacht, der Zeitpunkt der unteren Kulmination der Sonne.
▷ Bez. für die Himmelsrichtung Norden.

Mitternachtssonne, die zw. den Polarkreisen und den Erdpolen im Sommer stets sichtbare Sonne (bedingt durch die Achsenstellung der Erde zur Ekliptik).

Mitterrand, François [frz. mitɛˈrã], *Jarnac (Charente) 26. Okt. 1916, frz. Politiker. – Jurist und Journalist; 1944 in de Gaulles Provisor. Reg.; 1946–58 als Vertreter der Union Démocratique et Socialiste de la Résistance (UDSR, deren Vors. 1953–58) Abg.; zw. 1947/57 mehrfach Min., u. a. Innen- (1954/55) und Justizmin. (1956/57); nahm in der frz. Staatskrise 1958 gegen de Gaulle Stellung, dessen Algerienpolitik er gleichwohl unterstützte; 1959–62 Senator; seit 1962 erneut Abg. in der Nationalversammlung; Vors. der Fédération de la Gauche Démocrate et Socialiste (FGDS) 1965–68, als deren Präsidentschaftskandidat er 1965 de Gaulle zur Stichwahl zwang; seit 1971 Vors. des neu konstituierten Parti Socialiste (PS); bildete 1972 die Union de la Gauche unter Einschluß des KPF; bei den Präsidentschaftswahlen 1974 knapp unterlegen, wurde M. im Mai 1981 zum frz. Staatspräs. gewählt; Wiederwahl zum Staatspräs. 1988.

Mittersill, östr. Marktgemeinde im Bundesland Salzburg, zentraler Ort des Oberpinzgaus, 790 m ü. d. M., 5 400 E. Nat.parkmuseum; Skifabrik; Fremdenverkehr. – Die 1180 gen. Burg M. kam Anfang des 13. Jh. an den Erzbischof von Salzburg, der den seit 1338 belegten Markt M. gründete. – Das nach 1525 an der Stelle der Burg erbaute Schloß ist heute Hotel. Barock sind Dekanats- und Annakirche (beide 18. Jh.).

Mittfasten ↑ Lätare.

François Mitterrand

Mittler, in der Religionsgeschichte eine Gestalt, die zw. der Gottheit und den Menschen steht und die ird. mit der jenseitigen Welt in Verbindung bringt. Diese M.funktion ist jedem Typus religiöser Autorität eigen. Für das Christentum ist Jesus Christus der erlösende Mittler.

mittlere Reife, nicht offizielle Bez. für den erfolgreichen Abschluß von 10 Schuljahren, gleich welcher Schulart, als inhaltlich vom Lehrplan geplanter Abschluß bei Realschulen (früher: Mittelschulen) und Gesamtschulen. Voraussetzung für den Besuch von Fachoberschulen, vielfach auch für Ausbildungsberufe (Lehre). Sie kann dabei durch eine in Berufsfachschulen erworbene Fachoberschulreife ersetzt werden.

Mittlerer Neckar, Region in Bad.-Württemberg.

Mittlerer Oberrhein, Region in Bad.-Württemberg.

Mittlerer Osten, zusammenfassende Bez. für die Länder Iran, Afghanistan, Pakistan, Indien, Nepal, Bhutan, Bangladesch und Sri Lanka.

Mittlerer Westen, Bez. für das Geb. der USA zw. dem oberen Missouri, dem O-Saum der Great Plains, dem Geb. der Großen Seen und dem Ozark Plateau im Süden.

Mittweida, Stadt in Sa., im Mittelsächs. Hügelland, an der Zschopau, 17 000 E. Hochschule für Technik; Textilind., Maschinenbau, feinmechan. Ind. – In der 2. Hälfte des 12. Jh. gegr., seit 1286 Stadt. – Spätgot. Marienkirche (15. Jh.; reiche Innenausstattung).

Mittwoch, seit dem 10. Jh. bekannte, urspr. oberdt. Bez. des 4. (ab 1976 nach DIN des 3.) Tages der Woche. Der Tag des Wodan (engl. „wednesday") wurde bei der Einführung der Siebentagewoche von den Römern mit dem Tag des Merkur (frz. „mercredi") gleichgesetzt.

Mitverschulden, der rechtlich zurechenbare Anteil des Geschädigten an der Entstehung des Schadens. Um diesen Anteil verkürzt sich der Anspruch auf Schadenersatz gegen den Schädiger (§ 254 BGB). Dies gilt auch dann, wenn sich das Verschulden des Beschädigten darauf beschränkt, daß er es unterließ, den Schaden abzuwenden oder zu mindern (Schadenminderungspflicht).

Mitvormund ↑Vormundschaft.

Mixed [engl. mıkst „gemischt"] (gemischtes Doppel) ↑Doppel.

Mixed-media-Veranstaltung [mıkst ˈmiːdɪə], svw. ↑Multimediaveranstaltung.

Mixed Pickles [engl. mıkst ˈpıklz; zu mixed „gemischt" und pickles „Eingemachtes"], in gewürzte Essigmarinade eingelegte Gemüsemischung (als Beilage).

mixen [engl., zu lat. miscere „mischen"], [alkohol. Getränke] mischen.

Mixer [engl. (zu ↑mixen)], elektr. Gerät zum Zerkleinern und Mischen (bei der Zubereitung von Getränken, Speisen).

mixolydischer Kirchenton [griech./dt.], auf dem Grundton g stehende Kirchentonart.

mixotroph [griech.], Energie aus der Oxidation anorgan. Substrate gewinnend und gleichzeitig organ. Substrate als Kohlenstoffquelle nutzend; z. B. bei Knallgas-, Schwefelbakterien sowie fleischfressenden Pflanzen.

Mixteken. Steingefäß mit vorspringender menschlicher Maske und Flachreliefs (Wien, Museum für Völkerkunde)

Mixteken, Indianerstamm in den mex. Staaten Oaxaca und Puebla; rd. 320 000. – Unbekannte Anfänge, im 8. Jh. in der Mixteca Alta (Oaxaca) nachweisbar. Gruppen drangen um 800 nach N vor und schufen die „Mixteca-Puebla-Kultur" in Z-Mexiko. Die Masse der M. eroberte im 10. Jh. große Teile des heutigen Staates Oaxaca (↑Mitlá, ↑Monte Alban). Im 15. Jh. verlagerte sich der Einfluß auf die Mixteca Alta und Mixteca Baja, wo sie noch heute leben. – Die M. schufen eine der bed. altamerikan. Hochkulturen; in vorkolumb. Zeit berühmt durch ihr Kunsthandwerk (Goldschmiedearbeiten, Mosaike aus farbigen Steinen und Federn, Keramik). Die Bilderhandschriften der M. geben Auskunft über Herrschergenealogien und Kalenderdaten bis ins 6./7. Jh. Stil und Farben der Bemalung prägen auch die polychrome Keramik mit glänzender, hartgebrannter Oberfläche.

Mixtur [lat., zu miscere „mischen"], flüssige Arzneimischung.

▷ in der Orgel die am häufigsten gebrauchte ↑gemischte Stimme. Die hoch klingenden M. werden gewöhnlich nur in Verbindung mit anderen Registern verwendet.

Miyazaki (Mijasaki), jap. Stadt auf Kyūshū, nahe der O-Küste, 279 100 E. Verwaltungssitz der Präfektur M.; Univ. (gegr. 1949); histor. Museum; kulturelles und wirtsch. Zentrum des SO-Teils der Insel. – Im 17. Jh. Aufteilung des Stadtgebietes an zwei Ft.; seit 1873 Hauptstadt der Präfektur.

Miyazawa Kiichi, *Tokio 8. Okt. 1919, jap. Politiker (Liberal-Demokrat. Partei). – Jurist; 1953–65 Mgl. des Oberhauses, seit 1967 des Unterhauses; seit 1962 mehrfach Min. (u. a. 1974–76 Außenmin.), 1987/88 stellv. Min.präs., seit 1991 Vors. seiner Partei und Min.präsident.

Mizar (Misar) [arab.], der Stern ζ im Sternbild Ursa Maior, der mittlere der 3 Deichselsterne des Großen Wagens, dem der Stern Alkor „aufsitzt". M. ist der älteste bekannte Doppelstern.

Mizellen ↑Kolloid.

Mizoram [mıˈzɔːræm], Bundesstaat in NO-Indien, 21 081 km², 700 000 E (1990), Hauptstadt Aizawl.

Mjaskowski, Nikolai Jakowlewitsch, *Festung Nowogeorgijewsk (= Modlin, Woiwodschaft Warschau) 20. April 1881, †Moskau 8. Aug. 1950, russ. Komponist. – Bekannt v. a. durch seine 27 Sinfonien, in denen er die russ. durch Tschaikowsky geprägte Tradition mit den Tendenzen neuerer russ. Musik verbindet.

Mjöllnir ↑germanische Religion.

Mjøsensee [norweg. ˈmjøsən], mit 368 km² der größte See Norwegens, nördl. von Oslo, 122 m ü. d. M., bis 449 m tief. Am O-Ufer liegt Lillehammer.

MKS, Abk. für: ↑Maul-und-Klauenseuche.

MKS-System, ein in der Mechanik verwendetes Einheitensystem, bei dem sich alle vorkommenden physikal.

Mixteken. Schlange aus Holz, mit Türkis und Muschelschalen besetzt, um 1500 (London, British Museum)

Einheiten auf 3 Grundeinheiten, die Längeneinheit **M**eter, die Masseneinheit **K**ilogramm und die Zeiteinheit **S**ekunde, zurückführen lassen. – ↑Maßsystem.

ml, Einheitenzeichen für: Milliliter.

Mljet, kroat. Adriainsel in Mitteldalmatien, 100 km², bis 514 m ü. d. M. Stark bewaldet, z. T. Nationalpark; Hauptort Babino Polje.

Mlle., Abk. für: ↑**M**ademoise**lle.**

MLPD ↑K-Gruppen.

M. M., Abk. für: **M**etronom **M**älzel (↑Metronom).

Mme., Abk. für: ↑**M**ada**me.**

mm-Wellen ↑Mikrowellen.

Mn, chem. Symbol für ↑Mangan.

Mňačko, Ladislav [slowak. 'mnjatʃkɔ], * Vel'ké Klobúky (Slowakei) 29. Jan. 1915, slowak. Schriftsteller. – Gilt als bedeutendster zeitgenöss. slowak. Schriftsteller. Im 2. Weltkrieg Partisan; zunächst Kommunist; Journalist und Redakteur, ging 1967 nach Israel; nach vorübergehender Rückkehr verließ er die ČSSR 1968. M. literar. Wirkung liegt in seinem sachl. Reportagestil (,,Verspätete Reportagen", 1963; 1964 dt. u. d. T. ,,Der Rote Foltergarten"; ,,Jenseits von Intourist", Satir. Reportagen", 1979); polit. Aufsehen erregte der Roman ,,Wie die Macht schmeckt" (1966); schrieb auch über Vietnam, u. a. ,,Die Aggressoren" (1968). Verfaßte Romane wie ,,Der Tod heißt Engelchen" (1959), ,,Die Nacht von Dresden" (1965), ,,Einer wird überleben" (1973), ,,Der Gigant" (1978).

Mneme [griech.], Bez. für ,,Gedächtnis" als Oberbegriff für sowohl angeborene als auch erworbene Eigenschaften.

Mnemotaxis [griech.], gerichtete, durch Erinnerung an eine bestimmte Erfahrung gelenkte Fortbewegung eines Tiers (Taxis); z. B. das Aufsuchen einer Wasserstelle.

Mnemotechnik (Mnemonik) [griech.], ,,Gedächtniskunst", die verstanden wird als Erleichterung des Sicheinprägens schwieriger Gedächtnisstoffe durch sachfremde Lernhilfen, wie z. B. Merkverse (,,Eselsbrücken"), bildl. Darstellungen oder Schemata.

Mnouchkine, Ariane [frz. mnuʃ'kin], * Boulogne-Billancourt 3. März 1938, frz. Regisseurin. – Gründete 1964 das ,,Théâtre du Soleil", das aufwendiges, politisch engagiertes Theater macht. Internat. Aufmerksamkeit errangen ,,1789" (1975 verfilmt), ,,1793", ,,L'âge d'or", ,,Molière" (1978 verfilmt) und die szen. Bearbeitung von ,,Mephisto" (nach Klaus Mann).

Mo, chem. Symbol für ↑Molybdän.

Moabiter, ein den israelit. Stämmen ethnisch verwandtes Volk. Es hatte sich schon vor der israelit. Landnahme im Ostjordanland **(Moab)** angesiedelt. Zur Zeit der Landnahme drangen die M. in westjordan. Gebiet ein und teilten mit den Israeliten den Baal-Peor-Kult. David unterwarf die M. und machte Moab zu einem Vasallenstaat; im 9. Jh. wieder befreit, gerieten sie im 8. Jh. jedoch unter die Herrschaft der Assyrer, später der Babylonier, nach dem 6. Jh. der Nabatäer.

Mob [engl., zu lat. mobile vulgus ,,aufgewiegelte Volksmenge"] (Pöbel), soziale Massengruppierungen mit sehr geringem oder völlig fehlendem Organisationsgrad, in denen eine triebenthemmte, zumeist zerstörerisch wirkende Verhaltenspotenz vorherrscht.

Möbel [frz., zu lat. mobilis ,,beweglich"], bewegliche, d. h. nicht zum Bau gehörige Einrichtungsgegenstände von Wohnungen oder Geschäftsräumen. Je nach Aufgabe unterscheidet man Aufbewahrungs- oder Kasten-M. (Schrank, Truhe, Kommode), Tafel-M. (Tisch, Pult), Sitz-M. (Bank, Stuhl, Sofa), Liege-M. (Bett). M. sind überwiegend aus Holz gefertigt, man verwendete im Altertum gelegentlich auch Stein und Bronze, seit dem 19. Jh. auch Stahlrohr, Weiden- und Rohrgeflecht, im 20. Jh. zunehmend Kunststoff. – Die Gestaltung der einzelnen M.stücke folgt dem Zeitstil, ist aber auch von der techn. Entwicklung abhängig. Im MA kannte man zunächst nur aus Bohlen und Pfosten gezimmerte M., die bemalt, mit Schnitzereien verziert oder mit Leder überzogen wurden. Im Spät-MA Entwicklung von Rahmenkonstruktionen mit dünnen Füllbrettern (seit dem 18. Jh. nehmen Füllungen aus Glas zu); gedrechselte Füße und Verzierungen. Bei geschweiften barocken M. sind die einzelnen Teile aus Kanthölzern herausgesägt. Im 20. Jh. wird das Brett weitgehend von furnierten oder beschichteten Preßspanplatten abgelöst, die nur zusammengeschraubt, gedübelt oder geleimt werden. Die Furniertechnik ist seit dem MA bekannt, sie erlangte bes. seit dem 17. Jh. große Bed. durch den Import kostbarer exot. Hölzer und verdrängte die Schnitzereien (Gotik, Renaissance). Daneben wird v. a. die Intarsie gepflegt. Prunk-M. des 17./18. Jh. wurden auch mit Bronzebeschlägen versehen oder mit Silberblech überzogen. Bei den Sitz-M. löste im Barock die feste Polsterung die losen Kissen ab. Im 19. Jh. brachten Bugholz und Spanplatten, im 20. Jh. kalt gebogene Stahlrohre und Kunststoffe neue Gestaltungsmittel.

Vertreter der einzelnen M.gattungen waren schon im Altertum bekannt. Wichtigstes Sitz-M. des MA war die Bank, der Tisch wurde oft erst zum Essen aus Böcken und Platten zusammengesetzt. Aufbewahrungs-M. waren die Truhe, auch die Truhenbank. Seit dem 15. Jh. verdrängte der Schrank allmählich die Truhe in den ländl. Bereich. Vom 16.–18. Jh. entwickelte man innerhalb der einzelnen M.gattungen eine Fülle unterschiedl. Typen, die speziellen Zwecken dienten. Ausgehend von den Ideen des Bauhauses gewannen im 20. Jh. Vielzweck-M. an Bedeutung.

Am Ende des MA waren Teile des Mobiliars, Bank, Schrank und Bettalkoven fest mit der Wandvertäfelung verbunden. Der Barock stellte ausschließlich Einzelstücke her, doch wurden sie mit Deckenstuck und Draperie in eine Gesamtraumkonzeption einbezogen. Um eine Gesamtkonzeption bemühten sich dann bes. die Jugendstilarchitekten. In der zweiten Hälfte des 20. Jh. dokumentieren ,,Wohnlandschaften", Sitzgruppenkombinationen aus Polsterelementen (oft aus Schaumstoff) und beliebig zu verlängernde Wandregal-Schranksysteme, die den gesamten Raum umfassen oder auch freistehend große Räume unterteilen, die aus industrieller Fertigung und dem Einsatz neuer Werkstoffe resultierenden Umwälzungen. – Abb. S. 426/427.

Ladislav Mňačko

Ariane Mnouchkine

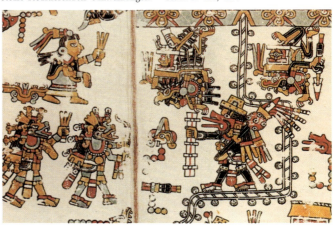

Mixteken. Ausschnitt aus einer Bilderhandschrift des Codex Mexicanus 1 (Wien, Österreichische Nationalbibliothek)

Moberg, Vilhelm [schwed. ‚mu:bærj], * Algutsboda (= Emmaboda, Småland) 20. Aug. 1898, † Väddö (= Norrtälje) 8. Aug. 1973, schwed. Schriftsteller. – Schildert in seinen realist. Romanen, u. a. ,,Die harten Hände" (1930), die gesellschaftl. Veränderungen in seiner Heimat. In dem histor. Roman ,,Reit heute nacht!" (1941) setzte sich M. mit dem Nationalsozialismus auseinander. Gestaltete in den Romanen ,,Bauern einen übers Meer" (1949) und ,,Neue Heimat in fernem Land" (1952) die Auswanderung nach den USA; schrieb auch gesellschaftskrit. Dramen.

mobil [zu lat. mobilis ,,beweglich"], 1. nicht an einen festen [Stand]ort gebunden; den Wohnsitz, den Arbeitsplatz häufig wechselnd; 2. gesund, munter.

Mobil Corp.

Mobil Corp. [engl. 'moʊbɪl kɔːpəˈreɪʃn], amerikan. Holdinggesellschaft mit Aktivitäten im Erdöl- und Gasgeschäft (über die Mobil Oil Corp.), im Bereich der Chemie und anderer Energieträger (u. a. Kohle, Uran); gegr. 1976 mit dem Erwerb weiterer Unternehmen. Die M. C. umfaßt eigene Raffinerien, ein Pipelinenetz von 60 000 km, ein bed. Tankstellennetz in mehr als 100 Ländern, ist auch ein bed. Warenhaus- und Verpackungsmittelkonzern; Sitz Wilmington (Del.).

mobile [italien.], musikal. Vortragsbez.: beweglich, rege.

Mobile [engl. moʊbiːl], Stadt in Alabama, USA, am Golf von Mexiko, bis 17 m ü. d. M., 203 000 E. Kath. Erzbischofssitz; Univ. (gegr. 1963). M. ist einer der bedeutendsten Häfen an der Golfküste mit zahlr. Ind.betrieben, u. a. Schiffbau, Aluminiumgewinnung, Erdölraffinerie, chem. Ind. und Bekleidungsindustrie. – Frz. Gründung von 1702, 1711–20 Hauptstadt von ↑Louisiane; seit 1819 City.

Mobile [zu lat. mobilis „beweglich"], frei hängendes, ausbalanciertes, leichtes Gebilde, das schon von schwachem Luftzug bewegt wird. Die Bez. M. wurde 1932 von M. Duchamp für die Frühwerke von A. Calder geprägt.

Mobilfunk, allg. gebräuchl. Bez. für die Gesamtheit aller bewegl. Landfunkdienste. Der M. ermöglicht drahtlose Ferngespräche (Übertragung mittels elektromagnet. Wellen) von jedem Ort aus (u. a. Autotelefon). Unterschieden wird v. a. zw. M.-Diensten in nichtöff. (Betriebsfunk u. a. bei Taxiunternehmen) und öff. (Eurosignal, Cityruf, schnurlose Telefone) Funknetzen. Auf das seit 1986 von der Dt. Bundespost betriebene *C-Netz* für M.telefone verteilten sich 1992 rd. 700 000 Anschlüsse. Einen europaweiten Einsatz erlauben die seit 1991 im Aufbau befindl., digitalen Funknetze der Telekom *(D1-Netz)* und der Mannesmann Mobilfunk GmbH *(D2-Netz),* die 1992 in Teilnetzen in Betrieb genommen wurden. Ein weiteres Netz (E1) ist geplant.

Mobilgarde (Garde mobile, Garde nationale mobile), 1. die während der Februarrevolution 1848 (bis 1849) zum Schutz der Frz. Republik gebildete Truppe; 2. die 1868 von Napoleon III. geschaffene Territorialmiliz, die im Krieg 1870/71 einen Großteil des frz. Heeres bildete.

Mobilien [zu lat. mobilis „beweglich"], im *Recht* die bewegl. Sachen im Gegensatz zu den ↑Immobilien, d. h. alle Sachen außer den Grundstücken und ihren wesentl. Bestandteilen.

Mobilisierung [zu lat. mobilis „beweglich"], allg. Bez. für die Einbeziehung von Individuen und Gruppen in polit.-soziale Aktionen oder polit. Bewegungen.

▷ (Mobilmachung) i. w. S. der vorgeplante Übergang vom Friedens- in den Kriegs- bzw. Verteidigungszustand im militär. und zivilen Bereich eines Staates, i. e. S. die Herstellung der Kriegsbereitschaft der Streitkräfte. – Ggs. Demobilisierung.

▷ (Mobilisation) in der *Biologie* die Einleitung oder Beschleunigung von biochem. Prozessen, um den Organismus vor Schaden zu bewahren (z. B durch vermehrte Be-

Möbel

Links: André Charles Boulle, Kleiderschrank mit Ebenholzfurnier und vergoldeten Bronzebeschlägen, spätes 17. Jh. (Paris, Louvre). Mitte oben: Armlehnsessel im Chippendale-Stil, England, 19. Jh. (Paris, Musée des Arts Décoratifs). Rechts oben: Toilettentischchen, Ahorn, Paris, 1878 (Frankfurt am Main, Museum für Kunsthandwerk). Rechts unten: Kommode, Nußbaum- und Nußwurzelfurnier, Mainfranken, um 1750 (Privatbesitz)

reitstellung von Abwehrstoffen) oder um einen neuen Organismus aufzubauen (z. B. durch erhöhten Stärke-Zucker-Umbau bei keimenden Pflanzen).

Mobilität [zu lat. mobilitas „Beweglichkeit"], räumlich-regionale (z. B. Binnen-, Ein-, Auswanderungen) und/oder positionell-soziale Bewegungsvorgänge von Personen, Personengruppen, Schichten oder Klassen einer Gesellschaft. Hohe M. ist ein bes. Kennzeichen dynam. Ind.gesellschaften, in denen sich infolge technolog. oder sozialer Entwicklungen insbes. die berufl. Aufstiegs- und Leistungsinitiativen. Positionen großer Bev.gruppen verändern. Ursachen wie Grenzen der M. sind gesamtgesellschaftl., gruppenspezif. und individuelle Faktoren: histor. Zeitumstände (z. B. Kriegsfolgen), techn. und sozialer Wandel (Veränderungen der Berufs- und der kulturellen Wertestruktur), ökonom. und soziales Entwicklungsgefälle (z. B. Gastarbeitnehmer), schichten- und familienbestimmte (Herkunfts-)Traditionen und „Barrieren", persönl. Aufstiegs- und Leistungsinitiativen.

Mobilitätsziffer, statist. Maßzahl, gebildet aus der Anzahl der Wohnsitzverlegungen (Wanderungen) innerhalb einer Bev. und eines bestimmten Zeitabschnitts, bezogen auf je 1 000 Einwohner.

Mobilmachung, svw. ↑Mobilisierung.

Möbius, August Ferdinand, *Schulpforta (= Bad Kösen) 17. Nov. 1790, †Leipzig 26. Sept. 1868, dt. Mathematiker und Astronom. – Prof. in Leipzig; lieferte wichtige Beiträge zur analyt. Geometrie, Topologie, Statik und Funktionentheorie.

M., Paul, *Leipzig 24. Jan. 1853, †ebd. 8. Jan. 1907, dt. Neurologe. – Dozent in Leipzig, später Nervenarzt. Sein medizin. Interesse galt v. a. den sog. funktionellen Nervenkrankheiten (Hysterie, Neurasthenie, Migräne). – M. erstellte sog. Pathographien bed. Persönlichkeiten (u. a. „J. J. Rousseaus Krankengeschichte", 1889; „Über das Pathologische bei Goethe", 1898).

Möbiussches Band [nach A. F. Möbius], ein Band, das entsteht, wenn man die Schmalseiten eines langgestreckten Rechtecks so verbindet, daß urspr. diagonal gegenüberliegende Ecken zusammenfallen. Das M. B. stellt eine einseitige Fläche dar, man kann jeden Punkt der Fläche erreichen, ohne den Rand zu überschreiten.

Mobutu Sese Seko (bis 1972 Joseph Désiré Mobutu), * Lisala bei Mbandaka 14. Okt. 1930, zair. Politiker. – Nach Gründung der Demokrat. Republik Kongo (1960; = Zaire) Staatssekretär und Generalstabschef; regierte nach einem Putsch im Sept. 1960 bis zur Wiedereinsetzung von Staatspräs. Kasawubu (Frühjahr 1961) mit Hilfe der Armee; ernannte sich nach einem 2. Putsch im Nov. 1965 zum Staatspräs.; entmachtete 1966 das Parlament, übernahm das Amt des Min.präs. (bis 1991) und errichtete eine Einparteiendiktatur unter der von ihm gegr. (Vors. seit 1967) Revolutionären Volksbewegung (MPR).

Mobutu Sese Seko

Mobutu-Sese-Seko-See ↑Albertsee.

Moçambique [mozamˈbik, portugies. musɐ̃ˈbikə], Stadt in NO-Moçambique, auf der gleichnamigen Insel im Ind. Ozean, 15 000 E. – 1507 erbauten die Portugiesen das

Links oben: Eero Saarinen, Eßzimmergruppe, Tisch und Stühle aus weiß beschichtetem Aluminium, Stühle mit Polyesterschalen (USA, 1956), Anrichte aus Leichtmetall, mit lackiertem Holz und Marmorplatte (USA, 1955). Rechts oben: Kabinettschrank, Nußbaum, England, spätes 17. Jh. (Aachen, Suermondt-Museum). Links unten: Baldachinbett, Westfalen, 1834 (Berlin, Museum für Deutsche Volkskunde). Rechts unten: Michele De Lucchi, Sofa Lido, 1982

Moçambique

Moçambique
Fläche: 799 380 km²
Bevölkerung: 14,7 Mill. E (1990), 18,4 E/km²
Hauptstadt: Maputo
Amtssprache: Portugiesisch
Währung: 1 Metical (MT) = 100 Centavos (c)
Zeitzone: MEZ +1 Stunde

Moçambique

Staatswappen

Fort São Sebastião; bis 1897 war M. Hauptstadt von Portugies.-Ostafrika.
Moçambique [mozɐmˈbik, portugies. musɐmˈbikɐ] (amtl.: República de M.), Republik in Südostafrika, zw. 10° 27′ und 26° 52′ s. Br. sowie 30° 12′ und 40° 51′ ö. L. **Staatsgebiet:** Es grenzt im O an den Ind. Ozean, im S und südl. W an die Republik Südafrika, im äußersten SW an Swasiland, im W an Simbabwe, im NW an Sambia, im nördl. W und zentralen N an Malawi, im N an Tansania. **Verwaltungsgliederung:** 11 Prov. **Internat. Mitgliedschaften:** UN, OAU, GATT.
Landesnatur: M. ist überwiegend ein Tafelland, das von zahlr. Inselbergmassiven überragt wird. Höchste Erhebung ist mit 2 436 m der Monte Binga an der Grenze gegen Simbabwe. Im zentralen N hat M. noch einen Anteil am Ostafrikan. Grabensystem mit dem Njassasee. Entlang der 2 795 km langen Küste erstreckt sich ein im S 300–400 km, im N bis 200 km breites Tiefland. Vor der Küste finden sich Korallenineln. Im N hat M. Anteil am Malawisee.
Klima: M. liegt, abgesehen vom randtrop. S, im Bereich der wechselfeuchten Tropen. Die Niederschläge nehmen von der Küste zum Landesinneren, abgesehen von den Gebirgsrändern, ab.
Vegetation: Überwiegend Trockensavanne, entlang den Flüssen Galeriewälder. In höheren Lagen kommen Lorbeergewächse vor, an den Küsten Mangroven.
Tierwelt: Die urspr. reiche Tierwelt (Elefanten, Löwen, Leoparden, Zebras, Antilopen, Hyänen u. a.) blieb im Gorongosa-Nat.park u. a. Schutzgebieten erhalten, der Tierbestand wurde aber durch den anhaltenden Bürgerkrieg beeinträchtigt.
Bevölkerung: 98 % gehören mehr als 60 verschiedenen Bantustämmen an. Die Europäer haben überwiegend seit 1974 das Land verlassen. Etwa 60 % der Bev. sind Anhänger traditioneller Religionen, rd. 30 % sind Christen, 10 % Muslime. Die Zahl der Wanderarbeiter in der Republik Südafrika ging stark zurück, die der Flüchtlinge ins Ausland (etwa 1 Mill.), bes. nach Malawi, stieg stark an. Wegen des Bürgerkrieges existiert ein Schulsystem nur noch in den größeren Städten (7jährige Schulpflicht). Etwa ⅔ der Bewohner sind Analphabeten. Eine Univ. (gegr. 1962) besteht in Maputo.
Wirtschaft: M. ist wirtsch. stark zerrüttet. Der Bürgerkrieg zerstörte Anbauflächen, Produktionsstätten, Verkehrswege und Transportmittel. Wichtigster Wirtschaftszweig ist die Landw., doch ist ihre Produktivität wegen der Enteignung der Plantagen, der Abwanderung der weißen Farmer sowie der Sozialisierungs- und Kollektivierungsmaßnahmen und der Flucht der Landbev. vor dem Terror bewaffneter Banden stark zurückgegangen. 1990/91 wurde die Marktwirtschaft wieder eingeführt. Für die Selbstversorgung werden Mais, Hülsenfrüchte, Hirse, Maniok, Reis, Weizen, Obst u. a. angebaut. Exportorientiert ist v. a. der Anbau des Nierenbaums (Cashewnüsse), von Baumwolle, Zuckerrohr und Tee. Auch die Küstenfischerei hat Exportbedeutung. An Bodenschätzen verfügt M. über Steinkohle, Salz, Bauxit, Kupfererze u. a., doch werden sie, mangels Verkehrserschließung, nur z. T. abgebaut. Am wichtigsten ist der Kohlenbergbau bei Tete. Verarbeitung landw. Erzeugnisse, Textil- und Zementind. sind die wichtigsten Ind.zweige. Der durch die Cabora-Bassa-Stauanlage erzeugte Strom wird zum größten Teil in die Republik Südafrika exportiert.
Außenhandel: Exportiert werden Agrar- und Fischereierzeugnisse (bes. Garnelen und Krebse), eingeführt Lebensmittel, Maschinen, Ersatzteile, Erdöl und Erdölprodukte, Chemikalien und Metalle. Wichtigste Partner sind Italien, die USA, die Republik Südafrika, Rußland u. a. Republiken der GUS sowie Japan.
Verkehr: Die Trassen des unzureichend ausgebauten Verkehrsnetzes sind weitgehend zerstört. Die Eisenbahnlinien führen von drei Hafenstädten aus nach Swasiland, Südafrika, Simbabwe und Malawi. Das Streckennetz ist 3 512 km, das Straßennetz 26 095 km lang (davon 5 200 km befestigt). Binnenschiffahrt nur auf dem Limpopo. Wichtigste Seehäfen sind Maputo, Beira und Nacala. Dem Flugverkehr kommt große Bed. zu. Internat. ✈ in Maputo, Beira und Nampula.
Geschichte: Vom 10. Jh. an gründeten Araber an der Küste Handelsplätze (u. a. Sofala, Quelimane, Moçambique). 1498 erreichte Vasco da Gama die Küste von M.; ab 1508 besetzten die Portugiesen die arab. Handelsplätze und drangen im Sambesital ins Landesinnere vor. M. erhielt 1609 einen Gouverneur, der bis 1752 Goa unterstellt blieb. Vom 16. bis 19. Jh. versuchten Araber, Osmanen, Niederländer, Franzosen, Briten und Österreicher, sich der ostafrikan. Küstenplätze zu bemächtigen. Südl. des Rovuma konnten sich die Portugiesen behaupten, doch erst Ende des 19. Jh. konnte sich die koloniale Zentralverwaltung gegen einheim. und portugies. Grundherren durchsetzen. Ein Aufstand im Sambesi-Gebiet 1917/18 wurde niedergeschlagen. 1951 erhielt M. den Status einer portugies. Überseeprovinz. 1962 entstand aus dem Zusammenschluß mehrerer Befreiungsorganisationen die FRELIMO (Frente de Libertação de Moçambique), die (zunächst unter Führung von E. Mondlane, nach dessen Ermordung 1969 von S. Machel) seit 1964 mit zunehmenden Guerillaaktionen v. a. im N des Landes den Kampf um die völlige Unabhängigkeit führte. Nach der Revolution vom 25. April 1974 in Portugal erreichte die FRELIMO in Verhandlungen mit der portugies. Reg. die völlige Unabhängigkeit M. mit Wirkung vom 25. Juni 1975 und die Machtübergabe an die FRELIMO. Unter der Führung von Präs. Machel proklamierte die FRELIMO die Volksrepublik M. und erklärte 1977 den Marxismus-Leninismus zur Richtschnur der Politik. Die Republik Südafrika unterstützte den bewaffneten Kampf der antimarxist. Gruppierung RENAMO (Resistencia Nacional Moçambicana), was einen langwierigen Bürgerkrieg (bis 1991 ca. 700 000 Tote und 1 Mill. Flüchtlinge) auslöste. Dieser und die komplizierte wirtsch. Lage zwangen M., am 16. März 1984 dem Abkommen von Nkomati mit Südafrika zuzustimmen, das M. verpflichtete, die Unterstützung für die Guerilla des südafrikan. ANC einzustel-

len, während die Republik Südafrika die RENAMO weiterhin illegal versorgen konnte. M. fand Militärhilfe zum Schutz wichtiger Verkehrswege beim Nachbarland Simbabwe. Nach dem Tod Präs. Machels (durch Flugzeugabsturz 1986) leitete J. M. Chissano eine Politik der allmähl. Annäherung an den Westen (u. a. Beitritt zum Lomé-Abkommen mit der EG) ein. Im Juli 1989 löste sich die regierende FRELIMO auf einem Parteitag offiziell vom Marxismus-Leninismus, im Nov. 1990 wurde per Verfassungsänderung der Staatsname in Republik M. geändert, das System der Einparteienherrschaft aufgehoben und auf ein marktwirtsch. System sowie auf freie Wahlen orientiert. Trotz eines am 1. Dez. 1990 zw. FRELIMO-Reg. und RENAMO-Rebellen in Rom unterzeichneten Waffenstillstandes führten letztere ihren bewaffneten Widerstand fort. Bei Verhandlungen unter italien. Vermittlung gelang jedoch 1990/91 eine schrittweise Annäherung zw. den Bürgerkriegsparteien, die im Okt. 1992 in die Unterzeichnung eines Friedensvertrages durch Chissano und RENAMO-Führer A. Dhlakama mündete.

Politisches System: Nach der Verfassung vom 30. Nov. 1990 ist M. eine Republik mit Mehrparteiensystem. Die neue Verfassung sieht vor, die enge Verzahnung von Staat, Partei und Militär zu beseitigen, den sozialist. Entwicklungsweg aufzugeben, die demokrat. Grundrechte (u. a. Religionsfreiheit; Pressefreiheit inzwischen im Juli 1991 gesetzlich eingeführt) zu garantieren und zur Marktwirtschaft überzugehen. *Staatsoberhaupt* ist der Präs. (direkt gewählt), dem weitgehende *exekutive* Vollmachten eingeräumt werden. Er ernennt den Min.präs. und das Kabinett und bestimmt den Reg.kurs (Präsidialreg.). Die *Legislative* liegt beim Parlament (bisher 250 Abg.), der Versammlung der Republik. 1990 erfolgte die Ablösung der Einparteienherrschaft der Frente de Libertação de M. (FRELIMO). Es entstanden zahlr. neue *Parteien*, z. B. Unami (Nat. Union von M.), Palmo (Liberale und Demokrat. Partei M.), Coinmo (Unabhängigkeitskongreß von M.), Monamo (Nat. Bewegung M.). *Recht* wird vom Obersten Volksgerichtshof und ihm nachgeordneten Gerichten gesprochen.

Moçambique, Straße von [mozam'bik, portugies. musɐm'bikə], Meeresstraße des Ind. Ozeans zw. SO-Afrika und Madagaskar; engste Stelle 400 km breit.

Moçâmedes [portugies. mu'sɐmədʃ], bis 1982 Name der angolan. Stadt ↑ Namibe.

Moche [span. 'motʃe], peruan. Ort in der Küstenebene, südl. von Trujillo, 3000 E. Um M. liegen die wichtigsten Fundorte der nach dem Ort ben. **Mochekultur** (200–800), deren Wirkungsbereich sich im Höhepunkt vom Río Lambayeque im N bis zum Río Casma im S entlang der Küste, nördl. und südl. von Trujillo, erstreckte; berühmt sind die teils plastisch gestalteten, teils szenisch bemalten rotbraunen und cremefarbenen Tongefäße; hervorragend auch Metallverarbeitung (Gold und Kupfer), Weberei, Holz- und Muschelarbeiten sowie Wandmalereien; fand durch die Expansion des Reiches der Huari (↑ Huarikultur) ihr Ende.

Mochi, Francesco [italien. 'mɔːki], *Montevarchi (Prov. Arezzo) 29. Juli 1580, †Rom 6. Febr. 1654, italien. Bildhauer. – Frühbarocke pathet. Plastik, u. a. Reiterdenkmäler des Ranuccio und Alessandro II. Farnese in Piacenza (1612–29), hl. Veronika in Sankt Peter in Rom (1632–40).

Mock, Alois, *Euratsfeld (Bezirkshauptmannschaft Amstetten) 10. Juni 1934, öster. Politiker (ÖVP) – Jurist; 1969/70 Unterrichtsmin.; 1979–89 Vors. (Obmann) der ÖVP; seit Jan. 1987 in der SPÖ/ÖVP-Reg. Außenmin. und (bis 1989) Vizekanzler.

Moctezuma [span. mɒkte'suma] (Motecuçoma, Moteuhçoma, span. Montezuma), Name aztek. Herrscher:

M. I. Ilhuicamina, †Tenochtitlán 1469, 5. Herrscher der traditionellen aztek. Herrscherliste. – Er sicherte das Hochtal von Mexiko, unterwarf Cholula de Rivadabia und drang an die Golfküste von Veracruz vor.

M. II. Xocoyotzin, *Tenochtitlán 1467, †ebd. 29. (30.?) Juni 1520, 9. Herrscher der traditionellen aztek. Herrscherliste. – Den Vormarsch der Spanier nach Z-Mexiko versuchte er vergeblich zu verhindern. Beim Zusammentreffen mit H. Cortés wurde M. am 14. Nov. 1519 gefangengenommen; starb in Gefangenschaft.

mod., Abk. für: ↑**mod**erato.

modal [lat.], den ↑Modus betreffend, die Art und Weise bezeichnend.

Modaladverb ↑Adverb.

Modalismus [lat.], Bez. für eine Form der Christologie (2./3. Jh.), die, um die Einheit Gottes zu wahren, Christus und den Hl. Geist als Erscheinungsweisen (lat. „modi") Gottes auffaßte. Die Konsequenz dieser Anschauung, „pater passus est" (der Vater hat gelitten), brachte den Modalisten den Spottnamen **Patripassianer** ein. Ab 215 war Sabellius von Rom das Haupt der Modalisten (daher auch **Sabellianer**). Der M. war v. a. in Ägypten verbreitet.

Modalität [lat.], allg. (meist in der Mrz.) die Art und Weise (z. B. eines Vertragsabschlusses); in der Ontologie das Wie des Seins (Wirklichkeit, Möglichkeit, Notwendigkeit) eines Seienden oder Geschehens, in der traditionellen Logik der Grad der Bestimmtheit einer Aussage bzw. der Gültigkeit von Urteilen, nach ihrer M. eingeteilt werden in assertor., apodikt. und problemat. Urteile. Die moderne Logik untersucht neben diesen *aleth.* M. (charakterisiert u. a. durch die Modaloperatoren „möglich" und „notwendig") auch *epistem.* M. (verifiziert, geglaubt, gewußt), *deont.* M. (verboten, erlaubt, indifferent) und *zeitl.* M. (früher, später, bisher immer).

Modallogik, Zweig der Logik, der Systeme der verschiedenen Modalitäten aufbaut und untersucht; i. e. S. Logik der aleth. Modalitäten.

Modalnotation, musikal. Notenschrift des späten 12. und frühen 13. Jh., die v. a. zur Aufzeichnung der mehrstimmigen Kompositionen der Notre-Dame-Schule Verwendung fand. Im Ggs. zur rhythmisch freien Quadratnotation (↑Choralnotation) dient die M. der Unterscheidung verschiedener dreizeitiger Rhythmen, doch fehlt ihr wegen der Mehrdeutigkeit ihrer Notenformen die Klarheit der ↑Mensuralnotation, mit der ab etwa 1230 eine freiere und präzisere Darstellung des musikal. Rhythmus möglich war.

Modalsatz, ↑Adverbialsatz, der das Geschehen des Hauptsatzes nach Art und Weise bestimmt (z. B. „Er half mir, *indem er mir Geld borgte*").

Modalverb ↑Verb.

Mode [frz., zu lat. modus „Art und Weise"], 1. allg. der sich wandelnde Geschmack in den verschiedensten Lebensbereichen; 2. die Kleidung einschl. der Accessoires, der Frisur und des Make-ups in raschem Wechsel stilist. Formen. M.geschichte ist in erster Linie Geschichte der ↑Kleidung, ein in früheren Zeiten sehr langsamer Prozeß. Der Begriff der M. i. e. S. als eine mehr oder weniger rasche Wandlung der Kleidung und damit des gesamten menschl. Äußeren wird erstmals im 17. Jh. auf die Kleidungsformen angewandt. Im 20. Jh. erreicht die M. v. a. durch die Massenmedien ihre bisher größte Breitenwirkung, wobei die Modelle der exklusiven internat. Modehäuser mit ihrer Haute Couture auch Impulse für die Konfektion geben. Ausweichmöglichkeiten gehören stärker als in früheren Jh. zum Bild der M. (↑Haartracht, ↑Schuhe). – Abb. S. 430.

Model [zu lat. modulus „Maß, Maßstab"], aus Holz geschnitzte Hohlform mit alten, tradierten Mustern, mit der Backwaren (aus relativ festem Teig) charakteristisch geprägt werden (z. B. Springerle) oder Butter verziert wird **(Buttermodel).**

▷ Druckform (Holzstempel, Holzstock) für Textildruck (Zeug-M.). Aus dem Zeug-M. entwickelte sich der ↑Holzschnitt.

Model [engl.], Photomodell.

Modell [italien., zu lat. modulus „Maß, Maßstab"], allg. Muster, Vorbild, Entwurf.

▷ Mensch (auch Tier), der (das) als Vorbild für künstler. Studien oder Kunstwerke dient („sitzt").

▷ in der *Bildhauerei* meist in verkleinerter Form ausgeführter Entwurf einer Plastik oder Tonarbeit, die in Bronze gegossen werden soll. – ↑Architekturmodell.

▷ in der *Modebranche* Bez. für 1. ein nur einmal oder in eng begrenzter Anzahl hergestelltes Kleidungsstück

Moche. Kopffüßler, Tongefäß der Mochekultur im nördlichen Peru, um 500 n. Chr.

Mode. 1958 entworfenes Tageskleid im Stil der zwanziger Jahre

Modelleisenbahn 430

Mode. Christian Dior, Kostüm, 1948

(M.kleid); 2. die Vorlage für eine Vervielfältigung; 3. svw. Mannequin.
▷ im *Sprachgebrauch verschiedener Wiss.* (Philosophie, Naturwiss., Soziologie, Psychologie, Wirtschaftswiss., Politikwiss., Kybernetik u. a.) ein Objekt materieller oder ideeller (Gedanken-M.) Natur, das von einem Subjekt auf der Grundlage einer Struktur-, Funktions- oder Verhaltensanalogie für ein anderes Objekt *(Original)* eingesetzt und genutzt wird, um Aufgaben zu lösen, deren Durchführung unmittelbar am Original selbst nicht möglich bzw. zu aufwendig ist (z. B. Flugzeug-M. im Windkanal). Die **Modellmethode** vollzieht sich in vier Schritten: 1. Auswahl (Herstellung) eines dem [geplanten] Original entsprechenden M.; 2. Bearbeitung des M., um neue Informationen über das M. zu gewinnen (**Modellversuch;** ↑Ähnlichkeitsgesetze); 3. Schluß auf Informationen über das Original (meist Analogieschluß); ggf. 4. Durchführung der Aufgabe am Original. Infolge der Relationen zw. Subjekt, Original und M. (**Modellsystem**) ist ein M. einsetzbar u. a. zur Gewinnung neuer Informationen über das Original (z. B. Atom-M.), zur Demonstration und Erklärung (z. B. Planetarium), zur Optimierung des Originals (z. B. Netzplan), zur Überprüfung einer Hypothese oder einer techn. Konstruktion (z. B. Laborversuch). – Abweichend von diesem M.begriff versteht die *mathemat. Logik* unter M. eine Interpretation eines Axiomensystems, bei der alle Axiome dieses Systems wahre Aussagen darstellen. Diese **Modelltheorie** liefert grundlegende Verfahren zur Behandlung von Fragen der Vollständigkeit, Widerspruchsfreiheit und Definierbarkeit.

Modelleisenbahn, maßstabgetreu verkleinerte Nachbildung von Eisenbahnfahrzeugen und -anlagen. Übl. Verkleinerungsmaßstäbe sind 1:220 (sog. **Spur Z;** Spurweite 6,5 mm), 1:160 (**Spur N;** 9 mm), 1:120 (**Spur TT;** 12 mm), 1:87 (**Spur H0;** 16,5 mm), 1:64 (**Spur S;** 22,5 mm), 1:45 (**Spur 0;** 32 mm), 1:32 (**Spur I;** 45 mm).

Modellflugzeuge, Flugzeugnachbildungen in maßstäbl. Verkleinerung, z. B. als Schaumodelle für Ausstellungen; meist unterschieden von flugfähigen, maßstabgetreuen **Flugzeugmodellen,** die im Modellflugsport gebaut und geflogen werden.

Modena
Stadtwappen

Modellschulen, öff. oder private Schulen, in denen neue Formen der Schulorganisation oder der Erziehungs- und Unterrichtsarbeit erprobt werden. Historisch relevante M. sind z. B. die Waldorfschulen, die Montessori-Schulen, die Jenaplan-Schulen von P. Petersen, die Landerziehungsheime sowie aus jüngerer Zeit die vom Dt. Bildungsrat angeregten Gesamtschulen sowie Modellversuche für die Sekundarstufe II (Kollegstufe).

Modem [Kw. für **Mo**dulator-**Dem**odulator], elektron. Gerät zur Datenübertragung im Fernsprechnetz, das aus sendeseitigem Modulator und empfangsseitigem Demodulator besteht.

Moden [engl.-lat.], Eigenschwingungen oder bestimmte Wellentypen, allg. in schwingungsfähigen Systemen, i. e. S. in Resonatoren (bei Lasern und Masern) und Wellenleitern für elektromagnet. Wellen, bes. Lichtwellen.

Modena, Tommaso da, italien. Maler, ↑Tommaso da Modena.

Modena, italien. Stadt in der Emilia-Romagna, 35 m ü. d. M., 176 800 E. Hauptstadt der Prov. M.; kath. Erzbischofssitz; Univ. (gegr. 1175), PH, Observatorium, Museen (Estense Galerie), Staatsarchiv; Maschinenbau, Nahrungsmittel-, Schuh- und Kfz-Ind. – Die röm. Kolonie **Mutina** (viereckiger Grundriß noch heute erhalten) wurde 183 v. Chr. an der Stelle einer ligur. und kelt. Siedlung angelegt, wichtige Kreuzung der Via Aemilia. Bischofssitz seit dem 3./4. Jh.; unter Konstantin d. Gr. zerstört, Wiederbelebung seit dem 8. Jh. Kam im 10. Jh. in den Besitz des Hauses Canossa; erlangte im 12. Jh. kommunale Selbständigkeit; stand seit 1288 (ausgenommen 1306–36) unter der Herrschaft der Este; 1452 mit Reggio nell'Emilia zum Hzgt. erhoben, kam 1814 an Franz IV. von Österreich-Este, 1859/60 an das entstehende Kgr. Italien. – Der roman. Dom wurde 1099 von Lanfranco begonnen, 1184 geweiht (Fassadenrose 13., Einwölbung 15. Jh.); bed. der roman. Skulpturenschmuck des Portals und der Friese der Fassade (um 1117 ff.) von Meister Wiligelmus; Lettner 1160–80; die Ghirlandina (1224–1319) ist ein lombard.-got. Turm (102 m hoch) und Wahrzeichen der Stadt; San Pietro (1476 verändert, u. a. Renaissancefassade), San Bartolomeo (1607, barocke Fassade von 1727), Palazzo Ducale (1634 ff.), Palazzo dei Musei (1753) mit den Kunstsammlungen der Este und der Bibliotheca Estense.

Moder, durch Fäulnis und Verwesung entstandene Stoffe.

Moderados [lat.-span.], Bez. für gemäßigte Liberale in Spanien seit 1820; wandelten sich zur Liberal-konservativen Partei.

Moderamen [lat.], gewähltes Vorstandskollegium einer ref. Synode (in Deutschland des Ref. Bundes), dessen Mgl. als *Moderatoren* bezeichnet werden.

moderat [lat.], gemäßigt, maßvoll.

moderato [italien.], Abk. mod., musikal. Tempobez.: gemäßigt, mäßig, zu verstehen als *allegro moderato.* **Moderato** bezeichnet einen musikal. Satz in diesem Tempo.

Moderator [lat. „Mäßiger, Lenker"], Redakteur in Hörfunk und Fernsehen, der innerhalb von Sendungen die gesprochene Verbindung („Moderation") zw. den einzelnen Teilen, z. B. zw. Musik und Information, der Sendung herstellt, d. h. moderiert.
▷ in der *Kerntechnik* bremsende Substanz im ↑Kernreaktor.
▷ in der *Religion* ↑Moderamen.

Moderkäfer, (Lathridiidae) mit rd. 1 000 Arten weltweit verbreitete Fam. etwa 1–3 cm großer, überwiegend brauner Käfer; ernähren sich von Pilzmyzelien, oft an modernden Baumrinden, z. T. auch in Kellern zu finden.
▷ Bez. für einige Arten der Kurzflügler in M-Europa; z. B. **Schwarzer Moderkäfer** (Staphylinus olens; etwa 3 cm lang).

Moderlieschen (Modke, Zwerglaube, Leucaspius delineatus), bis 9 cm langer, vorwiegend silbrig glänzender Karpfenfisch in stehenden und schwach fließenden Gewässern M-, N- und O-Europas; nach der Roten Liste im Bestand gefährdet.

moderne Architektur

modern [frz., von lat. modernus „neu(zeitlich)", zu modo „eben erst"], 1) der (neuesten) Mode entsprechend; 2) dem neuesten Stand der gesellschaftl., wiss. und techn. Entwicklung entsprechend, zeitgemäß; 3) der neuen und neuesten Zeit zuzurechnen.

moderne Architektur, die Baukunst des 20. Jh., die den Traditionsbruch zu Historismus und Eklektizismus des 19. Jh. endgültig und demonstrativ vollzogen hat. Beispiele, wie vor 1890 die gußeiserne Conway Castle-Brücke von T. Telford (1822–26), der aus Glas-, Stahl-, Holzfertigteilen errichtete Kristallpalast in London von J. Paxton (1851) sowie der aus Stahlfachwerk von G. Eiffel konstruierte Pariser Eiffelturm (1887–89), endgültig aber die epochale Entwicklung der Stahlbetonkonstruktion durch F. Hennebique (um 1892) verdeutlichen den eingetretenen Vorlauf des techn. Ingenieurbaus gegenüber der stilist. Entwicklung. So ist es zu verstehen, daß die m. A. nach 1890 unter der zuerst von L. H. Sullivan und der Chicagoer Schule formulierten Devise „Form folgt der Funktion" (Funktionalismus) stand. Ihr folgten auch die Vertreter des europ. Jugendstils (P. Behrens, H. C. van de Velde, O. Wagner, J. M. Olbrich, A. Loos, J. Hoffmann u. a.), der Dt. Werkbund (Werkbundausstellungen; B. Taut), das Bauhaus und die Stijl-Gruppe in den Niederlanden. Die nach 1918 im architekton. Expressionismus (E. Mendelsohn, H. Poelzig, H. Scharoun, R. Steiner) wiederauflebende formal-ästhet. Tendenz in der m. A. konnte sich nicht durchsetzen. Dagegen hatten die in den 20er Jahren in Europa (H. Häring) sowie insbes. von F. L. Wright in den USA formulierten Theorien des „organ. Bauens", Weiterentwicklungen des Funktionalismus, großen Einfluß. Die strenge Formensprache der 20er und 30er Jahre prägten v. a. Mies van der Rohe und W. Gropius in Deutschland. Typisch sind die oft auf Stützen gestellten weißverputzten Quaderbauten mit Fensterbändern. Zu den bes. Leistungen gehörten Wohnsiedlungen wie die Weißenhofsiedlung in Stuttgart (1927), Siedlung Britz in Berlin und Berlin-Siemensstadt (1928–31) sowie die Siedlung Römerstadt in Frankfurt am Main (1925–30), außerdem einige Flachbauten (Bauhaus in Dessau, 1925–26; Dt. Pavillon auf der Internat. Ausstellung in Barcelona, 1929). In Frankreich gründete Le Corbusier 1922 die Zeitschrift „L'esprit nouveau" und propagierte für den Städtebau die klare Trennung in Funktionszonen („Ville contemporaine", 1922, „Charte d'Athènes", 1933, „Ville radieuse", 1935). In Finnland versuchte Ende der 20er Jahre A. Aalto (1927–35 Stadtbibliothek von Viipuri) durch an der Natur

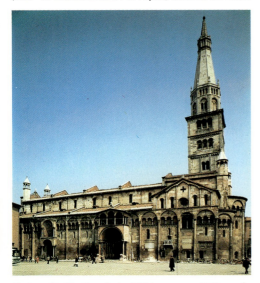

Modena. Die Westfassade des 1099 begonnenen, 1184 geweihten Doms San Geminiano mit dem Hauptportal

Moderne Architektur. Moshe Safdie und andere, Habitat '67, 1966/67 (Montreal)

orientierte Bauten humane Lebensräume zu schaffen. In Deutschland und Italien wurde die Entwicklung der funktionalist. m. A. 1933 abgebrochen, während sie sich als „internat. Stil" seit ca. 1930 in ganz Mitteleuropa, in Skandinavien, in den USA, in Lateinamerika (O. Niemeyer) und Japan (Kenzō Tange) ausbreitete. In der BR Deutschland wurde erst durch die „Interbau" im Hansaviertel Berlin (1957) und den Wettbewerb „Hauptstadt Berlin" (1958) wieder an sie angeknüpft. Die stadtplaner. Vorstellungen des Funktionalismus führten aber zur Zersiedelung der Landschaft und zu Massenanhäufungen von Wohnungen in monotonen Hochhaussiedlungen (sog. Schlafstädte), deren Unwohnlichkeit und Kommunikationsfeindlichkeit programmiert ist. Darüber hinaus wurden alte Stadtzentren vielfach zerstört („saniert, entkernt und verkehrsgerecht" gestaltet), repräsentative Verwaltungs- und Kaufhausbauten verdrängten innerstädt. Wohnungen und trugen so zur Verödung der Zentren bei. Anfang der 60er Jahre bestimmte der „internat. Stil" mit seiner techn. Perfektion (G. Bunshaft bzw. die Firma Skidmore, Owings und Merrill) das Bild (viel beachtes das elegante Thyssen-Haus in Düsseldorf von Hentrich und Petschnigg, 1957–60), dann der internat. ↑ Brutalismus, dessen Prototyp Le Corbusiers „Unité d'habitation" in Marseille (1952) ist. Charakteristisch für brutalist. Bauten ist die Auflösung in Teilfunktionen bzw. Raumgruppen und Einzelkörper. A. Aalto kann als Vorläufer dieser Richtung gelten. Bed. Beispiele schufen u. a. J. H. van den Broek und J. B. Bakema, L. I. Kahn mit dem Richards Medical Research Center der University of Philadelphia (1957–61), A. van Eyck, G. Candilis, P. Rudolph. Ein interessantes Experiment, vielfältige Funktionseinheiten im Wohnungsbau anzubieten, wurde 1978 in Belgien abgebrochen (Studentenstadt Woluwé-Saint Lambert, Löwen, von L. Kroll). Im Bereich der kulturellen Bauaufgaben (Kirchen, Theater, Rathäuser, Museen und auch Sportanlagen) sind auch in der BR Deutschland bemerkenswerte Bauten entstanden, bei denen neben der Funktion auch Gestalt, Form, nicht selten Repräsentation eine Rolle spielen. Bes. bekannt wurde H. Scharouns Philharmonie in Berlin (1960–63; Entwurf 1956) und G. Böhms Rathaus von Bensberg (1967) und seine Wallfahrtskirche in Neviges (1968). Sie gehören i. w. S. zum Brutalismus und zeigen z. T. ausgesprochen skulpturale Formen. Sie sind nicht ohne Le Corbusiers Wallfahrtskirche von Ronchamp (1952–55) zu denken. Die sog. Rationalisten leiten ihre Formenwelt aus der Stereometrie ab (O. M. Ungers, J. P. Kleihues, L. und R. Krier), wollen aber auch Funktion und Konstruktion Mitbestimmung zugestehen. In den USA

moderne Kunst

Moderne Architektur. Frank Owen Gehry, Vitra Designmuseum in Weil am Rhein, 1988/89

zeigt sich das Ende des Funktionalismus bereits Ende der 50er Jahre, die sog. Formalisten (P. Johnson, E. Saarinen) bevorzugen v. a. Bogen, die aber keine konstruktive Funktion haben, d. h. sie sind nicht tragend. Der amerikan. sog. Post-Modernismus (R. Venturi, R. Stern, C. Jencks, C. Moore) fordert eine historisierende Formensprache als Ausdruck „organ. Unordnung". Der Beginn einer neuen Bauepoche zeichnet sich mit der Architektur des vom russ. Konstruktivismus inspirierten Dekonstruktivismus ab, der durch Asymmetrie und schräge Flächen das Gefühl des Schwebens zu vermitteln sucht, u. a. F. O. Gehry (Vitra Designmuseum in Weil am Rhein, 1988/89), R. Koolhaas (Niederl. Tanztheater in Den Haag, 1986/87). Wachsende Bedeutung kommt dem ↑ökologischen Bauen zu.
Formalist., brutalist.-strukturalist. und skulptural-expressive Elemente zeigen heute viele öffentl. Repräsentationsbauten, z. B. der Opernbau in Sydney (1959–73), das Lincoln-Center in New York (1962–66), das Centre Georges-Pompidou (1973–77) in Paris, das Watari-um-Museum (1985–90) in Tokio. Die BR Deutschland leistete ihren Beitrag mit einer Reihe von z. T. aufwendigen Leichtbauten mit scheinbar schwerelosen Zeltdächern (Pavillon für die Weltausstellung 1966/67 in Montreal von F. Otto und R. Gutbrod, Olympiazelt in München von G. Behnisch, 1972, Multihalle von F. Otto und C. Mutschler in Mannheim, 1975); andere, von unterschiedl. Einflüssen geprägte Varianten m. A. zeigen die Bauten von G. Böhm (Verwaltungsgebäude der Firma Züblin in Stuttgart-Vaihingen, 1985), H. Deilmann (Landgericht in Münster, 1983–86), J. P. Kleihues (Museum für Vor- und Frühgeschichte in Frankfurt am Main, 1980–89), P. Busmann und G. Haberer (Wallraf-Richartz-Museum/Museum Ludwig und Philharmonie in Köln, 1980–86).

moderne Kunst, die Kunst des 20. Jh., zu deren Wesensmerkmalen der erklärte Bruch mit der Tradition, die rasche Abfolge von oft gegenläufigen Tendenzen und das Nebeneinander einer großen Stilvielfalt gehören. Seit dem *Impressionisten* gewinnen Bildfläche und künstler. Mittel Autonomie. Die Malerei des *Jugendstils* ist mit der oft flächenhaften Betonung der Form ein Wegbereiter der abstrakten Malerei. Der *Expressionismus* von van Gogh über Gauguin, die Fauves, E. Munch bis zu den dt. Expressionisten richtet das Interesse auf von Regeln weitgehend befreite subjektive Ausdruckssteigerung, nicht auf die Wiedergabe einer „objektiven" Erscheinung. Der *Dadaismus* versteht sich als Anti-Kunst und eröffnet durch völlige Regellosigkeit neue Möglichkeiten. Die *Neue Sachlichkeit* rückt mit unsentimentaler Wirklichkeitsnähe sozialkrit. Aspekte in den Vordergrund. Im Gegensatz zum Expressionismus werden hier alle Spuren des Malprozesses getilgt. Auf der Grundlage der von Cézanne erarbeiteten Strukturprinzipien in der Wiedergabe der sichtbaren Erscheinungen der Wirklichkeit baut die Formzerlegung des *Kubismus* von Picasso und G. Braque als bahnbrechende Kunstrichtung im ersten Jahrzehnt des 20. Jh. auf. In der Folge ist die um 1910 entwickelte abstrakte Malerei eine für das ganze Jh. bed. Strömung, aus der sich zahlreiche Stilvariationen ergeben. Im italien. *Futurismus* und im russ. *Konstruktivismus* spielt der gesellschaftliche Bezug ebenso eine Rolle wie die Begeisterung für moderne Technik. Die Stijlgruppe und das Bauhaus beeinflußten Architektur und Design.
Einen eigenen Weg beschreiten die Künstler des *Surrealismus:* sie erfinden eine imaginäre Welt, in der die wiedergegebenen Phänomene alogische Bezüge bezeichnen, deren Verbindlichkeit v. a. im kollektiven Unbewußten gesehen wird (M. Ernst, S. Dalí, R. Magritte). Die surrealist. Methode automatist., nicht vom Bewußtsein und von Kompositionsprinzipien gelenkten künstler. Schaffens wird Grundlage der Malerei der École de Paris und des aus ihr hervorgehenden *Tachismus* wie auch des *Action painting,* der ersten eminent amerikan. Kunstsprache. Diese Malerei des abstrakten Expressionismus ist auf den gest. Impuls des Malaktes konzentriert, der auch das Publikum an diesem Ereignis teilnehmen läßt. Das *Happening* der 1960er Jahre versucht die Grenze zw. Publikum und (improvisierenden) Akteuren zu verwischen (jeder ist Künstler), dem Kreativprozeß bzw. dem Bewußtwerdungsprozeß der Teilnehmenden wird die entscheidende Bed. zugemessen. Die anti-individualist. *Minimal art* entstand etwa gleichzeitig, sie beschränkt sich auf wenige, formale Darstellungsmittel. Die *Konzeptkunst* der 1970er Jahre will mit Skizzen und schriftl. Entwürfen die Vorstellungen des Betrachters aktivieren. Dem gleichen Ziel der Vermittlung geistigschöpfer. Vorgänge und der Unterordnung des künstler. Produkts dient die *Prozeßkunst* mit ihren mittels Film oder Videoband festgehaltenen Aktionen. Einen eigenen Weg ging J. Beuys, der den Begriff der sozialen Plastik als ideales, die gesamte Gesellschaft umfassendes Kunstwerk schuf. Gegen diese mehr intellektuell als sinnlich erfahrbaren Tendenzen prägte sich Ende der 1970 Jahre in Dtl. der expressionistisch orientierte Stil der *Neuen Wilden* aus.
In der Plastik folgte auf kubist. (Archipenko) und konstruktivist. Formexperimente eine breite Entfaltung freier figürl. Formfindungen, die z. B. mit Hohlformen (Moore), der Eiform (Brancusi) oder der Reduktion des Volumens (Giacometti) Raum und Umraum und Dynamik mitsprechen lassen; seit Ende der 1950er Jahre gewinnen die *Objektkunst,* die ihre Vorstufen bei Dada und M. Duchamp (Ready-mades), Kubismus und K. Schwitters hat (Collage und Assemblage bzw. Materialmontage), und seit Anfang der 1960er

Moderne Kunst. Markus Lüpertz, Titan, 1985 (Köln, Museum Ludwig)

Jahre die *kinet. Kunst* und *Lichtkunst,* die ihre Vorläufer im Futurismus und Konstruktivismus haben (Tatlin, Moholy-Nagy), an Boden. Aus den USA kommen zugleich die *Popart* mit ihren Environments sowie *Fluxus* und *Happening,* die sich z. T. mit der Objektkunst verbinden.

Moderner Fünfkampf ↑ Fünfkampf.

Modernismo [lat.-span. (↑modern)], lateinamerikan. und span. literar. Strömung, etwa 1890–1910, begr. von R. Darío. Der M. wandte sich gegen die prosaisch-nüchterne realist. Literatur des 19. Jh. und propagierte, beeinflußt v. a. von den frz. Romantikern und Symbolisten, eine poet. Erneuerung durch eine rein ästhetisch bestimmte Kunst des L'art pour l'art. Der M. stand z. T. in enger Wechselbeziehung, z. T. in Widerspruch zu den Bestrebungen der Generation von 98.

Modernismus [lat.-frz. (↑modern)], aus der Begegnung mit den modernen Wiss. um 1900 entstandene Richtung in der kath. Theologie mit bes. Auswirkungen auf den Gebieten der Philosophie und der Soziallehre, ausgehend von allg. Reformtendenzen zu Beginn des 20. Jh. auf den Gebieten der Religionsphilosophie, der Apologetik, der Bibelwiss., der Dogmengeschichte und der polit.-sozialen Aktion. Die geistige Orientierung auf eine ausschließlich innerweltl. Gotteserfahrung führte zur Aufhebung des übernatürl. Charakters von Glaube, Dogma und Kirche und zur Forderung der Trennung von Glaube und Wissen sowie von Kirche und Staat. Die wichtigsten Vertreter des M. waren A. Loisy und G. Tyrrell. Die im Streit um den M. aufgetretene Grundfrage nach einer Übereinstimmung zw. dem übernatürl. Charakter der Offenbarung und der Kirche mit ihren geschichtl. Erscheinungsformen ist ungelöst. – ↑Antimodernisteneid.

Moderne Kunst. Paul Cézanne, Mont-Sainte-Victoire, 1898 bis 1902 (Sankt Petersburg, Eremitage)

Paula Modersohn-Becker. Bauernkind, um 1904/05 (Bremen, Kunsthalle)

Modern Jazz [engl. 'mɔdən 'dʒæs], übergreifender Begriff für die Stilbereiche des Jazz zw. 1940 und 1960. Zum M. J. zählen v. a. Bebop, Cool Jazz und Hard-Bop.

Modern Jazz Quartet [engl. 'mɔdən 'dʒæs kwɔ:'tɛt], 1951 von dem Pianisten und Komponisten John Lewis in New York gegr.; war mit dem Vibraphonisten Milt Jackson, dem Bassisten Percy Heath und dem Schlagzeuger Connie Kay (bis 1955: Kennie Clarke) bis zur Auflösung 1974 (seit 1982 mehrfach Reunions) eine führende Combo des Cool Jazz.

Moderpflanzen, svw. ↑Saprophyten.

Modersohn, Otto, *Soest 22. Febr. 1865, †Rotenburg (Wümme) 10. März 1943, dt. Maler. – Lebte 1889–1909 in Worpswede, ∞ mit Paula ↑Modersohn-Becker; malte v. a. Landschaften des Norddt. Tieflands.

Modersohn-Becker, Paula, *Dresden 8. Febr. 1876, †Worpswede 20. Nov. 1907, dt. Malerin. – Malstudien u. a. 1898/99 bei F. Mackensen in Worpswede, 1901 ∞ mit O. Modersohn. Seit 1900 Aufenthalte in Paris (Einflüsse van Goghs, Gauguins, Cézannes). Ihr Werk umfaßt Stilleben und Bildnisse in einer zu großen Flächen verdichteten Formensprache. – *Werke:* Weiblicher Akt, sitzend (1902; Halle, Galerie Moritzburg), Bildnis Rainer Maria Rilke (1906; Bremen, Sammlung Ludwig Roselius), Selbstbildnis mit Kamelienzweig (1907; Essen, Museum Folkwang).

Mo Di, chin. Philosoph, ↑Mo Zi.

Modiano, Patrick Jean, *Paris 30. Juli 1945, frz. Schriftsteller. – Gilt als brillantester Stilist und Erzähler der jüngeren Generation. Behandelt in seinen Romanen, u. a. „Villa Triste" (1975), „Familienstammbuch" (1977), „Vorraum der Kindheit" (1989), stets wiederkehrende Themen: Ausbruch des 2. Weltkrieges, Besetzung Frankreichs durch die Deutschen, die Judenverfolgungen, Identitätssuche.

Modifikation [zu lat. modificatio „die Abmessung einer Sache"], nicht erbl., durch bestimmte Umweltfaktoren (z. B. Licht, Temperatur, Ernährungsbedingungen) hervorgerufene Abänderung eines Merkmals bei Lebewesen.

▷ in der *Kristallographie* Bez. für eine von zwei oder mehr möglichen kristallinen Zustandsformen einer Substanz.

Modifikationsgene (Modifikatoren), nichtallele Gene, die nur verstärkend (Verstärker) oder abschwächend (Abschwächer) auf die Wirkung anderer Gene (Hauptgene) Einfluß nehmen.

modifizieren [lat.], einschränken, abändern.

modifizierendes Verb ↑Verb.

Modigliani, Amedeo [italien. modiʎˈʎaːni, frz. mɔdiljaˈni], *Livorno 12. Juli 1884, †Paris 25. Jan. 1920, italien. Maler und Bildhauer. – Lebte ab 1906 vorwiegend in Paris. 1909 erhielt er entscheidende Anregungen durch die Cézanne-Retrospektive. Seine Bildnisse und weibl. Aktfiguren zeichnen die verlängte, ovale Formen bei gleichzeitiger Beschränkung der Farbskala aus. Sandsteinplastiken in abstrahierender Formensprache. – *Werke:* Porträt Max Jacob (1916; Düsseldorf, Kunstsammlung Nordrhein-Westfalen), Großer Akt (1919; New York, Museum of Modern Art). – Abb. S. 434.

M., Franco [modiʎˈʎaːni], *Rom 18. Juni 1918, amerikan. Wirtschaftswissenschaftler italien. Herkunft. – Seit 1962 Prof. am Massachusetts Institute of Technology in Cambridge. Für seine Lebenszyklushypothese des Sparens und Theorien über die Einschätzung des Marktwertes von Unternehmen erhielt er 1985 den sog. Nobelpreis für Wirtschaftswissenschaften.

Mödl, Martha ['møːdəl], *Nürnberg 22. März 1912, dt. Sängerin (dramat. Sopran). – Wurde 1953 Mgl. der Württemberg. Staatsoper in Stuttgart; trat an den bed. Opernhäusern der Welt sowie bei Festspielen (Bayreuth, Salzburg) auf; v. a. gefeierte Wagner-Interpretin.

Mödling, niederöstr. Bez.hauptstadt, am O-Rand des Wienerwalds, 240 m ü. d. M., 19 300 E. Museen; Maschinenbau, Möbel-, Elektro- u. a. Ind., Weinbau. – 903 zuerst

Moderne Kunst. Niki de Saint Phalle, Schwarze Nana, 1968/69 (Köln, Museum Ludwig)

Franco Modigliani

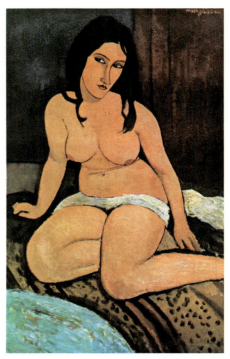

Amedeo Modigliani. Sitzender weiblicher Akt, 1917 (Antwerpen, Königliches Museum der Schönen Künste)

erwähnt; seit 1875 Stadt. – Spätgot. Pfarrkirche (1454 über Vorgängerbau); roman. Karner (13. und 17. Jh.); Renaissancerathaus (1548).

Modrow, Hans [...dro], *Jasenitz (Kreis Ückermünde) 27. Jan. 1928, dt. Politiker. – Ökonom; seit 1949 Mgl. der SED (1971–89 ihres ZK); 1973–89 SED-Bezirkssekretär von Dresden. M. nahm im Okt. 1989 den Dialog mit oppositionellen Kräften auf; als Min.präs. (Nov. 1989–April 1990) bemühte er sich um eine Erneuerung der DDR durch Zusammenarbeit mit allen gesellschaftl. Kräften (Runder Tisch). Seit Dez. 1989 Mgl. des Parteivorstandes und seit 1990 Ehrenvors. der PDS; seit Dez. 1990 MdB (Aufhebung der Immunität 1992).

Hans Modrow

Modul [zu lat. modulus „Maß, Maßstab"], Maßeinheit der Antike für den unteren Halbmesser einer Säule zur Bestimmung der Verhältnisse der Säulenordnungen (Säulenhöhe, Säulenabstand, Abmessung von Gebälk und Kapitellen); in der Renaissance wieder aufgenommen.
▷ in der *Datenverarbeitung* ein austauschbares Teil eines Gerätes (Hardware) oder eines Programms (Software), das eine geschlossene Funktionseinheit bildet und mit anderen M. über Schnittstellen verbunden ist. *Hardware-M.* sind meist bestückte Leiterplatten, *Software-M.* häufig Unterprogramme.
▷ in der *Mathematik:* 1. svw. absoluter Betrag einer komplexen Zahl oder einer [analyt.] Funktion; 2. Verhältnis von dekad. (oder einem anderen) Logarithmus einer Zahl x zum natürl. Logarithmus dieser Zahl, z. B.: $M_{10} = \lg x / \ln x = 1/\ln 10 = 0{,}4342945\ldots$; 3. svw. Divisor kongruenter Zahlen (↑Kongruenz); 4. Bez. für eine ↑abelsche Gruppe mit einer Operation.
▷ in der *Physik* und in der *Technik* eine Materialkonstante (z. B. Elastizitäts-M.) oder eine Kenngröße (z. B. bei Zahnrädern).
▷ [mo'du:l] ↑Mir (Raumfahrt).
▷ [mo'du:l], in der *Elektronik* eine zu einer Schaltungseinheit zusammengefaßte Gruppe von Bauelementen oder -steinen.

MODULA-2, sehr leistungsfähige Programmiersprache für universelle Anwendung, v. a. bei komplexen Problemen. Sie baut auf ↑PASCAL auf und ist um ein Konzept von „Moduln" gegenüber dieser Programmiersprache erweitert. Ein Modul ist hierbei eine Zusammenfassung von Programmelementen.

Modulation [zu lat. modulatio „Maßstab, Rhythmus"], in der Informationstechnik das Aufprägen eines Signals, z. B. Sprache, Musik, Daten, auf eine Trägerschwingung (Trägerwelle oder Trägerpuls) zur Informationsübertragung. Dabei wird die Amplitude, Frequenz, Phase (Trägerwelle) oder ein Impulsparameter (Trägerpuls) der Trägerschwingung durch den Zeitverlauf des aufzuprägenden Signals gesteuert *(Amplituden-M. [AM], Pulsamplituden-M. [PAM], Frequenz-M. [FM], Pulsfrequenz-M. [PFM], Phasen-M. [PM], Pulsphasen-M. [PPM], Pulsdauer-M. [PDM], Pulscode-M. [PCM]).* Anwendung zur Abstrahlung von elektromagnet. Wellen (Hörfunk, Fernsehen, Verkehrsfunk, Richtfunk, Flugsicherung, Radar), zur Mehrfachausnutzung von Kabel- und Funkverbindungen, Erhöhung der Störsicherheit von Übertragungssystemen (FM, PM, PCM) und Anpassung von Signalen an Einrichtungen zur Informationsverarbeitung und -speicherung. Das im Sender aufmodulierte Signal wird im Empfänger durch ein dem M.verfahren angepaßtes Verfahren der **Demodulation** zurückgewonnen. – ↑Lichtmodulator.
▷ in der *Musik* das Überleiten (Modulieren) von einer Tonart in eine andere.

Modulationsübertragung, svw. ↑Kontrastübertragung.

Modulationsübertragungsfunktion ↑optische Übertragungsfunktion.

Modulationswandler ↑Diskriminator.

Modulor [lat.-frz.], ein von Le Corbusier entwickeltes Proportionsschema, das von einer Körpergröße von 1,83 m (bzw. 2,26 m mit erhobener Hand) ausgeht und auf dem ↑Goldenen Schnitt beruht. Eine 2. Maßreihe wurde auf die Körpergröße 1,75 m abgestimmt.

Modultechnik, Anfang der 1950er Jahre in den USA entwickelte Methode der Miniaturisierung elektron. Geräte. Eingekerbte Keramikplättchen von etwa 25 mm Kantenlänge wurden mit z. T. verkleinerten konventionellen Bauelementen bestückt, wobei aufgedruckte leitende Verbindungen zu metallisierten Kerben führten; die übereinander gestapelten Plättchen wurden durch angelötete Steigdrähte in den Kerben verbunden. Diese **Module** (oder **Modulschaltungen**) wurden luft- und feuchtigkeitsdicht mit Kunstharz vergossen. Bei **Mikromodulen** (Keramikplättchen von 10 mm Kantenlänge) wurden subminiaturisierte Elektronenröhren durch Halbleiterbauelemente ersetzt.

Modus [lat., eigtl. „Maß"], *bildungssprachl.* für: Verfahrensweise, Weg.
▷ in der *Sprachwiss.* Aussageweise beim Verb; der M. gibt an, wie sich das Verhältnis der Verbalhandlung zum Wirklichkeitsgehalt der Äußerung in der Stellungnahme des Sprechers darstellt. In den indogerman. Sprachen unterscheidet man v. a. Indikativ, Konjunktiv, Optativ und Imperativ. Der M. kann durch Flexionsmorpheme (z. B. „geh-t" und „geh-e" zur Bez. von Indikativ und Konjunktiv) oder Hilfsverben bezeichnet werden.
▷ in der traditionellen *Logik* die Schlußform im Unterschied zur Schlußfigur (↑Syllogismus, ↑Schluß).
▷ in der *Statistik* Mittelwert.

Modus procedendi [lat.], Verfahrensweise, Art des Vorgehens.

Modus vivendi [lat., eigtl. „Art zu leben"], *allg.:* Form eines erträgl. Zusammenlebens zweier oder mehrerer Parteien [ohne Rechtsgrundlage]. Im *Völkerrecht* auf Vereinbarung zw. Völkerrechtssubjekten beruhende, vorläufige Regelung.

Moeller-Barlow-Krankheit [ˈmœlər ˈbaːləʊ; nach dem dt. Chirurgen J. Moeller, *1819, †1887, und dem engl. Internisten T. Barlow, *1845, †1945] (Säuglingsskorbut), bei Kindern (bes. von 6 Monaten bis zu 2 Jahren) auftretende Krankheit, die wie der ↑Skorbut durch Mangel an

Vitamin C in der Nahrung bedingt ist; in hochzivilisierten Ländern selten. Sie äußert sich in zunehmender Blässe und Appetitlosigkeit, Schmerzhaftigkeit der Knochen, Schwellung der Glieder und Gelenke, Blutungen in Haut und Schleimhäuten.

Moeller van den Bruck, Arthur ['mœlər...], *Solingen 23. April 1876, †Berlin 30. Mai 1925 (Selbstmord), dt. polit. Schriftsteller. – Übte als geistiger Mittelpunkt des „Juniklubs" einen nachhaltigen Einfluß auf die Jungkonservativen aus. Er bekämpfte Liberalismus und Parlamentarismus und suchte nat. und soziale Ideen zu verbinden; er vertrat v. a. die Idee einer „Konservativen Revolution". Der Titel seines Buches „Das dritte Reich" (1923) diente den Nationalsozialisten als polit. Schlagwort.

Moens, Wies [niederl. muːns], *Sint-Gillis-bij-Dendermonde 28. Jan. 1898, †Geelen 2. Febr. 1982, fläm. Dichter. – Anhänger eines großniederl. Staates, gründete die polit.-satir. Zeitschrift „Dietbrand" (1933–39); nach dem 2. Weltkrieg wegen Kollaboration zum Tode verurteilt, lebte in Heerlen (Niederlande). Vertreter eines humanitären Expressionismus.

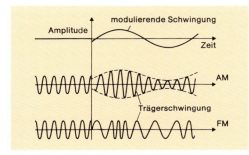
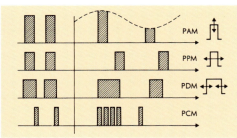

Modulation. Oben: Schema der Amplitudenmodulation und der Frequenzmodulation. Unten: die verschiedenen Formen der Pulsmodulation

Moers [møːrs], Stadt im Niederrhein. Tiefland, NRW, 26 m ü. d. M., 101 400 E. Museen; Metall-, chem., Baustoffind.; Steinkohlenbergbau. – Das an der Stelle des heutigen Stadtteils Asberg gelegene röm. **Asciburgium** bestand aus Auxiliarkastellen. Bei der spätestens im 13. Jh. errichteten Wasserburg der Grafen von M. entstand eine Siedlung, die 1300 Stadtrecht erhielt; unter dem Haus Oranien (1600–1702) zur niederl. Festung ausgebaut (1763 geschleift). – Vom Schloß sind Torturm (14. Jh.) und ein Wohnbau (im Kern 15. Jh.) erhalten. Im Ortsteil **Kapellen** spätgot. Kirche (1560) und das Wasserschloß Haus Lauersfort (15.–19. Jh.).

Moeschlin, Felix ['mœʃliːn], *Basel 31. Juli 1882, †ebd. 4. Okt. 1969, schweizer. Schriftsteller. – Journalist; 1941–47 Nationalrat; schrieb v. a. histor. und Gegenwartsromane, u. a. „Barbar und Römer" (1931), „Morgen geht die Sonne auf" (1958).

Moesia, röm. Prov., ↑Mösien.

Mofa [Kw. für **Mo**tor**fa**hrrad] ↑Kraftrad.

Mofette [italien.-frz.], vulkan. Gasquelle, aus der Kohlendioxid austritt.

Mofolo, Thomas, *Khojane bei Mafeteng (Lesotho) 22. Dez. 1876, †Teyateyaneng 8. Sept. 1948, afrikan. Schriftsteller. – Verfaßte mit „Chaka, der Zulu" (1925) den ersten histor. Roman der modernen afrikan. Literatur.

Mogadischu, Hauptstadt von Somalia, an der Küste des Ind. Ozeans, 600 000 E. Univ. (seit 1969), islam. Hochschule, Nat.museum; Wirtschaftszentrum des Landes mit internat. Messe, Nahrungsmittel-, Textil- und Lederind.; Erdölverarbeitung; wichtigster Hafen des Landes, internat. ⚓. – Die arab.-pers. Handelsstadt M. wurde im 15. Jh. von den Somal erobert und gehörte später zum Sultanat von Oman. 1870 von Sansibar erworben. Ende des 19. Jh. begannen die Italiener, sich in M. niederzulassen, und kauften die Stadt 1905 dem Sultan von Sansibar ab; 1941 von brit. Truppen erobert; 1991 im Bürgerkrieg stark zerstört.

Mögel-Dellinger-Effekt [nach dem dt. Ingenieur E. H. Mögel, *1900, und dem amerikan. Physiker J. H. Dellinger, *1886, †1962] (Dellinger-Effekt), durch Korpuskular- und Röntgenstrahlung der Sonne hervorgerufene Beeinflussung der ↑Ionosphäre der Erde (starke Erhöhung der Ionisation der D-Schicht), die sich durch verstärkte Absorption von Kurzwellen auswirkt und zum völligen Erliegen des Kurzwellenfernempfangs führen kann.

Mogilalie ↑Stammeln.

Mogiljow [russ. mɐgi'ljɔf], weißruss. Gebietshauptstadt am Dnjepr, 356 000 E. Maschinenbauhochschule, PH, TH; zwei Theater; Maschinen-, Kfz-Bau, Kunstfaserwerk u. a. Ind.; Bahnknotenpunkt, ⚓. – Im 13. Jh. gegr.; wurde im 14. Jh. litauisch, 1569 polnisch; fiel mit der 1. Poln. Teilung an Rußland; 1772–96 und ab 1802 Gouv.hauptstadt.

Möglichkeit, eine der ↑Modalitäten; 1. ontologisch das, was unter bestimmten Bedingungen und Voraussetzungen sich realisieren oder realisiert werden kann, 2. logisch das, was widerspruchsfrei gedacht werden kann. Die ontolog. M. wird als sog. Realprinzip des Seienden aufgefaßt.

Möglichkeitsform, svw. ↑Konjunktiv.

Mogollonkultur [engl. mʌgɪ'oʊn; nach dem Ort Mogollon, 270 km sw. von Albuquerque], prähistor. Indianerkultur im westl. New Mexico und östl. Arizona (USA) sowie im nördl. Mexiko (Chihuahua), etwa 200 v. Chr. bis 1500 n. Chr.; entwickelte sich als seßhafte Kultur mit Feldbau, Dörfern mit runden Grubenhäusern und ein-, später zweifarbiger Keramik unter mex. Einflüssen aus der Cochisekultur.

Mogontiacum (Moguntia), lat. Name von Mainz.

Mogul, die im Mogulreich herrschende muslim. Dyn. türk.-mongol. Abstammung; die M.-Herrscher trugen den Titel **Großmogul**.

Mogulreich, Reich der Moguln in Indien, gegr. von Babur († 1530), der von Kabul aus N-Indien vom Pandschab bis an die Grenze von Bengalen eroberte. Sein Enkel Akbar (1556–1605) konnte weitere Gebiete hinzugewinnen. Seine größte Ausdehnung erreichte das M. unter Aurangsib (1658–1707) durch Annexion von Bijapur (1686) und Golkonda (1687), doch kam es zu Revolten der Sikh, zu Kriegen mit den Radschputen und Marathen, die die Finanzkraft des Reiches erschöpften und den Verfall einleiteten. Nach den frz.-brit. Auseinandersetzungen um die Vorherrschaft in Indien führten die Moguln nur noch ein Schattendasein; seit 1803 war der Großmogul Pensionär der Briten, die den letzten Herrscher 1858 auch formal absetzten.

Mohács [ungar. 'mohaːtʃ], ungar. Stadt an der Donau, 21 200 E. Volkskundemuseum; Maschinen-, Baustoff-, Holz- und Seidenind. – Zentrum der Schokzen. – In der **Schlacht bei Mohács** (29. Aug. 1526) wurde König Ludwig II. von Ungarn und Böhmen von den Osmanen unter Sultan Sulaiman II. besiegt und fiel. – Am 12. Aug. 1687 wurden bei M. die Osmanen von den Kaiserlichen unter Herzog Karl V. von Lothringen geschlagen.

Mohair [moˈhɛːr; italien.-engl., zu arab. muchajjar „Stoff aus Ziegenhaar"] (Mohairwolle, Mohär), Bez. für die von Angoraziegen gewonnene Wolle. M. wird rein oder mit anderer Wolle vermischt zur Herstellung von Kamm- und Streichgarnen (Oberbekleidungsstoffe, Schlafdecken u. a.) verwendet.

Mogadischu
Hauptstadt von Somalia

600 000 E

Wirtschaftszentrum des Landes mit internat. Messe

seit dem Altertum bed. Handelsplatz mit starkem arab. Einfluß

Univ. (seit 1969)

Moers
Stadtwappen

Felix Moeschlin

Mohammad Resa Pahlawi

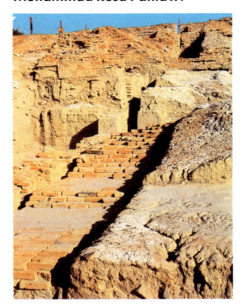

Mohendscho-Daro. Teilansicht des Großen Bades, das kultischen Zwecken diente

Mohammad Resa Pahlawi ↑ Resa Pahlawi, Mohammad.

Mohammed (arab. Muhammad), eigtl. Abul Kasim Muhammad Ibn Abd Allah, *Mekka um 570, †Medina 8. Juni 632, Stifter des Islams. — M. gehörte der führenden Sippe des in Mekka herrschenden Stammes der Koraisch, den Haschimiden, an. Er heiratete mit 25 Jahren Chadidscha, die ihm u. a. ↑ Fatima gebar. Seine Andachtsübungen verdichteten sich in seinem 40. Lebensjahr zu visionären Offenbarungserlebnissen, die dann im ↑ Koran ihren Niederschlag fanden. M. fühlte sich zum gottgesandten Propheten erwählt, um die Araber zum ↑ Islam zu führen. Mit diesem Anspruch fand M. jedoch nur wenige Anhänger unter den Mekkanern. Nach dem Tod Chadidschas suchte M. neue Wirkungsmöglichkeiten in Medina, wohin er im Sept. 622 auswanderte (Hedschra). Aus seinen Mitauswanderern (Muhadschirun) und neuen medinens. Anhängern (Ansar) formte M. eine Gemeinschaft, die unter seiner Führung den Islam in Arabien durchzusetzen begann. Er selbst wurde geistl. und polit. Oberhaupt mit absoluter Autorität. In mehreren krieger. Auseinandersetzungen konnte sich M. schließlich gegen Mekka durchsetzen. Die arab. Stämme schlossen sich ihm an, die Juden wurden vertrieben und die Gebetsrichtung (Kibla) wurde von Jerusalem nach Mekka umorientiert. Im Jan. 630 konnte M. in Mekka einziehen und den Kult des Wallfahrers (Hadsch) im hl. Bezirk vollziehen. — M. betrachtete sich — bedingt durch seinen Erfolg — nunmehr als den letzten in der mit Adam beginnenden Reihe der Propheten, mit dem die Offenbarung des wahren Glaubens abgeschlossen sei und dessen Sendung sich an die ganze Menschheit richte. M. selbst hat sich zwar stets als Mensch ohne übernatürl. Eigenschaften verstanden, doch stattete ihn die muslim. Gemeinde mehr und mehr mit den Fähigkeiten eines wundertätigen Heiligen aus. — Seinen Nachfolgern, den Kalifen, hinterließ M. ein politisch und religiös geeintes Arabien.

Mohammed, Elijah [engl. moʊˈhæmɪd], eigtl. E. Poole, *bei Sandersville (Ga.) 10. Okt. 1897, †Chicago 25. Febr. 1975, schwarzer amerikan. Bürgerrechtler. — Gründete 1932 die Black Muslims, deren Führer er seit 1934 war; sein radikales Programm der „black unification" hatte bes. Erfolg bei der schwarzen Bev. der amerikan. Großstädte.

Mohammed ↑ Muhammad.

Robert von Mohl

Reinhard Mohn

Mohammedia (früher Fédala), marokkan. Hafenstadt, Seebad am Atlantik, 105 100 E. Erdölraffinerie, Phosphat-, Fischverarbeitung; Hafen.

Mohammed Sahir, *Kabul 15. Okt. 1914, König (Schah) von Afghanistan (1933/1953—73). — Übernahm 1933 nominell die Herrschaft; bis 1953 übten 3 Onkel die tatsächl. Staatsgewalt aus; verfolgte als Alleinherrscher einen neutralist. Kurs der Blockfreiheit, führte Reformen und Entwicklungsprojekte durch; 1973 durch Staatsstreich gestürzt, dankte ab; lebt in Rom.

Mohave [engl. moʊˈhɑːvi], Yuma sprechender Indianerstamm im unteren Coloradotal (SO-Kalifornien und W-Arizona); rd. 3 000.

Mohawk [engl. ˈmoʊhɔːk], der östlichste Stamm des Irokesenbundes (↑ Irokesen).

Mohawk River [engl. ˈmoʊhɔːk ˈrɪvə], rechter und größter weltgrößten Nebenfluß des Hudson River, USA, entspringt auf der sw. Abdachung der Adirondack Mountains, mündet bei Cohoes, 238 km lang; bed. Wasserstraße.

Mohendscho Daro (Mohenjo Daro), Ruinenstadt am Indus, sw. von Sukkur, Pakistan; neben Harappa Hauptstadt der ↑ Harappakultur (4. bis Anfang des 2. Jt. v. Chr.); planmäßig angelegte Stadt mit engem Straßennetz; mehrstöckige Bauten aus gebrannten Ziegeln, Abwässersystem, Zitadelle. Von der UNESCO zum Weltkulturerbe erklärt.

Mohikaner ↑ Mahican.

Mohl, Robert von (seit 1871), *Stuttgart 17. Aug. 1799, †Berlin 4. Nov. 1875, dt. Jurist und Politiker. — 1824—45 Prof. in Tübingen, ab 1847 in Heidelberg; 1848 als Liberaler Mgl. der Frankfurter Nat.versammlung; 1848/49 Reichsjustizmin. M. Verdienst liegt in seinen theoret. Schriften zur Staatsrechtslehre. Die Schrift „Das Staatsrecht des Kgr. Württ." (2 Bde., 1829—31) ist die erste Darstellung, die Verfassung und Verwaltung getrennt betrachtet. Ab 1861 bad. Gesandter beim Bundestag in Frankfurt am Main, nach 1867 in München; 1874/75 MdR (Liberale Reichspartei).

Möhler, Johann Adam, *Igersheim (bei Bad Mergentheim) 6. Mai 1796, †München 12. April 1838, dt. kath. Theologe. — Ab 1826 Prof. für Kirchengeschichte in Tübingen, ab 1835 für N.T. in München. Befaßte sich in zahlr. Werken mit den Grundfragen des Christentums nach Offenbarung, Schrift und Tradition, Kirche, dem christl. Menschenbild und der Geschichte; gehört zu den bedeutendsten Vertretern der kath. Tübinger Schule. — *Werke:* Die Einheit in der Kirche oder das Prinzip des Katholizismus (1825).

Mohn, Reinhard, *Gütersloh 29. Juni 1921, dt. Verleger. — Übernahm 1947 das väterl. Unternehmen (↑ Bertelsmann AG); unter seiner Leitung wurde der Verlag zu einem der weltgrößten Medienkonzerne, dessen Aufstieg 1950 mit der Gründung des Bertelsmann Leserings begann. Durch ein zweistufiges Vertriebssystem unter Einbeziehung von Buchhandel und unkonventionellen Werbemethoden war M. sehr erfolgreich; er führte 1969/70 die Gewinnbeteiligung ein. 1947—81 Vorstandsvors. der Bertelsmann AG, seit 1981 Vors. des Aufsichtsrates.

Mohn (Papaver), Gatt. der M.gewächse mit rd. 100 Arten in den gemäßigten Gebieten der N-Halbkugel, nur eine Art (Papaver aculeatum) in S-Afrika und SO-Australien; einjährige, milchsaftführende Kräuter und Stauden mit kugeligen, eiförmigen oder längl. Kapselfrüchten; z. T. Nutz- und Zierpflanzen. Bekannte Arten: **Klatschmohn** (Feuer-M., Feld-M., Papaver rhoeas), bis 90 cm hoch, mit gefiederten, borstig behaarten Blättern und scharlachroten, bis 10 cm breiten Blüten; auf Äckern und Ödland. **Islandmohn** (Papaver nudicaule), 30—40 cm hoch, mit grundständigen, bläulichgrünen Blättern; Blüte gelb; in der arkt. und subarkt. Region. Wird als Schnittblume in verschiedenfarbigen Sorten kultiviert. **Schlafmohn** (Papaver somniferum), 0,4—1,5 m hoch, mit wenig geteilten, blaugrün bereiften Blättern und weißen oder violetten Blüten, die am Grund dunkle Flecken haben; im östl. Mittelmeergebiet. Aus den unreifen Fruchtkapseln wird Opium gewonnen. Das durch kaltes Pressen der weißen, blauen oder schwarzen Samen

gewonnene M.öl wird als Speiseöl sowie industriell genutzt. Blaue Samen werden auch in der Bäckerei verwendet.
Geschichte: Der Schlaf-M. stammt von der S-Küste des Schwarzen Meeres. Um 900 v. Chr. war er in Griechenland bekannt. M.samen dienten schon sehr früh als Nahrungsmittel. Als Schlaf- und Schmerzmittel war zunächst nicht das Opium, sondern nur M.aufguß und ein Extrakt, das Mekonium (bei den alten Ägyptern, bis zum 4. Jh. v. Chr. auch bei den Griechen und bis zum 17. Jh. n. Chr. bei den Chinesen) bekannt. In Deutschland wurde M. seit dem MA v. a. wegen seines ölhaltigen Samens angebaut.

Möhne, rechter Nebenfluß der Ruhr, NRW, entspringt westl. von Brilon, mündet bei Neheim-Hüsten, 57 km lang.

Möhnestausee ↑ Stauseen (Übersicht).

Mohngewächse (Papaveraceae), zweikeimblättrige Pflanzenfam. mit über 40 Gatt. und rd. 700 Arten, v. a. in temperierten und subtrop. Gebieten der Nordhalbkugel; Kräuter oder Stauden (seltener Sträucher), meist milchsaftführend; viele Zierpflanzen. Bekannte Gatt. sind u. a. Goldmohn, Hornmohn, Mohn, Lerchensporn und Schöllkraut.

Moholy, Lucia [ungar. 'mohoj], geb. Schulz, *Prag 18. Jan. 1894, †Zürich 17. Mai 1989, brit. Photographin tschech. Herkunft. – Trat mit Porträt- und Architekturaufnahmen sowie Photographien von Designobjekten hervor. 1921–34 ∞ mit L. M.-Nagy, an dessen Photoexperimenten, kunstpädagog. und kunsttheoret. Schriften sie wesentl. Anteil hatte. 1933 emigrierte sie nach London.

Moholy-Nagy, László [ungar. 'mohoj'nɔdj], *Bácsborsod (Bez. Borsod-Abaúj-Zemplén) 20. Juli 1895, †Chicago 24. Nov. 1946, ungar. Künstler. – Kam 1920 nach Berlin und wirkte 1923–28 als Prof. am Bauhaus. Über Berlin, Amsterdam und London emigrierte M.-N. 1937 nach Chicago, gründete dort das „Institute of Design". M.-N. ist bed. als konstruktivist. Maler, experimenteller Künstler, Vorreiter der Objektkunst und der ↑ kinetischen Kunst und Lichtkunst, verwendete Plexiglas und Metall, teilweise unter Einbeziehung von Licht und Bewegung („Licht-Raum-Modulator", 1922–30). M.-N. arbeitete seit 1922 auch in den Medien Photographie (Photogramme) und Film und wurde bed. für funktionale Architektur, Ind.design und Typographie; auch theoret. Schriften.

László Moholy-Nagy. Auf weißem Grund, 1923 (Köln, Museum Ludwig)

Mohorovičić, Andrija [serbokroat. mɔhɔ'rɔviːtʃitɕ], *Volosko (Istrien) 23. Jan. 1857, †Zagreb 18. Dez. 1936, kroat. Seismologe und Meteorologe. – 1882–91 Prof. in Bakar, danach Leiter der Landesanstalt für Meteorologie und Geodynamik in Zagreb; entdeckte 1910 den Sprung der Ausbreitungsgeschwindigkeit von Erdbebenwellen an der heute nach ihm ben. **Mohorovičić-Diskontinuität** (↑ Erde [Aufbau]).

Mohr, Joseph, *Salzburg 11. Dez. 1792, †Wagrain-Markt (Bundesland Salzburg) 5. Dez. 1848, östr. kath. Geistlicher. – Verf. des Liedes „Stille Nacht, heilige Nacht" (entstanden 1818), das von seinem Freund F. X. Gruber vertont wurde.

Möhre (Daucus), Gatt. der Doldengewächse mit rd. 60 Arten im Mittelmeergebiet. In M-Europa kommt die **Wilde Möhre** (Möhre i. e. S., Daucus carota) vor; meist zweijährige Kräuter mit weißen Doldenblüten; auf Wiesen und an Wegrändern, unterscheidet sich von der ↑ Karotte durch eine spindelförmige, verholzte Pfahlwurzel.

Lucia Moholy. Porträt von Anni Albers

Mohrenfalter (Erebia), artenreiche Gatt. vorwiegend schwärzl. bis rotbrauner Augenfalter, v. a. in Gebirgen, Tundren und nördl. Regionen der Nordhalbkugel (in Deutschland rd. 25 Arten von 3–5 cm Spannweite); Flügel mit mehreren kleinen Augenflecken in einer (meist) helleren Binde.

Möhrenfliege ↑ Nacktfliegen.

Mohrenhirse, svw. ↑ Sorghumhirse.

▷ (Durrha, Sorg[h]um durrha) Art der Sorghumhirse, v. a. in den Trockengebieten Afrikas und Asiens; 1–5 m hohe, anspruchslose Kulturpflanze mit markigem Stengel und großer Rispe mit zwei Ährchen an jedem Rispenast; in den Anbaugebieten wichtiges Brotgetreide, in N-Amerika als Futterpflanze angebaut.

Mohrenkopf, mit Schokoladenkouvertüre überzogenes, mit Schlagsahne oder Creme gefülltes Biskuitgebäck.

Mohrenmaki ↑ Lemuren.

Mohr (Paul Siebeck), J. C. B. ↑ Verlage (Übersicht).

Mohrrübe, svw. ↑ Karotte.

Mohrsche Waage [nach dem dt. Pharmazeuten F. Mohr, *1806, †1879] (Westphalsche Waage), Gerät zur Bestimmung der Dichte von Flüssigkeiten durch Messung des Auftriebs, den ein Probekörper in der Flüssigkeit erfährt.

Mohs, Friedrich, *Gernrode 29. Jan. 1773, †Agordo (Prov. Belluno) 29. Sept. 1839, dt. Mineraloge. – Prof. in Graz, Freiberg und Wien; führte eine Mineralklassifikation auf Grund äußerer Kennzeichen ein; entwickelte 1812 die nach ihm ben. Härteskala (↑ Härte).

Mohshärte [nach F. Mohs] ↑ Härte.

Moi, Daniel Arap ['moʊɪ], *Sacho (Distrikt Baringo) 1924, kenian. Politiker. – 1945–57 Lehrer, dann bis 1963 Mgl. des Legislativrats, 1960/61 Vors. der KADU (Kenya African Democratic Union); schloß sich 1964 der KANU (Kenya African National Union) an; wiederholt Min., u. a. 1964–78 Innenmin., seit 1967 auch Vizepräs.; seit 1978 Staatspräs. und Vors. der KANU.

Moiety [engl. 'mɔɪətɪ, zu lat. medietas „die Mitte"] (Mrz. Moieties), als Hälfte eines Stammes oder einer Siedlung ausgebildete Sozialeinheit. Die M.angehörigkeit des

Mohrsche Waage. Der Probekörper P ist durch das Gegengewicht G im Gleichgewicht, wenn er sich in der Luft befindet; sein Auftrieb, der durch Aufsetzen von Reitergewichten Rg auf den Waagebalken gemessen wird, ist ein Maß für die Dichte der Flüssigkeit

Mo i Rana

einzelnen wirkt sich u. a. bei Heiratsregelungen, Zeremonien und Wettkämpfen aus. Sie wird in der väterl. oder mütterl. Linie vererbt.

Mo i Rana [norweg. 'mu:], norweg. Ind.ort in der Gem. Rana (25 000 E) am Ranafjord; Museum; große Kokerei, chem., Düngemittelind., Stahlwerk; Hafen.

Moiré [moa're:; frz., zu engl. mohair (↑ Mohair)], in der *Textiltechnik* ein mattschimmerndes Muster, das feinen Wellen oder einer Holzmaserung ähnelt, und die ein derartiges Muster aufweisendes Gewebe.
▷ in der *Drucktechnik* Bez. für eine störende Musterbildung, die durch ungünstige (falsche) Rasterwinklung entsteht (v. a. beim Mehrfarbendruck).

Moiren, Schicksalsgöttinnen der griech. Mythologie. „Moira" bedeutete eigtl. den dem einzelnen Menschen (auch der Gottheit) vom Schicksal zugewiesenen, unabänderl. „Teil" im Ordnungs- und Sinnganzen des Kosmos, dann dieses „Schicksal" selbst. Nach Hesiods „Theogonia" drei Schwestern, Töchter des Zeus und der Themis: **Klotho** (die „Spinnerin" des Lebensfadens), **Lachesis** (die „Zuteilerin" des Lebenslosen) und **Atropos** (die „Unabwendbare", die den Faden durchschneidet).

Moissan, Henri [frz. mwa'sã], *Paris 20. Sept. 1852, †ebd. 20. Febr. 1907, frz. Chemiker. — Seit 1900 Prof. an der Sorbonne in Paris; arbeitete v. a. über Fluor- und Cyanverbindungen und versuchte Diamanten künstlich herzustellen. 1906 erhielt M. den Nobelpreis für Chemie.

Moissejew, Igor Alexandrowitsch [russ. maj'sjejɪf], *Kiew 21. Jan. 1906, ukrain. Tänzer, Ballettmeister und Choreograph. — Tanzte 1924–39 am Bolschoi-Theater in Moskau und übernahm 1937 die choreograph. Leitung des Staatl. Volkstanzensembles der UdSSR **(Moissejew-Ensemble),** mit dem er in aller Welt gastierte.

Alexander Moissi

Moissi, Alexander, *Triest 2. April 1880, †Wien 22. März 1935, östr. Schauspieler italien. Herkunft. — Wirkte seit 1905 am Dt. Theater Berlin im Ensemble M. Reinhardts als sensibler und faszinierender Darsteller jugendl. Helden- und Charakterrollen.

Moivre, Abraham de [frz. mwa:vr], *Vitry-le-François 26. Mai 1667, †London 27. Nov. 1754, frz. Mathematiker. — Arbeiten v. a. zur Wahrscheinlichkeitsrechnung („The doctrine of chances", 1718), der Reihenlehre und der Gleichungstheorie; die heutige Fassung der Moivreschen Formeln stammt von L. Euler.

Mojave Desert [engl. moʊ'hɑ:vi 'dezət], Trockengebiet in S-Kalifornien, besteht aus flachen Becken, die durch niedrige Bergrücken getrennt sind; Wüstensteppenvegetation; abgebaut werden die Salze ausgetrockneter Salzseen.

mokant [frz.], spöttisch, höhnisch; **sich mokieren,** sich abfällig bzw. spöttisch äußern.

Mokassin [indian.-engl.], urspr. ein aus einem Stück angefertigter absatzloser Wildlederschuh der nordamerikan. Indianer; heute nach diesem Schnitt gefertigter Straßen- oder Hausschuh.

Samy Molcho

Mokassinschlangen (Dreieckskopfottern, Agkistrodon), Gatt. bis über 1,5 m langer, meist lebendgebärender Grubenottern mit rd. 10 Arten, v. a. in Steppen, Halbwüsten, Wäldern und Feldern Amerikas und Asiens; Giftwirkung des Bisses selten tödlich. Die bis 75 cm lange **Halysschlange** (Agkistrodon halys) kommt in SO Europa und O-Asien vor.

Mokick [Kw. aus **Mo**ped und **Kick**starter], svw. Kleinkraftrad (↑ Kraftrad).

Mokka, Hafenort am Roten Meer in Jemen. Hatte als bed. Kaffee-Exporthafen um die Jh.wende 50 000 E; heute wirtsch. unbedeutend; 6000 E.

Mokka [nach dem gleichnamigen Ort], bes. starker aromat. Kaffee.

Mokpo [korean. mɔkphɔ], Hafenstadt an der SW-Küste von Süd-Korea, 236 100 E. Handels- und neben Pusan und Inchon wichtigster Fischereihafen Süd-Koreas.

Mokscha [Sanskrit „Erlösung"], im Hinduismus die Erlösung als Befreiung aus dem Kreislauf der Geburten.

Mol, belg. Gemeinde im Kempenland, 28 m ü. d. M., 30 200 E. Kernforschungszentrum, Glas-, feinmechan. und

chem. Ind. — Got. Kirche mit Turm (15. Jh.) und Glockenspiel.

Mol [gekürzt aus Molekulargewicht], Einheitenzeichen mol; diejenige Stoffmenge einer Substanz, die aus ebenso vielen Teilchen besteht, wie Atome in 12 g des Nuklids ^{12}C enthalten sind (das sind $6,022 \cdot 10^{23}$ Atome; ↑ Avogadro-Konstante). Früher wurde das M. auch als Masseeinheit (↑ Grammolekül) definiert.

Molalität [lat.], Konzentrationsangabe für Lösungen; wird in mol gelöster Stoff pro Kilogramm Lösungsmittel (mol/kg) angegeben.

molare Größen [lat./dt.], auf die Stoffmenge 1 Mol bezogene Größen; z. B. das *Molvolumen* (molares Volumen), Einheit m^3/mol oder die *Molmasse* (molare Masse) in g/mol. Das *Molnormvolumen* (molares Normvolumen) eines idealen Gases, das Molvolumen im Normzustand (Temperatur 0 °C, Druck 1,013 25 bar) beträgt 22,414 l/mol.

Molaren [lat.], svw. Backenzähne (↑ Zähne).

Molarität [lat.], Konzentrationsangabe für Lösungen; wird in mol gelöster Stoff pro m^3 bzw. Liter Lösung (mol/m^3 bzw. mol/l) angegeben. Eine einmolare (1 M) Lösung besitzt bei einer Temperatur von 20 °C die Konzentration $c = 1$ mol/l.

Molasse [zu lat.-frz. mollasse „schlaff, sehr weich"], Ablagerung mächtiger Schuttserien in Vorsenken oder Binnenbecken eines Faltengebirges; i. e. S. in der nördl. Randsenke der Alpen im Jungtertiär abgelagerter Schichtenkomplex aus Sandsteinen und Konglomeraten, gegliedert durch zwei Meeresvorstöße **(Meeresmolasse);** Pechkohlen- und Erdölvorkommen.

Molay, Jacques Bernard de [frz. mɔ'lɛ] (Jakob von M.), *Molay (Region Franche-Comté) um 1243, †Paris 18. März 1314 (verbrannt), letzter Großmeister des Templerordens (seit 1298). — Beteiligte sich an den Kämpfen in Palästina; mußte sich 1302 nach Zypern zurückziehen; 1306 von Papst Klemens V. nach Frankreich berufen; 1307 zus. mit den frz. Templern auf Befehl Philipps IV. von Frankreich verhaftet und 1314 nach Widerruf seines (falschen) Geständnisses verbrannt.

Molche [zu althochdt. mol „Salamander, Eidechse"], Bez. für zahlr. fast stets im Wasser lebende Schwanzlurche, deren Schwanz oft seitlich zusammengedrückt ist; z. B. viele Querzahn-M., Lungenlose M., *Echte M.* (*Wasser-M.;* mit den einheim. Arten Kammolch, Bergmolch, Teichmolch, Fadenmolch).

Molchfische (Lepidosirenidae), Fam. aalförmiger, kleinschuppiger Lungenfische mit fünf Arten in stehenden Süßgewässern Afrikas und S-Amerikas; paarige Flossen fadenförmig. Der **Schuppenmolch** (Lepidosiren paradoxa) überdauert die Austrocknung eines Gewässers in einer Schleimkapsel im Schlamm.

Molcho, Samy, *Tel Aviv 24. Mai 1936, israel. Pantomime. — Seit 1957 pantomim. Soloprogramme; 1961 Prof. am Max-Reinhardt-Seminar Wien; eröffnete in Wien 1977 die erste Pantomimschule in dt.sprachigen Raum. Auch Schauspieler und Regisseur; 1983 erschien sein Buch „Körpersprache".

Moldanubikum [nach den Flüssen Moldau und Donau (lat. Danubius)], Teil des ↑ Variskischen Gebirges.

Moldau (rumän. Moldova), histor. Landschaft in Rumänien, zw. den Ostkarpaten im W und dem Pruth im O sowie der Walachei im S. Die M. besteht aus dem den Ostkarpaten vorgelagerten Hügelland und dem östl. Teil des der Moldawa und des Sereth anschließenden Hochland. Das Klima ist kontinental. Im Hügelland Getreide- und Obstbau sowie Gemüse-, Sonnenblumen- und Zuckerrübenanbau. Vorkommen an Erdöl, Braunkohle und Salz. Im Hochland zusätzlich Kartoffel-, Flachs-, Hanf-, Tabak- und Weinanbau; Viehzucht. Größte Stadt ist Jassy.

Geschichte: Im 12. und 13. Jh. bestanden im Gebiet der M. einheim. Zwergstaaten. 1352/53 (oder 1354) entstand am Oberlauf des Sereth der spätere Feudalstaat M. als Grenzmark, die dem Maramureşer Dragos vom ungar. König als Lehen übergeben wurde. Die Unabhängigkeit von Ungarn erlangte die M. 1359 unter dem Maramureşer Woi-

Moldawien

Moldawien
Fläche: 33 700 km²
Bevölkerung: 4,4 Mill. E (1990), 129 E/km²
Hauptstadt: Chișinău
Amtssprache: Moldauisch (Rumänisch)
Währung: 1 Rubel (Rbl.) = 100 Kopeken
Zeitzone: MEZ +1 Stunde

Moldawien

Staatswappen

woden Bogdan (I.), der den Enkel des Dragos vertrieb. Unter seinen Nachfolgern wurden die Grenzen bis zum Dnjestr erweitert, in der Zeit Alexanders des Guten (⚰ 1400–32) bis zum Schwarzen Meer. Ein kultureller, wirtsch. und polit. Höhepunkt war die Zeit Stephans d. Gr. (⚰ 1457–1504). 1504 mußte sich Bogdan II. zu einem Tribut an das Osman. Reich verpflichten und es als Schutzmacht anerkennen, erhielt gleichzeitig aber auch eine Garantieerklärung für die Grenzen der M. und für eine unabhängige Verwaltung und Gesetzgebung. Unter den Nachfolgern Bogdans wurde der Einfluß der Osmanen auf die inneren Verhältnisse des Ft. M. immer stärker und führte schließlich 1711 zur Einsetzung der griech. Phanarioten als Fürsten. Mit dem Beginn der russ. Expansionspolitik im frühen 18. Jh. wurde die M. eines der wichtigsten Objekte in der osman.-russ. Auseinandersetzung. 1775 mußte das Osman. Reich die Bukowina an Österreich abtreten; 1792 erhielt Rußland das Küstenland bis zum Dnjestr, 1812 schließlich Bessarabien; S-Bessarabien verlor es jedoch wieder an die M. (1856). 1862 proklamierte A. I. Cuza den aus M. und Walachei gebildeten, seit 1859 angestrebten Staat Rumänien. – ↑Bessarabien, ↑Bukowina, ↑Moldawien.
M. (tschech. Vltava), linker und längster Nebenfluß der Elbe in der ČR, entsteht aus zwei Quellflüssen im Böhmerwald, mündet bei Mělník, 440 km lang. Am Oberlauf mehrere Kraftwerke.
moldauische Sprache, die amtl. Bez. für das in Moldawien sowie stellenweise in der Ukraine, in Rußland und an anderen isolierten Siedlungspunkten von etwa 3,34 Mill. Menschen (1989) gesprochene Rumänisch. Die moldauische Schriftsprache ist mit der rumän. identisch, bediente sich jedoch bis 1989 der kyrill. Schrift; die Umgangssprache deckt sich weitgehend mit dem in der rumän. Moldau gesprochenen Dialekt.
Moldauklöster, die im 15. und 16. Jh. in der nördl. Moldau erbauten Klöster (u. a. Voroneț, Sucevița und Moldovița). In den Kirchenbauten, gestreckten Dreikonchenanlagen mit Satteldächern, sind byzantin. Einflüsse mit der abendländ. Gotik verschmolzen. Charakteristisch die Bemalung der Außenmauern.
Moldavit [nach den Fundorten an der Moldau] ↑Tektite.
Moldawa (rumän. Moldova), rechter Nebenfluß des Sereth, in Rumänien, entspringt in den Ostkarpaten, 216 km lang.
Moldawien (Moldova), Republik im O Europas, zw. 45° 20′ und 48° 40′ n. Br. sowie 26° 70′ und 30° 10′ ö. L. **Staatsgebiet:** M. grenzt im N, O und S an die Ukraine, im W an Rumänien. **Verwaltungsgliederung:** 40 landw. Rayons, 21 Städte und 49 städt. Siedlungen. **Internat. Mitgliedschaften:** UN, GUS.
Landesnatur: Das Gebiet von M., zw. Pruth und Dnjestr gelegen, bildet eine langgestreckte, schwach wellige Lößebene, die in den Kodryhügeln bis 429 m ü. d. M. ansteigt. Sie wird durch tief eingeschnittene Erosionsschluchten (Balkas) gegliedert.

Klima: Es ist gemäßigt kontinental mit relativ kurzen, schneearmen Wintern und langen, warmen und trockenen Sommern.
Vegetation: Im N Waldsteppe, nach S in Steppe übergehend. Diese natürl. Vegetationszonen sind heute weitgehend in Ackerland umgewandelt, die urspr. krautreiche Federgrassteppe und der Wald wurden stark zurückgedrängt.
Tierwelt: Hauptvertreter sind Wolf, Fuchs, Wiesel, Iltis, Reh, Wildkatze sowie zahlr. Nagetierarten.
Bevölkerung: M. ist dicht besiedelt; die Bev. setzt sich (1989) zu 64,5 % aus Rumänen, hier Moldauer gen., 13,8 % Ukrainern, 13,0 % Russen, 8 % Gagausen u. a. zusammen. Die Ukrainer wohnen bes. im O und S, die Russen östl. des Dnjestr und in Chișinău und die Gagausen ebenfalls im S. Die Gläubigen gehören überwiegend zur orth., eine Minderheit zur röm.-kath. Kirche. Es besteht eine 10jährige Grundschulpflicht. M. verfügt über 8 Hochschulen (darunter eine Univ. in Chișinău) und über die Akad. der Wiss. in Chișinău.
Wirtschaft: Sie ist im Wandel von einer einst aus Moskau gelenkten sozialist. Planwirtschaft zu einer marktwirtsch. orientierten Privatwirtschaft mit einem hohen genossenschaftl. Anteil begriffen. Größte Bed. hat die durch Böden und Klima begünstigte Landw., v. a. der Wein- und Obstbau. Außerdem Anbau von Weizen, Sonnenblumen, Tabak, Zuckerrüben und Gemüse; bed. Viehhaltung (Rinder, Schweine, Schafe). Die Ind. verarbeitet landw. Erzeugnisse, daneben Maschinen- und Gerätebau sowie Textil-, Bekleidungs- und Lederind.; die Ind.standorte sind bes. um Chișinău, Tiraspol–Bender und Belz konzentriert.
Außenhandel: Ausgeführt werden Nahrungs- und Genußmittel (Wein, Branntwein, Tabak, Obst- und Gemüsekonserven), Maschinen, Elektrogeräte und Teppiche, eingeführt bes. Roh- und Brennstoffe, Investitionsgüter, Kfz, Holz, chem. Erzeugnisse, Metalle und Textilrohstoffe.
Verkehr: Das Verkehrsnetz (1 150 km Eisenbahnlinien und 19 600 km Straßen, davon 13 700 km mit fester Decke) spielt im Transitverkehr zw. der Ukraine und den Balkanstaaten eine bed. Rolle. Flußschiffahrt auf Dnjestr und Pruth (16 300 km Wasserstraßen). Internat. ✈ in Chișinău.
Geschichte: 1924 errichtete die sowjet. Reg. im rumän.-ukrain. Grenzgebiet die überwiegend von Moldauern bewohnte Moldauische ASSR. Diese wurde 1940 mit dem von Rumänien unter dem Druck eines Stalinschen Ultimatums abgetretenen Bessarabien zur Moldauischen SSR vereinigt. Im 2. Weltkrieg von Rumänien 1941–44 besetzt und seinem Staatsgebiet eingegliedert; nach Rückeroberung durch die Rote Armee (1944) im alten Umfang rekonstituiert und im Pariser Friedensvertrag vom Febr. 1947 von Rumänien als Teil der UdSSR anerkannt. M. erklärte sich am 23. Juni 1990 zum souveränen Staat innerhalb der UdSSR und am 27. Aug. 1991 für unabhängig. Das Streben der rumänischstämmigen Moldauer nach einer engen Bindung an Rumänien (Plan einer späteren Wiedervereinigung) führte zum Konflikt mit den Gagausen im S des Landes (im Aug. 1990 Ausrufung eines gagaus. Republik) und mit der russ.-

moldawische Kunst

ukrain. Minderheit in dem links des Dnjestr liegenden Transnistrien (im Sept. 1990 Proklamation einer Dnjestr-Republik). Die ersten freien Präsidentschaftswahlen im Dez. 1991, die von den russ.-ukrain. und gagaus. Bev.gruppen boykottiert wurden, bestätigten Staatspräs. M. Snegur (seit 1990) im Amt. In der Dnjestr-Region entwickelten sich die 1991 ausbrechenden Kämpfe zw. russ.-ukrain. Separatisten (unterstützt von hinzugestoßenen russ. Kosakenverbänden) und moldauischen Polizeieinheiten zu einem Bürgerkrieg, in den sich im Mai 1992 auch die in diesem Gebiet stationierten russ. Armee-Einheiten verwickeln ließen. Mehrere Waffenstillstandsabkommen (ausgehandelt zw. M., Rußland, der Ukraine und Rumänien) sowie polit. Lösungsversuche (im Juni 1992 Bereitschaftserklärung des moldauischen Parlaments, Transnistrien weitgehende Autonomie zu gewähren) konnten die blutigen Auseinandersetzungen nicht beenden; es kam zu Spannungen zw. M. und Rußland, das sich auf seine Schutzfunktion gegenüber der russ. Minderheit in M. berief. Ende Juli 1992 bezog eine aus russ. und moldauischen Soldaten sowie Gardisten der Dnjestr-Region zusammengesetzte Friedenstruppe Stellung im Krisengebiet. – ↑ Moldau (histor. Landschaft).

moldawische Kunst, die Entwicklung der m. K. stand in engstem Zusammenhang mit der russ., ukrain. und rumän. Kunst. Die ältesten bisher gefundenen Kunsterzeugnisse auf dem Territorium Moldawiens gehören dem 3.–2. Jt. v. Chr. an (Prunkwaffen aus dem Schatzfund von Borodino). Aus späterer Zeit sind u. a. bemalte Keramik, verzierte Metallgegenstände, Schmuck aus Silber und Bronze erhalten. Nach Stadtgründungen im 10./11. Jh. n. Chr. nahm die Architektur im Fürstentum Moldau (seit Mitte 14. Jh.) einen sichtbaren Aufschwung; Festungen (Soroka [früher Soroki], Bender [früher Bendery]) und die sog. ↑ Moldauklöster wurden neben ausnahmslos einschiffigen Kirchen (Maria-Himmelfahrts-Kirche in Kęuschen [früher Kauschany], 16./18. Jh.; Klosterkirche Kaprijani, Mitte 16. Jh.) errichtet. Eine landschaftl. Besonderheit sind die aus dem Holzblockbau übernommenen Kuppelkonstruktionen, sog. Moldauische Gewölbe, mit übereinander gestaffelten, gegeneinander verschobenen Pendentifs (Klosterkirche Rudj, 1774). Die Kirchen waren im Innern mit Wandmalereien geschmückt, das unverputzte Mauerwerk des Außenbaus zeigt Blendbogen-, Fries- und Keramikdekor. Nach Angliederung Bessarabiens an Rußland (1812) erlangte der russ. Klassizismus starken Einfluß. In den 20er und 30er Jahren des 20. Jh. wurden Anregungen des Jugendstils aufgenommen. Im Zuge der Beseitigung von Kriegszerstörungen und der Neubebauung entstanden sog. Mikrorayons mit Typenbauten in industrieller Bauweise. Die Dorfarchitektur bewahrte stärker traditionelles Formengut (überdachte Veranda/Galerie, Holzschnitz- und Malereidekor). In der bildenden Kunst wurde seit Ende des 19. Jh./Anfang 20. Jh. durch Ausstellungen der ↑ Peredwischniki, die Gründung einer Zeichenschule in Chișinău [Kischinjow] sowie die 1903 gegr. „Bessarab. Gesellschaft der Kunstfreunde" die Herausbildung einer nat. realist. Kunst befördert.

moldawische Literatur, die in Moldawien entstandene rumänischsprachige Literatur; sie hat gemeinsame Wurzeln und Traditionen mit der rumän. Literatur und entwickelte sich auf der Grundlage einer reichen mündlich überlieferten Volksliteratur seit den 20er Jahren des 20. Jh. Zu den Autoren, die seit den 50er Jahren in der Lyrik auch internat. Bed. fanden, zählen u. a. Andrei P. Lupan, A. M. Guschel (rumän. Gujel) und G. P. Wijeru (Vieru), in der Prosa Anna P. Lupan, A. N. Schalar (Șalari), N. Kostenko, v. a. I. P. Druze (Druță).

moldawische Musik, die Volksmusik Moldawiens wurde beeinflußt von der Musik des Orients, des Balkans sowie der ukrain. und russ. Musik. Das Volkslied ist einstimmig und basiert auf diaton. Skalen. Einen bes. Platz in der Musikkultur des Landes nimmt die Doina (vokalinstrumentaler Zyklus von lyr., ep. und Heldenweisen) ein. Volksmusikinstrumente sind Fluier und Kawal (Hirtenflöten), Nai (Panflöte), Taragot (Klarinettenart), Tschimpoi (Dudelsack), Kobsa (Lautenart), Drymba (Maultrommel) und Zimbel (Schlaginstrument). – Im 19. Jh. begann die Herausbildung einer nat., auf den Volksmusiktraditionen basierenden Komponistenschule, zu deren bed. Vertretern A. Flechtenmacher, E. Caudella und C. Porumbescu zählen. Eine wesentl. Rolle bei der Entwicklung der moldaw. Musikkultur im 19. Jh. spielten die Chorwerke und Bearbeitungen von Folkloreweisen für Chor und Klavier von G. Musicescu. – Bed. Komponisten nach 1940 waren neben S. Njaga, der als Begründer der zeitgenöss. moldaw. Komponistenschule gilt, J. Koka, L. Gurow, S. Lobel, W. Poljakow und J. Doga. E. Lasarew erwarb sich Verdienste um die Entwicklung der Oper („Die Wanze", 1963, nach W. Majakowski; „Der Drache", 1974, nach J. Schwarz).

Molde, norweg. Stadt am Moldefjord, 21 800 E. Hauptstadt der Verw.-Geb. Møre og Romsdal, Fischerei-, Freilichtmuseum; Textilfabriken; Knotenpunkt des Schiffs- (Fähr-) und Straßenverkehrs. – 1742 Stadtrechte.

Moldova ↑ Moldau, ↑ Moldawien, ↑ Moldawa.

Moldoveanu, mit 2 544 m höchster Berg Rumäniens, in den Südkarpaten.

Mole [zu griech. *mylē* „Mißgeburt"], in der Medizin entartete Frucht. – ↑ Blasenmole, ↑ Blutmole.

Mole [italien., zu lat. *moles* „wuchtige Masse, Damm"], in das Wasser hineinragendes Uferbauwerk zum Schutz eines Hafens gegen Versandung infolge des Küstenstroms und gegen Wellenschlag.

Molekül [frz., zu lat. *moles* „Masse, Klumpen"] (Molekel), aus mindestens zwei Atomen zusammengesetztes, nach außen neutrales Teilchen, das die kleinste selbständige Einheit eines chem. Stoffes darstellt. M. sind entweder aus *gleichartigen* Atomen aufgebaut, z. B. die sog. elementaren Gase wie Wasserstoff (H_2), Sauerstoff (O_2) und andere Stoffe wie Phosphor (P_4) und Schwefel (S_8), oder sie bestehen aus *verschiedenartigen* Atomen, deren Art und Anzahl in der M.formel angegeben ist (z. B. H_2O). Die Atome im M. werden durch Atombindungen (↑ chemische Bindung) zusammengehalten, während zw. den M. die schwächeren ↑ Molekularkräfte wirken, die auch den Zusammenhalt der **Molekülkristalle,** in deren Kristallgitter die Gitterpunkte von valenzmäßig abgesättigten M. besetzt sind, bewirken. Da bei der Vereinigung der Atome zu M. Bindungsenergie frei wird, sind M. energieärmer als die Atome, aus denen sie aufgebaut sind. Die Masse der M. liegt zw. 10^{-24} und 10^{-20}, der *Makro-M.,* die aus mehreren Mill. M. bestehen können, bei ca. 10^{-8} g; die Größe schwankt zw. 10^{-8} und 10^{-3} cm. Die Kenntnisse über die M.struktur wurden vorwiegend aus der Analyse der *M.spektren* gewonnen.

Geschichte: Der Begriff M. wurde 1618 von dem dt. Arzt und Philosophen D. Sennert geprägt. Nachdem J. Dalton Anfang des 19. Jh. ein chem. Atommodell entwickelt hatte, formulierte A. Avogadro 1811 seine Molekülhypothese (↑ Avogadrosches Gesetz).

molekular [lat.], in Form von Molekülen vorliegend.

Molekularbewegung ↑ Brownsche Molekularbewegung.

Molekularbiologie, Teildisziplin der Biologie, die die Lebenserscheinungen im molekularen Bereich (bes. auf der Ebene von DNS, RNS, Proteinen) untersucht, und zwar hinsichtlich der Struktur, Funktion und Umwandlung dieser Moleküle. Die M. ist eine interdisziplinäre Fachrichtung, die inhaltlich und methodisch eng mit Biologie, Physik, Chemie und der Medizin verwandt ist und von der Biochemie und Biophysik nicht klar abgegrenzt werden kann.

Molekulargenetik ↑ Genetik.

Molekulargewicht, frühere Bez. für relative ↑ Molekülmasse.

Molekulargewichtsbestimmung, frühere Bez. für ↑ Molekülmassenbestimmung.

Molekularität [lat.] ↑ Reaktionskinetik.

Molekularkräfte (zwischenmolekulare Kräfte), schwache Wechselwirkungskräfte, die im Ggs. zur ↑ chemischen Bindung nur Bindungsenergien bis zu 50 kJ/mol freisetzen. Sie ermöglichen den Zusammenhalt von Teilchen in Flüssigkeiten und Molekülkristallen. Mit zunehmender Annäherung der Moleküle nimmt der Anteil der exponentialartigen Abstoßungskräfte zu. Zu den M. gehören die ↑Wasserstoffbrückenbindung und die **Van-der-Waals-Kräfte.** Hervorgerufen werden diese durch *Dipolkräfte* bei polaren Molekülen *(Dipol-Dipol-Wechselwirkung)* oder polaren Molekülen und Ionen *(Ionen-Dipol-Wechselwirkung),* durch Induktion eines Dipolmoments in polarisierbaren Molekülen *(Induktionskräfte)* oder durch *Dispersionskräfte,* die durch Schwankungen der Ladungsverteilung in den Atomen entstehen.

Molekularpumpe ↑ Vakuumtechnik.
Molekularsiebe (Molekülsiebe), Adsorptionsmittel mit bes. dimensionierter Porenstruktur zur selektiven Trennung von Flüssigkeits- oder Gasgemischen. Als M. dienen v. a. künstl. ↑ Zeolithe, die nach Erhitzen auf 200–500 °C poröse Kristalle bilden. M. werden in der *Vakuumtechnik* für die Bestückung von Sorptionspumpen verwendet und dienen u. a. als Trägermaterial für Katalysatoren.

Molière. Gemälde von Pierre Mignard, um 1665 (Chantilly, Musée Condé)

Molekularstrahlen (Molekülstrahlen), Strahlen neutraler Moleküle bzw. Atome *(Atomstrahlen)* im Vakuum, wobei Wechselwirkungen der Teilchen untereinander auf Grund der großen Molekül- bzw. Atomabstände zu vernachlässigen sind.
Molekularverstärker, svw. ↑ Maser.
Molekülgitter, ein Kristallgitter, dessen Gitterpunkte von Molekülen besetzt sind (↑ Molekül).
Molekülkolloide ↑ Kolloid.
Molekülkristalle ↑ Molekül.
Molekülmasse, (absolute M.) die Summe der absoluten ↑ Atommassen der Atome des Moleküls in Gramm. ▷ (relative M., früher Molekulargewicht) die Summe der relativen ↑ Atommassen der im Molekül aufgebauten Atome. Sie ist eine *Verhältniszahl,* die als Quotient aus der Masse eines Moleküls und dem 12. Teil der Masse des Kohlenstoffnukleids ^{12}C definiert ist.
Molekülmassenbestimmung, die Bestimmung der relativen Molekülmasse chem. Verbindungen, insbes. mit Hilfe der Massenspektroskopie. Während bei gasförmigen Stoffen die Molekülmassen über die ↑ Zustandsgleichung für ideale Gase bestimmt werden, nutzen andere Methoden die beim Lösen einer Substanz auftretende Siedepunktserhöhung *(Ebullioskopie),* Gefrierpunktserniedrigung *(Kryoskopie)* und Dampfdruckerniedrigung. Bei hochmolekularen Verbindungen läßt sich nur eine mittlere relative Molekülmasse ermitteln, da die einzelnen Moleküle unterschiedl. Masse haben. Dabei wird die Sedimentationsgeschwindigkeit in einer Ultrazentrifuge oder die Viskosität der Substanz in einem Lösungsmittel gemessen.

Molekülspektroskopie ↑ Spektroskopie.
Molekülspektrum, die Gesamtheit der Spektrallinien, die von den Molekülen eines Stoffes emittiert oder absorbiert werden; sie bilden insgesamt ein Bandenspektrum.
Molekülstrahlen, svw. ↑ Molekularstrahlen.
Molekülstrahlresonanzmethode ↑ Atomstrahlresonanzmethode.
Moleküluhr, svw. ↑ Atomuhr.
Molenaer, Jan Miense [niederl. ˈmoːlənaːr], * Haarlem um 1610, † ebd. 15. Sept. 1668, niederl. Maler. – ∞ mit der Malerin Judith ↑ Leyster; tätig in Haarlem und Amsterdam; beeinflußt von F. Hals; nach Gesellschaftsstücken malte er später unter Einfluß von A. van Ostade u. a. bäuerl. Genreszenen.
Moleskin [ˈmoːlskɪn, engl. ˈmoʊlskɪn „Maulwurfsfell"] (Deutschleder, Englischleder, Pilot), schwerer Stoff für Berufskleidung aus Baumwolle (oder Chemiefaser) mit hoher Schuß- und geringer Kettdichte.
Molfetta, italien. Hafenstadt in Apulien, 64 400 E. Kath. Bischofssitz; Priesterseminar; Fischgroßmarkt; Werft, Weinkellereien. – Bei M. lag eine bed. neolith. Siedlung (Rundhütten, bemalte Keramik, Gräberfeld). M. erscheint im 12. Jh. als **Melficta** (vorher **Melfi**). – Roman. Alter Dom (12./13. Jh.), Neuer Dom (17.–18. Jh).
Molière [frz. mɔˈljɛːr], eigtl. Jean-Baptiste Poquelin, ≈ Paris 15. Jan. 1622, † ebd. 17. Febr. 1673, frz. Komödiendichter und Schauspieler. – Begründer der klass. frz. Komödie. Sohn eines wohlhabenden Tapezierers; ab 1636 Rechtsstudium in Orléans; erwarb dort 1641 die Lizentiatenwürde; gründete 1643 in Paris u. a. mit Madeleine (* 1618, † 1672) und Joseph (* 1616, † 1659) Béjart die Truppe des „Illustre Théâtre"; bereiste nach dessen Schließung (1645) mit einer Wandertruppe unter dem Namen M. die frz. Provinz, wo er Szenarios und Farcen nach dem Muster der Commedia dell'arte und sein erstes Stück „Der Unbesonnene" (UA 1653, gedruckt 1663) verfaßte. Ab 1658 mit seiner Truppe ständig in Paris; heiratete 1662 Armande Béjart (* 1642, † 1700). Trotz mannigfacher Widerstände schon bestehender Theater stand das von M. 1665–73 als „Troupe du roi" unter königl. Schutz. M. gilt als größter Komödienschreiber in der Geschichte des neuzeitl. europ. Theaters; der Umfang seines Werkes (erhalten sind insgesamt 32 Stücke) reicht, formal gesehen, von der effektsicheren Farce über die freiere [Prosa]komödie bis zur „haute comédie" in Versen, die unter Beachtung der drei Einheiten in 5 Akten abläuft. Inhaltlich gesehen steht neben der reinen, vorwiegend dreiaktigen Situationskomödie (Possen, Farcen), wie z. B. „Der Arzt wider Willen" (1667), „George Dandin" (1669), die meist einaktige Sittenkomödie, die Modetorheiten zur Zeit Ludwigs XIV. geißelt (u. a. „Die lächerl. Preziösen", 1659) und die universal-zeitlose „klass." fünfaktige Charakterkomödie mit ihrer lebenswahren Heraushebung des Allgemeinmenschlichen und Typischen („Der Misanthrop", 1667, dt. 1912, 1742 u. d. T. „Der Menschenfeind"; „Der Geizige", UA 1668, gedruckt 1682; „Tartuffe", 1669). Für Hoffeste schrieb M. 13 Komödien, in denen der Dialog durch Gesangs- und Balletteinlagen unterbrochen wird und zu denen ab 1664 v. a. J.-B. Lully die Musik schrieb. M. wurde damit zum Schöpfer der Gatt. der „comédie-ballet" (u. a. „Der Bürger als Edelmann", 1672; „Der eingebildete Kranke", 1673). Die „Helden" dieser Stücke sind wider die Natur, das Logisch-Vernünftige handelnde (typisierte) Gestalten, die M. der Lächerlichkeit preisgibt und durch sie Mißstände seiner Zeit und allg. menschl. Schwächen anprangert. – *Weitere Werke:* Die Schule der Ehemänner (Kom., 1661), Die Schule der Frauen (Kom., 1663), Don Juan (Kom., UA 1665, gedruckt 1682), Amphitryon (Kom., 1668).

Molinismus, Bez. für die Gnadenlehre des span. Jesuiten L. de Molina (* 1535, † 1600), nach der Gott allein (nicht Christus und der Hl. Geist) das unendl. Zwischenreich der menschl. Eventualentscheidungen kennt („Scientia media"). Die Freiheit des Menschen schließt seine volle souveräne Entscheidungskraft ein, die auch nach dem Sündenfall unversehrt ist; die Gnade Gottes ergreift den Menschen schon vor dessen Zustimmung. Die Anhänger des M. lösten damit den sog. **Gnadenstreit** (1597–1607) aus: Die thomist. Dominikaner nannten die Jesuiten (die Vertreter des M.) Pelagianer, die Jesuiten die Dominikaner Kalvinisten. Der Gnadenstreit endete mit dem Verbot der gegenseitigen Verketzerung durch Paul V. (1607) ohne sachl. Entscheidung.

Molise, mittelitalien. Region, 4 438 km², 335 300 E (1990), Hauptstadt Campobasso. Das Geb. von M. erstreckt sich vom Neapolitan. Apennin bis zur Adriaküste. Überwiegend Agrarland (Getreide, Wein, Obst).

Molke, bei der Käserei nach Ausfällen des Kaseins zurückbleibende grünl. Flüssigkeit mit einem hohen Gehalt an Milchzucker, der aus M. gewonnen wird, Vitaminen und Mineralstoffen.

Molkenbuhr, Hermann, *Wedel (Holstein) 11. Sept. 1851, †Berlin 22. Dez. 1927, dt. Politiker (SPD). – Zigarrenmacher, Redakteur; 1881–84 im Exil in den USA; 1890–1924 MdR; 1904–27 Mgl. des Parteivorstandes; führender Sozialpolitiker seiner Zeit.

Molkerei (Meierei), Unternehmen zur Be- und Verarbeitung sowie zum Vertrieb von Milch und Milcherzeugnissen (Butter, Käse). Innerhalb des M.sektors erfolgte in der BR Deutschland eine starke Unternehmenskonzentration in Genossenschaften, Kapitalgesellschaften, Einzelfirmen oder Personengesellschaften. Von den Landwirten wurden 1990 rd. 30 Mill. t Milch an die M. geliefert. Daraus wurden neben Trinkmilch und Trockenmilch folgende Milcherzeugnisse hergestellt: 665 241 t Butter, 628 971 t Käse, 625 224 t Speisequark (einschl. Frischkäse), 416 562 t Kondensvollmilch.

Moll, Balthasar Ferdinand, *Innsbruck 4. Jan. 1717, †Wien 3. März 1785, östr. Barockbildhauer. – M. setzte die barocke Tradition G. R. Donners fort, u. a. Sarkophag für Maria Theresia und Franz I. (1754; Kapuzinergruft, Wien).
M., Oskar, *Brieg bei Glogau 21. Juli 1875, †Berlin 19. Aug. 1947, dt. Maler. – Schüler u. a. von Matisse, dazu traten seit 1923 Einflüsse des Kubismus; dekorative Landschaften und Figurenkompositionen in lebhafter Farbskala; 1933 als „entarteter" Künstler diffamiert.

Moll [zu lat. mollis „weich"], Bez. des sog. „weichen" oder „weibl." Tongeschlechts im Bereich der tonalen Musik. Gegenüber dem ↑Dur ist die M.tonart (ausgehend vom Grundton) grundsätzlich durch die kleine Terz definiert.

Molla ↑Mullah.

Molldreiklang (Mollakkord), Zusammenklang von Prime, kleiner Terz und reiner Quinte; Prime kann jeder Ton der chromat. Skala sein.

Möllemann, Jürgen, *Augsburg 15. Juli 1945, dt. Politiker (FDP). – Lehrer; seit 1972 MdB; seit 1983 Landesvors. der FDP in NRW; 1982–87 Staatsmin. im Auswärtigen Amt; 1987–1991 Bundesmin. für Bildung und Wiss., 1991/92 Bundesmin. für Wirtschaft.

Mollenhauer, Klaus, *Berlin 31. Okt. 1928, dt. Erziehungswissenschaftler. – Prof. in Kiel, Frankfurt am Main und seit 1972 in Göttingen; arbeitet auf dem Gebiet der pädagog. Wissenschaftstheorie und Sozialisationsforschung; schrieb u. a. „Einführung in die Sozialpädagogik" (1965), „Umwege" (1986).

Möller, Georg, *Diepholz 21. Jan. 1784, †Darmstadt 13. März 1852, dt. Baumeister. – Schüler von F. Weinbrenner; ab 1810 hess. Hofbaumeister in Darmstadt; spätklassizist. Bauten, u. a. in Darmstadt Theater (1818–20; Außenarchitektur erhalten) und Ludwigskirche (1822–38; 1947–59 wiederaufgebaut); Plan (1835) für das Schloß in Wiesbaden; Theater in Mainz (1829–33). Hg. der „Denkmäler der dt. Baukunst" (1812–36).
Möller, Alex, *Dortmund 26. April 1903, †Karlsruhe 2. Okt. 1985, dt. Politiker. – 1928–33 MdL in Preußen; 1946–61 MdL in Württemberg-Baden bzw. Bad.-Württ.; 1958–73 Mgl. des Präsidiums und des Parteivorstands der SPD, 1961–76 MdB; 1969–71 Bundesfinanzminister.

Guy Mollet

Ferenc Molnár

Wjatscheslaw Michailowitsch Molotow

Möller, Erzgemisch und Zuschlagstoffe für einen Schmelzprozeß, z. B. im Hochofen.
Møller, Poul Martin [dän. 'møl'ər], *Uldum bei Vejle 21. März 1794, †Kopenhagen 13. März 1838, dän. Schriftsteller. – Begründete den dän. Phantastenroman; Lyriker, Novellist und Essayist zw. Romantik und Realismus.

Mollet, Guy [frz. mɔ'lɛ], *Flers (Orne) 31. Dez. 1905, †Paris 3. Okt. 1975, frz. sozialist. Politiker. – Lehrer; schloß sich 1942 der Widerstandsbewegung an; 1944 Bürgermeister von Arras, ab 1946 Abg.; 1946–69 Generalsekretär der SFIO, zeitweilig Vizepräs. der von ihm mitgegr. Sozialist. Internationale; 1950/51 Min. für Angelegenheiten des Europarates; 1954–56 Präs. der Beratenden Versammlung des Europarates; 1956/57 Min.präsident.

Möllhausen, Balduin, *bei Bonn 27. Jan. 1825, †Berlin 28. Mai 1905, dt. Schriftsteller. – Ausgedehnte Forschungsreisen in Nordamerika, Teilnehmer an verschiedenen Expeditionen; schrieb außer zahlr. Reiseschilderungen, natur- und völkerkundl. Arbeiten v. a. unter Indianern, Pionieren und Einwanderern spielende Romane und Novellen, z. B. „Der Halbindianer" (R., 4 Bde., 1861), „Die Mandanenwaise" (R., 4 Bde., 1865), „Die Kinder des Sträflings" (R., 4 Bde., 1876).

Mollmaus ↑Schermaus.

Mölln, Stadt im Naturpark Lauenburg. Seen, Schl.-H., 18 m ü. d. M., 16 600 E. Museum; Kneippkurort, Textilind., Eisengießerei. – Entstand um 1200 planmäßig um die Kirche herum; Stadtrecht seit 1224. – Spätroman. Nikolaikirche (13. Jh.), an der Außenwand Grabstein Till Eulenspiegels; altes Stadtbild mit Giebelhäusern; got. Backsteinrathaus (v. a. 14. Jh.).

Mollusken [lat.], svw. ↑Weichtiere.

Molluskizide [lat.] ↑Schädlingsbekämpfungsmittel.

Mollymauk [engl.] (Schwarzbrauenalbatros, Diomedea melanophrys), etwa 85 cm langer, gelbschnäbeliger, oberseits dunkelgrauer, unterseits weißer Albatros der Südsee.

Molnár [ungar. 'molna:r], Albert, ungar. Reformator, ↑Szenczi Molnár, Albert.
M., Ferenc (Franz), *Budapest 12. Jan. 1878, †New York 1. April 1952, ungar. Schriftsteller. – Emigrierte 1940 in die USA; erster internat. Erfolg mit dem Jugendroman „Die Jungens der Paulstraße" (1907); v. a. bed. als Verf. bühnenwirksamer, an der westeurop. Gesellschafts- und Boulevardkomödie geschulter Stücke wie „Der Teufel" (1907), „Liliom" (1909).

Molo, Walter Reichsritter von, *Sternberg (= Sternberk, Nordmähr.) 14. Juni 1880, †Hechendorf bei Murnau 27. Okt. 1958, dt. Schriftsteller. – 1928–30 Präs. der Preuß. Dichterakademie. Lebte ab 1933 zurückgezogen auf seinem Gut; Verfasser biograph. Romane, u. a. „Klaus Tiedemann, der Kaufmann" (1908, 1912 u. d. T. „Die Lebenswende", 1928 u. d. T. „Das wahre Glück"); auch Dramen und Lyrik.

Moloch, svw. ↑Dornteufel.
Moloch [griech., zu pun. molk „Opfer"], Bez. für ein Opfer (v. a. Kinder[verbrennungs]opfer) bei Puniern und im A. T.; bes. Baal Hammon dargebracht; später mißdeutet als Name eines Gottes; in übertragener Bed. Bez. für verschlingende Macht.

Molokai [engl. moʊlə'kaːɪ] ↑Hawaii.

Molokanen [russ.], Angehörige einer christl. Sekte, Mitte des 18. Jh. in Rußland als Reaktion auf den Rigorismus der Duchoborzen entstanden.

Molopo, periodisch fließender rechter Nebenfluß des Oranje, entspringt östl. von Mafeking, bildet die Grenze zw. Botswana und der Republik Südafrika, mündet 100 km westl. von Upington, etwa 1 000 km lang.

Molosser, antiker Volksstamm in Epirus im Gebiet des heutigen Ioannina; in hellenist. Zeit hatten M. die polit. Führungsrolle in Epirus (z. B. Pyrrhus).

Molosser [nach den Molossern], doggenähnl. Wach- und Kampfhunde der alten Römer; mit mächtigem Körper; stammten aus Epirus (Griechenland).

Molotow, Wjatscheslaw Michailowitsch [russ. 'moletef], eigtl. W. M. Skrjabin, *Kukarka (= Sowetsk, Gebiet

Wjatka) 9. März 1890, † Moskau 8. Nov. 1986, sowjet. Politiker. – Seit 1906 Bolschewik; einer der engsten Mitarbeiter Stalins; 1921–57 Mgl., 1921–30 auch Sekretär des ZK der KPdSU; 1926–57 Mgl. des Politbüros bzw. des Präsidiums des ZK; 1930–41 Vors. des Rates der Volkskommissare, ab 1941 stellv. Vors.; 1939–49 und 1953–56 Außenmin.; als Machtrivale und scharfer Kritiker der Entstalinisierungs- und Koexistenzpolitik Chruschtschows Ende Juni 1957 aller Führungsämter enthoben, danach bis 1961 als Diplomat tätig; 1962 aus der KPdSU ausgeschlossen.

Molotowcocktail [...tɔf ˈkɔkteɪl; nach W. M. Molotow], behelfsmäßiges Brandkampfmittel: mit einem Öl-Benzin-Gemisch gefüllte Flasche mit einfacher Zündvorrichtung; Verwendung wie Handgranate.

Moltebeere [skand., eigtl. „weiche Beere"] (Multebeere, Torfbeere, Rubus chamaemorus), auf der Nordhalbkugel vorkommendes, krautiges Rosengewächs ohne Stacheln, mit kurzen, einjährigen Sprossen und weißen Blüten. Die orangegelben Sammelfrüchte werden in Skandinavien als Obst verwendet. In Deutschland kommt die M. nur vereinzelt in den Mooren Oldenburgs vor.

Moltke, seit der Mitte des 13. Jh. nachweisbares, weitverzweigtes mecklenburg. Uradelsgeschlecht. Bed. Vertreter:
M., Adam Wilhelm Graf von, *Einsidelsborg (Fünen) 25. Aug. 1785, † Kopenhagen 15. Febr. 1864, dän. Politiker. – 1831–45 Finanzminister, führte als Min.präs. (1848–52) die Umwandlung Dänemarks in eine konstitutionelle Monarchie durch.
M., Helmuth Graf von (seit 1870), *Parchim 26. Okt. 1800, † Berlin 24. April 1891, preuß. Generalfeldmarschall (seit 1871). – M. trat 1822 als Leutnant in preuß. Dienste. Als Ausbilder und Berater der Armee des Osman. Reiches (1835–39) lernte er die weltpolit. Bedingungen des europ. Staatensystems kennen. 1857–88 Chef des Großen Generalstabes. Ab 1864 erlangte M. auch Einfluß auf die militär. Operationen; aus seinem Einfluß resultierten Anlage und Verlauf des Dt. Krieges 1866 und des Dt.-Frz. Krieges 1870/71 sowie die starke Stellung des Generalstabes bis in die Zeit der Weimarer Republik hinein. 1867–91 war M. MdR (Konservativer), seit 1872 erbl. Mgl. des preuß. Herrenhauses. – Als Militärtheoretiker, der zahlr. Schriften verfaßte, begriff M. die Strategie als ein System von Aushilfen. Wegen der Vielzahl der zu berücksichtigenden Faktoren hielt er nur den Beginn eines Feldzuges für planbar. Daher sah er seine Aufgabe v. a. in der umfassenden Vorbereitung der militär. Auseinandersetzung unter Ausnutzung aller techn. Möglichkeiten.
M., Helmuth von, *Gersdorf bei Bad Doberan 25. Mai 1848, † Berlin 18. Juni 1916, preuß. General. – Neffe von Helmuth Graf von M.; ab 1906 Chef des Generalstabs der Armee; nach der Marneschlacht 1914 durch E. von Falkenhayn ersetzt.
M., Helmuth James Graf von, *Gut Kreisau (Schlesien) 11. März 1907, † Berlin-Plötzensee 23. Jan. 1945 (hingerichtet), dt. Jurist und Widerstandskämpfer. – Großneffe von Helmuth Graf von M.; 1939–44 Sachverständiger für Kriegs- und Völkerrecht beim Oberkommando der Wehrmacht. Versammelte als Gegner des NS den **Kreisauer Kreis** um sich; nach dem 20. Juli 1944 zum Tode verurteilt.

Moltmann, Jürgen, *Hamburg 8. April 1926, dt. ev. Theologe. – Seit 1967 Prof. für systemat. Theologie in Tübingen. M. versucht der theolog. Entfaltung der christl. Hoffnung, um der Kirche und den Gläubigen Offenheit für die Zukunft sowie polit. Engagement zu ermöglichen. – Werke: Theologie der Hoffnung (1965), Kirche in der Kraft des Geistes (1975), Der Weg Jesu Christi (1989).

molto (di molto) [italien.], sehr bzw. viel, z. B. in Verbindung mit musikal. Tempo- und Vortragsbezeichnungen: *m. allegro* und *allegro m., m. legato*.

Molton [frz., zu lat. mollis „weich"], meist beidseitig gerauhtes Gewebe aus Baumwolle, v. a. verwendet für Bettücher, Einlagen, Bügeldecken, Druck-, Dekatiertücher usw.

Molukken (indones. Maluku), indones. Inselgruppe im O des Malaiischen Archipels, zw. Celebes und Neuguinea, bildet eine Prov. von 74 505 km² und 1,61 Mill. E (1985), Verwaltungssitz Ambon (auf Ambon). Die gebirgigen Inseln, z. T. mit aktiven Vulkanen, sind in mehreren Bögen angeordnet. Die Ceramsee trennt die nördl. M. (größte Insel Halmahera) von den südl. M. (größte Insel Ceram). Das Klima ist vom Monsun geprägt. Im S gibt es trop. Regenwald nur in den höchsten Gebirgslagen, sonst Monsunwald, meist aber Sekundärvegetation, im N v. a. trop. Regenwald, an den Küsten vielfach Mangrovewald. Die Bev. ist überwiegend malaiisch-papuan. Herkunft, an den Küsten z. T. mit portugies. und niederl. Einschlag. Islam und Christentum sind verbreitet. Die Bed. der für die Geschichte der M. entscheidenden Gewürzpflanzen (Gewürznelken und Muskatnuß) ist stark zurückgegangen. Vorherrschend ist die Selbstversorgerwirtschaft.
Geschichte: Die Inseln gehörten im 14. Jh. zum indones. Reich Majapahit; seit dem 11. Jh. in den Gewürzhandel einbezogen (deshalb auch **Gewürzinseln** gen.). 1511 ließen sich die Portugiesen nieder, die sich zwar gegenüber den Spaniern (1521–1663) behaupten konnten, aber vor den Niederländern kapitulierten, die seit 1599 Stützpunkte errichteten, ab 1605 Portugiesen und Briten vertrieben und die M. vollständig seit 1667 beherrschten; während der Napoleon. Kriege brit., bis 1863 besaß die niederl. Vereinigte Ostind. Kompanie das Gewürzmonopol. 1942–45 waren die M. jap. besetzt; nach dem 2. Weltkrieg wurden sie Teil Indonesiens. Während eines Aufstandes der christl. Ambonesen gegen die indones. Zentralreg. wurde im März 1950 die Republik der Süd-M. proklamiert, die sich jedoch nur bis Jahresende halten konnte.

Molukkenkakadu ↑ Kakadus.

Molukkenkrebse ↑ Pfeilschwanzkrebse.

Molukkensee, Teil des Australasiat. Mittelmeers zw. Celebes, den N-Molukken und den Talaudinseln, maximal 4 810 m tief.

Molvolumen ↑ molare Größen.

Molwärme ↑ spezifische Wärmekapazität.

Molybdän [zu griech.-lat. molybdaena, Bez. für bleiähnl. Stoffe], chem. Symbol Mo, metall. Element aus der VI. Nebengruppe des Periodensystems der chem. Elemente; Ordnungszahl 42, relative Atommasse 95,94, Dichte 10,2 g/cm³, Schmelzpunkt 2 617 °C, Siedepunkt 5 560 °C. M. ist ein silberweißes bis graues, chemisch beständiges Schwermetall, das sich nur in oxidierenden Säuren löst. M. kommt in seinen meist farbigen Verbindungen zwei- bis sechswertig vor; die höchste Wertigkeitsstufe ist die beständigste. M. ist ein ziemlich seltenes Metall; es kommt in der Natur v. a. in Form des Disulfids (M.glanz) sowie als Bleimolybdat (Wulfenit) vor. M. ist für Pflanzen und Tiere ein Spurenelement. Die Gewinnung von M. geschieht durch Abrösten des Disulfids zu M.trioxid, das durch Wasserstoff zum Metall reduziert wird. M. wird v. a. zur Herstellung von M.stählen verwendet, die sich durch hohe Korrosionsbeständigkeit und Festigkeit auszeichnen. In der Luft- und Raumfahrttechnik werden die bes. leichten Legierungen von M. mit Niob und Wolfram eingesetzt.

Molybdänglanz (Molybdänit), bleigraues bis rötlichblaues, undurchsichtiges, metallisch glänzendes, meist in blättrigen Aggregaten vorkommendes, hexagonales Mineral, MoS₂; Mohshärte 1–1,5, Dichte 4,7–5,0 g/cm³. Wichtigstes Molybdänerz.

Molybdänsulfide, Verbindungen des Molybdäns mit Schwefel. Bed. hat das *Molybdän(IV)-sulfid (Molybdänsulfid)*, MoS₂, eine weiche, graphitähnl. Substanz, die in der Natur in Form von ↑ Molybdänglanz vorkommt und als Schmierstoff und Korrosionsschutzmittel verwendet wird.

Molybdatrot [griech.-lat./dt.], rotes Farbpigment aus Mischkristallen von Bleichromat, Bleisulfat und Bleimolybdat. M. wird zur Herstellung von Malerfarben sowie zum Einfärben von Kunststoffen verwendet.

Mombasa, Prov.hauptstadt am Ind. Ozean, Kenia, 426 000 E. Sitz eines kath. und eines anglikan. Bischofs. Kaffeehandelszentrum; Nahrungsmittelind., Zementwerk,

Helmuth Graf von Moltke

Helmuth James Graf von Moltke

Jürgen Moltmann

Alfred Mombert

Theodor Mommsen

Walter Momper

Stahl-, Aluminiumwalzwerk, Kfz-Montage, Erdölraffinerie (Pipeline nach Nairobi); einer der wichtigsten Häfen der ostafrikan. Küste; Ausgangspunkt der Ugandabahn; Fremdenverkehr (Badestrände); internat. ✈. – Entstand im 11. Jh. als arab.-pers. Niederlassung; 1505 von den Portugiesen erobert; führte lange den Widerstand der ostafrikan. Städte gegen die Portugiesen, die 1593 das Fort Jesus (heute histor. Museum) errichteten; ab 1886 unter brit. Einfluß; gehörte seit 1895 zum Protektorat Ostafrika (ab 1920 Kronkolonie Kenia).

Mombert, Alfred, *Karlsruhe 6. Febr. 1872, †Winterthur 8. April 1942, dt. Dichter. – 1899–1906 Rechtsanwalt; lehnte 1933, trotz Gefährdung wegen seiner jüd. Abstammung und Ausschluß aus der Dichterakademie, eine Emigration ab; 1940/41 im KZ Gurs in S-Frankreich. Ekstat.-visionärer, frühexpressionist. Lyriker und Dramatiker. – *Werke:* Die Schöpfung (Ged., 1897), Der Denker (Ged., 1901), Die Blüte des Chaos (Ged., 1905), Aeon (Dramentrilogie, 1907–11), Sfaira der Alte (Dichtung, 2 Tle., 1936–42).

Mombinpflaume [indian.-span./dt.], Bez. für zwei, heute häufig in den Tropen kultivierte Arten der Gatt. ↑Balsampflaume. Die **Rote Mombinpflaume** (Rote Balsampflaume, Spondias purpurea) wird wegen der eßbaren purpurroten Früchte in Mexiko und den NW-Staaten S-Amerikas angebaut. Die **Gelbe Mombinpflaume** (Gelbe Balsampflaume, Schweinspflaume, Spondias mombin) hat gelbe, herb schmeckende, etwa pflaumengroße Früchte und wird im trop. Amerika, in W-Afrika und auf Java kultiviert.

Moment [zu lat. momentum, eigtl. „Bewegung"], allg.: Augenblick, Zeitpunkt; kurze Zeitspanne. Der **psychische Moment** ist die kleinste noch wahrnehmbare Zeiteinheit (subjektives Zeitquant); beim Menschen etwa $1/_{16}$ s; nach H. Frank kann in dieser Zeit eine Ja/Nein-Information vergegenwärtigt werden.

▷ entscheidender Umstand; Merkmal; [wichtiger] Gesichtspunkt.

▷ in der *Physik* und *Mathematik* Produkt zweier Größen, das eine Wirkung beschreibt. Als *M. einer vektoriellen Größe a* in einem Punkt *P* bezüglich eines festen Punktes *O* wird das Vektorprodukt $r \times a$ bezeichnet, wobei *r* der Ortsvektor $\overline{OP}$ ist. Physikal. M. sind z.B. das M. einer Kraft *F* (Kraft-M.): $r \times F$ (↑Drehmoment) und das M. der Bewegungsgröße *p* (Impuls-M. oder ↑Drehimpuls): $r \times p$. Die elektr. bzw. magnet. *Dipol-M.* resultieren aus Ladungs- bzw. Stromverteilungen. In der *Wahrscheinlichkeitsrechnung* charakterisieren M. Eigenschaften von Zufallsgrößen (Erwartungswert).

Momentensatz, die zeitl. Änderung des Drehimpulses *L* eines mechan. Systems ist gleich dem resultierenden Drehmoment *M* aller äußeren Kräfte: $dL/dt = M$ (Drehimpulssatz).

Moment musical [frz. mɔmãmyzi'kal], lyr. Charakterstück, ohne feststehende Form, meist für Klavier.

MO-Methode, Abk. für: Molekülorbitalmethode, ↑Quantenchemie.

Mommsen, Hans, *Marburg 5. Nov. 1930, dt. Historiker. – Urenkel von Theodor M.; seit 1968 Prof. in Bochum, seit 1960 Mgl. der SPD; forscht v.a. zur Geschichte der Arbeiterbewegung und NS-Zeit; beteiligte sich 1986 am ↑Historikerstreit; schrieb u.a. „Beamtentum im Dritten Reich" (1966), „Arbeiterbewegung und nat. Frage" (1979), „Die verspielte Freiheit" (1989).

M., Theodor, *Garding 30. Nov. 1817, †Charlottenburg (= Berlin) 1. Nov. 1903, dt. Historiker. – Prot. Pfarrerssohn; 1848 Prof. für röm. Recht in Leipzig, 1851 wegen seines Engagements in der Märzrevolution amtsenthoben; 1852 Prof. in Zürich, 1854 in Breslau. 1858 wurde er Beamter (später Sekretär) der Preuß. Akademie der Wiss., 1861 Prof. für röm. Geschichte in Berlin. Im Preuß. Abg.haus (1863–66 für die Dt. Fortschrittspartei, 1873–79 als Natliberaler) und im Reichstag (1881–84 als Sezessionist) war M. mit seinem demokrat.-nat. Ideal von Freiheit und Einheit Gegner des polit. und sozialen Systems Bismarcks. Seine polit. Überzeugungen prägten auch sein wiss. Werk,

v.a. seine „Röm. Geschichte" (Bd. 1–3, 1854–56, Bd. 5, 1885; Manuskript des 4. Bd. wurde 1991 in Berlin entdeckt), für die ihm 1902 der Nobelpreis für Literatur verliehen wurde. Seine wiss. Leistungen waren grundlegend für Epigraphik (Corpus Inscriptionum Latinarum), Numismatik und Rechtsgeschichte („Röm. Staatsrecht", 3 Bde., 1871–88; „Röm. Strafrecht", 1899).

Mömpelgard, dt. Name der Gft. Montbéliard (um die gleichnamige Stadt seit dem 10. Jh.) des Kgr. Burgund, die 1397/1409 durch Heirat an das Haus Württemberg fiel (bis 1793).

Momper, Joos (Josse, Joes) de, *Antwerpen 1564, †ebd. 5. Febr. 1635, niederl. Maler. – Knüpfte an Bruegel d. Ä. an, der ihm z.T. Staffagefiguren malte. Gewaltige manierist. Gebirgslandschaften.

M., Walter, *Sulingen 21. Febr. 1945, dt. Politiker (SPD). – Politologe; 1974–77 und 1984–86 Geschäftsführer der Histor. Kommission zu Berlin, seit 1975 Mgl. des Berliner Abgeordnetenhauses, 1985–89 Fraktionsvors.; 1986–90 Landesvors. der Westberliner SPD, 1990–92 Vors. der neukonstituierten Gesamtberliner SPD; März 1989–Jan. 1991 Regierender Bürgermeister von Berlin (West).

Mon, Franz, eigtl. F. Löffelholz, *Frankfurt am Main 6. Mai 1926, dt. Schriftsteller. – Verlagslektor; bed. Vertreter der konkreten Poesie, verwendet u.a. Formen u.a. Montagen, Letterngraphiken; schrieb auch experimentelle Prosa, Essays und Hörspiele. – *Werke:* artikulationen (Gedichte und Essays, 1959), hezzero (R., 1968), Hören und sehen vergehen oder In einen geschlossenen Mund kommt keine Fliege ... (Stück, 1978), Es liegt noch näher. 9 Texte aus den 50ern (1984).

Mon (Talaing), Volk in Hinterindien, das eine M.-Khmer-Sprache spricht. – Stammen aus W-China; wanderten an den Flüssen nach S bis zum Irawadi- und Menamdelta und zum Isthmus von Kra; seit der 1. Hälfte des 1. Jt. v. Chr. von der ind. Hochkultur beeinflußt, übernahmen den Hinajana-Buddhismus; anfangs vom Reich Fu-nan abhängig, gründeten nach dessen Untergang (6. Jh. n. Chr.) eigene Staaten (wichtigste Zentren Lop Buri, Lamphun, Thaton, Martaban, Pegu); unterlagen nach langen krieger. Auseinandersetzungen (11.–18. Jh.) den von N eingedrun-

Mona Lisa von Leonardo da Vinci, um 1503–06 (Paris, Louvre)

Monarchie

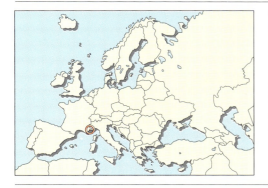

Monaco
Fläche: 1,95 km²
Bevölkerung: 29 900 E (1990), 15 333 E/km²
Verwaltungssitz: Monaco
Amtssprache: Französisch
Nationalfeiertag: 19. Nov.
Währung: 1 Frz. Franc (FF) = 100 Centimes (c)
Zeitzone: MEZ

genen Birmanen (1740–57 nochmals unabhängig) und paßten sich ihnen an (heute in Birma, am Golf von Martaban, bes. um Moulmein, 1,3 Mill.) oder wanderten nach Thailand (heute 150 000) aus.

Møn [dän. møːˈn], dän. Ostseeinsel, 218 km², 11 800 E, mit der nw. liegenden Insel Seeland durch eine Brücke verbunden, an der O-Küste das 128 m hohe Kliff Møns Klint.

mon..., Mon... ↑ mono..., Mono...

Monaco, Lorenzo ↑ Lorenzo Monaco.

M., Mario Del, italien. Sänger, ↑ Del Monaco, Mario.

Monaco (amtl.: Principauté de M.), konstitutionelle Erbmonarchie in Südeuropa, an der Côte d'Azur, bei 43° 44′ n. Br. und 7° 25′ ö. L. **Staatsgebiet:** Enklave im frz. Dep. Alpes-Maritimes. **Verwaltungsgliederung:** 3 Munizipien. **Internat. Mitgliedschaften:** Sonderorganisationen der UN.

M. besteht aus drei baulich miteinander verwachsenen Siedlungen: das auf einem ins Meer vorspringenden Kap gelegene **Monaco,** der Regierungssitz, **La Condamine** mit Handels- und Jachthafen und das Seebad **Monte Carlo** mit Spielkasino (gegr. 1863) und Kongreßzentrum (1978). Kath. Erzbischofssitz; Laboratorien für Radioaktivität, Mikro- und Molekularbiologie, Meeresverschmutzung, meteorolog. Observatorium, Musikakad.; ozeanograph. Museum, prähistor.-anthropolog. Höhlenmuseum; Staatsbibliothek; Theater, Oper; botan. Garten, Zoo; Autorennstrecke (auf städt. Straßen).

Wirtschaft: Grundlage ist der ganzjährige Fremdenverkehr; außerdem Elektronik-, Kunststoff-, chem., pharmazeut., Kosmetik-, Nahrungsmittel- und Genußmittelind., Werften, Töpferei- und Juwelierhandwerk, Briefmarkenverkauf (Sammlerobjekt); Währungs- und Zollunion mit Frankreich.

Geschichte: Wohl schon von den Phönikern besiedelt; wurde im 5. Jh. v. Chr. als *Monoikos* Kolonie des griech. Massalia (= Marseille); in röm. Zeit *Monoeca Herculis portus* gen. Im 13. Jh. war es Zufluchtsort der Grimaldi, die M. 1454 gewannen. 1793–1814 unter frz. Herrschaft; 1865 Zollunion mit Frankreich; Albert I. (⚭ 1889–1922) erließ 1911 eine Verfassung. Nach dem Vertrag mit Frankreich vom 17. Juli 1918 kommt M. beim Aussterben der Grimaldi unter frz. Protektorat. Seit 1949 wird M. von Fürst Rainier III. regiert. 1962 wurde die neue Verfassung angenommen, die die Rechte des Nat.rats stärkte. Im Steuerabkommen von 1963 wurden die in M. geltenden Steuervorteile, die dem frz. Fiskus Gelder entzogen hatten, teilweise aufgehoben.

Politisches System: Nach der Verfassung vom 17. Dez. 1962 ist M. eine konstitutionelle Erbmonarchie. *Staatsoberhaupt* und oberster Inhaber der Exekutivgewalt ist der Fürst; er übt zus. mit dem Parlament die *Legislative* aus. Der Fürst ernennt einen Staatsmin. zum Chef der *Exekutive,* der zus. mit 3 Reg.räten den Reg.rat (Conseil de Gouvernement) bildet und dem Fürsten verantwortlich ist. Das Parlament, der Nat.rat (Conseil National), besteht aus 18 Abg., die für 5 Jahre gewählt werden; das Recht zur Gesetzesinitiative hat der Fürst. In allen wichtigen Entscheidungen (Unterzeichnung internat. Verträge u. a.) muß der Fürst einen Kronrat (Conseil de la Couronne) konsultieren, 7 der Mgl. werden vom Fürsten, 4 vom Nat.rat auf 3 Jahre berufen. Wichtigste *Partei* ist die Union Nationale et Démocratique, die seit den Wahlen 1988 alle Parlamentssitze innehat. Außenpolit. Vertretung durch Frankreich. – Die *Verwaltung* M. liegt beim Gem.rat (Conseil Communal; 15 Mgl., auf 4 Jahre gewählt). Grundlage der *Recht*sprechung ist der Code Louis (1919). Das Gerichtswesen ist am frz. Vorbild orientiert.

Monade [zu griech. monás „Einheit"], die Einheit, das Einfache, Unteilbare. In der antiken Philosophie ist M. das, durch das jeder existierende Gegenstand als *ein* Gegenstand bezeichnet wird; in der ma. Philosophie synonym mit ↑ Substanz. Systemat. Gewicht gewinnt der Ausdruck „M." erst bei ↑ Leibniz, der eine systemat. Lehre von den M., **Monadenlehre,** als den unausgedehnten, in sich abgeschlossenen, unteilbaren Einheiten („metaphys. Punkte") der Weltsubstanz entwickelte, welche die Welt in unterschiedl. Vollkommenheitsgrad widerspiegeln und im Zusammenhang einer „präsentabilierten Harmonie" stehen.

Monagas [span. moˈnaɣas], Staat in Venezuela, 28 900 km², 487 300 E (1988), Hauptstadt Maturín. M. liegt im O der Llanos.

Monaghan [engl. ˈmɔnəhən], Stadt in NO-Irland, am Ulsterkanal, 6100 E. Verwaltungssitz der Gft. M.; kath. Bischofssitz; theolog. Seminar. – M. entwickelte sich um ein im 9. Jh. gegr. Kloster. 1613 Stadt.

M., Gft. in NO-Irland, an der Grenze gegen Nordirland, 1 291 km², 52 400 E (1988), Verwaltungssitz M. Glazial überprägte Hügellandschaft (Drumlins); Kleinbetriebslandw. mit Milchwirtschaft und Jungviehaufzucht. – M. gehörte im Altertum zu Ulster und kam 332 zum neugegr. Kgr. Oriel. In der Mitte des 17. Jh. geriet M. unter engl. Herrschaft.

Mona Lisa, eigtl. Monna Lisa [italien. „Frau Lisa"], Gemälde von Leonardo da Vinci (um 1503–06; Paris, Louvre), wahrscheinlich das Porträt der Lisa, Gattin des florentin. Edelmanns Francesco del Giocondo (daher auch u. d. T. **La Gioconda**).

Monarch [griech.] ↑ Danaiden (ein Schmetterling).

Monarch [griech.] ↑ Monarchie.

Monarchen (Monarchinae) [griech.], Unterfam. etwa 15–53 cm (einschl. Schwanz) langer Singvögel (Fam. Fliegenschnäpper) mit mehr als 50 Arten, v. a. in Wäldern Afrikas (südl. der Sahara) und S-Asiens; ♂♂ prächtig gefärbt.

Monarchianismus [griech.], Hauptrichtung der Antitrinitarier in den christolog. Streitigkeiten des 2. und 3. Jh.: Christus ist wahrer Mensch, von einer unpersönl. göttl. Kraft erfüllt; von Gott adoptiert.

Monarchie [zu griech. monarchía „Alleinherrschaft"], nach Aristoteles („Politik") im Unterschied zu Aristokratie und Demokratie diejenige Staatsform, in der ein einzelner, der **Monarch,** die Herrschaft ausübt. Von der älteren Tyrannis und der modernen Diktatur unterscheidet sich die

Monaco
Fürstenwappen

Internationales
Kfz-Kennzeichen

Monarchist

Monastir. Die um 795 begonnene islamische Klosterburg Ribat

Mönchengladbach Stadtwappen

M. durch ihre im übernatürl. Bereich verankerte Legitimation, die auf sakraler Bindung beruht: entweder als göttl. Verehrung des Monarchen (Altägypten, Hellenismus, China bis 1911) oder in der Form der christl. M., nach der der Herrscher der Beauftragte oder das Werkzeug Gottes ist (v. a. ma. Königtum, Gottesgnadentum des Absolutismus). Die Nachfolge in der M. wird durch Wahl oder durch Erbnachfolge geregelt. – Nach dem Kriterium der Machtbefugnis wird in der Neuzeit zw. absoluter, konstitutioneller und parlamentar. M. unterschieden. Die *absolute M.* wurde zur vorherrschenden Staatsform in den kontinentaleurop. Staaten des 16. bis 18. Jh. Ihre histor. Leistung bestand in der Umwandlung des ma. Feudalstaates zum modernen, zentralistisch organisierten Militär-, Wirtschafts- und Verwaltungsstaat und der Schaffung der Voraussetzungen für die staatsbürgerl. Gleichheit. Die *konstitutionelle M.* nahm unter Weiterführung vorabsolutist. Traditionen, so der Beschränkung der monarch. Gewalt durch das Mitentscheidungsrecht der Stände (Herrschaftsverträge, Wahlkapitulationen), seit dem 17. Jh. von England/Großbritannien ihren Ausgang und wurde im 19. Jh. die vorherrschende Staatsform auf dem Kontinent. In den dt. Ländern sicherte bis 1918 das gegen die demokrat.-konstitutionellen Ideen von 1789 entwickelte **monarchische Prinzip** dem monarch. Gedanken den Vorrang vor allen Ansprüchen der Volksvertretung. Nach diesem Prinzip liegt die alleinige und einheitl. Staatsgewalt beim Monarchen, der seine Befugnisse durch eine Verfassung verbindlich beschränken kann, die jedoch immer nur Begrenzung, niemals Grundlage der Staatsgewalt des Monarchen bleibt. In der *parlamentar. M.,* die in Großbritannien zu Beginn des 19. Jh. aus der konstitutionellen M. hervorging, übt der Monarch nur noch repräsentative Funktionen aus, während die Staatsleitung in den Händen der dem Parlament verantwortl. Reg. liegt. Der fundamentale Prozeß der Demokratisierung hat der M. weithin die soziale Basis entzogen.

Monarchist [griech.], Bez. für einen Anhänger der monarch. Regierungsform.

Monarchomachen [griech.], erstmals 1600 von dem Schotten W. Barclay (*1546, †1608) gebrauchte Bez. für eine Gruppe von Staatstheoretikern und polit. Publizisten, die das Souveränitätsproblem des frühmodernen Staates im Frankreich der Hugenottenkriege durch die Begründung der Volkssouveränität zu lösen versuchten; doch kannten sie keinen auf Gleichheit abhebenden Volksbegriff. Ihr Ziel war keineswegs die Abschaffung der Monarchie, sondern die Einschränkung der fürstl. Gewalt durch die Stände im Sinne der Theorie der Herrschaftsverträge. Dominierendes Thema war das Problem der Absetzung und der Tötung tyrann. Herrscher (Tyrannenmord), insbes. nach der Bartholomäusnacht (1572), die die publizist. Verbreitung der schon vorher konzipierten Lehre der M. beschleunigte. Das von den M. geforderte Widerstandsrecht leitete sich, konfessionell gesehen, aus der Gegnerschaft zum kath. Königtum und, sozialgeschichtlich betrachtet, aus dem Wunsch nach Bewahrung ständ.-adliger Rechte gegenüber der fürstl. Zentralgewalt ab. – Hauptvertreter: F. Hotman („Franco-Gallia", 1573), T. Beza („De jure magistratum in subditos", 1576), Junius Brutus (Pseud.; „Vindiciae contra tyrannos", 1579).

Monasterboice [engl. mɔnɪstəˈbɔɪs] ↑Drogheda.

Monasterium [griech.-lat., zu griech. monázein „allein leben, sich absondern"], Bez. der Wohnung von Mönchen und Nonnen (↑Kloster).

Monastir, Stadt in Tunesien, am Mittelmeer, 36 000 E. Hauptstadt des Governorats M.; Thunfischkonservenfabrik, Textilind., Meersalzgewinnung; Fischereihafen; Seebad, internat. ⚓. – In der Antike **Ruspina,** strateg. Ausgangspunkt von Cäsars Afrikafeldzug; erhielt den Namen M. nach einem frühchristl. Kloster. – Islam. Klosterburg Ribat (älteste Teile um 795), heute Museum.

M., makedon. Stadt, ↑Bitola.

monastisch [griech.-lat.], svw. mönchisch.

Monat [zu althochdt. mānōd ↑Mond], ein durch den Umlauf des Mondes um die Erde definiertes Zeitintervall. Je nach Wahl des Bezugspunktes oder der Bezugslinie, gegenüber denen ein voller Umlauf gezählt wird, ergeben sich verschiedene M.längen: **tropischer Monat,** 27d (= Tage) 7h 43 min 4,7 s; **siderischer Monat,** 27d 7h 43 min 11,5 s; **synodischer Monat,** 29d 12h 44 min 2,9 s; **drakonitischer Monat,** 27d 5h 5 min 35,8 s; **anomalistischer Monat,** 27d 13h 18 min 33,2 s.

Im Kalenderwesen verstand man unter M. früher stets den synod. M., wobei 12 synod. M. das Mondjahr bildeten. In dem heute durch ein festes Sonnenjahr gekennzeichneten Kalender sind die M. zu 31, 30 und 28 Tagen (Febr.; in Schaltjahren 29 Tage) festgelegt.

Geschichte: Der synod. M. wurde urspr. von allen Völkern der Zeitrechnung zugrundegelegt, als M.beginn galt das Neulicht nach dem Neumond. Von den Sumerern wurden schon im 3. Jt. v. Chr. feste M.längen von 29 und 30 Tagen verwendet, die von den Griechen im regelmäßigen Wechsel vorgenommen wurden; außerdem unterschieden sie zw. kalender. und tatsächl. Neumond. Bei den Römern erfolgte eine Zählung in den Abschnitten: Kalenden, Nonen, Iden. Bei allen indogerman. Völkern war die Zweiteilung des M. durch den Vollmond üblich. Die M.namen beziehen sich auf bestimmte Tätigkeiten, Witterungsverhältnisse oder kult. Feste und die dabei verehrten Gottheiten oder werden fortlaufend gezählt.

Monatsbilder, die den ma. Handschriften häufig beigegebenen Kalendarien, Stundenbücher, Psalterien wurden oft – nach griech.-röm. Tradition – mit Miniaturen von Tierkreiszeichen und M. geschmückt. Diese M. wurden seit dem 13. Jh. durch zunehmendes Wirklichkeitsinteresse szen.-genrehaft belebt und insbes. durch die Brüder von ↑Limburg zu entscheidenden Voraussetzungen für die Landschafts- und Genremalerei.

Monatsblutung, svw. ↑Menstruation.

Monatssteine (Glückssteine), bestimmte Edelsteine, die dem Geburtsmonat zugeordnet werden und dem Träger Glück bringen sollen: Topas (Jan.), Chrysopras (Febr.), Hyazinth (März), Amethyst (April), Jaspis (Mai), Saphir (Juni), Smaragd (Juli), Chalcedon (Aug.), Karneol oder Sarder (Sept.), Sardonyx (Okt.), Chrysolith (Nov.), Aquamarin oder Beryll (Dez.).

monaural [griech./lat.], in der *medizin. Technik* ein Ohr bzw. das Gehör auf einer Seite betreffend. In der *Elektroakustik* gelegentlich anstelle von monophon falsch verwendeter Begriff.

Monazit [zu griech. monázein „einzeln sein" (mit Bezug auf die Seltenheit)], glänzendes, durchscheinendes, hellgelbes bis dunkelbraunes monoklines Mineral (Mohshärte 5–5,5, Dichte 4,8–5,5 g/cm^3), Ce[PO$_4$]; enthält Oxide von Metallen der seltenen Erden und des Thoriums. M. kommt in sauren magmat. Gesteinen sowie in Dünen- und Flußsanden vor. M. ist das wichtigste Mineral zur Gewinnung von Cer und anderen Seltenerdmetallen sowie von Thorium.

Monbijou [frz. mõbiˈʒu „mein Kleinod"], Name von Lustschlössern; z. B. Schloß M. in Berlin, 1703 von J. F. N. Eosander erbaut (1958 abgerissen).

Moncalieri, italien. Stadt in Piemont, 5 km sö. von Turin, 41 m ü. d. M., 64 000 E. Pharmazeut. und Zündholzind. – Seit 1272 savoyisch, 1619 Stadt. – M. wird überragt vom ehem. königl. Schloß (13., 15. und 17. Jh.).

Mönch von Salzburg (Johann von Salzburg, Hermann von Salzburg), mittelhochdt. Liederdichter vom Ende des 14. Jh. – Bes. wertvoll sind die erhaltenen Melodien seiner von der späthöf. Dichtung beeinflußten geistl. und weltl. Lieder.

Mönch, Berg der Finsteraarhorngruppe in den Berner Alpen, Schweiz, 4 099 m hoch, stark vergletschert.

Mönch [zu griech. monachós „Einsiedler"], Mgl. einer religiösen Gemeinschaft, deren asket.-religiösen Forderungen (↑Mönchtum) er sich freiwillig unterwirft.

Mönche (Mönchseulen, Cucullia), weltweit verbreitete Schmetterlingsgatt. der Eulenfalter mit 26 überwiegend unscheinbar gefärbten Arten in M-Europa; Flügelspannweite 4–6 cm; mit kapuzenartiger Rückenbehaarung; Raupen meist bunt, fressen an Kräutern und Stauden, z. B. Cucullia lactucae (Salateule, Lattichmönch).

Mönchengladbach (früher München-Gladbach), Stadt im Niederrhein. Tiefland, NRW, 60 m ü. d. M., 253 800 E. Fachhochschule Niederrhein (mit vier Fachbereichen); Opernhaus, Theater, Museen; Textilprüfungsanstalt; Evangel. Bildungs- und Pflegeanstalt Hephata; Sitz des NATO- und brit. Hauptquartiere; Sitz von Wirtschaftsvereinigungen; botan. Garten, Tierpark; Fabrikation und Verarbeitung von Seide, Kunstfasern und Wollstoffen; Maschinen- und Flugzeugbau, Kabel-, Werkzeug- u. a. Industrie.
Geschichte: Um die in der 2. Hälfte des 10. Jh. gegr. Benediktinerabtei (1802/03 aufgehoben) wuchs das als Marktort 1183 erstmals erwähnte Gladbach (**Monich Gladesbach** erstmals 1300); Stadtrecht wahrscheinlich um 1365; wurde durch Entwicklung der Textilind. (Anfänge im MA) zum „Rhein. Manchester". 1929–33 mit Rheydt zu Gladbach-Rheydt vereinigt. 1975 wurden **Rheydt** und **Wickrath** eingemeindet.
Bauten: Das Münster ist eine spätromanische Basilika (1228–39) mit romanischem Westwerk und gotischem Chor (1276–1300); ehem. Abteigebäude (17. Jh.; heute Rathaus). Im Stadtteil **Neuwerk** ehem. Benediktinerinnenstift mit roman. Kirche (12. Jh.), im Stadtteil **Rheindahlen** Pfarrkirche mit roman. Westturm (12. Jh.). Im Stadtteil **Rheydt** Schloß (15./16. Jh.; heute Museum). Museum Abteiberg (1976–82).

Mönchsaffe ↑Schweifaffen.
Mönchseulen, svw. ↑Mönche.
Mönchsgeier ↑Geier.
Mönchsgrasmücke ↑Grasmücken.
Mönchskopf ↑Trichterling.
Mönchspfeffer (Vitex), Gatt. der Eisenkrautgewächse mit über 250 Arten in den Tropen und Subtropen; Bäume oder Sträucher mit gegenständigen Blättern, kleinen, weißen, gelbl. oder blauen Blüten und kleinen Steinfrüchten. Eine bekannte Art ist das **Keuschlamm** (Vitex agnus-castus) an Flußufern und Küsten des Mittelmeergebiets und Z-Asien; 2–4 m hoher Strauch mit handförmig geteilten Blättern.

Mönchsrobben (Monachinae), Unterfam. oberseits braungrauer bis schwärzl., unterseits weißl., in ihren Beständen stark bedrohter Robben mit drei Arten in trop. und subtrop. Meeren; im Mittelmeer und Schwarzen Meer als einzige Art die 2–4 m lange, fast überall gesetzlich geschützte **Mittelmeermönchsrobbe** (Monachus monachus).

Mönchsrobben. Mittelmeermönchsrobbe

Mönchtum, in der *Religionsgeschichte* weit verbreitete Erscheinung einer von Männern, seltener von Frauen, vorübergehend oder auf Lebenszeit gewählten besitz- und ehelosen Existenzweise rein religiöser Zielsetzung, die im Eremitentum, in Wanderaskese oder in klösterl. Gemeinschaft realisiert wird. Klass. Land des M. ist Indien. Dschainismus und Buddhismus sind ihrem Ursprung und Wesen nach typ. Mönchsreligionen: Allein der Mönch kann die unmittelbare Erlösung erlangen. Im tibet. Lamaismus („Gelbe Kirche") übernahmen Mönche auch die staatl. Macht. In Japan ist der Zen-Buddhismus die gegenwärtig bedeutendste Form des M. – Im *Christentum* ist die älteste Form des M. das Leben als Anachoret („Zurückgezogener") oder Eremit („Wüstenbewohner"). Das M. verbreitete sich rasch in Ägypten, Palästina und Syrien, wo sich im 5. Jh. u. a. die Sonderform der Säulenheiligen (Styliten) bildete. Durch Basilius d. Gr. († 379) wurde das ↑Koinobitentum in die hellenist. Welt eingeführt; die auf ihn zurückgehenden Regeln sind im griech. M., in dem es Orden im abendländ. Sinn nicht gibt, allein maßgebend. Im 14. Jh. entstanden die ↑idiorrhythmischen Klöster. – Im Abendland faßte das M. seit etwa 370 Fuß. Die spezif. abendländ. Gestalt gab Benedikt von Nursia dem M. mit der für das Kloster Montecassino aufgestellten Regel (Benediktregel), die bis ins 12. Jh. vorherrschend war (↑Orden). – Die Kirchen der *Reformation* lehnen das M. als Ausdruck des Strebens nach selbsterwählter Heiligkeit ab; dem M. ähnl. ev. Lebensformen finden sich in den ↑Kommunitäten.

Mönchsziegel ↑Dachziegel.

Mond [althochdt. mano, eigtl. wohl „Wanderer am Himmel"], Bez. für einen Trabanten oder Satelliten (natürl. Begleiter) eines Planeten.
▷ *Erd-M.* (lat. Luna) der einzige natürl. Begleiter der Erde; nach der Sonne das zweithellste Objekt am ird. Firmament und der erdnächste Himmelskörper, dessen Leuchten durch Reflexion des Sonnenlichts entsteht. Der Abstand zw. Erd- und M.mittelpunkt schwankt während eines Umlaufs zw. 406 700 km im erdfernsten Punkt (Apogäum) und 356 400 km im erdnächsten Punkt (Perigäum) seiner Bahn. Während die Verbindung dieser Punkte, die **Apsidenlinie,** mit einer Periode von 8,85 Jahren rotiert, bewirken die Bahnstörungen durch Sonne und Planeten die rückläufige Drehung der **Knotenlinie** (Verbindung der beiden Schnittpunkte der M.bahn mit der Ekliptik) in der Ebene der Ekliptik mit einer Umlaufzeit von 18,6 Jahren.
Mondbahn und Mondbewegung: Der M. bewegt sich auf einer nahezu kreisförmigen Ellipsenbahn, deren Ebene um etwa 5° 9' gegen die Ekliptik geneigt ist, um die Erde und nimmt nach einer mittleren sider. Umlaufzeit von 27,32 Tagen (↑Monat) bezüglich der Fixsterne wieder die gleiche Stellung ein. Während dieses Umlaufs dreht sich der M. einmal um seine eigene Achse *(gebundene Rotation)* und zeigt deshalb der Erde immer die gleiche Seite; dabei

Entfernung, Bahn und Größe des Mondes	
mittlere Entfernung von der Erde	384 403 km
größte Entfernung von der Erde	406 740 km
kleinste Entfernung von der Erde	356 410 km
Neigung der Bahn gegen die Ekliptik	5° 8' 43,4"
Neigung des Mondäquators gegen die Ekliptik	1° 31' 22"
siderische Umlaufzeit	27,321 66 d
tropische Umlaufzeit	27,321 58 d
anomalistische Umlaufzeit	27,554 55 d
synodische Umlaufzeit	29,530 59 d
Äquatordurchmesser	3 476 km
Umfang	10 920 km
Oberfläche	$3{,}796 \cdot 10^7$ km²
Volumen	$2{,}199 \cdot 10^{10}$ km³
Masse	$7{,}350 \cdot 10^{25}$ g
mittlere Dichte	3,341 g/cm³
Schwerebeschleunigung an der Oberfläche	161,9 cm/s²

Mönchspfeffer. Keuschlamm

Mond

scheint der M. um eine innere Achse zu pendeln **(Libration)**. Da die Bewegung des M. auf Grund der ellipt. Bahn ungleichmäßig, die Rotationsgeschwindigkeit aber konstant ist **(Libration in Länge)**, kann man von der Erde aus zeitweilig über die östl. bzw. westl. M.seite blicken; auf Grund der Neigung der Rotationsachse zur Bahnebene **(Libration in Breite)** kann man im Laufe eines Monats auch über den Nord- bzw. Südpol hinwegsehen. Durch diese Effekte und die gleichzeitige Erdbewegung **(parallaktische Libration)** sind etwa 59 % der Oberfläche des M. einzusehen. Die period. Abweichung der wahren M.bewegung von einer mittleren Bewegung wird als **große Ungleichheit** bezeichnet. Zu den auffälligsten Erscheinungen auf Grund der unterschiedl. Stellung von Sonne, Erde und M. zueinander gehören neben den Gezeiten und Finsternissen die **Lichtphasen** des M. Bei *Neu-M.* befindet sich der M. zw. Erde und Sonne (Konjunktion), bei *Voll-M.* steht er der Sonne gegenüber (Opposition); zw. Neu- und Voll-M. ist *zunehmender*, danach *abnehmender M.* mit *Halb-M.* jeweils in der Mitte. Ein vollständiger Ablauf aller Lichtphasen wird **Lunation** genannt.

Mondoberfläche: Die Oberfläche des M. kann, da eine Atmosphäre fehlt, von der Erde aus ungehindert betrachtet werden: Details der Bodenformen sind bis zu einer Größe von etwa 100 m und Erhebungen von einigen Metern Höhe zu erkennen. Zu den *Großformen* zählen die schon mit bloßem Auge wahrnehmbaren dunklen Flecken, die je nach Größe als Meer (lat. ↑Mare), Meerbusen **(Sinus)**, Sumpf **(Palus)** oder See **(Lacus)** bezeichnet werden, sowie die als **Terrae** (Einz. Terra) bezeichneten, relativ hellen Flächen oder inselartigen Strukturen mit deutl. Relief, zu denen die M.gebirge gehören. Zu den *Kleinstrukturen* zählen die *Rillen*, grabenförmige schmale, bis 10 km breite und mehr als 100 km lange Rinnen, die oft von zahlr. Kleinstkratern besetzt sind. Häufig sind *ringförmige* und *polygonale M.formen*, die je nach Größe als *Krater, Ringgebirge* oder *Wallebene* bezeichnet werden. Die *M.oberfläche* ist von Gesteinstrümmern überdeckt, die eine bis zu 25 m tiefe Schuttschicht bilden; diese ist an der Oberfläche porös, mit zunehmender Tiefe aber schnell dichter gepackt. Die Masse dieses **Lunarregoliths** besteht aus *M.staub*, in dem die größeren Gesteinsbrocken eingebettet liegen. Das *M.gestein* kann eingeteilt werden in feinkörnige bis mittelkörnige, blasige, kristalline, magmat. Gesteinsbrocken, in Breccien (aus Bruchstücken verschiedenen Gesteins, durch feinen M.staub zusammengebacken) sowie in M.staub (Teilchendurchmesser unter 1 cm). Die Hauptminerale sind auch auf der Erde als gesteinsbildend bekannt; jedoch wurden neue, auf der Erde unbekannte Minerale gefunden, die Kombinationen von Titan, Magnesium, Eisen, Aluminium und einigen anderen Elementen darstellen. Insgesamt konnten in den Bodenproben 68 Elemente nachgewiesen werden. Es wurden keine

Mond

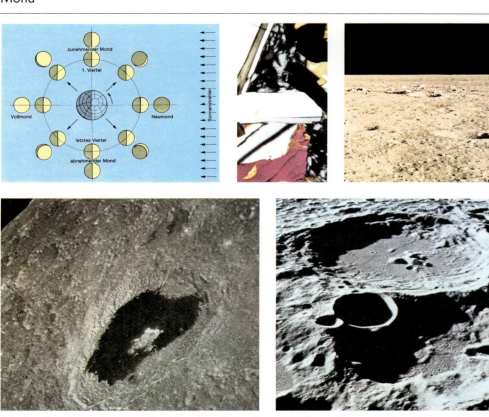

Links oben: Darstellung der Lichtphasen (Mondphasen) des Mondes; sie entspricht einem Anblick von Norden auf die Ebene der Mondphase, in der sich der Mond gleichsinnig mit der Erdrotation (gebogener Pfeil) bewegt; der äußere Kreis zeigt die Mondphasen, wie sie von der Erde aus zu sehen sind. Mitte oben: Dünnschliff grobkörnigen Mondbasalts in polarisiertem Licht (Pyroxen rot bis gelb, Cristobalit schuppig grau, Plagioklas weiß bis dunkelgrau. Rechts oben: Blick in das Mare Tranquillitatis, aufgenommen von der gelandeten Mondfähre Apollo 11. Links unten: der Krater Ziolkowski auf der Mondrückseite; der vermutlich durch einen Meteoriteneinschlag entstandene Krater ist mit dunkler Lava vollgelaufen. Rechts unten: der Krater Daedalus IAU (oben) auf der Mondrückseite, aufgenommen von Astronauten der Apollo-11-Mission 1969

Spuren von Leben oder organ. Verbindungen entdeckt. Auch konnte kein Wasser nachgewiesen werden. – Die Gesteinsbrocken zeigen millimetergroße Aufschlagstellen von Mikrometeoriten, die beim Aufprall verdampfen und zudem noch einen Teil des getroffenen Gesteins umschmelzen; das geschmolzene Gestein ist in Form von Glasperlen im Mondstaub nachweisbar.

Entstehung: Über die *Entstehung* des M. und der M.formen gab es vor den Apollo-Flügen im wesentlichen drei Theorien: die gleichzeitige Bildung von Erde und M. als *Doppelplanet,* die *Herauslösung* des M. aus der Erdkruste oder der *Einfang* des M. durch die Erde. Nach heutigem Wissen ist der M. vor 4,7 Mrd. Jahren in der Nähe der Erde wahrscheinlich als Verdichtung der „vorird." Gas- und Staubwolke, möglicherweise auch durch Abspaltung von der Erde entstanden. Die durch die Erde bedingte starke Gezeitenwirkung sowie ein starker Materieeinfall auf den M. führten zur Erhitzung der äußeren Schichten auf über 1 200 K und zu deren Schmelzen bis in etwa 1 000 km Tiefe. Die so entstandene *M.kruste* wurde durch weitere lokale Aufschmelzungen vor 3,7 Mrd. Jahren auf Grund vulkan. Aktivitäten mehrfach umgestaltet. Seit etwa 3,2 Mrd. Jahren ist die M.oberfläche kalt und bis in etwa 1 000 km Tiefe fest.

Geschichte: Der M. und seine Phasen waren in allen frühen Kulturen Maß für den Monat und damit auch für den Kalender. Die M.finsternisse ermöglichten eine brauchbare Berechnung der M.bahn. Störungen der M.bahnbewegung wurden bereits von Hipparch und T. Brahe entdeckt und von I. Newton erklärt. Die von G. Galilei entdeckte Libration konnte von J. Hevelius und T. Mayer erklärt werden. Die Entstehung der M.phasen und -finsternisse sowie der Leuchterscheinungen des M. erklärte bereits Anaxagoras. Seine Annahme von Unebenheiten auf dem M. wurde 1610 von Galilei durch Fernrohrbeobachtungen bestätigt. Die *M.phasen* wurden als lumineszierende Anregung durch das Sonnenlicht (Stoiker) oder mittels eines zusätzl. halben Hohlkugelkörpers (Alhazen) erklärt, bis die prinzipielle Erdartigkeit des M. spekulativ (N. Kopernikus, G. Bruno, J. Kepler) und empirisch (Galilei) nachgewiesen wurde. Eine erste (grobe) *Karte des M.* schuf Galilei. Die M.topographie wurde bes. durch J. Hevelius, G. B. Riccioli (auf ihn geht die noch heute gültige Nomenklatur zurück), G. D. Cassini, J. H. Lambert, T. Mayer (Einführung der M.koordinaten), J. H. Schröter, W. Beer, J. H. von Mädler, J. F. J. Schmidt u. a. gefördert. – Die ersten photograph. Aufnahmen stammen von H. Draper. Die erste Aufnahme der Rückseite des M. lieferte 1959 die sowjet. M.sonde Lunik 3. Die erste Landung von Menschen auf dem M. erfolgte am 20. Juli 1969. Der Direkterkundung des M. dienten u. a. die Raumfahrtprojekte Zond, Luna (Lunik), Ranger, Surveyor sowie das ↑Apollo-Programm. – ↑Mondkult.

Walter F. Mondale

Oben: das erstmals von Apollo 15 mitgeführte Mondauto (Lunar Roving Vehicle) auf der Mondoberfläche. Unten: Mikrophotographie der wichtigsten Bestandteile des Mondstaubs; man erkennt runde Rotationskörper aus Glas (0,25–0,5 mm Durchmesser), Bruchstücke verschieden gefärbter Gläser, Breccien (zum Beispiel links unten), Feldspat (hell), Pyroxen (rechts unten, das kleine goldfarbene Bruchstück)

Mondadori S.p.A., Arnoldo ↑Verlage (Übersicht).

Mondale, Walter F[rederick] [engl. ˈmɒndɪl], *Ceylon (Minn.) 5. Jan. 1928, amerikan. Politiker (Demokrat. Partei). – Jurist; 1964–77 Senator für Minnesota; 1977–81 Vizepräs. der USA; unterlag 1984 als Präsidentschaftskandidat R. Reagan.

mondän [frz., zu lat. mundus „Welt"], von aufwendiger Eleganz, nach Art der großen Welt.

Mondbein ↑Handwurzel.

Mondblindheit, svw. ↑periodische Augenentzündung.

Mondbohne (Duffinbohne, Limabohne, Phaseolus lunatus), in den Tropen und Subtropen angebaute Bohnenart, deren grüne Hülsen und reife, weiße Samen genutzt werden (dunkelfarbige Samen sind giftig).

Monde, Le [frz. lə ˈmõːd „Die Welt"], frz. Tageszeitung, ↑Zeitungen (Übersicht).

Mondfinsternis ↑Finsternis.

Mondfische, (Klumpfische, Molidae) Fam. 0,8–3 m langer Knochenfische (Ordnung Haftkiefer) mit nur wenigen Arten in warmen und gemäßigten Meeren; Hochseefische mit seitlich stark zusammengedrücktem, im Umriß meist eiförmigem Körper; am bekanntesten der **Sonnenfisch** (Mondfisch i. e. S., *Meermond,* Mola mola), 2–3 m lang, Höchstgewicht 1 t, dunkelbraun bis grau, Rückenflosse weit nach hinten gerückt.
▷ ↑Glanzfische.

Mondfische. Sonnenfisch

Mondfleck, svw. ↑Mondvogel (ein Schmetterling).

Mondhornkäfer (Copris), Gatt. glänzend schwarzer Blatthornkäfer mit mehreren Arten, v. a. in sandigen Gebieten Eurasiens und Afrikas; mit halbmondförmigem Kopfschild und einem Horn auf der Stirn. In M-Europa kommt nur die Art Copris lunaris (Länge bis 23 mm) vor.

Mondjahr ↑Jahr.

Mondkalb, volkstüml. Bez. für eine Mißgeburt bei Rindern.

Mondkult, rituelle Verehrung des Mondes, dessen Zu- und Abnehmen mit menschl., animal. und vegetativem Wachsen und Vergehen in enger Verbindung gesehen wird. Dabei gilt der Mond häufig als personale Gottheit, wie in Ägypten der Mondgott Thot, in Griechenland die tauspendende Selene, in Rom die Luna. Im semit. Bereich war der M. weit verbreitet; meist wurde der Mond unter dem Namen Sin verehrt. Ein großes Verbreitungsgebiet des M. ist ferner Afrika südl. der Sahara. Dort besteht zuweilen noch heute die Sitte des ununterbrochenen Trommelns und Tanzens während der Vollmondnächte.

Mondhornkäfer. Copris lunaris

Mondlandefähre ↑LM.

Mondovì, italien. Stadt im östl. Piemont, am Ellera, 22 300 E. Kath. Bischofssitz. Stahlwerk, pharmazeut.,

Mondpreise

Piet Mondrian. Broadway Boogie-Woogie, 1942/43 (New York, Museum of Modern Art)

chem. und Papierind. – Als **Monte di Vico** 1198 gegr. – Dom (1743–63).

Mondpreise, Bez. für bewußt überhöht angesetzte, empfohlene Preise, durch die die Hersteller dem Handel die Möglichkeit geben wollen, mittels starker Unterbietung den Eindruck bes. günstiger Preise zu erwecken.

Mondraute (Traubenraute, Botrychium), Gatt. der Natternzungengewächse; mit mehr als 30 Arten fast über die ganze Erde verbreitet; niedriger Farn mit nur einem, in einen sterilen und einen fertilen Ast gegabelten Blatt. Am bekanntesten ist die auf Trockenrasen und in Gebüschen wachsende, 5–20 cm hohe **Echte Mondraute** (Botrychium lunaria).

Mondrian, Piet [niederl. 'mɔndri:a:n], *Amersfoort 7. März 1872, †New York 1. Febr. 1944, niederl. Maler. – Nach einer vom Kubismus bestimmten Periode entstanden 1914 in Paris die ersten rein geometr. Kompositionen. 1917 begr. M. mit van Doesburg die Kunstzeitschrift „De Stijl" (↑Stijl-Gruppe). 1920–38 lebte M. wieder in Paris und gelangte über London 1940 nach New York. Die Spannung seiner Gemälde beruht auf einem System horizontaler und vertikaler Linien und dem Gleichgewicht reiner Flächenbeziehungen. Er bezeichnete seine Flächenkunst als „Neoplastizismus", die Tiefenwirkung beruht auf ↑Farbenperspektive. – *Werke:* Komposition mit Rot, Gelb und Blau (1921; Den Haag, Gemeente Museum), Broadway Boogie-Woogie (1942/43; New York, Museum of Modern Art).

Mondsee, See im oberöstr. Salzkammergut, 481 m ü.d.M., 11,4 km lang, 2,3 km breit, bis 68 m tief, Abfluß durch die Seeache zum Attersee. – Beim Ausfluß des M. ausgedehnte Uferrandsiedlung (Pfahlbau) des Jungneolithikums (3. Jt. v. Chr.), namengebend für die **Mondseegruppe.**

Mondsonden ↑Raumsonden.

Mondstein ↑Feldspäte.
Mondsüchtigkeit, svw. ↑Schlafwandeln.
Mondvertrag ↑Weltraumrecht.
Mondvogel (Mondfleck, Phalera bucephala), 5–6 cm spannender Nachtschmetterling (Fam. Zahnspinner) in Auwäldern, Heiden und Parklandschaften Europas und N-Asiens; mit großem, rundem, gelbem Halbmondfleck an der Spitze der grauen Vorderflügel.

Mondzyklus, Bez. für den Zeitraum von 19 Jahren, nach dessen Verstreichen die Mondphasen (Vollmond, Neumond) wieder auf die gleichen Kalenderdaten fallen.

Monegassen, die Einwohner Monacos.
Monem [griech.], svw. ↑Morphem.
Monenergetismus (Monergetismus) [griech.], Bez. für die Auffassung, daß der aus göttl. und menschl. Natur bestehende Christus alles durch *eine* Energie (griech. mía enérgeia) gewirkt habe. Diese Formel stellt den Beginn des monothelet. Streites (↑Monotheletismus) dar.

monepigraphische Münzen [griech./dt.], Münzen, die ausschließlich Schrift, keinerlei Bilder und sonstige Symbole zeigen (bes. aus dem islam. Bereich).

Monergole [Kw.] ↑Raketentreibstoffe.
Monet, Claude [frz. mɔ'nɛ], *Paris 14. Nov. 1840, †Giverny (Eure) 6. Dez. 1926, frz. Maler. – M. empfing wesentl. Anregungen von J. Boudin, J. B. Jongkind sowie von Courbet, Manet und Turner. 1874 wurde von seinem Bild „Impression, soleil levant" („Eindruck bei Sonnenaufgang", 1872, Paris, Musée Marmottan) der Name Impressionisten für die Gruppe junger Freilichtmaler, mit denen er malte und ausstellte, abgeleitet. Unter Auflösen der Konturen läßt er das Flimmern von Luft und Licht erstehen. In Serienbildern (seit 1890) registriert er in zykl. Wiederholungen eines einzigen Motivs die Veränderungen während der Tageszeiten. In seinem Spätwerk gelangte er bis an die Auflösung des Gegenständlichen, insbes. in seinen Bildern von

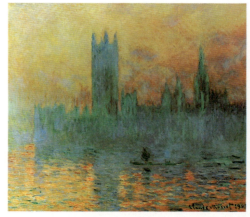

Claude Monet. Das Parlamentsgebäude in London, 1903 (Washington D.C., National Gallery of Art)

Claude Monet. Seerosen, um 1920 (Paris, Musée Marmottan)

Mongolei

Mongolei
Fläche: 1 565 000 km²
Bevölkerung: 2,18 Mill. E (1990), 1,4 E/km²
Hauptstadt: Ulan Bator
Amtssprache: Mongolisch
Nationalfeiertage: 11. Juli, 26. Nov.
Währung: 1 Tugrig (Tug) = 100 Mongo
Zeitzone: MEZ +7 Stunden

Seerosen- und Lilienteichen (seit 1899). – *Weitere Werke:* Camille oder Das grüne Kleid (1866, Bremen, Kunsthalle), Das Frühstück (1868, Frankfurt, Städel), Die Brücke von Argenteuil (1874, Paris, Musée d'Orsay), Der Bahnhof von Saint-Lazare (1877, Chicago, Art Institute), Die Kathedrale von Rouen (1894, Paris, Musée d'Orsay).

Moneta, Ernesto Teodoro, *Mailand 20. Sept. 1833, †ebd. 10. Febr. 1918, italien. Journalist und Politiker. – Pazifist; 1867–96 Hg. der Zeitung „Il Secolo"; begr. die Friedensorganisation „Unione lombarda per la pace e l'arbitrato"; 1907 Friedensnobelpreis (mit L. Renault).

Monetarismus, Wirtschaftslehre der frühen Nationalökonomie, Vorläufer des Merkantilismus; geht bis in die Anfänge der modernen Geldwirtschaft zurück und fand im 16. und 17. Jh. seine weiteste Verbreitung. Der M. betonte die Ansammlung von Edelmetallen als Mittel der Schatzbildung und untersuchte Fragen des Geldumlaufs und der Münzverschlechterung.

▷ (Neo-M.) eine seit den 1960er Jahren hervorgetretene, vor allem von M. Friedman begründete Variante der neoliberalen und neoklass. Richtung der Nationalökonomie. Der Neo-M. rückt in Korrektur von sichtbar gewordenen wirtschaftspolit. Schwächen des Neokeynesianismus (z. B. inflationäre Tendenzen) die staatl. Geldmengenregulierung in den Vordergrund, stellt die Wirksamkeit der Fiskalpolitik als Konjunktur- und Wachstumsinstrument bei Vernachlässigung des Preisstabilitätsziels in Frage und lehnt Geldpolitik als Stabilisierungspolitik ab.

Monferrato, jungtertiäres Hügelland in Piemont, Italien, zw. Po und unterem Tanaro, bis 716 m hoch; bed. Weinbaugebiet; Hauptorte: Asti, Casale Monferrato.

Monge, Gaspard [frz. mõːʒ], Graf von Péluse, *Beaune 10. Mai 1746, †Paris 28. Juli 1818, frz. Mathematiker. – 1799 wurde M. Direktor des von Napoleon I. errichteten ägypt. Inst. in Kairo. M. begr. die darstellende Geometrie und entwarf das Grundriß-Aufriß-Verfahren. 1783 synthetisierte er Wasser aus Wasserstoff und Sauerstoff.

Mongo (Lolo), Bantustamm im N von Zaire (rd. 5 Mill. Angehörige); überwiegend Waldlandpflanzer (Maniok, Bananen), Händler und Handwerker (Flechtarbeiten, Töpferei), daneben Fischer, Sammler und Jäger; leben z. T. mit Pygmäen in sozialer und wirtsch. Symbiose.

Mongolei, zentralasiat. Geb., politisch in die Republik M. (Äußere M.) und die chin. Autonome Region Innere M. gegliedert. Von nomad. Völkern prototürk. und protomongol. Herkunft besiedelt; gehörte seit 209 v. Chr. zum Hunnenreich, 407–552 zum Staat der Awaren, 730 zum Reich der Uiguren, das die Kirgisen 840 zerstörten; im frühen 13. Jh. unter Dschingis-Khan Zentrum für die Bildung eines mongol. Großreichs, in der Folge in Teilreiche unter einem Großkhan aufgegliedert; 1260 Nebenland der mongol. Yuankaiser in China, die nach ihrer Vertreibung (1368) in die M. flüchteten; seit dem 17. Jh. Teil des chin. Mandschureiches; 1911 löste sich die Äußere M. von China (1924 Ausrufung der Mongol. VR); Teile der bei China verbliebenen Inneren M. waren mit jap. Hilfe als Innermongol. Föderation 1937–45 autonom; 1947 wurde die Innere M. eine der fünf Autonomen Regionen Chinas.

Mongolei (amtl.: Bügd Nairamdach Mongol Uls; dt. Mongol. Republik), Staat in Zentralasien zw. 41° 32' und 52° 06' n. Br. sowie 87° 47' und 119° 54' ö. L. **Staatsgebiet:** Es grenzt im N an Rußland, im O, S und W an China. **Verwaltungsgliederung:** 18 Prov. (Aimaks) und 3 Stadtgebiete. **Internat. Mitgliedschaften:** UN.

Landesnatur: Die M. nimmt ein überwiegend abflußloses Hochland ein, das sich zw. Sibirien und der Gobi (von N nach S rd. 1 250 km) sowie Großem Chingan und Mongol. Altai (von O nach W rd. 2 400 km) erstreckt. 85 % des Landes liegen oberhalb 1 000 m. Der O wird von flachwelligen Rumpfflächen eingenommen, die durch Senken mit Salzseen und -sümpfen gegliedert werden und deren Steppen allmählich in das Wüstengebiet der Gobi übergehen. Der W ist überwiegend gebirgig. Die höchsten Erhebungen liegen im z. T. vergletscherten Mongol. Altai (bis 4 374 m), der anschließende Gobialtai erreicht 3 957 m ü. d. M. und löst sich nach SO in einzelne Bergzüge und Einzelberge auf. Im nw. Vorland des Mongol. Altai liegt eine abflußlose Beckenzone mit den größten Seen des Landes (meist Salzseen). Sie setzt sich nach SO im sog. Tal der Gobiseen fort. Diese Senkungszone trennt das Altaisystem von dem bis 4 031 m hohen Changaigebirge sowie dem bis 2 751 m hohen Kenteigebirge. Das nördl. Gebirgsland wird von der Selenga und ihren Nebenflüssen zum Baikalsee entwässert.

Klima: Extrem kontinentales, winterkaltes Trockenklima (Temperaturminima im N bis –50 °C) mit langen, niederschlagsarmen Wintern, kurzen, warmen Sommern (Temperaturmaxima im S bis +40 °C) und kurzen Übergangsjahreszeiten. Die Niederschläge nehmen von N nach S ab.

Vegetation: Im N greift die sibir. Taiga auf das Staatsgebiet über. Sie geht nach S in die Gebirgswaldsteppe und Gebirgssteppe über, anschließend Kurzgrassteppe, die im O des Landes bes. breit entwickelt ist. Mit zunehmender Trockenheit folgt Wüstensteppe (25–30 % der Fläche). Rd. 15 % des Landes sind Kies- und Steinwüste.

Tierwelt: Streng geschützt sind Schneeleopard, Prschewalskipferd, Wildkamel, Mongol. Halbesel, Saiga.

Bevölkerung: Rd. 88 % sind Mongolen (u. a. 77,5 % Ostmongolen [Chalcha], 7,1 % Westmongolen, 1,9 % Burjaten). Angehörige von Turkvölkern (6,5 %), Chinesen, Russen u. a. sind ethn. Minderheiten. Im N, in dem Ackerbau möglich ist, leben 10–20 E/km², in der Gobi etwa 0,1 E/km². Etwa 52 % der Bev. leben in Städten. Der Übergang von der nomadisierenden zur kollektiven Viehhaltung, der 1960 abgeschlossen war, hatte die Anlage von Dauersiedlungen zur Folge. Die lamaist. Klöster wurden mit Ausnahme eines in Ulan Bator aufgelöst. Allg. Schulpflicht besteht vom 8.–15. Lebensjahr. Von 8 Hochschulen hat eine Univ.rang (in Ulan Bator; gegr. 1942).

Wirtschaft: Das nach sowjet. Vorbild entwickelte Wirtschaftssystem war einseitig auf Rohstofflieferungen an die ehemaligen COMECON-Länder ausgerichtet. Die 1990 gewählte Reg. hält zwar noch an einer zentralen Planung fest,

Staatswappen

1970 1990 | 1970 1988
Bevölkerung (in Mill.) | Bruttosozialprodukt je E (in US-$)

Bevölkerungsverteilung 1990

Bruttoinlandsprodukt 1990

Mongolen

schafft aber Voraussetzungen für marktwirtsch. Umstrukturierungen und privatisiert Staatsbetriebe. Strukturbestimmender Zweig der Volkswirtschaft ist die Landw. (34 % der Erwerbstätigen), v. a. die Viehwirtschaft. Gehalten werden Rinder (zu 40 % bereits in Privatbesitz), Pferde, Schafe, Ziegen, Kamele, Jaks, v. a. in Staatsgütern auch Schweine und Geflügel. Intensiver Ackerbau ist nur im N, in den z. T. terrassierten Flußtälern, möglich. Angebaut werden Getreide, Kartoffeln, Futterpflanzen und Gemüse. Die reichen Bodenschätze sind nur z. T. erschlossen, v. a. Braun- und Steinkohlenabbau sowie die Ausbeutung von Kupfer- und Molybdänerzen (seit 1981 im Tagebau bei Erdenet), Wolfram-, Zink-, Mangan-, Edelmetall- und Eisenerzen sowie Flußspat. Die v. a. mit sowjet. Hilfe aufgebaute Ind. konzentriert sich in den Räumen Ulan Bator, Darchan und Choibalsan. Nahrungsmittel-, Textil-, Leder-, Baustoffind. und Holzverarbeitung sind die wichtigsten Ind.zweige.
Außenhandel: Die Handelsbilanz ist negativ. Ausgeführt werden Kupfer- und Molybdänerze (35 % des Exportwertes), Fleisch, Wolle, Häute und Felle; eingeführt werden Maschinen und Ausrüstungen, Brennstoffe und Mineralien, industrielle Konsumgüter sowie chem. Erzeugnisse. Wichtigster Handelspartner ist Rußland.
Verkehr: Die Transmongol. Eisenbahn ist an die Transsib bei Ulan-Ude angeschlossen und führt über Ulan Bator nach SO an die chin. Grenze mit Anschluß an Peking. Choibalsan ist durch eine Stichbahn mit der Transsib verbunden. Das gesamte Streckennetz beträgt 1748 km. Das rd. 47 600 km lange Straßennetz besteht größtenteils aus Steppenpisten. In abgelegenen Gegenden spielt der Karawanenverkehr eine Rolle. V. a. dem Güterverkehr mit Rußland dient die Binnenschiffahrt auf der Selenga und dem Orchon. Die 1956 gegr. staatl. „Mongolian Civil Air Transport" (MIAT) bedient das Inlandnetz und fliegt Irkutsk und Peking an; in Ulan Bator internat. ✈.
Geschichte: Nachdem durch die chin. Revolution die Qingdyn. (Mandschudyn.; 1644 bis 1911) abgesetzt worden war, erklärte sich die Äußere Mongolei 1911 als von China unabhängig. Sie errichtete eine Monarchie und setzte den höchsten lamaist. Geistlichen der nördl. Mongolei als Herrscher ein. Ab 1920 formierte sich unter sowjetruss. Einfluß und unter der Führung von Suhe Bator (* 1893, † 1923) eine revolutionäre Bewegung, die durch die chin. Besetzung 1915–19 Auftrieb erhielt. In schweren Kämpfen wurden, z. T. mit Hilfe sowjetruss. Einheiten, die chin. und weißruss. Truppen vertrieben. Am 26. Nov. 1924 erfolgte die Gründung der Mongol. VR (MVR) unter starkem Einfluß der UdSSR. Bestimmende polit. Kraft wurde die Mongol. Revolutionäre Volkspartei (MRVP), die den Staat mit stalinist. Methoden leitete. Die Bedrohung durch das nach NO-China expandierende Japan (Staat Mandschukuo 1932–45) und der Inneren Mongolei nahm der Diktator C. †Tschoibalsan in den Jahren 1937–39 zum Anlaß für Säuberungsaktionen und die Entmachtung der lamaist. Kirche (Zerstörung der meisten Klöster und Ermordung tausender Mönche). 1945 nahmen Truppen der MVR am sowjet. Vormarsch in das von Japan besetzte N-China teil, nachdem die MVR gemeinsam mit der UdSSR Japan den Krieg erklärt hatte; im Okt. 1945 stellte ein Volksentscheid die völlige Unabhängigkeit der MVR her, die von China im Jan. 1946 anerkannt und im sowjet.-chin. Vertrag von 1950 bestätigt wurde. 1961 trat die MVR den UN und 1962 dem COMECON bei. Im Zuge des sich seit den 1960er Jahren vertiefenden sowjet.-chin. Gegensatzes lehnte sich die MVR eng an die UdSSR an, bes. als China 1969 den Grenzvertrag von 1962 für ungültig erklärte und Gebietsforderungen stellte. Langjähriger Staats- und Parteichef war bis 1984 J. Zedenbal, ihm folgte S. Batmunch. Unter dem Druck der Veränderungen in der UdSSR und in Osteuropa proklamierte die Partei- und Staatsführung seit 1989 einen „Kurs der Umgestaltung". Gleichzeitig entwickelte sich – bes. unter den Intellektuellen – eine Demokratiebewegung (im Febr. 1990 Entstehung der ersten Oppositionsparteien, die in zahlr. Demonstrationen polit. Reformen sowie die Beachtung der Menschenrechte forderte und im März 1990 den Rücktritt der Partei- und Staatsführung erzwang; neuer Präs. wurde P. Otschirbat. Im selben Monat wurde per Verfassungsänderung das Machtmonopol der MRVP aufgehoben. Aus den ersten freien Wahlen (Juli 1990) ging die MRVP als Sieger hervor, und P. Otschirbat wurde vom Parlament als Staatsoberhaupt bestätigt. Im Sept. 1990 wurde D. Bjambasuren Min.präs. Auf ihrem 20. Parteitag im Febr. 1991 sagte sich die regierende MRVP offiziell vom Marxismus-Leninismus los. Der rigorose Abbau der sowjet. Wirtschaftshilfe seit 1990 führte zu erhebl. wirtsch. Problemen (Versorgungskrise, steigende Arbeitslosigkeit), verstärkt durch die Umstellung auf marktwirtsch. Erfordernisse. Nach Verabschiedung eines Gesetzes (Sept. 1991), das die Ausübung eines hohen Reg.amtes für unvereinbar mit einer Parteimitgliedschaft erklärte, traten Präs. Otschirbat und Mgl. des Kabinetts aus der MRVP aus. Im Nov. 1991 wurde per Parlamentsbeschluß die „Mongol. Volksrepublik" in „Mongol. Republik" umbenannt. Im Jan. 1992 nahm das Parlament eine neue Verfassung an. Die Parlamentswahlen im Juni 1992 entschied die MRP für sich.
Politisches System: Nach der am 12. Febr. 1992 in Kraft getretenen Verfassung ist die M. eine Republik mit Mehrparteiensystem. *Staatsoberhaupt* ist der Staatspräs. (für 4 Jahre direkt gewählt). Die *Legislative* liegt bei einem Einkammerparlament (76 Abg., für 4 Jahre gewählt). Der Min.rat übt unter Vorsitz des Min.präs. die *Exekutiv*gewalt aus. Seit den ersten freien Wahlen vom Juli 1990 sind folgende *Parteien* im Parlament vertreten: Mongol. Volkspartei (MRP; bis Nov. 1991 Mongol. Revolutionäre Volkspartei), Mongol. Demokrat. Partei (MDP), Nat. Fortschrittspartei (NFP), Mongol. Sozialdemokrat. Partei (MSP). Die *Gewerkschaften* sind zusammengeschlossen im Zentralrat der Gewerkschaften als Dachverband. Die *Recht*sprechung ist dreistufig organisiert: Bezirksvolksgerichte, Aimak- und Stadtgerichte, Oberster Gerichtshof. Die neue Verfassung sieht eine unabhängige Rechtsprechung vor.

Mongolen, zum tungiden Zweig der mongoliden Rasse gehörende Völkergruppe mit mongol. Sprache, v. a. in Zentralasien. Kernland der M. ist heute die Äußere †Mongolei, wo die rd. 1,9 Mill. M. etwa 88 % der Bev. ausmachen. In der Inneren Mongolei und in anderen chin. Prov. bilden sie dagegen nur eine Minderheit. Typ. Wirtschaftsform ist die Viehzucht, die aus geograph. Gründen unterschiedlich weite Wanderungen erfordert. Die damit verbundene nomadisierende Lebensweise wurde nach der Durchsetzung sozialist. Staats- und Wirtschaftsordnung stark eingeschränkt. An die Stelle der traditionellen Jurte sind heute vielfach feste Häuser in Dauersiedlungen getreten. Altüberlieferte Bräuche, wie Reiterspiele, Ringkämpfe und Bogenschießen, werden weiterhin gepflegt. Der ursprüngl. Schamanismus wurde seit dem 13. Jh. zunehmend durch den Islam und dieser seit dem 16. Jh. durch den lamaist. Buddhismus verdrängt. – Urspr. wurde die Bez. M. nur auf einen nomadisierenden Stamm am oberen Amur angewandt, durch Dschingis-Khan auf das ganze Volk ausgedehnt. Die M. schufen in der ersten Hälfte des 13. Jh. ein Weltreich, das ab 1260 nach der Eroberung ganz Chinas unter Khubilai in drei Teilreiche zerfiel: das der †Goldenen Horde, das der †Ilkhane und in die Mongolei mit China.

Mongolenfalte (Nasenlidfalte, Epikanthus), weit herabfallende Deckfalte des Augenoberlides, die den eigtl. Lidrand und teilweise die Wimpern verdecken kann; verschmilzt am inneren Augenwinkel in einem sichelförmigen Bogen mit der Nasenhaut; kommt vor allem bei den mongoliden Rassen vor, ist aber nicht auf diese beschränkt.

Mongolenfleck (Sakralfleck, Steißfleck), blaugraue Verfärbung der Haut über der Steißgegend, die bei Neugeborenen deutlich ausgeprägt ist, später aber verblaßt. Der M. hat keine patholog. Bedeutung.

Mongolide (mongolider Rassenkreis), Menschenform, die v. a. in Z-, O- und S-Asien verbreitet ist. Im W besteht eine breite Kontaktzone und Verzahnung mit den Europiden, im N lebt eine Reihe mehr oder weniger isolierter Populationen, die ebenfalls Merkmale mit den Europiden gemeinsam haben. Charakteristisch für die M. ist ein flaches Gesicht mit niedriger Nasenwurzel, betonte Jochbögen, flachliegende Lidspalte (↑Mongolenfalte), dickes, straffes, dunkles Haar, dunkle Augen, gelbbräunl. Haut, i. d. R. kurzer, untersetzter Wuchs.

mongolische Literatur, ältestes erhaltenes Zeugnis ist die „Geheime Geschichte der Mongolen" (1227–64), eine Darstellung des Aufstiegs Dschingis-Khans; neben Heldenliedern, die auch heute noch von Rhapsoden vorgetragen werden, ist die M. L. reich an ritualistischer, schamanistisch beeinflußter Zeremonialdichtung, Segenssprüchen und Ansprachen, Weisheitssprüchen, Rätseln, Sprichwörtern und Liedern. Bes. Raum nimmt auch die gnom.-didakt. Dichtung ein. Ein großer Teil der früheren, durch die Aufnahme und Verarbeitung ind.-tibet. und buddhist. Motive gekennzeichneten Literatur ist anonym. Große Bed. kommt der in zahlr. Handschriften erhaltenen Geschichtsliteratur zu. Aus der im 17./18. Jh. einsetzenden Rezeption von Prosaerzählungen ind.-tibet. Ursprungs und chin. Romane entwickelte sich die reiche Prosaliteratur der Gegenwart. Die Hinwendung zur modernen Literatur erfolgte unter D. Nacagdorz (*1906, †1937), wurde jedoch mit seinem Tod und dem anderer talentierter Schriftsteller (z. B. S. Ajuusch) unterbrochen und durch eine neue Generation von Schriftstellern fortgesetzt. 1934 schrieb Nacagdorz ein Libretto für die erste mongol. Oper. Mit seinen Erzählungen und Übersetzungen zählt Z. Damdinsüren (*1908) zu den Wegbereitern der neuen Literaturbewegung, die v. a. folklorist. Novellen und Erzählungen sowie histor., wiss.-phantast. und Zeitromane hervorbrachte.

Mongolischer Altai ↑Altai.

mongolische Sprachen, zu den altaischen Sprachen gehörende Gruppe von Sprachen und Dialekten, die typologisch zu den ↑agglutinierenden Sprachen gehören. Der Wortschatz der m. S. ist meist einstämmig, Unterschiede bestehen v. a. lautl. Ebene sowie in Semantik und Morphosyntax. Die mongol. Schriftsprache hat im Laufe der Jh. verschiedene Entwicklungsphasen durchlaufen. Nach der *frühen präklass. Periode* (13./14. Jh.), in der die Niederschrift mit Hilfe der uigur. Schrift geschah, wurde in der *präklass. Periode* (15.–17. Jh.) die Sprache durch die Aufnahme volkssprachl. Züge beeinflußt; ältere Sprachformen blieben (meist) nur in der religiösen Übersetzungsliteratur bewahrt. Die *klass. Schriftsprache* entstand zw. dem 17. und 20. Jh.; von Einfluß waren die großen religiösen Übersetzungswerke des „Kandschur" und des „Tandschur". – Die m. S. werden nach verschiedenen geograph. und/oder lautl. Kriterien eingeteilt. Geographisch unterscheidet man die westmongol. und die ostmongol. Gruppe. Zum Westmongolischen zählt das von den Kalmücken des Wolgagebietes vorwiegend gesprochene *Kalmückische* und eine Reihe von Dialekten zerfallende *Oiratische* der westl. Mongol. Republik und Sinkiangs. Zur ostmongol. Gruppe gehören alle ostwärts davon verbreiteten m. S.: die südmongol. Dialekte der in China lebenden Stämme, unter ihnen Ordos, Tümet, Tschahar und Kharatsin, das Khalkha der Mongol. Republik und die nordmongol. Dialekte der Burjäten. Zu den mongol. Randsprachen gehören das *Mogholi* der Moghol Afghanistans, das *Monguor* des chin.-tibet. Grenzgebietes sowie das *Daghurische* im NO von China, das eine selbständige Sprache darstellt.

Mongolismus (Mongoloidismus), svw. ↑Down-Syndrom.

Mongoloide, Angehörige einer nicht (rein) mongoliden Menschenrasse, wenn sie Körpermerkmale aufweisen, die für ↑Mongolide charakteristisch sind.

Mongo-Nkundu, Untergruppe der Bantusprachen, ben. nach den beiden Hauptsprachen dieser Gruppe; gesprochen im westl. Teil des Kongobogens.

Mongu, Hauptort der Westprov. von Sambia, 1 067 m ü. d. M., 24 900 E. Handels-, Verkehrszentrum; Lebensmittelind. – 15 km nw. von M., am Sambesi, befindet sich **Lealui,** die Residenz des Litunga (König) von Barotseland.

Monheim, Stadt am Rhein, gegenüber von Dormagen, NRW, 40 m ü. d. M., 42 500 E. Chem., pharmazeut. Ind.,

Brauerei. – Um 1150 erstmals gen.; 1951 mit **Baumberg,** 1960 mit **Hitdorf** (Stadtrecht seit 1857) vereinigt. – Die Pfarrkirche Sankt Gereon ist bis auf den mächtigen roman. W-Turm (12. Jh.) ein Neubau von 1951–53; sog. Schelmenturm (Torturm, 15. Jh.).

Moniereisen (Monierstahl) [nach dem frz. Gärtner J. Monier, *1823, †1906], ältere Bez. für die im Stahlbetonbau verwendeten Stahlstäbe (Betonstahl).

monieren [lat.], mahnen, beanstanden; **Monitum,** Mahnung, Rüge, Beanstandung.

Monika (Monnika), hl., *Tagaste (= Souk-Ahras) um 330, †Ostia (= Rom) 387, Mutter des Augustinus, der sie in seinen „Confessiones" verewigte. Sie folgte ihm nach Rom und Mailand bis zu seiner Bekehrung. – Fest: 27. August.

Moniliakrankheit [zu lat. monile „Halsband"], zu den Fruchtfäulen zählende Pflanzenkrankheit, verursacht von Pilzen aus der Gattung **Monilia.** Auf den Früchten vieler Obstarten bilden sich Faulstellen mit konzentrisch angeordneten Schimmelpolstern. Die Infektion erfolgt bereits über die Blüte und schwache Triebe (Blütenfäule, Spitzendürre). Behandlung mit Fungiziden.

Moniliasis [lat.], veraltete Bez. für ↑Soor.

Monismus [zu griech. mónos „allein"] (Alleinheitslehre), im Ggs. zum ↑Dualismus jede philosoph. oder religiöse Auffassung, die Bestand oder Entstehung der Welt aus einem Stoff, einer Substanz oder einem Prinzip erklärt. In der Philosophie wird unterschieden zw. ontolog. und erkenntnistheoret. M.: Der *ontolog. M.* ist Materialismus (Materie als Substanz) oder Spiritualismus (Geist als Substanz). Der *erkenntnistheoret. M.* betont lediglich die Einheitlichkeit der Erscheinungswelt. – Der M. stellte in unterschiedlichsten Varianten v. a. um 1900 eine weitverbreitete Bewegung dar, die weitgehend als Religionsersatz diente. Sie erreichte ihren Höhepunkt in Deutschland mit der Gründung des ↑Monistenbundes. *Religionsgeschichtlich* ist der M. in reinster Form in der Identitätsphilosophie der ↑Upanischaden vertreten.

Monistenbund [griech./dt.], von E. Haeckel und A. Kalthoff 1906 in Jena gegr. Vereinigung von ↑Freidenkern mit dem Ziel, eine monist. Weltanschauung (↑Monismus) auf der Basis der Alleingültigkeit der Naturgesetze und eine entsprechende monist. Religiosität zu begründen und zu propagieren. Nach 1920 erfolgte die Rezeption sozialist. und pazifist. Denkelemente, wobei die Entwicklung einer Sozialethik, der Weltfriedensgedanke und die Gegnerschaft zu Antisemitismus und Rassismus dominierten.

Monitor [lat. „Erinnerer, Mahner"], im *Militärwesen* svw. ↑Kanonenboot.

▷ (Bildkontrollempfänger) in der *Elektro-* und *Nachrichtentechnik* allg. eine Kontroll- oder Prüfeinrichtung. I. e. S. ein Fernsehkontrollempfänger für Regie- und Reportagezwecke, der das vom Sender abgestrahlte Bild zeigt.

▷ in der *Datenverarbeitung* svw. ↑Bildschirm.

▷ in der *Kerntechnik* ein einfaches Strahlennachweis- und -warngerät.

▷ im *Bergbau* ein Wasserwerfer zur hydromechan. Gewinnung von Lockergestein, Kohle oder Erz mittels Druckwasserspülung.

Mönitzer Kultur ↑Aunjetitzer Kultur.

Moniuszko, Stanisław [poln. mɔ'njuʃkɔ], *Ubiel (= Ubel) bei Minsk 5. Mai 1819, †Warschau 4. Juni 1872, poln. Komponist. – Gilt mit seinen Opern (u. a. „Halka", 1848; „Das Gespensterschloß", 1865) und etwa 300 Liedern als Begr. eines nat.-poln. Musikstils.

Moniz, António Caetano de Abreu Freire Egas [portugies. muˈniʃ], *Estarreja (bei Aveiro) 29. Nov. 1874, †Lissabon 13. Dez. 1955, portugies. Neurologe und Politiker. – Prof. in Lissabon; 1918 auch Außenmin. seines Landes. M. führte die zerebrale Angiographie ein und begr. die sog. Psychochirurgie. Für die Entdeckung des therapeut. Wertes der Leukotomie (operativer Eingriff in die weiße Gehirnsubstanz bei bestimmten Psychosen) erhielt er 1949 (zusammen mit W. R. Hess) den Nobelpreis für Physiologie oder Medizin.

Stanisław Moniuszko

António Caetano de Abreu Freire Egas Moniz

Jean Monnet

Thyde Monnier

Jacques Monod

Monk, Egon, * Berlin 18. Mai 1927, dt. Regisseur. – Ab 1949 Regieassistent B. Brechts; danach selbständiger Regisseur u. a. in Rostock und Berlin (Ost). Ging 1953 in die BR Deutschland; 1960–67 Leiter der Hauptabteilung Fernsehspiele im NDR; 1968 Intendant des Dt. Schauspielhauses Hamburg; von 1974 am NDR als Regisseur tätig.
M., Thelonius [engl. mʌŋk], * Rocky Mount (N.C.) 10. Okt. 1920, † Englewood (N.J.) 17. Febr. 1982, amerikan. Jazzmusiker (Pianist und Komponist). – Zus. mit C. Parker und D. Gillespie einer der Wegbereiter des Bebop; seine bekanntesten Kompositionen waren u. a. „Round about midnight" (1945), „Well you needn't" (1947), die innerhalb weniger Jahre zu Standardtiteln wurden.

Mon-Khmer-Sprachen, Gruppe der ↑austroasiatischen Sprachen. Zu ihnen gehören das Khmer (Kambodschanisch), Angrak, Pnar, Khmer Dong, Samreh, Budeh sowie Bahnar und Stieng (S-Vietnam), das Mon (Talaing, Peguanisch) in SO-Birma sowie das Khasi (in den Khasi- und Jaintiabergen, Indien und Bangladesch) und das (auf den Nikobaren gesprochene) Nikobar oder Nikobarisch. Gemeinsames Merkmal der Nominal- und Verbbildung ist ein differenziertes Prä- und Infigierungssystem einsilbiger und tonloser Grundwörter; syntakt. Beziehungen werden durch Wortstellung (Subjekt-Verb-Objekt) bestimmt.

Mon-Khmer-Völker, Sammelbez. für eine Reihe sprachlich zusammengehöriger, kulturell und anthropologisch aber verschiedener Völker in Hinterindien.

Monmouth [engl. ˈmɒnməθ], Geoffrey of, ↑Geoffrey of Monmouth.
M., James Scott, Hzg. von (seit 1663), * Rotterdam 9. April 1649, † London 15. Juli 1685, engl. General. – Illegitimer Sohn Karls II.; 1670 Mgl. des Kronrats, 1678 General der gesamten Truppen in England; warf 1679 in Schottland den Aufstand der Presbyterianer nieder. Nach seiner Beteiligung an einer Verschwörung (Rye House Plot) im Exil; versuchte 1685 den engl. Thron zu erobern, wurde von den königl. Truppen besiegt und hingerichtet.

Monnet, Jean [frz. mɔˈnɛ], * Cognac 9. Nov. 1888, † Montfort-l'Amaury (bei Paris) 16. März 1979, frz. Wirtschaftspolitiker. – 1919–23 stellv. Generalsekretär des Völkerbundes, 1943 Mitbegr. des frz. Befreiungskomitees in Algerien; 1946–50 als Leiter des Amtes für wirtsch. Planung maßgeblich an der Ausarbeitung eines großen Modernisierungsprogramms (M.-Pläne) für die Wirtschaft Frankreichs und der frz. überseeischen Gebiete sowie am Entwurf des Schumanplanes beteiligt; 1950–52 Präs. der Pariser Schumanplankonferenz; 1952–55 Vors. der Hohen Behörde der Montanunion; Vors. des von ihm 1955 gegr., bis 1975 bestehenden „Aktionskomitees für die Vereinigten Staaten von Europa". 1953 Karlspreis.

Mönnich, Horst, * Senftenberg 8. Nov. 1918, dt. Schriftsteller. – Gehörte zur „Gruppe 47"; veröffentlichte zeitnahe Gedichte, Novellen, Hörspiele, Reisebücher und Berichte, u. a. den Industrieroman „Die Autostadt" (1951).

Monnier [frz. mɔˈnje], Henri, * Paris 6. Juni 1799, † ebd. 3. Jan. 1877, frz. Schriftsteller. – Autor von humorist. Dialogen, Vaudevilles und Romanen; Schöpfer der Kunstfigur Joseph Prudhomme, des mit scharfer Beobachtungsgabe realistisch gezeichneten Typs des Spießbürgers seiner Zeit.
M., Thyde, eigtl. Mathilde M., * Marseille 23. Juni 1887, † Nizza 18. Jan. 1967, frz. Schriftstellerin. – Gegenstand ihrer oft naturalist.-harten Romane sind Landschaft und Menschen der Provence, das Leben von Hirten, Fischern, Arbeitern und Handwerkern. Als Hauptwerk gilt der R.zyklus „Les Desmichels", der z. T. auch ins Dt. übersetzt wurde: Bd. 1 und 2 u. d. T. „Liebe, Brot der Armen" (1937), Bd. 3 u. d. T. „Nans der Hirt" (1942), Bd. 4 u. d. T. „Unser Fräulein Lehrerin" (1944), Bd. 5 u. d. T. „Die Familie Revest" (1945), Bd. 6 u. d. T. „Der unfruchtbare Feigenbaum" (1947).

Mono [griech.], Kurzform für Monophonie (↑Stereophonie).

mono..., Mono..., mon..., Mon... [zu griech. mónos „allein"], Wortbildungselement mit der Bed. „ein, allein, einzeln".

Monoaminooxidase, Abk. MAO, u. a. in den Mitochondrien der Gehirnzellen lokalisiertes Enzym, das die Konzentration biogener Monoamine (z. B. Adrenalin, Noradrenalin, Dopamin) reguliert, die als Neurotransmitter für die Funktion des Nervensystems wichtig sind. Die Derivate einiger M.hemmstoffe (sog. MAO-Hemmer, z. B. Cyanide, Hydroxylamin) werden daher als Psychopharmaka verwendet.

Monobiblos [griech. „Einzelbuch"], eine antike, aus einer einzigen Buchrolle bestehende Schrift.

Monocarbonsäuren, organ. Verbindungen mit nur einer Carboxylgruppe (−COOH), z. B. die Fettsäuren.

Monoceros [griech.] (Einhorn) ↑Sternbilder (Übersicht).

Monochlormethan, svw. ↑Methylchlorid.

Monochord [...'kɔrd; griech.-lat.], antik-ma. Instrument, das die Zusammenhänge zw. Tonhöhe und Saitenlänge deutlich macht. Es besteht i. d. R. aus einem längl. Resonanzkasten, über den eine Saite gespannt ist, die durch einen verschiebbaren Steg in zwei Abschnitte geteilt wird. Das Verhältnis der Saitenlängen von 1:2 ergibt die Oktave, das von 2:3 die Quinte usw.; diente seit dem 10. Jh. theoret. wie prakt.-pädagog. Zwecken.

monochrom [...'kroːm; griech.], einfarbig; in der Malerei wird bei Arbeiten in einer Farbe unter Abstufung der Tonwerte neben m. auch die Bez. ↑Camaieu gebraucht, bei ausschließl. Verwendung von Grautönen ist die Bez. ↑Grisaille üblich.

Monochromasie [...kroː-; griech.], Eigenschaft einer Strahlung, nur einen sehr engen Wellenlängenbereich zu enthalten.
▷ ↑Farbenfehlsichtigkeit.

monochromatisch, einfarbig; Licht oder eine andere Wellenstrahlung einer bestimmten Wellenlänge (in der Praxis: eines sehr engen Wellenlängenbereichs) enthaltend; in bezug auf eine Teilchenstrahlung: Teilchen einheitl. Energie enthaltend; m. Licht kann mit Hilfe von ↑Lasern erzeugt werden.

Monochromator [griech.], Vorrichtung zur Aussonderung eines sehr engen Wellenlängenbereichs aus dem Spektrum, d. h. von Licht einer bestimmten Spektralfarbe.

Monochromie [griech.], Einfarbigkeit. – ↑monochrom.

Monod, Jacques [frz. mɔˈno], * Paris 9. Febr. 1910, † Cannes 31. Mai 1976, frz. Biochemiker. – Prof. in Paris; M. erhielt 1965 mit A. Lwoff und F. Jacob den Nobelpreis für Physiologie oder Medizin für die Entdeckung der genet. Steuerung der Enzym- und Virussynthese. In seinem Werk „Zufall und Notwendigkeit" (1970) befaßte sich M. mit philosoph. Fragen der modernen Biologie.

Monodie [griech.-lat.], in der altgriech. Lyrik Bez. für das zur Instrumentalbegleitung vorgetragene Sololied; auch Bez. für den instrumental begleiteten Sologesang des 16./17. Jh., bei dem die Musik ganz dem Sinn- und Affektgehalt des Textes untergeordnet wurde. Die Hauptmeister der M. waren G. Caccini und C. Monteverdi.

Monogamie [griech.], Fortpflanzungssystem, bei dem sich stets dieselben beiden Geschlechtspartner paaren, d. h. monogam sind. Bes. verbreitet ist die M. bei Vögeln.
▷ svw. Einehe, ↑Ehe (Völkerkunde).

Monogenea [griech.], Ordnung etwa 0,1–3 cm langer Saugwürmer mit über 1 300 Arten; fast ausschließlich an Fischen und Lurchen parasitierende Blutsauger.

Monogenismus [griech.], Bez. für die lehramtlich nicht qualifizierte kath. Lehrmeinung, nach der alle Menschen von Adam und Eva, d. h. von einem von Gott bestimmten Urelternpaar, abstammen; entscheidend hierfür ist die Auffassung der Erbsünde als einem Sündenzustand, der auf der Tat eines einzigen Menschen beruht.

Monogonie [griech.], svw. ungeschlechtl. ↑Fortpflanzung.

Monogramm [griech.], Namenszeichen (Initialen), insbes. eines Künstlers zur Kennzeichnung seiner Arbeiten, kann auch eine Herkunftsangabe (Geburtsort) mit einschließen; v. a. im 15. und 16. Jh.; abgelöst von der Signatur.

Monographie [griech.; „Einzelbeschreibung"], in sich abgeschlossene wiss. Darstellung eines einzelnen Problems, literar. Werks oder einer Persönlichkeit.

Monoideismus [zu griech. ideīn „sehen"] ↑Monomanie.

Monokel [frz., zu lat. monoculus „einäugig"], Brillenglas, das vor ein Auge geklemmt wird.

Monoklinie [griech.], Gemischtgeschlechtigkeit bei Blüten, die gleichzeitig Staub- und Fruchtblätter tragen, d. h. zwittrig sind. – Ggs. ↑Diklinie.

monoklonale Antikörper ↑Antikörper, ↑Hybridomtechnik.

Monokotyledonen, svw. ↑Einkeimblättrige.

Monokratie [griech.], Alleinherrschaft eines einzelnen, Hauptform Erbmonarchie.

monokratisches System, svw. ↑Ministerialsystem.

Monokultur, jährlich wiederkehrender Reinanbau derselben einjährigen Nutzpflanzenart auf der gleichen Fläche (z. B. Reis, Mais, Tabak) oder langjähriger Reinanbau von Dauerkulturen (z. B. Wein, Obst, Kaffee, Fichten). Bei einer M. liegt der Schwerpunkt auf der Erzeugung großer Mengen und auf der arbeitssparenden Bodenbearbeitung mit Maschinen. Nachteile sind: Gefahr der raschen Ausbreitung von Pflanzenkrankheiten und Schädlingen sowie Bodenmüdigkeit und dadurch bedingter Ertragsrückgang.

Monolaterale [griech./lat.], svw. ↑Unilaterale.

Monolith [griech.], aus einem einzigen Steinblock gefertigtes Architekturglied, z. B. Säule, Obelisk, Kuppelschale oder Menhir, auch Kolossalstatuen.

monolithisch, aus einem Stück hergestellt (bei Bauwerken oder Bauteilen). Ganze Tempel wurden v. a. in Indien aus Fels herausgeschlagen.

Monolog [zu griech. monológos „mit sich selbst redend"], literar.-theatral. Gestaltungsmittel, das im Unterschied zum Dialog und der an den Partner gerichteten Rede v. a. der Selbstauseinandersetzung dient. Als künstler. Mittel des Selbstgesprächs bes. im ↑Drama; in der ep. Literatur v. a. als ↑innerer Monolog.

Monom [griech.], eingliedriger mathemat. Ausdruck (im Ggs. zu Polynom).

Monomach, Wladimir [russ. mǝna'max] ↑Wladimir II. Monomach.

monoman [griech.], von einer einzigen Idee oder Zwangsneigung besessen; **Monomane,** an Monomanie Leidende(r).

Monomanie (Einzelwahn, Partialwahn), Form der ↑Manie mit zwanghafter Steigerung einer bestimmten Handlungsweise bzw. mit Vorherrschen einer ↑fixen Idee unter Ausschaltung der normalen Denkabläufe; z. B. Kleptomanie, Pyromanie. Die Beschränkung auf einen einzigen Gedankenkomplex sowie die damit verbundene Bewußtseinseinengung werden häufig auch als **Monoideismus** bezeichnet.

Monomere [griech.], niedermolekulare Verbindungen, die auf Grund ihres Gehalts an Doppel- oder Dreifachbindungen oder reaktionsfähigen Gruppen zu hochmolekularen Verbindungen (↑Polymere) umsetzen lassen.

Monometallismus, im Ggs. zum ↑Bimetallismus auf der Grundlage nur *eines* Metalls fußendes Währungssystem.

Monomotapa, ehem. Bantureich in Simbabwe, eigtl. das Reich des M., d. h. des „Herrn der Bergwerke". M. ist v. a. bekannt geworden durch seine heute verlassenen Goldbergwerke und die Ruinen von Simbabwe. Das Reich erlebte vom 14. bis 16. Jh. seine Blütezeit, geriet im 17. Jh. unter portugies. Einfluß und verfiel dann rasch.

Mononukleose [griech./lat.] (infektiöse Mononukleose, Drüsenfieber, Pfeiffer-Drüsenfieber, Monozytenangina, Lymphoidzellenangina), meist gutartig verlaufende Viruserkrankung des lymphat. Gewebes, die v. a. bei älteren Kindern und jungen Erwachsenen auftritt. Erreger ist das v. a. durch Tröpfcheninfektion und Mundkontakt übertragene Epstein-Barr-Virus. Nach einer Inkubationszeit von 8–21 Tagen kommt es zu Fieber, auch Hautausschlägen und Lymphknotenschwellungen sowie Mandelentzündung und Milzvergrößerung. Die Behandlung besteht in Bettruhe, Wärmeanwendung bei schmerzhaften Schwellungen, Mundpflege und Schmerzmittelgaben.

Monoparese [griech.], svw. ↑Monoplegie.

Monophonie [griech.] ↑Stereophonie.

Monophthong [griech.], im Ggs. zum ↑Diphthong oder Triphthong ein einfacher Vokal.

Monophthongierung [griech.], Wandel eines Diphthongs (oder Triphthongs) zum einfachen Vokal, z. B. die sich seit dem 11. Jh. vom Mitteldeutschen her ausbreitende neuhochdt. oder mitteldt. M. der mittelhochdt. Diphthonge *ie, uo, üe* zu den langen neuhochdt. Vokalen *ie [i:], u, ü.*

Monophysitismus [zu griech. mónos „allein" und phýsis „Natur"], theolog. Position innerhalb der christolog. Streitigkeiten des 5. Jh., nach der es in der Person Jesu Christi nur eine Natur gebe; bei der Vereinigung des göttl. Logos mit dem Menschen Jesus wurde die menschl. Natur von der göttl. absorbiert. Anliegen des M. war es, die Einheit der Person Jesu Christi zu begründen. Die sog. Räubersynode von Ephesus (449) billigte den M.; das 4. ökumen. Konzil von Chalkedon (451) verurteilte den M. als Irrlehre.

Monoplegie [griech.] (Monoparese), Lähmung einer einzelnen Körpergliedmaße.

monopodiale Verzweigung [griech./dt.] (razemöse Verzweigung), pflanzl. Verzweigungsart, bei der die Seitenachsen in der Entwicklung gegenüber der Hauptachse *(Monopodium)* zurückbleiben. – Ggs. ↑sympodiale Verzweigung.

Monopodie [griech.], Maßeinheit für Versfüße, die als Metrum einzeln gewertet werden, z. B. der Daktylus. – ↑Dipodie.

Monopol [zu griech. mónos „allein" und pōleīn „Handel treiben, verkaufen"], i. e. S. Marktform, bei der nur ein Anbieter (Angebots-M.) bzw. Nachfrager (Nachfrage-M. [*Monopson*]) auftritt. Oft wird unter M. jede marktbeherrschende Stellung verstanden.

Geschichte: Für das Bestehen von M. i. w. S. finden sich Hinweise bereits bei Hammurapi. Im antiken Griechenland und im Röm. Reich gibt es sowohl Belege für das Bestehen von M. als auch Verbote, z. B. das Edikt des oström. Kaisers Zeno 483 n. Chr. Im MA existierten monopolähnl. Verhältnisse in vielen Bereichen: Gilden und Zünfte als *Kollektiv-M.* für den jeweiligen Markt; M.privilegien für Herstellung, Einfuhr und Verkauf zahlr. Produkte, im 15. und 16. Jh. v. a. in England; der [Kolonial]handel wurde von mit M.rechten ausgestatteten ↑Handelskompanien betrieben; ausgehend von den Regalien, entstanden z. T. heute noch bestehende *Staats-M.* v. a. auf Tabak, Zündhölzer und Salz (↑Finanzmonopol). Mit der Durchsetzung des Konkurrenzkapitalismus (↑Kapitalismus) wurden die M. abgebaut, doch führte der Konkurrenzkampf selbst wieder zur Bildung von Kartellen und Trusts mit monopolähnl. Stellung; in diesem Zusammenhang ist auch die marxist. Bez. ↑Monopolkapitalismus zu sehen.

In der *Wirtschaftstheorie* (erste Untersuchungen von A. A. Cournot) blieb die Wirkung von M. ebenso umstritten wie ihre Abgrenzung gegenüber anderen Marktformen. Liberale Richtungen betonten die Störung des Regulierungsmechanismus der freien Konkurrenz, wogegen eine positive Wirkung von M. auf techn. Fortschritt und Stabilität des Wirtschaftswachstums z. T. in der Konjunktur- und Wachstumstheorie behauptet wird.

Monopolkapitalismus, Begriff des Marxismus zur Kennzeichnung der kapitalist. Wirtschaftsordnung im „höchsten Stadium" ihrer Entwicklung als Ausbeutungs- und Herrschaftssystem. Danach wird der M. gekennzeichnet durch Konzentration der Produktion und des Kapitals in Monopolen auf nat. und internat. Ebene, Verschmelzung des Bank- und Ind.kapitals in den Händen einer Finanzolig-

Monogramm. Namenszeichen verschiedener Künstler: 1 Meister E. S.; 2 Martin Schongauer; 3 Hans Sebald Beham; 4 Hans Baldung, gen. Grien; 5 Albrecht Altdorfer; 6 Albrecht Dürer; 7 Matthias Grünewald; 8 Urs Graf; 9 Lucas van Leyden; 10 Lucas Cranach d. Ä.

Monopolkommission

archie, Übergewicht des Kapitalexports gegenüber dem Warenexport, territoriale Aufteilung der Erde unter die kapitalistisch bestimmten Großmächte. Die bewegenden Kräfte des M. sind – gemäß dieser Sichtweise – Monopole, d. h. Unternehmen mit einer so großen ökonom. Macht, daß sie in der Lage sind, zum Nachteil des nichtmonopolist. Teils des Kapitals einen Extraprofit, den „Monopolprofit", zu erzwingen. Nach Lenin ist der M. die Wirtschaftsordnung des Imperialismus.

Monopolkommission, durch das Gesetz gegen Wettbewerbsbeschränkung vorgeschriebenes Sachverständigengremium aus 5 unabhängigen, vom Bundespräs. berufenen Mgl. Die M. muß alle 2 Jahre Stand und Entwicklung der Unternehmenskonzentration und die Tätigkeit des Bundeskartellamtes unter wirtschafts- und wettbewerbspolit. Aspekten beurteilen. Die M. besteht seit 1974.

Monopson [griech.] ↑ Monopol.

Monopsychismus [griech.], die von Averroes vertretene Auffassung, es gebe nur eine einzige (überindividuelle) menschl. Seele; die Unterschiede der Einzelseelen seien leiblich bedingt. Der M. schließt deshalb die christl. Lehre von der Unsterblichkeit der Einzelseele aus.

Monopteros [griech.], kleiner antiker Rundtempel ohne Cella; im Barock und Klassizismus als Gartentempel.

Monosaccharide, einfach gebaute Zucker, Grundbausteine der ↑Kohlenhydrate. M. sind meist süß schmeckende, farblose, kristalline, leicht wasserlösl., stets optisch aktive Substanzen. Nach der Anzahl der Kohlenstoffatome unterscheidet man *Triosen, Tetrosen, Pentosen, Hexosen* und *Heptosen* sowie *Aldosen* und *Ketosen* nach Vorhandensein einer Aldehyd- bzw. Ketogruppe. M. bilden meist intramolekulare, fünf- oder sechsgliedrige cycl. Halbacetale (sog. Furanosen bzw. Pyranosen). Durch Zusammenschluß von zwei oder mehr M. entstehen Disaccharide und Polysaccharide.

Monosemie [griech.], in der Sprachwiss. semant. Eindeutigkeit eines Wortes (Ggs. zur ↑ Polysemie).

Monosemierung, das Eindeutigmachen eines polysemen Wortes durch Aktualisierung nur einer Bed. mit Hilfe von Kontext und Darstellung der Situation, so daß weitere potentielle Bed. ausgeschlossen werden, z. B. „Das *Pferd* zieht einen Wagen" – „Hans turnt an einem *Pferd*".

Monosomie [griech.] ↑ Chromosomenanomalien.

monosyllabische Sprachen [griech./dt.] (einsilbige Sprachen), Sprachen, die ausschließlich oder überwiegend aus einsilbigen Wörtern bestehen, z. B. Chinesisch.

Monosyllabum [griech.], einsilbiges Wort.

Monotheismus [zu griech. *mónos* „allein" und *theós* „Gott"], im Ggs. zum ↑ Polytheismus Bekenntnis und Verehrung nur eines einzigen Gottes, der als Schöpfer und Erhalter der Welt gilt. Der Glaube an ein sog. ↑höchstes Wesen (Hochgott) und die zeitweilige oder dauernde Verehrung *eines* Gottes bei gleichzeitiger Anerkennung der Existenz mehrerer Götter (Henotheismus oder Monolatrie) gilt nicht als Monotheismus. Monotheist. Religionen i. e. S. sind Judentum, Christentum, Islam sowie der heutige Parsismus.

Monotheletismus [zu griech. *mónos* „allein" und (e)thélein „wollen, wünschen"], Lehre vom einen Willen; theolog. Theorie, im 7. Jh. im Oström. Reich entwickelt: In Christus gibt es zwei Naturen (göttl. und menschl.), aber nur eine Wirkweise und einen Willen; durch das 6. ökumen. Konzil (680/681) in Konstantinopel verurteilt.

Monotonie [griech.], Gleichförmigkeit, Eintönigkeit, Einsilbigkeit (etwa Sprechen ohne Veränderung des Tonfalls).

▷ in der *Mathematik* eine Eigenschaft von Funktionen, Anordnungsverhältnisse der Argumente auf die Funktionswerte zu übertragen; z. B. Eigenschaft der Funktion $f(x) = 3x - 5$, da mit $x_1 \leq x_2$ auch $f(x_1) \leq f(x_2)$ gilt.

Monotype Ⓦz ['mɔnotaɪp; griech./engl.], Einzelbuchstaben-Setz-und-Gießmaschine (↑ Setzerei).

Monotypie [griech.], graph. Verfahren, bei dem von einer mit langsam trocknenden Pigmentfarben bemalten Glas- oder Metallplatte ein einziger Bilddruck gewonnen wird.

Monoxide, Verbindungen von Metallen und Nichtmetallen mit Sauerstoff, bei denen die Atome jeweils nur mit einem Atom Sauerstoff verbunden sind, z. B. Bleimonoxid, PbO, Kohlenmonoxid, CO.

Monözie [griech.] (Synözie, Einhäusigkeit), Form der Getrenntgeschlechtigkeit (↑ Diklinie) bei Blütenpflanzen: ♂ und ♀ Blüten treten stets auf der gleichen Pflanze auf (die Pflanzen sind *monözisch* oder einhäusig), z. B. bei Eiche, Kastanie. – ↑ Diözie.

monozygot [griech.], eineiig, von einer einzigen befruchteten Eizelle (Zygote) herkommend; von Mehrlingen gesagt.

Monozyten [griech.] ↑ Blut.

Monozytenangina [griech./lat.], svw. ↑ Mononukleose.

Monozyten-Makrophagensystem (früher retikulohistiozytäres bzw. **r**etikulo**e**ndotheliales **S**ystem, Abk. RES), in dem. Maße mit Abwehrvorgängen (Phagozytose, Speicherung) betrauten Zellen. Dazu gehören Retikulumzellen, Histiozyten (↑ Wanderzellen) und bestimmte Zellen der Gefäßinnenwand. Sie sind an bestimmten Stellen im menschl. und tier. Körper lokalisiert, gehören funktionell zus. und stehen mit Lymphe und zirkulierendem Blut in engem Kontakt. Zu den Aufgaben des M. gehören v. a. die Abwehr von Schadstoffen und Endoparasiten sowie die Immunregulation und die Synthese unterschiedl. biolog. Substanzen.

Monreale, italien. Stadt auf Sizilien, 301 m ü. d. M., 24 000 E. Kath. Erzbischofssitz (seit 1183); Wohnvorort von Palermo. – Um das ab 1174 errichtete Benediktinerkloster Santa Maria Nuova und die Kathedrale entwickelte sich die Stadt. – Der Dom ist eine spätnormann. dreischiffige Basilika mit zwei roman. Bronzetüren von Barisanus von Trani (gegen 1200) und Bonanus von Pisa (1185); innen bed. Mosaikzyklen des 12. und 13. Jh.; berühmt ist der roman. Kreuzgang des Klosters wegen seiner ornamentalen oder figürl. Doppelkapitelle (12. Jh.).

Monroe [engl. mənˈroʊ, ˈmɑnroʊ], Harriet, *Chicago 23. Dez. 1860, †Arequipa (Peru) 26. Sept. 1936, amerikan. Schriftstellerin. – Gründete die Zeitschrift „Poetry: a magazine of verse" (1912 ff.), die – mit der Unterstützung E. Pounds u. a. – zum zentralen Organ der bedeutendsten anglo-amerikan. Dichter der Zeit wurde; verfaßte der Moderne verpflichtete Lyrik.

M., James, *Westmoreland (Va.) 28. April 1758, †New York 4. Juli 1831, 5. Präs. der USA (1817–25). – Rechtsanwalt; Vertrauter T. Jeffersons, 1783–86 Mgl. des 2. Kontinentalkongresses, 1790–94 Mgl. des Senats; 1794–1807 im diplomat. Dienst; erreichte 1803 den Kaufvertrag für

Monopteros. Rundtempel von Leo von Klenze im Englischen Garten in München, 1833–38

Monreale. Der 1174–89 erbaute spätnormannische Dom, rechts daneben das 1174 begonnene Benediktinerkloster Santa Maria Nuova

das westl. Louisiane. 1811–17 war M. Außenmin., 1814/15 auch Kriegsmin. unter J. Madison, folgte diesem 1817 im Amt des Präs.; seine Präsidentschaft war eine Zeit der Konsolidierung. Im Mittelpunkt standen der Erwerb Floridas (1819), das Gesetz über die Begrenzung der Sklaverei auf die Südstaaten (1820) und v. a. die Verkündung der ↑ Monroedoktrin (1823).

M., Marilyn, eigtl. Norma Jean Mortenson, auch Baker, * Los Angeles 1. Juni 1926, † ebd. 4. Aug. 1962 (Selbstmord), amerikan. Filmschauspielerin. – Zunächst Photomodell; in den 1950er Jahren amerikan. Sexidol, u. a. in Filmen wie „Blondinen bevorzugt" (1953), „Wie angelt man sich einen Millionär" (1953). 1956–60 ∞ mit A. Miller, der für sie das Drehbuch zu „Nicht gesellschaftsfähig" (1961) schrieb. – *Weitere Filme:* Fluß ohne Wiederkehr (1954), Manche mögens heiß (1959).

Monroedoktrin [engl. mən'roʊ, 'mʌnroʊ], seit 1852 gebrauchte Bez. für die am 2. Dez. 1823 von Präs. J. Monroe in einer Kongreßbotschaft dargelegten Prinzipien der amerikan. Außenpolitik. Der Grundgedanke der M. – strikte polit. Trennung der Alten und der Neuen Welt – enthält 2 Hauptaussagen: 1. keine weitere Kolonisation der europ. Mächte auf dem amerikan. Kontinent; 2. Nichteinmischung der USA in die inneren Angelegenheiten Europas. Befürchtungen hinsichtlich russ. Expansionsbestrebungen in Alaska und Eingriffen der Hl. Allianz in den unabhängig gewordenen span. Kolonien M- und S-Amerikas ließen in der M. zunächst das defensiv-isolationist. Element überwiegen. Die zunehmend imperialist. Außenpolitik der USA führte jedoch zu einer immer breiteren Interpretation der M., bis T. Roosevelt sie im Sinne einer internat. Polizeifunktion der USA in der westl. Hemisphäre ausdehnte. Diese insbes. in Lateinamerika heftig kritisierte hegemoniale Haltung wurde nach 1930 revidiert und machte nach dem 2. Weltkrieg einer Ära der Kooperation Platz. Die 2. Komponente der M. wurde aufgegeben.

Monrovia, Hauptstadt der Republik Liberia, an der Mündung des Saint Paul River in den Atlantik, 465 000 E. Sitz eines Methodisten- und eines episkopalist. Bischofs; Univ. (1951 an einem 1862 gegr. College hervorgegangen); Nationalmuseum; wichtigstes liberian. Handels- und Ind.zentrum, u. a. Lebensmittel-, Textil-, chem. Ind., bei M. Erdölraffinerie; größter Hafen des Landes; ⚓. – 1822 gegr., urspr. **City of Christ,** seit 1824 Monrovia. 1990 im Bürgerkrieg schwer zerstört.

Mons [frz. mõːs] (niederl. Bergen), belg. Stadt im Borinage, 29–105 m ü. d. M., 89 700 E. Verwaltungssitz der Prov. Hennegau; Univ. (gegr. 1965), zwei Teiluniv. (polytechn. Fakultät und die kath. Fakultät für angewandte Volkswirtschaftslehre und Politikwiss.), Konservatorium, Staatsarchiv, Museen; Handels- und Versorgungszentrum des Borinage; Textil-, chem., Elektronik-, metallverarbeitende, Zementind., Aluminiumverarbeitung; Binnenhafen. – Das erstmals 642 unter dem Namen **Castri locus,** den es bis ins 12. Jh. behielt, entwickelte sich aus dem im 7. Jh. gegr. Waltrudiskloster. – Spätgot. Kollegiatskirche Saint-Waudru (1450–1621) mit bed. Glasfenstern (16. Jh.), spätgot. Rathaus (1458) mit barockem Turm; über dem Ort Reste der Burg der Grafen von Hennegau mit 87 m hohem Belfried (1672).

Monschau, Stadt an der Rur, nahe der belg. Grenze, NRW, 440 m ü. d. M., 12 400 E. Museum, Textilind., Brauerei. – Der Ort unterhalb der 1217 erstmals erwähnten Burg M. erhielt vor 1353 Stadtrecht. Der alte Name **Montjoie** wurde 1918 amtlich in M. umgewandelt. – Ausgedehnte Burganlage (13.–17. Jh.); Pfarrkirche (1649/50), ehem. Franziskanerkirche (1726–51), ev. Kirche (1787–89), Fachwerk- und Patrizierhäuser (16.–18. Jh.).

Monseigneur [mõsɛn'jœːr; frz.], Abk. Mgr., Titel [und Anrede] hoher Geistlicher, Adeliger und hochgestellter Personen [in Frankreich].

Monsieur [məsi'ø:, frz. mə'sjø „mein Herr"], Abk. M., frz. Anrede: Herr.

▷ seit dem 17. Jh. Prädikat für den ältesten Bruder des frz. Königs.

Monsignore [mɔnzin'joːre; italien., eigtl. „mein Herr"], Abk. Mgr., Titel höherer und niederer Prälaten der kath. Kirche.

Monster [lat.-engl.], svw. ↑ Monstrum.

Monstera (Philodendron), Gatt. der Aronstabgewächse mit über 20 Arten im trop. Amerika; krautige Stauden oder Kletterpflanzen mit Luftwurzeln und durchlöcherten oder fiederig eingeschnittenen Blättern. Eine bekannte Art ist das ↑ Fensterblatt.

Monstranz [zu lat. monstrare „zeigen"], in der kath. Kirche das meist künstlerisch gestaltete liturg. Gefäß für die Darbietung der konsekrierten Hostie zur eucharist. Verehrung; in der Gotik v. a. Turm- und Retabel-M., im Barock Sonnen- oder Strahlenmonstranz.

monströs [lat-frz. (zu ↑ Monstrum)], ungeheuerlich, unförmig, überaus aufwendig.

Monstrosität (Monstrositas) [lat.], sog. Mißgeburt, bei der Körperteile oder -organe fehlen, in Überzahl oder an verkehrter Stelle auftreten.

Monstrum [lat.] (Monster), großer, unförmiger Gegenstand; Ungeheuer.

Monsun [portugies., zu arab. mausim „(für die Seefahrt geeignete) Jahreszeit"], beständig wehende Luftströmung großer Ausdehnung mit halbjährl. Richtungswechsel in den Tropen, hervorgerufen durch die Zusammenhang mit der unterschiedl. Erwärmung von Meer und Landmassen stehende jahreszeitl. Verlagerung der ↑ innertropischen Konvergenz (ITC). Bes. ausgeprägt tritt der M. im süd- und südostasiat. Raum (bis nach O-Afrika) auf; diesen Raum erreicht im Nordwinter, wenn die ITC weit im S liegt, der NO-Passat als trockener, kühler *Winter-M.* (NO-M.), im Nordsommer dagegen, wenn die ITC nach N verschoben ist, der zur äquatorialen Westwindzone gehörende, feuchtwarme, mit starken Niederschlägen verbundene *Sommer-M.* I. w. S. werden als M. alle auch außertrop., großräumigen, jahreszeitlich wechselnden Luftströmungen mit einer Änderung der Windrichtung um mindestens 120° bezeichnet.

Monsunwald, überwiegend regengrüner trop. Wald mit zwei Baumschichten; oberes Stockwerk (25–35 m hoch) in der Trockenzeit völlig, unteres z. T. entlaubt; immergrüne Strauchschicht, z. T. mit Bambus.

Mont [frz. mõ; lat.], frz. svw. Berg.

Montabaur [...baʊər], Krst. und Luftkurort im Westerwald, Rhld.-Pf., 231 m ü. d. M., 11 200 E. Verwaltungssitz des Westerwaldkreises; Akad. der Volks- und Raiffeisenbanken; Herstellung von Kunststoffolien. – Der 931/49 erstmals gen. Ort entstand um die namengebende Burg; 1291 Stadtrecht. – Got. Pfarrkirche Sankt Peter in Ketten (14. Jh.), altes Stadtbild mit zahlr. Fachwerkhäusern (17. und 18. Jh.) und Resten der ma. Stadtbefestigung; ehem. Schloß (v. a. 17. Jh.).

Montafon, 30 km lange Talschaft der oberen Ill in Vorarlberg, Österreich; umfaßt neun Gem. mit 17 000 E; Energiewirtschaft, Holzind., Rinderhaltung (Milchwirtschaft), Fremdenverkehr; Hauptort Schruns.

Montag, 1. Tag der Woche; Lehnübersetzung von lat. „dies Lunae" (nach griech. hēméra Selēnēs „Tag des Mondes").

Montage [mɔn'taːʒə; frz., zu monter „hinaufbringen, aufstellen" (eigtl. „aufwärtssteigen")], allg.: das Zusammenfügen von Einzelteilen zu einem Ganzen, z. B. von Bauteilen zu einer Anlage.

▷ Filmschnitt zur endgültigen Filmgestaltung; das Aneinanderfügen der einzelnen Filmszenen und innerhalb der Szenen die Folge der Einstellungen.

▷ in der *Literaturwiss.* das Zusammenfügen sprachl., stilist., inhaltl. Teile unterschiedl., oft heterogener Herkunft, wie es in der europ. Literatur erstmals in den 1920er Jahren aufkommt; in der Lyrik u. a. bei den Dadaisten, G. Benn, H. M. Enzensberger; in der Erzählprosa z. B. Dos Passos' „Manhattan Transfer" und A. Döblins „Berlin Alexanderplatz"; im Drama F. Bruckners „Die Verbrecher" und P. Weiss' „Die Verfolgung und Ermordung Jean Paul Marats ..." sowie im Hörspiel. Seit Mitte der 1960er Jahre setzte sich die Bez. *Collage* durch.

Marilyn Monroe

Monstranz. Sonnenmonstranz, 18. Jh. (Bamberg, Diözesanmuseum)

Monrovia

Hauptstadt der Republik Liberia

·

465 000 E

·

bed. Hafen- und Ind.standort

·

1822 von freigelassenen Sklaven aus den USA gegr. (urspr. City of Christ)

·

seit 1824 Monrovia

Montagne

Montblanc. Teil der Montblancgruppe mit dem Hauptgipfel in der Mitte

▷ Technik bzw. Gattungsbegriff der *zeitgenöss. Kunst:* ↑ Collage und ↑ Assemblage bedienen sich der M.technik, d. h., heterogene Bestandteile werden zu einem Kunstwerk zusammenmontiert; die Bez. **Materialmontage** betont die ausschließl. Verwendung von Fundstücken, die Bez. **Combine painting** die Verbindung von Malerei und Montage.

Montagne [frz. mõˈtaɲ; zu lat. mons „Berg"], frz. svw. Gebirge.

Montagne [frz. mõˈtaɲ] ↑ Bergpartei.

Montagu, Lady Mary Wortley [engl. ˈmɔntəgjuː], geb. Pierrepont, ≈ London 26. Mai 1689, † ebd. 21. Aug. 1762, engl. Schriftstellerin. – 1716–18 in Konstantinopel, 1732–62 in Italien; hinterließ mit ihrer geistreichen Korrespondenz wertvolle kulturhistor. Dokumente.

Michel Eyquem de Montaigne (Kupferstich)

Montaigne, Michel Eyquem de [frz. mõˈtɛɲ], *Schloß Montaigne (= Saint-Michel-de-Montaigne, Dordogne) 28. Febr. 1533, † ebd. 13. Sept. 1592, frz. Schriftsteller, Philosoph, Moralist. – 1557–70 Parlamentsrat und 1582–86 Bürgermeister in Bordeaux. Bed. Vertreter der frz. Renaissanceliteratur; mit seinem Hauptwerk „Les essais" (1580, erweitert 1588 und 1595) war M. der eigtl. Begründer des Essays als eigenständiger literar. Form, der zur Darstellung seiner Reflexionen über Literatur, Politik, Geschichte, Philosophie, Religion, Fragen der persönl. Lebensführung, der Kindererziehung u. a. verwendete. Philosophisch begründete er im Anschluß an antike Traditionen den neuzeitl. Skeptizismus. Mit der vorurteilsfreien Menschen- und Selbstbetrachtung leitete M. die Tradition der frz. Moralisten ein.

Eugenio Montale

Montale, Eugenio, *Genua 12. Okt. 1896, † Mailand 12. Sept. 1981, italien. Lyriker. – Maßgebl. italien. Lyriker, Hauptvertreter des Hermetismus. Seine Verse zeigen eine eigenwillige Verknüpfung des konkreten Motivs mit inneren Erfahrungen sowie Elemente des Symbolismus und des Surrealismus, z. B. „Nach Finisterre" (1943), „Satura" (1971), „Diario del '71 e del '72" (1973). 1975 erhielt M. den Nobelpreis für Literatur.

Montalembert, Charles Forbes, Graf von [frz. mõtalɑ̃ˈbɛːr], *London 15. April 1810, † Paris 13. März 1870, frz. Publizist und Politiker. – Vorkämpfer des liberalen frz. Katholizismus; sein bes. Kampf galt dem staatl. Unterrichtsmonopol; Gegner des Dogmas von der Unfehlbarkeit des Papstes.

montan [lat.], das Gebirge, den Bergbau oder das Hüttenwesen betreffend.

Montana [mɔnˈtaːna, engl. mɔnˈtænə], Bundesstaat im NW der USA, 380 848 km², 799 000 E (1990), Hauptstadt Helena.

Landesnatur: Im mittleren und östl. M. erstrecken sich die Hochebenen der Great Plains, speziell das Missouri-Plateau. Im westl. Drittel liegt M. im Bereich der nördl. Rocky Mountains. Im inneren, stark zerteilten Hochland werden Höhen bis 3 600 m erreicht. M. liegt im Bereich des kontinentalen Trockenklimas.

Vegetation, Tierwelt: In den semiariden Landesteilen des Missouri-Plateaus treten baumlose Kurzgrasfluren auf. Die nördl. Rocky Mountains sind bewaldet. Dort gibt es eine artenreiche Fauna: Elche, Maultierhirsche, Grizzly- und Braunbären und Wölfe, in den Prärien Herden von Gabelantilopen, vereinzelt auch Bisons (Bisonreservat).

Bevölkerung, Wirtschaft, Verkehr: Als stärkste Minderheitengruppe zählen die Indianer (37 300), die fast ausschließlich in 7 Reservaten leben. M. besitzt zwei Univ., mehrere Colleges und eine Bergakad. in Butte. – Führender Wirtschaftszweig ist die Landw.; in den für Feldbau zu trockenen Geb. spielt die Wollschaf- und Fleischrinderhaltung eine überragende Rolle. Auf bewässerten Ackerflächen werden v. a. Luzerne, Zuckerrüben, Mais, Bohnen und Gemüse angebaut, bed. ist die Dry-farming-Region der Great Plains mit bed. Weizen- und Gerstenerzeugung. Bed. Bergbau: führend ist die Förderung von Kupfererz, dann folgen Nickel, Platin, Palladium, Gold, Erdöl und Kohle. Im industriellen Bereich dominieren Erzverhüttung, Holzverarbeitung und Nahrungsmittelind.; Hauptind.standorte sind Anaconda/Butte, Helena und Great Falls; Fremdenverkehr. – Das Eisenbahnnetz umfaßt 5 472 km, das Straßennetz rd. 94 500 km. M. verfügt über 129 ✈.

Geschichte: Franzosen kamen um die Mitte des 18. Jh. in das Gebiet des heutigen M., das als Teil von Louisiane 1803 zu den USA kam. 1864 wurde das Territorium M. geschaffen, 1889 als 41. Staat in die Union aufgenommen.

Montaña [span. mõnˈtaɲa], die von Flüssen tief zerschnittene O-Abdachung der Anden in Peru und Ecuador.

Montand, Yves [frz. mõˈtɑ̃], eigtl. Ivo Livi, *Monsummano Terme (Prov. Pistoia) 13. Okt. 1921, † Senlis bei Paris 9. Nov. 1991, frz. Schauspieler und Chansonnier. – Seit 1951 ⚭ mit S. Signoret. Seit 1946 beim Film, u. a. „Lohn der Angst" (1952), „Z" (1970), „Vincent, François, Paul und die anderen ..." (1975), „Jean de Florette" (1986); in den 50er und 60er Jahren populärer Chansonnier.

Ives Montand

Montanelli, Indro, *Fucecchio bei Florenz 22. April 1909, italien. Schriftsteller. – Verf. zahlr., oft zeitkrit. Essays, Reisebücher und literar. Porträts; auch Romane, u. a. „Drei Kreuze" (1945), und Theaterstücke („Die Träume sterben bei Sonnenaufgang", 1961). Großen Erfolg hatten seine populärwiss. histor. Werke, u. a. „Eine Geschichte Roms" (1957).

Montañés, Juan Martínez ↑ Martínez Montañés, Juan.

montane Stufe ↑ Vegetationsstufen.

Montanindustrie, Sammelbez. für die Eisen- und Stahlind. und den Bergbau.

Montanismus, altkirchl. Bewegung, nach 150 in Phrygien entstanden und nach dem Begründer Montanus († vor 179) benannt. Die Bewegung trug prophet.-eschatolog. Charakter: Montanus beanspruchte, den im N.T. angekündigte Paraklet zu sein, und verkündete das nahe Ende der Welt. Eth. Rigorismus führte zu strenger Weltentsagung. Die Bischöfe der Großkirche verurteilten den M. als Häresie. Um 207 schloß sich Tertullian in Karthago den **Montanisten** an und sammelte eine montanist. Sondergemeinde um sich.

Montanunion ↑ Europäische Gemeinschaft für Kohle und Stahl.

Montauban [frz. mõtoˈbɑ̃], frz. Stadt im Tarntal, 50 700 E. Verwaltungssitz des Dep. Tarn-et-Garonne; kath. Bischofssitz; Verarbeitungszentrum landw. Produkte; Flugzeug-, Elektro-, Textil-, Schuhind., Porzellanmanufaktur. – Entstand als **Montauriol** bei einem um 820 gegr. Kloster; seit 1808 Dep.hauptstadt. – Im ehem. Bischofspalast Musée Ingres (v. a. Zeichnungen J. A. D. Ingres'), barocke Kathedrale (17./18. Jh.), got. Kirche Saint-Jacques (14. und 15. Jh.), Backsteinbrücke aus dem 14. Jahrhundert.

Montbéliard [frz. mõbeˈljaːr], frz. Stadt in der Burgund. Pforte, Dep. Doubs. 31 800 E. Wichtiges Ind.zentrum im Bereich der Burgund. Pforte; v. a. metallverarbeitende, Textil- und Holzind.; Hafen am Rhein-Rhone-Kanal. – M. war seit dem 10. Jh. Hauptort der gleichnamigen Gft. des Kgr. Burgund, die 1397/1409 durch Heirat an Württemberg kam (dt. Mömpelgard); seit 1801 französisch. – Schloß (15.–18. Jh.; heute Museum), Markthallen (16. Jh.), Wohnhäuser (16. und 17. Jh.).

Montblanc [frz. mõ'blã] (italien. Monte Bianco), höchster Gipfel der Alpen und Europas, in der Montblancgruppe der Westalpen, an der frz.-italien. Grenze, 4 808 m hoch; Observatorium in 4 362 m Höhe; Erstbesteigung 1786 (J. Balmat und M. Paccard).

Montblancgruppe [frz. mõ'blã], Gebirgsmassiv in den Westalpen, bis 4 808 m hoch, erstreckt sich in südwestlichnordöstl. Richtung beiderseits der frz.-italien. Grenze bis in die Schweiz südl. des Rhoneknies bei Martigny, im NW durch das Tal von Chamonix-Mont-Blanc, im W vom Bon Nant, im S und SO vom Val Veni und dem Val Ferret begrenzt.

Montblanctunnel [frz. mõ'blã] ↑ Chamonix-Mont-Blanc.

Montbretie [...'breːtsiə; nach dem frz. Naturforscher A. F. E. Coquebert de Montbret, * 1805, † 1837] ↑ Tritonie.

Montchrétien (Montchrestien), Antoine de [frz. mõkre'tjɛ̃], Sieur de Vasteville (Watteville), * Falaise (Calvados) um 1575, ⚔ bei Les Tourailles (Orne) 7. Okt. 1621, frz. Dramatiker und Wirtschaftstheoretiker. – In „Traicté de l'œconomie politique" (1615) sind nationalökonom. Reformideen niedergelegt; er schrieb außerdem lyr., handlungsarme Tragödien.

Mont-de-Marsan [frz. mõdmar'sã], frz. Stadt an der Midouze, 27 300 E. Verwaltungssitz des Dep. Landes; Stierkampfarena; Marktzentrum. – Stadtrecht 1141; kam 1607 zur frz. Krondomäne; 1790 Dep.hauptstadt.

Monte, Philipp de, * Mecheln 1521, † Prag 4. Juli 1603, frankofläm. Komponist. – Vermutlich 1541–54 in Neapel, dann in Antwerpen, England, erneut in Italien, wurde 1568 Kapellmeister am kaiserl. Hof unter Maximilian II. und Rudolf II. in Wien und Prag. Komponierte u.a. Messen, Motetten, weltl. und geistl. Madrigale und frz. Chansons; einer der bedeutendsten Vertreter der spätniederl. Polyphonie.

Monte [zu lat. mons „Berg"], italien., portugies. und span. svw. Berg.

Monte Albán [span. 'mɔnte al'βan], Ruinenstätte in Mexiko bei Oaxaca de Juárez, Sierra Madre del Sur, 1 950 m ü. d. M.; Hauptort und religiöses Zentrum der Zapoteken und Mixteken; ausgegraben seit 1931. – Die ältesten Bauten datieren um 700 v. Chr. und gehören zur Kultur der ↑ Olmeken (u. a. Flachreliefs mit Tänzerfiguren). Nach 300 n. Chr., mit der Herausbildung der Kultur der Zapoteken, wurde auf der planierten Bergspitze ein Zentralplatz angelegt, der von Tempelanlagen umgeben war; an den Hängen befanden sich die Wohnbauten sowie Hunderte von teilweise ausgemalten Grabkammern, in der klass. (zapotek.) Epoche (500–1000) mit Tonfiguren. Seit dem 14. Jh. von den Mixteken als Nekropole benutzt. Von der UNESCO zum Weltkulturerbe erklärt.

Monte Carlo ↑ Monaco.

Monte-Carlo-Methode [nach dem Seebad mit Spielkasino], Bez. für Verfahren, die zur Lösung determinist. Aufgaben Zufallsprozesse, z. B. Zufallszahlen, benutzen; anwendbar z. B. zur numer. Auswertung bestimmter Integrale.

Montecassino, Benediktinerabtei in Latium, Italien, auf einem Berg (519 m) über der Stadt Cassino; gegr. wohl 529 von Benedikt von Nursia an der Stelle heidn. Heiligtümer. Das Mutterkloster der Benediktiner wurde schon zw. 581 und 589 von den Langobarden zerstört. Nach der Wiedererrichtung 717 wuchs unter karoling. Schutz die Bed. der Abtei. Die Blütezeit begann im 11. Jh., bes. unter Abt Desiderius (1058–87). 1349 wurden die Klostergebäude durch ein Erdbeben zerstört. Im 16./17. Jh. entstanden Neubauten, u. a. die frühbarocke Basilika. Nach 1799 wurde die Abtei von den Franzosen, den Neapolitanern und seit 1860 von den Piemontesen ihrer Schätze beraubt.

Monte Albán. Tempelplattformen auf der Südseite des nach 300 n. Chr. angelegten Zentralplatzes

1866 wurde M. zum Nationaldenkmal erklärt. Im Febr. 1944 wurde das Kloster durch Bombardements der Alliierten völlig zerstört, nachdem Bibliothek und Kunstschätze der Abtei von der dt. Wehrmacht vorsorglich in die Vatikanstadt gebracht worden waren; nach dem Krieg nach alten Plänen wieder aufgebaut.

Montecristo, italien. Insel 40 km südl. von Elba, 10,4 km², bis 645 m hoch. Bekannt durch den Roman „Der Graf von Monte Christo" (18 Bde., 1845–46) von A. Dumas dem Älteren.

Montecuccoli, Raimondo (Raimund) Graf von [italien. monte'kukkoli], Reichsfürst und Hzg. von Melfi (seit 1679), * Schloß Montecuccolo bei Pavullo nel Frignano 21. Febr. 1609, † Linz 16. Okt. 1680, kaiserl. Feldherr italien. Herkunft. – Errang im Türkenkrieg 1664 den Sieg bei Sankt Gotthard (Bez. Vas, Ungarn); 1668 Präs. des Hofkriegsrats; befehligte 1672–75 das kaiserl. Heer im Niederl.-Frz. Krieg. Neben Turenne war M. der bedeutendste Militärschriftsteller und -theoretiker seiner Zeit.

Montélimar [frz. mõteli'maːr], frz. Stadt im Rhonetal, Dep. Drôme, 81 m ü. d. M., 29 200 E. Zementwerk, Kartonagen-, Textil- und Metallind. Herstellung von Nougat; Anbau von Tomaten und Frühgemüse. Hafen am Rhoneseitenkanal.

Montelius, Oscar, * Stockholm 9. Sept. 1843, † ebd. 4. Nov. 1921, schwed. Prähistoriker. – 1907–13 Reichsantiquar; erarbeitete die typolog. Methode der Vorgeschichtsforschung; begr. ein System der eisenzeitl. und bronzezeitl. Periodisierung, das für den sog. nord. Kreis noch heute gebräuchlich ist.

Montecassino. Die von Benedikt von Nursia 529 gegründete, mehrfach zerstörte und nach 1945 nach alten Plänen wieder aufgebaute Benediktinerabtei

Montenegro

Monte Rosa mit der Dufourspitze

Charles de Secondat, Baron de la Brède et de Montesquieu

Maria Montessori

Claudio Monteverdi (Ausschnitt aus einem anonymen zeitgenössischen Gemälde)

Montenegro, Republik in Jugoslawien, nw. von Albanien, 13 812 km^2, 632 000 E (1988), davon 67 % Mazedonier, 20 % Albaner und 2 % Serben; Hauptstadt Titograd (seit 1992 Podgorica). M. ist im wesentlichen ein Gebirgsland, das unmittelbar an der Adriaküste aufragt und im N, im Durmitor, 2 522 m ü. d. M. erreicht. Der Ackerbau beschränkt sich auf die im Karsthochland ausgebildeten Becken (Getreide, Kartoffeln) und die Ebene nördl. des Skutarisees (Zitrusfrüchte, Oliven, Wein). Bed. Schaf-, daneben Rinderhaltung; wenig Ind.; Abbau von Bauxit, Eisen-, Zink-, Chrom-, Bleierzen und Pyrit. Bed. Fremdenverkehr, v. a. an der Küste.

Geschichte: In der Antike war der Kern M. röm. Provinz; im 7.–11. Jh. unter byzantin. Einfluß, im 12.–14. Jh. als Ft. Teil des altserb. Reiches; seit Ende des 13. Jh. erscheint der serb. Name **Crna Gora** („schwarzes Gebirge"). Nach 1355 (Tod Stephan Dusans) und 1389 (Schlacht auf dem Amselfeld) unabhängiges Ft. **Zeta** (bis 1420 unter der Dyn. Balšici, bis 1514 unter der Crnojevići). 1499 formal, 1528 direkt dem Osman. Reich angegliedert (bei weitgehender innerer Autonomie). Der Vladika (Metropolit) Danilo Petrović Njegoš (⚭ 1697–1735) erreichte für M. eine relative Unabhängigkeit und machte die Würde des Vladika in seinem Hause erblich; Peter I. Petrović Njegoš (⚭ 1782–1830) befriedete die rivalisierenden Stämme und schuf 1798 ein neues Staatsrecht. Danilo I. Petrović Njegoš (⚭ 1852–60) verzichtete 1852 auf die Würde des Vladika und erreichte die Anerkennung des erbl. Fürstentitels und eine Festlegung der Grenzen. Unter Nikolaus I. Petrović Njegoš (⚭ 1860–1918) wurde M. auf dem Berliner Kongreß (1878) als unabhängiger Staat anerkannt sowie 1910 Kgr. In den Balkankriegen und im 1. Weltkrieg kämpfte M. an der Seite Serbiens. Ab 1918 Teil des Kgr. der Serben, Kroaten und Slowenen, April 1941–44 italien. Protektorat (starke Widerstandsbewegung von Četnici und Kommunist. Partisanen), kam 1945 zu Jugoslawien (seit 1946 Teilrepublik). Seit 1989/90 wuchs wie in anderen Teilrepubliken der Unmut über die kommunist. Reg. Bei den ersten freien und demokrat. Wahlen seit 1945 errangen im Dez. 1990 die Kommunisten (seit Juni 1991 „Demokrat. Partei der Sozialisten") eine Zweidrittelmehrheit. Präs. wurde M. Bulatović (bestätigt im Jan. 1993). Nachdem sich die Mehrheit der Bev. bei einem Referendum (März 1992) für den Verbleib in einem gemeinsamen Staat mit Serbien ausgesprochen hatte, proklamierten M. und Serbien am 27. April 1992 eine neue Bundesrepublik Jugoslawien; bei den Wahlen zum Bundesparlament errangen die Sozialisten im Mai 1992 eine Dreiviertelmehrheit.

Montepulciano [montepul'tʃa:no], italien. Ort in der Toskana, westl. des Trasimen. Sees, 605 m ü. d. M., 14 200 E. Bischofssitz. – Bed. Baudenkmäler: Dom (1570–1680), zahlr. Paläste (14.–16. Jh.) und vor den Stadtmauern (13./14. Jh.) die Wallfahrtskirche der Madonna di San Biagio (1518 bis um 1540).

Monterey [engl. mɔntɪˈreɪ], Stadt in Kalifornien, USA, am Pazifik, 30 000 E. Kath. Bischofssitz (zus. mit Fresno); Marineakad.; Seebad; Fischereihafen. – 1770 span. Gründung; Tagungsort der ersten gesetzgebenden Versammlung Kaliforniens (1849).

Montería, Hauptstadt des kolumbian. Dep. Córdoba, im Küstentiefland, 178 000 E. Kath. Bischofssitz; Univ. (gegr. 1966), Forschungsinst. für Rinderzucht; landw. Handelszentrum. – Seit 1952 Hauptstadt.

Monte Rosa, stark vergletschertes Gebirgsmassiv in den Walliser Alpen, mit der Dufourspitze (4 637 m ü. d. M.).

Monterrey [span. monteˈrrei], Hauptstadt des mex. Staates Nuevo León, auf der O-Abdachung der Sierra Madre Oriental, 540 m ü. d. M., 1,92 Mill. E. Kath. Erzbischofssitz; 4 Univ. (gegr. 1933, 1957, 1969, 1973), TH. Zentrum der mex. Eisen- und Stahlind., außerdem Zinn- und Bleischmelzen, Zementfabrik, Kfz-Ind. u. a.; Verkehrsknotenpunkt, internat. ✈. – 1596 (nach Zerstörung) Neugründung unter dem Namen **Ciudad de Nuestra Señora de Monterrey;** 1846 von amerikan., 1864 von frz. Truppen eingenommen. – Kathedrale (1603 ff.) mit barocker Fassade.

Montespan, Françoise Athénaïs de Rochechouart, Marquise de [frz. mɔ̃tɛsˈpɑ̃], *Schloß Tonnay-Charente (bei Rochefort) 5. Okt. 1641, †Bourbon-l'Archambault 27. Mai 1707, Geliebte Ludwigs XIV. – Ab 1660 Hofdame der Königin; seit 1668 Mätresse Ludwigs XIV., dem sie 8 Kinder gebar; von Madame de Maintenon verdrängt.

Montesquieu, Charles de Secondat, Baron de La Brède et de [frz. mɔ̃tɛsˈkjø], *Schloß La Brède bei Bordeaux 18. Jan. 1689, † Paris 10. Febr. 1755, frz. Schriftsteller und Staatstheoretiker. – 1714 Rat, 1726 Präs. des Parlaments in Bordeaux; 1728 Mgl. der Académie française. Seine Bed. im Rahmen der Aufklärungsliteratur beruht insbes. auf den 1721 anonym erschienenen „Persischen Briefen", die eine scharfe Kritik der gesellschaftl. und polit. Zustände unter Ludwig XIV. enthielten. In der Abhandlung „Betrachtungen über die Ursachen der Größe und des Verfalls der Römer" (1734) versuchte M. die Methoden der wiss. Erklärung auf einen abgeschlossenen histor.-polit. Gesamtzusammenhang unter Ausschluß des Zufalls als eines histor. Entwicklungen determinierenden Faktors anzuwenden. In seinem 1748 anonym veröffentlichten Hauptwerk „Vom Geist der Gesetze" versuchte M. die Gesetzmäßigkeiten der Geschichte zu analysieren und sah in seinem natürl. Milieu (↑Milieutheorie) den wichtigsten objektiven Faktor. Als Gegner des Absolutismus und Vertreter der konstitutionellen Monarchie entwickelte M. seine Lehre von der ↑Gewaltentrennung (Gewaltenteilung), die erhebl. Einfluß auf die Ausbildung des modernen Verfassungsstaates ausübte.

Montessori, Maria, *Chiaravalle (Prov. Ancona) 31. Aug. 1870, †Nordwijk aan Zee (Niederlande) 6. Mai 1952, italien. Ärztin und Pädagogin. – Entwickelte didakt. Materialien, mit denen sie geistig behinderte Kinder erheblich fördern konnte. 1904 erhielt sie einen Lehrstuhl für Anthropologie an der Univ. Rom. Seit 1907 übertrug sie ihre Methode auf normalbegabte Kinder. Ihre Methode besteht darin, in einer didaktisch vorbereiteten Umgebung die gesammelte Aufmerksamkeit des Kindes und damit seine Selbsttätigkeit zu wecken. Sie benutzt dazu insbes. pädagog. Spielzeug (M.-Material) sowie Übungen und Spiele. Ihre Methode fand, nicht zuletzt dank ihrer eigenen Aktivität, internat. Verbreitung in **Montessori-Kindergärten** bzw. Vorschulen, aber auch in **Montessori-Schulen,** u. a. in den Niederlanden, auch in Deutschland (Frankfurt am Main, Köln), die z. T. bis zum Abitur führen.
Werke: Selbsttätige Erziehung im frühen Kindesalter (1909; 1969 u. d. T. Die Entdeckung des Kindes), M.-Erziehung für Schulkinder (1916), Kinder sind anders (1938), Über die Bildung des Menschen (1949).

Monteux, Pierre [frz. mõˈtø], *Paris 4. April 1875, †Hancock (Maine) 1. Juli 1964, frz.-amerikan. Dirigent. –

1924–34 Dirigent des Concertgebouworkest in Amsterdam, 1929–38 des Orchestre Symphonique de Paris, 1936–52 des San Francisco Symphony Orchestra, seit 1961 des London Symphony Orchestra.

Monteverdi, Claudio [italien. monte'verdi], ≈ Cremona 15. Mai 1567, †Venedig 29. Nov. 1643, italien. Komponist. – 1590–1612 Hofmusiker in Mantua, seit 1613 Kapellmeister an San Marco in Venedig. Seine frühen Werke zeichnen sich durch vollendete Beherrschung der polyphonen A-cappella-Technik aus. Doch schon früh übernahm M. die von der Florentiner Camerata und ihrem Kreis ausgehenden neuen Prinzipien. Grundlage seines neuen Stils war eine bis dahin unbekannte Affektdarstellung, die einen Wandel der kompositor. Mittel in Melodik, Harmonik, Verwendung des „stile recitativo", Chorbehandlung und Einsatz der Instrumente herbeiführte und die europ. Musik bis zum Anfang des 18. Jh. prägte.
Werke: Opern: L'Orfeo (1607), L'Arianna (1608; erhalten nur das Lamento d'Arianna), Il ballo delle ingrate (1608), Il combattimento di Tancredi e Clorinda (1624), Il ritorno d'Ulisse in Patria (1640), L'incoronazione di Poppea (1642). – Sacrae cantiunculae (1582), Madrigali spirituali (1583), Canzonette a tre voci (1584), Madrigali (9 Bücher, 1587–1651), Scherzi musicali a tre voci (1607), Sanctissimae virginis missa ... ac vesperae (1610), Scherzi musicali (1632), Selva morale e spirituale (1640/41).

Montevideo, Hauptstadt Uruguays und des Dep. M., am Rio de la Plata, 1,25 Mill. E. Kulturelles, wirtsch. und polit. Zentrum Uruguays: kath. Erzbischofssitz; 2 Univ. (gegr. 1849 und 1942), Academia Nacional de Letras, mehrere wiss. Inst., Goethe-Inst.; Theater; Nationalarchiv, -bibliothek, Museen; botan. Garten. Bedeutendster Ind.standort (v. a. Fleischverarbeitung) und wichtigster Hafen des Landes, Ausgangspunkt des uruguayischen Verkehrsnetzes; Transitverkehr nach Buenos Aires; internat. ⚓.
Geschichte: 1724 als span. Vorposten gegen das portugies. Eindringen in die Banda Oriental, das heutige Uruguay, gegr.; 1807–30 stark umkämpft; Hauptstadt Uruguays seit 1830. – Ursprünglich schachbrettartiger Grundriß; Ende des 19. Jh. wandelte sich die Altstadt zur City, um die neue Viertel mit radialer Straßenführung entstanden.

Montez, Lola ['mɔntɛs], eigtl. Maria Dolores Gilbert, *Limerick 25. Aug. 1818, †New York 17. Jan. 1861, Tänzerin. – Tochter eines schott. Offiziers und einer Kreolin; Geliebte Ludwigs I. von Bayern, der sie 1847 zur Gräfin von Landsfeld erhob; 1848 nach Unruhen, die zur Abdankung des Königs führten, ausgewiesen.

Montezuma ↑ Moctezuma.

Montfort (M. L'Amaury) [frz. mõ'fɔːr], frz. Adelsgeschlecht mit Stammsitz M. (= Montfort-l'Amaury bei Rambouillet); spielte eine wichtige Rolle in der frz. und engl. Geschichte v. a. des 11. bis 13. Jh. Bed. Vertreter:
M., Simon IV., Graf von, *Muret (Haute-Garonne) um 1160, †Toulouse 25. Juni 1218. – Ab 1209 Führer des Kreuzzuges gegen die Albigenser; brachte große Teile des Adelsbesitzes im Languedoc an sich, der ihm von Papst Innozenz III. bestätigt wurde.
M., Simon de, Earl of Leicester (seit 1231/36), *Montfort um 1208, ⚔ bei Evesham 4. Aug. 1265. – Sohn von Simon IV. von M., erbte durch seine Großmutter mütterlicherseits Würde und Besitzungen eines Earl of Leicester. Als Schwager des engl. Königs Heinrich III. von großem Einfluß; trat an die Spitze der Opposition der Barone und gestaltete 1258 die Provisionen von Oxford entscheidend mit (Magnatenrat als Kontroll- und Beratungsorgan, regelmäßige „Parlamente"). M. fiel im Kampf gegen den späteren Eduard II.

Montfort, Hugo von ↑ Hugo von Montfort.

Montgelas, Maximilian Joseph de Garnerin, Graf von (seit 1809) [mõʒəˈla], *München 12. Sept. 1759, †ebd. 14. Juni 1838, bayr. Minister. – Unter Maximilian I. Joseph 1799–1817 Min.; erreichte durch Annäherung an Frankreich eine Vergrößerung des bayr. Staatsgebiets; reorganisierte das Staatswesen, u. a. in der Konstitution von 1808 (Abschaffung der Ständeprivilegien); 1817 gestürzt.

Mont Genèvre, Col du [frz. kɔldymõʒəˈnɛːvr] ↑ Alpenpässe (Übersicht).

Montgolfier [frz. mõɡɔlˈfje], Étienne Jacques de, *Vidalon-lès-Annonay (= Annonay) 6. Jan. 1745, †Serrières (Ardèche) 2. Aug. 1799, und sein Bruder Michel Joseph de M., *Vidalon-lès-Annonay 26. Aug. 1740, †Balaruc-les-Bains (Hérault) 26. Juni 1810, frz. Erfinder. – Am 5. Juni 1783 ließen die Brüder M. vom Marktplatz in Annonay den ersten unbemannten Heißluftballon, die **Montgolfiere,** bis auf 1 800 m Höhe emporsteigen. Nach einem Flug mit Tieren am 21. Nov. 1783 erster freier Flug mit Menschen (Pilâtre de Rozier und Marquis d'Arlandes).

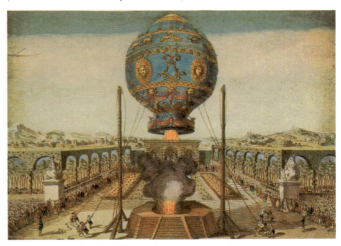

Étienne Jacques de Montgolfier. Aufstieg einer Montgolfiere im Jahre 1783 in Saint-Antoine bei Paris

Montgomery [engl. mənt'gʌməri], Bernard Law, Viscount M. of Alamein and Hindhead (seit 1946) *Kensington (= London) 17. Nov. 1887, †Isington Mill bei Alton 24. März 1976, brit. Feldmarschall (seit 1944). – Besiegte im 2. Weltkrieg als Oberbefehlshaber der 8. britischen Armee (1942/43) die dt. Truppen bei Al Alamein und die italien. Verbände bei Tunis und leitete die Landung der Alliierten auf Sizilien; wurde 1943 Oberbefehlshaber der brit. Invasionstruppen und führte 1944 bei der Landung der alliierten Truppen in Frankreich die 21. brit. Heeresgruppe; 1945/46 Oberbefehlshaber der brit. Besatzungstruppen in Deutschland und Mgl. des Alliierten Kontrollrats in Berlin, 1946–48 Chef des Empire-Generalstabs, 1951–58 Stellvertreter des Oberbefehlshabers der NATO-Streitkräfte.
M., Wes, eigtl. John Leslie M., *Indianapolis 6. März 1925, †ebd. 15. Juni 1968, amerikan. Jazzmusiker (Gitarrist, Komponist). – Spielte 1948–50 bei L. Hampton, danach u. a. in der Gruppe „Mastersounds" seiner Brüder *Buddy* (*1930) und *Monk M.* (*1921, †1982); gehört zu den stilbildenden Gitarristen des Modern Jazz. Vorbildhaft wirkte v. a. seine Art der oktavierten Melodieführung.

Montgomery [engl. mənt'gʌməri], Hauptstadt des Bundesstaats Alabama, USA, am Alabama River, 194 300 E. Univ. (gegr. 1874 als College, seit 1969 Univ.), Kunstmuseum, Staatsarchiv; eines der führenden Viehhandelszentren im SO der USA; bed. Baumwollhandel. – Entstand 1819 durch Zusammenschluß der Städte New Philadelphia und East Alabama mit Alabama Town; seit 1846 Hauptstadt von Alabama und 1861 erste Hauptstadt der Konföderierten Staaten. – State Capitol (1851).

Montherlant, Henry [Millon] de [frz. mõtɛrˈlã], Graf von Gimart, *Neuilly-sur-Seine 21. April 1896, †Paris 21. Sept. 1972 (Selbstmord), frz. Schriftsteller. – Seine männl.-heroische, elitär-kleinbürgerfeindl. Lebensanschauung zeigt sich sowohl in seinen antihumanen, Gewalt und Krieg verherrlichenden Romanen „La relève du matin"

Montevideo
Stadtwappen

Montevideo

Hauptstadt Uruguays
(seit 1830)

1,25 Mill. E

kulturelles, wirtsch. und
polit. Zentrum des
Landes

Verkehrsknotenpunkt

1724 von Spanien
gegr.

Monthey

(1920) und „Die Tiermenschen" (1926) als auch in der abwertenden Darstellung der Frau in seinem vierteiligen R.-Zyklus „Erbarmen mit den Frauen" (1936–39). Nach 1945 schrieb M. vorwiegend christl. bzw. histor. Themen behandelnde Dramen.

Monthey [frz. mõˈtɛ], Bez.hauptort im schweizer Kt. Wallis, im Rhonetal, 408 m ü. d. M., 12 300 E. Metallverarbeitende und chem. Industrie. 2 km nördl. die Erdölraffinerie **Collombey**. – Seit 1352 Stadt, nach 1476 Landvogtei. – Ehem. Schloß (15. Jh., 1664 umgestaltet).

Monti, Vincenzo, * Alfonsine bei Ravenna 19. Febr. 1754, † Mailand 13. Okt. 1828, italien. Dichter. – Einer der bedeutendsten italien. Dichter zw. Klassizismus und Romantik; seit 1778 Mgl. der Accademia dell'Arcadia; 1802 von Napoléon Bonaparte zum Prof. der Eloquenz in Pavia, 1806 zum Historiographen des Kgr. Italien ernannt, später jedoch auf seiten des östr. Regimes. Seine polit. Einstellung spiegelt sich in den Werken, u. a. den Epen „La Basvilliana" (1793) sowie „La Mascheroniana" (1800).

Montmartre [frz. mõˈmartr], Stadtviertel von Paris; 1859 eingemeindet, bis in die 30er Jahre des 20. Jh. Künstlerviertel. Auf dem Butte M. (130 m hoch) die Basilika Sacré-Cœur (geweiht 1919).

Montmorency [frz. mõmɔrãˈsi], frz. Adelsgeschlecht mit Stammsitz in M. bei Paris; seit Mitte des 10. Jh. nachweisbar.

M., Anne, Hzg. von (seit 1551), * Chantilly (Oise) 15. März 1493, † Paris 11. Nov. 1567, Marschall (1522), Konnetabel (1538) von Frankreich. – Bestimmte ab 1526 u. a. als Seneschall entscheidend die frz. Politik; 1541–47 vom Hof verbannt; 1557 von den Spaniern gefangengenommen, drängte er auf den Abschluß des ungünstigen Friedens von ↑ Cateau-Cambrésis; führte ab 1561 mit dem Hzg. von Guise und dem Marschall de Saint-André die kath. Partei gegen die Hugenotten.

Montmorency [frz. mõmɔrãˈsi], frz. Stadt im nördl. Vorortbereich von Paris, Dep. Val-d'Oise, 20 800 E. Jean-Jacques-Rousseau-Museum. – Seit dem 10. Jh. Hauptort der gleichnamigen, 1551 zum Hzgt. erhobenen Herrschaft. – Renaissancekirche Saint-Martin (16. Jh.).

Montmorillonit [mõmorijoˈniːt; nach der frz. Stadt Montmorillon (Vienne)], monoklines Mineral von grauweißer oder gelbl. Farbe, das fast nur in feinerdigen Massen auftritt. Schichtsilicat; der Abstand der Schichten des Kristallgitters schwankt mit dem Wassergehalt, mit dem sich auch alle anderen Eigenschaften ändern; quillt bei Wasseraufnahme. Chemisch Magnesium-Aluminium-Eisen-Silicathydrat; Dichte zw. 1,9 und 2,3 g/cm³, Mohshärte 1–2. Vorkommen als Verwitterungsprodukt in vielen Böden, bes. rein aus der Umbildung vulkan. Tuffe (↑ Bentonit).

Montparnasse [frz. mõparˈnas], Stadtviertel im Südwesten von Paris (14. Arrondissement) mit dem Friedhof M.; in den 1920er und 1930er Jahren Künstlerviertel, später Zentrum des Existenzialismus.

Montpelier [engl. mɔntˈpiːljə], Hauptstadt des Bundesstaats Vermont, USA, in den Green Mountains, 160 m ü. d. M., 8 100 E. – Metall- und holzverarbeitende Ind., Mühlen. – Entstand 1787; Hauptstadt seit 1805.

Montpellier [frz. mõpɛˈlje, mõpeˈlje], frz. Stadt im Languedoc, 197 200 E. Hauptstadt der Region Languedoc-Roussillon und des Dep. Hérault; kath. Bischofssitz; 3 Univ. (auf die Gründung von 1289 zurückgehend), landw. Hochschule, Konservatorium, biophysikal. und biochem. Forschungszentrum; mehrere Museen, u. a. das bed. Musée Fabre; Theater; botan. Garten (gegr. 1593). Zentrum des Weinhandels; internat. Weinmesse. Großcomputerbau, Maschinen- und Traktorenbau, elektro-, metallverarbeitende, chem., Baustoff-, Bekleidungsind.; ⊛. – Im 9. Jh. Markt; seit dem 10. Jh. Besitz der Bischöfe von Maguelonne, kam 1204 unter die Lehnshoheit der Könige von Aragonien und erhielt Stadtrechte. Die Hoheit ging 1276 an das Kgr. Mallorca und 1349 an den frz. König über; 1577 hugenott. Sicherheitsplatz, 1622 rekatholisiert. Seit dem 16. Jh. Hauptstadt des Languedoc, 1790 Dep.hauptstadt. – Kathedrale (ehem. Abteikirche, 14. Jh.), zahlr. Patrizierhäuser (17. und 18. Jh.); die Promenade du Peyrou (1689–1776) ist eine Anlage mit einem klassizist. Wasserturm am Ende eines neuzeitl. 880 m langen Aquädukts. Futuristisch konzipiertes Wohn- und Geschäftsviertel „Antigone" von R. Bofill.

Montreal [engl. mɔntriˈɔːl] (frz. Montréal [frz. mõreˈal]), größte Stadt Kanadas, Prov. Quebec, auf einer Insel im Sankt-Lorenz-Strom, 1,02 Mill. E, als Metropolitan Area 2,92 Mill. E (über zwei Drittel Frankokanadier). Sitz eines kath. und eines anglikan. Erzbischofs; 4 Univ. (gegr. 1821 und 1974; 2 französisch-, 1 englisch-, 1 zweisprachig), College, Museen, Konzert- und Opernhaus, Theater, Sinfonieorchester; botan. Garten, Zoo, Planetarium; Olympiastadion. Kultur-, Handels-, Ind.- und Finanzzentrum mit Nahrungs-, Genußmittel-, Textil- und Bekleidungsind., Flugzeug- und Waggonbau, Erdölraffinerien u. a. Industrie. Der Hafen am Sankt-Lorenz-Strom, 1 600 km vom Atlantik entfernt, ist der größte Containerhafen Kanadas; mehrere Brücken, U-Bahn, 2 internat. ⊛.

Geschichte: Entwickelte sich zw. dem Sankt-Lorenz-Strom (im O) und dem Hang des Mount Royal. Die erste Siedlung wurde 1611 angelegt, aber 1623 von Irokesen zerstört; die zweite Siedlung (um ein Holzfort), **Ville-Marie-de-Montreal**, wurde 1642 gegründet. Im Siebenjährigen Krieg für Frankreich strategisch wichtiger Punkt des Kampfes gegen die brit. Kolonien; kapitulierte 1760 als letzte frz. Bastion; 1775/76 von amerikan. Truppen besetzt; 1844–49 Hauptstadt von Kanada.

Montreal. Blick auf die City mit dem Sankt-Lorenz-Strom im Vordergrund

Bauten: Zu den ältesten erhaltenen Gebäuden zählen das Château Ramezay (1705; heute Museum) und die Seemannskirche Notre-Dame-de-Bonsecours (1771). Sw. des die Stadt beherrschenden Mont Royal (234 m ü. d. M.) liegt die Wallfahrtskirche Saint-Joseph (1924–67). Stadt der Weltausstellung von 1967 (u. a. Wohnkomplex Habitat '67) und der Olymp. Spiele von 1976 (u. a. Olympiastadion, 70 000 Plätze). Bed. auch die unter dem Zentrum gelegene Untergrundstadt; Place des Arts (1963) mit Theater, Oper, Konzertsaal; Place de Ville-Marie (1960–65); „Maison des Coopérants" (1985–87) sowie der Neubau des Kanad. Zentrums für Architektur (1983–89). – In Caughnawaga befindet sich das Kateri Tekawita Museum für Kultur und Geschichte der Indianer.

Montreux [frz. mõˈtrø], Stadt am O-Ende des Genfer Sees, im schweizer. Kt. Waadt, 398 m ü. d. M., 20 300 E. Museum; internat. Veranstaltungen, u. a. Musikfestwochen; heilklimat. Kurort. – Gehörte urspr. dem Bischof von Sitten, im Spät-MA im Besitz Savoyens, seit 1536 Berns. – Spätgot. Kirche (1507 ff.), Theater (1870–80).

Mont-Saint-Michel [frz. mõsɛ̃miˈʃɛl], 78 m hohe frz. Granitinsel vor der Normandieküste, in der Bucht von M.-S.-M., durch einen Damm mit dem Festland verbunden, mit dem Wallfahrtsort Le M.-S.-M. (80 E). – Vermutlich

Montreal
Stadtwappen

Montreal
größte Stadt Kanadas
•
1,02 Mill. E
•
bed. Ind.zentrum und Hafen (am Sankt-Lorenz-Strom)
•
1611 erste Siedlung
•
1844–49 Hauptstadt von Kanada
•
Weltausstellung 1967
•
Olymp. Sommerspiele 1976

Montpellier
Stadtwappen

schon im 6. Jh. von Mönchen bewohnt. 708 (?) baute der Bischof von Avranches nach einer Michaelserscheinung dort eine Kapelle, die sich im 8. Jh. zu einem der meistbesuchten Wallfahrtsorte Frankreichs entwickelte. Das bisherige Kollegiatstift wurde 966 in ein Kloster umgewandelt (1790 aufgehoben; bis 1863 Staatsgefängnis; 1865–86 erneut Kloster). Seit den Normannenüberfällen des 8./9. Jh. entwickelte sich M.-S.-M. zu einer befestigten Siedlung; wurde 1254 königl. Festung. – Ehem. Benediktinerabtei (gegr. 966) mit roman.-got. Abteikirche (11.–16. Jh.; Barockfassade 18. Jh.), gotische Klosterbauten; Befestigungsanlagen (13.–15. Jh.); Museen. Wurde von der UNESCO zum Weltkulturerbe erklärt.

Montserrat [span. mɔnseˈrrat], nach allen Seiten steil abfallender Berg im katalan. Hügelland, nw. von Barcelona, Spanien, 1 241 m ü. d. M. Berühmter Wallfahrtsort ist das Benediktinerkloster (gegr. 1023) mit der „Schwarzen Madonna von M." (Gnadenbild aus dem 12. Jh.). Die Abtei (seit 1409) ist eine bed. Stätte wiss. Studien.

M. [engl. mɔnsəˈræt], brit. Kronkolonie im Bereich der Kleinen Antillen, ca. 100 km², 11 900 E (1987, zu 95 % Schwarze und Mulatten), Hauptstadt Plymouth. Amtssprache Englisch. Die Insel ist vulkan. Ursprungs, bis 914 m hoch. Zu zwei Dritteln mit Gras- und Buschland, in höheren Lagen mit Wald bedeckt. Anbau von Baumwolle, Obst, Gemüse, Pfeffer; Viehzucht; Fischerei. Verarbeitung landw. Produkte. Fremdenverkehr. – 1493 von Kolumbus entdeckt; 1632 ließen sich die ersten brit. Siedler nieder; seit 1783 brit. Besitz; gehörte ab 1871 als Kronkolonie zum Verband der Leeward Islands; 1960 erhielt M. innere Autonomie.

Montur [lat.-frz.], Uniform, Dienstkleidung, Anzug für bestimmte Zwecke.

Monty Python [engl. ˈmɔntɪ ˈpaɪtən], 1969 gegr. engl.-amerikan. Komikertruppe u. a. um T. Gilliam (* 1940), J. Cleese (* 1939) und T. Jones (* 1942), die ihren skurril-bizarren Witz in Fernsehfolgen (z. T. mit Animationsszenen) und Filmen (u. a. „Das Leben des Brian", 1978) versprühten.

Monument [lat.], großes Denkmal, Ehren-, Mahnmal.
▷ kulturgeschichtlich bedeutsames (künstler.) Werk, Kulturdenkmal.

Monumenta Germaniae Historica [lat. „Histor. Denkmäler Deutschlands"], Abk. MGH, zentrale Quellenausgabe der dt. Mediävistik, urspr. bearbeitet von der 1819 für dieses Unternehmen auf Initiative des Frhr. vom und zum Stein gegr. „Gesellschaft für ältere dt. Geschichtskunde". 1826 erschien der 1. Bd. der MGH (heute etwa 320). 1823–63 hatte G. H. Pertz die wiss. Leitung. 1875 wurde der bis dahin private Verein in eine öff.-rechtl. Körperschaft umgewandelt, von dem Dt. Reich mit östr. Zuschüssen finanziert. 1935 Umwandlung in das „Reichsinstitut für ältere dt. Geschichtskunde". Neugründung nach dem 2. Weltkrieg unter dem Namen „MGH (Dt. Institut für Erforschung des MA)", Sitz München (seit 1948). – Nach dem inzwischen wesentlich erweiterten Editionsplan gliedern sich die MGH in fünf Hauptabteilungen: Scriptores (erzählende Quellen, jedoch z. B. auch spätma. Staatsschriften), Leges (Rechtsquellen), Epistolae (Briefe), Diplomata (Königsurkunden), Antiquitates (u. a. lat. Dichtungen, Gedenk- und Totenbücher).

Monumentalschrift (Lapidarschrift), Großbuchstaben-(Majuskel-)Schrift, v. a. auf Stein und Erz.

Monument Valley [engl. ˈmɔnjumənt ˈvælɪ], Naturschutzgebiet im nö. Arizona und sö. Utah, USA, im Navajoreservat; Tafelberge, pfeiler- und turmförmige Felsen aus Sandstein, Reste von Vulkanschloten.

Monza, italien. Stadt in der Lombardei, 162 m ü. d. M., 122 700 E. Ind.- und Handelszentrum; jährl. Möbel- und Hausratsmesse; Autorennstrecke. – In vorröm. Zeit eine Siedlung der kelt. Insubrer; in der Römerzeit **Modicia**; in langobard. Zeit Krönungsstadt (ab dem 6. Jh.); stand seit 1126 mit kurzen Unterbrechungen unter der Herrschaft Mailands. – Roman.-got. Dom (13. Jh.) mit Marmorfassade, im Kirchenschatz u. a. die eiserne Krone der Lango-

Mont-Saint-Michel mit der ehemaligen, 966 gegründeten Benediktinerabtei

barden (9. Jh.); altes Rathaus mit Loggia (1293 ff.); etwas außerhalb die klassizist. Villa Reale (1777 ff.).

Monzaemon ↑ Chikamatsu Monzaemon.

Moon (estn. Muhu), estn. Ostseeinsel, von der Küste durch die 6 km breite M.straße getrennt, mit Ösel durch einen Straßendamm verbunden, 201 km²; bis 24 m ü. d. M.

Moor [niederdt.], Bez. für ein dauernd feuchtes, schwammiges, tierarmes Gelände mit charakterist. Pflanzengesellschaften auf einer mindestens 30 cm mächtigen Torfdecke. Grundvoraussetzung für die Entstehung eines M. ist ein großer Wasserüberschuß, der das Wachstum feuchtigkeitsliebender Pflanzen begünstigt. Daneben werden durch den Wasserüberschuß anaerobe Verhältnisse geschaffen, die den mikrobiellen Abbau der abgestorbenen Pflanzenreste hemmen und einen Inkohlungsprozeß einleiten, der zur Torfbildung führt. – Nach der letzten Eiszeit, während der nachfolgenden, noch kalten Periode, bildeten sich in den Schmelz- und Stauwasserseen, die zw. den Moränen zurückgeblieben waren, sog. Mudden (Ablagerungen von Schlamm) aus. Man unterscheidet je nach ihrer Entstehung die bei der Verlandung von Seen gebildeten **Flachmoore** (Nieder-M., Riede), die in der Regenwasserzone entstandenen **Hochmoore** (Torf-M., Heide-M.) und bei wechselnder Ausbildung beider Typen die *Übergangsmoore*. Typ. Pflanzen der Flach-M. sind Rohrkolben, Seggen, Schilf, Schwarzerle und Weide, des Hoch-M. Torfmoose, Wollgras, Glockenheide, Binse und Haarsimse. Im Übergangs-M. treten Birke und Kiefer und unterschiedl. Anteile der Pflanzengesellschaften der Flach- und Hoch-M. auf. Grabenartige Vertiefungen zur Ableitung des Wassers am Rande von Hoch-M. werden **Laggs** genannt. Durch Aufreißen der M.decke können sich *Mooraugen* (**Kolken**) bzw. *Moorseen* bilden. Das in ihnen stehende Wasser ist durch Humussäuren braungefärbt. **Schlenken** sind die zw. den hohen Moospolstern (**Bülten**) hinwindenden wassergefüllten Senken. Bülten und Schlenken geben der M.oberfläche das charakterist. Aussehen. Die M.bildung ist nicht an bestimmte Erdzeitalter gebunden. Soweit nicht durch Kulturmaßnahmen unterbunden, findet sie auch heute noch statt. – ↑ Moorkultur.

Moorbad, therapeut. Anwendung von breiig aufgeschwemmten Torf-Wasser-Mischungen. Auf Grund des hohen Wasserbindungs- und Wärmespeichervermögens wird der durch Wasserdampf erhitzte Moorbrei mit höherer Temperatur als Wasser auf der Haut vertragen und gibt seine Wärme kontinuierlich über einen längeren Zeitraum ab. Außerdem enthält Badetorf Huminsäuren, Östrogene, Gerbsäure, Mineralsalze u. a. Die *Moorvollbäder* (sie sind kreislaufbelastend) werden v. a. bei chron. Gelenk- bzw. Wirbelsäulenleiden, *Moorteilbäder* bes. bei chron. Unterleibserkrankungen der Frau, *Moorpackungen* bei isolierten chronisch-entzündl. oder rheumat. Prozessen einzelner Gelenke oder Gliedmaßen angewandt.

Moorbeere, svw. ↑Rauschbeere.

Moorbirke (Haarbirke, Betula pubescens), strauch- oder baumförmige, bis 15 m hohe Birkenart auf Mooren, Sümpfen und in feuchten Wäldern; junge Zweige samtig behaart; Rinde kalkweiß bis bräunlich.

Moorcock, Michael [engl. 'muəkɔk], * Mitcham (Surrey) 18. Dez. 1939, engl. Schriftsteller. – Führender Vertreter der gattungssprengenden „New Wave" innerhalb der Science-fiction-Literatur, der das Phantastische mit einer psycholog. und sozialen Dimension verbindet. Gab 1964–71 das Magazin „New Worlds" heraus und schrieb neben konventionellen Science-fiction-Thrillern seine populäre Romantetralogie um den Helden Jerry Cornelius („Die Jerry-Cornelius-Chroniken", 1977) und Kurzgeschichten („The lives and times of J. C.", 1976). – *Weitere Werke:* The dancers at the end of time (3 Bde., 1972–75), Der Landleviathan (1974).

George Edward Moore

Moore [engl. muːə], Brian, * Belfast 25. Aug. 1921, kanad. Schriftsteller ir. Herkunft. – Die religiösen oder polit. Probleme und psych.-sexuellen Konflikte seiner Romanfiguren resultieren meist aus ihrer Stellung zw. verschiedenen Kulturen und Nationen. – *Werke:* Die einsame Passion der Judith Hearne (R., 1955), Ich bin Mary Dunne (R., 1968), Schwarzrock (R., 1985), Die Farbe des Blutes (R., 1987).

M., Charles, * Benton Harbor (Mich.) 31. Okt. 1925, amerikan. Architekt. – Seine Architektur ist gekennzeichnet durch bewußte Naivität im spieler. Umgang mit geometr. Formen, Materialien und Farben sowie iron. Zitaten histor. Baustile. Die Piazza d'Italia (1976–78) in New Orleans (La.) gilt als eines der Hauptwerke der Postmoderne. 1980 gewann M. den Wettbewerb für die Bebauung des Tegeler Hafengeländes, Berlin (fertiggestellt u. a. die Humboldt-Bibliothek, 1989).

Charles Moore. Wohnhaus am Tegeler Hafen in Berlin, 1985/86

M., George, * Moore Hall (Mayo, Irland) 24. Febr. 1852, † London 21. Jan. 1933, ir. Dichter. – Ab 1872 in Frankreich; kehrte 1901 nach Irland zurück; stand zeitweise der „kelt. Renaissance" (Yeats u. a.) nahe; 1903 Konversion zum Protestantismus; ab 1911 in England; schrieb, vom frz. Naturalismus beeinflußt, den Roman „Ein Drama in Musselin" (1886), die Autobiographie „Confessions of a young man" (1888) und den Roman eines Dienstmädchens, „Arbeite und bete" (1894), dann den religiösen Doppelroman „Evelyn Innes" (1898) und „Sister Teresa" (1901, beide dt. 1905 u. d. T. „Ird. und himml. Liebe").

M., George Edward, * London 4. Nov. 1873, † Cambridge 24. Okt. 1958, engl. Philosoph. – Mit und neben B. Russell Begründer der ↑analytischen Philosophie. – *Werke:* Ethics (1912), Eine Verteidigung des common sense (1925).

M., Gerald, * Watford (Herts) 30. Juli 1899, † London 13. März 1987, engl. Pianist. – Anfangs Konzertpianist, später erfolgreicher Klavierbegleiter bed. Sänger (D. Fischer-Dieskau, H. Hotter, E. Schwarzkopf, C. Ludwig u. a.) und Instrumentalisten (Y. Menuhin, P. Casals u. a.).

M., Henry, * Castleford (Yorkshire) 30. Juli 1898, † Much Hadham 31. Aug. 1986, engl. Bildhauer und Graphiker. – M. strebte bewußte Elementarisierung der Formen an (Einflüsse primitiver und archaischer Kunst); erkennbar ist ein Prozeß der Abstraktion in seinen figürl. Arbeiten (Liegende Mutter-und-Kind-Gruppen, Sitzende, Kopfstudien); Volumen und Hohlformen treten in seinen Skulpturen in Beziehung zueinander. M. reduzierte dabei seine Figuren auf archetyp. Formen, verlieh ihnen monumentalen Charakter (Freiluftplastiken). Neben dem plast. Werk umfangreiches graph. Œuvre. – *Bildhauerische Werke:* Krieger mit Schild (Bronze, 1953/54; Mannheim, Kunsthalle), Schott. Kreuz (Bronze, 1955/56; Hannover, Maschpark), Drei aufrechte Figuren (Bronze, 1955/56; Otterloo, Rijksmuseum Kröller-Müller), Großer Bogen (Marmor, 1980; London Kensington Gardens).

M., Roger, * London 14. Okt. 1927, brit. Filmschauspieler. – Wurde durch die Fernsehkrimiserie „Simon Templar" (1962–68) weltbekannt; James-Bond-Darsteller.

M., Stanford, * Chicago 4. Sept. 1913, † New York 23. Aug. 1982, amerikan. Biochemiker. – Prof. am Rockefeller Institute of Medical Research; trug zur Aufklärung der Struktur des Enzyms Ribonuklease bei; erhielt hierfür gemeinsam mit C. B. Anfinsen und W. Stein 1972 den Nobelpreis für Chemie.

M., Thomas, * Dublin 28. Mai 1779, † Sloperton Cottage bei Devizes 25. Febr. 1852, ir. Dichter. – 1803–18 Admiralitätsregistrator auf den Bermudas. Gewann als ir. Nationaldichter Ruhm durch seine „Irischen Melodien" (Ged., 1808–34). Die erzählende Versdichtung „Lalla Rukh" (1817) umfaßt 4 poet. Erzählungen aus der Welt des Nahen Ostens (darunter „Das Paradies und die Peri", 1843 vertont von R. Schumann). Enger Freund und Biograph Byrons.

Mooreiche, Bez. für jh.lang in Hochmooren gelegenes, durch Verbindung von Gerbsäure mit eisenhaltigen Huminsäurevorstufen grüngrau bis blauschwarz verfärbtes Eichenholz; wird für hochwertige Möbel verwendet.

Moorente ↑Enten.

Moorfrosch ↑Frösche.

Moorfunde, in der Vorgeschichtsforschung Bez. für in Mooren oder in später vermoorten Seen deponierte Opfer- und Votivgaben (Waffen, Keramik, Textilien, Tier- und Menschenopfer). Die ältesten M. stammen aus dem Neolithikum; große Fundplätze in N-Deutschland, Jütland und S-Skandinavien (v. a. Gundestrup, Hjortspring, Nydam, Thorsberg, Vimose). – ↑Moorleichen.

Moorgelbling ↑Gelblinge.

Moorheide ↑Glockenheide.

Moorkiefer (Pinus mugo ssp. rotundata), strauchförmig wachsende oder niedrige Bäume ausbildende Unterart der Bergkiefer; Nadeln zu zweien, Zapfen asymmetrisch; wächst meist auf Hochmooren.

Moorkultur, die landw. Nutzung bzw. die Urbarmachung der Moore. Die ältesten landw. genutzten Moore sind die Flachmoore. Das Kultivierungsverfahren dazu ist die **Deckkultur** (Sanddeckkultur). Nach Anlage von Entwässerungsgräben und Zersetzung der Mooroberfläche (durch Eggen, Umbruch, Walzen) wird eine 10–15 cm hohe Sandschicht aufgetragen. Bei Hochmooren wird die **deutsche Hochmoorkultur** durchgeführt. Das nicht abgetorfte Moor wird durch Dränung, Umbruch, Kalkung, Düngung und Pressung in Kultur gebracht. Eine andere Methode ist die ↑Fehnkultur. Eine bei beiden Moortypen mit geringer Mächtigkeit (50–100 cm) angewendetes Verfahren ist die **Sandmischkultur.** Ein Pflug schneidet die unter dem Moor lagernde Mineralbodenschicht bis zu 30 cm Tiefe an, bricht die häufig vorhandene Ortsteinschicht auf und bildet einen Umbruch, auf dem schräg stehende Moor- und Sandschichten miteinander abwechseln. Der Sand sorgt für Wasserabfluß und Durchlüftung. Allmählich entsteht ein stark humoser Boden. Der Vorläufer der M. war

Henry Moore. Sitzende Figur (Privatbesitz)

die **Moorbrandkultur.** Sie bestand hauptsächlich aus vorwinterl. Entwässerung, Abbrennen im Frühjahr und Einsaat von Buchweizen und Schwarzhafer in die nährstoffreiche Asche; sechs- bis siebenmaligem Abbrennen und Bestellen folgten 30 Jahre Brache.

Moorleichen (Torfleichen), in Mooren gefundene, durch Luftabschluß und chem. Einflüsse mumienähnlich konservierte menschl. Leichen aus vor- und frühgeschichtl. Zeit. Die Funde stammen überwiegend aus N-Deutschland, Jütland und S-Skandinavien und gehören v. a. in die jüngere Eisenzeit. Sie geben Aufschlüsse über Kleidung, Ernährung und Gesundheitszustand der damaligen Bev. sowie über die Motive und Ursachen der Versenkung im Moor (Hinrichtung, Menschenopfer, Verbrechen, Unfälle). – ↑Moorfunde.

Moortgat, Anton [niederl. ...xat], * Antwerpen 21. Sept. 1897, † Damme (bei Brügge) 9. Okt. 1977, belg. Archäologe. – 1941 Prof. in Berlin, 1948 an der Freien Univ. ebd. Er beschäftigte sich bes. mit der Entstehung der sumer. Hochkultur und war einer der Begründer der Vorderasiat. Archäologie in Deutschland.

Moos, Ludwig von, * Sachseln (Unterwalden ob dem Wald) 31. Jan. 1910, † Bern 26. Nov. 1990, schweizer. Politiker. – Mgl. der Christl.demokrat. Volkspartei; 1943–59 Mgl. des Ständerats; 1959–71 Bundesrat, 1964 und 1969 Bundespräsident.

Moos ↑Moose.
▷ südd. für Moor.

Moosbeere (Vaccinium oxycoccus), Art der Gatt. Heidelbeere; kriechende Pflanze mit eiförmig-längl. Blättern (Unterseite bläulich); hellrote, in Trauben stehende Blüten; Beerenfrüchte erbsengroß, säuerlich schmeckend; Charakterpflanze der Hochmoore.

Moosbrugger (Mosbrugger), Kaspar, eigtl. Andreas M., * Au (Bregenzerwald) 22. Juli 1656, † Einsiedeln 26. Aug. 1723, östr.-schweizer. Baumeister. – Durch Aufnahme italien. Zentralraumgedanken bereicherte er das Vorarlberger Langhausschema: Stiftskirchen in Muri (1694–98) und in Einsiedeln (1719 ff.).

Moosburg a. d. Isar, Stadt am N-Rand des Erdinger Mooses, Bay., 421 m ü. d. M., 15 000 E. Apparate-, Maschinen- und Transportgerätebau, Baustoff-, chem. Ind. – Entstand um ein vor 772 gegr. Kloster; erhielt 1331 Landshuter Stadtrechte. – Roman. Münster mit spätgot. Chor (1468), bed. spätgot. Schnitzaltar; spätgot. Sankt Johanniskirche (1347 und 15. Jh.); spätgot. ehem. Stiftsherrenhäuser.

Moosdorf, Johanna, * Leipzig 12. Juli 1911, dt. Schriftstellerin. – Schrieb v. a. vom Erlebnis des NS und des Krieges geprägte Romane und Erzählungen, u. a. „Nebenan"

(R., 1961), „Die Andermanns" (R., 1969), „Die Freundinnen" (R., 1977); auch Lyrik „Sieben Jahr, sieben Tag" (1979), Hörspiele und Dramen.

Moose (Bryophyten, Moospflanzen, Bryophyta), Abteilung der Sporenpflanzen mit rd. 26 000 Arten, die in die beiden Klassen ↑Laubmoose und ↑Lebermoose unterteilt werden. Es sind kleine, wurzellose, nur mit Rhizoiden (wurzelähnl. Organe) ausgestattete autotrophe Pflanzen, die überwiegend auf dem Land vorkommen. Typisch für die M. ist der heterophas. Generationswechsel (d. h. der Generationswechsel ist mit einem Kernphasenwechsel gekoppelt). Dabei stellt die unterschiedlich gestaltete und beblätterte Moospflanze den (haploiden) Gametophyten dar, auf dem sich hier (erstmalig in der stammesgeschichtl. Entwicklung der Pflanzen) die mit einer sterilen Hülle umgebenen ♀ (Archegonien) und ♂ (Antheridien) Sexualorgane befinden. Die völlig anders gestaltete (diploide) Sporophytengeneration entsteht aus der befruchteten Eizelle (↑Zygote) und bleibt zeitlebens mit dem Gametophyten verbunden, von dem sie auch ernährt wird. In der Kapsel der Sporophyten (Mooskapsel, Sporogon) erfolgt unter Reduktionsteilung die Bildung der Moossporen, die der Verbreitung dienen. Aus ihnen bilden sich die Gametophyten, womit der Kreislauf geschlossen ist. – Die Moosdecken der Wälder sind auf Grund ihres großen Wasserbindungsvermögens wichtig für den Wasserhaushalt der Landschaft.

Moosfarn (Mooskraut, Selaginella), Gatt. der Bärlappordnung **Moosfarne** (Selaginellales) mit mehr als 700 Arten, hauptsächlich im trop. Regenwald; verschieden gestaltete, moosähnl., ausdauernde Kräuter mit dünnen, meist gabelig verzweigten Sprossen, flachgedrückten Zweigen und kleinen, schuppenförmigen Blättern, z. B. Selaginella selaginoides (Gezähnter M.).

Moosglöckchen, svw. ↑Erdglöckchen.
Mooskraut, svw. ↑Moosfarn.
Moosrose ↑Rose.

Moostierchen (Bryozoen, Bryozoa), seit dem Kambrium bekannte Klasse der Tentakelträger, heute mit rd. 4 000 Arten v. a. im Meer verbreitet. Die M. bilden durch Knospung entstehende, festsitzende, bäumchen- oder moosförmige Kolonien (**Zoarien**). Die Einzelindividuen (**Zoide**) sind etwa 1–4,5 mm groß und von einer Kutikula umgeben, aus der das Vorderteil mit einem Kranz von Fangarmen herausragt.

Moped [Kw. aus **Mo**tor und **Ped**al], svw. Kleinkraftrad (↑Kraftrad).

Mops [niederdt.], zu den Doggen zählende Rasse kurzhaariger, bis 35 cm schulterhoher Kleinhunde mit gedrungenem Rumpf, rundl. Kopf und kleinen Hängeohren; Fell meist silbergrau oder beigefarben mit Aalstrich und schwarzer Gesichtsmaske.

Mopsfledermaus ↑Fledermäuse.

Mopti, Stadt und Handelszentrum in Mali, im Binnendelta des Niger; 263 m ü. d. M., 78 000 E. Kath. Bischofs-

Moosbeere

Moosfarn. Gezähnter Moosfarn

Moostierchen. Moosartige Kolonie

Moquegua

sitz; Verarbeitungszentrum eines Landw.- und Fischereigebiets; internat. ✈.

Moquegua [span. moˈkeɣua], Hauptstadt des Dep. M. in Peru, auf der W-Abdachung der Anden, 1 370 m ü. d. M., 29 400 E. Zentrum eines Bewässerungsfeldbaugebiets.

M., Dep. in S-Peru, am Pazifik 16 175 km², 134 000 E (1990), Hauptstadt M. Reicht von der Küstenebene bis in die Westkordillere der Anden.

Mor, Anthonis, * Utrecht um 1520, † Antwerpen zw. 17. April 1576 und 12. Mai 1577, niederl. Maler. – Tätig an fast allen europ. Höfen, v. a. in England und Spanien. In seinen lebensgroßen, höf.-aristokrat. repräsentativen und psycholog. Erfassung, u. a. Maria I. Tudor (1554; Madrid, Prado), Wilhelm I. von Oranien-Nassau (1555; Kassel, Staatl. Kunstsammlungen).

Anthonis Mor. Antoine Perrenot de Granvelle, 1549 (Wien, Kunsthistorisches Museum)

Mora (More) [lat. „Verzögerung"], von G. Hermann für die antike Metrik eingeführter Begriff für die kleinste metr. Zeiteinheit (˘); eine metr. Länge besteht demnach aus zwei Moren; von A. Heusler für die dt. Verslehre übernommen.

Móra, Ferenc [ungar. ˈmoːrɒ], * Kiskunfélegyháza 17. Juli 1879, † Szeged 8. Febr. 1934, ungar. Schriftsteller. – Verfaßte Bauernromane, Novellen, Skizzen und Lyrik, auch Märchen und Jugendbücher, u. a. „Der Wundermantel" (Nov., 1918), sowie histor. Romane: „Lied von den Weizenfeldern" (1927), „Der einsame Kaiser" (1933).

Morabitina [span.] ↑ Maravedi.

Moral [lat., zu mos „Sitte, Gewohnheit, Charakter"], 1. im modernen Sprachgebrauch Sammelbez. für die der gesellschaftl. Praxis zugrundeliegenden, als verbindlich akzeptierten und eingehaltenen eth.-sittl. Normen[systeme] des Handelns; 2. insbes. bei Kant noch weitgehend synonym zu ↑ Ethik die „Wiss. von den allg. Regeln des reinen Willens"; 3. Stimmung, Kampfgeist; 4. lehrreiche Nutzanwendung [einer Geschichte].

Morales, Cristóbal, * Sevilla um 1500, † Málaga zw. 4. Sept. und 7. Okt. 1553, span. Komponist. – War 1535–45 Mgl. der päpstl. Kapelle, bis 1547 Kapellmeister der Kathedrale von Toledo, ab 1551 Kapellmeister der Kathedrale von Málaga; einer der ersten bed. Vertreter der Polyphonie in Spanien.

M., Luis de, gen. el Divino, * Badajoz um 1509, † ebd. 9. Mai 1586, span. Maler. – Der bedeutendste Manierist in Spanien vor El Greco. Seine myst.-religiösen Andachtsbilder verarbeiten italien. und fläm. Einflüsse.

M., Tomás, * Moya (Gran Canaria) 10. Okt. 1886, † Las Palmas de Gran Canaria 23. Aug. 1921, span. Dichter. – Schrieb kunstvolle, vom Modernismo beeinflußte lyr. Gedichte über seine Heimat und das Meer („Poemas de la gloria, del amor y del mar", 1908).

Moralische Aufrüstung (Moral Re-Armament; Abk. MRA), seit 1938 Name der 1921 in Oxford unter der Bez. **Oxfordgruppenbewegung** ins Leben gerufenen Vereinigung mit dem Ziel, aus christl. Geist einen sittl. Wandel der Menschheit herbeizuführen. Ihre wichtigsten Prinzipien sind die vier „Absoluta": Ehrlichkeit, Reinheit, Selbstlosigkeit, dienende Nächstenliebe.

moralische Wochenschriften, Zeitungstyp der Aufklärung; entstand in England aus der bürgerl.-puritan. Protesthaltung gegen die galanten Sitten der Aristokratie; vorbildhaft in ganz Europa wurden die von den Essayisten R. Steele und J. Addison herausgegebenen m. W. „The Tatler" (1709–11), „The Spectator" (1711/12) und „The Guardian" (1713). M. W. waren bes. in Deutschland beliebt; Blütezeit um 1750–80. – Die m. W. verarbeiteten das rationalist., später auch das pietist.-empfindsame Gedankengut der Zeit mit dem Ziel der Belehrung und v. a. der sittl.-moral. Erziehung des Bürgertums (ausgespart blieben, im Ggs. zum engl. Vorbild, polit. Themen). Sie waren von großer Bed. für die Entwicklung des bürgerl. Selbstverständnisses im 18. Jh. wie auch für Haltung und Stil der bürgerl. Literatur des nachfolgenden 19. Jahrhunderts.

Moralismus [lat.], alle Formen der Verabsolutierung eth. Normen[systeme], mit denen eine freie Entfaltung der menschl. Persönlichkeit unmöglich gemacht wird.

Moralisten [lat.], im allg. Sinne Philosophen und Schriftsteller, die in ihren Werken das menschl. Tun und Verhalten unter bestimmten Moralgesetzen behandeln; insbes. Bez. für frz. Schriftsteller des 17. Jh., z. B. F. de La Rochefoucauld, Saint-Évremond, J. de La Bruyère, die sich im Anschluß an Montaigne (16. Jh.) im Rahmen der Salonliteratur bes. der Analyse der menschl. Psyche widmeten und ihre pessimist.-misanthrop. Lebenserfahrungen in kunstvoller Rhetorik zur Belehrung ihrer Zeitgenossen darboten.

Moralität [lat.], bei Kant im Ggs. zur Legalität die wahre Sittlichkeit des Handelns, die Übereinstimmung des Willens mit dem Sittengesetz, mit der Idee der Pflicht.
▷ religiös-erbaul. Schauspiel des Spät-MA: Der Kampf um die Seele eines Menschen wird durch Personifizierung und Allegorisierung abstrakter Begriffe und Eigenschaften (z. B. Tugenden und Laster, Leben und Tod) dargestellt. Seit dem 14. Jh. bes. in Frankreich, England und Italien.

Moralitätsprinzip [lat.], nach S. Freud das an den Grundsätzen der Ethik orientierte und vom Über-Ich beanspruchte Prinzip des Verhaltens bzw. Handelns (im Unterschied zum Lustprinzip und zum Realitätsprinzip).

Moralphilosophie, allg. svw. ↑ Ethik, i. e. S. in der kath.-theolog. Ethik die philosoph. Lehre von den natürl. eth. Normen des Handelns und ihrer Begründung.

Moral Re-Armament [engl. ˈmɔrəl riːˈɑːməmənt] ↑ Moralische Aufrüstung.

Moraltheologie, Disziplin der kath. systemat. Theologie, die menschl. Handeln angesichts der in der Bibel bezeugten Offenbarung erforscht und beurteilt. Kernpunkt dieses Handlungsverständnisses bildet die zentrale Glaubensaussage, daß der im christl. Glauben als Schöpfer verehrte Gott sich in Christus offenbart und damit jenen absoluten Sinn konstituiert, von dem aus menschl. Handeln ethisch von seinem Anspruch und Ziel her bewertet werden kann. – Die Ausbildung der M. als eigenes Fach geschah gegen Ende des 16. Jh. Die Nähe zum Kirchenrecht und zur Pastoraltheologie, in die die M. im 17. und 18. Jh. rückte, führte zu einer kasuist. Engführung, die seit der Mitte des 19. Jh. eine wiss. Neubesinnung auf die offenbarungstheolog. Grundlagen der M. notwendig machte, die bis in die Gegenwart hineinreicht.

Morand, Paul [frz. mɔˈrɑ̃], * Paris 13. März 1888, † ebd. 23. Juli 1976, frz. Schriftsteller. – Vielseitiger, kosmopolitisch eingestellter, zeitweise auch dem literar. Avantgardismus nahestehender Romancier, Reiseschriftsteller, [polit.] Essayist und Biograph (Maupassant, Proust). Während des 2. Weltkrieges Gesandter in Bukarest und Bern, nach Kriegsende vorübergehend im Exil; seit 1969 Mgl. der Académie française. – Werke: Ouvert la nuit (En., 1922), Fermé la nuit (En. 1923; beide dt. 1926 u. d. T. Nachtbetrieb), Der lebende Buddha (R., 1927), New York (1930), Flagellant von Sevilla (R., 1951), Sophie Dorothea von Celle (R., 1968), Les écarts amoureux (En., 1974).

Paul Morand

Giorgio Morandi. Stilleben, 1942 (Privatbesitz)

Morandi, Giorgio, *Bologna 20. Juli 1890, †ebd. 18. Juni 1964, italien. Maler und Graphiker. – Entwickelte auf der Grundlage der Kunst von Cézanne und des Kubismus ein eigenständiges lyr. Werk, v. a. Stilleben mit feinen Licht- und Schattennuancen.

Moräne [frz.] ↑ Gletscher.

Morante, Elsa, *Rom 18. Aug. 1912, †ebd. 25. Nov. 1985, italien. Schriftstellerin. – War ∞ mit A. Moravia; Verf. psycholog. [Familien]romane, die sich sowohl durch scharfe Beobachtungsgabe als auch durch außergewöhnl. Phantasie auszeichnen, u. a. „Lüge und Zauberei" (1948), „Arturos Insel" (1957), „La Storia" (1974).

Moratorium [zu lat. moratorius „säumend, verzögernd"], vertraglich vereinbarter oder hoheitlich angeordneter Aufschub der Erfüllung fälliger Verbindlichkeiten im zwischenstaatl. Verkehr. Schuldner und Gläubiger der unter ein M. fallenden Verbindlichkeiten können Privatleute oder jurist. Personen des privaten wie des öff. Rechts sein. Die internat. Finanzabkommen lassen Moratorien z. B. bei Gefährdung der Währungsstabilität eines Entwicklungslandes zu.

Morava, rechter Nebenfluß der Donau, wichtigster Fluß Serbiens, entsteht nördl. von Kruševac durch den Zusammenfluß von **Südlicher Morava** (entspringt nördl. von Skopje, 318 km lang) und **Westlicher Morava** (entspringt östl. von Titovo, 298 km lang), mündet östl. von Belgrad, 221 km lang. Die Täler der M. und der Südl. M. bilden die bedeutendste Verkehrsleitlinie Mittel- und S-Serbiens sowie Makedoniens, da Verbindung zum Vardar besteht (*Morava-Vardar-Furche,* etwa 500 km lang).

Moravia, Alberto, eigtl. A. Pincherle, *Rom 28. Nov. 1907, †ebd. 26. Sept. 1990, italien. Schriftsteller. – War ∞ mit Elsa Morante; 1959–62 Vors. des internat. PEN-Clubs. Einer der erfolgreichsten und wegen der erot. Thematik seiner Werke meistumstrittenen zeitgenöss. italien. Schriftsteller; als Romancier und Erzähler wichtiger Vertreter des psycholog. Realismus; dabei schonungsloser Kritiker des Bürgertums, u. a. in dem Roman „Desideria" (1978); auch Dramatiker, Essayist, Filmkritiker. – *Weitere Werke:* Die Gleichgültigen (R., 1929), Gefährl. Spiel (R., 1935), Adriana, ein röm. Mädchen (R., 1947, 1959 u. d. T. Die Römerin), Die Mädchen vom Tiber (En., 1954, 1962 u. d. T. Röm. Erzählungen), Die Verachtung (R., 1954), Inzest (R., 1965), Ich und er (R., 1971), Ein anderes Leben (En., 1973), Die Reise nach Rom (R., 1988), La villa de venerdì (E., 1990), Vita di Alberto Moravia (Autobiographie, 1990).

Moray Firth [engl. ˈmʌrɪ ˈfəːθ], rd. 60 km lange, trichterförmige Nordseebucht an der Küste NO-Schottlands; am inneren Ende liegt die Stadt Inverness.

morbid [von lat. morbidus „krank"], bildungssprachlich für: kränklich; im Verfall begriffen, morsch, brüchig.

Morbidität [lat.], Erkrankungsrate, in einer Bev. das zahlenmäßige Verhältnis zw. Kranken und Gesunden.

Morbihan [frz. mɔrbiˈã], Dep. in Frankreich.

M., flache, von zahlr. Inseln durchsetzte Bucht an der S-Küste der Bretagne bei Vannes, Frankreich; Austernzucht.

Morbilli [lat.], svw. ↑ Masern.

Morbus [lat.], in der Medizin svw. ↑ Krankheit.

Morchel [zu althochdt. morhala, eigtl. „Möhre"], (Morchella) Gatt. der Schlauchpilze mit 15 Arten; Fruchtkörper in Stiel und Hut gegliedert; Hut 4–12 cm groß, kegel- bis birnenförmig, bräunlich, mit wabenartig gefelderter Oberfläche, auf der die Sporen gebildet werden; z. T. gute Speisepilze, z. B. die bis 25 cm hoch werdende **Speisemorchel** (Morchella esculenta); wächst von Mitte April bis Juni bes. auf humus- und kalkreichen Böden unter Eschen und Pappeln; Stiel gelblichweiß, Hut gelblichbraun.

▷ Bez. für Pilze aus verschiedenen Gatt., die ähnl. Fruchtkörperformen besitzen wie die Arten der Gatt. Morchella, z. B. Frühjahrslorchel.

Morcote [italien. morˈkɔːte], schweizer. Ort am Luganer See, Kt. Tessin, 700 E. – Beherrschend über dem Ort die Wallfahrtskirche Madonna del Sasso (13., 15. und 18. Jh.), Glockenturm (16. Jh.).

Mord ↑ Tötung.

Mordellsche Vermutung [engl. ˈmɔːdl...], eine von dem brit. Mathematiker L. J. Mordell (*1888, †1972) im Jahre 1922 aufgestellte Vermutung, die besagt, daß auf einer algebraischen Kurve, deren Geschlecht größer als 1 ist, höchstens endlich viele rationale Punkte (d. h. Punkte mit rationalen Koordinaten) liegen; wurde 1983 von dem dt. Mathematiker G. Faltings (*1954) bewiesen.

Mordent (italien. mordente; frz. mordant oder pincé), musikal. Verzierung, die in ein- oder mehrmaligem Wechsel zwischen Hauptnote und unterer kleiner (oder großer) Sekunde besteht; Zeichen ⸺ bzw. ⸺.

Mörderbiene (Killerbiene), umgangssprachl. Bez. für eine im trop. Südamerika durch Kreuzung entstandene Unterart der Honigbiene, die sehr gute Honigerträge bringt, jedoch äußerst aggressiv ist.

Mörderwal, svw. Großer Schwertwal (↑ Schwertwale).

Mordfliegen (Laphria), weltweit verbreitete Gatt. der Raubfliegen mit großen, dicht behaarten und oft bunt gefärbten, manchmal hummel- und wespenähnl. Arten, z. B. Laphria flava; sie jagen vorbeifliegende Insekten.

Mordowien [...i-ɛn] (Mordwinien), autonome Republik innerhalb Rußlands, 26 200 km², 964 000 E (1989), Hauptstadt Saransk. M. hat im W Anteil an der Oka-Don-Ebene, im O an den stark gegliederten Höhen am rechten Wolgaufer. Etwa ¼ der Fläche ist waldbedeckt. Angebaut werden Getreide, Kartoffeln, Zuckerrüben, Hanf; daneben Milchwirtschaft. Elektrotechn., chem. Ind., Maschinenbau. *Geschichte:* Die Mordwinen werden erstmals im 6. Jh. erwähnt; seit dem 9. Jh. Herausbildung von Stammes-Ft.; Mitte des 13. Jh. durch die Mongolen unterworfen, kamen unter die Herrschaft der Goldenen Horde, nach deren Verfall unter das Khanat Kasan; Anschluß an Rußland 1552; 1928 Bildung eines Mordwin. Nat. Kreises, der 1930 in ein Autonomes Gebiet, 1934 in eine ASSR umgewandelt wurde.

Mordwinen, Volk mit finno-ugr. Sprache in Mordwien, v. a. an der mittleren Wolga; 1,14 Mill. Angehörige.

Mordwinien ↑ Mordowien.

More, Sir Thomas [engl. mɔː], hl., latinisiert Morus, *London 7. Febr. 1478(?), †ebd. 6. Juli 1535 (enthauptet), engl. Staatsmann und Humanist. – Nach humanist., theolog. und jurist. Studien 1504 Mgl. des Unterhauses, 1518 Aufnahme in das King's council. 1523 wurde M. Sprecher des Unterhauses, 1529 Nachfolger T. Wolseys als Lordkanzler. Er unterstützte die Kirchenpolitik des Königs, soweit sie sich gegen den Protestantismus richtete (so verteidigte er die Streitschrift Heinrichs VIII. „Verteidigung der 7 Sakramente", die er selbst mitverfaßte, gegen die Angriffe M. Luthers), lehnte aber die Errichtung einer Staatskirche ab und trat 1532, als Heinrich VIII. die Unterwerfung der engl. Priesterschaft forderte, zurück. Seine Weigerung, dem König als dem Oberhaupt der anglikan. Kirche den Suprematseid zu leisten, veranlaßte Heinrich VIII., ihn auf Grund

Morchel. Speisemorchel

Mordfliegen. Laphria flava

Elsa Morante

Alberto Moravia

Thomas More

eines Hochverratsprozesses zum Tode verurteilen und enthaupten zu lassen. Die kath. Kirche hat M. 1886 selig- und 1935 heiliggesprochen (Fest: 22. Juni). — M. hielt engen Kontakt zu Erasmus von Rotterdam (seit 1499). Lat. Gedichte und Epigramme, eine Übertragung griech. Dialoge Lukians ins Lateinische sowie sein Hauptwerk „De optimo statu rei publicae deque nova insula Utopia" (1516) weisen ihn als einen der hervorragendsten Latinisten seiner Zeit aus. In „Utopia" (Begründung der Utopie als literar. Gattung) benutzt M. einen dialogisch angelegten „Reisebericht" über die glückl. Insel, deren Bewohner alle Attribute äußerer Unterscheidung abgeschafft haben, zu einem Rehabilitationsversuch für den Epikureismus.

Morea ↑ Peloponnes.

Moreau [frz. mɔˈro], Gustave, *Paris 6. April 1826, †ebd. 18. April 1898, frz. Maler. — Ausgehend v. a. von histor. und mytholog. Themen, malte M. meist prunkvolle symbolist. Szenen in eigenartiger unnatürl. Beleuchtung. Er übte großen Einfluß auf Fauvismus, Surrealismus, auf Künstler wie Redon, Rouault, Matisse und Marquet aus. — *Werke:* Ödipus und die Sphinx (1864, New York, Metropolitan Museum, Sebastian und die Engel (1870, Paris, Musée Gustave Moreau), Aquarelle zu den Fabeln La Fontaines (1881 ff.).

Gustave Moreau. Die Geburt der Venus (Paris, Musée Gustave Moreau)

M., Jeanne *Paris 23. Jan. 1928, frz. Schauspielerin und Regisseurin. — 1948–53 an der Comédie-Française, später am Théâtre National Populaire. Bed. Charakterrollen auch im Film: „Die Liebenden" (1958), „Die Nacht" (1960), „Jules und Jim" (1961), „Tagebuch einer Kammerzofe" (1963), „Viva Maria!" (1965), „Die Braut trug Schwarz" (1967), „Im Scheinwerferlicht" (1976), „Mädchenjahre" (1979), „Le Paltoquet" (1986).

Morecambe and Heysham [engl. ˈmɔːkəm ənd ˈhiːʃəm], engl. Stadt an der Morecambe Bay, Gft. Lancashire, 41200 E. *Heysham* ist Passagier- und Posthafen; Anlegestelle für Tanker, Erdölraffinerie, chem. Ind., Kernkraftwerk; *Morecambe* ist Seebad. — Morecambe wurde 1902 Stadt, 1928 mit Heysham vereinigt.

Morecambe Bay [engl. ˈmɔːkəm ˈbeɪ], Bucht der Irischen See an der NW-Küste Englands.

Mörel, Hauptort des Bez. Raron im schweizer. Kt. Wallis, 780 m ü. d. M. 541 E. Erholungs- und Wintersportort; Seilbahnen zur Rieder- (1 925 m ü. d. M.) und Bettmeralp (1 956 m ü. d. M.).

Morelia, Hauptstadt des mex. Staates Michoacán, in einem Becken der Cordillera Volcánica, 1 890 m ü. d. M., 353 100 E. Kath. Erzbischofssitz; Univ. (gegr. 1541 als Colegio); Kunstakad., Konservatorium; Museen; Textilind.; Verarbeitung landw. Erzeugnisse; Bahnstation, ✈. — 1540 unter dem Namen **Valladolid** gegr., erhielt 1547 Stadtrecht (Ciudad); 1828 zu Ehren des hier geborenen mex. Pa-

Jeanne Moreau

trioten der Unabhängigkeitsbewegung J. M. Morelos y Pavón (*1765, †1815) umbenannt. — Kathedrale (um 1640 begonnen; mit Azulejos verkleidete Vierungskuppel), Regierungsgebäude (18. Jh.) in kolonialem Stil. — Der histor. Stadtkern wurde von der UNESCO zum Weltkulturerbe erklärt.

Morelle [lat.-roman.] ↑ Sauerkirsche.

Morellet, François [frz. mɔrəˈlɛ], *Cholet 30. April 1926, frz. Künstler. — Lebt in Paris; einer der Hauptvertreter der Op-art; Reliefs mit bewegl. Elementen, auch Lichtkinetik.

Morelly [frz. mɔrɛˈli], *um 1715, frz. Philosoph. — Abbé in Vitry-le-François (über sein Leben ist nichts weiter bekannt). Früher Vertreter eines utop. Kommunismus. Entwurf unter Rezeption und Weiterentwicklung von Denkelementen Platons und Lockes eine bed. Staats- und Sozialutopie.

Morelos, Bundesstaat in Z-Mexiko, 4 950 km², 1,19 Mill. E (1990), Hauptstadt Cuernavaca. M. liegt auf dem Abfall der Cordillera Volcánica zur Senke des Río Balsas.

morendo [italien.], musikal. Vortragsbez.: ersterbend, verhauchend.

Møre og Romsdal [norweg. ˈmøːrə ɔ ˈrumsdaːl], Verw.-Geb. in Westnorwegen, 15 104 km², 238 400 E (1990), Hauptstadt Molde. Stark durch Fjorde und Inseln gegliedert mit tiefen Tälern und oft alpin zugespitzten Gipfeln (bis 1 999 m). Neben Landw. und Fischerei Fischverarbeitung, Möbel- und Textilind., Schiffbau sowie ein Aluminiumwerk; Fremdenverkehr.

Moresby Island [engl. ˈmɔrzbɪ ˈaɪlənd] ↑ Queen Charlotte Islands.

Moreto y Cavana, Don Agustín [span. moˈreto i kaˈβana] (Don A.M. y Cabaña), ≈ Madrid 9. April 1618, †Toledo 26. oder 27. Okt. 1669, span. Dramatiker. — Neben Calderón der erfolgreichste span. Dramatiker des 17. Jh.; seine Charakterkomödien erinnern stilistisch an Plautus und Molière, u. a. „Donna Diana" (1654) und „Der Unwiderstehliche" (1662).

Mörfelden-Walldorf, hess. Stadt in der Untermain-Ebene, 100 m ü. d. M., 30 000 E. Metallverarbeitende und Kunststoffind., Pendlerwohngem. für Frankfurt am Main und Rüsselsheim, nahe dem Rhein-Main-Flughafen. — Entstand 1977 als **Waldfelden** durch Zusammenschluß von **Mörfelden** und **Walldorf;** seit 1978 jetziger Name.

Morgan, Charles [engl. ˈmɔːgən], *Kent 22. Jan. 1894, †London 6. Febr. 1958, engl. Schriftsteller. — Verband in seinem philosoph. Romanen neuplaton. und neoromant. Interpretationsmuster mit psycholog. Erzähltechnik, v. a. „Das Bildnis" (1929), „Die Flamme" (1936), „Das leere Zimmer" (1941), „Der Richter" (1947), „Der Reiher" (1949), „Herausforderung an Venus" (1957).

M., John Pierpont, d. Ä., *Hartford (Conn.) 17. April 1837, †Rom 31. März 1913, amerikan. Bankier. — Gründete 1861 ein Bankhaus (seit 1895 J. P. Morgan & Co., heute Morgan Guaranty Trust Co. of New York), das unter seiner Leitung eines der mächtigsten der Welt wurde; förderte insbes. die Stahl- und die Elektroind. sowie den Eisenbahnbau; aus seiner Kunst- und Buchsammlung wurde 1924 eine Stiftung (Pierpont Morgan Library, New York).

M., John Pierpont, d. J., *Irvington (N.Y.) 7. Sept. 1867, †Boca Grande (Fla.) 13. März 1943, amerikan. Bankier. — Sohn von John Pierpont M. d. Ä.; finanzierte die Alliierten im 1. Weltkrieg und den Wiederaufbau Europas in beträchtl. Umfang.

M., Lewis Henry, *bei Aurora (N. Y.) 21. Dez. 1818, †Rochester (N. Y.) 17. Dez. 1881, amerikan. Ethnologe. — Rechtsanwalt und Politiker; Feldforschungen v. a. bei Irokesen, Arbeiten über Verwandtschaftssysteme; Vertreter des Evolutionismus. Unterteilte die Kulturgeschichte in drei Stadien (Wildheit, Barbarei, Zivilisation); beeinflußte die Geschichtskonzeption des histor. Materialismus.

M., Thomas, *Lexington (Ky.) 25. Sept. 1866, †Pasadena (Calif.) 4. Dez. 1945, amerikan. Genetiker. — M. führte die Taufliege als Versuchstier in die Genetik ein und konnte an ihr die schon von H. de Vries für Pflanzen erarbeitete Mutationstheorie für Tiere bestätigen. Für die Entdeckung der geschlechtsgebundenen Vererbung und den ↑ Faktorenaustausch erhielt er 1933 den Nobelpreis für Physiologie oder Medizin.

morganatische Ehe [zu mittellat. matrimonium ad morganaticam „Ehe auf bloße Morgengabe" (zu althochdt. morgan „Morgen")], im Recht des Hochadels nicht standesgemäße Ehe, bei der die vermögens- und erbrechtl. Stellung der unebenbürtigen Frau und der Kinder (im Ggs. zur Mißheirat) durch einen Ehevertrag festgelegt wurde; auch **Ehe zur linken Hand** gen. (die Frau stand bei der Trauung links vom Mann).

Morgen, altes dt. Feldmaß, urspr. die Ackerfläche, die ein Bauer am Vormittag pflügen konnte; landschaftlich verschieden zw. 0,255 ha (Preußen) und 0,650 ha (Mecklenburg [Schwerin]); häufig 0,25 ha = 2 500 m².

Morgenduft ↑ Äpfel (Übersicht).

Morgengabe, im german. und älteren dt. Ehegüterrecht (bis ins 19. Jh.) Geschenk des Mannes an die Ehefrau am Morgen nach der Hochzeitsnacht, auf das die Frau einen Rechtsanspruch hatte. Hauptbed.: Witwenversorgung und Bildung eines Eheguts (rechtl. Sondervermögen) zur Vorsorge für gemeinschaftl. Kinder.

Morgenland, veraltete Bez. für ↑ Orient.

Morgenländisches Schisma, Trennung der morgen- und abendländ. Kirche, ausgelöst durch die Exkommunikation des Patriarchen Michael Kerullarios durch Kardinal Humbert von Silva Candida 1054; im Gegenzug bannte der Patriarch die Verfasser der Exkommunikationsbulle. Die tieferen Ursachen der Trennung liegen in den verschiedenen theolog. und polit. Denkweisen in Ost und West. Die gegenseitige Bannung wurde zwar am 7. Dez. 1965 formell aufgehoben, das Schisma dauert aber weiterhin noch an.

Morgenrot ↑ Abendrot.

Morgenstern, Christian, *München 6. Mai 1871, †Meran 31. März 1914, dt. Schriftsteller. – Stammt aus einer Künstlerfamilie; seit 1894 freier Schriftsteller (bis 1898 in Berlin); schrieb Lyrik und Kabarettexte u. a. für M. Reinhardts „Überbrettl"; Lektor bei B. Cassirer. Erkrankte früh an Tuberkulose, häufig in Sanatorien, lebte seit 1910 in Südtirol. M. wurde bekannt durch seine witzigen Sprachgrotesken (v. a. „Galgenlieder", 1905; „Palmström", 1910; „Der Gingganz", 1919). Sein Denken war beeinflußt von Nietzsche, dem Buddhismus und der Anthroposophie R. Steiners. M. verfaßte auch Aphorismen, Kinderlieder; Übersetzungen.

M., Lina, geb. Bauer, *Breslau 25. Nov. 1830, †Berlin 19. Dez. 1909, dt. Sozialpädagogin und Frauenrechtlerin, auch Schriftstellerin. – Sozialpädagogisch (Förderung des Fröbelschen Kindergartens, Kinderbuchautorin) engagiert in der Sozialfürsorge und -reform, u. a. durch Gründung der ersten Berliner Volksküchen (1866), des Kinderschutzvereins (1868) und des Hausfrauenvereins (1873). 1874–1905 Hg. der „Dt. Hausfrauenzeitung". M. ist Verf. von Schriften zur sozialen und Frauenfrage.

Eduard Mörike. Titelblatt der Erstausgabe seines Märchens „Das Stuttgarter Hutzelmännlein", 1853

M., Oskar, *Görlitz 24. Jan. 1902, †Princeton (N. J.) 26. Juli 1977, amerikan. Nationalökonom dt. Herkunft. – Prof. 1938–70 in Princeton, 1970–76 an der New York University. M. begr. zus. mit J. von Neumann die ↑ Spieltheorie. – *Werke:* Spieltheorie und wirtsch. Verhalten (1944; mit J. von Neumann), Spieltheorie und Wirtschaftswissenschaften (1963).

Morgenstern ↑ Abendstern.

▷ ma. Schlagwaffe; Keule mit eisernen Stacheln oder eine mit einer Kette an einem Stock befestigte Stachelkugel.

Morgenthau, Henry, jr. ['mɔrgəntau, engl. 'mɔːgənθɔː], *New York 11. Mai 1891, †Poughkeepsie (N. Y.) 6. Febr. 1967, amerikan. Politiker dt. Herkunft. – Zunächst Landw.politiker, 1934–45 Finanzmin.; entwarf zus. mit Mitarbeiter Roosevelts 1944 einen 14-Punkte-Plan, nach dem Deutschland nach Ende des 2. Weltkriegs Agrarland werden sollte, den sog. **Morgenthau-Plan** (sah u. a. vor: Entmilitarisierung und Teilung des Landes in einen nordöstl. und einen südtl. Staat, Internationalisierung von Ruhrgebiet, Rheinland, Westfalen, Nordseeküste, Nord-Ostseekanal; Demontage von Ind.anlagen; Bergwerksstillegungen), den Roosevelt nach bereits erteilter Unterschrift jedoch zurückzog.

Morgenweite, am Horizont der Winkelabstand des Aufgangspunktes eines Gestirns vom Ostpunkt.

Morges [frz. mɔrʒ], Hauptort des Bez. M. im schweizer. Kt. Waadt, am Genfer See, 374 m ü. d. M., 13 200 E; Nahrungsmittelind. und Maschinenbau. – Um 1290 errichteten die Grafen von Savoyen Schloß und Stadt, die 1536–1798 unter Berner Herrschaft standen. Nach 1691 Hafenausbau. – Schloß (13. und 16. Jh.; heute waadtländ. Zeughaus und histor. Waffensammlung), Bürgerhäuser (17. und 18. Jh.).

Morghen, Raffaello [italien. 'mɔrgen], *Neapel 19. Juni 1758, †Florenz 8. April 1833, italien. Kupferstecher. – Bed. einfühlsame Reproduktionsstiche nach Gemälden großer Meister, u. a. „Das Abendmahl" nach Leonardo da Vinci.

Morgner, Irmtraud, *Chemnitz 22. Aug. 1933, †Berlin (Ost) 6. Mai 1990, dt. Schriftstellerin. – In ihrer phantasievollen, fabulierenden Sprache wies M. in ihren Werken immer wieder auf den Widerspruch zw. technisierter Arbeitswelt und individueller Kraft der Phantasie hin. Zentrale Aspekte der Frauenthematik und -emanzipation griff sie in der „Laura-Salman-Trilogie" auf („Leben und Abenteuer der Trobadora Beatriz nach Zeugnissen ihrer Spielfrau Laura", 1974; „Amanda. Ein Hexenroman", 1983; der 3. Bd. blieb durch M. Tod nur Fragment).

Mori Ōgai, eigtl. Mori Rintarō, *Tsuwano (Präfektur Shimane) 17. Febr. 1862, †Tokio 9. Juli 1922, jap. Schriftsteller. – Ab 1919 Leiter der kaiserl. Akad. der Schönen Künste. Antinaturalist. Erzähler, u. a. „Die Wildgans" (1911), „Der Untergang des Hauses Abe" (1914), sowie Übersetzer (Lessing, Goethe, Kleist) und Kritiker.

moribund [lat.], in der Medizin für: im Sterben liegend, dem Tod nahe.

Móricz, Zsigmond [ungar. 'moːrits], *Tiszacsécse 30. Juni 1879, †Budapest 4. Sept. 1942, ungar. Schriftsteller. – Einer der bedeutendsten Vertreter des ungar. Realismus. Zunächst naturalist. Romane und Erzählungen über das drückende, von Haß, Sexualität und Egoismus beherrschte Dorf- und Kleinstadtmilieu, u. a. „Gold im Kote" (R., 1910), „Die Fackel" (R., 1917). Später histor. und zeitbezogene sozialkrit. Gesellschaftsromane wie „Siebenbürgen" (R.-Trilogie, 1922–34). Auch Kinder- und Jugendbücher.

Mörike, Eduard, *Ludwigsburg 8. Sept. 1804, †Stuttgart 4. Juni 1875, dt. Lyriker und Erzähler. – 1834–43 Pfarrer in Cleversulzbach bei Weinsberg; lebte nach vorzeitiger Pensionierung 1844–61 in Hall, dann in Bad Mergentheim, ab 1851 als Lehrer in Stuttgart; nahe Verbindung zur „Schwäb. Dichterschule". M. nahm eine Art Zwischenstellung zw. Spätromantik und Frührealismus ein. Das Erbe der Romantik wird an seinen Balladen, auch an den Märchen erkennbar. Der Roman „Maler Nolten" (2 Bde., 1832; 2. Fassung 1853–75, unvollendet, hg. 1877) steht in der

Thomas Morgan

Christian Morgenstern

Henry Morgenthau jr.

Irmtraud Morgner

Eduard Mörike

Moritz, Prinz von Oranien

Moritz, Kurfürst von Sachsen

Tradition des romant. Künstlerromans und enthält einen großen Teil der frühen Lyrik (so die „Peregrina"-Gedichte). Als Höhepunkt seiner Prosa gilt die Novelle „Mozart auf der Reise nach Prag" (1856). M. wurde v. a. als Lyriker bekannt; neben meisterhaften idyll.-eleg. Dichtungen in antiken Maßen stehen in naivem Volksliedton gehaltene Lieder und phantasiereiche Naturballaden, die vielfach vertont wurden (von R. Schumann und H. Wolf). – *Weitere Werke:* Die Idylle vom Bodensee (1846), Stuttgarter Hutzelmännlein (Märchen, 1853).

Morin [lat.], gelber Farbstoff (Flavonoid) aus dem ↑Gelbholz, heute als Reagenz zum Nachweis von Aluminium u. a. Metallen verwendet.

Moringagewächse [Malajalam/dt.] (Meerrettichbaumgewächse, Moringaceae), Fam. der Zweikeimblättrigen mit der einzigen, zehn Arten umfassenden Gatt. *Moringa;* hauptsächlich im trop. Afrika, auf Madagaskar und in Vorderindien vorkommende Bäume mit dicken, flaschenförmigen Stämmen.

Morioka, jap. Stadt auf Honshū, 235 500 E. Verwaltungssitz der Präfektur Iwate; medizin. Univ. (seit 1952), TU, Nahrungsmittel- und Textilind. – Anfang des 17. Jh. gegründet.

Morio-Muskat-Rebe [nach dem dt. Züchter P. Morio], Kreuzung aus den Rebsorten Silvaner und Weißer Burgunder; intensives Muskatbukett.

Morion [griech.-lat.] ↑Quarz.

Morisca [span. „Maurentanz"] (Moriskentanz), ein vom 15.–17. Jh. über ganz Europa verbreiteter, wahrscheinlich in Spanien beheimateter pantomim. Tanz, der solistisch oder von mehreren Personen mit Masken oder geschwärzten Gesichtern, unterschiedl. Verkleidungen, gelegentlich als Schwerttanz, fast immer mit Schellen an den Knöcheln oder Waden getanzt wurde. Seit dem 15. Jh. werden auch Balletteinlagen in Intermedien und Opern M. genannt. Der engl. **Morris dance,** der im 19. Jh. in sog. Morris-Gilden wiederbelebt wurde, wird teils als Schwerttanz, teils mit Tüchern und Schellenbändern fast ausschließlich von Männern getanzt.

Morisken [span.], die nach der Reconquista in Spanien zurückgebliebenen Mauren, die, vielfach unter Zwang zum Christentum bekehrt, von der Inquisition verfolgt und in den Jahren 1609–14 ausgewiesen wurden.

Moriskentanz, svw. ↑Morisca.

Moritat, auf bekannte Melodien gesungenes und mit der Drehorgel begleitetes Lied des Bänkelsangs, das eine sensationelle, schauerl. oder rührselige Geschichte zum Inhalt hat. Die ersten Belege stammen aus dem 17. Jh. Die Entstehung des Namens wird verschieden erklärt: aus 1. lat. moritas („erbauliche Geschichte, Moralität"), 2. Rotwelsch moores, jidd. mora („Lärm, Schrecken"), 3. der Verballhornung von Mordtat. Bes. im 18. Jh. fand die M. als moralisierende, tragikom. Ballade bzw. Romanze Eingang in die dt. Literatur, v. a. bei J. F. Löwen, J. W. L. Gleim, G. A. Bürger. Die Blütezeit kommerziellen M.sangs war das 19. Jh. Als literar. Form wieder im 20. Jh. u. a. bei F. Wedekind, E. Mühsam, J. Ringelnatz, G. Heym, B. Brecht, W. Mehring, E. Kästner.

Moritz, Name von Herrschern:

Hessen-Kassel:

M. der Gelehrte, *Kassel 26. Mai 1572, †Schloß Plesse (bei Bovenden) 15. März 1632, Landgraf (1592–1627). – Sohn Wilhelms IV., des Weisen; Dichter und Komponist, machte den Kasseler Hof zu einem kulturellen Mittelpunkt. Nach Einführung des Kalvinismus (1605) trat er 1609 der prot. Union bei, verlor aber 1623 Oberhessen durch kaiserl. Schiedsspruch. Die luth. Landstände und die kath. Liga zwangen ihn zur Abdankung.

Niederlande:

M., Prinz von Oranien, *Dillenburg 14. Nov. 1567, †Den Haag 23. April 1625, Graf von Nassau-Dillenburg, Statthalter der Niederlande. – Sohn Wilhelms I. von Oranien; seit 1585 Statthalter der Prov. Holland und Seeland, 1590 von Utrecht, Geldern und Overijssel; Generalkapitän und Admiral der Union. Durch Heeresreformen (neue Taktik und Kriegstechnik) konnte er 1591–94 die Spanier aus der niederl. Nordprovinz vertreiben.

Sachsen:

M., *Freiberg 21. März 1521, †bei Sievershausen (= Lehrte) 11. Juli 1553, Hzg. (seit 1541), Kurfürst (seit 1547). – Trat, obwohl Protestant, im Okt. 1546 auf seiten Karls V. in den Schmalkald. Krieg ein und erhielt 1547 in der Wittenberger Kapitulation Kurwürde und Kurlande seines ernestin. Vetters Johann Friedrich I. von Sachsen. 1552 betrieb M. die Fürstenverschwörung gegen Karl V., wobei er sich im Vertrag von Chambord frz. Unterstützung sicherte. Im Passauer Vertrag mußte der Kaiser entscheidende religionspolitische Zugeständnisse machen. In der Schlacht bei Sievershausen (9. Juli 1553) gegen Albrecht Alcibiades von Brandenburg-Kulmbach wurde er tödlich verwundet. M. begründete den Aufstieg des albertin. Sachsen.

M., Graf von Sachsen, ↑Sachsen, Moritz von.

Karl Philipp Moritz. Titelseite des 4. Teils seines Romans „Anton Reiser", 1786

Moritz, Karl Philipp, *Hameln 15. Sept. 1756, †Berlin 26. Juni 1793, dt. Schriftsteller. – Hutmacherlehrling, Schauspieler; studierte in Erfurt und Wittenberg Theologie, ging 1782 nach Großbritannien, 1786 nach Italien (Freundschaft mit Goethe); 1789 Prof. für Altertumskunde in Berlin. Sein Hauptwerk ist der pietistisch gefärbte autobiograph. Roman „Anton Reiser" (4 Bde., 1785–94). Sein „Versuch einer dt. Prosodie" (1786) und „Über die bildende Nachahmung des Schönen" (1788) hatten wesentl. Einfluß auf die Klassik.

Moritzburg, Gem. nördl. von Dresden, Sa., inmitten von Mischwäldern und den M.er Teichen, 2 500 E. Jagdschloß (1542–46 erbaut, 1723–36 von M. D. Pöppelmann barockisiert; Barockmuseum); Hengstdepot.

Morlaix [frz. mɔrlɛ], frz. Hafenstadt an der breton. N-Küste, Dep. Finistère, 18 300 E. Austernzucht, Markt für Fischereiprodukte; Fremdenverkehr. – Kirchen Saint-Melaine und Saint-Matthieu (beide 16. Jh.).

Morley [engl. 'mɔ:lɪ], John, Viscount (seit 1908) M. of Blackburn, *Blackburn 24. Dez. 1838, †London 23. Sept. 1923, brit. Historiker und Politiker. – Journalist; 1867–82 Hg. von „Fortnightly Review", 1883–1908 mehrfach liberales Unterhausmitglied. Setzte sich für ein Home Rule für Irland ein; 1886 und 1892–96 als Chief Secretary for Ireland Initiator der Gesetzesvorlagen über die ir. Autonomie; 1905–10 Staatssekretär für Indien.

M., Thomas, *London 1557, †ebd. 1602, engl. Komponist. – Schüler von W. Byrd, Organist an Saint Paul's in London, ab 1592 „Gentleman" der Chapel Royal; bed. engl. Madrigalkomponist.

Mormon (Buch M.), hl. Schrift der ↑Mormonen, angeblich eine von Joseph ↑Smith in engl. Sprache diktierte Übersetzung eines in „reformägypt." Sprache und Schrift auf

Goldplatten verzeichneten Textes, den Smith von einem Engel namens Moroni erhalten zu haben behauptete. Der Name des Buches M. ist einer Persönlichkeit der in ihm berichteten Heilsgeschichte entlehnt. Das Buch M. ist an bibl. Vorbildern orientiert, bietet aber inhaltlich eine ganz auf Amerika bezogene Geschichtstheologie.

Mormonen, die Mgl. der *„Kirche Jesu Christi der Heiligen der letzten Tage"* (engl. „Church of Jesus Christ of Latter-Day Saints"), ben. nach dem für ihre Religionsgemeinschaft grundlegenden Buch ↑ Mormon. Die M.kirche wurde am 6. April 1830 von Joseph ↑ Smith begründet. Die M. vertreten betont den Gedanken der Höherentwicklung des Menschen und haben sich in ihren Anfängen bis zum Jahre 1890 zur Mehrehe bekannt. – Nach der Ermordung des Stifters J. Smith wurde B. Young Präs. der M.kirche. Er zog 1846/47 mit 12 000 Gefolgsleuten in den menschenleeren Westen der USA in die Nähe des Großen Salzsees. Dort errichteten die M. ein eigenes Territorium (↑Utah), ein theokratisch verfaßtes Gemeinwesen mit einem Präs. und einem vielklassigen Priestertum. Das Zentrum der Hauptstadt Salt Lake City ist der aus hellem Granit erbaute M.tempel, in dem nach mormon. Glauben Christus das Jüngste Gericht halten wird. Außerhalb der USA sind die M. bereits ab 1837 missionarisch hervorgetreten. 1990 bekennen sich etwa 6,6 Mill. zur M.kirche, in Deutschland rd. 35 000.

Mornay, Philippe de [frz. mɔrˈnɛ], Seigneur du Plessis-Marly, gen. P. Duplessis-Mornay, *Schloß Buhy (Val-d'Oise) 5. Nov. 1549, †La Forêt-sur-Sèvre (Deux-Sèvres) 11. Nov. 1623, frz. Staatsmann und Publizist. – Wohl ab 1560 Kalvinist, seit 1576 im Dienst Heinrichs von Navarra. 1589–1621 Gouverneur von Saumur und als einer der Führer der Hugenotten für den Ausgleich zw. den Konfessionen tätig; förderte das Zustandekommen des Edikts von Nantes.

Moro, Aldo, *Maglie (Prov. Lecce) 23. Sept. 1916, †9. Mai 1978 (ermordet), italien. Politiker. – Jurist; seit 1946 Abg. der Democrazia Cristiana (DC), 1955–59 Min.präs., 1959–64 Generalsekretär der DC, 1963–68 Min.präs., 1969–72 und 1973/74 Außenmin., 1974–76 erneut Min.präs., seit 1976 Präs. des Nat.rates der DC. M., der als führender Exponent des linken Flügels der DC galt, wurde am 16. März 1978 von Mgl. der „Roten Brigaden" entführt und später erschossen aufgefunden.

Morogoro, Regionshauptstadt im O Tansanias, am N-Fuß der Uluguru Mountains, 74 000 E. Kath. Bischofssitz; Abteilung der landw. Fakultät der Univ. Daressalam; Handels- und Verkehrszentrum; Textil-, Lebensmittel-, chem. Industrie.

Morone, Giovanni, *Mailand 25. Jan. 1509, †Rom 1. Dez. 1580, italien. Kardinal (seit 1542). – Ab 1536 Nuntius in Deutschland, wo er an den Religionsgesprächen in Hagenau (1540), Worms und Regensburg (1541) und Speyer (1542) teilnahm. 1555 als Legat zum Reichstag nach Augsburg entsandt, 1557–59 von Papst Paul IV. wegen des Verdachtes (ev.-)häret. Gesinnung gefangengehalten. Nach seiner Rehabilitierung (1560) brachte er, ab 1563 Konzilspräs. in Trient, das Konzil erfolgreich zu Ende (↑Tridentinum).

Moroni, Hauptstadt der Komoren, an der Westküste von Njazidja, 21 000 E. Handelszentrum; Verarbeitung landw. Produkte; Hafen, internat. ✈.

Moronobu Hishikawa, *Hoda (Prov. Awa) 1618 oder 1625, †Edo (=Tokio) 1694, jap. Maler und Holzschnittmeister. – Zahlr. Schwarzweißdrucke mit Genredarstellungen (Ukiyo-e), begr. damit den Holzschnitt als selbständige Kunstgattung.

Moro-Reaktion [nach dem dt. Kinderarzt E. Moro, *1874, †1951] ↑Tuberkulinreaktion.

Moros, Bez. für die muslim. Bev. auf Mindanao und Palawan sowie den Suluinseln, Philippinen; 2,27 Mill.

Morotai, Insel der N-Molukken, Indonesien, 80 km lang, bis 40 km breit und 1250 m hoch.

Morph [griech.], die noch nicht einem bestimmten ↑Morphem als zugehörig klassifizierte kleinste grammatisch signifikante Einheit. Ein und dasselbe M. kann Repräsentant verschiedener Morpheme sein, z. B. im Deutschen das M. -en, das u. a. sowohl den Plural (z.B die Sagen) als auch den Genitiv (z. B. des Jungen) bezeichnet; andererseits können verschiedene M. bei gleicher Bedeutung und komplementärer Verteilung *(Allo-M.)* ein und dasselbe Morphem repräsentieren, z. B. die M. -e, -er, -(e)n, -s das dt. Pluralmorphem.

morph..., Morph..., Wortbildungselement, ↑morpho..., Morpho...

Morphem [frz., zu griech. morphé „Gestalt, Form"], kleinste bedeutungstragende sprachl. Form (auch als *Monem* [A. Martinet] bezeichnet) und Einheit des Sprachsystems, deren weitere Segmentierung in grammatisch signifikante Bestandteile nicht möglich ist (z. B. „gut" in Ggs. zu „geh-t"). Man unterscheidet u. a. *freie M.,* die isoliert auftreten (z. B. „Licht"), und *gebundene M.,* die nur in unmittelbarer Verbindung mit anderen M. vorkommen (z. B. Flexionssuffixe wie -er, -en, Wortbildungssuffixe wie -lich, -ung), ferner *lexikalische M.* (Lexeme) und *grammatische M.* (M. als Träger grammat. Kategorien, z. B. von Tempus, Kasus, Numerus), *diskontinuierliche M.,* bei denen mehrere durch andere Elemente getrennte Morphe die M.bedeutung ergeben (z. B. das durch die getrennten Morphe „ge" und „t" gebildete M.partizip „gefreit"), und *Portemanteau-M.,* bei denen sonst distinkte M.einheiten miteinander verschmolzen sind, z. B. frz. „au" (aus „à" und „le").

Morphemik (Morphematik) [griech.], in der Sprachwiss. i. w. S. die Morphologie insgesamt; i. e. S. die im Strukturalismus entwickelte Methode der Analyse von Form, Struktur, Funktion und Distribution der ↑Morpheme sowie der mögl. Morphemkombinationen mittels Segmentierung und Klassifikation.

Morphin (Morphium) [griech., nach Morpheus, dem Gott des Schlafs], $C_{17}H_{19}O_3N$, neben dem Noskapin (Narkotin) das Hauptalkaloid des Opiums; kristalline, stark basisch reagierende Substanz, die in der Medizin als starkes schmerzlinderndes Mittel eingesetzt wird. Die therapeutisch wirksame Dosis beträgt beim Erwachsenen 0,01 bis 0,02 g. M. wirkt zusätzlich beruhigend, häufig löst es ein Gefühl allg. Wohlbefindens (Euphorie) aus. Weitere Wirkungen sind Pupillenverengung, Dämpfung der Erregbarkeit des Atemzentrums, Appetitlosigkeit, Darmträgheit und erschwertes Entleeren der Harnblase. Schlaf und Bewußtlosigkeit treten erst bei Mengen von 0,05–0,1 g auf. M. unterliegt, ebenso wie die halbsynthet. M.derivate Oxycodon, Hydromorphon, Hydrocodon und die synthet. Substanzen Methadon, Levorphanol u. a., dem Betäubungsmittelgesetz.

Der **Morphinismus** (Morphinsucht, chron. M.vergiftung) beruht nicht nur auf einer psych., sondern hauptsächlich auf einer körperl. Abhängigkeit von der Droge. Die ersten Anzeichen treten bei fortgesetzter M.zufuhr innerhalb von etwa drei Wochen auf. Während M. von vielen zunächst als unangenehm empfunden wird und häufig Schwindel,

Moritzburg. Das 1542–46 erbaute, 1723–36 von Matthäus Daniel Pöppelmann barockisierte Jagdschloß

Philippe de Mornay

Aldo Moro

Morphinismus

Übelkeit und Erbrechen hervorruft, erleben etwa 10 % aller Probanden die M.wirkung als wohltuend und stimmungshebend. Die Dauerheilungsquote beträgt bei freiwilliger Entziehung etwa 15–30 %, bei der Zwangsentziehung nur etwa 7–10 %. Die Entziehungserscheinungen setzen etwa 5–8 Stunden nach der letzten M.zufuhr ein und erreichen ihren Höhepunkt nach 40–72 Stunden. Nach 7–10 Tagen sind die schwersten körperl. Erscheinungen überwunden. Das starke Verlangen nach M. bleibt allerdings noch wochenlang bestehen. Die Entziehungserscheinungen können z. B. mit Methadon aufgefangen werden. – Durch hohe Dosen von M. kommt es zur *Morphinvergiftung*. Die Symptome sind Pupillenverengung, Koma, extreme Reduzierung der Atmung (bis auf 2–4 Atemzüge je Minute). M.vergiftung (tödl. Dosis 0,3–0,4 g) kann infolge Atemlähmung zum Tode führen. – M. wurde von dem Apotheker F. W. Sertürner 1806 als erstes Pflanzenalkaloid entdeckt und seit 1814 als Schmerzmittel angewendet. Die chem. Struktur wurde erst 1926/27 durch R. Robinson und Mitarbeiter sowie C. Schöpf vollständig aufgeklärt.

Morphinismus [griech.], svw. Morphinsucht, ↑ Morphin.

Morphium, svw. ↑ Morphin.

morpho..., Morpho..., morph..., Morph... [zu griech. morphé „Form"], Wortbildungselement mit der Bed. „Gestalt"; auch als Endsilbe ...morph.

Morphofalter (Morphidae), Fam. bis 20 cm spannender, blau schillernder (♂♂) oder brauner (♀♀) Tagschmetterlinge mit rd. 50 Arten in den Urwäldern M- und S-Amerikas.

Morphogenese (Morphogenie), individuelle und stammesgeschichtl. Entwicklung der Gestalt der Organismen und ihrer Organe.

Morphologie (Formenlehre), allg. die Lehre oder Wiss. von den Gestalten, Formen und Organisationsprinzipien, insbes. von Lebewesen, aber auch von histor., sozialen, sprachl., ästhet. Erscheinungen und Gegenständen.
▷ als Teilgebiet der *Biologie* die Wiss. und Lehre vom äußeren Bau (Gestalt, Organisation) der Organismen und ihrer Teile sowie deren Umgestaltung im Verlauf ihrer Entwicklung (Ontogenie).
▷ in *Geographie* und *Geologie* Kurzbez. für ↑ Geomorphologie.
▷ in der *Sprachwiss.*: 1. in der traditionellen Grammatik die Formenlehre, die, vom Wort ausgehend, die Analyse der Flexionsformen und der Wortarten umfaßt und auch die Wortbildung einbeziehen kann; 2. in der strukturellen Grammatik die ↑ Morphemik i. e. S.; 3. in der generativen Transformationsgrammatik die morpholog. Komponente zw. syntakt. und philolog. Komponente, in der Satzbaupläne vor Einsetzen des konkreten Wortmaterials mit grammat. Merkmalen versehen werden.
▷ (soziale M.) von É. Durkheim 1898 eingeführte Bez. für die Hilfsdisziplinen der Soziologie, die die Mengenverhältnisse der Individuen in gegebenen Räumen, ihre Verteilung nach bestimmten Merkmalen und die Veränderungen dieser Verhältnisse untersuchen. Wichtigste Teilbereiche: Soziogeographie, Demographie und Sozialökologie.

Morphophonem (Morphonem), in der Sprachwiss. Bez. für die zwei oder mehreren in bestimmter Position alternierenden Phonemen zugrundeliegend gedachte abstrakte sprachl. Einheit, z. B. die Phonemalternationen bei den auf Grund der Auslautverhärtung alternierenden Phonempaaren [p] – [b], z. B. in „Trab" und „traben" [tra:p, tra:bən].

Morphose [griech.], in der Botanik Bez. für nichterbl. Gestaltvariationen der Pflanzen bzw. einzelner Organe, die durch Umwelteinflüsse *(morphogenet. Reize)* verursacht werden (↑ Modifikationen).

Morricone, Ennio, *Rom 10. Nov. 1928, italien. Komponist. – Gehörte der Improvisationsgruppe „Nuova Consonanza" an. Wurde internat. bekannt durch seine Filmmusiken (u. a. „Spiel mir das Lied vom Tod", 1968).

Morris, Desmond [John] [engl. ˈmɔrɪs], *Purton (Wiltshire) 24. Jan. 1928, brit. Verhaltensforscher. – Studierte Zoologie, insbes. Ethologie (u. a. bei N. Tinbergen); wurde bekannt mit Filmen und Fernsehsendungen über das Verhalten von Tieren.

M., Mark, *Seattle (Wash.) 29. Aug. 1956, amerikan. Tänzer und Choreograph. – Begann 1976 beim „Eliot Feld Ballet" in Manhattan und arbeitete in verschiedenen Kompanien (u. a. bei P. Taylor, Lar Lubovitch, Laura Dean). 1981 gründete er die „M. M. Dance Group" und fand mit seinen Tanzstücken, die auf dem Modern dance fußen, starke Beachtung. 1988 wurde er Direktor der „Monnaie Dance Group M. M." in Brüssel. Choreographien: u. a. „New love song waltzes" (1982), „Love song waltzes" (1989), „The hard nut" (1991).

M., Robert, *Liverpool 31. Jan. 1734, †Philadelphia 7. Mai 1806, amerikan. Kaufmann und Bankier brit. Herkunft. – Mgl. des 2. Kontinentalkongresses (1775–78), gründete 1781 die Bank of North America und finanzierte durch Aufnahme öff. Kredite den Nordamerikan. Unabhängigkeitskrieg.

M., Robert, *Kansas City (Mo.) 9. Febr. 1931, amerikan. Objektkünstler. – M. ist einer der Hauptvertreter der Minimal art in den USA. Ende der 60er Jahre begann er, Assemblagen und Reliefs aus Filz herzustellen. Er lieferte auch Beiträge zur Concept- und Land-art. Setzt seine meist geometr. Objekte in Beziehung zu dem sie umgebenden Raum.

William Morris. Dessin „Myrthe", um 1880–90 (Kassel, Deutsches Tapetenmuseum)

M., William, *Walthamstow (= London) 24. März 1834, †Hammersmith (= London) 3. Okt. 1896, engl. Kunsthandwerker, Sozialreformer und [Kunst]schriftsteller. – Einer der vielseitigsten und einflußreichsten Künstler des 19. Jh., der die Kunst seiner Zeit vom Handwerk her erneuern wollte. Gründete 1861 gemeinsam mit D. G. Rossetti, E. Burne-Jones, F. M. Brown und P. Webb zahlr. kunstgewerbl. Werkstätten für Gläser, Kacheln und v. a. Bildteppiche (Hammersmith-Teppiche) und Tapeten. Bed. Wirkung durch die Ausstellungen der ↑ Arts and Crafts Exhibition Society und die von ihm 1890 begr. Kelmscott Press (Chaucerausgabe, 1896) bes. auf den kontinentalen Jugendstil. Seine z. T. von J. Ruskin beeinflußten Vorstellungen von einer sozialist. Gesellschaft legte er u. a. dar in „Eine königl. Lektion. – Ein Traum von John Ball" (E., 1888) und „Kunde von Nirgendwo" (Sozialutopie, engl. „News from nowhere" [1890, dt. 1900]).

Morris Jesup, Kap [engl. ˈmɔrɪs ˈdʒɛsəp], Kap an der N-Küste Grönlands.

Morrison [engl. ˈmɔrɪsn], Herbert Stanley, Baron M. of Lambeth (seit 1959), *London 3. Jan. 1888, †Sidcup (= London) 6. März 1965, brit. Politiker (Labour Party). – War u. a. Verkehrsmin. (1929–31), Min. für Inneres und Sicherheit (1940–45), Lord President und Führer des Unterhauses (1945–50) sowie Außenmin. (1959); als stellv.

Parteivors. erwarb er sich ab 1951 große Verdienste als Parteiorganisator.

M., Jim ↑ Doors, The.

M., Toni, eigtl. Chloe Anthony Wofford, *Lorain (Ohio), 18. Febr. 1931, amerikan. Schriftstellerin. – Lehrte an verschiedenen Univ., seit 1984 Direktorin des New York State Writer's Institute in Albany (N. Y.). Wichtige Vertreterin der afroamerikan. Literatur; entwirft in ihren Romanen ein komplexes Bild tiefer Entfremdung und der Identitätssuche der schwarzen Frau sowie gestörter familiärer Beziehungen. – *Werke:* Sehr blaue Augen (R., 1970), Sula (R., 1974), Solomons Lied (R., 1977), Teerbaby (R., 1981), Menschenkind (R., 1987).

M., Van, *Belfast 31. Aug. 1945, ir. Rocksänger und -gitarrist. – Gilt als einer der überzeugendsten weißen Bluessänger (u. a. „It's all over now baby blue").

Morrison, Mount [engl. ˈmaʊnt ˈmɔrɪsn̩], mit 3 997 m höchster Berg auf Taiwan.

Mors, Insel im westl. Limfjord, Dänemark, 363 km², v. a. landw. Nutzung.

Morse, Samuel [engl. mɔːs], *Charlestown (Mass.) 27. April 1791, † Poughkeepsie bei New York 2. April 1872, amerikan. Maler und Erfinder. – 1826–45 erster Präs. der „National Academy of Design" in New York. Arbeitete seit 1833 an der Erfindung des elektromagnet. Schreibtelegrafen (↑Morsetelegraf; 1837 zum Patent angemeldet) und übermittelte 1844 das erste Telegramm. Aus der zunächst verwendeten Zickzackschrift entwickelte M. den Morsecode.

Morsecode [...koːt; nach S. Morse] (Morsealphabet), in der Telegrafie verwendeter Code aus Strich-Punkt-Kombinationen; Längenverhältnis von Punkt oder Pause zu Strich 1 : 3.

morsen [nach S. Morse], durch Betätigen einer Taste (elektr. Kontakt) eine Nachricht nach dem ↑Morsecode verschlüsseln.

Mörser [zu lat. mortarium (↑Mörtel)], Stahl-, Bronze- oder Porzellangefäß mit gerundetem Innenboden zum Zerstoßen körnigen Materials (mit Hilfe des keulenförmigen Pistills).
▷ seit dem 15. Jh. Bez. für ein kurzrohriges Steilfeuergeschütz (↑Geschütz); auch Bez. für einen Granatwerfer, eine leicht bewegl. Infanterie-Steilfeuerwaffe, deren Rohr sich auf einer Bodenplatte und einem Zweibein abstützt (auch in gepanzerten Fahrzeugen).

Morsetelegraf [nach S. Morse], elektromagnet. Telegrafenapparat: Im Rhythmus des Tastens wird auf der Empfängerseite ein Stromkreis geschlossen oder geöffnet und dadurch ein Schreibstift gegen einen sich gleichförmig bewegenden Papierstreifen gedrückt.

Morsztyn, Andrzej [poln. ˈmɔrʃtin], *bei Sandomierz um 1613, † Châteauvillain 8. Jan. 1693, poln. Dichter. – Seine formgewandte, vom Marinismus beeinflußte Dichtung gilt als Höhepunkt der barocken poln. Literatur.

Mortalität [lat.], Sterblichkeitsrate, Verhältnis der Zahl der Todesfälle (als Folge einer Erkrankung) innerhalb eines bestimmten Zeitraums zur statist. Vergleichsgröße (Gesamtheit der berücksichtigten Personen bzw. Gesamtbev.).

Mörtel [zu lat. mortarium („Mörser", „Gefäß für die Mörtelherstellung"], Gemisch zum Verbinden von Mauersteinen (Speis) oder zum Verputzen von Wänden und Decken. M. besteht aus einem oder mehreren Bindemitteln (gebrannter Kalk, Gips, Zement) sowie Sand und wird mit Wasser „angemacht". Bindemittel und Sand erhärten zu einer steinartigen Masse. M. mit Zement als Bindemittel erhärtet auch unter Wasser.

Mörtelbienen (Maurerbienen, Chalicodoma), Gatt. pelzig behaarter Bienen mit zahlr. Arten, v. a. in trockenen, felsigen Landschaften Eurasiens und Afrikas; bauen an Mauern und Felsen steinharte Nester aus Sand und Speichel.

Mortillet, Gabriel de [frz. mɔrtiˈjɛ], *Meylan (Isère) 29. Aug. 1821, † Saint-Germain-en-Laye 25. Sept. 1898, frz. Prähistoriker. – Mitbegr. der im wesentlichen noch heute gültigen Stufeneinteilung des Paläolithikums.

Morsecode					
a	· –	n	– ·	å	· – – · –
ä	· – · –	o	– – –	é	· · – · ·
b	– · · ·	ö	– – – ·	ñ	– – · – –
c	– · – ·	p	· – – ·		
ch	– – – –	q	– – · –	0	– – – – –
d	– · ·	r	· – ·	1	· – – – –
e	·	s	· · ·	2	· · – – –
f	· · – ·	t	–	3	· · · – –
g	– – ·	u	· · –	4	· · · · –
h	· · · ·	ü	· · – –	5	· · · · ·
i	· ·	v	· · · –	6	– · · · ·
j	· – – –	w	· – –	7	– – · · ·
k	– · –	x	– · · –	-8	– – – · ·
l	· – · ·	y	– · – –	9	– – – – ·
m	– –	z	– – · ·		
Punkt · – · – · –			Unterstreichung · · – – · –		
Komma – – · · – –			Trennung – · · · –		
Apostroph · – – – – ·			Bruchstrich – · · – ·		
Doppelpunkt – – – · · ·			Anfangszeichen – · – · –		
Bindestrich – · · · · –			Schlußzeichen · – · – ·		
rechte Klammer – · – – · –			Verstanden · · · – ·		
linke Klammer – · – – ·			Aufforderung		
Fragezeichen · · – – · ·			zum Senden – · –		
Anführungszeichen · – · · – ·			Warten · – · · ·		
Auslassungs-			Irrung · · · · · · · ·		
zeichen · – · · –			Notruf SOS · · · – – – · · ·		

Mortimer [engl. ˈmɔːtɪmə], John, *London 21. April 1923, engl. Dramatiker. – Die Stoffe zu seinen Dramen, u. a. „Das Pflichtmandat" (Kom., 1958), „Die Mittagspause" (Kom., 1960), „Collaborators" (Dr., 1973) entnimmt M. v. a. dem bürgerl. Mittelklassenmilieu der Gegenwart. 1985 schrieb er den Roman „Paradise postponed".

M., Roger de, Earl of March (seit 1328), *um 1286, † Tyburn (= London) 29. Nov. 1330 (gehängt), engl. Adliger. – 1316–21 Statthalter von Irland; beteiligte sich (1327) an der Ermordung König Eduards II., übte im Namen der Königin eine Gewaltherrschaft aus, bis ihn Eduard III. hinrichten ließ.

Morton, Jelly Roll [engl. mɔːtn̩], eigtl. Ferdinand Joseph La Menthe, *Gulfport (La.) 20. Sept. 1885, † Los Angeles 10. Juli 1941, amerikan. Jazzmusiker (Pianist und Komponist). – M., in dessen Musik sich der New-Orleans-Jazz mit Elementen des Ragtime, des Blues und der span. Folklore vereinigt, gehört zu den bedeutendsten Pianisten und Komponisten des frühen Jazz.

Mortuarium [lat.], svw. ↑Besthaupt.
▷ Trauerhalle auf einem Friedhof.

Morula [lat.] (Maulbeerkeim), frühes Stadium der Keimesentwicklung, in dem sich die Eizelle durch zahlr. totale Furchungsteilungen zu einem kompakten Zellhaufen entwickelt hat. Die M. zeigt noch keine Volumenzunahme, sondern entspricht in ihrer Größe der urspr. Eizelle.

Morungen, Heinrich von ↑ Heinrich von Morungen.

Morus, Thomas ↑More, Sir Thomas.

MOS, Abk. für engl.: **m**etal **o**xide **s**emiconductor, in der Halbleiterelektronik verwendeter Begriff, der besagt, daß bei einem Feldeffekttransistor (FET) die metall. Steuerelektrode (Gate) durch eine Isolatorschicht aus Siliciumdioxid vom halbleitenden Grundmaterial (meist ein Siliciumeinkristall) isoliert ist (sog. *MOS-Struktur*). Bei den Herstellungsverfahren für MOS-Strukturen (MOS-Technik) unterscheidet man die PMOS-Technik mit MOSFETs, bei denen sich bei negativer Spannung an den Gates ein leitender p-Kanal ausbildet, die NMOS-Technik mit MOSFETs, bei denen sich bei positiver Spannung an den Gates ein leitender n-Kanal ausbildet, und die beide Effekte verbindende CMOS-Technik. Die MOS-Technik eignet sich v. a. zur Herstellung von Mikroprozessoren (Packungsdichten von 450 000 Bauelementen pro Chip).

Mosaik [italien.-frz., zu griech. moũsa „Muse, Kunst"], Flächendekoration aus kleinen, meist würfelförmigen Stein-, Keramik- oder Glasstückchen, auch aus Kieselstei-

Samuel Morse

John Mortimer

Mosaikeier

nen (griech.-röm.), Tonstiften (Urule, 4. Jt.) oder Platten. – Das M. wird als Schmuck von Fußböden, Wänden und Gewölben, gelegentlich auch als selbständiges M.bild verwendet. Die M.steine werden nach einer Vorzeichnung dicht in ein feuchtes Mörtelbett gesetzt und später poliert. – Die ältesten Würfel-M. sind in Ur (Mitte 3. Jt.) bezeugt. Blüte des farbigen M., das die verlorene gleichzeitige Malerei widerspiegelt, in der hellenist. und provinzialröm. Kunst (Wand-M., Delos, 2. Jh. v. Chr.; Alexander-M. aus Pompeji, um 100 v. Chr.; Tunesien, Sizilien [Piazza Armerina], Rheinland [Köln], Syrien [Antiochia], 2.–6. Jh.). Die frühchristl. Wand-M. verwenden zunehmend Glassteine (Glasflüsse) und Goldplättchen, der antike illusionist. Stil wird aufgegeben (Santa Maria Maggiore, Rom, 2. Viertel 5. Jh.). Byzanz übernimmt diesen flächig-ornamentalen Stil. Erhaltene Hauptwerke sind die M. von Ravenna (San Vitale, Sant'Apollinare Nuovo, 6. Jh.); byzantin. M. kommen auch in Aachen (um 800) und Kiew (Mitte 11. Jh.) vor. Im 11. bis 13. Jh. ist die zweite Blütezeit der byzantin. M.kunst (Hosios Lukas [im 1. Drittel des 11. Jh.], Dafni [um 1100]). Im 12. Jh. entstehen die großen Zyklen von Sizilien (Cefalù, Palermo, Monreale) und Venetien (San Marco, Murano, Torcello), im 13. Jh. die M. des Baptisteriums von Florenz. Mit der Deesis der Hagia Sophia (Ende 13. Jh.) und den M. des Choraklosters in Istanbul (Anfang 14. Jh.) lebt in der byzantin. M.kunst der antike Naturalismus noch einmal auf. Der Islam übernimmt zunächst das spätantike Wand-M. (Felsendom Jerusalem [688–91], Große Moschee von Damaskus [um 715], Moschee von Córdoba [965]). Im 13./14. Jh. kommt das Fayence-M. auf, wohl pers. Ursprungs, wofür eigene neue Techniken (Aussägen der Fayencefliesen) entwickelt werden mußten. Der nichtfigürl. M.schmuck überzieht dann auch die Außenwände und erlebt in Persien und Indien eine große Blütezeit im 15.–16. bzw. 17. Jh. – In Italien ist seit dem 11. Jh. und bes. in der Renaissance das *Platten-M.* verbreitet. – Erst der Jugendstil bringt wieder eine bed. M.kunst aus M.steinchen hervor. Spitzenleistungen des 20. Jh. sind die M. in Mexiko (Univ.-bibliothek; 1951–53).

Mosaikeier, Eizellen mit determinierten Plasmabezirken, d. h. in denen bereits festgelegt ist, welche Organanlagen bzw. Gewebe im Laufe der Entwicklung aus den einzelnen in die Furchungszellen übergehenden Plasmaanteilen der Zelle hervorgehen (z. B. bei Seescheiden).

Mosaikglas, svw. ↑Millefioriglas.

Mosaikjungfern, svw. ↑Aeschna.

Mosaikkrankheiten, durch Viren verursachte Krankheiten bei Gemüse- und Zierpflanzen, Obstgehölzen und landw. Kulturen; z. B. ↑Tabakmosaik; Kennzeichen: v. a. mosaikartige Helldunkelscheckung, oft auch Verkleinerung und Kräuselung der Blätter, verbunden mit Stauchung der Stengel und Mißbildungen von Blüten und Früchten.

Mosaikzwitter, svw. ↑Gynander.

mosaisch [nach Moses], svw. jüdisch, israelitisch, auf die Religion des A. T. bezogen.

Mosambik, dt. Namensform von Moçambique.

Mosbach, Krst. 16 km sö. von Eberbach, Bad.-Württ., 151 m ü. d. M., 24 500 E. Verwaltungssitz des Neckar-Odenwald-Kr., Johannes-Anstalten (für behinderte Kinder); u. a. Lokomotiven-, Schürfraupen- und Zahnradfabrik, Bau von Spezialanhängern, Armaturen, Klimaanlagen, Majolika- und Kachelofenfabrik. – In der Nähe des um 736 gegr. und 976 erstmals erwähnten Klosters entstand im 9. Jh. die Siedlung M., die 1241 Stadtrecht erhielt. – Spätgot. Stadtkirche mit Wandmalereien; spätgot. Friedhofskapelle mit Wand- und Deckenmalerei; Rathaus (16. Jh.), zahlr. Fachwerkhäuser (v. a. 17. Jh.).

Mosbrugger, Kaspar ↑Moosbrugger, Kaspar.

Mosca, Gaetano, *Palermo 1. April 1858, †Rom 8. Nov. 1941, italien. Soziologe und Politiker. – 1896–1923 Prof. in Turin, 1914–16 Unterstaatssekretär im Kolonialministerium, ab 1919 Senator, 1923–33 Prof. in Rom; versuchte in seinem Hauptwerk „Die herrschende Klasse" (1895) zu beweisen, daß für die gesellschaftl. Stabilität die Herrschaft einer privilegierten, gut organisierten Elitenminderheit über eine der Reg. unfähige Masse unabdingbar sei.

Moschee [zu arab. masdschid „Anbetungsort" (eigtl. „Ort, an dem man sich niederwirft")], Kultgebäude des Islams, Versammlungsort für den fünfmal täglich stattfindenden Gebetsgottesdienst der Gläubigen. Auch Stätte der Gemeindeversammlungen, der persönl. Andacht und des theolog. Unterrichtes. In den Freitags-, Haupt- oder Versammlungs-M. (Dschami) findet freitags ein Predigtgottesdienst statt. Bestandteile der M. sind der ummauerte Hof mit Brunnen für die rituellen Waschungen (Wudu), ein überdachter Betsaal mit der Gebetsnische (Mihrab), welche die Richtung (Kibla) nach Mekka angibt, sowie meist ein oder mehrere Minaretts, eine Predigtkanzel (Minbar), die Estrade (Dikke) für den Vorbeter und ein abgesonderter Raum für den Herrscher (Maksura). Zur bewegl. Ausstattung gehören Leuchter, Koranständer, Lampen und Teppiche. Der Wandschmuck innen und außen besteht aus Zierschriften von Koran- und Widmungstexten und nichtfigürl. Ornamentik. – Die Entwicklung der islam. M. begann mit dem Gebetsplatz, den Mohammed im Hof seines Hauses in Medina einrichtete. Auf diese Anlage geht der Typ der **Hofmoschee** (Lager-M.) zurück. Ihr Merkmal ist der von überdachten Galerien (Riwaks) umgebene rechteckige Hof (Sahn) mit dem mehrschiffigen Betsaal (Haram) in der Richtung nach Mekka. Dieser M.typus ist im gesamten Islambereich verbreitet (älteste Beispiele: Große M. von

Mosaik. Oben: Landschaft mit kämpfenden Tieren, Mosaikbild aus der Hadriansvilla, um 130 n. Chr. (Rom, Vatikanische Sammlungen). Unten: Johannes der Täufer, Ausschnitt aus einer Deesis in der Hagia Sophia in Istanbul, 2. Hälfte des 13. Jahrhunderts

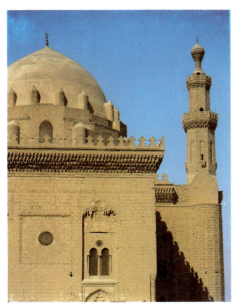

Moschee. Kuppel und Minarett der 1361 geweihten Sultan-Hasan-Moschee in Kairo

Samarra [848/49–52], Ibn-Tulun-M. in Kairo [878–879]). Die im 11. Jh. in Persien entwickelte **Iwanmoschee** besteht aus einem von Galerien umgebenen zentralen Hof, auf den sich ein bis vier große, tonnengewölbte Hallen (Iwane) öffnen. Dieser M.typ dient häufig als Schul-M. (Medrese) oder Kloster (Zawija). Die **Kuppelmoschee** entstand im 14. Jh. und ist v. a. im osman. Bereich verbreitet. Ihre Mittelkuppel wird von einem System aus Halb- und Nebenkuppeln getragen (Hauptbauten von Baumeister Sinan in Istanbul).

Moscherosch, Johann Michael, Pseud. Philander von Sittewald, *Willstätt bei Kehl 5. März 1601, †Worms 4. April 1669, dt. Schriftsteller. – Seit 1645 Mgl. der Fruchtbringenden Gesellschaft. Sein kulturhistorisch bed. Hauptwerk ist die Zeitsatire „Wunderl. und wahrhafftige Gesichte Philanders von Sittewald" (2 Bde., 1650; erstmals 1640 u. d. T. „Les Visiones de Don Francesco de Quevedo Villegas oder Wunderbahre Satyr. Gesichte verteutscht durch Philander von Sittewalt").

Moschus [pers.-griech., zu Sanskrit muschka „Hodensack" (wegen der Ähnlichkeit mit dem Moschusbeutel)] (Bisam), das ein bes. Riechstoffgemisch enthaltende braunrote, schmierige, in getrocknetem Zustand pulverigschwarze, auch heute noch in Asien stark begehrte Sekret aus dem M.beutel der männl. ↑Moschustiere. Die M.beutel (enthalten bis 30 g M.) kommen getrocknet in den Handel; die Sekretinhaltsstoffe, v. a. Muscon und Muscopyridin, werden z. T. noch in der Parfümherstellung verwendet, jedoch immer mehr durch ähnlich riechende synthet. Substanzen verdrängt. M.artig riechende Sekrete werden auch von anderen Tieren (z. B. M.ochse, M.böckchen, Bisamratte, Bisamrüßler, M.spitzmaus) ausgeschieden.

Moschusbock (Aromia moschata), 22–35 mm langer, metallisch grün glänzender Bockkäfer in Europa; mit stahlblauen Fühlern und Beinen und buckelig gerunzeltem Halsschild; scheidet ein moschusartig riechendes Sekret aus ventralen Drüsen der Hinterbrust aus.

Moschusböckchen (Suni, Neotragus moschatus), etwa 30–40 cm lange, oberseits graugelbe bis rotbraune, unterseits weißl. Antilope (Unterfam. Böckchen) im dichten Busch O- und SO-Afrikas; mit moschusähnl. Sekret absondernden Voraugendrüsen und (♂) bis 10 cm langen, gerade nach hinten gerichteten, spitzen Hörnern (♀ hornlos).

Moschusente (Bisamente, Türkenente, Warzenente, Carina moschata), aus dem trop. S-Amerika stammende, zu den Glanzenten zählende, 80 cm große, langschwänzige Hausente; nacktes Gesicht mit roten Warzen, die ein moschusartig riechendes Fett absondern.

Moschuskörner, svw. ↑Bisamkörner.

Moschuskraut (Bisamkraut, Adoxa), Gatt. der Moschuskrautgewächse mit der einzigen Art *Adoxa moschatellina;* bis 15 cm hohe, ausdauernde Frühlingspflanze der feuchten Wälder der gemäßigten Breiten der Nordhalbkugel.

Moschuskrautgewächse (Bisamkrautgewächse, Adoxaceae), zweikeimblättrige Pflanzenfam. mit der einzigen Gatt. ↑Moschuskraut.

Moschusmalve ↑Malve.

Moschusochse (Schafochse, Ovibos moschatus), etwa 1,8–2,5 m langes (bis 1,4 m schulterhohes) Horntier, v. a. in arkt. Tundren Alaskas, N-Kanadas und N-Grönlands; auf Spitzbergen und in Norwegen eingebürgert; in Herden lebende Tiere mit ungewöhnlich langem, zottigem, dunkel- bis schwarzbraunem Fell, dessen Winterhaar im Frühjahr gelblichbraun ausbleicht; Hörner (bes. bei ♂♂) an der Basis breit, die Stirn helmartig bedeckend. – Die ♂♂ riechen während der Brunstzeit stark nach Moschus.

Moschustiere (Moschushirsche, Moschinae), Unterfam. etwa 0,8–1 m langer, geweihloser Hirsche mit der einzigen Art *Moschus moschiferus,* v. a. in feuchten Bergwäldern Z- und O-Asiens; vorwiegend nachtaktive, meist einzeln oder paarweise lebende, dunkel rötlichbraune Paarhufer mit nach hinten ansteigender Rückenlinie und kleinem Kopf. Die ♂♂ besitzen stark verlängerte obere Eckzähne und einen etwa 6 cm langen, 4 cm starken, behaarten, ↑Moschus enthaltenden Moschusbeutel zw. Nabel und Penis.

Moschuswurzel ↑Steckenkraut.

Mose ↑Moses.

▷ (sechstes und siebentes Buch M.), Titel verschiedener volkstüml. ↑Zauberbücher, die auf Moses zurückgeführt werden und vorgeblich dessen zauber. Geheimwissen enthalten. Die in der Neuzeit verbreiteten Ausgaben des „sechsten und siebenten Buches M." sind sicher nicht vor dem 18. Jh. entstanden und reihen Zaubertexte, Wundermittel, mag. Gebetstexte und Texte mit „Geheimlehren" unterschiedl. Herkunft aneinander.

Johann Michael Moscherosch. Titelkupfer der Erstausgabe der „Wunderbahren satyrischen Gesichte", 1640 veröffentlicht unter dem Pseudonym Philander von Sittewald

Mosebücher ↑Pentateuch.

Mosel, Gem. nördl. von Zwickau, Sa., an der Zwickauer Mulde, 2 400 E. Pkw-Montage (VW-Golf; seit 1991).

M. (frz. Moselle), größter linker Nebenfluß des Rheins, in Frankreich, Luxemburg und Deutschland, entspringt in den S-Vogesen, mündet bei Koblenz, 545 km lang. Da die M.

Moseley

als Wasserstraße für das lothring. Ind.gebiet von Bed. ist, wurde die Strecke Metz–Koblenz bis Mitte der 1960er Jahre mittels vierzehn Staustufen (z. T. mit Kraftwerken) ausgebaut. Im Tal der luxemburg. und der dt. M. Weinbau und Fremdenverkehr.

Moseley, Henry [engl. ˈmoʊzlɪ], *Weymouth (Dorset) 23. Nov. 1887, ✗ auf der Halbinsel Gelibolu (Türkei) 10. Aug. 1915, brit. Physiker. – Fand 1913/14 das nach ihm ben. **Moseleysche Gesetz,** eine Beziehung zw. der Frequenz ν einer Spektrallinie der charakterist. Röntgenstrahlung und der Ordnungszahl Z des emittierenden Elements: $\sqrt{\nu} = a(Z-b)$, wobei a und b Konstanten sind. Damit wurde die Identität von Ordnungs- und Kernladungszahl erkannt.

Moses. Claus Sluter, Figur des Mose am Mosesbrunnen in der Chartreuse de Champmol bei Dijon, um 1400

Moselfränkisch, mitteldt. Mundart, ↑deutsche Mundarten.

Moselhöhen (frz. Côtes de Moselle), Höhenzug in Frankreich westl. des Moseltals zw. Nancy und Thionville; bis 400 m hoch.

Moselle [frz. mɔˈzɛl], Dep. in Frankreich.

Mosel-Saar-Ruwer, Weinbaugebiet an der Mosel einschl. der unteren Talabschnitte ihrer Nebenflüsse Sauer, Saar und Ruwer.

Moser, Edda [Elisabeth], *Berlin 27. Okt. 1938, dt. Sängerin. – Tochter von Hans Joachim M.; seit 1971 Mgl. der Wiener Staatsoper; bed. dramat. Koloratursopran, auch Interpretin moderner Musik (Henze, B. A. Zimmermann, Boulez) sowie Konzertsängerin.

Edda Moser

M., Friedrich Karl Frhr. von (seit 1767), *Stuttgart 18. Dez. 1723, †Ludwigsburg 11. Nov. 1798, dt. Politiker und Schriftsteller. – Trat 1747 in hessen-homburg. Dienste, wurde 1767 Reichshofrat in Wien und war 1772–80 Min. in Hessen-Darmstadt. M. verfaßte vielgelesene, zeitkrit. Schriften, u. a. den Fürstenspiegel „Der Herr und der Diener, geschildert mit patriot. Freiheit" (1759).

M., Hans, eigtl. H. Julier, *Wien 6. Aug. 1880, †ebd. 18. Juni 1964, östr. Schauspieler. – Wurde von M. Reinhardt als Komiker engagiert. Bekannt wurde M. durch zahlr. Filmkomödien, in denen er meist Dialektrollen spielte, z. B. „Das Ekel" (1939), „Anton, der Letzte" (1939), „Opernball" (1939), „Wiener Blut" (1942), „Hallo, Dienstmann!" (1951), „Ober, zahlen" (1957), „Kaiser Joseph und die Bahnwärterstochter" (1963).

Hans Moser

M., Hans, *München 11. April 1903, dt. Volkskundler. – 1932–62 wiss. Leiter der Bayer. Landesstelle für Volkskunde; zahlr. Beiträge zur Volksschauspiel- und Brauchtumsforschung sowie wiss.geschichtl. und methodolog. Arbeiten.

M., Hans Joachim, *Berlin 25. Mai 1889, †ebd. 14. Aug. 1967, dt. Musikforscher. – Prof. in Heidelberg, Berlin, Jena, 1950–60 Direktor des Städt. Konservatoriums in Berlin. Zahlr. Schriften v. a. zur Geschichte der dt. Musik und der ev. Kirchenmusik, u. a. „Geschichte der dt. Musik" (3 Bde., 1920–24), „Heinrich Schütz" (1936), „Die ev. Kirchenmusik in Deutschland" (1954).

M., Hugo, *Esslingen am Neckar 19. Juni 1909, †Bonn 22. März 1989, dt. Germanist. – Prof. in Tübingen, Nimwegen, Saarbrücken, seit 1959 in Bonn. Mitbegr. des Inst. für dt. Sprache. Bed. sprachsoziolog., sprach- und literaturgeschichtl. Arbeiten, v. a. zur Literatur des dt. MA, war Mithg. wichtiger germanist. Zeitschriften (u. a. „Germanistik", „Zeitschrift für Dt. Philologie").

M., Johann Jakob, *Stuttgart 18. Jan. 1701, †ebd. 30. Sept. 1785, dt. Jurist. – 1720–24 und 1729–34 Prof. in Tübingen, 1736–39 Direktor der Juristenfakultät in Frankfurt/Oder. 1759–64 aus polit. Gründen auf der Festung Hohentwiel eingekerkert. M. war der erste Jurist, der sich bemühte, die komplizierte Rechtslage des Reiches an Hand von Dokumenten darzustellen.

M., Lucas ↑Tiefenbronn.

Möser, Justus, *Osnabrück 14. Dez. 1720, †ebd. 8. Jan. 1794, dt. Schriftsteller, Historiker und Staatsmann. – 1768–83 Leiter der Verwaltung des Fürstbistums Osnabrück. Wirkte durch seine Wochenschriften im Geist der Aufklärung auf die öff. Meinung. In der Vorrede zur „Osnabrück. Geschichte" (2 Bde., 1768, Bd. 3 1824) entwickelte er seine konservative Auffassung von Geschichtsschreibung. Sein Hauptwerk, die „Patriot. Phantasien" (4 Bde., 1774–78), ist eine Sammlung von Verlautbarungen von Regent zu Volk seit den 1760er Jahren in Zeitschriften und Reg.blättern und zugleich ein bed. Staats- und Gesellschaftsspiegel. Sein polit. Ideal war ein freier, in seinem Eigentum gesicherter und durch Selbstverwaltung am polit. Leben mitwirkender Bauern- und Bürgerstand.

Moses (Mose), im A. T. Führer, Prophet und Gesetzgeber der Israeliten. Die Herkunft des Namens ist unklar: entweder von ägypt. „mos" (Sohn) oder von kopt. „mo" (Wasser) und „useh" (retten). Grundlage für die Kenntnisse über M. sind die im A. T. von 2.–4. Mos. geschilderten Geschichten, die in verschiedenen Gegenden und Orten lokalisiert sind und Midian in den Anfängen seines Wirkens (2. Mos. 1–12) bis zur Flucht durch das Rote Meer (2. Mos. 15); um den Berg Sinai (Bundesschluß; 2. Mos. 33, 7–11) und in Kadesch (Gesetzesüberlieferung; 2. Mos. 15, 22). In der Forschungsgeschichte kam es immer wieder zu Zweifeln an der Historizität des M. Dennoch war er eine zentrale Figur für mehrere israelit. Stämme und scheint Wichtiges zum israelit. Recht beigetragen zu haben, wie auch zur Ausprägung des monotheist. Jahweglaubens. – Zu den *literar.* Gestaltungen des M.stoffes zählen Dramen von J. van den Vondel, C. Hauptmann, E. Bacmeister und C. Fry, erzähler. Werke von J. H. Ingraham und S. Asch. *Opern* stammen u. a. von A. L. Tottola/G. Rossini, S. von Mosenthal/A. Rubinstein und A. Schönberg. In der *bildenden Kunst* wird M. mit über der Stirn entsprossenen Hörnern (entstanden durch irrtüml. Übersetzung in 2. Mos. 34, 29–35) dargestellt. Zu den berühmtesten M.darstellungen gehört die Sitzstatue des M. von Michelangelo (1513 ff.; Rom, San Pietro in Vincoli) und der M. vom Brunnen des C. Sluter (1395–1406).

Moses, Anna Mary [engl. ˈmoʊzɪs], gen. Grandma Moses, *Greenwich (N.Y.) 7. Sept. 1860, †Hoosick Falls (N.Y.) 13. Dez. 1961, amerikan. naive Malerin. – Farmersfrau, begann im Alter von 70 Jahren freundl. Landschaftsbilder mit kleinen Figuren zu malen.

Moses [nach dem kleinen im Körbchen ausgesetzten M.], seemänn. Bez. für das jüngste Besatzungsmitglied an Bord, Schiffsjunge.

MOSFET, svw. MOS-**F**eld**e**ffekt**t**ransistor (↑Transistor).

Moshav [moˈʃaːf; hebr.] (Mrz. Moshavim), landw. Gruppensiedlung in Israel, gekennzeichnet durch 4 Prinzipien: alle Mgl. sind zur Eigenarbeit und zur gegenseitigen Hilfeleistung verpflichtet, Einkauf und Vermarktung erfolgen kooperativ (jeder erhält seinen Anteil), der Boden ist Staatseigentum; ansonsten lebt und wirtschaftet jeder Siedler mit seiner Familie auf seinem Grundstück selbständig (im Ggs. zum ↑ Kibbuz). Der erste M. wurde 1921 gegründet. Der **Moshav Shitufi** ist eine Mischung aus M. und Kibbuz. Die Bewirtschaftung erfolgt kollektiv, am Gewinn ist jede Familie arbeitsteilig beteiligt.

Moshi ['mɔʃi:], Regionshauptstadt in NO-Tansania, am Fuße des Kilimandscharo, 809 m ü. d. M., 52 200 E. Sitz eines luth. und eines kath. Bischofs; Zentrum des bedeutendsten Kaffeeanbaugebietes Tansanias, mit Aufbereitungs- und Verpackungsbetrieb; Lebensmittel-, Bekleidungs- und Schuh-, holzverarbeitende Ind.; ✈. – Entstand 1911.

Mösien [...iən] (lat. Moesia), seit 29 v. Chr. röm. Prov., urspr. südl. der Donau von Drina und Save bis zum Schwarzen Meer reichend; im 4. Jh. von Goten besetzt.

Moskau (russ. Moskwa), Hauptstadt Rußlands sowie des Geb. M., im Zentrum des europ. Teils Rußlands, an der Moskwa, 120 m ü. d. M., 8,97 Mill. E. M. ist größte Stadt sowie polit., kulturelles und wirtsch. Zentrum des Landes; Sitz des russ.-orth. Patriarchen. Lomonossow-Univ. (gegr. 1755), Patrice-Lumumba-Univ. der Völkerfreundschaft (gegr. 1960), russ.-orth. Univ. (gegr. 1992), 74 Hochschulen (u. a. Konservatorium), Russ. Akad. der Wiss. u. a. Akademien, über 3 000 Bibliotheken (größte Russ. Staatsbibliothek [bis 1992 Leninbibliothek]), 68 Museen (u. a. Tretjakow-Galerie), 33 Theater (bes. Bolschoi-Theater), Philharmonie, 2 Zirkusse, Planetarium, botan. Garten, Zoo. Bed. Ind.standort, bes. Maschinenbau und Metallverarbeitung, aber auch Textil-, Nahrungsmittel- und Genußmittel-, Druck-, elektrotechn.-elektron., Uhren- und chem. Ind. Bed. Verkehrszentrum; 9 Kopfbahnhöfe, Untergrundbahn (rd. 220 km, 126 Stationen), 550 km langer Eisenbahn- und 109 km langer Autobahnring um M. An das Wasserstraßennetz ist M. durch den M.kanal über die Wolga angeschlossen; 3 Häfen, 5 ✈ (internat. ✈ Scheremetjewo).

Geschichte: Erstmals 1147 als Landsitz des Susdaler Fürsten Juri Dolgoruki erwähnt, 1156 befestigt und als Stadt bezeichnet. 1237 Zerstörung durch die Mongolen; seit spätestens 1325 Sitz des russ. Metropoliten (vorher Wladimir). Östl. des Kremls entstand im beginnenden 14. Jh. die älteste und bedeutendste Handelsvorstadt, der Kitaigorod; Mitte 14. Jh. war M. als Hauptstadt des Groß-Ft. M. bereits

Moskau

Links: Hochhäuser an der Sadowaja, im Hintergrund die Lomonossow-Universität, 1948–52. Rechts: Bolschoi-Theater, 1821–24

Links: Kaufhaus GUM, 1909, 1953 wesentlich verändert. Rechts: Roter Platz, links die Basilius-Kathedrale, 1555–60, rechts die Kremlmauer mit dem Erlösertor, davor das Leninmausoleum, 1930

Moskauer Kohlenbecken

Moskau
Historisches
Stadtwappen

Moskau
Hauptstadt Rußlands
● 8,97 Mill. E
● Ind.- und Verkehrszentrum
● Sitz des russ.-orth. Patriarchen
● 1147 erstmals erwähnt
● 1480–1711 Hauptstadt Rußlands (vor der Verlegung der Residenz nach Sankt Petersburg)
● 1918–91 Hauptstadt der Sowjetunion
● Kreml (15./16. Jh.)
● Roter Platz

Zentrum des zentralruss. Handels. 1480–1711 war M. die Hauptstadt Rußlands. Nach Zerstörung durch die Krimtataren 1571 wurde zw. 1586/93 zum Schutz der zentralen Stadtteile (Weiße Stadt) die sog. mittlere Festung mit 10 Stadttoren angelegt (beim heutigen Boulevardring). 1591/92 entstand ein 4. Ring von Befestigungen (beim heutigen Gartenring [Sadowaja]). Bis zum 17. Jh. nahm die Stadt einen bed. wirtsch. Aufschwung; dennoch dominierten die Holzbauten, die wenigen welt. und kirchl. Steinbauten konzentrierten sich im Kreml. Auch nach der Verlegung der Hauptstadt nach St. Petersburg 1711 war M. Krönungsstätte der Zaren. 1730/31 wurde der letzte Verteidigungsring (Kammer-Kollegien-Wall) errichtet; unter Elisabeth Petrowna entstand u. a. die Univ. Auf Befehl Katharinas II. wurde 1775 der 1. Generalbebauungsplan ausgearbeitet, der u. a. die Umwandlung der Befestigungsringe in Boulevards vorsah. Der große Stadtbrand, der am 14. Sept. 1812 ausbrach (Einmarsch Napoleons I.), vernichtete in 8 Tagen mehr als $\frac{2}{3}$ der Stadt, verschonte jedoch den Kreml. – Durch die Aufhebung der Leibeigenschaft und zunehmende Industrialisierung im 19. Jh. wuchs die wirtsch. und verkehrstechn. Bed. der Stadt. Die Einwohnerzahl überschritt 1902 die Millionengrenze. Nach der in M. ohne große Kämpfe verlaufenen Oktoberrevolution wurde die Stadt am 14. März 1918 de facto Hauptstadt Sowjetrußlands, offiziell 1923 Hauptstadt der UdSSR. Im 2. Weltkrieg gelangten dt. Truppen Mitte Dez. 1941 bis in die äußersten Vororte, Anfang Jan. 1942 warf ein Gegenstoß der Roten Armee sie wieder zurück.

Bauten: Bestimmender architekton. Mittelpunkt ist der Kreml (spätes 15. und 16. Jh.), die Kremlmauer (1485–95) ist ein zinnengekrönter Mauerring in Form eines unregelmäßigen Dreiecks mit runden Eck- und rechteckigen Seitentürmen. Die wichtigsten Bauwerke des Kremls gruppieren sich um den Kathedralenplatz, überragt vom Glockenturm Iwan Weliki (1505–08; 81 m hoch), der von weiteren Glockentürmen umgeben ist. Im W der Turmgruppe liegt die nach dem Vorbild der Uspenski-Kathedrale in Wladimir 1475–79 von A. Fieravanti errichtete Uspenski-Kathedrale, eine Kreuzkuppelkirche, deren Wandabschnitte alle die gleiche Breite haben. Gegenüber der SW-Ecke der Uspenski-Kathedrale erhebt sich, in den Großen Kremlpalast (1838–49) einbezogen, der Facettenpalast (1487–91; M. Ruffo und P. A. Solario), es schließen u. a. der Terempalast an (1508, 1635, 1682) sowie die Rispoloschenski-Kathedrale (1484–86; 1956 restauriert). Südl. des Facettenpalastes steht vor der Fassade des Großen Kremlpalastes die Blagoweschtschenski-Kathedrale (1484–89; Ikonostase mit Ikonen von A. Rubljow, Feofan Grek, Prochor), ihr gegenüber errichtete A. Novi 1505–08 die Erzengel-Michael-Kathedrale, eine Kreuzkuppelkirche mit Renaissancefassade (urspr. unverputzt), Grabstätte der Moskauer Großfürsten und Zaren. Der östl. Kremlmauer folgt im mittleren Abschnitt der Rote Platz, der als Marktplatz am Schnittpunkt der Handelswege von Twer, Nowgorod und aus dem Süden. Direkt an der Kremlmauer erhebt sich das Leninmausoleum (1930). Den südl. Abschluß des Platzes bildet die bed. vielkuppelige prunkvolle Basilius-Kathedrale (1555–60; zahlr. Ausbauten im 16. und 17. Jh.) in nationalruss. Stil. Der Rote Platz und der Kreml wurden von der UNESCO zum Weltkulturerbe erklärt. – Charakterist. Bauten der Barockzeit sind die Maria-Geburt-Kirche in Putinki (1649–52) und die Kirche Mariä Fürbitte in Fili (1693). Der alte Stadtkern ist von einem Ring von Klosterfestungen umgeben: u. a. das Nowodewitschi-Kloster (gegr. 1524) mit 12 Festungstürmen mit durchbrochenen Kronen, Smolensk-Kathedrale (1524/25), Glockenturm (1689/90) und Verklärungskirche (1687–89); das Don-Kloster (gegr. 1591) besitzt 7 Kirchen (darunter die Alte Kathedrale, 1593) und erhielt 1686–1711 eine starke Befestigung mit Wehrtürmen. In *Kolomenskoje,* ehem. Sommerresidenz der Zaren, sind mehrere Kathedralen erhalten, u. a. die Himmelfahrts-Kathedrale (1533 geweiht) mit steilem Zeltdach, der Palastkomplex wurde 1768 abgebrochen. Bed. auch *Ostankino,* ehem. Residenz der Grafen Scheremetew, mit klassizist. Schloß und Landschaftspark (1791–98) sowie Dreifaltigkeitskirche (1678–92).

Nach der Oktoberrevolution wurde M. zunächst ein Zentrum progressiver Architektur (u. a. mehrere Arbeiterklubs im konstruktivist. Stil). In den 1930er Jahren entstanden neoklassizist., z. T. schmucküberladene Bauten. Nach dem 2. Weltkrieg wurden u. a. der Komplex der Lomonossow-Univ., Hochhäuser an der Sadowaja und große Wohnsiedlungen gebaut. Anläßlich der Olymp. Spiele 1980 entstanden zahlr. Neubauten (Sportstätten, Unterkünfte, Rundfunkzentrum mit 548 m hohem Sendeturm).

M., Patriarchat der russ.-orth. Kirche; 1589 unter Zustimmung Konstantinopels zum Patriarchat erhoben; Peter d. Gr. hob 1721 das Patriarchat M. auf und schuf ein kollektives Kirchenoberhaupt, den hl. Synod, unter der Aufsicht eines kaiserl. Beamten (Oberprokuror). Nach der Revolution 1917 und der Trennung von Kirche und Staat führte das Landeskonzil der russ.-orth. Kirche das Patriarchat wieder ein.

Moskauer Kohlenbecken, Braunkohlenvorkommen südl. und westl. von Moskau. Der Abbau erfolgt v. a. im S des M. K., wo Tagebau möglich ist.

Moskauer Konferenzen, Bez. für Konferenzen, die in Moskau stattfanden:
Außenministerkonferenz (Okt./Nov. 1943): Von den Außenmin. der USA, Großbritanniens und der UdSSR unter Teilnahme Chinas wurde u. a. beschlossen, den Krieg gegen die Achsenmächte bis zu deren Kapitulation fortzusetzen, die Demokratie in Italien und die östr. Unabhängigkeit wiederherzustellen sowie eine allg. internat. Organisation zur Erhaltung des Friedens und der Sicherheit zu schaffen.
Außenministerkonferenz (März/April 1947): Die USA, Großbritannien, Frankreich und die UdSSR erörterten (ohne Einigung) die dt. Frage.

Moskauer Künstlertheater (russ. Moskowski Chudoschestwenny akademitscheski teatr, Abk. MChAT [russ. mxat]), 1898 von K. S. Stanislawski und W. I. Nemirowitsch-Dantschenko als MChT gegr. Avantgardebühne (ab 1920 Moskauer Künstlerisches akademisches Theater, MChat). Als Konzeption galt: realist. Theaterstil, intensives Ensemblespiel und histor. Werktreue. Das Ensemble bestand aus Laienspielern und Schauspielschülern der Philharmonie. Erster großer Erfolg war die Uraufführung von Tschechows „Die Möwe" (1898). 1902 gewann das Theater M. Gorki als Mitarbeiter. Das M. K. war viele Jahre Zentrum der europ. Theateravantgarde und beeinflußte das gesamte zeitgenöss. Theater.

Moskauer Meer, Wolgastausee bei Iwankowo, Rußland, 1937 errichtet, 327 km², Stauraum 1,12 Mrd. m³; dient der Wasserversorgung Moskaus und des Moskaukanals sowie der Naherholung der Moskauer.

Moskauer Vertrag ↑ Deutsch-Sowjetischer Vertrag.

Moskaukanal, künstl. Wasserstraße zw. der Moskwa und der Wolga, 128 km lang; 11 Schiffsschleusen zur Überwindung von 40 m Höhenunterschied.

Moskitogras (Bouteloua), Gatt. der Süßgräser im sw. N-Amerika bis Argentinien; die Art *Bouteloua gracilis* ist eine Charakterpflanze der Weiden der Great Plains.

Moskitoküste, größtenteils bewaldete Küstenlandschaft in O-Nicaragua und N-Honduras. Strandseen, kaum erschlossen und besiedelt. Nur im äußersten N und S Anbau in größerem Ausmaß (v. a. Bananen und Reis).

Moskitos [span., zu mosca (lat. musca) „Fliege"], Stechmücken trop. und subtrop. Gebiete.

Moskwa [russ. mas'kva] ↑ Moskau.
M., linker Nebenfluß der Oka, entspringt in den Smolensk-Moskauer Höhen, mündet bei Kolomna, 502 km lang, schiffbar ab Moskau.

Moslem ↑ Muslim.
Moslembruderschaft ↑ Muslimbruderschaft.
Moslem-Liga ↑ Muslim-Liga.
Mosley, Sir Oswald Ernald, Baronet [engl. 'mɔzlɪ, 'moʊzlɪ], * London 16. Nov. 1896, † Paris 3. Dez. 1980, brit. Politiker. – 1918–31 Abg., zuerst als Konservativer, ab

1926 für die Labour Party; gründete 1932 die „British Union of Fascists" (1940 verboten), 1948 die rechtsradikale „Union Movement".

Mosonmagyaróvár [ungar. 'moʃonmɔdjɔroːvaːr], ungar. Stadt an der Mündung der Leitha in die Kleine Donau, 29 800 E. Landw.akademie (gegr. 1818), Museum; Landmaschinenbau, Tonerdefabrik, Nahrungsmittelind. – Entstand 1939 durch Vereinigung der alten Festungs- und Handelsstadt Moson (dt. Wieselburg) und der Ind.stadt Magyaróvár (dt. Ungarisch-Altenburg).

Moss, norweg. Hafenstadt an der O-Küste des Oslofjords, 24 700 E. Hauptstadt der Verw.-Geb. Østfold. Holzverarbeitender Betrieb, Glaswerk, Werften.

Mossadegh (Mossaddegh), Mohammad [...'dɛk], *Teheran um 1880, †ebd. 4. oder 5. März 1967, iran. Politiker. – 1920 Justiz-, 1921 Finanz-, 1922 Außenmin.; forderte als Abg. (ab 1923) liberale Reformen und wurde von Schah Resa Pahlawi vorübergehend inhaftiert; Führer der Parlamentsfraktion der „Nat. Front" (ab 1939); 1951 zum Min.präs. gewählt, verstaatlichte die Erdölvorkommen; nach Machtkämpfen mit Schah Mohammad Resa Pahlawi 1953 durch die Armee gestürzt und zu 3 Jahren Haft verurteilt.

Mößbauer, Rudolf, *München 31. Jan. 1929, dt. Physiker. – Prof. in Pasadena und München; entdeckte 1957 den ↑Mößbauer-Effekt und lieferte auch die quantenmechan. Erklärung dieses Effekts. Nobelpreis für Physik 1961 zus. mit R. Hofstadter.

Mößbauer-Effekt, die von R. Mößbauer entdeckte physikal. Erscheinung, daß die Kerne der in ein Kristallgitter eingebauten Atome bestimmter Elemente rückstoßfrei Gammaquanten emittieren und absorbieren können, wobei die zugehörigen Spektrallinien (Gammalinien) nur die natürl. Linienbreite besitzen und keine Verbreiterung infolge therm. Bewegung der strahlenden Atome zeigen. Die Bedeutung des M.-E. für die Physik liegt v. a. in der Tatsache, daß er Energie- und Frequenzmessungen mit einer Genauigkeit von über 10^{-15} gestattet. So konnten z. B. erstmals die Frequenzverschiebung von Gammalinien unter dem Einfluß des Gravitationsfeldes der Erde und andere relativist. Effekte bestätigt werden. Der M.-E. ist von großer Bed. für Strukturuntersuchungen von Festkörpern.

Mosse, Rudolf, *Grätz (= Grodzisk, Woiwodschaft Posen) 9. Mai 1843, †Schenkendorf bei Königs Wusterhausen 8. Sept. 1920, dt. Verleger. – Gründete 1867 in Berlin eine bed. Annoncenexpedition, später einen Zeitungsverlag (u. a. mit „Berliner Tageblatt und Handels-Zeitung", „Berliner Morgenzeitung" und „Berliner Volkszeitung") sowie einen Buchverlag (populärwiss. Werke, Adreßbücher). Ab 1930 geriet die **Mosse-Konzern**, führender liberaler Presseverlag, in finanzielle Schwierigkeiten (Umwandlung in eine Stiftung, Gründung von Auffanggesellschaften); ging (wahrscheinlich) Anfang 1939 in Parteibesitz der NSDAP über.

Mossi, Volk der Sudaniden in Burkina Faso, sprechen eine Gur-Sprache; 3,89 Mill. Feldbau in der Savanne (Hirse, Mais, Erdnüsse), Rinderhaltung. Zeitweilig leben bis zu 0,5 Mill. M. als Saisonarbeiter in Ghana und Elfenbeinküste. – Im 11. oder 12. Jh. entstanden im Nigerbogen 3 M.reiche: Ouagadougou, Tenkodogo und Yatenga; 1896 wurde das ganze Gebiet der M. ein Teil von Frz.-Westafrika.

Most, im ČR, ↑Brüx.

Most [zu lat. (vinum) mustum, eigtl. „junger (Wein)"], gärfähiger Traubensaft (↑Wein).

Mostaert, Jan [niederl. 'mɔstaːrt], *Haarlem um 1475, †ebd. 1555 oder 1556, niederl. Maler. – Im Frühwerk von Geertgen tot Sint Jans beeinflußt. Altmeisterl. Bildnisse sowie oft kleine bibl. Szenen in harmon. Farbgebung mit Hintergrundlandschaften.

Mostaganem, alger. Wilayathauptstadt am Mittelmeer, 115 000 E. Zellstoff- und Papierfabrik (auf Alfagrasbasis); Zucker-, Tabakind.; Hafen, ✈.

Mostar, Gerhart Herrmann, eigtl. G. Herrmann, *Gerbitz bei Bernburg/Saale 8. Sept. 1901, †München 8. Sept. 1973, dt. Schriftsteller. – Sein illegal gedruckter Karl-Marx-Roman „Der schwarze Ritter" (1933) wurde von den Nationalsozialisten verboten; emigrierte 1933; 1945–48 leitete er das polit.-satir. Kabarett „Die Hinterbliebenen", 1948–54 engagierter Prozeßberichterstatter. Schrieb Bühnenstücke (u. a. „Meier Helmbrecht", 1946), Lyrik, Hörspiele, humorvolle Essays und histor. Plaudereien, u. a. „Weltgeschichte höchst privat" (1954).

Mostar. Die einbogige Steinbrücke über die Neretva, Baubeginn 1566

Mostar, Stadt an der unteren Neretva, 60 m ü. d. M., 63 300 E. Verwaltungs-, Wirtschafts- und Kulturzentrum der Herzegowina, Sitz eines kath. und eines orth. Bischofs; Hochschule, zwei Theater. Aluminiumwerk, Spinnereien, Tabak- und Lebensmittelind.; Fremdenverkehr. – Entstand Mitte des 15. Jh. als osman. Gründung (1452 erwähnt); unter östr.-ungar. Verwaltung (ab 1878) Zentrum der serb. und muslim. Opposition. – Ma., orientalisch geprägtes Stadtbild, Steinbrücke über die Neretva (Baubeginn 1566); Karadjoz-Beg-Moschee (1570).

Mostgewicht ↑Mostwaage.

Mostrich [lat.-roman.], svw. ↑Senf.

Mostwaage, ein Aräometer zur Bestimmung der Dichte bzw. des Zuckergehalts von Trauben- u. a. Obstsäften. Der von der M. angezeigte Wert **(Mostgewicht)** gibt an, um wieviel Gramm 1 Liter Most schwerer als 1 Liter Wasser ist. Aus diesem Wert lassen sich nach einer Näherungsformel der Zuckergehalt des Mostes und der Alkoholgehalt des zukünftigen Weines berechnen.

Mosul, irak. Stadt am rechten Ufer des Tigris, 250 m ü. d. M., 570 000 E. Hauptstadt der Verw.-Geb. Ninive, Sitz eines chaldäischen Metropoliten und eines syr.-orth. Metropoliten; Univ. (gegr. 1967); archäol. Museum, Bibliotheken; Handelszentrum eines Agrargebiets, Textilind., Zement-, Zuckerfabrik. M. liegt an der Bagdadbahn; ✈. – Nachfolgesiedlung von Ninive; gehörte 661–750 den Omaijaden, danach bis zum 10. Jh. den Abbasiden.

Motala [schwed. 'muːtala], schwed. Stadt am Vättersee, 41 400 E. Radiosender; Museen (u. a. Schiffahrts-, Rundfunkmuseum); Lokomotiv- und Waggonbau, Elektro- und Phonoind., Wasserkraftwerk.

Motel [amerikan.], Abk. für: **mot**orists' ho**tel**; Hotelbetrieb, der v. a. für die Unterbringung von motorisierten Reisenden mit ihren Autos bestimmt ist.

Motette [italien., zu vulgärlat. muttum (↑Motto)], eine der zentralen Gattungen mehrstimmiger Vokalmusik der abendländ. Musikgeschichte; ihr Ursprung liegt in der nachträgl. (zunächst lat., später frz.) Texterung von Discantus-Oberstimmen des Notre-Dame-Repertoires. Noch im 13. Jh. verselbständigte sich die M. zur wichtigsten Gatt. der Ars antiqua sowohl im weltl. wie auch im geistl. Bereich. Mit Zentrum in Frankreich war die M. im 14. Jh. be-

Rudolf Mößbauer

Gerhart Herrmann Mostar

reits auf dem ganzen Kontinent verbreitet. Ihre Veränderung durch kunstvolle Kompositionstechniken belegen die M. von Guillaume de Machault. Entscheidenden Anteil an der für das 15. und 16. Jh. gültigen techn. Ausformung gewann G. Dufay. Die im ausgehenden 15. Jh. sich vollziehende ausschließl. Bindung der M. an die Kirchenmusik ist bis heute gültig geblieben. Maßgebende M.komponisten des 16. Jh. waren Josquin Desprez, Palestrina und Orlando di Lasso. Neben der Fortführung der traditionellen Formen brachte das 17. Jh. die instrumental begleitete Solo-M. sowie aus der venezian. Tradition die mehrchörige M. hervor. Von den M. J. S. Bachs abgesehen, folgte die Gatt. dem allg. Niedergang der Kirchenmusik, blieb aber auch im 19. Jh. (Schumann, Mendelssohn Bartholdy, Brahms, Bruckner, Reger) lebendig und fand im 20. Jh. neue Impulse im Anschluß an die Vorbilder der Renaissance und des Barock (u. a. bei Distler, Pepping, Křenek).

Moth [engl. mɒθ „Motte"], Einmannjolle, Konstruktionsklasse; 3,35 m, Breite 1,40 m, Segelfläche 7,50 m².

Mothers of Invention [engl. ˈmʌðəz əv inˈvenʃən „Mütter der Erfindungsgabe"] ↑ Zappa, Frank.

Robert Motherwell. Elegie für die spanische Republik LXX, 1961 (New York, Metropolitan Museum)

Motherwell, Robert [engl. ˈmʌðəwəl], * Aberdeen (Wash.) 24. Jan. 1915, † Provincetown (Mass.) 16. Juli 1991, amerikan. Maler. — Einer der Hauptvertreter des amerikan. Action painting (↑ abstrakter Expressionismus), seine großzügige Malweise konzentrierte sich zu symbol. Chiffren („Elegy to the Spanish Republic LXX", 1961; New York, Metropolitan Museum).

Motilität [lat.], Beweglichkeit, Bewegungsvermögen von Organismen oder Zellorganellen.
▷ Gesamtheit der unwillkürl., vegetativ oder durch Rückenmarksreflexe gesteuerten Bewegungsvorgänge (im Unterschied zur Motorik).

Motion [lat.], im schweizer. Verfassungsrecht Antrag eines oder mehrerer Parlamentarier, der, wenn er von beiden Kammern des Parlaments angenommen wird, die Reg. verpflichtet, bestimmte Gesetzentwürfe vorzulegen.

Motiv [mittellat., zu lat. movere „bewegen"], allg.: Beweggrund, Antrieb, Ursache; Zweck; Leitgedanke.
▷ in der *Psychologie* svw. Beweggrund (↑ Antrieb) für ein Verhalten, bes. hinsichtlich Ablauf, Ziel und Intensität des Handelns, der bewußt oder unbewußt wirken kann.
▷ im *Recht* Beweggrund des Wollens und Handelns (↑ Motivirrtum). — Im Strafrecht ist das M. einer Straftat regelmäßig bei der Strafzumessung zu beachten (§ 46 Abs. 2 StGB), sonst nur, soweit es in den Tatbestand aufgenommen ist.
▷ in der *Literatur* ein stoffl.-themat., situationsgebundenes Element, dessen inhaltl. Grundform schematisiert beschrieben werden kann. Inhaltlich unterscheidet man *Situations-M.* (Dreiecksverhältnis, unerkannter Heimkehrer, der Doppelgänger, feindl. Brüder) und *Typus-M.* (Einzelgänger, Bohemien), deren Kontinuität auf der Annnahme menschl. Verhaltenskonstanten beruht; dagegen sind *Raum-* und *Zeit-M.* (Schloß, Ruine, Nebel, Wettlauf mit der Zeit) in stärkerem Maße vom geschichtl. Standort abhängig. Nach der formalen Funktion differenziert man in *primäre* oder *Kern-M.*, sekundäre oder *Rahmen-M.* und *detailbildende* oder *Füll-M.* Nach der vorherrschenden Gattungszugehörigkeit unterscheidet man spezif. *Dramen-M.* (Bruderzwist), *lyr. M.* (Dämmerung, Liebesleid, Waldeinsamkeit) und v. a. *Volkslied-* und *Märchen-M.* (↑ Märchen).
▷ in der *bildenden Kunst* ein gegenständl. oder formales Element eines künstler. Werkes, das bedeutungsvermittelnde Eigenschaften besitzt.
▷ in der *Musik* die kleinste gestaltbildende Einheit innerhalb einer Komposition, v. a. im Thema. — ↑ Leitmotiv.

Motivation [lat.], Bez. für die hypothet. Summe jener Motive, die bestimmten Verhaltensweisen oder Handlungen vorausgehen und sie leitend (insbes. richtungsweisend sowie fördernd bzw. hemmend) beeinflussen. Deren wiss. Analyse obliegt der **Motivationspsychologie,** die **Motivationstheorien** (z. B. Maßnahmen der Unternehmensorganisation) aufstellt.

Motivirrtum, Irrtum über Voraussetzungen oder Auswirkungen eines Rechtsgeschäfts, ist rechtlich grundsätzlich unbeachtlich, d. h. berechtigt nicht zur ↑ Anfechtung.

Moto-Cross [engl.], Rennen mit Spezialmotorrädern (Zwei- und Dreiradfahrzeuge) in verschiedenen Klassen auf einem markierten Rundkurs von 1,5 bis 5 km in natürl. Gelände.

Motodrom [frz., zu lat. motor „Beweger" und griech. drómos „Lauf"], eine meist ovale Motorsportrennstrecke, die stadionartig angelegt und zum Großteil übersehbar ist. In Deutschland: *Hockenheimring*.

Motologie [lat.; griech.], interdisziplinärer Diplomstudiengang für Sport- und Bewegungspädagogen als Erweiterung der Fachausbildung auf eine Kenntnis der menschl. Motorik und deren Anwendung in Erziehung und Therapie.

Motonobu Kanō, * Kyōto 28. Aug. 1476, † ebd. 5. Nov. 1559, jap. Maler. — Einer der Hauptvertreter und der eigtl. Gründer der Kanōschule, in der die präzise Tuschelinie der akadem. Songmalerei zu großflächig dekorativer Wirkung gelangte, wobei er chin. und jap. Elemente (Yamato-e) verschmolz.

Motor [lat. „Beweger"], allg. Bez. für eine Kraftmaschine, die eine gegebene Energieform in nutzbare Bewegungsenergie (mechan. Antriebskraft) umwandelt, z. B. Verbrennungs-, Elektro-, Hydromotor.

Motorboot, kleines Wasserfahrzeug, das durch Motoren (Otto-, Diesel-, Elektromotoren) angetrieben wird. M. können aus Holz, glasfaserverstärktem Kunststoff, Leichtmetall, Stahl oder in Kompositbauweise hergestellt sein und dienen als Arbeits- und Freizeitfahrzeug sowie für den Rennsport.

Motorbootsport ↑ Motorsport.
Motorbremse ↑ Bremse.
Motorelastizität ↑ Elastizität.
Motorenöle ↑ Schmieröle.
Motorfahrrad, svw. Mofa (↑ Kraftrad).
Motorflugsport, umfaßt als Teilbereich des Flugsports Wettbewerbe mit Sportflugzeugen leichter Bauart, z. B. Rundflüge, Sternflüge mit Navigationsaufgaben, Ziellandewettbewerbe sowie Geschwindigkeits- und Zuverlässigkeitsprüfungen. Eine eigene Wettbewerbsart ist der ↑ Kunstflug.

Motorgenerator, Maschinenaggregat zum Umformen einer gegebenen Stromart bestimmter Spannung und Frequenz in eine andere, z. B. Drehstrom in Gleichstrom, Wechselstrom von 50 Hz in Wechselstrom von 16⅔ Hz *(Frequenzwandler, Frequenzumformer).* Der M. besteht aus einem Elektromotor für die vorhandene Stromart und einem von ihm angetriebenen Generator für die gewünschte Stromart.

Motorik [lat.], Lehre von den Bewegungsfunktionen.
▷ Gesamtheit der willkürlich gesteuerten Bewegungsvorgänge. — Ggs. ↑ Motilität.

Motoriker [lat.] (motorischer Typ), psychisch vorwiegend mit Bewegungsabläufen arbeitender Menschentyp.

motorisch, in der *Physiologie*: der Bewegung dienend, die Motorik betreffend.

motorische Endplatte ↑ Endplatte.

Motorisierungsgrad, Verhältniszahl, die den Kfz-Bestand (ohne Mopeds und Mofas) in einem Gebiet angibt, bezogen auf dessen Einwohnerzahl.

Motorjacht ↑ Jacht.

Motorleistung, die von einem Verbrennungsmotor abgegebene nutzbare Leistung in PS oder kW, wobei alle zum Betrieb notwendigen *Hilfseinrichtungen* vom Motor angetrieben werden. **Innenleistung (indizierte Leistung):** Die durch die *Gasdrücke* an die Kolben abgegebene Leistung; **Reibungsleistung:** Leistung zur Überwindung der mechan. Reibung aller zum Antrieb des Motors erforderl. Hilfseinrichtungen; **Motornutzleistung:** Leistung an der Schwungscheibe; Angabe stets mit der zugehörigen Drehzahl. Das Verhältnis aus Innenleistung und Kraftstoffverbrauch ist ein Maß für den **Innenwirkungsgrad.** — ↑ Leistungsgewicht, ↑ Wirkungsgrad.

Motorrad ↑ Kraftrad.

Motorradgeländesport, Sammelbegriff für Enduro (auch M. i. e. S.), Moto-Cross und Trial.

Motorradsport ↑ Motorsport.

Motorroller ↑ Kraftrad.

Motorschiff, Abk. MS, Schiff jegl. Art, das durch Verbrennungsmotoren angetrieben wird.

Motorschlitten ↑ Schlitten.

Motorsegler ↑ Segelflugzeug.

Motorsport, Bez. für sportl. Wettbewerbe mit motorgetriebenen Fahrzeugen. Der Motorsportler benötigt einen Ausweis oder eine Lizenz der nat. Sportbehörde. Im **Motorradsport** werden jährlich Weltmeisterschaften für folgende Sportarten ausgetragen: *Straßenrennen* (Klassen 80, 125, 250, 500 cm³ und Seitenwagen), *Moto-Cross* (Klassen 125, 250, 500 cm³ und Seitenwagen), *Trial, Speedway* (Einzel, Paar und Mannschaft), *Langstrecken-, Eis-* und *Sand-* bzw. *Grasbahnrennen.* Als Mannschaftsweltmeisterschaft im Geländesport gilt die Internat. Sechstagefahrt, eine sechstägige Geländeprüfung. Zusätzlich gibt es internat. ausgeschriebene Trophäen und Preise sowie verschiedene nat. Meisterschaften. In Deutschland gibt es dt. Meisterschaften im Straßenrennsport (Rundstrecken- und Bergrennen), für Zuverlässigkeitsfahrten, im Speedway (für Mannschaften und Einzelfahrer) auf 1 000-m-Sandbahnen, für Geländefahrten, im Moto-Cross und im Trial.

Für den gesamten **Automobilsport** bestehen internat. festgelegte Formelvorschriften (Rennformel), nach denen die Fahrzeuge in Gruppen eingeteilt und die jeweiligen Meisterschaften ausgetragen werden:

Kategorie A (homologierte Produktionswagen)
Gruppe N: Großserie, normale Straßenfahrzeuge
Gruppe A: abgewandelte Tourenwagen
Gruppe B: Sportwagen in Kleinserie
Gruppe S: Spezialwagen für Rallyesport
Gruppe C: Prototypen, Einzelstücke

Kategorie B (Rennwagen)
Gruppe D: Formelrennwagen
Gruppe E: formelfreie Rennwagen

Außerdem gibt es eine Einteilung in 15 Hubraumklassen. Die Weltmeisterschaften der einsitzigen Rennwagen der Formel 1 ermitteln bei den sich jährlich wiederholenden Grand-Prix-Rennen den weltbesten Fahrer; daneben gibt es die sog. Markenweltmeisterschaft mit Wertungsrennen für die Fabrikate der Hersteller, für Formel-2-Rennwagen eine jährlich ausgefahrene Europameisterschaft, die auch im Bergfahren und in Rennen für die Tourenwagen ausgetragen wird. Bei Zuverlässigkeitsprüfungen müssen die Fahrer mit den Fahrzeugen bes. Bedingungen erfüllen, deren Nichteinhaltung zu Strafpunkten führt. Rallyes sind Dauerprüfungen mit Sonderkontrollen und -prüfungen in meist mehreren Etappen. Außer der Rallye-Weltmeisterschaft wird eine Rallye-Europameisterschaft ausgetragen. Daneben bestehen zahlr. Geschicklichkeitswettbewerbe.

Weltbekannte **Rennstrecken** sind: Brands-Hatch (Großbritannien), Buenos Aires (Argentinien), Clermont-Ferrand (Frankreich), Daytona-Beach (USA), Hockenheimring (Deutschland), Imola (Italien), Indianapolis (USA), Interlagos (Brasilien), Kyalami (Südafrika), Le Mans (Frankreich), Monaco (Monaco), Monza (Italien), Montreal (Kanada), Nürburgring (Deutschland), Österreichring-Zeltweg (Österreich), Paul-Richard-Cours (Frankreich), Salzburgring (Österreich), Sebring (USA), Silverstone (Großbritannien), Spa-Francorchamps (Belgien), Watkins Glen (USA), Zandvoort (Niederlande), Zolder (Belgien).

Im **Motorbootsport** werden Wettbewerbe (Regatten) mit Renn- und Sportbooten, mit Innen- oder Außenbordmotoren, die in Klassen eingeteilt werden, durchgeführt. Wettbewerbsarten sind Rundstreckenregatten und Langstreckenrennen, Meeresrennen (Off-shore-Wettbewerbe).

Mott, John Raleigh, * Livingston Manor (N. J.) 25. Mai 1865, † Orlando (Fla.) 31. Jan. 1955, amerikan. methodist. Theologe. — Gründete 1895 den Christl. Studenten-Weltbund; 1915–28 Generalsekretär des YMCA, 1921 Präsident des Internat. Missionsrates; 1946 Friedensnobelpreis (zus. mit E. G. Balch).

M., Sir (seit 1962) Nevill Francis, * Leeds 30. Sept. 1905, brit. Physiker. — Prof. in Bristol und Cambridge. Seine Arbeiten betrafen v. a. die Elektronenstruktur der Metalle, Halbleiter und amorphen Festkörper. 1977 Nobelpreis für Physik (zus. mit P. W. Anderson und J. H. Van Vleck).

Motta, Giuseppe, * Airolo 29. Dez. 1871, † Bern 23. Jan. 1940, schweizer. Politiker. — Ab 1911 konservatives Mgl. des Bundesrats (1920–40 Leiter des polit. Departementes); vollzog 1920 den Beitritt der Schweiz zum Völkerbund unter Übergang zu einer differenzierten Neutralität, erreichte aber l938 die Rückkehr zur unbedingten Neutralität; 1915, 1920, 1927, 1932 und 1937 Bundespräsident.

Motte [frz. „Erdhügel"], wehrhafter bewohnbarer Holzturm auf künstl., wasserumgebenem Erdhügel. Vorstufe ma. Burgformen.

Motte Fouqué, Friedrich [Heinrich Karl] Baron de la [mɔtfu'ke:] ↑ Fouqué, Friedrich [Heinrich Karl] Baron de la Motte.

Mottelson, Benjamin (Ben) [engl. 'mɔtəlsn], * Chicago (Ill.) 9. Juli 1926, dän. Physiker amerikan. Herkunft. — Prof. in Kopenhagen; erhielt (mit A. Bohr und J. Rainwater) für die Entdeckung des Zusammenhangs zw. Kollektiv- und Partikelbewegungen in Atomkernen sowie für die Entwicklung einer Theorie der Kernstruktur (Kollektivmodell) 1975 den Nobelpreis für Physik.

Motten (Echte M., Tineidae), mit rd. 2 000 Arten weltweit verbreitete Fam. bis 4 cm spannender Kleinschmetterlinge; Kopf dicht behaart, Rüssel kurz und häufig zurückgebildet; Flügel schmal mit langen Fransen; Raupen meist in Gespinströhren, fressen v. a. an Flechten, Pilzen, Körnerfrüchten, vertrocknetem Kadaver. Viele Arten werden schädlich durch Fraß an Filz, Pelzen und Wollstoffen (z. B. *Fell-M., Kleider-M., Pelz-M., Tapeten-M.*). — Schutzmaßnahmen: Verwendung von Insektiziden, v. a. in Form von Sprüh- oder Stäubemitteln; Textilien und Pelze werden in dicht schließenden Behältern durch Zugabe von M.kugeln, M.pulver oder M.strips (enthalten z. B. Naphthalin, Kampfer; als Atemgifte wirkend) eingemottet. Mottenechte Textilien sind mit Wirkstoffen (z. B. Eulane) versehen, die mit den Fasern eine dauerhafte Verbindung eingehen.

Mottenschildläuse (Mottenläuse, Schmetterlingsläuse, Schildmotten, Weiße Fliegen, Aleurodidae), mit rd. 200 Arten weltweit verbreitete Fam. etwa 1–3 mm großer Insekten (Ordnung Gleichflügler); von Wachsstaub weiß bepudertе, an Pflanzen saugende Tiere. In M-Europa v. a. die 1–2 mm lange **Weiße Fliege** (Trialeurodes vaporariorum); mit vier dachförmig gehaltenen Flügeln; Schädling in Gewächshäusern.

Mottl, Felix [...təl], * Unter Sankt Veit (= Wien) 24. Aug. 1856, † München 2. Juli 1911, östr. Dirigent. — Ab 1881 Hofkapellmeister in Karlsruhe, 1907 Direktor der Hofoper in München; bed. Interpret v. a. der Werke R. Wagners.

Motto [italien., zu vulgärlat. muttum „Wort" (eigtl. „Muckser")], Denk-, Wahl-, Leitspruch; z. B. der einer Schrift vorangestellte Leitspruch, der meist dem Werk als Ganzem vorangestellt ist, aber auch auf einzelne Teile (Ka-

John Raleigh Mott

Nevill Francis Mott

Giuseppe Motta

Benjamin Mottelson

Moulay-Idriss. Blick auf die Stadt mit dem Grabmal von Idris I.

pitel, Akte, Bücher) bezogen sein kann; auch svw. Kennwort.

Motuproprio [lat. „aus eigenem Antrieb"], im kath. Kirchenrecht Bez. v. a. für einen der persönl. Initiative entstammenden Verwaltungsakt des Papstes.

Motz, Friedrich von, *Kassel 18. Nov. 1775, †Berlin 30. Juni 1830, preuß. Politiker. – Reformierte als preuß. Finanzmin. 1825–30 die Finanzverwaltung und schuf mit dem Zollvertrag mit Hessen-Darmstadt (1828) die Voraussetzung für den Dt. Zollverein.

Mo Tzu, chin. Philosoph, ↑Mo Zi.

Mouches volantes [frz. muʃvɔ'lãːt „fliegende Mücken"] ↑Mückensehen.

Moudon [frz. mu'dõ], Bez.hauptstadt im schweizer. Kt. Waadt, im Broyetal, 514 m ü. d. M., 4000 E. Museen; Kartonagenfabrik, Eisengießerei, Werkzeugmaschinenbau, Diamantenschleifereien. – Die Grafen von Savoyen besaßen M. seit 1219 und bauten es zum Mittelpunkt ihrer waadtländ. Besitzungen aus. – Frühgot. Pfarrkirche (13. Jh.); in der Altstadt u. a. die Schlösser Rochefort (1595) und Billens (1677).

Moulay-Idriss [frz. mulɛi'dris], marokkan. Stadt nördl. von Meknès, 550 m ü. d. M., 10000 E. M.-I. ist eine den Muslimen hl. Stadt mit dem Grabmal von Idris I. († 792). – 4 km nö. von M.-I. liegen die Ruinen des röm. **Volubilis,** das seine Ursprünge mindestens im 3. Jh. v. Chr. hat; 1.–3. Jh. n. Chr. eine der wichtigsten Städte der röm. Prov. Mauretania Tingitana. – Ausgrabungen seit 1915 legten beachtl. röm. Reste frei.

Moulin-Rouge [frz. mulɛ̃'ruːʒ „Rote Mühle"], Pariser Nachtlokal am Boulevard de Clichy (1889 eröffnet), für das Toulouse-Lautrec Plakate schuf.

Moulins, Meister von [frz. mu'lɛ̃] ↑ Meister von Moulins.

Moulins [frz. mu'lɛ̃], frz. Stadt im Bourbonnais, 220 m ü. d. M., 25200 E. Verwaltungssitz des Dep. Allier; kath. Bischofssitz; Museen; u. a. Leder-, Wirkwaren-, Möbel-, Elektroind., Maschinenbau, Brauereien. – Mitte des 14. Jh. bis 1523 Residenz der Hzg. von Bourbon und bis 1789 Hauptstadt der Prov. Bourbonnais; seit 1790 Dep.hauptstadt. – Neugot. Kathedrale (v. a. 19. Jh.); spätgot. Chor) mit Marienaltar des Meisters von M. und Glasmalereien (15./16. Jh.); in der Kapelle des Lyzeums (ehem. Kloster) Grabmal des Henri de Montmorency von Anguier (1651–58), Renaissancepavillon der Anne de Beaujeu (um 1500).

Moulmein, Hauptstadt des Monstaates, Birma, an der Mündung des Saluen in die Andamanensee, 220000 E. College; Staatsbibliothek und -museum. Zentrum für Schiffbau und Handel, Hafen, ⚓.

Moundou [frz. mun'du], Stadt am linken Ufer des Mbéré, Tschad, 90000 E. Verwaltungssitz einer Präfektur, kath. Bischofssitz; Handelszentrum eines Baumwollanbaugebiets; Lebensmittel-, Tabakind.; Hafen; ⚓.

Mounds [engl. maʊndz], große künstl. Erdhügel aus vorgeschichtl. Zeit am Mississippi sowie in M- und S-Amerika. Bestattungsanlagen, Tempelplattformen und Verteidigungsanlagen.

Mount [engl. maʊnt, zu lat. mons „Berg"], engl. svw. Berg.

Mountains [engl. 'maʊntɪnz, zu lat. mons „Berg"], engl. svw. Gebirge, Bergland.

Mountbatten [engl. maʊnt'bætn], seit 1917 anglisierter Name des Hauses Battenberg; bed.:

M., Louis, Earl M. of Burma (seit 1947), *Windsor (= New Windsor) 25. Juni 1900, †Mullaghmore (Gft. Sligo, Republik Irland) 27. Aug. 1979, brit. Großadmiral (seit 1956). – Sohn des Prinzen Ludwig Alexander von Battenberg; führte 1943–46 als Oberbefehlshaber die alliierten Streitkräfte in SO-Asien; 1947/48 letzter Vizekönig bzw. Generalgouverneur von Indien; 1953/54 Oberbefehlshaber der NATO-Streitkräfte im Mittelmeer; 1955–59 1. Seelord und Stabschef der brit. Flotte, 1959–65 Chef der brit. Verteidigungsstabes; seit 1965 Gouverneur der Isle of Wight; fiel einem Attentat der IRA zum Opfer.

M., Philip ↑Philip, Herzog von Edinburgh.

Mount Isa [engl. maʊnt 'aɪzə], austral. Bergbaustadt in NW-Queensland, 350 m ü. d. M., 24100 E. Abbau und Verarbeitung von silberhaltigem Blei-Zink-Erz sowie von Kupfererz; ⚓.

Mount Lofty Ranges [engl. maʊnt 'lɒftɪ 'rɛɪndʒɪz], niedrige Fortsetzung der Flinders Ranges in S-Australien, 320 km lang, bis 932 m hoch.

Mount Rushmore National Memorial [engl. maʊnt 'rʌʃmɔː 'næʃənəl mɪ'mɔːrɪəl], Erinnerungsstätte mit 1927 bis 1941 von G. Borglum aus dem Fels gehauenen Büsten der Präsidenten Washington, Jefferson, Lincoln und T. Roosevelt in den Black Hills, 30 km sw. von Rapid City.

Mount Vernon [engl. maʊnt 'vəːnən], nat. Gedenkstätte am Potomac River (Va.), USA, 20 km südl. von Alexandria; ehem. Landgut mit dem Wohnhaus (1743, später verändert) und der Grabstätte (erbaut 1831–37) von G. Washington.

Mousse [frz. mus], kalte pürierte Vor- oder Nachspeise aus Fleisch, Schinken oder Schokolade **(Mousse au chocolat),** Früchten und Sahne; auch als Beilage.

Mousseron [musəˈrõ; lat.-frz.], svw. Knoblauchschwindling (↑Schwindling).

moussierend [mu...; frz., zu mousse „Schaum"], perlen, in Bläschen schäumen (z. B. Sekt, Wein).

Mount Rushmore National Memorial. Porträtköpfe von vier Präsidenten der USA, links George Washington, danach Thomas Jefferson, Theodore Roosevelt und Abraham Lincoln, 1927–41 von Gutzon Borglum geschaffen

Moustérien [musteri'ɛ̃; frz.], nach Funden (seit 1863) in Höhlen und Felsnischen bei Le Moustier (Gem. Peyzac-le-Moustier, Dordogne) benannte mittelpaläolith. Formengruppe, die auf das Acheuléen folgt und dem jungpaläolith. Aurignacien vorausgeht. Kennzeichnend v. a. Schaber, Handspitzen und Blattspitzen. Aus dem M. sind die bisher ältesten Bestattungen und Überreste von Behausungen bekannt. In das späte M. fällt das Auftreten des ↑Neandertalers.

Mouton d'or [frz. mutõ'dɔːr „Goldhammel"], Bez. verschiedener frz. Goldmünzen 1311–1417 mit dem Bilde des die Kreuzfahne tragenden Gotteslamms, mehrfach auswärts nachgeahmt, bes. in den Niederlanden.

Mozarabischer Stil. Kampf des Vogels mit der Schlange, Illustration aus der Beatushandschrift, um 920 (Gerona, Museo de la Catedral)

Mouvement Républicain Populaire [frz. muv'mã repybli'kɛ̃ pɔpy'lɛːr „republikan. Volksbewegung"], Abk. MRP, 1944 gegr., 1967 aufgelöste frz. Partei, die das Programm einer christl.-sozialen Demokratie vertrat; spielte in der 4. Republik als Partei der Mitte eine bed. Rolle (Min.-präs.: G. Bidault 1946 und 1949/50, R. Schuman 1947/48, P. Pflimlin 1958); förderte während des kalten Krieges die atlant. Bündnispolitik sowie die europ. Einigung; verfocht innenpolitisch soziale Reformen; hatte 1958 maßgebl. Anteil an der Berufung de Gaulles; ein fortschreitender Schwund der Wählerbasis führte schließlich zur Auflösung.

Movens [lat.], bewegender Grund, Antrieb, Ursache.

Movimento Sociale Italiano [italien. ...so'tʃaːle... „soziale italien. Bewegung"], Abk. MSI, 1946 gegr. neofaschist. italien. Partei; nationalist.-antikommunistisch geprägt; lehnt das parlamentar. System und Parteienpluralismus ab. Seit 1976 nach Zusammenschluß mit den Monarchisten als M.S.I.-Destra Nazionale (Abk. MSI-DN); im polit. Kräftefeld Italiens weitgehend isoliert.

Möwen [niederdt.] (Larinae), weltweit verbreitete Unterfam. gesellier Vögel (Fam. Möwenvögel, Laridae), mit über 40 Arten; gewandt fliegende Koloniebrüter (bauen Bodennester v. a. auf Küstenfelsen und Sandinseln); mit leicht hakigem Schnabel, zugespitzten Flügeln und Schwimmhäuten zw. den Vorderzehen; ernähren sich v. a. von Wirbellosen, z.T. auch von Fischen, Eiern und Jungen anderer Küstenvögel; z.T. Zugvögel. – Zu den M. gehören u.a.: **Lachmöwe** (Larus ridibundus), etwa 40 cm groß, v.a. an Flüssen, Seen, in Sümpfen und auf Wiesen der nördl. und gemäßigten Regionen Eurasiens; Körper weiß, Flügel grau, mit dunklem Hinterkopffleck (Ruhekleid) oder schokoladenbraunem Kopf (Brutkleid). **Mantelmöwe** (Larus marinus), bis 76 cm groß (Flügelspannweite bis 1,7 m), vorwiegend an den Küsten und Flußmündungen, auch auf Mooren N-Eurasiens und N-Amerikas; Rücken und Flügeloberseite schwarz, sonst weiß, Beine fleischfarben. **Silbermöwe** (Larus argentatus), fast 60 cm groß, an Meeresküsten und Süßgewässern Eurasiens, N-Afrikas und N-Amerikas; unterscheidet sich von der sonst sehr ähnl., doch etwas kleineren Herings-M. v. a. durch den hellgrauen Rücken, die hellgrauen Flügeloberseiten sowie die schwarzweißen Flügelspitzen; Schnabel gelb mit rotem Fleck. **Sturmmöwe** (Larus canus), etwa 40 cm groß, an Meeresküsten N-Eurasiens und Kanadas; unterscheidet sich von der sonst sehr ähnl., doch größeren Silber-M. durch den grünlichgelben Schnabel und die grünlichgelben Beine. **Heringsmöwe** (Larus fuscus), rd. 50 cm groß, paläarktisch verbreitet an Meeresküsten, Flüssen, Süß- und Salzwasserseen und auf Mooren, auch im Binnenland; mit schiefergrauem bis schwarzem Rücken und ebensolchen Flügeloberseiten; von der sonst sehr ähnl., aber größeren Mantel-M. durch die meist gelben Beine unterschieden; übriger Körper und Flügelränder weiß. **Polarmöwe** (Larus argentatus glaucoides), Unterart der Silber-M., etwa 65 cm groß, mit rötl. Augenring; v. a. an den Küsten Islands und des arkt. N-Amerikas.

Möwensturmvögel ↑Sturmvögel.

Moyobamba, Hauptstadt des peruan. Dep. San Martín, in den östl. Ausläufern der Anden, 860 m ü. d. M., 18 400 E. Zentrum eines Agrargebietes. – Gegr. 1539.

MOZ, Abk. für: **M**otor**o**ktan**z**ahl (↑Oktanzahl).

Mozabiten ↑Mzabiten.

mozarabischer Gesang [arab.-span./dt.], der Kirchengesang der altspan. Christen mit röm., griech. und oriental. Elementen, der wohl schon im 6. Jh. ein festgefügtes Repertoire besaß; wurde im 11. Jh. durch den Gregorian. Gesang verdrängt.

mozarabischer Stil [arab.-span./dt.], Stilbez. für die maurisch geprägte christl. Kunst und Architektur im 10. bis 11. Jh. in den ehem. arabisch besetzten Gebieten im S Spaniens. Der m. S. bedient sich der islam. Kunst entlehnter Ornament- und Architekturformen (Hufeisenbogen); v. a. prächtige Buchmalerei.

Mozart, Leopold, *Augsburg 14. Nov. 1719, †Salzburg 28. Mai 1787, östr. Komponist. – Vater von Wolfgang Amadeus M.; trat 1743 in den Dienst des Erzbischofs von Salzburg; widmete sich intensiv der musikal. Ausbildung seines Sohnes; komponierte Sinfonien, Konzerte, Divertimenti, Messen, Oratorien, Kantaten, Lieder in einem im wesentlichen zeitgebundenen Stil; schrieb „Versuch einer gründl. Violinschule" (1756).

M., Wolfgang Amadeus, *Salzburg 27. Jan. 1756, †Wien 5. Dez. 1791, östr. Komponist. – Wurde von seinem Vater Leopold M. früh in Klavier- und Violinspiel sowie Komposition unterrichtet (erstes Stück 1761/62). Konzertierte bereits sechsjährig mit seiner Schwester Maria Anna („Nannerl", *1751, †1829) u.a. in München, später auch in Wien und Paris. Für Konzerte in London komponierte M. seine ersten Sinfonien (KV 16 und 19). – In Wien (1767/1769) entstanden neben einigen Sinfonien seine erste Oper, die Opera buffa „La finta semplice", und das Singspiel „Bastien und Bastienne". 1769 wurde M. in Salzburg unbesoldeter Hofkonzertmeister. Die erste Italienreise mit Leopold M. brachte ihm die Anerkennung führender italien. Komponisten; erfolgreich war die Opera seria „Mitridate" (Mailand 1770). In Italien entstanden auch die ersten Streichquartette (KV 80, 1770; KV 155–160, 1772/73). –

Louis, Earl Mountbatten of Burma

Wolfgang Amadeus Mozart (Ausschnitt aus einem unvollendeten Ölgemälde, 1782/83, Salzburg, Mozartmuseum)

Möwen. Heringsmöwe

Wolfgang Amadeus Mozart. Beginn der Arie des Cherubin aus dem 1. Akt der Oper „Die Hochzeit des Figaro" in eigenhändiger Niederschrift, 1785/86

Stawomir Mrożek

Der neue Fürsterzbischof H. von Colloredo-Waldsee, zu dessen Einsetzung M. die Oper „Il sogno di Scipione" (1772) schrieb, zwang M. zu enger Bindung an den Hofdienst. M. komponierte hier u. a. die bed. Violinkonzerte, Sinfonien (u. a. in g-Moll, KV 183, 1773) und für den Münchner Karneval 1775 die Opera buffa „La finta giardiniera". – Reisen nach München, Mannheim und Paris (1777–79) brachten nicht die erhoffte Anstellung bei Hofe. Bis zum endgültigen Bruch mit dem Erzbischof von Salzburg (1781) komponierte M. u. a. die „Krönungsmesse" (KV 317), „Missa solemnis" (KV 337) und die Auftragsoper „Idomeneo" für München. – Als freier Künstler in Wien lebend, scheiterte M. trotz der Protektion Josephs II. und trotz einiger Anfangserfolge (Singspiel „Entführung aus dem Serail", 1782) letztlich. 1782 heiratete er Constanze Weber (* 1763, † 1842), die Schwester seiner Jugendliebe. In Privatkonzerten stellte M. viele Klavierwerke (u. a. Konzerte zw. KV 413 und 491) und Sinfonien („Haffner", KV 385; „Linzer", KV 425) vor. Haydn regte ihn zu den bed. 6 Streichquartetten (KV 387, 421, 428, 458, 464, 465) an. – Mit der gesellschaftskrit. Oper „Le nozze di Figaro" (1786) verlor M. die Gunst des tonangebenden aristokrat. Publikums; „Figaro" und die nächste Oper, „Don Giovanni" (1787), waren nur in Prag erfolgreich. Ohne breiten öff. Rückhalt schuf M. 1768–91 Werke, die zu den Höhepunkten der jeweiligen Gattungen zählen, u. a. die Sinfonien in D-Dur (KV 504, „Prager"), Es-Dur (KV 543), g-Moll (KV 550) und C-Dur (KV 551, „Jupiter"), die Konzerte für Klavier in D-Dur (KV 537), B-Dur (KV 595) und für Klarinette (KV 622), die Streichquartette KV 499, 575, 589, 590 und andere Kammermusik (u. a. die Serenade KV 525, „Eine kleine Nachtmusik"). Eine letzte Reise (1789) nach Berlin, Dresden und Leipzig hatte keinen, die Opera buffa „Così fan tutte" (1790) geringen Erfolg; ein Fehlschlag wurde das Konzert bei der Krönung Leopolds II. in Frankfurt und die Opera seria „La clemenza di Tito" (Prag 1791). Den Beginn einer allmähl. Durchsetzung der „Zauberflöte" (Wien, Sept. 1791) erlebte M. noch; er starb über der Arbeit am „Requiem".

Sein Gesamtwerk umfaßt alle Stile und Gattungen der Zeit: Werke für Theater, Kirche, Konzert, aristokrat. „Kammer" und bürgerl. Haus. Das erstmals 1862 von L. von Köchel erstellte Verzeichnis nennt neben vielen Einzelstücken (jeweils etwa) 90 liturg. und sonstige geistl. Werke (Messen, Requiem), 20 Bühnenwerke (Opern, Singspiele, Ballette, Schauspielmusiken), 60 dramat. Szenen und Arien, 50 Sinfonien, 30 Konzerte für Klavier und 20 für andere Soloinstrumente, 50 Serenaden und Divertimenti, 60 Quintette, Quartette, Trios, Duos (jeweils für Streicher, Bläser oder eine Kombination beider), 40 Sonaten oder Variationen für Violine und Klavier, 40 für Klavier, zahlr. mehrstimmige Gesänge, Lieder, Kanons, Tänze und Märsche. – M. persönl. Stil bildete sich in steter Auseinandersetzung mit der zeitgenöss. europ. Musik. In der Klaviermusik verarbeitete er Einflüsse J. Schoberts, J. C. Bachs mit seiner kantablen Melodik und ausgewogenen Form, der Mannheimer und der Wiener Schule mit ihrer Kontrastthematik und Affektdynamik. Diese prägten auch die Sinfonien; M. ging von der dreisätzigen Ouvertüre der italien. Opera buffa aus, erweiterte sie meist durch ein Menuett auf vier Sätze und verstärkte (wie auch in den Streichquartetten) motiv.-themat. Arbeit und zykl. Verknüpfung. In den dramat. Werken, denen seine bes. Vorliebe galt, bearbeitete er die typisierende Formen-, Stimm-, Orchester- und Charakterbehandlung der italien. trag. Opera seria und der heiteren Opera buffa, individualisierte die Gattungsnormen aber spätestens seit dem „Idomeneo", vertiefte den dramat. Ausdruck und erreichte in „Entführung aus dem Serail", „Figaro", „Don Giovanni" und „Così fan tutte" einen Höhepunkt musikal.-theatralischer Gestaltung; die „Zauberflöte", eine Mischung aus volkstüml. Zauberposse und Humanitätsdrama, ist eine Synthese seines Opernschaffens.

Schon bald nach seinem Tod wurde seine Musik ein Leitbild des Komponierens. Obwohl heute die Idealisierung in wiss. wie populärer Rezeption einem differenzierten M.-Bild zu weichen beginnt, bleibt M. Inbegriff eines Komponisten, der eindringl. Welterfahrung in einem Werk von realist. Schönheit, Humanität und fortdauernder Klassizität gestaltete.

Mozarteum, 1841 in Salzburg gegr. Inst. zur Pflege und Erforschung der Musik Mozarts, seit 1880 „Internat. Stiftung M." mit angeschlossener Musik[hoch]schule.

Mo Zi [chin. mɔdzi] (Mo Tzu), auch Mo Di oder Meh Ti gen., latinisiert Micius, * um 479, † 381, chin. Philosoph. – Gründete die Philosophenschule der Mohisten. Seine Lehre ist im Buch „Mo Zi" niedergelegt. Er war Gegner der Konfuzianer, v. a. von Meng Zi. Hauptgedanken seiner Lehre sind die „universale Liebe" und die Ablehnung der traditionellen Klassenunterschiede.

mp, Abk. für italien.: **m**ezzo**p**iano (↑mezzo).

Wolfgang Amadeus Mozart konzertiert mit seinem Vater und mit seiner Schwester, Aquarell von Louis Carmontelle, um 1763 (London, British Museum)

MP, Abk. für: **M**aschinen**p**istole (↑ Maschinenwaffen).
▷ [engl. 'ɛm'piː] für engl.: **M**ilitary **P**olice (↑ Militärpolizei).
m. p., Abk. für lat.: ↑ **m**anu **p**ropria.
M. P. [engl. 'ɛm'piː], Abk. für engl.: ↑ **M**ember of **P**arliament.
Mpc, Einheitenzeichen für Megaparsec (↑ Parsec).
mph [engl. 'ɛmpiː'ɛɪtʃ], Einheitenzeichen für die angloamerikan. Geschwindigkeitseinheit Miles per hour (Meilen pro Stunde); 1 mph = 1,609 km/h.
Mphahlele, Ezekiel [əmpax'lɛlɛ], *Marabastad 17. Dez. 1919, südafrikan. Schriftsteller und Literaturwissenschaftler. – Von 1957–77 im Exil in Afrika, Europa und den USA; 1979–88 Prof. für afrikan. Literatur an der Witwatersrand University in Johannesburg; schreibt neben Romanen und Kurzgeschichten über die Entrechtung der schwarzen Bev. Essays zur südafrikan. Literatur. – *Werke:* Pretoria, Zweite Avenue (R., 1959), The african image (Essays, 1962), The wanderers (R., 1971), The unbroken song (En. und Ged., 1981), Africa my music (Autobiographie, 1984).
Mr. [engl. 'mɪstə], Abk. für engl.: ↑ **M**iste**r**.
MRA [engl. 'ɛm-ɑː'ɛɪ], Abk. für engl.: **M**oral **R**e-**A**rmament (↑ Moralische Aufrüstung).
MRBM [engl. 'ɛm-ɑː'biː'ɛm], Abk. für engl.: **M**edium **r**ange **b**allistic **m**issile [engl. 'miːdjəm 'rɛɪndʒ bə'lɪstɪk 'mɪsaɪl], ↑ Mittelstreckenraketen, militärische ↑ Raketen.
Mridanga [Sanskrit], klass. ind. Trommel mit einem Holzkörper in längl. Faßform und zwei Fellen unterschiedl. Größe. Die M. wird mit den Fingerspitzen und den Handgelenken angeschlagen.
Mrożek, Sławomir [poln. 'mrɔʒɛk], *Borzęcin bei Krakau 26. Juni 1930, poln. Schriftsteller. – Lebt seit 1968 in Paris; sozialkrit. Erzähler und Dramatiker mit der Tendenz zum Antiideologischen und Undogmatischen; stellt in oft gespenstisch wirkenden, surrealist. Satiren unter – meist polit. – Terror und Totalität leidende Individuen oder Kollektive dar. – *Werke:* Der Elefant (Satire, 1957), Die Polizei (Dr., 1958), Auf hoher See (Dr., 1961), Striptease (Dr., 1961), Tango (Dr., 1965), Emigranten (Dr., 1974), Buckel (Dr., 1975), Das Leben ist schwer (Satiren, 1985), Porträt (Dr., 1987).
MRP [frz. ɛm-ɛr'pe], Abk. für frz.: ↑ **M**ouvement **R**épublicain **P**opulaire.
Mrs. [engl. 'mɪsɪz], Abk. für engl.: ↑ **M**ist**r**ess.
MS, Abk. für: ↑ **M**otor**s**chiff.
▷ Abk. für: ↑ **m**ultiple **S**klerose.
MSAC [engl. ɛm-es-eɪ'siː], Abk. für engl.: **M**ost **s**eriously **a**ffected **c**ountries (↑ Entwicklungsländer).
M. Sc. [engl. 'ɛm-ɛs'siː], Abk. für engl.: **M**aster of **Sc**ience (↑ Magister).
M-Schale, die dritte Elektronenschale (von innen) im ↑ Atommodell.
MS-DOS [Abk. für engl.: **M**icro**s**oft **D**isc **O**perating **S**ystem] ↑ DOS.
MSH, Abk. für: **m**elanozyten**s**timulierendes **H**ormon (↑ Melanotropin).
MSI, Abk. für italien.: ↑ **M**ovimento **S**ociale **I**taliano.
▷ für engl.: **m**edium **s**cale **i**ntegration, Integrationsstufe der Mikroelektronik mit 20 bis 100 Funktionen pro Chip.
Mt, Einheitenzeichen für Megatonne (↑ Tonne).
▷ chem. Symbol für **M**ei**t**nerium (Element 109). – ↑ Transactinoide.
MTB [Abk. für: **M**ethyl-**t**ert.-**b**utyläther], farblose Flüssigkeit, die durch Anlagerung von Methanol an Isobutan (Isobutylen) hergestellt wird; wirksames Antiklopfmittel für Vergasertreibstoffe, das sich als Ersatz für Bleitetraäthyl eignet; CH₃–O–C(CH₃)₃.
Mtwara, Regionshauptstadt in Tansania, am Ind. Ozean, mit dem westl. Nachbarort Mikindani 48 500 E. Sitz eines kath. Bischofs; Seifenfabrik, Lebensmittelind.; Überseehafen, ⚓.
Muallakat, Al, aus dem 8. Jh. stammende Sammlung von Gedichten (Kassiden), die zu den ältesten Denkmälern der altarab. Literatur gehören.
Muawija, *Mekka um 605, †Damaskus im April 680, Kalif (661–680) und Begründer der Dyn. der Omaijaden. –

Alfons Mucha. Monaco, Monte Carlo, Farblithographie, 1897 (Privatbesitz)

Beanspruchte im Bürgerkrieg 660 die Kalifenwürde, die ihm 661 zufiel; einigte das Reich und schuf die Voraussetzung für die Konsolidierung der arab. Herrschaft im Vorderen Orient.
Mubarak, Muhammad Husni, *Kafr Al Musaihila (Prov. Al Minufijja) 4. Mai 1928, ägypt. General und Politiker. – Seit 1972 Marschall, 1975–81 Vizepräs.; seit Okt. 1981 Nachfolger Sadats als Staatspräs., bis Jan. 1982 auch Min.präs.; vertrat im 2. ↑ Golfkrieg (1991) konsequent alliierte Positionen.
Mucha, Alfons, *Ivančice (Südmähr. Gebiet) 24. Juli 1860, † Prag 14. Juli 1939, tschech. Graphiker und Kunstgewerbler. – Seit 1888 in Paris, wo er durch seine Plakate für Sarah Bernhardt berühmt wurde. Gleichzeitig entwarf er Buchschmuck, kunstgewerbl. Gegenstände, Innendekorationen (Pavillon von Bosnien und Herzegowina, Weltausstellung Paris 1900) im Jugendstil.
Muche, Georg, *Querfurt 8. Mai 1895, †Lindau (Bodensee) 26. März 1987, dt. Maler. – Leitete 1920–27 die Webereiklasse am Bauhaus, malte rhythmisch gefügte abstrakte Kompositionen und schuf v. a. Architekturentwürfe.
Muchina, Wera Ignatjewna, *Riga 19. Juni 1889, † Moskau 6. Okt. 1953, lett.-sowjet. Bildhauerin. – Mit monumentalen Denkmälern und Porträtplastiken eine der Begründerinnen des sozialist. Realismus in der Plastik, u. a. „Arbeiter und Kolchosbäuerin" für die Pariser Weltausstellung 1937.
Mucius, Name eines altröm. Geschlechtes. Bed. Vertreter:
M., Gajus M. Cordus (Scaevola), Held der röm. Sage. – Verbrannte als Beweis seiner Furchtlosigkeit seine rechte Hand, weswegen er Scaevola („Linkshand") gen. wurde und womit er den Abbruch der Belagerung Roms durch den Etruskerkönig Porsenna (507 v. Chr.) erreicht haben soll.
M., Quintus M. Scaevola, *um 140, † Rom 82 v. Chr. (ermordet), röm. Jurist, Konsul (95), Pontifex maximus (um 89). – Brachte als Konsul die *Lex Licinia Mucia* (über die Ausweisung von Nichtbürgern) ein.

Muhammad Husni Mubarak

Carl Muck

Armin Mueller-Stahl

Muck, Carl, *Darmstadt 22. Okt. 1859, †Stuttgart 3. März 1940, dt. Dirigent. – 1892–1912 Kapellmeister der Berliner Königl. Oper (1908 Generalmusikdirektor), 1901–30 Dirigent der „Parsifal"-Aufführungen bei den Bayreuther Festspielen, 1906–08 und 1912–18 Leiter des Boston Symphony Orchestra, 1922–33 der Philharmon. Konzerte in Hamburg.

Mücken (Nematocera), mit rd. 35 000 Arten weltweit verbreitete Unterordnung meist schlanker, langbeiniger, 0,5–50 mm langer (bis 10 cm spannender) Zweiflügler; mit langen, fadenförmigen Fühlern. Die Imagines (erwachsene Insekten) ernähren sich teils von Pflanzensäften, teils räuberisch, bes. aber blutsaugend. Ihre Larven haben (mit Ausnahme der Gallmücke) horizontal zangenartig gegeneinander bewegl. Oberkiefer; sie leben v. a. in stehenden Süßgewässern, Pflanzengeweben und faulenden Pflanzenstoffen. – Zu den M. gehören u. a. Falten-, Dung-, Pfriemen-, Stech-, Stelz-, Lid-, Schmetterlings-, Zuck-, Kriebel-, Haar-, Pilz-, Trauer- und Wintermücken sowie Schnaken und Gnitzen.

Mückenhafte (Bittacidae), mit rd. 70 Arten weltweit verbreitete Fam. schnakenförmiger, bis über 5 cm spannender Insekten (Ordnung Schnabelfliegen), davon in M-Europa zwei bis 1,5 cm lange Arten.

Mückensehen (Mouches volantes), mückenartig im Gesichtsfeld umherschwirrende Pünktchen und Figuren („fliegende Mücken") als Folge kleiner Glaskörpertrübungen; häufig bei starker Kurzsichtigkeit.

Mucor [lat.], svw. ↑Köpfchenschimmel.

Mucur (Mudjur) [türk. 'mudʒur] ↑Orientteppiche (Übersicht).

Mucus [lat.], svw. ↑Schleim.

Mudanjiang [chin. mudandzian] (Mutankiang), chin. Stadt in der Prov. Heilongjiang, 635 000 E. Holzind., Reifenfabrik, Eisen- und Stahlwerk; Eisenbahnknotenpunkt.

Mudd [niederdt.], dunkles, sehr feinkörniges, kalkarmes, an organ. Stoffen reiches Sediment am Grund von Gewässern.

Mudejarstil [mu'dɛxar; span.], nach den *Mudejaren* (arab. Künstler und Handwerker) ben. Bau- und Dekorationsstil in Spanien (13.–15. Jh.), stilgeschichtlich eine Verbindung von maur. und got. Formengut. Charakterist. Merkmale sind hufeisenförmige Bögen und ornamental sehr reicher und prunkvoller Stuck- und Majolikaschmuck.

Mudjur ↑Orientteppiche (Übersicht).

Mudra [Sanskrit „Siegel, Zeichen"], im ind. Tanz und in der ind. Ikonographie bestimmte Handhaltungen mit symbol. Bedeutung.

Mudschahedin [mudʒa-] (Mujahedin, Mudjahedin), allg. Bez. für islam. Glaubenskämpfer. In *Afghanistan* organisierten die M. den muslim.-antikommunist. Widerstand gegen die von der UdSSR nach ihrem Einmarsch (1979) eingesetzte Reg. in Kabul, bes. mit militär. Aktionen (mit amerikan. Waffenlieferungen unterstützt) vom benachbarten Pakistan aus. Nach Abzug der sowjet. Truppen 1989 bildeten die politisch uneinigen M. im pakistan. Peshawar eine Exilreg., die 1991 mit der Führung der UdSSR offizielle Verhandlungen aufnahm. Im April 1992 übernahmen die M. die Macht in Kabul, seither wüten dort Kämpfe zw. rivalisierenden Gruppen. – Die 1965/66 in *Iran* gegr. M. Khalq (Volks-M.), urspr. eine Guerillagruppe mit engem Kontakt zur PLO, entwickelte sich zu einer linksgerichteten, islamisch geprägten Organisation, die ab 1971 bewaffnete Aktionen gegen das Schah-Regime unternahm, nach Errichtung (1979) der Islam. Republik unter Ajatollah Chomaini ihren Widerstand fortsetzte und von der Regierung verfolgt wird.

Muelich, Hans ['myːlɪç] (Mielich), *München 1516, †ebd. 10. März 1573, dt. Maler. – 1536 Schüler A. Altdorfers; 1541 in Rom; v. a. als Bildnismaler (Halbfiguren) und Miniaturist in München tätig. – *Werke:* Porträt des Herzogs Albrecht V. von Bayern (1545, München, Alte Pinakothek, und 1556, Wien, Kunsthistor. Museum), Miniaturen zu Orlando di Lassos „Bußpsalmen" (1565–70, München, Bayer. Staatsbibliothek).

Mueller ['mylər], Harald, *Memel 18. Mai 1934, dt. Schriftsteller. – Verf. von Hörspielen („Ein seltsamer Kampf um die Stadt Samarkand", 1969), zeitkrit. Dramen wie „Großer Wolf" (1968), „Halbdeutsch" (1970), „Stille Nacht" (UA 1974), „Winterreise" (UA 1977), „Das Totenfloß" (UA 1986), „Bolero" (UA 1987); Mitverfasser von Drehbüchern für Filme V. Schlöndorffs.

M., Otto, *Liebau (Schlesien) 16. Okt. 1874, †Breslau 24. Sept. 1930, dt. Maler und Graphiker. – 1910 Mgl. der Künstlergemeinschaft ↑„Brücke", seit 1919 Prof. an der Akad. in Breslau. M. schuf figürl. Bilder (v. a. Zigeunerinnen im Freien) in gedämpfter, stumpfer Farbigkeit; bed. graph. Werk („Zigeunermappe", 1927).

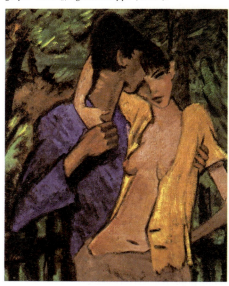

Otto Mueller. Zigeunerliebespaar, um 1922 (Privatbesitz)

Mueller-Stahl ['mylər...], Armin, *Tilsit 17. Dez. 1930, dt. Schauspieler. – Ab 1954 an der Berliner Volksbühne; dann v. a. Film- und Fernsehrollen; seit 1980 in der BR Deutschland; spielte u. a. in „Nackt unter Wölfen" (1963), „Jakob der Lügner" (1975), „Geschlossene Gesellschaft" (1978), „Lola" (1981), „Oberst Redl" (1985), „Night on Earth" (1991); trat auch als Chansoninterpret auf und schreibt Prosa (u. a. „Verordneter Sonntag", 1981).

Muezzin [arab.], der Gebetsrufer, der fünfmal täglich vom Minarett der Moschee herab den Muslimen durch den Gebetsruf (Adhan) die Gebetszeit ankündigt; heute zunehmend durch Tonband und Lautsprecher ersetzt.

Muff [niederl., zu mittelat. muffula „Pelzhandschuh"], Pelzhülle zum Wärmen der Hände, die von links und rechts hineingesteckt werden können. Kam wohl in Italien auf (1590 bei C. Vecellio abgebildet).

Muffe [niederl., nach der Ähnlichkeit mit einem Muff], Rohrverbindungselement (Fitting) in Form eines Hohlzylinders, in das die zu verbindenden Rohrenden eingeschoben oder eingeschraubt werden.

Muffel [zu ↑Muffe wegen der Form], in der *Keramik* luftdicht verschließbares, längl. Reaktionsgefäß aus feuerfestem Material, z. B. Schamotte oder Siliciumcarbid, zum Glühen, Brennen, Schmelzen oder Härten von Substanzen. Die M. werden in sog. **Muffelöfen** von außen beheizt, so daß die Heizgase mit den reagierenden Produkten nicht in Berührung kommen.

▷ in der *Zoologie* Bez. für das Maul mancher Haustiere und für die Nase des Wildes.

Muffelfarben, bei mittlerer Hitze eingebrannte Farben auf Glasuren von Gefäßen. – Ggs. Scharffeuerfarben (↑keramische Farben).

Mufflon [italien.-frz.] (Europ. M., Europ. Wildschaf, Muffelwild, Ovis ammon musimon), mit etwa 1,1–1,3 m Länge und 65–90 cm Schulterhöhe kleinste Unterart des Wildschafs; urspr. auf Korsika und Sardinien, heute in vielen Gebieten Europas eingebürgert; Körper im Sommerkleid oberseits braun, unterseits weiß (Winterkleid des ♂ mit meist weißl. „Sattelfleck"); Stammform der europ. Hausschafrassen; mit großen, quer geringelten, kreisförmig nach hinten gebogenen (♂♂) oder kurzen, nach oben gerichteten Hörnern (♀♀; diese z. T. auch ohne Hörner).

Mufti [arab.], islam. Rechtsgelehrter, der Gutachten (Fetwa) zu einzelnen Rechtsfällen erstellt. Im Osman. Reich gehörten die M., nach Provinzen gegliedert unter einem **Großmufti**, meist zur Rechtsschule der Hanefiten.

Mufulira, Stadt im Kupfergürtel von Sambia, an der Grenze gegen Zaire, 1350 m ü. d. M., 192 000 E. Kupfermine mit Raffinerie; Metall-, Lebensmittel- u. a. Industrie.

Mugabe, Robert Gabriel, *Kutama 21. Febr. 1924, simbabw. Politiker. – Lehrer; 1964–74 unter Arrest gestellt bzw. in Verbannung; 1975 Mitbegr. der Guerillaorganisation „Simbabwe Volksarmee" (ZIPA); seit 1976 Chef der „Simbabwe Afrikan. Nationalunion" (ZANU), gründete mit J. Nkomo die „Patriot. Front" (PF): bekämpfte den Verfassungskompromiß mit den Weißen von 1978/79 auch mit Waffengewalt; ab März 1980 Premiermin.; seit Dez. 1987 erster Exekutivpräs. von Simbabwe.

mugelig, gewölbt geschliffen (bei Schmucksteinen).

Mügeln, Heinrich von ↑Heinrich von Mügeln.

Mügge, Theodor, *Berlin 8. Nov. 1806, †ebd. 18. Febr. 1861, dt. Schriftsteller. – Mitbegr. der nationalliberalen „Nationalzeitung" in Berlin 1848; übte scharfe Kritik an der preuß. Zensur. Verfaßte Reisebeschreibungen und zahlr. Unterhaltungsromane.

Müggelsee (Großer M.), von der Spree durchflossener See (7,2 km²) im SO von Berlin, bis 8 m tief.

Mugokiefer [italien.-/dt.] (Sumpfföhre, Pinus mugo var. mughus), Unterart der Bergkiefer im mittleren und östl. Teil der Alpen; niedrige, kriechende Bäume mit schwärzl.-brauner Rinde.

Muhammad ↑Mohammed.

Muhammad, Name von Herrschern:
Marokko:
M. V., *Fes 10. Aug. 1909, †Rabat 26. Febr. 1961, König (seit 1957), als Sidi M. V. Ibn Jusuf Sultan (1927–53 und 1955–57). – 1953 von den Franzosen als Sultan abgesetzt, nach 2 Jahren Exil wiedereingesetzt; erreichte 1956 die Unabhängigkeit Marokkos von Frankreich und Spanien; seit Aug. 1957 König, seit Mai 1960 auch Min.präsident.
Osman. Reich:
M. II. Fatih (der Eroberer) (türk. Mehmet Fâtih), *Adrianopel (= Edirne) 30. März 1432, †bei Gebze 3. Mai 1481, Sultan (seit 1451). – Vollendete 1453 mit der Eroberung Konstantinopels die Großmachtstellung des Osman. Reiches. Durch Beseitigung der letzten Fürstentümer in Anatolien sowie durch die Besetzung Serbiens (1454/55), der noch byzantin. Peloponnes (1460), Trapezunts (1461) und Bosniens (1463) baute er seine Macht aus und konnte sie im Krieg gegen Venedig (1463–79) behaupten.

Muhammad Ahmad Ibn Abd Allah, islam. Führer im Sudan, ↑Mahdi, Al.

Muhammad Ali [engl. məˈhæmǝd ˈælɪ], eigtl. Cassius Marcellus Clay, *Louisville (Ky.) 17. Jan. 1942, amerikan. Boxer. – Gewann 1960 bei den Olymp. Spielen in Rom die Goldmedaille im Halbschwergewicht; wurde 1964 Weltmeister der Berufsboxer im Schwergewicht; 1967 wurde ihm der Titel wegen Kriegsdienstverweigerung aberkannt; 1965–68 Mgl. der Black Muslims; errang 1974 erneut den Weltmeistertitel, den er 1978 an L. Spinks verlor, im gleichen Jahr jedoch zurückeroberte; trat im Juni 1979 kampflos zurück und scheiterte im Okt. 1980 bei dem Versuch, den Titel gegen L. Holmes zurückzugewinnen.

Muhammad Ibn Abd Allah Hasan, gen. „the mad Mullah" (der tolle Mullah), *um 1860, †im Ogaden (Äthiopien) 23. Nov. 1920, afrikan. Aufstandsführer. – Führendes Mgl. eines Derwischordens; organisierte 1899–1905 und 1908–20 den Widerstand der Stämme im damaligen Somaliland gegen die brit. und italien. Kolonialisierung.

Muhammad Ibn Abd Al Wahhab, *Ujaina um 1703, †Ad-Darijja (Saudi-Arabien) 1792, islam. Reformer, Begründer der ↑Wahhabiten. – Seine Lehre wendet sich gegen alle Glaubensformen und Sitten, die dem urspr. Islam nicht entsprechen; um 1740 schloß sich ihm die Dyn. der Ibn Saud an.

Muharrak, Al, Insel im Pers. Golf, ↑Bahrain.

Muharram [arab. „der heilig gehaltene (Monat)"], erster Monat des islam. Mondjahrs.

Mühe, Ulrich, *Grimma 20. Juni 1953, dt. Schauspieler. – Engagements in Karl-Marx-Stadt (= Chemnitz) und am Dt. Theater Berlin (bis 1991). Seine Figurengestaltung insbes. in klass. Stücken hat oft exemplar. Charakter, z. B. in „Die Jüdin von Toledo" (F. Grillparzer; Salzburger Festspiele 1990); gestaltet auch Filmrollen, u. a. „Das Spinnennetz" (1989), „Der kleine Herr Friedemann" (Fernsehfilm 1991), „Schtonk" (1992).

Robert Gabriel Mugabe

Mühlacker, Stadt an der Enz; Bad.-Württ., 224 m ü. d. M., 24 500 E. Maschinenbau, Elektronik-, Feinmechanik-, Optik-, Keramik- und Kunststoffind.; Großsendeanlage des Süddt. Rundfunks; Landschaftsschutzgebiet Enztalschlingen. – Mit dem rechts der Enz gelegenen Ortsteil **Dürrmenz** im 8. Jh. erstmals gen. (1930 Stadt).

Mühlbach, rumän. Stadt, ↑Sebeș.

Mühlberg/Elbe, Stadt an der Elbe, Brandenburg, 85 m ü. d. M., 3300 E. Stadtmuseum, Steintugind., Hafen. – Wohl Ende des 12. Jh. gegr. (Altstadt), im 13. Jh. die Neustadt. In der **Schlacht bei Mühlberg** wurde am 24. April 1547 der sächs. Kurfürst Johann Friedrich I., der Großmütige, im Schmalkald. Krieg von Karl V. besiegt und gefangengenommen (↑Moritz [Sachsen]). – Schloß (nach 1545), ehem. Klosterkirche Güldenstern (v. a. 14. Jh.), Renaissancerathaus (1543).

Mühlberger, Josef, *Trautenau (= Trutnov, Ostböhm. Bez.) 3. April 1903, †Eislingen/Fils 2. Juli 1985, dt. Schriftsteller. – Die Themen seiner rhythm. Prosa, seiner Lyrik, Dramen und Hörspiele sind Menschen, Landschaft und Geschichte seiner sudetendt. Heimat, Reiseeindrücke und das Kriegserlebnis.

Mühldorf a. Inn, bayr. Krst. am unteren Inn, 383 m ü. d. M., 14 700 E. Heimatmuseum; Maschinenbau, holzverarbeitende, Bekleidungsind., Orgelbau, Herstellung von elektron. Bauteilen. – 888 urkundl. Ersterwähnung; vor 955 Stadt. In der **Schlacht bei Mühldorf** besiegte am 28. Sept. 1322 Kaiser Ludwig IV., der Bayer, den Gegenkönig Friedrich den Schönen. – Barocke Stadtpfarrkirche (18. Jh.) mit spätgot. Chor (15. Jh.) und roman. Turm; spätgot. Rathaus, Häuser des 15. und 16. Jh. mit Lauben; Türme mit ma. Befestigung.

M. a. I., Landkreis in Bayern.

Mühldorf a. Inn

Mühle

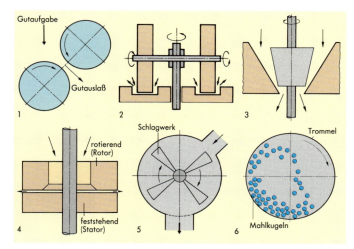

Mühle. Schematische Darstellung verschiedener Mahlprinzipien: 1 Walzenmühle; 2 Kollergang; 3 Reibmühle; 4 Scheibenmühle; 5 Schlagmühle; 6 Trommelmühle

Erich Mühsam

Mühle [zu lat. molina „(durch Wasserkraft betriebene) Mühle"], Maschine zum Mittel- (Grieß-) und Feinmahlen, bei der das Mahlgut durch Druck-, Schlag-, Prall- oder Scherbeanspruchung zerkleinert wird. Die **Walzenmühle** arbeitet mit zwei sich gegenläufig drehenden zylindr. Walzen. Bei der **Rollmühle (Kollergang)** wird das Mahlgut durch in einer Mahlbahn umlaufende Mühlsteine zerkleinert. **Reibmühlen** werden zur Vermahlung geringer Mengen bei hohem Zerkleinerungsgrad eingesetzt. Sie beanspruchen das Mahlgut scherend **(Schermühle)** zw. einer feststehenden und einer rotierenden Mahlfläche. Hierzu gehören die **Glockenmühle** und die **Scheibenmühle**. **Schlagmühlen** zerkleinern das Gut mit Hilfe von Schlagkörpern. Bei **Prallmühlen** wird das Mahlgut von Rotoren gegen feststehende Prallplatten geschleudert, bei **Luftstrahlmühlen** in einem Gas- oder Luftstrom mit über 300 m/s beschleunigt; Zerkleinerung durch Stöße auf Prallklötze. **Trommelmühlen** zerkleinern das Mahlgut in schwingenden Mahltrommeln; man unterscheidet nach der Gestalt der Mahltrommel **Doppelkegelmühlen, Dreikegelmühlen (Triconemühlen), Rohrmühlen** und nach den verwendeten Mahlkörpern **Kugelmühlen** (Mahlkugeln) und **Stabmühlen** (zylindr. Stangen, die in der Trommel abrollen). Nach der Antriebsart unterscheidet man u.a. Wasser-M., Wind-M. und sog. Kunst-M. (mit elektr. Antrieb). Darüber hinaus wird die Bez. auch für Anlagen verwendet, die allg. zum Zerkleinern, Auspressen u.a. dienen (z.B. Öl-, Papier-, Walk- oder Sägemühlen); i.w.S. Bez. für die Gesamtanlage einschl. Gebäude.
Geschichte: Wasser-M. waren schon im 1. Jh. v. Chr. bei den Römern bekannt und traten vereinzelt ab dem 3. Jh. auch nördl. der Alpen auf. Größere Bed. erlangten die M. aber erst im 12. Jh., in dem auch die Kenntnis von Wind-M. wohl durch die ersten Kreuzfahrer, nach Europa vermittelt wurde. Wasser-M. wurden zunächst häufig an gemeinschaftlich genutzten Gewässern errichtet; sie unterstanden dem ↑Landfrieden. Nach der Festigung des Feudalismus wurden M. meist von Grundherrn betrieben; für die umliegenden Dörfer bestand der M.zwang die Pflicht, diese M. zu benutzen. – 1784 wurde die erste Dampf-M. in Betrieb genommen.
▷ Brettspiel zw. 2 Spielern, von denen jeder abwechselnd je 9 schwarze oder weiße Steine auf ein mit Punkten versehenes Liniensystem setzen und dabei versuchen muß, eine Figur (M.) aus 3 nebeneinanderliegenden Steinen zu bilden (bei Gelingen wird dem Gegner jedesmal ein Stein weggenommen). Bes. vorteilhaft ist eine **Zwickmühle**, eine Doppel-M., bei der durch das Öffnen einer M. eine zweite ge-

schlossen wird. Verlierer ist, wer nur noch 2 Steine besitzt oder von den gegner. Steinen eingeschlossen worden ist.
Mühlhausen (amtl. Zusatz: Thomas-Müntzer-Stadt), Krst. an der Unstrut, Thür., 215 m ü.d. M., 42 000 E. PH Erfurt-M., Bauernkrieg-Gedenkstätten, Heimatmuseum; Textilind., elektrotechn./elektron., Holz-, Lederwarenind. – Die Siedlung entwickelte sich bereits 974 als städtisch bezeichneter Marktflecken (Altstadt). Wahrscheinlich in der 2. Hälfte des 12. Jh. wurde die Neustadt gegr., die um 1180 mit der Altstadt vereinigt wurde; im gleichen Jahr ist M. als Reichsstadt bezeugt. Zw. 1224/30 entstand das Mühlhausener Reichsrechtsbuch, eine private Bearbeitung des Stadtrechts von Mühlhausen. Ab 1408 war M. Hansestadt. Der Anschluß an T. Müntzer im Bauernkrieg führte zum vorübergehenden Verlust der Reichsfreiheit. – Ma. Stadtbild mit fast vollständig erhaltener Stadtbefestigung. Got. Pfarrkirchen Sankt Blasius und Sankt Marien (T.-Müntzer-Gedenkstätte); Rathaus (v. a. 16. Jh.); Wohnhaus von T. Müntzer (jetziger Bau von 1697).
M., Landkr. in Thüringen.
Mühlheim am Main, hess. Stadt am linken Mainufer, 102 m ü.d. M., 24 000 E. Polizeischule; Metallverarbeitung und Elektrogerätebau, Leder- und Gummiind. – 815 als Fronhof genannt; 1939 Stadt.
Mühlmann, Wilhelm Emil, *Düsseldorf 1. Okt. 1904, †Wiesbaden 11. Mai 1988, dt. Ethnologe und Soziologe. – 1950 Prof. in Mainz, ab 1960 in Heidelberg. Im Zentrum seiner Untersuchungen standen die religiösen und polit. Sozialbewegungen („Chiliasmus und Nativismus", 1961) in den ehem. kolonisierten Ländern.
Mühlviertel, stark zertaltes Granit- und Gneisbergland in Oberösterreich, nördl. der Donau, im äußersten NW 1378 m hoch; ben. nach den Donauzuflüssen **Große Mühl** und **Kleine Mühl** (54 bzw. 32 km lang); Viehwirtschaft, Kartoffel- und Roggenanbau, Holzverarbeitung, Textilind. (hervorgegangen aus der früher verbreiteten Leinenerzeugung mit Flachsanbau). Zentren sind Rohrbach und Freistadt.
Mühsam, Erich, *Berlin 6. April 1878, †KZ Oranienburg 10. oder 11. Juli 1934, dt. Schriftsteller und Politiker. – U.a. Mitarbeiter an Münchner Kabaretts und verschiedenen Zeitschriften (u.a. „Simplicissimus"); 1911 bis 1914 und 1918/19 Hg. der Monatsschrift „Kain. Zeitschrift für Menschlichkeit"; 1919 Mgl. des Zentralrats der bayr. Räterepublik; nach deren Sturz zu 15 Jahren Festungshaft verurteilt, von denen er 6 Jahre verbüßte; 1933 erneut verhaftet und ermordet. Schrieb satir., von radikalanarchist. Gesinnung erfüllte Balladen („Der Revoluzzer") und Gedichte („Revolution. Kampf-, Marsch- und Spottlieder", 1925), Dramen („Staatsräson", 1928) und Essays („Die Befreiung der Gesellschaft vom Staat. Was ist kommunist. Anarchismus?", 1932).
Muhu, estn. Bez. der Insel ↑Moon.
Muiscakultur [span. 'muiska], Kultur der Muisca im Hochland von Bogotá, Kolumbien, seit etwa 1200 nachweisbar. Charakteristisch waren Feldbau, Kleinstädte und geschlossene Dörfer mit Rundhäusern, Palästen, Tempeln und Palisaden aus Holz. Gut ausgebildetes Kunsthandwerk: Metallarbeiten, v.a. gegossene Votivfiguren aus Gold, Töpferei, Weberei, Smaragdverarbeitung. Bei Ankunft der Spanier beherrschten zwei rivalisierende Reiche das Gebiet der Muisca. Aus dem Opferzeremoniell des Kaziken von Guatavita entstand die Sage vom ↑Eldorado. Die Muisca wurden 1538 von den Spaniern unterworfen.
Mujib-ur-Rahman ↑Rahman, Mujibur.
Mukalla (Makalla), **Al-M.,** Hafenstadt an der S-Küste der Arab. Halbinsel in Jemen, 154 000 E. Handelsplatz; Fischerei, Fischkonserven- und Fischmehlfabrik, Bootsbau; Ausgangsort einer Straße ins Wadi Hadramaut. ✈.
Mukarnas [arab.], in der islam. Baukunst svw. ↑Stalaktiten bzw. Stalaktitenwerk.
Mukden, chin. Stadt, ↑Shenyang.
Mukopolysaccharide [lat./griech.], hochpolymere Kohlenhydrate, die aus Aminozuckern und Uronsäuren aufgebaut sind; häufig ist auch Schwefelsäure in esterartiger

Bindung enthalten. Zu den M. gehören v. a. die im Bindegewebe oder in Schleimen des tier. Körpers verbreiteten Substanzen Hyaluronsäure und Chondroitinschwefelsäure sowie das in der Leber gebildete Heparin.

mukös [lat.], schleimabsondernd (von Drüsen bzw. Drüsenzellen, auch von bestimmten Karzinomen).

Mukosa [lat.], svw. ↑Schleimhaut.

Mukoviszidose [lat.] (zyst. Fibrose), autosomal-rezessiv erbl. Stoffwechselkrankheit, die mit einer Häufigkeit von einem Fall auf 2 000 Lebendgeborene unter der europ. Bev. an der Spitze der angeborenen Enzymopathien steht. Ursache ist ein Gendefekt auf einem Abschnitt des Chromosoms 7, der eine allg. Fehlfunktion der exokrinen Drüsen bewirkt; gekennzeichnet durch Zähflüssigkeit und Überproduktion der Ausscheidungen aller schleimbildenden Drüsen mit Stauungserscheinungen und zyst.-fibrot. Umbildung des umgebenden Gewebes. Durch Befall der Bauchspeicheldrüse kommt es zu chron. Entzündung *(zyst. Pankreasfibrose)* mit Verdauungsstörungen; schwerwiegend ist auch die Schädigung des Bronchialsystems (Bronchiektasie mit chron. Bronchitis und wiederkehrende Lungenentzündungen). Die Behandlung erfolgt v. a. durch Physiotherapie (Klopfdrainage der betroffenen Lungenabschnitte), Lösung des Bronchialsekrets durch Inhalationen, Antibiotikagaben sowie Ersatz der fehlenden Bauchspeicheldrüsenenzyme und Diät (hochkalor. Kost). – Selbsthilfeeinrichtung ist die Dt. Gesellschaft zur Bekämpfung der M. (Bonn).

Mukran, Stadtteil von Saßnitz, auf der Insel Rügen. Trajekthafen nach Memel (Litauen).

Mulatte [span., zu mulo (lat. mulus) „Maultier" (im Sinne von „Bastard")], Mischling mit europidem und negridem Elternteil.

Mulch [engl.], Bodenbedeckung aus Pflanzenteilen, z. B. Stroh, Gras oder Torf, zur Förderung der Bodengare sowie als Erosions-, Deflations- oder Verdunstungsschutz. Gemulcht wird v. a. unter Obstkulturen, im Gemüsebau und im Landschaftsbau, auch um den Unkrautwuchs zu unterdrücken.

Mulde, linker Nebenfluß der Elbe, entsteht nördl. von Colditz durch Zusammenfluß von Zwickauer und Freiberger Mulde, mündet nördl. von Dessau, 124 km lang. Östl. von Bitterfeld wird sie wegen eines Braunkohlentagebaus umgeleitet.

Mulde [zu lat. mulctra „Melkkübel"], in der *Geologie* ↑Falte.

▷ in der *Geomorphologie* eine ringsum von sanften Hängen begrenzte flache Hohlform.

Muiscakultur. Tonfigur der Göttin Bachue (Berlin, Staatliche Museen)

Mülhausen. Treppe und Portal des ehemaligen Rathauses, 1552

▷ längl., flacher, offener Behälter, z. B. zum Kneten des Teigs, zum Beschicken von Industrieöfen.

Muldenfalzziegel ↑Dachziegel.

Muldenkipper ↑Kipper.

Muldoon, Sir (seit 1983) Robert David [engl. mʌlˈduːn], * Auckland 21. Sept. 1921, †ebd. 5. Aug. 1992, neuseeländ. Politiker (National Party). – Buchprüfer; 1960–91 Abg.; 1967 Min. für Tourismus und Öffentlichkeitsarbeit; 1967–72 Finanzmin.; 1972 stellv. Premiermin.; 1974/75 Oppositionsführer; 1975–84 Premiermin., Finanzmin. und Min. für Nat. Sicherheitsdienst.

Mulhacén [span. mulaˈθen], mit 3 478 m höchster Berg der Iber. Halbinsel, in der span. Sierra Nevada.

Mülhausen (amtl. frz. Mulhouse), frz. Stadt im Oberelsaß, Dep. Haut-Rhin, 112 200 E. Univ. (gegr. 1970), Textilfachschule; Museen, botan. Garten, Zoo. Führend sind Textilind., Maschinenbau und chem. Ind., Autoind., Waffenfabrikation, Druckereien, Gerbereien, Nahrungsmittelind. – Entstand um eine Mühle an der Ill; 717 erstmals erwähnt; erlangte im 13. Jh. Selbständigkeit und galt als Reichsstadt, erhielt 1293 eine Stadtrechtsbestätigung; verbündete sich 1333 mit den elsäss. Reichsstädten und trat 1354 dem elsäss. Zehnstädtebund (Dekapolis) bei. Wurde 1515 zugewandter Ort der Eidgenossenschaft; 1523 Einführung der Reformation, seit Ende des 16. Jh. ref. Stadtrepublik. Schied 1648 aus dem Reichsverband aus und schloß sich 1798 Frankreich an; gehörte 1871–1918/19 zum dt. Reichsland Elsaß-Lothringen. – Neugot. Kirche Sankt Stephan (19. Jh.) mit Glasmalereien (gegen 1340), got. Johanniskapelle (1351; jetzt Lapidarium) mit Wandmalereien (um 1515); Renaissancerathaus (1552); Kirche Sacré-Cœur (1959).

Mülheim a. d. Ruhr, Stadt im westl. Ruhrgebiet, NRW, 40 m ü. d. M., 176 200 E. Max-Planck-Inst. für Kohlenforschung und Strahlenchemie, Kunstmuseum, Theater a. d. Ruhr, Freilichtbühne. Kraftwerkbau, Gabelstaplerfertigung, Elektronik- und Elektroind., Maschinen- und Stahlind., Leder-, Nahrungsmittel-, Genußmittelind. u. a.; Sitz bed. Großhandels- und Dienstleistungsunternehmen. Der Hafen hat über die kanalisierte Ruhr Verbindung mit dem Rhein und dem Rhein-Herne-Kanal; ⚒. – Entstand aus verschiedenen Siedlungskernen, zu denen die Ende des 9. Jh. errichtete Burg *Broich* gehörte; um 1000 erstmals gen.; Landesherren des Kirchspiels Mülheim wurden um 1200 die Grafen von Berg, die es im 15. Jh. an Köln und Kleve verpfändeten. Kam 1446/59 als Pfandlehen an die Herren von Broich, wurde dann mit der Herrschaft Broich zus. als *Unterherrschaft Berg* bezeichnet. Diese fiel 1766 an Hessen-Darmstadt, 1806 an das Groß-Hzgt. Berg, 1815 an Preu-

Mülhausen
Stadtwappen

Mülheim a. d. Ruhr
Stadtwappen

ßen. 1808 wurde Mülheim zur Stadt erhoben. Im 2. Weltkrieg stark zerstört. – Über dem linken Ufer der Ruhr Schloß Broich: Reste einer spätkaroling. Burg (9. Jh.), Ringmauer, Hochschloß als Torbau (1648).

Mulhouse [frz. myˈluːz] ↑ Mülhausen.

Muli [lat.], Bez. für das (wegen seiner Trittfestigkeit) als Gebirgslasttier eingesetzte Maultier (↑ Esel).

mulier taceat in ecclesia [...lier; lat. „die Frau schweige in der Gemeindeversammlung"], in der kath. Kirche und den Ostkirchen bibl. Beleg (1. Kor. 14,34) für den Ausschluß der Frauen von der Priesterweihe, von der neuesten Exegese als nachpaulinischer Einschub erkannt.

Mull [engl. mʌl], zweitgrößte Insel der Inneren Hebriden, in der Strathclyde Region, Schottland, 910 km^2, 2 600 E; im Ben More 966 m hoch; Rinder- und Schafhaltung; Hauptort Tobermory.

Mull [Hindi-engl.], leinwandbindiges, sehr „offenes" Gewebe aus dünnen Fäden; meist aus gereinigter, entfetteter und gebleichter Baumwolle; findet in der Medizin als Verbandsstoff Verwendung.

Müll, Abfälle aus Haushalt und Unternehmen, die meist in speziellen Behältern (M.tonnen, M.container) gesammelt, von den entsorgungspflichtigen Körperschaften oder beauftragten Dritten (↑ duales Abfallsystem) abtransportiert (M.fahrzeuge, M.abfuhr) und nach verschiedenen Methoden der M.beseitigung weiterverarbeitet oder abgelagert werden. Man unterscheidet u.a. nach Konsistenz (fest, schlammförmig, flüssig) und nach Herkunft (kommunale Abfälle wie Haus-M., Sperr-M., Straßenkehricht, Klärschlamm aus Kläranlagen; gewerbl. Abfälle wie Ind.-M., Altöl, Autowracks, Altreifen, Bauschutt, tier. Exkremente aus Massentierhaltungen, Glas, radioaktive Abfälle).

Die billigste Form der Entsorgung ist die **Ablagerung auf geordneten Deponien;** derzeit bestehen rd. 300 Zentraldeponien als wannenförmige Senken oder Geländeeinschnitte mit wasserundurchlässigem Untergrund, der ein Eindringen flüssiger Abfälle ins Oberflächen- bzw. Grundwasser verhindern soll. Der M. wird zerstampft oder niedergewalzt (M.verdichtung) und mit Isolierschichten z. B. aus Bauschutt o. ä. sog. Inertmaterial überdeckt. Anschließend werden die bisweilen 100 m hohen M.- und Schuttberge mit Erde überdeckt und bepflanzt (Rekultivierung). Als Untertagedeponien dienen ehem. Bergwerke. Ungesetzlich sind seit 1972 sog. **offene Deponien, Müllkippen,** auf denen Abfälle unbehandelt und unkontrolliert gelagert werden, sowie **wilde** (d. h. ungeplante) **Deponien** in Wald und Flur.

Durch **Müllkompostierung** oder **Müllvererdung** werden abgestorbene organ. Stoffe in krümelige, nährstoffreiche Komposterde überführt. Mikroorganismen (Bakterien) bewirken die Umwandlung mittels Luftsauerstoff und Feuchtigkeit bei 25–50 °C. In sog. **Müllkompostwerken** wird bes. Haus-M. (Anteil an kompostierbaren Stoffen bei rd. 40 %) verarbeitet: Zerkleinerung auf der M.raspel, Entfernen von Eisenteilen wie Konservendosen (mittels Magnetscheider) und Hartstoffen wie Glas (mittels Schleudermühle), Verrottung des M. in sog. **Gärzellen** mit optimalen Lebensbedingungen für Mikroorganismen, bisweilen auch Zugabe von Klärschlamm aus Kläranlagen, anschließend mehrmonatige Lagerung.

In **Müllverbrennungsanlagen** (erstmals in Manchester 1881, in Hamburg 1896) wird bes. M. aus dem kommunalen Bereich unter Ausnutzung der darin enthaltenen Energie (z. B. zur Dampf- und Heißwassererzeugung) zu Schlacke und Asche (etwa 10 % des urspr. M.volumens) verbrannt, wodurch das sonst benötigte Deponievolumen (jährlich über 200 ha) erheblich verringert wird. Aus hygien. Gründen wird bes. M. aus Krankenhäusern verbrannt. Massenkunststoffe wie Polyäthylen, Polystyrol oder Polypropylen verbrennen zu Kohlendioxid (CO_2) und Wasser, während aus Polyvinylchlorid (PVC) schädl. Chlor- und damit Salzsäuregase entstehen; Entfernung zus. mit Schwefel- und Fluorverbindungen durch nasse Abgasreinigung, sonst erhebl. Umweltbelastung. Die Umweltverträglichkeit von M.verbrennungsanlagen hängt vom bei der Verbrennung entstehenden Schadstoffgehalt ab. Z. B. können Dioxine, polycycl. aromat. Kohlenwasserstoffe und Schwermetalle ausgestoßen werden.

Die enorme Gefährlichkeit des z. T. sehr langlebigen **Atommülls** (↑ radioaktiver Abfall) z. B. aus Wiederaufarbeitungsanlagen für abgebrannte Kernbrennstäbe kann durch Verbrennen (chem. Reaktion) nicht gemindert wer-

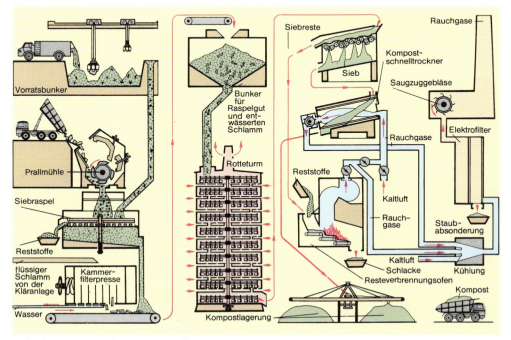

Müll. Schematische Darstellung einer Hausmüllkompostierungsanlage

den. *Atom-M.* wurde bis 1984 in Spezialbehältern ins Meer versenkt; die Einlagerung in ehemaligen Salzbergwerken oder künstlich geschaffenen Kavernen wird erprobt.
In den westl. Bundesländern Deutschlands fallen pro Jahr im Mittel über 30 Mill. t an eingesammeltem Siedlungsmüll (davon 15 Mill. t Hausmüll, 2 Mill. t Sperrmüll und 13 Mill. t hausmüllähnl. Gewerbeabfälle) an, pro Bundesbürger also rd. 400 kg. Davon werden rd. 21 Mill. t auf Deponien gelagert und rd. 9 Mill. t verbrannt. In der ehem. DDR erfolgte wegen Rohstoffmangel und Devisenknappheit eine intensive Rückführung verwertbarer Stoffe in den Produktionskreislauf durch staatl. Betriebe (Verwertung 1988: 36,4 Mill. t); ökolog. Aspekte spielten dabei eine untergeordnete Rolle. Eine Reduzierung des Hausmülls muß durch produktbezogene Maßnahmen (↑Verpackungsordnung), Wiederverwertung (↑Recycling) nach getrennter Sammlung oder Sortierung und durch ein Umdenken beim Konsumverhalten der Verbraucher erfolgen.

Müllenhoff, Karl, *Marne 8. Sept. 1818, †Berlin 19. Febr. 1884, dt. Germanist. – 1846 Prof. in Kiel, ab 1858 in Berlin; beeinflußte die dt. Altertumskunde maßgeblich durch seine quellenkundl. und motholog. Forschungen und seine bis heute gültige „Dt. Altertumskunde" (8 Bde., 1870 bis 1900).

Muller, Hermann Joseph [engl. 'mʌlə], *New York 21. Dez. 1890, †Indianapolis 5. April 1967, amerikan. Biologe. – 1933–37 Mitarbeiter am Inst. für Erbforschung in Moskau; danach Emigration und Professur in Edinburgh und an der Indiana University in Bloomington. M. konnte bei genet. Versuchen an Taufliegen durch Röntgenbestrahlung künstl. Mutationen auslösen (1926) und erhielt für die Entdeckung dieser Möglichkeit und damit der Gefahr, die für die Erbsubstanz durch derartige Strahlen besteht, 1946 den Nobelpreis für Physiologie oder Medizin. – Abb. S. 492.

Müller, Adam Heinrich, Ritter von Nitterdorf (seit 1826), *Berlin 30. Juni 1779, †Wien 17. Jan. 1829, dt. Staats- und Gesellschaftstheoretiker. – Ab 1813 in östr. Diensten; 1815 Generalkonsul in Leipzig; wegen seines Widerstandes gegen die preuß. Zollvereinspolitik abberufen. – In seinem 1809 erschienenen Hauptwerk „Elemente der Staatskunst" stellte sich M. gegen die Staatslehre der Aufklärung, die Ideen der Frz. Revolution, leugnete die begriffl. Trennung von Staat und Gesellschaft und trat für einen korporativen Ständestaat ein.

M., Albin, gen. Albinmüller, *Dittersbach bei Freiberg 15. Dez. 1871, †Darmstadt 2. Okt. 1941, dt. Architekt. – Mgl. der Darmstädter Künstlerkolonie, Prof. an der dortigen TH. Erbaute auf der Mathildenhöhe eine Miethäusergruppe (1911/12), Löwentor (1914) und Brunnen (1914) und stellte 1914 sein zerlegbares Holzhaus aus; auch Entwürfe für kunstgewerbl. Gegenstände.

M., Artur, Pseud. Arnolt Brecht, *München 26. Okt. 1909, †ebd. 11. Juli 1987, dt. Schriftsteller. – 1944 aktiv in der Widerstandsbewegung; 1953–58 Programmdirektor des Hess. Fernsehens; verfaßte Novellen, Dramen, Hör- und Fernsehspiele sowie Zeitromane, u. a. „Am Rande einer Nacht" (R., 1940), „Die verlorenen Paradiese" (R., 1950), auch zeitgeschichtl. Arbeiten.

M., Eduard, *Dresden 12. Nov. 1848, †Bern 9. Nov. 1919, schweizer. Politiker (freisinnig). – 1895–1919 Mgl. des Bundesrats; 1899, 1907 und 1913 Bundespräs.; wesentlich an Reformen der Justiz und des Militärwesens beteiligt.

M., Friedrich, gen. Maler Müller, *Bad Kreuznach 13. Jan. 1749, †Rom 23. April 1825, dt. Dichter und Maler. – Ab 1774 in Mannheim, wo er, von der Sturm-und-Drang-Bewegung angeregt, v. a. als Schriftsteller tätig war (Dramen, Balladen). 1777 kurfürstl. Kabinettsmaler, ab 1778 in Rom, konvertierte 1780 zum Katholizismus. 1805 zum bayr. Hofmaler ernannt. – Schuf v. a. bis 1777 niederl. beeinflußte kraftvolle Zeichnungen und Graphik.

M., Friedrich von, *Augsburg 17. Sept. 1858, †München 18. Nov. 1941, dt. Internist. – Prof. in Bonn, Breslau, Marburg, Basel und München; grundlegende Arbeiten auf fast allen Gebieten der inneren Medizin, bes. der Physiologie und Pathologie des Stoffwechsels.

M., Friedrich Max (im engl. Sprachgebrauch auch: Max Müller, Friedrich), *Dessau 6. Dez. 1823, †Oxford 28. Okt. 1900, brit. Indologe, Sprach- und Religionswissenschaftler dt. Herkunft. – Sohn von Wilhelm M.; 1854 in Oxford Prof. für moderne europ. Sprachen und Literaturen, ab 1868 für vergleichende Sprachwiss.; förderte die Wedafor-

Hermann Joseph Muller

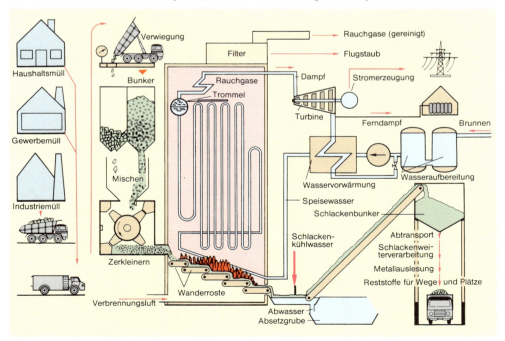

Müll. Schematische Darstellung einer Müllverbrennungsanlage

schung durch seine Ausgabe der „Rig-Veda-Sanhita" (6 Bde., 1849–74) und durch „A history of ancient Sanskrit literature" (1859); wandte sich der vergleichenden Religionsgeschichte zu und begr. die moderne Religionswiss. („Einleitung in die vergleichende Religionswiss.", 1873), für die er als Hg. der 50bändigen „Sacred books of the East" (1882–1910) eine bed. Textgrundlage schuf.

M., Friedrich Wilhelm Karl, *Neudamm bei Küstrin 21. Jan. 1863, †Berlin 28. April 1930, dt. Orientalist und Ethnologe. – 1906–28 Direktor der ostasiat. Abteilung des Museums für Völkerkunde in Berlin; Arbeiten zur chin. und jap. Philologie, dann zur Entzifferung und Erschließung der durch die preuß. Turfanexpeditionen gefundenen Handschriften; grundlegend wurden bes. seine Arbeiten zum Soghdischen und Uigurischen.

Johannes von Müller

M., Fritz, *Windischholzhausen bei Erfurt 31. März 1821, †Blumenau (Brasilien) 21. Mai 1897, dt. Zoologe. – Prof. in Florianópolis; Darwinist („Für Darwin", 1864); untersuchte die Stammesgeschichte der Krebstiere zum Nachweis der Deszendenztheorie und formulierte das biogenet. Grundgesetz.

M., Fritz, dt. Schriftsteller, ↑Müller-Partenkirchen, Fritz.

M., Gebhard, *Füramoos (= Eberhardzell bei Biberach an der Riß) 17. April 1900, †Stuttgart 7. Aug. 1990, dt. Jurist und Politiker. – In Württemberg-Hohenzollern 1947 bis 1952 Landesvors. der CDU und 1948–52 Staatspräs.; Verfechter der Bildung eines Südweststaats; 1952–58 MdL, 1953–58 Min.präs. in Bad.-Württ.; 1958–71 Präs. des Bundesverfassungsgerichts.

M., Gerhard, *Marburg 10. Mai 1925, dt. ev. Kirchenhistoriker. – Seit 1982 Landesbischof der Ev.-luth. Landeskirche in Braunschweig.

M., Gerhard Kurt, *Leipzig 1. Okt. 1926, dt. Maler und Graphiker. – 1961–68 Prof. (1964–66 Rektor) an der Hochschule für Graphik und Buchkunst in Leipzig; zahlr. Federzeichnungen und Holzstiche zur Buchillustration sowie monumentale, streng statuar. Malerei zu histor. und polit. Themen.

Heiner Müller

M., Hans, gen. H. M.-Einigen, *Brünn 25. Okt. 1882, †Einigen (= Spiez, Schweiz) 8. März 1950, dt.-schweiz. Schriftsteller. – Chefdramaturg in Hollywood; schrieb Gedichte, Novellen und Erzählungen (u. a. „Träume und Schäume", 1911; „Die Menschen sind alle gleich", 1946) sowie Lustspiele (u. a. „Im weißen Rößl", 1930) und v. a. Dramen.

M., Heiner, *Eppendorf (Landkr. Flöha) 9. Jan. 1929, dt. Dramatiker. – Bereits in seinen frühen, z. T. mit seiner Frau Inge M. (*1925, †1966) verfaßten, an den Lehrstücken Brechts orientierten Produktionsstücken („Der Lohndrücker", 1957; „Der Bau", 1965) setzte sich M. kritisch mit Problemen der sozialist. Entwicklung in der DDR auseinander (1961 Ausschluß aus dem Schriftstellerverband der DDR, Wiederaufnahme 1988). Danach griff M. häufig klass. antike und mytholog. Stoffe sowie Dramen Shakespeares auf („Philoktet", 1965; „Macbeth", 1972). In den 1970er Jahren problematisierte er das Verhältnis von Staat und Revolution („Zement", 1974; „Die Schlacht", 1975; „Germania Tod in Berlin", 1977). M. gilt als einer der innovativsten (jedoch auch heftig umstrittenen) dt. Dramatiker der Gegenwart („Die Hamletmaschine", 1978; „Wolokolamsker Chaussee I–V", 1987); autobiograph. Interview „Krieg ohne Schlacht. Leben in zwei Diktaturen" (1992). – 1990–92 Präs. der Akad. der Künste in Ostberlin; 1985 Georg-Büchner-Preis, 1990 Kleist-Preis.

M., Hermann, *Mannheim 18. Mai 1876, †Berlin 20. März 1931, dt. Politiker. – 1916–18 und ab 1920 MdR (nach seinem Wahlkreis **Müller-Franken** gen.); 1920–28 Vors. der Reichstagsfraktion, 1919–27 einer der Parteivors. der SPD; unterzeichnete als Reichsaußenmin. (Juni 1919–März 1920) mit J. Bell den Versailler Vertrag; März–Juni 1920 und 1928–30 Reichskanzler.

M., Herta, *Nitzkydorf (= Niţchidorf bei Temesvar) 17. Aug. 1953, rumäniendt. Schriftstellerin. – Lebt seit 1987 in der BR Deutschland. Setzte sich in ihren Prosawerken „Niederungen" (1982) und „Barfüßiger Februar" (1987) mit dem dörfl. Leben in den dt.sprachigen Enklaven Rumäniens auseinander sowie mit dessen Ggs. zur Wirklichkeit in der BR Deutschland („Reisende auf einem Bein", E., 1989; „Der Fuchs war damals schon der Jäger", R., 1992).

M., Johannes, dt. Mathematiker und Astronom, ↑Regiomontanus.

M., Johannes von (seit 1791), *Schaffhausen 3. Jan. 1752, †Kassel 29. Mai 1809, schweizer. Historiker. – Bibliothekar, Publizist und Diplomat in Kassel, Mainz und Wien. Als Historiograph ab 1804 in preuß. Diensten, 1808 Generaldirektor des öff. Unterrichtswesens im Kgr. Westfalen. Verf. der „Geschichte der schweizer. Eidgenossenschaft" (5 Bde., 1786–1808, Neuausgabe 1942).

M., Johannes Peter, *Koblenz 14. Juli 1801, †Berlin 28. April 1858, dt. Physiologe und Anatom. – Prof. in Bonn und Berlin; M. war einer der bedeutendsten medizin. Wissenschaftler seiner Zeit und Begründer der neuzeitl. Physiologie. Bes. eingehend befaßte er sich mit der Nerven- und Sinnesphysiologie. Durch seine Schüler (E. Haeckel, R. Virchow u. a.) wurde die moderne Biologie beeinflußt.

M., Johann Gottwerth, gen. M. von Itzehoe, *Hamburg 17. Mai 1743, †Itzehoe 23. Juni 1828, dt. Schriftsteller. – Buchhändler, ab 1783 Privatgelehrter. Mitarbeiter an F. Nicolais „Allgemeiner Dt. Bibliothek"; schrieb satir. Werke nach dem Vorbild des engl. kom. Romans des 18. Jh., u. a. den Roman „Siegfried von Lindenberg" (4 Tle., 1779).

M., Josef, *Steinwiesen bei Kronach 27. März 1898, †München 12. Sept. 1979, dt. Jurist und Politiker. – Vor 1933 in der BVP tätig; seit 1939 in der Abwehrabteilung des OKW, verhandelte als Vertreter der Widerstandsgruppe um L. Beck und W. Canaris 1939/40 mit dem Vatikan und der brit. Reg.; 1943 verhaftet; 1945 Mitbegr. der CSU, 1945–49 Landesvors., 1947–49 bayr. Justizmin. und stellv. Min.präs., 1950–52 erneut Justizminister.

M., Karl Alexander, *Basel 20. April 1927, schweizer. Physiker. – Prof. am IBM-Forschungslaboratorium in Rüschlikon; erhielt 1987 mit J.G. ↑Bednorz den Nobelpreis für Physik für die 1986 entdeckte sog. Hochtemperatur-Supraleitung an einem keram. Metalloxid.

M., Karl Otfried, *Brieg 28. Aug. 1797, †Athen 1. Aug. 1840, dt. klass. Philologe. – Ab 1819 Prof. in Göttingen; vertrat das Ideal einer umfassenden Altertumswiss.; initiierte die Erforschung der ältesten griech. Geschichte.

M., Manfred, *Augsburg 15. Nov. 1926, dt. kath. Theologe. – Seit 1982 Bischof von Regensburg.

M., Paul Hermann, *Olten 12. Jan. 1899, †Basel 13. Okt. 1965, schweizer. Chemiker. – M. entwickelte 1939 das ↑DDT und erhielt dafür 1948 den Nobelpreis für Physiologie oder Medizin.

M., Robert, *Zürich 17. Juni 1920, schweizer. Bildhauer. – Iron.-humorvolles Werk aus geschweißten [Schrott]montagen, die an Fabelwesen erinnern; auch Zeichnungen und Collagen.

M., Traugott, *Düren 28. Dez. 1895, †Berlin 29. Febr. 1944, dt. Bühnenbildner. – Gestaltete in Zusammenarbeit mit E. Piscator und J. Fehling schulemachende Bühnenräume.

M., Wilhelm, gen. Griechen-Müller, *Dessau 7. Okt. 1794, †ebd. 1. Okt. 1827, dt. Dichter. – Vater von Friedrich Max M.; nahm als Freiwilliger an den Befreiungskriegen teil. – M. schrieb in leichtem, sangbarem Ton v. a. Reise-, Wander- und Tafellieder. Einige seiner Gedichte („Am Brunnen vor dem Tore", „Das Wandern ist des Müllers Lust") wurden zum Volksgut. Bekannt wurden die Liederzyklen, v. a. „Die schöne Müllerin" und „Die Winterreise", durch F. Schuberts Vertonung. Mit „Liedern der Griechen" (5 Bde., 1821–24), philolog. Studien („Homerische Vorschule", 1824) und Übersetzungen („Neugriech. Volkslieder", 2 Tle., 1825) wurde er zum Hauptvertreter des literar. Philhellenismus in Deutschland.

Paul Hermann Müller

Müller-Armack, Alfred, *Essen 28. Juni 1901, †Köln 16. März 1978, dt. Nationalökonom und Soziologe. – Prof. in Münster und in Köln; gehörte zur ↑Freiburger Schule, prägte den Begriff der sozialen Marktwirtschaft und gilt als einer der Väter dieser Wirtschaftsordnung, die er u. a. als

Leiter der Abteilung Wirtschaftspolitik sowie der Grundsatzabteilung im Bundesministerium für Wirtschaft praktisch vertrat.

Müller-Gang [nach J. P. Müller], bei den Embryos von Mensch und Wirbeltieren angelegter, geschlechtlich indifferenter Gang, aus dem sich im weibl. Geschlecht Eileiter, Gebärmutter und Scheide entwickeln; im männl. Geschlecht zurückgebildet.

Müller-Guttenbrunn, Adam, Pseud. Ignotus, Franz Josef Gerhold, *Guttenbrunn (= Zăbrani, Rumänien) 22. Okt. 1852, †Wien 5. Jan. 1923, östr. Schriftsteller. – 1892–96 Direktor des Raimundtheaters, 1898–1903 des Stadttheaters in Wien; setzte sich für die Erneuerung des Wiener Theaters ein; 1919 Nationalrat. Schrieb Dramen, Romane, Erzählungen, Kultur- und Geschichtsbilder aus seiner donauschwäb. Heimat; biograph. Romantrilogie über Lenau (3 Bde., 1919–21).

Müller-Lyer-Täuschung [nach dem dt. Psychiater und Soziologen F. Müller-Lyer, *1857, †1916] ↑optische Täuschungen.

Müller-Partenkirchen, Fritz, auch gen. Müller-Zürich, eigtl. F. Müller, *München 24. Febr. 1875, †Hundham (= Fischbachau, Kr. Miesbach) 4. Febr. 1942, dt. Schriftsteller. – Schrieb unterhaltende Romane, u. a. „Kramer & Friemann" (1920), „Der Kaffeekönig" (1939) und Erzählungen, humorvolle Dialektgeschichten, Skizzen und Plaudereien.

Müller-Schlösser, Hans, *Düsseldorf 14. Juni 1884, †ebd. 21. März 1956, dt. Schriftsteller. – Schrieb rhein. Volkskomödien, Schnurren, Schwänke; bes. beliebt ist seine Komödie „Schneider Wibbel" (1914).

Müller-Thurgau-Rebe [nach dem schweizer. Pflanzenphysiologen H. Müller-Thurgau, *1850, †1927], 1882 in Geisenheim aus einer Kreuzung zw. Riesling und Silvaner gewonnene Rebsorte; liefert einen milden, duftigen, durchweg säurearmen Wein.

Müller von Itzehoe […'ho] ↑Müller, Johann Gottwerth.

Müller-Westernhagen, Marius, *Düsseldorf 6. Dez. 1948, dt. Schauspieler und Rockmusiker. – Zunächst Filmrollen, u. a. „Theo gegen den Rest der Welt" (1980), seit 1980 mit krit.-rauhen Liedern erfolgreich als Rocksänger.

Müller-Zürich, Fritz ↑Müller-Partenkirchen, Fritz.

Müllheim, Stadt am W-Rand des Markgräfler Landes, Bad.-Württ., 267 m ü. d. M., 14 300 E. Wein- und Heimatmuseum; Textil- und metallverarbeitende Ind., Weinbau. – 758 erstmals erwähnt, Stadtrechte 1810 bzw. 1950. – Spätgot. ehem. Pfarrkirche (15. Jh.; jetzt Festhalle).

Mulligan, Gerry [engl. 'mʌlɪgən], eigtl. Gerald Joseph M., *New York 6. April 1927, amerikan. Jazzmusiker (Baritonsaxophonist, Arrangeur und Komponist). – Ab 1949 in der Band von G. Krupa, dann als Arrangeur und Saxophonist in der „Capitol Band" von M. Davis, wo er Mainstream und Cool-Stil miteinander verband.

Mulliken, Robert Sanderson [engl. 'mʌlɪkən], *Newburyport (Mass.) 7. Juni 1896, †Arlington (Va.) 31. Okt. 1986, amerikan. Chemiker und Physiker. – Prof. in New York und Chicago; entwickelte die Theorie der Molekülorbitale zur Berechnung der Elektronenkonfigurationen von Molekülen und erklärte die Erscheinung der Hyperkonjugation; 1966 Nobelpreis für Chemie.

Mullmäuse, svw. ↑Blindmulle.

Mulm [niederdt.] ↑Humus.
▷ verfaultes, getrocknetes und zu Pulver zerfallenes Holz.

Mulmbock (Zimmermannsbock, Ergates faber), 30–50 mm langer, dunkelbrauner Bockkäfer, v. a. in Kiefernwäldern Europas; mit (beim ♂) körperlangen Fühlern und zwei auffälligen Höckern auf dem scharfkantigen Halsschild; Raupen entwickeln sich bes. im Mulm von Nadelholzstümpfen.

Mulroney, M[artin] Brian [mʌl'roʊnɪ], *Baie Comeau (Prov. Quebec) 20. März 1939, kanad. Politiker (Progressive Conservative Party). – Jurist; leitende Tätigkeiten in der Wirtschaft; seit 1983 Vors. der PCP (bis 1993) und Parlamentsabg.; Sept. 1984–Febr. 1993 Premierminister.

Multan, pakistan. Stadt am linken Ufer des Trinab, 730 000 E. Kath. Bischofssitz; Univ. (gegr. 1975), Museum; botan. Garten. Textilind., Getreide- und Ölmühlen, Glashütte, Gießereien, Düngemittelfabrik, ⚙. – Angeblich bereits von Alexander d. Gr. erobert, kam 1526 zum Mogulreich von Delhi; fiel nach dessen Ende im 18. Jh. an die Afghanen und kam 1818 zum Sikhstaat. – Zahlr. islam. Grabbauten.

Multatuli [niederl. mʏlta:'ty:li:], eigtl. Eduard Douwes Dekker, *Amsterdam 2. März 1820, †Nieder-Ingelheim (= Ingelheim am Rhein) 19. Febr. 1887, niederl. Schriftsteller. – Ab 1851 Resident der niederl. Kolonialverwaltung in Ambon, später in Lebak (bei Djakarta); kehrte 1857 zurück und schrieb unter dem Decknamen M. (lat. multa tuli „ich habe viel getragen [gelitten]") den Roman „Max Havelaar oder Die Holländer auf Java" (1860, 1951 u. d. T. „Max Havelaar oder Die Kaffeeversteigerungen der Niederl. Handelsgesellschaft") mit scharfer Kritik an der niederl. Kolonialregierung.

multi..., Multi... [zu lat. multus „viel"], Wortbildungselement mit der Bed. „viel, vielfach".

Multicoating [engl. 'mʌltɪkoʊtɪŋ], ↑Vergütung.

Multienzymkomplex […ti-ɛn...], verschiedene Einzelenzyme einer biolog. Reaktionskette (z. B. Fettsäuresynthese) oder eines Substrats (z. B. Hefepreßsaft), die sich gegenseitig strukturell und funktionell beeinflussen und damit regulieren.

multifil [lat.] (polyfil), mehrfädig, aus mehreren Elementarfäden bestehend.

Multifokalglas, svw. Mehrstärkenglas (↑Brille).

multilateral [lat.], mehrseitig, mehrere Seiten betreffend, z. B. **multilaterale Verträge,** Verträge zw. mehr als zwei Vertragspartnern.

Multimediaveranstaltung [lat./dt.] (Mixed-media-Veranstaltung, Intermediaveranstaltung), avantgardist. Vorstellungen, bei denen visuelle und akust. Medien im Verbund eingesetzt werden, z. B. Ballett- bzw. Tanzstudien, Aktionen, Bildprojektionen, Musikcollage, Sound, Lichtorgel, Lichtkunst, bewegl. Skulptur, Maschinerien, Textvortrag u. a.; eine moderne Form des Gesamtkunstwerks, wobei der Akzent auf eine Aufhebung der Diskrepanz von Leben und Kunst, Künstler und Publikum gelegt wird. Vorläuferstadien hat es insbes. im Dadaismus gegeben.

multinationale Unternehmen, in mehreren Staaten (meist weltweit) operierende (und auch produzierende) Konzerne, wobei die in einem Staat angesiedelte Muttergesellschaft Einfluß auf die Tochtergesellschaften in anderen Staaten ausübt. Mögl. Vorteile: Förderung der internat. Arbeitsteilung, Vermittlung von techn. und kaufmänn. Wissen an unterentwickelte Staaten; Nachteile: wirtsch. Machtkonzentration, Möglichkeit der polit. Einflußnahme der Reg., in deren Bereich die Muttergesellschaft angesiedelt ist, Instabilität des internat. Währungssystems durch „vagabundierende" Kapitalströme, Steuerflucht durch Gewinnverlagerung von einem Land in ein anderes über interne Verrechnungspreise.

multipel [lat.], vielfältig, an vielen Stellen auftretend.

Multiple [frz. myl'tipl, lat.], innerhalb der zeitgenöss. Kunst Bez. für ein (dreidimensionales) Kunstobjekt, das in mehreren Exemplaren hergestellt wird.

Multiple-choice-Verfahren [engl. 'mʌltɪpl 'tʃɔɪs; engl.; dt.], Prüfungsmethode oder Test, bei dem der Prüfling bzw. die Testperson unter mehreren vorgegebenen Antworten eine oder mehrere als richtig kennzeichnen muß.

multiple Sklerose (Polysklerose, Encephalomyelitis disseminata), Abk. MS, eine der schwersten und häufigsten Erkrankungen des zentralen Nervensystems mit unbekannter Ursache. Kennzeichnend sind verstreute Entzündungsherde in Gehirn und Rückenmark (mit Zerfall von Markscheidengewebe und nachfolgender Gewebsverhärtung); bevorzugt zw. dem 20. und 40. Lebensjahr in unterschiedl. Schweregraden auftretend, meist in Schüben, oft von langen beschwerdefreien Intervallen unterbrochen, mit langsam fortschreitendem Verlauf. Frauen erkranken etwa dop-

Alfred Müller-Armack

Gerry Mulligan

Robert Sanderson Mulliken

M. Brian Mulroney

Multiplett

Hans Multscher. Kopf des heiligen Florian vom Sterzinger Altar, 1456–58 (Sterzing, Pfarrkirche)

pelt so häufig wie Männer. Unter vielen Theorien zur Ursache wird v. a. von Virusinfektion (sog. Slow-Virus-Formen) oder einer Autoaggressionskrankheit ausgegangen, wobei sich bei letzterer der Verdacht auf T-Lymphozyten konzentriert, die über die Blut-Hirn-Schranke in das Markscheidengewebe eindringen und einen Zerfall des Myelins bewirken. – Zu den häufigsten, unterschiedlich stark ausgeprägten und selten gleichzeitig auftretenden Symptomen zählen Sehschwäche, skandierende („zerhackte") Sprache, Intentionstremor (Zielwackeln, z. B. der ausgestreckten Hand), Lähmungszeichen und Sensibilitätsstörungen. Der Krankheitsverlauf ist nicht voraussagbar.

Behandlung: Körperl. Training (u. a. Krankengymnastik), Stärkung einer ausgeglichenen Psyche zur Bewältigung der körperl. Ausfallerscheinungen und psych. Betreuung (u. a. Selbsthilfegruppen) sind von großer therapeut. Bedeutung. Medikamentös stehen ACTH und Azathioprin im Vordergrund. Als Hilfsgemeinschaft der von MS Betroffenen wurde die Dt. MS Gesellschaft mit Sitz in München gegr.; eine MS Informations- und Beratungsstelle befindet sich in Göttingen.

Multiplett [lat.-engl.], eine Gruppe dicht beieinanderliegender, bei geringem Auflösungsvermögen des Spektralapparates nicht zu trennender Spektrallinien der ↑ Feinstruktur bzw. die entsprechende Gruppe eng benachbarter, diskreter Energieniveaus.

multiplex [lat. „vielfach"], Kennzeichnung für einen Datenübertragungskanal, über den ein Sender mit mehreren Empfängern oder ein Empfänger mit mehreren Sendern verbunden ist. Ein **Multiplexkanal** verbindet z. B. mehrere relativ langsame Drucker mit einer Steuereinheit. Das Herstellen der Verbindung zw. dem Einzelgerät und den angeschlossenen Geräten geschieht durch einen sog. **Multiplexer.**

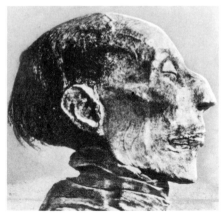

Mumie. Kopf der Mumie des ägyptischen Königs Ramses II. nach dem Entfernen der Mumienumhüllung (Kairo, Ägyptisches Museum)

Multiplexsignal [zu lat. multiplex] ↑ Stereophonie.

Multiplextechnik [lat. zu multiplex], Verfahren zur Vielfachausnutzung von Kabel- oder Funkstrecken durch frequenz- *(Frequenz-M.)* oder zeitgestaffelte *(Zeit-M.)* Fernsprech-, Telegrafie-, Rundfunk-, Daten- bzw. Fernwirkkanäle. Die Anwendung erfolgt auf Breitband- und Lichtleiterkabel- sowie Richtfunkverbindungen.

Multiplier [engl. 'mʌltiplaɪə, lat.], svw. ↑ Photomultiplier.

Multiplikation [lat., zu multiplex], eine der vier Grundrechenarten; die M. ist eine durch das Zeichen · oder × symbolisierte Verknüpfung zweier Zahlen a und b, der **Faktoren,** denen eine bestimmte Zahl c, das **Produkt,** zugeordnet wird: $a \cdot b = c$; der erste Faktor ist der **Multiplikand,** der zweite der **Multiplikator.** Die M. genügt den Regeln: $a \cdot b = b \cdot a$ *(Kommutativgesetz),* $(a \cdot b) \cdot c =$ $a \cdot (b \cdot c)$ *(Assoziativgesetz),* $a \cdot (b \pm c) = a \cdot b \pm a \cdot c$ *(Distributivgesetz).* Die M. läßt sich auch auf andere mathemat. Objekte (Vektoren, Matrizen u. a.) übertragen.

Multiplikativum [lat.], Zahlwort, das angibt, wie oft oder wievielmal etwas vorkommt; Wiederholungs-, Vervielfältigungszahlwort; z. B. können die Wirkungen eines Einfuhr- oder Ausfuhrüberschusses auf das Volkseinkommen mit Hilfe des Außenhandels-M. dargestellt werden.

Multiplikator [lat.] ↑ Multiplikation.
▷ in der *Wirtschaftstheorie* der Quotient, der angibt, um das Wievielfache sich das gleichgewichtige Volkseinkommen bei der Änderung einer vom Volkseinkommen unabhängigen Größe verändert; z. B. können die Wirkungen eines Einfuhr- oder Ausfuhrüberschusses auf das Volkseinkommen mit Hilfe des Außenhandels-M. dargestellt werden.

Multipol, Anordnung aus mehreren elektr. oder magnet. Dipolen. Ein *Quadrupol* besteht aus zwei, ein *Oktupol* aus vier Dipolen.

Multiprogramming [engl. 'mʌltɪ'prəʊgræmɪŋ] (Mehrprogrammbetrieb, Multiprogrammbetrieb), Betriebsart von Computern, bei der gleichzeitig mehrere Programme (mit zeitl. Verzahnung) ablaufen, so daß „Wartezeiten" innerhalb eines Programms durch andere Programme genutzt werden können.

multivalent [lat.] (polyvalent), mehrwertig, vielwertig; in der *Psychologie* von psych. Eigenschaften, Schriftmerkmalen und Tests gesagt.

Multivibrator, elektr. Schaltung mit zwei steuerbaren Schaltelementen (z. B. Transistoren) mit entsprechender Rückkopplung, von denen sich jeweils das eine im Durchlaß-, das andere im Sperrzustand befindet; Verwendung z. B. als *Rechteckgenerator* zur Erzeugung von Rechteckspannungen.

Multscher, Hans, * Reichenhofen (= Leutkirch im Allgäu) um 1400, † Ulm 13. März 1467, dt. Bildhauer. – Seit 1427 Werkstattbetrieb als steuerfreier Bürger in Ulm. Seine Werke zeigen eine deutl. Abwendung vom Weichen Stil zugunsten eines unter niederl. Einflüssen erworbenen Realismus (Schmerzensmann am Ulmer Münsterportal, vor 1430; Wurzacher Altar, 1437, Berlin-Dahlem, zu dem die Muttergottes in der Pfarrkirche von Landsberg gehört). Der Sterzinger Altar (1456–58, gemalte Flügel und einige Skulpturen heute im M.-Museum in Sterzing, Madonna und weitere Skulpturen in der Pfarrkirche) beschließt M. schulemachende Leistung der Weiterentwicklung des Retabels zum Kapellenschrein (erstmals beim „Karg-Altar", 1433, Ulm, Münster).

multum, non multa [lat. „viel, nicht vielerlei"], lieber wenig, dafür aber gut.

Mumie [...iə; arab.-italien., zu pers. mūm „Wachs" (mit dem Perser und Babylonier ihre Toten überzogen)], Bez. für eine durch bes. natürl. Umstände (große Trockenheit in Wüstengegenden, andauernde große Kälte, Luftabschluß in Mooren, Pech- und Asphaltsümpfen, Harzen) oder künstl. Austrocknung der Gewebe vor dem natürl. Zerfall geschützte Leiche. Die älteste künstl. Herstellung von M. in Ägypten zu Beginn des 3. Jt. dürfte durch Beobachtung natürl. Austrocknung im Wüstensand angeregt worden sein. Dabei wird dem Körper nach Entfernung von Gehirn und Eingeweiden (außer dem Herzen) durch bis zu 70 Tage langes Einlegen in Natronsalz und andere Chemikalien das Wasser entzogen. Danach wird die M. mit Binden umwickelt. Zahllose M., auch solche von Tieren, sind in Museen erhalten (Pharaonenmumien in Kairo). – ↑ Einbalsamieren.

Mumienporträts, in Unterägypten, meist im Becken von Al Faijum, v. a. in hellenist. Friedhöfen gefundene Bildnisse des 1. bis 4. Jh., die über dem Kopf von Mumien in die Binden gewickelt waren. Am bedeutendsten ist die Gruppe der M. aus Wachsfarben (Enkaustik) auf Holz.

Mumifikation [zu ↑ Mumie] (Mumifizierung), einen toten Körper oder Teile davon durch Austrocknung oder Einbalsamierung vor Verwesung schützen.
▷ in der *Medizin* svw. trockener ↑ Brand.

Mummel, svw. ↑ Teichrose.

Mummelsee ↑ Hornisgrinde.

Mummenschanz [zu mummen „sich verhüllen" und mittelhochdt. Schanz „Fall der Würfel"], Tanz und Spiel verkleideter Personen. Im MA gingen zur Fastnachtszeit Maskierte in die Häuser, um den Bewohnern stumm einen Wurf im Würfelspiel anzubieten. – Übertragen auch für übertriebenen Aufwand.

Mumps [engl.] (Parotitis epidemica, Ziegenpeter), weltweit verbreitete, hochinfektiöse Viruserkrankung der Speicheldrüsen, vorzugsweise der Ohrspeicheldrüsen. Erreger ist das M.virus (ein zur Fam. der Paramyxoviren gehörendes RNA-Virus). Die Übertragung erfolgt durch Tröpfchen- oder Kontaktinfektion. Die Inkubationszeit beträgt 18 (auch 12–35) Tage. Das Haupterkrankungsalter liegt zw. dem 4. und 15. Lebensjahr. Etwa 60 % der Erkrankungen verlaufen symptomlos. Kennzeichen sind leichte Temperaturerhöhung, druckempfindliche Schwellung vor und hinter dem Ohr (das Ohrläppchen wird in typ. Weise abgehoben), Kaubeschwerden und häufig Mundschleimhautentzündung. Komplikationen treten in Form einer Mitbeteiligung der Hoden und Nebenhoden bei männl. Heranwachsenden nach der Pubertät (Gefahr der Sterilität) oder einer Gehirnhautentzündung auf. Die Krankheit hinterläßt lebenslängl. Immunität. – Die Behandlung wird symptomatisch mit Wärmeanwendung und Bettruhe durchgeführt. Vorbeugend wirkt die meist in Kombination (Masern, Röteln) nach dem 15. Lebensmonat vorgenommene Schutzimpfung.

Mun, Thomas [engl. mʌn], *London 1571, †ebd. 1641, engl. Nationalökonom und Kaufmann. – Einer der Hauptvertreter des ↑Merkantilismus in England, Direktor der Ostind. Kompanie. M. begr. in seinem Hauptwerk „Englands treasure by foreign trade" (1664), daß die Ausfuhr von Edelmetallen gerechtfertigt sei, wenn sie zur Belebung des Handels und damit zur Steigerung des Reichtums führt, der neben Geld auch andere Vermögensbestandteile einschließt.

Munari, Bruno, *Mailand 24. Okt. 1907, italien. Maler und Plastiker. – Bahnbrecher der kinet. Plastik; bezog v. a. durch Lichtbrechungen erzeugte Effekte ein. M. ist auch als Designer für Industrieprodukte tätig.

Munch, Edvard [norweg. muŋk], *Løten (Hedmark) 12. Dez. 1863, †Hof Ekely bei Oslo 23. Jan. 1944, norweg. Maler und Graphiker. – Durchbruch zum eigenen Stil 1886 („Das kranke Kind"; Oslo, Nasjonal Galleriet); lebte 1889–1907 in Paris und Berlin; 1902 stellte er 22 Bilder unterschiedl. Formats u. d. T. „Lebensfries" in der Berliner Sezession aus, der einheitl. „Lebensfries" für die Berliner Kammerspiele (8 Gemälde, heute Berlin, Nationalgalerie) entstand 1906/07, Bilder für die Osloer Univ.aula 1906–16. M. ist entscheidender Wegbereiter des Expressionismus in Europa, v. a. von starkem Einfluß auf die dt.

München. Blick auf die Ludwigstraße mit der Feldherrnhalle, 1841–44, im Hintergrund in der Bildmitte die Ludwigskirche, 1829–44, im Vordergrund das Gregorianum

Kunst. Themen sind Weltangst in symbol. Darstellungen, Einsamkeit, Eifersucht, Liebe und Tod. Figuren und Umwelt bilden in den von linienhaften Formen beherrschten Werken eine Einheit. Bed. graph. Œuvre. – *Weitere Werke:* Der Schrei (1893; Oslo Nasjonal Galleriet), Der Tanz des Lebens (1899/1900; ebd.), Vier Mädchen auf der Brücke (1905; Köln, Wallraf-Richartz-Museum).

M., Peter (Rochegune) [dän. mɔnˀg], *Redsted 25. Juli 1870, †Kopenhagen 12. Jan. 1948, dän. Historiker und Politiker. – Führendes Mgl. des Venstre; 1909–45 Mgl. des Folketings; 1909/10 Innen-, 1913–20 Verteidigungsmin.; ab 1920 Delegierter beim Völkerbund, 1933–36 im Völkerbundsrat; schloß als Außenmin. (ab 1929) den Nichtangriffspakt mit Deutschland (1939) und trat im Juli 1940 nach dem dt. Einmarsch zurück.

Münch, Charles [mynç, frz. mynʃ], *Straßburg 26. Sept. 1891, †Richmond (Va.) 6. Nov. 1968, frz. Dirigent. – Ab 1923 Konzertmeister des Leipziger Gewandhausorchesters; leitete seit 1938 das Orchester der Société des Concerts du Conservatoire de Paris, 1949–62 das Boston Symphony Orchestra. 1967 wurde er Leiter des Orchestre de Paris.

M., Werner [mynç], *Kirchhellen (= Bottrop) 25. Sept. 1940, dt. Politiker (CDU). – Politikwissenschaftler; 1984 bis 1990 MdEP; Nov. 1990 bis Juli 1991 Finanzmin., seit Juli 1991 Min.präs. von Sa.-Anh.; seit Dez. 1991 auch Landesvors. der CDU.

Münchberg, Stadt auf der Münchberger Hochfläche, Bay., 553 m ü. d. M., 11 800 E. Fachhochschule und Fachschule für Textiltechnik und -gestaltung; Textilind. – Vermutlich Ende des 10. Jh. entstanden, 1364 Stadt.

Münchberger Hochfläche ↑Frankenwald.

Müncheberg, Stadt 16 km nnö. von Fürstenwalde/Spree, Brandenburg, 5 000 E. Forschungszentrum für Agrarlandforschung und -gestaltung. – Vom Kloster Leubus als Marktort **Lubes** gegr., erhielt 1245 dt. Recht und ist seither als M. bezeugt.

München, Hauptstadt von Bayern, an der Isar, 530 m ü. d. M., 1,27 Mill. E. Verwaltungssitz des Landkr. M. und des Reg.-Bez. Oberbayern; kath. Erzbischofssitz; Univ. (gegr. 1472 in Ingolstadt), Max-Planck-Inst. für Psychiatrie, Physik und Astrophysik, psycholog. Forschung, ausländ. und internat. Patent-, Urheber- und Wettbewerbsrecht, ausländ. und internat. Sozialrecht, TU, Univ. der Bundeswehr, zahlr. Hochschulen, u. a. Hochschule für Philosophie, Hochschule für Musik, Akad. der bildenden Künste, Schauspielschule, Dt. Journalistenschule, Hochschule für Film und Fernsehen; Bundesbahn-Zentralschulen, Verwaltungs- und Wirtschaftsakad., Meisterschule für Mode. M. ist Sitz der Max-Planck-Gesellschaft und des Goethe-Inst. zur

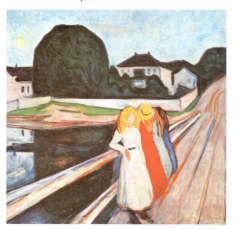

Edvard Munch. Vier Mädchen auf der Brücke, 1905 (Köln, Wallraf-Richartz-Museum)

München
Stadtwappen

München
Hauptstadt von Bayern

1,27 Mill. E

bed. Ind.- und Handelszentrum

1158 gegr.

1255–1918 Residenz der Wittelsbacher

zahlr. Museen

Englischer Garten

Oktoberfest

Olympiagelände

München und Freising

Pflege dt. Sprache und Kultur im Ausland, der Dt. Akad. für Städtebau und Landesplanung, der Bayer. Akad. der Wiss., der Bayer. Akad. der Schönen Künste, zahlr. Behörden und Institutionen (Europ. sowie Dt. Patentamt, Bundesfinanzhof, Bundesbahndirektion, Oberpostdirektion); Bayer. Verfassungsgerichtshof, Staatl. Münzprägeanstalt. Zahlr. Museen, u. a. Bayer. Staatsgemäldesammlungen in der Alten und der Neuen Pinakothek, Bayer. Nationalmuseum, Dt. Museum; Bayer. Staatsbibliothek u. a. Bibliotheken; Dt. Bucharchiv M.; Bayer. Staatsoper, Bayer. Staatsschauspiel, zahlr. Theater, Kulturzentrum Gasteig mit Konzertsaal; botan. Garten, Tierpark Hellabrunn; Olympiagelände. M. ist eines der Wirtschaftszentren Deutschlands, v. a. elektron. Ind., Elektrotechnik, Maschinen- und Fahrzeugbau, Luftfahrt-, feinmechan., opt., Nahrungs- und Genußmittelind. (mit 7 Brauereien), chem. und Textilind., Verlage. Bed. Handels- (Ausstellungen und Messen) und Bankenzentrum (Börse); Fremdenverkehr; jährl. Oktoberfest auf der Theresienwiese. U- und S-Bahn, internat. ✈ (München II, eröffnet Mai 1992).

Geschichte: Herzog Heinrich der Löwe von Bayern und Sachsen zerstörte 1157/58 den bischöfl.-freising. Marktort Oberföhring, v. a. die dortige Zollbrücke, und verlegte den Isarübergang nach der 1158 als **Munichen** („bei den Mönchen") erwähnten Siedlung. Das nach 1180 bischöfl.-freising. M. war seit 1214/17 Stadt. 1240 fiel es an die Wittelsbacher und war 1255–1918 deren Residenz. Vom Röm. König der Stadt verliehene umfangreiche Handelsfreiheiten (1294 erstes Stadtrecht) förderten den starken Aufschwung. 1403 wurden durch den „Wahlbrief" die innerstädt. polit. Verhältnisse bis zum Ende des 18. Jh. geregelt und der innere und die äußere Rat sowie die Gemeinde (d. h. Ausschuß der Gesamtbürgerschaft) geschaffen. In Reformation und Gegenreformation war M. ein Zentrum des Katholizismus in Deutschland. Im Span. Erbfolgekrieg 1705–15, im Östr. Erbfolgekrieg fast durchgehend 1742–44 östr. besetzt. Sein Ruf als ein Zentrum der dt. und europ. Kunstpflege und der Wiss. wurde im 16. Jh. begr., im 19. Jh. zur Blüte gebracht. Als Folge der Ermordung K. Eisners, dessen sozialist. Revolution 1918 die bayer.-wittelsbach. Monarchie durch den republikan. Freistaat Bayern ersetzt hatte, wurde am 7. April 1919 in M. die Räterepublik ausgerufen. Aus der 1919 in M. gegr. „Dt. Arbeiterpartei" ging die NSDAP hervor. Am 9. Nov. 1923 scheiterte vor der Feldherrnhalle der ↑Hitlerputsch. 1938 wurde das ↑Münchner Abkommen abgeschlossen. Im 2. Weltkrieg zur Hälfte zerstört. 1972 Austragungsort der Olymp. Sommerspiele.

Bauten: Die Kuppelhauben (vor 1525) der spätgot. Hallenkirche (seit 1821 Dom) Unserer lieben Frau (1468 ff., nach dem Krieg wiederhergestellt) sind Wahrzeichen der Stadt,

München. Das 1867–1909 erbaute Neue Rathaus, im Hintergrund die Türme des 1468 begonnenen Doms Unserer lieben Frau, nach 1945 wiederhergestellt

ebenso der „Alte Peter" (Sankt Peter, im Kern gotisch, Rokokoinnenausstattung 1753–56, restauriert). Die Jesuitenkirche Sankt Michael (1583–97) leitete den südt. Barock ein; erster Großbau des dt. Hochbarock ist die Theatinerkirche Sankt Kajetan (1663 ff., seit 1674 von E. Zuccalli, Fassade von F. Cuvilliés d. Ä., 1765–68); hervorragendes Zeugnis des Rokoko ist Sankt Johann Nepomuk der Brüder Asam (1733 ff.; restauriert). In mehreren Bauperioden entstand der Komplex der Residenz (z. T. wiederhergestellt), u. a. mit Antiquarium (1569–71) und Residenztheater (heute Cuvilliés-Theater, 1751–53). Erhalten blieb von Profanbauten u. a. das Alte Rathaus (1470 ff.). Einschneidende Bautätigkeit im 19. Jh. mit dem Ausbau von Prachtstraßen: unter Ludwig I. Ludwigstraße (1806–50 unter der Leitung von Klenze und Gärtner) mit Feldherrnhalle im S, Odeon, Staatsbibliothek, Ludwigskirche, Univ. und dem Siegestor als nördl. Abschluß. Klenze leitete seit 1816 den Bau der Glyptothek und 1826–36 den der Alten Pinakothek (beide wiederaufgebaut). Maximilian II. ließ 1853–59 die Maximilianstraße erbauen; neugotisch das Neue Rathaus (1867–1909). Außerhalb des Stadtkerns das ehem. kurfürstl. Schloß Nymphenburg (1663–1745) mit Amalienburg (1734–39 von F. Cuvilliés d. Ä.), Jagdschloß Blutenburg mit spätgot. ehem. Kapelle (1488, bed. Figurenzyklus), die ehem. Hofkirche Sankt Michael, Berg am Laim (barocker Zentralbau, 1738–51). Nach dem 2. Weltkrieg entstanden Park- und Trabantenstädte, 1972 der Olympiapark mit Stadion für 70 000 Zuschauer.

M., Landkr. in Bayern.

München und Freising, Erzbistum, 1818 mit den Suffraganen Augsburg, Regensburg und Passau gebildet. – ↑katholische Kirche (Übersicht).

Münchhausen, niedersächs. Adelsgeschlecht, 1149 urkundlich erstmals erwähnt; durch Giselher († 1294) und Statius (Justacius; † 1297) wurde die Fam. in der sog. *schwarze* und *weiße Linie* geteilt. Bed. Vertreter:

M., Börries Frhr. von, Pseud. H. Albrecht, *Hildesheim 20. März 1874, †Schloß Windischleuba bei Altenburg 16. März 1945 (Selbstmord), dt. Dichter. – Hauptvertreter der neueren dt. Balladendichtung, Verf. zahlr. theoret. Ab-

München. Anlage für die Olympischen Spiele 1972 von Günter Behnisch und Frei Otto

handlungen, gestaltete v. a. Themen aus der ma. Ritterwelt, Sagen und Märchen.

M., Karl Friedrich Hieronymus Frhr. von, gen. Lügenbaron, *Bodenwerder 11. Mai 1720, †ebd. 22. Febr. 1797, Offizier. – Nach einem abenteuerl. Leben in fremden Ländern und der Teilnahme an 2 Türkenkriegen erzählte M. im Freundeskreis die unglaublichsten Kriegs-, Jagd- und Reiseabenteuer, die als Lügengeschichten oder *Münchhausiaden* bezeichnet wurden. 17 Schwankerzählungen, die angeblich von M. stammen, erschienen 1781 im „Vademecum für lustige Leute" und wurden 1785 von R. E. Raspe ins Englische übersetzt und erweitert. G. A. Bürger übersetzte und vermehrte die 2. engl. Ausgabe um 13 Lügengeschichten und gab diesen ihre endgültige und typ. volkstüml. Form. Es folgten zahlr. Bearbeitungen im Roman (K. L. Immermann), im Drama (H. Eulenberg, F. Lienhard, H. von Gumppenberg) und im Film (1943, Drehbuch von E. Kästner, und 1988).

Münchinger, Karl Wilhelm, *Stuttgart 29. Mai 1915, †ebd. 13. März 1990, dt. Dirigent. – Gründete 1945 das Stuttgarter Kammerorchester, mit dem er weltweit erfolgreiche Gastspielreisen unternahm. 1965 gründete er die Klass. Philharmonie Stuttgart.

Münchner Abkommen, nach 2 Treffen Hitlers mit A. N. Chamberlain (Berchtesgaden 15. Sept., Bad Godesberg 22.–24. Sept. 1938) am 29. Sept. 1938 in München zw. dem Dt. Reich, Großbritannien, Italien und Frankreich abgeschlossener, am 30. Sept. von A. Hitler, A. N. Chamberlain, E. Daladier und B. Mussolini unterzeichneter Vertrag. Er beendete die Sudetenkrise und beseitigte zunächst die durch Hitlers ultimative Forderungen an die ČSR entstandene Kriegsgefahr. Das M. A. beinhaltete (ohne Beteiligung der ČSR) insbes., daß die überwiegend von Deutschen bewohnten Grenzgebiete Böhmens (Sudetengebiete) an das Dt. Reich abgetreten wurden (28 643 km² mit 3,63 Mill. E = ⅕ der Gesamtfläche und ¼ der Bev. der ČSR) und sah eine – von Hitler sabotierte – Garantie der Unterzeichnerstaaten für den Bestand und die Sicherheit der Rest-ČSR vor. Mit dem M. A. waren die territoriale Revision des Versailler Vertrags abgeschlossen und die großdt.-nationalstaatl. Forderungen vollständig erfüllt. Hitlers Außenpolitik schien das Selbstbestimmungsrecht der Deutschen und deren nationalstaatl. Traditionen zu vollenden. In Wirklichkeit betrachtete Hitler die Angliederung der Sudetengebiete lediglich als eine Etappe auf dem Weg zur Zerschlagung der ČSR, die er dann im März 1939 durchsetzte, und zu einer expansiven Raumpolitik im O Europas. Das M. A. hat die Kriegsgefahr in Europa nicht gebannt; es wurde zum Inbegriff falscher Nachgiebigkeit gegenüber der Aggression eines Diktators. Abweichende staatsrechtl. Beurteilungen sind bis zur Gegenwart nicht ausgeräumt und beeinträchtigten u. a. die dt.-tschechoslowak. Verträge von 1973 und 1992.

Münchner Bilderbogen, 1849–98 und 1900–05 im Verlag Braun & Schneider in München erschienene Einblattdrucke (1 216 Blätter; später in 50 Bden.) mit meist volkstüml. Illustrationen (Holzstiche nach Zeichnungen von W. Busch, M. von Schwind, F. von Stuck, F. von Pocci, A. Oberländer, dem Verlagsmitinhaber C. Braun u. a.) und kurzen Texten (Legenden, Verse).

Münchner Dichterkreis, von König Maximilian II. von Bayern ab 1852 initiierter Kreis meist nordd. Schriftsteller (u. a. E. Geibel, P. Heyse, F. M. Bodenstedt, F. Dahn, F. Dingelstedt, M. Greif, J. Grosse, W. Hertz, H. Leuthold, H. von Lingg, W. H. Riehl, A. F. von Schack, J. V. von Scheffel). Die literar. Bed. des Kreises liegt in der Pflege nichtpolit. klassizist. Dichtung. Der Formkult wie auch u. a. die histor. und romant. Thematik führten oft zu epigonalem Ästhetizismus.

Mund (Os, Stoma), der meist durch Muskeln verschließbare und im allg. durch die Kiefer begrenzte Eingang zum Darmtrakt beim Tier und beim Menschen. Die Größe und Ausbildung des M. ist der Ernährungsweise angepaßt. – Beim Menschen wird der M. durch die mit dem M.schließmuskel versehenen, die M.spalte (*M.öffnung*) begrenzenden Lippen verschlossen. Zw. den Lippen und den Kieferwällen mit den beiden Zahnreihen befindet sich der M.vorhof, dessen seitl. Außenwände die Wangen bilden. In den M.vorhof mündet die paarige Ohrspeicheldrüse. Der Raum zw. den Zähnen und der Rachenenge wird als *M.höhle* bezeichnet. Sie ist von Schleimhaut ausgekleidet. In sie münden die Unterkieferspeichel- und Unterzungendrüse. Ein Teil der Muskeln des M.höhlenbodens bildet die Zunge. Das M.höhlendach stellt den Gaumen dar, der zum Rachen überleitet. – Im M. wird die Nahrung gekaut, außerdem ist er am Vorgang des Sprechens beteiligt.

Mundart (Dialekt), regional begrenzte, urspr. und nicht an die Normen der Standardsprache (Hochsprache) gebundene Sprachform. Das grammat. System der M. ist von dem der Standardsprache verschieden (im Deutschen z. B. im Tempussystem, in den Flexionsklassen, im Satzbau). Die M. bewahrt oft frühere Sprachzustände und älteres Wortgut als die Hochsprache, die aus ihr als mundartl. Ausgleichssprache hervorgegangen ist. Die M. weicht in bezug auf ihre Verwendung von dieser ab; sie ist i. d. R. mündl. Verkehr vorbehalten (kann aber auch literarisch eingesetzt werden, ↑Mundartdichtung), ist für den nichtöff. Gebrauch bestimmt und auf Spontaneität hin angelegt. Die M. ist nicht an eine soziale Schicht, aber an bestimmte (regionale und lokale) Gruppen und Sprechsituationen gebunden. M., Umgangs- und Hochsprache stehen in ständiger, enger Wechselbeziehung. – ↑deutsche Mundarten.

Mundartdichtung (Dialektdichtung), Dichtung, die im Unterschied zur überregionalen hochsprachl. Literatur in einer bestimmten Mundart verfaßt ist. M. in diesem Sinne gibt es also erst, seitdem sich eine allgemeinverbindl. Hoch- und Schriftsprache entwickelt hat, in Deutschland etwa seit M. Luther. Zuvor war alle Dichtung mehr oder weniger mundartlich. In der griech. Antike blieben indes die literar. Gattungen nach der Ausbildung einer einheitl. Schriftsprache denjenigen Mundarten verbunden, in denen sie entstanden, wie etwa die Lyrik dem äol. Dialekt. Ähnliche gattungsspezif. Zuordnungen von Sprachen finden sich im europ. MA im Zusammenhang mit der Altprovenzalischen und Galicisch-Portugiesischen als übernat. Medien der Lyrik und hinsichtlich des Altfranzösischen als grenzüberschreitendem Idiom der (wiss.) Prosa. M. umfaßt alle traditionellen Gattungen volkstüml. Erzähl- und Dichtkunst. Grenzfälle finden sich dort, wo mundartl. Elemente zur milieugetreuen Charakterisierung verwendet werden.

Geschichte: Nach dem Vordringen der neuhochdt. Schriftsprache finden sich im 16. und 17. Jh. neben anonymer M. mundartl. Sequenzen, meist mit dem didakt. Zweck, Volkstümlichkeit zu signalisieren und Volkstypen realistisch darzustellen, in Form von Bauerngesprächen und eingeschobenen Volksliedern in den Jesuiten- und Piaristendramen im südd. Sprachraum sowie in den Fastnachtsspielen der Städte. Die in schles. Mundart verfaßte Posse „Die gelibte Dornrose" in A. Gryphius' Doppeldrama „Verlibtes Gespenst" (1661) gilt als erste literarisch bedeutsame M. Bairisch-östr. M. manifestiert sich im 18. Jh. zunehmend in Volkspossen, auf Klosterbühnen. Von weitreichender Bed. war das Wiener Volkstheater mit seinen Hanswurstiaden und Volksstücken (A. Bäuerle, F. Raimund, J. N. Nestroy). Die Hinwendung der Romantik zu Volkstümlichem und Regionalem bewirkte eine literar. Aufwertung der M. (J. P. Hebel). Identitätsbewahrende und unterhaltende Funktionen kennzeichnen die nach 1850 entstandene, idyllisch geprägte M. der Heimat- und Bauernliteratur, v. a. auch im niederdt. Sprachraum, z. B. in den „Quickborn"-Gedichten von K. Groth (1852); aber auch sozialkrit. Aspekte finden sich, so in der Prosa F. Reuters, eine Tendenz, die im Wiener Volksstück eines L. Anzengruber und im bayer. Volkstheater bei J. Ruederer oder auch L. Thoma zunehmende

Börries von Münchhausen

Karl Friedrich Hieronymus von Münchhausen (Ausschnitt aus einem zeitgenössischen Gemälde)

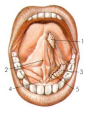

Mund. Untere Fläche der Zunge und Boden der Mundhöhle bei erhobener Zungenspitze, rechts bei entfernter Zungenschleimhaut: 1 Zungenspitzendrüse; 2 Zungenbändchen; 3 Unterzungendrüse; 4 Speichelwärzchen mit den einmündenden Ausführungsgängen der Unterzungen- und Unterkieferdrüsen; 5 Ausführungsgang der Unterkiefer- und Unterzungendrüse

Mundartforschung

Bed. fand, im naturalist. Drama (G. Hauptmann, F. Stavenhagen u. a.) gipfelte und bis in die Gegenwart fortwirkt, z. B. über O. M. Graf und Ö. von Horváth zu F. X. Kroetz und F. Mitterer. Seit den 1970er Jahren wurde der Dialekt ein wichtiges Ausdrucksmittel zur Artikulierung gesellschaftskrit. Aussagen. Die Bed. der Mundart als sprachl. Verdeutlichung sozialer Solidarität und der Gruppenidentität wurde auch von bed. Vertretern der Kinder- und Jugendliteratur erkannt, wobei hier die Übergänge zw. K.- und Jugendlit. und literar. Umsetzung der Jugendsprache des 20. Jh. fließend sind. – Bis heute anhaltende konservativ-restaurative Funktionen erhielt die M. dagegen im Rahmen der Heimatkunstbewegung um die Jh.wende und bes. im nat.-soz. Literaturbetrieb durch die programmat. Ideologisierung und Stilisierung des Bäuerlich-Volkstümlichen zum „Natürlichen", d. h. als positiv gewerteten Gegenpol gegen alles Künstlich-Zivilisatorische (so bei H. Kloepfer, J. Weinheber u. a.). – Seit den 1950er Jahren erlangte die M. eine neue Dimension als Experimentierfeld sprachkritisch orientierter Autoren und für deren Suche nach neuen Ausdrucksweisen, wie sie z. B. durch die Vertreter der ↑konkreten Poesie und die ↑Wiener Gruppe (H. C. Artmann) repräsentiert wird. – Ausgeprägte und bed. M. finden sich in nahezu allen Dialektgruppen. – In den nicht-deutschsprachigen Räumen lassen sich vergleichbare Entwicklungen feststellen.

Mundartforschung (Dialektologie), sprachwiss. Disziplin, die sich mit der Erforschung der Mundarten und der Veröffentlichung des gesammelten Materials beschäftigt, v. a. in Form von Wörterbüchern, Dialektatlanten, Abhandlungen über die Mundart größerer Gebiete oder einzelner Orte („Ortsgrammatiken") und Tonbandaufnahmen. – Die dt. M. setzte im 19. Jh. ein. 1876 begannen die Bemühungen um eine vollständige geograph. Beschreibung der dt. Mundarten (↑Deutscher Sprachatlas). Die heutige M. ist ein wichtiger Zweig innerhalb der Soziolinguistik. Bed. Institute für M. gibt es u. a. in Marburg (Lahn), Zürich, Wien und München.

Mundartwörterbuch (Idiotikon), Wörterbuch, das den Wortschatz einer Einzelmundart, einer größeren Dialektlandschaft oder eines gesamten Sprach- oder Dialektgebiets alphabetisch verzeichnet.

Mundasprachen, zu den austroasiat. Sprachen gehörende Sprachengruppe in Vorderindien. Zur Ostgruppe gehören Santali, Mundari, Birhar, Koda und Korwa, zur Westgruppe Kurku, Kharia und Juang, zur Südgruppe Sawara und Gadaba. Die früher über ganz Indien verbreiteten M. sind von den Sprechern der tibetobirman. Sprachen im N und O, der indogerman. im W und der drawid. im S abgedrängt worden, so daß sich mit Ausnahme des Chota Nagpur Plateaus nur noch isolierte Sprachinseln erhalten haben.

Mundavölker, Mundasprachen sprechende Völker und Stämme in Vorderindien, weisen neben melaniden auch mongolide und weddide Rassenzüge auf. Sie leben v. a. in abgelegenen Geb. des nö. Z-Indien, in die sie abgedrängt worden sind. Die M. betreiben meist Feldbau, einige Stämme auch Jagd und Sammelwirtschaft; 12 Millionen.

Munddach, svw. ↑Gaumen.

Munddusche, Hilfsmittel zur Verbesserung der individuellen Mundhygiene. Bei manchen Gerätetypen sind medikamentöse Zusätze möglich, mit denen Zahnbetterkrankungen beeinflußt werden können.

Mündel [zu althochdt. munt „Schutz"] ↑Vormundschaft.

Mündelgeld, zum Vermögen des Mündels gehörendes Geld. Falls nicht anderweitig benötigt, ist es vom Vormund verzinslich und mündelsicher anzulegen (§§ 1 806 ff. BGB).

Mündelsichere Anlageformen sind: 1. Hypothekenforderungen, Grund- und Rentenschulden an inländ. Grundstücken; 2. Staatspapiere, Schuldbuchforderungen, verbriefte Forderungen mit staatl. Verzinsungsgarantie, andere Wertpapiere oder verbriefte Forderungen, wenn das Papier oder die Forderung von der Bundesreg. (mit Zustimmung des Bundesrats) für mündelsicher erklärt ist; 3. Konten bei einer für mündelsicher erklärten Sparkasse, hilfsweise bei einer für mündelsicher erklärten Bank. Die Anlage soll (außer bei befreiter Vormundschaft) nur mit Genehmigung eines bestellten Gegenvormunds oder des Vormundschaftsgerichts erfolgen. Inhaberpapiere, blankoindossierte Orderpapiere, auf Anordnung des Vormundschaftsgerichts auch andere Wertpapiere, sind mit einem Sperrvermerk zu hinterlegen.

Münden (Hannoversch Münden) ↑Hann. Münden.

Münder am Deister, Bad ↑Bad Münder am Deister.

Mundfäule (Stomatitis ulcerosa), nekrotisierende Entzündung der Mundschleimhaut infolge Infektion mit Bakterien. Behandlung: Desinfizierung, evtl. Antibiotika.

Mundflora, die in der Mundhöhle vorkommende Hefe- und Bakterienflora, die teilweise eine Schutzfunktion ausübt.

Mundgeruch (Foetor ex ore, Halitose), unangenehmer Geruch aus dem Mund; entsteht durch kariöse Zähne, mangelhafte Mundpflege, Entzündung der Mundschleimhaut, der Mandeln und ihrer Nebenhöhlen sowie nach Eingriffen in der Mundhöhle. Aber auch Magen- oder Stoffwechselerkrankungen können einen unangenehmen Geruch bewirken.

Mundgliedmaßen (Mundwerkzeuge), für den Nahrungserwerb und die Nahrungsaufnahme umgebildeten Gliedmaßenpaare der Gliederfüßer, v. a. an den Kopfsegmenten. Die *M. der Höheren Krebse* bestehen aus den paarigen Oberkiefer (Mandibeln), zwei Paar Unterkiefern (Maxillen) und drei Paar Kieferfüßen an der Brust. – Die *M. der Insekten* sind je nach Art der Nahrung sehr unterschiedlich gebaut, sie gehen aber auf einen gemeinsamen Grundtypus zurück. Man unterscheidet beißend-kauende (kauend-leckende; Holz, Blätter, tier. Gewebe und tier. Stoffwechselprodukte werden aufgenommen), leckend-saugende und saugende (Nektar, Honigtau, Pflanzensäfte, vorverdaute Substanzen werden aufgenommen) sowie stechend-saugende M. (pflanzl. oder tier. Säfte werden nach Durchstechen der Epidermis aufgenommen). *Beißend-kauende M.* (u. a. bei Käfern, Heuschrecken): Eine unpaare Hautfalte bildet die Oberlippe (Labrum). Sie überdeckt den paarigen Oberkiefer (Mandibeln), der Schneidezähne trägt. Hinter ihm sitzt der stärker gegliederte und vielseitig bewegl. paarige Unterkiefer (erste Maxillen). Seitlich gehen nach außen die Unterkiefertaster (Maxillartaster) und nach innen die

Mundharmonika. Moderne Ausführungen gebräuchlicher Mundharmonikatypen. Oben: einchöriges Richter-Modell. Mitte: zweichörige Wiener Schwebetonmundharmonika. Unten: sogenannte Banane, ein zweichöriges Modell in Oktavstimmung

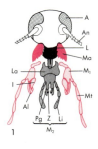
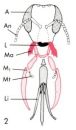
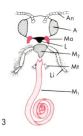
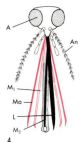

Mundgliedmaßen der Insekten. Verschiedene Typen: 1 beißend-kauend; 2 leckend-saugend; 3 saugend; 4 stechend-saugend; A Auge, Al Außenlade, An Antenne, I Innenlade, L Labrum, La Labium, Li Lippentaster, Ma Mandibel, M_1 erste Maxille, M_2 zweite Maxille, Mt Maxillartaster, Pg Paraglossa, Z Zunge

Kauladen ab. Das zweite Maxillenpaar ist zur Unterlippe (Labium) verschmolzen, die das Mundfeld nach hinten begrenzt. Sie trägt seitlich ein Paar Lippentaster (Labialtaster), zentral je zwei Nebenzungen (Paraglossae) und Zungen. *Leckend-saugende M.* (Biene): Teile der Unterlippe bilden die lange, röhrenförmige Zunge. Die Außenladen des Unterkiefers und die Lippentaster bilden um die Zunge ein Saugrohr. *Saugende M.* (Schmetterlinge): Unterkiefer und Lippe sind zurückgebildet. Erhalten bleiben die Lippentaster. Die beiden Außenladen des Unterkiefers sind stark verlängert und rinnenförmig. Sie legen sich zu einem einrollbaren Saugrohr zus. *Stechend-saugende M.* (Stechmücken): Die Unterlippe bildet eine Rinne, die von der Oberlippe bedeckt wird. In ihr gleiten die Stechborsten, die aus dem Oberkiefer und den Kauladen des Unterkiefers entstanden sind.

Mundharmonika, volkstüml. Musikinstrument mit durchschlagenden Zungen, die mit dem Mund angeblasen werden. In jedem der Tonkanäle sind zwei Zungen angebracht, die auf Druck- oder Saugwind ansprechen (einchöriges Richter-Modell). Bei den zweichörigen Modellen erklingen pro Tonkanal und Strömungsrichtung 2 gleichzeitig erklingende Töne. Beim Wiener Schwebetonmodell sind sie fast gleich, bei der Banane in Oktaven gestimmt. Die M. wird diatonisch, chromatisch sowie mit feststehenden Akkordverbindungen gebaut.

Mündigkeit ↑ Volljährigkeit.

mündliche Anfrage ↑ parlamentarische Anfrage.

mündliche Verhandlung, entsprechend dem Mündlichkeitsgrundsatz von den meisten Prozeßordnungen für das Urteilsverfahren vorgeschriebene Verhandlung, bei der die Anträge mündlich und in Person vorgetragen und verhandelt werden.

Mündlichkeitsgrundsatz, Prozeßmaxime, nach der vor Gericht mündlich verhandelt werden muß und das Gericht nur das in der mündl. Verhandlung Vorgebrachte bei seiner Entscheidung berücksichtigen darf.

Mundorgel, asiat. Musikinstrument, bestehend aus einer Windkammer mit Mundstück, in der zehn oder mehr Bambus- oder Holzröhren verschiedener Länge stehen.

Mundpflege ↑ Zahnpflege.

Mundraub (heutige Bez.: Diebstahl und Unterschlagung geringwertiger Sachen), wird nach § 248 a StGB nur auf Antrag oder bei einem bes. öff. Interesse verfolgt.

Mundschenk ↑ Schenk.

Mundsperre, svw. ↑ Kieferklemme.

Mundstück, i. e. S. das Kessel-M. der Horninstrumente, i. w. S. die Anblasvorrichtung von Flöten und Rohrblattinstrumenten.

Mundt, Theodor, * Potsdam 19. Sept. 1808, † Berlin 30. Nov. 1861, dt. Schriftsteller. – Einer der bedeutendsten Vertreter des Jungen Deutschland und unermüdl. Kämpfer gegen die preuß. Zensur, von der seine Zeitschriften wiederholt betroffen wurden. Veröffentlichte neben Novellen, Romanen und Reiseschilderungen zahlr. literarhistor., literaturtheoret. und ästhet. Schriften.

Mundwässer, wäßrige, wäßrig-alkohol. oder alkohol. Lösungen, die äther. Öle, Drogenauszüge, Süßstoffe, desinfizierende und grenzflächenaktive Stoffe enthalten und in geringen Mengen dem Mundspülwasser zugesetzt werden.

Mundwerkzeuge, svw. ↑ Mundgliedmaßen.

Mund-zu-Mund-Beatmung ↑ Erste Hilfe.

Mund-zu-Nase-Beatmung ↑ Erste Hilfe.

Mungbohne [Hindi/dt.] (Mungobohne, Phaseolus aureus), v. a. in Asien kultivierte Bohnenart; die grau-dunkelgrünen Samen sind kleiner als bei der Gartenbohne.

Mungenast, Ernst-Moritz [ˈmuŋənast], * Metz 29. Nov. 1898, † Stuttgart 3. Sept. 1964, dt. Schriftsteller. – Verf. breitangelegter Romane über Volk und Geschichte Lothringens, bes. „Der Zauberer Muzot" (1939).

Munggenast, Joseph [ˈmuŋənast], * Schnann (= Pettneu am Arlberg) 5. März 1680, □ Sankt Pölten 3. März (Mai ♀) 1741, östr. Baumeister. – Vetter und Schüler von J. Prandtauer, dessen Bauten er z. T. sehr selbständig vollendete; u. a. Stift Seitenstetten (1717–32), Dürnstein (1721–25), Zwettl (1722–35, u. a. Bibliothek), Melk (1730–38, v. a. Turmabschlüsse), Stift Geras (1736–40), Altenburg (1730–33). Zarte, elegante Formen; bewegte Innenraumgestaltung.

Mungo [Tamil-engl.] ↑ Mangusten.
▷ Kurzbez. für ↑ Indischer Mungo.

Mungobohne [Hindi/dt.], svw. ↑ Mungbohne.

Municipium ↑ Munizipium.

Munin ↑ Odin.

Munition [frz. zu lat. munitio „Befestigung, Verschanzung"], Sammelbez. für das gesamte, aus Geschossen, Sprengladungen und deren Treibladungen, Zünd- und Leuchtsätzen bestehende Schieß- [und Wurf]material für Feuerwaffen zu militär., zu Sport- und Jagd- oder sonstigen Zwecken; i. w. S. zählen zur M. auch Handgranaten, Bomben, Sprengladungen von Torpedos und Sprengbooten, Treib- und Sprengladungen von Raketen, Minen und alle pyrotechn. Signalmittel. Nach der Legaldefinition des § 2 WaffenG i. d. F. vom 8. 3. 1976: 1. Hülsen mit Ladungen, die das Geschoß enthalten **(Patronenmunition)**; 2. Hülsen mit Ladungen, die ein Geschoß nicht enthalten **(Kartuschenmunition)**; 3. Geschosse mit Ladungen, die nach dem Abschuß durch die mitgeführte Ladung angetrieben werden **(pyrotechnische Munition, Raketenmunition)**. Für Erwerb und Besitz von M. sowie den Umgang mit M. gelten ähnl. Vorschriften wie für Waffen.

M. für militär. Zwecke: **Patronenmunition**, bei der das Geschoß und die die Treibladung enthaltende Patronenhülse fest zusammengesetzt sind, wird in allen Hand- und Faustfeuerwaffen, in Maschinengewehren und -kanonen sowie in schnellfeuernden Geschützen bis zum Kaliber von 15 cm verwendet. **Getrennte Munition**, bei der die Geschosse und die dazugehörige, in **Kartuschen** befindl. Treibladung jeweils für sich geladen werden, wird in Geschützen von etwa 12,7 cm an aufwärts verschossen. Bei der Patronen-M. enthält die aus Messing oder Stahl gefertigte Hülse an ihrem Bodenende die Zündpille, die beim Aufschlag des Schlagbolzens die Treibladung entzündet (die Zündschraube bei Geschütz-M.) funktioniert entsprechend oder durch elektr. Zündung). In den vorderen Hülsenmund ist das Geschoß *(Blei-, Stahlmantel-, Hartkerngeschoß)* eingepreßt; bei Geschützen großen Kalibers ist das vordere Hülsenende in eine sog. Würgerille am hinteren Ende der Patrone eingewalzt. Verwendet wird die M. in Ladestreifen, Gurten, Trommeln oder Magazinen. **Geschosse** werden aus Feuerwaffen mit gezogenen oder glatten Läufen oder Rohren verschossen, **Vollgeschosse** ohne Sprengladung meist aus kleinkalibrigen Läufen, Geschosse mit Sprengla-

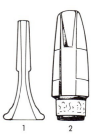

Mundstück.
1 Waldhorn;
2 Klarinette;
3 Trompete;
4 Oboe

Joseph Munggenast. Die Bibliothek des Stifts Altenburg, 1730–33

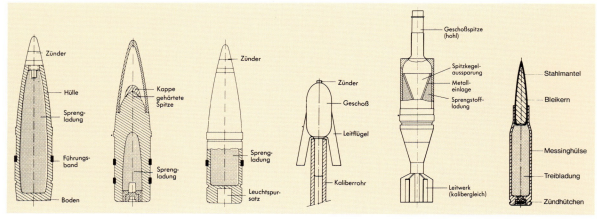

Munition. Von links: Sprenggranate mit Kopfzünder, Panzersprenggranate, Leuchtspurgranate, Überkalibergeschoß, flügelstabilisiertes Hohlladungsgeschoß für Panzerkanonen, Gewehrpatrone mit Stahlmantelgeschoß

dung (**Granaten**) aus leichten, mittleren, schweren und überschweren Rohren. Beim Schuß wird das Geschoß durch den Gasdruck in Längsrichtung sehr stark beschleunigt (bis zum 200 000fachen Wert der Fallbeschleunigung), durch schraubenlinienförmige Züge im Lauf zu einer Rotation um seine Längsachse (Drall) gezwungen. Während die Außenform des Geschosses v. a. nach ballist. Grundsätzen festgelegt wird, richtet sich der Innenaufbau nach der beabsichtigten Wirkung im Ziel: **Sprenggranaten mit Kopfzünder** haben eine verhältnismäßig dünne Geschoßwand, aber eine große Sprengladung. Ihre Wirkung beruht auf der großen Zahl von Splittern. **Sprenggranaten mit Bodenzünder** haben eine dickere Wandung und eine meist etwas geringere Sprengladung. **Panzersprenggranaten** (nur mit Bodenzündern) haben eine dicke Geschoßwand mit gehärteter Spitze und einen noch geringeren Sprengstoffanteil. **Leucht[spur]geschosse** oder **Leucht[spur]granaten** sind Sprenggranaten mit Kopfzünder, die im Geschoßboden einen Leuchtspursatz haben. Beim Aufschlag von **Hohl[ladungs]geschossen** oder **Hohl[ladungs]granaten** bildet sich ein eng gebündelter heißer Gasstrahl, der auch dicke Panzerplatten durchdringen kann. **Leuchtgranaten** dienen der Gefechtsfeldbeleuchtung; sie haben im Innern einen Leuchtsatz, der von einer durch Zeitzünder gezündeten Ladung ausgestoßen wird und an einem Fallschirm zu Boden schwebt. **Nebelgranaten** enthalten eine chem. Füllung, die nebelähnl. Rauch bildet. **Brandgeschosse** oder **Brandgranaten** (**Brandmunition**) haben neben der Zerlegerladung eine Füllung aus leicht entzündbarem Material, um an der Aufschlagstelle eine Brandwirkung zu erzielen. **Gasgranaten** besitzen eine Füllung aus chem. Kampfstoffen. **Unterkalibergeschosse** (Treibspiegelgeschosse) haben ein kleineres Kaliber als das verfeuernde Geschütz; zu ihrer Führung im Geschützrohr ist ein Zwischenkolben, der Treibspiegel, vorgesehen. **Überkalibergeschosse** (**Gewehrgranaten**) werden auf Gewehre aufgesetzt und verschossen. Ein aus einer normalen Gewehrpatrone verfeuertes Geschoß teilt seine Mündungsenergie dem auf dem Gewehrlauf steckenden Überkalibergeschoß mit. **Geschosse mit Zusatztreibladung** werden zur Reichweitensteigerung durch eine nach Art des Raketenantriebs wirkende Zusatzladung nach dem Verlassen des Rohres weiter beschleunigt.

Aufschlagzünder bringen das Geschoß beim Auftreffen auf das Ziel zur Detonation. Aufschlagzünder ohne Verzögerung sind fast ausnahmslos **Kopfzünder**, Aufschlagzünder mit Verzögerung Kopf- oder **Bodenzünder** (im Geschoßboden eingebaut). **Zeitzünder** sprechen nach Ablauf einer bestimmten Geschoßflugzeit an. Bei **Brennzündern** wird ein langsam abbrennender Pulverring, dessen wirksame Länge vorher eingestellt wurde, beim Abschuß entzündet. **Uhrwerkzünder** besitzen ein Uhrwerk, dessen Laufzeit nach der vorberechneten Sprengpunktlage mittels einer Zünderstelleinrichtung eingestellt wird. **Zerlegerzünder** sind Zeitzünder ohne veränderl. Zeiteinstellung. **Abstandszünder** (**Annäherungszünder**) haben eine auf elektron. Wege arbeitende Einrichtung, die anspricht, sobald das Geschoß eine bestimmte Nähe zum Ziel erreicht hat. **Doppelzünder** sind Zünder, bei denen 2 verschiedene Zündarten miteinander vereinigt sind.

Für **Salutmunition** wird meist Schwarzpulver mit starker Rauch- und Knallwirkung verwendet. Die Lehrzwecken dienende **Ausbildungsmunition** oder **Unterrichtsmunition** besteht aus entschärften M.teilen.

M. für Sportzwecke: Beim Schießsport werden aus meist kleinkalibrigen Gewehren und Pistolen Patronen (**Randfeuerpatronen** wegen des am Rand der Patronen liegenden Zündstreifens) mit Bleikugeln vom Kaliber 5,6 mm, aus Luftgewehren und -pistolen mittels komprimierter Luft Bleigeschosse von bis zu 5 mm Durchmesser verschossen.

M. für Jagdzwecke: Den Jagdzielen entsprechend werden aus Flinten Schrotladungen (**Schrotpatronen**) oder aus Büchsen Kugeln (**Kugelpatronen**) verschossen.

Munizipium (lat. Municipium), in der Antike einstmals selbständige, dann in den röm. Staatsverband mit oder ohne Stimmrecht eingegliederte Gemeinde; war zur Übernahme staatl. Aufgaben verpflichtet.

Munk, Andrzej, * Krakau 16. Okt. 1921, † Łódź 21. Sept. 1961 (Autounfall), poln. Regisseur. – Drehte zunächst Dokumentarfilme, ab 1955 Spielfilme mit krit. Ansatz und formalem Einfallsreichtum, u. a. „Das blaue Kreuz" (1955), „Der Mann auf den Schienen" (1957), „Das schielende Glück" (1960), „Die Passagierin" (1963, Fragment).

M., Georg, eigtl. Paula Buber, geb. Winkler, * München 14. Juni 1877, † Venedig 11. Aug. 1958, dt. Schriftstellerin. – ∞ mit M. Buber; von der Romantik beeinflußte Erzählerin.

M., Kaj Harald Leininger [dän. mɔŋˈɡ], * Maribo 13. Jan. 1898, † Hørbylunde Skov 4. Jan. 1944 (von der Gestapo ermordet), dän. Schriftsteller. – Pfarrer in Vedersø (W-Jütland). Setzte sich in seinen bühnenwirksamen Dramen leidenschaftlich mit theolog., philosoph. und polit. Fragen auseinander; Gestalten der Weltgeschichte, u. a. Herodes, Heinrich VIII., bestimmen seine ersten (expressionist.) Dramen; thematisierte auch Probleme der Liebe und des Vertrauens in die Macht des Glaubens, bes. in seinem Hauptwerk „Ordet" (1932); wandte sich später dem aktuellen polit. Geschehen zu.

Munk [schweizer.], landschaftl. Bez. für das Alpenmurmeltier.

Munkácsy, Mihály von (seit 1878) [ungar. ˈmuŋkaːtʃi], eigtl. Lieb, * Munkács (= Mukatschewo, Ukraine) 20. Febr.

Sebastian Münster

1844, †Endenich (= Bonn) 1. Mai 1900, ungar. Maler. – Mit dem Bild „Der letzte Tag eines Verurteilten" (Budapest, Ungarische Nationalgalerie) begründete M. 1870 in Paris seinen Erfolg als Maler von pathet. Historien- sowie Genrebildern („Besuch bei der Wöchnerin", 1879; München, Neue Pinakothek). Bed. sind v. a. seine von der Schule von Barbizon beeinflußten Landschaftsbilder.

Münnerstadt, Stadt in der südl. Vorrhön, Bay., 249 m ü. d. M., 7800 E. Stadtmuseum; Glaswarenfabrik, Maschinenbau, Herstellung von Jagdwaffen. – Ersterwähnung 770; Stadtrecht 1335. – Stadtpfarrkirche (13. und 17. Jh.) mit spätgot. Glasmalereien und Werken von T. Riemenschneider sowie V. Stoß; Augustinerkirche (1752) mit Rokokoausstattung; spätgot. Rathaus; guterhaltene Stadtummauerung.

Münnich, Burkhard Christoph Graf von (seit 1728), *Neuenhuntorf (= Berne, Nds.) 19. Mai 1683, †Petersburg 27. Okt. 1767, russ. Feldmarschall (seit 1732) und Politiker dt. Herkunft. – Wasserbauingenieur; ab 1721 als General in russ. Diensten; 1731 Kabinettsmin., 1732 Präs. des Kriegskollegiums; eroberte im Poln. Thronfolgekrieg 1734 Danzig und im Türkenkrieg 1736–39 die Moldau und die Krim. 1740 Min., 1741 nach Sibirien verbannt (bis 1762); unter Katharina II. Generaldirektor der balt. Häfen.

M., Ferenc, *Seregélyes (Bez. Fejér) 16. Nov. 1886, †Budapest 29. Nov. 1967, ungar. Politiker. – 1919 Mitbegr. der ungar. KP; flüchtete nach dem Sturz der Räterepublik in die Sowjetunion; Teilnehmer am Span. Bürgerkrieg, danach wieder in Moskau; 1945 Rückkehr nach Ungarn, 1950–56 im diplomat. Dienst, u. a. 1956/57 Verteidigungs- und Innenmin., 1958–61 Ministerpräsident.

Muñoz Grandes, Agustín [span. mu'ɲɔθ 'ɣrandes], *Madrid 27. Jan. 1896, †ebd. 11. Juli 1970, span. Generalkapitän (seit 1957). – Berufsoffizier; wurde 1939 Generalsekretär der Falange; 1941/42 erster Kommandeur der Blauen Division; 1943 Chef des Militärkabinetts, 1951–57 Heeresmin., 1958–70 Chef des Generalstabs, 1962–67 stellv. Staatsoberhaupt und stellv. Ministerpräsident.

Munro, Hector Hugh [engl. mʌn'rou, 'mʌnrou], engl. Schriftsteller, ↑Saki.

Mun-Sekte ↑Vereinigungskirche e. V.

Münsingen, Stadt auf der Schwäb. Alb, Bad.-Württ., 707 m ü. d. M., 11 800 E. Eisenwarenherstellung, Maschinen- und Apparatebau, holzverarbeitende und chem. Ind. In der Nähe von M. 1895 eingerichteter Truppenübungsplatz. – Um 630 von den Franken angelegt, 770 Ersterwähnung; 1263 und 1339 zur Stadt erhoben. – Frühgot. Stadtkirche mit spätgot. Chor (gegen 1500); Fachwerkrathaus (17. Jh.); Schloß (14., 15. und 17. Jh.).

M., Gem. im schweizer. Kt. Bern, am rechten Aareufer, 540 m ü. d. M., 9700 E. – Bei M. fundreiche Flachgräberfelder der älteren und mittleren La-Tène-Zeit (4. bis Anfang des 1. Jh. v. Chr.). – Reste eines röm. Bades (1./2. Jh.); Pfarrkirche (18. Jh.), ma. Schloß (1550 und 1749 umgebaut).

Munster, ['--] Stadt in der südl. Lüneburger Heide, Nds., 70 m ü. d. M., 16 300 E. – Panzermuseum; Bundeswehrstandort mit Truppenübungsplatz „Munsterlager" (seit 1893) und Kampftruppenschule 2 (Panzertruppenschule).

M., [frz. mœs'tɛːr] ↑Münster (im Elsaß).

M., [engl. 'mʌnstə] histor. Prov. in S-Irland, 24 127 km², 1,02 Mill. E (1988); umfaßt die Gft. Clare, Cork, Kerry, Limerick, Tipperary und Waterford. – M. war eines der alten ir. Teilkönigreiche; 1127 wurde es in Nord- (Thomond) und Süd-M. (Desmond) aufgeteilt. Im 16. Jh. setzte sich die engl. Herrschaft durch.

Münster, Sebastian, *Ingelheim am Rhein 20. Jan. 1488, †Basel 26. Mai 1552, dt. reformator. Theologe und Kosmograph. – 1524–27 Prof. in Heidelberg, ab 1529 in Basel. M. gab zahlr. alttestamentl. und jüd. Werke heraus und verfaßte lexikal. und grammat. Arbeiten. Seine bekanntesten Werke sind die „Biblia Hebraica" (1534/35) und seine „Cosmographia" (1544), eine Beschreibung v. a. der Länder und Städte Deutschlands.

Mihály Munkácsy. Der letzte Tag eines Verurteilten, 1870 (Budapest, Ungarische Nationalgalerie)

Münster, Stadt im Zentrum des Münsterlandes, NRW, 62 m ü. d. M., 249 000 E. Verwaltungssitz des Reg.-Bez. M.; kath. Bischofssitz; Verfassungsgerichtshof für NRW u. a. Gerichte; Bundesanstalt für Güterfernverkehr, Inst. der Biolog. Bundesanstalt für Land- und Forstwirtschaft; Universität (1780 konstituiert), mehrere Fachhochschulen, Staatl. Kunstakad., Dt. Inst. für Auslandskunde, Inst. für religiöse Volkskunde; Westfäl. Verwaltungsakad., Sitz zahlr. wiss. und berufsständ. Gesellschaften und Vereinigungen und des Landschaftsverbandes Westfalen-Lippe; Stadttheater, Museen, botan. Garten, Zoo. Handels- und Verwaltungszentrum, kultureller Mittelpunkt Westfalens, daneben Maschinenbau, pharmazeut. und chem. Ind., Möbelherstellung, Kraftfutterwerk, Druckereien u. a.; Hafen am Dortmund-Ems-Kanal.

Geschichte: Die an der Stelle einer german. Siedlung der röm. Kaiserzeit gelegene Sachsensiedlung wurde unter Karl d. Gr. durch eine umfangreiche befestigte Siedlung ersetzt Ausgrabungen 1953–59), die Anfang des 9. Jh. Mittelpunkt eines Bistums wurde und nach dem „monasterium" („Kloster") um die Kirche ben. wurde. Die Bürgersiedlung war bereits unter Kaiser Otto III. Münzstätte; sie kann seit der 2. Hälfte des 12. Jh. als Stadt gelten, erweitert und bis 1278 ummauert. Ab 1246 Mgl. der rhein.-westfäl. Städtebündnisse; ein führendes Mgl. der Hanse (ab 1494 Vorort von Westfalen) sowie ab 1368 der Vorort der Städteschaft des bischöfl. Territoriums. Nachdem die luth. Lehre um 1531 Eingang in M. gefunden hatte, setzten sich die Täufer (Wiedertäufer) durch und errichteten 1534 unter Johann von Leiden ein demokrat.-sozialist. „Reich", das schon

Münster Stadtwappen

Münster. In der Bildmitte der 1225–63 erbaute Dom und die Laubenhäuser des Prinzipalmarkts, rechts die 1375 bis um 1450 erbaute Kirche Sankt Lamberti

Münster

1535 durch den Bischof blutig niedergeworfen wurde; ab 1585/88 wurde M. rekatholisiert; 1645–48 einer der beiden Konferenzorte der Verhandlungen über den Westfäl. Frieden. Die Niederlage der Stadt gegen den Bischof (1661) beraubte M. seiner Privilegien; verstärkter wirtsch. Niedergang nach Verlegung der bischöfl. Residenz nach Köln bzw. Bonn (1723). 1802/03 fiel M. an Preußen, 1807 an das Groß-Hzgt. Berg, 1810 an Frankreich, 1815 abermals an Preußen (1816–1946 Hauptstadt der Prov. Westfalen). **Bauten:** Der stark zerstörte bed. roman.-got. Dom (1225–63 anstelle eines otton. Vorgängerbaus; u. a. mit Epitaph der Fürstbischöfe C. B. von Galen [†1678] und F. C. von Plettenberg [†1706]) wurde wiederaufgebaut (1946–56), ebenso die übrigen – sämtlich ausgebrannten – Sakral- und Profanbauten: Sankt Ludgeri, spätroman. Stufenhallenbau (um 1200; got. Chor); die Überwasserkirche (1340–46), spätgot. Hallenkirche; Sankt Lamberti (1375–um 1450), reifster Hallenbau in Westfalen; an der S-Seite des Turmes die Wiedertäuferkäfige (1536; einer erneuert). Sankt Clemens (1745–53) ist ein barocker Zentralbau von J. C. Schlaun. Hochgot. Rathaus (2. Hälfte des 14. Jh.) mit Giebelfront und „Friedenssaal" (die Ausstattung ist gerettet worden). Die Fassaden der Laubenhäuser des Prinzipalmarkts sind in einem an die Vorgängerbauten angelehnten Stil, die ehem. Residenz (1767–87 von Schlaun) 1947–53 als Univ., der barocke Erbdrostenhof (1753–57 von Schlaun) mit Festsaal wiederhergestellt worden.

M., Reg.-Bez. in Nordrhein-Westfalen.

M., ehem. (Fürst-)Bistum, 804 von Karl d. Gr. gegr. (1. Bischof Liudger) und der Kirchenprov. Köln zugeordnet. Es umfaßte das Geb. zw. der Lippe und dem Oberlauf der Ems, dazu bis ins 16. Jh. Teile Frieslands. Die Machtkämpfe im rhein.-westfäl. Raum führten 1450–57 zur **Münsterschen Stiftsfehde,** als Graf Johann von Hoya seinen Bruder Erich auf den Bischofsstuhl bringen wollte. 1535 beseitigte Bischof Franz von Waldeck (1532–53), ein Anhänger des Luthertums, die Herrschaft der Täufer in M., konnte aber M. nicht in ein weltl. Ft. umwandeln; 1585 setzte sich in M. endgültig die Gegenreformation durch. 1815 fiel das Oberstift (etwa der heutige Reg.-Bez. M.) größtenteils an Preußen, das Niederstift (Meppen, Cloppenburg, Vechta) an Hannover und Oldenburg.

M., Bistum, 1821 als Suffragan von Köln wiedererrichtet; 1958 fiel ein Teil des Bistums an das neugegr. Bistum Essen. – ↑katholische Kirche (Übersicht).

M. (amtl. Müstair), schweizer. Ort im Münstertal, Graubünden, 1 247 m ü. d. M., 707 E. Benediktinerinnenkloster; berühmt ist die Ausmalung der Kirche (um 800); das Kloster wurde von der UNESCO zum Weltkulturerbe erklärt.

Münster. Heilung des Taubstummen, im 9. Jh. entstandenes Fresko aus der Klosterkirche der um 660 gegründeten Benediktinerabtei

Münsterländer

M. (amtl. Munster), frz. Ort im Oberelsaß, Dep. Haut-Rhin, 4 700 E. Luftkurort, hydrotherapeut. Kuren. – Entstand als Siedlung um eine um 660 gegr. Benediktinerabtei (Reichsabtei bis zur Reformation), Reichsstadt vermutlich unter Friedrich II., 1354 Colmarer Stadtrecht. – Spätgot. Rathaus (1550).

Münster [griech.-lat. (zu ↑Monasterium)], urspr. das gesamte Kloster, dann die Kirche eines Klosters oder Kapitels (Stiftskirche), auch eine große Pfarrkirche (Hauptkirche einer Stadt). „M." ist wie „Dom" auch Bischofskirche (Betonung des Domkapitels oder Domstifts); beide Bez. sind im dt. Sprachgebiet gleichbedeutend.

Münster am Stein-Ebernburg, Bad ↑Bad Münster am Stein-Ebernburg.

Münster (BE) (frz. Moutier), schweizer. Bez.hauptort im Birstal, Kt. Bern, 535 m ü. d. M., 8 100 E. Kunstmuseum; Maschinenbau, Uhren- und Glasind. – Ursprung der Siedlung ist die ehem. Abtei M.-Granfelden (Moutier Grandval), gegr. um 640, in der Reformation aufgehoben. – Roman. Friedhofskapelle in Chalières (11. Jh.).

Münsterberg, Hugo, *Danzig 1. Juli 1863, †Cambridge (Mass.) 16. Dez. 1916, dt.-amerikan. Psychologe und Philosoph. – Schüler W. Wundts; Prof. in Freiburg im Breisgau und an der Harvard University in Cambridge (Mass.); bed. Arbeiten zur angewandten Psychologie, für die er die Bez. *Psychotechnik* prägte („Psychologie und Wirtschaftsleben", 1912; „Grundzüge der Psychotechnik", 1914).

Münstereifel, Bad ↑Bad Münstereifel.

Münsterkäse, nach dem elsäss. Bez. Münster benannter Weichkäse mit 44–46 % Fett i. T., von mild-würzigem Geschmack.

Münsterland, der zw. dem Teutoburger Wald und der Lippe gelegene zentrale Teil der ↑Westfälischen Bucht.

Münsterländer (Großer Münsterländer), bis 62 cm schulterhoher dt. Vorsteh- und Stöberhund mit Hängeohren und langbehaartem Schwanz; Fell leicht gewellt; Farbe weiß mit schwarzem Kopf und schwarzen Platten und Flecken am ganzen Körper oder schwarz getigert.

Münstermann, Ludwig, *um 1580, †Hamburg um 1638, dt. Bildhauer. – Ausbildung in Bremen, wo M. den Florisstil kennenlernte. Meister des nordd. Manierismus. Kanzeln, Altäre und Taufbecken bes. im Oldenburgischen.

Münstertal (rätoroman. Val Müstair), 18 km langes Tal im schweizer. Kt. Graubünden, vom Ofenpaß bis zur schweizer.-italien. Grenze bei Münster.

Munt [althochdt. „Schutz, Schirm"], im german. Recht ein familienrechtl. Vertretungs- und Schutzverhältnis, das als Herrschaftsrecht über freie Hausgenossen zunächst in der Hausgewalt (Vormundschaft) des Sippen- bzw. Fam.-oberhaupts über Sippen- bzw. Fam.mgl. bestand und sich auch in der Gerichtsbarkeit des Hausvaters äußerte, aber andererseits diesen zu Haftung und Schutz der in seiner M. Stehenden verpflichtete. Der Begriff der M. umfaßte auch verschiedene Herrenrechte, z. B. die M. des Grundherrn oder die *Königs-M. (Königsschutz),* in der die Kaufleute standen.

Münter, Gabriele, *Berlin 19. Febr. 1877, †Murnau 19. Mai 1962, dt. Malerin. – War Mgl. des Blauen Reiters; wurde nachhaltig vom Werk ihres langjährigen Lebensgefährten W. Kandinsky beeinflußt. Ihr Werk (Stilleben, Interieurs u. a.) zeichnet eine leuchtende Palette und ein breiter, sicherer Pinselauftrag aus.

Munthe, Axel Martin Fredrik, *Oskarshamn 31. Okt. 1857, †Stockholm 11. Febr. 1949, schwed. Arzt und Schriftsteller. – Erwarb als königl. schwed. Leibarzt den durch ihn berühmt gewordenen Besitz San Michele auf Capri. Weltbekannt wurden seine Erinnerungen „Das Buch von San Michele" (1931).

M., Gerhard, *Elverum (Østerdal) 19. Juli 1849, †Oslo 15. Jan. 1929, norweg. Maler. – Landschaften, dekorative Wandbilder mit Sagenmotiven, z. T. Jugendstil, sowie Buchillustrationen in kantigem Stil.

Muntjak [javan.-engl.] (Muntiacus muntjak), etwa 0,9–1,3 m langer, 40–65 cm schulterhoher, oberseits vorwiegend rötlichbrauner, unterseits weißer Hirsch (Unterfam. Muntjakhirsche), v. a. in trop. Dschungeln und Wäldern S-Asiens.

Müntzer (Münzer), Thomas, *Stolberg/Harz um 1490, †bei Mühlhausen 27. Mai 1525 (hingerichtet), dt. ev. Theologe und Revolutionär. – Lernte 1519 in Leipzig Luther kennen, auf dessen Empfehlung er 1520 die Pfarrstelle in Zwickau erhielt. Dort schloß er sich den „Zwickauer Propheten" (N. Storch) an, mußte aber 1521 nach Böhmen fliehen, wo er Ende 1521 das Prager Manifest abfaßte, das erstmals die Grundlagen seiner Theologie zeigt: die Vorstellung von der unmittelbaren Wirkung des göttl. Wortes durch den Hl. Geist und von der prakt. Verwirklichung des Evangeliums. 1523/24 schrieb er in Allstedt die „Deutsch Evangel. Messe" und das „Deutsch Kirchenamt", beide Vorbild für Luthers Liturgie und Kirchenlied. Mit der Zielsetzung, für die Verwirklichung des Reiches Gottes auf Erden zu arbeiten, gründete M. den „Bund getreul. und göttl. Willens" und forderte die Fürsten zum Eintritt auf (sog. Fürstenpredigt am 13. Juli 1524). Als diese sich – von Luther gewarnt – gegen ihn entschieden, floh er nach Mühlhausen, von dort nach Nürnberg, wo er die „Hochverursachte Schutzrede und Antwort wider das geistlose, sanftlebende Fleisch in Wittenberg" gegen Luther schrieb. Auch aus Nürnberg ausgewiesen, nahm er Kontakt mit dem Aufstand. Bauern in Oberdeutschland auf, kehrte 1525 nach Mühlhausen zurück und arbeitete für die Einsetzung einer christl. Demokratie. An der Spitze eines Bauernheers wurde M. im Mai 1525 verhaftet, gefoltert und in der Nähe von Mühlhausen hingerichtet. – In der Wissenschaft umstritten, betonten 1848er, nat.-soz. und v. a. marxist. Historiker aus ihrer jeweiligen Sicht die Rolle M. als Politiker und Revolutionär, während neuere Forschungen seine Bed. als Reformator und Theologe differenzierter betrachten.

Münzautomat, Vorrichtung (Automat), die nach Einwerfen eines bestimmten Münzbetrages oder Geldscheines eine Ware ausgibt *(Waren-* und *Getränkeautomat),* eine bestimmte Dienstleistung ausführt *(Dienstleistungsautomat* wie z. B. Wertzeichen-, [Fahr]kartenverkaufsautomat, Geldwechsler, Münzfernsprecher u. a.) oder einen Spielablauf freigibt *(Unterhaltungsautomat* wie z. B. Musikbox, Spielautomat, Flipper).

Münzbuchstaben, Einzelbuchstaben auf Münzen zur Bez. der ↑Münzstätte, der verantwortl. Münzbeamten, der Reihenfolge der Stempel oder der Ausgaben der Münzsorte (Emissionen) u. a.

Münze, ältere Bez. für ↑Münzstätte.

Münzen [zu lat. moneta (in gleicher Bed.)], Zahlungsmittel (geprägtes Geldstück), meist scheibenförmig und aus Münzmetall (Metallgeld, Hartgeld); in Gewicht und Güte (↑Münzfuß) kraft Münzhoheit, zumindest Münzrecht, staatlich garantiert durch das Gepräge: meist zweiseitig (Vorderseite bzw. Avers sowie Rückseite bzw. Revers), entweder nur Bild (sog. stumme bzw. anepigraph. M.) oder nur Schrift (sog. monepigraph. M.) oder beides.

Münzmetalle als jeweils gesetzlich festgelegte Metallsorte zum Ausprägen von M. waren zunächst Gold, Silber und

Gabriele Münter. Staffelsee im Herbst, 1923 (Washington D. C., National Museum of Women in the Arts)

Elektron (Gold-Silber-Legierung); Kupfer und Bronze folgten seit dem 5. Jh. v. Chr., Nickel und Kupfernickellegierungen traten im 19. Jh. hinzu, im 20. Jh. auch Aluminiumbronze, Tombak, Leichtmetalle, Stahl, für Notgeld Zink, Neusilber, Eisen u. a. Die **Münzprägung** als Verarbeitung von Münzrohlingen zu M. durch mechan. Einwirkung mittels Münzstempeln, die den Rohlingen das Gepräge geben, geschieht in Münzstätten.

Die ersten M. wurden um die Mitte des 7. Jh. v. Chr. in Kleinasien (Lydien) aus Elektron, einer dort natürlich vorkommenden Gold-Silber-Legierung, geprägt und trugen nur auf einer Seite ein Münzbild. Hervorgegangen waren die M. aus dem Barrengeld, dessen Feingehalt durch Signierungen bestätigt war.

Nach der Verkehrsbedeutung sind **Kursmünzen** (zu gewöhnl. Umlauf im Inland bestimmte M.), **Handelsmünzen** (Gepräge eines Staates für Zwecke des überterritorialen und internat. Handelsverkehrs) und **Denkmünzen** (auch **Gedenkmünzen;** offizielle Zahlungsmittel, deren Bilder bestimmte Ereignisse [z. B. eine Krönung] festhalten) zu unterscheiden, bei den Kurs-M. außerdem **Kurantmünzen** (urspr. alles tatsächlich kursierende Münzgeld, seit dem 17. Jh. eingeengt auf die Silbermünzsorten als eigtl. Währungsmetall; Metallwert entspricht dem ausgewiesenen Nominalwert) und **Scheidemünzen** (**Schiedgeld**) M. kleinen Nennwerts für den tägl. Kleinverkehr; Metallwert ist dabei niedriger als der festgelegte Nominalwert). Schließlich schuf moderne Spekulation **Pseudomünzen** (nur für den Sammler bestimmte Schein-M. zur Erzielung staatl. Gewinne). Nach dem überwiegenden Bestandteil der Münzlegierung werden **Goldmünzen, Silbermünzen, Kupfermünzen, Platinmünzen** u. a. unterschieden. – Zu bloßen Schau-M. ↑Medaille, zu Ersatz-M. ↑Notgeld.

In übertragener, veralteter Bed. konnte Münze auch ungeprägte Werteinheiten bezeichnen. **Idealmünze** (Werteinheit im Bankverkehr, die einer jeweils festgelegten Edelmetallmenge entsprach, nicht unbedingt einer Einheit kursierenden Geldes), **Rechnungsmünze** (v. a. nicht ausgeprägtes Vielfaches bestehender M., Gegenwert einer nicht mehr ausgeprägten Münze), **Zählmünze** (nicht ausgeprägte Geldeinheit im älteren Geldverkehr, die nur durch die Summe vor- und nachzuzählender kleinerer Geldstücke dargestellt werden konnte).

M. mit einem am Rand oder in der Mitte eingebohrten Loch (sog. **gelochte Münzen**) sind i. d. R. Schmuckstücke, doch werden Scheide-M. zuweilen (zur besseren Unterscheidung) auch mit einem Loch in der Mitte geprägt.

Zum geltenden Recht ↑Münzrecht.

Thomas Müntzer (Ausschnitt aus einem Kupferstich)

Münzenberg

Münzenberg, Willi, * Erfurt 14. Aug. 1889, † bei Saint-Marcellin (Isère) zw. Juni und Nov. 1940, dt. Politiker und Publizist. – 1919 Anschluß an den Spartakusbund bzw. die KPD; schuf 1921 die Internat. Arbeiterhilfe; Propagandist und Organisator kommunist. Verlage und Filmunternehmen (Aufbau des sog. M.-Konzerns); seit 1924 MdR; ab 1927 Mgl. des ZK der KPD; emigrierte 1933 nach Frankreich, wo er den publizist. Kampf gegen den NS fortsetzte; bei wachsender Abkehr vom Stalinschen Kurs 1937 aus der KPD ausgeschlossen; 1940 interniert; sein Tod auf der Flucht vor den dt. Truppen ist bis heute ungeklärt.

Alexander von Muralt

Münzer, Thomas ↑ Müntzer, Thomas.

Münzfunde, wiederentdeckte, einst verlorene oder (als Münzschatz) bewußt vergrabene Münzen. M. sind eine bes. wichtige Quellengruppe der Numismatik. Sie unterliegen in Deutschland einer Anzeige- und Verwahrpflicht, geregelt durch §§ 965/966 und 984 BGB (Schatzfund), ergänzt durch überkommenes Landesrecht.

Münzfuß, die gesetzl. Vorschriften über **Rauhgewicht** (auch **Münzgewicht**, das Bruttogewicht einer Münze [mit den Legierungszusätzen]), als **Schrot** bezeichnet, **Feingewicht** (das Gewicht des in einer Münze enthaltenen Edelmetallanteils), auch **Korn** gen., und **Feingehalt** (der Anteil eines Edelmetalls in einer Edelmetallegierung) einer Münze, früher meist ausgedrückt durch die Zahl der aus einer Gewichtseinheit (z. B. einer Mark) Münzmetall gleichmäßig auszuprägenden Exemplare einer Wertstufe (z. B. Dreißigtalerfuß, Konventionsfuß, Leipziger Fuß, Reichsfuß, Vierzehntalerfuß, Zinnaischer Fuß); i. w. S. auch die entsprechende Normierung von Rechnungsmünzen (z. B. Vierundzwanzigguldenfuß); Abweichungen vom M. sind nur in gesetzlich festgelegten Grenzen zulässig (**Remedium**). Sie werden durch **Justierung** (Anpassung des Münzrohlings an das vorschriftsmäßige Rauhgewicht) reguliert und durch **Münzproben** (chem.-physikal. Untersuchungen der Münzen) überwacht. Das gesetzl. Mindestgewicht einer Münze im Zahlungsverkehr ist das **Passiergewicht**.

Als **Interimsfuß** werden Münzfüße bezeichnet, die nach dem Scheitern der Reichsmünzordnung ohne reichsgesetzl. Grundlage auf unterer Ebene vorbehaltlich endgültiger Neuregelung durch das Reich eingeführt wurden.

Münzgewinn, der Gewinn des Münzherrn (↑ Schlagschatz).

Münzhoheit, Recht des Staates, das Münzwesen zu regeln, insbes. Gestalt, Gewicht, Material, Mischungsverhältnisse und Menge der umlaufenden Münzen zu bestimmen und sie zu prägen. Träger der M. (Münzherr) ist in Deutschland der Bund (Art. 73 Nr. 4 GG), ausgeübt durch die Bundesregierung.

In *Österreich* liegt die M. beim Bund, der sie durch das Bundesfinanzministerium ausübt. Die Münzen werden durch das Hauptmünzamt für Rechnung des Bundes geprägt. Auch in der *Schweiz* liegt die M. beim Bund; er übt sie durch das Eidgenöss. Finanz- und Zolldepartement aus.

Geschichte: Die M. lag in der Antike beim Staat und ging in der röm. Kaiserzeit auf den Kaiser über, der sie auch in abhängigen Gebieten innehatte. Im Zerfallsstadium des Röm. Reiches blieb die prinzipielle M. des röm. bzw. oström. Kaisers zunächst in der Form anerkannt, so daß die neuen Germanenreiche sich lange auf bloße Nachprägung kaiserl. Typen beschränkten, ohne abweichende eigene zu wagen (bes. beim Gold). Die Merowingermünzen entglitten weitgehend der staatl. Kontrolle, worauf die karoling. Münzordnung eine straffe Erneuerung der kaiserl. bzw. königl. M. durchzuführen suchte. Seitdem blieb die M. theoretisch beim Reich, wurde aber durch umfangreiche Verleihung des Münzrechts seit dem 10. Jh. dermaßen durchbrochen, daß sich seit dem 13. Jh. praktisch nicht mehr zur Geltung zu bringen war. Mit dem Untergang des Hl. Röm. Reiches 1806 fiel die M. auch theoretisch an die nun souveränen Fürsten und Städte, die sich durch Münzverträge jedoch bald freiwilligen Beschränkungen unterwarfen. 1867 zog der Norddt. Bund, 1871 das Dt. Reich die uneingeschränkte M. an sich.

Münzstätten	
Münzbuchstabe	Orte
A	**Berlin*,** Wien, Paris
B	Hannover, Wien, Breslau, Bayreuth, Kremnitz (= Kremnica), Rouen
BB	Straßburg
C	Kleve, Frankfurt am Main, Clausthal, Prag, Saint Lô, Caen
D	Aurich, Düsseldorf, **München*,** Graz, Salzburg, Lyon
E	Dresden, Muldenhütten (= Hilbersdorf bei Freiberg), Königsberg (Pr), Karlsburg (= Alba Iulia), Tours
F	**Stuttgart*,** Magdeburg, Hall in Tirol, Angers
G	**Karlsruhe*,** Stettin, Glatz, Graz, Günzburg, Nagybánya (= Baia Mare), Poitiers, Genf
H	Darmstadt, Hall in Tirol, Günzburg, La Rochelle
I	Limoges
J	**Hamburg***
K	Kremnitz (= Kremnica), Bordeaux
L	Bayonne, Leipzig, Lublin
M	Mailand, Toulouse
N	Montpellier, Neapel
O	Riom (bei Clermont-Ferrand)
P	Dijon
Q	Perpignan
R	Orléans
S	Troyes, Reims, Schmöllnitz (= Smolnik)
T	Nantes, Tarent, Turin
U	Turin
V	Amiens, Toulouse, Troyes, Turin, Venedig
W	Lille, Wien, Breslau
X	Villefranche, Amiens, Besançon
Y	Bourges
Z	Grenoble

(Die gen. Orte waren i. d. R. nur zeitweilig Münzstätten; gelegentlich wurde eine Münzstätte zu verschiedenen Zeiten durch verschiedene Münzbuchstaben gekennzeichnet.)

* gegenwärtig aktive Münzstätten in Deutschland.

Münzkonventionen ↑ Münzsystem.

Münzkunde, svw. ↑ Numismatik.

Münzmeister, ältere Bez. für den verantwortl. Leiter einer ↑ Münzstätte, der teils selbständiger Münzunternehmer (oft im Pachtverhältnis), teils eine Art Angestellter oder Münzbeamter war; auch Vors. einer Münzerhausgenossenschaft.

Münzmetall ↑ Münzen.

Münzprägung ↑ Münzen.

Münzrecht, 1. die vom Inhaber der Münzhoheit persönlich wahrgenommene oder übertragene Befugnis, Münzen prägen zu lassen; bis ins 19. Jh. wegen des ↑ Schlagschatzes vielfach begehrt; 2. die Summe der das Münzwesen regelnden rechtl. Bestimmungen eines Staates.

Für Deutschland sind grundlegend: Reichsgesetz vom 9. 7. 1873 über die einheitl. Münzverfassung, die anstelle der Landeswährungen die Goldwährung setzte. Auch das Münzgesetz vom 30. 8. 1924 bestimmte die Goldwährung als geltende Reichswährung. Nach der Währungsreform von 1948 übertrugen die Militärreg. für Westdeutschland zunächst der Bank dt. Länder (heute Dt. Bundesbank) das ausschließl. Recht zur Ausgabe von Noten und Münzen. Durch das BG über die Ausprägung von Scheidemünzen vom 8. 7. 1950 (geändert am 18. 1. 1963) ist das Recht hinsichtlich der Scheidemünzen auf die Bundesreg. übergegangen. Allg. gesetzl. Bestimmungen über Gestalt, Gewicht, Metallzusammensetzungen der Münzen bestehen nicht. – In Ostdeutschland hatte die Dt. Notenbank (seit 1968 Staatsbank der DDR) das Recht der Geldzeichenausgabe. Durch den Vertrag über die Schaffung der Währungs-, Wirtschafts- und Sozialunion vom 18. Mai 1990 wurde mit Wirkung vom 1. Juli 1990 ein einheitl. dt. Währungsgebiet geschaffen mit der Dt. Bundesbank als Währungs- und Notenbank.

Münzregal [dt./lat.], 1. im Münzwesen des ma. Hl. Röm. Reiches svw. Münzhoheit; 2. im heutigen Münzwesen das von dem Staat, der die Münzhoheit besitzt, an Münzstätten verliehene Recht, Münzen auszuprägen.

Münzstätte (Münze, Prägeanstalt), Werkstatt bzw. Fabrik zur Münzprägung, früher vielfach unter einem Münzmeister. Bis ins 16. Jh. unterhielten zahlr. Münzstände, um risikoreiche Geldtransporte zu vermeiden, mehrere M., deren Zahl die Reichsmünzordnung zwecks besserer Überwachung drastisch zu beschränken suchte. Die Einführung moderner, kostspieliger Prägemaschinen ließ die Zahl der M. nachhaltig zurückgehen. Auch heute besitzen viele (bes. neue) Staaten keine eigene M. Die M. ist auf der Münze meist durch einen *Münzbuchstaben* bezeichnet.

Münzsystem, die Bestimmungen eines Staates über die als Münzen auszuprägenden Wertstufen, über ihre Benennung, ihr wechselndes Wertverhältnis (↑Stückelung), über Münzmetall und -fuß sowie das auf ihnen basierende System tatsächlich ausgeprägten Münzgeldes; in seiner Geltung meist auf ein Staatsgebiet begrenzt (Ausnahmen auf Grund von **Münzverträgen [Münzkonventionen],** d.h. von verschiedenen Münzherren zwecks gemeinsamer Münzpolitik geschlossenen Abmachungen; auf Grund von **Münzvereinen,** d.h. regionalen Zusammenschlüssen zu gemeinsamer Münz- und Währungspolitik im späteren MA; auf Grund von **Münzunionen,** d.h. internat. währungs- und münzpolit. Zusammenschlüssen, die eine Übereinstimmung des M. anstreben).

Münzverbrechen (Münzvergehen), ↑Geld- und Wertzeichenfälschung.

Münzverrufung, älterer Ausdruck für Außerkurssetzung von Münzen (v. a. im MA).

Münzwertzeichendrucker, Automaten, die nach Einwurf von Münzen Wertzeichen drucken, die als Postwertzeichen gültig sind; seit 1981 von der Dt. Bundespost aufgestellt.

Müon ↑Myon.

Muonioälv (finn. Muonionjoki), Grenzfluß zw. Finnland und Schweden, linker Nebenfluß des Torneälv, 387 km lang.

Muppets ['mʌpets], Fernsehpuppenstars (seit 1955) aus den USA; von James („Jim") Henson (*1936, †1990) geschaffene, lautstark agierende Handpuppen; die erste Figur war der Frosch *Kermit,* es folgten *Bert* und *Ernie, Cookie Monster* („Krümelmonster"), *Miss Piggy.* Durch die Fernsehserien Sesamstraße (ab 1969) und die M.show (ab 1976) auch in Europa bekannt. Kinofilme folgten ab 1979 (u. a. „Die M. erobern Manhattan").

Mur, linker Nebenfluß der Drau, entspringt am Murtörl im östr. Bundesland Salzburg, bildet im Unterlauf die östr.-slowen. und slowen.-kroat. Grenze, mündet als Grenzfluß zw. Kroatien und Ungarn bei Legrad, 454 km lang; mehrere Kraftwerke.

Murad (türk. Murat), Name mehrerer osman. Sultane:
M. I., *1326 (?), † auf dem Amselfeld 15. Juni 1389 (ermordet), Sultan (seit 1359). – Eroberte 1361 Adrianopel (= Edirne), machte Byzanz und Bulgarien zu Vasallen, besiegte 1389 die Serben. Begründete das Janitscharenkorps.
M. II., *Amasya im Juni 1404, †Adrianopel (= Edirne) 3. Febr. 1451, Sultan (seit 1421). – Stabilisierte das Osman. Reich nach der Niederlage gegen ↑Timur-Leng (1402), siegte 1444 bei Warna und 1448 auf dem Amselfeld über die Ungarn.

Muralt ['mu:ralt, mu'ralt], Alexander von, *Zürich 19. Aug. 1903, †Bern 28. Mai 1990, schweizer. Physiologe. – Prof. in Bern; Leiter des dortigen Theodor-Kocher-Inst. sowie der Hochalpinen Forschungsstation Jungfraujoch; Arbeiten hauptsächlich zur Neurophysiologie und zur Bioklimatologie.
M., Leonhard von, *Zürich 17. Mai 1900, †Cavalaire-sur-Mer (Var) 2. Okt. 1970, schweizer. Historiker. – Ab 1940 Prof. in Zürich; ging von reformationsgeschichtl. Studien aus (Mithg. der Werke Zwinglis) und wandte sich v.a. Problemen der Renaissance und der Politik Bismarcks zu.

Muränen. Mittelmeermuräne

Muränen (Muraenidae) [griech.-lat.], Fam. meist bis 1 m langer Knochenfische (Ordnung Aalartige Fische) mit über 100 Arten, v. a. an Felsküsten der trop. und subtrop. Meere; räuberisch lebende, oft gelbbraune, z. T. auffallend gefärbte und gezeichnete, aalförmige Fische mit dicker, schuppenloser Haut, großem Maul und meist Giftdrüsen in der Mundschleimhaut. – Zu den M. gehören u. a. **Drachenmuräne** (Muraena pardalis), braun bis orangefarben mit leuchtend weißer Fleckung. **Pampan** (Pompa, Thyrsoidea macrurus), bis über 3 m lang. Als Speisefisch geschätzt ist die bis 1,5 m lange, braune, gelblich marmorierte **Mittelmeermuräne** (Muraena helena).

Murano, Stadtteil von Venedig auf einer Insel in der Lagune von Venedig, Oberitalien. Glasmuseum im Palazzo Giustinian (1689). – Dom (12. Jh.), San Pietro Martire (1348 ff., nach Brand wiederhergestellt und 1511 geweiht; 1928 restauriert). – M. war seit etwa dem 12./13. Jh. bis ins 17. Jh. Hauptsitz der venezian. Glasindustrie. Die **Muranogläser** sind vom Orient angeregt und zeigen vielfältige Techniken (Email-, Faden-, Flügelgläser u. a.).

Murasaki Shikibu, *Kyōto um 978, † ebd. (?) um 1016, Pseud. einer jap. Schriftstellerin. – In Diensten der Kaiserin Akiko; ihr Hauptwerk ist das „Genji-monogatari", berühmt ist auch ihr Tagebuch „Murasaki-shikibu-nikki" (um 1000, engl. 1935).

Murat, Joachim [frz. my'ra], *Labastide-Fortunière (= Labastide-Murat, Dep. Lot) 25. März 1767, †Pizzo (Prov. Catanzaro) 13. Okt. 1815, frz. Marschall, Großhzg. von Berg und Kleve (1806–08), König von Neapel (1808–15). – Seit 1789 in militär. Diensten, 1796 Adjutant Napoléon Bonapartes im Italienfeldzug; 1799 Divisionsgeneral; ∞ seit 1800 mit Bonapartes jüngster Schwester Karoline (*1782, †1839). Militärisch erfolgreich und ehrgeizig,

Murano. Muranoglas, Schale mit Schuppenmuster in Blattgold und Email, um 1500 (München, Bayerisches Nationalmuseum)

Joachim Murat

Ludovico Antonio Muratori

Murcia Stadtwappen

wurde er 1804 Marschall, 1805 kaiserl. Prinz, 1806 rheinbünd. Großherzog. Am 15. Juli 1808 bestimmte ihn Napoleon I. zum König von Neapel („Gioacchino"), dessen Staatsverwaltung, Sozial- und Rechtsordnung er modernisierte. Nach dem Rußlandfeldzug offener Bruch mit Napoleon. M. arrangierte sich 1814 mit Österreich, schloß sich während der Hundert Tage wieder Napoleon an; von Österreich besiegt, bei einem Landungsversuch in Italien gefangengenommen und standrechtlich erschossen.

Muratori, Ludovico Antonio, *Vignola (Prov. Modena) 21. Okt. 1672, †Modena 23. Jan. 1750, italien. Theologe und Historiker. – Bibliothekar an der Ambrosiana in Mailand (ab 1695); 1700 Bibliothekar und Archivar in Modena. Gab bed. Quellenwerke zur italien. Geschichte heraus („Rerum italicarum scriptores", 25 Bde., 1723–51; „Antiquitates italicae medii aevi", 6 Bde., 1738–42; „Annali d'Italia ...", 12 Bde., 1744–49) und begr. damit die moderne italien. Geschichtswissenschaft.

Murawjow-Amurski, Nikolai Nikolajewitsch Graf, *Petersburg 23. Aug. 1809, †Paris 30. Nov. 1881, russ. General und Politiker. – Betrieb als Generalgouverneur von Ostsibirien (1847–61) intensive Erforschungs- und koloniale Expansionspolitik.

Murawjow-Apostol, Sergei Iwanowitsch, *Petersburg 9. Okt. 1796, †ebd. 25. Juli 1826, russ. Offizier und Revolutionär. – Leitete im Aufstand der ↑Dekabristen den militär. Putschversuch in der Ukraine; wurde nach dessen Niederschlagung hingerichtet.

Mürbeteig, Knetteig aus Zucker, Fett, Eiern, Mehl und wenig Flüssigkeit.

Murböden ↑Judenburger Becken.

Murchisonfälle [engl. 'mɔːtʃɪsn], aus drei Einzelfällen bestehende Wasserfälle des Victorianil, Uganda, die von diesem beim Eintritt in den Zentralafrikan. Graben gebildet werden.

Murcia [span. 'murθia], span. Stadt am unteren Segura, 309 500 E. Verwaltungssitz der Region und der Prov. M.; kath. Bischofssitz, Univ. (seit 1915), Konservatorium mit Theaterhochschule. M. liegt inmitten einer großen, dichtbesiedelten Vega (Obstbäume, Frühgemüse) Nahrungsmittel-, Getränke-, Konserven-, Textil-, Leder-, Möbel-, Papierund chem. Ind.; zwei ⌘. – 831 von den Arabern gegr.; Hauptstadt des maur. Kgr., 1243 von Ferdinand III. von Kastilien erobert; seit 1291 Bischofssitz. – Die got. Kathedrale Santa Maria (1368–1462) wurde im 18. Jh. erneuert (prunkvolle Barockfassade, 1737–54), Renaissance- und Barockbauten: San Esteban (1561–69), San Miguel (17. Jh.), San Bartolomé und Kapelle Ermita de Jesús (18. Jh.; jetzt Museum), Bischöfl. Palast (1695–1748).

M., Provinz und Region in SO-Spanien, 11 317 km², 1,04 Mill. E (1991). Umfaßt den NO der Bet. Kordillere und die Küstenebene zw. Elche und Cartagena. Sommertrockenes

Murcia. Die 1737–54 vorgesetzte barocke Hauptfassade der 1368–1462 errichteten Kathedrale Santa Maria

Muri (AG). Der Innenraum der 1694–98 umgebauten Kirche des 1027 gegründeten ehemaligen Benediktinerklosters

Klima. Die urspr. Vegetation (Steineichen, Kiefern) ist nur in Resten erhalten; weite Teile sind von Garigue und Steppenvegetation bedeckt; Bewässerungsfeldbau entlang der Flüsse (Gemüse, Mais, Kartoffeln, Datteln, Zitrusfrüchte, Oliven, Mandeln, Feigen, Wein; auch Baumwolle); Maulbeerbaumpflanzungen, daher das für Spanien wichtigste Geb. der Seidenraupenzucht. In Küstennähe werden Blei-, Zink-, Silber-, Kupfer- und Eisenerz abgebaut (Verarbeitung und Export in Cartagena). Die Ind. verarbeitet Produkte der Landw. Touristenzentrum La Manga am Strandsee Mar Menor. – Seit dem 9. Jh. unter arab. Vorherrschaft, erklärte M. 1063 seine Unabhängigkeit, wurde aber 1092 dem Reich der Almoraviden einverleibt; wohl seit Mitte des 12. Jh. unabhängiges Kgr.; kam 1243/66 an Kastilien. Die 1789 entstandene Prov. M. erhielt ihre heutigen Grenzen 1883.

Murciana [span. mur'θiana], ein in S-Spanien (Murcia) verbreitetes Lied, Sonderform des ↑Fandango.

Murdoch [engl. 'mɜːdɔk], Dame (seit 1987) Iris, *Dublin 15. Juli 1919, engl. Schriftstellerin ir. Herkunft. – Gestaltet in ihren philosoph. Interessen widerspiegelnden Romanen, oft mit den Mitteln der symbolhaften Darstellung, teils grotesk-komisch, Lebensprobleme des modernen Menschen. – *Werke:* Unter dem Netz (R., 1954), Flucht vor dem Zauberer (R., 1956), Die Wasser der Sünde (R., 1958), Lauter feine Leute (R., 1968), Der schwarze Prinz (R., 1973), Werke der Liebe (R., 1974), The good apprentice (R., 1985), The message to the planet (R., 1989).

M., Rupert K[eith], *Melbourne 11. März 1931, amerikan. Medienunternehmer austral. Herkunft. – Zu dem von ihm kontrollierten Medienkonzern News-Corporation gehören u. a. in Australien rd. 150 Tageszeitungen, Zeitschriften und Buchverlage; in Großbritannien „The Times", „Sunday Times", „News of the World", „The Sun", Beteiligungen an Buchverlagen, Fernsehgesellschaften und die Satellitenfernsehgesellschaft „British Sky Broadcasting"; in den USA die Tageszeitung „Boston Herald", Zeitschriften, Buchverlage und Beteiligungen an Film- und Fernsehgesellschaften (z. B. 50 % bei „20th Century Fox").

Murdock, William [engl. 'mɜːdɔk], *Bellow Mill (Ayrshire) 21. Aug. 1754, †London (Soho) 15. Nov. 1839, brit. Ingenieur. – Erfand als Mitarbeiter von J. ↑Watt 1785 die Dampfmaschine mit schwingendem Zylinder; entwickelte 1792 die (Steinkohlen-)Gasbeleuchtung.

Mure (Schlammstrom), in Gebirgen nach Starkregen oder bei plötzlich einsetzender Schneeschmelze an Hängen und in Wildbächen sich talwärts wälzender Strom aus einem Gemisch von Wasser, Erde und Gesteinsschutt mit oft verheerender Wirkung (Flußabdämmung; Verschüttung von Verkehrswegen und Siedlungen).

Murein [lat.], Peptid-Polysaccharid-Komplex der inneren Zellwandschicht aller Bakterien.

Murg, Fluß in Bad.-Württ.; entspringt in zwei Quellbächen **(Rote Murg, Weiße Murg)** am Vogelskopf im Nordschwarzwald, erreicht unterhalb von Gaggenau das Oberrhein. Tiefland, mündet nw. von Rastatt in den Rhein, 96 km lang.

Muri (AG), schweizer. Bez.hauptort im Kt. Aargau, 479 m ü. d. M., 5550 E. Metall-, Kunststoffverarbeitung. – Das 1027 gegr. Benediktinerkloster Muri galt Ende des 17. Jh. als reichstes Kloster der Schweiz (1841 aufgehoben). Seit 1803 ist M. Gemeinde. – Teile der Klosteranlage sind erhalten, u. a. Krypta (11. Jh.); 1694–98 von Giovanni Bettini und Kaspar Moosbrugger umgebaute Kirche.

muriatische Quellen [zu lat. muria „Salzbrühe"], svw. ↑Kochsalzquellen.

Murillo, Bartolomé Esteban [span. muˈriʎo], ≈ Sevilla 1. Jan. 1618, † ebd. 3. April 1682, span. Maler. – M. verarbeitete insbes. Einflüsse der Caravaggionachfolge (Zurbarán, Ribera) und nach 1648 fläm. Künstler (van Dyck, Rubens). Er gelangte um 1660 zu einer weichen Nuancierung der Tonwerte. Großformatige, religiöse Darstellungen, mädchenhafte Madonnenbilder (bes. als Immakulata), Porträts sowie Genreszenen. – *Werke:* Trauben- und Melonenesser (um 1645; München, Alte Pinakothek), Häusl. Toilette (um 1670–75; ebd.), Buben beim Würfelspiel (um 1670–75; ebd.), Gemälde aus dem Kapuzinerkloster in Sevilla (1665–70; Sevilla, Museo Provincial de Bellas Artes), Moses schlägt Wasser aus dem Felsen (1670–74; Sevilla, Hospital de la Caridad).

Bartolomé Esteban Murillo. Buben beim Würfelspiel, um 1670–75 (München, Alte Pinakothek)

Murinsel, Geb. zw. der unteren Mur und der Drau, in Kroatien.

Müritz, von der oberen Elde durchflossener, größter See (116,8 km²) der Mecklenburg. Seenplatte, bis 31 m tief; am O-Ufer Naturschutzgebiet.

Murmansk, russ. Gebietshauptstadt im N der Halbinsel Kola, 468 000 E. Seefahrthochschule, PH, Forschungsinst. für Fischereiwirtschaft und Ozeanographie; zwei Museen, zwei Theater; Schiffsreparatur, Schiffsausrüstungs-, Maschinenbau, Fischverarbeitung; eisfreier Hafen am Endpunkt der **Murmanbahn** (1 451 km) von St. Petersburg, ⚓. – Gegr. 1915 beim Bau der Murmanbahn.

Murmeln [zu Marmor, dem urspr. Herstellungsmaterial] (Marmeln, Klicker, Schusser), kleine Kugeln aus Stein, Glas oder Ton, zum Spielen für Kinder.

Murmeltiere [zu lat. mus montis „Bergmaus" (unter Einfluß von murmeln)] (Marmota), Gatt. etwa 40–80 cm langer, gedrungener Erdhörnchen mit neun Arten, v.a. in Steppen, Hochsteppen und Wäldern Eurasiens und N-Amerikas; tagaktive, umfangreiche Erdbauten anlegende Bodenbewohner mit kurzem, buschigem Schwanz, kurzen Extremitäten und rundl. Kopf. – M. halten einen ausgedehnten (im N ihres Verbreitungsgebietes bis acht Monate dauernden) Winterschlaf. – Zu den M. gehören u. a. ↑Alpenmurmeltier, **Steppenmurmeltier** (Bobak, Marmota bobak), Fell gelbbraun, Rücken dunkler; in O-Europa und M-Asien. **Waldmurmeltier** (Marmota monax), Fell gelblichbraun bis braun, mit grauweißen Grannenhaaren, Füße dunkel; in N-Amerika.

Murnau, Friedrich Wilhelm, eigtl. F. W. Plumpe, * Bielefeld 28. Dez. 1888, † Santa Barbara (Calif.) 11. März 1931 (Autounfall), dt. Filmregisseur. – Zunächst als Schauspieler und Regieassistent bei M. Reinhardt tätig; wurde mit seinen phantast., vom Expressionismus beeinflußten Filmen einer der bedeutendsten Regisseure des dt. Films der 1920er Jahre, v. a. mit „Schloß Vogelöd" (1921), „Nosferatu – eine Symphonie des Grauens" (1922), dem ersten bed. Werk des Vampirfilms, „Der letzte Mann" (1924), „Tartüff" (1925), „Faust" (1926). Ging danach nach Hollywood, wo er u. a. „Sunrise" (1927) und (mit R. Flaherty) den Südseefilm „Tabu" (1931) schuf.

Murnau a. Staffelsee, bayr. Marktgemeinde, 688 m ü. d. M., 10 100 E. Textilind., Brauereien; Luftkurort mit Moorbadebetrieb. Das größte bayer. Moorgebiet, das Murnauer Moos, wurde Naturschutzgebiet (23 km²).

Murner, Thomas, * Oberehnheim (= Obernai, bei Straßburg) 24. Dez. 1475, † ebd. vor dem 23. Aug. 1537, elsäss. Volksprediger, Humanist und Dichter. – Gilt als der bedeutendste Satiriker des 16. Jh.; 1497 Priesterweihe; 1505 von Maximilian I. zum Dichter gekrönt; Pfarrer (1525–29 in Luzern, dann in Oberehnheim). Übernahm in seinen 1512 erschienenen satir. Hauptwerken „Narrenbeschwörung" und „Schelmenzunft" das Narrenmotiv von S. Brant und geißelte Laster, Torheiten und Mißstände seiner Zeit; ein allegor.-satir. Gedicht „Von dem großen Lutherschen Narren, wie ihn Dr. Murner beschworen hat" (1522) ist eine geistreiche, schonungslose Verspottung der Reformation; auch Übersetzer (Vergils „Äneis" in Versen).

Murom [russ. 'murɛm], russ. Stadt am linken Ufer der Oka, 124 000 E. Architektur-, Kunstmuseum; Bau von Lokomotiven, Kühlschränken und Rundfunkgeräten, Holzind. – Ende des 10. Jh. als Siedlung des finn. Stammes M. gegr.; seit 1097 Hauptstadt des Fürstentums M.; fiel 1392 mit diesem an das Groß-Ft. Moskau.

Muroran, jap. Hafenstadt auf einer Halbinsel an der S-Küste Hokkaidōs, 136 200 E. TH, Inst. zur Erforschung von Seetang; Meeresaquarium; eisenschaffende Ind.; Erdölraffinerie, Nahrungsmittel- und Papierindustrie.

Murphy [engl. 'məːfɪ], Robert Daniel, * Milwaukee 28. Okt. 1894, † New York 9. Jan. 1978, amerikan. Diplomat. – Ab 1944 polit. Berater General Eisenhowers und der amerikan. Militärreg. in Deutschland; 1949–52 Botschafter in Brüssel, 1952/53 in Tokio; 1954–59 Mitarbeiter des Außenministeriums; vermittelte als Sonderbotschafter 1954 zw. Italien und Jugoslawien im Streit um Triest, 1958 zw. Tunesien und Frankreich.

M., William, * Stoughton (Wis.) 6. Febr. 1892, † Brookline (Mass.) 9. Okt. 1987, amerikan. Mediziner. – Lehrtätigkeit an der Harvard University; M. erforschte die Insulinwirkung bei Diabetes mellitus. Gemeinsam mit G. R. Minot und G. H. Whipple führte er die Leberdiät bei perniziöser Anämie ein und erhielt 1934 mit ihnen den Nobelpreis für Physiologie oder Medizin.

Murray [engl. 'mʌrɪ], (Morray), James Stuart, Earl of (seit 1562) * um 1531, † Linlithgow 21. Jan. 1570 (ermordet), Regent von Schottland (seit 1567). – Natürl. Sohn Jakobs V.; Führer der prot. Partei in Schottland; revoltierte 1565 gegen die Ehe seiner Halbschwester Maria Stuart mit Lord Darnley und mußte nach England fliehen. Nach Marias Abdankung Regent für Jakob VI.

Iris Murdoch

Rupert K. Murdoch

Friedrich Wilhelm Murnau

William Murphy

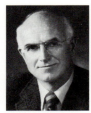

Joseph E. Murray

Johann Karl August Musäus

Adolf Muschg

Musenalmanach. Titelblatt des Göttinger Musenalmanachs für das Jahr 1770

M., Joseph E[dward], * Milford (Mass.) 1. April 1919, amerikan. Chirurg. – Prof. an der Harvard Medical School in Boston (Mass.). M. gelang 1954 mit der Transplantation einer menschl. Niere (bei eineiigen Zwillingen) die erste erfolgreiche Organverpflanzung in der Geschichte der Medizin. 1990 erhielt er mit D. Thomas den Nobelpreis für Physiologie oder Medizin.

Murray [engl. 'mʌrɪ], Hauptfluß Australiens, entspringt in den Snowy Mountains, mündet in den Küstensee Lake Alexandrina und über ihn in die Encounter Bay des Ind. Ozeans, 2 589 km lang; mehrfach gestaut († Snowy Mountains).

Mürren † Lauterbrunnen.

Murrhardt, Stadt im Tal der Murr, Bad.-Württ., 290 m ü. d. M., 13 500 E. Museum; feinmechan. und elektrotechn. Betriebe, Pelzveredelung, Leder- und Gerbstoffabrik; Luftkurort. – Um die 873 erwähnte Benediktinerabtei entstand die Siedlung M., 1328 als Stadt bezeugt. – Spätgot. Stadtkirche (v. a. 15. Jh.) mit roman. Bauteilen (12. Jh.).

Murrhardter Wald, Teil der Schwäbisch-Fränk. Waldberge; erstreckt sich südl. der Murr zw. Backnang und Murrhardt, bis 575 m hoch.

Murrumbidgee [engl. mʌrəm'bɪdʒɪ], rechter Nebenfluß des Murray, in Neusüdwales (Australien), entspringt in den Snowy Mountains, mündet bei Balranald, 2 541 km lang. Staudämme (für Bewässerung und Energiegewinnung).

Murry, John Middleton [engl. 'mʌrɪ], * Peckham (= London) 6. Aug. 1889, † London 13. März 1957, engl. Schriftsteller. – Journalist, Hg. von Zeitschriften; u. a. ∞ mit K. Mansfield, die sein literar. Werk ebenso beeinflußte wie D. H. Lawrence. Schrieb außer psychoanalyt. Biographien und Studien, u. a. über Keats, D. H. Lawrence, K. Mansfield, J. Swift, zeitkrit. Essays, in denen er einen christl. Kommunismus vertrat.

Mursa, antiker Name von † Osijek.

Mursili (Murschili), Name mehrerer Könige der Hethiter:

M. I., regierte etwa 1560–30. – Setzte die Eroberung N-Syriens fort (Sieg über Aleppo), verhalf den Kassiten zur Herrschaft in Babylon; nach seiner Rückkehr ermordet.

M. II., regierte etwa 1330–1295. – Vermochte das Hethiterreich in N-Syrien neu zu festigen.

Mursuk, Ort in einer Oase im Fessan, SW-Libyen, 395 m ü. d. M., 1 000 E. Herstellung von Zelten, Teppichen, Flechtwerk. – Seit dem 16. Jh. Residenz einer lokalen Dyn.; einst blühendes Handelszentrum, mußte aber nach häufigen Nomadenüberfällen weitgehend verlassen werden; Reste eines Forts (1310) mit Moschee.

Murten, schweizer. Bez.hauptort am O-Ufer des Murtensees, Kt. Freiburg, 457 m ü. d. M., 4 700 E. Museum; Elektrogerätebau, Nahrungsmittel-, Holz-, Uhrenind.; Fremdenverkehr. – Der zur Festung ausgebaute Ort wurde 1034 zerstört. Nach 1159 Neugründung der Stadt; 1475–1798 von Bern und Freiburg verwaltet; gehört seit 1803 zum Kt. Freiburg. – 1476 widerstand M. der Belagerung Herzog Karls des Kühnen von Burgund bis zum Sieg der Eidgenossen in der **Schlacht von Murten** (22. Juni). – Spätgot. Katharinenkirche (1484); barocke ref. Kirche (1710–13); Schloß (im 15./16. und 18. Jh. erneuert); Häuser mit Laubengängen (17./18. Jh.); fast vollständig erhaltene Stadtbefestigung (13.–15. Jh.).

Murtensee, See im westl. Schweizer Mittelland, 23 km², 429 m ü. d. M., bis 46 m tief.

Mururoa [frz. myryrɔ'a], unbewohntes Atoll der sö. Tuamotuinseln, Frz.-Polynesien; seit 1963 Ausbau zum frz. Testzentrum für Kernwaffen.

Mürz, linker Nebenfluß der Mur in der Steiermark; entspringt in den Quellflüssen **Stille Mürz** und **Kalte Mürz** an der Schneealpe, mündet bei Bruck an der Mur, 85 km lang. Der untere Talabschnitt der M. bildet zus. mit dem oberen Mittellauf der M. die sog. Mur-M.-Furche, eine bed. Verkehrsleitlinie.

Mürzzuschlag, Bez.hauptstadt an der Mürz, Steiermark, Österreich, 669 m ü. d. M., 10 000 E. Stahlwerk, Herstellung von Strick- und Wirkwaren; ältester östr. Wintersportplatz (seit 1889). – Vor 1227 entstanden, seit 1924 Stadt. – Barocke Pfarrkirche (1766), ehem. Franziskanerkloster (17. Jh.).

Mus [zu althochdt. muos „Speise"], breiförmige Speise aus gekochtem Obst, Kartoffeln, Hülsenfrüchten oder Fleisch.

Musangs [malai.] (Palmenroller, Rollmarder, Paradoxurus), Gatt. der Schleichkatzen mit drei Arten in S-Asien (einschl. der Sundainseln); Körper etwa 45–55 cm lang; Fell bräunlichgrau bis braun, oft mit dunklerer Zeichnung; nachtaktive Baumbewohner; ernähren sich von Wirbellosen, kleineren Wirbeltieren und Früchten.

Musäus, Johann Karl August, * Jena 29. März 1735, † Weimar 28. Okt. 1787, dt. Schriftsteller. – War als aufklärerisch engagierter Literaturkritiker Mitarbeiter der „Allgemeinen Dt. Bibliothek". M. parodierte die Rührseligkeit S. Richardsons im ersten dt. satir. Roman „Grandison der Zweite" (1760–62, bearbeitet 1781/82) und die Physiognomik J. K. Lavaters in seinen anonym erschienenen „Physiognom. Reisen" (1778/79). Bekannter sind die in rationalist.-iron. Manier bearbeiteten „Volksmärchen der Deutschen" (1782–86).

Musca [lat.] (Fliege) † Sternbilder (Übersicht).

Muscarin † Muskarin.

Muschel † Muscheln.

Muschelgift (Saxitoxin), Giftstoff in lebenden Muscheln; entstammt den von den Muscheln als Nahrung aufgenommenen Mikroorganismen (Dinoflagellaten, Plankton). Das Neurotoxin findet sich nur bei Tieren, die in stehendem, verunreinigtem Wasser leben, wogegen die auf klarem, sandigem Grund in freier See gezüchteten oder gefangenen Muscheln meist unschädlich sind.

Muschelhaufen, Anhäufungen v. a. von Muschelschalen sowie Resten von Schnecken, Fischen u. a., weltweit v. a. an Meeresküsten, auch an Seen und Strömen verbreitet; von vor- und frühgeschichtl. Küstensammlern (v. a. aus dem Mesolithikum und Neolithikum) stammende Abfallhaufen, die auch Stein- oder Knochenwerkzeuge enthalten; bes. häufig in Japan; bekannt auch die dän. † Kökkenmöddinger. Die ältesten M. Europas liegen am Unterlauf des Tajo.

Muschelkalk, mittlere Abteilung der german. Trias († Geologie, † geologische Systeme [Übersicht]).

Muschelkrebse (Ostracoda), Unterklasse etwa 0,25 mm bis wenige cm langer Krebse mit rd. 12 000 Arten in Meeres- und Süßgewässern; mit stark verkürztem, von einer zweiklappigen Schale völlig umschlossenem Körper. Manche ausgestorbenen M. spielen als „Leitfossilien" bei Probebohrungen nach Erdöl eine bed. Rolle.

Muscheln [zu lat. musculus „Mäuschen", (übertragen:) „Miesmuschel"] (Bivalvia, Lamellibranchiata, Acephala), seit dem Kambrium bekannte, heute mit rd. 8 000 Arten in Meeres- und Süßgewässern verbreitete Klasse der Weichtiere; Körper zweiseitig symmetrisch, meist mit muskulösem Fuß, von zweiklappiger Kalkschale umgeben. Die

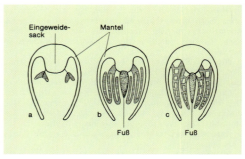

Muscheln. Schematische Querschnitte zur Morphologie der verschiedenen Kiementypen: a Fiederkiemen; b Fadenkiemen; c Blattkiemen

Schalen können durch zwei Schließmuskeln fest verschlossen werden. Mit Hilfe von Kiemen wird die Nahrung (Kleinlebewesen) aus dem Atemwasser filtriert. Ein eigtl. Kopf fehlt. – Die Befruchtung der meist getrenntgeschlechtl. M. erfolgt entweder außerhalb (Eier und Spermien werden ins Wasser ausgestoßen) oder innerhalb der Tiere (Spermien werden von den ♀♀ mit dem Atemwasser eingestrudelt). Manche M. spielen als Nahrungsmittel eine bed. Rolle (z. B. Mies-M., Herz-M., Austern), andere (Bohr-M., Schiffsbohrwurm) können am Holz von Hafenbauten und Schiffen beträchtl. wirtsch. Schaden verursachen. Für die Schmuckind. ist v. a. die Seeperlmuschel von großer Bedeutung. Man unterscheidet vier Ordnungen: Fiederkiemer, Fadenkiemer, Blattkiemer, Verwachsenkiemer.

Muschelschaler (Conchostraca), Ordnung wenige Millimeter bis 1,7 cm großer Blattfußkrebse mit rd. 180 Arten; v. a. in kleinen Seen und Tümpeln lebend (ausgestorbene Arten vermutlich auch im Meer); Gehäuse muschelartig, zweiklappig, durch Kalkeinlagerungen verstärkt.

Muschelseide (Byssusseide, Seeseide), Bez. für die glatten, glänzenden, 4–10 cm langen Fäden, die von verschiedenen Steckmuschelarten gebildet werden (↑Byssus).

Muschelvergiftung, akute Erkrankung nach dem Genuß von Muscheln mit Anzeichen, die denen einer Fischvergiftung ähneln. M. kann hervorgerufen werden durch die eßbare Miesmuschel, die häufig Massenerkrankungen verursacht, und die gewöhnl. Auster, die bisweilen während der Laichzeit (von Mai bis Juli) gesundheitsschädlich ist **(Austernvergiftung).** Sie verläuft entweder mit nesselartigen Hautausschlägen oder mit Magen-Darm-Störungen, teils unter (auch tödl.) Lähmungserscheinungen. – ↑Muschelgift.

Muschelwerk, svw. ↑Rocaille.

Muschg, Adolf, *Zollikon 13. Mai 1934, schweizer. Schriftsteller. – Seine vielschichtigen Romane und Erzählungen sind durch Ironie und schwarzen Humor bestimmt, u. a. „Im Sommer des Hasen" (R., 1965), „Gegenzauber" (R., 1967), „Entfernte Bekannte" (En., 1976); auch Dramen, Hör- und Fernsehspiele. – *Weitere Werke:* Kellers Abend. Ein Stück mit einem Nachspiel (1975), Gottfried Keller (Biographie, 1977), Noch ein Wunsch (E., 1979), Baiyun oder die Fremdschaftsgesellschaft (R., 1980), Goethe als Emigrant (Essays, 1986), Der Turmhahn und andere Lebensgeschichten (E., 1987), Die Schweiz am Ende – Am Ende die Schweiz. Erinnerungen an mein Land vor 1991 (1990).

M., Walter, *Witikon (= Zürich) 21. Mai 1898, †Basel 6. Dez. 1965, schweizer. Literarhistoriker. – Ab 1936 Prof. in Basel; zahlr. literarhistor. Arbeiten; wurde v. a. bekannt mit der „Trag. Literaturgeschichte" (1948).

Muschik [ˈmʊʃik, mʊˈʃik; russ.], Bauer im zarist. Rußland.

Museion [griech.], in der Antike den ↑Musen geweihte Stätte (Haine, Grotten u. a.), auch Lehrstätte; daher auch Name großer Schulen; zu den bed. Schulen gehört das M. in Alexandria (↑Alexandrinische Bibliothek).

Musen, bei den Griechen die Schutzgöttinnen der Künste und Wissenschaften; Töchter des Zeus und der Mnemosyne. Urspr. wohl 3, später 9 Schwestern im Gefolge des Apollon: **Kalliope** (die „Schönstimmige"), Muse der ep. Dichtung (Attribut: Wachstafel und Griffel), **Melpomene** (die „Singende"), Muse der trag. Dichtung (Attribut: trag. Maske), **Thalia** (die „Blühende"), Muse der kom. Dichtung (Attribut: kom. Maske), **Euterpe** (die „Erfreuende"), Muse der Lyrik (Attribut: der Aulos), **Terpsichore** (die „Reigenfrohe"), Muse der Chorlyrik und des Tanzes (Attribut: die Lyra), **Erato** (die „Liebevolle"), Muse der Liebesdichtung, **Polyhymnia** (die „Hymnenreiche"), Muse der Hymnendichtung, **Klio** (die „Rühmerin"), Muse der Geschichtsschreibung (Attribut: Papyrusrolle und Griffel), **Urania** (die „Himmlische"), Muse der Sternkunde (Attribut: Himmelsglobus und Zeigestab).

Musenalmanach, seit der Mitte des 18. bis ins 19. Jh. beim gebildeten Bürgertum beliebtes belletrist. Publikationsorgan; jährlich erscheinende Anthologie meist noch unveröffentlichter Dichtungen, vorwiegend Lyrik und andere poet. Kleinformen, aber auch Dramen- und Epen[auszüge], Übersetzungen, Kompositionen, oft auch mit Kalendarium und Illustrationen. Bed. waren u. a. der „Göttinger M." (1770–1802) sowie „Schillers M." (1796–1800), in dem u. a. die „Xenien" (Jahrgang 1797) erschienen, die M. der Romantiker A. W. Schlegel und L. Tieck in Jena (1802/03), A. von Chamissos und K. A. Varnhagen von Enses „Grüner M." (1804–06), J. Kerners „Poet. Almanach" (1812/13), A. von Chamissos und G. Schwabs „Dt. M." (1832–39). Ein (konservativer) Wiederbelebungsversuch war der „Cotta'sche M." (1891), dem der progressivere „Moderne M." (1893/94) O. J. Bierbaums folgte.

Musette (Berlin, Staatliche Museen, Musikinstrumenten-Museum im Staatlichen Institut für Musikforschung)

Musette [frz. myˈzɛt; zu vulgärlat. musum „Maul"], in Frankreich im 17./18. Jh. beliebte ↑Sackpfeife, deren Sack durch einen an den Arm geschnallten Blasebalg mit Luft gefüllt wird.

▷ ruhiger Tanz im 6/8-, 3/4- oder 2/4-Takt, der seinen Namen wohl von den (auf das gleichnamige Instrument zurückzuführenden) liegenden Baßtönen erhalten hat; als Gesellschaftstanz unter Ludwig XIV. und Ludwig XV. beliebt; aus der dreizeitigen M. entwickelte sich der **Musettewalzer.**

Museum [griech.-lat. (zu ↑Museion)], seit dem 18. Jh. Bez. sowohl für Sammlungen künstler. und wiss. Gegenstände als auch für die Bauten, in denen sie untergebracht werden. Das moderne M. dient der Sammlung, Bewahrung, Erforschung und Wiederherstellung von Kulturgut, v. a. aber dessen sinnvoller Präsentation und Erläuterung nach wiss. Grundsätzen. Durch die Einrichtung kunstpädagog. Zentren, Ausarbeitung didakt. Programme und deren Vermittlung mittels moderner Medien sowie durch pädagogisch geschulte Mitarbeiter, die den Kontakt zum Publikum herstellen sollen, wird seit den späten 1960er Jahren versucht, die Öffentlichkeitsarbeit zu verbessern und den sterilen Charakter der Präsentation aufzuheben. Die Museen

Musen. Darstellung der neun Musen auf einem römischen Sarkophag, um 140 n. Chr. (Paris, Louvre)

Museum

Museen (Auswahl)
Abkürzungen: A = Antike Kunst, AaK = Altamerikan. Kunst, AäK = Altägypt. Kunst, AK = Afrikan. Kunst, AM = Alte Malerei/Graphik, E = Völkerkunde, G = Geschichte, IK = Ind. Kunst, IsK = Islam. Kunst, Kh = Kunsthandwerk, N = Naturkunde, NM = Neuere und neueste Malerei/Graphik, MI = Musikinstrumente, OK = Ostasiat. Kunst, P = Plastik, PK = Präkolumbian. Kunst, S = Spezialmuseum, T = Technik, V = Volkskunde

Bundesrepublik Deutschland

Altenburg	Lindenau-Museum (A, AM, NM, P)
Bad Frankenhausen/ Kyffhäuser	Bauernkriegsgedenkstätte „Panorama" (S, NM)
Berlin-Charlottenburg	Ägypt. Museum (AäK)[1]
Berlin-Charlottenburg	Antikenmuseum (A)[1]
Berlin-Dahlem	Gemäldegalerie (AM, NM)[1]
Berlin-Dahlem	Skulpturengalerie (P)[1]
Berlin-Dahlem	Museum für Völkerkunde (E)[1]
Berlin-Dahlem	Museum für Ind. Kunst (IK)[1]
Berlin-Dahlem	Museum für Ostasiat. Kunst (OK)[1]
Berlin-Dahlem	Museum für Islam. Kunst (IsK)[1]
Berlin-Köpenick	Kunstgewerbemuseum (Kh)[1]
Berlin-Mitte	Museumsinsel: Altes Museum (AM, NM)[1]
	Bode-Museum (ehem. Kaiser-Friedrich-Museum; AäK, P, AM, NM)[1]
	Nationalgalerie (NM, P)[1]
	Pergamon-Museum (A, IsK, OK, V)[1]
Berlin-Tiergarten	neue Nationalgalerie (NM, P)[1]
Berlin-Tiergarten	Musikinstrumenten-Museum des staatl. Instituts für Musikforschung (S)
Bochum	Dt. Bergbau-Museum (T)
Bonn	Rhein. Landesmuseum (A, AM, S, Kh)
Braunschweig	Herzog Anton Ulrich-Museum (AM, Kh)
Bremen	Kunsthalle (AM, NM, S)
Bremerhaven	Dt. Schiffahrtsmuseum (T)
Darmstadt	Hess. Landesmuseum (N, AM, NM, S, Kh, A, P)
Dortmund	Museum am Ostwall (NM, P)
Dresden	Hygienemuseum (S)
Dresden	Staatl. Kunstsammlungen (AM, NM, P, Kh)
Duisburg	Wilhelm-Lehmbruck-Museum (NM, P)
Düsseldorf	Kunstmuseum (AM, NM, Kh)
Düsseldorf	Kunstsammlung Nordrhein-Westfalen (NM)
Essen	Museum Folkwang (NM, P, Kh, OK, AaK)
Frankfurt am Main	Dt. Filmmuseum (S)
Frankfurt am Main	Jüd. Museum (S)
Frankfurt am Main	Naturmuseum Senckenberg (N)
Frankfurt am Main	Liebieghaus (Museum alter Plastik; P, A, OA, AäK)
Frankfurt am Main	Städelsches Kunstinstitut (AM, NM)
Frankfurt an der Oder	Galerie „Junge Kunst" (NM, P)
Freiburg im Breisgau	Städt. Museen – Augustinermuseum (AM, NM, P)
Halle	Galerie Moritzburg (NM, P, Kh)
Hamburg	Kunsthalle (AM, NM, P)
Hamburg	Museum für Kunst und Gewerbe (Kh, S, AäK, OK)
Hannover	Niedersächs. Landesmuseum (AM, NM, S)
Hannover	Kestner-Museum (A, AäK, Kh)
Hannover	Kunstmuseum Hannover mit Sammlung Sprengel (NM)
Hildesheim	Roemer-Pelizaeus-Museum (AäK)
Karlsruhe	Bad. Landesmuseum (A, AäK, Kh, P, V)
Karlsruhe	Staatl. Kunsthalle (AM, NM)
Kassel	Staatl. Kunstsammlungen (AM)
Köln	Röm.-German. Museum (A, Kh)
Köln	Wallraf-Richartz-Museum/Museum Ludwig (AM, NM, P)
Köln	Rautenstrauch-Joest-Museum für Völkerkunde (E)
Köln	Museum für ostasiat. Kunst (OK)
Leipzig	Ägypt. Museum der Univ. (AäK)
Leipzig	Dt. Buch- und Schriftmuseum der Dt. Bücherei (Dt. Bibliothek)
Leipzig	Johann-Sebastian-Bach-Museum (S)
Magdeburg	Kloster „Unsere lieben Frauen" (P)
Mainz	Gutenberg-Museum (S)
Mainz	Röm.-German. Zentralmuseum (A)
Mannheim	Städt. Kunsthalle (NM, P)
Mannheim	Landesmuseum für Technik und Arbeit (T)
Markneukirchen	Musikinstrumentenmuseum (MI)
München	Bayer. Nationalmuseum (Kh)
München	Alte Pinakothek (AM)
München	Neue Pinakothek (NM, P)
München	Dt. Museum von Meisterwerken der Naturwiss. und Technik (S)
München	Prähistor. Staatssammlung/Museum für Vor- und Frühgeschichte (S)
München	Glyptothek (A)
Nürnberg	German. Nationalmuseum (AM, S, Kh, V, MI)
Potsdam	Staatl. Schlösser Potsdam-Sanssouci (NM, Kh, P)
Potsdam	Filmmuseum (S)
Radebeul	Karl-May-Museum (S, E)
Recklinghausen	Ikonenmuseum (S)
Rostock	Schiffahrts- und Schiffsbaumuseum (T)
Stuttgart	Staatsgalerie (AM, NM, P)
Stuttgart	Württemberg. Landesmuseum (A, AM, G, Kh, P, V)
Weimar	Staatl. Kunstsammlungen (AM, NM, Kh)
Weimar	Goethe-Schiller-Archiv (S)
Weimar	Goethe-Nationalmuseum (S)
Wuppertal	Von der Heydt-Museum (NM, P)

Übriges Europa

Amsterdam	Rijksmuseum (AM, P, IsK, IK, OK, Kh)
Amsterdam	Stedelijk Museum (NM, P)
Athen	Archäolog. Nationalmuseum (A, P)
Basel	Kunstmuseum (AM, NM, P, MI)
Belgrad	Nationalmuseum (A, AM, NM, P, Kh)
Bern	Kunstmuseum (AM, NM, P)
Brügge	Stedelijk Museum voor Schone Kunsten (AM, P, Kh, A)
Brüssel	Musées Royaux d'Art et d'Histoire (A, AäK, IsK, OK, AM, S, Kh)
Brüssel	Musées Royaux des Beaux-Arts de Belgique (AM, NM, P)
Budapest	Museum der bildenden Künste (A, AäK, AM, NM, P)
Bukarest	Muzeul de Arta al R. S. M. (AM, NM, P, Kh, V)
Colmar	Musée d'Unterlinden (A)
Den Haag	Mauritshuis (AM, NM)
Den Haag	Gemeentemuseum (G, MI, Kh, NK)
Edinburgh	National Gallery of Scotland (AM, S)
Florenz	Galleria dell'Accademia (AM)
Florenz	Galleria degli Uffizi (Uffizien; AM, P, A)
Florenz	Bargello (P)
Florenz	Palazzo Pitti (Galleria Palatina; AM, NM)
Genf	Musée d'Art et d'Histoire (A, AM, NM, P, Kh)
Haarlem	Frans Hals Museum (NM)
Humlebæk bei Kopenhagen	Louisiana-Museum (NM)
Kopenhagen	Ny Carlsberg Glyptotek (NM, P, A, AäK, IsK)
Kopenhagen	Nationalmuseet (E, V, S)
Lissabon	Museu Nacional de Arte Antiga (AM, P, Kh, IsK)
London	British Museum (A, AäK, IsK, IK, Kh)
London	National Gallery (AM, NM)
London	Victoria and Albert Museum (OK, IK, Kh, MI, S)
London	Tate Gallery (AM, NM, P)
London	Science Museum (T)
Luzern	Verkehrshaus der Schweiz – Schweizer. Verkehrsmuseum (S)
Madrid	Centro de Arte Reina Sofia (NM)
Madrid	Museo del Prado (AM, NM, P, A, Kh)
Mailand	Pinacoteca di Brera (AM, NM)
Moskau	Tretjakow-Galerie (S, NM, AM)
Neapel	Museo Nazionale (A, P, Kh, AM)
Neapel	Museo e Gallerie Nazionali di Capodimonte (AM, P, Kh)
Neapel	Pinacoteca Ambrosiana (NM)
Olympia	Archäolog. Museum (A, P)
Oslo	Nasjonalgalleriet (NM, AM, P, Kh)
Oslo	Norweg. Volksmuseum (S)
Oslo-Bygdøy	Museumsinsel (T, V, S)
Otterlo	Rijksmuseum Kröller-Müller (NM, AM, P, Kh, A, AäK, OK)
Palermo	Museo Nazionale Archeologico (A)
Paris	Musée National du Louvre (A, AäK, IsK, OK, IK, AM, P, Kh)
Paris	Musée des Arts Décoratifs (Kh, OK, IK, IsK)
Paris	Centre Georges-Pompidou (NM, P)
Paris	Musée d'Orsay (P, NM, Kh des 19. Jh.)
Paris	Musée Guimet (OK, IK, hinterind., jap.-chin. Kunst)
Prag	Nationalgalerie (AM, NM, P, AäK, IsK, Kh)
Rom	Galleria Borghese (A, AM, P)
Rom	Galleria dell'Accademia di San Lucca (AM)
Rom	Galleria Nazionale d'Arte Moderna (NM, P)
Rotterdam	Museum Boymans-van Beuningen (AM, NM, P)
Sankt Petersburg	Eremitage (A, AäK, IsK, AM, P, Kh, V)
Stockholm	Nationalmuseum (AM, NM, S, Kh)

[1] Staatl. Museen zu Berlin – Preuß. Kulturbesitz

Museen (Fortsetzung)			
Stockholm	Seehistor. Museum (S)	Chicago	Art Institute of Chicago (AM, NM, A, PK, P, Kh)
Turin	Galleria Sabauda (AM, P, Kh)	Cleveland	Museum of Art (A, AäK, IsK, IK, OK, AM, NM, P, Kh, V)
Turin	Museo Egizio (AK)	Istanbul	Antikenmuseum (A, IsK, P)
Vatikan	Pinacoteca Vaticana (Vatikan. Sammlungen; AM, Kh)	Kairo	Ägypt. Museum (AäK)
Venedig	Galleria dell'Accademia (AM)	Mexico City	Museo Nacional de Arqueologia (PK, S)
Warschau	Nationalmuseum (A, AäK, AM, NM, P, Kh)	New York	Metropolitan Museum of Art (A, AäK, IsK, IK, OK, PK, AM, NM, P, Kh, MI)
Wien	Graph. Sammlung Albertina (AM, NM, OK)	New York	Museum of Modern Art (NM, P)
Wien	Kunsthistor. Museum (A, AäK, IsK, AM, Kh)	New York	Solomon R. Guggenheim Museum (NM, P)
Zürich	Kunsthaus (A, AM, NM, P)	Ottawa	National Gallery of Canada (AM, NM, P, Kh)
Zürich	Museum Rietberg (S, OA, IK, IsK)	Philadelphia	Museum of Art (AM, NM, P, IsK, IS, OK, PK, Kh, V)
Außerhalb Europas		Rio de Janeiro	Museu Nacional de Belas Artes (PK, NM, P, Kh, V)
Bagdad	Irak-Museum (IsK, A)	Sydney	Australian Museum (S)
Bombay	Ind. Museum (IK, S)	Tokio	Nationalmuseum (OK, S)
Boston	Museum of Fine Arts (A, AäK, IK, MI, OK, AM, NM, P, Kh)	Washington	National Gallery of Art (AM, NM, OK, Kh)

sind im International Council of Museums (ICOM) zusammengeschlossen. In Deutschland besteht der Dt. Museumsbund (gegr. 1929).
Geschichte: Das Ansammeln wertvoller Gegenstände ist bei Heiligtümern, weltl. und geistl. Herrschersitzen schon in frühester Zeit zu beobachten. Wichtigstes psycholog. Motiv für das Sammeln war wohl von Anfang an Selbstverständnis und Selbstdarstellung in sichtbarem, vorzeigbarem Besitz. Dieser Aspekt dominiert bei den berühmten Sammlern antiker Werke der Renaissance, etwa bei Lorenzo de' Medici oder Papst Julius II. In Frankreich gehören Herzog Jean de Berry, König Franz I., später Richelieu und Mazarin zu den leidenschaftlichsten Sammlern. Kunst- und Wunderkammern trugen Erzherzog Ferdinand von Tirol auf Schloß Ambras und Kaiser Rudolf II. in Prag zus., auch die sächs. Kurfürsten in Dresden (Grünes Gewölbe) und die bayr. Herzöge in München. Diese Schätze wurden auf z. T. überaus originelle Weise in die jeweilige Architektur einbezogen. Ausgebaut wurden Bibliotheken mit Kupferstich- und Münzkabinett, Waffen-, Jagd- oder Instrumentensammlungen, im späten 18. Jh. v. a. die Antikensammlungen, so in den Vatikan. oder in den Farnes. Sammlungen (Funde aus Herculaneum und Pompeji) in Neapel. Die Villa des Kardinals Albani in Rom entstand als reine Antikengalerie. Das M. als öff. Institution wurde im 18. Jh. geschaffen, wenngleich schon vorher vereinzelt Galerien dem Publikum zugänglich gemacht worden waren, v. a. in Italien (Uffizien 1580, Palazzo Pitti 1640, beide in Florenz); in Basel wurde 1662 die öff. Kunstsammlung gegründet. Als erste staatl. Gründung entstand das Brit. Museum in London (1753), in Deutschland das Kasseler Museum Fridericianum (erbaut 1769–76). Eine Welle von M.gründungen erfolgte im 19. Jh.; Vorläufer war die Öffnung des Louvre (1793) in Paris. M.neubauten entstanden in München: Glyptothek (1816–34) und Alte Pinakothek (1826–36; von L. von Klenze); Madrid: Prado (1785 ff.); London: National Gallery (1832–38); Berlin: Altes Museum (1824–28; von K. F. Schinkel); Sankt Petersburg: Neue Eremitage (1839–52; von Klenze); Dresden: Gemäldegalerie (1847 bis 1854; von G. Semper); Darmstadt: Hessisches Landesmuseum (1897–1902); Amsterdam: Rijksmuseum (1877 bis 1885). Das M. entwickelte sich zu einem Ort der Neuordnung von Kunstwerken, die bes. durch Säkularisierung und Revolution aus ihrem urspr. Zusammenhang gerissen wurden, mithin zu einem Ort, an dem bestimmte Objekte, die urspr. für einen ganz bestimmten Zweck hergestellt worden waren, nun ausschließlich unter dem Aspekt ihrer histor. und/oder formalen Qualitäten, als Kunstwerke, betrachtet werden. Das M. erfuhr in der Folgezeit mehr und mehr eine Spezialisierung auf Einzelgebiete (u. a. Kunstgewerbe-, Völkerkunde-, Naturkunde-, Heimat-, Freilicht-, Technikmuseum). – Nach dem 2. Weltkrieg wurden in Europa und in den USA zahlr. M.bauten errichtet: u. a. Guggenheim-M. in New York von F. L. Wright (1956–59), Center for Visual Arts der Harvard-University, Cambridge (Mass.) von Le Corbusier (1961–64), neue Nationalgalerie in Berlin von Mies van der Rohe (1968), Röm.-German. M. in Köln von H. Röcher (1974), Centre Georges Pompidou in Paris von R. Piano und R. Rojers (1971–77), Ostflügel der National Gallery of Art in Washington von I. M. Pei (1978), Neue Pinakothek in München von A. Frhr. von Branca (1975–81), Neue Staatsgalerie in Stuttgart von J. Stirling (1978–84), Umbau eines Bahnhofs in Paris zum Musée d'Orsay durch G. Aulenti (1980–86), Neubau des Wallraf-Richartz-M./M. Ludwig in Köln von P. Busmann und G. Haberer (1980–86), Landes-M. für Technik und Arbeit in Mannheim von I. Kuhler (1982–90), M. für Moderne Kunst in Frankfurt am Main von H. Hollein (1988–91). – ↑ Freilichtmuseen (Übersicht).

Museumsinsel, Berliner Museumszentrum auf der Insel zw. Spree, Kupfergraben und einem Graben auf der Berliner Lustgartenseite. Hier befinden sich einige der „Staatl. Museen zu Berlin – Preuß. Kulturbesitz", das Alte Museum (1824–28 erbaut von K. F. Schinkel), Neues Museum (1843–55, im Wiederaufbau), Bode-Museum (ehem. Kaiser-Friedrich-Museum, 1897–1903), Pergamon-Museum (1909–30), Nat.galerie (1866–76).

Museumskäfer (Anthrenus museorum), weltweit verbreiteter, 2–3 mm großer, dem ↑ Kabinettkäfer ähnl. Speckkäfer; Larven können durch Fraß an Bälgen und Insektenpräparaten sowie an Pelz- und Wollwaren schädlich werden.

Musgrave Ranges [engl. ˈmʌzgreɪv ˈreɪndʒɪz], Gebirgszug in Südaustralien, bis 1 440 m hoch; Halbwüstenvegetation.

Museumskäfer

Musical [engl. mjuːzɪkəl; Kurzform für musical comedy „musikal. Komödie" oder musical play „musikal. Spiel"], eine musikal.-theatral. Mischgattung aus Sprechstück, Operette, Revue und Varieté, bestehend aus Liedern, Songs, Tanz- und Unterhaltungsmusik, Jazzelementen und Ballett, die zu einer meist zweiaktigen Handlung zusammengefügt werden. Das M. entwickelte sich nach 1900 aus amerikan. und europ. Formen des leichten Unterhaltungstheaters und der Show und fand seine Heimat am New Yorker Broadway. Musikalisch zu einem eigenen Stil gelangte es bei G. Gershwin („Porgy and Bess", 1935), V. Youmans („No, no, Nanette", 1925), J. Kern („Show boat", 1927), C. Porter („Anything goes", 1934), R. Rodgers („The boys from Syracuse", 1938; „Oklahoma", 1943). Die Stücke behandeln eine gegenwartsnahe, dem Alltag des Publikums entnommene Thematik in realist. Darstellung. Vielfach werden Stoffe aus der Weltliteratur aktualisiert. So geht die Handlung von C. Porters „Kiss me, Kate" (1948) auf Shakespeares „Der Widerspenstigen Zähmung", F. Loewes „My fair lady" (1956) auf Shaws „Pygmalion" und L. Bernsteins „West side story" (1957) auf Shakespeares „Romeo und Julia" zurück. Als Produkt des Showbusineß neigt das M. zum Aufwendigen und Sensationellen und muß sich bei hohen Produktionskosten v. a. am Einspielgewinn ausrichten. Bes. erfolgreich waren nach dem 2. Weltkrieg die M. von R. Rodgers („South Pacific", 1949), I. Berlin („Annie get your gun", 1946), J. Herman („Hello Dolly", 1964), J. Bock („Fiddler on the roof", 1964, dt. „Anatevka") und M. Hamlisch („A chorus Line", 1975). Zum Typ des

Musik

Musical. Links: Szene aus dem 1957 uraufgeführten Musical „West side story" von Leonard Bernstein in der Verfilmung von Robert Wise und Jerome Robbins, 1960. Rechts: Szene aus dem 1981 uraufgeführten Musical „Cats" von Andrew Lloyd Webber in der Inszenierung des Hamburger Opernhauses, 1986

Rock-M. mit Elementen der Rockmusik gehören G. McDermots „Hair" (1967) und A. Lloyd Webbers „Jesus Christ Superstar" (1971), „Evita" (1978), „Cats" (1981), „Starlight express" (1984) und „The phantom of opera" (1986).

Musik (lat. Musica) [zu griech. musiké (téchnē) „musische (Kunst)"], in seiner umfassendsten Bed. bezeichnet das Wort M. die absichtsvolle Organisation von Schallereignissen. Das akust. Material dieser Schallereignisse sind Töne (hervorgerufen durch period. Schallschwingungen) und Geräusche (nichtperiod. Schallschwingungen). Die im Bereich des Hörbaren vorhandenen, als „hoch" oder „tief" empfundenen und unterschiedenen Töne und gegebenenfalls Geräusche werden in eine Ordnung gebracht, die einerseits einer gewissen Eigengesetzmäßigkeit unterliegt (die sich z. B. aus der Obertonreihe ergibt) oder durch äußere Gegebenheiten bestimmt wird (z. B. durch den Bau von M.instrumenten mit festen Stimmungen), andererseits einem historisch sich wandelnden Formungswillen unterliegt. Töne treten in ihrer Eigenschaft als Intervalle zueinander in Beziehung; die Intervallordnung schlägt sich nieder im Tonsystem (Pentatonik, Heptatonik, Dur, Moll). Neben der Höhe sind weitere Grundeigenschaften des Tons seine Dauer, Lautstärke und Klangfarbe. Aus der zeitl. Aufeinanderfolge von Tönen und Geräuschen entsteht Rhythmus; aus der Aufeinanderfolge verschiedener Tonhöhen Melodie (Einstimmigkeit), aus dem gleichzeitigen Erklingen mehrerer Töne der Zusammenklang (Akkord, Heterophonie, Mehrstimmigkeit). Das Hervorbringen mit unterschiedl. Schallwerkzeugen (Instrumente und Singstimme) bestimmt die Klangfarbe und unterscheidet die M. in Vokal- und Instrumental-M. Sowohl den Tonabständen (Intervalle) und den aus ihnen gebildeten Zusammenklängen als auch den Tondauern (Rhythmus) liegen in der abendländ. M. Zahlenproportionen zugrunde, die das rationalmathemat. Fundament der M. bestimmen und sie theoriefähig machen.

Musical. Szene aus dem 1935 uraufgeführten Musical „Porgy and Bess" von George Gershwin in der Verfilmung von Otto Preminger, 1959

Musikgeschichte

Die europ. M.geschichte manifestierte sich primär als Geschichte einzelner M.werke. Das Werk repräsentiert den individuellen Kunstwillen seines Schöpfers (Komponist) und ist zugleich von histor. und sozialen Gegebenheiten abhängig, die sich als Gattungsmerkmal oder Stil niederschlagen. M.werke sind in der Absicht hergestellt, aufgeführt zu werden. Die europ. M.geschichte und v. a. die außereurop. M. kennen jedoch auch M. ohne Werkanspruch (Volks-M., Improvisation). Problematisch ist der Werkcharakter auch für einige Richtungen in der modernen M., die improvisator. und Zufallsmomente in die Komposition einplanen (Aleatorik, offene Form).

M. hat sich als eigenständige Kunst erst spät herausgebildet. Viele Kulturen kennen auch heute keinen eigenen Begriff für M., die sie nur in der Einheit etwa mit Tanz, Kult, Wortsprache fassen können. Auch der aus der griech. Antike übernommene Begriff „musiké" bezeichnete zunächst die Einheit von Poesie, Tanz und M., aus der sich im 4. Jh. als Einengung des Begriffs die Tonkunst herauslöste. Ihre enge Beziehung zu Sprache und Tanz hat die M. immer behalten. Im Laufe ihrer abendländ. Geschichte trat entweder ihr sprachl. oder ihr musikal. Moment verstärkt hervor. Erst in der Renaissance kam die reine Instrumental-M. auf, die ohne Zuhilfenahme von Sprache Sinnzusammenhänge vermittelte. Seit dem Ende des 19. Jh., mit dem Aufkommen der M.geschichtsforschung und mit dem Einsetzen der techn. Reproduzierbarkeit ist M. verschiedenster histor., sozialer und ethn. Bereiche in bisher nicht möglicher Weise präsent. Diese totale Verfügbarkeit ist einer der Gründe dafür, daß im 20. Jh. die traditionellen Grenzen von Gattungen, Stilen und Sparten der M. aufgehoben werden und musikal. Denken auf außermusikal. Erscheinungen ausgedehnt wird (etwa im modernen M.theater, wo das Theatralische, z. B. Wort, Licht, Bewegung ähnlich wie Töne, Tondauern und Klangfarben behandelt wird).

Bereits in den frühen Hochkulturen bemühte man sich um begriffl. Erfassung und systemat. Darstellung musikal. Sachverhalte durch die **Musiktheorie.** Diese war dabei, wie auch in griech. Antike und frühem MA, mit kosmolog. und mathemat. Spekulationen verbunden und hatte wenig Bezug zur musikal. Praxis. Erst mit der Entstehung von Mehrstimmigkeit und Komposition auf dem Hintergrund der Entwicklung der neuzeitl. Stadtkultur und des Bürgertums wandte sich die M.theorie empir., kompositionstechn.-handwerkl. Problemen zu und griff dann oft sogar der Praxis voraus. Während die v. a. der Komponistenausbildung dienenden musikal. Handwerkslehren des 18. und 19. Jh. normative Ansprüche stellten, entwickelte sich im 20. Jh. eine histor.-deskriptive M.theorie. – Als Lehrfach umfaßt die M.theorie heute allg. M.lehre, Kontrapunkt, Harmonie- und Formenlehre. Komponierte, schriftlich fixierte und so überlieferte Werke hat die **musikalische Aufführungspraxis** zur Voraussetzung, die die im Notentext festgehaltene Autorenabsicht, Gestalt und Gehalt klanglich realisiert. Dabei muß sie auch das im Notentext nicht Fixierte (oder Fixierbare) sinngemäß ausführen und, notwendig auch subjektiv, „interpretieren". – V. a. [Kunst]musik bis ins 17. Jh. kennt keine verbindl. Form der Wiedergabe, die sich vielmehr nach vorhandenen Besetzungs- und Ausführungsmöglichkeiten richtete und zudem in mehr oder minder großem Umfang improvisator. Momente einschloß. Die musikal. Aufführungspraxis kann daher höchstens eine (und nicht die einzig authent.) Werkgestalt rekonstruieren, zumal sich der zum Werk gehörende Wirkungszusammenhang historisch verändert. Das gilt, trotz der Norm der „Werktreue" und trotz wachsender Präzision der Notation, auch für die M. seit der Klassik. Einige Richtungen in der neuesten M. (Aleatorik) lassen, im Gegenzug zur wachsenden kompositor. Durchgestaltung der Werke, der musikal. Aufführungspraxis bzw. dem Interpreten bewußt größeren Spielraum.

Zu den Institutionen einer seit Ende des 17. Jh. sich v. a. mit dem Konzertwesen entfaltenden bürgerl. M.öffentlichkeit gehört die **Musikkritik** in M.zeitschriften (in Deutschland seit 1722, J. Mattheson) wie in der Tagespresse (seit 1788, F. Rellstab). Sie informiert, auch subjektiv Stellung nehmend, über M.kultur, Ereignisse und Tendenzen, Werke, Publikationen, Interpreten und M.aufnahmen. Bed. M.-kritiker: F. Rochlitz, E. T. A. Hoffmann, J. F. Reichardt, R. Schumann, E. Hanslick, G. B. Shaw, H. Wolf, P. Bekker, J. Korngold, Alfred Einstein, W. Schuh, T. W. Adorno, H. H. Stuckenschmidt, H. Kaufmann.

Bed. für die M.öffentlichkeit sind die **Musikzeitschriften**, periodisch erscheinende Fachblätter; ihr Ursprung liegt in den M.nachrichten von Zeitschriften allg. Inhalts (z. B. „Mercure de France", ab 1672). Ihr Muster wurden die gelehrten Periodika seit dem 17. Jh., obwohl die frühesten M.zeitschriften eher Bücher in Form von Lieferungen als M.zeitschriften i. e. S. sind, so z. B. J. Matthesons „Critica musica" (1722–25) oder J. A. Scheibes „Crit. Musicus" (1737–40). Die erste eigtl. M.zeitschrift waren J. A. Hillers „Wöchentl. Nachrichten und Anmerkungen die M. betreffend" (1766–70). Bed. wurden J. F. Reichardts „Musikal. Kunstmagazin" (1782–91), F. Rochlitz' „Allg. musikal. Zeitung" (1798–1848) und bes. die anfangs von R. Schumann herausgegebene „Neue Zeitschrift für M." (1834 bis 1943 und ab 1950). Bereits seit Anfang des 19. Jh. spezialisierten sich die M.zeitschriften oft auf einzelne M.bereiche. – Deutschsprachige M.zeitschriften (mit erstem Erscheinungsjahr) u. a.: „Cäcilia" (1824), „Signale für die musikal. Welt" (1834), „Musikalienhandel" (1899), „Archiv für M.wiss." (1918), „Melos" (1920; 1975–78 vereinigt mit der „Neuen Zeitschrift für M."), „Östr. M.zeitschrift" (1946), „Die M.forschung" (1948), „M. und Gesellschaft" (1951), „Das Orchester" (1953), „Die Oper" (1960), „M. und Bildung" (1969), „Neue M.zeitung" (1969), „Forum M.bibliothek" (1980).

Der Verbreitung musikal. Bildung, dem Sammeln und Katalogisieren von Musikalien und meist auch Schriften über M. dienen die öff. oder privaten **Musikbibliotheken**, denen heute oft Sammlungen von Tonträgern (Phonotheken) angeschlossen sind. M.bibliotheken finden sich als eigenständige Einrichtungen (auch „M.bücherei") wie als Teil einer allg. Bibliothek. Bes. bed. sind u. a. die M.bibliotheken in Berlin, München, Paris, London sowie Washington.

Musikwissenschaft

Mit M. in ihren vielfältigen histor., sozialen, ethn., nat. Ausprägungen von den vorgeschichtl. Anfängen bis zur Gegenwart, M.kultur und akust. wie biolog.-psycholog. Grundlagen von M.machen und -hören, schließlich den Beziehungen zw. M., M.kultur und jeweiliger Gesellschaft befaßt sich die **Musikwissenschaft**. Ihre Anfänge gehen auf die antike M.theorie zurück, die im MA aufgegriffen wurde. Die Ars musica wurde vom 12. bis 16. Jh. an den Univ. als Disziplin des Quadriviums der ↑ Artes liberales gelehrt. Zur Wiss. im neuzeitl. Sinn im Unterschied zu der religiös gebundenen, spekulativen ma. M.theorie wurde die M.wiss. v. a. mit der M.geschichtsschreibung der Aufklärung; als organisierte Univ.disziplin etablierte sie sich dann in der 2. Hälfte des 19. Jh. Bei der inneren Gliederung der M.wiss. unterscheidet man i. d. R. als Hauptzweige die histor. (M.geschichtsschreibung, M.geschichte) und die systemat. M.wiss. sowie die M.ethnologie (auch Ethnomusikologie, musikal. Völkerkunde).

Musik. Titelblatt des zweiten Bandes der von Johann Mattheson 1722–25 in Hamburg herausgegebenen „Critica musica", einer Serie periodisch erscheinender Schriften zur Musikkritik

Nach Ansätzen in der Renaissance entfaltete sich die histor. M.wiss. in der Aufklärung als musikal. Universalgeschichte (Padre Martini, 1757–81; J. Hawkins, 1776; C. Burney, 1776–89; J. N. Forkel, 1788–1801). Im 19. Jh. nahmen u. a. F. J. Fétis und R. G. Kiesewetter die Fortschrittskonzeption zurück. Auch verlagerte sich das Schwergewicht auf Spezialforschung, wie den Bereich der kath. Kirchen-M., des ev. Kirchengesangs, der National- und Lokalforschung sowie der musikal. Komponistenbiographie. Die Stoffülle vermehrten Studien zur antiken und ma. M., zur Notations- und Instrumentenkunde sowie zur M.theorie. Im Rahmen einer geisteswiss. Konzeption wurde und wird M.geschichte nach verschiedenen Gesichtspunkten erforscht und dargestellt: als Problem- (H. Riemann), Gatt.- und Formen- (P. Bekker, H. Kretzschmar, H. Leichtentritt), Stil- (G. Adler) oder Geistesgeschichte (C. Sachs, E. Bücken). Bed. Sammelwerke gaben u. a. G. Adler (1924), E. Bücken (1927–34) und J. A. Westrup (1954 ff.) heraus; beachtl. lexikograph. Leistungen sind „Die M. in Geschichte und Gegenwart" (hg. von F. Blume, 1949–79), „Riemann M. Lexikon" (hg. von W. Gurlitt u. a., 12. Auflage 1959–75), „Handbuch der musikal. Terminologie" (hg. von H. H. Eggebrecht, seit 1971) und „The New Grove Dictionary of Music and Musicians" (hg. von S. Sadie, 1980). Neben umfangreicher Einzelforschung treten seit 1945 v. a. Gesamtausgaben von Komponisten und großangelegte Reihenwerke hervor (z. B. „Corpus Mensurabilis Musicae", seit 1947; „Corpus Scriptorum de Musica", seit 1950; „M.geschichte in Bildern", hg. von H. Besseler u. a., seit 1965) sowie die bibliograph. Erfassung der Bestände („Répertoire international des sources musicales", seit 1967) und der wiss. Literatur („Répertoire international de la littérature musicale", seit 1967). Anderseits

Musikalien

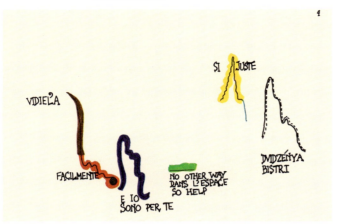

Musikalische Graphik. Seite aus „Volumina" für Orgel von György Ligeti, Fassung 1966

erweitert sich das Spektrum der Ansätze um Sozial- (G. Knepler), Struktur- (C. Dahlhaus) und Wirkungsgeschichte. Zu den von der Philologie herkommenden Methoden (Editionstechnik), den allg. historiograph., den ikonograph. und den Verfahren der Kontrapunkt-, Harmonie- und Formenlehre tritt ein vielfältiges Instrumentarium der Struktur-, Form-, Stil- und Inhaltsanalyse, das u. a. durch mathemat.-statist., musiksoziolog. und semiot. Analysen bereichert wird. Während traditionell die europ. Kunst-M. vom MA bis heute im Zentrum stand, wird nun auch Volks- und Populär-M. als Gegenstand der M.geschichte begriffen. — Stärker in Teildisziplinen gegliedert ist die systemat. M.wiss. Dazu zählt die musikal. Akustik (als Lehre von den Schallvorgängen ein Zweig der Physik), die Physiologie der Tonerzeugung und -wahrnehmung.

Die **Musikpsychologie** ging aus der musikal. Akustik und Psychophysik des 19. Jh. (H. von Helmholtz) hervor. Als Ton- oder Hörpsychologie untersuchte sie zunächst (C. Stumpf, 1883) v. a. elementare Erscheinungen wie Intervall, Konsonanz, Dissonanz, psychophys. Grundeigenschaften von Klängen. Unter dem Einfluß der Gestalt- und Ganzheitspsychologie wandte sie sich komplexeren Sachverhalten zu (absolutes Gehör, Musikalität, Typen der musikal. Wahrnehmung). Die behaviorist. Forschung in den USA seit den 1930er Jahren verfeinerte das Instrumentarium und untersuchte u. a. auch die emotionalen Wirkungen von Musik. Daran knüpft seit den 1960er Jahren beispielsweise H.-P. Reinecke an. Derzeit tritt ein sozialpsycholog. Ansatz in den Vordergrund, der (u. a. im Rahmen der M.pädagogik bei Musikalitätstests u. ä.) soziale Faktoren einbezieht.

Die **Musikästhetik** versucht, Normen und Kriterien musikal. Wertung, Qualität und Schönheit zu analysieren und zu systematisieren. Sie wurde innerhalb der Philosophie u. a. als Teil der Erkenntnistheorie (Kant) oder innerhalb einer umfassenden Kunstästhetik (Hegel, Schelling) behandelt. Stärker auf innermusikal.-kompositionstechn. Phänomene geht u. a. T. W. Adorno ein. Die M.philosophie dagegen zielt mehr darauf, „aus dem Geist der M." eine Philosophie zu entwerfen (Schopenhauer, Nietzsche, E. Bloch). Die Beziehungen zw. M. und Gesellschaft untersucht die **Musiksoziologie**, die systematisch wie historisch (musikal. Sozialgeschichte) gerichtet sein kann. Hauptsächlich untersucht sie die Schichtenzugehörigkeit, Arbeitsverhältnisse und Organisationsformen von Musikern und M.vermittlern (Kritiker, Agenten), Struktur und Funktion von Institutionen (z. B. Hof, Oper, Konzert, Salon, Massenmedien), soziale Zusammensetzung, Verhaltensweisen und Geschmack verschiedener Publika, Funktionen von M. in unterschiedl. Sozialgruppen, Epochen und Gesellschaftsformen.

Mit der M. nichteurop. Völker, und zwar sowohl der Naturvölker wie auch der Hochkulturen, befaßt sich die **Musikethnologie.** Obwohl damit primär Teilgebiet der M.wiss., hat sie enge Beziehungen u. a. zu Völkerkunde, Anthropologie, Soziologie, Religionswiss. und Linguistik. Dieser interdisziplinäre Charakter prägt bes. die moderne M.ethnologie, die M. als Teil der Gesamtkultur eines Volkes oder Stammes begreift, während sich die um 1900 begr. „vergleichende M.wiss." hauptsächlich auf das Studium isolierter Elemente, wie Tonsysteme, Rhythmen, Instrumentarium, beschränkte. Die heutige Forschung stützt sich neben den durch Feldarbeit gewonnenen allg. Daten auf Tonaufzeichnungen, die meist mit elektron. Apparaturen untersucht und über das Gehör in Noten übertragen werden; bei Hochkulturen werden auch Notation und theoret. Quellen erschlossen. Neben der jeweils traditionellen M. werden verstärkt auch histor. und aktuelle kulturelle Austauschprozesse (z. B. Akkulturation) erforscht. — In der *Religionsgeschichte* bildet M., oft in Verbindung mit dem Tanz, einen wichtigen Bestandteil religiös-ritueller wie auch mag. Handlungen. Dabei genießt der Rhythmus den Vorrang vor einer meist kurzen und oft wiederholten Melodie. Der Ton gilt als Kraftträger. Er soll Geister in seinen Bann zwingen, aber auch die Harmonie zw. den Menschen und der Gottheit bewirken sowie die Verehrung der Gottheit ausdrücken.

Musikalien [griech.-lat.], i. w. S. Bez. für Handschriften und Drucke von Musikwerken, heute v. a. für gedruckte Noten, die im M.handel vertrieben werden. Der **Musikalienhandel** vermittelt den Verkauf von Notendrucken, in den Musikgeschäften häufig verbunden mit dem Verkauf von Instrumenten und Tonträgern (z. B. ↑Schallplatten).

musikalische Graphik (graphische Notation), von herkömml. Notenschrift abweichendes Notationsverfahren für Musik, das keine eindeutige, auf Konvention und exakter Abmachung beruhende Interpretation der graph. Zeichen erlaubt. Der Spieler läßt sich von den graph. Zeichen inspirieren oder zu instrumentalen Aktionen anregen. Die m. G. wurde seit 1952 von E. Brown, J. Cage, S. Bussotti, A. Logothetis, G. Ligeti u. a. angewendet und wird v. a. in der Aleatorik angewendet.

Musikalität [griech.], musikal. Begabung, umfaßt allg. Fähigkeiten der Sinneswahrnehmung (Erkennen von Tonhöhen-, Tondauer- und Tonstärkeunterschieden), spezielle musikal. Fähigkeiten des Auffassens und Behaltens von Melodien, Rhythmen, Akkorden, Klangfarben usw. und schließlich Fähigkeiten der stilist. und ästhet. Bewertung von Musikwerken. Für die Musikausübung treten ergänzend produktive Fähigkeiten der musikal. Gestaltung sowie die Geschicklichkeit im Umgang mit einem Instrument hinzu.

Musikantenknochen, Knochenvorsprung am unteren Ende des Oberarmknochens, nach der Innenseite zu gelegen. Durch Stoß oder Druck kann der hinter dem M. oberflächlich liegende Ellennerv schmerzhaft gereizt werden.

Musikbibliotheken ↑Musik.

Musikbogen, primitives Musikinstrument aus der Gattung der ↑Zithern, bestehend aus einem elast., gebogenen Stab, der eine an beiden Enden befestigte Saite spannt, die mit einem Stäbchen geschlagen, gestrichen oder gezupft wird.

Musikdirektor (Director musices), Abk. MD, urspr. Titel des leitenden Musikbeauftragten einer Stadt (z. B. J. S. Bach in Leipzig). Seit dem 19. Jh. allg. verliehen an die Leiter musikal. Institutionen (Städt. M., Universitäts-, [ev.] Kirchen-M.). In größeren Städten erhält der M. vielfach den Titel **Generalmusikdirektor** (Abk. GMD).

Musikdrama, Bez. für ein musikal. Bühnenwerk, bei dem im Unterschied zur Oper Singstimme wie Orchester allein in den Dienst des Ausdrucks eines dem Wortdrama nachgebildeten Textes gestellt werden (v. a. auf die Werke R. Wagners angewendet).

Musiker [griech.], der Musikausübende, i. e. S. der Berufs-M. im Unterschied zum Laien-M. Nähere Kennzeichnungen erfolgen gemäß der spezif. Tätigkeit (Orchester-,

Musikbogen

Kammer-M.) und dem Ort der Bedienstung (Hof-, Stadt-, Kirchen-M.), dazu kamen seit dem Aufblühen des öff. Musiklebens im 18./19. Jh. die „freien" (d. h. nicht in einem festen Anstellungsverhältnis stehenden) M. – Als Berufsstand organisierten sich die M. (Spielleute) im MA in Bruderschaften und Zünften, um sich von den rechtlich ungeschützten Fahrenden und umherziehenden Gauklern abzuheben.

Musikerverbände, Berufsorganisationen, die sich um die soziale Sicherung der Musiker bemühen und standesrechtl., musikal.-künstler. und kulturpolit. Aufgaben und Ziele verfolgen; sie sind i. d. R. eingetragene Vereine und damit rechtsfähig. Neben zahlr. speziellen Interessenverbänden in Deutschland sind dies vor allem der „Verband Dt. Schulmusikerzieher e. V." (seit 1949; Sitz: Mainz), die „Dt. Orchestervereinigung e. V. in der DAG" (seit 1952; Sitz: Hamburg) und der „Verband Dt. Musikerzieher und konzertierender Künstler e. V." (seit 1964; Sitz München), Nachfolgeorganisation des 1844 gegr. „Berliner Tonkünstlervereins".

Musikerziehung, svw. ↑Musikpädagogik.

Musikethnologie (Ethnomusikologie, musikal. Völkerkunde) ↑Musik.

Musikgeschichte ↑Musik.

Musikhochschule, staatl. Lehrinst. für die musikal. Berufsausbildung mit hauptsächlich folgenden Berufszielen: a) Orchestermusiker, Instrumentalsolist, Dirigent, Komponist, Opern- und Konzertsänger, Tänzer; b) freiberufl. Musiklehrer und Lehrer an Musikschulen; c) Schulmusiker, Kirchenmusiker. – Eingangsvoraussetzung ist in jedem Fall eine bestandene Aufnahmeprüfung, ferner ein Hauptschulabschluß oder Realschulabschluß (Sekundarstufe I) oder das Abitur. Die Studienabschlüsse sind zu a) hochschulinterne, zu b) hochschulinterne oder staatl., zu c) ausschließlich staatl. Prüfungen. – Die erste so ben. M. war die 1868 gegr. Königl. Hochschule für Musik in Berlin. Heute gibt es in Deutschland 21 M., die nach und nach aus Konservatorien, Akademien u. ä. hervorgingen, und zwar in Berlin, Detmold (mit Dortmund und Münster), Dresden, Düsseldorf, Essen (mit Duisburg), Frankfurt am Main, Freiburg im Breisgau, Hamburg, Hannover, Heidelberg-Mannheim, Karlsruhe, Köln (mit Aachen und Wuppertal), Leipzig, Lübeck, München, Saarbrücken, Stuttgart, Trossingen, Weimar und Würzburg.

Musikinstrumente, Geräte zum Hervorbringen musikalisch verwertbaren Schalls (Töne, Klänge, Geräusche). Sie werden in der Instrumentenkunde gegliedert in Idiophone, Membranophone, Chordophone, Aerophone und Elektrophone, in der musikal. Praxis ungenau in ↑Saiteninstrumente, ↑Blasinstrumente und ↑Schlaginstrumente.

Die lückenhafte Überlieferung durch Funde erlaubt es nicht, die Entstehung der M. im einzelnen zu datieren. Nach der (nicht mehr vorbehaltlos anerkannten) Theorie von C. Sachs besteht diese Reihenfolge: In prähistor. Zeit entstanden Schlagidiophone, in der Altsteinzeit Schraper und Knochenpfeife, in der Jungsteinzeit Grifflochflöte, einfellige Trommel, Panflöte, Musikbogen, Xylophon, Maultrommel und Rohrblattpfeife, in der Metallzeit Zither und Glocke. Erst in der Jungsteinzeit verfügte die M. über wechselnde Tonhöhen. – Rekonstruierbare Funde, Abbildungen und schriftl. Zeugnisse lassen für das 3. Jt. v. Chr. in Mesopotamien den Schluß auf den Gebrauch von Harfe, Leier und zweifelliger Trommel zu. Ein Jt. später sind in Ägypten Laute, Becken, Trompete und Doppelrohrblattpfeife bezeugt. Das griech. Instrumentarium im 1. Jt. v. Chr. ist aus dem Vorderen Orient übernommen und brachte an Neuerungen Sackpfeife, Kastagnetten und Hydraulis. Wahrscheinlich über die Etrusker und Kelten gelangten Harfen, Leiern und Hörner ins ma. Europa; aus dem Orient kamen weitere für die Folgezeit wichtige Instrumente wie Orgel, Psalterium, Fidel, Rebec, Laute, Schalmei und Trompete. Eine bed. Neuerung des MA war die Einführung von Tasten bei Saiteninstrumenten (Monochord, Psalterium), wodurch spätestens im 14. Jh. die Vorformen von Klavichord und Cembalo entstanden. In der Renaissance wurde das Instrumentarium stark ausgeweitet; der Tonraum erweiterte sich um 2 Oktaven nach unten, es entstanden viele Instrumentenfamilien (d. h. Bau des gleichen Instruments in Diskant-, Alt-, Tenor- und Baßlage). Neue Typen wurden entwickelt, bes. bei den Blasinstrumenten (z. B. Rackett, Sordun, Rausch- und Schreierpfeife, Dulzian, Krummhorn, Pommer, Zink). Aus Fidel und Rebec wurden die drei Gruppen der Streichinstrumente, die Liren, Violen und die Violinfamilie. Das 16. Jh. unterschied die akkordfähigen „Fundament"-Instrumente wie Orgel, Cembalo und Laute von den in der Regel einstimmigen Ornamentinstrumenten. Im 17./18. Jh. bildete sich das Orchester mit dem Streicherchor als Kern aus. Bedeutsam waren im 18. Jh. die Entwicklung des Hammerklaviers und die Einführung der temperierten Stimmung. Im 19. Jh. wurden viele M. verbessert (z. B. Einführung der ausgereiften Klappenmechanik bei Flöten und Rohrblattinstrumenten, von Ventilen bei Blechblasinstrumenten, der Repetitionsmechanik beim Klavier); daneben entstanden neue Instrumente wie Saxophon, Harmonium, Mund- und Handharmonika. Neue Klangmöglichkeiten erschlossen im 20. Jh. die Elektrophone.

Musikkritik ↑Musik.

Musiklehre (allgemeine M.), Bez. für die musikal. Elementarlehre, in der die Grundbegriffe der Akustik, Notation, Melodie, Harmonik, Formen u. ä. behandelt werden.

Musikleistung ↑Verstärker.

Musikpädagogik, Wiss. von der Erziehung im Bereich der Musik; Sammeldisziplin, die einerseits theoret. Ergebnisse u. a. der allg. Pädagogik, der Jugend- und Entwicklungspsychologie, der Musikwiss. und der Musiksoziologie aufgreift, andererseits prakt. Kenntnisse in der Musikübung und Musikpflege sowie Erfahrung in der Musikerziehung verlangt. Die Geschichte der M. reicht in die antiken Hochkulturen zurück und hat v. a. von Griechenland (Platon) wesentl. Impulse empfangen. Viele Denker und Praktiker des MA und der Neuzeit haben musikpädagog. Fragestellungen erörtert. Im 19. Jh. rückte sowohl die fachlich künstler. wie die allg. humane und sozialpädagog. Komponente der M. immer stärker in den Vordergrund, basierend auf den Ideen Rousseaus, Goethes, Pestalozzis u. a. Das Schwergewicht der M. im 20. Jh. liegt im Bereich der Schulmusik. Zentrale Gedanken im Sinne der mus. Erziehung gingen von der ↑Jugendmusikbewegung aus (F. Jöde), wurden jedoch nach 1950 von T. W. Adorno scharf kritisiert und mit der Besinnung auf die gesellschaftl. Bedingtheit und krit. Funktion des Kunstwerks konfrontiert. Heute finden sich in der M. eine Vielzahl von Richtungen, die sich um Leitvorstellungen wie Kreativität, Chancengleichheit, krit. Wahrnehmungserziehung u. a. gruppieren lassen und die insgesamt den Erfordernissen einer akustisch überladenen Umwelt und der Pluralität heutiger musikal. Produktion in U- und E-Musik Rechnung zu tragen suchen.

Musikpsychologie ↑Musik.

Musikschulen, städt. oder private Institutionen für die musikal. Laienausbildung (v. a. von Jugendlichen) und mittlere Berufsausbildung (z. B. von freiberufl. Musiklehrern, Chorleitern). – ↑Musikhochschulen.

Musiksoziologie ↑Musik.

Musiktheater, in Deutschland im 20. Jh aufgekommene Bez. für die über die Gattungsbez. Oper hinausgehenden Verbindungen von gesprochenem und gesungenem Wort, Szene (Spiel, Tanz) und Musik seit 1918. Von der Gattung her umfaßt der Begriff M. Opern wie A. Bergs „Wozzek" (1925), auf Gesang verzichtendes ep. Theater wie I. Strawinskys „Geschichte vom Soldaten" (1918), Verbindungen von Oper und Oratorium wie Strawinskys „Oedipus rex" (szen. Uraufführung 1928) und D. Milhauds „Christophe Colomb" (1930) oder Oper und Ballett wie H. W. Henzes „Boulevard Solitude" (1952). Neben zeitbezogenen Werken, z. B. E. Kreneks „Jonny spielt auf" (1927), P. Hindemiths „Neues vom Tage" (1929), B. Brechts und K. Weills „Die Dreigroschenoper" (1928) sowie „Aufstieg und Fall der Stadt Mahagonny" (1930), stehen u. a. Versuche mit Kurzopern (Milhaud) oder Werke, in denen instrumentale Formen vorherrschen (z. B.

Musiktheorie

Robert Musil

Muskatfink

Muskatnußbaum. Echter Muskatnußbaum. Oben: fruchtender Zweig. Mitte: blühender Zweig. Unten: angeschnittene Muskatnuß

F. Busoni, „Doktor Faust", 1916–24). Nach 1945 wandten sich viele Komponisten (Britten, Henze, Menotti, Strawinsky) wieder der Oper zu, freilich unter Anwendung der musikal. wie dramaturg. Mittel des M. der ersten Jahrzehnte des Jahrhunderts. Das Fehlen geeigneter Libretti ließ eine Reihe von Komponisten wieder auf Dramen der großen Literatur zurückgreifen (Literaturoper): G. von Einem „Dantons Tod" (1947, nach G. Büchner), W. Egk „Der Revisor" (1957, nach N. Gogol), Henze „Der Prinz von Homburg" (1960, nach H. von Kleist), W. Fortner „Die Bluthochzeit" (1957, nach F. García Lorca). Das avantgardist. Theater der 60er und 70er Jahre deutete die Idee des Gesamtkunstwerks zum Entwurf eines „totalen Theaters" um (J. Cage, P. Schat, D. Schönbach). Zum „musikal. Theater" werden Stücke gezählt, bei denen die affektiven und gest. Momente klangl. und stimml. Aktionen visualisiert (G. Ligeti, D. Schnebel) oder strukturelle Gegebenheiten der Musik auf szen. Aktionen übertragen werden (K. Stockhausen, „Inori", 1974; „Harlekin", 1975). Seit den späten 70er Jahren sind erneut Tendenzen einer Rückwendung zur literarisch gebundenen Opernform zu beobachten, z.B. bei Ligeti („Le grand macabre", 1978, nach M. de Ghelderode), W. Rihm („Jakob Lenz", 1979, nach Büchner), F. Cerha („Baal", 1981, nach Brecht), W. Haupt („Marat", 1984, nach P. Weiss), H.J. von Bose („Die Leiden des jungen Werther", 1986, nach Goethe), K. Penderecki („Die schwarze Maske", 1986, nach G. Hauptmann) und D. Müller-Siemens („Die Menschen", 1990, nach W. Hasenclever). Eigenwillige Konzeptionen verfolgen weiterhin M. Kagel („Die Erschöpfung der Welt", 1980), Stockhausen (siebenteiliger Zyklus „Licht", 1981 ff.) und Cage („Europeras 1 & 2", 1987). Dem Pluralismus der angewendeten Kompositionstechniken entspricht die Mannigfaltigkeit der verarbeiteten Stoffe: Das Spektrum reicht von der Heiligenlegende (C. Messiaen, „Saint François d'Assise", 1983) und Bibelhistorie (V.D. Kirchner, „Belshazar", 1986) über Antikendrama (A. Reimann, „Troades", 1986; Rihm, „Oedipus", 1987), Tierparabel (Henze, „Die engl. Katze", 1983) und Science-fiction (P. Glass, „Planet 8", 1988) bis zum psychologisierenden Zeitstück (Rihm, „Die Hamletmaschine", 1987; Henze, „Das verratene Meer", 1990).

Musiktheorie ↑ Musik.

Musiktherapie, Methode der angewandten Psychologie, die darin besteht, die Einwirkung von Musik und ihren Elementen (Ton, Harmonik, Rhythmus) auf die Psyche als (spannungslösende und kontaktbildende) Heilmaßnahme einzusetzen.

Musikwissenschaft ↑ Musik.

Musikzeitschriften ↑ Musik.

Musil, Robert, *Klagenfurt 6. Nov. 1880, †Genf 15. April 1942, östr. Schriftsteller. – Studierte Ingenieurwiss., Psychologie und Philosophie in Berlin; 1914 Redakteur der „Neuen Rundschau"; im 1. Weltkrieg Offizier; 1921–22 im östr. Staatsdienst; lebte bis 1933 in Berlin, bis 1938 in Wien, emigrierte dann in die Schweiz. Sein Werk, das während des NS verboten war, umfaßt mehrere Novellen, den Pubertätsroman „Die Verwirrungen des Zöglings Törleß" (1906), der seinen Ruf als psychologisch exakt analysierender Erzähler begründete, und den fragmentar. Roman „Der Mann ohne Eigenschaften" (entstanden 1930–42): Schauplatz der Handlung ist hauptsächlich Wien, Zeit des Geschehens die Wende der Jahre 1913/14; Österreich wird dabei zum Spiegel für alle geistigen und kulturellen Strömungen dieser Zeit und der modernen Lebens. M. schrieb ferner Essays („Der dt. Mensch als Symptom", hg. 1967), ein Drama („Die Schwärmer", 1921), eine Komödie („Vinzenz und die Freundin bed. Männer", 1924) und gab einen „Nachlaß zu Lebzeiten" (1936) heraus; auch zahlr. Reden (u.a. „Über die Dummheit", 1937).

Musique concrète [frz. myzikkõ'krɛt] ↑ konkrete Musik.

musisch [griech.], 1. die schönen Künste betreffend; 2. künstlerisch begabt, den Künsten gegenüber offen.

musische Erziehung, die planvolle Entfaltung der schöpfer. Kräfte und der künstler. Ausdrucksfähigkeiten von Kindern und Jugendlichen. M.E. ist um die Jh.wende in der dt. Jugendbewegung als Reformprogramm gegen den vorherrschenden Intellektualismus der herkömml. Schulbildung entwickelt worden.

Musivgold [griech.-lat./dt.], aus Zinndisulfid bestehendes, goldglänzendes Pulver, das früher in der Malerei und zum Bronzieren verwendet wurde.

musivisch [lat., zu griech. moûsa „Muse, Kunst"], eingelegt; m. Arbeiten sind Einlegearbeiten aus Steinen oder Glasstücken (↑ Mosaik) oder zurechtgeschnittenen und eingefaßten Glasscherben (m. Glasmalerei).

Muskarin (Muscarin) [lat., nach dem Fliegenpilz Amanita muscaria], sehr giftiges Alkaloid des Fliegenpilzes, das auf die Rezeptoren des parasympath. Nervensystems einwirkt.

Muskat [zu mittellat. (nux) muscata, eigtl. „nach Moschus duftende (Nuß)"], Bez. für: 1. aus der geriebenen Muskatnuß gewonnenes Gewürz (↑ Gewürze [Übersicht]); 2. ↑ Muskatweine.

Muskatblüten, fälschl. Bez. für Mazis (↑ Muskatnußbaum).

Muskateller [italien., zu Muskat], svw. ↑ Muskatweine.

Muskatfink (Muskatvogel, Lonchura punctulata), bis 12 cm (einschl. Schwanz) langer ↑ Prachtfink in S-Asien; ♂ und ♀ oberseits rotbraun, unterseits weißlich.

Muskatnußbaum (Myristica), Gatt. der Muskatnußgewächse (Myristicaceae) mit rd. 100 Arten, v.a. auf den Molukken. Die wirtsch. bedeutendste Art ist der **Echte Muskatnußbaum** (Myristica fragans), ein in den Tropen kultivierter, immergrüner, bis 15 m hoher Baum mit ganzrandigen, wechselständigen Blättern und zweihäusigen, kleinen Blüten. Die Frucht ist eine fleischige Kapsel mit nur einem von der Mazis (Samenmantel) umhüllten Samen, der **Muskatnuß.** Diese wird getrocknet und gegen Insektenfraß in Kalkmilch getaucht. Verwendung als Gewürz.

Muskatweine (Muskat, Muskateller), Weine aus einer der ältesten Rebsorten (Tafel- und Keltertraube) mit zahlr. Varianten (Mutationen, Kreuzungen), die v.a. in den Mittelmeerländern sowie in Österreich, im Elsaß, in der Pfalz, in Baden und Württemberg angebaut wird. M. haben eine

Musiktheater. Programmzettel zur Uraufführung von Alban Bergs „Wozzeck", 1925

Muskeln

harmon. Säure und feines Muskataroma; sie werden auch zum Verschnitt und als Grundweine verwendet. Der Morio-Muskat ist nicht verwandt.

Muskeladenylsäure [dt./griech./dt.] (Adenosin-5'-monophosphorsäure), ein v.a. in Muskeln enthaltenes, aber auch in Gehirn, Niere und Milz (sowie in Hefen) vorkommendes Adenosinphosphat, aus dem der Organismus Adenosindiphosphat synthetisieren kann; therapeutisch zur Durchblutungsförderung (bes. der Herzkranzgefäße) angewandt. – ↑Adenosinphosphate.

Muskelatrophie, Muskelschwund infolge Untätigkeit oder Ruhigstellung durch Gipsverbände (*Inaktivitätsatrophie*); reversibel durch Übung der Muskulatur; ferner durch Erkrankung des Muskels (Entzündung u.a.), bei allg. Kachexie oder infolge einer Störung im Bereich der peripheren motor. Nervenzellen (*neurale M.*).

Muskelentzündung (Myositis), akute oder chron.-entzündl. Erkrankung des interstitiellen Bindegewebes eines Muskels oder einer Muskelgruppe.

Muskelgewebe, aus kontraktilen Zellen (Muskelzellen) und Bindegewebe aufgebautes Gewebe bei vielzelligen Tieren und beim Menschen.

Muskelhärte (Myogelose, Hartspann), schmerzhafte und tastbare Verhärtung in Skelettmuskeln; Folgeerscheinung unzureichender oder einseitiger stat. Beanspruchung der Muskulatur. Ursachen sind nervale Fehlsteuerung, örtl. Durchblutungs- und Stoffwechselstörungen.

Muskelkater, Bewegungsschmerz der Skelettmuskulatur nach starker, vorwiegend ungewohnter Beanspruchung; tritt ein bis zwei Tage nach Belastung auf und bildet sich in wenigen Tagen von selbst zurück. Aktive Muskelbelastung beschleunigt die Rückbildung. Ursache des M. ist eine Stoffwechselstörung in der Muskelzelle.

Muskelkontraktion ↑Muskeln.

Muskelkrampf (Myospasmus), wahrscheinlich durch Überdehnung entsprechender Muskelgebiete verursachte schmerzhafte Kontraktion oder Teilkontraktion überbeanspruchter, ermüdeter Muskeln; bekannt v.a. als Wadenkrampf, u.a. bei Durchblutungsstörungen (z.B. bei Krampfadern) oder als Folge von Wasserverlusten, z.B. nach anstrengenden Märschen.

Muskellähmung (Myoparese, Myoplegie, Myoparalyse), Funktionsausfall eines Muskels oder von Muskelgruppen infolge Störungen der motor. Innervation oder des Muskelstoffwechsels.

Muskelmagen, der starkwandige, muskulöse Magen verschiedener Tiere, durch dessen Muskelkontraktionen, oft in Verbindung mit aufgenommenen Sandkörnern (z.B. bei Regenwürmern), kleinen Steinchen (als Mahlsteine; v.a. bei körnerfressenden Vögeln) oder bes. Bildungen der Mageninnenwand (und damit zum *Kaumagen* überleitend), die Nahrung bes. intensiv durchgeknetet und auch zerkleinert wird.

Muskeln (Musculi, Einz. Musculus) [lat., eigtl. „Mäuschen"], aus Muskelgewebe bestehende Organe, die sich kontrahieren (d.h. chem. Energie in mechan. [Arbeit] umwandeln) können. Sie dienen der Fortbewegung sowie der Gestaltveränderung und der Bewegung von Gliedmaßen und Organen. Der einzelne M. wird an seiner Oberfläche von einer schützenden, an den Bewegungen des M. nicht beteiligten Muskelbinde (Faszie) begrenzt. Nach ihrer Form unterscheidet man längl. M., runde M. und breite, flächenhafte M. Die Gesamtheit der M. eines Organismus bezeichnet man als **Muskulatur.** Nach ihren funktionellen Einheiten, den Muskelzellen bzw. -fasern unterscheidet man glatte M., quergestreifte M. und den Herzmuskel.

Glatte Muskeln: Die nicht dem Willen unterworfenen glatten M. bestehen aus langgestreckten, spindelförmigen, räuml.-netzförmig angeordneten, locker gebündelten oder in Schichten gepackt liegenden Muskelzellen, die beim Menschen etwa 15–200 μm lang und 4–7 μm breit sind und einen stäbchenförmigen Zellkern besitzen. Parallel zur Längsachse verlaufen uneinheitlich angeordnete, dünne, homogen erscheinende, optisch doppelbrechende Muskelfibrillen (Myofibrillen) aus je einem etwa 5 nm dicken Aktin- und Myosinfilament, die einander spiralig umwinden. Glatte M. arbeiten meist langsam und können die Kontraktion ohne großen Energieverbrauch oft längere Zeit aufrechterhalten (z.B. Schließ-M. der Muscheln). Vorkommen v.a. im Darm- und Urogenitalsystem, in den Luftwegen, Blut- und Lymphgefäßen, im Auge und in der Haut.

Quergestreifte Muskeln: Grundelemente der willkürlichen quergestreiften M. (Ausnahme Herz-M.), der Skelett-M., sind immer die quergestreiften Muskelfasern. Sie sind zylindrisch geformt, mehr- bis vielkernig, etwa 9–100 μm dick und etwa 2–30 cm lang (beim Menschen bis etwa 12 cm). Die Zellkerne liegen in den Fasern am Rand, die Mitochondrien liegen verstreut. Das Plasma (*Sarkoplasma*) der Fasern ist von Muskelfibrillen erfüllt, die in gleiche, einander entsprechende Struktureinheiten, die *Sarkomeren*, gegliedert sind. Diese sind Bündel aus streng geordneten, unterschiedlich langen, miteinander verzahnten, etwa 10 μm dicken Myosin- und Aktinfilamenten. Die dickeren Myosinfilamente setzen in der Mitte des Sarkomers am sog. M-Streifen an, die dünneren Aktinfilamente an den Z-Streifen. Wegen unterschiedl. opt. Eigenschaften (Doppelbrechung), die die Muskelfibrille (und auch die ganze Muskelfaser) quergestreift erscheinen lassen, wird der einfachbrechende (isotrope) Bereich der Aktinfilamente als *I-Band*, der doppelbrechende (anisotrope) Bereich der Myosinfilamente als *A-Band* bezeichnet. Bei der Verkürzung der Muskelfasern verschieben sich die Aktin- und Myosinfilamente teleskopartig ineinander. Quergestreifte M. arbeiten sehr rasch und sind äußerst leistungsfähig. Eine Sonderform der quergestreiften M. stellt der nicht dem Willen unterworfene **Herzmuskel** dar. Seine Muskelfasern sind dünner und geben in spitzem Winkel Verbindungsfasern zueinander ab, so daß ein Netzwerk entsteht. Die Kerne liegen zentral. Jede Herzmuskelfaser besteht aus hintereinandergeschalteten Herzmuskelzellen, die durch stark gefältelte „Glanzstreifen" (Kittlinien, Disci intercalares) gegeneinander abgegrenzt sind.

Die **Muskelkontraktion** ist die Fähigkeit der M., sich aktiv mit abstufbarer Intensität zu verkürzen (zu kontrahieren) oder, falls ein entsprechender Widerstand der Verkürzung ganz oder teilweise verhindert, eine mechan. Spannung zu entwickeln. Der mechan. Grundvorgang der Muskelkontraktion besteht darin, daß Adenosintriphosphat (ATP)

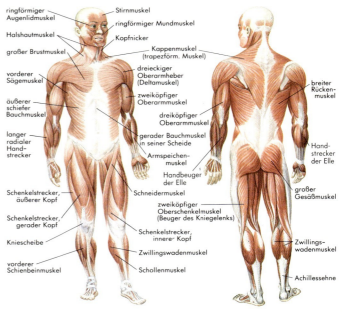

Muskeln. Oberflächliche Skelettmuskulatur des Menschen

Muskelrelaxanzien

seine Energie an bestimmte fadenförmige Eiweißstoffe (die kontraktilen Proteine Aktin und Myosin) abgibt, die sich mit Hilfe kurzlebiger Haftbrücken ineinanderschieben. Die Kontraktion von Skelett-M. wird durch elektr. Erregungen (Aktionspotentiale) ausgelöst, die über die zuführenden motor. Nervenfasern kommen. Zw. Nervenfasern und Muskelfasern ist die *motor. Endplatte* als spezialisierte Übertragerstelle (Synapse) eingebaut. Die Übertragung der Erregung zw. Nerven- und Muskelfaser geschieht durch den Übertragerstoff (Transmitter) Acetylcholin. Dieses erzeugt im Bereich der subsynapt. Membran der Muskelfaser ein stehendes Potential (das sog. Endplattenpotential), das auf der Muskelfasermembran ein neues Aktionspotential entstehen läßt. Das neue (muskeleigene) Aktionspotential läuft als elektr. Signal die Muskelfaser entlang und löst in ihr schließlich auf indirektem Weg den Kontraktionsvorgang aus.

M. können sich nur zusammenziehen, nicht jedoch selbständig aktiv dehnen. Die der Kontraktion entgegengesetzte Bewegung erfolgt deshalb durch einen als Gegenspieler fungierenden anderen Muskel (z. B. Beuger und Strecker des Oberarms), durch elast. Bänder oder durch Flüssigkeiten (bei den Blutgefäßen).

Muskelrelaxanzien (Relaxanzien, Myorelaxanzien) [lat.], Stoffe, die eine Erschlaffung, bei höherer Dosierung eine vollständige Lähmung der Skelettmuskulatur hervorrufen. Die *peripher wirkenden M.* greifen an der motor. ↑ Endplatte an, wo sie die Erregungsübertragung blockieren (z. B. Kurare). Die *zentral wirkenden M.* führen über eine Einwirkung an Gehirn und Rückenmark zu einer Verminderung der Muskelspannung. Peripher wirkende M. werden v. a. in der Anästhesie zur Erzielung einer Muskelerschlaffung und zur Linderung von Krampfzuständen (z. B. bei Vergiftungen), die zentral wirkenden u. a. zur Behandlung von schmerzhaften Verspannungen der Skelettmuskulatur angewendet.

Muskelriß (Muskelruptur), durch äußere Gewalteinwirkung oder zu starke Kontraktion bedingte Zerreißung von Muskelbezirken mit plötzl. Schmerzen und Ausfall der betreffenden Muskelfunktion.

Muskelschwäche ↑ Myasthenie.

Muskelschwund ↑ Muskelatrophie.

Muskelsegmente, svw. ↑ Myomeren.

Muskeltonus, die Grundspannung eines nicht willkürlich innervierten Muskels. Man unterscheidet den *kontraktilen M.,* bei dem auf Grund der Spontanerregung der Muskelfaser eine energieverbrauchende Kontraktion abläuft (z. B. bei der Grund- oder Ruhespannung der Skelettmuskeln), und den *plast. M.* oder *Sperrtonus,* der mit einer Umordnung der kontraktilen Muskeleiweiße einhergeht und kaum Energie benötigt.

Muskelzerrung, durch ruckartige Überdehnung eines Muskels entstehende Schädigung einzelner Muskelfasern; Behandlung durch feuchte Verbände und heparinhaltige Salben.

Muskete [lat.-roman.], alte Handfeuerwaffe mit Gabelstütze; zunächst mit Luntenzündung, später auch mit Rad- und Steinschloß (↑ Gewehr); ab etwa Mitte des 16. Jh. Waffe der Musketiere.

Musketier [lat.-roman.], urspr. mit der Muskete ausgerüsteter Soldat; bis zum Ende des 1. Weltkriegs (neben Grenadier und Füsilier) v. a. Bez. für den einfachen Soldaten bei den Infanterieregimentern.

Musketon [...'tō:; lat.-roman.] (frz. mousqueton) alte Handfeuerwaffe, die mehrere Kugeln zugleich verschoß (trichterförmige Laufmündung); heute auch Bez. für den frz. Karabiner.

Muskogee [engl. mʌs'koʊgɪ], i. w. S. Bez. für eine indian. Sprachfamilie im SO der USA, i. e. S. ein zu den Creek gehörender Stamm.

Muskovit [zu nlat. Muscovia „Rußland"] (Kali-Tonerdeglimmer), Mineral von Perlmutterglanz, farblos-durchscheinend, auch gelblich, grünlich oder rötlich. Meist blätterige, schuppige oder dichte Aggregate. Chem. Zusammensetzung $KAl_2[(OH)_2|AlSi_3O_{10}]$. Mohshärte 2–2,5;

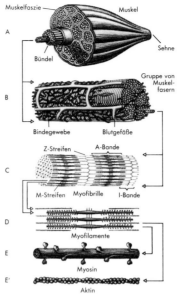

Muskeln. Aufbau eines quergestreiften Muskels: A Querschnitt eines kompletten Muskels; B Muskelfaserbündel; C Myofibrille; D Verband kontraktiler Myofilamente; E Myosinfilament, E' Aktinfilament

Dichte 2,78–2,88 g/cm³. Neben und zusammen mit Biotit der häufigste ↑ Glimmer. Vorkommen vor allem in Gneisen, Glimmerschiefern, Graniten, auch Sandsteinen und Sanden.

Muskulatur [lat.] ↑ Muskeln.

muskulös [lat.], mit starken Muskeln versehen, sehr kräftig.

Muslim [arab. „der sich Gott unterwirft"] (Moslem, veraltet Muselmann), Bekenner der Religion des Islams; nach der Lehre des Korans sind die M. „die Gläubigen", alle Nicht-M. sind „Ungläubige" (Kafir).

Muslimbruderschaft (Moslembruderschaft), islam. Erneuerungsbewegung und polit.-religiöse Organisation, gegr. 1928 in Ismailijja mit dem Ziel, die traditionellen Ordnungsvorstellungen des Islams in Staat und Gesellschaft durchzusetzen und den westl. Einfluß zurückzudrängen. Trat bis 1936 v. a. durch religiöse und soziale Aktivitäten hervor; wurde mit einem uneingeschränkten Eintreten für die Muslime Palästinas nach 1945 zur führenden panislam. und panarab. Bewegung in Ägypten. Ihre extremen gesellschaftspolit. Forderungen führten zum Verbot im Jan. 1954. Nach einem Attentatsversuch auf Nasser 1954 wurden zahlr. Mgl. der M. hingerichtet, die M. endgültig aufgelöst und in fast allen arab. Ländern verboten.

Muslim-Liga (Moslem-Liga), 1906 in Dhaka gegr. polit. Organisation ind. Muslime; forderte, v. a. unter der Führung von M. A. Dschinnah, für die muslim. Minderheit Beteiligung an den nach Mehrheitswahlrecht gebildeten polit. Körperschaften in den ind. Prov., einen autonomen muslim. Bundesstaat, seit 1940 die Teilung Indiens (Pakistan-Resolution); wurde nach der Gründung Pakistans dort Staatspartei. Von ihr trennte sich 1954 in Ost-Pakistan die Awami-Liga, die 1955 einen Wahlsieg über die M.-L. errang. 1965 wurde die M.-L. stärkste Partei in Pakistan, wo ihr Einfluß nach mehreren Abspaltungen und der Wahlniederlage von 1970 stark zurückging; schloß sich 1988 mit anderen oppositionellen Parteien zum Wahlbündnis „Islam. Demokrat. Allianz" zus., das die Parlamentswahlen 1990 gewann.

Musoma, Regionshauptstadt in N-Tansania, am O-Ufer des Victoriasees, 33 000 E. Kath. Bischofssitz; Handelszentrum eines Agrargebiets; Hafen, ✈.

Muspelheim, in der nordgerman. Mythologie ein südl. Feuerland, wo der Gott Surt mit flammendem Schwert herrscht.

Muspilli, wohl im 9. Jh. im bair. Sprachraum entstandenes, als Fragment (103 Zeilen, Anfang und Ende fehlen) erhaltenes geistl. Gedicht vom Weltuntergang, geprägt durch starke Ausdruckskraft und Bilderreichtum; zeigt noch german. Stabreimform, aber auch einzelne Endreime. Dargestellt sind das Schicksal der Seele nach dem Tod, der Weltuntergang und das Jüngste Gericht.

Mussala, mit 2 925 m höchster Berg der Rila, Bulgariens und der Balkanhalbinsel.

Muße, das tätige Nichtstun; spezif. Form schöpfer. Verwendung von Freizeit; Möglichkeit und zugleich Grundbedingung der Selbstfindung, der (kreativen) Selbstverwirklichung wie auch der Partizipation und Verwirklichung von Kultur und Kunst. Mit der Neubestimmung des [Wertungs]verhältnisses von Arbeit und einer wertorientierten, nicht nur formal bestimmten M. ist in modernen Ind.gesellschaften grundsätzlich die Verhinderung neuer Abhängigkeiten in Gesellschafts- und Konsumzwängen, von Streß und darüber hinaus die Ausweitung menschl. Freiheit für fast alle Mitglieder der Gesellschaft möglich.

Musselin [italien.-frz., nach der Stadt Mosul (Mossul)], leinwandbindiger Kleiderstoff aus weichgedrehten, feinen Garnen.

Mussert, Anton Adriaan [niederl. ˈmysərt], *Werkendam (Prov. Nordbrabant) 11. Mai 1894, †Den Haag 7. Mai 1946, niederl. Politiker. – Ingenieur; gründete 1931 die „Nationaal-Socialistische Beweging" (NSB), schloß sich 1940 dem dt. NS an; 1942 zum „Leiter des niederl. Volkes" ernannt; 1945 verhaftet, wegen Landes-, Hochverrats und Kollaboration zum Tode verurteilt.

Musset, Alfred de [frz. myˈsɛ], *Paris 11. Dez. 1810, †ebd. 2. Mai 1857, frz. Dichter. – Einer der bedeutendsten Vertreter der frz. Romantik. Stammt aus adliger Familie und wurde mit 18 Jahren Mgl. des von V. Hugo gegr. romant. „Cénacle" (bis 1831). Sein emotionaler Protest gegen die Bürgerlichkeit verharrte schon in resignativem Weltschmerz (mal du siècle); 1833–35 unglückl. Liebesverhältnis mit George Sand, das sich bes. in seinen lyr. Dichtungen niederschlug, z. B. „Beichte eines Kindes seiner Zeit" (R., 1836). 1852 Mgl. der Académie française. Den nihilist. Grundzug seines Werks verbergen Sarkasmus und Frivolität. Neben Gedichten („Die Nächte", 1835–37), Verserzählungen und psycholog. Novellen („Die Geschichte einer weißen Amsel", 1842; „Mimi Pinson", 1846) schrieb M. eine Reihe geistvoller Gesellschaftsstücke, u. a. „Die launische Marianne" (Kom., 1833), „Spielt nicht mit der Liebe!" (Dr., 1834).

Mußkaufmann ↑Kaufmann.

Mussolini, Benito, *Predappio bei Forlì 29. Juli 1883, †Giulino di Mezzegra bei Como 28. April 1945 (erschossen), italien. Politiker. – In der Jugend geprägt durch die antiklerikalen und sozialist. Traditionen seines Elternhauses (Vater: Schmied und Lokalpolitiker, Mutter: Volksschullehrerin); 1900 Beitritt zur Sozialist. Partei (PSI), 1901 Volksschullehrer; entwickelte, stärker beeinflußt durch Nietzsche, Pareto und Sorel als durch Marx, einen voluntaristisch geprägten Sozialismus. Leitete 1909–12 die Wochenzeitung „Lotta di Classe" in Forlì und schuf sich als Prov.sekretär der PSI eine eigene Machtbasis; auf dem Parteitag 1912 maßgeblich am Sturz der Führung beteiligt; 1912 Chefredakteur des Parteiorgans „Avanti!", dessen Auflage in zwei Jahren von 20 000 auf 100 000 stieg. Nach Kriegsausbruch 1914 wegen seines revolutionären Aktionismus und seines Votums für den Kriegseintritt Italiens Ausschluß aus der PSI und Gründung seiner Zeitung „Il Popolo d'Italia" (mit Hilfe von Geldern aus der Schwerind.), in der M. nationalist.-sozialrevolutionäre Propaganda mit annexionist. Ambitionen verband. Am 23. März 1919 gründete M. die „Fasci di combattimento", die, im Nov. 1921 zum Partito Nazionale Fascista (PNF) umgewandelt, in der Folgezeit die antisozialist. Reaktion sammelte und zur bürgerl. Massenpartei Italiens wurde. In der Symbolik des Faschismus und im Mythos vom Duce fand die weitverbreitete Sehnsucht nach Autorität, Führertum und Gefolgschaft Ausdruck. Mit einer Doppelstrategie aus Gewalt, Erpressung und Überredung gelangte M. in den Tagen des Marsches auf Rom an die Macht (31. Okt. 1922 Ernennung zum Min.präs. eines Koalitionskabinetts), wobei das Bündnis mit den konservativen Führungsgruppen aus Wirtschaft, Heer, Verwaltung und Kirche entscheidend war. In der Folge der Matteotti-Krise 1924 begann M. Anfang 1925 mit dem Aufbau einer Einparteidiktatur unter institutioneller Absicherung der eigenen Vorrangstellung. Nach Zurückdrängung radikalfaschist. Tendenzen 1926/27 setzte sich im „stato totalitario" das autoritäre Programm der Nationalisten durch. Obwohl Duce des PNF und Inhaber zahlr. weiterer Titel und Ämter, die seine Macht nach außen demonstrierten, war M. faktisch durch die 1922–25 geschlossenen Fundamentalkompromisse eingeschränkt: Die führenden Militärs, die Krone (und der von ihr ernannte Senat), kath. Kirche, Großind. sowie weite Bereiche der Verwaltung und Justiz blieben in der Hand der traditionellen Führungsschichten. Das Verhältnis M. auch zu seinen engsten, periodisch in „Wachablösungen" ausgetauschten Mitarbeitern beruhte nach 1925 auf deren völliger Unterordnung. Die im ersten Jahrzehnt gewonnene, 1929 durch die Lateranverträge und die Aussöhnung mit dem Papsttum gekrönte Machtstellung machte M. in der Weltöffentlichkeit zum Prototyp des neuzeitl., mit neuartigen Propaganda- und Organisationsmethoden Massenloyalität mobilisierenden Diktators. Auf außenpolit. Gebiet verfolgte M. nach der Eroberung Abessiniens 1935/36 und der Intervention im Span. Bürgerkrieg einen Kurs der Anlehnung an Hitler-Deutschland (Achse Berlin–Rom, 1936; Stahlpakt, 1939; Dreimächtepakt, 1940), der zur italien. Vorherrschaft im Mittelmeerraum führen sollte, aber immer stärkere Abhängigkeit von Deutschland brachte (auch innenpolitisch: Übernahme der nat.-soz. Rassengesetze). Der Kriegseintritt am 10. Juni 1940 fesselte M. an das totale Sieg- und Durchhaltekonzept Hitlers. Der Krieg enthüllte bald die allseitige Schwäche des faschist. Regimes. Am 25. Juli 1943 sprach der Großrat des Faschismus M. das Mißtrauen aus und ermöglichte König Viktor Emanuel III. die Entlassung und Verhaftung von M.; von dt. Fallschirmjägern am 12. Sept. 1943 aus der Internierung auf dem Gran Sasso befreit, gründete M. am 23. Sept. 1943 unter dt. Protektorat die teils an den Frühfaschismus anknüpfende *Italien. Soziale Republik* (Republik von Salò). Auf der Flucht in die Schweiz am 27. April 1945 von Partisanen gefangengenommen und am 28. April auf Befehl des Nat. Befreiungskomitees ohne Gerichtsverfahren erschossen.

Mussorgski, Modest Petrowitsch, *Karewo (Geb. Twer) 21. März 1839, †Sankt Petersburg 28. März 1881, russ. Komponist. – Bildete sich während seiner Militärlaufbahn autodidakt. in Komposition aus. M. gehörte zum Kreis um Balakirew, der demokrat.-patriot. „Mächtigen Häuflein". Für seinen Stil sind die musikal.-realist. Umsetzung und Ausdeutung der Sprache sowie Elemente russ. Volksmusik charakteristisch, u. a. „Lieder und Tänze des Todes" (1875–77), Klavierwerk „Bilder einer Ausstellung" (1874), Opern „Salambo" (nach Flaubert, 1863–66), „Der Jahrmarkt von Sorotschinzy" (nach Gogol, 1876–81) sowie, von Rimski-Korsakow ergänzt und bearbeitet, u. a. die Opern „Chowanschtschina" (1872–80) und „Boris Godunow" (nach Puschkin, 1871/72, 1. Fassung 1868/69).

Mustafa (gen. Kara M. „der schwarze M."), *Merzifon 1634, †Belgrad 25. Dez. 1683, osman. Großwesir (seit 1676). – Nachfolger F. A. Köprülüs; nach vergebl. Belagerung Wiens (1683) und Niederlage am Kahlenberge auf Befehl des Sultans erdrosselt.

Mustafa İsmet ↑İnönü, İsmet.

Mustafa Kemal Pascha ↑Kemal Atatürk.

Mustafa II., *Adrianopel (= Edirne) 5. Juni 1664, †Konstantinopel 31. Dez. 1703 (vergiftet), Sultan (seit 1695). – Sohn Muhammads IV.; schloß nach seiner Niederlage bei Senta (1697) mit der Hl. Liga den Frieden von Karlowitz (1699; ↑Türkenkriege). Am 21. Aug. 1703 von den Janitscharen gestürzt.

Müstair [rätoroman. myʃˈtai̯r] ↑Münster (in Graubünden, Schweiz).

Alfred de Musset

Benito Mussolini

Modest Petrowitsch Mussorgski (Ausschnitt aus einem Gemälde von Ilja Jefimowitsch Repin, 1881)

Mustang

Mustang [span.-engl., eigtl. „herrenloses Tier"], Bez. für die im W der USA verwilderten und später von Indianern und Kolonisten eingefangenen und weitergezüchteten, zähen, genügsamen Nachkommen der im 16. und 17. Jh. aus Europa eingeführten Hauspferde verschiedener Rassen; erst in jüngerer Zeit wurden aus dem M. spezielle Rassen herausgezüchtet, z. B. der 150 cm schulterhohe, kräftige, verschiedenfarbige *Span. Mustang.*

Mustapää, P. [finn. ˈmustapæː], eigtl. Martti Haavio, *Temmes 22. Jan. 1899, †Helsinki 4. Febr. 1973, finn. Schriftsteller. – 1949 Prof. an der Univ. Helsinki; Folklorist von internat. Rang; leitete durch seine iron.-intellektuellen Gedichte mit eigenständiger Bildkomposition und mit rhythm. Neuheiten die reimlose Moderne in der finn. Lyrik ein.

Muster [italien., zu mostrare (von lat. monstrare) „zeigen"], allg.: Vorbild, Modell, Vorlage (z. B. Schnittmuster); Probestück; [wiederkehrende] Zeichnung, Figur.
▷ Gegenstände, die die Beschaffenheit einer Ware kennzeichnen sollen. Bei einem Kauf, der nach M. erfolgt, sind die Eigenschaften des M. als zugesichert anzusehen.

Mustèr [rätoroman. muʃˈte] ↑ Disentis.

Musterbuch, Sammlung von Vorlagen für Graphiker und Kunsthandwerker, im MA für alle künstler. Bereiche üblich. Das M. enthält typ. Einzelformen und -motive. Das berühmteste M. ist das Bauhüttenbuch des ↑Villard de Honnecourt (um 1230–35).

Mustererkennung, Forschungsrichtung der ↑künstlichen Intelligenz, die sich mit der Identifizierung von Eingabezeichen durch die Erkennung eindeutiger Merkmale befaßt. Verfahren zur M. werden z. B. bei der Erkennung und Auswertung von Bildern, beim Lesen von Handschriften und bei der Erkennung natürl. Sprache angewendet. Der Einsatz von Computern für die M. ist bisher nur für bestimmte Aufgaben möglich, z. B. für die Wiedererkennung von Fingerabdrücken.

Mustermesse ↑ Messe.

Musterprozeß, Rechtsstreit, der zur Entscheidung einer bestimmten Rechtsfrage geführt wird, die für eine Vielzahl gleichgelagerter Fälle von Bed. ist. Um die Grundsatzentscheidung (möglichst der letzten Instanz) zu erlangen, beteiligen sich oft mehrere Interessenten an den Kosten des Verfahrens. Andere Prozesse können nach § 148 ZPO bis zur rechtskräftigen Entscheidung des M. ausgesetzt werden. Der M. ist nicht rechtlich geregelt.

Musterprüfung (Typenprüfung), eine von amtlich autorisierten Stellen oder Behörden (z. B. vom TÜV) vorgenommene Prüfung von einzelnen Mustern eines techn. Produkts zum Nachweis seiner Betriebstüchtigkeit, Leistungsfähigkeit und Brauchbarkeit, z. B. bei Kraftfahrzeugen, Dampf- und Heizungskesseln.

Musterrolle, die vom Seemannsamt ausgestellte, an Bord eines Seeschiffes befindl. Namensliste der [angemusterten] Besatzung und der sonst an Bord tätigen Personen.

Musterung, im *Seeschiffahrtsrecht* die in Gegenwart des Kapitäns oder eines Bevollmächtigten des Kapitäns oder Reeders und der zu musternden Person vor dem Seemannsamt stattfindende Verhandlung über die in die Musterrolle einzutragenden Angaben.
▷ im *Wehrrecht* Verfahren, in dem entschieden wird, welche ungedienten Wehrpflichtigen für den Wehrdienst zur Verfügung stehen. Die M. wird von den Kreiswehrersatzämtern durchgeführt; die Entscheidung trifft der **Musterungsausschuß** nach mündl. Verhandlung durch einen schriftl. M.bescheid. Vorher sind die Wehrpflichtigen auf ihre geistige und körperl. Tauglichkeit ärztlich zu untersuchen. Gegen den M.bescheid kann binnen 2 Wochen Widerspruch erhoben werden.

Mut, psych. Gestimmtheit, die zu unerschrockenem, überlegtem Verhalten in gefährl. Situationen – insbes. bei Bedrohung – führt; entspringt u. a. den Bereichen des Selbstbehauptungs- und Selbstwertgefühls (auch dem Geltungsbedürfnis) und des Kraft- und Machtgefühls (auch der Ohnmacht als M. der Verzweiflung).

Muta [lat.], svw. ↑Verschlußlaut.

Hermann Muthesius. Entwurfzeichnung für die Gartenstadt Hellerau in Dresden, 1913

Mutabilität [lat.], Veränderlichkeit, Unbeständigkeit. – Speziell die Fähigkeit der Gene zu mutieren.

Mutagene [lat./griech.], natürl. oder synthet. Stoffe (**chemische Mutagene**) oder Röntgen-, Gamma-, UV-, Neutronen- und Höhenstrahlen (**physikalische Mutagene**), die Mutationen hervorrufen können. M. spielen auch eine große Rolle bei der Entstehung von ↑Krebs.

Mutagenität, Fähigkeit eines Agens, als Mutagen Mutationen zu verursachen. Zur z. T. freiwilligen, z. T. gesetzlich vorgeschriebenen Prüfung von neu auf den Markt kommenden Substanzen (z. B. Arzneimittel, Lebensmittel, Aromastoffe, Kosmetika, Pflanzenbehandlungsmittel, Reinigungsmittel) auf M. werden verschiedene Testorganismen (u. a. Mikroorganismen, Mäuse, Zellkulturen aus menschl. Lymphozyten und Bindegewebszellen) verwendet.

Mutanabbi, Al, Abut Taijib Ahmad Ibn Al Husain, *Al Kufa 915, †bei Bagdad 23. Sept. 965, arab. Dichter. – 948–957 Hofdichter des Emirs Saif Ad Daula in Aleppo; danach in Persien. Al M. gehört zu den bed. Vertretern der klass. arab. Literatur. Seine Preisgedichte gelten als Musterbeispiele arab. Lobesdichtung.

Mutankiang ↑ Mudanjiang.

Mutante [lat.], Individuum, dessen Erbgut in mindestens einem Gen gegenüber dem häufigsten Genotyp, dem Wildtyp, verändert ist.

Mutare (bis 1982 Umtali), Prov.hauptstadt in Simbabwe, an der Grenze gegen Moçambique, 1 080 m ü. d. M., 70 000 E. Kath. Bischofssitz; Regionalmuseum; Automobilmontage, Maschinenbau, Nahrungsmittel-, Papierind.; westl. in Feruka Erdölraffinerie (Pipeline von Beira, Moçambique).

Mutasiliten (Mutaziliten) [arab.], Angehörige einer theolog. Richtung (**Mutasila**) des Islams; sie hatten an der Schaffung des dogmat. Systems des Islams wesentl. Anteil. Hervorgegangen aus den polit.-dogmat. Kämpfen in der 1. Hälfte des 8. Jh., wurden sie unter den Abbasidenkalifen zur führenden Theologenschule. Die Grundbegriffe ihrer Dogmatik waren die Lehre von der absoluten Einheit Gottes und von Gottes Gerechtigkeit, die den freien Willen des Menschen bedingt. Ihre Lehre vom Erschaffensein des Korans wurde zeitweilig zum Staatsdogma erhoben. Später wurde die Dogmatik verworfen; sie lebt in der schiit. Theologie fort.

Mutation [zu lat. mutatio „Veränderung"], (Erbänderung) Bez. für sprunghaft auftretende erbl. Veränderungen, die für einen Organismus günstig oder ungünstig sein können. Man unterscheidet: **Genommutation**: Veränderung der Chromosomenzahl, darunter am wichtigsten die Polyploidie, die bei Kulturpflanzen häufig, im Tierreich aber nur selten auftritt; **Chromosomenmutation**, die Veränderung der Chromosomenstruktur wie Deletionen, Duplikationen, Translokationen und Inversionen; **Gen-** oder **Punktmutation**, bei der Veränderungen nur an einem einzigen Gen auftreten. – Die natürl. **Mutationsrate** (Häufigkeit von M.) pro Gen ist sehr gering, sie reicht jedoch zur Füllung eines M.reservoirs für die Evolutionen aus. Die M.rate wird durch ↑ Mutagene erhöht.
▷ (Mutierung), svw. ↑Stimmbruch.

Mutationsrate ↑ Mutation.

Mutationszüchtung, in der Tier- und Pflanzenzüchtung die Gewinnung nützl. Mutanten durch künstl. Auslösung von ↑ Mutationen und die züchter. Vermehrung der Mutanten.

Mutaziliten ↑ Mutasiliten.

Muth, Carl, *Worms 31. Jan. 1867, †Bad Reichenhall 15. Nov. 1944, dt. Publizist. – Begründer (1903) und Leiter (bis 1941) der kath. Monatsschrift „Hochland".

Muthesius, Hermann, *Großneuhausen (bei Sömmerda) 20. April 1861, †Berlin 26. Okt. 1927, dt. Architekt und Kunstschriftsteller. – Schrieb als Kenner engl. Kunstgewerbes und engl. Architektur einflußreiche Werke wie „Das engl. Haus" (3 Bde., 1904/05); auch eigene Bauten in engl. Stil. Mitbegr. des Dt. Werkbundes und der Gartenstadt Hellerau.

Muti, Riccardo, *Neapel 28. Juli 1941, italien. Dirigent. – War 1969–73 musikal. Oberleiter des Teatro Comunale in Florenz, 1973–82 ebd. Direktor des Maggio Musicale, 1973–82 Chefdirigent des New Philharmonia Orchestra in London, seit 1986 Musikal. Direktor der Mailänder Scala. V. a. Interpret der Werke Mozarts und Verdis, aber auch zeitgenöss. Komponisten.

Mutianus Rufus, Conradus (Mutian), eigentl. Conrad Muth, *Homberg (Efze) 15. Okt. 1470 oder 1471, †Gotha 30. März 1526, dt. Humanist. – Kanonikus in Gotha. Unterstützte die Hinwendung der Geisteswiss. zum Humanismus in Abwendung von der ma. Scholastik. Gab mit Crotus Rubianus u. a. die ↑„Epistolae obscurorum virorum" heraus.

mutieren [lat.], eine erbl. Veränderung (↑ Mutation) erfahren, sich im Erbgefüge ändern; von Genen, Chromosomen, Zellkernen, Zellen oder Organismen gesagt.
▷ sich im Stimmwechsel befinden.

Mutilation [lat.], svw. ↑ Verstümmelung.

Muting [engl. 'mju:tɪŋ; zu lat. mutus „stumm"], svw. ↑ Stummabstimmung.

Mutismus [zu lat. mutus „stumm"], Stummheit bei vorhandener Sprechfähigkeit, als vollständige (zuweilen monate- oder jahrelange) Unterbrechung des Sprachkontaktes *(totaler M.)* und als Sprechverweigerung in bestimmten Situationen *(elektiver M.);* tritt bei psych. Erkrankungen (Depressionen, Schizophrenie, Hysterie) und neurot. Fehlentwicklungen (bes. bei Kindern) auf; Heilung durch psychotherapeut. oder heilpädagog. Behandlung.

Muton [lat.], das Gen als Mutationseinheit; kleinster mutierbarer Baustein des Erbmaterials in Form eines Nukleotids des Nukleinsäuremakromoleküls.

Mutsuhito, *Kyōto 3. Nov. 1852, †Tokio 30. Juli 1912, Eigenname des 122. Kaisers von Japan (Meiji Tenno; seit Jan. 1867). – 1860 Thronfolger; wurde durch Abschaffung des Shogunats (1867) zum eigtl. polit. Herrscher; führte die Meiji-Reformen durch.

Muttenz, Stadt im schweizer. Kt. Basel-Landschaft, 295 m ü. d. M., 16 800 E. Bauernhausmuseum; chem., feinmechan. und Metallwarenind., Rangierbahnhof; Weinbau; Rheinhafen. – Befestigung von Kirche und Kirchhof durch Mauern und Türme (12. Jh.; im 14./15. Jh. spätgot. Umbau).

Mutter, Anne-Sophie, *Rheinfelden (Baden) 29. Juni 1963, dt. Violinistin. – Gastiert seit 1977 u. a. mit Konzerten von W. A. Mozart und L. van Beethoven.

Mutter, eine Frau, die geboren hat (im rechtl. Sinn auch die Adoptiv-M.); im übertragenen Sinn auch von Pflanzen und Tieren gesagt (M.tier, M.pflanze) sowie z. B. auch bei physikal. Phänomenen (M.substanz).

Die Verhaltensforschung nimmt mit der Geburt die Auslösung eines angeborenen M.instinkts an, d. h. Pflegeverhalten bzw. Brutpflege und emotionale Zuwendung. Für die Entwicklung des Kindes ist eine emotional sichere, ungestörte M.-Kind-Bindung (↑Mutterbindung) bzw. die zuverlässig verfügbare Bezugsperson, normalerweise die eigene M., entscheidend. Andernfalls können Verzögerungen und Rückschläge, aber auch schwere Schäden in der Entwicklung des Kindes eintreten, auch nach der frühkindl.

Phase. Das Verständnis der Aufgabe der M. und ihr mehr oder weniger bewußtes Verhalten sind stark von gesellschaftl. Normen und Vorstellungen geprägt, die sich überdies wesentlich nach sozialen Schichten unterscheiden. Traditionell bestimmte Prägungen des Selbstverständnisses sowie sozioökonom. (Einkommen, Wohnsituation u. a.) und kulturelle Barrieren (Bildungsstand) erschweren die Übernahme und Anwendung wiss.-pädagog. Erkenntnisse über „richtiges Erziehen" zu sozial erwünschten „Persönlichkeiten" (z. B. mit hohem Grad an Selbständigkeit, Urteilskraft, Anpassungsfähigkeit u. a.). Probleme erwachsen Frauen in Ind.gesellschafen v. a. aus ihrer Doppelrolle (Doppelbelastung) als M. (Hausfrau) und Berufstätige. Damit stehen sie in bes. starkem Maße im (psychisch belastenden) Spannungsverhältnis zw. emotional-affektiv bestimmten (primären) Sozialbeziehungen der Familie und des Eltern-Kind-Verhältnisses einerseits und den rational organisierten (sekundären) Strukturen der Berufs- und Arbeitswelt andererseits. Moderne Gesellschaftspolitik versucht deshalb, die Probleme der Berufsausbildung und -ausübung mit den Anforderungen der M.schaft abzustimmen (v. a. durch Kindergärten, M.schutz, Veränderung der Rolle des Vaters, berufl. Fort- und Weiterbildungsmaßnahmen nach Ablösung der Kinder vom Elternhaus bzw. wenigstens nach Abschluß frühkindl. Erziehungsprozesse). – ↑ Frau.
▷ in der *Religionsgeschichte* weit verbreiteter Typ einer weibl. Gottheit, bei der die Aspekte des Urtümlichen, des Erdhaften, der Geburt und der Vegetation im Vordergrund stehen. Die M.göttin wird meist als Beschützerin der kultivierten Erde verehrt. Der Aspekt der Gebärerin tritt vornehmlich bei der M. aller Götter in Erscheinung. Die mütterl. Qualitäten stehen mit Fürsorge, Mitleid und Gnade in enger Verbindung. M.gottheiten können jedoch auch grausame Züge aufweisen. Die kult. Verehrung von M.gottheiten gewann in den Mysterien der Spätantike eine wichtige Rolle. Die Römer verehrten die Kybele vornehmlich als „Große M." (↑ Magna Mater).

Riccardo Muti

Anne-Sophie Mutter

Mutter. Verschiedene Arten von Schraubenmuttern

▷ (Schrauben-M.) zu einer Schraube passende Hohlschraube mit Innengewinde; dient je nach dem Gewinde mit der zugehörigen Schraube als Befestigungsmittel oder als Verschiebungsmittel auf einer Bewegungsschraube (Gewindewelle oder -spindel). Benennung nach Verwendungszweck und Ausführungsform: Die häufigste Form ist die **Sechskantmutter** mit sechs Schlüsselflächen zum Anziehen. **Vierkantmuttern** werden meist zus. mit Schloßschrauben verwendet. **Hutmuttern** sind zum Schutz des Gewindes einseitig geschlossen. **Flügelmuttern** und **Rändelmuttern** können von Hand angezogen werden. **Kreuzlochmuttern** mit vier Sacklöchern am Rand und **Zweilochmuttern** mit zwei Löchern auf der Stirnseite werden mit Spezialschlüsseln angezogen. **Selbstsichernde Muttern** mit gewindelosem Kunststoffring in einer Innenringnut ersetzen zunehmend **Kronenmuttern** mit Schlitzen zur Sicherung mit einem Splint (durch Querloch in der Schraube).

Mutterband, 1. das breite M. (Ligamentum latum uteri), eine Eierstöcke, Eileiter und Gebärmutter umhüllende Bauchfellduplikatur; 2. das runde M. (Ligamentum teres uteri), ein bindegewebiges Halteband der Gebärmut-

Mutterbindung

ter, das durch den Leistenkanal zu den großen Schamlippen zieht.

Mutterbindung, emotionale Bindung des Kindes an den weibl. Elternteil, die (ebenso wie eine entsprechende Vaterbindung) die seel. und geistige Entwicklung des Kindes nachhaltig beeinflußt. Nach S. Freud ist M. oft libidinös gefärbt und Ursache von Konflikten (↑Ödipuskomplex).

Mutterboden, oberste, humusreiche Schicht des Bodens.

Müttergenesungswerk, Kurzbez. für die von E. Heuss-Knapp 1950 gegr. gemeinnützige **Elly-Heuss-Knapp-Stiftung Deutsches Mütter-Genesungswerk,** Sitz Stein b. Nürnberg. Zu den Trägergruppen des M. zählen die Ev. sowie die Kath. Arbeitsgemeinschaft für Müttergenesung, die Arbeiterwohlfahrt e. V., Dt. Rotes Kreuz, Dt. Parität. Wohlfahrtsverband. In den Heimen des M. (1990: 114) finden jährlich rd. 50 000 erholungsbedürftige Mütter Aufnahme.

Müttergenesungswerk

Muttergesellschaft ↑Tochtergesellschaft.
Muttergestein ↑Erdöl.
Mutter Gottes ↑Gottesmutterkult.
Mutterhaus, 1. Ausbildungsstätte für [kirchl.] Krankenschwestern und Diakonissen; 2. im kath. Ordenswesen ein Kloster, von dem aus andere gegründet wurden.
Mutterkirche, im kath. Kirchenrecht die Hauptpfarrkirche eines Gebietes im Verhältnis zu ihren „Tochterkirchen".
Mutterkorn (Secale cornutum), hartes, bis zu 2,5 cm großes, schwarzviolettes, hornartig aus der Ähre herausragendes Dauermyzelgeflecht (Sklerotium) des M.pilzes in Fruchtknoten bzw. im Korn des Getreides (bes. Roggen). Das M. enthält biogene Amine und die pharmakologisch stark wirksamen ↑Mutterkornalkaloide. Nicht gereinigtes, gemahlenes M. traten früher (heute durch moderne Mühlentechnologie und Reinigung nicht mehr) schwere Vergiftungserkrankungen (**Ergotismus,** M.vergiftung) auf. Symptome: Schwindel, Erbrechen, Durchfälle, Hitzewallungen, Benommenheit und Krämpfe; bei chron. Vergiftung mit Gefäßkrämpfen und Brand oder mit neurolog. Störungen verbunden.

Mutterkornalkaloide [...o-ida̅] (Ergotalkaloide), zahlr. im Mutterkorn enthaltene Alkaloide, Lysergsäurederivate, wobei die Lysergsäure beim *Ergometrin* mit 2-Amino-1-propanol, bei der *Ergotamin-* und *Ergotoxingruppe* mit versch. Tripeptiden verbunden ist. Vergiftungen mit diesen rufen den sog. *Ergotismus* (↑Mutterkorn) hervor. M. werden medizin. u. a. als Migränemittel verwendet.

Mutterkornpilz (Claviceps purpurea), giftiger Schlauchpilz aus der Ordnung Clavicipitales, der bes. auf Roggen schmarotzt. Der von den Sporen des Pilzes infizierte Fruchtknoten wird vom Myzel des Pilzes durchwuchert und bildet bei der Kornreife das weit aus der Ähre herausragende ↑Mutterkorn.

Mutterkorn. Roggenähre mit herausragenden Sklerotien des Mutterkornpilzes

Mutterkuchen, svw. ↑Plazenta.
Mutterkümmel, svw. ↑Kreuzkümmel.
Muttermal (Nävus, Naevus), weitgefaßter Begriff für verschiedene angeborene, teils auch später auftretende fleckförmige Veränderungen der Haut von dunklem, bläulichrotem oder behaartem Erscheinungsbild. Zu den M. zählen das Feuermal (↑Hämangiom) und der Leberfleck.
Muttermilch (Frauenmilch), nach der Entbindung in den weibl. Brustdrüsen auf Grund hormonaler Reize gebildete Nährflüssigkeit für den Säugling. Schon in der Schwangerschaft wird die Brustdrüse unter dem Einfluß des hohen Östrogen- und Progesteronspiegels auf die Milchsekretion vorbereitet, der Drüsenkörper wird vergrößert und besser durchblutet. Wenn mit der Geburt der Östrogenspiegel im Blut abfällt, kann die Hypophyse Prolaktin bilden, das die vorbereitete Brustdrüse zur Milchsekretion anregt. In den ersten vier bis fünf Tagen nach der Geburt wird das ↑Kolostrum gebildet. Es enthält mehrere Immunglobuline (Antikörper), die das Neugeborene u. a. gegen Durchfallerkrankungen und grippeähnl. Viruserkrankungen schützen. Nach der Zwischenmilch produziert die Brustdrüse von der zweiten bis dritten Woche an die reife M. (Menge der abgesonderten M. 8–10 Tage nach der Ent-

bindung durchschnittlich 500 cm³ täglich). Die Eiweiße der M. wirken hemmend auf das Wachstum pathogener Darmbakterien, so daß Durchfallerkrankungen bei mit M. ernährten Kindern wesentlich seltener vorkommen als bei „Flaschenkindern". Der hohe Anteil an weißen Blutkörperchen bewirkt wahrscheinlich einen Schutz vor Virusinfektionen. Außerdem treten bei mit M. ernährten Säuglingen weniger Allergien auf. Wegen der z. T. hohen Belastung der M. etwa mit Chlorkohlenwasserstoffen wird jedoch vielfach empfohlen, nur etwa 4 Monate voll zu stillen. – Zw. M. und Kuhmilch bestehen beträchtl. Unterschiede. 1 l M. enthält u. a. 12 g Eiweiß (Kuhmilch 33 g), 37 g Fett (Kuhmilch 35 g), 71 g Milchzucker (Kuhmilch 48 g).

Muttermund ↑Gebärmutter.
Muttermundkappe ↑Empfängnisverhütung.
Mutterrecht, von J. J. Bachofen angenommene, von der neueren Forschung abgelehnte These einer frühgeschichtl. Familienform, die der vaterrechtl. vorangegangen sein soll, mit einer durchweg dominierenden Stellung der Frau. Der Völkerkunde dient der Begriff M. zur Bez. der Abstammung und Erbfolge in Sozialverbänden, in denen Kinder der mütterl. Verwandtschaftsgruppe zugerechnet werden und mit ihrem biolog. Vater als nicht verwandt gelten. Solche mutterrechtl. Organisationsformen sind unter den Naturvölkern Ozeaniens, Afrikas und Amerikas verbreitet.
Mutterschaftsgeld ↑Krankenversicherung.
Mutterschaftshilfe ↑Krankenversicherung.
Mütterschulen (Familienbildungsstätten), Bildungsstätten, die Mütter, aber auch Väter („Elternschulen") und Kinder ansprechen wollen; u. a. von den Kirchen und freien Wohlfahrtsverbänden getragen; zusammengeschlossen in der Bundesarbeitsgemeinschaft kath. Familienbildungsstätten (Düsseldorf), der Bundesarbeitsgemeinschaft ev. Familien-Bildungsstätten (Stein b. Nürnberg), der Arbeitsgemeinschaft von Einrichtungen für Familienbildung e. V. – AGEF – (Darmstadt) und dem Arbeiterwohlfahrt Bundesverband e. V. (Bonn); bieten Kurse über Fragen der Säuglings- und Kinderpflege, Gesundheitsfürsorge, Haushaltsführung, kindl. Entwicklung und Erziehung und sehen heute auch Schwerpunkte ihrer Arbeit in der Lösung von Partnerschafts- und Kommunikationsproblemen sowie in der Klärung der Beziehung von Familie und Gesellschaft.
Mutterschutz, Gesamtheit aller Maßnahmen zum Schutz der in einem Arbeitsverhältnis stehenden Frauen (einschl. Heimarbeiterinnen) während der Schwangerschaft und nach der Entbindung. Der M. ist im *Gesetz zum Schutz der erwerbstätigen Mutter (Mutterschutzgesetz,* Abk. *MuSchG)* i. d. F. vom 18. 4. 1968 (mit zahlr. Änderungen) geregelt. Danach müssen Arbeitsplatz und -geräte sowie sonstige Betriebseinrichtungen den gesundheitl. Belangen der schwangeren oder stillenden Frau Rechnung tragen; schwere körperl. Arbeiten, Akkord-, Sonntags- und Nachtarbeit sowie die Beschäftigung von Frauen 6 Wochen vor und 8 Wochen (bei Früh- und Mehrlingsgeburten 12 Wochen) nach der Entbindung sind verboten. Das Arbeitsverhältnis kann während der Schwangerschaft und bis zum Ablauf von 4 Monaten nach der Entbindung seitens des Arbeitgebers nicht gekündigt werden. Zum 1. Jan. 1986 wurde der *Erziehungsurlaub* unter Zahlung eines *Erziehungsgeldes* eingeführt. Erziehungsurlaub wird bei Geburten ab 1. Jan. 1992 bis zur Vollendung des dritten Lebensjahres des Kindes gewährt, während Erziehungsgeld bis zur Vollendung des 18. Lebensmonats gezahlt wird (in Höhe von 600 DM, ab 7. Lebensmonat einkommensabhängig). Bei Geburten ab 1. Jan. 1993 besteht Anspruch auf Erziehungsgeld bis zur Vollendung des 24. Lebensmonats des Kindes. Während des Erziehungsurlaubs besteht Kündigungsschutz. Zu den Leistungen der Krankenkassen bei Schwangerschaft ↑Krankenversicherung (Mutterschaftshilfe).
Muttersegen, in der kath. Kirche die liturg. Hervorhebung des ersten Kirchgangs einer Wöchnerin; seit dem 11. Jh. bezeugt, geht in seinen urspr. Reinigungsmotiven auf alttestamentar. Gedankengut zurück. – Im Kindertaufritus von 1969 wurde der M. in den Schlußsegen der Tauffeier übernommen.

Muttersprache, beim primären Spracherwerb des Kindes gelernte Sprache im Unterschied zur später erlernten Fremdsprache. M. ist kein sprachwiss. genau festgelegter Terminus; die entsprechende Wortkombination kommt bereits im Lateinischen bei Cicero vor: *sermo patrius* („die väterl. Sprache" [als Gegensatz zur Fachsprache der griech. Philosophie]). Erste dt. Belege bestehen noch aus Adjektiv und Substantiv: *„müeterliches deutsch"* (1350). Die Zusammensetzung ist im Niederdeutschen seit dem 15. Jh. belegt, ins Hochdeutsche kam das Wort M. im 16. Jh., als der Deutsche gleichberechtigt neben die „heiligen Sprachen", Latein, Griechisch und Hebräisch, gestellt wurde. Luther sorgte durch seine Verwendung für die Ausbreitung des Wortes anstelle des älteren Begriffs „Landsprache". Bes. Bed. erlangte der Begriff M. um 1800 für die Romantik und W. von Humboldt, für den die M. das Weltbild des eigenen Volkes enthält.

Muttertag, Festtag zu Ehren der Mütter am 2. Sonntag im Mai (Italien: 6. Januar). 1907 von der Amerikanerin Ann Jarvis (* 1864, † 1948) propagiert. Am 8. Mai 1914 erklärte ihn der amerikan. Kongreß zum Staatsfeiertag. Durch die „Internat. M.gesellschaft", die Heilsarmee sowie Werbekampagnen florist. Organisationen wurde der M. weltweit verbreitet (Kanada und Australien vor 1912, Großbritannien 1914, Norwegen 1918, Schweden 1919, Deutschland 1922, Schweiz 1930).

Mutterwurz (Ligusticum), Gatt. der Doldenblütler mit über 25 Arten, v. a. auf der Nordhalbkugel; ausdauernde, kahle Kräuter mit fiedrigen Blättern und weißen (meist in vielstrahligen Dolden angeordneten) Blüten; z. B. die bis 20 cm hohe Alpenmutterwurz (Ligusticum mutellina) mit weißen oder rosa- bis purpurfarbenen Blüten.

Mutual Balanced Forces Reductions [engl. 'mju:tʃʊəl 'bælənst 'fɔ:sɪz rɪ'dʌkʃənz „beiderseitige ausgewogene Truppenreduzierung"] ↑ MBFR.

Mutualismus [lat.], in der Biologie Bez. für enge zwischenartl. Beziehungen von Organismen zum beiderseitigen Nutzen (Symbiose i. w. S.); z. B. Bestäubung von Blüten durch Insekten und Vögel.

Mutung, nach früherem Bergrecht schriftl. Gesuch, das Bergwerkseigentum an einem bestimmten Feld zu verleihen. Die M. begründete einen Anspruch auf Verleihung des Bergwerkseigentums. Zum heutigen Recht ↑ Bergrecht.

Mütze, krempenlose Kopfbedeckung in [meist] weichem Material; bekannte Formen: ↑ Jakobinermütze, ↑ Baskenmütze, Schirm-M. (u. a. Uniform-M.), Pudelmütze.

Mützen, in Schweden seit dem Reichstag von 1738/39 Bez. für die Anhänger A. B. Graf Horns; kamen auf dem Reichstag von 1765/66 an die Reg. (bis 1769; erneut 1771/72). Sie lehnten sich außenpolitisch an Großbritannien und Rußland an und vertraten innenpolitisch ein Konzept der Liberalisierung.

Mützenrobbe, svw. Klappmütze (↑Seehunde).

Muybridge, Eadweard [engl. 'maɪbrɪdʒ], eigtl. Edward James Muggeridge, * Kingston upon Thames 9. April 1830, † ebd. 8. Mai 1904, brit. Photograph. – Wegbereiter der Kinematographie; ab 1872 Phasenphotographien schneller Bewegungsabläufe; entwickelte einen Vorläufer des Filmprojektors.

Muzilago (Mucilago), Schleim; für die Arzneimittelzubereitung werden Pflanzenschleime, z. B. Orchideenknollenschleim, verwendet.

Muzine (Mucine) [zu lat. mucus „Schleim"], Sammelbez. für die viskosen, von bes. Schleimzellen abgesonderten Schleimstoffe, die Glykoproteide, Mukoproteine und Mukopolysaccharide enthalten und u. a. die Schleimhäute schützen sowie Gleitmittel darstellen; kommen auch in Darmsaft und Speichel vor.

m. v., Abk. für: ↑ *mezza voce.*

MW, Einheitenzeichen für Megawatt (↑Watt).

Mwanza, Regionshauptstadt in Tansania, am S-Ufer des Victoriasees, 170 000 E. Sitz eines anglikan. und eines kath. Bischofs; Forschungsinst. für Tropenkrankheiten; Handelszentrum, Lebensmittel-, Textilind.; Hafen; Eisenbahnfähre nach Kenia und Uganda; internat. ✈.

Mwerusee, See in Afrika, sw. des Tanganjikasees, beiderseits der Grenze zw. Zaire und Sambia, 992 m ü. d. M., 4920 km², bis 14 m tief, sehr fischreich; Zufluß Luapula, Abfluß Luvua.

My [griech.], 13. Buchstabe des urspr., 12. des klass. griech. Alphabets mit dem Lautwert [m]: M, μ.

My (μ) [griech.], Vorsatzzeichen für ↑Mikro...

my..., My... ↑ myo..., Myo...

Mya [griech.], svw. ↑Klaffmuscheln.

Myanmar, amtl. Name von ↑Birma.

Myasthenie [zu griech. asthenēs „schwach", „kraftlos"], krankhaft verminderte Leistungsfähigkeit oder gesteigerte Ermüdbarkeit der Skelettmuskulatur **(Muskelschwäche).** – Die **Myasthenia gravis pseudoparalytica** ist eine Muskelerkrankung, für die bezeichnend ist, daß bestimmte Muskeln bei wiederholter Betätigung abnorm rasch ermüden oder völlig versagen. Der Kranke bildet Antikörper gegen die eigenen Acetylcholinrezeptoren. Durch die daraus resultierende erhebl. Reduktion der Anzahl der Acetylcholinrezeptoren kommt es zur Beeinträchtigung der neuromuskulären Erregungsübertragung.

Mycobacterium [griech.], Bakteriengatt. mit rd. 20 Arten. Säurefeste, aerobe, unbewegl., vielgestaltige Stäbchen, oft durch Karotinoide gelb bis rot gefärbt. Die weitverbreiteten saprophyt. Formen leben im Boden und in Gewässern. Viele bauen Paraffine und Aromaten ab oder gehören zu den Knallgasbakterien. Daneben gibt es fakultative und obligate Parasiten, z. B. *M. tuberculosis* und *M. bovis,* Erreger der Tuberkulose bei Mensch und Rind.

Myconius, (Mykonius) Friedrich, eigtl. F. Mecum (Mekum), * Lichtenfels 26. Dez. 1490, † Gotha 7. April 1546, thüring. luth. Theologe. – Urspr. Franziskaner, ab 1517 Anhänger Luthers. Hatte wesentl. Einfluß auf die Reform des Kirchen- und Schulwesens, war Teilnehmer an den Verhandlungen in Schmalkalden (1537) und an dem Religionsgespräch in Hagenau (1540).

M., Oswald, eigtl. O. Geisshüsler, * Luzern 1488, † Basel 14. Okt. 1552, schweizer. ref. Theologe. – Arbeitete seit 1523 mit Zwingli zusammen in Zürich; Verf. der beiden Basler Konfessionen (1534 und 1536) und der ersten Biographie Zwinglis (1536).

Mydriasis [griech.], Pupillenerweiterung durch Verdunklung, Medikamente (z. B. Atropin) oder Sympathikusreizung bzw. Vaguslähmung.

Mutterwurz. Alpenmutterwurz

Eadweard Muybridge. Acht Bilder aus der Serie „16 frames of race horse galloping", 1883–87

Mydriatikum [griech.], pupillenerweiterndes Arzneimittel, z. B. Atropin.

Myelencephalon, svw. verlängertes Mark (↑Gehirn).

Myelin [griech.], aus Lipiden und Proteinen bestehende Substanz in der Markscheide der Nervenfasern.

Myelitis [griech.], svw. Rückenmarkentzündung (↑Rückenmarkerkrankungen).

myelo..., Myelo... [zu griech. myelós „Knochen-, Rückenmark"], Wortbildungselement mit der Bed. „Knochen-, Rückenmark".

Myeloblasten [griech.], Vorstufen der ↑Myelozyten im Knochenmark; gelangen bei Erkrankungen des Knochenmarks ins Blut.

myelogen, aus dem Knochenmark entstanden.

Myelographie

Mykenische Kultur. Dolchklinge aus einem Kuppelgrab bei Pylos, Bronze, um 1550 v. Chr. (Athen, Archäologisches Nationalmuseum)

Myelographie, röntgenolog. Kontrastdarstellung des Wirbelkanals und seines Inhaltes zur Diagnose von Rückenmarktumoren, Gefäßanomalien oder Bandscheibenvorfällen.

Myelom [griech.], vom Knochenmark ausgehende Geschwulst, i. e. S. svw. ↑ Plasmozytom.

Myelomalazie [griech.], svw. Rückenmarkerweichung (↑ Rückenmarkerkrankungen).

Myelopathie [griech.], allg. Bez. für eine Erkrankung des Rückenmarks oder des Knochenmarks.

Myelose [griech.], svw. myeloische ↑ Leukämie.

Myelozyten [griech.], aus den Myeloblasten hervorgehende direkte Vorstufen der ↑ Granulozyten im Knochenmark.

Myiasis [griech.], svw. ↑ Madenkrankheit.

Myitkyina, birman. Stadt am Oberlauf des Irawadi, etwa 13 000 E. Hauptstadt des Kachinstaates; kath. Bischofssitz; College; Zentrum der Teakholzgewinnung und -verarbeitung; Eisenbahnendpunkt, ✈.

Mykale, antiker Name des Gebirges Samsun dağı an der W-Küste Kleinasiens, zw. Ephesos und Milet; hier wurden 479 v. Chr. Heer und Flotte der Perser von der griech. Flotte vernichtet.

Mykene (neugriech. Mikinä), Ruinenstätte 25 km südl. von Korinth, Griechenland. Achäische Gründung um 1900 v. Chr., errang rasch Vorrangstellung in der Peloponnes und erlebte unter kulturellem Einfluß des minoischen Kreta im 16. Jh. v. Chr. die erste Hochblüte. Um 1100 v. Chr. zerstört. Ausgrabungen H. Schliemanns (1874–76) legten gewaltige Stadtmauern (14. Jh. v. Chr.) in kyklop. Bauweise frei; innerhalb der Mauern befinden sich 6 Schachtgräber reichster Ausstattung (Goldarbeiten), Siedlung und Palast, ein Zwinger (13. Jh. v. Chr.) und das Löwentor (um 1250 v. Chr.). Außerhalb der Mauern wurden weitere Teile der Stadt sowie 9 monumentale Kuppelgräber (15./14. Jh., u. a. sog. Schatzhaus des Atreus) ausgegraben. M. war nach griech. Sage im 16. Jh. v. Chr. Sitz des Atridengeschlechtes und des Agamemnon.

Mykene. Löwentor, um 1250 v. Chr.

Mykenische Kultur. Goldbecher mit Profilring und Spiraldekor aus einem Schachtgrab in Mykene, 16. Jh. v. Chr. (Athen, Archäologisches Nationalmuseum)

mykenische Kultur, die minoisch bestimmte Spätphase der hellad. Kultur des griech. Festlandes, mit Zentren v. a. in der Argolis (Mykene, Tiryns) und westl. Peloponnes (Pylos), etwa 1570–1150 v. Chr. Typisch sind prunkvolle Gräber (Schacht- und Kuppelgräber von Mykene mit goldenen Masken, Pektoralen, Diademen, Schmuck und Gerätes, Prunkschwertern und -dolchen, Alabaster- und Bergkristallvasen u. a.); Felskammergräber und Streitwagen weisen auf Verbindung zum Orient. In spätmyken. Zeit (etwa 1400–1250) entstehen prunkvolle (minoisch beeinflußte) Paläste in Mykene, Tiryns, Theben, Orchomenos und Pylos, deren Zentrum aber wie in den älteren Palästen das Megaron bleibt, gewaltige Befestigungen und monumentale steinerne Kuppelgräber (sog. Schatzhaus des Atreus). Rascher Niedergang und Zerstörung der Städte und Burgen durch Einwanderer aus dem N seit etwa 1230 v. Chr.

mykenische Sprache, Dialekt der griech. Sprache, auf Tausenden von Tontafeln und Siegel- bzw. Vaseninschriften in der Silbenschrift Linear B (↑ Linearschrift) überliefert.

Mykerinos ([gräzisierte Namensform]; altägypt. Menkaure), altägypt. König der 4. Dyn., um 2470 v. Chr. – Sohn des Chephren; Erbauer der **Mykerinospyramide** bei Gise.

myko..., Myko... [zu griech. mýkēs „Pilz"], Wortbildungselement mit der Bed. „Pilz".

Mykologie, Pilzkunde.

Mykophagen [griech.], pilzfressende Organismen.

Mykoplasmen [griech.], kleinste (150–300 nm große) freilebende Bakterien; zellwandlos, daher ohne feste Gestalt; passieren bakteriendichte Filter. Die beiden artenreichen Gattungen *Mycoplasma* und *Acholeplasma* sind im Boden, Abwasser sowie auf Schleimhäuten von Mensch und Tier weit verbreitet; z. T. Krankheitserreger.

Mykorrhiza [griech.] (Pilzwurzel), Symbiose zw. den Wurzeln höherer Pflanzen und Pilzen. Wesentlich für die M. ist der wechselseitige Stoffaustausch der beteiligten Partner. Die Pilze erhalten von den höheren Pflanzen Kohlenhydrate, während die höheren Pflanzen von ihnen mit Wasser und Mineralsalzen versorgt werden. Man unterscheidet: *Ektotrophe M.:* Liegt zumeist obligat bei Waldbäumen (Fichte, Lärche, Eiche), oft mit bekannten Gift- und Speisepilzen (Milchlinge, Röhrlinge, Wulstlinge), vor: Das Myzel umspinnt mit einem dichten Geflecht die Saugwurzeln, die daraufhin als Reaktion keine Wurzelhaare mehr ausbilden und zu einem keulig verdickten Wuchs angeregt werden. *Endotrophe M.:* Hier wachsen die Hyphen in die Zellen der Pflanze hinein, z. B. bei Orchideen (Korallenwurz, Nestwurz, Widerbart), deren Samen nur in Anwesenheit spezif. M.pilze keimen und sich weiterentwickeln können. – Die M. muß als biolog. Ganzheit angesehen werden, da sie eine bes. morpholog.-anatom. Differenzierung darstellt und jeder Partner für sich allein nicht oder nur unvollkommen entwicklungsfähig ist.

Mykosen [griech.] (Pilzerkrankungen), durch Pilze hervorgerufene Infektionskrankheiten (auch bei Tieren und Pflanzen). Die M. treten in Form lokaler Infektionen, v. a. der Haut (einschl. Schleimhaut, Haare, Nägel; ↑ Hautpilzerkrankungen) auf oder verursachen als system. M. Erkrankungen der inneren Organe, z. B. der Lunge, des Darms oder der gesamten Haut. – ↑ Blastomykose, ↑ Strahlenpilzkrankheit.

Mykotoxine (Pilzgifte), von Pilzen ausgeschiedene, toxisch wirkende sekundäre Stoffwechselprodukte. Zu den M. gehören die Aflatoxine, die Mutterkornalkaloide, das Amanitin und das Phalloidin des Grünen Knollenblätterpilzes, das Muskaridin und Muskarin des Pantherpilzes, des Fliegenpilzes und des Ziegelroten Rißpilzes sowie i. w. S. auch die meisten Antibiotika.

Mylady [engl. mɪˈleɪdɪ], in Großbritannien Anrede (ohne Familienname) an eine adlige Frau (Lady).

Mylitta ↑ Astarte.

Mylius-Erichsen, Ludwig [dän. 'myːˈliʊs 'eːregsən], * Wyborg 15. Jan. 1872, † auf Grönland 25. Nov. 1907, dän. Polarforscher. – Untersuchte auf zwei Expeditionen nach Grönland (1902–04 an die NW-Küste und 1906/07 zum NO) die Kultur der Eskimos; nach ihm wurde die nordostgrönländ. Halbinsel *Mylius-Erichsen-Land* benannt.

Mylonit, durch Gebirgsdruck an tekton. Bewegungsflächen zerriebenes und wieder verfestigtes Gestein mit deutl. Einregelung der Gesteins- und Mineralbruchstücke. Der Vorgang wird *Mylonitisierung,* umkristallisierter M. *Blasto-M.* genannt.

Mylord [engl. mɪˈlɔːd], in Großbritannien Anrede (ohne Familienname) an einen adligen Mann (Lord); auch Anrede an einen Richter.

Mymensingh [ˈmaɪmənsɪŋ], Stadt in Bangladesch, an einem Kanal des Brahmaputra, 191 000 E. Landw.-Univ. (gegr. 1961), College, Inst. für Veterinärmedizin; Verarbeitung landw. Erzeugnisse; Bahnstation.

Mynona, Pseud. des dt. Philosophen und Schriftstellers Salomo ↑ Friedlaender.

myo..., Myo..., my..., My... [zu griech. mỹs „Muskel"], Wortbildungselement mit der Bed. „Muskel".

Myogelose, svw. ↑ Muskelhärte.

Myoglobin (Myohämoglobin), Protein von roter Farbe, das bes. reich in der Muskulatur der Säugetiere (einschl. Mensch) vorkommt und dort als Sauerstoffspeicher dient. Das menschl. M. enthält 153 Aminosäuren und als prostheth. Gruppe das eisenhaltige ↑ Häm.

Myokard [griech.], svw. ↑ Herzmuskel[schicht] (↑ Herz).

Myokardinfarkt, svw. ↑ Herzinfarkt.

Myokardinsuffizienz, svw. Herzinsuffizienz (↑ Herzkrankheiten).

Myokarditis, svw. Herzmuskelentzündung (↑ Herzkrankheiten).

Myom [griech.], gutartige Geschwulst aus Muskelgewebe. Häufigste und ausgeprägteste Form ist das *Gebärmutter-M.,* dessen meist kugelige, stecknadelkopf- bis kindskopfgroße Knoten (häufig in der Mehrzahl) mit unterschiedl. Lokalisation in der Gebärmuttermuskulatur vorkommen können. Sehr selten kommt es u.a. zu M.bildungen im Bereich von Magen, Darm und Harnblase.

Myomeren [griech.] (Muskelsegmente), die in Abschnitte gegliederte, durch *Myosepten* (Bindegewebeplatten) voneinander getrennte Rumpfmuskulatur beim Lanzettfischchen, bei Fischen und Embryos höherer Wirbeltiere.

Myometritis [griech.], svw. ↑ Metritis.

Myon [griech.] (Müon), instabiles Elementarteilchen aus der Familie der Leptonen, Zeichen μ, dessen elektromagnet. Eigenschaften mit denen des Elektrons übereinstimmen, es hat aber eine 207mal größere Masse. μ^- zerfällt nach $\approx 10^{-6}$ s in Elektron e^-, Anti-Elektron-Neutrino $\bar{\nu}_e$ und M.-Neutrino ν_μ. Negative M. können Elektronen im Atom ersetzen **(Myonen-Atome);** den gebundenen Zustand $\mu^+ e^-$ bezeichnet man als **Myonium.**

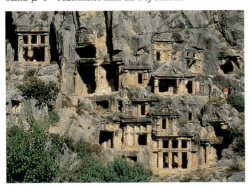

Myra. Felsengräber

Myoparalyse, svw. ↑ Muskellähmung.
Myoparese, svw. ↑ Muskellähmung.
Myopie [griech.], svw. ↑ Kurzsichtigkeit.
Myoplegie [griech.], svw. ↑ Muskellähmung.
Myorelaxanzien [lat.], svw. ↑ Muskelrelaxanzien.

Myosin [griech.], Eiweißkomponente in den Muskeln, die den Hauptbestandteil der Muskelfibrillen ausmacht und an der Kontraktion beteiligt ist. M. ist ein Faserprotein, das sich aus zwei Polypeptidketten mit je etwa 2 000 Aminosäuren und zu 15 % aus kleineren Peptidketten zusammensetzt.

Myositis, svw. ↑ Muskelentzündung.
Myospasmus, svw. ↑ Muskelkrampf.

Mykenische Kultur. Links: Schnabelkanne aus einem Kammergrab bei Mykene, Ton, 1. Hälfte des 15. Jh. v. Chr. (Nafplion, Archäologisches Museum). Rechts: Freskoausschnitt aus einem Wohnhaus in Mykene mit der Darstellung einer Hofdame, 13. Jh. v. Chr. (Athen, Archäologisches Nationalmuseum)

Myra, lyk. Ruinenstätte nahe der südanatol. Küste, 100 km sw. von Antalya, Türkei. Fast 100 in Felswände eingearbeitete Kammergräber mit architekton. Fassade (5./4. Jh.). In frühchristl. Zeit war M. Bischofssitz.

Myrdal, Alva, * Uppsala 31. Jan 1902, † Stockholm 1. Febr. 1986, schwed. Sozialwissenschaftlerin und Politikerin. – ∞ mit Gunnar M.; 1956–61 Botschafterin in Indien, Birma und Ceylon; 1962–73 schwed. Chefdelegierte bei der Genfer Abrüstungskonferenz, 1966–72 Staatsmin. für Abrüstungsfragen; übte mit ihren Publikationen starken Einfluß auf die europ. Friedensbewegung aus; erhielt 1970 mit ihrem Mann den Friedenspreis des Börsenvereins des Dt. Buchhandels, 1982 mit A. García Robles den Friedensnobelpreis.

M., Gunnar, * Gustafs (= Säter; Dalarna) 6. Dez. 1898, † Stockholm 17. Mai 1987, schwed. Nationalökonom und Politiker. – ∞ mit Alva M.; 1933–50 und 1960–67 Prof. in Stockholm; 1945–47 Handelsmin.; 1947–57 Leiter der Europ. Wirtschaftskommission (ECE); Präs. des Stockholmer Internat. Instituts für Friedensforschung seit 1966; erhielt 1970 mit seiner Frau den Friedenspreis des Börsenvereins des Dt. Buchhandels. 1974 wurde ihm für seine Arbeiten zur Geld- und Konjunkturtheorie mit F. von Hayek der sog. Nobelpreis für Wirtschaftswissenschaften verliehen.

M., Jan, * Stockholm 19. Juli 1927, schwed. Schriftsteller. – Sohn von Alva und Gunnar M.; Journalist. Schrieb in den 50er Jahren vorwiegend polit.-satir. Romane, in den 60er Jahren Reiseberichte sowie dokumentar. Prosa; bekannt wurde bes. sein „Bericht aus einem chin. Dorf" (1963). – *Weitere Werke:* Karriere (R., 1975), Barndom (R., 1982), Wort und Absicht (Essay, 1986).

Myriade [griech.], 1. Anzahl von 10 000; 2. unzählig große Menge.

Myrina, altgriech. Hafenstadt an der W-Küste Kleinasiens, die heutige Ruinenstätte Kalavasi bei Aliağa, 50 km nw. von İzmir, Türkei. Ende des 2. Jt. v. Chr. gegr. In der Nekropole bed. Funde meist weibl. Tonfiguren aus hellenist. Zeit **(Myrina-Terrakotten).**

Myriophyllum [griech.], svw. ↑ Tausendblatt.

Alva Myrdal

Gunnar Myrdal

Myristinsäure [griech./dt.] (Tetradecansäure), als Glycerinester u. a. im Milchfett und im Kokosöl vorkommende gesättigte Fettsäure, $CH_3-(CH_2)_{12}-COOH$.

Myrmekophilen [griech.], svw. ↑ Ameisengäste.

Myrmekophyten [griech.], svw. ↑ Ameisenpflanzen.

Myrmidonen, achäischer Volksstamm in Thessalien, in der Ilias Gefolgsleute des Achilleus.

Myrobalanen [griech./hebr.], sehr gerbstoffreiche, rundl. bis birnenförmig-längl. Früchte einiger Arten der Gatt. ↑ Almond; Verwendung zum Gerben und in der Medizin als Adstringens.

Mysore. Lalita-Mahal-Palast, 1897

Myron, att. Bildhauer des 5. Jh. v. Chr. aus Eleutherai (Attika). – Schuf bed. Götter-, Athleten- und Heroenstatuen sowie naturnahe Tierfiguren. In Kopien überliefert sind sein Diskuswerfer und die Figuren einer Athena-Marsyas-Gruppe (um 440 v. Chr.; heute auseinandergerissen: Athena u. a. im Liebieghaus, Frankfurt am Main, Marsyas in Rom, Vatikan. Sammlungen).

Myrrhe [semit.-griech.], ein aus mehreren Myrrhensträucharten gewonnenes Gummiharz; wird v. a. als Räuchermittel sowie in der Medizin in Form eines alkohol. Auszugs (*M. tinktur*) zur Behandlung von Entzündungen im Bereich der Mundhöhle verwendet.

Myrrhenstrauch (Commiphora), Gatt. der Balsambaumgewächse mit rd. 100 Arten in den Trockengebieten vom trop. Afrika bis Indien; kleine, mit Dornen besetzte Bäume oder Sträucher.

Myrte (Myrtus) [semit.-griech.], Gatt. der Myrtengewächse mit rd. 100 Arten, v. a. im außertrop. S-Amerika, in Australien und Neuseeland; immergrüne Sträucher oder kleine Bäume mit ledrigen Blättern, weißen Blüten und meist schwarzen Beeren; z. T. Zierpflanzen. Die bekannteste Art ist die im Mittelmeergebiet vorkommende **Brautmyrte** (Myrtus communis), deren Zweige als Braut- und Grabschmuck beliebt sind. – M. war bei den alten Griechen Symbol der Liebe und der Schönheit. Sie war der Aphrodite heilig. Bei Persern, Babyloniern und Juden (bes. beim Laubhüttenfest) diente bzw. dient M. kult. Zwecken.

Myrtengewächse (Myrtaceae), Pflanzenfam. mit rd. 3 000 fast ausschließlich trop. Arten; Bäume und Sträucher mit meist gegenständigen, immergrünen, ledrigen Blättern und in Blütenständen angeordneten Blüten; teils Gewürzpflanzen (Eukalyptus, Gewürznelkenbaum, Pimentbaum), teils Obstbäume (Guajavabaum, Kirschmyrte), teils Zierpflanzen (Myrte, Schönfaden).

Myrtenheide (Melaleuca), Gatt. der Myrtengewächse mit über 100 Arten in Australien und Tasmanien; immergrüne Sträucher mit heidekrautähnl., aromatisch duftenden Blättern und in Ähren oder Köpfchen stehenden Blüten.

Myrtus, svw. ↑ Myrte.

Mysien, histor. Landschaft in NW-Kleinasien, zw. Ägäischem Meer, Hellespont, Propontis, Bithynien, Lydien und Phrygien; bildete 128 v. Chr. im wesentlichen die röm. Prov. Asia.

Mysischer Olymp, türk. Berg, ↑ Uludağ.

Myrte. Brautmyrte

Myslbek, Josef Václav [tschech. ˈmislbɛk], * Prag 20. Juni 1848, † ebd. 2. Juni 1922, tschech. Bildhauer. – Steht am Beginn der modernen tschech. Bildhauerei. Sein Hauptwerk ist das monumentale Reiterdenkmal des hl. Wenzel auf dem Prager Wenzelsplatz (Entwurf 1888, vollendet 1922).

Mysłowice [poln. misɔˈvitsɛ] (dt. Myslowitz), poln. Stadt an der Przemsza, 230 m ü. d. M., 92 000 E. Feuerwehrmuseum. Steinkohlenbergbau; Maschinenbau, Textil-, Porzellan-, Nahrungsmittelind. – 1241 Ersterwähnung, in der 2. Hälfte des 13. Jh. Magdeburger Stadtrecht.

Mysophobie [griech.], krankhafte Furcht vor Beschmutzung; i. w. S. auch Furcht vor jegl. Berührung von als schmutzig oder ansteckend erachteten Personen oder Gegenständen.

Mysore [ˈmaɪzur], Stadt im ind. Bundesstaat Karnataka, auf dem Dekhan, 760 m ü. d. M., 476 000 E. Sitz eines kath. Bischofs, Akad. für bildende Künste, Univ. (gegr. 1916); Zentralinstitut für ind. Sprachen; Stahlwerk, Textil-, chem. und Nahrungsmittelind., traditionelles Handwerk; Verkehrsknotenpunkt. – M. war bis 1610 und 1799–1831 Hauptstadt des Fürstentums Mysore. – Das Stadtbild wird von zahlr. Parkanlagen und Palästen geprägt, u. a. Palast des Maharadschas (1897). Östlich liegt der Lalita-Mahal-Palast (1897), der frühere Sommersitz des Maharadschas (heute Gästehaus der Reg.). In 40 km Entfernung befindet sich die Tempelstätte Somnathpur mit dem Keshavatempel (13. Jh.).

M., ehem. Name des ind. Bundesstaats ↑ Karnataka.

M., ehem. südind. Ft., Kernland des heutigen Bundesstaates Karnataka; seit 1399 von der Wadijar-Dyn. regiert, die bis 1610 vom Reich Widschajanagara abhängig war, dann selbstständiger Fürstenstaat; 1831–81 unter direkter brit. Verwaltung; schloß sich 1947 der Ind. Union an.

Mystagog [griech. (zu ↑ Myste)], Priester, der Neulingen, die sich einem antiken Mysterienkult anschlossen, die Kenntnis der Geheimnisse der Mysterien vermittelte und sie durch Weihen in den kult. Verband aufnahm.

Myste [zu griech. mýein „sich schließen" (der Lippen und Augen)], ein in die kult. Geheimnisse der antiken Mysterien Eingeweihter und durch Weihen Aufgenommener.

Mysterien [griech.-lat. (zu ↑ Myste)], antike Geheimkulte, die sich im Röm. Reich bes. in hellenist. Zeit ausbreiteten. Ihr Ziel war die Beseligung sowie die Sicherung eines glückl. Jenseitsgeschicks. Einzelheiten ihres rituellen Vollzugs sind nur unzureichend bekannt, da die M.gemeinschaften ein Schweigegebot meist streng befolgt haben. – Oriental. Götter standen im Mittelpunkt bed. M. der Spätantike, die oft in orgiast. Kult zelebriert wurden, so für die Göttin ↑ Kybele und ihren Geliebten Attis und für ↑ Mithras.

Mysterienspiel, geistl. Spiel des MA, das aus der kirchl. Liturgie abzuleiten ist und dessen Handlung auf bibl. Erzählungen basiert (z. B. Dreikönigsspiele). Begegnet seit dem 14. Jh. in Frankreich (frz. mystère) und England (engl. mystery play). Die Dauer der M. betrug z. T. Tage oder Wochen.

mysteriös [griech.], geheimnisvoll, rätselhaft.

Mysterium [griech.-lat. (zu ↑ Myste)], allg. svw. ↑ Geheimnis, meist im religiösen Bereich verwendet zur Kennzeichnung dessen, was als der rationalen Erkenntnis und der mit rationalen Methoden zu analysierenden Erfahrung grundsätzlich entzogen gilt. 1. In der *Religionsgeschichte* ↑ Mysterien. 2. Im *N. T.* und daran anschließend in der christl. Theologie Kennzeichnung des dem menschl. Verstand grundsätzlich unzugängl. Offenbarungshandelns Gottes (↑ Geheimnis). 3. In den *Ostkirchen* auch Bez. für das einzelne Sakrament sowie zusammenfassende Bez. für die Liturgie.

Mystifikation [frz., zu ↑ Myste und lat. facere „machen"], in der Literatur Bez. für falsche Autorenangabe ohne zwingende (z. B. polit.) Gründe oder irreführende Angabe des Druckortes, Verlages, Erscheinungsjahrs.

Mystik [griech. (zu ↑ Myste)], in der Religionsgeschichte weitverbreitete Sonderform religiösen Verhaltens, die einen bestimmten Frömmigkeitstypus hervorbrachte, der

Josef Václav Myslbek. Záboj und Slavoj, 1882 (Prag, Nationalgalerie)

v. a. durch folgende Merkmale zu kennzeichnen ist: 1. das Ziel der erfahrbaren Verbindung mit einer Gottheit bis hin zu einer als „Vereinigung" bzw. Identität mit ihr **(unio mystica)** erlebten Nähe; 2. Praktiken wie Kontemplation, Meditation, Askese u. a. als Wege zu diesem Ziel; 3. eine antiinstitutionalist. Grundtendenz gegenüber der etablierten Religion; 4. [häufig] die Höherbewertung der individuellen religiösen Vorstellungswelt gegenüber der eher kollektiven oder sozialen Objektivation von Religion bzw. deren [prophet.] Rigorismus. – In *Indien* sind zwei myst. Richtungen seit der Zeit der wed. Upanischaden bekannt. Die impersonale Identitäts-M. erstrebt die erlösende Erfahrung einer Wesenseinheit des „Selbst" mit der einzig realen Größe des Brahman. Daneben findet sich eine personalist. theist. Richtung, die die myst. Vereinigung des Menschen mit der Gottheit erstrebt. Im Buddhismus führen viele Stufen der Versenkung zur Erlangung eines höheren Wissens, das die Erkenntnis des Nichtseienden, der völligen Leere zum Inhalt hat; diese buddhist. M. wird heute v. a. im jap. Zen gepflegt. – In *China* lehrte Laozi eine quietist. M. des Nicht-Tuns („wuwei"), die der Versenkung in das Dao dienen sollte. – Im *Judentum* wurden als M. bezeichnet: 1. die spätantiken Spekulationen über die Erscheinung des thronenden Gottes und über die himml. Räume; 2. deren ma. Weiterführung, v. a. im aschkenas. Chassidismus M-Europas; 3. die Kabbala; 4. der messian. ↑Sabbatianismus und 5. der osteurop. ↑Chassidismus. Auffallend an der jüd. M. ist die fast durchgängige Traditionstreue v. a. gegenüber der Thora als Quelle aller Erkenntnis und als vorrangiges Mittel und Gegenstand der myst. Frömmigkeit. – Im *Islam* ↑Sufismus. – Im *Christentum* begegnet M. bereits im N. T. v. a. bei Paulus und Johannes als **Christusmystik,** deren Ziel die unmittelbare Einheit mit Christus als dem göttl. Logos oder dem Menschen Jesus ist. Die Christus-M. ist (seit dem MA oft in der Form der **Passionsmystik** als Mitleiden mit Jesus Christus) in der gesamten christl. Frömmigkeitsgeschichte anzutreffen. Die von den Kirchenvätern aufgriffene [manchmal gnostisch gefärbte] M. wurde v. a. in den Klöstern weitergepflegt, wobei sich bes. der Einfluß der Schriften des Pseudo-Dionysios (↑Dionysios Areopagita) bemerkbar machte, der dann durch die Vermittlung von Hugo und Richard von Sankt Viktor für die Blüte der M. bis ins 14. Jh. bestimmend war. Durch Bernhard von Clairvaux kam in Anschluß an das Hohelied das Moment einer religiösen Erotik (Beziehung der Seele zu ihrem Bräutigam Christus) in die M., das mit den anderen Elementen v. a. die Frömmigkeit in den Frauenklöstern und der **deutschen Mystik** des 13.–15. Jh. (David von Augsburg, Berthold von Regensburg, Meister Eckhart, Johannes Tauler, Heinrich Seuse, Mechthild von Magdeburg u. a.) prägte, die über die Frömmigkeitsgeschichte hinaus eine allg. geistesgeschichtl. Bed. durch ihren Einfluß auf die Entwicklung der dt. Sprache gewann.

mystisch, geheimnisvoll, dunkel; bewußt außerrational, die ↑Mystik betreffend.

Mystizismus [griech.], (meist abwertend gebrauchte) Bez. für eine geistige Haltung, die bewußt irrational die der Mystik zugrundeliegenden Erkenntnisformen und Denkweisen ohne deren religiöse Intentionen übernimmt und dabei die Möglichkeit von Wunderbarem, Geheimnisvollem, Dunklem als höherwertig und wirklich betont.

Mythe [griech.], archaischer Poesietypus, der im Mythos wurzelt und entweder Vorzeitgeschehnisse erzählt oder die Welt und ihre Erscheinungen zu deuten versucht.

Mythen ['miːtən], Gebirgsstock nö. von Schwyz, Schweiz, im *Großen M.* 1899 m, im *Kleinen M.* 1811 m hoch.

mythisch, zum ↑Mythos gehörend; von einem Weltbild gesagt, das die Wirklichkeit im Mythos faßt.

My Tho [vietnames. mi θɔ], Stadt am nördlichsten Mündungsarm des Mekong, Vietnam, 110 000 E. Zentrum eines Reis- und Zuckerrohranbaugebiets; ⚓.

Mythologie [griech. (zu ↑Mythos)], urspr. im Sinn von Göttersage Bez. für den Vortrag des ↑Mythos, die Erzählung vom Handeln der Götter; später wird der Begriff in dem bis heute gültigen Sprachgebrauch für die Gesamtheit der myth. Überlieferungen eines Volkes verwendet sowie für die wiss. Darstellung und krit. Erforschung von Mythen, innerhalb derer sich verschiedene Richtungen herausgebildet haben, so die Astral-M. oder die Natur-M.; daneben gibt es seit dem 19. Jh. Versuche, den Mythos einerseits auf vormyth., ihn bedingende Gegebenheiten zurückzuführen, andererseits, ihn als unableitbare religiöse Aussage zu erfassen und ernst zu nehmen. – Die Möglichkeit einer Ableitung aus seel. Erlebnissen des Menschen wird von der Theorie des Animismus behauptet. Eine psycholog. Deutung gaben auch S. Freud, der im Mythos den Reflex verdrängter individueller Wünsche, und C. G. Jung, der in ihm die seel. Erfahrung überindividueller Wahrheiten sah. Eine neue Sicht vermittelte die kultgeschichtl. Methode (v. a. G. Widengren). Sie stellte die stete Wiederholung des Mythos im rituellen Vollzug heraus. Für sie ist daher der Mythos Text eines kult. Dramas.

Mythos [griech. „Wort, Rede, Erzählung, Fabel"], „Wort" im Sinne einer letztgültigen und deshalb nicht mehr zu begründenden Aussage, die Existenz und Geschichte der Welt und des Menschen auf das Handeln von göttl. Wesen (Numina), deren Wirken im Himmel, auf der Erde, bei ihrer Begegnung mit Menschen und in der Unterwelt zurückführt. Der M. erwächst auf dem Boden des Polytheismus, dessen Vielzahl von Göttern er einerseits nach ihren Funktionen bei der Schöpfung und Erhaltung der Welt, dem Lauf der Gestirne, dem Schicksal und den Tätigkeiten der Menschen, der Setzung und Hütung des Rechts sowie der Bestrafung von Verstößen gegen dieses Recht differenziert, andererseits nach ihren Wohnorten im Himmel, auf der Erde und in der Unterwelt. Die handelnden Gottheiten faßt der M. häufig nach Analogie menschl. Verhältnisse (anthropomorph) in Göttefamilien oder in einander ablösende Göttergeschlechter zusammen. – Der M. ist meist ↑aitiologisch und weist enge Bezüge zum Kult auf. Nach der Antwort, die er auf spezielle Fragen gibt, unterscheidet man verschiedene myth. Typen: den *theogon*. M. (Ursprung der Gottheiten), den *kosmogon*. M. (Entstehung der Welt), den *anthropogon*. M. (Erschaffung der Menschen), den *Urstands-M.* (Lebensbedingungen des Menschen), den *Transformations-M.* (Abbruch paradies. Urzeit; z. B. Sintflutsagen), den *soteriolog*. M. (Erlösung des Menschen) und den *eschatolog*. M. (endzeitl. Ereignisse). Der M. kann sowohl seitens der Religion (v. a. vom Monotheismus) als auch des rationalen Denkens (z. B. der griech. Sophisten und der Aufklärung) einer Kritik unterworfen werden: Im Ggs. zur log. Erkenntnis bildet er keine Urteile, sondern will Realitäten darstellen, für die er keine rationalen Beweise zu erbringen braucht. – In ähnl. Sinn wird der Begriff auch für polit. Ideologien gebraucht.

Mytilene ↑ Mitilini.

Myung-Whun Chung, * Seoul 1953, südkorean. Dirigent und Pianist. – Leitete seit 1981 mehrere europ. und amerikan. Orchester, u. a. seit 1984 Chefdirigent des Sinfonieorchesters des Saarländ. Rundfunks; seit 1989 musikal. Leiter der Opéra de Paris-Bastille.

Myxobakterien [griech.] (Schleimbakterien, Myxobacteriales), Ordnung der Bakterien; gramnegative, sich gleitend fortbewegende Stäbchen, die unter ungünstigen Umweltbedingungen zusammenkriechen und komplexe Fruchtkörper aufbauen. Im Fruchtkörperinneren bilden sich die vegetativen Zellen zu rundl. **Myxosporen** (Dauerzellen) um. Rd. 40 Arten; leben im Boden, auf faulem Holz, Rinde und Mist von Pflanzenfressern.

Myxödem [griech.], auf Unterfunktion der Schilddrüse (Hypothyreose) beruhendes Krankheitsbild; kennzeichnend ist das aufgeschwemmte Aussehen, das durch eine Ansammlung von Mucopolysacchariden im extrazellulären Raum (v. a. Gesicht, Extremitäten) bewirkt wird. Die Haut ist trocken. Es entwickelt sich eine allg. körperl. Schwäche mit Herzfunktionsstörungen (Hypotonie) und Verlangsamung der geistig-seel. Prozesse. Die Behandlung besteht in einem medikamentösen Ersatz der fehlenden Schilddrüsenhormone.

Myxom [griech.] (Gallertgeschwulst), gutartige Geschwulst aus Schleimgewebe.

Myxomyzeten [griech.], svw. ↑ Schleimpilze.

Myxosporidia [griech.], Ordnung meist mikroskopisch kleiner Sporentierchen; Entoparasiten überwiegend bei Fischen; verursachen wirtschaftl. Schäden v. a. bei Forellen und der Flußbarbe.

Myxoviren [griech./lat.], große, komplex gebaute RNS-Viren; u. a. Influenzaviren.

Myzel (Mycelium) [griech.], die Gesamtheit der Hyphen eines Pilzes. Das M. bildet das Pilzgeflecht oder den Thallus. Das locker vernetzte M. bringt beim Übergang zum Vermehrungsstadium oft unechte Gewebe hervor, sog. **Plektenchyme,** die dem Fleisch der Hutpilze entsprechen.

Myzetismus [griech.], svw. ↑ Pilzvergiftung.

Mzab, Landschaft in der mittleren Sahara (Algerien) mit mehreren Oasen, v. a. von Mzabiten bewohnt. Fremde dürfen, außer im zentralen Ort ↑ Ghardaja, nur außerhalb der Stadtmauern leben und übernachten. Durch das M. führt die Transsaharastraße, im S ⚝.

Mzabiten (Mozabiten), Berberstamm mit eigenem Dialekt im ↑ Mzab; rd. 120 000 Angehörige; strenggläubige Muslime; Händler, Handwerker, Ackerbauern.

Mzcheta [russ. ˈmtsxjɛtɛ], georg. Stadt an der Mündung des Aragwi in die Kura, 7 000 E. – Um 500 v. Chr. entstanden, vom 3. Jh. v. Chr. bis zum 5. Jh. n. Chr. Hauptstadt des georg. Reiches Khartli (Vêr). Ausgrabungen u. a. auf dem Burgberg und in der Nekropole (u. a. zahlr. Goldplättchen, Metallgefäße). Seit dem 6. Jh. n. Chr. war M. Residenz des Katholikos und religiöses Zentrum Georgiens. – Befestigte Dschwarikirche (590–604) und Sweti-Zchoweli-Kathedrale (1010–29).